Bíblia Sagrada

Bíblia Sagrada

Bíblia Sagrada

ALMEIDA CORRIGIDA FIEL

Texto bíblico: Almeida Corrigida Fiel
Copyright © 1994, 1995, 2007, 2011 desta tradução,
Sociedade Bíblica Trinitariana do Brasil
Trinitarian Bible Society

Sociedade Bíblica Trinitariana do Brasil – www.biblias.com.br
Casa João Ferreira de Almeida,
Rua Júlio de Castilhos, 108/120 – Belenzinho,
CEP: 03059-001 – São Paulo, SP – Brasil

Trinitarian Bible Society – www.tbsbibles.org
Tyndale House, Dorset Road,
London, SW19 3NN – England

Glossário:
Copyright © 2011,
Sociedade Bíblica Trinitariana do Brasil

A SBTB não se responsabiliza pelos comentários ou anotações feitas nesta edição,
sendo responsável apenas pelo texto bíblico fornecido.

Gerente editorial	*Samuel Coto*
Editores	*André Lodos Tangerino*
Revisão	*Jéssica Cos Lux*
Diagramação do texto bíblico	*Joede Bezerra*
Capa	*Rafael Brum*

Dados Internacionais de Catalogação na Publicação (CIP)
(BENITEZ Catalogação Ass. Editorial, MS, Brasil)

B477
  Bíblia sagrada Almeida corrigida fiel / [organização 1.ed.
Thomas Nelson Brasil]. – 1.ed. – Rio de Janeiro : Thomas Nelson
Brasil, 2021.
  864 p.; 13,6 x 21,3

  ISBN 978-65-5689-232-0

  1. Bíblia. Português – Traduções – Almeida corrigida fiel. I.
Thomas Nelson Brasil.

05-2021/04   CDD: 220.07

Thomas Nelson Brasil é uma marca licenciada à Vida Melhor Editora LTDA.
Todos os direitos reservados à Vida Melhor Editora LTDA.
Rua da Quitanda , 86, sala 218 – Centro
Rio de Janeiro – RJ – CEP 20091-005
Tel.: (21) 3175-1030
www.thomasnelson.com.br

SUMÁRIO

UMA NOTA SOBRE A FONTE 11

ANTIGO TESTAMENTO

Gênesis	3	Eclesiastes	458
Êxodo	42	Cantares	464
Levítico	75	Isaías	467
Números	99	Jeremias	504
Deuteronômio	132	Lamentações	546
Josué	160	Ezequiel	550
Juízes	179	Daniel	588
Rute	198	Oseias	600
1 Samuel	201	Joel	606
2 Samuel	226	Amós	609
1 Reis	247	Obadias	614
2 Reis	271	Jonas	615
1 Crônicas	294	Miqueias	617
2 Crônicas	316	Naum	621
Esdras	343	Habacuque	623
Neemias	351	Sofonias	625
Ester	362	Ageu	627
Jó	368	Zacarias	629
Salmos	389	Malaquias	636
Provérbios	441		

NOVO TESTAMENTO

Mateus	641	1 Timóteo	807
Marcos	667	2 Timóteo	810
Lucas	684	Tito	812
João	712	Filemom	814
Atos dos Apóstolos	732	Hebreus	815
Romanos	759	Tiago	824
1 Coríntios	770	1 Pedro	827
2 Coríntios	781	2 Pedro	830
Gálatas	788	1 João	832
Efésios	792	2 João	835
Filipenses	796	3 João	836
Colossenses	799	Judas	837
1 Tessalonicenses	802	Apocalipse	838
2 Tessalonicenses	805		

GLOSSÁRIO 853

UMA NOTA SOBRE A FONTE

A fonte usada nesta Bíblia foi desenvolvida especialmente para a Thomas Nelson Brasil. O design é inspirado na Almeida Corrigida Fiel (ACF) de ser uma tradução que preserva toda a tradição de João Ferreira de Almeida. O objetivo dos criadores da Fonte Leitura Perfeita foi refletir esse rico legado de ter um texto fiel aos originais, autoritativo e embasado nos manuscritos mais confiáveis, ao mesmo tempo em que integra os melhores avanços em tipografia de bíblias modernas. O resultado é uma fonte exclusiva, clara e legível em qualquer tamanho e que preserva toda a história da Almeida Corrigida.

ANTIGO TESTAMENTO

O PRIMEIRO LIVRO DE MOISÉS CHAMADO

GÊNESIS

A criação dos céus e da terra e de tudo o que neles existe

1 NO princípio criou Deus os céus e a terra.

²E a terra era sem forma e vazia; e *havia* trevas sobre a face do abismo; e o Espírito de Deus se movia sobre a face das águas.

³E disse Deus: Haja luz; e houve luz.

⁴E viu Deus que era boa a luz; e fez Deus separação entre a luz e as trevas.

⁵E chamou Deus à luz Dia; e às trevas chamou Noite. E foi a tarde e a manhã, o dia primeiro.

⁶E disse Deus: Haja uma expansão no meio das águas, e haja separação entre águas e águas.

⁷E fez Deus a expansão, e fez separação entre as águas que *estavam* debaixo da expansão e as águas que *estavam* sobre a expansão; e assim foi.

⁸E chamou Deus à expansão Céus, e foi a tarde e a manhã, o dia segundo.

⁹E disse Deus: Ajuntem-se as águas debaixo dos céus num lugar; e apareça a *porção* seca; e assim foi.

¹⁰E chamou Deus à *porção* seca Terra; e ao ajuntamento das águas chamou Mares; e viu Deus que era bom.

Criação da vida vegetal

¹¹E disse Deus: Produza a terra erva verde, erva que dê semente, árvore frutífera que dê fruto segundo a sua espécie, cuja semente *está* nela sobre a terra; e assim foi.

¹²E a terra produziu erva, erva dando semente conforme a sua espécie, e a árvore frutífera, cuja semente *está* nela conforme a sua espécie; e viu Deus que era bom.

¹³E foi a tarde e a manhã, o dia terceiro.

¹⁴E disse Deus: Haja luminares na expansão dos céus, para haver separação entre o dia e a noite; e sejam eles para sinais e para tempos determinados e para dias e anos.

¹⁵E sejam para luminares na expansão dos céus, para iluminar a terra; e assim foi.

¹⁶E fez Deus os dois grandes luminares: o luminar maior para governar o dia, e o luminar menor para governar a noite; e fez as estrelas.

¹⁷E Deus os pôs na expansão dos céus para iluminar a terra,

¹⁸E para governar o dia e a noite, e para fazer separação entre a luz e as trevas; e viu Deus que era bom.

¹⁹E foi a tarde e a manhã, o dia quarto.

Criação da vida animal

²⁰E disse Deus: Produzam as águas abundantemente répteis de alma vivente; e voem as aves sobre a face da expansão dos céus.

²¹E Deus criou as grandes baleias, e todo o réptil de alma vivente que as águas abundantemente produziram conforme as suas espécies; e toda a ave de asas conforme a sua espécie; e viu Deus que era bom.

²²E Deus os abençoou, dizendo: Frutificai e multiplicai-vos, e enchei as águas nos mares; e as aves se multipliquem na terra.

²³E foi a tarde e a manhã, o dia quinto.

²⁴E disse Deus: Produza a terra alma vivente conforme a sua espécie; gado, e répteis e feras da terra conforme a sua espécie; e assim foi.

²⁵E fez Deus as feras da terra conforme a sua espécie, e o gado conforme a sua espécie, e todo o réptil da terra conforme a sua espécie; e viu Deus que era bom.

Criação do homem

²⁶E disse Deus: Façamos o homem à nossa imagem, conforme a nossa semelhança; e domine sobre os peixes do mar, e sobre as aves dos céus, e sobre o gado, e sobre toda a terra, e sobre todo o réptil que se move sobre a terra.

²⁷E criou Deus o homem à sua imagem; à imagem de Deus o criou; homem e mulher os criou.

²⁸E Deus os abençoou, e Deus lhes disse: Frutificai e multiplicai-vos, e enchei a terra, e sujeitai-a; e dominai sobre os peixes do mar e sobre as aves dos céus, e sobre todo o animal que se move sobre a terra.

²⁹E disse Deus: Eis que vos tenho dado toda a erva que dê semente, que *está* sobre a face de toda a terra; e toda a árvore, em que há fruto que dê semente, ser-vos-á para mantimento.

³⁰E a todo o animal da terra, e a toda a ave dos céus, e a todo o réptil da terra, em que há alma vivente, toda a erva verde *será* para mantimento; e assim foi.

³¹E viu Deus tudo quanto tinha feito, e eis que era muito bom; e foi a tarde e a manhã, o dia sexto.

O primeiro sábado

2 ASSIM os céus, a terra e todo o seu exército foram acabados.

²E havendo Deus acabado no dia sétimo a obra que fizera, descansou no sétimo dia de toda a sua obra, que tinha feito.

³E abençoou Deus o dia sétimo, e o santificou; porque nele descansou de toda a sua obra que Deus criara e fizera.

A formação do jardim do Éden

⁴Estas são as origens dos céus e da terra, quando foram criados; no dia em que o SENHOR Deus fez a terra e os céus,

⁵E toda a planta do campo que ainda não estava na terra, e toda a erva do campo que ainda não brotava; porque *ainda* o SENHOR Deus não tinha feito chover sobre a terra, e não havia homem para lavrar a terra.

GÊNESIS 2.6

⁶Um vapor, porém, subia da terra, e regava toda a face da terra.

⁷E formou o SENHOR Deus o homem do pó da terra, e soprou em suas narinas o fôlego da vida; e o homem foi feito alma vivente.

⁸E plantou o SENHOR Deus um jardim no Éden, do lado oriental; e pôs ali o homem que tinha formado.

⁹E o SENHOR Deus fez brotar da terra toda a árvore agradável à vista, e boa para comida; e a árvore da vida no meio do jardim, e a árvore do conhecimento do bem e do mal.

¹⁰E saía um rio do Éden para regar o jardim; e dali se dividia e se tornava em quatro braços.

¹¹O nome do primeiro é Pisom; este é o que rodeia toda a terra de Havilá, onde há ouro.

¹²E o ouro dessa terra é bom; ali há o bdélio, e a pedra sardônica.

¹³E o nome do segundo rio é Giom; este é o que rodeia toda a terra de Cuxe.

¹⁴E o nome do terceiro rio é Hidequel; este é o que vai para o lado oriental da Assíria; e o quarto rio é o Eufrates.

¹⁵E tomou o SENHOR Deus o homem, e o pôs no jardim do Éden para o lavrar e o guardar.

¹⁶E ordenou o SENHOR Deus ao homem, dizendo: De toda a árvore do jardim comerás livremente,

¹⁷mas da árvore do conhecimento do bem e do mal, dela não comerás; porque no dia em que dela comeres, certamente morrerás.

Como Deus criou a mulher

¹⁸E disse o SENHOR Deus: Não é bom que o homem esteja só; far-lhe-ei uma ajudadora idônea para ele.

¹⁹Havendo, pois, o SENHOR Deus formado da terra todo o animal do campo, e toda a ave dos céus, os trouxe a Adão, para este ver como lhes chamaria; e tudo o que Adão chamou a toda a alma vivente, isso foi o seu nome.

²⁰E Adão pôs os nomes a todo o gado, e às aves dos céus, e a todo o animal do campo; mas para o homem não se achava ajudadora idônea.

²¹Então o SENHOR Deus fez cair um sono pesado sobre Adão, e este adormeceu; e tomou uma das suas costelas, e cerrou a carne em seu lugar;

²²E da costela que o SENHOR Deus tomou do homem, formou uma mulher, e trouxe-a a Adão.

²³E disse Adão: Esta é agora osso dos meus ossos, e carne da minha carne; esta será chamada mulher, porquanto do homem foi tomada.

²⁴Portanto deixará o homem o seu pai e a sua mãe, e apegar-se-á à sua mulher, e serão ambos uma carne.

²⁵E ambos estavam nus, o homem e a sua mulher; e não se envergonhavam.

Tentação de Eva e queda do homem

3 ORA, a serpente era mais astuta que todos os animais do campo que o SENHOR Deus tinha feito. E esta disse à mulher: É assim que Deus disse: Não comereis de toda a árvore do jardim?

²E disse a mulher à serpente: Do fruto das árvores do jardim comeremos,

³Mas do fruto da árvore que está no meio do jardim, disse Deus: Não comereis dele, nem nele tocareis para que não morrais.

⁴Então a serpente disse à mulher: Certamente não morrereis.

⁵Porque Deus sabe que no dia em que dele comerdes se abrirão os vossos olhos, e sereis como Deus, sabendo o bem e o mal.

⁶E viu a mulher que aquela árvore era boa para se comer, e agradável aos olhos, e árvore desejável para dar entendimento; tomou do seu fruto, e comeu, e deu também a seu marido, e ele comeu com ela.

⁷Então foram abertos os olhos de ambos, e conheceram que estavam nus; e coseram folhas de figueira, e fizeram para si aventais.

⁸E ouviram a voz do SENHOR Deus, que passeava no jardim pela viração do dia; e esconderam-se Adão e sua mulher da presença do SENHOR Deus, entre as árvores do jardim.

⁹E chamou o SENHOR Deus a Adão, e disse-lhe: Onde estás?

¹⁰E ele disse: Ouvi a tua voz soar no jardim, e temi, porque estava nu, e escondi-me.

¹¹E Deus disse: Quem te mostrou que estavas nu? Comeste tu da árvore de que te ordenei que não comesses?

¹²Então disse Adão: A mulher que me deste por companheira, ela me deu da árvore, e comi.

¹³E disse o SENHOR Deus à mulher: Por que fizeste isto? E disse a mulher: A serpente me enganou, e eu comi.

¹⁴Então o SENHOR Deus disse à serpente: Porquanto fizeste isto, maldita serás mais que toda a fera, e mais que todos os animais do campo; sobre o teu ventre andarás, e pó comerás todos os dias da tua vida.

¹⁵E porei inimizade entre ti e a mulher, e entre a tua semente e a sua semente; esta te ferirá a cabeça, e tu lhe ferirás o calcanhar.

¹⁶E à mulher disse: Multiplicarei grandemente a tua dor, e a tua conceição; com dor darás à luz filhos; e o teu desejo será para o teu marido, e ele te dominará.

¹⁷E a Adão disse: Porquanto deste ouvidos à voz de tua mulher, e comeste da árvore de que te ordenei, dizendo: Não comerás dela, maldita é a terra por causa de ti; com dor comerás dela todos os dias da tua vida.

¹⁸Espinhos, e cardos também, te produzirá; e comerás a erva do campo.

¹⁹No suor do teu rosto comerás o teu pão, até que te tornes à terra; porque dela foste tomado; porquanto és pó e em pó te tornarás.

²⁰E chamou Adão o nome de sua mulher Eva; porquanto era a mãe de todos os viventes.

²¹E fez o SENHOR Deus a Adão e à sua mulher túnicas de peles, e os vestiu.

²²Então disse o SENHOR Deus: Eis que o homem

é como um de nós, sabendo o bem e o mal; ora, para que não estenda a sua mão, e tome também da árvore da vida, e coma e viva eternamente,

²³O Senhor Deus, pois, o lançou fora do jardim do Éden, para lavrar a terra de que fora tomado.

²⁴E havendo lançado fora o homem, pôs querubins ao oriente do jardim do Éden, e uma espada inflamada que andava ao redor, para guardar o caminho da árvore da vida.

O nascimento de Caim e Abel

4 E CONHECEU Adão a Eva, sua mulher, e ela concebeu e deu à luz a Caim, e disse: Alcancei do Senhor um homem.

²E deu à luz mais a seu irmão Abel; e Abel foi pastor de ovelhas, e Caim foi lavrador da terra.

³E aconteceu ao cabo de dias que Caim trouxe do fruto da terra uma oferta ao Senhor.

⁴E Abel também trouxe dos primogênitos das suas ovelhas, e da sua gordura; e atentou o Senhor para Abel e para a sua oferta.

⁵Mas para Caim e para a sua oferta não atentou. E irou-se Caim fortemente, e descaiu-lhe o semblante.

⁶E o Senhor disse a Caim: Por que te iraste? E por que descaiu o teu semblante?

⁷Se bem fizeres, não é certo que serás aceito? E se não fizeres bem, o pecado jaz à porta, e sobre ti será o seu desejo, mas sobre ele deves dominar.

O primeiro homicídio

⁸E falou Caim com o seu irmão Abel; e sucedeu que, estando eles no campo, se levantou Caim contra o seu irmão Abel, e o matou.

⁹E disse o Senhor a Caim: Onde está Abel, teu irmão? E ele disse: Não sei; sou eu guardador do meu irmão?

¹⁰E disse Deus: Que fizeste? A voz do sangue do teu irmão clama a mim desde a terra.

¹¹E agora maldito és tu desde a terra, que abriu a sua boca para receber da tua mão o sangue do teu irmão.

¹²Quando lavrares a terra, não te dará mais a sua força; fugitivo e vagabundo serás na terra.

¹³Então disse Caim ao Senhor: É maior a minha maldade que a que possa ser perdoada.

¹⁴Eis que hoje me lanças da face da terra, e da tua face me esconderei; e serei fugitivo e vagabundo na terra, e será que todo aquele que me achar, me matará.

¹⁵O Senhor, porém, disse-lhe: Portanto qualquer que matar a Caim, sete vezes será castigado. E pôs o Senhor um sinal em Caim, para que o não ferisse qualquer que o achasse.

¹⁶E saiu Caim de diante da face do Senhor, e habitou na terra de Node, do lado oriental do Éden.

¹⁷E conheceu Caim a sua mulher, e ela concebeu, e deu à luz a Enoque; e ele edificou uma cidade, e chamou o nome da cidade conforme o nome de seu filho Enoque;

¹⁸E a Enoque nasceu Irade, e Irade gerou a Meujael, e Meujael gerou a Metusael e Metusael gerou a Lameque.

¹⁹E tomou Lameque para si duas mulheres; o nome de uma era Ada, e o nome da outra, Zilá.

²⁰E Ada deu à luz a Jabal; este foi o pai dos que habitam em tendas e *têm* gado.

²¹E o nome do seu irmão era Jubal; este foi o pai de todos os que tocam harpa e órgão.

²²E Zilá também deu à luz a Tubalcaim, mestre de toda a obra de cobre e ferro; e a irmã de Tubalcaim *foi* Noema.

²³E disse Lameque a suas mulheres Ada e Zilá: Ouvi a minha voz; vós, mulheres de Lameque, escutai as minhas palavras; porque eu matei um homem por me ferir, e um jovem por me pisar.

²⁴Porque sete vezes Caim será castigado; mas Lameque setenta vezes sete.

O nascimento de Sete

²⁵E tornou Adão a conhecer a sua mulher; e ela deu à luz um filho, e chamou o seu nome Sete; porque, disse ela, Deus me deu outro filho em lugar de Abel; porquanto Caim o matou.

²⁶E a Sete também nasceu um filho; e chamou o seu nome Enos; então se começou a invocar o nome do Senhor.

A genealogia de Sete

5 ESTE é o livro das gerações de Adão. No dia em que Deus criou o homem, à semelhança de Deus o fez.

²Homem e mulher os criou; e os abençoou e chamou o seu nome Adão, no dia em que foram criados.

³E Adão viveu cento e trinta anos, e gerou *um filho* à sua semelhança, conforme a sua imagem, e pôs-lhe o nome de Sete.

⁴E foram os dias de Adão, depois que gerou a Sete, oitocentos anos, e gerou filhos e filhas.

⁵E foram todos os dias que Adão viveu, novecentos e trinta anos, e morreu.

⁶E viveu Sete cento e cinco anos, e gerou a Enos.

⁷E viveu Sete, depois que gerou a Enos, oitocentos e sete anos, e gerou filhos e filhas.

⁸E foram todos os dias de Sete novecentos e doze anos, e morreu.

⁹E viveu Enos noventa anos, e gerou a Cainã.

¹⁰E viveu Enos, depois que gerou a Cainã, oitocentos e quinze anos, e gerou filhos e filhas.

¹¹E foram todos os dias de Enos novecentos e cinco anos, e morreu.

¹²E viveu Cainã setenta anos, e gerou a Maalalel.

¹³E viveu Cainã, depois que gerou a Maalalel, oitocentos e quarenta anos, e gerou filhos e filhas.

¹⁴E foram todos os dias de Cainã novecentos e dez anos, e morreu.

¹⁵E viveu Maalalel sessenta e cinco anos, e gerou a Jerede.

¹⁶E viveu Maalalel, depois que gerou a Jerede, oitocentos e trinta anos, e gerou filhos e filhas.

¹⁷E foram todos os dias de Maalalel oitocentos e noventa e cinco anos, e morreu.

GÊNESIS 5.18

¹⁸E viveu Jerede cento e sessenta e dois anos, e gerou a Enoque.

¹⁹E viveu Jerede, depois que gerou a Enoque, oitocentos anos, e gerou filhos e filhas.

²⁰E foram todos os dias de Jerede novecentos e sessenta e dois anos, e morreu.

²¹E viveu Enoque sessenta e cinco anos, e gerou a Matusalém.

²²E andou Enoque com Deus, depois que gerou a Matusalém, trezentos anos, e gerou filhos e filhas.

²³E foram todos os dias de Enoque trezentos e sessenta e cinco anos.

²⁴E andou Enoque com Deus; e não apareceu *mais*, porquanto Deus *para si* o tomou.

²⁵E viveu Matusalém cento e oitenta e sete anos, e gerou a Lameque.

²⁶E viveu Matusalém, depois que gerou a Lameque, setecentos e oitenta e dois anos, e gerou filhos e filhas.

²⁷E foram todos os dias de Matusalém novecentos e sessenta e nove anos, e morreu.

²⁸E viveu Lameque cento e oitenta e dois anos, e gerou um filho,

²⁹A quem chamou Noé, dizendo: Este nos consolará acerca de nossas obras e do trabalho de nossas mãos, por causa da terra que o SENHOR amaldiçoou.

³⁰E viveu Lameque, depois que gerou a Noé, quinhentos e noventa e cinco anos, e gerou filhos e filhas.

³¹E foram todos os dias de Lameque setecentos e setenta e sete anos, e morreu.

³²E era Noé da idade de quinhentos anos, e gerou Noé a Sem, Cão e Jafé.

A corrupção geral do gênero humano

6 E ACONTECEU que, como os homens começaram a multiplicar-se sobre a face da terra, e lhes nasceram filhas,

²Viram os filhos de Deus que as filhas dos homens eram formosas; e tomaram para si mulheres de todas as que escolheram.

³Então disse o SENHOR: Não contenderá o meu Espírito para sempre com o homem; porque ele também é carne; porém os seus dias serão cento e vinte anos.

⁴Havia naqueles dias gigantes na terra; e também depois, quando os filhos de Deus entraram às filhas dos homens e *delas* geraram *filhos;* estes *eram* os valentes que houve na antiguidade, os homens de fama.

⁵E viu o SENHOR que a maldade do homem se multiplicara sobre a terra e que toda a imaginação dos pensamentos de seu coração era só má continuamente.

⁶Então arrependeu-se o SENHOR de haver feito o homem sobre a terra e pesou-lhe em seu coração.

⁷E disse o SENHOR: Destruirei o homem que criei de sobre a face da terra, desde o homem até ao animal, até ao réptil, e até à ave dos céus; porque me arrependo de os haver feito.

⁸Noé, porém, achou graça aos olhos do SENHOR.

⁹Estas *são* as gerações de Noé. Noé era homem justo e perfeito em suas gerações; Noé andava com Deus.

¹⁰E gerou Noé três filhos: Sem, Cão e Jafé.

¹¹A terra, porém, estava corrompida diante da face de Deus; e encheu-se a terra de violência.

¹²E viu Deus a terra, e eis que estava corrompida; porque toda a carne havia corrompido o seu caminho sobre a terra.

Deus anuncia o dilúvio a Noé

¹³Então disse Deus a Noé: O fim de toda a carne é vindo perante a minha face; porque a terra está cheia de violência; e eis que os desfarei com a terra.

¹⁴Faze para ti uma arca da madeira de gofer; farás compartimentos na arca e a betumarás por dentro e por fora com betume.

¹⁵E desta maneira a farás: De trezentos côvados o comprimento da arca, e de cinquenta côvados a sua largura, e de trinta côvados a sua altura.

¹⁶Farás na arca uma janela, e de um côvado a acabarás em cima; e a porta da arca porás ao seu lado; far-lhe-ás *andares*, baixo, segundo e terceiro.

¹⁷Porque eis que eu trago um dilúvio de águas sobre a terra, para desfazer toda a carne em que *há* espírito de vida debaixo dos céus; tudo o que há na terra expirará.

¹⁸Mas contigo estabelecerei a minha aliança; e entrarás na arca, tu e os teus filhos, tua mulher e as mulheres de teus filhos contigo.

¹⁹E de tudo o que vive, de toda a carne, dois de cada espécie, farás entrar na arca, para os conservar vivos contigo; macho e fêmea serão.

²⁰Das aves conforme a sua espécie, e dos animais conforme a sua espécie, de todo o réptil da terra conforme a sua espécie, dois de cada *espécie* virão a ti, para os conservar em vida.

²¹E leva contigo de toda a comida que se come e ajunta-a para ti; e te será para mantimento, a ti e a eles.

²²Assim fez Noé; conforme a tudo o que Deus lhe mandou, assim o fez.

Noé e sua família entram na arca

7 DEPOIS disse o SENHOR a Noé: Entra tu e toda a tua casa na arca, porque tenho visto que és justo diante de mim nesta geração.

²De todos os animais limpos tomarás para ti sete *e* sete, o macho e sua fêmea; mas dos animais que não são limpos, dois, o macho e sua fêmea.

³Também das aves dos céus sete *e* sete, macho e fêmea, para conservar em vida sua espécie sobre a face de toda a terra.

⁴Porque, passados ainda sete dias, farei chover sobre a terra quarenta dias e quarenta noites; e desfarei de sobre a face da terra toda a substância que fiz.

⁵E fez Noé conforme a tudo o que o SENHOR lhe ordenara.

⁶E *era* Noé da idade de seiscentos anos, quando o dilúvio das águas veio sobre a terra.

⁷Noé entrou na arca, e com ele seus filhos, sua mulher e as mulheres de seus filhos, por causa das águas do dilúvio.

⁸Dos animais limpos e dos animais que não *são* limpos, e das aves, e de todo o réptil sobre a terra,

⁹Entraram de dois em dois para junto de Noé na arca, macho e fêmea, como Deus ordenara a Noé.

O dilúvio chega

¹⁰E aconteceu que passados sete dias, vieram sobre a terra as águas do dilúvio.

¹¹No ano seiscentos da vida de Noé, no mês segundo, aos dezessete dias do mês, naquele mesmo dia se romperam todas as fontes do grande abismo, e as janelas dos céus se abriram,

¹²E houve chuva sobre a terra quarenta dias e quarenta noites.

¹³E no mesmo dia entraram na arca Noé, seus filhos Sem, Cão e Jafé, sua mulher e as três mulheres de seus filhos.

¹⁴Eles, e todo o animal conforme a sua espécie, e todo o gado conforme a sua espécie, e todo o réptil que se arrasta sobre a terra conforme a sua espécie, e toda a ave conforme a sua espécie, pássaros de toda qualidade.

¹⁵E de toda a carne, em que havia espírito de vida, entraram de dois em dois para junto de Noé na arca.

¹⁶E os que entraram eram macho e fêmea de toda a carne, como Deus lhe tinha ordenado; e o Senhor o fechou dentro.

¹⁷E durou o dilúvio quarenta dias sobre a terra, e cresceram as águas e levantaram a arca, e ela se elevou sobre a terra.

¹⁸E prevaleceram as águas e cresceram grandemente sobre a terra; e a arca andava sobre a face das águas.

¹⁹E as águas prevaleceram excessivamente sobre a terra; e todos os altos montes que *havia* debaixo de todo o céu, foram cobertos.

²⁰Quinze côvados acima prevaleceram as águas; e os montes foram cobertos.

²¹E expirou toda a carne que se movia sobre a terra, tanto de ave como de gado e de feras, e de todo o réptil que se arrasta sobre a terra, e todo o homem.

²²Tudo o que *tinha* fôlego de espírito de vida em suas narinas, tudo o que *havia* em *terra* seca, morreu.

²³Assim foi destruído todo o ser vivente que havia sobre a face da terra, desde o homem até ao animal, até ao réptil, e até à ave dos céus; e foram extintos da terra; e ficou somente Noé, e os que com ele *estavam* na arca.

²⁴E prevaleceram as águas sobre a terra cento e cinquenta dias.

As águas do dilúvio diminuem

8 E LEMBROU-SE Deus de Noé, e de todos os seres viventes, e de todo o gado que *estavam* com ele na arca; e Deus fez passar um vento sobre a terra, e aquietaram-se as águas.

²Cerraram-se também as fontes do abismo e as janelas dos céus, e a chuva dos céus deteve-se.

³E as águas iam-se escoando continuamente de sobre a terra, e ao fim de cento e cinquenta dias minguaram.

⁴E a arca repousou no sétimo mês, no dia dezessete do mês, sobre os montes de Ararate.

⁵E foram as águas indo e minguando até ao décimo mês; no décimo mês, no primeiro dia do mês, apareceram os cumes dos montes.

⁶E aconteceu que ao cabo de quarenta dias, abriu Noé a janela da arca que tinha feito.

Noé solta um corvo e também uma pomba

⁷E soltou um corvo, que saiu, indo e voltando, até que as águas se secaram de sobre a terra.

⁸Depois soltou uma pomba, para ver se as águas tinham minguado de sobre a face da terra.

⁹A pomba, porém, não achou repouso para a planta do seu pé, e voltou a ele para a arca; porque as águas *estavam* sobre a face de toda a terra; e ele estendeu a sua mão, e tomou-a, e recolheu--a consigo na arca.

¹⁰E esperou ainda outros sete dias, e tornou a enviar a pomba fora da arca.

¹¹E a pomba voltou a ele à tarde; e eis, arrancada, uma folha de oliveira no seu bico; e conheceu Noé que as águas tinham minguado de sobre a terra.

¹²Então esperou ainda outros sete dias, e enviou fora a pomba; mas não tornou mais a ele.

¹³E aconteceu *que* no ano seiscentos e um, no *mês* primeiro, no primeiro *dia* do mês, as águas se secaram de sobre a terra. Então Noé tirou a cobertura da arca, e olhou, e eis que a face da terra estava enxuta.

¹⁴E no segundo mês, aos vinte e sete dias do mês, a terra estava seca.

Noé e sua família saem da arca

¹⁵Então falou Deus a Noé dizendo:

¹⁶Sai da arca, tu com tua mulher, e teus filhos e as mulheres de teus filhos.

¹⁷Todo o animal que *está* contigo, de toda a carne, de ave, e de gado, e de todo o réptil que se arrasta sobre a terra, traze fora contigo; e povoem abundantemente a terra e frutifiquem, e se multipliquem sobre a terra.

¹⁸Então saiu Noé, e seus filhos, e sua mulher, e as mulheres de seus filhos com ele.

¹⁹Todo o animal, todo o réptil, e toda a ave, e tudo o que se move sobre a terra, conforme as suas famílias, saiu para fora da arca.

²⁰E edificou Noé um altar ao Senhor; e tomou de todo o animal limpo e de toda a ave limpa, e ofereceu holocausto sobre o altar.

²¹E o Senhor sentiu o suave cheiro, e o Senhor disse em seu coração: Não tornarei mais a amaldiçoar a terra por causa do homem; porque a imaginação do coração do homem *é* má desde a sua

GÊNESIS 8.22

meninice, nem tornarei mais a ferir todo o vivente, como fiz.

²²Enquanto a terra durar, sementeira e sega, e frio e calor, e verão e inverno, e dia e noite, não cessarão.

A aliança que Deus fez com Noé e com todo o gênero humano

9 E ABENÇOOU Deus a Noé e a seus filhos, e disse-lhes: Frutificai e multiplicai-vos e enchei a terra.

²E o temor de vós e o pavor de vós virão sobre todo o animal da terra, e sobre toda a ave dos céus; tudo o que se move sobre a terra, e todos os peixes do mar, nas vossas mãos são entregues.

³Tudo quanto se move, que é vivente, será para vosso mantimento; tudo vos tenho dado como a erva verde.

⁴A carne, porém, com sua vida, *isto é*, com seu sangue, não comereis.

⁵Certamente requererei o vosso sangue, *o sangue* das vossas vidas; da mão de todo o animal o requererei; como também da mão do homem, e da mão do irmão de cada um requererei a vida do homem.

⁶Quem derramar o sangue do homem, pelo homem o seu sangue será derramado; porque Deus fez o homem conforme a *sua* imagem.

⁷Mas vós frutificai e multiplicai-vos; povoai abundantemente a terra, e multiplicai-vos nela.

⁸E falou Deus a Noé e a seus filhos com ele, dizendo:

⁹E eu, eis que estabeleço a minha aliança convosco e com a vossa descendência depois de vós.

¹⁰E com toda a alma vivente, que convosco está, de aves, de gado, e de todo o animal da terra convosco; com todos que saíram da arca, até todo o animal da terra.

¹¹E eu convosco estabeleço a minha aliança, que não será mais destruída toda a carne pelas águas do dilúvio, e que não haverá mais dilúvio, para destruir a terra.

¹²E disse Deus: Este *é* o sinal da aliança que ponho entre mim e vós, e entre toda a alma vivente, que está convosco, por gerações eternas.

¹³O meu arco tenho posto nas nuvens; este será por sinal da aliança entre mim e a terra.

¹⁴E acontecerá que, quando eu trouxer nuvens sobre a terra, aparecerá o arco nas nuvens.

¹⁵Então me lembrarei da minha aliança, que está entre mim e vós, e entre toda a alma vivente de toda a carne; e as águas não se tornarão mais em dilúvio para destruir toda a carne.

¹⁶E estará o arco nas nuvens, e eu o verei, para me lembrar da aliança eterna entre Deus e toda a alma vivente de toda a carne, que *está* sobre a terra.

¹⁷E disse Deus a Noé: Este é o sinal da aliança que tenho estabelecido entre mim e entre toda a carne, que *está* sobre a terra.

¹⁸E os filhos de Noé, que da arca saíram, foram Sem, Cão e Jafé; e Cão *é* o pai de Canaã.

¹⁹Estes três *foram* os filhos de Noé; e destes se povoou toda a terra.

Noé planta uma vinha

²⁰E começou Noé a ser lavrador da terra, e plantou uma vinha.

²¹E bebeu do vinho, e embebedou-se; e descobriu-se no meio de sua tenda.

²²E viu Cão, o pai de Canaã, a nudez do seu pai, e fê-lo saber a ambos seus irmãos no lado de fora.

²³Então tomaram Sem e Jafé uma capa, e puseram-na sobre ambos os seus ombros, e indo virados para trás, cobriram a nudez do seu pai, e os seus rostos estavam virados, de maneira que não viram a nudez do seu pai.

²⁴E despertou Noé do seu vinho, e soube o que seu filho menor lhe fizera.

²⁵E disse: Maldito seja Canaã; servo dos servos seja aos seus irmãos.

²⁶E disse: Bendito seja o SENHOR Deus de Sem; e seja-lhe Canaã por servo.

²⁷Alargue Deus a Jafé, e habite nas tendas de Sem; e seja-lhe Canaã por servo.

²⁸E viveu Noé, depois do dilúvio, trezentos e cinquenta anos.

²⁹E foram todos os dias de Noé novecentos e cinquenta anos, e morreu.

Os descendentes de Noé

10 ESTAS, pois, são as gerações dos filhos de Noé: Sem, Cão e Jafé; e nasceram-lhes filhos depois do dilúvio.

²Os filhos de Jafé *são:* Gomer, Magogue, Madai, Javã, Tubal, Meseque e Tiras.

³E os filhos de Gomer *são:* Asquenaz, Rifate e Togarma.

⁴E os filhos de Javã *são:* Elisá, Társis, Quitim e Dodanim.

⁵Por estes foram repartidas as ilhas dos gentios nas suas terras, cada qual segundo a sua língua, segundo as suas famílias, entre as suas nações.

⁶E os filhos de Cão *são:* Cuxe, Mizraim, Pute e Canaã.

⁷E os filhos de Cuxe *são:* Sebá, Havilá, Sabtá, Raamá e Sabtecá; e os filhos de Raamá: Sebá e Dedã.

⁸E Cuxe gerou a Ninrode; este começou a ser poderoso na terra.

⁹E este foi poderoso caçador diante da face do SENHOR; por isso se diz: Como Ninrode, poderoso caçador diante do SENHOR.

¹⁰E o princípio do seu reino foi Babel, Ereque, Acade e Calné, na terra de Sinar.

¹¹Desta mesma terra saiu à Assíria e edificou a Nínive, Reobote-Ir, Calá,

¹²E Resen, entre Nínive e Calá (esta é a grande cidade).

¹³E Mizraim gerou a Ludim, a Anamim, a Leabim, a Naftuim,

¹⁴A Patrusim e a Casluim (donde saíram os filisteus) e a Caftorim.

¹⁵E Canaã gerou a Sidom, seu primogênito, e a Hete;

¹⁶E ao jebuseu, ao amorreu, ao girgaseu,

¹⁷E ao heveu, ao arqueu, ao sineu,

¹⁸E ao arvadeu, ao zemareu, e ao hamateu, e depois se espalharam as famílias dos cananeus.

¹⁹E foi o termo dos cananeus desde Sidom, indo para Gerar, até Gaza; indo para Sodoma e Gomorra, Admá e Zeboim, até Lasa.

²⁰Estes são os filhos de Cão segundo as suas famílias, segundo as suas línguas, em suas terras, em suas nações.

²¹E a Sem nasceram *filhos*, e ele *é* o pai de todos os filhos de Éber, o irmão mais velho de Jafé.

²²Os filhos de Sem *são*: Elão, Assur, Arfaxade, Lude e Arã.

²³E os filhos de Arã *são*: Uz, Hul, Geter e Más.

²⁴E Arfaxade gerou a Selá; e Selá gerou a Éber.

²⁵E a Éber nasceram dois filhos: o nome de um *foi* Pelegue, porquanto em seus dias se repartiu a terra, e o nome do seu irmão foi Joctã.

²⁶E Joctã gerou a Almodá, a Selefe, a Hazarmavé, a Jerá,

²⁷A Hadorão, a Usal, a Dicla,

²⁸A Obal, a Abimael, a Sebá,

²⁹A Ofir, a Havilá e a Jobabe; todos estes foram filhos de Joctã.

³⁰E foi a sua habitação desde Messa, indo para Sefar, montanha do oriente.

³¹Estes são os filhos de Sem segundo as suas famílias, segundo as suas línguas, nas suas terras, segundo as suas nações.

³²Estas são as famílias dos filhos de Noé segundo as suas gerações, nas suas nações; e destes foram divididas as nações na terra depois do dilúvio.

Toda a terra com uma mesma língua

11 E ERA toda a terra de uma mesma língua e de uma mesma fala.

²E aconteceu que, partindo eles do oriente, acharam um vale na terra de Sinar; e habitaram ali.

³E disseram uns aos outros: Eia, façamos tijolos e queimemo-los bem. E foi-lhes o tijolo por pedra, e o betume por cal.

⁴E disseram: Eia, edifiquemos nós uma cidade e uma torre cujo cume toque nos céus, e façamo-nos um nome, para que não sejamos espalhados sobre a face de toda a terra.

⁵Então desceu o SENHOR para ver a cidade e a torre que os filhos dos homens edificavam;

⁶e o SENHOR disse: Eis que o povo é um, e todos têm uma mesma língua; e isto é o que começam a fazer; e agora, não haverá restrição para tudo o que eles intentarem fazer.

A confusão das línguas

⁷Eia, desçamos e confundamos ali a sua língua, para que não entenda um a língua do outro.

⁸Assim o SENHOR os espalhou dali sobre a face de toda a terra; e cessaram de edificar a cidade.

⁹Por isso se chamou o seu nome Babel, porquanto ali confundiu o SENHOR a língua de toda a terra, e dali os espalhou o SENHOR sobre a face de toda a terra.

¹⁰Estas são as gerações de Sem: Sem era da idade de cem anos e gerou a Arfaxade, dois anos depois do dilúvio.

¹¹E viveu Sem, depois que gerou a Arfaxade, quinhentos anos, e gerou filhos e filhas.

¹²E viveu Arfaxade trinta e cinco anos, e gerou a Selá.

¹³E viveu Arfaxade depois que gerou a Selá, quatrocentos e três anos, e gerou filhos e filhas.

¹⁴E viveu Selá trinta anos, e gerou a Éber;

¹⁵E viveu Selá, depois que gerou a Éber, quatrocentos e três anos, e gerou filhos e filhas.

¹⁶E viveu Éber trinta e quatro anos, e gerou a Pelegue.

¹⁷E viveu Éber, depois que gerou a Pelegue, quatrocentos e trinta anos, e gerou filhos e filhas.

¹⁸E viveu Pelegue trinta anos, e gerou a Reú.

¹⁹E viveu Pelegue, depois que gerou a Reú, duzentos e nove anos, e gerou filhos e filhas.

²⁰E viveu Reú trinta e dois anos, e gerou a Serugue.

²¹E viveu Reú, depois que gerou a Serugue, duzentos e sete anos, e gerou filhos e filhas.

²²E viveu Serugue trinta anos, e gerou a Naor.

²³E viveu Serugue, depois que gerou a Naor, duzentos anos, e gerou filhos e filhas.

²⁴E viveu Naor vinte e nove anos, e gerou a Terá.

²⁵E viveu Naor, depois que gerou a Terá, cento e dezenove anos, e gerou filhos e filhas.

²⁶E viveu Terá setenta anos, e gerou a Abrão, a Naor, e a Harã.

²⁷E estas são as gerações de Terá: Terá gerou a Abrão, a Naor, e a Harã; e Harã gerou a Ló.

²⁸E morreu Harã estando seu pai Terá ainda vivo, na terra do seu nascimento, em Ur dos caldeus.

²⁹E tomaram Abrão e Naor mulheres para si: o nome da mulher de Abrão era Sarai, e o nome da mulher de Naor era Milca, filha de Harã, pai de Milca e pai de Iscá.

³⁰E Sarai foi estéril, não tinha filhos.

³¹E tomou Terá a Abrão seu filho, e a Ló, filho de Harã, filho de seu filho, e a Sarai sua nora, mulher de seu filho Abrão, e saiu com eles de Ur dos caldeus, para ir à terra de Canaã; e vieram até Harã, e habitaram ali.

³²E foram os dias de Terá duzentos e cinco anos, e morreu Terá em Harã.

Deus chama Abrão e lhe faz promessas

12 ORA, o SENHOR disse a Abrão: Sai-te da tua terra, da tua parentela e da casa de teu pai, para a terra que eu te mostrarei.

²E far-te-ei uma grande nação, e abençoar-te-ei e engrandecerei o teu nome; e *tu* serás uma bênção.

³E abençoarei os que te abençoarem, e amaldiçoarei os que te amaldiçoarem; e em ti serão benditas todas as famílias da terra.

GÊNESIS 12.4

⁴Assim partiu Abrão como o SENHOR lhe tinha dito, e foi Ló com ele; e era Abrão da idade de setenta e cinco anos quando saiu de Harã.

⁵E tomou Abrão a Sarai, sua mulher, e a Ló, filho de seu irmão, e todos os bens que haviam adquirido, e as almas que lhe acresceram em Harã; e saíram para irem à terra de Canaã; e chegaram à terra de Canaã.

⁶E passou Abrão por aquela terra até ao lugar de Siquém, até ao carvalho de Moré; e *estavam* então os cananeus na terra.

⁷E apareceu o SENHOR a Abrão, e disse: À tua descendência darei esta terra. E edificou ali um altar ao SENHOR, que lhe aparecera.

⁸E moveu-se dali para a montanha do lado oriental de Betel, e armou a sua tenda, *tendo* Betel ao ocidente, e Ai ao oriente; e edificou ali um altar ao SENHOR, e invocou o nome do SENHOR.

⁹Depois caminhou Abrão *dali,* seguindo ainda para o lado do sul.

Abrão desce ao Egito

¹⁰E havia fome naquela terra; e desceu Abrão ao Egito, para peregrinar ali, porquanto a fome era grande na terra.

¹¹E aconteceu que, chegando ele para entrar no Egito, disse a Sarai, sua mulher: Ora, bem sei que és mulher formosa à vista;

¹²E será que, quando os egípcios te virem, dirão: Esta é sua mulher. E matar-me-ão a mim, e a ti te guardarão em vida.

¹³Dize, peço-te, *que* és minha irmã, para que me vá bem por tua causa, e que viva a minha alma por amor de ti.

¹⁴E aconteceu que, entrando Abrão no Egito, viram os egípcios a mulher, que era mui formosa.

¹⁵E viram-na os príncipes de Faraó, e gabaram-na diante de Faraó; e foi a mulher tomada para a casa de Faraó.

¹⁶E fez bem a Abrão por amor dela; e ele teve ovelhas, vacas, jumentos, servos e servas, jumentas e camelos.

¹⁷Feriu, porém, o SENHOR a Faraó e a sua casa, com grandes pragas, por causa de Sarai, mulher de Abrão.

¹⁸Então chamou Faraó a Abrão, e disse: Que é isto *que* me fizeste? Por que não me disseste que ela *era* tua mulher?

¹⁹Por que disseste: É minha irmã? Por isso a tomei por minha mulher; agora, pois, eis aqui tua mulher; toma-*a* e vai-te.

²⁰E Faraó deu ordens aos seus homens a respeito dele; e acompanharam-no, a ele, e a sua mulher, e a tudo o que tinha.

Abrão volta do Egito

13 SUBIU, pois, Abrão do Egito para o lado do sul, ele e sua mulher, e tudo o que tinha, e com ele Ló.

²E *era* Abrão muito rico em gado, em prata e em ouro.

³E fez as suas jornadas do sul até Betel, até ao lugar onde a princípio estivera a sua tenda, entre Betel e Ai;

⁴Até ao lugar do altar que outrora ali tinha feito; e Abrão invocou ali o nome do SENHOR.

⁵E também Ló, que ia com Abrão, tinha rebanhos, gado e tendas.

⁶E não tinha capacidade a terra para *poderem* habitar juntos; porque os seus bens eram muitos; de maneira que não podiam habitar juntos.

Abrão e Ló separam-se

⁷E houve contenda entre os pastores do gado de Abrão e os pastores do gado de Ló; e os cananeus e os perizeus habitavam então na terra.

⁸E disse Abrão a Ló: Ora, não haja contenda entre mim e ti, e entre os meus pastores e os teus pastores, porque *somos* irmãos.

⁹Não está toda a terra diante de ti? Eia, pois, aparta-te de mim; e se *escolheres* a esquerda, irei para a direita; e se a direita *escolheres,* eu irei para a esquerda.

¹⁰E levantou Ló os seus olhos, e viu toda a campina do Jordão, que *era* toda bem regada, antes do SENHOR ter destruído Sodoma e Gomorra, e *era* como o jardim do SENHOR, como a terra do Egito, quando se entra em Zoar.

¹¹Então Ló escolheu para si toda a campina do Jordão, e partiu Ló para o oriente, e apartaram-se um do outro.

¹²Habitou Abrão na terra de Canaã e Ló habitou nas cidades da campina, e armou as suas tendas até Sodoma.

¹³Ora, *eram* maus os homens de Sodoma, e grandes pecadores contra o SENHOR.

¹⁴E disse o SENHOR a Abrão, depois que Ló se apartou dele: Levanta agora os teus olhos, e olha desde o lugar onde estás, para o lado do norte, e do sul, e do oriente, e do ocidente;

¹⁵Porque toda esta terra que vês, te hei de dar a ti, e à tua descendência, para sempre.

¹⁶E farei a tua descendência como o pó da terra; de maneira que se alguém puder contar o pó da terra, também a tua descendência será contada.

¹⁷Levanta-te, percorre essa terra, no seu comprimento e na sua largura; porque a ti a darei.

¹⁸E Abrão mudou as suas tendas, e foi, e habitou nos carvalhais de Manre, que estão junto a Hebrom; e edificou ali um altar ao SENHOR.

Guerra de quatro reis contra cinco

14 E ACONTECEU nos dias de Anrafel, rei de Sinar, Arioque, rei de Elasar, Quedorlaomer, rei de Elão, e Tidal, rei de Goim,

²Que estes fizeram guerra a Bera, rei de Sodoma, a Birsa, rei de Gomorra, a Sinabe, rei de Admá, e a Semeber, rei de Zeboim, e ao rei de Belá (esta é Zoar).

³Todos estes se ajuntaram no vale de Sidim (que é o Mar Salgado).

⁴Doze anos haviam servido a Quedorlaomer, mas ao décimo terceiro ano rebelaram-se.

⁵E ao décimo quarto ano veio Quedorlaomer, e

os reis que estavam com ele, e feriram aos refains em Asterote-Carnaim, e aos zuzins em Hã, e aos emins em Savé-Quiriataim,

⁶E aos horeus no seu monte Seir, até El-Parã que *está* junto ao deserto.

⁷Depois tornaram e vieram a En-Mispate (que é Cades), e feriram toda a terra dos amalequitas, e também aos amorreus, que habitavam em Hazazom-Tamar.

⁸Então saiu o rei de Sodoma, e o rei de Gomorra, e o rei de Admá, e o rei de Zeboim, e o rei de Belá (esta é Zoar), e ordenaram batalha contra eles no vale de Sidim,

⁹Contra Quedorlaomer, rei de Elão, e Tidal, rei de Goim, e Anrafel, rei de Sinar, e Arioque, rei de Elasar; quatro reis contra cinco.

¹⁰E o vale de Sidim estava cheio de poços de betume; e fugiram os reis de Sodoma e de Gomorra, e caíram ali; e os restantes fugiram para um monte.

¹¹E tomaram todos os bens de Sodoma, e de Gomorra, e todo o seu mantimento e foram-se.

Ló é levado cativo

¹²Também tomaram a Ló, que habitava em Sodoma, filho do irmão de Abrão, e os seus bens, e foram-se.

¹³Então veio um, que escapara, e o contou a Abrão, o hebreu; ele habitava junto dos carvalhais de Manre, o amorreu, irmão de Escol, e irmão de Aner; eles eram confederados de Abrão.

¹⁴Ouvindo, pois, Abrão que o seu irmão estava preso, armou os seus criados, nascidos em sua casa, trezentos e dezoito, e os perseguiu até Dã.

¹⁵E dividiu-se contra eles de noite, ele e os seus criados, e os feriu, e os perseguiu até Hobá, que *fica* à esquerda de Damasco.

¹⁶E tornou a trazer todos os seus bens, e tornou a trazer também a Ló, seu irmão, e os seus bens, e também as mulheres, e o povo.

¹⁷E o rei de Sodoma saiu-lhe ao encontro (depois que voltou de ferir a Quedorlaomer e aos reis que *estavam* com ele) até ao Vale de Savé, que *é* o vale do rei.

Melquisedeque abençoa Abrão

¹⁸E Melquisedeque, rei de Salém, trouxe pão e vinho; e *era* este sacerdote do Deus Altíssimo.

¹⁹E abençoou-o, e disse: Bendito *seja* Abrão pelo Deus Altíssimo, o Possuidor dos céus e da terra;

²⁰E bendito *seja* o Deus Altíssimo, que entregou os teus inimigos nas tuas mãos. E Abrão deu-lhe o dízimo de tudo.

²¹E o rei de Sodoma disse a Abrão: Dá-me a mim as pessoas, e os bens toma para ti.

²²Abrão, porém, disse ao rei de Sodoma: Levantei minha mão ao Senhor, o Deus Altíssimo, o Possuidor dos céus e da terra,

²³Jurando que desde um fio até à correia de um sapato, não *tomarei* coisa alguma de tudo o que é teu; para que não digas: Eu enriqueci a Abrão;

²⁴Salvo *tão* somente o que os jovens comeram, e a parte *que toca* aos homens que comigo foram, Aner, Escol e Manre; estes que tomem a sua parte.

Deus anima Abrão e promete-lhe um filho

15 DEPOIS destas coisas veio a palavra do Senhor a Abrão em visão, dizendo: Não temas, Abrão, eu sou o teu escudo, o teu grandíssimo galardão.

²Então disse Abrão: Senhor Deus, que me hás de dar, pois ando sem filhos, e o mordomo da minha casa é o damasceno Eliézer?

³Disse mais Abrão: Eis que não me tens dado filhos, e eis que um nascido na minha casa será o meu herdeiro.

⁴E eis que *veio* a palavra do Senhor a ele dizendo: Este não será o teu herdeiro; mas aquele que de tuas entranhas sair, este será o teu herdeiro.

⁵Então o levou fora, e disse: Olha agora para os céus, e conta as estrelas, se as podes contar. E disse-lhe: Assim será a tua descendência.

⁶E creu ele no Senhor, e imputou-lhe isto *por* justiça.

⁷Disse-lhe mais: Eu *sou* o Senhor, que te tirei de Ur dos caldeus, para dar-te a ti esta terra, para herdá-la.

⁸E disse ele: Senhor Deus, como saberei que hei de herdá-la?

⁹E disse-lhe: Toma-me uma bezerra de três anos, e uma cabra de três anos, e um carneiro de três anos, uma rola e um pombinho.

¹⁰E trouxe-lhe todos estes, e partiu-os pelo meio, e pôs cada parte deles em frente da outra; mas as aves não partiu.

¹¹E as aves desciam sobre os cadáveres; Abrão, porém, as enxotava.

¹²E pondo-se o sol, um profundo sono caiu sobre Abrão; e eis que grande espanto e grande escuridão caiu sobre ele.

¹³Então disse a Abrão: Saibas, de certo, que peregrina será a tua descendência em terra alheia, e será reduzida à escravidão, e será afligida por quatrocentos anos,

¹⁴Mas também eu julgarei a nação, à qual ela tem de servir, e depois sairá com grande riqueza.

¹⁵E tu irás a teus pais em paz; em boa velhice serás sepultado.

¹⁶E a quarta geração tornará para cá; porque a medida da injustiça dos amorreus não *está* ainda cheia.

Deus faz uma aliança com Abrão

¹⁷E sucedeu que, posto o sol, houve escuridão, e eis um forno de fumaça, e uma tocha de fogo, que passou por aquelas metades.

¹⁸Naquele mesmo dia fez o Senhor uma aliança com Abrão, dizendo: À tua descendência tenho dado esta terra, desde o rio do Egito até ao grande rio Eufrates;

¹⁹E o queneu, e o quenezeu, e o cadmoneu,

²⁰E o heteu, e o perizeu, e os refains,

²¹E o amorreu, e o cananeu, e o girgaseu, e o jebuseu.

GÊNESIS 16.1

Agar é dada por mulher a Abrão

16 ORA Sarai, mulher de Abrão, não lhe dava filhos, e ele tinha uma serva egípcia, cujo nome *era* Agar.

²E disse Sarai a Abrão: Eis que o SENHOR me tem impedido de dar à luz; toma, pois, a minha serva; porventura terei filhos dela. E ouviu Abrão a voz de Sarai.

³Assim tomou Sarai, mulher de Abrão, a Agar egípcia, sua serva, e deu-a por mulher a Abrão seu marido, ao fim de dez anos que Abrão habitara na terra de Canaã.

⁴E ele possuiu a Agar, e ela concebeu; e vendo ela que concebera, foi sua senhora desprezada aos seus olhos.

⁵Então disse Sarai a Abrão: Meu agravo *seja* sobre ti; minha serva pus eu em teu regaço; vendo ela agora que concebeu, sou menosprezada aos seus olhos; o SENHOR julgue entre mim e ti.

⁶E disse Abrão a Sarai: Eis que tua serva *está* na tua mão; faze-lhe o que bom *é* aos teus olhos. E afligiu-a Sarai, e ela fugiu de sua face.

⁷E o anjo do SENHOR a achou junto a uma fonte de água no deserto, junto à fonte no caminho de Sur.

⁸E disse: Agar, serva de Sarai, donde vens, e para onde vais? E *ela* disse: Venho fugida da face de Sarai minha senhora.

⁹Então lhe disse o anjo do SENHOR: Torna-te para tua senhora, e humilha-te debaixo de suas mãos.

¹⁰Disse-lhe mais o anjo do SENHOR: Multiplicarei sobremaneira a tua descendência, que não será contada, por numerosa *que* será.

¹¹Disse-lhe também o anjo do SENHOR: Eis que concebeste, e darás à luz um filho, e chamarás o seu nome Ismael; porquanto o SENHOR ouviu a tua aflição.

¹²E ele será homem feroz, e a sua mão *será* contra todos, e a mão de todos contra ele; e habitará diante da face de todos os seus irmãos.

¹³E *ela* chamou o nome do SENHOR, que com ela falava: Tu és Deus que me vê; porque disse: Não olhei eu também aqui para aquele que me vê?

¹⁴Por isso se chama aquele poço de Beer-Laai-Rói; eis que *está* entre Cades e Berede.

¹⁵E Agar deu à luz um filho a Abrão; e Abrão chamou o nome do seu filho que Agar tivera, Ismael.

¹⁶E *era* Abrão da idade de oitenta e seis anos, quando Agar deu à luz Ismael.

Deus muda o nome de Abrão

17 SENDO, pois, Abrão da idade de noventa e nove anos, apareceu o SENHOR a Abrão, e disse-lhe: Eu *sou* o Deus Todo-Poderoso, anda em minha presença e sê perfeito.

²E porei a minha aliança entre mim e ti, e te multiplicarei grandissimamente.

³Então caiu Abrão sobre o seu rosto, e falou Deus com ele, dizendo:

⁴Quanto a mim, eis a minha aliança contigo: serás o pai de muitas nações;

⁵E não se chamará mais o teu nome Abrão, mas Abraão será o teu nome; porque por pai de muitas nações te tenho posto;

⁶E te farei frutificar grandissimamente, e de ti farei nações, e reis sairão de ti;

⁷E estabelecerei a minha aliança entre mim e ti e a tua descendência depois de ti em suas gerações, por aliança perpétua, para te ser a ti por Deus, e à tua descendência depois de ti.

⁸E te darei a ti e à tua descendência depois de ti, a terra de tuas peregrinações, toda a terra de Canaã em perpétua possessão e ser-lhes-ei o seu Deus.

⁹Disse mais Deus a Abraão: Tu, porém, guardarás a minha aliança, tu, e a tua descendência depois de ti, nas suas gerações.

¹⁰Esta é a minha aliança, que guardareis entre mim e vós, e a tua descendência depois de ti: *Que* todo o homem entre vós será circuncidado.

¹¹E circuncidareis a carne do vosso prepúcio; e *isto* será por sinal da aliança entre mim e vós.

¹²O filho de oito dias, pois, será circuncidado, todo o homem nas vossas gerações; o nascido na casa, e o comprado por dinheiro a qualquer estrangeiro, que não *for* da tua descendência.

¹³Com efeito será circuncidado o nascido em tua casa, e o comprado por teu dinheiro; e estará a minha aliança na vossa carne por aliança perpétua.

¹⁴E o homem incircunciso, cuja carne do prepúcio não estiver circuncidada, aquela alma será extirpada do seu povo; quebrou a minha aliança.

Deus muda o nome de Sarai

¹⁵Disse Deus mais a Abraão: A Sarai tua mulher não chamarás *mais* pelo nome de Sarai, mas Sara *será* o seu nome.

¹⁶Porque eu a hei de abençoar, e te darei dela um filho; e a abençoarei, e será *mãe* das nações; reis de povos sairão dela.

¹⁷Então caiu Abraão sobre o seu rosto, e riu-se, e disse no seu coração: A um homem de cem anos há de nascer *um filho*? E dará à luz Sara da idade de noventa anos?

¹⁸E disse Abraão a Deus: Quem dera que viva Ismael diante de teu rosto!

¹⁹E disse Deus: Na verdade, Sara, tua mulher, te dará um filho, e chamarás o seu nome Isaque, e com ele estabelecerei a minha aliança, por aliança perpétua para a sua descendência depois dele.

²⁰E quanto a Ismael, *também* te tenho ouvido; eis aqui o tenho abençoado, e o farei frutificar, e o farei multiplicar grandissimamente; doze príncipes gerará, e dele farei uma grande nação.

²¹A minha aliança, porém, estabelecerei com Isaque, o qual Sara dará à luz neste tempo determinado, no ano seguinte.

²²Ao acabar de falar com Abraão, subiu Deus de diante dele.

A instituição da circuncisão

²³Então tomou Abraão a seu filho Ismael, e a todos os nascidos na sua casa, e a todos os comprados por seu dinheiro, todo o homem entre os

da casa de Abraão; e circuncidou a carne do seu prepúcio, naquele mesmo dia, como Deus falara com ele.

²⁴E *era* Abraão da idade de noventa e nove anos, quando lhe foi circuncidada a carne do seu prepúcio.

²⁵E Ismael, seu filho, *era* da idade de treze anos, quando lhe foi circuncidada a carne do seu prepúcio.

²⁶Naquele mesmo dia foram circuncidados Abraão e Ismael seu filho,

²⁷E todos os homens da sua casa, os nascidos em casa, e os comprados por dinheiro ao estrangeiro, foram circuncidados com ele.

Aparecem três homens a Abraão

18 DEPOIS apareceu-lhe o SENHOR nos carvalhais de Manre, estando ele assentado à porta da tenda, no calor do dia.

²E levantou os seus olhos, e olhou, e eis três homens em pé junto a ele. E vendo-*os*, correu da porta da tenda ao seu encontro e inclinou-se à terra,

³E disse: Meu Senhor, se agora tenho achado graça aos teus olhos, rogo-te que não passes de teu servo.

⁴Que se traga já um pouco de água, e lavai os vossos pés, e recostai-vos debaixo desta árvore;

⁵E trarei um bocado de pão, para que esforceis o vosso coração; depois passareis adiante, porquanto por isso chegastes até vosso servo. E disseram: Assim faze como disseste.

⁶E Abraão apressou-se em ir ter com Sara à tenda, e disse-lhe: Amassa depressa três medidas de flor de farinha, e faze bolos.

⁷E correu Abraão às vacas, e tomou uma vitela tenra e boa, e deu-*a* ao moço, que se apressou em prepará-la.

⁸E tomou manteiga e leite, e a vitela que tinha preparado, e pôs *tudo* diante deles, e ele estava em pé junto a eles debaixo da árvore; e comeram.

⁹E disseram-lhe: Onde *está* Sara, tua mulher? E ele disse: Ei-la *aí* na tenda.

¹⁰E disse: Certamente tornarei a ti por *este* tempo da vida; e eis que Sara tua mulher terá um filho. E Sara escutava à porta da tenda, que *estava alí* às dele.

¹¹E *eram* Abraão e Sara já velhos, *e* adiantados em idade; já a Sara havia cessado o costume das mulheres.

¹²Assim, pois, riu-se Sara consigo, dizendo: Terei *ainda* deleite depois de haver envelhecido, sendo também o meu senhor já velho?

¹³E disse o SENHOR a Abraão: Por que se riu Sara, dizendo: Na verdade darei eu à luz ainda, havendo já envelhecido?

¹⁴Haveria coisa alguma difícil ao SENHOR? Ao tempo determinado tornarei a ti por *este* tempo da vida, e Sara terá um filho.

¹⁵E Sara negou, dizendo: Não me ri; porquanto temeu. E *ele* disse: Não *digas isso,* porque te riste.

¹⁶E levantaram-se aqueles homens dali, e olharam para o lado de Sodoma; e Abraão ia com eles, acompanhando-os.

Deus anuncia a destruição de Sodoma e Gomorra

¹⁷E disse o SENHOR: Ocultarei eu a Abraão o que faço,

¹⁸Visto que Abraão certamente virá a ser uma grande e poderosa nação, e nele serão benditas todas as nações da terra?

¹⁹Porque eu o tenho conhecido, e sei que ele há de ordenar a seus filhos e à sua casa depois dele, para que guardem o caminho do SENHOR, para agir *com* justiça e juízo; para que o SENHOR faça vir sobre Abraão o que acerca dele tem falado.

²⁰Disse mais o SENHOR: Porquanto o clamor de Sodoma e Gomorra se tem multiplicado, e porquanto o seu pecado se tem agravado muito,

²¹Descerei agora, e verei se com efeito têm praticado segundo o seu clamor, que é vindo até mim; e se não, sabê-lo-ei.

²²Então viraram aqueles homens os rostos dali, e foram-se para Sodoma; mas Abraão ficou ainda em pé diante da face do SENHOR.

Abraão intercede por Sodoma

²³E chegou-se Abraão, dizendo: Destruirás também o justo com o ímpio?

²⁴Se porventura houver cinquenta justos na cidade, destruirás também, e não pouparás o lugar por causa dos cinquenta justos que *estão* dentro dela?

²⁵Longe de ti que faças tal coisa, que mates o justo com o ímpio; que o justo seja como o ímpio, longe de ti. Não faria justiça o Juiz de toda a terra?

²⁶Então disse o SENHOR: Se eu em Sodoma achar cinquenta justos dentro da cidade, pouparei a todo o lugar por amor deles.

²⁷E respondeu Abraão dizendo: Eis que agora me atrevi a falar ao Senhor, ainda que *sou* pó e cinza.

²⁸Se porventura de cinquenta justos faltarem cinco, destruirás por aqueles cinco toda a cidade? E disse: Não *a* destruirei, se eu achar ali quarenta e cinco.

²⁹E continuou ainda a falar-lhe, e disse: Se porventura se acharem ali quarenta? E disse: Não *o* farei por amor dos quarenta.

³⁰Disse mais: Ora, não se ire o Senhor, *se eu ainda* falar: Se porventura se acharem ali trinta? E disse: Não *o* farei se achar ali trinta.

³¹E disse: Eis que agora me atrevi a falar ao Senhor: Se porventura se acharem ali vinte? E disse: Não *a* destruirei por amor dos vinte.

³²Disse mais: Ora, não se ire o Senhor, que *ainda* só mais esta vez falo: Se porventura se acharem ali dez? E disse: Não *a* destruirei por amor dos dez.

³³E retirou-se o SENHOR, quando acabou de falar a Abraão; e Abraão tornou-se ao seu lugar.

Ló recebe os dois anjos em sua casa

19 E VIERAM os dois anjos a Sodoma *à* tarde, e estava Ló assentado à porta de Sodoma; e

GÊNESIS 19.2

vendo-*os* Ló, levantou-se ao seu encontro e inclinou-se com o rosto à terra;

²E disse: Eis agora, meus senhores, entrai, peço-vos, em casa de vosso servo, e passai *nela* a noite, e lavai os vossos pés; e de madrugada vos levantareis e ireis vosso caminho. E eles disseram: Não, antes na rua passaremos a noite.

³E porfiou com eles muito, e vieram com ele, e entraram em sua casa; e fez-lhes banquete, e cozeu bolos sem levedura, e comeram.

⁴E antes que se deitassem, cercaram a casa, os homens daquela cidade, os homens de Sodoma, desde o moço até ao velho; todo o povo de todos os bairros.

⁵E chamaram a Ló, e disseram-lhe: Onde *estão* os homens que a ti vieram nesta noite? Traze-os fora a nós, para que os conheçamos.

⁶Então saiu Ló a eles à porta, e fechou a porta atrás de si,

⁷E disse: Meus irmãos, rogo-vos que não façais mal;

⁸Eis aqui, duas filhas tenho, que *ainda* não conheceram homens; fora vo-las trarei, e fareis delas como bom *for* aos vossos olhos; somente nada façais a estes homens, porque por isso vieram à sombra do meu telhado.

⁹Eles, porém, disseram: Sai daí. Disseram mais: Como estrangeiro este indivíduo veio *aqui* habitar, e quereria ser juiz em tudo? Agora te faremos mais mal a ti do que a eles. E arremessaram-se sobre o homem, *sobre* Ló, e aproximaram-se para arrombar a porta.

¹⁰Aqueles homens porém estenderam as suas mãos e fizeram entrar a Ló consigo na casa, e fecharam a porta;

¹¹E feriram de cegueira os homens que *estavam* à porta da casa, desde o menor até ao maior, de maneira que se cansaram para achar a porta.

¹²Então disseram aqueles homens a Ló: Tens alguém mais aqui? Teu genro, e teus filhos, e tuas filhas, e todos quantos tens nesta cidade, tira-os fora deste lugar;

¹³Porque nós vamos destruir este lugar, porque o seu clamor tem aumentado diante da face do Senhor, e o Senhor nos enviou a destruí-lo.

¹⁴Então saiu Ló, e falou a seus genros, aos que haviam de tomar as suas filhas, e disse: Levantai-vos, saí deste lugar, porque o Senhor há de destruir a cidade. Foi tido porém por zombador aos olhos de seus genros.

¹⁵E ao amanhecer os anjos apertaram com Ló, dizendo: Levanta-te, toma tua mulher e tuas duas filhas que aqui estão, para que não pereças na injustiça desta cidade.

¹⁶Ele, porém, demorava-se, e aqueles homens lhe pegaram pela mão, e pela mão de sua mulher e pela mão de suas duas filhas, sendo-lhe o Senhor misericordioso, e tiraram-no, e puseram-no fora da cidade.

¹⁷E aconteceu que, tirando-os fora, disse: Escapa-te por tua vida; não olhes para trás de ti, e não pares em toda esta campina; escapa lá para o monte, para que não pereças.

¹⁸E Ló disse-lhe: Ora, não, meu Senhor!

¹⁹Eis que agora o teu servo tem achado graça aos teus olhos, e engrandeceste a tua misericórdia que a mim me fizeste, para guardar a minha alma em vida; mas eu não posso escapar no monte, para que porventura não me apanhe este mal, e eu morra.

²⁰Eis que agora aquela cidade *está* perto, para fugir para lá, e é pequena; ora, deixe-me escapar para lá (não é pequena?), para que minha alma viva.

²¹E disse-lhe: Eis aqui, tenho-te aceitado também neste negócio, para não destruir aquela cidade, de que falaste;

²²Apressa-te, escapa-te para ali; porque nada poderei fazer, enquanto não tiveres ali chegado. Por isso se chamou o nome da cidade Zoar.

²³Saiu o sol sobre a terra, quando Ló entrou em Zoar.

Destruição de Sodoma e Gomorra

²⁴Então o Senhor fez chover enxofre e fogo, do Senhor desde os céus, sobre Sodoma e Gomorra;

²⁵E destruiu aquelas cidades e toda aquela campina, e todos os moradores daquelas cidades, e o que nascia da terra.

²⁶E a mulher de *Ló* olhou para trás e ficou convertida numa estátua de sal.

²⁷E Abraão levantou-se aquela mesma manhã, de madrugada, e foi para aquele lugar onde estivera diante da face do Senhor;

²⁸E olhou para Sodoma e Gomorra e para toda a terra da campina; e viu, e eis que a fumaça da terra subia, como a fumaça de uma fornalha.

²⁹E aconteceu que, destruindo Deus as cidades da campina, lembrou-se Deus de Abraão, e tirou a Ló do meio da destruição, derrubando aquelas cidades em que Ló habitara.

³⁰E subiu Ló de Zoar, e habitou no monte, e as suas duas filhas com ele; porque temia habitar em Zoar; e habitou numa caverna, ele e as suas duas filhas.

³¹Então a primogênita disse à menor: Nosso pai já *é* velho, e não *há* homem na terra que entre a nós, segundo o costume de toda a terra;

³²Vem, demos de beber vinho a nosso pai, e deitemo-nos com ele, para que em vida conservemos a descendência de nosso pai.

³³E deram de beber vinho a seu pai naquela noite; e veio a primogênita e deitou-se com seu pai, e não sentiu ele quando ela se deitou, nem quando se levantou.

³⁴E sucedeu, no outro dia, que a primogênita disse à menor: Vês aqui, eu já ontem à noite me deitei com meu pai; demos-lhe de beber vinho também esta noite, e então entra tu, deita-te com ele, para que em vida conservemos a descendência de nosso pai.

³⁵E deram de beber vinho a seu pai também naquela noite; e levantou-se a menor, e deitou-se

com ele; e não sentiu ele quando ela se deitou, nem quando se levantou.

[36]E conceberam as duas filhas de Ló de seu pai.

[37]E a primogênita deu à luz um filho, e chamou o seu nome Moabe; este é o pai dos moabitas até ao dia de hoje.

[38]E a menor também deu à luz um filho, e chamou o seu nome Ben-Ami; este é o pai dos filhos de Amom até o dia de hoje.

Abraão nega que Sara é sua mulher

20E PARTIU Abraão dali para a terra do sul, e habitou entre Cades e Sur; e peregrinou em Gerar.

[2]E havendo Abraão dito de Sara, sua mulher: *É* minha irmã; enviou Abimeleque, rei de Gerar, e tomou a Sara.

[3]Deus, porém, veio a Abimeleque em sonhos de noite, e disse-lhe: Eis que morto *serás* por causa da mulher que tomaste; porque ela está casada com marido.

[4]Mas Abimeleque *ainda* não se tinha chegado a ela; por isso disse: Senhor, matarás também uma nação justa?

[5]Não me disse ele mesmo: É minha irmã? E ela também disse: É meu irmão. Em sinceridade do coração e em pureza das minhas mãos tenho feito isto.

[6]E disse-lhe Deus em sonhos: Bem sei eu que na sinceridade do teu coração fizeste isto; e também eu te tenho impedido de pecar contra mim; por isso não te permiti tocá-la.

[7]Agora, pois, restitui a mulher ao seu marido, porque profeta é, e rogará por ti, para que vivas; porém se não lha restituíres, sabe que certamente morrerás, tu e tudo o que é teu.

[8]E levantou-se Abimeleque pela manhã de madrugada, chamou a todos os seus servos, e falou todas estas palavras em seus ouvidos; e temeram muito aqueles homens.

[9]Então chamou Abimeleque a Abraão e disse-lhe: Que nos fizeste? E em que pequei contra ti, para trazeres sobre o meu reino tamanho pecado? Tu me fizeste aquilo que não deverias ter feito.

[10]Disse mais Abimeleque a Abraão: Que tens visto, para fazer tal coisa?

[11]E disse Abraão: Porque eu dizia comigo: Certamente não *há* temor de Deus neste lugar, e eles me matarão por causa da minha mulher.

[12]E, na verdade, é ela também minha irmã, filha de meu pai, mas não filha da minha mãe; e veio a ser minha mulher;

[13]E aconteceu que, fazendo-me Deus sair errante da casa de meu pai, eu lhe disse: *Seja* esta a graça que me farás em todo o lugar aonde chegarmos, dize de mim: *É* meu irmão.

[14]Então tomou Abimeleque ovelhas e vacas, e servos e servas, e os deu a Abraão; e restituiu-lhe Sara, sua mulher.

[15]E disse Abimeleque: Eis que a minha terra *está* diante da tua face; habita onde *for* bom aos teus olhos.

[16]E a Sara disse: Vês que tenho dado ao teu irmão mil *moedas* de prata; eis que ele te seja por véu dos olhos para com todos os que contigo *estão,* e até para com todos os *outros;* e estás advertida.

[17]E orou Abraão a Deus, e sarou Deus a Abimeleque, e à sua mulher, e às suas servas, de maneira que tiveram filhos;

[18]Porque o SENHOR havia fechado totalmente todas as madres da casa de Abimeleque, por causa de Sara, mulher de Abraão.

O nascimento de Isaque

21E O SENHOR visitou a Sara, como tinha dito; e fez o SENHOR a Sara como tinha prometido.

[2]E concebeu Sara, e deu a Abraão um filho na sua velhice, ao tempo determinado, que Deus lhe tinha falado.

[3]E Abraão pôs no filho que lhe nascera, que Sara lhe dera, o nome de Isaque.

[4]E Abraão circuncidou o seu filho Isaque, quando era da idade de oito dias, como Deus lhe tinha ordenado.

[5]E *era* Abraão da idade de cem anos, quando lhe nasceu Isaque seu filho.

[6]E disse Sara: Deus me tem feito riso; todo aquele que o ouvir se rirá comigo.

[7]Disse mais: Quem diria a Abraão que Sara daria de mamar a filhos? Pois *lhe* dei um filho na sua velhice.

[8]E cresceu o menino, e foi desmamado; então Abraão fez um grande banquete no dia em que Isaque foi desmamado.

[9]E viu Sara que o filho de Agar, a egípcia, o qual tinha dado a Abraão, zombava.

[10]E disse a Abraão: Ponha fora esta serva e o seu filho; porque o filho desta serva não herdará com Isaque, meu filho.

[11]E pareceu esta palavra muito má aos olhos de Abraão, por causa de seu filho.

[12]Porém Deus disse a Abraão: Não te pareça mal aos teus olhos acerca do moço e acerca da tua serva; em tudo o que Sara te diz, ouve a sua voz; porque em Isaque será chamada a tua descendência.

[13]Mas também do filho desta serva farei uma nação, porquanto *é* tua descendência.

A despedida de Agar e Ismael

[14]Então se levantou Abraão pela manhã de madrugada, e tomou pão e um odre de água e os deu a Agar, pondo-os sobre o seu ombro; também *lhe* deu o menino e despediu-a; e ela partiu, andando errante no deserto de Berseba.

[15]E consumida a água do odre, lançou o menino debaixo de uma das árvores.

[16]E foi assentar-se em frente, afastando-se à distância de um tiro de arco; porque dizia: Que eu não veja morrer o menino. E assentou-se em frente, e levantou a sua voz, e chorou.

[17]E ouviu Deus a voz do menino, e bradou o anjo de Deus a Agar desde os céus, e disse-lhe: Que tens, Agar? Não temas, porque Deus ouviu a voz do menino desde o lugar onde *está*.

GÊNESIS 21.18

¹⁸Ergue-te, levanta o menino e pega-lhe pela mão, porque dele farei uma grande nação.

¹⁹E abriu-lhe Deus os olhos, e viu um poço de água; e foi encher o odre de água, e deu de beber ao menino.

²⁰E era Deus com o menino, que cresceu; e habitou no deserto, e foi flecheiro.

²¹E habitou no deserto de Parã; e sua mãe tomou-lhe mulher da terra do Egito.

Abimeleque faz uma aliança com Abraão

²²E aconteceu naquele mesmo tempo que Abimeleque, com Ficol, príncipe do seu exército, falou com Abraão, dizendo: Deus é contigo em tudo o que fazes;

²³Agora, pois, jura-me aqui por Deus, que não mentirás a mim, nem a meu filho, nem a meu neto; segundo a beneficência que te fiz, me farás a mim, e à terra onde peregrinaste.

²⁴E disse Abraão: Eu jurarei.

²⁵Abraão, porém, repreendeu a Abimeleque por causa de um poço de água, que os servos de Abimeleque haviam tomado à força.

²⁶Então disse Abimeleque: Eu não sei quem fez isto; e também tu não mo fizeste saber, nem eu o ouvi senão hoje.

²⁷E tomou Abraão ovelhas e vacas, e deu-as a Abimeleque; e fizeram ambos uma aliança.

²⁸Pôs Abraão, porém, à parte sete cordeiras do rebanho.

²⁹E Abimeleque disse a Abraão: Para que estão aqui estas sete cordeiras, que puseste à parte?

³⁰E disse: Tomarás *estas* sete cordeiras de minha mão, para que sejam em testemunho que eu cavei este poço.

³¹Por isso se chamou aquele lugar Berseba, porquanto ambos juraram ali.

³²Assim fizeram aliança em Berseba. Depois se levantou Abimeleque e Ficol, príncipe do seu exército, e tornaram-se para a terra dos filisteus.

³³E plantou um bosque em Berseba, e invocou lá o nome do SENHOR, Deus eterno.

³⁴E peregrinou Abraão na terra dos filisteus muitos dias.

Deus manda Abraão matar seu filho Isaque

22 E ACONTECEU depois destas coisas, que provou Deus a Abraão, e disse-lhe: Abraão! E ele disse: Eis-me *aqui*.

²E disse: Toma agora o teu filho, o teu único filho, Isaque, a quem amas, e vai-te à terra de Moriá, e oferece-o ali em holocausto sobre uma das montanhas, que eu te direi.

³Então se levantou Abraão pela manhã de madrugada, e albardou o seu jumento, e tomou consigo dois de seus moços e Isaque seu filho; e cortou lenha para o holocausto, e levantou-se, e foi ao lugar que Deus lhe dissera.

⁴Ao terceiro dia levantou Abraão os seus olhos, e viu o lugar de longe.

⁵E disse Abraão a seus moços: Ficai-vos aqui com o jumento, e eu e o moço iremos até ali; e havendo adorado, tornaremos a vós.

⁶E tomou Abraão a lenha do holocausto, e pô-la sobre Isaque seu filho; e ele tomou o fogo e o cutelo na sua mão, e foram ambos juntos.

⁷Então falou Isaque a Abraão seu pai, e disse: Meu pai! E ele disse: Eis-me *aqui,* meu filho! E ele disse: Eis aqui o fogo e a lenha, mas onde *está* o cordeiro para o holocausto?

⁸E disse Abraão: Deus proverá para si o cordeiro para o holocausto, meu filho. Assim caminharam ambos juntos.

⁹E chegaram ao lugar que Deus lhe dissera, e edificou Abraão ali um altar e pôs em ordem a lenha, e amarrou a Isaque seu filho, e deitou-o sobre o altar em cima da lenha.

¹⁰E estendeu Abraão a sua mão, e tomou o cutelo para imolar o seu filho;

¹¹Mas o anjo do SENHOR lhe bradou desde os céus, e disse: Abraão, Abraão! E ele disse: Eis-me *aqui*.

¹²Então disse: Não estendas a tua mão sobre o moço, e não lhe faças nada; porquanto agora sei que temes a Deus, e não me negaste o teu filho, o teu único filho.

¹³Então levantou Abraão os seus olhos e olhou; e eis um carneiro detrás *dele*, travado pelos seus chifres, num mato; e foi Abraão, e tomou o carneiro, e ofereceu-o em holocausto, em lugar de seu filho.

¹⁴E chamou Abraão o nome daquele lugar: o SENHOR PROVERÁ; donde se diz *até* ao dia de hoje: No monte do SENHOR se proverá.

¹⁵Então o anjo do SENHOR bradou a Abraão pela segunda vez desde os céus,

¹⁶E disse: Por mim mesmo jurei, diz o SENHOR: Porquanto fizeste esta ação, e não me negaste o teu filho, o teu único filho,

¹⁷Que deveras te abençoarei, e grandissimamente multiplicarei a tua descendência como as estrelas dos céus, e como a areia que *está* na praia do mar; e a tua descendência possuirá a porta dos seus inimigos;

¹⁸E em tua descendência serão benditas todas as nações da terra; porquanto obedeceste à minha voz.

¹⁹Então Abraão tornou aos seus moços, e levantaram-se, e foram juntos para Berseba; e Abraão habitou em Berseba.

²⁰E sucedeu depois destas coisas, que anunciaram a Abraão, dizendo: Eis que também Milca deu filhos a Naor teu irmão.

²¹Uz o seu primogênito, e Buz seu irmão, e Quemuel, pai de Arã,

²²E Quésede, e Hazo, e Pildas, e Jidlafe, e Betuel.

²³E Betuel gerou Rebeca. Estes oito deu à luz Milca a Naor, irmão de Abraão.

²⁴E a sua concubina, cujo nome *era* Reumá, ela lhe deu também a Tebá, Gaã, Taás e Maaca.

A morte de Sara

23 E FOI a vida de Sara cento e vinte e sete anos; *estes foram* os anos da vida de Sara.

[2]E morreu Sara em Quiriate-Arba, que é Hebrom, na terra de Canaã; e veio Abraão lamentar Sara e chorar por ela.

[3]Depois se levantou Abraão de diante de sua morta, e falou aos filhos de Hete, dizendo:

[4]Estrangeiro e peregrino sou entre vós; dai-me possessão de sepultura convosco, para que eu sepulte a minha morta de diante da minha face.

[5]E responderam os filhos de Hete a Abraão, dizendo-lhe:

[6]Ouve-nos, meu senhor; príncipe poderoso *és* no meio de nós; enterra a tua morta na *mais* escolhida de nossas sepulturas; nenhum de nós te vedará a sua sepultura, para enterrar a tua morta.

[7]Então se levantou Abraão, inclinou-se diante do povo da terra, diante dos filhos de Hete,

[8]E falou com eles, dizendo: Se é de vossa vontade que eu sepulte a minha morta de diante de minha face, ouvi-me e falai por mim a Efrom, filho de Zoar,

[9]Que ele me dê a cova de Macpela, que ele *tem* no fim do seu campo; que ma dê pelo devido preço em herança de sepulcro no meio de vós.

[10]Ora Efrom habitava no meio dos filhos de Hete; e respondeu Efrom, heteu, a Abraão, aos ouvidos dos filhos de Hete, de todos os que entravam pela porta da sua cidade, dizendo:

[11]Não, meu senhor, ouve-me: O campo te dou, também te dou a cova que nele *está,* diante dos olhos dos filhos do meu povo ta dou; sepulta a tua morta.

[12]Então Abraão se inclinou diante da face do povo da terra,

[13]E falou a Efrom, aos ouvidos do povo da terra, dizendo: Mas se tu estás *por isto,* ouve-me, peço-te. O preço do campo *o* darei; toma-o de mim e sepultarei ali a minha morta.

[14]E respondeu Efrom a Abraão, dizendo-lhe:

[15]Meu senhor, ouve-me, a terra *é* de quatrocentos siclos de prata; que é isto entre mim e ti? Sepulta a tua morta.

[16]E Abraão deu ouvidos a Efrom, e Abraão pesou a Efrom a prata de que tinha falado aos ouvidos dos filhos de Hete, quatrocentos siclos de prata, corrente entre mercadores.

[17]Assim o campo de Efrom, que *estava* em Macpela, em frente de Manre, o campo e a cova que nele *estava,* e todo o arvoredo que no campo *havia,* que *estava* em todo o seu contorno ao redor,

[18]Se confirmou a Abraão em possessão diante dos olhos dos filhos de Hete, de todos os que entravam pela porta da cidade.

[19]E depois sepultou Abraão a Sara sua mulher na cova do campo de Macpela, em frente de Manre, que é Hebrom, na terra de Canaã.

[20]Assim o campo e a cova que nele *estava* foram confirmados a Abraão, pelos filhos de Hete, em possessão de sepultura.

Abraão manda seu servo buscar uma mulher para Isaque

24 E ERA Abraão já velho *e* adiantado em idade, e o SENHOR havia abençoado a Abraão em tudo.

[2]E disse Abraão ao seu servo, o mais velho da casa, que tinha o governo sobre tudo o que possuía: Põe agora a tua mão debaixo da minha coxa,

[3]Para que eu te faça jurar pelo SENHOR Deus dos céus e Deus da terra, que não tomarás para meu filho mulher das filhas dos cananeus, no meio dos quais eu habito.

[4]Mas que irás à minha terra e à minha parentela, e *dali* tomarás mulher para meu filho Isaque.

[5]E disse-lhe o servo: Se porventura não quiser seguir-me a mulher a esta terra, farei, pois, tornar o teu filho à terra donde saíste?

[6]E Abraão lhe disse: Guarda-te, que não faças lá tornar o meu filho.

[7]O SENHOR Deus dos céus, que me tomou da casa de meu pai e da terra da minha parentela, e que me falou, e que me jurou, dizendo: À tua descendência darei esta terra; ele enviará o seu anjo adiante da tua face, para que tomes mulher de lá para meu filho.

[8]Se a mulher, porém, não quiser seguir-te, serás livre deste meu juramento; somente não faças lá tornar a meu filho.

[9]Então pôs o servo a sua mão debaixo da coxa de Abraão seu senhor, e jurou-lhe sobre este negócio.

[10]E o servo tomou dez camelos, dos camelos do seu senhor, e partiu, pois que todos os bens de seu senhor *estavam* em sua mão, e levantou-se e partiu para Mesopotâmia, para a cidade de Naor.

[11]E fez ajoelhar os camelos fora da cidade, junto a um poço de água, pela tarde, ao tempo que as moças saíam a tirar *água.*

[12]E disse: Ó SENHOR, Deus de meu senhor Abraão, dá-me hoje bom encontro, e faze beneficência ao meu senhor Abraão!

[13]Eis que eu estou em pé junto à fonte de água e as filhas dos homens desta cidade saem para tirar água;

[14]Seja, pois, que a donzela, a quem eu disser: Abaixa agora o teu cântaro para que eu beba; e ela disser: Bebe, e também darei de beber aos teus camelos; esta *seja* a quem designaste ao teu servo Isaque, e que eu conheça nisso que usaste de benevolência com meu senhor.

O encontro com Rebeca

[15]E sucedeu que, antes que ele acabasse de falar, eis que Rebeca, que havia nascido a Betuel, filho de Milca, mulher de Naor, irmão de Abraão, saía com o seu cântaro sobre o seu ombro.

[16]E a donzela *era* mui formosa à vista, virgem, a quem homem não havia conhecido; e desceu à fonte, e encheu o seu cântaro e subiu.

[17]Então o servo correu-lhe ao encontro, e disse:

GÊNESIS 24.18

Peço-te, deixa-me beber um pouco de água do teu cântaro.

¹⁸E ela disse: Bebe, meu senhor. E apressou-se e abaixou o seu cântaro sobre a sua mão e deu-lhe de beber.

¹⁹E, acabando ela de lhe dar de beber, disse: Tirarei também *água* para os teus camelos, até que acabem de beber.

²⁰E apressou-se, e despejou o seu cântaro no bebedouro, e correu outra vez ao poço para tirar *água*, e tirou para todos os seus camelos.

²¹E o homem estava admirado de vê-la, calando-se, para saber se o Senhor havia prosperado a sua jornada ou não.

²²E aconteceu que, acabando os camelos de beber, tomou o homem um pendente de ouro de meio siclo de peso, e duas pulseiras para as suas mãos, do peso de dez *siclos* de ouro;

²³E disse: De quem *és* filha? Faze-mo saber, peço-te. Há também em casa de teu pai lugar para nós pousarmos?

²⁴E ela lhe disse: Eu *sou* a filha de Betuel, filho de Milca, o qual ela deu a Naor.

²⁵Disse-lhe mais: Também temos palha e muito pasto, e lugar para passar a noite.

²⁶Então inclinou-se aquele homem e adorou ao Senhor,

²⁷E disse: Bendito *seja* o Senhor Deus de meu senhor Abraão, que não retirou a sua benevolência e a sua verdade de meu senhor; quanto a mim, o Senhor me guiou no caminho à casa dos irmãos de meu senhor.

²⁸E a donzela correu, e fez saber estas coisas na casa de sua mãe.

²⁹E Rebeca tinha um irmão cujo nome *era* Labão; e Labão correu ao encontro daquele homem até a fonte.

³⁰E aconteceu que, quando ele viu o pendente, e as pulseiras sobre as mãos de sua irmã, e quando ouviu as palavras de sua irmã Rebeca, que dizia: Assim me falou aquele homem; foi ter com o homem, que estava em pé junto aos camelos, à fonte.

³¹E disse: Entra, bendito do Senhor; por que estás fora? Pois eu já preparei a casa, e o lugar para os camelos.

³²Então veio aquele homem à casa, e desataram os camelos, e deram palha e pasto aos camelos, e água para lavar os pés dele, e os pés dos homens que *estavam* com ele.

³³Depois puseram comida diante dele. Ele, porém, disse: Não comerei, até que tenha dito as minhas palavras. E ele disse: Fala.

³⁴Então disse: Eu *sou* o servo de Abraão.

³⁵E o Senhor abençoou muito o meu senhor, de maneira que foi engrandecido, e deu-lhe ovelhas e vacas, e prata e ouro, e servos e servas, e camelos e jumentos.

³⁶E Sara, a mulher do meu senhor, deu à luz um filho a meu senhor depois da sua velhice, e ele deu-lhe tudo quanto tem.

³⁷E meu senhor me fez jurar, dizendo: Não

tomarás mulher para meu filho das filhas dos cananeus, em cuja terra habito;

³⁸Irás, porém, à casa de meu pai, e à minha família, e tomarás mulher para meu filho.

³⁹Então disse eu ao meu senhor: Porventura não me seguirá a mulher.

⁴⁰E *ele* me disse: O Senhor, em cuja presença tenho andado, enviará o seu anjo contigo, e prosperará o teu caminho, para que tomes mulher para meu filho da minha família e da casa de meu pai;

⁴¹Então serás livre do meu juramento, quando fores à minha família; e se não te derem, livre serás do meu juramento.

⁴²E hoje cheguei à fonte, e disse: Ó Senhor, Deus de meu senhor Abraão, se tu agora prosperas o meu caminho, no qual eu ando,

⁴³Eis que estou junto à fonte de água; seja, pois, que a donzela que sair para tirar *água* e à qual eu disser: Peço-te, dá-me um pouco de água do teu cântaro;

⁴⁴E ela me disser: Bebe tu e também tirarei água para os teus camelos; esta *seja* a mulher que o Senhor designou ao filho de meu senhor.

⁴⁵E antes que eu acabasse de falar no meu coração, eis que Rebeca saía com o seu cântaro sobre o seu ombro, desceu à fonte e tirou *água;* e eu lhe disse: Peço-te, dá-me de beber.

⁴⁶E ela se apressou, e abaixou o seu cântaro de sobre si, e disse: Bebe, e também darei de beber aos teus camelos; e bebi, e ela deu também de beber aos camelos.

⁴⁷Então lhe perguntei, e disse: De quem *és* filha? E ela disse: Filha de Betuel, filho de Naor, que lhe deu Milca. Então eu pus o pendente no seu rosto, e as pulseiras sobre as suas mãos;

⁴⁸E inclinando-me adorei ao Senhor, e bendisse ao Senhor, Deus do meu senhor Abraão, que me havia encaminhado pelo caminho da verdade, para tomar a filha do irmão de meu senhor para seu filho.

⁴⁹Agora, pois, se vós haveis de fazer benevolência e verdade a meu senhor, fazei-mo saber; e se não, *também* mo fazei saber, para que eu vá à direita, ou à esquerda.

⁵⁰Então responderam Labão e Betuel, e disseram: Do Senhor procedeu este negócio; não podemos falar-te mal ou bem.

⁵¹Eis que Rebeca *está* diante da tua face; toma-a, e vai-te; seja a mulher do filho de teu senhor, como tem dito o Senhor.

⁵²E aconteceu que, o servo de Abraão, ouvindo as suas palavras, inclinou-se à terra diante do Senhor.

⁵³E tirou o servo joias de prata e joias de ouro, e vestidos, e deu-os a Rebeca; também deu coisas preciosas a seu irmão e à sua mãe.

⁵⁴Então comeram e beberam, ele e os homens que com ele estavam, e passaram a noite. E levantaram-se pela manhã, e disse: Deixai-me ir a meu senhor.

⁵⁵Então disseram seu irmão e sua mãe: Fique a

donzela conosco *alguns* dias, ou pelo menos dez dias, depois irá.

⁵⁶Ele, porém, lhes disse: Não me detenhais, pois o Senhor tem prosperado o meu caminho; deixai-me partir, para que eu volte a meu senhor.

⁵⁷E disseram: Chamemos a donzela, e perguntemos-lho.

Rebeca consente em casar com Isaque

⁵⁸E chamaram a Rebeca, e disseram-lhe: Irás tu com este homem? Ela respondeu: Irei.

⁵⁹Então despediram a Rebeca, sua irmã, e sua ama, e o servo de Abraão, e seus homens.

⁶⁰E abençoaram a Rebeca, e disseram-lhe: Ó nossa irmã, sê tu a mãe de milhares de milhares, e que a tua descendência possua a porta de seus aborrecedores!

⁶¹E Rebeca se levantou com as suas moças, e subiram sobre os camelos, e seguiram o homem; e tomou aquele servo a Rebeca, e partiu.

⁶²Ora, Isaque vinha de onde se vem do poço de Beer-Laai-Rói; porque habitava na terra do sul.

⁶³E Isaque saíra a orar no campo, à tarde; e levantou os seus olhos, e olhou, e eis que os camelos vinham.

⁶⁴Rebeca também levantou seus olhos, e viu a Isaque, e desceu do camelo.

⁶⁵E disse ao servo: Quem *é* aquele homem que vem pelo campo ao nosso encontro? E o servo disse: Este *é* meu senhor. Então tomou ela o véu e cobriu-se.

⁶⁶E o servo contou a Isaque todas as coisas que fizera.

⁶⁷E Isaque trouxe-a para a tenda de sua mãe Sara, e tomou a Rebeca, e foi-lhe por mulher, e amou-a. Assim Isaque foi consolado depois *da morte* de sua mãe.

Abraão casa com Quetura e tem filhos dela

25 E ABRAÃO tomou *outra* mulher; e o seu nome *era* Quetura;

²E deu-lhe à luz Zinrã, Jocsã, Medã, Midiã, Jisbaque e Suá.

³E Jocsã gerou Seba e Dedã; e os filhos de Dedã foram Assurim, Letusim e Leumim.

⁴E os filhos de Midiã foram Efá, Efer, Enoque, Abida e Elda. Estes todos *foram* filhos de Quetura.

⁵Porém Abraão deu tudo o que tinha a Isaque;

⁶Mas aos filhos das concubinas que Abraão tinha, deu Abraão presentes e, vivendo ele ainda, despediu-os do seu filho Isaque, enviando-os ao oriente, para a terra oriental.

⁷Estes, pois, *são* os dias dos anos da vida de Abraão, que viveu cento e setenta e cinco anos.

Abraão morre

⁸E Abraão expirou, morrendo em boa velhice, velho e farto *de dias;* e foi congregado ao seu povo;

⁹E Isaque e Ismael, seus filhos, sepultaram-no na cova de Macpela, no campo de Efrom, filho de Zoar, heteu, que *estava* em frente de Manre,

¹⁰O campo que Abraão comprara aos filhos de Hete. Ali está sepultado Abraão e Sara, sua mulher.

¹¹E aconteceu depois da morte de Abraão, que Deus abençoou a Isaque seu filho; e habitava Isaque junto ao poço Beer-Laai-Rói.

Os descendentes de Ismael

¹²Estas, porém, são as gerações de Ismael filho de Abraão, que a serva de Sara, Agar, egípcia, deu a Abraão.

¹³E estes são os nomes dos filhos de Ismael, pelos seus nomes, segundo as suas gerações: O primogênito de Ismael *era* Nebaiote, depois Quedar, Adbeel e Mibsão,

¹⁴Misma, Dumá, Massá,

¹⁵Hadade, Tema, Jetur, Nafis e Quedemá.

¹⁶Estes *são* os filhos de Ismael, e estes *são* os seus nomes pelas suas vilas e pelos seus castelos; doze príncipes segundo as suas famílias.

¹⁷E estes são os anos da vida de Ismael, cento e trinta e sete anos, e ele expirou e, morrendo, foi congregado ao seu povo.

¹⁸E habitaram desde Havilá até Sur, que *está* em frente do Egito, como quem vai para a Assíria; e fez o seu assento diante da face de todos os seus irmãos.

Os descendentes de Isaque

¹⁹E estas *são* as gerações de Isaque, filho de Abraão: Abraão gerou a Isaque;

²⁰E era Isaque da idade de quarenta anos, quando tomou por mulher a Rebeca, filha de Betuel, arameu de Padã-Arã, irmã de Labão, arameu.

²¹E Isaque orou insistentemente ao Senhor por sua mulher, porquanto *era* estéril; e o Senhor ouviu as suas orações, e Rebeca sua mulher concebeu.

²²E os filhos lutavam dentro dela; então disse: Se assim *é,* por que *sou* eu *assim?* E foi perguntar ao Senhor.

²³E o Senhor lhe disse: Duas nações *há* no teu ventre, e dois povos se dividirão das tuas entranhas, e *um* povo será mais forte do que o *outro* povo, e o maior servirá ao menor.

O nascimento de Esaú e Jacó

²⁴E cumprindo-se os seus dias para dar à luz, eis gêmeos no seu ventre.

²⁵E saiu o primeiro ruivo e todo como um vestido de pelo; por isso chamaram o seu nome Esaú.

²⁶E depois saiu o seu irmão, agarrada sua mão ao calcanhar de Esaú; por isso se chamou o seu nome Jacó. E *era* Isaque da idade de sessenta anos quando os gerou.

²⁷E cresceram os meninos, e Esaú foi homem perito na caça, homem do campo; mas Jacó *era* homem simples, habitando em tendas.

²⁸E amava Isaque a Esaú, porque a caça era de seu gosto, mas Rebeca amava a Jacó.

²⁹E Jacó cozera um guisado; e veio Esaú do campo, e *estava* ele cansado;

³⁰E disse Esaú a Jacó: Deixa-me, peço-te, comer

GÊNESIS 25.31

desse *guisado* vermelho, porque estou cansado. Por isso se chamou Edom.

³¹Então disse Jacó: Vende-me hoje a tua primogenitura.

³²E disse Esaú: Eis que estou a ponto de morrer; para que me *servirá* a primogenitura?

³³Então disse Jacó: Jura-me hoje. E jurou-lhe e vendeu a sua primogenitura a Jacó.

³⁴E Jacó deu pão a Esaú e o guisado de lentilhas; e ele comeu, e bebeu, e levantou-se, e saiu. Assim desprezou Esaú a *sua* primogenitura.

Isaque vai a Gerar por causa da fome

26 E HAVIA fome na terra, além da primeira fome, que foi nos dias de Abraão; por isso foi Isaque a Abimeleque, rei dos filisteus, em Gerar.

²E apareceu-lhe o SENHOR, e disse: Não desças ao Egito; habita na terra que eu te disser;

³Peregrina nesta terra, e serei contigo, e te abençoarei; porque a ti e à tua descendência darei todas estas terras, e confirmarei o juramento que tenho jurado a Abraão teu pai;

⁴E multiplicarei a tua descendência como as estrelas dos céus, e darei à tua descendência todas estas terras; e por meio dela serão benditas todas as nações da terra;

⁵Porquanto Abraão obedeceu à minha voz, e guardou o meu mandado, os meus preceitos, os meus estatutos, e as minhas leis.

⁶Assim habitou Isaque em Gerar.

⁷E perguntando-lhe os homens daquele lugar acerca de sua mulher, disse: *É* minha irmã; porque temia dizer: *É* minha mulher; para que porventura *(dizia ele)* não me matem os homens daquele lugar por amor de Rebeca; porque *era* formosa à vista.

⁸E aconteceu que, como ele esteve ali muito tempo, Abimeleque, rei dos filisteus, olhou por uma janela, e viu, e eis que Isaque *estava* brincando com Rebeca sua mulher.

⁹Então chamou Abimeleque a Isaque, e disse: Eis que na verdade *é* tua mulher; como pois disseste: *É* minha irmã? E disse-lhe Isaque: Porque eu dizia: Para que eu porventura não morra por causa dela.

¹⁰E disse Abimeleque: Que *é* isto *que* nos fizeste? Facilmente se teria deitado alguém deste povo com a tua mulher, e tu terias trazido sobre nós um delito.

¹¹E mandou Abimeleque a todo o povo, dizendo: Qualquer que tocar neste homem ou em sua mulher, certamente morrerá.

¹²E semeou Isaque naquela mesma terra, e colheu naquele mesmo ano cem medidas, porque o SENHOR o abençoava.

¹³E engrandeceu-se o homem, e ia enriquecendo-se, até que se tornou mui poderoso.

¹⁴E tinha possessão de ovelhas, e possessão de vacas, e muita gente de serviço, de maneira que os filisteus o invejavam.

¹⁵E todos os poços, que os servos de seu pai tinham cavado nos dias de seu pai Abraão, os filisteus entulharam e encheram de terra.

¹⁶Disse também Abimeleque a Isaque: Aparta-te de nós; porque muito mais poderoso te tens feito do que nós.

¹⁷Então Isaque partiu dali e fez o seu acampamento no vale de Gerar, e habitou lá.

¹⁸E tornou Isaque e cavou os poços de água que cavaram nos dias de Abraão seu pai, e que os filisteus entulharam depois da morte de Abraão, e chamou-os pelos nomes que os chamara seu pai.

¹⁹Cavaram, pois, os servos de Isaque naquele vale, e acharam ali um poço de águas vivas.

²⁰E os pastores de Gerar porfiaram com os pastores de Isaque, dizendo: Esta água *é* nossa. Por isso chamou o nome daquele poço Eseque, porque contenderam com ele.

²¹Então cavaram outro poço, e também porfiaram sobre ele; por isso chamou o seu nome Sitna.

²²E partiu dali, e cavou outro poço, e não porfiaram sobre ele; por isso chamou o seu nome Reobote, e disse: Porque agora nos alargou o SENHOR, e crescemos nesta terra.

²³Depois subiu dali a Berseba.

²⁴E apareceu-lhe o SENHOR naquela mesma noite, e disse: Eu *sou* o Deus de Abraão teu pai; não temas, porque eu *sou* contigo, e abençoar-te-ei, e multiplicarei a tua descendência por amor de Abraão meu servo.

²⁵Então edificou ali um altar, e invocou o nome do SENHOR, e armou ali a sua tenda; e os servos de Isaque cavaram ali um poço.

Abimeleque faz uma aliança com Isaque

²⁶E Abimeleque veio a ele de Gerar, com Auzate seu amigo, e Ficol, príncipe do seu exército.

²⁷E disse-lhes Isaque: Por que viestes a mim, pois que vós me odiais e me repelistes de vós?

²⁸E eles disseram: Havemos visto, na verdade, que o SENHOR é contigo, por isso dissemos: Haja agora juramento entre nós, entre nós e ti; e façamos aliança contigo.

²⁹Que não nos faças mal, como nós te não temos tocado, e como te fizemos somente bem, e te deixamos ir em paz. Agora tu *és* o bendito do SENHOR.

³⁰Então lhes fez um banquete, e comeram e beberam;

³¹E levantaram-se de madrugada e juraram um ao outro; depois os despediu Isaque, e despediram-se dele em paz.

³²E aconteceu, naquele mesmo dia, que vieram os servos de Isaque, e anunciaram-lhe acerca do negócio do poço, que tinham cavado; e disseram-lhe: Temos achado água.

³³E chamou-o Seba; por isso *é* o nome daquela cidade Berseba até o dia de hoje.

³⁴Ora, sendo Esaú da idade de quarenta anos, tomou por mulher a Judite, filha de Beeri, heteu, e a Basemate, filha de Elom, heteu.

³⁵E *estas* foram para Isaque e Rebeca uma amargura de espírito.

Isaque manda Esaú fazer-lhe um guisado

27 E ACONTECEU que, como Isaque envelheceu, e os seus olhos se escureceram, de maneira que não podia ver, chamou a Esaú, seu filho mais velho, e disse-lhe: Meu filho. E ele lhe disse: Eis-me *aqui*.

² E ele disse: Eis que já agora estou velho, e não sei o dia da minha morte;

³ Agora, pois, toma as tuas armas, a tua aljava e o teu arco, e sai ao campo, e apanha para mim *alguma* caça.

⁴ E faze-me um guisado saboroso, como eu gosto, e traze-*mo,* para que eu coma; para que minha alma te abençoe, antes que morra.

⁵ E Rebeca escutou quando Isaque falava ao seu filho Esaú. E foi Esaú ao campo para apanhar a caça que havia de trazer.

Rebeca e Jacó enganam a Isaque

⁶ Então falou Rebeca a Jacó seu filho, dizendo: Eis que tenho ouvido o teu pai que falava com Esaú teu irmão, dizendo:

⁷ Traze-me caça, e faze-me um guisado saboroso, para que eu coma, e te abençoe diante da face do SENHOR, antes da minha morte.

⁸ Agora, pois, filho meu, ouve a minha voz naquilo que eu te mando:

⁹ Vai agora ao rebanho, e traze-me de lá dois bons cabritos, e eu farei deles um guisado saboroso para teu pai, como ele gosta;

¹⁰ E levá-lo-ás a teu pai, para que o coma; para que te abençoe antes da sua morte.

¹¹ Então disse Jacó a Rebeca, sua mãe: Eis que Esaú meu irmão *é* homem cabeludo, e eu homem liso;

¹² Porventura me apalpará o meu pai, e serei aos seus olhos como enganador; assim trarei eu sobre mim maldição, e não bênção.

¹³ E disse-lhe sua mãe: Meu filho, sobre mim *seja* a tua maldição; somente obedece à minha voz, e vai, traze-*mos.*

¹⁴ E foi, e tomou-os, e trouxe-os a sua mãe; e sua mãe fez um guisado saboroso, como seu pai gostava.

¹⁵ Depois tomou Rebeca os vestidos de gala de Esaú, seu filho mais velho, que *tinha* consigo em casa, e vestiu a Jacó, seu filho menor;

¹⁶ E com as peles dos cabritos cobriu as suas mãos e a lisura do seu pescoço;

¹⁷ E deu o guisado saboroso e o pão que tinha preparado, na mão de Jacó seu filho.

¹⁸ E foi ele a seu pai, e disse: Meu pai! E ele disse: Eis-me *aqui;* quem *és* tu, meu filho?

¹⁹ E Jacó disse a seu pai: Eu *sou* Esaú, teu primogênito; tenho feito como me disseste; levanta-te agora, assenta-te e come da minha caça, para que a tua alma me abençoe.

²⁰ Então disse Isaque a seu filho: Como *é isto, que* tão cedo *a* achaste, filho meu? E ele disse: Porque o SENHOR teu Deus *a* mandou ao meu encontro.

²¹ E disse Isaque a Jacó: Chega-te agora, para que te apalpe, meu filho, se *és* meu filho Esaú mesmo, ou não.

²² Então se chegou Jacó a Isaque seu pai, que o apalpou, e disse: A voz *é* a voz de Jacó, porém as mãos *são* as mãos de Esaú.

²³ E não o conheceu, porquanto as suas mãos estavam cabeludas, como as mãos de Esaú seu irmão; e abençoou-o.

²⁴ E disse: *És* tu meu filho Esaú mesmo? E ele disse: Eu *sou.*

²⁵ Então disse: Faze chegar *isso* perto de mim, para que coma da caça de meu filho; para que a minha alma te abençoe. E chegou-lhe, e comeu; trouxe-lhe também vinho, e bebeu.

²⁶ E disse-lhe Isaque seu pai: Ora chega-te, e beija-me, filho meu.

²⁷ E chegou-se, e beijou-o; então sentindo o cheiro das suas vestes, abençoou-o, e disse: Eis que o cheiro do meu filho *é* como o cheiro do campo, que o SENHOR abençoou;

²⁸ Assim, pois, te dê Deus do orvalho dos céus, e das gorduras da terra, e abundância de trigo e de mosto.

²⁹ Sirvam-te povos, e nações se encurvem a ti; sê senhor de teus irmãos, e os filhos da tua mãe se encurvem a ti; malditos *sejam* os que te amaldiçoarem, e benditos *sejam* os que te abençoarem.

Esaú descobre que Jacó já havia tomado a bênção

³⁰ E aconteceu que, acabando Isaque de abençoar a Jacó, apenas Jacó acabava de sair da presença de Isaque seu pai, veio Esaú, seu irmão, da sua caça;

³¹ E fez também ele um guisado saboroso, e trouxe-*o* a seu pai; e disse a seu pai: Levanta-te, meu pai, e come da caça de teu filho, para que me abençoe a tua alma.

³² E disse-lhe Isaque seu pai: Quem *és* tu? E ele disse: Eu *sou* teu filho, o teu primogênito Esaú.

³³ Então estremeceu Isaque de um estremecimento muito grande, e disse: Quem, pois, *é* aquele que apanhou a caça, e *ma* trouxe? E comi de tudo, antes que tu viesses, e abençoei-o, e ele será bendito.

³⁴ Esaú, ouvindo as palavras de seu pai, bradou com grande e mui amargo brado, e disse a seu pai: Abençoa-me também a mim, meu pai.

³⁵ E ele disse: Veio teu irmão com sutileza, e tomou a tua bênção.

³⁶ Então disse ele: Não é o seu nome *justamente* chamado Jacó, tanto que já duas vezes me enganou? A minha primogenitura *me* tomou, e eis que agora *me* tomou a minha bênção. E perguntou: Não reservaste, pois, para mim nenhuma bênção?

³⁷ Então respondeu Isaque a Esaú dizendo: Eis que o tenho posto por senhor sobre ti, e todos os seus irmãos lhe tenho dado por servos; e de trigo e de mosto o tenho fortalecido; que te farei, pois, agora, meu filho?

³⁸ E disse Esaú a seu pai: Tens uma só bênção,

GÊNESIS 27.39

meu pai? Abençoa-me também a mim, meu pai. E levantou Esaú a sua voz, e chorou.

³⁹Então respondeu Isaque, seu pai, e disse-lhe: Eis que a tua habitação será nas gorduras da terra e no orvalho dos altos céus.

⁴⁰E pela tua espada viverás, e ao teu irmão servirás. Acontecerá, porém, que quando te assenhoreares, então sacudirás o seu jugo do teu pescoço.

⁴¹E Esaú odiou a Jacó por causa daquela bênção, com que seu pai o tinha abençoado; e Esaú disse no seu coração: Chegar-se-ão os dias de luto de meu pai; e matarei a Jacó meu irmão.

⁴²E foram denunciadas a Rebeca estas palavras de Esaú, seu filho mais velho; e ela mandou chamar a Jacó, seu filho menor, e disse-lhe: Eis que Esaú teu irmão se consola a teu respeito, *propondo* matar-te.

⁴³Agora, pois, meu filho, ouve a minha voz, e levanta-te; acolhe-te a Labão meu irmão, em Harã,

⁴⁴E mora com ele alguns dias, até que passe o furor de teu irmão;

⁴⁵Até que se desvie de ti a ira de teu irmão, e se esqueça do que lhe fizeste; então mandarei trazer-te de lá; por que seria eu desfilhada também de vós ambos num mesmo dia?

⁴⁶E disse Rebeca a Isaque: Enfadada estou da minha vida, por causa das filhas de Hete; se Jacó tomar mulher das filhas de Hete, como estas *são*, das filhas desta terra, para que me *servirá* a vida?

Isaque manda Jacó a Padã-Arã

28 E ISAQUE chamou a Jacó, e abençoou-o, e ordenou-lhe, e disse-lhe: Não tomes mulher de entre as filhas de Canaã;

²Levanta-te, vai a Padã-Arã, à casa de Betuel, pai de tua mãe, e toma de lá uma mulher das filhas de Labão, irmão de tua mãe;

³E Deus Todo-Poderoso te abençoe, e te faça frutificar, e te multiplique, para que sejas uma multidão de povos;

⁴E te dê a bênção de Abraão, a ti e à tua descendência contigo, para que em herança possuas a terra de tuas peregrinações, que Deus deu a Abraão.

⁵Assim despediu Isaque a Jacó, o qual se foi a Padã-Arã, a Labão, filho de Betuel, arameu, irmão de Rebeca, mãe de Jacó e de Esaú.

⁶Vendo, pois, Esaú que Isaque abençoara a Jacó, e o enviara a Padã-Arã, para tomar mulher dali para si, *e* que, abençoando-o, lhe ordenara, dizendo: Não tomes mulher das filhas de Canaã;

⁷E que Jacó obedecera a seu pai e a sua mãe, e se fora a Padã-Arã;

⁸Vendo também Esaú que as filhas de Canaã eram más aos olhos de Isaque seu pai,

⁹Foi Esaú a Ismael, e tomou para si por mulher, além das suas mulheres, a Maalate filha de Ismael, filho de Abraão, irmã de Nebaiote.

A visão da escada de Jacó

¹⁰Partiu, pois, Jacó de Berseba, e foi a Harã;

¹¹E chegou a um lugar onde passou a noite, porque já o sol era posto; e tomou uma das pedras daquele lugar, e a pôs por seu travesseiro, e deitou-se naquele lugar.

¹²E sonhou: e eis uma escada posta na terra, cujo topo tocava nos céus; e eis que os anjos de Deus subiam e desciam por ela;

¹³E eis que o Senhor estava em cima dela, e disse: Eu *sou* o Senhor Deus de Abraão teu pai, e o Deus de Isaque; esta terra, em que *estás* deitado, darei a ti e à tua descendência;

¹⁴E a tua descendência será como o pó da terra, e estender-se-á ao ocidente, e ao oriente, e ao norte, e ao sul, e em ti e na tua descendência serão benditas todas as famílias da terra;

¹⁵E eis que *estou* contigo, e te guardarei por onde quer que fores, e te farei tornar a esta terra; porque não te deixarei, até que haja cumprido o que te tenho falado.

¹⁶Acordando, pois, Jacó do seu sono, disse: Na verdade o Senhor está neste lugar; e eu não o sabia.

¹⁷E temeu, e disse: Quão terrível *é* este lugar! Este não é *outro lugar* senão a casa de Deus; e esta *é* a porta dos céus.

A coluna de Betel

¹⁸Então levantou-se Jacó pela manhã de madrugada, e tomou a pedra que tinha posto por seu travesseiro, e a pôs por coluna, e derramou azeite em cima dela.

¹⁹E chamou o nome daquele lugar Betel; o nome porém daquela cidade antes *era* Luz.

²⁰E Jacó fez um voto, dizendo: Se Deus for comigo, e me guardar nesta viagem que faço, e me der pão para comer, e vestes para vestir;

²¹E eu em paz tornar à casa de meu pai, o Senhor me será por Deus;

²²E esta pedra que tenho posto por coluna será casa de Deus; e de tudo quanto me deres, certamente te darei o dízimo.

Jacó chega ao poço de Harã

29 ENTÃO pôs-se Jacó a caminho e foi à terra do povo do oriente;

²E olhou, e eis um poço no campo, e eis três rebanhos de ovelhas que estavam deitados junto a ele; porque daquele poço davam de beber aos rebanhos; e *havia* uma grande pedra sobre a boca do poço.

³E ajuntavam ali todos os rebanhos, e removiam a pedra de sobre a boca do poço, e davam de beber às ovelhas; e tornavam *a pôr* a pedra sobre a boca do poço, no seu lugar.

⁴E disse-lhes Jacó: Meus irmãos, donde *sois?* E disseram: *Somos* de Harã.

⁵E ele lhes disse: Conheceis a Labão, filho de Naor? E disseram: Conhecemos.

⁶Disse-lhes mais: Está ele bem? E disseram: Está bem, e eis aqui Raquel sua filha, que vem com as ovelhas.

⁷E ele disse: Eis que ainda é pleno dia, não *é* tempo de ajuntar o gado; dai de beber às ovelhas, e ide apascentá-*las*.

8

E disseram: Não podemos, até que todos os rebanhos se ajuntem, e removam a pedra de sobre a boca do poço, para que demos de beber às ovelhas.

Jacó encontra Raquel

⁹Estando ele ainda falando com eles, veio Raquel com as ovelhas de seu pai; porque ela era pastora.

¹⁰E aconteceu que, vendo Jacó a Raquel, filha de Labão, irmão de sua mãe, e as ovelhas de Labão, irmão de sua mãe, chegou Jacó, e revolveu a pedra de sobre a boca do poço e deu de beber às ovelhas de Labão, irmão de sua mãe.

¹¹E Jacó beijou a Raquel, e levantou a sua voz e chorou.

¹²E Jacó anunciou a Raquel que *era* irmão de seu pai, e que *era* filho de Rebeca; então ela correu, e o anunciou a seu pai.

¹³E aconteceu que, ouvindo Labão as novas de Jacó, filho de sua irmã, correu-lhe ao encontro, e abraçou-o, e beijou-o, e levou-o à sua casa; e ele contou a Labão todas estas coisas.

¹⁴Então Labão disse-lhe: Verdadeiramente *és* tu o meu osso e a minha carne. E ficou com ele um mês inteiro.

¹⁵Depois disse Labão a Jacó: Porque tu *és* meu irmão, hás de servir-me de graça? Declara-me qual *será* o teu salário.

¹⁶E Labão tinha duas filhas; o nome da mais velha *era* Lia, e o nome da menor Raquel.

¹⁷Lia *tinha* olhos tenros, mas Raquel era de formoso semblante e formosa à vista.

¹⁸E Jacó amava a Raquel, e disse: Sete anos te servirei por Raquel, tua filha menor.

¹⁹Então disse Labão: Melhor *é* que eu a dê a ti, do que eu a dê a outro homem; fica comigo.

²⁰Assim serviu Jacó sete anos por Raquel; e estes lhe pareceram como poucos dias, pelo muito que a amava.

Labão engana Jacó

²¹E disse Jacó a Labão: Dá-*me* minha mulher, porque meus dias são cumpridos, para que eu me case com ela.

²²Então reuniu Labão a todos os homens daquele lugar, e fez um banquete.

²³E aconteceu, à tarde, que tomou Lia, sua filha, e trouxe-a a Jacó que a possuiu.

²⁴E Labão deu sua serva Zilpa a Lia, sua filha, por serva.

²⁵E aconteceu que pela manhã, viu que *era* Lia; pelo que disse a Labão: Por que me fizeste isso? Não te tenho servido por Raquel? Por que então me enganaste?

²⁶E disse Labão: Não se faz assim no nosso lugar, que a menor se de antes da primogênita.

²⁷Cumpre a semana desta; então te daremos também a outra, pelo serviço que ainda outros sete anos comigo servires.

Jacó casa com Raquel

²⁸E Jacó fez assim, e cumpriu a semana de Lia; então lhe deu por mulher Raquel sua filha.

²⁹E Labão deu sua serva Bila por serva a Raquel, sua filha.

³⁰E possuiu também a Raquel, e amou também a Raquel mais do que a Lia e serviu com ele ainda outros sete anos.

³¹Vendo, pois, o Senhor que Lia *era* desprezada, abriu a sua madre; porém Raquel *era* estéril.

O nascimento dos filhos de Jacó

³²E concebeu Lia, e deu à luz um filho, e chamou o seu nome Rúben; pois disse: Porque o Senhor atendeu à minha aflição, por isso agora me amará o meu marido.

³³E concebeu outra vez, e deu à luz um filho, dizendo: Porquanto o Senhor ouviu que eu *era* desprezada, e deu-me também este. E chamou o seu nome Simeão.

³⁴E concebeu outra vez, e deu à luz um filho, dizendo: Agora esta vez se unirá meu marido a mim, porque três filhos lhe tenho dado. Por isso chamou o seu nome Levi.

³⁵E concebeu outra vez e deu à luz um filho, dizendo: Esta vez louvarei ao Senhor. Por isso chamou o seu nome Judá; e cessou de dar à luz.

30

VENDO Raquel que não dava filhos a Jacó, teve Raquel inveja de sua irmã, e disse a Jacó: Dá-me filhos, se não morro.

²Então se acendeu a ira de Jacó contra Raquel, e disse: *Estou* eu no lugar de Deus, que te impediu o fruto de teu ventre?

³E ela disse: Eis aqui minha serva Bila; coabita com ela, para que dê à luz sobre meus joelhos, e eu assim receba filhos por ela.

⁴Assim lhe deu a Bila, sua serva, por mulher; e Jacó a possuiu.

⁵E concebeu Bila, e deu a Jacó um filho.

⁶Então disse Raquel: Julgou-me Deus, e também ouviu a minha voz, e me deu um filho; por isso chamou o seu nome Dã.

⁷E Bila, serva de Raquel, concebeu outra vez, e deu a Jacó o segundo filho.

⁸Então disse Raquel: Com grandes lutas tenho lutado com minha irmã; também venci; e chamou o seu nome Naftali.

⁹Vendo, pois, Lia que cessava de ter filhos, tomou também a Zilpa, sua serva, e deu-a a Jacó por mulher.

¹⁰E deu Zilpa, serva de Lia, um filho a Jacó.

¹¹Então disse Lia: Afortunada! E chamou o seu nome Gade.

¹²Depois deu Zilpa, serva de Lia, um segundo filho a Jacó.

¹³Então disse Lia: Para minha ventura; porque as filhas me terão por bem-aventurada; e chamou o seu nome Aser.

¹⁴E foi Rúben nos dias da ceifa do trigo, e achou mandrágoras no campo. E trouxe-as a Lia sua mãe. Então disse Raquel a Lia: Ora dá-me das mandrágoras de teu filho.

¹⁵E ela lhe disse: É *já* pouco que hajas tomado o meu marido, tomarás também as mandrágoras

GÊNESIS 30.16

do meu filho? Então disse Raquel: Por isso ele se deitará contigo esta noite pelas mandrágoras de teu filho.

¹⁶Vindo, pois, Jacó à tarde do campo, saiu-lhe Lia ao encontro, e disse: A mim possuirás, *esta noite,* porque certamente te aluguei com as mandrágoras do meu filho. E deitou-se com ela aquela noite.

¹⁷E ouviu Deus a Lia, e concebeu, e deu à luz um quinto filho a Jacó.

¹⁸Então disse Lia: Deus *me* tem dado o meu galardão, pois tenho dado minha serva ao meu marido. E chamou o seu nome Issacar.

¹⁹E Lia concebeu outra vez, e deu a Jacó um sexto filho.

²⁰E disse Lia: Deus me deu uma boa dádiva; desta vez morará o meu marido comigo, porque lhe tenho dado seis filhos. E chamou o seu nome Zebulom.

²¹E depois teve uma filha, e chamou o seu nome Diná.

²²E lembrou-se Deus de Raquel; e Deus a ouviu, e abriu a sua madre.

²³E ela concebeu, e deu à luz um filho, e disse: Tirou-me Deus a minha vergonha.

²⁴E chamou o seu nome José, dizendo: O Senhor me acrescente outro filho.

Labão faz um novo acordo com Jacó

²⁵E aconteceu que, como Raquel deu à luz a José, disse Jacó a Labão: Deixa-me ir, que me vá ao meu lugar, e à minha terra.

²⁶Dá-*me* as minhas mulheres, e os meus filhos, pelas quais te tenho servido, e ir-me-ei; pois tu sabes o serviço que te tenho feito.

²⁷Então lhe disse Labão: Se agora tenho achado graça em teus olhos, *fica comigo.* Tenho experimentado que o Senhor me abençoou por amor de ti.

²⁸E disse mais: Determina-me o teu salário, que *to* darei.

²⁹Então lhe disse: Tu sabes como te tenho servido, e como passou o teu gado comigo.

³⁰Porque o pouco que tinhas antes de mim tem aumentado em grande número; e o Senhor te tem abençoado por meu trabalho. Agora, pois, quando hei de trabalhar também por minha casa?

³¹E disse *ele:* Que te darei? Então disse Jacó: Nada me darás. Se me fizeres isto, tornarei a apascentar *e* a guardar o teu rebanho;

³²Passarei hoje por todo o teu rebanho, separando dele todos os salpicados e malhados, e todos os morenos entre os cordeiros, e os malhados e salpicados entre as cabras; e *isto* será o meu salário.

³³Assim testificará por mim a minha justiça no dia de amanhã, quando vieres e o meu salário estiver diante de tua face; tudo o que não for salpicado e malhado entre as cabras e moreno entre os cordeiros, ser-me-á por furto.

³⁴Então disse Labão: Quem dera seja conforme a tua palavra.

³⁵E separou naquele mesmo dia os bodes listrados e malhados e todas as cabras salpicadas e malhadas, todos em que *havia* brancura, e todos os morenos entre os cordeiros; e deu-os nas mãos dos seus filhos.

³⁶E pôs três dias de caminho entre si e Jacó; e Jacó apascentava o restante dos rebanhos de Labão.

A maneira como Jacó enganou Labão

³⁷Então tomou Jacó varas verdes de álamo e de aveleira e de castanheiro, e descascou nelas riscas brancas, descobrindo a brancura que nas varas *havia,*

³⁸E pôs estas varas, que tinha descascado, em frente aos rebanhos, nos canos e nos bebedouros de água, aonde os rebanhos vinham beber, para que concebessem quando vinham beber.

³⁹E concebiam os rebanhos diante das varas, e as ovelhas davam crias listradas, salpicadas e malhadas.

⁴⁰Então separou Jacó os cordeiros, e pôs as faces do rebanho para os listrados, e todo o moreno entre o rebanho de Labão; e pôs o seu rebanho à parte, e não o pôs com o rebanho de Labão.

⁴¹E sucedia que cada vez que concebiam as ovelhas fortes, punha Jacó as varas nos canos, diante dos olhos do rebanho, para que concebessem diante das varas.

⁴²Mas, quando era fraco o rebanho, não as punha. Assim as fracas eram de Labão, e as fortes de Jacó.

⁴³E cresceu o homem em grande maneira, e teve muitos rebanhos, e servas, e servos, e camelos e jumentos.

Deus manda Jacó tornar à terra dos seus pais

31 ENTÃO ouvia as palavras dos filhos de Labão, que diziam: Jacó tem tomado tudo o que *era* de nosso pai, e do que *era* de nosso pai fez ele toda esta glória.

²Viu também Jacó o rosto de Labão, e eis que não *era* para com ele como anteriormente.

³E disse o Senhor a Jacó: Torna-te à terra dos teus pais, e à tua parentela, e eu serei contigo.

⁴Então mandou Jacó chamar a Raquel e a Lia ao campo, para junto do seu rebanho,

⁵E disse-lhes: Vejo que o rosto de vosso pai não é para comigo como anteriormente; porém o Deus de meu pai tem estado comigo;

⁶E vós mesmas sabeis que com todo o meu esforço tenho servido a vosso pai;

⁷Mas vosso pai me enganou e mudou o salário dez vezes; porém Deus não lhe permitiu que me fizesse mal.

⁸Quando ele dizia assim: Os salpicados serão o teu salário; então todos os rebanhos davam salpicados. E quando ele dizia assim: Os listrados serão o teu salário, então todos os rebanhos davam listrados.

⁹Assim Deus tirou o gado de vosso pai, e deu-o a mim.

¹⁰E sucedeu que, ao tempo em que o rebanho concebia, eu levantei os meus olhos e vi em sonhos, e eis que os bodes, que cobriam as ovelhas, *eram* listrados, salpicados e malhados.

¹¹E disse-me o anjo de Deus em sonhos: Jacó! E eu disse: Eis-me *aqui*.

¹²E disse ele: Levanta agora os teus olhos e vê todos os bodes que cobrem o rebanho, *que são* listrados, salpicados e malhados; porque tenho visto tudo o que Labão te fez.

¹³Eu *sou* o Deus de Betel, onde me fizeste ungido uma coluna, onde me fizeste um voto; levanta-te agora, sai-te desta terra e torna-te à terra da tua parentela.

¹⁴Então responderam Raquel e Lia e disseram-lhe: *Há* ainda para nós parte ou herança na casa de nosso pai?

¹⁵Não nos considera ele como estranhas? Pois vendeu-nos, e comeu de todo o nosso dinheiro.

¹⁶Porque toda a riqueza, que Deus tirou de nosso pai, é nossa e de nossos filhos; agora, pois, faze tudo o que Deus te mandou.

¹⁷Então se levantou Jacó, pondo os seus filhos e as suas mulheres sobre os camelos;

¹⁸E levou todo o seu gado, e todos os seus bens, que havia adquirido, o gado que possuía, que alcançara em Padã-Arã, para ir a Isaque, seu pai, à terra de Canaã.

¹⁹E havendo Labão ido a tosquiar as suas ovelhas, furtou Raquel os ídolos que seu pai *tinha*.

²⁰E Jacó logrou a Labão, o arameu, porque não lhe fez saber que fugia.

²¹E fugiu ele com tudo o que tinha, e levantou-se e passou o rio; e se dirigiu *para* a montanha de Gileade.

Labão persegue Jacó

²²E no terceiro dia foi anunciado a Labão que Jacó tinha fugido.

²³Então tomou consigo os seus irmãos, e atrás dele seguiu o seu caminho por sete dias; e alcançou-o na montanha de Gileade.

²⁴Veio, porém, Deus a Labão, o arameu, em sonhos, de noite, e disse-lhe: Guarda-te, que não fales com Jacó nem bem nem mal.

²⁵Alcançou, pois, Labão a Jacó, e armara Jacó a sua tenda naquela montanha; armou também Labão com os seus irmãos a *sua*, na montanha de Gileade.

²⁶Então disse Labão a Jacó: Que fizeste, que me lograste e levaste as minhas filhas como cativas pela espada?

²⁷Por que fugiste ocultamente, e lograste-me, e não me fizeste saber, para que eu te enviasse com alegria, e com cânticos, e com tamboril e com harpa?

²⁸Também não me permitiste beijar os meus filhos e as minhas filhas. Loucamente agiste, agora, fazendo *assim*.

²⁹Poder havia em minha mão para vos fazer mal, mas o Deus de vosso pai me falou ontem à noite, dizendo: Guarda-te, que não fales com Jacó nem bem nem mal.

³⁰E agora se querias ir *embora*, porquanto tinhas saudades de voltar à casa de teu pai, por que furtaste os meus deuses?

³¹Então respondeu Jacó, e disse a Labão: Porque temia; pois que dizia *comigo,* se porventura não me arrebatarias as tuas filhas.

³²Com quem achares os teus deuses, esse não viva; reconhece diante de nossos irmãos o que *é* teu do que está comigo, e toma-o para ti. Pois Jacó não sabia que Raquel os tinha furtado.

³³Então entrou Labão na tenda de Jacó, e na tenda de Lia, e na tenda de ambas as servas, e não *os* achou; e saindo da tenda de Lia, entrou na tenda de Raquel.

³⁴Mas tinha tomado Raquel os ídolos e os tinha posto na albarda de um camelo, e assentara-se sobre eles; e apalpou Labão toda a tenda, e não *os* achou.

³⁵E ela disse a seu pai: Não se acenda a ira aos olhos de meu senhor, que não posso levantar-me diante da tua face; porquanto *tenho* o costume das mulheres. E ele procurou, mas não achou os ídolos.

³⁶Então irou-se Jacó e contendeu com Labão; e respondeu Jacó, e disse a Labão: *Qual é a* minha transgressão? *Qual é* o meu pecado, que *tão* furiosamente me tens perseguido?

³⁷Havendo apalpado todos os meus móveis, que achaste de todos os móveis de tua casa? Põe-no aqui diante dos meus irmãos e de teus irmãos; e *que* julguem entre nós ambos.

³⁸Estes vinte anos eu *estive* contigo; as tuas ovelhas e as tuas cabras nunca abortaram, e não comi os carneiros do teu rebanho.

³⁹Não te trouxe eu o despedaçado; eu o pagava; o furtado de dia e o furtado de noite da minha mão o requerias.

⁴⁰Estava eu assim: De dia me consumia o calor, e de noite a geada; e o meu sono fugiu dos meus olhos.

⁴¹Tenho estado agora vinte anos na tua casa; catorze anos te servi por tuas duas filhas, e seis anos por teu rebanho; mas o meu salário tens mudado dez vezes.

⁴²Se o Deus de meu pai, o Deus de Abraão e o temor de Isaque não fora comigo, por certo me despedirias agora vazio. Deus atendeu à minha aflição, e ao trabalho das minhas mãos, e repreendeu-*te* ontem à noite.

A aliança entre Labão e Jacó em Galeede

⁴³Então respondeu Labão, e disse a Jacó: *Estas* filhas *são* minhas filhas, e *estes* filhos *são* meus filhos, e *este* rebanho *é* o meu rebanho, e tudo o que vês, *é* meu; e que farei hoje a estas minhas filhas, ou a seus filhos, que deram à luz?

⁴⁴Agora pois vem, e façamos aliança eu e tu, que seja por testemunho entre mim e ti.

GÊNESIS 31.45

26

⁴⁵Então tomou Jacó uma pedra, e erigiu-a *por* coluna.

⁴⁶E disse Jacó a seus irmãos: Ajuntai pedras. E tomaram pedras, e fizeram um montão, e comeram ali sobre aquele montão.

⁴⁷E chamou-o Labão Jegar-Saaduta; porém Jacó chamou-o Galeede.

⁴⁸Então disse Labão: Este montão *seja* hoje por testemunha entre mim e ti. Por isso se lhe chamou Galeede,

⁴⁹E Mispá, porquanto disse: Atente o SENHOR entre mim e ti, quando nós estivermos apartados um do outro.

⁵⁰Se afligires as minhas filhas, e se tomares mulheres além das minhas filhas, ninguém *está* conosco; atenta que Deus *é* testemunha entre mim e ti.

⁵¹Disse mais Labão a Jacó: Eis aqui este mesmo montão, e eis aqui essa coluna que levantei entre mim e ti.

⁵²Este montão *seja* testemunha, e esta coluna *seja* testemunha, que eu não passarei este montão a ti, e que tu não passarás este montão e esta coluna a mim, para mal.

⁵³O Deus de Abraão e o Deus de Naor, o Deus de seu pai, julgue entre nós. E jurou Jacó pelo temor de seu pai Isaque.

⁵⁴E ofereceu Jacó um sacrifício na montanha, e convidou seus irmãos, para comer pão; e comeram pão e passaram a noite na montanha.

⁵⁵E levantou-se Labão pela manhã de madrugada, e beijou seus filhos e suas filhas e abençoou-os e partiu; e voltou Labão ao seu lugar.

A visão de Jacó em Maanaim

32 JACÓ *também* seguiu o seu caminho, e encontraram-no os anjos de Deus.

²E Jacó disse, quando os viu: Este *é* o exército de Deus. E chamou aquele lugar Maanaim.

Jacó envia mensageiros a Esaú

³E enviou Jacó mensageiros adiante de si a Esaú, seu irmão, à terra de Seir, território de Edom.

⁴E ordenou-lhes, dizendo: Assim direis a meu senhor Esaú: Assim diz Jacó, teu servo: Como peregrino morei com Labão, e me detive *lá* até agora;

⁵E tenho bois e jumentos, ovelhas, e servos e servas; e enviei para *o* anunciar a meu senhor, para que ache graça em teus olhos.

⁶E os mensageiros voltaram a Jacó, dizendo: Fomos a teu irmão Esaú; e também ele vem para encontrar-te, e quatrocentos homens com ele.

⁷Então Jacó temeu muito e angustiou-se; e repartiu o povo que com ele estava, e as ovelhas, e as vacas, e os camelos, em dois bandos.

⁸Porque dizia: Se Esaú vier a um bando e o ferir, o outro bando escapará.

⁹Disse mais Jacó: Deus de meu pai Abraão, e Deus de meu pai Isaque, o SENHOR, que me disseste: Torna-te à tua terra, e a tua parentela, e far--te-ei bem;

¹⁰Menor sou eu que todas as beneficências, e que toda a fidelidade que fizeste ao teu servo; porque com meu cajado passei este Jordão, e agora me tornei em dois bandos.

¹¹Livra-me, peço-te, da mão de meu irmão, da mão de Esaú; porque eu o temo; porventura não venha, e me fira, *e* a mãe com os filhos.

¹²E tu o disseste: Certamente te farei bem, e farei a tua descendência como a areia do mar, que pela multidão não se pode contar.

¹³E passou ali aquela noite; e tomou do que lhe veio à sua mão, um presente para seu irmão Esaú:

¹⁴Duzentas cabras e vinte bodes; duzentas ovelhas e vinte carneiros;

¹⁵Trinta camelas de leite com suas crias, quarenta vacas e dez novilhos; vinte jumentas e dez jumentinhos;

¹⁶E deu-os na mão dos seus servos, cada rebanho à parte, e disse a seus servos: Passai adiante de mim e ponde espaço entre rebanho e rebanho.

¹⁷E ordenou ao primeiro, dizendo: Quando Esaú, meu irmão, te encontrar, e te perguntar, dizendo: De quem *és,* e para onde vais, e de quem *são* estes diante de ti?

¹⁸Então dirás: São de teu servo Jacó, presente que envia a meu senhor, a Esaú; e eis que ele mesmo vem também atrás de nós.

¹⁹E ordenou também ao segundo, e ao terceiro, e a todos os que vinham atrás dos rebanhos, dizendo: Conforme a esta mesma palavra falareis a Esaú, quando o achardes.

²⁰E direis também: Eis que o teu servo Jacó *vem* atrás de nós. Porque dizia: *Eu* o aplacarei com o presente, que vai adiante de mim, e depois verei a sua face; porventura ele me aceitará.

²¹Assim, passou o presente adiante dele; ele, porém, passou aquela noite no arraial.

Jacó passa o vau de Jaboque e luta com um anjo

²²E levantou-se aquela mesma noite, e tomou as suas duas mulheres, e as suas duas servas, e os seus onze filhos, e passou o vau de Jaboque.

²³E tomou-os e fê-los passar o ribeiro; e fez passar *tudo* o que tinha.

²⁴Jacó, porém, ficou só; e lutou com ele um homem, até que a alva subiu.

²⁵E vendo este que não prevalecia contra ele, tocou a juntura de sua coxa, e se deslocou a juntura da coxa de Jacó, lutando com ele.

²⁶E disse: Deixa-me ir, porque já a alva subiu. Porém ele disse: Não te deixarei ir, se não me abençoares.

²⁷E disse-lhe: Qual *é* o teu nome? E ele disse: Jacó.

²⁸Então disse: Não se chamará mais o teu nome Jacó, mas Israel; pois como príncipe lutaste com Deus e com os homens, e prevaleceste.

²⁹E Jacó lhe perguntou, e disse: Dá-me, peço-te, a saber o teu nome. E disse: Por que perguntas pelo meu nome? E abençoou-o ali.

³⁰E chamou Jacó o nome daquele lugar Peniel,

porque *dizia:* Tenho visto a Deus face a face, e a minha alma foi salva.

³¹E saiu-lhe o sol, quando passou a Peniel; e manquejava da sua coxa.

³²Por isso os filhos de Israel não comem o nervo encolhido, que *está* sobre a juntura da coxa, até o dia de hoje; porquanto tocara a juntura da coxa de Jacó no nervo encolhido.

O encontro de Esaú e Jacó

33 E LEVANTOU Jacó os seus olhos, e olhou, e eis que vinha Esaú, e quatrocentos homens com ele. Então repartiu os filhos entre Lia, e Raquel, e as duas servas.

²E pôs as servas e seus filhos na frente, e a Lia e seus filhos atrás; porém a Raquel e José os derradeiros.

³E ele mesmo passou adiante deles e inclinou-se à terra sete vezes, até que chegou a seu irmão.

⁴Então Esaú correu-lhe ao encontro, e abraçou-o, e lançou-se sobre o seu pescoço, e beijou-o; e choraram.

⁵Depois levantou os seus olhos, e viu as mulheres, e os meninos, e disse: Quem *são* estes contigo? E ele disse: Os filhos que Deus graciosamente tem dado a teu servo.

⁶Então chegaram as servas; elas e os seus filhos, e inclinaram-se.

⁷E chegou também Lia com seus filhos, e inclinaram-se; e depois chegou José e Raquel e inclinaram-se.

⁸E disse *Esaú:* De que te *serve* todo este bando que tenho encontrado? E ele disse: Para achar graça aos olhos de meu senhor.

⁹Mas Esaú disse: Eu tenho bastante, meu irmão; seja para ti o que tens.

¹⁰Então disse Jacó: Não, se agora tenho achado graça em teus olhos, peço-te que tomes o meu presente da minha mão; porquanto tenho visto o teu rosto, como se tivesse visto o rosto de Deus, e tomaste contentamento em mim.

¹¹Toma, peço-te, a minha bênção, que te foi trazida; porque Deus graciosamente *ma* tem dado; e porque tenho de tudo. E instou com ele, até que a tomou.

¹²E disse: Caminhemos, e andemos, e eu partirei adiante de ti.

¹³Porém ele lhe disse: Meu senhor sabe que estes filhos *são* tenros, e que tenho comigo ovelhas e vacas de leite; se as afadigarem somente um dia, todo o rebanho morrerá.

¹⁴Ora passe o meu senhor adiante de seu servo; e eu irei como guia pouco a pouco, conforme ao passo do gado que vai adiante de mim, e conforme ao passo dos meninos, até que chegue a meu senhor em Seir.

¹⁵E Esaú disse: Permite então que eu deixe contigo alguns da minha gente. E ele disse: Para que é isso? *Basta* que ache graça aos olhos de meu senhor.

¹⁶Assim voltou Esaú aquele dia pelo seu caminho a Seir.

¹⁷Jacó, porém, partiu para Sucote e edificou para si uma casa; e fez cabanas para o seu gado; por isso chamou aquele lugar Sucote.

Jacó chega a Siquém e levanta um altar

¹⁸E chegou Jacó salvo a Salém, cidade de Siquém, que *está* na terra de Canaã, quando vinha de Padã-Arã; e armou a sua tenda diante da cidade.

¹⁹E comprou uma parte do campo em que estendera a sua tenda, da mão dos filhos de Hamor, pai de Siquém, por cem peças de dinheiro.

²⁰E levantou ali um altar, e chamou-lhe: Deus, o Deus de Israel.

Diná é desflorada

34 E SAIU Diná, filha de Lia, que esta dera a Jacó, para ver as filhas da terra.

²E Siquém, filho de Hamor, heveu, príncipe daquela terra, viu-a, e tomou-a, e deitou-se com ela, e humilhou-a.

³E apegou-se a sua alma a Diná, filha de Jacó, e amou a moça e falou afetuosamente à moça.

⁴Falou também Siquém a Hamor, seu pai, dizendo: Toma-me esta moça por mulher.

⁵Quando Jacó ouviu que Diná, sua filha, fora violada, estavam os seus filhos no campo com o gado; e calou-se Jacó até que viessem.

⁶E saiu Hamor, pai de Siquém, a Jacó, para falar com ele.

⁷E vieram os filhos de Jacó do campo, ouvindo isso, e entristeceram-se os homens, e iraram-se muito, porquanto Siquém cometera uma insensatez em Israel, deitando-se com a filha de Jacó; o que não se devia fazer assim.

⁸Então falou Hamor com eles, dizendo: A alma de Siquém, meu filho, está enamorada da vossa filha; dai-lha, peço-vos, por mulher;

⁹E aparentai-vos conosco, dai-nos as vossas filhas, e tomai as nossas filhas para vós;

¹⁰E habitareis conosco; e a terra estará diante de vós; habitai e negociai nela, e tomai possessão nela.

¹¹E disse Siquém ao pai dela, e aos irmãos dela: Ache eu graça em vossos olhos, e darei o que me disserdes;

¹²Aumentai muito sobre mim o dote e a dádiva e darei o que me disserdes; dai-me somente a moça por mulher.

¹³Então responderam os filhos de Jacó a Siquém e a Hamor, seu pai, enganosamente, e falaram, porquanto havia violado a Diná, sua irmã.

¹⁴E disseram-lhe: Não podemos fazer isso, dar a nossa irmã a um homem não circuncidado; porque isso *seria* uma vergonha para nós;

¹⁵Nisso, porém, consentiremos a vós: se fordes como nós; que se circuncide todo o homem entre vós;

¹⁶Então dar-vos-emos as nossas filhas, e tomaremos nós as vossas filhas, e habitaremos convosco, e seremos um povo;

GÊNESIS 34.17

[17] Mas se não nos ouvirdes, e não vos circuncidardes, tomaremos a nossa filha e ir-nos-emos.

[18] E suas palavras foram boas aos olhos de Hamor, e aos olhos de Siquém, filho de Hamor.

[19] E não tardou o jovem em fazer isto; porque a filha de Jacó lhe contentava; e ele *era* o mais honrado de toda a casa de seu pai.

[20] Veio, pois, Hamor e Siquém, seu filho, à porta da sua cidade, e falaram aos homens da sua cidade, dizendo:

[21] Estes homens *são* pacíficos conosco; portanto habitarão nesta terra, e negociarão nela; eis que a terra é larga de espaço para eles; tomaremos nós as suas filhas por mulheres, e lhes daremos as nossas filhas.

[22] Nisto, porém, consentirão aqueles homens, em habitar conosco, para que sejamos um povo, se todo o homem entre nós se circuncidar, como eles *são* circuncidados.

[23] E seu gado, as suas possessões, e todos os seus animais não serão nossos? Consintamos somente com eles e habitarão conosco.

[24] E deram ouvidos a Hamor e a Siquém, seu filho, todos os que saíam da porta da cidade; e foi circuncidado todo o homem, de todos os que saíam pela porta da sua cidade.

A traição de Simeão e Levi

[25] E aconteceu que, ao terceiro dia, quando estavam com a *mais violenta* dor, os dois filhos de Jacó, Simeão e Levi, irmãos de Diná, tomaram cada um a sua espada, e entraram afoitamente na cidade, e mataram todos os homens.

[26] Mataram também ao fio da espada a Hamor, e a seu filho Siquém; e tomaram a Diná da casa de Siquém, e saíram.

[27] Vieram os filhos de Jacó aos mortos e saquearam a cidade; porquanto violaram a sua irmã.

[28] As suas ovelhas, e as suas vacas, e os seus jumentos, e o que havia na cidade e no campo, tomaram.

[29] E todos os seus bens, e todos os seus meninos, e as suas mulheres, levaram presos, e saquearam tudo o que *havia* em casa.

[30] Então disse Jacó a Simeão e a Levi: Tendes-me turbado, fazendo-me cheirar mal entre os moradores desta terra, entre os cananeus e perizeus; *tendo* eu pouco povo em número, eles ajuntar-se-ão contra mim e me ferirão, e serei destruído, eu e minha casa.

[31] E eles disseram: Devia ele tratar a nossa irmã como a uma prostituta?

Deus manda Jacó a Betel levantar um altar

35 DEPOIS disse Deus a Jacó: Levanta-te, sobe a Betel, e habita ali; e faze ali um altar ao Deus que te apareceu, quando fugiste da face de Esaú teu irmão.

[2] Então disse Jacó à sua família, e a todos os que com ele *estavam*: Tirai os deuses estranhos, que há no meio de vós, e purificai-vos, e mudai as vossas vestes.

[3] E levantemo-nos, e subamos a Betel; e ali farei um altar ao Deus que me respondeu no dia da minha angústia, e *que* foi comigo no caminho que tenho andado.

[4] Então deram a Jacó todos os deuses estranhos, que *tinham* em suas mãos, e os brincos, que *estavam* em suas orelhas; e Jacó os escondeu debaixo do carvalho que *está* junto a Siquém.

[5] E partiram; e o terror de Deus foi sobre as cidades que *estavam* ao redor deles, e não seguiram após os filhos de Jacó.

[6] Assim chegou Jacó a Luz, que *está* na terra de Canaã (esta *é* Betel), ele e todo o povo que com ele *havia*.

[7] E edificou ali um altar, e chamou aquele lugar El-Betel; porquanto Deus ali se lhe tinha manifestado, quando fugia da face de seu irmão.

[8] E morreu Débora, a ama de Rebeca, e foi sepultada ao pé de Betel, debaixo do carvalho cujo nome chamou Alom-Bacute.

[9] E apareceu Deus outra vez a Jacó, vindo de Padã-Arã, e abençoou-o.

[10] E disse-lhe Deus: O teu nome *é* Jacó; não se chamará mais o teu nome Jacó, mas Israel será o teu nome. E chamou o seu nome Israel.

[11] Disse-lhe mais Deus: Eu *sou* o Deus Todo-Poderoso; frutifica e multiplica-te; uma nação, sim, uma multidão de nações sairá de ti, e reis procederão dos teus lombos;

[12] E te darei a ti a terra que tenho dado a Abraão e a Isaque, e à tua descendência depois de ti darei a terra.

[13] E Deus subiu dele, do lugar onde falara com ele.

[14] E Jacó pôs uma coluna no lugar onde falara com ele, uma coluna de pedra; e derramou sobre ela uma libação, e deitou sobre ela azeite.

[15] E chamou Jacó o nome daquele lugar, onde Deus falara com ele, Betel.

O nascimento de Benjamim e a morte de Raquel

[16] E partiram de Betel; e havia ainda um pequeno espaço de terra para chegar a Efrata, e deu à luz Raquel, e ela teve trabalho em seu parto.

[17] E aconteceu que, tendo ela trabalho em seu parto, lhe disse a parteira: Não temas, porque também este filho terás.

[18] E aconteceu que, saindo-se-lhe a alma (porque morreu), ela chamou o seu nome Benoni; mas seu pai chamou-lhe Benjamim.

[19] Assim morreu Raquel, e foi sepultada no caminho de Efrata; que *é* Belém.

[20] E Jacó pôs uma coluna sobre a sua sepultura; esta *é* a coluna da sepultura de Raquel até o dia de hoje.

[21] Então partiu Israel, e estendeu a sua tenda além de Migdal Eder.

[22] E aconteceu que, habitando Israel naquela terra, foi Rúben e deitou-se com Bila, concubina de seu pai; e Israel o soube. E eram doze os filhos de Jacó.

²³Os filhos de Lia: Rúben, o primogênito de Jacó, depois Simeão e Levi, e Judá, e Issacar e Zebulom;

²⁴Os filhos de Raquel: José e Benjamim;

²⁵E os filhos de Bila, serva de Raquel: Dã e Naftali;

²⁶E os filhos de Zilpa, serva de Lia: Gade e Aser. Estes *são* os filhos de Jacó, que lhe nasceram em Padã-Arã.

²⁷E Jacó veio a seu pai Isaque, a Manre, a Quiriate-Arba (que *é* Hebrom), onde peregrinaram Abraão e Isaque.

²⁸E foram os dias de Isaque cento e oitenta anos.

²⁹E Isaque expirou, e morreu, e foi recolhido ao seu povo, velho e farto de dias; e Esaú e Jacó, seus filhos, o sepultaram.

Os descendentes de Esaú

36 E ESTAS *são* as gerações de Esaú (que *é* Edom).

²Esaú tomou suas mulheres das filhas de Canaã; a Ada, filha de Elom, heteu, e a Aolibama, filha de Aná, filho de Zibeão, heveu.

³E a Basemate, filha de Ismael, irmã de Nebaiote.

⁴E Ada teve de Esaú a Elifaz; e Basemate teve a Reuel;

⁵E Aolibama deu à luz a Jeús, Jalão e Coré; estes *são* os filhos de Esaú, que lhe nasceram na terra de Canaã.

⁶E Esaú tomou suas mulheres, e seus filhos, e suas filhas, e todas as almas de sua casa, e seu gado, e todos os seus animais, e todos os seus bens, que havia adquirido na terra de Canaã; e foi para *outra* terra apartando-se de Jacó, seu irmão;

⁷Porque os bens deles eram muitos para habitarem juntos; e a terra de suas peregrinações não os podia sustentar por causa do seu gado.

⁸Portanto Esaú habitou na montanha de Seir; Esaú é Edom.

⁹Estas, pois, *são* as gerações de Esaú, pai dos edomeus, na montanha de Seir.

¹⁰Estes *são* os nomes dos filhos de Esaú: Elifaz, filho de Ada, mulher de Esaú; Reuel, filho de Basemate, mulher de Esaú.

¹¹E os filhos de Elifaz foram: Temã, Omar, Zefô, Gaetã e Quenaz.

¹²E Timna era concubina de Elifaz, filho de Esaú, e teve de Elifaz a Amaleque. Estes *são* os filhos de Ada, mulher de Esaú.

¹³E estes *foram* os filhos de Reuel: Naate, Zerá, Samá e Mizá; estes foram os filhos de Basemate, mulher de Esaú.

¹⁴E estes foram os filhos de Aolibama, mulher de Esaú e filha de Aná, filha de Zibeão; ela teve de Esaú: Jeús, Jalão e Coré.

¹⁵Estes *são* os príncipes dos filhos de Esaú: os filhos de Elifaz, o primogênito de Esaú, o príncipe Temã, o príncipe Omar, o príncipe Zefô, o príncipe Quenaz.

¹⁶O príncipe Coré, o príncipe Gaetã, o príncipe Amaleque; estes são os príncipes de Elifaz na terra de Edom; estes *são* os filhos de Ada.

¹⁷E estes *são* os filhos de Reuel, filhos de Esaú: o príncipe Naate, o príncipe Zerá, o príncipe Samá, o príncipe Mizá; estes *são* os príncipes de Reuel, na terra de Edom; estes *são* os filhos de Basemate, mulher de Esaú.

¹⁸E estes *são* os filhos de Aolibama, mulher de Esaú: o príncipe Jeús, o príncipe Jalão, o príncipe Coré; estes *são* os príncipes de Aolibama, filha de Aná, mulher de Esaú.

¹⁹Estes *são* os filhos de Esaú, e estes *são* seus príncipes: Ele *é* Edom.

²⁰Estes *são* os filhos de Seir, horeu, moradores daquela terra: Lotã, Sobal, Zibeão e Aná,

²¹Disom, Eser e Disã; estes *são* os príncipes dos horeus, filhos de Seir, na terra de Edom.

²²E os filhos de Lotã foram Hori e Homã; e a irmã de Lotã *era* Timna.

²³Estes *são* os filhos de Sobal: Alvã, Manaate, Ebal, Sefô e Onã.

²⁴E estes *são* os filhos de Zibeão: Aiá e Aná; este é o Aná que achou as mulas no deserto, quando apascentava os jumentos de Zibeão, seu pai.

²⁵E estes *são* os filhos de Aná: Disom e Aolibama, a filha de Aná.

²⁶E estes *são* os filhos de Disã: Hendã, Esbã, Itrã e Querã.

²⁷Estes *são* os filhos de Eser: Bilã, Zaavã e Acã.

²⁸Estes *são* os filhos de Disã: Uz e Arã.

²⁹Estes *são* os príncipes dos horeus: o príncipe Lotã, o príncipe Sobal, o príncipe Zibeão, o príncipe Aná.

³⁰O príncipe Disom, o príncipe Eser, o príncipe Disã: estes *são* os príncipes dos horeus segundo os seus principados na terra de Seir.

³¹E estes *são* os reis que reinaram na terra de Edom, antes que reinasse rei *algum* sobre os filhos de Israel.

³²Reinou, pois, em Edom Bela, filho de Beor, e o nome da sua cidade foi Dinabá.

³³E morreu Bela; e Jobabe, filho de Zerá, de Bozra, reinou em seu lugar.

³⁴E morreu Jobabe; e Husão, da terra dos temanitas, reinou em seu lugar.

³⁵E morreu Husão, e em seu lugar reinou Hadade, filho de Bedade, o que feriu a Midiã, no campo de Moabe; e o nome da sua cidade *foi* Avite.

³⁶E morreu Hadade; e Samlá de Masreca reinou em seu lugar.

³⁷E morreu Samlá; e Saul de Reobote, junto ao rio, reinou em seu lugar.

³⁸E morreu Saul; e Baal-Hanã, filho de Acbor, reinou em seu lugar.

³⁹E morreu Baal-Hanã, filho de Acbor; e Hadar reinou em seu lugar, e o nome de sua cidade *foi* Pau; e o nome de sua mulher *foi* Meetabel, filha de Matrede, filha de Me-Zaabe.

⁴⁰E estes *são* os nomes dos príncipes de Esaú, segundo as suas gerações, segundo os seus lugares, com os seus nomes: o príncipe Timna, o príncipe Alva, o príncipe Jetete,

GÊNESIS 36.41

⁴¹O príncipe Aolibama, o príncipe Ela, o príncipe Pinom,

⁴²O príncipe Quenaz, o príncipe Temã, o príncipe Mibzar,

⁴³O príncipe Magdiel, o príncipe Irã: estes *são* os príncipes de Edom, segundo as suas habitações, na terra da sua possessão. Este *é* Esaú, pai de Edom.

Os sonhos de José

37E JACÓ habitou na terra das peregrinações de seu pai, na terra de Canaã.

²Estas *são* as gerações de Jacó. *Sendo* José de dezessete anos, apascentava as ovelhas com seus irmãos; sendo ainda jovem, andava com os filhos de Bila, e com os filhos de Zilpa, mulheres de seu pai; e José trazia más notícias deles a seu pai.

³E Israel amava a José mais do que a todos os seus filhos, porque *era* filho da sua velhice; e fez-lhe uma túnica de *várias* cores.

⁴Vendo, pois, seus irmãos que seu pai o amava mais do que a todos eles, odiaram-no, e não podiam falar com ele pacificamente.

⁵Teve José um sonho, que contou a seus irmãos; por isso o odiaram ainda mais.

⁶E disse-lhes: Ouvi, peço-vos, este sonho, que tenho sonhado:

⁷Eis que *estávamos* atando molhos no meio do campo, e eis que o meu molho se levantava, e também ficava em pé, e eis que os vossos molhos o rodeavam, e se inclinavam ao meu molho.

⁸Então lhe disseram seus irmãos: Tu, pois, deveras reinarás sobre nós? Tu deveras terás domínio sobre nós? Por isso ainda mais o odiavam por seus sonhos e por suas palavras.

⁹E teve José outro sonho, e o contou a seus irmãos, e disse: Eis que tive ainda outro sonho; e eis que o sol, e a lua, e onze estrelas se inclinavam a mim.

¹⁰E contando-o a seu pai e a seus irmãos, repreendeu-o seu pai, e disse-lhe: Que sonho *é* este que tiveste? Porventura viremos, eu e tua mãe, e teus irmãos, a inclinar-nos perante ti em terra?

¹¹Seus irmãos, pois, o invejavam; seu pai porém guardava este negócio *no seu coração*.

¹²E seus irmãos foram apascentar o rebanho de seu pai, junto de Siquém.

¹³Disse, pois, Israel a José: Não apascentam os teus irmãos junto de Siquém? Vem, e enviar-te-ei a eles. E ele respondeu: Eis-me *aqui*.

¹⁴E ele lhe disse: Ora vai, vê como estão teus irmãos, e como está o rebanho, e traze-me resposta. Assim o enviou do vale de Hebrom, e foi a Siquém.

¹⁵E achou-o um homem, porque eis que andava errante pelo campo, e perguntou-lhe o homem, dizendo: Que procuras?

¹⁶E ele disse: Procuro meus irmãos; dize-me, peço-te, onde eles apascentam.

¹⁷E disse aquele homem: Foram-se daqui; porque ouvi-os dizer: Vamos a Dotã. José, pois, seguiu atrás de seus irmãos, e achou-os em Dotã.

Os irmãos de José conspiram a sua morte

¹⁸E viram-no de longe e, antes que chegasse a eles, conspiraram contra ele para o matarem.

¹⁹E disseram um ao outro: Eis lá vem o sonhador-mor!

²⁰Vinde, pois, agora, e matemo-lo, e lancemo-lo numa destas covas, e diremos: Uma fera o comeu; e veremos que será dos seus sonhos.

²¹E ouvindo-o Rúben, livrou-o das suas mãos, e disse: Não lhe tiremos a vida.

²²Também lhes disse Rúben: Não derrameis sangue; lançai-o nesta cova, que *está* no deserto, e não lanceis mãos nele; isto disse para livrá-lo das mãos deles e para torná-lo a seu pai.

²³E aconteceu que, chegando José a seus irmãos, tiraram de José a sua túnica, a túnica de *várias* cores, que trazia.

²⁴E tomaram-no, e lançaram-no na cova; porém a cova *estava* vazia, não *havia* água nela.

²⁵Depois assentaram-se a comer pão; e levantaram os seus olhos, e olharam, e eis que uma companhia de ismaelitas vinha de Gileade; e seus camelos traziam especiarias e bálsamo e mirra, e iam levá-los ao Egito.

José é vendido pelos seus irmãos

²⁶Então Judá disse aos seus irmãos: Que proveito *haverá* que matemos a nosso irmão e escondamos o seu sangue?

²⁷Vinde e vendamo-lo a estes ismaelitas, e não seja nossa mão sobre ele; porque ele é nosso irmão, nossa carne. E seus irmãos obedeceram.

²⁸Passando, pois, os mercadores midianitas, tiraram e alçaram a José da cova, e venderam José por vinte *moedas* de prata, aos ismaelitas, os quais levaram José ao Egito.

²⁹Voltando, pois, Rúben à cova, eis que José não *estava* na cova; então rasgou as suas vestes.

³⁰E voltou a seus irmãos e disse: O menino não *está;* e eu aonde irei?

³¹Então tomaram a túnica de José, e mataram um cabrito, e tingiram a túnica no sangue.

³²E enviaram a túnica de *várias* cores, mandando levá-la a seu pai, e disseram: Temos achado esta *túnica;* conhece agora se esta será ou não a túnica de teu filho.

³³E conheceu-a, e disse: É a túnica de meu filho; uma fera o comeu; certamente José foi despedaçado.

³⁴Então Jacó rasgou as suas vestes, pôs saco sobre os seus lombos e lamentou a seu filho muitos dias.

³⁵E levantaram-se todos os seus filhos e todas as suas filhas, para o consolarem; recusou porém ser consolado, e disse: Porquanto com choro hei de descer ao meu filho até à sepultura. Assim o chorou seu pai.

³⁶E os midianitas venderam-no no Egito a Potifar, oficial de Faraó, capitão da guarda.

Judá e Tamar

38 E ACONTECEU no mesmo tempo que Judá desceu de entre seus irmãos e entrou *na casa* de um homem de Adulão, cujo nome *era* Hira,

²E viu Judá ali a filha de um homem cananeu, cujo nome *era* Sua; e tomou-a por mulher, e a possuiu.

³E ela concebeu e deu à luz um filho, e chamou o seu nome Er.

⁴E tornou a conceber e deu à luz um filho, e ela chamou o seu nome Onã.

⁵E continuou ainda e deu à luz um filho, e chamou o seu nome Selá; e Judá estava em Quezibe, quando ela o deu à luz.

⁶Judá, pois, tomou uma mulher para Er, o seu primogênito, e o seu nome *era* Tamar.

⁷Er, porém, o primogênito de Judá, era mau aos olhos do SENHOR, por isso o SENHOR o matou.

⁸Então disse Judá a Onã: Toma a mulher do teu irmão, e casa-te com ela, e suscita descendência a teu irmão.

⁹Onã, porém, soube que esta descendência não havia de ser para ele; e aconteceu que, quando possuía a mulher de seu irmão, derramava o sêmen na terra, para não dar descendência a seu irmão.

¹⁰E o que fazia era mau aos olhos do SENHOR, pelo que também o matou.

¹¹Então disse Judá a Tamar sua nora: Fica-te viúva na casa de teu pai, até que Selá, meu filho, seja grande. Porquanto disse: Para que porventura não morra também este, como seus irmãos. Assim se foi Tamar e ficou na casa de seu pai.

¹²Passando-se pois muitos dias, morreu a filha de Sua, mulher de Judá; e depois de consolado Judá subiu aos tosquiadores das suas ovelhas em Timna, ele e Hira, seu amigo, o adulamita.

¹³E deram aviso a Tamar, dizendo: Eis que o teu sogro sobe a Timna, a tosquiar as suas ovelhas.

¹⁴Então ela tirou de sobre si os vestidos da sua viuvez e cobriu-se com o véu, e envolveu-se, e assentou-se à entrada das duas fontes que *estão* no caminho de Timna, porque via que Selá já era grande, e ela não lhe fora dada por mulher.

¹⁵E vendo-a Judá, teve-a por uma prostituta, porque ela tinha coberto o seu rosto.

¹⁶E dirigiu-se a ela no caminho, e disse: Vem, peço-te, deixa-me possuir-te. Porquanto não sabia que *era* sua nora. E ela disse: Que darás, para que possuas a mim?

¹⁷E ele disse: Eu *te* enviarei um cabrito do rebanho. E ela disse: Dar-me-ás penhor até que o envies?

¹⁸Então ele disse: Que penhor é que te darei? E ela disse: O teu selo, e o teu cordão, e o cajado que *está* em tua mão. O que ele lhe deu, e possuiu-a, e ela concebeu dele.

¹⁹E ela se levantou, e se foi e tirou de sobre si o seu véu, e vestiu os vestidos da sua viuvez.

²⁰E Judá enviou o cabrito por mão do seu amigo, o adulamita, para tomar o penhor da mão da mulher; porém não a achou.

²¹E perguntou aos homens daquele lugar, dizendo: Onde *está* a prostituta que *estava* no caminho junto às duas fontes? E disseram: Aqui não esteve prostituta *alguma*.

²²E tornou-se a Judá e disse: Não a achei; e também disseram os homens daquele lugar: Aqui não esteve prostituta.

²³Então disse Judá: Deixa-a ficar com o penhor, para que porventura não caiamos em desprezo; eis que tenho enviado este cabrito; mas tu não a achaste.

²⁴E aconteceu que, quase três meses depois, deram aviso a Judá, dizendo: Tamar, tua nora, adulterou, e eis que *está* grávida do adultério. Então disse Judá: Tirai-a fora para que seja queimada.

²⁵E tirando-a fora, ela mandou dizer a seu sogro: Do homem de quem *são* estas *coisas* eu concebi. E ela disse mais: Conhece, peço-te, de quem é este selo, e este cordão, e este cajado.

²⁶E conheceu-os Judá e disse: Mais justa é *ela* do que eu, porquanto não a tenho dado a Selá meu filho. E nunca mais a conheceu.

²⁷E aconteceu ao tempo de dar à luz que *havia* gêmeos em seu ventre;

²⁸E sucedeu que, dando ela à luz, que *um* pôs fora a mão, e a parteira tomou-a, e atou em sua mão um *fio* encarnado, dizendo: Este saiu primeiro.

²⁹Mas aconteceu que, tornando ele a recolher a sua mão, eis que saiu o seu irmão, e ela disse: Como tu tens rompido, sobre ti é a rotura. E chamaram o seu nome Perez.

³⁰E depois saiu o seu irmão, em cuja mão estava o *fio* encarnado; e chamaram o seu nome Zerá.

José na casa de Potifar

39 E JOSÉ foi levado ao Egito, e Potifar, oficial de Faraó, capitão da guarda, homem egípcio, comprou-o da mão dos ismaelitas que o tinham levado lá.

²E o SENHOR estava com José, e foi homem próspero; e estava na casa de seu senhor egípcio.

³Vendo, pois, o seu senhor que o SENHOR *estava* com ele, e tudo o que fazia o SENHOR prosperava em sua mão,

⁴José achou graça em seus olhos, e servia-o; e ele o pôs sobre a sua casa, e entregou na sua mão tudo o que tinha.

⁵E aconteceu que, desde que o pusera sobre a sua casa e sobre tudo o que tinha, o SENHOR abençoou a casa do egípcio por amor de José; e a bênção do SENHOR foi sobre tudo o que tinha, na casa e no campo.

⁶E deixou tudo o que tinha na mão de José, de maneira que nada sabia *do que estava* com ele, a não ser do pão que comia. E José era formoso de porte, e de semblante.

⁷E aconteceu depois destas coisas que a mulher do seu senhor pôs os seus olhos em José, e disse: Deita-te comigo.

⁸Porém ele recusou, e disse à mulher do seu senhor: Eis que o meu senhor não sabe do que *há*

GÊNESIS 39.9

em casa comigo, e entregou em minha mão tudo o que tem;

⁹Ninguém *há* maior do que eu nesta casa, e nenhuma coisa me vedou, senão a ti, porquanto tu *és* sua mulher; como pois faria eu tamanha maldade, e pecaria contra Deus?

¹⁰E aconteceu que, falando ela cada dia a José, e não lhe dando ele ouvidos, para deitar-se com ela, *e* estar com ela,

¹¹Sucedeu num certo dia que *ele* veio à casa para fazer seu serviço; e nenhum dos homens da casa *estava* ali;

¹²E ela lhe pegou pela sua roupa, dizendo: Deita-te comigo. E ele deixou a sua roupa na mão dela, e fugiu, e saiu para fora.

¹³E aconteceu que, vendo ela que deixara a sua roupa em sua mão, e fugira para fora,

¹⁴Chamou aos homens de sua casa, e falou-lhes, dizendo: Vede, meu marido trouxe-nos um homem hebreu para escarnecer de nós; veio a mim para deitar-se comigo, e eu gritei com grande voz;

¹⁵E aconteceu que, ouvindo ele que eu levantava a minha voz e gritava, deixou a sua roupa comigo, e fugiu, e saiu para fora.

¹⁶E ela pôs a sua roupa perto de si, até que o seu senhor voltou à sua casa.

¹⁷Então falou-lhe conforme as mesmas palavras, dizendo: Veio a mim o servo hebreu, que nos trouxeste, para escarnecer de mim;

¹⁸E aconteceu que, levantando eu a minha voz e gritando, ele deixou a sua roupa comigo, e fugiu para fora.

¹⁹E aconteceu que, ouvindo o seu senhor as palavras de sua mulher, que lhe falava, dizendo: Conforme a estas mesmas palavras me fez teu servo, a sua ira se acendeu.

²⁰E o senhor de José o tomou, e o entregou na casa do cárcere, no lugar onde os presos do rei *estavam* encarcerados; assim esteve ali na casa do cárcere.

²¹O Senhor, porém, estava com José, e estendeu sobre ele a sua benignidade, e deu-lhe graça aos olhos do carcereiro-mor.

²²E o carcereiro-mor entregou na mão de José todos os presos que *estavam* na casa do cárcere, e ele ordenava tudo o que se fazia ali.

²³E o carcereiro-mor não teve cuidado de nenhuma coisa *que estava* na mão dele, porquanto o Senhor estava com ele, e *tudo* o que fazia o Senhor prosperava.

José na prisão interpreta dois sonhos

40E ACONTECEU, depois destas coisas, que o copeiro do rei do Egito, e o seu padeiro, ofenderam o seu senhor, o rei do Egito.

²E indignou-se Faraó muito contra os seus dois oficiais, contra o copeiro-mor e contra o padeiro-mor.

³E entregou-os à prisão, na casa do capitão da guarda, na casa do cárcere, no lugar onde José *estava preso.*

⁴E o capitão da guarda pô-los a cargo de José, para que os servisse; e estiveram *muitos* dias na prisão.

⁵E ambos tiveram um sonho, cada um seu sonho, na mesma noite, cada um conforme a interpretação do seu sonho, o copeiro e o padeiro do rei do Egito, que *estavam* presos na casa do cárcere.

⁶E veio José a eles pela manhã, e olhou para eles, e viu que *estavam* perturbados.

⁷Então perguntou aos oficiais de Faraó, que com ele *estavam* no cárcere da casa de seu senhor, dizendo: Por que *estão* hoje tristes os vossos semblantes?

⁸E eles lhe disseram: Tivemos um sonho, e ninguém *há* que o interprete. E José disse-lhes: Não *são* de Deus as interpretações? Contai-mo, peço-vos.

⁹Então contou o copeiro-mor o seu sonho a José, e disse-lhe: Eis que em meu sonho *havia* uma vide diante da minha face.

¹⁰E na vide três ramos, e brotando ela, a sua flor saía, e os seus cachos amadureciam em uvas;

¹¹E o copo de Faraó *estava* na minha mão, e eu tomava as uvas, e as espremia no copo de Faraó, e dava o copo na mão de Faraó.

¹²Então disse-lhe José: Esta *é* a sua interpretação: Os três ramos *são* três dias;

¹³Dentro ainda de três dias Faraó levantará a tua cabeça, e te restaurará ao teu estado, e darás o copo de Faraó na sua mão, conforme o costume antigo, quando eras seu copeiro.

¹⁴Porém lembra-te de mim, quando te for bem; e rogo-te que uses comigo de compaixão, e que faças menção de mim a Faraó, e faze-me sair desta casa;

¹⁵Porque, de fato, fui roubado da terra dos hebreus; e tampouco aqui nada tenho feito para que me pusessem nesta cova.

¹⁶Vendo então o padeiro-mor que tinha interpretado bem, disse a José: Eu também sonhei, e eis que três cestos brancos estavam sobre a minha cabeça;

¹⁷E no cesto mais alto *havia* de todos os manjares de Faraó, obra de padeiro; e as aves o comiam do cesto, de sobre a minha cabeça.

¹⁸Então respondeu José, e disse: Esta é *a* sua interpretação: Os três cestos *são* três dias;

¹⁹Dentro ainda de três dias Faraó tirará a tua cabeça, e te pendurará num pau, e as aves comerão a tua carne de sobre ti.

²⁰E aconteceu ao terceiro dia, o dia do nascimento de Faraó, que fez um banquete a todos os seus servos; e levantou a cabeça do copeiro-mor, e a cabeça do padeiro-mor, no meio dos seus servos.

²¹E fez tornar o copeiro-mor ao seu ofício de copeiro, e este deu o copo na mão de Faraó,

²²Mas ao padeiro-mor enforcou, como José havia interpretado.

²³O copeiro-mor, porém, não se lembrou de José, antes se esqueceu dele.

José interpreta os sonhos de Faraó

41 E ACONTECEU que, ao fim de dois anos inteiros, Faraó sonhou, e eis que estava em pé junto ao rio.

²E eis que subiam do rio sete vacas, formosas à vista e gordas de carne, e pastavam no prado.

³E eis que subiam do rio após elas outras sete vacas, feias à vista e magras de carne; e paravam junto *às outras* vacas na praia do rio.

⁴E as vacas feias à vista e magras de carne, comiam as sete vacas formosas à vista e gordas. Então acordou Faraó.

⁵Depois dormiu e sonhou outra vez, e eis que brotavam de um mesmo pé sete espigas cheias e boas.

⁶E eis que sete espigas miúdas, e queimadas do vento oriental, brotavam após elas.

⁷E as espigas miúdas devoravam as sete espigas grandes e cheias. Então acordou Faraó, e eis que *era um* sonho.

⁸E aconteceu que pela manhã o seu espírito perturbou-se, e enviou e chamou todos os adivinhadores do Egito, e todos os seus sábios; e Faraó contou-lhes os seus sonhos, mas ninguém *havia* que os interpretasse a Faraó.

⁹Então falou o copeiro-mor a Faraó, dizendo: Das minhas ofensas me lembro hoje:

¹⁰Estando Faraó muito indignado contra os seus servos, e pondo-me sob prisão na casa do capitão da guarda, a mim e ao padeiro-mor,

¹¹Então sonhamos um sonho na mesma noite, eu e ele; sonhamos, cada um conforme a interpretação do seu sonho.

¹²E *estava* ali conosco um jovem hebreu, servo do capitão da guarda, e contamos-lhe os nossos sonhos e ele interpretou-nos os nossos sonhos, a cada um ele interpretou conforme o seu sonho.

¹³E como ele nos interpretou, assim aconteceu; a mim me foi restituído o meu cargo, e ele foi enforcado.

¹⁴Então mandou Faraó chamar a José, e o fizeram sair logo do cárcere; e barbeou-se e mudou as suas roupas e apresentou-se a Faraó.

¹⁵E Faraó disse a José: Eu tive um sonho, e ninguém *há* que o interprete; mas de ti ouvi dizer *que quando* ouves um sonho o interpretas.

¹⁶E respondeu José a Faraó, dizendo: Isso não está em mim; Deus dará resposta de paz a Faraó.

¹⁷Então disse Faraó a José: Eis que em meu sonho estava eu em pé na margem do rio,

¹⁸E eis que subiam do rio sete vacas gordas de carne e formosas à vista, e pastavam no prado.

¹⁹E eis que outras sete vacas subiam após estas, fracas, muito feias à vista e magras de carne; não tenho visto outras tais, quanto à fealdade, em toda a terra do Egito.

²⁰E as vacas magras e feias comiam as primeiras sete vacas gordas;

²¹E entravam em suas entranhas, mas não se conhecia que houvessem entrado; porque o seu parecer *era* feio como no princípio. Então acordei.

²²Depois vi em meu sonho, e eis que de um mesmo pé subiam sete espigas cheias e boas;

²³E eis que sete espigas secas, miúdas *e* queimadas do vento oriental, brotavam após elas.

²⁴E as sete espigas miúdas devoravam as sete espigas boas. E eu contei *isso* aos magos, mas ninguém *houve* que mo interpretasse.

²⁵Então disse José a Faraó: O sonho de Faraó *é* um só; o que Deus há de fazer, mostrou-o a Faraó.

²⁶As sete vacas formosas *são* sete anos, as sete espigas formosas também *são* sete anos, o sonho é um só.

²⁷E as sete vacas feias à vista e magras, que subiam depois delas, *são* sete anos, e as sete espigas miúdas e queimadas do vento oriental, serão sete anos de fome.

²⁸Esta *é* a palavra que tenho dito a Faraó; o que Deus há de fazer, mostrou-o a Faraó.

²⁹E eis que vem sete anos, e haverá grande fartura em toda a terra do Egito.

³⁰E depois deles levantar-se-ão sete anos de fome, e toda aquela fartura será esquecida na terra do Egito, e a fome consumirá a terra;

³¹E não será conhecida a abundância na terra, por causa daquela fome *que haverá* depois; porquanto será gravíssima.

³²E que o sonho foi repetido duas vezes a Faraó, é porque esta coisa é determinada por Deus, e Deus se apressa em fazê-la.

³³Portanto, Faraó previna-se agora de um homem entendido e sábio, e o ponha sobre a terra do Egito.

³⁴Faça *isso* Faraó e ponha governadores sobre a terra, e tome a quinta parte da terra do Egito nos sete anos de fartura,

³⁵E ajuntem toda a comida destes bons anos, que vêm, e amontoem o trigo debaixo da mão de Faraó, para mantimento nas cidades, e o guardem.

³⁶Assim será o mantimento para provimento da terra, para os sete anos de fome, que haverá na terra do Egito; para que a terra não pereça de fome.

³⁷E esta palavra foi boa aos olhos de Faraó, e aos olhos de todos os seus servos.

Faraó põe José como governador do Egito

³⁸E disse Faraó a seus servos: Acharíamos um homem como este em quem *haja* o espírito de Deus?

³⁹Depois disse Faraó a José: Pois que Deus te fez saber tudo isto, ninguém *há tão* entendido e sábio como tu.

⁴⁰Tu estarás sobre a minha casa, e por tua boca se governará todo o meu povo, somente no trono eu serei maior que tu.

⁴¹Disse mais Faraó a José: Vês aqui te tenho posto sobre toda a terra do Egito.

⁴²E tirou Faraó o anel da sua mão, e o pôs na mão de José, e o fez vestir de roupas de linho fino, e pôs um colar de ouro no seu pescoço.

⁴³E o fez subir no segundo carro que tinha, e

GÊNESIS 41.44   34

clamavam diante dele: Ajoelhai. Assim o pôs sobre toda a terra do Egito.

⁴⁴E disse Faraó a José: Eu *sou* Faraó; porém sem ti ninguém levantará a sua mão ou o seu pé em toda a terra do Egito.

⁴⁵E Faraó chamou o nome de José de Zafenate-Paneia, e deu-lhe por mulher a Azenate, filha de Potífera, sacerdote de Om; e saiu José por *toda* a terra do Egito.

⁴⁶E José *era* da idade de trinta anos quando se apresentou a Faraó, rei do Egito. E saiu José da presença de Faraó e passou por toda a terra do Egito.

⁴⁷E nos sete anos de fartura a terra produziu abundantemente.

⁴⁸E ele ajuntou todo o mantimento dos sete anos, que houve na terra do Egito; e guardou o mantimento nas cidades, pondo nas mesmas o mantimento do campo que *estava* ao redor de cada cidade.

⁴⁹Assim ajuntou José muitíssimo trigo, como a areia do mar, até que cessou de contar; porquanto não *havia* numeração.

⁵⁰E nasceram a José dois filhos (antes que viesse um ano de fome), que lhe deu Azenate, filha de Potífera, sacerdote de Om.

⁵¹E chamou José o nome do primogênito Manassés, porque *disse:* Deus me fez esquecer de todo o meu trabalho, e de toda a casa de meu pai.

⁵²E ao nome do segundo chamou Efraim; porque *disse:* Deus me fez crescer na terra da minha aflição.

⁵³Então acabaram-se os sete anos de fartura que havia na terra do Egito.

⁵⁴E começaram a vir os sete anos de fome, como José tinha dito; e havia fome em todas as terras, mas em toda a terra do Egito havia pão.

⁵⁵E tendo toda a terra do Egito fome, clamou o povo a Faraó por pão; e Faraó disse a todos os egípcios: Ide a José; o que ele vos disser, fazei.

⁵⁶Havendo, pois, fome sobre toda a terra, abriu José tudo em que havia *mantimento,* e vendeu aos egípcios; porque a fome prevaleceu na terra do Egito.

⁵⁷E de todas as terras vinham ao Egito, para comprar de José; porquanto a fome prevaleceu em todas as terras.

Os irmãos de José descem ao Egito

42 VENDO então Jacó que havia mantimento no Egito, disse Jacó a seus filhos: Por que estais olhando uns para os outros?

²Disse mais: Eis que tenho ouvido que há mantimentos no Egito; descei para lá, e comprai-nos dali, para que vivamos e não morramos.

³Então desceram os dez irmãos de José, para comprarem trigo no Egito.

⁴A Benjamim, porém, irmão de José, não enviou Jacó com os seus irmãos, porque dizia: Para que lhe não suceda, porventura, algum desastre.

⁵Assim, entre os que iam *lá* foram os filhos de Israel para comprar, porque havia fome na terra de Canaã.

⁶José, pois, era o governador daquela terra; ele vendia a todo o povo da terra; e os irmãos de José chegaram e inclinaram-se a ele, com o rosto em terra.

⁷E José, vendo os seus irmãos, conheceu-os; porém mostrou-se estranho para com eles, e falou-lhes asperamente, e disse-lhes: De onde vindes? E eles disseram: Da terra de Canaã, para comprarmos mantimento.

⁸José, pois, conheceu os seus irmãos; mas eles não o conheceram.

⁹Então José lembrou-se dos sonhos que havia tido deles e disse-lhes: Vós sois espias, *e* viestes para ver a nudez da terra.

¹⁰E eles lhe disseram: Não, senhor meu; mas teus servos vieram comprar mantimento.

¹¹Todos nós somos filhos de um mesmo homem; somos homens de retidão; os teus servos não são espias.

¹²E ele lhes disse: Não; antes viestes para ver a nudez da terra.

¹³E eles disseram: Nós, teus servos, *somos* doze irmãos, filhos de um homem na terra de Canaã; e eis que o mais novo *está* com nosso pai hoje; mas um já não *existe.*

¹⁴Então lhes disse José: Isso *é* o que vos tenho dito, *sois* espias;

¹⁵Nisto sereis provados; pela vida de Faraó, não saireis daqui senão quando vosso irmão mais novo vier aqui.

¹⁶Enviai um dentre vós, que traga vosso irmão, mas vós ficareis presos, e vossas palavras sejam provadas, se *há* verdade convosco; e se não, pela vida de Faraó, vós sois espias.

¹⁷E pô-los juntos, em prisão, três dias.

¹⁸E ao terceiro dia disse-lhes José: Fazei isso, e vivereis; *porque* eu temo a Deus.

¹⁹Se sois homens de retidão, que fique um de vossos irmãos preso na casa de vossa prisão; e vós ide, levai mantimento para a fome de vossa casa,

²⁰E trazei-me o vosso irmão mais novo, e serão verificadas vossas palavras, e não morrereis. E eles assim fizeram.

²¹Então disseram uns aos outros: Na verdade, *somos* culpados acerca de nosso irmão, pois vimos a angústia da sua alma, quando nos rogava; nós porém não ouvimos, por isso vem sobre nós esta angústia.

²²E Rúben respondeu-lhes, dizendo: Não vo-lo dizia eu: Não pequeis contra o menino; mas não ouvistes; e vedes aqui, o seu sangue também é requerido.

²³E eles não sabiam que José os entendia, porque *havia* intérprete entre eles.

²⁴E retirou-se deles e chorou. Depois tornou a eles, e falou-lhes, e tomou a Simeão dentre eles, e amarrou-o perante os seus olhos.

Os irmãos de José voltam do Egito

²⁵E ordenou José, que enchessem os seus sacos de trigo, e que *lhes* restituíssem o seu dinheiro a

cada um no seu saco, e lhes dessem comida para o caminho; e fizeram-lhes assim.

²⁶E carregaram o seu trigo sobre os seus jumentos e partiram dali.

²⁷E, abrindo um *deles* o seu saco, para dar pasto ao seu jumento na estalagem, viu o seu dinheiro; porque eis que estava na boca do seu saco.

²⁸E disse a seus irmãos: Devolveram o meu dinheiro, e ei-lo também aqui no saco. Então lhes desfaleceu o coração, e pasmavam, dizendo um ao outro: Que é isto que Deus nos tem feito?

²⁹E vieram para Jacó, seu pai, na terra de Canaã; e contaram-lhe tudo o que lhes aconteceu, dizendo:

³⁰O homem, o senhor da terra, falou conosco asperamente, e tratou-nos como espias da terra;

³¹Mas dissemos-lhe: Somos *homens* de retidão; não somos espias;

³²*Somos* doze irmãos, filhos de nosso pai; um não *mais existe,* e o mais novo *está* hoje com nosso pai na terra de Canaã.

³³E aquele homem, o senhor da terra, nos disse: Nisto conhecerei que vós sois *homens* de retidão; deixai comigo um de vossos irmãos, e tomai para a fome de vossas casas, e parti;

³⁴E trazei-me vosso irmão mais novo; assim saberei que não sois espias, mas *homens* de retidão; *então* vos darei o vosso irmão e negociareis na terra.

³⁵E aconteceu que, despejando eles os seus sacos, eis que cada um tinha o pacote com seu dinheiro no seu saco; e viram os pacotes com seu dinheiro, eles e seu pai, e temeram.

³⁶Então Jacó, seu pai, disse-lhes: Tendes-me desfilhado; José já não *existe* e Simeão não *está aqui;* agora levareis a Benjamim. Todas estas coisas vieram sobre mim.

³⁷Mas Rúben falou a seu pai, dizendo: Mata os meus dois filhos, se eu não tornar a trazê-lo para ti; entrega-o em minha mão, e tornarei a trazê-lo.

³⁸Ele porém disse: Não descerá meu filho convosco; porquanto o seu irmão é morto, e só ele ficou. Se lhe suceder algum desastre no caminho por onde fordes, fareis descer meus cabelos brancos com tristeza à sepultura.

Os irmãos de José descem outra vez ao Egito

43 E A FOME era gravíssima na terra.

²E aconteceu que, como acabaram de comer o mantimento que trouxeram do Egito, disse-lhes seu pai: Voltai, comprai-nos um pouco de alimento.

³Mas Judá respondeu-lhe, dizendo: Fortemente nos protestou aquele homem, dizendo: Não vereis a minha face, se o vosso irmão não *vier* convosco.

⁴Se enviares conosco o nosso irmão, desceremos e te compraremos alimento;

⁵Mas se não *o* enviares, não desceremos; porquanto aquele homem nos disse: Não vereis a minha face, se o vosso irmão não *vier* convosco.

⁶E disse Israel: Por que me fizeste *tal* mal, fazendo saber àquele homem que tínheis ainda *outro* irmão?

⁷E eles disseram: Aquele homem particularmente nos perguntou por nós, e pela nossa parentela, dizendo: Vive ainda vosso pai? Tendes mais um irmão? E respondemos-lhe conforme as mesmas palavras. Podíamos nós saber que diria: Trazei vosso irmão?

⁸Então disse Judá a Israel, seu pai: Envia o jovem comigo, e levantar-nos-emos, e iremos, para que vivamos e não morramos, nem nós, nem tu, nem os nossos filhos.

⁹Eu serei fiador por ele, da minha mão o requererás; se eu não o trouxer, e não o puser perante a tua face, serei réu de crime para contigo para sempre.

¹⁰E se não nos tivéssemos detido, certamente já estaríamos segunda vez de volta.

¹¹Então disse-lhes Israel, seu pai: Pois que assim *é,* fazei isso; tomai do mais precioso desta terra em vossos vasos, e levai ao homem um presente: um pouco do bálsamo e um pouco de mel, especiarias e mirra, terebinto e amêndoas;

¹²E tomai em vossas mãos dinheiro em dobro, e o dinheiro que voltou na boca dos vossos sacos tornai a levar em vossas mãos; bem pode ser que fosse erro.

¹³Tomai também a vosso irmão, e levantai-vos e voltai àquele homem;

¹⁴E Deus Todo-Poderoso vos dê misericórdia diante do homem, para que deixe vir convosco vosso outro irmão, e Benjamim; e eu, *se for* desfilhado, desfilhado ficarei.

Os irmãos de José jantam com ele

¹⁵E os homens tomaram aquele presente, e dinheiro em dobro em suas mãos, e a Benjamim; e levantaram-se, e desceram ao Egito, e apresentaram-se diante de José.

¹⁶Vendo, pois, José a Benjamim com eles, disse ao que *estava* sobre a sua casa: Leva *estes* homens à casa, e mata reses, e prepara *tudo;* porque *estes* homens comerão comigo ao meio-dia.

¹⁷E o homem fez como José dissera, e o homem levou aqueles homens à casa de José.

¹⁸Então temeram aqueles homens, porquanto foram levados à casa de José, e diziam: Por causa do dinheiro que dantes voltou nos nossos sacos, fomos trazidos *aqui,* para nos incriminar e cair sobre nós, para que nos tome por servos, e a nossos jumentos.

¹⁹Por isso chegaram-se ao homem que *estava* sobre a casa de José, e falaram com ele à porta da casa,

²⁰E disseram: Ai! Senhor meu, certamente descemos dantes a comprar mantimento;

²¹E aconteceu que, chegando à estalagem, e abrindo os nossos sacos, eis que o dinheiro de cada um *estava* na boca do seu saco, nosso dinheiro por seu peso; e tornamos a trazê-lo em nossas mãos;

²²Também trouxemos outro dinheiro em nossas mãos, para comprar mantimento; não sabemos

GÊNESIS 43.23

quem tenha posto o nosso dinheiro nos nossos sacos.

²³E ele disse: Paz *seja* convosco, não temais; o vosso Deus, e o Deus de vosso pai, vos tem dado um tesouro nos vossos sacos; o vosso dinheiro me chegou a mim. E trouxe-lhes fora a Simeão.

²⁴Depois levou os homens à casa de José, e deu-*lhes* água, e lavaram os seus pés; também deu pasto aos seus jumentos.

²⁵E prepararam o presente, para quando José viesse ao meio-dia; porque tinham ouvido que ali haviam de comer pão.

²⁶Vindo, pois, José à casa, trouxeram-lhe ali o presente que tinham em suas mãos; e inclinaram-se a ele até à terra.

²⁷E ele lhes perguntou como estavam, e disse: Vosso pai, o ancião de quem falastes, está bem? Ainda vive?

²⁸E eles disseram: Bem está o teu servo, nosso pai vive ainda. E abaixaram a cabeça, e inclinaram-se.

²⁹E ele levantou os seus olhos, e viu a Benjamim, seu irmão, filho de sua mãe, e disse: Este *é* vosso irmão mais novo de quem falastes? Depois ele disse: Deus te dê a sua graça, meu filho.

³⁰E José apressou-se, porque as suas entranhas comoveram-se por causa do seu irmão, e procurou *nde* chorar; e entrou na câmara, e chorou ali.

³¹Depois lavou o seu rosto, e saiu; e conteve-se, e disse: Ponde pão.

³²E serviram-lhe à parte, e a eles também à parte, e aos egípcios, que comiam com ele, à parte; porque os egípcios não podem comer pão com os hebreus, porquanto *é* abominação para os egípcios.

³³E assentaram-se diante dele, o primogênito segundo a sua primogenitura, e o menor segundo a sua menoridade; do que os homens se maravilhavam entre si.

³⁴E apresentou-lhes as porções que *estavam* diante dele; porém a porção de Benjamim era cinco vezes maior do que as porções deles todos. E eles beberam, e se regalaram com ele.

A astúcia de José para deter seus irmãos

44 E DEU ordem ao que estava sobre a sua casa, dizendo: Enche de mantimento os sacos destes homens, quanto puderem levar, e põe o dinheiro de cada um na boca do seu saco.

²E o meu copo, o copo de prata, porás na boca do saco do mais novo, com o dinheiro do seu trigo. E fez conforme a palavra que José tinha dito.

³Vinda a luz da manhã, despediram-se estes homens, eles com os seus jumentos.

⁴Saindo eles da cidade, *e* não se havendo ainda distanciado, disse José ao que *estava* sobre a sua casa: Levanta-te, e persegue aqueles homens; e, alcançando-os, lhes dirás: Por que pagastes mal por bem?

⁵Não *é* este o *copo* em que bebe meu senhor e pelo qual bem adivinha? Procedestes mal no que fizestes.

⁶E alcançou-os, e falou-lhes as mesmas palavras.

⁷E eles disseram-lhe: Por que diz meu senhor tais palavras? Longe estejam teus servos de fazerem semelhante coisa.

⁸Eis que o dinheiro, que temos achado nas bocas dos nossos sacos, te tornamos a trazer desde a terra de Canaã; como, pois, furtaríamos da casa do teu senhor prata ou ouro?

⁹Aquele, com quem de teus servos for achado, morra; e ainda nós seremos escravos do meu senhor.

¹⁰E ele disse: Ora seja também assim conforme as vossas palavras; aquele com quem se achar será meu escravo, porém vós sereis desculpados.

¹¹E eles apressaram-se e cada um pôs em terra o seu saco, e cada um abriu o seu saco.

¹²E buscou, começando do maior, e acabando no mais novo; e achou-se o copo no saco de Benjamim.

¹³Então rasgaram as suas vestes, e carregou cada um o seu jumento, e tornaram à cidade.

¹⁴E veio Judá com os seus irmãos à casa de José, porque ele ainda estava ali; e prostraram-se diante dele em terra.

¹⁵E disse-lhes José: Que *é* isto que fizestes? Não sabeis vós que um homem como eu pode, muito bem, adivinhar?

A humilde súplica de Judá

¹⁶Então disse Judá: Que diremos a meu senhor? Que falaremos? E como nos justificaremos? Achou Deus a iniquidade de teus servos; eis que *somos* escravos de meu senhor, tanto nós como aquele em cuja mão foi achado o copo.

¹⁷Mas ele disse: Longe de mim que eu tal faça; o homem em cuja mão o copo foi achado, esse será meu servo; porém vós, subi em paz para vosso pai.

¹⁸Então Judá se chegou a ele, e disse: Ai! Senhor meu, deixa, peço-te, o teu servo dizer uma palavra aos ouvidos de meu senhor, e não se acenda a tua ira contra o teu servo; porque tu *és* como Faraó.

¹⁹Meu senhor perguntou a seus servos, dizendo: Tendes vós pai, ou irmão?

²⁰E dissemos a meu senhor: Temos um velho pai, e um filho da sua velhice, o mais novo, cujo irmão *é* morto; e só ele ficou de sua mãe, e seu pai o ama.

²¹Então tu disseste a teus servos: Trazei-mo a mim, e porei os meus olhos sobre ele.

²²E nós dissemos a meu senhor: Aquele moço não poderá deixar a seu pai; se deixar a seu pai, este morrerá.

²³Então tu disseste a teus servos: Se vosso irmão mais novo não descer convosco, nunca mais vereis a minha face.

²⁴E aconteceu que, subindo nós a teu servo meu pai, e contando-lhe as palavras de meu senhor,

²⁵Disse nosso pai: Voltai, comprai-nos um pouco de mantimento.

²⁶E nós dissemos: Não poderemos descer; mas, se nosso irmão menor for conosco, desceremos; pois não poderemos ver a face do homem se este nosso irmão menor não *estiver* conosco.

²⁷Então disse-nos teu servo, meu pai: Vós sabeis que minha mulher me deu dois filhos;

²⁸E um ausentou-se de mim, e eu disse: Certamente foi despedaçado, e não o tenho visto até agora;

²⁹Se agora também tirardes a este da minha face, e lhe acontecer algum desastre, fareis descer os meus cabelos brancos com aflição à sepultura.

³⁰Agora, pois, indo eu a teu servo, meu pai, e o moço não indo conosco, como a sua alma está ligada com a alma dele,

³¹Acontecerá que, vendo ele que o moço ali não *está*, morrerá; e teus servos farão descer os cabelos brancos de teu servo, nosso pai, com tristeza à sepultura.

³²Porque teu servo se deu por fiador por este moço para com meu pai, dizendo: Se eu o não tornar para ti, serei culpado para com meu pai por todos os dias.

³³Agora, pois, fique teu servo em lugar deste moço por escravo de meu senhor, e que suba o moço com os seus irmãos.

³⁴Porque, como subirei eu a meu pai, se o moço não *for* comigo? Para que não veja eu o mal que sobrevirá a meu pai.

José dá-se a conhecer a seus irmãos

45 ENTÃO José não se podia conter diante de todos os que estavam com ele; e clamou: Fazei sair daqui a todo o homem; e ninguém ficou com ele, quando José se deu a conhecer a seus irmãos.

²E levantou a sua voz com choro, de maneira que os egípcios o ouviam, e a casa de Faraó o ouviu.

³E disse José a seus irmãos: Eu sou José; vive ainda meu pai? E seus irmãos não lhe puderam responder, porque estavam pasmados diante da sua face.

⁴E disse José a seus irmãos: Peço-vos, chegai-vos a mim. E chegaram-se; então disse ele: Eu *sou* José vosso irmão, a quem vendestes para o Egito.

⁵Agora, pois, não vos entristeçais, nem vos pese aos vossos olhos por me haverdes vendido para cá; porque para conservação da vida, Deus me enviou adiante de vós.

⁶Porque já houve dois anos de fome no meio da terra, e ainda *restam* cinco anos em que não haverá lavoura nem sega.

⁷Pelo que Deus me enviou adiante de vós, para conservar *vossa* sucessão na terra, e para guardar-vos em vida por um grande livramento.

⁸Assim não *fostes vós* que me enviastes para cá, senão Deus, que me tem *posto* por pai de Faraó, e por senhor de toda a sua casa, e como regente em toda a terra do Egito.

⁹Apressai-vos, e subi a meu pai, e dizei-lhe: Assim tem dito o teu filho José: Deus me tem posto por senhor em toda a terra do Egito; desce a mim, e não te demores;

¹⁰E habitarás na terra de Gósen, e estarás perto de mim, tu e os teus filhos, e os filhos dos teus filhos, e as tuas ovelhas, e as tuas vacas, e tudo o que tens.

¹¹E ali te sustentarei, porque ainda *haverá* cinco anos de fome, para que não pereças de pobreza, tu e tua casa, e tudo o que tens.

¹²E eis que vossos olhos, e os olhos de meu irmão Benjamim, veem *que é* minha boca que vos fala.

¹³E fazei saber a meu pai toda a minha glória no Egito, e tudo o que tendes visto, e apressai-vos a fazer descer meu pai para cá.

¹⁴E lançou-se ao pescoço de Benjamim seu irmão, e chorou; e Benjamim chorou *também* ao seu pescoço.

¹⁵E beijou a todos os seus irmãos, e chorou sobre eles; e depois seus irmãos falaram com ele.

Faraó ouve falar dos irmãos de José

¹⁶E esta notícia ouviu-se na casa de Faraó, dizendo: Os irmãos de José são vindos; e pareceu bem aos olhos de Faraó, e aos olhos de seus servos.

¹⁷E disse Faraó a José: Dize a teus irmãos: Fazei isto: carregai os vossos animais e parti, tornai à terra de Canaã.

¹⁸E tomai a vosso pai, e às vossas famílias, e vinde a mim; e eu vos darei o melhor da terra do Egito, e comereis da fartura da terra.

¹⁹A ti, pois, é ordenado: Fazei isto: tomai vós da terra do Egito carros para vossos meninos, para vossas mulheres, e trazei vosso pai, e vinde.

²⁰E não vos pese coisa *alguma* dos vossos utensílios; porque o melhor de toda a terra do Egito *será* vosso.

²¹E os filhos de Israel fizeram assim. E José deu-lhes carros, conforme o mandado de Faraó; também lhes deu comida para o caminho.

²²A todos lhes deu, a cada um, mudas de roupas; mas a Benjamim deu trezentas peças de prata, e cinco mudas de roupas.

²³E a seu pai enviou semelhantemente dez jumentos carregados do melhor do Egito, e dez jumentos carregados de trigo e pão, e comida para seu pai, para o caminho.

²⁴E despediu os seus irmãos, e partiram; e disse-lhes: Não contendais pelo caminho.

²⁵E subiram do Egito, e vieram à terra de Canaã, a Jacó seu pai.

²⁶Então lhe anunciaram, dizendo: José ainda vive, e ele também é regente em toda a terra do Egito. E o seu coração desmaiou, porque não os acreditava.

²⁷Porém, havendo-lhe eles contado todas as palavras de José, que ele lhes falara, e vendo ele os carros que José enviara para levá-lo, reviveu o espírito de Jacó seu pai.

²⁸E disse Israel: Basta; ainda vive meu filho José; eu irei e o verei antes que morra.

Jacó e toda a sua família descem ao Egito

46 E PARTIU Israel com tudo quanto tinha, e veio a Berseba, e ofereceu sacrifícios ao Deus de seu pai Isaque.

GÊNESIS 46.2

²E falou Deus a Israel em visões de noite, e disse: Jacó, Jacó! E ele disse: Eis-me *aqui*.

³E disse: Eu *sou* Deus, o Deus de teu pai; não temas descer ao Egito, porque eu te farei ali uma grande nação.

⁴E descerei contigo ao Egito, e certamente te farei *tornar* a subir, e José porá a sua mão sobre os teus olhos.

⁵Então levantou-se Jacó de Berseba; e os filhos de Israel levaram a seu pai Jacó, e seus meninos, e as suas mulheres, nos carros que Faraó enviara para o levar.

⁶E tomaram o seu gado e os seus bens que tinham adquirido na terra de Canaã, e vieram ao Egito, Jacó e toda a sua descendência com ele;

⁷Os seus filhos e os filhos de seus filhos com ele, as filhas, e as filhas de seus filhos, e toda a sua descendência levou consigo ao Egito.

⁸E estes são os nomes dos filhos de Israel, que vieram ao Egito, Jacó e seus filhos: Rúben, o primogênito de Jacó.

⁹E os filhos de Rúben: Enoque, Palu, Hezrom e Carmi.

¹⁰E os filhos de Simeão: Jemuel, Jamim, Oade, Jaquim, Zoar e Saul, filho de uma mulher cananeia.

¹¹E os filhos de Levi: Gérson, Coate e Merari.

¹²E os filhos de Judá: Er, Onã, Selá, Perez e Zerá; Er e Onã, porém, morreram na terra de Canaã; e os filhos de Perez foram Hezrom e Hamul.

¹³E os filhos de Issacar: Tola, Puva, Jó e Sinrom.

¹⁴E os filhos de Zebulom: Serede, Elom e Jaleel.

¹⁵Estes *são* os filhos de Lia, que ela deu à luz a Jacó em Padã-Arã, além de Diná, sua filha; todas as almas de seus filhos e de suas filhas *foram* trinta e três.

¹⁶E os filhos de Gade: Zifiom, Hagi, Suni, Esbom, Eri, Arodi e Areli.

¹⁷E os filhos de Aser: Imna, Isvá, Isvi, Berias e Sera, a irmã deles; e os filhos de Berias: Héber e Malquiel.

¹⁸Estes são os filhos de Zilpa, a qual Labão deu à sua filha Lia; e deu à luz a Jacó estas dezesseis almas.

¹⁹Os filhos de Raquel, mulher de Jacó: José e Benjamim.

²⁰E nasceram a José na terra do Egito, Manassés e Efraim, que lhe deu à luz Azenate, filha de Potífera, sacerdote de Om.

²¹E os filhos de Benjamim: Belá, Bequer, Asbel, Gera, Naamã, Eí, Rôs, Mupim, Hupim e Arde.

²²Estes são os filhos de Raquel, que nasceram a Jacó, ao todo catorze almas.

²³E os filhos de Dã: Husim.

²⁴E os filhos de Naftali: Jazeel, Guni, Jezer e Silém.

²⁵Estes são os filhos de Bila, a qual Labão deu à sua filha Raquel; e deu à luz estes a Jacó; todas as almas foram sete.

²⁶Todas as almas que vieram com Jacó ao Egito, que saíram dos seus lombos, fora as mulheres dos filhos de Jacó, todas foram sessenta e seis almas.

²⁷E os filhos de José, que lhe nasceram no Egito, *eram* duas almas. Todas as almas da casa de Jacó, que vieram ao Egito, *eram* setenta.

O encontro de José com seu pai

²⁸E Jacó enviou Judá adiante de si a José, para o encaminhar a Gósen; e chegaram à terra de Gósen.

²⁹Então José aprontou o seu carro, e subiu ao encontro de Israel, seu pai, a Gósen. E, apresentando-se-lhe, lançou-se ao seu pescoço, e chorou sobre o seu pescoço longo tempo.

³⁰E Israel disse a José: Morra eu agora, pois já tenho visto o teu rosto, que ainda vives.

³¹Depois disse José a seus irmãos, e à casa de seu pai: Eu subirei e anunciarei a Faraó, e lhe direi: Meus irmãos e a casa de meu pai, que *estavam* na terra de Canaã, vieram a mim!

³²E os homens *são* pastores de ovelhas, porque são homens de gado, e trouxeram consigo as suas ovelhas, e as suas vacas, e tudo o que têm.

³³Quando, pois, acontecer que Faraó vos chamar, e disser: Qual *é* o vosso negócio?

³⁴Então direis: Teus servos foram homens de gado desde a nossa mocidade até agora, tanto nós como os nossos pais; para que habiteis na terra de Gósen, porque todo o pastor de ovelhas *é* abominação aos egípcios.

José anuncia a Faraó a chegada de seu pai

47ENTÃO veio José e anunciou a Faraó, e disse: Meu pai e os meus irmãos e as suas ovelhas, e as suas vacas, com tudo o que têm, são vindos da terra de Canaã, e eis que *estão* na terra de Gósen.

²E tomou uma parte de seus irmãos, *a saber,* cinco homens, e os pôs diante de Faraó.

³Então disse Faraó a seus irmãos: Qual é o vosso negócio? E eles disseram a Faraó: Teus servos *são* pastores de ovelhas, tanto nós como nossos pais.

⁴Disseram mais a Faraó: Viemos para peregrinar nesta terra; porque não há pasto para as ovelhas de teus servos, porquanto a fome é grave na terra de Canaã; agora, pois, rogamos-te que teus servos habitem na terra de Gósen.

⁵Então falou Faraó a José, dizendo: Teu pai e teus irmãos vieram a ti;

⁶A terra do Egito está diante de ti; no melhor da terra faze habitar teu pai e teus irmãos; habitem na terra de Gósen, e se sabes que entre eles há homens valentes, os porás por maiorais do gado, sobre o que eu tenho.

⁷E trouxe José a Jacó, seu pai, e o apresentou a Faraó; e Jacó abençoou a Faraó.

⁸E Faraó disse a Jacó: Quantos *são* os dias dos anos da tua vida?

⁹E Jacó disse a Faraó: Os dias dos anos das minhas peregrinações *são* cento e trinta anos, poucos e maus foram os dias dos anos da minha vida, e não chegaram aos dias dos anos da vida de meus pais nos dias das suas peregrinações.

¹⁰E Jacó abençoou a Faraó, e saiu da sua presença.

39   GÊNESIS 48.13

[11]E José fez habitar a seu pai e seus irmãos e deu-lhes possessão na terra do Egito, no melhor da terra, na terra de Ramessés, como Faraó ordenara.

[12]E José sustentou de pão a seu pai, seus irmãos e toda a casa de seu pai, segundo as suas famílias.

Como José comprou toda a terra do Egito para Faraó

[13]E não *havia* pão em toda a terra, porque a fome *era* muito grave; de modo que a terra do Egito e a terra de Canaã desfaleciam por causa da fome.

[14]Então José recolheu todo o dinheiro que se achou na terra do Egito, e na terra de Canaã, pelo trigo que compravam; e José trouxe o dinheiro à casa de Faraó.

[15]Acabando-se, pois, o dinheiro da terra do Egito, e da terra de Canaã, vieram todos os egípcios a José, dizendo: Dá-nos pão; por que morreremos em tua presença? Porquanto o dinheiro nos falta.

[16]E José disse: Dai o vosso gado, e eu vo-lo darei por vosso gado, se falta o dinheiro.

[17]Então trouxeram o seu gado a José; e José deu-lhes pão em *troca* de cavalos, e pelo rebanho das ovelhas, e pelo rebanho das vacas e dos jumentos; e os sustentou de pão aquele ano por todo o seu gado.

[18]E acabado aquele ano, vieram a ele no segundo ano e disseram-lhe: Não ocultaremos ao meu senhor que o dinheiro acabou; e meu senhor possui os rebanhos de animais, e nenhuma outra coisa *nos* ficou diante de meu senhor, senão o nosso corpo e a nossa terra;

[19]Por que morreremos diante dos teus olhos, tanto nós como a nossa terra? Compra-nos a nós e a nossa terra por pão, e nós e a nossa terra seremos servos de Faraó; e dá-nos semente, para que vivamos, e não morramos, e a terra não se desole.

[20]Assim José comprou toda a terra do Egito para Faraó, porque os egípcios venderam cada um o seu campo, porquanto a fome prevaleceu sobre eles; e a terra ficou *sendo* de Faraó.

[21]E, quanto ao povo, fê-lo passar às cidades, desde *uma* extremidade da terra do Egito até a *outra* extremidade.

[22]Somente a terra dos sacerdotes não a comprou, porquanto os sacerdotes tinham porção de Faraó, e eles comiam a sua porção que Faraó lhes tinha dado; por isso não venderam a sua terra.

[23]Então disse José ao povo: Eis que hoje tenho comprado a vós e a vossa terra para Faraó; eis aí tendes semente para vós, para que semeeis a terra.

[24]Há de ser, porém, que das colheitas dareis o quinto a Faraó, e as quatro partes serão vossas, para semente do campo, e para o vosso mantimento, e dos que *estão* nas vossas casas, e para que comam vossos filhos.

[25]E disseram: A vida nos tens dado; achemos graça aos olhos de meu senhor, e seremos servos de Faraó.

[26]José, pois, estabeleceu isto por estatuto, até ao dia de hoje, sobre a terra do Egito, que Faraó tirasse o quinto; só a terra dos sacerdotes não ficou *sendo* de Faraó.

[27]Assim habitou Israel na terra do Egito, na terra de Gósen, e nela tomaram possessão, e frutificaram, e multiplicaram-se muito.

[28]E Jacó viveu na terra do Egito dezessete anos, de sorte que os dias de Jacó, os anos da sua vida, foram cento e quarenta e sete anos.

[29]Chegando-se, pois, o tempo da morte de Israel, chamou a José, seu filho, e disse-lhe: Se agora tenho achado graça em teus olhos, rogo-te que ponhas a tua mão debaixo da minha coxa, e usa comigo de beneficência e verdade; rogo-te que não me enterres no Egito,

[30]Mas que *eu* jaza com os meus pais; por isso me levarás do Egito e me enterrarás na sepultura deles. E ele disse: Farei conforme a tua palavra.

[31]E disse *ele:* Jura-me. E ele jurou-lhe; e Israel inclinou-se sobre a cabeceira da cama.

Jacó adoece

48 E ACONTECEU, depois destas coisas, que alguém disse a José: Eis que teu pai está enfermo. Então tomou consigo os seus dois filhos, Manassés e Efraim.

[2]E alguém participou a Jacó, e disse: Eis que José teu filho vem a ti. E esforçou-se Israel, e assentou-se sobre a cama.

[3]E Jacó disse a José: O Deus Todo-Poderoso me apareceu em Luz, na terra de Canaã, e me abençoou.

[4]E me disse: Eis que te farei frutificar e multiplicar, e tornar-te-ei uma multidão de povos e darei esta terra à tua descendência depois de ti, em possessão perpétua.

[5]Agora, pois, os teus dois filhos, que te nasceram na terra do Egito, antes que eu viesse a ti no Egito, *são* meus: Efraim e Manassés serão meus, como Rúben e Simeão;

[6]Mas a tua geração, que gerarás depois deles, será tua; segundo o nome de seus irmãos serão chamados na sua herança.

[7]Vindo, pois, eu de Padã, morreu-me Raquel no caminho, na terra de Canaã, havendo ainda pequena distância para chegar a Efrata; e eu a sepultei ali, no caminho de Efrata, que é Belém.

[8]E Israel viu os filhos de José, e disse: Quem *são* estes?

[9]E José disse a seu pai: Eles *são* meus filhos, que Deus me tem dado aqui. E ele disse: Peço-te, traze-mos aqui, para que os abençoe.

[10]Os olhos de Israel, porém, estavam carregados de velhice, já não podia ver; e fê-los chegar a ele, e beijou-os, e abraçou-os.

Jacó abençoa José e seus filhos

[11]E Israel disse a José: Eu não cuidara ver o teu rosto; e eis que Deus me fez ver também a tua descendência.

[12]Então José os tirou dos joelhos de seu pai, e inclinou sua face à terra.

[13]E tomou José a ambos, a Efraim na sua mão

GÊNESIS 48.14

direita, à esquerda de Israel, e Manassés na sua mão esquerda, à direita de Israel, e fê-los chegar a ele.

¹⁴Mas Israel estendeu a sua mão direita e a pôs sobre a cabeça de Efraim, que era o menor, e a sua esquerda sobre a cabeça de Manassés, dirigindo as suas mãos propositadamente, não obstante Manassés ser o primogênito.

¹⁵E abençoou a José, e disse: O Deus, em cuja presença andaram os meus pais Abraão e Isaque, o Deus que me sustentou, desde que eu nasci até este dia;

¹⁶O anjo que me livrou de todo o mal, abençoe estes rapazes, e seja chamado neles o meu nome, e o nome de meus pais Abraão e Isaque, e multipliquem-se como peixes, em multidão, no meio da terra.

¹⁷Vendo, pois, José que seu pai punha a sua mão direita sobre a cabeça de Efraim, foi mau aos seus olhos; e tomou a mão de seu pai, para a transpor de sobre a cabeça de Efraim à cabeça de Manassés.

¹⁸E José disse a seu pai: Não assim, meu pai, porque este *é* o primogênito; põe a tua mão direita sobre a sua cabeça.

¹⁹Mas seu pai recusou, e disse: Eu o sei, meu filho, eu o sei; também ele será um povo, e também ele será grande; contudo o seu irmão menor será maior que ele, e a sua descendência será uma multidão de nações.

²⁰Assim os abençoou naquele dia, dizendo: Em ti abençoará Israel, dizendo: Deus te faça como a Efraim e como a Manassés. E pôs a Efraim diante de Manassés.

²¹Depois disse Israel a José: Eis que eu morro, mas Deus será convosco, e vos fará tornar à terra de vossos pais.

²²E eu tenho dado a ti um pedaço da terra a mais do que a teus irmãos, que tomei com a minha espada e com o meu arco, da mão dos amorreus.

Jacó abençoa seus filhos e morre

49 DEPOIS chamou Jacó a seus filhos, e disse: Ajuntai-vos, e anunciar-vos-ei o que vos há de acontecer nos dias vindouros;

²Ajuntai-vos, e ouvi, filhos de Jacó; e ouvi a Israel vosso pai.

³Rúben, tu *és* meu primogênito, minha força e o princípio de meu vigor, o *mais* excelente em alteza e o *mais* excelente em poder.

⁴Impetuoso como a água, não serás o *mais* excelente, porquanto subiste ao leito de teu pai. Então *o* contaminaste; subiu à minha cama.

⁵Simeão e Levi *são* irmãos; as suas espadas *são* instrumentos de violência.

⁶No seu secreto conselho não entre minha alma, com a sua congregação minha glória não se ajunte; porque no seu furor mataram um homem, e na sua teima arrebataram bois.

⁷Maldito *seja* o seu furor, pois era forte, e a sua ira, pois era dura; eu os dividirei em Jacó, e os espalharei em Israel.

⁸Judá, a ti te louvarão os teus irmãos; a tua mão *será* sobre o pescoço de teus inimigos; os filhos de teu pai a ti se inclinarão.

⁹Judá *é* um leãozinho, da presa subiste, filho meu; encurva-se, e deita-se como um leão, e como um leão velho; quem o despertará?

¹⁰O cetro não se arredará de Judá, nem o legislador dentre seus pés, até que venha Siló; e a ele se congregarão os povos.

¹¹Ele amarrará o seu jumentinho à vide, e o filho da sua jumenta à cepa mais excelente; ele lavará a sua roupa no vinho, e a sua capa em sangue de uvas.

¹²Os olhos serão vermelhos de vinho, e os dentes brancos de leite.

¹³Zebulom habitará no porto dos mares, e será como porto dos navios, e o seu termo *será* para Sidom.

¹⁴Issacar *é* jumento de fortes ossos, deitado entre dois fardos.

¹⁵E viu ele que o descanso *era* bom, e que a terra era deliciosa e abaixou seu ombro para acarretar, e serviu debaixo de tributo.

¹⁶Dã julgará o seu povo, como uma das tribos de Israel.

¹⁷Dã será serpente junto ao caminho, uma víbora junto à vereda, que morde os calcanhares do cavalo, e faz cair o seu cavaleiro por detrás.

¹⁸A tua salvação espero, ó SENHOR!

¹⁹*Quanto a* Gade, uma tropa o acometerá; mas ele *a* acometerá por fim.

²⁰De Aser, o seu pão *será* gordo, e ele dará delícias reais.

²¹Naftali *é* uma gazela solta; ele dá palavras formosas.

²²José *é* um ramo frutífero, ramo frutífero junto à fonte; seus ramos correm sobre o muro.

²³Os flecheiros lhe deram amargura, e o flecharam e odiaram.

²⁴O seu arco, porém, susteve-se no forte, e os braços de suas mãos foram fortalecidos pelas mãos do Valente de Jacó (de onde *é* o pastor e a pedra de Israel).

²⁵Pelo Deus de teu pai, o qual te ajudará, e pelo Todo-Poderoso, o qual te abençoará com bênçãos dos altos céus, com bênçãos do abismo que está embaixo, com bênçãos dos seios e da madre.

²⁶As bênçãos de teu pai excederão as bênçãos de meus pais, até à extremidade dos outeiros eternos; elas estarão sobre a cabeça de José, e sobre o alto da cabeça do que foi separado de seus irmãos.

²⁷Benjamim é lobo *que* despedaça; pela manhã comerá a presa, e à tarde repartirá o despojo.

²⁸Todas estas *são* as doze tribos de Israel; e isto *é* o que lhes falou seu pai quando os abençoou; a cada um deles abençoou segundo a sua bênção.

²⁹Depois ordenou-lhes, e disse-lhes: Eu me congrego ao meu povo; sepultai-me com meus pais, na cova que *está* no campo de Efrom, o heteu,

³⁰Na cova que *está* no campo de Macpela, que está em frente de Manre, na terra de Canaã, a qual

Abraão comprou com aquele campo de Efrom, o heteu, por herança de sepultura.

[31]Ali sepultaram a Abraão e a Sara sua mulher; ali sepultaram a Isaque e a Rebeca sua mulher; e ali eu sepultei a Lia.

[32]O campo e a cova que *está* nele, *foram* comprados aos filhos de Hete.

[33]Acabando, pois, Jacó de dar instruções a seus filhos, encolheu os pés na cama, e expirou, e foi congregado ao seu povo.

A lamentação por Jacó e o seu enterro

50ENTÃO José se lançou sobre o rosto de seu pai e chorou sobre ele, e o beijou.

[2]E José ordenou aos seus servos, os médicos, que embalsamassem a seu pai; e os médicos embalsamaram a Israel.

[3]E cumpriram-se-lhe quarenta dias; porque assim se cumprem os dias daqueles que se embalsamam; e os egípcios o choraram setenta dias.

[4]Passados, pois, os dias de seu choro, falou José à casa de Faraó, dizendo: Se agora tenho achado graça aos vossos olhos, rogo-vos que faleis aos ouvidos de Faraó, dizendo:

[5]Meu pai me fez jurar, dizendo: Eis que eu morro; em meu sepulcro, que cavei para mim na terra de Canaã, ali me sepultarás. Agora, pois, te peço, que eu suba, para que sepulte a meu pai; então voltarei.

[6]E Faraó disse: Sobe, e sepulta a teu pai como ele te fez jurar.

[7]E José subiu para sepultar a seu pai; e subiram com ele todos os servos de Faraó, os anciãos da sua casa, e todos os anciãos da terra do Egito.

[8]Como também toda a casa de José, e seus irmãos, e a casa de seu pai; somente deixaram na terra de Gósen os seus meninos, e as suas ovelhas e as suas vacas.

[9]E subiram também com ele, tanto carros como gente a cavalo; e o cortejo foi grandíssimo.

[10]Chegando eles, pois, à eira de Atade, que *está* além do Jordão, fizeram um grande e dolorido pranto; e fez a seu pai uma grande lamentação por sete dias.

[11]E vendo os moradores da terra, os cananeus, o luto na eira de Atade, disseram: *É* este o pranto grande dos egípcios. Por isso chamou-se-lhe Abel-Mizraim, que *está* além do Jordão.

[12]E fizeram-lhe os seus filhos assim como *ele* lhes ordenara.

[13]Pois os seus filhos o levaram à terra de Canaã, e o sepultaram na cova do campo de Macpela, que Abraão tinha comprado com o campo, por herança de sepultura de Efrom, o heteu, em frente de Manre.

[14]Depois de haver sepultado seu pai, voltou José para o Egito, ele e seus irmãos, e todos os que com ele subiram a sepultar seu pai.

José anima a seus irmãos

[15]Vendo então os irmãos de José que seu pai já estava morto, disseram: Porventura nos odiará José e certamente nos retribuirá todo o mal que lhe fizemos.

[16]Portanto mandaram dizer a José: Teu pai ordenou, antes da sua morte, dizendo:

[17]Assim direis a José: Perdoa, rogo-te, a transgressão de teus irmãos, e o seu pecado, porque te fizeram mal; agora, pois, rogamos-te que perdoes a transgressão dos servos do Deus de teu pai. E José chorou quando eles lhe falavam.

[18]Depois vieram também seus irmãos, e prostraram-se diante dele, e disseram: Eis-nos aqui por teus servos.

[19]E José lhes disse: Não temais; porventura *estou* eu em lugar de Deus?

[20]Vós bem intentastes mal contra mim; *porém* Deus o intentou para bem, para fazer como *se vê* neste dia, para conservar muita gente com vida.

[21]Agora, pois, não temais; eu vos sustentarei a vós e a vossos filhos. Assim os consolou, e falou segundo o coração deles.

A morte de José

[22]José, pois, habitou no Egito, ele e a casa de seu pai; e viveu José cento e dez anos.

[23]E viu José os filhos de Efraim, da terceira *geração;* também os filhos de Maquir, filho de Manassés, nasceram sobre os joelhos de José.

[24]E disse José a seus irmãos: Eu morro; mas Deus certamente vos visitará, e vos fará subir desta terra à terra que jurou a Abraão, a Isaque e a Jacó.

[25]E José fez jurar os filhos de Israel, dizendo: Certamente vos visitará Deus, e fareis transportar os meus ossos daqui.

[26]E morreu José da idade de cento e dez anos, e o embalsamaram e o puseram num caixão no Egito.

O SEGUNDO LIVRO DE MOISÉS CHAMADO

ÊXODO

Os descendentes de Jacó no Egito

1 ESTES pois *são* os nomes dos filhos de Israel, que entraram no Egito com Jacó; cada um entrou com sua casa:

²Rúben, Simeão, Levi, e Judá;

³Issacar, Zebulom, e Benjamim;

⁴Dã e Naftali, Gade e Aser.

⁵Todas as almas, pois, que procederam dos lombos de Jacó, foram setenta almas; José, porém, estava no Egito.

⁶Faleceu José, e todos os seus irmãos, e toda aquela geração.

⁷E os filhos de Israel frutificaram, aumentaram muito, e multiplicaram-se, e foram fortalecidos grandemente; de maneira que a terra se encheu deles.

O rei que não conheceu José

⁸E levantou-se um novo rei sobre o Egito, que não conhecera a José;

⁹O qual disse ao seu povo: Eis que o povo dos filhos de Israel *é* muito, e mais poderoso do que nós.

¹⁰Eia, usemos de sabedoria para com eles, para que não se multipliquem, e aconteça que, vindo guerra, eles também se ajuntem com os nossos inimigos, e pelejem contra nós, e subam da terra.

¹¹E puseram sobre eles maiorais de tributos, para os afligirem com suas cargas. Porque edificaram a Faraó cidades-armazéns, Pitom e Ramessés.

¹²Mas quanto mais os afligiam, tanto mais se multiplicavam, e tanto mais cresciam; de maneira que se enfadavam por causa dos filhos de Israel.

¹³E os egípcios faziam servir os filhos de Israel com dureza;

¹⁴Assim que lhes fizeram amargar a vida com dura servidão, em barro e em tijolos, e com todo o trabalho no campo; com todo o seu serviço, em que os obrigavam com dureza.

As parteiras poupam as vidas aos recém-nascidos

¹⁵E o rei do Egito falou às parteiras das hebreias (das quais o nome de uma era Sifrá, e o da outra Puá),

¹⁶E disse: Quando ajudardes a dar à luz às hebreias, e as virdes sobre os assentos, se for filho, matai-o; mas se for filha, *então* viva.

¹⁷As parteiras, porém, temeram a Deus e não fizeram como o rei do Egito lhes dissera, antes conservavam os meninos com vida.

¹⁸Então o rei do Egito chamou as parteiras e disse-lhes: Por que fizestes isto, deixando os meninos com vida?

¹⁹E as parteiras disseram a Faraó: É que as mulheres hebreias não *são* como as egípcias; porque *são* vivas, e já têm dado à luz antes que a parteira venha a elas.

²⁰Portanto Deus fez bem às parteiras. E o povo se aumentou, e se fortaleceu muito.

²¹E aconteceu que, como as parteiras temeram a Deus, ele estabeleceu-lhes casas.

²²Então ordenou Faraó a todo o seu povo, dizendo: A todos os filhos que nascerem lançareis no rio, mas a todas as filhas guardareis com vida.

O nascimento de Moisés

2 E FOI um homem da casa de Levi e casou com uma filha de Levi.

²E a mulher concebeu e deu à luz um filho; e, vendo que ele *era* formoso, escondeu-o três meses.

³Não podendo, porém, mais escondê-lo, tomou uma arca de juncos, e a revestiu com barro e betume; e, pondo nela o menino, a pôs nos juncos à margem do rio.

⁴E sua irmã postou-se de longe, para saber o que lhe havia de acontecer.

⁵E a filha de Faraó desceu a lavar-se no rio, e as suas donzelas passeavam, pela margem do rio; e ela viu a arca no meio dos juncos, e enviou a sua criada, que a tomou.

⁶E abrindo-a, viu ao menino e eis que o menino chorava; e moveu-se de compaixão dele, e disse: Dos meninos dos hebreus *é* este.

⁷Então disse sua irmã à filha de Faraó: Irei chamar uma ama das hebreias, que crie este menino para ti?

⁸E a filha de Faraó disse-lhe: Vai. Foi, pois, a moça, e chamou a mãe do menino.

⁹Então lhe disse a filha de Faraó: Leva este menino, e cria-mo; eu *te* darei teu salário. E a mulher tomou o menino, e criou-o.

¹⁰E, quando o menino já era grande, ela o trouxe à filha de Faraó, a qual o adotou; e chamou o seu nome Moisés, e disse: Porque das águas o tenho tirado.

Moisés mata um egípcio e foge para Midiã

¹¹E aconteceu naqueles dias que, sendo Moisés já homem, saiu a seus irmãos, e atentou para as suas cargas; e viu que um egípcio feria a um hebreu, homem de seus irmãos.

¹²E olhou a um e a outro lado e, vendo que não *havia* ninguém ali, matou ao egípcio, e escondeu-o na areia.

¹³E tornou a sair no dia seguinte, e eis que dois homens hebreus contendiam; e disse ao injusto: Por que feres a teu próximo?

¹⁴O qual disse: Quem te tem posto a ti por maioral e juiz sobre nós? Pensas matar-me, como mataste o egípcio? Então temeu Moisés, e disse: Certamente este negócio foi descoberto.

¹⁵Ouvindo, pois, Faraó este caso, procurou matar a Moisés; mas Moisés fugiu de diante da face

de Faraó, e habitou na terra de Midiã, e assentou-se junto a um poço.

¹⁶E o sacerdote de Midiã tinha sete filhas, as quais vieram tirar *água*, e encheram os bebedouros, para dar de beber ao rebanho de seu pai.

¹⁷Então vieram os pastores, e expulsaram-nas dali; Moisés, porém, levantou-se e defendeu-as, e deu de beber ao rebanho.

¹⁸E voltando elas a Reuel seu pai, ele disse: Por que hoje tornastes tão depressa?

¹⁹E elas disseram: Um homem egípcio nos livrou da mão dos pastores; e também nos tirou *água* em abundância, e deu de beber ao rebanho.

²⁰E disse a suas filhas: E onde está ele? Por que deixastes o homem? Chamai-o para que coma pão.

²¹E Moisés consentiu em morar com aquele homem; e ele deu a Moisés sua filha Zípora,

²²A qual deu à luz um filho, e ele chamou o seu nome Gérson, porque disse: Peregrino fui em terra estranha.

A morte do rei do Egito

²³E aconteceu, depois de muitos dias, que morrendo o rei do Egito, os filhos de Israel suspiraram por causa da servidão, e clamaram; e o seu clamor subiu a Deus por causa de sua servidão.

²⁴E ouviu Deus o seu gemido, e lembrou-se Deus da sua aliança com Abraão, com Isaque, e com Jacó;

²⁵E viu Deus os filhos de Israel, e atentou Deus para a sua condição.

Deus fala com Moisés do meio da sarça ardente

3 E APASCENTAVA Moisés o rebanho de Jetro, seu sogro, sacerdote em Midiã; e levou o rebanho atrás do deserto, e chegou ao monte de Deus, a Horebe.

²E apareceu-lhe o anjo do SENHOR em uma chama de fogo do meio de uma sarça; e olhou, e eis que a sarça ardia no fogo, e a sarça não se consumia.

³E Moisés disse: Agora me virarei para lá, e verei esta grande visão, porque a sarça não se queima.

⁴E vendo o SENHOR que se virava para ver, bradou Deus a ele do meio da sarça, e disse: Moisés, Moisés. Respondeu ele: Eis-me aqui.

⁵E disse: Não te chegues para cá; tira os sapatos de teus pés; porque o lugar em que tu estás é terra santa.

⁶Disse mais: Eu *sou* o Deus de teu pai, o Deus de Abraão, o Deus de Isaque, e o Deus de Jacó. E Moisés encobriu o seu rosto, porque temeu olhar para Deus.

⁷E disse o SENHOR: Tenho visto atentamente a aflição do meu povo, que *está* no Egito, e tenho ouvido o seu clamor por causa dos seus exatores, porque conheci as suas dores.

⁸Portanto desci para livrá-lo da mão dos egípcios, e para fazê-lo subir daquela terra, a uma terra boa e larga, a uma terra que mana leite e mel;

ao lugar do cananeu, e do heteu, e do amorreu, e do perizeu, e do heveu, e do jebuseu.

⁹E agora, eis que o clamor dos filhos de Israel é vindo a mim, e também tenho visto a opressão com que os egípcios os oprimem.

¹⁰Vem agora, pois, e eu te enviarei a Faraó para que tires o meu povo (os filhos de Israel) do Egito.

¹¹Então Moisés disse a Deus: Quem *sou* eu, que vá a Faraó e tire do Egito os filhos de Israel?

¹²E disse: Certamente eu serei contigo; e isto te será por sinal de que eu te enviei: Quando houveres tirado este povo do Egito, servireis a Deus neste monte.

¹³Então disse Moisés a Deus: Eis que quando eu for aos filhos de Israel, e lhes disser: O Deus de vossos pais me enviou a vós; e eles me disserem: Qual *é* o seu nome? Que lhes direi?

¹⁴E disse Deus a Moisés: EU SOU O QUE SOU. Disse mais: Assim dirás aos filhos de Israel: EU SOU me enviou a vós.

¹⁵E Deus disse mais a Moisés: Assim dirás aos filhos de Israel: O SENHOR Deus de vossos pais, o Deus de Abraão, o Deus de Isaque, e o Deus de Jacó, me enviou a vós; este *é* meu nome eternamente, e este *é* meu memorial de geração em geração.

¹⁶Vai, e ajunta os anciãos de Israel e dize-lhes: O SENHOR Deus de vossos pais, o Deus de Abraão, de Isaque e de Jacó, me apareceu, dizendo: Certamente vos tenho visitado e *visto* o que vos é feito no Egito.

¹⁷Portanto eu disse: Far-vos-ei subir da aflição do Egito à terra do cananeu, do heteu, do amorreu, do perizeu, do heveu e do jebuseu, a uma terra que mana leite e mel.

¹⁸E ouvirão a tua voz; e irás, tu com os anciãos de Israel, ao rei do Egito, e dir-lhe-eis: O SENHOR Deus dos hebreus nos encontrou. Agora, pois, deixa-nos ir caminho de três dias para o deserto, para que sacrifiquemos ao SENHOR nosso Deus.

¹⁹Eu sei, porém, que o rei do Egito não vos deixará ir, nem ainda por uma mão forte.

²⁰Porque eu estenderei a minha mão, e ferirei ao Egito com todas as minhas maravilhas que farei no meio dele; depois vos deixará ir.

²¹E eu darei graça a este povo aos olhos dos egípcios; e acontecerá que, quando sairdes, não saireis vazios,

²²Porque *cada* mulher pedirá à sua vizinha e à sua hóspeda joias de prata, e joias de ouro, e vestes, as quais poreis sobre vossos filhos e sobre vossas filhas; e despojareis os egípcios.

Milagres através de Moisés

4 ENTÃO respondeu Moisés, e disse: Mas eis que não me crerão, nem ouvirão a minha voz, porque dirão: O SENHOR não te apareceu.

²E o SENHOR disse-lhe: Que *é* isso na tua mão? E ele disse: Uma vara.

³E ele disse: Lança-a na terra. Ele a lançou na terra, e tornou-se em cobra; e Moisés fugia dela.

⁴Então disse o SENHOR a Moisés: Estende a tua mão e pega-lhe pela cauda. E estendeu sua mão,

ÊXODO 4.5

e pegou-lhe pela cauda, e tornou-se em vara na sua mão;

⁵Para que creiam que te apareceu o SENHOR Deus de seus pais, o Deus de Abraão, o Deus de Isaque e o Deus de Jacó.

⁶E disse-lhe mais o SENHOR: Põe agora a tua mão no teu seio. E, tirando-a, eis que a sua mão *estava* leprosa, *branca* como a neve.

⁷E disse: Torna a por a tua mão no teu seio. E tornou a colocar sua mão no seu seio; depois tirou-a do seu seio, e eis que se tornara como a sua carne.

⁸E acontecerá que, se eles não te crerem, nem ouvirem a voz do primeiro sinal, crerão à voz do derradeiro sinal;

⁹E se acontecer que ainda não creiam a estes dois sinais, nem ouvirem a tua voz, tomarás das águas do rio, e as derramarás na terra seca; e as águas, que tomarás do rio, tornar-se-ão em sangue sobre a terra seca.

¹⁰Então disse Moisés ao SENHOR: Ah, meu Senhor! Eu não sou homem eloquente, nem de ontem nem de anteontem, nem ainda desde que tens falado ao teu servo; porque sou pesado de boca e pesado de língua.

¹¹E disse-lhe o SENHOR: Quem fez a boca do homem? Ou quem fez o mudo, ou o surdo, ou o que vê, ou o cego? Não sou eu, o SENHOR?

¹²Vai, pois, agora, e eu serei com a tua boca e te ensinarei o que hás de falar.

¹³Ele, porém, disse: Ah, meu Senhor! Envia pela mão *daquele a quem* tu hás de enviar.

¹⁴Então se acendeu a ira do SENHOR contra Moisés, e disse: Não é Arão, o levita, teu irmão? Eu sei que ele falará muito bem; e eis que ele também sai ao teu encontro; e, vendo-te, se alegrará em seu coração.

¹⁵E tu lhe falarás, e porás as palavras na sua boca; e eu serei com a tua boca, e com a boca dele, ensinando-vos o que haveis de fazer.

¹⁶E ele falará por ti ao povo; e acontecerá que ele te será por boca, e tu lhe serás por Deus.

¹⁷Toma, pois, esta vara na tua mão, com que farás os sinais.

Moisés volta para o Egito

¹⁸Então foi Moisés, e voltou para Jetro, seu sogro, e disse-lhe: Eu irei agora, e tornarei a meus irmãos, que *estão* no Egito, para ver se ainda vivem. Disse, pois, Jetro a Moisés: Vai em paz.

¹⁹Disse também o SENHOR a Moisés em Midiã: Vai, volta para o Egito; porque todos os que buscavam a tua alma morreram.

²⁰Tomou, pois, Moisés sua mulher e seus filhos, e os levou sobre um jumento, e tornou à terra do Egito; e Moisés tomou a vara de Deus na sua mão.

²¹E disse o SENHOR a Moisés: Quando voltares ao Egito, atenta que faças diante de Faraó todas as maravilhas que tenho posto na tua mão; mas eu lhe endurecerei o coração, para que não deixe ir o povo.

²²Então dirás a Faraó: Assim diz o SENHOR: Israel *é* meu filho, meu primogênito.

²³E eu te tenho dito: Deixa ir o meu filho, para que me sirva; mas tu recusaste deixá-lo ir; eis que eu matarei a teu filho, o teu primogênito.

²⁴E aconteceu no caminho, numa estalagem, que o SENHOR o encontrou, e o quis matar.

²⁵Então Zípora tomou uma pedra *aguda*, e circuncidou o prepúcio de seu filho, e lançou-o a seus pés, e disse: Certamente me és um esposo sanguinário.

²⁶E desviou-se dele. Então ela disse: Esposo sanguinário, por causa da circuncisão.

²⁷Disse o SENHOR a Arão: Vai ao deserto, ao encontro de Moisés. E ele foi, e encontrou-o no monte de Deus, e beijou-o.

²⁸E relatou Moisés a Arão todas as palavras do SENHOR, com que o enviara, e todos os sinais que lhe mandara.

²⁹Então foram Moisés e Arão, e ajuntaram todos os anciãos dos filhos de Israel.

³⁰E Arão falou todas as palavras que o SENHOR falara a Moisés e fez os sinais perante os olhos do povo.

³¹E o povo creu; e quando ouviram que o SENHOR visitava aos filhos de Israel, e que via a sua aflição, inclinaram-se, e adoraram.

Moisés e Arão falam a Faraó

5 E DEPOIS foram Moisés e Arão e disseram a Faraó: Assim diz o SENHOR Deus de Israel: Deixa ir o meu povo, para que me celebre uma festa no deserto.

²Mas Faraó disse: Quem *é* o SENHOR, cuja voz eu ouvirei, para deixar ir Israel? Não conheço o SENHOR, nem tampouco deixarei ir Israel.

³E eles disseram: O Deus dos hebreus nos encontrou; portanto deixa-nos agora ir caminho de três dias ao deserto, para que ofereçamos sacrifícios ao SENHOR nosso Deus, e ele não venha sobre nós com pestilência ou com espada.

⁴Então disse-lhes o rei do Egito: Moisés e Arão, por que fazeis cessar o povo das suas obras? Ide às vossas cargas.

⁵E disse também Faraó: Eis que o povo da terra já *é* muito, e vós os fazeis abandonar as suas cargas.

Faraó aflige os israelitas

⁶Portanto deu ordem Faraó, naquele mesmo dia, aos exatores do povo, e aos seus oficiais, dizendo:

⁷Daqui em diante não torneis a dar palha ao povo, para fazer tijolos, como *fizestes* antes: vão eles mesmos, e colham palha para si.

⁸E lhes imporeis a conta dos tijolos que fizeram antes; nada diminuireis dela, porque eles estão ociosos; por isso clamam, dizendo: Vamos, sacrifiquemos ao nosso Deus.

⁹Agrave-se o serviço sobre estes homens, para que se ocupem nele e não confiem em palavras mentirosas.

¹⁰Então saíram os exatores do povo, e seus oficiais, e falaram ao povo, dizendo: Assim diz Faraó: Eu não vos darei palha;

¹¹Ide vós mesmos, e tomai vós palha onde a achardes; porque nada se diminuirá de vosso serviço.

¹²Então o povo se espalhou por toda a terra do Egito, a colher restolho em lugar de palha.

¹³E os exatores *os* apertavam, dizendo: Acabai vossa obra, a tarefa de *cada* dia, como quando havia palha.

¹⁴E foram açoitados os oficiais dos filhos de Israel, que os exatores de Faraó tinham posto sobre eles, dizendo *estes:* Por que não acabastes vossa tarefa, fazendo tijolos como antes, assim também ontem e hoje?

¹⁵Por isso, os oficiais dos filhos de Israel, foram e clamaram a Faraó, dizendo: Por que fazes assim a teus servos?

¹⁶Palha não se dá a teus servos, e nos dizem: Fazei tijolos; e eis que teus servos são açoitados; porém o teu povo tem a culpa.

¹⁷Mas ele disse: Vós sois ociosos; vós sois ociosos; por isso dizeis: Vamos, sacrifiquemos ao Senhor.

¹⁸Ide, pois, agora, trabalhai; palha porém não se vos dará; contudo, dareis a conta dos tijolos.

¹⁹Então os oficiais dos filhos de Israel viram-se em aflição, porquanto se dizia: Nada diminuireis de vossos tijolos, *da* tarefa do dia no seu dia.

Os israelitas queixam-se de Moisés e Arão

²⁰E encontraram a Moisés e a Arão, que estavam defronte deles, quando saíram de Faraó.

²¹E disseram-lhes: O Senhor atente sobre vós, e julgue *isso,* porquanto fizestes o nosso cheiro repelente diante de Faraó, e diante de seus servos, dando-lhes a espada nas mãos, para nos matar.

²²Então, tornando-se Moisés ao Senhor, disse: Senhor! Por que fizeste mal a este povo? Por que me enviaste?

²³Porque desde que me apresentei a Faraó para falar em teu nome, ele maltratou a este povo; e de nenhuma sorte livraste o teu povo.

Deus promete livrar os israelitas

6 ENTÃO disse o Senhor a Moisés: Agora verás o que hei de fazer a Faraó; porque por uma mão poderosa os deixará ir, sim, por uma mão poderosa os lançará de sua terra.

²Falou mais Deus a Moisés, e disse: Eu *sou* o Senhor.

³E eu apareci a Abraão, a Isaque, e a Jacó, como o Deus Todo-Poderoso; mas *pelo* meu nome, o Senhor, não lhes fui perfeitamente conhecido.

⁴E também estabeleci a minha aliança com eles, para dar-lhes a terra de Canaã, a terra de suas peregrinações, na qual foram peregrinos.

⁵E também tenho ouvido o gemido dos filhos de Israel, aos quais os egípcios fazem servir, e lembrei-me da minha aliança.

⁶Portanto dize aos filhos de Israel: Eu *sou* o Senhor, e vos tirarei de debaixo das cargas dos egípcios, e vos livrarei da servidão, e vos resgatarei com braço estendido e com grandes juízos.

⁷E eu vos tomarei por meu povo, e serei vosso Deus; e sabereis que eu *sou* o Senhor vosso Deus, que vos tiro de debaixo das cargas dos egípcios;

⁸E eu vos levarei à terra, acerca da qual levantei minha mão, jurando que a daria a Abraão, a Isaque e a Jacó, e vo-la darei por herança, eu o Senhor.

⁹Deste modo falou Moisés aos filhos de Israel, mas eles não ouviram a Moisés, por causa da angústia de espírito e da dura servidão.

¹⁰Falou mais o Senhor a Moisés, dizendo:

¹¹Entra, e fala a Faraó rei do Egito, que deixe sair os filhos de Israel da sua terra.

¹²Moisés, porém, falou perante o Senhor, dizendo: Eis que os filhos de Israel não me têm ouvido; como, pois, Faraó me ouvirá? Também eu sou incircunciso de lábios.

¹³Todavia o Senhor falou a Moisés e a Arão, e deu-lhes mandamento para os filhos de Israel, e para Faraó rei do Egito, para que tirassem os filhos de Israel da terra do Egito.

Genealogias de Rúben, Simeão e Levi

¹⁴Estas *são* as cabeças das casas de seus pais: Os filhos de Rúben, o primogênito de Israel: Enoque e Palu, Hezrom e Carmi; estas *são* as famílias de Rúben.

¹⁵E os filhos de Simeão: Jemuel, Jamin, Oade, Jaquim, Zoar e Saul, filho de uma cananeia; estas *são* as famílias de Simeão.

¹⁶E estes *são* os nomes dos filhos de Levi, segundo as suas gerações: Gérson, Coate e Merari; e os anos da vida de Levi *foram* cento e trinta e sete anos.

¹⁷Os filhos de Gérson: Libni e Simei, segundo as suas famílias;

¹⁸E os filhos de Coate: Anrão, Izar, Hebrom e Uziel; e os anos da vida de Coate *foram* cento e trinta e três anos.

¹⁹E os filhos de Merari: Mali e Musi; estas *são* as famílias de Levi, segundo as suas gerações.

²⁰E Anrão tomou por mulher a Joquebede, sua tia, e ela deu-lhe Arão e Moisés: e os anos da vida de Anrão *foram* cento e trinta e sete anos.

²¹E os filhos de Izar: Corá, Nefegue e Zicri.

²²E os filhos de Uziel: Misael, Elzafã e Sitri.

²³E Arão tomou por mulher a Eliseba, filha de Aminadabe, irmã de Naasson; e ela deu-lhe Nadabe, Abiú, Eleazar e Itamar.

²⁴E os filhos de Corá: Assir, Elcana e Abiasafe; estas *são* as famílias dos coraítas.

²⁵E Eleazar, filho de Arão, tomou por mulher *uma* das filhas de Putiel, e ela deu-lhe a Fineias; estes *são* os cabeças dos pais dos levitas, segundo as suas famílias.

²⁶Estes *são* Arão e Moisés, aos quais o Senhor disse: Tirai os filhos de Israel da terra do Egito, segundo os seus exércitos.

ÊXODO 6.27

²⁷Estes *são* os que falaram a Faraó, rei do Egito, para que tirasse do Egito os filhos de Israel; estes *são* Moisés e Arão.

Deus anima Moisés a falar outra vez a Faraó

²⁸E aconteceu que naquele dia, quando o SENHOR falou a Moisés na terra do Egito,

²⁹Falou o SENHOR a Moisés, dizendo: Eu *sou* o SENHOR; fala a Faraó, rei do Egito, tudo quanto eu te digo.

³⁰Então disse Moisés perante o SENHOR: Eis que eu sou incircunciso de lábios; como, pois, Faraó me ouvirá?

7ENTÃO disse o SENHOR a Moisés: Eis que te tenho posto *por* deus sobre Faraó, e Arão, teu irmão, será o teu profeta.

²Tu falarás tudo o que eu te mandar; e Arão, teu irmão, falará a Faraó, que deixe ir os filhos de Israel da sua terra.

³Eu, porém, endurecerei o coração de Faraó, e multiplicarei na terra do Egito os meus sinais e as minhas maravilhas.

⁴Faraó, pois, não vos ouvirá; e eu porei minha mão sobre o Egito, e tirarei meus exércitos, meu povo, os filhos de Israel, da terra do Egito, com grandes juízos.

⁵Então os egípcios saberão que eu *sou* o SENHOR, quando estender a minha mão sobre o Egito, e tirar os filhos de Israel do meio deles.

⁶Assim fizeram Moisés e Arão; como o SENHOR lhes ordenara, assim fizeram.

⁷E Moisés *era* da idade de oitenta anos, e Arão da idade de oitenta e três anos quando falaram a Faraó.

⁸E o SENHOR falou a Moisés e a Arão, dizendo:

⁹Quando Faraó vos falar, dizendo: Fazei vós um milagre, dirás a Arão: Toma a tua vara, e lança-a diante de Faraó; e se tornará em serpente.

O coração de Faraó é endurecido

¹⁰Então Moisés e Arão foram a Faraó, e fizeram assim como o SENHOR ordenara; e lançou Arão a sua vara diante de Faraó, e diante dos seus servos, e tornou-se em serpente.

¹¹E Faraó também chamou os sábios e encantadores; e os magos do Egito fizeram também o mesmo com os seus encantamentos.

¹²Porque cada um lançou sua vara, e tornaram-se em serpentes; mas a vara de Arão tragou as varas deles.

¹³Porém o coração de Faraó se endureceu, e não os ouviu, como o SENHOR tinha falado.

¹⁴Então disse o SENHOR a Moisés: O coração de Faraó está endurecido, recusa deixar ir o povo.

¹⁵Vai pela manhã a Faraó; eis que ele sairá às águas; põe-te em frente dele na beira do rio, e tomarás em tua mão a vara que se tornou em cobra.

¹⁶E lhe dirás: O SENHOR Deus dos hebreus me tem enviado a ti, dizendo: Deixa ir o meu povo, para que me sirva no deserto; porém eis que até agora não tens ouvido.

¹⁷Assim diz o SENHOR: Nisto saberás que eu *sou* o SENHOR: Eis que eu com esta vara, que tenho em minha mão, ferirei as águas que *estão* no rio, e tornar-se-ão em sangue.

¹⁸E os peixes, que *estão* no rio, morrerão, e o rio cheirará mal; e os egípcios terão nojo de beber da água do rio.

A primeira praga: as águas tornam-se em sangue

¹⁹Disse mais o SENHOR a Moisés: Dize a Arão: Toma tua vara, e estende a tua mão sobre as águas do Egito, sobre as suas correntes, sobre os seus rios, e sobre os seus tanques, e sobre todo o ajuntamento das suas águas, para que se tornem em sangue; e haja sangue em toda a terra do Egito, assim nos *vasos* de madeira como nos de pedra.

²⁰E Moisés e Arão fizeram assim como o SENHOR tinha mandado; e Arão levantou a vara, e feriu as águas que *estavam* no rio, diante dos olhos de Faraó, e diante dos olhos de seus servos; e todas as águas do rio se tornaram em sangue,

²¹E os peixes, que *estavam* no rio, morreram, e o rio cheirou mal, e os egípcios não podiam beber a água do rio; e houve sangue por toda a terra do Egito.

²²Porém os magos do Egito *também* fizeram o mesmo com os seus encantamentos; de modo que o coração de Faraó se endureceu, e não os ouviu, como o SENHOR tinha dito.

²³E virou-se Faraó, e foi para sua casa; nem ainda nisto pôs seu coração.

²⁴E todos os egípcios cavaram poços junto ao rio, para beberem água; porquanto não podiam beber da água do rio.

²⁵Assim se cumpriram sete dias, depois que o SENHOR ferira o rio.

A segunda praga: As rãs

8DEPOIS disse o SENHOR a Moisés: Vai a Faraó e dize-lhe: Assim diz o SENHOR: Deixa ir o meu povo, para que me sirva.

²E se recusares deixá-lo ir, eis que ferirei com rãs todos os teus termos.

³E o rio criará rãs, que subirão e virão à tua casa, e ao teu dormitório, e sobre a tua cama, e às casas dos teus servos, e sobre o teu povo, e aos teus fornos, e às tuas amassadeiras.

⁴E as rãs subirão sobre ti, e sobre o teu povo, e sobre todos os teus servos.

⁵Disse mais o SENHOR a Moisés: Dize a Arão: Estende a tua mão com tua vara sobre as correntes, e sobre os rios, e sobre os tanques, e faze subir rãs sobre a terra do Egito.

⁶E Arão estendeu a sua mão sobre as águas do Egito, e subiram rãs, e cobriram a terra do Egito.

⁷Então os magos fizeram o mesmo com os seus encantamentos, e fizeram subir rãs sobre a terra do Egito.

⁸E Faraó chamou a Moisés e a Arão, e disse: Rogai ao SENHOR que tire as rãs de mim e do meu

povo; depois deixarei ir o povo, para que sacrifiquem ao Senhor.

⁹E disse Moisés a Faraó: Digna-te dizer-me quando é que hei de rogar por ti, e pelos teus servos, e por teu povo, para tirar as rãs de ti, e das tuas casas, e fiquem somente no rio?

¹⁰E ele disse: Amanhã. E *Moisés* disse: Seja conforme à tua palavra, para que saibas que ninguém *há* como o Senhor nosso Deus.

¹¹E as rãs apartar-se-ão de ti, das tuas casas, dos teus servos, e do teu povo; somente ficarão no rio.

¹²Então saíram Moisés e Arão da presença de Faraó; e Moisés clamou ao Senhor por causa das rãs que tinha posto sobre Faraó.

¹³E o Senhor fez conforme a palavra de Moisés; e as rãs morreram nas casas, nos pátios, e nos campos.

¹⁴E ajuntaram-se em montões, e a terra cheirou mal.

¹⁵Vendo, pois, Faraó que havia descanso, endureceu o seu coração, e não os ouviu, como o Senhor tinha dito.

A terceira praga: Os piolhos

¹⁶Disse mais o Senhor a Moisés: Dize a Arão: Estende a tua vara, e fere o pó da terra, para que se torne em piolhos por toda a terra do Egito.

¹⁷E fizeram assim; e Arão estendeu a sua mão com a sua vara, e feriu o pó da terra, e havia muitos piolhos nos homens e no gado; todo o pó da terra se tornou em piolhos em toda a terra do Egito.

¹⁸E os magos fizeram também assim com os seus encantamentos para produzir piolhos, mas não puderam; e havia piolhos nos homens e no gado.

¹⁹Então disseram os magos a Faraó: Isto *é* o dedo de Deus. Porém o coração de Faraó se endureceu, e não os ouvia, como o Senhor tinha dito.

A quarta praga: As moscas

²⁰Disse mais o Senhor a Moisés: Levanta-te pela manhã cedo e põe-te diante de Faraó; eis que ele sairá às águas; e dize-lhe: Assim diz o Senhor: Deixa ir o meu povo, para que me sirva.

²¹Porque se não deixares ir o meu povo, eis que enviarei enxames de moscas sobre ti, e sobre os teus servos, e sobre o teu povo, e às tuas casas; e as casas dos egípcios se encherão destes enxames, e também a terra em que eles estiverem.

²²E naquele dia eu separarei a terra de Gósen, em que meu povo habita, que nela não haja enxames de moscas, para que saibas que eu *sou* o Senhor no meio desta terra.

²³E porei separação entre o meu povo e o teu povo; amanhã se fará este sinal.

²⁴E o Senhor fez assim; e vieram grandes enxames de moscas à casa de Faraó e às casas dos seus servos, e sobre toda a terra do Egito; a terra foi corrompida destes enxames.

²⁵Então chamou Faraó a Moisés e a Arão, e disse: Ide, e sacrificai ao vosso Deus nesta terra.

²⁶E Moisés disse: Não convém que façamos assim, porque sacrificaríamos ao Senhor nosso Deus a abominação dos egípcios; eis que se sacrificássemos a abominação dos egípcios perante os seus olhos, não nos apedrejariam eles?

²⁷Deixa-nos ir caminho de três dias ao deserto, para que sacrifiquemos ao Senhor nosso Deus, como ele nos disser.

²⁸Então disse Faraó: Deixar-vos-ei ir, para que sacrifiqueis ao Senhor vosso Deus no deserto; somente que, indo, não vades longe; orai *também* por mim.

²⁹E Moisés disse: Eis que saio de ti, e orarei ao Senhor, que estes enxames de moscas se retirem amanhã de Faraó, dos seus servos, e do seu povo; somente que Faraó não mais *me* engane, não deixando ir a este povo para sacrificar ao Senhor.

³⁰Então saiu Moisés da presença de Faraó, e orou ao Senhor.

³¹E fez o Senhor conforme a palavra de Moisés, e os enxames de moscas se retiraram de Faraó, dos seus servos, e do seu povo; não ficou uma só.

³²Mas endureceu Faraó ainda esta vez seu coração, e não deixou ir o povo.

A quinta praga: A peste nos animais

9 DEPOIS o Senhor disse a Moisés: Vai a Faraó, e dize-lhe: Assim diz o Senhor Deus dos hebreus: Deixa ir o meu povo, para que me sirva.

²Porque se recusares deixá-los ir, e ainda por força os detiveres,

³Eis que a mão do Senhor será sobre teu gado, que *está* no campo, sobre os cavalos, sobre os jumentos, sobre os camelos, sobre os bois, e sobre as ovelhas, com pestilência gravíssima.

⁴E o Senhor fará separação entre o gado dos israelitas e o gado dos egípcios, para que nada morra de tudo o que for dos filhos de Israel.

⁵E o Senhor assinalou certo tempo, dizendo: Amanhã fará o Senhor esta coisa na terra.

⁶E o Senhor fez isso no dia seguinte, e todo o gado dos egípcios morreu; porém do gado dos filhos de Israel não morreu nenhum.

⁷E Faraó enviou a *ver,* e eis que do gado de Israel não morrera nenhum; porém o coração de Faraó se agravou, e não deixou ir o povo.

A sexta praga: As úlceras

⁸Então disse o Senhor a Moisés e a Arão: Tomai vossas mãos cheias de cinza do forno, e Moisés a espalhe para o céu diante dos olhos de Faraó;

⁹E tornar-se-á em pó miúdo sobre toda a terra do Egito, e se tornará em sarna, que arrebente em úlceras, nos homens e no gado, por toda a terra do Egito.

¹⁰E eles tomaram a cinza do forno, e puseram-se diante de Faraó, e Moisés a espalhou para o céu; e tornou-se em sarna, que arrebentava em úlceras nos homens e no gado;

¹¹De maneira que os magos não podiam parar diante de Moisés, por causa da sarna; porque havia sarna nos magos, e em todos os egípcios.

ÊXODO 9.12

¹²Porém o SENHOR endureceu o coração de Faraó, e não os ouviu, como o SENHOR tinha dito a Moisés.

As ameaças de Deus

¹³Então disse o SENHOR a Moisés: Levanta-te pela manhã cedo, e põe-te diante de Faraó, e dize-lhe: Assim diz o SENHOR Deus dos hebreus: Deixa ir o meu povo, para que me sirva;

¹⁴Porque esta vez enviarei todas as minhas pragas sobre o teu coração, e sobre os teus servos, e sobre o teu povo, para que saibas que não *há* outro como eu em toda a terra.

¹⁵Porque agora tenho estendido minha mão, para te ferir a ti e ao teu povo com pestilência, e para que sejas destruído da terra;

¹⁶Mas, deveras, para isto te mantive, para mostrar meu poder em ti, e para que o meu nome seja anunciado em toda a terra.

¹⁷Tu ainda te exaltas contra o meu povo, para não o deixar ir?

A sétima praga: A saraiva

¹⁸Eis que amanhã por este tempo farei chover saraiva mui grave, qual nunca houve no Egito, desde o dia em que foi fundado até agora.

¹⁹Agora, pois, envia, recolhe o teu gado, e tudo o que tens no campo; todo o homem e animal, que for achado no campo, e não for recolhido à casa, a saraiva cairá sobre eles, e morrerão.

²⁰Quem dos servos de Faraó temia a palavra do SENHOR, fez fugir os seus servos e o seu gado para as casas;

²¹Mas aquele que não tinha considerado a palavra do SENHOR deixou os seus servos e o seu gado no campo.

²²Então disse o SENHOR a Moisés: Estende a tua mão para o céu, e haverá saraiva em toda a terra do Egito, sobre os homens e sobre o gado, e sobre toda a erva do campo, na terra do Egito.

²³E Moisés estendeu a sua vara para o céu, e o SENHOR deu trovões e saraiva, e fogo corria pela terra; e o SENHOR fez chover saraiva sobre a terra do Egito.

²⁴E havia saraiva, e fogo misturado entre a saraiva, tão grave, qual nunca houve em toda a terra do Egito desde que veio a ser uma nação.

²⁵E a saraiva feriu, em toda a terra do Egito, tudo quanto *havia* no campo, desde os homens até aos animais; também a saraiva feriu toda a erva do campo, e quebrou todas as árvores do campo.

²⁶Somente na terra de Gósen, onde *estavam* os filhos de Israel, não havia saraiva.

²⁷Então Faraó mandou chamar a Moisés e a Arão, e disse-lhes: Esta vez pequei; o SENHOR é justo, mas eu e o meu povo ímpios.

²⁸Orai ao SENHOR (pois que basta) para que não haja mais trovões de Deus nem saraiva; e eu vos deixarei ir, e não ficareis mais *aqui*.

²⁹Então lhe disse Moisés: Em saindo da cidade estenderei minhas mãos ao SENHOR; os trovões cessarão, e não haverá mais saraiva; para que saibas que a terra é do SENHOR.

³⁰Todavia, quanto a ti e aos teus servos, eu sei que ainda não temereis diante do SENHOR Deus.

³¹E o linho e a cevada foram feridos, porque a cevada já *estava* na espiga, e o linho na haste.

³²Mas o trigo e o centeio não foram feridos, porque *estavam* cobertos.

³³Saiu, pois, Moisés da presença de Faraó, da cidade, e estendeu as suas mãos ao SENHOR; e cessaram os trovões e a saraiva, e a chuva não caiu *mais* sobre a terra.

³⁴Vendo Faraó que cessou a chuva, e a saraiva, e os trovões, pecou ainda mais; e endureceu o seu coração, ele e os seus servos.

³⁵Assim o coração de Faraó se endureceu, e não deixou ir os filhos de Israel, como o SENHOR tinha dito por Moisés.

Deus ameaça Faraó com a praga dos gafanhotos

10 DEPOIS disse o SENHOR a Moisés: Vai a Faraó, porque tenho endurecido o seu coração, e o coração de seus servos, para fazer estes meus sinais no meio deles,

²E para que contes aos ouvidos de teus filhos, e dos filhos de teus filhos, as coisas que fiz no Egito, e os meus sinais, que tenho feito entre eles; para que saibais que eu *sou* o SENHOR.

³Assim foram Moisés e Arão a Faraó, e disseram-lhe: Assim diz o SENHOR Deus dos hebreus: Até quando recusarás humilhar-te diante de mim? Deixa ir o meu povo para que me sirva;

⁴Porque se *ainda* recusares deixar ir o meu povo, eis que trarei amanhã gafanhotos aos teus termos.

⁵E cobrirão a face da terra, de modo que não se poderá ver a terra; e eles comerão o restante que escapou, o que vos ficou da saraiva; também comerão toda a árvore que vos cresce no campo;

⁶E encherão as tuas casas, e as casas de todos os teus servos e as casas de todos os egípcios, quais nunca viram teus pais, nem os pais de teus pais, desde o dia em que se acharam na terra até o dia de hoje. E virou-se, e saiu da presença de Faraó.

⁷E os servos de Faraó disseram-lhe: Até quando este homem nos há de ser por laço? Deixa ir os homens, para que sirvam ao SENHOR seu Deus; ainda não sabes que o Egito está destruído?

⁸Então Moisés e Arão foram levados outra vez a Faraó, e *ele* disse-lhes: Ide, servi ao SENHOR vosso Deus. Quais são os que hão de ir?

⁹E Moisés disse: Havemos de ir com os nossos jovens, e com os nossos velhos; com os nossos filhos, e com as nossas filhas, com as nossas ovelhas, e com os nossos bois havemos de ir; porque temos de celebrar uma festa ao SENHOR.

¹⁰Então ele lhes disse: Seja o SENHOR assim convosco, como eu vos deixarei ir a vós e a vossos filhos; olhai que há mal diante da vossa face.

¹¹Não *será* assim; agora ide vós, homens, e servi ao SENHOR; pois isso é o que pedistes. E os expulsaram da presença de Faraó.

A oitava praga: Os gafanhotos

[12]Então disse o Senhor a Moisés: Estende a tua mão sobre a terra do Egito para que os gafanhotos venham sobre a terra do Egito, e comam toda a erva da terra, tudo o que deixou a saraiva.

[13]Então estendeu Moisés sua vara sobre a terra do Egito, e o Senhor trouxe sobre a terra um vento oriental todo aquele dia e toda aquela noite; e aconteceu que pela manhã o vento oriental trouxe os gafanhotos.

[14]E vieram os gafanhotos sobre toda a terra do Egito, e assentaram-se sobre todos os termos do Egito; tão numerosos *foram* que, antes destes nunca houve tais gafanhotos, nem depois deles haverá.

[15]Porque cobriram a face de toda a terra, de modo que a terra se escureceu; e comeram toda a erva da terra, e todo o fruto das árvores, que deixara a saraiva; e não ficou verde algum nas árvores, nem na erva do campo, em toda a terra do Egito.

[16]Então Faraó se apressou a chamar a Moisés e a Arão, e disse: Pequei contra o Senhor vosso Deus, e contra vós.

[17]Agora, pois, peço-vos que perdoeis o meu pecado somente desta vez, e que oreis ao Senhor vosso Deus que tire de mim somente esta morte.

[18]E saiu da presença de Faraó, e orou ao Senhor.

[19]Então o Senhor trouxe um vento ocidental fortíssimo, o qual levantou os gafanhotos e os lançou no Mar Vermelho; não ficou um só gafanhoto em todos os termos do Egito.

[20]O Senhor, porém, endureceu o coração de Faraó, e este não deixou ir os filhos de Israel.

A nona praga: As trevas

[21]Então disse o Senhor a Moisés: Estende a tua mão para o céu, e virão trevas sobre a terra do Egito, trevas que se apalpem.

[22]E Moisés estendeu a sua mão para o céu, e houve trevas espessas em toda a terra do Egito por três dias.

[23]Não viu um ao outro, e ninguém se levantou do seu lugar por três dias; mas todos os filhos de Israel tinham luz em suas habitações.

[24]Então Faraó chamou a Moisés, e disse: Ide, servi ao Senhor; somente fiquem vossas ovelhas e vossas vacas; vão também convosco as vossas crianças.

[25]Moisés, porém, disse: Tu também darás em nossas mãos sacrifícios e holocaustos, que ofereçamos ao Senhor nosso Deus.

[26]E também o nosso gado há de ir conosco, nem uma unha ficará; porque daquele havemos de tomar, para servir ao Senhor nosso Deus; porque não sabemos com que havemos de servir ao Senhor, até que cheguemos lá.

[27]O Senhor, porém, endureceu o coração de Faraó, e este não os quis deixar ir.

[28]E disse-lhe Faraó: Vai-te de mim, guarda-te que não mais vejas o meu rosto; porque no dia em que vires o meu rosto, morrerás.

[29]E disse Moisés: Bem disseste; eu nunca mais verei o teu rosto.

Deus anuncia a Moisés a morte de todos os primogênitos

11 E O Senhor disse a Moisés: Ainda uma praga trarei sobre Faraó, e sobre o Egito; depois vos deixará ir daqui; e, quando *vos* deixar ir totalmente, a toda a pressa vos lançará daqui.

[2]Fala agora aos ouvidos do povo, que cada homem peça ao seu vizinho, e cada mulher à sua vizinha, joias de prata e joias de ouro.

[3]E o Senhor deu ao povo graça aos olhos dos egípcios; também o homem Moisés *era* mui grande na terra do Egito, aos olhos dos servos de Faraó e aos olhos do povo.

[4]Disse mais Moisés: Assim o Senhor tem dito: À meia-noite eu sairei pelo meio do Egito;

[5]E todo o primogênito na terra do Egito morrerá, desde o primogênito de Faraó, que haveria de assentar-se sobre o seu trono, até ao primogênito da serva que *está* detrás da mó, e todo o primogênito dos animais.

[6]E haverá grande clamor em toda a terra do Egito, como nunca houve semelhante e nunca haverá;

[7]Mas entre todos os filhos de Israel nem mesmo um cão moverá a sua língua, desde os homens até aos animais, para que saibais que o Senhor fez diferença entre os egípcios e os israelitas.

[8]Então todos estes teus servos descerão a mim, e se inclinarão diante de mim, dizendo: Sai tu, e todo o povo que te segue as pisadas; e depois eu sairei. E saiu da presença de Faraó ardendo em ira.

[9]O Senhor dissera a Moisés: Faraó não vos ouvirá, para que as minhas maravilhas se multipliquem na terra do Egito.

[10]E Moisés e Arão fizeram todas estas maravilhas diante de Faraó; mas o Senhor endureceu o coração de Faraó, que não deixou ir os filhos de Israel da sua terra.

A instituição da primeira páscoa

12 E FALOU o Senhor a Moisés e a Arão na terra do Egito, dizendo:

[2]Este mesmo mês vos *será* o princípio dos meses, este vos *será* o primeiro dos meses do ano.

[3]Falai a toda a congregação de Israel, dizendo: Aos dez deste mês tome cada um para si um cordeiro, segundo as casas dos pais, um cordeiro para cada família.

[4]Mas se a família for pequena para um cordeiro, então tome um só com seu vizinho perto de sua casa, conforme o número das almas; cada um conforme ao seu comer, fareis a conta conforme ao cordeiro.

[5]O cordeiro, *ou cabrito,* será sem mácula, um macho de um ano, o qual tomareis das ovelhas ou das cabras.

[6]E o guardareis até ao décimo quarto dia deste mês, e todo o ajuntamento da congregação de Israel o sacrificará à tarde.

ÊXODO 12.7

⁷E tomarão do sangue, e pô-lo-ão em ambas as ombreiras, e na verga da porta, nas casas em que o comerem.

⁸E naquela noite comerão a carne assada no fogo, com pães ázimos; com *ervas* amargosas a comerão.

⁹Não comereis dele cru, nem cozido em água, senão assado no fogo, a sua cabeça com os seus pés e com a sua fressura.

¹⁰E nada dele deixareis até a manhã; mas o que dele ficar até a manhã, queimareis no fogo.

¹¹Assim pois o comereis: Os vossos lombos cingidos, os vossos sapatos nos pés, e o vosso cajado na mão; e o comereis apressadamente; esta *é* a páscoa do Senhor.

¹²E eu passarei pela terra do Egito esta noite, e ferirei todo o primogênito na terra do Egito, desde os homens até aos animais; e em todos os deuses do Egito farei juízos. Eu sou o Senhor.

¹³E aquele sangue vos será por sinal nas casas em que *estiverdes;* vendo eu sangue, passarei por cima de vós, e não haverá entre vós praga de mortandade, quando eu ferir a terra do Egito.

¹⁴E este dia vos será por memória, e celebrá-lo-eis por festa ao Senhor; nas vossas gerações o celebrareis por estatuto perpétuo.

¹⁵Sete dias comereis pães ázimos; ao primeiro dia tirareis o fermento das vossas casas; porque qualquer que comer *pão* levedado, desde o primeiro até ao sétimo dia, aquela alma será cortada de Israel.

¹⁶E ao primeiro dia *haverá* santa convocação; também ao sétimo dia tereis santa convocação; nenhuma obra se fará neles, senão o que cada alma houver de comer; isso somente aprontareis para vós.

¹⁷Guardai pois a *festa* dos pães ázimos, porque naquele mesmo dia tirei vossos exércitos da terra do Egito; pelo que guardareis a este dia nas vossas gerações por estatuto perpétuo.

¹⁸No primeiro *mês,* aos catorze dias do mês, à tarde, comereis pães ázimos até vinte e um do mês à tarde.

¹⁹Por sete dias não se ache nenhum fermento nas vossas casas; porque qualquer que comer *pão* levedado, aquela alma será cortada da congregação de Israel, assim o estrangeiro como o natural da terra.

²⁰Nenhuma coisa levedada comereis; em todas as vossas habitações comereis pães ázimos.

²¹Chamou pois Moisés a todos os anciãos de Israel, e disse-lhes: Escolhei e tomai vós cordeiros para vossas famílias, e sacrificai a páscoa.

²²Então tomai um molho de hissopo, e molhai-o no sangue que estiver na bacia, e passai-o na verga da porta, e em ambas as ombreiras, do sangue que *estiver* na bacia; porém nenhum de vós saia da porta da sua casa até à manhã.

²³Porque o Senhor passará para ferir aos egípcios, porém quando vir o sangue na verga da porta, e em ambas as ombreiras, o Senhor passará

aquela porta, e não deixará o destruidor entrar em vossas casas, para vos ferir.

²⁴Portanto guardai isto por estatuto para vós, e para vossos filhos para sempre.

²⁵E acontecerá que, quando entrardes na terra que o Senhor vos dará, como tem dito, guardareis este culto.

²⁶E acontecerá que, quando vossos filhos vos disserem: Que culto *é* este?

²⁷Então direis: Este *é* o sacrifício da páscoa ao Senhor, que passou as casas dos filhos de Israel no Egito, quando feriu aos egípcios, e livrou as nossas casas. Então o povo inclinou-se, e adorou.

²⁸E foram os filhos de Israel, e fizeram *isso* como o Senhor ordenara a Moisés e a Arão, assim fizeram.

A morte dos primogênitos

²⁹E aconteceu, à meia-noite, que o Senhor feriu a todos os primogênitos na terra do Egito, desde o primogênito de Faraó, que se sentava em seu trono, até ao primogênito do cativo que *estava* no cárcere, e todos os primogênitos dos animais.

³⁰E Faraó levantou-se de noite, ele e todos os seus servos, e todos os egípcios; e havia grande clamor no Egito, porque não *havia* casa em que não *houvesse* um morto.

³¹Então chamou a Moisés e a Arão de noite, e disse: Levantai-vos, saí do meio do meu povo, tanto vós como os filhos de Israel; e ide, servi ao Senhor, como tendes dito.

³²Levai também convosco vossas ovelhas e vossas vacas, como tendes dito; e ide, e abençoai-me também a mim.

³³E os egípcios apertavam ao povo, apressando-se para lançá-los da terra; porque diziam: Todos seremos mortos.

³⁴E o povo tomou a sua massa, antes que levedasse, e as suas amassadeiras atadas em suas roupas sobre seus ombros.

³⁵Fizeram, pois, os filhos de Israel conforme à palavra de Moisés, e pediram aos egípcios joias de prata, e joias de ouro, e roupas.

³⁶E o Senhor deu ao povo graça aos olhos dos egípcios, e estes lhe davam o que pediam; e despojaram aos egípcios.

A saída dos israelitas do Egito

³⁷Assim partiram os filhos de Israel de Ramessés para Sucote, cerca de seiscentos mil a pé, somente de homens, sem contar os meninos.

³⁸E subiu também com eles muita mistura de gente, e ovelhas, e bois, uma grande quantidade de gado.

³⁹E cozeram bolos ázimos da massa que levaram do Egito, porque não se tinha levedado, porquanto foram lançados do Egito; e não se puderam deter, nem prepararam comida.

⁴⁰O *tempo* que os filhos de Israel habitaram no Egito *foi de* quatrocentos e trinta anos.

⁴¹E aconteceu que, ao fim dos quatrocentos e

trinta anos, naquele mesmo dia, todos os exércitos do SENHOR saíram da terra do Egito.

[42]Esta noite é de vigília ao SENHOR, porque *nela* os tirou da terra do Egito; esta *é* a noite do SENHOR, que devem guardar todos os filhos de Israel nas suas gerações.

[43]Disse mais o SENHOR a Moisés e a Arão: Esta *é* a ordenança da páscoa: nenhum filho do estrangeiro comerá dela.

[44]Porém todo o servo comprado por dinheiro, depois que o houveres circuncidado, então comerá dela.

[45]O estrangeiro e o assalariado não comerão dela.

[46]Numa casa se comerá; não levarás daquela carne fora da casa, nem dela quebrareis osso.

[47]Toda a congregação de Israel o fará.

[48]Porém se algum estrangeiro se hospedar contigo e quiser celebrar a páscoa ao SENHOR, seja-lhe circuncidado todo o homem, e então chegará a celebrá-la, e será como o natural da terra; mas nenhum incircunciso comerá dela.

[49]Uma mesma lei haja para o natural e para o estrangeiro que peregrinar entre vós.

[50]E todos os filhos de Israel o fizeram; como o SENHOR ordenara a Moisés e a Arão, assim fizeram.

[51]E aconteceu naquele mesmo dia que o SENHOR tirou os filhos de Israel da terra do Egito, segundo os seus exércitos.

Os primogênitos são santificados a Deus

13 ENTÃO falou o SENHOR a Moisés, dizendo: [2]Santifica-me todo o primogênito, o que abrir toda a madre entre os filhos de Israel, de homens e de animais; *porque* meu é.

[3]E Moisés disse ao povo: Lembrai-vos deste mesmo dia, em que saístes do Egito, da casa da servidão; pois com mão forte o SENHOR vos tirou daqui; portanto não comereis pão levedado.

[4]Hoje, no mês de Abibe, vós saís.

[5]E acontecerá que, quando o SENHOR te houver introduzido na terra dos cananeus, e dos heteus, e dos amorreus, e dos heveus, e dos jebuseus, a qual jurou a teus pais que te daria, terra que mana leite e mel, guardarás este culto neste mês.

[6]Sete dias comerás pães ázimos, e ao sétimo dia *haverá* festa ao SENHOR.

[7]Sete dias se comerá pães ázimos, e o levedado não se verá contigo, nem ainda fermento será visto em todos os teus termos.

[8]E naquele mesmo dia farás saber a teu filho, dizendo: *Isto é* pelo que o SENHOR me tem feito, quando eu saí do Egito.

[9]E te será por sinal sobre tua mão e por lembrança entre teus olhos, para que a lei do SENHOR esteja em tua boca; porquanto com mão forte o SENHOR te tirou do Egito.

[10]Portanto tu guardarás este estatuto a seu tempo, de ano em ano.

[11]Também acontecerá que, quando o SENHOR te

houver introduzido na terra dos cananeus, como jurou a ti e a teus pais, quando ta houver dado,

[12]Separarás para o SENHOR tudo o que abrir a madre e todo o primogênito dos animais que tiveres; os machos *serão* do SENHOR.

[13]Porém, todo o primogênito da jumenta resgatarás com um cordeiro; e se o não resgatares, cortar-lhe-ás a cabeça; mas todo o primogênito do homem, entre teus filhos, resgatarás.

[14]E quando teu filho te perguntar no futuro, dizendo: Que é isto? Dir-lhe-ás: O SENHOR nos tirou com mão forte do Egito, da casa da servidão.

[15]Porque sucedeu que, endurecendo-se Faraó, para não nos deixar ir, o SENHOR matou todos os primogênitos na terra do Egito, desde o primogênito do homem até o primogênito dos animais; por isso eu sacrifico ao SENHOR todos os primogênitos, sendo machos; porém a todo o primogênito de meus filhos eu resgato.

[16]E será isso por sinal sobre tua mão, e por frontais entre os teus olhos; porque o SENHOR, com mão forte, nos tirou do Egito.

Deus guia o povo pelo caminho

[17]E aconteceu que, quando Faraó deixou ir o povo, Deus não os levou pelo caminho da terra dos filisteus, que *estava mais* perto; porque Deus disse: Para que porventura o povo não se arrependa, vendo a guerra, e volte ao Egito.

[18]Mas Deus fez o povo rodear pelo caminho do deserto do Mar Vermelho; e armados, os filhos de Israel subiram da terra do Egito.

[19]E Moisés levou consigo os ossos de José, porquanto havia este solenemente ajuramentado os filhos de Israel, dizendo: Certamente Deus vos visitará; fazei, pois, subir daqui os meus ossos convosco.

[20]Assim partiram de Sucote, e acamparam-se em Etã, à entrada do deserto.

[21]E o SENHOR ia adiante deles, de dia numa coluna de nuvem para os guiar pelo caminho, e de noite numa coluna de fogo para os iluminar, para que caminhassem de dia e de noite.

[22]Nunca tirou de diante do povo a coluna de nuvem, de dia, nem a coluna de fogo, de noite.

Deus anuncia a ruína dos egípcios

14 ENTÃO falou o SENHOR a Moisés, dizendo: [2]Fala aos filhos de Israel que voltem, e que se acampem diante de Pi-Hairote, entre Migdol e o mar, diante de Baal-Zefom; em frente dele assentareis o campo junto ao mar.

[3]Então Faraó dirá dos filhos de Israel: Estão embaraçados na terra o deserto os encerrou.

[4]E eu endurecerei o coração de Faraó, para que os persiga, e serei glorificado em Faraó e em todo o seu exército, e saberão os egípcios que eu sou o SENHOR. E eles fizeram assim.

[5]Sendo, pois, anunciado ao rei do Egito que o povo fugia, mudou-se o coração de Faraó e dos seus servos contra o povo, e disseram: Por que fizemos isso, havendo deixado ir a Israel, para que não nos sirva?

ÊXODO 14.6

52

⁶E aprontou o seu carro, e tomou consigo o seu povo;

⁷E tomou seiscentos carros escolhidos, e todos os carros do Egito, e os capitães sobre eles todos.

⁸Porque o Senhor endureceu o coração de Faraó, rei do Egito, para que perseguisse aos filhos de Israel; porém os filhos de Israel saíram com alta mão.

⁹E os egípcios perseguiram-nos, todos os cavalos e carros de Faraó, e os seus cavaleiros e o seu exército, e alcançaram-nos acampados junto ao mar, perto de Pi-Hairote, diante de Baal-Zefom.

¹⁰E aproximando Faraó, os filhos de Israel levantaram seus olhos, e eis que os egípcios vinham atrás deles, e temeram muito; então os filhos de Israel clamaram ao Senhor.

¹¹E disseram a Moisés: Não havia sepulcros no Egito, para nos tirar *de lá,* para que morramos neste deserto? Por que nos fizeste isto, fazendo-nos sair do Egito?

¹²Não é esta a palavra que te falamos no Egito, dizendo: Deixa-nos, que sirvamos aos egípcios? Pois que melhor nos *fora* servir aos egípcios, do que morrermos no deserto.

¹³Moisés, porém, disse ao povo: Não temais; estai quietos, e vede o livramento do Senhor, que hoje vos fará; porque aos egípcios, que hoje vistes, nunca mais os tornareis a ver.

¹⁴O Senhor pelejará por vós, e vós vos calareis.

A passagem pelo mar
¹⁵Então disse o Senhor a Moisés: Por que clamas a mim? Dize aos filhos de Israel que marchem.

¹⁶E tu, levanta a tua vara, e estende a tua mão sobre o mar, e fende-o, para que os filhos de Israel passem pelo meio do mar em seco.

¹⁷E eis que endurecerei o coração dos egípcios, e estes entrarão atrás deles; e eu serei glorificado em Faraó e em todo o seu exército, nos seus carros e nos seus cavaleiros,

¹⁸E os egípcios saberão que eu *sou* o Senhor, quando for glorificado em Faraó, nos seus carros e nos seus cavaleiros.

¹⁹E o anjo de Deus, que ia diante do exército de Israel, se retirou, e ia atrás deles; também a coluna de nuvem se retirou de diante deles, e se pôs atrás deles.

²⁰E ia entre o campo dos egípcios e o campo de Israel; e a nuvem era trevas *para aqueles, e para estes* clareava a noite; de maneira que em toda a noite não se aproximou um do outro.

²¹Então Moisés estendeu a sua mão sobre o mar, e o Senhor fez retirar o mar por um forte vento oriental toda aquela noite; e o mar tornou-se em seco, e as águas foram partidas.

²²E os filhos de Israel entraram pelo meio do mar em seco; e as águas *foram*-lhes como muro à sua direita e à sua esquerda.

²³E os egípcios os seguiram, e entraram atrás deles todos os cavalos de Faraó, os seus carros e os seus cavaleiros, até ao meio do mar.

²⁴E aconteceu que, na vigília daquela manhã,

o Senhor, na coluna do fogo e da nuvem, viu o campo dos egípcios; e alvoroçou o campo dos egípcios.

²⁵E tirou-lhes as rodas dos seus carros, e dificultosamente os governavam. Então disseram os egípcios: Fujamos da face de Israel, porque o Senhor por eles peleja contra os egípcios.

²⁶E disse o Senhor a Moisés: Estende a tua mão sobre o mar, para que as águas tornem sobre os egípcios, sobre os seus carros e sobre os seus cavaleiros.

Os egípcios perecem no mar
²⁷Então Moisés estendeu a sua mão sobre o mar, e o mar retornou a sua força ao amanhecer, e os egípcios, ao fugirem, foram de encontro a ele, e o Senhor derrubou os egípcios no meio do mar.

²⁸Porque as águas, tornando, cobriram os carros e os cavaleiros de todo o exército de Faraó, que os haviam seguido no mar; nenhum deles ficou.

²⁹Mas os filhos de Israel foram pelo meio do mar seco; e as águas foram-lhes como muro à sua mão direita e à sua esquerda.

³⁰Assim o Senhor salvou Israel naquele dia da mão dos egípcios; e Israel viu os egípcios mortos na praia do mar.

³¹E viu Israel a grande mão que o Senhor mostrara aos egípcios; e temeu o povo ao Senhor, e creu no Senhor e em Moisés, seu servo.

O cântico de Moisés
15 ENTÃO cantou Moisés e os filhos de Israel este cântico ao Senhor, e falaram, dizendo: Cantarei ao Senhor, porque gloriosamente triunfou; lançou no mar o cavalo e o seu cavaleiro.

²O Senhor *é* a minha força, e o *meu* cântico; ele me foi por salvação; este *é* o meu Deus, portanto lhe farei uma habitação; ele *é* o Deus de meu pai, por isso o exaltarei.

³O Senhor *é* homem de guerra; o Senhor *é* o seu nome.

⁴Lançou no mar os carros de Faraó e o seu exército; e os seus escolhidos príncipes afogaram-se no Mar Vermelho.

⁵Os abismos os cobriram; desceram às profundezas como pedra.

⁶A tua destra, ó Senhor, se tem glorificado em poder, a tua destra, ó Senhor, tem despedaçado o inimigo.

⁷E com a grandeza da tua excelência derrubaste aos *que* se levantaram contra ti; enviaste o teu furor, que os consumiu como o restolho.

⁸E com o sopro de tuas narinas amontoaram-se as águas, as correntes pararam como montão; os abismos coalharam-se no coração do mar.

⁹O inimigo dizia: Perseguirei, alcançarei, repartirei os despojos; fartar-se-á a minha alma deles, arrancarei a minha espada, a minha mão os destruirá.

¹⁰Sopraste com o teu vento, o mar os cobriu; afundaram-se como chumbo em veementes águas.

¹¹Ó Senhor, quem é como tu entre os deuses?

Quem é como tu glorificado em santidade, admirável em louvores, realizando maravilhas?

¹²Estendeste a tua mão direita; a terra os tragou.

¹³Tu, com a tua beneficência, guiaste a este povo, *que* salvaste; com a tua força o levaste à habitação da tua santidade.

¹⁴Os povos o ouviram, eles estremeceram, uma dor apoderou-se dos habitantes da Filístia.

¹⁵Então os príncipes de Edom se pasmaram; dos poderosos dos moabitas apoderou-se um tremor; derreteram-se todos os habitantes de Canaã.

¹⁶Espanto e pavor caiu sobre eles; pela grandeza do teu braço emudeceram como pedra; até que o teu povo houvesse passado, ó Senhor, até que passasse este povo *que* adquiriste.

¹⁷*Tu* os introduzirás, e os plantarás no monte da tua herança, *no* lugar *que tu,* ó Senhor, aparelhaste para a tua habitação, no santuário, ó Senhor, *que* as tuas mãos estabeleceram.

¹⁸O Senhor reinará eterna e perpetuamente;

¹⁹Porque os cavalos de Faraó, com os seus carros e com os seus cavaleiros, entraram no mar, e o Senhor fez tornar as águas do mar sobre eles; mas os filhos de Israel passaram em seco pelo meio do mar.

²⁰Então Miriã, a profetisa, a irmã de Arão, tomou o tamboril na sua mão, e todas as mulheres saíram atrás dela com tamboris e com danças.

²¹E Miriã lhes respondia: Cantai ao Senhor, porque gloriosamente triunfou; e lançou no mar o cavalo com o seu cavaleiro.

²²Depois fez Moisés partir os israelitas do Mar Vermelho, e saíram ao deserto de Sur; e andaram três dias no deserto, e não acharam água.

As águas de Mara

²³Então chegaram a Mara; mas não puderam beber das águas de Mara, porque eram amargas; por isso chamou-se o lugar Mara.

²⁴E o povo murmurou contra Moisés, dizendo: Que havemos de beber?

²⁵E *ele* clamou ao Senhor, e o Senhor mostrou-lhe uma árvore, que lançou nas águas, e as águas se tornaram doces. Ali lhes deu estatutos e uma ordenança, e ali os provou.

²⁶E disse: Se ouvires atento a voz do Senhor teu Deus, e fizeres o *que é* reto diante de seus olhos, e inclinares os teus ouvidos aos seus mandamentos, e guardares todos os seus estatutos, nenhuma das enfermidades porei sobre ti, que pus sobre o Egito; porque eu *sou* o Senhor que te sara.

²⁷Então vieram a Elim, e *havia* ali doze fontes de água e setenta palmeiras; e ali se acamparam junto das águas.

Os israelitas murmuram reclamando pão

16 E PARTINDO de Elim, toda a congregação dos filhos de Israel veio ao deserto de Sim, que *está* entre Elim e Sinai, aos quinze dias do mês segundo, depois de sua saída da terra do Egito.

²E toda a congregação dos filhos de Israel murmurou contra Moisés e contra Arão no deserto.

³E os filhos de Israel disseram-lhes: Quem dera tivéssemos morrido por mão do Senhor na terra do Egito, quando estávamos sentados junto às panelas de carne, quando comíamos pão até fartar! Porque nos tendes trazido a este deserto, para matardes de fome a toda esta multidão.

⁴Então disse o Senhor a Moisés: Eis que vos farei chover pão dos céus, e o povo sairá, e colherá diariamente a porção para cada dia, para que eu o prove se anda em minha lei ou não.

⁵E acontecerá, no sexto dia, que prepararão o que colherem; e será o dobro do que colhem cada dia.

⁶Então disseram Moisés e Arão a todos os filhos de Israel: À tarde sabereis que o Senhor vos tirou da terra do Egito,

⁷E amanhã vereis a glória do Senhor, porquanto ouviu as vossas murmurações contra o Senhor. E quem *somos* nós, para que murmureis contra nós?

⁸Disse mais Moisés: *Isso será* quando o Senhor à tarde vos der carne para comer, e pela manhã pão a fartar, porquanto o Senhor ouviu as vossas murmurações, com que murmurais contra ele. E quem *somos* nós? As vossas murmurações não *são* contra nós, mas sim contra o Senhor.

⁹Depois disse Moisés a Arão: Dize a toda a congregação dos filhos de Israel: Chegai-vos à presença do Senhor, porque ouviu as vossas murmurações.

¹⁰E aconteceu que, quando falou Arão a toda a congregação dos filhos de Israel, e eles se viraram para o deserto, eis que a glória do Senhor apareceu na nuvem.

Deus manda codornizes e maná

¹¹E o Senhor falou a Moisés, dizendo:

¹²Tenho ouvido as murmurações dos filhos de Israel. Fala-lhes, dizendo: Entre as duas tardes comereis carne, e pela manhã vos fartareis de pão; e sabereis que eu *sou* o Senhor vosso Deus.

¹³E aconteceu que à tarde subiram codornizes, e cobriram o arraial; e pela manhã jazia o orvalho ao redor do arraial.

¹⁴E quando o orvalho se levantou, eis que sobre a face do deserto *estava* uma coisa miúda, redonda, miúda como a geada sobre a terra.

¹⁵E, vendo-a os filhos de Israel, disseram uns aos outros: Que é isto? Porque não sabiam o que *era.* Disse-lhes pois Moisés: Este *é* o pão que o Senhor vos deu para comer.

¹⁶Esta *é* a palavra que o Senhor tem mandado: Colhei dele cada um conforme ao que pode comer, um ômer por cabeça, *segundo* o número das vossas almas; cada um tomará para os que *se acharem* na sua tenda.

¹⁷E os filhos de Israel fizeram assim; e colheram, uns mais e outros menos.

¹⁸Porém, medindo-o com o ômer, não sobejava ao que colhera muito, nem faltava ao que colhera pouco; cada um colheu tanto quanto podia comer.

ÊXODO 16.19

¹⁹E disse-lhes Moisés: Ninguém deixe dele para amanhã.

²⁰Eles, porém, não deram ouvidos a Moisés, antes alguns deles deixaram dele para o dia seguinte; e criou bichos, e cheirava mal; por isso indignou-se Moisés contra eles.

²¹Eles, pois, o colhiam cada manhã, cada um conforme ao que podia comer; porque, aquecendo o sol, derretia-se.

Maná no sábado

²²E aconteceu *que* ao sexto dia colheram pão em dobro, dois ômeres para cada um; e todos os príncipes da congregação vieram, e contaram-*no* a Moisés.

²³E *ele* disse-lhes: Isto *é* o que o Senhor tem dito: Amanhã *é* repouso, o santo sábado do Senhor; o que quiserdes cozer no forno, cozei-o, e o que quiserdes cozer em água, cozei-o em água; e tudo o que sobejar, guardai para vós até amanhã.

²⁴E guardaram-no até o dia seguinte, como Moisés tinha ordenado; e não cheirou mal nem nele houve algum bicho.

²⁵Então disse Moisés: Comei-o hoje, porquanto hoje é o sábado do Senhor; hoje não o achareis no campo.

²⁶Seis dias o colhereis, mas o sétimo dia *é* o sábado; nele não haverá.

²⁷E aconteceu ao sétimo dia, que *alguns* do povo saíram para colher, mas não o acharam.

²⁸Então o Senhor a Moisés: Até quando recusareis guardar os meus mandamentos e as minhas leis?

²⁹Vede, porquanto o Senhor vos deu o sábado, portanto ele no sexto dia vos dá pão para dois dias; cada um fique no seu lugar, ninguém saia do seu lugar no sétimo dia.

³⁰Assim repousou o povo no sétimo dia.

³¹E chamou a casa de Israel o seu nome maná; e era como semente de coentro branco, e o seu sabor como bolos de mel.

³²E disse Moisés: Esta *é* a palavra que o Senhor tem mandado: Encherás um ômer dele e guardá-lo-ás para as vossas gerações, para que vejam o pão que vos tenho dado a comer neste deserto, quando eu vos tirei da terra do Egito.

³³Disse também Moisés a Arão: Toma um vaso, e põe nele um ômer cheio de maná, e coloca-o diante do Senhor, para guardá-lo para as vossas gerações.

³⁴Como o Senhor tinha ordenado a Moisés, assim Arão o pôs diante do Testemunho, para ser guardado.

³⁵E comeram os filhos de Israel maná quarenta anos, até que entraram em terra habitada; comeram maná até que chegaram aos termos da terra de Canaã.

³⁶E um ômer é a décima *parte* do efa.

Os israelitas murmuram pela falta de água

17 DEPOIS toda a congregação dos filhos de Israel partiu do deserto de Sim pelas suas jornadas, segundo o mandamento do Senhor, e acampou em Refidim; e não *havia ali* água para o povo beber.

²Então contendeu o povo com Moisés, e disse: Dá-nos água para beber. E Moisés lhes disse: Por que contendeis comigo? Por que tentais ao Senhor?

³Tendo pois ali o povo sede de água, o povo murmurou contra Moisés, e disse: Por que nos fizeste subir do Egito, para nos matares de sede, a nós e aos nossos filhos, e ao nosso gado?

⁴E clamou Moisés ao Senhor, dizendo: Que farei a este povo? Daqui a pouco me apedrejará.

⁵Então disse o Senhor a Moisés: Passa diante do povo, e toma contigo *alguns* dos anciãos de Israel; e toma na tua mão a tua vara, com que feriste o rio, e vai.

⁶Eis que eu estarei ali diante de ti sobre a rocha, em Horebe, e tu ferirás a rocha, e dela sairão águas e o povo beberá. E Moisés assim o fez, diante dos olhos dos anciãos de Israel.

⁷E chamou aquele lugar Massá e Meribá, por causa da contenda dos filhos de Israel, e porque tentaram ao Senhor, dizendo: Está o Senhor no meio de nós, ou não?

Amaleque peleja contra os israelitas

⁸Então veio Amaleque, e pelejou contra Israel em Refidim.

⁹Por isso disse Moisés a Josué: Escolhe-nos homens, e sai, peleja contra Amaleque; amanhã eu estarei sobre o cume do outeiro, e a vara de Deus estará na minha mão.

¹⁰E fez Josué como Moisés lhe dissera, pelejando contra Amaleque; mas Moisés, Arão, e Hur subiram ao cume do outeiro.

¹¹E acontecia que, quando Moisés levantava a sua mão, Israel prevalecia; mas quando ele abaixava a sua mão, Amaleque prevalecia.

¹²Porém as mãos de Moisés *eram* pesadas, por isso tomaram uma pedra, e a puseram debaixo dele, para assentar-se sobre ela; e Arão e Hur sustentaram as suas mãos, um de um lado e o outro do outro; assim ficaram as suas mãos firmes até que o sol se pôs.

¹³E assim Josué desfez a Amaleque e a seu povo, ao fio da espada.

¹⁴Então disse o Senhor a Moisés: Escreve isto para memória num livro, e relata-o aos ouvidos de Josué; que eu totalmente hei de riscar a memória de Amaleque de debaixo dos céus.

¹⁵E Moisés edificou um altar, ao qual chamou: o Senhor é minha bandeira.

¹⁶E disse: Porquanto jurou o Senhor, haverá guerra do Senhor contra Amaleque de geração em geração.

O sogro de Moisés traz-lhe sua mulher e seus filhos

18 ORA Jetro, sacerdote de Midiã, sogro de Moisés, ouviu todas as coisas que Deus tinha feito a Moisés e a Israel seu povo, como o Senhor tinha tirado a Israel do Egito.

²E Jetro, sogro de Moisés, tomou a Zípora, a mulher de Moisés, depois que ele *lha* enviara,

³Com seus dois filhos, dos quais um se chamava Gérson; porque disse: Eu fui peregrino em terra estranha;

⁴E o outro se chamava Eliézer; porque *disse:* O Deus de meu pai foi por minha ajuda, e me livrou da espada de Faraó.

⁵Vindo, pois, Jetro, o sogro de Moisés, com seus filhos e com sua mulher, a Moisés no deserto, ao monte de Deus, onde se tinha acampado,

⁶Disse a Moisés: Eu, teu sogro Jetro, venho a ti, com tua mulher e seus dois filhos com ela.

⁷Então saiu Moisés ao encontro de seu sogro, e inclinou-se, e beijou-o, e perguntaram um ao outro como estavam, e entraram na tenda.

⁸E Moisés contou a seu sogro todas as coisas que o Senhor tinha feito a Faraó e aos egípcios por amor de Israel, e todo o trabalho que passaram no caminho, e *como* o Senhor os livrara.

⁹E alegrou-se Jetro de todo o bem que o Senhor tinha feito a Israel, livrando-o da mão dos egípcios.

¹⁰E Jetro disse: Bendito *seja* o Senhor, que vos livrou das mãos dos egípcios e da mão de Faraó; que livrou a este povo de debaixo da mão dos egípcios.

¹¹Agora sei que o Senhor *é* maior que todos os deuses; porque na coisa em que se ensoberbeceram, os sobrepujou.

¹²Então Jetro, o sogro de Moisés, tomou holocausto e sacrifícios para Deus; e veio Arão, e todos os anciãos de Israel, para comerem pão com o sogro de Moisés diante de Deus.

¹³E aconteceu que, no outro dia, Moisés assentou-se para julgar o povo; e o povo estava em pé diante de Moisés desde a manhã até à tarde.

¹⁴Vendo, pois, o sogro de Moisés tudo o que ele fazia ao povo, disse: Que *é* isto, que tu fazes ao povo? Por que te assentas só, e todo o povo está em pé diante de ti, desde a manhã até à tarde?

¹⁵Então disse Moisés a seu sogro: É porque este povo vem a mim, para consultar a Deus;

¹⁶Quando tem algum negócio vem a mim, para que eu julgue entre um e outro e *lhes* declare os estatutos de Deus e as suas leis.

¹⁷O sogro de Moisés, porém, lhe disse: Não é bom o que fazes.

¹⁸Totalmente desfalecerás, assim tu como este povo que *está* contigo; porque este negócio é mui difícil para ti; tu só não o podes fazer.

¹⁹Ouve agora minha voz, eu te aconselharei, e Deus será contigo. Sê tu pelo povo diante de Deus, e leva tu as causas a Deus;

²⁰E declara-lhes os estatutos e as leis, e faze-lhes saber o caminho em que devem andar, e a obra que devem fazer.

²¹E tu dentre todo o povo procura homens capazes, tementes a Deus, homens de verdade, que odeiem a avareza; e põe-nos sobre eles por maiorais de mil, maiorais de cem, maiorais de cinquenta, e maiorais de dez;

²²Para que julguem este povo em todo o tempo; e seja que todo o negócio grave tragam a ti, mas todo o negócio pequeno eles o julguem; assim a ti mesmo te aliviarás *da carga,* e *eles* a levarão contigo.

²³Se isto fizeres, e Deus to mandar, poderás então subsistir; assim também todo este povo em paz irá ao seu lugar.

²⁴E Moisés deu ouvidos à voz de seu sogro, e fez tudo quanto tinha dito;

²⁵E escolheu Moisés homens capazes, de todo o Israel, e os pôs por cabeças sobre o povo; maiorais de mil, maiorais de cem, maiorais de cinquenta e maiorais de dez.

²⁶E eles julgaram o povo em todo o tempo; o negócio árduo trouxeram a Moisés, e todo o negócio pequeno julgaram eles.

²⁷Então despediu Moisés o seu sogro, o qual se foi à sua terra.

Deus fala com Moisés no monte Sinai

19 AO TERCEIRO mês da saída dos filhos de Israel da terra do Egito, no mesmo dia chegaram ao deserto de Sinai,

²Porque partiram de Refidim e entraram no deserto de Sinai, onde se acamparam. Israel, pois, ali se acampou em frente ao monte.

³E subiu Moisés a Deus, e o Senhor o chamou do monte, dizendo: Assim falarás à casa de Jacó, e anunciarás aos filhos de Israel:

⁴Vós tendes visto o que fiz aos egípcios, como vos levei sobre asas de águias, e vos trouxe a mim;

⁵Agora, pois, se diligentemente ouvirdes a minha voz e guardardes a minha aliança, então sereis a minha propriedade peculiar dentre todos os povos, porque toda a terra *é* minha.

⁶E vós me sereis um reino sacerdotal e o povo santo. Estas *são* as palavras que falarás aos filhos de Israel.

⁷E veio Moisés, e chamou os anciãos do povo, e expôs diante deles todas estas palavras, que o Senhor lhe tinha ordenado.

⁸Então todo o povo respondeu a uma voz, e disse: Tudo o que o Senhor tem falado, faremos. E relatou Moisés ao Senhor as palavras do povo.

⁹E disse o Senhor a Moisés: Eis que eu virei a ti numa nuvem espessa, para que o povo ouça, falando eu contigo, e para que também te creiam eternamente. Porque Moisés tinha anunciado as palavras do seu povo ao Senhor.

¹⁰Disse também o Senhor a Moisés: Vai ao povo, e santifica-os hoje e amanhã, e lavem *eles* as suas roupas,

¹¹E estejam prontos para o terceiro dia; porquanto no terceiro dia o Senhor descerá diante dos olhos de todo o povo sobre o monte Sinai.

¹²E marcarás limites ao povo em redor, dizendo: Guardai-vos, não subais ao monte, nem toqueis o seu termo; todo aquele que tocar o monte, certamente morrerá.

¹³Nenhuma mão tocará nele; porque certamente

ÊXODO 19.14

será apedrejado ou asseteado; quer seja animal, quer seja homem, não viverá; soando a trombeta longamente, então subirão ao monte.

¹⁴Então Moisés desceu do monte ao povo, e santificou o povo; e lavaram as suas roupas.

¹⁵E disse ao povo: Estai prontos ao terceiro dia; e não vos chegueis a mulher.

¹⁶E aconteceu que, ao terceiro dia, ao amanhecer, houve trovões e relâmpagos sobre o monte, e uma espessa nuvem, e um sonido de trombeta mui forte, de maneira que estremeceu todo o povo que *estava* no arraial.

¹⁷E Moisés levou o povo fora do arraial ao encontro de Deus; e puseram-se ao pé do monte.

¹⁸E todo o monte Sinai fumegava, porque o Senhor descera sobre ele em fogo; e a sua fumaça subiu como fumaça de uma fornalha, e todo o monte tremia grandemente.

¹⁹E o sonido da trombeta ia crescendo cada vez mais; Moisés falava, e Deus lhe respondia em voz *alta*.

²⁰E, descendo o Senhor sobre o monte Sinai, sobre o cume do monte, chamou o Senhor a Moisés ao cume do monte; e Moisés subiu.

²¹E disse o Senhor a Moisés: Desce, adverte ao povo que não traspasse o termo para ver o Senhor, para que muitos deles não pereçam.

²²E também os sacerdotes, que se chegam ao Senhor, se hão de santificar, para que o Senhor não se lance sobre eles.

²³Então disse Moisés ao Senhor: O povo não poderá subir ao monte Sinai, porque tu nos tens advertido, dizendo: Marca termos ao redor do monte, e santifica-o.

²⁴E disse-lhe o Senhor: Vai, desce; depois subirás tu, e Arão contigo; os sacerdotes, porém, e o povo não traspassem *o termo* para subir ao Senhor, para que não se lance sobre eles.

²⁵Então Moisés desceu ao povo, e disse-lhe *isto*.

Os dez mandamentos

20 ENTÃO falou Deus todas estas palavras, dizendo:

²Eu *sou* o Senhor teu Deus, que te tirei da terra do Egito, da casa da servidão.

³Não terás outros deuses diante de mim.

⁴Não farás para ti imagem de escultura, nem alguma semelhança *do que há* em cima nos céus, nem embaixo na terra, nem nas águas debaixo da terra.

⁵Não te encurvarás a elas nem as servirás; porque eu, o Senhor teu Deus, *sou* Deus zeloso, que visito a iniquidade dos pais nos filhos, até a terceira e quarta *geração* daqueles que me odeiam.

⁶E faço misericórdia a milhares dos que me amam e aos que guardam os meus mandamentos.

⁷Não tomarás o nome do Senhor teu Deus em vão; porque o Senhor não terá por inocente o que tomar o seu nome em vão.

⁸Lembra-te do dia do sábado, para o santificar.

⁹Seis dias trabalharás, e farás toda a tua obra.

¹⁰Mas o sétimo dia *é* o sábado do Senhor teu

Deus; não farás nenhuma obra, nem tu, nem teu filho, nem tua filha, nem o teu servo, nem a tua serva, nem o teu animal, nem o teu estrangeiro, que *está* dentro das tuas portas.

¹¹Porque em seis dias fez o Senhor os céus e a terra, o mar e tudo que neles *há*, e ao sétimo dia descansou; portanto abençoou o Senhor o dia do sábado, e o santificou.

¹²Honra a teu pai e a tua mãe, para que se prolonguem os teus dias na terra que o Senhor teu Deus te dá.

¹³Não matarás.

¹⁴Não adulterarás.

¹⁵Não furtarás.

¹⁶Não dirás falso testemunho contra o teu próximo.

¹⁷Não cobiçarás a casa do teu próximo, não cobiçarás a mulher do teu próximo, nem o seu servo, nem a sua serva, nem o seu boi, nem o seu jumento, nem coisa alguma do teu próximo.

¹⁸E todo o povo viu os trovões e os relâmpagos, e o sonido da trombeta, e o monte fumegando; e o povo, vendo *isso* retirou-se e pôs-se de longe.

¹⁹E disseram a Moisés: Fala tu conosco, e ouviremos: e não fale Deus conosco, para que não morramos.

²⁰E disse Moisés ao povo: Não temais, Deus veio para vos provar, e para que o seu temor esteja diante de vós, a fim de que não pequeis.

²¹E o povo estava em pé de longe. Moisés, porém, se chegou à escuridão, onde Deus *estava*.

²²Então disse o Senhor a Moisés: Assim dirás aos filhos de Israel: Vós tendes visto que, dos céus, eu falei convosco.

²³Não fareis outros deuses comigo; deuses de prata ou deuses de ouro não fareis para vós.

²⁴Um altar de terra me farás, e sobre ele sacrificarás os teus holocaustos, e as tuas ofertas pacíficas, as tuas ovelhas, e as tuas vacas; em todo o lugar, onde eu fizer celebrar a memória do meu nome, virei a ti e te abençoarei.

²⁵E se me fizeres um altar de pedras, não o farás de *pedras* lavradas; se sobre ele levantares o teu buril, profaná-lo-ás.

²⁶Também não subirás ao meu altar por degraus, para que a tua nudez não seja descoberta diante deles.

As leis acerca dos servos e dos homicidas

21 ESTES *são* os estatutos que lhes proporás.

²Se comprares um servo hebreu, seis anos servirá; mas ao sétimo sairá livre, de graça.

³Se entrou *só* com o seu corpo, *só* com o seu corpo sairá; se ele *era* homem casado, sua mulher sairá com ele.

⁴Se seu senhor lhe houver dado uma mulher e ela lhe houver dado filhos ou filhas, a mulher e seus filhos serão de seu senhor, e ele sairá sozinho.

⁵Mas se aquele servo expressamente disser: Eu amo a meu senhor, e a minha mulher, e a meus filhos; não quero sair livre,

ÊXODO 22.10

⁶Então seu senhor o levará aos juízes, e o fará chegar à porta, ou ao umbral da porta, e seu senhor lhe furará a orelha com uma sovela; e ele o servirá para sempre.

⁷E se um homem vender sua filha para ser serva, ela não sairá como saem os servos.

⁸Se ela não agradar ao seu senhor, e ele não se desposar com ela, fará que se resgate; não poderá vendê-la a um povo estranho, agindo deslealmente com ela.

⁹Mas se a desposar com seu filho, fará com ela conforme ao direito das filhas.

¹⁰Se lhe tomar outra, não diminuirá o mantimento desta, nem o seu vestido, nem a sua obrigação marital.

¹¹E se lhe não fizer estas três coisas, sairá de graça, sem dar dinheiro.

¹²Quem ferir alguém, de modo que este morra, certamente será morto.

¹³Porém se lhe não armou cilada, mas Deus lho entregou nas mãos, ordenar-te-ei um lugar para onde fugirá.

¹⁴Mas se alguém agir premeditadamente contra o seu próximo, matando-o à traição, tirá-lo-ás do meu altar, para que morra.

¹⁵O que ferir a seu pai, ou a sua mãe, certamente será morto.

¹⁶E quem raptar um homem, e o vender, ou for achado na sua mão, certamente será morto.

As leis acerca dos que amaldiçoam os pais ou ferem qualquer pessoa

¹⁷E quem amaldiçoar a seu pai ou a sua mãe, certamente será morto.

¹⁸E se dois homens pelejarem, ferindo-se um ao outro com pedra ou com o punho, e este não morrer, mas cair na cama,

¹⁹Se ele tornar a levantar-se e andar fora, sobre o seu cajado, então aquele que o feriu será absolvido; somente lhe pagará o tempo que perdera e o fará curar totalmente.

²⁰Se alguém ferir a seu servo, ou a sua serva, com pau, e morrer debaixo da sua mão, certamente será castigado;

²¹Porém se sobreviver por um ou dois dias, não será castigado, porque é dinheiro seu.

²²Se alguns homens pelejarem, e um ferir uma mulher grávida, e for causa de que aborte, porém não havendo outro dano, certamente será multado, conforme o que lhe impuser o marido da mulher, e pagará conforme aos juízes.

²³Mas se houver morte, então darás vida por vida,

²⁴Olho por olho, dente por dente, mão por mão, pé por pé,

²⁵Queimadura por queimadura, ferida por ferida, golpe por golpe.

²⁶E quando alguém ferir o olho do seu servo, ou o olho da sua serva, e o danificar, o deixará ir livre pelo seu olho.

²⁷E se tirar o dente do seu servo, ou o dente da sua serva, o deixará ir livre pelo seu dente.

²⁸E se algum boi escornear homem ou mulher, que morra, o boi será apedrejado certamente, e a sua carne não se comerá; mas o dono do boi será absolvido.

²⁹Mas se o boi dantes era escorneador, e o seu dono foi conhecedor disso, e não o guardou, matando homem ou mulher, o boi será apedrejado, e também o seu dono morrerá.

³⁰Se lhe for imposto resgate, então dará por resgate da sua vida tudo quanto lhe for imposto,

³¹Quer tenha escorneado um filho, quer tenha escorneado uma filha; conforme a este estatuto lhe será feito.

³²Se o boi escornear um servo, ou uma serva, dar-se-á trinta siclos de prata ao seu senhor, e o boi será apedrejado.

³³Se alguém abrir uma cova, ou se alguém cavar uma cova, e não a cobrir, e nela cair um boi ou um jumento,

³⁴O dono da cova o pagará; pagará em dinheiro ao seu dono, mas o animal morto será seu.

³⁵Se o boi de alguém ferir o boi do seu próximo, e morrer, então se venderá o boi vivo, e o dinheiro dele se repartirá igualmente, e também repartirão entre si o boi morto.

³⁶Mas se foi notório que aquele boi antes era escorneador, e seu dono não o guardou, certamente pagará boi por boi; porém o morto será seu.

As leis acerca da propriedade

22 SE ALGUÉM furtar boi ou ovelha, e o degolar ou vender, por um boi pagará cinco bois, e pela ovelha quatro ovelhas.

²Se o ladrão for achado roubando, e for ferido, e morrer, o que o feriu não será culpado do sangue.

³Se o sol houver saído sobre ele, o agressor será culpado do sangue; o ladrão fará restituição total; e se não tiver com que pagar, será vendido por seu furto.

⁴Se o furto for achado vivo na sua mão, seja boi, ou jumento, ou ovelha, pagará o dobro.

⁵Se alguém fizer pastar o seu animal num campo ou numa vinha, e largá-lo para comer no campo de outro, o melhor do seu próprio campo e o melhor da sua própria vinha restituirá.

⁶Se irromper um fogo, e pegar nos espinhos, e queimar a meda de trigo, ou a seara, ou o campo, aquele que acendeu o fogo totalmente pagará o queimado.

⁷Se alguém der ao seu próximo dinheiro, ou bens, a guardar, e isso for furtado da casa daquele homem, o ladrão, se for achado, pagará o dobro.

⁸Se o ladrão não for achado, então o dono da casa será levado diante dos juízes, a ver se não pôs a sua mão nos bens do seu próximo.

⁹Sobre todo o negócio fraudulento, sobre boi, sobre jumento, sobre gado miúdo, sobre roupa, sobre toda a coisa perdida, de que alguém disser que é sua, a causa de ambos será levada perante os juízes; aquele a quem condenarem os juízes pagará em dobro ao seu próximo.

¹⁰Se alguém der a seu próximo a guardar um

ÊXODO 22.11

jumento, ou boi, ou ovelha, ou outro animal, e este morrer, ou for dilacerado, ou arrebatado, ninguém o vendo,

[11]*Então* haverá juramento do Senhor entre ambos, de que não pôs a sua mão nos bens do seu próximo; e seu dono o aceitará, e o outro não o restituirá.

[12]Mas, se de fato lhe tiver sido furtado, pagá-lo--á ao seu dono.

[13]Porém se *lhe* for dilacerado, trá-lo-á em testemunho disso, e não pagará o dilacerado.

[14]E se alguém pedir emprestado a seu próximo *algum animal*, e for danificado ou morto, não estando presente o seu dono, certamente o pagará.

[15]Se o seu dono estava presente, não o pagará; se foi alugado, será pelo seu aluguel.

As leis acerca da imoralidade e da idolatria

[16]Se alguém enganar *alguma* virgem, que não for desposada, e se deitar com ela, certamente a dotará e tomará por sua mulher.

[17]Se seu pai inteiramente recusar dar-lha, pagará ele em dinheiro conforme ao dote das virgens.

[18]A feiticeira não deixarás viver.

[19]Todo aquele que se deitar com animal, certamente morrerá.

[20]O que sacrificar aos deuses, e não só ao Senhor, será morto.

[21]O estrangeiro não afligirás, nem o oprimirás; pois estrangeiros fostes na terra do Egito.

[22]A nenhuma viúva nem órfão afligireis.

[23]Se de algum modo os afligires, e eles clamarem a mim, eu certamente ouvirei o seu clamor.

[24]E a minha ira se acenderá, e vos matarei à espada; e vossas mulheres ficarão viúvas, e vossos filhos órfãos.

[25]Se emprestares dinheiro ao meu povo, ao pobre *que está* contigo, não te haverás com ele como um usurário; não lhe imporeis usura.

[26]Se tomares em penhor a roupa do teu próximo, lho restituirás antes do pôr do sol,

[27]Porque aquela é a sua cobertura, e o vestido da sua pele; em que se deitaria? Será pois que, quando clamar a mim, eu o ouvirei, porque sou misericordioso.

[28]A Deus não amaldiçoarás, e o príncipe dentre o teu povo não maldirás.

[29]As tuas primícias, e os teus licores não retardarás; o primogênito de teus filhos me darás.

[30]Assim farás dos teus bois e das tuas ovelhas: sete dias estarão com sua mãe, e ao oitavo dia mos darás.

[31]E ser-me-eis homens santos; portanto não comereis carne despedaçada no campo; aos cães a lançareis.

O testemunho falso e a injustiça

23 NÃO admitirás falso boato, e não porás a tua mão com o ímpio, para seres testemunha falsa.

[2]Não seguirás a multidão para fazeres o mal;

nem numa demanda falarás, tomando parte com a maioria para torcer *o direito*.

[3]Nem ao pobre favorecerás na sua demanda.

[4]Se encontrares o boi do teu inimigo, ou o seu jumento, desgarrado, sem falta lho reconduzirás.

[5]Se vires o jumento, daquele que te odeia, caído debaixo da sua carga, deixarás pois de ajudá--lo? Certamente o ajudarás a levantá-lo.

[6]Não perverterás o direito do teu pobre na sua demanda.

[7]De palavras de falsidade te afastarás, e não matarás o inocente e o justo; porque não justificarei o ímpio.

[8]Também suborno não tomarás; porque o suborno cega os que têm vista, e perverte as palavras dos justos.

[9]Também não oprimirás o estrangeiro; pois vós conheceis o coração do estrangeiro, pois fostes estrangeiros na terra do Egito.

O ano de descanso e o sábado

[10]Também seis anos semearás tua terra, e recolherás os seus frutos;

[11]Mas ao sétimo a dispensarás e deixarás descansar, para que possam comer os pobres do teu povo, e da sobra comam os animais do campo. Assim farás com a tua vinha e com o teu olival.

[12]Seis dias farás os teus trabalhos, mas ao sétimo dia descansarás; para que descanse o teu boi, e o teu jumento; e para que tome alento o filho da tua escrava, e o estrangeiro.

[13]E em tudo o que vos tenho dito, guardai-vos; e do nome de outros deuses nem vos lembreis, nem se ouça da vossa boca.

As três festas

[14]Três vezes no ano me celebrareis festa.

[15]A festa dos pães ázimos guardarás; sete dias comerás pães ázimos, como te tenho ordenado, ao tempo apontado no mês de Abibe; porque nele saíste do Egito; e ninguém apareça vazio perante mim;

[16]E a festa da sega dos primeiros frutos do teu trabalho, que houveres semeado no campo, e a festa da colheita, à saída do ano, quando tiveres colhido do campo o teu trabalho.

[17]Três vezes no ano todos os teus homens aparecerão diante do Senhor Deus.

[18]Não oferecerás o sangue do meu sacrifício com pão levedado; nem ficará a gordura da minha festa de noite até pela manhã.

[19]As primícias dos primeiros frutos da tua terra trarás à casa do Senhor teu Deus; não cozerás o cabrito no leite de sua mãe.

Deus promete enviar um anjo

[20]Eis que eu envio um anjo diante de ti, para que te guarde pelo caminho, e te leve ao lugar que *te* tenho preparado.

[21]Guarda-te diante dele, e ouve a sua voz, e não o provoques à ira; porque não perdoará a vossa rebeldia; porque o meu nome *está* nele.

[22]Mas se diligentemente ouvires a sua voz, e

fizeres tudo o que eu disser, então serei inimigo dos teus inimigos, e adversário dos teus adversários.

²³Porque o meu anjo irá adiante de ti, e te levará aos amorreus, e aos heteus, e aos perizeus, e aos cananeus, heveus e jebuseus; e eu os destruirei.

²⁴Não te inclinarás diante dos seus deuses, nem os servirás, nem farás conforme às suas obras; antes os destruirás totalmente, e quebrarás de todo as suas estátuas.

²⁵E servireis ao Senhor vosso Deus, e ele abençoará o vosso pão e a vossa água; e eu tirarei do meio de vós as enfermidades.

²⁶Não haverá mulher que aborte, nem estéril na tua terra; o número dos teus dias cumprirei.

²⁷Enviarei o meu terror adiante de ti, destruindo a todo o povo aonde entrares, e farei que todos os teus inimigos te voltem as costas.

²⁸Também enviarei vespões adiante de ti, que lancem fora os heveus, os cananeus, e os heteus de diante de ti.

²⁹Não os lançarei fora de diante de ti num só ano, para que a terra não se torne em deserto, e as feras do campo não se multipliquem contra ti.

³⁰Pouco a pouco os lançarei de diante de ti, até que sejas multiplicado, e possuas a terra por herança.

³¹E porei os teus termos desde o Mar Vermelho até ao mar dos filisteus, e desde o deserto até ao rio; porque darei nas tuas mãos os moradores da terra, para que os lances fora de diante de ti.

³²Não farás aliança alguma com eles, ou com os seus deuses.

³³Na tua terra não habitarão, para que não te façam pecar contra mim; se servires aos seus deuses, certamente isso será um laço para ti.

Deus manda Moisés e os anciãos subirem ao monte

24 DEPOIS disse a Moisés: Sobe ao Senhor, tu e Arão, Nadabe e Abiú, e setenta dos anciãos de Israel; e adorai de longe.

²E só Moisés se chegará ao Senhor; mas eles não se cheguem, nem o povo suba com ele.

³Veio, pois, Moisés, e contou ao povo todas as palavras do Senhor, e todos os estatutos; então o povo respondeu a uma voz, e disse: Todas as palavras, que o Senhor tem falado, faremos.

⁴Moisés escreveu todas as palavras do Senhor, e levantou-se pela manhã de madrugada, e edificou um altar ao pé do monte, e doze monumentos, segundo as doze tribos de Israel;

⁵E enviou alguns jovens dos filhos de Israel, os quais ofereceram holocaustos e sacrificaram ao Senhor sacrifícios pacíficos de bezerros.

⁶E Moisés tomou a metade do sangue, e a pôs em bacias; e a *outra* metade do sangue aspergiu sobre o altar.

⁷E tomou o livro da aliança e o leu aos ouvidos do povo, e eles disseram: Tudo o que o Senhor tem falado faremos, e obedeceremos.

⁸Então tomou Moisés aquele sangue, e aspergiu-*o* sobre o povo, e disse: Eis aqui o sangue da aliança que o Senhor tem feito convosco sobre todas estas palavras.

⁹E subiram Moisés e Arão, Nadabe e Abiú, e setenta dos anciãos de Israel.

¹⁰E viram o Deus de Israel, e debaixo de seus pés *havia* como que uma pavimentação de pedra de safira, que se parecia com o céu na *sua* claridade.

¹¹Porém não estendeu a sua mão sobre os escolhidos dos filhos de Israel, mas viram a Deus, e comeram e beberam.

¹²Então disse o Senhor a Moisés: Sobe a mim ao monte, e fica lá; e dar-te-ei as tábuas de pedra e a lei, e os mandamentos que tenho escrito, para os ensinar.

¹³E levantou-se Moisés com Josué seu servidor; e subiu Moisés ao monte de Deus.

¹⁴E disse aos anciãos: Esperai-nos aqui, até que tornemos a vós; e eis que Arão e Hur *ficam* convosco; quem tiver *algum* negócio, se chegará a eles.

¹⁵E, subindo Moisés ao monte, a nuvem cobriu o monte.

¹⁶E a glória do Senhor repousou sobre o monte Sinai, e a nuvem o cobriu por seis dias; e ao sétimo dia chamou a Moisés do meio da nuvem.

¹⁷E o parecer da glória do Senhor *era* como um fogo consumidor no cume do monte, aos olhos dos filhos de Israel.

¹⁸E Moisés entrou no meio da nuvem, depois que subiu ao monte; e Moisés esteve no monte quarenta dias e quarenta noites.

Deus manda o povo trazer ofertas para o tabernáculo

25 ENTÃO falou o Senhor a Moisés, dizendo: ²Fala aos filhos de Israel, que me tragam uma oferta alçada; de todo o homem cujo coração se mover voluntariamente, *dele* tomareis a minha oferta alçada.

³E esta *é* a oferta alçada que recebereis deles: ouro, e prata, e cobre,

⁴E azul, e púrpura, e carmesim, e linho fino, e *pelos* de cabras,

⁵E peles de carneiros tintas de vermelho, e peles de texugos, e madeira de acácia,

⁶Azeite para a luz, especiarias para o óleo da unção, e especiarias para o incenso,

⁷Pedras de ônix, e pedras de engaste para o éfode e para o peitoral.

⁸E me farão um santuário, e habitarei no meio deles.

⁹Conforme a tudo o que eu te mostrar *para* modelo do tabernáculo, e para modelo de todos os seus pertences, assim mesmo o fareis.

A arca de madeira de acácia

¹⁰Também farão uma arca de madeira de acácia; o seu comprimento *será* de dois côvados e meio, e a sua largura de um côvado e meio, e de um côvado e meio a sua altura.

¹¹E cobri-la-á de ouro puro; por dentro e por

ÊXODO 25.12   60

fora a cobrirás; e farás sobre ela uma coroa de ouro ao redor;

[12]E fundirás para ela quatro argolas de ouro, e *as* porás nos quatro cantos dela, duas argolas num lado dela, e duas argolas noutro lado.

[13]E farás varas *de* madeira de acácia, e as cobrirás com ouro.

[14]E colocarás as varas nas argolas, aos lados da arca, para se levar com elas a arca.

[15]As varas estarão nas argolas da arca, não se tirarão dela.

[16]Depois porás na arca o testemunho, que eu te darei.

O propiciatório de ouro puro

[17]Também farás um propiciatório de ouro puro; o seu comprimento *será* de dois côvados e meio, e a sua largura de um côvado e meio.

[18]Farás também dois querubins de ouro; *de* ouro batido os farás, nas duas extremidades do propiciatório.

[19]Farás um querubim na extremidade de uma parte, e o outro querubim na extremidade da outra parte; de uma só peça com o propiciatório, fareis os querubins nas duas extremidades dele.

[20]Os querubins estenderão as *suas* asas por cima, cobrindo com elas o propiciatório; as faces deles uma defronte da outra; as faces dos querubins estarão voltadas para o propiciatório.

[21]E porás o propiciatório em cima da arca, depois que houveres posto na arca o testemunho que eu te darei.

[22]E ali virei a ti, e falarei contigo de cima do propiciatório, do meio dos dois querubins (que estão sobre a arca do testemunho), tudo o que eu te ordenar para os filhos de Israel.

A mesa de madeira de acácia

[23]Também farás uma mesa *de* madeira de acácia; o seu comprimento *será* de dois côvados, e a sua largura de um côvado, e a sua altura de um côvado e meio.

[24]E cobri-la-ás com ouro puro; também lhe farás uma coroa de ouro ao redor.

[25]Também lhe farás uma moldura ao redor, da largura de quatro dedos, e lhe farás uma coroa de ouro ao redor da moldura.

[26]Também lhe farás quatro argolas de ouro; e porás as argolas aos quatro cantos, que estão nos seus quatro pés.

[27]Defronte da moldura estarão as argolas, como lugares para os varais, para se levar a mesa.

[28]Farás, pois, estes varais de madeira *de* acácia, e cobri-los-ás com ouro; e levar-se-á com eles a mesa.

[29]Também farás os seus pratos, e as suas colheres, e as suas cobertas, e as suas tigelas com que se hão de oferecer libações; de ouro puro os farás.

[30]E sobre a mesa porás o pão da proposição perante a minha face perpetuamente.

[31]Também farás um candelabro de ouro puro; *de* ouro batido se fará este candelabro; o seu pé, as suas hastes, os seus copos, os seus botões, e as suas flores serão do mesmo.

[32]E dos seus lados sairão seis hastes; três hastes do candelabro de um lado dele, e três hastes do outro lado dele.

[33]Numa haste haverá três copos a modo de amêndoas, um botão e uma flor; e três copos a modo de amêndoas na outra haste, um botão e uma flor; assim serão as seis hastes que saem do candelabro.

[34]Mas no candelabro mesmo *haverá* quatro copos a modo de amêndoas, com seus botões e com suas flores;

[35]E um botão debaixo de duas hastes que *saem* dele; e ainda um botão debaixo de duas *outras* hastes que *saem* dele; e *ainda* um botão debaixo de duas *outras* hastes que saem dele; *assim se fará* com as seis hastes que saem do candelabro.

[36]Os seus botões e as suas hastes serão do mesmo; tudo *será* de uma só peça, obra batida de ouro puro.

[37]Também lhe farás sete lâmpadas, as quais se acenderão para iluminar defronte dele.

[38]Os seus espevitadores e os seus apagadores *serão* de ouro puro.

[39]De um talento de ouro puro os farás, com todos estes vasos.

[40]Atenta, pois, que o faças conforme ao seu modelo, que te foi mostrado no monte.

As cortinas do tabernáculo

26 E O TABERNÁCULO farás *de* dez cortinas *de* linho fino torcido, e azul, púrpura, e carmesim; *com* querubins as farás de obra esmerada.

[2]O comprimento de uma cortina *será* de vinte e oito côvados, e a largura de uma cortina de quatro côvados; todas estas cortinas serão de uma medida.

[3]Cinco cortinas se enlaçarão uma à outra; e as *outras* cinco cortinas se enlaçarão uma com a outra.

[4]E farás laçadas de azul na orla de uma cortina, na extremidade, e na juntura; assim também farás na orla da extremidade da *outra* cortina, na segunda juntura.

[5]Cinquenta laçadas farás numa cortina, e *outras* cinquenta laçadas farás na extremidade da cortina que *está* na segunda juntura; as laçadas estarão presas uma com a outra.

[6]Farás também cinquenta colchetes de ouro, e ajuntarás com estes colchetes as cortinas, uma com a outra, e será um tabernáculo.

[7]Farás também cortinas de *pelos* de cabras para servirem de tenda sobre o tabernáculo; onze cortinas farás.

[8]O comprimento de uma cortina *será* de trinta côvados, e a largura da mesma cortina de quatro côvados; estas onze cortinas *serão* da mesma medida.

[9]E juntarás cinco destas cortinas à parte, e as *outras* seis cortinas *também* à parte; e dobrarás a sexta cortina à frente da tenda.

¹⁰E farás cinquenta laçadas na borda de uma cortina, na extremidade, na juntura, e *outras* cinquenta laçadas na borda da *outra* cortina, na segunda juntura.

¹¹Farás também cinquenta colchetes de cobre, e colocarás os colchetes nas laçadas, e *assim* ajuntarás a tenda, para que seja uma.

¹²E a parte que sobejar das cortinas da tenda, *a saber,* a metade da cortina que sobejar, penderá de sobra às costas do tabernáculo.

¹³E um côvado de um lado, e outro côvado do outro, que sobejará no comprimento das cortinas da tenda, penderá de sobra aos lados do tabernáculo de um e de outro lado, para cobri-lo.

¹⁴Farás também à tenda uma coberta *de* peles de carneiro, tintas de vermelho, e *outra* coberta de peles de texugo em cima.

As tábuas do tabernáculo

¹⁵Farás também as tábuas para o tabernáculo de madeira *de* acácia, que serão postas verticalmente.

¹⁶O comprimento de uma tábua *será* de dez côvados, e a largura de cada tábua *será* de um côvado e meio.

¹⁷Dois encaixes *terá* cada tábua, travados um com o outro; assim farás com todas as tábuas do tabernáculo.

¹⁸E farás as tábuas para o tabernáculo *assim:* vinte tábuas para o lado meridional.

¹⁹Farás também quarenta bases de prata debaixo das vinte tábuas; duas bases debaixo de uma tábua para os seus dois encaixes e duas bases debaixo de outra tábua para os seus dois encaixes.

²⁰Também *haverá* vinte tábuas ao outro lado do tabernáculo, para o lado norte,

²¹Com as suas quarenta bases de prata; duas bases debaixo de uma tábua, e duas bases debaixo de outra tábua,

²²E ao lado do tabernáculo para o ocidente farás seis tábuas.

²³Farás também duas tábuas para os cantos do tabernáculo, de ambos os lados.

²⁴E por baixo se ajuntarão, e também em cima dele se ajuntarão numa argola. Assim se fará com as duas *tábuas;* ambas serão *por tábuas* para os dois cantos.

²⁵Assim serão as oito tábuas com as suas bases de prata, dezesseis bases; duas bases debaixo de uma tábua, e duas bases debaixo da outra tábua.

²⁶Farás também cinco travessas de madeira *de* acácia, para as tábuas de um lado do tabernáculo,

²⁷E cinco travessas para as tábuas do *outro* lado do tabernáculo; como também cinco travessas para as tábuas do outro lado do tabernáculo, de ambos os lados, para o ocidente.

²⁸E a travessa central *estará* no meio das tábuas, passando de uma extremidade até à outra.

²⁹E cobrirás de ouro as tábuas, e farás de ouro as suas argolas, para passar por elas as travessas; também as travessas as cobrirás de ouro.

³⁰Então levantarás o tabernáculo conforme ao modelo que te foi mostrado no monte.

O véu do tabernáculo

³¹Depois farás um véu de azul, e púrpura, e carmesim, e de linho fino torcido; com querubins de obra prima se fará.

³²E colocá-lo-ás sobre quatro colunas *de madeira* de acácia, cobertas de ouro; seus colchetes *serão* de ouro, sobre quatro bases de prata.

³³Pendurarás o véu debaixo dos colchetes, e porás a arca do testemunho ali dentro do véu; e este véu vos fará separação entre o santuário e o lugar santíssimo,

³⁴ E porás a coberta do propiciatório sobre a arca do testemunho no *lugar* santíssimo,

³⁵E a mesa porás fora do véu, e o candelabro defronte da mesa, ao lado do tabernáculo, para o sul; mas a mesa porás ao lado do norte.

³⁶Farás também para a porta da tenda, uma cortina de azul, e púrpura, e carmesim, e de linho fino torcido, de obra de bordador.

³⁷E farás para esta cortina cinco colunas *de madeira* de acácia, e as cobrirás de ouro; seus colchetes *serão* de ouro, e far-lhe-ás de fundição cinco bases de cobre.

O altar dos holocaustos

27 FARÁS também o altar *de madeira* de acácia; cinco côvados será o comprimento, e cinco côvados a largura (*será* quadrado o altar), e três côvados a sua altura.

²E farás as suas pontas nos seus quatro cantos; as suas pontas serão do mesmo, e o cobrirás de cobre.

³Far-*lhe*-ás também os seus recipientes, para recolher a sua cinza, e as suas pás, e as suas bacias, e os seus garfos e os seus braseiros; todos os seus utensílios farás de cobre.

⁴Far-lhe-ás também um crivo de cobre em forma de rede, e farás a esta rede quatro argolas de metal nos seus quatro cantos.

⁵E as porás dentro da borda do altar para baixo, de maneira que a rede chegue até ao meio do altar.

⁶Farás também varais para o altar, varais de madeira *de* acácia, e os cobrirás de cobre.

⁷E os varais serão postos nas argolas, de maneira que os varais estejam de ambos os lados do altar, quando for levado.

⁸Oco e de tábuas o farás; como *se* te mostrou no monte, assim o farão.

O pátio do tabernáculo

⁹Farás também o pátio do tabernáculo, ao lado meridional que dá para o sul; o pátio *terá* cortinas de linho fino torcido; o comprimento de cada lado *será* de cem côvados.

¹⁰Também as suas vinte colunas e as suas vinte bases *serão* de cobre; os colchetes das colunas e as suas faixas serão de prata.

¹¹Assim também para o lado norte as cortinas, no comprimento, *serão* de cem côvados; e as suas vinte colunas e as suas vinte bases *serão* de cobre; os colchetes das colunas e as suas faixas serão de prata,

ÊXODO 27.12

62

¹²E na largura do pátio para o lado do ocidente *haverá* cortinas de cinquenta côvados; as suas colunas dez, e as suas bases dez.

¹³Semelhantemente a largura do pátio do lado oriental para o levante *será* de cinquenta côvados.

¹⁴De maneira que *haja* quinze côvados de cortinas de um lado; suas colunas três, e as suas bases três.

¹⁵E quinze *côvados* das cortinas do outro lado; as suas colunas três, e as suas bases três.

¹⁶E à porta do pátio *haverá* uma cortina de vinte côvados, de azul, e de púrpura, e carmesim, e de linho fino torcido, de obra de bordador; as suas colunas quatro, e as suas bases quatro.

¹⁷Todas as colunas do pátio ao redor *serão* cingidas de faixas de prata; os seus colchetes serão de prata, mas as suas bases de cobre.

¹⁸O comprimento do pátio *será* de cem côvados, e a largura de cada lado de cinquenta, e a altura de cinco côvados, *as cortinas serão de* linho fino torcido; mas as suas bases *serão* de cobre.

¹⁹No tocante a todos os vasos do tabernáculo em todo o seu serviço, *até* todos os seus pregos, e todos os pregos do pátio, *serão* de cobre.

O azeite puro

²⁰Tu pois ordenarás aos filhos de Israel que te tragam azeite puro de oliveiras, batido, para o candeeiro, para fazer arder as lâmpadas continuamente.

²¹Na tenda da congregação, fora do véu que está diante do testemunho, Arão e seus filhos as porão em ordem, desde a tarde até a manhã, perante o Senhor; isto será um estatuto perpétuo para os filhos de Israel, pelas suas gerações.

Deus escolhe Arão e seus filhos para sacerdotes

28 DEPOIS tu farás chegar a ti teu irmão Arão, e seus filhos com ele, do meio dos filhos de Israel, para me administrarem o ofício sacerdotal; *a saber:* Arão, Nadabe, e Abiú, Eleazar e Itamar, os filhos de Arão.

²E farás vestes sagradas a Arão teu irmão, para glória e ornamento.

³Falarás também a todos os *que são* sábios de coração, a quem eu tenho enchido do espírito da sabedoria, que façam vestes a Arão para santificá-lo; para que me administre o ofício sacerdotal.

As vestes sacerdotais

⁴Estas pois *são* as vestes que farão: um peitoral, e um éfode, e um manto, e uma túnica bordada, uma mitra, e um cinto; farão, pois, santas vestes para Arão, teu irmão, e para seus filhos, para me administrarem o ofício sacerdotal.

⁵E tomarão o ouro, e o azul, e a púrpura, e o carmesim, e o linho fino,

⁶E farão o éfode de ouro, e de azul, e de púrpura, e de carmesim, e de linho fino torcido, de obra esmerada.

⁷Terá duas ombreiras, que se unam às suas duas pontas, e *assim* se unirá.

⁸E o cinto de obra esmerada do seu éfode, que *estará* sobre ele, será da sua mesma obra, igualmente, de ouro, de azul, e de púrpura, e de carmesim, e de linho fino torcido.

⁹E tomarás duas pedras de ônix, e gravarás nelas os nomes dos filhos de Israel,

¹⁰Seis dos seus nomes numa pedra, e os *outros* seis nomes na outra pedra, segundo as suas gerações;

¹¹Conforme à obra do lapidário, *como* o lavor de selos lavrarás estas duas pedras, com os nomes dos filhos de Israel; engastadas ao redor em ouro as farás.

¹²E porás as duas pedras nas ombreiras do éfode, *por* pedras de memória para os filhos de Israel; e Arão levará os seus nomes sobre ambos os seus ombros, para memória diante do Senhor.

¹³Farás também engastes de ouro,

¹⁴E duas cadeiazinhas de ouro puro; de igual medida, de obra de fieira as farás; e as cadeiazinhas de fieira porás nos engastes.

¹⁵Farás também o peitoral do juízo de obra esmerada, conforme à obra do éfode o farás; de ouro, de azul, e de púrpura, e de carmesim, e de linho fino torcido o farás.

¹⁶Quadrado *e* duplo, será de um palmo o seu comprimento, e de um palmo a sua largura.

¹⁷E o encherás de pedras de engaste, com quatro ordens de pedras; a ordem de um sárdio, de um topázio, e de um carbúnculo; esta *será* a primeira ordem;

¹⁸E a segunda ordem *será* de uma esmeralda, de uma safira, e de um diamante;

¹⁹E a terceira ordem *será* de um jacinto, de uma ágata, e de uma ametista;

²⁰E a quarta ordem *será* de um berilo, e de um ônix, e de um jaspe; engastadas em ouro *serão* nos seus engastes.

²¹E serão aquelas pedras segundo os nomes dos filhos de Israel, doze segundo os seus nomes; serão esculpidas como selos, cada uma com o seu nome, para as doze tribos.

²²Também farás para o peitoral cadeiazinhas de igual medida, obra trançada de ouro puro.

²³Também farás para o peitoral dois anéis de ouro, e porás os dois anéis nas extremidades do peitoral.

²⁴Então porás as duas *cadeiazinhas* de fieira de ouro nos dois anéis, nas extremidades do peitoral;

²⁵E as duas pontas das duas *cadeiazinhas* de fieira colocarás nos dois engastes, e as porás nas ombreiras do éfode, na frente dele.

²⁶Farás também dois anéis de ouro, e os porás nas duas extremidades do peitoral, na sua borda que *estiver* junto ao éfode por dentro.

²⁷Farás também dois anéis de ouro, que porás nas duas ombreiras do éfode, abaixo, na frente dele, perto da sua juntura, sobre o cinto de obra esmerada do éfode.

²⁸E ligarão o peitoral, com os seus anéis, aos anéis do éfode por cima, com um cordão de azul,

para que esteja sobre o cinto de obra esmerada do éfode; e nunca se separará o peitoral do éfode.

²⁹Assim Arão levará os nomes dos filhos de Israel no peitoral do juízo sobre o seu coração, quando entrar no santuário, para memória diante do SENHOR continuamente.

Urim e Tumim

³⁰Também porás no peitoral do juízo Urim e Tumim, para que estejam sobre o coração de Arão, quando entrar diante do SENHOR: assim Arão levará o juízo dos filhos de Israel sobre o seu coração diante do SENHOR continuamente.

³¹Também farás o manto do éfode, todo de azul.

³²E a abertura da cabeça estará no meio dele; esta abertura terá uma borda de obra tecida ao redor; como abertura de cota de malha será, para que não se rompa.

³³E nas suas bordas farás romãs de azul, e de púrpura, e de carmesim, ao redor das suas bordas; e campainhas de ouro no meio delas ao redor.

³⁴Uma campainha de ouro, e uma romã, *outra* campainha de ouro, e *outra* romã, *haverá* nas bordas do manto ao redor,

³⁵E estará sobre Arão quando ministrar, para que se ouça o seu sonido, quando entrar no santuário diante do SENHOR, e quando sair, para que não morra.

A lâmina de ouro puro

³⁶Também farás uma lâmina de ouro puro, e nela gravarás como as gravuras de selos: SANTIDADE AO SENHOR.

³⁷E atá-la-ás com um cordão de azul, de modo que esteja na mitra, na frente da mitra estará;

³⁸E estará sobre a testa de Arão, para que Arão leve a iniquidade das coisas santas, que os filhos de Israel santificarem em todas as ofertas de suas coisas santas; e estará continuamente na sua testa, para que tenham aceitação perante o SENHOR.

³⁹Também farás túnica de linho fino; também farás uma mitra de linho fino; mas o cinto farás de obra de bordador.

⁴⁰Também farás túnicas aos filhos de Arão, e far-lhes-ás cintos; também lhes farás tiaras, para glória e ornamento.

⁴¹E vestirás com eles a Arão, teu irmão, e também seus filhos; e os ungirás e consagrarás, e os santificarás, para que me administrem o sacerdócio.

⁴²Faze-lhes também calções de linho, para cobrirem a carne nua; irão dos lombos até as coxas.

⁴³E estarão sobre Arão e sobre seus filhos, quando entrarem na tenda da congregação, ou quando chegarem ao altar para ministrar no santuário, para que não levem iniquidade e morram; *isto será* estatuto perpétuo para ele e para a sua descendência depois dele.

O sacrifício e as cerimônias da consagração

29 ISTO *é* o que lhes hás de fazer, para os santificar, para que me administrem o sacerdócio: Toma um novilho e dois carneiros sem mácula,

²E pão ázimo, e bolos ázimos, amassados com azeite, e coscorões ázimos, untados com azeite; com flor de farinha de trigo os farás,

³E os porás num cesto, e os trarás no cesto, com o novilho e os dois carneiros.

⁴Então farás chegar a Arão e a seus filhos à porta da tenda da congregação, e os lavarás com água;

⁵Depois tomarás as vestes, e vestirás a Arão da túnica e do manto do éfode, e do éfode, e do peitoral; e o cingirás com o cinto de obra de artífice do éfode.

⁶E a mitra porás sobre a sua cabeça; a coroa da santidade porás sobre a mitra.

⁷E tomarás o azeite da unção, e o derramarás sobre a sua cabeça; assim o ungirás.

⁸Depois farás chegar seus filhos, e lhes farás vestir túnicas.

⁹E os cingirás com o cinto, a Arão e a seus filhos, e lhes atarás as tiaras, para que tenham o sacerdócio por estatuto perpétuo, e consagrarás a Arão e a seus filhos;

¹⁰E farás chegar o novilho diante da tenda da congregação, e Arão e seus filhos porão as suas mãos sobre a cabeça do novilho;

¹¹E imolarás o novilho perante o SENHOR, *à* porta da tenda da congregação.

¹²Depois tomarás do sangue do novilho, e o porás com o teu dedo sobre as pontas do altar, e todo o sangue restante derramarás à base do altar.

¹³Também tomarás toda a gordura que cobre as entranhas, e o redenho de sobre o fígado, e ambos os rins, e a gordura que houver neles, e queimá-los-ás sobre o altar;

¹⁴Mas a carne do novilho, e a sua pele, e o seu esterco queimarás com fogo fora do arraial; é sacrifício pelo pecado.

¹⁵Depois tomarás um carneiro, e Arão e seus filhos porão as suas mãos sobre a cabeça do carneiro,

¹⁶E imolarás o carneiro, e tomarás o seu sangue, e o espalharás sobre o altar ao redor;

¹⁷E partirás o carneiro por suas partes, e lavarás as suas entranhas e as suas pernas, e *as* porás sobre as suas partes e sobre a sua cabeça.

¹⁸Assim queimarás todo o carneiro sobre o altar, *é* um holocausto para o SENHOR, cheiro suave; uma oferta queimada ao SENHOR.

¹⁹Depois tomarás o outro carneiro, e Arão e seus filhos porão as suas mãos sobre a cabeça do carneiro;

²⁰E imolarás o carneiro e tomarás do seu sangue, e o porás sobre a ponta da orelha direita de Arão, e sobre as pontas das orelhas direitas de seus filhos, como também sobre os dedos polegares das suas mãos direitas, e sobre os dedos polegares dos seus pés direitos; e o *restante do* sangue espalharás sobre o altar ao redor;

²¹Então tomarás do sangue, que *estará* sobre o altar, e do azeite da unção, e o aspergirás sobre Arão e sobre as suas vestes, e sobre seus filhos, e sobre as vestes de seus filhos com ele; para que ele

ÊXODO 29.22

seja santificado, e as suas vestes, também seus filhos, e as vestes de seus filhos com ele.

²²Depois tomarás do carneiro a gordura, e a cauda, e a gordura que cobre as entranhas, e o redenho do fígado, e ambos os rins com a gordura que *houver* neles, e o ombro direito, porque *é* carneiro das consagrações;

²³E um pão, e um bolo de pão azeitado, e um coscorão do cesto dos pães ázimos que *estão* diante do SENHOR.

²⁴E tudo porás nas mãos de Arão, e nas mãos de seus filhos; e com movimento oferecerás perante o SENHOR.

²⁵Depois o tomarás das suas mãos e o queimarás no altar sobre o holocausto por cheiro suave perante o SENHOR; *é* oferta queimada ao SENHOR.

²⁶E tomarás o peito do carneiro das consagrações, que é de Arão, e com movimento oferecerás perante o SENHOR; e *isto* será a tua porção.

²⁷E santificarás o peito da oferta de movimento e o ombro da oferta alçada, que foi movido e alçado do carneiro das consagrações, que for de Arão e de seus filhos.

²⁸E será para Arão e para seus filhos por estatuto perpétuo dos filhos de Israel, porque é oferta alçada; e a oferta alçada será dos filhos de Israel, dos seus sacrifícios pacíficos; a sua oferta alçada *será* para o SENHOR.

²⁹E as vestes sagradas, que *são* de Arão, serão de seus filhos depois dele, para serem ungidos com elas para serem consagrados com elas.

³⁰Sete dias as vestirá aquele que de seus filhos for sacerdote em seu lugar, quando entrar na tenda da congregação para ministrar no santuário.

³¹E tomarás o carneiro das consagrações e cozerás a sua carne no lugar santo;

³²E Arão e seus filhos comerão a carne deste carneiro, e o pão que *está* no cesto, à porta da tenda da congregação.

³³E comerão as coisas com que for feita expiação, para consagrá-los, *e* para santificá-los; mas o estranho delas não comerá, porque *são* santas.

³⁴E se sobejar *alguma coisa* da carne das consagrações ou do pão até pela manhã, o que sobejar queimarás com fogo; não se comerá, porque *é* santo.

³⁵Assim, pois, farás a Arão e a seus filhos conforme a tudo o que eu te tenho ordenado; por sete dias os consagrarás.

³⁶Também cada dia prepararás um novilho *por* sacrifício pelo pecado para as expiações, e purificarás o altar, fazendo expiação sobre ele; e o ungirás para santificá-lo.

³⁷Sete dias farás expiação pelo altar, e o santificarás; e o altar será santíssimo; tudo o que tocar o altar será santo.

³⁸Isto, pois, *é* o que oferecereis sobre o altar: dois cordeiros de um ano, cada dia, continuamente.

³⁹Um cordeiro oferecerás pela manhã, e o outro cordeiro oferecerás à tarde.

⁴⁰Com um cordeiro a décima parte de flor de farinha, misturada com a quarta parte de um him de azeite batido, e para libação a quarta parte de um him de vinho,

⁴¹E o outro cordeiro oferecerás à tarde, e com ele farás como com a oferta da manhã, e conforme à sua libação, por cheiro suave; oferta queimada é ao SENHOR.

⁴²*Este será* o holocausto contínuo por vossas gerações, à porta da tenda da congregação, perante o SENHOR, onde vos encontrarei, para falar contigo ali.

⁴³E ali virei aos filhos de Israel, para que por minha glória sejam santificados.

⁴⁴E santificarei a tenda da congregação e o altar; também santificarei a Arão e seus filhos, para que me administrem o sacerdócio.

⁴⁵E habitarei no meio dos filhos de Israel, e lhes serei o seu Deus,

⁴⁶E saberão que eu *sou* o SENHOR seu Deus, que os tenho tirado da terra do Egito, para habitar no meio deles. Eu *sou* o SENHOR seu Deus.

O altar do incenso

30 E FARÁS um altar para queimar o incenso; de madeira de acácia o farás.

²O seu comprimento *será* de um côvado, e a sua largura de um côvado; será quadrado, e dois côvados a sua altura; dele mesmo serão as suas pontas.

³E com ouro puro o forrarás, o seu teto, e as suas paredes ao redor, e as suas pontas; e lhe farás uma coroa de ouro ao redor.

⁴Também lhe farás duas argolas de ouro debaixo da sua coroa; nos dois cantos as farás, de ambos os lados; e serão para lugares dos varais, com que será levado.

⁵E os varais farás de madeira *de* acácia, e os forrarás com ouro.

⁶E o porás diante do véu que *está* diante da arca do testemunho, diante do propiciatório, que *está* sobre o testemunho, onde me ajuntarei contigo.

⁷E Arão sobre ele queimará o incenso das especiarias; cada manhã, quando puser em ordem as lâmpadas, o queimará.

⁸E, acendendo Arão as lâmpadas à tarde, o queimará; *este será* incenso contínuo perante o SENHOR pelas vossas gerações.

⁹Não oferecereis sobre ele incenso estranho, nem holocausto, nem oferta; nem tampouco derramareis sobre ele libações.

¹⁰E uma vez no ano Arão fará expiação sobre as suas pontas com o sangue do sacrifício das expiações; uma vez no ano fará expiação sobre ele pelas vossas gerações; santíssimo *é* ao SENHOR.

O resgate da alma

¹¹Falou mais o SENHOR a Moisés dizendo:

¹²Quando fizeres a contagem dos filhos de Israel, conforme a sua soma, cada um *deles* dará ao SENHOR o resgate da sua alma, quando os contares; para que não haja entre eles praga alguma, quando os contares.

¹³Todo aquele que passar pelo arrolamento dará isto: a metade de um siclo, segundo o siclo do santuário (este siclo é de vinte geras); a metade de um siclo *é* a oferta ao SENHOR.

¹⁴Qualquer que passar pelo arrolamento, de vinte anos para cima, dará a oferta alçada ao SENHOR.

¹⁵O rico não dará mais, e o pobre não dará menos da metade do siclo, quando derem a oferta alçada ao SENHOR, para fazer expiação por vossas almas.

¹⁶E tomarás o dinheiro das expiações dos filhos de Israel, e o darás ao serviço da tenda da congregação; e será para memória aos filhos de Israel diante do SENHOR, para fazer expiação por vossas almas.

A pia de cobre

¹⁷E falou o SENHOR a Moisés, dizendo:

¹⁸Farás também uma pia de cobre com a sua base de cobre, para lavar; e a porás entre a tenda da congregação e o altar; e nela deitarás água.

¹⁹E Arão e seus filhos nela lavarão as suas mãos e os seus pés.

²⁰Quando entrarem na tenda da congregação, lavar-se-ão com água, para que não morram, ou quando se chegarem ao altar para ministrar, para acender a oferta queimada ao SENHOR.

²¹Lavarão, pois, as suas mãos e os seus pés, para que não morram; e *isto* lhes será por estatuto perpétuo a ele e à sua descendência nas suas gerações.

O azeite da santa unção

²²Falou mais o SENHOR a Moisés, dizendo:

²³Tu, pois, toma para ti das principais especiarias, da mais pura mirra quinhentos *siclos,* e de canela aromática a metade, *a saber,* duzentos e cinquenta *siclos,* e de cálamo aromático duzentos e cinquenta *siclos,*

²⁴E de cássia quinhentos *siclos,* segundo o siclo do santuário, e de azeite de oliveiras um him.

²⁵E disto farás o azeite da santa unção, o perfume composto segundo a obra do perfumista: *este* será o azeite da santa unção.

²⁶E com ele ungirás a tenda da congregação, e a arca do testemunho,

²⁷E a mesa com todos os seus utensílios, e o candelabro com os seus utensílios, e o altar do incenso.

²⁸E o altar do holocausto com todos os seus utensílios, e a pia com a sua base.

²⁹Assim santificarás estas coisas, para que sejam santíssimas; tudo o que tocar nelas será santo.

³⁰Também ungirás a Arão e seus filhos, e os santificarás para me administrarem o sacerdócio.

³¹E falarás aos filhos de Israel, dizendo: Este me será o azeite da santa unção nas vossas gerações.

³²Não se ungirá com ele a carne do homem, nem fareis *outro* de semelhante composição; santo *é,* e será santo para vós.

³³O homem que compuser um *perfume* como este, ou dele puser sobre um estranho, será extirpado do seu povo.

O incenso santo

³⁴Disse mais o SENHOR a Moisés: Toma especiarias aromáticas, estoraque, e onicha, e gálbano; *estas* especiarias *aromáticas* e o incenso puro, em igual *proporção;*

³⁵E disto farás incenso, um perfume segundo a arte do perfumista, temperado, puro *e* santo;

³⁶E uma parte dele moerás a pó, e porás diante do testemunho, na tenda da congregação, onde eu virei a ti; coisa santíssima vos será.

³⁷Porém o incenso que fareis conforme essa composição, não o fareis para vós mesmos; santo será para o SENHOR.

³⁸O homem que fizer tal como este para cheirar, será extirpado do seu povo.

Os artífices da obra do tabernáculo

31 DEPOIS falou o SENHOR a Moisés, dizendo:

²Eis que eu tenho chamado por nome a Bezalel, o filho de Uri, filho de Hur, da tribo de Judá,

³E o enchi do Espírito de Deus, de sabedoria, e de entendimento, e de conhecimento, em todo o lavor,

⁴Para elaborar projetos, e trabalhar em ouro, em prata, e em cobre,

⁵E em lapidar pedras para engastar, e em entalhes de madeira, para trabalhar em todo o lavor.

⁶E eis que eu tenho posto com ele a Aoliabe, o filho de Aisamaque, da tribo de Dã, e tenho dado sabedoria ao coração de todos aqueles que são hábeis, para que façam tudo o que te tenho ordenado.

⁷*A saber:* a tenda da congregação, e a arca do testemunho, e o propiciatório que *estará* sobre ela, e todos os pertences da tenda;

⁸E a mesa com os seus utensílios, e o candelabro *de ouro* puro com todos os seus pertences, e o altar do incenso;

⁹E o altar do holocausto com todos os seus utensílios, e a pia com a sua base;

¹⁰E as vestes do ministério, e as vestes sagradas de Arão o sacerdote, e as vestes de seus filhos, para administrarem o sacerdócio;

¹¹E o azeite da unção, e o incenso aromático para o santuário; farão conforme a tudo que te tenho mandado.

O sábado santo

¹²Falou mais o SENHOR a Moisés, dizendo:

¹³Tu, pois, fala aos filhos de Israel, dizendo: Certamente guardareis meus sábados; porquanto isso *é* um sinal entre mim e vós nas vossas gerações; para que saibais que eu *sou* o SENHOR, que vos santifica.

¹⁴Portanto guardareis o sábado, porque santo *é* para vós; aquele que o profanar certamente morrerá; porque qualquer que nele fizer *alguma* obra, aquela alma será eliminada do meio do seu povo.

¹⁵Seis dias se trabalhará, porém o sétimo dia *é* o sábado do descanso, santo ao SENHOR; qualquer que no dia do sábado fizer algum trabalho, certamente morrerá.

ÊXODO 31.16

⁶Guardarão, pois, o sábado os filhos de Israel, celebrando o sábado nas suas gerações *por* aliança perpétua.

¹⁷Entre mim e os filhos de Israel *será* um sinal para sempre; porque *em* seis dias fez o SENHOR os céus e a terra, e ao sétimo dia descansou, e restaurou-se.

As duas tábuas do testemunho

¹⁸E deu a Moisés (quando acabou de falar com ele no monte Sinai) as duas tábuas do testemunho, tábuas de pedra, escritas pelo dedo de Deus.

O bezerro de ouro

32 MAS vendo o povo que Moisés tardava em descer do monte, acercou-se o povo de Arão, e disse-lhe: Levanta-te, faze-nos deuses, que vão adiante de nós; porque quanto *a* este Moisés, o homem que nos tirou da terra do Egito, não sabemos o que lhe sucedeu.

²E Arão lhes disse: Arrancai os pendentes de ouro, que *estão* nas orelhas de vossas mulheres, e de vossos filhos, e de vossas filhas, e trazei-*mos*.

³Então todo o povo arrancou os pendentes de ouro, que *estavam* nas suas orelhas, e *os* trouxeram a Arão.

⁴E ele *os* tomou das suas mãos, e trabalhou o *ouro* com um buril, e fez dele um bezerro de fundição. Então disseram: Este *é* teu deus, ó Israel, que te tirou da terra do Egito.

⁵E Arão, vendo isto, edificou um altar diante dele; e apregoou Arão, e disse: Amanhã *será* festa ao SENHOR.

⁶E no dia seguinte madrugaram, e ofereceram holocaustos, e trouxeram ofertas pacíficas; e o povo assentou-se a comer e a beber; depois levantou-se a folgar.

⁷Então disse o SENHOR a Moisés: Vai, desce; porque o teu povo, que fizeste subir do Egito, se tem corrompido,

⁸E depressa se tem desviado do caminho que eu lhe tinha ordenado; eles fizeram para si um bezerro de fundição, e perante ele se inclinaram, e ofereceram-lhe sacrifícios, e disseram: Este *é* o teu deus, ó Israel, que te tirou da terra do Egito.

⁹Disse mais o SENHOR a Moisés: Tenho visto a este povo, e eis que *é* povo de dura cerviz.

¹⁰Agora, pois, deixa-me, para que o meu furor se acenda contra ele, e o consuma; e eu farei de ti uma grande nação.

¹¹Moisés, porém, suplicou ao SENHOR seu Deus e disse: Ó SENHOR, por que se acende o teu furor contra o teu povo, que tiraste da terra do Egito com grande força e com forte mão?

¹²Por que hão de falar os egípcios, dizendo: Para mal os tirou, para matá-los nos montes, e para destruí-los da face da terra? Torna-te do furor da tua ira, e arrepende-te *deste* mal contra o teu povo.

¹³Lembra-te de Abraão, de Isaque, e de Israel, os teus servos, aos quais por ti mesmo tens jurado, e lhes disseste: Multiplicarei a vossa descendência como as estrelas dos céus, e darei à vossa descendência toda esta terra, de que tenho falado, para que *a* possuam por herança eternamente.

¹⁴Então o SENHOR arrependeu-se do mal que dissera que havia de fazer ao seu povo.

¹⁵E virou-se Moisés e desceu do monte com as duas tábuas do testemunho na mão, tábuas escritas de ambos os lados; de um e de outro lado *estavam* escritas.

¹⁶E aquelas tábuas *eram* obra de Deus; também a escritura *era* a mesma escritura de Deus, esculpida nas tábuas.

¹⁷E, ouvindo Josué a voz do povo que jubilava, disse a Moisés: Alarido de guerra *há* no arraial.

¹⁸Porém ele respondeu: Não *é* alarido dos vitoriosos, nem alarido dos vencidos, mas o alarido dos que cantam, eu ouço.

Moisés quebra as tábuas do testemunho

¹⁹E aconteceu que, chegando Moisés ao arraial, e vendo o bezerro e as danças, acendeu-se-lhe o furor, e arremessou as tábuas das suas mãos, e quebrou-as ao pé do monte;

²⁰E tomou o bezerro que tinham feito, e queimou-o no fogo, moendo-o até que se tornou em pó; e o aspergiu sobre as águas, e deu-o a beber aos filhos de Israel.

²¹E Moisés perguntou a Arão: Que te tem feito este povo, que sobre ele trouxeste tamanho pecado?

²²Então respondeu Arão: Não se acenda a ira do meu senhor; tu sabes que este povo *é inclinado* ao mal;

²³E eles me disseram: Faze-nos um deus que vá adiante de nós; porque não sabemos o que sucedeu a este Moisés, a este homem que nos tirou da terra do Egito.

²⁴Então eu lhes disse: Quem tem ouro, arranque-o; e deram-mo, e lancei-o no fogo, e saiu este bezerro.

Moisés manda matar os idólatras

²⁵E, vendo Moisés que o povo *estava* despido, porque Arão o havia deixado despir-se para vergonha entre os seus inimigos,

²⁶Pôs-se em pé Moisés na porta do arraial e disse: Quem é do SENHOR, *venha* a mim. Então se ajuntaram a ele todos os filhos de Levi.

²⁷E disse-lhes: Assim diz o SENHOR Deus de Israel: Cada um ponha a sua espada sobre a sua coxa; e passai e tornai pelo arraial de porta em porta, e mate cada um a seu irmão, e cada um a seu amigo, e cada um a seu vizinho.

²⁸E os filhos de Levi fizeram conforme à palavra de Moisés; e caíram do povo aquele dia uns três mil homens.

²⁹Porquanto Moisés tinha dito: Consagrai hoje as vossas mãos ao SENHOR; porquanto cada um será contra o seu filho e contra o seu irmão; e isto, para que ele vos conceda hoje uma bênção.

Moisés intercede pelo povo

³⁰E aconteceu que no dia seguinte Moisés disse

ao povo: Vós cometestes grande pecado. Agora, porém, subirei ao SENHOR; porventura farei propiciação por vosso pecado.

³¹Assim tornou-se Moisés ao SENHOR, e disse: Ora, este povo cometeu grande pecado fazendo para si deuses de ouro;

³²Agora, pois, perdoa o seu pecado; se não, risca-me, peço-te, do teu livro, que tens escrito.

³³Então disse o SENHOR a Moisés: Aquele que pecar contra mim, a este riscarei do meu livro.

³⁴Vai, pois, agora, conduze este povo para onde te tenho dito; eis que o meu anjo irá adiante de ti; porém no dia da minha visitação visitarei neles o seu pecado.

³⁵Assim feriu o SENHOR o povo, por ter sido feito o bezerro que Arão tinha formado.

Deus não irá no meio do povo, mas enviará um anjo

33 DISSE mais o SENHOR a Moisés: Vai, sobe daqui, tu e o povo que fizeste subir da terra do Egito, à terra que jurei a Abraão, a Isaque, e a Jacó, dizendo: À tua descendência a darei.

²E enviarei um anjo adiante de ti, e lançarei fora os cananeus, e os amorreus, e os heteus, e os perizeus, e os heveus, e os jebuseus,

³A uma terra que mana leite e mel; porque eu não subirei no meio de ti, porquanto *és* povo de dura cerviz, para que te não consuma eu no caminho.

⁴E, ouvindo o povo esta má notícia, pranteou-se e ninguém pôs sobre si os seus ornamentos.

⁵Porquanto o SENHOR tinha dito a Moisés: Dize aos filhos de Israel: *És* povo de dura cerviz; se por um momento subir no meio de ti, te consumirei; porém agora tira os teus ornamentos, para que eu saiba o que te hei de fazer.

⁶Então os filhos de Israel se despojaram dos seus ornamentos, ao pé do monte Horebe.

⁷E tomou Moisés a tenda, e *a* estendeu para si fora do arraial, desviada longe do arraial, e chamou-lhe a tenda da congregação. E aconteceu que todo aquele que buscava o SENHOR saía à tenda da congregação, que estava fora do arraial.

⁸E acontecia que, saindo Moisés à tenda, todo o povo se levantava, e cada um ficava em pé à porta da sua tenda; e olhava para Moisés pelas costas, até ele entrar na tenda.

⁹E sucedia que, entrando Moisés na tenda descia a coluna de nuvem, e punha-se à porta da tenda; e o SENHOR falava com Moisés.

¹⁰E, vendo todo o povo a coluna de nuvem que estava à porta da tenda, todo o povo se levantava e cada um, à porta da sua tenda, adorava.

¹¹E falava o SENHOR a Moisés face a face, como qualquer fala com o seu amigo; depois tornava-se ao arraial; mas o seu servidor, o jovem Josué, filho de Num, nunca se apartava do meio da tenda.

Moisés roga a Deus a sua presença

¹²E Moisés disse ao SENHOR: Eis que tu me dizes: Faze subir a este povo, porém não me fazes saber a quem hás de enviar comigo; e tu disseste: Conheço-te por *teu* nome, também achaste graça aos meus olhos.

¹³Agora, pois, se tenho achado graça aos teus olhos, rogo-te que me faças saber o teu caminho, e conhecer-te-ei, para que ache graça aos teus olhos; e considera que esta nação *é* o teu povo.

¹⁴Disse pois: Irá a minha presença *contigo* para te fazer descansar.

¹⁵Então lhe disse: Se tua presença não fores *conosco*, não nos faças subir daqui.

¹⁶Como, pois, se saberá agora que tenho achado graça aos teus olhos, eu e o teu povo? *Acaso* não *é* por andares tu conosco, de modo a sermos separados, eu e o teu povo, de todos os povos que *há* sobre a face da terra?

¹⁷Então disse o SENHOR a Moisés: Farei também isto, que tens dito; porquanto achaste graça aos meus olhos, e te conheço por nome.

Moisés roga a Deus que lhe mostre a sua glória

¹⁸Então ele disse: Rogo-te que me mostres a tua glória.

¹⁹Porém ele disse: Eu farei passar toda a minha bondade por diante de ti, e proclamarei o nome do SENHOR diante de ti; e terei misericórdia de quem eu tiver misericórdia, e me compadecerei de quem eu me compadecer.

²⁰E disse mais: Não poderás ver a minha face, porquanto homem nenhum verá a minha face, e viverá.

²¹Disse mais o SENHOR: Eis aqui um lugar junto a mim; aqui te porás sobre a penha.

²²E acontecerá que, quando a minha glória passar, pôr-te-ei numa fenda da penha, e te cobrirei com a minha mão, até que eu haja passado.

²³E, havendo eu tirado a minha mão, me verás pelas costas; mas a minha face não se verá.

As novas tábuas dos dez mandamentos

34 ENTÃO disse o SENHOR a Moisés: Lavra duas tábuas de pedra, como as primeiras; e eu escreverei nas tábuas as mesmas palavras que estavam nas primeiras tábuas, que tu quebraste.

²E prepara-te para amanhã, para que subas pela manhã ao monte Sinai, e ali põe-te diante de mim no cume do monte.

³E ninguém suba contigo, e também ninguém apareça em todo o monte; nem ovelhas nem bois se apascentem defronte do monte.

⁴Então Moisés lavrou duas tábuas de pedra, como as primeiras; e levantando-se pela manhã de madrugada, subiu ao monte Sinai, como o SENHOR lhe tinha ordenado; e levou as duas tábuas de pedra nas suas mãos.

⁵E o SENHOR desceu numa nuvem e se pôs ali junto a ele; e ele proclamou o nome do SENHOR.

⁶Passando, pois, o SENHOR perante ele, clamou: O SENHOR, o SENHOR Deus, misericordioso

ÊXODO 34.7

e piedoso, tardio em irar-se e grande em beneficência e verdade;

⁷Que guarda a beneficência em milhares; que perdoa a iniquidade, e a transgressão e o pecado; que *ao culpado* não tem por inocente; que visita a iniquidade dos pais sobre os filhos e sobre os filhos dos filhos até a terceira e quarta *geração*.

⁸E Moisés apressou-se, e inclinou a cabeça à terra, adorou,

⁹E disse: Senhor, se agora tenho achado graça aos teus olhos, vá agora o Senhor no meio de nós; porque este *é* povo de dura cerviz; porém perdoa a nossa iniquidade e o nosso pecado, e toma-nos por tua herança.

Deus faz uma aliança com Israel

¹⁰Então disse: Eis que eu faço uma aliança; farei diante de todo o teu povo maravilhas que nunca foram feitas em toda a terra, nem em nação alguma; de maneira que todo este povo, em cujo meio tu *estás,* veja a obra do SENHOR; porque coisa terrível *é* o que faço contigo.

¹¹Guarda o que eu te ordeno hoje; eis que eu lançarei fora diante de ti os amorreus, e os cananeus, e os heteus, e os perizeus, e os heveus e os jebuseus.

¹²Guarda-te de fazeres aliança com os moradores da terra aonde hás de entrar; para que não seja por laço no meio de ti.

¹³Mas os seus altares derrubareis, e as suas estátuas quebrareis, e os seus bosques cortareis.

¹⁴Porque não te inclinarás diante de outro deus; pois o nome do SENHOR *é* Zeloso; *é um* Deus zeloso.

¹⁵Para que não faças aliança com os moradores da terra, e quando eles se prostituírem após os seus deuses, ou sacrificarem aos seus deuses, tu, como convidado deles, comas também dos seus sacrifícios,

¹⁶E tomes *mulheres* das suas filhas para os teus filhos, e suas filhas, prostituindo-se com os seus deuses, façam que também teus filhos se prostituam com os seus deuses.

¹⁷Não te farás deuses de fundição.

¹⁸A festa dos *pães* ázimos guardarás; sete dias comerás *pães* ázimos, como te tenho ordenado, ao tempo apontado do mês de Abibe; porque no mês de Abibe saíste do Egito.

¹⁹Tudo o que abre a madre meu *é*, até todo o teu gado, que seja macho, e que abre a *madre* de vacas e de ovelhas;

²⁰O burro, porém, que abrir a *madre,* resgatarás com um cordeiro; mas, se o não resgatares, cortar-lhe-ás a cabeça; todo o primogênito de teus filhos resgatarás. E ninguém aparecerá vazio diante de mim.

²¹Seis dias trabalharás, mas ao sétimo dia descansarás: na aradura e na sega descansarás.

²²Também guardarás a festa das semanas, que é a festa das primícias da sega do trigo, e a festa da colheita no fim do ano.

²³Três vezes ao ano todos os homens aparecerão perante o Senhor DEUS, o Deus de Israel;

²⁴Porque eu lançarei fora as nações de diante de ti, e alargarei o teu território; ninguém cobiçará a tua terra, quando subires para aparecer três vezes no ano diante do SENHOR teu Deus.

²⁵Não sacrificarás o sangue do meu sacrifício com pão levedado, nem o sacrifício da festa da páscoa ficará da noite para a manhã.

²⁶As primícias dos primeiros frutos da tua terra trarás à casa do SENHOR teu Deus; não cozerás o cabrito no leite de sua mãe.

²⁷Disse mais o SENHOR a Moisés: Escreve estas palavras; porque conforme ao teor destas palavras tenho feito aliança contigo e com Israel.

²⁸E esteve ali com o SENHOR quarénta dias e quarenta noites; não comeu pão, nem bebeu água, e escreveu nas tábuas as palavras da aliança, os dez mandamentos.

O rosto de Moisés resplandece

²⁹E aconteceu que, descendo Moisés do monte Sinai, as duas tábuas do testemunho estavam nas mãos de Moisés, sim, quando desceu do monte, Moisés não sabia que a pele do seu rosto resplandecia, depois que falara com ele.

³⁰Olhando, pois, Arão e todos os filhos de Israel para Moisés, eis que a pele do seu rosto resplandecia; por isso temeram chegar-se a ele.

³¹Então Moisés os chamou, e Arão e todos os príncipes da congregação tornaram-se a ele; e Moisés lhes falou.

³²Depois chegaram também todos os filhos de Israel; e ele lhes ordenou tudo o que o SENHOR falara com ele no monte Sinai.

³³Assim que Moisés acabou de falar com eles, pôs um véu sobre o seu rosto.

³⁴Porém, entrando Moisés perante o SENHOR, para falar com ele, tirava o véu até sair; e, saindo, falava com os filhos de Israel o que lhe era ordenado.

³⁵Assim, pois, viam os filhos de Israel o rosto de Moisés, e que resplandecia a pele do seu rosto; e tornava Moisés a pôr o véu sobre o seu rosto, até entrar para falar com ele.

O sábado

35 ENTÃO Moisés convocou toda a congregação dos filhos de Israel, e disse-lhes: Estas *são* as palavras que o SENHOR ordenou que se cumprissem.

²Seis dias se trabalhará, mas o sétimo dia vos será santo, o sábado do repouso ao SENHOR; todo aquele que nele fizer qualquer trabalho morrerá.

³Não acendereis fogo em nenhuma das vossas moradas no dia do sábado.

As ofertas para o tabernáculo

⁴Falou mais Moisés a toda a congregação dos filhos de Israel, dizendo: Esta é a palavra que o SENHOR ordenou, dizendo:

⁵Tomai do que tendes, uma oferta para o SENHOR; cada um, cujo coração é voluntariamente

disposto, a trará por oferta alçada ao Senhor: ouro, prata e cobre,

⁶Como também azul, púrpura, carmesim, linho fino, *pelos* de cabras,

⁷E peles de carneiros, tintas de vermelho, e peles de texugos, madeira *de* acácia,

⁸E azeite para a luminária, e especiarias para o azeite da unção, e para o incenso aromático.

⁹E pedras de ônix, e pedras de engaste, para o éfode e para o peitoral.

¹⁰E venham todos os sábios de coração entre vós, e façam tudo o que o Senhor tem mandado;

¹¹O tabernáculo, a sua tenda e a sua coberta, os seus colchetes e as suas tábuas, as suas barras, as suas colunas, e as suas bases;

¹²A arca e os seus varais, o propiciatório e o véu de cobertura,

¹³A mesa e os seus varais, e todos os seus pertences; e os pães da proposição,

¹⁴E o candelabro da luminária, e os seus utensílios, e as suas lâmpadas, e o azeite para a luminária,

¹⁵E o altar do incenso e os seus varais, e o azeite da unção, e o incenso aromático, e a cortina da porta para a entrada do tabernáculo,

¹⁶O altar do holocausto, e o crivo de cobre, os seus varais, e todos os seus pertences, a pia e a sua base,

¹⁷As cortinas do pátio, as suas colunas e as suas bases, e o reposteiro da porta do pátio,

¹⁸As estacas do tabernáculo, e as estacas do pátio, e as suas cordas,

¹⁹As vestes do ministério para ministrar no santuário, as vestes santas de Arão o sacerdote, e as vestes de seus filhos, para administrarem o sacerdócio.

A prontidão do povo em trazer ofertas

²⁰Então toda a congregação dos filhos de Israel saiu da presença de Moisés,

²¹E veio todo o homem, a quem o seu coração moveu, e todo aquele cujo espírito voluntariamente o excitou, e trouxeram a oferta alçada ao Senhor para a obra da tenda da congregação, e para todo o seu serviço, e para as vestes santas.

²²Assim vieram homens e mulheres, todos dispostos de coração; trouxeram fivelas, e pendentes, e anéis, e braceletes, todos os objetos de ouro; e todo o homem fazia oferta de ouro ao Senhor;

²³E todo o homem que se achou com azul, e púrpura, e carmesim, e linho fino, e *pelos* de cabras, e peles de carneiro tintas de vermelho, e peles de texugos, os trazia;

²⁴Todo aquele que fazia oferta alçada de prata ou de metal, a trazia por oferta alçada ao Senhor; e todo aquele que possuía madeira de acácia, a trazia para toda a obra do serviço.

²⁵E todas as mulheres sábias de coração fiavam com as suas mãos, e traziam o que tinham fiado, o azul e a púrpura, o carmesim e o linho fino.

²⁶E todas as mulheres, cujo coração as moveu em habilidade fiavam *os pelos* das cabras.

²⁷E os príncipes traziam pedras de ônix e pedras de engastes para o éfode e para o peitoral,

²⁸E especiarias, e azeite para a luminária, e para o azeite da unção, e para o incenso aromático.

²⁹Todo homem e mulher, cujo coração voluntariamente se moveu a trazer *alguma coisa* para toda a obra que o Senhor ordenara se fizesse pela mão de Moisés; assim os filhos de Israel trouxeram por oferta voluntária ao Senhor.

Deus chama Bezalel e Aoliabe

³⁰Depois disse Moisés aos filhos de Israel: Eis que o Senhor tem chamado por nome a Bezalel, filho de Uri, filho de Hur, da tribo de Judá.

³¹E o Espírito de Deus o encheu de sabedoria, entendimento, conhecimento e em todo o lavor,

³²E para criar invenções, para trabalhar em ouro, e em prata, e em cobre,

³³E em lapidar de pedras para engastar, e em entalhar madeira, e para trabalhar em toda a obra esmerada.

³⁴Também lhe dispôs o coração para ensinar *a outros;* a ele e a Aoliabe, o filho de Aisamaque, da tribo de Dã.

³⁵Encheu-os de sabedoria do coração, para fazer toda a obra de mestre, até a mais engenhosa, e a do gravador, em azul, e em púrpura, em carmesim, e em linho fino, e do tecelão; fazendo toda a obra, e criando invenções.

36 ASSIM trabalharam Bezalel e Aoliabe, e todo o homem sábio de coração, a quem o Senhor dera sabedoria e inteligência, para saber como haviam de fazer toda a obra para o serviço do santuário, conforme a tudo o que o Senhor tinha ordenado.

Moisés entrega aos obreiros as ofertas do povo

²Então Moisés chamou a Bezalel e a Aoliabe, e a todo o homem sábio de coração, em cujo coração o Senhor tinha dado sabedoria; a todo aquele a quem o seu coração moveu a se chegar à obra para fazê-la.

³Estes receberam de Moisés toda a oferta alçada, que trouxeram os filhos de Israel para a obra do serviço do santuário, para fazê-la, e ainda eles lhe traziam cada manhã ofertas voluntárias.

⁴E vieram todos os sábios, que faziam toda a obra do santuário, cada um da obra que fazia,

⁵E falaram a Moisés, dizendo: O povo traz muito mais do que basta para o serviço da obra que o Senhor ordenou se fizesse.

⁶Então mandou Moisés que proclamassem por todo o arraial, dizendo: Nenhum homem, nem mulher, faça mais obra alguma para a oferta alçada do santuário. Assim o povo foi proibido de trazer *mais,*

⁷Porque tinham material bastante para toda a obra que havia de fazer-se, e ainda sobejava.

As cortinas

[8]Assim todo o sábio de coração, entre os que faziam a obra, fez o tabernáculo de dez cortinas de linho fino torcido, e de azul, e de púrpura, e de carmesim, *com* querubins; da obra mais esmerada as fez.

[9]O comprimento de cada cortina *era* de vinte e oito côvados, e a largura de quatro côvados; todas as cortinas *tinham* uma mesma medida.

[10]E ligou cinco cortinas uma com a outra; e *outras* cinco cortinas também ligou uma com outra.

[11]Depois fez laçadas de azul na borda de uma cortina, à extremidade, na juntura; assim também fez na borda, à extremidade da juntura da segunda cortina.

[12]Cinquenta laçadas fez numa cortina, e cinquenta laçadas fez numa extremidade da cortina, que se ligava com a segunda; estas laçadas eram contrapostas uma a outra.

[13]Também fez cinquenta colchetes de ouro, e com estes colchetes uniu as cortinas uma com a outra; e assim foi feito um tabernáculo.

[14]Fez também cortinas de *pelos de* cabras para a tenda sobre o tabernáculo; fez onze cortinas.

[15]O comprimento de uma cortina era de trinta côvados, e a largura de uma cortina, de quatro côvados; estas onze cortinas tinham uma mesma medida.

[16]E uniu cinco cortinas à parte, e outras seis à parte,

[17]E fez cinquenta laçadas na borda da última cortina, na juntura; também fez cinquenta laçadas na borda da cortina, na outra juntura.

[18]Fez também cinquenta colchetes de metal, para ajuntar a tenda, para que fosse um todo.

A coberta de peles e as tábuas

[19]Fez também, para a tenda, uma coberta de peles de carneiros, tintas de vermelho; e por cima uma coberta de peles de texugos.

[20]Também fez, de madeira de acácia, tábuas levantadas para o tabernáculo, que foram colocadas verticalmente.

[21]O comprimento de cada tábua *era* de dez côvados, e a largura de cada tábua era de um côvado e meio.

[22]Cada tábua tinha duas cavilhas pregadas uma a outra; assim fez com todas as tábuas do tabernáculo.

[23]Assim, pois, fez as tábuas para o tabernáculo; vinte tábuas para o lado que dá para o sul;

[24]E fez quarenta bases de prata debaixo das vinte tábuas; duas bases debaixo de uma tábua, para as suas duas cavilhas, e duas bases debaixo de outra, para as suas duas cavilhas.

[25]Também fez vinte tábuas ao outro lado do tabernáculo, do lado norte,

[26]Com as suas quarenta bases de prata; duas bases debaixo de uma tábua, e duas bases debaixo de outra tábua.

[27]E ao lado do tabernáculo para o ocidente fez seis tábuas.

[28]Fez também duas tábuas para os cantos do tabernáculo nos dois lados,

[29]As quais por baixo estavam juntas, e também se ajuntavam por cima com uma argola; assim fez com ambas nos dois cantos.

[30]Assim eram oito tábuas com as suas bases de prata, *a saber,* dezesseis bases; duas bases debaixo de cada tábua.

[31]Fez também travessas de madeira de acácia; cinco para as tábuas de um lado do tabernáculo,

[32]E cinco travessas para as tábuas do outro lado do tabernáculo; e outras cinco travessas para as tábuas do tabernáculo do lado ocidental.

[33]E fez que a travessa do meio passasse pelo meio das tábuas de uma extremidade até a outra.

[34]E cobriu as tábuas de ouro, e as suas argolas (os lugares das travessas) fez de ouro; as travessas também cobriu de ouro.

Os véus e as colunas

[35]Depois fez o véu de azul, e de púrpura, e de carmesim, e de linho fino torcido; de obra esmerada o fez com querubins.

[36]E fez-lhe quatro colunas de madeira de acácia, e as cobriu de ouro; e seus colchetes fez de ouro, e fundiu-lhe quatro bases de prata.

[37]Fez também para a porta da tenda o véu de azul, e de púrpura, e de carmesim, e de linho fino torcido, da obra do bordador,

[38]Com as suas cinco colunas e os seus colchetes; e as suas cabeças e as suas molduras cobriu de ouro; e as suas cinco bases eram de cobre.

A arca

37FEZ também Bezalel a arca de madeira de acácia; o seu comprimento era de dois côvados e meio; e a sua largura de um côvado e meio, e a sua altura de um côvado e meio.

[2]E cobriu-a de ouro puro por dentro e por fora; e fez-lhe uma coroa de ouro ao redor;

[3]E fundiu-lhe quatro argolas de ouro nos seus quatro cantos; num lado duas argolas, e no outro lado duas argolas;

[4]E fez varais de madeira de acácia, e os cobriu de ouro;

[5]E pôs os varais pelas argolas aos lados da arca, para se levar a arca.

O propiciatório

[6]Fez também o propiciatório de ouro puro; o seu comprimento era de dois côvados e meio, e a sua largura de um côvado e meio.

[7]Fez também dois querubins de ouro; de obra batida os fez, nas duas extremidades do propiciatório.

[8]Um querubim na extremidade de um lado, e o outro querubim na outra extremidade do outro lado; de uma só peça com o propiciatório fez os querubins nas duas extremidades dele.

[9]E os querubins estendiam as asas por cima, cobrindo com suas asas o propiciatório; e os seus

rostos estavam defronte um do outro; os rostos dos querubins estavam virados para o propiciatório.

A mesa

[10]Fez também a mesa de madeira de acácia; o seu comprimento era de dois côvados, e a sua largura de um côvado, e a sua altura de um côvado e meio.

[11]E cobriu-a de ouro puro, e fez-lhe uma coroa de ouro ao redor.

[12]Fez-lhe também, ao redor, uma moldura da largura da mão; e fez uma coroa de ouro ao redor da moldura.

[13]Fundiu-lhe também quatro argolas de ouro; e pôs as argolas nos quatro cantos que estavam em seus quatro pés.

[14]Defronte da moldura estavam as argolas para os lugares dos varais, para se levar a mesa.

[15]Fez também os varais de madeira de acácia, e os cobriu de ouro, para se levar a mesa.

[16]E fez de ouro puro os utensílios que haviam de estar sobre a mesa, os seus pratos e as suas colheres, e as suas tigelas e as suas taças em que se haviam de oferecer libações.

O candelabro

[17]Fez também o candelabro de ouro puro; de obra batida fez este candelabro; o seu pedestal, e as suas hastes, os seus copos, as suas maçãs, e as suas flores, formavam com ele uma só peça.

[18]Seis hastes saíam dos seus lados; três hastes do candelabro, um lado dele, e três hastes do outro lado do candelabro.

[19]Numa haste estavam três copos do feitio de amêndoas, um botão e uma flor; e na outra haste três copos do feitio de amêndoas, um botão e uma flor; assim eram as seis hastes que saíam do candelabro.

[20]Mas no mesmo candelabro havia quatro copos do feitio de amêndoas com os seus botões e com as suas flores.

[21]E havia um botão debaixo de duas hastes da mesma peça; e outro botão debaixo de duas hastes da mesma peça; e mais um botão debaixo de duas hastes da mesma peça; assim se fez para as seis hastes, que saíam dele.

[22]Os seus botões e as suas hastes eram da mesma peça; tudo era uma obra batida de ouro puro.

[23]E fez-lhe, de ouro puro, sete lâmpadas com os seus espevitadores e os seus apagadores;

[24]De um talento de ouro puro fez o candelabro e todos os seus utensílios.

O altar do incenso

[25]E fez o altar do incenso de madeira de acácia; de um côvado era o seu comprimento, e de um côvado a sua largura, era quadrado; e de dois côvados a sua altura; dele mesmo eram feitas as suas pontas.

[26]E cobriu-o de ouro puro, a parte superior e as suas paredes ao redor, e as suas pontas; e fez-lhe uma coroa de ouro ao redor.

[27]Fez-lhe também duas argolas de ouro debaixo da sua coroa, e os seus dois cantos, de ambos os seus lados, para neles se colocar os varais, e com eles levá-lo.

[28]E os varais fez de madeira de acácia, e os cobriu de ouro.

O azeite da unção e o incenso aromático

[29]Também fez o azeite santo da unção, e o incenso aromático, puro, qual obra do perfumista.

O altar do holocausto

38 FEZ também o altar do holocausto de madeira de acácia; de cinco côvados era o seu comprimento, e de cinco côvados a sua largura, era quadrado; e de três côvados a sua altura.

[2]E fez-lhe as suas pontas nos seus quatro cantos; da mesma peça eram as suas pontas; e cobriu-o de cobre.

[3]Fez também todos os utensílios do altar; os cinzeiros, e as pás, e as bacias, e os garfos, e os braseiros; todos esses pertences fez de cobre.

[4]Fez também, para o altar, um crivo de cobre, em forma de rede, na sua cercadura em baixo, até ao meio do altar.

[5]E fundiu quatro argolas para as quatro extremidades do crivo de cobre, para os lugares dos varais.

[6]E fez os varais de madeira de acácia, e os cobriu de cobre.

[7]E pôs os varais pelas argolas aos lados do altar, para com eles levar o altar; fê-lo oco e de tábuas.

[8]Fez também a pia de cobre com a sua base de cobre, dos espelhos das mulheres que se reuniam, para servir à porta da tenda da congregação.

O pátio

[9]Fez também o pátio do lado meridional; as cortinas do pátio eram de linho fino torcido, de cem côvados.

[10]As suas vinte colunas e as suas vinte bases eram de cobre; os colchetes destas colunas e as suas molduras eram de prata;

[11]E do lado norte cortinas de cem côvados; as suas vinte colunas e as suas vinte bases eram de cobre, os colchetes das colunas e as suas molduras eram de prata.

[12]E do lado do ocidente cortinas de cinquenta côvados, as suas colunas dez, e as suas bases dez; os colchetes das colunas e as suas molduras eram de prata.

[13]E do lado leste, ao oriente, cortinas de cinquenta côvados.

[14]As cortinas de um lado da porta eram de quinze côvados; as suas colunas três e as suas bases três.

[15]E do outro lado da porta do pátio, de ambos os lados, eram cortinas de quinze côvados; as suas colunas três e as suas bases três.

[16]Todas as cortinas do pátio ao redor eram de linho fino torcido.

[17]E as bases das colunas eram de cobre; os colchetes das colunas e as suas molduras eram de

ÊXODO 38.18

prata; e o revestimento dos seus capitéis era de prata; e todas as colunas do pátio *eram* cingidas de prata.

¹⁸E a cobertura da porta do pátio *era* de obra de bordador, de azul, e de púrpura, e de carmesim, e de linho fino torcido; e o comprimento *era* de vinte côvados, e a altura, na largura, de cinco côvados, conforme as cortinas do pátio.

¹⁹E as suas quatro colunas e as suas quatro bases *eram* de cobre, os seus colchetes de prata, e o revestimento dos seus capitéis, e as suas molduras, também de prata.

²⁰E todas as estacas do tabernáculo e do pátio ao redor *eram* de cobre.

A enumeração das coisas do tabernáculo

²¹Esta *é* a enumeração das coisas usadas no tabernáculo, o tabernáculo do testemunho, que por ordem de Moisés foram contadas *para* o ministério dos levitas, por intermédio de Itamar, filho de Arão, o sacerdote.

²²Fez, pois, Bezalel, o filho de Uri, filho de Hur, da tribo de Judá, tudo quanto o Senhor tinha ordenado a Moisés.

²³E com ele Aoliabe, filho de Aisamaque, da tribo de Dã, um mestre de obra, e engenhoso artífice, e bordador em azul, e em púrpura e em carmesim e em linho fino.

²⁴Todo o ouro gasto na obra, em toda a obra do santuário, a saber, o ouro da oferta, *foi* vinte e nove talentos e setecentos e trinta siclos, conforme ao siclo do santuário;

²⁵E a prata dos arrolados da congregação *foi* cem talentos e mil e setecentos e setenta e cinco siclos, conforme o siclo do santuário;

²⁶Um beca por cabeça, *isto é,* meio siclo, conforme o siclo do santuário; de todo aquele que passava aos arrolados, da idade de vinte anos para cima, *que foram* seiscentos e três mil e quinhentos e cinquenta.

²⁷E houve cem talentos de prata para fundir as bases do santuário e as bases do véu; para as cem bases cem talentos; um talento para cada base.

²⁸E dos mil e setecentos e setenta e cinco *siclos* fez os colchetes das colunas, e cobriu os seus capitéis, e os cingiu de molduras.

²⁹E o cobre da oferta *foi* setenta talentos e dois mil e quatrocentos siclos.

³⁰E dele fez as bases da porta da tenda da congregação e o altar de cobre, e o crivo de cobre e todos os utensílios do altar.

³¹E as bases do pátio ao redor, e as bases da porta do pátio, e todas as estacas do tabernáculo e todas as estacas do pátio ao redor.

As vestes dos sacerdotes

39 FIZERAM também as vestes do ministério, para ministrar no santuário, de azul, e de púrpura e de carmesim; também fizeram as vestes santas, para Arão, como o Senhor ordenara a Moisés.

²Assim se fez o éfode de ouro, de azul, e de púrpura, e de carmesim e de linho fino torcido.

³E estenderam as lâminas de ouro, e as cortaram em fios, para tecê-los entre o azul, e entre a púrpura, e entre o carmesim, e entre o linho fino com trabalho esmerado.

⁴Fizeram-lhe ombreiras que se ajuntavam; e uniam-se em suas duas pontas.

⁵E o cinto de obra esmerada do éfode, que estava sobre ele, formava com ele uma só peça e era de obra semelhante, de ouro, de azul, e de púrpura, e de carmesim, e de linho fino torcido, como o Senhor ordenara a Moisés.

⁶Também prepararam as pedras de ônix, engastadas em ouro, lavradas com gravuras de um selo, com os nomes dos filhos de Israel.

⁷E as pôs sobre as ombreiras do éfode *por* pedras de memória para os filhos de Israel, como o Senhor ordenara a Moisés.

⁸Fez-se também o peitoral de obra de artífice, como a obra do éfode, de ouro, de azul, e de púrpura, e de carmesim, e de linho fino torcido.

⁹Quadrado era; duplo fizeram o peitoral; o seu comprimento *era* de um palmo, e a sua largura de um palmo dobrado.

¹⁰E engastaram nele quatro ordens de pedras; uma ordem de um sárdio, de um topázio, e de um carbúnculo; esta *era* a primeira ordem;

¹¹E a segunda ordem de uma esmeralda, de uma safira e de um diamante;

¹²E a terceira ordem de um jacinto, de uma ágata, e de uma ametista;

¹³E a quarta ordem de um berilo, e de um ônix, e de um jaspe, engastadas em engastes de ouro.

¹⁴Estas pedras, pois, eram segundo os nomes dos filhos de Israel, doze segundo os seus nomes; como gravuras de selo, cada uma com o seu nome, segundo as doze tribos.

¹⁵Também fizeram para o peitoral cadeiazinhas de igual medida, obra de ouro puro trançado.

¹⁶E fizeram dois engastes de ouro e duas argolas de ouro; e puseram as duas argolas nas duas extremidades do peitoral.

¹⁷E puseram as duas cadeiazinhas de trança de ouro nas duas argolas, nas duas extremidades do peitoral.

¹⁸E as *outras* duas pontas das duas *cadeiazinhas* de trança puseram nos dois engastes; e as puseram sobre as ombreiras do éfode na frente dele.

¹⁹Fizeram também duas argolas de ouro, que puseram nas duas extremidades do peitoral, na sua borda que *estava* junto ao éfode por dentro.

²⁰Fizeram mais duas argolas de ouro, que puseram nas duas ombreiras do éfode, abaixo, na frente dele, perto da sua juntura, sobre o cinto de obra esmerada do éfode.

²¹E ligaram o peitoral com as suas argolas às argolas do éfode com um cordão de azul, para que estivesse sobre o cinto de obra esmerada do éfode, e o peitoral não se separasse do éfode, como o Senhor ordenara a Moisés.

²²E fez-se o manto do éfode de obra tecida, todo de azul.

²³E a abertura do manto *estava* no meio dele, como abertura de cota de malha; esta abertura tinha uma borda em volta, para que se não rompesse.

²⁴E nas bordas do manto fizeram romãs de azul, e de púrpura, e de carmesim, de *fio* torcido.

²⁵Fizeram também as campainhas de ouro puro, pondo as campainhas no meio das romãs nas bordas do manto, ao redor, entre as romãs;

²⁶Uma campainha e uma romã, *outra* campainha e *outra* romã, nas bordas do manto ao redor; para ministrar, como o Senhor ordenara a Moisés.

²⁷Fizeram também as túnicas de linho fino, de obra tecida, para Arão e para seus filhos.

²⁸E a mitra de linho fino, e o ornato das tiaras de linho fino, e os calções de linho fino torcido,

²⁹E o cinto de linho fino torcido, e de azul, e de púrpura, e de carmesim, obra de bordador, como o Senhor ordenara a Moisés.

³⁰Fizeram também, de ouro puro, a lâmina da coroa de santidade, e nela escreveram o escrito como de gravura de selo: SANTIDADE AO SENHOR.

³¹E ataram-na com um cordão de azul, para prendê-la à parte superior da mitra, como o Senhor ordenara a Moisés.

³²Assim se acabou toda a obra do tabernáculo da tenda da congregação; e os filhos de Israel fizeram conforme a tudo o que o Senhor ordenara a Moisés; assim o fizeram.

O tabernáculo é entregue a Moisés

³³Depois trouxeram a Moisés o tabernáculo, a tenda e todos os seus pertences; os seus colchetes, as suas tábuas, os seus varais, e as suas colunas, e as suas bases;

³⁴E a cobertura de peles de carneiro tintas de vermelho, e a cobertura de peles de texugos, e o véu de cobertura;

³⁵A arca do testemunho, e os seus varais, e o propiciatório;

³⁶A mesa com todos os seus pertences, e os pães da proposição;

³⁷O candelabro puro com suas lâmpadas, as lâmpadas em ordem, e todos os seus pertences, e o azeite para a luminária;

³⁸Também o altar de ouro, e o azeite da unção, e o incenso aromático, e a cortina da porta da tenda;

³⁹O altar de cobre, e o seu crivo de cobre, os seus varais, e todos os seus pertences, a pia, e a sua base;

⁴⁰As cortinas do pátio, as suas colunas, e as suas bases, e a cortina da porta do pátio, as suas cordas, e os seus pregos, e todos os utensílios do serviço do tabernáculo, para a tenda da congregação;

⁴¹As vestes do ministério para ministrar no santuário; as santas vestes de Arão o sacerdote, e as vestes dos seus filhos, para administrarem o sacerdócio.

⁴²Conforme a tudo o que o Senhor ordenara a Moisés, assim fizeram os filhos de Israel toda a obra.

⁴³Viu, pois, Moisés toda a obra, e eis que a tinham feito; como o Senhor ordenara, assim a fizeram; então Moisés os abençoou.

Deus manda Moisés levantar o tabernáculo

40 FALOU mais o Senhor a Moisés, dizendo: ²No primeiro mês, no primeiro dia do mês, levantarás o tabernáculo da tenda da congregação,

³E porás nele a arca do testemunho, e cobrirás a arca com o véu.

⁴Depois colocarás *nele* a mesa, e porás em ordem o que se deve pôr em ordem nela; também colocarás *nele* o candelabro, e acenderás as suas lâmpadas.

⁵E porás o altar de ouro para o incenso diante da arca do testemunho; então pendurarás a cortina da porta do tabernáculo.

⁶Porás também o altar do holocausto diante da porta do tabernáculo da tenda da congregação.

⁷E porás a pia entre a tenda da congregação e o altar, e nela porás água.

⁸Depois porás o pátio ao redor, e pendurarás a cortina à porta do pátio.

⁹Então tomarás o azeite da unção, e ungirás o tabernáculo, e tudo o que *há* nele; e o santificarás com todos os seus pertences, e será santo.

¹⁰Ungirás também o altar do holocausto, e todos os seus utensílios; e santificarás o altar; e o altar será santíssimo.

¹¹Então ungirás a pia e a sua base, e a santificarás.

¹²Farás também chegar a Arão e a seus filhos à porta da tenda da congregação; e os lavarás com água.

¹³E vestirás a Arão as vestes santas, e o ungirás, e o santificarás, para que me administre o sacerdócio.

¹⁴Também farás chegar a seus filhos, e lhes vestirás as túnicas,

¹⁵E os ungirás como ungiste a seu pai, para que me administrem o sacerdócio, e a sua unção lhes será por sacerdócio perpétuo nas suas gerações.

¹⁶E Moisés fez conforme a tudo o que o Senhor lhe ordenou, assim o fez.

O tabernáculo é levantado

¹⁷Assim, no primeiro mês, no ano segundo, ao primeiro dia do mês foi levantado o tabernáculo.

¹⁸Moisés levantou o tabernáculo, e pôs as suas bases, e armou as suas tábuas, e colocou nele os seus varais, e levantou as suas colunas;

¹⁹E estendeu a tenda sobre o tabernáculo, e pôs a cobertura da tenda sobre ela, em cima, como o Senhor ordenara a Moisés.

²⁰Tomou o testemunho, e pô-lo na arca, e colocou os varais na arca; e pôs o propiciatório em cima da arca.

²¹E introduziu a arca no tabernáculo, e pendurou o véu da cobertura, e cobriu a arca do testemunho, como o Senhor ordenara a Moisés.

ÊXODO 40.22

²²Pôs também a mesa na tenda da congregação, ao lado do tabernáculo, para o norte, fora do véu,

²³E sobre ela pôs em ordem o pão perante o Senhor, como o Senhor ordenara a Moisés.

²⁴Pôs também na tenda da congregação o candelabro na frente da mesa, ao lado do tabernáculo, para o sul,

²⁵E acendeu as lâmpadas perante o Senhor, como o Senhor ordenara a Moisés.

²⁶E pôs o altar de ouro na tenda da congregação, diante do véu,

²⁷E acendeu sobre ele o incenso de especiarias aromáticas, como o Senhor ordenara a Moisés.

²⁸Pendurou também a cortina da porta do tabernáculo,

²⁹E pôs o altar do holocausto à porta do tabernáculo da tenda da congregação, e sobre ele ofereceu holocausto e oferta de alimentos, como o Senhor ordenara a Moisés.

³⁰Pôs também a pia entre a tenda da congregação e o altar, e nela pôs água para lavar.

³¹E Moisés, e Arão e seus filhos nela lavaram as suas mãos e os seus pés.

³²Quando entravam na tenda da congregação, e quando chegavam ao altar, lavavam-se, como o Senhor ordenara a Moisés.

³³Levantou também o pátio ao redor do tabernáculo e do altar, e pendurou a cortina da porta do pátio. Assim Moisés acabou a obra.

A nuvem cobre o tabernáculo

³⁴Então a nuvem cobriu a tenda da congregação, e a glória do Senhor encheu o tabernáculo;

³⁵De maneira que Moisés não podia entrar na tenda da congregação, porquanto a nuvem permanecia sobre ela, e a glória do Senhor enchia o tabernáculo.

³⁶Quando, pois, a nuvem se levantava de sobre o tabernáculo, então os filhos de Israel caminhavam em todas as suas jornadas.

³⁷Se a nuvem, porém, não se levantava, não caminhavam, até ao dia em que ela se levantasse;

³⁸Porquanto a nuvem do Senhor *estava* de dia sobre o tabernáculo, e o fogo estava de noite sobre ele, perante os olhos de toda a casa de Israel, em todas as suas jornadas.

O TERCEIRO LIVRO DE MOISÉS CHAMADO

LEVÍTICO

Os holocaustos

1 E CHAMOU o SENHOR a Moisés, e falou com ele da tenda da congregação, dizendo:

²Fala aos filhos de Israel, e dize-lhes: Quando algum de vós oferecer oferta ao SENHOR, oferecerá a sua oferta de gado, isto é, de rebanho e de ovelha.

³Se a sua oferta *for* holocausto de gado, oferecerá macho sem defeito; à porta da tenda da congregação a oferecerá, de sua própria vontade, perante o SENHOR.

⁴E porá a sua mão sobre a cabeça do holocausto, para que seja aceito a favor dele, para a sua expiação.

⁵Depois degolará o bezerro perante o SENHOR; e os filhos de Arão, os sacerdotes, oferecerão o sangue, e aspergirão o sangue em redor sobre o altar que *está diante* da porta da tenda da congregação.

⁶Então esfolará o holocausto, e o partirá nos seus pedaços.

⁷E os filhos de Arão, o sacerdote, porão fogo sobre o altar, pondo em ordem a lenha sobre o fogo.

⁸Também os filhos de Arão, os sacerdotes, porão em ordem os pedaços, a cabeça e o redenho sobre a lenha que *está* no fogo em cima do altar;

⁹Porém a sua fressura e as suas pernas lavar-se-ão com água; e o sacerdote tudo *isso* queimará sobre o altar; holocausto é, oferta queimada, de cheiro suave ao SENHOR.

¹⁰E se a sua oferta *for* de gado miúdo, de ovelhas ou de cabras, para holocausto, oferecerá macho sem defeito.

¹¹E o degolará ao lado do altar que dá para o norte, perante o SENHOR; e os filhos de Arão, os sacerdotes, aspergirão o seu sangue em redor sobre o altar.

¹²Depois o partirá nos seus pedaços, como também a sua cabeça e o seu redenho; e o sacerdote os porá em ordem sobre a lenha que *está* no fogo sobre o altar;

¹³Porém a fressura e as pernas lavar-se-ão com água; e o sacerdote tudo oferecerá, e o queimará sobre o altar; holocausto é, oferta queimada, de cheiro suave ao SENHOR.

¹⁴E se a sua oferta ao SENHOR for holocausto de aves, oferecerá a sua oferta de rolas ou de pombinhos;

¹⁵E o sacerdote a oferecerá sobre o altar, e tirar-lhe-á a cabeça, e a queimará sobre o altar; e o seu sangue será espremido na parede do altar;

¹⁶E o seu papo com as suas penas tirará e o lançará junto ao altar, para o lado do oriente, no lugar da cinza;

¹⁷E fendê-la-á junto às suas asas, *porém* não a partirá; e o sacerdote a queimará em cima do altar sobre a lenha que *está* no fogo; holocausto é, oferta queimada de cheiro suave ao SENHOR.

As ofertas de alimentos

2 E QUANDO *alguma* pessoa oferecer oferta de alimentos ao SENHOR, a sua oferta será *de* flor de farinha, e nela deitará azeite, e porá o incenso sobre ela;

²E a trará aos filhos de Arão, os sacerdotes, *um* dos quais tomará dela um punhado da flor de farinha, e do seu azeite com todo o seu incenso; e o sacerdote a queimará como memorial sobre o altar; oferta queimada é, de cheiro suave ao SENHOR.

³E o que sobejar da oferta de alimentos, *será* de Arão e de seus filhos; coisa santíssima é, das ofertas queimadas ao SENHOR.

⁴E, quando ofereceres oferta de alimentos, cozida no forno, *será* de bolos ázimos de flor de farinha, amassados com azeite, e coscorões ázimos untados com azeite.

⁵E, se a tua oferta *for* oferta de alimentos *cozida* na caçoula, será da flor de farinha sem fermento, amassada com azeite.

⁶Em pedaços a partirás, e sobre ela deitarás azeite; oferta é de alimentos.

⁷E, se a tua oferta *for* oferta de alimentos de frigideira, far-se-á da flor de farinha com azeite.

⁸Então trarás a oferta de alimentos, que se fará daquilo, ao SENHOR; e se apresentará ao sacerdote, o qual a levará ao altar.

⁹E o sacerdote tomará daquela oferta de alimentos como memorial, e a queimará sobre o altar; oferta queimada é de cheiro suave ao SENHOR.

¹⁰E, o que sobejar da oferta de alimentos, *será* de Arão e de seus filhos; coisa santíssima é, das ofertas queimadas ao SENHOR.

¹¹Nenhuma oferta de alimentos, que ofereceres ao SENHOR, se fará com fermento; porque de nenhum fermento, nem de mel algum, oferecereis oferta queimada ao SENHOR.

¹²Deles oferecereis ao SENHOR por oferta das primícias; porém sobre o altar não subirão por cheiro suave.

¹³E todas as tuas ofertas dos teus alimentos temperarás com sal; e não deixarás faltar à tua oferta de alimentos o sal da aliança do teu Deus; em todas as tuas ofertas oferecerás sal.

¹⁴E, se fizeres ao SENHOR oferta de alimentos das primícias, oferecerás como oferta de alimentos das tuas primícias de espigas verdes, tostadas ao fogo; *isto é,* do grão trilhado de espigas verdes cheias.

¹⁵E sobre ela deitarás azeite, e porás sobre ela incenso; oferta é de alimentos.

¹⁶Assim o sacerdote queimará o seu memorial do seu grão trilhado, e do seu azeite, com todo o seu incenso; oferta queimada é ao SENHOR.

LEVÍTICO 3.1

Os sacrifícios de paz

3 E SE a sua oferta *for* sacrifício pacífico; se *a* oferecer de gado, macho ou fêmea, a oferecerá sem defeito diante do SENHOR.

²E porá a sua mão sobre a cabeça da sua oferta, e a degolará *diante* da porta da tenda da congregação; e os filhos de Arão, os sacerdotes, aspergirão o sangue sobre o altar em redor.

³Depois oferecerá, do sacrifício pacífico, a oferta queimada ao SENHOR; a gordura que cobre a fressura, e toda a gordura que *está* sobre a fressura,

⁴E ambos os rins, e a gordura que *está* sobre eles, e junto aos lombos, e o redenho que *está* sobre o fígado com os rins, tirará.

⁵E os filhos de Arão queimarão isso sobre o altar, em cima do holocausto, que *estará* sobre a lenha que *está* no fogo; oferta queimada *é*, de cheiro suave ao SENHOR.

⁶E se a sua oferta *for* de gado miúdo por sacrifício pacífico ao SENHOR, *seja* macho ou fêmea, sem defeito o oferecerá.

⁷Se oferecer um cordeiro por sua oferta, oferecê-lo-á perante o SENHOR;

⁸E porá a sua mão sobre a cabeça da sua oferta, e a degolará diante da tenda da congregação; e os filhos de Arão aspergirão o seu sangue sobre o altar em redor.

⁹Então, do sacrifício pacífico, oferecerá ao SENHOR, por oferta queimada, a sua gordura, a cauda toda, a qual tirará rente ao espinhaço, e a gordura que cobre a fressura, e toda a gordura que *está* sobre a fressura;

¹⁰Como também ambos os rins, e a gordura que *está* sobre eles, e junto aos lombos, e o redenho que *está* sobre o fígado com os rins, tirá-los-á.

¹¹E o sacerdote queimará isso sobre o altar; alimento *é* da oferta queimada ao SENHOR.

¹²Mas, se a sua oferta *for* uma cabra, perante o SENHOR a oferecerá,

¹³E porá a sua mão sobre a sua cabeça, e a degolará diante da tenda da congregação; e os filhos de Arão aspergirão o seu sangue sobre o altar em redor.

¹⁴Depois oferecerá dela a sua oferta por oferta queimada ao SENHOR, a gordura que cobre a fressura, e toda a gordura que *está* sobre a fressura;

¹⁵Como também ambos os rins, e a gordura que *está* sobre eles, e junto aos lombos, e o redenho que *está* sobre o fígado com os rins, tirá-los-á.

¹⁶E o sacerdote o queimará sobre o altar; alimento *é* da oferta queimada de cheiro suave. Toda a gordura *será* do SENHOR.

¹⁷Estatuto perpétuo *é* pelas vossas gerações, em todas as vossas habitações: nenhuma gordura nem sangue algum comereis.

O sacrifício pelos pecados dos sacerdotes

4 FALOU mais o SENHOR a Moisés, dizendo:
²Fala aos filhos de Israel, dizendo: Quando uma alma pecar, por ignorância, contra alguns dos mandamentos do SENHOR, *acerca do* que não se deve fazer, e proceder *contra* algum deles;

³Se o sacerdote ungido pecar para escândalo do povo, oferecerá ao SENHOR, pelo seu pecado, que cometeu, um novilho sem defeito, por expiação do pecado.

⁴E trará o novilho à porta da tenda da congregação, perante o SENHOR, e porá a sua mão sobre a cabeça do novilho, e degolará o novilho perante o SENHOR.

⁵Então o sacerdote ungido tomará do sangue do novilho, e o trará à tenda da congregação;

⁶E o sacerdote molhará o seu dedo no sangue, e daquele sangue aspergirá sete vezes perante o SENHOR diante do véu do santuário.

⁷Também o sacerdote porá daquele sangue sobre as pontas do altar do incenso *aromático*, perante o SENHOR que *está* na tenda da congregação; e todo o *restante do* sangue do novilho derramará à base do altar do holocausto, que *está* à porta da tenda da congregação.

⁸E tirará toda a gordura do novilho da expiação; a gordura que cobre a fressura, e toda a gordura que *está* sobre a fressura,

⁹E os dois rins, e a gordura que *está* sobre eles, que *está* junto aos lombos, e o redenho de sobre o fígado, com os rins, tirá-los-á,

¹⁰Como se tira do boi do sacrifício pacífico; e o sacerdote os queimará sobre o altar do holocausto.

¹¹Mas o couro do novilho, e toda a sua carne, com a sua cabeça e as suas pernas, e as suas entranhas, e o seu esterco,

¹²Enfim, o novilho todo levará fora do arraial a um lugar limpo, onde se lança a cinza, e o queimará com fogo sobre a lenha; onde se lança a cinza se queimará.

O sacrifício pelos pecados do povo

¹³Mas, se toda a congregação de Israel pecar por ignorância, e o erro for oculto aos olhos do povo, e se fizerem *contra* alguns dos mandamentos do SENHOR, *aquilo* que não se deve fazer, e forem culpados,

¹⁴E quando o pecado que cometeram for conhecido, então a congregação oferecerá um novilho, por expiação do pecado, e o trará diante da tenda da congregação,

¹⁵E os anciãos da congregação porão as suas mãos sobre a cabeça do novilho perante o SENHOR; e degolar-se-á o novilho perante o SENHOR.

¹⁶Então o sacerdote ungido trará do sangue do novilho à tenda da congregação,

¹⁷E o sacerdote molhará o seu dedo naquele sangue, e o aspergirá sete vezes perante o SENHOR, diante do véu.

¹⁸E daquele sangue porá sobre as pontas do altar, que *está* perante a face do SENHOR, na tenda da congregação; e todo o *restante do* sangue derramará à base do altar do holocausto, que *está diante* da porta da tenda da congregação.

¹⁹E tirará dele toda a sua gordura, e queimá-la-á sobre o altar;

²⁰E fará a este novilho, como fez ao novilho da expiação; assim lhe fará, e o sacerdote por eles fará propiciação, e lhes será perdoado *o pecado.*

²¹Depois levará o novilho fora do arraial, e o queimará como queimou o primeiro novilho; *é* expiação do pecado da congregação.

O sacrifício pelos pecados de um príncipe

²²Quando um príncipe pecar, e por ignorância proceder *contra* algum dos mandamentos do SE-NHOR seu Deus, *naquilo* que não se deve fazer, e *assim* for culpado;

²³Ou se o pecado que cometeu lhe for notifica-do, então trará pela sua oferta um bode *tirado* das cabras, macho sem defeito;

²⁴E porá a sua mão sobre a cabeça do bode, e o degolará no lugar onde se degola o holocausto, perante a face do SENHOR; expiação do pecado *é.*

²⁵Depois o sacerdote com o seu dedo tomará do sangue da expiação, e *o* porá sobre as pontas do altar do holocausto; então o *restante do* seu sangue derramará à base do altar do holocausto.

²⁶Também queimará sobre o altar toda a sua gordura como gordura do sacrifício pacífico; assim o sacerdote por ele fará expiação do seu pecado, e lhe será perdoado.

O sacrifício pelos pecados de qualquer pessoa

²⁷E, se qualquer pessoa do povo da terra pecar por ignorância, fazendo *contra* algum dos manda-mentos do SENHOR, *aquilo* que não se deve fazer, e *assim* for culpada;

²⁸Ou *se* o pecado que cometeu lhe for notifica-do, então trará pela sua oferta uma cabra, uma fê-mea sem defeito, pelo seu pecado que cometeu,

²⁹E porá a sua mão sobre a cabeça da oferta da expiação do pecado, e degolará o sacrifício pelo pecado no lugar do holocausto.

³⁰Depois o sacerdote com o seu dedo tomará do seu sangue, e o porá sobre as pontas do altar do holocausto; e todo o *restante do* seu sangue der-ramará à base do altar;

³¹E tirará toda a gordura, como se tira a gordu-ra do sacrifício pacífico; e o sacerdote a queima-rá sobre o altar, por cheiro suave ao SENHOR; e o sacerdote fará expiação por ela, e ser-lhe-á per-doado *o pecado.*

³²Mas, se pela sua oferta trouxer uma cordeira para expiação do pecado, sem defeito trará.

³³E porá a sua mão sobre a cabeça da oferta da expiação do pecado, e a degolará por oferta pe-lo pecado, no lugar onde se degola o holocausto.

³⁴Depois o sacerdote com o seu dedo tomará do sangue da expiação do pecado, e *o* porá sobre as pontas do altar do holocausto; então todo o *res-tante do* seu sangue derramará na base do altar.

³⁵E tirará toda a sua gordura, como se tira a gor-dura do cordeiro do sacrifício pacífico; e o sacer-dote a queimará sobre o altar, em cima das ofer-tas queimadas do SENHOR; assim o sacerdote por

ele fará expiação dos seus pecados que cometeu, e ele será perdoado.

O sacrifício pelos pecados ocultos

5E QUANDO *alguma* pessoa pecar, ouvindo uma voz de blasfêmia, de que *for* testemunha, seja porque viu, ou porque soube, se o não denunciar, então levará a sua iniquidade.

²Ou, quando *alguma* pessoa tocar em alguma coisa imunda, seja corpo morto de fera imunda, seja corpo morto de animal imundo, seja corpo morto de réptil imundo, ainda que não soubesse, contudo será ele imundo e culpado.

³Ou, quando tocar a imundícia de um homem, seja qualquer que *for* a sua imundícia, com que se faça imundo, e lhe for oculto, e *o* souber *depois,* será culpado.

⁴Ou, quando *alguma* pessoa jurar, pronuncian-do temerariamente com os seus lábios, para fazer mal, ou para fazer bem, em tudo o que o homem pronuncia temerariamente com juramento, e lhe for oculto, e *o* souber *depois,* culpado será numa destas *coisas.*

⁵Será, pois, que, culpado sendo numa destas *coi-sas,* confessará aquilo em que pecou.

⁶E a sua expiação trará ao SENHOR, pelo seu pecado que cometeu: uma fêmea de gado miúdo, uma cordeira, ou uma cabrinha pelo pecado; assim o sacerdote por ela fará expiação do seu pecado.

⁷Mas, se em sua mão não houver recurso pa-ra gado miúdo, então trará, para expiação da cul-pa que cometeu, ao SENHOR, duas rolas ou dois pombinhos; um para expiação do pecado, e o ou-tro para holocausto;

⁸E os trará ao sacerdote, o qual primeiro ofere-cerá aquele que *é* para expiação do pecado; e com a sua unha lhe fenderá a cabeça junto ao pescoço, mas não o partirá;

⁹E do sangue da expiação do pecado aspergirá sobre a parede do altar, porém o que sobejar da-quele sangue espremer-se-á à base do altar; ex-piação do pecado *é.*

¹⁰E do outro fará holocausto conforme ao costu-me; assim o sacerdote por ela fará expiação do seu pecado que cometeu, e ele será perdoado.

¹¹Porém, se em sua mão não houver recurso para duas rolas, ou dois pombinhos, então aquele que pecou trará como oferta a décima parte de um efa *de* flor de farinha, para expiação do pecado; não deitará sobre ela azeite nem lhe porá em cima o incenso, porquanto *é* expiação do pecado;

¹²E a trará ao sacerdote, e o sacerdote dela to-mará a sua mão cheia pelo seu memorial, e *a* quei-mará sobre o altar, em cima das ofertas queima-das do SENHOR; expiação de pecado *é.*

¹³Assim o sacerdote por ela fará expiação do seu pecado, que cometeu em alguma destas coisas, e lhe será perdoado; e *o restante* será do sacerdote, como a oferta de alimentos.

O sacrifício pelo sacrilégio

¹⁴E falou o SENHOR a Moisés, dizendo:

LEVÍTICO 5.15

78

¹⁵Quando *alguma* pessoa cometer uma transgressão, e pecar por ignorância nas coisas sagradas do Senhor, então trará ao Senhor pela expiação, um carneiro sem defeito do rebanho, conforme à tua estimação em siclos de prata, segundo o siclo do santuário, para expiação da culpa.

¹⁶Assim restituirá o que pecar nas coisas sagradas, e ainda lhe acrescentará a quinta parte, e a dará ao sacerdote; assim o sacerdote, com o carneiro da expiação, fará expiação por ele, e ser-lhe-á perdoado *o pecado*.

O sacrifício pelos pecados
de ignorância

¹⁷E, se alguma pessoa pecar, e fizer, *contra* algum dos mandamentos do Senhor, aquilo que não se deve fazer, ainda que o não soubesse, contudo será ela culpada, e levará a sua iniquidade;

¹⁸E trará ao sacerdote um carneiro sem defeito do rebanho, conforme à tua estimação, para expiação da culpa, e o sacerdote por ela fará expiação do erro que cometeu sem saber; e ser-lhe-á perdoado.

¹⁹Expiação de culpa é; certamente se fez culpado diante do Senhor.

O sacrifício pelos pecados voluntários

6 FALOU mais o Senhor a Moisés, dizendo:
²Quando *alguma* pessoa pecar, e transgredir contra o Senhor, e negar ao seu próximo o que lhe deu em guarda, ou o que deixou na sua mão, ou o roubo, ou o que reteve violentamente ao seu próximo,

³Ou que achou o perdido, e o negar com falso juramento, ou fizer alguma *outra* coisa de todas em que o homem costuma pecar;

⁴Será pois que, como pecou e tornou-se culpado, restituirá o que roubou, ou o que reteve violentamente, ou o depósito que lhe foi dado em guarda, ou o perdido que achou;

⁵Ou tudo aquilo sobre que jurou falsamente; e o restituirá no seu todo, e ainda sobre isso acrescentará o quinto; àquele de quem *é* o dará no dia de sua expiação.

⁶E a sua expiação trará ao Senhor: um carneiro sem defeito do rebanho, conforme à tua estimação, para expiação da culpa *trará* ao sacerdote;

⁷E o sacerdote fará expiação por ela diante do Senhor, e será perdoada de qualquer das coisas que fez, tornando-se culpada.

A lei do holocausto

⁸Falou mais o Senhor a Moisés, dizendo:

⁹Dá ordem a Arão e a seus filhos, dizendo: Esta *é* a lei do holocausto; o holocausto será queimado sobre o altar toda a noite até pela manhã, e o fogo do altar arderá nele.

¹⁰E o sacerdote vestirá a sua veste de linho, e vestirá as calças de linho, sobre a sua carne, e levantará a cinza, quando o fogo houver consumido o holocausto sobre o altar, e a porá junto ao altar.

¹¹Depois despirá as suas vestes, e vestirá outras vestes; e levará a cinza fora do arraial para um lugar limpo.

¹²O fogo que está sobre o altar arderá nele, não se apagará; mas o sacerdote acenderá lenha nele cada manhã, e sobre ele porá em ordem o holocausto e sobre ele queimará a gordura das ofertas pacíficas.

¹³O fogo arderá continuamente sobre o altar; não se apagará.

A lei da oferta de alimentos

¹⁴E esta *é* a lei da oferta de alimentos: os filhos de Arão a oferecerão perante o Senhor diante do altar.

¹⁵E dela tomará um punhado *da* flor de farinha, da oferta e do seu azeite, e todo o incenso que *estiver* sobre a oferta de alimentos; então o acenderá sobre o altar, cheiro suave é isso, por ser memorial ao Senhor.

¹⁶E o restante dela comerão Arão e seus filhos; ázimo se comerá no lugar santo, no pátio da tenda da congregação o comerão.

¹⁷Levedado não se cozerá; sua porção *é* que *lhes* dei das minhas ofertas queimadas; coisa santíssima é, como a expiação do pecado e como a expiação da culpa.

¹⁸Todo o homem entre os filhos de Arão comerá dela; estatuto perpétuo *será* para as vossas gerações das ofertas queimadas do Senhor; todo o que as tocar será santo.

A oferta na consagração
dos sacerdotes

¹⁹Falou mais o Senhor a Moisés, dizendo:

²⁰Esta *é* a oferta de Arão e de seus filhos, a qual oferecerão ao Senhor no dia em que ele for ungido; a décima parte de um efa *de* flor de farinha pela oferta de alimentos contínua; a metade dela pela manhã, e a *outra* metade à tarde.

²¹Numa caçoula se fará com azeite; cozida a trarás; *e* os pedaços cozidos da oferta oferecerás em cheiro suave ao Senhor.

²²Também o sacerdote, que de entre seus filhos for ungido em seu lugar, fará o mesmo; por estatuto perpétuo será ela toda queimada ao Senhor.

²³Assim toda a oferta do sacerdote será totalmente queimada; não se comerá.

A lei da expiação do pecado

²⁴Falou mais o Senhor a Moisés, dizendo:

²⁵Fala a Arão e a seus filhos, dizendo: Esta *é* a lei da expiação do pecado; no lugar onde se degola o holocausto se degolará a expiação do pecado perante o Senhor; coisa santíssima é.

²⁶O sacerdote que a oferecer pelo pecado a comerá; no lugar santo se comerá, no pátio da tenda da congregação.

²⁷Tudo o que tocar a carne da oferta será santo; se o seu sangue for aspergido sobre as vestes de alguém, lavarás em lugar santo aquilo sobre o que caiu.

²⁸E o vaso de barro em que for cozida será quebrado; porém, se for cozida num vaso de cobre, esfregar-se-á e lavar-se-á na água.

²⁹Todo o homem entre os sacerdotes a comerá; coisa santíssima é.

³⁰Porém, não se comerá nenhuma oferta pelo pecado, cujo sangue se traz à tenda da congregação, para expiar no santuário; no fogo será queimada.

A lei da expiação da culpa

7E ESTA é a lei da expiação da culpa; coisa santíssima é.

²No lugar onde degolam o holocausto, degolarão a oferta pela expiação da culpa, e o seu sangue se aspergirá sobre o altar em redor.

³E dela se oferecerá toda a sua gordura; a cauda, e a gordura que cobre a fressura.

⁴Também ambos os rins, e a gordura que neles há, que está junto aos lombos, e o redenho sobre o fígado, com os rins se tirará;

⁵E o sacerdote os queimará sobre o altar em oferta queimada ao SENHOR; expiação da culpa é.

⁶Todo o varão entre os sacerdotes a comerá; no lugar santo se comerá; coisa santíssima é.

⁷Como a expiação pelo pecado, assim será a expiação da culpa; uma mesma lei haverá para elas; será do sacerdote que houver feito propiciação com ela.

⁸Também o sacerdote, que oferecer o holocausto de alguém, o mesmo sacerdote terá para si o couro do holocausto que oferecer.

⁹Como também toda a oferta que se cozer no forno, com tudo que se preparar na frigideira e na caçoula, será do sacerdote que a oferecer.

¹⁰Também toda a oferta amassada com azeite, ou seca, será de todos os filhos de Arão, assim de um como de outro.

A lei do sacrifício da paz

¹¹E esta é a lei do sacrifício pacífico que se oferecerá ao SENHOR:

¹²Se o oferecer por oferta de ação de graças, com o sacrifício de ação de graças, oferecerá bolos ázimos amassados com azeite; e coscorões ázimos amassados com azeite; e os bolos amassados com azeite serão fritos, de flor de farinha.

¹³Com os bolos oferecerá por sua oferta pão levedado, com o sacrifício de ação de graças da sua oferta pacífica.

¹⁴E de toda a oferta oferecerá uma parte por oferta alçada ao SENHOR, que será do sacerdote que aspergir o sangue da oferta pacífica.

¹⁵Mas a carne do sacrifício de ação de graças da sua oferta pacífica se comerá no dia do seu oferecimento; nada se deixará dela até à manhã.

¹⁶E, se o sacrifício da sua oferta for voto, ou oferta voluntária, no dia em que oferecer o seu sacrifício se comerá; e o que dele ficar também se comerá no dia seguinte;

¹⁷E o que ainda ficar da carne do sacrifício ao terceiro dia será queimado no fogo.

¹⁸Porque, se da carne do seu sacrifício pacífico se comer ao terceiro dia, aquele que a ofereceu não será aceito, nem lhe será imputado; coisa abominável será, e a pessoa que dela comer levará a sua iniquidade.

¹⁹E a carne que tocar alguma coisa imunda não se comerá; com fogo será queimada; mas da outra carne, qualquer que estiver limpo, comerá dela.

²⁰Porém, se alguma pessoa comer a carne do sacrifício pacífico, que é do SENHOR, tendo ela sobre si a sua imundícia, aquela pessoa será extirpada do seu povo.

²¹E, se uma pessoa tocar alguma coisa imunda, como imundícia de homem, ou gado imundo, ou qualquer abominação imunda, e comer da carne do sacrifício pacífico, que é do SENHOR, aquela pessoa será extirpada do seu povo.

Deus proíbe o comer a gordura e o sangue

²²Depois falou o SENHOR a Moisés, dizendo:

²³Fala aos filhos de Israel, dizendo: Nenhuma gordura de boi, nem de carneiro, nem de cabra comereis;

²⁴Porém pode-se usar da gordura de corpo morto, e da gordura do dilacerado por feras, para toda a obra, mas de nenhuma maneira a comereis;

²⁵Porque qualquer que comer a gordura do animal, do qual se oferecer ao SENHOR oferta queimada, a pessoa que a comer será extirpada do seu povo.

²⁶E nenhum sangue comereis em qualquer das vossas habitações, quer de aves quer de gado.

²⁷Toda a pessoa que comer algum sangue, aquela pessoa será extirpada do seu povo.

A porção dos sacerdotes

²⁸Falou mais o SENHOR a Moisés, dizendo:

²⁹Fala aos filhos de Israel, dizendo: Quem oferecer ao SENHOR o seu sacrifício pacífico, trará a sua oferta ao SENHOR do seu sacrifício pacífico.

³⁰As suas próprias mãos trarão as ofertas queimadas do SENHOR; a gordura do peito com o peito trará para movê-lo por oferta movida perante o SENHOR.

³¹E o sacerdote queimará a gordura sobre o altar, porém o peito será de Arão e de seus filhos.

³²Também a espádua direita dareis ao sacerdote por oferta alçada dos vossos sacrifícios pacíficos.

³³Aquele dos filhos de Arão que oferecer o sangue do sacrifício pacífico, e a gordura, esse terá a espádua direita para a sua porção;

³⁴Porque o peito movido e a espádua alçada tomei dos filhos de Israel dos seus sacrifícios pacíficos, e os dei a Arão, o sacerdote, e a seus filhos, por estatuto perpétuo dos filhos de Israel.

³⁵Esta é a porção de Arão e a porção de seus filhos das ofertas queimadas do SENHOR, desde o dia em que ele os apresentou para administrar o sacerdócio ao SENHOR.

³⁶O que o SENHOR ordenou que se lhes desse dentre os filhos de Israel no dia em que os ungiu; estatuto perpétuo é pelas suas gerações.

³⁷Esta é a lei do holocausto, da oferta de alimentos, e da expiação do pecado, e da expiação

LEVÍTICO 7.38

da culpa, e da oferta das consagrações, e do sacrifício pacífico,

³⁸Que o Senhor ordenou a Moisés no monte Sinai, no dia em que ordenou aos filhos de Israel que oferecessem as suas ofertas ao Senhor, no deserto de Sinai.

A consagração de Arão e seus filhos

8 FALOU mais o Senhor a Moisés, dizendo: ²Toma a Arão e a seus filhos com ele, e as vestes, e o azeite da unção, como também o novilho da expiação do pecado, e os dois carneiros, e o cesto dos *pães* ázimos,

³E reúne toda a congregação à porta da tenda da congregação.

⁴Fez, pois, Moisés como o Senhor lhe ordenara, e a congregação reuniu-se à porta da tenda da congregação.

⁵Então disse Moisés à congregação: Isto *é* o que o Senhor ordenou *que* se fizesse.

⁶E Moisés fez chegar a Arão e a seus filhos, e os lavou com água.

⁷E vestiu-lhe a túnica, e cingiu-o com o cinto, e pôs sobre ele o manto; também pôs sobre ele o éfode, e cingiu-o com o cinto de obra esmerada do éfode e o apertou com ele.

⁸Depois pôs-lhe o peitoral, pondo no peitoral o Urim e o Tumim;

⁹E pôs a mitra sobre a sua cabeça; e sobre a mitra, na parte dianteira, pôs a lâmina de ouro, a coroa da santidade, como o Senhor ordenara a Moisés.

¹⁰Então Moisés tomou o azeite da unção, e ungiu o tabernáculo, e tudo o que *havia* nele, e o santificou;

¹¹E dele aspergiu sete vezes sobre o altar, e ungiu o altar e todos os seus utensílios, como também a pia e a sua base, para santificá-las.

¹²Depois derramou do azeite da unção sobre a cabeça de Arão, e ungiu-o, para santificá-lo.

¹³Também Moisés fez chegar os filhos de Arão, e vestiu-lhes as túnicas, e cingiu-os com o cinto, e apertou-lhes as tiaras, como o Senhor ordenara a Moisés.

¹⁴Então fez chegar o novilho da expiação do pecado; e Arão e seus filhos puseram as suas mãos sobre a cabeça do novilho da expiação do pecado;

¹⁵E o degolou; e Moisés tomou o sangue, e pôs *dele* com o seu dedo sobre as pontas do altar em redor, e purificou o altar; depois derramou o *restante do* sangue à base do altar, e o santificou, para fazer expiação sobre ele.

¹⁶Depois tomou toda a gordura *que está* na fressura, e o redenho do fígado, e os dois rins e a sua gordura; e Moisés queimou-os sobre o altar.

¹⁷Mas o novilho com o seu couro, e a sua carne, e o seu esterco, queimou com fogo fora do arraial, como o Senhor ordenara a Moisés.

¹⁸Depois fez chegar o carneiro do holocausto; e Arão e seus filhos puseram as suas mãos sobre a cabeça do carneiro;

¹⁹E degolou-o; e Moisés aspergiu o sangue sobre o altar em redor.

²⁰Partiu também o carneiro nos seus pedaços; e Moisés queimou a cabeça, e os pedaços e a gordura.

²¹Porém a fressura e as pernas lavou com água; e Moisés queimou todo o carneiro sobre o altar; holocausto de cheiro suave, uma oferta queimada ao Senhor, como o Senhor ordenou a Moisés.

²²Depois fez chegar o outro carneiro, o carneiro da consagração; e Arão com seus filhos puseram as suas mãos sobre a cabeça do carneiro.

²³E degolou-o; e Moisés tomou do seu sangue, e o pôs sobre a ponta da orelha direita de Arão, e sobre o polegar da sua mão direita, e sobre o polegar do seu pé direito.

²⁴Moisés também fez chegar os filhos de Arão, e pôs daquele sangue sobre a ponta da orelha direita deles, e sobre o polegar da sua mão direita, e sobre o polegar do seu pé direito; e Moisés aspergiu o *restante do* sangue sobre o altar em redor.

²⁵E tomou a gordura, e a cauda, e toda a gordura que *está* na fressura, e o redenho do fígado, e ambos os rins, e a sua gordura e a espádua direita.

²⁶Também do cesto dos *pães* ázimos, que *estava* diante do Senhor, tomou um bolo ázimo, e um bolo de pão azeitado, e um coscorão, e *os* pôs sobre a gordura e sobre a espádua direita.

²⁷E tudo *isto* pôs nas mãos de Arão e nas mãos de seus filhos; e os ofereceu *por oferta* movida perante o Senhor.

²⁸Depois Moisés tomou-os das suas mãos, e *os* queimou no altar sobre o holocausto; *estes foram* uma consagração, por cheiro suave, oferta queimada ao Senhor.

²⁹E tomou Moisés o peito, e ofereceu-o *por oferta* movida perante o Senhor. Aquela foi a porção de Moisés do carneiro da consagração, como o Senhor ordenara a Moisés.

³⁰Tomou Moisés também do azeite da unção, e do sangue que *estava* sobre o altar, e o aspergiu sobre Arão e sobre as suas vestes, e sobre os seus filhos, e sobre as vestes de seus filhos com ele; e santificou a Arão *e* as suas vestes, e seus filhos, e as vestes de seus filhos com ele.

³¹E Moisés disse a Arão, e a seus filhos: Cozei a carne diante da porta da tenda da congregação, e ali a comereis com o pão que *está* no cesto da consagração, como tenho ordenado, dizendo: Arão e seus filhos a comerão.

³²Mas o que sobejar da carne e do pão, queimareis com fogo.

³³Também da porta da tenda da congregação não saireis por sete dias, até ao dia em que se cumprirem os dias da vossa consagração; porquanto por sete dias ele vos consagrará.

³⁴Como se fez neste dia, *assim* o Senhor ordenou se fizesse, para fazer expiação por vós.

³⁵Ficareis, pois, *à* porta da tenda da congregação dia e noite por sete dias, e guardareis as

ordenanças do Senhor, para que não morrais; porque assim me foi ordenado.

[36]E Arão e seus filhos fizeram todas as coisas que o Senhor ordenara pela mão de Moisés.

Arão oferece sacrifícios por si e pelo povo

9 E ACONTECEU, ao dia oitavo, *que* Moisés chamou a Arão e seus filhos, e os anciãos de Israel,

[2]E disse a Arão: Toma um bezerro, para *expiação do* pecado, e um carneiro para holocausto, sem defeito; e traze-*os* perante o Senhor.

[3]Depois falarás aos filhos de Israel, dizendo: Tomai um bode para *expiação do* pecado, e um bezerro, e um cordeiro de um ano, sem defeito, para holocausto;

[4]Também um boi e um carneiro por *sacrifício* pacífico, para sacrificar perante o Senhor, e oferta de alimentos, amassada com azeite; porquanto hoje o Senhor vos aparecerá.

[5]Então trouxeram o que ordenara Moisés, diante da tenda da congregação, e chegou-se toda a congregação e se pôs perante o Senhor.

[6]E disse Moisés: Esta *é* a coisa que o Senhor ordenou que fizésseis; e a glória do Senhor vos aparecerá.

[7]E disse Moisés a Arão: Chega-te ao altar, e faze a tua expiação de pecado e o teu holocausto; e faze expiação por ti e pelo povo; depois faze a oferta do povo, e faze expiação por eles, como ordenou o Senhor.

[8]Então Arão se chegou ao altar, e degolou o bezerro da expiação que *era* por si mesmo.

[9]E os filhos de Arão trouxeram-lhe o sangue, e molhou o seu dedo no sangue, e *o* pôs sobre as pontas do altar; e o *restante do* sangue derramou à base do altar.

[10]Mas a gordura, e os rins, e o redenho do fígado de expiação do pecado, queimou sobre o altar, como o Senhor ordenara a Moisés.

[11]Porém a carne e o couro queimou com fogo fora do arraial.

[12]Depois degolou o holocausto, e os filhos de Arão lhe entregaram o sangue, e aspergiu-o sobre o altar em redor.

[13]Também lhe entregaram o holocausto nos seus pedaços, com a cabeça; e queimou-o sobre o altar.

[14]E lavou a fressura e as pernas, e as queimou sobre o holocausto no altar.

[15]Depois fez chegar a oferta do povo, e tomou o bode da expiação do pecado, que *era* pelo povo, e o degolou, e o preparou por expiação do pecado, como o primeiro.

[16]Fez também chegar o holocausto, e ofereceu-o segundo o rito.

[17]E fez chegar a oferta de alimentos, e a sua mão encheu dela, e queimou-a sobre o altar, além do holocausto da manhã.

[18]Depois degolou o boi e o carneiro em sacrifício pacífico, que *era* pelo povo; e os filhos de Arão entregaram-lhe o sangue, que aspergiu sobre o altar em redor.

[19]Como também a gordura do boi e do carneiro, a cauda, e o que cobre *a fressura,* e os rins, e o redenho do fígado.

[20]E puseram a gordura sobre os peitos, e queimou a gordura sobre o altar;

[21]Mas os peitos e a espádua direita Arão ofereceu *por oferta* movida perante o Senhor, como Moisés tinha ordenado.

[22]Depois Arão levantou as suas mãos ao povo e o abençoou; e desceu, havendo feito a expiação do pecado, e o holocausto, e a oferta pacífica.

[23]Então entraram Moisés e Arão na tenda da congregação; depois saíram, e abençoaram ao povo; e a glória do Senhor apareceu a todo o povo.

[24]Porque o fogo saiu de diante do Senhor, e consumiu o holocausto e a gordura, sobre o altar; o que vendo todo o povo, jubilaram e caíram sobre as suas faces.

Nadabe e Abiú morrem diante do Senhor

10 E OS filhos de Arão, Nadabe e Abiú, tomaram cada um o seu incensário e puseram neles fogo, e colocaram incenso sobre ele, e ofereceram fogo estranho perante o Senhor, o que não lhes ordenara.

[2]Então saiu fogo de diante do Senhor e os consumiu; e morreram perante o Senhor.

[3]E disse Moisés a Arão: Isto *é* o que o Senhor falou, dizendo: Serei santificado naqueles que se chegarem a mim, e serei glorificado diante de todo o povo. Porém Arão calou-se.

[4]E Moisés chamou a Misael e a Elzafã, filhos de Uziel, tio de Arão, e disse-lhes: Chegai, levai a vossos irmãos de diante do santuário, para fora do arraial.

[5]Então chegaram, e os levaram nas suas túnicas para fora do arraial, como Moisés lhes dissera.

[6]E Moisés disse a Arão, e a seus filhos Eleazar e Itamar: Não descobrireis as vossas cabeças, nem rasgareis vossas vestes, para que não morrais, nem venha grande indignação sobre toda a congregação; mas vossos irmãos, toda a casa de Israel, lamentem este incêndio que o Senhor acendeu.

[7]Nem saireis da porta da tenda da congregação, para que não morrais; porque *está* sobre vós o azeite da unção do Senhor. E fizeram conforme à palavra de Moisés.

Os sacerdotes e a bebida forte

[8]E falou o Senhor a Arão, dizendo:

[9]Não bebereis vinho nem bebida forte, nem tu nem teus filhos contigo, quando entrardes na tenda da congregação, para que não morrais; estatuto perpétuo *será isso* entre as vossas gerações;

[10]E para fazer diferença entre o santo e o profano e entre o imundo e o limpo,

[11]E para ensinar aos filhos de Israel todos os estatutos que o Senhor lhes tem falado por meio de Moisés.

A lei acerca das coisas santas

¹²E disse Moisés a Arão, e a Eleazar e a Itamar, seus filhos, que *lhe* ficaram: Tomai a oferta de alimentos, restante das ofertas queimadas do Senhor, e comei-a sem levedura junto ao altar, porquanto *é* coisa santíssima.

¹³Portanto a comereis no lugar santo; porque *isto é* a tua porção, e a porção de teus filhos, das ofertas queimadas do Senhor; porque assim me foi ordenado.

¹⁴Também o peito da *oferta* movida e a espádua *da oferta* alçada, comereis em lugar limpo, tu, e teus filhos e tuas filhas contigo; porque *foram* dados por tua porção, e por porção de teus filhos, dos sacrifícios pacíficos dos filhos de Israel.

¹⁵A espádua *da oferta* alçada e o peito *da oferta* movida trarão com as ofertas queimadas de gordura, para oferecer *por oferta* movida perante o Senhor; o que será por estatuto perpétuo, para ti e para teus filhos contigo, como o Senhor tem ordenado.

¹⁶E Moisés diligentemente buscou o bode da expiação, e eis que já fora queimado; portanto indignou-se grandemente contra Eleazar e contra Itamar, os filhos de Arão que ficaram, dizendo:

¹⁷Por que não comestes a expiação do pecado no lugar santo, pois *é* coisa santíssima e *Deus* a deu a vós, para que levásseis a iniquidade da congregação, para fazer expiação por eles diante do Senhor?

¹⁸Eis que não se trouxe o seu sangue para dentro do santuário; certamente devíeis ter comido no santuário, como tenho ordenado.

¹⁹Então disse Arão a Moisés: Eis que hoje ofereceram a sua expiação pelo pecado e o seu holocausto perante o Senhor, e tais coisas me sucederam; *se* hoje tivesse comido da oferta da expiação pelo pecado, seria isso porventura aceito aos olhos do Senhor?

²⁰E Moisés, ouvindo *isto,* deu-se por satisfeito.

Os animais que se devem e não se devem comer

11E FALOU o Senhor a Moisés e a Arão, dizendo-lhes:

²Fala aos filhos de Israel, dizendo: Estes *são* os animais, que comereis dentre todos os animais que *há* sobre a terra;

³Dentre os animais, todo o que tem unhas fendidas, e a fenda das unhas se divide em duas, *e* rumina, deles comereis.

⁴Destes, porém, não comereis; dos que ruminam ou dos que têm unhas fendidas; o camelo, que rumina, mas não tem unhas fendidas; esse vos *será* imundo;

⁵E o coelho, porque rumina, mas não tem as unhas fendidas; esse vos *será* imundo;

⁶E a lebre, porque rumina, mas não tem unhas fendidas; essa vos *será* imunda.

⁷Também o porco, porque tem unhas fendidas, e a fenda das unhas se divide em duas, mas não rumina; este vos *será* imundo.

⁸Das suas carnes não comereis, nem tocareis nos seus cadáveres; estes vos *serão* imundos.

⁹De todos os animais que há nas águas, comereis os seguintes: todo o que tem barbatanas e escamas, nas águas, nos mares e nos rios, esses comereis.

¹⁰Mas todo o que não tem barbatanas, nem escamas, nos mares e nos rios, todo o réptil das águas, e todo o ser vivente que *há* nas águas, estes *serão* para vós abominação.

¹¹Ser-vos-ão, pois, por abominação; da sua carne não comereis, e abominareis o seu cadáver.

¹²Todo o que não tem barbatanas ou escamas, nas águas, *será* para vós abominação.

¹³Das aves, estas abominareis; não se comerão, *serão* abominação: a águia, e o quebrantosso, e o xofrango,

¹⁴E o milhano, e o abutre segundo a sua espécie.

¹⁵Todo o corvo segundo a sua espécie,

¹⁶E o avestruz, e o mocho, e a gaivota, e o gavião segundo a sua espécie.

¹⁷E o bufo, e o corvo marinho, e a coruja,

¹⁸E a gralha, e o cisne, e o pelicano,

¹⁹E a cegonha, a garça segundo a sua espécie, e a poupa, e o morcego.

²⁰Todo o inseto que voa, que anda sobre quatro *pés, será* para vós uma abominação.

²¹Mas isto comereis de todo o inseto que voa, que anda sobre quatro *pés:* o que tiver pernas sobre os seus pés, para saltar com elas sobre a terra.

²²Deles comereis estes: a locusta segundo a sua espécie, o gafanhoto devorador segundo a sua espécie, o grilo segundo a sua espécie, e o gafanhoto segundo a sua espécie.

²³E todos os outros insetos que voam, que têm quatro pés, *serão* para vós uma abominação.

²⁴E por estes sereis imundos: qualquer que tocar os seus cadáveres, imundo será até à tarde.

²⁵Qualquer que levar os seus cadáveres lavará as suas vestes, e será imundo até à tarde.

²⁶Todo o animal que tem unha fendida, mas a fenda não se divide em duas, e *todo o* que não rumina, vos *será* por imundo; qualquer que tocar neles será imundo.

²⁷E todo o animal que anda sobre as suas patas, todo o animal que anda a quatro *pés,* vos *será* por imundo; qualquer que tocar nos seus cadáveres será imundo até à tarde.

²⁸E o que levar os seus cadáveres lavará as suas vestes, e será imundo até à tarde; eles vos *serão* por imundos.

²⁹Estes também vos *serão* por imundos entre os répteis que se arrastam sobre a terra; a doninha, e o rato, e a tartaruga segundo a sua espécie,

³⁰E o ouriço cacheiro, e o lagarto, e a lagartixa, e a lesma e a toupeira.

³¹Estes vos *serão* por imundos dentre todos os répteis; qualquer que os tocar, estando eles mortos, será imundo até à tarde.

³²E tudo aquilo sobre o que cair alguma coisa deles estando eles mortos será imundo; seja vaso

de madeira, ou veste, ou pele, ou saco, qualquer instrumento, com que se faz *alguma* obra, será posto na água, e será imundo até à tarde; depois será limpo.

³³E todo o vaso de barro, em que cair *alguma coisa* deles, tudo o que houver nele será imundo, e o *vaso* quebrareis.

³⁴Todo o alimento que se come, sobre o qual cair água *de tais vasos,* será imundo; e toda a bebida que se bebe, *depositada* nesses vasos, será imunda.

³⁵E aquilo sobre o que cair alguma parte de seu corpo morto, será imundo; o forno e o vaso de barro serão quebrados; imundos *são:* portanto vos serão por imundos.

³⁶Porém a fonte ou cisterna, em que *se* recolhem águas, será limpa, mas quem tocar no seu cadáver será imundo.

³⁷E, se dos seus cadáveres cair *alguma coisa* sobre *alguma* semente que se vai semear, *será* limpa;

³⁸Mas se for deitada água sobre a semente, e *dos seus cadáveres cair *alguma coisa* sobre ela, vos *será* por imunda.

³⁹E se morrer *algum* dos animais, que vos *servem* de mantimento, quem tocar no seu cadáver será imundo até à tarde;

⁴⁰E quem comer do seu cadáver lavará as suas vestes, e será imundo até à tarde; e quem levar o seu corpo morto lavará as suas vestes, e será imundo até à tarde.

⁴¹Também todo o réptil, que se arrasta sobre a terra, *será* abominação; não se comerá.

⁴²Tudo o que anda sobre o ventre, e tudo o que anda sobre quatro *pés,* ou que tem muitos pés, entre todo o réptil que se arrasta sobre a terra, não comereis, porquanto *são* uma abominação.

⁴³Não vos façais abomináveis, por nenhum réptil que se arrasta, nem neles vos contamineis, para não serdes imundos por eles;

⁴⁴Porque eu *sou* o Senhor vosso Deus; portanto vós vos santificareis, e sereis santos, porque eu *sou* santo; e não vos contaminareis com nenhum réptil que se arrasta sobre a terra;

⁴⁵Porque eu *sou* o Senhor, que vos fiz subir da terra do Egito, para que eu seja vosso Deus, e para que sejais santos; porque eu *sou* santo.

⁴⁶Esta é a lei dos animais, e das aves, e de toda criatura vivente que se move nas águas, e de toda criatura que se arrasta sobre a terra;

⁴⁷Para fazer diferença entre o imundo e o limpo; e entre animais que se podem comer e os animais que não se podem comer.

A purificação da mulher depois do parto

12 FALOU mais o Senhor a Moisés, dizendo: ²Fala aos filhos de Israel, dizendo: Se uma mulher conceber e der à luz um menino, será imunda sete dias, assim como nos dias da separação da sua enfermidade, será imunda.

³E no dia oitavo se circuncidará *ao menino* a carne do seu prepúcio.

⁴Depois ficará ela trinta e três dias no sangue da sua purificação; nenhuma coisa santa tocará e não entrará no santuário até que se cumpram os dias da sua purificação.

⁵Mas, se der à luz uma menina será imunda duas semanas, como na sua separação; depois ficará sessenta e seis dias no sangue da sua purificação.

⁶E, quando forem cumpridos os dias da sua purificação por filho ou por filha, trará um cordeiro de um ano por holocausto, e um pombinho ou uma rola para expiação do pecado, diante da porta da tenda da congregação, ao sacerdote.

⁷O qual o oferecerá perante o Senhor, e por ela fará propiciação; e será limpa do fluxo do seu sangue; esta é a lei da que der à luz menino ou menina.

⁸Mas, se em sua mão não houver recursos para um cordeiro, então tomará duas rolas, ou dois pombinhos, um para o holocausto e outro para a propiciação do pecado; assim o sacerdote por ela fará expiação, e será limpa.

As leis acerca da praga da lepra

13 FALOU mais o Senhor a Moisés e a Arão, dizendo:

²Quando um homem tiver na pele da sua carne, inchação, ou pústula, ou mancha lustrosa, na pele de sua carne *como* praga da lepra, então será levado a Arão, o sacerdote, ou a um de seus filhos, os sacerdotes.

³E o sacerdote examinará a praga na pele da carne; se o pelo na praga se tornou branco, e a praga parecer mais profunda do que a pele da sua carne, *é* praga de lepra; o sacerdote o examinará, e o declarará por imundo.

⁴Mas, se a mancha na pele de sua carne *for* branca, e não parecer mais profunda do que a pele, e o pelo não se tornou branco, então o sacerdote encerrará *o que tem* a praga por sete dias;

⁵E ao sétimo dia o sacerdote o examinará; e eis que, se a praga, ao seu parecer parou, e na pele a praga não se estendeu, então o sacerdote o encerrará por outros sete dias;

⁶E o sacerdote ao sétimo dia o examinará outra vez; e eis que, se a praga se recolheu, e na pele a praga não se estendeu, então o sacerdote o declarará por limpo; *é* uma pústula; e lavará as suas vestes, e será limpo.

⁷Mas, se a pústula na pele se estende grandemente, depois que foi mostrado ao sacerdote para a sua purificação, outra vez será mostrado ao sacerdote,

⁸E o sacerdote o examinará, e eis que, se a pústula na pele se tem estendido, o sacerdote o declarará por imundo; *é* lepra.

⁹Quando no homem houver praga de lepra, será levado ao sacerdote,

¹⁰E o sacerdote o examinará, e eis que, se há inchação branca na pele, a qual tornou o pelo em branco, e *houver* carne viva na inchação,

¹¹Lepra inveterada *é* na pele da sua carne;

LEVÍTICO 13.12

portanto, o sacerdote o declarará por imundo; não o encerrará, porque imundo é.

¹²E, se a lepra se espalhar de todo na pele, e a lepra cobrir toda a pele do que tem a praga, desde a sua cabeça até aos seus pés, quanto podem ver os olhos do sacerdote,

¹³Então o sacerdote examinará, e eis que, se a lepra tem coberto toda a sua carne, então declarará *o que tem* a praga por limpo; todo se tornou branco; limpo *está*.

¹⁴Mas no dia em que aparecer nela carne viva será imundo.

¹⁵Vendo, pois, o sacerdote a carne viva, declará-lo-á por imundo; a carne viva *é* imunda; *é* lepra.

¹⁶Ou, tornando a carne viva, e mudando-se em branca, então virá ao sacerdote,

¹⁷E o sacerdote o examinará, e eis que, se a praga se tornou branca, então o sacerdote declarará limpo *o que tem* a praga; limpo *está*.

¹⁸Se também a carne, em cuja pele houver alguma úlcera, sarar,

¹⁹E, em lugar da pústula, vier inchação branca ou mancha lustrosa, tirando a vermelho, mostrar-se-á então ao sacerdote.

²⁰E o sacerdote examinará, e eis que, se ela parece mais funda do que a pele, e o seu pelo se tornou branco, o sacerdote o declarará por imundo; *é* praga da lepra que brotou da pústula.

²¹E o sacerdote, vendo-a, e eis que se nela não *houver* pelo branco, nem *estiver* mais funda do que a pele, mas encolhida, então o sacerdote o encerrará por sete dias.

²²Se ela grandemente se estender na pele, o sacerdote o declarará por imundo; praga é.

²³Mas se a mancha parar no seu lugar, não se estendendo, inflamação da pústula *é;* o sacerdote, pois, o declarará por limpo.

²⁴Ou, quando na pele da carne houver queimadura de fogo, e no que é sarado da queimadura houver mancha lustrosa, tirando a vermelho ou branco,

²⁵E o sacerdote vendo-a, e eis que se o pelo na mancha se tornou branco e ela parece mais funda do que a pele, lepra *é, que* floresceu pela queimadura; portanto o sacerdote o declarará por imundo; *é* praga de lepra.

²⁶Mas, se o sacerdote, vendo-a, e eis que, se na mancha não aparecer pelo branco, nem estiver mais funda do que a pele, mas recolhida, o sacerdote o encerrará por sete dias.

²⁷Depois o sacerdote o examinará ao sétimo dia; se grandemente se houver estendido na pele, o sacerdote o declarará por imundo; *é* praga de lepra.

²⁸Mas se a mancha parar no seu lugar, e na pele não se estender, mas se recolher, inchação da queimadura *é;* portanto o sacerdote o declarará por limpo, porque inflamação *é* da queimadura.

²⁹E, quando homem ou mulher tiver chaga na cabeça ou na barba,

³⁰E o sacerdote, examinando a chaga, e eis que, se ela parece mais funda do que a pele, e pelo amarelo fino há nela, o sacerdote o declarará por imundo; *é* tinha, *é* lepra da cabeça ou da barba.

³¹Mas, se o sacerdote, havendo examinado a praga da tinha, e eis que, se ela não parece mais funda do que a pele, e se nela não houver pelo preto, então o sacerdote encerrará *o que tem* a praga da tinha por sete dias.

³²E o sacerdote examinará a praga ao sétimo dia; e eis que, se a tinha não se tiver estendido, e nela não houver pelo amarelo, nem a tinha parecer mais funda do que a pele,

³³Então se rapará; mas não rapará a tinha; e o sacerdote segunda vez encerrará *o que tem* a tinha por sete dias.

³⁴Depois o sacerdote examinará a tinha ao sétimo dia; e eis que, se a tinha não se houver estendido na pele, e ela não parecer mais funda do que a pele, o sacerdote o declarará por limpo, e lavará as suas vestes, e será limpo.

³⁵Mas, se a tinha, depois da sua purificação, se houver estendido grandemente na pele,

³⁶Então o sacerdote o examinará, e eis que, se a tinha se tem estendido na pele, o sacerdote não buscará pelo amarelo; imundo *está*.

³⁷Mas, se a tinha ao seu ver parou, e pelo preto nela cresceu, a tinha está sã, limpo *está;* portanto o sacerdote o declarará por limpo.

³⁸E, quando homem ou mulher tiver manchas lustrosas brancas na pele da sua carne,

³⁹Então o sacerdote olhará, e eis que, se na pele da sua carne aparecem manchas lustrosas escurecidas, *é* impigem *que* floresceu na pele, limpo *está*.

⁴⁰E, quando os cabelos do homem caírem da cabeça, calvo *é,* mas limpo *está*.

⁴¹E, se lhe caírem os cabelos na frente da sua cabeça, meio calvo *é; mas* limpo *está*.

⁴²Porém, se na calva, ou na meia calva, houver praga branca avermelhada, *é* lepra, florescendo na sua calva ou na sua meia calva.

⁴³Havendo, pois, o sacerdote examinado, e eis que, se a inchação da praga, na sua calva ou meia calva, *está* branca, tirando a vermelho, como parece a lepra na pele da carne,

⁴⁴Leproso é aquele homem, imundo *está;* o sacerdote o declarará totalmente por imundo, na sua cabeça tem a praga.

⁴⁵Também as vestes do leproso, em quem *está* a praga, serão rasgadas, e a sua cabeça será descoberta, e cobrirá o lábio superior, e clamará: Imundo, imundo.

⁴⁶Todos os dias em que a praga *houver* nele, será imundo; imundo *está,* habitará só; a sua habitação *será* fora do arraial.

⁴⁷Quando também em alguma roupa houver praga de lepra, em roupa de lã, ou em roupa de linho,

⁴⁸Ou no fio urdido, ou no fio tecido, seja de linho, ou seja de lã, ou em pele, ou em qualquer obra de peles,

⁴⁹E a praga na roupa, ou na pele, ou no fio urdido, ou no fio tecido, ou em qualquer coisa de peles

aparecer verde ou vermelha, praga de lepra *é*, por isso se mostrará ao sacerdote,

⁵⁰E o sacerdote examinará a praga, e encerrará *aquilo que tem* a praga por sete dias.

⁵¹Então examinará a praga ao sétimo dia; se a praga se houver estendido na roupa, ou no fio urdido, ou no fio tecido ou na pele, para qualquer obra que for feita da pele, lepra roedora *é*, imunda *está;*

⁵²Por isso se queimará aquela roupa, ou fio urdido, ou fio tecido de lã, ou de linho, ou de qualquer obra de peles, em que houver a praga, porque lepra roedora *é;* com fogo se queimará.

⁵³Mas, o sacerdote, vendo, e eis que, se a praga não se estendeu na roupa, ou no fio urdido, ou no tecido, ou em qualquer obra de peles,

⁵⁴Então o sacerdote ordenará que se lave *aquilo* no qual *havia* a praga, e o encerrará segunda vez por sete dias;

⁵⁵E o sacerdote, examinando a praga, depois que for lavada, e eis que se a praga não mudou o seu aspecto, nem a praga se estendeu, imundo *está*, com fogo o queimarás; *praga* penetrante *é, seja* por dentro ou por fora.

⁵⁶Mas se o sacerdote verificar que a praga se tem recolhido, depois de lavada, então a rasgará da roupa, ou da pele ou do fio urdido ou tecido;

⁵⁷E, se ainda aparecer na roupa, ou no fio urdido ou tecido ou em qualquer coisa de peles, *lepra* brotante *é;* com fogo queimarás aquilo em que *há* a praga;

⁵⁸Mas a roupa ou fio urdido ou tecido ou qualquer coisa de peles, que lavares, e de que a praga se retirar, se lavará segunda vez, e será limpa.

⁵⁹Esta *é* a lei da praga da lepra na roupa de lã, ou de linho, ou do fio urdido, ou tecido, ou de qualquer coisa de peles, para declará-la limpa, ou para declará-la imunda.

A lei acerca do leproso depois de sarado

14 DEPOIS falou o SENHOR a Moisés, dizendo:
²Esta será a lei do leproso no dia da sua purificação: será levado ao sacerdote,

³E o sacerdote sairá fora do arraial, e o sacerdote o examinará, e eis que, se a praga da lepra do leproso for sarada,

⁴Então o sacerdote ordenará que *por* aquele que se houver de purificar se tomem duas aves vivas e limpas, e pau de cedro, e carmesim, e hissopo.

⁵Mandará também o sacerdote que se degole uma ave num vaso de barro sobre águas vivas,

⁶E tomará a ave viva, e o pau de cedro, e o carmesim, e o hissopo, e os molhará, com a ave viva, no sangue da ave que foi degolada sobre as águas correntes.

⁷E sobre aquele que há de purificar-se da lepra aspergirá sete vezes; então o declarará por limpo, e soltará a ave viva sobre a face do campo.

⁸E aquele que tem de purificar-se lavará as suas vestes, e rapará todo o seu pelo, e se lavará com água; assim será limpo; e depois entrará no arraial, porém, ficará fora da sua tenda por sete dias;

⁹E será que ao sétimo dia rapará todo o seu pelo, a sua cabeça, e a sua barba, e as sobrancelhas; sim, rapará todo o pelo, e lavará as suas vestes, e lavará a sua carne com água, e será limpo,

¹⁰E ao oitavo dia tomará dois cordeiros sem defeito, e uma cordeira sem defeito, de um ano, e três dízimas de flor de farinha *para* oferta de alimentos, amassada com azeite, e um logue de azeite;

¹¹E o sacerdote que faz a purificação apresentará o homem que houver de purificar-se, com aquelas coisas, perante o SENHOR, à porta da tenda da congregação.

¹²E o sacerdote tomará um dos cordeiros, e o oferecerá por expiação da culpa, e o logue de azeite; e os oferecerá *por* oferta movida perante o SENHOR.

¹³Então degolará o cordeiro no lugar em que se degola a oferta da expiação do pecado e o holocausto, no lugar santo; porque quer a oferta da expiação da culpa como a da expiação do pecado *é* para o sacerdote; coisa santíssima *é.*

¹⁴E o sacerdote tomará do sangue da expiação da culpa, e o sacerdote o porá sobre a ponta da orelha direita daquele que tem de purificar-se e sobre o dedo polegar da sua mão direita, e no dedo polegar do seu pé direito.

¹⁵Também o sacerdote tomará do logue de azeite, e o derramará na palma da sua própria mão esquerda.

¹⁶Então o sacerdote molhará o seu dedo direito no azeite que *está* na sua mão esquerda, e daquele azeite com o seu dedo aspergirá sete vezes perante o SENHOR;

¹⁷E o restante do azeite, que *está* na sua mão, o sacerdote porá sobre a ponta da orelha direita daquele que tem de purificar-se, e sobre o dedo polegar da sua mão direita, e sobre o dedo polegar do seu pé direito, em cima do sangue da expiação da culpa;

¹⁸E o restante do azeite que *está* na mão do sacerdote, o porá sobre a cabeça daquele que tem de purificar-se; assim o sacerdote fará expiação por ele perante o SENHOR.

¹⁹Também o sacerdote fará a expiação do pecado, e fará expiação por aquele que tem de purificar-se da sua imundícia; e depois degolará o holocausto;

²⁰E o sacerdote oferecerá o holocausto e a oferta de alimentos sobre o altar; assim o sacerdote fará expiação por ele, e será limpo.

²¹Porém se *for* pobre, e em sua mão não houver recursos para tanto, tomará um cordeiro *para* expiação da culpa em oferta de movimento, para fazer expiação por ele, e a dízima *de* flor de farinha, amassada com azeite, *para* oferta de alimentos, e um logue de azeite,

²²E duas rolas, ou dois pombinhos, conforme as suas posses, *dos quais* um será para expiação do pecado, e o outro *para* holocausto.

²³E ao oitavo dia da sua purificação os trará ao

LEVÍTICO 14.24

sacerdote, à porta da tenda da congregação, perante o SENHOR.

²⁴E o sacerdote tomará o cordeiro da expiação da culpa, e o logue de azeite, e os oferecerá *por* oferta movida perante o SENHOR.

²⁵Então degolará o cordeiro da expiação da culpa, e o sacerdote tomará do sangue da expiação da culpa, e *o* porá sobre a ponta da orelha direita daquele que tem de purificar-se, e sobre o dedo polegar da sua mão direita, e sobre o dedo polegar do seu pé direito.

²⁶Também o sacerdote derramará do azeite na palma da sua própria mão esquerda.

²⁷Depois o sacerdote com o seu dedo direito aspergirá do azeite que *está* na sua mão esquerda, sete vezes perante o SENHOR.

²⁸E o sacerdote porá do azeite que *está* na sua mão na ponta da orelha direita daquele que tem de purificar-se, e no dedo polegar da sua mão direita, e no dedo polegar do seu pé direito; no lugar do sangue da expiação da culpa.

²⁹E o que sobejar do azeite que *está* na mão do sacerdote porá sobre a cabeça daquele que tem de purificar-se, para fazer expiação por ele perante o SENHOR.

³⁰Depois oferecerá uma das rolas ou um dos pombinhos, conforme suas posses,

³¹Sim, conforme as suas posses, será um *para* expiação do pecado e o outro *para* holocausto com a oferta de alimentos; e *assim* o sacerdote fará expiação por aquele que tem de purificar-se perante o SENHOR.

³²Esta *é* a lei *daquele* em quem estiver a praga da lepra, cujas posses não lhe permitirem o devido para purificação.

A lei acerca da lepra numa casa

³³Falou mais o SENHOR a Moisés e a Arão, dizendo:

³⁴Quando tiverdes entrado na terra de Canaã que vos hei de dar por possessão, e eu enviar a praga da lepra em alguma casa da terra da vossa possessão,

³⁵Então aquele, de quem for a casa, virá e informará ao sacerdote, dizendo: Parece-me que há como que praga em minha casa.

³⁶E o sacerdote ordenará que desocupem a casa, antes que entre para examinar a praga, para que tudo o que *está* na casa não seja contaminado; e depois entrará o sacerdote, para examinar a casa;

³⁷E, vendo a praga, e eis que se ela estiver nas paredes da casa em covinhas verdes ou vermelhas, e parecerem mais fundas do que a parede,

³⁸Então o sacerdote sairá da casa para fora da porta, e fechará a casa por sete dias.

³⁹Depois, ao sétimo dia o sacerdote voltará, e examinará; e se *vir* que a praga nas paredes da casa se tem estendido,

⁴⁰Então o sacerdote ordenará que arranquem as pedras, em que *estiver* a praga, e que as lancem fora da cidade, num lugar imundo;

⁴¹E fará raspar a casa por dentro ao redor, e o pó que houverem raspado lançarão fora da cidade, num lugar imundo;

⁴²Depois tomarão outras pedras, e as porão no lugar das primeiras pedras; e outro barro se tomará, e a casa se rebocará.

⁴³Porém, se a praga tornar a brotar na casa, depois de arrancadas as pedras e raspada a casa, e de novo rebocada,

⁴⁴Então o sacerdote entrará e examinará, se a praga na casa se tem estendido, lepra roedora há na casa; imunda *está*.

⁴⁵Portanto se derribará a casa, as suas pedras, e a sua madeira, como também todo o barro da casa; e se levará para fora da cidade a um lugar imundo.

⁴⁶E o que entrar naquela casa, em qualquer dia em que estiver fechada, será imundo até à tarde.

⁴⁷Também o que se deitar a dormir em *tal* casa, lavará as suas roupas; e o que comer em *tal* casa lavará as suas roupas.

⁴⁸Porém, tornando o sacerdote a entrar na casa e examinando-a, se a praga não se tem estendido na casa, depois que a casa foi rebocada, o sacerdote a declarará por limpa, porque a praga está curada.

⁴⁹Depois tomará, para expiar a casa, duas aves, e pau de cedro, e carmesim e hissopo;

⁵⁰E degolará uma ave num vaso de barro sobre águas correntes;

⁵¹Então tomará pau de cedro, e o hissopo, e o carmesim, e a ave viva, e os molhará no sangue da ave degolada e nas águas correntes, e aspergirá a casa sete vezes;

⁵²Assim expiará aquela casa com o sangue da ave, e com as águas correntes, e com a ave viva, e com o pau de cedro, e com o hissopo, e com o carmesim.

⁵³Então soltará a ave viva para fora da cidade, sobre a face do campo; assim fará expiação pela casa, e será limpa.

⁵⁴Esta *é* a lei de toda a praga da lepra, e da tinha,

⁵⁵E da lepra das roupas, e das casas,

⁵⁶E da inchação, e das pústulas, e das manchas lustrosas;

⁵⁷Para ensinar quando *alguma coisa será* imunda, e quando *será* limpa. Esta *é* a lei da lepra.

Imundícias do homem e da mulher

15 FALOU mais o SENHOR a Moisés e a Arão dizendo:

²Falai aos filhos de Israel, e dizei-lhes: Qualquer homem que tiver fluxo da sua carne, será imundo por *causa do* seu fluxo.

³Esta, pois, será a sua imundícia, por causa do seu fluxo; se a sua carne vaza o seu fluxo ou se a sua carne estanca o seu fluxo, esta *é* a sua imundícia.

⁴Toda a cama, em que se deitar o que tiver fluxo, será imunda; e toda a coisa, sobre o que se assentar, será imunda.

⁵E qualquer que tocar a sua cama, lavará as suas roupas, e se banhará em água, e será imundo até à tarde.

⁶E aquele que se assentar sobre aquilo em que

se assentou o que tem o fluxo, lavará as suas roupas, e se banhará em água, e será imundo até à tarde.

[7]E aquele que tocar a carne do que tem o fluxo, lavará as suas roupas, e se banhará em água, e será imundo até à tarde.

[8]Quando também o que tem o fluxo cuspir sobre um limpo, então lavará este as suas roupas, e se banhará em água, e será imundo até à tarde.

[9]Também toda a sela, em que cavalgar o que tem o fluxo, será imunda.

[10]E qualquer que tocar em alguma coisa que esteve debaixo dele, será imundo até à tarde; e aquele que a levar, lavará as suas roupas, e se banhará em água, e será imundo até à tarde.

[11]Também todo aquele em quem tocar o que tem o fluxo, sem haver lavado as suas mãos com água, lavará as suas roupas, e se banhará em água, e será imundo até à tarde.

[12]E o vaso de barro, que tocar o que tem o fluxo, será quebrado; porém, todo o vaso de madeira será lavado com água.

[13]Quando, pois, o que tem o fluxo, estiver limpo do seu fluxo, contar-se-ão sete dias para a sua purificação, e lavará as suas roupas, e banhará a sua carne em águas correntes; e será limpo.

[14]E ao oitavo dia tomará duas rolas ou dois pombinhos, e virá perante o Senhor, à porta da tenda da congregação e os dará ao sacerdote;

[15]E o sacerdote oferecerá um *para* expiação do pecado, e o outro *para* holocausto; e *assim* o sacerdote fará por ele expiação do seu fluxo perante o Senhor.

[16]Também o homem, quando sair dele o sêmen da cópula, toda a sua carne banhará com água, e será imundo até à tarde.

[17]Também toda a roupa, e toda a pele em que houver sêmen da cópula se lavará com água, e será imundo até à tarde.

[18]E também se um homem se deitar com a mulher e tiver emissão de sêmen, ambos se banharão com água, e serão imundos até à tarde.

[19]Mas a mulher, quando tiver fluxo, e o seu fluxo de sangue estiver na sua carne, estará sete dias na sua separação, e qualquer que a tocar, será imundo até à tarde.

[20]E tudo aquilo sobre o que ela se deitar durante a sua separação, será imundo; e tudo sobre o que se assentar, será imundo.

[21]E qualquer que tocar na sua cama, lavará as suas vestes, e se banhará com água, e será imundo até à tarde.

[22]E qualquer que tocar alguma coisa, sobre o que ela se tiver assentado, lavará as suas vestes, e se banhará com água, e será imundo até à tarde.

[23]Se também tocar *alguma coisa que estiver* sobre a cama ou sobre aquilo em que ela se assentou, será imundo até à tarde.

[24]E se, com efeito, qualquer homem se deitar com ela, e a sua imundícia estiver sobre ele, imundo será por sete dias; também toda a cama, sobre que se deitar, será imunda.

[25]Também a mulher, quando tiver o fluxo do seu sangue, por muitos dias fora do tempo da sua separação, ou quando tiver fluxo de sangue por mais tempo do que a sua separação, todos os dias do fluxo da sua imundícia será imunda, como nos dias da sua separação.

[26]Toda a cama, sobre que se deitar todos os dias do seu fluxo, ser-lhe-á como a cama da sua separação; e toda a coisa, sobre que se assentar, será imunda, conforme a imundícia da sua separação.

[27]E qualquer que a tocar será imundo; portanto lavará as suas vestes, e se banhará com água, e será imundo até à tarde.

[28]Porém quando for limpa do seu fluxo, então se contarão sete dias, e depois será limpa.

[29]E ao oitavo dia tomará duas rolas, ou dois pombinhos, e os trará ao sacerdote, à porta da tenda da congregação.

[30]Então o sacerdote oferecerá um *para* expiação do pecado, e o outro *para* holocausto; e o sacerdote fará por ela expiação do fluxo da sua imundícia perante o Senhor.

[31]Assim separareis os filhos de Israel das suas imundícias, para que não morram nas suas imundícias, contaminando o meu tabernáculo, que *está* no meio deles.

[32]Esta *é* a lei daquele que tem o fluxo, e *daquele* de quem sai o sêmen da cópula, e que fica por *eles* imundo;

[33]Como também da mulher enferma na sua separação, e daquele que padece do seu fluxo, *seja* homem ou mulher, e do homem que se deita com *mulher* imunda.

Como o sumo sacerdote deve entrar no santuário

16 E FALOU o Senhor a Moisés, depois da morte dos dois filhos de Arão, que morreram quando se chegaram diante do Senhor.

[2]Disse, pois, o Senhor a Moisés: Dize a Arão, teu irmão, que não entre no santuário em todo o tempo, para dentro do véu, diante do propiciatório que *está* sobre a arca, para que não morra; porque eu aparecerei na nuvem sobre o propiciatório.

[3]Com isto Arão entrará no santuário: com um novilho, para expiação do pecado, e um carneiro para holocausto.

[4]Vestirá ele a túnica santa de linho, e terá ceroulas de linho sobre a sua carne, e cingir-se-á com um cinto de linho, e se cobrirá com uma mitra de linho; estas *são* vestes santas; por isso banhará a sua carne na água, e as vestirá.

[5]E da congregação dos filhos de Israel tomará dois bodes para expiação do pecado e um carneiro para holocausto.

[6]Depois Arão oferecerá o novilho da expiação, que *será* para ele; e fará expiação por si e pela sua casa.

[7]Também tomará ambos os bodes, e os porá perante o Senhor, à porta da tenda da congregação.

LEVÍTICO 16.8   88

⁸E Arão lançará sortes sobre os dois bodes; uma sorte pelo Senhor, e a outra sorte pelo bode emissário.

⁹Então Arão fará chegar o bode, sobre o qual cair a sorte pelo Senhor, e o oferecerá *para* expiação do pecado.

¹⁰Mas o bode, sobre que cair a sorte para ser bode emissário, apresentar-se-á vivo perante o Senhor, para fazer expiação com ele, a fim de enviá-lo ao deserto como bode emissário.

O sacrifício pelo próprio sumo sacerdote

¹¹E Arão fará chegar o novilho da expiação, que *será* por ele, e fará expiação por si e pela sua casa; e degolará o novilho da sua expiação.

¹²Tomará também o incensário cheio de brasas de fogo do altar, de diante do Senhor, e os seus punhos cheios de incenso *aromático* moído, e o levará para dentro do véu.

¹³E porá o incenso sobre o fogo perante o Senhor, e a nuvem do incenso cobrirá o propiciatório, que *está* sobre o testemunho, para que não morra.

¹⁴E tomará do sangue do novilho, e com o seu dedo aspergirá sobre a face do propiciatório, para o lado oriental; e perante o propiciatório aspergirá sete vezes do sangue com o seu dedo.

O sacrifício pelo povo

¹⁵Depois degolará o bode, da expiação, que *será* pelo povo, e trará o seu sangue para dentro do véu; e fará com o seu sangue como fez com o sangue do novilho, e o aspergirá sobre o propiciatório, e perante a face do propiciatório.

¹⁶Assim fará expiação pelo santuário por causa das imundícias dos filhos de Israel e das suas transgressões, e de todos os seus pecados; e assim fará para a tenda da congregação que reside com eles no meio das suas imundícias.

¹⁷E nenhum homem estará na tenda da congregação quando ele entrar para fazer expiação no santuário, até que ele saia, depois de feita expiação por si mesmo, e pela sua casa, e por toda a congregação de Israel.

¹⁸Então sairá ao altar, que está perante o Senhor, e fará expiação por ele; e tomará do sangue do novilho, e do sangue do bode, e o porá sobre as pontas do altar ao redor.

¹⁹E daquele sangue aspergirá sobre o altar, com o seu dedo, sete vezes, e o purificará das imundícias dos filhos de Israel, e o santificará.

²⁰Havendo, pois, acabado de fazer expiação pelo santuário, e pela tenda da congregação, e pelo altar, então fará chegar o bode vivo.

²¹E Arão porá ambas as suas mãos sobre a cabeça do bode vivo, e sobre ele confessará todas as iniquidades dos filhos de Israel, e todas as suas transgressões, e todos os seus pecados; e os porá sobre a cabeça do bode, e enviá-lo-á ao deserto, pela mão de um homem designado *para isso*.

²²Assim aquele bode levará sobre si todas as iniquidades deles à terra solitária; e deixará o bode no deserto.

²³Depois Arão virá à tenda da congregação, e despirá as vestes de linho, que havia vestido quando entrara no santuário, e ali as deixará.

²⁴E banhará a sua carne em água no lugar santo, e vestirá as suas vestes; então sairá e preparará o seu holocausto, e o holocausto do povo, e fará expiação por si e pelo povo.

²⁵Também queimará a gordura da expiação do pecado sobre o altar.

²⁶E aquele que tiver levado o bode emissário lavará as suas vestes, e banhará a sua carne em água; e depois entrará no arraial.

²⁷Mas o novilho da expiação, e o bode da expiação do pecado, cujo sangue foi trazido para fazer expiação no santuário, serão levados fora do arraial; porém as suas peles, a sua carne, e o seu esterco queimarão com fogo.

²⁸E aquele que os queimar lavará as suas vestes, e banhará a sua carne em água; e depois entrará no arraial.

A festa anual das expiações

²⁹E *isto* vos será por estatuto perpétuo: no sétimo mês, aos dez do mês, afligireis as vossas almas, e nenhum trabalho fareis *nem* o natural nem o estrangeiro que peregrina entre vós.

³⁰Porque naquele dia se fará expiação por vós, para purificar-vos; *e* sereis purificados de todos os vossos pecados perante o Senhor.

³¹É um sábado de descanso para vós, e afligireis as vossas almas; isto *é* estatuto perpétuo.

³²E o sacerdote, que for ungido, e que for sagrado, para administrar o sacerdócio, no lugar de seu pai, fará a expiação, havendo vestido as vestes de linho, as vestes santas;

³³Assim fará expiação pelo santo santuário; também fará expiação pela tenda da congregação e pelo altar; semelhantemente fará expiação pelos sacerdotes e por todo o povo da congregação.

³⁴E isto vos será por estatuto perpétuo, para fazer expiação pelos filhos de Israel de todos os seus pecados, uma vez no ano. E fez Arão como o Senhor ordenara a Moisés.

O sangue de todos os animais deve ser trazido à porta do tabernáculo

17 FALOU mais o Senhor a Moisés, dizendo:

²Fala a Arão e aos seus filhos, e a todos os filhos de Israel, e dize-lhes: Esta *é* a palavra que o Senhor ordenou, dizendo:

³Qualquer homem da casa de Israel que degolar boi, ou cordeiro, ou cabra, no arraial, ou quem os degolar fora do arraial,

⁴E não os trouxer à porta da tenda da congregação, para oferecer oferta ao Senhor diante do tabernáculo do Senhor, a esse homem será imputado o sangue; derramou sangue; por isso aquele homem será extirpado do seu povo;

⁵Para que os filhos de Israel, trazendo os seus sacrifícios, que oferecem sobre a face do campo,

os tragam ao Senhor, à porta da tenda da congregação, ao sacerdote, e os ofereçam *por* sacrifícios pacíficos ao Senhor.

⁶E o sacerdote aspergirá o sangue sobre o altar do Senhor, à porta da tenda da congregação, e queimará a gordura por cheiro suave ao Senhor.

⁷E nunca mais oferecerão os seus sacrifícios aos demônios, após os quais eles se prostituem; isto ser-lhes-á por estatuto perpétuo nas suas gerações.

⁸Dize-lhes, pois: Qualquer homem da casa de Israel, ou dos estrangeiros que peregrinam entre vós, que oferecer holocausto ou sacrifício,

⁹E não o trouxer à porta da tenda da congregação, para oferecê-lo ao Senhor, esse homem será extirpado do seu povo.

A proibição de comer sangue

¹⁰E qualquer homem da casa de Israel, ou dos estrangeiros que peregrinam entre eles, que comer algum sangue, contra aquela alma que comer sangue porei a minha face, e a extirparei do seu povo.

¹¹Porque a vida da carne *está* no sangue; pelo que vo-lo tenho dado sobre o altar, para fazer expiação pelas vossas almas; porquanto *é* o sangue que fará expiação pela alma.

¹²Portanto tenho dito aos filhos de Israel: Nenhum dentre vós comerá sangue, nem o estrangeiro, que peregrine entre vós, comerá sangue.

¹³Também qualquer homem dos filhos de Israel, ou dos estrangeiros que peregrinam entre eles, que caçar animal ou ave que se come, derramará o seu sangue, e o cobrirá com pó;

¹⁴Porquanto a vida de toda a carne é o seu sangue; por isso tenho dito aos filhos de Israel: Não comereis o sangue de nenhuma carne, porque a vida de toda a carne *é* o seu sangue; qualquer que o comer será extirpado.

¹⁵E todo o homem entre os naturais, ou entre os estrangeiros, que comer corpo morto ou dilacerado, lavará as suas vestes, e se banhará com água, e será imundo até à tarde; depois será limpo.

¹⁶Mas, se *os* não lavar, nem banhar a sua carne, levará *sobre si* a sua iniquidade.

Casamentos ilícitos

18 FALOU mais o Senhor a Moisés, dizendo: ²Fala aos filhos de Israel, e dize-lhes: Eu sou o Senhor vosso Deus.

³Não fareis segundo as obras da terra do Egito, em que habitastes, nem fareis segundo as obras da terra de Canaã, para a qual vos levo, nem andareis nos seus estatutos.

⁴Fareis *conforme* os meus juízos, e os meus estatutos guardareis, para andardes neles. Eu *sou* o Senhor vosso Deus.

⁵Portanto, os meus estatutos e os meus juízos guardareis; os quais, observando-os o homem, viverá por eles. Eu *sou* o Senhor.

⁶Nenhum homem se chegará a qualquer parenta da sua carne, para descobrir a sua nudez. Eu *sou* o Senhor.

⁷Não descobrirás a nudez de teu pai e de tua mãe: *ela é* tua mãe; não descobrirás a sua nudez.

⁸Não descobrirás a nudez da mulher de teu pai; *é* nudez de teu pai.

⁹A nudez da tua irmã, filha de teu pai, ou filha de tua mãe, nascida em casa, ou nascida fora de casa, a sua nudez não descobrirás.

¹⁰A nudez da filha do teu filho, ou da filha de tua filha, a sua nudez não descobrirás; porque *é* tua nudez.

¹¹A nudez da filha da mulher de teu pai, gerada de teu pai (*ela é* tua irmã), a sua nudez não descobrirás.

¹²A nudez da irmã de teu pai não descobrirás; *ela é* parenta de teu pai.

¹³A nudez da irmã de tua mãe não descobrirás; pois *ela é* parenta de tua mãe.

¹⁴A nudez do irmão de teu pai não descobrirás; não te chegarás à sua mulher; *ela é* tua tia.

¹⁵A nudez de tua nora não descobrirás: *ela é* mulher de teu filho; não descobrirás a sua nudez.

¹⁶A nudez da mulher de teu irmão não descobrirás; *é* a nudez de teu irmão.

¹⁷A nudez de uma mulher e de sua filha não descobrirás; não tomarás a filha de seu filho, nem a filha de sua filha, para descobrir a sua nudez; parentas *são;* maldade *é.*

¹⁸E não tomarás uma mulher juntamente com sua irmã, para fazê-la sua rival, descobrindo a sua nudez diante dela em sua vida.

Uniões abomináveis

¹⁹E não chegarás à mulher durante a separação da sua imundícia, para descobrir a sua nudez,

²⁰Nem te deitarás com a mulher de teu próximo para cópula, para te contaminares com ela.

²¹E da tua descendência não darás nenhum para fazer passar *pelo fogo* perante Moloque; e não profanarás o nome de teu Deus. Eu *sou* o Senhor.

²²Com homem não te deitarás, como se fosse mulher; abominação *é;*

²³Nem te deitarás com um animal, para te contaminares com ele; nem a mulher se porá perante um animal, para ajuntar-se com ele; confusão *é.*

²⁴Com nenhuma destas coisas vos contamineis; porque com todas estas coisas se contaminaram as nações que eu expulso de diante de vós.

²⁵Por isso a terra está contaminada; e eu visito a sua iniquidade, e a terra vomita os seus moradores.

²⁶Porém vós guardareis os meus estatutos e os meus juízos, e *nenhuma* destas abominações fareis, *nem* o natural, nem o estrangeiro que peregrina entre vós;

²⁷Porque todas estas abominações fizeram os homens desta terra, que *nela estavam* antes de vós; e a terra foi contaminada.

²⁸Para que a terra não vos vomite, havendo-a contaminado, como vomitou a nação que *nela estava* antes de vós.

²⁹Porém, qualquer que fizer alguma destas

LEVÍTICO 18.30   90

abominações, sim, aqueles que as fizerem serão extirpados do seu povo.

³⁰Portanto guardareis o meu mandamento, não fazendo nenhuma das práticas abomináveis que se fizeram antes de vós, e não vos contamineis com elas. Eu *sou* o SENHOR vosso Deus.

A repetição de diversas leis

19 FALOU mais o SENHOR a Moisés, dizendo: ²Fala a toda a congregação dos filhos de Israel, e dize-lhes: Santos sereis, porque eu, o SENHOR vosso Deus, *sou* santo.

³Cada um temerá a sua mãe e a seu pai, e guardará os meus sábados. Eu *sou* o SENHOR vosso Deus.

⁴Não vos virareis para os ídolos nem vos fareis deuses de fundição. Eu *sou* o SENHOR vosso Deus.

⁵E, quando oferecerdes sacrifício pacífico ao SENHOR, da vossa própria vontade o oferecereis.

⁶No dia em que o sacrificardes, e no dia seguinte, se comerá; mas o que sobejar ao terceiro dia, será queimado com fogo.

⁷E se alguma coisa dele for comida ao terceiro dia, coisa abominável é; não será aceita.

⁸E *qualquer* que o comer levará a sua iniquidade, porquanto profanou a santidade do SENHOR; por isso tal alma será extirpada do seu povo.

⁹Quando também fizerdes a colheita da vossa terra, o canto do teu campo não segarás totalmente, nem as espigas caídas colherás da tua sega.

¹⁰Semelhantemente não rabiscarás a tua vinha, nem colherás os bagos caídos da tua vinha; deixá-los-ás ao pobre e ao estrangeiro. Eu *sou* o SENHOR vosso Deus.

¹¹Não furtareis, nem mentireis, nem usareis de falsidade cada um com o seu próximo;

¹²Nem jurareis falso pelo meu nome, pois profanarás o nome do teu Deus. Eu *sou* o SENHOR.

¹³Não oprimirás o teu próximo, nem o roubarás; a paga do diarista não ficará contigo até pela manhã.

¹⁴Não amaldiçoarás ao surdo, nem porás tropeço diante do cego; mas temerás o teu Deus. Eu *sou* o SENHOR.

¹⁵Não farás injustiça no juízo; não respeitarás o pobre, nem honrarás o poderoso; com justiça julgarás o teu próximo.

¹⁶Não andarás como intrigante entre o teu povo; não te porás contra o sangue do teu próximo. Eu *sou* o SENHOR.

¹⁷Não odiarás a teu irmão no teu coração; não deixarás de repreender o teu próximo, e por causa dele não sofrerás pecado.

¹⁸Não te vingarás nem guardarás *ira* contra os filhos do teu povo; mas amarás o teu próximo como a ti mesmo. Eu *sou* o SENHOR.

¹⁹Guardarás os meus estatutos; não permitirás que se ajuntem misturadamente os teus animais de diferentes espécies; no teu campo não semearás *sementes* diversas, e não vestirás roupa de diversos estofos misturados.

²⁰E, quando um homem se deitar com uma mulher que for serva desposada com outro homem, e não for resgatada nem se lhe houver dado liberdade, então serão açoitados; não morrerão, pois ela não foi libertada.

²¹E, *por* expiação da sua culpa, trará ao SENHOR, à porta da tenda da congregação, um carneiro da expiação,

²²E, com o carneiro da expiação da culpa, o sacerdote fará propiciação por ele perante o SENHOR, pelo pecado que cometeu; e este pecado, que ele pecou, será perdoado.

²³E, quando tiverdes entrado na terra, e plantardes toda a árvore de comer, ser-vos-á incircunciso o seu fruto; três anos vos será incircunciso; dele não se comerá.

²⁴Porém no quarto ano todo o seu fruto será santo para dar louvores ao SENHOR.

²⁵E no quinto ano comereis o seu fruto, para que vos faça aumentar a sua produção. Eu *sou* o SENHOR vosso Deus.

²⁶Não comereis *coisa alguma* com o sangue; não agourareis nem adivinhareis.

²⁷Não cortareis o cabelo, arredondando os cantos da vossa cabeça, nem danificareis as extremidades da tua barba.

²⁸Pelos mortos não dareis golpes na vossa carne; nem fareis marca alguma sobre vós. Eu *sou* o SENHOR.

²⁹Não contaminarás a tua filha, fazendo-a prostituir-se; para que a terra não se prostitua, nem se encha de maldade.

³⁰Guardareis os meus sábados, e o meu santuário reverenciareis. Eu *sou* o SENHOR.

³¹Não vos virareis para os adivinhadores e encantadores; não os busqueis, contaminando-vos com eles. Eu *sou* o SENHOR vosso Deus.

³²Diante dos cabelos brancos te levantarás, e honrarás a face do ancião; e temerás o teu Deus. Eu *sou* o SENHOR.

³³E quando o estrangeiro peregrinar convosco na vossa terra, não o oprimireis.

³⁴Como um natural entre vós será o estrangeiro que peregrina convosco; amá-lo-ás como a ti mesmo, pois estrangeiros fostes na terra do Egito. Eu *sou* o SENHOR vosso Deus.

³⁵Não cometereis injustiça no juízo, nem na vara, nem no peso, nem na medida.

³⁶Balanças justas, pesos justos, efa justo, e justo him tereis. Eu *sou* o SENHOR vosso Deus, que vos tirei da terra do Egito.

³⁷Por isso guardareis todos os meus estatutos, e todos os meus juízos, e os cumprireis. Eu *sou* o SENHOR.

As penas de diversos crimes

20 FALOU mais o SENHOR a Moisés, dizendo: ²Também dirás aos filhos de Israel: Qualquer que, dos filhos de Israel, ou dos estrangeiros que peregrinam em Israel, der da sua descendência a Moloque, certamente morrerá; o povo da terra o apedrejará.

³E eu porei a minha face contra esse homem, e

o extirparei do meio do seu povo, porquanto deu da sua descendência a Moloque, para contaminar o meu santuário e profanar o meu santo nome.

⁴E, se o povo da terra de alguma maneira esconder os seus olhos daquele homem, quando der da sua descendência a Moloque, para não o matar,

⁵Então eu porei a minha face contra aquele homem, e contra a sua família, e o extirparei do meio do seu povo, bem como a todos que se prostituem após ele, prostituindo-se com Moloque.

⁶Quando alguém se virar para os adivinhadores e encantadores, para se prostituir com eles, eu porei a minha face contra ele, e o extirparei do meio do seu povo.

⁷Portanto santificai-vos, e sede santos, pois eu *sou* o Senhor vosso Deus.

⁸E guardai os meus estatutos, e cumpri-os. Eu *sou* o Senhor que vos santifica.

⁹Quando um homem amaldiçoar a seu pai ou a sua mãe, certamente morrerá; amaldiçoou a seu pai ou a sua mãe; o seu sangue *será* sobre ele.

¹⁰Também o homem que adulterar com a mulher de outro, havendo adulterado com a mulher do seu próximo, certamente morrerá o adúltero e a adúltera.

¹¹E o homem que se deitar com a mulher de seu pai descobriu a nudez de seu pai; ambos certamente morrerão; o seu sangue *será* sobre eles.

¹²Semelhantemente, quando um homem se deitar com a sua nora, ambos certamente morrerão; fizeram confusão; o seu sangue *será* sobre eles.

¹³Quando também um homem se deitar com *outro* homem, como com mulher, ambos fizeram abominação; certamente morrerão; o seu sangue *será* sobre eles.

¹⁴E, quando um homem tomar uma mulher e a sua mãe, maldade é; a ele e a elas queimarão com fogo, para que não haja maldade no meio de vós.

¹⁵Quando também um homem se deitar com um animal, certamente morrerá; e matareis o animal.

¹⁶Também a mulher que se chegar a algum animal, para ajuntar-se com ele, aquela mulher matarás bem assim como o animal; certamente morrerão; o seu sangue *será* sobre eles.

¹⁷E, quando um homem tomar a sua irmã, filha de seu pai, ou filha de sua mãe, e vir a nudez dela, e ela vir a nudez dele, torpeza é; portanto serão extirpados aos olhos dos filhos do seu povo; descobriu a nudez de sua irmã, levará *sobre si* a sua iniquidade.

¹⁸E, quando um homem se deitar com uma mulher no tempo da sua enfermidade, e descobrir a sua nudez, descobrindo a sua fonte, e ela descobrir a fonte do seu sangue, ambos serão extirpados do meio do seu povo.

¹⁹Também a nudez da irmã de tua mãe, ou da irmã de teu pai não descobrirás; porquanto descobriu a sua parenta, sobre si levarão a sua iniquidade.

²⁰Quando também um homem se deitar com a sua tia descobriu a nudez de seu tio; seu pecado sobre si levarão; sem filhos morrerão.

²¹E quando um homem tomar a mulher de seu irmão, imundícia é; a nudez de seu irmão descobriu; sem filhos ficarão.

²²Guardai, pois, todos os meus estatutos, e todos os meus juízos, e cumpri-os, para que não vos vomite a terra, para a qual eu vos levo para habitar nela.

²³E não andeis nos costumes das nações que eu expulso de diante de vós, porque fizeram todas estas coisas; portanto fui enfadado deles.

²⁴E a vós vos tenho dito: Em herança possuireis a sua terra, e eu a darei a vós, para a possuirdes, terra que mana leite e mel. Eu *sou* o Senhor vosso Deus, que vos separei dos povos.

²⁵Fareis, pois, diferença entre os animais limpos e imundos, e entre as aves imundas e as limpas; e as vossas almas não fareis abomináveis por *causa* dos animais, ou das aves, ou de tudo o que se arrasta à terra; as quais coisas apartei de vós, para tê-las por imundas.

²⁶E ser-me-eis santos, porque eu, o Senhor, *sou* santo, e vos separei dos povos, para serdes meus.

²⁷Quando, pois, algum homem ou mulher em si tiver um espírito de necromancia ou espírito de adivinhação, certamente morrerá; serão apedrejados; o seu sangue será sobre eles.

Leis acerca dos sacerdotes

21 DEPOIS disse o Senhor a Moisés: Fala aos sacerdotes, filhos de Arão, e dize-lhes: O sacerdote não se contaminará por *causa* de um morto entre o seu povo,

²Salvo por seu parente mais chegado: por sua mãe, e por seu pai, e por seu filho, e por sua filha, e por seu irmão.

³E por sua irmã virgem, chegada a ele, que ainda não teve marido; por ela também se contaminará.

⁴Ele sendo principal entre o seu povo, não se contaminará, pois que se profanaria.

⁵Não farão calva na sua cabeça, e não raparão as extremidades da sua barba, nem darão golpes na sua carne.

⁶Santos serão a seu Deus, e não profanarão o nome do seu Deus, porque oferecem as ofertas queimadas do Senhor, *e* o pão do seu Deus; portanto serão santos.

⁷Não tomarão mulher prostituta ou desonrada, nem tomarão mulher repudiada de seu marido; pois santo é a seu Deus.

⁸Portanto o santificarás, porquanto oferece o pão do teu Deus; santo será para ti, pois eu, o Senhor que vos santifica, *sou* santo.

⁹E quando a filha de um sacerdote começar a prostituir-se, profana a seu pai; com fogo será queimada.

¹⁰E o sumo sacerdote entre seus irmãos, sobre cuja cabeça foi derramado o azeite da unção, e que for consagrado para vestir as vestes, não descobrirá a sua cabeça nem rasgará as suas vestes;

LEVÍTICO 21.11

¹¹E não se chegará a cadáver algum, *nem* por *causa* de seu pai nem por sua mãe se contaminará;

¹²Nem sairá do santuário, para que não profane o santuário do seu Deus, pois a coroa do azeite da unção do seu Deus *está* sobre ele. Eu *sou* o SENHOR.

¹³E ele tomará por esposa uma mulher na sua virgindade.

¹⁴Viúva, ou repudiada ou desonrada *ou* prostituta, estas não tomará; mas virgem do seu povo tomará por mulher.

¹⁵E não profanará a sua descendência entre o seu povo; porque eu *sou* o SENHOR *que* o santifico.

¹⁶Falou mais o SENHOR a Moisés, dizendo:

¹⁷Fala a Arão, dizendo: Ninguém da tua descendência, nas suas gerações, em que houver algum defeito, se chegará a oferecer o pão do seu Deus.

¹⁸Pois nenhum homem em quem houver alguma deformidade se chegará; *como* homem cego, ou coxo, ou de nariz chato, ou de membros demasiadamente compridos,

¹⁹Ou homem que tiver quebrado o pé, ou a mão quebrada,

²⁰Ou corcunda, ou anão, ou que tiver defeito no olho, ou sarna, ou impigem, ou que tiver testículo mutilado.

²¹Nenhum homem da descendência de *Arão*, o sacerdote, em quem houver alguma deformidade, se chegará para oferecer as ofertas queimadas do SENHOR; defeito nele há; não se chegará para oferecer o pão do seu Deus.

²²Ele comerá do pão do seu Deus, tanto do santíssimo como do santo.

²³Porém até ao véu não entrará, nem se chegará ao altar, porquanto defeito há nele, para que não profane os meus santuários; porque eu *sou* o SENHOR *que* os santifico.

²⁴E Moisés falou *isto* a Arão e a seus filhos, e a todos os filhos de Israel.

Leis acerca dos sacerdotes

22 DEPOIS falou o SENHOR a Moisés, dizendo: ²Dize a Arão e a seus filhos que se apartem das coisas santas dos filhos de Israel, que a mim me santificam, para que não profanem o meu santo nome. Eu *sou* o SENHOR.

³Dize-lhes: Todo o homem, que entre as vossas gerações, de toda a vossa descendência, se chegar às coisas santas que os filhos de Israel santificam ao SENHOR, tendo sobre si a sua imundícia, aquela alma será extirpada de diante da minha face. Eu *sou* o SENHOR.

⁴Ninguém da descendência de Arão, que for leproso, ou tiver fluxo, comerá das coisas santas, até que seja limpo; como também o que tocar alguma coisa imunda de cadáver, ou aquele de que sair sêmen da cópula,

⁵Ou qualquer que tocar a algum réptil, pelo qual se fez imundo, ou a algum homem, pelo qual se fez imundo, segundo toda a sua imundícia;

⁶O homem que o tocar será imundo até à tarde,

e não comerá das coisas santas, mas banhará a sua carne em água.

⁷E havendo-se o sol já posto, então será limpo, e depois comerá das coisas santas; porque este é o seu pão.

⁸O corpo morto e o dilacerado não comerá, para que não se contamine com ele. Eu *sou* o SENHOR.

⁹Guardarão, pois, o meu mandamento, para que por isso não levem pecado, e morram nele, havendo-o profanado. Eu *sou* o SENHOR *que* os santifico.

¹⁰Também nenhum estranho comerá das coisas santas; nem o hóspede do sacerdote, nem o diarista comerá das coisas santas.

¹¹Mas quando o sacerdote comprar alguma pessoa com o seu dinheiro, aquela comerá delas, e os nascidos na sua casa, estes comerão do seu pão.

¹²E, quando a filha do sacerdote se *casar* com homem estranho, ela não comerá da oferta das coisas santas.

¹³Mas quando a filha do sacerdote for viúva ou repudiada, e não tiver filho, e se houver tornado à casa de seu pai, como na sua mocidade, do pão de seu pai comerá; mas nenhum estranho comerá dele.

¹⁴E quando alguém por erro comer a coisa santa, sobre ela acrescentará uma quinta parte, e *a* dará ao sacerdote com a coisa santa.

¹⁵Assim não profanarão as coisas santas dos filhos de Israel, que oferecem ao SENHOR,

¹⁶Nem os farão levar a iniquidade da culpa, comendo as suas coisas santas; pois eu *sou* o SENHOR que as santifico.

Leis acerca dos sacrifícios

¹⁷Falou mais o SENHOR a Moisés, dizendo:

¹⁸Fala a Arão, e a seus filhos, e a todos os filhos de Israel, e dize-lhes: Qualquer que, da casa de Israel, ou dos estrangeiros em Israel, oferecer a sua oferta, quer dos seus votos, quer das suas ofertas voluntárias, que oferecem ao SENHOR em holocausto,

¹⁹Segundo a sua vontade, oferecerá macho sem defeito, ou dos bois, ou dos cordeiros, ou das cabras.

²⁰Nenhuma coisa em que haja defeito oferecereis, porque não seria aceita em vosso favor.

²¹E, quando alguém oferecer sacrifício pacífico ao SENHOR, separando dos bois ou das ovelhas um voto, ou oferta voluntária, sem defeito será, para que seja aceito; nenhum defeito haverá nele.

²²O cego, ou quebrado, ou aleijado, o verrugoso, ou sarnoso, ou cheio de impigens, estes não oferecereis ao SENHOR, e deles não poreis oferta queimada ao SENHOR sobre o altar.

²³Porém boi, ou gado miúdo, comprido ou curto de membros, poderás oferecer *por* oferta voluntária, mas por voto não será aceito.

²⁴O machucado, ou moído, ou despedaçado, ou cortado, não oferecereis ao SENHOR; não fareis isto na vossa terra.

²⁵Também da mão do estrangeiro nenhum alimento oferecereis ao vosso Deus, de todas estas

coisas, pois a sua corrupção está nelas; defeito nelas há; não serão aceitas em vosso favor.

²⁶Falou mais o Senhor a Moisés, dizendo: ²⁷Quando nascer o boi, ou cordeiro, ou cabra, sete dias estará debaixo de sua mãe; depois, desde o oitavo dia em diante, será aceito por oferta queimada ao Senhor.

²⁸Também boi ou gado miúdo, a ele e a seu filho não degolareis no mesmo dia.

²⁹E, quando oferecerdes sacrifícios de louvores ao Senhor, o oferecereis da vossa vontade.

³⁰No mesmo dia se comerá; dele nada deixareis ficar até pela manhã. Eu *sou* o Senhor.

³¹Por isso guardareis os meus mandamentos, e os cumprireis. Eu *sou* o Senhor.

³²E não profanareis o meu santo nome, para que eu seja santificado no meio dos filhos de Israel. Eu *sou* o Senhor que vos santifico;

³³Que vos tirei da terra do Egito, para ser o vosso Deus. Eu *sou* o Senhor.

As festas solenes do Senhor

23 DEPOIS falou o Senhor a Moisés, dizendo: ²Fala aos filhos de Israel, e dize-lhes: As solenidades do Senhor, que convocareis, serão santas convocações; estas *são* as minhas solenidades:

O sábado

³Seis dias trabalho se fará, mas o sétimo dia *será* o sábado do descanso, santa convocação; nenhum trabalho fareis; sábado do Senhor *é* em todas as vossas habitações.

A páscoa

⁴Estas *são* as solenidades do Senhor, as santas convocações, que convocareis ao seu tempo determinado:

⁵No mês primeiro, aos catorze do mês, pela tarde, *é* a páscoa do Senhor.

⁶E aos quinze dias deste mês *é* a festa dos pães ázimos do Senhor; sete dias comereis pães ázimos.

⁷No primeiro dia tereis santa convocação; nenhum trabalho servil fareis;

⁸Mas sete dias oferecereis oferta queimada ao Senhor; ao sétimo dia *haverá* santa convocação; nenhum trabalho servil fareis.

As primícias

⁹E falou o Senhor a Moisés, dizendo:

¹⁰Fala aos filhos de Israel, e dize-lhes: Quando houverdes entrado na terra, que vos hei de dar, e fizerdes a sua colheita, então trareis um molho das primícias da vossa sega ao sacerdote;

¹¹E ele moverá o molho perante o Senhor, para que sejais aceitos; no dia seguinte ao sábado o sacerdote o moverá.

¹²E no dia em que moverdes o molho, preparareis um cordeiro sem defeito, de um ano, em holocausto ao Senhor,

¹³E a sua oferta de alimentos, será de duas dízimas *de* flor de farinha, amassada com azeite, para oferta queimada em cheiro suave ao Senhor, e a sua libação será de vinho, um quarto de him.

¹⁴E não comereis pão, nem trigo tostado, nem espigas verdes, até aquele mesmo dia em que trouxerdes a oferta do vosso Deus; estatuto perpétuo *é* por vossas gerações, em todas as vossas habitações.

¹⁵Depois para vós contareis desde o dia seguinte ao sábado, desde o dia em que trouxerdes o molho da oferta movida; sete semanas inteiras serão.

¹⁶Até ao dia seguinte ao sétimo sábado, contareis cinquenta dias; então oferecereis nova oferta de alimentos ao Senhor.

¹⁷Das vossas habitações trareis dois pães de movimento; de duas dízimas de farinha serão, levedados se cozerão; primícias *são* ao Senhor.

¹⁸Também com o pão oferecereis sete cordeiros sem defeito, de um ano, e um novilho, e dois carneiros; holocausto serão ao Senhor, com a sua oferta de alimentos, e as suas libações, *por* oferta queimada de cheiro suave ao Senhor.

¹⁹Também oferecereis um bode para expiação do pecado, e dois cordeiros de um ano por sacrifício pacífico.

²⁰Então o sacerdote os moverá com o pão das primícias *por* oferta movida perante o Senhor, com os dois cordeiros; santos serão ao Senhor para uso do sacerdote.

²¹E naquele mesmo dia apregoareis *que* tereis santa convocação; nenhum trabalho servil fareis; estatuto perpétuo *é* em todas as vossas habitações pelas vossas gerações.

²²E, quando fizerdes a colheita da vossa terra, não acabarás de segar os cantos do teu campo, nem colherás as espigas *caídas* da tua sega; para o pobre e para o estrangeiro as deixarás. Eu *sou* o Senhor vosso Deus.

²³E falou o Senhor a Moisés, dizendo: ²⁴Fala aos filhos de Israel, dizendo: No mês sétimo, ao primeiro do mês, tereis descanso, memorial com sonido de trombetas, santa convocação.

²⁵Nenhum trabalho servil fareis, mas oferecereis oferta queimada ao Senhor.

O dia da expiação

²⁶Falou mais o Senhor a Moisés, dizendo: ²⁷Mas aos dez dias desse sétimo mês *será* o dia da expiação; tereis santa convocação, e afligireis as vossas almas; e oferecereis oferta queimada ao Senhor.

²⁸E naquele mesmo dia nenhum trabalho fareis, porque é o dia da expiação, para fazer expiação por vós perante o Senhor vosso Deus.

²⁹Porque toda a alma, que naquele mesmo dia se não afligir, será extirpada do seu povo.

³⁰Também toda a alma, que naquele mesmo dia fizer algum trabalho, eu destruirei aquela alma do meio do seu povo.

³¹Nenhum trabalho fareis; estatuto perpétuo *é* pelas vossas gerações em todas as vossas habitações.

³²Sábado de descanso vos será; então afligireis

LEVÍTICO 23.33

as vossas almas; aos nove do mês à tarde, de uma tarde a outra tarde, celebrareis o vosso sábado.

³³E falou o Senhor a Moisés, dizendo:

³⁴Fala aos filhos de Israel, dizendo: Aos quinze dias deste mês sétimo *será* a festa dos tabernáculos ao Senhor por sete dias.

³⁵Ao primeiro dia *haverá* santa convocação; nenhum trabalho servil fareis.

³⁶Sete dias oferecereis ofertas queimadas ao Senhor; ao oitavo dia tereis santa convocação, e oferecereis ofertas queimadas ao Senhor; dia de proibição *é*, nenhum trabalho servil fareis.

³⁷Estas *são* as solenidades do Senhor, que apregoareis para santas convocações, para oferecer ao Senhor oferta queimada, holocausto e oferta de alimentos, sacrifício e libações, cada qual em seu dia próprio;

³⁸Além dos sábados do Senhor, e além dos vossos dons, e além de todos os vossos votos, e além de todas as vossas ofertas voluntárias, que dareis ao Senhor.

³⁹Porém aos quinze dias do mês sétimo, quando tiverdes recolhido do fruto da terra, celebrareis a festa do Senhor por sete dias; no primeiro dia haverá descanso, e no oitavo dia haverá descanso.

⁴⁰E no primeiro dia tomareis para vós ramos de formosas árvores, ramos de palmeiras, ramos de árvores frondosas, e salgueiros de ribeiras; e vos alegrareis perante o Senhor vosso Deus por sete dias.

⁴¹E celebrareis esta festa ao Senhor por sete dias cada ano; estatuto perpétuo *é* pelas vossas gerações; no mês sétimo a celebrareis.

⁴²Sete dias habitareis em tendas; todos os naturais em Israel habitarão em tendas;

⁴³Para que saibam as vossas gerações que eu fiz habitar os filhos de Israel em tendas, quando os tirei da terra do Egito. Eu *sou* o Senhor vosso Deus.

⁴⁴Assim pronunciou Moisés as solenidades do Senhor aos filhos de Israel.

A lei acerca das lâmpadas

24 E FALOU o Senhor a Moisés, dizendo: ²Ordena aos filhos de Israel que te tragam azeite de oliveira, puro, batido, para a luminária, para manter as lâmpadas acesas continuamente.

³Arão as porá em ordem perante o Senhor continuamente, desde a tarde até à manhã, fora do véu do testemunho, na tenda da congregação; estatuto perpétuo *é* pelas vossas gerações.

⁴Sobre o candelabro *de ouro* puro porá em ordem as lâmpadas perante o Senhor continuamente.

O pão para a mesa do Senhor

⁵Também tomarás *da* flor de farinha, e dela cozerás doze pães; cada pão será de duas dízimas de um efa.

⁶E os porás em duas fileiras, seis em *cada* fileira, sobre a mesa pura, perante o Senhor.

⁷E sobre *cada* fileira porás incenso puro, para que seja, para o pão, por oferta memorial; oferta queimada *é* ao Senhor.

⁸Em cada dia de sábado, isto se porá em ordem perante o Senhor continuamente, pelos filhos de Israel, por aliança perpétua.

⁹E será de Arão e de seus filhos, os quais o comerão no lugar santo, porque uma coisa santíssima é para eles, das ofertas queimadas ao Senhor, por estatuto perpétuo.

A pena do pecado de blasfêmia

¹⁰E apareceu, no meio dos filhos de Israel o filho de uma mulher israelita, o qual *era* filho de um homem egípcio; e o filho da israelita e um homem israelita discutiram no arraial.

¹¹Então o filho da mulher israelita blasfemou o nome *do Senhor*, e o amaldiçoou, por isso o trouxeram a Moisés; e o nome de sua mãe *era* Selomite, filha de Dibri, da tribo de Dã.

¹²E eles o puseram na prisão, até que a vontade do Senhor lhes pudesse ser declarada.

¹³E falou o Senhor a Moisés, dizendo:

¹⁴Tira o que tem blasfemado para fora do arraial; e todos os que o ouviram porão as suas mãos sobre a sua cabeça; então toda a congregação o apedrejará.

¹⁵E aos filhos de Israel falarás, dizendo: Qualquer que amaldiçoar o seu Deus, levará sobre *si* o seu pecado.

¹⁶E aquele que blasfemar o nome do Senhor, certamente morrerá; toda a congregação certamente o apedrejará; assim o estrangeiro como o natural, blasfemando o nome *do Senhor*, será morto.

¹⁷E quem matar a alguém certamente morrerá.

¹⁸Mas quem matar um animal, o restituirá, vida por vida.

¹⁹Quando também alguém desfigurar o seu próximo, como ele fez, assim lhe será feito:

²⁰Quebradura por quebradura, olho por olho, dente por dente; como ele tiver desfigurado a algum homem, assim se lhe fará.

²¹Quem, pois, matar um animal, restituí-lo-á, mas quem matar um homem será morto.

²²Uma mesma lei tereis; assim será para o estrangeiro como para o natural; pois eu *sou* o Senhor vosso Deus.

²³E disse Moisés, aos filhos de Israel que levassem o que tinha blasfemado para fora do arraial, e o apedrejassem; e fizeram os filhos de Israel como o Senhor ordenara a Moisés.

O ano sabático

25 FALOU mais o Senhor a Moisés no monte Sinai, dizendo:

²Fala aos filhos de Israel, e dize-lhes: Quando tiverdes entrado na terra, que eu vos dou, então a terra descansará um sábado ao Senhor.

³Seis anos semearás a tua terra, e seis anos podarás a tua vinha, e colherás os seus frutos;

⁴Porém ao sétimo ano haverá sábado de descanso para a terra, um sábado ao Senhor; não semearás o teu campo nem podarás a tua vinha.

⁵O que nascer de si mesmo da tua sega, não

colherás, e as uvas da tua separação não vindimarás; ano de descanso será para a terra.

⁶Mas os frutos do sábado da terra vos serão por alimento, a ti, e ao teu servo, e à tua serva, e ao teu diarista, e ao estrangeiro que peregrina contigo;

⁷E ao teu gado, e aos teus animais, que *estão* na tua terra, todo o seu produto será por mantimento.

O ano do jubileu

⁸Também contarás sete semanas de anos, sete vezes sete anos; de maneira que os dias das sete semanas de anos te serão quarenta e nove anos.

⁹Então no mês sétimo, aos dez do mês, farás passar a trombeta do jubileu; no dia da expiação fareis passar a trombeta por toda a vossa terra,

¹⁰ E santificareis o ano quinquagésimo, e apregoareis liberdade na terra a todos os seus moradores; ano de jubileu vos será, e tornareis, cada um à sua possessão, e cada um à sua família.

¹¹O ano quinquagésimo vos será jubileu; não semeareis nem colhereis o que nele nascer de si mesmo, nem nele vindimareis *as uvas* das separações,

¹²Porque jubileu é, santo será para vós; a novidade do campo comereis.

¹³Neste ano do jubileu tornareis cada um à sua possessão.

¹⁴E quando venderdes alguma coisa ao vosso próximo, ou a comprardes da mão do vosso próximo, ninguém engane a seu irmão;

¹⁵Conforme ao número dos anos, desde o jubileu, comprarás ao teu próximo; e conforme o número dos anos das colheitas, ele a venderá a ti.

¹⁶Conforme se multipliquem os anos, aumentarás o seu preço, e conforme a diminuição dos anos abaixarás o seu preço; porque *conforme* o número das colheitas *é que* ele te vende.

¹⁷Ninguém, pois, engane ao seu próximo; mas terás temor do teu Deus; porque eu *sou* o Senhor vosso Deus.

¹⁸E observareis os meus estatutos, e guardareis os meus juízos, e os cumprireis; assim habitareis seguros na terra.

¹⁹E a terra dará o seu fruto, e comereis a fartar, e nela habitareis seguros.

²⁰E se disserdes: Que comeremos no ano sétimo? Eis que não havemos de semear nem fazer a nossa colheita;

²¹Então eu mandarei a minha bênção sobre vós no sexto ano, para que dê fruto por três anos,

²²E no oitavo ano semeareis, e comereis da colheita velha até ao ano nono; até que venha a nova colheita, comereis a velha.

²³Também a terra não se venderá em perpetuidade, porque a terra *é* minha; pois vós *sois* estrangeiros e peregrinos comigo.

²⁴Portanto em toda a terra da vossa possessão dareis resgate à terra.

²⁵Quando teu irmão empobrecer e vender *alguma parte* da sua possessão, então virá o seu resgatador, seu parente, e resgatará o que vendeu seu irmão.

²⁶E se alguém não tiver resgatador, porém conseguir o suficiente para o seu resgate;

²⁷Então contará os anos desde a sua venda, e o que ficar restituirá ao homem a quem a vendeu, e tornará à sua possessão.

²⁸Mas se não conseguir o suficiente para restituir-lha, então a *que foi* vendida ficará na mão do comprador até ao ano do jubileu; porém no ano do jubileu sairá, e ele tornará à sua possessão.

²⁹E, quando alguém vender uma casa de moradia em cidade murada, então poderá resgatá-la até que se cumpra o ano da sua venda; durante um ano inteiro será *lícito* o seu resgate.

³⁰Mas, se, cumprindo-se-lhe um ano inteiro, ainda não for resgatada, então a casa, que estiver na cidade que tem muro, em perpetuidade ficará ao que a comprou, pelas suas gerações; não sairá no jubileu.

³¹Mas as casas das aldeias que não tem muro ao redor, serão estimadas como o campo da terra; para elas haverá resgate, e sairão no jubileu.

³²Mas, no tocante às cidades dos levitas, às casas das cidades da sua possessão, *direito* perpétuo *de* resgate terão os levitas.

³³E se alguém comprar dos levitas, uma casa, a casa comprada e a cidade da sua possessão sairão do poder do comprador no jubileu; porque as casas das cidades dos levitas são a sua possessão no meio dos filhos de Israel.

³⁴Mas o campo do arrabalde das suas cidades não se venderá, porque *lhes é* possessão perpétua.

³⁵E, quando teu irmão empobrecer, e as suas forças decaírem, então sustentá-lo-ás, como estrangeiro e peregrino viverá contigo.

³⁶Não tomarás dele juros, nem ganho; mas do teu Deus terás temor, para que teu irmão viva contigo.

³⁷Não lhe darás teu dinheiro com usura, nem darás do teu alimento por interesse.

³⁸Eu *sou* o Senhor vosso Deus, que vos tirei da terra do Egito, para vos dar a terra de Canaã, para ser vosso Deus.

³⁹Quando também teu irmão empobrecer, *estando* ele contigo, e vender-se a ti, não o farás servir como escravo.

⁴⁰Como diarista, como peregrino estará contigo; até ao ano do jubileu te servirá;

⁴¹Então sairá do teu *serviço,* ele e seus filhos com ele, e tornará à sua família e à possessão de seus pais.

⁴²Porque *são* meus servos, que tirei da terra do Egito; não serão vendidos como se vendem os escravos.

⁴³Não te assenhorearás dele com rigor, mas do teu Deus terás temor.

⁴⁴E quanto a teu escravo e a tua escrava que tiveres, *serão* das nações que estão ao redor de vós; deles comprareis escravos e escravas.

⁴⁵Também os comprareis dos filhos dos forasteiros que peregrinam entre vós, deles e das suas

LEVÍTICO 25.46

famílias que *estiverem* convosco, que tiverem gerado na vossa terra; e vos serão por possessão.

⁴⁶E possuí-los-eis por herança para vossos filhos depois de vós, para herdarem a possessão; perpetuamente os fareis servir; mas sobre vossos irmãos, os filhos de Israel, não vos assenhoreareis com rigor, uns sobre os outros.

⁴⁷E se o estrangeiro ou peregrino *que está* contigo alcançar *riqueza,* e teu irmão, *que está* com ele, empobrecer, e vender-se ao estrangeiro *ou* peregrino *que está* contigo, ou a alguém da família do estrangeiro,

⁴⁸Depois que se houver vendido, haverá resgate para ele; um de seus irmãos o poderá resgatar;

⁴⁹Ou seu tio, ou o filho de seu tio o poderá resgatar; ou um dos seus parentes, da sua família, o poderá resgatar; ou, se alcançar *riqueza,* se resgatará a si mesmo.

⁵⁰E acertará com aquele que o comprou, desde o ano que se vendeu a ele até ao ano do jubileu, e o preço da sua venda será conforme o número dos anos; conforme os dias de um diarista estará com ele.

⁵¹Se ainda *faltarem* muitos anos, conforme a eles restituirá, para seu resgate, parte do dinheiro pelo qual foi vendido,

⁵²E se ainda restarem poucos anos até ao ano do jubileu, então fará contas com ele; segundo os seus anos restituirá o seu resgate.

⁵³Como diarista, de ano em ano, estará com ele; não se assenhoreará sobre ele com rigor diante dos teus olhos.

⁵⁴E, se desta *sorte* não se resgatar, sairá no ano do jubileu, ele e seus filhos com ele.

⁵⁵Porque os filhos de Israel me *são* servos; meus servos *são* eles, que tirei da terra do Egito. Eu *sou* o SENHOR vosso Deus.

Mandamentos

26 NÃO fareis para vós ídolos, nem vos levantareis imagem de escultura, nem estátua, nem poreis pedra figurada na vossa terra, para inclinar-vos a ela; porque eu *sou* o SENHOR vosso Deus.

²Guardareis os meus sábados, e reverenciareis o meu santuário. Eu *sou* o SENHOR.

Promessas para os obedientes

³Se andardes nos meus estatutos, e guardardes os meus mandamentos, e os cumprirdes,

⁴Então eu vos darei as chuvas a seu tempo; e a terra dará a sua colheita, e a árvore do campo dará o seu fruto;

⁵E a debulha se vos chegará à vindima, e a vindima se chegará à sementeira; e comereis o vosso pão a fartar, e habitareis seguros na vossa terra.

⁶Também darei paz na terra, e dormireis *seguros,* e não haverá quem *vos* espante; e farei cessar os animais nocivos da terra, e pela vossa terra não passará espada.

⁷E perseguireis os vossos inimigos, e cairão à espada diante de vós.

⁸Cinco de vós perseguirão a um cento *deles,* e cem de vós perseguirão a dez mil; e os vossos inimigos cairão à espada diante de vós.

⁹E para vós olharei, e vos farei frutificar, e vos multiplicarei, e confirmarei a minha aliança convosco.

¹⁰E comereis da colheita velha, há muito tempo guardada, e tirareis fora a velha por causa da nova.

¹¹E porei o meu tabernáculo no meio de vós, e a minha alma de vós não se enfadará.

¹²E andarei no meio de vós, e eu vos serei por Deus, e vós me sereis por povo.

¹³Eu *sou* o SENHOR vosso Deus, que vos tirei da terra dos egípcios, para que não fôsseis seus escravos; e quebrei os timões do vosso jugo, e vos fiz andar eretos.

Advertências para os desobedientes

¹⁴Mas, se não me ouvirdes, e não cumprirdes todos estes mandamentos,

¹⁵E se rejeitardes os meus estatutos, e a vossa alma se enfadar dos meus juízos, não cumprindo todos os meus mandamentos, para invalidar a minha aliança,

¹⁶Então eu também vos farei isto: porei sobre vós terror, a tísica e a febre ardente, que consumam os olhos e atormentem a alma; e semeareis em vão a vossa semente, pois os vossos inimigos a comerão.

¹⁷E porei a minha face contra vós, e sereis feridos diante de vossos inimigos; e os que vos odeiam, de vós se assenhorearão, e fugireis, sem ninguém vos perseguir.

¹⁸E, se ainda com estas coisas não me ouvirdes, então eu prosseguirei a castigar-vos sete vezes *mais,* por *causa dos* vossos pecados.

¹⁹Porque quebrarei a soberba da vossa força; e farei que os vossos céus *sejam* como ferro e a vossa terra como cobre.

²⁰E em vão se gastará a vossa força; a vossa terra não dará a sua colheita, e as árvores da terra não darão o seu fruto.

²¹E se andardes contrariamente para comigo, e não me quiserdes ouvir, trar-vos-ei pragas sete vezes *mais,* conforme os vossos pecados.

²²Porque enviarei entre vós as feras do campo, as quais vos desfilharão, e desfarão o vosso gado, e vos diminuirão; e os vossos caminhos serão desertos.

²³Se ainda com estas coisas não vos corrigirdes voltando para mim, mas *ainda* andardes contrariamente para comigo,

²⁴Eu também andarei contrariamente para convosco, e eu, eu mesmo, vos ferirei sete vezes *mais* por causa dos vossos pecados.

²⁵Porque trarei sobre vós a espada, que executará a vingança da aliança; e ajuntados sereis nas vossas cidades; então enviarei a peste entre vós, e sereis entregues na mão do inimigo.

²⁶Quando eu vos quebrar o sustento do pão, então dez mulheres cozerão o vosso pão num só forno, e devolver-vos-ão o vosso pão por peso; e comereis, mas não vos fartareis.

²⁷E se com isto não me ouvirdes, mas *ainda* andardes contrariamente para comigo,

²⁸Também eu para convosco andarei contrariamente em furor; e vos castigarei sete vezes *mais* por *causa dos* vossos pecados.

²⁹Porque comereis a carne de vossos filhos, e comereis a carne de vossas filhas.

³⁰E destruirei os vossos altos, e desfarei as vossas imagens, e lançarei os vossos cadáveres sobre os cadáveres dos vossos deuses; a minha alma se enfadará de vós.

³¹E reduzirei as vossas cidades a deserto, e assolarei os vossos santuários, e não cheirarei o vosso cheiro suave.

³²E assolarei a terra e se espantarão disso os vossos inimigos que nela morarem.

³³E espalhar-vos-ei entre as nações, e desembainharei a espada atrás de vós; e a vossa terra será assolada, e as vossas cidades serão desertas.

³⁴Então a terra folgará nos seus sábados, todos os dias da sua assolação, e vós *estareis* na terra dos vossos inimigos; então a terra descansará, e folgará nos seus sábados.

³⁵Todos os dias da assolação descansará, porque não descansou nos vossos sábados, quando habitáveis nela.

³⁶E, quanto aos que de vós ficarem, eu porei tal pavor nos seus corações, nas terras dos seus inimigos, que o ruído de uma folha movida os perseguirá; e fugirão *como* quem foge da espada; e cairão sem ninguém os perseguir.

³⁷E cairão uns sobre os outros como diante da espada, sem ninguém os perseguir; e não podereis resistir diante dos vossos inimigos.

³⁸E perecereis entre as nações, e a terra dos vossos inimigos vos consumirá.

³⁹E aqueles que entre vós ficarem se consumirão pela sua iniquidade nas terras dos vossos inimigos, e pela iniquidade de seus pais com eles se consumirão.

⁴⁰Então confessarão a sua iniquidade, e a iniquidade de seus pais, com as suas transgressões, com que transgrediram contra mim; como também eles andaram contrariamente para comigo.

⁴¹Eu também andei para com eles contrariamente, e os fiz entrar na terra dos seus inimigos; se então o seu coração incircunciso se humilhar, e então tomarem por bem o castigo da sua iniquidade,

⁴²Também eu me lembrarei da minha aliança *com* Jacó, e também da minha aliança *com* Isaque, e também da minha aliança *com* Abraão me lembrarei, e da terra me lembrarei.

⁴³E a terra será abandonada por eles, e folgará nos seus sábados, sendo assolada por causa deles; e tomarão por bem o castigo da sua iniquidade, em razão mesmo de que rejeitaram os meus juízos e a sua alma se enfastiou dos meus estatutos.

⁴⁴E, demais disto também, estando eles na terra dos seus inimigos, não os rejeitarei nem me enfadarei deles, para consumi-los e invalidar a minha aliança com eles, porque eu *sou* o SENHOR seu Deus.

⁴⁵Antes por amor deles me lembrarei da aliança com os seus antepassados, que tirei da terra do Egito perante os olhos dos gentios, para lhes ser por Deus. Eu *sou* o SENHOR.

⁴⁶Estes *são* os estatutos, e os juízos, e as leis que deu o SENHOR entre si e os filhos de Israel, no monte Sinai, pela mão de Moisés.

Votos especiais

27FALOU mais o SENHOR a Moisés, dizendo:
²Fala aos filhos de Israel, e dize-lhes: Quando alguém fizer particular voto, segundo a tua avaliação *serão* as pessoas ao SENHOR.

³Se for a tua avaliação de um homem, da idade de vinte anos até a idade de sessenta, será a tua avaliação de cinquenta siclos de prata, segundo o siclo do santuário.

⁴Porém, se for mulher, a tua avaliação será de trinta siclos.

⁵E, se for de cinco anos até vinte, a tua avaliação de um homem será vinte siclos e da mulher dez siclos.

⁶E, se *for* de um mês até cinco anos, a tua avaliação de um homem será de cinco siclos de prata, e a tua avaliação pela mulher *será* de três siclos de prata.

⁷E, se for de sessenta anos e acima, pelo homem a tua avaliação será de quinze siclos e pela mulher dez siclos.

⁸Mas, se *for* mais pobre do que a tua avaliação, então apresentar-se-á diante do sacerdote, para que o sacerdote o avalie; conforme as posses daquele que fez o voto, o avaliará o sacerdote.

⁹E, se *for* animal dos que se oferecem em oferta ao SENHOR, tudo quanto der dele ao SENHOR será santo.

¹⁰Não o mudará, nem o trocará bom por mau, ou mau por bom; se porém de alguma maneira trocar animal por animal, tanto um como o outro, será santo.

¹¹E, se *for* algum animal imundo, dos que não se oferecem em oferta ao SENHOR, então apresentará o animal diante do sacerdote,

¹²E o sacerdote o avaliará, seja bom ou seja mau; segundo a avaliação do sacerdote, assim será.

¹³Porém, se de alguma maneira o resgatar, então acrescentará a sua quinta parte sobre a tua avaliação.

¹⁴E quando alguém santificar a sua casa para *ser* santa ao SENHOR, o sacerdote a avaliará, seja boa ou seja má; como o sacerdote a avaliar, assim será.

¹⁵Mas, se o que a santificou resgatar a sua casa, então acrescentará a quinta parte do dinheiro sobre a tua avaliação, e será sua.

¹⁶Se também alguém santificar ao SENHOR uma parte do campo da sua possessão, então a tua avaliação será segundo a sua semente: um ômer de semente de cevada *será avaliado* por cinquenta siclos de prata.

LEVÍTICO 27.17

[17]Se santificar o seu campo desde o ano do jubileu, conforme à tua avaliação ficará.

[18]Mas, se santificar o seu campo depois do ano do jubileu, então o sacerdote lhe contará o dinheiro conforme aos anos restantes até ao ano do jubileu, e *isto* se abaterá da tua avaliação.

[19]E se aquele que santificou o campo de alguma maneira o resgatar, então acrescentará a quinta parte do dinheiro da tua avaliação, e ficará seu.

[20]E se não resgatar o campo, ou se vender o campo a outro homem, nunca mais se resgatará.

[21]Porém havendo o campo saído no *ano do* jubileu, será santo ao Senhor, como campo consagrado; a possessão dele será do sacerdote.

[22]E se alguém santificar ao Senhor o campo que comprou, e não *for* parte do campo da sua possessão,

[23]Então o sacerdote lhe contará o valor da tua avaliação até ao ano do jubileu; e no mesmo dia dará a tua avaliação como coisa santa ao Senhor.

[24]No ano do jubileu o campo tornará àquele de quem o comprou, àquele de quem era a possessão do campo.

[25]E toda a tua avaliação se fará conforme ao siclo do santuário; o siclo será de vinte geras.

[26]Mas o primogênito de um animal, por já ser do Senhor, ninguém o santificará; seja boi ou gado miúdo, do Senhor é.

[27]Mas, se *for* de um animal imundo, o resgatará, segundo a tua estimação, e sobre ele acrescentará a sua quinta parte; e se não se resgatar, vender-se-á segundo a tua estimação.

Não há resgate para as coisas consagradas

[28]Todavia, nenhuma coisa consagrada, que alguém consagrar ao Senhor de tudo o que tem, de homem, ou de animal, ou do campo da sua possessão, se venderá nem resgatará; toda a coisa consagrada será santíssima ao Senhor.

[29]Toda a coisa consagrada que for consagrada do homem, não será resgatada; certamente morrerá.

[30]Também todas as dízimas do campo, da semente do campo, do fruto das árvores, *são* do Senhor; santas *são* ao Senhor.

[31]Porém, se alguém das suas dízimas resgatar *alguma coisa,* acrescentará a sua quinta parte sobre ela.

[32]No tocante a todas as dízimas do gado e do rebanho, tudo o que passar debaixo da vara, o dízimo será santo ao Senhor.

[33]Não se investigará entre o bom e o mau, nem o trocará; mas, se de alguma maneira o trocar, tanto um como o outro será santo; não serão resgatados.

[34]Estes *são* os mandamentos que o Senhor ordenou a Moisés, para os filhos de Israel, no monte Sinai.

O QUARTO LIVRO DE MOISÉS CHAMADO
NÚMEROS

Deus manda Moisés numerar os homens de guerra

1 FALOU mais o SENHOR a Moisés no deserto de Sinai, na tenda da congregação, no primeiro *dia* do segundo mês, no segundo ano da sua saída da terra do Egito, dizendo:

²Tomai a soma de toda a congregação dos filhos de Israel, segundo as suas famílias, segundo a casa de seus pais, conforme o número dos nomes de todo o homem, cabeça por cabeça;

³Da idade de vinte anos para cima, todos os que em Israel podem sair à guerra, a estes contareis segundo os seus exércitos, tu e Arão.

⁴Estará convosco, de cada tribo, um homem que seja cabeça da casa de seus pais.

⁵Estes, pois, *são* os nomes dos homens que estarão convosco: De Rúben, Elizur, filho de Sedeur;

⁶De Simeão, Selumiel, filho de Zurisadai;

⁷De Judá, Naasson, filho de Aminadabe;

⁸De Issacar, Natanael, filho de Zuar;

⁹De Zebulom, Eliabe, filho de Helom;

¹⁰Dos filhos de José: De Efraim, Elisama, filho de Amiúde; de Manassés, Gamaliel, filho de Pedazur;

¹¹De Benjamim, Abidã, filho de Gideoni;

¹²De Dã, Aieser, filho de Amisadai;

¹³De Aser, Pagiel, filho de Ocrã;

¹⁴De Gade, Eliasafe, filho de Deuel;

¹⁵De Naftali, Aira, filho de Enã.

¹⁶Estes *foram* os chamados da congregação, os príncipes das tribos de seus pais, os cabeças dos milhares de Israel.

¹⁷Então tomaram Moisés e Arão a estes homens, que foram declarados pelos *seus* nomes,

¹⁸E reuniram toda a congregação no primeiro dia do mês segundo, e declararam a sua descendência segundo as suas famílias, segundo a casa de seus pais, pelo número dos nomes *dos* de vinte anos para cima, cabeça por cabeça;

¹⁹Como o SENHOR ordenara a Moisés, assim os contou no deserto de Sinai.

²⁰Foram, pois, os filhos de Ruben, o primogênito de Israel, as suas gerações, pelas suas famílias, segundo a casa de seus pais, pelo número dos nomes, cabeça por cabeça, todo o homem de vinte anos para cima, todos os que podiam sair à guerra,

²¹Foram contados deles, da tribo de Rúben, quarenta e seis mil e quinhentos.

²²Dos filhos de Simeão, as suas gerações pelas suas famílias, segundo a casa dos seus pais; os seus contados, pelo número dos nomes, cabeça por cabeça, todo o homem de vinte anos para cima, todos os que podiam sair à guerra,

²³Foram contados deles, da tribo de Simeão, cinquenta e nove mil e trezentos.

²⁴Dos filhos de Gade, as suas gerações, pelas suas famílias, segundo a casa de seus pais, pelo número dos nomes dos de vinte anos para cima, todos os que podiam sair à guerra,

²⁵Foram contados deles, da tribo de Gade, quarenta e cinco mil e seiscentos e cinquenta.

²⁶Dos filhos de Judá, as suas gerações, pelas suas famílias, segundo a casa de seus pais; pelo número dos nomes *dos* de vinte anos para cima, todos os que podiam sair à guerra,

²⁷Foram contados deles, da tribo de Judá, setenta e quatro mil e seiscentos.

²⁸Dos filhos de Issacar, as suas gerações, pelas suas famílias, segundo a casa de seus pais, pelo número dos nomes *dos* de vinte anos para cima, todos os que podiam sair à guerra,

²⁹Foram contados deles da tribo de Issacar, cinquenta e quatro mil e quatrocentos.

³⁰Dos filhos de Zebulom, as suas gerações, pelas suas famílias, segundo a casa de seus pais, pelo número dos nomes *dos* de vinte anos para cima, todos os que podiam sair à guerra,

³¹Foram contados deles, da tribo de Zebulom, cinquenta e sete mil e quatrocentos.

³²Dos filhos de José, dos filhos de Efraim, as suas gerações, pelas suas famílias, segundo a casa de seus pais, pelo número dos nomes *dos* de vinte anos para cima, todos os que podiam sair à guerra,

³³Foram contados deles, da tribo de Efraim, quarenta mil e quinhentos.

³⁴Dos filhos de Manassés, as suas gerações, pelas suas famílias, segundo a casa de seus pais, pelo número dos nomes *dos* de vinte anos para cima, todos os que podiam sair à guerra,

³⁵Foram contados deles, da tribo de Manassés, trinta e dois mil e duzentos.

³⁶Dos filhos de Benjamim, as suas gerações, pelas suas famílias, segundo a casa de seus pais, pelo número dos nomes *dos* de vinte anos para cima, todos os que podiam sair à guerra,

³⁷Foram contados deles, da tribo de Benjamim, trinta e cinco mil e quatrocentos.

³⁸Dos filhos de Dã, as suas gerações, pelas suas famílias, segundo a casa de seus pais, pelo número dos nomes *dos* de vinte anos para cima, todos os que podiam sair à guerra,

³⁹Foram contados deles, da tribo de Dã, sessenta e dois mil e setecentos.

⁴⁰Dos filhos de Aser, as suas gerações, pelas suas famílias, segundo a casa de seus pais, pelo número dos nomes *dos* de vinte anos para cima, todos os que podiam sair à guerra,

⁴¹Foram contados deles, da tribo de Aser, quarenta e um mil e quinhentos.

⁴²Dos filhos de Naftali, as suas gerações, pelas suas famílias, segundo a casa de seus pais, pelo número dos nomes *dos* de vinte anos para cima, todos os que podiam sair à guerra,

NÚMEROS 1.43

⁴³*Foram* contados deles, da tribo de Naftali, cinquenta e três mil e quatrocentos.

⁴⁴Estes *foram* os contados, que contaram Moisés e Arão, e os príncipes de Israel, doze homens, cada um era pela casa de seus pais.

⁴⁵Assim *foram* todos os contados dos filhos de Israel, segundo a casa de seus pais, de vinte anos para cima, todos os que podiam sair à guerra em Israel;

⁴⁶Todos os contados eram seiscentos e três mil e quinhentos e cinquenta.

Os levitas não são contados

⁴⁷Mas os levitas, segundo a tribo de seus pais, não *foram* contados entre eles,

⁴⁸Porquanto o Senhor tinha falado a Moisés, dizendo:

⁴⁹Porém não contarás a tribo de Levi, nem tomarás a soma deles entre os filhos de Israel;

⁵⁰Mas tu põe os levitas sobre o tabernáculo do testemunho, e sobre todos os seus utensílios, e sobre tudo o que pertence a ele; eles levarão o tabernáculo e todos os seus utensílios; e eles o administrarão, e acampar-se-ão ao redor do tabernáculo.

⁵¹E, quando o tabernáculo partir, os levitas o desarmarão; e, quando o tabernáculo se houver de assentar no arraial, os levitas o armarão; e o estranho que se chegar morrerá.

⁵²E os filhos de Israel armarão as suas tendas, cada um no seu esquadrão, e cada um junto à sua bandeira, segundo os seus exércitos.

⁵³Mas os levitas armarão as suas tendas ao redor do tabernáculo do testemunho, para que não haja indignação sobre a congregação dos filhos de Israel, pelo que os levitas terão o cuidado da guarda do tabernáculo do testemunho.

⁵⁴Assim fizeram os filhos de Israel; conforme a tudo o que o Senhor ordenara a Moisés, assim o fizeram.

A ordem das tribos no acampamento

2 E FALOU o Senhor a Moisés e a Arão, dizendo: ²Os filhos de Israel armarão as suas tendas, cada um debaixo da sua bandeira, segundo as insígnias da casa de seus pais; ao redor, defronte da tenda da congregação, armarão as *suas* tendas.

³Os que armarem as *suas* tendas do lado do oriente, para o nascente, *serão os da* bandeira do exército de Judá, segundo os seus esquadrões, e Naassom, filho de Aminadabe, *será* príncipe dos filhos de Judá.

⁴E o seu exército, os que *foram* contados deles, *era de* setenta e quatro mil e seiscentos.

⁵E junto a ele armará as suas tendas a tribo de Issacar; e Natanael, filho de Zuar, *será* príncipe dos filhos de Issacar.

⁶E o seu exército, os *que foram* contados deles, *era de* cinquenta e quatro mil e quatrocentos.

⁷Depois a tribo de Zebulom; e Eliabe, filho de Helam, *será* príncipe dos filhos de Zebulom.

⁸E o seu exército, os que *foram* contados deles, *era de* cinquenta e sete mil e quatrocentos.

⁹Todos os que *foram* contados do exército de Judá, cento e oitenta e seis mil e quatrocentos, segundo os seus esquadrões, *estes* marcharão primeiro.

¹⁰A bandeira do exército de Rúben, segundo os seus esquadrões, *estará* para o lado do sul; e Elizur, filho de Sedeur, *será* príncipe dos filhos de Rúben.

¹¹E o seu exército, os que *foram* contados deles, *era de* quarenta e seis mil e quinhentos.

¹²E junto a ele armará as *suas* tendas a tribo de Simeão; e Selumiel, filho de Zurisadai, *será* príncipe dos filhos de Simeão.

¹³E o seu exército, os *que foram* contados deles, *era de* cinquenta e nove mil e trezentos.

¹⁴Depois a tribo de Gade; e Eliasafe, filho de Reuel, *será* príncipe dos filhos de Gade.

¹⁵E o seu exército, os *que foram* contados deles, *era de* quarenta e cinco mil e seiscentos e cinquenta.

¹⁶Todos os que foram contados no exército de Rúben *foram* cento e cinquenta e um mil e quatrocentos e cinquenta, segundo os seus esquadrões; e *estes* marcharão em segundo lugar.

¹⁷Então partirá a tenda da congregação *com* o exército dos levitas no meio dos exércitos; como armaram as *suas* tendas, assim marcharão, cada um no seu lugar, segundo as suas bandeiras.

¹⁸A bandeira do exército de Efraim segundo os seus esquadrões, *estará* para o lado do ocidente; e Elisama, filho de Amiúde, *será* príncipe dos filhos de Efraim.

¹⁹E o seu exército, os *que foram* contados deles, *era de* quarenta mil e quinhentos.

²⁰E junto a ele estará a tribo de Manassés; e Gamaliel, filho de Pedazur, *será* príncipe dos filhos de Manassés.

²¹E o seu exército, os *que foram* contados deles, *era de* trinta e dois mil e duzentos.

²²Depois a tribo de Benjamim; e Abidã, filho de Gideoni, *será* príncipe dos filhos de Benjamim,

²³E o seu exército, os *que foram* contados deles, *era de* trinta e cinco mil e quatrocentos.

²⁴Todos os *que foram* contados no exército de Efraim *foram* cento e oito mil e cem, segundo os seus esquadrões; e *estes* marcharão em terceiro lugar.

²⁵A bandeira do exército de Dã *estará* para o norte, segundo os seus esquadrões; e Aieser, filho de Amisadai, *será* príncipe dos filhos de Dã.

²⁶E o seu exército, os *que foram* contados deles, *era de* sessenta e dois mil e setecentos.

²⁷E junto a ele armará as *suas* tendas a tribo de Aser; e Pagiel, filho de Ocrã, *será* príncipe dos filhos de Aser.

²⁸E o seu exército, os *que foram* contados deles, *era de* quarenta e um mil e quinhentos.

²⁹Depois a tribo de Naftali; e Aira, filho de Enã, *será* príncipe dos filhos de Naftali.

³⁰E o seu exército, os *que foram* contados deles, *era de* cinquenta e três mil e quatrocentos.

³¹Todos os *que foram* contados no exército de

Dã foram cento e cinquenta e sete mil e seiscentos; *estes* marcharão em último lugar, segundo as suas bandeiras.

³²Estes *são* os *que foram* contados dos filhos de Israel, segundo a casa de seus pais; todos os *que foram* contados dos exércitos pelos seus esquadrões *foram* seiscentos e três mil e quinhentos e cinquenta.

³³Mas os levitas não foram contados entre os filhos de Israel, como o Senhor ordenara a Moisés.

³⁴E os filhos de Israel fizeram conforme a tudo o que o Senhor ordenara a Moisés; assim armaram o arraial segundo as suas bandeiras, e assim marcharam, cada qual segundo as suas gerações, segundo a casa de seus pais.

Os serviços dos levitas no tabernáculo

3 E ESTAS *são* as gerações de Arão e de Moisés, no dia *em que* o Senhor falou com Moisés, no monte Sinai.

²E estes *são* os nomes dos filhos de Arão: o primogênito Nadabe; depois Abiú, Eleazar e Itamar.

³Estes *são* os nomes dos filhos de Arão, dos sacerdotes ungidos, cujas mãos foram consagradas para administrar o sacerdócio.

⁴Mas Nadabe e Abiú morreram perante o Senhor, quando ofereceram fogo estranho perante o Senhor no deserto de Sinai, e não tiveram filhos; porém Eleazar e Itamar administraram o sacerdócio diante de Arão, seu pai.

⁵E falou o Senhor a Moisés, dizendo:

⁶Faze chegar a tribo de Levi, e põe-na diante de Arão, o sacerdote, para que o sirvam,

⁷E tenham cuidado da sua guarda, e da guarda de toda a congregação, diante da tenda da congregação, para administrar o ministério do tabernáculo.

⁸E tenham cuidado de todos os utensílios da tenda da congregação, e da guarda dos filhos de Israel, para administrar o ministério do tabernáculo.

⁹Darás, pois, os levitas a Arão e a seus filhos; dentre os filhos de Israel lhes *são* dados em dádiva.

¹⁰Mas a Arão e a seus filhos ordenarás que guardem o seu sacerdócio, e *o* estranho que se chegar morrerá.

¹¹E falou o Senhor a Moisés, dizendo:

¹²E eu, eis que tenho tomado os levitas do meio dos filhos de Israel, em lugar de todo o primogênito, que abre a madre, entre os filhos de Israel; e os levitas serão meus.

¹³Porque todo o primogênito *é* meu; desde o dia em que tenho ferido a todo o primogênito na terra do Egito, santifiquei para mim todo o primogênito em Israel, desde o homem até ao animal: meus serão; Eu *sou* o Senhor.

¹⁴E falou o Senhor a Moisés no deserto de Sinai, dizendo:

¹⁵Conta os filhos de Levi, segundo a casa de seus pais, pelas suas famílias; contarás a todo o homem da idade de um mês para cima.

¹⁶E Moisés os contou conforme ao mandado do Senhor, como lhe foi ordenado.

¹⁷Estes, pois, foram os filhos de Levi pelos seus nomes: Gérson, e Coate e Merari.

¹⁸E estes *são* os nomes dos filhos de Gérson pelas suas famílias: Libni e Simei.

¹⁹E os filhos de Coate pelas suas famílias: Amrão, e Izar, Hebrom e Uziel.

²⁰E os filhos de Merari pelas suas famílias: Mali e Musi; estas *são* as famílias dos levitas, segundo a casa de seus pais.

²¹De Gérson *é* a família dos libnitas e a família dos simeítas; estas *são* as famílias dos gersonitas.

²²Os *que* deles *foram* contados pelo número de todo o homem da idade de um mês para cima, sim, os que deles foram contados eram sete mil e quinhentos.

²³As famílias dos gersonitas armarão as *suas* tendas atrás do tabernáculo, ao ocidente.

²⁴E o príncipe da casa paterna dos gersonitas *será* Eliasafe, filho de Lael.

²⁵E os filhos de Gérson terão a seu cargo, na tenda da congregação, o tabernáculo, a tenda, a sua coberta, e o véu da porta da tenda da congregação.

²⁶E as cortinas do pátio, e o pavilhão da porta do pátio, que *estão* junto ao tabernáculo e junto ao altar, em redor; como também as suas cordas para todo o seu serviço.

²⁷E de Coate *é* a família dos amramitas, e a família dos jizaritas, e a família dos hebronitas, e a família dos uzielitas; estas *são* as famílias dos coatitas.

²⁸Pelo número contado de todo o homem da idade de um mês para cima, *eram* oito mil e seiscentos, que tinham cuidado da guarda do santuário.

²⁹As famílias dos filhos de Coate armarão as *suas* tendas ao lado do tabernáculo, do lado do sul.

³⁰E o príncipe da casa paterna das famílias dos coatitas *será* Elisafã, filho de Uziel.

³¹E a sua guarda *será* a arca, e a mesa, e o candelabro, e os altares, e os utensílios do santuário com que ministram, e o véu com todo o seu serviço.

³²E o príncipe dos príncipes de Levi *será* Eleazar, filho de Arão, o sacerdote; *terá* a superintendência sobre os que têm cuidado da guarda do santuário.

³³De Merari é a família dos malitas e a família dos musitas; estas *são* as famílias de Merari.

³⁴E os *que* deles *foram* contados pelo número de todo o homem de um mês para cima, *foram* seis mil e duzentos.

³⁵E o príncipe da casa paterna das famílias de Merari *será* Zuriel, filho de Abiail; armarão as suas tendas ao lado do tabernáculo, do lado do norte.

³⁶E os filhos de Merari terão a seu cargo as tábuas do tabernáculo, os seus varais, as suas colunas, as suas bases, e todos os seus utensílios, com todo o seu serviço.

³⁷E as colunas do pátio em redor, e as suas bases, as suas estacas e as suas cordas.

³⁸E os que armarão as *suas* tendas diante do

NÚMEROS 3.39

tabernáculo, ao oriente, diante da tenda da congregação, para o nascente, *serão* Moisés e Arão, com seus filhos, tendo o cuidado da guarda do santuário, pela guarda dos filhos de Israel; e o estranho que se chegar morrerá.

[39]Todos os *que foram* contados dos levitas, que contaram Moisés e Arão por mandado do SENHOR, segundo as suas famílias, todo o homem de um mês para cima, *foram* vinte e dois mil.

[40]E disse o SENHOR a Moisés: Conta todo o primogênito homem dos filhos de Israel, da idade de um mês para cima, e toma o número dos seus nomes,

[41]E para mim tomarás os levitas (eu sou o SENHOR), em lugar de todo o primogênito dos filhos de Israel, e os animais dos levitas, em lugar de todo o primogênito entre os animais dos filhos de Israel.

[42]E contou Moisés, como o SENHOR lhe ordenara, todo o primogênito entre os filhos de Israel.

[43]E todos os primogênitos homens, pelo número dos nomes dos da idade de um mês para cima, segundo os *que eram* contados deles, foram vinte e dois mil e duzentos e setenta e três.

[44]E falou o SENHOR a Moisés, dizendo:

[45]Toma os levitas em lugar de todo o primogênito entre os filhos de Israel, e os animais dos levitas em lugar dos seus animais; porquanto os levitas serão meus: Eu *sou* o SENHOR.

[46]Quanto aos duzentos e setenta e três, que se houverem de resgatar dos primogênitos dos filhos de Israel, que excedem ao número dos levitas,

[47]Tomarás, por cabeça, cinco siclos; conforme ao siclo do santuário *os* tomarás, a vinte geras o siclo.

[48]E a Arão e a seus filhos darás o dinheiro dos resgatados, dos que sobram entre eles.

[49]Então Moisés tomou o dinheiro do resgate dos que excederam sobre os resgatados pelos levitas.

[50]Dos primogênitos dos filhos de Israel recebeu o dinheiro, mil e trezentos e sessenta e cinco *siclos,* segundo o siclo do santuário.

[51]E Moisés deu o dinheiro dos resgatados a Arão e a seus filhos, segundo o mandado do SENHOR, como o SENHOR ordenara a Moisés.

Os deveres dos levitas

4 E FALOU o SENHOR a Moisés e a Arão, dizendo: [2]Fazei a soma dos filhos de Coate, dentre os filhos de Levi, pelas suas famílias, segundo a casa de seus pais;

[3]Da idade de trinta anos para cima até aos cinquenta anos, *será* todo aquele que entrar neste serviço, para fazer o trabalho na tenda da congregação.

[4]Este *será* o ministério dos filhos de Coate na tenda da congregação, nas coisas santíssimas.

[5]Quando partir o arraial, Arão e seus filhos virão e tirarão o véu da tenda, e com ele cobrirão a arca do testemunho;

[6]E pôr-lhe-ão por cima uma coberta de peles de texugos, e sobre ela estenderão um pano, todo azul, e lhe colocarão os varais.

[7]Também sobre a mesa da proposição estenderão um pano azul; e sobre ela porão os pratos, as colheres, e as taças e os jarros para libação; também o pão contínuo estará sobre ela.

[8]Depois estenderão em cima deles um pano de carmesim, e com a coberta de peles de texugos o cobrirão, e *lhe* colocarão os seus varais.

[9]Então tomarão um pano azul, e cobrirão o candelabro da luminária, e as suas lâmpadas, e os seus espevitadores, e os seus apagadores, e todos os seus vasos de azeite, com que o servem.

[10]E envolverão, a ele e a todos os seus utensílios, na coberta de peles de texugos; e *o* colocarão sobre os varais.

[11]E sobre o altar de ouro estenderão um pano azul, e com a coberta de peles de texugos, o cobrirão, e *lhe* colocarão os seus varais.

[12]Também tomarão todos os utensílios do ministério, com que servem no santuário; e os colocarão num pano azul, e os cobrirão com uma coberta de peles de texugos, e *os* colocarão sobre os varais.

[13]E tirarão as cinzas do altar, e por cima dele estenderão um pano de púrpura.

[14]E sobre ele colocarão todos os seus instrumentos com que o servem: os seus braseiros, os garfos e as pás, e as bacias; todos os pertences do altar; e por cima dele estenderão uma coberta de peles de texugos, e *lhe* colocarão os seus varais.

[15]Havendo, pois, Arão e seus filhos, ao partir do arraial, acabado de cobrir o santuário, e todos os instrumentos do santuário, então os filhos de Coate virão para levá-lo; mas no santuário não tocarão para que não morram; este *é* o cargo dos filhos de Coate na tenda da congregação.

[16]Porém o cargo de Eleazar, filho de Arão, o sacerdote, *será* o azeite da luminária e o incenso *aromático,* e a contínua oferta dos alimentos, e o azeite da unção, o cargo de todo o tabernáculo, e de tudo que nele *há,* o santuário e os seus utensílios.

[17]E falou o SENHOR a Moisés e a Arão, dizendo:

[18]Não deixareis extirpar a tribo das famílias dos coatitas do meio dos levitas.

[19]Mas isto lhes fareis, para que vivam e não morram, quando se aproximarem das coisas santíssimas: Arão e seus filhos virão, e a cada um colocarão no seu ministério e no seu cargo,

[20]Porém não entrarão a ver, quando cobrirem o santuário, para que não morram.

[21]Falou mais o SENHOR a Moisés, dizendo:

[22]Fazei também a soma dos filhos de Gérson, segundo a casa de seus pais, segundo as suas famílias:

[23]Da idade de trinta anos para cima até aos cinquenta anos, contarás a todo aquele que entrar a se ocupar no seu serviço, para executar o ministério na tenda da congregação.

[24]Este *será* o ministério das famílias dos gersonitas no serviço e no cargo.

[25]Levarão, pois, as cortinas do tabernáculo, e a tenda da congregação, e a sua coberta, e a coberta

de peles de texugos, que *está* por cima dele, e a cortina da porta da tenda da congregação,

²⁶E as cortinas do pátio, e a cortina da porta do pátio, que *está* junto ao tabernáculo, e junto ao altar em redor, e as suas cordas, e todos os instrumentos do seu ministério, com tudo o que diz respeito a eles, para que sirvam.

²⁷Todo o ministério dos filhos dos gersonitas, em todo o seu cargo, e em todo o seu trabalho, será segundo o mandado de Arão e de seus filhos; e lhes designareis as responsabilidades do seu cargo.

²⁸Este *é* o ministério das famílias dos filhos dos gersonitas na tenda da congregação; e a sua guarda *será* debaixo da mão de Itamar, filho de Arão, o sacerdote.

²⁹Quanto aos filhos de Merari, segundo as suas famílias e segundo a casa de seus pais os contarás;

³⁰Da idade de trinta anos para cima, até aos cinquenta anos, contarás a todo aquele que entrar neste serviço, para administrar o ministério da tenda da congregação.

³¹Esta, pois, *será* a responsabilidade do seu cargo, segundo todo o seu ministério, na tenda da congregação: As tábuas do tabernáculo, e os seus varais, e as suas colunas, e as suas bases;

³²Como também as colunas do pátio em redor, e as suas bases, e as suas estacas, e as suas cordas, com todos os seus instrumentos, e com todo o seu ministério; e contareis os objetos que ficarão a seu cargo, nome por nome.

³³Este *é* o ministério das famílias dos filhos de Merari, segundo todo o seu ministério, na tenda da congregação, debaixo da mão de Itamar, filho de Arão, o sacerdote.

³⁴Moisés, pois, e Arão e os príncipes da congregação contaram os filhos dos coatitas, segundo suas famílias e segundo a casa de seus pais;

³⁵Da idade de trinta anos para cima, até aos cinquenta anos, todo aquele que entrou neste serviço, para o ministério da tenda da congregação.

³⁶Os *que* deles *foram* contados, pois, segundo as suas famílias, foram dois mil e setecentos e cinquenta.

³⁷Estes *são* os *que foram* contados das famílias dos coatitas, de todo aquele que ministrava na tenda da congregação, os quais Moisés e Arão contaram, conforme ao mandado do Senhor pela mão de Moisés.

³⁸Semelhantemente os *que foram* contados dos filhos de Gérson, segundo as suas famílias, e segundo a casa de seus pais;

³⁹Da idade de trinta anos para cima até aos cinquenta anos, todo aquele que entrou neste serviço, para o ministério na tenda da congregação.

⁴⁰Os *que* deles *foram* contados, segundo as suas famílias, segundo a casa de seus pais, *foram* dois mil e seiscentos e trinta.

⁴¹Estes *são* os contados das famílias dos filhos de Gérson, de todo aquele que ministrava na tenda da congregação; os quais Moisés e Arão contaram, conforme ao mandado do Senhor.

⁴²E os *que foram* contados das famílias dos filhos de Merari, segundo as suas famílias, segundo a casa de seus pais;

⁴³Da idade de trinta anos para cima, até aos cinquenta anos, todo aquele que entrou neste serviço, para o ministério na tenda da congregação.

⁴⁴Os *que* deles *foram* contados, segundo as suas famílias, eram três mil e duzentos.

⁴⁵Estes *são* os contados das famílias dos filhos de Merari; os quais Moisés e Arão contaram, conforme ao mandado do Senhor, pela mão de Moisés.

⁴⁶Todos os *que* deles *foram* contados, que contaram Moisés e Arão, e os príncipes de Israel, dos levitas, segundo as suas famílias, segundo a casa de seus pais;

⁴⁷Da idade de trinta anos para cima, até aos cinquenta anos, todo aquele que entrava a executar o ministério da administração, e o ministério das cargas na tenda da congregação,

⁴⁸Os *que* deles *foram* contados foram oito mil quinhentos e oitenta.

⁴⁹Conforme ao mandado do Senhor, pela mão de Moisés, foram contados cada qual segundo o seu ministério, e segundo o seu cargo; assim foram contados por ele, como o Senhor ordenara a Moisés.

O imundo deve ser lançado fora do arraial

5 E FALOU o Senhor a Moisés, dizendo: ²Ordena aos filhos de Israel que lancem fora do arraial a todo o leproso, e a todo o que padece fluxo, e a todos os imundos por *causa de contato com algum* morto.

³Desde o homem até a mulher os lançareis; fora do arraial os lançareis; para que não contaminem os seus arraiais, no meio dos quais eu habito.

⁴E os filhos de Israel fizeram assim, e os lançaram fora do arraial; como o Senhor falara a Moisés, assim fizeram os filhos de Israel.

A restituição

⁵Falou mais o Senhor a Moisés, dizendo: ⁶Dize aos filhos de Israel: Quando homem ou mulher fizer algum de todos os pecados humanos, transgredindo contra o Senhor, tal alma culpada é.

⁷E confessará o seu pecado que cometeu; pela sua culpa, fará plena restituição, segundo a soma total, e lhe acrescentará a sua quinta parte, e a dará àquele contra quem se fez culpado.

⁸Mas, se aquele homem não tiver resgatador, a quem se restitua a culpa, então a culpa que se restituir ao Senhor *será* do sacerdote, além do carneiro da expiação pelo qual por ele se fará expiação.

⁹Semelhantemente toda a oferta de todas as coisas santificadas dos filhos de Israel, que trouxerem ao sacerdote, será sua.

¹⁰E as coisas santificadas de cada um serão suas; o que alguém der ao sacerdote será seu.

A prova da mulher suspeita de adultério

¹¹Falou mais o Senhor a Moisés, dizendo:

¹²Fala aos filhos de Israel, e dize-lhes: Quando a mulher de alguém se desviar, e transgredir contra ele,

¹³De maneira que algum homem se tenha deitado com ela, e for oculto aos olhos de seu marido, e ela o tiver ocultado, havendo-se ela contaminado, e contra ela não houver testemunha, e *no feito* não for apanhada,

¹⁴E o espírito de ciúmes vier sobre ele, e de sua mulher tiver ciúmes, por ela se haver contaminado, ou sobre ele vier o espírito de ciúmes, e de sua mulher tiver ciúmes, não se havendo ela contaminado,

¹⁵Então aquele homem trará a sua mulher perante o sacerdote, e juntamente trará a sua oferta por ela; uma décima de efa de farinha de cevada, sobre a qual não deitará azeite, nem sobre ela porá incenso, porquanto é oferta de alimentos por ciúmes, oferta memorativa, que traz a iniquidade em memória.

¹⁶E o sacerdote a fará chegar, e a porá perante a face do Senhor.

¹⁷E o sacerdote tomará água santa num vaso de barro; também tomará o sacerdote do pó que houver no chão do tabernáculo, e o deitará na água.

¹⁸Então o sacerdote apresentará a mulher perante o Senhor, e descobrirá a cabeça da mulher; e a oferta memorativa, que é a oferta por ciúmes, porá sobre as suas mãos, e a água amarga, que traz consigo a maldição, estará na mão do sacerdote.

¹⁹E o sacerdote a fará jurar, e dirá àquela mulher: Se ninguém contigo se deitou, e se não te apartaste de teu marido pela imundícia, destas águas amargas, amaldiçoantes, serás livre.

²⁰Mas, se te apartaste de teu marido, e te contaminaste, e algum homem, fora de teu marido, se deitou contigo,

²¹Então o sacerdote fará jurar à mulher com o juramento da maldição; e o sacerdote dirá à mulher: O Senhor te ponha por maldição e por praga no meio do teu povo, fazendo-te o Senhor consumir a tua coxa e inchar o teu ventre;

²²E esta água amaldiçoante entre nas tuas entranhas, para te fazer inchar o ventre, e te fazer consumir a coxa. Então a mulher dirá: Amém, Amém.

²³Depois o sacerdote escreverá estas mesmas maldições num livro, e com a água amarga as apagará.

²⁴E a água amarga, amaldiçoante, dará a beber à mulher, e a água amaldiçoante entrará nela para amargurar.

²⁵E o sacerdote tomará a oferta por ciúmes da mão da mulher, e moverá a oferta perante o Senhor; e a oferecerá sobre o altar.

²⁶Também o sacerdote tomará um punhado da oferta memorativa, e sobre o altar a queimará; e depois dará a beber a água à mulher.

²⁷E, havendo-lhe dado a beber aquela água, será que, se ela se tiver contaminado, e contra seu marido tiver transgredido, a água amaldiçoante entrará nela para amargura, e o seu ventre se inchará, e consumirá a sua coxa; e aquela mulher será por maldição no meio do seu povo.

²⁸E, se a mulher se não tiver contaminado, mas estiver limpa, então será livre, e conceberá filhos.

²⁹Esta *é* a lei dos ciúmes, quando a mulher, em poder de seu marido, se desviar e for contaminada;

³⁰Ou quando sobre o homem vier o espírito de ciúmes, e tiver ciúmes de sua mulher, apresente a mulher perante o Senhor, e o sacerdote nela execute toda esta lei.

³¹E o homem será livre da iniquidade, porém a mulher levará a sua iniquidade.

A lei do nazireado

6 E FALOU o Senhor a Moisés, dizendo:

²Fala aos filhos de Israel, e dize-lhes: Quando um homem ou mulher se tiver separado, fazendo voto de nazireu, para se separar ao Senhor,

³De vinho e de bebida forte se apartará; vinagre de vinho, nem vinagre de bebida forte não beberá; nem beberá alguma beberagem de uvas; nem uvas frescas nem secas comerá.

⁴Todos os dias do seu nazireado não comerá de coisa alguma, que se faz da vinha, desde os caroços até às cascas.

⁵Todos os dias do voto do seu nazireado sobre a sua cabeça não passará navalha; até que se cumpram os dias, que se separou ao Senhor, santo será, deixando crescer livremente o cabelo da sua cabeça.

⁶Todos os dias que se separar para o Senhor não se aproximará do corpo de um morto;

⁷Por seu pai, ou por sua mãe, por seu irmão, ou por sua irmã, por eles se não contaminará quando forem mortos; porquanto o nazireado do seu Deus *está* sobre a sua cabeça.

⁸Todos os dias do seu nazireado santo será ao Senhor.

⁹E se alguém vier a morrer junto a ele por acaso, subitamente, que contamine a cabeça do seu nazireado, então no dia da sua purificação rapará a sua cabeça, ao sétimo dia a rapará.

¹⁰E ao oitavo dia trará duas rolas, ou dois pombinhos, ao sacerdote, à porta da tenda da congregação;

¹¹E o sacerdote oferecerá, um para expiação do pecado, e o outro para holocausto; e fará expiação por ele, do que pecou relativamente ao morto; assim naquele mesmo dia santificará a sua cabeça.

¹²Então separará os dias do seu nazireado ao Senhor, e para expiação da transgressão trará um cordeiro de um ano; e os dias antecedentes serão perdidos, porquanto o seu nazireado foi contaminado.

¹³E esta *é* a lei do nazireu: no dia em que se cumprirem os dias do seu nazireado, trá-lo-ão à porta da tenda da congregação;

¹⁴E ele oferecerá a sua oferta ao Senhor, um cordeiro sem defeito de um ano em holocausto, e uma cordeira sem defeito de um ano para expiação

do pecado, e um carneiro sem defeito por oferta pacífica;

¹⁵E um cesto de *pães* ázimos, bolos *de* flor de farinha com azeite, amassados, e coscorões ázimos untados com azeite, como também a sua oferta de alimentos, e as suas libações.

¹⁶E o sacerdote os trará perante o SENHOR, e sacrificará a sua expiação do pecado, e o seu holocausto;

¹⁷Também sacrificará o carneiro em sacrifício pacífico ao SENHOR, com o cesto *dos pães* ázimos; e o sacerdote oferecerá a sua oferta de alimentos, e a sua libação.

¹⁸Então o nazireu à porta da tenda da congregação rapará a cabeça do seu nazireado, e tomará o cabelo da cabeça do seu nazireado, e o porá sobre o fogo que *está* debaixo do sacrifício pacífico.

¹⁹Depois o sacerdote tomará a espádua cozida do carneiro, e um pão ázimo do cesto, e um coscorão ázimo, e os porá nas mãos do nazireu, depois de haver rapado a cabeça do seu nazireado.

²⁰E o sacerdote os moverá *em* oferta de movimento perante o SENHOR: Isto é santo para o sacerdote, juntamente com o peito da oferta de movimento, e com a espádua da oferta alçada; e depois o nazireu poderá beber vinho.

²¹Esta *é* a lei do nazireu, que fizer voto da sua oferta ao SENHOR pelo seu nazireado, além do que suas posses lhe permitirem; segundo o seu voto, que fizer, assim fará conforme à lei do seu nazireado.

O modo de abençoar os filhos de Israel

²²E falou o SENHOR a Moisés, dizendo:

²³Fala a Arão, e a seus filhos dizendo: Assim abençoareis os filhos de Israel, dizendo-lhes:

²⁴O SENHOR te abençoe e te guarde;

²⁵O SENHOR faça resplandecer o seu rosto sobre ti, e tenha misericórdia de ti;

²⁶O SENHOR sobre ti levante o seu rosto e te dê a paz.

²⁷Assim porão o meu nome sobre os filhos de Israel, e eu os abençoarei.

As ofertas dos príncipes na dedicação do tabernáculo

7E ACONTECEU, no dia em que Moisés acabou de levantar o tabernáculo, e o ungiu, e o santificou, e todos os seus utensílios; também o altar, e todos os seus pertences, e os ungiu, e os santificou,

²Que os príncipes de Israel, os cabeças da casa de seus pais, os que foram príncipes das tribos, que estavam sobre os *que foram* contados, ofereceram,

³E trouxeram a sua oferta perante o SENHOR, seis carros cobertos, e doze bois; por dois príncipes um carro, e cada um deles um boi; e os apresentaram diante do tabernáculo.

⁴E falou o SENHOR a Moisés, dizendo:

⁵Recebe-*os* deles, e serão para servir no ministério da tenda da congregação; e os darás aos levitas, a cada qual segundo o seu ministério.

⁶Assim Moisés recebeu os carros e os bois, e os deu aos levitas.

⁷Dois carros e quatro bois deu aos filhos de Gérson, segundo o seu ministério;

⁸E quatro carros e oito bois deu aos filhos de Merari, segundo o seu ministério, debaixo da mão de Itamar, filho de Arão, o sacerdote.

⁹Mas aos filhos de Coate nada deu, porquanto a seu cargo estava o santuário e o levavam aos ombros.

¹⁰E ofereceram os príncipes para a consagração do altar, no dia em que foi ungido; apresentaram, pois, os príncipes a sua oferta perante o altar.

¹¹E disse o SENHOR a Moisés: Cada príncipe oferecerá a sua oferta, cada qual no seu dia, para a consagração do altar.

¹²O que, pois, no primeiro dia apresentou a sua oferta foi Naassom, filho de Aminadabe, pela tribo de Judá.

¹³E a sua oferta *foi* um prato de prata, do peso de cento e trinta *siclos,* uma bacia de prata de setenta siclos, segundo o siclo do santuário; ambos cheios *de* flor de farinha, amassada com azeite, para oferta de alimentos;

¹⁴Uma colher de dez *siclos* de ouro, cheia de incenso;

¹⁵Um novilho, um carneiro, um cordeiro de um ano, para holocausto;

¹⁶Um bode para expiação do pecado;

¹⁷E para sacrifício pacífico dois bois, cinco carneiros, cinco bodes, cinco cordeiros de um ano; esta *foi* a oferta de Naassom, filho de Aminadabe.

¹⁸No segundo dia fez a sua oferta Natanael, filho de Zuar, príncipe de Issacar.

¹⁹E *como* sua oferta ofereceu um prato de prata, do peso de cento e trinta *siclos,* uma bacia de prata de setenta siclos, segundo o siclo do santuário; ambos cheios de flor de farinha amassada com azeite, para a oferta de alimentos;

²⁰Uma colher de dez siclos de ouro, cheia de incenso;

²¹Um novilho, um carneiro, um cordeiro de um ano, para holocausto;

²²Um bode para expiação do pecado;

²³E para sacrifício pacífico dois bois, cinco carneiros, cinco bodes, cinco cordeiros de um ano; esta *foi* a oferta de Natanael, filho de Zuar.

²⁴No terceiro dia *ofereceu* o príncipe dos filhos de Zebulom, Eliabe, filho de Helom.

²⁵A sua oferta *foi* um prato de prata, do peso de cento e trinta *siclos,* uma bacia de prata de setenta siclos, segundo o siclo do santuário; ambos cheios de flor de farinha amassada com azeite, para oferta de alimentos;

²⁶Uma colher de dez *siclos* de ouro, cheia de incenso;

²⁷Um novilho, um carneiro, um cordeiro de um ano, para holocausto;

²⁸Um bode para expiação do pecado;

NÚMEROS 7.29

²⁹E para sacrifício pacífico dois bois, cinco carneiros, cinco bodes, cinco cordeiros de um ano; esta *foi* a oferta de Eliabe, filho de Helom.

³⁰No quarto dia *ofereceu* o príncipe dos filhos de Rúben, Elizur, filho de Sedeur;

³¹A sua oferta *foi* um prato de prata, do peso de cento e trinta *siclos,* uma bacia de prata de setenta siclos, segundo o siclo do santuário; ambos cheios de flor de farinha, amassada com azeite, para oferta de alimentos;

³²Uma colher de dez *siclos* de ouro, cheia de incenso;

³³Um novilho, um carneiro, um cordeiro de um ano, para holocausto;

³⁴Um bode para expiação do pecado;

³⁵E para sacrifício pacífico dois bois, cinco carneiros, cinco bodes, cinco cordeiros de um ano; esta foi a oferta de Elizur, filho de Sedeur.

³⁶No quinto dia *ofereceu* o príncipe dos filhos de Simeão, Selumiel, filho de Zurisadai.

³⁷A sua oferta foi um prato de prata, do peso de cento e trinta siclos, uma bacia de prata de setenta siclos, segundo o siclo do santuário; ambos cheios de flor de farinha amassada com azeite, para oferta de alimentos;

³⁸Uma colher de dez *siclos* de ouro, cheia de incenso;

³⁹Um novilho, um carneiro, um cordeiro de um ano para holocausto;

⁴⁰Um bode para expiação do pecado;

⁴¹E para sacrifício pacífico dois bois, cinco carneiros, cinco bodes, cinco cordeiros de um ano; esta *foi* a oferta de Selumiel, filho de Zurisadai.

⁴²No sexto dia *ofereceu* o príncipe dos filhos de Gade; Eliasafe, filho de Deuel.

⁴³A sua oferta *foi* um prato de prata, do peso de cento e trinta *siclos,* uma bacia de prata de setenta siclos, segundo o siclo do santuário; ambos cheios de flor de farinha, amassada com azeite, para oferta de alimentos;

⁴⁴Uma colher de dez *siclos* de ouro, cheia de incenso;

⁴⁵Um novilho, um carneiro, um cordeiro de um ano, para holocausto;

⁴⁶Um bode para expiação do pecado.

⁴⁷E para sacrifício pacífico dois bois, cinco carneiros, cinco bodes, cinco cordeiros de um ano; esta foi a oferta de Eliasafe, filho de Deuel.

⁴⁸No sétimo dia *ofereceu* o príncipe dos filhos de Efraim, Elisama, filho de Amiúde.

⁴⁹A sua oferta *foi* um prato de prata, do peso de cento e trinta *siclos,* uma bacia de prata de setenta siclos, segundo o siclo do santuário; ambos cheios de flor de farinha, amassada com azeite, para oferta de alimentos;

⁵⁰Uma colher de dez *siclos* de ouro, cheia de incenso;

⁵¹Um novilho, um carneiro, um cordeiro de um ano, para holocausto;

⁵²Um bode para expiação do pecado;

⁵³E para sacrifício pacífico dois bois, cinco carneiros, cinco bodes, cinco cordeiros de um ano; esta *foi* a oferta de Elisama, filho de Amiúde.

⁵⁴No oitavo dia *ofereceu* o príncipe dos filhos de Manassés, Gamaliel, filho de Pedazur.

⁵⁵A sua oferta *foi* um prato de prata, do peso de cento e trinta *siclos,* uma bacia de prata de setenta siclos, segundo o siclo do santuário; ambos cheios de flor de farinha, amassada com azeite, para oferta de alimentos;

⁵⁶Uma colher de dez *siclos* de ouro, cheia de incenso;

⁵⁷Um novilho, um carneiro, um cordeiro de um ano, para holocausto;

⁵⁸Um bode para expiação do pecado;

⁵⁹E para sacrifício pacífico dois bois, cinco carneiros, cinco bodes, cinco cordeiros de um ano; esta *foi* a oferta de Gamaliel, filho de Pedazur.

⁶⁰No dia nono *ofereceu* o príncipe dos filhos de Benjamim, Abidã, filho de Gideoni;

⁶¹A sua oferta *foi* um prato de prata, do peso de cento e trinta *siclos,* uma bacia de prata de setenta siclos, segundo o siclo do santuário; ambos cheios de flor de farinha, amassada com azeite, para oferta de alimentos;

⁶²Uma colher de dez *siclos* de ouro, cheia de incenso;

⁶³Um novilho, um carneiro, um cordeiro de um ano, para holocausto;

⁶⁴Um bode para expiação do pecado;

⁶⁵E para sacrifício pacífico dois bois, cinco carneiros, cinco bodes, cinco cordeiros de um ano; esta *foi* a oferta de Abidã filho de Gideoni.

⁶⁶No décimo dia *ofereceu* o príncipe dos filhos de Dã, Aieser, filho de Amisadai.

⁶⁷A sua oferta *foi* um prato de prata, do peso de cento e trinta *siclos,* uma bacia de prata de setenta siclos, segundo o siclo do santuário; ambos cheios de flor de farinha, amassada com azeite, para oferta de alimentos;

⁶⁸Uma colher de dez *siclos* de ouro, cheia de incenso;

⁶⁹Um novilho, um carneiro, um cordeiro de um ano, para holocausto;

⁷⁰Um bode para expiação do pecado;

⁷¹E para sacrifício pacífico dois bois, cinco carneiros, cinco bodes, cinco cordeiros de um ano; esta *foi* a oferta de Aieser, filho de Amisadai.

⁷²No dia undécimo *ofereceu* o príncipe dos filhos de Aser, Pagiel, filho de Ocrã;

⁷³A sua oferta *foi* um prato de prata, do peso de cento e trinta *siclos,* uma bacia de prata de setenta siclos, segundo o siclo do santuário; ambos cheios de flor de farinha, amassada com azeite, para oferta de alimentos;

⁷⁴Uma colher de dez *siclos* de ouro, cheia de incenso;

⁷⁵Um novilho, um carneiro, um cordeiro de um ano, para holocausto;

⁷⁶Um bode para expiação do pecado;

⁷⁷E para sacrifício pacífico dois bois, cinco

carneiros, cinco bodes, cinco cordeiros de um ano; esta *foi* a oferta de Pagiel, filho de Ocrã.

[78]No duodécimo dia *ofereceu* o príncipe dos filhos de Naftali, Aira, filho de Enã.

[79]A sua oferta *foi* um prato de prata, do peso de cento e trinta *siclos*, uma bacia de prata de setenta siclos, segundo o siclo do santuário; ambos cheios de flor de farinha, amassada com azeite, para oferta de alimentos;

[80]Uma colher de dez *siclos* de ouro, cheia de incenso;

[81]Um novilho, um carneiro, um cordeiro de um ano, para holocausto;

[82]Um bode para expiação do pecado;

[83]E para sacrifício pacífico dois bois, cinco carneiros, cinco bodes, cinco cordeiros de um ano; esta *foi* a oferta de Aira, filho de Enã.

[84]Esta *foi* a consagração do altar, *feita* pelos príncipes de Israel, no dia em que foi ungido, doze pratos de prata, doze bacias de prata, doze colheres de ouro.

[85]Cada prato de prata de cento e trinta *siclos*, e cada bacia de setenta; toda a prata dos vasos *foi* dois mil e quatrocentos *siclos*, segundo o siclo do santuário;

[86]Doze colheres de ouro cheias de incenso, cada colher de dez *siclos*, segundo o siclo do santuário; todo o ouro das colheres *foi* de cento e vinte *siclos;*

[87]Todos os animais para holocausto *foram* doze novilhos, doze carneiros, doze cordeiros de um ano, com a sua oferta de alimentos e doze bodes para expiação do pecado.

[88]E todos os animais para sacrifício pacífico *foram* vinte e quatro novilhos, os carneiros sessenta, os bodes sessenta, os cordeiros de um ano sessenta; esta foi a consagração do altar, depois que foi ungido.

[89]E, quando Moisés entrava na tenda da congregação para falar com ele, então ouvia a voz que lhe falava de cima do propiciatório, que estava sobre a arca do testemunho entre os dois querubins; assim com ele falava.

Como devem ser acesas as lâmpadas

8 E FALOU o SENHOR a Moisés, dizendo: [2]Fala a Arão, e dize-lhe: Quando acenderes as lâmpadas, as sete lâmpadas iluminarão o espaço em frente do candelabro.

[3]E Arão fez assim: Acendeu as lâmpadas do candelabro para iluminar o espaço em frente, como o SENHOR ordenara a Moisés.

[4]E era esta a obra do candelabro, obra de ouro batido; desde o seu pé até às suas flores *era* ele de ouro batido; conforme ao modelo que o SENHOR mostrara a Moisés, assim *ele* fez o candelabro.

A consagração dos levitas

[5]E falou o SENHOR a Moisés, dizendo:

[6]Toma os levitas do meio dos filhos de Israel e purifica-os;

[7]E assim lhes farás, para os purificar: Asperge

sobre eles a água da expiação; e sobre toda a sua carne farão passar a navalha, e lavarão as suas vestes, e se purificarão.

[8]Então tomarão um novilho, com a sua oferta de alimentos *de* flor de farinha amassada com azeite; e tomarás tu outro novilho, para expiação do pecado.

[9]E farás chegar os levitas perante a tenda da congregação e ajuntarás toda a congregação dos filhos de Israel.

[10]Farás, pois, chegar os levitas perante o SENHOR; e os filhos de Israel porão as suas mãos sobre os levitas.

[11]E Arão oferecerá os levitas *por* oferta movida, perante o SENHOR, pelos filhos de Israel; e serão para servirem no ministério do SENHOR.

[12]E os levitas colocarão as suas mãos sobre a cabeça dos novilhos; então sacrifica tu, um *para* expiação do pecado, e o outro *para* holocausto ao SENHOR, para fazer expiação pelos levitas.

[13]E porás os levitas perante Arão, e perante os seus filhos, e os oferecerá *por* oferta movida ao SENHOR.

[14]E separarás os levitas do meio dos filhos de Israel, para que os levitas sejam meus.

[15]E depois os levitas entrarão para fazerem o serviço da tenda da congregação; e tu os purificarás, e *por* oferta movida os oferecerás.

[16]Porquanto eles, dentre os filhos de Israel, me são dados; em lugar de todo aquele que abre a madre, do primogênito de cada um dos filhos de Israel, para mim os tenho tomado.

[17]Porque meu *é* todo o primogênito entre os filhos de Israel, entre os homens e entre os animais; no dia em que, na terra do Egito, feri a todo o primogênito, os santifiquei para mim.

[18]E tomei os levitas em lugar de todo o primogênito entre os filhos de Israel.

[19]E os levitas, dados a Arão e a seus filhos, dentre os filhos de Israel, tenho dado para ministrarem o ministério dos filhos de Israel na tenda da congregação e para fazer expiação pelos filhos de Israel, para que não haja praga entre os filhos de Israel, chegando-se os filhos de Israel ao santuário.

[20]E assim fizeram Moisés e Arão, e toda a congregação dos filhos de Israel, com os levitas; conforme a tudo o que o SENHOR ordenara a Moisés acerca dos levitas, assim os filhos de Israel lhes fizeram.

[21]E os levitas se purificaram, e lavaram as suas vestes, e Arão os ofereceu *por* oferta movida perante o SENHOR, e Arão fez expiação por eles, para purificá-los.

[22]E depois vieram os levitas, para exercerem o seu ministério na tenda da congregação, perante Arão e perante os seus filhos; como o SENHOR ordenara a Moisés acerca dos levitas, assim lhes fizeram.

[23]E falou o SENHOR a Moisés, dizendo:

[24]Este *é o ofício* dos levitas: Da idade de vinte

NÚMEROS 8.25 108

e cinco anos para cima entrarão, para fazerem o serviço no ministério da tenda da congregação;

²⁵Mas desde a idade de cinquenta anos sairão do serviço deste ministério, e nunca mais servirão;

²⁶Porém com os seus irmãos servirão na tenda da congregação, para terem cuidado da guarda; mas o ministério não exercerão; assim farás com os levitas quanto aos seus deveres.

A celebração da páscoa no deserto de Sinai

9 E FALOU o Senhor a Moisés no deserto de Sinai, no ano segundo da sua saída da terra do Egito, no primeiro mês, dizendo:

²Celebrem os filhos de Israel a páscoa a seu tempo determinado.

³No dia catorze deste mês, pela tarde, a seu tempo determinado a celebrareis; segundo todos os seus estatutos, e segundo todos os seus ritos, a celebrareis.

⁴Disse, pois, Moisés aos filhos de Israel que celebrassem a páscoa.

⁵Então celebraram a páscoa no dia catorze do primeiro mês, pela tarde, no deserto de Sinai; conforme a tudo o que o Senhor ordenara a Moisés, assim fizeram os filhos de Israel.

Segunda celebração para os ausentes e os imundos

⁶E houve alguns que estavam imundos por terem tocado o corpo de um homem morto; e não podiam celebrar a páscoa naquele dia; por isso se chegaram perante Moisés e Arão naquele mesmo dia;

⁷E aqueles homens disseram-lhe: Imundos *estamos* nós pelo corpo de um homem morto; por que seríamos privados de oferecer a oferta do Senhor a seu tempo determinado no meio dos filhos de Israel?

⁸E disse-lhes Moisés: Esperai, e eu ouvirei o que o Senhor vos ordenará.

⁹Então falou o Senhor a Moisés, dizendo:

¹⁰Fala aos filhos de Israel, dizendo: Quando alguém entre vós, ou entre as vossas gerações, for imundo por tocar corpo morto, ou achar-se em jornada longe de vós, contudo ainda celebrará a páscoa ao Senhor.

¹¹No mês segundo, no dia catorze à tarde, a celebrarão; com *pães* ázimos e *ervas* amargas a comerão.

¹²Dela nada deixarão até à manhã, e dela não quebrarão osso algum; segundo todo o estatuto da páscoa a celebrarão.

¹³Porém, quando um homem for limpo, e não estiver em viagem, e deixar de celebrar a páscoa, essa alma do seu povo será extirpada; porquanto não ofereceu a oferta do Senhor a seu tempo determinado; esse homem levará o seu pecado.

¹⁴E, quando um estrangeiro peregrinar entre vós, e também celebrar a páscoa ao Senhor, segundo o estatuto da páscoa e segundo o seu rito assim a celebrará; um mesmo estatuto haverá para vós, assim para o estrangeiro, como para o natural da terra.

A nuvem guiando a marcha dos israelitas

¹⁵E no dia em que foi levantado o tabernáculo, a nuvem cobriu o tabernáculo sobre a tenda do testemunho; e à tarde estava sobre o tabernáculo com uma aparência de fogo até à manhã.

¹⁶Assim era de contínuo: a nuvem o cobria, e de noite *havia* aparência de fogo.

¹⁷Mas sempre que a nuvem se alçava de sobre a tenda, os filhos de Israel partiam; e no lugar onde a nuvem parava, ali os filhos de Israel se acampavam.

¹⁸Segundo a ordem do Senhor, os filhos de Israel partiam, e segundo a ordem do Senhor se acampavam; todos os dias em que a nuvem parava sobre o tabernáculo, ficavam acampados.

¹⁹E, quando a nuvem se detinha muitos dias sobre o tabernáculo, então os filhos de Israel cumpriam a ordem do Senhor, e não partiam.

²⁰E, quando a nuvem ficava poucos dias sobre o tabernáculo, segundo a ordem do Senhor se alojavam, e segundo a ordem do Senhor partiam.

²¹Porém, outras vezes a nuvem ficava desde a tarde até à manhã, e quando ela se alçava pela manhã, então partiam; quer de dia quer de noite alçando-se a nuvem, partiam.

²²Ou, quando a nuvem sobre o tabernáculo se detinha dois dias, ou um mês, ou um ano, ficando sobre ele, então os filhos de Israel se alojavam, e não partiam; e alçando-se ela, partiam.

²³Segundo a ordem do Senhor se alojavam, e segundo a ordem do Senhor partiam; cumpriam o seu dever para com o Senhor, segundo a ordem do Senhor por intermédio de Moisés.

As duas trombetas de prata

10 FALOU mais o Senhor a Moisés, dizendo: ²Faze-te duas trombetas de prata; *de obra* batida as farás, e elas te servirão para a convocação da congregação, e para a partida dos arraiais.

³E, quando as tocarem, então toda a congregação se reunirá a ti à porta da tenda da congregação.

⁴Mas, quando tocar uma *só*, então a ti se congregarão os príncipes, os cabeças dos milhares de Israel.

⁵Quando, retinindo, as tocardes, então partirão os arraiais que estão acampados do lado do oriente.

⁶Mas, quando a segunda vez retinindo, as tocardes, então partirão os arraiais que estão acampados do lado do sul; retinindo, *as* tocarão para as suas partidas.

⁷Porém, ajuntando a congregação, *as* tocareis; mas sem retinir.

⁸E os filhos de Arão, sacerdotes, tocarão as trombetas; e a vós serão por estatuto perpétuo nas vossas gerações.

⁹E, quando na vossa terra sairdes a pelejar contra o inimigo, que vos oprime, também tocareis

as trombetas retinindo, e perante o Senhor vosso Deus haverá lembrança de vós, e sereis salvos de vossos inimigos.

[10]Semelhantemente, no dia da vossa alegria e nas vossas solenidades, e nos princípios de vossos meses, também tocareis as trombetas sobre os vossos holocaustos, sobre os vossos sacrifícios pacíficos, e vos serão por memorial perante vosso Deus: Eu *sou* o Senhor vosso Deus.

Os israelitas partem do Sinai

[11]E aconteceu, no ano segundo, no segundo mês, aos vinte do mês, que a nuvem se alçou de sobre o tabernáculo do testemunho.

[12]E os filhos de Israel, segundo a ordem de marcha, partiram do deserto de Sinai; e a nuvem parou no deserto de Parã.

[13]Assim partiram pela primeira vez segundo a ordem do Senhor, por intermédio de Moisés.

[14]Porque primeiramente partiu a bandeira do arraial dos filhos de Judá segundo os seus exércitos; e sobre o seu exército *estava* Naassom, filho de Aminadabe.

[15]E sobre o exército da tribo dos filhos de Issacar, Natanael, filho de Zuar.

[16]E sobre o exército da tribo dos filhos de Zebulom, Eliabe, filho de Helom.

[17]Então desarmaram o tabernáculo, e os filhos de Gérson e os filhos de Merari partiram, levando o tabernáculo.

[18]Depois partiu a bandeira do arraial de Rúben segundo os seus exércitos; e sobre o seu exército *estava* Elizur, filho de Sedeur.

[19]E sobre o exército da tribo dos filhos de Simeão, Selumiel, filho de Zurisadai.

[20]E sobre o exército da tribo dos filhos de Gade, Eliasafe, filho de Deuel.

[21]Então partiram os coatitas, levando o santuário; e *os outros* levantaram o tabernáculo, enquanto estes vinham.

[22]Depois partiu a bandeira do arraial dos filhos de Efraim segundo os seus exércitos; e sobre o seu exército *estava* Elisama, filho de Amiúde.

[23]E sobre o exército da tribo dos filhos de Manassés, Gamaliel, filho de Pedazur.

[24]E sobre o exército da tribo dos filhos de Benjamim, Abidã, filho de Gideoni.

[25]Então partiu a bandeira do arraial dos filhos de Dã, fechando todos os arraiais segundo os seus exércitos; e sobre o seu exército *estava* Aieser, filho de Amisadai.

[26]E sobre o exército da tribo dos filhos de Aser, Pagiel, filho de Ocrã.

[27]E sobre o exército da tribo dos filhos de Naftali, Aira, filho de Enã.

[28]Esta *era* a ordem das partidas dos filhos de Israel segundo os seus exércitos, quando partiam.

Moisés roga a Hobabe que vá com eles

[29]Disse então Moisés a Hobabe, filho de Reuel, o midianita, sogro de Moisés: Nós caminhamos para aquele lugar, de que o Senhor disse: Vo-lo darei; vai conosco e te faremos bem; porque o Senhor falou bem sobre Israel.

[30]Porém ele lhe disse: Não irei; antes irei à minha terra e à minha parentela.

[31]E ele disse: Ora, não nos deixes; porque tu sabes onde devemos acampar no deserto; nos servirás de guia.

[32]E será que, vindo tu conosco, e sucedendo o bem que o Senhor nos fizer, também nós te faremos bem.

A bênção de Moisés

[33]Assim partiram do monte do Senhor caminho de três dias; e a arca da aliança do Senhor caminhou diante deles caminho de três dias, para lhes buscar lugar de descanso.

[34]E a nuvem do Senhor ia sobre eles de dia, quando partiam do arraial.

[35]Acontecia que, partindo a arca, Moisés dizia: Levanta-te, Senhor, e dissipados sejam os teus inimigos, e fujam diante de ti os que te odeiam.

[36]E, pousando ela, dizia: Volta, ó Senhor, para os muitos milhares de Israel.

As murmurações dos israelitas

11 E ACONTECEU que, queixou-se o povo falando o que era mal aos ouvidos do Senhor; e ouvindo o Senhor a sua ira se acendeu; e o fogo do Senhor ardeu entre eles e consumiu os que estavam na última parte do arraial.

[2]Então o povo clamou a Moisés, e Moisés orou ao Senhor, e o fogo se apagou.

[3]Pelo que chamou aquele lugar Taberá, porquanto o fogo do Senhor se acendera entre eles.

[4]E o vulgo, que *estava* no meio deles, veio a ter grande desejo; pelo que os filhos de Israel tornaram a chorar, e disseram: Quem nos dará carne a comer?

[5]Lembramo-nos dos peixes que no Egito comíamos de graça; *e* dos pepinos, e dos melões, e dos porros, e das cebolas, e dos alhos.

[6]Mas agora a nossa alma se seca; coisa nenhuma *há* senão este maná *diante dos* nossos olhos.

[7]E era o maná como semente de coentro, e a sua cor como a cor de bdélio.

[8]Espalhava-se o povo e *o* colhia, e em moinhos *o* moía, ou num gral *o* pisava, e em panelas *o* cozia, e dele fazia bolos; e o seu sabor era como o sabor de azeite fresco.

[9]E, quando o orvalho descia de noite sobre o arraial, o maná descia sobre ele.

[10]Então Moisés ouviu chorar o povo pelas suas famílias, cada qual à porta da sua tenda; e a ira do Senhor grandemente se acendeu, e pareceu mal aos olhos de Moisés.

Moisés acha pesado o seu cargo

[11]E disse Moisés ao Senhor: Por que fizeste mal a teu servo, e por que não achei graça aos teus olhos, visto que puseste sobre mim o cargo de todo este povo?

[12]Concebi eu porventura todo este povo? Dei-o

NÚMEROS 11.13

eu à luz? Para que me dissesses: leva-o ao teu colo, como a ama leva a criança que mama, à terra que juraste a seus pais?

¹³De onde teria eu carne para dar a todo este povo? Porquanto contra mim choram, dizendo: Dá-nos carne a comer;

¹⁴Eu só não posso levar a todo este povo, porque muito pesado *é* para mim.

¹⁵E se assim fazes comigo, mata-me, peço-te, se tenho achado graça aos teus olhos, e não me deixes ver o meu mal.

Deus designa setenta anciãos para ajudarem Moisés

¹⁶E disse o SENHOR a Moisés: Ajunta-me setenta homens dos anciãos de Israel, que sabes serem anciãos do povo e seus oficiais; e os trarás perante a tenda da congregação, e ali estejam contigo.

¹⁷Então eu descerei e ali falarei contigo, e tirarei do espírito que *está* sobre ti, e *o* porei sobre eles; e contigo levarão a carga do povo, para que tu não a leves sozinho.

¹⁸E dirás ao povo: Santificai-vos para amanhã, e comereis carne; porquanto chorastes aos ouvidos do SENHOR, dizendo: Quem nos dará carne a comer? Pois íamos bem no Egito; por isso o SENHOR vos dará carne, e comereis;

¹⁹Não comereis um dia, nem dois dias, nem cinco dias, nem dez dias, nem vinte dias;

²⁰Mas um mês inteiro, até vos sair pelas narinas, até que vos enfastieis dela; porquanto rejeitastes ao SENHOR, que *está* no meio de vós, e chorastes diante dele, dizendo: Por que saímos do Egito?

²¹E disse Moisés: Seiscentos mil homens de pé *é* este povo, no meio do qual *estou;* e tu tens dito: Dar-lhes-ei carne, e comerão um mês inteiro.

²²Degolar-se-ão para eles ovelhas e vacas que lhes bastem? Ou ajuntar-se-ão para eles todos os peixes do mar, que lhes bastem?

²³Porém, o SENHOR disse a Moisés: Teria sido encurtada a mão do SENHOR? Agora verás se a minha palavra se há de cumprir ou não.

²⁴E saiu Moisés, e falou as palavras do SENHOR ao povo, e ajuntou setenta homens dos anciãos do povo e os pôs ao redor da tenda.

²⁵Então o SENHOR desceu na nuvem, e lhe falou; e, tirando do espírito, que *estava* sobre ele, o pôs sobre aqueles setenta anciãos; e aconteceu que, quando o espírito repousou sobre eles, profetizaram; mas depois nunca mais.

²⁶Porém no arraial ficaram dois homens; o nome de um *era* Eldade, e do outro Medade; e repousou sobre eles o espírito (porquanto estavam entre os inscritos, ainda que não saíram à tenda), e profetizavam no arraial.

²⁷Então correu um moço e anunciou a Moisés e disse: Eldade e Medade profetizam no arraial.

²⁸E Josué, filho de Num, servidor de Moisés, um dos seus jovens escolhidos, respondeu e disse: Moisés, meu senhor, proíbe-lho.

²⁹Porém, Moisés lhe disse: Tens tu ciúmes por mim? Quem dera que todo o povo do SENHOR fosse

profeta, e que o SENHOR pusesse o seu Espírito sobre ele!

³⁰Depois Moisés se recolheu ao arraial, ele e os anciãos de Israel.

Codornizes são mandadas

³¹Então soprou um vento do SENHOR e trouxe codornizes do mar, e as espalhou pelo arraial quase caminho de um dia, de um lado e de outro lado, ao redor do arraial; quase dois côvados sobre a terra.

³²Então o povo se levantou todo aquele dia e toda aquela noite, e todo o dia seguinte, e colheram as codornizes; o que menos tinha, colhera dez ômeres; e as estenderam para si ao redor do arraial.

³³Quando a carne *estava* entre os seus dentes, antes que fosse mastigada, se acendeu a ira do SENHOR contra o povo, e feriu o SENHOR o povo com uma praga mui grande.

³⁴Por isso o nome daquele lugar se chamou Quibrote-Ataavá, porquanto ali enterraram o povo que teve o desejo.

³⁵De Quibrote-Ataavá caminhou o povo para Hazerote, e pararam em Hazerote.

A sedição de Miriã e Arão

12 E FALARAM Miriã e Arão contra Moisés, por causa da mulher cusita, com quem casara; porquanto tinha casado com uma mulher cusita.

²E disseram: Porventura falou o SENHOR somente por Moisés? Não falou também por nós? E o SENHOR o ouviu.

³E *era* o homem Moisés mui manso, mais do que todos os homens que *havia* sobre a terra.

⁴E logo o SENHOR disse a Moisés, a Arão e a Miriã: Vós três saí à tenda da congregação. E saíram eles três.

⁵Então o SENHOR desceu na coluna de nuvem, e se pôs à porta da tenda; depois chamou a Arão e a Miriã e ambos saíram.

⁶E disse: Ouvi agora as minhas palavras; se *entre* vós houver profeta, *eu,* o SENHOR, em visão a ele me farei conhecer, *ou* em sonhos falarei com ele.

⁷Não *é* assim com o meu servo Moisés que *é* fiel em toda a minha casa.

⁸Boca a boca falo com ele, claramente e não por enigmas; pois *ele* vê a semelhança do SENHOR; por que, pois, não tivestes temor de falar contra o meu servo, contra Moisés?

⁹Assim a ira do SENHOR contra eles se acendeu; e retirou-se.

¹⁰E a nuvem se retirou de sobre a tenda; e eis que Miriã *ficou* leprosa como a neve; e olhou Arão para Miriã, e eis que *estava* leprosa.

¹¹Por isso Arão disse a Moisés: Ai, senhor meu, não ponhas sobre nós este pecado, pois agimos loucamente, e temos pecado.

¹²Ora, não seja ela como um morto, que saindo do ventre de sua mãe, a metade da sua carne já esteja consumida.

¹³Clamou, pois, Moisés ao SENHOR, dizendo: Ó Deus, rogo-te que a cures.

¹⁴E disse o SENHOR a Moisés: Se seu pai cuspira em seu rosto, não seria envergonhada sete dias? Esteja fechada sete dias fora do arraial, e depois a recolham.

¹⁵Assim Miriã esteve fechada fora do arraial sete dias, e o povo não partiu, até que recolheram a Miriã.

¹⁶Porém, depois o povo partiu de Hazerote; e acampou-se no deserto de Parã.

Doze homens são enviados para espiar a terra de Canaã

13 E FALOU o SENHOR a Moisés, dizendo: ²Envia homens que espiem a terra de Canaã, que eu hei de dar aos filhos de Israel; de cada tribo de seus pais enviareis um homem, *sendo* cada um príncipe entre eles.

³E enviou-os Moisés do deserto de Parã, segundo a ordem do SENHOR; todos aqueles homens eram cabeças dos filhos de Israel.

⁴E estes *são* os seus nomes: Da tribo de Rúben, Samua, filho de Zacur;

⁵Da tribo de Simeão, Safate, filho de Hori;

⁶Da tribo de Judá, Calebe, filho de Jefoné;

⁷Da tribo de Issacar, Jigeal, filho de José;

⁸Da tribo de Efraim, Oseias, filho de Num;

⁹Da tribo de Benjamim, Palti, filho de Rafu;

¹⁰Da tribo de Zebulom, Gadiel, filho de Sodi;

¹¹Da tribo de José, pela tribo de Manassés, Gadi filho de Susi;

¹²Da tribo de Dã, Amiel, filho de Gemali;

¹³Da tribo de Aser, Setur, filho de Micael;

¹⁴Da tribo de Naftali, Nabi, filho de Vofsi;

¹⁵Da tribo de Gade, Geuel, filho de Maqui.

¹⁶Estes *são* os nomes dos homens que Moisés enviou a espiar aquela terra; e a Oseias, filho de Num, Moisés chamou Josué.

¹⁷Enviou-os, pois, Moisés a espiar a terra de Canaã; e disse-lhes: Subi por aqui para o lado do sul, e subi à montanha:

¹⁸E vede que terra *é*, e o povo que nela habita; se é forte ou fraco; se pouco ou muito.

¹⁹E como *é* a terra em que habita, se boa ou má; e quais *são* as cidades em que eles habitam; se em arraiais, ou em fortalezas.

²⁰Também como *é* a terra, se fértil ou estéril; se nela há árvores, ou não; e esforçai-vos, e tomai do fruto da terra. E *eram* aqueles dias os dias das primícias das uvas.

²¹Assim subiram e espiaram a terra desde o deserto de Zim, até Reobe, à entrada de Hamate.

²²E subiram para o lado do sul, e vieram até Hebrom; e *estavam* ali Aimã, Sesai e Talmai, filhos de Anaque (Hebrom foi edificada sete anos antes de Zoã no Egito).

²³Depois foram até ao vale de Escol, e dali cortaram *um* ramo de vide com um cacho de uvas, o qual trouxeram dois *homens,* sobre uma vara; como também das romãs e dos figos.

²⁴Chamaram àquele lugar o vale de Escol, por causa do cacho que dali cortaram os filhos de Israel.

²⁵E eles voltaram de espiar a terra, ao fim de quarenta dias.

²⁶E caminharam, e vieram a Moisés e a Arão, e a toda a congregação dos filhos de Israel no deserto de Parã, em Cades; e deram-lhes notícias, a eles, e a toda a congregação, e mostraram-lhes o fruto da terra.

²⁷E contaram-lhe, e disseram: Fomos à terra que nos enviaste; e verdadeiramente mana leite e mel, e este é o seu fruto.

²⁸O povo, porém, que habita nessa terra é poderoso, e as cidades fortificadas e mui grandes; e também ali vimos os filhos de Anaque.

²⁹Os amalequitas habitam na terra do sul; e os heteus, e os jebuseus, e os amorreus habitam na montanha; e os cananeus habitam junto do mar, e pela margem do Jordão.

³⁰Então Calebe fez calar o povo perante Moisés, e disse: Certamente subiremos e a possuiremos em herança; porque seguramente prevaleceremos contra ela.

³¹Porém, os homens que com ele subiram disseram: Não poderemos subir contra aquele povo, porque *é* mais forte do que nós.

³²E infamaram a terra que tinham espiado, dizendo aos filhos de Israel: A terra, pela qual passamos a espiá-la, *é* terra que consome os seus moradores; e todo o povo que vimos nela *são* homens de grande estatura.

³³Também vimos ali gigantes, filhos de Anaque, *descendentes* dos gigantes; e éramos aos nossos olhos como gafanhotos, e assim *também* éramos aos seus olhos.

Os israelitas querem voltar para o Egito

14 ENTÃO toda a congregação levantou a sua voz; e o povo chorou naquela noite.

²E todos os filhos de Israel murmuraram contra Moisés e contra Arão; e toda a congregação lhes disse: Quem dera tivéssemos morrido na terra do Egito! Ou quem dera tivéssemos morrido neste deserto!

³E por que o SENHOR nos traz a esta terra, para cairmos à espada, *e para que* nossas mulheres e nossas crianças sejam por presa? Não nos seria melhor voltarmos ao Egito?

⁴E diziam uns aos outros: Constituamos um líder, e voltemos ao Egito.

⁵Então Moisés e Arão caíram sobre os seus rostos perante toda a congregação dos filhos de Israel.

⁶E Josué, filho de Num, e Calebe filho de Jefoné, dos que espiaram a terra, rasgaram as suas vestes.

⁷E falaram a toda a congregação dos filhos de Israel, dizendo: A terra pela qual passamos a espiar é terra muito boa.

⁸Se o SENHOR se agradar de nós, então nos porá nesta terra, e no-la dará; terra que mana leite e mel.

⁹Tão somente não sejais rebeldes contra o SENHOR, e não temais o povo dessa terra, porquanto

NÚMEROS 14.10

são *eles* nosso pão; retirou-se deles o seu amparo, e o SENHOR é conosco; não os temais.

¹⁰Mas toda a congregação disse que os apedrejassem; porém a glória do SENHOR apareceu na tenda da congregação a todos os filhos de Israel.

¹¹E disse o SENHOR a Moisés: Até quando me provocará este povo? E até quando não crerá em mim, apesar de todos os sinais que fiz no meio dele?

¹²Com pestilência o ferirei, e o rejeitarei; e te farei a ti povo maior e mais forte do que este.

¹³E disse Moisés ao SENHOR: Assim os egípcios o ouvirão; porquanto com a tua força fizeste subir este povo do meio deles.

¹⁴E dirão aos moradores desta terra, *os quais* ouviram que tu, ó SENHOR, *estás* no meio deste povo, que face a face, ó SENHOR, lhes apareces, que tua nuvem está sobre ele e que vais adiante dele numa coluna de nuvem de dia, e numa coluna de fogo de noite.

¹⁵E se matares este povo como a um só homem, então as nações, que antes ouviram a tua fama, falarão, dizendo:

¹⁶Porquanto o SENHOR não podia pôr este povo na terra que lhe tinha jurado; por isso os matou no deserto.

¹⁷Agora, pois, rogo-te que a força do meu Senhor se engrandeça; como tens falado, dizendo:

¹⁸O SENHOR *é* longânimo, e grande em misericórdia, que perdoa a iniquidade e a transgressão, que o *culpado* não tem por inocente, e visita a iniquidade dos pais sobre os filhos até a terceira e quarta *geração*.

¹⁹Perdoa, pois, a iniquidade deste povo, segundo a grandeza da tua misericórdia; e como também perdoaste a este povo desde a terra do Egito até aqui.

²⁰E disse o SENHOR: Conforme à tua palavra lhe perdoei.

²¹Porém, *tão* certamente *como* eu vivo, e como a glória do SENHOR encherá toda a terra,

²²E que todos os homens que viram a minha glória e os meus sinais, que fiz no Egito e no deserto, e me tentaram estas dez vezes, e não obedeceram à minha voz,

²³Não verão a terra de que a seus pais jurei, e nenhum daqueles que me provocaram a verá.

²⁴Porém o meu servo Calebe, porquanto nele houve outro espírito, e perseverou em seguir-me, eu o levarei à terra em que entrou, e a sua descendência a possuirá em herança.

²⁵Ora, os amalequitas e os cananeus habitam no vale; tornai-vos amanhã e caminhai para o deserto *pelo* caminho do Mar Vermelho.

Aos murmuradores não é permitido entrar na terra de Canaã

²⁶Depois falou o SENHOR a Moisés e a Arão dizendo:

²⁷Até quando *sofrerei* esta má congregação, que murmura contra mim? Tenho ouvido as murmurações dos filhos de Israel, com que murmuram contra mim.

²⁸Dize-lhes: Vivo eu, diz o SENHOR, que, como falastes aos meus ouvidos, assim farei a vós outros.

²⁹Neste deserto cairão os vossos cadáveres, como também todos os *que* de vós *foram* contados segundo toda a vossa conta, de vinte anos para cima, os que *dentre vós* contra mim murmurastes;

³⁰Não entrareis na terra, *pela* qual levantei a minha mão que vos faria habitar nela, salvo Calebe, filho de Jefoné, e Josué, filho de Num.

³¹Mas os vossos filhos, de que dizeis: Por presa serão, porei *nela;* e eles conhecerão a terra que vós desprezastes.

³²Porém, *quanto a* vós, os vossos cadáveres cairão neste deserto.

³³E vossos filhos pastorearão neste deserto quarenta anos, e levarão *sobre si* as vossas infidelidades, até que os vossos cadáveres se consumam neste deserto.

³⁴Segundo o número dos dias em que espiastes esta terra, quarenta dias, cada dia representando um ano, levareis *sobre vós* as vossas iniquidades quarenta anos, e conhecereis o meu afastamento.

³⁵Eu, o SENHOR, falei; assim farei a toda esta má congregação, que se levantou contra mim; neste deserto se consumirão, e aí falecerão.

³⁶E os homens que Moisés mandara a espiar a terra, e que, voltando, fizeram murmurar toda a congregação contra ele, infamando a terra,

³⁷Aqueles mesmos homens que infamaram a terra, morreram de praga perante o SENHOR.

³⁸Mas Josué, filho de Num, e Calebe, filho de Jefoné, *que eram* dos homens que foram espiar a terra, ficaram com vida.

³⁹E falou Moisés estas palavras a todos os filhos de Israel; então o povo se contristou muito.

⁴⁰E levantaram-se pela manhã de madrugada, e subiram ao cume do monte, dizendo: Eis-nos aqui, e subiremos ao lugar que o SENHOR tem falado; porquanto havemos pecado.

⁴¹Mas Moisés disse: Por que transgredis o mandado do SENHOR? Pois isso não prosperará.

⁴²Não subais, pois o SENHOR não *estará* no meio de vós, para que não sejais feridos diante dos vossos inimigos.

⁴³Porque os amalequitas e os cananeus *estão* ali diante da vossa face, e caireis à espada; pois, porquanto vos desviastes do SENHOR, o SENHOR não estará convosco.

⁴⁴Contudo, temerariamente, tentaram subir ao cume do monte; mas a arca da aliança do SENHOR e Moisés não se apartaram do meio do arraial.

⁴⁵Então desceram os amalequitas e os cananeus, que habitavam na montanha, e os feriram, derrotando-os até Hormá.

A repetição de diversas leis

15 DEPOIS falou o SENHOR a Moisés, dizendo:
²Fala aos filhos de Israel, e dize-lhes: Quando entrardes na terra das vossas habitações, que eu vos hei de dar,

³E ao Senhor fizerdes oferta queimada, holocausto, ou sacrifício, para cumprir um voto, ou em oferta voluntária, ou nas vossas solenidades, para fazerdes ao Senhor um cheiro suave de ovelhas ou gado,

⁴Então aquele que apresentar a sua oferta ao Senhor, por oferta de alimentos trará uma décima *de* flor de farinha misturada com a quarta parte de um him de azeite.

⁵E de vinho para libação prepararás a quarta *parte* de um him, para holocausto, ou para sacrifício para *cada* cordeiro;

⁶E para *cada* carneiro prepararás uma oferta de alimentos de duas décimas *de* flor de farinha, misturada com a terça *parte* de um him de azeite.

⁷E de vinho para a libação oferecerás a terça parte de um him ao Senhor, em cheiro suave.

⁸E, quando preparares novilho para holocausto ou sacrifício, para cumprir um voto, ou um sacrifício pacífico ao Senhor,

⁹Com o novilho apresentarás uma oferta de alimentos de três décimas *de* flor de farinha misturada com a metade de um him de azeite.

¹⁰E de vinho para a libação oferecerás a metade de um him, oferta queimada em cheiro suave ao Senhor.

¹¹Assim se fará com *cada* boi, ou com *cada* carneiro, ou com cada um dos cordeiros ou cabritos.

¹²Segundo o número que oferecerdes, assim o fareis com cada um, segundo o número deles.

¹³Todo o natural assim fará estas coisas, oferecendo oferta queimada em cheiro suave ao Senhor.

¹⁴Quando também peregrinar convosco algum estrangeiro, ou que *estiver* no meio de vós nas vossas gerações, e ele apresentar uma oferta queimada de cheiro suave ao Senhor, como vós fizerdes, assim fará ele.

¹⁵Um mesmo estatuto haja para vós, ó congregação, e para o estrangeiro que *entre vós* peregrina, por estatuto perpétuo nas vossas gerações; como vós, assim será o peregrino perante o Senhor.

¹⁶Uma mesma lei e um mesmo direito haverá para vós e para o estrangeiro que peregrina convosco.

¹⁷Falou mais o Senhor a Moisés, dizendo:

¹⁸Fala aos filhos de Israel, e dize-lhes: Quando entrardes na terra em que vos hei de introduzir,

¹⁹Acontecerá que, quando comerdes do pão da terra, então oferecereis ao Senhor oferta alçada.

²⁰Das primícias da vossa massa oferecereis um bolo em oferta alçada; como a oferta da eira, assim o oferecereis.

²¹Das primícias das vossas massas dareis ao Senhor oferta alçada nas vossas gerações.

²²E, quando vierdes a errar, e não cumprirdes todos estes mandamentos, que o Senhor falou a Moisés,

²³Tudo quanto o Senhor vos tem mandado por intermédio de Moisés, desde o dia que o Senhor ordenou, e *dali* em diante, nas vossas gerações,

²⁴Será que, quando se fizer *alguma coisa* por ignorância, *e for encoberto* aos olhos da congregação, toda a congregação oferecerá um novilho para holocausto em cheiro suave ao Senhor, com a sua oferta de alimentos e libação conforme ao estatuto, e um bode para expiação do pecado.

²⁵E o sacerdote fará expiação por toda a congregação dos filhos de Israel, e lhes será perdoado, porquanto foi por ignorância; e trouxeram a sua oferta, oferta queimada ao Senhor, e a sua expiação do pecado perante o Senhor, por causa da sua ignorância.

²⁶Será, pois, perdoado a toda a congregação dos filhos de Israel, e mais ao estrangeiro que peregrina no meio deles, porquanto por ignorância *sobreveio* a todo o povo.

²⁷E, se alguma alma pecar por ignorância, para expiação do pecado oferecerá uma cabra de um ano.

²⁸E o sacerdote fará expiação pela pessoa que pecou, quando pecar por ignorância, perante o Senhor, fazendo expiação por ela, e lhe será perdoado.

²⁹Para o natural dos filhos de Israel, e para o estrangeiro que no meio deles peregrina, uma mesma lei vos será, para aquele que pecar por ignorância.

³⁰Mas a pessoa que fizer *alguma coisa* temerariamente, quer *seja* dos naturais quer dos estrangeiros, injuria ao Senhor; tal pessoa será extirpada do meio do seu povo.

³¹Pois desprezou a palavra do Senhor, e anulou o seu mandamento; totalmente *será* extirpada aquela pessoa, a sua iniquidade será sobre ela.

³²Estando, pois, os filhos de Israel no deserto, acharam um homem apanhando lenha no dia de sábado.

³³E os que o acharam apanhando lenha o trouxeram a Moisés e a Arão, e a toda a congregação.

³⁴E o puseram em guarda; porquanto *ainda* não estava declarado o que se lhe devia fazer.

³⁵Disse, pois, o Senhor a Moisés: Certamente morrerá aquele homem; toda a congregação o apedrejará fora do arraial.

³⁶Então toda a congregação o tirou para fora do arraial, e o apedrejaram, e morreu, como o Senhor ordenara a Moisés.

³⁷E falou o Senhor a Moisés, dizendo:

³⁸Fala aos filhos de Israel, e dize-lhes: Que nas bordas das suas vestes façam franjas pelas suas gerações; e nas franjas das bordas ponham um cordão de azul.

³⁹E as franjas vos serão para que, vendo-as, vos lembreis de todos os mandamentos do Senhor, e os cumprais; e não seguireis após o vosso coração, nem após os vossos olhos, pelos quais andais vos prostituindo.

⁴⁰Para que vos lembreis de todos os meus mandamentos, e os cumprais, e santos sejais a vosso Deus.

⁴¹Eu *sou* o Senhor vosso Deus, que vos tirei da

NÚMEROS 16.1

terra do Egito, para ser vosso Deus. Eu *sou* o SE-NHOR vosso Deus.

A rebelião de Coré, Datã e Abirão

16 E CORÉ, filho de Izar, filho de Coate, filho de Levi, tomou consigo a Datã e a Abirão, filhos de Eliabe, e a Om, filho de Pelete, filhos de Rúben.

²E levantaram-se perante Moisés com duzentos e cinquenta homens dos filhos de Israel, príncipes da congregação, chamados à assembleia, homens de posição,

³E se congregaram contra Moisés e contra Arão, e lhes disseram: Basta-vos, pois que toda a congregação é santa, todos *são* santos, e o SENHOR *está* no meio deles; por que, pois, vos elevais sobre a congregação do SENHOR?

⁴Quando Moisés ouviu isso, caiu sobre o seu rosto.

⁵E falou a Coré e a toda a sua congregação, dizendo: *Amanhã* pela manhã o SENHOR fará saber quem *é* seu, e *quem é* o santo que ele fará chegar a si; e aquele a quem escolher fará chegar a si.

⁶Fazei isto: Tomai vós incensários, Coré e todo seu grupo;

⁷E, pondo fogo neles amanhã, sobre eles deitai incenso perante o SENHOR; e será *que* o homem a quem o SENHOR escolher, este *será* o santo; basta-vos, filhos de Levi.

⁸Disse mais Moisés a Coré: Ouvi agora, filhos de Levi:

⁹*Porventura* pouco para vós *é* que o Deus de Israel vos tenha separado da congregação de Israel, para vos fazer chegar a si, e administrar o ministério do tabernáculo do SENHOR e estar perante a congregação para ministrar-lhe;

¹⁰E te fez chegar, e todos os teus irmãos, os filhos de Levi, contigo? Ainda também procurais o sacerdócio?

¹¹Assim tu e todo o teu grupo *estais* contra o SENHOR; e Arão, quem *é* ele, que murmureis contra ele?

¹²E Moisés mandou chamar a Datã e a Abirão, filhos de Eliabe; porém eles disseram: Não subiremos;

¹³*Porventura* pouco *é* que nos fizeste subir de uma terra que mana leite e mel, para nos matares neste deserto, senão que também queres fazer-te príncipe sobre nós?

¹⁴Nem tampouco nos trouxeste a uma terra que mana leite e mel, nem nos deste campo e vinhas em herança; *porventura* arrancarás os olhos a estes homens? Não subiremos.

¹⁵Então Moisés irou-se muito, e disse ao SENHOR: Não atentes para a sua oferta; nem um só jumento tomei deles, nem a nenhum deles fiz mal.

¹⁶Disse mais Moisés a Coré: Tu e todo o teu grupo ponde-vos perante o SENHOR, tu e eles, e Arão, amanhã.

¹⁷E tomai cada um o seu incensário, e neles ponde incenso; e trazei cada um o seu incensário perante o SENHOR, duzentos e cinquenta incensários; também tu e Arão, cada um o seu incensário.

¹⁸Tomaram, pois, cada um o seu incensário, e neles puseram fogo, e neles deitaram incenso, e se puseram perante a porta da tenda da congregação com Moisés e Arão.

¹⁹E Coré fez ajuntar contra eles todo o povo à porta da tenda da congregação; então a glória do SENHOR apareceu a toda a congregação.

²⁰E falou o SENHOR a Moisés e a Arão, dizendo:

²¹Apartai-vos do meio desta congregação, e os consumirei num momento.

²²Mas eles se prostraram sobre os seus rostos, e disseram: Ó Deus, Deus dos espíritos de toda a carne, pecará um só homem, e indignar-te-ás tu contra toda esta congregação?

²³E falou o SENHOR a Moisés, dizendo:

²⁴Fala a toda esta congregação, dizendo: Subi do derredor da habitação de Coré, Datã e Abirão.

²⁵Então Moisés levantou-se, e foi a Datã e a Abirão; e após ele seguiram os anciãos de Israel.

²⁶E falou à congregação, dizendo: Desviai-vos, peço-vos, das tendas destes homens ímpios, e não toqueis nada do que *é* seu para que *porventura* não pereçais em todos os seus pecados.

²⁷Subiram, pois, do derredor da habitação de Coré, Datã e Abirão. E Datã e Abirão saíram, e se puseram à porta das suas tendas, juntamente com as suas mulheres, e seus filhos, e suas crianças.

²⁸Então disse Moisés: Nisto conhecereis que o SENHOR me enviou a fazer todos estes feitos, que de meu coração não *procedem*.

²⁹Se estes morrerem como morrem todos os homens, e se forem visitados como são visitados todos os homens, *então* o SENHOR não me enviou.

³⁰Mas, se o SENHOR criar alguma coisa nova, e a terra abrir a sua boca e os tragar com tudo o que *é* seu, e vivos descerem ao abismo, então conhecereis que estes homens irritaram ao SENHOR.

³¹E aconteceu que, acabando ele de falar todas estas palavras, a terra que *estava* debaixo deles se fendeu.

³²E a terra abriu a sua boca, e os tragou com as suas casas, como também a todos os homens que *pertenciam* a Coré, e a todos os seus bens.

³³E eles e tudo o que *era* seu desceram vivos ao abismo, e a terra os cobriu, e pereceram do meio da congregação.

³⁴E todo o Israel, *que estava ao* redor deles, fugiu ao clamor deles; porque diziam: Para que não nos trague a terra também a nós.

³⁵Então saiu fogo do SENHOR, e consumiu os duzentos e cinquenta homens que ofereciam o incenso.

³⁶E falou o SENHOR a Moisés, dizendo:

³⁷Dize a Eleazar, filho de Arão, o sacerdote, que tome os incensários do meio do incêndio, e espalhe o fogo longe, porque santos são;

³⁸Quanto aos incensários daqueles que pecaram contra as suas almas, deles se façam folhas estendidas *para* cobertura do altar; porquanto os trouxeram perante o SENHOR; pelo que santos são; e serão por sinal aos filhos de Israel.

³⁹E Eleazar, o sacerdote, tomou os incensários de metal, que trouxeram aqueles *que foram* queimados, e os estenderam *em folhas para* cobertura do altar,

⁴⁰*Por* memorial para os filhos de Israel, que nenhum estranho, que não for da descendência de Arão, se chegue para acender incenso perante o SENHOR; para que não seja como Coré e a sua congregação, como o SENHOR lhe tinha dito por intermédio de Moisés,

⁴¹Mas no dia seguinte toda a congregação dos filhos de Israel murmurou contra Moisés e contra Arão, dizendo: Vós matastes o povo do SENHOR.

⁴²E aconteceu que, ajuntando-se a congregação contra Moisés e Arão, e virando-se para a tenda da congregação, eis que a nuvem a cobriu, e a glória do SENHOR apareceu.

⁴³Vieram, pois, Moisés e Arão perante a tenda da congregação.

⁴⁴Então falou o SENHOR a Moisés, dizendo:

⁴⁵Levantai-vos do meio desta congregação, e a consumirei num momento; então se prostraram sobre os seus rostos,

⁴⁶E disse Moisés a Arão: Toma o teu incensário, e põe nele fogo do altar, e deita incenso sobre ele, e vai depressa à congregação, e faze expiação por eles; porque grande indignação saiu de diante do Senhor; já começou a praga.

⁴⁷E tomou-o Arão, como Moisés tinha falado, e correu ao meio da congregação; e eis que já a praga havia começado entre o povo; e deitou incenso nele, e fez expiação pelo povo.

⁴⁸E estava em pé entre os mortos e os vivos; e cessou a praga.

⁴⁹E os que morreram daquela praga foram catorze mil e setecentos, fora os que morreram pela causa de Coré.

⁵⁰E voltou Arão a Moisés à porta da tenda da congregação; e cessou a praga.

A vara de Arão floresce

17 ENTÃO falou o SENHOR a Moisés, dizendo: ²Fala aos filhos de Israel, e toma deles uma vara para cada casa paterna de todos os seus príncipes, segundo as casas de seus pais, doze varas; e escreverás o nome de cada um sobre a sua vara.

³Porém o nome de Arão escreverás sobre a vara de Levi; porque *cada* cabeça da casa de seus pais terá uma vara.

⁴E as porás na tenda da congregação, perante o testemunho, onde eu virei a vós.

⁵E será *que* a vara do homem que eu tiver escolhido florescerá; assim farei cessar as murmurações dos filhos de Israel contra mim, com que murmuram contra vós.

⁶Falou, pois, Moisés aos filhos de Israel; e todos os seus príncipes deram-lhe *cada um* uma vara, para cada príncipe uma vara, segundo as casas de seus pais, doze varas; e a vara de Arão *estava* entre as deles.

⁷E Moisés pôs estas varas perante o SENHOR na tenda do testemunho.

⁸Sucedeu, pois, que no dia seguinte Moisés entrou na tenda do testemunho, e eis que a vara de Arão, pela casa de Levi, florescia; porque produzira flores e brotara renovos e dera amêndoas.

⁹Então Moisés tirou todas as varas de diante do SENHOR a todos os filhos de Israel; e eles o viram, e tomaram cada um a sua vara.

¹⁰Então o SENHOR disse a Moisés: Torna a pôr a vara de Arão perante o testemunho, para que se guarde por sinal para os filhos rebeldes; assim farás acabar as suas murmurações contra mim, e não morrerão.

¹¹E Moisés fez assim; como lhe ordenara o SENHOR, assim fez.

¹²Então falaram os filhos de Israel a Moisés, dizendo: Eis aqui, nós expiramos, perecemos, nós todos perecemos.

¹³Todo aquele que se aproximar do tabernáculo do SENHOR, morrerá; seremos pois todos consumidos?

Os deveres e direitos dos sacerdotes, e dos levitas

18 ENTÃO disse o SENHOR a Arão: Tu, e teus filhos, e a casa de teu pai contigo, levareis *sobre vós* a iniquidade do santuário; e tu e teus filhos contigo levareis *sobre vós* a iniquidade do vosso sacerdócio.

²E também farás chegar contigo a teus irmãos, a tribo de Levi, a tribo de teu pai, para que se ajuntem a ti, e te sirvam; mas tu e teus filhos contigo *estareis* perante a tenda do testemunho.

³E eles cumprirão as tuas ordens e terão o encargo de toda a tenda; mas não se chegarão aos utensílios do santuário, nem ao altar, para que não morram, tanto eles como vós.

⁴Mas se ajuntarão a ti, e farão o serviço da tenda da congregação em todo o ministério da tenda; e o estranho não se chegará a vós.

⁵Vós, pois, fareis o serviço do santuário e o serviço do altar; para que não haja outra vez furor sobre os filhos de Israel.

⁶E eu, eis que tenho tomado vossos irmãos, os levitas, do meio dos filhos de Israel; são dados a vós em dádiva pelo SENHOR, para que sirvam ao ministério da tenda da congregação.

⁷Mas tu e teus filhos contigo cumprireis o vosso sacerdócio no tocante a tudo o *que é* do altar, e a tudo o *que está* dentro do véu, *nisso* servireis; eu *vos* tenho dado o vosso sacerdócio em dádiva ministerial e o estranho que se chegar morrerá.

⁸Disse mais o SENHOR a Arão: Eis que eu te tenho dado a guarda das minhas ofertas alçadas, com todas as coisas santas dos filhos de Israel; por causa da unção as tenho dado a ti e a teus filhos por estatuto perpétuo.

⁹Isto terás das *coisas* santíssimas do fogo; todas as suas ofertas com todas as suas ofertas de alimentos, e com todas as suas expiações pelo pecado, e com todas as suas expiações pela culpa, que me apresentarão; *serão coisas* santíssimas para ti e para teus filhos.

NÚMEROS 18.10

¹⁰No *lugar* santíssimo as comerás; todo o homem a comerá; santas serão para ti.

¹¹Também isto *será* teu: a oferta alçada dos seus dons com todas as ofertas movidas dos filhos de Israel; a ti, a teus filhos, e a tuas filhas contigo, as tenho dado por estatuto perpétuo; todo o *que estiver* limpo na tua casa, delas comerá.

¹²Todo o melhor do azeite, e todo o melhor do mosto e do grão, as suas primícias que derem ao SENHOR, as tenho dado a ti.

¹³Os primeiros frutos de tudo que houver na terra, que trouxerem ao SENHOR, serão teus; todo o *que estiver* limpo na tua casa os comerá.

¹⁴Toda a coisa consagrada em Israel será tua.

¹⁵Tudo que abrir a madre, e toda a carne que trouxerem ao SENHOR, tanto de homens como de animais, será teu; porém os primogênitos dos homens resgatarás; também os primogênitos dos animais imundos resgatarás.

¹⁶Os que deles se houverem de resgatar resgatarás, da idade de um mês, segundo a tua avaliação, por cinco siclos de dinheiro, segundo o siclo do santuário, que é de vinte geras.

¹⁷Mas o primogênito de vaca, ou primogênito de ovelha, ou primogênito de cabra, não resgatarás, santos são; o seu sangue aspergirás sobre o altar, e a sua gordura queimarás *em* oferta queimada de cheiro suave ao SENHOR.

¹⁸E a carne deles será tua; *assim* como o peito da oferta de movimento, e o ombro direito, teus serão.

¹⁹Todas as ofertas alçadas das coisas santas, que os filhos de Israel oferecerem ao SENHOR, tenho dado a ti, e a teus filhos e a tuas filhas contigo, por estatuto perpétuo; aliança perpétua de sal perante o SENHOR *é,* para ti e para a tua descendência contigo.

²⁰Disse também o SENHOR a Arão: Na sua terra herança nenhuma terás, e no meio deles, nenhuma parte terás; eu *sou* a tua parte e a tua herança no meio dos filhos de Israel.

²¹E eis que aos filhos de Levi tenho dado todos os dízimos em Israel por herança, pelo ministério que executam, o ministério da tenda da congregação.

²²E nunca mais os filhos de Israel se chegarão à tenda da congregação, para que não levem *sobre si* o pecado e morram.

²³Mas os levitas executarão o ministério da tenda da congregação, e eles levarão sobre si a sua iniquidade; pelas vossas gerações estatuto perpétuo *será;* e no meio dos filhos de Israel nenhuma herança terão,

²⁴Porque os dízimos dos filhos de Israel, que oferecerem ao SENHOR em oferta alçada, tenho dado por herança aos levitas; porquanto eu lhes disse: No meio dos filhos de Israel nenhuma herança terão.

²⁵E falou o SENHOR a Moisés, dizendo:

²⁶Também falarás aos levitas, e dir-lhes-ás: Quando receberdes os dízimos dos filhos de Israel,

que eu deles vos tenho dado por vossa herança, deles oferecereis uma oferta alçada ao SENHOR, os dízimos dos dízimos.

²⁷E contar-se-vos-á a vossa oferta alçada, como grão da eira, e como plenitude do lagar.

²⁸Assim também oferecereis ao SENHOR uma oferta alçada de todos os vossos dízimos, que receberdes dos filhos de Israel, e deles dareis a oferta alçada do SENHOR a Arão, o sacerdote.

²⁹De todas as vossas dádivas oferecereis toda a oferta alçada do SENHOR; de tudo o melhor deles, a sua santa parte.

³⁰Dir-lhes-ás pois: Quando oferecerdes o melhor deles, como novidade da eira, e como novidade do lagar, se contará aos levitas.

³¹E o comereis em todo o lugar, vós e as vossas famílias, porque vosso galardão *é* pelo vosso ministério na tenda da congregação.

³²Assim, não levareis *sobre vós* o pecado, quando deles oferecerdes o melhor; e não profanareis as coisas santas dos filhos de Israel, para que não morrais.

A água da separação

19 FALOU mais o SENHOR a Moisés e a Arão dizendo:

²Este *é* o estatuto da lei, que o SENHOR ordenou, dizendo: Dize aos filhos de Israel que te tragam uma novilha ruiva, que não *tenha* defeito, *e* sobre a qual não tenha sido posto jugo.

³E a dareis a Eleazar, o sacerdote; ele a tirará para fora do arraial, e degolar-se-á diante dele.

⁴E Eleazar, o sacerdote, tomará do seu sangue com o seu dedo, e dele aspergirá para a frente da tenda da congregação sete vezes.

⁵Então queimará a novilha perante os seus olhos; o seu couro, e a sua carne, e o seu sangue, com o seu esterco, se queimará.

⁶E o sacerdote tomará pau de cedro, e hissopo, e carmesim, e *os* lançará no meio do fogo que queima a novilha.

⁷Então o sacerdote lavará as suas vestes, e banhará a sua carne na água, e depois entrará no arraial; e o sacerdote será imundo até à tarde.

⁸Também o que a queimou lavará as suas vestes com água, e em água banhará a sua carne, e imundo será até à tarde.

⁹E um homem limpo ajuntará a cinza da novilha, e a porá fora do arraial, num lugar limpo, e ficará *ela* guardada para a congregação dos filhos de Israel, para a água da separação; expiação *é.*

¹⁰E o que apanhou a cinza da novilha lavará as suas vestes, e será imundo até à tarde; isto será por estatuto perpétuo aos filhos de Israel e ao estrangeiro que peregrina no meio deles.

¹¹Aquele que tocar em algum morto, cadáver de algum homem, imundo será sete dias.

¹²Ao terceiro dia se purificará com aquela água, e ao sétimo dia será limpo; mas, se ao terceiro dia se não purificar, não será limpo ao sétimo dia.

¹³Todo aquele que tocar em algum morto, cadáver de algum homem, e não se purificar, contamina

o tabernáculo do SENHOR; e aquela pessoa será extirpada de Israel; porque a água da separação não foi aspergida sobre ele, imundo será; está nele ainda a sua imundícia.

¹⁴Esta *é* a lei, quando morrer algum homem em alguma tenda, todo aquele que entrar naquela tenda, e todo aquele que nela *estiver,* será imundo sete dias.

¹⁵Também todo o vaso aberto, sobre o qual não houver pano atado, será imundo.

¹⁶E todo aquele que sobre a face do campo tocar em alguém que for morto pela espada, ou em outro morto ou nos ossos de algum homem, ou numa sepultura, será imundo sete dias.

¹⁷Para um imundo, pois, tomarão da cinza da queima da expiação, e sobre ela colocarão água corrente num vaso.

¹⁸E um homem limpo tomará hissopo, e o molhará naquela água, e a aspergirá sobre aquela tenda, e sobre todos os móveis, e sobre as pessoas que ali estiverem, como também sobre aquele que tocar os ossos, ou em alguém que foi morto, ou que faleceu, ou numa sepultura.

¹⁹E o limpo ao terceiro e sétimo dia aspergirá sobre o imundo; e ao sétimo dia o purificará; e lavará as suas vestes, e se banhará na água, e à tarde será limpo.

²⁰Porém o homem que for imundo, e se não purificar, a tal alma do meio da congregação será extirpada; porquanto contaminou o santuário do SENHOR; água de separação sobre ele não foi aspergida; imundo *é.*

²¹Isto lhes será por estatuto perpétuo; e o que aspergir a água da separação lavará as suas vestes; e o que tocar a água da separação será imundo até à tarde,

²²E tudo o que tocar o imundo também será imundo; e a pessoa que o tocar será imunda até à tarde.

A morte de Miriã

20 CHEGANDO os filhos de Israel, toda a congregação, ao deserto de Zim, no mês primeiro, o povo ficou em Cades; e Miriã morreu ali, e ali foi sepultada.

²E não havia água para a congregação; então se reuniram contra Moisés e contra Arão.

³E o povo contendeu com Moisés, dizendo: Quem dera tivéssemos perecido quando pereceram nossos irmãos perante o SENHOR!

⁴E por que trouxestes a congregação do SENHOR a este deserto, para que morramos aqui, nós e os nossos animais?

⁵E por que nos fizestes subir do Egito, para nos trazer a este lugar mau? lugar onde não há semente, nem de figos, nem de vides, nem de romãs, nem tem água para beber.

⁶Então Moisés e Arão se foram de diante do povo à porta da tenda da congregação, e se lançaram sobre os seus rostos; e a glória do SENHOR lhes apareceu.

Moisés fere a rocha e as águas saem

⁷E o SENHOR falou a Moisés dizendo:

⁸Toma a vara, e ajunta a congregação, tu e Arão, teu irmão, e falai à rocha, perante os seus olhos, e dará a sua água; assim lhes tirarás água da rocha, e darás a beber à congregação e aos seus animais.

⁹Então Moisés tomou a vara de diante do SENHOR, como lhe tinha ordenado.

¹⁰E Moisés e Arão reuniram a congregação diante da rocha, e Moisés disse-lhes: Ouvi agora, rebeldes, porventura tiraremos água desta rocha para vós?

¹¹Então Moisés levantou a sua mão, e feriu a rocha duas vezes com a sua vara, e saiu muita água; e bebeu a congregação e os seus animais.

¹²E o SENHOR disse a Moisés e a Arão: Porquanto não crestes em mim, para me santificardes diante dos filhos de Israel, por isso não introduzireis esta congregação na terra que lhes tenho dado.

¹³Estas são as águas de Meribá, porque os filhos de Israel contenderam com o SENHOR; e se santificou neles.

Moisés solicita passagem através de Edom

¹⁴Depois Moisés, de Cades, mandou mensageiros ao rei de Edom, *dizendo:* Assim diz teu irmão Israel: Sabes todo o trabalho que nos sobreveio,

¹⁵Como nossos pais desceram ao Egito, e nós no Egito habitamos muitos dias; e *como* os egípcios nos maltrataram, a nós e a nossos pais;

¹⁶E clamamos ao SENHOR, e *ele* ouviu a nossa voz, e mandou um anjo, e nos tirou do Egito; e eis que estamos em Cades, cidade na extremidade dos teus termos.

¹⁷Deixa-nos, *pois,* passar pela tua terra; não passaremos pelo campo, nem pelas vinhas, nem beberemos a água dos poços; iremos pela estrada real; não nos desviaremos para a direita nem para a esquerda, até que passemos pelos teus termos.

¹⁸Porém Edom lhe disse: Não passarás por mim, para que *eu* não saia com a espada ao teu encontro.

¹⁹Então os filhos de Israel lhe disseram: Subiremos pelo caminho aplanado, e se eu e o meu gado bebermos das tuas águas, darei o preço delas; não desejo alguma outra coisa, senão passar a pé.

²⁰Porém *ele* disse: Não passarás. E saiu-lhe Edom ao encontro com muita gente, e com mão forte.

²¹Assim recusou Edom deixar passar a Israel pelo seu termo; por isso Israel se desviou dele.

A morte de Arão

²²Então partiram de Cades; e os filhos de Israel, toda a congregação, chegaram ao monte Hor.

²³E falou o SENHOR a Moisés e a Arão no monte Hor, nos termos da terra de Edom, dizendo:

²⁴Arão será recolhido a seu povo, porque não entrará na terra que tenho dado aos filhos de Israel, porquanto rebeldes fostes à minha ordem, nas águas de Meribá.

²⁵Toma a Arão e a Eleazar, seu filho, e faze-os subir ao monte Hor.

NÚMEROS 20.26

26E despe a Arão as suas vestes, e veste-as em Eleazar, seu filho, porque Arão será recolhido, e morrerá ali.

27Fez, pois, Moisés como o Senhor lhe ordenara; e subiram ao monte Hor perante os olhos de toda a congregação.

28E Moisés despiu a Arão de suas vestes, e as vestiu em Eleazar, seu filho; e morreu Arão ali sobre o cume do monte; e desceram Moisés e Eleazar do monte.

29Vendo, pois, toda a congregação que Arão era morto, choraram a Arão trinta dias, toda a casa de Israel.

Os israelitas destroem os cananeus

21 OUVINDO o cananeu, rei de Arade, que habitava para o lado sul, que Israel vinha pelo caminho dos espias, pelejou contra Israel, e dele levou *alguns* prisioneiros.

2Então Israel fez um voto ao Senhor, dizendo: Se de fato entregares este povo na minha mão, destruirei totalmente as suas cidades.

3O Senhor, pois, ouviu a voz de Israel, e lhe entregou os cananeus; e os israelitas destruíram totalmente, a eles e às suas cidades; e o nome daquele lugar chamou Hormá.

As serpentes ardentes e a serpente de bronze

4Então partiram do monte Hor, pelo caminho do Mar Vermelho, a rodear a terra de Edom; porém a alma do povo angustiou-se naquele caminho.

5E o povo falou contra Deus e contra Moisés: Por que nos fizestes subir do Egito para que morrêssemos neste deserto? Pois aqui nem pão nem água *há;* e a nossa alma tem fastio deste pão tão vil.

6Então o Senhor mandou entre o povo serpentes ardentes, que picaram o povo; e morreu muita gente em Israel.

7Por isso o povo veio a Moisés, e disse: Havemos pecado, porquanto temos falado contra o Senhor e contra ti; ora ao Senhor que tire de nós estas serpentes. Então Moisés orou pelo povo.

8E disse o Senhor a Moisés: Faze-te uma serpente ardente, e põe-na sobre uma haste; e será que viverá todo o que, tendo sido picado, olhar para ela.

9E Moisés fez uma serpente de metal, e pô-la sobre uma haste; e sucedia que, picando alguma serpente a alguém, quando esse olhava para a serpente de metal, vivia.

Jornadas dos israelitas

10Então os filhos de Israel partiram, e alojaram-se em Obote.

11Depois partiram de Obote e alojaram-se nos outeiros de Ije-Abarim, no deserto que *está* defronte de Moabe, ao nascente do sol.

12Dali partiram, e alojaram-se junto ao ribeiro de Zerede.

13E dali partiram e alojaram-se no lado de Arnom, que *está* no deserto e sai dos termos dos amorreus; porque Arnom *é* o termo de Moabe, entre Moabe e os amorreus.

14Por isso se diz no livro das guerras do Senhor: O que fiz no Mar Vermelho e nos ribeiros de Arnom,

15E à corrente dos ribeiros, que descendo para a situação de Ar, se encosta aos termos de Moabe.

16E dali *partiram* para Beer; este é o poço do qual o Senhor disse a Moisés: Ajunta o povo e lhe darei água.

17Então Israel cantou este cântico: Brota, ó poço! Cantai dele:

18Tu, poço, que cavaram os príncipes, que escavaram os nobres do povo, e o legislador com os seus cajados. E do deserto *partiram* para Matoná;

19E de Matoná a Naaliel, e de Naaliel a Bamote,

20E de Bamote ao vale que *está* no campo de Moabe, no cume de Pisga, e à vista do deserto.

Os israelitas ferem os reis de Moabe e de Basã

21Então Israel mandou mensageiros a Siom, rei dos amorreus, dizendo:

22Deixa-me passar pela tua terra; não nos desviaremos pelos campos nem pelas vinhas; as águas dos poços não beberemos; iremos pela estrada real até que passemos os teus termos.

23Porém Siom não deixou passar a Israel pelos seus termos; antes Siom congregou todo o seu povo, e saiu ao encontro de Israel no deserto, e veio a Jaza, e pelejou contra Israel.

24Mas Israel o feriu ao fio da espada, e tomou a sua terra em possessão, desde Arnom até Jaboque, até aos filhos de Amom; porquanto o termo dos filhos de Amom era forte.

25Assim Israel tomou todas as cidades; e habitou em todas as cidades dos amorreus, em Hesbom e em todas as suas aldeias.

26Porque Hesbom *era* cidade de Siom, rei dos amorreus, que tinha pelejado contra o precedente rei dos moabitas, e tinha tomado da sua mão toda a sua terra até Arnom.

27Por isso dizem os que falam em provérbios: Vinde a Hesbom; edifique-se e estabeleça-se a cidade de Siom.

28Porque fogo saiu de Hesbom, e uma chama da cidade de Siom; e consumiu a Ar dos moabitas, *e* os senhores dos altos de Arnom.

29Ai de ti, Moabe! Perdido és, povo de Quemós! Entregou seus filhos, que iam fugindo, e suas filhas, como cativas a Siom, rei dos amorreus.

30E nós os abatemos; Hesbom perdida é até Dibom, e os assolamos até Nofá, que *se estende* até Medeba.

31Assim Israel habitou na terra dos amorreus.

32Depois mandou Moisés espiar a Jazer, e tomaram as suas aldeias, e daquela possessão lançaram os amorreus que *estavam* ali.

33Então viraram-se, e subiram o caminho de Basã; e Ogue, rei de Basã, saiu contra eles, ele e todo o seu povo, à peleja em Edrei.

34E disse o Senhor a Moisés: Não o temas,

porque eu o tenho dado na tua mão, a ele, e a todo o seu povo, e a sua terra, e far-lhe-ás como fizeste a Siom, rei dos amorreus, que habitava em Hesbom.

³⁵E de tal maneira o feriram, a ele e a seus filhos, e a todo o seu povo, que nenhum deles escapou; e tomaram a sua terra em possessão.

Balaque e Balaão

22 DEPOIS partiram os filhos de Israel, e acamparam-se nas campinas de Moabe, além do Jordão *na altura de* Jericó.

²Vendo, pois, Balaque, filho de Zipor, tudo o que Israel fizera aos amorreus,

³Moabe temeu muito diante deste povo, porque era numeroso; e Moabe andava angustiado por causa dos filhos de Israel.

⁴Por isso Moabe disse aos anciãos dos midianitas: Agora lamberá esta congregação tudo *quanto houver* ao redor de nós, como o boi lambe a erva do campo. Naquele tempo Balaque, filho de Zipor, *era* rei dos moabitas.

⁵Este enviou mensageiros a Balaão, filho de Beor, a Petor, que *está* junto ao rio, na terra dos filhos do seu povo, a chamá-lo, dizendo: Eis que um povo saiu do Egito; eis que cobre a face da terra, e está parado defronte de mim.

⁶Vem, pois, agora, rogo-te, amaldiçoa-me este povo, pois mais poderoso é do que eu; talvez o poderei ferir e lançar fora da terra; porque eu sei que, a quem tu abençoares será abençoado, e a quem tu amaldiçoares será amaldiçoado.

⁷Então foram-se os anciãos dos moabitas e os anciãos dos midianitas com o *preço* dos encantamentos nas suas mãos; e chegaram a Balaão, e disseram-lhe as palavras de Balaque.

⁸E *ele* lhes disse: Passai aqui esta noite, e vos trarei a resposta, como o SENHOR me falar; então os príncipes dos moabitas ficaram com Balaão.

⁹E veio Deus a Balaão, e disse: Quem *são* estes homens *que estão* contigo?

¹⁰E Balaão disse a Deus: Balaque, filho de Zipor, rei dos moabitas, *os* enviou a mim, *dizendo:*

¹¹Eis que o povo que saiu do Egito cobre a face da terra; vem agora, amaldiçoa-o; porventura poderei pelejar contra ele e expulsá-lo.

¹²Então disse Deus a Balaão: Não irás com eles, nem amaldiçoarás a este povo, porquanto é bendito.

¹³Então Balaão levantou-se pela manhã, e disse aos príncipes de Balaque: Ide à vossa terra, porque o SENHOR recusa deixar-me ir convosco.

¹⁴E levantaram-se os príncipes dos moabitas, e vieram a Balaque, e disseram: Balaão recusou vir conosco.

¹⁵Porém Balaque tornou a enviar mais príncipes, mais honrados do que aqueles.

¹⁶Os quais foram a Balaão, e lhe disseram: Assim diz Balaque, filho de Zipor: Rogo-te que não te demores em vir a mim.

¹⁷Porque grandemente te honrarei, e farei tudo o que me disseres; vem pois, rogo-te, amaldiçoa-me este povo.

¹⁸Então Balaão respondeu, e disse aos servos de Balaque: Ainda que Balaque me desse a sua casa cheia de prata e de ouro, eu não poderia ir além da ordem do SENHOR meu Deus, para fazer coisa pequena ou grande;

¹⁹Agora, pois, rogo-vos que também aqui fiqueis esta noite, para que eu saiba o que mais o SENHOR me dirá.

²⁰Veio, pois, Deus a Balaão, de noite, e disse-lhe: Se aqueles homens te vieram chamar, levanta-te, vai com eles; todavia, farás o que eu te disser.

²¹Então Balaão levantou-se pela manhã, e albardou a sua jumenta, e foi com os príncipes de Moabe.

²²E a ira de Deus acendeu-se, porque ele se ia; e o anjo do SENHOR pôs-se-lhe no caminho por adversário; e ele ia caminhando, montado na sua jumenta, e dois de seus servos com ele.

²³Viu, pois, a jumenta o anjo do SENHOR, que estava no caminho, com a sua espada desembainhada na mão; pelo que desviou-se a jumenta do caminho, indo pelo campo; então Balaão espancou a jumenta para fazê-la tornar ao caminho.

²⁴Mas o anjo do SENHOR pôs-se numa vereda entre as vinhas, *havendo* uma parede de um lado e uma parede do outro lado.

²⁵Vendo, pois, a jumenta, o anjo do SENHOR, encostou-se contra a parede, e apertou contra a parede o pé de Balaão; por isso tornou a espancá-la.

²⁶Então o anjo do SENHOR passou mais adiante, e pôs-se num lugar estreito, onde não *havia* caminho para se desviar nem para a direita nem para a esquerda.

²⁷E, vendo a jumenta o anjo do SENHOR, deitou-se debaixo de Balaão; e a ira de Balaão acendeu-se, e espancou a jumenta com o cajado.

²⁸Então o SENHOR abriu a boca da jumenta, a qual disse a Balaão: Que te fiz eu, que me espancaste estas três vezes?

²⁹E Balaão disse à jumenta: Porque zombaste de mim; quem dera tivesse eu uma espada na mão, porque agora te mataria.

³⁰E a jumenta disse a Balaão: *Porventura* não *sou* a tua jumenta, em que cavalgaste desde o tempo em que me tornei tua até hoje? Acaso tem sido o meu costume fazer assim contigo? E ele respondeu: Não.

³¹Então o SENHOR abriu os olhos a Balaão, e ele viu o anjo do SENHOR, que estava no caminho e a sua espada desembainhada na mão; pelo que inclinou a cabeça, e prostrou-se sobre a sua face.

³²Então o anjo do SENHOR lhe disse: Por que já três vezes espancaste a tua jumenta? Eis que eu saí para ser *teu* adversário, porquanto o *teu* caminho é perverso diante de mim;

³³Porém a jumenta me viu, e já três vezes se desviou de diante de mim; se ela não se desviasse de diante de mim, na verdade que *eu* agora te haveria matado, e a ela deixaria com vida.

³⁴Então Balaão disse ao anjo do SENHOR: Pequei, porque não sabia que estavas neste caminho para

NÚMEROS 22.35

120

te opores a mim; e agora, se *parece* mal aos teus olhos, voltarei.

³⁵E disse o anjo do SENHOR a Balaão: Vai-te com estes homens; mas somente a palavra que eu falar a ti, esta falarás. Assim Balaão se foi com os príncipes de Balaque.

³⁶Ouvindo, pois, Balaque que Balaão vinha, saiu-lhe ao encontro até à cidade de Moabe, que *está* no termo de Arnom, na extremidade do termo *dele*.

³⁷E Balaque disse a Balaão: *Porventura* não enviei diligentemente a chamar-te? Por que não vieste a mim? Não posso eu na verdade honrar-te?

³⁸Então Balaão disse a Balaque: Eis que eu tenho vindo a ti; porventura poderei eu agora de alguma forma falar alguma coisa? A palavra que Deus puser na minha boca, essa falarei.

³⁹E Balaão foi com Balaque, e chegaram a Quiriate-Huzote.

⁴⁰Então Balaque matou bois e ovelhas; e *deles* enviou a Balaão e aos príncipes que *estavam* com ele.

⁴¹E sucedeu que, pela manhã Balaque tomou a Balaão, e o fez subir aos altos de Baal, e viu ele dali a última *parte* do povo.

Balaque edifica sete altares

23 ENTÃO Balaão disse a Balaque: Edifica-me aqui sete altares, e prepara-me aqui sete novilhos e sete carneiros.

²Fez, pois, Balaque como Balaão dissera: e Balaque e Balaão ofereceram um novilho e um carneiro sobre *cada* altar.

³Então Balaão disse a Balaque: Fica-te junto do teu holocausto, e eu irei; porventura o SENHOR me sairá ao encontro, e o que me mostrar te notificarei. Então foi a um lugar alto.

⁴E encontrando-se Deus com Balaão, *este* lhe disse: Preparei sete altares, e ofereci um novilho e um carneiro sobre *cada* altar.

⁵Então o SENHOR pôs a palavra na boca de Balaão, e disse: Torna-te para Balaque, e assim falarás.

⁶E tornando para ele, eis que estava junto do seu holocausto, ele e todos os príncipes dos moabitas.

⁷Então proferiu a sua parábola, e disse: De Arã, me mandou trazer Balaque, rei dos moabitas, das montanhas do oriente, *dizendo:* Vem, amaldiçoa-me a Jacó; e vem, denuncia a Israel.

⁸Como amaldiçoarei o que Deus não amaldiçoa? E como denunciarei, *quando* o SENHOR não denuncia?

⁹Porque do cume das penhas o vejo, e dos outeiros o contemplo; eis que este povo habitará só, e entre as nações não será contado.

¹⁰Quem contará o pó de Jacó e o número da quarta *parte* de Israel? Que a minha alma morra da morte dos justos, e seja o meu fim como o seu.

¹¹Então disse Balaque a Balaão: Que me fizeste? Chamei-te para amaldiçoar os meus inimigos, mas eis que inteiramente *os* abençoaste.

¹²E ele respondeu, e disse: Porventura não terei cuidado de falar o que o SENHOR pôs na minha boca?

¹³Então Balaque lhe disse: Rogo-te que venhas comigo a outro lugar, de onde o verás; verás somente a última *parte* dele, mas a todo ele não verás; e amaldiçoa-mo dali.

¹⁴Assim o levou consigo ao campo de Zofim, ao cume de Pisga; e edificou sete altares, e ofereceu um novilho e um carneiro sobre *cada* altar.

¹⁵Então disse a Balaque: Fica aqui junto do teu holocausto, e eu irei ali ao encontro *do SENHOR*.

¹⁶E, encontrando-se o SENHOR com Balaão, pôs uma palavra na sua boca, e disse: Torna para Balaque, e assim falarás.

¹⁷E, vindo a ele, eis que estava junto do holocausto, e os príncipes dos moabitas com ele; disse-lhe pois Balaque: Que coisa falou o SENHOR?

As profecias de Balaão

¹⁸Então proferiu a sua parábola, e disse: Levanta-te, Balaque, e ouve; inclina os teus ouvidos a mim, filho de Zipor.

¹⁹Deus não *é* homem, para que minta; nem filho do homem, para que se arrependa; *porventura* diria *ele*, e não *o* faria? Ou falaria, e não o confirmaria?

²⁰Eis que recebi *mandado* de abençoar; pois ele tem abençoado, e eu não o posso revogar.

²¹Não viu iniquidade em Israel, nem contemplou maldade em Jacó; o SENHOR seu Deus *é* com ele, e no meio dele *se ouve* a aclamação de um rei.

²²Deus os tirou do Egito; as suas forças *são* como as do boi selvagem.

²³Pois contra Jacó não vale encantamento, nem adivinhação contra Israel; neste tempo se dirá de Jacó e de Israel: Que coisas Deus tem realizado!

²⁴Eis que o povo se levantará como leoa, e se erguerá como leão; não se deitará até que coma a presa, e beba o sangue dos mortos.

²⁵Então Balaque disse a Balaão: Nem o amaldiçoarás, nem o abençoarás.

²⁶Porém Balaão respondeu, e disse a Balaque: Não te falei eu, dizendo: Tudo o que o SENHOR falar isso farei?

²⁷Disse mais Balaque a Balaão: Ora vem, e te levarei a outro lugar; porventura bem parecerá aos olhos de Deus que dali mo amaldiçoes.

²⁸Então Balaque levou Balaão consigo ao cume de Peor, que dá para o lado do deserto.

²⁹Balaão disse a Balaque: Edifica-me aqui sete altares, e prepara-me aqui sete novilhos e sete carneiros.

³⁰Balaque, pois, fez como dissera Balaão: e ofereceu um novilho e um carneiro sobre *cada* altar.

24 VENDO Balaão que bem parecia aos olhos do SENHOR que abençoasse a Israel, não se foi esta vez como antes ao encontro dos encantamentos; mas voltou o seu rosto para o deserto.

²E, levantando Balaão os seus olhos, e vendo a Israel, que estava acampado segundo as suas tribos, veio sobre ele o Espírito de Deus.

³E proferiu a sua parábola, e disse: Fala, Balaão, filho de Beor, e fala o homem de olhos abertos;

⁴Fala aquele que ouviu as palavras de Deus, o que vê a visão do Todo-Poderoso; que cai, e se lhe abrem os olhos:

⁵Quão formosas são as tuas tendas, ó Jacó, as tuas moradas, ó Israel!

⁶Como ribeiros se estendem, como jardins à beira dos rios; como árvores de sândalo o SENHOR os plantou, como cedros junto às águas;

⁷De seus baldes manarão águas, e a sua semente *estará* em muitas águas; e o seu rei se erguerá mais do que Agague, e o seu reino será exaltado.

⁸Deus o tirou do Egito; as suas forças *são* como as do boi selvagem; consumirá as nações, seus inimigos, e quebrará seus ossos, e com as suas setas os atravessará.

⁹Encurvou-se, deitou-se como leão, e como leoa; quem o despertará? benditos os que te abençoarem, e malditos os que te amaldiçoarem.

¹⁰Então a ira de Balaque se acendeu contra Balaão, e bateu ele as suas palmas; e Balaque disse a Balaão: Para amaldiçoar os meus inimigos te tenho chamado; porém agora já três vezes *os* abençoaste inteiramente.

¹¹Agora, pois, foge para o teu lugar; eu tinha dito *que* te honraria grandemente; mas eis que o SENHOR te privou desta honra.

¹²Então Balaão disse a Balaque: Não falei *eu* também aos teus mensageiros, que me enviaste, dizendo:

¹³Ainda que Balaque me desse a sua casa cheia de prata e ouro, não poderia ir além da ordem do SENHOR, fazendo bem ou mal de meu *próprio* coração; o que o SENHOR falar, isso falarei eu?

¹⁴Agora, pois, eis que me vou ao meu povo; vem, avisar-te-ei do que este povo fará ao teu povo nos últimos dias.

¹⁵Então proferiu a sua parábola, e disse: Fala Balaão, filho de Beor, e fala o homem de olhos abertos;

¹⁶Fala aquele que ouviu as palavras de Deus, e o que sabe o conhecimento do Altíssimo; o que viu a visão do Todo-Poderoso, que cai, e se lhe abrem os olhos.

¹⁷Vê-lo-ei, mas não agora, contemplá-lo-ei, mas não de perto; uma estrela procederá de Jacó e um cetro subirá de Israel, que ferirá os termos dos moabitas, e destruirá todos os filhos de Sete.

¹⁸E Edom será uma possessão, e Seir, seus inimigos, também será uma possessão; pois Israel fará proezas.

¹⁹E dominará *um* de Jacó, e matará os que restam das cidades.

²⁰E vendo os amalequitas, proferiu a sua parábola, e disse: Amaleque *é* a primeira das nações; porém o seu fim *será* destruição para sempre.

²¹E vendo os quenitas, proferiu a sua parábola, e disse: Firme *está* a tua habitação, e puseste o teu ninho na penha.

²²Todavia o quenita será consumido, até que Assur te leve por prisioneiro.

²³E, proferindo ainda a sua parábola, disse: Ai, quem viverá, quando Deus fizer isto?

²⁴E as naus virão das costas de Quitim e afligirão a Assur; também afligirão a Éber; que também *será* destruição para sempre.

²⁵Então Balaão levantou-se, e se foi, e voltou ao seu lugar, e também Balaque se foi pelo seu caminho.

Os israelitas pecam com as filhas dos moabitas

25 E ISRAEL deteve-se em Sitim e o povo começou a prostituir-se com as filhas dos moabitas.

²Elas convidaram o povo aos sacrifícios dos seus deuses; e o povo comeu, e inclinou-se aos seus deuses.

³Juntando-se, pois, Israel a Baal-Peor, a ira do SENHOR se acendeu contra Israel.

⁴Disse o SENHOR a Moisés: Toma todos os cabeças do povo, e enforca-os ao SENHOR diante do sol, e o ardor da ira do SENHOR se retirará de Israel.

⁵Então Moisés disse aos juízes de Israel: Cada um mate os seus homens que se juntaram a Baal-Peor.

⁶E eis que veio um homem dos filhos de Israel, e trouxe a seus irmãos uma midianita, à vista de Moisés, e à vista de toda a congregação dos filhos de Israel, chorando eles *diante* da tenda da congregação.

⁷Vendo *isso* Fineias, filho de Eleazar, o filho de Arão, sacerdote, se levantou do meio da congregação, e tomou uma lança na sua mão;

⁸E foi após o homem israelita até à tenda, e os atravessou a ambos, ao homem israelita e à mulher, pelo ventre; então a praga cessou de sobre os filhos de Israel.

⁹E os que morreram daquela praga foram vinte e quatro mil.

¹⁰Então o SENHOR falou a Moisés, dizendo:

¹¹Fineias, filho de Eleazar, o filho de Arão, sacerdote, desviou a minha ira de sobre os filhos de Israel, pois foi zeloso com o meu zelo no meio deles; de modo que, no meu zelo, não consumi os filhos de Israel.

¹²Portanto dize: Eis que lhe dou a minha aliança de paz;

¹³E ele, e a sua descendência depois dele, terá a aliança do sacerdócio perpétuo, porquanto teve zelo pelo seu Deus, e fez expiação pelos filhos de Israel.

¹⁴E o nome do israelita morto, que foi morto com a midianita, *era* Zimri, filho de Salu, príncipe da casa paterna dos simeonitas.

¹⁵E o nome da mulher midianita morta *era* Cosbi, filha de Zur, cabeça do povo da casa paterna entre os midianitas.

¹⁶Falou mais o SENHOR a Moisés, dizendo:

¹⁷Afligireis os midianitas e os ferireis,

¹⁸Porque eles vos afligiram a vós com os seus enganos com que vos enganaram no caso de Peor, e no caso de Cosbi, filha do príncipe dos midianitas,

NÚMEROS 26.1

irmã deles, que foi morta no dia da praga no caso de Peor.

Deus manda contar os israelitas

26 ACONTECEU, pois, que, depois daquela praga, falou o SENHOR a Moisés, e a Eleazar, filho de Arão, o sacerdote, dizendo:

²Tomai a soma de toda a congregação dos filhos de Israel, da idade de vinte anos para cima, segundo as casas de seus pais; todos os que em Israel podem sair à guerra.

³Falaram-lhes, pois, Moisés e Eleazar, o sacerdote, nas campinas de Moabe, junto ao Jordão *na altura de* Jericó, dizendo:

⁴*Conta* o povo da idade de vinte anos para cima, como o SENHOR ordenara a Moisés e aos filhos de Israel, que saíram do Egito.

⁵Rúben, o primogênito de Israel; os filhos de Rúben: *de* Enoque, a família dos enoquitas; de Palu, a família dos paluítas;

⁶De Hezrom, a família dos hezronitas; de Carmi, a família dos carmitas.

⁷Estas *são* as famílias dos rubenitas; e os *que foram* deles contados foram quarenta e três mil e setecentos e trinta.

⁸E os filhos de Palu, Eliabe;

⁹E os filhos de Eliabe, Nemuel, e Datã, e Abirão: estes, Datã e Abirão, *foram* os do conselho da congregação, que contenderam contra Moisés e contra Arão no grupo de Coré, quando rebelaram contra o SENHOR;

¹⁰E a terra abriu a sua boca, e os tragou com Coré, quando morreu aquele grupo; quando o fogo consumiu duzentos e cinquenta homens, os quais serviram de advertência.

¹¹Mas os filhos de Coré não morreram.

¹²Os filhos de Simeão, segundo as suas famílias: de Nemuel, a família dos nemuelitas; de Jamim, a família dos jaminitas; de Jaquim, a família dos jaquinitas;

¹³De Zerá, a família dos zeraítas; de Saul, a família dos saulitas.

¹⁴Estas *são* as famílias dos simeonitas, vinte e dois mil e duzentos.

¹⁵Os filhos de Gade, segundo as suas gerações; de Zefom, a família dos zefonitas; de Hagi, a família dos hagitas; de Suni, a família dos sunitas;

¹⁶De Ozni, a família dos oznitas; de Eri, a família dos eritas;

¹⁷De Arode, a família dos aroditas; de Areli, a família dos arelitas.

¹⁸Estas *são* as famílias dos filhos de Gade, segundo os *que foram* deles contados, quarenta mil e quinhentos.

¹⁹Os filhos de Judá, Er e Onã; mas Er e Onã morreram na terra de Canaã.

²⁰Assim os filhos de Judá foram segundo as suas famílias; de Selá, a família dos selanitas; de Perez, a família dos perezitas; de Zerá, a família dos zeraítas.

²¹E os filhos de Perez foram: de Hezrom, a família dos hezronitas; de Hamul, a família dos hamulitas.

²²Estas *são* as famílias de Judá, segundo os *que foram* deles contados, setenta e seis mil e quinhentos.

²³Os filhos de Issacar, segundo as suas famílias, *foram:* de Tola, a família dos tolaítas; de Puva, a família dos puvitas;

²⁴De Jasube, a família dos jasubitas; de Sinrom, a família dos sinronitas.

²⁵Estas *são* as famílias de Issacar, segundo os *que foram* deles contados, sessenta e quatro mil e trezentos.

²⁶Os filhos de Zebulom, segundo as suas famílias, *foram:* de Serede, a família dos sereditas; de Elom, a família dos elonitas; de Jaleel, a família dos jaleelitas.

²⁷Estas *são* as famílias dos zebulonitas, segundo os *que foram* deles contados, sessenta mil e quinhentos.

²⁸Os filhos de José segundo as suas famílias, *foram* Manassés e Efraim.

²⁹Os filhos de Manassés *foram;* de Maquir, a família dos maquiritas; e Maquir gerou a Gileade; de Gileade, a família dos gileaditas.

³⁰Estes *são* os filhos de Gileade; de Jezer, a família dos jezeritas; de Heleque, a família dos helequitas;

³¹E de Asriel, a família dos asrielitas; e de Siquém, a família dos siquemitas;

³²E *de* Semida, a família dos semidaítas; e de Hefer, a família dos heferitas.

³³Porém, Zelofeade, filho de Hefer, não tinha filhos, senão filhas; e os nomes das filhas de Zelofeade *foram* Maalá, Noa, Hogla, Milca e Tirza.

³⁴Estas *são* as famílias de Manassés; e os *que foram* deles contados, *foram* cinquenta e dois mil e setecentos.

³⁵Estes *são* os filhos de Efraim, segundo as suas famílias: de Sutela, a família dos sutelaítas; de Bequer, a família dos bequeritas; de Taã, a família dos taanitas.

³⁶E estes *são* os filhos de Sutela: de Erã, a família dos eranitas.

³⁷Estas *são* as famílias dos filhos de Efraim, segundo os *que foram* deles contados, trinta e dois mil e quinhentos; estes *são* os filhos de José, segundo as suas famílias.

³⁸Os filhos de Benjamim, segundo as suas famílias: de Belá, a família dos belaítas; de Asbel, a família dos asbelitas; de Airã, a família dos airamitas;

³⁹De Sufã, a família dos sufamitas; de Hufã, a família dos hufamitas.

⁴⁰E os filhos de Belá foram Arde e Naamã; de Arde, a família dos arditas; de Naamã, a família dos naamanitas.

⁴¹Estes *são* os filhos de Benjamim, segundo as suas famílias; e os *que foram* deles contados, *foram* quarenta e cinco mil e seiscentos.

⁴²Estes *são* os filhos de Dã, segundo as suas

famílias; de Suã, a família dos suamitas. Estas *são* as famílias de Dã, segundo as suas famílias.

⁴³Todas as famílias dos suamitas, segundo os *que foram* deles contados, foram sessenta e quatro mil e quatrocentos.

⁴⁴Os filhos de Aser, segundo as suas famílias, *foram:* de Imna, a família dos imnaítas; de Isvi, a família dos isvitas; de Berias, a família dos beriítas.

⁴⁵Dos filhos de Berias, *foram;* de Héber, a família dos heberitas; de Malquiel, a família dos malquielitas.

⁴⁶E o nome da filha de Aser foi Sera.

⁴⁷Estas *são* as famílias dos filhos de Aser, segundo os *que foram* deles contados, cinquenta e três mil e quatrocentos.

⁴⁸Os filhos de Naftali, segundo as suas famílias; de Jazeel, a família dos jazeelitas; de Guni, a família dos gunitas;

⁴⁹De Jezer, a família dos jezeritas; de Silém, a família dos silemitas.

⁵⁰Estas *são* as famílias de Naftali, segundo as suas famílias; e os *que foram* deles contados, *foram* quarenta e cinco mil e quatrocentos.

⁵¹Estes *são* os que foram contados dos filhos de Israel, seiscentos e um mil e setecentos e trinta.

A lei acerca da divisão da terra

⁵²E falou o SENHOR a Moisés, dizendo:

⁵³A estes se repartirá a terra em herança, segundo o número dos nomes.

⁵⁴Aos muitos aumentarás a sua herança, e aos poucos diminuirás a sua herança; a cada um se dará a sua herança, segundo os *que foram* deles contados.

⁵⁵Todavia a terra se repartirá por sortes; segundo os nomes das tribos de seus pais a herdarão.

⁵⁶Segundo *sair* a sorte, se repartirá a herança deles entre as tribos de muitos e de poucos.

⁵⁷E estes *são* os *que foram* contados dos levitas, segundo as suas famílias: de Gérson, a família dos gersonitas; de Coate, a família dos coatitas; de Merari, a família dos meraritas.

⁵⁸Estas *são* as famílias de Levi: a família dos libnitas, a família dos hebronitas, a família dos malitas, a família dos musitas, a família dos coreítas. E Coate gerou a Amrão.

⁵⁹E o nome da mulher de Anrão *era* Joquebede, filha de Levi, a qual nasceu a Levi no Egito; e de Anrão ela teve Arão, e Moisés, e Miriã, irmã deles.

⁶⁰E a Arão nasceram Nadabe, Abiú, Eleazar, e Itamar.

⁶¹Porém Nadabe e Abiú morreram quando trouxeram fogo estranho perante o SENHOR.

⁶²E os que deles foram contados eram vinte e três mil, todo o homem da idade de um mês para cima; porque estes não foram contados entre os filhos de Israel, porquanto não lhes foi dada herança entre os filhos de Israel.

⁶³Estes *são* os *que foram* contados por Moisés e Eleazar, o sacerdote, que contaram os filhos de Israel nas campinas de Moabe, junto ao Jordão *na direção de* Jericó.

⁶⁴E entre estes nenhum houve dos *que foram* contados por Moisés e Arão, o sacerdote, quando contaram aos filhos de Israel no deserto de Sinai.

⁶⁵Porque o SENHOR dissera deles que certamente morreriam no deserto; e nenhum deles ficou senão Calebe, filho de Jefoné, e Josué, filho de Num.

A lei acerca das heranças

27E CHEGARAM as filhas de Zelofeade, filho de Hefer, filho de Gileade, filho de Maquir, filho de Manassés, entre as famílias de Manassés, filho de José; e estes *são* os nomes das suas filhas; Maalá, Noa, Hogla, Milca, e Tirza;

²E apresentaram-se diante de Moisés, e diante de Eleazar, o sacerdote, e diante dos príncipes e de toda a congregação, à porta da tenda da congregação, dizendo:

³Nosso pai morreu no deserto, e não estava entre a congregação dos que se ajuntaram contra o SENHOR no grupo de Coré; mas morreu no seu próprio pecado, e não teve filhos.

⁴Por que se tiraria o nome de nosso pai do meio da sua família, porquanto não teve filhos? Dá-nos possessão entre os irmãos de nosso pai.

⁵E Moisés levou a causa delas perante o SENHOR.

⁶E falou o SENHOR a Moisés, dizendo:

⁷As filhas de Zelofeade falam o que é justo; certamente lhes darás possessão de herança entre os irmãos de seu pai; e a herança de seu pai farás passar a elas.

⁸E falarás aos filhos de Israel, dizendo: Quando alguém morrer e não tiver filho, então fareis passar a sua herança à sua filha.

⁹E, se não tiver filha, então a sua herança dareis a seus irmãos.

¹⁰Porém, se não tiver irmãos, então dareis a sua herança aos irmãos de seu pai.

¹¹Se também seu pai não tiver irmãos, então dareis a sua herança a seu parente, *àquele que* lhe *for* o mais chegado da sua família, para que a possua; isto aos filhos de Israel será por estatuto de direito, como o SENHOR ordenou a Moisés.

Deus anuncia a morte de Moisés

¹²Depois disse o SENHOR a Moisés: Sobe a este monte de Abarim, e vê a terra que tenho dado aos filhos de Israel.

¹³E, tendo-a visto, então serás recolhido ao teu povo, assim como foi recolhido teu irmão Arão;

¹⁴Porquanto, no deserto de Zim, na contenda da congregação, fostes rebeldes ao meu mandado de me santificar nas águas diante dos seus olhos (estas *são* as águas de Meribá de Cades, no deserto de Zim).

¹⁵Então falou Moisés ao SENHOR, dizendo:

¹⁶O SENHOR, Deus dos espíritos de toda a carne, ponha um homem sobre esta congregação,

¹⁷Que saia diante deles, e que entre diante deles, e que os faça sair, e que os faça entrar; para que a congregação do SENHOR não seja como ovelhas que não têm pastor.

NÚMEROS 27.18

Josué é designado para sucessor de Moisés

¹⁸Então disse o SENHOR a Moisés: Toma a Josué, filho de Num, homem em quem *há* o Espírito, e impõe a tua mão sobre ele.

¹⁹E apresenta-o perante Eleazar, o sacerdote, e perante ⁺oda a congregação, e dá-lhe as tuas ordens na presença deles.

²⁰E põe sobre ele da tua glória, para que lhe obedeça toda a congregação dos filhos de Israel.

²¹E apresentar-se-á perante Eleazar, o sacerdote, o qual por ele consultará, segundo o juízo de Urim, perante o SENHOR; conforme a sua palavra sairão, e conforme a sua palavra entrarão, ele e todos os filhos de Israel com ele, e toda a congregação.

²²E fez Moisés como o SENHOR lhe ordenara; porque tomou a Josué, e apresentou-o perante Eleazar, o sacerdote, e perante toda a congregação;

²³E sobre ele impôs as suas mãos, e lhe deu ordens, como o SENHOR falara por intermédio de Moisés.

O holocausto perpétuo

28 ¹FALOU mais o SENHOR a Moisés, dizendo: ²Dá ordem aos filhos de Israel, e dize-lhes: Da minha oferta, do meu alimento para as minhas ofertas queimadas, do meu cheiro suave, tereis cuidado, para me oferecê-las ao seu tempo determinado.

³E dir-lhes-ás: Esta *é* a oferta queimada que oferecereis ao SENHOR: dois cordeiros de um ano, sem defeito, cada dia, *em* contínuo holocausto;

⁴Um cordeiro sacrificarás pela manhã, e o outro cordeiro sacrificarás à tarde;

⁵E a décima *parte* de um efa *de* flor de farinha em oferta de alimentos, misturada com a quarta parte de um him de azeite batido.

⁶Este *é* o holocausto contínuo, instituído no monte Sinai, em cheiro suave, oferta queimada ao SENHOR.

⁷E a sua libação *será* a quarta parte de um him para um cordeiro; no santuário, oferecerás a libação de bebida forte ao SENHOR.

⁸E o outro cordeiro sacrificarás à tarde, como a oferta de alimentos da manhã, e como a sua libação *o* oferecerás em oferta queimada de cheiro suave ao SENHOR.

Ofertas para dias santos

⁹Porém, no dia de sábado, oferecerás dois cordeiros de um ano, sem defeito, e duas décimas *de* flor de farinha, misturada com azeite, *em* oferta de alimentos, com a sua libação.

¹⁰Holocausto *é* de cada sábado, além do holocausto contínuo, e a sua libação.

¹¹E nos princípios dos vossos meses oferecereis, em holocausto ao SENHOR, dois novilhos e um carneiro, sete cordeiros de um ano, sem defeito;

¹²E três décimas de flor de farinha misturada com azeite, *em* oferta de alimentos, para um novilho; e duas décimas *de* flor de farinha misturada com azeite, *em* oferta de alimentos, para um carneiro.

¹³E uma décima *de* flor de farinha misturada com azeite *em* oferta de alimentos, para um cordeiro; holocausto *é* de cheiro suave, oferta queimada ao SENHOR.

¹⁴E as suas libações serão a metade de um him de vinho para um novilho, e a terça *parte* de um him para um carneiro, e a quarta *parte* de um him para um cordeiro; este *é* o holocausto da lua nova de cada mês, segundo os meses do ano.

¹⁵Também um bode para expiação do pecado ao SENHOR, além do holocausto contínuo, com a sua libação se oferecerá.

¹⁶Porém no mês primeiro, aos catorze dias do mês, *é* a páscoa do SENHOR.

¹⁷E aos quinze dias do mesmo mês *haverá* festa; sete dias se comerão *pães* ázimos.

¹⁸No primeiro dia *haverá* santa convocação; nenhum trabalho servil fareis;

¹⁹Mas oferecereis oferta queimada em holocausto ao SENHOR, dois novilhos e um carneiro, e sete cordeiros de um ano; eles serão sem defeito.

²⁰E a sua oferta de alimentos *será de* flor de farinha misturada com azeite; oferecereis três décimas para um novilho, e duas décimas para um carneiro.

²¹Para cada um dos sete cordeiros oferecereis uma décima;

²²E um bode *para* expiação do pecado, para fazer expiação por vós.

²³Estas coisas oferecereis, além do holocausto da manhã, que *é* o holocausto contínuo.

²⁴Segundo este modo, cada dia oferecereis, por sete dias, o alimento da oferta queimada em cheiro suave ao SENHOR; além do holocausto contínuo se oferecerá isto com a sua libação.

²⁵E no sétimo dia tereis santa convocação; nenhum trabalho servil fareis.

²⁶Semelhantemente, tereis santa convocação no dia das primícias, quando oferecerdes oferta nova de alimentos ao SENHOR, segundo as vossas semanas; nenhum trabalho servil fareis.

²⁷Então oferecereis ao SENHOR por holocausto, em cheiro suave, dois novilhos, um carneiro e sete cordeiros de um ano;

²⁸E a sua oferta de alimentos *de* flor de farinha misturada com azeite: três décimas para um novilho, duas décimas para um carneiro;

²⁹E uma décima, para cada um dos sete cordeiros;

³⁰Um bode para fazer expiação por vós.

³¹Além do holocausto contínuo, e a sua oferta de alimentos, *os* oferecereis (ser-vos-ão eles sem defeito) com as suas libações.

As ofertas na festa das trombetas

29 ¹SEMELHANTEMENTE, tereis santa convocação no sétimo mês, no primeiro dia do mês; nenhum trabalho servil fareis; será para vós dia de sonido de trombetas.

²Então *por* holocausto, em cheiro suave ao SENHOR, oferecereis um novilho, um carneiro e sete cordeiros de um ano, sem defeito.

³E *pela* sua oferta de alimentos *de* flor de farinha misturada com azeite, três décimas para o novilho, e duas décimas para o carneiro,

⁴E uma décima para cada um dos sete cordeiros.

⁵E um bode *para* expiação do pecado, para fazer expiação por vós;

⁶Além do holocausto do mês, e a sua oferta de alimentos, e o holocausto contínuo, e a sua oferta de alimentos, com as suas libações, segundo o seu estatuto, em cheiro suave, oferta queimada ao Senhor.

⁷E no dia dez deste sétimo mês tereis santa convocação, e afligireis as vossas almas; nenhum trabalho fareis.

⁸Mas *por* holocausto, *em* cheiro suave ao Senhor, oferecereis um novilho, um carneiro e sete cordeiros de um ano; eles serão sem defeito.

⁹E, *pela* sua oferta de alimentos *de* flor de farinha misturada com azeite, três décimas para o novilho, duas décimas para o carneiro,

¹⁰E uma décima para cada um dos sete cordeiros;

¹¹Um bode para expiação do pecado, além da expiação do pecado pelas propiciações, e do holocausto contínuo, e da sua oferta de alimentos com as suas libações.

As ofertas nas festas solenes

¹²Semelhantemente, aos quinze dias deste sétimo mês tereis santa convocação; nenhum trabalho servil fareis; mas sete dias celebrareis festa ao Senhor.

¹³E, *por* holocausto *em* oferta queimada, de cheiro suave ao Senhor, oferecereis treze novilhos, dois carneiros e catorze cordeiros de um ano; todos eles sem defeito.

¹⁴E, *pela* sua oferta de alimentos *de* flor de farinha misturada com azeite, três décimas para cada um dos treze novilhos, duas décimas para cada carneiro, entre os dois carneiros;

¹⁵E uma décima para cada um dos catorze cordeiros;

¹⁶E um bode *para* expiação do pecado, além do holocausto contínuo, a sua oferta de alimentos e a sua libação;

¹⁷Depois, no segundo dia, doze novilhos, dois carneiros, catorze cordeiros de um ano, sem defeito;

¹⁸E a sua oferta de alimentos e as suas libações para os novilhos, para os carneiros e para os cordeiros, conforme o seu número, segundo o estatuto;

¹⁹E um bode *para* expiação do pecado, além do holocausto contínuo, da sua oferta de alimentos e das suas libações.

²⁰E, no terceiro dia, onze novilhos, dois carneiros, catorze cordeiros de um ano, sem defeito;

²¹E as suas ofertas de alimentos, e as suas libações para os novilhos, para os carneiros e para os cordeiros, conforme o seu número, segundo o estatuto;

²²E um bode *para* expiação do pecado, além do holocausto contínuo, e da sua oferta de alimentos e da sua libação.

²³E, no quarto dia, dez novilhos, dois carneiros, catorze cordeiros de um ano, sem defeito;

²⁴A sua oferta de alimentos, e as suas libações para os novilhos, para os carneiros, e para os cordeiros, conforme o seu número, segundo o estatuto;

²⁵E um bode *para* expiação do pecado, além do holocausto contínuo, da sua oferta de alimentos e da sua libação.

²⁶E, no quinto dia, nove novilhos, dois carneiros e catorze cordeiros de um ano, sem defeito;

²⁷E a sua oferta de alimentos, e as suas libações para os novilhos, para os carneiros e para os cordeiros, conforme o seu número, segundo o estatuto;

²⁸E um bode *para* expiação do pecado além do holocausto contínuo, e da sua oferta de alimentos e da sua libação;

²⁹E, no sexto dia, oito novilhos, dois carneiros, catorze cordeiros de um ano, sem defeito;

³⁰E a sua oferta de alimentos, e as suas libações para os bezerros, para os carneiros e para os cordeiros, conforme o seu número, segundo o estatuto;

³¹E um bode *para* expiação do pecado, além do holocausto contínuo, da sua oferta de alimentos e da sua libação.

³²E, no sétimo dia, sete novilhos, dois carneiros, catorze cordeiros de um ano, sem defeito.

³³E a sua oferta de alimentos, e as suas libações para os novilhos, para os carneiros e para os cordeiros, conforme o seu número, segundo o seu estatuto,

³⁴E um bode *para* expiação do pecado, além do holocausto contínuo, da sua oferta de alimentos e da sua libação.

³⁵No oitavo dia tereis *dia de* solenidade; nenhum trabalho servil fareis;

³⁶E *por* holocausto *em* oferta queimada de cheiro suave ao Senhor oferecereis um novilho, um carneiro, sete cordeiros de um ano, sem defeito;

³⁷A sua oferta de alimentos e as suas libações para o novilho, para o carneiro e para os cordeiros, conforme o seu número, segundo o estatuto.

³⁸E um bode *para* expiação do pecado, além do holocausto contínuo, e da sua oferta de alimentos e da sua libação.

³⁹Estas *coisas* fareis ao Senhor nas vossas solenidades além dos vossos votos, e das vossas ofertas voluntárias, com os vossos holocaustos, e com as vossas ofertas de alimentos, e com as vossas libações, e com as vossas ofertas pacíficas.

⁴⁰E falou Moisés aos filhos de Israel, conforme a tudo o que o Senhor ordenara a Moisés.

A lei acerca dos votos

30 E FALOU Moisés aos cabeças das tribos dos filhos de Israel, dizendo: Esta *é* a palavra que o Senhor tem ordenado.

²Quando um homem fizer voto ao Senhor, ou

NÚMEROS 30.3

fizer juramento, ligando a sua alma com obrigação, não violará a sua palavra: segundo tudo o que saiu da sua boca, fará.

³Também quando uma mulher, na sua mocidade, estando ainda na casa de seu pai, fizer voto ao Senhor, e com obrigação se ligar,

⁴E seu pai ouvir o seu voto e a sua obrigação, com que ligou a sua alma; e seu pai se calar para com ela, todos os seus votos serão válidos; e toda a obrigação com que ligou a sua alma, será válida.

⁵Mas se seu pai lhe tolher no dia que tal ouvir, todos os seus votos e as suas obrigações com que tiver ligado a sua alma, não serão válidos; mas o Senhor lhe perdoará, porquanto seu pai lhos tolheu.

⁶E se ela for casada, e for obrigada a alguns votos, ou à pronunciação dos seus lábios, com que tiver ligado a sua *alma;*

⁷E seu marido ouvir, e se calar para com ela no dia em que o ouvir, os seus votos serão válidos; e as suas obrigações com que ligou a sua alma, serão válidas.

⁸Mas se seu marido lhe tolher no dia em que o ouvir, e anular o seu voto a que estava obrigada, como também a pronunciação dos seus lábios, com que ligou a sua alma; o Senhor lhe perdoará.

⁹No tocante ao voto da viúva, ou da repudiada, tudo com que ligar a sua alma, sobre ela será válido.

¹⁰Porém se fez voto na casa de seu marido, ou ligou a sua alma com obrigação de juramento;

¹¹E seu marido o ouviu, e se calou para com ela, e não lho tolheu, todos os seus votos serão válidos, e toda a obrigação, com que ligou a sua alma, será válida.

¹²Porém se seu marido lhos anulou no dia em que *os* ouviu; tudo quanto saiu dos seus lábios, quer dos seus votos, quer da obrigação da sua alma, não será válido; seu marido lhos anulou, e o Senhor lhe perdoará.

¹³Todo *o* voto, e todo o juramento de obrigação, para humilhar a alma, seu marido o confirmará, ou anulará.

¹⁴Porém se seu marido, de dia em dia, se calar inteiramente para com ela, então confirma todos os seus votos e todas as suas obrigações, que estiverem sobre ela; confirmado lhos tem, porquanto se calou para com ela no dia em que o ouviu.

¹⁵Porém se de todo lhos anular depois que *o* ouviu, então ele levará a iniquidade dela.

¹⁶Estes *são* os estatutos que o Senhor ordenou a Moisés entre o marido e sua mulher; entre o pai e sua filha, na sua mocidade, em casa de seu pai.

A vitória sobre os midianitas

31 E FALOU o Senhor a Moisés, dizendo: ²Vinga os filhos de Israel dos midianitas; depois recolhido serás ao teu povo.

³Falou, pois, Moisés ao povo, dizendo: Armem-se alguns de vós para a guerra, e saiam contra os midianitas, para fazerem a vingança do Senhor contra eles.

⁴Mil de cada tribo, entre todas as tribos de Israel, enviareis à guerra.

⁵Assim foram dados, dos milhares de Israel, mil de *cada* tribo; doze mil armados para a peleja.

⁶E Moisés os mandou à guerra, mil de *cada* tribo, e com eles Fineias, filho de Eleazar, o sacerdote, com os vasos do santuário, e com as trombetas do alarido na sua mão.

⁷E pelejaram contra os midianitas, como o Senhor ordenara a Moisés; e mataram a todos os homens.

⁸Mataram também, além dos que já haviam sido mortos, os reis dos midianitas: a Evi, e a Requém, e a Zur, e a Hur, e a Reba, cinco reis dos midianitas; também a Balaão, filho de Beor, mataram à espada.

⁹Porém, os filhos de Israel levaram presas as mulheres dos midianitas e as suas crianças; também levaram todos os seus animais e todo o seu gado, e todos os seus bens.

¹⁰E queimaram a fogo todas as suas cidades com todas as suas habitações e todos os seus acampamentos.

¹¹E tomaram todo o despojo e toda a presa de homens e de animais.

¹²E trouxeram a Moisés e a Eleazar, o sacerdote, e à congregação dos filhos de Israel, os cativos, e a presa, e o despojo, para o arraial, nas campinas de Moabe, que *estão* junto ao Jordão, *na altura de* Jericó.

A purificação dos soldados

¹³Porém Moisés e Eleazar, o sacerdote, e todos os príncipes da congregação, saíram a recebê-los fora do arraial.

¹⁴E indignou-se Moisés grandemente contra os oficiais do exército, capitães dos milhares e capitães das centenas, que vinham do serviço da guerra.

¹⁵E Moisés disse-lhes: Deixastes viver todas as mulheres?

¹⁶Eis que estas foram as que, por conselho de Balaão, deram ocasião aos filhos de Israel de transgredir contra o Senhor no caso de Peor; por isso houve aquela praga entre a congregação do Senhor.

¹⁷Agora, pois, matai todo o homem entre as crianças, e matai toda a mulher que conheceu algum homem, deitando-se com ele.

¹⁸Porém, todas as meninas que não conheceram algum homem, deitando-se com ele, deixai-as viver para vós.

¹⁹E alojai-vos sete dias fora do arraial; qualquer que tiver matado alguma pessoa, e qualquer que tiver tocado algum morto, ao terceiro dia, e ao sétimo dia vos purificareis, a vós e a vossos cativos.

²⁰Também purificareis toda a roupa, e toda a obra de peles, e toda a obra *de pelos* de cabras, e todo o utensílio de madeira.

²¹E disse Eleazar, o sacerdote, aos homens da guerra, que foram à peleja: Este *é* o estatuto da lei que o Senhor ordenou a Moisés.

²²Contudo o ouro, e a prata, o cobre, o ferro, o estanho, e o chumbo,

²³Toda a coisa que pode resistir ao fogo, fareis passar pelo fogo, para que fique limpa, todavia se purificará com a água da purificação; mas tudo que não pode resistir ao fogo, fareis passar pela água.

²⁴Também lavareis as vossas roupas ao sétimo dia, para que fiqueis limpos; e depois entrareis no arraial.

A divisão da presa

²⁵Falou mais o Senhor a Moisés, dizendo:

²⁶Faze a soma da presa que foi tomada, de homens e de animais, tu e Eleazar, o sacerdote, e os cabeças das casas dos pais da congregação,

²⁷E divide a presa em duas metades, entre os que se armaram para a peleja, e saíram à guerra, e toda a congregação.

²⁸Então para o Senhor tomarás o tributo dos homens de guerra, que saíram a esta peleja, de *cada* quinhentos uma alma, dos homens, e dos bois, e dos jumentos e das ovelhas.

²⁹Da sua metade *o* tomareis, e *o* dareis ao sacerdote Eleazar, *para* a oferta alçada do Senhor.

³⁰Mas, da metade dos filhos de Israel, tomarás um de cada cinquenta, um dos homens, dos bois, dos jumentos, e das ovelhas, e de todos os animais; e os darás aos levitas que têm cuidado da guarda do tabernáculo do Senhor.

³¹E fizeram Moisés e Eleazar, o sacerdote, como o Senhor ordenara a Moisés.

³²Foi a presa, restante do despojo que tomaram os homens de guerra, seiscentas e setenta e cinco mil ovelhas;

³³E setenta e dois mil bois;

³⁴E sessenta e um mil jumentos;

³⁵E, das mulheres que não conheceram homem algum, deitando-se com ele, todas as almas *foram* trinta e duas mil.

³⁶E a metade, que era a porção dos que saíram à guerra, foi em número de trezentas e trinta e sete mil e quinhentas ovelhas.

³⁷E das ovelhas, o tributo para o Senhor foi de seiscentas e setenta e cinco.

³⁸E *foram* os bois trinta e seis mil; e o seu tributo para o Senhor setenta e dois

³⁹E *foram* os jumentos trinta mil e quinhentos; e o seu tributo para o Senhor sessenta e um.

¹⁰E *houve* de pessoas dezesseis mil; e o seu tributo para o Senhor trinta e duas pessoas.

⁴¹E deu Moisés a Eleazar, o sacerdote, o tributo da oferta alçada do Senhor, como o Senhor ordenara a Moisés.

⁴²E da metade dos filhos de Israel que Moisés separara da dos homens que pelejaram,

⁴³(A metade para a congregação foi, das ovelhas, trezentas e trinta e sete mil e quinhentas;

⁴⁴E dos bois trinta e seis mil;

⁴⁵E dos jumentos trinta mil e quinhentos;

⁴⁶E das pessoas, dezesseis mil).

⁴⁷Desta metade dos filhos de Israel, Moisés tomou um de *cada* cinquenta, de homens e de animais, e os deu aos levitas, que tinham cuidado da guarda do tabernáculo do Senhor, como o Senhor ordenara a Moisés.

A oferta voluntária dos oficiais

⁴⁸Então chegaram-se a Moisés os oficiais que *estavam* sobre os milhares do exército, os chefes de mil e os chefes de cem;

⁴⁹E disseram a Moisés: Teus servos tomaram a soma dos homens de guerra que *estiveram* sob as nossas ordens; e não falta nenhum de nós.

⁵⁰Por isso trouxemos uma oferta ao Senhor, cada um o que achou, objetos de ouro, cadeias, ou manilhas, anéis, arrecadas, e colares, para fazer expiação pelas nossas almas perante o Senhor.

⁵¹Assim Moisés e Eleazar, o sacerdote, receberam deles o ouro, *sendo* todos os objetos bem trabalhados.

⁵²E foi todo o ouro da oferta alçada, que ofereceram ao Senhor, dezesseis mil e setecentos e cinquenta siclos, dos chefes de mil e dos chefes de cem

⁵³(Pois cada um dos homens de guerra, tinha tomado presa para si).

⁵⁴Receberam, pois, Moisés e Eleazar, o sacerdote, o ouro dos chefes de mil e dos chefes de cem, e o levaram à tenda da congregação, por memorial para os filhos de Israel perante o Senhor.

As tribos de Rúben e Gade pedem a terra de Gileade

32 E OS filhos de Rúben e os filhos de Gade tinham gado em grande quantidade; e viram a terra de Jazer, e a terra de Gileade, e eis que o lugar *era* lugar de gado.

²Vieram, pois, os filhos de Gade, e os filhos de Rúben e falaram a Moisés e a Eleazar, o sacerdote, e aos chefes da congregação, dizendo:

³Atarote, e Dibom, e Jazer, e Ninra, e Hesbom, e Eleale, e Sebã, e Nebo, e Beom,

⁴A terra que o Senhor feriu diante da congregação de Israel, *é* terra para gado, e os teus servos têm gado.

⁵Disseram mais: Se achamos graça aos teus olhos, dê-se esta terra aos teus servos em possessão; *e* não nos faças passar o Jordão.

⁶Porém Moisés disse aos filhos de Gade e aos filhos de Rúben: Irão vossos irmãos à peleja, e ficareis vós aqui?

⁷Por que, pois, desencorajais o coração dos filhos de Israel, para que não passem à terra que o Senhor lhes tem dado?

⁸Assim fizeram vossos pais, quando os mandei de Cades-Barneia, a ver esta terra.

⁹Chegando eles até ao vale de Escol, e vendo esta terra, desencorajaram o coração dos filhos de Israel, para que não entrassem na terra que o Senhor lhes tinha dado.

¹⁰Então a ira do Senhor se acendeu naquele mesmo dia, e jurou dizendo:

¹¹Que os homens, que subiram do Egito, de vinte anos para cima, não verão a terra que jurei a

NÚMEROS 32.12   128

Abraão, a Isaque, e a Jacó! Porquanto não perseveraram em seguir-me;

¹²Exceto Calebe, filho de Jefoné o quenezeu, e Josué, filho de Num, porquanto perseveraram em seguir ao SENHOR.

¹³Assim se acendeu a ira do SENHOR contra Israel, e fê-los andar errantes pelo deserto quarenta anos até que se consumiu toda aquela geração, que fizera mal aos olhos do SENHOR.

¹⁴E eis que vós, uma geração de homens pecadores, vos levantastes em lugar de vossos pais, para ainda mais acrescentar o furor da ira do SENHOR contra Israel.

¹⁵Se vós vos virardes de segui-lo, também ele os deixará de novo no deserto, e destruireis a todo este povo.

¹⁶Então chegaram-se a ele, e disseram: Edificaremos currais aqui para o nosso gado, e cidades para as nossas crianças;

¹⁷Porém nós nos armaremos, apressando-nos adiante dos filhos de Israel, até que os levemos ao seu lugar; e ficarão as nossas crianças nas cidades fortes por causa dos moradores da terra.

¹⁸Não voltaremos para nossas casas, até que os filhos de Israel estejam de posse, cada um, da sua herança.

¹⁹Porque não herdaremos com eles além do Jordão, nem mais adiante; porquanto nós já temos a nossa herança aquém do Jordão, ao oriente.

²⁰Então Moisés lhes disse: Se isto fizerdes assim, se vos armardes à guerra perante o SENHOR;

²¹E cada um de vós, armado, passar o Jordão perante o SENHOR, até que haja lançado fora os seus inimigos de diante dele,

²²E a terra esteja subjugada perante o SENHOR; então voltareis e sereis inculpáveis perante o SENHOR e perante Israel; e esta terra vos será por possessão perante o SENHOR;

²³E se não fizerdes assim, eis que pecastes contra o SENHOR; e sabei que o vosso pecado vos há de achar.

²⁴Edificai cidades para as vossas crianças, e currais para as vossas ovelhas; e fazei o que saiu da vossa boca.

²⁵Então falaram os filhos de Gade, e os filhos de Rúben a Moisés, dizendo: Como ordena meu senhor, assim farão teus servos.

²⁶As nossas crianças, as nossas mulheres, o nosso gado, e todos os nossos animais estarão aí nas cidades de Gileade.

²⁷Mas os teus servos passarão, cada um armado para a guerra, a pelejar perante o SENHOR, como tem falado o meu senhor.

²⁸Então Moisés deu ordem acerca deles a Eleazar, o sacerdote, e a Josué filho de Num, e aos cabeças das casas dos pais das tribos dos filhos de Israel.

²⁹E disse-lhes Moisés: Se os filhos de Gade e os filhos de Rúben passarem convosco o Jordão, armado cada um para a guerra, perante o SENHOR,

e a terra estiver subjugada diante de vós, em possessão lhes dareis a terra de Gileade.

³⁰Porém, se não passarem armados convosco, terão possessões entre vós, na terra de Canaã.

³¹E responderam os filhos de Gade e os filhos de Rúben, dizendo: O que o SENHOR falou a teus servos, isso faremos.

³²Nós passaremos, armados, perante o SENHOR, à terra de Canaã, e teremos a possessão de nossa herança aquém do Jordão.

³³Assim deu-lhes Moisés, aos filhos de Gade, e aos filhos de Rúben, e à meia tribo de Manassés, filho de José, o reino de Siom, rei dos amorreus, e o reino de Ogue, rei de Basã; a terra com as suas cidades nos *seus* termos, e as cidades da terra ao seu redor.

³⁴E os filhos de Gade edificaram a Dibom, e Atarote, e Aroer;

³⁵E Atarote-Sofã, e Jazer, e Jogbeá;

³⁶E Bete-Nimra, e Bete-Harã, cidades fortes; e currais de ovelhas;

³⁷E os filhos de Rúben edificaram a Hesbom, e Eleale, e Quiriataim;

³⁸E Nebo, e Baal-Meom, mudando-lhes o nome, e Sibma; e os nomes das cidades que edificaram chamaram por *outros* nomes.

³⁹E os filhos de Maquir, filho de Manassés, foram-se para Gileade, e a tomaram; e daquela possessão expulsaram os amorreus que *estavam* nela.

⁴⁰Assim Moisés deu Gileade a Maquir, filho de Manassés, o qual habitou nela.

⁴¹E foi Jair, filho de Manassés, e tomou as suas aldeias; e chamou-as Havote-Jair.

⁴²E foi Nobá, e tomou a Quenate com as suas aldeias; e chamou-a Nobá, segundo o seu *próprio* nome.

As jornadas desde o Egito até Moabe

33 ESTAS *são* as jornadas dos filhos de Israel, que saíram da terra do Egito, segundo os seus exércitos, sob a direção de Moisés e Arão.

²E escreveu Moisés as suas saídas, segundo as suas jornadas, conforme ao mandado do SENHOR; e estas *são* as suas jornadas, segundo as suas saídas.

³Partiram, pois, de Ramessés no primeiro mês, no dia quinze do primeiro mês; no dia seguinte da páscoa saíram os filhos de Israel por alta mão, aos olhos de todos os egípcios,

⁴Enquanto os egípcios enterravam os que o SENHOR tinha ferido entre eles, a todo o primogênito, e havendo o SENHOR executado juízos também contra os seus deuses.

⁵Partiram, pois, os filhos de Israel de Ramessés, e acamparam-se em Sucote.

⁶E partiram de Sucote, e acamparam-se em Etã, que *está* no fim do deserto.

⁷E partiram de Etã, e voltaram a Pi-Hairote, que *está* defronte de Baal-Zefom, e acamparam-se diante de Migdol.

⁸E partiram de Pi-Hairote, e passaram pelo meio

do mar ao deserto, e andaram caminho de três dias no deserto de Etã, e acamparam-se em Mara.

⁹E partiram de Mara, e vieram a Elim, e em Elim *havia* doze fontes de águas e setenta palmeiras, e acamparam-se ali.

¹⁰E partiram de Elim, e acamparam-se junto ao Mar Vermelho.

¹¹E partiram do Mar Vermelho, e acamparam-se no deserto de Sim.

¹²E partiram do deserto de Sim, e acamparam-se em Dofca.

¹³E partiram de Dofca, e acamparam-se em Alus.

¹⁴E partiram de Alus, e acamparam-se em Refidim; porém não havia ali água, para que o povo bebesse.

¹⁵Partiram, pois, de Refidim, e acamparam-se no deserto de Sinai.

¹⁶E partiram do deserto de Sinai, e acamparam-se em Quibrote-Taavá.

¹⁷E partiram de Quibrote-Taavá, e acamparam-se em Hazerote.

¹⁸E partiram de Hazerote, e acamparam-se em Ritmá.

¹⁹E partiram de Ritmá, e acamparam-se em Rimom-Perez.

²⁰E partiram de Rimom-Perez, e acamparam-se em Libna.

²¹E partiram de Libna, e acamparam-se em Rissa.

²²E partiram de Rissa, e acamparam-se em Queelata.

²³E partiram de Queelata, e acamparam-se no monte de Séfer.

²⁴E partiram do monte de Séfer, e acamparam-se em Harada.

²⁵E partiram de Harada, e acamparam-se em Maquelote.

²⁶E partiram de Maquelote, e acamparam-se em Taate.

²⁷E partiram de Taate, e acamparam-se em Tara.

²⁸E partiram de Tara, e acamparam-se em Mitca.

²⁹E partiram de Mitca, e acamparam-se em Hasmona.

³⁰E partiram de Hasmona, e acamparam-se em Moserote.

³¹E partiram de Moserote, e acamparam-se em Bene-Jaacã.

³²E partiram de Bene-Jaacã, e acamparam-se em Hor-Hagidgade.

³³E partiram de Hor-Hagidgade, e acamparam-se em Jotbatá.

³⁴E partiram de Jotbatá, e acamparam-se em Abrona.

³⁵E partiram de Abrona, e acamparam-se em Ezion-Geber.

³⁶E partiram de Ezion-Geber, e acamparam-se no deserto de Zim, que é Cades.

³⁷E partiram de Cades, e acamparam-se no monte Hor, no fim da terra de Edom.

³⁸Então Arão, o sacerdote, subiu ao monte Hor, conforme ao mandado do Senhor; e morreu ali

no quinto mês do ano quadragésimo da saída dos filhos de Israel da terra do Egito, no primeiro *dia* do mês.

³⁹E *era* Arão da idade de cento e vinte e três anos, quando morreu no monte Hor.

⁴⁰E ouviu o cananeu, rei de Harade, que habitava o sul na terra de Canaã, que chegavam os filhos de Israel.

⁴¹E partiram do monte Hor, e acamparam-se em Zalmona.

⁴²E partiram de Zalmona, e acamparam-se em Punom.

⁴³E partiram de Punom, e acamparam-se em Obote.

⁴⁴E partiram de Obote, e acamparam-se em Ije-Abarim, no termo de Moabe.

⁴⁵E partiram de Ije-Abarim, e acamparam-se em Dibom-Gade.

⁴⁶E partiram de Dibom-Gade, e acamparam-se em Almom-Diblataim.

⁴⁷E partiram de Almom-Diblataim, e acamparam-se nos montes de Abarim, defronte de Nebo.

⁴⁸E partiram dos montes de Abarim, e acamparam-se nas campinas de Moabe, junto ao Jordão, *na direção de* Jericó.

⁴⁹E acamparam-se junto ao Jordão, desde Bete-Jesimote até Abel-Sitim, nas campinas de Moabe.

Deus manda lançar fora os moradores de Canaã

⁵⁰E falou o Senhor a Moisés, nas campinas de Moabe junto ao Jordão *na direção de* Jericó, dizendo:

⁵¹Fala aos filhos de Israel, e dize-lhes: Quando houverdes passado o Jordão para a terra de Canaã,

⁵²Lançareis fora todos os moradores da terra de diante de vós, e destruireis todas as suas pinturas; também destruireis todas as suas imagens de fundição, e desfareis todos os seus altos;

⁵³E tomareis a terra em possessão, e nela habitareis; porquanto vos tenho dado esta terra, para possuí-la.

⁵⁴E por sortes herdareis a terra, segundo as vossas famílias; aos muitos multiplicareis a herança, e aos poucos diminuireis a herança; conforme a sorte sair a alguém, ali a possuirá; segundo as tribos de vossos pais recebereis as heranças.

⁵⁵Mas se não lançardes fora os moradores da terra de diante de vós, então os que deixardes ficar vos *serão* por espinhos nos vossos olhos, e por aguilhões nas vossas virilhas, e apertar-vos-ão na terra em que habitardes,

⁵⁶E será *que* farei a vós como pensei fazer-lhes a eles.

Os limites da terra

34

FALOU mais o Senhor a Moisés, dizendo:
²Dá ordem aos filhos de Israel, e dize-lhes: Quando entrardes na terra de Canaã, esta *há de ser* a terra que vos cairá em herança; a terra de Canaã, segundo os seus termos.

³O lado do sul vos será desde o deserto de Zim

NÚMEROS 34.4

até aos termos de Edom; e o termo do sul vos será desde a extremidade do Mar Salgado para o lado do oriente.

⁴E este limite vos irá rodeando do sul para a subida de Acrabim, e passará até Zim; e as suas saídas serão do sul a Cades-Barneia; e sairá a Hazar-Adar, e passará a Azmom;

⁵Rodeará mais este limite de Azmom até ao rio do Egito; e as suas saídas serão para o lado do mar.

⁶Quanto ao limite do ocidente, o Mar Grande vos será por limite; este vos será o limite do ocidente.

⁷E este vos será o termo do norte: desde o Mar Grande marcareis até ao monte Hor.

⁸Desde o monte Hor marcareis até à entrada de Hamate; e as saídas deste termo serão até Zedade.

⁹E este limite seguirá até Zifrom, e as suas saídas serão em Hazar-Enã; este vos será o termo do norte.

¹⁰E por limite do lado do oriente marcareis de Hazar-Enã até Sefã.

¹¹E este limite descerá desde Sefã até Ribla, para o lado do oriente de Aim; depois descerá este termo, e irá ao longo da borda do mar de Quinerete para o lado do oriente.

¹²Descerá também este limite ao longo do Jordão, e as suas saídas serão no Mar Salgado; esta vos será a terra, segundo os seus limites ao redor.

¹³E Moisés deu ordem aos filhos de Israel, dizendo: Esta *é* a terra que herdareis por sorte, a qual o SENHOR mandou dar às nove tribos e à meia tribo.

¹⁴Porque a tribo dos filhos dos rubenitas, segundo a casa de seus pais, e a tribo dos filhos dos gaditas, segundo a casa de seus pais, já receberam; também a meia tribo de Manassés recebeu a sua herança.

¹⁵Já duas tribos e meia tribo receberam a sua herança aquém do Jordão, *na direção de* Jericó, do lado do oriente, ao nascente.

Os homens que devem dividir a terra

¹⁶Falou mais o SENHOR a Moisés, dizendo:

¹⁷Estes *são* os nomes dos homens que vos repartirão a terra por herança: Eleazar, o sacerdote, e Josué, filho de Num.

¹⁸Tomareis mais de cada tribo um príncipe, para repartir a terra em herança.

¹⁹E estes *são* os nomes dos homens: Da tribo de Judá, Calebe, filho de Jefoné;

²⁰E, da tribo dos filhos de Simeão, Samuel, filho de Amiúde;

²¹Da tribo de Benjamim, Elidade, filho de Quislom;

²²E, da tribo dos filhos de Dã, o príncipe Buqui, filho de Jogli;

²³Dos filhos de José, da tribo dos filhos de Manassés, o príncipe Haniel, filho de Éfode;

²⁴E, da tribo dos filhos de Efraim, o príncipe Quemuel, filho de Siftã;

²⁵E, da tribo dos filhos de Zebulom, o príncipe Elizafã, filho de Parnaque;

²⁶E, da tribo dos filhos de Issacar, o príncipe Paltiel, filho de Azã;

²⁷E, da tribo dos filhos de Aser, o príncipe Aiúde, filho de Selomi;

²⁸E, da tribo dos filhos de Naftali, o príncipe Pedael, filho de Amiúde.

²⁹Estes *são aqueles* a quem o SENHOR ordenou, que repartissem as heranças aos filhos de Israel na terra de Canaã.

As cidades dos levitas

35 E FALOU o SENHOR a Moisés nas campinas de Moabe, junto ao Jordão *na direção de* Jericó, dizendo:

²Dá ordem aos filhos de Israel que, da herança da sua possessão, deem cidades aos levitas, em que habitem; e *também* aos levitas dareis arrabaldes ao redor dessas cidades.

³E terão estas cidades para habitá-las; porém os seus arrabaldes serão para o seu gado, e para os seus bens, e para todos os seus animais.

⁴E os arrabaldes das cidades, que dareis aos levitas, desde o muro da cidade para fora, *serão* de mil côvados em redor.

⁵E de fora da cidade, do lado do oriente, medireis dois mil côvados, e do lado do sul, dois mil côvados, e do lado do ocidente dois mil côvados, e do lado do norte dois mil côvados, e a cidade no meio; isto terão por arrabaldes das cidades.

⁶Das cidades, pois, que dareis aos levitas, *haverá* seis cidades de refúgio, as quais dareis para que o homicida ali se acolha; e, além destas, *lhes* dareis quarenta e duas cidades.

⁷Todas as cidades que dareis aos levitas *serão* quarenta e oito cidades, juntamente com os seus arrabaldes.

⁸E quanto às cidades que derdes da herança dos filhos de Israel, do que *tiver* muito tomareis muito, e do que *tiver* pouco tomareis pouco; cada um dará das suas cidades aos levitas, segundo a herança que herdar.

Seis cidades de refúgio

⁹Falou mais o SENHOR a Moisés, dizendo:

¹⁰Fala aos filhos de Israel, e dize-lhes: Quando passardes o Jordão à terra de Canaã,

¹¹Fazei com que vos estejam à mão cidades *que* vos sirvam de cidades de refúgio, para que ali se acolha o homicida que ferir a alguma alma por engano.

¹²E estas cidades vos serão por refúgio do vingador *do sangue;* para que o homicida não morra, até que seja apresentado à congregação para julgamento.

¹³E das cidades que derdes haverá seis cidades de refúgio para vós.

¹⁴Três destas cidades dareis além do Jordão, e três destas cidades dareis na terra de Canaã; cidades de refúgio serão.

¹⁵Serão por refúgio estas seis cidades para os filhos de Israel, e para o estrangeiro, e para o que se hospedar no meio deles, para que ali se acolha aquele que matar a alguém por engano.

¹⁶Porém, se o ferir com instrumento de ferro e

morrer, homicida *é;* certamente o homicida morrerá.

¹⁷Ou, se lhe ferir com uma pedrada, de que possa morrer, e morrer, homicida *é;* certamente o homicida morrerá.

¹⁸Ou, se o ferir com instrumento de pau *que tiver* na mão, de que possa morrer, e *ele* morrer, homicida *é;* certamente morrerá o homicida.

¹⁹O vingador do sangue matará o homicida; encontrando-o, matá-lo-á.

²⁰Se também o empurrar com ódio, ou com mau intento lançar contra ele *alguma coisa,* e morrer;

²¹Ou por inimizade o ferir com a sua mão, e morrer, certamente morrerá aquele que o ferir; homicida *é;* o vingador do sangue, encontrando o homicida, o matará.

²²Porém, se o empurrar subitamente, sem inimizade, ou contra ele lançar algum instrumento sem intenção;

²³Ou, sobre ele deixar cair alguma pedra sem o ver, de que possa morrer, e ele morrer, sem que fosse seu inimigo nem procurasse o seu mal;

²⁴Então a congregação julgará entre aquele que feriu e o vingador do sangue, segundo estas leis.

²⁵E a congregação livrará o homicida da mão do vingador do sangue, e a congregação o fará voltar à cidade do seu refúgio, onde se tinha acolhido; e ali ficará até à morte do sumo sacerdote, a quem ungiram com o santo óleo.

²⁶Porém, se de alguma maneira o homicida sair dos limites da cidade de refúgio, onde se tinha acolhido,

²⁷E o vingador do sangue o achar fora dos limites da cidade de seu refúgio, e o matar, não será culpado do sangue.

²⁸Pois o homicida deverá ficar na cidade do seu refúgio, até à morte do sumo sacerdote; mas, depois da morte do sumo sacerdote, o homicida voltará à terra da sua possessão.

²⁹E estas *coisas* vos serão por estatuto de direito às vossas gerações, em todas as vossas habitações.

³⁰Todo aquele que matar alguma pessoa, conforme depoimento de testemunhas, será morto; mas uma *só* testemunha não testemunhará contra alguém, para que morra.

³¹E não recebereis resgate pela vida do homicida que *é* culpado de morte; pois certamente morrerá.

³²Também não tomareis resgate por aquele que se acolher à sua cidade de refúgio, para tornar a habitar na terra, até à morte do *sumo* sacerdote.

³³Assim não profanareis a terra em que *estais;* porque o sangue faz profanar a terra; e nenhuma expiação se fará pela terra por causa do sangue que nela se derramar, senão com o sangue daquele que o derramou.

³⁴Não contaminareis pois a terra na qual vós habitais, no meio da qual eu habito; pois eu, o SENHOR, habito no meio dos filhos de Israel.

Os casamentos das herdeiras

36 E CHEGARAM os chefes dos pais da família de Gileade, filho de Maquir, filho de Manassés, das famílias dos filhos de José, e falaram diante de Moisés, e diante dos príncipes, chefes dos pais dos filhos de Israel,

²E disseram: O SENHOR mandou a meu senhor que, por sorte, desse esta terra em herança aos filhos de Israel; e a meu senhor foi ordenado pelo SENHOR, que a herança do nosso irmão Zelofeade se desse às suas filhas.

³E, casando-se elas com alguns dos filhos das *outras* tribos dos filhos de Israel, então a sua herança será diminuída da herança de nossos pais, e acrescentada à herança da tribo a que vierem a pertencer; assim se tirará da sorte da nossa herança.

⁴Vindo também o *ano do* jubileu dos filhos de Israel, a sua herança será acrescentada à herança da tribo daqueles com que se casarem; assim a sua herança será tirada da herança da tribo de nossos pais.

⁵Então Moisés deu ordem aos filhos de Israel, segundo o mandado do SENHOR, dizendo: A tribo dos filhos de José fala o que é justo.

⁶Isto *é* o que o SENHOR mandou acerca das filhas de Zelofeade, dizendo: Sejam por mulheres a quem bem parecer aos seus olhos, contanto que se casem na família do tribo de seu pai.

⁷Assim a herança dos filhos de Israel não passará de tribo em tribo; pois os filhos de Israel se chegarão cada um à herança da tribo de seus pais.

⁸E qualquer filha que herdar *alguma* herança das tribos dos filhos de Israel se casará com alguém da família da tribo de seu pai; para que os filhos de Israel possuam cada um a herança de seus pais.

⁹Assim a herança não passará de uma tribo a outra; pois as tribos dos filhos de Israel se chegarão cada uma à sua herança.

¹⁰Como o SENHOR ordenara a Moisés, assim fizeram as filhas de Zelofeade.

¹¹Pois Maalá, Tirza, Hogla, Milca e Noa, filhas de Zelofeade, se casaram com *os* filhos de seus tios.

¹²E elas casaram-se nas famílias dos filhos de Manassés, filho de José; assim a sua herança ficou na tribo da família de seu pai.

¹³Estes *são* os mandamentos e os juízos que mandou o SENHOR através de Moisés aos filhos de Israel nas campinas de Moabe, junto ao Jordão, *na direção de* Jericó.

O QUINTO LIVRO DE MOISÉS CHAMADO
DEUTERONÔMIO

O discurso de Moisés na planície do Jordão

1 ESTAS *são* as palavras que Moisés falou a todo o Israel além do Jordão, no deserto, na planície defronte do *Mar* Vermelho, entre Parã e Tôfel, e Labã, e Hazerote, e Di-Zaabe.

²Onze jornadas *há* desde Horebe, caminho do monte Seir, até Cades-Barneia.

³E sucedeu *que,* no ano quadragésimo, no mês undécimo, no primeiro *dia* do mês, Moisés falou aos filhos de Israel, conforme a tudo o que o SENHOR lhe mandara acerca deles.

⁴Depois que feriu a Siom, rei dos amorreus, que habitava em Hesbom, e a Ogue, rei de Basã, que habitava em Astarote, em Edrei.

⁵Além do Jordão, na terra de Moabe, começou Moisés a declarar esta lei, dizendo:

⁶O SENHOR nosso Deus nos falou em Horebe, dizendo: Sobremodo vos haveis demorado neste monte.

⁷Voltai-vos, e parti, e ide à montanha dos amorreus, e a todos os seus vizinhos, à planície, e à montanha, e ao vale, e ao sul, e à margem do mar; à terra dos cananeus, e ao Líbano, até ao grande rio, o rio Eufrates.

⁸Eis que tenho posto esta terra diante de vós; entrai e possuí a terra que o SENHOR jurou a vossos pais, Abraão, Isaque e Jacó, que *a* daria a eles e à sua descendência depois deles.

⁹E no mesmo tempo eu vos falei, dizendo: *Eu* sozinho não poderei levar-vos.

¹⁰O SENHOR vosso Deus já vos tem multiplicado; e eis que em multidão *sois* hoje como as estrelas do céu.

¹¹O SENHOR Deus de vossos pais vos aumente, *ainda* mil vezes mais do que *sois;* e vos abençoe, como vos tem falado.

¹²Como suportaria eu sozinho os vossos fardos, e as vossas cargas, e as vossas contendas?

¹³Tomai-vos homens sábios e entendidos, experimentados entre as vossas tribos, para que os ponha por chefes sobre vós.

¹⁴Então vós me respondestes, e dissestes: Bom *é* fazer o que tens falado.

¹⁵Tomei, pois, os chefes de vossas tribos, homens sábios e experimentados, e os tenho posto por cabeças sobre vós, por capitães de milhares, e por capitães de cem, e por capitães de cinquenta, e por capitães de dez, e por governadores das vossas tribos.

¹⁶E no mesmo tempo mandei a vossos juízes, dizendo: Ouvi *a causa* entre vossos irmãos, e julgai justamente entre o homem e seu irmão, e entre o estrangeiro *que está* com ele.

¹⁷Não discriminareis as *pessoas* em juízo; ouvireis assim o pequeno como o grande; não temereis a face de ninguém, porque o juízo *é* de Deus; porém a causa que vos for difícil fareis vir a mim, e eu a ouvirei.

¹⁸Assim naquele tempo vos ordenei todas as coisas que havíeis de fazer.

¹⁹Então partimos de Horebe, e caminhamos por todo aquele grande e tremendo deserto que vistes, pelo caminho das montanhas dos amorreus, como o SENHOR nosso Deus nos ordenara; e chegamos a Cades-Barneia.

²⁰Então eu vos disse: Chegados sois às montanhas dos amorreus, que o SENHOR nosso Deus nos dá.

²¹Eis aqui o SENHOR teu Deus *tem* posto esta terra diante de ti; sobe, toma posse dela, como te falou o SENHOR Deus de teus pais; não temas, e não te assustes.

²²Então todos vós chegastes a mim, e dissestes: Mandemos homens adiante de nós, para que nos espiem a terra e, de volta, nos ensinem o caminho pelo qual devemos subir, e as cidades a que devemos ir.

²³Isto me pareceu bem; de modo que de vós tomei doze homens, de cada tribo um homem.

²⁴E foram-se, e subiram à montanha, e chegaram até ao vale de Escol, e o espiaram.

²⁵E tomaram do fruto da terra nas suas mãos, e no-lo trouxeram e nos informaram, dizendo: Boa *é* a terra que nos dá o SENHOR nosso Deus.

²⁶Porém vós não quisestes subir; mas fostes rebeldes ao mandado do SENHOR vosso Deus.

²⁷E murmurastes nas vossas tendas, e dissestes: Porquanto o SENHOR nos odeia, nos tirou da terra do Egito para nos entregar nas mãos dos amorreus, para destruir-nos.

²⁸Para onde subiremos? Nossos irmãos fizeram com que se derretesse o nosso coração, dizendo: Maior e mais alto *é* este povo do que nós, as cidades *são* grandes e fortificadas até aos céus; e também vimos ali filhos dos gigantes.

²⁹Então eu vos disse: Não vos espanteis, nem os temais.

³⁰O SENHOR vosso Deus que vai adiante de vós, ele pelejará por vós, conforme a tudo o que fez convosco, diante de vossos olhos, no Egito;

³¹Como também no deserto, onde vistes que o SENHOR vosso Deus nele vos levou, como um homem leva seu filho, por todo o caminho que andastes, até chegardes a este lugar.

³²Mas nem por isso crestes no SENHOR vosso Deus,

³³Que foi adiante de vós por todo o caminho, para vos achar o lugar onde vós deveríeis acampar; de noite no fogo, para vos mostrar o caminho por onde havíeis de andar, e de dia na nuvem.

³⁴Ouvindo, pois, o Senhor a voz das vossas palavras, indignou-se, e jurou, dizendo:

³⁵Nenhum dos homens desta maligna geração verá esta boa terra que jurei dar a vossos pais.

³⁶Salvo Calebe, filho de Jefoné; ele a verá, e a terra que pisou darei a ele e a seus filhos; porquanto perseverou em seguir ao Senhor.

³⁷Também o Senhor se indignou contra mim por causa de vós, dizendo: Também tu lá não entrarás.

³⁸Josué, filho de Num, que está diante de ti, ele ali entrará; fortalece-o, porque ele o fará herdar a Israel.

³⁹E vossos meninos, de quem dissestes: Por presa serão; e vossos filhos, que hoje não conhecem nem o bem nem o mal, eles ali entrarão, e a eles a darei, e eles a possuirão.

⁴⁰Porém vós virai-vos, e parti para o deserto, pelo caminho do Mar Vermelho.

⁴¹Então respondestes, e me dissestes: Pecamos contra o Senhor; nós subiremos e pelejaremos, conforme a tudo o que nos ordenou o Senhor nosso Deus. E armastes-vos, cada um de vós, dos seus instrumentos de guerra, e estivestes prestes para subir à montanha.

⁴²E disse-me o Senhor: Dize-lhes: Não subais nem pelejeis, pois não *estou* no meio de vós; para que não sejais feridos diante de vossos inimigos.

⁴³Porém, falando-vos eu, não ouvistes; antes fostes rebeldes ao mandado do Senhor, e vos ensoberbecestes, e subistes à montanha.

⁴⁴E os amorreus, que habitavam naquela montanha, vos saíram ao encontro; e perseguiram-vos como fazem as abelhas e vos derrotaram desde Seir até Hormá.

⁴⁵Tornando, pois, vós, e chorando perante o Senhor, o Senhor não ouviu a vossa voz, nem vos escutou.

⁴⁶Assim permanecestes muitos dias em Cades, pois *ali* vos demorastes muito.

Os edomitas, moabitas e amonitas

2 DEPOIS viramo-nos, e caminhamos ao deserto, caminho do Mar Vermelho, como o Senhor me tinha dito, e muitos dias rodeamos o monte Seir.

²Então o Senhor me falou, dizendo:

³Tendes rodeado bastante esta montanha; virai-vos para o norte.

⁴E dá ordem ao povo, dizendo: Passareis pelos termos de vossos irmãos, os filhos de Esaú, que habitam em Seir; e eles terão medo de vós; porém guardai-vos bem.

⁵Não vos envolvais com eles, porque não vos darei da sua terra nem ainda a pisada da planta de um pé; porquanto a Esaú tenho dado o monte Seir *por* herança.

⁶Comprareis deles, por dinheiro, comida para comerdes; e também água para beber deles comprareis por dinheiro.

⁷Pois o Senhor teu Deus te abençoou em toda a obra das tuas mãos; ele sabe que andas por este grande deserto; estes quarenta anos o Senhor teu Deus *esteve* contigo, coisa nenhuma te faltou.

⁸Passando, pois, por nossos irmãos, os filhos de Esaú, que habitavam em Seir, desde o caminho da planície de Elate e de Eziom-Geber, nos viramos e passamos o caminho do deserto de Moabe.

⁹Então o Senhor me disse: Não molestes aos de Moabe, e não contendas com eles em peleja, porque não te darei herança da sua terra; porquanto tenho dado a Ar *por* herança aos filhos de Ló.

¹⁰(Os emins dantes habitaram nela; um povo grande e numeroso, e alto como os gigantes.

¹¹Também estes foram considerados gigantes como os anaquins; e os moabitas os chamavam emins.

¹²Outrora os horeus também habitaram em Seir; porém os filhos de Esaú os lançaram fora, e os destruíram de diante de si, e habitaram no seu lugar, *assim* como Israel fez à terra da sua herança, que o Senhor lhes tinha dado).

¹³Levantai-vos agora, e passai o ribeiro de Zerede. Assim passamos o ribeiro de Zerede.

¹⁴E os dias que caminhamos, desde Cades-Barneia até que passamos o ribeiro de Zerede, *foram* trinta e oito anos, até que toda aquela geração dos homens de guerra se consumiu do meio do arraial, como o Senhor lhes jurara.

¹⁵Assim também foi contra eles a mão do Senhor, para os destruir do meio do arraial até os haver consumido.

¹⁶E sucedeu que, sendo já consumidos todos os homens de guerra, pela morte, do meio do povo,

¹⁷O Senhor me falou, dizendo:

¹⁸Hoje passarás a Ar, pelos termos de Moabe;

¹⁹E chegando até defronte dos filhos de Amom, não os molestes, e com eles não contendas; porque da terra dos filhos de Amom não te darei herança, porquanto aos filhos de Ló a tenho dado *por* herança.

²⁰(Também essa foi considerada terra de gigantes; antes nela habitavam gigantes, e os amonitas os chamavam zamzumins;

²¹Um povo grande, e numeroso, e alto, como os gigantes; e o Senhor os destruiu de diante dos amonitas, e estes os lançaram fora, e habitaram no seu lugar;

²²Assim como fez com os filhos de Esaú, que habitavam em Seir, de diante dos quais destruiu os horeus, e eles os lançaram fora, e habitaram no lugar deles até este dia;

²³Também os caftorins, que saíram de Caftor, destruíram os aveus, que habitavam em Cazerim até Gaza, e habitaram no lugar deles).

²⁴Levantai-vos, parti e passai o ribeiro de Arnom; eis aqui na tua mão tenho dado a Siom, amorreu, rei de Hesbom, e a sua terra; começa a possuí-la, e contende com eles em peleja.

²⁵Neste dia começarei a pôr um terror e um medo de ti diante dos povos *que estão* debaixo de todo o céu; os que ouvirem a tua fama tremerão diante de ti e se angustiarão.

DEUTERONÔMIO 2.26

²⁶Então mandei mensageiros desde o deserto de Quedemote a Siom, rei de Hesbom, com palavras de paz, dizendo:

²⁷Deixa-me passar pela tua terra; somente pela estrada irei; não me desviarei para a direita nem para a esquerda.

²⁸A comida, para que eu coma, vender-me-ás por dinheiro, e dar-me-ás por dinheiro a água para que eu beba; tão somente deixa-me passar a pé;

²⁹Como fizeram comigo os filhos de Esaú, que habitam em Seir, e os moabitas que habitam em Ar; até que eu passe o Jordão, à terra que o Senhor nosso Deus nos há de dar.

³⁰Mas Siom, rei de Hesbom, não nos quis deixar passar por sua terra, porquanto o Senhor teu Deus endurecera o seu espírito, e fizera obstinado o seu coração para to dar na tua mão, como hoje se vê.

³¹E o Senhor me disse: Eis aqui, tenho começado a dar-te Siom, e a sua terra; começa, pois, a possuí-la para que herdes a sua terra.

³²E Siom saiu-nos ao encontro, ele e todo o seu povo, à peleja, em Jaza;

³³E o Senhor nosso Deus no-lo entregou, e o ferimos a ele, e a seus filhos, e a todo o seu povo.

³⁴E naquele tempo tomamos todas as suas cidades, e cada uma destruímos com os seus homens, mulheres e crianças; não deixamos a ninguém.

³⁵Somente tomamos por presa o gado para nós, e o despojo das cidades que tínhamos tomado.

³⁶Desde Aroer, que está à margem do ribeiro de Arnom, e a cidade que está junto ao ribeiro, até Gileade, nenhuma cidade houve que de nós escapasse; tudo isto o Senhor nosso Deus no-lo entregou.

³⁷Somente a terra dos filhos de Amom não chegastes; nem a toda a margem do ribeiro de Jaboque, nem às cidades da montanha, nem a coisa alguma que nos proibira o Senhor nosso Deus.

Ogue, rei de Basã

3 DEPOIS nos viramos e subimos o caminho de Basã; e Ogue, rei de Basã, nos saiu ao encontro, ele e todo o seu povo, à peleja em Edrei.

²Então o Senhor me disse: Não o temas, porque a ele e a todo o seu povo, e a sua terra, tenho dado na tua mão; e far-lhe-ás como fizeste a Siom, rei dos amorreus, que habitava em Hesbom.

³E também o Senhor nosso Deus nos deu na nossa mão a Ogue, rei de Basã, e a todo o seu povo; de maneira que o ferimos até que não lhe ficou sobrevivente algum.

⁴E naquele tempo tomamos todas as suas cidades; nenhuma cidade houve que lhes não tomássemos; sessenta cidades, toda a região de Argobe, o reino de Ogue em Basã.

⁵Todas estas cidades eram fortificadas com altos muros, portas e ferrolhos; e muitas outras cidades sem muros.

⁶E destruímo-las como fizemos a Siom, rei de Hesbom, destruindo todas as cidades, homens, mulheres e crianças.

⁷Porém todo o gado, e o despojo das cidades, tomamos para nós por presa.

⁸Assim naquele tempo tomamos a terra das mãos daqueles dois reis dos amorreus, que estavam além do Jordão; desde o rio de Arnom, até ao monte de Hermom

⁹(A Hermom os sidônios chamam Siriom; porém os amorreus o chamam Senir);

¹⁰Todas as cidades do planalto, e todo o Gileade, e todo o Basã, até Salcá e Edrei, cidades do reino de Ogue em Basã.

¹¹Porque só Ogue, o rei de Basã, restou dos gigantes; eis que o seu leito, um leito de ferro, não está porventura em Rabá dos filhos de Amom? De nove côvados, o seu comprimento, e de quatro côvados, a sua largura, pelo côvado comum.

¹²Tomamos, pois, esta terra em possessão naquele tempo: Desde Aroer, que está junto ao ribeiro de Arnom, e a metade da montanha de Gileade, com as suas cidades, tenho dado aos rubenitas e gaditas.

¹³E o restante de Gileade, como também todo o Basã, o reino de Ogue, dei à meia tribo de Manassés; toda aquela região de Argobe, por todo o Basã, se chamava a terra dos gigantes.

¹⁴Jair, filho de Manassés, alcançou toda a região de Argobe, até ao termo dos gesuritas e maacatitas, e a chamou de seu nome, Havote-Jair até este dia.

¹⁵E a Maquir dei Gileade.

¹⁶Mas aos rubenitas e gaditas dei desde Gileade até ao ribeiro de Arnom, cujo meio serve de limite; e até ao ribeiro de Jaboque, o termo dos filhos de Amom.

¹⁷Como também a campina, e o Jordão por termo; desde Quinerete até ao mar da campina, o Mar Salgado, abaixo de Asdote-Pisga para o oriente.

¹⁸E no mesmo tempo vos ordenei, dizendo: O Senhor vosso Deus vos deu esta terra, para possuí-la; passai, pois, armados vós, todos os homens valentes, diante de vossos irmãos, os filhos de Israel.

¹⁹Tão somente vossas mulheres, e vossas crianças, e vosso gado (porque eu sei que tendes muito gado), ficarão nas vossas cidades, que já vos tenho dado.

²⁰Até que o Senhor dê descanso a vossos irmãos como a vós; para que eles herdem também a terra que o Senhor vosso Deus lhes há de dar além do Jordão; então voltareis cada qual à sua herança que já vos tenho dado.

²¹Também dei ordem a Josué no mesmo tempo, dizendo: Os teus olhos têm visto tudo o que o Senhor vosso Deus tem feito a estes dois reis; assim fará o Senhor a todos os reinos, a que tu passarás.

²²Não os temais, porque o Senhor vosso Deus é o que peleja por vós.

A oração de Moisés para entrar em Canaã

²³Também eu pedi graça ao Senhor no mesmo tempo, dizendo:

²⁴Senhor Deus! Já começaste a mostrar ao teu servo a tua grandeza e a tua forte mão; pois, que

Deus *há* nos céus e na terra, que possa fazer segundo as tuas obras, e segundo os teus grandes feitos?

²⁵Rogo-te que me deixes passar, para que veja *esta* boa terra que está além do Jordão; esta boa montanha, e o Líbano!

²⁶Porém o Senhor indignou-se muito contra mim por causa de vós, e não me ouviu; antes o Senhor me disse: Basta; não me fales mais deste assunto;

²⁷Sobe ao cume de Pisga, e levanta os teus olhos ao ocidente, e ao norte, e ao sul, e ao oriente, e vê com os teus olhos; porque não passarás este Jordão.

²⁸Manda, pois, a Josué, e anima-o, e fortalece-o; porque ele passará adiante deste povo, e o fará possuir a terra que verás.

²⁹Assim ficamos neste vale, defronte de Bete-Peor.

Moisés exorta o povo à obediência

4AGORA, pois, ó Israel, ouve *os* estatutos e os juízos que eu vos ensino, para os cumprirdes; para que vivais, e entreis, e possuais a terra que o Senhor Deus de vossos pais vos dá.

²Não acrescentareis à palavra que vos mando, nem diminuireis dela, para que guardeis os mandamentos do Senhor vosso Deus, que eu vos mando.

³Os vossos olhos têm visto o que o Senhor fez por causa de Baal-Peor; pois a todo o homem que seguiu a Baal-Peor o Senhor teu Deus consumiu do meio de ti.

⁴Porém vós, que vos achegastes ao Senhor vosso Deus, hoje todos *estais* vivos.

⁵Vedes aqui vos tenho ensinado estatutos e juízos, como me mandou o Senhor meu Deus; para que assim façais no meio da terra a qual ides a herdar.

⁶Guardai-os pois, e cumpri-os, porque isso *será* a vossa sabedoria e o vosso entendimento perante os olhos dos povos, que ouvirão todos estes estatutos, e dirão: Este grande povo é nação sábia e entendida.

⁷Pois, que nação *há* tão grande, que tenha deuses *tão* chegados como o Senhor nosso Deus, todas as *vezes* que o invocamos?

⁸E que nação *há* tão grande, que tenha estatutos e juízos *tão* justos como toda esta lei que hoje ponho perante vós?

⁹Tão somente guarda-te a ti mesmo, e guarda bem a tua alma, que não te esqueças daquelas coisas que os teus olhos têm visto, e não se apartem do teu coração todos os dias da tua vida; e as farás saber a teus filhos, e aos filhos de teus filhos.

¹⁰O dia em que estiveste perante o Senhor teu Deus em Horebe, quando o Senhor me disse: Ajunta-me este povo, e os farei ouvir as minhas palavras, e aprendê-las-ão, para me temerem todos os dias que na terra viverem, e *as* ensinarão a seus filhos;

¹¹E vós vos chegastes, e vos pusestes ao pé do monte; e o monte ardia em fogo até ao meio dos céus, e *havia* trevas, e nuvens e escuridão;

¹²Então o Senhor vos falou do meio do fogo; a voz das palavras ouvistes; porém, além da voz, não vistes figura alguma.

¹³Então vos anunciou ele a sua aliança que vos ordenou cumprir, os dez mandamentos, e os escreveu em duas tábuas de pedra.

¹⁴Também o Senhor me ordenou ao mesmo tempo que vos ensinasse estatutos e juízos, para que os cumprísseis na terra a qual passais a possuir.

¹⁵Guardai, pois, com diligência as vossas almas, pois nenhuma figura vistes no dia em que o Senhor, em Horebe, falou convosco do meio do fogo;

¹⁶Para que não vos corrompais, e vos façais alguma imagem esculpida na forma de qualquer figura, semelhança de homem ou mulher;

¹⁷Figura de algum animal que *haja* na terra; figura de alguma ave alada que voa pelos céus;

¹⁸Figura de algum *animal* que se arrasta sobre a terra; figura de algum peixe que *esteja* nas águas debaixo da terra;

¹⁹Que não levantes os teus olhos aos céus e vejas o sol, e a lua, e as estrelas, todo o exército dos céus; e sejas impelido a que te inclines perante eles, e sirvas àqueles que o Senhor teu Deus repartiu a todos os povos debaixo de todos os céus.

²⁰Mas o Senhor vos tomou, e vos tirou da fornalha de ferro do Egito, para que lhe sejais por povo hereditário, como neste dia *se vê*.

²¹Também o Senhor se indignou contra mim *por* causa das vossas palavras, e jurou que eu não passaria o Jordão, e que não entraria na boa terra que o Senhor teu Deus te dará por herança.

²²Porque eu nesta terra morrerei, não passarei o Jordão; porém vós *o* passareis, e possuireis aquela boa terra.

²³Guardai-vos e não vos esqueçais da aliança do Senhor vosso Deus, que tem feito convosco, e não façais para vós escultura alguma, imagem de alguma *coisa* que o Senhor vosso Deus vos proibiu.

²⁴Porque o Senhor teu Deus *é* um fogo que consome, um Deus zeloso.

²⁵Quando, pois, gerardes filhos, e filhos de filhos, e vos envelhecerdes na terra, e *vos* corromperdes, e fizerdes *alguma* escultura, semelhança de alguma coisa, e fizerdes o que é mau aos olhos do Senhor teu Deus, para o provocar à ira;

²⁶Hoje tomo por testemunhas contra vós o céu e a terra, que certamente logo perecereis da terra, a qual passais o Jordão para a possuir; não prolongareis *os vossos* dias nela, antes sereis de todo destruídos.

²⁷E o Senhor vos espalhará entre os povos, e ficareis poucos em número entre as nações às quais o Senhor vos conduzirá.

²⁸E ali servireis a deuses que são obra de mãos de homens, madeira e pedra, que não veem, nem ouvem, nem comem, nem cheiram.

²⁹Então dali buscarás ao Senhor teu Deus, e *o*

acharás, quando o buscares de todo o teu coração e de toda a tua alma.

³⁰Quando *estiverdes* em angústia, e todas estas coisas te alcançarem, então nos últimos dias voltarás para o Senhor teu Deus, e ouvirás a sua voz.

³¹Porquanto o Senhor teu Deus *é* Deus misericordioso, e não te desamparará, nem te destruirá, nem se esquecerá da aliança que jurou a teus pais.

³²Agora, pois, pergunta aos tempos passados, que te precederam desde o dia em que Deus criou o homem sobre a terra, desde uma extremidade do céu até à outra, se sucedeu jamais coisa tão grande como esta, ou se jamais se ouviu *coisa* como esta?

³³Ou se *algum* povo ouviu a voz de Deus falando do meio do fogo, como tu a ouviste, e ficou vivo?

³⁴Ou se Deus intentou ir tomar para si um povo do meio *de outro* povo com provas, com sinais, e com milagres, e com peleja, e com mão forte, e com braço estendido, e com grandes espantos, conforme a tudo quanto o Senhor vosso Deus vos fez no Egito aos vossos olhos?

³⁵A ti te foi mostrado para que soubesses que o Senhor *é* Deus; nenhum outro *há* senão ele.

³⁶Desde os céus te fez ouvir a sua voz, para te ensinar, e sobre a terra te mostrou o seu grande fogo, e ouviste as suas palavras do meio do fogo.

³⁷E, porquanto amou teus pais, e escolheu a sua descendência depois deles, te tirou do Egito diante de si, com a sua grande força,

³⁸Para lançar fora de diante de ti nações maiores e mais poderosas do que tu, para te introduzir e te dar a sua terra *por* herança, como neste dia *se vê*.

³⁹Por isso hoje saberás, e refletirás no teu coração, que só o Senhor é Deus, em cima no céu e embaixo na terra; nenhum outro *há*.

⁴⁰E guardarás *os* seus estatutos e os seus mandamentos, que te ordeno hoje para que te vá bem a ti, e a teus filhos depois de ti, e para que prolongues os dias na terra que o Senhor teu Deus te dá para todo o sempre.

Três cidades de refúgio

⁴¹Então Moisés separou três cidades além do Jordão, do lado do nascimento do sol;

⁴²Para que ali se acolhesse o homicida que involuntariamente matasse o seu próximo a quem dantes não tivesse ódio algum; e se acolhesse a uma destas cidades, e vivesse;

⁴³A Bezer, no deserto, no planalto, para os rubenitas; e a Ramote, em Gileade, para os gaditas; e a Golã, em Basã, para os manassitas.

⁴⁴Esta *é*, pois, a lei que Moisés propôs aos filhos de Israel.

⁴⁵Estes *são* os testemunhos, e os estatutos, e os juízos, que Moisés falou aos filhos de Israel, havendo saído do Egito;

⁴⁶Além do Jordão, no vale defronte de Bete-Peor, na terra de Siom, rei dos amorreus, que habitava em Hesbom, a quem feriu Moisés e os filhos de Israel, havendo eles saído do Egito.

⁴⁷E tomaram a sua terra em possessão, como também a terra de Ogue, rei de Basã, dois reis dos amorreus, que *estavam* além do Jordão, do lado do nascimento do sol.

⁴⁸Desde Aroer, que *está* à margem do ribeiro de Arnom, até ao monte Sião, que *é* Hermom,

⁴⁹E toda a campina além do Jordão, do lado do oriente, até ao mar da campina, abaixo de Asdote-Pisga.

Revisão da aliança

5 E CHAMOU Moisés a todo o Israel, e disse-lhes: Ouve, ó Israel, os estatutos e juízos que hoje vos falo aos ouvidos; e aprendê-los-eis, e guardá-los-eis, para os cumprir.

²O Senhor nosso Deus fez conosco aliança em Horebe.

³Não com nossos pais fez o Senhor esta aliança, mas conosco, todos os que hoje aqui *estamos* vivos.

⁴Face a face o Senhor falou conosco no monte, do meio do fogo

⁵(Naquele tempo eu estava *em pé* entre o Senhor e vós, para vos notificar a palavra do Senhor; porque temestes o fogo e não subistes ao monte), dizendo:

A repetição dos dez mandamentos

⁶Eu *sou* o Senhor teu Deus, que te tirei da terra do Egito, da casa da servidão;

⁷Não terás outros deuses diante de mim;

⁸Não farás para ti imagem de escultura, nem semelhança alguma *do* que *há* em cima no céu, *nem* embaixo na terra, nem nas águas debaixo da terra;

⁹Não te encurvarás a elas, nem as servirás; porque eu, o Senhor teu Deus, *sou* Deus zeloso, que visito a iniquidade dos pais nos filhos, até a terceira e quarta *geração* daqueles que me odeiam.

¹⁰E faço misericórdia a milhares dos que me amam e guardam os meus mandamentos.

¹¹Não tomarás o nome do Senhor teu Deus em vão; porque o Senhor não terá por inocente ao que tomar o seu nome em vão.

¹²Guarda o dia de sábado, para o santificar, como te ordenou o Senhor teu Deus.

¹³Seis dias trabalharás, e farás todo o teu trabalho.

¹⁴Mas o sétimo dia *é* o sábado do Senhor teu Deus; não farás nenhum trabalho *nele,* nem tu, nem teu filho, nem tua filha, nem o teu servo, nem a tua serva, nem o teu boi, nem o teu jumento, nem animal algum teu, nem o estrangeiro que *está* dentro de tuas portas; para que o teu servo e a tua serva descansem como tu;

¹⁵Porque te lembrarás que foste servo na terra do Egito, e que o Senhor teu Deus te tirou dali com mão forte e braço estendido; por isso o Senhor teu Deus te ordenou que guardasses o dia de sábado.

¹⁶Honra a teu pai e a tua mãe, como o Senhor teu Deus te ordenou, para que se prolonguem os teus dias, e para que te vá bem na terra que te dá o Senhor teu Deus.

¹⁷Não matarás.

¹⁸Não adulterarás.

¹⁹Não furtarás.

²⁰Não dirás falso testemunho contra o teu próximo.

²¹Não cobiçarás a mulher do teu próximo; e não desejarás a casa do teu próximo, *nem* o seu campo, *nem* o seu servo, nem a sua serva, nem o seu boi, nem o seu jumento, nem *coisa* alguma do teu próximo.

O povo pede a Moisés para receber a lei do Senhor

²²Estas palavras falou o Senhor a toda a vossa congregação no monte, do meio do fogo, da nuvem e da escuridão, com grande voz, e nada acrescentou; e as escreveu em duas tábuas de pedra, e a mim mas deu.

²³E sucedeu que, ouvindo a voz do meio das trevas, e *vendo* o monte ardendo em fogo, vos achegastes a mim, todos os cabeças das vossas tribos, e vossos anciãos;

²⁴E dissestes: Eis aqui o Senhor nosso Deus nos fez ver a sua glória e a sua grandeza, e ouvimos a sua voz do meio do fogo; hoje vimos que Deus fala com o homem, e que *este* permanece vivo.

²⁵Agora, pois, por que morreríamos? Pois este grande fogo nos consumiria; se ainda mais ouvíssemos a voz do Senhor nosso Deus morreríamos.

²⁶Porque, quem *há* de toda a carne, que ouviu a voz do Deus vivente falando do meio do fogo, como nós, e ficou vivo?

²⁷Chega-te tu, e ouve tudo o que disser o Senhor nosso Deus; e tu nos dirás tudo o que te disser o Senhor nosso Deus, e *o* ouviremos, e *o* cumpriremos.

²⁸Ouvindo, pois, o Senhor a voz das vossas palavras, quando me faláveis, o Senhor me disse: Eu ouvi a voz das palavras deste povo, que eles te disseram; em tudo falaram bem.

²⁹Quem dera que eles tivessem tal coração que me temessem, e guardassem todos os meus mandamentos todos os dias, para que bem lhes fosse a eles e a seus filhos para sempre.

³⁰Vai, dize-lhes: Tornai-vos às vossas tendas.

³¹Tu, porém, fica-te aqui comigo, para que eu a ti te diga todos os mandamentos, e estatutos, e juízos, que tu lhes hás de ensinar, para que cumpram na terra que eu lhes darei para possuí-la.

³²Olhai, pois, que façais como vos mandou o Senhor vosso Deus; não vos desviareis, nem para a direita nem para a esquerda.

³³Andareis em todo o caminho que vos manda o Senhor vosso Deus, para que vivais e bem vos suceda, e prolongueis os dias na terra que haveis de possuir.

O fim da lei é obediência

6 ESTES, pois, *são* os mandamentos, os estatutos e os juízos que mandou o Senhor vosso Deus para ensinar-vos, para que *os* cumprísseis na terra a que passais a possuir;

²Para que temas ao Senhor teu Deus, e guardes todos os seus estatutos e mandamentos, que eu te ordeno, tu, e teu filho, e o filho de teu filho, todos os dias da tua vida, e que teus dias sejam prolongados.

³Ouve, pois, ó Israel, e atenta em *os* guardares, para que bem te suceda, e muito te multipliques, como te disse o Senhor Deus de teus pais, na terra que mana leite e mel.

⁴Ouve, Israel, o Senhor nosso Deus *é* o único Senhor.

⁵Amarás, pois, o Senhor teu Deus de todo o teu coração, e de toda a tua alma, e de todas as tuas forças.

⁶E estas palavras, que hoje te ordeno, estarão no teu coração;

⁷E as ensinarás a teus filhos e delas falarás assentado em tua casa, e andando pelo caminho, e deitando-te e levantando-te.

⁸Também as atarás por sinal na tua mão, e *te* serão por frontais entre os teus olhos.

⁹E as escreverás nos umbrais de tua casa, e nas tuas portas.

¹⁰Quando, pois, o Senhor teu Deus te introduzir na terra que jurou a teus pais, Abraão, Isaque e Jacó, que te daria, com grandes e boas cidades, que tu não edificaste,

¹¹E casas cheias de todo o bem, que tu não encheste, e poços cavados, que tu não cavaste, vinhas e olivais, que tu não plantaste, e comeres, e te fartares,

¹²Guarda-te, que não te esqueças do Senhor, que te tirou da terra do Egito, da casa da servidão.

¹³O Senhor teu Deus temerás e a ele servirás, e pelo seu nome jurarás.

¹⁴Não seguireis outros deuses, os deuses dos povos que *houver* ao redor de vós;

¹⁵Porque o Senhor teu Deus *é* um Deus zeloso no meio de ti, para que a ira do Senhor teu Deus se não acenda contra ti e te destrua de sobre a face da terra.

¹⁶Não tentareis o Senhor vosso Deus, como *o* tentastes em Massá;

¹⁷Diligentemente guardareis os mandamentos do Senhor vosso Deus, como também os seus testemunhos, e seus estatutos, que te tem mandado.

¹⁸E farás *o que* é reto e bom aos olhos do Senhor, para que bem te suceda, e entres, e possuas a boa terra, a qual o Senhor jurou dar a teus pais.

¹⁹Para que lance fora a todos os teus inimigos de diante de ti, como o Senhor tem falado.

²⁰Quando teu filho te perguntar no futuro, dizendo: Que significam os testemunhos, e estatutos e juízos que o Senhor nosso Deus vos ordenou?

²¹Então dirás a teu filho: Éramos servos de Faraó no Egito; porém o Senhor, com mão forte, nos tirou do Egito;

²²E o Senhor, aos nossos olhos, fez sinais e maravilhas, grandes e terríveis, contra o Egito, contra Faraó e toda sua casa;

²³E dali nos tirou, para nos levar, e nos dar a terra que jurara a nossos pais.

DEUTERONÔMIO 6.24 138

²⁴E o Senhor nos ordenou que cumpríssemos todos estes estatutos, que temêssemos ao Senhor nosso Deus, para o nosso perpétuo bem, para nos guardar em vida, como *no dia* de hoje.

²⁵E será para nós justiça, quando tivermos cuidado de cumprir todos estes mandamentos perante o Senhor nosso Deus, como nos tem ordenado.

Proibida a comunhão com outras nações

7 QUANDO o Senhor teu Deus te houver introduzido na terra, à qual vais para a possuir, e tiver lançado fora muitas nações de diante de ti, os heteus, e os girgaseus, e os amorreus, e os cananeus, e os perizeus, e os heveus, e os jebuseus, sete nações mais numerosas e mais poderosas do que tu;

²E o Senhor teu Deus as tiver dado diante de ti, para as ferir, totalmente as destruirás; não farás com elas aliança, nem terás piedade delas;

³Nem te aparentarás com elas; não darás tuas filhas a seus filhos, e não tomarás suas filhas para teus filhos;

⁴Pois fariam desviar teus filhos de mim, para que servissem a outros deuses; e a ira do Senhor se acenderia contra vós, e depressa vos consumiria.

⁵Porém assim lhes fareis: Derrubareis os seus altares, quebrareis as suas estátuas; e cortareis os seus bosques, e queimareis a fogo as suas imagens de escultura.

⁶Porque povo santo *és* ao Senhor teu Deus; o Senhor teu Deus te escolheu, para que lhe fosses o seu povo especial, de todos os povos que *há* sobre a face da terra.

⁷O Senhor não tomou prazer em vós, nem vos escolheu, porque a vossa multidão era mais do que a de todos os outros povos, pois vós *éreis* menos em número do que todos os povos;

⁸Mas, porque o Senhor vos amava, e para guardar o juramento que fizera a vossos pais, o Senhor vos tirou com mão forte e vos resgatou da casa da servidão, da mão de Faraó, rei do Egito.

⁹Saberás, pois, que o Senhor teu Deus, ele *é* Deus, o Deus fiel, que guarda a aliança e a misericórdia até mil gerações aos que o amam e guardam os seus mandamentos.

¹⁰E retribui no rosto qualquer dos que o odeiam, fazendo-o perecer; não será tardio ao que o odeia; em seu rosto *lho* pagará.

¹¹Guarda, pois, os mandamentos e os estatutos e os juízos que hoje te mando cumprir.

¹²Será, pois, que, se ouvindo estes juízos, os guardardes e cumprirdes, o Senhor teu Deus te guardará a aliança e a misericórdia que jurou a teus pais;

¹³E amar-te-á, e abençoar-te-á, e te fará multiplicar; abençoará o fruto do teu ventre, e o fruto da tua terra, o teu grão, e o teu mosto, e o teu azeite, e a criação das tuas vacas, e o rebanho do teu gado miúdo, na terra que jurou a teus pais dar-te.

¹⁴Bendito serás mais do que todos os povos; não

haverá estéril entre ti, seja homem, seja mulher, nem entre os teus animais.

¹⁵E o Senhor de ti desviará toda a enfermidade; sobre ti não porá nenhuma das más doenças dos egípcios, que bem sabes, antes as porá sobre todos os que te odeiam.

¹⁶Pois consumirás a todos os povos que te der o Senhor teu Deus; os teus olhos não os poupará; e não servirás a seus deuses, pois isto te seria por laço.

¹⁷Se disseres no teu coração: Estas nações são mais numerosas do que eu; como as poderei lançar fora?

¹⁸Delas não tenhas temor; não deixes de te lembrar do que o Senhor teu Deus fez a Faraó e a todos os egípcios;

¹⁹Das grandes provas que viram os teus olhos, e dos sinais, e maravilhas, e mão forte, e braço estendido, com que o Senhor teu Deus te tirou; assim fará o Senhor teu Deus com todos os povos, diante dos quais tu temes.

²⁰E mais, o Senhor teu Deus entre eles mandará vespões, até que pereçam os que ficarem e se esconderem de diante de ti.

²¹Não te espantes diante deles; porque o Senhor teu Deus *está* no meio de ti, Deus grande e temível.

²²E o Senhor teu Deus lançará fora estas nações pouco a pouco de diante de ti; não poderás destruí-las *todas* de pronto, para que as feras do campo não se multipliquem contra ti.

²³E o Senhor teu Deus as entregará a ti, e lhes infligirá uma grande confusão até que sejam consumidas.

²⁴Também os seus reis te entregará na mão, para que apagues os seus nomes de debaixo dos céus; nenhum homem resistirá diante de ti, até que os destruas.

Os ídolos devem ser destruídos

²⁵As imagens de escultura de seus deuses queimarás a fogo; a prata e o ouro *que estão* sobre elas não cobiçarás, nem os tomarás para ti, para que não te enlaces neles; pois abominação *é* ao Senhor teu Deus.

²⁶Não porás, pois, abominação em tua casa, para que não sejas anátema, *assim* como ela; de todo a detestarás, e de todo a abominarás, porque anátema *é*.

Exortação para lembrar-se da misericórdia de Deus

8 TODOS os mandamentos que hoje vos ordeno guardareis para *os* cumprir; para que vivais, e vos multipliqueis, e entreis, e possuais a terra que o Senhor jurou a vossos pais.

²E te lembrarás de todo o caminho, pelo qual o Senhor teu Deus te guiou no deserto estes quarenta anos, para te humilhar, e te provar, para saber o que *estava* no teu coração, se guardarias os seus mandamentos, ou não.

³E te humilhou, e te deixou ter fome, e te sustentou com o maná, que tu não conheceste, nem

teus pais o conheceram; para te dar a entender que o homem não viverá só de pão, mas de tudo o que sai da boca do SENHOR viverá o homem.

⁴Nunca se envelheceu a tua roupa sobre ti, nem se inchou o teu pé nestes quarenta anos.

⁵Sabes, pois, no teu coração que, como um homem castiga a seu filho, *assim* te castiga o SENHOR teu Deus.

⁶E guarda os mandamentos do SENHOR teu Deus, para andares nos seus caminhos e para o temeres.

⁷Porque o SENHOR teu Deus te põe numa boa terra, terra de ribeiros de águas, de fontes, e de mananciais, que saem dos vales e das montanhas;

⁸Terra de trigo e cevada, e de vides e figueiras, e romeiras; terra de oliveiras, de azeite e mel.

⁹Terra em que comerás o pão sem escassez, e nada te faltará nela; terra cujas pedras *são* ferro, e de cujos montes tu cavarás o cobre.

¹⁰Quando, pois, tiveres comido, e fores farto, louvarás ao SENHOR teu Deus pela boa terra que te deu.

¹¹Guarda-te que não te esqueças do SENHOR teu Deus, deixando de guardar os seus mandamentos, e os seus juízos, e os seus estatutos que hoje te ordeno;

¹²Para não suceder que, *havendo tu* comido e fores farto, e havendo edificado boas casas, e habitando-as,

¹³E se tiverem aumentado os teus gados e os teus rebanhos, e se acrescentar a prata e o ouro, e se multiplicar tudo quanto tens,

¹⁴Se eleve o teu coração e te esqueças do SENHOR teu Deus, que te tirou da terra do Egito, da casa da servidão;

¹⁵Que te guiou por aquele grande e terrível deserto de serpentes ardentes, e de escorpiões, e de terra seca, em que não *havia* água; e tirou água para ti da rocha pederneira;

¹⁶Que no deserto te sustentou com maná, que teus pais não conheceram; para te humilhar, e para te provar, para no fim te fazer bem;

¹⁷E digas no teu coração: A minha força, e a fortaleza da minha mão, me adquiriu este poder.

¹⁸Antes te lembrarás do SENHOR teu Deus, que ele é o que te dá força para adquirires riqueza; para confirmar a sua aliança, que jurou a teus pais, como *se vê* neste dia.

¹⁹Será, porém, que, se de qualquer modo te esqueceres do SENHOR teu Deus, e se andares após outros deuses, e os servires, e te inclinares perante eles, hoje eu testifico contra vós que certamente perecereis.

²⁰Como as nações que o SENHOR destruiu diante de vós, assim vós perecereis, porquanto não queríeis obedecer à voz do SENHOR vosso Deus.

As murmurações e as infidelidades dos Israelitas

9 OUVE, ó Israel, hoje passarás o Jordão, para entrares a possuir nações maiores e mais fortes do que tu; cidades grandes, e muradas até aos céus;

²Um povo grande e alto, filhos de gigantes, que tu conheces, e *de que* já ouviste. Quem resistiria diante dos filhos dos gigantes?

³Sabe, pois, hoje que o SENHOR teu Deus, que passa adiante de ti, é um fogo consumidor, que os destruirá, e os derrubará de diante de ti; e tu os lançarás fora, e cedo os desfarás, como o SENHOR te tem falado.

⁴Quando, pois, o SENHOR teu Deus os lançar fora de diante de ti, não fales no teu coração, dizendo: Por *causa da* minha justiça *é que* o SENHOR me trouxe a esta terra para a possuir; porque pela impiedade destas nações *é que* o SENHOR as lança fora de diante de ti.

⁵Não *é* por *causa da* tua justiça, nem pela retidão do teu coração que entras a possuir a sua terra, mas pela impiedade destas nações o SENHOR teu Deus as lança fora, de diante de ti, e para confirmar a palavra que o SENHOR jurou a teus pais, Abraão, Isaque e Jacó.

⁶Sabe, pois, que não *é* por *causa da* tua justiça que o SENHOR teu Deus te dá esta boa terra para possuí-la, pois tu *és* povo obstinado.

⁷Lembra-te, e não te esqueças, de que muito provocaste à ira ao SENHOR teu Deus no deserto; desde o dia em que saíste da terra do Egito, até que chegastes a esse lugar, rebeldes fostes contra o SENHOR;

⁸Pois em Horebe provocastes à ira o SENHOR, tanto que o SENHOR se indignou contra vós para vos destruir.

⁹Subindo eu ao monte a receber as tábuas de pedra, as tábuas da aliança que o SENHOR fizera convosco, então fiquei no monte quarenta dias e quarenta noites; pão não comi, e água não bebi;

¹⁰E o SENHOR me deu as duas tábuas de pedra, escritas com o dedo de Deus; e nelas *estava escrito* conforme a todas aquelas palavras que o SENHOR tinha falado convosco no monte, do meio do fogo, no dia da assembleia.

¹¹Sucedeu, pois, que ao fim dos quarenta dias e quarenta noites, o SENHOR me deu as duas tábuas de pedra, as tábuas da aliança.

¹²E o SENHOR me disse: Levanta-te, desce depressa daqui, porque o teu povo, que tiraste do Egito, já se tem corrompido; cedo se desviaram do caminho que *eu* lhes tinha ordenado; fizeram para si uma imagem de fundição.

¹³Falou-me ainda o SENHOR, dizendo: Atentei para este povo, e eis que ele *é* povo obstinado;

¹⁴Deixa-me que os destrua, e apague o seu nome de debaixo dos céus; e te faça a ti nação mais poderosa e mais numerosa do que esta.

¹⁵Então virei-me, e desci do monte; o qual ardia em fogo e as duas tábuas da aliança *estavam* em ambas as minhas mãos.

¹⁶E olhei, e eis que havíeis pecado contra o SENHOR vosso Deus; vós tínheis feito um bezerro de fundição; cedo vos desviastes do caminho que o SENHOR vos ordenara.

¹⁷Então peguei das duas tábuas, e as arrojei de

DEUTERONÔMIO 9.18

ambas as minhas mãos, e as quebrei diante dos vossos olhos.

¹⁸E me lancei perante o Senhor, como antes, quarenta dias, e quarenta noites; não comi pão e não bebi água, por causa de todo o vosso pecado que havíeis cometido, fazendo mal aos olhos do Senhor, para o provocar à ira.

¹⁹Porque temi por causa da ira e do furor, com que o Senhor tanto estava irado contra vós para vos destruir; porém ainda *por* esta vez o Senhor me ouviu.

²⁰Também o Senhor se irou muito contra Arão para o destruir; mas também orei por Arão ao mesmo tempo.

²¹Porém eu tomei o vosso pecado, o bezerro que tínheis feito, e o queimei a fogo, e o pisei, moendo-o bem, até que se desfez em pó; e o seu pó lancei no ribeiro que descia do monte.

²²Também em Taberá, e em Massá, e em Quibrote-Hataavá provocastes muito a ira do Senhor.

²³Quando também o Senhor vos enviou de Cades-Barneia, dizendo: Subi, e possuí a terra, que vos tenho dado: rebeldes fostes ao mandado do Senhor vosso Deus, e não o crestes, e não obedecestes à sua voz.

²⁴Rebeldes fostes contra o Senhor desde o dia em que vos conheci.

²⁵E prostrei-me perante o Senhor; aqueles quarenta dias e quarenta noites estive prostrado, porquanto o Senhor dissera que vos queria destruir.

²⁶E orei ao Senhor, dizendo: Senhor Deus, não destruas o teu povo e a tua herança, que resgataste com a tua grandeza, que tiraste do Egito com mão forte.

²⁷Lembra-te dos teus servos, Abraão, Isaque, e Jacó. Não atentes para a dureza deste povo, nem para a sua impiedade, nem para o seu pecado;

²⁸Para que *o povo da* terra donde nos tiraste não diga: Porquanto o Senhor não os pôde introduzir na terra de que lhes tinha falado, e porque os odiava, os tirou para matá-los no deserto;

²⁹Todavia *são* eles o teu povo e a tua herança, que tiraste com a tua grande força e com o teu braço estendido.

As segundas tábuas da lei

10 NAQUELE mesmo tempo me disse o Senhor: Alisa duas tábuas de pedra, como as primeiras, e sobe a mim ao monte, e faze-te uma arca de madeira;

²E naquelas tábuas escreverei as palavras que estavam nas primeiras tábuas, que quebraste, e as porás na arca.

³Assim, fiz uma arca de madeira *de* acácia, e alisei duas tábuas de pedra, como as primeiras; e subi ao monte com as duas tábuas na minha mão.

⁴Então escreveu nas tábuas, conforme à primeira escritura, os dez mandamentos, que o Senhor vos falara no dia da assembleia, no monte, do meio do fogo; e o Senhor mas deu a mim;

⁵E virei-me, e desci do monte, e pus as tábuas na arca que fizera; e ali estão, como o Senhor me ordenou.

⁶E partiram os filhos de Israel de Beerote-Bene-Jaacã a Moserá; ali faleceu Arão, e ali foi sepultado, e Eleazar, seu filho, administrou o sacerdócio em seu lugar.

⁷Dali partiram a Gudgodá, e de Gudgodá a Jotbatá, terra de ribeiros de águas.

Da vocação da tribo de Levi

⁸No mesmo tempo o Senhor separou a tribo de Levi, para levar a arca da aliança do Senhor, para estar diante do Senhor, para o servir, e para abençoar em seu nome até *ao dia de* hoje.

⁹Por isso Levi não tem parte nem herança com seus irmãos; o Senhor é a sua herança, como o Senhor teu Deus lhe tem falado.

¹⁰E eu estive no monte, como nos primeiros dias, quarenta dias e quarenta noites; e o Senhor me ouviu ainda *por* esta vez; não quis o Senhor destruir-te.

¹¹Porém o Senhor me disse: Levanta-te, põe-te a caminho adiante do povo, para que entrem, e possuam a terra que jurei dar a seus pais.

Exortação à obediência

¹²Agora, pois, ó Israel, que *é que* o Senhor teu Deus pede de ti, senão que temas o Senhor teu Deus, que andes em todos os seus caminhos, e o ames, e sirvas ao Senhor teu Deus com todo o teu coração e com toda a tua alma,

¹³Que guardes os mandamentos do Senhor, e os seus estatutos, que hoje te ordeno, para o teu bem?

¹⁴Eis que os céus e os céus dos céus *são* do Senhor teu Deus, a terra e tudo o que nela *há*.

¹⁵Tão somente o Senhor se agradou de teus pais para os amar; e a vós, descendência deles, escolheu, depois deles, de todos os povos como neste dia *se vê*.

¹⁶Circuncidai, pois, o prepúcio do vosso coração, e não mais endureçais a vossa cerviz.

¹⁷Pois o Senhor vosso Deus *é* o Deus dos deuses, e o Senhor dos senhores, o Deus grande, poderoso e temível, que não faz acepção de pessoas, nem aceita recompensas;

¹⁸Que faz justiça ao órfão e à viúva, e ama o estrangeiro, dando-lhe pão e roupa.

¹⁹Por isso amareis o estrangeiro, pois fostes estrangeiros na terra do Egito.

²⁰Ao Senhor teu Deus temerás; a ele servirás, e a ele te chegarás, e pelo seu nome jurarás.

²¹Ele *é* o teu louvor e o teu Deus, que te fez estas grandes e terríveis coisas que os teus olhos têm visto.

²²Com setenta almas teus pais desceram ao Egito; e agora o Senhor teu Deus te pôs como as estrelas dos céus em multidão.

11 AMARÁS, pois, ao Senhor teu Deus, e guardarás as suas ordenanças, e os seus estatutos, e os seus juízos, e os seus mandamentos, todos os dias.

²E hoje sabereis que *falo,* não com vossos filhos, que o não sabem, e não viram a instrução do

SENHOR vosso Deus, a sua grandeza, a sua mão forte, e o seu braço estendido;

[3]Nem tampouco os seus sinais, nem os seus feitos, que fez no meio do Egito a Faraó, rei do Egito, e a toda a sua terra;

[4]Nem o que fez ao exército dos egípcios, aos seus cavalos e aos seus carros, fazendo passar sobre eles as águas do Mar Vermelho quando vos perseguiam, e como o SENHOR os destruiu, até *ao dia de* hoje;

[5]Nem o que vos fez no deserto, até que chegastes a este lugar;

[6]E o que fez a Datã e a Abirão, filhos de Eliabe, filho de Rúben; como a terra abriu a sua boca e os tragou com as suas casas e com as suas tendas, como também tudo o que subsistia, e lhes pertencia, no meio de todo o Israel;

[7]Porquanto os vossos olhos *são* os que viram toda a grande obra que fez o SENHOR.

[8]Guardai, pois, todos os mandamentos que eu vos ordeno hoje, para que sejais fortes, e entreis, e ocupeis a terra que passais a possuir;

[9]E para que prolongueis os dias na terra que o SENHOR jurou dar a vossos pais e à sua descendência, terra que mana leite e mel.

[10]Porque a terra que passais a possuir não *é* como a terra do Egito, de onde saíste, em que semeavas a tua semente, e a regavas com o teu pé, como a uma horta.

[11]Mas a terra que passais a possuir *é* terra de montes e de vales; da chuva dos céus beberá as águas;

[12]Terra de que o SENHOR teu Deus tem cuidado; os olhos do SENHOR teu Deus *estão* sobre ela continuamente, desde o princípio até ao fim do ano.

Os benefícios da obediência

[13]E será que, se diligentemente obedecerdes a meus mandamentos que hoje vos ordeno, de amar ao SENHOR vosso Deus, e de o servir de todo o vosso coração e de toda a vossa alma,

[14]Então darei a chuva da vossa terra a seu tempo, a temporã e a serôdia, para que recolhais o vosso grão, e o vosso mosto e o vosso azeite.

[15]E darei erva no teu campo aos teus animais, e comerás, e fartar-te-ás.

[16]Guardai-vos, que o vosso coração não se engane, e vos desvieis, e sirvais a outros deuses, e vos inclineis perante eles;

[17]E a ira do SENHOR se acenda contra vós, e feche ele os céus, e não haja água, e a terra não dê o seu fruto, e cedo pereçais da boa terra que o SENHOR vos dá.

[18]Ponde, pois, estas minhas palavras no vosso coração e na vossa alma, e atai-as por sinal na vossa mão, para que estejam por frontais entre os vossos olhos.

[19]E ensinai-as a vossos filhos, falando delas assentado em tua casa, e andando pelo caminho, e deitando-te, e levantando-te;

[20]E escreve-as nos umbrais de tua casa, e nas tuas portas;

[21]Para que se multipliquem os vossos dias e os dias de vossos filhos na terra que o SENHOR jurou a vossos pais dar-lhes, como os dias dos céus sobre a terra.

[22]Porque se diligentemente guardardes todos estes mandamentos, que vos ordeno para os guardardes, amando ao SENHOR vosso Deus, andando em todos os seus caminhos, e a ele vos achegardes,

[23]Também o SENHOR, de diante de vós, lançará fora todas estas nações, e possuireis nações maiores e mais poderosas do que vós.

[24]Todo o lugar que pisar a planta do vosso pé será vosso; desde o deserto, e *desde* o Líbano, desde o rio, o rio Eufrates, até ao mar ocidental, será o vosso termo.

[25]Ninguém resistirá diante de vós; o SENHOR vosso Deus porá sobre toda a terra, que pisardes, o vosso terror e o temor de vós, como já vos tem dito.

A bênção e a maldição

[26]Eis que hoje eu ponho diante de vós a bênção e a maldição;

[27]A bênção, quando cumprirdes os mandamentos do SENHOR vosso Deus, que hoje vos mando;

[28]Porém a maldição, se não cumprirdes os mandamentos do SENHOR vosso Deus, e vos desviardes do caminho que hoje vos ordeno, para seguirdes outros deuses que não conhecestes.

[29]E será que, quando o SENHOR teu Deus te introduzir na terra, a que vais para possuí-la, então pronunciarás a bênção sobre o monte Gerizim, e a maldição sobre o monte Ebal.

[30]*Porventura não estão* eles além do Jordão, junto ao caminho do pôr do sol, na terra dos cananeus, que habitam na campina defronte de Gilgal, junto aos carvalhais de Moré?

[31]Porque passareis o Jordão para entrardes a possuir a terra, que vos dá o SENHOR vosso Deus; e a possuireis, e nela habitareis.

[32]Tende, pois, cuidado em cumprir todos os estatutos e os juízos, que eu hoje vos proponho.

O único lugar de culto

12 ESTES *são* os estatutos e os juízos que tereis cuidado em cumprir na terra que vos deu o SENHOR Deus de vossos pais, para a possuir todos os dias que viverdes sobre a terra.

[2]Totalmente destruireis todos os lugares, onde as nações que possuireis serviram os seus deuses, sobre as altas montanhas, e sobre os outeiros, e debaixo de toda a árvore frondosa;

[3]E derrubareis os seus altares, e quebrareis as suas estátuas, e os seus bosques queimareis a fogo, e destruireis as imagens esculpidas dos seus deuses, e apagareis o seu nome daquele lugar.

[4]Assim não fareis ao SENHOR vosso Deus;

[5]Mas o lugar que o SENHOR vosso Deus escolher de todas as vossas tribos, para ali pôr o seu nome, buscareis, para sua habitação, e ali vireis.

[6]E ali trareis os vossos holocaustos, e os vossos sacrifícios, e os vossos dízimos, e a oferta alçada

DEUTERONÔMIO 12.7 142

da vossa mão, e os vossos votos, e as vossas ofertas voluntárias, e os primogênitos das vossas vacas e das vossas ovelhas.

⁷E ali comereis perante o Senhor vosso Deus, e vos alegrareis em tudo em que puserdes a vossa mão, vós e as vossas casas, no que abençoar o Senhor vosso Deus.

⁸Não fareis conforme a tudo o que hoje fazemos aqui, cada qual tudo o que bem *parece* aos seus olhos.

⁹Porque até agora não entrastes no descanso e na herança que vos dá o Senhor vosso Deus.

¹⁰Mas passareis o Jordão, e habitareis na terra que vos fará herdar o Senhor vosso Deus; e vos dará repouso de todos os vossos inimigos em redor, e morareis seguros.

¹¹Então haverá um lugar que escolherá o Senhor vosso Deus para ali fazer habitar o seu nome; ali trareis tudo o que vos ordeno; os vossos holocaustos, e os vossos sacrifícios, e os vossos dízimos, e a oferta alçada da vossa mão, e toda a escolha dos vossos votos que fizerdes ao Senhor.

¹²E vos alegrareis perante o Senhor vosso Deus, vós, e vossos filhos, e vossas filhas, e os vossos servos, e as vossas servas, e o levita que *está* dentro das vossas portas; pois convosco não tem parte nem herança.

¹³Guarda-te, que não ofereças os teus holocaustos em todo o lugar que vires;

¹⁴Mas no lugar que o Senhor escolher numa das tuas tribos ali oferecerás os teus holocaustos, e ali farás tudo o que te ordeno.

¹⁵Porém, conforme a todo o desejo da tua alma, matarás e comerás carne, dentro das tuas portas, segundo a bênção do Senhor teu Deus, que te dá em todas as tuas portas; o imundo e o limpo dela comerá, como do corço e do veado;

¹⁶Tão somente o sangue não comereis; sobre a terra o derramareis como água.

¹⁷Dentro das tuas portas não poderás comer o dízimo do teu grão, nem do teu mosto, nem do teu azeite, nem os primogênitos das tuas vacas, nem das tuas ovelhas; nem nenhum dos teus votos, que houveres prometido, nem as tuas ofertas voluntárias, nem a oferta alçada da tua mão.

¹⁸Mas os comerás perante o Senhor teu Deus, no lugar que escolher o Senhor teu Deus, tu, e teu filho, e a tua filha, e o teu servo, e a tua serva, e o levita que *está* dentro das tuas portas; e perante o Senhor teu Deus te alegrarás em tudo em que puseres a tua mão.

¹⁹Guarda-te, que não desampares ao levita todos os teus dias na terra.

²⁰Quando o Senhor teu Deus dilatar os teus termos, como te disse, e disseres: Comerei carne; porquanto a tua alma tem desejo de comer carne; conforme a todo o desejo da tua alma, comerás carne.

²¹Se estiver longe de ti o lugar que o Senhor teu Deus escolher, para ali pôr o seu nome, então matarás das tuas vacas e das tuas ovelhas, que o Senhor te tiver dado, como te tenho ordenado;

e comerás dentro das tuas portas, conforme a todo o desejo da tua alma.

²²Porém, como se come o corço e o veado, assim comerás; o imundo e o limpo também comerão deles.

²³Somente esforça-te para que não comas o sangue; pois o sangue *é* vida; pelo que não comerás a vida com a carne;

²⁴Não o comerás; na terra o derramarás como água.

²⁵Não o comerás; para que bem te suceda a ti, e a teus filhos, depois de ti, quando fizeres o *que for* reto aos olhos do Senhor.

²⁶Porém, as coisas santas que tiveres, e os teus votos tomarás, e virás ao lugar que o Senhor escolher.

²⁷E oferecerás os teus holocaustos, a carne e o sangue sobre o altar do Senhor teu Deus; e o sangue dos teus sacrifícios se derramará sobre o altar do Senhor teu Deus; porém a carne comerás.

²⁸Guarda e ouve todas estas palavras que te ordeno, para que bem te suceda a ti e a teus filhos depois de ti para sempre, quando fizeres o *que for* bom e reto aos olhos do Senhor teu Deus.

²⁹Quando o Senhor teu Deus desarraigar de diante de ti as nações, aonde vais a possuí-las, e as possuíres e habitares na sua terra,

³⁰Guarda-te, que não te enlaces seguindo-as, depois que forem destruídas diante de ti; e que não perguntes acerca dos seus deuses, dizendo: *Assim* como serviram estas nações os seus deuses, do mesmo modo também farei eu.

³¹Assim não farás ao Senhor teu Deus; porque tudo o que é abominável ao Senhor, e que ele odeia, fizeram eles a seus deuses; pois até seus filhos e suas filhas queimaram no fogo aos seus deuses.

³²Tudo o que eu te ordeno, observarás para fazer; nada lhe acrescentarás nem diminuirás.

O castigo dos falsos profetas e dos idólatras

13 QUANDO profeta ou sonhador de sonhos se levantar no meio de ti, e te der um sinal ou prodígio,

²E suceder o tal sinal ou prodígio, de que te houver falado, dizendo: Vamos após outros deuses, que não conheceste, e sirvamo-los;

³Não ouvirás as palavras daquele profeta ou sonhador de sonhos; porquanto o Senhor vosso Deus vos prova, para saber se amais o Senhor vosso Deus com todo o vosso coração, e com toda a vossa alma.

⁴Após o Senhor vosso Deus andareis, e a ele temereis, e os seus mandamentos guardareis, e a sua voz ouvireis, e a ele servireis, e a ele vos achegareis.

⁵E aquele profeta ou sonhador de sonhos morrerá, pois falou rebeldia contra o Senhor vosso Deus, que vos tirou da terra do Egito, e vos resgatou da casa da servidão, para te apartar do caminho que te ordenou o Senhor teu Deus, para andares nele: assim tirarás o mal do meio de ti.

⁶Quando te incitar teu irmão, filho da tua mãe, ou teu filho, ou tua filha, ou a mulher do teu seio, ou teu amigo, que te *é* como a tua alma, dizendo-te em segredo: Vamos, e sirvamos a outros deuses que não conheceste, nem tu nem teus pais;

⁷Dentre os deuses dos povos que *estão* em redor de vós, perto ou longe de ti, desde uma extremidade da terra até à outra extremidade;

⁸Não consentirás com ele, nem o ouvirás; nem o teu olho o poupará, nem terás piedade *dele,* nem o esconderás;

⁹Mas certamente o matarás; a tua mão será a primeira contra ele, para o matar; e depois a mão de todo o povo.

¹⁰E o apedrejarás, até que morra, pois te procurou apartar do SENHOR teu Deus, que te tirou da terra do Egito, da casa da servidão;

¹¹Para que todo o Israel o ouça e o tema, e não torne a fazer semelhante maldade no meio de ti.

¹²Quando ouvires dizer, de alguma das tuas cidades que o SENHOR teu Deus te dá para ali habitar:

¹³Uns homens, filhos de Belial, que saíram do meio de ti, incitaram os moradores da sua cidade, dizendo: Vamos, e sirvamos a outros deuses que não conhecestes;

¹⁴Então inquirirás e investigarás, e com diligência perguntarás; e eis que, sendo verdade, e certo *que* se fez tal abominação no meio de ti;

¹⁵Certamente ferirás, ao fio da espada, os moradores daquela cidade, destruindo a ela e a tudo o que nela *houver,* até os animais.

¹⁶E ajuntarás todo o seu despojo no meio da sua praça; e a cidade e todo o seu despojo queimarás totalmente para o SENHOR teu Deus, e será montão perpétuo, nunca mais se edificará.

¹⁷Também não se pegará à tua mão nada do anátema, para que o SENHOR se aparte do ardor da sua ira, e te faça misericórdia, e tenha piedade de ti, e te multiplique, como jurou a teus pais;

¹⁸Quando ouvires a voz do SENHOR teu Deus, para guardares todos os seus mandamentos que hoje te ordeno; para fazeres o *que for* reto aos olhos do SENHOR teu Deus.

Animais limpos e imundos

14 FILHOS *sois* do SENHOR vosso Deus; não vos dareis golpes, nem fareis calva entre vossos olhos por *causa* de algum morto.

²Porque *és* povo santo ao SENHOR teu Deus; e o SENHOR te escolheu, de todos os povos que *há* sobre a face da terra, para lhe seres o seu próprio povo.

³Nenhuma coisa abominável comereis.

⁴Estes *são* os animais que comereis: o boi, a ovelha, e a cabra.

⁵O veado e a corça, e o búfalo, e a cabra montês, e o texugo, e a camurça, e o gamo.

⁶Todo o animal que tem unhas fendidas, divididas em duas, que rumina, entre os animais, aquilo comereis.

⁷Porém estes não comereis, dos que *somente* ruminam, ou que tem a unha fendida: o camelo, e a lebre, e o coelho, porque ruminam mas não têm a unha fendida; imundos vos *serão*.

⁸Nem o porco, porque tem unha fendida, mas não rumina; imundo vos *será;* não comereis da carne destes, e não tocareis nos seus cadáveres.

⁹Isto comereis de tudo o que *há* nas águas; tudo o que tem barbatanas e escamas comereis.

¹⁰Mas tudo o que não tiver barbatanas nem escamas não *o* comereis; imundo vos *será*.

¹¹Toda a ave limpa comereis.

¹²Porém estas *são* as que não comereis: a águia, e o quebrantosso, e o xofrango,

¹³E o abutre, e o falcão, e o milhafre, segundo a sua espécie.

¹⁴E todo o corvo, segundo a sua espécie.

¹⁵E o avestruz, e o mocho, e a gaivota, e o gavião, segundo a sua espécie.

¹⁶E o bufo, e a coruja, e a gralha,

¹⁷E o cisne, e o pelicano, e o corvo marinho,

¹⁸E a cegonha, e a garça, segundo a sua espécie, e a poupa, e o morcego.

¹⁹Também todo o inseto que voa, vos *será* imundo; não se comerá.

²⁰Toda a ave limpa comereis.

²¹Não comereis nenhum animal morto; ao estrangeiro, que *está* dentro das tuas portas, o darás a comer, ou o venderás ao estranho, porquanto *és* povo santo ao SENHOR teu Deus. Não cozerás o cabrito com leite da sua mãe.

Os dízimos para o serviço do *SENHOR*

²²Certamente darás os dízimos de todo o fruto da tua semente, que cada ano se recolher do campo.

²³E, perante o SENHOR teu Deus, no lugar que escolher para ali fazer habitar o seu nome, comerás os dízimos do teu grão, do teu mosto e do teu azeite, e os primogênitos das tuas vacas e das tuas ovelhas; para que aprendas a temer ao SENHOR teu Deus todos os dias.

²⁴E quando o caminho te for tão comprido que os não possas levar, por estar longe de ti o lugar que escolher o SENHOR teu Deus para ali pôr o seu nome, quando o SENHOR teu Deus te tiver abençoado;

²⁵Então vende-os, e ata o dinheiro na tua mão, e vai ao lugar que escolher o SENHOR teu Deus;

²⁶E aquele dinheiro darás por tudo o que deseja a tua alma, por vacas, e por ovelhas, e por vinho, e por bebida forte, e por tudo o que te pedir a tua alma; come-o ali perante o SENHOR teu Deus, e alegra-te, tu e a tua casa;

²⁷Porém não desampararás o levita que *está* dentro das tuas portas; pois não tem parte nem herança contigo.

²⁸Ao fim de três anos tirarás todos os dízimos da tua colheita no mesmo ano, e os recolherás dentro das tuas portas;

²⁹Então virá o levita (pois nem parte nem herança tem contigo), e o estrangeiro, e o órfão, e a viúva, que *estão* dentro das tuas portas, e comerão,

DEUTERONÔMIO 15.1 144

e fartar-se-ão; para que o SENHOR teu Deus te abençoe em toda a obra que as tuas mãos fizerem.

O ano da remissão

15 AO fim dos sete anos farás remissão.
²Este, pois, é o modo da remissão: todo o credor remitirá o que emprestou ao seu próximo; não o exigirá do seu próximo ou do seu irmão, pois a remissão do SENHOR é apregoada.

³Do estrangeiro o exigirás; mas o que tiveres em poder de teu irmão a tua mão o remitirá.

⁴Exceto quando não houver entre ti pobre algum; pois o SENHOR abundantemente te abençoará na terra que o SENHOR teu Deus te dará por herança, para possuí-la.

⁵Se somente ouvires diligentemente a voz do SENHOR teu Deus para cuidares em cumprir todos estes mandamentos que hoje te ordeno;

⁶Porque o SENHOR teu Deus te abençoará, como te tem falado; assim, emprestarás a muitas nações, mas não tomarás empréstimos; e dominarás sobre muitas nações, mas elas não dominarão sobre ti.

⁷Quando entre ti houver algum pobre, de teus irmãos, em alguma das tuas portas, na terra que o SENHOR teu Deus te dá, não endurecerás o teu coração, nem fecharás a tua mão a teu irmão que for pobre;

⁸Antes lhe abrirás de todo a tua mão, e livremente lhe emprestarás o que lhe falta, quanto baste para a sua necessidade.

⁹Guarda-te, que não haja palavra perversa no teu coração, dizendo: Vai-se aproximando o sétimo ano, o ano da remissão; e que o teu olho seja maligno para com teu irmão pobre, e não lhe dês nada; e que ele clame contra ti ao SENHOR, e que haja em ti pecado.

¹⁰Livremente lhe darás, e que o teu coração não seja maligno, quando lhe deres; pois por esta causa te abençoará o SENHOR teu Deus em toda a tua obra, e em tudo o que puseres a tua mão.

¹¹Pois nunca deixará de haver pobre na terra; pelo que te ordeno, dizendo: Livremente abrirás a tua mão para o teu irmão, para o teu necessitado, e para o teu pobre na tua terra.

¹²Quando teu irmão hebreu ou irmã hebreia se vender a ti, seis anos te servirá, mas no sétimo ano o deixarás ir livre.

¹³E, quando o deixares ir livre, não o despedirás vazio.

¹⁴Liberalmente o fornecerás do teu rebanho, e da tua eira, e do teu lagar; daquilo com que o SENHOR teu Deus te tiver abençoado lhe darás.

¹⁵E lembrar-te-ás de que foste servo na terra do Egito, e de que o SENHOR teu Deus te resgatou; portanto hoje te ordeno isso.

¹⁶Porém se ele te disser: Não sairei de ti; porquanto te amo a ti, e a tua casa, por estar bem contigo;

¹⁷Então tomarás uma sovela, e lhe furarás a orelha à porta, e teu servo será para sempre; e também assim farás à tua serva.

¹⁸Não seja duro aos teus olhos, quando despedi-lo liberto de ti; pois seis anos te serviu em equivalência ao dobro do salário do diarista; assim o SENHOR teu Deus te abençoará em tudo o que fizeres.

¹⁹Todo o primogênito que nascer das tuas vacas e das tuas ovelhas, o macho santificarás ao SENHOR teu Deus; com o primogênito do teu boi não trabalharás, nem tosquiarás o primogênito das tuas ovelhas.

²⁰Perante o SENHOR teu Deus os comerás de ano em ano, no lugar que o SENHOR escolher, tu e a tua casa.

²¹Porém, havendo nele algum defeito, se for coxo, ou cego, ou tiver qualquer defeito, não o sacrificarás ao SENHOR teu Deus.

²²Nas tuas portas o comerás; o imundo e o limpo o comerão também, como da corça ou do veado.

²³Somente o seu sangue não comerás; sobre a terra o derramarás como água.

As três festas

16 GUARDA o mês de Abibe, e celebra a páscoa ao SENHOR teu Deus; porque no mês de Abibe o SENHOR teu Deus te tirou do Egito, de noite.

²Então sacrificarás a páscoa ao SENHOR teu Deus, das ovelhas e das vacas, no lugar que o SENHOR escolher para ali fazer habitar o seu nome.

³Nela não comerás levedado; sete dias nela comerás pães ázimos, pão de aflição (porquanto apressadamente saíste da terra do Egito), para que te lembres do dia da tua saída da terra do Egito, todos os dias da tua vida.

⁴Levedado não aparecerá contigo por sete dias em todos os teus termos; também da carne que matares à tarde, no primeiro dia, nada ficará até à manhã.

⁵Não poderás sacrificar a páscoa em nenhuma das tuas portas que te dá o SENHOR teu Deus;

⁶Senão no lugar que escolher o SENHOR teu Deus, para fazer habitar o seu nome, ali sacrificarás a páscoa à tarde, ao pôr do sol, ao tempo determinado da tua saída do Egito.

⁷Então a cozerás, e comerás no lugar que escolher o SENHOR teu Deus; depois voltarás pela manhã, e irás às tuas tendas.

⁸Seis dias comerás pães ázimos e no sétimo dia é solenidade ao SENHOR teu Deus; nenhum trabalho farás.

⁹Sete semanas contarás; desde que a foice começar na seara iniciarás a contar as sete semanas.

¹⁰Depois celebrarás a festa das semanas ao SENHOR teu Deus; o que deres será oferta voluntária da tua mão, segundo o SENHOR teu Deus te houver abençoado.

¹¹E te alegrarás perante o SENHOR teu Deus, tu, e teu filho, e tua filha, e o teu servo, e a tua serva, e o levita que está dentro das tuas portas, e o estrangeiro, e o órfão, e a viúva, que estão no meio de ti, no lugar que o SENHOR teu Deus escolher para ali fazer habitar o seu nome.

¹²E lembrar-te-ás de que foste servo no Egito; e guardarás estes estatutos, e os cumprirás.

¹³A festa dos tabernáculos celebrarás sete dias, quando tiveres colhido da tua eira e do teu lagar.

¹⁴E, na tua festa, alegrar-te-ás, tu, e teu filho, e tua filha, e o teu servo, e a tua serva, e o levita, e o estrangeiro, e o órfão, e a viúva, que *estão* dentro das tuas portas.

¹⁵Sete dias celebrarás a festa ao Senhor teu Deus, no lugar que o Senhor escolher; porque o Senhor teu Deus te há de abençoar em toda a tua colheita, e em todo o trabalho das tuas mãos; por isso certamente te alegrarás.

¹⁶Três vezes no ano todo o homem entre ti aparecerá perante o Senhor teu Deus, no lugar que escolher, na festa dos *pães* ázimos, e na festa das semanas, e na festa dos tabernáculos; porém não aparecerá vazio perante o Senhor;

¹⁷Cada um, conforme ao dom da sua mão, conforme a bênção do Senhor teu Deus, que lhe tiver dado.

Deveres dos juízes

¹⁸Juízes e oficiais porás em todas as tuas cidades que o Senhor teu Deus te der entre as tuas tribos, para que julguem o povo com juízo de justiça.

¹⁹Não torcerás o juízo, não farás acepção de pessoas, nem receberás peitas; porquanto a peita cega os olhos dos sábios, e perverte as palavras dos justos.

²⁰A justiça, somente a justiça seguirás; para que vivas, e possuas em herança a terra que te dará o Senhor teu Deus.

O castigo da idolatria

²¹Não plantarás nenhuma árvore junto ao altar do Senhor teu Deus, que fizeres para ti.

²²Nem levantarás imagem, a qual o Senhor teu Deus odeia.

17 NÃO sacrificarás ao Senhor teu Deus, boi ou gado miúdo em que haja defeito ou alguma coisa má; pois abominação *é* ao Senhor teu Deus.

²Quando no meio de ti, em alguma das tuas portas que te dá o Senhor teu Deus, se achar algum homem ou mulher que fizer mal aos olhos do Senhor teu Deus, transgredindo a sua aliança,

³Que se for, e servir a outros deuses, e se encurvar a eles ou ao sol, ou à lua, ou a todo o exército do céu, o que eu não ordenei,

⁴E te for denunciado, e *o* ouvires; então bem o inquirirás, e eis que, sendo verdade, e certo que se fez tal abominação em Israel,

⁵Então tirarás o homem ou a mulher que fez este malefício, às tuas portas, e apedrejarás o tal homem ou mulher, até que morra.

⁶Por boca de duas testemunhas, ou três testemunhas, será morto o que houver de morrer; por boca de uma só testemunha não morrerá.

⁷As mãos das testemunhas serão primeiro contra ele, para matá-lo; e depois as mãos de todo o povo; assim tirarás o mal do meio de ti.

Consulta dos sacerdotes

⁸Quando alguma coisa te for difícil demais em juízo, entre sangue e sangue, entre demanda e demanda, entre ferida e ferida, *em* questões de litígios nas tuas portas, então te levantarás, e subirás ao lugar que escolher o Senhor teu Deus;

⁹E virás aos sacerdotes levitas, e ao juiz que houver naqueles dias, e inquirirás, e te anunciarão a sentença do juízo.

¹⁰E farás conforme ao mandado da palavra que te anunciarem no lugar que escolher o Senhor; e terás cuidado de fazer conforme a tudo o que te ensinarem.

¹¹Conforme ao mandado da lei que te ensinarem, e conforme ao juízo que te disserem, farás; da palavra que te anunciarem te não desviarás, nem para a direita nem para a esquerda.

¹²O homem, pois, que se houver soberbamente, não dando ouvidos ao sacerdote, que está ali para servir ao Senhor teu Deus, nem ao juiz, esse homem morrerá; e tirarás o mal de Israel;

¹³Para que todo o povo o ouça, e tema, e nunca mais se ensoberbeça.

A eleição e os deveres de um rei

¹⁴Quando entrares na terra que te dá o Senhor teu Deus, e a possuíres, e nela habitares, e disseres: Porei sobre mim um rei, *assim* como têm todas as nações que estão em redor de mim;

¹⁵Porás certamente sobre ti como rei aquele que escolher o Senhor teu Deus; dentre teus irmãos porás rei sobre ti; não poderás pôr homem estranho sobre ti, que não *seja* de teus irmãos.

¹⁶Porém ele não multiplicará para si cavalos, nem fará voltar o povo ao Egito para multiplicar cavalos; pois o Senhor vos tem dito: Nunca mais voltareis por este caminho.

¹⁷Tampouco para si multiplicará mulheres, para que o seu coração não se desvie; nem prata nem ouro multiplicará muito para si.

¹⁸Será também *que,* quando se assentar sobre o trono do seu reino, então escreverá para si num livro, *um* traslado desta lei, do *original que está* diante dos sacerdotes levitas.

¹⁹E o terá consigo, e nele lerá todos os dias da sua vida, para que aprenda a temer ao Senhor seu Deus, para guardar todas as palavras desta lei, e estes estatutos, para cumpri-los;

²⁰Para que o seu coração não se levante sobre os seus irmãos, e não se aparte do mandamento, nem para a direita nem para a esquerda; para que prolongue os seus dias no seu reino, ele e seus filhos no meio de Israel.

Os direitos dos sacerdotes e dos levitas

18 OS SACERDOTES levitas, toda a tribo de Levi, não terão parte nem herança com Israel; das ofertas queimadas do Senhor e da sua herança comerão.

²Por isso não terão herança no meio de seus irmãos; o Senhor *é* a sua herança, como lhes tem dito.

DEUTERONÔMIO 18.3

³Este, pois, será o direito dos sacerdotes, *a receber* do povo, dos que oferecerem sacrifício, seja boi ou gado miúdo; que darão ao sacerdote a espádua e as queixadas e o bucho.

⁴Dar-lhe-ás as primícias do teu grão, do teu mosto e do teu azeite, e as primícias da tosquia das tuas ovelhas.

⁵Porque o Senhor teu Deus o escolheu de todas as tuas tribos, para que assista e sirva no nome do Senhor, ele e seus filhos, todos os dias.

⁶E, quando chegar um levita de alguma das tuas portas, de todo o Israel, onde habitar; e vier com todo o desejo da sua alma ao lugar que o Senhor escolheu;

⁷E servir no nome do Senhor seu Deus, como também todos os seus irmãos, os levitas, que assistem ali perante o Senhor,

⁸Igual porção comerão, além das vendas do seu patrimônio.

As abominações das nações são proibidas

⁹Quando entrares na terra que o Senhor teu Deus te der, não aprenderás a fazer conforme as abominações daquelas nações.

¹⁰Entre ti não se achará quem faça passar pelo fogo a seu filho ou a sua filha, nem adivinhador, nem prognosticador, nem agoureiro, nem feiticeiro;

¹¹Nem encantador, nem quem consulte a um espírito adivinhador, nem mágico, nem quem consulte os mortos;

¹²Pois todo aquele que faz tal coisa *é* abominação ao Senhor; e por estas abominações o Senhor teu Deus os lança fora de diante de ti.

¹³Perfeito serás com o Senhor teu Deus.

¹⁴Porque estas nações, que hás de possuir, ouvem os prognosticadores e os adivinhadores; porém a ti o Senhor teu Deus não permitiu tal coisa.

A promessa de um grande profeta

¹⁵O Senhor teu Deus te levantará um profeta do meio de ti, de teus irmãos, como eu; a ele ouvireis;

¹⁶Conforme a tudo o que pediste ao Senhor teu Deus em Horebe, no dia da assembleia, dizendo: Não ouvirei mais a voz do Senhor teu Deus, nem mais verei este grande fogo, para que não morra.

¹⁷Então o Senhor me disse: Falaram bem *naquilo* que disseram.

¹⁸*Eis* lhes suscitarei um profeta do meio de seus irmãos, como tu, e porei as minhas palavras na sua boca, e ele lhes falará tudo o que eu lhe ordenar.

¹⁹E *será que* qualquer que não ouvir as minhas palavras, que ele falar em meu nome, eu *o* requererei dele.

²⁰Porém o profeta que tiver a presunção de falar alguma palavra em meu nome, que eu não lhe tenha mandado falar, ou o que falar em nome de outros deuses, esse profeta morrerá.

²¹E, se disseres no teu coração: Como conhecerei a palavra que o Senhor não falou?

²²Quando o profeta falar em nome do Senhor, e essa palavra não se cumprir, nem suceder *assim;* esta *é* palavra que o Senhor não falou; com soberba a falou aquele profeta; não tenhas temor dele.

As cidades de refúgio

19 QUANDO o Senhor teu Deus desarraigar as nações cuja terra te dará o Senhor teu Deus, e tu as possuíres, e morares nas suas cidades e nas suas casas,

²Três cidades separarás, no meio da terra que te dará o Senhor teu Deus para a possuíres.

³Preparar-te-ás o caminho; e os termos da tua terra, que te fará possuir o Senhor teu Deus, dividirás em três; e isto será para que todo o homicida se acolha ali.

⁴E este *é* o caso *tocante* ao homicida, que se acolher ali, para que viva; aquele que por engano ferir o seu próximo, a quem não odiava antes;

⁵Como aquele que entrar com o seu próximo no bosque, para cortar lenha, e, pondo força na sua mão com o machado para cortar a árvore, o ferro saltar do cabo e ferir o seu próximo e este morrer, aquele se acolherá a uma destas cidades, e viverá;

⁶Para que o vingador do sangue não vá após o homicida, quando se enfurecer o seu coração, e o alcançar, por ser comprido o caminho, e lhe tire a vida; porque não é culpado de morte, pois não odiava antes.

⁷Portanto te dou ordem, dizendo: Três cidades separarás.

⁸E, se o Senhor teu Deus dilatar os teus termos, como jurou a teus pais, e te der toda a terra que disse daria a teus pais

⁹(Quando guardares todos estes mandamentos, que hoje te ordeno, para cumpri-los, amando ao Senhor teu Deus e andando nos seus caminhos todos os dias), então acrescentarás *outras* três cidades além destas três.

¹⁰Para que o sangue inocente não se derrame no meio da tua terra, que o Senhor teu Deus te dá por herança, e haja sangue sobre ti.

¹¹Mas, havendo alguém que odeia a seu próximo, e lhe arma ciladas, e se levanta contra ele, e o fere mortalmente, de modo que morra, e acolhe a alguma destas cidades,

¹²Então os anciãos da sua cidade mandarão buscá-lo; e dali o tirarão, e o entregarão na mão do vingador do sangue, para que morra.

¹³O teu olho não o perdoará; antes tirarás o sangue inocente de Israel, para que bem te suceda.

Acerca dos limites e das testemunhas

¹⁴Não mudes o limite do teu próximo, que estabeleceram os antigos na tua herança, que receberás na terra que te dá o Senhor teu Deus para a possuíres.

¹⁵Uma só testemunha contra alguém não se levantará por qualquer iniquidade, ou por qualquer pecado, seja qual for o pecado que cometeu; pela boca de duas testemunhas, ou pela boca de três testemunhas, se estabelecerá o fato.

¹⁶Quando se levantar testemunha falsa contra alguém, para testificar contra ele *acerca* de transgressão,

¹⁷Então aqueles dois homens, que tiverem a demanda, se apresentarão perante o Senhor, diante dos sacerdotes e dos juízes que houver naqueles dias.

¹⁸E os juízes inquirirão bem; e eis que, sendo a testemunha falsa, que testificou falsamente contra seu irmão,

¹⁹Far-lhe-eis como cuidou fazer a seu irmão; e *assim* tirarás o mal do meio de ti.

²⁰Para que os que ficarem o ouçam e temam, e nunca mais tornem a fazer tal mal no meio de ti.

²¹O teu olho não perdoará; vida por vida, olho por olho, dente por dente, mão por mão, pé por pé.

As leis da guerra

20 QUANDO saíres à peleja contra teus inimigos, e vires cavalos, e carros, e povo maior em número do que tu, deles não terás temor; pois o Senhor teu Deus, que te tirou da terra do Egito, *está* contigo.

²E será *que*, quando vos achegardes à peleja, o sacerdote se adiantará, e falará ao povo,

³E dir-lhe-á: Ouvi, ó Israel, hoje vos achegais à peleja contra os vossos inimigos; não se amoleça o vosso coração: não temais nem tremais, nem vos aterrorizeis diante deles,

⁴Pois o Senhor vosso Deus *é* o que vai convosco, a pelejar contra os vossos inimigos, para salvar-vos.

⁵Então os oficiais falarão ao povo, dizendo: Qual *é* o homem que edificou casa nova e ainda não a consagrou? Vá, e torne-se à sua casa para que porventura não morra na peleja e algum outro a consagre.

⁶E qual *é* o homem que plantou uma vinha e ainda não a desfrutou? Vá, e torne-se à sua casa, para que porventura não morra na peleja e algum outro a desfrute.

⁷E qual *é* o homem que está desposado com alguma mulher e ainda não a recebeu? Vá, e torne-se à sua casa, para que porventura não morra na peleja e algum outro *homem* a receba.

⁸E continuarão os oficiais a falar ao povo, dizendo: Qual *é* o homem medroso e de coração tímido? Vá, e torne-se à sua casa, para que o coração de seus irmãos não se derreta como o seu coração.

⁹E será *que*, quando os oficiais acabarem de falar ao povo, então designarão os capitães dos exércitos para a dianteira do povo.

¹⁰Quando te achegares a alguma cidade para combatê-la, apregoar-lhe-ás a paz.

¹¹E será *que*, se te responder *em* paz, e te abrir as portas, todo o povo que se achar nela te será tributário e te servirá.

¹²Porém, se ela não fizer paz contigo, *mas* antes te fizer guerra, então a sitiarás.

¹³E o Senhor teu Deus a dará na tua mão; e todo o homem que houver nela passarás ao fio da espada.

¹⁴Porém, as mulheres, e as crianças, e os animais; e tudo o que houver na cidade, todo o seu despojo, tomarás para ti; e comerás o despojo dos teus inimigos, que te deu o Senhor teu Deus.

¹⁵Assim farás a todas as cidades *que estiverem* mui longe de ti, que não *forem* das cidades destas nações.

¹⁶Porém, das cidades destas nações, que o Senhor teu Deus te dá em herança, nenhuma coisa que tem fôlego deixarás com vida.

¹⁷Antes destruí-las-ás totalmente: aos heteus, e aos amorreus, e aos cananeus, e aos perizeus, e aos heveus, e aos jebuseus, como te ordenou o Senhor teu Deus.

¹⁸Para que não vos ensinem a fazer conforme a todas as suas abominações, que fizeram a seus deuses, e pequeis contra o Senhor vosso Deus.

¹⁹Quando sitiares uma cidade por muitos dias, pelejando contra ela para a tomar, não destruirás o seu arvoredo, colocando nele o machado, porque dele comerás; pois que não o cortarás (pois o arvoredo do campo *é mantimento* para o homem), para empregar no cerco.

²⁰Mas as árvores que souberes que não são árvores de alimento, destruí-las-ás e cortá-las-ás; e contra a cidade que guerrear contra ti edificarás baluartes, até que esta seja vencida.

Expiação por um homicídio desconhecido

21 QUANDO na terra que te der o Senhor teu Deus, para possuí-la, se achar um morto, caído no campo, sem que se saiba quem o matou,

²Então sairão os teus anciãos e os teus juízes, e medirão *a distância* até as cidades que *estiverem* em redor do morto;

³E, na cidade mais próxima ao morto, os anciãos da mesma cidade tomarão uma novilha da manada, que não tenha trabalhado nem tenha puxado com o jugo;

⁴E os anciãos daquela cidade trarão a novilha a um vale áspero, que nunca foi lavrado nem semeado; e ali, naquele vale, degolarão a novilha;

⁵Então se achegarão os sacerdotes, filhos de Levi; pois o Senhor teu Deus os escolheu para o servirem, e para abençoarem em nome do Senhor; e pela sua palavra se decidirá toda a demanda e todo o ferimento;

⁶E todos os anciãos da mesma cidade, mais próxima ao morto, lavarão as suas mãos sobre a novilha degolada no vale;

⁷E protestarão, e dirão: As nossas mãos não derramaram este sangue, e os nossos olhos o não viram.

⁸Sê propício ao teu povo Israel, que tu, ó Senhor, resgataste, e não ponhas o sangue inocente no meio do teu povo Israel. E aquele sangue lhes será expiado.

⁹Assim tirarás o sangue inocente do meio de ti; pois farás o que *é* reto aos olhos do Senhor.

DEUTERONÔMIO 21.10

Acerca da mulher prisioneira

¹⁰Quando saíres à peleja contra os teus inimigos, e o SENHOR teu Deus os entregar nas tuas mãos, e tu deles levares prisioneiros,

¹¹E tu entre os presos vires *uma* mulher formosa à vista, e a cobiçares, e a tomares por mulher,

¹²Então a trarás para a tua casa; e ela rapará a cabeça e cortará as suas unhas.

¹³E despirá o vestido do seu cativeiro, e se assentará na tua casa, e chorará a seu pai e a sua mãe um mês inteiro; e depois chegarás a ela, e tu serás seu marido e ela tua mulher.

¹⁴E será *que*, se te não contentares dela, a deixarás ir à sua vontade; mas de modo algum a venderás por dinheiro, nem a tratarás como escrava, pois a tens humilhado.

O direito do primogênito

¹⁵Quando um homem tiver duas mulheres, uma a quem ama e outra a quem despreza, e a amada e a desprezada lhe derem filhos, e o filho primogênito for da desprezada,

¹⁶Será que, no dia em que fizer herdar a seus filhos o que tiver, não poderá dar a primogenitura ao filho da amada, preferindo-o ao filho da desprezada, *que é* o primogênito.

¹⁷Mas ao filho da desprezada reconhecerá por primogênito, dando-lhe dobrada porção de tudo quanto tiver; porquanto aquele *é* o princípio da sua força, o direito da primogenitura *é* dele.

Acerca dos filhos desobedientes

¹⁸Quando alguém tiver um filho obstinado e rebelde, que não obedecer à voz de seu pai e à voz de sua mãe, e, castigando-o eles, lhes não der ouvidos,

¹⁹Então seu pai e sua mãe pegarão nele, e o levarão aos anciãos da sua cidade, e à porta do seu lugar;

²⁰E dirão aos anciãos da cidade: Este nosso filho *é* rebelde e obstinado, não dá ouvidos à nossa voz; *é um* comilão e um beberrão.

²¹Então todos os homens da sua cidade o apedrejarão, até que morra; e tirarás o mal do meio de ti, e todo o Israel ouvirá e temerá.

Execução no madeiro

²²Quando também em alguém houver pecado, *digno* do juízo de morte, e for morto, e o pendurares *num* madeiro,

²³O seu cadáver não permanecerá no madeiro, mas certamente o enterrarás no mesmo dia; porquanto o pendurado *é* maldito de Deus; assim não contaminarás a tua terra, que o SENHOR teu Deus te dá em herança.

Amor para com o próximo

22 VENDO extraviado o boi ou ovelha de teu irmão, não te desviarás deles; restituí-los-ás sem falta a teu irmão.

²E se teu irmão não *estiver* perto de ti, ou não o conheceres, recolhê-los-ás na tua casa, para que fiquem contigo, até que teu irmão os busque, e tu lhos restituirás.

³Assim também farás com o seu jumento, e assim farás com as suas roupas; assim farás também com toda a coisa perdida, que se perder de teu irmão, e tu a achares; não te poderás omitir.

⁴Se vires o jumento que é de teu irmão, ou o seu boi, caídos no caminho, não te desviarás deles; sem falta o ajudarás a levantá-los.

Diversas leis

⁵Não haverá traje de homem na mulher, e nem vestirá o homem roupa de mulher; porque, qualquer que faz isto, abominação *é* ao SENHOR teu Deus.

⁶Quando encontrares pelo caminho um ninho de ave numa árvore, ou no chão, com passarinhos, ou ovos, e a mãe posta sobre os passarinhos, ou sobre os ovos, não tomarás a mãe com os filhotes;

⁷Deixarás ir livremente a mãe, e os filhotes tomarás para ti; para que te vá bem e *para que* prolongues os teus dias.

⁸Quando edificares *uma* casa nova, farás um parapeito, no eirado, para que não ponhas culpa de sangue na tua casa, se alguém de algum modo cair dela.

⁹Não semearás a tua vinha com diferentes espécies de semente, para que não se degenere o fruto da semente que semeares, e a novidade da vinha.

¹⁰Com boi e com jumento não lavrarás juntamente.

¹¹Não te vestirás de diversos estofos de lã e linho juntamente.

¹²Franjas porás nas quatro bordas da tua manta, com que te cobrires.

As penas para pecados cometidos com mulheres

¹³Quando um homem tomar mulher e, depois de coabitar com ela, a desprezar,

¹⁴E lhe imputar coisas escandalosas, e contra ela divulgar má fama, dizendo: Tomei esta mulher, e me cheguei a ela, porém não a achei virgem;

¹⁵Então o pai da moça e sua mãe tomarão *os sinais da* virgindade da moça, e levá-los-ão aos anciãos da cidade, à porta;

¹⁶E o pai da moça dirá aos anciãos: Eu dei minha filha por mulher a este homem, porém ele a despreza;

¹⁷E eis que lhe imputou coisas escandalosas, dizendo: Não achei virgem a tua filha; porém eis aqui *os sinais da* virgindade de minha filha. E estenderão a roupa diante dos anciãos da cidade.

¹⁸Então os anciãos da mesma cidade tomarão aquele homem, e o castigarão.

¹⁹E o multarão em cem *siclos* de prata, e os darão ao pai da moça; porquanto divulgou má fama sobre uma virgem de Israel. E lhe será por mulher, em todos os seus dias não a poderá despedir.

²⁰Porém se isto for verdadeiro, isto é, que a virgindade não se achou na moça,

²¹Então levarão a moça à porta da casa de seu pai, e os homens da sua cidade a apedrejarão, até que morra; pois fez loucura em Israel,

prostituindo-se na casa de seu pai; assim tirarás o mal do meio de ti.

²²Quando um homem for achado deitado com mulher que tenha marido, então ambos morrerão, o homem que se deitou com a mulher, e a mulher; assim tirarás o mal de Israel.

²³Quando houver moça virgem, desposada, e um homem a achar na cidade, e se deitar com ela,

²⁴Então trareis ambos à porta daquela cidade, e os apedrejareis, até que morram; a moça, porquanto não gritou na cidade, e o homem, porquanto humilhou a mulher do seu próximo; assim tirarás o mal do meio de ti.

²⁵E se algum homem no campo achar uma moça desposada, e o homem a forçar, e se deitar com ela, então morrerá só o homem que se deitou com ela;

²⁶Porém à moça não farás nada. A moça não tem culpa de morte; porque, como o homem que se levanta contra o seu próximo, e lhe tira a vida, assim é este caso.

²⁷Pois a achou no campo; a moça desposada gritou, e não houve quem a livrasse.

²⁸Quando um homem achar uma moça virgem, que não for desposada, e pegar nela, e se deitar com ela, e forem apanhados,

²⁹Então o homem que se deitou com ela dará ao pai da moça cinquenta *siclos* de prata; e porquanto a humilhou, lhe será por mulher; não a poderá despedir em todos os seus dias.

³⁰Nenhum homem tomará a mulher de seu pai, nem descobrirá a nudez de seu pai.

Pessoas que são excluídas das assembleias santas

23 AQUELE a quem forem trilhados os testículos, ou cortado o membro viril, não entrará na congregação do SENHOR.

²Nenhum bastardo entrará na congregação do SENHOR; nem ainda a sua décima geração entrará na congregação do SENHOR.

³Nenhum amonita nem moabita entrará na congregação do SENHOR; nem ainda a sua décima geração entrará na congregação do SENHOR eternamente.

⁴Porquanto não saíram com pão e água, a receber-vos no caminho, quando saíeis do Egito; e porquanto alugaram contra ti a Balaão, filho de Beor, de Petor, de Mesopotâmia, para te amaldiçoar.

⁵Porém o SENHOR teu Deus não quis ouvir Balaão; antes o SENHOR teu Deus trocou em bênção a maldição; porquanto o SENHOR teu Deus te amava.

⁶Não lhes procurarás nem paz nem bem em todos os teus dias para sempre.

⁷Não abominarás o edomeu, pois é teu irmão; nem abominarás o egípcio, pois estrangeiro foste na sua terra.

⁸Os filhos que lhes nascerem na terceira geração, cada um deles entrará na congregação do SENHOR.

⁹Quando o exército sair contra os teus inimigos, então te guardarás de toda a coisa má.

¹⁰Quando entre ti houver alguém que, por algum acidente noturno, não estiver limpo, sairá fora do arraial; não entrará no meio dele.

¹¹Porém será *que,* declinando a tarde, se lavará em água; e, em se pondo o sol, entrará no meio do arraial.

¹²Também terás um lugar fora do arraial, para onde sairás.

¹³E entre as tuas armas terás uma pá; e será *que,* quando estiveres assentado, fora, então com ela cavarás e, virando-te, cobrirás o que defecaste.

¹⁴Porquanto o SENHOR teu Deus anda no meio de teu arraial, para te livrar, e entregar a ti os teus inimigos; pelo que o teu arraial será santo, para que *ele* não veja coisa feia em ti, e se aparte de ti.

Várias leis

¹⁵Não entregarás a seu senhor o servo que fugiu do seu senhor para se acolher a ti;

¹⁶Contigo ficará, no meio de ti, no lugar que escolher em alguma das tuas portas, onde lhe agradar; não o oprimirás.

¹⁷Não haverá prostituta dentre as filhas de Israel; nem haverá sodomita dentre os filhos de Israel.

¹⁸Não trarás o salário da prostituta nem preço de um sodomita à casa do SENHOR teu Deus por qualquer voto; porque ambos *são* igualmente abominação ao SENHOR teu Deus.

¹⁹A teu irmão não emprestarás com juros: juros em dinheiro, juros em comida, juros em qualquer coisa que se empreste com juros.

²⁰Ao estranho emprestarás com juros, porém a teu irmão não emprestarás com juros; para que o SENHOR teu Deus te abençoe em tudo que puseres a tua mão, na terra a qual vais a possuir.

²¹Quando fizeres algum voto ao SENHOR teu Deus, não tardarás em cumpri-lo; porque o SENHOR teu Deus certamente o requererá de ti, *e em* ti haverá pecado.

²²Porém, abstendo-te de votar, não haverá pecado em ti.

²³O que saiu dos teus lábios guardarás, e cumprirás, tal como voluntariamente votaste ao SENHOR teu Deus, declarando-o pela tua boca.

²⁴Quando entrares na vinha do teu próximo, comerás uvas conforme ao teu desejo até te fartares, porém não *as* porás no teu cesto.

²⁵Quando entrares na seara do teu próximo, com a tua mão arrancarás as espigas; porém não porás a foice na seara do teu próximo.

24 QUANDO um homem tomar uma mulher e se casar com ela, então será que, se não achar graça em seus olhos, por nela encontrar coisa indecente, far-lhe-á uma carta de repúdio, e lha dará na sua mão, e a despedirá da sua casa.

²Se ela, pois, saindo da sua casa, for e se casar com *outro* homem,

³E este também a desprezar, e lhe fizer carta de repúdio, e lha der na sua mão, e a despedir da sua casa, ou se este último homem, que a tomou para si por mulher, vier a morrer,

⁴Então seu primeiro marido, que a despediu,

DEUTERONÔMIO 24.5

não poderá tornar a tomá-la, para que seja sua mulher, depois que foi contaminada; pois é abominação perante o Senhor; assim não farás pecar a terra que o Senhor teu Deus te dá por herança.

⁵Quando um homem for recém-casado não sairá à guerra, nem se lhe imporá encargo algum; por um ano inteiro ficará livre na sua casa para alegrar a mulher que tomou.

⁶Não se tomará em penhor ambas as mós, nem a mó de cima nem a de baixo; pois se penhoraria assim a vida.

⁷Quando se achar alguém que tiver furtado um dentre os seus irmãos, dos filhos de Israel, e escravizá-lo, ou vendê-lo, esse ladrão morrerá, e tirarás o mal do meio de ti.

⁸Guarda-te da praga da lepra, e tenhas grande cuidado de fazer conforme a tudo o que te ensinarem os sacerdotes levitas; como lhes tenho ordenado, terás cuidado de o fazer.

⁹Lembra-te do que o Senhor teu Deus fez a Miriã no caminho, quando saíste do Egito.

¹⁰Quando emprestares alguma coisa ao teu próximo, não entrarás em sua casa, para lhe tirar o penhor.

¹¹Fora ficarás; e o homem, a quem emprestaste, te trará fora o penhor.

¹²Porém, se for homem pobre, não te deitarás com o seu penhor.

¹³Em se pondo o sol, sem falta lhe restituirás o penhor; para que durma na sua roupa, e te abençoe; e isto te será justiça diante do Senhor teu Deus.

Caridade para com os pobres, os estrangeiros e os órfãos

¹⁴Não oprimirás o diarista pobre e necessitado de teus irmãos, ou de teus estrangeiros, que está na tua terra e nas tuas portas.

¹⁵No seu dia lhe pagarás a sua diária, e o sol não se porá sobre isso; porquanto pobre é, e sua vida depende disso; para que não clame contra ti ao Senhor, e haja em ti pecado.

¹⁶Os pais não morrerão pelos filhos, nem os filhos pelos pais; cada um morrerá pelo seu pecado.

¹⁷Não perverterás o direito do estrangeiro e do órfão; nem tomarás em penhor a roupa da viúva.

¹⁸Mas lembrar-te-ás de que foste servo no Egito, e de que o Senhor teu Deus te livrou dali; pelo que te ordeno que faças isso.

¹⁹Quando no teu campo colheres a tua colheita, e esqueceres um molho no campo, não tornarás a tomá-lo; para o estrangeiro, para o órfão, e para a viúva será; para que o Senhor teu Deus te abençoe em toda a obra das tuas mãos.

²⁰Quando sacudires a tua oliveira, não voltarás para colher o fruto dos ramos; para o estrangeiro, para o órfão, e para a viúva será.

²¹Quando vindimares a tua vinha, não voltarás para rebuscá-la; para o estrangeiro, para o órfão, e para a viúva será.

²²E lembrar-te-ás de que foste servo na terra do Egito; portanto te ordeno que faças isso.

A pena de açoites

25QUANDO houver contenda entre alguns, e vierem a juízo, para que os julguem, ao justo justificarão, e ao injusto condenarão.

²E será que, se o injusto merecer açoites, o juiz o fará deitar-se, para que seja açoitado diante de si; segundo a sua culpa, será o número de açoites.

³Quarenta açoites lhe fará dar, não mais; para que, porventura, se lhe fizer dar mais açoites do que estes, teu irmão não fique envilecido aos teus olhos.

⁴Não atarás a boca ao boi, quando trilhar.

A obrigação de um homem casar com a viúva do seu irmão

⁵Quando irmãos morarem juntos, e um deles morrer, e não tiver filho, então a mulher do falecido não se casará com homem estranho, de fora; seu cunhado estará com ela, e a receberá por mulher, e fará a obrigação de cunhado para com ela.

⁶E o primogênito que ela lhe der será sucessor do nome do seu irmão falecido, para que o seu nome não se apague em Israel.

⁷Porém, se o homem não quiser tomar sua cunhada, esta subirá à porta dos anciãos, e dirá: Meu cunhado recusa suscitar a seu irmão nome em Israel; não quer cumprir para comigo o dever de cunhado.

⁸Então os anciãos da sua cidade o chamarão, e com ele falarão; e, se ele persistir, e disser: Não quero tomá-la;

⁹Então sua cunhada se chegará a ele na presença dos anciãos, e lhe descalçará o sapato do pé, e lhe cuspirá no rosto, e protestará, e dirá: Assim se fará ao homem que não edificar a casa de seu irmão;

¹⁰E o seu nome se chamará em Israel: A casa do descalçado.

¹¹Quando pelejarem dois homens, um contra o outro, e a mulher de um chegar para livrar a seu marido da mão do que o fere, e ela estender a sua mão, e lhe pegar pelas suas vergonhas,

¹²Então cortar-lhe-ás a mão; não a pouparás teu olho.

Pesos e medidas justas

¹³Na tua bolsa não terás pesos diversos, um grande e um pequeno.

¹⁴Na tua casa não terás dois tipos de efa, um grande e um pequeno.

¹⁵Peso inteiro e justo terás; efa inteiro e justo terás; para que se prolonguem os teus dias na terra que te dará o Senhor teu Deus.

¹⁶Porque abominação é ao Senhor teu Deus todo aquele que faz isto, todo aquele que fizer injustiça.

Amaleque será destruído

¹⁷Lembra-te do que te fez Amaleque no caminho, quando saías do Egito;

¹⁸Como te saiu ao encontro no caminho, e feriu na tua retaguarda todos os fracos que iam atrás

de ti, estando tu cansado e afadigado; e não temeu a Deus.

[19]Será, pois, *que,* quando o Senhor teu Deus te tiver dado repouso de todos os teus inimigos em redor, na terra que o Senhor teu Deus te dá por herança, para possuí-la, *então* apagarás a memória de Amaleque de debaixo do céu; não te esqueças.

As primícias da terra

26 E SERÁ *que,* quando entrares na terra que o Senhor teu Deus te der por herança, e a possuíres, e nela habitares,

[2]Então tomarás das primícias de todos os frutos do solo, que recolheres da terra, que te dá o Senhor teu Deus, e as porás num cesto, e irás ao lugar que escolher o Senhor teu Deus, para ali fazer habitar o seu nome.

[3]E irás ao sacerdote, que houver naqueles dias, e dir-lhe-ás: Hoje declaro perante o Senhor teu Deus que entrei na terra que o Senhor jurou a nossos pais dar-nos.

[4]E o sacerdote tomará o cesto da tua mão, e o porá diante do altar do Senhor teu Deus.

[5]Então testificarás perante o Senhor teu Deus, e dirás: Arameu, prestes a perecer, *foi* meu pai, e desceu ao Egito, e ali peregrinou com pouca gente, porém ali cresceu *até vir a ser* nação grande, poderosa, e numerosa.

[6]Mas os egípcios nos maltrataram e nos afligiram, e sobre nós impuseram uma dura servidão.

[7]Então clamamos ao Senhor Deus de nossos pais; e o Senhor ouviu a nossa voz, e atentou para a nossa miséria, e para o nosso trabalho, e para a nossa opressão.

[8]E o Senhor nos tirou do Egito com mão forte, e com braço estendido, e com grande espanto, e com sinais, e com milagres;

[9]E nos trouxe a este lugar, e nos deu esta terra, terra que mana leite e mel.

[10]E eis que agora eu trouxe as primícias dos frutos da terra que tu, ó Senhor, me deste. Então as porás perante o Senhor teu Deus, e te inclinarás perante o Senhor teu Deus,

[11]E te alegrarás por todo o bem que o Senhor teu Deus te tem dado a ti e à tua casa, tu e o levita, e o estrangeiro que está no meio de ti.

Dízimos do terceiro ano

[12]Quando acabares de separar todos os dízimos da tua colheita no ano terceiro, que é o ano dos dízimos, então os darás ao levita, ao estrangeiro, ao órfão e à viúva, para que comam dentro das tuas portas, e se fartem;

[13]E dirás perante o Senhor teu Deus: Tirei da minha casa as coisas consagradas e as dei também ao levita, e ao estrangeiro, e ao órfão e à viúva, conforme a todos os teus mandamentos que me tens ordenado; não transgredi os teus mandamentos, nem *deles* me esqueci;

[14]Delas não comi no meu luto, nem delas nada tirei quando imundo, nem delas dei para os mortos; obedeci à voz do Senhor meu Deus; conforme a tudo o que me ordenaste, tenho feito.

[15]Olha desde a tua santa habitação, desde o céu, e abençoa o teu povo, a Israel, e a terra que nos deste, como juraste a nossos pais, terra que mana leite e mel.

A aliança

[16]Neste dia, o Senhor teu Deus te manda cumprir estes estatutos e juízos; guarda-os pois, e cumpre-os com todo o teu coração e com toda a tua alma.

[17]Hoje declaraste ao Senhor que ele te será por Deus, e que andarás nos seus caminhos, e guardarás os seus estatutos, e os seus mandamentos, e os seus juízos, e darás ouvidos à sua voz.

[18]E o Senhor hoje te declarou que tu lhe serás por seu próprio povo, como te tem dito, e que guardarás todos os seus mandamentos;

[19]Para assim te exaltar sobre todas as nações que criou, para louvor, e para fama, e para glória, e para que sejas um povo santo ao Senhor teu Deus, como tem falado.

A lei gravada sobre pedras

27 E DERAM ordem, Moisés e os anciãos, ao povo de Israel, dizendo: Guardai todos estes mandamentos que hoje vos ordeno;

[2]Será, pois, *que,* no dia em que passares o Jordão à terra que te der o Senhor teu Deus, levantar-te-ás *umas* pedras grandes, e as caiarás com cal.

[3]E, havendo-o passado, escreverás nelas todas as palavras desta lei, para entrares na terra que te der o Senhor teu Deus, terra que mana leite e mel, como te falou o Senhor Deus de teus pais.

[4]Será, pois, *que,* quando houveres passado o Jordão, levantareis estas pedras, que hoje vos ordeno, no monte Ebal, e as caiarás com cal.

[5]E ali edificarás um altar ao Senhor teu Deus, um altar de pedras; não alçarás *instrumento de* ferro sobre elas.

[6]De pedras brutas edificarás o altar do Senhor teu Deus; e sobre ele oferecerás holocaustos ao Senhor teu Deus.

[7]Também sacrificarás ofertas pacíficas, e ali comerás perante o Senhor teu Deus, e te alegrarás.

[8]E naquelas pedras escreverás todas as palavras desta lei, exprimindo-as nitidamente.

[9]Falou mais Moisés, juntamente com os sacerdotes levitas, a todo o Israel, dizendo: Guarda silêncio e ouve, ó Israel! Hoje vieste a ser povo do Senhor teu Deus.

[10]Portanto obedecerás à voz do Senhor teu Deus, e cumprirás os seus mandamentos e os seus estatutos que hoje te ordeno.

As maldições que serão lançadas do monte Ebal

[11]E Moisés deu ordem naquele dia ao povo, dizendo:

[12]Quando houverdes passado o Jordão, estes estarão sobre o monte Gerizim, para abençoarem o

DEUTERONÔMIO 27.13

povo: Simeão, e Levi, e Judá, e Issacar, e José, e Benjamim;

¹³E estes estarão sobre o monte Ebal para amaldiçoar: Rúben, Gade, e Aser, e Zebulom, Dã e Naftali.

¹⁴E os levitas testificarão a todo o povo de Israel em alta voz, e dirão:

¹⁵Maldito o homem que fizer imagem de escultura, ou de fundição, abominação ao Senhor, obra da mão do artífice, e a puser em *um lugar* escondido. E todo o povo, respondendo, dirá: Amém.

¹⁶Maldito aquele que desprezar a seu pai ou a sua mãe. E todo o povo dirá: Amém.

¹⁷Maldito aquele que remover os limites do seu próximo. E todo o povo dirá: Amém.

¹⁸Maldito aquele que fizer que o cego erre de caminho. E todo o povo dirá: Amém.

¹⁹Maldito aquele que perverter o direito do estrangeiro, do órfão e da viúva. E todo o povo dirá: Amém.

²⁰Maldito aquele que se deitar com a mulher de seu pai, porquanto descobriu a nudez de seu pai. E todo o povo dirá: Amém.

²¹Maldito aquele que se deitar com *algum* animal. E todo o povo dirá: Amém.

²²Maldito aquele que se deitar com sua irmã, filha de seu pai, ou filha de sua mãe. E todo o povo dirá: Amém.

²³Maldito aquele que se deitar com sua sogra. E todo o povo dirá: Amém.

²⁴Maldito aquele que ferir ao seu próximo em oculto. E todo o povo dirá: Amém.

²⁵Maldito aquele que aceitar suborno para ferir uma *pessoa* inocente. E todo o povo dirá: Amém.

²⁶Maldito aquele que não confirmar as palavras desta lei, não as cumprindo. E todo o povo dirá: Amém.

As bênçãos anunciadas do monte Gerizim

28 E SERÁ *que,* se ouvires a voz do Senhor teu Deus, tendo cuidado de guardar todos os seus mandamentos que eu hoje te ordeno, o Senhor teu Deus te exaltará sobre todas as nações da terra.

²E todas estas bênçãos virão sobre ti e te alcançarão, quando ouvires a voz do Senhor teu Deus:

³Bendito *serás* na cidade, e bendito *serás* no campo.

⁴Bendito o fruto do teu ventre, e o fruto da tua terra, e o fruto dos teus animais; e as crias das tuas vacas e das tuas ovelhas.

⁵Bendito o teu cesto e a tua amassadeira.

⁶Bendito *serás* ao entrares, e bendito *serás* ao saíres.

⁷O Senhor entregará, feridos diante de ti, os teus inimigos, que se levantarem contra ti; por um caminho sairão contra ti, mas por sete caminhos fugirão da tua presença.

⁸O Senhor mandará que a bênção *esteja* contigo nos teus celeiros, e em tudo o que puseres a tua mão; e te abençoará na terra que te der o Senhor teu Deus.

⁹O Senhor te confirmará para si como povo santo, como te tem jurado, quando guardares os mandamentos do Senhor teu Deus, e andares nos seus caminhos.

¹⁰E todos os povos da terra verão que é invocado sobre ti o nome do Senhor, e terão temor de ti.

¹¹E o Senhor te dará abundância de bens no fruto do teu ventre, e no fruto dos teus animais, e no fruto do teu solo, sobre a terra que o Senhor jurou a teus pais te dar.

¹²O Senhor te abrirá o seu bom tesouro, o céu, para dar chuva à tua terra no seu tempo, e para abençoar toda a obra das tuas mãos; e emprestarás a muitas nações, porém tu não tomarás emprestado.

¹³E o Senhor te porá por cabeça, e não por cauda; e só estarás em cima, e não debaixo, se obedeceres aos mandamentos do Senhor teu Deus, que hoje te ordeno, para *os* guardar e cumprir.

¹⁴E não te desviarás de todas as palavras que hoje te ordeno, nem para a direita nem para a esquerda, andando após outros deuses, para os servires.

Castigos por desobediência

¹⁵Será, porém, *que,* se não deres ouvidos à voz do Senhor teu Deus, para não cuidares em cumprir todos os seus mandamentos e os seus estatutos, que hoje te ordeno, então virão sobre ti todas estas maldições, e te alcançarão:

¹⁶Maldito *serás* tu na cidade, e maldito *serás* no campo.

¹⁷Maldito o teu cesto e a tua amassadeira.

¹⁸Maldito o fruto do teu ventre, e o fruto da tua terra, e as crias das tuas vacas, e o rebanho das tuas ovelhas.

¹⁹Maldito *serás* ao entrares, e maldito *serás* ao saíres.

²⁰O Senhor mandará sobre ti a maldição; a confusão e a derrota em tudo em que puseres a mão para fazer; até que sejas destruído, e até que repentinamente pereças, por causa da maldade das tuas obras, pelas quais me deixaste.

²¹O Senhor fará pegar em ti a pestilência, até que te consuma da terra a que passas a possuir.

²²O Senhor te ferirá com a tísica e com a febre, e com a inflamação, e com o calor ardente, e com a secura, e com crestamento e com ferrugem; e te perseguirão até que pereças.

²³E os teus céus, que *estão* sobre a cabeça, serão de bronze; e a terra que *está* debaixo de ti, *será* de ferro.

²⁴O Senhor dará *por* chuva sobre a tua terra, pó e poeira; dos céus descerá sobre ti, até que pereças.

²⁵O Senhor te fará cair diante dos teus inimigos; por um caminho sairás contra eles, e por sete caminhos fugirás de diante deles, e serás espalhado por todos os reinos da terra.

²⁶E o teu cadáver servirá de comida a todas as aves dos céus, e aos animais da terra; e ninguém os espantará.

²⁷O SENHOR te ferirá com as úlceras do Egito, com tumores, e com sarna, e com coceira, de que não possas curar-te;

²⁸O SENHOR te ferirá com loucura, e com cegueira, e com pasmo de coração;

²⁹E apalparás ao meio-dia, como o cego apalpa na escuridão, e não prosperarás nos teus caminhos; porém somente serás oprimido e roubado todos os dias, e não *haverá* quem *te* salve.

³⁰Desposar-te-ás com *uma* mulher, porém outro homem dormirá com ela; edificarás *uma* casa, porém não morarás nela; plantarás *uma* vinha, porém não aproveitarás o seu fruto.

³¹O teu boi será morto aos teus olhos, porém dele não comerás; o teu jumento *será* roubado diante de ti, e não voltará a ti; as tuas ovelhas *serão* dadas aos teus inimigos, e não *haverá* quem *te* salve.

³²Teus filhos e tuas filhas *serão* dados a outro povo, os teus olhos *o* verão, e por eles desfalecerão todo o dia; porém não *haverá* poder na tua mão.

³³O fruto da tua terra e todo o teu trabalho, comerá um povo que nunca conheceste; e tu serás oprimido e quebrantado todos os dias.

³⁴E enlouquecerás com o que vires com os teus olhos.

³⁵O SENHOR te ferirá com úlceras malignas nos joelhos e nas pernas, de que não possas sarar, desde a planta do teu pé até ao alto da cabeça.

³⁶O SENHOR te levará a ti e a teu rei, que tiveres posto sobre ti, a *uma* nação que não conheceste, nem tu nem teus pais; e ali servirás a outros deuses, ao pau e à pedra.

³⁷E serás por pasmo, por ditado, e por fábula, entre todos os povos a que o SENHOR te levará.

³⁸Lançarás muita semente ao campo; porém colherás pouco, porque o gafanhoto a consumirá.

³⁹Plantarás vinhas, e cultivarás; porém não beberás vinho, nem colherás *as uvas;* porque o bicho as comerá.

⁴⁰Em todos os termos terás oliveiras; porém não te ungirás com azeite; porque *a azeitona* cairá *da* tua oliveira.

⁴¹Filhos e filhas gerarás; porém não serão para ti; porque irão em cativeiro.

⁴²Todo o teu arvoredo e o fruto da tua terra consumirá a lagarta.

⁴³O estrangeiro, que *está* no meio de ti, se elevará muito sobre ti, e tu mais baixo descerás;

⁴⁴Ele te emprestará a ti, porém tu não emprestarás a *ele;* ele será por cabeça, e tu serás por cauda.

⁴⁵E todas estas maldições virão sobre ti, e te perseguirão, e te alcançarão, até que sejas destruído; porquanto não ouviste à voz do SENHOR teu Deus, para guardares os seus mandamentos, e os seus estatutos, que te tem ordenado;

⁴⁶E serão entre ti por sinal e por maravilha, como também entre a tua descendência para sempre.

⁴⁷Porquanto não serviste ao SENHOR teu Deus com alegria e bondade de coração, pela abundância de tudo.

⁴⁸Assim servirás aos teus inimigos, que o SENHOR enviará contra ti, com fome e com sede, e com nudez, e com falta de tudo; e sobre o teu pescoço porá um jugo de ferro, até que te tenha destruído.

⁴⁹O SENHOR levantará contra ti uma nação de longe, da extremidade da terra, que voa como a águia, nação cuja língua não entenderás;

⁵⁰Nação feroz de rosto, que não respeitará o rosto do velho, nem se apiedará do moço;

⁵¹E comerá o fruto dos teus animais, e o fruto da tua terra, até que sejas destruído; e não te deixará grão, mosto, nem azeite, nem crias das tuas vacas, nem rebanho das tuas ovelhas, até que te haja consumido;

⁵²E sitiar-te-á em todas as tuas portas, até que venham a cair os teus altos e fortes muros, em que confiavas em toda a tua terra; e te sitiará em todas as tuas portas, em toda a tua terra que te tem dado o SENHOR teu Deus.

⁵³E comerás o fruto do teu ventre, a carne de teus filhos e de tuas filhas, que te der o SENHOR teu Deus, no cerco e no aperto com que os teus inimigos te apertarão.

⁵⁴*Quanto ao* homem *mais* mimoso e delicado no meio de ti, o seu olho será maligno para com o seu irmão, e para com a mulher do seu regaço, e para com os demais de seus filhos que *ainda* lhe ficarem;

⁵⁵De sorte que não dará a nenhum deles da carne de seus filhos, que ele comer; porquanto nada lhe ficou de resto no cerco e no aperto, com que o teu inimigo te apertará em todas as tuas portas.

⁵⁶E *quanto à mulher mais* mimosa e delicada no meio de ti, que de mimo e delicadeza nunca tentou pôr a planta de seu pé sobre a terra, será maligno o seu olho contra o homem de seu regaço, e contra seu filho, e contra sua filha;

⁵⁷E *isto* por *causa de* suas páreas, que saírem dentre os seus pés, e para com os seus filhos que tiver, porque os comerá às escondidas pela falta de tudo, no cerco e no aperto, com que o teu inimigo te apertará nas tuas portas.

⁵⁸Se não tiveres cuidado de guardar todas as palavras desta lei, que estão escritas neste livro, para temeres este nome glorioso e temível, o SENIIOR TEU DEUS,

⁵⁹Então o SENHOR fará espantosas as tuas pragas, e as pragas de tua descendência, grandes e permanentes pragas, e enfermidades malignas e duradouras;

⁶⁰E fará tornar sobre ti todos os males do Egito, de que tu tiveste temor, e se apegarão a ti.

⁶¹Também o SENHOR fará vir sobre ti toda a enfermidade e toda a praga, que não *está* escrita no livro desta lei, até que sejas destruído.

⁶²E ficareis poucos em número, em lugar de haverem sido como as estrelas dos céus em multidão; porquanto não destes ouvidos à voz do SENHOR teu Deus.

⁶³E será que, assim como o SENHOR se deleitava em vós, em fazer-vos bem e multiplicar-vos,

DEUTERONÔMIO 28.64

154

assim o Senhor se deleitará em destruir-vos e consumir-vos; e desarraigados sereis da terra a qual passais a possuir.

⁶⁴E o Senhor vos espalhará entre todos os povos, desde uma extremidade da terra até à outra; e ali servireis a outros deuses que não conheceste, nem tu nem teus pais; ao pau e à pedra.

⁶⁵E nem ainda entre estas nações descansarás, nem a planta de teu pé terá repouso; porquanto o Senhor ali te dará coração agitado, e desfalecimento de olhos, e desmaio da alma.

⁶⁶E a tua vida, como em suspenso, estará diante de ti; e estremecerás de noite e de dia, e não crerás na tua *própria* vida.

⁶⁷Pela manhã dirás: Ah! quem *me* dera *ver* a noite! E à tarde dirás: Ah! Quem *me* dera *ver* a manhã! Pelo pasmo de teu coração, que sentirás, e pelo que verás com os teus olhos.

⁶⁸E o Senhor te fará voltar ao Egito em navios, pelo caminho de que te tenho dito; nunca jamais o verás; e ali sereis vendidos como escravos e escravas aos vossos inimigos; mas não haverá quem *vos* compre.

Deus renova a aliança com o povo

29 ESTAS *são* as palavras da aliança que o Senhor ordenou a Moisés que fizesse com os filhos de Israel, na terra de Moabe, além da aliança que fizera com eles em Horebe.

²E chamou Moisés a todo o Israel, e disse-lhes: Tendes visto tudo quanto o Senhor fez perante vossos olhos, na terra do Egito, a Faraó, e a todos os seus servos, e a toda a sua terra;

³As grandes provas que os teus olhos têm visto, aqueles sinais e grandes maravilhas;

⁴Porém não vos tem dado o Senhor um coração para entender, nem olhos para ver, nem ouvidos para ouvir, até ao dia de hoje.

⁵E quarenta anos vos fiz andar pelo deserto; não se envelheceram sobre vós as vossas vestes, e nem se envelheceu o vosso sapato no vosso pé.

⁶Pão não comestes, e vinho e bebida forte não bebestes; para que soubésseis que eu *sou* o Senhor vosso Deus.

⁷Vindo vós, pois, a este lugar, Siom, rei de Hesbom, e Ogue, rei de Basã, nos saíram ao encontro, à peleja, e nós os ferimos;

⁸E tomamos a sua terra e a demos por herança aos rubenitas, e aos gaditas, e à meia tribo dos manassitas.

⁹Guardai, pois, as palavras desta aliança, e cumpri-as, para que prospereis em tudo quanto fizerdes.

¹⁰Vós todos estais hoje perante o Senhor vosso Deus; os capitães de vossas tribos, vossos anciãos, e os vossos oficiais, todos os homens de Israel;

¹¹Os vossos meninos, as vossas mulheres, e o estrangeiro que *está* no meio do vosso arraial; desde o rachador da vossa lenha até ao tirador da vossa água;

¹²Para entrardes na aliança do Senhor teu Deus,

e no seu juramento que o Senhor teu Deus hoje faz convosco;

¹³Para que hoje te confirme por seu povo, e ele te seja por Deus, como te tem dito, e como jurou a teus pais, Abraão, Isaque e Jacó.

¹⁴E não somente convosco faço esta aliança e este juramento;

¹⁵Mas com aquele que hoje está aqui em pé conosco perante o Senhor nosso Deus, e com aquele que hoje não está aqui conosco.

¹⁶Porque vós sabeis como habitamos na terra do Egito, e como passamos pelo meio das nações pelas quais passastes;

¹⁷E vistes as suas abominações, e os seus ídolos, o pau e a pedra, a prata e o ouro que *havia* entre eles,

¹⁸Para que entre vós não haja homem, nem mulher, nem família, nem tribo, cujo coração hoje se desvie do Senhor nosso Deus, para que vá servir aos deuses destas nações; para que entre vós não haja raiz que dê veneno e fel;

¹⁹E aconteça *que*, alguém ouvindo as palavras desta maldição, se abençoe no seu coração, dizendo: Terei paz, ainda que ande conforme o parecer do meu coração; para acrescentar à sede a bebedeira.

²⁰O Senhor não lhe quererá perdoar; mas fumegará a ira do Senhor e o seu zelo contra esse homem, e toda a maldição escrita neste livro pousará sobre ele; e o Senhor apagará o seu nome de debaixo do céu.

²¹E o Senhor o separará para mal, de todas as tribos de Israel, conforme a todas as maldições da aliança escrita no livro desta lei.

²²Então dirá à geração vindoura, os vossos filhos, que se levantarem depois de vós, e o estrangeiro que virá de terras remotas, vendo as pragas desta terra, e as suas doenças, com que o Senhor a terá afligido;

²³E toda a sua terra abrasada com enxofre, e sal, *de sorte* que não será semeada, e nada produzirá, nem nela crescerá erva alguma; *assim* como *foi* a destruição de Sodoma e de Gomorra, de Admá e de Zeboim, que o Senhor destruiu na sua ira e no seu furor.

²⁴E todas as nações dirão: Por que fez o Senhor assim com esta terra? Qual *foi a causa do* furor desta tão grande ira?

²⁵Então se dirá: Porquanto deixaram a aliança do Senhor Deus de seus pais, que com eles tinha feito, quando os tirou da terra do Egito;

²⁶E foram, e serviram a outros deuses, e se inclinaram diante deles; deuses que eles não conheceram, e nenhum dos quais lhes tinha sido dado.

²⁷Por isso a ira do Senhor se acendeu contra esta terra, para trazer sobre ela toda a maldição que está escrita neste livro.

²⁸E o Senhor os arrancou da sua terra com ira, e com indignação, e com grande furor, e os lançou em outra terra como neste dia *se vê*.

²⁹As *coisas* encobertas *pertencem* ao Senhor

nosso Deus, porém as reveladas nos *pertencem* a nós e a nossos filhos para sempre, *para* que cumpramos todas as palavras desta lei.

A misericórdia de Deus para com os que se arrependem

30 E SERÁ *que,* sobrevindo-te todas estas coisas, a bênção ou a maldição, que tenho posto diante de ti, e te recordares *delas* entre todas as nações, para onde te lançar o SENHOR teu Deus,

²E te converteres ao SENHOR teu Deus, e deres ouvidos à sua voz, conforme a tudo o que eu te ordeno hoje, tu e teus filhos, com todo o teu coração, e com toda a tua alma,

³Então o SENHOR teu Deus te fará voltar do teu cativeiro, e se compadecerá de ti, e tornará a ajuntar-te dentre todas as nações entre as quais te espalhou o SENHOR teu Deus.

⁴Ainda que os teus desterrados estejam na extremidade do céu, desde ali te ajuntará o SENHOR teu Deus, e te tomará dali;

⁵E o SENHOR teu Deus te trará à terra que teus pais possuíram, e a possuirás; e te fará bem, e te multiplicará mais do que a teus pais.

⁶E o SENHOR teu Deus circuncidará o teu coração, e o coração de tua descendência, para amares ao SENHOR teu Deus com todo o coração, e com toda a tua alma, para que vivas.

⁷E o SENHOR teu Deus porá todas estas maldições sobre os teus inimigos, e sobre os que te odiarem, que te perseguirem.

⁸Converter-te-ás, pois, e darás ouvidos à voz do SENHOR; cumprirás todos os seus mandamentos que hoje te ordeno.

⁹E o SENHOR teu Deus te fará prosperar em toda a obra das tuas mãos, no fruto do teu ventre, e no fruto dos teus animais, e no fruto da tua terra para o teu bem; porquanto o SENHOR tornará a alegrar-se em ti para te fazer bem, como se alegrou em teus pais,

¹⁰Quando deres ouvidos à voz do SENHOR teu Deus, guardando os seus mandamentos e os seus estatutos, escritos neste livro da lei, quando te converteres ao SENHOR teu Deus com todo o teu coração, e com toda a tua alma.

A lei do SENHOR é muito clara

¹¹Porque este mandamento, que hoje te ordeno, não te *é encoberto,* e tampouco *está* longe *de ti.*

¹²Não *está* nos céus, para dizeres: Quem subirá por nós aos céus, que no-lo traga, e no-lo faça ouvir, para que o cumpramos?

¹³Nem tampouco *está* além do mar, para dizeres: Quem passará por nós além do mar, para que no-lo traga, e no-lo faça ouvir, para que o cumpramos?

¹⁴Porque esta palavra *está* mui perto de ti, na tua boca, e no teu coração, para a cumprires.

¹⁵Vês aqui, hoje te tenho proposto a vida e o bem, e a morte e o mal;

¹⁶Porquanto te ordeno hoje que ames ao SENHOR teu Deus, que andes nos seus caminhos, e que guardes os seus mandamentos, e os seus estatutos, e os seus juízos, para que vivas, e te multipliques, e o SENHOR teu Deus te abençoe na terra a qual entras a possuir.

¹⁷Porém se o teu coração se desviar, e não quiseres dar ouvidos, e fores seduzido para te inclinares a outros deuses, e os servires,

¹⁸Então eu vos declaro hoje que, certamente, perecereis; não prolongareis os dias na terra a que vais, passando o Jordão, para que, entrando nela, a possuas;

¹⁹Os céus e a terra tomo hoje por testemunhas contra vós, de *que* te tenho proposto a vida e a morte, a bênção e a maldição: escolhe pois a vida, para que vivas, tu e a tua descendência,

²⁰Amando ao SENHOR teu Deus, dando ouvidos à sua voz, e achegando-te a ele; pois ele *é* a tua vida, e o prolongamento dos teus dias; para que fiques na terra que o SENHOR jurou a teus pais, a Abraão, a Isaque, e a Jacó, que lhes havia de dar.

Moisés nomeia Josué seu sucessor

31 DEPOIS foi Moisés, e falou estas palavras a todo o Israel,

²E disse-lhes: Da idade de cento e vinte anos *sou* eu hoje; já não poderei mais sair e entrar; além disto o SENHOR me disse: Não passarás o Jordão.

³O SENHOR teu Deus passará adiante de ti; ele destruirá estas nações de diante de ti, para que as possuas; Josué passará adiante de ti, como o SENHOR tem falado.

⁴E o SENHOR lhes fará como fez a Siom e a Ogue, reis dos amorreus, e à sua terra, os quais destruiu.

⁵Quando, pois, o SENHOR vo-los der diante de vós, então com eles fareis conforme a todo o mandamento que vos tenho ordenado.

⁶Esforçai-vos, e animai-vos; não temais, nem vos espanteis diante deles; porque o SENHOR teu Deus *é* o que vai contigo; não te deixará nem te desamparará.

⁷E chamou Moisés a Josué, e lhe disse aos olhos de todo o Israel: Esforça-te e anima-te; porque com este povo entrarás na terra que o SENHOR jurou a teus pais lhes dar; e tu os farás herdá-la.

⁸O SENHOR, pois, *é* aquele que vai adiante de ti; ele será contigo, não te deixará, nem te desamparará; não temas, nem te espantes.

A lei deve ser lida ao povo de sete em sete anos

⁹E Moisés escreveu esta lei, e a deu aos sacerdotes, filhos de Levi, que levavam a arca da aliança do SENHOR, e a todos os anciãos de Israel.

¹⁰E ordenou-lhes Moisés, dizendo: Ao fim de *cada* sete anos, no tempo *determinado* do ano da remissão, na festa dos tabernáculos,

¹¹Quando todo o Israel vier a comparecer perante o SENHOR teu Deus, no lugar que ele escolher, lerás esta lei diante de todo o Israel aos seus ouvidos.

¹²Ajunta o povo, os homens e as mulheres, os meninos e os estrangeiros que estão dentro das tuas portas, para que ouçam e aprendam e temam

DEUTERONÔMIO 31.13   156

ao SENHOR vosso Deus, e tenham cuidado de fazer todas as palavras desta lei;

¹³E que seus filhos, que não a souberem, ouçam e aprendam a temer ao SENHOR vosso Deus, todos os dias que viverdes sobre a terra a qual ides, passando o Jordão, para a possuir.

Deus dá a Josué o encargo do povo

¹⁴E disse o SENHOR a Moisés: Eis que os teus dias são chegados, para que morras; chama a Josué, e apresentai-vos na tenda da congregação, para que eu lhe dê ordens. Assim foram Moisés e Josué, e se apresentaram na tenda da congregação.

¹⁵Então o SENHOR apareceu na tenda, na coluna de nuvem; e a coluna de nuvem estava sobre a porta da tenda.

¹⁶E disse o SENHOR a Moisés: Eis que dormirás com teus pais; e este povo se levantará, e prostituir-se-á indo após os deuses estranhos na terra, para cujo meio vai, e me deixará, e anulará a minha aliança que tenho feito com ele.

¹⁷Assim se acenderá a minha ira naquele dia contra ele, e desampará-lo-ei, e esconderei o meu rosto dele, para que seja devorado; e tantos males e angústias o alcançarão, que dirá naquele dia: Não me alcançaram estes males, porque o meu Deus não está no meio de mim?

¹⁸Esconderei, pois, totalmente o meu rosto naquele dia, por todo o mal que tiver feito, por se haverem tornado a outros deuses.

Um cântico de testemunho na boca de Josué

¹⁹Agora, pois, escrevei-vos este cântico, e ensinai-o aos filhos de Israel; ponde-o na sua boca, para que este cântico me seja por testemunha contra os filhos de Israel.

²⁰Porque introduzirei o meu povo na terra que jurei a seus pais, que mana leite e mel; e comerá, e se fartará, e se engordará; então se tornará a outros deuses, e os servirá, e me irritarão, e anularão a minha aliança.

²¹E será que, quando o alcançarem muitos males e angústias, então este cântico responderá contra ele por testemunha, pois não será esquecido da boca de sua descendência; porquanto conheço a sua imaginação, o que ele faz hoje, antes que o introduza na terra que tenho jurado.

²²Assim Moisés escreveu este cântico naquele dia, e o ensinou aos filhos de Israel.

²³E ordenou a Josué, filho de Num, e disse: Esforça-te e anima-te; porque tu introduzirás os filhos de Israel na terra que lhes jurei; e eu serei contigo.

²⁴E aconteceu que, acabando Moisés de escrever num livro, todas as palavras desta lei, até se acabarem,

²⁵Moisés deu ordem aos levitas, que levavam a arca da aliança do SENHOR, dizendo:

²⁶Tomai este livro da lei, e ponde-o ao lado da arca da aliança do SENHOR vosso Deus, para que ali esteja por testemunha contra ti.

²⁷Porque conheço a tua rebelião e a tua dura cerviz; eis que, vivendo eu ainda hoje convosco, rebeldes fostes contra o SENHOR; e quanto mais depois da minha morte?

²⁸Ajuntai perante mim todos os anciãos das vossas tribos, e vossos oficiais, e aos seus ouvidos falarei estas palavras, e contra eles por testemunhas tomarei o céu e a terra.

²⁹Porque eu sei que depois da minha morte certamente vos corrompereis, e vos desviareis do caminho que vos ordenei; então este mal vos alcançará nos últimos dias, quando fizerdes mal aos olhos do SENHOR, para o provocar à ira com a obra das vossas mãos.

³⁰Então Moisés falou as palavras deste cântico aos ouvidos de toda a congregação de Israel, até se acabarem.

Último cântico de Moisés

32 INCLINAI os ouvidos, ó céus, e falarei; e ouça a terra as palavras da minha boca.

²Goteje a minha doutrina como a chuva, destile a minha palavra como o orvalho, como chuvisco sobre a erva e como gotas de água sobre a relva.

³Porque apregoarei o nome do SENHOR; engrandecei a nosso Deus.

⁴Ele é a Rocha, cuja obra é perfeita, porque todos os seus caminhos justos são; Deus é a verdade, e não há nele injustiça; justo e reto é.

⁵Corromperam-se contra ele; não são seus filhos, mas a sua mancha; geração perversa e distorcida é.

⁶Recompensais assim ao SENHOR, povo louco e ignorante? Não é ele teu pai que te adquiriu, te fez e te estabeleceu?

⁷Lembra-te dos dias da antiguidade, atenta para os anos de muitas gerações: pergunta a teu pai, e ele te informará; aos teus anciãos, e eles te dirão.

⁸Quando o Altíssimo distribuía as heranças às nações, quando dividia os filhos de Adão uns dos outros, estabeleceu os termos dos povos, conforme o número dos filhos de Israel.

⁹Porque a porção do SENHOR é o seu povo; Jacó é a parte da sua herança.

¹⁰Achou-o numa terra deserta, e num ermo solitário cheio de uivos; cercou-o, instruiu-o, e guardou-o como a menina do seu olho.

¹¹Como a águia desperta a sua ninhada, move-se sobre os seus filhos, estende as suas asas, toma-os, e os leva sobre as suas asas,

¹²Assim só o SENHOR o guiou; e não havia com ele deus estranho.

¹³Ele o fez cavalgar sobre as alturas da terra, e comer os frutos do campo, e o fez chupar mel da rocha e azeite da dura pederneira.

¹⁴Manteiga de vacas, e leite de ovelhas, com a gordura dos cordeiros e dos carneiros que pastam em Basã, e dos bodes, com o mais escolhido trigo; e bebeste o sangue das uvas, o vinho puro.

¹⁵E, engordando-se Jesurum, deu coices (engordaste-te, engrossaste-te, e de gordura te cobriste)

e deixou a Deus, que o fez, e desprezou a Rocha da sua salvação.

¹⁶Com *deuses* estranhos o provocaram a zelos; com abominações o irritaram.

¹⁷Sacrifícios ofereceram aos demônios, não a Deus; aos deuses que não conheceram, novos *deuses* que vieram há pouco, aos quais não temeram vossos pais.

¹⁸Esqueceste-te da Rocha que te gerou; e em esquecimento puseste o Deus que te formou;

¹⁹O que vendo o Senhor, *os* desprezou, por ter sido provocado à ira contra seus filhos e suas filhas;

²⁰E disse: Esconderei o meu rosto deles, verei qual *será* o seu fim; porque *são* geração perversa, filhos em quem não há lealdade.

²¹A zelos me provocaram com *aquilo que não é* Deus; com as suas vaidades me provocaram à ira: portanto eu os provocarei a zelos com *o que não é* povo; com nação louca os despertarei à ira.

²²Porque um fogo se acendeu na minha ira, e arderá até ao mais profundo do inferno, e consumirá a terra com a sua colheita, e abrasará os fundamentos dos montes.

²³Males amontoarei sobre eles; as minhas setas esgotarei contra eles.

²⁴Consumidos *serão* de fome, comidos pela febre ardente e de peste amarga; e contra eles enviarei dentes de feras, com ardente veneno de serpentes do pó.

²⁵Por fora devastará a espada, e por dentro o pavor; ao jovem, juntamente com a virgem, assim à criança de peito como ao homem encanecido.

²⁶*Eu* disse: Por todos os cantos os espalharei; farei cessar a sua memória dentre os homens,

²⁷Se eu não receasse a ira do inimigo, para que os seus adversários não se iludam, *e* para que não digam: A nossa mão *está* exaltada; o Senhor não fez tudo isto.

²⁸Porque são gente falta de conselhos, e neles não há entendimento.

²⁹Quem dera eles fossem sábios! *Que* isto entendessem, *e* atentassem para o seu fim!

³⁰Como *poderia ser que* um só perseguisse mil, e dois fizessem fugir dez mil, se a sua Rocha os não vendera, e o Senhor os não entregara?

³¹Porque a sua rocha não *é* como a nossa Rocha, *sendo* até os nossos inimigos juízes *disto*.

³²Porque a sua vinha *é* a vinha de Sodoma e dos campos de Gomorra; as suas uvas *são* uvas venenosas, cachos amargos *têm*.

³³O seu vinho *é* ardente veneno de serpentes, e peçonha cruel de víboras.

³⁴Não está isto guardado comigo? Selado nos meus tesouros?

³⁵Minha *é* a vingança e a recompensa, ao tempo que resvalar o seu pé; porque o dia da sua ruína *está* próximo, e as coisas que lhes hão de suceder, se apressam *a chegar*.

³⁶Porque o Senhor fará justiça ao seu povo, e se compadecerá de seus servos; quando vir que o poder *deles* se foi, e não há preso nem desamparado.

³⁷Então dirá: Onde *estão* os seus deuses? A rocha em quem confiavam,

³⁸De cujos sacrifícios comiam a gordura, *e* de cujas libações bebiam o vinho? Levantem-se, e vos ajudem, para que haja para vós esconderijo.

³⁹Vede agora que eu, eu o *sou*, e mais nenhum deus há além de mim; eu mato, e eu faço viver; eu firo, e eu saro, e ninguém *há* que escape da minha mão.

⁴⁰Porque levantarei a minha mão aos céus, e direi: Eu vivo para sempre.

⁴¹Se eu afiar a minha espada reluzente, e *se* a minha mão travar o juízo, retribuirei a vingança sobre os meus adversários, e recompensarei aos que me odeiam.

⁴²Embriagarei as minhas setas de sangue, e a minha espada comerá carne; do sangue dos mortos e dos prisioneiros, desde a cabeça, haverá vinganças do inimigo.

⁴³Jubilai, ó nações, o seu povo, porque ele vingará o sangue dos seus servos, e sobre os seus adversários retribuirá a vingança, e terá misericórdia da sua terra *e* do seu povo.

⁴⁴E veio Moisés, e falou todas as palavras deste cântico aos ouvidos do povo, ele e Josué, filho de Num.

⁴⁵E, acabando Moisés de falar todas estas palavras a todo o Israel,

⁴⁶Disse-lhes: Aplicai o vosso coração a todas as palavras que hoje testifico entre vós, para que as recomendeis a vossos filhos, para que tenham cuidado de cumprir todas as palavras desta lei.

⁴⁷Porque esta palavra não vos *é* vã, antes *é* a vossa vida; e por esta mesma palavra prolongareis os dias na terra a qual, passando o Jordão, ides a possuir.

⁴⁸Depois falou o Senhor a Moisés, naquele mesmo dia, dizendo:

⁴⁹Sobe ao monte de Abarim, ao monte Nebo, que *está* na terra de Moabe, defronte de Jericó, e vê a terra de Canaã, que darei aos filhos de Israel por possessão.

⁵⁰E morre no monte ao qual subirás; e recolhe-te ao teu povo, como Arão teu irmão morreu no monte Hor, e se recolheu ao seu povo.

⁵¹Porquanto transgredistes contra mim no meio dos filhos de Israel, às águas de Meriba de Cades, no deserto de Zim; pois não me santificastes no meio dos filhos de Israel.

⁵²Pelo que verás a terra diante *de* ti, porém não entrarás nela, na terra que darei aos filhos de Israel.

A bênção de Moisés

33 ESTA, porém, *é* a bênção com que Moisés, homem de Deus, abençoou os filhos de Israel antes da sua morte.

²Disse pois: O Senhor veio de Sinai, e lhes subiu de Seir; resplandeceu desde o monte Parã,

e veio com dez milhares de santos; à sua direita *havia* para eles o fogo da lei.

³Na verdade ama os povos; todos os seus santos *estão* na sua mão; postos serão no meio, entre os teus pés, e *cada um* receberá das tuas palavras.

⁴Moisés nos deu a lei, como herança da congregação de Jacó.

⁵E foi rei em Jesurum, quando se congregaram os cabeças do povo com as tribos de Israel.

As bênçãos das tribos

⁶Viva Rúben, e não morra, e *que* os seus homens não sejam poucos.

⁷E isto *é o que disse* de Judá: Ouve, ó Senhor, a voz de Judá, e introduze-o no seu povo; as suas mãos lhe bastem, e tu *lhe* sejas em ajuda contra os seus inimigos.

⁸E de Levi disse: Teu Tumim e teu Urim *são* para o teu amado, que tu provaste em Massá, com quem contendeste junto às águas de Meribá.

⁹Aquele que disse a seu pai, e à sua mãe: Nunca os vi; e não conheceu a seus irmãos, e não estimou a seus filhos; pois guardaram a tua palavra e observaram a tua aliança.

¹⁰Ensinaram os teus juízos a Jacó, e a tua lei a Israel; puseram incenso no teu nariz, e o holocausto sobre o teu altar.

¹¹Abençoa o seu poder, ó Senhor, e aceita a obra das suas mãos; fere os lombos dos que se levantam contra ele e o odeiam, para que nunca mais se levantem.

¹²*E* de Benjamim disse: O amado do Senhor habitará seguro com ele; todo o dia o cobrirá, e morará entre os seus ombros.

¹³E de José disse: Bendita do Senhor *seja* a sua terra, com o mais excelente dos céus, com o orvalho e com o abismo que jaz abaixo.

¹⁴E com os mais excelentes frutos do sol, e com as mais excelentes produções das luas,

¹⁵E com o mais excelente dos montes antigos, e com o mais excelente dos outeiros eternos.

¹⁶E com o mais excelente da terra, e da sua plenitude, e com a benevolência daquele que habitava na sarça, venha sobre a cabeça de José, e sobre o alto da cabeça daquele *que foi* separado de seus irmãos.

¹⁷Ele tem a glória do primogênito do seu touro, e os seus chifres são chifres de boi selvagem; com eles rechaçará todos os povos até às extremidades da terra; estes pois *são* os dez milhares de Efraim, e estes *são* os milhares de Manassés.

¹⁸E de Zebulom disse: Zebulom, alegra-te nas tuas saídas; e *tu,* Issacar, nas tuas tendas.

¹⁹*Eles* chamarão os povos ao monte; ali apresentarão ofertas de justiça, porque chuparão a abundância dos mares e os tesouros escondidos da areia.

²⁰E de Gade disse: Bendito aquele que faz dilatar a Gade; habita como a leoa, e despedaça o braço e o alto da cabeça.

²¹E se proveu da melhor parte, porquanto ali *estava* escondida a porção do legislador; por isso veio com os chefes do povo, executou a justiça do Senhor e os seus juízos para com Israel.

²²E de Dã disse: Dã *é* cria de leão; que salta de Basã.

²³E de Naftali disse: Farta-te, ó Naftali, da benevolência, e enche-te da bênção do Senhor; possui o ocidente e o sul.

²⁴E de Aser disse: Bendito *seja* Aser com *seus* filhos; agrade a seus irmãos, e banhe em azeite o seu pé.

²⁵Seja de ferro e de metal o teu calçado; e a tua força *seja* como os teus dias.

²⁶Não *há outro,* ó Jesurum, semelhante a Deus, *que* cavalga sobre os céus para a tua ajuda, e com a sua majestade sobre as mais altas nuvens.

²⁷O Deus eterno *é* a tua habitação, e por baixo *estão* os braços eternos; e ele lançará o inimigo de diante de ti, e dirá: Destrói-*o.*

²⁸Israel, pois, habitará só, seguro, *na terra* da fonte de Jacó, na terra de grão e de mosto; e os seus céus gotejarão orvalho.

²⁹Bem-aventurado tu, ó Israel! Quem *é* como tu? Um povo salvo pelo Senhor, o escudo do teu socorro, e a espada da tua majestade; por isso os teus inimigos te serão sujeitos, e tu pisarás sobre as suas alturas.

Moisés vê a terra prometida

34 ENTÃO subiu Moisés das campinas de Moabe ao monte Nebo, ao cume de Pisga, que está em frente a Jericó e o Senhor mostrou-lhe toda a terra desde Gileade até Dã;

²E todo Naftali, e a terra de Efraim, e Manassés e toda a terra de Judá, até ao mar ocidental;

³E o sul, e a campina do vale de Jericó, a cidade das palmeiras, até Zoar.

⁴E disse-lhe o Senhor: Esta *é* a terra que jurei a Abraão, Isaque, e Jacó, dizendo: À tua descendência a darei; eu te faço vê-la com os teus olhos, porém lá não passarás.

Moisés morre

⁵Assim morreu ali Moisés, servo do Senhor, na terra de Moabe, conforme a palavra do Senhor.

⁶E o sepultou num vale, na terra de Moabe, em frente de Bete-Peor; e ninguém soube até hoje o lugar da sua sepultura.

⁷*Era* Moisés da idade de cento e vinte anos quando morreu; os seus olhos nunca se escureceram, nem perdeu o seu vigor.

⁸E os filhos de Israel prantearam a Moisés trinta dias, nas campinas de Moabe; e os dias do pranto no luto de Moisés se cumpriram.

⁹E Josué, filho de Num, foi cheio do espírito de sabedoria, porquanto Moisés tinha posto sobre ele as suas mãos; assim os filhos de Israel lhe deram ouvidos, e fizeram como o Senhor ordenara a Moisés.

¹⁰E nunca mais se levantou em Israel profeta *algum* como Moisés, a quem o Senhor conhecera face a face;

¹¹*Nem semelhante* em todos os sinais e

maravilhas, que o SENHOR o enviou para fazer na terra do Egito, a Faraó, e a todos os seus servos, e toda a sua terra.

[12]E em toda a mão forte, e em todo o grande espanto, que praticou Moisés aos olhos de todo o Israel.

O LIVRO DE
JOSUÉ

Deus fala a Josué e anima-o

1 E SUCEDEU depois da morte de Moisés, servo do SENHOR, que o SENHOR falou a Josué, filho de Num, servo de Moisés, dizendo:

²Moisés, meu servo, é morto; levanta-te, pois, agora, passa este Jordão, tu e todo este povo, à terra que eu dou aos filhos de Israel.

³Todo o lugar que pisar a planta do vosso pé, vo-lo tenho dado, como eu disse a Moisés.

⁴Desde o deserto e do Líbano, até ao grande rio, o rio Eufrates, toda a terra dos heteus, e até o grande mar para o poente do sol, será o vosso termo.

⁵Ninguém te poderá resistir, todos os dias da tua vida; como fui com Moisés, *assim* serei contigo; não te deixarei nem te desampararei.

⁶Esforça-te, e tem bom ânimo; porque tu farás a este povo herdar a terra que jurei a seus pais lhes daria.

⁷Tão somente esforça-te e tem mui bom ânimo, para teres o cuidado de fazer conforme a toda a lei que meu servo Moisés te ordenou; dela não te desvies, nem para a direita nem para a esquerda, para que prudentemente te conduzas por onde quer que andares.

⁸Não se aparte da tua boca o livro desta lei; antes medita nele dia e noite, para que tenhas cuidado de fazer conforme a tudo quanto nele está escrito; porque então farás prosperar o teu caminho, e serás bem-sucedido.

⁹Não to mandei eu? Esforça-te, e tem bom ânimo; não temas, nem te espantes; porque o SENHOR teu Deus *é* contigo, por onde quer que andares.

Josué prepara o povo para passar o Jordão

¹⁰Então Josué deu ordem aos príncipes do povo, dizendo:

¹¹Passai pelo meio do arraial e ordenai ao povo, dizendo: Provede-vos de comida, porque dentro de três dias passareis este Jordão, para que entreis a possuir a terra que vos dá o SENHOR vosso Deus, para a possuirdes.

¹²E falou Josué aos rubenitas, e aos gaditas, e à meia tribo de Manassés, dizendo:

¹³Lembrai-vos da palavra que vos mandou Moisés, o servo do SENHOR, dizendo: O SENHOR vosso Deus vos dá descanso, e vos dá esta terra.

¹⁴Vossas mulheres, vossos meninos e vosso gado fiquem na terra que Moisés vos deu deste lado do Jordão; porém vós passareis armados na frente de vossos irmãos, todos os valentes e valorosos, e ajudá-los-eis;

¹⁵Até que o SENHOR dê descanso a vossos irmãos, como a vós, e eles também possuam a terra que o SENHOR vosso Deus lhes dá; então tornareis à terra da vossa herança, e possuireis a que vos

deu Moisés, o servo do SENHOR, deste lado do Jordão, para o nascente do sol.

¹⁶Então responderam a Josué, dizendo: Tudo quanto nos ordenaste faremos, e onde quer que nos enviares iremos.

¹⁷Como em tudo ouvimos a Moisés, assim te ouviremos a ti, tão somente *que* o SENHOR teu Deus seja contigo, como foi com Moisés.

¹⁸Todo o homem, que for rebelde às tuas ordens, e não ouvir as tuas palavras em tudo quanto lhe mandares, morrerá. Tão somente esforça-te, e tem bom ânimo.

Josué envia dois espias a Jericó

2 E JOSUÉ, filho de Num, enviou secretamente, de Sitim, dois homens a espiar, dizendo: Ide reconhecer a terra e a Jericó. Foram, pois, e entraram na casa de uma mulher prostituta, cujo nome era Raabe, e dormiram ali.

²Então deu-se notícia ao rei de Jericó, dizendo: Eis que esta noite vieram aqui *uns* homens dos filhos de Israel, para espiar a terra.

³Por isso mandou o rei de Jericó dizer a Raabe: Tira fora os homens que vieram a ti e entraram na tua casa, porque vieram espiar toda a terra.

⁴Porém aquela mulher tomou os dois homens, e os escondeu, e disse: *É* verdade *que* vieram homens a mim, porém eu não sabia de onde eram.

⁵E aconteceu *que, havendo-se* de fechar a porta, sendo já escuro, aqueles homens saíram; não sei para onde aqueles homens se foram; ide após eles depressa, porque os alcançareis.

⁶Porém ela os tinha feito subir ao eirado, e tinha escondido entre as canas do linho, que pusera em ordem sobre o eirado.

⁷E foram-se aqueles homens após eles pelo caminho do Jordão, até aos vaus; e, havendo eles saído, fechou-se a porta.

⁸E, antes que eles dormissem, ela subiu a eles no eirado;

⁹E disse aos homens: Bem sei que o SENHOR vos deu esta terra e que o pavor de vós caiu sobre nós, e que todos os moradores da terra estão desfalecidos diante de vós.

¹⁰Porque temos ouvido que o SENHOR secou as águas do Mar Vermelho diante de vós, quando saíeis do Egito, e o que fizestes aos dois reis dos amorreus, a Siom e a Ogue, que *estavam* além do Jordão, os quais destruístes.

¹¹O que ouvindo, desfaleceu o nosso coração, e em ninguém mais há ânimo algum, por causa da vossa presença; porque o SENHOR vosso Deus é Deus em cima nos céus e embaixo na terra.

Acordo com Raabe

¹²Agora, pois, jurai-me, vos peço, pelo SENHOR, que, como usei de misericórdia convosco, vós

também usareis de misericórdia para com a casa de meu pai, e dai-me um sinal seguro,

¹³De que conservareis com a vida a meu pai e a minha mãe, como também a meus irmãos e a minhas irmãs, com tudo o que têm e de que livrareis as nossas vidas da morte.

¹⁴Então aqueles homens responderam-lhe: A nossa vida *responderá* pela vossa até à morte, se não denunciardes este nosso negócio, e será, *pois*, que, dando-nos o SENHOR esta terra, usaremos contigo de misericórdia e de fidelidade.

¹⁵Ela então os fez descer por uma corda pela janela, porquanto a sua casa *estava* sobre o muro da cidade, e ela morava sobre o muro.

¹⁶E disse-lhes: Ide-vos ao monte, para que, porventura, não vos encontrem os perseguidores, e escondei-vos lá três dias, até que voltem os perseguidores, e depois ide *pelo* vosso caminho.

¹⁷E, disseram-lhe aqueles homens: Desobrigados *seremos* deste juramento que nos fizeste jurar.

¹⁸Eis que, quando nós entrarmos na terra, atarás este cordão de fio de escarlata à janela por onde nos fizeste descer; e recolherás em casa contigo a teu pai, e a tua mãe, e a teus irmãos e a toda a família de teu pai.

¹⁹Será, pois, *que* qualquer que sair fora da porta da tua casa, o seu sangue será sobre a sua cabeça, e nós *seremos* inocentes; mas qualquer que estiver contigo, em casa, o seu sangue *seja* sobre a nossa cabeça, se alguém nele puser mão.

²⁰Porém, se tu denunciares este nosso negócio, seremos desobrigados do juramento que nos fizeste jurar.

²¹E ela disse: Conforme as vossas palavras, assim *seja*. Então os despediu; e eles se foram; e ela atou o cordão de escarlata à janela.

²²Foram-se, pois, e chegaram ao monte, e ficaram ali três dias, até que voltaram os perseguidores, porque os perseguidores os buscaram por todo o caminho, porém não *os* acharam.

²³Assim aqueles dois homens voltaram, e desceram do monte, e passaram, e chegaram a Josué, filho de Num, e contaram-lhe tudo quanto lhes aconteceera;

²⁴E disseram a Josué: Certamente o SENHOR tem dado toda esta terra nas nossas mãos, pois até todos os moradores estão atemorizados diante de nós.

A travessia do Jordão

3 LEVANTOU-SE, pois, Josué de madrugada, e partiram de Sitim, ele e todos os filhos de Israel; e vieram até ao Jordão, e pousaram ali, antes que passassem.

²E sucedeu, ao fim de três dias, que os oficiais passaram pelo meio do arraial;

³E ordenaram ao povo, dizendo: Quando virdes a arca da aliança do SENHOR vosso Deus, e que os sacerdotes levitas a levam, partireis vós também do vosso lugar, e a seguireis.

⁴Haja contudo, entre vós e ela, uma distância de dois mil côvados; e não vos chegueis a ela, para que saibais o caminho pelo qual haveis de ir; porquanto por este caminho nunca passastes antes.

⁵Disse Josué também ao povo: Santificai-vos, porque amanhã fará o SENHOR maravilhas no meio de vós.

⁶E falou Josué aos sacerdotes, dizendo: Levantai a arca da aliança, e passai adiante deste povo. Levantaram, pois, a arca da aliança, e foram andando adiante do povo.

⁷E o SENHOR disse a Josué: Hoje começarei a engrandecer-te perante os olhos de todo o Israel, para que saibam que, *assim* como fui com Moisés, *assim* serei contigo.

⁸Tu, pois, ordenarás aos sacerdotes que levam a arca da aliança, dizendo: Quando chegardes à beira das águas do Jordão, parareis no Jordão.

⁹Então disse Josué aos filhos de Israel: Chegai-vos para cá, e ouvi as palavras do SENHOR vosso Deus.

¹⁰Disse mais Josué: Nisto conhecereis que o Deus vivo *está* no meio de vós; e que certamente lançará de diante de vós aos cananeus, e aos heteus, e aos heveus, e aos perizeus, e aos girgaseus, e aos amorreus, e aos jebuseus.

¹¹Eis que a arca da aliança do Senhor de toda a terra passa o Jordão diante de vós.

¹²Tomai, pois, agora doze homens das tribos de Israel, de cada tribo um homem;

¹³Porque há de acontecer *que*, assim que as plantas dos pés dos sacerdotes, que levam a arca do SENHOR, o Senhor de toda a terra, repousem nas águas do Jordão, se separarão as águas do Jordão, e as águas, que vêm de cima, pararão amontoadas.

¹⁴E aconteceu que, partindo o povo das suas tendas, para passar o Jordão, levavam os sacerdotes a arca da aliança adiante do povo.

¹⁵E quando os que levavam a arca, chegaram ao Jordão, e os seus pés se molharam na beira das águas (porque o Jordão transbordava sobre todas as suas ribanceiras, todos os dias da ceifa),

¹⁶Pararam-se as águas, que vinham de cima; levantaram-se num montão, mui longe da cidade de Adão, que *está* ao lado de Zaretã; e as que desciam ao mar das campinas, *que é* o Mar Salgado, foram de todo separadas; então passou o povo em frente de Jericó.

¹⁷Porém os sacerdotes, que levavam a arca da aliança do SENHOR, pararam firmes, em seco, no meio do Jordão, e todo o Israel passou a seco, até que todo o povo acabou de passar o Jordão.

As doze pedras tiradas do meio do Jordão

4 SUCEDEU *que*, acabando todo o povo de passar o Jordão, falou o SENHOR a Josué, dizendo:

²Tomai do povo doze homens, de cada tribo um homem;

³E mandai-lhes, dizendo: Tirai daqui, do meio do Jordão, do lugar onde estavam firmes os pés dos sacerdotes, doze pedras; e levai-as convosco à outra margem e depositai-as no alojamento em que haveis de passar esta noite.

JOSUÉ 4.4 · 162

⁴Chamou, pois, Josué os doze homens, que escolhera dos filhos de Israel; de cada tribo um homem;

⁵E disse-lhes Josué: Passai adiante da arca do SENHOR vosso Deus, ao meio do Jordão; e cada um levante uma pedra sobre o ombro, segundo o número das tribos dos filhos de Israel;

⁶Para que isto seja por sinal entre vós; e quando vossos filhos no futuro perguntarem, dizendo: Que significam estas pedras?

⁷Então lhes direis que as águas do Jordão se separaram diante da arca da aliança do SENHOR; passando ela pelo Jordão, separaram-se as águas do Jordão; assim estas pedras serão para sempre por memorial aos filhos de Israel.

⁸Fizeram, pois, os filhos de Israel assim como Josué tinha ordenado, e levantaram doze pedras do meio do Jordão como o SENHOR dissera a Josué, segundo o número das tribos dos filhos de Israel; e levaram-nas consigo ao alojamento, e as depositaram ali.

⁹Levantou Josué também doze pedras no meio do Jordão, no lugar onde estiveram parados os pés dos sacerdotes, que levavam a arca da aliança; e ali estão até *ao dia* de hoje.

¹⁰Pararam, pois, os sacerdotes, que levavam a arca, no meio do Jordão, em pé, até que se cumpriu tudo quanto o SENHOR mandara Josué dizer ao povo, conforme a tudo quanto Moisés tinha ordenado a Josué; e apressou-se o povo, e passou.

¹¹E sucedeu *que,* assim que todo o povo acabou de passar, então passou a arca do SENHOR, e os sacerdotes, à vista do povo.

¹²E passaram os filhos de Rúben, e os filhos de Gade, e a meia tribo de Manassés, armados na frente dos filhos de Israel, como Moisés lhes tinha falado;

¹³Uns quarenta mil homens de guerra, armados, passaram diante do SENHOR para batalha, às campinas de Jericó.

¹⁴Naquele dia o SENHOR engrandeceu a Josué diante dos olhos de todo o Israel; e temeram-no, como haviam temido a Moisés, todos os dias da sua vida.

¹⁵Falou, pois, o SENHOR a Josué, dizendo:

¹⁶Dá ordem aos sacerdotes, que levam a arca do testemunho, que subam do Jordão.

¹⁷E deu Josué ordem aos sacerdotes, dizendo: Subi do Jordão.

¹⁸E aconteceu *que,* como os sacerdotes, que levavam a arca da aliança do SENHOR, subiram do meio do Jordão, e as plantas dos pés dos sacerdotes se puseram em seco, as águas do Jordão se tornaram ao seu lugar, e corriam, como antes, sobre todas as suas ribanceiras.

¹⁹Subiu, pois, o povo, do Jordão no *dia* dez do mês primeiro; e alojaram-se em Gilgal, do lado oriental de Jericó.

²⁰E as doze pedras, que tinham tomado do Jordão, levantou-as Josué em Gilgal.

²¹E falou aos filhos de Israel, dizendo: Quando no futuro vossos filhos perguntarem a seus pais, dizendo: Que *significam* estas pedras?

²²Fareis saber a vossos filhos, dizendo: Israel passou em seco este Jordão.

²³Porque o SENHOR vosso Deus fez secar as águas do Jordão diante de vós, até que passásseis, como o SENHOR vosso Deus fez ao Mar Vermelho que fez secar perante nós, até que passássemos.

²⁴Para que todos os povos da terra conheçam a mão do SENHOR, que é forte, para que temais ao SENHOR vosso Deus todos os dias.

A circuncisão dos filhos de Israel

5 E SUCEDEU *que,* ouvindo todos os reis dos amorreus, que *habitavam* deste lado do Jordão, ao ocidente, e todos os reis dos cananeus, que *estavam* ao pé do mar, que o SENHOR tinha secado as águas do Jordão, de diante dos filhos de Israel, até que passassem, desfaleceu-se-lhes o coração, e não houve mais ânimo neles, por causa dos filhos de Israel.

²Naquele tempo disse o SENHOR a Josué: Faze facas de pedra, e torna a circuncidar segunda vez aos filhos de Israel.

³Então Josué fez para si facas de pedra, e circuncidou aos filhos de Israel no monte dos prepúcios.

⁴E *foi* esta a causa por que Josué os circuncidou: todo o povo que tinha saído do Egito, os homens, todos os homens de guerra, já haviam morrido no deserto, pelo caminho, depois que saíram do Egito.

⁵Porque todos os do povo que saíram estavam circuncidados; mas a nenhum dos que nasceram no deserto, pelo caminho, depois de terem saído do Egito, haviam circuncidado.

⁶Porque quarenta anos andaram os filhos de Israel pelo deserto, até se acabar toda a nação, os homens de guerra, que saíram do Egito, e não obedeceram à voz do SENHOR; aos quais o SENHOR tinha jurado que lhes não havia de deixar ver a terra que o SENHOR jurara a seus pais dar-nos; terra que mana leite e mel.

⁷Porém em seu lugar pôs a seus filhos; a estes Josué circuncidou, porquanto estavam incircuncisos, porque os não circuncidaram no caminho.

⁸E aconteceu *que,* acabando de circuncidar a toda a nação, ficaram no seu lugar no arraial, até que sararam.

⁹Disse mais o SENHOR a Josué: Hoje retirei de sobre vós o opróbrio do Egito; por isso o nome daquele lugar se chamou Gilgal, até *ao dia* de hoje.

Celebra-se a páscoa

¹⁰Estando, pois, os filhos de Israel acampados em Gilgal, celebraram a páscoa no dia catorze do mês, à tarde, nas campinas de Jericó.

¹¹E, ao outro dia depois da páscoa, nesse mesmo dia, comeram, do fruto da terra, pães ázimos e espigas tostadas.

¹²E cessou o maná no dia seguinte, depois que comeram do fruto da terra, e os filhos de Israel não tiveram mais maná; porém, no mesmo ano comeram dos frutos da terra de Canaã.

Um anjo aparece a Josué

[13]E sucedeu *que*, estando Josué perto de Jericó, levantou os seus olhos e olhou; e eis que se pôs em pé diante dele um homem que tinha na mão uma espada nua; e chegou-se Josué a ele, e disse-lhe: És tu dos nossos, ou dos nossos inimigos?

[14]E disse ele: Não, mas venho agora *como* príncipe do exército do SENHOR. Então Josué se prostrou com o seu rosto em terra e o adorou, e disse-lhe: Que diz meu Senhor ao seu servo?

[15]Então disse o príncipe do exército do SENHOR a Josué: Descalça os sapatos de teus pés, porque o lugar em que estás *é* santo. E fez Josué assim.

Jericó é destruída

6ORA Jericó estava rigorosamente fechada por causa dos filhos de Israel; ninguém saía nem entrava.

[2]Então disse o SENHOR a Josué: Olha, tenho dado na tua mão a Jericó, ao seu rei e aos seus homens valorosos.

[3]Vós, pois, todos os homens de guerra, rodeareis a cidade, cercando-a uma vez; assim fareis *por* seis dias.

[4]E sete sacerdotes levarão sete trombetas de chifres de carneiros adiante da arca, e no sétimo dia rodeareis a cidade sete vezes, e os sacerdotes tocarão as trombetas.

[5]E será que, tocando-se prolongadamente a trombeta de chifre de carneiro, ouvindo vós o sonido da trombeta, todo o povo gritará com grande brado; e o muro da cidade cairá abaixo, e o povo subirá por ele, cada um em frente.

[6]Então Josué, filho de Num, chamou aos sacerdotes e disse-lhes: Levai a arca da aliança; e sete sacerdotes levem sete trombetas de chifres de carneiros, adiante da arca do SENHOR.

[7]E disse ao povo: Passai e rodeai a cidade; e quem estiver armado, passe adiante da arca do SENHOR.

[8]E assim foi que, como Josué dissera ao povo, os sete sacerdotes, levando as sete trombetas de chifres de carneiros diante do SENHOR, passaram e tocaram as trombetas; e a arca da aliança do SENHOR os seguia.

[9]E os homens armados iam adiante dos sacerdotes, que tocavam as trombetas; e a retaguarda seguia após a arca; andando e tocando as trombetas *iam os sacerdotes*.

[10]Porém ao povo Josué tinha dado ordem, dizendo: Não gritareis, nem fareis ouvir a vossa voz, nem sairá palavra alguma da vossa boca até ao dia que eu vos diga: Gritai. Então gritareis.

[11]E fez a arca do SENHOR rodear a cidade, contornando-a uma vez; e entraram no arraial, e passaram a noite no arraial.

[12]Depois Josué se levantou de madrugada, e os sacerdotes levaram a arca do SENHOR.

[13]E os sete sacerdotes, que levavam as sete trombetas de chifres de carneiros, adiante da arca do SENHOR, iam andando continuamente, e tocavam as trombetas, e os homens armados iam adiante deles e a retaguarda seguia atrás da arca do SENHOR; *os sacerdotes iam* andando e tocando as trombetas.

[14]Assim rodearam outra vez a cidade no segundo dia e voltaram para o arraial; e assim fizeram seis dias.

[15]E sucedeu *que*, ao sétimo dia, madrugaram ao subir da alva, e da mesma maneira rodearam a cidade sete vezes; naquele dia somente rodearam a cidade sete vezes.

[16]E sucedeu *que*, tocando os sacerdotes pela sétima vez as trombetas, disse Josué ao povo: Gritai, porque o SENHOR vos tem dado a cidade.

[17]Porém a cidade será anátema ao SENHOR, ela e tudo quanto houver nela; somente a prostituta Raabe viverá; ela e todos os que com ela estiverem em casa; porquanto escondeu os mensageiros que enviamos.

[18]Tão somente guardai-vos do anátema, para que não vos façais malditos ao tomardes o anátema, e assim façais maldito o arraial de Israel, e o perturbeis.

[19]Porém toda a prata, e o ouro, e os vasos de metal, e de ferro *são* consagrados ao SENHOR; irão ao tesouro do SENHOR.

[20]Gritou, pois, o povo, tocando os sacerdotes as trombetas; e sucedeu *que*, ouvindo o povo o sonido da trombeta, gritou o povo com grande brado; e o muro caiu abaixo, e o povo subiu à cidade, cada um em frente de si, e tomaram a cidade.

[21]E tudo quanto *havia* na cidade destruíram totalmente ao fio da espada, desde o homem até à mulher, desde o menino até ao velho, e até ao boi e gado miúdo, e ao jumento.

Raabe é salva

[22]Josué, porém, disse aos dois homens que tinham espiado a terra: Entrai na casa da mulher prostituta, e tirai de lá a mulher com tudo quanto tiver, como lhe tendes jurado.

[23]Então entraram os jovens espias, e tiraram a Raabe e a seu pai, e a sua mãe, e a seus irmãos, e a tudo quanto tinha; tiraram também a toda a sua parentela, e os puseram fora do arraial de Israel.

[24]Porém a cidade e tudo quanto havia nela queimaram a fogo; tão somente a prata, e o ouro, e os vasos de metal e de ferro, deram para o tesouro da casa do SENHOR.

[25]Assim deu Josué vida à prostituta Raabe e à família de seu pai, e a tudo quanto tinha; e habitou no meio de Israel até *ao* dia de hoje; porquanto escondera os mensageiros que Josué tinha enviado a espiar a Jericó.

[26]E naquele tempo Josué os esconjurou, dizendo: Maldito diante do SENHOR *seja* o homem que se levantar e reedificar esta cidade de Jericó; sobre seu primogênito a fundará, e sobre o seu *filho* mais novo lhe porá as portas.

[27]Assim era o SENHOR com Josué; e corria a sua fama por toda a terra.

JOSUÉ 7.1   164

O pecado de Acã

7E TRANSGREDIRAM os filhos de Israel no anátema; porque Acã filho de Carmi, filho de Zabdi, filho de Zerá, da tribo de Judá, tomou do anátema, e a ira do SENHOR se acendeu contra os filhos de Israel.

²Enviando, pois, Josué, de Jericó, *alguns* homens a Ai, que *está* junto a Bete-Áven do lado do oriente de Betel, falou-lhes dizendo: Subi, e espiai a terra. Subiram, pois, aqueles homens, e espiaram a Ai.

³E voltaram a Josué, e disseram-lhe: Não suba todo o povo; subam uns dois mil, ou três mil homens, a ferir a Ai; não fatigueis ali a todo o povo, porque poucos *são*.

⁴Assim, subiram lá, do povo, uns três mil homens, os quais fugiram diante dos homens de Ai.

⁵E os homens de Ai feriram deles uns trinta e seis, e os perseguiram desde a porta até Sebarim, e os feriram na descida; e o coração do povo se derreteu e se tornou como água.

⁶Então Josué rasgou as suas vestes, e se prostrou em terra sobre o seu rosto perante a arca do SENHOR até à tarde, ele e os anciãos de Israel; e deitaram pó sobre as suas cabeças.

⁷E disse Josué: Ah! Senhor DEUS! Por que, com efeito, fizeste passar a este povo o Jordão, para nos entregares nas mãos dos amorreus para nos fazerem perecer? Antes nos tivéssemos contentado em ficar além do Jordão!

⁸Ah, SENHOR! Que direi? Pois Israel virou as costas diante dos inimigos!

⁹Ouvindo *isto*, os cananeus, e todos os moradores da terra, nos cercarão e desarraigarão o nosso nome da terra; e *então* que farás ao teu grande nome?

¹⁰Então disse o SENHOR a Josué: Levanta-te; por que estás prostrado assim sobre o teu rosto?

¹¹Israel pecou, e transgrediram a minha aliança que lhes tinha ordenado, e tomaram do anátema, e furtaram, e mentiram, e debaixo da sua bagagem o puseram.

¹²Por isso os filhos de Israel não puderam subsistir perante os seus inimigos; viraram as costas diante dos seus inimigos; porquanto estão amaldiçoados; não serei mais convosco, se não desarraigardes o anátema do meio de vós.

¹³Levanta-te, santifica o povo, e dize: Santificai-vos para amanhã, porque assim diz O SENHOR Deus de Israel: Anátema *há* no meio de ti, Israel; diante dos teus inimigos não poderás suster-te, até que tireis o anátema do meio de vós.

¹⁴Amanhã, pois, vos chegareis, segundo as vossas tribos; e será *que* a tribo que O SENHOR tomar se chegará, segundo as famílias; e a família que o SENHOR tomar se chegará por casas; e a casa que o SENHOR tomar se chegará homem por homem.

¹⁵E será *que* aquele que for tomado com o anátema será queimado a fogo, ele e tudo quanto tiver; porquanto transgrediu a aliança do SENHOR, e fez *uma* loucura em Israel.

¹⁶Então Josué se levantou de madrugada, e fez

chegar a Israel, segundo as suas tribos; e a tribo de Judá foi tomada;

¹⁷E, fazendo chegar a tribo de Judá, tomou a família dos zeraítas; e fazendo chegar a família dos zeraítas homem por homem, foi tomado Zabdi;

¹⁸E, fazendo chegar a sua casa, homem por homem, foi tomado Acã, filho de Carmi, filho de Zabdi, filho de Zerá, da tribo de Judá.

¹⁹Então disse Josué a Acã: Filho meu, dá, peço-te, glória ao SENHOR Deus de Israel, e faze confissão perante ele; e declara-me agora o que fizeste, não mo ocultes.

²⁰E respondeu Acã a Josué, e disse: Verdadeiramente pequei contra o SENHOR Deus de Israel, e fiz assim e assim.

²¹Quando vi entre os despojos uma boa capa babilônica, e duzentos siclos de prata, e uma cunha de ouro, do peso de cinquenta siclos, cobicei-os e tomei-os; e eis que *estão* escondidos na terra, no meio da minha tenda, e a prata por baixo dela.

²²Então Josué enviou mensageiros, que foram correndo à tenda; e eis que *tudo estava* escondido na sua tenda, e a prata por baixo.

²³Tomaram, pois, aquelas coisas do meio da tenda, e as trouxeram a Josué e a todos os filhos de Israel; e as puseram perante o SENHOR.

²⁴Então Josué, e todo o Israel com ele, tomaram a Acã filho de Zerá, e a prata, e a capa, e a cunha de ouro, e seus filhos, e suas filhas, e seus bois, e seus jumentos, e suas ovelhas, e sua tenda, e tudo quanto ele tinha; e levaram-nos ao vale de Acor.

²⁵E disse Josué: Por que nos perturbaste? O SENHOR te perturbará neste dia. E todo o Israel o apedrejou; e os queimaram a fogo depois de apedrejá-los.

²⁶E levantaram sobre ele um grande montão de pedras, até *o dia de* hoje; assim o SENHOR se apartou do ardor da sua ira; pelo que aquele lugar se chama o vale de Acor, até *ao dia de* hoje.

Ai é tomada e destruída

8ENTÃO disse o SENHOR a Josué: Não temas, e não te espantes; toma contigo toda a gente de guerra, e levanta-te, sobe a Ai; olha *que* te tenho dado na tua mão o rei de Ai e o seu povo, e a sua cidade, e a sua terra.

²Farás, pois, a Ai e a seu rei, como fizeste a Jericó, e a seu rei; salvo que, para vós, tomareis os seus despojos, e o seu gado; põe emboscadas à cidade, por detrás dela.

³Então Josué levantou-se, e toda a gente de guerra, para subir contra Ai; e escolheu Josué trinta mil homens valorosos, e enviou-os de noite.

⁴E deu-lhes ordem, dizendo: Olhai! Ponde-vos de emboscadas contra a cidade, por detrás dela; não vos alongueis muito da cidade; e estai todos vós atentos.

⁵Porém eu e todo o povo que *está* comigo nos aproximaremos da cidade; e será *que*, quando nos saírem ao encontro, como antes, fugiremos diante deles.

⁶Deixai-os, pois, sair atrás de nós, até que os

tiremos da cidade; porque dirão: Fogem diante de nós como antes. Assim fugiremos diante deles.

[7]Então saireis vós da emboscada, e tomareis a cidade; porque o SENHOR vosso Deus vo-la dará nas vossas mãos.

[8]E será *que* tomando vós a cidade, pôr-lhe-eis fogo; conforme a palavra do SENHOR fareis; olhai *que* vo-lo tenho mandado.

[9]Assim Josué os enviou, e *eles* se foram à emboscada; e ficaram entre Betel e Ai, ao ocidente de Ai; porém Josué passou aquela noite no meio do povo.

[10]E levantou-se Josué de madrugada, e contou o povo; e subiram ele e os anciãos de Israel adiante do povo contra Ai.

[11]E subiram também todos os homens de guerra, que *estavam* com ele; e aproximaram-se, e chegaram defronte da cidade; e alojaram-se do lado norte de Ai, e *havia* um vale entre eles e Ai.

[12]Tomou também uns cinco mil homens, e pô-los de emboscada entre Betel e Ai, ao ocidente da cidade.

[13]E puseram o povo, todo o arraial que *estava* ao norte da cidade, e a emboscada ao ocidente da cidade; e foi Josué aquela noite até ao meio do vale.

[14]E sucedeu que, vendo-o o rei de Ai, ele e todo o seu povo se apressaram, e se levantaram de madrugada, e os homens da cidade saíram ao encontro de Israel ao combate, ao tempo determinado, defronte das campinas; porém ele não sabia que se achava uma emboscada contra ele atrás da cidade.

[15]Josué, pois, e todo o Israel *se* houveram *como* feridos diante deles, e fugiram pelo caminho do deserto.

[16]Por isso todo o povo, que *estava* na cidade, foi convocado para os seguir; e seguiram a Josué e foram afastados da cidade.

[17]E nem um só homem ficou em Ai, nem em Betel, que não saísse após Israel; e deixaram a cidade aberta, e seguiram a Israel.

[18]Então o SENHOR disse a Josué: Estende a lança que *tens* na tua mão, para Ai, porque a darei na tua mão. E Josué estendeu a lança, *que estava* na sua mão, para a cidade.

[19]Então a emboscada se levantou apressadamente do seu lugar, e, estendendo ele a sua mão, correram e entraram na cidade, e a tomaram; o apressando-se, puseram fogo na cidade.

[20]E virando-se os homens de Ai para trás, olharam, e eis que a fumaça da cidade subia ao céu, e não puderam fugir nem para uma parte nem para outra, porque o povo, que fugia para o deserto, se tornou contra os que *os* seguiam.

[21]E vendo Josué e todo o Israel que a emboscada tomara a cidade, e que a fumaça da cidade subia, voltaram, e feriram os homens de Ai.

[22]Também aqueles da cidade lhes saíram ao encontro, *e* assim ficaram no meio dos israelitas, uns de uma, e outros de outra parte; e feriram-nos, até que nenhum deles sobreviveu nem escapou.

[23]Porém ao rei de Ai tomaram vivo, e o trouxeram a Josué.

[24]E sucedeu *que,* acabando os israelitas de matar todos os moradores de Ai no campo, no deserto, onde os tinham seguido, e havendo todos caído ao fio da espada, até serem consumidos, todo o Israel se tornou a Ai e a feriu ao fio de espada.

[25]E todos os que caíram aquele dia, assim homens como mulheres, foram doze mil, todos moradores de Ai.

[26]Porque Josué não retirou a sua mão, que estendera com a lança, até destruir totalmente a todos os moradores de Ai.

[27]Tão somente os israelitas tomaram para si o gado e os despojos da cidade, conforme a palavra do SENHOR, que tinha ordenado a Josué.

[28]Queimou, pois, Josué a Ai e a tornou num montão perpétuo, em ruínas, até *ao dia* de hoje.

[29]E ao rei de Ai enforcou num madeiro, até à tarde; e ao pôr do sol ordenou Josué que o seu corpo fosse tirado do madeiro; e o lançaram à porta da cidade, e levantaram sobre ele um grande montão de pedras, até *o dia* de hoje.

Josué edifica um altar

[30]Então Josué edificou um altar ao SENHOR Deus de Israel, no monte Ebal.

[31]Como Moisés, servo do SENHOR, ordenara aos filhos de Israel, conforme ao que *está* escrito no livro da lei de Moisés, a saber: um altar de pedras inteiras, sobre o qual não se moverá instrumento de ferro; e ofereceram sobre ele holocaustos ao SENHOR, e sacrificaram ofertas pacíficas.

[32]Também escreveu ali, em pedras, uma cópia da lei de Moisés, que este havia escrito diante dos filhos de Israel.

[33]E todo o Israel, com os seus anciãos, e os seus príncipes, e os seus juízes, estavam de um e de outro lado da arca, perante os sacerdotes levitas, que levavam a arca da aliança do SENHOR, assim estrangeiros como naturais; metade deles em frente do monte Gerizim, e a outra metade em frente do monte Ebal, como Moisés, servo do SENHOR, ordenara, para abençoar primeiramente o povo de Israel.

[34]E depois leu em alta voz todas as palavras da lei, a bênção e a maldição, conforme a tudo o que está escrito no livro da lei.

[35]Palavra nenhuma houve, de tudo o que Moisés ordenara, que Josué não lesse perante toda a congregação de Israel, e as mulheres, e os meninos, e os estrangeiros, que andavam no meio deles.

Acordo dos gibeonitas com Josué

9E SUCEDEU *que,* ouvindo *isto* todos os reis, que *estavam* aquém do Jordão, nas montanhas, e nas campinas, em toda a costa do grande mar, em frente do Líbano, os heteus, e os amorreus, os cananeus, os perizeus, os heveus, e os jebuseus,

[2]Se ajuntaram eles de comum acordo, para pelejar contra Josué e contra Israel.

[3]E os moradores de Gibeom, ouvindo o que Josué fizera com Jericó e com Ai,

JOSUÉ 9.4 166

⁴Usaram de astúcia, e foram e se fingiram embaixadores, e levando sacos velhos sobre os seus jumentos, e odres de vinho, velhos, e rotos, e remendados;

⁵E nos seus pés sapatos velhos e remendados, e roupas velhas sobre si; e todo o pão que traziam para o caminho era seco e bolorento.

⁶E vieram a Josué, ao arraial, a Gilgal, e disseram a ele e aos homens de Israel: Viemos de uma terra distante; fazei, pois, agora, acordo conosco.

⁷E os homens de Israel responderam aos heveus: Porventura habiteis no meio de nós; como pois faremos acordo convosco?

⁸Então disseram a Josué: Nós *somos* teus servos. E disse-lhes Josué: Quem *sois* vós, e de onde vindes?

⁹E lhe responderam: Teus servos vieram de uma terra mui distante, por causa do nome do Senhor teu Deus, porquanto ouvimos a sua fama, e tudo quanto fez no Egito;

¹⁰E tudo quanto fez aos dois reis dos amorreus, que *estavam* além do Jordão, a Siom rei de Hesbom, e a Ogue, rei de Basã, que estava em Astarote.

¹¹Por isso nossos anciãos e todos os moradores da nossa terra nos falaram, dizendo: Tomai em vossas mãos provisão para o caminho, e ide-lhes ao encontro e dizei-lhes: Nós *somos* vossos servos; fazei, pois, agora acordo conosco.

¹²Este nosso pão tomamos quente das nossas casas para nossa provisão, no dia em que saímos para vir a vós; e ei-lo aqui agora já seco e bolorento;

¹³E estes odres, que enchemos de vinho, *eram* novos, e ei-los aqui já rotos; e estas nossas roupas e nossos sapatos já se têm envelhecido, por causa do mui longo caminho.

¹⁴Então os homens *de Israel* tomaram da provisão deles e não pediram conselho ao Senhor.

¹⁵E Josué fez paz com eles, e fez um acordo com eles, que lhes daria a vida; e os príncipes da congregação lhes prestaram juramento.

¹⁶E sucedeu *que,* ao fim de três dias, depois de fazerem acordo com eles, ouviram que *eram* seus vizinhos, e que moravam no meio deles.

¹⁷Porque, partindo os filhos de Israel, chegaram às cidades deles ao terceiro dia; e suas cidades *eram* Gibeom e Cefira, e Beerote, e Quiriate-Jearim.

¹⁸E os filhos de Israel não os feriram; porquanto os príncipes da congregação lhes juraram pelo Senhor Deus de Israel; por isso toda a congregação murmurava contra os príncipes.

¹⁹Então todos os príncipes disseram a toda a congregação: Nós juramos-lhes pelo Senhor Deus de Israel, pelo que não lhes podemos tocar.

²⁰Isto, *porém,* lhes faremos: conservar-lhes-emos a vida, para que não haja *grande* ira sobre nós, por causa do juramento que *já lhes* fizemos.

²¹Disseram-lhes, pois, os príncipes: Vivam, e sejam rachadores de lenha e tiradores de água para toda a congregação, como os príncipes lhes disseram.

²²E Josué os chamou, e falou-lhes dizendo: Por que nos enganastes dizendo: Mui longe de vós habitamos, morando vós no meio de nós?

²³Agora, pois, *sereis* malditos; e dentre vós não deixará de haver servos, nem rachadores de lenha, nem tiradores de água, para a casa do meu Deus.

²⁴Então responderam a Josué, e disseram: Porquanto com certeza foi anunciado aos teus servos que o Senhor teu Deus ordenou a Moisés, seu servo, que a vós daria toda esta terra, e destruiria todos os moradores da terra diante de vós, tememos muito por nossas vidas por causa de vós; por isso fizemos assim.

²⁵E eis que agora estamos na tua mão; faze-nos aquilo que te pareça bom e reto.

²⁶Assim pois lhes fez, e livrou-os das mãos dos filhos de Israel, e não os mataram.

²⁷E naquele dia, Josué os fez rachadores de lenha e tiradores de água para a congregação e para o altar do Senhor, até *ao dia de* hoje, no lugar que ele escolhesse.

Gibeom é sitiada por cinco reis

10 E SUCEDEU *que,* ouvindo Adoni-Zedeque, rei de Jerusalém, que Josué tomara a Ai, e a tinha destruído totalmente, *e* fizera a Ai, e ao seu rei, como tinha feito a Jericó e ao seu rei, e que os moradores de Gibeom fizeram paz com os israelitas, e estavam no meio deles,

²Temeram muito, porque Gibeom *era* uma cidade grande, como uma das cidades reais, e ainda maior do que Ai, e todos os seus homens valentes.

³Pelo que Adoni-Zedeque, rei de Jerusalém, enviou a Hoão, rei de Hebrom, e a Pirão, rei de Jarmute, e a Jafia, rei de Laquis e a Debir, rei de Eglom, dizendo:

⁴Subi a mim, e ajudai-me, e firamos a Gibeom, porquanto fez paz com Josué e com os filhos de Israel.

⁵Então se ajuntaram, e subiram cinco reis dos amorreus, o rei de Jerusalém, o rei de Hebrom, o rei de Jarmute, o rei de Laquis, o rei de Eglom, eles e todos os seus exércitos; e sitiaram a Gibeom e pelejaram contra ela.

⁶Enviaram, pois, os homens de Gibeom a Josué, ao arraial de Gilgal, dizendo: Não retires as tuas mãos de teus servos; sobe apressadamente a nós, e livra-nos e ajuda-nos, porquanto todos os reis dos amorreus, que habitam na montanha, se ajuntaram contra nós.

⁷Então subiu Josué, de Gilgal, ele e toda a gente de guerra com ele, e todos os homens valorosos.

⁸E o Senhor disse a Josué: Não os temas, porque os tenho dado na tua mão; nenhum deles te poderá resistir.

⁹E Josué lhes sobreveio de repente, porque toda a noite veio subindo desde Gilgal.

O sol e a lua são detidos

¹⁰E o Senhor os conturbou diante de Israel, e os feriu com grande matança em Gibeom; e perseguiu-os pelo caminho que sobe a Bete-Horom, e feriu-os até Azeca e a Maquedá.

¹¹E sucedeu *que* fugindo eles de diante de Israel, à descida de Bete-Horom, o Senhor lançou sobre eles, do céu, grandes pedras, até Azeca, e morreram; *e foram* muitos mais *os que* morreram das pedras da saraiva do que os que os filhos de Israel mataram à espada.

¹²Então Josué falou ao Senhor, no dia em que o Senhor deu os amorreus nas mãos dos filhos de Israel, e disse na presença dos israelitas: Sol, detém-te em Gibeom, e *tu,* lua, no vale de Ajalom.

¹³E o sol se deteve, e a lua parou, até que o povo se vingou de seus inimigos. Isto não *está* escrito no livro de Jasher? O sol, pois, se deteve no meio do céu, e não se apressou a pôr-se, quase um dia inteiro.

¹⁴E não houve dia semelhante a este, *nem* antes nem depois dele, ouvindo o Senhor assim a voz de um homem; porque o Senhor pelejava por Israel.

¹⁵E voltou Josué, e todo o Israel com ele, ao arraial, em Gilgal.

Josué vence os reis

¹⁶Aqueles cinco reis, porém, fugiram, e se esconderam numa cova em Maquedá.

¹⁷E foi anunciado a Josué, dizendo: Acharam-se os cinco reis escondidos numa cova em Maquedá.

¹⁸Disse, pois, Josué: Arrastai grandes pedras à boca da cova, e ponde sobre ela homens que os guardem;

¹⁹Porém vós não vos detenhais; persegui os vossos inimigos, e atacai os que vão ficando atrás; não os deixeis entrar nas suas cidades, porque o Senhor vosso Deus já vo-los deu na vossa mão.

²⁰E sucedeu que, acabando Josué e os filhos de Israel de os ferir com grande matança, até consumi-los, e os que ficaram deles se retiraram às cidades fortificadas,

²¹Todo o povo voltou em paz a Josué, ao arraial em Maquedá; não havendo ninguém que movesse a sua língua contra os filhos de Israel.

²²Depois disse Josué: Abri a boca da cova, e trazei-me aqueles cinco reis para fora da cova.

²³Fizeram, pois, assim, e trouxeram-lhe aqueles cinco reis para fora da cova: o rei de Jerusalém, o rei de Hebrom, o rei de Jarmute, o rei de Laquis *e* o rei de Eglom.

²⁴E sucedeu *que,* trazendo aqueles reis a Josué, Josué chamou todos os homens de Israel, e disse aos capitães dos homens de guerra, que foram com ele: Chegai, ponde os vossos pés sobre os pescoços destes reis. E chegaram, e puseram os seus pés sobre os pescoços deles.

²⁵Então Josué lhes disse: Não temais, nem vos espanteis; esforçai-vos e animai-vos; porque assim o fará o Senhor a todos os vossos inimigos, contra os quais pelejardes.

²⁶E, depois disto, Josué os feriu, e os matou, e os enforcou em cinco madeiros; e ficaram enforcados nos madeiros até à tarde.

²⁷E sucedeu *que,* ao pôr do sol, deu Josué ordem que os tirassem dos madeiros; e lançaram-nos na cova onde se esconderam; e puseram grandes pedras à boca da cova, *que ainda ali estão* até *o dia de* hoje.

²⁸E naquele mesmo dia tomou Josué a Maquedá, e feriu-a a fio de espada, bem como ao seu rei; totalmente a destruiu com todos que nela havia, sem nada deixar; e fez ao rei de Maquedá como fizera ao rei de Jericó.

²⁹Então Josué, e todo o Israel com ele, passou de Maquedá a Libna e pelejou contra Libna.

³⁰E também o Senhor a deu na mão de Israel, a ela e a seu rei, e a feriu a fio de espada, a ela e a todos que nela *estavam;* sem nada deixar; e fez ao seu rei como fizera ao rei de Jericó.

³¹Então Josué, e todo o Israel com ele, passou de Libna a Laquis; e a sitiou, e pelejou contra ela;

³²E o Senhor deu a Laquis nas mãos de Israel, e tomou-a no dia seguinte e a feriu a fio de espada, a ela e a todos os que nela *estavam,* conforme a tudo o que fizera a Libna.

³³Então Horão, rei de Gezer, subiu a ajudar a Laquis, porém Josué o feriu, a ele e ao seu povo, até não lhe deixar nem sequer um.

³⁴E Josué, e todo o Israel com ele, passou de Laquis a Eglom, e a sitiaram, e pelejaram contra ela.

³⁵E no mesmo dia a tomaram, e a feriram a fio de espada; e a todos os que nela *estavam,* destruiu totalmente no mesmo dia, conforme a tudo o que fizera a Laquis.

³⁶Depois Josué, e todo o Israel com ele, subiu de Eglom a Hebrom, e pelejaram contra ela.

³⁷E a tomaram, e a feriram ao fio de espada, assim ao seu rei como a todas as suas cidades; e a todos os que nelas *estavam,* a ninguém deixou com vida, conforme a tudo o que fizera a Eglom; e a destruiu totalmente, a ela e a todos os que nela *estavam.*

³⁸Então Josué, e todo o Israel com ele, tornou a Debir, e pelejou contra ela.

³⁹E tomou-a com o seu rei, e a todas as suas cidades, e as feriu a fio de espada, e a todos os que nelas *estavam* destruiu totalmente; nada deixou; como fizera a Hebrom, assim fez a Debir e ao seu rei, e como fizera a Libna e ao seu rei.

⁴⁰Assim feriu Josué toda aquela terra, as montanhas, o sul, e as campinas, e as descidas das águas, e a todos os seus reis; nada deixou; mas tudo o que tinha fôlego destruiu, como ordenara o Senhor Deus de Israel.

⁴¹E Josué os feriu desde Cades-Barneia, até Gaza, como também toda a terra de Gósen, e até Gibeom.

⁴²E de uma vez tomou Josué todos estes reis, e as suas terras; porquanto o Senhor Deus de Israel pelejava por Israel.

⁴³Então Josué, e todo o Israel com ele, voltou ao arraial em Gilgal.

As vitórias de Josué sobre diversos reis

11 SUCEDEU depois disto *que,* ouvindo-o Jabim, rei de Hazor, enviou mensageiros a Jobabe, rei de Madom, e ao rei de Sinrom, e ao rei de Acsafe;

JOSUÉ 11.2 — 168

²E aos reis, que *estavam* ao norte, nas montanhas, e na campina para o sul de Quinerete, e nas planícies, e nas elevações de Dor, do lado do mar;

³Ao cananeu *do* oriente e *do* ocidente; e ao amorreu, e ao heteu, e ao perizeu, e ao jebuseu nas montanhas; e ao heveu ao pé de Hermom, na terra de Mizpá.

⁴Saíram pois estes, e todos os seus exércitos com eles, muito povo, em multidão como a areia que *está* na praia do mar; e muitíssimos cavalos e carros.

⁵Todos estes reis se ajuntaram, e vieram e se acamparam junto às águas de Merom, para pelejarem contra Israel.

⁶E disse o Senhor a Josué: Não temas diante deles; porque amanhã, a esta mesma hora, eu os darei todos feridos diante dos filhos de Israel; os seus cavalos jarretarás, e os seus carros queimarás a fogo.

⁷E Josué, e todos os homens de guerra com ele, veio apressadamente sobre eles às águas de Merom, e atacou-os de repente.

⁸E o Senhor os deu nas mãos de Israel; e eles os feriram, e os perseguiram até à grande Sidom, e até Misrefote-Maim, e até ao vale de Mizpá ao oriente; feriram até não lhes deixarem nenhum.

⁹E fez-lhes Josué como o Senhor lhe dissera; os seus cavalos jarretou, e os seus carros queimou a fogo.

¹⁰E naquele mesmo tempo voltou Josué, e tomou a Hazor, e feriu à espada ao seu rei; porquanto Hazor antes era a cabeça de todos estes reinos.

¹¹E a todos os que nela *estavam,* feriram ao fio da espada, e totalmente os destruíram; nada restou do que tinha fôlego, e a Hazor queimou a fogo.

¹²E Josué tomou todas as cidades destes reis, e todos os seus reis, e os feriu ao fio da espada, destruindo-os totalmente, como ordenara Moisés servo do Senhor.

¹³Tão somente não queimaram os israelitas as cidades que *estavam* sobre os seus outeiros; a não ser Hazor, *a qual* Josué queimou.

¹⁴E todos os despojos destas cidades, e o gado, os filhos de Israel tomaram para si; tão somente a todos os homens feriram ao fio da espada, até que os destruíram; nada do que tinha fôlego deixaram com vida.

¹⁵Como ordenara o Senhor a Moisés, seu servo, assim Moisés ordenou a Josué; e assim Josué o fez; nem uma só palavra tirou de tudo o que o Senhor ordenara a Moisés.

¹⁶Assim Josué tomou toda aquela terra, as montanhas, e todo o sul, e toda a terra de Gósen, e as planícies, e as campinas, e as montanhas de Israel, e as suas planícies.

¹⁷Desde o monte Halaque, que sobe a Seir, até Baal-Gade, no vale do Líbano, ao pé do monte de Hermom; também tomou todos os seus reis, e os feriu e os matou.

¹⁸Por muito tempo Josué fez guerra contra todos estes reis.

¹⁹Não houve cidade que fizesse paz com os filhos de Israel, senão os heveus, moradores de Gibeom; por guerra as tomaram todas.

²⁰Porquanto do Senhor vinha o endurecimento de seus corações, para saírem à guerra contra Israel, para que fossem totalmente destruídos e não achassem piedade alguma; mas para os destruir a todos como o Senhor tinha ordenado a Moisés.

²¹Naquele tempo veio Josué, e extirpou os anaquins das montanhas de Hebrom, de Debir, de Anabe e de todas as montanhas de Judá e de todas as montanhas de Israel; Josué os destruiu totalmente com as suas cidades.

²²Nenhum dos anaquins foi deixado na terra dos filhos de Israel; somente ficaram alguns em Gaza, em Gate, e em Asdode.

²³Assim Josué tomou toda esta terra, conforme a tudo o que o Senhor tinha dito a Moisés; e Josué a deu em herança aos filhos de Israel, conforme as suas divisões, segundo as suas tribos; e a terra descansou da guerra.

As terras que Moisés deu às duas e meia tribos

12 ESTES, pois, *são os* reis da terra, aos quais os filhos de Israel feriram e cujas terras possuíram além do Jordão para o nascente do sol, desde o ribeiro de Arnom, até ao monte de Hermom, e toda a planície do oriente:

²Siom, rei dos amorreus, que habitava em Hesbom e que dominava desde Aroer, que *está* à beira do ribeiro de Arnom, e *desde* o meio do ribeiro, e a metade de Gileade, e até ao ribeiro de Jaboque, o termo dos filhos de Amom.

³E *desde* a campina até ao mar de Quinerete para o oriente, e até ao mar da campina, o Mar Salgado para o oriente, pelo caminho de Bete-Jesimote; e desde o sul, abaixo de Asdote-Pisga.

⁴Como também o termo de Ogue, rei de Basã *que era* do restante dos gigantes *e* que habitava em Astarote e em Edrei;

⁵E dominava no monte Hermom, e em Salcá, e em toda a Basã, até ao termo dos gesureus e dos maacateus, e metade de Gileade, termo de Siom, rei de Hesbom.

⁶A estes Moisés, servo do Senhor, e os filhos de Israel, feriram; e Moisés, servo do Senhor, deu esta terra em possessão aos rubenitas, e aos gaditas, e à meia tribo de Manassés.

Os trinta e um reis que Josué feriu

⁷E estes *são* os reis da terra aos quais Josué e os filhos de Israel feriram aquém do Jordão para o ocidente, desde Baal-Gade, no vale do Líbano, até ao monte Halaque, que sobe a Seir; e Josué a deu às tribos de Israel em possessão, segundo as suas divisões.

⁸*O que havia* nas montanhas, e nas planícies, e nas campinas, e nas descidas das águas, e no deserto, e para o sul: o heteu, o amorreu, e o cananeu, o perizeu, o heveu, e o jebuseu.

⁹O rei de Jericó, um; o rei de Ai, que *está* ao lado de Betel, outro;

¹⁰O rei de Jerusalém, outro; o rei de Hebrom, outro;

¹¹O rei de Jarmute, outro; o rei de Laquis, outro;

¹²O rei de Eglom, outro; o rei de Geser, outro;

¹³O rei de Debir, outro; o rei de Geder, outro;

¹⁴O rei de Hormá, outro; o rei de Harade, outro;

¹⁵O rei de Libna, outro; o rei de Adulão, outro;

¹⁶O rei de Maquedá, outro; o rei de Betel, outro;

¹⁷O rei de Tapua, outro; o rei de Hefer, outro;

¹⁸O rei de Afeque, outro; o rei de Lassarom, outro;

¹⁹O rei de Madom, outro; o rei de Hazor, outro;

²⁰O rei de Sinrom-Meron, outro; o rei de Acsafe, outro;

²¹O rei de Taanaque, outro; o rei de Megido, outro;

²²O rei de Quedes, outro; o rei de Jocneão do Carmelo, outro;

²³O rei de Dor no outeiro de Dor, outro; o rei de Goim em Gilgal, outro;

²⁴O rei de Tirza, outro; trinta e um reis ao todo.

Josué reparte a terra

13 ERA, porém, Josué já velho, entrado em dias; e disse-lhe o Senhor: Já estás velho, entrado em dias; e ainda muitíssima terra ficou para possuir.

²A terra que ainda fica *é* esta: Todos os termos dos filisteus e toda a Gesur;

³Desde Sior, que *está* em frente ao Egito, até ao termo de Ecrom para o norte, *que* se diz ser dos cananeus; cinco príncipes dos filisteus; o gazeu, e o asdodeu, o asqueloneu, o giteu, e o ecroneu, e os aveus;

⁴Desde o sul, toda a terra dos cananeus, e Meara, que *é* dos sidônios; até Afeca, até ao termo dos amorreus;

⁵Como também a terra dos gebalitas, e todo o Líbano, para o nascente do sol, desde Baal-Gade, ao pé do monte Hermom, até a entrada de Hamate;

⁶Todos os que habitam nas montanhas desde o Líbano até Misrefote-Maim, todos os sidônios; eu os lançarei de diante dos filhos de Israel; tão somente reparte a terra em herança a Israel, como já te mandei.

⁷Reparte, pois, agora esta terra por herança às nove tribos, e à meia tribo de Manassés;

⁸Com a qual os rubenitas e os gaditas já receberam a sua herança, além do Jordão para o oriente, assim como *já* lhes tinha dado Moisés, servo do Senhor.

⁹Desde Aroer, que *está* à beira do ribeiro de Arnom, e a cidade que *está* no meio do vale, e toda a campina de Medeba até Dibom;

¹⁰E todas as cidades de Siom, rei dos amorreus, que reinou em Hesbom, até ao termo dos filhos de Amom;

¹¹E Gileade, e o termo dos gesureus, e dos maacateus, e todo o monte Hermom, e toda a Basã até Salcá;

¹²Todo o reino de Ogue em Basã, que reinou em Astarote e em Edrei; este ficou do restante dos gigantes que Moisés feriu e expulsou.

¹³Porém os filhos de Israel não expulsaram os gesureus, nem os maacateus; antes Gesur e Maacate ficaram habitando no meio de Israel até *ao dia de* hoje.

¹⁴Tão somente à tribo de Levi não deu herança; os sacrifícios queimados do Senhor Deus de Israel *são* a sua herança, como *já* lhe tinha falado.

¹⁵Assim Moisés deu à tribo dos filhos de Rúben, conforme as suas famílias.

¹⁶E foi o seu limite desde Aroer, que *está* à beira do ribeiro de Arnom, e a cidade que *está* no meio do vale, e toda a campina até Medeba;

¹⁷Hesbom e todas as suas cidades, que *estão* na campina; Dibom, e Bamote-Baal, e Bete-Baal-Meom;

¹⁸E Jasa e Quedemote, e Mefaate;

¹⁹E Quiriataim e Sibma, e Zerete-Saar, no monte do vale;

²⁰Bete-Peor, e Asdote-Pisga, Bete-Jesimote;

²¹E todas as cidades da campina, e todo o reino de Siom, rei dos amorreus, que reinou em Hesbom, a quem Moisés feriu, como também aos príncipes de Midiã, Evi, e Requém, e Zur, e Hur, e Reba, príncipes de Siom, moradores da terra.

²²Também os filhos de Israel mataram à espada a Balaão, filho de Beor, o adivinho, com os outros que por eles foram mortos.

²³E o termo dos filhos de Rúben ficou sendo o Jordão e os *seus* limites; esta *foi* a herança dos filhos de Rúben, segundo as suas famílias, as cidades, e as suas aldeias.

²⁴E deu Moisés à tribo de Gade, aos filhos de Gade, segundo as suas famílias.

²⁵E foi o seu termo Jazer, e todas as cidades de Gileade, e metade da terra dos filhos de Amom, até Aroer, que *está* em frente de Rabá.

²⁶E desde Hesbom até Ramate-Mizpá e Betonim, e desde Maanaim até ao termo de Debir;

²⁷E no vale Bete-Arã, e Bete-Nimra, e Sucote, Zafom, *que ficara* do restante do reino de Siom, rei de Hesbom, o Jordão e o *seu* termo, até a extremidade do mar de Quinerete além do Jordão para o oriente.

²⁸Esta *é* a herança dos filhos de Gade segundo as suas famílias, as cidades e as suas aldeias.

²⁹Deu também Moisés *herança* à meia tribo de Manassés; e deu à meia tribo dos filhos de Manassés, segundo as suas famílias.

³⁰De maneira que o seu termo foi desde Maanaim, todo o Basã, todo o reino de Ogue, rei de Basã, e todas as aldeias de Jair, que *estão* em Basã, sessenta cidades;

³¹E metade de Gileade, e Astarote, e Edrei, cidades do reino de Ogue em Basã, *deu* aos filhos de Maquir, filho de Manassés, *a saber*, à metade dos filhos de Maquir, segundo as suas famílias.

³²Isto *é* o que Moisés repartiu em herança nas campinas de Moabe, além do Jordão para o oriente de Jericó.

JOSUÉ 13.33

³³Porém, à tribo de Levi, Moisés não deu herança; o SENHOR Deus de Israel é a sua herança, como já lhe tinha falado.

A herança das tribos

14ISTO, pois, é o que os filhos de Israel tiveram em herança, na terra de Canaã, o que Eleazar, o sacerdote, e Josué, filho de Num, e os cabeças dos pais das tribos dos filhos de Israel lhes fizeram repartir,

²Por sorte da sua herança, como o SENHOR ordenara, pelo ministério de Moisés, acerca das nove tribos e da meia tribo.

³Porquanto às duas tribos e à meia tribo já dera Moisés herança além do Jordão; mas aos levitas não tinha dado herança entre eles.

⁴Porque os filhos de José eram duas tribos, Manassés e Efraim, e aos levitas não se deu herança na terra, senão cidades em que habitassem, e os seus arrabaldes para seu gado e para seus bens.

⁵Como o SENHOR ordenara a Moisés, assim fizeram os filhos de Israel, e repartiram a terra.

⁶Então os filhos de Judá chegaram a Josué em Gilgal; e Calebe, filho de Jefoné o quenezeu, lhe disse: Tu sabes o que o SENHOR falou a Moisés, homem de Deus, em Cades-Barneia por causa de mim e de ti.

⁷Quarenta anos tinha eu, quando Moisés, servo do SENHOR, me enviou de Cades-Barneia a espiar a terra; e eu lhe trouxe resposta, como sentia no meu coração;

⁸Mas meus irmãos, que subiram comigo, fizeram derreter o coração do povo; eu porém perseverei em seguir ao SENHOR meu Deus.

⁹Então Moisés naquele dia jurou, dizendo: Certamente a terra que pisou o teu pé será tua, e de teus filhos, em herança perpetuamente; pois perseveraste em seguir ao SENHOR meu Deus.

¹⁰E agora eis que o SENHOR me conservou em vida, como disse; quarenta e cinco anos são passados, desde que o SENHOR falou esta palavra a Moisés, andando Israel ainda no deserto; e agora eis que hoje tenho já oitenta e cinco anos;

¹¹E ainda hoje estou tão forte como no dia em que Moisés me enviou; qual era a minha força então, tal é agora a minha força, tanto para a guerra como para sair e entrar.

¹²Agora, pois, dá-me este monte de que o SENHOR falou aquele dia; pois naquele dia tu ouviste que estavam ali os anaquins, e grandes e fortes cidades. Porventura o SENHOR será comigo, para os expulsar, como o SENHOR disse.

¹³E Josué o abençoou, e deu a Calebe, filho de Jefoné, a Hebrom em herança.

¹⁴Portanto Hebrom ficou sendo herança de Calebe, filho de Jefoné o quenezeu, até ao dia de hoje, porquanto perseverara em seguir ao SENHOR Deus de Israel.

¹⁵E antes o nome de Hebrom era Quiriate-Arba, porque Arba foi o maior homem entre os anaquins. E a terra repousou da guerra.

A herança de Judá

15A SORTE que coube à tribo dos filhos de Judá, segundo as suas famílias, foi até ao termo de Edom, o deserto de Zim, para o sul, na extremidade do lado meridional.

²E foi o seu termo para o sul, desde a extremidade do Mar Salgado, desde a baía que olha para o sul;

³E sai para o sul, até à subida de Acrabim, e passa a Zim, e sobe do sul a Cades-Barneia, e passa por Hezrom, e sobe a Adar, e vira para Carca;

⁴E passa Azmom, e sai ao ribeiro do Egito, e as saídas deste termo vão até ao mar; este será o vosso termo do lado do sul.

⁵O termo, porém, para o oriente será o Mar Salgado, até à foz do Jordão; e o termo para o norte será da baía do mar, desde a foz do Jordão.

⁶E este termo subirá até Bete-Hogla, e passará do norte a Bete-Arabá, e este termo subirá até à pedra de Boã, filho de Rúben.

⁷Subirá mais este termo a Debir desde o vale de Acor, indo para o norte rumo a Gilgal, a qual está em frente da subida de Adumim, que está para o sul do ribeiro; então este termo continua até às águas de En-Semes; e as suas saídas estão do lado de En-Rogel.

⁸E este termo sobe pelo vale do filho de Hinom, do lado sul dos jebuseus (esta é Jerusalém) e sobe este termo até ao cume do monte que está diante do vale de Hinom para o ocidente, que está no fim do vale dos refains do lado do norte.

⁹Então este termo vai desde a altura do monte até à fonte das águas de Neftoa; e sai até às cidades do monte de Efrom; vai mais este termo até Baalá (esta é Quiriate-Jearim).

¹⁰Então volta este termo desde Baalá para o ocidente, até às montanhas de Seir, e passa ao lado do monte de Jearim do lado do norte (esta é Quesalom) e desce a Bete-Semes, e passa por Timna;

¹¹Sai este termo mais ao lado de Ecrom, para o norte, e este termo vai a Sicrom e passa o monte de Baalá, e sai em Jabneel; e assim este termo finda no mar.

¹²Será, porém, o termo do lado do ocidente o Mar Grande, e suas adjacências; este é o termo dos filhos de Judá ao redor, segundo as suas famílias.

¹³Mas a Calebe, filho de Jefoné, deu uma parte no meio dos filhos de Judá, conforme a ordem do SENHOR a Josué; a saber, a cidade de Arba, que é Hebrom; este Arba era pai de Anaque.

¹⁴E Calebe expulsou dali os três filhos de Anaque: Sesai, e Aimã, e Talmai, gerados de Anaque.

¹⁵E dali subiu aos habitantes de Debir; e fora antes o nome de Debir, Quiriate-Sefer.

¹⁶E disse Calebe: Quem ferir a Quiriate-Sefer, e a tomar, lhe darei a minha filha Acsa por mulher.

¹⁷Tomou-a, pois, Otniel, filho de Quenaz, irmão de Calebe; e deu-lhe a sua filha Acsa por mulher.

¹⁸E sucedeu que, vindo ela a ele, o persuadiu que pedisse um campo a seu pai; e ela desceu do seu jumento; então Calebe lhe disse: Que é que tens?

¹⁹E ela disse: Dá-me *uma* bênção; pois me deste terra seca, dá-me também fontes de águas. Então lhe deu as fontes superiores e as fontes inferiores.

²⁰Esta *é* a herança da tribo dos filhos de Judá, segundo as suas famílias.

²¹São, pois, as cidades da tribo dos filhos de Judá, até ao termo de Edom, no extremo sul: Cabzeel, e Eder, e Jagur.

²²E Quiná, e Dimona, e Adada,

²³E Quedes, e Hazor, e Itnã,

²⁴Zife, e Telem, e Bealote,

²⁵E Hazor-Hadata, e Queriote-Hezrom (que *é* Hazor),

²⁶Amã e Sema, e Moladá,

²⁷E Hazar-Gada, e Hesmom, e Bete-Palete,

²⁸E Hazar-Sual, e Berseba, e Biziotiá,

²⁹Baalá, e Iim, e Azem,

³⁰E Eltolade, e Quesil, e Hormá.

³¹E Ziclague, e Madmana, e Sansana,

³²E Lebaote, e Silim, e Aim, e Rimom; todas as cidades e as suas aldeias, vinte e nove.

³³Nas planícies: Estaol, e Zorá, e Asná,

³⁴E Zanoa, e En-Ganim, Tapua, e Enã.

³⁵E Jarmute, e Adulão, Socó, e Azeca,

³⁶E Saaraim, e Aditaim, e Gederá, e Gederotaim; catorze cidades e as suas aldeias.

³⁷Zenã, e Hadasa, e Migdal-Gade,

³⁸E Dileã, e Mizpe, e Jocteel,

³⁹Laquis, e Bozcate, e Eglom,

⁴⁰E Cabom, e Laamás, e Quitlis,

⁴¹E Gederote, Bete-Dagom, e Naamá, e Maquedá, dezesseis cidades e as suas aldeias.

⁴²Libna, e Eter, e Asã,

⁴³E Iftá, e Asná, e Nezibe,

⁴⁴E Queila, e Aczibe, e Maressa; nove cidades e as suas aldeias.

⁴⁵Ecrom, com suas vilas, e as suas aldeias.

⁴⁶Desde Ecrom, e até ao mar, todas as que *estão* do lado de Asdode, e as suas aldeias.

⁴⁷Asdode, com as suas vilas e as suas aldeias; Gaza, com as suas vilas e as suas aldeias, até ao rio do Egito, e o Mar Grande e o seu termo.

⁴⁸E nas montanhas: Samir, Jatir, e Socó.

⁴⁹E Daná, e Quiriate-Saná (que é Debir),

⁵⁰E Anabe, Estemó, e Anim,

⁵¹E Gósen, e Holom, e Gilo; onze cidades e as suas aldeias.

⁵²Arabe, e Dumá e Esã,

⁵³E Janim, e Bete-Tapua e Afeca,

⁵⁴E Hunta, e Quiriate-Arba (que é Hebrom), e Zior; nove cidades e as suas aldeias.

⁵⁵Maom, Carmelo, e Zife, e Jutá,

⁵⁶E Jizreel, e Jocdeão, e Zanoa,

⁵⁷Caim, Gibeá, e Timna; dez cidades e as suas aldeias.

⁵⁸Halul, Bete-Zur, e Gedor,

⁵⁹E Maarate, e Bete-Anote, e Eltecom; seis cidades e as suas aldeias.

⁶⁰Quiriate-Baal (que *é* Quiriate-Jearim), e Rabá; duas cidades e as suas aldeias.

⁶¹No deserto: Bete-Arabá, Midim, e Secacá,

⁶²E Nibsã, e a Cidade do Sal, e En-Gedi; seis cidades e as suas aldeias.

⁶³Não puderam, porém, os filhos de Judá expulsar os jebuseus que habitavam em Jerusalém; assim habitaram os jebuseus com os filhos de Judá em Jerusalém, até *ao dia* de hoje.

A herança de Efraim

16 SAIU depois a sorte dos filhos de José, desde o Jordão, na direção de Jericó, junto às águas de Jericó, para o oriente, estendendo-se pelo deserto que sobe de Jericó pelas montanhas de Betel.

²E de Betel vai para Luz, e passa ao termo dos arquitas, até Atarote,

³E desce do lado do ocidente ao termo de Jafleti, até ao termo de Bete-Horom de baixo, e até Gezer, indo terminar no mar.

⁴Assim alcançaram a sua herança os filhos de José, Manassés e Efraim.

⁵E foi o termo dos filhos de Efraim, segundo as suas famílias, *como se segue:* o termo da sua herança para o oriente era Atarote-Adar até Bete-Horom de cima;

⁶E sai este termo para o ocidente junto a Micmetá, desde o norte, e torna este termo para o oriente até Taanate-Siló, e passa por ela desde o oriente a Janoa;

⁷E desce desde Janoa a Atarote e a Naarate e toca em Jericó, terminando no Jordão.

⁸De Tapua vai este termo para o ocidente ao ribeiro de Caná, terminando no mar; esta *é* a herança da tribo dos filhos de Efraim, segundo as suas famílias,

⁹Mais as cidades que se separaram para os filhos de Efraim no meio da herança dos filhos de Manassés; todas aquelas cidades e as suas aldeias.

¹⁰E não expulsaram aos cananeus que habitavam em Gezer; e os cananeus habitam no meio dos efraimitas até *ao dia de* hoje; porém, *sendo-lhes* tributários.

A herança da meia tribo de Manassés

17 TAMBÉM coube sorte à tribo de Manassés, porquanto era o primogênito de José. Maquir, o primogênito de Manassés, pai de Gileade, porquanto era homem de guerra, teve a Gileade e Basã;

²Também os demais filhos de Manassés tiveram a sua parte, segundo as suas famílias, *a saber:* Os filhos de Abiezer, e os filhos de Heleque, e os filhos de Asriel, e os filhos de Siquém, e os filhos de Hefer, e os filhos de Semida; esses *são* os filhos de Manassés, filho de José, segundo as suas famílias.

³Zelofeade, porém, filho de Hefer, filho de Gileade, filho de Maquir, filho de Manassés, não teve filhos, mas só filhas; e estes *são* os nomes de suas filhas: Maalá, Noa, Hogla, Milca e Tirza.

⁴*Estas*, pois, chegaram diante de Eleazar, o sacerdote, e diante de Josué, filho de Num, e diante dos príncipes, dizendo: O SENHOR ordenou a Moisés que se nos desse herança no meio de nossos

JOSUÉ 17.5 — 172

irmãos, pelo que, conforme a ordem do SENHOR, lhes deu herança no meio dos irmãos de seu pai.

⁵E couberam a Manassés dez quinhões, afora a terra de Gileade e Basã, que *está* além do Jordão;

⁶Porque as filhas de Manassés receberam herança entre os filhos dele; e os outros filhos de Manassés ficaram com a terra de Gileade.

⁷E o termo de Manassés foi desde Aser até Micmetá, que *está* defronte de Siquém; e estende-se este termo à direita até os moradores de En-Tapua.

⁸Tinha Manassés a terra de Tapua; porém Tapua, junto ao termo de Manassés, pertencia aos filhos de Efraim.

⁹Então descia este termo ao ribeiro de Caná. A Efraim couberam as cidades ao sul do ribeiro, entre as cidades de Manassés; e o termo de Manassés estava ao norte do ribeiro, indo terminar no mar.

¹⁰Efraim ao sul, e Manassés ao norte, e o mar *é* o seu termo; pelo norte tocam em Aser, e pelo oriente em Issacar.

¹¹Porque em Issacar e em Aser tinha Manassés a Bete-Seã e as suas vilas, e Ibleã e as suas vilas, e os habitantes de Dor e as suas vilas, e os habitantes de En-Dor e as suas vilas, e os habitantes de Taanaque e as suas vilas, e os habitantes de Megido e as suas vilas; três outeiros.

¹²E os filhos de Manassés não puderam expulsar *os habitantes* daquelas cidades; porquanto os cananeus queriam habitar na mesma terra.

¹³E sucedeu *que,* engrossando em forças os filhos de Israel, fizeram tributários aos cananeus; porém não os expulsaram de todo.

¹⁴Então os filhos de José falaram a Josué, dizendo: Por que me deste por herança *só* uma sorte e um quinhão, sendo eu um tão grande povo, visto que o SENHOR até aqui me tem abençoado?

¹⁵E disse-lhes Josué: Se tão grande povo *és,* sobe ao bosque, e ali corta, para ti, *lugar* na terra dos perizeus e dos refains; pois que as montanhas de Efraim te são tão estreitas.

¹⁶Então disseram os filhos de José: As montanhas não nos bastariam; também carros de ferro há entre todos os cananeus que habitam na terra do vale, entre os de Bete-Seã e as suas vilas, e entre os que *estão* no vale de Jizreel.

¹⁷Então Josué falou à casa de José, a Efraim e a Manassés, dizendo: Grande povo *és,* e grande força tens; não terás uma sorte apenas;

¹⁸Porém as montanhas serão tuas. Ainda que é bosque, cortá-lo-ás, e as suas extremidades serão tuas; porque expulsarás os cananeus, ainda que tenham carros de ferro, ainda que sejam fortes.

O tabernáculo é levantado em Siló

18 E TODA a congregação dos filhos de Israel se reuniu em Siló, e ali armaram a tenda da congregação, depois que a terra lhes foi sujeita.

²E dentre os filhos de Israel ficaram sete tribos que ainda não tinham repartido a sua herança.

³E disse Josué aos filhos de Israel: Até quando sereis negligentes em chegardes para possuir a terra que o SENHOR Deus de vossos pais vos deu?

⁴De cada tribo escolhei vós três homens, para que eu os envie, e eles se levantem e percorram a terra, e a demarquem segundo as suas heranças, e voltem a mim.

⁵E dividi-la-ão em sete partes: Judá ficará no seu termo para o sul, e a casa de José ficará no seu termo para o norte.

⁶E vós demarcareis a terra em sete partes, e *me* trareis a mim aqui descrita, para que eu aqui lance as sortes perante o SENHOR nosso Deus,

⁷Porquanto os levitas não têm parte no meio de vós, porque o sacerdócio do SENHOR *é* a sua parte; e Gade, e Rúben, e a meia tribo de Manassés, receberam a sua herança além do Jordão para o oriente, a qual lhes deu Moisés, o servo do SENHOR.

⁸Então aqueles homens se levantaram e se foram; e Josué deu ordem aos que iam demarcar a terra, dizendo: Ide, e percorrei a terra, e demarcai-a, e *então* voltai a mim, e aqui vos lançarei as sortes perante o SENHOR, em Siló.

⁹Foram, pois, aqueles homens, e passaram pela terra, e a demarcaram, em sete partes segundo as cidades, descrevendo-a num livro; e voltaram a Josué, ao arraial em Siló.

¹⁰Então Josué lhes lançou as sortes em Siló, perante o SENHOR; e ali repartiu Josué a terra aos filhos de Israel, conforme às suas divisões.

A herança de Benjamim

¹¹E tirou a sorte da tribo dos filhos de Benjamim, segundo as suas famílias; e coube-lhe o termo da sua sorte entre os filhos de Judá e os filhos de José.

¹²E o seu termo foi para o lado do norte, desde o Jordão; e sobe aquele termo ao lado de Jericó para o norte, e sobe pela montanha para o ocidente, terminando no deserto de Bete-Áven.

¹³E dali passa este termo a Luz, ao lado de Luz (que *é* Betel), para o sul; e desce este limite a Atarote-Adar, ao pé do monte que *está* do lado do sul de Bete-Horom de baixo;

¹⁴E vai este termo e volta ao lado do ocidente para o sul do monte que *está* defronte de Bete-Horom, para o sul, terminando em Quiriate-Baal (que é Quiriate-Jearim), cidade dos filhos de Judá; esta *é* a sua extensão para o ocidente.

¹⁵E a sua extensão para o sul *começa* na extremidade de Quiriate-Jearim; e vai este termo ao ocidente e segue até à fonte das águas de Neftoa.

¹⁶E desce este termo até à extremidade do monte que *está* defronte do vale do filho de Hinom, que *está* no vale dos refains para o norte, e desce pelo vale de Hinom do lado dos jebuseus para o sul; e *então* desce a En-Rogel;

¹⁷E vai desde o norte, e chega a En-Semes; e dali sai a Gelilote, que está defronte da subida de Adumim, e desce à pedra de Boã, filho de Rúben;

¹⁸E passa até ao lado, defronte de Arabá, para o norte, e desce a Arabá.

¹⁹Passa mais este termo até ao lado de Bete-Hogla, para o norte, saindo esse termo na baía do Mar Salgado, para o norte, na extremidade do Jordão, para o sul; este é o termo do sul.

20E o Jordão será seu termo do lado do oriente; esta *é* a herança dos filhos de Benjamim, nos seus termos em redor, segundo as suas famílias.

21E as cidades da tribo dos filhos de Benjamim, segundo as suas famílias, são: Jericó, e Bete-Hogla, e Emeque-Queziz,

22E Bete-Arabá, e Zemaraim, e Betel,

23E Avim, e Pará, e Ofra,

24E Quefar-Amonai, e Ofni e Gaba: doze cidades e as suas aldeias;

25Gibeão, e Ramá e Beerote,

26E Mizpá, e Cefira e Moza,

27E Requém e Irpeel, e Tarala,

28E Zela, Elefe, e Jebus (esta *é* Jerusalém), Gibeá e Quiriate: catorze cidades com as suas aldeias; esta *é* a herança dos filhos de Benjamim, segundo as suas famílias.

A herança de Simeão

19E SAIU a segunda sorte a Simeão, para a tribo dos filhos de Simeão, segundo as suas famílias; e foi a sua herança no meio da herança dos filhos de Judá.

2E tiveram na sua herança: Berseba, e Seba e Moladá.

3E Hazar-Sual, e Balá, e Azem,

4E Eltolade, e Betul, e Hormá,

5E Ziclague, e Bete-Marcabote, e Hazar-Susa,

6E Bete-Lebaote, e Saruém; treze cidades e as suas aldeias.

7E Aim, e Rimom, e Eter, e Asã; quatro cidades e as suas aldeias.

8E todas as aldeias que *havia* em redor destas cidades, até Baalate-Ber *(que é* Ramá), do sul; esta *é* a herança da tribo dos filhos de Simeão, segundo as suas famílias.

9A herança dos filhos de Simeão *foi tirada* do quinhão dos filhos de Judá, porquanto a herança dos filhos de Judá era demasiadamente grande para eles; pelo que os filhos de Simeão tiveram a sua herança no meio deles.

A herança de Zebulom

10E saiu a terceira sorte pelos filhos de Zebulom, segundo as suas famílias; e foi o termo da sua herança até Saride.

11E sobe o seu termo pelo ocidente a Maralá, e vai até Dabesete, e chega também até ao ribeiro que *está* defronte de Jocneão.

12E de Saride volta para o oriente, para o nascente do sol, até ao termo de Quislote-Tabor, sai a Daberate, e vai subindo a Jafia.

13E dali passa pelo oriente, para o nascente, a Gate-Hefer, em Ete-Cazim, chegando a Rimom-Metoar, que vai até Neá;

14E rodeando-a, passa o termo para o norte a Hanatom, chegando ao vale de Iftá-El,

15E Catate, Naalal, e Sinrom, e Idala, e Belém; doze cidades e as suas aldeias.

16Esta *é* a herança dos filhos de Zebulom, segundo as suas famílias; estas cidades e as suas aldeias.

A herança de Issacar

17A quarta sorte saiu para Issacar; aos filhos de Issacar, segundo as suas famílias.

18E foi o seu termo Jizreel, e Quesulote e Suném,

19E Hafaraim, e Siom, e Anaarate,

20E Rabite e Quisiom, e Ebes,

21E Remete, e En-Ganim, e En-Hadá, e Bete-Pazez.

22E chega este termo até Tabor, e Saazima, e Bete-Semes; e *vai terminar* no Jordão; dezesseis cidades e as suas aldeias.

23Esta é a herança da tribo dos filhos de Issacar, segundo as suas famílias; estas cidades e as suas aldeias.

A herança de Aser

24E saiu a quinta sorte para a tribo dos filhos de Aser, segundo as suas famílias.

25E foi o seu termo Helcate, e Hali, e Béten, e Acsafe,

26E Alameleque, e Amade, e Misal; e chega ao Carmelo para o ocidente, e a Sior-Libnate;

27E volta para o nascente do sol a Bete-Dagom, e chega a Zebulom e ao vale de Iftá-El, ao norte de Bete-Emeque e de Neiel, e vem sair a Cabul, pela esquerda,

28E Hebrom, e Reobe, e Hamom, e Caná, até à grande Sidom.

29E volta este termo a Ramá, e até à forte cidade de Tiro; então torna este termo a Hosa, para terminar no mar, na região de Aczibe.

30E Umá, e Afeque, e Reobe; vinte e duas cidades e as suas aldeias.

31Esta *é* a herança da tribo dos filhos de Aser, segundo as suas famílias; estas cidades e as suas aldeias.

A herança de Naftali

32E saiu a sexta sorte para os filhos de Naftali, segundo as suas famílias.

33E foi o seu termo desde Helefe e desde Alom em Zaananim, e Adami-Neguebe, e Jabneel, até Lacum, terminando no Jordão.

34E volta este termo pelo ocidente a Aznote-Tabor, e dali passa a Hucoque; e chega a Zebulom ao sul, e chega a Aser ao ocidente, e a Judá pelo Jordão, ao nascente do sol.

35E *são* as cidades fortificadas: Zidim, Zer, e Hamate, Racate e Quinerete,

36E Adama, e Ramá, e Hazor,

37E Quedes, e Edrei, e En-Hazor,

38E Irom, e Migdal-El, Horém e Bete-Anate, e Bete-Semes; dezenove cidades e as suas aldeias.

39Esta *é* a herança da tribo dos filhos de Naftali, segundo as suas famílias; estas cidades e as suas aldeias.

A herança de Dã

40A sétima sorte saiu para a tribo dos filhos de Dã, segundo as suas famílias.

41E foi o termo da sua herança, Sora, e Estaol, e Ir-Semes,

JOSUÉ 19.42

174

⁴²E Saalabim, e Aijalom, e Itla,

⁴³E Elom, e Timna, e Ecrom,

⁴⁴E Elteque, e Gibetom, e Baalate,

⁴⁵E Jeúde, e Bene-Beraque, e Gate-Rimom,

⁴⁶E Me-Jarcom, e Racom, com o termo defronte de Jafo;

⁴⁷Saiu, porém, pequeno termo aos filhos de Dã, pelo que subiram os filhos de Dã, e pelejaram contra Lesém, e a tomaram, e a feriram ao fio da espada, e a possuíram e habitaram nela; e a Lesém chamaram Dã, conforme ao nome de Dã seu pai.

⁴⁸Esta *é* a herança da tribo dos filhos de Dã, segundo as suas famílias; estas cidades e as suas aldeias.

A herança de Josué

⁴⁹Acabando, pois, de repartir a terra em herança segundo os seus termos, deram os filhos de Israel a Josué, filho de Num, herança no meio deles.

⁵⁰Segundo o mandado do Senhor lhe deram a cidade que pediu, a Timnate-Sera, na montanha de Efraim; e reedificou aquela cidade, e habitou nela.

⁵¹Estas são as heranças que Eleazar, o sacerdote, e Josué, filho de Num, e os cabeças dos pais das famílias repartiram às tribos dos filhos de Israel, em herança, por sorte, em Siló, perante o Senhor, à porta da tenda da congregação. E assim acabaram de repartir a terra.

Estabelecem-se as cidades de refúgio

20 FALOU mais o Senhor a Josué, dizendo: ²Fala aos filhos de Israel, dizendo: Apartai para vós as cidades de refúgio, de que vos falei pelo ministério de Moisés,

³Para que fuja para ali o homicida, que matar *alguma* pessoa por engano, *e* não com intenção; para que vos sirvam de refúgio contra o vingador do sangue.

⁴E fugindo para alguma daquelas cidades, pôr-se-á à porta da cidade e exporá a sua causa aos ouvidos dos anciãos da tal cidade; então o tomarão consigo na cidade; e lhe darão lugar, para que habite com eles.

⁵E se o vingador do sangue o seguir, não entregarão na sua mão o homicida, porquanto não feriu a seu próximo com intenção, e não o odiou antes.

⁶E habitará na mesma cidade, até que compareça em juízo perante a congregação, até que morra o sumo sacerdote que houver naqueles dias; então o homicida voltará, e virá à sua cidade e à sua casa, à cidade de onde fugiu.

⁷Então designaram a Quedes na Galileia, na montanha de Naftali, e a Siquém, na montanha de Efraim, e a Quiriate-Arba (esta *é* Hebrom), na montanha de Judá.

⁸E, além do Jordão, na direção de Jericó para o oriente, designaram a Bezer, no deserto, na campina da tribo de Rúben, e a Ramote, em Gileade da tribo de Gade, e a Golã, em Basã da tribo de Manassés.

⁹Estas são as cidades *que foram* designadas para todos os filhos de Israel, e para o estrangeiro que habitasse entre eles, para que se acolhesse a elas todo aquele que por engano matasse alguma pessoa, para que não morresse às mãos do vingador do sangue, até se apresentar diante da congregação.

As cidades da tribo de Levi

21 ENTÃO os cabeças dos pais dos levitas se achegaram a Eleazar, o sacerdote, e a Josué, filho de Num, e aos cabeças dos pais das tribos dos filhos de Israel;

²E falaram-lhes em Siló, na terra de Canaã, dizendo: O Senhor ordenou, pelo ministério de Moisés, que se nos dessem cidades para habitar, e os seus arrabaldes para os nossos animais.

³Por isso os filhos de Israel deram aos levitas da sua herança, conforme a ordem do Senhor, as seguintes cidades e os seus arrabaldes.

⁴E saiu a sorte para as famílias dos coatitas; e aos filhos de Arão, o sacerdote, que eram dos levitas, tiveram por sorte da tribo de Judá, e da tribo de Simeão, e da tribo de Benjamim, treze cidades;

⁵E aos outros filhos de Coate *couberam* por sorte, das famílias da tribo de Efraim, e da tribo de Dã, e da meia tribo de Manassés, dez cidades;

⁶E aos filhos de Gérson *couberam* por sorte, das famílias da tribo de Issacar, e da tribo de Aser, e da tribo de Naftali, e da meia tribo de Manassés, em Basã, treze cidades;

⁷Aos filhos de Merari, segundo as suas famílias, da tribo de Rúben, e da tribo de Gade, e da tribo de Zebulom, doze cidades;

⁸E deram os filhos de Israel aos levitas estas cidades e os seus arrabaldes por sorte, como o Senhor ordenara pelo ministério de Moisés.

⁹Deram mais, da tribo dos filhos de Judá e da tribo dos filhos de Simeão, estas cidades, que por nome foram mencionadas,

¹⁰Para que fossem dos filhos de Arão, das famílias dos coatitas dos filhos de Levi; porquanto a primeira sorte foi sua.

¹¹Assim lhes deram a cidade de Arba, do pai de Anaque (esta *é* Hebrom), no monte de Judá, e os seus arrabaldes ao redor.

¹²Porém o campo da cidade, e as suas aldeias, deram a Calebe, filho de Jefoné, por sua possessão.

¹³Assim aos filhos de Arão, o sacerdote, deram Hebrom, cidade do refúgio do homicida, e os seus arrabaldes, Libna e os seus arrabaldes;

¹⁴Jatir e os seus arrabaldes, e Estemoa e os seus arrabaldes;

¹⁵E Holom e os seus arrabaldes, e Debir e os seus arrabaldes;

¹⁶E Aim e os seus arrabaldes, e Jutá e os seus arrabaldes, *e* Bete-Semes e os seus arrabaldes; nove cidades destas duas tribos.

¹⁷E da tribo de Benjamim, Gibeão e os seus arrabaldes, Geba e os seus arrabaldes;

¹⁸Anatote e os seus arrabaldes, e Almom e os seus arrabaldes; quatro cidades.

¹⁹Todas as cidades dos sacerdotes, filhos de Arão, *foram* treze cidades e os seus arrabaldes.

²⁰E as famílias dos filhos de Coate, levitas, que ficaram dos filhos de Coate, tiveram as cidades da sua sorte, da tribo de Efraim.

²¹E deram-lhes Siquém, cidade de refúgio do homicida, e os seus arrabaldes, no monte de Efraim, e Gezer e os seus arrabaldes;

²²E Quibzaim e os seus arrabaldes, e Bete-Horom e os seus arrabaldes; quatro cidades.

²³E da tribo de Dã, Elteque e os seus arrabaldes, Gibetom e os seus arrabaldes;

²⁴Aijalom e os seus arrabaldes, Gate-Rimom e os seus arrabaldes; quatro cidades.

²⁵E da meia tribo de Manassés, Taanaque e os seus arrabaldes, e Gate-Rimom e os seus arrabaldes; duas cidades.

²⁶As cidades para as famílias dos demais filhos de Coate, *foram* dez e os seus arrabaldes.

²⁷E aos filhos de Gérson, das famílias dos levitas, *deram* da meia tribo de Manassés, Golã, cidade de refúgio do homicida, em Basã, e os seus arrabaldes, e Beesterá e os seus arrabaldes; duas cidades.

²⁸E da tribo de Issacar, Quisiom e os seus arrabaldes, Daberate e os seus arrabaldes,

²⁹Jarmute e os seus arrabaldes, En-Ganim e os seus arrabaldes; quatro cidades.

³⁰E da tribo de Aser, Misal e os seus arrabaldes, Abdom e os seus arrabaldes,

³¹Helcate e os seus arrabaldes, e Reobe e os seus arrabaldes; quatro cidades.

³²E da tribo de Naftali, Quedes, cidade de refúgio do homicida, na Galileia, e os seus arrabaldes, e Hamote-Dor e os seus arrabaldes, e Cartã e os seus arrabaldes; três cidades.

³³Todas as cidades dos gersonitas, segundo as suas famílias, *foram* treze cidades e os seus arrabaldes.

³⁴E às famílias dos filhos de Merari, aos demais levitas, *foram dadas,* da tribo de Zebulom, Jocneão e os seus arrabaldes, Cartã e os seus arrabaldes,

³⁵Dimna e os seus arrabaldes, Naalal e os seus arrabaldes; quatro cidades.

³⁶E da tribo de Rúben, Bezer e seus arrabaldes, e Jaza e os seus arrabaldes,

³⁷Quedemote e os seus arrabaldes, e Mefaate e os seus arrabaldes; quatro cidades.

³⁸E da tribo de Gade, Ramote, cidade de refúgio do homicida, em Gileade, e os seus arrabaldes, e Maanaim e os seus arrabaldes,

³⁹Hesbom e os seus arrabaldes, Jazer e os seus arrabaldes; ao todo, quatro cidades.

⁴⁰Todas estas cidades *foram* dos filhos de Merari, segundo as suas famílias, que *ainda* restavam das famílias dos levitas; e foi a sua sorte doze cidades.

⁴¹Todas as cidades dos levitas, no meio da herança dos filhos de Israel, *foram* quarenta e oito cidades e os seus arrabaldes.

⁴²Estavam estas cidades, cada uma com os seus arrabaldes em redor delas; assim *estavam* todas estas cidades.

⁴³Desta maneira deu o SENHOR a Israel toda a terra que jurara dar a seus pais; e a possuíram e habitaram nela.

⁴⁴E o SENHOR lhes deu repouso de todos os lados, conforme a tudo quanto jurara a seus pais; e nenhum de todos os seus inimigos pôde resisti--los; todos os seus inimigos o SENHOR entregou--lhes nas mãos.

⁴⁵Palavra alguma falhou de todas as boas coisas que o SENHOR falou à casa de Israel; tudo se cumpriu.

Josué abençoa e manda para suas casas as duas e meia tribos

22ENTÃO Josué chamou os rubenitas, e os gaditas, e a meia tribo de Manassés.

²E disse-lhes: Tudo quanto Moisés, o servo do SENHOR, vos ordenou, guardastes; e à minha voz obedecestes em tudo quanto vos ordenei.

³A vossos irmãos por todo este tempo, até ao *dia* de hoje, não desamparastes; antes tivestes cuidado de guardar o mandamento do SENHOR vosso Deus.

⁴Agora o SENHOR vosso Deus deu repouso a vossos irmãos, como lhes tinha prometido; voltai-vos, pois, agora, e ide-vos às vossas tendas, à terra da vossa possessão, que Moisés, o servo do SENHOR, vos deu além do Jordão.

⁵Tão somente tende cuidado de guardar com diligência o mandamento e a lei que Moisés, o servo do SENHOR, vos mandou: que ameis ao SENHOR vosso Deus, e andeis em todos os seus caminhos, e guardeis os seus mandamentos, e vos achegueis a ele, e o sirvais com todo o vosso coração, e com toda a vossa alma.

⁶Assim Josué os abençoou, e despediu-os; e foram-se às suas tendas.

⁷Ora, Moisés dera *herança* em Basã à meia tribo de Manassés, porém à outra metade Josué deu *herança* entre seus irmãos aquém do Jordão para o ocidente; e enviando-os Josué também às suas tendas os abençoou;

⁸E falou-lhes, dizendo: Voltai-vos às vossas tendas com grandes riquezas, e com muitíssimo gado, com prata, e com ouro, e com metal, e com ferro, e com muitíssimas roupas; e com vossos irmãos reparti o despojo dos vossos inimigos.

⁹Assim os filhos de Rúben, e os filhos de Gade, e a meia tribo de Manassés voltaram, e separaram-se dos filhos de Israel, de Siló, que *está* na terra de Canaã, para irem à terra de Gileade, à terra da sua possessão, de que foram feitos possuidores, conforme a ordem do SENHOR pelo ministério de Moisés.

O altar do testemunho

¹⁰E, chegando eles aos limites do Jordão, ainda na terra de Canaã, ali os filhos de Rúben, e os filhos de Gade, e a meia tribo de Manassés edificaram *um* altar junto ao Jordão, *um* altar de grande aparência.

JOSUÉ 22.11   176

¹¹E ouviram os filhos de Israel dizer: Eis que os filhos de Rúben, e os filhos de Gade, e a meia tribo de Manassés edificaram *um* altar diante da terra de Canaã, nos limites do Jordão, do lado dos filhos de Israel.

¹²Ouvindo isso os filhos de Israel, reuniu-se toda a congregação dos filhos de Israel em Siló, para saírem em guerra contra eles.

¹³E enviaram os filhos de Israel, aos filhos de Rúben, e aos filhos de Gade, e à meia tribo de Manassés, na terra de Gileade, a Fineias, filho de Eleazar, o sacerdote,

¹⁴E a dez príncipes com ele, de cada casa paterna um príncipe, de todas as tribos de Israel; e cada um *era* cabeça da casa de seus pais entre os milhares de Israel.

¹⁵E, indo eles aos filhos de Rúben, e aos filhos de Gade, e à meia tribo de Manassés, à terra de Gileade, falaram-lhes, dizendo:

¹⁶Assim diz toda a congregação do SENHOR: Que transgressão *é* esta, que cometestes contra o Deus de Israel, deixando hoje de seguir ao SENHOR, edificando-vos um altar, para vos rebelardes contra o SENHOR?

¹⁷*Foi*-nos pouco a iniquidade de Peor, de que ainda até o *dia de* hoje não estamos purificados, mesmo que tenha havido castigo na congregação do SENHOR,

¹⁸Para que hoje deixais de seguir o SENHOR? Será *que* rebelando-vos hoje contra o SENHOR, amanhã ele se irará contra toda a congregação de Israel.

¹⁹Se é, porém, que a terra da vossa herança *é* imunda, passai-vos para a terra da possessão do SENHOR, onde habita o tabernáculo do SENHOR, e tomai possessão entre nós; mas não vos rebeleis contra o SENHOR, nem *tampouco* vos rebeleis contra nós, edificando-vos *um* altar, além do altar do SENHOR nosso Deus.

²⁰Não cometeu Acã, filho de Zerá, transgressão no tocante ao anátema? Não veio ira sobre toda a congregação de Israel, de modo que aquele homem não morreu só, na sua iniquidade.

²¹Então responderam os filhos de Rúben, e os filhos de Gade, e a meia tribo de Manassés, e disseram aos cabeças dos milhares de Israel:

²²O SENHOR Deus dos deuses, o SENHOR Deus dos deuses, ele *o* sabe, e Israel *mesmo o* saberá. Se *foi* por rebeldia, ou por transgressão contra o SENHOR, hoje não nos preserve;

²³Se nós edificamos um altar para nos desviarmos de seguir após o SENHOR, ou para sobre ele oferecer holocausto e oferta de alimentos, ou sobre ele apresentar oferta pacífica, o SENHOR mesmo de nós *o* requeira.

²⁴E, se antes o não fizemos por receio disto, dizendo: Amanhã vossos filhos virão a falar a nossos filhos, dizendo: Que tendes vós com o SENHOR Deus de Israel?

²⁵Pois o SENHOR pôs o Jordão por termo entre nós e vós, ó filhos de Rúben, e filhos de Gade; não tendes parte no SENHOR; e *assim* bem poderiam

vossos filhos fazer desistir a nossos filhos de temer ao SENHOR.

²⁶Por isso dissemos: Preparemo-nos agora, e edifiquemos *um* altar, não para holocausto, nem para sacrifício,

²⁷Mas para que, entre nós e vós, e entre as nossas gerações depois de nós, nos *seja* em testemunho, para podermos fazer o serviço do SENHOR diante dele com os nossos holocaustos, e com os nossos sacrifícios, e com as nossas ofertas pacíficas; *para que* vossos filhos não digam amanhã a nossos filhos: Não tendes parte no SENHOR.

²⁸Por isso dissemos: Quando suceder que amanhã *assim* nos digam a nós e às nossas gerações, então diremos: Vede o modelo do altar do SENHOR que fizeram nossos pais, não para holocausto nem para sacrifício, porém *para ser* testemunho entre nós e vós.

²⁹Nunca tal nos aconteça que nos rebelemos contra o SENHOR, ou que hoje nós deixemos de seguir o SENHOR, edificando altar para holocausto, oferta de alimentos ou sacrifício, fora do altar do SENHOR nosso Deus, que *está* perante o seu tabernáculo.

³⁰Ouvindo, pois, Fineias, o sacerdote, e os príncipes da congregação, e os cabeças dos milhares de Israel, que com eles *estavam,* as palavras que disseram os filhos de Rúben, e os filhos de Gade, e os filhos de Manassés, pareceu bem aos seus olhos.

³¹E disse Fineias, filho de Eleazar, o sacerdote, aos filhos de Rúben, e aos filhos de Gade, e aos filhos de Manassés: Hoje sabemos que o SENHOR *está* no meio de nós; porquanto não cometestes transgressão contra o SENHOR; agora livrastes os filhos de Israel da mão do SENHOR.

³²E Fineias filho de Eleazar, o sacerdote, com os príncipes, deixando os filhos de Rúben, e os filhos de Gade, voltaram da terra de Gileade à terra de Canaã, aos filhos de Israel, e trouxeram-lhes a resposta.

³³E pareceu a resposta boa aos olhos dos filhos de Israel, e os filhos de Israel louvaram a Deus; e não falaram *mais* em subir à guerra contra eles em exército, para destruírem a terra em que habitavam os filhos de Rúben e os filhos de Gade.

³⁴E os filhos de Rúben e os filhos de Gade deram ao altar o nome de Ede; para *que seja* testemunho entre nós que o SENHOR *é* Deus.

Josué exorta o povo

23 E SUCEDEU *que,* muitos dias depois que o SENHOR dera repouso a Israel de todos os seus inimigos em redor, e sendo Josué *já* velho *e* entrado em dias,

²Chamou Josué a todo o Israel, aos seus anciãos, e aos seus cabeças, e aos seus juízes, e aos seus oficiais, e disse-lhes: Eu *já* sou velho *e* entrado em dias,

³E vós já tendes visto tudo quanto o SENHOR vosso Deus fez a todas estas nações por causa de vós; porque o SENHOR vosso Deus *é* que tem pelejado por vós.

177 JOSUÉ 24.18

[4]Vede que vos reparti por sorte, em herança às vossas tribos, estas nações que restam, bem como as nações que tenho destruído, desde o Jordão até o grande mar para o pôr do sol.

[5]E o SENHOR vosso Deus as impelirá, e as expelirá de diante de vós; e vós possuireis a sua terra, como o SENHOR vosso Deus vos tem prometido.

[6]Esforçai-vos, pois, muito para guardardes e para fazerdes tudo quanto *está* escrito no livro da lei de Moisés; para que dele não vos aparteis, nem para a direita nem para a esquerda;

[7]Para que não entreis no meio destas nações que ainda ficam convosco; e dos nomes de seus deuses não façais menção, nem por eles façais jurar, nem os sirvais, nem a eles vos inclineis,

[8]Mas ao SENHOR vosso Deus vos apegareis, como fizestes até *o dia de* hoje;

[9]Pois o SENHOR expulsou de diante de vós grandes e fortes nações; e, *quanto a* vós, ninguém vos tem podido resistir, até *o dia de* hoje.

[10]Um *só* homem dentre vós perseguirá a mil; pois *é* o SENHOR vosso Deus *que* peleja por vós, como *já* vos tem falado.

[11]Portanto, guardai diligentemente as vossas almas, para amardes ao SENHOR vosso Deus.

[12]Porque, se de algum modo vos desviardes, e vos apegardes ao restante destas nações que *ainda* ficou entre vós, e com elas vos aparentardes, e vós a elas entrardes, e elas a vós,

[13]Sabei certamente que o SENHOR vosso Deus não continuará a expulsar estas nações de diante de vós, mas elas vos serão por laço e rede, e açoite aos vossos lados, e espinhos aos vossos olhos; até que pereçais desta boa terra que vos deu o SENHOR vosso Deus.

[14]E eis que vou hoje pelo caminho de toda a terra; e vós bem sabeis, com todo o vosso coração, e com toda a vossa alma, que nem uma *só* palavra falhou de todas as boas coisas que falou de vós o SENHOR vosso Deus; todas vos sobrevieram, nenhuma delas falhou.

[15]E será *que, assim* como sobre vós vieram todas estas boas coisas, que o SENHOR vosso Deus vos disse, assim trará o SENHOR sobre vós todas aquelas más coisas, até vos destruir de sobre a boa terra que vos deu o SENHOR vosso Deus.

[16]Quando transgredirdes a aliança do SENHOR vosso Deus, que vos tem ordenado, e fordes e servirdes a outros deuses, e a eles vos inclinardes, então a ira do SENHOR sobre vós se acenderá, e logo perecereis de sobre a boa terra que vos deu.

Josué recorda tudo o que Deus fez

24 DEPOIS reuniu Josué todas as tribos de Israel em Siquém; e chamou os anciãos de Israel, e os seus cabeças, e os seus juízes, e os seus oficiais; e eles se apresentaram diante de Deus.

[2]Então Josué disse a todo o povo: Assim diz o SENHOR Deus de Israel: Além do rio habitaram antigamente vossos pais, Terá, pai de Abraão e pai de Naor; e serviram a outros deuses.

[3]Eu, porém, tomei a vosso pai Abraão dalém do rio e o fiz andar por toda a terra de Canaã; também multipliquei a sua descendência e dei-lhe a Isaque.

[4]E a Isaque dei Jacó e Esaú; e a Esaú dei a montanha de Seir, para a possuir; porém, Jacó e seus filhos desceram para o Egito.

[5]Então enviei Moisés e Arão e feri ao Egito, como o fiz no meio deles; e depois vos tirei *de lá*.

[6]E, tirando eu a vossos pais do Egito, viestes ao mar; e os egípcios perseguiram a vossos pais com carros e com cavaleiros, até ao Mar Vermelho.

[7]E clamaram ao SENHOR, que pôs *uma* escuridão entre vós e os egípcios, e trouxe o mar sobre eles, e os cobriu, e os vossos olhos viram o que eu fiz no Egito; depois habitastes no deserto muitos dias.

[8]Então eu vos trouxe à terra dos amorreus, que habitavam além do Jordão, os quais pelejaram contra vós; porém os entreguei nas vossas mãos, e possuístes a sua terra, e os destruí de diante de vós.

[9]Levantou-se também Balaque, filho de Zipor, rei dos moabitas e pelejou contra Israel; e mandou chamar a Balaão, filho de Beor, para que vos amaldiçoasse.

[10]Porém eu não quis ouvir a Balaão; pelo que ele vos abençoou grandemente e eu vos livrei da sua mão.

[11]E, passando vós o Jordão, e vindo a Jericó, os habitantes de Jericó pelejaram contra vós, os amorreus, e os perizeus, e os cananeus, e os heteus, e os girgaseus, e os heveus, e os jebuseus; porém os entreguei nas vossas mãos.

[12]E enviei vespões adiante de vós, que os expulsaram de diante de vós, *como* a ambos os reis dos amorreus; não com a tua espada nem com o teu arco.

[13]E eu vos dei a terra em que não trabalhastes, e cidades que não edificastes, e habitais nelas e comeis das vinhas e dos olivais que não plantastes.

Josué renova a aliança com o povo

[14]Agora, pois, temei ao SENHOR, e servi-o com sinceridade e com verdade; e deitai fora os deuses aos quais serviram vossos pais além do rio e no Egito, e servi ao SENHOR.

[15]Porém, se vos parece mal *aos vossos olhos* servir ao SENHOR, escolhei hoje a quem sirvais; se aos deuses a quem serviram vossos pais, que *estavam* além do rio, ou aos deuses dos amorreus, em cuja terra habitais; porém eu e a minha casa serviremos ao SENHOR.

[16]Então respondeu o povo, e disse: Nunca nos aconteça que deixemos ao SENHOR para servirmos a outros deuses;

[17]Porque o SENHOR *é* o nosso Deus; ele *é* o que nos fez subir, a nós e a nossos pais, da terra do Egito, da casa da servidão, e o que tem feito estes grandes sinais aos nossos olhos, e nos guardou por todo o caminho que andamos, e entre todos os povos pelo meio dos quais passamos.

[18]E o SENHOR expulsou de diante de nós a todos esses povos, até ao amorreu, morador da terra;

JOSUÉ 24.19

também nós serviremos ao Senhor, porquanto *é* nosso Deus.

[19]Então Josué disse ao povo: Não podereis servir ao Senhor, porquanto *é* Deus santo, *é* Deus zeloso, *que* não perdoará a vossa transgressão nem os vossos pecados.

[20]Se deixardes ao Senhor, e servirdes a deuses estranhos, então ele se tornará, e vos fará mal, e vos consumirá, depois de vos ter feito o bem.

[21]Então disse o povo a Josué: Não, antes ao Senhor serviremos.

[22]E Josué disse ao povo: *Sois* testemunhas contra vós mesmos de que escolhestes ao Senhor, para o servir. E disseram: *Somos* testemunhas.

[23]Deitai, pois, agora, fora aos deuses estranhos que *há* no meio de vós, e inclinai o vosso coração ao Senhor Deus de Israel.

[24]E disse o povo a Josué: Serviremos ao Senhor nosso Deus, e obedeceremos à sua voz.

[25]Assim, naquele dia fez Josué aliança com o povo e lhe pôs por estatuto e direito em Siquém.

[26]E Josué escreveu estas palavras no livro da lei de Deus; e tomou uma grande pedra, e a erigiu ali debaixo do carvalho que *estava* junto ao santuário do Senhor.

[27]E disse Josué a todo o povo: Eis que esta pedra nos será por testemunho, pois ela ouviu todas as palavras, que o Senhor nos tem falado; e também será testemunho contra vós, para que não mintais a vosso Deus.

[28]Então Josué enviou o povo, cada um para a sua herança.

As mortes de Josué e de Eleazar

[29]E depois destas coisas sucedeu que Josué, filho de Num, servo do Senhor, faleceu, com idade de cento e dez anos.

[30]E sepultaram-no no termo da sua herança, em Timnate-Sera, que está no monte de Efraim, para o norte do monte de Gaás.

[31]Serviu, pois, Israel ao Senhor todos os dias de Josué, e todos os dias dos anciãos que ainda sobreviveram muito tempo depois de Josué, e que sabiam todas as obras que o Senhor tinha feito a Israel.

[32]Também os ossos de José, que os filhos de Israel trouxeram do Egito, foram enterrados em Siquém, naquela parte do campo que Jacó comprara aos filhos de Hemor, pai de Siquém, por cem peças de prata, e que se tornara herança dos filhos de José.

[33]Faleceu também Eleazar, filho de Arão, e o sepultaram no outeiro de Fineias, seu filho, que lhe fora dado na montanha de Efraim.

O LIVRO DOS
JUÍZES

Novas conquistas pelas tribos

1 E SUCEDEU, depois da morte de Josué, que os filhos de Israel perguntaram ao SENHOR, dizendo: Quem dentre nós primeiro subirá aos cananeus, para pelejar contra eles?

² E disse o SENHOR: Judá subirá; eis que entreguei esta terra na sua mão.

³ Então disse Judá a Simeão, seu irmão: Sobe comigo à minha herança. E pelejemos contra os cananeus, e também eu contigo subirei à tua herança. E Simeão partiu com ele.

⁴ E subiu Judá, e o SENHOR lhe entregou na sua mão os cananeus e os perizeus; e feriram deles, em Bezeque, a dez mil homens.

⁵ E acharam Adoni-Bezeque em Bezeque, e pelejaram contra ele; e feriram aos cananeus e aos perizeus.

⁶ Porém Adoni-Bezeque fugiu, mas o seguiram, e prenderam-no e cortaram-lhe os *dedos* polegares das mãos e dos pés.

⁷ Então disse Adoni-Bezeque: Setenta reis, com os *dedos* polegares das mãos e dos pés cortados, apanhavam *as migalhas* debaixo da minha mesa; *assim* como eu fiz, assim Deus me pagou. E levaram-no a Jerusalém, e morreu ali.

⁸ E os filhos de Judá pelejaram contra Jerusalém, e tomando-a, feriram-na ao fio da espada; e puseram fogo na cidade.

⁹ E depois os filhos de Judá desceram a pelejar contra os cananeus, que habitavam nas montanhas, e no sul, e nas planícies.

¹⁰ E partiu Judá contra os cananeus que habitavam em Hebrom (*era* porém outrora o nome de Hebrom, Quiriate-Arba), e feriram a Sesai, e a Aimã e Talmai.

¹¹ E dali partiu contra os moradores de Debir; e *era* outrora o nome de Debir, Quiriate-Sefer.

¹² E disse Calebe: Quem ferir a Quiriate-Sefer, e a tomar, lhe darei a minha filha Acsa por mulher.

¹³ E tomou-a Otniel, filho de Quenaz, o irmão de Calebe, mais novo do que ele; e Calebe lhe deu a sua filha Acsa por mulher.

¹⁴ E sucedeu *que, indo ela a ele,* o persuadiu que pedisse um campo a seu pai; e ela desceu do jumento, e Calebe lhe disse: Que *é que* tens?

¹⁵ E ela lhe disse: Dá-me *uma* bênção; pois me deste *uma* terra seca, dá-me também fontes de águas. E Calebe lhe deu as fontes superiores e as fontes inferiores.

¹⁶ Também os filhos do queneu, sogro de Moisés, subiram da cidade das palmeiras com os filhos de Judá ao deserto de Judá, que *está* ao sul de Arade, e foram, e habitaram com o povo.

¹⁷ E foi Judá com Simeão, seu irmão, e feriram aos cananeus que habitavam em Zefate; e totalmente a destruíram, e chamou-se o nome desta cidade Hormá.

¹⁸ Tomou mais Judá a Gaza com o seu termo, e a Ascalom com o seu termo, e a Ecrom com o seu termo.

¹⁹ E estava o SENHOR com Judá, e despovoou as montanhas; porém não expulsou aos moradores do vale, porquanto tinham carros de ferro.

²⁰ E deram Hebrom a Calebe, como Moisés o dissera; e dali expulsou os três filhos de Anaque.

²¹ Porém os filhos de Benjamim não expulsaram os jebuseus que habitavam em Jerusalém; antes os jebuseus ficaram habitando com os filhos de Benjamim em Jerusalém, até *ao dia de* hoje.

²² E subiu também a casa de José contra Betel, e *foi* o SENHOR com eles.

²³ E a casa de José mandou espias a Betel, e *foi* antes o nome desta cidade Luz.

²⁴ E viram as espias a *um* homem, que saía da cidade, e lhe disseram: Ora, mostra-nos a entrada da cidade, e usaremos contigo de misericórdia.

²⁵ E, mostrando-lhes ele a entrada da cidade, feriram-na ao fio da espada; porém àquele homem e a toda a sua família deixaram ir.

²⁶ Então aquele homem se foi à terra dos heteus, e edificou *uma* cidade, e chamou o seu nome Luz; este *é* o seu nome até ao dia de hoje.

²⁷ Manassés não expulsou *os habitantes de* Bete-Seã, nem mesmo *dos* lugares da sua jurisdição; nem a Taanaque, com os lugares da sua jurisdição; nem os moradores de Dor, com os lugares da sua jurisdição; nem os moradores de Ibleão, com os lugares da sua jurisdição; nem os moradores de Megido, com os lugares da sua jurisdição; e resolveram os cananeus habitar na mesma terra.

²⁸ E sucedeu que, quando Israel cobrou *mais* forças, fez dos cananeus tributários; porém não os expulsou de todo.

²⁹ Tampouco expulsou Efraim os cananeus que habitavam em Gezer; antes os cananeus ficaram habitando com ele, em Gezer.

³⁰ Tampouco expulsou Zebulom os moradores de Quitrom, nem os moradores de Naalol; porém os cananeus ficaram habitando com ele, e foram tributários.

³¹ Tampouco Aser expulsou os moradores de Aco, nem os moradores de Sidom; como nem de Alabe, nem de Aczibe, nem de Helba, nem de Afeque, nem de Reobe;

³² Porém os aseritas habitaram no meio dos cananeus que habitavam na terra; porquanto não os expulsaram.

³³ Tampouco Naftali expulsou os moradores de Bete-Semes, nem os moradores de Bete-Anate; mas habitou no meio dos cananeus que habitavam

JUÍZES 1.34 — 180

na terra; porém lhes foram tributários os moradores de Bete-Semes e Bete-Anate.

[34]E os amorreus impeliram os filhos de Dã até às montanhas; porque nem os deixavam descer ao vale.

[35]Também os amorreus quiseram habitar nas montanhas de Heres, em Aijalom e em Saalbim; porém prevaleceu a mão da casa de José, e ficaram tributários.

[36]E *foi* o termo dos amorreus desde a subida de Acrabim, desde a penha, e dali para cima.

O anjo do SENHOR repreende os israelitas

2 E SUBIU o anjo do SENHOR de Gilgal a Boquim, e disse: Do Egito vos fiz subir, e vos trouxe à terra que a vossos pais tinha jurado e disse: Nunca invalidarei a minha aliança convosco.

[2]E, quanto a vós, não fareis acordo com os moradores desta terra, *antes* derrubareis os seus altares; mas vós não obedecestes à minha voz. Por que fizestes isso?

[3]Assim também eu disse: Não os expulsarei de diante de vós; antes estarão como espinhos nos vossos lados, e os seus deuses vos serão por laço.

[4]E sucedeu *que,* falando o anjo do SENHOR estas palavras a todos os filhos de Israel, o povo levantou a sua voz e chorou.

[5]Por isso chamaram àquele lugar, Boquim; e sacrificaram ali ao SENHOR.

[6]E havendo Josué despedido o povo foram-se os filhos de Israel, cada um à sua herança, para possuírem a terra.

A infidelidade dos israelitas depois da morte de Josué

[7]E serviu o povo ao SENHOR todos os dias de Josué, e todos os dias dos anciãos que ainda sobreviveram depois de Josué, e viram toda aquela grande obra do SENHOR, que fizera a Israel.

[8]Faleceu, porém, Josué, filho de Num, servo do SENHOR, com a idade de cento e dez anos;

[9]E sepultaram-no no termo da sua herança, em Timnate-Heres, no monte de Efraim, para o norte do monte de Gaás.

[10]E foi também congregada toda aquela geração a seus pais, e outra geração após ela se levantou, que não conhecia ao SENHOR, nem tampouco a obra que ele fizera a Israel.

[11]Então fizeram os filhos de Israel o *que era* mau aos olhos do SENHOR; e serviram aos baalins.

[12]E deixaram ao SENHOR Deus de seus pais, que os tirara da terra do Egito, e foram-se após outros deuses, dentre os deuses dos povos, que *havia* ao redor deles, e adoraram a eles; e provocaram o SENHOR à ira.

[13]Porquanto deixaram ao SENHOR, e serviram a Baal e a Astarote.

[14]Por isso a ira do SENHOR se acendeu contra Israel, e os entregou na mão dos espoliadores que os despojaram; e os entregou na mão dos seus

inimigos ao redor; e não puderam mais resistir diante dos seus inimigos.

[15]Por onde quer que saíam, a mão do SENHOR era contra eles para mal, como o SENHOR tinha falado, e como o SENHOR lhes tinha jurado; e estavam em grande aflição.

[16]E levantou o SENHOR juízes, que os livraram da mão dos que os despojaram.

[17]Porém tampouco ouviram aos juízes, antes prostituíram-se após outros deuses, e adoraram a eles; depressa se desviaram do caminho, por onde andaram seus pais, obedecendo os mandamentos do SENHOR; mas *eles* assim não fizeram.

[18]E, quando o SENHOR lhes levantava juízes, o SENHOR era com o juiz, e os livrava da mão dos seus inimigos, todos os dias daquele juiz; porquanto o SENHOR se compadecia deles pelo seu gemido, por causa dos que os oprimiam e afligiam.

[19]Porém sucedia *que,* falecendo o juiz, reincidiam e se corrompiam mais do que seus pais, andando após outros deuses, servindo-os, e adorando-os; nada deixavam das suas obras, nem do seu obstinado caminho.

[20]Por isso a ira do SENHOR se acendeu contra Israel, e disse: Porquanto este povo transgrediu a minha aliança, que tinha ordenado a seus pais, e não deram ouvidos à minha voz,

[21]Tampouco desapossarei mais de diante deles a nenhuma das nações, que Josué deixou, quando morreu;

[22]Para por elas provar a Israel, se há de guardar, ou não, o caminho do SENHOR, como seus pais o guardaram, para nele andar.

[23]Assim o SENHOR deixou ficar aquelas nações, e não as desterrou logo, nem as entregou na mão de Josué.

Servidão dos israelitas

3 ESTAS, pois, *são* as nações que o SENHOR deixou ficar, para por elas provar a Israel, *a saber,* a todos os que não sabiam de todas as guerras de Canaã.

[2]Tão somente para que as gerações dos filhos de Israel *delas* soubessem (para lhes ensinar a guerra), pelo menos os que dantes não sabiam delas.

[3]Cinco príncipes dos filisteus, e todos os cananeus, e sidônios, e heveus que habitavam nas montanhas do Líbano desde o monte de Baal-Hermom, até à entrada de Hamate.

[4]Estes, pois, ficaram, para por eles provar a Israel, para saber se dariam ouvido aos mandamentos do SENHOR, que ele tinha ordenado a seus pais, pelo ministério de Moisés.

[5]Habitando, pois, os filhos de Israel no meio dos cananeus, dos heteus, e amorreus, e perizeus, e heveus, e jebuseus,

[6]Tomaram de suas filhas *para si* por mulheres, e deram as suas filhas aos filhos deles; e serviram aos seus deuses.

[7]E os filhos de Israel fizeram o *que era* mau aos olhos do SENHOR, e se esqueceram do SENHOR seu Deus; e serviram aos baalins e a Astarote.

[8]Então a ira do SENHOR se acendeu contra

Israel, e ele os vendeu na mão de Cusã-Risataim, rei da Mesopotâmia; e os filhos de Israel serviram a Cusã-Risataim oito anos.

Otniel livra-os

⁹E os filhos de Israel clamaram ao SENHOR, e o SENHOR levantou aos filhos de Israel *um* libertador, que os libertou: Otniel, filho de Quenaz, irmão de Calebe, mais novo do que ele.

¹⁰E veio sobre ele o Espírito do SENHOR, e julgou a Israel, e saiu à peleja; e o SENHOR entregou na sua mão a Cusã-Risataim, rei da Síria; a sua mão prevaleceu contra Cusã-Risataim.

¹¹Então a terra sossegou quarenta anos; e Otniel, filho de Quenaz, faleceu.

Eúde livra-os de Eglom

¹²Porém os filhos de Israel tornaram a fazer o *que era* mau aos olhos do SENHOR; então o SENHOR fortaleceu a Eglom, rei dos moabitas, contra Israel; porquanto fizeram o *que era* mau aos olhos do SENHOR.

¹³E reuniu consigo os filhos de Amom e os amalequitas, e foi, e feriu a Israel, e tomaram a cidade das palmeiras.

¹⁴E os filhos de Israel serviram a Eglom, rei dos moabitas, dezoito anos.

¹⁵Então os filhos de Israel clamaram ao SENHOR, e o SENHOR lhes levantou *um* libertador, a Eúde, filho de Gera, filho de Jemim, homem canhoto. E os filhos de Israel enviaram pela sua mão *um* presente a Eglom, rei dos moabitas.

¹⁶E Eúde fez para si uma espada de dois fios, do comprimento de um côvado; e cingiu-a por baixo das suas vestes, à sua coxa direita.

¹⁷E levou aquele presente a Eglom, rei dos moabitas; e *era* Eglom homem muito gordo.

¹⁸E sucedeu *que,* acabando de entregar o presente, despediu a gente que o trouxera.

¹⁹Porém ele mesmo voltou das imagens de escultura que estavam ao pé de Gilgal, e disse: Tenho uma palavra secreta para ti, ó rei. O qual disse: Cala-te. E todos os que lhe assistiam saíram de diante dele.

²⁰E Eúde entrou numa sala de verão, que o rei tinha só para si, onde estava sentado, e disse: Tenho, para dizer-te, uma palavra de Deus. E levantou-se da cadeira.

²¹Então Eúde estendeu a sua mão esquerda, e tirou a espada de sobre sua coxa direita, e lha cravou no ventre,

²²De tal maneira que entrou até o cabo após a lâmina, e a gordura encerrou a lâmina (porque não tirou a espada do ventre); e saiu-lhe o excremento.

²³Então Eúde saiu ao pátio, e fechou as portas da sala e as trancou.

²⁴E, saindo ele, vieram os servos do rei, e viram, e eis que as portas da sala *estavam* fechadas; e disseram: Sem dúvida está cobrindo seus pés na recâmara da sala de verão.

²⁵E, esperando até se alarmarem, eis que ele não abria as portas da sala; então tomaram a chave, e abriram, e eis ali seu senhor estendido morto em terra.

²⁶E Eúde escapou, enquanto eles se demoravam; porque ele passou pelas imagens de escultura, e escapou para Seirá.

²⁷E sucedeu *que,* chegando ele, tocou a trombeta nas montanhas de Efraim, e os filhos de Israel desceram com ele das montanhas, e ele adiante deles.

²⁸E disse-lhes: Segui-me, porque o SENHOR vos tem entregue vossos inimigos, os moabitas, nas vossas mãos; e desceram após ele, e tomaram os vaus do Jordão contra Moabe, e a ninguém deixaram passar.

²⁹E naquele tempo feriram dos moabitas uns dez mil homens, todos corpulentos, e todos homens valorosos; e não escapou nenhum.

³⁰Assim foi subjugado Moabe naquele dia debaixo da mão de Israel; e a terra sossegou oitenta anos.

Sangar livra-os dos filisteus

³¹Depois dele foi Sangar, filho de Anate, que feriu a seiscentos homens dos filisteus com *uma* aguilhada de bois; e também ele libertou a Israel.

Servidão sob Jabim, rei de Canaã

4 PORÉM os filhos de Israel tornaram a fazer o *que era* mau aos olhos do SENHOR, depois de falecer Eúde.

²E vendeu-os o SENHOR na mão de Jabim, rei de Canaã, que reinava em Hazor; e Sísera *era* o capitão do seu exército, o qual então habitava em Harosete dos gentios.

³Então os filhos de Israel clamaram ao SENHOR, porquanto ele tinha novecentos carros de ferro, e por vinte anos oprimia violentamente os filhos de Israel.

Débora e Baraque livram Israel

⁴E Débora, mulher profetisa, mulher de Lapidote, julgava a Israel naquele tempo.

⁵Ela assentava-se debaixo das palmeiras de Débora, entre Ramá e Betel, nas montanhas de Efraim; e os filhos de Israel subiam a ela a juízo.

⁶E mandou chamar a Baraque, filho de Abinoão de Quedes de Naftali, e disse-lhe: *Porventura* o SENHOR Deus de Israel não deu ordem, *dizendo:* Vai, e atrai *gente* ao monte Tabor, e toma contigo dez mil homens dos filhos de Naftali e dos filhos de Zebulom?

⁷E atrairei a ti para o ribeiro de Quisom, a Sísera, capitão do exército de Jabim, com os seus carros, e com a sua multidão; e o darei na tua mão.

⁸Então lhe disse Baraque: Se fores comigo, irei; porém, se não fores comigo, não irei.

⁹E disse ela: Certamente irei contigo, porém não será tua a honra da jornada que empreenderes; pois à mão de *uma* mulher o SENHOR venderá a Sísera. E Débora se levantou, e partiu com Baraque para Quedes.

¹⁰Então Baraque convocou a Zebulom e a Naftali em Quedes, e subiu com dez mil homens após ele; e Débora subiu com ele.

JUÍZES 4.11

182

¹¹E Héber, queneu, se tinha apartado dos queneus, dos filhos de Hobabe, sogro de Moisés; e tinha estendido as suas tendas até ao carvalho de Zaanaim, que *está* junto a Quedes,

¹²E anunciaram a Sísera que Baraque, filho de Abinoão, tinha subido ao monte Tabor.

¹³E Sísera convocou todos os seus carros, novecentos carros de ferro, e todo o povo que *estava* com ele, desde Harosete dos gentios até ao ribeiro de Quisom.

¹⁴Então disse Débora a Baraque: Levanta-te, porque este é o dia em que o SENHOR tem dado a Sísera na tua mão; *porventura* o SENHOR não saiu adiante de ti? Baraque, pois, desceu do monte Tabor, e dez mil homens após ele.

¹⁵E o SENHOR derrotou a Sísera, e a todos os *seus* carros, e a todo o *seu* exército ao fio da espada, diante de Baraque; e Sísera desceu do carro, e fugiu a pé.

¹⁶E Baraque perseguiu os carros, e o exército, até Harosete dos gentios; e todo o exército de Sísera caiu ao fio da espada, *até* não ficar um só.

¹⁷Porém Sísera fugiu a pé à tenda de Jael, mulher de Héber, queneu; porquanto *havia* paz entre Jabim, rei de Hazor, e a casa de Héber, queneu.

Jael mata Sísera

¹⁸E Jael saiu ao encontro de Sísera, e disse-lhe: Entra, senhor meu, entra aqui, não temas. Ele entrou na sua tenda, e ela o cobriu com *uma* coberta.

¹⁹Então ele lhe disse: Dá-me, peço-te, de beber um pouco de água, porque tenho sede. Então ela abriu um odre de leite, e deu-lhe de beber, e o cobriu.

²⁰E ele lhe disse: Põe-te à porta da tenda; e há de ser que se alguém vier e te perguntar: Há aqui alguém? Responderás então: Não.

²¹Então Jael, mulher de Héber, tomou uma estaca da tenda, e lançou mão de um martelo, e chegou-se mansamente a ele, e lhe cravou a estaca na fonte, de sorte que penetrou na terra, *estando* ele, porém, num profundo sono, e *já* muito cansado; e *assim* morreu.

²²E eis que, seguindo Baraque a Sísera, Jael lhe saiu ao encontro, e disse-lhe: Vem, e mostrar-te-ei o homem que buscas. E foi a ela, e eis que Sísera jazia morto, com a estaca na fonte.

²³Assim Deus naquele dia sujeitou a Jabim, rei de Canaã, diante dos filhos de Israel.

²⁴E continuou a mão dos filhos de Israel a pesar e a endurecer-se sobre Jabim, rei de Canaã; até que exterminaram a Jabim, rei de Canaã.

O cântico de Débora e Baraque

5 E CANTOU Débora e Baraque, filho de Abinoão, naquele mesmo dia, dizendo:

²Louvai ao SENHOR pela vingança de Israel, quando o povo se ofereceu voluntariamente.

³Ouvi, reis; dai ouvidos, príncipes; eu, eu cantarei ao SENHOR; salmodiarei ao SENHOR Deus de Israel.

⁴Ó SENHOR, saindo tu de Seir, caminhando tu desde o campo de Edom, a terra estremeceu; até os céus gotejaram; até as nuvens gotejaram águas.

⁵Os montes se derreteram diante do SENHOR, e até Sinai diante do SENHOR Deus de Israel.

⁶Nos dias de Sangar, filho de Anate, nos dias de Jael cessaram os caminhos; e os que andavam por veredas iam por caminhos torcidos.

⁷Cessaram as aldeias em Israel, cessaram; até que eu, Débora, me levantei, por mãe em Israel me levantei.

⁸E *se* escolhia deuses novos, logo a guerra *estava* às portas; via-se por isso escudo ou lança entre quarenta mil em Israel?

⁹Meu coração *é* para os legisladores de Israel, que voluntariamente se ofereceram entre o povo; bendizei ao SENHOR.

¹⁰*Vós* os que cavalgais sobre jumentas brancas, que vos assentais em juízo, que andais pelo caminho, falai *disto*.

¹¹*Donde se ouve* o estrondo dos flecheiros, entre os lugares onde se tiram águas, ali falai das justiças do SENHOR, das justiças *que fez* às suas aldeias em Israel; então o povo do SENHOR descia às portas.

¹²Desperta, desperta, Débora, desperta, desperta, entoa *um* cântico; levanta-te, Baraque, e leva presos os teus cativos, *tu,* filho de Abinoão.

¹³Então fez dominar sobre os nobres entre o povo, aos que restaram; fez-me o SENHOR dominar sobre os poderosos.

¹⁴De Efraim *saiu* a sua raiz contra Amaleque; e depois de ti *vinha* Benjamim dentre os teus povos; de Maquir desceram os legisladores, e de Zebulom os que levaram a cana do escriba.

¹⁵Também os principais de Issacar foram com Débora; e como Issacar, assim também Baraque, foi enviado a pé para o vale; nas divisões de Rúben *foram* grandes as resoluções do coração.

¹⁶Por que ficaste tu entre os currais para ouvires os balidos dos rebanhos? Nas divisões de Rúben *tiveram* grandes esquadrinhações do coração.

¹⁷Gileade ficou além do Jordão, e Dã por que se deteve nos navios? Aser se assentou na beira dos mares, e ficou junto às suas baías.

¹⁸Zebulom *é um* povo que expôs a sua vida à morte, como também Naftali, nas alturas do campo.

¹⁹Vieram reis, pelejaram; então pelejaram os reis de Canaã em Taanaque, junto às águas de Megido; não tomaram despojo de prata.

²⁰Desde os céus pelejaram; *até* as estrelas desde os lugares dos seus cursos pelejaram contra Sísera.

²¹O ribeiro de Quisom os arrastou, aquele antigo ribeiro, o ribeiro de Quisom. Pisaste, ó minha alma, à força.

²²Então os cascos dos cavalos se despedaçaram; pelo galopar, o galopar dos seus valentes.

²³Amaldiçoai a Meroz, diz o anjo do SENHOR, severamente amaldiçoai aos seus moradores; porquanto não vieram ao socorro do SENHOR, ao socorro do SENHOR com os valorosos.

²⁴Bendita seja entre as mulheres, Jael, mulher

de Héber, o queneu; bendita seja entre as mulheres nas tendas.

²⁵Água pediu ele, leite *lhe* deu ela; em prato de nobres *lhe* ofereceu manteiga.

²⁶À estaca estendeu a sua mão *esquerda,* e ao martelo dos trabalhadores a sua direita; e matou a Sísera, e rachou-lhe a cabeça, quando lhe pregou e atravessou as fontes.

²⁷Entre os seus pés se encurvou, caiu, ficou estirado; entre os seus pés se encurvou, caiu; onde se encurvou, ali caiu, morto.

²⁸A mãe de Sísera olhava pela janela, e exclamava pela grade: Por que tarda em vir o seu carro? Por que se demoram os ruídos dos seus carros?

²⁹As mais sábias das suas damas responderam; e até ela respondia a si mesma:

³⁰*Porventura* não achariam e repartiriam despojos? Uma *ou* duas moças a cada homem? Para Sísera despojos de estofos coloridos, despojos de estofos coloridos bordados; de estofos coloridos bordados de ambos os lados como despojo para os pescoços.

³¹Assim, ó Senhor, pereçam todos os teus inimigos! Porém os que te amam *sejam* como o sol quando sai na sua força.

³²E sossegou a terra quarenta anos.

Servidão sob os midianitas

6 PORÉM os filhos de Israel fizeram o *que era* mau aos olhos do Senhor; e o Senhor os deu nas mãos dos midianitas por sete anos.

²E, prevalecendo a mão dos midianitas sobre Israel, fizeram os filhos de Israel para si, por causa dos midianitas, as covas que *estão* nos montes, as cavernas e as fortificações.

³Porque sucedia *que,* semeando Israel, os midianitas e os amalequitas, e também os do oriente, contra ele subiam.

⁴E punham-se contra ele em campo, e destruíam os frutos da terra, até chegarem a Gaza; e não deixavam mantimento em Israel, nem ovelhas, nem bois, nem jumentos;

⁵Porque subiam com os seus gados e tendas; vinham como gafanhotos, em grande multidão que não se podia contar, *nem* a eles nem aos seus camelos; e entravam na terra, para a destruir.

⁶Assim Israel empobreceu muito pela presença dos midianitas; então os filhos de Israel clamaram ao Senhor.

⁷E sucedeu *que,* clamando os filhos de Israel ao Senhor por causa dos midianitas,

⁸Enviou o Senhor *um* profeta aos filhos de Israel, que lhes disse: Assim diz o Senhor Deus de Israel: Do Egito eu vos fiz subir, e vos tirei da casa da servidão;

⁹E vos livrei da mão dos egípcios, e da mão de todos quantos vos oprimiam; e os expulsei de diante de vós, e a vós dei a sua terra.

¹⁰E vos disse: Eu *sou* o Senhor vosso Deus; não temais aos deuses dos amorreus, em cuja terra habitais; mas não destes ouvidos à minha voz.

Um anjo fala com Gideão

¹¹Então o anjo do Senhor veio, e assentou-se debaixo do carvalho que *está* em Ofra, que *pertencia* a Joás, abiezrita; e Gideão, seu filho, estava malhando o trigo no lagar, para *o* salvar dos midianitas.

¹²Então o anjo do Senhor lhe apareceu, e lhe disse: O Senhor *é* contigo, homem valoroso.

¹³Mas Gideão lhe respondeu: Ai, Senhor meu, se o Senhor é conosco, por que tudo isto nos sobreveio? E que *é feito de* todas as suas maravilhas que nossos pais nos contaram, dizendo: Não nos fez o Senhor subir do Egito? Porém agora o Senhor nos desamparou, e nos deu nas mãos dos midianitas.

¹⁴Então o Senhor olhou para ele, e disse: Vai nesta tua força, e livrarás a Israel das mãos dos midianitas; *porventura* não te enviei *eu?*

¹⁵E ele lhe disse: Ai, Senhor meu, com que livrarei a Israel? Eis que a minha família *é* a mais pobre em Manassés, e eu o menor na casa de meu pai.

¹⁶E o Senhor lhe disse: Porquanto eu hei de ser contigo, tu ferirás aos midianitas como *se fossem* um *só* homem.

¹⁷E ele disse: Se agora tenho achado graça aos teus olhos, dá-me um sinal de que *és* tu *que* falas comigo.

¹⁸Rogo-te que daqui não te apartes, até que eu volte e traga o meu presente, e o ponha perante ti. E disse: Eu esperarei até que voltes.

¹⁹E entrou Gideão e preparou um cabrito e pães ázimos de um efa de farinha; a carne pôs num cesto e o caldo pôs numa panela; e trouxe-lho até debaixo do carvalho, e *lho* ofereceu.

²⁰Porém o anjo de Deus lhe disse: Toma a carne e os pães ázimos, e põe-*nos* sobre esta penha e derrama-lhe o caldo. E assim fez.

²¹E o anjo do Senhor estendeu a ponta do cajado, que *estava* na sua mão, e tocou a carne e os pães ázimos; então subiu o fogo da penha, e consumiu a carne e os pães ázimos; e o anjo do Senhor desapareceu de seus olhos.

²²Então viu Gideão que *era* o anjo do Senhor e disse Gideão: Ah, Senhor Deus, pois vi o anjo do Senhor face a face.

²³Porém o Senhor lhe disse: Paz *seja* contigo; não temas; não morrerás.

²⁴Então Gideão edificou ali um altar ao Senhor, e chamou-lhe: O Senhor *É* paz; e ainda até *o dia de* hoje *está* em Ofra dos abiezritas.

²⁵E aconteceu naquela mesma noite, que o Senhor lhe disse: Toma o boi que pertence a teu pai, a saber, o segundo boi de sete anos, e derruba o altar de Baal, que é de teu pai; e corta o bosque que *está* ao pé dele.

²⁶E edifica ao Senhor teu Deus um altar no cume deste lugar forte, num lugar conveniente; e toma o segundo boi, e o oferecerás em holocausto com a lenha que cortares do bosque.

²⁷Então Gideão tomou dez homens dentre os seus servos, e fez como o Senhor lhe dissera; e sucedeu *que,* temendo ele a casa de seu pai, e os

JUÍZES 6.28   184

homens daquela cidade, não o fez de dia, mas fê-lo de noite.

²⁸Levantando-se, pois, os homens daquela cidade, de madrugada, eis que estava o altar de Baal derrubado, e o bosque *estava* ao pé dele, cortado; e o segundo boi oferecido no altar que *fora* edificado.

²⁹E uns aos outros disseram: Quem fez esta coisa? E, esquadrinhando, e inquirindo, disseram: Gideão, o filho de Joás, fez esta coisa.

³⁰Então os homens daquela cidade disseram a Joás: Tira para fora a teu filho; para que morra; pois derribou o altar de Baal, e cortou o bosque que *estava* ao pé dele.

³¹Porém Joás disse a todos os que se puseram contra ele: Contendereis vós por Baal? Livrá-lo-eis vós? Qualquer que por ele contender ainda esta manhã será morto; se *é* deus, por si mesmo contenda; pois derrubaram o seu altar.

³²Por isso naquele dia lhe chamaram Jerubaal, dizendo: Baal contenda contra ele, pois derrubou o seu altar.

³³E todos os midianitas e amalequitas, e os filhos do oriente se ajuntaram, e passaram, e acamparam no vale de Jizreel.

³⁴Então o Espírito do Senhor revestiu a Gideão, o qual tocou a trombeta, e os abiezritas se ajuntaram após ele.

³⁵E enviou mensageiros por toda a *tribo de* Manassés, que também se ajuntou após ele; também enviou mensageiros a Aser, e a Zebulom, e a Naftali, que saíram-lhe ao encontro.

³⁶E disse Gideão a Deus: Se hás de livrar a Israel por minha mão, como disseste,

³⁷Eis que eu porei um velo de lã na eira; se o orvalho estiver somente no velo, e toda a terra ficar seca, então conhecerei que hás de livrar a Israel por minha mão, como disseste.

³⁸E assim sucedeu; porque no outro dia se levantou de madrugada, e apertou o velo; e do orvalho que espremeu do velo, encheu uma taça de água.

³⁹E disse Gideão a Deus: Não se acenda contra mim a tua ira, se ainda falar só esta vez; rogo-te que só esta vez faça a prova com o velo; rogo-te que só o velo fique seco, e em toda a terra haja o orvalho.

⁴⁰E Deus assim fez naquela noite; pois só o velo ficou seco, e sobre toda a terra havia orvalho.

O exército de Gideão vence os midianitas

7ENTÃO Jerubaal (que *é* Gideão) se levantou de madrugada, e todo o povo que com ele *havia*, e se acamparam junto à fonte de Harode, de maneira que tinha o arraial dos midianitas para o norte, no vale, perto do outeiro de Moré.

²E disse o Senhor a Gideão: Muito *é* o povo que *está* contigo, para *eu* dar aos midianitas em sua mão; a fim de que Israel não se glorie contra mim, dizendo: A minha mão me livrou.

³Agora, pois, apregoa aos ouvidos do povo, dizendo: Quem *for* medroso e tímido, volte, e retire-se apressadamente das montanhas de Gileade. Então voltaram do povo vinte e dois mil, e dez mil ficaram.

⁴E disse o Senhor a Gideão: Ainda *há* muito povo; faze-os descer às águas, e ali os provarei; e será *que,* daquele de que eu te disser: Este irá contigo, esse contigo irá; porém de todo aquele, de que eu te disser: Este não irá contigo, esse não irá.

⁵E fez descer o povo às águas. Então o Senhor disse a Gideão: Qualquer que lamber as águas com a sua língua, como *as* lambe o cão, esse porás à parte; *como* também a todo aquele que se abaixar de joelhos a beber.

⁶E foi o número dos que lamberam, levando a mão à boca, trezentos homens; e todo o restante do povo se abaixou de joelhos a beber as águas.

⁷E disse o Senhor a Gideão: Com estes trezentos homens que lamberam *as águas* vos livrarei, e darei os midianitas na tua mão; portanto, todos os demais se retirem, cada um ao seu lugar.

⁸E o povo tomou na sua mão a provisão e as suas trombetas, e enviou a todos os *outros* homens de Israel cada um à sua tenda, porém os trezentos homens reteve; e estava o arraial dos midianitas embaixo, no vale.

⁹E sucedeu que, naquela mesma noite, o Senhor lhe disse: Levanta-te, e desce ao arraial, porque o tenho dado na tua mão.

¹⁰E, se *ainda* temes descer, desce tu e teu moço Purá, ao arraial;

¹¹E ouvirás o que dizem, e então, fortalecidas as tuas mãos descerás ao arraial. Então desceu ele com o seu moço Purá até ao extremo das sentinelas que *estavam* no arraial.

¹²E os midianitas, os amalequitas, e todos os filhos do oriente jaziam no vale como gafanhotos em multidão; e *eram* inumeráveis os seus camelos, como a areia que *há* na praia do mar, em multidão.

¹³Chegando, pois, Gideão, eis que *estava* contando um homem ao seu companheiro *um* sonho, e dizia: Eis que tive *um* sonho, eis que um pão de cevada torrado rodava pelo arraial dos midianitas, e chegava até à tenda, e a feriu, e caiu, e a transtornou de cima *para baixo;* e ficou caída.

¹⁴E respondeu o seu companheiro, e disse: Não *é* isto outra coisa, senão a espada de Gideão, filho de Joás, varão israelita. Deus tem dado na sua mão aos midianitas, e todo este arraial.

¹⁵E sucedeu *que,* ouvindo Gideão a narração deste sonho, e a sua explicação, adorou; e voltou ao arraial de Israel, e disse: Levantai-vos, porque o Senhor tem dado o arraial dos midianitas nas nossas mãos.

¹⁶Então dividiu os trezentos homens em três companhias; e deu-*lhes* a cada um, nas suas mãos, trombetas, e cântaros vazios, com tochas acesas dentro dos cântaros.

¹⁷E disse-lhes: Olhai para mim, e fazei como *eu fizer;* e eis que, chegando eu à extremidade do arraial, será *que,* como eu fizer, assim fareis vós.

¹⁸Tocando eu a trombeta, eu e todos os que

comigo *estiverem,* então também vós tocareis a trombeta ao redor de todo o arraial, e direis: *Espada* do SENHOR, e *de* Gideão.

¹⁹Chegou, pois, Gideão, e os cem homens que com ele *iam,* ao extremo do arraial, ao princípio da vigília da meia-noite, havendo sido de pouco trocadas as guardas; então tocaram as trombetas, e quebraram os cântaros, que *tinham* nas mãos.

²⁰Assim tocaram as três companhias as trombetas, e quebraram os cântaros; e tinham nas suas mãos esquerdas as tochas acesas, e nas suas mãos direitas as trombetas, para tocarem, e clamaram: Espada do SENHOR, e de Gideão.

²¹E conservou-se cada um no seu lugar ao redor do arraial; então todo o exército pôs-se a correr e, gritando, fugiu.

²²Tocando, pois, os trezentos as trombetas, o SENHOR tornou a espada de um contra o outro, e *isto* em todo o arraial, e o arraial fugiu para Zererá, até Bete-Sita, até aos limites de Abel-Meolá, acima de Tabate.

²³Então os homens de Israel, de Naftali, de Aser e de todo o Manassés foram convocados, e perseguiram aos midianitas.

²⁴Também Gideão enviou mensageiros a todas as montanhas de Efraim, dizendo: Descei ao encontro dos midianitas, e tomai-lhes as águas até Bete-Bara, e também o Jordão. Convocados, pois, todos os homens de Efraim, tomaram-*lhes* as águas até Bete-Bara e o Jordão.

²⁵E prenderam a dois príncipes dos midianitas, a Orebe e a Zeebe; e mataram a Orebe na penha de Orebe, e a Zeebe mataram no lagar de Zeebe, e perseguiram aos midianitas; e trouxeram as cabeças de Orebe e de Zeebe a Gideão, além do Jordão.

Gideão apazigua os efraimitas

8ENTÃO os homens de Efraim lhe disseram: Que é isto que nos fizeste, que não nos chamaste, quando foste pelejar contra os midianitas? E contenderam com ele fortemente.

²Porém ele lhes disse: Que *mais* fiz eu agora do que vós? Não *são porventura* os rabiscos de Efraim melhores do que a vindima de Abiezer?

³Deus vos deu na vossa mão os príncipes dos midianitas, Orebe e Zeebe; que *mais* pude eu fazer do que vós? Então a sua ira se abrandou para com ele, quando falou esta palavra.

⁴E, como Gideão veio ao Jordão, passou com os trezentos homens que com ele *estavam, já* cansados, mas ainda perseguindo.

⁵E disse aos homens de Sucote: Dai, peço-vos, alguns pedaços de pão ao povo, que segue as minhas pisadas; porque estão cansados, e eu vou ao encalço de Zeba e Salmuna, reis dos midianitas.

⁶Porém os príncipes de Sucote disseram: *Estão* já, Zeba e Salmuna, em tua mão, para que demos pão ao teu exército?

⁷Então disse Gideão: Pois quando o SENHOR der na minha mão a Zeba e a Salmuna, trilharei a vossa carne com os espinhos do deserto, e com os abrolhos.

⁸E dali subiu a Penuel, e falou-lhes da mesma maneira; e os homens de Penuel lhe responderam como os homens de Sucote *lhe* haviam respondido.

⁹Por isso também falou aos homens de Penuel, dizendo: Quando eu voltar em paz, derribarei esta torre.

¹⁰*Estavam,* pois, Zeba e Salmuna em Carcor, e os seus exércitos com eles, uns quinze mil *homens,* todos os que restaram do exército dos filhos do oriente; e os que caíram *foram* cento e vinte mil homens, que puxavam da espada.

¹¹E subiu Gideão pelo caminho dos que habitavam em tendas, para o oriente de Nobá e Jogbeá; e feriu aquele exército, porquanto o exército estava descuidado.

¹²E fugiram Zeba e Salmuna; porém ele os perseguiu, e tomou presos a ambos os reis dos midianitas, a Zeba e a Salmuna, e afugentou a todo o exército.

¹³Voltando, pois, Gideão, filho de Joás, da peleja, antes *do nascer* do sol,

¹⁴Tomou preso a um moço dos homens de Sucote, e lhe fez perguntas; o qual lhe deu por escrito os nomes dos príncipes de Sucote, e dos seus anciãos, setenta e sete homens.

¹⁵Então veio aos homens de Sucote, e disse: Vede aqui a Zeba e a Salmuna, a respeito dos quais desprezivelmente me escarnecestes, dizendo: *Estão* já, Zeba e Salmuna, na tua mão, para que demos pão aos teus homens, *já* cansados?

¹⁶E tomou os anciãos daquela cidade, e os espinhos do deserto, e os abrolhos; e com eles ensinou aos homens de Sucote.

¹⁷E derrubou a torre de Penuel, e matou os homens da cidade.

¹⁸Depois perguntou a Zeba e a Salmuna: Que homens *eram os* que matastes em Tabor? E disseram: Como és tu, assim *eram* eles; cada um parecia filho de rei.

¹⁹Então disse ele: Meus irmãos *eram,* filhos de minha mãe; vive o SENHOR, que, se os tivésseis deixado com vida, eu não *vos* mataria.

²⁰E disse a Jeter, seu primogênito: Levanta-te, mata-os. Porém o moço não puxou da sua espada, porque temia; porquanto ainda *era* jovem.

²¹Então disseram Zeba e Salmuna: Levanta-te, e acomete-nos; porque, qual o homem, *tal* a sua valentia. Levantou-se, pois, Gideão, e matou a Zeba e a Salmuna, e tomou os ornamentos que estavam nos pescoços dos seus camelos.

Gideão recusa governar

²²Então os homens de Israel disseram a Gideão: Domina sobre nós, tanto tu, como teu filho e o filho de teu filho; porquanto nos livraste da mão dos midianitas.

²³Porém Gideão lhes disse: Sobre vós eu não dominarei, nem tampouco meu filho sobre vós dominará; o SENHOR sobre vós dominará.

²⁴E disse-lhes *mais* Gideão: Uma petição vos farei: Dá-me, cada um de vós, os pendentes do seu

JUÍZES 8.25

despojo (porque tinham pendentes de ouro, porquanto eram ismaelitas).

²⁵E disseram eles: De boa vontade *os* daremos. E estenderam uma capa, e cada um deles deitou ali um pendente do seu despojo.

²⁶E foi o peso dos pendentes de ouro, que pediu, mil e setecentos *siclos* de ouro, afora os ornamentos, e as cadeias, e as vestes de púrpura que traziam os reis dos midianitas, e afora as coleiras que os camelos traziam ao pescoço.

²⁷E fez Gideão dele um éfode, e colocou-o na sua cidade, em Ofra; e todo o Israel prostituiu-se ali após ele; e foi por tropeço a Gideão e à sua casa.

²⁸Assim foram abatidos os midianitas diante dos filhos de Israel, e nunca mais levantaram a sua cabeça; e sossegou a terra quarenta anos nos dias de Gideão.

²⁹E foi Jerubaal, filho de Joás, e habitou em sua casa.

³⁰E teve Gideão setenta filhos, que procederam dele, porque tinha muitas mulheres.

³¹E sua concubina, que *estava* em Siquém, lhe deu à luz também *um* filho; e pôs-lhe por nome Abimeleque.

³²E faleceu Gideão, filho de Joás, numa boa velhice; e foi sepultado no sepulcro de seu pai Joás, em Ofra dos abiezritas.

³³E sucedeu que, como Gideão faleceu, os filhos de Israel tornaram a se prostituir após os baalins; e puseram a Baal-Berite por deus.

³⁴E assim os filhos de Israel não se lembraram do Senhor seu Deus, que os livrara da mão de todos os seus inimigos ao redor.

³⁵Nem usaram de beneficência com a casa de Jerubaal, *a saber*, de Gideão, conforme a todo o bem que ele havia feito a Israel.

Abimeleque declara-se rei

9E ABIMELEQUE, filho de Jerubaal, foi a Siquém, aos irmãos de sua mãe, e falou-lhes e a toda a geração da casa do pai de sua mãe, dizendo:

²Falai, peço-vos, aos ouvidos de todos os cidadãos de Siquém: Qual *é* melhor para vós, que setenta homens, todos os filhos de Jerubaal, dominem sobre vós, ou que um homem sobre vós domine? Lembrai-vos também de que *sou* osso vosso e carne vossa.

³Então os irmãos de sua mãe falaram acerca dele perante os ouvidos de todos os cidadãos de Siquém todas aquelas palavras; e o coração deles se inclinou a seguir Abimeleque, porque disseram: *É* nosso irmão.

⁴E deram-lhe setenta peças de prata, da casa de Baal-Berite; e com elas alugou Abimeleque *uns* homens ociosos e levianos, que o seguiram.

⁵E veio à casa de seu pai, a Ofra, e matou a seus irmãos, os filhos de Jerubaal, setenta homens, sobre uma pedra. Porém Jotão, filho menor de Jerubaal, ficou, porque se tinha escondido.

⁶Então se ajuntaram todos os cidadãos de Siquém, e toda a casa de Milo; e foram, e constituíram a Abimeleque rei, junto ao carvalho alto que *está* perto de Siquém.

A parábola de Jotão

⁷E, dizendo-o a Jotão, foi e pôs-se no cume do monte de Gerizim, e levantou a sua voz, e clamou e disse-lhes: Ouvi-me, cidadãos de Siquém, e Deus vos ouvirá *a vós;*

⁸Foram *uma vez* as árvores a ungir para si *um* rei, e disseram à oliveira: Reina tu sobre nós.

⁹Porém a oliveira lhes disse: Deixaria eu a minha gordura, que Deus e os homens em mim prezam, e iria pairar sobre as árvores?

¹⁰Então disseram as árvores à figueira: Vem tu, *e* reina sobre nós.

¹¹Porém a figueira lhes disse: Deixaria eu a minha doçura, o meu bom fruto, e iria pairar sobre as árvores?

¹²Então disseram as árvores à videira: Vem tu, *e* reina sobre nós.

¹³Porém a videira lhes disse: Deixaria eu o meu mosto, que alegra a Deus e aos homens, e iria pairar sobre as árvores?

¹⁴Então todas as árvores disseram ao espinheiro: Vem tu, *e* reina sobre nós.

¹⁵E disse o espinheiro às árvores: Se, na verdade, me ungis por rei sobre vós, vinde, e confiai-vos debaixo da minha sombra; mas, se não, saia fogo do espinheiro que consuma os cedros do Líbano.

¹⁶Agora, pois, se *é que* em verdade e sinceridade agistes, fazendo rei a Abimeleque, e se bem fizestes para com Jerubaal e para com a sua casa, e se com ele usastes conforme ao merecimento das suas mãos

¹⁷(Porque meu pai pelejou por vós, e desprezou a sua vida, e vos livrou da mão dos midianitas;

¹⁸Porém vós hoje vos levantastes contra a casa de meu pai, e matastes a seus filhos, setenta homens, sobre uma pedra; e a Abimeleque, filho da sua serva, fizestes reinar sobre os cidadãos de Siquém, porque *é* vosso irmão);

¹⁹Pois, se em verdade e sinceridade usastes com Jerubaal e com a sua casa hoje, alegrai-vos com Abimeleque, e também ele se alegre convosco.

²⁰Mas, se não, saia fogo de Abimeleque, e consuma aos cidadãos de Siquém, e a casa de Milo; e saia fogo dos cidadãos de Siquém, e da casa de Milo, que consuma a Abimeleque.

²¹Então partiu Jotão, e fugiu e foi para Beer; e ali habitou por *medo de* Abimeleque, seu irmão.

A conspiração de Gaal

²²Havendo, pois, Abimeleque dominado três anos sobre Israel,

²³Enviou Deus um mau espírito entre Abimeleque e os homens de Siquém; e os homens de Siquém se houveram aleivosamente contra Abimeleque;

²⁴Para que a violência *feita* aos setenta filhos de Jerubaal viesse, e o seu sangue caísse sobre Abimeleque, seu irmão, que os matara, e sobre os cidadãos de Siquém, que fortaleceram as mãos dele para matar a seus irmãos;

²⁵E os cidadãos de Siquém puseram contra ele

quem lhe armasse emboscadas sobre os cumes dos montes; e a todo aquele que passava pelo caminho junto a eles o assaltavam; e contou-se isso a Abimeleque.

²⁶Veio também Gaal, filho de Ebede, com seus irmãos, e passaram a Siquém; e os cidadãos de Siquém confiaram nele.

²⁷E saíram ao campo, e vindimaram as suas vinhas, e pisaram *as uvas,* e fizeram festas; e foram à casa de seu deus, e comeram, e beberam, e amaldiçoaram a Abimeleque.

²⁸E disse Gaal, filho de Ebede: Quem *é* Abimeleque, e quem *é* Siquém, para que o sirvamos? Não *é porventura* filho de Jerubaal? E *não é* Zebul o seu mordomo? Servi *antes* aos homens de Hamor, pai de Siquém; pois, por que *razão* serviríamos nós a ele?

²⁹Ah! Se este povo estivera na minha mão, eu expulsaria a Abimeleque. E diria a Abimeleque: Multiplica o teu exército, e sai.

³⁰E, ouvindo Zebul, o maioral da cidade, as palavras de Gaal, filho de Ebede, se acendeu a sua ira;

³¹E enviou astutamente mensageiros a Abimeleque, dizendo: Eis que Gaal, filho de Ebede, e seus irmãos vieram a Siquém, e eis que eles estão sublevando esta cidade contra ti.

³²Levanta-te, pois, de noite, tu e o povo que *tiveres* contigo, e põe emboscadas no campo.

³³E levanta-te pela manhã ao sair o sol, e dá de golpe sobre a cidade; e eis que, saindo contra ti, ele e o povo que *tiver* com ele, faze-lhe como puderes.

Abimeleque vence Gaal e os siquemitas

³⁴Levantou-se, pois, Abimeleque, e todo o povo que com ele *havia,* de noite, e puseram emboscadas a Siquém, com quatro tropas.

³⁵E Gaal, filho de Ebede, saiu, e pôs-se à entrada da porta da cidade; e Abimeleque, e todo o povo que com ele *havia,* se levantou das emboscadas.

³⁶E, vendo Gaal aquele povo, disse a Zebul: Eis que desce gente dos cumes dos montes. Zebul, ao contrário, lhe disse: As sombras dos montes vês como se fossem homens.

³⁷Porém Gaal ainda tornou a falar, e disse: Eis ali desce gente do meio da terra, e uma tropa vem do caminho do carvalho de Meonenim.

³⁸Então lhe disse Zebul: Onde *está* agora a tua boca, com a qual dizias: Quem *é* Abimeleque, para que o sirvamos? Não *é* este *porventura* o povo que desprezaste? Sai pois, peço-te, e peleja contra ele.

³⁹E saiu Gaal à vista dos cidadãos de Siquém, e pelejou contra Abimeleque.

⁴⁰E Abimeleque o perseguiu porquanto fugiu de diante dele; e muitos feridos caíram até à entrada da porta *da cidade.*

⁴¹E Abimeleque ficou em Aruma. E Zebul expulsou a Gaal e a seus irmãos, para que não pudessem habitar em Siquém.

⁴²E sucedeu no dia seguinte que o povo saiu ao campo; disto foi avisado Abimeleque.

⁴³Então tomou *o* povo, e o repartiu em três tropas, e pôs emboscadas no campo; e olhou, e eis que o povo saía da cidade, e levantou-se contra ele, e o feriu.

⁴⁴Porque Abimeleque, e as tropas que com ele *havia,* romperam de improviso, e pararam à entrada da porta da cidade; e as *outras* duas tropas deram de improviso sobre todos quantos *estavam* no campo, e os feriram.

⁴⁵E Abimeleque pelejou contra a cidade todo aquele dia, e tomou a cidade, e matou o povo que nela *havia;* e assolou a cidade, e a semeou de sal.

⁴⁶O que ouvindo todos os cidadãos da torre de Siquém, entraram na fortaleza, na casa do deus Berite.

⁴⁷E contou-se a Abimeleque que todos os cidadãos da torre de Siquém se haviam congregado.

⁴⁸Subiu, pois, Abimeleque ao monte Salmom, ele e todo o povo que com ele *havia;* e Abimeleque tomou na sua mão um machado, e cortou um ramo de árvore, e o levantou, e pô-lo ao seu ombro, e disse ao povo, que com ele *havia:* O que me vistes fazer apressai-vos a fazê-lo *assim* como eu.

⁴⁹Assim, pois, cada um de todo o povo, também cortou o seu ramo e seguiu a Abimeleque; e pondo os ramos junto da fortaleza, queimaram a fogo a fortaleza sobre eles, de modo que todos os homens da torre de Siquém morreram, uns mil homens e mulheres.

A morte de Abimeleque

⁵⁰Então Abimeleque foi a Tebes e a sitiou, e a tomou.

⁵¹Havia, porém, no meio da cidade uma torre forte; e todos os homens e mulheres, e todos os cidadãos da cidade se refugiaram nela, e fecharam após si *as portas,* e subiram ao eirado da torre.

⁵²E Abimeleque veio até à torre, e a combateu; e chegou-se até à porta da torre, para a incendiar.

⁵³Porém uma mulher lançou um pedaço de *uma* mó sobre a cabeça de Abimeleque; e quebrou-lhe o crânio.

⁵⁴Então chamou logo ao moço, que levava as suas armas, e disse-lhe: Desembainha a tua espada, e mata-me; para que não se diga de mim: Uma mulher o matou. E o moço o atravessou e *ele* morreu.

⁵⁵Vendo, pois, os homens de Israel que Abimeleque *já* era morto, foram-se cada um para o seu lugar.

⁵⁶Assim Deus fez tornar sobre Abimeleque o mal que tinha feito a seu pai, matando a seus setenta irmãos.

⁵⁷Como também todo o mal dos homens de Siquém fez tornar sobre a cabeça deles; e a maldição de Jotão, filho de Jerubaal, veio sobre eles.

Tola e Jair juízes dos israelitas

10 E DEPOIS de Abimeleque, se levantou, para livrar a Israel, Tola, filho de Puá, filho de Dodo, homem de Issacar; e habitava em Samir, na montanha de Efraim.

JUÍZES 10.2 188

²E julgou a Israel vinte e três anos; e morreu, e foi sepultado em Samir.

³E depois dele se levantou Jair, gileadita, e julgou a Israel vinte e dois anos.

⁴E tinha este trinta filhos, que cavalgavam sobre trinta jumentos; e tinham trinta cidades, a que chamaram Havote-Jair, até ao *dia de* hoje; as quais *estão* na terra de Gileade.

⁵E morreu Jair, e foi sepultado em Camom.

Servidão sob os filisteus e os amonitas

⁶Então tornaram os filhos de Israel a fazer o *que era* mau aos olhos do SENHOR, e serviram aos baalins, e a Astarote, e aos deuses da Síria, e aos deuses de Sidom, e aos deuses de Moabe, e aos deuses dos filhos de Amom, e aos deuses dos filisteus; e deixaram ao SENHOR, e não o serviram.

⁷E a ira do SENHOR se acendeu contra Israel; e vendeu-os nas mãos dos filisteus, e nas mãos dos filhos de Amom.

⁸E naquele *mesmo* ano oprimiram e vexaram aos filhos de Israel; dezoito anos *oprimiram* a todos os filhos de Israel que *estavam* além do Jordão, na terra dos amorreus, que *está* em Gileade.

⁹Até os filhos de Amom passaram o Jordão, para pelejar também contra Judá, e contra Benjamim, e contra a casa de Efraim; de modo que Israel ficou muito angustiado.

¹⁰Então os filhos de Israel clamaram ao SENHOR, dizendo: Contra ti havemos pecado, visto que deixamos a nosso Deus, e servimos aos baalins.

¹¹Porém o SENHOR disse aos filhos de Israel: *Porventura* dos egípcios, e dos amorreus, e dos filhos de Amom, e dos filisteus,

¹²E dos sidônios, e dos amalequitas, e dos maonitas, que vos oprimiam, quando a mim clamastes, não vos livrei das suas mãos?

¹³*Contudo* vós me deixastes a mim, e servistes a outros deuses; pelo que não vos livrarei mais.

¹⁴Ide, e clamai aos deuses que escolhestes; que eles vos livrem no tempo do vosso aperto.

¹⁵Mas os filhos de Israel disseram ao SENHOR: Pecamos; faze-nos conforme a tudo quanto *te* parecer bem aos teus olhos; tão somente te rogamos que nos livres nesta vez.

¹⁶E tiraram os deuses alheios do meio de si, e serviram ao SENHOR; então se angustiou a sua alma por causa da desgraça de Israel.

¹⁷E os filhos de Amom se reuniram e se acamparam em Gileade; e *também* os de Israel se congregaram, e se acamparam em Mizpá.

¹⁸Então o povo e os príncipes de Gileade disseram uns aos outros: Quem *será* o homem que começará a pelejar contra os filhos de Amom? Ele será por cabeça de todos os moradores de Gileade.

Jefté livra os israelitas

11 ERA então Jefté, o gileadita, homem valoroso, porém filho de uma prostituta; mas Gileade gerara a Jefté.

²Também a mulher de Gileade lhe deu filhos, e, sendo os filhos desta mulher já grandes, expulsaram a Jefté, e lhe disseram: Não herdarás na casa de nosso pai, porque és filho de outra mulher.

³Então Jefté fugiu de diante de seus irmãos, e habitou na terra de Tobe; e homens levianos se ajuntaram a Jefté, e saíam com ele.

⁴E aconteceu que, depois *de algum* tempo, os filhos de Amom pelejaram contra Israel.

⁵E sucedeu *que*, como os filhos de Amom pelejassem contra Israel, foram os anciãos de Gileade buscar a Jefté na terra de Tobe.

⁶E disseram a Jefté: Vem, e sê o nosso chefe; para que combatamos contra os filhos de Amom.

⁷Porém Jefté disse aos anciãos de Gileade: *Porventura* não me odiastes a mim, e não me expulsastes da casa de meu pai? Por que, pois, agora viestes a mim, quando estais em aperto?

⁸E disseram os anciãos de Gileade a Jefté: Por isso tornamos a ti, para que venhas conosco, e combatas contra os filhos de Amom; e nos sejas por chefe sobre todos os moradores de Gileade.

⁹Então Jefté disse aos anciãos de Gileade: Se me levardes de volta para combater contra os filhos de Amom, e o SENHOR mos der diante de mim, então eu vos serei por chefe?

¹⁰E disseram os anciãos de Gileade a Jefté: O SENHOR será testemunha entre nós, e assim o faremos conforme a tua palavra.

¹¹Assim Jefté foi com os anciãos de Gileade, e o povo o pôs por chefe e príncipe sobre si; e Jefté falou todas as suas palavras perante o SENHOR em Mizpá.

¹²E enviou Jefté mensageiros ao rei dos filhos de Amom, dizendo: Que há entre mim e ti, que vieste a mim a pelejar contra a minha terra?

¹³E disse o rei dos filhos de Amom aos mensageiros de Jefté: É porque, saindo Israel do Egito, tomou a minha terra, desde Arnom até Jaboque, e *ainda* até ao Jordão: Restitui-ma agora, em paz.

¹⁴Porém Jefté prosseguiu ainda em enviar mensageiros ao rei dos filhos de Amom,

¹⁵Dizendo-lhe: Assim diz Jefté: Israel não tomou, nem a terra dos moabitas, nem a terra dos filhos de Amom.

¹⁶Porque, subindo Israel do Egito, andou pelo deserto até ao Mar Vermelho, e chegou até Cades.

¹⁷E Israel enviou mensageiros ao rei dos edomitas, dizendo: Rogo-te que me deixes passar pela tua terra. Porém o rei dos edomitas não *lhe* deu ouvidos; enviou também ao rei dos moabitas, o qual igualmente não consentiu; e *assim* Israel ficou em Cades.

¹⁸Depois andou pelo deserto e rodeou a terra dos edomitas e a terra dos moabitas, e veio do nascente do sol à terra dos moabitas, e alojou-se além de Arnom; porém não entrou nos limites dos moabitas, porque Arnom *é* limite dos moabitas.

¹⁹Mas Israel enviou mensageiros a Siom, rei dos amorreus, rei de Hesbom; e disse-lhe Israel: Deixa-nos, peço-te, passar pela tua terra até ao meu lugar.

²⁰Porém Siom não confiou em Israel para este passar nos seus limites; antes Siom ajuntou todo o seu povo, e se acamparam em Jasa, e combateu contra Israel.

²¹E o Senhor Deus de Israel deu a Siom, com todo o seu povo, na mão de Israel, que os feriu; e Israel tomou por herança toda a terra dos amorreus que habitavam naquela região.

²²E por herança tomaram todos os limites dos amorreus, desde Arnom até Jaboque, e desde o deserto até ao Jordão.

²³Assim o Senhor Deus de Israel desapossou os amorreus de diante do seu povo de Israel; e os possuirias tu?

²⁴Não possuirias tu aquilo que Quemós, teu deus, desapossasse de diante de ti? Assim possuiremos nós todos quantos o Senhor nosso Deus desapossar de diante de nós.

²⁵Agora, pois, *és* tu ainda melhor do que Balaque, filho de Zipor, rei dos moabitas? *Porventura* contendeu ele em algum tempo com Israel, *ou* pelejou alguma vez contra ele?

²⁶Enquanto Israel habitou trezentos anos em Hesbom e nas suas vilas, e em Aroer e nas suas vilas, em todas as cidades que *estão* ao longo de Arnom, por que o não recuperastes naquele tempo?

²⁷Tampouco pequei eu contra ti! Porém tu usas mal comigo em pelejar contra mim; o Senhor, que é juiz, julgue hoje entre os filhos de Israel e entre os filhos de Amom.

²⁸Porém o rei dos filhos de Amom não deu ouvidos às palavras que Jefté lhe enviou.

²⁹Então o Espírito do Senhor veio sobre Jefté, e atravessou ele por Gileade e Manassés, passando por Mizpá de Gileade, e de Mizpá de Gileade passou *até* aos filhos de Amom.

³⁰E Jefté fez um voto ao Senhor, e disse: Se *totalmente* deres os filhos de Amom na minha mão,

³¹Aquilo que, saindo da porta de minha casa, me vier ao encontro, voltando eu dos filhos de Amom em paz, isso será do Senhor, e o oferecerei em holocausto.

³²Assim Jefté passou aos filhos de Amom, a combater contra eles; e o Senhor os deu na sua mão.

³³E os feriu com grande mortandade, desde Aroer até chegar a Minite, vinte cidades, e até Abel-Queramim; assim foram subjugados os filhos de Amom diante dos filhos de Israel.

³⁴Vindo, pois, Jefté a Mizpá, à sua casa, eis que a sua filha lhe saiu ao encontro com adufes e com danças; e *era* ela a única filha; não tinha ele outro filho nem filha.

³⁵E aconteceu que, quando a viu, rasgou as suas vestes, e disse: Ah! Filha minha, muito me abateste, e estás entre os que me turbam! Porque eu abri a minha boca ao Senhor, e não tornarei atrás.

³⁶E ela lhe disse: Meu pai, tu abriste a tua boca ao Senhor, faze de mim conforme o que saiu da tua boca; pois o Senhor por ti executou vingança contra os teus inimigos, os filhos de Amom.

³⁷Disse mais a seu pai: Conceda-me isto: Deixa-me por dois meses que vá, e desça pelos montes, e chore a minha virgindade, eu e as minhas companheiras.

³⁸E disse ele: Vai. E deixou-a ir por dois meses; então foi ela com as suas companheiras, e chorou a sua virgindade pelos montes.

³⁹E sucedeu que, ao fim de dois meses, tornou ela para seu pai, o qual cumpriu nela o seu voto que tinha feito; e ela não conheceu homem; e daí veio o costume de Israel,

⁴⁰*Que* as filhas de Israel iam de ano em ano lamentar, por quatro dias, a filha de Jefté, o gileadita.

Jefté e os gileaditas pelejam contra os efraimitas

12 ENTÃO se convocaram os homens de Efraim, e passaram para o norte, e disseram a Jefté: Por que passaste a combater contra os filhos de Amom, e não nos chamaste para ir contigo? Queimaremos a fogo a tua casa contigo.

²E Jefté lhes disse: Eu e o meu povo tivemos grande contenda com os filhos de Amom; e chamei-vos, e não me livrastes da sua mão;

³E, vendo eu que não *me* livráveis, arrisquei a minha vida, e passei contra os filhos de Amom, e o Senhor mos entregou nas mãos; por que, pois, subistes vós hoje, para combater contra mim?

⁴E ajuntou Jefté a todos os homens de Gileade, e combateu contra Efraim; e os homens de Gileade feriram a Efraim; porque este dissera-lhe: Fugitivos *sois* de Efraim, vós gileaditas que habitais no meio de Efraim e Manassés,

⁵Porque tomaram os gileaditas aos efraimitas os vaus do Jordão; e sucedeu que, quando algum dos fugitivos de Efraim dizia: Deixai-me passar; então os gileaditas perguntavam: És tu efraimita? E dizendo ele: Não,

⁶Então lhe diziam: Dize, pois, Chibolete; porém *ele* dizia: Sibolete; porque não *o* podia pronunciar bem; então pegavam dele, e o degolavam nos vaus do Jordão; e caíram de Efraim naquele tempo quarenta e dois mil.

⁷E Jefté julgou a Israel seis anos; e Jefté, o gileadita, faleceu, e foi sepultado numa das cidades de Gileade.

Ibzã, Elom e Abdom, juízes dos Israelitas

⁸E depois dele julgou a Israel Ibzã de Belém.

⁹E tinha este trinta filhos, e trinta filhas que casou fora; e trinta filhas trouxe de fora para seus filhos; e julgou a Israel sete anos.

¹⁰Então faleceu Ibzã, e foi sepultado em Belém.

¹¹E depois dele julgou a Israel Elom, o zebulonita; e julgou a Israel dez anos.

¹²E faleceu Elom, o zebulonita, e foi sepultado em Aijalom, na terra de Zebulom.

¹³E depois dele julgou a Israel Abdom, filho de Hilel, o piratonita.

¹⁴E tinha este quarenta filhos, e trinta netos, que

JUÍZES 12.15   190

cavalgavam sobre setenta jumentos; e julgou a Israel oito anos.

¹⁵Então faleceu Abdom, filho de Hilel, o piratonita; e foi sepultado em Piratom, na terra de Efraim, no monte dos amalequitas.

O nascimento de Sansão

13 E OS filhos de Israel tornaram a fazer o *que era* mau aos olhos do SENHOR, e o SENHOR os entregou na mão dos filisteus *por* quarenta anos.

²E havia um homem de Zorá, da tribo de Dã, cujo nome *era* Manoá; e sua mulher, sendo estéril, não tinha filhos.

³E o anjo do SENHOR apareceu a esta mulher, e disse-lhe: Eis que agora *és* estéril, e nunca tens concebido; porém conceberás, e terás um filho.

⁴Agora, pois, guarda-te de beber vinho, ou bebida forte, ou comer *coisa* imunda.

⁵Porque eis que tu conceberás e terás um filho sobre cuja cabeça não passará navalha; porquanto o menino será nazireu de Deus desde o ventre; e ele começará a livrar a Israel da mão dos filisteus.

⁶Então a mulher entrou, e falou a seu marido, dizendo: *Um* homem de Deus veio a mim, cuja aparência *era* semelhante a de *um* anjo de Deus, terribilíssima; e não lhe perguntei donde *era,* nem ele me disse o seu nome.

⁷Porém disse-me: Eis que tu conceberás e terás *um* filho; agora pois, não bebas vinho, nem bebida forte, e não comas *coisa* imunda; porque o menino será nazireu de Deus, desde o ventre até ao dia da sua morte.

⁸Então Manoá orou ao SENHOR, e disse: Ah! Senhor meu, rogo-te que o homem de Deus, que enviaste, ainda venha para nós outra vez e nos ensine o que devemos fazer ao menino que há de nascer.

⁹E Deus ouviu a voz de Manoá; e o anjo de Deus veio outra vez à mulher, e ela estava no campo, porém não *estava* com ela seu marido Manoá.

¹⁰Apressou-se, pois, a mulher, e correu, e noticiou-o a seu marido, e disse-lhe: Eis que aquele homem que veio a mim o *outro* dia me apareceu.

¹¹Então Manoá levantou-se, e seguiu a sua mulher, e foi àquele homem, e disse-lhe: *És* tu aquele homem que falou a esta mulher? E disse: Eu *sou.*

¹²Então disse Manoá: Cumpram-se as tuas palavras; *mas* qual será o modo *de viver* e o serviço do menino?

¹³E disse o anjo do SENHOR a Manoá: De tudo quanto eu disse à mulher se guardará ela.

¹⁴De tudo quanto procede da videira não comerá, nem vinho nem bebida forte beberá, nem *coisa* imunda comerá; tudo quanto lhe tenho ordenado guardará.

¹⁵Então Manoá disse ao anjo do SENHOR: Ora deixa que te detenhamos, e te preparemos *um* cabrito.

¹⁶Porém o anjo do SENHOR disse a Manoá: Ainda que me detenhas, não comerei de teu pão; e se fizeres holocausto o oferecerás ao SENHOR. Porque não sabia Manoá que *era* o anjo do SENHOR.

¹⁷E disse Manoá ao anjo do SENHOR: Qual *é* o teu nome, para que, quando se cumprir a tua palavra, te honremos?

¹⁸E o anjo do SENHOR lhe disse: Por que perguntas assim pelo meu nome, visto que *é* maravilhoso?

¹⁹Então Manoá tomou *um* cabrito e *uma* oferta de alimentos, e *os* ofereceu sobre *uma* penha ao SENHOR: e houve-se *o anjo* maravilhosamente, observando-*o* Manoá e sua mulher.

²⁰E sucedeu que, subindo a chama do altar para o céu, o anjo do SENHOR subiu na chama do altar; *o que* vendo Manoá e sua mulher, caíram em terra sobre seus rostos.

²¹E nunca mais apareceu o anjo do SENHOR a Manoá, nem a sua mulher; então compreendeu Manoá que *era* o anjo do SENHOR.

²²E disse Manoá à sua mulher: Certamente morreremos, porquanto temos visto a Deus.

²³Porém sua mulher lhe disse: Se o SENHOR nos quisesse matar, não aceitaria da nossa mão o holocausto e a oferta de alimentos, nem nos mostraria tudo isto, nem nos deixaria ouvir *tais coisas* neste tempo.

²⁴Depois teve esta mulher *um* filho, a quem pôs o nome de Sansão; e o menino cresceu, e o SENHOR o abençoou.

²⁵E o Espírito do SENHOR começou a incitá-lo *de quando em quando* para o campo de Dã, entre Zorá e Estaol.

O casamento de Sansão

14 E DESCEU Sansão a Timnate; e, vendo em Timnate uma mulher das filhas dos filisteus,

²Subiu, e declarou-o a seu pai e a sua mãe, e disse: Vi *uma* mulher em Timnate, das filhas dos filisteus; agora, pois, tomai-ma por mulher.

³Porém seu pai e sua mãe lhe disseram: Não *há, porventura,* mulher entre as filhas de teus irmãos, nem entre todo o meu povo, para que tu vás tomar mulher dos filisteus, daqueles incircuncisos? E disse Sansão a seu pai: Toma-me esta, porque ela agrada aos meus olhos.

⁴Mas seu pai e sua mãe não sabiam que isto *vinha* do SENHOR; pois buscava ocasião contra os filisteus; porquanto naquele tempo os filisteus dominavam sobre Israel.

⁵Desceu, pois, Sansão com seu pai e com sua mãe a Timnate; e, chegando às vinhas de Timnate eis que um filho de leão, rugindo, lhe *saiu* ao encontro.

⁶Então o Espírito do SENHOR se apossou dele tão poderosamente que despedaçou o leão, como quem despedaça um cabrito, sem *ter* nada na sua mão; porém nem a seu pai nem a sua mãe deu a saber o que tinha feito.

⁷E desceu, e falou àquela mulher, e ela agradou aos olhos de Sansão.

⁸E depois de alguns dias voltou *ele* para tomá-la; e, apartando-se do *caminho* para ver o corpo do leão, eis que no corpo morto do leão *havia* um enxame de abelhas com mel.

⁹E tomou-o nas suas mãos, e foi andando e comendo *dele;* e foi a seu pai e a sua mãe, e deu-lhes

do mel, e comeram; porém não lhes deu a saber que tomara o mel do corpo do leão.

¹⁰Descendo, pois, seu pai àquela mulher, fez Sansão ali um banquete; porque assim os moços costumavam fazer.

¹¹E sucedeu que, como o vissem, trouxeram trinta companheiros para estarem com ele.

O enigma de Sansão

¹²Disse-lhes, pois, Sansão: Eu vos darei *um* enigma para decifrar; *e*, se nos sete dias das bodas o decifrardes e descobrirdes, eu vos darei trinta lençóis e trinta mudas de roupas.

¹³E, se não puderdes decifrar, vós me dareis *a mim* trinta lençóis e as trinta mudas de roupas. E eles lhe disseram: Dá-*nos* o teu enigma a decifrar, para que o ouçamos.

¹⁴Então lhes disse: Do comedor saiu comida, e do forte saiu doçura. E em três dias não puderam decifrar o enigma.

¹⁵E sucedeu que, ao sétimo dia, disseram à mulher de Sansão: Persuade a teu marido que nos declare o enigma, para que *porventura* não queimemos a fogo a ti e à casa de teu pai; chamastes-nos aqui para vos apossardes do que é nosso, não *é assim?*

¹⁶E a mulher de Sansão chorou diante dele, e disse: *Tão* somente me desprezas, e não me amas; *pois* deste aos filhos do meu povo *um* enigma para decifrar, e *ainda* não o declaraste a mim. E ele lhe disse: Eis que nem a meu pai nem à minha mãe o declarei, e to declararia a ti?

¹⁷E chorou diante dele os sete dias em que celebravam as bodas; sucedeu, pois, que ao sétimo dia lho declarou, porquanto o importunava; então *ela* declarou o enigma aos filhos do seu povo.

¹⁸Disseram, pois, a Sansão os homens daquela cidade, ao sétimo dia, antes de se pôr o sol: Que *coisa há* mais doce do que o mel? E que *coisa há* mais forte do que o leão? E ele lhes disse: Se vós não lavrásseis com a minha novilha, nunca teríeis descoberto o meu enigma.

¹⁹Então o Espírito do SENHOR tão poderosamente se apossou dele, que desceu aos ascalonitas, e matou deles trinta homens, e tomou as suas roupas, e deu as mudas de roupas aos que declararam o enigma; porém acendeu-se a sua ira, e subiu à casa de seu pai.

²⁰E a mulher de Sansão foi *dada* ao seu companheiro que antes o acompanhava.

Sansão põe fogo às searas dos filisteus

15 E ACONTECEU, depois de *alguns* dias, que, na sega do trigo, Sansão visitou a sua mulher, com um cabrito, e disse: Entrarei na câmara de minha mulher. Porém o pai dela não o deixou entrar.

²E disse-lhe seu pai: Por certo pensava eu que de todo a desprezavas; de sorte que a dei ao teu companheiro; porém não *é* sua irmã mais nova, mais formosa do que ela? Toma-a, pois, em seu lugar.

³Então Sansão disse acerca deles: Inocente sou esta vez para com os filisteus, quando lhes fizer *algum* mal.

⁴E foi Sansão, e pegou trezentas raposas; e, tomando tochas, as virou cauda a cauda, e lhes pôs uma tocha no meio de cada duas caudas.

⁵E chegou fogo às tochas, e largou-as na seara dos filisteus; e *assim* abrasou os molhos com a sega do trigo, e as vinhas e os olivais.

⁶Então perguntaram os filisteus: Quem fez isto? E responderam: Sansão, o genro do timnita, porque lhe tomou a sua mulher, e a deu a seu companheiro. Então subiram os filisteus, e queimaram a fogo a ela e a seu pai.

⁷Então lhes disse Sansão: É assim que fazeis? Pois, havendo-me vingado eu de vós, então cessarei.

⁸E feriu-os com grande ferimento, pernas juntamente com coxa; e desceu, e habitou na fenda da rocha de Etã.

Os homens de Judá amarram a Sansão

⁹Então os filisteus subiram, e acamparam-se contra Judá, e estenderam-se por Leí.

¹⁰E perguntaram-lhes os homens de Judá: Por que subistes contra nós? E eles responderam: Subimos para amarrar a Sansão, para lhe fazer a ele como ele nos fez a nós.

¹¹Então três mil homens de Judá desceram até a fenda da rocha de Etã, e disseram a Sansão: Não sabias tu que os filisteus dominam sobre nós? Por que, *pois*, nos fizeste isto? E ele lhes disse: *Assim* como eles me fizeram a mim, eu lhes fiz a eles.

¹²E disseram-lhe: Descemos para te amarrar e te entregar nas mãos dos filisteus. Então Sansão lhes disse: Jurai-me que vós mesmos não me acometereis.

¹³E eles lhe falaram, dizendo: Não, mas fortemente te amarraremos, e te entregaremos nas mãos deles; porém de maneira nenhuma te mataremos. E amarraram-no com duas cordas novas e fizeram-no subir da rocha.

Sansão fere mil homens com a queixada de um jumento

¹⁴*E*, vindo ele a Leí, os filisteus lhe *saíram* ao encontro, jubilando; porém o Espírito do SENHOR poderosamente se apossou dele, e as cordas que ele *tinha* nos braços se tornaram como fios de linho que se queimaram no fogo, e as suas amarraduras se desfizeram das suas mãos.

¹⁵E achou uma queixada fresca de *um* jumento, e estendeu a sua mão, e tomou-a, e feriu com ela mil homens.

¹⁶Então disse Sansão: Com *uma* queixada de jumento, montões sobre montões; com *uma* queixada de jumento feri a mil homens.

¹⁷E aconteceu que, acabando ele de falar, lançou a queixada da sua mão; e chamou aquele lugar Ramate-Leí.

¹⁸E como tivesse grande sede, clamou ao SENHOR, e disse: Pela mão do teu servo tu deste esta

JUÍZES 15.19 192

grande salvação; morrerei eu pois agora de sede, e cairei na mão destes incircuncisos?

19 Então Deus fendeu uma cavidade que *estava* na queixada; e saiu dela água, e bebeu; e recobrou o seu espírito e reanimou-se; por isso chamou aquele lugar: A fonte do que clama, que *está* em Leí até *ao dia* de hoje.

20 E julgou a Israel, nos dias dos filisteus, vinte anos.

Sansão é traído por Dalila

16 E FOI Sansão a Gaza, e viu ali uma mulher prostituta, e entrou a ela.

2 *E foi dito* aos gazitas: Sansão entrou aqui. Cercaram-no, e toda a noite lhe puseram espias à porta da cidade; porém toda a noite estiveram quietos, dizendo: Até à luz da manhã *esperaremos;* então o mataremos.

3 Porém Sansão deitou-se até à meia-noite, e à meia-noite se levantou, e arrancou as portas da entrada da cidade com ambas as umbreiras, e juntamente com a tranca as tomou, pondo-as sobre os ombros; e levou-as para cima até ao cume do monte que está defronte de Hebrom.

4 E depois disto aconteceu que se afeiçoou a uma mulher do vale de Soreque, cujo nome *era* Dalila.

5 Então os príncipes dos filisteus subiram a ela, e lhe disseram: Persuade-o, e vê em que *consiste* a sua grande força, e como poderíamos assenhorear-nos dele e amarrá-lo, para *assim* o afligirmos; e te daremos, cada um de nós, mil e cem *moedas* de prata.

6 Disse, pois, Dalila a Sansão: Declara-me, peço-te, em que *consiste* a tua grande força, e com que poderias ser amarrado para te poderem afligir.

7 Disse-lhe Sansão: Se me amarrassem com sete *vergas de* vimes frescos, que ainda não estivessem secos, então me enfraqueceria, e seria como qualquer *outro* homem.

8 Então os príncipes dos filisteus lhe trouxeram sete *vergas de* vimes frescos, que ainda não estavam secos; e ela o amarrou com elas.

9 E o espia *estava* com ela na câmara interior. Então ela lhe disse: Os filisteus *vêm* sobre ti, Sansão. Então quebrou as *vergas de* vimes, como se quebra o fio da estopa ao cheiro do fogo; assim não se soube *em que consistia a* sua força.

10 Então disse Dalila a Sansão: Eis que zombaste de mim, e me disseste mentiras; ora declara-me agora com que poderias ser amarrado.

11 E ele disse: Se me amarrassem fortemente com cordas novas, que ainda não houvessem sido usadas, então me enfraqueceria, e seria como qualquer *outro* homem.

12 Então Dalila tomou cordas novas, e o amarrou com elas, e disse-lhe: Os filisteus *vêm* sobre ti, Sansão. E o espia *estava* na recâmara interior. Então as quebrou de seus braços como a um fio.

13 E disse Dalila a Sansão: Até agora zombaste de mim, e me disseste mentiras; declara-me *pois, agora,* com que poderias ser amarrado? E ele lhe disse: Se teceres sete tranças *dos cabelos* da minha cabeça com o liço da teia.

14 E ela as fixou com uma estaca, e disse-lhe: Os filisteus *vêm* sobre ti, Sansão: Então ele despertou do seu sono, e arrancou a estaca das *tranças* tecidas, *juntamente* com o liço da teia.

15 Então ela lhe disse: Como dirás: Tenho-te amor, não *estando* comigo o teu coração? Já três vezes zombaste de mim, e ainda não me declaraste em que *consiste* a tua grande força.

16 E sucedeu que, importunando-o ela todos os dias com as suas palavras, e molestando-o, a sua alma se angustiou até à morte.

17 E descobriu-lhe todo o seu coração, e disse-lhe: Nunca passou navalha pela minha cabeça, porque *sou* nazireu de Deus desde o ventre de minha mãe; se viesse a ser rapado, ir-se-ia de mim a minha força, e me enfraqueceria, e seria como qualquer outro homem.

18 Vendo, pois, Dalila que já lhe descobrira todo o seu coração, mandou chamar os príncipes dos filisteus, dizendo: Subi esta vez, porque *agora* me descobriu ele todo o seu coração. E os príncipes dos filisteus subiram a ter com ela, trazendo com eles o dinheiro.

19 Então ela o fez dormir sobre os seus joelhos, e chamou a *um* homem, e rapou-lhe as sete tranças *do cabelo* de sua cabeça; e começou a afligi-lo, e retirou-se dele a sua força.

20 E disse ela: Os filisteus vêm sobre ti, Sansão. E despertou ele do seu sono, e disse: Sairei *ainda* esta vez como dantes, e me sacudirei. Porque ele não sabia que já o SENHOR se tinha retirado dele.

21 Então os filisteus pegaram nele, e arrancaram-lhe os olhos, e fizeram-no descer a Gaza, e amarraram-no com duas cadeias de bronze, e girava ele um moinho no cárcere.

22 E o cabelo da sua cabeça começou a crescer, como quando foi rapado.

Sansão faz cair o templo de Dagom

23 Então os príncipes dos filisteus se ajuntaram para oferecer *um* grande sacrifício ao seu deus Dagom, e para se alegrarem, e diziam: Nosso deus nos entregou nas mãos a Sansão, nosso inimigo.

24 Semelhantemente, vendo-o o povo, louvava ao seu deus; porque dizia: Nosso deus nos entregou nas mãos o nosso inimigo, e ao que destruía a nossa terra, e ao que multiplicava os nossos mortos.

25 E sucedeu que, alegrando-se-lhes o coração, disseram: Chamai a Sansão, para que brinque diante de nós. E chamaram a Sansão do cárcere, que brincava diante deles, e fizeram-no estar *em pé* entre as colunas.

26 Então disse Sansão ao moço que o tinha pela mão: Guia-me para que apalpe as colunas em que se sustém a casa, para que me encoste a elas.

27 Ora *estava* a casa cheia de homens e mulheres; e *também* ali *estavam* todos os príncipes dos filisteus; e sobre o telhado *havia* uns três mil homens e mulheres, que estavam vendo Sansão brincar.

28 Então Sansão clamou ao SENHOR, e disse:

Senhor DEUS, peço-te que te lembres de mim, e fortalece-me agora só esta vez, ó Deus, para que de uma vez me vingue dos filisteus, pelos meus dois olhos.

²⁹Abraçou-se, pois, Sansão com as duas colunas do meio, em que se sustinha a casa, e arrimou-se sobre elas, com a sua mão direita numa, e com a sua esquerda na outra.

³⁰E disse Sansão: Morra eu com os filisteus. E inclinou-se com força, e a casa caiu sobre os príncipes e sobre todo o povo que nela *havia;* e foram mais os mortos que matou na sua morte do que *os* que matara em sua vida.

³¹Então seus irmãos desceram, e toda a casa de seu pai, e tomaram-no, e subiram *com ele,* e sepultaram-no entre Zorá e Estaol, no sepulcro de Manoá, seu pai. Ele julgou a Israel vinte anos.

Mica e o ídolo da sua casa

17 E HAVIA um homem da montanha de Efraim, cujo nome *era* Mica.

²O qual disse à sua mãe: As mil e cem *moedas* de prata que te foram tiradas, por cuja *causa* lançaste maldições, e de que também me falaste, eis que esse dinheiro *está* comigo; eu o tomei. Então lhe disse sua mãe: Bendito do SENHOR *seja* meu filho.

³Assim restituiu as mil e cem *moedas* de prata à sua mãe; porém sua mãe disse: Inteiramente tenho dedicado este dinheiro da minha mão ao SENHOR, para meu filho fazer uma imagem de escultura e uma de fundição; de sorte que agora to tornarei *a dar.*

⁴Porém ele restituiu aquele dinheiro à sua mãe; e sua mãe tomou duzentas *moedas* de prata, e as deu ao ourives, o qual fez delas uma imagem de escultura e uma de fundição, que ficaram em casa de Mica.

⁵E teve este homem, Mica, uma casa de deuses; e fez um éfode e terafins, e consagrou um de seus filhos, para que lhe fosse por sacerdote.

⁶Naqueles dias não *havia* rei em Israel; cada um fazia o *que parecia* bem aos seus olhos.

O levita em casa de Mica

⁷E havia um moço de Belém de Judá, da tribo de Judá, que *era* levita, e peregrinava ali.

⁸E este homem partiu da cidade de Belém de Judá para peregrinar onde quer que achasse *conveniente.* Chegando ele, pois, à montanha de Efraim, até à casa de Mica, seguindo o seu caminho,

⁹Disse-lhe Mica: Donde vens? E ele lhe disse: Sou levita de Belém de Judá, e vou peregrinar onde quer que achar *conveniente.*

¹⁰Então lhe disse Mica: Fica comigo, e sê-me por pai e sacerdote; e cada ano te darei *dez moedas* de prata, e vestuário, e o sustento. E o levita entrou.

¹¹E consentiu o levita em ficar com aquele homem; e o moço lhe foi como um de seus filhos.

¹²E Mica consagrou o levita, e aquele moço lhe foi por sacerdote; e esteve em casa de Mica.

¹³Então disse Mica: Agora sei que o SENHOR me fará bem; porquanto tenho um levita por sacerdote.

Os danitas buscam uma herança e tomam Laís

18 NAQUELES dias não *havia* rei em Israel; e nos mesmos dias a tribo dos danitas buscava para si herança para habitar; porquanto até àquele dia entre as tribos de Israel não lhe havia caído por sorte sua herança.

²E enviaram os filhos de Dã, da sua tribo, cinco homens dentre eles, homens valorosos, de Zorá e de Estaol, a espiar e reconhecer a terra, e lhes disseram: Ide, reconhecei a terra. E chegaram à montanha de Efraim, até à casa de Mica, e passaram ali a noite.

³E quando eles *estavam* junto da casa de Mica, reconheceram a voz do moço, do levita; e dirigindo-se para lá, lhe disseram: Quem te trouxe aqui? Que fazes aqui? E que *é que* tens aqui?

⁴E ele lhes disse: Assim e assim me tem feito Mica; pois me tem contratado, e eu lhe sirvo de sacerdote.

⁵Então lhe disseram: Consulta a Deus, para que possamos saber se prosperará o caminho que seguimos.

⁶E disse-lhes o sacerdote: Ide em paz; o caminho que seguis *está* perante o SENHOR.

⁷Então foram-se aqueles cinco homens, e chegaram a Laís; e viram que o povo que *havia* no meio dela estava seguro, conforme ao costume dos sidônios, quieto e confiado; nem *havia* autoridade *alguma* do reino que por qualquer coisa envergonhasse *a alguém* naquela terra; também *estavam* longe dos sidônios, e não tinham relação com ninguém.

⁸Então voltaram a seus irmãos, a Zorá e a Estaol, e seus irmãos lhes disseram: Que *dizeis vós?*

⁹E eles disseram: Levantai-vos, e subamos contra eles; porque examinamos a terra, e eis que é muitíssimo boa. E vós estareis aqui tranquilos? Não sejais preguiçosos em irdes para entrar a possuir esta terra.

¹⁰Quando lá chegardes, vereis *um* povo confiado, e a terra *é* larga de extensão; porque Deus vo-la entregou nas mãos; lugar em que não *há* falta de coisa alguma que *há* na terra.

¹¹Então partiram dali, da tribo dos danitas, de Zorá e de Estaol, seiscentos homens munidos de armas de guerra.

¹²E subiram, e acamparam-se em Quiriate-Jearim, em Judá; então chamaram a este lugar Maané-Dã, até *ao dia de* hoje; eis que *está* por detrás de Quiriate-Jearim.

¹³E dali passaram à montanha de Efraim; e chegaram até a casa de Mica.

Os danitas levam o levita e os ídolos

¹⁴Então responderam os cinco homens, que foram espiar a terra de Laís, e disseram a seus irmãos: Sabeis vós também que naquelas casas há *um* éfode, e terafins, e uma imagem de escultura e uma de fundição? Vede, pois, agora o que haveis de fazer.

JUÍZES 18.15

¹⁵Então se dirigiram para lá, e chegaram à casa do moço, o levita, em casa de Mica, e o saudaram.

¹⁶E os seiscentos homens, que *eram* dos filhos de Dã, munidos com suas armas de guerra, ficaram à entrada da porta.

¹⁷Porém subindo os cinco homens, que foram espiar a terra, entraram ali, e tomaram a imagem de escultura, o éfode, e os terafins, e a imagem de fundição, ficando o sacerdote *em pé* à entrada da porta, com os seiscentos homens *que estavam* munidos com as armas de guerra.

¹⁸Entrando eles, pois, em casa de Mica, e tomando a imagem de escultura, e o éfode, e os terafins, e a imagem de fundição, disse-lhes o sacerdote: Que estais fazendo?

¹⁹E eles lhe disseram: Cala-te, põe a mão na boca, e vem conosco, e sê-nos por pai e sacerdote. *É* melhor ser sacerdote da casa de um só homem, do que ser sacerdote de uma tribo e de uma família em Israel?

²⁰Então alegrou-se o coração do sacerdote, e tomou o éfode, e os terafins, e a imagem de escultura; e entrou no meio do povo.

²¹Assim viraram, e partiram; e os meninos, e o gado, e a bagagem puseram diante de si.

²²*E*, estando já longe da casa de Mica, os homens que *estavam* nas casas junto à casa de Mica, reuniram-se, e alcançaram os filhos de Dã.

²³E clamaram após os filhos de Dã, os quais viraram os seus rostos, e disseram a Mica: Que tens, que tanta gente convocaste?

²⁴Então ele disse: Os meus deuses, que eu fiz, *me* tomastes, juntamente com o sacerdote, e partistes; que mais me resta *agora?* Como, pois, me dizeis: Que *é que* tens?

²⁵Porém os filhos de Dã lhe disseram: Não nos faças ouvir a tua voz, para que *porventura* homens de ânimo mau não se lancem sobre vós, e tu percas a tua vida, e a vida *dos* da tua casa.

²⁶Assim seguiram o seu caminho os filhos de Dã; e Mica, vendo que *eram* mais fortes do que ele, virou-se, e voltou à sua casa.

²⁷Eles, pois, tomaram o que Mica tinha feito, e o sacerdote que tivera, e chegaram a Laís, a um povo quieto e confiado, e os feriram ao fio da espada, e queimaram a cidade a fogo.

²⁸E ninguém *houve* que os livrasse, porquanto *estavam* longe de Sidom, e não tinham relações com ninguém, e a *cidade* estava no vale que *está* junto de Bete-Reobe; depois reedificaram a cidade e habitaram nela.

²⁹E chamaram o nome da cidade Dã, conforme ao nome de Dã, seu pai, que nascera a Israel; *era*, porém, antes o nome desta cidade Laís.

³⁰E os filhos de Dã levantaram para si *aquela* imagem de escultura; e Jônatas, filho de Gérson, o filho de Manassés, ele e seus filhos foram sacerdotes da tribo dos danitas, até ao dia do cativeiro da terra.

³¹Assim, pois, estabeleceram para si a imagem de escultura, que fizera Mica, por todos os dias em que a casa de Deus esteve em Siló.

Os homens de Gibeá abusam da mulher de um levita

19 ACONTECEU também naqueles dias, em que não *havia* rei em Israel, que houve um homem levita, que, peregrinando aos lados da montanha de Efraim, tomou para si *uma* concubina, de Belém de Judá.

²Porém a sua concubina adulterou contra ele, e deixando-o, foi para a casa de seu pai, em Belém de Judá, e esteve ali *alguns* dias, *a saber,* quatro meses.

³E seu marido se levantou, e foi atrás dela, para lhe falar conforme ao seu coração, e para tornar a trazê-la; e o seu moço e um par de jumentos *iam* com ele; e ela o levou à casa de seu pai, e, vendo-o o pai da moça, alegrou-se ao encontrar-se com ele.

⁴E seu sogro, o pai da moça, o deteve, e ficou com ele três dias; e comeram e beberam, e passaram ali a noite.

⁵E sucedeu que ao quarto dia pela manhã, de madrugada, ele levantou-se para partir; então o pai da moça disse a seu genro: Fortalece o teu coração com um bocado de pão, e depois partireis.

⁶Assentaram-se, pois, e comeram ambos juntos, e beberam; e disse o pai da moça ao homem: Peço-te que ainda esta noite queiras passá-la *aqui,* e alegre-se o teu coração.

⁷Porém o homem levantou-se para partir; mas seu sogro o constrangeu a tornar a passar ali a noite.

⁸E, madrugando ao quinto dia pela manhã para partir, disse o pai da moça: Ora, conforta o teu coração. E detiveram-se até já declinar o dia; e ambos *juntos* comeram.

⁹Então o homem levantou-se para partir, ele, e a sua concubina, e o seu moço; e disse-lhe seu sogro, o pai da moça: Eis que já o dia declina e a tarde *já* vem chegando; peço-te que *aqui* passes a noite; eis que o dia *já* vai acabando, passa aqui a noite, e que o teu coração se alegre; e amanhã de madrugada levanta-te a caminhar, e irás para a tua tenda.

¹⁰Porém o homem não quis *ali* passar a noite, mas levantou-se, e partiu, e chegou até defronte de Jebus (que *é* Jerusalém), e com ele o par de jumentos albardados, como também a sua concubina.

¹¹Estando, *pois,* já perto de Jebus, e tendo-se *já* declinado muito o dia, disse o moço a seu senhor: Vamos agora, e retiremo-nos a esta cidade dos jebuseus, e passemos ali a noite.

¹²Porém disse-lhe seu senhor: Não nos retiraremos a nenhuma cidade estranha, que não *seja* dos filhos de Israel; mas iremos até Gibeá.

¹³Disse mais a seu moço: Vamos, e cheguemos a um daqueles lugares, e passemos a noite em Gibeá ou em Ramá.

¹⁴Passaram, pois, *adiante,* e caminharam, e o sol se lhes pôs junto a Gibeá, que *é cidade* de Benjamim.

¹⁵E retiraram-se para lá, para entrar e passar a

noite em Gibeá; e, entrando ele, assentou-se na praça da cidade, porque não *houve* quem os recolhesse em casa para ali passarem a noite.

¹⁶E eis que um velho homem vinha à tarde do seu trabalho do campo; e *era* este homem da montanha de Efraim, mas peregrinava em Gibeá; *eram* porém os homens deste lugar filhos de Benjamim.

¹⁷Levantando ele, pois, os olhos, viu a este viajante na praça da cidade, e disse o ancião: Para onde vais, e donde vens?

¹⁸E ele lhe disse: Viajamos de Belém de Judá até aos lados da montanha de Efraim, de onde sou; porquanto fui a Belém de Judá, porém *agora* vou à casa do SENHOR; e ninguém *há* que me recolha em casa,

¹⁹Todavia temos palha e pasto para os nossos jumentos, e também pão e vinho há para mim, e para a tua serva, e para o moço que *vem* com os teus servos; de coisa nenhuma *há* falta.

²⁰Então disse o ancião: Paz *seja* contigo; tudo quanto te faltar *fique* ao meu cargo; tão somente não passes a noite na praça.

²¹E levou-o à sua casa, e deu pasto aos jumentos; e, lavando-se os pés, comeram e beberam.

²²Estando eles alegrando o seu coração, eis que os homens daquela cidade (homens *que eram* filhos de Belial) cercaram a casa, batendo à porta; e falaram ao ancião, senhor da casa, dizendo: Tira para fora o homem que entrou em tua casa, para que o conheçamos.

²³E o homem, dono da casa, saiu a eles e disse-lhes: Não, irmãos meus, ora não façais semelhante mal; já que este homem entrou em minha casa, não façais tal loucura.

²⁴Eis que a minha filha virgem e a concubina dele vo-las tirarei fora; humilhai-as a elas, e fazei delas o que parecer bem aos vossos olhos; porém a este homem não façais essa loucura.

²⁵Porém aqueles homens não o quiseram ouvir; então aquele homem pegou da sua concubina, e lha tirou para fora; e eles a conheceram e abusaram dela toda a noite até pela manhã, e, subindo a alva, a deixaram.

²⁶E ao romper da manhã veio a mulher, e caiu à porta da casa daquele homem, onde *estava* seu senhor, e ficou ali até que se fez claro.

²⁷E, levantando-se seu senhor pela manhã, e abrindo as portas da casa, e saindo a seguir o seu caminho, eis que a mulher, sua concubina, jazia à porta da casa, com as mãos sobre o limiar.

²⁸E ele lhe disse: Levanta-te, e vamo-nos, porém ela não respondeu; então, levantando-se o homem a pôs sobre o jumento, e foi para o seu lugar.

²⁹Chegando, pois, à sua casa, tomou um cutelo, e pegou na sua concubina, e a despedaçou com os seus ossos em doze partes; e enviou-as por todos os termos de Israel.

³⁰E sucedeu que cada um que via aquilo dizia: Nunca *tal* se fez, nem se viu desde o dia em que os filhos de Israel subiram da terra do Egito, até *ao dia* de hoje; ponderai isto, considerai, e falai.

Os israelitas vingam o ultraje feito ao levita

20 ENTÃO todos os filhos de Israel saíram, e a congregação se ajuntou, perante o SENHOR em Mizpá, como *se fora* um só homem, desde Dã até Berseba, como também a terra de Gileade.

²E os principais de todo o povo, *de* todas as tribos de Israel, se apresentaram na congregação do povo de Deus; quatrocentos mil homens de pé que tiravam a espada

³(Ouviram, pois, os filhos de Benjamim que os filhos de Israel haviam subido a Mizpá). E disseram os filhos de Israel: Falai, como sucedeu esta maldade?

⁴Então respondeu o homem levita, marido da mulher que fora morta, e disse: Cheguei com a minha concubina a Gibeá, *cidade* de Benjamim, para passar a noite.

⁵E os cidadãos de Gibeá se levantaram contra mim, e cercaram a casa de noite; intentaram matar-me, e violaram a minha concubina, *de maneira* que morreu.

⁶Então peguei na minha concubina, e fi-la em pedaços, e a enviei por toda a terra da herança de Israel; porquanto fizeram *tal* malefício e loucura em Israel.

⁷Eis que todos sois filhos de Israel; dai aqui a vossa palavra e conselho.

⁸Então todo o povo se levantou como um só homem, dizendo: Nenhum *de nós* irá à sua tenda nem nenhum *de nós* voltará à sua casa.

⁹Porém isto *é* o que faremos a Gibeá: *procederemos* contra ela por sorte.

¹⁰E de todas as tribos de Israel, tomaremos dez homens de cada cem, e cem de cada mil, e mil de cada dez mil, para providenciarem mantimento para o povo; para que, vindo ele a Gibeá de Benjamim, lhe façam conforme a toda a loucura que tem feito em Israel.

¹¹Assim ajuntaram-se contra esta cidade todos os homens de Israel, unidos como um só homem.

¹²E as tribos de Israel enviaram homens por toda a tribo de Benjamim, dizendo: Que maldade *é* esta que se fez entre vós?

¹³Dai-*nos*, pois, agora aqueles homens, filhos de Belial, que *estão* em Gibeá, para que os matemos, e tiremos de Israel o mal. Porém os *filhos* de Benjamim não quiseram ouvir a voz de seus irmãos, os filhos de Israel.

¹⁴Antes os filhos de Benjamim se ajuntaram das cidades em Gibeá, para saírem a pelejar contra os filhos de Israel.

¹⁵E contaram-se naquele dia os filhos de Benjamim, das cidades, vinte e seis mil homens que tiravam a espada, afora os moradores de Gibeá, de que se contaram setecentos homens escolhidos.

¹⁶Entre todo este povo *havia* setecentos homens escolhidos, canhotos, os quais atiravam com a funda uma pedra em um cabelo, e não erravam.

¹⁷E contaram-se dos homens de Israel, afora *os*

JUÍZES 20.18   196

de Benjamim, quatrocentos mil homens que tiravam da espada, *e* todos *eles* homens de guerra.

¹⁸E levantaram-se os filhos de Israel, e subiram a Betel; e consultaram a Deus, dizendo: Quem dentre nós subirá primeiro a pelejar contra os filhos de Benjamim? E disse o Senhor: Judá *subirá* primeiro.

¹⁹Levantaram-se, pois, os filhos de Israel pela manhã, e acamparam-se contra Gibeá.

²⁰E os homens de Israel saíram à peleja contra Benjamim; e os homens de Israel ordenaram a batalha contra eles, ao pé de Gibeá.

²¹Então os filhos de Benjamim saíram de Gibeá, e derrubaram por terra, naquele dia, vinte e dois mil homens de Israel.

²²Porém esforçou-se o povo, isto é, os homens de Israel, e tornaram a ordenar a peleja no lugar onde no primeiro dia a tinham ordenado.

²³E subiram os filhos de Israel, e choraram perante o Senhor até à tarde, e perguntaram ao Senhor, dizendo: Tornar-me-ei a chegar à peleja contra os filhos de Benjamim, meu irmão? E disse o Senhor: Subi contra ele.

²⁴Chegaram-se, pois, os filhos de Israel aos filhos de Benjamim, no dia seguinte.

²⁵Também os de Benjamim no dia seguinte lhes saíram ao encontro *fora* de Gibeá, e derrubaram ainda por terra dos filhos de Israel mais dezoito mil homens, todos dos que tiravam a espada.

²⁶Então todos os filhos de Israel, e todo o povo, subiram, e vieram a Betel e choraram, e estiveram ali perante o Senhor, e jejuaram aquele dia até à tarde; e ofereceram holocaustos e ofertas pacíficas perante o Senhor.

²⁷E os filhos de Israel perguntaram ao Senhor (porquanto a arca da aliança de Deus *estava* ali naqueles dias;

²⁸E Fineias, filho de Eleazar, filho de Arão, estava perante ele naqueles dias), dizendo: Tornarei ainda a pelejar contra os filhos de Benjamim, meu irmão, ou pararei? E disse o Senhor: Subi, que amanhã eu to entregarei na mão.

²⁹Então Israel pôs emboscadas em redor de Gibeá.

³⁰E subiram os filhos de Israel ao terceiro dia contra os filhos de Benjamim, e ordenaram *a peleja* junto a Gibeá, como das outras vezes.

³¹Então os filhos de Benjamim saíram ao encontro do povo, e desviaram-se da cidade; e começaram a ferir *alguns* do povo, atravessando-os, como das outras vezes, pelos caminhos (um dos quais sobe para Betel, e o outro para Gibeá pelo campo), uns trinta dos homens de Israel.

³²Então os filhos de Benjamim disseram: Estão derrotados diante de nós como dantes. Porém os filhos de Israel disseram: Fujamos, e desviemo-los da cidade para os caminhos.

³³Então todos os homens de Israel se levantaram do seu lugar, e ordenaram *a peleja* em Baal-Tamar; e a emboscada de Israel saiu do seu lugar, da caverna de Gibeá.

³⁴E dez mil homens escolhidos de todo o Israel vieram contra Gibeá, e a peleja se agravou; porém eles não sabiam o mal que lhes tocaria.

³⁵Então feriu o Senhor a Benjamim diante de Israel; e destruíram os filhos de Israel, naquele dia, vinte e cinco mil e cem homens de Benjamim, todos dos que tiravam a espada.

³⁶E viram os filhos de Benjamim que estavam feridos; porque os homens de Israel deram lugar aos benjamitas, porquanto estavam confiados na emboscada que haviam posto contra Gibeá.

³⁷E a emboscada se apressou, e acometeu a Gibeá; e a emboscada arremeteu *contra ela,* e feriu ao fio da espada toda a cidade.

³⁸E os homens de Israel tinham um sinal determinado com a emboscada, que *era* fazer levantar da cidade uma grande nuvem de fumaça.

³⁹Viraram-se, pois, os homens de Israel na peleja; e já Benjamim começava a ferir, dos homens de Israel, quase trinta homens, pois diziam: Já infalivelmente estão derrotados diante de nós, como na peleja passada.

⁴⁰Então a nuvem de fumaça começou a se levantar da cidade, *como uma* coluna; e, virando-se Benjamim a olhar para trás de si, eis que a fumaça da cidade subia ao céu.

⁴¹E os homens de Israel viraram *os rostos,* e os homens de Benjamim pasmaram; porque viram que o mal lhes tocaria.

⁴²E viraram *as costas* diante dos homens de Israel, para o caminho do deserto; porém a peleja os apertou; e os que saíam das cidades os destruíram no meio deles.

⁴³E cercaram aos de Benjamim, *e* os perseguiram, e à vontade os pisaram, até diante de Gibeá, para o nascente do sol.

⁴⁴*E* caíram de Benjamim dezoito mil homens, todos estes *sendo* homens valentes.

⁴⁵Então *viraram as costas,* e fugiram para o deserto, à penha de Rimom; colheram *ainda* deles pelos caminhos *uns* cinco mil homens; e de perto os seguiram até Gidom, e feriram deles dois mil homens.

⁴⁶E, todos os que caíram de Benjamim, naquele dia, foram vinte e cinco mil homens que tiravam a espada, todos eles homens valentes.

⁴⁷Porém seiscentos homens viraram *as costas,* e fugiram para o deserto, à penha de Rimom; e ficaram na penha de Rimom quatro meses.

⁴⁸E os homens de Israel voltaram para os filhos de Benjamim, e os feriram ao fio da espada, desde os homens da cidade até aos animais, até a tudo quanto se achava, como também a todas as cidades, quantas acharam, puseram fogo.

21 ORA, tinham jurado os homens de Israel em Mizpá, dizendo: Nenhum de nós dará sua filha por mulher aos benjamitas.

²Veio, pois, o povo a Betel, e ali ficou até à tarde diante de Deus; e todos levantaram a sua voz, e prantearam com grande pranto,

³E disseram: Ah! Senhor Deus de Israel, por que

sucedeu isto em Israel, que hoje falte uma tribo em Israel?

⁴E sucedeu que, no dia seguinte, o povo, pela manhã se levantou, e edificou ali *um* altar; e ofereceu holocaustos e ofertas pacíficas.

⁵E disseram os filhos de Israel: Quem de todas as tribos de Israel não subiu à assembleia do Senhor? Porque se tinha feito *um* grande juramento acerca dos que não fossem ao Senhor em Mizpá, dizendo: Morrerá certamente.

⁶E arrependeram-se os filhos de Israel acerca de Benjamim, seu irmão, e disseram: Cortada é hoje de Israel uma tribo.

⁷Como havemos de conseguir mulheres para os que restaram deles, pois nós temos jurado pelo Senhor que nenhuma de nossas filhas lhes daríamos por mulher?

A ruína de Jabes-Gileade

⁸E disseram: Há algumas das tribos de Israel que não subiram ao Senhor a Mizpá? E eis que ninguém de Jabes-Gileade viera ao arraial, à assembleia.

⁹Porquanto, quando se contou o povo, eis que nenhum dos moradores de Jabes-Gileade se achou ali.

¹⁰Então a assembleia enviou para lá doze mil homens dos mais valentes, e lhes ordenou, dizendo: Ide, e ao fio da espada feri aos moradores de Jabes-Gileade, e às mulheres e aos meninos.

¹¹Porém isto *é* o que haveis de fazer: A todo o homem e a toda a mulher que se houver deitado com um homem totalmente destruireis.

¹²E acharam entre os moradores de Jabes-Gileade quatrocentas moças virgens, que não tinham conhecido homem; e as trouxeram ao arraial, a Siló, que *está* na terra de Canaã.

Dão-se quatrocentas mulheres aos benjamitas

¹³Então toda a assembleia enviou, e falou aos filhos de Benjamim, que *estavam* na penha de Rimom, e lhes proclamou a paz.

¹⁴E ao mesmo tempo voltaram os benjamitas; e deram-lhes as mulheres que haviam guardado com vida, das mulheres de Jabes-Gileade; porém estas ainda não lhes bastaram.

¹⁵Então o povo se arrependeu por causa de Benjamim; porquanto o Senhor tinha feito brecha nas tribos de Israel.

¹⁶E disseram os anciãos da assembleia: Que faremos acerca de mulheres para os que restaram, pois foram destruídas as mulheres de Benjamim?

¹⁷Disseram mais: Tenha Benjamim uma herança nos que restaram, e não seja destruída nenhuma tribo de Israel.

¹⁸Porém nós não lhes poderemos dar mulheres de nossas filhas, porque os filhos de Israel juraram, dizendo: Maldito *aquele* que der mulher aos benjamitas.

¹⁹Então disseram: Eis que de ano em ano *há* solenidade do Senhor em Siló, que *se celebra* para o norte de Betel do lado do nascente do sol, pelo caminho alto que sobe de Betel a Siquém, e para o sul de Lebona.

²⁰E mandaram aos filhos de Benjamim, dizendo: Ide, e emboscai-vos nas vinhas.

²¹E olhai, e eis aí as filhas de Siló a dançar em rodas, saí vós das vinhas, e arrebatai cada um sua mulher das filhas de Siló, e ide-vos à terra de Benjamim.

²²E será que, quando seus pais ou seus irmãos vierem a litigar conosco, nós lhes diremos: Por amor de nós, tende compaixão deles, pois nesta guerra não tomamos mulheres para cada um deles; porque não lhas destes vós, *para* que agora ficásseis culpados.

²³E os filhos de Benjamim o fizeram assim, e levaram mulheres conforme ao número deles, das que arrebataram das rodas que dançavam; e foram-se, e voltaram à sua herança, e reedificaram as cidades, e habitaram nelas.

²⁴Então os filhos de Israel partiram dali, cada um para a sua tribo e para a sua família; e saíram dali, cada um para a sua herança.

²⁵Naqueles dias não *havia* rei em Israel; porém cada um fazia o *que parecia* reto aos seus olhos.

O LIVRO DE
RUTE

Noemi e suas noras Orfa e Rute

1 E SUCEDEU que, nos dias em que os juízes julgavam, houve uma fome na terra; por isso um homem de Belém de Judá saiu a peregrinar nos campos de Moabe, ele e sua mulher, e seus dois filhos;

2 E *era* o nome deste homem Elimeleque, e o de sua mulher Noemi, e os de seus dois filhos Malom e Quiliom, efrateus, de Belém de Judá; e chegaram aos campos de Moabe, e ficaram ali.

3 E morreu Elimeleque, marido de Noemi; e ficou ela com os seus dois filhos,

4 Os quais tomaram para si mulheres moabitas; *e era* o nome de uma Orfa, e o da outra Rute; e ficaram ali quase dez anos.

5 E morreram também ambos, Malom e Quiliom, ficando assim a mulher *desamparada* dos seus dois filhos e de seu marido.

6 Então se levantou ela com as suas noras, e voltou dos campos de Moabe, porquanto na terra de Moabe ouviu que o SENHOR tinha visitado o seu povo, dando-lhe pão.

7 Por isso saiu do lugar onde estivera, e as suas noras com ela. E, indo elas caminhando, para voltarem para a terra de Judá,

8 Disse Noemi às suas noras: Ide, voltai cada uma à casa de sua mãe; e o SENHOR use convosco de benevolência, como vós usastes com os falecidos e comigo.

9 O SENHOR vos dê que acheis descanso cada uma em casa de seu marido. E, beijando-as ela, levantaram a sua voz e choraram.

10 E disseram-lhe: Certamente voltaremos contigo ao teu povo.

11 Porém Noemi disse: Voltai, minhas filhas. Por que iríeis comigo? Tenho eu ainda no meu ventre *mais* filhos, para que vos sejam por maridos?

12 Voltai, filhas minhas, ide-vos *embora,* que já mui velha sou para ter marido; *ainda* quando eu dissesse: Tenho esperança, *ou* ainda que esta noite tivesse marido e ainda tivesse filhos,

13 Esperá-los-íeis até que viessem a ser grandes? Deter-vos-íeis por eles, sem tomardes marido? Não, filhas minhas, que mais amargo me é a mim do que a vós *mesmas;* porquanto a mão do SENHOR se descarregou contra mim.

14 Então levantaram a sua voz, e tornaram a chorar; e Orfa beijou a sua sogra, porém Rute se apegou a ela.

15 Por isso disse Noemi: Eis que voltou tua cunhada ao seu povo e aos seus deuses; volta tu também após tua cunhada.

16 Disse, porém, Rute: Não me instes para que te abandone, e deixe de seguir-te; porque aonde quer que tu fores irei eu, e onde quer que pousares, ali pousarei eu; o teu povo *é* o meu povo, o teu Deus *é* o meu Deus;

17 Onde quer que morreres morrerei eu, e ali serei sepultada. Faça-me assim o SENHOR, e outro tanto, *se outra coisa* que não seja a morte me separar de ti.

18 Vendo Noemi, que de todo estava resolvida a ir com ela, deixou de lhe falar.

19 Assim, *pois,* foram-se ambas, até que chegaram a Belém; e sucedeu que, entrando elas em Belém, toda a cidade se comoveu por causa delas, e diziam: *Não é* esta Noemi?

20 Porém ela lhes dizia: Não me chameis Noemi; chamai-me Mara; porque grande amargura me tem dado o Todo-Poderoso.

21 Cheia parti, porém vazia o SENHOR me fez tornar; por que pois me chamareis Noemi? O SENHOR testifica contra mim, e o Todo-Poderoso me tem feito mal.

22 Assim Noemi voltou, e com ela Rute a moabita, sua nora, que veio dos campos de Moabe; e chegaram a Belém no princípio da colheita das cevadas.

Rute respiga no campo de Boaz

2 E TINHA Noemi um parente de seu marido, homem valente *e* poderoso, da família de Elimeleque; e *era* o seu nome Boaz.

2 E Rute, a moabita, disse a Noemi: Deixa-me ir ao campo, e apanharei espigas atrás daquele em cujos olhos eu achar graça. E ela disse: Vai, minha filha.

3 Foi, pois, e chegou, e apanhava *espigas* no campo após os segadores; e caiu-lhe em sorte uma parte do campo de Boaz, que *era* da família de Elimeleque.

4 E eis que Boaz veio de Belém, e disse aos segadores: O SENHOR *seja* convosco. E disseram-lhe eles: O SENHOR te abençoe.

5 Depois disse Boaz a seu moço, que estava posto sobre os segadores: De quem *é* esta moça?

6 E respondeu o moço, que estava posto sobre os segadores, e disse: Esta *é* a moça moabita que voltou com Noemi dos campos de Moabe.

7 Disse-me ela: Deixa-me colher *espigas,* e ajuntá-las entre as gavelas após os segadores. Assim ela veio, e desde pela manhã está *aqui* até agora, a não ser um pouco que esteve sentada em casa.

Boaz fala a Rute benignamente

8 Então disse Boaz a Rute: Ouve, filha minha; não vás colher em outro campo, nem tampouco passes daqui; porém aqui ficarás com as minhas moças.

9 Os teus olhos *estarão atentos* no campo que segarem, e irás após elas; não dei ordem aos moços, que não te molestem? Tendo tu sede, vai aos vasos, e bebe do que os moços tirarem.

10 Então ela caiu sobre o seu rosto, e se inclinou à terra; e disse-lhe: Por que achei graça em teus

olhos, para que faças caso de mim, sendo eu *uma* estrangeira?

[11] E respondeu Boaz, e disse-lhe: Bem se me contou quanto fizeste à tua sogra, depois da morte de teu marido; e deixaste a teu pai e a tua mãe, e a terra onde nasceste, e vieste para um povo que antes não conheceste.

[12] O SENHOR retribua o teu feito; e te seja concedido pleno galardão da parte do SENHOR Deus de Israel, sob cujas asas te vieste abrigar.

[13] E disse ela: Ache eu graça em teus olhos, senhor meu, pois me consolaste, e falaste ao coração da tua serva, não sendo eu *ainda* como uma das tuas criadas.

[14] E, sendo já hora de comer, disse-lhe Boaz: Achega-te aqui, e come do pão, e molha o teu bocado no vinagre. E ela se assentou ao lado dos segadores, e ele lhe deu do *trigo* tostado, e comeu, e se fartou, e *ainda* lhe sobejou.

[15] E, levantando-se ela a colher, Boaz deu ordem aos seus moços, dizendo: Até entre as gavelas deixai-a colher, e não a censureis.

[16] E deixai cair alguns punhados, e deixai-os ficar, para que *os* colha, e não a repreendais.

[17] E esteve ela apanhando naquele campo até à tarde; e debulhou o que apanhou, e foi quase um efa de cevada.

[18] E tomou-o, e veio à cidade; e viu sua sogra o que tinha apanhado; também tirou, e deu-lhe o que sobejara depois de fartar-se.

[19] Então disse-lhe sua sogra: Onde colheste hoje, e onde trabalhaste? Bendito seja aquele que te reconheceu. E relatou à sua sogra com quem tinha trabalhado, e disse: O nome do homem com quem hoje trabalhei *é* Boaz.

[20] Então Noemi disse à sua nora: Bendito *seja* ele do SENHOR, que *ainda* não tem deixado a sua beneficência nem para com os vivos nem para com os mortos. Disse-lhe mais Noemi: Este homem é nosso *parente* chegado, *e* um dentre os nossos remidores.

[21] E disse Rute, a moabita: Também ainda me disse: Com os moços que tenho te ajuntarás, até que acabem toda a sega que tenho.

[22] E disse Noemi a Rute, sua nora: Melhor *é*, filha minha, que saias com as suas moças, para que noutro campo não te encontrem.

[23] Assim, ajuntou-se com as moças de Boaz, para colher até que a sega das cevadas e dos trigos se acabou; e ficou com a sua sogra.

Rute vai deitar-se aos pés de Boaz

3 E DISSE-LHE Noemi, sua sogra: Minha filha, não hei de buscar descanso, para que fiques bem?

[2] Ora, pois, não *é* Boaz, com cujas moças estiveste, *de* nossa parentela? Eis que esta noite padejará a cevada na eira.

[3] Lava-te, pois, e unge-te, e veste os teus vestidos, e desce à eira; *porém* não te dês a conhecer ao homem, até que tenha acabado de comer e beber.

[4] E há de ser que, quando ele se deitar, notarás o lugar em que se deitar; então entrarás,

e descobrir-lhe-ás os pés, e te deitarás, e ele te fará saber o que deves fazer.

[5] E ela lhe disse: Tudo quanto *me* disseres, farei.

[6] Então foi para a eira, e fez conforme a tudo quanto sua sogra lhe tinha ordenado.

[7] Havendo, pois, Boaz comido e bebido, e estando já o seu coração alegre, veio deitar-se ao pé de um monte de grãos; então veio ela de mansinho, e lhe descobriu os pés, e se deitou.

Boaz reconhece seu dever de casar com Rute

[8] E sucedeu que, pela meia-noite, o homem estremeceu, e se voltou; e eis que *uma* mulher jazia a seus pés.

[9] E disse ele: Quem *és* tu? E ela disse: *Sou* Rute, tua serva; estende pois tua capa sobre a tua serva, porque tu *és* o remidor.

[10] E disse ele: Bendita *sejas* tu do SENHOR, minha filha; melhor fizeste esta tua última benevolência do que a primeira, pois após nenhum dos jovens foste, quer pobre quer rico.

[11] Agora, pois, minha filha, não temas; tudo quanto disseste te farei, pois toda a cidade do meu povo sabe que és mulher virtuosa.

[12] Porém agora é verdade que eu sou remidor, mas ainda *outro* remidor há mais chegado do que eu.

[13] Fica-te *aqui* esta noite, e será que, pela manhã, se *ele* te redimir, bem *está, que te* redima; porém, se não quiser te redimir, vive o SENHOR, que eu te redimirei. Deita-te *aqui* até amanhã.

[14] Ficou-se, pois, deitada a seus pés até pela manhã, e levantou-se antes que pudesse um conhecer o outro, porquanto ele disse: Não se saiba que *alguma* mulher veio à eira.

[15] Disse mais: Dá-me a capa que tens sobre ti, e segura-a. E ela a segurou; e ele mediu seis *medidas* de cevada, e lhas pôs em cima; então foi para a cidade.

[16] E foi à sua sogra, que lhe disse: Como foi, minha filha? E ela lhe contou tudo quanto aquele homem lhe fizera.

[17] Disse mais: Estas seis *medidas* de cevada me deu, porque me disse: Não vás vazia à tua sogra.

[18] Então disse ela: Espera, minha filha, até que saibas como irá o caso, porque aquele homem não descansará até que conclua hoje este negócio.

Boaz casa com Rute

4 E BOAZ subiu à porta, e assentou-se ali; e eis que o remidor de que Boaz tinha falado ia passando, e disse-lhe: Ó fulano, vem *cá*, assenta-te aqui. E desviou-se *para ali*, e assentou-se.

[2] Então tomou dez homens dos anciãos da cidade, e disse: Assentai-vos aqui. E assentaram-se.

[3] Então disse ao remidor: Aquela parte da terra que *foi* de Elimeleque, nosso irmão, Noemi, que tornou da terra dos moabitas, está vendendo.

[4] E eu resolvi informar-te disso e dizer-te: Compra-*a* diante dos habitantes, e diante dos anciãos do meu povo; se *a* hás de redimir, redime-*a*, e se

RUTE 4.5 200

não *a* houveres de redimir, declara-mo, para que o saiba, pois outro não *há* senão tu que *a* redima, e eu depois de ti. Então disse ele: Eu *a* redimirei.

⁵Disse porém Boaz: No dia em que comprares a terra da mão de Noemi, também a comprarás da mão de Rute, a moabita, mulher do falecido, para suscitar o nome do falecido sobre a sua herança.

⁶Então disse o remidor: Para mim não *a* poderei redimir, para que não prejudique a minha herança; toma para ti o meu direito de remissão, porque eu não *a* poderei redimir.

⁷Havia, pois, já de muito tempo este *costume* em Israel, quanto a remissão e permuta, para confirmar todo o negócio; *o* homem descalçava o sapato e *o* dava ao seu próximo; e isto *era* por testemunho em Israel.

⁸Disse, pois, o remidor a Boaz: Toma-*a* para ti. E descalçou o sapato.

⁹Então Boaz disse aos anciãos e a todo o povo: *Sois* hoje testemunhas de que tomei tudo quanto *foi* de Elimeleque, e de Quiliom, e de Malom, da mão de Noemi,

¹⁰E de que também tomo por mulher a Rute, a moabita, *que foi* mulher de Malom, para suscitar o nome do falecido sobre a sua herança, para que o nome do falecido não seja desarraigado dentre seus irmãos e da porta do seu lugar; *disto sois* hoje testemunhas.

¹¹E todo o povo que *estava* na porta, e os anciãos, disseram: *Somos* testemunhas; o Senhor faça a esta mulher, que entra na tua casa, como a Raquel e como a Lia, que ambas edificaram a casa de Israel; e porta-te valorosamente em Efrata, e faze-*te* nome afamado em Belém.

¹²E seja a tua casa como a casa de Perez (que Tamar deu à luz a Judá), pela descendência que o Senhor te der desta moça.

Rute dá à luz Obede, avô de Davi

¹³Assim tomou Boaz a Rute, e ela lhe foi por mulher; e ele a possuiu, e o Senhor lhe fez conceber, e deu à luz *um* filho.

¹⁴Então as mulheres disseram a Noemi: Bendito *seja* o Senhor, que não deixou hoje de te dar remidor, e seja o seu nome afamado em Israel.

¹⁵Ele te será por restaurador da alma, e nutrirá a tua velhice, pois tua nora, que te ama, o deu à luz, e ela te é melhor do que sete filhos.

¹⁶E Noemi tomou o filho, e o pôs no seu colo, e foi sua ama.

¹⁷E as vizinhas lhe deram *um* nome, dizendo: A Noemi nasceu *um* filho. E deram-lhe o nome de Obede. Este *é* o pai de Jessé, pai de Davi.

As gerações de Perez

¹⁸Estas *são*, pois, as gerações de Perez: Perez gerou a Hezrom,

¹⁹E Hezrom gerou a Rão, e Rão gerou a Aminadabe,

²⁰E Aminadabe gerou a Naassom, e Naassom gerou a Salmom,

²¹E Salmom gerou a Boaz, e Boaz gerou a Obede,

²²E Obede gerou a Jessé, e Jessé gerou a Davi.

O PRIMEIRO LIVRO DE
SAMUEL

Elcana e suas mulheres

1 HOUVE um homem de Ramataim-Zofim, da montanha de Efraim, cujo nome *era* Elcana, filho de Jeroão, filho de Eliú, filho de Toú, filho de Zufe, efrateu.

²E este tinha duas mulheres: o nome de uma *era* Ana, e o da outra Penina. E Penina tinha filhos, porém Ana não os tinha.

³Subia, pois, este homem, da sua cidade, de ano em ano, a adorar e a sacrificar ao SENHOR dos Exércitos em Siló; e *estavam* ali os sacerdotes do SENHOR, Hofni e Fineias, os dois filhos de Eli.

⁴E sucedeu *que* no dia em que Elcana sacrificava, dava ele porções a Penina, sua mulher, e a todos os seus filhos, e a todas as suas filhas.

⁵Porém a Ana dava uma parte excelente; porque amava a Ana, embora o SENHOR lhe tivesse cerrado a madre.

⁶E a sua rival excessivamente a provocava, para a irritar; porque o SENHOR lhe tinha cerrado a madre.

⁷E assim fazia *ele* de ano em ano. Sempre que Ana subia à casa do SENHOR, a *outra* a irritava; por isso chorava, e não comia.

⁸Então Elcana, seu marido, lhe disse: Ana, por que choras? E por que não comes? E por que está mal o teu coração? Não te *sou* eu melhor do que dez filhos?

Ana roga a Deus que lhe dê um filho

⁹Então Ana se levantou, depois que comeram e beberam em Siló; e Eli, sacerdote, estava assentado *numa* cadeira, junto a um pilar do templo do SENHOR.

¹⁰Ela, pois, com amargura de alma, orou ao SENHOR, e chorou abundantemente.

¹¹E fez *um* voto, dizendo: SENHOR dos Exércitos! Se benignamente atentares para a aflição da tua serva, e de mim te lembrares, e da tua serva não te esqueceres, mas à tua serva deres *um* filho homem, ao SENHOR o darei todos os dias da sua vida, e sobre a sua cabeça não passará navalha.

¹²E sucedeu que, perseverando ela em orar perante o SENHOR, Eli observou a sua boca.

¹³Porquanto Ana no seu coração falava; só se moviam os seus lábios, porém não se ouvia a sua voz; pelo que Eli a teve por embriagada.

¹⁴E disse-lhe Eli: Até quando estarás tu embriagada? Aparta de ti o teu vinho.

¹⁵Porém Ana respondeu: Não, senhor meu, eu *sou uma* mulher atribulada de espírito; nem vinho nem bebida forte tenho bebido; porém tenho derramado a minha alma perante o SENHOR.

¹⁶Não tenhas, *pois,* a tua serva por filha de Belial; porque da multidão dos meus cuidados e do meu desgosto tenho falado até agora.

¹⁷Então respondeu Eli: Vai em paz; e o Deus de Israel *te* conceda a petição que lhe fizeste.

¹⁸E disse ela: Ache a tua serva graça aos teus olhos. Assim a mulher foi o seu caminho, e comeu, e o seu semblante já não era *triste.*

¹⁹E levantaram-se de madrugada, e adoraram perante o SENHOR, e voltaram, e chegaram à sua casa, em Ramá, e Elcana conheceu a Ana sua mulher, e o SENHOR se lembrou dela.

Nasce Samuel e é consagrado a Deus

²⁰E sucedeu que, passado *algum* tempo, Ana concebeu, e deu à luz *um* filho, e chamou o seu nome Samuel; porque, *dizia ela,* o tenho pedido ao SENHOR.

²¹E subiu aquele homem Elcana com toda a sua casa, a oferecer ao SENHOR o sacrifício anual e *a* cumprir o seu voto.

²²Porém Ana não subiu; mas disse a seu marido: Quando o menino for desmamado, *então* o levarei, para que apareça perante o SENHOR, e lá fique para sempre.

²³E Elcana, seu marido, lhe disse: Faze o que bem *te parecer* aos teus olhos; fica até que o desmames; então somente confirme o SENHOR a sua palavra. Assim ficou a mulher, e deu leite a seu filho, até que o desmamou.

²⁴E, havendo-o desmamado, tomou-o consigo, com três bezerros, e um efa de farinha, e um odre de vinho, e levou-o à casa do SENHOR, em Siló, e *era* o menino *ainda muito* criança.

²⁵E degolaram um bezerro, e trouxeram o menino a Eli.

²⁶E disse ela: Ah, meu senhor, viva a tua alma, meu senhor; eu *sou* aquela mulher que aqui esteve contigo, para orar ao SENHOR.

²⁷Por este menino orava eu; e o SENHOR atendeu à minha petição, que eu lhe tinha feito.

²⁸Por isso também ao SENHOR eu o entreguei, por todos os dias que viver, *pois* ao SENHOR foi pedido. E adorou ali ao SENHOR.

O cântico de Ana

2 ENTÃO orou Ana, e disse: O meu coração exulta ao SENHOR, o meu poder está exaltado no SENHOR; a minha boca se dilatou sobre os meus inimigos, porquanto me alegro na tua salvação.

²Não *há* santo como o SENHOR; porque não *há* outro fora de ti; e rocha nenhuma *há* como o nosso Deus.

³Não multipliqueis palavras de altivez, *nem* saiam coisas arrogantes da vossa boca; porque o SENHOR é o Deus de conhecimento, e por ele são as obras pesadas *na balança.*

⁴O arco dos fortes *foi* quebrado, e os que tropeçavam foram cingidos de força.

1 SAMUEL 2.5

202

⁵Os fartos se alugaram por pão, e cessaram os famintos; até a estéril deu à luz sete *filhos*, e a que tinha muitos filhos enfraqueceu.

⁶O SENHOR é o que tira a vida e a dá; faz descer à sepultura e faz *tornar a* subir *dela*.

⁷O SENHOR empobrece e enriquece; abaixa *e* também exalta.

⁸Levanta o pobre do pó, *e* desde o monturo exalta o necessitado, para o fazer assentar entre os príncipes, para o fazer herdar o trono de glória; porque do SENHOR *são* os alicerces da terra, e assentou sobre eles o mundo.

⁹Os pés dos seus santos guardará, porém os ímpios ficarão mudos nas trevas; porque o homem não prevalecerá pela força.

¹⁰Os que contendem com o SENHOR serão quebrantados, desde os céus trovejará sobre eles; o SENHOR julgará as extremidades da terra; e dará força ao seu rei, e exaltará o poder do seu ungido.

¹¹Então Elcana foi a Ramá, à sua casa; porém o menino ficou servindo ao SENHOR, perante o sacerdote Eli.

Os pecados dos filhos de Eli

¹²*Eram*, porém, os filhos de Eli filhos de Belial; não conheciam ao SENHOR.

¹³Porquanto o costume daqueles sacerdotes com o povo *era que*, oferecendo alguém *algum* sacrifício, estando-se cozendo a carne, vinha o moço do sacerdote, com um garfo de três dentes em sua mão;

¹⁴E enfiava-o na caldeira, ou na panela, ou no caldeirão, ou na marmita; *e* tudo quanto o garfo tirava, o sacerdote tomava para si; assim faziam a todo o Israel que ia ali a Siló.

¹⁵Também antes de queimarem a gordura vinha o moço do sacerdote, e dizia ao homem que sacrificava: Dá *essa* carne para assar ao sacerdote; porque não receberá de ti carne cozida, mas crua.

¹⁶E, dizendo-lhe o homem: Queime-se primeiro a gordura de hoje, e *depois* toma para ti quanto desejar a tua alma, então ele lhe dizia: *Não*, agora *a* hás de dar, e, se não, por força a tomarei.

¹⁷Era, pois, muito grande o pecado destes moços perante o SENHOR, porquanto os homens desprezavam a oferta do SENHOR.

O ministério de Samuel

¹⁸Porém Samuel ministrava perante o SENHOR, *sendo ainda* jovem, vestido com *um* éfode de linho.

¹⁹E sua mãe lhe fazia uma túnica pequena, e de ano em ano lha trazia, quando com seu marido subia para oferecer o sacrifício anual.

²⁰E Eli abençoava a Elcana e a sua mulher, e dizia: O SENHOR te dê descendência desta mulher, pela petição que fez ao SENHOR. E voltavam para o seu lugar.

²¹Visitou, pois, o SENHOR a Ana, que concebeu, e deu à luz três filhos e duas filhas; e o jovem Samuel crescia diante do SENHOR.

²²Era, porém, Eli *já* muito velho, e ouvia tudo quanto seus filhos faziam a todo o Israel, e de como se deitavam com as mulheres que em bandos se ajuntavam à porta da tenda da congregação.

²³E disse-lhes: Por que fazeis tais coisas? Pois ouço de todo este povo os vossos malefícios.

²⁴Não, filhos meus, porque não *é* boa esta fama que ouço; fazeis transgredir o povo do SENHOR.

²⁵Pecando homem contra homem, os juízes o julgarão; pecando, porém, o homem contra o SENHOR, quem rogará por ele? Mas não ouviram a voz de seu pai, porque o SENHOR os queria matar.

²⁶E o jovem Samuel ia crescendo, e *fazia-se* agradável, assim para com o SENHOR, como *também* para com os homens.

Profecia contra a casa de Eli

²⁷E veio um homem de Deus a Eli, e disse-lhe: Assim diz o SENHOR: Não me manifestei, na verdade, à casa de teu pai, estando eles *ainda* no Egito, na casa de Faraó?

²⁸E eu o escolhi dentre todas as tribos de Israel por sacerdote, para oferecer sobre o meu altar, para acender o incenso, e para trazer o éfode perante mim; e dei à casa de teu pai todas as ofertas queimadas dos filhos de Israel.

²⁹Por que pisastes o meu sacrifício e a minha oferta de alimentos, que ordenei na *minha* morada, e honras a teus filhos mais do que a mim, para vos engordardes do principal de todas as ofertas do meu povo de Israel?

³⁰Portanto, diz o SENHOR Deus de Israel: Na verdade tinha falado eu *que* a tua casa e a casa de teu pai andariam diante de mim perpetuamente; porém agora diz o SENHOR: Longe de mim tal coisa, porque aos que me honram honrarei, porém os que me desprezam serão desprezados.

³¹Eis que vêm dias em que cortarei o teu braço e o braço da casa de teu pai, para que não haja *mais* ancião algum em tua casa.

³²E verás um inimigo na morada, em lugar de todo o bem que houvera de fazer a Israel; nem haverá por todos os dias ancião algum em tua casa.

³³O homem, porém, a quem eu não desarraigar do meu altar *será* para te consumir os olhos e para te entristecer a alma; e toda a multidão da tua casa morrerá quando chegar à *idade* varonil.

³⁴E isto te *será por sinal, a saber:* o que acontecerá a teus dois filhos, a Hofni e a Fineias; ambos morrerão no mesmo dia.

³⁵E eu suscitarei para mim *um* sacerdote fiel, que procederá segundo o meu coração e a minha alma, e eu lhe edificarei uma casa firme, e andará sempre diante do meu ungido.

³⁶E será que todo aquele que restar da tua casa virá a inclinar-se diante dele por uma moeda de prata e por um bocado de pão, e dirá: Rogo-te que me admitas a algum ministério sacerdotal, para que possa comer um pedaço de pão.

Deus fala com Samuel em visão

3 E O JOVEM Samuel servia ao SENHOR perante Eli; e a palavra do SENHOR era de muita valia naqueles dias; não *havia* visão manifesta.

²E sucedeu, naquele dia, que, *estando* Eli deitado no seu lugar (e os seus olhos começavam a escurecer, pois não podia ver),

³E *estando também* Samuel *já* deitado, antes que a lâmpada de Deus se apagasse no templo do SENHOR, onde *estava* a arca de Deus,

⁴O SENHOR chamou a Samuel, e disse ele: Eis-me *aqui*.

⁵E correu a Eli, e disse: Eis-me *aqui,* porque tu me chamaste. Mas ele disse: Não *te* chamei eu, torna a deitar-te. E foi e se deitou.

⁶E o SENHOR tornou a chamar outra vez a Samuel, e Samuel se levantou, e foi a Eli, e disse: Eis-me *aqui,* porque tu me chamaste. Mas ele disse: Não *te* chamei eu, filho meu, torna a deitar-te.

⁷Porém Samuel ainda não conhecia ao SENHOR, e ainda não lhe tinha sido manifestada a palavra do SENHOR.

⁸O SENHOR, pois, tornou a chamar a Samuel terceira vez, e ele se levantou, e foi a Eli, e disse: Eis-me *aqui,* porque tu me chamaste. Então entendeu Eli que o SENHOR chamava o jovem.

⁹Por isso Eli disse a Samuel: Vai deitar-te e há de ser que, se te chamar, dirás: Fala, SENHOR, porque o teu servo ouve. Então Samuel foi e se deitou no seu lugar.

¹⁰Então veio o SENHOR, e pôs-se *ali,* e chamou como das outras vezes: Samuel, Samuel. E disse Samuel: Fala, porque o teu servo ouve.

¹¹E disse o SENHOR a Samuel: Eis que vou fazer *uma* coisa em Israel, a qual todo o que ouvir lhe tinirão ambos os ouvidos.

¹²Naquele mesmo dia suscitarei contra Eli tudo quanto tenho falado contra a sua casa, começarei e acabarei.

¹³Porque eu *já* lhe fiz saber que julgarei a sua casa para sempre, pela iniquidade que *ele* bem conhecia, porque, fazendo-se os seus filhos execráveis, não os repreendeu.

¹⁴Portanto, jurei à casa de Eli que nunca jamais será expiada a sua iniquidade, nem com sacrifício, nem com oferta de alimentos.

Samuel conta a visão a Eli

¹⁵E Samuel ficou deitado até pela manhã, e *então* abriu as portas da casa do SENHOR; porém temia Samuel relatar esta visão a Eli.

¹⁶Então chamou Eli a Samuel, e disse: Samuel, meu filho. E disse ele: Eis-me *aqui.*

¹⁷E ele disse: Qual *é* a palavra que te falou? Peço-te que não ma encubras; assim Deus te faça, e outro tanto, se me encobrires *alguma* palavra de todas as que te falou.

¹⁸Então Samuel lhe contou todas aquelas palavras, e nada lhe encobriu. E disse ele: Ele *é* o SENHOR; faça o que bem *parecer* aos seus olhos.

¹⁹E crescia Samuel, e o SENHOR era com ele, e nenhuma de todas as suas palavras deixou cair em terra.

²⁰E todo o Israel, desde Dã até Berseba, conheceu que Samuel *estava* confirmado por profeta do SENHOR.

²¹E continuou o SENHOR a aparecer em Siló; porquanto o SENHOR se manifestava a Samuel em Siló pela palavra do SENHOR.

Os filisteus vencem os israelitas

4 E VEIO a palavra de Samuel a todo o Israel; e Israel saiu à peleja contra os filisteus e acampou-se junto a Ebenézer; e os filisteus se acamparam junto a Afeque.

²E os filisteus se dispuseram em ordem de batalha, para sair contra Israel; e, estendendo-se a peleja, Israel foi ferido diante dos filisteus, porque feriram na batalha, no campo, uns quatro mil homens.

³E voltando o povo ao arraial, disseram os anciãos de Israel: Por que nos feriu o SENHOR hoje diante dos filisteus? Tragamos de Siló a arca da aliança do SENHOR, e venha no meio de nós, para que nos livre da mão de nossos inimigos.

⁴Enviou, pois, o povo a Siló, e trouxeram de lá a arca da aliança do SENHOR dos Exércitos, que habita *entre* os querubins; e os dois filhos de Eli, Hofni e Fineias, *estavam* ali com a arca da aliança de Deus.

⁵E sucedeu que, vindo a arca da aliança do SENHOR ao arraial, todo o Israel gritou com grande júbilo, *até* que a terra estremeceu.

⁶E os filisteus, ouvindo a voz de júbilo, disseram: Que voz de grande júbilo *é* esta no arraial dos hebreus? Então souberam que a arca do SENHOR era vinda ao arraial.

⁷Por isso os filisteus se atemorizaram, porque diziam: Deus veio ao arraial. E diziam *mais:* Ai de nós! Tal nunca jamais sucedeu antes.

⁸Ai de nós! Quem nos livrará da mão desses grandiosos deuses? Estes *são* os deuses que feriram aos egípcios com todas as pragas junto ao deserto.

⁹Esforçai-vos, e sede homens, ó filisteus, para que *porventura* não venhais a servir aos hebreus, como eles serviram a vós; sede, pois, homens, e pelejai.

¹⁰Então pelejaram os filisteus, e Israel foi ferido, fugindo cada um para a sua tenda; e foi tão grande o estrago, que caíram de Israel trinta mil homens de pé.

A arca é tomada. Hofni e Fineias são mortos

¹¹E foi tomada a arca de Deus: e os dois filhos de Eli, Hofni e Fineias, morreram.

¹²Então correu, da batalha, *um* homem de Benjamim, e chegou no mesmo dia a Siló; *e trazia* as vestes rotas, e terra sobre a cabeça.

¹³E, chegando ele, eis que Eli estava assentado numa cadeira, olhando para o caminho; porquanto o seu coração estava tremendo pela arca de Deus. Entrando, pois, aquele homem a anunciar *isto* na cidade, toda a cidade gritou.

¹⁴E Eli, ouvindo os gritos, disse: Que alvoroço *é* esse? Então chegou aquele homem apressadamente, e veio, e *o* anunciou a Eli.

¹⁵E *era* Eli da idade de noventa e oito anos; e

estavam os seus olhos *tão* escurecidos, que *já* não podia ver.

¹⁶E disse aquele homem a Eli: Eu *sou* o que venho da batalha; porque eu fugi hoje da batalha. E disse ele: Que coisa sucedeu, filho meu?

¹⁷Então respondeu o que trazia as notícias, e disse: Israel fugiu de diante dos filisteus, e houve também grande matança entre o povo; e, *além disso,* também teus dois filhos, Hofni e Fineias, morreram, e a arca de Deus foi tomada.

A morte de Eli e da mulher de Fineias

¹⁸E sucedeu que, fazendo ele menção da arca de Deus, *Eli* caiu da cadeira para trás, ao lado da porta, e quebrou-se-lhe o pescoço e morreu; porquanto o homem era velho e pesado; e tinha ele julgado Israel quarenta anos.

¹⁹E, *estando* sua nora, a mulher de Fineias, grávida, *e* próxima ao parto, e ouvindo estas notícias, de que a arca de Deus era tomada, e de que seu sogro e seu marido morreram, encurvou-se e deu à luz; porquanto as dores lhe sobrevieram.

²⁰E, ao tempo em que ia morrendo, disseram as mulheres que estavam com ela: Não temas, pois deste à luz *um* filho. Ela porém não respondeu, nem fez caso disso.

²¹E chamou ao menino Icabode, dizendo: De Israel se foi a glória! Porque a arca de Deus foi tomada, e por causa de seu sogro e de seu marido.

²²E disse: De Israel a glória é levada presa; pois é tomada a arca de Deus.

A arca na terra dos filisteus

5 OS filisteus, pois, tomaram a arca de Deus e a trouxeram de Ebenézer a Asdode.

²Tomaram os filisteus a arca de Deus, e a colocaram na casa de Dagom, e a puseram junto a Dagom.

³Levantando-se, porém, de madrugada no dia seguinte, os de Asdode, eis que Dagom *estava* caído com o rosto em terra, diante da arca do Senhor; e tomaram a Dagom, e tornaram a pô-lo no seu lugar.

⁴E, levantando-se de madrugada, no dia seguinte, pela manhã, eis que Dagom jazia caído com o rosto em terra diante da arca do Senhor; e a cabeça de Dagom e ambas as palmas das suas mãos *estavam* cortadas sobre o limiar; somente o *tronco* ficou a Dagom.

⁵Por isso nem os sacerdotes de Dagom, nem *nenhum de* todos os que entram na casa de Dagom pisam o limiar de Dagom em Asdode, até *ao dia* de hoje.

⁶Porém a mão do Senhor se agravou sobre os de Asdode, e os assolou; e os feriu com hemorroidas, em Asdode e nos seus termos.

⁷Vendo então os homens de Asdode que assim *foi,* disseram: Não fique conosco a arca do Deus de Israel; pois a sua mão é dura sobre nós, e sobre Dagom, nosso deus.

⁸Por isso enviaram *mensageiros* e congregaram a si todos os príncipes dos filisteus, e disseram: Que faremos nós da arca do Deus de Israel? E responderam: A arca do Deus de Israel será levada até Gate. Assim levaram para lá a arca do Deus de Israel.

⁹E sucedeu *que,* assim que a levaram, a mão do Senhor veio contra aquela cidade, com mui grande vexame; pois feriu aos homens daquela cidade, desde o pequeno até ao grande; e tinham hemorroidas nas partes íntimas.

¹⁰Então enviaram a arca de Deus a Ecrom. Sucedeu, porém, que, vindo a arca de Deus a Ecrom, os de Ecrom exclamaram, dizendo: Transportaram para nós a arca do Deus de Israel, para nos matarem, a nós e ao nosso povo.

¹¹E enviaram, e congregaram a todos os príncipes dos filisteus, e disseram: Enviai a arca do Deus de Israel, e torne para o seu lugar, para que não mate nem a nós nem ao nosso povo. Porque havia mortal vexame em toda a cidade, *e* a mão de Deus muito se agravava ali.

¹²E os homens que não morriam eram *tão* atacados com hemorroidas que o clamor da cidade subia até o céu.

Os filisteus enviam a arca para fora da sua terra

6 HAVENDO, pois, estado a arca do Senhor na terra dos filisteus sete meses,

²Os filisteus chamaram os sacerdotes e os adivinhadores, dizendo: Que faremos nós com a arca do Senhor? Fazei-nos saber como a tornaremos a enviar ao seu lugar.

³Os quais disseram: Se enviardes a arca do Deus de Israel, não a envieis vazia, porém sem falta enviareis *uma oferta para* a expiação da culpa; então sereis curados, e se vos fará saber por que a sua mão não se retira de vós.

⁴Então disseram: Qual *é* a expiação da culpa que lhe havemos de enviar? E disseram: *Segundo* o número dos príncipes dos filisteus, cinco hemorroidas de ouro e cinco ratos de ouro; porquanto a praga é uma mesma sobre todos vós e sobre todos os vossos príncipes.

⁵Fazei, pois, umas imagens das vossas hemorroidas e dos vossos ratos, que andam destruindo a terra, e dai glória ao Deus de Israel; porventura aliviará a sua mão de cima de vós, e de cima do vosso deus, e de cima da vossa terra.

⁶Por que, pois, endureceríeis o vosso coração, como os egípcios e Faraó endureceram os seus corações? *Porventura* depois de os haver tratado tão *mal,* os não deixaram ir, e eles não se foram?

⁷Agora, pois, tomai e fazei-vos um carro novo, e *tomai* duas vacas com crias, sobre as quais não tenha subido o jugo, e atai as vacas ao carro, e tirai delas os seus bezerros e levai-os para casa.

⁸Então tomai a arca do Senhor, e ponde-a sobre o carro, e colocai, *num* cofre, ao seu lado, as figuras de ouro que lhe haveis de oferecer *em* expiação da culpa, *e assim* a enviareis, para que se vá.

⁹Vede então: Se ela subir pelo caminho do seu

termo a Bete-Semes, *foi* ele *quem* nos fez este grande mal; e, se não, saberemos que não nos tocou a sua mão, *e que* isto nos sucedeu por acaso.

¹⁰E assim fizeram aqueles homens, e tomaram duas vacas que criavam, e as ataram ao carro; e os seus bezerros encerraram em casa.

¹¹E puseram a arca do Senhor sobre o carro, como também o cofre com os ratos de ouro e com as imagens das suas hemorroidas.

¹²Então as vacas se encaminharam diretamente pelo caminho de Bete-Semes, *e seguiam* um mesmo caminho, andando e berrando, sem se desviarem, nem para a direita nem para a esquerda; e os príncipes dos filisteus foram atrás delas, até ao termo de Bete-Semes.

A arca chega a Bete-Semes

¹³E *andavam os de* Bete-Semes fazendo a sega do trigo no vale, e, levantando os seus olhos, viram a arca, e, vendo-*a*, se alegraram.

¹⁴E o carro veio ao campo de Josué, o bete-semita, e parou ali onde havia uma grande pedra. E fenderam a madeira do carro, e ofereceram as vacas ao Senhor em holocausto.

¹⁵E os levitas desceram a arca do Senhor, como também o cofre que *estava* junto a ela, em que *estavam* os objetos de ouro, e puseram-*nos* sobre aquela grande pedra; e os homens de Bete-Semes ofereceram holocaustos e sacrifícios ao Senhor no mesmo dia.

¹⁶E, vendo aquilo os cinco príncipes dos filisteus, voltaram para Ecrom no mesmo dia.

¹⁷Estas, pois, *são* as hemorroidas de ouro que enviaram os filisteus ao Senhor *em* expiação da culpa: Por Asdode uma, por Gaza outra, por Ascalom outra, por Gate outra, por Ecrom outra.

¹⁸Como também os ratos de ouro, *segundo* o número de todas as cidades dos filisteus, pertencentes aos cinco príncipes, desde as cidades fortificadas até às aldeias, e até Abel. A grande *pedra,* sobre a qual puseram a arca do Senhor, *ainda está* até *ao dia de* hoje no campo de Josué, o bete-semita.

¹⁹E *o Senhor* feriu os homens de Bete-Semes, porquanto olharam para dentro da arca do Senhor; feriu do povo cinquenta mil e setenta homens; então o povo se entristeceu, porquanto o Senhor fizera tão grande estrago entre o povo.

²⁰Então disseram os homens de Bete-Semes: Quem poderia subsistir perante este santo Senhor Deus? E a quem subirá de nós?

²¹Enviaram, pois, mensageiros aos habitantes de Quiriate-Jearim, dizendo: Os filisteus remeteram a arca do Senhor; descei, *pois,* e fazei-a subir para vós.

7ENTÃO vieram os homens de Quiriate-Jearim, e levaram a arca do Senhor, e a trouxeram à casa de Abinadabe, no outeiro; e consagraram a Eleazar, seu filho, para que guardasse a arca do Senhor.

Samuel exorta ao arrependimento

²E sucedeu *que,* desde aquele dia, a arca ficou em Quiriate-Jearim, e tantos dias se passaram que até chegaram vinte anos, e lamentava toda a casa de Israel pelo Senhor.

³Então falou Samuel a toda a casa de Israel, dizendo: Se com todo o vosso coração vos converterdes ao Senhor, tirai dentre vós os deuses estranhos e os astarotes, e preparai o vosso coração ao Senhor, e servi a ele só, e vos livrará da mão dos filisteus.

⁴Então os filhos de Israel tiraram *dentre si* aos baalins e aos astarotes, e serviram só ao Senhor.

⁵Disse mais Samuel: Congregai a todo o Israel em Mizpá; e orarei por vós ao Senhor.

⁶E congregaram-se em Mizpá, e tiraram água, e *a* derramaram perante o Senhor, e jejuaram aquele dia, e disseram ali: Pecamos contra o Senhor. E julgava Samuel os filhos de Israel em Mizpá.

Os filisteus são vencidos

⁷Ouvindo, pois, os filisteus que os filhos de Israel estavam congregados em Mizpá, subiram os maiorais dos filisteus contra Israel; *o que* ouvindo os filhos de Israel, temeram por causa dos filisteus.

⁸Por isso disseram os filhos de Israel a Samuel: Não cesses de clamar ao Senhor nosso Deus por nós, para que nos livre da mão dos filisteus.

⁹Então tomou Samuel um cordeiro de mama, e sacrificou-*o* inteiro *em* holocausto ao Senhor; e clamou Samuel ao Senhor por Israel, e o Senhor lhe deu ouvidos.

¹⁰E sucedeu que, estando Samuel sacrificando o holocausto, os filisteus chegaram à peleja contra Israel; e trovejou o Senhor aquele dia com grande estrondo sobre os filisteus, e os confundiu *de tal modo* que foram derrotados diante dos filhos de Israel.

¹¹E os homens de Israel saíram de Mizpá; e perseguiram os filisteus, e os feriram até abaixo de Bete-Car.

¹²Então tomou Samuel *uma* pedra, e *a* pôs entre Mizpá e Sem, e chamou o nome dela Ebenézer; e disse: Até aqui nos ajudou o Senhor.

¹³Assim os filisteus foram abatidos, e nunca mais vieram aos termos de Israel, porquanto foi a mão do Senhor contra os filisteus todos os dias de Samuel.

¹⁴E as cidades que os filisteus tinham tomado a Israel foram restituídas a Israel, desde Ecrom até Gate, e *até* os seus termos Israel arrebatou da mão dos filisteus; *e* houve paz entre Israel e entre os amorreus.

¹⁵E Samuel julgou a Israel todos os dias da sua vida.

¹⁶E ia de ano em ano, e rodeava a Betel, e a Gilgal, e a Mizpá, e julgava a Israel em todos aqueles lugares.

¹⁷Porém voltava a Ramá, porque *estava* ali a sua casa, e ali julgava a Israel; e edificou ali um altar ao Senhor.

Os israelitas pedem um rei

8E SUCEDEU que, tendo Samuel envelhecido, constituiu a seus filhos por juízes sobre Israel.

1 SAMUEL 8.2

²E o nome do seu filho primogênito era Joel, e o nome do seu segundo, Abia; e *foram* juízes em Berseba.

³Porém seus filhos não andaram pelos caminhos dele, antes se inclinaram à avareza, e aceitaram suborno, e perverteram o direito.

⁴Então todos os anciãos de Israel se congregaram, e vieram a Samuel, a Ramá,

⁵E disseram-lhe: Eis que *já* estás velho, e teus filhos não andam pelos teus caminhos; constitui-nos, pois, agora um rei sobre nós, para que ele nos julgue, como *o têm* todas as nações.

⁶Porém esta palavra pareceu mal aos olhos de Samuel, quando disseram: Dá-nos um rei, para que nos julgue. E Samuel orou ao SENHOR.

⁷E disse o SENHOR a Samuel: Ouve a voz do povo em tudo quanto te dizem, pois não te têm rejeitado a ti, antes a mim me têm rejeitado, para eu não reinar sobre eles.

⁸Conforme a todas as obras que fizeram desde o dia em que os tirei do Egito até *ao dia de* hoje, a mim me deixaram, e a outros deuses serviram, assim também fazem a ti.

⁹Agora, pois, ouve à sua voz, porém protesta-lhes solenemente, e declara-lhes *qual será* o costume do rei que houver de reinar sobre eles.

¹⁰E falou Samuel todas as palavras do SENHOR ao povo, que lhe pedia um rei.

¹¹E disse: Este será o costume do rei que houver de reinar sobre vós; ele tomará os vossos filhos, e *os* empregará nos seus carros, e como seus cavaleiros, para que corram adiante dos seus carros.

¹²E os porá por chefes de mil, e chefes sobre cinquenta e para que lavrem a sua lavoura, e façam a sua sega, e fabriquem as suas armas de guerra e os petrechos de seus carros.

¹³E tomará as vossas filhas para perfumistas, cozinheiras e padeiras.

¹⁴E tomará o melhor das vossas terras, e das vossas vinhas, e dos vossos olivais, e *os* dará aos seus servos.

¹⁵E as vossas sementes, e as vossas vinhas dizimará, para dar aos seus oficiais, e aos seus servos.

¹⁶Também os vossos servos, e as vossas servas, e os vossos melhores moços, e *os* vossos jumentos tomará, e os empregará no seu trabalho.

¹⁷Dizimará o vosso rebanho, e vós lhe servireis de servos.

¹⁸Então naquele dia clamareis por causa do vosso rei, que vós houverdes escolhido; mas o SENHOR não vos ouvirá naquele dia.

¹⁹Porém o povo não quis ouvir a voz de Samuel; e disseram: Não, mas haverá sobre nós um rei.

²⁰E nós também seremos como todas as *outras* nações; e o nosso rei nos julgará, e sairá adiante de nós, e fará as nossas guerras.

²¹Ouvindo, pois, Samuel todas as palavras do povo, as repetiu aos ouvidos do SENHOR.

²²Então o SENHOR disse a Samuel: Dá ouvidos à sua voz, e constitui-lhes rei. Então Samuel disse aos homens de Israel: Volte cada um à sua cidade.

Saul busca as jumentas de seu pai

9 E HAVIA um homem de Benjamim, cujo nome *era* Quis, filho de Abiel, filho de Zeror, filho de Becorate, filho de Afia, filho de um homem de Benjamim; homem poderoso.

²Este tinha um filho, cujo nome *era* Saul, moço, e tão belo que entre os filhos de Israel não *havia* outro homem mais belo do que ele; desde os ombros para cima sobressaía a todo o povo.

³E perderam-se as jumentas de Quis, pai de Saul; por isso disse Quis a Saul, seu filho: Toma agora contigo um dos moços, *e* levanta-te e vai procurar as jumentas.

⁴Passaram, pois, pela montanha de Efraim, e *dali* passaram à terra de Salisa, porém não *as* acharam; depois passaram à terra de Saalim, porém tampouco *estavam ali;* também passaram à terra de Benjamim, porém tampouco *as* acharam.

⁵Vindo eles então à terra de Zufe, Saul disse para o seu moço, com quem ele *ia:* Vem, e voltemos; para que porventura meu pai não deixe *de inquietar-se* pelas jumentas e se aflija por causa de nós.

⁶Porém ele lhe disse: Eis que *há* nesta cidade um homem de Deus, e homem honrado é; tudo quanto diz, sucede *assim* infalivelmente; vamo-nos agora lá; porventura nos mostrará o caminho que devemos seguir.

⁷Então Saul disse ao seu moço: Eis, porém, *se lá* formos, que levaremos então àquele homem? Porque o pão de nossos alforjes se acabou, e presente nenhum temos para levar ao homem de Deus; que temos?

⁸E o moço tornou a responder a Saul, e disse: Eis que ainda se acha na minha mão um quarto de um siclo de prata, *o qual* darei ao homem de Deus, para que nos mostre o caminho

⁹(Antigamente em Israel, indo alguém consultar a Deus, dizia assim: Vinde, e vamos ao vidente; porque ao profeta de hoje, antigamente se chamava vidente).

¹⁰Então disse Saul ao moço: Bem dizes; vem, *pois,* vamos. E foram-se à cidade onde *estava* o homem de Deus.

¹¹*E,* subindo eles pela colina à cidade, acharam umas moças que saíam a tirar água; e disseram-lhes: Está aqui o vidente?

¹²E elas lhes responderam, e disseram: Sim, eis aí o tens diante de ti; apressa-te, pois, porque hoje veio à cidade; porquanto o povo tem hoje sacrifício no alto.

¹³Entrando vós na cidade, logo o achareis, antes que suba ao alto para comer; porque o povo não comerá, até que ele venha; porque ele *é o que* abençoa o sacrifício, *e* depois comem os convidados; subi, pois, agora, que hoje o achareis.

¹⁴Subiram, pois, à cidade; *e,* vindo eles no meio da cidade, eis que Samuel lhes saiu ao encontro, para subir ao alto.

Saul encontra Samuel

¹⁵Porque o SENHOR revelara isto aos ouvidos de Samuel, um dia antes que Saul viesse, dizendo:

¹⁶Amanhã a estas horas te enviarei *um* homem da terra de Benjamim, o qual ungirás *por* capitão sobre o meu povo de Israel, e ele livrará o meu povo da mão dos filisteus; porque tenho olhado para o meu povo; porque o seu clamor chegou a mim.

¹⁷E quando Samuel viu a Saul, o SENHOR lhe respondeu: Eis aqui o homem de quem eu te falei. Este dominará sobre o meu povo.

¹⁸E Saul se chegou a Samuel no meio da porta, e disse: Mostra-me, peço-te, onde *está* a casa do vidente.

¹⁹E Samuel respondeu a Saul, e disse: Eu *sou* o vidente; sobe diante de mim ao alto, e comei hoje comigo; e pela manhã te despedirei, e tudo quanto *está* no teu coração, to declararei.

²⁰E quanto às jumentas que *há* três dias se te perderam, não ocupes o teu coração com elas, porque *já* se acharam. E para quem *é* todo o desejo de Israel? *Porventura* não *é* para ti, e para toda a casa de teu pai?

²¹Então respondeu Saul, e disse: *Porventura* não *sou* eu filho de Benjamim, da menor das tribos de Israel? E a minha família a menor de todas as famílias da tribo de Benjamim? Por que, pois, me falas com semelhantes palavras?

²²Porém Samuel tomou a Saul e ao seu moço, e os levou à câmara; e deu-lhes lugar acima de todos os convidados, que *eram* uns trinta homens.

²³Então disse Samuel ao cozinheiro: Dá aqui a porção que te dei, de que te disse: Põe-na à parte contigo.

²⁴Levantou, pois, *o* cozinheiro a espádua, com o que *havia* nela, e pô-la diante de Saul; e disse *Samuel:* Eis que o que foi reservado está diante de ti. Come; porque se guardou para ti para esta ocasião, dizendo eu: Tenho convidado o povo. Assim comeu Saul aquele dia com Samuel.

²⁵Então desceram do alto para a cidade; e falou com Saul sobre o eirado.

²⁶E se levantaram de madrugada; e sucedeu que, quase ao subir da alva, chamou Samuel a Saul ao eirado, dizendo: Levanta-te, e despedir-te-ei. Levantou-se Saul, e saíram ambos para fora, ele e Samuel.

²⁷E, descendo eles para a extremidade da cidade, Samuel disse a Saul: Dize ao moço que passe adiante de nós (e passou); porém tu espera agora, e te farei ouvir a palavra de Deus.

Samuel unge Saul como rei de Israel

10ENTÃO tomou Samuel *um* vaso de azeite, e lho derramou sobre a cabeça, e beijou-o, e disse: *Porventura* não te ungiu o SENHOR *por* capitão sobre a sua herança?

²Apartando-te hoje de mim, acharás dois homens junto ao sepulcro de Raquel, no termo de Benjamim, em Zelza, os quais te dirão: Acharam-se as jumentas que foste buscar, e eis que já o teu pai deixou o negócio das jumentas, e anda aflito por causa de vós, dizendo: Que farei eu por meu filho?

³E quando dali passares mais adiante, e chegares ao carvalho de Tabor, ali te encontrarão três homens, que vão subindo a Deus a Betel; um levando três cabritos, o outro três bolos de pão e o outro um odre de vinho.

⁴E te perguntarão como estás, e te darão dois pães, que tomarás das suas mãos.

⁵Então chegarás ao outeiro de Deus, onde *está* a guarnição dos filisteus; e há de ser que, entrando ali na cidade, encontrarás um grupo de profetas que descem do alto, e *trazem* diante de si saltérios, e tambores, e flautas, e harpas; e eles estarão profetizando.

⁶E o Espírito do SENHOR se apoderará de ti, e profetizarás com eles, e tornar-te-ás um outro homem.

⁷E há de ser que, quando estes sinais te vierem, faze o que achar a tua mão, porque Deus *é* contigo.

⁸Tu, porém, descerás antes de mim a Gilgal, e eis que eu descerei a ti, para sacrificar holocaustos, *e* para oferecer ofertas pacíficas; *ali* sete dias esperarás, até que eu venha a ti, e te declare o que hás de fazer.

⁹Sucedeu, pois, que, virando ele as costas para partir de Samuel, Deus lhe mudou o coração *em* outro; e todos aqueles sinais aconteceram naquele *mesmo* dia.

¹⁰E, chegando eles ao outeiro, eis que *um* grupo de profetas lhes saiu ao encontro; e o Espírito de Deus se apoderou dele, e profetizou no meio deles.

¹¹E aconteceu que, como todos os que antes o conheciam viram que ele profetizava com os profetas, então disse o povo, cada um ao seu companheiro: Que *é o que* sucedeu ao filho de Quis? Está também Saul entre os profetas?

¹²Então um *homem* dali respondeu, e disse: Pois quem *é* o pai deles? Pelo que se tornou em provérbio: *Está* Saul também entre os profetas?

¹³E, acabando de profetizar, foi ao alto.

¹⁴E disse-lhe o tio de Saul, a ele e ao seu moço: Aonde fostes? E disse ele: A buscar as jumentas, e, vendo que não *apareciam,* fomos a Samuel.

¹⁵Então disse o tio de Saul: Declara-me, peço-te, *o que* vos disse Samuel?

¹⁶E disse Saul a seu tio: Declarou-nos, na verdade, que as jumentas foram encontradas. Porém o negócio do reino, de que Samuel falara, não lhe declarou.

O povo escolhe Saul para seu rei

¹⁷Convocou, pois, Samuel o povo ao SENHOR, em Mizpá.

¹⁸E disse aos filhos de Israel: Assim disse o SENHOR Deus de Israel: Eu fiz subir a Israel do Egito, e livrei-vos da mão dos egípcios e da mão de todos os reinos que vos oprimiam.

¹⁹Mas vós tendes rejeitado hoje a vosso Deus, que vos livrou de todos os vossos males e trabalhos, e lhe tendes falado: Põe *um* rei sobre nós.

1 SAMUEL 10.20

208

Agora, pois, ponde-vos perante o SENHOR, pelas vossas tribos e segundo os vossos milhares.

²⁰Tendo, pois, Samuel feito chegar todas as tribos, tomou-se a tribo de Benjamim.

²¹E, fazendo chegar a tribo de Benjamim pelas suas famílias, tomou-se a família de Matri; e *dela* se tomou Saul, filho de Quis; e o buscaram, porém não se achou.

²²Então tornaram a perguntar ao SENHOR se aquele homem ainda viria ali. E disse o SENHOR: Eis que se escondeu entre a bagagem.

²³E correram, e o tomaram dali, e pôs-se no meio do povo; e era mais alto do que todo o povo desde o ombro para cima.

²⁴Então disse Samuel a todo o povo: Vedes já a quem o SENHOR escolheu? Pois em todo o povo *não há* nenhum semelhante a ele. Então jubilou todo o povo, e disse: Viva o rei!

²⁵E declarou Samuel ao povo o direito do reino, e escreveu-*o* num livro, e pô-lo perante o SENHOR; então despediu Samuel a todo o povo, cada *um* para sua casa.

²⁶E foi também Saul à sua casa, em Gibeá; e foram com ele do exército *aqueles* cujos corações Deus tocara.

²⁷Mas os filhos de Belial disseram: *É* este o que nos há de livrar? E o desprezaram, e não lhe trouxeram presentes; porém ele se fez como surdo.

Saul vence os amonitas

11 ENTÃO subiu Naás, amonita, e sitiou a Jabes-Gileade; e disseram todos os homens de Jabes a Naás: Faze aliança conosco, e te serviremos.

²Porém Naás, amonita, lhes disse: Com esta *condição* farei *aliança* convosco: que a todos vos arranque o olho direito, e *assim* ponha esta afronta sobre todo o Israel.

³Então os anciãos de Jabes lhe disseram: Deixa-nos por sete dias, para que enviemos mensageiros por todos os termos de Israel, e, não havendo ninguém que nos livre, então viremos a ti.

⁴E, vindo os mensageiros a Gibeá de Saul, falaram estas palavras *aos* ouvidos do povo. Então todo o povo levantou a sua voz, e chorou.

⁵E eis que Saul vinha do campo, atrás dos bois; e disse Saul: Que *tem* o povo, que chora? E contaram-lhe as palavras dos homens de Jabes.

⁶Então o Espírito de Deus se apoderou de Saul, ouvindo estas palavras; e acendeu-se em grande maneira a sua ira.

⁷E tomou uma junta de bois, e cortou-os em pedaços, e *os* enviou a todos os termos de Israel pelas mãos dos mensageiros, dizendo: Qualquer que não seguir a Saul e a Samuel, assim se fará aos seus bois. Então caiu o temor do SENHOR sobre o povo, e saíram como um *só* homem.

⁸E contou-os em Bezeque; e houve dos filhos de Israel trezentos mil, e dos homens de Judá trinta mil.

⁹Então disseram aos mensageiros que vieram: Assim direis aos homens de Jabes-Gileade: Amanhã, em aquecendo o sol, vos virá livramento.

Vindo, pois, os mensageiros, e anunciando-*o* aos homens de Jabes, se alegraram.

¹⁰E os homens de Jabes disseram *aos amonitas:* Amanhã sairemos a vós; então nos fareis conforme a tudo o que *parecer* bem aos vossos olhos.

¹¹E sucedeu que ao outro dia Saul pôs o povo em três companhias, e vieram ao meio do arraial pela vigília da manhã, e feriram aos amonitas até que o dia aqueceu; e sucedeu que os restantes se espalharam, *de modo* que não ficaram dois deles juntos.

¹²Então disse o povo a Samuel: Quem *é* aquele que dizia que Saul não reinaria sobre nós? Dai-nos aqueles homens, e os mataremos.

¹³Porém Saul disse: Hoje não morrerá nenhum, pois hoje tem feito o SENHOR *um* livramento em Israel.

¹⁴E disse Samuel ao povo: Vinde, vamos nós a Gilgal, e renovemos ali o reino.

¹⁵E todo o povo partiu para Gilgal, onde proclamaram a Saul por rei perante o SENHOR, e ofereceram ali ofertas pacíficas perante o SENHOR, em Gilgal e Saul se alegrou muito ali com todos os homens de Israel.

Samuel resigna o seu cargo

12 ENTÃO disse Samuel a todo o Israel: Eis que ouvi a vossa voz em tudo quanto me dissestes, e constituí sobre vós um rei.

²Agora, pois, eis que o rei vai adiante de vós. Eu já envelheci e encaneci, e eis que meus filhos estão convosco, e tenho andado diante de vós desde a minha mocidade até *ao dia de* hoje.

³Eis-me *aqui;* testificai contra mim perante o SENHOR, e perante o seu ungido, a quem o boi tomei, a quem o jumento tomei, e a quem defraudei, a quem tenho oprimido, e de cuja mão tenho recebido suborno e com ele encobri os meus olhos, e vo-lo restituirei.

⁴Então disseram: Em nada nos defraudaste, nem nos oprimiste, nem recebeste coisa alguma da mão de ninguém.

⁵E ele lhes disse: O SENHOR *seja* testemunha contra vós, e o seu ungido seja hoje testemunha, que nada tendes achado na minha mão. E disse o *povo:* Ele é testemunha.

⁶Então disse Samuel ao povo: O SENHOR *é* o que escolheu a Moisés e a Arão, e tirou a vossos pais da terra do Egito.

⁷Agora, pois, ponde-vos *aqui em pé,* e pleitearei convosco perante o SENHOR, sobre todos os atos de justiça do SENHOR, que fez a vós e a vossos pais.

⁸Havendo entrado Jacó no Egito, vossos pais clamaram ao SENHOR, e o SENHOR enviou a Moisés e a Arão que tiraram a vossos pais do Egito, e os fizeram habitar neste lugar.

⁹Porém esqueceram-se do SENHOR seu Deus; então os vendeu à mão de Sísera, capitão do exército de Hazor, e na mão dos filisteus, e na mão do rei dos moabitas, que pelejaram contra eles.

¹⁰E clamaram ao SENHOR, e disseram: Pecamos, pois deixamos ao SENHOR, e servimos aos baalins

e astarotes; agora, pois, livra-nos da mão de nossos inimigos, e te serviremos.

[11]E o SENHOR enviou a Jerubaal, e a Bedã, e a Jefté, e a Samuel; e livrou-vos da mão de vossos inimigos em redor, e habitastes seguros.

[12]E vendo vós que Naás, rei dos filhos de Amom, vinha contra vós, me dissestes: Não, mas reinará sobre nós um rei; *sendo,* porém, o SENHOR vosso Deus, o vosso rei.

[13]Agora, pois, vedes aí o rei que elegestes *e* que pedistes; e eis que o SENHOR tem posto sobre vós um rei.

[14]Se temerdes ao SENHOR, e o servirdes, e derdes ouvidos à sua voz, e não fordes rebeldes ao mandado do SENHOR, assim vós, como o rei que reina sobre vós, seguireis o SENHOR vosso Deus.

[15]Mas se não derdes ouvidos à voz do SENHOR, e antes fordes rebeldes ao mandado do SENHOR, a mão do SENHOR será contra vós, como o *era* contra vossos pais.

[16]Ponde-vos também agora *aqui,* e vede esta grande coisa que o SENHOR vai fazer diante dos vossos olhos.

[17]Não *é* hoje a sega do trigo? Clamarei, *pois,* ao SENHOR, e dará trovões e chuva; e sabereis e vereis que *é* grande a vossa maldade, que tendes feito perante o SENHOR, pedindo para vós *um* rei.

[18]Então invocou Samuel ao SENHOR, e o SENHOR deu trovões e chuva naquele dia; por isso todo o povo temeu sobremaneira ao SENHOR e a Samuel.

[19]E todo o povo disse a Samuel: Roga pelos teus servos ao SENHOR teu Deus, para que não venhamos a morrer; porque a todos os nossos pecados temos acrescentado *este* mal, de pedirmos para nós um rei.

[20]Então disse Samuel ao povo: Não temais; vós tendes cometido todo este mal; porém não vos desvieis de seguir ao SENHOR, mas servi ao SENHOR com todo o vosso coração.

[21]E não vos desvieis; pois *seguireis* as vaidades, que nada aproveitam, e tampouco vos livrarão, porque vaidades *são.*

[22]Pois o SENHOR, por causa do seu grande nome, não desamparará o seu povo; porque aprouve ao SENHOR fazer-vos o seu povo.

[23]E quanto a mim, longe de mim que eu peque contra o SENHOR, deixando de orar por vós; antes vos ensinarei o caminho bom e direito.

[24]Tão somente temei ao SENHOR, e servi-o fielmente com todo o vosso coração; porque vede quão grandiosas *coisas* vos fez.

[25]Porém, se perseverardes em fazer mal, perecereis, assim vós como o vosso rei.

Guerra entre os israelitas e os filisteus

13 SAUL reinou um ano; e no segundo ano do seu reinado sobre Israel,

[2]Saul escolheu para si três mil *homens* de Israel; e estavam com Saul dois mil em Micmás e na montanha de Betel, e mil estavam com Jônatas em

Gibeá de Benjamim; e o resto do povo despediu, cada um para sua casa.

[3]E Jônatas feriu a guarnição dos filisteus, que *estava* em Gibeá, *o* que os filisteus ouviram; pelo que Saul tocou a trombeta por toda a terra, dizendo: Ouçam os hebreus.

[4]Então todo o Israel ouviu dizer: Saul feriu a guarnição dos filisteus, e também Israel se fez abominável aos filisteus. Então o povo foi convocado para junto de Saul em Gilgal.

[5]E os filisteus se ajuntaram para pelejar contra Israel, trinta mil carros, e seis mil cavaleiros, e povo em multidão como a areia que *está* à beira do mar; e subiram, e se acamparam em Micmás, ao oriente de Bete-Áven.

[6]Vendo, pois, os homens de Israel que estavam em apuros (porque o povo estava angustiado), o povo se escondeu pelas cavernas, e pelos espinhais, e pelos penhascos, e pelas fortificações, e pelas covas.

[7]E alguns dos hebreus passaram o Jordão para a terra de Gade e Gileade; e, estando Saul ainda em Gilgal, todo o povo ia atrás dele tremendo.

Saul oferece sacrifícios e Samuel reprova-o

[8]E esperou *Saul* sete dias, até ao tempo que Samuel *determinara;* não vindo, porém, Samuel a Gilgal, o povo se dispersava dele.

[9]Então disse Saul: Trazei-me aqui um holocausto, e ofertas pacíficas. E ofereceu o holocausto.

[10]E sucedeu que, acabando ele de oferecer o holocausto, eis que Samuel chegou; e Saul lhe saiu ao encontro, para o saudar.

[11]Então disse Samuel: Que fizeste? Disse Saul: Porquanto via que o povo se espalhava de mim, e tu não vinhas nos dias aprazados, e os filisteus já se tinham ajuntado em Micmás,

[12]Eu disse: Agora descerão os filisteus sobre mim a Gilgal, e ainda à face do SENHOR não orei; e constrangi-me, e ofereci holocausto.

[13]Então disse Samuel a Saul: Procedeste nesciamente, e não guardaste o mandamento que o SENHOR teu Deus te ordenou; porque agora o SENHOR teria confirmado o teu reino sobre Israel para sempre;

[14]Porém agora não subsistirá o teu reino; já tem buscado o SENHOR para si um homem segundo o seu coração, e já lhe tem ordenado o SENHOR, que seja capitão sobre o seu povo, porquanto não guardaste o que o SENHOR te ordenou.

[15]Então se levantou Samuel, e subiu de Gilgal a Gibeá de Benjamim; e Saul contou o povo que se achava com ele, uns seiscentos homens.

[16]E Saul e Jônatas, seu filho, e o povo que se achou com eles, ficaram em Gibeá de Benjamim; porém os filisteus se acamparam em Micmás.

[17]E os saqueadores saíram do campo dos filisteus em três companhias; uma das companhias foi pelo caminho de Ofra à terra de Sual.

[18]Outra companhia seguiu pelo caminho de Bete-Horom, e a outra companhia foi pelo caminho

1 SAMUEL 13.19   210

do termo que dá para o vale Zeboim na direção do deserto.

¹⁹E em toda a terra de Israel nem um ferreiro se achava, porque os filisteus tinham dito: Para que os hebreus não façam espada nem lança.

²⁰Por isso todo o Israel tinha que descer aos filisteus para amolar cada um a sua relha, e a sua enxada, e o seu machado, e o seu sacho.

²¹Tinham porém limas para os seus sachos, e para as suas enxadas, e para as forquilhas de três dentes, e para os machados, e para consertar as aguilhadas.

²²E sucedeu que, no dia da peleja, não se achou nem espada nem lança na mão de todo o povo que *estava* com Saul e com Jônatas; porém acharam-se com Saul e com Jônatas seu filho.

²³E saiu a guarnição dos filisteus ao desfiladeiro de Micmás.

A vitória de Jônatas sobre os filisteus

14 SUCEDEU, pois, que um dia disse Jônatas, filho de Saul, ao moço que lhe levava as armas: Vem, passemos à guarnição dos filisteus, que *está* lá daquele lado. Porém não o fez saber a seu pai.

²E estava Saul à extremidade de Gibeá, debaixo da romeira que *havia* em Migrom; e o povo que estava com ele *era* uns seiscentos homens.

³E Aías, filho de Aitube, irmão de Icabode, o filho de Fineias, filho de Eli, sacerdote do Senhor em Siló, trazia o éfode; porém o povo não sabia que Jônatas tinha ido.

⁴E entre os desfiladeiros pelos quais Jônatas procurava passar à guarnição dos filisteus, deste lado *havia* uma penha aguda, e do outro lado uma penha aguda; e *era* o nome de uma Bozez, e o nome da outra Sené.

⁵Uma penha para o norte *estava* defronte de Micmás, e a outra para o sul, defronte de Gibeá.

⁶Disse, pois, Jônatas ao moço que lhe levava as armas: Vem, passemos à guarnição destes incircuncisos; porventura operará o Senhor por nós, porque para com o Senhor nenhum impedimento *há* de livrar com muitos ou com poucos.

⁷Então o seu pajem de armas lhe disse: Faze tudo o que *tens* no coração; segue, eis-me aqui contigo, conforme o que quiseres.

⁸Disse, pois, Jônatas: Eis que passaremos *àqueles* homens, e nos revelaremos a eles.

⁹Se nos disserem assim: Parai até que cheguemos a vós; então ficaremos no nosso lugar, e não subiremos a eles.

¹⁰Porém, se disserem: Subi a nós; então subiremos, pois o Senhor os tem entregado nas nossas mãos, e isto nos *será* por sinal.

¹¹Revelando-se eles à guarnição dos filisteus, disseram os filisteus: Eis que *já* os hebreus saíram das cavernas em que se tinham escondido.

¹²E os homens da guarnição responderam a Jônatas e ao seu pajem de armas, e disseram: Subi a nós, e nós vos ensinaremos uma lição. E disse Jônatas ao seu pajem de armas: Sobe atrás de mim, porque o Senhor os tem entregado na mão de Israel.

¹³Então subiu Jônatas com os pés e com as mãos, e o seu pajem de armas atrás dele; e *os filisteus* caíam diante de Jônatas, e o seu pajem de armas os matava atrás dele.

¹⁴E sucedeu esta primeira derrota, em que Jônatas e o seu pajem de armas feriram uns vinte homens, em cerca de meia jeira de terra que uma junta *de bois podia lavrar.*

¹⁵E houve tremor no arraial, no campo e em todo o povo; também a mesma guarnição e os saqueadores tremeram, até a terra se estremeceu porquanto era tremor de Deus.

¹⁶Olharam, pois, as sentinelas de Saul em Gibeá de Benjamim, em cerca de meia da multidão se dissolvia, e fugia para cá e para lá.

¹⁷Disse então Saul ao povo que estava com ele: Ora contai, e vede quem é que saiu dentre nós. E contaram, e eis que nem Jônatas nem o seu pajem de armas *estavam ali.*

¹⁸Então Saul disse a Aías: Traze aqui a arca de Deus (porque naquele dia estava a arca de Deus com os filhos de Israel).

¹⁹E sucedeu que, estando Saul ainda falando com o sacerdote, o alvoroço que *havia* no arraial dos filisteus ia crescendo muito, e se multiplicava, pelo que disse Saul ao sacerdote: Retira a tua mão.

²⁰Então Saul e todo o povo que *havia* com ele se reuniram, e foram à peleja; e eis que a espada de um era contra o outro, *e houve* mui grande tumulto.

²¹Também com os filisteus havia hebreus, como dantes, que subiram com eles ao arraial em redor; e também estes se ajuntaram com os israelitas que *estavam* com Saul e Jônatas.

²²Ouvindo, pois, todos os homens de Israel que se esconderam pela montanha de Efraim que os filisteus fugiam, eles também os perseguiram de perto na peleja.

²³Assim livrou o Senhor a Israel naquele dia; e o arraial passou a Bete-Áven.

O atrevido voto de Saul

²⁴E estavam os homens de Israel já exaustos naquele dia, porquanto Saul conjurou o povo, dizendo: Maldito o homem que comer pão até à tarde, antes que me vingue de meus inimigos. Por isso todo o povo se absteve de provar pão.

²⁵E todo o povo chegou a um bosque; e havia mel na superfície do campo.

²⁶E, chegando o povo ao bosque, eis que havia um manancial de mel; porém ninguém chegou a mão à boca, porque o povo temia a conjuração.

²⁷Porém Jônatas não tinha ouvido quando seu pai conjurara o povo, e estendeu a ponta da vara que *tinha* na mão, e a molhou no favo de mel; e, tornando a mão à boca, aclararam-se os seus olhos.

²⁸Então respondeu um do povo, e disse: Solenemente conjurou teu pai o povo, dizendo: Maldito o homem que comer hoje pão. Por isso o povo desfalecia.

²⁹Então disse Jônatas: Meu pai tem turbado a terra; ora vede como se me aclararam os olhos por ter provado um pouco deste mel,

³⁰Quanto mais se o povo hoje livremente tivesse comido do despojo que achou de seus inimigos. Porém agora não foi tão grande o estrago dos filisteus.

³¹Feriram, porém, aquele dia aos filisteus, desde Micmás até Aijalom, e o povo desfaleceu em extremo.

³²Então o povo se lançou ao despojo, e tomaram ovelhas, e vacas, e bezerros, e *os* degolaram no chão; e o povo os comeu com sangue.

³³E o anunciaram a Saul, dizendo: Eis que o povo peca contra o SENHOR, comendo com sangue. E disse: Aleivosamente procedestes; trazei-me aqui já uma grande pedra.

³⁴Disse mais Saul: Dispersai-vos entre o povo, e dizei-lhes: Trazei-me cada um o seu boi, e cada um a sua ovelha, e degolai-*os* aqui, e comei, e não pequeis contra o SENHOR, comendo com sangue. Então todo o povo trouxe de noite, cada um pela sua mão, o seu boi, e *os* degolaram ali.

³⁵Então edificou Saul *um* altar ao SENHOR; este foi o primeiro altar que edificou ao SENHOR.

Jônatas é condenado à morte

³⁶Depois disse Saul: Desçamos de noite atrás dos filisteus, e despojemo-los, até que amanheça o dia, e não deixemos deles *um* só homem. E disseram: Tudo o que parecer bem aos teus olhos faze. Disse, porém, o sacerdote: Cheguemo-nos aqui a Deus.

³⁷Então consultou Saul a Deus, dizendo: Descerei atrás dos filisteus? Entregá-los-ás na mão de Israel? Porém aquele dia não lhe respondeu.

³⁸Então disse Saul: Chegai-vos para cá, todos os chefes do povo, e informai-vos, e vede em que se cometeu hoje este pecado.

³⁹Porque vive o SENHOR que salva a Israel, que, ainda que seja em meu filho Jônatas, certamente morrerá. E nenhum de todo o povo lhe respondeu.

⁴⁰Disse mais a todo o Israel: Vós estareis de um lado, e eu e meu filho Jônatas estaremos do outro lado. Então disse o povo a Saul: Faze o que *parecer* bem aos teus olhos.

⁴¹Falou, pois, Saul ao SENHOR Deus de Israel: Mostra o inocente. Então Jônatas e Saul foram tomados por *sorte*, e o povo saiu livre.

⁴²Então disse Saul: Lançai a *sorte* entre mim e Jônatas, meu filho. E foi tomado Jônatas.

⁴³Disse então Saul a Jônatas: Declara-me o que tens feito. E Jônatas lho declarou, e disse: Tão somente provei um pouco de mel com a ponta da vara que *tinha* na mão; eis que devo morrer?

⁴⁴Então disse Saul: Assim *me* faça Deus, e outro tanto, que com certeza morrerás, Jônatas.

⁴⁵Então o povo disse a Saul: Morrerá Jônatas, que efetuou tão grande salvação em Israel? Nunca tal suceda; vive o SENHOR, que não lhe há de cair no chão um só cabelo da sua cabeça! Pois com Deus fez *isso* hoje. Assim o povo livrou a Jônatas, para que não morresse.

⁴⁶E Saul deixou de seguir os filisteus; e os filisteus se foram ao seu lugar.

⁴⁷Então tomou Saul o reino sobre Israel; e pelejou contra todos os seus inimigos em redor; contra Moabe, e contra os filhos de Amom, e contra Edom, e contra os reis de Zobá, e contra os filisteus, e para onde quer que se tornava executava castigo.

⁴⁸E houve-se valorosamente, e feriu aos amalequitas, e liberou a Israel da mão dos que o saqueavam.

⁴⁹E os filhos de Saul eram Jônatas, e Isvi, e Malquisua; e os nomes de suas duas filhas *eram estes:* o da mais velha Merabe, e o da mais nova, Mical.

⁵⁰E o nome da mulher de Saul, Ainoã, filha de Aimaás; e o nome do capitão do exército, Abner, filho de Ner, tio de Saul.

⁵¹E Quis, pai de Saul, e Ner, pai de Abner, eram filhos de Abiel.

⁵²E houve uma forte guerra contra os filisteus, todos os dias de Saul; por isso Saul a todos os homens valentes e valorosos que via, os agregava a si.

Samuel manda Saul destruir os amalequitas

15 ENTÃO disse Samuel a Saul: Enviou-me o SENHOR a ungir-te rei sobre o seu povo, sobre Israel; ouve, pois, agora a voz das palavras do SENHOR.

²Assim diz o SENHOR dos Exércitos: Eu me recordei do que fez Amaleque a Israel; como se lhe opôs no caminho, quando subia do Egito.

³Vai, pois, agora e fere a Amaleque; e destrói totalmente a tudo o que tiver, e não lhe perdoes; porém matarás desde o homem até à mulher, desde os meninos até aos de peito, desde os bois até às ovelhas, *e* desde os camelos até aos jumentos.

⁴O que Saul convocou ao povo, e os contou em Telaim, duzentos mil homens de pé, e dez mil homens de Judá.

⁵Chegando, pois, Saul à cidade de Amaleque, pôs emboscada no vale.

⁶E disse Saul aos queneus: Ide-vos, retirai-vos *e* saí do meio dos amalequitas, para que não vos destrua juntamente com eles, porque vós usastes de misericórdia com todos os filhos de Israel, quando subiram do Egito. Assim os queneus se retiraram do meio dos amalequitas.

⁷Então feriu Saul aos amalequitas desde Havilá até chegar a Sur, que *está* defronte do Egito.

⁸E tomou vivo a Agague, rei dos amalequitas; porém a todo o povo destruiu ao fio da espada.

⁹E Saul e o povo pouparam a Agague, e ao melhor das ovelhas e das vacas, e as da segunda ordem, e aos cordeiros e ao melhor que havia, e não os quiseram destruir totalmente; porém a toda a coisa vil e desprezível destruíram totalmente.

Deus rejeita Saul

¹⁰Então veio a palavra do SENHOR a Samuel, dizendo:

1 SAMUEL 15.11
212

¹¹Arrependo-me de haver posto a Saul como rei; porquanto deixou de me seguir, e não cumpriu as minhas palavras. Então Samuel se contristou, e toda a noite clamou ao Senhor.

¹²E madrugou Samuel para encontrar a Saul pela manhã: e anunciou-se a Samuel, dizendo: Já chegou Saul ao Carmelo, e eis que levantou para si uma coluna. Então voltando, passou e desceu a Gilgal.

¹³Veio, pois, Samuel a Saul; e Saul lhe disse: Bendito *sejas* tu do Senhor; cumpri a palavra do Senhor.

¹⁴Então disse Samuel: Que balido, pois, de ovelhas *é* este aos meus ouvidos, e o mugido de vacas que ouço?

¹⁵E disse Saul: De Amaleque as trouxeram; porque o povo poupou ao melhor das ovelhas, e das vacas, para as oferecer ao Senhor teu Deus; o resto, porém, temos destruído totalmente.

¹⁶Então disse Samuel a Saul: Espera, e te declararei o que o Senhor me disse esta noite. E ele disse-lhe: Fala.

¹⁷E disse Samuel: *Porventura,* sendo tu pequeno aos teus olhos, não *foste* por cabeça das tribos de Israel? E o Senhor te ungiu rei sobre Israel.

¹⁸E enviou-te o Senhor a *este* caminho, e disse: Vai, e destrói totalmente a estes pecadores, os amalequitas, e peleja contra eles, até que os aniquiles.

¹⁹Por que, pois, não deste ouvidos à voz do Senhor, antes te lançaste ao despojo, e fizeste o *que parecia* mau aos olhos do Senhor?

²⁰Então disse Saul a Samuel: Antes dei ouvidos à voz do Senhor, e caminhei no caminho pelo qual o Senhor me enviou; e trouxe a Agague, rei de Amaleque, e os amalequitas destruí totalmente;

²¹Mas o povo tomou do despojo ovelhas e vacas, o melhor do interdito, para oferecer ao Senhor teu Deus em Gilgal.

²²Porém Samuel disse: Tem *porventura* o Senhor *tanto* prazer em holocaustos e sacrifícios, como em que se obedeça à palavra do Senhor? Eis que o obedecer *é* melhor do que o sacrificar; e o atender *melhor é* do que a gordura de carneiros.

²³Porque a rebelião *é como* o pecado de feitiçaria, e a obstinação *é como* iniquidade e idolatria. Porquanto tu rejeitaste a palavra do Senhor, ele também te rejeitou a ti, para que não *sejas rei.*

²⁴Então disse Saul a Samuel: Pequei, porquanto tenho transgredido a ordem do Senhor e as tuas palavras; porque temi ao povo, e dei ouvidos à sua voz.

²⁵Agora, pois, rogo-te perdoa o meu pecado; e volta comigo, para que adore ao Senhor.

²⁶Porém Samuel disse a Saul: Não voltarei contigo; porquanto rejeitaste a palavra do Senhor, já te rejeitou o Senhor, para que não sejas rei sobre Israel.

²⁷E virando-se Samuel para se ir, ele lhe pegou pela orla da capa, e a rasgou.

²⁸Então Samuel lhe disse: O Senhor tem rasgado de ti hoje o reino de Israel, e o tem dado ao teu próximo, melhor do que tu.

²⁹E também aquele que é a Força de Israel não mente nem se arrepende; porquanto não é *um* homem para que se arrependa.

³⁰Disse ele então: Pequei; honra-me, porém, agora diante dos anciãos do meu povo, e diante de Israel; e volta comigo, para que adore ao Senhor teu Deus.

³¹Então, voltando Samuel, seguiu a Saul; e Saul adorou ao Senhor.

Samuel mata a Agague

³²Então disse Samuel: Trazei-me aqui a Agague, rei dos amalequitas. E Agague veio a ele animosamente; e disse Agague: Na verdade já passou a amargura da morte.

³³Disse, porém, Samuel: *Assim* como a tua espada desfilhou as mulheres, assim ficará desfilhada a tua mãe entre as mulheres. Então Samuel despedaçou a Agague perante o Senhor em Gilgal.

³⁴Então Samuel se foi a Ramá; e Saul subiu à sua casa, a Gibeá de Saul.

³⁵E nunca mais viu Samuel a Saul até ao dia da sua morte; porque Samuel teve dó de Saul. E o Senhor se arrependeu de haver posto a Saul rei sobre Israel.

Deus manda Samuel ungir a Davi como rei

16 ENTÃO disse o Senhor a Samuel: Até quando terás dó de Saul, havendo-o eu rejeitado, para que não reine sobre Israel? Enche um chifre de azeite, e vem, enviar-te-ei a Jessé o belemita; porque dentre os seus filhos me tenho provido de *um* rei.

²Porém disse Samuel: Como irei eu? Pois, ouvindo-o Saul, me matará. Então disse o Senhor: Toma uma bezerra das vacas em tuas mãos, e dize: Vim para sacrificar ao Senhor.

³E convidarás a Jessé ao sacrifício; e eu te farei saber o que hás de fazer, e ungir-me-ás a quem eu te disser.

⁴Fez, pois, Samuel o que dissera o Senhor, e veio a Belém; então os anciãos da cidade saíram ao encontro, tremendo, e disseram: *De* paz é a tua vinda?

⁵E disse ele: *É de* paz, vim sacrificar ao Senhor; santificai-vos, e vinde comigo ao sacrifício. E santificou ele a Jessé e a seus filhos, e os convidou ao sacrifício.

⁶E sucedeu que, entrando eles, viu a Eliabe, e disse: Certamente *está* perante o Senhor o seu ungido.

⁷Porém o Senhor disse a Samuel: Não atentes para a sua aparência, nem para a grandeza da sua estatura, porque o tenho rejeitado; porque *o Senhor* não *vê* como vê o homem, pois o homem vê *o que está* diante dos olhos, porém o Senhor olha para o coração.

⁸Então chamou Jessé a Abinadabe, e o fez passar diante de Samuel, o qual disse: Nem a este tem escolhido o Senhor.

⁹Então Jessé fez passar a Sama; porém disse: Tampouco a este tem escolhido o Senhor.

¹⁰Assim fez passar Jessé a seus sete filhos diante de Samuel; porém Samuel disse a Jessé: O Senhor não tem escolhido a estes.

¹¹Disse mais Samuel a Jessé: Acabaram-se os moços? E disse: Ainda falta o menor, que está apascentando as ovelhas. Disse, pois, Samuel a Jessé: Manda chamá-lo, porquanto não nos assentaremos até que ele venha aqui.

¹²Então mandou *chamá-lo* e fê-lo entrar (*e era* ruivo e formoso de semblante e de boa presença); e disse o Senhor: Levanta-te, *e* unge-o, porque é este *mesmo*.

¹³Então Samuel tomou o chifre do azeite, e ungiu-o no meio de seus irmãos; e desde aquele dia em diante o Espírito do Senhor se apoderou de Davi; então Samuel se levantou, e voltou a Ramá.

Saul é atormentado pelo espírito maligno

¹⁴E o Espírito do Senhor se retirou de Saul, e atormentava-o um espírito mau da parte do Senhor.

¹⁵Então os criados de Saul lhe disseram: Eis que agora o espírito mau da parte de Deus te atormenta;

¹⁶Diga, pois, nosso senhor a seus servos, *que estão* na tua presença, *que* busquem *um* homem que saiba tocar harpa, e será que, quando o espírito mau da parte de Deus vier sobre ti, então ele tocará com a sua mão, e te acharás melhor.

¹⁷Então disse Saul aos seus servos: Buscai-me, pois, *um* homem que toque bem, e trazei-mo.

¹⁸Então respondeu um dos moços, e disse: Eis que tenho visto a um filho de Jessé, o belemita, que sabe tocar e *é* valente e vigoroso, e homem de guerra, e prudente em palavras, e de gentil presença; o Senhor *é* com ele.

¹⁹E Saul enviou mensageiros a Jessé, dizendo: Envia-me Davi, teu filho, o que *está* com as ovelhas.

²⁰Então tomou Jessé um jumento *carregado* de pão, e um odre de vinho, e um cabrito, e enviou-os a Saul pela mão de Davi, seu filho.

²¹Assim Davi veio a Saul, e esteve perante ele, e o amou muito, e foi seu pajem de armas.

²²Então Saul mandou dizer a Jessé: Deixa estar a Davi perante mim, pois achou graça em meus olhos.

²³E sucedia que, quando o espírito *mau* da parte de Deus vinha sobre Saul, Davi tomava a harpa, e *a* tocava com a sua mão; então Saul sentia alívio, e se achava melhor, e o espírito mau se retirava dele.

Guerra entre os israelitas e os filisteus

17 E OS filisteus ajuntaram as suas forças para a guerra e congregaram-se em Socó, que *está* em Judá, e acamparam-se entre Socó e Azeca, no termo de Damim.

²Porém Saul e os homens de Israel se ajuntaram e acamparam no vale do carvalho, e ordenaram a batalha contra os filisteus.

³E os filisteus estavam num monte de um lado, e os israelitas estavam num monte do outro lado; e o vale *estava* entre eles.

⁴Então saiu do arraial dos filisteus um homem guerreiro, cujo nome era Golias, de Gate, que tinha de altura seis côvados e um palmo.

⁵Trazia na cabeça um capacete de bronze, e vestia uma couraça de escamas; e *era* o peso da couraça de cinco mil siclos de bronze.

⁶E trazia grevas de bronze por cima de seus pés, e um escudo de bronze entre os seus ombros.

⁷E a haste da sua lança era como o eixo do tecelão, e a ponta da sua lança de seiscentos siclos de ferro, e diante dele ia o escudeiro.

⁸E parou, e clamou às companhias de Israel, e disse-lhes: Para que saireis a ordenar a batalha? Não *sou* eu filisteu e vós servos de Saul? Escolhei dentre vós *um* homem que desça a mim.

⁹Se ele puder pelejar comigo, e me ferir, a vós seremos por servos; porém, se eu o vencer, e o ferir, então a nós sereis por servos, e nos servireis.

¹⁰Disse mais o filisteu: Hoje desafio as companhias de Israel: Dai-me *um* homem, para que ambos pelejemos.

¹¹Ouvindo então Saul e todo o Israel estas palavras do filisteu, espantaram-se, e temeram muito.

Jessé envia Davi a seus irmãos

¹²E Davi *era* filho de um homem efrateu, de Belém de Judá, cujo nome *era* Jessé, que tinha oito filhos; e nos dias de Saul era este homem *já* velho *e* adiantado em idade entre os homens.

¹³Foram-se os três filhos mais velhos de Jessé, e seguiram a Saul à guerra; *e eram* os nomes de seus três filhos, que se foram à guerra, Eliabe, o primogênito, e o segundo Abinadabe, e o terceiro Sama.

¹⁴E Davi *era* o menor; e os três maiores seguiram a Saul.

¹⁵Davi, porém, ia e voltava de Saul, para apascentar as ovelhas de seu pai em Belém.

¹⁶Chegava-se, pois, o filisteu pela manhã e à tarde; e apresentou-se por quarenta dias.

¹⁷E disse Jessé a Davi, seu filho: Toma, peço-te, para teus irmãos um efa deste *grão* tostado e estes dez pães, e corre a levá-los ao arraial, a teus irmãos.

¹⁸Porém estes dez queijos de leite leva ao capitão de mil; e visitarás a teus irmãos, *a ver* se vão bem; e tomarás o seu penhor.

¹⁹E *estavam* Saul, e eles, e todos os homens de Israel no vale do carvalho, pelejando com os filisteus.

²⁰Davi então se levantou de madrugada, pela manhã, e deixou as ovelhas com um guarda, e carregou-se, e partiu, como Jessé lhe ordenara; e chegou ao lugar dos carros, quando já o exército saía em ordem de batalha, e a gritos chamavam à peleja.

²¹E os israelitas e filisteus se puseram em ordem, fileira contra fileira.

1 SAMUEL 17.22

214

²²E Davi deixou a carga que trouxera na mão do guarda da bagagem, e correu à batalha; e, chegando, perguntou a seus irmãos se estavam bem.

O gigante Golias insulta os israelitas

²³E, estando ele ainda falando com eles, eis que *vinha* subindo do exército dos filisteus o homem guerreiro, cujo nome era Golias, o filisteu de Gate; e falou conforme àquelas palavras, e Davi *as* ouviu.

²⁴Porém todos os homens em Israel, vendo aquele homem, fugiram de diante dele, e temiam grandemente.

²⁵E diziam os homens de Israel: Vistes aquele homem que subiu? Pois subiu para afrontar a Israel; há de ser, pois, que, o homem que o ferir, o rei o enriquecerá de grandes riquezas, e lhe dará a sua filha, e fará livre a casa de seu pai em Israel.

²⁶Então falou Davi aos homens que estavam com ele, dizendo: Que farão àquele homem, que ferir a este filisteu, e tirar a afronta de sobre Israel? Quem *é*, pois, este incircunciso filisteu, para afrontar os exércitos do Deus vivo?

²⁷E o povo lhe tornou a falar conforme àquela palavra dizendo: Assim farão ao homem que o ferir.

²⁸E, ouvindo Eliabe, seu irmão mais velho, falar àqueles homens, acendeu-se a ira de Eliabe contra Davi, e disse: Por que desceste aqui? Com quem deixaste aquelas poucas ovelhas no deserto? Bem conheço a tua presunção, e a maldade do teu coração, que desceste para ver a peleja.

²⁹Então disse Davi: Que fiz eu agora? *Porventura* não *há* razão *para isso?*

³⁰E desviou-se dele para outro, e falou conforme àquela palavra; e o povo lhe tornou a responder conforme às primeiras palavras.

³¹E, ouvidas as palavras que Davi havia falado, as anunciaram a Saul, que mandou tomá-lo.

³²E Davi disse a Saul: Não desfaleça o coração de ninguém por causa dele; teu servo irá, e pelejará contra este filisteu.

³³Porém Saul disse a Davi: Contra este filisteu não poderás ir para pelejar com ele; pois tu *ainda és* moço, e ele homem de guerra desde a sua mocidade.

³⁴Então disse Davi a Saul: Teu servo apascentava as ovelhas de seu pai; e quando vinha um leão e um urso, e tomava *uma* ovelha do rebanho,

³⁵Eu saía após ele e o feria, e livrava-a da sua boca; e, quando ele se levantava contra mim, lançava-lhe mão da barba, e o feria e o matava.

³⁶Assim feria o teu servo o leão, como o urso; assim será este incircunciso filisteu como um deles; porquanto afrontou os exércitos do Deus vivo.

³⁷Disse mais Davi: O SENHOR me livrou das garras do leão, e das garras do urso; ele me livrará da mão deste filisteu. Então disse Saul a Davi: Vai, e o SENHOR seja contigo.

³⁸E Saul vestiu a Davi de suas vestes, e pôs-lhe sobre a cabeça um capacete de bronze; e o vestiu de *uma* couraça.

³⁹E Davi cingiu a espada sobre as suas vestes, e começou a andar; porém nunca *o* havia experimentado; então disse Davi a Saul: Não posso andar com isto, pois nunca *o* experimentei. E Davi tirou aquilo de sobre si.

⁴⁰E tomou o seu cajado na mão, e escolheu para si cinco seixos do ribeiro, e pô-los no alforje de pastor, que trazia, *a saber,* no surrão, e lançou mão da sua funda; e foi aproximando-se do filisteu.

⁴¹O filisteu também vinha se aproximando de Davi; e o que lhe levava o escudo *ia* adiante dele.

Davi encontra-se com o gigante e mata-o

⁴²E, olhando o filisteu, e vendo a Davi, o desprezou, porquanto era moço, ruivo, e de gentil aspecto.

⁴³Disse, pois, o filisteu a Davi: Sou eu *algum* cão, para tu vires a mim com paus? E o filisteu pelos seus deuses amaldiçoou a Davi.

⁴⁴Disse mais o filisteu a Davi: Vem a mim, e darei a tua carne às aves do céu e às bestas do campo.

⁴⁵Davi, porém, disse ao filisteu: Tu vens a mim com espada, e com lança, e com escudo; porém eu venho a ti em nome do SENHOR dos Exércitos, o Deus dos exércitos de Israel, a quem tens afrontado.

⁴⁶Hoje mesmo o SENHOR te entregará na minha mão, e ferir-te-ei, e tirar-te-ei a cabeça, e os corpos do arraial dos filisteus darei hoje mesmo às aves do céu e às feras da terra; e toda a terra saberá que há Deus em Israel;

⁴⁷E saberá toda esta congregação que o SENHOR salva, não com espada, nem com lança; porque do SENHOR *é* a guerra, e ele vos entregará na nossa mão.

⁴⁸E sucedeu que, levantando-se o filisteu, e indo encontrar-se com Davi, apressou-se Davi, e correu ao combate, a encontrar-se com o filisteu.

⁴⁹E Davi pôs a mão no alforje, e tomou dali uma pedra e com a funda lha atirou, e feriu o filisteu na testa, e a pedra se lhe encravou na testa, e caiu sobre o seu rosto em terra.

⁵⁰Assim Davi prevaleceu contra o filisteu, com uma funda e com uma pedra, e feriu o filisteu, e o matou; sem que Davi *tivesse* uma espada na mão.

⁵¹Por isso correu Davi, e pôs-se *em pé* sobre o filisteu, e tomou a sua espada, e tirou-a da bainha, e o matou, e lhe cortou com ela a cabeça; vendo então os filisteus, que seu herói era morto, fugiram.

⁵²Então os homens de Israel e Judá se levantaram, e jubilaram, e seguiram os filisteus, até chegar ao vale, e até às portas de Ecrom; e caíram os feridos dos filisteus pelo caminho de Saaraim até Gate e até Ecrom.

⁵³Então voltaram os filhos de Israel de perseguirem os filisteus, e despojaram os seus arraiais.

⁵⁴E Davi tomou a cabeça do filisteu, e a trouxe a Jerusalém; porém pôs as armas dele na sua tenda.

⁵⁵Vendo, porém, Saul, sair Davi a encontrar-se com o filisteu, disse a Abner, o capitão do exército: De quem é filho este moço, Abner? E disse Abner: Vive a tua alma, ó rei, que o não sei.

215 1 SAMUEL 19.4

⁵⁶Disse então o rei: Pergunta, pois, de quem é filho este moço.

⁵⁷Voltando, pois, Davi de ferir o filisteu, Abner o tomou e o trouxe à presença de Saul, trazendo ele na mão a cabeça do filisteu.

⁵⁸E disse-lhe Saul: De quem és filho, jovem? E disse Davi: Filho de teu servo Jessé, belemita.

Amizade de Jônatas para com Davi

18 E SUCEDEU que, acabando ele de falar com Saul, a alma de Jônatas se ligou com a alma de Davi; e Jônatas o amou, como à sua *própria* alma.

²E Saul naquele dia o tomou, e não lhe permitiu que voltasse para casa de seu pai.

³E Jônatas e Davi fizeram aliança; porque *Jônatas* o amava como à sua *própria* alma.

⁴E Jônatas se despojou da capa que *trazia* sobre si, e a deu a Davi, *como* também as suas vestes, até a sua espada, e o seu arco, e o seu cinto.

⁵E saía Davi aonde quer que Saul o enviasse e conduzia-se com prudência, e Saul o pôs sobre os homens de guerra; e era aceito aos olhos de todo o povo, e até aos olhos dos servos de Saul.

⁶Sucedeu, porém, que, vindo eles, quando Davi voltava de ferir os filisteus, as mulheres de todas as cidades de Israel saíram ao encontro do rei Saul, cantando e dançando, com adufes, com alegria, e com instrumentos de música.

O cântico das mulheres causa indignação a Saul

⁷E as mulheres dançando e cantando se respondiam umas às *outras,* dizendo: Saul feriu os seus milhares, porém, Davi os seus dez milhares.

⁸Então Saul se indignou muito, e aquela palavra pareceu mal aos seus olhos, e disse: Dez milhares deram a Davi, e a mim *somente* milhares; na verdade, que lhe falta, senão só o reino?

⁹E, desde aquele dia em diante, Saul tinha Davi em suspeita.

¹⁰E aconteceu no outro dia, que o mau espírito da parte de Deus se apoderou de Saul, e profetizava no meio da casa; e Davi tocava *a harpa* com a sua mão, como nos outros dias; Saul, porém, *tinha* na mão *uma* lança.

¹¹E Saul atirou com a lança, dizendo: Encravarei a Davi na parede. Porém Davi se desviou dele *por* duas vezes.

¹²E temia Saul a Davi, porque o SENHOR era com ele e se tinha retirado de Saul.

¹³Por isso Saul o desviou de si, e o pôs por capitão de mil; e saía e entrava diante do povo.

¹⁴E Davi se conduzia com prudência em todos os seus caminhos, e o SENHOR *era* com ele.

¹⁵Vendo então Saul que tão prudentemente se conduzia, tinha receio dele.

¹⁶Porém todo o Israel e Judá amava a Davi, porquanto saía e entrava diante deles.

Saul intenta matar Davi

¹⁷Por isso Saul disse a Davi: Eis que Merabe, minha filha mais velha, te darei por mulher; sê-me somente filho valoroso, e guerreia as guerras do SENHOR (porque Saul dizia *consigo:* Não seja contra ele a minha mão, mas sim a mão dos filisteus).

¹⁸Mas Davi disse a Saul: Quem *sou* eu, e qual *é a* minha vida *e* a família de meu pai em Israel, para *vir* a ser genro do rei?

¹⁹Sucedeu, porém, que ao tempo que Merabe, filha de Saul, devia ser dada a Davi, ela foi dada por mulher a Adriel, meolatita.

Mical, a filha de Saul, ama a Davi

²⁰Mas Mical, *a outra* filha de Saul amava a Davi; o que, sendo anunciado a Saul, pareceu isto bom aos seus olhos.

²¹E Saul disse: Eu lha darei, para que lhe sirva de laço, e *para que* a mão dos filisteus venha *a ser* contra ele. Disse, pois, Saul a Davi: Com a outra serás hoje meu genro.

²²E Saul deu ordem aos seus servos: Falai em segredo a Davi, dizendo: Eis que o rei te está *mui* afeiçoado, e todos os seus servos te amam; agora, pois, *consente em* ser genro do rei.

²³E os servos de Saul falaram todas estas palavras aos ouvidos de Davi. Então disse Davi: Parece-vos pouco *aos vossos olhos* ser genro do rei, sendo eu homem pobre e desprezível?

²⁴E os servos de Saul lhe anunciaram isto, dizendo: *Foram* tais as palavras que falou Davi.

²⁵Então disse Saul: Assim direis a Davi: O rei não tem necessidade de dote, senão de cem prepúcios de filisteus, para se tomar vingança dos inimigos do rei. Porquanto Saul tentava fazer cair a Davi pela mão dos filisteus.

²⁶E anunciaram os seus servos estas palavras a Davi, e este negócio pareceu bem *aos olhos de* Davi, de que fosse genro do rei; porém *ainda* os dias não se haviam cumprido.

²⁷Então Davi se levantou, e partiu com os seus homens, e feriu dentre os filisteus duzentos homens, e Davi trouxe os seus prepúcios, e os entregou todos ao rei, para que fosse genro do rei; então Saul lhe deu por mulher a sua filha.

²⁸E viu Saul, e notou que o SENHOR *era* com Davi; e Mical, filha de Saul, o amava.

²⁹Então Saul temeu muito mais a Davi; e Saul foi todos os *seus* dias inimigo de Davi.

³⁰E, saindo os príncipes dos filisteus *à campanha,* sucedia que Davi se conduzia com mais êxito do que todos os servos de Saul; portanto o seu nome era muito estimado.

Jônatas revela a Davi o ciúme de Saul

19 E FALOU Saul a Jônatas, seu filho, e a todos os seus servos, para que matassem a Davi. Porém Jônatas, filho de Saul, estava mui afeiçoado a Davi.

²E Jônatas o anunciou a Davi, dizendo: Meu pai, Saul, procura matar-te, pelo que agora guarda-te pela manhã, e fica-te em oculto, e esconde-te.

³E sairei eu, e estarei à mão de meu pai no campo em que estiverdes, e eu falarei de ti a meu pai, e verei o que há, e to anunciarei.

⁴Então Jônatas falou bem de Davi a Saul, seu

1 SAMUEL 19.5

216

pai, e disse-lhe: Não peque o rei contra seu servo Davi, porque ele não pecou contra ti, e porque os seus feitos te *são* muito bons.

[5]Porque pôs a sua vida em sua mão, e feriu aos filisteus, e fez o SENHOR *um* grande livramento a todo o Israel; tu *mesmo* o viste, e te alegraste; porque, pois, pecarias contra o sangue inocente, matando a Davi, sem causa?

[6]E Saul deu ouvidos à voz de Jônatas, e jurou Saul: Vive o SENHOR, que não morrerá.

[7]E Jônatas chamou a Davi, e contou-lhe todas estas palavras; e Jônatas levou Davi a Saul, e esteve perante ele como antes.

[8]E tornou a haver guerra; e saiu Davi, e pelejou contra os filisteus, e feriu-os com grande matança, e fugiram diante dele.

[9]Porém o espírito mau da parte do SENHOR se tornou sobre Saul, estando ele assentado em sua casa, e tendo na mão a sua lança; e tocava Davi com a mão, *a harpa.*

[10]E procurou Saul encravar a Davi na parede, porém ele se desviou de diante de Saul, o qual feriu a parede com a sua lança, porém fugiu Davi, e escapou naquela *mesma noite.*

[11]Porém Saul mandou mensageiros à casa de Davi, que o guardassem, e o matassem pela manhã; do que Mical, sua mulher, avisou a Davi, dizendo: Se não salvares a tua vida esta noite, amanhã te matarão.

Mical salva Davi

[12]Então Mical desceu a Davi por uma janela; e ele se foi, e fugiu, e escapou.

[13]E Mical tomou uma estátua e a deitou na cama, e pôs-lhe à cabeceira *uma* pele de cabra, e a cobriu com uma coberta.

[14]E, mandando Saul mensageiros que trouxessem a Davi, ela disse: Está doente.

[15]Então Saul tornou a enviar mensageiros que vissem a Davi, dizendo: Trazei-mo na cama, para que o mate.

[16]Vindo, pois, os mensageiros, eis que a estátua estava na cama, e a pele de cabra à sua cabeceira.

[17]Então disse Saul a Mical: Por que assim me enganaste, e deixaste ir e escapar o meu inimigo? E disse Mical a Saul: *Porque* ele me disse: Deixa-me ir, por que hei de eu matar-te?

[18]Assim Davi fugiu e escapou, e foi a Samuel, em Ramá, e lhe participou tudo quanto Saul lhe fizera; e foram, ele e Samuel, e ficaram em Naiote.

[19]E o anunciaram a Saul, dizendo: Eis que Davi *está* em Naiote, em Ramá.

[20]Então enviou Saul mensageiros para trazerem a Davi, os quais viram uma congregação de profetas profetizando, onde estava Samuel que presidia sobre eles; e o Espírito de Deus veio sobre os mensageiros de Saul, e também eles profetizaram.

[21]E, avisado disto Saul, enviou outros mensageiros, e também estes profetizaram; então enviou Saul ainda uns terceiros mensageiros, os quais também profetizaram.

[22]Então foi também ele mesmo a Ramá, e chegou ao poço grande que *estava* em Secu; e, perguntando, disse: Onde *estão* Samuel e Davi? E disseram-lhe: Eis que *estão* em Naiote, em Ramá.

[23]Então foi para Naiote, em Ramá; e o mesmo Espírito de Deus veio sobre ele, e ia profetizando, até chegar a Naiote, em Ramá.

[24]E ele também despiu as suas vestes, e profetizou diante de Samuel, e esteve nu por terra todo aquele dia e toda aquela noite; por isso se diz: Está também Saul entre os profetas?

O encontro de Davi com Jônatas

20 ENTÃO fugiu Davi de Naiote, em Ramá; e veio diante de Jônatas, e disse: Que fiz eu? Qual *é* o meu crime? E qual *é* o meu pecado diante de teu pai, que procura tirar-me a vida?

[2]E *ele* lhe disse: Tal não suceda; não morrerás; eis que meu pai não faz coisa nenhuma grande, nem pequena, sem primeiro me informar; por que, pois, meu pai me encobriria este negócio? Não será assim.

[3]Então Davi tornou a jurar, e disse: Teu pai sabe muito bem que achei graça em teus olhos; por isso disse: Não saiba isto Jônatas, para que não se magoe. Mas, na verdade, como vive o SENHOR, e como vive a tua alma, há apenas um passo entre mim e a morte.

[4]E disse Jônatas a Davi: O que disser a tua alma, eu te farei.

[5]Disse Davi a Jônatas: Eis que amanhã *é* a lua nova, em que costumo assentar-me com o rei para comer; porém deixa-me ir, e esconder-me-ei no campo, até à tarde do terceiro dia.

[6]Se teu pai notar a minha ausência, dirás: Davi me pediu muito que o deixasse ir correndo a Belém, sua cidade; porquanto *se faz* lá o sacrifício anual para toda a linhagem.

[7]Se disser assim: *Está* bem; *então* teu servo tem paz; porém se muito se indignar, sabe que já está inteiramente determinado no mal.

[8]Usa, pois, de misericórdia com o teu servo, porque o fizeste entrar contigo em aliança do SENHOR; se, porém, há em mim crime, mata-me tu mesmo; por que me levarias a teu pai?

[9]Então disse Jônatas: Longe de ti tal coisa; porém se de alguma forma soubesse que já este mal está inteiramente determinado por meu pai, para que viesse sobre ti, não to revelaria eu?

[10]E disse Davi a Jônatas: Quem me fará saber, se por acaso teu pai te responder asperamente?

Jônatas faz uma aliança com Davi

[11]Então disse Jônatas a Davi: Vem e saiamos ao campo. E saíram ambos ao campo.

[12]E disse Jônatas a Davi: O SENHOR Deus de Israel seja testemunha! Sondando eu a meu pai amanhã a estas horas, *ou* depois de amanhã, e eis que se *houver coisa* favorável para Davi, e eu então não enviar a ti, e não to fizer saber;

[13]O SENHOR faça assim com Jônatas outro tanto; que se aprouver a meu pai fazer-te mal, também

to farei saber, e te deixarei partir, e irás em paz; e o SENHOR seja contigo, *assim* como foi com meu pai.

¹⁴E, se eu então ainda viver, *porventura* não usarás comigo da beneficência do SENHOR, para que não morra?

¹⁵Nem tampouco cortarás da minha casa a tua beneficência eternamente; nem ainda quando o SENHOR desarraigar da terra a cada um dos inimigos de Davi.

¹⁶Assim fez Jônatas *aliança* com a casa de Davi, *dizendo:* O SENHOR o requeira da mão dos inimigos de Davi.

¹⁷E Jônatas fez jurar a Davi de novo, porquanto o amava; porque o amava com *todo* o amor da sua alma.

¹⁸E disse-lhe Jônatas: Amanhã é a lua nova, e não te acharão no teu lugar, pois o teu assento se achará vazio.

¹⁹E, ausentando-te tu três dias, desce apressadamente, e vai àquele lugar onde te escondeste no dia do negócio; e fica-te junto à pedra de Ezel.

²⁰E eu atirarei três flechas para aquele lado, como se atirasse ao alvo.

²¹E eis que mandarei o moço *dizendo:* Anda, busca as flechas. Se eu expressamente disser ao moço: Olha que as flechas *estão* para cá de ti; toma-o *contigo,* e vem, porque há paz para ti, e não há nada, vive o SENHOR.

²²Porém se disser ao moço assim: Olha que as flechas *estão* para lá de ti; vai-te *embora,* porque o SENHOR te deixa ir.

²³E *quanto* ao negócio de que eu e tu falamos, eis que o SENHOR *está* entre mim e ti eternamente.

²⁴Escondeu-se, pois, Davi no campo; e, sendo a lua nova, assentou-se o rei para comer pão.

²⁵E, assentando-se o rei, como das outras vezes, no seu assento, no lugar junto à parede, Jônatas se levantou, e assentou-se Abner ao lado de Saul; e o lugar de Davi apareceu vazio.

²⁶Porém naquele dia não disse Saul nada, porque dizia: Aconteceu-lhe alguma coisa, pela qual não está limpo; certamente não está limpo.

²⁷Sucedeu também no outro dia, o segundo da lua nova, que o lugar de Davi apareceu vazio; disse, pois, Saul a Jônatas, seu filho: Por que não veio o filho de Jessé nem ontem nem hoje a *comer* pão?

²⁸E respondeu Jônatas a Saul: Davi me pediu encarecidamente *que o deixasse ir* a Belém.

²⁹Dizendo: Peço-*te que* me deixes ir, porquanto a nossa linhagem tem um sacrifício na cidade, e meu irmão mesmo me mandou ir; se, pois, agora tenho achado graça em teus olhos, peço-*te que* me deixes partir, para que veja a meus irmãos; por isso não veio à mesa do rei.

³⁰Então se acendeu a ira de Saul contra Jônatas, e disse-lhe: Filho da *mulher* perversa e rebelde; não sei *eu* que tens escolhido o filho de Jessé, para vergonha tua e para vergonha da nudez de tua mãe?

³¹Porque todos os dias que o filho de Jessé viver sobre a terra nem tu estarás seguro, nem o teu reino; pelo que envia, e traze-mo nesta hora; porque é digno de morte.

³²Então respondeu Jônatas a Saul, seu pai, e lhe disse: Por que há de morrer? Que tem feito?

³³Então Saul atirou-lhe com a lança, para o ferir; assim entendeu Jônatas que já seu pai tinha determinado matar a Davi.

³⁴Por isso Jônatas, todo encolerizado, se levantou da mesa; e no segundo dia da lua nova não comeu pão; porque se magoava por causa de Davi, porque seu pai o tinha humilhado.

³⁵E aconteceu, pela manhã, que Jônatas saiu ao campo, ao tempo *que tinha* ajustado com Davi, e um moço pequeno com ele.

³⁶Então disse ao seu moço: Corre a buscar as flechas que eu atirar. Correu, *pois,* o moço, e ele atirou uma flecha, que fez passar além dele.

³⁷E, chegando o moço ao lugar da flecha que Jônatas tinha atirado, gritou Jônatas atrás do moço, e disse: Não está *porventura* a flecha mais para lá de ti?

³⁸E tornou Jônatas a gritar atrás do moço: Apressa-te, corre, não te demores. E o moço de Jônatas apanhou as flechas, e veio a seu senhor.

³⁹E o moço não entendeu coisa alguma; só Jônatas e Davi sabiam deste negócio.

⁴⁰Então Jônatas deu as suas armas ao moço que trazia, e disse-lhe: Anda, *e* leva-as à cidade.

⁴¹E, indo-se o moço, levantou-se Davi do lado do sul, e lançou-se sobre o seu rosto em terra, e inclinou-se três vezes; e beijaram-se um ao outro, e choraram juntos, mas Davi chorou muito mais.

⁴²E disse Jônatas a Davi: Vai-te em paz; o que nós temos jurado ambos em nome do SENHOR, dizendo: O SENHOR seja entre mim e ti, e entre a minha descendência e a tua descendência, *seja* perpetuamente.

⁴³Então se levantou *Davi,* e partiu; e Jônatas entrou na cidade.

Davi vai ter com o sacerdote Aimeleque

21 ENTÃO veio Davi a Nobe, ao sacerdote Aimeleque; e Aimeleque, tremendo, saiu ao encontro de Davi, e disse-lhe: Por que *vens* só, e ninguém *contigo?*

²E disse Davi ao sacerdote Aimeleque: O rei me encomendou *um* negócio, e me disse: Ninguém saiba deste negócio, pelo qual eu te enviei, e o qual te ordenei; quanto aos moços, apontei-lhes tal e tal lugar.

³Agora, pois, que tens à mão? Dá-me cinco pães na minha mão, ou o que se achar.

⁴E, respondendo o sacerdote a Davi, disse: Não tenho pão comum à mão; há, porém, pão sagrado, se ao menos os moços se abstiveram das mulheres.

⁵E respondeu Davi ao sacerdote, e lhe disse: As mulheres, na verdade, se nos vedaram desde ontem e anteontem; quando eu saí, os vasos dos moços eram santos; e de *algum* modo *é pão* comum, sendo que hoje santifica-se *outro* no vaso.

1 SAMUEL 21.6

218

⁶Então o sacerdote lhe deu o *pão* sagrado, porquanto não havia ali *outro* pão senão os pães da proposição, que se tiraram de diante do Senhor, para se pôr ali pão quente no dia em que aquele se tirasse.

⁷*Estava*, porém, ali naquele dia um dos criados de Saul, detido perante o Senhor, e *era* seu nome Doegue, edomeu, o mais poderoso dos pastores de Saul.

⁸E disse Davi a Aimeleque: Não tens aqui à mão lança ou espada alguma? Porque não trouxe a mão nem a minha espada nem as minhas armas, porque o negócio do rei era apressado.

⁹E disse o sacerdote: A espada de Golias, o filisteu, a quem tu feriste no vale do carvalho, eis que está *aqui* envolta num pano detrás do éfode. Se tu a queres tomar, toma-*a*, porque nenhuma outra há aqui, senão aquela. E disse Davi: Não *há* outra semelhante; dá-ma.

Davi foge para Aquis, rei de Gate

¹⁰E Davi levantou-se, e fugiu aquele dia de diante de Saul, e foi a Aquis, rei de Gate.

¹¹Porém os criados de Aquis lhe disseram: Não *é* este Davi, o rei da terra? Não se cantava deste nas danças, dizendo: Saul feriu os seus milhares, porém Davi os seus dez milhares?

¹²E Davi considerou estas palavras no seu ânimo, e temeu muito diante de Aquis, rei de Gate.

¹³Por isso se contrafez diante dos olhos deles, e fez-se como doido entre as suas mãos, e esgravatava nas portas de entrada, e deixava correr a saliva pela barba.

¹⁴Então disse Aquis aos seus criados: Eis que *bem* vedes que este homem está louco; por que mo trouxestes a mim?

¹⁵Faltam-me a mim doidos, para que trouxésseis a este para que fizesse doidices diante de mim? Há de entrar este na minha casa?

Davi esconde-se na caverna de Adulão

22 ENTÃO Davi se retirou dali, e escapou para a caverna de Adulão; e ouviram-no seus irmãos e toda a casa de seu pai, e desceram ali para ter com ele.

²E ajuntou-se a ele todo o homem que se *achava* em aperto, e todo o homem endividado, e todo o homem de espírito desgostoso, e ele se fez capitão deles; e eram com ele uns quatrocentos homens.

³E foi Davi dali a Mizpá dos moabitas, e disse ao rei dos moabitas: Deixa estar meu pai e minha mãe convosco, até que saiba o que Deus há de fazer de mim.

⁴E trouxe-os perante o rei dos moabitas, e ficaram com ele todos os dias que Davi esteve no lugar forte.

⁵Porém o profeta Gade disse a Davi: Não fiques naquele lugar forte; vai, e entra na terra de Judá. Então Davi saiu, e foi para o bosque de Herete.

Crueldade de Saul para com os sacerdotes de Nobe

⁶E ouviu Saul que já se sabia de Davi e dos homens que *estavam* com ele; e estava Saul em Gibeá, debaixo de um arvoredo, em Ramá, e tinha na mão a sua lança, e todos os seus criados estavam com ele.

⁷Então disse Saul a todos os seus criados que estavam com ele: Ouvi, peço-vos, filhos de Benjamim, dar-vos-á também o filho de Jessé, a todos vós, terras e vinhas, e far-vos-á a todos capitães de milhares e capitães de centenas,

⁸Para que todos vós tenhais conspirado contra mim, e ninguém *há* que me dê aviso de que meu filho tem feito aliança com o filho de Jessé, e nenhum dentre vós há que se doa de mim, e mo participe, pois meu filho tem contra mim sublevado a meu servo, para *me* armar ciladas, como *se vê* neste dia?

⁹Então respondeu Doegue, o edomeu, que também estava com os criados de Saul, e disse: Vi o filho de Jessé chegar a Nobe, a Aimeleque, filho de Aitube,

¹⁰O qual consultou por ele ao Senhor, e lhe deu mantimento, e lhe deu *também* a espada de Golias, o filisteu.

¹¹Então o rei mandou chamar a Aimeleque, sacerdote, filho de Aitube, e a toda a casa de seu pai, os sacerdotes que *estavam* em Nobe; e todos eles vieram ao rei.

¹²E disse Saul: Ouve, peço-te, filho de Aitube. E ele disse: Eis-me *aqui*, senhor meu.

¹³Então lhe disse Saul: Por que conspirastes contra mim, tu e o filho de Jessé? Pois deste-lhe pão e espada, e consultaste por ele a Deus, para que se levantasse contra mim a armar-*me* ciladas, como *se vê* neste dia?

¹⁴E respondeu Aimeleque ao rei e disse: E quem, entre todos os teus criados, há *tão* fiel como Davi, o genro do rei, pronto na sua obediência, e honrado na tua casa?

¹⁵Comecei, *porventura*, hoje a consultar por ele a Deus? Longe de mim tal! Não impute o rei coisa nenhuma a seu servo, *nem* a toda a casa de meu pai, pois o teu servo não soube nada de tudo isso, nem muito nem pouco.

¹⁶Porém o rei disse: Aimeleque, morrerás certamente, tu e toda a casa de teu pai,

¹⁷E disse o rei aos da *sua* guarda que estavam com ele: Virai-vos, e matai os sacerdotes do Senhor, porque também a sua mão é com Davi, e porque souberam que fugiu e não mo fizeram saber. Porém os criados do rei não quiseram estender as suas mãos para arremeter contra os sacerdotes do Senhor.

¹⁸Então disse o rei a Doegue: Vira-te, e arremete contra os sacerdotes. Então se virou Doegue, o edomeu, e arremeteu contra os sacerdotes, e matou naquele dia oitenta e cinco homens que vestiam éfode de linho.

¹⁹Também a Nobe, cidade destes sacerdotes,

passou a fio de espada, desde o homem até à mulher, desde os meninos até aos de peito, e até os bois, jumentos e ovelhas *passou* a fio de espada.

Abiatar escapa e vai ter com Davi

²⁰Porém escapou um dos filhos de Aimeleque, filho de Aitube, cujo nome era Abiatar, o qual fugiu para Davi.

²¹E Abiatar anunciou a Davi que Saul tinha matado os sacerdotes do SENHOR.

²²Então Davi disse a Abiatar: Bem sabia eu naquele dia que, estando ali Doegue, o edomeu, não deixaria de o denunciar a Saul; eu dei ocasião contra todas as almas da casa de teu pai.

²³Fica comigo, não temas, porque quem procurar a minha morte *também* procurará a tua, pois estarás salvo comigo.

Davi livra Queila

23E FOI anunciado a Davi, dizendo: Eis que os filisteus pelejam contra Queila, e saqueiam as eiras.

²E consultou Davi ao SENHOR, dizendo: Irei eu, e ferirei a estes filisteus? E disse o SENHOR a Davi: Vai, e ferirás aos filisteus, e livrarás a Queila.

³Porém os homens de Davi lhe disseram: Eis que tememos aqui em Judá, quanto mais indo a Queila contra os esquadrões dos filisteus.

⁴Então Davi tornou a consultar ao SENHOR, e o SENHOR lhe respondeu, e disse: Levanta-te, desce a Queila, porque *te* dou os filisteus na tua mão.

⁵Então Davi partiu com os seus homens a Queila, e pelejou contra os filisteus, e levou os gados, e fez grande estrago entre eles; e Davi livrou os moradores de Queila.

⁶E sucedeu que, quando Abiatar, filho de Aimeleque, fugiu para Davi, a Queila, desceu com o éfode na mão.

⁷E foi anunciado a Saul que Davi tinha ido a Queila, e disse Saul: Deus o entregou nas minhas mãos, pois está encerrado, entrando numa cidade de portas e ferrolhos.

⁸Então Saul mandou chamar a todo o povo à peleja, para que descessem a Queila, para cercar a Davi e os seus homens.

⁹Sabendo, pois, Davi, que Saul maquinava este mal contra ele, disse a Abiatar, sacerdote: Traze aqui o éfode.

¹⁰E disse Davi: Ó SENHOR, Deus de Israel, teu servo tem ouvido que Saul procura vir a Queila, para destruir a cidade por causa de mim.

¹¹Entregar-me-ão os cidadãos de Queila na sua mão? Descerá Saul, como o teu servo tem ouvido? Ah! SENHOR Deus de Israel! Faze-o saber ao teu servo. E disse o SENHOR: Descerá.

¹²Disse mais Davi: Entregar-me-ão os cidadãos de Queila, a mim e aos meus homens, nas mãos de Saul? E disse o SENHOR: Entregarão.

¹³Então Davi se levantou com os seus homens, uns seiscentos, e saíram de Queila, e foram-se aonde puderam; e sendo anunciado a Saul, que Davi escapara de Queila, cessou de sair *contra ele*.

Saul persegue Davi no deserto de Zife

¹⁴E Davi permaneceu no deserto, nos lugares fortes, e ficou em um monte no deserto de Zife; e Saul o buscava todos os dias, porém Deus não o entregou na sua mão.

¹⁵Vendo, pois, Davi, que Saul saíra à busca da sua vida, permaneceu no deserto de Zife, num bosque.

¹⁶Então se levantou Jônatas, filho de Saul, e foi para Davi no bosque, e confortou a sua mão em Deus;

¹⁷E disse-lhe: Não temas, que não te achará a mão de Saul, meu pai; porém tu reinarás sobre Israel, e eu serei contigo o segundo; o que também Saul, meu pai, bem sabe.

¹⁸E ambos fizeram aliança perante o SENHOR; Davi ficou no bosque, e Jônatas voltou para a sua casa.

¹⁹Então subiram os zifeus a Saul, a Gibeá, dizendo: Não se escondeu Davi entre nós, nos lugares fortes no bosque, no outeiro de Haquilá, que *está* à mão direita de Jesimom?

²⁰Agora, pois, ó rei, apressadamente desce conforme a todo o desejo da tua alma; a nós cumpre entregá-lo nas mãos do rei.

²¹Então disse Saul: Bendito sejais vós do SENHOR, porque vos compadecestes de mim.

²²Ide, pois, e diligenciai ainda mais, e sabei e notai o lugar que frequenta, e quem o tenha visto ali; porque me foi dito *que* é astutíssimo.

²³Por isso atentai *bem*, e informai-vos acerca de todos os esconderijos, em que ele se esconde; e *então* voltai para mim com toda a certeza, e ir-me-ei convosco; e há de ser que, se estiver naquela terra, o buscarei entre todos os milhares de Judá.

²⁴Então se levantaram eles e se foram a Zife, adiante de Saul; Davi, porém, e os seus homens *estavam* no deserto de Maom, na campina, à direita de Jesimom.

²⁵E Saul e os seus homens se foram em busca *dele;* o que anunciaram a Davi, que desceu para aquela penha, e ficou no deserto de Maom; o que ouvindo Saul, seguiu a Davi para o deserto de Maom.

²⁶E Saul ia deste lado do monte, e Davi e os seus homens do outro lado do monte; e, temeroso, Davi se apressou a escapar de Saul; Saul, porém, e os seus homens cercaram a Davi e aos seus homens, para lançar mão deles.

²⁷Então veio um mensageiro a Saul, dizendo: Apressa-te, e vem, porque os filisteus com ímpeto entraram na terra.

²⁸Por isso Saul voltou de perseguir a Davi, e foi ao encontro dos filisteus; por esta razão aquele lugar se chamou Rochedo das Divisões.

²⁹E subiu Davi dali, e ficou nos lugares fortes de En-Gedi.

Davi corta a orla do manto de Saul

24E SUCEDEU que, voltando Saul de perseguir os filisteus, anunciaram-lhe, dizendo: Eis que Davi *está* no deserto de En-Gedi.

1 SAMUEL 24.2

²Então tomou Saul três mil homens, escolhidos dentre todo o Israel, e foi em busca de Davi e dos seus homens, até sobre os cumes das penhas das cabras montesas.

³E chegou a uns currais de ovelhas no caminho, onde estava uma caverna; e entrou nela Saul, a cobrir seus pés; e Davi e os seus homens estavam nos fundos da caverna.

⁴Então os homens de Davi lhe disseram: Eis aqui o dia, do qual o Senhor te diz: Eis que te dou o teu inimigo nas tuas mãos, e far-lhe-ás como *te parecer* bem aos teus olhos. E levantou-se Davi, e mansamente cortou a orla *do manto* de Saul.

⁵Sucedeu, porém, que depois o coração doeu a Davi, por ter cortado a orla *do manto* de Saul.

⁶E disse aos seus homens: O Senhor me guarde de que eu faça tal coisa ao meu senhor, ao ungido do Senhor, estendendo eu a minha mão contra ele; pois é o ungido do Senhor.

⁷E com estas palavras Davi conteve os seus homens, e não lhes permitiu que se levantassem contra Saul; e Saul se levantou da caverna, e prosseguiu o seu caminho.

⁸Depois também Davi se levantou, e saiu da caverna, e gritou por detrás de Saul, dizendo: Rei, meu senhor! E, olhando Saul para trás, Davi se inclinou com o rosto em terra, e se prostrou.

⁹E disse Davi a Saul: Por que dás tu ouvidos às palavras dos homens que dizem: Eis que Davi procura o teu mal?

¹⁰Eis que este dia os teus olhos viram, que o Senhor hoje te pôs em minhas mãos *nesta* caverna, e alguns disseram que te matasse; porém a minha mão te poupou; porque disse: Não estenderei a *minha mão* contra o meu senhor, pois é o ungido do Senhor.

¹¹Olha, pois, meu pai, vê aqui a orla do teu manto na minha mão; porque cortando-te eu a orla do manto, não te matei. Sabe, pois, e vê que não há na minha mão nem mal nem rebeldia alguma, e não pequei contra ti; porém tu andas à caça da minha vida, para ma tirares.

¹²Julgue o Senhor entre mim e ti, e vingue-me o Senhor de ti; porém a minha mão não será contra ti.

¹³Como diz o provérbio dos antigos: Dos ímpios procede a impiedade; porém a minha mão não será contra ti.

¹⁴Após quem saiu o rei de Israel? A quem persegues? A um cão morto? A uma pulga?

¹⁵O Senhor, porém, será juiz, e julgará entre mim e ti, e verá, e advogará a minha causa, e me defenderá da tua mão.

¹⁶E sucedeu que, acabando Davi de falar a Saul todas estas palavras, disse Saul: *É* esta a tua voz, meu filho Davi? Então Saul levantou a sua voz e chorou.

¹⁷E disse a Davi: Mais justo és do que eu; pois tu me recompensaste com bem, e eu te recompensei com mal.

¹⁸E tu mostraste hoje que procedeste bem para comigo, pois o Senhor me tinha posto em tuas mãos, e tu não me mataste.

¹⁹Porque, quem há que, encontrando o seu inimigo, o deixaria ir por bom caminho? O Senhor, pois, te pague com bem, por isso que hoje me fizeste.

²⁰Agora, pois, eis que *bem* sei que certamente hás de reinar, e que o reino de Israel há de ser firme na tua mão.

²¹Portanto agora jura-me pelo Senhor que não desarraigarás a minha descendência depois de mim, nem desfarás o meu nome da casa de meu pai.

²²Então jurou Davi a Saul. E foi Saul para a sua casa; porém Davi e os seus homens subiram ao lugar forte.

A morte de Samuel

25 E FALECEU Samuel, e todo o Israel se ajuntou, e o prantearam, e o sepultaram na sua casa, em Ramá. E Davi se levantou e desceu ao deserto de Parã.

²E *havia um* homem em Maom, que tinha as suas possessões no Carmelo; e *era* este homem muito poderoso, e tinha três mil ovelhas e mil cabras; e estava tosquiando as suas ovelhas no Carmelo.

³E *era* o nome deste homem Nabal, e o nome de sua mulher Abigail; e *era* a mulher de bom entendimento e formosa; porém o homem *era* duro, e maligno nas obras, e era da casa de Calebe.

⁴E ouviu Davi no deserto que Nabal tosquiava as suas ovelhas,

⁵E enviou Davi dez moços, e disse aos moços: Subi ao Carmelo, e, indo a Nabal, perguntai-lhe, em meu nome, como está.

⁶E assim direis àquele próspero: Paz tenhas, e que a tua casa tenha paz, e tudo o que tens tenha paz!

⁷Agora, pois, tenho ouvido que tens tosquiadores. Ora, os pastores que tens estiveram conosco; agravo nenhum lhes fizemos, nem coisa alguma lhes faltou todos os dias que estiveram no Carmelo.

⁸Pergunta-o aos teus moços, e eles to dirão. Estes moços, pois, achem graça em teus olhos, porque viemos em boa ocasião. Dá, pois, a teus servos e a Davi, teu filho, o que achares à mão.

⁹Chegando, pois, os moços de Davi, e falando a Nabal todas aquelas palavras em nome de Davi, se calaram.

Nabal recusa dar víveres aos servos de Davi

¹⁰E Nabal respondeu aos criados de Davi, e disse: Quem *é* Davi, e quem *é* o filho de Jessé? Muitos servos há hoje, que fogem ao seu senhor.

¹¹Tomaria eu, pois, o meu pão, e a minha água, e a carne das minhas reses que degolei para os meus tosquiadores, e o daria a homens que eu não sei donde vêm?

¹²Então os moços de Davi puseram-se a caminho e voltaram, e chegando, lhe anunciaram *tudo conforme* a todas estas palavras.

1 SAMUEL 25.42

¹³Por isso disse Davi aos seus homens: Cada um cinja a sua espada. E cada um cingiu a sua espada, e cingiu também Davi a sua; e subiram após Davi uns quatrocentos homens, e duzentos ficaram com a bagagem.

¹⁴Porém um dentre os moços o anunciou a Abigail, mulher de Nabal, dizendo: Eis que Davi enviou mensageiros desde o deserto a saudar o nosso amo; porém ele os destratou.

¹⁵Todavia, aqueles homens têm-nos *sido* muito bons, e nunca fomos agravados *por eles,* e nada nos faltou em todos os dias que convivemos com eles quando estavam no campo.

¹⁶De muro em redor nos serviram, assim de dia como de noite, todos os dias que andamos com eles apascentando as ovelhas.

¹⁷Considera, pois, agora, e vê o que hás de fazer, porque o mal *já* está de todo determinado contra o nosso amo e contra toda a sua casa, e ele *é* um homem vil, que não há quem lhe possa falar.

Abigail apazigua Davi

¹⁸Então Abigail se apressou, e tomou duzentos pães, e dois odres de vinho, e cinco ovelhas guisadas, e cinco medidas de *trigo* tostado, e cem cachos de passas, e duzentas pastas de figos passados, e *os* pôs sobre jumentos.

¹⁹E disse aos seus moços: Ide adiante de mim, eis que vos seguirei de perto. O que, porém, não declarou a seu marido Nabal.

²⁰E sucedeu que, andando ela montada num jumento, desceu pelo encoberto do monte, e eis que Davi e os seus homens lhe vinham ao encontro, e ela encontrou-se com eles.

²¹E disse Davi: Na verdade que em vão tenho guardado tudo quanto este *tem* no deserto, e nada *lhe* faltou de tudo quanto tem, e ele me pagou mal por bem.

²²Assim faça Deus aos inimigos de Davi, e outro tanto, se eu deixar até amanhã de tudo o que tem, até mesmo um menino.

²³Vendo, pois, Abigail a Davi, apressou-se, e desceu do jumento, e prostrou-se sobre o seu rosto diante de Davi, e se inclinou à terra.

²⁴E lançou-se a seus pés, e disse: Ah, senhor meu, minha *seja* a transgressão; deixa, pois, falar a tua serva aos teus ouvidos, e ouve as palavras da tua serva.

²⁵Meu senhor, agora não faça *este* homem vil, *a saber,* Nabal, impressão no seu coração, porque tal é ele qual é o seu nome. Nabal *é* o seu nome, e a loucura *está* com ele, e eu, tua serva, não vi os moços de meu senhor, que enviaste.

²⁶Agora, pois, meu senhor, vive o SENHOR, e vive a tua alma, que o SENHOR te impediu de vires com sangue, e de que a tua mão te salvasse; e, agora, tais quais Nabal sejam os teus inimigos e os que procuram mal contra o meu senhor.

²⁷E agora este é o presente que trouxe a tua serva a meu senhor; seja dado aos moços que seguem ao meu senhor.

²⁸Perdoa, pois, à tua serva *esta* transgressão,

porque certamente fará o SENHOR casa firme a meu senhor, porque meu senhor guerreia as guerras do SENHOR, e não se tem achado mal em ti por *todos os* teus dias,

²⁹E, levantando-se algum homem para te perseguir, e para procurar a tua morte, contudo a vida de meu senhor será atada no feixe dos que vivem com o SENHOR teu Deus; porém a vida de teus inimigos ele arrojará ao longe, como do meio do côncavo de uma funda.

³⁰E há de ser que, usando o SENHOR com o meu senhor conforme a todo o bem que já tem falado de ti, e te houver estabelecido príncipe sobre Israel,

³¹Então, meu senhor, não te será por tropeço, nem por pesar no coração, o sangue que sem causa derramaste, nem tampouco por ter se vingado o meu senhor a si mesmo; e quando o SENHOR fizer bem a meu senhor, lembra-te então da tua serva.

³²Então Davi disse a Abigail: Bendito o SENHOR Deus de Israel, que hoje te enviou ao meu encontro.

³³E bendito o teu conselho, e bendita tu, que hoje me impediste de derramar sangue, e de vingar-me pela minha própria mão.

³⁴Porque, na verdade, vive o SENHOR Deus de Israel, que me impediu de que te fizesse mal, que se tu não te apressaras, e não me vieras ao encontro, não ficaria a Nabal até a luz da manhã nem mesmo um menino.

³⁵Então Davi tomou da sua mão o que tinha trazido, e lhe disse: Sobe em paz à tua casa; vês *aqui* que tenho dado ouvidos à tua voz, e tenho aceitado a tua face.

³⁶E, vindo Abigail a Nabal, eis que tinha em sua casa *um* banquete, como banquete de rei; e o coração de Nabal *estava* alegre nele, e ele *já* muito embriagado, pelo que *ela* não lhe deu a entender coisa alguma, pequena nem grande, até à luz da manhã.

³⁷Sucedeu, pois, que pela manhã, estando Nabal já livre do vinho, sua mulher lhe deu a entender aquelas coisas; e se amorteceu o seu coração, e ficou ele como pedra.

³⁸E aconteceu que, *passados* quase dez dias, feriu o SENHOR a Nabal, e *este* morreu.

³⁹E, ouvindo Davi que Nabal morrera, disse: Bendito *seja* o SENHOR, que julgou a causa de minha afronta recebida da mão de Nabal, e deteve a seu servo do mal, fazendo o SENHOR tornar o mal de Nabal sobre a sua cabeça. E mandou Davi falar a Abigail, para tomá-la por sua mulher.

⁴⁰Vindo, pois, os criados de Davi a Abigail, no Carmelo, lhe falaram, dizendo: Davi nos tem mandado a ti, para te tomar por sua mulher.

⁴¹Então ela se levantou, e se inclinou com o rosto em terra, e disse: Eis que a tua serva servirá de criada para lavar os pés dos criados de meu senhor.

⁴²E Abigail se apressou, e se levantou, e montou num jumento com as suas cinco moças que seguiam as suas pisadas; e ela seguiu os mensageiros de Davi, e foi sua mulher.

1 SAMUEL 25.43   222

⁴³Também tomou Davi a Ainoã de Jizreel; e ambas foram suas mulheres.

⁴⁴Porque Saul tinha dado sua filha Mical, mulher de Davi, a Palti, filho de Laís, o qual *era* de Galim.

Davi poupa outra vez a vida de Saul

26 E VIERAM os zifeus a Saul, a Gibeá, dizendo: Não está Davi escondido no outeiro de Haquilá, defronte de Jesimom?

²Então Saul se levantou e desceu ao deserto de Zife, e com ele três mil homens escolhidos de Israel, a buscar a Davi no deserto de Zife.

³E acampou-se Saul no outeiro de Haquilá, que *está* defronte de Jesimom, junto ao caminho; porém Davi ficou no deserto, e viu que Saul vinha seguindo-o no deserto.

⁴Pois Davi enviou espias, e soube com certeza que Saul tinha vindo.

⁵E Davi se levantou, e foi ao lugar onde Saul se tinha acampado; viu Davi o lugar onde se tinha deitado Saul, e Abner, filho de Ner, capitão do seu exército; e Saul estava deitado dentro do lugar dos carros, e o povo estava acampado ao redor dele.

⁶E dirigindo-se Davi a Aimeleque, o heteu, e a Abisai, filho de Zeruia, irmão de Joabe, disse: Quem descerá comigo a Saul ao arraial? E respondeu Abisai: Eu descerei contigo.

⁷Foram, pois, Davi e Abisai de noite ao povo, e eis que Saul estava deitado dormindo dentro do lugar dos carros, e a sua lança *estava* fincada na terra à sua cabeceira; e Abner e o povo deitavam-se ao redor dele.

⁸Então disse Abisai a Davi: Deus te entregou hoje nas mãos o teu inimigo; deixa-me, pois, agora encravá-lo com a lança de uma vez na terra, e não *o ferirei* segunda vez.

⁹E disse Davi a Abisai: Nenhum dano lhe faças; porque quem estendeu a sua mão contra o ungido do SENHOR, e ficou inocente?

¹⁰Disse mais Davi: Vive o SENHOR que o SENHOR o ferirá, ou o seu dia chegará em que morra, ou descerá para a batalha e perecerá.

¹¹O SENHOR me guarde, de que eu estenda a mão contra o ungido do SENHOR; agora, porém, toma a lança que *está* à sua cabeceira e a bilha de água, e vamo-nos.

¹²Tomou, pois, Davi a lança e a bilha de água, da cabeceira de Saul, e foram-se; e ninguém houve que *o* visse, nem que *o* advertisse, nem que acordasse; porque todos *estavam* dormindo, porque da parte do SENHOR havia caído sobre eles um profundo sono.

¹³E Davi, passando ao outro lado, pôs-se no cume do monte ao longe, *de maneira* que entre eles havia grande distância.

¹⁴E Davi bradou ao povo, e a Abner, filho de Ner, dizendo: Não responderás, Abner? Então Abner respondeu e disse: Quem *és* tu, *que* bradas ao rei?

¹⁵Então disse Davi a Abner: *Porventura* não és homem? E quem *há* em Israel como tu? Por que, pois, não guardaste o rei, teu senhor? Porque um do povo veio para destruir o rei, teu senhor.

¹⁶Não é bom isso, que fizeste; vive o SENHOR, que sois dignos de morte, vós que não guardastes a vosso senhor, o ungido do SENHOR; vede, pois, agora onde *está* a lança do rei, e a bilha de água, que *tinha* à sua cabeceira.

¹⁷Então conheceu Saul a voz de Davi, e disse: Não *é* esta a tua voz, meu filho Davi? E disse Davi: É minha voz, ó rei meu senhor.

¹⁸Disse mais: Por que persegue o meu senhor tanto o seu servo? Que fiz eu? E que maldade *se acha* nas minhas mãos?

¹⁹Ouve, pois, agora, te rogo, rei meu senhor, as palavras de teu servo: Se o SENHOR te incita contra mim, receba ele a oferta *de alimentos;* se, porém, *são os* filhos dos homens, malditos sejam perante o SENHOR; pois *eles* me têm expulsado hoje para que *eu* não tenha parte na herança do SENHOR, dizendo: Vai, serve a outros deuses.

²⁰Agora, pois, não se derrame o meu sangue na terra diante do SENHOR; pois saiu o rei de Israel em busca de uma pulga, como quem persegue uma perdiz nos montes.

²¹Então disse Saul: Pequei; volta, meu filho Davi, porque não tornarei a fazer-te mal; porque foi hoje preciosa a minha vida aos teus olhos; eis que procedi loucamente, e errei grandissimamente.

²²Davi então respondeu, e disse: Eis aqui a lança do rei; venha cá um dos moços, e leve-a.

²³O SENHOR, porém, pague a cada um a sua justiça e a sua lealdade; pois o SENHOR te entregou hoje na *minha* mão, porém não quis estender a minha mão contra o ungido do SENHOR.

²⁴E eis que, assim como foi a tua vida hoje de tanta estima aos meus olhos, assim seja a minha vida de muita estima aos olhos do SENHOR, e ele me livre de toda a tribulação.

²⁵Então Saul disse a Davi: Bendito *sejas* tu, meu filho Davi; pois grandes *coisas* farás e também prevalecerás. Então Davi se foi *pelo* seu caminho e Saul voltou para o seu lugar.

Davi vai ter outra vez com Aquis, rei de Gate

27 DISSE, porém, Davi no seu coração: Ora, algum dia *ainda* perecerei pela mão de Saul; não há coisa melhor para mim do que escapar apressadamente para a terra dos filisteus, para que Saul perca a esperança de mim, e cesse de me buscar por todos os termos de Israel; e *assim* escaparei da sua mão.

²Então Davi se levantou, e passou, com os seiscentos homens que com ele *estavam,* a Aquis, filho de Maoque, rei de Gate.

Aquis, confidente de Davi

³E Davi ficou com Aquis em Gate, ele e os seus homens, cada um com a sua casa; Davi com ambas as suas mulheres, Ainoã, a jizreelita, e Abigail, a mulher de Nabal, o carmelita.

⁴E, sendo Saul avisado que Davi tinha fugido para Gate, não cuidou mais de buscá-lo.

⁵E disse Davi a Aquis: Se eu tenho achado graça

em teus olhos, dá-me lugar numa das cidades da terra, para que ali habite; pois por que razão habitaria o teu servo contigo na cidade real?

⁶Então lhe deu Aquis, naquele dia, a *cidade de* Ziclague (por isso Ziclague pertence aos reis de Judá, até ao dia de hoje).

⁷E foi o número dos dias, que Davi habitou na terra dos filisteus, um ano e quatro meses.

⁸E subia Davi com os seus homens, e davam sobre os gesuritas, e os gersitas, e os amalequitas; porque antigamente *foram* estes os moradores da terra que se estende na direção de Sur, até à terra do Egito.

⁹E Davi feria aquela terra, e não dava vida nem a homem nem a mulher, e tomava ovelhas, e vacas, e jumentos, e camelos, e vestes; e voltava, e vinha a Aquis.

¹⁰E dizendo Aquis: Onde atacastes hoje? Davi dizia: Sobre o sul de Judá, e sobre o sul dos jerameelitas, e sobre o sul dos queneus.

¹¹E Davi não deixava com vida nem a homem nem a mulher, para trazê-los a Gate, dizendo: Para que *porventura* não nos denunciem, dizendo: Assim Davi o fazia. E este *era* o seu costume por todos os dias que habitou na terra dos filisteus.

¹²E Aquis confiava em Davi, dizendo: Fez-se ele por certo aborrecível para com o seu povo em Israel; por isso me será por servo para sempre.

Saul consulta uma pitonisa de En-Dor

28 E SUCEDEU naqueles dias que, juntando os filisteus os seus exércitos à peleja, para fazer guerra contra Israel, disse Aquis a Davi: Sabe de certo que comigo sairás ao arraial, tu e os teus homens.

²Então disse Davi a Aquis: Assim saberás o que fará o teu servo. E disse Aquis a Davi: Por isso te terei por guarda da minha pessoa para sempre.

³E Samuel já estava morto, e todo o Israel o tinha chorado, e o tinha sepultado em Ramá, que *era* a sua cidade; e Saul tinha desterrado os adivinhos e os encantadores.

⁴E ajuntaram-se os filisteus, e vieram, e acamparam-se em Suném; e ajuntou Saul a todo o Israel, e se acamparam em Gilboa.

⁵E, vendo Saul o arraial dos filisteus, temeu, e estremeceu muito o seu coração.

⁶E perguntou Saul ao SENHOR, porém o SENHOR não lhe respondeu, nem por sonhos, nem por Urim, nem por profetas.

⁷Então disse Saul aos seus criados: Buscai-me uma mulher que tenha o espírito de feiticeira, para que vá a ela, e consulte por ela. E os seus criados lhe disseram: Eis que em En-Dor *há* uma mulher que tem o espírito de adivinhar.

⁸E Saul se disfarçou, e vestiu outras roupas, e foi ele com dois homens, e de noite chegaram à mulher; e disse: Peço-*te* que me adivinhes pelo espírito de feiticeira, e me faças subir a quem eu te disser.

⁹Então a mulher lhe disse: Eis aqui tu sabes o que Saul fez, como tem destruído da terra os adivinhos e os encantadores; por que, pois, me armas um laço à minha vida, para me fazeres morrer?

¹⁰Então Saul lhe jurou pelo SENHOR, dizendo: Vive o SENHOR, que nenhum mal te sobrevirá por isso.

¹¹A mulher então lhe disse: A quem te farei subir? E disse ele: Faze-me subir a Samuel.

¹²Vendo, pois, a mulher a Samuel, gritou com alta voz, e falou a Saul, dizendo: Por que me tens enganado? Pois tu *mesmo és* Saul.

¹³E o rei lhe disse: Não temas; que *é* que vês? Então a mulher disse a Saul: Vejo deuses que sobem da terra.

¹⁴E lhe disse: Como *é* a sua figura? E disse ela: Vem subindo um homem ancião, e está envolto numa capa. Entendendo Saul que era Samuel, inclinou-se com o rosto em terra, e se prostrou.

¹⁵Samuel disse a Saul: Por que me inquietaste, fazendo-me subir? Então disse Saul: Mui angustiado estou, porque os filisteus guerreiam contra mim, e Deus se tem desviado de mim, e não me responde mais, nem pelo ministério dos profetas, nem por sonhos; por isso te chamei a ti, para que me faças saber o que hei de fazer.

¹⁶Então disse Samuel: Por que, pois, me perguntas a mim, visto que o SENHOR te tem desamparado, e se tem feito teu inimigo?

¹⁷Porque o SENHOR tem feito para contigo como pela minha boca te disse, e o SENHOR tem rasgado o reino da tua mão, e o tem dado ao teu próximo, a Davi.

¹⁸Como tu não deste ouvidos à voz do SENHOR, e não executaste o fervor da sua ira contra Amaleque, por isso o SENHOR te fez hoje isto.

¹⁹E o SENHOR entregará também a Israel contigo na mão dos filisteus, e amanhã tu e teus filhos *estareis* comigo; e o arraial de Israel o SENHOR entregará na mão dos filisteus.

²⁰E imediatamente Saul caiu estendido por terra, e grandemente temeu por causa daquelas palavras de Samuel; e não houve força nele; porque não tinha comido pão todo aquele dia e toda aquela noite.

²¹Então veio a mulher a Saul e, vendo que estava tão perturbado, disse-lhe: Eis que a tua criada deu ouvidos à tua voz, e pus a minha vida na minha mão, e ouvi as palavras que disseste.

²²Agora, pois, ouve também tu as palavras da tua serva, e porei um bocado de pão diante de ti, e come, para que tenhas forças para te pores a caminho.

²³Porém ele *o* recusou, e disse: Não comerei. Porém os seus criados e a mulher o constrangeram; e deu ouvidos à sua voz; e levantou-se do chão, e se assentou sobre uma cama.

²⁴E tinha a mulher em casa um bezerro cevado, e se apressou, e o matou, e tomou farinha, e a amassou, e a cozeu em *bolos* ázimos.

²⁵E os trouxe diante de Saul e de seus criados, e comeram; depois levantaram-se e partiram naquela mesma noite.

Davi marcha com Aquis contra os israelitas

29 E AJUNTARAM os filisteus todos os seus exércitos em Afeque; e acamparam-se os israelitas junto à fonte que *está* em Jizreel.

²E os príncipes dos filisteus se foram para lá com centenas e com milhares; porém Davi e os seus homens iam com Aquis na retaguarda.

³Disseram então os príncipes dos filisteus: Que *fazem aqui* estes hebreus? E disse Aquis aos príncipes dos filisteus: Não *é* este Davi, o servo de Saul, rei de Israel, que esteve comigo há alguns dias ou anos? Coisa nenhuma achei nele desde o dia em que se revoltou, até *ao dia* de hoje.

⁴Porém os príncipes dos filisteus muito se indignaram contra ele; e disseram-lhe os príncipes dos filisteus: Faze voltar este homem, para que torne ao lugar em que tu o puseste, e não desça conosco à batalha, para que não se torne nosso adversário na batalha; pois, com que poderia este agradar a seu senhor? *Porventura* não *seria* com as cabeças destes homens?

⁵Não *é* este aquele Davi, de quem *uns aos outros* cantaram nas danças, dizendo: Saul feriu os seus milhares, porém Davi os seus dez milhares?

⁶Então Aquis chamou a Davi e disse-lhe: Vive o SENHOR, que tu és reto, e que a tua entrada e a tua saída comigo no arraial *é* boa aos meus olhos; porque nenhum mal em ti achei, desde o dia em que a mim vieste, até *ao dia de* hoje; porém aos olhos dos príncipes não agradas.

⁷Volta, pois, agora, e vai em paz; para que não faças mal aos olhos dos príncipes dos filisteus.

⁸Então Davi disse a Aquis: Por quê? Que fiz? Ou que achaste no teu servo, desde o dia em que estive diante de ti, até ao dia de hoje, para que não vá e peleje contra os inimigos do rei, meu senhor?

⁹Respondeu, porém, Aquis, e disse a Davi: *Bem* o sei; *e* que *na verdade* aos meus olhos és bom como um anjo de Deus; porém disseram os príncipes dos filisteus: Não suba *este* conosco à batalha.

¹⁰Agora, pois, amanhã de madrugada levanta-te com os servos de teu senhor, que têm vindo contigo; e, levantando-vos pela manhã, de madrugada, e havendo luz, parti.

¹¹Então Davi de madrugada se levantou, ele e os seus homens, para partirem pela manhã, e voltarem à terra dos filisteus; e os filisteus subiram a Jizreel.

Ziclague é saqueada pelos amalequitas

30 SUCEDEU, pois, que, chegando Davi e os seus homens ao terceiro dia a Ziclague, *já* os amalequitas tinham invadido o sul, e Ziclague, e tinham ferido a Ziclague e a tinham queimado a fogo.

²E tinham levado cativas as mulheres, e todos os que estavam nela, tanto pequenos como grandes; a ninguém, porém, mataram, tão somente os levaram consigo, e foram o seu caminho.

³E Davi e os seus homens chegaram à cidade e eis que *estava* queimada a fogo, e suas mulheres, seus filhos e suas filhas tinham sido levados cativos.

⁴Então Davi e o povo que *se achava* com ele alçaram a sua voz, e choraram, até que neles não houve *mais* forças para chorar.

⁵Também as duas mulheres de Davi foram levadas cativas; Ainoã, a jizreelita, e Abigail, a mulher de Nabal, o carmelita.

⁶E Davi muito se angustiou, porque o povo falava de apedrejá-lo, porque a alma de todo o povo estava em amargura, cada um por causa dos seus filhos e das suas filhas; todavia Davi se fortaleceu no SENHOR seu Deus.

Davi livra os cativos

⁷E disse Davi a Abiatar, o sacerdote, filho de Aimeleque: Traze-me, peço-te, aqui o éfode. E Abiatar trouxe o éfode a Davi.

⁸Então consultou Davi ao SENHOR, dizendo: Perseguirei eu a esta tropa? Alcançá-la-ei? E lhe disse: Persegue-a, porque decerto a alcançarás e *tudo* libertarás.

⁹Partiu, pois, Davi, ele e os seiscentos homens que com ele *se achavam,* e chegaram ao ribeiro de Besor, onde pararam os que ficaram atrás.

¹⁰E perseguiu-os Davi, ele e os quatrocentos homens, pois que duzentos homens ficaram, por não poderem, de cansados que estavam, passar o ribeiro de Besor.

¹¹E acharam no campo um homem egípcio, e o trouxeram a Davi; deram-lhe pão, e comeu, e deram-lhe a beber água.

¹²Deram-lhe também um pedaço de massa de figos secos e dois cachos de passas, e comeu, e voltou-lhe o seu espírito, porque *havia* três dias e três noites que não tinha comido pão nem bebido água.

¹³Então Davi lhe disse: De quem *és* tu, e de onde és? E disse o moço egípcio: Sou servo de um homem amalequita, e meu senhor me deixou, porque adoeci há três dias.

¹⁴Nós invadimos o lado do sul dos queretitas, e o lado de Judá, e o lado do sul de Calebe, e pusemos fogo a Ziclague.

¹⁵E disse-lhe Davi: Poderias, descendo, guiar-me a essa tropa? E disse-lhe: Por Deus jura-me que não me matarás, nem me entregarás na mão de meu senhor, e, descendo, te guiarei a essa tropa.

¹⁶E, descendo, o guiou e eis que *estavam* espalhados sobre a face de toda a terra, comendo, e bebendo, e dançando, por todo aquele grande despojo que tomaram da terra dos filisteus e da terra de Judá.

¹⁷E feriu-os Davi, desde o crepúsculo até à tarde do dia seguinte; nenhum deles escapou, senão só quatrocentos moços que, montados sobre camelos, fugiram.

¹⁸Assim salvou Davi tudo quanto tomaram os amalequitas; também as suas duas mulheres salvou Davi.

¹⁹E ninguém lhes faltou, desde o menor até ao maior, e até os filhos e as filhas; e também desde o despojo até tudo quanto lhes tinham tomado, tudo Davi tornou a trazer.

²⁰Também tomou Davi todas as ovelhas e vacas, *e* levavam-nas adiante do *outro* gado, e diziam: Este *é* o despojo de Davi.

²¹E, chegando Davi aos duzentos homens que, de cansados que estavam, não puderam seguir a Davi, e que deixaram ficar no ribeiro de Besor, estes saíram ao encontro de Davi e do povo que com ele *vinha;* e, chegando-se Davi com o povo, os saudou em paz.

A lei da divisão da presa

²²Então todos os maus e perversos, dentre os homens que tinham ido com Davi, responderam, e disseram: Visto que não foram conosco, não lhes daremos do despojo que libertamos; mas que leve cada um sua mulher e seus filhos, e se vá.

²³Porém Davi disse: Não fareis assim, irmãos meus, com o que nos deu o SENHOR, que nos guardou, e entregou a tropa que contra nós vinha, nas nossas mãos.

²⁴E quem vos daria ouvidos nisso? Porque qual *é* a parte dos que desceram à peleja, tal também será a parte dos que ficaram com a bagagem; igualmente repartirão.

²⁵O que *assim* foi desde aquele dia em diante, porquanto o pôs por estatuto e direito em Israel até *ao dia de* hoje.

²⁶E, chegando Davi a Ziclague, enviou do despojo aos anciãos de Judá, seus amigos, dizendo: Eis aí para vós uma bênção do despojo dos inimigos do SENHOR;

²⁷Aos de Betel, e aos de Ramote do sul, e aos de Jater,

²⁸E aos de Aroer, e aos de Sifmote, e aos de Estemoa,

²⁹E aos de Racal, e aos que *estavam* nas cidades jerameelitas e nas cidades dos queneus,

³⁰E aos de Hormá, e aos de Corasã, e aos de Ataca,

³¹E aos de Hebrom, e a todos os lugares em que andara Davi, ele e os seus homens.

A morte de Saul

31 OS filisteus, pois, pelejaram contra Israel; e os homens de Israel fugiram de diante dos filisteus, e caíram mortos na montanha de Gilboa.

²E os filisteus perseguiram a Saul e a seus filhos; e os filisteus mataram a Jônatas, e a Abinadabe, e a Malquisua, filhos de Saul.

³E a peleja se agravou contra Saul, e os flecheiros o alcançaram; e muito temeu *por causa dos* flecheiros.

⁴Então disse Saul ao seu pajem de armas: Arranca a tua espada, e atravessa-me com ela, para que *porventura* não venham estes incircuncisos, e me atravessem e escarneçam de mim. Porém o seu pajem de armas não quis, porque temia muito; então Saul tomou a espada, e se lançou sobre ela.

⁵Vendo, pois, o seu pajem de armas que Saul já era morto, também ele se lançou sobre a sua espada, e morreu com ele.

⁶Assim faleceu Saul, e seus três filhos, e o seu pajem de armas, *e* também todos os seus homens morreram juntamente naquele dia.

⁷E, vendo os homens de Israel, que *estavam* deste lado do vale e deste lado do Jordão, que os homens de Israel fugiram, e que Saul e seus filhos estavam mortos, abandonaram as cidades, e fugiram; e vieram os filisteus, e habitaram nelas.

⁸Sucedeu, pois, que, vindo os filisteus no outro dia para despojar os mortos, acharam a Saul e a seus três filhos estirados na montanha de Gilboa.

⁹E cortaram-lhe a cabeça, e o despojaram das suas armas, e enviaram pela terra dos filisteus, em redor, a anunciá-lo no templo dos seus ídolos e entre o povo.

¹⁰E puseram as suas armas no templo de Astarote, e o seu corpo o afixaram no muro de Bete-Sã.

¹¹Ouvindo então os moradores de Jabes-Gileade, o que os filisteus fizeram a Saul,

¹²Todo o homem valoroso se levantou, e caminharam toda a noite, e tiraram o corpo de Saul e os corpos de seus filhos do muro, de Bete-Sã, e, vindo a Jabes, os queimaram.

¹³E tomaram os seus ossos, e *os* sepultaram debaixo de um arvoredo, em Jabes, e jejuaram sete dias.

O SEGUNDO LIVRO DE

SAMUEL

Um amalequita trás a notícia da morte de Saul

1 E SUCEDEU que, depois da morte de Saul, voltando Davi da derrota dos amalequitas, ficou dois dias em Ziclague;

²Ao terceiro dia *um* homem veio do arraial de Saul, com as vestes rotas e *com* terra sobre a cabeça; e, chegando ele a Davi, se lançou no chão, e se inclinou.

³E Davi lhe disse: Donde vens? E *ele* lhe disse: Escapei do arraial de Israel.

⁴E disse-lhe Davi: Como foi lá isso? Peço-te, dize-mo. E *ele* lhe respondeu: O povo fugiu da batalha, e muitos do povo caíram, e morreram; assim como também Saul e Jônatas, seu filho, foram mortos.

⁵E disse Davi ao moço que lhe trazia as novas: Como sabes tu que Saul e Jônatas, seu filho, foram mortos?

⁶Então disse o moço que lhe dava a notícia: Cheguei por acaso à montanha de Gilboa, e eis que Saul estava encostado sobre a sua lança, e eis que os carros e a cavalaria apertavam-no.

⁷E, olhando ele para trás de si, viu-me, e chamou-me; e eu disse: Eis-me *aqui*.

⁸E ele me disse: Quem *és* tu? E eu lhe disse: Sou amalequita.

⁹Então ele me disse: Peço-te, arremessa-te sobre mim, e mata-me, porque angústias me têm cercado, pois toda a minha vida *está* ainda em mim.

¹⁰Arremessei-me, pois, sobre ele, e o matei, porque *bem* sabia eu que não viveria depois da sua queda, e tomei a coroa que *tinha* na cabeça, e o bracelete que *trazia* no braço, e os trouxe aqui a meu senhor.

¹¹Então apanhou Davi as suas vestes, e as rasgou; assim fizeram todos os homens que *estavam* com ele.

¹²E pranteiaram, e choraram, e jejuaram até à tarde por Saul, e por Jônatas, seu filho, e pelo povo do SENHOR, e pela casa de Israel, porque tinham caído à espada.

¹³Disse então Davi ao moço que lhe trouxera a nova: Donde és tu? E disse ele: Sou filho de um estrangeiro, amalequita.

¹⁴E Davi lhe disse: Como não temeste tu estender a mão para matares ao ungido do SENHOR?

¹⁵Então chamou Davi a um dos moços, e disse: Chega, *e* lança-te sobre ele. E ele o feriu, e morreu.

¹⁶Pois Davi lhe dissera: O teu sangue *seja* sobre a tua cabeça, porque a tua *própria* boca testificou contra ti, dizendo: Eu matei o ungido do SENHOR.

O pranto de Davi por Saul e Jônatas

¹⁷E lamentou Davi a Saul e a Jônatas, seu filho, com esta lamentação

¹⁸(Dizendo ele que ensinassem aos filhos de Judá o uso do arco. Eis que está escrito no livro de Jasher):

¹⁹Ah, ornamento de Israel! Nos teus altos foi ferido, como caíram os poderosos!

²⁰Não o noticieis em Gate, não o publiqueis nas ruas de Ascalom, para que não se alegrem as filhas dos filisteus, para que não saltem *de contentamento* as filhas dos incircuncisos.

²¹*Vós*, montes de Gilboa, nem orvalho, nem chuva *caia* sobre vós, nem haja campos de ofertas alçadas, pois aí desprezivelmente foi arrojado o escudo dos poderosos, o escudo de Saul, *como se não fora* ungido com óleo.

²²Do sangue dos feridos, da gordura dos valentes, nunca se retirou para trás o arco de Jônatas, nem voltou vazia a espada de Saul.

²³Saul e Jônatas, tão amados e queridos na sua vida, também na sua morte não se separaram; eram mais ligeiros *do que as* águias, mais fortes *do que os* leões.

²⁴*Vós*, filhas de Israel, chorai por Saul, que vos vestia de escarlata em delícias, que vos fazia trazer ornamentos de ouro sobre as vossas vestes.

²⁵Como caíram os poderosos, no meio da peleja! Jônatas nos teus altos *foi* morto.

²⁶Angustiado estou por ti, meu irmão Jônatas; quão amabilíssimo me eras! Mais maravilhoso me era o teu amor do que o amor das mulheres.

²⁷Como caíram os poderosos, e pereceram as armas de guerra!

Davi é aclamado rei de Judá

2 E SUCEDEU depois disto que Davi consultou ao SENHOR, dizendo: Subirei a alguma das cidades de Judá? E disse-lhe o SENHOR: Sobe. E falou Davi: Para onde subirei? E disse: Para Hebrom.

²E subiu Davi para lá, e também as suas duas mulheres, Ainoã, a jizreelita, e Abigail, a mulher de Nabal, o carmelita.

³Fez também Davi subir os homens que estavam com ele, cada um com a sua família; e habitaram nas cidades de Hebrom.

⁴Então vieram os homens de Judá, e ungiram ali a Davi rei sobre a casa de Judá. E deram avisos a Davi, dizendo: Os homens de Jabes-Gileade *foram* os que sepultaram a Saul.

⁵Então enviou Davi mensageiros aos homens de Jabes-Gileade, para dizer-lhes: Benditos *sejais* vós do SENHOR, que fizestes tal beneficência a vosso senhor, a Saul, e o sepultastes!

⁶Agora, pois, o SENHOR use convosco de beneficência e fidelidade; e também eu vos farei este bem, porquanto fizestes isto.

⁷Esforcem-se, pois, agora as vossas mãos, e sede homens valentes, pois Saul, vosso senhor, é morto,

mas também os da casa de Judá *já me* ungiram a mim por seu rei.

Abner faz Is-Bosete rei de Israel

[8]Porém Abner, filho de Ner, capitão do exército de Saul, tomou a Is-Bosete, filho de Saul, e o fez passar a Maanaim,

[9]E o constituiu rei sobre Gileade, e sobre os assuritas, e sobre Jizreel, e sobre Efraim, e sobre Benjamim, e sobre todo o Israel.

[10]Da idade de quarenta anos *era* Is-Bosete, filho de Saul, quando começou *a* reinar sobre Israel, e reinou dois anos; mas os da casa de Judá seguiam a Davi.

[11]E foi o número dos dias que Davi reinou em Hebrom, sobre a casa de Judá, sete anos e seis meses.

A batalha em Gibeom

[12]Então saiu Abner, filho de Ner, com os servos de Is-Bosete, filho de Saul, de Maanaim a Gibeom.

[13]Saíram também Joabe, filho de Zeruia, e os servos de Davi, e se encontraram uns com os outros perto do tanque de Gibeom; e pararam estes deste lado do tanque, e os outros do outro lado do tanque.

[14]E disse Abner a Joabe: Deixa levantar os moços, e joguem diante de nós. E disse Joabe: Levantem-se.

[15]Então se levantaram, e passaram, em número de doze de Benjamim, da parte de Is-Bosete, filho de Saul, e doze dos servos de Davi.

[16]E cada um lançou mão da cabeça do outro, *cravou-lhe* a espada no lado, e caíram juntos, por isso se chamou àquele lugar Helcate-Hazurim, que *está* junto a Gibeom.

[17]E seguiu-se naquele dia uma crua peleja; porém Abner e os homens de Israel foram feridos diante dos servos de Davi.

[18]E estavam ali os três filhos de Zeruia, Joabe, Abisai, e Asael; e Asael *era* ligeiro de pés, como as gazelas do campo.

[19]E Asael perseguiu a Abner; e não se desviou de detrás de Abner, nem para a direita nem para a esquerda.

[20]E Abner, olhando para trás, perguntou: És tu Asael? E ele falou: Eu *sou*.

[21]Então lhe disse Abner: Desvia-te para a direita, ou para a esquerda, e lança mão de um dos moços, e toma os seus despojos. Porém Asael não quis desviar-se de detrás dele.

[22]Então Abner tornou a dizer a Asael: Desvia-te de detrás de mim; por que hei de eu ferir-te e dar contigo em terra? E como levantaria eu o meu rosto diante de Joabe, teu irmão?

[23]Porém, não querendo ele se desviar, Abner o feriu com a ponta inferior da lança pela quinta *costela*, e a lança lhe saiu por detrás, e caiu ali, e morreu naquele mesmo lugar; e sucedeu que, todos os que chegavam ao lugar onde Asael caiu e morreu, paravam.

[24]Porém Joabe e Abisai perseguiram a Abner;

e pôs-se o sol, chegando eles ao outeiro de Amá, que *está* diante de Gia, junto ao caminho do deserto de Gibeão.

[25]E os filhos de Benjamim se ajuntaram atrás de Abner, e fizeram um batalhão, e puseram-se no cume de um outeiro.

[26]Então Abner gritou a Joabe, e disse: Consumirá a espada para sempre? Não sabes *tu* que por fim haverá amargura? E até quando não hás de dizer ao povo que deixe de perseguir a seus irmãos?

[27]E disse Joabe: Vive Deus, que, se não tivesses falado, só pela manhã o povo teria cessado, cada um, de perseguir a seu irmão.

[28]Então Joabe tocou a trombeta, e todo o povo parou, e não perseguiram mais a Israel; e tampouco pelejaram mais.

[29]E caminharam Abner e os seus homens toda aquela noite pela planície; e, passando o Jordão, caminharam por todo o Bitrom, e chegaram a Maanaim.

[30]Também Joabe voltou de perseguir a Abner, e ajuntou todo o povo; e dos servos de Davi faltaram dezenove homens, e Asael.

[31]Porém os servos de Davi feriram dentre os de Benjamim, e dentre os homens de Abner, a trezentos e sessenta homens, *que ali* ficaram mortos.

[32]E levantaram a Asael, e sepultaram-no na sepultura de seu pai, *que estava* em Belém; e Joabe e seus homens caminharam toda aquela noite, e amanheceu-lhes o dia em Hebrom.

3 E HOUVE uma longa guerra entre a casa de Saul e a casa de Davi; porém Davi ia se fortalecendo, mas os da casa de Saul se iam enfraquecendo.

Os filhos de Davi que nasceram em Hebrom

[2]E a Davi nasceram filhos em Hebrom; e foi o seu primogênito Amnom, de Ainoã a jizreelita;

[3]E seu segundo, Quileabe, de Abigail, mulher de Nabal, o carmelita; e o terceiro Absalão, filho de Maaca, filha de Talmai, rei de Gesur;

[4]O quarto, Adonias, filho de Hagite; e o quinto, Sefatias, filho de Abital;

[5]E o sexto, Itreão, de Eglá, *também* mulher de Davi; estes nasceram a Davi em Hebrom.

[6]E, havendo guerra entre a casa de Saul e a casa de Davi, sucedeu que Abner se fez poderoso na casa de Saul.

Abner faz acordo com Davi

[7]E tinha tido Saul uma concubina, cujo nome era Rispa, filha de Aiá; e disse *Is-Bosete* a Abner: Por que possuíste a concubina de meu pai?

[8]Então se irou muito Abner pelas palavras de Is-Bosete, e disse: *Sou* eu cabeça de cão, que *pertença* a Judá? *Ainda* hoje faço beneficência à casa de Saul, teu pai, a seus irmãos, e a seus amigos, e não te entreguei nas mãos de Davi, e tu hoje buscas motivo para me acusar por causa da maldade *de uma* mulher.

[9]Assim faça Deus a Abner, e outro tanto, se, como o Senhor jurou a Davi, assim eu não lhe fizer,

2 SAMUEL 3.10

¹⁰Transferindo o reino da casa de Saul, e confirmando o trono de Davi sobre Israel, e sobre Judá, desde Dã até Berseba.

¹¹E nenhuma palavra podia ele responder a Abner, porque o temia.

¹²Então enviou Abner da sua parte mensageiros a Davi, dizendo: De quem *é* a terra? *E* disse mais: Comigo faze o teu acordo, e eis que a minha mão será contigo, para tornar a ti todo o Israel.

¹³E disse *Davi:* Bem, eu farei contigo acordo, porém uma coisa te peço: não verás a minha face, se primeiro não *me* trouxeres a Mical, filha de Saul, quando vieres ver a minha face.

¹⁴Também enviou Davi mensageiros a Is-Bosete, filho de Saul, dizendo: Dá-*me* minha mulher Mical, que eu desposei por cem *prepúcios* de filisteus.

¹⁵E enviou Is-Bosete, e tirou-a de seu marido, a Paltiel, filho de Laís.

¹⁶E ia com ela seu marido, caminhando, e chorando atrás dela, até Baurim. Então lhe disse Abner: Vai-te, *agora* volta. E ele voltou.

¹⁷E falou Abner com os anciãos de Israel, dizendo: Já há muito tempo que procuráveis que Davi reinasse sobre vós.

¹⁸Fazei-*o*, pois, agora, porque o SENHOR falou a Davi, dizendo: Pela mão de Davi meu servo livrarei o meu povo das mãos dos filisteus e das mãos de todos os seus inimigos.

¹⁹E falou também Abner aos de Benjamim; e foi também Abner dizer aos de Davi, em Hebrom, tudo o que *era* bom aos olhos de Israel e aos olhos de toda a casa de Benjamim.

²⁰E foi Abner a Davi, em Hebrom, e vinte homens com ele; e Davi fez um banquete a Abner e aos homens que com ele estavam.

²¹Então disse Abner a Davi: Eu me levantarei, e irei, e ajuntarei ao rei meu senhor todo o Israel, para fazer acordo contigo; e tu reinarás sobre tudo o que desejar a tua alma. Assim despediu Davi a Abner, e ele foi em paz.

Joabe mata Abner à traição

²²E eis que os servos de Davi e Joabe vieram de uma batalha, e traziam consigo grande despojo; e *já* Abner não estava com Davi em Hebrom, porque o tinha despedido, e se tinha ido em paz.

²³Chegando, pois, Joabe, e todo o exército que *vinha* com ele, deram aviso a Joabe, dizendo: Abner, filho de Ner, veio ao rei, e o despediu, e foi em paz.

²⁴Então Joabe foi ao rei, e disse: Que fizeste? Eis que Abner veio ter contigo; por que pois o despediste, de maneira que se fosse assim livremente?

²⁵*Bem* conheces a Abner, filho de Ner, que te veio enganar, e saber a tua saída e a tua entrada, e entender tudo quanto fazes.

²⁶E Joabe, retirando-se de Davi, enviou mensageiros atrás de Abner, e o fizeram voltar desde o poço de Sirá, sem que Davi *o* soubesse.

²⁷Voltando, pois, Abner a Hebrom, Joabe o levou à parte, à entrada da porta, para lhe falar em segredo; e feriu-o ali pela quinta *costela,* e morreu, por causa do sangue de Asael seu irmão.

²⁸O que Davi depois ouvindo, disse: Inocente *sou* eu, e o meu reino, para com o SENHOR, para sempre, do sangue de Abner, filho de Ner.

²⁹Caia sobre a cabeça de Joabe e sobre toda a casa de seu pai, e nunca na casa de Joabe falte quem tenha fluxo, ou *quem seja* leproso, ou quem se atenha a cajado, ou quem caia à espada, ou quem necessite de pão.

³⁰Joabe, pois, e Abisai, seu irmão, mataram a Abner, por ter morto a Asael, seu irmão, na peleja em Gibeão.

Davi lamenta a morte de Abner

³¹Disse, pois, Davi a Joabe, e a todo o povo que com ele *estava:* Rasgai as vossas vestes; e cingi-vos de sacos e ide pranteando diante de Abner. E o rei Davi ia seguindo o féretro.

³²E, sepultando a Abner em Hebrom, o rei levantou a sua voz, e chorou junto da sepultura de Abner; e chorou todo o povo.

³³E o rei, pranteando Abner, disse: Havia de morrer Abner como morre o vilão?

³⁴As tuas mãos não *estavam* atadas, nem os teus pés carregados de grilhões, *mas* caíste como os que caem diante dos filhos da maldade! Então todo o povo chorou muito mais por ele.

³⁵Depois todo o povo veio fazer com que Davi comesse pão, sendo ainda dia; porém Davi jurou, dizendo: Assim Deus me faça, e outro tanto, se, antes que o sol se ponha, eu provar pão ou alguma coisa.

³⁶O que todo o povo entendendo, pareceu bem aos seus olhos; assim como tudo quanto o rei fez pareceu bem aos olhos de todo o povo.

³⁷E todo o povo e todo o Israel entenderam naquele mesmo dia que não procedera do rei que matasse a Abner, filho de Ner.

³⁸Então disse o rei aos seus servos: Não sabeis que hoje caiu em Israel um príncipe e um grande?

³⁹Que eu hoje estou fraco, *ainda que* ungido rei; estes homens, filhos de Zeruia, *são* mais duros do que eu; o SENHOR pagará ao malfeitor, conforme a sua maldade.

A morte de Is-Bosete

4 OUVINDO, pois, o filho de Saul, que Abner morrera em Hebrom, as mãos se lhe afrouxaram; e todo o Israel pasmou.

²E tinha o filho de Saul dois homens capitães de tropas; *e era* o nome de um Baaná, e o nome do outro Recabe, filhos de Rimom, o beerotita, dos filhos de Benjamim, porque também Beerote se reputava de Benjamim.

³E tinham fugido os beerotitas para Gitaim, e têm peregrinado até *ao dia de* hoje.

⁴E Jônatas, filho de Saul, tinha um filho aleijado *de ambos* os pés; era da idade de cinco anos quando as novas de Saul e Jônatas vieram de Jizreel, e sua ama o tomou, e fugiu; e sucedeu que,

apressando-se ela a fugir, ele caiu, e ficou coxo; e o seu nome era Mefibosete.

⁵E foram os filhos de Rimom, o beerotita, Recabe e Baaná, e entraram em casa de Is-Bosete no maior calor do dia, estando ele deitado a dormir, ao meio-dia.

⁶E ali entraram até ao meio da casa, *como que vindo* buscar trigo, e o feriram na quinta *costela;* e Recabe e Baaná, seu irmão, escaparam.

⁷Porque entraram na *sua* casa, estando ele na cama deitado, no seu quarto, e o feriram, e o mataram, e lhe cortaram a cabeça; e, tomando a sua cabeça, andaram toda a noite caminhando pela planície.

⁸E trouxeram a cabeça de Is-Bosete a Davi, a Hebrom, e disseram ao rei: Eis aqui a cabeça de Is-Bosete, filho de Saul, teu inimigo, que procurava a tua morte; assim o SENHOR vingou hoje ao rei meu senhor, de Saul e da sua descendência.

⁹Porém Davi, respondendo a Recabe e a Baaná, seu irmão, filhos de Rimom, o beerotita, disse-lhes: Vive o SENHOR, que remiu a minha alma de toda a angústia,

¹⁰Se aquele que me trouxe novas, dizendo: Eis que Saul é morto, parecendo-lhe, *porém,* aos olhos que era como quem trazia boas novas, eu logo lancei mão dele, e o matei em Ziclague, *cuidando* ele que eu *por isso* lhe desse recompensa.

¹¹Quanto mais a ímpios homens, *que* mataram um homem justo em sua casa, sobre a sua cama; agora, pois, não requereria eu o seu sangue de vossas mãos, e não vos exterminaria da terra?

¹²E deu Davi ordem aos seus moços que os matassem; e cortaram-lhes os pés e as mãos, e os penduraram sobre o tanque de Hebrom; tomaram, porém, a cabeça de Is-Bosete, e a sepultaram na sepultura de Abner, em Hebrom.

Davi é constituído rei de todo o Israel

5 ENTÃO todas as tribos de Israel vieram a Davi, em Hebrom, e falaram, dizendo: Eis-nos aqui, *somos* teus ossos e tua carne.

²E também outrora, sendo Saul ainda rei sobre nós, eras tu o que saías e entravas com Israel; e também o SENHOR te disse: Tu apascentarás o meu povo de Israel, e tu serás príncipe sobre Israel.

³Assim, pois, todos os anciãos de Israel vieram ao rei, em Hebrom; e o rei Davi fez com eles acordo em Hebrom, perante o SENHOR; e ungiram a Davi rei sobre Israel.

⁴Da idade de trinta anos *era* Davi quando começou a reinar; quarenta anos reinou.

⁵Em Hebrom reinou sobre Judá sete anos e seis meses, e em Jerusalém reinou trinta e três anos sobre todo o Israel e Judá.

⁶E partiu o rei com os seus homens a Jerusalém, contra os jebuseus que habitavam naquela terra; e falaram a Davi, dizendo: Não entrarás aqui, pois os cegos e os coxos te repelirão, querendo dizer: Não entrará Davi aqui.

⁷Porém Davi tomou a fortaleza de Sião; esta é a cidade de Davi.

⁸Porque Davi disse naquele dia: Qualquer que ferir aos jebuseus, suba ao canal e fira aos coxos e aos cegos, a quem a alma de Davi odeia. Por isso se diz: Nem cego nem coxo entrará nesta casa.

⁹Assim habitou Davi na fortaleza, e a chamou a cidade de Davi; e Davi foi edificando em redor, desde Milo para dentro.

¹⁰E Davi ia, *cada vez mais,* aumentando e crescendo, porque o SENHOR Deus dos Exércitos *era* com ele.

¹¹E Hirão, rei de Tiro, enviou mensageiros a Davi, e madeira de cedro, e carpinteiros, e pedreiros que edificaram a Davi uma casa.

¹²E entendeu Davi que o SENHOR o confirmara rei sobre Israel, e que exaltara o seu reino por amor do seu povo Israel.

Os filhos de Davi que nasceram em Jerusalém

¹³E tomou Davi mais concubinas e mulheres de Jerusalém, depois que viera de Hebrom; e nasceram a Davi mais filhos e filhas.

¹⁴E estes *são* os nomes dos que lhe nasceram em Jerusalém: Samua, e Sobabe, e Natã, e Salomão,

¹⁵E Ibar, e Elisua, e Nefegue, e Jafia,

¹⁶E Elisama, e Eliada, e Elifelete.

¹⁷Ouvindo, pois, os filisteus que haviam ungido a Davi rei sobre Israel, todos os filisteus subiram em busca de Davi; o que ouvindo Davi, desceu à fortaleza.

¹⁸E os filisteus vieram, e se estenderam pelo vale de Refaim.

¹⁹E Davi consultou ao SENHOR, dizendo: Subirei contra os filisteus? Entregar-mos-ás nas minhas mãos? E disse o SENHOR a Davi: Sobe, porque certamente entregarei os filisteus nas tuas mãos.

²⁰Então foi Davi a Baal-Perazim; e feriu-os ali Davi, e disse: Rompeu o SENHOR a meus inimigos diante de mim, como quem rompe águas. Por isso chamou o nome daquele lugar Baal-Perazim.

²¹E deixaram ali os seus ídolos; e Davi e os seus homens os tomaram.

²²E os filisteus tornaram a subir, e se estenderam pelo vale de Refaim.

²³E Davi consultou ao SENHOR, o qual disse: Não subirás; *mas* rodeia por detrás deles, e virás a eles por defronte das amoreiras,

²⁴E há de ser que, ouvindo tu um estrondo de marcha pelas copas das amoreiras, então te apressarás; porque o SENHOR saiu então diante de ti, a ferir o arraial dos filisteus.

²⁵E fez Davi assim como o SENHOR lhe tinha ordenado; e feriu os filisteus desde Geba, até chegar a Gezer.

Davi traz a arca para Jerusalém

6 E TORNOU Davi a ajuntar todos os escolhidos de Israel, *em número de* trinta mil.

²E levantou-se Davi, e partiu, com todo o povo que *tinha* consigo, para Baalim de Judá, para

levarem dali para cima a arca de Deus, sobre a qual se invoca o nome, o nome do Senhor dos Exércitos, que se assenta *entre* os querubins.

³E puseram a arca de Deus em um carro novo, e a levaram da casa de Abinadabe, que *está* em Gibeá; e Uzá e Aiô, filhos de Abinadabe, guiavam o carro novo.

⁴E levando-o da casa de Abinadabe, que *está* em Gibeá, com a arca de Deus, Aiô ia adiante da arca.

⁵E Davi, e toda a casa de Israel, festejavam perante o Senhor, com toda a sorte *de instrumentos de* pau-de-faia, como também com harpas, e com saltérios, e com tamboris, e com pandeiros, e com címbalos.

⁶E, chegando à eira de Nacom, estendeu Uzá a *mão* à arca de Deus, e pegou nela; porque os bois *a* deixavam pender.

⁷Então a ira do Senhor se acendeu contra Uzá, e Deus o feriu ali por esta imprudência; e morreu ali junto à arca de Deus.

⁸E Davi se contristou, porque o Senhor abrira rotura em Uzá; e chamou àquele lugar Perez-Uzá, até *ao dia de* hoje.

⁹E temeu Davi ao Senhor naquele dia; e disse: Como virá a mim a arca do Senhor?

¹⁰E não quis Davi retirar para junto de si a arca do Senhor, à cidade de Davi; mas Davi a fez levar à casa de Obede-Edom, o giteu.

¹¹E ficou a arca do Senhor em casa de Obede--Edom, o giteu, três meses; e abençoou o Senhor a Obede-Edom, e a toda a sua casa.

¹²Então avisaram a Davi, dizendo: Abençoou o Senhor a casa de Obede-Edom, e tudo quanto tem, por causa da arca de Deus; foi pois Davi, e trouxe a arca de Deus para cima, da casa de Obede-Edom, à cidade de Davi, com alegria.

¹³E sucedeu que, quando os que levavam a arca do Senhor tinham dado seis passos, sacrificava bois e *carneiros* cevados.

¹⁴E Davi saltava com todas as suas forças diante do Senhor; e *estava* Davi cingido de um éfode de linho.

¹⁵Assim Davi e toda a casa de Israel fizeram subir a arca do Senhor, com júbilo, e ao som das trombetas.

¹⁶E sucedeu que, entrando a arca do Senhor na cidade de Davi, Mical, a filha de Saul, estava olhando pela janela; e, vendo ao rei Davi, *que ia* bailando e saltando diante do Senhor, o desprezou no seu coração.

¹⁷E introduzindo a arca do Senhor, a puseram no seu lugar, no meio da tenda que Davi lhe armara; e ofereceu Davi holocaustos e ofertas pacíficas perante o Senhor.

¹⁸E acabando Davi de oferecer os holocaustos e ofertas pacíficas, abençoou o povo em nome do Senhor dos Exércitos.

¹⁹E repartiu a todo o povo, e a toda a multidão de Israel, desde os homens até às mulheres, a cada um, um bolo de pão, e *um* bom pedaço *de carne,* e um frasco *de vinho;* então retirou-se todo o povo, cada um para sua casa,

²⁰E, voltando Davi para abençoar a sua casa, Mical, a filha de Saul, saiu a encontrar-se com Davi, e disse: Quão honrado foi hoje o rei de Israel, descobrindo-se hoje aos olhos das servas de seus servos, como sem pejo se descobre qualquer dos vadios.

²¹Disse, porém, Davi a Mical: Perante o Senhor, que me escolheu preferindo-me a teu pai, e a toda a sua casa, mandando-me *que fosse* soberano sobre o povo do Senhor, sobre Israel, perante o Senhor tenho me alegrado.

²²E ainda mais do que isto me envilecerei, e me humilharei aos meus olhos; mas das servas, de quem falaste, delas serei honrado.

²³E Mical, a filha de Saul, não teve filhos, até o dia da sua morte.

Davi deseja edificar um templo
ao *Senhor*

7 E SUCEDEU que, estando o rei *Davi* em sua casa, e *tendo* o Senhor lhe dado descanso de todos os seus inimigos em redor,

²Disse o rei ao profeta Natã: Eis que eu moro em casa de cedro, e a arca de Deus mora dentro de cortinas.

³E disse Natã ao rei: Vai, *e* faze tudo quanto *está* no teu coração; porque o Senhor *é* contigo.

⁴Porém sucedeu naquela mesma noite, que a palavra do Senhor veio a Natã, dizendo:

⁵Vai, e dize a meu servo Davi: Assim diz o Senhor: Edificar-me-ás tu uma casa para minha habitação?

⁶Porque em casa nenhuma habitei desde *o dia* em que fiz subir os filhos de Israel do Egito até *ao dia de* hoje; mas andei em tenda e em tabernáculo.

⁷E em todo *o lugar* em que andei com todos os filhos de Israel, falei *porventura alguma* palavra a alguma das tribos de Israel, a quem mandei apascentar o meu povo de Israel, dizendo: Por que não me edificais *uma* casa de cedro?

⁸Agora, pois, assim dirás ao meu servo Davi: Assim diz o Senhor dos Exércitos: Eu te tomei da malhada, de detrás das ovelhas, para que fosses o soberano sobre o meu povo, sobre Israel.

⁹E fui contigo, por onde quer que foste, e destruí a teus inimigos diante de ti; e fiz grande o teu nome, como o nome dos grandes que *há* na terra.

¹⁰E prepararei lugar para o meu povo, para Israel, e o plantarei, para que habite no seu lugar, e não mais seja removido, e nunca mais os filhos da perversidade o aflijam, como dantes,

¹¹E desde o dia em que mandei *que houvesse* juízes sobre o meu povo Israel; a ti, porém, te dei descanso de todos os teus inimigos; também o Senhor te faz saber que te fará casa.

¹²Quando teus dias forem completos, e vieres a dormir com teus pais, então farei levantar depois de ti *um dentre* a tua descendência, o qual sairá das tuas entranhas, e estabelecerei o seu reino.

¹³Este edificará uma casa ao meu nome, e confirmarei o trono do seu reino para sempre.

¹⁴Eu lhe serei por pai, e ele me será por filho; e, se vier a transgredir, castigá-lo-ei com vara de homens, e com açoites de filhos de homens.

¹⁵Mas a minha benignidade não se apartará dele; como *a* tirei de Saul, a quem tirei de diante de ti.

¹⁶Porém a tua casa e o teu reino serão firmados para sempre diante de ti; teu trono será firme para sempre.

¹⁷Conforme a todas estas palavras, e conforme a toda esta visão, assim falou Natã a Davi.

¹⁸Então entrou o rei Davi, e ficou perante o SENHOR, e disse: Quem *sou* eu, Senhor DEUS, e qual é a minha casa, para que me tenhas trazido até aqui?

¹⁹E ainda foi isto pouco aos teus olhos, Senhor DEUS, senão que também falaste da casa de teu servo para tempos distantes; é este o procedimento dos homens, ó Senhor DEUS?

²⁰E que mais te pode dizer ainda Davi? Pois tu conheces *bem* a teu servo, ó Senhor DEUS.

²¹Por causa da tua palavra, e segundo o teu coração, fizeste toda esta grandeza; fazendo-a saber a teu servo.

²²Portanto, grandioso és, ó SENHOR Deus, porque não *há* semelhante a ti, e não *há outro* Deus senão tu só, segundo tudo o que temos ouvido com os nossos ouvidos.

²³E quem *há* como o teu povo, como Israel, gente única na terra, a quem Deus foi resgatar para seu povo, para fazer-te nome, e para fazer-vos estas grandes e terríveis coisas à tua terra, diante do teu povo, que tu resgataste do Egito, *desterrando* as nações e a seus deuses?

²⁴E confirmaste a teu povo Israel por teu povo para sempre, e tu, SENHOR, te fizeste o seu Deus.

²⁵Agora, pois, ó SENHOR Deus, esta palavra que falaste acerca de teu servo e acerca da sua casa, confirma-a para sempre, e faze como tens falado.

²⁶E engrandeça-se o teu nome para sempre, para que se diga: O SENHOR dos Exércitos *é* Deus sobre Israel; e a casa de teu servo Davi será confirmada diante de ti.

²⁷Pois tu, SENHOR dos Exércitos, Deus de Israel, revelaste aos ouvidos de teu servo, dizendo: Edificar-te-ei uma casa. Portanto o teu servo se animou para fazer-te esta oração.

²⁸Agora, pois, Senhor DEUS, tu és o *mesmo* DEUS, e as tuas palavras são verdade, e tens falado a teu servo este bem.

²⁹Sê, pois, agora servido de abençoar a casa de teu servo, para permanecer para sempre diante de ti, pois tu, ó Senhor DEUS, o disseste; e com a tua bênção será para sempre bendita a casa de teu servo.

As vitórias de Davi sobre várias nações

8 E SUCEDEU depois disto que Davi feriu os filisteus, e os sujeitou; e Davi tomou a Metegue-Ama das mãos dos filisteus.

²Também derrotou os moabitas, e os mediu com cordel, fazendo-os deitar por terra; e *os* mediu *com* dois cordéis para os matar, e *com* um cordel inteiro para os deixar com vida. Ficaram assim os moabitas por servos de Davi, pagando-lhe tributos.

³Feriu também Davi a Hadadezer, filho de Reobe, rei de Zobá, quando ele ia recuperar o seu domínio sobre o rio Eufrates.

⁴E tomou-lhe Davi mil *carros* e setecentos cavaleiros e vinte mil homens de pé; e Davi jarretou a todos os *cavalos dos* carros, e reservou deles cem carros.

⁵E vieram os sírios de Damasco a socorrer a Hadadezer, rei de Zobá; porém Davi feriu dos sírios vinte e dois mil homens.

⁶E Davi pôs guarnições na Síria de Damasco, e os sírios ficaram por servos de Davi, pagando-lhe tributos; e o SENHOR guardou a Davi por onde quer que ia.

⁷E Davi tomou os escudos de ouro que havia com os servos de Hadadezer, e os trouxe a Jerusalém.

⁸Tomou mais o rei Davi *uma* quantidade muito grande de bronze de Betá e de Berotai, cidades de Hadadezer.

⁹Então ouvindo Toí, rei de Hamate, que Davi ferira a todo o exército de Hadadezer,

¹⁰Mandou Toí, seu filho Jorão, ao rei Davi, para lhe perguntar como estava, e para lhe dar os parabéns por haver pelejado contra Hadadezer, e por o haver ferido (porque Hadadezer de contínuo fazia guerra a Toí); e na sua mão trazia vasos de prata, e vasos de ouro, e vasos de bronze,

¹¹Os quais também o rei Davi consagrou ao SENHOR, juntamente com a prata e ouro que já havia consagrado de todas as nações que sujeitara.

¹²Da Síria, e de Moabe, e dos filhos de Amom, e dos filisteus, e de Amaleque, e dos despojos de Hadadezer, filho de Reobe, rei de Zobá.

¹³Também Davi ganhou nome, voltando ele de ferir os sírios no vale do Sal, *a saber,* a dezoito mil.

¹⁴E pôs guarnições, em Edom, em todo o Edom pôs guarnições, e todos os edomeus ficaram por servos de Davi; e o SENHOR ajudava a Davi por onde quer que ia.

¹⁵Reinou, pois, Davi sobre todo o Israel; e Davi fazia direito e justiça a todo o seu povo.

¹⁶E Joabe, filho de Zeruia, *era* sobre o exército; e Jeosafá, filho de Ailude, *era* cronista.

¹⁷E Zadoque, filho de Aitube, e Aimeleque, filho de Abiatar, eram sacerdotes, e Seraías escrivão.

¹⁸Também Benaia, filho de Jeoiada, *estava* sobre os quereteus e peleteus; porém os filhos de Davi eram ministros.

A bondade de Davi para com o filho de Jônatas

9 E DISSE Davi: Há ainda alguém que tenha ficado da casa de Saul, para que lhe faça benevolência por amor de Jônatas?

²E *havia* um servo na casa de Saul cujo nome *era* Ziba; e o chamaram à *presença* de Davi. Disse-lhe o rei: És tu Ziba? E ele disse: Servo teu.

³E disse o rei: Não *há* ainda alguém da casa de Saul para que eu use com ele da benevolência de

Deus? Então disse Ziba ao rei: Ainda há um filho de Jônatas, aleijado de ambos os pés.

⁴E disse-lhe o rei: Onde está? E disse Ziba ao rei: Eis que *está* em casa de Maquir, filho de Amiel, em Lo-Debar.

⁵Então mandou o rei Davi, e o tomou da casa de Maquir, filho de Amiel, de Lo-Debar.

⁶E Mefibosete, filho de Jônatas, o filho de Saul, veio a Davi, e se prostrou com o rosto *por* terra e inclinou-se; e disse Davi: Mefibosete! E ele disse: Eis aqui teu servo.

⁷E disse-lhe Davi: Não temas, porque decerto usarei contigo de benevolência por amor de Jônatas, teu pai, e te restituirei todas as terras de Saul, teu pai, e tu sempre comerás pão à minha mesa.

⁸Então se inclinou, e disse: Quem *é* teu servo, para teres olhado para um cão morto *tal* como eu?

⁹Então chamou Davi a Ziba, moço de Saul, e disse-lhe: Tudo o que pertencia a Saul, e a toda a sua casa, tenho dado ao filho de teu senhor.

¹⁰Trabalhar-lhe-ás, pois, a terra, tu e teus filhos, e teus servos, e recolherás *os frutos,* para que o filho de teu senhor tenha pão para comer; mas Mefibosete, filho de teu senhor, sempre comerá pão à minha mesa. E tinha Ziba quinze filhos e vinte servos.

¹¹E disse Ziba ao rei: Conforme a tudo quanto meu senhor, o rei, manda a seu servo, assim fará teu servo. Quanto a Mefibosete, *disse o rei,* comerá à minha mesa como um dos filhos do rei.

¹²E tinha Mefibosete um filho pequeno, cujo nome era Mica; e todos quantos moravam em casa de Ziba eram servos de Mefibosete.

¹³Morava, pois, Mefibosete em Jerusalém, porquanto sempre comia à mesa do rei, e era coxo de ambos os pés.

Davi derrota os amonitas e os sírios

10 E ACONTECEU depois disto que morreu o rei dos filhos de Amom, e seu filho Hanum reinou em seu lugar.

²Então disse Davi: Usarei de benevolência com Hanum, filho de Naás, como seu pai usou de benevolência comigo. E enviou Davi a seus servos para consolá-lo acerca de seu pai; e foram os servos de Davi à terra dos filhos de Amom.

³Então disseram os príncipes dos filhos de Amom a seu senhor, Hanum: Porventura honra Davi a teu pai aos teus olhos, porque te enviou consoladores? Não te enviou antes Davi os seus servos para reconhecerem esta cidade, e para espiá-la, e para transtorná-la?

⁴Então tomou Hanum os servos de Davi, e lhes raspou metade da barba, e lhes cortou metade das vestes, até às nádegas, e os despediu.

⁵Quando isso foi informado a Davi, enviou ele mensageiros a encontrá-los, porque estavam aqueles homens sobremaneira envergonhados. Mandou o rei dizer-lhes: Deixai-vos estar em Jericó, até que vos torne a crescer a barba, e *então* voltai.

⁶Vendo, pois, os filhos de Amom que se tinham feito abomináveis para com Davi, enviaram os filhos de Amom, e alugaram dos sírios de Bete-Reobe e dos sírios de Zobá vinte mil homens de pé, e do rei de Maaca mil homens e dos homens de Tobe doze mil homens.

⁷E ouvindo Davi, enviou a Joabe e a todo o exército dos valentes.

⁸E saíram os filhos de Amom, e ordenaram a batalha à entrada da porta; mas os sírios de Zobá e Reobe, e os homens de Tobe e Maaca *estavam* à parte no campo.

⁹Vendo, pois, Joabe que a batalha estava preparada contra ele pela frente e pela retaguarda, escolheu dentre todos os homens de Israel, e formou-os em linha contra os sírios.

¹⁰E o restante do povo entregou na mão de Abisai seu irmão, o qual formou em linha contra os filhos de Amom.

¹¹E disse: Se os sírios forem mais fortes do que eu, tu me virás em socorro; e, se os filhos de Amom forem mais fortes do que tu, irei a socorrer-te.

¹²Esforça-te, *pois,* e esforcemo-nos pelo nosso povo, e pelas cidades de nosso Deus; e faça o Senhor o que bem *parecer* aos seus olhos.

¹³Então se achegou Joabe, e o povo que *estava* com ele, à peleja contra os sírios; e fugiram de diante dele.

¹⁴E, vendo os filhos de Amom que os sírios fugiam, também eles fugiram de diante de Abisai, e entraram na cidade; e voltou Joabe dos filhos de Amom, e veio para Jerusalém.

¹⁵Vendo, pois, os sírios que foram feridos diante de Israel, tornaram a refazer-se.

¹⁶E mandou Hadadezer, e fez sair os sírios que *estavam* do outro lado do rio, e vieram a Helã; e Sobaque, capitão do exército de Hadadezer, *marchava* diante deles.

¹⁷Do que informado Davi, ajuntou a todo o Israel, e passou o Jordão, e foi a Helã; e os sírios se puseram em ordem contra Davi, e pelejaram com ele.

¹⁸Porém os sírios fugiram de diante de Israel, e Davi feriu dentre os sírios aos homens de setecentos carros, e quarenta mil homens de cavalaria; feriu também a Sobaque, capitão do exército, que morreu ali.

¹⁹Vendo, pois, todos os reis, servos de Hadadezer, que foram feridos diante de Israel, fizeram paz com Israel, e o serviram; e temeram os sírios de socorrer aos filhos de Amom.

Davi comete um adultério e um homicídio

11 E ACONTECEU que, tendo decorrido um ano, no tempo em que os reis saem à guerra, enviou Davi a Joabe, e com ele os seus servos, e a todo o Israel; e eles destruíram os filhos de Amom, e cercaram a Rabá; porém Davi ficou em Jerusalém.

²E aconteceu que numa tarde Davi se levantou do seu leito, e andava passeando no terraço da casa real, e viu do terraço a uma mulher *que* se estava lavando; e *era* esta mulher mui formosa à vista.

³E mandou Davi indagar quem era aquela

mulher; e disseram: *Porventura* não é esta Bate-Seba, filha de Eliã, mulher de Urias, o heteu?

⁴Então enviou Davi mensageiros, e mandou trazê-la; e ela veio, e ele se deitou com ela (pois já estava purificada da sua imundícia); então voltou ela para sua casa.

⁵E a mulher concebeu; e mandou dizer a Davi: *Estou* grávida.

⁶Então Davi mandou dizer a Joabe: Envia-me Urias, o heteu. E Joabe enviou Urias a Davi.

⁷Vindo, pois, Urias a ele, perguntou Davi como passava Joabe, e como estava o povo, e como ia a guerra.

⁸Depois disse Davi a Urias: Desce à tua casa, e lava os teus pés. E, saindo Urias da casa real, *logo* lhe foi mandado um presente da mesa do rei.

⁹Porém Urias se deitou à porta da casa real, com todos os servos do seu senhor; e não desceu à sua casa.

¹⁰E fizeram saber isto a Davi, dizendo: Urias não desceu à sua casa. Então disse Davi a Urias: Não vens tu *de uma* jornada? Por que não desceste à tua casa?

¹¹E disse Urias a Davi: A arca, e Israel, e Judá ficaram em tendas; e Joabe, meu senhor, e os servos de meu senhor estão acampados no campo; e hei de eu entrar na minha casa, para comer e beber, e para me deitar com minha mulher? Pela tua vida, e pela vida da tua alma, não farei tal coisa.

¹²Então disse Davi a Urias: Demora-te aqui ainda hoje, e amanhã te despedirei. Urias, pois, ficou em Jerusalém aquele dia e o seguinte.

¹³E Davi o convidou, e comeu e bebeu diante dele, e o embebedou; e à tarde saiu a deitar-se na sua cama com os servos de seu senhor; porém não desceu à sua casa.

¹⁴E sucedeu que pela manhã Davi escreveu uma carta a Joabe; e mandou-lha por mão de Urias.

¹⁵Escreveu na carta, dizendo: Ponde a Urias na frente da maior força da peleja; e retirai-vos de trás dele, para que seja ferido e morra.

¹⁶Aconteceu, pois, que, tendo Joabe observado bem a cidade, pôs a Urias no lugar onde sabia que *havia* homens valentes.

¹⁷E, saindo os homens da cidade, e pelejando com Joabe, caíram *alguns* do povo, dos servos de Davi; e morreu também Urias, o heteu.

¹⁸Então enviou Joabe, e fez saber a Davi todo o sucesso daquela peleja.

¹⁹E deu ordem ao mensageiro, dizendo: Acabando tu de contar ao rei todo o sucesso desta peleja,

²⁰E sucedendo que o rei se encolerize, e te diga: Por que vos chegastes *tão perto* da cidade a pelejar? Não sabíeis vós que haviam de atirar do muro?

²¹Quem feriu a Abimeleque, filho de Jerubesete? Não lançou uma mulher sobre ele do muro um pedaço de uma mó corredora, de que morreu em Tebes? Por que vos chegastes ao muro? Então dirás: Também morreu teu servo Urias, o heteu.

²²E foi o mensageiro, e entrou, e fez saber a Davi tudo o que Joabe o enviara a *dizer*.

²³E disse o mensageiro a Davi: Na *verdade* que mais poderosos foram aqueles homens do que nós, e saíram a nós ao campo; porém nós fomos contra eles, até à entrada da porta.

²⁴Então os flecheiros atiraram contra os teus servos desde o alto do muro, e morreram *alguns* dos servos do rei; e também morreu o teu servo Urias, o heteu.

²⁵E disse Davi ao mensageiro: Assim dirás a Joabe: Não te pareça isto mal aos teus olhos; pois a espada tanto consome este como aquele; esforça a tua peleja contra a cidade, e a derrota; esforça-o tu assim.

²⁶Ouvindo, pois, a mulher de Urias que seu marido era morto, lamentou a seu senhor.

²⁷E, passado o luto, enviou Davi, e a recolheu em sua casa, e lhe foi por mulher, e deu-lhe à luz um filho. Porém esta coisa que Davi fez pareceu mal aos olhos do Senhor.

Natã, o profeta, repreende a Davi

12 E O Senhor enviou Natã a Davi; e, apresentando-se ele a Davi, disse-lhe: Havia numa cidade dois homens, um rico e outro pobre.

²O rico possuía muitíssimas ovelhas e vacas.

³Mas o pobre não tinha coisa nenhuma, senão uma pequena cordeira que comprara e criara; e ela tinha crescido com ele e com seus filhos; do seu bocado comia, e do seu copo bebia, e dormia em seu regaço, e a tinha como filha.

⁴E, vindo um viajante ao homem rico, deixou este de tomar das suas ovelhas e das suas vacas para assar para o viajante que viera a ele; e tomou a cordeira do homem pobre, e a preparou para o homem que viera a ele.

⁵Então o furor de Davi se acendeu em grande maneira contra aquele homem, e disse a Natã: Vive o Senhor, que digno de morte é o homem que fez isso.

⁶E pela cordeira tornará a dar o quadruplicado, porque fez tal coisa, e porque não se compadeceu.

⁷Então disse Natã a Davi: Tu *és* este homem. Assim diz o Senhor Deus de Israel: Eu te ungi rei sobre Israel, e eu te livrei das mãos de Saul;

⁸E te dei a casa de teu senhor, e as mulheres de teu senhor em teu seio, e também te dei a casa de Israel e de Judá, e, se *isto é* pouco, mais te acrescentaria tais e tais coisas.

⁹Por quê, *pois,* desprezaste a palavra do Senhor, fazendo o mal diante de seus olhos? A Urias, o heteu, feriste à espada, e a sua mulher tomaste por tua mulher; e a ele mataste com a espada dos filhos de Amom.

¹⁰Agora, pois, não se apartará a espada jamais da tua casa, porquanto me desprezaste, e tomaste a mulher de Urias, o heteu, para ser tua mulher.

¹¹Assim diz o Senhor: Eis que suscitarei da tua *própria* casa o mal sobre ti, e tomarei tuas mulheres perante os teus olhos, e as darei a teu próximo, o qual se deitará com tuas mulheres perante este sol.

2 SAMUEL 12.12

234

¹²Porque tu o fizeste em oculto, mas eu farei este negócio perante todo o Israel e perante o sol.

¹³Então disse Davi a Natã: Pequei contra o SENHOR. E disse Natã a Davi: Também o SENHOR perdoou o teu pecado; não morrerás.

¹⁴Todavia, porquanto com este feito deste lugar sobremaneira a que os inimigos do SENHOR blasfemem, também o filho que te nasceu certamente morrerá.

¹⁵Então Natã foi para sua casa; e o SENHOR feriu a criança que a mulher de Urias dera a Davi, e adoeceu gravemente.

¹⁶E buscou Davi a Deus pela criança; e jejuou Davi, e entrou, e passou a noite prostrado sobre a terra.

¹⁷Então os anciãos da sua casa se levantaram e foram a ele, para o levantar da terra; porém ele não quis, e não comeu pão com eles.

¹⁸E sucedeu que ao sétimo dia morreu a criança; e temiam os servos de Davi dizer-lhe que a criança estava morta, porque diziam: Eis que, sendo a criança *ainda* viva, lhe falávamos, porém não dava ouvidos à nossa voz; como, pois, lhe diremos que a criança está morta? Porque *mais* lhe afligiria.

¹⁹Viu, porém, Davi que seus servos falavam baixo, e entendeu Davi que a criança estava morta, pelo que disse Davi a seus servos: Está morta a criança? E eles disseram: Está morta.

²⁰Então Davi se levantou da terra, e se lavou, e se ungiu, e mudou de roupas, e entrou na casa do SENHOR, e adorou. Então foi à sua casa, e pediu *pão;* e lhe puseram pão, e comeu.

²¹E disseram-lhe seus servos: Que *é* isto que fizeste? Pela criança viva jejuaste e choraste; porém depois que morreu a criança te levantaste e comeste pão.

²²E disse ele: Vivendo ainda a criança, jejuei e chorei, porque dizia: Quem sabe *se* DEUS se compadecerá de mim, e viverá a criança?

²³Porém, agora *que está* morta, por que jejuaria eu? Poderei eu fazê-la voltar? Eu irei a ela, porém ela não voltará para mim.

²⁴Então consolou Davi a Bate-Seba, sua mulher, e entrou a ela, e se deitou com ela, e ela deu à luz um filho, e chamou o seu nome de Salomão; e o SENHOR o amou.

²⁵E enviou pela mão do profeta Natã, chamou o seu nome de Jedidias, por amor ao SENHOR.

²⁶Ora pelejou Joabe contra Rabá, dos filhos de Amom, e tomou a cidade real.

²⁷Então mandou Joabe mensageiros a Davi, e disse: Pelejei contra Rabá, *e* também tomei a cidade das águas.

²⁸Ajunta, pois, agora o restante do povo, e cerca a cidade, e toma-a, para que tomando eu a cidade, não se aclame sobre ela o meu nome.

²⁹Então ajuntou Davi a todo o povo, e marchou para Rabá, e pelejou contra ela, e a tomou.

³⁰E tirou a coroa da cabeça do seu rei, cujo peso era de um talento de ouro, e *havia nela* pedras preciosas, e foi *posta* sobre a cabeça de Davi; e da cidade levou mui grande despojo.

³¹E, trazendo o povo que *havia* nela, o pôs às serras, e às talhadeiras de ferro, e aos machados de ferro, e os fez passar por forno de tijolos; e assim fez a todas as cidades dos filhos de Amom; e voltou Davi e todo o povo para Jerusalém.

Amnom ama a Tamar e comete incesto

13 E ACONTECEU depois disto que, tendo Absalão, filho de Davi, uma irmã formosa, cujo nome era Tamar, Amnom, filho de Davi, amou-a.

²E angustiou-se Amnom, até adoecer, por Tamar, sua irmã, porque era virgem; e parecia aos olhos de Amnom dificultoso fazer-lhe coisa alguma.

³Tinha, porém, Amnom um amigo, cujo nome era Jonadabe, filho de Simeia, irmão de Davi; e era Jonadabe homem mui sagaz.

⁴O qual lhe disse: Por que tu de dia em dia tanto emagreces, sendo filho do rei? Não mo farás saber a mim? Então lhe disse Amnom: Amo a Tamar, irmã de Absalão, meu irmão.

⁵E Jonadabe lhe disse: Deita-te na tua cama, e finge-te doente; e, quando teu pai te vier visitar, dize-lhe: Peço-*te que* minha irmã Tamar venha, e me dê de comer pão, e prepare a comida diante dos meus olhos, para que eu a veja e coma da sua mão.

⁶Deitou-se, pois, Amnom, e fingiu-se doente; e, vindo o rei visitá-lo, disse Amnom, ao rei: Peço-*te que* minha irmã Tamar venha, e prepare dois bolos diante dos meus olhos, para que eu coma de sua mão.

⁷Mandou então Davi à casa, a Tamar, dizendo: Vai à casa de Amnom, teu irmão, e faze-lhe alguma comida.

⁸E foi Tamar à casa de Amnom, seu irmão (ele porém *estava* deitado), e tomou massa, e *a* amassou, e fez bolos diante dos seus olhos, e cozeu os bolos.

⁹E tomou a frigideira, e os tirou diante dele; porém ele recusou comer. E disse Amnom: Fazei retirar a todos da minha presença. E todos se retiraram dele.

¹⁰Então disse Amnom a Tamar: Traze a comida ao quarto, e comerei da tua mão. E tomou Tamar os bolos que fizera, e levou-os a Amnom, seu irmão, no quarto.

¹¹E chegando-lhos, para que comesse, pegou dela, e disse-lhe: Vem, deita-te comigo, minha irmã.

¹²Porém ela lhe disse: Não, meu irmão, não me forces, porque não se faz assim em Israel; não faças tal loucura.

¹³Porque, aonde iria eu com a minha vergonha? E tu serias como um dos loucos de Israel. Agora, pois, peço-*te* que fales ao rei, porque não me negará a ti.

¹⁴Porém ele não quis dar ouvidos à sua voz; antes, sendo mais forte do que ela, a forçou, e se deitou com ela.

¹⁵Depois Amnom sentiu grande aversão por ela,

pois maior era o ódio que sentiu por ela do que o amor com que a amara. E disse-lhe Amnom: Levanta-te, e vai-te.

¹⁶Então ela lhe disse: Não há razão de me despedires *assim;* maior seria este mal do que o outro que já me tens feito. Porém não lhe quis dar ouvidos.

¹⁷E chamou a seu moço que o servia, e disse: Ponha fora a esta, e fecha a porta após ela.

¹⁸E trazia ela uma roupa de muitas cores (porque assim se vestiam as filhas virgens dos reis); e seu servo a pôs para fora, e fechou a porta após ela.

¹⁹Então Tamar tomou cinza sobre a sua cabeça, e a roupa de muitas cores que trazia rasgou; e pôs as mãos sobre a cabeça, e foi andando e clamando.

²⁰E Absalão, seu irmão, lhe disse: Esteve Amnom, teu irmão, contigo? Ora, pois, minha irmã, cala-te; é teu irmão. Não se angustie o teu coração por isto. Assim ficou Tamar, e esteve solitária em casa de Absalão seu irmão.

²¹E, ouvindo o rei Davi todas estas coisas, muito se lhe acendeu *a ira.*

²²Porém Absalão não falou com Amnom, nem mal nem bem; porque Absalão odiava a Amnom, por ter forçado a Tamar sua irmã.

Absalão mata Amnom

²³E aconteceu que, passados dois anos inteiros, Absalão tinha tosquiadores em Baal-Hazor, que está junto a Efraim; e convidou Absalão a todos os filhos do rei.

²⁴E foi Absalão ao rei, e disse: Eis que teu servo tem tosquiadores; peço *que* o rei e os seus servos venham com o teu servo.

²⁵O rei, porém, disse a Absalão: Não, filho meu, não vamos todos juntos, para não te sermos pesados. E instou com ele; porém não quis ir, mas o abençoou.

²⁶Então disse Absalão: Quando não, deixa ir conosco Amnom, meu irmão. Porém o rei disse: Para que iria contigo?

²⁷E, instando Absalão com ele, deixou ir com ele a Amnom, e a todos os filhos do rei.

²⁸E Absalão deu ordem aos seus servos, dizendo: Tomai sentido; quando o coração de Amnom estiver alegre do vinho, o eu vos disser: Feri a Amnom, então o matareis; não temais: *porque porventura* não sou eu quem vo-lo ordenei? Esforçai-vos, e sede valentes.

²⁹E os servos de Absalão fizeram a Amnom como Absalão lho havia ordenado. Então todos os filhos do rei se levantaram, e montaram cada um no seu mulo, e fugiram.

³⁰E aconteceu que, estando eles *ainda* no caminho, chegou a nova a Davi, dizendo-se: Absalão feriu a todos os filhos do rei, e nenhum deles ficou.

³¹Então o rei se levantou, e rasgou as suas vestes, e se lançou por terra; da mesma maneira todos os seus servos estavam com vestes rotas.

³²Mas Jonadabe, filho de Simeia, irmão de Davi, respondeu, e disse: Não diga o meu senhor *que* mataram a todos os moços filhos do rei, porque

só morreu Amnom; porque assim tinha resolvido fazer Absalão, desde o dia em que forçou a Tamar sua irmã.

³³Não se lhe ponha, pois, agora no coração do rei meu senhor tal coisa, dizendo: Morreram todos os filhos do rei; porque só morreu Amnom.

³⁴E Absalão fugiu; e o moço que estava de guarda, levantou os seus olhos, e olhou; e eis que muito povo vinha pelo caminho por detrás dele, pelo lado do monte.

³⁵Então disse Jonadabe ao rei: Eis aqui vêm os filhos do rei; conforme à palavra de teu servo, assim sucedeu.

³⁶E aconteceu que, como acabou de falar, os filhos do rei vieram, e levantaram a sua voz, e choraram; e também o rei e todos os seus servos choraram amargamente.

Absalão foge para Talmai

³⁷Assim Absalão fugiu, e foi a Talmai, filho de Amiur, rei de Gesur. E *Davi* pranteava por seu filho todos aqueles dias.

³⁸Assim Absalão fugiu, e foi para Gesur; esteve ali três anos.

³⁹Então tinha o rei Davi saudades de Absalão; porque já se tinha consolado acerca da morte de Amnom.

Joabe traz Absalão para casa

14 CONHECENDO, pois, Joabe, filho de Zeruia, que o coração do rei estava inclinado para Absalão,

²Enviou Joabe a Tecoa, e tomou de lá uma mulher sábia e disse-lhe: Ora, finge que estás de luto; veste roupas de luto, e não te unjas com óleo, e sê como uma mulher que há *já* muitos dias está de luto por *algum* morto.

³E vai ao rei, e fala-lhe conforme a esta palavra. E Joabe lhe pôs as palavras na boca.

⁴E a mulher tecoíta falou ao rei, e, deitando-se com o rosto em terra, se prostrou e disse: Salva-me, ó rei.

⁵E disse-lhe o rei: Que tens? E disse ela: Na verdade sou mulher viúva; morreu meu marido.

⁶Tinha, pois, a tua serva dois filhos, e estes brigaram entre si no campo, e não *houve* quem os apartasse; assim um feriu ao outro, e o matou.

⁷E eis que toda a linhagem se levantou contra a tua serva, e disseram: Dá-*nos* aquele que feriu a seu irmão, para que o matemos, por causa da vida de seu irmão, a quem matou, e para que destruamos também ao herdeiro. Assim apagarão a brasa que me ficou, de sorte que não deixam a meu marido nome, nem remanescente sobre a terra.

⁸E disse o rei à mulher: Vai para tua casa; e eu mandarei ordem acerca de ti.

⁹E disse a mulher tecoíta ao rei: A injustiça, rei meu senhor, *venha* sobre mim e sobre a casa de meu pai; e o rei e o seu trono fique inculpável.

¹⁰E disse o rei: Quem falar contra ti, traze-mo a mim; e nunca mais te tocará.

¹¹E disse ela: Ora, lembre-se o rei do Senhor seu

2 SAMUEL 14.12

Deus, para que os vingadores do sangue não prossigam na destruição, e não exterminem a meu filho. Então disse ele: Vive o SENHOR, que não há de cair no chão nem um dos cabelos de teu filho.

¹²Então disse a mulher: Peço-*te que* a tua serva fale uma palavra ao rei meu senhor. E disse ele: Fala.

¹³E disse a mulher: Por que, pois, pensaste tu uma tal coisa contra o povo de Deus? Porque, falando o rei tal palavra, fica como culpado; visto que o rei não torna a trazer o seu desterrado.

¹⁴Porque certamente morreremos, e *seremos* como águas derramadas na terra que não se ajuntam *mais;* Deus, pois, lhe não tirará a vida, mas cogita meios, para que não fique banido dele o seu desterrado.

¹⁵E se eu agora vim falar esta palavra ao rei, meu senhor, *é* porque o povo me atemorizou; dizia, pois, a tua serva: Falarei, pois, ao rei; porventura fará o rei *segundo* a palavra da sua serva.

¹⁶Porque o rei ouvirá, para livrar a sua serva da mão do homem que *intenta* destruir juntamente a mim e a meu filho da herança de Deus.

¹⁷Dizia mais a tua serva: Seja agora a palavra do rei meu senhor para descanso; porque como um anjo de Deus, assim é o rei, meu senhor, para ouvir o bem e o mal; e o SENHOR teu Deus será contigo.

¹⁸Então respondeu o rei, e disse à mulher: Peço-te que não me encubras o que eu te perguntar. E disse a mulher: Ora fale o rei, meu senhor.

¹⁹E disse o rei: Não *é verdade* que a mão de Joabe anda contigo em tudo isto? E respondeu a mulher, e disse: Vive a tua alma, ó rei meu senhor, que ninguém se poderá desviar, nem para a direita nem para a esquerda, de tudo quanto o rei, meu senhor, tem falado: Porque Joabe, teu servo, é quem me deu ordem, e *foi* ele que pôs na boca da tua serva todas estas palavras:

²⁰Para mudar o aspecto deste caso foi que o teu servo Joabe fez isto; porém sábio é meu senhor, conforme à sabedoria de um anjo de Deus, para entender tudo o que *há* na terra.

²¹Então o rei disse a Joabe: Eis que fiz isto; vai, pois, *e* torna a trazer o jovem Absalão.

²²Então Joabe se prostrou sobre o seu rosto em terra, e se inclinou, e agradeceu ao rei; e disse Joabe: Hoje conhece o teu servo que achei graça aos teus olhos, ó rei meu senhor, porque o rei fez *segundo* a palavra de teu servo.

²³Levantou-se, pois, Joabe, e foi a Gesur, e trouxe Absalão a Jerusalém.

²⁴E disse o rei: Torne para a sua casa, e não veja a minha face. Tornou, pois, Absalão para sua casa, e não viu a face do rei.

²⁵Não havia, porém, em todo o Israel homem tão belo *e* tão aprazível como Absalão; desde a planta do pé até à cabeça não havia nele defeito algum.

²⁶E, quando tosquiava a sua cabeça (e sucedia que no fim de cada ano a tosquiava, porquanto muito lhe pesava, e *por isso* a tosquiava), pesava o cabelo da sua cabeça duzentos siclos, segundo o peso real.

²⁷Também nasceram a Absalão três filhos e uma filha, cujo nome *era* Tamar; *e* esta era mulher formosa à vista.

²⁸Assim ficou Absalão dois anos inteiros em Jerusalém, e não viu a face do rei.

²⁹Mandou, pois, Absalão *chamar* a Joabe, para o enviar ao rei; porém não quis vir a ele; e enviou ainda segunda vez e, *contudo,* não quis vir.

³⁰Então disse aos seus servos: Vedes *ali* o pedaço de campo de Joabe pegado ao meu, e tem cevada nele; ide, e ponde-lhe fogo. E os servos de Absalão puseram fogo ao pedaço de campo.

³¹Então Joabe se levantou, e veio a Absalão, em casa, e disse-lhe: Por que puseram os teus servos fogo ao pedaço de campo que é meu?

³²E disse Absalão a Joabe: Eis que enviei a ti, dizendo: Vem cá, para que te envie ao rei, a dizer-lhe: Para que vim de Gesur? Melhor me *fora* estar ainda lá. Agora, pois, veja eu a face do rei; e, se há *ainda* em mim alguma culpa, que me mate.

³³Então foi Joabe ao rei, e *assim* lho disse. Então chamou a Absalão, e ele se apresentou ao rei, e se inclinou sobre o seu rosto em terra diante do rei; e o rei beijou a Absalão.

A rebelião de Absalão

15 E ACONTECEU depois disto que Absalão fez *aparelhar* carros e cavalos, e cinquenta homens que corressem adiante dele.

²Também Absalão se levantou pela manhã, e parava a um lado do caminho da porta. E sucedia que a todo o homem que tinha alguma demanda para vir ao rei a juízo, o chamava Absalão a si, e *lhe* dizia: De que cidade és tu? E, dizendo ele: De uma das tribos de Israel *é* teu servo;

³Então Absalão lhe dizia: Olha, os teus negócios *são* bons e retos, porém não *tens* quem te ouça da parte do rei.

⁴Dizia mais Absalão: Ah, quem me dera ser juiz na terra, para que viesse a mim todo o homem que tivesse demanda ou questão, para que lhe fizesse justiça!

⁵Sucedia também que, quando alguém se chegava a ele para se inclinar diante dele, ele estendia a sua mão, e pegava-o, e o beijava.

⁶E desta maneira fazia Absalão a todo o Israel que vinha ao rei para juízo; assim furtava Absalão o coração dos homens de Israel.

⁷Aconteceu, pois, ao cabo de quarenta anos, que Absalão disse ao rei: Deixa-me ir pagar em Hebrom o meu voto que fiz ao SENHOR.

⁸Porque, morando eu em Gesur, na Síria, fez o teu servo *um* voto, dizendo: Se o SENHOR outra vez me fizer tornar a Jerusalém, servirei ao SENHOR.

⁹Então lhe disse o rei: Vai em paz. Levantou-se, pois, e foi para Hebrom.

¹⁰E enviou Absalão espias por todas as tribos de Israel, dizendo: Quando ouvirdes o som das trombetas, direis: Absalão reina em Hebrom.

¹¹E de Jerusalém foram com Absalão duzentos

homens convidados, porém iam na sua simplicidade, porque nada sabiam *daquele* negócio.

¹²Também Absalão mandou vir Aitofel, o gilonita, do conselho de Davi, à sua cidade de Giló, estando ele oferecendo os *seus* sacrifícios; e a conjuração se fortificava, e vinha o povo, e ia crescendo com Absalão.

A fuga de Davi

¹³Então veio um mensageiro a Davi, dizendo: O coração de cada um em Israel segue a Absalão.

¹⁴Disse, pois, Davi a todos os seus servos que *estavam* com ele em Jerusalém: Levantai-vos, e fujamos, porque não poderíamos escapar diante de Absalão. Dai-vos pressa a caminhar, para que *porventura* não se apresse ele, e nos alcance, e lance sobre nós *algum* mal, e fira a cidade a fio de espada.

¹⁵Então os servos do rei disseram ao rei: Eis aqui os teus servos, para tudo quanto determinar o rei, nosso senhor.

¹⁶E saiu o rei, com toda a sua casa, a pé; deixou, porém, o rei dez mulheres concubinas, para guardarem a casa.

¹⁷Tendo, pois, saído o rei com todo o povo a pé, pararam num *lugar* distante.

¹⁸E todos os seus servos iam a seu lado, *como* também todos os quereteus e todos os peleteus; e todos os giteus, seiscentos homens que vieram de Gate a pé, caminhavam diante do rei.

¹⁹Disse, pois, o rei a Itai, o giteu: Por que irias tu também conosco? Volta-te, e fica-te com o rei, porque és estrangeiro, e também desterrado de teu lugar.

²⁰Ontem vieste, e te levaria eu hoje conosco a caminhar? Pois eu vou para onde puder ir; volta, *pois,* e torna a levar teus irmãos contigo, com beneficência e fidelidade.

²¹Respondeu, porém, Itai ao rei, e disse: Vive o Senhor, e vive o rei meu senhor, que no lugar em que estiver o rei meu senhor, *seja* para morte *seja* para vida, aí certamente estará *também* o teu servidor.

²²Então Davi disse a Itai: Vem, *pois,* e passa *adiante.* Assim passou Itai, o giteu, e todos os seus homens, e todas as crianças que *havia* com ele.

²³E toda a terra chorava a grandes vozes, passando todo o povo; também o rei passou o ribeiro de Cedrom, e passou todo o povo na direção do caminho do deserto.

²⁴Eis que também Zadoque *ali estava,* e com ele todos os levitas que levavam a arca da aliança de Deus; e puseram *ali* a arca de Deus, e subiu Abiatar, até que todo o povo acabou de passar da cidade.

²⁵Então disse o rei a Zadoque: Torna a levar a arca de Deus à cidade; que, se achar graça nos olhos do Senhor, ele me tornará a trazer *para lá* e me deixará ver a ela e a sua habitação.

²⁶Se, porém, disser assim: Não tenho prazer em ti; eis-me aqui, faça de mim como *parecer* bem aos seus olhos.

²⁷Disse mais o rei a Zadoque, o sacerdote: *Não* és tu *porventura* vidente? Torna, *pois,* em paz para a cidade, e convosco *também* vossos dois filhos, Aimaás, teu filho, e Jônatas, filho de Abiatar.

²⁸Olhai *que* me demorarei nas campinas do deserto até que tenha notícias vossas.

²⁹Zadoque, pois, e Abiatar, tornaram a levar para Jerusalém a arca de Deus; e ficaram ali.

³⁰E seguiu Davi pela encosta do monte das Oliveiras, subindo e chorando, e com a cabeça coberta; e caminhava com os pés descalços; e todo o povo que *ia* com ele cobria cada um a sua cabeça, e subiam chorando sem cessar.

³¹Então fizeram saber a Davi, dizendo: *Também* Aitofel *está* entre os que se conjuraram com Absalão. Pelo que disse Davi: Ó Senhor, peço-te que torne em loucura o conselho de Aitofel.

³²E aconteceu que, chegando Davi ao cume, para adorar ali a Deus, eis que Husai, o arquita, veio encontrar-se com ele *com* a roupa rasgada e terra sobre a cabeça.

³³E disse-lhe Davi: Se passares comigo, ser-me-ás pesado.

³⁴Porém se voltares para a cidade, e disseres a Absalão: Eu serei, ó rei, teu servo; *bem fui* antes servo de teu pai, mas agora *serei* teu servo; dissipar-me-ás então o conselho de Aitofel.

³⁵E não *estão* ali contigo Zadoque e Abiatar, sacerdotes? E será que todas as coisas que ouvires da casa do rei, farás saber a Zadoque, e a Abiatar, sacerdotes.

³⁶Eis que *estão também* ali com eles seus dois filhos, Aimaás *filho* de Zadoque, e Jônatas *filho* de Abiatar; pela mão deles *aviso* me mandareis, *de* todas as coisas que ouvirdes.

³⁷Husai, pois, amigo de Davi, veio para a cidade; e Absalão entrou em Jerusalém.

Davi é enganado por Ziba

16 E PASSANDO Davi um pouco *mais* adiante do cume, eis que Ziba, o servo de Mefibosete, veio encontrar-se com ele, com um par de jumentos albardados, e sobre eles duzentos pães, com cem cachos de passas, e cem de frutas de verão e um odre de vinho.

²E disse o rei a Ziba: Que pretendes com isto? E disse Ziba: Os jumentos *são* para a casa do rei, para se montarem neles; e o pão e as frutas de verão para comerem os moços; e o vinho para beberem os cansados no deserto.

³Então disse o rei: *Ora,* onde *está* o filho de teu senhor? E disse Ziba ao rei: Eis que ficou em Jerusalém; porque disse: Hoje me restituirá a casa de Israel o reino de meu pai.

⁴Então disse o rei a Ziba: Eis que teu *é* tudo quanto *tem* Mefibosete. E disse Ziba: Eu me inclino, *que* eu ache graça em teus olhos, ó rei meu senhor.

Davi é amaldiçoado por Simei

⁵E, chegando o rei Davi a Baurim, eis que dali saiu *um* homem da linhagem da casa de Saul,

2 SAMUEL 16.6

238

cujo nome era Simei, filho de Gera, e, saindo, ia amaldiçoando.

⁶E atirava pedras contra Davi, e contra todos os servos do rei Davi; ainda que todo o povo e todos os valentes *iam* à sua direita e à sua esquerda.

⁷E, amaldiçoando-o Simei, assim dizia: Sai, sai, homem de sangue, e homem de Belial.

⁸O Senhor te deu agora a paga de todo o sangue da casa de Saul, em cujo lugar tens reinado; já deu o Senhor o reino na mão de Absalão teu filho; e eis-te *agora* na tua desgraça, porque *és um* homem de sangue.

⁹Então disse Abisai, filho de Zeruia, ao rei: Por que amaldiçoaria este cão morto ao rei meu senhor? Deixa-me passar, e lhe tirarei a cabeça.

¹⁰Disse, porém, o rei: Que tenho eu convosco, filhos de Zeruia? Ora deixai-o amaldiçoar; pois o Senhor lhe disse: Amaldiçoa a Davi; quem pois diria: Por que assim fizeste?

¹¹Disse mais Davi a Abisai, e a todos os seus servos: Eis que meu filho, que saiu das minhas entranhas, procura a minha morte; quanto mais ainda este benjamita? Deixai-o, que amaldiçoe; porque o Senhor lho disse.

¹²Porventura o Senhor olhará para a minha miséria; e o Senhor me pagará com bem a sua maldição deste dia.

¹³Prosseguiram, pois, o seu caminho, Davi e os seus homens; e *também* Simei ia ao longo do monte, defronte dele, caminhando e amaldiçoando, e atirava pedras contra ele, e levantava poeira.

¹⁴E o rei e todo o povo que *ia* com ele chegaram cansados, e refrescaram-se ali.

Conselhos de Aitofel e de Husai

¹⁵Absalão, pois, e todo o povo, os homens de Israel, vieram a Jerusalém; e Aitofel com ele.

¹⁶E sucedeu que, chegando Husai, o arquita, amigo de Davi, a Absalão, disse Husai a Absalão: Viva o rei, viva o rei!

¹⁷Porém Absalão disse a Husai: É esta a tua beneficência para com o teu amigo? Por que não foste com o teu amigo?

¹⁸E disse Husai a Absalão: Não, porém daquele que eleger o Senhor, e todo este povo, e todos os homens de Israel, dele serei e com ele ficarei.

¹⁹E, demais disto, a quem serviria eu? *Porventura* não *seria* diante de seu filho? Como servi diante de teu pai, assim serei diante de ti.

²⁰Então disse Absalão a Aitofel: Dai conselho entre vós sobre o que devemos fazer.

²¹E disse Aitofel a Absalão: Possui as concubinas de teu pai, que deixou para guardarem a casa; e *assim* todo o Israel ouvirá que te fizeste aborrecível para com teu pai; e se fortalecerão as mãos de todos os que *estão* contigo.

²²Estenderam, pois, para Absalão uma tenda no terraço; e Absalão possuiu as concubinas de seu pai, perante os olhos de todo o Israel.

²³E *era* o conselho de Aitofel, que aconselhava naqueles dias, como se a palavra de Deus se consultara; tal *era* todo o conselho de Aitofel, assim para com Davi como para com Absalão.

17 DISSE mais Aitofel a Absalão: Deixa-me escolher doze mil homens, e me levantarei, e perseguirei a Davi esta noite.

²E irei sobre ele, pois está cansado e frouxo de mãos; e o espantarei, e fugirá todo o povo que *está* com ele; e *então* ferirei somente o rei.

³E farei tornar a ti todo o povo; *pois* o homem a quem tu buscas é como se tornassem todos; *assim* todo o povo estará em paz.

⁴E esta palavra pareceu boa aos olhos de Absalão, e aos olhos de todos os anciãos de Israel.

⁵Disse, porém, Absalão: Chamai agora também a Husai o arquita; e ouçamos também o que ele dirá.

⁶E, chegando Husai a Absalão, lhe falou Absalão, dizendo: Desta maneira falou Aitofel; faremos *conforme à* sua palavra? Se não, fala tu.

⁷Então disse Husai a Absalão: O conselho que Aitofel deu desta vez não é bom.

⁸Disse mais Husai: *Bem* conheces tu a teu pai, e a seus homens, que são valorosos, e *que estão* com o espírito amargurado, como a ursa no campo, roubada dos cachorros; e também teu pai *é* homem de guerra, e não passará a noite com o povo.

⁹Eis que agora estará escondido nalguma cova, ou em qualquer outro lugar; e será que, caindo no princípio *alguns* dentre eles, cada um que o ouvir então dirá: Houve derrota no povo que segue a Absalão.

¹⁰Então até o homem valente, cujo coração é como coração de leão, sem dúvida desmaiará; porque todo o Israel sabe que teu pai é valoroso, e homens valentes os que *estão* com ele.

¹¹Eu, porém, aconselho que com toda a pressa se ajunte a ti todo o Israel desde Dã até Berseba, em multidão como a areia do mar; e tu em pessoa vás *com eles* à peleja.

¹²Então iremos a ele, em qualquer lugar que se achar, facilmente cairemos sobre ele, como o orvalho cai sobre a terra; e não ficará dele e de todos os homens que estão com ele nem *ainda* um só.

¹³E, se ele se retirar para *alguma* cidade, todo o Israel levará cordas àquela cidade; e arrastá-la--emos até ao ribeiro, até que não se ache ali nem uma só pedrinha.

¹⁴Então disse Absalão e todos os homens de Israel: Melhor *é* o conselho de Husai, o arquita, do que o conselho de Aitofel (porém *assim* o Senhor o ordenara, para aniquilar o bom conselho de Aitofel, para que o Senhor trouxesse o mal sobre Absalão).

¹⁵E disse Husai a Zadoque e a Abiatar, sacerdotes: assim e assim aconselhou Aitofel a Absalão e aos anciãos de Israel; porém assim e assim aconselhei eu.

¹⁶Agora, pois, enviai apressadamente, e avisai a Davi, dizendo: Não passes esta noite nas campinas do deserto; logo também passa ao outro lado, para que o rei e todo o povo que com ele *está* não seja devorado.

¹⁷Estavam, pois, Jônatas e Aimaás junto à fonte

de Rogel; e foi uma criada, e lho disse, e eles foram e o disseram ao rei Davi, porque não podiam ser vistos entrar na cidade.

[18]Mas viu-os todavia um moço, e avisou a Absalão; porém ambos *logo* partiram apressadamente, e entraram em casa de *um* homem, em Baurim, o qual tinha *um* poço no seu pátio, e ali dentro desceram.

[19]E tomou a mulher a tampa, e a estendeu sobre a boca do poço, e espalhou grão descascado sobre ela; assim nada se soube.

[20]Chegando, pois, os servos de Absalão à mulher, àquela casa, disseram: Onde *estão* Aimaás e Jônatas? E a mulher lhes disse: Já passaram o vau das águas. E havendo-os buscado, e não *os* achando, voltaram para Jerusalém.

[21]E sucedeu que, depois que se retiraram, Aimaás e Jônatas saíram do poço, e foram, e anunciaram a Davi; e disseram a Davi: Levantai-vos, e passai depressa as águas, porque assim aconselhou contra vós Aitofel.

[22]Então Davi e todo o povo que com ele *estava* se levantou, e passaram o Jordão; e *já* pela luz da manhã nem ainda faltava um só que não tivesse passado o Jordão.

[23]Vendo, pois, Aitofel que se não tinha seguido o seu conselho, albardou o jumento, e levantou-se, e foi para sua casa e para a sua cidade, e deu ordem à sua casa, e se enforcou e morreu, e foi sepultado na sepultura de seu pai.

[24]E Davi foi a Maanaim; e Absalão passou o Jordão, ele e todo o homem de Israel com ele.

[25]E Absalão constituiu a Amasa em lugar de Joabe sobre o arraial; e *era* Amasa filho de um homem cujo nome *era* Itra, o israelita, o qual possuíra a Abigail, filha de Naás, irmã de Zeruia, mãe de Joabe.

[26]Israel, pois, e Absalão acamparam na terra de Gileade.

A vitória do exército de Davi sobre o de Absalão

[27]E sucedeu que, chegando Davi a Maanaim, Sobi, filho de Naás, de Rabá, dos filhos de Amom, e Maquir, filho de Amiel, de Lo-Debar, e Barzilai, o gileadita, de Rogelim,

[28]Tomaram camas e bacias, e vasilhas de barro, e trigo, e cevada, e farinha, e *grão* torrado, e favas, e lentilhas, também torradas,

[29]E mel, e manteiga, e ovelhas, e queijos de vacas, *e* os trouxeram a Davi e ao povo que com ele *estava*, para comerem, porque disseram: Este povo no deserto está faminto, cansado e sedento.

A morte de Absalão

18 E DAVI contou o povo que tinha consigo, e pôs sobre eles capitães de mil e capitães de cem.

[2]E Davi enviou o povo, um terço sob o mando de Joabe, e outro terço sob o mando de Abisai, filho de Zeruia, irmão de Joabe, e outro terço sob o mando de Itai, o giteu; e disse o rei ao povo: Eu também sairei convosco.

[3]Porém o povo disse: Não sairás, porque, se formos obrigados a fugir, não se importarão conosco; e, ainda que metade de nós morra, não farão caso de nós, porque tu és do valor de dez mil de nós; melhor será, pois, que da cidade nos sirvas de socorro.

[4]Então disse-lhe Davi: O que bem *parecer* aos vossos olhos, farei. E o rei se pôs do lado da porta, e todo o povo saiu em centenas e em milhares.

[5]E o rei deu ordem a Joabe, e a Abisai, e a Itai, dizendo: Brandamente *tratai,* por amor de mim, ao jovem Absalão. E todo o povo ouviu quando o rei deu ordem a todos os capitães acerca de Absalão.

[6]Saiu, pois, o povo ao campo, a encontrar-se com Israel, e deu-se a batalha no bosque de Efraim.

[7]E ali foi ferido o povo de Israel, diante dos servos de Davi; e naquele mesmo dia houve ali *uma* grande derrota de vinte mil.

[8]Porque ali se derramou a batalha sobre a face de toda aquela terra; e foram mais os do povo que o bosque consumiu do que os que a espada consumiu naquele dia.

[9]E Absalão se encontrou com os servos de Davi; e Absalão ia montado num mulo; e, entrando o mulo debaixo dos espessos ramos de um grande carvalho, pegou-se-lhe a cabeça no carvalho, e ficou pendurado entre o céu e a terra; e o mulo, que *estava* debaixo dele, passou adiante.

[10]O que vendo um homem, fez saber a Joabe, e disse: Eis que vi a Absalão pendurado num carvalho.

[11]Então disse Joabe ao homem que lho fizera saber: Pois que o viste, por que o não feriste *logo* ali em terra? E forçoso seria o eu dar-te dez *moedas* de prata e um cinto.

[12]Disse, porém, aquele homem a Joabe: Ainda que eu pudesse pesar nas minhas mãos mil *moedas* de prata, não estenderia a minha mão contra o filho do rei, pois bem ouvimos *que* o rei te deu ordem a ti, e a Abisai, e a Itai, dizendo: Guardai-vos, cada um de *vós,* de *tocar* no jovem Absalão.

[13]Ainda que cometesse mentira a risco da minha vida, nem *por isso* coisa nenhuma se esconderia ao rei; e tu mesmo te oporias.

[14]Então disse Joabe: Não me demorarei assim contigo aqui. E tomou três dardos em sua mão, e traspassou com eles o coração de Absalão, *estando* ele ainda vivo no meio do carvalho.

[15]E o cercavam dez moços, que levaram as armas de Joabe. E feriram a Absalão, e o mataram.

[16]Então tocou Joabe a trombeta, e voltou o povo de perseguir a Israel, porque Joabe deteve o povo.

[17]E tomaram a Absalão, e o lançaram no bosque, numa grande cova, e levantaram sobre ele um mui grande montão de pedras; e todo o Israel fugiu, cada um para a sua tenda.

[18]Ora, Absalão, quando *ainda* vivia, tinha tomado e levantado para si uma coluna, que *está* no vale do rei, porque dizia: Filho nenhum tenho para conservar a memória do meu nome. E chamou aquela

2 SAMUEL 18.19 240

coluna pelo seu próprio nome; por isso até *ao dia de hoje* se chama o Pilar de Absalão.

Tristeza de Davi

¹⁹Então disse Aimaás, filho de Zadoque: Deixa-me correr, e denunciarei ao rei que já o SENHOR o vingou da mão de seus inimigos.

²⁰Mas Joabe lhe disse: Tu não serás hoje o portador de novas, porém outro dia as levarás; mas hoje não darás a nova, porque é morto o filho do rei.

²¹E disse Joabe a Cusi: Vai *tu*, e dize ao rei o que viste. E Cusi se inclinou a Joabe, e correu.

²²E prosseguiu Aimaás, filho de Zadoque, e disse a Joabe: Seja *o que for* deixa-me também correr após Cusi. E disse Joabe: Para que agora correrias tu, meu filho, pois não tens mensagem conveniente?

²³Seja o que *for, disse Aimaás,* correrei. E Joabe lhe disse: Corre. E Aimaás correu pelo caminho da planície, e passou a Cusi.

²⁴E Davi estava assentado entre as duas portas; e a sentinela subiu ao terraço da porta junto ao muro; e levantou os olhos, e olhou, e eis *que um homem corria só.*

²⁵Gritou, pois, a sentinela, e o disse ao rei. E o rei respondeu: Se *vem só, há* novas em sua boca. E vinha andando e chegando.

²⁶Então viu a sentinela outro homem que corria, e a sentinela gritou ao porteiro, e disse: Eis que *lá vem outro* homem correndo só. Então disse o rei: Também traz este novas.

²⁷Disse mais a sentinela: Vejo o correr do primeiro, que parece *ser* o correr de Aimaás, filho de Zadoque. Então disse o rei: Este *é* homem de bem, e virá com boas novas.

²⁸Gritou, pois, Aimaás, e disse ao rei: Paz. E inclinou-se ao rei com o rosto em terra, e disse: Bendito *seja* o SENHOR, teu Deus, que entregou os homens que levantaram a mão contra o rei meu senhor.

²⁹Então disse o rei: Vai bem com o jovem, com Absalão? E disse Aimaás: Vi um grande alvoroço, quando Joabe mandou o servo do rei, e a *mim* teu servo; porém não sei *o que era.*

³⁰E disse o rei: Vira-te, e põe-te aqui. E virou-se, e parou.

³¹E eis que vinha Cusi; e disse Cusi: Anunciar-se-á ao rei meu senhor que hoje o SENHOR te vingou da mão de todos os que se levantaram contra ti.

³²Então disse o rei a Cusi: Vai bem com o jovem, com Absalão? E disse Cusi: Sejam como *aquele* jovem os inimigos do rei meu senhor, e todos os que se levantam contra ti para mal.

³³Então o rei se perturbou, e subiu à sala que estava por cima da porta, e chorou; e andando, dizia assim: Meu filho Absalão, meu filho, meu filho, Absalão! Quem me dera que eu morrera por ti, Absalão, meu filho, meu filho!

19 E DISSERAM a Joabe: Eis que o rei *anda* chorando, e lastima-se por Absalão.

²Então a vitória *se tornou* naquele *mesmo* dia em tristeza por todo o povo; porque naquele *mesmo* dia o povo ouvira dizer: Mui triste está o rei por causa de seu filho.

³E naquele *mesmo* dia o povo entrou às furtadelas na cidade, como o faz quando, envergonhado, foge da peleja.

⁴Estava, pois, o rei com o rosto coberto; e o rei gritava a alta voz: Meu filho Absalão, Absalão meu filho, meu filho!

⁵Então entrou Joabe na casa do rei, e disse: Hoje envergonhaste o rosto de todos os teus servos, que livraram hoje a tua vida, e a vida de teus filhos, e de tuas filhas, e a vida de tuas mulheres, e a vida de tuas concubinas;

⁶Amando tu aos teus inimigos, e odiando aos teus amigos. Porque hoje dás a entender que nada *valem* para contigo príncipes e servos; porque entendo hoje que se Absalão vivesse, e todos nós hoje fôssemos mortos, estarias bem contente.

⁷Levanta-te, *pois,* agora; sai, e fala conforme ao coração de teus servos; porque pelo SENHOR *te* juro que, se não saíres, nem um *só* homem ficará contigo esta noite; e maior mal *te* será isto do que todo o mal que tem vindo sobre ti desde a tua mocidade até agora.

⁸Então o rei se levantou, e se assentou à porta; e fizeram saber a todo o povo dizendo: Eis que o rei está assentado à porta. Então todo o povo veio apresentar-se diante do rei; porém Israel havia fugido cada um para a sua tenda.

Davi volta para Jerusalém

⁹E todo o povo, em todas as tribos de Israel, andava porfiando entre si, dizendo: O rei nos tirou das mãos de nossos inimigos, e ele nos livrou das mãos dos filisteus; e agora fugiu da terra por *causa de* Absalão.

¹⁰E Absalão, a quem ungimos sobre nós, *já* morreu na peleja; agora, pois, por que vos calais, e não fazeis voltar o rei?

¹¹Então o rei Davi mandou dizer a Zadoque e a Abiatar, sacerdotes: Falai aos anciãos de Judá, dizendo: Por que seríeis vós os últimos em tornar a trazer o rei para a sua casa? Porque as palavras de todo o Israel chegaram ao rei, até à sua casa.

¹²Vós sois meus irmãos, meus ossos e minha carne sois *vós;* por que, pois, seríeis os últimos em tornar a trazer o rei?

¹³E a Amasa direis: *Porventura* não és tu meu osso e minha carne? Assim me faça Deus, e outro tanto, se não fores capitão do arraial diante de mim para sempre, em lugar de Joabe.

¹⁴Assim moveu ele o coração de todos os homens de Judá, como o de um *só* homem; e enviaram ao rei, *dizendo:* Volta tu com todos os teus servos.

¹⁵Então o rei voltou, e chegou até ao Jordão; e Judá veio a Gilgal, para ir encontrar-se com o rei, para conduzir o rei ao outro lado do Jordão.

¹⁶E apressou-se Simei, filho de Gera, benjamita, que *era* de Baurim; e desceu com os homens de Judá a encontrar-se com o rei Davi.

¹⁷E com ele mil homens de Benjamim, como também Ziba, servo da casa de Saul, e seus quinze filhos, e seus vinte servos com ele; e prontamente passaram o Jordão adiante do rei.

¹⁸E, atravessando a barca, para fazer passar a casa do rei e para fazer o que bem *parecesse* aos seus olhos, então Simei, filho de Gera, se prostrou diante do rei, quando ele passava o Jordão.

¹⁹E disse ao rei: Não me impute meu senhor a *minha* culpa, e não te lembres do que *tão* perversamente fez teu servo, no dia em que o rei meu senhor saiu de Jerusalém; não conserve o rei isso no coração.

²⁰Porque teu servo deveras confessa que pecou; porém eis que eu sou o primeiro *que* de toda a casa de José desci a encontrar-me com o rei meu senhor.

²¹Então respondeu Abisai, filho de Zeruia, e disse: Não morreria, pois, Simei por isto, havendo amaldiçoado ao ungido do Senhor?

²²Porém Davi disse: Que tenho eu convosco, filhos de Zeruia, para que hoje me sejais adversários? Morreria alguém hoje em Israel? Pois *porventura* não sei que hoje fui *feito* rei sobre Israel?

²³E disse o rei a Simei: Não morrerás. E o rei lho jurou.

Mefibosete encontra-se com Davi

²⁴Também Mefibosete, filho de Saul, desceu a encontrar-se com o rei, e não tinha lavado os pés, nem tinha feito a barba, nem tinha lavado as suas vestes desde o dia em que o rei tinha saído até ao dia em que voltou em paz.

²⁵E sucedeu que, vindo ele a Jerusalém a encontrar-se com o rei, disse-lhe o rei: Por que não foste comigo, Mefibosete?

²⁶E disse ele: Ó rei meu senhor, o meu servo me enganou; porque o teu servo dizia: Albardarei um jumento, e nele montarei, e irei com o rei; pois o teu servo é coxo.

²⁷Demais disto, falsamente acusou a teu servo diante do rei meu senhor; porém o rei meu senhor é como um anjo de Deus; faze, pois, o que *parecer* bem aos teus olhos.

²⁸Porque toda a casa de meu pai não era senão de homens *alguns* de morte diante do rei meu senhor; e *contudo* puseste a teu servo entre os que comem à tua mesa; e que mais direito tenho eu de clamar ao rei?

²⁹E disse-lhe o rei: Por que ainda mais falas *de* teus negócios? *Já* disse eu: Tu e Ziba reparti as terras.

³⁰E disse Mefibosete ao rei: Tome ele também tudo; pois já veio o rei meu senhor em paz à sua casa.

Barzilai encontra-se com Davi

³¹Também Barzilai, o gileadita, desceu de Rogelim, e passou com o rei o Jordão, para o acompanhar ao outro lado do Jordão.

³²E era Barzilai muito velho, da idade de oitenta anos; e ele tinha sustentado o rei, quando tinha a sua morada em Maanaim, porque *era* mui grande homem.

³³E disse o rei a Barzilai: Passa tu comigo, e sustentar-te-ei comigo em Jerusalém.

³⁴Porém Barzilai disse ao rei: Quantos serão os dias dos anos da minha vida, para que suba com o rei a Jerusalém?

³⁵Da idade de oitenta anos *sou* eu hoje; poderia eu discernir entre o bom e o mau? Poderia o teu servo ter gosto no que comer e beber? Poderia eu mais ouvir a voz dos cantores e cantoras? E por que será o teu servo ainda pesado ao rei meu senhor?

³⁶Com o rei passará teu servo ainda um pouco mais além do Jordão; e por que me recompensará o rei *com* tal recompensa?

³⁷Deixa voltar o teu servo, e morrerei na minha cidade, junto à sepultura de meu pai e de minha mãe; mas eis aí *está* o teu servo Quimã; passe ele com o rei meu senhor, e faze-lhe o que bem *parecer* aos teus olhos.

³⁸Então disse o rei: Quimã passará comigo, e eu lhe farei como bem *parecer* aos teus olhos, e tudo quanto me pedires te farei.

³⁹Havendo, pois, todo o povo passado o Jordão, e passando também o rei, beijou o rei a Barzilai, e o abençoou; e ele voltou para o seu lugar.

⁴⁰E *dali* passou o rei a Gilgal, e Quimã passou com ele; e todo o povo de Judá conduziu o rei, como também a metade do povo de Israel.

⁴¹E eis que todos os homens de Israel vieram ao rei, e disseram ao rei: Por que te furtaram nossos irmãos, os homens de Judá, e conduziram o rei e a sua casa dalém do Jordão, e todos os homens de Davi com eles?

⁴²Então responderam todos os homens de Judá aos homens de Israel: Porquanto o rei é nosso parente; e por que vos irais por isso? *Porventura* comemos *às custas* do rei, ou nos deu algum presente?

⁴³E responderam os homens de Israel aos homens de Judá, e disseram: Dez partes temos no rei, e até em Davi mais temos nós do que vós; por que, pois, não fizestes conta de nós, para que a nossa palavra não fosse a primeira, para tornar a trazer o nosso rei? Porém a palavra dos homens de Judá foi mais forte *do* que a palavra dos homens de Israel.

A sedição de Seba e a sua morte

20 ENTÃO se achou ali por acaso um homem de Belial, cujo nome era Seba, filho de Bicri, homem de Benjamim, o qual tocou a trombeta, e disse: Não temos parte em Davi, nem herança no filho de Jessé; cada um às suas tendas, ó Israel.

²Então todos os homens de Israel se separaram de Davi, e *seguiram* Seba, filho de Bicri; porém os homens de Judá se uniram ao seu rei desde o Jordão até Jerusalém.

³Vindo, pois, Davi para sua casa, em Jerusalém, tomou o rei as dez mulheres, *suas* concubinas, que deixara para guardarem a casa, e as pôs numa casa sob guarda, e as sustentava; porém não as possuiu;

2 SAMUEL 20.4
242

e estiveram encerradas até ao dia da sua morte, vivendo *como* viúvas.

⁴Disse mais o rei a Amasa: Convoca-me os homens de Judá para o terceiro dia; e tu *então* apresenta-te aqui.

⁵E foi Amasa para convocar a Judá; porém demorou-se além do tempo que lhe tinha sido designado.

⁶Então disse Davi a Abisai: Mais mal agora nos fará Seba, o filho de Bicri, *do* que Absalão; *por isso* toma tu os servos de teu senhor, e persegue-o, para que não ache para si cidades fortes, e escape dos nossos olhos.

⁷Então saíram atrás dele os homens de Joabe, e os quereteus, e os peleteus, e todos os valentes; estes saíram de Jerusalém para irem atrás de Seba, filho de Bicri.

⁸Chegando eles, *pois,* à pedra grande, que *está* junto a Gibeom, Amasa veio diante deles; e *estava* Joabe cingido da sua roupa que vestira, e sobre ela um cinto, ao qual estava presa a espada a seus lombos, na sua bainha; e, adiantando-se ele, *lhe* caiu a espada.

⁹E disse Joabe a Amasa: Vai bem, meu irmão? E Joabe, com a mão direita, pegou da barba de Amasa, para o beijar.

¹⁰E Amasa não se resguardou da espada que *estava* na mão de Joabe, de sorte que este o feriu com ela na quinta *costela,* e lhe derramou por terra as entranhas, e não o feriu segunda vez, e morreu; então Joabe e Abisai, seu irmão, foram atrás de Seba, filho de Bicri.

¹¹Mas um dentre os homens de Joabe parou junto a ele, e disse: Quem há que queira bem a Joabe, e quem seja por Davi, siga Joabe.

¹²E Amasa estava envolto no seu sangue no meio do caminho; e, vendo aquele homem, que todo o povo parava, removeu a Amasa do caminho para o campo, e lançou sobre ele um manto; porque via que todo aquele que chegava a ele parava.

¹³E, como estava removido do caminho, todos os homens seguiram a Joabe, para perseguirem a Seba, filho de Bicri.

¹⁴E ele passou por todas as tribos de Israel até Abel, e Bete-Maaca e a todos os beritas; e ajuntaram-se, e também o seguiram.

¹⁵E vieram, e o cercaram em Abel de Bete-Maaca, e levantaram *uma* barragem contra a cidade, e isto colocado na trincheira; e todo o povo que *estava* com Joabe batia no muro, para derrubá-lo.

¹⁶Então uma mulher sábia gritou de dentro da cidade: Ouvi, ouvi, peço-*vos que* digais a Joabe: Chega-te aqui, para que eu te fale.

¹⁷Chegando-se a ela, a mulher lhe disse: Tu és Joabe? E disse ele: Eu *sou.* E ela lhe disse: Ouve as palavras da tua serva. E disse ele: Ouço.

¹⁸Então falou ela, dizendo: Antigamente costumava-se dizer: Certamente pediram conselho a Abel; e assim resolveram.

¹⁹Sou eu *uma* das pacíficas e das fiéis em Israel; e tu procuras matar uma cidade que é mãe em Israel; por que, *pois,* devorarias a herança do SENHOR?

²⁰Então respondeu Joabe, e disse: Longe, longe de mim que eu tal faça, que eu devore ou arruíne!

²¹A coisa não é assim; porém um *só* homem do monte de Efraim, cujo nome é Seba, filho de Bicri, levantou a mão contra o rei, contra Davi; entregai-me só este, e retirar-me-ei da cidade. Então disse a mulher a Joabe: Eis que te será lançada a sua cabeça pelo muro.

²²E a mulher, na sua sabedoria, foi a todo o povo, e cortaram a cabeça de Seba, filho de Bicri, e a lançaram a Joabe; então este tocou a trombeta, e se retiraram da cidade, cada um para a sua tenda, e Joabe voltou a Jerusalém, ao rei.

²³E Joabe *estava* sobre todo o exército de Israel; e Benaia, filho de Joiada, sobre os quereteus e sobre os peleteus;

²⁴E Adorão sobre os tributos; e Jeosafá, filho de Ailude, *era* o cronista;

²⁵E Seva, o escrivão; e Zadoque e Abiatar, os sacerdotes;

²⁶E também Ira, o jairita, era o oficial-mor de Davi.

Fome em Israel, e a sua causa

21 E HOUVE nos dias de Davi uma fome de três anos consecutivos; e Davi consultou ao SENHOR, e o SENHOR lhe disse: É por causa de Saul e da sua casa sanguinária, porque matou os gibeonitas.

²Então chamou o rei aos gibeonitas, e lhes falou (ora os gibeonitas não *eram* dos filhos de Israel, mas do restante dos amorreus, e os filhos de Israel lhes tinham jurado, porém Saul, no seu zelo à causa dos filhos de Israel e de Judá, procurou feri-los).

³Disse, pois, Davi aos gibeonitas: Que *quereis que eu* vos faça? E que satisfação vos darei, para que abençoeis a herança do SENHOR?

⁴Então os gibeonitas lhe disseram: Não é *por* prata nem ouro *que* temos questão com Saul e com sua casa; nem tampouco pretendemos matar pessoa alguma em Israel. E disse ele: Que *é, pois, que* quereis que vos faça?

⁵E disseram ao rei: O homem que nos destruiu, e intentou contra nós de modo *que* fôssemos assolados, sem que pudéssemos subsistir em termo algum de Israel,

⁶De seus filhos se nos deem sete homens, para que os enforquemos ao SENHOR em Gibeá de Saul, o eleito do SENHOR. E disse o rei: Eu *os* darei.

⁷Porém o rei poupou a Mefibosete, filho de Jônatas, filho de Saul, por causa do juramento do SENHOR, que entre eles *houvera,* entre Davi e Jônatas, filho de Saul.

⁸Mas tomou o rei os dois filhos de Rispa, filha de Aiá, que tinha tido de Saul, a Armoni e a Mefibosete; como também os cinco filhos *da irmã* de Mical, filha de Saul, que tivera de Adriel, filho de Barzilai, meolatita,

⁹E os entregou na mão dos gibeonitas, os quais os enforcaram no monte, perante o SENHOR; e caíram estes sete juntamente; e foram mortos nos

dias da sega, nos *dias* primeiros, no princípio da sega das cevadas.

[10]Então Rispa, filha de Aiá, tomou um pano de cilício, e estendeu-lho sobre uma penha, desde o princípio da sega até que a água do céu caiu sobre eles; e não deixou as aves do céu pousar sobre eles de dia, nem os animais do campo de noite.

[11]E foi contado a Davi o que fizera Rispa, filha de Aiá, concubina de Saul.

[12]Então foi Davi, e tomou os ossos de Saul, e os ossos de Jônatas seu filho, dos moradores de Jabes-Gileade, os quais os furtaram da rua de Bete-Sã, onde os filisteus os tinham pendurado, quando os filisteus feriram a Saul em Gilboa.

[13]E fez subir dali os ossos de Saul, e os ossos de Jônatas seu filho; e ajuntaram *também* os ossos dos enforcados.

[14]Enterraram os ossos de Saul, e de Jônatas seu filho na terra de Benjamim, em Zela, na sepultura de seu pai Quis, e fizeram tudo o que o rei ordenara; e depois disto Deus se aplacou com a terra.

Quatro guerras contra os filisteus

[15]Tiveram mais os filisteus uma peleja contra Israel; e desceu Davi, e com ele os seus servos; e *tanto* pelejaram contra os filisteus, que Davi se cansou.

[16]E Isbi-Benobe, que era dos filhos do gigante, cuja lança pesava trezentos siclos de cobre, e que cingia uma *espada* nova, intentou ferir a Davi.

[17]Porém, Abisai, filho de Zeruia, o socorreu, e feriu o filisteu, e o matou. Então os homens de Davi lhe juraram, dizendo: Nunca mais sairás conosco à peleja, para que não apagues a lâmpada de Israel.

[18]E aconteceu depois disto que houve em Gobe ainda outra peleja contra os filisteus; então Sibecai, o husatita, feriu a Safe, que *era* dos filhos do gigante.

[19]Houve mais outra peleja contra os filisteus em Gobe; e El-Hanã, filho de Jaaré-Oregim, o belemita, feriu Golias, o giteu, de cuja lança era a haste como órgão de tecelão.

[20]Houve ainda também outra peleja em Gate, onde estava *um* homem de alta estatura, que tinha em cada mão seis dedos, e em cada pé outros seis, vinte e quatro ao todo, e também este nascera do gigante.

[21]E injuriava a Israel; porém Jônatas, filho de Simei, irmão de Davi, o feriu.

[22]Estes quatro nasceram ao gigante em Gate; e caíram pela mão de Davi e pela mão de seus servos.

Cântico de Davi em ação de graças

22 E FALOU Davi ao Senhor as palavras deste cântico, no dia em que o Senhor o livrou das mãos de todos os seus inimigos e das mãos de Saul.

[2]Disse pois: O Senhor *é* o meu rochedo, e o meu lugar forte, e o meu libertador.

[3]Deus *é* o meu rochedo, nele confiarei; o meu escudo, e a força da minha salvação, o meu alto retiro, e o meu refúgio. Ó meu Salvador, da violência me salvas.

[4]O Senhor, digno de louvor, invocarei, e de meus inimigos ficarei livre,

[5]Porque me cercaram as ondas de morte; as torrentes dos homens ímpios me assombraram.

[6]Cordas do inferno me cingiram; encontraram-me laços de morte.

[7]Estando em angústia, invoquei ao Senhor, e a meu Deus clamei; do seu templo ouviu ele a minha voz, e o meu clamor *chegou* aos seus ouvidos.

[8]Então se abalou e tremeu a terra, os fundamentos dos céus se moveram e abalaram, porque ele se irou.

[9]Subiu fumaça de suas narinas, e da sua boca um fogo devorador; carvões se incenderam dele.

[10]E abaixou os céus, e desceu; e uma escuridão havia debaixo de seus pés.

[11]E subiu sobre um querubim, e voou; e foi visto sobre as asas do vento.

[12]E por tendas pôs as trevas ao redor de si; ajuntamento de águas, nuvens dos céus.

[13]Pelo resplendor da sua presença brasas de fogo se acenderam.

[14]Trovejou desde os céus o Senhor; e o Altíssimo fez soar a sua voz.

[15]E disparou flechas, e os dissipou; raios, e os perturbou.

[16]E apareceram as profundezas do mar, e os fundamentos do mundo se descobriram; pela repreensão do Senhor, pelo sopro do vento das suas narinas.

[17]Desde o alto enviou, *e* me tomou; tirou-me das muitas águas.

[18]Livrou-me do meu poderoso inimigo, *e* daqueles que me tinham ódio, porque eram mais fortes do que eu.

[19]Encontraram-me no dia da minha calamidade; porém o Senhor se fez o meu amparo.

[20]E tirou-me para um lugar espaçoso, e livrou-me, porque tinha prazer em mim.

[21]Recompensou-me o Senhor conforme a minha justiça; conforme a pureza de minhas mãos me retribuiu.

[22]Porque guardei os caminhos do Senhor; e não me apartei impiamente do meu Deus.

[23]Porque todos os seus juízos *estavam* diante de mim; e de seus estatutos não me desviei.

[24]Porém fui sincero perante ele; e guardei-me da minha iniquidade.

[25]E me retribuiu o Senhor conforme a minha justiça, conforme a minha pureza diante dos seus olhos.

[26]Com o benigno te mostras benigno; com o homem íntegro te mostras perfeito.

[27]Com o puro te mostras puro; mas com o perverso te mostras rígido.

[28]E o povo aflito livras; mas teus olhos são contra os altivos, *e* tu *os* abaterás.

[29]Porque tu, Senhor, *és* a minha lâmpada; e o Senhor ilumina as minhas trevas.

²SAMUEL 22.30 244

³⁰Porque contigo passo pelo meio de um esquadrão; pelo meu Deus salto um muro.

³¹O caminho de Deus *é* perfeito, *e* a palavra do Senhor refinada; e é o escudo de todos os que nele confiam.

³²Por que, quem *é* Deus, senão o Senhor? E quem é rochedo, senão o nosso Deus?

³³Deus *é* a minha fortaleza *e a minha* força, e ele perfeitamente desembaraça o meu caminho.

³⁴Faz ele os meus pés como os das cervas, e me põe sobre as minhas alturas.

³⁵Instrui as minhas mãos para a peleja, de maneira que um arco de cobre se quebra pelos meus braços.

³⁶Também me deste o escudo da tua salvação, e pela tua brandura me vieste a engrandecer.

³⁷Alargaste os meus passos debaixo de mim, e não vacilaram os meus pés.

³⁸Persegui os meus inimigos, e os derrotei, e nunca me tornei até que os consumisse.

³⁹E os consumi, e os atravessei, de modo que nunca mais se levantaram, mas caíram debaixo dos meus pés.

⁴⁰Porque me cingiste de força para a peleja; fizeste abater-se debaixo de mim os que se levantaram contra mim,

⁴¹E deste-me o pescoço de meus inimigos, daqueles que me tinham ódio, e os destruí.

⁴²Olharam, porém não *houve* libertador; sim, para o Senhor, porém não lhes respondeu.

⁴³Então os moí como o pó da terra; como a lama das ruas os trilhei e dissipei.

⁴⁴Também me livraste das contendas do meu povo; guardaste-me para cabeça das nações; o povo *que* não conhecia me servirá.

⁴⁵Os filhos de estranhos se me sujeitaram; ouvindo *a minha voz,* me obedeceram.

⁴⁶Os filhos de estranhos desfaleceram; e, cingindo-se, *saíram* dos seus esconderijos.

⁴⁷Vive o Senhor, e bendito *seja* o meu rochedo; e exaltado seja Deus, a rocha da minha salvação,

⁴⁸O Deus que me dá inteira vingança, e sujeita os povos debaixo de mim.

⁴⁹E o que me tira dentre os meus inimigos; e tu me exaltas sobre os que contra mim se levantam; do homem violento me livras.

⁵⁰Por isso, ó Senhor, te louvarei entre os gentios, e entoarei louvores ao teu nome.

⁵¹Ele *é* a torre das salvações do seu rei, e usa de benignidade com o seu ungido, com Davi, e com a sua descendência para sempre.

As últimas palavras de Davi

23 E ESTAS *são* as últimas palavras de Davi: Diz Davi, filho de Jessé, e diz o homem que foi levantado em altura, o ungido do Deus de Jacó, e o suave em salmos de Israel.

²O Espírito do Senhor falou por mim, e a sua palavra está na minha boca.

³Disse o Deus de Israel, a Rocha de Israel a mim me falou: *Haverá um* justo que domine sobre os homens, que domine *no* temor de Deus.

⁴E *será* como a luz da manhã, *quando* sai o sol, da manhã sem nuvens, *quando* pelo *seu* resplendor e pela chuva a erva *brota* da terra.

⁵Ainda que a minha casa não *seja* tal para com Deus, contudo estabeleceu comigo *uma* aliança eterna, que em tudo será bem ordenado e guardado, pois toda a minha salvação e todo o *meu* prazer *está nele,* apesar de que *ainda* não o faz brotar.

⁶Porém os *filhos* de Belial todos *serão* como *os* espinhos que se lançam fora, porque não podem ser tocados com a mão.

⁷Mas qualquer que os tocar se armará de ferro e da haste de *uma* lança; e a fogo serão totalmente queimados no *mesmo* lugar.

Os trinta e sete poderosos de Davi

⁸Estes *são* os nomes dos poderosos que Davi teve: Josebe-Bassebete, *filho de* Taquemoni, o principal dos capitães; este *era* Adino, o eznita, *que se opusera* a oitocentos, e os feriu de uma vez.

⁹E depois dele Eleazar, filho de Dodó, filho de Aoí, entre os três valentes que *estavam* com Davi quando provocaram os filisteus que ali se ajuntaram à peleja, e quando se retiraram os homens de Israel.

¹⁰Este se levantou, e feriu os filisteus, até lhe cansar a mão e ficar a mão pegada à espada; e naquele dia o Senhor efetuou um grande livramento; e o povo voltou junto dele, somente a tomar o despojo.

¹¹E depois dele Samá, filho de Agé, o hararita, quando os filisteus se ajuntaram numa multidão, onde havia um pedaço de terra cheio de lentilhas, e o povo fugira de diante dos filisteus.

¹²Este, pois, se pôs no meio daquele pedaço *de terra,* e o defendeu, e feriu os filisteus; e o Senhor efetuou um grande livramento.

¹³Também três dos trinta chefes desceram, e no tempo da sega foram a Davi, à caverna de Adulão; e a multidão dos filisteus acampara no vale de Refaim.

¹⁴Davi *estava* então num lugar forte, e a guarnição dos filisteus em Belém.

¹⁵E teve Davi desejo, e disse: Quem me dera beber da água da cisterna de Belém, que *está* junto à porta!

¹⁶Então *aqueles* três poderosos romperam pelo arraial dos filisteus, e tiraram água da cisterna de Belém, que *está* junto à porta, *e* a tomaram, e a trouxeram a Davi; porém ele não a quis beber, mas derramou-a perante o Senhor.

¹⁷E disse: Guarda-me, ó Senhor, de que tal faça; *beberia eu* o sangue dos homens que foram com risco da sua vida? De maneira que não a quis beber; isto fizeram *aqueles* três poderosos.

¹⁸Também Abisai, irmão de Joabe, filho de Zeruia, era chefe de três; e este alçou a sua lança contra trezentos e os feriu; e tinha nome entre os três.

¹⁹*Porventura* este não era o mais nobre dentre estes três? Pois era o primeiro deles; porém aos *primeiros* três não chegou.

²⁰Também Benaia, filho de Joiada, filho de um

homem valoroso de Cabzeel, grande em obras, este feriu dois fortes heróis de Moabe; e desceu ele, e feriu um leão no meio de uma cova, no tempo da neve.

²¹Também este feriu um egípcio, homem de respeito; e na mão do egípcio havia uma lança, porém ele desceu a ele com um cajado, e arrancou a lança da mão do egípcio, e o matou com a própria lança dele.

²²Estas *coisas* fez Benaia, filho de Joiada, pelo que teve nome entre três poderosos.

²³Dentre os trinta ele era o mais nobre, porém aos três *primeiros* não chegou; e Davi o pôs sobre os seus guardas.

²⁴Asael, irmão de Joabe, *estava* entre os trinta; El-Hanã, filho de Dodó, de Belém;

²⁵Samá, harodita; Elica, harodita;

²⁶Helez, paltita; Ira, filho de Iques, tecoíta;

²⁷Abiezer, anatotita; Mebunai, husatita;

²⁸Zalmom, aoíta; Maarai, netofatita;

²⁹Elebe, filho de Baaná, netofatita; Itai, filho de Ribai, de Gibeá dos filhos de Benjamim;

³⁰Benaia, piratonita; Hidai, do ribeiro de Gaás;

³¹Abi-Albom, arbatita; Azmavete, barumita;

³²Eliaba, saalbonita; os filhos de Jásen *e* Jônatas;

³³Samá, hararita, Aião, filho de Sarar, ararita;

³⁴Elifelete, filho de Aasbai, filho de um maacatita; Eliã, filho de Aitofel, gilonita;

³⁵Hesrai, carmelita; Paarai, arbita;

³⁶Igal, filho de Natã, de Zobá; Bani, gadita;

³⁷Zeleque, amonita; Naarai, beerotita, o que trazia as armas de Joabe, filho de Zeruia;

³⁸Ira, itrita; Garebe, itrita;

³⁹Urias, heteu; trinta e sete ao todo.

A numeração do povo

24 E A IRA do Senhor se tornou a acender contra Israel; e incitou a Davi contra eles, dizendo: Vai, numera a Israel e a Judá.

²Disse, pois, o rei a Joabe, capitão do exército, o qual *tinha* consigo: Agora percorre todas as tribos de Israel, desde Dã até Berseba, e numera o povo, para que eu saiba o número do povo.

³Então disse Joabe ao rei: Ora, multiplique o Senhor teu Deus a este povo cem vezes tanto quanto *agora* é, e os olhos do rei meu senhor o vejam; mas, por que deseja o rei meu senhor este negócio?

⁴Porém a palavra do rei prevaleceu contra Joabe, e contra os capitães do exército; Joabe, pois, saiu com os capitães do exército da presença do rei, para numerar o povo de Israel.

⁵E passaram o Jordão; e acamparam-se em Aroer, à direita da cidade que *está* no meio do ribeiro de Gade, junto a Jazer.

⁶E foram a Gileade, e à terra baixa de Hodsi; também foram até Dã-Jaã, e ao redor de Sidom.

⁷E foram à fortaleza de Tiro, e a todas as cidades dos heveus e dos cananeus; e saíram para o lado do sul de Judá, a Berseba.

⁸Assim percorreram toda a terra; e ao cabo de nove meses e vinte dias voltaram a Jerusalém.

⁹E Joabe deu ao rei a soma do número do povo contado; e havia em Israel oitocentos mil homens de guerra, que arrancavam da espada; e os homens de Judá *eram* quinhentos mil homens.

O castigo que Deus enviou

¹⁰E pesou o coração de Davi, depois de haver numerado o povo; e disse Davi ao Senhor: Muito pequei *no* que fiz; porém agora ó Senhor, peço-*te que* perdoes a iniquidade do teu servo; porque tenho procedido mui loucamente.

¹¹Levantando-se, pois, Davi pela manhã, veio a palavra do Senhor ao profeta Gade, vidente de Davi, dizendo:

¹²Vai, e dize a Davi: Assim diz o Senhor: Três coisas te ofereço; escolhe uma delas, para que te faça.

¹³Foi, pois, Gade a Davi, e fez-lho saber; e disse-lhe: *Queres* que sete anos de fome te venham à tua terra; ou que por três meses fujas de teus inimigos, e eles te persigam; ou que por três dias haja peste na tua terra? Delibera agora, e vê que resposta hei de dar ao que me enviou.

¹⁴Então disse Davi a Gade: Estou em grande angústia; porém caiamos nas mãos do Senhor, porque muitas *são* as suas misericórdias; mas nas mãos dos homens não caia *eu*.

¹⁵Então enviou o Senhor a peste a Israel, desde a manhã até ao tempo determinado; e desde Dã até Berseba, morreram setenta mil homens do povo.

¹⁶Estendendo, pois, o anjo a sua mão sobre Jerusalém, para a destruir, o Senhor se arrependeu daquele mal; e disse ao anjo que fazia a destruição entre o povo: Basta, agora retira a tua mão. E o anjo do Senhor estava junto à eira de Araúna, o jebuseu.

¹⁷E, vendo Davi ao anjo que feria o povo, falou ao Senhor, dizendo: Eis que eu *sou o que* pequei, e eu *que* iniquamente procedi; porém estas ovelhas que fizeram? Seja, pois, a tua mão contra mim, e contra a casa de meu pai.

¹⁸E Gade veio naquele mesmo dia a Davi, e disse-lhe: Sobe, levanta ao Senhor um altar na eira de Araúna, o jebuseu.

¹⁹Davi subiu conforme à palavra de Gade, como o Senhor lhe tinha ordenado.

²⁰E olhou Araúna, e viu que vinham para ele o rei e os seus servos; saiu, pois, Araúna e inclinou-se diante do rei com o rosto em terra.

²¹E disse Araúna: Por que vem o rei meu senhor ao seu servo? E disse Davi: Para comprar de ti *esta* eira, a fim de edificar *nela* um altar ao Senhor, para que este castigo cesse de sobre o povo.

²²Então disse Araúna a Davi: Tome, e ofereça o rei meu senhor o que bem *parecer* aos seus olhos; eis aí bois para o holocausto, e os trilhos, e o aparelho dos bois para a lenha.

²³Tudo isto deu Araúna, *como um* rei ao rei; disse mais Araúna ao rei: O Senhor teu Deus tome prazer em ti.

²⁴Porém o rei disse a Araúna: Não, mas por

2 SAMUEL 24.25

preço justo to comprarei, porque não oferecerei ao Senhor meu Deus holocaustos que não me custem nada. Assim Davi comprou a eira e os bois por cinquenta siclos de prata.

[25]E edificou ali Davi ao Senhor um altar, e ofereceu holocaustos, e ofertas pacíficas. Assim o Senhor se aplacou para com a terra e cessou aquele castigo de sobre Israel.

O PRIMEIRO LIVRO DOS
REIS

A velhice de Davi

1 SENDO, pois, o rei Davi já velho, *e* entrado em dias, cobriam-no de roupas, porém não se aquecia.

[2]Então disseram-lhe os seus servos: Busquem para o rei meu senhor uma moça virgem, que esteja perante o rei, e tenha cuidado dele; e durma no seu seio, para que o rei meu senhor se aqueça.

[3]E buscaram por todos os termos de Israel uma moça formosa, e acharam a Abisague, sunamita; e a trouxeram ao rei.

[4]E *era* a moça sobremaneira formosa; e tinha cuidado do rei, e o servia; porém o rei não a conheceu.

[5]Então Adonias, filho de Hagite, se levantou, dizendo: Eu reinarei. E preparou carros, e cavaleiros, e cinquenta homens, que corressem adiante dele.

[6]E nunca seu pai o tinha contrariado, dizendo: Por que fizeste assim? E *era* ele também muito formoso de parecer; e *Hagite* o tivera depois de Absalão.

[7]E tinha entendimento com Joabe, filho de Zeruia, e com Abiatar o sacerdote; os quais *o* ajudavam, seguindo a Adonias.

[8]Porém Zadoque, o sacerdote, e Benaia, filho de Joiada, e Natã, o profeta, e Simei, e Rei, e os poderosos que Davi tinha, não estavam com Adonias.

[9]E matou Adonias ovelhas, e vacas, e *animais* cevados, junto à pedra de Zoelete, que *está* perto da fonte de Rogel; e convidou a todos os seus irmãos, os filhos do rei, e a todos os homens de Judá, servos do rei.

[10]Porém a Natã, o profeta, e a Benaia, e aos poderosos, e a Salomão, seu irmão, não convidou.

[11]Então falou Natã a Bate-Seba, mãe de Salomão, dizendo: Não ouviste que Adonias, filho de Hagite, reina? E que nosso senhor Davi não o sabe?

[12]Vem, pois, agora, *e* deixa-me dar-te um conselho, para que salves a tua vida, e a de Salomão teu filho.

[13]Vai, e chega ao rei Davi, e dize lhe: Não juraste tu, rei senhor meu, à tua serva, dizendo: Certamente teu filho Salomão reinará depois de mim, e ele se assentará no meu trono? Por que, pois, reina Adonias?

[14]Eis que, estando tu ainda aí falando com o rei, eu também entrarei depois de ti, e confirmarei as tuas palavras.

[15]E foi Bate-Seba ao rei na sua câmara; e o rei era muito velho; e Abisague, a sunamita, servia ao rei.

[16]E Bate-Seba inclinou a cabeça, e se prostrou perante o rei; e disse o rei: Que tens?

[17]E ela lhe disse: Senhor meu, tu juraste à tua serva pelo Senhor teu Deus, *dizendo:* Salomão, teu filho, reinará depois de mim, e ele se assentará no meu trono.

[18]E agora eis que Adonias reina; e tu, ó rei meu senhor, não *o* sabes.

[19]E matou vacas, e *animais* cevados, e ovelhas em abundância, e convidou a todos os filhos do rei, e a Abiatar, o sacerdote, e a Joabe, capitão do exército, mas a teu servo Salomão não convidou.

[20]Porém, ó rei meu senhor, os olhos de todo o Israel estão sobre ti, para que lhe declares quem se assentará sobre o trono do rei meu senhor, depois dele.

[21]De outro modo sucederá que, quando o rei meu senhor dormir com seus pais, eu e Salomão meu filho seremos *os* culpados.

[22]E, estando ela ainda falando com o rei, eis que entra o profeta Natã.

[23]E o fizeram saber ao rei, dizendo: Eis aí *está* o profeta Natã. E entrou à presença do rei, e prostrou-se diante do rei com o rosto em terra.

[24]E disse Natã: Ó rei meu senhor, disseste tu: Adonias reinará depois de mim, e ele se assentará sobre o meu trono?

[25]Porque hoje desceu, e matou vacas, e *animais* cevados, e ovelhas em abundância, e convidou a todos os filhos do rei e aos capitães do exército, e a Abiatar, o sacerdote, e eis que estão comendo e bebendo perante ele; e dizem: Viva o rei Adonias.

[26]Porém a mim, sendo eu teu servo, e a Zadoque, o sacerdote, e a Benaia, filho de Joiada, e a Salomão, teu servo, não convidou.

[27]Foi feito isto da parte do rei meu senhor? E não fizeste saber a teu servo quem se assentaria no trono do rei meu senhor depois dele?

[28]E respondeu o rei Davi, e disse: Chamai-me a Bate-Seba. E ela entrou à presença do rei; e ficou em pé diante do rei.

[29]Então jurou o rei e disse: Vive o Senhor, o qual remiu a minha alma de toda a angústia,

[30]Que, como te jurei pelo Senhor Deus de Israel, dizendo: Certamente teu filho Salomão reinará depois de mim, e ele se assentará no meu trono, em meu lugar, assim o farei *no dia de* hoje.

[31]Então Bate-Seba se inclinou com o rosto em terra e se prostrou diante do rei, e disse: Viva o rei Davi meu senhor para sempre.

Salomão é constituído rei

[32]E disse o rei Davi: Chamai-me a Zadoque, o sacerdote, e a Natã, o profeta, e a Benaia, filho de Joiada. E eles entraram à presença do rei.

[33]E o rei lhes disse: Tomai convosco os servos de vosso senhor, e fazei subir a meu filho Salomão na mula que *é* minha; e levai-o a Giom.

[34]E Zadoque, o sacerdote, com Natã, o profeta, ali o ungirão rei sobre Israel; então tocareis a trombeta, e direis: Viva o rei Salomão!

[35]Então subireis após ele, e virá e se assentará

1 REIS 1.36 248

no meu trono, e ele reinará em meu lugar; porque tenho ordenado que ele seja guia sobre Israel e sobre Judá.

³⁶Então Benaia, filho de Joiada, respondeu ao rei, e disse: Amém; assim *o* diga o SENHOR Deus do rei meu senhor.

³⁷Como o SENHOR foi com o rei meu senhor, assim *o* seja com Salomão, e faça *que* o seu trono *seja* maior do que o trono do rei Davi meu senhor.

³⁸Então desceu Zadoque, o sacerdote, e Natã, o profeta, e Benaia, filho de Joiada, e os quereteus, e os peleteus, e fizeram montar a Salomão na mula do rei Davi, e o levaram a Giom.

³⁹E Zadoque, o sacerdote, tomou o chifre de azeite do tabernáculo, e ungiu a Salomão; e tocaram a trombeta, e todo o povo disse: Viva o rei Salomão!

⁴⁰E todo o povo subiu após ele, e o povo tocava gaitas, e alegrava-se com grande alegria; de maneira que com o seu clamor a terra retiniu.

⁴¹E o ouviu Adonias, e todos os convidados que estavam com ele, que tinham acabado de comer; também Joabe ouviu o sonido das trombetas, e disse: Por que há *tal* ruído de cidade alvoroçada?

⁴²Estando ele ainda falando, eis que vem Jônatas, filho de Abiatar, o sacerdote, e disse Adonias: Entra, porque *és* homem valente, e trarás boas novas.

⁴³E respondeu Jônatas, e disse a Adonias: Certamente nosso senhor, rei Davi, constituiu rei a Salomão;

⁴⁴E o rei enviou com ele a Zadoque, o sacerdote, e a Natã, o profeta, e a Benaia, filho de Joiada, e aos quereteus e aos peleteus; e o fizeram montar na mula do rei.

⁴⁵E Zadoque, o sacerdote, e Natã, o profeta, o ungiram rei em Giom, e dali subiram alegres, e a cidade está alvoroçada; este é o clamor que ouviste.

⁴⁶E também Salomão está assentado no trono do reino.

⁴⁷E também os servos do rei vieram abençoar a nosso senhor, o rei Davi, dizendo: Faça *teu* Deus *que* o nome de Salomão *seja* melhor *do* que o teu nome; e faça *que* o seu trono *seja* maior do que o teu trono. E o rei se inclinou no leito.

⁴⁸E também disse o rei assim: Bendito o SENHOR Deus de Israel, que hoje tem dado quem se assente no meu trono, e que os meus olhos *o* vissem.

⁴⁹Então estremeceram e se levantaram todos os convidados que *estavam* com Adonias; e cada um se foi ao seu caminho.

⁵⁰Porém Adonias temeu a Salomão; e levantou-se, e foi, e apegou-se às pontas do altar.

⁵¹E fez-se saber a Salomão, dizendo: Eis que Adonias teme ao rei Salomão; porque eis que apegou-se às pontas do altar, dizendo: Jure-me hoje o rei Salomão que não matará o seu servo à espada.

⁵²E disse Salomão: Se for homem de bem, nem um de seus cabelos cairá em terra; se, porém, se achar nele maldade, morrerá.

⁵³E mandou o rei Salomão, e o fizeram descer do altar; e veio, e prostrou-se perante o rei Salomão, e Salomão lhe disse: Vai para tua casa.

Davi dá conselhos a Salomão e morre

2 E APROXIMARAM-SE os dias da morte de Davi; e deu ele ordem a Salomão, seu filho, dizendo:

²Eu vou pelo caminho de toda a terra; esforça-te, pois, e sê homem.

³E guarda a ordenança do SENHOR teu Deus, para andares nos seus caminhos, *e* para guardares os seus estatutos, e os seus mandamentos, e os seus juízos, e os seus testemunhos, como está escrito na lei de Moisés; para que prosperes em tudo quanto fizeres, e para onde quer que fores.

⁴Para que o SENHOR confirme a palavra, que falou de mim, dizendo: Se teus filhos guardarem o seu caminho, para andarem perante a minha face fielmente, com todo o seu coração e com toda a sua alma, nunca, disse, te faltará sucessor ao trono de Israel.

⁵E também tu sabes o que me fez Joabe, filho de Zeruia, *e* o que fez aos dois capitães do exército de Israel, a Abner filho de Ner, e a Amasa, filho de Jeter, os quais matou, e em paz derramou o sangue de guerra, e pôs o sangue de guerra no cinto que *tinha* nos lombos, e nos sapatos que *trazia* nos pés.

⁶Faze, pois, segundo a tua sabedoria, e não permitas que seus cabelos brancos desçam à sepultura em paz.

⁷Porém com os filhos de Barzilai, o gileadita, usarás de beneficência, e estarão entre os que comem à tua mesa, porque assim se chegaram eles a mim, quando eu fugia por causa de teu irmão Absalão.

⁸E eis que *também* contigo está Simei, filho de Gera, filho de Benjamim, de Baurim, que me maldisse *com* maldição atroz, no dia em que ia a Maanaim; porém ele saiu a encontrar-se comigo junto ao Jordão, e eu pelo SENHOR lhe jurei, dizendo que o não mataria à espada.

⁹Mas agora não o tenhas por inculpável, pois és homem sábio, e bem saberás o que lhe hás de fazer para que faças com que seus cabelos brancos desçam à sepultura com sangue.

¹⁰E Davi dormiu com seus pais, e foi sepultado na cidade de Davi.

¹¹E *foram* os dias que Davi reinou sobre Israel quarenta anos: sete anos reinou em Hebrom, e em Jerusalém reinou trinta e três anos.

Salomão reina

¹²E Salomão se assentou no trono de Davi, pai, e o seu reino se fortificou sobremaneira.

¹³Então veio Adonias, filho de Hagite, a Bate-Seba, mãe de Salomão; e disse *ela:* De paz é a tua vinda? E ele disse: *É de* paz.

¹⁴Então disse ele: *Uma* palavra tenho que *dizer-te.* E ela disse: Fala.

¹⁵Disse, pois, ele: Bem sabes que o reino era meu, e todo o Israel tinha posto a vista em mim para que eu viesse a reinar, contudo o reino foi

transferido e veio a ser de meu irmão, porque foi feito seu pelo SENHOR.

¹⁶Assim que agora uma só petição te faço; não ma rejeites. E ela lhe disse: Fala.

¹⁷E ele disse: Peço-*te que* fales ao rei Salomão (porque ele não te rejeitará) que me dê por mulher a Abisague, a sunamita.

¹⁸E disse Bate-Seba: Bem, eu falarei por ti ao rei.

¹⁹Assim foi Bate-Seba ao rei Salomão, a falar-lhe por Adonias; e o rei se levantou a encontrar-se com ela, e se inclinou diante dela; então se assentou no seu trono, e fez pôr uma cadeira para a sua mãe, e ela se assentou à sua direita.

²⁰Então disse ela: *Só* uma pequena petição te faço; não ma rejeites. E o rei lhe disse: Pede, minha mãe, porque não ta negarei.

²¹E ela disse: Dê-se Abisague, a sunamita, a Adonias, teu irmão, por mulher.

²²Então respondeu o rei Salomão, e disse a sua mãe: E por que pedes a Abisague, a sunamita, para Adonias? Pede também para ele o reino (porque é meu irmão maior), para ele, digo, e *também* para Abiatar, sacerdote, e para Joabe, filho de Zeruia.

²³E jurou o rei Salomão pelo SENHOR, dizendo: Assim Deus me faça, e outro tanto, se não falou Adonias esta palavra contra a sua vida.

²⁴Agora, pois, vive o SENHOR, que me confirmou, e me fez assentar no trono de Davi, meu pai, e que me tem feito casa, como tinha falado, que hoje morrerá Adonias.

Adonias, Joabe e Simei são mortos

²⁵E enviou o rei Salomão pela mão de Benaia, filho de Joiada, o qual arremeteu contra ele de modo que morreu.

²⁶E a Abiatar, o sacerdote, disse o rei: Vai para Anatote, para os teus campos, porque *és* homem *digno* de morte; porém hoje não te matarei, porquanto levaste a arca do Senhor DEUS diante de Davi, meu pai, e porquanto foste aflito em tudo quanto meu pai foi aflito.

²⁷Lançou, pois, Salomão fora a Abiatar, para que não fosse sacerdote do SENHOR, para cumprir a palavra do SENHOR, que tinha falado sobre a casa de Eli em Siló.

²⁸E chegou a notícia até Joabe (porque Joabe tinha se desviado seguindo a Adonias, ainda que não tinha se desviado seguindo a Absalão), e Joabe fugiu para o tabernáculo do SENHOR, e apegou-se às pontas do altar.

²⁹E disseram ao rei Salomão que Joabe tinha fugido para o tabernáculo do SENHOR; e eis que *está* junto ao altar; então Salomão enviou Benaia, filho de Joiada, dizendo: Vai, arremete sobre ele.

³⁰E foi Benaia ao tabernáculo do SENHOR, e lhe disse: Assim diz o rei: Sai *daí*. E disse ele: Não, porém aqui morrerei. E Benaia tornou com a resposta ao rei, dizendo: Assim falou Joabe, e assim me respondeu.

³¹E disse-lhe o rei: Faze como ele disse, e arremete contra ele, e sepulta-o, para que tires de mim e da casa de meu pai o sangue que Joabe sem causa derramou.

³²Assim o SENHOR fará recair o sangue dele sobre a sua cabeça, porque deu sobre dois homens mais justos e melhores do que ele, e os matou à espada, sem que meu pai Davi o soubesse, *a saber:* a Abner, filho de Ner, capitão do exército de Israel, e a Amasa, filho de Jeter, capitão do exército de Judá.

³³Assim recairá o sangue destes sobre a cabeça de Joabe e sobre a cabeça da sua descendência para sempre; mas a Davi, e à sua descendência, e à sua casa, e ao seu trono, dará o SENHOR paz para todo o sempre.

³⁴E subiu Benaia, filho de Joiada, e arremeteu contra ele, e o matou; e foi sepultado em sua casa, no deserto.

³⁵E o rei pôs a Benaia, filho de Joiada, em seu lugar sobre o exército, e a Zadoque, o sacerdote, pôs o rei em lugar de Abiatar.

³⁶Depois mandou o rei, e chamou a Simei, e disse-lhe: Edifica-te uma casa em Jerusalém, e habita aí, e daí não saias, nem para uma nem para outra parte.

³⁷Porque há de ser que no dia em que saíres e passares o ribeiro de Cedrom, de certo que sem dúvida morrerás; o teu sangue será sobre a tua cabeça.

³⁸E Simei disse ao rei: Boa é essa palavra; como tem falado o rei meu senhor, assim fará o teu servo. E Simei habitou em Jerusalém muitos dias.

³⁹Sucedeu, porém, que, ao cabo de três anos, dois servos de Simei fugiram para Aquis, filho de Maaca, rei de Gate; e deram parte a Simei, dizendo: Eis que teus servos *estão* em Gate.

⁴⁰Então Simei se levantou, e albardou o seu jumento, e foi a Gate, ter com Aquis, em busca de seus servos; assim foi Simei, e trouxe os seus servos de Gate.

⁴¹E disseram a Salomão como Simei fora de Jerusalém a Gate, e já tinha voltado.

⁴²Então o rei mandou chamar a Simei, e disse-lhe: Não te conjurei eu pelo SENHOR, e protestei contra ti, dizendo: No dia em que saíres para uma ou outra parte, sabe decerto que, sem dúvida, morrerás? E tu me disseste: Boa *é* essa palavra *que* ouvi.

⁴³Por que, pois, não guardaste o juramento do SENHOR, nem a ordem que te dei?

⁴⁴Disse mais o rei a Simei: *Bem* sabes tu toda a maldade que o teu coração reconhece, que fizeste a Davi, meu pai; pelo que o SENHOR fez recair tua maldade sobre a tua cabeça.

⁴⁵Mas o rei Salomão *será* abençoado, e o trono de Davi será confirmado perante o SENHOR para sempre.

⁴⁶E o rei mandou a Benaia, filho de Joiada, o qual saiu, e arremeteu contra ele, de modo que morreu; assim foi confirmado o reino na mão de Salomão.

Salomão casa com a filha de Faraó

3 E SALOMÃO se aparentou com Faraó, rei do Egito; e tomou a filha de Faraó, e a trouxe à cidade de Davi, até que acabasse de edificar a sua casa, e a casa do SENHOR, e a muralha de Jerusalém em redor.

[2]Entretanto, o povo sacrificava sobre os altos; porque até àqueles dias *ainda* não se havia edificado casa ao nome do SENHOR.

[3]E Salomão amava ao SENHOR, andando nos estatutos de Davi seu pai; somente *que* nos altos sacrificava, e queimava incenso.

[4]E foi o rei a Gibeom para lá sacrificar, porque aquele era o alto maior; mil holocaustos sacrificou Salomão naquele altar.

[5]E em Gibeom apareceu o SENHOR a Salomão de noite em sonhos; e disse-lhe Deus: Pede o *que* queres que eu te dê.

[6]E disse Salomão: De grande beneficência usaste tu com teu servo Davi, meu pai, como *também* ele andou contigo em verdade, e em justiça, e em retidão de coração, perante a tua face; e guardaste-lhe esta grande beneficência, e lhe deste *um* filho que se assentasse no seu trono, como *se vê* neste dia.

[7]Agora, pois, ó SENHOR meu Deus, tu fizeste reinar a teu servo em lugar de Davi meu pai; e *sou* apenas um menino pequeno; não sei como sair, nem como entrar.

[8]E teu servo está no meio do teu povo que elegeste; povo grande, que nem se pode contar, nem numerar, pela sua multidão.

[9]A teu servo, pois, dá um coração entendido para julgar a teu povo, para que prudentemente discirna entre o bem e o mal; porque quem poderia julgar a este teu *tão* grande povo?

[10]E esta palavra *pareceu* boa aos olhos do Senhor, de que Salomão pedisse isso.

[11]E disse-lhe Deus: Porquanto pediste isso, e não pediste para ti muitos dias, nem pediste para ti riquezas, nem pediste a vida de teus inimigos; mas pediste para ti entendimento, para discernires o que é justo;

[12]Eis que fiz segundo as tuas palavras; eis que te dei um coração *tão* sábio e entendido, que antes de ti igual não houve, e depois de ti igual não se levantará.

[13]E também até o que não pediste te dei, assim riquezas como glória; de modo que não haverá igual a ti entre os reis, por todos os teus dias.

[14]E, se andares nos meus caminhos, guardando os meus estatutos, e os meus mandamentos, como andou Davi teu pai, também prolongarei os teus dias.

[15]E acordou Salomão, e eis que *era* sonho. E indo a Jerusalém, pôs-se perante a arca da aliança do SENHOR, e sacrificou holocausto, e preparou sacrifícios pacíficos, e fez um banquete a todos os seus servos.

Salomão julga a causa de duas mulheres

[16]Então vieram duas mulheres prostitutas ao rei, e se puseram perante ele.

[17]E disse-lhe uma das mulheres: Ah! Senhor meu, eu e esta mulher moramos numa casa; e tive um filho, *estando* com ela naquela casa.

[18]E sucedeu que, ao terceiro dia, depois do meu parto, teve um filho também esta mulher; estávamos juntas; nenhum estranho *estava* conosco na casa; somente nós duas naquela casa.

[19]E de noite morreu o filho desta mulher, porquanto se deitara sobre ele.

[20]E levantou-se à meia-noite, e tirou o meu filho do meu lado, enquanto dormia a tua serva, e o deitou no seu seio; e a seu filho morto deitou no meu seio.

[21]E, levantando-me eu pela manhã, para dar de mamar a meu filho, eis que estava morto; mas, atentando pela manhã para ele, eis que não era meu filho, que eu havia tido.

[22]Então disse a outra mulher: Não, mas o vivo *é* meu filho, e teu filho o morto. Porém esta disse: Não, por certo, o morto *é* teu filho, e meu filho o vivo. Assim falaram perante o rei.

[23]Então disse o rei: Esta diz: Este que vive *é* meu filho, e teu filho o morto; e esta outra diz: Não, por certo, o morto é teu filho e meu filho o vivo.

[24]Disse mais o rei: Trazei-me uma espada. E trouxeram uma espada diante do rei.

[25]E disse o rei: Dividi em duas partes o menino vivo; e dai metade a uma, e metade a outra.

[26]Mas a mulher, cujo filho *era* o vivo, falou ao rei (porque as suas entranhas se lhe enterneceram por seu filho), e disse: Ah! Senhor meu, dai-lhe o menino vivo, e de modo nenhum o mateis. Porém a outra dizia: Nem teu nem meu seja; dividi-o.

[27]Então respondeu o rei, e disse: Dai a esta o menino vivo, e de maneira nenhuma o mateis, *porque* esta *é* sua mãe.

[28]E todo o Israel ouviu o juízo que havia dado o rei, e temeu ao rei; porque viram que *havia* nele a sabedoria de Deus, para fazer justiça.

A grandeza do reino de Salomão

4 ASSIM foi Salomão rei sobre todo o Israel.

[2]E estes *eram* os príncipes que tinha: Azarias, filho de Zadoque, sacerdote;

[3]Eliorefe e Aías, filhos de Sisa, secretários; Jeosafá, filho de Ailude, cronista;

[4]Benaia, filho de Joiada, sobre o exército; e Zadoque e Abiatar *eram* sacerdotes;

[5]E Azarias, filho de Natã, sobre os provedores; e Zabude, filho de Natã, oficial-mor, amigo do rei;

[6]E Aisar, mordomo; Adonirão, filho de Abda, sobre o tributo.

[7]E tinha Salomão doze oficiais sobre todo o Israel, que proviam ao rei e à sua casa; e cada um tinha que abastecê-lo por um mês no ano.

[8]E estes *são* os seus nomes: Ben-Hur, nas montanhas de Efraim;

⁹Ben-Dequer em Macaz, e em Saalbim, e em Bete-Semes, e em Elom, e em Bete-Hanã;

¹⁰Ben-Hesede em Arubote; *também* este tinha a Socó e a toda a terra de Hefer;

¹¹Ben-Abinadabe em todo o termo de Dor; tinha este a Tafate, filha de Salomão, por mulher;

¹²Baana, filho de Ailude, *tinha* a Taanaque, e a Megido, e a toda a Bete-Seã, que *está* junto a Zaretã, abaixo de Jizreel, desde Bete-Seã até Abel-Meolá, para além de Jocmeão;

¹³O filho de Geber, em Ramote de Gileade; tinha este as aldeias de Jair, filho de Manassés, as quais *estão* em Gileade; *também* tinha o termo de Argobe, o qual *está* em Basã, sessenta grandes cidades, com muros e ferrolhos de cobre;

¹⁴Ainadabe, filho de Ido, em Maanaim.

¹⁵Aimaás em Naftali; também este tomou a Basemate, filha de Salomão, por mulher;

¹⁶Baaná, filho de Husai, em Aser e em Alote;

¹⁷Jeosafá, filho de Parua, em Issacar;

¹⁸Simei, filho de Elá, em Benjamim:

¹⁹Geber, filho de Uri, na terra de Gileade, a terra de Siom, rei dos amorreus, e de Ogue, rei de Basã; e só uma guarnição *havia* naquela terra.

²⁰Eram, *pois,* os de Judá e Israel muitos, como a areia que *está* junto ao mar em multidão, comendo, e bebendo, e alegrando-se.

²¹E dominava Salomão sobre todos os reinos desde o rio *até* à terra dos filisteus, e até ao termo do Egito; os quais traziam presentes, e serviram a Salomão todos os dias da sua vida.

²²Era, pois, o provimento de Salomão cada dia, trinta coros de flor de farinha, e sessenta coros de farinha;

²³Dez bois cevados, e vinte bois de pasto, e cem carneiros; afora os veados e as cabras montesas, e os corços, e aves cevadas.

²⁴Porque dominava sobre tudo quanto havia no lado de cá do rio, Tifsa até Gaza, sobre todos os reis do lado de cá do rio; e tinha paz de todos os lados em redor dele.

²⁵E Judá e Israel habitavam seguros, cada um debaixo da sua videira, e debaixo da sua figueira, desde Dã até Berseba, todos os dias de Salomão.

²⁶Tinha também Salomão quarenta mil estrebarias de cavalos para os seus carros, e doze mil cavaleiros.

²⁷Proviam, pois, estes provedores, cada um *no seu mês,* ao rei Salomão e a todos quantos se chegaram à mesa do rei Salomão; coisa nenhuma deixavam faltar.

²⁸E traziam a cevada e a palha para os cavalos e para os ginetes, para o lugar onde estava, cada um segundo o seu cargo.

A sabedoria de Salomão

²⁹E deu Deus a Salomão sabedoria, e muitíssimo entendimento, e largueza de coração, como a areia que *está* na praia do mar.

³⁰E era a sabedoria de Salomão maior do que a sabedoria de todos os do oriente *e* do que toda a sabedoria dos egípcios.

³¹E era *ele ainda* mais sábio *do* que todos os homens, *e do* que Etã, ezraíta, e Hemã, e Calcol, e Darda, filhos de Maol; e correu o seu nome por todas as nações em redor.

³²E disse três mil provérbios, e foram os seus cânticos mil e cinco.

³³Também falou das árvores, desde o cedro que *está* no Líbano até ao hissopo que nasce na parede; também falou dos animais e das aves, e dos répteis e dos peixes.

³⁴E vinham de todos os povos a ouvir a sabedoria de Salomão, e de todos os reis da terra que tinham ouvido da sua sabedoria.

Salomão faz acordo com Hirão, rei de Tiro

5 E ENVIOU Hirão, rei de Tiro, os seus servos a Salomão (porque ouvira que ungiram a Salomão rei em lugar de seu pai), porquanto Hirão sempre tinha amado a Davi.

²Então Salomão mandou dizer a Hirão:

³*Bem* sabes tu que Davi, meu pai, não pôde edificar uma casa ao nome do Senhor seu Deus, por causa da guerra com que o cercaram, até que o Senhor pôs seus inimigos debaixo das plantas dos seus pés.

⁴Porém agora o Senhor meu Deus me tem dado descanso de todos os lados; adversário não *há,* nem algum mau encontro.

⁵E eis que eu intento edificar uma casa ao nome do Senhor meu Deus, como falou o Senhor a Davi, meu pai, dizendo: Teu filho, que porei em teu lugar no teu trono, ele edificará uma casa ao meu nome.

⁶Dá ordem, pois, agora, que do Líbano me cortem cedros, e os meus servos estarão com os teus servos, e eu te darei o salário dos teus servos, conforme a tudo o que disseres; porque *bem* sabes tu que entre nós ninguém há que saiba cortar a madeira como os sidônios.

⁷E aconteceu que, ouvindo Hirão as palavras de Salomão, muito se alegrou, e disse: Bendito *seja* hoje o Senhor, que deu a Davi *um* filho sábio sobre este tão grande povo.

⁸E enviou Hirão a Salomão, dizendo: Ouvi o que me mandaste dizer. Eu farei toda a tua vontade acerca da madeira do cedro e da madeira de cipreste.

⁹Os meus servos as levarão desde o Líbano até ao mar, e eu as farei conduzir em jangadas pelo mar até ao lugar que me designares, e ali as desamarrarei; e tu as tomarás; tu também farás a minha vontade, dando sustento à minha casa.

¹⁰Assim deu Hirão a Salomão madeira de cedro e madeira de cipreste, *conforme* a toda a sua vontade.

¹¹E Salomão deu a Hirão vinte mil coros de trigo, para sustento da sua casa, e vinte coros de azeite batido; isto dava Salomão a Hirão anualmente.

¹²Deu, pois, o Senhor a Salomão sabedoria, como lhe tinha falado; e houve paz entre Hirão e Salomão, e ambos fizeram acordo.

Os preparativos para edificar o templo

¹³E o rei Salomão fez subir uma leva *de gente* dentre todo o Israel, e foi a leva *de gente* trinta mil homens;

¹⁴E os enviava ao Líbano, cada mês, dez mil por turno; um mês estavam no Líbano, e dois meses cada um em sua casa; e Adonirão estava sobre a leva *de gente.*

¹⁵Tinha também Salomão setenta mil que levavam as cargas, e oitenta mil que talhavam *pedras* nas montanhas,

¹⁶Afora os chefes dos oficiais de Salomão, que *estavam* sobre aquela obra, três mil e trezentos, os quais davam as ordens ao povo que fazia aquela obra.

¹⁷E mandou o rei que trouxessem pedras grandes, *e* pedras valiosas, pedras lavradas, para fundarem a casa.

¹⁸E as lavraram os edificadores de Salomão, e os edificadores de Hirão, e os giblitas; e preparavam a madeira e as pedras para edificar a casa.

Salomão edifica o templo

6 E SUCEDEU que no ano de quatrocentos e oitenta, depois de saírem os filhos de Israel do Egito, no ano quarto do reinado de Salomão sobre Israel, no mês de Zive (este é o mês segundo), *começou a* edificar a casa do SENHOR.

²E a casa que o rei Salomão edificou ao SENHOR era de sessenta côvados de comprimento, e de vinte côvados de largura, e de trinta côvados de altura.

³E o pórtico diante do templo da casa era de vinte côvados de comprimento, segundo a largura da casa, e de dez côvados de largura diante da casa.

⁴E fez para a casa janelas de vista estreita.

⁵E edificou câmaras junto ao muro da casa, contra as paredes da casa, em redor, tanto do templo como do oráculo; e assim lhe fez câmaras laterais em redor.

⁶A câmara de baixo *era* de cinco côvados de largura, e a do meio de seis côvados de largura, e a terceira de sete côvados de largura; porque pela parte de fora da casa, em redor, fizera encostos, para que *as vigas* não se apoiassem nas paredes da casa.

⁷E edificava-se a casa com pedras preparadas, como as traziam se edificava; de maneira que nem martelo, nem machado, *nem* nenhum *outro* instrumento de ferro se ouviu na casa quando a edificavam.

⁸A porta da câmara do meio estava ao lado direito da casa, e por caracóis se subia à do meio, e da do meio à terceira.

⁹Assim, *pois,* edificou a casa, e a acabou; e cobriu a casa com pranchões e tabuados de cedro.

¹⁰Também edificou as câmaras em volta de toda a casa, de cinco côvados de altura, e as ligou à casa com madeira de cedro.

¹¹Então veio a palavra do SENHOR a Salomão, dizendo:

¹²*Quanto* a esta casa que tu edificas, se andares nos meus estatutos, e fizeres os meus juízos, e guardares todos os meus mandamentos, andando neles, confirmarei para contigo a minha palavra, a qual falei a Davi, teu pai;

¹³E habitarei no meio dos filhos de Israel, e não desampararei o meu povo de Israel.

¹⁴Assim edificou Salomão aquela casa, e a acabou.

¹⁵Também cobri as paredes da casa por dentro com tábuas de cedro; desde o soalho da casa até ao teto *tudo* cobriu com madeira por dentro; e cobriu o soalho da casa com tábuas de cipreste.

¹⁶Edificou mais vinte côvados de tábuas de cedro nos lados da casa, desde o soalho até às paredes; e por dentro lhas edificou para o oráculo, para o Santo dos Santos.

¹⁷A casa, *isto é,* o templo anterior tinha quarenta côvados.

¹⁸E o cedro da casa por dentro era lavrado de botões e flores abertas; tudo *era* cedro, pedra nenhuma se via.

¹⁹E por dentro da casa, na parte mais interior, preparou o oráculo, para pôr ali a arca da aliança do SENHOR.

²⁰E o oráculo no interior era de vinte côvados de comprimento, e de vinte côvados de largura, e de vinte côvados de altura; e o revestiu de ouro puro; também revestiu de cedro o altar.

²¹E revestiu Salomão a casa por dentro de ouro puro; e com cadeias de ouro pôs *uma cortina* diante do oráculo, e o revestiu com ouro.

²²Assim cobriu de ouro toda a casa, até que completou toda a casa; também cobriu de ouro todo o altar que estava diante do oráculo.

²³E no oráculo fez dois querubins de madeira de oliveira, *cada um* da altura de dez côvados.

²⁴E uma asa de um querubim *era* de cinco côvados, e a outra asa do querubim de *outros* cinco côvados; dez côvados havia desde a extremidade de uma das suas asas até à extremidade *da outra* das suas asas.

²⁵Assim era *também* de dez côvados o outro querubim; ambos os querubins eram de uma mesma medida e de um mesmo talhe.

²⁶A altura de um querubim era de dez côvados, e assim a do outro querubim.

²⁷E pôs a estes querubins no meio da casa de dentro; e os querubins estendiam as asas, *de maneira* que a asa de um tocava na parede, e a asa do outro querubim tocava na outra parede; e as suas asas no meio da casa tocavam uma na outra.

²⁸E revestiu de ouro os querubins.

²⁹E todas as paredes da casa, em redor, lavrou de esculturas e entalhes de querubins, e de palmas, e de flores abertas, por dentro e por fora.

³⁰Também revestiu de ouro o soalho da casa, por dentro e por fora.

³¹E à entrada do oráculo fez portas de madeira de oliveira; o umbral de cima *com* as ombreiras *faziam* a quinta parte *da parede.*

³²Também as duas portas eram de madeira de oliveira; e lavrou nelas entalhes de querubins, e de palmas, e de flores abertas, os quais revestiu de ouro; também estendeu ouro sobre os querubins e sobre as palmas.

³³E assim fez à porta do templo ombreiras de madeira de oliveira, da quarta parte *da parede*.

³⁴E *eram* as duas portas de madeira de cipreste; e as duas folhas de uma porta *eram* dobradiças, assim como *eram* também dobradiças *as* duas *folhas* entalhadas das outras portas.

³⁵E as lavrou de querubins e de palmas, e de flores abertas, e as revestiu de ouro acomodado ao lavor.

³⁶Também edificou o pátio interior de três ordens de pedras lavradas e de uma ordem de vigas de cedro.

³⁷No ano quarto se pôs o fundamento da casa do Senhor, no mês de Zive.

³⁸E no ano undécimo, no mês de Bul, que é o mês oitavo, se acabou esta casa com todas as suas coisas, e com tudo o que lhe convinha; e a edificou *em* sete anos.

Salomão edifica um palácio

7 PORÉM a sua casa edificou Salomão em treze anos; e acabou toda a sua casa.

²Também edificou a casa do bosque do Líbano de cem côvados de comprimento, e de cinquenta côvados de largura, e de trinta côvados de altura, sobre quatro ordens de colunas de cedro, e vigas de cedro sobre as colunas.

³E por cima *estava* coberta de cedro sobre as vigas, que estavam sobre quarenta e cinco colunas, quinze em cada ordem.

⁴E *havia* três ordens de janelas; e uma janela estava defronte da outra janela, em três ordens.

⁵Também todas as portas e ombreiras quadradas *eram* de uma mesma vista; e uma janela *estava* defronte da outra, em três ordens.

⁶Depois fez um pórtico de colunas de cinquenta côvados de comprimento e de trinta côvados de largura; e o pórtico *estava* defronte delas, e as colunas com as grossas vigas defronte delas.

⁷Também fez o pórtico para o trono onde julgava, isto é, o pórtico do juízo, que *estava* revestido de cedro de soalho a soalho.

⁸E *em* sua casa, em que morava, *havia* outro pátio, por dentro do pórtico, de obra semelhante à deste; também para a filha de Faraó, que Salomão tomara *por mulher,* fez uma casa semelhante àquele pórtico.

⁹Todas estas coisas *eram* de pedras de grande valor, cortadas à medida, serradas à serra por dentro e por fora; *e* isto desde o fundamento até às beiras do teto, e por fora até ao grande pátio.

¹⁰Também *estava* fundado sobre pedras finas, pedras grandes; sobre pedras de dez côvados e pedras de oito côvados.

¹¹E em cima delas pedras de grande valor, lavradas segundo as medidas, e *madeira de* cedro.

¹²E no grande pátio ao redor havia três ordens de pedras lavradas, com uma ordem de vigas de cedro; assim era *também* o pátio interior da casa do Senhor e o pórtico daquela casa.

Diversas obras para o templo

¹³E enviou o rei Salomão *um mensageiro* e mandou trazer a Hirão de Tiro.

¹⁴*Era* ele filho de uma mulher viúva, da tribo de Naftali, e *fora* seu pai um homem de Tiro, que trabalhava em cobre; e era cheio de sabedoria, e de entendimento, e de conhecimento para fazer toda a obra de cobre; este veio ao rei Salomão, e fez toda a sua obra.

¹⁵E formou duas colunas de cobre; a altura de cada coluna era de dezoito côvados, e um fio de doze côvados cercava cada uma das colunas.

¹⁶Também fez dois capitéis de fundição de cobre para pôr sobre as cabeças das colunas; de cinco côvados *era* a altura de um capitel, e de cinco côvados a altura do outro capitel.

¹⁷As redes *eram* de malhas, as ligas de obra de cadeia para os capitéis que *estavam* sobre a cabeça das colunas, sete para um capitel e sete para o outro capitel.

¹⁸Assim fez as colunas, juntamente com duas fileiras em redor sobre uma rede, para cobrir os capitéis que *estavam* sobre a cabeça das romãs, assim também fez com o outro capitel.

¹⁹E os capitéis que *estavam* sobre a cabeça das colunas eram de obra de lírios no pórtico, de quatro côvados.

²⁰Os capitéis, pois, sobre as duas colunas *estavam* também defronte, em cima da parte globular que estava junto à rede; e duzentas romãs, em fileiras em redor, estavam *também* sobre o outro capitel.

²¹Depois levantou as colunas no pórtico do templo; e levantando a coluna direita, pôs-lhe o nome de Jaquim; e levantando a coluna esquerda, pôs-lhe o nome de Boaz.

²²E sobre a cabeça das colunas *estava* a obra de lírios; e assim se acabou a obra das colunas.

²³Fez mais o mar de fundição, de dez côvados de uma borda até à outra borda, perfeitamente redondo, e de cinco côvados de alto; e um cordão de trinta côvados o cingia em redor.

²⁴E por baixo da sua borda em redor *havia* botões que o cingiam; por dez côvados cercavam aquele mar em redor; duas ordens destes botões *foram* fundidas quando o *mar* foi fundido.

²⁵E firmava-se sobre doze bois, três que olhavam para o norte, e três que olhavam para o ocidente, e três que olhavam para o sul, e três que olhavam para o oriente; e o mar *estava* em cima deles, e todas as suas partes posteriores para o lado de dentro.

²⁶E a grossura *era* de um palmo, e a sua borda era como a de um copo, *como* de flor de lírios; ele levava dois mil batos.

²⁷Fez também as bases de cobre; o comprimento de uma base de quatro côvados, e de quatro côvados a sua largura, e três côvados a sua altura.

1 REIS 7.28 254

²⁸E esta *era* a obra das bases; tinham cintas, e as cintas *estavam* entre as molduras.

²⁹E sobre as cintas que *estavam* entre as molduras *havia* leões, bois, e querubins, e sobre as molduras uma base por cima; e debaixo dos leões e dos bois junturas de obra estendida.

³⁰E uma base tinha quatro rodas de metal, e lâminas de cobre; e os seus quatro cantos tinham suportes; debaixo da pia *estavam* estes suportes fundidos, do lado de cada uma das junturas.

³¹E a boca da *pia estava* dentro da coroa, e de um côvado por cima; e era a sua boca redonda segundo a obra da base, de côvado e meio; e também sobre a sua boca *havia* entalhes, e as suas cintas *eram* quadradas, não redondas.

³²E as quatro rodas *estavam* debaixo das cintas, e os eixos das rodas na base; e *era* a altura de cada roda de côvado e meio.

³³E *era* a obra das rodas como a obra da roda de carro; seus eixos, e suas cambas e seus cubos, e seus raios, todos *eram* fundidos.

³⁴E *havia* quatro suportes aos quatro cantos de cada base; seus suportes *saíam* da base.

³⁵E no alto de cada base *havia uma* peça redonda de meio côvado de altura; também sobre o alto de cada base *havia* asas e cintas, que *saíam* delas.

³⁶E nas placas de seus esteios e nas suas cintas lavrou querubins, leões, e palmas, segundo o espaço de cada uma, e outros adornos em redor.

³⁷Conforme a esta fez as dez bases; todas tinham uma mesma fundição, uma mesma medida, *e* um mesmo entalhe.

³⁸Também fez dez pias de cobre; em cada pia cabiam quarenta batos, *e* cada pia era de quatro côvados, *e* sobre cada uma das dez bases *estava* uma pia.

³⁹E pôs cinco bases do lado direito da casa, e cinco do lado esquerdo da casa; porém o mar pôs ao lado direito da casa para o lado do oriente, da parte do sul.

⁴⁰Depois fez Hirão as pias, e as pás, e as bacias; e acabou Hirão de fazer toda a obra que fez para o rei Salomão, para a casa do SENHOR.

⁴¹*A saber:* as duas colunas, e os globos dos capitéis que *estavam* sobre a cabeça das duas colunas; e as duas redes, para cobrir os dois globos dos capitéis que *estavam* sobre a cabeça das colunas.

⁴²E as quatrocentas romãs para as duas redes, *a saber:* duas carreiras de romãs para cada rede, para cobrirem os dois globos dos capitéis que *estavam* em cima das colunas.

⁴³Juntamente com as dez bases, e as dez pias sobre as bases;

⁴⁴Como também um mar, e os doze bois debaixo daquele mar;

⁴⁵E os caldeirões, e as pás, e as bacias, e todos estes objetos que fez Hirão para o rei Salomão, para a casa do SENHOR, *todos* eram de cobre polido.

⁴⁶Na planície do Jordão, o rei os fundiu em terra barrenta; entre Sucote e Zaretã.

⁴⁷E deixou Salomão *de pesar* todos os objetos, pelo seu excessivo número; nem se averiguou o peso do cobre.

⁴⁸Também fez Salomão todos os objetos que *convinham* à casa do SENHOR; o altar de ouro, e a mesa de ouro, sobre a qual *estavam* os pães da proposição.

⁴⁹E os castiçais, cinco à direita e cinco à esquerda, diante do oráculo, de ouro finíssimo; e as flores, e as lâmpadas, e as tenazes, *também* de ouro.

⁵⁰*Como* também os vasos, e os apagadores, e as bacias, e as colheres, e os perfumadores, de ouro finíssimo; e as dobradiças para as portas da casa interior para o lugar santíssimo, *e* as das portas da casa do templo, *também* de ouro.

⁵¹Assim se acabou toda a obra que fez o rei Salomão para a casa do SENHOR; então trouxe Salomão as coisas que seu pai Davi havia consagrado; a prata, e o ouro, e os objetos pôs entre os tesouros da casa do SENHOR.

Dedicação do templo

8ENTÃO congregou Salomão os anciãos de Israel, e todos os cabeças das tribos, os chefes dos pais dos filhos de Israel, diante de si em Jerusalém; para fazerem subir a arca da aliança do SENHOR da cidade de Davi, que *é* Sião.

²E todos os homens de Israel se congregaram ao rei Salomão, *na ocasião* da festa, no mês de Etanim, que *é* o sétimo mês.

³E vieram todos os anciãos de Israel; e os sacerdotes alçaram a arca.

⁴E trouxeram a arca do SENHOR para cima, e o tabernáculo da congregação, juntamente com todos os objetos sagrados que havia no tabernáculo; assim os trouxeram para cima os sacerdotes e os levitas.

⁵E o rei Salomão, e toda a congregação de Israel que se congregara a ele, *estava* com ele diante da arca, sacrificando ovelhas e vacas, que não se podiam contar nem numerar pela sua quantidade.

⁶Assim trouxeram os sacerdotes a arca da aliança do SENHOR ao seu *lugar,* ao oráculo da casa, ao lugar santíssimo, *até* debaixo das asas dos querubins.

⁷Porque os querubins estendiam ambas as asas sobre o lugar da arca; e os querubins cobriam, por cima, a arca e os seus varais.

⁸E os varais sobressaíram *tanto,* que as pontas dos varais se viam desde o santuário diante do oráculo, porém de fora não se viam; e ficaram ali até *ao dia de* hoje.

⁹Na arca nada *havia,* senão só as duas tábuas de pedra, que Moisés ali pusera junto a Horebe, quando o SENHOR fez *a aliança* com os filhos de Israel, saindo eles da terra do Egito.

¹⁰E sucedeu que, saindo os sacerdotes do santuário, uma nuvem encheu a casa do SENHOR.

¹¹E os sacerdotes não podiam permanecer em pé para ministrar, por causa da nuvem, porque a glória do SENHOR enchera a casa do SENHOR.

Salomão fala ao povo

[12]Então falou Salomão: O SENHOR disse que ele habitaria nas trevas.

[13]Certamente te edifiquei uma casa para morada, assento para a tua eterna habitação.

[14]Então virou o rei o seu rosto, e abençoou toda a congregação de Israel; e toda a congregação de Israel estava em pé.

[15]E disse: Bendito *seja* o SENHOR Deus de Israel, que falou pela sua boca a Davi, meu pai, e pela sua mão *o* cumpriu, dizendo:

[16]Desde o dia em que eu tirei o meu povo Israel do Egito, não escolhi cidade alguma de todas as tribos de Israel, para edificar *alguma* casa para ali estabelecer o meu nome; porém escolhi a Davi, para que presidisse sobre o meu povo Israel.

[17]Também Davi, meu pai, propusera em seu coração o edificar casa ao nome do SENHOR Deus de Israel.

[18]Porém o SENHOR disse a Davi, meu pai: Porquanto propuseste no teu coração o edificar casa ao meu nome, bem fizeste em o propor no teu coração.

[19]Todavia tu não edificarás esta casa; porém teu filho, que sair de teus lombos, edificará esta casa ao meu nome.

[20]Assim confirmou o SENHOR a sua palavra que falou; porque me levantei em lugar de Davi, meu pai, e me assentei no trono de Israel, como tem falado o SENHOR; e edifiquei uma casa ao nome do SENHOR Deus de Israel.

[21]E constituí ali lugar para a arca em que *está* a aliança do SENHOR, a qual fez com nossos pais, quando os tirou da terra do Egito.

Salomão ora a Deus

[22]E pôs-se Salomão diante do altar do SENHOR, na presença de toda a congregação de Israel; e estendeu as suas mãos para os céus,

[23]E disse: Ó SENHOR Deus de Israel, não *há* Deus como tu, em cima nos céus nem embaixo na terra; que guardas a aliança e a beneficência a teus servos que andam com todo o seu coração diante de ti.

[24]Que guardaste a teu servo Davi, meu pai, o que lhe disseras; porque com a tua boca o disseste, e com a tua mão o cumpriste, como neste dia *se vê*.

[25]Agora, pois, ó SENHOR Deus de Israel, guarda a teu servo Davi, meu pai, o que lhe falaste, dizendo: Não te faltará sucessor diante de mim, que se assente no trono de Israel; somente que teus filhos guardem o seu caminho, para andarem diante de mim como tu andaste diante de mim.

[26]Agora também, ó Deus de Israel, cumpra-se a tua palavra que disseste a teu servo Davi, meu pai.

[27]Mas, na verdade, habitaria Deus na terra? Eis que os céus, e até o céu dos céus, não te poderiam conter, quanto menos esta casa que eu tenho edificado.

[28]Volve-te, pois, para a oração de teu servo, e para a sua súplica, ó SENHOR meu Deus, para ouvires o clamor e a oração que o teu servo hoje faz diante de ti.

[29]Para que os teus olhos noite e dia estejam abertos sobre esta casa, sobre este lugar, do qual disseste: O meu nome estará ali; para ouvires a oração que o teu servo fizer neste lugar.

[30]Ouve, pois, a súplica do teu servo, e do teu povo Israel, quando orarem neste lugar; também ouve tu no lugar da tua habitação nos céus; ouve também, e perdoa.

[31]Quando alguém pecar contra o seu próximo, e puserem sobre ele juramento de maldição, fazendo-o jurar, e vier juramento de maldição diante do teu altar nesta casa,

[32]Ouve tu, então, nos céus e age e julga a teus servos, condenando ao injusto, fazendo recair o seu proceder sobre a sua cabeça, e justificando ao justo, rendendo-lhe segundo a sua justiça.

[33]Quando o teu povo Israel for ferido diante do inimigo, por ter pecado contra ti, e se converterem a ti, e confessarem o teu nome, e orarem e suplicarem a ti nesta casa,

[34]Ouve tu então nos céus, e perdoa o pecado do teu povo Israel, e torna-o a levar à terra que tens dado a seus pais.

[35]Quando os céus se fechar, e não houver chuva, por terem pecado contra ti, e orarem neste lugar, e confessarem o teu nome, e se converterem dos seus pecados, havendo-os tu afligido,

[36]Ouve tu então nos céus, e perdoa o pecado de teus servos e do teu povo Israel, ensinando-lhes o bom caminho em que andem, e dá chuva na tua terra que deste ao teu povo em herança.

[37]Quando houver fome na terra, quando houver peste, quando houver queima de searas, ferrugem, gafanhotos *ou* pulgão, quando o seu inimigo o cercar na terra das suas portas, *ou houver* alguma praga *ou* doença,

[38]Toda a oração, toda a súplica, que qualquer homem de todo o teu povo Israel *fizer,* conhecendo cada um a chaga do seu coração, e estendendo as suas mãos para esta casa,

[39]Ouve tu então nos céus, assento da tua habitação, e perdoa, e age, e dá a cada um conforme a todos os seus caminhos, e segundo vires o seu coração, porque só tu conheces o coração de todos os filhos dos homens.

[40]Para que te temam todos os dias que viverem na terra que deste a nossos pais.

[41]E também *ouve* ao estrangeiro, que não *for* do teu povo Israel, quando vier de terras remotas, por amor do teu nome

[42](Porque ouvirão do teu grande nome, e da tua forte mão, e do teu braço estendido), e vier orar *voltado* para esta casa,

[43]Ouve tu nos céus, assento da tua habitação, e faze conforme a tudo o que o estrangeiro a ti clamar, a fim de que todos os povos da terra conheçam o teu nome, para te temerem como o teu povo Israel, e para saberem que o teu nome é invocado sobre esta casa que tenho edificado.

44Quando o teu povo sair à guerra contra o seu inimigo, pelo caminho por que os enviares, e orarem ao Senhor, para o lado desta cidade, que tu elegeste, e desta casa, que edifiquei ao teu nome,

45Ouve, então, nos céus a sua oração e a sua súplica, e faze-lhes justiça.

46Quando pecarem contra ti (pois não *há* homem que não peque), e tu te indignares contra eles, e os entregares às mãos do inimigo, de modo que os levem em cativeiro para a terra inimiga, *quer* longe ou perto esteja,

47E na terra aonde forem levados em cativeiro caírem em si, e se converterem, e na terra do seu cativeiro te suplicarem, dizendo: Pecamos, e perversamente procedemos, e cometemos iniquidade,

48E se converterem a ti com todo o seu coração e com toda a sua alma, na terra de seus inimigos que os levaram em cativeiro, e orarem a ti para o lado da sua terra que deste a seus pais, *para* esta cidade que elegeste, e *para* esta casa que edifiquei ao teu nome;

49Ouve então nos céus, assento da tua habitação, a sua oração e a sua súplica, e faze-lhes justiça.

50E perdoa ao teu povo que houver pecado contra ti, todas as transgressões que houverem cometido contra ti; e dá-lhes misericórdia perante aqueles que os têm cativos, para que deles tenham compaixão.

51Porque *são* o teu povo e a tua herança que tiraste da terra do Egito, do meio do forno de ferro.

52Para que teus olhos estejam abertos à súplica do teu servo e à súplica do teu povo Israel, a fim de os ouvires em tudo quanto clamarem a ti.

53Pois tu para tua herança os elegeste de todos os povos da terra, como tens falado pelo ministério de Moisés, teu servo, quando tiraste a nossos pais do Egito, Senhor DEUS.

Salomão abençoa o povo

54Sucedeu, pois, que, acabando Salomão de fazer ao Senhor esta oração e esta súplica, estando de joelhos e com as mãos estendidas para os céus, se levantou de diante do altar do Senhor.

55E pôs-se em pé, e abençoou a toda a congregação de Israel em alta voz, dizendo:

56Bendito *seja* o Senhor, que deu repouso ao seu povo Israel, segundo tudo o que disse; nem uma só palavra caiu de todas as suas boas palavras que falou pelo ministério de Moisés, seu servo.

57O Senhor nosso Deus seja conosco, como foi com nossos pais; não nos desampare, e não nos deixe.

58Inclinando a si o nosso coração, para andar em todos os seus caminhos, e para guardar os seus mandamentos, e os seus estatutos, e os seus juízos que ordenou a nossos pais.

59E que estas minhas palavras, com que supliquei perante o Senhor, estejam perto, diante do Senhor nosso Deus, de dia e de noite, para que execute o juízo do seu servo e o juízo do seu povo Israel, a cada qual no seu dia.

60Para que todos os povos da terra saibam que o Senhor *é* Deus, *e que* não *há* outro.

61E seja o vosso coração inteiro para com o Senhor nosso Deus, para andardes nos seus estatutos, e guardardes os seus mandamentos como hoje.

62E o rei e todo o Israel com ele ofereceram sacrifícios perante a face do Senhor.

63E deu Salomão para o sacrifício pacífico que ofereceu ao Senhor, vinte e duas mil vacas e cento e vinte mil ovelhas; assim o rei e todos os filhos de Israel consagraram a casa do Senhor.

64No mesmo dia santificou o rei o meio do átrio que *estava* diante da casa do Senhor; porquanto ali preparara os holocaustos e as ofertas com a gordura dos sacrifícios pacíficos; porque o altar de cobre que *estava* diante da face do Senhor *era* muito pequeno para nele caberem os holocaustos e as ofertas, e a gordura dos sacrifícios pacíficos.

65No mesmo tempo celebrou Salomão a festa, e todo o Israel com ele, uma grande congregação, desde a entrada de Hamate até ao rio do Egito, perante a face do Senhor nosso Deus; por sete dias, e *mais* sete dias; catorze dias.

66E no oitavo dia despediu o povo, e eles abençoaram o rei; então se foram às suas tendas, alegres e felizes de coração, por causa de todo o bem que o Senhor fizera a Davi seu servo, e a Israel seu povo.

O *Senhor* aparece a Salomão pela segunda vez

9SUCEDEU, pois, que, acabando Salomão de edificar a casa do Senhor, e a casa do rei, e todo o desejo de Salomão, que lhe veio à vontade fazer,

2O Senhor tornou a aparecer a Salomão; como lhe tinha aparecido em Gibeom.

3E o Senhor lhe disse: Ouvi a tua oração, e a súplica que fizeste perante mim; santifiquei a casa que edificaste, a fim de pôr ali o meu nome para sempre; e os meus olhos e o meu coração estarão ali todos os dias.

4E se tu andares perante mim como andou Davi, teu pai, com inteireza de coração e com sinceridade, para fazeres segundo tudo o que te mandei, *e* guardares os meus estatutos e os meus juízos,

5Então confirmarei o trono de teu reino sobre Israel para sempre; como falei acerca de teu pai Davi, dizendo: Não te faltará sucessor sobre o trono de Israel;

6*Porém*, se vós e vossos filhos de qualquer maneira vos apartardes de mim, e não guardardes os meus mandamentos, *e* os meus estatutos, que vos tenho proposto, mas fordes, e servirdes a outros deuses, e vos prostrardes perante eles,

7Então destruirei a Israel da terra que lhes dei; e a esta casa, que santifiquei a meu nome, lançarei longe da minha presença; e Israel será por provérbio e motejo, entre todos os povos.

8E desta casa, que é tão exaltada, todo aquele que por ela passar pasmará, e assobiará, e dirá: Por que fez o Senhor assim a esta terra e a esta casa?

⁹E dirão: Porque deixaram ao SENHOR seu Deus, que tirou da terra do Egito a seus pais, e se apegaram a deuses alheios, e se encurvaram perante eles, e os serviram; por isso trouxe o SENHOR sobre eles todo este mal.

¹⁰E sucedeu, ao fim de vinte anos, que Salomão edificara as duas casas; a casa do SENHOR e a casa do rei

¹¹(*Para o que* Hirão, rei de Tiro, trouxera a Salomão madeira de cedro e de cipreste, e ouro, segundo todo o seu desejo); então deu o rei Salomão a Hirão vinte cidades na terra da Galileia.

¹²E saiu Hirão de Tiro a ver as cidades que Salomão lhe dera, porém não foram boas aos seus olhos.

¹³Por isso disse: Que cidades *são* estas que me deste, irmão meu? E chamaram-nas: Terra de Cabul, até hoje.

¹⁴E enviara Hirão ao rei cento e vinte talentos de ouro.

O tributo que Salomão impôs

¹⁵E esta *é* a causa do tributo que impôs o rei Salomão, para edificar a casa do SENHOR e a sua casa, e Milo, e o muro de Jerusalém, como também a Hasor, e a Megido, e a Gezer.

¹⁶*Porque* Faraó, rei do Egito, subiu e tomou a Gezer, e a queimou a fogo, e matou os cananeus que moravam na cidade, e a deu em dote à sua filha, mulher de Salomão.

¹⁷Assim edificou Salomão a Gezer, e Bete-Horom, a baixa,

¹⁸E a Baalate, e a Tadmor, no deserto daquela terra,

¹⁹E a todas as cidades de provisões que Salomão tinha, e as cidades dos carros, e as cidades dos cavaleiros, e tudo o que Salomão quis edificar em Jerusalém, e no Líbano, e em toda a terra do seu domínio.

²⁰*Quanto* a todo o povo *que* restou dos amorreus, heteus, perizeus, heveus, e jebuseus, *e* que não eram dos filhos de Israel,

²¹A seus filhos, que restaram depois deles na terra, os quais os filhos de Israel não puderam destruir totalmente, Salomão os reduziu a tributo servil, até hoje.

²²Porém dos filhos de Israel não fez Salomão servo algum; porém *eram* homens de guerra, e seus criados, e seus príncipes, e seus capitães, e chefes dos seus carros e dos seus cavaleiros.

²³Estes *eram* os chefes dos oficiais que *estavam* sobre a obra de Salomão, quinhentos e cinquenta, que davam ordens ao povo que trabalhava na obra.

²⁴Subiu, porém, a filha de Faraó da cidade de Davi, à sua casa, que Salomão lhe edificara; então edificou a Milo.

²⁵E oferecia Salomão três vezes cada ano holocaustos e sacrifícios pacíficos sobre o altar que edificaram ao SENHOR, e queimava incenso sobre o que *estava* perante o SENHOR; e assim acabou a casa.

²⁶Também o rei Salomão fez naus em Eziom-Geber, que *está* junto a Elate, à praia do Mar Vermelho, na terra de Edom.

²⁷E mandou Hirão com aquelas naus a seus servos, marinheiros, que sabiam do mar, com os servos de Salomão.

²⁸E vieram a Ofir, e tomaram de lá quatrocentos e vinte talentos de ouro, e *os* trouxeram ao rei Salomão.

A rainha de Sabá visita Salomão

10 E OUVINDO a rainha de Sabá a fama de Salomão, acerca do nome do SENHOR, veio prová-lo com questões difíceis.

²E chegou a Jerusalém com uma grande comitiva; com camelos carregados de especiarias, e muitíssimo ouro, e pedras preciosas; e foi a Salomão, e disse-lhe tudo quanto tinha no seu coração.

³E Salomão lhe deu resposta a todas as suas perguntas, nada ficou oculto ao rei.

⁴Vendo, pois, a rainha de Sabá toda a sabedoria de Salomão, e a casa que edificara,

⁵E a comida da sua mesa, e o assentar de seus servos, e o estar de seus criados, e as vestes deles, e os seus copeiros, e os holocaustos que ele oferecia na casa do SENHOR, ficou fora de si.

⁶E disse ao rei: Era verdade a palavra que ouvi na minha terra, dos teus feitos e da tua sabedoria.

⁷E eu não cria naquelas palavras, até que vim e os meus olhos o viram; eis que não me disseram metade; sobrepujaste em sabedoria e bens a fama que ouvi.

⁸Bem-aventurados os teus homens, bem-aventurados estes teus servos, que estão sempre diante de ti, que ouvem a tua sabedoria!

⁹Bendito seja o SENHOR teu Deus, que teve agrado em ti, para te pôr no trono de Israel; porque o SENHOR ama a Israel para sempre, por isso te estabeleceu rei, para fazeres juízo e justiça.

¹⁰E deu ao rei cento e vinte talentos de ouro, e muitíssimas especiarias, e pedras preciosas; nunca veio especiaria em tanta abundância, como a que a rainha de Sabá deu ao rei Salomão.

¹¹Também as naus de Hirão, que de Ofir levavam ouro, traziam de Ofir muita madeira de almugue, e pedras preciosas.

¹²E desta madeira de almugue fez o rei balaústres para a casa do SENHOR, e para a casa do rei, como também harpas e alaúdes para os cantores; nunca veio tal madeira de almugue, nem se viu até o dia de hoje.

¹³E o rei Salomão deu à rainha de Sabá tudo o que ela desejou, tudo quanto pediu, além do que Salomão dera por sua generosidade real; então ela voltou e partiu para a sua terra, ela e os seus servos.

As riquezas de Salomão

¹⁴E o peso do ouro que se trazia a Salomão cada ano era de seiscentos e sessenta e seis talentos de ouro;

¹⁵Além *do* que entrava dos negociantes, e do

contrato dos especieiros, e de todos os reis da Arábia, e dos governadores da mesma terra.

¹⁶Também o rei Salomão fez duzentos paveses de ouro batido; seiscentos *siclos* de ouro destinou para cada pavês;

¹⁷Fez também trezentos escudos de ouro batido; três arráteis de ouro destinou para cada escudo; e o rei os pôs na casa do bosque do Líbano.

¹⁸Fez mais o rei um grande trono de marfim, e o revestiu de ouro puríssimo.

¹⁹Tinha este trono seis degraus, e *era* o alto do trono por detrás redondo, e de ambos os lados *tinha* encostos até ao assento; e dois leões, em pé, juntos aos encostos.

²⁰Também doze leões estavam ali sobre os seis degraus de ambos os lados; nunca se tinha feito obra semelhante em nenhum dos reinos.

²¹Também todas as taças de beber do rei Salomão *eram* de ouro, e todos os vasos da casa do bosque do Líbano *eram* de ouro puro; não *havia* neles prata, *porque* nos dias de Salomão não tinha valor *algum*.

²²Porque o rei tinha no mar as naus de Társis, com as naus de Hirão; uma vez em três anos tornavam as naus de Társis, *e* traziam ouro e prata, marfim, e macacos, e pavões.

²³Assim o rei Salomão excedeu a todos os reis da terra, tanto em riquezas como em sabedoria.

²⁴E toda a terra buscava a face de Salomão, para ouvir a sabedoria que Deus tinha posto no seu coração.

²⁵E cada um trazia o seu presente, vasos de prata e vasos de ouro, e roupas, e armaduras, e especiarias, cavalos e mulas; isso *faziam* de ano em ano.

²⁶Também ajuntou Salomão carros e cavaleiros, de sorte que tinha mil e quatrocentos carros e doze mil cavaleiros; e os levou às cidades dos carros, e junto ao rei em Jerusalém.

²⁷E fez o rei *que* em Jerusalém *houvesse* prata como pedras; e cedros em abundância como sicômoros que *estão* nas planícies.

²⁸E traziam do Egito, para Salomão, cavalos e fio de linho; e os mercadores do rei recebiam o fio de linho, por um certo preço.

²⁹E subia e saía um carro do Egito por seiscentos *siclos* de prata, e um cavalo por cento e cinquenta; e assim, por meio deles, eram exportados para todos os reis dos heteus e para os reis da Síria.

A idolatria de Salomão

11 E O REI Salomão amou muitas mulheres estrangeiras, além da filha de Faraó: moabitas, amonitas, edomitas, sidônias *e* heteias,

²Das nações *de* que o SENHOR tinha falado aos filhos de Israel: Não chegareis a elas, e elas não chegarão a vós; de outra maneira seguramente perverterão o vosso coração para seguirdes os seus deuses. A estas se uniu Salomão com amor.

³E tinha setecentas mulheres, princesas, e trezentas concubinas; e suas mulheres lhe perverteram o coração.

⁴Porque sucedeu *que*, no tempo da velhice de Salomão, suas mulheres lhe perverteram o coração para seguir outros deuses; e o seu coração não era perfeito para com o SENHOR seu Deus, como o coração de Davi, seu pai,

⁵Porque Salomão seguiu a Astarote, deusa dos sidônios, e Milcom, a abominação dos amonitas.

⁶Assim fez Salomão o *que parecia* mau aos olhos do SENHOR; e não perseverou em seguir ao SENHOR, como Davi, seu pai.

⁷Então edificou Salomão um alto a Quemós, a abominação dos moabitas, sobre o monte que *está* diante de Jerusalém, e a Moloque, a abominação dos filhos de Amom.

⁸E assim fez para com todas as suas mulheres estrangeiras, as quais queimavam incenso e sacrificavam a seus deuses.

A ira de Deus contra Salomão

⁹Pelo que o SENHOR se indignou contra Salomão; porquanto desviara o seu coração do SENHOR Deus de Israel, o qual duas vezes lhe aparecera.

¹⁰E acerca deste assunto lhe tinha dado ordem que não seguisse a outros deuses; porém não guardou o que o SENHOR lhe ordenara.

¹¹Assim disse o SENHOR a Salomão: Pois que houve isto em ti, que não guardaste a minha aliança e os meus estatutos que te mandei, certamente rasgarei de ti este reino, e o darei a teu servo.

¹²Todavia nos teus dias não o farei, por amor de Davi, teu pai; da mão de teu filho o rasgarei;

¹³Porém todo o reino não rasgarei; uma tribo darei a teu filho, por amor de meu servo Davi, e por amor a Jerusalém, que tenho escolhido.

Deus levanta adversários contra Salomão

¹⁴Levantou, pois, o SENHOR contra Salomão um adversário, Hadade, o edomeu; ele *era* da descendência do rei em Edom.

¹⁵Porque sucedeu que, estando Davi em Edom, e subindo Joabe, o capitão do exército, a enterrar os mortos, feriu a todo o homem em Edom

¹⁶(Porque Joabe ficou ali seis meses com todo o Israel, até que destruiu a todo o homem em Edom).

¹⁷Hadade, porém, fugiu, ele e alguns homens edomeus, dos servos de seu pai, com ele, para ir ao Egito; *era*, porém, Hadade muito jovem.

¹⁸E levantaram-se de Midiã, e foram a Parã, e tomaram consigo homens de Parã, e foram ao Egito ter com Faraó, rei do Egito, o qual lhe deu uma casa, e lhe prometeu sustento, e lhe deu uma terra.

¹⁹E achou Hadade grande graça diante de Faraó, de maneira que lhe deu por mulher a irmã de sua mulher, a irmã de Tafnes, a rainha.

²⁰E a irmã de Tafnes deu-lhe um filho, Genubate, o qual Tafnes criou na casa de Faraó; e Genubate estava na casa de Faraó, entre os filhos de Faraó.

²¹Ouvindo, pois, Hadade, no Egito, que Davi adormecera com seus pais, e que Joabe, capitão

do exército, era morto, disse Hadade a Faraó: Despede-me, para que vá à minha terra.

²²Porém Faraó lhe disse: Pois que te falta comigo, que procuras partir para a tua terra? E disse ele: Nada, mas todavia despede-me.

²³Também Deus lhe levantou *outro* adversário, a Rezom, filho de Eliada, que tinha fugido de seu senhor Hadadezer, rei de Zobá,

²⁴Contra quem também ajuntou homens, e foi capitão de um esquadrão, quando Davi os matou; e, indo-se para Damasco, habitaram ali, e reinaram em Damasco.

²⁵E foi adversário de Israel, por todos os dias de Salomão, e isto além do mal que Hadade *fazia;* porque detestava a Israel, e reinava sobre a Síria.

²⁶Até Jeroboão, filho de Nebate, efrateu, de Zereda, servo de Salomão (cuja mãe era mulher viúva, por nome Zerua), também levantou a mão contra o rei.

²⁷E esta *foi* a causa por que levantou a mão contra o rei: Salomão tinha edificado a Milo, *e* cerrou as aberturas da cidade de Davi, seu pai.

²⁸E o homem Jeroboão *era* forte e valente; e vendo Salomão a este jovem, que era laborioso, ele o pôs sobre todo o cargo da casa de José.

²⁹Sucedeu, pois, naquele tempo que, saindo Jeroboão de Jerusalém, o profeta Aías, o silonita, o encontrou no caminho, e ele estava vestido com uma roupa nova, e os dois *estavam* sós no campo.

³⁰E Aías pegou na roupa nova que *tinha* sobre si, e a rasgou em doze pedaços.

³¹E disse a Jeroboão: Toma para ti os dez pedaços, porque assim diz o Senhor Deus de Israel: Eis que rasgarei o reino da mão de Salomão, e a ti darei as dez tribos.

³²Porém ele terá uma tribo, por amor de Davi, meu servo, e por amor de Jerusalém, a cidade que escolhi de todas as tribos de Israel.

³³Porque me deixaram, e adoraram Astarote, deusa dos sidônios, a Quemós, deus dos moabitas, e a Milcom, deus dos filhos de Amom; e não andaram pelos meus caminhos, para fazerem o *que é* reto aos meus olhos, *a saber,* os meus estatutos e os meus juízos, como Davi, seu pai.

³⁴Porém não tomarei nada deste reino da sua mão, mas por príncipe o ponho por todos os dias da sua vida, por amor de Davi, meu servo, a quem escolhi, o qual guardou os meus mandamentos e os meus estatutos.

³⁵Mas da mão de seu filho tomarei o reino, e darei a ti, as dez tribos *dele.*

³⁶E a seu filho darei uma tribo; para que Davi, meu servo, sempre tenha uma lâmpada diante de mim em Jerusalém, a cidade que escolhi para pôr ali o meu nome.

³⁷E te tomarei, e reinarás sobre tudo o que desejar a tua alma; e serás rei sobre Israel.

³⁸E há de ser *que,* se ouvires tudo o que eu te mandar, e andares pelos meus caminhos, e fizeres o *que é* reto aos meus olhos, guardando os meus estatutos e os meus mandamentos, como fez Davi,

meu servo, eu serei contigo, e te edificarei *uma* casa firme, como edifiquei a Davi, e te darei Israel.

³⁹E por isso afligirei a descendência de Davi; todavia não para sempre.

⁴⁰Assim Salomão procurou matar Jeroboão; porém Jeroboão se levantou, e fugiu para o Egito, a ter com Sisaque, rei do Egito; e esteve no Egito até que Salomão morreu.

A morte de Salomão

⁴¹Quanto ao mais dos atos de Salomão, e a tudo quanto fez, e à sua sabedoria, *porventura* não *está* escrito no livro dos feitos de Salomão?

⁴²E o tempo que reinou Salomão, em Jerusalém, sobre todo o Israel *foi* quarenta anos.

⁴³E adormeceu Salomão com seus pais, e foi sepultado na cidade de Davi, seu pai; e Roboão, seu filho, reinou em seu lugar.

Roboão causa separação entre as tribos

12E FOI Roboão para Siquém; porque todo o Israel se reuniu em Siquém, para o fazerem rei.

²Sucedeu que, Jeroboão, filho de Nebate, achando-se ainda no Egito, para onde fugira de diante do rei Salomão, e Jeroboão habitava no Egito,

³E mandaram chamá-lo; veio, pois, Jeroboão e toda a congregação de Israel, e falaram a Roboão, dizendo:

⁴Teu pai agravou o nosso jugo; agora, pois, alivia tu a dura servidão de teu pai, e o pesado jugo que nos impôs, e nós te serviremos.

⁵E ele lhes disse: Ide-vos até ao terceiro dia, e então voltai a mim. E o povo se foi.

⁶E teve o rei Roboão conselho com os anciãos que estiveram na presença de Salomão, seu pai, quando este ainda vivia, dizendo: Como aconselhais vós que se responda a este povo?

⁷E eles lhe falaram, dizendo: Se hoje fores servo deste povo, e o servires, e respondendo-lhe, lhe falares boas palavras, todos os dias serão teus servos.

⁸Porém ele deixou o conselho que os anciãos lhe tinham dado, e teve conselho com os jovens que haviam crescido com ele, que estavam diante dele.

⁹E disse-lhes: Que aconselhais vós que respondamos a este povo, que me falou, dizendo: Alivia o jugo que teu pai nos impôs?

¹⁰E os jovens que haviam crescido com ele lhe falaram, dizendo: Assim dirás a este povo que te falou: Teu pai fez pesadíssimo o nosso jugo, mas tu o alivia de sobre nós; assim lhe falarás: Meu *dedo* mínimo é mais grosso do que os lombos de meu pai.

¹¹Assim que, *se* meu pai vos carregou de um jugo pesado, ainda eu aumentarei o vosso jugo; meu pai vos castigou com açoites, porém eu vos castigarei com escorpiões.

¹²Veio, pois, Jeroboão e todo o povo, ao terceiro dia, a Roboão, como o rei havia ordenado, dizendo: Voltai a mim ao terceiro dia.

¹³E o rei respondeu ao povo duramente; porque deixara o conselho que os anciãos lhe haviam dado.

1 REIS 12.14 260

¹⁴E lhe falou conforme ao conselho dos jovens, dizendo: Meu pai agravou o vosso jugo, porém eu *ainda* aumentarei o vosso jugo; meu pai vos castigou com açoites, porém eu vos castigarei com escorpiões.

¹⁵O rei, pois, não deu ouvidos ao povo; porque *esta* revolta vinha do Senhor, para confirmar a palavra que o Senhor tinha falado pelo ministério de Aías, o silonita, a Jeroboão, filho de Nebate.

Dez tribos seguem Jeroboão

¹⁶Vendo, pois, todo o Israel que o rei não lhe dava ouvidos, tornou-lhe o povo a responder, dizendo: Que parte temos *nós* com Davi? Não *há para nós* herança no filho de Jessé. Às tuas tendas, ó Israel! Provê agora a tua casa, ó Davi. Então Israel se foi às suas tendas.

¹⁷*No tocante,* porém, aos filhos de Israel que habitavam nas cidades de Judá, também sobre eles reinou Roboão.

¹⁸Então o rei Roboão enviou a Adorão, que *estava* sobre os tributos; e todo o Israel o apedrejou, e ele morreu; mas o rei Roboão se animou a subir ao carro para fugir para Jerusalém.

¹⁹Assim se rebelaram os israelitas contra a casa de Davi, até *ao dia de* hoje.

²⁰E sucedeu que, ouvindo todo o Israel que Jeroboão tinha voltado, enviaram, e o chamaram para a congregação, e o fizeram rei sobre todo o Israel; e ninguém seguiu a casa de Davi senão somente a tribo de Judá.

²¹Vindo, pois, Roboão a Jerusalém, reuniu toda a casa de Judá e a tribo de Benjamim, cento e oitenta mil escolhidos, destros para a guerra, para pelejar contra a casa de Israel, para restituir o reino a Roboão, filho de Salomão.

²²Porém veio a palavra de Deus a Semaías, homem de Deus, dizendo:

²³Fala a Roboão, filho de Salomão, rei de Judá, e a toda a casa de Judá, e a Benjamim, e ao restante do povo, dizendo:

²⁴Assim diz o Senhor: Não subireis nem pelejareis contra vossos irmãos, os filhos de Israel; volte cada um para a sua casa, porque eu é que fiz esta obra. E ouviram a palavra do Senhor, e voltaram segundo a palavra do Senhor.

²⁵E Jeroboão edificou a Siquém, no monte de Efraim, e habitou ali; e saiu dali, e edificou a Penuel.

A idolatria de Jeroboão

²⁶E disse Jeroboão no seu coração: Agora tornará o reino à casa de Davi.

²⁷Se este povo subir para fazer sacrifícios na casa do Senhor, em Jerusalém, o coração deste povo se tornará a seu senhor, a Roboão, rei de Judá; e me matarão, e tornarão a Roboão, rei de Judá.

²⁸Assim o rei tomou conselho, e fez dois bezerros de ouro; e lhes disse: Muito *trabalho* vos será o subir a Jerusalém; vês aqui teus deuses, ó Israel, que te fizeram subir da terra do Egito.

²⁹E pôs um em Betel, e colocou o outro em Dã.

³⁰E este feito se tornou em pecado; pois que o povo ia até Dã para adorar o bezerro.

³¹Também fez casa nos altos; e constituiu sacerdotes dos mais baixos do povo, que não eram dos filhos de Levi.

³²E fez Jeroboão uma festa no oitavo mês, no dia décimo quinto do mês, como a festa que *se fazia* em Judá, e sacrificou no altar; semelhantemente fez em Betel, sacrificando aos bezerros que fizera; também em Betel estabeleceu sacerdotes dos altos que fizera.

³³E sacrificou no altar que fizera em Betel, no dia décimo quinto do oitavo mês, que ele tinha imaginado no seu coração; assim fez a festa aos filhos de Israel, e sacrificou no altar, queimando incenso.

Um profeta prediz contra o altar

13 E EIS que, por ordem do Senhor, veio, de Judá a Betel, um homem de Deus; e Jeroboão estava junto ao altar, para queimar incenso.

²E ele clamou contra o altar por ordem do Senhor, e disse: Altar, altar! Assim diz o Senhor: Eis que *um* filho nascerá à casa de Davi, cujo nome *será* Josias, o qual sacrificará sobre ti os sacerdotes dos altos que sobre ti queimam incenso, e ossos de homens se queimarão sobre ti.

³E deu, naquele mesmo dia, *um* sinal, dizendo: Este *é* o sinal de que o Senhor falou: Eis que o altar se fenderá, e a cinza, que nele *está,* se derramará.

⁴Sucedeu, pois, que, ouvindo o rei a palavra do homem de Deus, que clamara contra o altar de Betel, Jeroboão estendeu a sua mão de sobre o altar, dizendo: Pegai-o! Mas a sua mão, que estendera contra ele, se secou, e não podia tornar a trazê-la a si.

⁵E o altar se fendeu, e a cinza se derramou do altar, segundo o sinal que o homem de Deus apontara por ordem do Senhor.

⁶Então respondeu o rei, e disse ao homem de Deus: Roga à face do Senhor teu Deus, e roga por mim, para que se me restitua a minha mão. Então o homem de Deus suplicou ao Senhor, e a mão do rei se lhe restituiu, e ficou como dantes.

⁷E o rei disse ao homem de Deus: Vem comigo para casa, e conforta-*te;* e dar-te-ei um presente.

⁸Porém o homem de Deus disse ao rei: Ainda que me desses metade da tua casa, não iria contigo, nem comeria pão nem beberia água neste lugar.

⁹Porque assim me ordenou o Senhor pela sua palavra, dizendo: Não comerás pão nem beberás água; e não voltarás pelo caminho por onde vieste.

¹⁰Assim foi por outro caminho; e não voltou pelo caminho, por onde viera a Betel.

Um leão mata o profeta

¹¹E morava em Betel um velho profeta; e vieram seus filhos, e contaram-lhe tudo o que o homem de Deus fizera aquele dia em Betel, e as palavras que dissera ao rei; e as contaram a seu pai.

¹²E disse-lhes seu pai: Por que caminho se foi?

E seus filhos lhe mostraram o caminho por onde fora o homem de Deus que viera de Judá.

¹³Então disse a seus filhos: Albardai-me um jumento. E albardaram-lhe o jumento no qual ele montou.

¹⁴E foi após o homem de Deus, e achou-o assentado debaixo de um carvalho, e disse-lhe: És tu o homem de Deus que vieste de Judá? E ele disse: *Sou*.

¹⁵Então lhe disse: Vem comigo à casa, e come pão.

¹⁶Porém ele disse: Não posso voltar contigo, nem entrarei contigo; nem tampouco comerei pão, nem beberei contigo água neste lugar.

¹⁷Porque me foi mandado pela palavra do SENHOR: Ali não comerás pão, nem beberás água; nem voltarás pelo caminho por onde vieste.

¹⁸E ele lhe disse: Também eu *sou* profeta como tu, e *um* anjo me falou por ordem do SENHOR, dizendo: Faze-o voltar contigo à tua casa, para que coma pão e beba água *(porém* mentiu-lhe).

¹⁹Assim voltou com ele, e comeu pão em sua casa e bebeu água.

²⁰E sucedeu que, estando eles à mesa, a palavra do SENHOR veio ao profeta que o tinha feito voltar.

²¹E clamou ao homem de Deus, que viera de Judá, dizendo: Assim diz o SENHOR: Porquanto foste rebelde à ordem do SENHOR, e não guardaste o mandamento que o SENHOR teu Deus te mandara,

²²Antes voltaste, e comeste pão e bebeste água no lugar de que *o SENHOR* te dissera: Não comerás pão nem beberás água; o teu cadáver não entrará no sepulcro de teus pais.

²³E sucedeu *que,* depois que comeu pão, e depois que bebeu, albardou ele o jumento para o profeta que fizera voltar.

²⁴Este, pois, se foi, e um leão o encontrou no caminho, e o matou; e o seu cadáver ficou estendido no caminho, e o jumento estava *parado* junto a ele, e também o leão estava junto ao cadáver.

²⁵E eis que alguns homens passaram, e viram o corpo lançado no caminho, como também o leão, que estava junto ao corpo; e foram, e o disseram na cidade onde o velho profeta habitava.

²⁶E, ouvindo-o o profeta que o fizera voltar do caminho, disse: É o homem de Deus, que foi rebelde à ordem do SENHOR; por isso o SENHOR o entregou ao leão, que o despedaçou e matou, segundo a palavra que o SENHOR lhe dissera.

²⁷Então disse a seus filhos: Albardai-me o jumento. Eles o albardaram.

²⁸Então foi, e achou o cadáver estendido no caminho, e o jumento e o leão, que estavam *parados* junto ao cadáver; e o leão não tinha devorado o corpo, nem tinha despedaçado o jumento.

²⁹Então o profeta levantou o cadáver do homem de Deus, e pô-lo em cima do jumento levando-o consigo; assim veio o velho profeta à cidade, para o chorar e enterrar.

³⁰E colocou o cadáver no seu próprio sepulcro; e prantearam-no, *dizendo:* Ah, irmão meu!

³¹E sucedeu que, depois de o haver sepultado, falou a seus filhos, dizendo: Morrendo eu, sepultai-me no sepulcro em que o homem de Deus *está* sepultado; ponde os meus ossos junto aos ossos dele.

³²Porque certamente se cumprirá o que pela palavra do SENHOR exclamou contra o altar que *está* em Betel, como *também* contra todas as casas dos altos que *estão* nas cidades de Samaria.

³³Nem depois destas coisas deixou Jeroboão o seu mau caminho; antes, de todo o povo, tornou a constituir sacerdotes dos lugares altos; e a qualquer que queria consagrava sacerdote dos lugares altos.

³⁴E isso foi causa de pecado à casa de Jeroboão, para destruí-la e extingui-la da face da terra.

Aías prediz a ruína da casa de Jeroboão

14 NAQUELE tempo adoeceu Abias, filho de Jeroboão.

²E disse Jeroboão à sua mulher: Levanta-te agora, e disfarça-te, para que não conheçam que és mulher de Jeroboão; e vai a Siló. Eis que lá *está* o profeta Aías, o qual falou de mim, que *eu seria* rei sobre este povo.

³E leva contigo dez pães, e bolos, e uma botija de mel, e vai a ele; ele te declarará o que há de suceder a este menino.

⁴E a mulher de Jeroboão assim fez, e se levantou, e foi a Siló, e entrou na casa de Aías; e já Aías não podia ver, porque os seus olhos estavam já escurecidos por causa da sua velhice.

⁵Porém o SENHOR disse a Aías: Eis que a mulher de Jeroboão vem consultar-te sobre seu filho, porque está doente; assim e assim lhe falarás; porque há de ser que, entrando ela, fingirá *ser* outra.

⁶E sucedeu que, ouvindo Aías o ruído de seus pés, entrando ela pela porta, disse-lhe ele: Entra, mulher de Jeroboão; por que te disfarças assim? Pois eu *sou* enviado a ti *com* duras *novas*.

⁷Vai, dize a Jeroboão: Assim diz o SENHOR Deus de Israel: Porquanto te levantei do meio do povo, e te pus por príncipe sobre o meu povo de Israel,

⁸E rasguei o reino da casa de Davi, e o dei a ti, e tu não foste como o meu servo Davi, que guardou os meus mandamentos e que andou após mim com todo o seu coração para fazer somente o *que era* reto aos meus olhos,

⁹Antes tu fizeste o mal, pior do que todos os que foram antes de ti; e foste, e fizeste outros deuses e imagens de fundição, para provocar-me à ira, e me lançaste para trás das tuas costas;

¹⁰Portanto, eis que trarei mal sobre a casa de Jeroboão; destruirei de Jeroboão todo o homem até ao menino, tanto o escravo como o livre em Israel; e lançarei fora os descendentes da casa de Jeroboão, como se lança fora o esterco, até que de todo se acabe.

¹¹Quem morrer dos de Jeroboão, na cidade, os cães o comerão, e o que morrer no campo as aves do céu o comerão, porque o SENHOR o disse.

¹²Tu, pois, levanta-te, *e* vai para tua casa; entrando os teus pés na cidade, o menino morrerá.

¹³E todo o Israel o pranteará, e o sepultará; porque de Jeroboão só este entrará em sepultura, porquanto se achou nele coisa boa para com o SENHOR Deus de Israel em casa de Jeroboão.

¹⁴O SENHOR, porém, levantará para si um rei sobre Israel, que destruirá a casa de Jeroboão no mesmo dia. Que digo eu? Há de ser já.

¹⁵Também o SENHOR ferirá a Israel como se agita a cana nas águas; e arrancará a Israel desta boa terra que tinha dado a seus pais, e o espalhará para além do rio; porquanto fizeram os seus ídolos, provocando o SENHOR à ira.

¹⁶E entregará a Israel por causa dos pecados de Jeroboão, o qual pecou, e fez pecar a Israel.

¹⁷Então a mulher de Jeroboão se levantou, e foi, e chegou a Tirza; chegando ela ao limiar da porta, morreu o menino.

¹⁸E o sepultaram, e todo o Israel o pranteou, conforme a palavra do SENHOR, a qual dissera pelo ministério de seu servo Aías, o profeta.

¹⁹Quanto ao mais dos atos de Jeroboão, como guerreou, e como reinou, eis que *está* escrito no livro das crônicas dos reis de Israel.

²⁰E *foram* os dias que Jeroboão reinou vinte e dois anos; e dormiu com seus pais; e Nadabe, seu filho, reinou em seu lugar.

A impiedade de Roboão

²¹E Roboão, filho de Salomão, reinava em Judá; de quarenta e um anos de idade *era* Roboão quando começou a reinar, e dezessete anos reinou em Jerusalém, na cidade que o SENHOR escolhera de todas as tribos de Israel para pôr ali o seu nome; e *era* o nome de sua mãe Naamá, amonita.

²²E fez Judá o que *era* mau aos olhos do SENHOR; e com os seus pecados que cometeram, provocaram-no a zelos, mais do que todos os seus pais fizeram.

²³Porque também eles edificaram altos, e estátuas, e imagens de Aserá sobre todo o alto outeiro e debaixo de toda a árvore verde.

²⁴Havia também sodomitas na terra; fizeram conforme a todas as abominações dos povos que o SENHOR tinha expulsado de diante dos filhos de Israel.

²⁵Ora, sucedeu *que,* no quinto ano do rei Roboão, Sisaque, rei do Egito, subiu contra Jerusalém,

²⁶E tomou os tesouros da casa do SENHOR e os tesouros da casa do rei; e levou tudo. Também tomou todos os escudos de ouro que Salomão tinha feito.

²⁷E em lugar deles fez o rei Roboão escudos de cobre, e os entregou nas mãos dos chefes da guarda que guardavam a porta da casa do rei.

²⁸E todas as vezes que o rei entrava na casa do SENHOR, os da guarda os levavam, e depois os tornavam à câmara da guarda.

²⁹Quanto ao mais dos atos de Roboão, e a tudo quanto fez, *porventura* não *está* escrito no livro das crônicas dos reis de Judá?

³⁰E houve guerra entre Roboão e Jeroboão todos os *seus* dias.

³¹E Roboão dormiu com seus pais, e foi sepultado com seus pais na cidade de Davi; e *era* o nome de sua mãe Naamá, amonita; e Abias, seu filho, reinou em seu lugar.

Abias imita a impiedade de Roboão

15 E NO décimo oitavo ano do rei Jeroboão, filho de Nebate, Abias começou a reinar sobre Judá.

²E reinou três anos em Jerusalém; e *era* o nome de sua mãe Maaca, filha de Absalão.

³E andou em todos os pecados que seu pai tinha cometido antes dele; e seu coração não foi perfeito para com o SENHOR seu Deus como o coração de Davi, seu pai.

⁴Mas por amor de Davi o SENHOR seu Deus lhe deu uma lâmpada em Jerusalém, levantando a seu filho depois dele, e confirmando a Jerusalém.

⁵Porquanto Davi tinha feito o *que era* reto aos olhos do SENHOR, e não se tinha desviado de tudo quanto lhe ordenara *em* todos os dias da sua vida, senão só no negócio de Urias, o heteu.

⁶E houve guerra entre Roboão e Jeroboão todos os dias da sua vida.

⁷Quanto ao mais dos atos de Abias, e a tudo quanto fez, *porventura* não *está* escrito no livro das crônicas dos reis de Judá? Também houve guerra entre Abias e Jeroboão.

⁸E Abias dormiu com seus pais, e o sepultaram na cidade de Davi; e Asa, seu filho, reinou em seu lugar.

Asa é bom rei sobre Judá

⁹E no vigésimo ano de Jeroboão, rei de Israel, começou Asa a reinar em Judá.

¹⁰E quarenta e um anos reinou em Jerusalém; e *era* o nome de sua mãe Maaca, filha de Absalão.

¹¹E Asa fez *o que era* reto aos olhos do SENHOR, como Davi seu pai.

¹²Porque tirou da terra os sodomitas, e removeu todos os ídolos que seus pais fizeram.

¹³E até a Maaca, sua mãe, removeu para que não *fosse* rainha, porquanto tinha feito um horrível ídolo a Aserá; também Asa desfez o seu ídolo horrível, e o queimou junto ao ribeiro de Cedrom.

¹⁴Os altos, porém, não foram tirados; todavia foi o coração de Asa reto para com o SENHOR todos os seus dias.

¹⁵E à casa do SENHOR trouxe as coisas consagradas por seu pai, e as coisas que ele mesmo consagrara; prata, ouro e vasos.

¹⁶E houve guerra entre Asa e Baasa, rei de Israel, todos os seus dias.

¹⁷Porque Baasa, rei de Israel, subiu contra Judá, e edificou a Ramá, para que a ninguém fosse permitido sair, nem entrar a ter com Asa, rei de Judá.

¹⁸Então Asa tomou toda a prata e ouro que *ficaram* nos tesouros da casa do SENHOR, e os tesouros da casa do rei, e os entregou nas mãos de seus

servos; e o rei Asa os enviou a Ben-Hadade, filho de Tabrimom, filho de Heziom, rei da Síria, que habitava em Damasco, dizendo:

[19]Haja acordo entre mim e ti, *como houve* entre meu pai e teu pai; eis que te mando *um* presente, prata e ouro; vai, *e* anula o teu acordo com Baasa, rei de Israel, para que se retire de sobre mim.

[20]E Ben-Hadade deu ouvidos ao rei Asa, e enviou os capitães dos seus exércitos contra as cidades de Israel; e feriu a Ijom, e a Dã, e a Abel-Bete-Maaca, e a toda a Quinerete, com toda a terra de Naftali.

[21]E sucedeu que, ouvindo-o Baasa, deixou de edificar a Ramá; e ficou em Tirza.

[22]Então o rei Asa fez apregoar por toda a Judá que *todos,* sem exceção, trouxessem as pedras de Ramá, e a sua madeira *com* que Baasa edificara; e com elas edificou o rei Asa a Geba de Benjamim e a Mizpá.

[23]Quanto ao mais de todos os atos de Asa, e a todo o seu poder, e a tudo quanto fez, e as cidades que edificou, *porventura* não *está* escrito no livro das crônicas dos reis de Judá? Porém, no tempo da sua velhice, padeceu dos pés.

[24]E Asa dormiu com seus pais, e foi sepultado com seus pais na cidade de Davi, seu pai; e Jeosafá, seu filho, reinou em seu lugar.

Nadabe filho de Jeroboão é um mau rei

[25]E Nadabe, filho de Jeroboão, começou a reinar sobre Israel no ano segundo de Asa, rei de Judá; e reinou sobre Israel dois anos.

[26]E fez o *que era* mau aos olhos do Senhor; e andou nos caminhos de seu pai, e no seu pecado com que seu pai fizera pecar a Israel.

[27]E conspirou contra ele Baasa, filho de Aías, da casa de Issacar, e feriu-o Baasa em Gibetom, que *era* dos filisteus, quando Nadabe e todo o Israel cercavam a Gibetom.

[28]E matou-o, pois, Baasa no ano terceiro de Asa, rei de Judá, e reinou em seu lugar.

[29]Sucedeu *que,* reinando ele, feriu a toda a casa de Jeroboão; nada de Jeroboão deixou que tivesse fôlego, até o destruir, conforme à palavra do Senhor que dissera pelo ministério de seu servo Aías, o silonita.

[30]Por causa dos pecados que Jeroboão cometera, e fez pecar a Israel, e por causa da provocação com que irritara ao Senhor Deus de Israel.

[31]Quanto ao mais dos atos de Nadabe, e a tudo quanto fez, *porventura* não *está* escrito no livro das crônicas dos reis de Israel?

[32]E houve guerra entre Asa e Baasa, rei de Israel, todos os seus dias.

A profecia de Jeú contra Baasa, rei de Israel

[33]No ano terceiro de Asa, rei de Judá, Baasa, filho de Aías, começou a reinar sobre todo o Israel em Tirza, *e reinou* vinte e quatro anos.

[34]E fez o *que era* mau aos olhos do Senhor; e andou no caminho de Jeroboão, e no pecado com que ele tinha feito Israel pecar.

16 ENTÃO veio a palavra do Senhor a Jeú, filho de Hanani, contra Baasa, dizendo:

[2]Porquanto te levantei do pó, e te pus por príncipe sobre o meu povo Israel, e tu tens andado no caminho de Jeroboão, e tens feito pecar a meu povo Israel, irritando-me com os seus pecados,

[3]Eis que tirarei os descendentes de Baasa, e os descendentes da sua casa, e farei a tua casa como a casa de Jeroboão, filho de Nebate.

[4]Quem morrer dos de Baasa, na cidade, os cães o comerão; e o que dele morrer no campo, as aves do céu o comerão.

[5]Quanto ao mais dos atos de Baasa, e ao que fez, e ao seu poder, *porventura* não *está* escrito no livro das crônicas dos reis de Israel?

[6]E Baasa dormiu com seus pais, e foi sepultado em Tirza; e Elá, seu filho, reinou em seu lugar.

[7]Assim veio também a palavra do Senhor, pelo ministério do profeta Jeú, filho de Hanani, contra Baasa e contra a sua casa; e *isso* por todo o mal que fizera aos olhos do Senhor, irritando-o com a obra de suas mãos, para ser como a casa de Jeroboão; e porque o havia ferido.

A conspiração de Zinri

[8]No ano vinte e seis de Asa, rei de Judá, Elá, filho de Baasa, começou a reinar em Tirza sobre Israel; e *reinou* dois anos.

[9]E Zinri, seu servo, capitão de metade dos carros, conspirou contra ele, estando ele em Tirza, bebendo e embriagando-se em casa de Arsa, mordomo em Tirza.

[10]Entrou, pois, Zinri, e o feriu, e o matou, no ano vigésimo sétimo de Asa, rei de Judá; e reinou em seu lugar.

[11]E sucedeu que, reinando ele, *e* estando assentado no seu trono, feriu a toda a casa de Baasa; não lhe deixou homem algum, nem a seus parentes, nem seus amigos.

[12]Assim destruiu Zinri toda a casa de Baasa, conforme à palavra do Senhor que, contra Baasa, ele falara pelo ministério do profeta Jeú,

[13]Por todos os pecados de Baasa, e os pecados de Elá, seu filho, que cometeram, e com que fizeram pecar a Israel, irritando ao Senhor Deus de Israel com as suas vaidades.

[14]Quanto ao mais dos atos de Elá, e a tudo quanto fez, não *está* escrito no livro das crônicas dos reis de Israel?

[15]No ano vigésimo sétimo de Asa, rei de Judá, reinou Zinri sete dias em Tirza; e o povo estava acampado contra Gibetom, que *era* dos filisteus.

[16]E o povo que estava acampado ouviu dizer: Zinri tem conspirado, e até matou o rei. Todo o Israel pois, no mesmo dia, no arraial, constituiu rei sobre Israel a Onri, capitão do exército.

[17]E subiu Onri, e todo o Israel com ele, de Gibetom, e cercaram a Tirza.

1 REIS 16.18

264

[18]E sucedeu *que* Zinri, vendo que a cidade era tomada, foi ao paço da casa do rei e queimou-a sobre si; e morreu,

[19]Por *causa dos* pecados que cometera, fazendo o *que era* mau aos olhos do SENHOR, andando no caminho de Jeroboão, e no pecado que ele cometera, fazendo Israel pecar.

[20]Quanto ao mais dos atos de Zinri, e à conspiração que fez, *porventura* não *está* escrito no livro das crônicas dos reis de Israel?

Onri vence a Tibni e reina

[21]Então o povo de Israel se dividiu em dois partidos: metade do povo seguia a Tibni, filho de Ginate, para o fazer rei, e a *outra* metade seguia a Onri.

[22]Mas o povo que seguia a Onri foi mais forte *do* que o povo que seguia a Tibni, filho de Ginate; e Tibni morreu, e Onri reinou.

[23]No ano trinta e um de Asa, rei de Judá, Onri começou a reinar sobre Israel, *e reinou* doze anos; e em Tirza reinou seis anos.

[24]E de Semer comprou o monte de Samaria por dois talentos de prata, e edificou sobre o monte; e chamou o nome da cidade que edificou Samaria, do nome de Semer, dono do monte.

[25]E fez Onri o *que era* mau aos olhos do SENHOR; e fez pior do que todos quantos *foram* antes dele.

[26]E andou em todos os caminhos de Jeroboão, filho de Nebate, como também nos pecados com que ele tinha feito pecar a Israel, irritando ao SENHOR Deus de Israel com as suas vaidades.

[27]Quanto ao mais dos atos de Onri, ao que fez, e ao poder que manifestou, *porventura* não *está* escrito no livro das crônicas dos reis de Israel?

[28]E Onri dormiu com seus pais, e foi sepultado em Samaria; e Acabe, seu filho, reinou em seu lugar.

Acabe reina e casa com Jezabel

[29]E Acabe, filho de Onri, começou a reinar sobre Israel no ano trigésimo oitavo de Asa, rei de Judá; e reinou Acabe, filho de Onri, sobre Israel, em Samaria, vinte e dois anos.

[30]E fez Acabe, filho de Onri, o *que era* mau aos olhos do SENHOR, mais do que todos os que *foram* antes dele.

[31]E sucedeu que (como se fora pouco andar nos pecados de Jeroboão, filho de Nebate) ainda tomou por mulher a Jezabel, filha de Etbaal, rei dos sidônios; e foi e serviu a Baal, e o adorou.

[32]E levantou um altar a Baal, na casa de Baal que edificara em Samaria.

[33]Também Acabe fez *um* ídolo; de modo que Acabe fez muito mais para irritar ao SENHOR Deus de Israel, do que todos os reis de Israel que *foram* antes dele.

[34]Em seus dias Hiel, o betelita, edificou a Jericó; em Abirão, seu primogênito, a fundou, e em Segube, seu filho menor, pôs as suas portas; conforme a palavra do SENHOR, que falara pelo ministério de Josué, filho de Num.

Elias prediz contra Acabe

17ENTÃO Elias, o tisbita, dos moradores de Gileade, disse a Acabe: Vive o SENHOR Deus de Israel, perante cuja face estou, que nestes anos nem orvalho nem chuva haverá, senão segundo a minha palavra.

Elias é sustentado pelos corvos

[2]Depois veio a ele a palavra do SENHOR, dizendo:

[3]Retira-te daqui, e vai para o oriente, e esconde-te junto ao ribeiro de Querite, que *está* diante do Jordão.

[4]E há de ser *que* beberás do ribeiro; e eu tenho ordenado aos corvos que ali te sustentem.

[5]Foi, pois, e fez conforme a palavra do SENHOR; porque foi, e habitou junto ao ribeiro de Querite, que *está* diante do Jordão.

[6]E os corvos lhe traziam pão e carne pela manhã; como também pão e carne à noite; e bebia do ribeiro.

[7]E sucedeu que, passados dias, o ribeiro se secou, porque não tinha havido chuva na terra.

A viúva de Sarepta

[8]Então veio a ele a palavra do SENHOR, dizendo:

[9]Levanta-te, e vai para Sarepta, que *é* de Sidom, e habita ali; eis que eu ordenei ali a uma mulher viúva que te sustente.

[10]Então ele se levantou, e foi a Sarepta; e, chegando à porta da cidade, eis que *estava* ali *uma* mulher viúva apanhando lenha; e ele a chamou, e *lhe* disse: Traze-me, peço-te, num vaso um pouco de água que beba.

[11]E, indo ela a trazê-la, ele a chamou e *lhe* disse: Traze-me agora *também* um bocado de pão na tua mão.

[12]Porém ela disse: Vive o SENHOR teu Deus, que nem um bolo tenho, senão somente um punhado de farinha numa panela, e um pouco de azeite numa botija; e vês aqui apanhei dois gravetos, e vou prepará-lo para mim e para o meu filho, para que o comamos, e morramos.

[13]E Elias lhe disse: Não temas; vai, faze conforme à tua palavra; porém faze dele primeiro para mim um bolo pequeno, e traze-mo aqui; depois farás para ti e para teu filho.

[14]Porque assim diz o SENHOR Deus de Israel: A farinha da panela não se acabará, e o azeite da botija não faltará até ao dia em que o SENHOR dê chuva sobre a terra.

[15]E ela foi e fez conforme a palavra de Elias; e assim comeu ela, e ele, e a sua casa *muitos* dias.

[16]Da panela a farinha não se acabou, e da botija o azeite não faltou; conforme a palavra do SENHOR que ele falara pelo ministério de Elias.

[17]E depois destas coisas sucedeu *que* adoeceu o filho desta mulher, dona da casa; e a sua doença se agravou muito, até que nele nenhum fôlego ficou

[18]Então disse a Elias: Que tenho eu contigo, homem de Deus? Vieste tu a mim para trazeres à memória a minha iniquidade, e matares a meu filho?

¹⁹E ele disse: Dá-me o teu filho. E ele o tomou do seu regaço, e o levou para cima, ao quarto, onde ele *mesmo* habitava, e o deitou em sua cama,

²⁰E clamou ao Senhor, e disse: Ó Senhor meu Deus, também até a esta viúva, com quem me hospedo, afligiste, matando-lhe o filho?

²¹Então se estendeu sobre o menino três vezes, e clamou ao Senhor, e disse: Ó Senhor meu Deus, rogo-te que a alma deste menino torne a entrar nele.

²²E o Senhor ouviu a voz de Elias; e a alma do menino tornou a entrar nele, e reviveu.

²³E Elias tomou o menino, e o trouxe do quarto à casa, e o deu à sua mãe; e disse Elias: Vês *aí*, teu filho vive.

²⁴Então a mulher disse a Elias: Nisto conheço agora que tu *és* homem de Deus, *e* que a palavra do Senhor na tua boca *é* verdade.

Elias apresenta-se diante de Acabe

18 E SUCEDEU que, *depois* de muitos dias, a palavra do Senhor veio a Elias, no terceiro ano, dizendo: Vai, apresenta-te a Acabe; porque darei chuva sobre a terra.

²E foi Elias apresentar-se a Acabe; e a fome *era* extrema em Samaria.

³E Acabe chamou a Obadias, o mordomo; e Obadias temia muito ao Senhor,

⁴Porque sucedeu que, destruindo Jezabel os profetas do Senhor, Obadias tomou cem profetas, e de cinquenta em cinquenta os escondeu numa cova, e os sustentou com pão e água.

⁵E disse Acabe a Obadias: Vai pela terra a todas as fontes de água, e a todos os rios; pode ser que achemos erva, para que em vida conservemos os cavalos e mulas, e não percamos todos os animais.

⁶E repartiram entre si a terra, para a percorrerem: Acabe foi à parte por um caminho, e Obadias também foi sozinho por outro caminho.

⁷Estando, pois, Obadias já em caminho, eis que Elias o encontrou; e Obadias, reconhecendo-o, prostrou-se sobre o seu rosto, e disse: *És* tu o meu senhor Elias?

⁸E disse-lhe *ele*: Eu *sou;* vai, e dize a teu senhor: Eis que Elias *está aqui.*

⁹Porém ele disse: *Em* que pequei, para que entregues a teu servo na mão de Acabe, para que me mate?

¹⁰Vive o Senhor teu Deus, que não houve nação nem reino aonde o meu senhor não mandasse em busca de ti; e dizendo eles: *Aqui* não *está*, então fazia jurar os reinos e nações, que não te haviam achado.

¹¹E agora dizes tu: Vai, dize a teu senhor: Eis que aqui está Elias.

¹²E poderia ser que, apartando-me eu de ti, o Espírito do Senhor te tomasse, não sei para onde, e, vindo eu a dar as novas a Acabe, e não te achando ele, me mataria; porém eu, teu servo, temo ao Senhor desde a minha mocidade.

¹³*Porventura* não disseram a meu senhor o que fiz, quando Jezabel matava os profetas do Senhor?

Como escondi a cem homens dos profetas do Senhor, de cinquenta em cinquenta, numa cova, e os sustentei com pão e água?

¹⁴E agora dizes tu: Vai, dize a teu senhor: Eis que Elias *está aqui;* ele me mataria.

¹⁵E disse Elias: Vive o Senhor dos Exércitos, perante cuja face estou, que deveras hoje me apresentarei a ele.

¹⁶Então foi Obadias encontrar-se com Acabe, e lho anunciou; e foi Acabe encontrar-se com Elias.

Elias e os profetas de Baal

¹⁷E sucedeu que, vendo Acabe a Elias, disse-lhe: *És* tu o perturbador de Israel?

¹⁸Então disse ele: Eu não tenho perturbado a Israel, mas tu e a casa de teu pai, porque deixastes os mandamentos do Senhor, e seguistes a Baalim.

¹⁹Agora, pois, manda reunir-se a mim todo o Israel no monte Carmelo; como também os quatrocentos e cinquenta profetas de Baal, e os quatrocentos profetas de Aserá, que comem da mesa de Jezabel.

²⁰Então Acabe convocou todos os filhos de Israel; e reuniu os profetas no monte Carmelo.

²¹Então Elias se chegou a todo o povo, e disse: Até quando coxeareis entre dois pensamentos? Se o Senhor *é* Deus, segui-o, e se Baal, segui-o. Porém o povo nada lhe respondeu.

²²Então disse Elias ao povo: Só eu fiquei por profeta do Senhor, e os profetas de Baal são quatrocentos e cinquenta homens.

²³Deem-se-nos, pois, dois bezerros, e eles escolham para si um dos bezerros, e o dividam em pedaços, e o ponham sobre a lenha, porém não *lhe* coloquem fogo, e eu prepararei o outro bezerro, e o porei sobre a lenha, e não *lhe* colocarei fogo.

²⁴Então invocai o nome do vosso deus, e eu invocarei o nome do Senhor; e há de ser *que* o deus que responder por meio de fogo esse será Deus. E todo o povo respondeu, dizendo: *É* boa esta palavra.

²⁵E disse Elias aos profetas de Baal: Escolhei para vós um dos bezerros, e preparai-o primeiro, porque sois muitos, e invocai o nome do vosso deus, e não *lhe* ponhais fogo.

²⁶E tomaram o bezerro que lhes dera, e o prepararam; e invocaram o nome de Baal, desde a manhã até ao meio-dia, dizendo: Ah! Baal, responde-nos! Porém nem *havia voz*, nem quem respondesse; e saltavam sobre o altar que tinham feito.

²⁷E sucedeu que ao meio-dia Elias zombava deles e dizia: Clamai em altas vozes, porque ele *é um* deus; *pode ser* que esteja falando, ou que tenha *alguma* coisa que fazer, ou que intente *alguma* viagem; talvez esteja dormindo, e despertará.

²⁸E eles clamavam em altas vozes, e se retalhavam com facas e com lancetas, conforme ao seu costume, até derramarem sangue sobre si.

²⁹E sucedeu que, passado o meio-dia, profetizaram eles, até a hora de se oferecer o sacrifício *da*

1 REIS 18.30   266

tarde; porém não *houve* voz, nem resposta, nem atenção alguma.

³⁰Então Elias disse a todo o povo: Chegai-vos a mim. E todo o povo se chegou a ele; e restaurou o altar do SENHOR, *que estava* quebrado.

³¹E Elias tomou doze pedras, conforme ao número das tribos dos filhos de Jacó, ao qual veio a palavra do SENHOR, dizendo: Israel será o teu nome.

³²E com aquelas pedras edificou o altar em nome do SENHOR; depois fez um rego em redor do altar, segundo a largura de duas medidas de semente.

³³Então armou a lenha, e dividiu o bezerro em pedaços, e o pôs sobre a lenha.

³⁴E disse: Enchei de água quatro cântaros, e derramai-a sobre o holocausto e sobre a lenha. E disse: Fazei-o segunda vez; e o fizeram segunda vez. Disse ainda: Fazei-o terceira vez; e o fizeram terceira vez;

³⁵De maneira que a água corria ao redor do altar; e até o rego ele encheu de água.

³⁶Sucedeu que, no momento de ser oferecido o sacrifício *da tarde,* o profeta Elias se aproximou, e disse: Ó SENHOR Deus de Abraão, de Isaque e de Israel, manifeste-se hoje que tu *és* Deus em Israel, e *que* eu *sou* teu servo, e *que* conforme à tua palavra fiz todas estas coisas.

³⁷Responde-me, SENHOR, responde-me, para que este povo conheça que tu és o SENHOR Deus, e *que* tu fizeste voltar o seu coração.

³⁸Então caiu fogo do SENHOR, e consumiu o holocausto, e a lenha, e as pedras, e o pó, e *ainda* lambeu a água que *estava* no rego.

³⁹O que vendo todo o povo, caíram sobre os seus rostos, e disseram: *Só* o SENHOR *é* Deus! *Só* o SENHOR *é* Deus!

⁴⁰E Elias lhes disse: Lançai mão dos profetas de Baal, que nenhum deles escape. E lançaram mão deles; e Elias os fez descer ao ribeiro de Quisom, e ali os matou.

⁴¹Então disse Elias a Acabe: Sobe, come e bebe, porque há ruído de uma abundante chuva.

⁴²E Acabe subiu a comer e a beber; mas Elias subiu ao cume do Carmelo, e se inclinou por terra, e pôs o seu rosto entre os seus joelhos.

⁴³E disse ao seu servo: Sobe agora, e olha para o lado do mar. E subiu, e olhou, e disse: Não *há* nada. Então disse ele: Volta lá sete vezes.

⁴⁴E sucedeu que, à sétima vez, disse: Eis aqui uma pequena nuvem, como a mão de um homem, subindo do mar. Então disse ele: Sobe, e dize a Acabe: Aparelha *o teu* carro, e desce, para que a chuva não te impeça.

⁴⁵E sucedeu que, entretanto, os céus se enegreceram com nuvens e vento, e veio uma grande chuva; e Acabe subiu ao carro, e foi para Jizreel.

⁴⁶E a mão do SENHOR estava sobre Elias, o qual cingiu os lombos, e veio correndo perante Acabe, até à entrada de Jizreel.

Jezabel ameaça Elias

19 E ACABE fez saber a Jezabel tudo quanto Elias havia feito, e como totalmente matara todos os profetas à espada.

²Então Jezabel mandou um mensageiro a Elias, a dizer-lhe: Assim me façam os deuses, e outro tanto, se decerto amanhã a estas horas não puser a tua vida como a de um deles.

³O que vendo ele, se levantou e, para escapar com vida, se foi, e chegando a Berseba, que *é* de Judá, deixou ali o seu servo.

⁴Ele, porém, foi ao deserto, caminho de um dia, e foi sentar-se debaixo de um zimbro; e pediu para si a morte, e disse: Já basta, ó SENHOR; toma agora a minha vida, pois não sou melhor do que meus pais.

⁵E deitou-se, e dormiu debaixo do zimbro; e eis que então um anjo o tocou, e lhe disse: Levanta-te, come.

⁶E olhou, e eis que à sua cabeceira estava um pão *cozido* sobre as brasas, e uma botija de água e comeu, e bebeu, e tornou a deitar-se.

⁷E o anjo do SENHOR tornou segunda vez, e o tocou, e disse: Levanta-te e come, porque te será muito longo o caminho.

Elias no monte Horebe

⁸Levantou-se, pois, e comeu e bebeu; e com a força daquela comida caminhou quarenta dias e quarenta noites até Horebe, o monte de Deus.

⁹E ali entrou numa caverna e passou ali a noite; e eis que a palavra do SENHOR *veio* a ele, e lhe disse: Que fazes aqui Elias?

¹⁰E ele disse: Tenho sido muito zeloso pelo SENHOR Deus dos Exércitos, porque os filhos de Israel deixaram a tua aliança, derrubaram os teus altares, e mataram os teus profetas à espada, e só eu fiquei, e buscam a minha vida para ma tirarem.

¹¹E Deus lhe disse: Sai para fora, e põe-te neste monte perante o SENHOR. E eis que passava o SENHOR, como também um grande e forte vento que fendia os montes e quebrava as penhas diante do SENHOR; *porém* o SENHOR não *estava* no vento; e depois do vento um terremoto; *também* o SENHOR não *estava* no terremoto;

¹²E depois do terremoto um fogo; *porém também* o SENHOR não *estava* no fogo; e depois do fogo uma voz mansa e delicada.

¹³E sucedeu que, ouvindo-a Elias, envolveu o seu rosto na sua capa, e saiu para fora, e pôs-se à entrada da caverna; e eis que *veio* a ele uma voz, que dizia: Que fazes aqui, Elias?

¹⁴E ele disse: Eu tenho sido em extremo zeloso pelo SENHOR Deus dos Exércitos, porque os filhos de Israel deixaram a tua aliança, derrubaram os teus altares, e mataram os teus profetas à espada, e só eu fiquei; e buscam a minha vida para ma tirarem.

¹⁵E o SENHOR lhe disse: Vai, volta pelo teu caminho para o deserto de Damasco; e, chegando lá, unge a Hazael rei sobre a Síria.

²⁶Também a Jeú, filho de Ninsi, ungirás rei de Israel; e *também* a Eliseu, filho de Safate de Abel-Meolá, ungirás profeta em teu lugar.

¹⁷E há de ser *que* o que escapar da espada de Hazael, matá-lo-á Jeú; e o que escapar da espada de Jeú, matá-lo-á Eliseu.

¹⁸Também deixei ficar em Israel sete mil: todos os joelhos que não se dobraram a Baal, e toda a boca que não o beijou.

¹⁹Partiu, pois, Elias dali, e achou a Eliseu, filho de Safate, que andava lavrando *com* doze juntas *de bois* adiante dele, e ele *estava* com a duodécima; e Elias passou por ele, e lançou a sua capa sobre ele.

²⁰Então deixou ele os bois, e correu após Elias; e disse: Deixa-me beijar a meu pai e a minha mãe, e *então* te seguirei. E ele lhe disse: Vai, *e* volta; pois, que te fiz eu?

²¹Voltou, pois, de o seguir, e tomou a junta de bois, e os matou, e com os aparelhos dos bois cozeu as carnes, e *as* deu ao povo, e comeram; então se levantou e seguiu a Elias, e o servia.

Guerra entre Acabe e o rei da Síria

20 E BEN-HADADE, rei da Síria, ajuntou todo o seu exército; e *havia* com ele trinta e dois reis, e cavalos e carros; e subiu, e cercou a Samaria, e pelejou contra ela.

²E enviou à cidade mensageiros, a Acabe, rei de Israel,

³Que lhe disseram: Assim diz Ben-Hadade: A tua prata e o teu ouro *são* meus; e tuas mulheres e os melhores de teus filhos são meus.

⁴E respondeu o rei de Israel, e disse: Conforme a tua palavra, ó rei meu senhor, eu *sou* teu, e tudo quanto tenho.

⁵E tornaram *a vir* os mensageiros, e disseram: Assim diz Ben-Hadade: Enviei-te, na verdade, mensageiros que dissessem: Tu me hás de dar a tua prata, e o teu ouro, e as tuas mulheres e os teus filhos;

⁶Todavia amanhã a estas horas enviarei os meus servos a ti, e esquadrinharão a tua casa, e as casas dos teus servos; e há de ser *que* tudo o *que* de precioso tiveres, eles tomarão consigo, e o levarão.

⁷Então o rei de Israel chamou a todos os anciãos da terra, e disse: Notai agora, e vede como este homem procura o mal; pois mandou pedir-me as mulheres, os meus filhos, a minha prata e o meu ouro, e não lhos neguei.

⁸E todos os anciãos e todo o povo lhe disseram: Não *lhe* dês ouvidos, nem consintas.

⁹Por isso disse aos mensageiros de Ben-Hadade: Dizei ao rei, meu senhor: Tudo o que primeiro mandaste *pedir* a teu servo, farei, porém isto não posso fazer. E voltaram os mensageiros, e lhe levaram a resposta.

¹⁰E Ben-Hadade enviou a ele mensageiros dizendo: Assim me façam os deuses, e outro tanto, que o pó de Samaria não bastará para *encher* as mãos de todo o povo que me segue.

¹¹Porém o rei de Israel respondeu e disse:

Dizei-*lhe:* Não se gabe quem se cinge das armas, como aquele que as descinge.

¹²E sucedeu que, ouvindo ele esta palavra, estando a beber com os reis nas tendas, disse aos seus servos: Ponde-vos *em ordem* contra a cidade.

¹³E eis que um profeta se chegou a Acabe rei de Israel, e *lhe* disse: Assim diz o SENHOR: Viste toda esta grande multidão? Eis que hoje ta entregarei nas tuas mãos, para que saibas que eu *sou* o SENHOR.

¹⁴E disse Acabe: Por quem? E ele disse: Assim diz o SENHOR: Pelos moços dos príncipes das províncias. E disse: Quem começará a peleja? E disse: Tu.

¹⁵Então contou os moços dos príncipes das províncias, e foram duzentos e trinta e dois; e depois deles contou a todo o povo, todos os filhos de Israel, sete mil.

¹⁶E saíram ao meio-dia; e Ben-Hadade *estava* bebendo *e* embriagando-se nas tendas, ele e os reis, os trinta e dois reis, que o ajudavam.

¹⁷E os moços dos príncipes das províncias saíram primeiro; e Ben-Hadade enviou *espias,* que lhe deram avisos, dizendo: Saíram de Samaria uns homens.

¹⁸E ele disse: Ainda que para paz saíssem, tomai-os vivos; e ainda que à peleja saíssem, tomai-os vivos.

¹⁹Saíram, pois, da cidade os moços dos príncipes das províncias, e o exército que os seguia.

²⁰E eles feriram cada um o seu adversário, e os sírios fugiram, e Israel os perseguiu; porém Ben-Hadade, rei da Síria, escapou a cavalo, com *alguns* cavaleiros.

²¹E saiu o rei de Israel, e feriu os cavalos e os carros; e feriu os sírios com grande estrago.

²²Então o profeta chegou-se ao rei de Israel e lhe disse: Vai, esforça-te, e atenta, e olha o que hás de fazer; porque no decurso de um ano o rei da Síria subirá contra ti.

²³Porque os servos do rei da Síria lhe disseram: Seus deuses *são* deuses dos montes, por isso foram mais fortes do que nós; mas pelejemos com eles em campo raso, *e* por certo *veremos,* se não somos mais fortes do que eles!

²⁴Faze, pois, isto: tira os reis, cada um do seu lugar, e substitui-os por capitães;

²⁵E forma outro exército, igual ao exército que perdeste, cavalo por cavalo, e carro por carro, e pelejemos com eles em campo raso, *e veremos* se não somos mais fortes do que eles! E deu ouvidos à sua voz, e assim fez.

²⁶E sucedeu que, passado um ano, Ben-Hadade passou revista aos sírios, e subiu a Afeque, para pelejar contra Israel.

²⁷Também aos filhos de Israel se passou revista, e providos de víveres marcharam contra eles; e os filhos de Israel acamparam-se defronte deles, como dois pequenos rebanhos de cabras; mas os sírios enchiam a terra.

²⁸E chegou o homem de Deus, e falou ao rei de

Israel, e disse: Assim diz o Senhor: Porquanto os sírios disseram: O Senhor é Deus dos montes, e não Deus dos vales; toda esta grande multidão entregarei nas tuas mãos; para que saibas que eu *sou* o Senhor.

²⁹E sete dias estiveram acampados uns defronte dos outros; e sucedeu ao sétimo dia que a peleja começou, e os filhos de Israel feriram dos sírios cem mil homens de pé, num dia.

³⁰E os restantes fugiram a Afeque, à cidade; e caiu o muro sobre vinte e sete mil homens, que restaram; Ben-Hadade, porém, fugiu, e veio à cidade, *escondendo-se de* câmara em câmara.

Acabe vence os sírios

³¹Então lhe disseram os seus servos: Eis que já temos ouvido que os reis da casa de Israel são reis clementes; ponhamos, pois, sacos aos lombos, e cordas às cabeças, e saiamos ao rei de Israel; pode ser que ele te poupe a vida.

³²Então cingiram sacos aos lombos e cordas às cabeças, e foram ao rei de Israel, e disseram: Diz o teu servo Ben-Hadade: Deixa-me viver. E disse Acabe: Pois ainda vive? É meu irmão.

³³E aqueles homens tomaram *isto* por bom presságio, e apressaram-se em apanhar a sua palavra, e disseram: Teu irmão Ben-Hadade *vive*. E ele disse: Vinde, trazei-mo. Então Ben-Hadade foi a ele, e ele o fez subir ao carro.

³⁴E disse ele: As cidades que meu pai tomou de teu pai tas restituirei, e faze para ti ruas em Damasco, como meu pai as fez em Samaria. E eu, *respondeu Acabe,* te deixarei ir com esta aliança. E fez com ele aliança e o deixou ir.

³⁵Então um dos homens dos filhos dos profetas disse ao seu companheiro, pela palavra do Senhor: Ora fere-me. E o homem recusou feri-lo.

³⁶E ele lhe disse: Porque não obedeceste à voz do Senhor, eis que, em te apartando de mim, um leão te ferirá. E como dele se apartou, um leão o encontrou e o feriu.

³⁷Depois encontrou outro homem, e disse-*lhe: Ora* fere-me. E aquele homem deu-lhe um golpe, ferindo-o.

³⁸Então foi o profeta, e pôs-se perante o rei no caminho; e disfarçou-se com cinza sobre os seus olhos.

³⁹E sucedeu que, passando o rei, clamou ele ao rei, dizendo: Teu servo estava no meio da peleja, e eis que, desviando-se um homem, trouxe-me *outro* homem, e disse: Guarda-me este homem; se vier a faltar, será a tua vida em lugar da vida dele, ou pagarás um talento de prata.

⁴⁰Sucedeu, pois, que, estando o teu servo ocupado de uma e de outra parte, eis que o homem desapareceu. Então o rei de Israel lhe disse: Esta *é a* tua sentença; tu mesmo a pronunciaste.

⁴¹Então ele se apressou, e tirou a cinza de sobre os seus olhos; e o rei de Israel o reconheceu, que era *um* dos profetas.

⁴²E disse-lhe: Assim diz o Senhor: Porquanto soltaste da mão o homem que eu havia posto para destruição, a tua vida será em lugar da sua vida, e o teu povo em lugar do seu povo.

⁴³E foi o rei de Israel para a sua casa, desgostoso e indignado; e chegou a Samaria.

Nabote recusa vender sua vinha a Acabe

21 E SUCEDEU depois destas coisas que, Nabote, o jizreelita, tinha uma vinha em Jizreel junto ao palácio de Acabe, rei de Samaria.

²Então Acabe falou a Nabote, dizendo: Dá-me a tua vinha, para que me sirva de horta, pois está vizinha ao lado da minha casa; e te darei por ela *outra vinha* melhor: *ou,* se for do teu agrado, dar-te-ei o seu valor em dinheiro.

³Porém Nabote disse a Acabe: Guarde-me o Senhor de que eu te dê a herança de meus pais.

⁴Então Acabe veio desgostoso e indignado à sua casa, por causa da palavra que Nabote, o jizreelita, lhe falara, quando disse: Não te darei a herança de meus pais. E deitou-se na sua cama, e voltou o rosto, e não comeu pão.

⁵Porém, vindo a ele Jezabel, sua mulher, lhe disse: Que há, que está tão desgostoso o teu espírito, e não comes pão?

⁶E ele lhe disse: Porque falei a Nabote, o jizreelita, e lhe disse: Dá-me a tua vinha por dinheiro; ou, se te apraz, te darei *outra* vinha em seu lugar. Porém ele disse: Não te darei a minha vinha.

⁷Então Jezabel, sua mulher lhe disse: Governas tu agora no reino de Israel? Levanta-te, come pão, e alegre-se o teu coração; eu te darei a vinha de Nabote, o jizreelita.

Jezabel ordena a morte de Nabote

⁸Então escreveu cartas em nome de Acabe, e as selou com o seu sinete; e mandou as cartas aos anciãos e aos nobres que *havia* na sua cidade e habitavam com Nabote.

⁹E escreveu nas cartas, dizendo: Apregoai um jejum, e ponde Nabote diante do povo.

¹⁰E ponde defronte dele dois filhos de Belial, que testemunhem contra ele, dizendo: Blasfemaste contra Deus e contra o rei; e trazei-o fora, e apedrejai-o para que morra.

¹¹E os homens da sua cidade, os anciãos e os nobres que habitavam na sua cidade, fizeram como Jezabel lhes ordenara, conforme *estava* escrito nas cartas que lhes mandara.

¹²Apregoaram um jejum, e puseram a Nabote diante do povo.

¹³Então vieram dois homens, filhos de Belial, e puseram-se defronte dele; e os homens, filhos de Belial, testemunharam contra ele, contra Nabote, perante o povo, dizendo: Nabote blasfemou contra Deus e contra o rei. E o levaram para fora da cidade, e o apedrejaram, e morreu.

¹⁴Então mandaram dizer a Jezabel: Nabote foi apedrejado, e morreu.

¹⁵E sucedeu que, ouvindo Jezabel que já fora apedrejado Nabote, e morrera, disse a Acabe: Levanta-te, *e* possui a vinha de Nabote, o jizreelita,

a qual te recusou dar por dinheiro; porque Nabote não vive, mas é morto.

¹⁶E sucedeu que, ouvindo Acabe, que Nabote *já* era morto, levantou-se para descer para a vinha de Nabote, o jizreelita, para tomar posse dela.

Deus manda Elias ameaçar a Acabe

¹⁷Então veio a palavra do SENHOR a Elias, o tisbita, dizendo:

¹⁸Levanta-te, desce para encontrar-te com Acabe, rei de Israel, que *está* em Samaria; eis que está na vinha de Nabote, aonde tem descido para possuí-la.

¹⁹E falar-lhe-ás, dizendo: Assim diz o SENHOR: *Porventura* não mataste e tomaste a herança? Falar-lhe-ás mais, dizendo: Assim diz o SENHOR: No lugar em que os cães lamberam o sangue de Nabote lamberão também o teu próprio sangue.

²⁰E disse Acabe a Elias: Já me achaste, inimigo meu? E ele disse: Achei-*te;* porquanto já te vendeste para fazeres o *que é* mau aos olhos do SENHOR.

²¹Eis que trarei mal sobre ti, e arrancarei a tua posteridade, e arrancarei de Acabe a todo o homem, tanto o escravo como o livre em Israel;

²²E farei a tua casa como a casa de Jeroboão, filho de Nebate, e como a casa de Baasa, filho de Aías; por causa da provocação, com que *me* provocaste e fizeste pecar a Israel.

²³E também acerca de Jezabel falou o SENHOR, dizendo: Os cães comerão a Jezabel junto ao antemuro de Jizreel.

²⁴Aquele que morrer dos de Acabe, na cidade, os cães o comerão; e o que morrer no campo as aves do céu o comerão.

²⁵Porém ninguém fora como Acabe, que se vendera para fazer o *que era* mau aos olhos do SENHOR; porque Jezabel, sua mulher, o incitava.

²⁶E fez grandes abominações, seguindo os ídolos, conforme a tudo o que fizeram os amorreus, os quais o SENHOR lançou fora da *sua* possessão, de diante dos filhos de Israel.

²⁷Sucedeu, pois, que Acabe, ouvindo estas palavras, rasgou as suas vestes, e cobriu a sua carne de saco, e jejuou; e jazia em saco, e andava mansamente.

²⁸Então veio a palavra do SENHOR a Elias tisbita, dizendo:

²⁹Não viste que Acabe se humilha perante mim? Por isso, porquanto se humilha perante mim, não trarei este mal nos seus dias, *mas* nos dias de seu filho trarei este mal sobre a sua casa.

Acabe faz acordo com Jeosafá

22 E ESTIVERAM quietos três anos, não havendo guerra entre a Síria e Israel.

²Porém no terceiro ano sucedeu que Jeosafá, rei de Judá, desceu para avistar-se com o rei de Israel.

³E o rei de Israel disse aos seus servos: Não sabeis vós que Ramote de Gileade é nossa, e nós *estamos* quietos, sem a tomar da mão do rei da Síria?

⁴Então perguntou a Jeosafá: Irás tu comigo à peleja a Ramote de Gileade? E disse Jeosafá ao rei

de Israel: Serei como tu, *e* o meu povo como o teu povo, *e* os meus cavalos como os teus cavalos.

⁵Disse mais Jeosafá ao rei de Israel: Peço-te, consulta hoje a palavra do SENHOR.

⁶Então o rei de Israel reuniu os profetas até quase quatrocentos homens, e disse-lhes: Irei à peleja contra Ramote de Gileade, ou deixarei de ir? E eles disseram: Sobe, porque o SENHOR *a* entregará na mão do rei.

⁷Disse, porém, Jeosafá: Não *há* aqui ainda *algum* profeta do SENHOR, ao qual possamos consultar?

⁸Então disse o rei de Israel a Jeosafá: Ainda *há* um homem por quem podemos consultar ao SENHOR; porém eu o odeio, porque nunca profetiza de mim *o que é* bom, mas só o mau; *este é* Micaías, filho de Inlá. E disse Jeosafá: Não fale o rei assim.

⁹Então o rei de Israel chamou um oficial, e disse: Traze-*me* depressa a Micaías, filho de Inlá.

¹⁰E o rei de Israel e Jeosafá, rei de Judá, estavam assentados cada um no seu trono, vestidos de trajes *reais,* na praça, à entrada da porta de Samaria; e todos os profetas profetizavam na sua presença.

¹¹E Zedequias, filho de Quenaaná, fez para si *uns* chifres de ferro, e disse: Assim diz o SENHOR: Com estes ferirás aos sírios, até de todo os consumir.

¹²E todos os profetas profetizaram assim, dizendo: Sobe a Ramote de Gileade, e triunfarás, porque o SENHOR *a* entregará na mão do rei.

¹³E o mensageiro que foi chamar a Micaías falou-lhe, dizendo: Vês aqui *que* as palavras dos profetas a uma voz *predizem coisas* boas para o rei; seja, pois, a tua palavra como a palavra de um deles, e fala bem.

¹⁴Porém Micaías disse: Vive o SENHOR que o que o SENHOR me disser isso falarei.

¹⁵E, vindo ele ao rei, o rei lhe disse: Micaías, iremos a Ramote de Gileade à peleja, ou deixaremos de ir? E *ele* lhe disse: Sobe, e serás bem-sucedido; porque o SENHOR a entregará na mão do rei.

¹⁶E o rei lhe disse: Até quantas vezes te conjurarei, que não me fales senão a verdade em nome do SENHOR?

¹⁷Então disse ele: Vi a todo o Israel disperso pelos montes, como ovelhas que não têm pastor; e disse o SENHOR: Estes não têm senhor; torne cada um em paz para sua casa.

¹⁸Então o rei de Israel disse a Jeosafá: Não te disse eu, que nunca profetizará de mim *o que é* bom, senão só o *que é* mau?

¹⁹Então ele disse: Ouve, pois, a palavra do SENHOR: Vi ao SENHOR assentado sobre o seu trono, e todo o exército do céu estava junto a ele, à sua mão direita e à sua esquerda.

²⁰E disse o SENHOR: Quem induzirá Acabe, para que suba, e caia em Ramote de Gileade? E um dizia desta maneira e outro de outra.

²¹Então saiu um espírito, e se apresentou diante do SENHOR, e disse: Eu o induzirei. E o SENHOR lhe disse: Com quê?

²²E disse ele: Eu sairei, e serei um espírito de mentira na boca de todos os seus profetas. E ele

1 REIS 22.23 — 270

disse: Tu o induzirás, e ainda prevalecerás; sai e faze assim.

²³Agora, pois, eis que o Senhor pôs o espírito de mentira na boca de todos estes teus profetas, e o Senhor falou o mal contra ti.

²⁴Então Zedequias, filho de Quenaaná, chegou, e feriu a Micaías no queixo, e disse: Por onde saiu de mim o Espírito do Senhor para falar a ti?

²⁵E disse Micaías: Eis que o verás naquele mesmo dia, quando entrares de câmara em câmara, para te esconderes.

²⁶Então disse o rei de Israel: Tomai a Micaías, e tornai a levá-lo a Amom, o governador da cidade, e a Joás filho do rei.

²⁷E direis: Assim diz o rei: Colocai este homem na casa do cárcere, e sustentai-o com o pão de angústia, e com água de amargura, até que eu venha em paz.

²⁸E disse Micaías: Se tu voltares em paz, o Senhor não tem falado por mim. Disse mais: Ouvi, povos todos!

A guerra contra os sírios e a morte de Acabe

²⁹Assim o rei de Israel e Jeosafá, rei de Judá, subiram a Ramote de Gileade.

³⁰E disse o rei de Israel a Jeosafá: Eu me disfarçarei, e entrarei na peleja; tu porém veste as tuas roupas. Disfarçou-se, pois, o rei de Israel, e entrou na peleja.

³¹E o rei da Síria dera ordem aos capitães dos carros, que eram trinta e dois, dizendo: Não pelejareis nem contra pequeno nem contra grande, mas só contra o rei de Israel.

³²Sucedeu que, vendo os capitães dos carros a Jeosafá, disseram eles: Certamente este é o rei de Israel. E chegaram-se a ele, para pelejar com ele; porém Jeosafá gritou.

³³E sucedeu que, vendo os capitães dos carros que não era o rei de Israel, deixaram de segui-lo.

³⁴Então um homem armou o arco, e atirou a esmo, e feriu o rei de Israel por entre as fivelas e as couraças; então ele disse ao seu carreteiro: Dá volta, e tira-me do exército, porque estou gravemente ferido.

³⁵E a peleja foi crescendo naquele dia, e o rei foi sustentado no carro defronte dos sírios; porém ele morreu à tarde; e o sangue da ferida corria para o fundo do carro.

³⁶E depois do sol posto passou um pregão pelo exército, dizendo: Cada um para a sua cidade, e cada um para a sua terra!

³⁷E morreu o rei, e o levaram a Samaria; e sepultaram o rei em Samaria.

³⁸E, lavando-se o carro no tanque de Samaria, os cães lamberam o seu sangue (ora as prostitutas se lavavam ali), conforme à palavra que o Senhor tinha falado.

³⁹Quanto ao mais dos atos de Acabe, e a tudo quanto fez, e à casa de marfim que edificou, e a todas as cidades que edificou, porventura não está escrito no livro das crônicas dos reis de Israel?

⁴⁰Assim dormiu Acabe com seus pais; e Acazias, seu filho, reinou em seu lugar.

O reinado de Jeosafá e a sua morte

⁴¹E Jeosafá, filho de Asa, começou a reinar sobre Judá no quarto ano de Acabe, rei de Israel.

⁴²E era Jeosafá da idade de trinta e cinco anos quando começou a reinar; e vinte e cinco anos reinou em Jerusalém; e era o nome de sua mãe Azuba, filha de Sili.

⁴³E andou em todos os caminhos de seu pai Asa, não se desviou deles, fazendo o que era reto aos olhos do Senhor.

⁴⁴Todavia os altos não se tiraram; ainda o povo sacrificava e queimava incenso nos altos.

⁴⁵E Jeosafá esteve em paz com o rei de Israel.

⁴⁶Quanto ao mais dos atos de Jeosafá, e ao poder que mostrou, e como guerreou, porventura não está escrito no livro das crônicas dos reis de Judá?

⁴⁷Também expulsou da terra o restante dos sodomitas, que ficaram nos dias de seu pai Asa.

⁴⁸Então não havia rei em Edom, porém um vice-rei.

⁴⁹E fez Jeosafá navios de Társis, para irem a Ofir por causa do ouro; porém não foram, porque os navios se quebraram em Eziom-Geber.

⁵⁰Então Acazias, filho de Acabe, disse a Jeosafá: Vão os meus servos com os teus servos nos navios. Porém Jeosafá não quis.

⁵¹E Jeosafá dormiu com seus pais, e foi sepultado junto a eles, na cidade de Davi, seu pai; e Jeorão, seu filho, reinou em seu lugar.

⁵²E Acazias, filho de Acabe, começou a reinar sobre Israel, em Samaria, no ano dezessete de Jeosafá, rei de Judá; e reinou dois anos sobre Israel.

⁵³E fez o que era mau aos olhos do Senhor; porque andou no caminho de seu pai, como também no caminho de sua mãe, e no caminho de Jeroboão, filho de Nebate, que fez pecar a Israel.

⁵⁴E serviu a Baal, e adorou-o, e provocou a ira do Senhor Deus de Israel, conforme a tudo quanto fizera seu pai.

O SEGUNDO LIVRO DOS
REIS

Moabe rebela-se contra Israel e Acazias adoece

1 E DEPOIS da morte de Acabe, Moabe se rebelou contra Israel.

²E caiu Acazias pelas grades de um quarto alto, que *tinha* em Samaria, e adoeceu; e enviou mensageiros, e disse-lhes: Ide, e perguntai a Baal-Zebube, deus de Ecrom, se sararei desta doença.

³Mas o anjo do SENHOR disse a Elias, o tisbita: Levanta-te, sobe para te encontrares com os mensageiros do rei de Samaria, e dize-lhes: Porventura não há Deus em Israel, *para* irdes consultar a Baal-Zebube, deus de Ecrom?

⁴E por isso assim diz O SENHOR: Da cama, a que subiste, não descerás, mas sem falta morrerás. Enão Elias partiu.

⁵E os mensageiros voltaram para ele; e ele lhes disse: Que há, *que* voltastes?

⁶E eles lhe disseram: Um homem saiu ao nosso encontro, e nos disse: Ide, voltai para o rei que vos mandou, e dizei-lhe: Assim diz o SENHOR: Porventura não há Deus em Israel, para *que* mandes consultar a Baal-Zebube, deus de Ecrom? Portanto da cama, a que subiste, não descerás, mas sem falta morrerás.

⁷E ele lhes disse: Qual *era* a aparência do homem que veio ao vosso encontro e vos falou essas palavras?

⁸E eles lhe disseram: *Era* um homem peludo, e com os lombos cingidos de um cinto de couro. Enão disse ele: É Elias, o tisbita.

O fogo do céu consome cem homens

⁹Então o rei lhe enviou um capitão de cinquenta com seus cinquenta; e, subindo a ele (porque eis que estava assentado no cume do monte), disse-lhe: Homem de Deus, o rei diz: Desce.

¹⁰Mas Elias respondeu, e disse ao capitão de cinquenta: Se eu, pois, *sou* homem de Deus, desça fogo do céu, e te consuma a ti e aos teus cinquenta. Então fogo desceu do céu, e consumiu a ele e aos seus cinquenta.

¹¹E tornou *o rei* a enviar-lhe outro capitão de cinquenta, com os seus cinquenta; ele lhe respondeu, dizendo: Homem de Deus, assim diz o rei: Desce depressa.

¹²E respondeu Elias: Se eu *sou* homem de Deus, desça fogo do céu, e te consuma a ti e aos teus cinquenta. Então o fogo de Deus desceu do céu, e o consumiu a ele e aos seus cinquenta.

¹³E tornou a enviar um terceiro capitão de cinquenta, com os seus cinquenta; então subiu o terceiro capitão de cinquenta e, chegando, pôs-se de joelhos diante de Elias, e suplicou-lhe, dizendo: Homem de Deus, seja, peço-te, preciosa aos teus olhos a minha vida, e a vida destes cinquenta teus servos.

¹⁴Eis que fogo desceu do céu, e consumiu aqueles dois primeiros capitães de cinquenta, com os seus cinquenta; porém, agora seja preciosa aos teus olhos a minha vida.

¹⁵Então o anjo do SENHOR disse a Elias: Desce com este, não temas. E levantou-se, e desceu com ele ao rei.

¹⁶E disse-lhe: Assim diz o SENHOR: Por que enviaste mensageiros a consultar a Baal-Zebube, deus de Ecrom? Porventura é porque não há Deus em Israel, para consultar a sua palavra? Portanto desta cama, a que subiste, não descerás, mas certamente morrerás.

¹⁷Assim, pois, morreu, conforme a palavra do SENHOR, que Elias falara; e Jorão começou a reinar no seu lugar no ano segundo de Jeorão, filho de Jeosafá, rei de Judá; porquanto não tinha filho.

¹⁸O mais dos atos de Acazias, tudo quanto fez, *porventura* não *está* escrito no livro das crônicas dos reis de Israel?

Elias é elevado ao céu

2 SUCEDEU que, quando o SENHOR estava para elevar a Elias num redemoinho ao céu, Elias partiu de Gilgal com Eliseu.

²E disse Elias a Eliseu: Fica-te aqui, porque o SENHOR me enviou a Betel. Porém Eliseu disse: Vive o SENHOR, e vive a tua alma, que não te deixarei. E assim foram a Betel.

³Então os filhos dos profetas que *estavam* em Betel saíram *ao encontro* de Eliseu, e lhe disseram: Sabes que o SENHOR hoje tomará o teu senhor por sobre a tua cabeça? E ele disse: Também eu bem *o* sei; calai-vos.

⁴E Elias lhe disse: Eliseu, fica-te aqui, porque o SENHOR me enviou a Jericó. Porém ele disse: Vive o SENHOR, e vive a tua alma, que não te deixarei. E *assim* foram a Jericó.

⁵Então os filhos dos profetas que estavam em Jericó se chegaram a Eliseu, e lhe disseram: Sabes que o SENHOR hoje tomará o teu senhor por sobre a tua cabeça? E ele disse: Também eu bem *o* sei; calai-vos.

⁶E Elias disse: Fica-te aqui, porque o SENHOR me enviou ao Jordão. Mas ele disse: Vive o SENHOR, e vive a tua alma, que não te deixarei. E *assim* ambos foram juntos.

⁷E foram cinquenta homens dos filhos dos profetas, e pararam defronte *deles,* de longe: e assim ambos pararam junto ao Jordão.

⁸Então Elias tomou a sua capa e a dobrou, e feriu as águas, as quais se dividiram para os dois lados; e passaram ambos em seco.

2 REIS 2.9 272

⁹Sucedeu que, havendo eles passado, Elias disse a Eliseu: Pede-*me* o que *queres que* te faça, antes que seja tomado de ti. E disse Eliseu: Peço-te que haja porção dobrada de teu espírito sobre mim.

¹⁰E disse: Coisa difícil pediste; se me vires *quando for* tomado de ti, assim se te fará, porém, se não, não se fará.

¹¹E sucedeu que, indo eles andando e falando, eis que um carro de fogo, com cavalos de fogo, os separou um do outro; e Elias subiu ao céu num redemoinho.

Eliseu, o sucessor de Elias

¹²O que vendo Eliseu, clamou: Meu pai, meu pai, carros de Israel, e seus cavaleiros! E nunca mais o viu; e, pegando as suas vestes, rasgou-as em duas partes.

¹³Também levantou a capa de Elias, que dele caíra; e, voltando-se, parou à margem do Jordão.

¹⁴E tomou a capa de Elias, que dele caíra, e feriu as águas, e disse: Onde *está* o Senhor Deus de Elias? Quando feriu as águas elas se dividiram de um ao outro lado; e Eliseu passou.

¹⁵Vendo-o, pois, os filhos dos profetas que estavam defronte em Jericó, disseram: O espírito de Elias repousa sobre Eliseu. E vieram-lhe ao encontro, e se prostraram diante dele em terra.

¹⁶E disseram-lhe: Eis que *agora* entre os teus servos há cinquenta homens valentes; ora deixa-os ir para buscar a teu senhor; pode ser que o elevasse o Espírito do Senhor e o lançasse em algum dos montes, ou em algum dos vales. Porém ele disse: Não os envieis.

¹⁷Mas eles insistiram com ele, até que, constrangido, disse-*lhes:* Enviai. E enviaram cinquenta homens, que *o* buscaram três dias, porém não o acharam.

¹⁸Então voltaram para ele, pois ficara em Jericó; e disse-lhes: Eu não vos disse que não fôsseis?

¹⁹E os homens da cidade disseram a Eliseu: Eis que *é* boa a situação desta cidade, como o meu senhor vê; porém as águas *são* más, e a terra é estéril.

²⁰E ele disse: Trazei-me um prato novo, e pon-de nele sal. E lho trouxeram.

²¹Então saiu ele ao manancial das águas, e deitou sal nele; e disse: Assim diz o Senhor: Sararei a estas águas; e não haverá mais nelas morte nem esterilidade.

²²Ficaram, pois, sãs aquelas águas, até *ao dia de* hoje, conforme a palavra que Eliseu tinha falado.

²³Então subiu dali a Betel; e, subindo ele pelo caminho, uns meninos saíram da cidade, e zombavam dele, e diziam-lhe: Sobe, calvo; sobe, calvo!

²⁴E, virando-se ele para trás, os viu, e os amaldiçoou no nome do Senhor; então duas ursas saíram do bosque, e despedaçaram quarenta e dois daqueles meninos.

²⁵E dali foi para o monte Carmelo de onde voltou para Samaria.

Eliseu salva três reis e os seus exércitos

3 E JORÃO, filho de Acabe, começou a reinar sobre Israel, em Samaria, no décimo oitavo ano de Jeosafá, rei de Judá; e reinou doze anos.

²E fez o *que era* mau aos olhos do Senhor; porém não como seu pai, nem como sua mãe; porque tirou a estátua de Baal, que seu pai fizera.

³Contudo aderiu aos pecados de Jeroboão, filho de Nebate, com que fizera Israel pecar; não se apartou deles.

⁴Então Mesa, rei dos moabitas, era criador de gado, e pagava *de tributo,* ao rei de Israel, cem mil cordeiros, e cem mil carneiros com a *sua* lã.

⁵Sucedeu, porém, que, morrendo Acabe, o rei dos moabitas se rebelou contra o rei de Israel.

⁶Por isso o rei Jorão ao mesmo tempo saiu de Samaria, e fez revista de todo o Israel.

⁷E foi, e mandou dizer a Jeosafá, rei de Judá: O rei dos moabitas se rebelou contra mim; irás tu comigo à guerra contra os moabitas? E disse ele: Subirei; *e eu serei* como tu, o meu povo como o teu povo, *e* os meus cavalos como os teus cavalos.

⁸E ele disse: Por que caminho subiremos? Então disse ele: Pelo caminho do deserto de Edom.

⁹E partiram o rei de Israel, o rei de Judá e o rei de Edom; e andaram rodeando com uma marcha de sete dias, e não havia água para o exército e nem para o gado que os seguia.

¹⁰Então disse o rei de Israel: Ah! O Senhor chamou a estes três reis, para entregá-los nas mãos dos moabitas.

¹¹E disse Jeosafá: Não *há* aqui *algum* profeta de Senhor, para que consultemos ao Senhor por ele? Então respondeu um dos servos do rei de Israel, dizendo: Aqui *está* Eliseu, filho de Safate, que derramava água sobre as mãos de Elias.

¹²E disse Jeosafá: Está com ele a palavra do Senhor. Então o rei de Israel, Jeosafá, e o rei de Edom desceram a ter com ele.

¹³Mas Eliseu disse ao rei de Israel: Que tenho eu contigo? Vai aos profetas de teu pai e aos profetas de tua mãe. Porém o rei de Israel lhe disse: Não, porque o Senhor chamou a estes três reis para entregá-los nas mãos dos moabitas.

¹⁴E disse Eliseu: Vive o Senhor dos Exércitos, em cuja presença estou, *que* se eu não respeitasse a presença de Jeosafá, rei de Judá, não olharia para ti nem te veria.

¹⁵Ora, pois, trazei-me um músico. E sucedeu que, tocando o músico, veio sobre ele a mão do Senhor.

¹⁶E disse: Assim diz o Senhor: Fazei neste vale muitas covas.

¹⁷Porque assim diz o Senhor: Não vereis vento, e não vereis chuva; todavia este vale se encherá de *tanta* água, que bebereis vós, o vosso gado e os vossos animais.

¹⁸E *ainda* isto é pouco aos olhos do Senhor; também entregará ele os moabitas nas vossas mãos.

¹⁹E ferireis a todas as cidades fortes, e a todas as cidades escolhidas, e todas as boas árvores cortareis, e entupireis todas as fontes de água, e danificareis com pedras todos os bons campos.

²⁰E sucedeu que, pela manhã, oferecendo-se a oferta de alimentos, eis que vinham *as* águas pelo caminho de Edom; e a terra se encheu de água.

²¹Ouvindo, pois, todos os moabitas que os reis tinham subido para pelejarem contra eles, convocaram a todos os que estavam *em idade* de cingir cinto e daí para cima, e puseram-se às fronteiras.

²²E, levantando-se de madrugada, e saindo o sol sobre as águas, viram os moabitas, defronte deles, as águas vermelhas como sangue.

²³E disseram: Isto *é* sangue; certamente que os reis se destruíram à espada e se mataram um ao outro! Agora, pois, à presa, moabitas!

²⁴Porém, chegando eles ao arraial de Israel, os israelitas se levantaram, e feriram os moabitas, os quais fugiram diante deles e *ainda* entraram nas suas *terras,* ferindo *ali* também os moabitas.

²⁵E arrasaram as cidades, e cada um lançou a sua pedra em todos os bons campos, e os entulharam, e entupiram todas as fontes de água, e cortaram todas as boas árvores, até que *só* em Quir-Haresete deixaram ficar as pedras, mas os fundeiros a cercaram e a feriram.

²⁶Mas, vendo o rei dos moabitas que a peleja prevalecia contra ele, tomou consigo setecentos homens que sacavam espada, para romperem contra o rei de Edom, porém não puderam.

²⁷Então tomou a seu filho primogênito, que havia de reinar em seu lugar, e o ofereceu em holocausto sobre o muro; pelo que houve grande indignação em Israel; por isso retiraram-se dele, e voltaram para a *sua* terra.

Eliseu aumenta o azeite da viúva

4E UMA mulher, das mulheres dos filhos dos profetas, clamou a Eliseu, dizendo: Meu marido, teu servo, morreu; e tu sabes que o teu servo temia ao SENHOR; e veio o credor, para levar os meus dois filhos para serem servos.

²E Eliseu lhe disse: Que te hei de fazer? Dize-me que *é o que* tens em casa. E ela disse: Tua serva não tem nada em casa, senão uma botija de azeite.

³Então disse ele: Vai, pede emprestadas, de todos os teus vizinhos, vasilhas vazias, não poucas.

⁴Então entra, e fecha a porta sobre ti, e sobre teus filhos, e deita o azeite em todas aquelas vasilhas, e põe à parte a que estiver cheia.

⁵Partiu, pois, dele, e fechou a porta sobre si e sobre seus filhos; e eles lhe traziam *as vasilhas,* e ela *as* enchia.

⁶E sucedeu que, cheias que foram as vasilhas, disse a seu filho: Traze-me ainda uma vasilha. Porém ele lhe disse: Não *há* mais vasilha alguma. Então o azeite parou.

⁷Então veio ela, e *o* fez saber ao homem de Deus; e disse ele: Vai, vende o azeite, e paga a tua dívida; e tu e teus filhos vivei do resto.

A sunamita e o seu filho

⁸Sucedeu também um dia que, indo Eliseu a Suném, *havia* ali uma mulher importante, a qual o reteve para comer pão; e sucedeu que todas as vezes que passava por ali entrava para comer pão.

⁹E ela disse a seu marido: Eis que tenho observado que este que sempre passa por nós é um santo homem de Deus.

¹⁰Façamos-*lhe,* pois, um pequeno quarto junto ao muro, e ali lhe ponhamos uma cama, uma mesa, uma cadeira e um candeeiro; e há de ser que, vindo ele a nós, para ali se recolherá.

¹¹E sucedeu que um dia ele chegou ali, e recolheu-se àquele quarto, e se deitou.

¹²Então disse ao seu servo Geazi: Chama esta sunamita. E chamando-a ele, ela se pôs diante dele.

¹³Porque ele tinha falado a *Geazi:* Dize-lhe: Eis que tu nos tens tratado com todo o desvelo; que se há de fazer por ti? Haverá alguma coisa de que se fale por ti ao rei, ou ao capitão do exército? E disse ela: Eu habito no meio do meu povo.

¹⁴Então disse ele: Que se há de fazer por ela? E Geazi disse: Ora ela não tem filho, e seu marido é velho.

¹⁵Por isso disse ele: Chama-a. E, chamando-a ele, ela se pôs à porta.

¹⁶E *ele* disse: A este tempo determinado, segundo o tempo da vida, abraçarás um filho. E disse ela: Não, meu senhor, homem de Deus, não mintas à tua serva.

¹⁷E concebeu a mulher, e deu à luz um filho, no tempo determinado, no ano seguinte, segundo Eliseu lhe dissera.

¹⁸E, crescendo o filho, sucedeu que um dia saiu para ter com seu pai, *que estava* com os segadores,

¹⁹E disse a seu pai: Ai, a minha cabeça! Ai, a minha cabeça! Então disse a um moço: Leva-o à sua mãe.

²⁰E ele o tomou, e o levou à sua mãe; e esteve sobre os seus joelhos até ao meio-dia, e morreu.

²¹E subiu ela, e o deitou sobre a cama do homem de Deus; e fechou *a porta,* e saiu.

²²E chamou a seu marido, e disse: Manda-me já um dos moços, e uma das jumentas, para que eu corra ao homem de Deus, e volte.

²³E disse ele: Por que vais a ele hoje? Não é lua nova nem sábado. E ela disse: *Tudo* vai bem.

²⁴Então albardou a jumenta, e disse ao seu servo: Guia e anda, e não te detenhas no caminhar, senão quando eu te disser.

²⁵Partiu ela, pois, e foi ao homem de Deus, ao monte Carmelo; e sucedeu que, vendo-a o homem de Deus de longe, disse a Geazi, seu servo: Eis aí a sunamita.

²⁶Agora, pois, corre-lhe ao encontro e dize-lhe: Vai bem contigo? Vai bem com teu marido? Vai bem com teu filho? E ela disse: Vai bem.

²⁷Chegando ela, pois, ao homem de Deus, ao monte, pegou nos seus pés; mas chegou Geazi para retirá-la; disse porém o homem de Deus: Deixa-a,

porque a sua alma está triste de amargura, e o Senhor me encobriu, e não me manifestou.

²⁸E disse ela: Pedi eu a meu senhor *algum* filho?
Não disse eu: Não me enganes?

²⁹E ele disse a Geazi: Cinge os teus lombos, toma o meu cajado na tua mão, e vai; se encontrares alguém não o saúdes, e se alguém te saudar,
não lhe respondas; e põe o meu cajado sobre o
rosto do menino.

³⁰Porém disse a mãe do menino: Vive o Senhor,
e vive a tua alma, que não te hei de deixar. Então
ele se levantou, e a seguiu.

³¹E Geazi passou adiante deles, e pôs o cajado
sobre o rosto do menino; porém não *havia nele* voz
nem sentido; e voltou a encontrar-se com ele, e lhe
trouxe aviso, dizendo: O menino não despertou.

³²E, chegando Eliseu àquela casa, eis que o menino jazia morto sobre a sua cama.

³³Então entrou ele, e fechou a porta sobre eles
ambos, e orou ao Senhor.

³⁴E subiu *à cama* e deitou-se sobre o menino,
e, pondo a sua boca sobre a boca dele, e os seus
olhos sobre os olhos dele, e as suas mãos sobre
as mãos dele, se estendeu sobre ele; e a carne do
menino aqueceu.

³⁵Depois desceu, e andou naquela casa de uma
parte para a outra, e *tornou* a subir, e se estendeu
sobre ele, então o menino espirrou sete vezes, e
abriu os olhos.

³⁶Então chamou a Geazi, e disse: Chama esta sunamita. E chamou-a, e veio a ele. E disse ele: Toma o teu filho.

³⁷E entrou ela, e se prostrou a seus pés, e se inclinou à terra; e tomou o seu filho e saiu.

A morte que havia na panela é tirada

³⁸E, voltando Eliseu a Gilgal, *havia* fome naquela
terra, e os filhos dos profetas *estavam* assentados
na sua presença; e disse ao seu servo: Põe a panela grande *ao fogo,* e faze um caldo de ervas para os
filhos dos profetas.

³⁹Então um deles saiu ao campo a apanhar ervas, e achou uma parra brava, e colheu dela enchendo a sua capa de colocíntidas; e veio, e as cortou na panela do caldo; porque não *as* conheciam.

⁴⁰Assim deram de comer para os homens. E sucedeu que, comendo eles daquele caldo, clamaram
e disseram: Homem de Deus, *há* morte na panela.
Não puderam comer.

⁴¹Porém ele disse: Trazei farinha. E deitou-*a* na
panela, e disse: Dai de comer ao povo. E já não havia mal nenhum na panela.

Vinte pães satisfazem cem homens

⁴²E um homem veio de Baal-Salisa, e trouxe ao
homem de Deus pães das primícias, vinte pães de
cevada, e espigas verdes na sua palha, e disse: Dá
ao povo, para que coma.

⁴³Porém seu servo disse: Como hei de pôr isto
diante de cem homens? E disse ele: Dá ao povo,
para que coma; porque assim diz o Senhor: Comerão, e sobejará.

⁴⁴Então lhos pôs diante, e comeram e ainda so-
brou, conforme a palavra do Senhor.

Naamã é curado da lepra

5E NAAMÃ, capitão do exército do rei da Síria,
era um grande homem diante do seu senhor, e
de muito respeito; porque por ele o Senhor dera
livramento aos sírios; e era este homem herói valoroso, *porém* leproso.

²E saíram tropas da Síria, da terra de Israel, e levaram presa uma menina que ficou ao serviço da
mulher de Naamã.

³E disse *esta* à sua senhora: Antes o meu senhor
estivesse diante do profeta que *está* em Samaria;
ele o restauraria da sua lepra.

⁴Então foi *Naamã* e notificou ao seu senhor, dizendo: Assim e assim falou a menina que *é* da terra de Israel.

⁵Então disse o rei da Síria: Vai, anda, e enviarei
uma carta ao rei de Israel. E foi, e tomou na sua
mão dez talentos de prata, seis mil *siclos* de ouro
e dez mudas de roupas.

⁶E levou a carta ao rei de Israel, dizendo: Logo,
em chegando a ti esta carta, saibas que eu te enviei
Naamã, meu servo, para que o cures da sua lepra.

⁷E sucedeu que, lendo o rei de Israel a carta,
rasgou as suas vestes, e disse: *Sou* eu Deus, para
matar e para vivificar, para que este envie a mim
um homem, para que eu o cure da sua lepra? Pelo que deveras notai, peço-vos, e vede que busca
ocasião contra mim.

⁸Sucedeu, porém, que, ouvindo Eliseu, homem
de Deus, que o rei de Israel rasgara as suas vestes, mandou dizer ao rei: Por que rasgaste as tuas
vestes? Deixa-o vir a mim, e saberá que há profeta em Israel.

⁹Veio, pois, Naamã com os seus cavalos, e com o
seu carro, e parou à porta da casa de Eliseu.

¹⁰Então Eliseu lhe mandou um mensageiro, dizendo: Vai, e lava-te sete vezes no Jordão, e a tua
carne será curada e ficarás purificado.

¹¹Porém, Naamã muito se indignou, e se foi, dizendo: Eis que eu dizia comigo: Certamente ele
sairá, pôr-se-á em pé, invocará o nome do Senhor
seu Deus, e passará a sua mão sobre o lugar, e restaurará o leproso.

¹²Não *são porventura* Abana e Farpar, rios de Da-
masco, melhores do que todas as águas de Israel?
Não me poderia eu lavar neles, e ficar purificado?
E voltou-se, e se foi com indignação.

¹³Então chegaram-se a ele os seus servos, e lhe
falaram, e disseram: Meu pai, *se* o profeta te dissesse *alguma* grande coisa, *porventura* não a farias? Quanto mais, dizendo-te ele: Lava-te, e ficarás purificado.

¹⁴Então desceu, e mergulhou no Jordão sete vezes, conforme a palavra do homem de Deus; e a
sua carne tornou-se como a carne de um menino,
e ficou purificado.

¹⁵Então voltou ao homem de Deus, ele e toda
a sua comitiva, e chegando, pôs-se diante dele, e
disse: Eis que agora sei que em toda a terra não

há Deus senão em Israel; agora, pois, peço-te que aceites *uma* bênção do teu servo.

¹⁶Porém ele disse: Vive o SENHOR, em cuja presença estou, que não a aceitarei. E instou com ele para que a aceitasse, mas ele recusou.

¹⁷E disse Naamã: Se não queres, dê-se a *este* teu servo uma carga de terra que *baste para carregar* duas mulas; porque nunca mais oferecerá este teu servo holocausto nem sacrifício a outros deuses, senão ao SENHOR.

¹⁸Nisto perdoe o SENHOR a teu servo; quando meu senhor entrar na casa de Rimom para ali adorar, e ele se encostar na minha mão, e eu *também* tenha de me encurvar na casa de Rimom; quando *assim* me encurvar na casa de Rimom, nisto perdoe o SENHOR a teu servo.

¹⁹E ele lhe disse: Vai em paz. E foi dele a uma pequena distância.

Geazi é atacado de lepra

²⁰Então Geazi, servo de Eliseu, homem de Deus, disse: Eis que meu senhor poupou a este sírio Naamã, não recebendo da sua mão alguma coisa *do* que trazia; *porém,* vive o SENHOR que hei de correr atrás dele, e receber dele alguma coisa.

²¹E foi Geazi a alcançar Naamã; e Naamã, vendo que corria atrás dele, desceu do carro a encontrá-lo, e disse-*lhe:* Vai *tudo* bem?

²²E ele disse: Tudo vai bem; meu senhor me mandou dizer: Eis que agora mesmo vieram a mim dois jovens dos filhos dos profetas da montanha de Efraim; dá-lhes, pois, um talento de prata e duas mudas de roupas.

²³E disse Naamã: Sê servido tomar dois talentos. E instou com ele, e amarrou dois talentos de prata em dois sacos, com duas mudas de roupas; e pô-los sobre dois dos seus servos, os quais *os* levaram diante dele.

²⁴E, chegando ele a certa altura, tomou-os das suas mãos, e *os* depositou na casa; e despediu aqueles homens, e foram-se.

²⁵Então ele entrou, e pôs-se diante de seu senhor. E disse-lhe Eliseu: Donde *vens,* Geazi? E disse: Teu servo não foi nem a uma nem a outra parte.

²⁶Porém ele lhe disse: *Porventura* não foi *contigo* o meu coração, quando aquele homem voltou do seu carro a encontrar-te? *Era* a ocasião para receberes prata, e para tomares roupas, olivais e vinhas, ovelhas e bois, servos e servas?

²⁷Portanto a lepra de Naamã se pegará a ti e à tua descendência para sempre. Então saiu de diante dele leproso, *branco* como a neve.

O ferro de um machado é feito flutuar

6 E DISSERAM os filhos dos profetas a Eliseu: Eis que o lugar em que habitamos diante da tua face, nos é estreito.

²Vamos, pois, até ao Jordão e tomemos de lá, cada um de nós, uma viga, e façamo-nos ali um lugar para habitar. E disse *ele:* Ide.

³E disse um: Serve-te de ires com os teus servos. E disse: Eu irei.

⁴E foi com eles; e, chegando eles ao Jordão, cortaram madeira.

⁵E sucedeu que, derrubando um *deles* uma viga, o ferro caiu na água; e clamou, e disse: Ai, meu senhor! Ele era emprestado.

⁶E disse o homem de Deus: Onde caiu? E mostrando-lhe *ele* o lugar, cortou *um* pau, e *o* lançou ali, e fez flutuar o ferro.

⁷E disse: Levanta-o. Então ele estendeu a sua mão e o tomou.

Eliseu revela os conselhos do rei da Síria

⁸E o rei da Síria fazia guerra a Israel; e consultou com os seus servos, dizendo: Em tal e tal lugar *estará* o meu acampamento.

⁹Mas o homem de Deus enviou ao rei de Israel, dizendo: Guarda-te de passares por tal lugar; porque os sírios desceram ali.

¹⁰Por isso o rei de Israel enviou àquele lugar, de que o homem de Deus lhe dissera, e *de que* o tinha avisado, e se guardou ali, não uma nem duas vezes.

¹¹Então se turbou com este incidente o coração do rei da Síria, chamou os seus servos, e lhes disse: Não me fareis saber quem dos nossos *é* pelo rei de Israel?

¹²E disse um dos servos: Não, ó rei meu senhor; mas o profeta Eliseu, que *está* em Israel, faz saber ao rei de Israel as palavras que tu falas no teu quarto de dormir.

¹³E ele disse: Vai, e vê onde *ele* está, para que envie, e mande trazê-lo. E fizeram-lhe saber, dizendo: Eis que *está* em Dotã.

¹⁴Então enviou para lá cavalos, e carros, e um grande exército, os quais chegaram de noite, e cercaram a cidade.

¹⁵E o servo do homem de Deus se levantou muito cedo e saiu, e eis que um exército tinha cercado a cidade com cavalos e carros; então o seu servo lhe disse: Ai, meu senhor! Que faremos?

¹⁶E ele disse: Não temas; porque mais são os que estão conosco do que os que *estão* com eles.

¹⁷E orou Eliseu, e disse: SENHOR, peço-te que lhe abras os olhos, para que veja. E o SENHOR abriu os olhos do moço, e viu; e eis que o monte *estava* cheio de cavalos e carros de fogo, em redor de Eliseu.

¹⁸E, como desceram a ele, Eliseu orou ao SENHOR e disse: Fere, peço-te, esta gente de cegueira. E feriu-a de cegueira, conforme a palavra de Eliseu.

¹⁹Então Eliseu lhes disse: Não é este o caminho, nem é esta a cidade; segui-me, e guiar-vos-ei ao homem que buscais. E os guiou a Samaria.

²⁰E sucedeu que, chegando eles a Samaria, disse Eliseu: Ó SENHOR, abre a estes os olhos para que vejam. O SENHOR lhes abriu os olhos, para que vissem, e eis que *estavam* no meio de Samaria.

²¹E, quando o rei de Israel os viu, disse a Eliseu: Feri-los-ei, feri-los-ei, meu pai?

²²Mas ele disse: Não *os* ferirás; feririas tu os que

2 REIS 6.23 — 276

tomasses prisioneiros com a tua espada e com o teu arco? Põe-lhes diante pão e água, para que comam e bebam, e se vão para seu senhor.

²³E apresentou-lhes um grande banquete, e comeram e beberam; e os despediu e foram para seu senhor; e não entraram mais tropas de sírios na terra de Israel.

Samaria é cercada

²⁴E sucedeu, depois disto, que Ben-Hadade, rei da Síria, ajuntou todo o seu exército; e subiu e cercou a Samaria.

²⁵E houve grande fome em Samaria, porque eis que a cercaram, até que se vendeu uma cabeça de um jumento por oitenta peças de prata, e a quarta parte de um cabo de esterco de pombas por cinco *peças* de prata.

²⁶E sucedeu que, passando o rei pelo muro, uma mulher lhe bradou, dizendo: Acode-*me,* ó rei meu senhor.

²⁷E ele lhe disse: *Se* o Senhor te não acode, donde te acudirei *eu?* Da eira ou do lagar?

²⁸Disse-lhe mais o rei: Que tens? E disse ela: Esta mulher me disse: Dá *cá* o teu filho, para que hoje o comamos, e amanhã comeremos o meu filho.

²⁹Cozemos, pois, o meu filho, e o comemos; mas dizendo-lhe eu ao outro dia: Dá *cá* o teu filho, para que o comamos; escondeu o seu filho.

³⁰E sucedeu que, ouvindo o rei as palavras desta mulher, rasgou as suas vestes, e ia passando pelo muro; e o povo viu que *o rei trazia* cilício por dentro, sobre a sua carne,

³¹E disse: Assim me faça Deus, e outro tanto, se a cabeça de Eliseu, filho de Safate, hoje ficar sobre ele.

³²Estava então Eliseu assentado em sua casa, e *também* os anciãos estavam assentados com ele. E enviou o rei um homem adiante de si; mas, antes que o mensageiro viesse a ele, disse ele aos anciãos: Vistes como o filho do homicida mandou tirar-me a cabeça? Olhai *pois que,* quando vier o mensageiro, fechai-lhe a porta, e empurrai-o para *fora* com a porta; *porventura* não *vem,* após ele, o ruído dos pés de seu senhor?

³³E, estando ele ainda falando com eles, eis que o mensageiro descia a ele; e disse: Eis que este mal *vem* do Senhor, que mais, *pois,* esperaria do Senhor?

Eliseu prediz a abundância de víveres

7 ENTÃO disse Eliseu: Ouvi a palavra do Senhor; assim diz o Senhor: Amanhã, quase a este tempo, *haverá* uma medida de farinha por um siclo, e duas medidas de cevada por um siclo, à porta de Samaria.

²Porém um senhor, em cuja mão o rei se encostava, respondeu ao homem de Deus e disse: Eis que ainda que o Senhor fizesse janelas no céu, poder-se-ia fazer isso? E ele disse: Eis que *o* verás com os teus olhos, porém disso não comerás.

³E quatro homens leprosos estavam à entrada da porta, os quais disseram uns aos outros: Para que estaremos nós aqui até morrermos?

⁴Se dissermos: Entremos na cidade, há fome na cidade, e morreremos aí; e se ficarmos aqui, também morreremos. Vamos nós, pois, agora, e passemos para o arraial dos sírios; se nos deixarem viver, viveremos, e se nos matarem, tão somente morreremos.

⁵E levantaram-se ao crepúsculo, para irem ao arraial dos sírios; e, chegando à entrada do arraial dos sírios, eis que não *havia* ali ninguém.

⁶Porque o Senhor fizera ouvir no arraial dos sírios ruído de carros e ruído de cavalos, *como* o ruído de um grande exército; de maneira que disseram uns aos outros: Eis que o rei de Israel alugou contra nós os reis dos heteus e os reis dos egípcios, para virem contra nós.

⁷Por isso se levantaram, e fugiram no crepúsculo, e deixaram as suas tendas, os seus cavalos, os seus jumentos *e* o arraial como estava; e fugiram para *salvarem* a sua vida.

⁸Chegando, pois, estes leprosos à entrada do arraial, entraram numa tenda, e comeram, beberam e tomaram dali prata, ouro e roupas, e foram e *os* esconderam; então voltaram, e entraram em outra tenda, *e* dali também tomaram *alguma coisa,* e foram, e *a* esconderam.

⁹Então disseram uns para os outros: Não fazemos bem; este dia *é* dia de boas novas, e nos calamos; se esperarmos até à luz da manhã, algum mal nos sobrevirá; por isso agora vamos, e o anunciaremos à casa do rei.

¹⁰Vieram, pois, e bradaram aos porteiros da cidade, e lhes anunciaram, dizendo: Fomos ao arraial dos sírios e eis que lá não *havia* ninguém, nem voz de homem, porém só cavalos atados, jumentos atados, e as tendas como estavam.

¹¹E chamaram os porteiros, e o anunciaram dentro da casa do rei.

¹²E o rei se levantou de noite, e disse a seus servos: Agora vos farei saber o que é que os sírios nos fizeram; *bem* sabem eles que esfaimados *estamos* pelo que saíram do arraial, a esconder-se pelo campo, dizendo: Quando saírem da cidade, então os tomaremos vivos, e entraremos na cidade.

¹³Então um dos seus servos respondeu e disse: Tomem-se, pois, cinco dos cavalos que restam aqui *dentro* (eis que *são* como toda a multidão dos israelitas que ficaram aqui; e eis que *são* como toda a multidão dos israelitas que *já* pereceram) e enviemo-los, e vejamos.

¹⁴Tomaram, pois, dois cavalos de carro; e o rei os enviou *com mensageiros* após o exército dos sírios, dizendo: Ide, e vede.

¹⁵E foram após eles até ao Jordão, e eis que todo o caminho *estava* cheio de roupas e de aviamentos que os sírios, apressando-se, lançaram fora; e voltaram os mensageiros e o anunciaram ao rei.

¹⁶Então saiu o povo, e saqueou o arraial dos sírios; e havia uma medida de farinha por um siclo

duas medidas de cevada por um siclo, conforme a palavra do Senhor.

[17] E pusera o rei à porta o senhor em cuja mão se ncostava; e o povo o atropelou na porta, e morreu, como falara o homem de Deus, o que falou quando o rei descera a ele.

[18] Porque *assim* sucedeu como o homem de Deus alara ao rei dizendo: Amanhã, quase a este tempo, haverá duas medidas de cevada por um siclo, uma medida de farinha por um siclo, à porta de amaria.

[19] E aquele senhor respondeu ao homem de Deus, e disse: Eis que ainda que o Senhor fizesse janelas no céu poderia isso suceder? E ele disse: Eis que o verás com os teus olhos, porém da-não comerás.

[20] E assim lhe sucedeu, porque o povo o atropelou à porta, e morreu.

A sunamita volta para a sua terra

E FALOU Eliseu àquela mulher cujo filho ele ressuscitara, dizendo: Levanta-te e vai, tu e a ua família, e peregrina onde puderes peregrinar; orque o Senhor chamou a fome, a qual também irá à terra *por* sete anos.

[2] E levantou-se a mulher, e fez conforme a palavra do homem de Deus; porque foi ela com a sua família, e peregrinou na terra dos filisteus sete anos.

[3] E sucedeu que, ao fim dos sete anos, a mulher oltou da terra dos filisteus, e saiu a clamar ao rei ela sua casa e pelas suas terras.

[4] Ora o rei falava a Geazi, servo do homem de Deus, dizendo: Conta-me, peço-te, todas as gran-es obras que Eliseu tem feito.

[5] E sucedeu que, contando ele ao rei como res-uscitara a um morto, eis que a mulher cujo filho essuscitara clamou ao rei pela sua casa e pelas uas terras. Então disse Geazi: Ó rei meu senhor, sta *é* a mulher, e este o seu filho a quem Eliseu essuscitou.

[6] E o rei perguntou à mulher, e ela lho contou. Então o rei lhe deu um oficial, dizendo: Faze-*lhe* estituir tudo quanto *era* seu, e todas as rendas das erras desde o dia em que deixou a terra até agora.

Hazael mata a Ben-Hadade

[7] Depois veio Eliseu a Damasco, estando Ben-Ha-ade, rei da Síria, doente; e lho anunciaram, dizen-o: O homem de Deus é chegado aqui.

[8] Então o rei disse a Hazael: Toma *um* presente a tua mão, e vai a encontrar-te com o homem de Deus; e pergunta por ele ao Senhor, dizendo: Hei e sarar desta doença?

[9] Foi, pois, Hazael a encontrar-se com ele, e to-nou *um* presente na sua mão, a saber: *de* tudo o ue de bom *havia* em Damasco, quarenta came-s carregados; e veio, e se pôs diante dele e disse: eu filho Ben-Hadade, rei da Síria, me enviou a ti, dizer: Sararei eu desta doença?

[10] E Eliseu lhe disse: Vai, e dize-lhe: Certamente iverás. Porém, o Senhor me tem mostrado que ertamente morrerá.

[11] E afirmou a sua vista, e fitou *os olhos* nele até se envergonhar; e o homem de Deus chorou.

[12] Então disse Hazael: Por que chora o meu senhor? E ele disse: Porque sei o mal que hás de fazer aos filhos de Israel; porás fogo às suas fortalezas, e os seus jovens matarás à espada, e os seus meninos despedaçarás, e as suas mulheres grávidas fenderás.

[13] E disse Hazael: Pois, que é teu servo, que não é mais do que um cão, para fazer tão grande coisa? E disse Eliseu: O Senhor me tem mostrado que tu *hás de ser* rei da Síria.

[14] Então partiu de Eliseu, e foi a seu senhor, o qual lhe disse: Que te disse Eliseu? E disse ele: Disse-me *que* certamente viverás.

[15] E sucedeu que no outro dia tomou um cobertor e o molhou na água, e o estendeu sobre o seu rosto, e morreu; e Hazael reinou em seu lugar.

O reinado de Jeorão

[16] E no ano quinto de Jorão, filho de Acabe, rei de Israel, reinando *ainda* Jeosafá em Judá, começou a reinar Jeorão, filho de Jeosafá, rei de Judá.

[17] Era ele da idade de trinta e dois anos quando começou a reinar, e oito anos reinou em Jerusalém.

[18] E andou no caminho dos reis de Israel, como *também* fizeram os da casa de Acabe, porque tinha por mulher a filha de Acabe, e fez o *que era* mal aos olhos do Senhor.

[19] Porém o Senhor não quis destruir a Judá por amor de Davi, seu servo, como lhe tinha falado que lhe daria, para sempre, uma lâmpada, a ele e a seus filhos.

[20] Nos seus dias se rebelaram os edomitas, contra o mando de Judá, e puseram sobre si *um* rei.

[21] Por isso Jeorão passou a Zair, e todos os carros com ele; e ele se levantou de noite, e feriu os edomitas que estavam ao redor dele, e os capitães dos carros; e o povo foi para as suas tendas.

[22] Todavia os edomitas ficaram rebeldes, contra o mando de Judá, até *ao dia de* hoje; então, no mesmo tempo, Libna *também* se rebelou.

[23] O mais dos atos de Jeorão, e tudo quanto fez, *porventura* não está escrito no livro das crônicas dos reis de Judá?

[24] E Jeorão dormiu com seus pais, e foi sepultado com seus pais na cidade de Davi; e Acazias, seu filho, reinou em seu lugar.

O reinado de Acazias

[25] No ano doze de Jorão, filho de Acabe, rei de Israel, começou a reinar Acazias, filho de Jeorão, rei de Judá.

[26] *Era* Acazias de vinte e dois anos de idade quando começou a reinar, e reinou um ano em Jerusalém; e *era* o nome de sua mãe Atalia, filha de Onri, rei de Israel.

[27] E andou no caminho da casa de Acabe, e fez o *que era* mal aos olhos do Senhor, como a casa de Acabe, porque *era* genro da casa de Acabe.

[28] E foi com Jorão, filho de Acabe, a Ramote de

Gileade, à peleja contra Hazael, rei da Síria; e os sírios feriram a Jorão.

²⁹Então voltou o rei Jorão para se curar, em Jizreel, das feridas que os sírios lhe fizeram em Ramá, quando pelejou contra Hazael, rei da Síria; e desceu Acazias, filho de Jeorão, rei de Judá, para ver a Jorão, filho de Acabe, em Jizreel, porquanto estava doente.

Jeú é ungido rei de Israel

9 ENTÃO o profeta Eliseu chamou um dos filhos dos profetas, e lhe disse: Cinge os teus lombos; e toma este vaso de azeite na tua mão, e vai a Ramote de Gileade;

²E, chegando lá, vê onde está Jeú, filho de Jeosafá, filho de Ninsi; entra, e faze que ele se levante do meio de seus irmãos, e leva-o à câmara interior.

³E toma o vaso de azeite, e derrama-o sobre a sua cabeça, e dize: Assim diz o SENHOR: Ungi-te rei sobre Israel. Então abre a porta, foge, e não te detenhas.

⁴Foi, pois, o moço, o jovem profeta, a Ramote de Gileade.

⁵E, entrando ele, eis que os capitães do exército *estavam* assentados ali; e disse: Capitão, tenho *uma* palavra que te dizer. E disse Jeú: A qual de todos nós? E disse: A ti, capitão!

⁶Então se levantou, entrou na casa, e derramou o azeite sobre a sua cabeça, e disse: Assim diz o SENHOR Deus de Israel: Ungi-te rei sobre o povo do SENHOR, sobre Israel.

⁷E ferirás a casa de Acabe, teu senhor, para que eu vingue o sangue de meus servos, os profetas, e o sangue de todos os servos do SENHOR, da mão de Jezabel.

⁸E toda a casa de Acabe perecerá; destruirei de Acabe todo o homem, tanto o encerrado como o absolvido em Israel.

⁹Porque à casa de Acabe hei de fazer como à casa de Jeroboão, filho de Nebate, e como à casa de Baasa, filho de Aías.

¹⁰E os cães comerão a Jezabel no pedaço de campo de Jizreel; não *haverá* quem *a* enterre. Então abriu a porta e fugiu.

¹¹E, saindo Jeú aos servos de seu senhor, disseram-lhe: Vai tudo bem? Por que veio a ti este louco? E ele lhes disse: Bem conheceis o homem e o seu falar.

¹²Mas *eles* disseram: É mentira; agora faze-nos saber. E disse: Assim e assim me falou, a saber: Assim diz o SENHOR: Ungi-te rei sobre Israel.

¹³Então se apressaram, tomando cada um a sua roupa puseram debaixo dele, no mais alto degrau; e tocaram a trombeta e disseram: Jeú reina!

¹⁴Assim Jeú, filho de Jeosafá, filho de Ninsi, conspirou contra Jorão. Tinha, porém, Jorão cercado a Ramote de Gileade, ele e todo o Israel, por causa de Hazael, rei da Síria.

¹⁵Porém o rei Jorão voltou para se curar em Jizreel das feridas que os sírios lhe fizeram, quando pelejou contra Hazael, rei da Síria. E disse Jeú: Se

é da vossa vontade, ninguém saia da cidade, nem escape, para ir denunciar *isto* em Jizreel.

¹⁶Então Jeú subiu a um carro, e foi a Jizreel, por que Jorão estava deitado ali; e *também* Acazias, re de Judá, descera para ver a Jorão.

¹⁷E o atalaia estava na torre de Jizreel, e viu tropa de Jeú, que vinha, e disse: Vejo uma tropa Então disse Jorão: Toma um cavaleiro, e envia-lh ao encontro; e diga: Há paz?

¹⁸E o cavaleiro lhe foi ao encontro, e disse: Assir diz o rei: Há paz? E disse Jeú: Que tens tu que fa zer com a paz? Passa-te para trás de mim. E o ata laia o fez saber, dizendo: Chegou a eles o mensa geiro, porém não volta.

¹⁹Então enviou outro cavaleiro; e, chegando es te a eles, disse: Assim diz o rei: Há paz? E diss Jeú: Que tens tu que fazer com a paz? Passa-te pa ra trás de mim.

²⁰E o atalaia o fez saber, dizendo: *Também* es te chegou a eles, porém não volta; e o andar pare ce como o andar de Jeú, filho de Ninsi, porque ar da furiosamente.

²¹Então disse Jorão: Aparelha o carro. E apare lharam o seu carro. E saiu Jorão, rei de Israel, Acazias, rei de Judá, cada um em seu carro, e sa ram ao encontro de Jeú, e o acharam no pedaço *o campo* de Nabote, o jizreelita.

²²E sucedeu que, vendo Jorão a Jeú, disse: H paz, Jeú? E disse ele: Que paz, enquanto as pros tituições da tua mãe Jezabel e as suas feitiçaria *são* tantas?

²³Então Jorão voltou as mãos e fugiu; e disse Acazias: Traição *há*, Acazias.

Jeú mata Jorão e Jezabel

²⁴Mas Jeú entesou o seu arco com toda a força e feriu a Jorão entre os braços, e a flecha lhe sai pelo coração; e ele caiu no seu carro.

²⁵Então Jeú disse a Bidcar, seu capitão: Toma-c lança-o no pedaço do campo de Nabote, o jizree lita; porque, lembra-te de que, indo eu e tu junto a cavalo após seu pai, Acabe, o SENHOR pôs sob ele esta sentença, *dizendo:*

²⁶Por certo vi ontem, à tarde, o sangue de Nabc te e o sangue de seus filhos, diz o SENHOR; e nest mesmo *campo* te retribuirei, diz o SENHOR. Agc ra, pois, toma-o e lança-o neste *campo*, conform a palavra do SENHOR.

²⁷O que vendo Acazias, rei de Judá, fugiu pelo ca minho da casa do jardim; porém Jeú o persegui dizendo: Feri também a este; e *o feriram* no carr à subida de Gur, que *está* junto a Ibleão. E fugiu Megido, e morreu ali.

²⁸E seus servos o levaram num carro a Jerusa lém, e o sepultaram na sua sepultura junto a seu pais, na cidade de Davi.

²⁹(E no ano undécimo de Jorão, filho de Acab começou Acazias a reinar sobre Judá).

³⁰Depois Jeú veio a Jizreel, o que ouvindo Jeza bel, pintou-se em volta dos olhos, enfeitou a su cabeça, e olhou pela janela.

³¹E, entrando Jeú pelas portas, disse ela: Teve paz Zinri, que matou a seu senhor?

³²E levantou ele o rosto para a janela e disse: Quem *é* comigo? Quem? E dois ou três eunucos olharam para ele.

³³Então disse ele: Lançai-a *daí* abaixo. E lançaram-na abaixo; e foram salpicados com o seu sangue a parede e os cavalos, e *Jeú* a atropelou.

³⁴Entrando ele e havendo comido e bebido, disse: Olhai por aquela maldita, e sepultai-a, porque *é* filha de rei.

³⁵E foram para a sepultar; porém não acharam dela senão *somente* a caveira, os pés e as palmas das mãos.

³⁶Então voltaram, e lho fizeram saber; e ele disse: Esta *é* a palavra do SENHOR, a qual falou pelo ministério de Elias, o tisbita, seu servo, dizendo: No pedaço *do campo* de Jizreel os cães comerão a carne de Jezabel.

³⁷E o cadáver de Jezabel será como esterco sobre a face do campo, na herdade de Jizreel; de modo que não se possa dizer: Esta *é* Jezabel.

Jeú extermina a casa de Acabe

10 E ACABE tinha setenta filhos em Samaria. Jeú escreveu cartas, e *as* enviou a Samaria, aos chefes de Jizreel, aos anciãos e aos tutores dos filhos de Acabe, dizendo:

²Logo, em chegando a vós esta carta, pois estão convosco os filhos de vosso senhor, como também os carros, os cavalos, a cidade fortalecida e as armas,

³Olhai pelo melhor e mais reto dos filhos de vosso senhor, o qual ponde sobre o trono de seu pai, e pelejai pela casa de vosso senhor.

⁴Porém eles temeram muitíssimo, e disseram: Eis que dois reis não *puderam* resistir a ele; como, pois, poderemos nós resistir-lhe?

⁵Então o que tinha cargo da casa, e o que tinha cargo da cidade, os anciãos e os tutores mandaram dizer a Jeú: Teus servos somos, e tudo quanto nos disseres faremos; a ninguém constituiremos rei; faze o *que parecer* bom aos teus olhos.

⁶Então segunda vez lhes escreveu outra carta, dizendo: Se fordes meus, e ouvirdes a minha voz, tomai as cabeças dos homens, filhos de vosso senhor, e vinde a mim amanhã, a este tempo, a Jizreel (os filhos do rei, setenta homens, *estavam* com os grandes da cidade, que os mantinham).

⁷Sucedeu que, chegada a eles a carta, tomaram os filhos do rei, e os mataram, setenta homens e puseram as suas cabeças nuns cestos, e lhas mandaram a Jizreel.

⁸E um mensageiro veio, e lhe anunciou dizendo: Trouxeram as cabeças dos filhos do rei. E ele disse: Ponde-as em dois montões à entrada da porta, até amanhã.

⁹E sucedeu que, pela manhã, saindo ele, parou, e disse a todo o povo: Vós *sois* justos; eis que eu conspirei contra o meu senhor, e o matei; mas quem feriu a todos estes?

¹⁰Sabei, *pois,* agora que, da palavra do SENHOR que o SENHOR falou contra a casa de Acabe, nada cairá em terra, porque o SENHOR tem feito o que falou pelo ministério de seu servo Elias.

¹¹Também Jeú feriu a todos os restantes da casa de Acabe em Jizreel, como também a todos os seus grandes, os seus conhecidos e seus sacerdotes, até não deixar nenhum restante.

¹²Então se levantou e partiu, e foi a Samaria. E, estando no caminho, em Bete-Equede dos pastores,

¹³Jeú achou os irmãos de Acazias, rei de Judá, e disse: Quem *sois* vós? E eles disseram: Os irmãos de Acazias *somos;* e descemos a saudar os filhos do rei e os filhos da rainha.

¹⁴Então disse ele: Apanhai-os vivos. E eles os apanharam vivos, e os mataram junto ao poço de Bete-Equede, quarenta e dois homens; e a nenhum deles deixou ficar.

¹⁵E, partindo dali, encontrou a Jonadabe, filho de Recabe, *que* lhe *vinha* ao encontro, o qual saudou e lhe disse: Reto é o teu coração para comigo, como o meu o é para contigo? E disse Jonadabe: É. Então, se é, dá-me a mão. E deu-lhe a mão, e Jeú fê-lo subir consigo ao carro.

¹⁶E disse: Vai comigo, e verás o meu zelo para com o SENHOR. E o puseram no seu carro.

¹⁷E, chegando a Samaria, feriu a todos os que ficaram de Acabe em Samaria, até que os destruiu, conforme a palavra que o SENHOR dissera a Elias.

Jeú mata os servos de Baal

¹⁸E ajuntou Jeú a todo o povo, e disse-lhe: Pouco serviu Acabe a Baal; Jeú, *porém,* muito o servirá.

¹⁹Por isso chamai-me agora todos os profetas de Baal, todos os seus servos e todos os seus sacerdotes; não falte nenhum, porque tenho *um* grande sacrifício a Baal; todo aquele que faltar não viverá. Porém Jeú fazia *isto* com astúcia, para destruir os servos de Baal.

²⁰Disse mais Jeú: Consagrai a Baal uma assembleia solene. E a apregoaram.

²¹Também Jeú enviou por todo o Israel; e vieram todos os servos de Baal, e nenhum homem *deles* ficou que não viesse; e entraram na casa de Baal, e encheu-se a casa de Baal, de um lado ao outro.

²²Então disse ao que tinha cargo das vestimentas: Tira as vestimentas para todos os servos de Baal. E ele lhes tirou para fora as vestimentas.

²³E entrou Jeú com Jonadabe, filho de Recabe, na casa de Baal, e disse aos servos de Baal: Examinai, e vede *bem,* que porventura nenhum dos servos do SENHOR aqui haja convosco, senão somente os servos de Baal.

²⁴E, entrando *eles* a fazerem sacrifícios e holocaustos, Jeú preparou da parte de fora oitenta homens, e disse-*lhes:* Se escapar algum dos homens que eu entregar em vossas mãos, a vossa vida se-*rá* pela vida dele.

²⁵E sucedeu que, acabando de fazer o holocausto, disse Jeú aos da sua guarda e aos capitães: Entrai, feri-os, não escape nenhum. E os feriram ao

2 REIS 10.26

fio da espada; e os da guarda e os capitães *os* lançaram fora, e foram à cidade da casa de Baal.

²⁶E tiraram as estátuas da casa de Baal, e as queimaram.

²⁷Também quebraram a estátua de Baal; e derrubaram a casa de Baal, e fizeram dela latrinas, até ao *dia de* hoje.

²⁸E *assim* Jeú destruiu a Baal de Israel.

²⁹Porém não se apartou Jeú de seguir os pecados de Jeroboão, filho de Nebate, com que fez pecar a Israel, *a saber:* dos bezerros de ouro, que *estavam* em Betel e em Dã.

³⁰Por isso disse o SENHOR a Jeú: Porquanto bem agiste em fazer o *que é* reto aos meus olhos *e,* conforme tudo quanto *eu tinha* no meu coração, fizeste à casa de Acabe, teus filhos, até à quarta *geração,* se assentarão no trono de Israel.

³¹Mas Jeú não teve cuidado de andar com todo o seu coração na lei do SENHOR Deus de Israel, nem se apartou dos pecados de Jeroboão, com que fez pecar a Israel.

³²Naqueles dias começou o SENHOR a diminuir *os termos* de Israel; porque Hazael os feriu em todas as fronteiras de Israel.

³³Desde o Jordão até ao nascente do sol, a toda a terra de Gileade; os gaditas, os rubenitas e os manassitas, desde Aroer, que *está* junto ao ribeiro de Arnom, *a saber,* Gileade e Basã.

³⁴Ora o mais dos atos de Jeú, tudo quanto fez e todo o seu poder, *porventura* não *está* escrito no livro das crônicas dos reis de Israel?

³⁵E Jeú dormiu com seus pais, e o sepultaram em Samaria; e Jeoacaz, seu filho, reinou em seu lugar.

³⁶E os dias que Jeú reinou sobre Israel, em Samaria, *foram* vinte e oito anos.

Atalia manda matar a família real

11VENDO, pois, Atalia, mãe de Acazias, que seu filho era morto, levantou-se, e destruiu toda a descendência real.

²Mas Jeoseba, filha do rei Jorão, irmã de Acazias, tomou a Joás, filho de Acazias, furtando-o dentre os filhos do rei, aos quais matavam, *e o pôs,* a ele e à sua ama na recâmara, e o escondeu de Atalia, e *assim* não o mataram.

³E esteve com ela escondido na casa do SENHOR seis anos; e Atalia reinava sobre o país.

Joás escapa e é ungido rei

⁴E no sétimo ano enviou Joiada, e tomou os centuriões, com os capitães, e com os da guarda, e os colocou consigo na casa do SENHOR; e fez com eles uma aliança e ajuramentou-os na casa do SENHOR; e mostrou-lhes o filho do rei.

⁵E deu-lhes ordem, dizendo: Isto *é* o que haveis de fazer: Uma terça parte de vós, que entrais no sábado, fará a guarda da casa do rei.

⁶E *outra* terça parte *estará* à porta *de* Sur; e a *outra* terça parte à porta detrás dos da guarda; assim fareis a guarda desta casa, afastando *a todos.*

⁷E as duas partes de vós, *a saber,* todos os que saem no sábado, farão a guarda da casa do SENHOR junto ao rei.

⁸E rodeareis o rei, cada um com as suas armas na mão, e aquele que entrar entre as fileiras o matarão; e vós estareis com o rei quando sair e quando entrar.

⁹Fizeram, pois, os centuriões conforme tudo quanto ordenara o sacerdote Joiada, tomando cada um os seus homens, tanto os que entravam no sábado como os que saíam no sábado; e foram ao sacerdote Joiada.

¹⁰E o sacerdote deu aos centuriões as lanças e os escudos que haviam sido do rei Davi, que *estavam* na casa do SENHOR.

¹¹E os da guarda se puseram, cada um com as armas na mão, desde o lado direito da casa até ao lado esquerdo da casa, do lado do altar, e do lado da casa, em redor do rei.

¹²Então Joiada fez sair o filho do rei, e lhe pôs a coroa, e *lhe deu* o testemunho; e o fizeram rei, e o ungiram, e bateram as palmas, e disseram: Viva o rei!

¹³E Atalia, ouvindo a voz dos da guarda *e* do povo, foi ter com o povo, na casa do SENHOR.

¹⁴E olhou, e eis que o rei estava junto à coluna, conforme o costume, e os príncipes e os trombeteiros junto ao rei, e todo o povo da terra estava alegre e tocava as trombetas; então Atalia rasgou as suas vestes, e clamou: Traição! Traição!

¹⁵Porém o sacerdote Joiada deu ordem aos centuriões que comandavam as tropas, dizendo-lhes: Tirai-a para fora das fileiras, e a quem a seguir matai-o à espada. Porque o sacerdote disse: Não a matem na casa do SENHOR.

¹⁶E lançaram mão dela; e ela foi, pelo caminho da entrada dos cavalos, à casa do rei, e ali a mataram.

¹⁷E Joiada fez uma aliança entre o SENHOR e o rei e o povo, para que fosse o povo do SENHOR; como também entre o rei e o povo.

¹⁸Então todo o povo da terra entrou na casa de Baal, e a derrubaram, como também os seus altares, e as suas imagens, totalmente quebraram, e a Matã, sacerdote de Baal, mataram diante dos altares; então o sacerdote pôs oficiais sobre a casa do SENHOR.

¹⁹E tomou os centuriões, e os capitães, e os da guarda, e todo o povo da terra; e conduziram da casa do SENHOR, o rei, e foram, pelo caminho da porta dos da guarda, à casa do rei, e *ele* se assentou no trono dos reis.

²⁰E todo o povo da terra se alegrou, e a cidade repousou, depois que mataram a Atalia, à espada, *junto* à casa do rei,

²¹*Era* Joás da idade de sete anos quando o fizeram rei.

Joás manda reparar o templo

12NO ano sétimo de Jeú começou a reinar Joás, e quarenta anos reinou em Jerusalém; e *era* o nome de sua mãe Zíbia, de Berseba.

²E fez Joás o *que era* reto aos olhos do Senhor todos os dias em que o sacerdote Joiada o dirigia.

³Tão somente os altos não foram tirados; *porque* ainda o povo sacrificava e queimava incenso nos altos.

⁴E disse Joás aos sacerdotes: Todo o dinheiro das coisas santas que se trouxer à casa do Senhor, *a saber,* o dinheiro daquele que passa *o arrolamento,* o dinheiro de cada uma das pessoas, *segundo* a sua avaliação, *e* todo o dinheiro que trouxer cada um voluntariamente para a casa do Senhor,

⁵Os sacerdotes o recebam, cada um dos seus conhecidos; e eles *mesmos* reparem as fendas da casa, toda a fenda que se achar nela.

⁶Sucedeu, porém, que, no ano vinte e três do rei Joás, os sacerdotes *ainda* não tinham reparado as fendas da casa.

⁷Então o rei Joás chamou o sacerdote Joiada e os *mais* sacerdotes, e lhes disse: Por que não reparais as fendas da casa? Agora, pois, não tomeis *mais* dinheiro de vossos conhecidos, mas entregai-o para o *reparo* das fendas da casa.

⁸E consentiram os sacerdotes em não tomarem *mais* dinheiro do povo, e em não repararem as fendas da casa.

⁹Porém o sacerdote Joiada tomou um cofre e fez um buraco na tampa; e a pôs ao pé do altar, à mão direita dos que entravam na casa do Senhor; e os sacerdotes que guardavam a entrada da porta punham ali todo o dinheiro que se trazia à casa do Senhor.

¹⁰Sucedeu que, vendo eles que já havia muito dinheiro no cofre, o escrivão do rei subia com o sumo sacerdote, e contavam e ensacavam o dinheiro que se achava na casa do Senhor.

¹¹E o dinheiro, depois de pesado, davam nas mãos dos que faziam a obra, que tinham a seu cargo a casa do Senhor e eles o distribuíam aos carpinteiros e aos edificadores que reparavam a casa do Senhor.

¹²Como também aos pedreiros e aos cabouqueiros; e para se comprar madeira e pedras de cantaria para repararem as fendas da casa do Senhor, e para tudo quanto era necessário para reparar a casa.

¹³Todavia, do dinheiro que se trazia à casa do Senhor não se faziam *nem* taças de prata, *nem* garfos, *nem* bacias, *nem* trombetas, *nem* vaso algum de ouro ou vaso de prata para a casa do Senhor.

¹⁴Porque o davam aos que faziam a obra, e reparavam com ele a casa do Senhor.

¹⁵Também não pediam contas aos homens em cujas mãos entregavam aquele dinheiro, para o dar aos que faziam a obra, porque procediam com fidelidade.

¹⁶*Mas* o dinheiro do sacrifício por delitos, e o dinheiro por sacrifício de pecados, não se trazia à casa do Senhor; *porque* era para os sacerdotes.

¹⁷Então subiu Hazael, rei da Síria, e pelejou contra Gate, e a tomou; depois Hazael resolveu marchar contra Jerusalém.

¹⁸Porém Joás, rei de Judá, tomou todas as coisas santas que Jeosafá, Jorão e Acazias, seus pais, reis de Judá, consagraram, como também todo o ouro que se achou nos tesouros da casa do Senhor e na casa do rei e o mandou a Hazael, rei da Síria; e *então* se desviou de Jerusalém.

¹⁹Ora, o mais dos atos de Joás, e tudo quanto fez, *porventura* não *está* escrito no livro das crônicas dos reis de Judá?

²⁰E levantaram-se seus servos, e conspiraram *contra* ele ferindo-o na casa de Milo, *no caminho* que desce para Sila.

²¹Porque Jozacar, filho de Simeate, e Jozabade, filho de Somer, seus servos, o feriram, e morreu, e o sepultaram com seus pais na cidade de Davi. E Amazias, seu filho, reinou em seu lugar.

Jeoacaz e Jeoás, reis de Israel

13 NO ano vinte e três de Joás, filho de Acazias, rei de Judá, começou a reinar Jeoacaz, filho de Jeú, sobre Israel, em Samaria, e reinou dezessete anos.

²E fez o *que era* mau aos olhos do Senhor; porque seguiu os pecados de Jeroboão, filho de Nebate, que fez pecar a Israel; não se apartou deles.

³Por isso a ira do Senhor se acendeu contra Israel; e entregou-os na mão de Hazael, rei da Síria, e na mão de Ben-Hadade, filho de Hazael, todos aqueles dias.

⁴Porém Jeoacaz suplicou diante da face do Senhor; e o Senhor ouviu; porque viu a opressão de Israel, pois o rei da Síria os oprimia.

⁵E o Senhor deu um salvador a Israel, e saíram de sob as mãos dos sírios; e os filhos de Israel habitaram nas suas tendas, como no passado

⁶(Contudo não se apartaram dos pecados da casa de Jeroboão, com que fez Israel pecar; *porém* ele andou neles e também o bosque ficou em pé em Samaria).

⁷Porque não deixou a Jeoacaz, do povo, senão *só* cinquenta cavaleiros, dez carros e dez mil homens de pé, porquanto o rei da Síria os tinha destruído e os tinha feito como o pó, trilhando-*os.*

⁸Ora, o mais dos atos de Jeoacaz, e tudo quanto fez, e o seu poder, *porventura* não está escrito no livro das crônicas dos reis de Israel?

⁹E Jeoacaz dormiu com seus pais, e o sepultaram em Samaria; e Jeoás, seu filho, reinou em seu lugar.

¹⁰No ano trinta e sete de Joás, rei de Judá, começou a reinar Jeoás, filho de Jeoacaz, sobre Israel, em Samaria, *e reinou* dezesseis anos.

¹¹E fez o que era mau aos olhos do Senhor; não se apartou de nenhum dos pecados de Jeroboão, filho de Nebate, com que fez Israel pecar, *porém* andou neles.

¹²Ora, o mais dos atos de Jeoás, e tudo quanto fez, e o seu poder, com que pelejou contra Amazias, rei de Judá, *porventura* não *está* escrito no livro das crônicas dos reis de Israel?

¹³E Jeoás dormiu com seus pais, e Jeroboão se

2 REIS 13.14

282

assentou no seu trono; e Jeoás foi sepultado em Samaria, junto aos reis de Israel.

Eliseu adoece e Jeoás vem ter com ele

¹⁴E Eliseu estava doente da enfermidade de que morreu, e Jeoás, rei de Israel, desceu a ele, e chorou sobre o seu rosto, e disse: Meu pai, meu pai, o carro de Israel, e seus cavaleiros!

¹⁵E Eliseu lhe disse: Toma um arco e flechas. E tomou um arco e flechas.

¹⁶Então disse ao rei de Israel: Põe a tua mão sobre o arco. E pôs *sobre ele* a sua mão; e Eliseu pôs as suas mãos sobre as do rei.

¹⁷E disse: Abre a janela para o oriente. E abriu-a. Então disse Eliseu: Atira. E atirou; e disse: A flecha do livramento do SENHOR é a flecha do livramento contra os sírios; porque ferirás os sírios; em Afeque, até *os* consumir.

¹⁸Disse mais: Toma as flechas. E tomou-*as*. Então disse ao rei de Israel: Fere a terra. E feriu-a três vezes, e cessou.

¹⁹Então o homem de Deus se indignou muito contra ele, e disse: Cinco ou seis vezes a deverias ter ferido; então feririas os sírios até os consumir; porém agora *só* três vezes ferirás os sírios.

A morte de Eliseu

²⁰Depois morreu Eliseu, e o sepultaram. Ora, as tropas dos moabitas invadiram a terra à entrada do ano.

²¹E sucedeu *que,* enterrando eles um homem, eis que viram uma tropa, e lançaram o homem na sepultura de Eliseu; e, caindo *nela* o homem, e tocando os ossos de Eliseu, reviveu, e se levantou sobre os seus pés.

²²E Hazael, rei da Síria, oprimiu a Israel todos os dias de Jeoacaz.

²³Porém o SENHOR teve misericórdia deles, e se compadeceu deles, e tornou-se para eles por amor da sua aliança com Abraão, Isaque e Jacó, e não os quis destruir, e não os lançou ainda da sua presença.

²⁴E morreu Hazael, rei da Síria e Ben-Hadade, seu filho, reinou em seu lugar.

²⁵E Jeoás, filho de Jeoacaz, tornou a tomar as cidades das mãos de Ben-Hadade, que ele tinha tomado das mãos de Jeoacaz, seu pai, na guerra; três vezes Jeoás o feriu, e recuperou as cidades de Israel.

Amazias mata os assassinos de seu pai

14 NO segundo ano de Jeoás, filho de Jeoacaz, rei de Israel, começou a reinar Amazias, filho de Joás, rei de Judá.

²Tinha vinte e cinco anos quando começou a reinar, e vinte e nove anos reinou em Jerusalém. E era o nome de sua mãe Joadã, de Jerusalém.

³E fez o *que era* reto aos olhos do SENHOR, ainda que não como seu pai Davi; fez, *porém,* conforme tudo o que fizera Joás seu pai.

⁴Tão somente os altos não foram tirados;

porque o povo ainda sacrificava e queimava incenso nos altos.

⁵Sucedeu que, sendo já o reino confirmado na sua mão, matou os servos que tinham matado o rei, seu pai.

⁶Porém os filhos dos assassinos não matou, como está escrito no livro da lei de Moisés, no qual o SENHOR deu ordem, dizendo: Não matarão os pais por causa dos filhos, e os filhos não matarão por causa dos pais; mas cada um será morto pelo seu pecado.

⁷Este feriu a dez mil edomitas no vale do Sal, e tomou a Sela na guerra; e chamou o seu nome Jocteel, até *ao dia de* hoje.

⁸Então Amazias enviou mensageiros a Jeoás, filho de Jeoacaz, filho de Jeú, rei de Israel, dizendo: Vem, vejamo-nos face a face.

⁹Porém Jeoás, rei de Israel, enviou a Amazias, rei de Judá, dizendo: O cardo que *estava* no Líbano mandou dizer ao cedro que *estava* no Líbano: Dá tua filha por mulher a meu filho; mas os animais do campo, que estavam no Líbano, passaram e pisaram o cardo.

¹⁰Na verdade feriste os moabitas, e o teu coração se ensoberbeceu; gloria-te *disso,* e fica em tua casa; e por que te entremeterias no mal, para caíres tu, e Judá contigo?

¹¹Mas Amazias não o ouviu. E subiu Jeoás, rei de Israel, e Amazias, rei de Judá, e viram-se face a face, em Bete-Semes, que *está* em Judá.

¹²E Judá foi ferido diante de Israel, e fugiu cada um para a sua tenda.

¹³E Jeoás, rei de Israel, tomou a Amazias, rei de Judá, filho de Joás, filho de Acazias, em Bete-Semes; e veio a Jerusalém, e rompeu o muro de Jerusalém, desde a porta de Efraim até a porta da esquina, quatrocentos côvados.

¹⁴E tomou todo o ouro e a prata, e todos os vasos que se acharam na casa do SENHOR e nos tesouros da casa do rei, como também os reféns e voltou para Samaria.

¹⁵Ora, o mais dos atos de Jeoás, o que fez e o seu poder, e como pelejou contra Amazias, rei de Judá, *porventura* não *está* escrito no livro das crônicas dos reis de Israel?

¹⁶E dormiu Jeoás com seus pais, e foi sepultado em Samaria, junto aos reis de Israel; e Jeroboão, seu filho, reinou em seu lugar.

¹⁷E viveu Amazias, filho de Joás, rei de Judá, depois da morte de Jeoás, filho de Jeoacaz, rei de Israel, quinze anos.

¹⁸Ora, o mais dos atos de Amazias, *porventura* não *está* escrito no livro das crônicas dos reis de Judá?

¹⁹E conspiraram contra ele em Jerusalém, e fugiu para Laquis; porém enviaram após ele até Laquis, e o mataram ali.

²⁰E o trouxeram em cima de cavalos; e o sepultaram em Jerusalém, junto a seus pais, na cidade de Davi.

²¹E todo o povo de Judá tomou a Azarias, que *já*

era de dezesseis anos, e o fizeram rei em lugar de Amazias, seu pai.

²²Este edificou a Elate, e a restituiu a Judá, depois que o rei dormiu com seus pais.

O reinado de Jeroboão II

²³No décimo quinto ano de Amazias, filho de Joás, rei de Judá, começou a reinar em Samaria, Jeroboão, filho de Jeoás, rei de Israel, *e reinou* quarenta e um anos.

²⁴E fez o *que era* mau aos olhos do SENHOR; nunca se apartou de nenhum dos pecados de Jeroboão, filho de Nebate, com que fez pecar a Israel.

²⁵Também este restituiu os termos de Israel, desde a entrada de Hamate, até ao mar da planície; conforme a palavra do SENHOR Deus de Israel, a qual falara pelo ministério de seu servo Jonas, filho do profeta Amitai, o qual *era* de Gate-Hefer.

²⁶Porque viu o SENHOR *que* a miséria de Israel *era* muito amarga, e *que* nem havia escravo, nem absolvido, nem quem ajudasse a Israel.

²⁷E não falara o SENHOR em apagar o nome de Israel de debaixo do céu; porém os livrou por meio de Jeroboão, filho de Jeoás.

²⁸Ora, o mais dos atos de Jeroboão, tudo quanto fez, e seu poder, como pelejou, e como restituiu a Damasco e a Hamate, *pertencentes* a Judá, *sendo* rei em Israel, *porventura* não *está* escrito no livro das crônicas dos reis de Israel?

²⁹E Jeroboão dormiu com seus pais, com os reis de Israel; e Zacarias, seu filho, reinou em seu lugar.

Azarias, rei de Judá

15 NO ano vinte e sete de Jeroboão, rei de Israel, começou a reinar Azarias, filho de Amazias, rei de Judá.

²Tinha dezesseis anos quando começou a reinar, e cinquenta e dois anos reinou em Jerusalém; e *era* o nome de sua mãe Jecolias, de Jerusalém.

³E fez o *que era* reto aos olhos do SENHOR, conforme tudo o que fizera Amazias, seu pai.

⁴Tão somente os altos não foram tirados; *porque* o povo ainda sacrificava e queimava incenso nos altos.

⁵E o SENHOR feriu o rei, e ficou leproso até ao dia da sua morte; e habitou numa casa separada; porém Jotão, filho do rei, tinha o cargo da casa, julgando o povo da terra.

⁶Ora, o mais dos atos de Azarias, e tudo o que fez, *porventura* não *está* escrito no livro das crônicas dos reis de Judá?

⁷E Azarias dormiu com seus pais e o sepultaram junto a seus pais, na cidade de Davi; e Jotão, seu filho, reinou em seu lugar.

Zacarias reina seis meses

⁸No ano trinta e oito de Azarias, rei de Judá, reinou Zacarias, filho de Jeroboão, sobre Israel, em Samaria, seis meses.

⁹E fez o *que era* mau aos olhos do SENHOR, como tinham feito seus pais; nunca se apartou dos pecados de Jeroboão, filho de Nebate, com que fez pecar a Israel.

¹⁰E Salum, filho de Jabes, conspirou contra ele e feriu-o diante do povo, e matou-o; e reinou em seu lugar.

¹¹Ora, o mais dos atos de Zacarias, eis que *está* escrito no livro das crônicas dos reis de Israel.

¹²Esta *foi* a palavra do SENHOR, que ele falou a Jeú, dizendo: Teus filhos, até à quarta *geração,* se assentarão sobre o trono de Israel. E assim foi.

Salum reina em Samaria um mês

¹³Salum, filho de Jabes, começou a reinar no ano trinta e nove de Uzias, rei de Judá, e reinou um mês inteiro em Samaria.

¹⁴Porque Menaém, filho de Gadi, subiu de Tirza, e veio a Samaria; e feriu a Salum, filho de Jabes, em Samaria, e o matou, e reinou em seu lugar.

¹⁵Ora, o mais dos atos de Salum, e a conspiração que fez, eis que *está* escrito no livro das crônicas dos reis de Israel.

¹⁶Então Menaém feriu a Tifsa, e a todos os que nela *havia,* como também a seus termos desde Tirza, porque não *lha* tinham aberto; e os feriu, pois, *e* a todas as mulheres grávidas fendeu pelo meio.

Menaém reina sobre Israel

¹⁷Desde o ano trinta e nove de Azarias, rei de Judá, Menaém, filho de Gadi, começou a reinar sobre Israel, e reinou dez anos em Samaria.

¹⁸E fez o *que era* mau aos olhos do SENHOR; todos os seus dias não se apartou dos pecados de Jeroboão, filho de Nebate, com que fez pecar a Israel.

¹⁹*Então* veio Pul, rei da Assíria, contra a terra; e Menaém deu a Pul mil talentos de prata, para que este o ajudasse a firmar o reino na sua mão.

²⁰E Menaém tirou este dinheiro de Israel, de todos os poderosos e ricos, para dá-lo ao rei da Assíria, de cada homem cinquenta siclos de prata; assim voltou o rei da Assíria, e não ficou ali na terra.

²¹Ora, o mais dos atos de Menaém, e tudo quanto fez, *porventura* não *está* escrito no livro das crônicas dos reis de Israel?

²²E Menaém dormiu com seus pais; e Pecaías, seu filho, reinou em seu lugar.

Pecaías rei de Israel

²³No ano cinquenta de Azarias, rei de Judá, começou a reinar Pecaías, filho de Menaém, sobre Israel, em Samaria, e reinou dois anos.

²⁴E fez o *que era* mau aos olhos do SENHOR; nunca se apartou dos pecados de Jeroboão, filho de Nebate, com que fez pecar a Israel.

²⁵E Peca, filho de Remalias, seu capitão, conspirou contra ele, e o feriu em Samaria, no paço da casa do rei, juntamente com Argobe e com Arié, e com ele cinquenta homens dos filhos dos gileaditas; e o matou, e reinou em seu lugar.

²⁶Ora, o mais dos atos de Pecaías, e tudo quanto fez, eis que *está* escrito no livro das crônicas dos reis de Israel.

²⁷No ano cinquenta e dois de Azarias, rei de Judá, começou a reinar Peca, filho de Remalias, sobre Israel, em Samaria, e reinou vinte anos.

²⁸E fez o *que era* mau aos olhos do SENHOR;

2 REIS 15.29

nunca se apartou dos pecados de Jeroboão, filho de Nebate, com que fez pecar a Israel.

²⁹Nos dias de Peca, rei de Israel, veio Tiglate-Pileser, rei da Assíria, e tomou a Ijom, a Abel-Bete-Maaca, a Janoa, e a Quedes, a Hazor, a Gileade, e a Galileia, e a toda a terra de Naftali, e os levou à Assíria.

³⁰E Oseias, filho de Elá, conspirou contra Peca, filho de Remalias, e o feriu, e o matou, e reinou em seu lugar, no vigésimo ano de Jotão, filho de Uzias.

³¹Ora, o mais dos atos de Peca, e tudo quanto fez, eis que *está* escrito no livro das crônicas dos reis de Israel.

Jotão rei de Judá

³²No ano segundo de Peca, filho de Remalias, rei de Israel, começou a reinar Jotão, filho de Uzias, rei de Judá.

³³Tinha vinte e cinco anos de idade quando começou a reinar, e reinou dezesseis anos em Jerusalém; e *era* o nome de sua mãe Jerusa, filha de Zadoque.

³⁴E fez o *que era* reto aos olhos do Senhor; fez conforme tudo quanto fizera seu pai Uzias.

³⁵Tão somente os altos não foram tirados; *porque* o povo ainda sacrificava e queimava incenso nos altos. Este edificou a porta alta da casa do Senhor.

³⁶Ora, o mais dos atos de Jotão, e tudo quanto fez, *porventura* não *está* escrito no livro das crônicas dos reis de Judá?

³⁷Naqueles dias começou o Senhor a enviar contra Judá a Rezim, rei da Síria, e a Peca, filho de Remalias.

³⁸E Jotão dormiu com seus pais, e foi sepultado junto a seus pais, na cidade de Davi, seu pai; e Acaz, seu filho, reinou em seu lugar.

Acaz, rei de Judá

16 NO ano dezessete de Peca, filho de Remalias, começou a reinar Acaz, filho de Jotão, rei de Judá.

²Tinha Acaz vinte anos de idade quando começou a reinar, e reinou dezesseis anos em Jerusalém, e não fez o *que era* reto aos olhos do Senhor seu Deus, como Davi, seu pai.

³Porque andou no caminho dos reis de Israel, e até a seu filho fez passar pelo fogo, segundo as abominações dos gentios que o Senhor lançara fora de diante dos filhos de Israel.

⁴Também sacrificou, e queimou incenso nos altos e nos outeiros, como também debaixo de todo o arvoredo.

⁵Então subiu Rezim, rei da Síria, com Peca, filho de Remalias, rei de Israel, a Jerusalém, para pelejar; e cercaram a Acaz, porém não o puderam vencer.

⁶Naquele mesmo tempo Rezim, rei da Síria, restituiu Elate à Síria, e lançou fora de Elate os judeus; e os sírios vieram a Elate, e habitaram ali até ao *dia de* hoje.

⁷E Acaz enviou mensageiros a Tiglate-Pileser, rei da Assíria, dizendo: Eu *sou* teu servo e teu filho; sobe, e livra-me das mãos do rei da Síria, e das mãos do rei de Israel, que se levantam contra mim.

⁸E tomou Acaz a prata e o ouro que se achou na casa do Senhor, e nos tesouros da casa do rei, e mandou *um* presente ao rei da Assíria.

⁹E o rei da Assíria lhe deu ouvidos; pois o rei da Assíria subiu contra Damasco, e tomou-a e levou cativo o povo para Quir, e matou a Rezim.

¹⁰Então o rei Acaz foi a Damasco, a encontrar-se com Tiglate-Pileser, rei da Assíria; e, vendo um altar que *estava* em Damasco, o rei Acaz enviou ao sacerdote Urias o desenho e o modelo do altar, conforme toda a sua feitura.

¹¹E Urias, o sacerdote, edificou um altar conforme tudo o que o rei Acaz lhe tinha enviado de Damasco; assim o fez o sacerdote Urias, antes que o rei Acaz viesse de Damasco.

¹²Veio, pois, o rei de Damasco, e viu o altar; e o rei se chegou ao altar, e sacrificou nele.

¹³E queimou o seu holocausto, e a sua oferta de alimentos, e derramou a sua libação, e aspergiu o sangue dos seus sacrifícios pacíficos sobre o altar.

¹⁴Porém o altar de cobre, que *estava* perante o Senhor, ele tirou de diante da casa, de entre o seu altar e a casa do Senhor, e pô-lo ao lado do altar, do lado do norte.

¹⁵E o rei Acaz ordenou a Urias, o sacerdote, dizendo: Queima no grande altar o holocausto da manhã, como também a oferta de alimentos da noite, o holocausto do rei e a sua oferta de alimentos, e o holocausto de todo o povo da terra, a sua oferta de alimentos, as suas ofertas de bebidas e todo o sangue dos holocaustos, e todo o sangue dos sacrifícios aspergirás nele; porém o altar de cobre será para mim, para *nele* inquirir.

¹⁶E fez Urias, o sacerdote, conforme tudo quanto o rei Acaz lhe ordenara.

¹⁷E o rei Acaz cortou as cintas das bases, e de cima delas tomou a pia, e tirou o mar de sobre os bois de cobre, que *estavam* debaixo dele, e pô-lo sobre um pavimento de pedra.

¹⁸Também a coberta que, para o sábado, edificaram na casa, e a entrada real externa, retirou da casa do Senhor, por causa do rei da Assíria.

¹⁹Ora, o mais dos atos de Acaz e o que fez, *porventura* não *está* escrito no livro das crônicas dos reis de Judá?

²⁰E dormiu Acaz com seus pais, e foi sepultado junto a seus pais, na cidade de Davi; e Ezequias, seu filho, reinou em seu lugar.

Oseias, rei de Israel

17 NO ano duodécimo de Acaz, rei de Judá, começou a reinar Oseias, filho de Elá, e reinou sobre Israel, em Samaria, nove anos.

²E fez o *que era* mau aos olhos do Senhor, contudo não como os reis de Israel que foram antes dele.

³Contra ele subiu Salmaneser, rei da Assíria; e Oseias ficou sendo servo dele, e pagava-lhe tributos.

⁴Porém o rei da Assíria achou em Oseias

conspiração; porque enviara mensageiros a Sô, rei do Egito, e não pagava tributos ao rei da Assíria cada ano, como dantes; então o rei da Assíria o encerrou e aprisionou na casa do cárcere.

⁵Porque o rei da Assíria subiu por toda a terra, e veio até Samaria, e a cercou três anos.

⁶No ano nono de Oseias, o rei da Assíria tomou a Samaria, e levou Israel cativo para a Assíria; e fê-los habitar em Hala e em Habor *junto* ao rio de Gozã, e nas cidades dos medos,

⁷Porque sucedeu que os filhos de Israel pecaram contra o SENHOR seu Deus, que os fizera subir da terra do Egito, de debaixo da mão de Faraó, rei do Egito; e temeram a outros deuses.

⁸E andaram nos estatutos das nações que o SENHOR lançara fora de diante dos filhos de Israel, e *nos* dos reis de Israel, que eles fizeram.

⁹E os filhos de Israel fizeram secretamente coisas que não *eram* retas, contra o SENHOR seu Deus; e edificaram altos em todas as suas cidades, desde a torre dos atalaias até à cidade fortificada.

¹⁰E levantaram, *para si*, estátuas e imagens do bosque, em todos os altos outeiros, e debaixo de todas as árvores verdes.

¹¹E queimaram ali incenso em todos os altos, como as nações, que o SENHOR expulsara de diante deles; e fizeram coisas ruins, para provocarem à ira o SENHOR.

¹²E serviram os ídolos, dos quais o SENHOR lhes dissera: Não fareis estas coisas.

¹³E o SENHOR advertiu a Israel e a Judá, pelo ministério de todos os profetas *e* de todos os videntes, dizendo: Convertei-vos de vossos maus caminhos, e guardai os meus mandamentos *e* os meus estatutos, conforme toda a lei que ordenei a vossos pais e que eu vos enviei pelo ministério de meus servos, os profetas.

¹⁴Porém não deram ouvidos; antes endureceram a sua cerviz, como a cerviz de seus pais, que não creram no SENHOR seu Deus.

¹⁵E rejeitaram os seus estatutos, e a sua aliança que fizera com seus pais, como também as suas advertências, com que protestara contra eles; e seguiram a vaidade, e tornaram-se vãos; como também seguiram as nações, que *estavam* ao redor deles, das quais o SENHOR lhes tinha ordenado que não as imitassem.

¹⁶E deixaram todos os mandamentos do SENHOR seu Deus, e fizeram imagens de fundição, dois bezerros; e fizeram *um* ídolo do bosque, e adoraram perante todo o exército do céu, e serviram a Baal.

¹⁷Também fizeram passar pelo fogo a seus filhos e suas filhas, e deram-se à adivinhações, e criam em agouros; e venderam-se para fazer o *que era* mau aos olhos do SENHOR, para o provocarem à ira.

¹⁸Portanto o SENHOR muito se indignou contra Israel, e os tirou de diante da sua face; nada mais ficou, senão somente a tribo de Judá.

¹⁹Até Judá não guardou os mandamentos do SENHOR seu Deus; antes andaram nos estatutos de Israel, que eles fizeram.

²⁰Por isso o SENHOR rejeitou a toda a descendência de Israel, e os oprimiu, e os deu nas mãos dos despojadores, até que os expulsou da sua presença.

²¹Porque rasgou a Israel da casa de Davi; e eles fizeram rei a Jeroboão, filho de Nebate. E Jeroboão apartou a Israel de seguir ao SENHOR, e os fez cometer um grande pecado.

²²Assim andaram os filhos de Israel em todos os pecados que Jeroboão tinha feito; nunca se apartaram deles;

²³Até que o SENHOR tirou a Israel de diante da sua presença, como falara pelo ministério de todos os seus servos, os profetas; assim foi Israel expulso da sua terra à Assíria até *ao dia de* hoje.

O rei da Assíria leva para Samaria muitos estrangeiros

²⁴E o rei da Assíria trouxe *gente* de Babilônia, de Cuta, de Ava, de Hamate e Sefarvaim, e a fez habitar nas cidades de Samaria, em lugar dos filhos de Israel; e eles tomaram a Samaria em herança, e habitaram nas suas cidades.

²⁵E sucedeu que, no princípio da sua habitação ali, não temeram ao SENHOR; e o SENHOR mandou entre eles, leões, que mataram *a alguns* deles.

²⁶Por isso falaram ao rei da Assíria, dizendo: A gente que transportaste e fizeste habitar nas cidades de Samaria, não sabe o costume do Deus da terra; assim mandou leões entre ela, e eis que a matam, porquanto não sabe o culto do Deus da terra.

²⁷Então o rei da Assíria mandou dizer: Levai ali um dos sacerdotes que transportastes de lá; e vá e habite lá, e ele lhes ensine o costume do Deus da terra.

²⁸Veio, pois, um dos sacerdotes que transportaram de Samaria, e habitou em Betel, e lhes ensinou como deviam temer ao SENHOR.

²⁹Porém cada nação fez os seus deuses, e os puseram nas casas dos altos que os samaritanos fizeram, cada nação nas cidades, em que habitava.

³⁰E os de Babilônia fizeram Sucote-Benote; e os de Cuta fizeram Nergal; e os de Hamate fizeram Asima;

³¹E os aveus fizeram Nibaz e Tartaque; e os sefarvitas queimavam seus filhos no fogo a Adrameleque, e a Anameleque, deuses de Sefarvaim.

³²Também temiam ao SENHOR; e dos mais baixos do povo fizeram sacerdotes dos lugares altos, os quais lhes faziam *o ministério* nas casas dos lugares altos.

³³*Assim* temiam ao SENHOR, mas *também* serviam a seus deuses, segundo o costume das nações dentre as quais tinham sido transportados.

³⁴Até *ao dia de* hoje fazem segundo os primeiros costumes; não temem ao SENHOR, nem fazem segundo os seus estatutos, segundo as suas ordenanças, segundo a lei e segundo o mandamento que o SENHOR ordenou aos filhos de Jacó, a quem deu o nome de Israel.

³⁵Contudo o SENHOR tinha feito *uma* aliança

com eles, e lhes ordenara, dizendo: Não temereis a outros deuses, nem vos inclinareis diante deles, nem os servireis, nem lhes sacrificareis.

³⁶Mas o SENHOR, que vos fez subir da terra do Egito com grande força e com braço estendido, a este temereis, e a ele vos inclinareis e a ele sacrificareis.

³⁷E os estatutos, as ordenanças, a lei e o mandamento, que vos escreveu, tereis cuidado de fazer todos os dias; e não temereis a outros deuses.

³⁸E da aliança que fiz convosco não vos esquecereis; e não temereis a outros deuses.

³⁹Mas ao SENHOR vosso Deus temereis, e ele vos livrará das mãos de todos os vossos inimigos.

⁴⁰Porém eles não ouviram; antes fizeram segundo o seu primeiro costume.

⁴¹Assim estas nações temiam ao SENHOR e serviam as suas imagens de escultura; também seus filhos, e os filhos de seus filhos, como fizeram seus pais, *assim* fazem *eles* até *ao dia de* hoje.

Ezequias restabelece o culto do SENHOR

18 E SUCEDEU *que,* no terceiro ano de Oseias, filho de Elá, rei de Israel, começou a reinar Ezequias, filho de Acaz, rei de Judá.

²Tinha vinte e cinco anos de idade quando começou a reinar, e vinte e nove anos reinou em Jerusalém; e *era* o nome de sua mãe Abi, filha de Zacarias.

³E fez o *que era* reto aos olhos do SENHOR, conforme tudo o que fizera Davi, seu pai.

⁴Ele tirou os altos, quebrou as estátuas, deitou abaixo os bosques, e fez em pedaços a serpente de metal que Moisés fizera; porquanto até àquele dia os filhos de Israel lhe queimavam incenso, e lhe chamaram Neustã.

⁵No SENHOR Deus de Israel confiou, de maneira que depois dele não houve quem lhe fosse semelhante entre todos os reis de Judá, nem *entre* os que foram antes dele.

⁶Porque se chegou ao SENHOR, não se apartou dele, e guardou os mandamentos que o SENHOR tinha dado a Moisés.

⁷Assim foi o SENHOR com ele; para onde quer que saía se conduzia com prudência; e se rebelou contra o rei da Assíria, e não o serviu.

⁸Ele feriu os filisteus até Gaza, como também os seus termos, desde a torre dos atalaias até à cidade fortificada.

⁹E sucedeu, no quarto ano do rei Ezequias (que era o sétimo ano de Oseias, filho de Elá, rei de Israel), que Salmaneser, rei da Assíria, subiu contra Samaria, e a cercou.

¹⁰E a tomaram ao fim de três anos, no ano sexto de Ezequias, que era o ano nono de Oseias, rei de Israel, quando tomaram Samaria.

¹¹E o rei da Assíria transportou a Israel para a Assíria; e os fez levar a Hala e a Habor, *junto ao* rio de Gozã, e às cidades dos medos;

¹²Porquanto não obedeceram à voz do SENHOR seu Deus, antes transgrediram a sua aliança; *e* tudo quanto Moisés, servo do SENHOR, tinha ordenado, nem o ouviram nem *o* fizeram.

Senaqueribe invade Judá

¹³Porém no ano décimo quarto do rei Ezequias subiu Senaqueribe, rei da Assíria, contra todas as cidades fortificadas de Judá, e as tomou.

¹⁴Então Ezequias, rei de Judá, enviou ao rei da Assíria, a Laquis, dizendo: Pequei; retira-te de mim; tudo o que me impuseres suportarei. Então o rei da Assíria impôs a Ezequias, rei de Judá, trezentos talentos de prata e trinta talentos de ouro.

¹⁵Assim deu Ezequias toda a prata que se achou na casa do SENHOR e nos tesouros da casa do rei.

¹⁶Naquele tempo cortou Ezequias *o ouro* das portas do templo do SENHOR, e das ombreiras, de que Ezequias, rei de Judá, as cobrira, e o deu ao rei da Assíria.

¹⁷Contudo enviou o rei da Assíria a Tartã, e a Rabe-Saris, e a Rabsaqué, de Laquis, com grande exército ao rei Ezequias, a Jerusalém; subiram, e vieram a Jerusalém. E, subindo e vindo eles, pararam ao pé do aqueduto da piscina superior, que está junto ao caminho do campo do lavandeiro.

¹⁸E chamaram o rei; e saíram a eles Eliaquim, filho de Hilquias, o mordomo, e Sebna, o escrivão, e Joá, filho de Asafe, o cronista.

¹⁹E Rabsaqué lhes disse: Ora, dizei a Ezequias: Assim diz o grande rei, o rei da Assíria: Que confiança é esta em que te estribas?

²⁰Dizes *tu* (porém são palavras só de lábios): Há conselho e poder para a guerra. Em quem, *pois,* agora confias, que contra mim te rebelas?

²¹Eis que agora tu confias naquele cajado de cana quebrada, no Egito, no qual, se alguém se encostar, entrar-lhe-á pela mão e a furará; assim é Faraó, rei do Egito, para com todos os que nele confiam.

²²Se, porém, me disserdes: No SENHOR nosso Deus confiamos; *porventura* não *é* esse aquele cujos altos e cujos altares Ezequias tirou, dizendo a Judá e a Jerusalém: Perante este altar vos inclinareis em Jerusalém?

²³Ora, pois, dá agora reféns ao meu senhor, o rei da Assíria, e dar-te-ei dois mil cavalos, se tu puderes dar cavaleiros para eles.

²⁴Como, pois, farias virar o rosto de um só capitão dos menores servos de meu senhor, quando tu confias no Egito, por causa dos carros e cavaleiros?

²⁵Agora, *pois,* subi eu *porventura* sem o SENHOR contra este lugar, para o destruir? O SENHOR me disse: Sobe contra esta terra, e destrói-a.

²⁶Então disse Eliaquim, filho de Hilquias, e Sebna e Joá, a Rabsaqué: Rogamos-*te que* fales aos teus servos em siríaco; porque bem o entendemos; e nos não fales em judaico, aos ouvidos do povo que *está* em cima do muro.

²⁷Porém Rabsaqué lhes disse: *Porventura* mandou-me meu senhor somente a teu senhor e a ti, para falar estas palavras *e* não antes aos homens, que estão sentados em cima do muro, para que

juntamente convosco comam o seu excremento e bebam a sua urina?

²⁸Rabsaqué, pois, se pôs em pé, e clamou em alta voz em judaico, e respondeu, dizendo: Ouvi a palavra do grande rei, do rei da Assíria.

²⁹Assim diz o rei: Não vos engane Ezequias; porque não vos poderá livrar da sua mão;

³⁰Nem tampouco vos faça Ezequias confiar no SENHOR, dizendo: Certamente nos livrará o SENHOR, e esta cidade não será entregue na mão do rei da Assíria.

³¹Não deis ouvidos a Ezequias; porque assim diz o rei da Assíria: Contratai comigo por presentes, e saí a mim, e coma cada um da sua vide e da sua figueira, e beba cada um a água da sua cisterna;

³²Até que eu venha, e vos leve para uma terra como a vossa, terra de trigo e de mosto, terra de pão e de vinhas, terra de oliveiras, de azeite e de mel; e *assim* vivereis, e não morrereis; e não deis ouvidos a Ezequias; porque vos incita, dizendo: O SENHOR nos livrará.

³³*Porventura* os deuses das nações puderam livrar, cada um a sua terra, das mãos do rei da Assíria?

³⁴Que *é feito* dos deuses de Hamate e de Arpade? Que *é feito* dos deuses de Sefarvaim, Hena e Iva? *Porventura* livraram a Samaria da minha mão?

³⁵Quais *são* eles, dentre todos os deuses das terras, que livraram a sua terra da minha mão, para que o SENHOR livrasse a Jerusalém da minha mão?

³⁶Porém calou-se o povo, e não lhe respondeu uma só palavra; porque mandado do rei havia, dizendo: Não lhe respondereis.

³⁷Então Eliaquim, filho de Hilquias, o mordomo, e Sebna, o escrivão, e Joá, filho de Asafe, o cronista, vieram a Ezequias com as vestes rasgadas, e lhe fizeram saber as palavras de Rabsaqué.

Ezequias ora na casa do SENHOR

19 E ACONTECEU que, tendo Ezequias ouvido isto, rasgou as suas vestes, e se cobriu de saco, e entrou na casa do SENHOR.

²Então enviou a Eliaquim, o mordomo, e a Sebna, o escrivão, e os anciãos dos sacerdotes, cobertos de sacos, ao profeta Isaías, filho de Amós.

³E disseram-lhe: Assim diz Ezequias: Este dia *é* dia de angústia, de vituperação e de blasfêmia; porque os filhos chegaram ao parto, e não *há* força para dá-los à luz.

⁴Bem pode ser que o SENHOR teu Deus ouça todas as palavras de Rabsaqué, a quem enviou o seu senhor, o rei da Assíria, para afrontar o Deus vivo, e para vituperá-lo com as palavras que o SENHOR teu Deus tem ouvido; faze, pois, oração pelo restante que subsiste.

⁵E os servos do rei Ezequias foram a Isaías.

⁶E Isaías lhes disse: Assim direis a vosso senhor: Assim diz o SENHOR: Não temas as palavras que ouviste, com as quais os servos do rei da Assíria me blasfemaram.

⁷Eis que porei nele um espírito, e ele ouvirá *um* rumor, e voltará para a sua terra; à espada o farei cair na sua terra.

⁸Voltou, pois, Rabsaqué, e achou o rei da Assíria pelejando contra Libna, porque tinha ouvido que *o rei* havia partido de Laquis.

⁹E, ouvindo ele dizer de Tiraca, rei da Etiópia: Eis que saiu para te fazer guerra; tornou a enviar mensageiros a Ezequias, dizendo:

¹⁰Assim falareis a Ezequias, rei de Judá: Não te engane o teu Deus, em quem confias, dizendo: Jerusalém não será entregue na mão do rei da Assíria.

¹¹Eis que já tens ouvido o que fizeram os reis da Assíria a todas as terras, destruindo-as totalmente; e tu, te livrarás?

¹²*Porventura* as livraram os deuses das nações, a quem meus pais destruíram, *como* a Gozã, a Harã, a Rezefe, e aos filhos de Éden, que *estavam* em Telassar?

¹³Que *é feito* do rei de Hamate, do rei de Arpade, e do rei da cidade de Sefarvaim, Hena e Iva?

¹⁴Recebendo, pois, Ezequias as cartas das mãos dos mensageiros e lendo-as, subiu à casa do SENHOR; e Ezequias as estendeu perante o SENHOR.

¹⁵E orou Ezequias perante o SENHOR e disse: Ó SENHOR Deus de Israel, que habitas *entre* os querubins, tu mesmo, só tu és Deus de todos os reinos da terra; tu fizeste os céus e a terra.

¹⁶Inclina, SENHOR, o teu ouvido, e ouve; abre, SENHOR, os teus olhos, e olha; e ouve as palavras de Senaqueribe, que enviou a este, para afrontar o Deus vivo.

¹⁷Verdade é, ó SENHOR, que os reis da Assíria assolaram as nações e as suas terras.

¹⁸E lançaram os seus deuses no fogo; porquanto não *eram* deuses, mas obra de mãos de homens, madeira e pedra; por isso os destruíram.

¹⁹Agora, pois, ó SENHOR nosso Deus, te suplico, livra-nos da sua mão; e *assim* saberão todos os reinos da terra que só tu *és* o SENHOR Deus.

Isaías conforta a Ezequias

²⁰Então Isaías, filho de Amós, mandou dizer a Ezequias: Assim diz o SENHOR Deus de Israel: O que me pediste acerca de Senaqueribe, rei da Assíria, ouvi.

²¹Esta *é* a palavra que o SENHOR falou dele: A virgem, a filha de Sião, te despreza, de ti zomba; a filha de Jerusalém meneia a cabeça por detrás de ti.

²²A quem afrontaste e blastemaste? E contra quem alçaste a voz e ergueste os teus olhos ao alto? Contra o Santo de Israel.

²³Por meio de teus mensageiros afrontaste o Senhor, e disseste: Com a multidão de meus carros subi ao alto dos montes, aos lados do Líbano, e cortarei os seus altos cedros *e* as suas mais formosas faias, e entrarei nas suas pousadas extremas, *até* no bosque do seu campo fértil.

²⁴Eu cavei, e bebi águas estranhas; e com as plantas de meus pés sequei todos os rios do Egito.

²⁵*Porventura* não ouviste que já dantes fiz isto, e *já* desde os dias antigos o planejei? Agora, *porém,*

o fiz vir, para que fosses tu que reduzisses as cidades fortificadas a montões desertos.

²⁶Por isso os moradores delas, com pouca força, ficaram pasmados e confundidos; eram *como* a erva do campo, e a hortaliça verde, *e* o feno dos telhados, e *o trigo* queimado, antes de amadurecer.

²⁷Porém o teu assentar, e o teu sair e o teu entrar, e o teu furor contra mim, eu *o* sei.

²⁸Por causa do teu furor contra mim, e porque a tua revolta subiu aos meus ouvidos, portanto porei o meu anzol no teu nariz e o meu freio nos teus lábios, e te farei voltar pelo caminho por onde vieste.

²⁹E isto te *será* por sinal; este ano se comerá o que nascer por si mesmo, e no ano seguinte o que daí proceder; porém, no terceiro ano semeai e segai, plantai vinhas, e comei os seus frutos.

³⁰Porque o que escapou da casa de Judá, e restou, tornará a lançar raízes para baixo, e dará fruto para cima.

³¹Porque de Jerusalém sairá o restante, e do monte Sião o que escapou; o zelo do Senhor *dos Exércitos* fará isto.

³²Portanto, assim diz o Senhor acerca do rei da Assíria: Não entrará nesta cidade, nem lançará nela flecha *alguma;* tampouco virá perante ela com escudo, nem levantará contra ela trincheira *alguma.*

³³Pelo caminho por onde vier, por ele voltará; porém nesta cidade não entrará, diz o Senhor.

³⁴Porque eu ampararei a esta cidade, para a livrar, por amor de mim e por amor do meu servo Davi.

Deus fere os assírios e livra Judá

³⁵Sucedeu, pois, que naquela mesma noite saiu o anjo do Senhor, e feriu no arraial dos assírios a cento e oitenta e cinco mil deles; e, levantando-se pela manhã cedo, eis que todos eram cadáveres.

³⁶Então Senaqueribe, rei da Assíria, partiu, e se foi, e voltou e ficou em Nínive.

³⁷E sucedeu que, estando ele prostrado na casa de Nisroque, seu deus, Adrameleque e Sarezer, seus filhos, o feriram à espada; porém eles escaparam para a terra de Ararate; e Esar-Hadom, seu filho, reinou em seu lugar.

Ezequias adoece

20 NAQUELES dias adoeceu Ezequias mortalmente; e o profeta Isaías, filho de Amós, veio a ele e lhe disse: Assim diz o Senhor: Põe em ordem a tua casa, porque morrerás, e não viverás.

²Então virou o rosto para a parede, e orou ao Senhor, dizendo:

³Ah, Senhor! Suplico-te lembrar de que andei diante de ti em verdade, com o coração perfeito, e fiz o *que era* bom aos teus olhos. E chorou Ezequias muitíssimo.

⁴Sucedeu, pois, que, não havendo Isaías ainda saído do meio do pátio, veio a ele a palavra do Senhor dizendo:

⁵Volta, e dize a Ezequias, capitão do meu povo: Assim diz o Senhor, o Deus de Davi, teu pai:

Ouvi a tua oração, e vi as tuas lágrimas; eis que eu te sararei; ao terceiro dia subirás à casa do Senhor.

⁶E acrescentarei aos teus dias quinze anos, e das mãos do rei da Assíria te livrarei, *a ti* e a esta cidade; e ampararei esta cidade por amor de mim, e por amor de Davi, meu servo.

⁷Disse mais Isaías: Tomai *uma* pasta de figos. E *a* tomaram, e a puseram sobre a chaga; e ele sarou.

⁸E Ezequias disse a Isaías: Qual *é* o sinal de que o Senhor me sarará, e de que ao terceiro dia subirei à casa do Senhor?

⁹Disse Isaías: Isto te será sinal, da parte do Senhor, de que o Senhor cumprirá a palavra que disse: Adiantar-se-á a sombra dez graus, ou voltará dez graus atrás?

¹⁰Então disse Ezequias: É fácil que a sombra decline dez graus; não *seja assim,* mas volte a sombra dez graus atrás.

¹¹Então o profeta Isaías clamou ao Senhor; e fez voltar a sombra dez graus atrás, pelos graus que tinha declinado *no relógio de sol* de Acaz.

A embaixada do rei de Babilônia

¹²Naquele tempo enviou Berodaque-Baladã, filho de Baladã, rei de Babilônia, cartas e *um* presente a Ezequias; porque ouvira que Ezequias tinha estado doente.

¹³E Ezequias lhes deu ouvidos; e lhes mostrou toda a casa de seu tesouro, a prata, o ouro, as especiarias e os melhores unguentos, e a sua casa de armas, e tudo quanto se achou nos seus tesouros; coisa nenhuma houve que Ezequias não lhes mostrasse, nem em sua casa, nem em todo o seu domínio.

¹⁴Então o profeta Isaías veio ao rei Ezequias, e lhe disse: Que disseram aqueles homens, e de onde vieram a ti? Disse Ezequias: Vieram de um país muito remoto, de Babilônia.

¹⁵E disse ele: Que viram em tua casa? E disse Ezequias: Tudo quanto *há* em minha casa viram; coisa nenhuma há nos meus tesouros que eu não lhes mostrasse.

¹⁶Então disse Isaías a Ezequias: Ouve a palavra do Senhor.

¹⁷Eis que vêm dias em que tudo quanto *houver* em tua casa, e o que entesouraram teus pais até *ao dia de* hoje, será levado a Babilônia; não ficará coisa alguma, disse o Senhor.

¹⁸E ainda até de teus filhos, que procederem de ti, e que tu gerares, tomarão, para que sejam eunucos no paço do rei da Babilônia.

¹⁹Então disse Ezequias a Isaías: Boa *é* a palavra do Senhor que disseste. Disse mais: E não haverá, pois, em meus dias paz e verdade?

²⁰Ora, o mais dos atos de Ezequias, e todo o seu poder, e como fez a piscina e o aqueduto, e *como* fez vir a água à cidade, *porventura* não está escrito no livro das crônicas dos reis de Judá?

²¹E Ezequias dormiu com seus pais; e Manassés, seu filho, reinou em seu lugar.

A impiedade de Manassés

21 TINHA Manassés doze anos de idade quando começou a reinar, e cinquenta e cinco anos reinou em Jerusalém; e *era* o nome de sua mãe Hefzibá.

²E fez o *que era* mau aos olhos do SENHOR, conforme as abominações dos gentios que o SENHOR expulsara de *suas* possessões, de diante dos filhos de Israel.

³Porque tornou a edificar os altos que Ezequias, seu pai, tinha destruído, e levantou altares a Baal, e fez *um* bosque como o que fizera Acabe, rei de Israel, e se inclinou diante de todo o exército dos céus, e os serviu.

⁴E edificou altares na casa do SENHOR, da qual o SENHOR tinha falado: Em Jerusalém porei o meu nome.

⁵Também edificou altares a todo o exército dos céus em ambos os átrios da casa do SENHOR.

⁶E até fez passar a seu filho pelo fogo, adivinhava pelas nuvens, era agoureiro e ordenou adivinhos e feiticeiros; *e* prosseguiu em fazer o *que era* mau aos olhos do SENHOR, para o provocar à ira.

⁷Também pôs uma imagem de escultura, do bosque que tinha feito, na casa de que o SENHOR dissera a Davi e a Salomão, seu filho: Nesta casa e em Jerusalém, que escolhi de todas as tribos de Israel, porei o meu nome para sempre;

⁸E não mais farei mover o pé de Israel desta terra que tenho dado a seus pais; contanto que somente tenham cuidado de fazer conforme tudo o que lhes tenho ordenado, e conforme toda a lei que Moisés, meu servo, lhes ordenou.

⁹Porém não ouviram; porque Manassés *de tal modo* os fez errar, que fizeram pior do que as nações, que o SENHOR tinha destruído de diante dos filhos de Israel.

¹⁰Então o SENHOR falou pelo ministério de seus servos, os profetas, dizendo:

¹¹Porquanto Manassés, rei de Judá, fez estas abominações, fazendo pior do que tudo quanto fizeram os amorreus, que *foram* antes dele, e até também a Judá fez pecar com os seus ídolos;

¹²Por isso, assim diz o SENHOR Deus de Israel: Eis que hei de trazer *um* mal sobre Jerusalém e Judá, que qualquer que ouvir, lhe ficarão retinindo ambos os ouvidos

¹³E estenderei sobre Jerusalém o cordel de Samaria e o prumo da casa de Acabe; e limparei a Jerusalém, como quem limpa o prato, limpa-o e vira-o para baixo.

¹⁴E desampararei os restantes da minha herança, entregá-los-ei na mão de seus inimigos; e servirão de presa e despojo para todos os seus inimigos;

¹⁵Porquanto fizeram o *que era* mau aos meus olhos e me provocaram à ira, desde o dia em que seus pais saíram do Egito até hoje.

¹⁶Além disso, também Manassés derramou muitíssimo sangue inocente, até que encheu a Jerusalém de um ao outro extremo, afora o seu pecado, com que fez Judá pecar, fazendo o *que era* mau aos olhos do SENHOR.

¹⁷Quanto ao mais dos feitos de Manassés, e a tudo quanto fez, e ao seu pecado, que praticou, *porventura* não *está* escrito no livro das crônicas dos reis de Judá?

¹⁸E Manassés dormiu com seus pais, e foi sepultado no jardim da sua casa, no jardim de Uzá; e Amom, seu filho, reinou em seu lugar.

Amom é um mau rei

¹⁹Tinha Amom vinte e dois anos de idade quando começou a reinar, e dois anos reinou em Jerusalém; e *era* o nome de sua mãe Mesulemete, filha de Harus, de Jotbá.

²⁰E fez o *que era* mau aos olhos do SENHOR, como fizera Manassés, seu pai.

²¹Porque andou em todo o caminho *em* que andara seu pai; e serviu os ídolos, a que seu pai tinha servido, e se inclinou diante deles.

²²Assim deixou ao SENHOR Deus de seus pais, e não andou no caminho do SENHOR.

Josias reina sobre Judá

²³E os servos de Amom conspiraram contra ele, e mataram o rei em sua casa.

²⁴Porém o povo da terra feriu a todos os que conspiraram contra o rei Amom; e o povo da terra pôs Josias, seu filho, rei em seu lugar.

²⁵Quanto ao mais dos atos de Amom, que fez, *porventura* não *está* escrito no livro das crônicas dos reis de Judá?

²⁶E o sepultaram na sua sepultura, no jardim de Uzá; e Josias, seu filho, reinou em seu lugar.

Josias repara o templo

22 TINHA Josias oito anos de idade quando começou a reinar, e reinou trinta e um anos em Jerusalém; e *era* o nome de sua mãe, Jedida, filha de Adaías, de Bozcate.

²E fez o que era reto aos olhos do SENHOR; e andou em todo o caminho de Davi, seu pai, e não se apartou dele nem para a direita nem para a esquerda.

³Sucedeu que, no ano décimo oitavo do rei Josias, o rei mandou ao escrivão Safã, filho de Azalias, filho de Mesulão, à casa do SENHOR, dizendo:

⁴Sobe a Hilquias, o sumo sacerdote, para que tome o dinheiro que se trouxe à casa do SENHOR, o qual os guardas do umbral *da porta* ajuntaram do povo,

⁵E que o deem na mão dos que têm cargo da obra, e estão encarregados da casa do SENHOR; para que o deem àqueles que fazem a obra que há na casa do SENHOR, para repararem as fendas da casa;

⁶Aos carpinteiros, aos edificadores e aos pedreiros; e para comprar madeira e pedras lavradas, para repararem a casa.

⁷Porém não se pediu conta do dinheiro que se lhes entregara nas suas mãos, porquanto procediam com fidelidade.

Hilquias acha o livro da lei

8Então disse o sumo sacerdote Hilquias ao escrivão Safã: Achei o livro da lei na casa do Senhor. E Hilquias deu o livro a Safã, e *ele* o leu.

9Então o escrivão Safã veio ter com o rei e, dando-lhe conta, disse: Teus servos ajuntaram o dinheiro que se achou na casa, e o entregaram na mão dos que tem cargo da obra, que estão encarregados da casa do Senhor.

10Também Safã, o escrivão, fez saber ao rei, dizendo: O sacerdote Hilquias me deu *um* livro. E Safã o leu diante do rei.

11Sucedeu, pois, que, ouvindo o rei as palavras do livro da lei, rasgou as suas vestes.

12E o rei mandou a Hilquias, o sacerdote, a Aicão, filho de Safã, a Acbor, filho de Micaías, a Safã o escrivão e a Asaías, o servo do rei, dizendo:

13Ide, e consultai o Senhor por mim, pelo povo e por todo o Judá, acerca das palavras deste livro que se achou; porque grande é o furor do Senhor, que se acendeu contra nós; porquanto nossos pais não deram ouvidos às palavras deste livro, para fazerem conforme tudo quanto acerca de nós está escrito.

Hulda profetiza

14Então foi o sacerdote Hilquias, e Aicão, Acbor, Safã e Asaías à profetisa Hulda, mulher de Salum, filho de Ticvá, o filho de Harás, o guarda das vestiduras (e ela habitava em Jerusalém, na segunda parte), e lhe falaram.

15E ela lhes disse: Assim diz o Senhor Deus de Israel: Dizei ao homem que vos enviou a mim:

16Assim diz o Senhor: Eis que trarei mal sobre este lugar, e sobre os seus moradores, *a saber:* todas as palavras do livro que leu o rei de Judá.

17Porquanto me deixaram, e queimaram incenso a outros deuses, para me provocarem à ira por todas as obras das suas mãos, o meu furor se acendeu contra este lugar, e não se apagará.

18Porém ao rei de Judá, que vos enviou a consultar o Senhor, assim lhe direis: Assim diz o Senhor Deus de Israel, acerca das palavras, que ouviste:

19Porquanto o teu coração se enterneceu, e te humilhaste perante o Senhor, quando ouviste o que falei contra este lugar, e contra os seus moradores, que seria para assolação e para maldição, e que rasgaste as tuas vestes, e choraste perante mim, também eu *te* ouvi, diz o Senhor.

20Por isso eis que eu te recolherei a teus pais, e tu serás recolhido em paz à tua sepultura, e os teus olhos não verão todo o mal que hei de trazer sobre este lugar. Então tornaram a trazer ao rei a resposta.

Josias renova a aliança do Senhor

23 ENTÃO o rei ordenou, e todos os anciãos de Judá e de Jerusalém se reuniram a ele.

2O rei subiu à casa do Senhor, e com ele todos os homens de Judá, e todos os moradores de Jerusalém, os sacerdotes, os profetas e todo o povo, desde o menor até ao maior; e leu aos ouvidos deles todas as palavras do livro da aliança, que se achou na casa do Senhor.

3E o rei se pôs em pé junto à coluna, e fez a aliança perante o Senhor, para seguirem o Senhor, e guardarem os seus mandamentos, os seus testemunhos e os seus estatutos, com todo o coração e com toda a alma, confirmando as palavras desta aliança, que estavam escritas naquele livro; e todo o povo apoiou esta aliança.

4E o rei mandou ao sumo sacerdote Hilquias, aos sacerdotes da segunda ordem, e aos guardas do umbral *da porta,* que tirassem do templo do Senhor todos os vasos que se tinham feito para Baal, para o bosque e para todo o exército dos céus e os queimou fora de Jerusalém, nos campos de Cedrom e levou as cinzas deles a Betel.

5Também destituiu os sacerdotes que os reis de Judá estabeleceram para incensarem sobre os altos nas cidades de Judá e ao redor de Jerusalém, como também os que queimavam incenso a Baal, ao sol, à lua, e aos planetas, e a todo o exército dos céus.

6Também tirou da casa do Senhor o ídolo do bosque *levando-o* para fora de Jerusalém até ao ribeiro de Cedrom, e o queimou junto ao ribeiro de Cedrom, e o desfez em pó, e lançou o seu pó sobre as sepulturas dos filhos do povo.

7Também derrubou as casas dos sodomitas que *estavam* na casa do Senhor, em que as mulheres teciam casinhas para o ídolo do bosque.

8E a todos os sacerdotes trouxe das cidades de Judá, e profanou os altos em que os sacerdotes queimavam incenso, desde Geba até Berseba; e derrubou os altos que estavam às portas, junto à entrada da porta de Josué, o governador da cidade, que *estava* à esquerda daquele que *entrava* pela porta da cidade.

9Mas os sacerdotes dos altos não sacrificavam sobre o altar do Senhor em Jerusalém; porém comiam *pães* ázimos no meio de seus irmãos.

10Também profanou a Tofete, que *está* no vale dos filhos de Hinom, para que ninguém fizesse passar a seu filho, ou sua filha, pelo fogo a Moloque.

11Também tirou os cavalos que os reis de Judá tinham dedicado ao sol, à entrada da casa do Senhor, perto da câmara de Natã-Meleque, o camareiro, que *estava* no recinto; e os carros do sol queimou a fogo.

12Também o rei derrubou os altares que *estavam* sobre o terraço do cenáculo de Acaz, os quais os reis de Judá tinham feito, como também o rei derrubou os altares que fizera Manassés nos dois átrios da casa do Senhor; e esmiuçados os tirou dali e lançou o pó deles no ribeiro de Cedrom.

13O rei profanou *também* os altos que *estavam* defronte de Jerusalém, à mão direita do monte de Masite, os quais edificara Salomão, rei de Israel, a Astarote, a abominação dos sidônios, e a Quemós, a abominação dos moabitas, e a Milcom, a abominação dos filhos de Amom.

²⁸Ora, o mais dos atos de Josias e tudo quanto fez, *porventura* não *está* escrito no livro das crônicas dos reis de Judá?

²⁹Nos seus dias subiu Faraó Neco, rei do Egito, contra o rei da Assíria, ao rio Eufrates; e o rei Josias lhe foi ao encontro; e, vendo-o ele, o matou em Megido.

³⁰E seus servos, num carro, o levaram morto, de Megido, e o trouxeram a Jerusalém, e o sepultaram na sua sepultura; e o povo da terra tomou a Jeoacaz, filho de Josias, e ungiram-no, e fizeram-no rei em lugar de seu pai.

Jeoacaz reina

³¹Tinha Jeoacaz vinte e três anos de idade quando começou a reinar, e três meses reinou em Jerusalém; e *era* o nome de sua mãe Hamutal, filha de Jeremias, de Libna.

³²E fez o *que era* mau aos olhos do Senhor, conforme tudo o que fizeram seus pais.

³³Porém Faraó Neco o mandou prender em Ribla, em terra de Hamate, para que não reinasse em Jerusalém; e à terra impôs pena de cem talentos de prata e um talento de ouro.

Reinado de Jeoiaquim

³⁴Também Faraó Neco constituiu rei a Eliaquim, filho de Josias, em lugar de seu pai Josias, e lhe mudou o nome para Jeoiaquim; porém a Jeoacaz tomou consigo, e foi ao Egito, e morreu ali.

³⁵E Jeoiaquim deu aquela prata e aquele ouro a Faraó; porém tributou a terra, para dar esse dinheiro conforme o mandado de Faraó; a cada um segundo a sua avaliação exigiu a prata e o ouro do povo da terra, para *o* dar a Faraó Neco.

³⁶Tinha Jeoiaquim vinte e cinco anos de idade quando começou a reinar, e reinou onze anos em Jerusalém; e *era* o nome de sua mãe Zebida, filha de Pedaías, de Ruma.

³⁷E fez o *que era* mau aos olhos do Senhor, conforme tudo quanto fizeram seus pais.

24 NOS seus dias subiu Nabucodonosor, rei de Babilônia, e Jeoiaquim ficou três anos seu servo; *depois* se virou, e se rebelou contra ele.

²E o Senhor enviou contra ele as tropas dos caldeus, as tropas dos sírios, as tropas dos moabitas e as tropas dos filhos de Amom; e as enviou contra Judá, para o destruir, conforme a palavra do Senhor, que falara pelo ministério de seus servos, os profetas.

³E, na verdade, conforme o mandado do Senhor, *assim* sucedeu a Judá, para o afastar da sua presença por *causa* dos pecados de Manassés, conforme tudo quanto fizera.

⁴Como também *por causa do* sangue inocente que derramou; pois encheu a Jerusalém de sangue inocente; e por isso o Senhor não quis perdoar.

⁵Ora, o mais dos atos de Jeoiaquim, e tudo quanto fez, *porventura* não *está* escrito no livro das crônicas dos reis de Judá?

⁶E Jeoiaquim dormiu com seus pais; e Joaquim, seu filho, reinou em seu lugar.

---

¹⁴Semelhantemente quebrou as estátuas, cortou os bosques e encheu o seu lugar com ossos de homens.

Idolatria destruída

¹⁵E também o altar que estava em Betel, e o alto que fez Jeroboão, filho de Nebate, com que tinha feito Israel pecar, esse altar derrubou juntamente com o alto; queimando o alto, em pó o esmiuçou, e queimou o ídolo do bosque.

¹⁶E, virando-se Josias, viu as sepulturas que *estavam* ali no monte; e mandou tirar os ossos das sepulturas, e os queimou sobre aquele altar, e *assim* o profanou, conforme a palavra do Senhor, que profetizara o homem de Deus, quando anunciou estas palavras.

¹⁷Então disse: Que *é* este monumento que vejo? E os homens da cidade lhe disseram: É a sepultura do homem de Deus que veio de Judá, e anunciou estas coisas que fizeste contra este altar de Betel.

¹⁸E disse: Deixai-o estar; ninguém mexa nos seus ossos. Assim deixaram estar os seus ossos com os ossos do profeta que viera de Samaria.

¹⁹Demais disto também Josias tirou todas as casas dos altos que *havia* nas cidades de Samaria, e que os reis de Israel tinham feito para provocarem à ira o Senhor; e lhes fez conforme todos os atos que tinha feito em Betel.

²⁰E sacrificou todos os sacerdotes dos altos, que *havia* ali, sobre os altares, e queimou ossos humanos sobre eles; depois voltou a Jerusalém.

A celebração da páscoa

²¹O rei deu ordem a todo o povo, dizendo: Celebrai a páscoa ao Senhor vosso Deus, como está escrito no livro da aliança.

²²Porque nunca se celebrou tal páscoa como esta desde os dias dos juízes que julgaram a Israel, nem em todos os dias dos reis de Israel, nem *tampouco* dos reis de Judá.

²³Porém no ano décimo oitavo do rei Josias esta páscoa se celebrou ao Senhor em Jerusalém.

²⁴E também os adivinhos, os feiticeiros, os terafins, os ídolos, e todas as abominações que se viam na terra de Judá e em Jerusalém, os extirpou Josias, para confirmar as palavras da lei, que estavam escritas no livro que o sacerdote Hilquias achara na casa do Senhor.

²⁵E antes dele não houve rei semelhante, que se convertesse ao Senhor com todo o seu coração, com toda a sua alma e com todas as suas forças, conforme toda a lei de Moisés; e depois dele nunca se levantou outro tal.

²⁶Todavia o Senhor não se demoveu do ardor da sua grande ira, com que ardia contra Judá, por todas as provocações com que Manassés o tinha provocado.

²⁷E disse o Senhor: Também a Judá hei de tirar de diante da minha face, como tirei a Israel, e rejeitarei esta cidade de Jerusalém que escolhi, como também a casa de que disse: Estará ali o meu nome.

2 REIS 24.7 292

⁷E o rei do Egito nunca mais saiu da sua terra; porque o rei de Babilônia tomou tudo quanto era do rei do Egito, desde o rio do Egito até ao rio Eufrates.

O princípio do cativeiro de Judá

⁸Tinha Joaquim dezoito anos de idade quando começou a reinar, e reinou três meses em Jerusalém; e *era* o nome de sua mãe, Neusta, filha de Elnatã, de Jerusalém.

⁹E fez o *que era* mau aos olhos do Senhor, conforme tudo quanto fizera seu pai.

¹⁰Naquele tempo subiram os servos de Nabucodonosor, rei de Babilônia, a Jerusalém; e a cidade foi cercada.

¹¹Também veio Nabucodonosor, rei de Babilônia, contra a cidade, quando já os seus servos estavam sitiando.

¹²Então saiu Joaquim, rei de Judá, ao rei de Babilônia, ele, sua mãe, seus servos, seus príncipes e seus oficiais; e o rei de Babilônia o tomou *preso*, no ano oitavo do seu reinado.

¹³E tirou dali todos os tesouros da casa do Senhor e os tesouros da casa do rei; e partiu todos os vasos de ouro, que fizera Salomão, rei de Israel, no templo do Senhor, como o Senhor tinha falado.

¹⁴E transportou a toda a Jerusalém como também a todos os príncipes, e a todos os homens valorosos, dez mil presos, e a todos os artífices e ferreiros; ninguém ficou senão o povo pobre da terra.

¹⁵Assim transportou Joaquim à Babilônia; como também a mãe do rei, as mulheres do rei, os seus oficiais e os poderosos da terra levou presos de Jerusalém à Babilônia.

¹⁶E todos os homens valentes, até sete mil, e artífices e ferreiros até mil, *e* todos os homens destros na guerra, a estes o rei de Babilônia levou presos para Babilônia.

¹⁷E o rei de Babilônia estabeleceu a Matanias, seu tio, rei em seu lugar; e lhe mudou o nome *para* Zedequias.

Zedequias reina

¹⁸Tinha Zedequias vinte e um anos de idade quando começou a reinar, e reinou onze anos em Jerusalém; e *era* o nome de sua mãe Hamutal, filha de Jeremias, de Libna.

¹⁹E fez o *que era* mau aos olhos do Senhor, conforme tudo quanto fizera Jeoiaquim.

²⁰Porque *assim* sucedeu por causa da ira do Senhor contra Jerusalém, e contra Judá, até os rejeitar de diante da sua presença; e Zedequias se rebelou contra o rei de Babilônia.

Jerusalém é destruída

25 E SUCEDEU que, no nono ano do seu reinado, no mês décimo, aos dez do mês, Nabucodonosor, rei de Babilônia, veio contra Jerusalém, ele e todo o seu exército, e se acampou contra ela, e levantaram contra ela trincheiras em redor.

²E a cidade foi sitiada até ao undécimo ano do rei Zedequias.

³Aos nove do mês *quarto*, quando a cidade se via apertada pela fome, nem havia pão para o povo da terra,

⁴Então a cidade foi invadida, e todos os homens de guerra *fugiram* de noite pelo caminho da porta, entre os dois muros que *estavam* junto ao jardim do rei (porque os caldeus estavam contra a cidade em redor), e *o rei* se foi pelo caminho da campina.

⁵Porém o exército dos caldeus perseguiu o rei, e o alcançou nas campinas de Jericó; e todo o seu exército se dispersou.

⁶E tomaram o rei, e o fizeram subir ao rei de Babilônia, a Ribla; e foi-lhe pronunciada a sentença.

⁷E aos filhos de Zedequias mataram diante dos seus olhos; e vazaram os olhos de Zedequias, e o ataram com duas cadeias de bronze, e o levaram a Babilônia.

⁸E no quinto mês, no sétimo dia do mês (este era o ano décimo nono de Nabucodonosor, rei de Babilônia), veio Nebuzaradã, capitão da guarda, servo do rei de Babilônia, a Jerusalém.

⁹E queimou a casa do Senhor e a casa do rei, como também todas as casas de Jerusalém, e todas as casas dos grandes queimou.

¹⁰E todo o exército dos caldeus, que *estava* com o capitão da guarda, derrubou os muros em redor de Jerusalém.

¹¹E o mais do povo que deixaram ficar na cidade, os rebeldes que se renderam ao rei de Babilônia e o mais da multidão, Nebuzaradã, o capitão da guarda, levou presos.

¹²Porém dos mais pobres da terra deixou o capitão da guarda ficar *alguns* para vinheiros e para lavradores.

¹³Quebraram mais, os caldeus, as colunas de cobre que *estavam* na casa do Senhor, como também as bases e o mar de cobre que *estavam* na casa do Senhor; e levaram o seu bronze para Babilônia.

¹⁴Também tomaram as caldeiras, as pás, os apagadores, as colheres e todos os vasos de cobre, com que se ministrava.

¹⁵Também o capitão da guarda tomou os braseiros, e as bacias, o que *era* de ouro puro, em ouro e o que era de prata, em prata.

¹⁶As duas colunas, um mar, e as bases, que Salomão fizera para a casa do Senhor; o cobre de todos estes vasos não tinha peso.

¹⁷A altura de uma coluna era de dezoito côvados, e sobre ela *havia um* capitel de cobre, e de altura tinha o capitel três côvados; e a rede e as romãs em redor do capitel, tudo *era* de cobre; e semelhante a esta era a outra coluna com a rede.

¹⁸Também o capitão da guarda tomou a Seraías, primeiro sacerdote, e a Sofonias, segundo sacerdote, e aos três guardas do umbral da porta.

¹⁹E da cidade tomou a um oficial, que tinha cargo dos homens de guerra, e a cinco homens dos que estavam na presença do rei, e se achavam na cidade, como também ao escrivão-mor do exército, que registrava o povo da terra para a guerra, e a sessenta homens do povo da terra, que se achavam na cidade.

²⁰E tomando-os Nebuzaradã, o capitão da guarda, os levou ao rei de Babilônia, a Ribla.

²¹E o rei de Babilônia os feriu e os matou em Ribla, na terra de Hamate; e Judá foi levado preso para fora da sua terra.

²²Porém, quanto ao povo que ficara na terra de Judá, que Nabucodonosor, rei de Babilônia, deixou ficar, pôs sobre ele, por governador a Gedalias, filho de Aicão, filho de Safã.

²³Ouvindo, pois, os capitães dos exércitos, eles e os seus homens, que o rei de Babilônia pusera a Gedalias por governador, vieram a Gedalias, a Mizpá, a saber: Ismael, filho de Netanias, e Joanã, filho de Careá, e Seraías, filho de Tanumete, o netofatita, e Jazanias, filho do maacatita, eles e os seus homens.

²⁴E Gedalias jurou a eles e aos seus homens, e lhes disse: Não temais *ser* servos dos caldeus; ficai na terra, servi ao rei de Babilônia, e bem vos irá.

²⁵Sucedeu, porém, que, no sétimo mês, veio Ismael, filho de Netanias, o filho de Elisama, da descendência real, e dez homens com ele, e feriram a Gedalias, e ele morreu, como também aos judeus, e aos caldeus que *estavam* com ele em Mizpá.

²⁶Então todo o povo se levantou, desde o menor até ao maior, como também os capitães dos exércitos, e foram ao Egito, porque temiam os caldeus.

²⁷Depois disto sucedeu que, no ano trinta e sete do cativeiro de Joaquim, rei de Judá, no mês duodécimo, aos vinte e sete do mês, Evil-Merodaque, rei de Babilônia, no ano em que reinou, levantou a cabeça de Joaquim, rei de Judá, tirando-o da casa da prisão.

²⁸E lhe falou benignamente; e pôs o seu trono acima do trono dos reis que *estavam* com ele em Babilônia.

²⁹E lhe mudou as roupas de prisão, e de contínuo comeu pão na sua presença todos os dias da sua vida.

³⁰E, quanto à sua subsistência, pelo rei lhe foi dada subsistência contínua, a porção de cada dia no seu dia, todos os dias da sua vida.

O PRIMEIRO LIVRO DAS
CRÔNICAS

Genealogia desde Adão até Noé

1 ADÃO, Sete, Enos,
² Cainã, Maalaleel, Jerede,
³ Enoque, Matusalém, Lameque,
⁴ Noé, Sem, Cão e Jafé.

⁵ Os filhos de Jafé *foram:* Gômer, Magogue, Madai, Javã, Tubal, Meseque e Tiras.

⁶ E os filhos de Gomer: Asquenaz, Rifate, Togarma.

⁷ E os filhos de Javã: Elisá, Társis, Quitim e Dodanim.

⁸ Os filhos de Cão: Cuxe, Mizraim, Pute e Canaã.

⁹ E os filhos de Cuxe eram: Sebá, Havilá, Sabtá, Raamá e Sabtecá; os filhos de Raamá: Sebá e Dedã.

¹⁰ E Cuxe gerou a Ninrode, que começou a ser poderoso na terra.

¹¹ E Mizraim gerou a Ludim e a Anamim e a Leabim e a Naftuim,

¹² E a Patrusim e a Casluim (dos quais procedem os filisteus) e a Caftorim.

¹³ E Canaã gerou a Sidom seu primogênito, e a Hete,

¹⁴ E aos jebuseus e aos amorreus e aos girgaseus,

¹⁵ E aos heveus e aos arqueus e aos sineus,

¹⁶ E aos arvadeus e aos zemareus e aos hamateus.

¹⁷ *E foram* os filhos de Sem: Elão, Assur, Arfaxade, Lude, Arã, Uz, Hul, Geter e Meseque.

¹⁸ E Arfaxade gerou a Selá e Selá gerou a Éber.

¹⁹ E a Éber nasceram dois filhos: o nome de um *foi* Pelegue, porquanto nos seus dias se repartiu a terra, e o nome de seu irmão *era* Joctã.

²⁰ E Joctã gerou a Almodá, a Selefe, a Hazarmavé, e a Jerá,

²¹ E a Hadorão, a Usal, e a Dicla,

²² E a Obal, a Abimael, a Sebá,

²³ E a Ofir, a Havilá, e a Jobabe: todos estes *foram* filhos de Joctã.

²⁴ Sem, Arfaxade, Selá,

²⁵ Éber, Pelegue, Reú,

²⁶ Serugue, Naor, Terá,

²⁷ Abrão, que *é* Abraão.

²⁸ Os filhos de Abraão *foram:* Isaque e Ismael.

²⁹ Estas *são* as suas gerações: o primogênito de Ismael *foi* Nebaiote, e, *depois,* Quedar, Adbeel, Mibsão,

³⁰ Misma, Dumá, Massá, Hadade, Tema,

³¹ Jetur, Nafis e Quedemá; estes *foram* os filhos de Ismael.

³² Quanto aos filhos de Quetura, concubina de Abraão, esta deu à luz a Zinrã, a Jocsã, a Medã, a Midiã, a Jisbaque e a Suá; e os filhos de Jocsã *foram* Seba e Dedã.

³³ E os filhos de Midiã: Efá, Efer, Enoque, Abida e Elda; todos estes *foram* filhos de Quetura.

³⁴ Abraão, pois, gerou a Isaque; *e foram* os filhos de Isaque: Esaú e Israel.

³⁵ Os filhos de Esaú: Elifaz, Reuel, Jeús, Jalão e Coré.

³⁶ Os filhos de Elifaz: Temã, Omar, Zefi, Gaetã, Quenaz, Timna e Amaleque.

³⁷ Os filhos de Reuel: Naate, Zerá, Samá e Mizá.

³⁸ E os filhos de Seir: Lotã, Sobal, Zibeão, Aná, Disom, Eser e Disã.

³⁹ E os filhos de Lotã: Hori e Homã; e a irmã de Lotã *foi* Timna.

⁴⁰ Os filhos de Sobal *eram* Alvã, Manaate, Ebal, Sefi e Onã; e os filhos de Zibeão *eram* Aiá e Aná.

⁴¹ O filho de Aná foi Disom; e os filhos de Disom *foram* Hanrão, Esbã, Itrã e Querã.

⁴² Os filhos de Eser *eram:* Bilã, Zaavã e Jaacã; os filhos de Disã *eram:* Uz e Arã.

⁴³ E estes *são* os reis que reinaram na terra de Edom, antes que reinasse rei sobre os filhos de Israel: Bela, filho de Beor, e *era* o nome da sua cidade Dinabá.

⁴⁴ E morreu Bela, e reinou em seu lugar Jobabe, filho de Zerá, de Bozra.

⁴⁵ E morreu Jobabe, e reinou em seu lugar Husão, da terra dos temanitas.

⁴⁶ E morreu Husão, e reinou em seu lugar Hadade, filho de Bedade; este feriu os midianitas no campo de Moabe; e *era* o nome da sua cidade de Avite.

⁴⁷ E morreu Hadade, e reinou em seu lugar Samlá, de Masreca.

⁴⁸ E morreu Samlá, e reinou em seu lugar Saul, de Reobote, junto ao rio.

⁴⁹ E morreu Saul, e reinou em seu lugar Baal-Hanã, filho de Acbo.

⁵⁰ E, morrendo Baal-Hanã, Hadade reinou em seu lugar; e era o nome da sua cidade Paí; e o nome da sua mulher era Meetabel, filha de Matrede, filha de Me-Zaabe.

⁵¹ E, morrendo Hadade, foram príncipes em Edom o príncipe Timna, o príncipe Alva, o príncipe Jetete,

⁵² O príncipe Oolibama, o príncipe Elá, o príncipe Pinom,

⁵³ O príncipe Quenaz, o príncipe Temã, o príncipe Mibzar,

⁵⁴ O príncipe Magdiel, o príncipe Irã, estes foram os príncipes de Edom.

Os doze filhos de Jacó

2 ESTES são os filhos de Israel: Rúben, Simeão, Levi, Judá, Issacar e Zebulom;
² Dã, José e Benjamim, Naftali, Gade e Aser.

Descendentes de Judá

³ Os filhos de Judá foram Er, e Onã, e Selá, estes três lhe nasceram da filha de Suá, a cananeia; e Er, o primogênito de Judá, foi mau aos olhos do SENHOR, pelo que o matou.

295 1 CRÔNICAS 3.5

⁴Porém Tamar, sua nora, lhe deu à luz Perez e Zerá; todos os filhos de Judá foram cinco.

⁵Os filhos de Perez *foram* Hezrom e Hamul.

⁶E os filhos de Zerá: Zinri, e Etã, e Hemã, e Calcol, e Dara: cinco ao todo.

⁷E os filhos de Carmi *foram* Acar, o perturbador de Israel, que pecou no anátema.

⁸E o filho de Etã foi Azarias.

⁹E os filhos de Hezrom, que lhe nasceram, foram Jerameel, e Rão, e Quelubai.

¹⁰E Rão gerou a Aminadabe, e Aminadabe gerou a Naassom, príncipe dos filhos de Judá.

¹¹E Naassom gerou a Salma, e Salma gerou a Boaz.

¹²E Boaz gerou a Obede, e Obede gerou a Jessé.

¹³E Jessé gerou a Eliabe, seu primogênito, e Abinadabe, o segundo, e Simeia, o terceiro.

¹⁴Natanael, o quarto, Radai, o quinto.

¹⁵Ozém, o sexto, Davi, o sétimo.

¹⁶E *foram* suas irmãs Zeruia e Abigail; e *foram* os filhos de Zeruia: Abisai e Joabe, e Asael, três.

¹⁷E Abigail deu à luz a Amasa; e o pai de Amasa *foi* Jeter, o ismaelita.

¹⁸E Calebe, filho de Hezrom, gerou *filhos* de Azuba, sua mulher, e de Jeriote; e os filhos desta *foram* estes: Jeser, Sobabe, e Ardom.

¹⁹E morreu Azuba; e Calebe tomou para si a Efrata, da qual lhe nasceu Hur.

²⁰E Hur gerou a Uri, e Uri gerou a Bezaleel.

²¹Então Hezrom coabitou com a filha de Maquir, pai de Gileade, e, *sendo* ele de sessenta anos, a tomou; e ela deu à luz a Segube.

²²E Segube gerou a Jair; e este tinha vinte e três cidades na terra de Gileade.

²³E Gesur e Arã tomaram deles as aldeias de Jair, e Quenate, e seus lugares, sessenta cidades; todos estes *foram* filhos de Maquir, pai de Gileade.

²⁴E, depois da morte de Hezrom, em Calebe de Efrata, Abia, mulher de Hezrom, deu à luz a Asur, pai de Tecoa.

²⁵E os filhos de Jerameel, primogênito de Hezrom, *foram* Rão, o primogênito, Buna, Orem, Ozém *e* Aías.

²⁶Teve também Jerameel *ainda* outra mulher cujo nome *era* Atara; esta foi a mãe de Onã.

²⁷E foram os filhos de Rão, primogênito de Jerameel: Maaz, Jamim, e Equer.

²⁸E foram os filhos de Onã: Samai e Jada; e os filhos de Samai: Nadabe e Abisur.

²⁹E o nome da mulher de Abisur *era* Abiail, que lhe deu à luz Abã e Molide.

³⁰E *foram* os filhos de Nadabe, Selede e Apaim; e Selede morreu sem filhos.

³¹E o filho de Apaim *foi* Isi; e o filho de Isi, Sesã. E o filho de Sesã, Alai.

³²E os filhos de Jada, irmão de Samai, *foram* Jeter e Jônatas; e Jeter morreu sem filhos.

³³E os filhos de Jônatas *foram:* Pelete e Zaza; estes foram os filhos de Jerameel.

³⁴E Sesã não teve filhos, mas filhas; e tinha Sesã um servo egípcio, cujo nome *era* Jará.

³⁵Deu, pois, Sesã sua filha por mulher a Jará, seu servo; e lhe deu à luz a Atai.

³⁶E Atai gerou a Natã, e Natã gerou a Zabade.

³⁷E Zabade gerou a Eflal, e Eflal gerou a Obede.

³⁸E Obede gerou a Jeú, e Jeú gerou a Azarias.

³⁹E Azarias gerou a Helez, e Helez gerou a Eleasá.

⁴⁰E Eleasá gerou a Sismai, e Sismai gerou a Salum.

⁴¹E Salum gerou a Jecamias, e Jecamias gerou a Elisama.

⁴²E *foram* os filhos de Calebe, irmão de Jerameel, Messa, seu primogênito (este *foi* o pai de Zife), e os filhos de Maressa, pai de Hebrom.

⁴³E *foram* os filhos de Hebrom: Coré, Tápua, Requém e Sema.

⁴⁴E Sema gerou a Raão, pai de Jorqueão; e Requém gerou a Samai.

⁴⁵E *foi* o filho de Samai, Maom; e Maom *foi* pai de Bete-Zur.

⁴⁶E Efá, a concubina de Calebe, deu à luz a Harã, a Mosa, e a Gazez; e Harã gerou a Gazez.

⁴⁷E *foram* filhos de Jadai: Regém, Jotão, Gesã, Pelete, Efá e Saafe.

⁴⁸De Maaca, concubina, Calebe gerou a Seber e a Tiraná.

⁴⁹E a mulher de Saafe, pai de Madmana, deu à luz a Seva, pai de Macbena e pai de Gibeá; e *foi* a filha de Calebe, Acsa.

⁵⁰Estes foram os filhos de Calebe, filho de Hur, o primogênito de Efrata: Sobal, pai de Quiriate--Jearim,

⁵¹E Salma, pai dos belemitas, Harefe, pai de Bete-Gader.

⁵²E foram os filhos de Sobal, pai de Quiriate-Jearim: Haroé *e* metade dos menuítas.

⁵³E as famílias de Quiriate-Jearim *foram* os jitreus, e os puteus, e os sumateus, e os misraeus; destes saíram os zorateus, e os estaoleus.

⁵⁴Os filhos de Salma *foram* Belém e os netofatitas, Atarote, Bete-Joabe, e metade dos manaatitas, *e* os zoritas.

⁵⁵E as famílias dos escribas que habitavam em Jabez *foram* os tiratitas, os simeatitas *e* os sucatitas; estes são os queneus, que vieram de Hamate, pai da casa de Recabe.

Descendentes de Davi

3 E ESTES foram os filhos de Davi, que lhe nasceram em Hebrom: o primogênito, Amnom, de Ainoã, a jizreelita; o segundo Daniel, de Abigail, a carmelita;

²O terceiro, Absalão, filho de Maaca, filha de Talmai, rei de Gesur; o quarto, Adonias, filho de Hagite;

³O quinto, Sefatias, de Abital; o sexto, Itreão, de Eglá, sua mulher.

⁴Seis *filhos* lhe nasceram em Hebrom, porque ali reinou sete anos e seis meses; e trinta e três anos reinou em Jerusalém.

⁵E estes lhe nasceram em Jerusalém: Simeia, e

1 CRÔNICAS 3.6

Sobabe, e Natã, e Salomão; *estes* quatro *lhe nasce-ram* de Bate-Sua, filha de Amiel.

[6]*Nasceram-lhe* mais Ibar, Elisama, Elifelete,

[7]Nogá, Nefegue, Jafia,

[8]Elisama, Eliada, e Elifelete, nove.

[9]Todos estes *foram* filhos de Davi, afora os filhos das concubinas e Tamar, irmã deles.

[10]E o filho de Salomão foi Roboão; de quem foi filho Abias; de quem foi filho Asa; de quem foi filho Jeosafá;

[11]De quem foi filho Jorão; de quem foi filho Acazias; de quem foi filho Joás;

[12]De quem foi filho Amazias; de quem foi filho Azarias; de quem foi filho Jotão;

[13]De quem foi filho Acaz; de quem foi filho Ezequias; de quem foi filho Manassés;

[14]De quem foi filho Amom; de quem foi filho Josias.

[15]E os filhos de Josias *foram:* o primogênito, Joanã: o segundo, Jeoiaquim; o terceiro, Zedequias; o quarto, Salum.

[16]E os filhos de Jeoiaquim: Jeconias, seu filho, e Zedequias, seu filho.

[17]E os filhos de Jeconias: Assir, e seu filho Sealtiel.

[18]Os *filhos* deste *foram:* Malquirão, Pedaías, Senazar, Jecamias, Hosama, e Nedabias.

[19]E os filhos de Pedaías: Zorobabel e Simei; e os filhos de Zorobabel: Mesulão, Hananias, e Selomite, sua irmã.

[20]E Hasubá, Oel, Berequias, Hasadias, Jusabe-Hesede, cinco.

[21]E os filhos de Hananias: Pelatias e Jesaías; os filhos de Refaías, os filhos de Arnã, os filhos de Obadias, e os filhos de Secanias.

[22]E o filho de Secanias foi Semaías; e os filhos de Semaías: Hatus, e Igeal, e Bariá, e Nearias, e Safate, seis.

[23]E os filhos de Nearias: Elioenai, e Ezequias, e Azricão, três.

[24]E os filhos de Elioenai; Hodavias, Eliasibe, Pelaías, Acube, Joanã, Delaías, e Anani, sete.

Descendentes de Judá

4 OS filhos de Judá *foram:* Perez, Hezrom, Carmi, Hur, e Sobal.

[2]E Reaías, filho de Sobal gerou a Jaate, e Jaate gerou a Aumai e a Laade; estas *são* as famílias dos zoratitas.

[3]E estes foram os filhos do pai de Etã: Jizreel, Isma e Idbas; e era o nome de sua irmã Hazelelponi.

[4]E mais Penuel, pai de Gedor, e Ezer, pai de Husá; estes *foram* os filhos de Hur, o primogênito de Efrata, pai de Belém.

[5]E tinha Asur, pai de Tecoa, duas mulheres: Helá e Naará.

[6]E Naará deu à luz a Auzão, e a Hefer, e a Temeni, e a Haastari; estes *foram* os filhos de Naará.

[7]E os filhos de Helá: Zerete, Izar e Etnã.

[8]E Coz gerou a Anube e a Zobeba e as famílias de Aarel, filho de Harum.

[9]E foi Jabez mais ilustre do que seus irmãos; e sua mãe chamou o seu nome de Jabez, dizendo: Porquanto com dores o dei à luz.

[10]Porque Jabez invocou o Deus de Israel, dizendo: Se me abençoares muitíssimo, e meus termos ampliares, e a tua mão for comigo, e fizeres que do mal não seja afligido! E Deus lhe concedeu o que lhe tinha pedido.

[11]E Quelube, irmão de Suá, gerou a Meir; este é o pai de Estom.

[12]E Estom gerou a Bete-Rafa, a Pasea, e a Teina, pai de Ir-Naás; estes *foram* os homens de Reca.

[13]E foram os filhos de Quenaz: Otniel e Seraías; o filho de Otniel: Hatate.

[14]E Meonotai gerou a Ofra, e Seraías gerou a Joabe, pai dos do vale dos artífices; porque os *dali* eram artífices.

[15]E *foram* os filhos de Calebe, filho de Jefoné: Iru, Elá e Naã; e o filho de Elá: Quenaz.

[16]E os filhos de Jealelel: Zife, Zifa, Tiria e Asareel.

[17]E os filhos de Ezra: Jeter, Merede, Efer, e Jalom; e teve mais a Mirã, e Samai, e Isbá, pai de Estemoa.

[18]E sua mulher, Judia, deu à luz a Jerede, pai de Gedor, e a Héber, pai de Socó, e a Jecutiel, pai de Zanoa; e estes *foram* os filhos de Bitia, filha de Faraó, que Merede tomou.

[19]E *foram* os filhos da mulher de Hodias, irmã de Naã: Abiqueila, o garmita, Estemoa, o maacatita.

[20]E os filhos de Simeão: Amom, Rina, Bene-Hanã, e Tilom; e os filhos de Isi: Zoete e Bene-Zoete.

[21]Os filhos de Selá, filho de Judá: Er, pai de Leca, e Lada, pai de Maressa, e as famílias da casa dos que fabricavam linho fino, em casa de Asbeia.

[22]Como também Joquim, e os homens de Cozeba, e Joás, e Sarafe (que dominaram sobre os moabitas), e Jasubi-Leém; porém *estas* coisas *já são* antigas.

[23]Estes *foram* oleiros, e habitavam nas hortas e nos cerrados; estes ficaram ali com o rei na sua obra.

[24]Os filhos de Simeão *foram* Nemuel, Jamim, Jaribe, Zerá, e Saul,

[25]Cujo filho foi Salum, de quem foi filho Mibsão, de quem foi filho Misma.

[26]E os filhos de Misma *foram:* Hamuel, seu filho, de quem foi filho Zacur, de quem foi filho Simei.

[27]E Simei teve dezesseis filhos, e seis filhas, porém seus irmãos não tiveram muitos filhos; e toda a sua família não se multiplicou tanto como as dos filhos de Judá.

[28]E habitaram em Berseba, e *em* Moladá, e *em* Hazar-Sual,

[29]E em Bila, e em Ezém, e em Tolade,

[30]E em Betuel, e em Hormá, e em Ziclague,

[31]E em Bete-Marcabote, e em Hazar-Susim, e em Bete-Biri, e em Saaraim; estas *foram* as suas cidades, até que Davi reinou.

[32]E *foram* as suas aldeias: Etã, Aim, Rimom, Toquém, e Asã, cinco cidades,

[33]E todas as suas aldeias, que *estavam* em redor destas cidades, até Baal. Estas *foram* as suas habitações e suas genealogias.

³⁴Porém Mesobabe, e Janleque e Josa, filho de Amazias,

³⁵E Joel, e Jeú, filho de Josibias, filho de Seraías, filho de Asiel,

³⁶E Elioenai e Jaacobá, Jesoaías, Asaías, Adiel, Jesimiel, Benaias,

³⁷E Ziza, filho de Sifi, filho de Alom, filho de Jedaías, filho de Sinri, filho de Semaías;

³⁸Estes, registrados por *seus* nomes, *foram* príncipes nas suas famílias; e as famílias de seus pais se multiplicaram abundantemente.

³⁹E chegaram até à entrada de Gedor, ao oriente do vale, a buscar pasto para os seus rebanhos.

⁴⁰E acharam pasto fértil e bom, e a terra espaçosa, e quieta, e descansada; porque *os* de Cão haviam habitado ali antes.

⁴¹Estes, pois, que estão descritos por seus nomes, vieram nos dias de Ezequias, rei de Judá, e derrubaram as tendas e habitações dos que se acharam ali, e as destruíram totalmente até *o dia de* hoje, e habitaram em seu lugar; porque ali *havia* pasto para os seus rebanhos.

⁴²Também deles, dos filhos de Simeão, quinhentos homens foram às montanhas de Seir; levaram por cabeças a Pelatias, e a Nearias, e a Refaías, e a Uziel, filhos de Isi.

⁴³E feriram o restante dos que escaparam dos amalequitas, e habitaram ali até o dia de hoje.

Os filhos de Rúben

5 QUANTO aos filhos de Rúben, o primogênito de Israel (pois ele *era* o primogênito; mas porque profanara a cama de seu pai, deu-se a sua primogenitura aos filhos de José, filho de Israel; de modo que não foi contado, na genealogia da primogenitura,

²Porque Judá foi poderoso entre seus irmãos, e dele *veio* o soberano; porém a primogenitura foi de José).

³*Foram*, pois, os filhos de Rúben, o primogênito de Israel: Enoque, Palu, Hezrom, e Carmi.

⁴Os filhos de Joel: Semaías, seu filho; Gogue, seu filho; Simei, seu filho;

⁵Mica, seu filho; Reaías, seu filho; Baal, seu filho;

⁶Beera, seu filho, o qual Tiglate-Pileser, rei da Assíria, levou preso; este *foi* príncipe dos rubenitas.

⁷Quanto a seus irmãos pelas suas famílias, quando foram postos nas genealogias, segundo as suas descendências, tiveram por chefes Jeiel e Zacarias,

⁸E Bela, filho de Azaz, filho de Sema, filho de Joel, que habitou em Aroer, até Nebo e Baal-Meom,

⁹Também habitou do lado do oriente, até à entrada do deserto, desde o rio Eufrates; porque seu gado se tinha multiplicado na terra de Gileade.

¹⁰E nos dias de Saul fizeram guerra aos hagarenos, que caíram pela sua mão; e eles habitaram nas suas tendas defronte de todo o lado oriental de Gileade.

¹¹E os filhos de Gade habitaram defronte deles, na terra de Basã, até Salcá.

¹²Joel *foi* chefe, e Safã o segundo; também Janai e Safate estavam em Basã.

¹³E seus irmãos, segundo as suas casas paternas, *foram:* Micael, Mesulão, Seba, Jorai, Jacã, Zia, e Éber, sete.

¹⁴Estes *foram* os filhos de Abiail filho de Huri, filho de Jaroa, filho de Gileade, filho de Micael, filho de Jesisai, filho de Jado, filho de Buz;

¹⁵Aí, filho de Abdiel, filho de Guni, *foi* chefe da casa de seus pais.

¹⁶E habitaram em Gileade, em Basã e nos lugares da sua jurisdição; como também em todos os arrabaldes de Sarom, até aos seus termos.

¹⁷Todos estes foram registrados, segundo as suas genealogias, nos dias de Jotão, rei de Judá, e nos dias de Jeroboão, rei de Israel.

¹⁸Dos filhos de Rúben, e dos gaditas, e da meia tribo de Manassés, homens muito valentes, que traziam escudo e espada, e entesavam o arco, e *eram* destros na guerra; *houve* quarenta e quatro mil e setecentos e sessenta, que saíam à peleja.

¹⁹E fizeram guerra aos hagarenos, como a Jetur, e a Nafis e a Nodabe.

²⁰E foram ajudados contra eles, e os hagarenos e todos quantos *estavam* com eles foram entregues em sua mão; porque, na peleja, clamaram a Deus que lhes deu ouvidos, porquanto confiaram nele.

²¹E levaram preso o seu gado; seus camelos, cinquenta mil, e duzentas e cinquenta mil ovelhas, e dois mil jumentos, e cem mil homens.

²²Porque muitos caíram feridos, porque de Deus *era* a peleja; e habitaram em seu lugar, até ao cativeiro.

²³E os filhos da meia tribo de Manassés habitaram naquela terra; multiplicaram-se desde Basã até Baal-Hermom, e Senir, e o monte de Hermom.

²⁴E estes *foram* cabeças de suas casas paternas, a saber: Hefer, Isi, Eliel, Azriel, Jeremias, Hodavias, e Jadiel, homens valentes, homens de nome, e chefes das casas de seus pais.

²⁵Porém transgrediram contra o Deus de seus pais; e se prostituíram, seguindo os deuses dos povos da terra, os quais Deus destruíra de diante deles.

²⁶Por isso o Deus de Israel suscitou o espírito de Pul, rei da Assíria, e o espírito de Tiglate-Pilneser, rei da Assíria, que os levaram presos, *a saber:* os rubenitas e gaditas, e a meia tribo de Manassés; e os trouxeram a Hala, e a Habor, e a Hara, e ao rio de Gozã, até *ao dia de* hoje.

Descendentes de Levi, seu ministério e suas cidades

6 OS filhos de Levi *foram:* Gérson, Coate e Merari,

²E os filhos de Coate: Anrão, e Izar, e Hebrom, e Uziel.

³E os filhos de Anrão: Arão, Moisés, e Miriã; e os filhos de Arão: Nadabe, Abiú, Eleazar, e Itamar.

⁴E Eleazar gerou a Fineias, e Fineias gerou a Abisua,

⁵E Abisua gerou a Buqui, e Buqui gerou a Uzi,

1 CRÔNICAS 6.6

298

⁶E Uzi gerou a Zeraías, e Zeraías gerou a Meraiote.

⁷E Meraiote gerou a Amarias, e Amarias gerou a Aitube.

⁸E Aitube gerou a Zadoque, e Zadoque gerou a Aimaás,

⁹E Aimaás gerou a Azarias, e Azarias gerou a Joanã,

¹⁰E Joanã gerou a Azarias; e este *é* o que exerceu o sacerdócio na casa que Salomão tinha edificado em Jerusalém.

¹¹E Azarias gerou a Amarias, e Amarias gerou a Aitube,

¹²E Aitube gerou a Zadoque, e Zadoque gerou a Salum,

¹³E Salum gerou a Hilquias, e Hilquias gerou a Azarias,

¹⁴E Azarias gerou a Seraías, e Seraías gerou a Jeozadaque,

¹⁵E Jeozadaque foi levado cativo quando o Senhor levou presos a Judá e a Jerusalém pela mão de Nabucodonosor.

¹⁶Os filhos de Levi *foram, pois,* Gérson, Coate, e Merari.

¹⁷E estes *são* os nomes dos filhos de Gérson: Libni e Simei.

¹⁸E os filhos de Coate: Anrão, Izar, Hebrom, e Uziel.

¹⁹Os filhos de Merari: Mali e Musi; estas *são* as famílias dos levitas, segundo seus pais.

²⁰De Gérson: Libni, seu filho; Jaate, seu filho; Zima, seu filho;

²¹Joá, seu filho; Ido, seu filho; Zerá, seu filho; Jeatarai, seu filho.

²²Os filhos de Coate *foram:* Aminadabe, seu filho; Coré, seu filho; Assir, seu filho;

²³Elcana, seu filho; Ebiasafe, seu filho; Assir, seu filho;

²⁴Taate, seu filho; Uriel, seu filho; Uzias, seu filho; e Saul, seu filho.

²⁵E os filhos de Elcana: Amasai e Aimote.

²⁶*Quanto a* Elcana: os filhos de Elcana *foram* Zofai, seu filho; e seu filho Naate.

²⁷Seu filho Eliabe, seu filho Jeroão, seu filho Elcana.

²⁸E os filhos de Samuel: Vasni, seu primogênito, e o segundo Abias.

²⁹Os filhos de Merari: Mali, seu filho Libni, seu filho Simei, seu filho Uzá.

³⁰Seu filho Simeia, seu filho Hagias, seu filho Asaías.

³¹Estes *são,* pois, os que Davi constituiu para o ofício do canto na casa do Senhor, depois que a arca teve repouso.

³²E ministravam diante do tabernáculo da tenda da congregação com cantares, até que Salomão edificou a casa do Senhor em Jerusalém; e estiveram, segundo o seu costume, no seu ministério.

³³Estes *são,* pois, os que *ali* estavam com seus filhos: dos filhos dos coatitas, Hemã, o cantor, filho de Joel, filho de Samuel,

³⁴Filho de Elcana, filho de Jeroão, filho de Eliel, filho de Toá,

³⁵Filho de Zufe, filho de Elcana, filho de Maate, filho de Amasai,

³⁶Filho de Elcana, filho de Joel, filho de Azarias, filho de Sofonias,

³⁷Filho de Taate, filho de Assir, filho de Ebiasafe, filho de Coré,

³⁸Filho de Isar, filho de Coate, filho de Levi, filho de Israel.

³⁹E seu irmão Asafe estava à sua direita; *e era* Asafe filho de Berequias, filho de Simeia,

⁴⁰Filho de Micael, filho de Baaseias, filho de Malquias,

⁴¹Filho de Etni, filho de Zerá, filho de Adaías,

⁴²Filho de Etã, filho de Zima, filho de Simei,

⁴³Filho de Jaate, filho de Gérson, filho de Levi.

⁴⁴E seus irmãos, os filhos de Merari, *estavam* à esquerda; *a saber:* Etã, filho de Quisi, filho de Abdi, filho de Maluque,

⁴⁵Filho de Hasabias, filho de Amazias, filho de Hilquias,

⁴⁶Filho de Anzi, filho de Bani, filho de Semer,

⁴⁷Filho de Mali, filho de Musi, filho de Merari, filho de Levi.

⁴⁸E seus irmãos, os levitas, *foram* postos para todo o ministério do tabernáculo da casa de Deus.

⁴⁹E Arão e seus filhos ofereceram sobre o altar do holocausto e sobre o altar do incenso, por todo o serviço do *lugar* santíssimo, e para fazer expiação por Israel, conforme tudo quanto Moisés, servo de Deus, tinha ordenado.

⁵⁰E estes *foram* os filhos de Arão: seu filho Eleazar, seu filho Fineias, seu filho Abisua.

⁵¹Seu filho Buqui, seu filho Uzi, seu filho Seraías,

⁵²Seu filho Meraiote, seu filho Amarias, seu filho Aitube,

⁵³Seu filho Zadoque, seu filho Aimaás.

⁵⁴E estas *foram* as suas habitações, segundo os seus acampamentos, nos seus termos, *a saber:* dos filhos de Arão, da família dos coatitas, porque a eles caiu a sorte.

⁵⁵Deram-lhes, pois, a Hebrom, na terra de Judá, e os arrabaldes que a rodeiam.

⁵⁶Porém o território da cidade e as suas aldeias deram a Calebe, filho de Jefoné.

⁵⁷E aos filhos de Arão deram as cidades de refúgio: Hebrom e Libna e os seus arrabaldes, e Jatir e Estemoa e os seus arrabaldes.

⁵⁸E Hilém, e os seus arrabaldes, Debir e os seus arrabaldes,

⁵⁹E Asã e os seus arrabaldes, e Bete-Semes e os seus arrabaldes.

⁶⁰E da tribo de Benjamim, Geba e os seus arrabaldes, Alemete e os seus arrabaldes, e Anatote e os seus arrabaldes; todas as suas cidades, pelas suas famílias, *foram* treze cidades.

⁶¹Mas os filhos de Coate, que restaram da *sua* família, *tiveram,* por sorte, dez cidades da meia tribo de Manassés.

⁶²E os filhos de Gérson, segundo as suas famílias, *tiveram* treze cidades da tribo de Issacar, e da tribo de Aser, e da tribo de Naftali e da tribo de Manassés, em Basã.

⁶³Os filhos de Merari, segundo as suas famílias, *tiveram,* por sorte, doze cidades da tribo de Rúben, e da tribo de Gade, e da tribo de Zebulom.

⁶⁴Assim os filhos de Israel deram aos levitas *estas* cidades e os seus arrabaldes.

⁶⁵E deram-*lhes* por sorte estas cidades, da tribo dos filhos de Judá, da tribo dos filhos de Simeão, e da tribo dos filhos de Benjamim, às quais deram os *seus* nomes.

⁶⁶E *quanto ao mais das* famílias dos filhos de Coate, se lhes deram, da tribo de Efraim as cidades dos seus termos.

⁶⁷Porque lhes deram as cidades de refúgio, Siquém e os seus arrabaldes, nas montanhas de Efraim, como também Gezer e os seus arrabaldes,

⁶⁸E Jocmeão e os seus arrabaldes, Bete-Horom e os seus arrabaldes,

⁶⁹E Aijalom e os seus arrabaldes, Gate-Rimom e os seus arrabaldes.

⁷⁰E da meia tribo de Manassés, Aner e os seus arrabaldes, e Bileã e os seus arrabaldes; *estas cidades* tiveram os que ficaram da família dos filhos de Coate.

⁷¹Os filhos de Gérson *tiveram,* da família da meia tribo de Manassés, Golã, em Basã, e os seus arrabaldes, e Astarote e os seus arrabaldes.

⁷²E da tribo de Issacar, Quedes e os seus arrabaldes, e Daberate e os seus arrabaldes.

⁷³E Ramote e os seus arrabaldes, e Aném e os seus arrabaldes.

⁷⁴E da tribo de Aser, Masal e os seus arrabaldes, e Abdom e os seus arrabaldes,

⁷⁵E Hucoque e os seus arrabaldes, e Reobe e os seus arrabaldes.

⁷⁶E da tribo de Naftali, Quedes, em Galileia, e os seus arrabaldes, Hamom e os seus arrabaldes e Quiriataim e os seus arrabaldes.

⁷⁷Os que ficaram dos filhos de Merari *tiveram,* da tribo de Zebulom, a Rimom e os seus arrabaldes, a Tabor e os seus arrabaldes.

⁷⁸E dalém do Jordão, *na altura* de Jericó, ao oriente do Jordão, da tribo de Rúben, a Bezer, no deserto, e os seus arrabaldes, e a Jaza e os seus arrabaldes,

⁷⁹E a Quedemote e os seus arrabaldes, e a Mefaate e os seus arrabaldes.

⁸⁰E da tribo de Gade, a Ramote, em Gileade, e os seus arrabaldes, e Maanaim e os seus arrabaldes,

⁸¹E a Hesbom e os seus arrabaldes, e a Jazer e os seus arrabaldes.

Descendentes de Issacar

7 E QUANTO aos filhos de Issacar, *foram:* Tola, Pua, Jasube e Sinrom, quatro.

²E os filhos de Tola *foram:* Uzi, Refaías, Jeriel, Jamai, Ibsão e Semuel, chefes das casas de seus pais, *descendentes* de Tola, homens valentes nas suas gerações; o seu número, nos dias de Davi, foi de vinte e dois mil e seiscentos.

³E o filho de Uzi: Izraías; e os filhos de Izraías *foram:* Mical, Obadias, Joel e Issias; todos estes cinco chefes.

⁴E *houve* com eles nas suas gerações, segundo as suas casas paternas, em tropas de guerra, trinta e seis mil; porque tiveram muitas mulheres e filhos.

⁵E seus irmãos, em todas as famílias de Issacar, homens valentes, foram oitenta e sete mil, todos contados pelas suas genealogias.

De Benjamim

⁶*Os filhos* de Benjamim *foram:* Belá, e Bequer, e Jediael, três.

⁷E os filhos de Belá: Esbom, e Uzi, e Uziel, e Jerimote, e Iri, cinco chefes da casa dos pais, homens valentes que foram contados pelas suas genealogias, vinte e dois mil e trinta e quatro.

⁸E os filhos de Bequer: Zemira, Joás, Eliezer, Elioenai, Onri, Jerimote, Abias, Anatote, e Alemete; todos estes *foram* filhos de Bequer.

⁹E *foram* contados pelas suas genealogias, segundo as suas gerações, *e* chefes das casas de seus pais, homens valentes, vinte mil e duzentos.

¹⁰E *foi* o filho de Jediael, Bilã; e os filhos de Bilã *foram* Jeús, Benjamim, Eúde, Quenaaná, Zetã, Társis e Aisaar.

¹¹Todos estes filhos de Jediael *foram* chefes *das famílias* dos pais, homens valentes, dezessete mil e duzentos, que saíam no exército à peleja.

¹²E Supim, e Hupim, filhos de Ir, *e* Husim, dos filhos de Aer.

¹³Os filhos de Naftali: Jaziel, e Guni, e Jezer, e Salum, filhos de Bila.

De Manassés

¹⁴Os filhos de Manassés: Asriel, que *a mulher de Gileade* concebeu *(porém* a sua concubina, a síria, concebeu a Maquir, pai de Gileade;

¹⁵E Maquir tomou *a irmã* de Hupim e Supim por mulher, e *era* o seu nome Maaca), e *foi* o nome do segundo Zelofeade; e Zelofeade teve filhas.

¹⁶E Maaca, mulher de Maquir, deu à luz um filho, e ela chamou o nome dele Perez; e o nome de seu irmão *foi* Seres; e *foram seus* filhos Ulão e Raquém.

¹⁷E o filho de Ulão, Bedã; estes *foram* os filhos de Gileade, filho de Maquir, filho de Manassés.

¹⁸E quanto à sua irmã Hamoloquete, teve a Is-Hode, a Abiezer, e a Maalá.

¹⁹E foram os filhos de Semida: Aiã, Siquém, Liqui, e Anião.

²⁰E os filhos de Efraim: Sutela, e seu filho Berede, e seu filho Taate, e seu filho Elada e seu filho Taate.

²¹E seu filho Zabade, e seu filho Sutela, e Ezer, e Elade; e os homens de Gate, naturais da terra, os mataram, porque desceram para tomar os seus gados.

²²Por isso Efraim, seu pai, por muitos dias os chorou; e vieram seus irmãos para o consolar.

1 CRÔNICAS 7.23

²³Depois coabitou com sua mulher, e *ela* concebeu, e teve um filho; e ele chamou o seu nome Berias; porque ia mal na sua casa.

²⁴E sua filha *foi* Seerá, que edificou a Bete-Horom, a baixa e a alta, como também a Uzém-Seerá.

²⁵E foi seu filho Refa, e Resefe, de quem foi filho Tela, de quem foi filho Taã,

²⁶De quem foi filho Ladã, de quem foi filho Amiúde, de quem foi filho Elisama,

²⁷De quem foi filho Num, de quem foi filho Josué.

²⁸E *foi* a sua possessão e habitação Betel e os lugares da sua jurisdição; e ao oriente Naarã, e ao ocidente Gezer e os lugares da sua jurisdição, e Siquém e os lugares da sua jurisdição, até Gaza e os lugares da sua jurisdição;

²⁹ E do lado dos filhos de Manassés, Bete-Seã e os lugares da sua jurisdição, Taanaque e os lugares da sua jurisdição, Megido e os lugares da sua jurisdição, Dor e os lugares da sua jurisdição; nestas habitaram os filhos de José, filho de Israel.

De Aser

³⁰Os filhos de Aser *foram:* Imná, Isvá, Isvi, Berias, e Sera, irmã deles.

³¹E os filhos de Berias: Héber e Malquiel; este foi o pai de Birzavite.

³²E Héber gerou a Jaflete, e a Somer, e a Hotão, e a Suá, irmã deles.

³³E *foram* os filhos de Jaflete: Pasaque, e Bimal e Asvate; estes *foram* os filhos de Jaflete.

³⁴E os filhos de Semer: Ai, Roga, Jeubá, e Arã.

³⁵E os filhos de seu irmão Helém: Zofa, e Imna, e Seles, e Amal.

³⁶Os filhos de Zofa: Suá, e Harnefer, e Sual, e Beri, e Inra,

³⁷Bezer, Hode, Samá, Silsa, Itrã, e Beera.

³⁸E os filhos de Jeter: Jefoné, Pispa e Ara.

³⁹E os filhos de Ula: Ará e Haniel e Rizia.

⁴⁰Todos estes *foram* filhos de Aser, chefes das casas paternas, homens escolhidos e valentes, chefes dos príncipes, e contados nas suas genealogias, no exército para a guerra; foi seu número de vinte e seis mil homens.

Descendentes de Benjamim e de Saul

8 E BENJAMIM gerou a Belá, seu primogênito, a Asbel o segundo, e a Aará o terceiro,

²A Noá o quarto, e a Rafa o quinto.

³E Belá teve *estes* filhos: Adar, Gera, Abiúde,

⁴Abisua, Naamã, Aoá,

⁵Gera, Sefufá e Hurão.

⁶E estes *foram* os filhos de Eúde; que foram chefes dos pais dos moradores de Geba, e os levaram cativos a Manaate;

⁷E Naamã, e Aías e Gera; este os transportou, e gerou a Uzá e a Aiúde.

⁸E Saaraim (depois de os enviar), na terra de Moabe, gerou *filhos de* Husim e Baara, suas mulheres.

⁹E de Hodes, sua mulher, gerou a Jobabe, a Zíbia, a Mesa, a Malcã,

¹⁰A Jeuz, a Saquias e a Mirma; estes *foram* seus filhos, chefes dos pais.

¹¹E de Husim gerou a Abitube e a Elpaal.

¹²E *foram* os filhos de Elpaal: Éber, Misã e Semede; este edificou a Ono e a Lode e os lugares da sua jurisdição.

¹³E Berias e Sema foram cabeças dos pais dos moradores de Aijalom; estes afugentaram os moradores de Gate.

¹⁴E Aiô, Sasaque, Jerimote,

¹⁵Zebadias, Arade, Eder,

¹⁶Micael, Ispa e Joa *foram* filhos de Berias.

¹⁷Zebadias, Mesulão, Hizque, Héber,

¹⁸Ismerai, Izlias e Jobabe, filhos de Elpaal.

¹⁹Jaquim, Zicri, Zabdi,

²⁰Elienai, Ziletai, Eliel,

²¹Adaías, Beraísa e Sinrate, filhos de Simei.

²²E Ispã, Éber, Eliel,

²³Abdom, Zicri, Hanã,

²⁴Hananias, Elão, Antotias,

²⁵E Ifdeias, e Penuel, filhos de Sasaque;

²⁶E Sanserai, e Searias, e Atalias,

²⁷E Jaaresias, e Elias e Zicri, filhos de Jeroão.

²⁸Estes *foram* cabeças dos pais, segundo as suas gerações, chefes, *e* habitaram em Jerusalém.

²⁹E em Gibeão habitou o pai de Gibeão; e *era* o nome de sua mulher Maaca;

³⁰E seu filho primogênito, Abdom; depois Zur, e Quis, Baal, e Nadabe,

³¹E Gedor, Aiô, e Zequer,

³²E Miclote gerou a Simeia; e também estes, defronte de seus irmãos, habitaram em Jerusalém com eles.

³³E Ner gerou a Quis, e Quis gerou a Saul; e Saul gerou a Jônatas, a Malquisua, a Abinadabe, e a Esbaal.

³⁴E o filho de Jônatas foi Meribe-Baal; e Meribe-Baal gerou a Mica.

³⁵E os filhos de Mica *foram:* Pitom, Meleque, Tareá, e Acaz.

³⁶E Acaz gerou a Jeoada; e Jeoada gerou a Alemete, e a Azmavete, e a Zinri; e Zinri gerou a Moza,

³⁷E Moza gerou a Bineá, cujo filho foi Rafa, de quem foi filho Eleasá, cujo filho foi Azel.

³⁸E teve Azel seis filhos, e estes *foram* os seus nomes: Azricão, Bocru, Ismael, Searias, Obadias, e Hanã; todos estes foram filhos de Azel.

³⁹E os filhos de Ezeque, seu irmão: Ulão, seu primogênito, Jeús o segundo e Elifelete o terceiro.

⁴⁰E *foram* os filhos de Ulão homens heróis, valentes, *e* flecheiros destros; e tiveram muitos filhos, e filhos de filhos, cento e cinquenta; todos estes foram dos filhos de Benjamim.

Habitantes de Jerusalém depois da volta do cativeiro

9 E TODO o Israel foi contado por genealogias, que *estão* escritas no livro dos reis de Israel; e os de Judá foram transportados a Babilônia, por causa da sua transgressão.

²E os primeiros habitantes, que moravam na sua possessão *e* nas suas cidades, *foram* os israelitas, os sacerdotes, os levitas, e os netineus.

³Porém *alguns* dos filhos de Judá, e dos filhos de Benjamim, e dos filhos de Efraim e Manassés, habitaram em Jerusalém:

⁴Utai, filho de Amiúde, filho de Onri, filho de Inri, filho de Bani, dos filhos de Perez, filho de Judá;

⁵E dos silonitas: Asaías o primogênito, e seus filhos;

⁶E dos filhos de Zerá: Jeuel, e seus irmãos, seiscentos e noventa;

⁷E dos filhos de Benjamim: Salu, filho de Mesulão, filho de Hodavias, filho de Hassenua,

⁸E Ibneias, filho de Jeroão, e Elá, filho de Uzi, filho de Micri, e Mesulão, filho de Sefatias, filho de Reuel, filho de Ibnijas;

⁹E seus irmãos, segundo as suas gerações, novecentos e cinquenta e seis; todos estes homens *foram* chefes dos pais nas casas de seus pais.

¹⁰E dos sacerdotes: Jedaías, e Jeoiaribe, e Jaquim,

¹¹E Azarias, filho de Hilquias, filho de Mesulão, filho de Zadoque, filho de Meraiote, filho de Aitube, maioral da casa de Deus;

¹²Adaías, filho de Jeroão, filho de Pasur, filho de Malquias, e Masai, filho de Adiel, filho de Jazera, filho de Mesulão, filho de Mesilemite, filho de Imer;

¹³Como também seus irmãos, cabeças nas casas de seus pais, mil, setecentos e sessenta, homens valentes para a obra do ministério da casa de Deus.

¹⁴E dos levitas: Semaías, filho de Hassube, filho de Azricão, filho de Hasabias, dos filhos de Merari;

¹⁵E Baquebacar, Heres e Galal; e Matanias, filho de Mica, filho de Zicri, filho de Asafe;

¹⁶E Obadias, filho de Semaías, filho de Galal, filho de Jedutum; e Berequias, filho de Asa, filho de Elcana, morador das aldeias dos netofatitas.

¹⁷E *foram* porteiros: Salum, Acube, Talmom, Aimã, e seus irmãos, cujo chefe era Salum.

¹⁸E até aquele tempo *estavam* de guarda à porta do rei, do lado do oriente; estes *foram* os porteiros dos arraiais dos filhos de Levi.

¹⁹E Salum, filho de Coré, filho de Ebiasafe, filho de Corá, e seus irmãos da casa de seu pai, os coraítas, *tinham* cargo da obra do ministério, e *eram* guardas das portas do tabernáculo, como seus pais *foram* responsáveis pelo arraial do Senhor, *e* guardas da entrada.

²⁰Fineias, filho de Eleazar, antes era líder entre eles; e o Senhor *era* com ele.

²¹*E* Zacarias, filho de Meselemias, porteiro da entrada da tenda da congregação.

²²Todos estes, escolhidos para *serem* guardas das portas, *foram* duzentos e doze; e foram estes, segundo as suas aldeias, postos em suas genealogias; e Davi e Samuel, o vidente, os constituíram nos seus respectivos cargos.

²³Estavam, pois, eles, e seus filhos, às portas da casa do Senhor, na casa da tenda, junto aos guardas,

²⁴Os porteiros estavam aos quatro lados; ao oriente, ao ocidente, ao norte, e ao sul.

²⁵E seus irmãos, que estavam nas suas aldeias, *deviam,* de tempo em tempo, vir por sete dias para servirem com eles.

²⁶Porque havia naquele ofício quatro porteiros principais que eram levitas, e tinham o encargo das câmaras e dos tesouros da casa de Deus.

²⁷E de noite ficavam em redor da casa de Deus, cuja guarda lhes tinha sido confiada, e tinham o encargo de abri-la cada manhã.

²⁸E *alguns* deles estavam encarregados dos utensílios do ministério, porque por conta os traziam e por conta os tiravam.

²⁹Porque deles *havia alguns* que tinham o encargo dos objetos e de todos os utensílios do santuário; como também da flor de farinha, do vinho, do azeite, do incenso, e das especiarias.

³⁰E alguns dos filhos dos sacerdotes eram os obreiros da confecção das especiarias.

³¹E Matitias, dentre os levitas, o primogênito de Salum, o coraíta, tinha o encargo da obra que se fazia em sertãs.

³²E alguns dos seus irmãos, dos filhos dos coatitas, tinham o encargo de preparar os pães da proposição para todos os sábados.

³³Destes *foram* também os cantores, chefes dos pais entre os levitas, habitando nas câmaras, isentos de serviços; porque de dia e de noite estava a seu cargo ocuparem-se naquela obra.

³⁴Estes *foram* cabeças dos pais entre os levitas, chefes em suas gerações; estes habitaram em Jerusalém.

³⁵Porém em Gibeão habitaram Jeiel, pai de Gibeão (e *era* o nome de sua mulher Maaca).

³⁶E seu filho primogênito Abdom; depois Zur, Quis, Baal, Ner e Nadabe,

³⁷E Gedor, Aiô, Zacarias e Miclote.

³⁸Miclote gerou a Simeão; e também estes habitaram em Jerusalém, defronte de seus irmãos, com eles.

³⁹E Ner gerou a Quis; e Quis gerou a Saul, Saul gerou a Jônatas, a Malquisua, a Abinadabe e a Esbaal.

⁴⁰E o filho de Jônatas foi Meribe-Baal, e Meribe-Baal gerou a Mica.

⁴¹E os filhos de Mica *foram:* Pitom, Meleque e Tareia.

⁴²E Acaz gerou a Jaerá, e Jaerá gerou a Alemete, a Azmavete e a Zinri; e Zinri gerou a Moza.

⁴³E Moza gerou a Bineá, cujo filho *foi* Refaías, de quem foi filho Eleasá, cujo filho *foi* Azel.

⁴⁴E teve Azel seis filhos, e estes *foram* os seus nomes: Azricão, Bocru, Ismael, Searias, Obadias e Hanã; estes *foram* os filhos de Azel.

A morte de Saul e de seus filhos

10 E OS filisteus pelejaram com Israel; e os homens de Israel fugiram de diante dos filisteus, e caíram mortos nas montanhas de Gilboa.

²E os filisteus perseguiram a Saul e aos seus

1 CRÔNICAS 10.3

filhos; e os filisteus mataram a Jônatas, a Abinadabe e a Malquisua, filhos de Saul.

³E a peleja se agravou contra Saul, e os flecheiros o alcançaram; e temeu muito aos flecheiros.

⁴Então disse Saul ao seu escudeiro: Arranca a tua espada, e atravessa-me com ela; para que *porventura* não venham estes incircuncisos e escarneçam de mim. Porém o seu escudeiro não quis, porque temia muito; então tomou Saul a espada, e se lançou sobre ela.

⁵Vendo, pois, o seu escudeiro que Saul estava morto, também ele se lançou sobre a espada e morreu.

⁶Assim morreram Saul e seus três filhos; e toda a sua casa morreu juntamente.

⁷E, vendo todos os homens de Israel, que *estavam* no vale, que haviam fugido, e que Saul e seus filhos eram mortos, deixaram as suas cidades, e fugiram; então vieram os filisteus, e habitaram nelas.

⁸E sucedeu que, no dia seguinte, vindo os filisteus a despojar os mortos, acharam a Saul e a seus filhos caídos no monte de Gilboa.

⁹E o despojaram, e tomaram a sua cabeça e as suas armas, e as enviaram pela terra dos filisteus em redor, para o anunciarem a seus ídolos e ao povo.

¹⁰E puseram as suas armas na casa do seu deus, e a sua cabeça afixaram na casa de Dagom.

¹¹Ouvindo, pois, toda a Jabes de Gileade tudo quanto os filisteus fizeram a Saul,

¹²Então todos os homens valorosos se levantaram, e tomaram o corpo de Saul, e os corpos de seus filhos, e os trouxeram a Jabes; e sepultaram os seus ossos debaixo de um carvalho em Jabes, e jejuaram sete dias.

¹³Assim morreu Saul por causa da transgressão que cometeu contra o SENHOR, por causa da palavra do SENHOR, a qual não havia guardado; e também porque buscou a adivinhadora para *a* consultar.

¹⁴E não buscou ao SENHOR, que por isso o matou, e transferiu o reino a Davi, filho de Jessé.

Davi é ungido rei

11 ENTÃO todo o Israel se ajuntou a Davi em Hebrom, dizendo: Eis que *somos* teus ossos e tua carne.

²E também outrora, sendo Saul ainda rei, *eras* tu o que fazias sair e entrar a Israel; também o SENHOR teu Deus te disse: Tu apascentarás o meu povo Israel, e tu serás chefe sobre o meu povo Israel.

³Também vieram todos os anciãos de Israel ao rei, a Hebrom, e Davi fez com eles aliança em Hebrom, perante o SENHOR; e ungiram a Davi rei sobre Israel, conforme a palavra do SENHOR pelo ministério de Samuel.

⁴E partiu Davi e todo o Israel para Jerusalém, que *é* Jebus; porque ali *estavam* os jebuseus, habitantes da terra.

⁵E disseram os habitantes de Jebus a Davi: Tu não entrarás aqui. Porém Davi ganhou a fortaleza de Sião, que *é* a cidade de Davi.

⁶Porque disse Davi: Qualquer que primeiro ferir os jebuseus será chefe e capitão. Então Joabe, filho de Zeruia, subiu primeiro a ela; pelo que foi *feito* chefe.

⁷E Davi habitou na fortaleza; por isso foi chamada a cidade de Davi.

⁸E edificou a cidade ao redor, desde Milo até ao circuito; e Joabe renovou o restante da cidade.

⁹E Davi tornava-se cada vez mais forte; porque o SENHOR dos Exércitos *era* com ele.

Os poderosos de Davi

¹⁰E estes *foram* os chefes dos poderosos que Davi tinha, e que o apoiaram fortemente no seu reino, com todo o Israel, para o fazerem rei, conforme a palavra do SENHOR, no tocante a Israel.

¹¹E este *é* o número dos poderosos que Davi tinha: Jasobeão, hacmonita, chefe dos capitães, o qual, brandindo a sua lança contra trezentos, de uma vez os matou.

¹²E, depois dele Eleazar, filho de Dodó, o aoíta; ele estava entre os três poderosos.

¹³Este esteve com Davi em Pas-Damim, quando os filisteus ali se ajuntaram à peleja, onde havia um pedaço de campo cheio de cevada; e o povo fugiu *de* diante dos filisteus.

¹⁴E puseram-se no meio *daquele* campo, e o defenderam, e feriram os filisteus; e o SENHOR efetuou um grande livramento.

¹⁵E três dos trinta capitães desceram à penha, a *ter com* Davi, na caverna de Adulão; e o exército dos filisteus estava acampado no vale de Refaim.

¹⁶E Davi *estava* então no lugar forte; e o alojamento dos filisteus estava então em Belém.

¹⁷E desejou Davi, e disse: Quem me dera beber da água do poço de Belém, que *está junto* à porta!

¹⁸Então aqueles três romperam pelo acampamento dos filisteus, e tiraram água do poço de Belém, que *estava junto* à porta, e tomaram *dela* e a trouxeram a Davi; porém Davi não a quis beber, mas a derramou ao SENHOR,

¹⁹E disse: Nunca meu Deus permita que faça tal! Beberia eu o sangue destes homens com as suas vidas? Pois com *perigo das* suas vidas a trouxeram. E ele não a quis beber. Isto fizeram aqueles três homens.

²⁰E também Abisai, irmão de Joabe, era chefe de três, o qual, brandindo a sua lança contra trezentos, os feriu; e teve nome entre os três.

²¹Ele foi o mais ilustre dos três, pelo que foi capitão deles; porém não igualou aos *primeiros* três.

²²*Também* Benaia, filho de Joiada, filho de *um* homem poderoso de Cabzeel, grande em obras; ele feriu a dois heróis de Moabe; e também desceu, e feriu um leão dentro de uma cova, no tempo da neve.

²³Também feriu ele a um *homem* egípcio, homem de *grande* altura, de cinco côvados; e *trazia* o egípcio uma lança na mão, como o órgão do tecelão; mas *Benaia* desceu contra ele com uma vara, e arrancou a lança da mão do egípcio, e com ela o matou.

²⁴Estas coisas fez Benaia, filho de Joiada; pelo que teve nome entre aqueles três poderosos.

²⁵Eis que dos trinta foi ele o mais ilustre; contudo não chegou aos *primeiros* três; e Davi o pôs sobre os da sua guarda.

²⁶E *foram* os poderosos dos exércitos: Asael, irmão de Joabe, El-Hanã, filho de Dodó, de Belém;

²⁷Samote, o harorita; Helez, o pelonita;

²⁸Ira, filho de Iques, o tecoíta; Abiezer, o anatotita;

²⁹Sibecai, o husatita; Ilai, o aoíta;

³⁰Maarai, o netofatita; Helede, filho de Baaná, o netofatita;

³¹Itai, filho de Ribai, de Gileade, dos filhos de Benjamim; Benaia, o piratonita;

³²Hurai, do ribeiro de Gaás; Abiel, o arbatita;

³³Azmavete, o baarumita; Eliabe, o saalbonita;

³⁴Dos filhos de Hasém, o gizonita: Jônatas, filho de Sage, o hararita;

³⁵Aião, filho de Sacar, o hararita; Elifal, filho de Ur;

³⁶Hefer, o mequeratita; Aías, o pelonita;

³⁷Hezro, o carmelita; Naarai, filho de Ezbai;

³⁸Joel, irmão de Natã; Mibar, filho de Hagri;

³⁹Zeleque, o amonita; Naarai, o beerotita, escudeiro de Joabe, filho de Zeruia;

⁴⁰Ira, o itrita; Garebe, o itrita;

⁴¹Urias, o heteu; Zabade, filho de Alai;

⁴²Adina, filho de Siza, o rubenita, capitão dos rubenitas, e com ele trinta;

⁴³Hanã, filho de Maaca; e Josafá, o mitatita;

⁴⁴Uzias, o asteratita; Sama e Jeiel, filhos de Hotão, o aroerita;

⁴⁵Jediael, filho de Sinri; e Joa, seu irmão, o tizita;

⁴⁶Eliel, o maavita; e Jeribai e Josavias, filhos de Elnaão; e Itma, o moabita;

⁴⁷Eliel, Obede, e Jaasiel, o mesobaíta.

Os que vieram a Davi em Ziclague

12 ESTES, porém, *são* os que vieram a Davi, a Ziclague, estando ele ainda escondido, por causa de Saul, filho de Quis; e eram dos valentes que o ajudaram na guerra.

²Estavam armados de arco, e usavam tanto da mão direita como da esquerda *em atirar* pedras e *em atirar* flechas com o arco; *eram* dos irmãos de Saul, benjamitas.

³Aiezer, o chefe, e Joás, filhos de Semaa, o gibeatita, e Jeziel e Pelete, filhos de Azmavete; e Beraca, e Jeú, o anatotita;

⁴E Ismaías, o gibeonita, valente entre os trinta, e líder sobre os trinta; e Jeremias, e Jaaziel, e Joanã, e Jozabade, o gederatita;

⁵Eluzai, e Jerimote, e Bealias, e Samarias, e Sefatias, o harufita;

⁶Elcana, Issias, Azarel, Joezer, e Jasobeão, os coraítas,

⁷E Joela, e Zabadias, filhos de Jeroão de Gedor.

⁸E dos gaditas se desertaram para Davi, ao lugar forte no deserto, valentes, homens de guerra para pelejar, armados com escudo e lança; e seus rostos *eram* como rostos de leões, e ligeiros como corças sobre os montes:

⁹Ezer, o primeiro; Obadias, o segundo; Eliabe, o terceiro;

¹⁰Mismana, o quarto; Jeremias, o quinto;

¹¹Atai, o sexto; Eliel, o sétimo;

¹²Joanã, o oitavo; Elzabade, o nono;

¹³Jeremias, o décimo; Macbanai, o undécimo;

¹⁴Estes, dos filhos de Gade, *foram* os capitães do exército; o menor *tinha* o encargo de cem homens e o maior de mil.

¹⁵Estes *são* os que passaram o Jordão no primeiro mês, quando ele transbordava por todas as suas ribanceiras, e fizeram fugir a todos os dos vales ao oriente e ao ocidente.

¹⁶Também alguns dos filhos de Benjamim e de Judá vieram a Davi, ao lugar forte.

¹⁷E Davi lhes saiu ao encontro, e lhes falou, dizendo: Se vós vindes a mim pacificamente e para me ajudar, o meu coração se unirá convosco; porém, se *é* para me entregar aos meus inimigos, sem que haja deslealdade nas minhas mãos, o Deus de nossos pais o veja e o repreenda.

¹⁸Então veio o Espírito sobre Amasai, chefe de trinta, *e disse:* Nós somos teus, ó Davi, e contigo estamos, ó filho de Jessé! Paz, paz contigo, e paz com quem te ajuda, pois que teu Deus te ajuda. E Davi os recebeu, e os fez capitães das tropas.

¹⁹Também de Manassés *alguns* passaram para Davi, quando veio com os filisteus para a batalha contra Saul; todavia Davi não os ajudou, porque os príncipes dos filisteus, tendo feito conselho, o despediram, dizendo: À *custa de* nossas cabeças passará a Saul, seu senhor.

²⁰Voltando ele, pois, a Ziclague, passaram-se para ele, de Manassés, Adna, Jozabade, Jediael, Micael, Jozabade, Eliú, e Ziletai, capitães de milhares de Manassés.

²¹E estes ajudaram a Davi contra aquela tropa, porque todos eles *eram* heróis poderosos, e foram capitães no exército.

²²Porque naquele tempo, dia após dia, vinham a Davi para o ajudar, até *que se fez* um grande exército, como o exército de Deus.

Os que vieram a Davi em Hebrom

²³Ora este *é* o número dos chefes armados para a peleja, que vieram a Davi em Hebrom, para transferir a ele o reino de Saul, conforme a palavra do SENHOR.

²⁴Dos filhos de Judá, que traziam escudo e lança, seis mil e oitocentos, armados para a peleja;

²⁵Dos filhos de Simeão, homens poderosos para pelejar, sete mil e cem;

²⁶Dos filhos de Levi, quatro mil e seiscentos.

²⁷Joiada, que *era* o líder dos de Arão, e com ele três mil e setecentos.

²⁸E Zadoque, sendo ainda jovem, homem poderoso, com vinte e dois capitães da família de seu pai;

²⁹E dos filhos de Benjamim, irmãos de Saul, três

1 CRÔNICAS 12.30

mil; porque até então havia ainda muitos deles que eram pela casa de Saul.

[30] E dos filhos de Efraim, vinte mil e oitocentos homens poderosos, homens de nome nas casas de seus pais.

[31] E da meia tribo de Manassés, dezoito mil, que foram apontados pelos seus nomes para virem fazer rei a Davi.

[32] E dos filhos de Issacar, duzentos de seus chefes, destros no conhecimento dos tempos, para saberem o que Israel devia fazer, e todos os seus irmãos seguiam suas ordens.

[33] De Zebulom, dos que *podiam* sair no exército, cinquenta mil ordenados para a peleja com todas as armas de guerra; como também destros para ordenarem *uma batalha,* e não eram de coração dobre.

[34] E de Naftali, mil capitães, e com eles trinta e sete mil com escudo e lança.

[35] E dos danitas, ordenados para a peleja, vinte e oito mil e seiscentos.

[36] E de Aser, dos que *podiam* sair no exército, para ordenarem a batalha, quarenta mil.

[37] E do outro lado do Jordão, dos rubenitas e gaditas, e da meia tribo de Manassés, com toda a sorte de instrumentos de guerra para pelejar, cento e vinte mil.

[38] Todos estes homens de guerra, postos em ordem de batalha, vieram a Hebrom, com corações decididos, para constituírem a Davi rei sobre todo o Israel; e também todo o restante de Israel *tinha* o mesmo coração para constituir a Davi rei.

[39] E estiveram ali com Davi três dias, comendo e bebendo; porque seus irmãos lhes tinham preparado *as provisões.*

[40] E também seus vizinhos de mais perto, até Issacar, e Zebulom, e Naftali, trouxeram, sobre jumentos, e sobre camelos, e sobre mulos, e sobre bois, pão, provisões de farinha, pastas de figos e cachos de passas, e vinho, e azeite, e bois, gado miúdo em abundância; porque *havia* alegria em Israel.

A arca é depositada em casa de Obede-Edom

13 E DAVI tomou conselho com os capitães dos milhares, e das centenas, *e* com todos os líderes.

[2] E disse Davi a toda a congregação de Israel: Se bem *vos parece, e se isto vem* do Senhor nosso Deus, enviemos depressa *mensageiros* a todos os nossos outros irmãos em todas as terras de Israel, e aos sacerdotes, e aos levitas nas suas cidades e nos seus arrabaldes, para que se reúnam conosco;

[3] E tornemos a trazer para nós a arca do nosso Deus; porque não a buscamos nos dias de Saul.

[4] Então disse toda a congregação que se fizesse assim; porque este negócio pareceu reto aos olhos de todo o povo.

[5] Convocou, pois, Davi a todo o Israel desde Sior do Egito até chegar a Hamate; para trazer a arca de Deus de Quiriate-Jearim.

[6] E então Davi com todo o Israel subiu a Baalá de Quiriate-Jearim, que *está* em Judá, para fazer subir dali a arca de Deus, o Senhor que habita *entre* os querubins, *sobre* a qual é invocado o seu nome.

[7] E levaram a arca de Deus, da casa de Abinadabe, sobre um carro novo; e Uzá e Aiô guiavam o carro.

[8] E Davi e todo o Israel, alegraram-se perante Deus com todas as suas forças; com cânticos, e com harpas, e com saltérios, e com tamborins, e com címbalos, e com trombetas.

[9] E, chegando à eira de Quidom, estendeu Uzá a sua mão, para segurar a arca, porque os bois tropeçavam.

[10] Então se acendeu a ira do Senhor contra Uzá, e o feriu, por ter estendido a sua mão à arca; e morreu ali perante Deus.

[11] E Davi se encheu de tristeza porque o Senhor havia aberto brecha em Uzá; por isso chamou aquele lugar Perez-Uzá, até ao dia de hoje.

[12] E aquele dia temeu Davi a Deus, dizendo: Como trarei a mim a arca de Deus?

[13] Por isso Davi não trouxe a arca a si, à cidade de Davi; porém a fez levar à casa de Obede-Edom, o giteu.

[14] Assim ficou a arca de Deus com a família de Obede-Edom, três meses em sua casa; e o Senhor abençoou a casa de Obede-Edom, e tudo quanto tinha.

Davi faz acordo com Hirão

14 ENTÃO Hirão, rei de Tiro, mandou mensageiros a Davi, e madeira de cedro, e pedreiros, e carpinteiros, para lhe edificarem uma casa.

[2] E entendeu Davi que o Senhor o tinha confirmado rei sobre Israel; porque o seu reino tinha sido muito exaltado por amor do seu povo Israel.

As mulheres de Davi

[3] E Davi tomou ainda mais mulheres em Jerusalém; e gerou Davi ainda mais filhos e filhas.

[4] E estes *são* os nomes dos filhos que teve em Jerusalém: Samua, Sobabe, Natã, Salomão,

[5] E Ibar, Elisua, Elpelete,

[6] E Nogá, Nefegue, Jafia,

[7] E Elisama, Eliada, e Elifelete.

As vitórias de Davi sobre os filisteus

[8] Ouvindo, pois, os filisteus que Davi havia sido ungido rei sobre todo o Israel, todos os filisteus subiram em busca de Davi; o que ouvindo Davi, *logo* saiu contra eles.

[9] E vindo os filisteus, se estenderam pelo vale de Refaim.

[10] Então consultou Davi a Deus, dizendo: Subirei contra os filisteus, e nas minhas mãos os entregarás? E o Senhor lhe disse: Sobe, porque os entregarei nas tuas mãos.

[11] E, subindo a Baal-Perazim, Davi ali os feriu; e disse Davi: Por minha mão Deus derrotou a meus inimigos, como se rompem as águas. Por isso chamaram aquele lugar, Baal-Perazim.

¹²E deixaram ali seus deuses; e ordenou Davi que se queimassem a fogo;

¹³Porém os filisteus tornaram, e se estenderam pelo vale.

¹⁴E tornou Davi a consultar a Deus; e disse-lhe Deus: Não subirás atrás deles; mas rodeia-os por detrás, e vem a eles por defronte das amoreiras;

¹⁵E há de ser que, ouvindo tu um ruído de marcha pelas copas das amoreiras, então sairás à peleja; porque Deus terá saído diante de ti, para ferir o exército dos filisteus.

¹⁶E fez Davi como Deus lhe ordenara; e feriram o exército dos filisteus desde Gibeom até Gezer.

¹⁷Assim se espalhou o nome de Davi por todas aquelas terras; e o Senhor pôs o temor dele sobre todas aquelas nações.

A arca é levada para Jerusalém

15 DAVI também fez casa para si na cidade de Davi; e preparou um lugar para a arca de Deus, e armou-lhe uma tenda.

²Então disse Davi: Ninguém pode levar a arca de Deus, senão os levitas; porque o Senhor os escolheu, para levar a arca de Deus, e para o servirem eternamente.

³E Davi convocou a todo o Israel em Jerusalém, para fazer subir a arca do Senhor ao seu lugar, que lhe tinha preparado.

⁴E Davi reuniu os filhos de Arão e os levitas:

⁵Dos filhos de Coate: Uriel, o chefe, e de seus irmãos cento e vinte.

⁶Dos filhos de Merari: Asaías, o chefe, e de seus irmãos duzentos e vinte.

⁷Dos filhos de Gérson: Joel, o chefe, e de seus irmãos cento e trinta.

⁸Dos filhos de Elizafã: Semaías, o chefe, e de seus irmãos duzentos.

⁹Dos filhos de Hebrom: Eliel, o chefe, e de seus irmãos oitenta.

¹⁰Dos filhos de Uziel: Aminadabe, o chefe, e de seus irmãos cento e doze.

¹¹E chamou Davi os sacerdotes Zadoque e Abiatar, e os levitas, Uriel, Asaías, Joel, Semaías, Eliel, e Aminadabe.

¹²E disse-lhes: Vós *sois* os chefes dos pais entre os levitas; santificai-vos, vós e vossos irmãos, para que façais subir a arca do Senhor Deus de Israel, ao *lugar* que lhe tenho preparado.

¹³Porquanto vós não a *levastes* na primeira vez, o Senhor nosso Deus fez rotura em nós, porque não o buscamos segundo a ordenança.

¹⁴Santificaram-se, pois, os sacerdotes e os levitas, para fazerem subir a arca do Senhor Deus de Israel.

¹⁵E os filhos dos levitas trouxeram a arca de Deus sobre os seus ombros, pelas varas que nela havia, como Moisés tinha ordenado conforme a palavra do Senhor.

¹⁶E disse Davi aos chefes dos levitas que constituíssem, de seus irmãos, cantores, para que com instrumentos musicais, com alaúdes, harpas e címbalos, se fizessem ouvir, levantando a voz com alegria.

¹⁷Designaram, pois, os levitas a Hemã, filho de Joel; e dos seus irmãos, Asafe, filho de Berequias; e dos filhos de Merari, seus irmãos, Etã, filho de Cusaías.

¹⁸E com eles a seus irmãos da segunda *ordem:* a Zacarias, Bene, Jaaziel, Semiramote, Jeiel, Uni, Eliabe, Benaia, Maaseias, Matitias, Elifeleu, Micneias, Obede-Edom, e Jeiel, os porteiros.

¹⁹E os cantores, Hemã, Asafe e Etã, *se faziam* ouvir com címbalos de metal;

²⁰E Zacarias, Aziel, Semiramote, Jeiel, Uni, Eliabe, Maaseias, e Benaia, com alaúdes, sobre Alamote:

²¹E Matitias, Elifeleu, Micneias, Obede-Edom, Jeiel, e Azazias, com harpas, sobre Seminite, para sobressaírem.

²²E Quenanias, chefe dos levitas, *tinha o encargo* de dirigir o canto; ensinava-os a entoá-lo, porque *era* entendido.

²³E Berequias e Elcana *eram* porteiros da arca.

²⁴E Sebanias, Jeosafá, Netanel, Amasai, Zacarias, Benaia, e Eliezer, os sacerdotes, tocavam as trombetas perante a arca de Deus; e Obede-Edom e Jeías *eram* porteiros da arca.

²⁵Sucedeu, pois, que Davi e os anciãos de Israel, e os capitães dos milhares, foram, com alegria, para fazer subir a arca da aliança do Senhor, da casa de Obede-Edom.

²⁶E sucedeu que, ajudando Deus os levitas que levavam a arca da aliança do Senhor, sacrificaram sete novilhos e sete carneiros.

²⁷E Davi *ia* vestido de um manto de linho fino, como também todos os levitas que levavam a arca, e os cantores, e Quenanias, mestre dos cantores; também Davi *levava* sobre si *um* éfode de linho,

²⁸E todo o Israel fez subir a arca da aliança do Senhor, com júbilo, e ao som de cornetas, e de trombetas, e de címbalos, fazendo ressoar alaúdes e harpas.

²⁹E sucedeu que, chegando a arca da aliança do Senhor à cidade de Davi, Mical, a filha de Saul, olhou de uma janela e, vendo a Davi dançar e tocar, o desprezou no seu coração.

16 TROUXERAM, pois, a arca de Deus, e puseram no meio da tenda que Davi lhe tinha armado; e ofereceram holocaustos e sacrifícios pacíficos perante Deus.

²E, acabando Davi de oferecer os holocaustos e sacrifícios pacíficos, abençoou o povo em nome do Senhor.

³E repartiu a todos em Israel, tanto a homens como a mulheres, a cada um, um pão, e um bom pedaço de *carne,* e um frasco *de vinho.*

Ação de graças e cântico de Davi

⁴E pôs *alguns* dos levitas por ministros perante a arca do Senhor; isto para recordarem, e louvarem, e celebrarem ao Senhor Deus de Israel.

⁵*Era* Asafe, o chefe, e Zacarias o segundo depois

dele; Jeiel, e Semiramote, e Jeiel, e Matitias, e Eliabe, e Benaia, e Obede-Edom, e Jeiel, com alaúdes e com harpas; e Asafe se fazia ouvir com címbalos;

⁶Também Benaia, e Jaaziel, os sacerdotes, continuamente *tocavam* trombetas, perante a arca da aliança de Deus.

⁷Então naquele mesmo dia Davi, em primeiro lugar, deu *o seguinte salmo* para que, pelo ministério de Asafe e de seus irmãos, louvassem ao Senhor;

⁸Louvai ao Senhor, invocai o seu nome, fazei conhecidas as suas obras entre os povos.

⁹Cantai-lhe, salmodiai-lhe, atentamente falai de todas as suas maravilhas.

¹⁰Gloriai-vos no seu santo nome; alegre-se o coração dos que buscam ao Senhor.

¹¹Buscai ao Senhor e a sua força; buscai a sua face continuamente.

¹²Lembrai-vos das maravilhas que fez, de seus prodígios, e dos juízos da sua boca;

¹³*Vós,* semente de Israel, seus servos, *vós,* filhos de Jacó, seus escolhidos.

¹⁴Ele *é* o Senhor nosso Deus; os seus juízos *estão* em toda a terra.

¹⁵Lembrai-vos perpetuamente da sua aliança *e* da palavra que prescreveu para mil gerações;

¹⁶*Da* aliança que fez com Abraão, e do seu juramento a Isaque;

¹⁷O qual também a Jacó confirmou por estatuto, *e* a Israel por aliança eterna,

¹⁸Dizendo: A ti te darei a terra de Canaã, quinhão da vossa herança.

¹⁹Quando eram poucos homens em número, sim, mui poucos, e estrangeiros nela,

²⁰Quando andavam de nação em nação, e de um reino para outro povo,

²¹A ninguém permitiu que os oprimisse, e por amor deles repreendeu reis, *dizendo:*

²²Não toqueis os meus ungidos, e aos meus profetas não façais mal.

²³Cantai ao Senhor em toda a terra; anunciai de dia em dia a sua salvação.

²⁴Contai entre as nações a sua glória, entre todos os povos as suas maravilhas.

²⁵Porque grande *é* o Senhor, e mui digno de louvor, e mais temível é do que todos os deuses.

²⁶Porque todos os deuses dos povos *são* ídolos; porém o Senhor fez os céus.

²⁷Louvor e majestade *há* diante dele, força e alegria no seu lugar.

²⁸Tributai ao Senhor, ó famílias dos povos, tributai ao Senhor glória e força.

²⁹Tributai ao Senhor a glória de seu nome; trazei presentes, e vinde perante ele; adorai ao Senhor na beleza da sua santidade.

³⁰Trema perante ele, trema toda a terra; pois o mundo se firmará, para que não se abale.

³¹Alegrem-se os céus, e regozije-se a terra; e diga-se entre as nações: O Senhor reina.

³²Brame o mar com a sua plenitude; exulte o campo com tudo o que nele *há;*

³³Então jubilarão as árvores dos bosques perante o Senhor; porquanto vem julgar a terra.

³⁴Louvai ao Senhor, porque *é* bom; pois a sua benignidade *dura* perpetuamente.

³⁵E dizei: Salva-nos, ó Deus da nossa salvação, e ajunta-nos, e livra-nos das nações, para que louvemos o teu santo nome, *e* nos gloriemos no teu louvor.

³⁶Bendito *seja* o Senhor Deus de Israel, de eternidade a eternidade. E todo o povo disse: Amém! E louvou ao Senhor.

³⁷Então *Davi* deixou ali, diante da arca da aliança do Senhor, a Asafe e a seus irmãos, para ministrarem continuamente perante a arca, segundo se ordenara para cada dia.

³⁸E mais a Obede-Edom, com seus irmãos, sessenta e oito; a este Obede-Edom, filho de Jedutum, e a Hosa, *deixou* por porteiros.

³⁹E *deixou* a Zadoque, o sacerdote, e a seus irmãos, os sacerdotes, diante do tabernáculo do Senhor, no alto que *está* em Gibeom,

⁴⁰Para oferecerem holocaustos ao Senhor continuamente, pela manhã e à tarde, sobre o altar dos holocaustos; e isto segundo tudo o que está escrito na lei do Senhor que tinha prescrito a Israel.

⁴¹E com eles a Hemã, e a Jedutum, e aos mais escolhidos, que foram apontados pelos seus nomes, para louvarem ao Senhor, porque a sua benignidade *dura* perpetuamente.

⁴²Com eles, pois, *estavam* Hemã e Jedutum, *com* trombetas e címbalos, para os que haviam de tocar, e *com* outros instrumentos de música de Deus; porém os filhos de Jedutum *estavam* à porta.

⁴³Então todo o povo se retirou, cada um para a sua casa; e voltou Davi, para abençoar a sua casa.

Davi deseja edificar o templo

17 SUCEDEU, pois, que, morando Davi já em sua casa, disse Davi ao profeta Natã: Eis que moro em casa de cedro, mas a arca da aliança do Senhor *está* debaixo de cortinas.

²Então Natã disse a Davi: Tudo quanto *tens* no teu coração faze, porque Deus *é* contigo.

³Mas sucedeu, na mesma noite, que a palavra de Deus veio a Natã, dizendo:

⁴Vai, e dize a Davi meu servo: Assim diz o Senhor: Tu não me edificarás *uma* casa para *eu* morar;

⁵Porque em casa nenhuma morei, desde o dia em que fiz subir a Israel até *ao dia de* hoje; mas fui de tenda em tenda, e de tabernáculo *em tabernáculo.*

⁶Por todas *as partes* por onde andei com todo o Israel, *porventura* falei alguma palavra a algum dos juízes de Israel, a quem ordenei que apascentasse o meu povo, dizendo: Por que não me edificais *uma* casa de cedro?

⁷Agora, pois, assim dirás a meu servo Davi: Assim diz o Senhor dos Exércitos: Eu te tirei do curral, de detrás das ovelhas, para que fosses chefe do meu povo Israel.

⁸E estive contigo por toda *a parte,* por onde

foste, e de diante de ti exterminei todos os teus inimigos, e te fiz *um* nome como o nome dos grandes que *estão* na terra,

⁹E ordenarei um lugar para o meu povo Israel, e o plantarei, para que habite no seu lugar, e nunca mais seja removido de uma para outra parte; e nunca mais os filhos da perversidade o debilitarão como dantes,

¹⁰E desde os dias em que ordenei juízes sobre o meu povo Israel. Assim abaterei a todos os teus inimigos; também te faço saber que o Senhor te edificará *uma* casa.

¹¹E há de ser que, quando forem cumpridos os teus dias, para ires a teus pais, suscitarei a tua descendência depois de ti, um dos teus filhos, e estabelecerei o seu reino.

¹²Este me edificará casa; e eu confirmarei o seu trono para sempre.

¹³Eu lhe serei por pai, e ele me será por filho; e a minha benignidade não retirarei dele, como *a* tirei daquele, que foi antes de ti.

¹⁴Mas o confirmarei na minha casa e no meu reino para sempre, e o seu trono será firme para sempre.

¹⁵Conforme todas estas palavras, e conforme toda esta visão, assim falou Natã a Davi.

A oração de Davi

¹⁶Então entrou o rei Davi, e ficou perante o Senhor; e disse: Quem *sou* eu, Senhor Deus? E qual *é* a minha casa, para que me tenhas trazido até aqui?

¹⁷E *ainda* isto, ó Deus, foi pouco aos teus olhos; pelo que falaste da casa de teu servo para tempos distantes; e trataste-me como a um homem ilustre, ó Senhor Deus.

¹⁸Que mais te *dirá* Davi, acerca da honra feita a teu servo? Porém tu conheces bem a teu servo.

¹⁹Ó Senhor, por amor de teu servo, e segundo o teu coração, fizeste toda *esta* grandeza, para fazer notória todas estas grandes coisas.

²⁰Senhor, ninguém *há* como tu, e não *há* Deus fora de ti, segundo tudo quanto ouvimos com os nossos ouvidos.

²¹E quem há como o teu povo Israel, única gente na terra, a quem Deus foi resgatar para seu povo, fazendo-te nome com coisas grandes e temerosas, lançando as nações de diante do teu povo, que resgataste do Egito?

²²E confirmaste o teu povo Israel para ser teu povo para sempre; e tu, Senhor, lhe foste por Deus.

²³Agora, pois, Senhor, a palavra que falaste de teu servo, e acerca da sua casa, confirma-a para sempre; e faze como falaste.

²⁴Confirme-se e engrandeça-se o teu nome para sempre, *e* diga-se: O Senhor dos Exércitos é o Deus de Israel, *é* Deus para Israel; e *permaneça* firme diante de ti a casa de Davi, teu servo.

²⁵Porque tu, Deus meu, revelaste ao ouvido de teu servo que lhe edificarias casa; pelo que o teu servo achou *confiança* para orar em tua presença.

²⁶Agora, pois, Senhor, tu és o mesmo Deus, e falaste este bem acerca de teu servo.

²⁷Agora, pois, foste servido abençoar a casa de teu servo, para que permaneça para sempre diante de ti: porque tu, Senhor, a abençoaste, e *ficará* abençoada para sempre.

Diversas vitórias de Davi

18 E DEPOIS disto aconteceu que Davi derrotou os filisteus, e os sujeitou; e tomou a Gate, e os lugares da sua jurisdição, da mão dos filisteus.

²Também derrotou os moabitas; e os moabitas ficaram por servos de Davi, pagando tributos.

³Também Davi derrotou a Hadar-Ezer, rei de Zobá, junto a Hamate, quando ele ia estabelecer o seu domínio sobre o rio Eufrates.

⁴E Davi lhe tomou mil carros, e sete mil cavaleiros, e vinte mil homens de pé; e Davi jarretou todos os *cavalos dos* carros; porém reservou deles *para* cem carros.

⁵E vieram os sírios de Damasco a socorrer a Hadar-Ezer, rei de Zobá; porém Davi feriu dos sírios vinte e dois mil homens.

⁶E Davi pôs *guarnições* na Síria de Damasco, e os sírios ficaram por servos de Davi, pagando-lhe tributo; e o Senhor guardava a Davi, por onde quer que ia.

⁷E Davi tomou os escudos de ouro, que tinham os servos de Hadar-Ezer, e os trouxe a Jerusalém.

⁸Também de Tibate, e de Cum, cidades de Hadar-Ezer, tomou Davi muitíssimo cobre, de que Salomão fez o mar de cobre, e as colunas, e os utensílios de cobre.

⁹E ouvindo Toí, rei de Hamate, que Davi destruíra todo o exército de Hadar-Ezer, rei de Zobá,

¹⁰Mandou seu filho Hadorão a Davi, para lhe perguntar como estava, e para o abençoar, por haver pelejado contra Hadar-Ezer, e por havê-lo ferido (porque Hadar-Ezer fazia guerra a Toí), *enviando-lhe* também toda a sorte de vasos de ouro, e de prata, e de cobre.

¹¹Os quais Davi também consagrou ao Senhor, juntamente com a prata e ouro que trouxera de todas as *demais* nações: dos edomeus, e dos moabitas, e dos filhos de Amom, e dos filisteus, e dos amalequitas.

¹²Também Abisai, filho de Zeruia, feriu a dezoito mil edomeus no Vale do Sal.

¹³E pôs guarnições em Edom, e todos os edomeus ficaram por servos de Davi; e o Senhor guardava a Davi, por onde quer que ia.

¹⁴E Davi reinou sobre todo o Israel; e fazia juízo e justiça a todo o seu povo.

¹⁵E Joabe, filho de Zeruia, comandava o exército; Jeosafá, filho de Ailude, *era* cronista.

¹⁶E Zadoque, filho de Aitube, e Abimeleque, filho de Abiatar, *eram* sacerdotes; e Savsa escrivão.

¹⁷E Benaia, filho de Joiada, estava sobre os quereteus e peleteus; porém os filhos de Davi eram os primeiros junto ao rei.

1 CRÔNICAS 19.1

Os mensageiros de Davi são insultados

19 E ACONTECEU, depois disto que Naás, rei dos filhos de Amom, morreu; e seu filho reinou em seu lugar.

[2]Então disse Davi: Usarei de benevolência com Hanum, filho de Naás, porque seu pai usou de benevolência comigo. Por isso Davi enviou mensageiros para o consolarem acerca de seu pai. E, chegando os servos de Davi à terra dos filhos de Amom, a Hanum, para o consolarem,

[3]Disseram os príncipes dos filhos de Amom a Hanum: *Pensas porventura,* que foi para honrar teu pai aos teus olhos, que Davi te mandou consoladores? Não vieram seus servos a ti, a esquadrinhar, e a transtornar, e a espiar a terra?

[4]Por isso Hanum tomou os servos de Davi, e raspou-os, e cortou-lhes as vestes no meio até à coxa da perna, e os despediu.

[5]E foram-se, e avisaram a Davi acerca daqueles homens; e enviou ele *mensageiros* a encontrá-los; porque aqueles homens estavam sobremaneira envergonhados. Disse, pois, o rei: Deixai-vos ficar em Jericó, até que vos torne a crescer a barba, e *então* voltai.

[6]Vendo, pois, os filhos de Amom que se tinham feito odiosos para com Davi, enviou Hanum, e os filhos de Amom, mil talentos de prata para alugarem para si carros e cavaleiros da Mesopotâmia, e da Síria de Maaca, e de Zobá.

[7]E alugaram para si trinta e dois mil carros, e o rei de Maaca e o seu povo, e eles vieram, e se acamparam diante de Medeba; também os filhos de Amom se ajuntaram das suas cidades, e vieram para a guerra.

[8]O que ouvindo Davi, enviou Joabe e todo o exército dos homens valentes.

[9]E, saindo os filhos de Amom, ordenaram a batalha à porta da cidade; porém os reis que vieram *se puseram* à parte no campo.

[10]E, vendo Joabe que a batalha estava preparada contra ele, pela frente e pela retaguarda, separou dentre os mais escolhidos de Israel, e os ordenou contra os sírios.

[11]E o resto do povo entregou na mão de Abisai, seu irmão; e puseram-se em ordem de batalha contra os filhos de Amom.

[12]E disse: Se os sírios forem mais fortes do que eu, tu virás socorrer-me; e, se os filhos de Amom forem mais fortes do que tu, *então* eu te socorrerei.

[13]Esforça-te, e esforcemo-nos pelo nosso povo, e pelas cidades do nosso Deus, e faça o SENHOR o que *parecer* bem aos seus olhos.

[14]Então se chegou Joabe, e o povo que *tinha* consigo, diante dos sírios, para a batalha; e fugiram de diante dele.

[15]Vendo, pois, os filhos de Amom que os sírios fugiram, também eles fugiram de diante de Abisai, seu irmão, e entraram na cidade; e veio Joabe para Jerusalém.

[16]E, vendo os sírios que foram derrotados diante de Israel, enviaram mensageiros, e fizeram sair os sírios que *habitavam* do outro lado do rio; e Sofaque, capitão do exército de Hadar-Ezer, *marchava* diante deles.

[17]Do que avisado Davi, ajuntou a todo o Israel, e passou o Jordão, e foi ter com eles, e ordenou contra eles *a batalha;* e, tendo Davi ordenado a batalha contra os sírios, pelejaram contra ele.

[18]Porém os sírios fugiram de diante de Israel, e feriu Davi, dos sírios, os homens de sete mil carros, e quarenta mil homens de pé; e a Sofaque, capitão do exército, matou.

[19]Vendo, pois, os servos de Hadar-Ezer que tinham sido feridos diante de Israel, fizeram paz com Davi, e o serviram; e os sírios nunca mais quiseram socorrer os filhos de Amom.

Várias vitórias

20 ACONTECEU que, no decurso de *um* ano, no tempo em que os reis costumam sair *para a guerra,* Joabe levou as forças do exército, e destruiu a terra dos filhos de Amom, e veio, e cercou a Rabá; porém Davi ficou em Jerusalém; e Joabe feriu a Rabá, e a destruiu.

[2]E Davi tirou a coroa da cabeça do rei deles, e achou nela o peso de um talento de ouro, e *havia* nela pedras preciosas; e foi posta sobre a cabeça de Davi; e levou da cidade mui grande despojo.

[3]Também levou o povo que *estava* nela, e *os* fez trabalhar com a serra, e com talhadeiras de ferro e com machados; e assim fez Davi com todas as cidades dos filhos de Amom; então voltou Davi, com todo o povo, para Jerusalém.

[4]E, depois disto, aconteceu que, levantando-se guerra em Gezer, com os filisteus, então Sibecai, o husatita, feriu a Sipai, dos filhos do gigante; e ficaram subjugados.

[5]E tornou a haver guerra com os filisteus; e El-Hanã, filho de Jair, feriu a Lami, irmão de Golias, o giteu, cuja haste da lança *era* como eixo de tecelão.

[6]E houve ainda outra guerra em Gate; onde havia um homem de *grande* estatura, e tinha vinte e quatro dedos, seis em cada mão, e seis em cada pé, e que também era filho do gigante.

[7]E injuriou a Israel; porém Jônatas, filho de Simei, irmão de Davi, o feriu;

[8]Estes nasceram ao gigante em Gate; e caíram pela mão de Davi e pela mão dos seus servos.

Davi numera o povo

21 ENTÃO Satanás se levantou contra Israel, e incitou Davi a numerar a Israel.

[2]E disse Davi a Joabe e aos maiorais do povo: Ide, numerai a Israel, desde Berseba até Dã; e trazei-me a conta para que saiba o número deles.

[3]Então disse Joabe: O SENHOR acrescente ao seu povo cem vezes tanto como é; *porventura,* ó rei meu senhor, não *são* todos servos de meu senhor? Por que procura isto o meu senhor? Porque seria *isto causa de* delito para com Israel.

[4]Porém a palavra do rei prevaleceu contra

Joabe; por isso saiu Joabe, e passou por todo o Israel; então voltou para Jerusalém.

⁵E Joabe deu a Davi a soma do número do povo; e era todo o Israel um milhão e cem mil homens, dos que arrancavam da espada; e de Judá quatrocentos e setenta mil homens, dos que arrancavam da espada.

⁶Porém os de Levi e Benjamim não contou entre eles, porque a palavra do rei foi abominável a Joabe.

⁷E este negócio *também* pareceu mau aos olhos de Deus; por isso feriu a Israel.

⁸Então disse Davi a Deus: Gravemente pequei em fazer este negócio; porém agora sê servido tirar a iniquidade de teu servo, porque procedi mui loucamente.

⁹Falou, pois, o SENHOR a Gade, o vidente de Davi, dizendo:

¹⁰Vai, e fala a Davi, dizendo: Assim diz o SENHOR: Três *coisas* te proponho; escolhe uma delas, para que eu ta faça.

¹¹E Gade veio a Davi, e lhe disse: Assim diz o SENHOR: Escolhe para ti,

¹²Ou três anos de fome, ou que três meses sejas consumido diante dos teus adversários, e a espada de teus inimigos *te* alcance, ou que três dias a espada do SENHOR, isto é, a peste na terra, e o anjo do SENHOR destrua todos os termos de Israel; vê, pois, agora, que resposta hei de levar a quem me enviou.

¹³Então disse Davi a Gade: Estou em grande angústia; caia eu, pois, nas mãos do SENHOR, porque *são* muitíssimas as suas misericórdias; mas que eu não caia nas mãos dos homens.

¹⁴Mandou, pois, o SENHOR a peste a Israel; e caíram de Israel setenta mil homens.

¹⁵E Deus mandou *um* anjo a Jerusalém para a destruir; e, destruindo-a *ele*, o SENHOR olhou, e se arrependeu daquele mal, e disse ao anjo destruidor: Basta, agora retira a tua mão. E o anjo do SENHOR estava junto à eira de Ornã, o jebuseu.

¹⁶E, levantando Davi os seus olhos, viu o anjo do SENHOR, que estava entre a terra e o céu, com a sua espada desembainhada na sua mão estendida contra Jerusalém; então Davi e os anciãos, cobertos de sacos, se prostraram sobre os seus rostos.

¹⁷E disse Davi a Deus: Não *sou* eu *o que* disse que se contasse o povo? E eu mesmo *sou* o que pequei, e fiz muito mal; mas estas ovelhas que fizeram? Ah! SENHOR, meu Deus, seja a tua mão contra mim, e contra a casa de meu pai, e não para castigo de teu povo.

¹⁸Então o anjo do SENHOR ordenou a Gade que dissesse a Davi para subir e levantar um altar ao SENHOR na eira de Ornã, o jebuseu.

¹⁹Subiu, pois, Davi, conforme a palavra de Gade, que falara em nome do SENHOR.

²⁰E, virando-se Ornã, viu o anjo, e esconderam-se seus quatro filhos que estavam com ele; e Ornã estava trilhando o trigo.

²¹E Davi veio a Ornã; e olhou Ornã, e viu a Davi, e saiu da eira, e se prostrou perante Davi com o rosto em terra.

²²E disse Davi a Ornã: Dá-me *este* lugar da eira, para edificar nele um altar ao SENHOR; dá-mo pelo seu valor, para que cesse este castigo sobre o povo.

²³Então disse Ornã a Davi: Toma-o para ti, e faça o rei meu senhor *dele* o que *parecer* bem aos seus olhos; eis que dou os bois para holocaustos, e os trilhos para lenha, e o trigo para oferta de alimentos; tudo dou.

²⁴E disse o rei Davi a Ornã: Não, antes, pelo seu valor, a quero comprar; porque não tomarei o que *é* teu, para o SENHOR, para que não ofereça holocausto sem custo.

²⁵E Davi deu a Ornã, por aquele lugar, o peso de seiscentos siclos de ouro.

²⁶Então Davi edificou ali um altar ao SENHOR, e ofereceu nele holocaustos e sacrifícios pacíficos; e invocou o SENHOR, o qual lhe respondeu com fogo do céu sobre o altar do holocausto.

²⁷E o SENHOR deu ordem ao anjo, e ele tornou a sua espada à bainha.

²⁸Vendo Davi, no mesmo tempo, que o SENHOR lhe respondera na eira de Ornã, o jebuseu, sacrificou ali.

²⁹Porque o tabernáculo do SENHOR, que Moisés fizera no deserto, e o altar do holocausto, *estavam* naquele tempo no alto de Gibeom.

³⁰E não podia Davi ir perante ele consultar a Deus; porque estava aterrorizado por causa da espada do anjo do SENHOR.

Davi faz preparativos para edificar o templo

22 E DISSE Davi: Esta *será* a casa do SENHOR Deus, e este *será* o altar do holocausto para Israel.

²E deu ordem Davi que se ajuntassem os estrangeiros que *estavam* na terra de Israel; e ordenou cortadores de pedras, para que lavrassem pedras de cantaria, para edificar a casa de Deus.

³E aparelhou Davi ferro em abundância, para os pregos das portas das entradas, e para as junturas; como também cobre em abundância, que não foi pesado;

⁴E madeira de cedro sem conta; porque os sidônios e tírios traziam a Davi madeira de cedro em abundância.

⁵Porque dizia Davi: Salomão, meu filho, ainda *é* moço e tenro, e a casa que se há de edificar para o SENHOR *deve ser* magnífica em excelência, para nome e glória em todas as terras; eu, *pois,* agora lhe prepararei *materiais*. Assim preparou Davi *materiais* em abundância, antes da sua morte.

⁶Então chamou a Salomão seu filho, e lhe ordenou que edificasse *uma* casa ao SENHOR Deus de Israel.

⁷E disse Davi a Salomão: Filho meu, quanto a mim, tive em meu coração o *propósito de* edificar uma casa ao nome do SENHOR meu Deus.

⁸Porém, veio a mim a palavra do SENHOR, dizendo: Tu derramaste sangue em abundância, e fizeste

grandes guerras; não edificarás casa ao meu nome; porquanto muito sangue tens derramado na terra, perante mim.

⁹Eis que o filho que te nascer será homem de repouso; porque repouso lhe hei de dar de todos os seus inimigos ao redor; portanto, Salomão será o seu nome, e paz e descanso darei a Israel nos seus dias.

¹⁰Ele edificará uma casa ao meu nome, e me será *por* filho, e eu lhe serei *por* pai, e confirmarei o trono de seu reino sobre Israel, para sempre.

¹¹Agora, pois, meu filho, o Senhor seja contigo; e prospera, e edifica a casa do Senhor teu Deus, como ele disse de ti.

¹²O Senhor te dê tão somente prudência e entendimento, e te instrua acerca de Israel; e isso para guardar a lei do Senhor teu Deus.

¹³Então prosperarás, se tiveres cuidado de cumprir os estatutos e os juízos, que o Senhor mandou a Moisés acerca de Israel; esforça-te, e tem bom ânimo; não temas, nem tenhas pavor.

¹⁴Eis que na minha aflição preparei para a casa do Senhor cem mil talentos de ouro, e um milhão de talentos de prata, e de cobre e de ferro que não se pesou, porque era em abundância; também madeira e pedras preparei, e tu suprirás o que faltar.

¹⁵Também *tens* contigo obreiros em grande número, cortadores e artífices em *obra de* pedra e madeira; e toda a sorte de peritos em toda a espécie de obra.

¹⁶Do ouro, da prata, e do cobre, e do ferro não *há* conta. Levanta-te, *pois*, e faze *a obra*, e o Senhor seja contigo.

¹⁷E Davi deu ordem a todos os príncipes de Israel que ajudassem a Salomão, seu filho, *dizendo:*

¹⁸*Porventura* não *está* convosco o Senhor vosso Deus, e *não* vos deu repouso ao redor? Porque entregou na minha mão os moradores da terra; e a terra foi sujeita perante o Senhor e perante o seu povo.

¹⁹Disponde, pois, agora o vosso coração e a vossa alma para buscardes ao Senhor vosso Deus; e levantai-vos, e edificai o santuário do Senhor Deus, para que a arca da aliança do Senhor, e os vasos sagrados de Deus se tragam a esta casa, que se há de edificar ao nome do Senhor.

Davi faz Salomão rei

23 SENDO, pois, Davi já velho, e cheio de dias, fez a Salomão, seu filho, rei sobre Israel.

Os deveres e funções dos levitas

²E reuniu a todos os príncipes de Israel, como também aos sacerdotes e levitas.

³E foram contados os levitas de trinta anos para cima; e foi o número deles, segundo as suas cabeças, trinta e oito mil homens.

⁴Destes *havia* vinte e quatro mil, para promoverem a obra da casa do Senhor, e seis mil oficiais e juízes,

⁵E quatro mil porteiros, e quatro mil para

louvarem ao Senhor com os instrumentos, que eu fiz para *o* louvar, *disse Davi.*

⁶E Davi os repartiu por turnos, segundo os filhos de Levi, Gérson, Coate e Merari.

⁷Dos gersonitas: Ladã e Simei.

⁸Os filhos de Ladã: Jeiel, o chefe, e Zetã, e Joel, três.

⁹Os filhos de Simei: Selomite, Haziel, e Harã, três; estes *foram* os chefes dos pais de Ladã.

¹⁰E os filhos de Simei: Jaate, Ziza, Jeús, e Berias; estes *foram* os filhos de Simei, quatro.

¹¹E Jaate era o chefe, e Ziza o segundo, mas Jeús e Berias não tiveram muitos filhos; por isso estes, sendo contados juntos se tornaram uma *só* família.

¹²Os filhos de Coate: Anrão, Izar, Hebrom, e Uziel, quatro.

¹³Os filhos de Anrão: Arão e Moisés; e Arão foi separado para santificar o santo dos santos, ele e seus filhos, eternamente; para incensar diante do Senhor, para o servirem, e para darem a bênção em seu nome eternamente.

¹⁴E, *quanto a* Moisés, homem de Deus, seus filhos foram contados entre os da tribo de Levi.

¹⁵*Foram,* pois, os filhos de Moisés, Gérson e Eliézer.

¹⁶Dos filhos de Gérson *foi* Sebuel o chefe.

¹⁷E, quanto aos filhos de Eliézer, *foi* Reabias o chefe; e Eliézer não teve outros filhos; porém os filhos de Reabias foram muitos.

¹⁸Dos filhos de Izar *foi* Selomite o chefe.

¹⁹Quanto aos filhos de Hebrom, foram Jerias o primeiro, Amarias o segundo, Jaaziel o terceiro, e Jecameão o quarto.

²⁰Quanto aos filhos de Uziel, Mica o chefe, e Issias o segundo.

²¹Os filhos de Merari: Mali, e Musi; os filhos de Mali: Eleazar e Quis.

²²E morreu Eleazar, e não teve filhos, porém filhas; e os filhos de Quis, seus parentes, as tomaram *por mulheres.*

²³Os filhos de Musi: Mali, e Eder, e Jeremote, três.

²⁴Estes *são* os filhos de Levi, segundo a casa de seus pais, chefes dos pais, conforme foram contados pelos seus nomes, segundo as suas cabeças, que faziam a obra do ministério da casa do Senhor, desde a idade de vinte anos para cima.

²⁵Porque disse Davi: O Senhor Deus de Israel deu repouso ao seu povo, e habitará em Jerusalém para sempre.

²⁶E também, quanto aos levitas, que nunca *mais* levassem o tabernáculo, nem algum de seus aparelhos *pertencentes* ao seu ministério.

²⁷Porque, segundo as últimas palavras de Davi, *foram* contados os filhos de Levi da idade de vinte anos para cima:

²⁸Porque o seu cargo *era* assistir aos filhos de Arão no ministério da casa do Senhor, nos átrios, e nas câmaras, e na purificação de todas as coisas sagradas, e na obra do ministério da casa de Deus.

²⁹*A saber:* para os pães da proposição, e para a

flor de farinha, para a oferta de alimentos, e para os coscorões ázimos, e para as sertãs, e para o tostado, e para todo o peso e medida;

³⁰E para estarem cada manhã em pé para louvarem e celebrarem ao Senhor; e semelhantemente à tarde;

³¹E para oferecerem os holocaustos do Senhor, aos sábados, nas luas novas, e nas solenidades, segundo o seu número e costume, continuamente perante o Senhor;

³²E para que tivessem cuidado da guarda da tenda da congregação, e da guarda do santuário, e da guarda dos filhos de Arão, seus irmãos, no ministério da casa do Senhor.

As divisões dos sacerdotes

24 E QUANTO aos filhos de Arão, *estas foram* as suas divisões: os filhos de Arão: Nadabe, Abiú, Eleazar e Itamar.

²E morreram Nadabe e Abiú antes de seu pai, e não tiveram filhos; e Eleazar e Itamar administravam o sacerdócio.

³E Davi, com Zadoque, dos filhos de Eleazar, e Aimeleque, dos filhos de Itamar, dividiu-os segundo o seu ofício no seu ministério.

⁴E acharam-se muito mais chefes dos pais entre os filhos de Eleazar do que entre os filhos de Itamar, quando os repartiram; dos filhos de Eleazar dezesseis chefes das casas paternas, mas dos filhos de Itamar, segundo as casas paternas, oito.

⁵E os repartiram por sortes, uns com os outros; porque houve governadores do santuário e governadores *da casa* de Deus, assim dentre os filhos de Eleazar, como dentre os filhos de Itamar.

⁶E Semaías, filho de Natanael, o escrivão dentre os levitas, os registrou perante o rei, e os príncipes, e Zadoque, o sacerdote, e Aimeleque, filho de Abiatar, e os chefes dos pais entre os sacerdotes, e entre os levitas; dentre as casas dos pais tomou-se uma para Eleazar, e outra para Itamar.

⁷E saiu a primeira sorte a Jeoiaribe, a segunda a Jedaías,

⁸A terceira a Harim, a quarta a Seorim,

⁹A quinta a Malquias, a sexta a Miamim,

¹⁰A sétima a Hacoz, a oitava a Abias,

¹¹A nona a Jesua, a décima a Secanias,

¹²A undécima a Eliasibe, a duodécima a Jaquim,

¹³A décima terceira a Hupa, a décima quarta a Jesebeabe,

¹⁴A décima quinta a Bilga, a décima sexta a Imer,

¹⁵A décima sétima a Hezir, a décima oitava a Hapizes,

¹⁶A décima nona a Petaías, a vigésima a Jeezquel,

¹⁷A vigésima primeira a Jaquim, a vigésima segunda a Gamul,

¹⁸A vigésima terceira a Delaías, a vigésima quarta a Maazias.

¹⁹O ofício destes no seu ministério era entrar na casa do Senhor, segundo lhes fora ordenado por Arão seu pai, como o Senhor Deus de Israel lhe tinha mandado.

²⁰E do restante dos filhos de Levi: dos filhos de Anrão, Subael; dos filhos de Subael, Jedias.

²¹Quanto a Reabias: dos filhos de Reabias, Issias *era* o primeiro;

²²Dos izaritas, Selomote; dos filhos de Selomote, Jaate;

²³E dos filhos *de Hebrom,* Jerias *o primeiro,* Amarias o segundo, Jaaziel o terceiro, Jecameão o quarto;

²⁴Dos filhos de Uziel, Mica; dos filhos de Mica, Samir;

²⁵O irmão de Mica, Issias; dos filhos de Issias, Zacarias;

²⁶Os filhos de Merari, Mali e Musi; dos filhos de Jaazias, Beno;

²⁷Os filhos de Merari: de Jaazias, Beno, e Soão, e Zacur, e Ibri;

²⁸De Mali, Eleazar; e este não teve filhos.

²⁹Quanto a Quis: dos filhos de Quis, Jerameel;

³⁰E os filhos de Musi: Mali, e Eder, e Jerimote; estes *foram* os filhos dos levitas, segundo as suas casas paternas.

³¹Estes também lançaram sortes como seus irmãos, os filhos de Arão, perante o rei Davi, e Zadoque, e Aimeleque, e os chefes das famílias entre os sacerdotes e entre os levitas; assim fizeram, tanto os pais principais como os irmãos menores.

Funções dos cantores e suas divisões

25 E DAVI, juntamente com os capitães do exército, separou para o ministério os filhos de Asafe, e de Hemã, e de Jedutum, para profetizarem com harpas, com címbalos, e com saltérios; e *este* foi o número dos homens aptos para a obra do seu ministério:

²Dos filhos de Asafe: Zacur, José, Netanias, e Asarela, filhos de Asafe; a cargo de Asafe, que profetizava debaixo das ordens do rei Davi.

³Quanto a Jedutum, os filhos: Gedalias, Zeri, Jesaías, Hasabias, e Matitias, seis, a cargo de seu pai, Jedutum, o qual profetizava com a harpa, louvando e dando graças ao Senhor.

⁴Quanto a Hemã, os filhos: Buquias, Matanias, Uziel, Sebuel, Jerimote, Hananias, Hanani, Eliata, Gidalti, Romanti-Ezer, Josbecasa, Maloti, Hotir, *e* Maaziote.

⁵Todos estes *foram* filhos de Hemã, o vidente do rei nas palavras de Deus, para exaltar o seu poder; porque Deus dera a Hemã catorze filhos e três filhas.

⁶Todos estes *estavam* sob a direção de seu pai, para a música da casa do Senhor, com saltérios, címbalos e harpas, para o ministério da casa de Deus; *e* Asafe, Jedutum, e Hemã, estavam sob as ordens do rei.

⁷E era o número deles, juntamente com seus irmãos instruídos no canto ao Senhor, todos eles mestres, duzentos e oitenta e oito.

⁸E deitaram sortes acerca da guarda igualmente, assim o pequeno como o grande, o mestre juntamente com o discípulo.

1 CRÔNICAS 25.9   312

⁹Saiu, pois, a primeira sorte a Asafe, *a saber* a José; a segunda a Gedalias; *e* ele, e seus irmãos, e seus filhos, ao todo eram doze.

¹⁰A terceira a Zacur, seus filhos, e seus irmãos, doze.

¹¹A quarta a Izri, seus filhos, e seus irmãos, doze.

¹²A quinta a Netanias, seus filhos, e seus irmãos, doze.

¹³A sexta a Buquias, seus filhos, e seus irmãos, doze.

¹⁴A sétima a Jesarela, seus filhos, e seus irmãos, doze.

¹⁵A oitava a Jesaías, seus filhos, e seus irmãos, doze.

¹⁶A nona a Matanias, seus filhos, e seus irmãos, doze.

¹⁷A décima a Simei, seus filhos, e seus irmãos, doze.

¹⁸A undécima a Azareel, seus filhos, e seus irmãos, doze.

¹⁹A duodécima a Hasabias, seus filhos, e seus irmãos, doze.

²⁰A décima terceira a Subael, seus filhos, e seus irmãos, doze.

²¹A décima quarta a Matitias, seus filhos, e seus irmãos, doze.

²²A décima quinta a Jeremote, seus filhos, e seus irmãos, doze.

²³A décima sexta a Hananias, seus filhos, e seus irmãos, doze.

²⁴A décima sétima a Josbecasa, seus filhos, e seus irmãos, doze.

²⁵A décima oitava a Hanani, seus filhos, e seus irmãos, doze.

²⁶A décima nona a Maloti, seus filhos, e seus irmãos, doze.

²⁷A vigésima a Eliata, seus filhos, e seus irmãos, doze.

²⁸A vigésima primeira a Hotir, seus filhos, e seus irmãos, doze.

²⁹A vigésima segunda a Gidalti, seus filhos, e seus irmãos, doze.

³⁰A vigésima terceira a Maaziote, seus filhos, e seus irmãos, doze.

³¹A vigésima quarta a Romanti-Ezer, seus filhos, e seus irmãos, doze.

Funções dos porteiros

26 QUANTO às divisões dos porteiros: dos coraítas: Meselemias, filho de Coré, dos filhos de Asafe.

²E *foram* os filhos de Meselemias: Zacarias o primogênito, Jediael o segundo, Zebadias o terceiro, Jatniel o quarto,

³Elão o quinto, Joanã o sexto, Elioenai o sétimo.

⁴E os filhos de Obede-Edom *foram:* Semaías o primogênito, Jozabade o segundo, Joá o terceiro, e Sacar o quarto, e Natanael o quinto,

⁵Amiel o sexto, Issacar o sétimo, Peuletai o oitavo; porque Deus o tinha abençoado.

⁶Também a seu filho Semaías nasceram filhos, que dominaram sobre a casa de seu pai; porque *foram* homens valentes.

⁷Os filhos de Semaías: Otni, Rafael, Obede, *e* Elzabade, com seus irmãos, homens valentes, Eliú e Semaquias.

⁸Todos estes *foram* dos filhos de Obede-Edom; eles e seus filhos, e seus irmãos, homens valentes e de força para o ministério; *ao todo* sessenta e dois, de Obede-Edom.

⁹E os filhos e os irmãos de Meselemias, homens valentes, *foram* dezoito.

¹⁰E de Hosa, dentre os filhos de Merari, foram filhos: Sinri o chefe (ainda que não era o primogênito, contudo seu pai o constituiu chefe),

¹¹Hilquias o segundo, Tebalias o terceiro, Zacarias o quarto; todos os filhos e irmãos de Hosa *foram* treze.

¹²Destes *se fizeram* as turmas dos porteiros, alternando os principais dos homens da guarda, juntamente com os seus irmãos, para ministrarem na casa do SENHOR.

¹³E lançaram sortes, assim os pequenos como os grandes, segundo as casas de seus pais, para cada porta.

¹⁴E caiu a sorte do oriente a Selemias; e lançou-se a sorte por seu filho Zacarias, conselheiro entendido, e saiu-lhe a do norte.

¹⁵E para Obede-Edom a do sul; e para seus filhos a casa dos depósitos.

¹⁶Para Supim e Hosa a do ocidente, junto a porta Salequete, perto do caminho da subida; uma guarda defronte de outra guarda.

¹⁷Ao oriente seis levitas; ao norte quatro por dia, ao sul quatro por dia, porém para as casas dos depósitos de dois em dois.

¹⁸Em Parbar, ao ocidente, quatro junto ao caminho, e dois junto a Parbar.

¹⁹Estas *são* as turmas dos porteiros dentre os filhos dos coraítas, e dentre os filhos de Merari.

Os guardas dos tesouros

²⁰E dos levitas: Aías *tinha* cargo dos tesouros da casa de Deus e dos tesouros das coisas sagradas.

²¹Quanto aos filhos de Ladã, os filhos dos gersonitas que pertencem a Ladã, chefes das casas paternas do gersonita Ladã: Jeieli.

²²Os filhos de Jeieli: Zetã e Joel, seu irmão; estes *tinham* cargo dos tesouros da casa do SENHOR,

²³Dos anramitas, dos izaritas, dos hebronitas, dos uzielitas.

²⁴E Sebuel, filho de Gérson, o filho de Moisés, *era* o chefe dos tesouros.

²⁵E seus irmãos *foram,* do lado de Eliézer, Reabias seu filho, e Jesaías seu filho, e Jorão seu filho, e Zicri seu filho, e Selomite, seu filho.

²⁶Este Selomite e seus irmãos *tinham a seu* cargo todos os tesouros das coisas dedicadas que o rei Davi e os chefes das casas paternas, capitães de milhares, e de centenas, e capitães do exército tinham consagrado.

²⁷Dos despojos das guerras dedicaram ofertas para repararem a casa do SENHOR.

²⁸Como também tudo quanto tinha consagrado Samuel, o vidente, e Saul filho de Quis, e Abner filho de Ner, e Joabe filho de Zeruia; tudo que qualquer havia dedicado *estava* debaixo da mão de Selomite e seus irmãos.

Os oficiais e os juízes

²⁹Dos izaritas, Quenanias e seus filhos *foram* postos sobre Israel como oficiais e como juízes, dos negócios externos.

³⁰Dos hebronitas *foram* Hasabias e seus irmãos, homens valentes, mil e setecentos, que tinham a superintendência sobre Israel, além do Jordão para o ocidente, em toda a obra do SENHOR, e para o serviço do rei.

³¹Dos hebronitas, Jerias era o chefe entre os hebronitas, segundo as suas gerações conforme as suas famílias. No ano quarenta do reino de Davi se buscaram e acharam entre eles homens valentes em Jazer de Gileade.

³²E seus irmãos, homens valentes, dois mil e setecentos, chefes dos pais; e o rei Davi os constituiu sobre os rubenitas e os gaditas, e a meia tribo dos manassitas, para todos os negócios de Deus, e para todos os negócios do rei.

As divisões de serviço para cada mês

27 ESTES *são* os filhos de Israel segundo o seu número, os chefes dos pais, e os capitães dos milhares e das centenas, com os seus oficiais, que serviam ao rei em todos os negócios das turmas que entravam e saíam de mês em mês, em todos os meses do ano; cada turma de vinte e quatro mil.

²Sobre a primeira turma do primeiro mês estava Jasobeão, filho de Zabdiel; e em sua turma *havia* vinte e quatro mil.

³*Era* este dos filhos de Perez, chefe de todos os capitães dos exércitos, para o primeiro mês,

⁴E sobre a turma do segundo mês estava Dodai, o aoíta, com a sua turma, cujo líder *era* Miclote; também em sua turma *havia* vinte e quatro mil.

⁵O terceiro capitão do exército, para o terceiro mês, *era* Benaia, filho de Joiada, chefe dos sacerdotes; também em sua turma *havia* vinte e quatro mil.

⁶*Era* este Benaia valente entre os trinta, e *sobre* os trinta; e na sua turma *estava* Amizabade, seu filho.

⁷O quarto, do quarto mês, era Asael, irmão de Joabe, e depois dele Zebadias, seu filho; também em sua turma *havia* vinte e quatro mil.

⁸O quinto, do quinto mês, Samute, o israíta; também em sua turma *havia* vinte e quatro mil.

⁹O sexto, do sexto mês, Ira, filho de Iques, o tecoíta; também em sua turma *havia* vinte e quatro mil.

¹⁰O sétimo, do sétimo mês, Helez, o pelonita, dos filhos de Efraim; também em sua turma *havia* vinte e quatro mil.

¹¹O oitavo, do oitavo mês, Sibecai, o husatita, dos zeraítas; também em sua turma *havia* vinte e quatro mil.

¹²O nono, do nono mês, Abiezer, o anatotita, dos benjamitas; também em sua turma *havia* vinte e quatro mil.

¹³O décimo, do décimo mês, Maarai, o netofatita, dos zeraítas; também em sua turma *havia* vinte e quatro mil.

¹⁴O undécimo, do undécimo mês, Benaia, o piratonita, dos filhos de Efraim; também em sua turma *havia* vinte e quatro mil.

¹⁵O duodécimo, do duodécimo mês, Heldai, o netofatita, de Otniel; também em sua turma *havia* vinte e quatro mil.

¹⁶Sobre as tribos de Israel *estavam:* sobre os rubenitas *era* líder Eliezer, filho de Zicri; sobre os simeonitas, Sefatias, filho de Maaca.

¹⁷Sobre os levitas, Hasabias, filho de Quemuel; sobre os aronitas, Zadoque;

¹⁸Sobre Judá, Eliú, dos irmãos de Davi; sobre Issacar, Onri, filho de Micael;

¹⁹Sobre Zebulom, Ismaías, filho de Obadias; sobre Naftali, Jerimote, filho de Azriel;

²⁰Sobre os filhos de Efraim, Oseias, filho de Azazias; sobre a meia tribo de Manassés, Joel, filho de Pedaías;

²¹Sobre a *outra* meia tribo de Manassés em Gileade, Ido, filho de Zacarias; sobre Benjamim, Jaasiel, filho de Abner;

²²Sobre Dã, Azarel, filho de Jeroão. Estes *eram* os príncipes das tribos de Israel.

²³Não tomou, porém, Davi o número dos de vinte anos para baixo, porquanto o SENHOR tinha falado que havia de multiplicar a Israel como as estrelas do céu.

²⁴Joabe, filho de Zeruia, tinha começado a numerá-*los,* porém não acabou; porquanto viera por isso grande ira sobre Israel; assim o número não se pôs no registro das crônicas do rei Davi.

²⁵E sobre os tesouros do rei *estava* Azmavete, filho de Adiel; e sobre os tesouros dos campos, das cidades, e das aldeias, e das torres, Jônatas, filho de Uzias.

²⁶E sobre os que faziam a obra do campo, na lavoura da terra, Ezri, filho de Quelube.

²⁷E sobre as vinhas, Simei, o ramatita; porém sobre o que das vides entrava nas adegas do vinho, Zabdi, o sifmita.

²⁸E sobre os olivais e sicômoros que *havia* nas campinas, Baal-Hanã, o gederita; porém Joás *sobre* os armazéns do azeite.

²⁹E sobre os gados que pastavam em Sarom, Sitrai, o saronita; porém, sobre os gados dos vales, Safate, filho de Adlai.

³⁰E sobre os camelos, Obil, o ismaelita; e sobre as jumentas, Jedias, o meronotita.

³¹E sobre o gado miúdo, Jaziz, o hagrita; todos esses *eram* administradores da fazenda que tinha o rei Davi.

³²E Jônatas, tio de Davi, *era* do conselho, homem entendido, e também escriba; e Jeiel, filho de Hacmoni, *estava* com os filhos do rei.

1 CRÔNICAS 27.33

³³E Aitofel era do conselho do rei; e Husai, o arquita, amigo do rei.

³⁴E depois de Aitofel, Joiada, filho de Benaia, e Abiatar; porém Joabe *era* o general do exército do rei.

Davi exorta os príncipes e Salomão

28 ENTÃO Davi reuniu em Jerusalém todos os príncipes de Israel, os príncipes das tribos, e os capitães das turmas, que serviam o rei, e os capitães dos milhares, e os capitães das centenas, e os administradores de toda a fazenda e possessão do rei, e de seus filhos, como também os oficiais, os poderosos, e todo o homem valente.

²E pôs-se o rei Davi em pé, e disse: Ouvi-me, irmãos meus, e povo meu; em meu coração *propus* eu edificar *uma* casa de repouso para a arca da aliança do Senhor e para o estrado dos pés do nosso Deus, e eu tinha feito o preparo para a edificar.

³Porém Deus me disse: Não edificarás casa ao meu nome, porque és homem de guerra, e derramaste muito sangue.

⁴E o Senhor Deus de Israel escolheu-me de toda a casa de meu pai, para que eternamente fosse rei sobre Israel; porque a Judá escolheu por soberano, e a casa de meu pai na casa de Judá; e entre os filhos de meu pai se agradou de mim para me fazer reinar sobre todo o Israel.

⁵E, de todos os meus filhos (porque muitos filhos me deu o Senhor), escolheu ele o meu filho Salomão para se assentar no trono do reino do Senhor sobre Israel.

⁶E me disse: Teu filho Salomão, ele edificará a minha casa e os meus átrios; porque o escolhi para filho, e eu lhe serei por pai.

⁷E estabelecerei o seu reino para sempre, se perseverar em cumprir os meus mandamentos e os meus juízos, como *até* ao dia de hoje.

⁸Agora, pois, perante os olhos de todo o Israel, a congregação do Senhor, e perante os ouvidos de nosso Deus, guardai e buscai todos os mandamentos do Senhor vosso Deus, para que possuais esta boa terra, e a façais herdar a vossos filhos depois de vós, para sempre.

⁹E tu, meu filho Salomão, conhece o Deus de teu pai, e serve-o com *um* coração perfeito e com *uma* alma voluntária; porque esquadrinha o Senhor todos os corações, e entende todas as imaginações dos pensamentos; se o buscares, será achado de ti; porém, se o deixares, rejeitar-te-á para sempre.

¹⁰Olha, *pois,* agora, porque o Senhor te escolheu para edificares *uma* casa para o santuário; esforça-te, e faze a obra.

Davi dá a Salomão o desenho do templo

¹¹E deu Davi a Salomão, seu filho, a planta do alpendre com as suas casas, e as suas tesourarias, e os seus cenáculos, e as suas recâmaras interiores, como também da casa do propiciatório.

¹²E *também* a planta de tudo quanto tinha em mente, *a saber:* dos átrios da casa do Senhor, e de todas as câmaras ao redor, para os tesouros da casa de Deus, e para os tesouros das coisas sagradas;

¹³E para as turmas dos sacerdotes, e para os levitas, e para toda a obra do ministério da casa do Senhor, e para todos os utensílios do ministério da casa do Senhor.

¹⁴E *deu* ouro, segundo o peso do ouro, para todos os utensílios de cada ministério; *também a prata,* por peso, para todos os utensílios de prata, para todos os utensílios de cada ministério.

¹⁵E o peso para os castiçais de ouro, e suas candeias de ouro segundo o peso de cada castiçal e as suas candeias; também para os castiçais de prata, segundo o peso do castiçal e as suas candeias, segundo o uso de cada castiçal.

¹⁶Também *deu* o ouro por peso para as mesas da proposição, para cada mesa; como também a prata para as mesas de prata.

¹⁷E ouro puro para os garfos, e para as bacias, e para os jarros, e para as taças de ouro, para cada taça *seu* peso; como também para as taças de prata, para cada taça *seu* peso.

¹⁸E para o altar do incenso, ouro purificado, por *seu* peso; como também o ouro para o modelo do carro, *a saber,* dos querubins, que haviam de estender *as asas,* e cobrir a arca da aliança do Senhor.

¹⁹Tudo isto, *disse Davi,* fez-me entender o Senhor, por escrito da sua mão, *a saber,* todas as obras desta planta.

²⁰E disse Davi a Salomão seu filho: Esforça-te e tem bom ânimo, e faze a obra; não temas, nem te apavores; porque o Senhor Deus, meu Deus, *há de ser* contigo; não te deixará, nem te desamparará, até que acabes toda a obra do serviço da casa do Senhor.

²¹E eis que aí tens as turmas dos sacerdotes e dos levitas para todo o ministério da casa de Deus; *estão* também contigo, para toda a obra, voluntários com sabedoria de toda a espécie para todo o ministério; como também todos os príncipes, e todo o povo, para todos os *teus* mandados.

As ofertas para a construção do templo

29 DISSE mais o rei Davi a toda a congregação: Salomão, meu filho, o único a quem Deus escolheu, *é ainda* moço e tenro, e esta obra *é* grande; porque não *é* o palácio para homem, mas para o Senhor Deus.

²Eu, pois, com todas as minhas forças *já* tenho preparado para a casa de meu Deus ouro para *as obras* de ouro, e prata para *as* de prata, e cobre para *as* de cobre, ferro para *as* de ferro e madeira para *as* de madeira, pedras de ônix, e as de engaste, e pedras ornamentais, e pedras de diversas cores, e toda a sorte de pedras preciosas, e pedras de mármore em abundância.

³E ainda, porque tenho afeto à casa de meu Deus, o ouro e prata particular que tenho eu dou para a casa do meu Deus, afora tudo quanto tenho preparado para a casa do santuário:

⁴Três mil talentos de ouro de Ofir; e sete mil

talentos de prata purificada, para cobrir as paredes das casas.

⁵Ouro para *os* objetos de ouro, e prata para *os* de prata; e para toda a obra de mão dos artífices. Quem, pois, está disposto a encher a sua mão, para oferecer hoje *voluntariamente* ao SENHOR?

⁶Então os chefes dos pais, e os príncipes das tribos de Israel, e os capitães de mil e de cem, até os chefes da obra do rei, voluntariamente contribuíram.

⁷E deram para o serviço da casa de Deus cinco mil talentos de ouro, e dez mil dracmas, e dez mil talentos de prata, e dezoito mil talentos de cobre, e cem mil talentos de ferro.

⁸E os que possuíam pedras *preciosas,* deram-nas para o tesouro da casa do SENHOR, a cargo de Jeiel o gersonita.

⁹E o povo se alegrou porque contribuíram voluntariamente; porque, com coração perfeito, voluntariamente deram ao SENHOR; e também o rei Davi se alegrou com grande alegria.

Ação de graças de Davi

¹⁰Por isso Davi louvou ao SENHOR na presença de toda a congregação; e disse Davi: Bendito *és* tu, SENHOR Deus de Israel, nosso pai, de eternidade em eternidade.

¹¹Tua *é,* SENHOR, a magnificência, e o poder, e a honra, e a vitória, e a majestade; porque teu *é* tudo quanto *há* nos céus e na terra; teu *é,* SENHOR, o reino, e tu te exaltaste por cabeça sobre todos.

¹²E riquezas e glória vêm de diante de ti, e tu dominas sobre tudo, e na tua mão *há* força e poder; e na tua mão *está* o engrandecer e o dar força a tudo.

¹³Agora, pois, ó Deus nosso, graças te damos, e louvamos o nome da tua glória.

¹⁴Porque quem *sou* eu, e quem *é* o meu povo, para que pudéssemos oferecer voluntariamente coisas semelhantes? Porque tudo *vem* de ti, e do que é teu to damos.

¹⁵Porque somos estrangeiros diante de ti, e peregrinos como todos os nossos pais; como a sombra *são* os nossos dias sobre a terra, e *sem ti* não há esperança.

¹⁶SENHOR, nosso Deus, toda esta abundância, que preparamos, para te edificar *uma* casa ao teu santo nome, *vem* da tua mão, e *é* toda tua.

¹⁷E bem sei eu, Deus meu, que tu provas os corações, e que da sinceridade te agradas; eu também na sinceridade de meu coração voluntariamente

dei todas estas coisas; e agora vi com alegria que o teu povo, que se acha aqui, voluntariamente te deu.

¹⁸SENHOR Deus de Abraão, Isaque, e Israel, nossos pais, conserva isto para sempre no intento dos pensamentos do coração de teu povo; e encaminha o seu coração para ti.

¹⁹E a Salomão, meu filho, dá um coração perfeito, para guardar os teus mandamentos, os teus testemunhos, e os teus estatutos; e para fazer tudo, e para edificar este palácio que tenho preparado.

²⁰Então disse Davi a toda a congregação: Agora louvai ao SENHOR vosso Deus. Então toda a congregação louvou ao SENHOR Deus de seus pais, e inclinaram-se, e prostraram-se perante o SENHOR, e o rei.

²¹E ao outro dia imolaram sacrifícios ao SENHOR, e ofereceram holocaustos ao SENHOR, mil bezerros, mil carneiros, mil cordeiros, com as suas libações; e sacrifícios em abundância por todo o Israel.

²²E comeram e beberam naquele dia perante o SENHOR, com grande gozo; e a segunda vez fizeram rei a Salomão filho de Davi, e o ungiram ao SENHOR por líder, e a Zadoque por sacerdote.

²³Assim Salomão se assentou no trono do SENHOR, como rei, em lugar de Davi seu pai, e prosperou; e todo o Israel lhe obedecia.

²⁴E todos os príncipes, e os grandes, e até todos os filhos do rei Davi, se submeteram ao rei Salomão.

²⁵E o SENHOR magnificou a Salomão grandissimamente, perante os olhos de todo o Israel; e deu-lhe majestade real, qual antes dele não teve nenhum rei em Israel.

²⁶Assim Davi, filho de Jessé, reinou sobre todo o Israel.

²⁷E *foram* os dias que reinou sobre Israel, quarenta anos; em Hebrom reinou sete anos, e em Jerusalém reinou trinta e três.

²⁸E morreu numa boa velhice, cheio de dias, riquezas e glória; e Salomão, seu filho, reinou em seu lugar.

²⁹Os atos, pois, do rei Davi, assim os primeiros como os últimos, eis que estão escritos nas crônicas de Samuel, o vidente, e nas crônicas do profeta Natã, e nas crônicas de Gade, o vidente,

³⁰Juntamente com todo o seu reinado e o seu poder; e os tempos que passaram sobre ele, e sobre Israel, e sobre todos os reinos daquelas terras.

O SEGUNDO LIVRO DAS
CRÔNICAS

Salomão oferece sacrifícios

1 SALOMÃO, filho de Davi, fortaleceu-se no seu reino; e o SENHOR seu Deus *era* com ele, e o engrandeceu sobremaneira.

²E falou Salomão a todo o Israel, aos capitães de mil e de cem, aos juízes e a todos os governadores em todo o Israel, chefes das famílias.

³E foi Salomão, e toda a congregação com ele, ao alto que *estava* em Gibeom, porque ali estava a tenda da congregação de Deus, que Moisés, servo do SENHOR, tinha feito no deserto.

⁴Mas Davi tinha feito subir a arca de Deus de Quiriate-Jearim ao *lugar que* lhe preparara; porque lhe tinha armado *uma* tenda em Jerusalém.

⁵Também o altar de cobre que tinha feito Bezaleel, filho de Uri, filho de Hur, *estava* ali diante do tabernáculo do SENHOR; e Salomão e a congregação o buscavam.

⁶E Salomão ofereceu ali sacrifícios perante o SENHOR, sobre o altar de cobre que *estava* na tenda da congregação; e ofereceu sobre ele mil holocaustos.

Salomão pede a Deus sabedoria

⁷Naquela mesma noite Deus apareceu a Salomão, e disse-lhe: Pede o que queres que eu te dê.

⁸E Salomão disse a Deus: Tu usaste de grande benignidade com meu pai Davi, e a mim me fizeste rei em seu lugar.

⁹Agora, pois, ó SENHOR Deus, confirme-se a tua palavra, dada a meu pai Davi; porque tu me fizeste reinar sobre *um* povo numeroso como o pó da terra.

¹⁰Dá-me, pois, agora, sabedoria e conhecimento, para que possa sair e entrar perante este povo; pois quem poderia julgar a este teu tão grande povo?

¹¹Então Deus disse a Salomão: Porquanto houve isto no teu coração, e não pediste riquezas, bens, ou honra, nem a morte dos que te odeiam, nem tampouco pediste muitos dias de vida, mas pediste para ti sabedoria e conhecimento, para poderes julgar a meu povo, sobre o qual te constituí rei,

¹²Sabedoria e conhecimento te são dados; e te darei riquezas, bens e honra, quais não teve nenhum rei antes de ti, e nem depois de ti haverá.

As forças e as riquezas de Salomão

¹³Assim Salomão veio a Jerusalém, do alto que *estava* em Gibeom, de diante da tenda da congregação; e reinou sobre Israel.

¹⁴E Salomão ajuntou carros e cavaleiros, e teve mil e quatrocentos carros, e doze mil cavaleiros; os quais pôs nas cidades dos carros, e junto ao rei em Jerusalém.

¹⁵E fez o rei que houvesse ouro e prata em Jerusalém como pedras; e cedros em tanta abundância como sicômoros que há pelas campinas.

¹⁶E os cavalos, que tinha Salomão, eram trazidos do Egito; e os mercadores do rei os recebiam em tropas, cada uma pelo seu preço.

¹⁷E faziam subir e sair do Egito cada carro por seiscentos *siclos* de prata, e cada cavalo por cento e cinquenta; e assim, por meio deles eram para todos os reis dos heteus, e para os reis da Síria.

Ajuda na construção do templo

2 E DETERMINOU Salomão edificar uma casa ao nome do SENHOR, como também *uma* casa para o seu reino.

²E designou Salomão setenta mil homens de carga, e oitenta mil que talhavam *pedras* na montanha, e três mil e seiscentos inspetores sobre eles.

³E Salomão mandou dizer a Hirão, rei de Tiro: Como fizeste com Davi, meu pai, mandando-lhe cedros, para edificar uma casa em que morasse, *assim também faze comigo.*

⁴Eis que estou para edificar *uma* casa ao nome do SENHOR meu Deus, para lhe consagrar, para queimar perante ele incenso aromático, e *para* a apresentação contínua *do pão* da proposição, *para* os holocaustos da manhã e da tarde, nos sábados e nas luas novas, e nas festividades do SENHOR nosso Deus; o que *é* obrigação perpétua de Israel.

⁵E a casa que estou para edificar há de ser grande; porque o nosso Deus é maior do que todos os deuses.

⁶Porém, quem seria capaz de lhe edificar *uma* casa, visto que os céus e até os céus dos céus o não podem conter? E quem *sou* eu, que lhe edificasse casa, salvo para queimar incenso perante ele?

⁷Manda-me, pois, agora um homem hábil para trabalhar em ouro, em prata, em bronze, em ferro, em púrpura, em carmesim e em azul; e que saiba lavrar ao buril, juntamente com os peritos que *estão* comigo em Judá e em Jerusalém, os quais Davi, meu pai, preparou.

⁸Manda-me também madeiras de cedro, de cipreste, e algumins do Líbano; porque bem sei eu que os teus servos sabem cortar madeira no Líbano; e eis que os meus servos *estarão* com os teus servos,

⁹E isso para prepararem muita madeira; porque a casa que estou para fazer *há de ser* grande e maravilhosa.

¹⁰E eis que a teus servos, os cortadores, que cortarem a madeira, darei vinte mil coros de trigo malhado, vinte mil coros de cevada, vinte mil batos de vinho e vinte mil batos de azeite.

¹¹E Hirão, rei de Tiro, respondeu por escrito que enviou a Salomão, dizendo: Porque o SENHOR tem amado o seu povo, te constituiu sobre ele rei.

¹²Disse mais Hirão: Bendito *seja* o SENHOR Deus de Israel, que fez os céus e a terra; o que deu ao

rei Davi um filho sábio, de grande prudência e entendimento, que edifique casa ao Senhor, e casa para o seu reino.

¹³Agora, pois, envio *um* homem sábio de grande entendimento, *a saber,* Hirão Abiú.

¹⁴Filho de uma mulher das filhas de Dã, e cujo pai *foi* homem de Tiro; este sabe trabalhar em ouro, em prata, em bronze, em ferro, em pedras e em madeira, em púrpura, em azul, e em linho fino, e em carmesim, e é *hábil* para toda a obra do buril, e para toda a espécie de invenções, qualquer coisa que se lhe propuser, juntamente com os teus peritos, e os peritos de Davi, meu senhor, teu pai.

¹⁵Agora, *pois,* meu senhor, mande para os seus servos o trigo, a cevada, o azeite e o vinho, de que falou;

¹⁶E nós cortaremos tanta madeira no Líbano, quanta houveres mister, e a traremos em jangadas pelo mar até Jope, e tu a farás subir a Jerusalém.

¹⁷E Salomão contou todos os homens estrangeiros, que *havia* na terra de Israel, conforme o censo com que os contara Davi seu pai; e acharam-se cento e cinquenta e três mil e seiscentos.

¹⁸E designou deles setenta mil carregadores, e oitenta mil cortadores na montanha; como também três mil e seiscentos inspetores, para fazerem trabalhar o povo.

A construção do templo começa

3 E COMEÇOU Salomão a edificar a casa do Senhor em Jerusalém, no monte Moriá, onde *o Senhor* aparecera a Davi seu pai, no lugar que Davi tinha preparado na eira de Ornã, o jebuseu.

²E começou a edificar no segundo mês, no segundo *dia,* no ano quarto do seu reinado.

³E estes *foram* os fundamentos que Salomão pôs para edificar a casa de Deus: o comprimento em côvados, segundo a primeira medida, *era* de sessenta côvados, e a largura de vinte côvados.

⁴E o pátio, que *estava* na frente, tinha vinte côvados de comprimento, segundo a largura da casa, e a altura era de cento e vinte; e por dentro o revestiu com ouro puro.

⁵E a casa grande forrou com madeira de faia; e então a revestiu com ouro fino; e fez sobre ela palmas e cadeias.

⁶Também a casa adornou de pedras preciosas, para ornamento; e o ouro *era* ouro de Parvaim.

⁷Também na casa revestiu, com ouro, as traves, os umbrais, as suas paredes e as suas portas; e lavrou querubins nas paredes.

⁸Fez mais a casa do lugar santíssimo, cujo comprimento, segundo a largura da casa, *era* de vinte côvados, e também a largura de vinte côvados; e revestiu-a de ouro fino, do peso de seiscentos talentos.

⁹O peso dos pregos *era* de cinquenta siclos de ouro; e as câmaras cobriu de ouro.

Os dois querubins

¹⁰Também fez na casa do lugar santíssimo dois querubins de obra móvel, e cobriu-os de ouro.

¹¹E, quanto às asas dos querubins, o seu comprimento *era* de vinte côvados; a asa de *um deles,* de cinco côvados, *e* tocava na parede da casa; e a outra asa de cinco côvados, *e* tocava na asa do outro querubim.

¹²Também a asa do outro querubim *era* de cinco côvados, *e* tocava na parede da casa; *era* também a outra asa de cinco côvados, que tocava na asa do outro querubim.

¹³E as asas destes querubins se estendiam vinte côvados; e estavam postos em pé, e os seus rostos *virados* para a casa.

¹⁴Também fez o véu de azul, púrpura, carmesim e linho fino; e pôs sobre ele querubins;

¹⁵Fez também, diante da casa, duas colunas de trinta e cinco côvados de altura; e o capitel, que *estava* sobre cada uma, *era* de cinco côvados.

¹⁶Também fez cadeias no oráculo, e as pôs sobre as cabeças das colunas; fez também cem romãs, as quais pôs entre as cadeias.

¹⁷E levantou as colunas diante do templo, uma à direita, e outra à esquerda; e chamou o nome da *que estava* à direita Jaquim, e o nome da *que estava* à esquerda Boaz.

O altar e o mar de bronze

4 TAMBÉM fez *um* altar de metal, de vinte côvados de comprimento, de vinte côvados de largura e de dez côvados de altura.

²Fez também o mar de fundição, de dez côvados de uma borda até a outra, totalmente redondo, e de cinco côvados de altura; cingia-o ao redor um cordão de trinta côvados.

³E por baixo dele *havia* figuras de bois, que cingiam o mar ao redor, dez em cada côvado, contornando-o; e tinha duas fileiras de bois, fundidos juntamente com o mar.

⁴E *o mar* estava *posto* sobre doze bois; três que olhavam para o norte, três que olhavam para o ocidente, três que olhavam para o sul e três que olhavam para o oriente; e o mar *estava* posto sobre eles; e as suas partes posteriores *estavam* todas para o lado de dentro.

⁵*E tinha* um palmo de grossura, e a sua borda foi feita como a borda de um copo, *ou como* uma flor-de-lis, da capacidade de três mil batos.

Vários utensílios do templo

⁶Também fez dez pias; e pôs cinco à direita e cinco à esquerda, para lavarem nelas; o que pertencia ao holocausto o lavavam nelas; porém o mar *era* para que os sacerdotes se lavassem nele.

⁷Fez também dez castiçais de ouro, segundo a sua forma, e pô-los no templo, cinco à direita, e cinco à esquerda.

⁸Também fez dez mesas, e pô-las no templo, cinco à direita e cinco à esquerda; também fez cem bacias de ouro.

⁹Fez mais o pátio dos sacerdotes, e o grande átrio; como também as portas para o pátio, de bronze revestiu as suas portas.

2 CRÔNICAS 4.10

318

¹⁰E pôs o mar ao lado direito, para o lado do oriente, na direção do sul.

¹¹Também Hirão fez as caldeiras, as pás e as bacias. Assim acabou Hirão de fazer a obra, que fazia para o rei Salomão, na casa de Deus.

¹²As duas colunas, os globos, e os dois capitéis sobre as cabeças das colunas; e as duas redes, para cobrir os dois globos dos capitéis, que *estavam* sobre a cabeça das colunas.

¹³E as quatrocentas romãs para as duas redes; duas carreiras de romãs para cada rede, para cobrirem os dois globos dos capitéis que *estavam* em cima das colunas.

¹⁴Também fez as bases; e as pias pôs sobre as bases;

¹⁵Um mar, e os doze bois debaixo dele;

¹⁶Semelhantemente as caldeiras, as pás, os garfos e todos os seus utensílios, fez Hirão Abiú ao rei Salomão, para a casa do Senhor, de cobre polido.

¹⁷Na campina do Jordão os fundiu o rei, na terra argilosa, entre Sucote e Zeredá.

¹⁸E fez Salomão todos estes objetos em grande abundância, que não se podia averiguar o peso do cobre.

¹⁹Fez também Salomão todos os objetos que *eram* para a casa de Deus, como também o altar de ouro, e as mesas, sobre as quais *estavam* os pães da proposição.

²⁰E os castiçais com as suas lâmpadas de ouro finíssimo, para as acenderem segundo o costume, perante o oráculo.

²¹E as flores, as lâmpadas e as tenazes *eram* de ouro, do mais finíssimo ouro.

²²Como também os apagadores, as bacias, as colheres e os incensários de ouro finíssimo; e quanto à entrada da casa, as suas portas de dentro do lugar santíssimo, e as portas da casa do templo, *eram* de ouro.

5 ASSIM se acabou toda a obra que Salomão fez para a casa do Senhor; então trouxe Salomão as coisas que seu pai Davi havia consagrado, a prata, o ouro e todos os objetos, e pô-los entre os tesouros da casa de Deus.

A arca é levada para o santuário do templo

²Então Salomão congregou em Jerusalém os anciãos de Israel, e todos os chefes das tribos, os chefes dos pais entre os filhos de Israel, para fazerem subir a arca da aliança do Senhor, da cidade de Davi, que *é* Sião.

³E todos os homens de Israel se congregaram ao rei na ocasião da festa, que foi no sétimo mês.

⁴E vieram todos os anciãos de Israel; e os levitas levantaram a arca.

⁵E fizeram subir a arca, e a tenda da congregação, com todos os objetos sagrados, que *estavam* na tenda; os sacerdotes *e* os levitas os fizeram subir.

⁶Então o rei Salomão e toda a congregação de Israel, que se tinha reunido com ele diante da arca,

sacrificaram carneiros e bois, que não se podiam contar, nem numerar, por causa da sua abundância.

⁷Assim trouxeram os sacerdotes a arca da aliança do Senhor ao seu lugar, ao oráculo da casa, ao lugar santíssimo, *até* debaixo das asas dos querubins.

⁸Porque os querubins estendiam ambas as asas sobre o lugar da arca, e os querubins cobriam, por cima, a arca e os seus varais.

⁹Então os varais sobressaíam para que as pontas dos varais da arca se vissem perante o oráculo, mas não se vissem de fora; e ali tem estado até *ao dia* de hoje.

¹⁰Na arca não havia coisa alguma senão as duas tábuas, que Moisés tinha posto em Horebe, quando o Senhor fez aliança com os filhos de Israel, saindo eles do Egito.

¹¹E sucedeu que, saindo os sacerdotes do santuário (porque todos os sacerdotes, que ali se acharam, se santificaram, sem respeitarem as suas turmas,

¹²E os levitas, que eram cantores, todos eles, de Asafe, de Hemã, de Jedutum, de seus filhos e de seus irmãos, vestidos de linho fino, com címbalos, com saltérios e com harpas, estavam em pé para o oriente do altar; e com eles até cento e vinte sacerdotes, que tocavam as trombetas).

¹³E aconteceu que, quando eles uniformemente tocavam as trombetas, e cantavam, para fazerem ouvir uma só voz, bendizendo e louvando ao Senhor; e levantando eles a voz com trombetas, címbalos, e *outros* instrumentos musicais, e louvando ao Senhor, *dizendo:* Porque *ele é* bom, porque a sua benignidade *dura* para sempre, então a casa se encheu de *uma* nuvem, *a saber,* a casa do Senhor;

¹⁴E os sacerdotes não podiam permanecer em pé, para ministrar, por causa da nuvem; porque a glória do Senhor encheu a casa de Deus.

Salomão abençoa o povo e louva a Deus

6 ENTÃO falou Salomão: O Senhor disse que habitaria nas trevas.

²E eu te tenho edificado uma casa para morada, e um lugar para a tua eterna habitação.

³Então o rei virou o seu rosto, e abençoou a toda a congregação de Israel, e toda a congregação de Israel estava em pé.

⁴E ele disse: Bendito *seja* o Senhor Deus de Israel, que falou pela sua boca a Davi meu pai; e pelas suas mãos o cumpriu, dizendo:

⁵Desde o dia em que tirei a meu povo da terra do Egito, não escolhi cidade alguma de todas as tribos de Israel, para edificar nela *uma* casa em que estivesse o meu nome; nem escolhi homem algum para ser líder do meu povo, Israel.

⁶Porém escolhi a Jerusalém para que ali estivesse o meu nome; e escolhi a Davi, para que estivesse sobre o meu povo Israel.

⁷Também Davi, meu pai, teve no seu coração

o edificar *uma* casa ao nome do Senhor Deus de Israel.

⁸Porém o Senhor disse a Davi, meu pai: Porquanto tiveste no teu coração o edificar *uma* casa ao meu nome, bem fizeste de ter isto no teu coração.

⁹Contudo tu não edificarás a casa, mas teu filho, que há de proceder de teus lombos, esse edificará a casa ao meu nome.

¹⁰Assim confirmou o Senhor a sua palavra, que falou; porque eu me levantei em lugar de Davi meu pai, e me assentei sobre o trono de Israel, como o Senhor disse, e edifiquei a casa ao nome do Senhor Deus de Israel.

¹¹E pus nela a arca, em que *está* a aliança que o Senhor fez com os filhos de Israel.

A oração de Salomão

¹²E pôs-se em pé, perante o altar do Senhor, na presença de toda a congregação de Israel, e estendeu as suas mãos.

¹³Porque Salomão tinha feito uma plataforma de metal, de cinco côvados de comprimento, de cinco côvados de largura e de três côvados de altura, e a tinha posto no meio do pátio, e pôs-se em pé sobre ela, e ajoelhou-se em presença de toda a congregação de Israel, e estendeu as suas mãos para o céu.

¹⁴E disse: Ó Senhor Deus de Israel, não *há* Deus semelhante a ti, nem nos céus nem na terra; que guardas a aliança e a beneficência aos teus servos que caminham perante ti de todo o seu coração.

¹⁵Que guardaste ao teu servo Davi, meu pai, o que lhe falaste; porque tu pela tua boca o disseste, e pela tua mão o cumpriste, como *se vê* neste dia.

¹⁶Agora, pois, Senhor Deus de Israel, guarda ao teu servo Davi, meu pai, o que falaste, dizendo: Nunca homem algum será cortado de diante de mim, que se assente sobre o trono de Israel; tão somente que teus filhos guardem seu caminho, andando na minha lei, como tu andaste diante de mim.

¹⁷E agora, Senhor Deus de Israel, cumpra-se a tua palavra, que disseste ao teu servo Davi.

¹⁸Mas, na verdade, habitará Deus com os homens na terra? Eis que os céus, e o céu dos céus, não te podem conter, quanto menos esta casa que tenho edificado?

¹⁹Atende, pois, à oração do teu servo, e à sua súplica, ó Senhor meu Deus; para ouvires o clamor, e a oração, que o teu servo ora perante ti.

²⁰Que os teus olhos estejam dia e noite abertos sobre esta casa, sobre o lugar de que disseste que ali porias o teu nome; para ouvires a oração que o teu servo orar neste lugar.

²¹Ouve, pois, as súplicas do teu servo, e do teu povo Israel, que fizerem neste lugar; e ouve tu do lugar da tua habitação, desde os céus; ouve pois, e perdoa.

²²Quando alguém pecar contra o seu próximo, e lhe impuser juramento de maldição, fazendo-o jurar, e o juramento de maldição vier perante o teu altar, nesta casa,

²³Ouve tu, então, desde os céus, e age e julga a teus servos, condenando ao ímpio, retribuindo o seu proceder sobre a sua cabeça; e justificando ao justo, dando-lhe segundo a sua justiça.

²⁴Quando também o teu povo Israel for ferido diante do inimigo, por ter pecado contra ti, e eles se converterem, e confessarem o teu nome, e orarem e suplicarem perante ti nesta casa,

²⁵Então, ouve tu desde os céus, e perdoa os pecados do teu povo Israel; e torna a levá-los à terra que lhes tens dado e a seus pais.

²⁶Quando os céus se fecharem, e não houver chuva, por terem pecado contra ti, e orarem neste lugar, e confessarem teu nome, e se converterem dos seus pecados, quando tu os afligires,

²⁷Então, ouve tu desde os céus, e perdoa o pecado de teus servos, e do teu povo Israel, ensinando-lhes o bom caminho, em que andem; e dá chuva sobre a tua terra, que deste ao teu povo em herança.

²⁸Quando houver fome na terra, quando houver peste, quando houver queima *de seara*, ou ferrugem, gafanhotos, ou lagarta, cercando-a algum dos seus inimigos nas terras das suas portas, *ou* quando houver qualquer praga, ou qualquer enfermidade,

²⁹Toda a oração, e toda a súplica, que qualquer homem fizer, ou todo o teu povo Israel, conhecendo cada um a sua praga, e a sua dor, e estendendo as suas mãos para esta casa,

³⁰Então, ouve tu desde os céus, do assento da tua habitação, e perdoa, e dá a cada um conforme a todos os seus caminhos, segundo conheces o seu coração (pois só tu conheces o coração dos filhos dos homens),

³¹A fim de que te temam, para andarem nos teus caminhos, todos os dias que viverem na terra que deste a nossos pais.

³²Assim também ao estrangeiro, que não for do teu povo Israel, quando vier de terras remotas por amor do teu grande nome, e da tua poderosa mão, e do teu braço estendido, vindo eles e orando nesta casa;

³³Então, ouve tu desde os céus, do assento da tua habitação, e faze conforme a tudo o que o estrangeiro te suplicar; a fim de que todos os povos da terra conheçam o teu nome, e te temam, como o teu povo Israel; e a fim de saberem que pelo teu nome é chamada esta casa que edifiquei.

³⁴Quando o teu povo sair à guerra contra os seus inimigos, pelo caminho que os enviares, e orarem a ti para o lado desta cidade que escolheste, e desta casa, que edifiquei ao teu nome,

³⁵Ouve, então, desde os céus a sua oração, e a sua súplica, e faze-lhes justiça.

³⁶Quando pecarem contra ti (pois não *há* homem que não peque), e tu te indignares contra eles, e os entregares diante do inimigo, para que os que os cativarem os levem em cativeiro para alguma terra, remota ou vizinha,

³⁷E na terra, para onde forem levados em

cativeiro, caírem em si, e se converterem, e na terra do seu cativeiro, a ti suplicarem, dizendo: Pecamos, perversamente procedemos e impiamente agimos;

³⁸E se converterem a ti com todo o seu coração e com toda a sua alma, na terra do seu cativeiro, a que os levaram presos, e orarem para o lado da sua terra, que deste a seus pais, e para esta cidade que escolheste, e para esta casa que edifiquei ao teu nome,

³⁹Ouve, então, desde os céus, do assento da tua habitação, a sua oração e as suas súplicas, e executa o seu direito; e perdoa ao teu povo que houver pecado contra ti.

⁴⁰Agora, pois, ó meu Deus, estejam os teus olhos abertos, e os teus ouvidos atentos à oração deste lugar.

⁴¹Levanta-te, pois, agora, SENHOR Deus, para o teu repouso, tu e a arca da tua fortaleza; os teus sacerdotes, ó SENHOR Deus, sejam vestidos de salvação, e os teus santos se alegrem do bem.

⁴²Ó SENHOR Deus, não faças virar o rosto do teu ungido; lembra-te das misericórdias de Davi teu servo.

A glória de Deus aparece

7E ACABANDO Salomão de orar, desceu o fogo do céu, e consumiu o holocausto e os sacrifícios; e a glória do SENHOR encheu a casa.

²E os sacerdotes não podiam entrar na casa do SENHOR, porque a glória do SENHOR tinha enchido a casa do SENHOR.

³E todos os filhos de Israel vendo descer o fogo, e a glória do SENHOR sobre a casa, encurvaram-se com o rosto em terra sobre o pavimento, e adoraram e louvaram ao SENHOR, *dizendo:* Porque *ele é* bom, porque a sua benignidade *dura* para sempre.

⁴E o rei e todo o povo ofereciam sacrifícios perante o SENHOR.

⁵E o rei Salomão ofereceu sacrifícios de bois, vinte e dois mil, e de ovelhas, cento e vinte mil; e o rei e todo o povo consagraram a casa de Deus.

⁶E os sacerdotes, serviam em seus ofícios; como também os levitas com os instrumentos musicais do SENHOR, que o rei Davi tinha feito, para louvarem ao SENHOR, porque a sua benignidade *dura* para sempre, quando Davi *o* louvava pelo ministério deles; e os sacerdotes tocavam as trombetas diante deles, e todo o Israel estava em pé.

⁷E Salomão santificou o meio do átrio, que *estava* diante da casa do SENHOR; porquanto ali tinha ele oferecido os holocaustos e a gordura dos sacrifícios pacíficos; porque no altar de metal, que Salomão tinha feito, não podia caber o holocausto, e a oferta de alimentos, e a gordura.

⁸E, assim, naquele mesmo tempo celebrou Salomão a festa por sete dias e todo o Israel com ele, uma grande congregação, desde a entrada de Hamate, até ao rio do Egito.

⁹E no dia oitavo realizaram uma assembleia solene; porque sete dias celebraram a consagração do altar, e sete dias a festa.

¹⁰E no dia vigésimo terceiro do sétimo mês, despediu o povo para as suas tendas, alegres e de bom ânimo, pelo bem que o SENHOR tinha feito a Davi, e a Salomão, e a seu povo Israel.

Deus aparece a Salomão

¹¹Assim Salomão acabou a casa do SENHOR, e a casa do rei, e tudo quanto Salomão intentou fazer na casa do SENHOR e na sua casa prosperamente o efetuou.

¹²E o SENHOR apareceu de noite a Salomão, e disse-lhe: Ouvi a tua oração, e escolhi para mim este lugar para casa de sacrifício.

¹³Se eu fechar os céus, e não houver chuva; ou se ordenar aos gafanhotos que consumam a terra; ou se enviar a peste entre o meu povo;

¹⁴E *se* o meu povo, que se chama pelo meu nome, se humilhar, e orar, e buscar a minha face e se converter dos seus maus caminhos, então eu ouvirei dos céus, e perdoarei os seus pecados, e sararei a sua terra.

¹⁵Agora estarão abertos os meus olhos e atentos os meus ouvidos à oração deste lugar.

¹⁶Porque agora escolhi e santifiquei esta casa, para que o meu nome esteja nela perpetuamente; e nela estarão fixos os meus olhos e o meu coração todos os dias.

¹⁷E, quanto a ti, se andares diante de mim, como andou Davi teu pai, e fizeres conforme a tudo o que te ordenei, e guardares os meus estatutos e os meus juízos,

¹⁸Também confirmarei o trono do teu reino, conforme a aliança que fiz com Davi, teu pai, dizendo: Não te faltará sucessor que domine em Israel.

¹⁹Porém se vós vos desviardes, e deixardes os meus estatutos, e os meus mandamentos, que vos tenho proposto, e fordes, e servirdes a outros deuses, e vos prostrardes a eles,

²⁰Então os arrancarei da minha terra que lhes dei, e lançarei da minha presença esta casa que consagrei ao meu nome, e farei com que seja por provérbio e motejo entre todos os povos.

²¹E desta casa, que é tão exaltada, qualquer que passar por ela se espantará e dirá: Por que fez o SENHOR assim com esta terra e com esta casa?

²²E dirão: Porque deixaram ao SENHOR Deus de seus pais, que os tirou da terra do Egito, e se deram a outros deuses, e se prostraram a eles, e os serviram; por isso ele trouxe sobre eles todo este mal.

Salomão edifica cidades

8E SUCEDEU, ao fim de vinte anos, nos quais Salomão edificou a casa do SENHOR, e a sua própria casa,

²Que Salomão edificou as cidades que Hirão lhe tinha dado; e fez habitar nelas os filhos de Israel.

³Depois foi Salomão a Hamate-Zobá, e a tomou.

⁴Também edificou a Tadmor no deserto, e todas as cidades de provisões, que edificou em Hamate.

⁵Edificou também a alta Bete-Horom, e a baixa

Bete-Horom; cidades fortes, com muros, portas e ferrolhos;

⁶Como também a Baalate, e todas as cidades de provisões, que Salomão tinha, e todas as cidades dos carros e as cidades dos cavaleiros; e tudo quanto, conforme ao seu desejo, Salomão quis edificar em Jerusalém, e no Líbano, e em toda a terra do seu domínio.

Salomão faz tributários os heteus

⁷Quanto a todo o povo, que tinha ficado dos heteus, amorreus, perizeus, heveus e jebuseus, que não eram de Israel,

⁸Dos seus filhos, que ficaram depois deles na terra, os quais os filhos de Israel não destruíram, Salomão os fez tributários, até *ao dia de* hoje.

⁹Porém, dos filhos de Israel, Salomão não fez servos para sua obra (mas *eram* homens de guerra, chefes dos seus capitães, e capitães dos seus carros e cavaleiros),

¹⁰Destes, pois, *eram* os chefes dos oficiais que o rei Salomão tinha, duzentos e cinquenta, que presidiam sobre o povo.

¹¹E Salomão fez subir a filha de Faraó da cidade de Davi para a casa que lhe tinha edificado; porque disse: Minha mulher não morará na casa de Davi, rei de Israel, porquanto santos *são os lugares* nos quais entrou a arca do Senhor.

As ofertas de Salomão

¹²Então Salomão ofereceu holocaustos ao Senhor, sobre o altar do Senhor, que tinha edificado diante do pórtico,

¹³E isto segundo a ordem de cada dia, fazendo ofertas conforme o mandamento de Moisés, nos sábados e nas luas novas, e nas solenidades, três vezes no ano; na festa dos pães ázimos, na festa das semanas, e na festa das tendas.

¹⁴Também, conforme à ordem de Davi seu pai, designou as turmas dos sacerdotes para seus ministérios, como também as dos levitas acerca dos seus cargos, para louvarem e ministrarem diante dos sacerdotes, segundo o que estava ordenado para cada dia, e os porteiros pelas suas turmas a cada porta; porque assim tinha mandado Davi, o homem de Deus.

¹⁵E não se desviaram do mandado do rei aos sacerdotes e levitas, em negócio nenhum, nem acerca dos tesouros.

¹⁶Assim se preparou toda a obra de Salomão, desde o dia da fundação da casa do Senhor, até se acabar; e assim se concluiu a casa do Senhor.

¹⁷Então foi Salomão a Eziom-Geber, e a Elote, à praia do mar, na terra de Edom.

¹⁸E enviou-lhe Hirão, por meio de seus servos, navios, e servos práticos do mar, e foram com os servos de Salomão a Ofir, e tomaram de lá quatrocentos e cinquenta talentos de ouro; e os trouxeram ao rei Salomão.

A rainha de Sabá vem ver a Salomão

9 E OUVINDO a rainha de Sabá a fama de Salomão, veio a Jerusalém, para provar Salomão com questões difíceis, com um grande séquito, e com camelos carregados de especiarias; ouro em abundância e pedras preciosas; e foi a Salomão, e falou com ele de tudo o que tinha no seu coração.

²E Salomão lhe respondeu a todas as suas questões; e não houve nada que Salomão não lhe pudesse esclarecer.

³Vendo, pois, a rainha de Sabá a sabedoria de Salomão, e a casa que edificara;

⁴E as iguarias da sua mesa, o assentar dos seus servos, o estar dos seus criados, e as vestes deles; e os seus copeiros e as vestes deles; e a sua subida pela qual ele chegava à casa do Senhor, ela ficou como fora de si.

⁵Então disse ao rei: *Era* verdade a palavra que ouvi na minha terra acerca dos teus feitos e da tua sabedoria.

⁶Porém não cria naquelas palavras, até que vim, e meus olhos *o viram*, e eis que não me disseram a metade da grandeza da tua sabedoria; sobrepujaste a fama que ouvi.

⁷Bem-aventurados os teus homens, e bem-aventurados estes teus servos, que estão sempre diante de ti, e ouvem a tua sabedoria!

⁸Bendito seja o Senhor teu Deus, que se agradou de ti para te colocar no seu trono como rei para o Senhor teu Deus; porque teu Deus ama a Israel, para estabelecê-lo perpetuamente; por isso te constituiu rei sobre eles para fazeres juízo e justiça.

⁹E deu ao rei cento e vinte talentos de ouro, e especiarias em grande abundância, e pedras preciosas; e nunca houve tais especiarias, quais a rainha de Sabá deu ao rei Salomão.

¹⁰E também os servos de Hirão e os servos de Salomão, que de Ofir tinham trazido ouro, trouxeram madeira de algumins, e pedras preciosas.

¹¹E, da madeira de algumins, o rei fez balaústres, para a casa do Senhor, e para a casa do rei, como também harpas e saltérios para os cantores, quais nunca dantes se viram na terra de Judá.

¹²E o rei Salomão deu à rainha de Sabá tudo quanto ela desejou, e tudo quanto lhe pediu, mais do que ela mesma trouxera ao rei. Assim voltou e foi para a sua terra, ela e os seus servos.

As riquezas e a magnificência de Salomão

¹³E o peso do ouro, que vinha em um ano a Salomão, era de seiscentos e sessenta e seis talentos de ouro,

¹⁴Afora o que os negociantes e mercadores traziam; também todos os reis da Arábia, e os governadores da mesma terra traziam a Salomão ouro e prata.

¹⁵Também fez o rei Salomão duzentos paveses de ouro batido; para cada pavês destinou seiscentos *siclos* de ouro batido.

¹⁶Como também trezentos escudos de ouro batido; para cada escudo destinou trezentos *siclos* de ouro; e Salomão os pôs na casa do bosque do Líbano.

2 CRÔNICAS 9.17

¹⁷Fez mais o rei um grande trono de marfim, e o revestiu de ouro puro.

¹⁸E o trono *tinha* seis degraus, e um estrado de ouro, que eram ligados ao trono, e encostos de ambos os lados no lugar do assento; e dois leões estavam junto aos encostos.

¹⁹E doze leões estavam ali de ambos os lados, sobre os seis degraus; outro tal não se fez em nenhum reino.

²⁰Também todas as taças do rei Salomão *eram* de ouro, e todos os vasos da casa do bosque do Líbano, de ouro puro; a prata reputava-se por nada nos dias de Salomão.

²¹Porque, indo os navios do rei com os servos de Hirão, a Társis, voltavam os navios de Társis, uma vez em três anos, e traziam ouro e prata, marfim, macacos e pavões.

²²Assim excedeu o rei Salomão a todos os reis da terra, em riquezas e sabedoria.

²³E todos os reis da terra buscavam a presença de Salomão, para ouvirem a sabedoria que Deus tinha posto no seu coração.

²⁴E cada um trazia o seu presente, vasos de prata, e vasos de ouro, e roupas, armaduras, especiarias, cavalos e mulas; assim faziam de ano em ano.

²⁵Teve também Salomão quatro mil estrebarias para os cavalos de seus carros, e doze mil cavaleiros; e colocou-os nas cidades dos carros, e junto ao rei em Jerusalém.

²⁶E dominava sobre todos os reis, desde o rio até à terra dos filisteus, e até ao termo do Egito.

²⁷Também o rei fez que houvesse prata em Jerusalém como pedras, e cedros em tanta abundância como os sicômoros que há pelas campinas.

²⁸E do Egito e de todas aquelas terras traziam cavalos a Salomão.

A morte de Salomão

²⁹Os demais atos de Salomão, tanto os primeiros como os últimos, *porventura* não *estão* escritos no livro das crônicas de Natã, o profeta, e na profecia de Aías, o silonita, e nas visões de Ido, o vidente, acerca de Jeroboão, filho de Nebate?

³⁰E reinou Salomão em Jerusalém quarenta anos sobre todo o Israel.

³¹E dormiu Salomão com seus pais, e o sepultaram na cidade de Davi seu pai; e Roboão, seu filho, reinou em seu lugar.

A revolta de dez tribos de Israel

10 E FOI ROBOÃO a Siquém, porque todo o Israel tinha vindo a Siquém para fazê-lo rei.

²Sucedeu que, ouvindo-o Jeroboão, filho de Nebate (o qual *estava então* no Egito para onde fugira da presença do rei Salomão), voltou do Egito,

³Porque enviaram *a ele,* e o chamaram; e vieram, Jeroboão e todo o Israel, e falaram a Roboão dizendo:

⁴Teu pai fez duro o nosso jugo; agora, pois, alivia tu a dura servidão de teu pai, e o pesado jugo que nos pôs, e nós te serviremos.

⁵E ele lhes disse: Daqui a três dias voltai a mim. Então o povo se foi.

⁶E tomou Roboão conselho com os anciãos, que estiveram perante Salomão seu pai, enquanto viveu, dizendo: Como aconselhais vós que se responda a este povo?

⁷E eles lhe falaram, dizendo: Se te fizeres benigno e afável para com este povo, e lhes falares boas palavras, todos os dias serão teus servos.

⁸Porém ele deixou o conselho que os anciãos lhe deram; e tomou conselho com os jovens, que haviam crescido com ele, e estavam perante ele.

⁹E disse-lhes: Que aconselhais vós, que respondamos a este povo, que me falou, dizendo: Alivia o jugo que teu pai nos impôs?

¹⁰E os jovens, que com ele haviam crescido, lhe falaram, dizendo: Assim dirás a este povo, que te falou, dizendo: Teu pai agravou o nosso jugo, tu porém alivia-nos; assim, pois, lhe falarás: O meu *dedo* mínimo é mais grosso do que os lombos de meu pai.

¹¹Assim que, se meu pai vos carregou de um jugo pesado, eu ainda aumentarei o vosso jugo; meu pai vos castigou com açoites, porém eu *vos castigarei* com escorpiões.

¹²Veio, pois, Jeroboão, e todo o povo, ao terceiro dia, a Roboão, como o rei havia ordenado, dizendo: Voltai a mim ao terceiro dia.

¹³E o rei lhes respondeu asperamente; porque o rei Roboão deixara o conselho dos anciãos.

¹⁴E falou-lhes conforme o conselho dos jovens, dizendo: Meu pai agravou o vosso jugo, porém eu o aumentarei mais; meu pai vos castigou com açoites, porém eu *vos castigarei* com escorpiões.

¹⁵Assim o rei não deu ouvidos ao povo, porque esta mudança vinha de Deus, para que o SENHOR confirmasse a sua palavra, a qual falara pelo ministério de Aías, o silonita, a Jeroboão, filho de Nebate.

¹⁶Vendo, pois, todo o Israel, que o rei não lhe dava ouvidos, tornou-lhe o povo a responder, dizendo: Que parte temos nós com Davi? *Já* não *temos* herança no filho de Jessé. Cada um à sua tenda, ó Israel! Olha agora pela tua casa, ó Davi. Assim todo o Israel se foi para as suas tendas.

¹⁷Porém, quanto aos filhos de Israel, que habitavam nas cidades de Judá, sobre eles reinou Roboão.

¹⁸Então o rei Roboão enviou a Hadorão, que tinha cargo dos tributos; porém os filhos de Israel o apedrejaram, e ele morreu. Então o rei Roboão se esforçou para subir ao seu carro, e fugiu para Jerusalém.

¹⁹Assim se rebelaram os israelitas contra a casa de Davi, até ao *dia de* hoje.

Deus proíbe fazer guerra contra as dez tribos

11 VINDO, pois, Roboão a Jerusalém, reuniu, da casa de Judá e Benjamim, cento e oitenta mil escolhidos, destros na guerra, para pelejarem contra Israel, e para restituírem o reino a Roboão.

²Porém a palavra do SENHOR veio a Semaías, homem de Deus, dizendo:

³Fala a Roboão, filho de Salomão, rei de Judá, e a todo o Israel, em Judá e Benjamim, dizendo:

⁴Assim diz o SENHOR: Não subireis, nem pelejareis contra os vossos irmãos; volte cada um à sua casa; porque de mim proveio isto. E ouviram as palavras do SENHOR, e desistiram de ir contra Jeroboão.

⁵E Roboão habitou em Jerusalém; e para defesa, edificou cidades em Judá.

⁶Edificou, pois, a Belém, a Etã, e a Tecoa,

⁷E a Bete-Zur, a Socó, a Adulão,

⁸E a Gate, a Maressa, a Zife,

⁹E a Adoraim, a Laquis, e a Azeca,

¹⁰E a Zorá, a Aijalom, e a Hebrom, que *estavam* em Judá e em Benjamim; cidades fortes.

¹¹E fortificou estas fortalezas e *pôs* nelas capitães, e armazéns de víveres, de azeite, e de vinho.

¹²E *pôs* em cada cidade paveses e lanças; fortificou-as grandemente; e Judá e Benjamim pertenceram-lhe.

Todos os que temem a Deus vêm a Jerusalém

¹³Também os sacerdotes e os levitas, que havia em *todo* o Israel, se reuniram a ele de todos os seus termos.

¹⁴Porque os levitas deixaram os seus arrabaldes, e a sua possessão, e vieram a Judá e a Jerusalém, porque Jeroboão e seus filhos os lançaram fora para que não ministrassem ao SENHOR.

¹⁵E ele constituiu para si sacerdotes, para os altos, para os demônios, e para os bezerros, que fizera.

¹⁶Depois desses também, de todas as tribos de Israel, os que deram o seu coração a buscarem ao SENHOR Deus de Israel, vieram a Jerusalém, para oferecerem sacrifícios ao SENHOR Deus de seus pais.

¹⁷Assim fortaleceram o reino de Judá e corroboraram a Roboão, filho de Salomão, por três anos; porque três anos andaram no caminho de Davi e Salomão.

¹⁸E Roboão tomou para si, por mulher, a Maalate, filha de Jerimote, filho de Davi; e Abiail, filha de Eliabe, filho de Jessé.

¹⁹A qual lhe deu filhos: Jeús, Samarias e Zaã

²⁰E depois dela tomou a Maaca, filha de Absalão; esta lhe deu Abias, Atai, Ziza e Selomite.

²¹E amava Roboão mais a Maaca, filha de Absalão, do que a todas as suas *outras* mulheres e concubinas; porque ele tinha tomado dezoito mulheres, e sessenta concubinas; e gerou vinte e oito filhos, e sessenta filhas.

²²E Roboão designou Abias, filho de Maaca, para *ser* chefe e líder entre os seus irmãos, porque *queria* fazê-lo rei.

²³E usou de prudência, e de todos os seus filhos, *alguns* espalhou por todas as terras de Judá, e Benjamim, por todas as cidades fortes; e deu-lhes víveres em abundância; e lhes procurou muitas mulheres.

Deus castiga Roboão por causa da idolatria

12 SUCEDEU que, havendo Roboão confirmado o reino, e havendo-se fortalecido, deixou a lei do SENHOR, e com ele todo o Israel.

²E sucedeu que, no quinto ano do rei Roboão, Sisaque, rei do Egito, subiu contra Jerusalém (porque tinham transgredido contra o SENHOR)

³Com mil e duzentos carros e com sessenta mil cavaleiros; e era inumerável o povo que vinha com ele do Egito, de líbios, suquitas e etíopes.

⁴E tomou as cidades fortificadas, que Judá tinha; e chegou até Jerusalém.

⁵Então veio Semaías, o profeta, a Roboão e aos príncipes de Judá que se ajuntaram em Jerusalém por causa de Sisaque, e disse-lhes: Assim diz o SENHOR: *Vós* me deixastes a mim, por isso também eu vos deixei na mão de Sisaque.

⁶Então se humilharam os príncipes de Israel, e o rei, e disseram: O SENHOR *é* justo.

⁷Vendo, pois, o SENHOR que se humilhavam, veio a palavra do SENHOR a Semaías, dizendo: Humilharam-se, não os destruirei; antes em breve lhes darei algum socorro, para que o meu furor não se derrame sobre Jerusalém, por mão de Sisaque.

⁸Porém serão seus servos; para que conheçam *a diferença da* minha servidão e da servidão dos reinos da terra.

⁹Subiu, pois, Sisaque, rei do Egito, contra Jerusalém, e tomou os tesouros da casa do SENHOR, e os tesouros da casa do rei; levou tudo; também tomou os escudos de ouro, que Salomão fizera.

¹⁰E fez o rei Roboão em lugar deles escudos de cobre, e os entregou na mão dos chefes da guarda, que guardavam a porta da casa do rei.

¹¹E todas as vezes que o rei entrava na casa do SENHOR, vinham os da guarda, e os levavam; depois tornavam a pô-los na câmara da guarda.

¹²E humilhando-se ele, a ira do SENHOR se desviou dele, para que não o destruísse de todo; porque em Judá ainda havia boas coisas.

¹³Fortificou-se, pois, o rei Roboão em Jerusalém, e reinou; porque Roboão era da idade de quarenta e um anos, quando começou a reinar; e reinou dezessete anos em Jerusalém, a cidade que o SENHOR escolheu, dentre todas as tribos de Israel, para pôr ali o seu nome; e *era* o nome de sua mãe Naamá, amonita.

¹⁴E fez o que era mau; porquanto não preparou o seu coração para buscar ao SENHOR.

¹⁵Os atos, pois, de Roboão, assim os primeiros, como os últimos, *porventura* não *estão* escritos nos livros de Semaías, o profeta, e de Ido, o vidente, na relação das genealogias? E *houve* guerras entre Roboão e Jeroboão em todos os *seus* dias.

¹⁶E Roboão dormiu com seus pais, e foi sepultado na cidade de Davi; e Abias, seu filho, reinou em seu lugar.

Abias reina e peleja contra Jeroboão

13 NO ano décimo oitavo do rei Jeroboão, Abias começou a reinar sobre Judá.

[2] Três anos reinou em Jerusalém; e *era* o nome de sua mãe Micaía, filha de Uriel de Gibeá; e houve guerra entre Abias e Jeroboão.

[3] E Abias ordenou a peleja com um exército de valentes guerreiros, quatrocentos mil homens escolhidos; e Jeroboão dispôs contra ele a batalha com oitocentos mil homens escolhidos, *todos* homens corajosos.

[4] E pôs-se Abias em pé em cima do monte de Zemaraim, que *está* na montanha de Efraim, e disse: Ouvi-me, Jeroboão e todo o Israel:

[5] *Porventura* não vos convém saber que o Senhor Deus de Israel deu para sempre a Davi a soberania sobre Israel, a ele e a seus filhos, *por uma aliança de sal?*

[6] Contudo levantou-se Jeroboão, filho de Nebate, servo de Salomão, filho de Davi, e se rebelou contra seu senhor.

[7] E ajuntaram-se a ele homens vadios, filhos de Belial; e fortificaram-se contra Roboão, filho de Salomão, sendo Roboão *ainda* jovem, e terno de coração, e não lhes podia resistir.

[8] E agora julgais que podeis resistir ao reino do Senhor, *que está* na mão dos filhos de Davi, visto que *sois uma* grande multidão, e *tendes* convosco os bezerros de ouro que Jeroboão vos fez para deuses.

[9] Não lançastes vós fora os sacerdotes do Senhor, os filhos de Arão, e os levitas, e não fizestes para vós sacerdotes, como os povos das *outras* terras? Qualquer que vem a consagrar-se com *um* novilho e sete carneiros logo se faz sacerdote daqueles que não são deuses.

[10] Porém, quanto a nós, o Senhor é nosso Deus, e nunca o deixamos; e os sacerdotes que ministram ao Senhor *são* filhos de Arão, e os levitas *se ocupam* na *sua* obra.

[11] E queimam ao Senhor cada manhã e cada tarde holocaustos, incenso aromático, com os pães da proposição sobre a mesa pura, e o candelabro de ouro, e as suas lâmpadas para se acenderem cada tarde, porque nós temos cuidado do serviço do Senhor nosso Deus; porém vós o deixastes.

[12] E eis que Deus está conosco, à nossa frente, como também os seus sacerdotes, tocando com as trombetas, para dar alarme contra vós. Ó filhos de Israel, não pelejeis contra o Senhor Deus de vossos pais; porque não prosperareis.

[13] Mas Jeroboão armou uma emboscada, para dar sobre eles pela retaguarda; de maneira que estavam em frente de Judá e a emboscada por detrás deles.

[14] Então Judá olhou, e eis que *tinham* que pelejar por diante e por detrás; então clamaram ao Senhor; e os sacerdotes tocaram as trombetas.

[15] E os homens de Judá gritaram; e sucedeu que, gritando os homens de Judá, Deus feriu a Jeroboão e a todo o Israel diante de Abias e de Judá.

[16] E os filhos de Israel fugiram de diante de Judá; e Deus os entregou na sua mão.

[17] De maneira que Abias e o seu povo fizeram grande matança entre eles; porque caíram feridos de Israel quinhentos mil homens escolhidos.

[18] E foram humilhados os filhos de Israel naquele tempo; e os filhos de Judá prevaleceram, porque confiaram no Senhor Deus de seus pais.

[19] E Abias perseguiu Jeroboão; e tomou-lhe cidades: a Betel com os lugares da sua jurisdição, e a Jesana com os lugares da sua jurisdição, e a Efrom com os lugares da sua jurisdição.

[20] E Jeroboão não recobrou mais o seu poder nos dias de Abias; porém o Senhor o feriu, e morreu.

[21] Abias, porém, se fortificou, e tomou para si catorze mulheres, e gerou vinte e dois filhos e dezesseis filhas.

[22] Os demais atos de Abias, tanto os seus caminhos como as suas palavras, *estão* escritos na história do profeta Ido.

Asa reina

14 E ABIAS dormiu com seus pais, e o sepultaram na cidade de Davi, e Asa, seu filho, reinou em seu lugar; nos seus dias esteve a terra em paz dez anos.

[2] E Asa fez o *que era* bom e reto aos olhos do Senhor seu Deus.

[3] Porque tirou os altares dos *deuses* estranhos, e os altos; e quebrou as imagens, e cortou os bosques.

[4] E mandou a Judá que buscasse ao Senhor Deus de seus pais, e que observasse a lei e o mandamento.

[5] Também tirou de todas as cidades de Judá os altos e as imagens; e sob ele o reino esteve em paz.

[6] E edificou cidades fortificadas em Judá; porque a terra estava quieta, e não havia guerra contra ele naqueles anos; porquanto o Senhor lhe dera repouso.

[7] Disse, pois, a Judá: Edifiquemos estas cidades, e cerquemo-las de muros e torres, portas e ferrolhos, *enquanto* a terra ainda é nossa, pois buscamos ao Senhor nosso Deus; buscamo-lo, e deu-nos repouso de todos os lados. Edificaram, pois, e prosperaram.

[8] Tinha Asa *um* exército de trezentos mil de Judá, que traziam pavês e lança; e duzentos e oitenta mil de Benjamim, que traziam escudo e atiravam com arco; todos estes *eram* homens valentes.

Vitórias sobre os etíopes

[9] E Zerá, o etíope, saiu contra eles, com um exército de um milhão e com trezentos carros, e chegou até Maressa.

[10] Então Asa saiu contra ele; e ordenaram a batalha no vale de Zefatá, junto a Maressa.

[11] E Asa clamou ao Senhor seu Deus, e disse: Senhor, nada para ti é ajudar, quer o poderoso quer o de nenhuma força; ajuda-nos, *pois,* Senhor nosso

Deus, porque em ti confiamos, e no teu nome viemos contra esta multidão. SENHOR, tu *és* nosso Deus, não prevaleça contra ti o homem.

[12]E o SENHOR feriu os etíopes diante de Asa e diante de Judá; e os etíopes fugiram.

[13]E Asa, e o povo que *estava* com ele os perseguiram até Gerar, e caíram *tantos* dos etíopes, que já não havia neles resistência *alguma;* porque foram destruídos diante do SENHOR, e diante do seu exército; e levaram *dali* mui grande despojo.

[14]E feriram todas as cidades nos arredores de Gerar, porque o terror do SENHOR veio sobre elas; e saquearam todas as cidades, porque havia nelas muita presa.

[15]Também feriram as malhadas do gado; e levaram ovelhas em abundância, e camelos, e voltaram para Jerusalém.

Asa renova a aliança do *SENHOR*

15 ENTÃO veio o Espírito de Deus sobre Azarias, filho de Odede.

[2]E saiu ao encontro de Asa, e disse-lhe: Ouvi-me, Asa, e todo o Judá e Benjamim: O SENHOR *está* convosco, enquanto vós estais com ele, e, se o buscardes, o achareis; porém, se o deixardes, vos deixará.

[3]E Israel *esteve* por muitos dias sem o verdadeiro Deus, e sem sacerdote que *o* ensinasse, e sem lei.

[4]Mas quando na sua angústia voltaram para o SENHOR Deus de Israel, e o buscaram, o acharam.

[5]E naqueles tempos não *havia* paz, nem para o que saía, nem para o que entrava, mas muitas perturbações sobre todos os habitantes daquelas terras.

[6]Porque nação contra nação e cidade contra cidade se despedaçavam; porque Deus os perturbara com toda a angústia.

[7]Mas esforçai-vos, e não desfaleçam as vossas mãos; porque a vossa obra tem uma recompensa.

[8]Ouvindo, pois, Asa estas palavras, e a profecia do profeta Odede, cobrou ânimo e tirou as abominações de toda a terra, de Judá e de Benjamim, como também das cidades que tomara nas montanhas de Efraim, e renovou o altar do SENHOR, que *estava* diante do pórtico do SENHOR.

[9]E reuniu a todo o Judá, e Benjamim, e com eles os estrangeiros de Efraim e Manassés, e de Simeão; porque muitos de Israel tinham passado a ele, vendo que o SENHOR seu Deus *era* com ele.

[10]E ajuntaram-se em Jerusalém no terceiro mês; no ano décimo quinto do reinado de Asa.

[11]E no mesmo dia ofereceram em sacrifício ao SENHOR, do despojo *que* trouxeram, setecentos bois e sete mil ovelhas.

[12]E entraram na aliança para buscarem o SENHOR Deus de seus pais, com todo o seu coração, e com toda a sua alma;

[13]E de que todo aquele que não buscasse ao SENHOR Deus de Israel, morresse; assim o menor como o maior, tanto o homem como a mulher.

[14]E juraram ao SENHOR, em alta voz, com júbilo e com trombetas e cornetas.

[15]E todo o Judá se alegrou deste juramento; porque de todo o seu coração juraram, e de toda a sua vontade o buscaram, e o acharam; e o SENHOR lhes deu repouso ao redor.

[16]E também a Maaca, sua mãe, o rei Asa depôs, para que não *fosse* mais rainha, porquanto fizera *um* horrível ídolo, a Aserá; e Asa destruiu o seu horrível ídolo, e *o* despedaçou, e *o* queimou junto ao ribeiro de Cedrom.

[17]Os altos, porém, não foram tirados de Israel; contudo o coração de Asa foi perfeito todos os seus dias.

[18]E trouxe, à casa de Deus, as coisas consagradas por seu pai, e as coisas que ele mesmo tinha consagrado: prata, ouro e vasos.

[19]E não houve guerra até ao ano trigésimo quinto do reinado de Asa.

Asa e o rei da Síria pelejam contra Baasa

16 NO TRIGÉSIMO sexto ano do reinado de Asa, Baasa, rei de Israel, subiu contra Judá e edificou a Ramá, para não deixar ninguém sair, nem chegar a Asa, rei de Judá.

[2]Então Asa tirou a prata e o ouro dos tesouros da casa do SENHOR, e da casa do rei; e enviou *servos* a Ben-Hadade, rei da Síria, que habitava em Damasco, dizendo:

[3]Acordo *há* entre mim e ti, como houve entre meu pai e o teu; eis que te envio prata e ouro; vai, *pois,* e anula o teu acordo com Baasa, rei de Israel, para que se retire de sobre mim.

[4]E Ben-Hadade deu ouvidos ao rei Asa, e enviou os capitães dos seus exércitos, contra as cidades de Israel, e eles feriram a Ijom, a Dã, a Abel-Maim, e a todas as cidades-armazéns de Naftali.

[5]E sucedeu que, ouvindo-o Baasa, deixou de edificar a Ramá, e não continuou a sua obra.

[6]Então o rei Asa tomou a todo o Judá, e levaram as pedras de Ramá, e a sua madeira, com que Baasa edificara; e com elas edificou a Geba e a Mizpá.

[7]Naquele mesmo tempo veio Hanani, o vidente, a Asa, rei de Judá, e disse-lhe: Porquanto confiaste no rei da Síria, e não confiaste no SENHOR teu Deus, por isso o exército do rei da Síria escapou da tua mão.

[8]*Porventura* não foram os etíopes e os líbios *um* grande exército, com muitíssimos carros e cavaleiros? Confiando tu, porém, no SENHOR, ele os entregou nas tuas mãos.

[9]Porque, *quanto* ao SENHOR, seus olhos passam por toda a terra, para mostrar-se forte para com *aqueles* cujo coração é perfeito para com ele; nisto, pois, procedeste loucamente porque desde agora haverá guerras contra ti.

[10]Porém Asa se indignou contra o vidente, e lançou-o na casa do tronco; porque estava enfurecido contra ele, por causa disto; também Asa, no mesmo tempo, oprimiu *a alguns* do povo.

[11]E eis que os atos de Asa, tanto os primeiros, como os últimos, *estão* escritos no livro dos reis de Judá e Israel.

2 CRÔNICAS 16.12

¹²E, no ano trinta e nove do seu reinado, Asa caiu doente de seus pés, a sua doença *era* em extremo grave; contudo, na sua enfermidade, não buscou ao Senhor, mas antes os médicos.

¹³E Asa dormiu com seus pais; e morreu no ano quarenta e um do seu reinado.

¹⁴E o sepultaram no seu sepulcro, que tinha cavado para si na cidade de Davi, havendo-o deitado na cama, que se enchera de perfumes e especiarias preparadas segundo a arte dos perfumistas; e, *destas coisas* fizeram-lhe uma grande queima.

O bom reinado de Jeosafá

17 E JEOSAFÁ, seu filho, reinou em seu lugar; e fortificou-se contra Israel.

²E pôs soldados em todas as cidades fortificadas de Judá, e estabeleceu guarnições na terra de Judá, como também nas cidades de Efraim, que Asa seu pai tinha tomado.

³E o Senhor era com Jeosafá; porque andou nos primeiros caminhos de Davi seu pai, e não buscou a Baalins.

⁴Antes buscou ao Deus de seu pai, andou nos seus mandamentos, e não segundo as obras de Israel.

⁵E o Senhor confirmou o reino na sua mão, e todo o Judá deu presentes a Jeosafá, o qual teve riquezas e glória em abundância.

⁶E exaltou-se o seu coração nos caminhos do Senhor e, ainda mais, tirou os altos e os bosques de Judá.

⁷E no terceiro ano do seu reinado enviou ele os seus príncipes, a Bene-Hail, a Obadias, a Zacarias, a Natanael e a Micaías, para ensinarem nas cidades de Judá.

⁸E com eles os levitas, Semaías, Netanias, Zebadias, Asael, Semiramote, Jônatas, Adonias, Tobias e Tobe-Adonias e, com estes levitas, os sacerdotes, Elisama e Jeorão.

⁹E ensinaram em Judá, levando consigo o livro da lei do Senhor; e foram a todas as cidades de Judá, ensinando entre o povo.

¹⁰E veio o temor do Senhor sobre todos os reinos das terras, que *estavam* ao redor de Judá, e não guerrearam contra Jeosafá.

¹¹E *alguns* dentre os filisteus traziam presentes a Jeosafá, e prata como tributo; também os árabes lhe trouxeram gado miúdo; sete mil e setecentos carneiros, e sete mil e setecentos bodes.

¹²Cresceu, pois, Jeosafá grandemente em extremo e edificou fortalezas e cidades de provisões em Judá.

¹³E teve muitas obras nas cidades de Judá, e homens de guerra e valentes, em Jerusalém.

¹⁴E este *é* o número deles segundo as suas casas paternas; em Judá *eram* capitães dos milhares: o chefe Adna, e com ele trezentos mil homens valentes;

¹⁵*E* depois dele o capitão Joanã, e com ele duzentos e oitenta mil;

¹⁶*E* depois Amasias, filho de Zicri, que voluntariamente se entregou ao Senhor, e com ele duzentos mil homens valentes;

¹⁷E de Benjamim, Eliada, homem valente, e com ele duzentos mil, armados de arco e de escudo;

¹⁸E depois dele Jozabade, e com ele cento e oitenta mil, armados para a guerra.

¹⁹Estes estavam no serviço do rei; afora os que o rei tinha posto nas cidades fortes por todo o Judá.

Acordo entre Jeosafá e Acabe

18 TINHA, pois, Jeosafá riquezas e glória em abundância, e aparentou-se com Acabe.

²E depois de *alguns* anos desceu ele para Acabe em Samaria; e Acabe matou ovelhas e bois em abundância, para ele e para o povo que *vinha* com ele; e o persuadiu a subir *com ele* a Ramote de Gileade.

³Porque Acabe, rei de Israel, disse a Jeosafá, rei de Judá: Irás tu comigo a Ramote de Gileade? E *ele* lhe disse: Como tu *és, serei* eu; e o meu povo, como o teu povo; *iremos* contigo à guerra.

⁴Disse mais Jeosafá ao rei de Israel: Peço-te, consulta hoje a palavra do Senhor.

⁵Então o rei de Israel reuniu os profetas, quatrocentos homens, e disse-lhes: Iremos à guerra contra Ramote de Gileade, ou deixarei de ir? E eles disseram: Sobe; porque Deus *a* entregará na mão do rei.

⁶Disse, porém, Jeosafá: Não *há* ainda aqui algum profeta do Senhor, para que o consultemos?

⁷Então o rei de Israel disse a Jeosafá: Ainda *há* um homem por quem *podemos* consultar ao Senhor; porém eu o odeio, porque nunca profetiza de mim o *que é* bom, senão sempre o mau; este *é* Micaías, filho de Inlá. E disse Jeosafá: Não fale o rei assim.

⁸Então o rei de Israel chamou um oficial, e disse: Traze aqui depressa a Micaías, filho de Inlá.

⁹E o rei de Israel, e Jeosafá, rei de Judá, estavam assentados cada um no seu trono, vestidos com suas roupas *reais,* e estavam assentados na praça à entrada da porta de Samaria; e todos os profetas profetizavam na sua presença.

¹⁰E Zedequias, filho de Quenaaná, fez para si uns chifres de ferro, e disse: Assim diz o Senhor: Com estes ferirás aos sírios, até de todo os consumires.

¹¹E todos os profetas profetizavam o mesmo, dizendo: Sobe a Ramote de Gileade, e triunfarás; porque o Senhor *a* dará na mão do rei.

¹²E o mensageiro, que foi chamar a Micaías, falou-lhe, dizendo: Eis que as palavras dos profetas, a uma voz, *predizem coisas* boas para o rei; seja, pois, também a tua palavra como a de um deles, e fala o *que é* bom.

¹³Porém Micaías disse: Vive o Senhor, que o que meu Deus me disser, isso falarei.

¹⁴Vindo, pois, ele ao rei, este lhe disse: Micaías, iremos a Ramote de Gileade à guerra, ou deixaremos de ir? E ele disse: Subi, e triunfarás; e serão dados na vossa mão.

¹⁵E o rei lhe disse: Até quantas vezes, te conjurarei, para que não me fales senão a verdade em nome do Senhor?

¹⁶Então disse ele: Vi a todo o Israel disperso

pelos montes, como ovelhas que não têm pastor; e disse o Senhor: Estes não têm senhor; torne cada um em paz para sua casa.

¹⁷Então o rei de Israel disse a Jeosafá: Não te disse eu, *que* ele não profetizaria de mim o *que é* bom, porém *sempre o* mal?

¹⁸Disse mais: Ouvi, pois, a palavra do Senhor: Vi ao Senhor assentado no seu trono, e todo o exército celestial em pé à sua mão direita, e à sua esquerda.

¹⁹E disse o Senhor: Quem persuadirá a Acabe rei de Israel, para que suba, e caia em Ramote de Gileade? Um dizia desta maneira, e outro de outra.

²⁰Então saiu um espírito e se apresentou diante do Senhor, e disse: Eu o persuadirei. E o Senhor lhe disse: Com quê?

²¹E ele disse: Eu sairei, e serei *um* espírito de mentira na boca de todos os seus profetas. E disse *o Senhor*: Tu o persuadirás, e ainda prevalecerás; sai, e faze-o assim.

²²Agora, pois, eis que o Senhor pôs *um* espírito de mentira na boca destes teus profetas; e o Senhor falou o mal a teu respeito.

²³Então Zedequias, filho de Quenaaná, chegando-se, feriu a Micaías no queixo, e disse: Por que caminho passou de mim o Espírito do Senhor para falar a ti?

²⁴E disse Micaías: Eis que o verás naquele dia, quando andares de câmara em câmara, para te esconderes.

²⁵Então disse o rei de Israel: Tomai a Micaías, e tornai a levá-lo a Amom, o governador da cidade, e a Joás, filho do rei.

²⁶E direis: Assim diz o rei: Colocai este *homem* na casa do cárcere; e sustentai-o com pão de angústia, e com água de angústia, até que eu volte em paz.

²⁷E disse Micaías: Se voltares em paz, o Senhor não tem falado por mim. Disse mais: Ouvi, povos todos!

A guerra contra Ramote de Gileade

²⁸Subiram, pois, o rei de Israel e Jeosafá, rei de Judá, a Ramote de Gileade.

²⁹E disse o rei de Israel a Jeosafá: Disfarçando-me eu, então entrarei na peleja; tu, porém, veste as tuas roupas *reais*. Disfarçou-se, pois, o rei de Israel, e entraram na peleja.

³⁰Deu ordem, porém, o rei da Síria aos capitães dos carros que tinha, dizendo: Não pelejareis nem contra pequeno, nem contra grande; senão só contra o rei de Israel.

³¹Sucedeu que, vendo os capitães dos carros a Jeosafá, disseram: Este é o rei de Israel, e o cercaram para pelejar; porém Jeosafá clamou, e o Senhor o ajudou. E Deus os desviou dele.

³²Porque sucedeu que, vendo os capitães dos carros, que não era o rei de Israel, deixaram de segui-lo.

³³Então *um* homem armou o arco e atirou a esmo, e feriu o rei de Israel entre as junturas e a

couraça; então disse ao carreteiro: Dá volta, e tira-me do exército, porque estou gravemente ferido.

³⁴E aquele dia cresceu a peleja, mas o rei de Israel susteve-se em pé no carro defronte dos sírios até à tarde; e morreu ao tempo do pôr do sol.

O profeta Jeú repreende a Jeosafá

19 E JEOSAFÁ, rei de Judá, voltou em paz à sua casa em Jerusalém.

²E Jeú, filho de Hanani, o vidente, saiu ao encontro do rei Jeosafá e lhe disse: Devias tu ajudar ao ímpio, e amar aqueles que odeiam ao Senhor? Por isso *virá* sobre ti grande ira da parte do Senhor.

³Boas coisas contudo se acharam em ti; porque tiraste os bosques da terra, e preparaste o teu coração para buscar a Deus.

⁴Habitou, pois, Jeosafá em Jerusalém; e tornou a passar pelo povo desde Berseba até as montanhas de Efraim, e fez com que tornassem ao Senhor Deus de seus pais.

⁵E estabeleceu juízes na terra, em todas as cidades fortificadas de Judá, de cidade em cidade.

⁶E disse aos juízes: Vede o que fazeis; porque não julgais da parte do homem, senão da parte do Senhor, e ele *está* convosco quando julgardes.

⁷Agora, pois, seja o temor do Senhor convosco; guardai-o, e fazei-o; porque não *há* no Senhor nosso Deus iniquidade nem acepção de pessoas, nem aceitação de suborno.

⁸E também estabeleceu Jeosafá em Jerusalém *alguns* dos levitas e dos sacerdotes e dos chefes dos pais de Israel sobre o juízo do Senhor, e sobre as causas judiciais; e voltaram a Jerusalém.

⁹E deu-lhes ordem, dizendo: Assim fazei no temor do Senhor, com fidelidade, e com coração íntegro.

¹⁰E *em* toda a diferença que vier a vós de vossos irmãos que habitam nas suas cidades, entre sangue e sangue, entre lei e mandamento, entre estatutos e juízos, admoestai-os, que não se façam culpados para com o Senhor, e *não* venha grande ira sobre vós, e sobre vossos irmãos; fazei assim, e não vos fareis culpados.

¹¹E eis que Amarias, o sumo sacerdote, presidirá sobre vós em todo o negócio do Senhor; e Zebadias, filho de Ismael, líder da casa de Judá, em todo o negócio do rei; também os oficiais, os levitas, *estão* perante vós; esforçai-vos, pois, e fazei-o; e o Senhor será com os bons.

Deus concede a Jeosafá vitória sobre os seus inimigos

20 E SUCEDEU que, depois disto, os filhos de Moabe, e os filhos de Amom, e com eles *outros* dos amonitas, vieram à peleja contra Jeosafá.

²Então vieram *alguns* que avisaram a Jeosafá, dizendo: Vem contra ti *uma* grande multidão dalém do mar e da Síria; e eis que já *estão* em Hazazom-Tamar, que *é* En-Gedi.

³Então Jeosafá temeu, e pôs-se a buscar o Senhor, e apregoou jejum em todo o Judá.

2 CRÔNICAS 20.4

⁴E Judá se ajuntou, para pedir *socorro* ao SE-NHOR; também de todas as cidades de Judá vieram para buscar ao SENHOR.

⁵E pôs-se Jeosafá em pé na congregação de Judá e de Jerusalém, na casa do SENHOR, diante do pátio novo.

⁶E disse: Ah! SENHOR Deus de nossos pais, *porventura* não *és* tu Deus nos céus? Não és tu que dominas sobre todos os reinos das nações? Na tua mão *há* força e potência, e não há quem te possa resistir.

⁷*Porventura,* ó nosso Deus, não lançaste fora os moradores desta terra de diante do teu povo Israel, e não a deste para sempre à descendência de Abraão, teu amigo?

⁸E habitaram nela e edificaram-te nela um santuário ao teu nome, dizendo:

⁹Se *algum* mal nos sobrevier, espada, juízo, peste, ou fome, nós nos apresentaremos diante desta casa e diante de ti, pois teu nome *está* nesta casa, e clamaremos a ti na nossa angústia, e tu nos ouvirás e livrarás.

¹⁰Agora, pois, eis que os filhos de Amom, e de Moabe e os das montanhas de Seir, pelos quais não permitiste passar a Israel, quando vinham da terra do Egito, mas deles se desviaram e não os destruíram,

¹¹Eis que nos dão o pago, vindo para lançar-nos fora da tua herança, que nos fizeste herdar.

¹²Ah! Nosso Deus, *porventura* não os julgarás? Porque em nós não há força perante esta grande multidão que vem contra nós, e não sabemos o que faremos; porém os nossos olhos *estão postos* em ti.

¹³E todo o Judá estava em pé perante o SENHOR, como também as suas crianças, as suas mulheres, e os seus filhos.

¹⁴Então veio o Espírito do SENHOR, no meio da congregação, sobre Jaaziel, filho de Zacarias, filho de Benaia, filho de Jeiel, filho de Matanias, levita, dos filhos de Asafe,

¹⁵E disse: Dai ouvidos todo o Judá, e *vós,* moradores de Jerusalém, e *tu,* ó rei Jeosafá; assim o SENHOR vos diz: Não temais, nem vos assusteis por causa desta grande multidão; pois a peleja não *é* vossa, mas de Deus.

¹⁶Amanhã descereis contra eles; eis que sobem pela ladeira de Ziz, e os achareis no fim do vale, diante do deserto de Jeruel.

¹⁷Nesta *batalha* não tereis que pelejar; postai-vos, ficai parados, e vede a salvação do SENHOR para convosco, ó Judá e Jerusalém. Não temais, nem vos assusteis; amanhã saí-lhes ao encontro, porque o SENHOR *será* convosco.

¹⁸Então Jeosafá se prostrou com o rosto em terra, e todo o Judá e os moradores de Jerusalém se lançaram perante o SENHOR, adorando ao SENHOR.

¹⁹E levantaram-se os levitas, dos filhos dos coatitas, e dos filhos dos coratitas, para louvarem ao SENHOR Deus de Israel, com voz muito alta.

²⁰E pela manhã cedo se levantaram e saíram ao deserto de Tecoa; e, ao saírem, Jeosafá pôs-se em pé, e disse: Ouvi-me, ó Judá, e vós, moradores de Jerusalém: Crede no SENHOR vosso Deus, e estareis seguros; crede nos seus profetas, e prosperareis;

²¹E aconselhou-se com o povo, e ordenou cantores para o SENHOR, que louvassem à Majestade santa, saindo diante dos armados, e dizendo: Louvai ao SENHOR porque a sua benignidade *dura* para sempre.

²²E, quando começaram a cantar e a dar louvores, o SENHOR pôs emboscadas contra os filhos de Amom e de Moabe e os das montanhas de Seir, que vieram contra Judá, e foram desbaratados.

²³Porque os filhos de Amom e de Moabe se levantaram contra os moradores das montanhas de Seir, para os destruir e exterminar; e, acabando eles com os moradores de Seir, ajudaram uns aos outros a destruir-se.

²⁴Nisso chegou Judá à atalaia do deserto; e olharam para a multidão, e eis que *eram* corpos mortos, que jaziam em terra, e nenhum escapou.

²⁵E vieram Jeosafá e o seu povo para saquear os seus despojos, e acharam entre eles riquezas e cadáveres em abundância, assim como objetos preciosos; e tomaram para si tanto, que não podiam levar; e três dias saquearam o despojo, porque era muito.

²⁶E ao quarto dia se ajuntaram no vale de Beraca; pois ali louvaram ao SENHOR. Por isso chamaram aquele lugar o vale de Beraca, até ao dia de hoje.

²⁷Então voltaram todos os homens de Judá e de Jerusalém, e Jeosafá à frente deles, e tornaram a Jerusalém com alegria; porque o SENHOR os alegrara sobre os seus inimigos.

²⁸E vieram a Jerusalém com saltérios, com harpas e com trombetas, para a casa do SENHOR.

²⁹E veio o temor de Deus sobre todos os reinos daquelas terras, ouvindo *eles* que o SENHOR havia pelejado contra os inimigos de Israel.

³⁰E o reino de Jeosafá ficou quieto; e o seu Deus lhe deu repouso ao redor.

³¹E Jeosafá reinou sobre Judá; *era* da idade de trinta e cinco anos quando começou a reinar e vinte e cinco anos reinou em Jerusalém; e o nome de sua mãe era Azuba, filha de Sili.

³²E andou no caminho de Asa, seu pai, e não se desviou dele, fazendo o *que era* reto aos olhos do SENHOR.

³³Contudo os altos não foram tirados porque o povo não tinha ainda disposto o seu coração para com o Deus de seus pais.

³⁴Ora, o restante dos atos de Jeosafá, assim, desde os primeiros até os últimos, eis que *está* escrito nas notas de Jeú, filho de Hanani, que as inseriu no livro dos reis de Israel.

³⁵Porém, depois disto, Jeosafá, rei de Judá, se aliou com Acazias, rei de Israel, que procedeu com toda a impiedade.

³⁶E aliou-se com ele, para fazerem navios que fossem a Társis; e fizeram os navios em Eziom--Geber.

³⁷Porém Eliezer, filho de Dodava, de Maressa, profetizou contra Jeosafá, dizendo: Porquanto te aliaste com Acazias, o Senhor despedaçou as tuas obras. E os navios se quebraram, e não puderam ir a Társis.

A morte de Jeosafá

21 DEPOIS Jeosafá dormiu com seus pais, e foi sepultado com seus pais na cidade de Davi; e Jeorão, seu filho, reinou em seu lugar.

²E teve irmãos, filhos de Jeosafá: Azarias, Jeiel, Zacarias, Asarias, Micael e Sefatias; todos estes *foram* filhos de Jeosafá, rei de Israel.

³E seu pai lhes deu muitos presentes de prata, de ouro e de coisas preciosíssimas, *juntamente* com cidades fortificadas em Judá; porém, o reino, deu a Jeorão, porquanto *era* o primogênito.

⁴E, subindo Jeorão ao reino de seu pai, e havendo-se fortificado, matou a todos os seus irmãos à espada, como também *a alguns* dos príncipes de Israel.

A impiedade de Jeorão

⁵Da idade de trinta e dois anos *era* Jeorão, quando começou a reinar; e reinou oito anos em Jerusalém.

⁶E andou no caminho dos reis de Israel, como fazia a casa de Acabe; porque tinha a filha de Acabe por mulher; e fazia o *que era* mau aos olhos do Senhor.

⁷Porém o Senhor não quis destruir a casa de Davi, em atenção à aliança que tinha feito com Davi; e porque também tinha falado que lhe daria por todos os dias uma lâmpada, a ele e a seus filhos.

⁸Nos seus dias se revoltaram os edomitas contra o mando de Judá, e constituíram para si um rei.

⁹Por isso Jeorão passou adiante com os seus príncipes, e todos os carros com ele; levantou-se de noite, e feriu aos edomeus, que o tinham cercado, como também aos capitães dos carros.

¹⁰Todavia os edomitas se revoltaram contra o mando de Judá até *ao dia de* hoje; então no mesmo tempo Libna se revoltou contra o seu mando; porque deixara ao Senhor Deus de seus pais.

¹¹Ele também fez altos nos montes de Judá; e fez com que se corrompessem os moradores de Jerusalém, e até a Judá impeliu *a isso.*

¹²Então lhe veio um escrito da parte de Elias, o profeta, que dizia: Assim diz o Senhor Deus de Davi teu pai: Porquanto não andaste nos caminhos de Jeosafá, teu pai, e nos caminhos de Asa, rei de Judá,

¹³Mas andaste no caminho dos reis de Israel, e fizeste prostituir a Judá e aos moradores de Jerusalém, segundo a prostituição da casa de Acabe, e também mataste a teus irmãos da casa de teu pai, melhores do que tu;

¹⁴Eis que o Senhor ferirá com um grande flagelo ao teu povo, aos teus filhos, às tuas mulheres e a todas as tuas fazendas.

¹⁵Tu também *terás* grande enfermidade por causa *de uma* doença em tuas entranhas, até que elas saiam, de dia em dia, por causa do mal.

¹⁶Despertou, pois, o Senhor, contra Jeorão o espírito dos filisteus e dos árabes, que *estavam* do lado dos etíopes.

¹⁷Estes subiram a Judá, e deram sobre ela, e levaram todos os bens que se achou na casa do rei, como também a seus filhos e a suas mulheres; de modo que não lhe deixaram filho *algum,* senão a Jeoacaz, o mais moço de seus filhos.

¹⁸E depois de tudo isto o Senhor o feriu nas suas entranhas com uma enfermidade incurável.

¹⁹E sucedeu que, depois de muito tempo, ao fim de dois anos, saíram-lhe as entranhas por causa da doença; e morreu daquela grave enfermidade; e o seu povo não lhe queimou aroma como queimara a seus pais.

²⁰Era da idade de trinta e dois anos quando começou a reinar, e reinou oito anos em Jerusalém; e foi sem deixar de si saudades; e sepultaram-no na cidade de Davi, porém não nos sepulcros dos reis.

Acazias reina

22 E OS moradores de Jerusalém, em lugar de Jeorão, fizeram rei a Acazias, seu filho mais moço, porque a tropa, que viera com os árabes ao arraial, tinha matado a todos os mais velhos. Assim reinou Acazias, filho de Jeorão, rei de Judá.

²*Era* Acazias da idade de quarenta e dois anos, quando começou a reinar, e reinou um ano em Jerusalém; e *era* o nome de sua mãe Atalia, filha de Onri.

³Também ele andou nos caminhos da casa de Acabe, porque sua mãe era sua conselheira, para proceder impiamente.

⁴E fez o *que era* mau aos olhos do Senhor, como a casa de Acabe, porque eles eram seus conselheiros depois da morte de seu pai, para a sua perdição.

⁵Também andou nos conselhos deles, e foi com Jorão, filho de Acabe, rei de Israel, à peleja contra Hazael, rei da Síria, junto a Ramote de Gileade; e os sírios feriram a Jorão.

⁶E voltou para curar-se em Jizreel, das feridas que lhe fizeram em Ramá, pelejando contra Hazael, rei da Síria; e Acazias, filho de Jeorão, rei de Judá, desceu para ver a Jorão, filho de Acabe, em Jizreel, porque estava doente.

⁷Foi, pois, *da vontade* de Deus, que Acazias, para sua ruína, visitasse Jorão; porque chegando ele, saiu com Jorão contra Jeú, filho de Ninsi, a quem o Senhor tinha ungido para desarraigar a casa de Acabe.

⁸E sucedeu que, executando Jeú juízo contra a casa de Acabe, achou os príncipes de Judá e os filhos dos irmãos de Acazias, que serviam a Acazias, e os matou.

⁹Depois buscou a Acazias (porque se tinha escondido em Samaria), e o alcançaram, e o trouxeram a Jeú, e o mataram, e o sepultaram; porque disseram: Filho *é* de Jeosafá, que buscou ao Senhor com todo o seu coração. E já não tinha

2 CRÔNICAS 22.10

a casa de Acazias ninguém que tivesse força para reter o reino.

Atalia manda matar a família real, mas Joás escapa

¹⁰Vendo, pois, Atalia, mãe de Acazias, que seu filho era morto, levantou-se e destruiu toda a descendência real da casa de Judá.

¹¹Porém Jeosabeate, filha do rei, tomou a Joás, filho de Acazias, furtando-o dentre os filhos do rei, aos quais matavam, e o pôs com a sua ama na câmara dos leitos; assim Jeosabeate, filha do rei Jeorão, mulher do sacerdote Joiada (porque era irmã de Acazias), o escondeu de Atalia, de modo que ela não o matou.

¹²E esteve com eles seis anos escondido na casa de Deus; e Atalia reinou sobre a terra.

Joiada unge a Joás, como rei em Judá

23 PORÉM no sétimo ano Joiada se animou, e tomou consigo em aliança os chefes de cem, a Azarias, filho de Jeroão, a Ismael, filho de Joanã, a Azarias, filho de Obede, a Maaseias, filho de Adaías, e a Elisafate, filho de Zicri.

²Estes percorreram a Judá e ajuntaram os levitas de todas as cidades de Judá e os chefes dos pais de Israel, e vieram para Jerusalém.

³E toda aquela congregação fez aliança com o rei na casa de Deus; e *Joiada* lhes disse: Eis que o filho do rei reinará, como o Senhor falou a respeito dos filhos de Davi.

⁴Isto *é* o que haveis de fazer; uma terça parte de vós, ou seja, dos sacerdotes e dos levitas que entram no sábado, *serão* guardas das portas;

⁵E uma terça parte *estará* na casa do rei; e a outra terça parte à porta do fundamento; e todo o povo *estará* nos pátios da casa do Senhor.

⁶Porém ninguém entre na casa do Senhor, senão os sacerdotes e os levitas que ministram; estes entrarão, porque são santos; mas todo o povo fará a guarda diante do Senhor.

⁷E os levitas cercarão o rei de todos os lados, cada um com as suas armas na mão; e qualquer que entrar na casa será morto; porém vós estareis com o rei, quando entrar e quando sair.

⁸E fizeram os levitas e todo o Judá conforme a tudo o que ordenara o sacerdote Joiada; e tomou cada um os seus homens, *tanto* os que entravam no sábado como os que saíam no sábado; porque o sacerdote Joiada não tinha despedido as turmas.

⁹Também o sacerdote Joiada deu aos capitães de cem as lanças, os escudos e as rodelas que *foram* do rei Davi, os quais *estavam* na casa de Deus.

¹⁰E dispôs todo o povo, a cada um com as suas armas na mão, desde o lado direito da casa até o lado esquerdo da casa, do lado do altar e da casa, em redor do rei.

¹¹Então tiraram para fora ao filho do rei, e lhe puseram a coroa; *deram-lhe* o testemunho, e o fizeram rei; e Joiada e seus filhos o ungiram, e disseram: Viva o rei!

¹²Ouvindo, pois, Atalia a voz do povo que concorria e louvava o rei, veio ao povo, à casa do Senhor.

¹³E olhou, e eis que o rei estava junto à coluna, à entrada, e os príncipes e as trombetas junto ao rei; e todo o povo da terra estava alegre e tocava as trombetas; e também os cantores tocavam instrumentos musicais, e dirigiam o cantar de louvores; então Atalia rasgou os seus vestidos, e clamou: Traição, traição!

¹⁴Porém o sacerdote Joiada trouxe para fora os centuriões que *estavam* postos sobre o exército e disse-lhes: Tirai-a para fora das fileiras, e o que a seguir, morrerá à espada; porque dissera o sacerdote: Não a mateis na casa do Senhor.

¹⁵E lançaram mão dela; e ela foi pelo *caminho* da entrada da porta dos cavalos, à casa do rei, e ali a mataram.

A aliança que Joiada fez

¹⁶E Joiada fez aliança entre si e o povo e o rei, para que fossem o povo do Senhor.

¹⁷Depois todo o povo entrou na casa de Baal, e a derrubaram, e quebraram os seus altares, e as suas imagens, e a Matã, sacerdote de Baal, mataram diante dos altares.

¹⁸E Joiada ordenou os ofícios na casa do Senhor, sob a direção dos sacerdotes levitas a quem Davi designara na casa do Senhor, para oferecerem os holocaustos do Senhor, como *está* escrito na lei de Moisés, com alegria e com canto, conforme a instituição de Davi.

¹⁹E pôs porteiros às portas da casa do Senhor, para que nela não entrasse ninguém imundo em coisa alguma.

²⁰E tomou os centuriões, os poderosos, os que tinham domínio entre o povo e todo o povo da terra, e conduziram o rei da casa do Senhor, e entraram na casa do rei passando pela porta maior, e assentaram o rei sobre o trono do reino.

²¹E todo o povo da terra se alegrou, e a cidade ficou em paz, depois que mataram a Atalia à espada.

Joás dá ordens para consertar o templo

24 TINHA Joás sete anos de idade quando começou a reinar, e quarenta anos reinou em Jerusalém; e *era* o nome da sua mãe Zíbia, de Berseba.

²E fez Joás o *que era* reto aos olhos do Senhor, todos os dias do sacerdote Joiada.

³E tomou-lhe Joiada duas mulheres, e gerou filhos e filhas.

⁴E, depois disto, Joás resolveu renovar a casa do Senhor.

⁵Reuniu, pois, os sacerdotes e os levitas, e disse-lhes: Saí pelas cidades de Judá, e levantai dinheiro de todo o Israel para reparar a casa do vosso Deus de ano em ano; e vós, apressai este negócio. Porém os levitas não se apressaram.

⁶E o rei chamou a Joiada, o chefe, e disse-lhe: Por que não requereste dos levitas, que trouxessem de Judá e de Jerusalém o tributo que Moisés,

servo do Senhor, ordenou à congregação de Israel, para a tenda do testemunho?

⁷Porque, sendo Atalia ímpia, seus filhos arruinaram a casa de Deus, e até todas as coisas sagradas da casa do Senhor empregaram em Baalins.

⁸E o rei, pois, deu ordem e fizeram um cofre, e o puseram fora, à porta da casa do Senhor.

⁹E publicou-se em Judá e em Jerusalém que trouxessem ao Senhor o tributo de Moisés, o servo de Deus, *ordenado* a Israel no deserto.

¹⁰Então todos os príncipes e todo o povo se alegraram, e o trouxeram e *o* lançaram no cofre, até que ficou cheio.

¹¹E sucedia que, quando levavam o cofre pelas mãos dos levitas, segundo o mandado do rei, e vendo-se que *já havia* muito dinheiro, vinha o escrivão do rei, e o oficial do sumo sacerdote, e esvaziavam o cofre, e tomavam-no e levavam-no de novo ao seu lugar; assim faziam de dia em dia, e ajuntaram dinheiro em abundância.

¹²O qual o rei e Joiada davam aos que tinham o encargo da obra do serviço da casa do Senhor; e contrataram pedreiros e carpinteiros, para renovarem a casa do Senhor; como também ferreiros e serralheiros, para repararem a casa do Senhor.

¹³E os que tinham o encargo da obra faziam com que o trabalho de reparação fosse crescendo pelas suas mãos; e restauraram a casa de Deus no seu estado, e a fortaleceram.

¹⁴E, depois de acabarem, trouxeram ao rei e a Joiada o resto do dinheiro, e dele fizeram utensílios para a casa do Senhor, objetos para ministrar e oferecer, colheres, vasos de ouro e de prata. E continuamente sacrificaram holocaustos na casa do Senhor, todos os dias de Joiada.

¹⁵E envelheceu Joiada, e morreu farto de dias; *era* da idade de cento e trinta anos quando morreu.

¹⁶E o sepultaram na cidade de Davi com os reis; porque tinha feito bem em Israel, e para com Deus e a sua casa.

A idolatria de Joás

¹⁷Porém, depois da morte de Joiada vieram os príncipes de Judá e prostraram-se perante o rei; e o rei os ouviu.

¹⁸E deixaram a casa do Senhor Deus de seus pais, e serviram às imagens do bosque e aos ídolos. Então, por causa desta sua culpa, veio grande ira sobre Judá e Jerusalém.

¹⁹Porém enviou profetas entre eles, para os reconduzir ao Senhor, os quais protestaram contra eles; mas eles não deram ouvidos.

²⁰E o Espírito de Deus revestiu a Zacarias, filho do sacerdote Joiada, o qual se pôs em pé acima do povo, e lhes disse: Assim diz Deus: Por que transgredis os mandamentos do Senhor, de modo que não possais prosperar? Porque deixastes ao Senhor, também ele vos deixará.

²¹E eles conspiraram contra ele, e o apedrejaram por mandado do rei, no pátio da casa do Senhor.

²²Assim o rei Joás não se lembrou da beneficência que Joiada, *pai de Zacarias,* lhe fizera; porém

matou-lhe o filho, o qual, morrendo, disse: O Senhor o verá, e o requererá.

O juízo de Deus sobre Joás

²³E sucedeu que, decorrido um ano, o exército da Síria subiu contra ele; e vieram a Judá e a Jerusalém, e destruíram dentre o povo a todos os seus príncipes; e enviaram todo o seu despojo ao rei de Damasco.

²⁴Porque ainda que o exército dos sírios viera com poucos homens, contudo o Senhor entregou na sua mão um exército mui numeroso, porquanto deixaram ao Senhor Deus de seus pais. Assim executaram juízos contra Joás.

²⁵E, quando os *sírios* se retiraram, deixaram-no gravemente ferido; então seus servos conspiraram contra ele por causa do sangue dos filhos do sacerdote Joiada, e o feriram na sua cama, e morreu; e o sepultaram na cidade de Davi, porém não o sepultaram nos sepulcros dos reis.

²⁶Estes, pois, foram os que conspiraram contra ele; Zabade, filho de Simeate, a amonita, e Jeozabade, filho de Sinrite, a moabita.

²⁷E, quanto a seus filhos, e à grandeza do cargo que se lhe *impôs,* e à restauração da casa de Deus, eis que *estão* escritos no livro da história dos reis; e Amazias, seu filho, reinou em seu lugar.

Amazias vence os edomitas

25 ERA Amazias da idade de vinte e cinco anos, quando começou a reinar, e reinou vinte e nove anos em Jerusalém; e *era* o nome de sua mãe Joadã, de Jerusalém.

²E fez o *que era* reto aos olhos do Senhor, porém não com inteireza de coração.

³Sucedeu que, sendo-lhe o reino já confirmado, matou a seus servos que mataram o rei seu pai;

⁴Porém não matou os filhos deles; mas fez segundo *está* escrito na lei, no livro de Moisés, como o Senhor ordenou, dizendo: Não morrerão os pais pelos filhos, nem os filhos pelos pais; mas cada um morrerá pelo seu pecado.

⁵E Amazias reuniu a Judá e os pôs segundo as casas dos pais, sob capitães de milhares, e sob capitães de cem, por todo o Judá e Benjamim; e os contou, de vinte anos para cima, e achou deles trezentos mil escolhidos que podiam sair à guerra, e manejar lança e escudo.

⁶Também de Israel tomou a soldo cem mil homens valentes, por cem talentos de prata.

⁷Porém um homem de Deus veio a ele, dizendo: Ó rei, não deixes ir contigo o exército de Israel; porque o Senhor não *é* com Israel, a saber *com* os filhos de Efraim.

⁸Se *quiseres* ir, faze-o assim, esforça-te para a peleja. Deus, porém, te fará cair diante do inimigo; porque força há em Deus para ajudar e para fazer cair.

⁹E disse Amazias ao homem de Deus: Que se fará, pois, dos cem talentos de prata que dei às tropas de Israel? E disse o homem de Deus: Mais tem o Senhor que te dar do que isso.

2 CRÔNICAS 25.10   332

¹⁰Então separou Amazias as tropas que lhe tinham vindo de Efraim, para que se fossem ao seu lugar; por isso se acendeu a sua ira contra Judá, e voltaram para as suas casas ardendo em ira.

¹¹Esforçou-se, pois, Amazias, e conduziu o seu povo, e foi ao Vale do Sal; *onde* feriu a dez mil dos filhos de Seir.

¹²Também os filhos de Judá prenderam vivos dez mil, e os levaram ao cume da rocha; e do mais alto da rocha os lançaram abaixo, e todos se despedaçaram.

¹³Porém os homens das tropas que Amazias despedira, para que não fossem com ele à peleja, deram sobre as cidades de Judá desde Samaria, até Bete-Horom; e feriram deles três mil, e saquearam grande despojo.

Deus castiga Amazias por causa da idolatria

¹⁴E sucedeu que, depois que Amazias veio da matança dos edomitas e trouxe consigo os deuses dos filhos de Seir, tomou-os por seus deuses, e prostrou-se diante deles, e queimou-lhes incenso.

¹⁵Então a ira do SENHOR se acendeu contra Amazias, e mandou-lhe *um* profeta que lhe disse: Por que buscaste deuses desse povo, os quais não livraram o seu próprio povo da tua mão?

¹⁶E sucedeu que, falando ele *ao rei*, este lhe respondeu: Puseram-te por conselheiro do rei? Cala-te! Por que haveria de ser ferido? Então parou o profeta, e disse: Bem vejo eu que já Deus deliberou destruir-te; porquanto fizeste isto, e não deste ouvidos ao meu conselho.

¹⁷E, tendo tomado conselho, Amazias, rei de Judá, mandou dizer a Jeoás, filho de Jeoacaz, filho de Jeú, rei de Israel: Vem, vejamo-nos face a face.

¹⁸Porém Jeoás, rei de Israel, mandou dizer a Amazias, rei de Judá: O cardo que estava no Líbano mandou dizer ao cedro que estava no Líbano: Dá tua filha por mulher a meu filho; porém os animais do campo, que *estavam* no Líbano passaram e pisaram o cardo.

¹⁹Tu dizes: Eis que tenho ferido os edomitas; e elevou-se o teu coração, para te gloriares; agora, *pois,* fica em tua casa; por que te entremeterias no mal, para caíres tu e Judá contigo?

²⁰Porém Amazias não *lhe* deu ouvidos, porque isto vinha de Deus, para entregá-los na mão *dos seus inimigos;* porquanto buscaram os deuses dos edomitas.

²¹E Jeoás, rei de Israel, subiu; e ele e Amazias, rei de Judá, viram-se face a face em Bete-Semes, que *está* em Judá.

²²E Judá foi ferido diante de Israel; e fugiu cada um para a sua tenda.

²³E Jeoás, rei de Israel, prendeu a Amazias, rei de Judá, filho de Joás, o filho de Jeoacaz, em Bete-Semes, e o trouxe a Jerusalém; e derrubou o muro de Jerusalém, desde a porta de Efraim até à porta da esquina, quatrocentos côvados.

²⁴Também *tomou* todo o ouro, a prata, e todos os utensílios que se acharam na casa de Deus com Obede-Edom, e os tesouros da casa do rei, e os reféns; e voltou para Samaria.

²⁵E viveu Amazias, filho de Joás, rei de Judá, depois da morte de Jeoás, filho de Jeoacaz, rei de Israel, quinze anos.

²⁶Quanto ao mais dos atos de Amazias, tanto os primeiros como os últimos, eis que, *porventura,* não *estão* escritos no livro dos reis de Judá e de Israel?

²⁷E desde o tempo em que Amazias se desviou do SENHOR, conspiraram contra ele em Jerusalém, porém ele fugiu para Laquis; mas perseguiram-no até Laquis, e o mataram ali.

²⁸E trouxeram-no sobre cavalos e sepultaram-no com seus pais na cidade de Judá.

Uzias reina e prospera

26 ENTÃO todo o povo de Judá tomou a Uzias, que tinha dezesseis anos, e o fizeram rei em lugar de Amazias seu pai.

²Este edificou a Elote, e a restituiu a Judá, depois que o rei dormiu com seus pais.

³Tinha Uzias dezesseis anos quando começou a reinar, e cinquenta e dois anos reinou em Jerusalém; e era o nome de sua mãe Jecolia, de Jerusalém.

⁴E fez o *que era* reto aos olhos do SENHOR; conforme a tudo o que fizera Amazias seu pai.

⁵Porque deu-se a buscar a Deus nos dias de Zacarias, que era entendido nas visões de Deus; e nos dias em que buscou ao SENHOR, Deus o fez prosperar.

⁶Porque saiu e guerreou contra os filisteus, e quebrou o muro de Gate, o muro de Jabne, e o muro de Asdode; e edificou cidades em Asdode, e entre os filisteus.

⁷E Deus o ajudou contra os filisteus e contra os árabes que habitavam em Gur-Baal, e *contra* os meunitas.

⁸E os amonitas deram presentes a Uzias; e o seu nome foi espalhado até à entrada do Egito, porque se fortificou altamente.

⁹Também Uzias edificou torres em Jerusalém, à porta da esquina, e à porta do vale, e à porta do ângulo, e as fortificou.

¹⁰Também edificou torres no deserto, e cavou muitos poços, porque tinha muito gado, tanto nos vales como nas campinas; *tinha* lavradores, e vinhateiros, nos montes e nos campos férteis; porque era amigo da agricultura.

¹¹Tinha também Uzias *um* exército *de homens* destros na guerra, que saíam à guerra em tropas, segundo o número da resenha feita por mão de Jeiel, o escrivão, e Maaseias, oficial, sob a direção de Hananias, *um* dos capitães do rei.

¹²O total dos chefes dos pais, homens valentes, *era* de dois mil e seiscentos.

¹³E debaixo das suas ordens *havia* um exército guerreiro de trezentos e sete mil e quinhentos homens, que faziam a guerra com força belicosa, para ajudar o rei contra os inimigos.

¹⁴E preparou Uzias, para todo o exército,

escudos, lanças, capacetes, couraças e arcos, e *até* fundas para *atirar* pedras.

¹⁵Também fez em Jerusalém máquinas da invenção de engenheiros, que estivessem nas torres e nos cantos, para atirarem flechas e grandes pedras; e propagou a sua fama até muito longe; porque foi maravilhosamente ajudado, até que se fortificou.

Uzias é atacado de lepra

¹⁶Mas, havendo-se já fortificado, exaltou-se o seu coração até se corromper; e transgrediu contra o Senhor seu Deus, porque entrou no templo do Senhor para queimar incenso no altar do incenso.

¹⁷Porém o sacerdote Azarias entrou após ele, e com ele oitenta sacerdotes do Senhor, homens valentes.

¹⁸E resistiram ao rei Uzias, e lhe disseram: A ti, Uzias, não *compete* queimar incenso perante o Senhor, mas aos sacerdotes, filhos de Arão, que são consagrados para queimar incenso; sai do santuário, porque transgrediste; e não *será isto* para honra tua da parte do Senhor Deus.

¹⁹Então Uzias se indignou; e tinha o incensário na sua mão para queimar incenso. Indignando-se ele, pois, contra os sacerdotes, a lepra lhe saiu à testa perante os sacerdotes, na casa do Senhor, junto ao altar do incenso.

²⁰Então o sumo sacerdote Azarias olhou para ele, como também todos os sacerdotes, e eis que *já estava* leproso na sua testa, e apressadamente o lançaram fora; e até ele mesmo se deu pressa a sair, visto que o Senhor o ferira.

²¹Assim ficou leproso o rei Uzias até ao dia da sua morte; e morou, *por ser* leproso, numa casa separada, porque foi excluído da casa do Senhor. E Jotão, seu filho, tinha o encargo da casa do rei, julgando o povo da terra.

²²Quanto ao mais dos atos de Uzias, tanto os primeiros como os últimos, o profeta Isaías, filho de Amós, o escreveu.

²³E dormiu Uzias com seus pais, e o sepultaram com seus pais no campo do sepulcro que *era* dos reis; porque disseram: Leproso *é*. E Jotão, seu filho, reinou em seu lugar.

Jotão reina bem

27TINHA Jotão vinte e cinco anos de idade, quando começou a reinar, e reinou dezesseis anos em Jerusalém; e *era* o nome de sua mãe Jerusa, filha de Zadoque.

²E fez o *que era* reto aos olhos do Senhor, conforme a tudo o que fizera Uzias, seu pai, exceto que não entrou no templo do Senhor. E o povo ainda se corrompia.

³Ele edificou a porta superior da casa do Senhor, e também edificou muitas *obras* sobre o muro de Ofel.

⁴Também edificou cidades nas montanhas de Judá, e edificou castelos e torres nos bosques.

⁵Ele também guerreou contra o rei dos filhos de Amom, e prevaleceu sobre eles, de modo que os filhos de Amom naquele ano lhe deram cem talentos de prata, e dez mil coros de trigo, e dez mil de cevada; isto lhe trouxeram os filhos de Amom também no segundo e no terceiro ano.

⁶Assim se fortificou Jotão, porque dirigiu os seus caminhos na presença do Senhor seu Deus.

⁷Ora, o restante dos atos de Jotão, e todas as suas guerras e os seus caminhos, eis que estão escritos no livro dos reis de Israel e de Judá.

⁸Tinha vinte e cinco anos de idade, quando começou a reinar, e reinou dezesseis anos em Jerusalém.

⁹E dormiu Jotão com seus pais, e o sepultaram na cidade de Davi; e Acaz, seu filho, reinou em seu lugar.

O mau reinado de Acaz

28TINHA Acaz vinte anos de idade, quando começou a reinar, e dezesseis anos reinou em Jerusalém; e não fez o *que era* reto aos olhos do Senhor, como Davi, seu pai.

²Antes andou nos caminhos dos reis de Israel, e, além disso, fez imagens fundidas a Baalins.

³Também queimou incenso no vale do filho de Hinom, e queimou a seus filhos no fogo, conforme as abominações dos gentios que o Senhor tinha expulsado de diante dos filhos de Israel.

⁴Também sacrificou, e queimou incenso nos altos e nos outeiros, como também debaixo de toda a árvore verde.

⁵Por isso o Senhor seu Deus o entregou na mão do rei dos sírios, os quais o feriram, e levaram dele em cativeiro uma grande multidão de presos, que trouxeram a Damasco; também foi entregue na mão do rei de Israel, o qual lhe infligiu grande derrota.

⁶Porque Peca, filho de Remalias, matou em Judá, num só dia, cento e vinte mil, todos homens valentes; porquanto deixaram ao Senhor Deus de seus pais.

⁷E Zicri, homem valente de Efraim, matou a Maasias, filho do rei, e a Azricão, o mordomo, e a Elcana, o segundo depois do rei.

⁸E os filhos de Israel levaram presos de seus irmãos duzentos mil, mulheres, filhos e filhas; e também saquearam deles grande despojo, que levaram para Samaria.

⁹Mas estava ali um profeta do Senhor, cujo nome *era* Odede, o qual saiu ao encontro do exército que vinha para Samaria, e lhe disse: Eis que, irando-se o Senhor Deus de vossos pais contra Judá, os entregou na vossa mão, e vós os matastes com *uma* raiva *tal, que* chegou até aos céus.

¹⁰E agora vós cuidais em sujeitar a vós os filhos de Judá e Jerusalém, como cativos e cativas; *porventura* não *sois* vós mesmos culpados contra o Senhor vosso Deus?

¹¹Agora, pois, ouvi-me, e tornai a enviar os prisioneiros que trouxestes cativos de vossos irmãos; porque o ardor da ira do Senhor está sobre vós.

¹²Então se levantaram alguns homens dentre os cabeças dos filhos de Efraim, *a saber*, Azarias,

2 CRÔNICAS 28.13   334

filho de Joanã, Berequias, filho de Mesilemote, Jeizquias, filho de Salum, e Amasa, filho de Hadlai, contra os que voltavam da batalha.

[13]E lhes disseram: Não fareis entrar aqui estes cativos, porque, além da nossa culpa contra o Senhor, vós intentais acrescentar *mais* a nossos pecados e a nossas culpas, sendo que já temos grande culpa, e já o ardor da ira *está* sobre Israel.

[14]Então os *homens* armados deixaram os cativos e o despojo diante dos príncipes e de toda a congregação.

[15]E os homens que foram apontados por *seus* nomes se levantaram, e tomaram os cativos, e vestiram do despojo a todos os que dentre eles estavam nus; e vestiram-nos, e calçaram-nos, e deram-lhes de comer e de beber, e os ungiram, e a todos os que estavam fracos levaram sobre jumentos, e conduziram-nos a Jericó, à cidade das palmeiras, a seus irmãos. Depois voltaram para Samaria.

Acaz busca o socorro da Assíria

[16]Naquele tempo o rei Acaz mandou *pedir* aos reis da Assíria que o ajudassem.

[17]Porque outra vez os edomitas vieram, e feriram a Judá, e levaram presos em cativeiro.

[18]Também os filisteus deram sobre as cidades da campina e do sul de Judá, e tomaram a Bete-Semes, e a Aijalom, e a Gederote e a Socó, e os lugares da sua jurisdição, e a Timna, e os lugares da sua jurisdição, e a Ginzo, e os lugares da sua jurisdição; e habitaram ali.

[19]Porque o Senhor humilhou a Judá por causa de Acaz, rei de Israel; porque este se houve desenfreadamente em Judá, havendo prevaricado grandemente contra o Senhor.

[20]E veio a ele Tiglate-Pileser, rei da Assíria; porém o pôs em aperto, e não o fortaleceu.

[21]Porque Acaz tomou *despojos* da casa do Senhor, e da casa do rei, e dos príncipes, e *os* deu ao rei da Assíria; porém não o ajudou.

[22]E ao tempo em que este o apertou, então ainda mais transgrediu contra o Senhor, tal era o rei Acaz.

[23]Porque sacrificou aos deuses de Damasco, que o feriram e disse: Visto que os deuses dos reis da Síria os ajudam, eu lhes sacrificarei, para que me ajudem a mim. Porém eles foram a sua ruína, e de todo o Israel.

[24]E ajuntou Acaz os utensílios da casa de Deus, e fez em pedaços os utensílios da casa de Deus, e fechou as portas da casa do Senhor, e fez para si altares em todos os cantos de Jerusalém.

[25]Também em cada cidade de Judá fez altos para queimar incenso a outros deuses; assim provocou à ira o Senhor Deus de seus pais.

[26]Ora, o restante dos seus atos e de todos os seus caminhos, tanto os primeiros como os últimos, eis que *estão* escritos no livro dos reis de Judá e de Israel.

[27]E dormiu Acaz com seus pais, e o sepultaram na cidade, em Jerusalém; porém não o puseram nos sepulcros dos reis de Israel; e Ezequias, seu filho, reinou em seu lugar.

Ezequias manda purificar o templo

29 TINHA Ezequias vinte e cinco anos de idade, quando começou a reinar, e reinou vinte e nove anos em Jerusalém; e *era* o nome de sua mãe Abia, filha de Zacarias.

[2]E fez o *que era* reto aos olhos do Senhor, conforme a tudo quanto fizera Davi, seu pai.

[3]Ele, no primeiro ano do seu reinado, no primeiro mês, abriu as portas da casa do Senhor, e as reparou.

[4]E trouxe os sacerdotes, e os levitas, e ajuntou-os na praça oriental,

[5]E lhes disse: Ouvi-me, ó levitas, santificai-vos agora, e santificai a casa do Senhor Deus de vossos pais, e tirai do santuário a imundícia.

[6]Porque nossos pais transgrediram, e fizeram o *que era* mau aos olhos do Senhor nosso Deus, e o deixaram, e desviaram os seus rostos do tabernáculo do Senhor, e lhe deram as costas.

[7]Também fecharam as portas do alpendre, e apagaram as lâmpadas, e não queimaram incenso nem ofereceram holocaustos no santuário ao Deus de Israel.

[8]Por isso veio grande ira do Senhor sobre Judá e Jerusalém, e os entregou à perturbação, à assolação, e ao escárnio, como vós *o* estais vendo com os vossos olhos.

[9]Porque eis que nossos pais caíram à espada, e nossos filhos, e nossas filhas, e nossas mulheres; por isso *estiveram* em cativeiro.

[10]Agora me *tem vindo* ao coração, que façamos *uma* aliança com o Senhor Deus de Israel, para que se desvie de nós o ardor da sua ira.

[11]Agora, filhos meus, não sejais negligentes; pois o Senhor vos tem escolhido para estardes diante dele para o servirdes, e para serdes seus ministros e queimadores de incenso.

Os levitas purificam o templo

[12]Então se levantaram os levitas, Maate, filho de Amasai, e Joel, filho de Azarias, dos filhos dos coatitas; e dos filhos de Merari, Quis, filho de Abdi, e Azarias, filho de Jealelel; e dos gersonitas, Joá, filho de Zima, e Éden, filho de Joá;

[13]E dentre os filhos de Elisafã, Sinri e Jeuel; dentre os filhos de Asafe, Zacarias e Matanias;

[14]E dentre os filhos de Hemam, Jeuel e Simei; e dentre os filhos de Jedutum, Semaías e Uziel.

[15]E ajuntaram a seus irmãos, e santificaram-se e vieram conforme ao mandado do rei, pelas palavras do Senhor, para purificarem a casa do Senhor.

[16]E os sacerdotes entraram na casa do Senhor, para a purificar, e tiraram para fora, ao pátio da casa do Senhor, toda a imundícia que acharam no templo do Senhor; e os levitas a tomaram, para a levarem para fora, ao ribeiro de Cedrom.

[17]Começaram, pois, a santificar no primeiro dia, do primeiro mês; e ao oitavo dia do mês vieram ao

alpendre do SENHOR, e santificaram a casa do SENHOR em oito dias; e no dia décimo sexto do primeiro mês acabaram.

¹⁸Então foram ter com o rei Ezequias, e disseram: Já purificamos toda a casa do SENHOR, como também o altar do holocausto com todos os seus utensílios e a mesa da proposição com todos os seus utensílios.

¹⁹Também todos os objetos que o rei Acaz no seu reinado lançou fora, na sua transgressão, já preparamos e santificamos; e eis que estão diante do altar do SENHOR.

Ezequias restabelece o culto de Deus

²⁰Então o rei Ezequias se levantou de madrugada, e reuniu os líderes da cidade, e subiu à casa do SENHOR.

²¹E trouxeram sete novilhos e sete carneiros, e sete cordeiros e sete bodes, para sacrifício pelo pecado, pelo reino, e pelo santuário, e por Judá, e disse aos filhos de Arão, os sacerdotes, que *os* oferecessem sobre o altar do SENHOR.

²²E eles mataram os bois, e os sacerdotes tomaram o sangue e o aspergiram sobre o altar; também mataram os carneiros, e aspergiram o sangue sobre o altar; semelhantemente mataram os cordeiros, e aspergiram o sangue sobre o altar.

²³Então trouxeram os bodes *para sacrifício* pelo pecado, perante o rei e a congregação, e lhes impuseram as suas mãos.

²⁴E os sacerdotes os mataram, e com o seu sangue fizeram expiação do pecado sobre o altar, para reconciliar a todo o Israel; porque o rei tinha ordenado *que se fizesse* aquele holocausto e *sacrifício* pelo pecado, por todo o Israel.

²⁵E pôs os levitas na casa do SENHOR com címbalos, com saltérios, e com harpas, conforme ao mandado de Davi e de Gade, o vidente do rei, e do profeta Natã; porque este mandado *veio* do SENHOR, por mão de seus profetas.

²⁶Estavam, pois, os levitas em pé com os instrumentos de Davi, e os sacerdotes com as trombetas.

²⁷E Ezequias deu ordem que oferecessem o holocausto sobre o altar; e ao tempo em que começou o holocausto, começou também o canto do SENHOR, com as trombetas e com os instrumentos de Davi, rei de Israel.

²⁸E toda a congregação se prostrou, quando entoavam o canto, e as trombetas eram tocadas; tudo *isto* até o holocausto se acabar.

²⁹E acabando de o oferecer, o rei e todos quantos com ele se achavam se prostraram e adoraram.

³⁰Então o rei Ezequias e os príncipes disseram aos levitas que louvassem ao SENHOR com as palavras de Davi, e de Asafe, o vidente. E o louvaram com alegria e se inclinaram e adoraram.

³¹E respondeu Ezequias, dizendo: Agora vos consagrastes a vós mesmos ao SENHOR; chegai-vos e trazei sacrifícios e ofertas de louvor à casa do SENHOR. E a congregação trouxe sacrifícios e ofertas de louvor, e todos os dispostos de coração trouxeram holocaustos.

³²E o número dos holocaustos, que a congregação trouxe, foi de setenta bois, cem carneiros, duzentos cordeiros; tudo *isto* em holocausto para o SENHOR.

³³*Houve*, também, de coisas consagradas, seiscentos bois e três mil ovelhas.

³⁴Eram, porém, os sacerdotes mui poucos, e não podiam esfolar a todos os holocaustos; pelo que seus irmãos os levitas os ajudaram, até a obra se acabar, e até que os *outros* sacerdotes se santificaram; porque os levitas *foram* mais retos de coração, para se santificarem, do que os sacerdotes.

³⁵E *houve* também holocaustos em abundância, com a gordura das ofertas pacíficas, e com as ofertas de libação para os holocaustos. *Assim* se restabeleceu o ministério da casa do SENHOR.

³⁶E Ezequias, e todo o povo se alegraram, por causa daquilo que Deus tinha preparado para o povo; porque apressadamente se fez esta obra.

Ezequias restaura a celebração da páscoa

30 DEPOIS disto Ezequias enviou *mensageiros* por todo o Israel e Judá, e escreveu também cartas a Efraim e a Manassés para que viessem à casa do SENHOR em Jerusalém, para celebrarem a páscoa ao SENHOR Deus de Israel.

²Porque o rei tivera conselho com os seus príncipes, e com toda a congregação em Jerusalém, para celebrarem a páscoa no segundo mês.

³Porquanto não a puderam celebrar no tempo próprio, porque não se tinham santificado sacerdotes em número suficiente, e o povo não se tinha ajuntado em Jerusalém.

⁴E isto pareceu bem aos olhos do rei, e de toda a congregação.

⁵E ordenaram que se fizesse passar pregão por todo o Israel, desde Berseba até Dã, para que viessem a celebrar a páscoa ao SENHOR Deus de Israel, em Jerusalém; porque muitos não a tinham celebrado como estava escrito.

⁶Foram, pois, os correios com as cartas, do rei e dos seus príncipes, por todo o Israel e Judá, segundo o mandado do rei, dizendo: Filhos de Israel, convertei-vos ao SENHOR Deus de Abraão, de Isaque e de Israel; para que ele se volte para o restante de vós que escapou da mão dos reis da Assíria.

⁷E não sejais como vossos pais e como vossos irmãos, que transgrediram contra o SENHOR Deus de seus pais, pelo que os entregou à desolação como vedes.

⁸Não endureçais agora a vossa cerviz, como vossos pais; dai a mão ao SENHOR, e vinde ao seu santuário que ele santificou para sempre, e servi ao SENHOR vosso Deus, para que o ardor da sua ira se desvie de vós.

⁹Porque, em vos convertendo ao SENHOR, vossos irmãos e vossos filhos acharão misericórdia perante os que os levaram cativos, e tornarão a esta terra; porque o SENHOR vosso Deus *é*

misericordioso e compassivo, e não desviará de vós o *seu* rosto, se vos converterdes a ele.

¹⁰E os correios foram passando de cidade em cidade, pela terra de Efraim e Manassés até Zebulom; porém riram-se e zombaram deles.

¹¹Todavia alguns de Aser, e de Manassés, e de Zebulom, se humilharam, e vieram a Jerusalém.

¹²E a mão de Deus esteve com Judá, dando-lhes um só coração, para fazerem o mandado do rei e dos príncipes, conforme a palavra do Senhor.

¹³E ajuntou-se em Jerusalém muito povo, para celebrar a festa dos pães ázimos, no segundo mês; uma congregação mui grande.

¹⁴E levantaram-se, e tiraram os altares que *havia* em Jerusalém; também tiraram todos os altares de incenso, e os lançaram no ribeiro de Cedrom.

¹⁵Então sacrificaram a páscoa no dia décimo quarto do segundo mês; e os sacerdotes e levitas se envergonharam e se santificaram e trouxeram holocaustos à casa do Senhor.

¹⁶E puseram-se no seu posto, segundo o seu costume, conforme a lei de Moisés, o homem de Deus; e os sacerdotes aspergiram o sangue, *tomando-o* da mão dos levitas.

¹⁷Porque *havia* muitos na congregação que não se tinham santificado; por isso os levitas tinham o encargo de matarem os cordeiros da páscoa por todo aquele que não *estava* limpo, para o santificarem ao Senhor.

¹⁸Porque uma multidão do povo, muitos de Efraim e Manassés, Issacar e Zebulom, não se tinham purificado, *e* contudo comeram a páscoa, não como está escrito; porém Ezequias orou por eles, dizendo: O Senhor, que *é* bom, perdoa todo aquele

¹⁹*Que* tem preparado o seu coração para buscar ao Senhor Deus, o Deus de seus pais, ainda que não esteja purificado segundo a purificação do santuário.

²⁰E ouviu o Senhor a Ezequias, e sarou o povo.

²¹E os filhos de Israel, que se acharam em Jerusalém, celebraram a festa dos pães ázimos sete dias com grande alegria; e os levitas e os sacerdotes louvaram ao Senhor de dia em dia, com estrondosos instrumentos ao Senhor.

²²E Ezequias falou benignamente a todos os levitas, que tinham bom entendimento no conhecimento do Senhor; e comeram *as ofertas* da solenidade por sete dias, oferecendo ofertas pacíficas, e louvando ao Senhor Deus de seus pais.

²³E, tendo toda a congregação conselho para celebrarem outros sete dias, celebraram ainda sete dias com alegria.

²⁴Porque Ezequias, rei de Judá, ofereceu à congregação mil novilhos e sete mil ovelhas; e os príncipes ofereceram à congregação mil novilhos e dez mil ovelhas; e os sacerdotes se santificaram em grande número.

²⁵E alegraram-se, toda a congregação de Judá, e os sacerdotes, e os levitas, toda a congregação de todos os que vieram de Israel, como também os estrangeiros que vieram da terra de Israel e os que habitavam em Judá.

²⁶E houve grande alegria em Jerusalém; porque desde os dias de Salomão, filho de Davi, rei de Israel, tal não *houve* em Jerusalém.

²⁷Então os sacerdotes e os levitas se levantaram e abençoaram o povo; e a sua voz foi ouvida; porque a sua oração chegou até à santa habitação *de Deus,* até aos céus.

31

E ACABANDO tudo isto, todos os israelitas que *ali* se achavam saíram às cidades de Judá e quebraram as estátuas, cortaram os bosques, e derrubaram os altos e altares por toda Judá e Benjamim, como também em Efraim e Manassés, até que tudo destruíram; então tornaram todos os filhos de Israel, cada um para sua possessão, para as cidades deles.

As reformas de Ezequias

²E estabeleceu Ezequias as turmas dos sacerdotes e levitas, segundo as suas turmas, a cada um segundo o seu ministério; aos sacerdotes e levitas para o holocausto e para as ofertas pacíficas, para ministrarem, louvarem, e cantarem, às portas dos arraiais do Senhor.

³Também estabeleceu a parte da fazenda do rei para os holocaustos; para os holocaustos da manhã e da tarde, e para os holocaustos dos sábados, e das luas novas, e das solenidades; como *está* escrito na lei do Senhor.

⁴E ordenou ao povo, que morava em Jerusalém, que desse a parte dos sacerdotes e levitas, para que eles pudessem se dedicar à lei do Senhor.

⁵E, depois que se divulgou esta ordem, os filhos de Israel trouxeram muitas primícias de trigo, mosto, azeite, mel, e de todo o produto do campo; também os dízimos de tudo trouxeram em abundância.

⁶E os filhos de Israel e de Judá, que habitavam nas cidades de Judá, também trouxeram dízimos dos bois e das ovelhas, e dízimos das coisas dedicadas que foram consagradas ao Senhor seu Deus; e fizeram muitos montões.

⁷No terceiro mês começaram a fazer os primeiros montões; e no sétimo mês acabaram.

⁸Vindo, pois, Ezequias e os príncipes, e vendo aqueles montões, bendisseram ao Senhor e ao seu povo Israel.

⁹E perguntou Ezequias aos sacerdotes e aos levitas acerca daqueles montões.

¹⁰E Azarias, o sumo sacerdote da casa de Zadoque, lhe respondeu, dizendo: Desde que se começou a trazer estas ofertas à casa do Senhor, temos comido e temos fartado, e ainda sobejou em abundância; porque o Senhor abençoou ao seu povo, e sobejou esta abastança.

¹¹Então ordenou Ezequias que se preparassem câmaras na casa do Senhor, e *as* prepararam.

¹²Ali recolheram fielmente as ofertas, e os dízimos, e as coisas consagradas; e tinham cargo disto Conanias, o levita principal, e Simei, seu irmão, o segundo.

337 2 CRÔNICAS 32.21

[13]E Jeiel, Azarias, Naate, Asael, Jerimote, Jozabade, Eliel, Ismaquias, Maate, e Benaia, *eram* superintendentes sob a direção de Conanias e Simei, seu irmão, por mandado do rei Ezequias, e de Azarias, líder da casa de Deus.

[14]E Coré, filho de Imna, o levita, porteiro do lado do oriente, estava encarregado das ofertas voluntárias que se faziam a Deus, para distribuir as ofertas alçadas do SENHOR e as coisas santíssimas.

[15]E debaixo das suas ordens *estavam* Éden, Miniamim, Jesua, Semaías, Amarias e Secanias, nas cidades dos sacerdotes, para distribuírem com fidelidade a seus irmãos, segundo as suas turmas, tanto aos pequenos como aos grandes;

[16]Exceto os que estavam contados pelas genealogias dos homens, da idade de três anos para cima, a todos os que entravam na casa do SENHOR, para a obra de cada dia no seu dia, pelo seu ministério nas suas guardas, segundo as suas turmas.

[17]Quanto ao registro dos sacerdotes foi ele feito segundo as suas famílias, e o dos levitas, da idade de vinte anos para cima, foi feito segundo as suas guardas nas suas turmas;

[18]Como também conforme às genealogias, com todas as suas crianças, suas mulheres, e seus filhos, e suas filhas, por toda a congregação. Porque com fidelidade estes se santificavam nas coisas consagradas.

[19]Também dentre os filhos de Arão, os sacerdotes, que estavam nos campos dos arrabaldes das suas cidades, em cada cidade, havia homens que foram designados pelos seus nomes para distribuírem as porções a todo o homem entre os sacerdotes e a todos os que estavam contados entre os levitas.

[20]E assim fez Ezequias em todo o Judá; e fez o *que era* bom, e reto, e verdadeiro, perante o SENHOR seu Deus.

[21]E toda a obra que começou no serviço da casa de Deus, e na lei, e nos mandamentos, para buscar a seu Deus, ele a fez de todo o seu coração, e prosperou.

Senaqueribe invade Judá

32 DEPOIS destas coisas e desta verdade, veio Senaqueribe, rei da Assíria, e entrou em Judá, e acampou-se contra as cidades fortificadas, e intentou apoderar-se delas.

[2]Vendo, pois, Ezequias que Senaqueribe vinha, e que estava resolvido contra Jerusalém,

[3]Teve conselho com os seus príncipes e os seus homens *valentes,* para que se tapassem as fontes das águas que *havia* fora da cidade; e eles o ajudaram.

[4]Assim muito povo se ajuntou, e tapou todas as fontes, como também o ribeiro que se estendia pelo meio da terra, dizendo: Por que viriam os reis da Assíria, e achariam tantas águas?

[5]E ele se animou, e edificou todo o muro quebrado até às torres, e levantou o outro muro por fora; e fortificou a Milo na cidade de Davi, e fez armas e escudos em abundância.

[6]E pôs capitães de guerra sobre o povo, e reuniu-os na praça da porta da cidade, e falou-lhes ao coração, dizendo:

[7]Esforçai-vos, e tende bom ânimo; não temais, nem vos espanteis, por causa do rei da Assíria, nem por causa de toda a multidão que *está* com ele, porque há um maior conosco do que com ele.

[8]Com ele *está* o braço de carne, mas conosco o SENHOR nosso Deus, para nos ajudar, e para guerrear nossas batalhas. E o povo descansou nas palavras de Ezequias, rei de Judá.

[9]Depois disto Senaqueribe, rei da Assíria, enviou os seus servos a Jerusalém (ele porém *estava* diante de Laquis, com todas as suas forças), a Ezequias, rei de Judá, e a todo o Judá que *estava* em Jerusalém, dizendo:

[10]Assim diz Senaqueribe, rei da Assíria: Em que confiais vós, para vos deixardes sitiar em Jerusalém?

[11]*Porventura* não vos incita Ezequias, para vos entregar para morrerdes à fome e à sede, dizendo: O SENHOR nosso Deus nos livrará das mãos do rei da Assíria?

[12]Não é Ezequias o mesmo que tirou os seus altos e os seus altares, e falou a Judá e a Jerusalém, dizendo: Diante de um único altar vos prostrareis, e sobre ele queimareis incenso?

[13]Não sabeis vós o que eu e meus pais fizemos a todos os povos das terras? *Porventura* puderam de qualquer maneira os deuses das nações daquelas terras livrar o seu país da minha mão?

[14]Qual *é*, de todos os deuses daquelas nações que meus pais destruíram, o que pôde livrar o seu povo da minha mão, para que vosso Deus vos possa livrar da minha mão?

[15]Agora, pois, não vos engane Ezequias, nem vos incite assim, nem lhe deis crédito; porque nenhum deus de nação alguma, nem de reino algum, pôde livrar o seu povo da minha mão, nem da mão de meus pais; quanto menos vos poderá livrar o vosso Deus da minha mão?

[16]Também seus servos falaram ainda mais contra o SENHOR Deus, e contra Ezequias, o seu servo.

[17]Escreveu também cartas, para blasfemar do SENHOR Deus de Israel, e para falar contra ele, dizendo: Assim como os deuses das nações das terras não livraram o seu povo da minha mão, assim também o Deus de Ezequias não livrará o seu povo da minha mão.

[18]E clamaram em alta voz em judaico contra o povo de Jerusalém, que *estava* em cima do muro, para os atemorizar e os perturbar, para que tomassem a cidade.

[19]E falaram do Deus de Jerusalém, como dos deuses dos povos da terra, obras das mãos dos homens.

[20]Porém o rei Ezequias e o profeta Isaías, filho de Amós, oraram contra isso, e clamaram ao céu.

Deus destrói o exército de Senaqueribe

[21]Então o SENHOR enviou um anjo que destruiu a todos os homens valentes, e os líderes, e

2 CRÔNICAS 32.22

os capitães no arraial do rei da Assíria; e envergonhado voltou à sua terra; e, entrando na casa de seu deus, alguns dos seus próprios filhos, o mataram ali à espada.

²²Assim livrou o SENHOR a Ezequias, e aos moradores de Jerusalém, da mão de Senaqueribe, rei da Assíria, e da mão de todos; e de todos os lados os guiou.

²³E muitos traziam a Jerusalém presentes ao SENHOR, e coisas preciosíssimas a Ezequias, rei de Judá, de modo que depois disto foi exaltado perante os olhos de todas as nações.

Doença e morte de Ezequias
²⁴Naqueles dias Ezequias adoeceu mortalmente; e orou ao SENHOR, o qual lhe falou, e lhe deu um sinal.

²⁵Mas não correspondeu Ezequias ao benefício que lhe fora feito; porque o seu coração se exaltou; por isso veio grande ira sobre ele, e sobre Judá e Jerusalém.

²⁶Ezequias, porém, se humilhou pela exaltação do seu coração, ele e os habitantes de Jerusalém; e a grande ira do SENHOR não veio sobre eles, nos dias de Ezequias.

²⁷E teve Ezequias riquezas e glória em grande abundância; proveu-se de tesouraria para prata, ouro, pedras preciosas, especiarias, escudos, e toda a espécie de objetos desejáveis.

²⁸Também de armazéns para a colheita do trigo, e do vinho, e do azeite; e de estrebarias para toda a espécie de animais e de currais para os rebanhos.

²⁹Edificou também cidades, e possuiu ovelhas e vacas em abundância; porque Deus lhe tinha dado muitíssimas possessões.

³⁰Também o mesmo Ezequias tapou o manancial superior das águas de Giom, e as fez correr por baixo para o ocidente da cidade de Davi; porque Ezequias prosperou em todas as suas obras.

³¹Contudo, no tocante aos embaixadores dos príncipes de Babilônia, que foram enviados a ele, a perguntarem acerca do prodígio que se fez naquela terra, Deus o desamparou, para prová-lo, para saber tudo *o que havia* no seu coração.

³²Quanto aos demais atos de Ezequias, e as suas boas obras, eis que *estão* escritos na visão do profeta Isaías, filho de Amós, *e* no livro dos reis de Judá e de Israel.

³³E dormiu Ezequias com seus pais, e o sepultaram no mais alto dos sepulcros dos filhos de Davi; e todo o Judá e os habitantes de Jerusalém lhe fizeram honras na sua morte; e Manassés, seu filho, reinou em seu lugar.

A idolatria de Manassés
33 TINHA Manassés doze anos de idade, quando começou a reinar, e cinquenta e cinco anos reinou em Jerusalém.

²E fez o *que era* mau aos olhos do SENHOR, conforme às abominações dos gentios que o SENHOR lançara fora de diante dos filhos de Israel.

³Porque tornou a edificar os altos que Ezequias,

seu pai, tinha derrubado; e levantou altares aos Baalins, e fez bosques, e prostrou-se diante de todo o exército dos céus, e o serviu.

⁴E edificou altares na casa do SENHOR, da qual o SENHOR tinha falado: Em Jerusalém estará o meu nome eternamente.

⁵Edificou altares a todo o exército dos céus, em ambos os átrios da casa do SENHOR.

⁶Fez ele também passar seus filhos pelo fogo no vale do filho de Hinom, e usou de adivinhações e de agouros, e de feitiçarias, e consultou adivinhos e encantadores, *e* fez muitíssimo mal aos olhos do SENHOR, para o provocar à ira.

⁷Também pôs uma imagem de escultura do ídolo que tinha feito, na casa de Deus, da qual Deus tinha falado a Davi e a Salomão seu filho: Nesta casa e em Jerusalém, que escolhi de todas as tribos de Israel, porei o meu nome para sempre.

⁸E nunca mais removerei o pé de Israel da terra que destinei a vossos pais; contanto que tenham cuidado de fazer tudo o que eu lhes ordenei, conforme a toda a lei, e estatutos, e juízos, *dados* pela mão de Moisés.

⁹E Manassés tanto fez errar a Judá e aos moradores de Jerusalém, que fizeram pior do que as nações que o SENHOR tinha destruído de diante dos filhos de Israel.

¹⁰E falou o SENHOR a Manassés e ao seu povo, porém não deram ouvidos.

O cativeiro de Manassés, sua oração e morte
¹¹Assim o SENHOR trouxe sobre eles os capitães do exército do rei da Assíria, os quais prenderam a Manassés com ganchos e, amarrando-o com cadeias, o levaram para Babilônia.

¹²E ele, angustiado, orou deveras ao SENHOR seu Deus, e humilhou-se muito perante o Deus de seus pais;

¹³E fez-lhe oração, e Deus se aplacou para com ele, e ouviu a sua súplica, e tornou a trazê-lo a Jerusalém, ao seu reino. Então conheceu Manassés que o SENHOR era Deus.

¹⁴E depois disto edificou o muro de fora da cidade de Davi, ao ocidente de Giom, no vale, e à entrada da porta do peixe, e ao redor de Ofel, e o levantou muito alto; também pôs capitães de guerra em todas as cidades fortificadas de Judá.

¹⁵E tirou da casa do SENHOR os deuses estranhos e o ídolo, como também todos os altares que tinha edificado no monte da casa do SENHOR, e em Jerusalém, e os lançou fora da cidade.

¹⁶E reparou o altar do SENHOR e ofereceu sobre ele sacrifícios de ofertas pacíficas e de louvor; e ordenou a Judá que servisse ao SENHOR Deus de Israel.

¹⁷Contudo o povo ainda sacrificava nos altos, mas somente ao SENHOR seu Deus.

¹⁸O restante dos atos de Manassés, e a sua oração ao seu Deus, e as palavras dos videntes que lhe falaram no nome do SENHOR Deus de Israel, eis que *estão* nas crônicas dos reis de Israel.

¹⁹E a sua oração, e como *Deus* se aplacou para com ele, e todo o seu pecado, e a sua transgressão, e os lugares onde edificou altos, e pôs bosques e imagens de escultura, antes que se humilhasse, eis que *estão* escritos nos livros dos videntes.

²⁰E dormiu Manassés com seus pais, e o sepultaram em sua casa. Amom, seu filho, reinou em seu lugar.

O reinado de Amom, a sua impiedade e morte

²¹Tinha Amom vinte e dois anos de idade quando começou a reinar, e dois anos reinou em Jerusalém.

²²E fez o *que era* mau aos olhos do SENHOR, como havia feito Manassés, seu pai; porque Amom sacrificou a todas as imagens de escultura que Manassés, seu pai tinha feito, e as serviu.

²³Mas não se humilhou perante o SENHOR, como Manassés, seu pai, se humilhara; antes multiplicou Amom os seus delitos.

²⁴E conspiraram contra ele os seus servos, e o mataram em sua casa.

²⁵Porém o povo da terra feriu a todos quantos conspiraram contra o rei Amom; e o povo da terra fez reinar em seu lugar a Josias, seu filho.

Josias abole a idolatria

34 TINHA Josias oito anos quando começou a reinar, e trinta e um anos reinou em Jerusalém.

²E fez o *que era* reto aos olhos do SENHOR; e andou nos caminhos de Davi, seu pai, sem se desviar *deles* nem para a direita nem para a esquerda.

³Porque no oitavo ano do seu reinado, sendo ainda moço, começou a buscar o Deus de Davi, seu pai; e no duodécimo ano começou a purificar a Judá e a Jerusalém, dos altos, e dos bosques, e das imagens de escultura e de fundição.

⁴E derrubaram perante ele os altares de Baalins; e despedaçou as imagens, que *estavam* acima deles; e os bosques, e as imagens de escultura e de fundição quebrou e reduziu a pó, e *o* aspergiu sobre as sepulturas dos que lhes tinham sacrificado.

⁵E os ossos dos sacerdotes queimou sobre os seus altares; e purificou a Judá e a Jerusalém.

⁶O mesmo *fez* nas cidades de Manassés, e de Efraim, e de Simeão, e ainda até Naftali, em seus lugares assolados ao redor.

⁷E, tendo derrubado os altares, e os bosques, e as imagens de escultura, até reduzi-los a pó, e tendo despedaçado todas as imagens em toda a terra de Israel, então voltou para Jerusalém.

Josias repara o templo

⁸E no ano décimo oitavo do seu reinado, havendo já purificado a terra e a casa, enviou a Safã, filho de Azalias, e a Maaseias, governador da cidade, e a Joá, filho de Joacaz, cronista, para repararem a casa do SENHOR seu Deus.

⁹E foram a Hilquias, sumo sacerdote, e deram o dinheiro que se tinha trazido à casa de Deus, e que os levitas, que guardavam a entrada tinham recebido da mão de Manassés, e de Efraim, e de todo o restante de Israel, como também de todo o Judá e Benjamim, e dos habitantes de Jerusalém.

¹⁰E eles o entregaram aos que tinham o encargo da obra, e superintendiam a casa do SENHOR; e estes o deram aos que faziam a obra, e trabalhavam na casa do SENHOR, para consertarem e repararem a casa.

¹¹E deram-no aos carpinteiros e aos edificadores, para comprarem pedras lavradas, e madeiras para as junturas e para servirem de vigas para as casas que os reis de Judá tinham destruído.

¹²E estes homens trabalhavam fielmente na obra; e os superintendentes sobre eles eram: Jaate e Obadias, levitas, dos filhos de Merari, como também Zacarias e Mesulão, dos filhos dos coatitas, para adiantarem *a obra;* e todos os levitas que eram entendidos em instrumentos de música.

¹³*Estavam* também sobre os carregadores e dirigiam todos os que trabalhavam em alguma obra; e dentre os levitas havia escrivães, oficiais e porteiros.

Hilquias acha o livro da lei

¹⁴E, tirando eles o dinheiro que se tinha trazido à casa do SENHOR, Hilquias, o sacerdote, achou o livro da lei do SENHOR, *dada* pela mão de Moisés.

¹⁵E Hilquias respondeu, e disse a Safã, o escrivão: Achei o livro da lei na casa do SENHOR. E Hilquias deu o livro a Safã.

¹⁶E Safã levou o livro ao rei, e deu-lhe conta, dizendo: Teus servos fazem tudo quanto se lhes encomendou.

¹⁷E ajuntaram o dinheiro que se achou na casa do SENHOR, e o deram na mão dos superintendentes e na mão dos que faziam a obra.

¹⁸Além disto, Safã, o escrivão, fez saber ao rei, dizendo: O sacerdote Hilquias entregou-me um livro. E Safã leu nele perante o rei.

¹⁹Sucedeu que, ouvindo o rei as palavras da lei, rasgou as suas vestes.

²⁰E o rei ordenou a Hilquias, e a Aicão, filho de Safã, e a Abdom, filho de Mica, e a Safã, o escrivão, e a Asaías, servo do rei, dizendo:

²¹Ide, consultai ao SENHOR por mim, e pelos que restam em Israel e em Judá, sobre as palavras deste livro que se achou; porque grande é o furor do SENHOR, que se derramou sobre nós; porquanto nossos pais não guardaram a palavra do SENHOR, para fazerem conforme a tudo quanto está escrito neste livro.

Hulda prediz a ruína de Jerusalém

²²Então Hilquias, e os *enviados* do rei, *foram ter com* a profetisa Hulda, mulher de Salum, filho de Tocate, filho de Harás, guarda das vestimentas (e habitava ela em Jerusalém na segunda parte); e falaram-lhe a esse respeito.

²³E ela lhes disse: Assim diz o SENHOR Deus de Israel: Dizei ao homem que vos enviou a mim:

²⁴Assim diz o SENHOR: Eis que trarei mal sobre este lugar, e sobre os seus habitantes, *a saber,*

2 CRÔNICAS 34.25

340

todas as maldições que estão escritas no livro que se leu perante o rei de Judá.

²⁵Porque me deixaram, e queimaram incenso perante outros deuses, para me provocarem à ira com todas as obras das suas mãos; portanto o meu furor se derramou sobre este lugar, e não se apagará.

²⁶Porém ao rei de Judá, que vos enviou a consultar ao SENHOR, assim lhe direis: Assim diz o SENHOR Deus de Israel, quanto às palavras que ouviste:

²⁷Porquanto o teu coração se enterneceu, e te humilhaste perante Deus, ouvindo as suas palavras contra este lugar, e contra os seus habitantes, e te humilhaste perante mim, e rasgaste as tuas vestes, e choraste perante mim, também eu te ouvi, diz o SENHOR.

²⁸Eis que te reunirei a teus pais, e tu serás recolhido ao teu sepulcro em paz, e os teus olhos não verão todo o mal que hei de trazer sobre este lugar e sobre os seus habitantes. E tornaram com esta resposta ao rei.

²⁹Então o rei mandou reunir todos os anciãos de Judá e Jerusalém.

³⁰E o rei subiu à casa do SENHOR, com todos os homens de Judá, e os habitantes de Jerusalém, e os sacerdotes, e os levitas, e todo o povo, desde o maior até ao menor; e ele leu aos ouvidos deles todas as palavras do livro da aliança que fora achado na casa do SENHOR.

³¹E pôs-se o rei em pé em seu lugar, e fez aliança perante o SENHOR, para seguirem ao SENHOR, e para guardar os seus mandamentos, e os seus testemunhos, e os seus estatutos, com todo o seu coração, e com toda a sua alma, cumprindo as palavras da aliança, que estão escritas naquele livro.

³²E fez com que todos quantos se achavam em Jerusalém e em Benjamim o firmassem; e os habitantes de Jerusalém fizeram conforme a aliança de Deus, o Deus de seus pais.

³³E Josias tirou todas as abominações de todas as terras que *eram* dos filhos de Israel; e a todos quantos se achavam em Israel obrigou a que servissem ao SENHOR seu Deus. Enquanto ele viveu não se desviaram de seguir o SENHOR, o Deus de seus pais.

A celebração da páscoa

35 ENTÃO Josias celebrou a páscoa ao SENHOR em Jerusalém; e mataram *o cordeiro da* páscoa no décimo quarto dia do primeiro mês.

²E estabeleceu os sacerdotes nos seus cargos, e os animou ao ministério da casa do SENHOR.

³E disse aos levitas que ensinavam a todo o Israel e estavam consagrados ao SENHOR: Ponde a arca sagrada na casa que edificou Salomão, filho de Davi, rei de Israel; não *tereis* mais esta carga aos ombros; agora servi ao SENHOR vosso Deus, e ao seu povo Israel.

⁴E preparai-vos segundo as vossas casas paternas e segundo as vossas turmas, conforme à prescrição de Davi, rei de Israel, e a de Salomão, seu filho.

⁵E estai no santuário segundo as divisões das casas paternas de vossos irmãos, os filhos do povo; e haja para cada divisão uma parte de uma família de levitas.

⁶E imolai a páscoa, e santificai-vos, e preparai-a para vossos irmãos, fazendo conforme a palavra do SENHOR, *dada* pela mão de Moisés.

⁷E ofereceu Josias, aos filhos do povo, cordeiros e cabritos do rebanho, todos para os sacrifícios da páscoa, em número de trinta mil, por todos os que *ali* se achavam, e de bois três mil; isto *era* da fazenda do rei.

⁸Também apresentaram os seus príncipes ofertas voluntárias ao povo, aos sacerdotes e aos levitas: Hilquias, e Zacarias, e Jeiel, líderes da casa de Deus, deram aos sacerdotes para os sacrifícios da páscoa duas mil e seiscentas *reses de gado miúdo*, e trezentos bois.

⁹E Conanias, e Semaías, e Natanael, seus irmãos, como também Hasabias, e Jeiel, e Jozabade, chefe dos levitas, apresentaram aos levitas, para os sacrifícios da páscoa, cinco mil *reses de gado miúdo*, e quinhentos bois.

¹⁰Assim se preparou o serviço, e puseram-se os sacerdotes nos seus postos, e os levitas nas suas turmas, conforme a ordem do rei,

¹¹Então imolaram a páscoa; e os sacerdotes aspergiram *o sangue* recebido das mãos dos levitas que esfolavam *as reses*.

¹²E puseram de parte os holocaustos para os darem aos filhos do povo, segundo as divisões das casas paternas, para *o* oferecerem ao SENHOR, como *está* escrito no livro de Moisés; e assim *fizeram* com os bois.

¹³E assaram a páscoa no fogo, segundo o rito; e as *ofertas* sagradas cozeram em panelas, e em caldeirões e em sertãs; e prontamente *as* repartiram entre todo o povo.

¹⁴Depois prepararam para si e para os sacerdotes; porque os sacerdotes, filhos de Arão, *se ocuparam* até à noite com o sacrifício dos holocaustos e da gordura; por isso os levitas prepararam para si e para os sacerdotes, filhos de Arão.

¹⁵E os cantores, filhos de Asafe, *estavam* no seu posto, segundo o mandado de Davi, e de Asafe, e de Hemã, e de Jedutum, vidente do rei, como também os porteiros a cada porta; não necessitaram de se desviarem do seu ministério; porquanto seus irmãos, os levitas, preparavam *o necessário* para eles.

¹⁶Assim se estabeleceu todo o serviço do SENHOR naquele dia, para celebrar a páscoa, e oferecer holocaustos sobre o altar do SENHOR, segundo a ordem do rei Josias.

¹⁷E os filhos de Israel que *ali* se acharam celebraram a páscoa naquele tempo, e a festa dos pães ázimos, durante sete dias.

¹⁸Nunca, pois, se celebrou tal páscoa em Israel, desde os dias do profeta Samuel; nem nenhum

rei de Israel celebrou tal páscoa como a que celebrou Josias com os sacerdotes, e levitas, e todo o Judá e Israel, que *ali* se acharam, e os habitantes de Jerusalém.

[19]No décimo oitavo ano do reinado de Josias se celebrou esta páscoa.

Josias é morto

[20]Depois de tudo isto, havendo Josias já preparado o templo, subiu Neco, rei do Egito, para guerrear contra Carquemis, junto ao Eufrates; e Josias lhe saiu ao encontro.

[21]Então ele lhe mandou mensageiros, dizendo: Que tenho eu contigo, rei de Judá? Não é contra ti que venho hoje, mas contra a casa que me faz guerra; e disse Deus que me apressasse; guarda-te de *te opores a* Deus, que *é* comigo, para que ele não te destrua.

[22]Porém Josias não virou dele o seu rosto, antes se disfarçou, para pelejar contra ele; e não deu ouvidos às palavras de Neco, *que saíram* da boca de Deus; antes veio pelejar no vale de Megido.

[23]E os flecheiros atiraram contra o rei Josias. Então o rei disse a seus servos: Tirai-me *daqui,* porque estou gravemente ferido.

[24]E seus servos o tiraram do carro, e o levaram no segundo carro que tinha, e o trouxeram a Jerusalém; e morreu, e o sepultaram nos sepulcros de seus pais; e todo o Judá e Jerusalém prantearam a Josias.

[25]E Jeremias fez uma lamentação sobre Josias; e todos os cantores e cantoras, nas suas lamentações, têm falado de Josias, até ao *dia de* hoje; porque as estabeleceram por estatuto em Israel; e eis que *estão* escritas nas lamentações.

[26]Quanto ao mais dos atos de Josias, e as suas boas obras, conforme o que *está* escrito na lei do SENHOR,

[27]E os seus atos, tanto os primeiros como os últimos, eis que *estão* escritos no livro dos reis de Israel e de Judá.

Jeoacaz é levado cativo para o Egito

36 ENTÃO o povo da terra tomou a Jeoacaz, filho de Josias, e o fez rei em lugar de seu pai, em Jerusalém.

[2]Tinha Jeoacaz a idade de vinte e três anos, quando começou a reinar; e três meses reinou em Jerusalém,

[3]Porque o rei do Egito o depôs em Jerusalém, e condenou a terra à *contribuição de* cem talentos de prata e um talento de ouro.

[4]E o rei do Egito pôs a Eliaquim, irmão de Jeoacaz, rei sobre Judá e Jerusalém, e mudou-lhe o nome em Jeoiaquim; mas a seu irmão Jeoacaz tomou Neco, e levou-o para o Egito.

Jeoiaquim reina

[5]Tinha Jeoiaquim vinte e cinco anos de idade, quando começou a reinar, e reinou onze anos em Jerusalém; e fez o *que era* mau aos olhos do SENHOR seu Deus.

[6]Subiu, *pois,* contra ele Nabucodonosor, rei de Babilônia, e o amarrou com cadeias, para o levar a Babilônia.

[7]Também *alguns dos* vasos da casa do SENHOR levou Nabucodonosor a Babilônia, e pô-los no seu templo em Babilônia.

[8]Quanto ao mais dos atos de Jeoiaquim, e as abominações que fez, e o *mais* que se achou nele, eis que *estão* escritos no livro dos reis de Israel e de Judá; e Joaquim, seu filho, reinou em seu lugar.

[9]Tinha Joaquim a idade de oito anos, quando começou a reinar; e reinou três meses e dez dias em Jerusalém; e fez o *que era* mau aos olhos do SENHOR.

[10]E no decurso de um ano enviou o rei Nabucodonosor, e mandou trazê-lo a Babilônia, com os mais preciosos vasos da casa do SENHOR; e pôs a Zedequias, seu irmão, rei sobre Judá e Jerusalém.

Zedequias reina

[11]Tinha Zedequias a idade de vinte e um anos, quando começou a reinar; e onze anos reinou em Jerusalém.

[12]E fez o *que era* mau aos olhos do SENHOR seu Deus; nem se humilhou perante o profeta Jeremias, *que falava* da parte do SENHOR.

[13]Além disto, também se rebelou contra o rei Nabucodonosor, que o tinha ajuramentado por Deus. Mas endureceu a sua cerviz, e tanto se obstinou *no* seu coração, que não se converteu ao SENHOR Deus de Israel.

[14]Também todos os chefes dos sacerdotes e o povo aumentavam de mais em mais as transgressões, segundo todas as abominações dos gentios; e contaminaram a casa do SENHOR, que ele tinha santificado em Jerusalém.

[15]E o SENHOR Deus de seus pais, falou-lhes constantemente por intermédio dos mensageiros, porque se compadeceu do seu povo e da sua habitação.

[16]Eles, porém, zombaram dos mensageiros de Deus, e desprezaram as suas palavras, e mofaram dos seus profetas; até que o furor do SENHOR tanto subiu contra o seu povo, que *mais* nenhum remédio *houve.*

[17]Porque fez subir contra eles o rei dos caldeus, o qual matou os seus jovens à espada, na casa do seu santuário, e não teve piedade nem dos jovens, nem das donzelas, nem dos velhos, nem dos decrépitos; a todos entregou na sua mão.

[18]E todos os vasos da casa de Deus, grandes e pequenos, os tesouros da casa do SENHOR, e os tesouros do rei e dos seus príncipes, tudo levou para Babilônia.

[19]E queimaram a casa de Deus, e derrubaram os muros de Jerusalém, e todos os seus palácios queimaram a fogo, destruindo também todos os seus preciosos vasos.

[20]E os que escaparam da espada levou para Babilônia; e fizeram-se servos dele e de seus filhos, até ao tempo do reino da Pérsia.

[21]Para que se cumprisse a palavra do SENHOR, pela boca de Jeremias, até que a terra se agradasse dos seus sábados; todos os dias da assolação repousou, até que os setenta anos se cumpriram.

2 CRÔNICAS 36.22   342

²²Porém, no primeiro ano de Ciro, rei da Pérsia (para que se cumprisse a palavra do SENHOR pela boca de Jeremias), despertou o SENHOR o espírito de Ciro, rei da Pérsia, o qual fez passar pregão por todo o seu reino, como também por escrito, dizendo:

²³Assim diz Ciro, rei da Pérsia: O SENHOR Deus dos céus me deu todos os reinos da terra, e me encarregou de lhe edificar *uma* casa em Jerusalém, que *está* em Judá. Quem *há* entre vós, de todo o seu povo, o SENHOR seu Deus *seja* com ele, e suba.

O LIVRO DE
ESDRAS

Ciro convida os judeus a edificarem o templo

1 NO primeiro ano de Ciro, rei da Pérsia (para que se cumprisse a palavra do SENHOR, pela boca de Jeremias), despertou o SENHOR o espírito de Ciro, rei da Pérsia, o qual fez passar pregão por todo o seu reino, como também por escrito, dizendo:

²Assim diz Ciro, rei da Pérsia: O SENHOR Deus dos céus me deu todos os reinos da terra, e me encarregou de lhe edificar *uma* casa em Jerusalém, que *está* em Judá.

³Quem *há* entre vós, de todo o seu povo, seja seu Deus com ele, e suba a Jerusalém, que *está* em Judá, e edifique a casa do SENHOR Deus de Israel (ele *é* o Deus) que *está* em Jerusalém.

⁴E todo aquele que ficar atrás em algum lugar em que andar peregrinando, os homens do seu lugar o ajudarão com prata, com ouro, com bens, e com gados, além das dádivas voluntárias para a casa de Deus, que *está* em Jerusalém.

⁵Então se levantaram os chefes dos pais de Judá e Benjamim, e os sacerdotes e os levitas, com todos *aqueles* cujo espírito Deus despertou, para subirem a edificar a casa do SENHOR, que *está* em Jerusalém.

⁶E todos os que *habitavam* nos arredores lhes firmaram as mãos com vasos de prata, com ouro, com bens e com gado, e com coisas preciosas; além de tudo o que voluntariamente se deu.

⁷Também o rei Ciro tirou os utensílios da casa do SENHOR, que Nabucodonosor tinha trazido de Jerusalém, e que tinha posto na casa de seus deuses.

⁸Estes tirou Ciro, rei da Pérsia, pela mão de Mitredate, o tesoureiro, que os entregou contados a Sesbazar, príncipe de Judá.

⁹E este *é* o número deles: trinta travessas de ouro, mil travessas de prata, vinte e nove facas,

¹⁰Trinta bacias de ouro, *mais* outras quatrocentas e dez bacias de prata, *e* mil outros utensílios.

¹¹Todos os utensílios de ouro e de prata *foram* cinco mil e quatrocentos; todos estes levou Sesbazar, quando os do cativeiro subiram da Babilônia para Jerusalém.

A lista dos que voltaram

2 ESTES *são* os filhos da província, que subiram do cativeiro, dentre os exilados, que Nabucodonosor, rei de Babilônia, tinha transportado a Babilônia, e tornaram a Jerusalém e a Judá, cada um para a sua cidade;

²Os quais vieram com Zorobabel, Jesua, Neemias, Seraías, Reelaías, Mardoqueu, Bilsã, Mizpar, Bigvai, Reum *e* Baaná. O número dos homens do povo de Israel:

³Os filhos de Parós, dois mil cento *e* setenta e dois.

⁴Os filhos de Sefatias, trezentos e setenta e dois.

⁵Os filhos de Ará, setecentos *e* setenta e cinco.

⁶Os filhos de Paate-Moabe, dos filhos de Jesuá-Joabe, dois mil oitocentos e doze.

⁷Os filhos de Elão, mil duzentos e cinquenta e quatro.

⁸Os filhos de Zatu, novecentos e quarenta e cinco.

⁹Os filhos de Zacai, setecentos e sessenta.

¹⁰Os filhos de Bani, seiscentos e quarenta e dois.

¹¹Os filhos de Bebai, seiscentos e vinte e três.

¹²Os filhos de Azgade, mil duzentos e vinte e dois.

¹³Os filhos de Adonicão, seiscentos *e* sessenta e seis.

¹⁴Os filhos de Bigvai, dois mil e cinquenta e seis.

¹⁵Os filhos de Adim, quatrocentos *e* cinquenta e quatro.

¹⁶Os filhos de Ater, de Ezequias, noventa e oito.

¹⁷Os filhos de Bezai, trezentos *e* vinte e três.

¹⁸Os filhos de Jora, cento e doze.

¹⁹Os filhos de Hasum, duzentos *e* vinte e três.

²⁰Os filhos de Gibar, noventa e cinco.

²¹Os filhos de Belém, cento e vinte e três.

²²Os homens de Netofá, cinquenta e seis.

²³Os homens de Anatote, cento *e* vinte e oito.

²⁴Os filhos de Azmavete, quarenta e dois.

²⁵Os filhos de Quiriate-Arim, Quefira e Beerote, setecentos e quarenta e três.

²⁶Os filhos de Ramá, e de Geba, seiscentos *e* vinte e um.

²⁷Os homens de Micmás, cento *e* vinte e dois.

²⁸Os homens de Betel e de Ai, duzentos *e* vinte e três.

²⁹Os filhos de Nebo, cinquenta e dois.

³⁰Os filhos de Magbis, cento *e* cinquenta e seis.

³¹Os filhos do outro Elão, mil duzentos *e* cinquenta e quatro.

³²Os filhos de Harim, trezentos e vinte.

³³Os filhos de Lode, de Hadide e de Ono, setecentos *e* vinte e cinco.

³⁴Os filhos de Jericó, trezentos *e* quarenta e cinco.

³⁵Os filhos de Senaá, três mil seiscentos e trinta.

³⁶Os sacerdotes: os filhos de Jedaías, da casa de Jesuá, novecentos e setenta e três.

³⁷Os filhos de Imer, mil *e* cinquenta e dois.

³⁸Os filhos de Pasur, mil duzentos e quarenta e sete.

³⁹Os filhos de Harim, mil e dezessete.

⁴⁰Os levitas: os filhos de Jesuá e Cadmiel, dos filhos de Hodavias, setenta e quatro.

⁴¹Os cantores: os filhos de Asafe, cento *e* vinte e oito.

⁴²Os filhos dos porteiros: os filhos de Salum, os filhos de Ater, os filhos de Talmom, os filhos de

ESDRAS 2.43

Acube, os filhos de Hatita, os filhos de Sobai; ao todo, cento e trinta e nove.

⁴³Os netinins: os filhos de Zia, os filhos de Hasufa, os filhos de Tabaote,

⁴⁴Os filhos de Querós, os filhos de Siá, os filhos de Padom,

⁴⁵Os filhos de Lebaná, os filhos de Hagaba, os filhos de Acube,

⁴⁶Os filhos de Hagabe, os filhos de Sanlai, os filhos de Hanã,

⁴⁷Os filhos de Gidel, os filhos de Gaar, os filhos de Reaías,

⁴⁸Os filhos de Rezim, os filhos de Necoda, os filhos de Gazão,

⁴⁹Os filhos de Uzá, os filhos de Paseá, os filhos de Besai,

⁵⁰Os filhos de Asna, os filhos de Meunim, os filhos de Nefussim,

⁵¹Os filhos de Bacbuque, os filhos de Hacufa, os filhos de Harur,

⁵²Os filhos de Bazlute, os filhos de Meída, os filhos de Harsa,

⁵³Os filhos de Barcos, os filhos de Sísera, os filhos de Tama.

⁵⁴Os filhos de Neziá, os filhos de Hatifa.

⁵⁵Os filhos dos servos de Salomão; os filhos de Sotai, os filhos de Soferete, os filhos de Peruda,

⁵⁶Os filhos de Jaalá, os filhos de Darcom, os filhos de Gidel,

⁵⁷Os filhos de Sefatias, os filhos de Hatil, os filhos de Poquerete-Hazebaim, os filhos de Ami.

⁵⁸Todos os netinins, e os filhos dos servos de Salomão, trezentos e noventa e dois.

⁵⁹Também estes subiram de Tel-Melá e Tel-Harsa, Querube, Adã e Imer; porém não puderam provar que as suas famílias e a sua linhagem eram de Israel:

⁶⁰Os filhos de Delaías, os filhos de Tobias, os filhos de Necoda, seiscentos e cinquenta e dois.

⁶¹E dos filhos dos sacerdotes: os filhos de Habaías, os filhos de Coz, os filhos de Barzilai, que tomou mulher das filhas de Barzilai, o gileadita, e que foi chamado do seu nome.

⁶²Estes procuraram o seu registro entre os que estavam arrolados nas genealogias, mas não se acharam nelas; assim, por imundos, foram excluídos do sacerdócio.

⁶³E o governador lhes disse que não comessem das coisas consagradas, até que houvesse sacerdote com Urim e com Tumim.

⁶⁴Toda esta congregação junta foi de quarenta e dois mil trezentos e sessenta,

⁶⁵Afora os seus servos e as suas servas, que foram sete mil trezentos e trinta e sete; também tinha duzentos cantores e cantoras.

⁶⁶Os seus cavalos, setecentos e trinta e seis; os seus mulos, duzentos e quarenta e cinco;

⁶⁷Os seus camelos, quatrocentos e trinta e cinco; os jumentos, seis mil setecentos e vinte.

⁶⁸E alguns dos chefes dos pais, vindo à casa do Senhor, que habita em Jerusalém, deram ofertas voluntárias para a casa de Deus, para a estabelecerem no seu lugar.

⁶⁹Conforme as suas posses, deram para o tesouro da obra, em ouro, sessenta e uma mil dracmas, e em prata cinco mil libras, e cem vestes sacerdotais.

⁷⁰E habitaram os sacerdotes e os levitas, e alguns do povo, tanto os cantores, como os porteiros, e os netinins, nas suas cidades; como também todo o Israel nas suas cidades.

É levantado o altar

3 CHEGANDO, pois, o sétimo mês, e estando os filhos de Israel já nas cidades, ajuntou-se o povo, como um só homem, em Jerusalém.

²E levantou-se Jesuá, filho de Jozadaque, e seus irmãos, os sacerdotes, e Zorobabel, filho de Sealtiel, e seus irmãos, e edificaram o altar do Deus de Israel, para oferecerem sobre ele holocaustos, como está escrito na lei de Moisés, o homem de Deus.

³E firmaram o altar sobre as suas bases, porque o terror estava sobre eles, por causa dos povos das terras; e ofereceram sobre ele holocaustos ao Senhor, holocaustos pela manhã e à tarde.

⁴E celebraram a festa dos tabernáculos, como está escrito; ofereceram holocaustos cada dia, por ordem, conforme ao rito, cada coisa em seu dia.

⁵E depois disto o holocausto contínuo, e os das luas novas e de todas as solenidades consagradas ao Senhor; como também de qualquer que oferecia oferta voluntária ao Senhor;

⁶Desde o primeiro dia do sétimo mês começaram a oferecer holocaustos ao Senhor; porém ainda não estavam postos os fundamentos do templo do Senhor.

⁷Deram, pois, o dinheiro aos pedreiros e carpinteiros, como também comida e bebida, e azeite aos sidônios, e aos tírios, para trazerem do Líbano madeira de cedro ao mar, para Jope, segundo a concessão que lhes tinha feito Ciro, rei da Pérsia.

São postos os alicerces do templo

⁸E no segundo ano da sua vinda à casa de Deus em Jerusalém, no segundo mês, Zorobabel, filho de Sealtiel, e Jesuá, filho de Jozadaque, e os outros seus irmãos, os sacerdotes e os levitas, e todos os que vieram do cativeiro a Jerusalém, começaram a obra da casa do Senhor, e constituíram os levitas da idade de vinte anos para cima, para que a dirigissem.

⁹Então se levantou Jesuá, seus filhos, e seus irmãos, Cadmiel e seus filhos, os filhos de Judá, como um só homem, para dirigirem os que faziam a obra na casa de Deus, bem como os filhos de Henadade, seus filhos e seus irmãos, os levitas.

¹⁰Quando, pois, os edificadores lançaram os alicerces do templo do Senhor, então apresentaram-se os sacerdotes, já vestidos e com trombetas, e os levitas, filhos de Asafe, com címbalos, para louvarem ao Senhor conforme à instituição de Davi, rei de Israel.

¹¹E cantavam juntos por grupo, louvando e

rendendo graças ao SENHOR, dizendo: porque *é* bom; porque a sua benignidade *dura* para sempre sobre Israel. E todo o povo jubilou com altas vozes, quando louvaram ao SENHOR, pela fundação da casa do SENHOR.

¹²Porém muitos dos sacerdotes, e levitas e chefes dos pais, *já* idosos, que viram a primeira casa, choraram em altas vozes quando à sua vista foram lançados os fundamentos desta casa; mas muitos levantaram as vozes com júbilo e com alegria.

¹³De maneira que não discernia o povo as vozes do júbilo de alegria das vozes do choro do povo; porque o povo jubilava com *tão* altas vozes, que o som se ouvia de muito longe.

A construção do templo é proibida

4OUVINDO, pois, os adversários de Judá e Benjamim que os que voltaram do cativeiro edificavam o templo ao SENHOR Deus de Israel,

²Chegaram-se a Zorobabel e aos chefes dos pais, e disseram-lhes: Deixai-nos edificar convosco, porque, como vós, buscaremos a vosso Deus; como também *já* lhe sacrificamos desde os dias de Esar-Hadom, rei da Assíria, que nos fez subir aqui.

³Porém Zorobabel, e Jesuá, e os outros chefes dos pais de Israel lhes disseram: Não convém que nós e vós edifiquemos casa a nosso Deus; mas nós sozinhos a edificaremos ao SENHOR Deus de Israel, como nos ordenou o rei Ciro, rei da Pérsia.

⁴Todavia o povo da terra debilitava as mãos do povo de Judá, e inquietava-os no edificar.

⁵E alugaram contra eles conselheiros, para frustrarem o seu plano, todos os dias de Ciro, rei da Pérsia, até ao reinado de Dario, rei da Pérsia.

⁶No reinado de Assuero, no princípio do seu reinado, escreveram *uma* acusação contra os habitantes de Judá e de Jerusalém.

⁷E nos dias de Artaxerxes escreveram Bislão, Mitredate, Tabeel, e os outros seus companheiros, a Artaxerxes, rei da Pérsia; e a carta *estava* escrita em caracteres siríacos, e na língua siríaca.

⁸Escreveram, *pois,* Reum, o chanceler, e Sinsai, o escrivão, uma carta contra Jerusalém, ao rei Artaxerxes, do teor seguinte:

⁹Então escreveu Reum, o chanceler, e Sinsai, o escrivão, e os outros seus companheiros, os dinaitas, afarsaquitas, tarpelitas, afarsitas, arquevitas, babilônios, susanquitas, deavitas, elamitas,

¹⁰E os outros povos, que o grande e afamado Asnapar transportou, e que fez habitar na cidade de Samaria, e nas demais províncias dalém do rio, em tal tempo.

¹¹Este, *pois,* é o teor da carta que mandaram ao rei Artaxerxes: Teus servos, os homens dalém do rio, em tal tempo.

¹²Saiba o rei que os judeus, que subiram de ti, vieram a nós em Jerusalém, e reedificam aquela rebelde e malvada cidade, e vão restaurando os *seus* muros, e reparando os *seus* fundamentos.

¹³Agora saiba o rei que, se aquela cidade se reedificar, e os muros se restaurarem, eles não pagarão os direitos, os tributos e os pedágios; e *assim* se danificará a fazenda dos reis.

¹⁴Agora, pois, porquanto somos assalariados do palácio, e não nos convém ver a desonra do rei, por isso mandamos avisar ao rei,

¹⁵Para que se busque no livro das crônicas de teus pais. E acharás no livro das crônicas, e saberás que aquela foi uma cidade rebelde, e danosa aos reis e províncias, e que nela houve rebelião em tempos antigos; por isso foi aquela cidade destruída.

¹⁶Nós, pois, fazemos notório ao rei que, se aquela cidade se reedificar, e os seus muros se restaurarem, sucederá que não terás porção alguma deste lado do rio.

¹⁷*E* o rei enviou *esta* resposta a Reum, o chanceler, e a Sinsai, o escrivão, e aos demais seus companheiros, que habitavam em Samaria; como também aos demais que *estavam* dalém do rio: Paz! Em tal tempo.

¹⁸A carta que nos enviastes foi explicitamente lida diante de mim.

¹⁹E, ordenando-o eu, buscaram e acharam, que de tempos antigos aquela cidade se levantou contra os reis, e nela se têm feito rebelião e sedição.

²⁰Também houve reis poderosos sobre Jerusalém que dalém do rio dominaram em todo o *lugar,* e se lhes pagaram direitos, tributos e pedágios.

²¹Agora, pois, dai ordem para impedirdes aqueles homens, a fim de que não se edifique aquela cidade, até que eu dê *uma* ordem.

²²*E* guardai-vos de serdes remissos nisto; por que cresceria o dano para prejuízo dos reis?

²³Então, depois que a cópia da carta do rei Artaxerxes foi lida perante Reum, e Sinsai, o escrivão, e seus companheiros, apressadamente foram eles a Jerusalém, aos judeus, e os impediram à força e *com* violência.

²⁴Então cessou a obra da casa de Deus, que *estava* em Jerusalém; e cessou até ao ano segundo do reinado de Dario, rei da Pérsia.

Ageu e Zacarias continuam a construção do templo

5E OS profetas Ageu e Zacarias, filho de Ido, profetizaram aos judeus que *estavam* em Judá, e em Jerusalém; em nome do Deus de Israel lhes *profetizaram.*

²Então se levantaram Zorobabel, filho de Sealtiel, e Jesuá, filho de Jozadaque, e começaram a edificar a casa de Deus, que *está* em Jerusalém; e com eles os profetas de Deus, que os ajudavam.

³Naquele tempo vieram a eles Tatenai, governador dalém do rio, e Setar-Bozenai, e os seus companheiros, e disseram-lhes assim: Quem vos deu ordem para reedificardes esta casa, e restaurardes este muro?

⁴Disseram-lhes, mais: *E* quais são os nomes dos homens que construíram este edifício?

⁵Porém os olhos de Deus estavam sobre os anciãos dos judeus, e não os impediram, até que o

ESDRAS 5.6

negócio chegasse a Dario, e viesse resposta por carta sobre isso.

⁶Cópia da carta que Tatenai, o governador dalém do rio, com Setar-Bozenai e os seus companheiros, os afarsaquitas, que *estavam* dalém do rio, enviaram ao rei Dario.

⁷Enviaram-lhe uma carta, na qual estava escrito: Toda a paz ao rei Dario.

⁸Seja notório ao rei, que nós fomos à província de Judá, à casa do grande Deus, a qual se edifica com grandes pedras, e a madeira já está sendo posta nas paredes; e esta obra vai sendo feita com diligência, e se adianta em suas mãos.

⁹Então perguntamos aos anciãos, *e* assim lhes dissemos: Quem vos deu ordem para reedificardes esta casa, e restaurardes este muro?

¹⁰Além disso, lhes perguntamos também pelos seus nomes, para tos declararmos; para que te pudéssemos escrever os nomes dos homens que entre eles são os chefes.

¹¹E esta foi a resposta que nos deram: Nós somos servos do Deus dos céus e da terra, e reedificamos a casa que há muitos anos foi edificada; porque um grande rei de Israel a edificou e a terminou.

¹²Mas depois que nossos pais provocaram à ira o Deus dos céus, ele os entregou nas mãos de Nabucodonosor, rei de Babilônia, o caldeu, o qual destruiu esta casa, e transportou o povo para Babilônia.

¹³Porém, no primeiro ano de Ciro, rei de Babilônia, o rei Ciro deu ordem para que esta casa de Deus se reedificasse.

¹⁴E até os utensílios de ouro e prata, da casa de Deus, que Nabucodonosor tomou do templo que *estava* em Jerusalém e os levou para o templo de Babilônia, o rei Ciro os tirou do templo de Babilônia, e foram dados a um homem cujo nome *era* Sesbazar, a quem nomeou governador.

¹⁵E disse-lhe: Toma estes utensílios, vai *e* leva-os ao templo que *está* em Jerusalém, e faze reedificar a casa de Deus, no seu lugar.

¹⁶Então veio este Sesbazar, *e* pôs os fundamentos da casa de Deus, que *está* em Jerusalém, e desde então para cá se está reedificando, e *ainda* não está acabada.

¹⁷Agora, pois, se *parece* bem ao rei, busque-se na casa dos tesouros do rei, que *está* em Babilônia, se é verdade que se deu uma ordem pelo rei Ciro para reedificar esta casa de Deus em Jerusalém; e sobre isto nos faça saber a vontade do rei.

O rei Dario confirma a ordem de reedificar o templo

6 ENTÃO o rei Dario deu ordem, e buscaram nos arquivos, onde se guardavam os tesouros em Babilônia.

²E em Acmeta, no palácio, que está na província de Média, se achou um rolo, e nele estava escrito *um* memorial *que dizia* assim:

³No primeiro ano do rei Ciro, o rei Ciro estabeleceu o seguinte decreto: A casa de Deus, em Jerusalém, se reedificará para lugar em que se ofereçam

sacrifícios, e seus fundamentos serão firmes; a sua altura de sessenta côvados, e a sua largura de sessenta côvados;

⁴*Com* três carreiras de grandes pedras, e uma carreira de madeira nova; e a despesa se fará da casa do rei.

⁵Além disso, os utensílios de ouro e de prata da casa de Deus, que Nabucodonosor transportou do templo que *estava* em Jerusalém, e levou para Babilônia, serão restituídos, para que voltem ao seu lugar, ao templo que *está* em Jerusalém, e serão postos na casa de Deus.

⁶Agora, *pois,* Tatenai, governador dalém do rio, Setar-Bozenai, e os seus companheiros, os afarsaquitas, que *habitais* dalém do rio, apartai-vos dali.

⁷Deixai que se faça a obra desta casa de Deus; *que* o governador dos judeus e os anciãos dos judeus edifiquem esta casa de Deus no seu lugar.

⁸Também por mim se decreta o que haveis de fazer com os anciãos dos judeus, para a reedificação desta casa de Deus, *a saber:* que da fazenda do rei, dos tributos dalém do rio se pague prontamente a despesa a estes homens, para que não interrompam a obra.

⁹E o que for necessário, como bezerros, carneiros, e cordeiros, para holocaustos ao Deus dos céus, trigo, sal, vinho e azeite, segundo o rito dos sacerdotes que *estão* em Jerusalém, dê-se-lhes, de dia em dia, para que não *haja* falta.

¹⁰Para que ofereçam sacrifícios de cheiro suave ao Deus dos céus, e orem pela vida do rei e de seus filhos.

¹¹Também por mim se decreta que todo o homem que mudar este decreto, se arrancará um madeiro da sua casa, e, levantado, o pendurarão nele, e da sua casa se fará por isso um monturo.

¹²O Deus, pois, que fez habitar ali o seu nome derrube a todos os reis e povos que estenderem a sua mão para mudar *o decreto e* para destruir esta casa de Deus, que *está* em Jerusalém. Eu, Dario, baixei o decreto; com diligência se faça.

Acaba-se o templo e é consagrado

¹³Então Tatenai, o governador dalém do rio, Setar-Bozenai e os seus companheiros, assim fizeram diligentemente, conforme ao que decretara o rei Dario.

¹⁴E os anciãos dos judeus iam edificando e prosperando pela profecia do profeta Ageu, e de Zacarias, filho de Ido. E edificaram e terminaram a obra conforme ao mandado do Deus de Israel, e conforme ao decreto de Ciro e Dario, e de Artaxerxes, rei da Pérsia.

¹⁵E acabou-se esta casa no terceiro dia do mês de Adar, no sexto ano do reinado do rei Dario.

¹⁶E os filhos de Israel, os sacerdotes, os levitas, e o restante dos filhos do cativeiro, fizeram a dedicação desta casa de Deus com alegria.

¹⁷E ofereceram para a dedicação desta casa de Deus cem novilhos, duzentos carneiros, quatrocentos cordeiros, e doze cabritos por *expiação* do

pecado de todo o Israel; segundo o número das tribos de Israel.

¹⁸E puseram os sacerdotes nas suas turmas e os levitas nas suas divisões, para o ministério de Deus, em Jerusalém, conforme ao que está escrito no livro de Moisés.

¹⁹E os filhos do cativeiro celebraram a páscoa no dia catorze do primeiro mês.

²⁰Porque os sacerdotes e levitas se purificaram como *se fossem* um *só homem,* todos *estavam* limpos; e mataram o *cordeiro da* páscoa para todos os filhos do cativeiro, e para seus irmãos, os sacerdotes, e para si mesmos.

²¹Assim comeram *a páscoa* os filhos de Israel que tinham voltado do cativeiro, com todos os que com eles se apartaram da imundícia dos gentios da terra, para buscarem o Senhor Deus de Israel;

²²E celebraram a festa dos pães ázimos por sete dias com alegria; porque o Senhor os tinha alegrado, e tinha mudado o coração do rei da Assíria a favor deles, para lhes fortalecer as mãos na obra da casa de Deus, *o* Deus de Israel.

Artaxerxes envia Esdras a Jerusalém

7E PASSADAS estas coisas no reinado de Artaxerxes, rei da Pérsia, Esdras, filho de Seraías, filho de Azarias, filho de Hilquias,

²Filho de Salum, filho de Zadoque, filho de Aitube,

³Filho de Amarias, filho de Azarias, filho de Meraiote,

⁴Filho de Zeraquias, filho de Uzi, filho de Buqui,

⁵Filho de Abisua, filho de Fineias, filho de Eleazar, filho de Arão, o sumo sacerdote;

⁶Este Esdras subiu de Babilônia; e *era* escriba hábil na lei de Moisés, que o Senhor Deus de Israel tinha dado; e, segundo a mão do Senhor seu Deus, *que estava* sobre ele, o rei lhe deu tudo quanto lhe pedira.

⁷Também subiram a Jerusalém *alguns* dos filhos de Israel, dos sacerdotes, dos levitas, dos cantores, dos porteiros e dos netineus, no sétimo ano do rei Artaxerxes.

⁸E no quinto mês chegou a Jerusalém, no sétimo ano deste rei.

⁹Pois no primeiro *dia* do primeiro mês foi o princípio da partida de Babilônia; e no primeiro dia do quinto mês chegou a Jerusalém, segundo a boa mão do seu Deus sobre ele.

¹⁰Porque Esdras tinha preparado o seu coração para buscar a lei do Senhor e para cumpri-la e para ensinar em Israel os *seus* estatutos e os *seus* juízos.

¹¹Esta *é,* pois, a cópia da carta que o rei Artaxerxes deu ao sacerdote Esdras, o escriba das palavras dos mandamentos do Senhor, e dos seus estatutos sobre Israel:

¹²Artaxerxes, rei dos reis, ao sacerdote Esdras, escriba da lei do Deus do céu, *paz* perfeita, em tal tempo.

¹³Por mim se decreta que no meu reino todo aquele do povo de Israel, e dos seus sacerdotes e levitas, que quiser ir contigo a Jerusalém, vá.

¹⁴Porquanto és enviado da parte do rei e dos seus sete conselheiros para fazeres inquirição a respeito de Judá e de Jerusalém, conforme à lei do teu Deus, que *está* na tua mão;

¹⁵E para levares a prata e o ouro que o rei e os seus conselheiros voluntariamente deram ao Deus de Israel, cuja habitação *está* em Jerusalém;

¹⁶E toda a prata e o ouro que achares em toda a província de Babilônia, com as ofertas voluntárias do povo e dos sacerdotes, que voluntariamente oferecerem, para a casa de seu Deus, que *está* em Jerusalém;

¹⁷Portanto diligentemente comprarás com este dinheiro novilhos, carneiros, cordeiros, com as suas ofertas de alimentos, e as suas libações, e as oferecerás sobre o altar da casa de vosso Deus, que *está* em Jerusalém.

¹⁸Também o que a ti e a teus irmãos bem parecer fazerdes do restante da prata e do ouro, *o* fareis conforme a vontade do vosso Deus.

¹⁹E os utensílios que te foram dados para o serviço da casa de teu Deus, restitui-*os* perante o Deus de Jerusalém.

²⁰E tudo mais que for necessário para a casa de teu Deus, que te convenha dar, dá-lo-ás da casa dos tesouros do rei.

²¹E por mim *mesmo,* o rei Artaxerxes, se decreta a todos os tesoureiros que *estão* dalém do rio que tudo quanto vos pedir o sacerdote Esdras, escriba da lei do Deus dos céus, prontamente se faça.

²²Até cem talentos de prata, e até cem coros de trigo, e até cem batos de vinho, e até cem batos de azeite; e sal à vontade.

²³Tudo quanto *se ordenar,* segundo o mandado do Deus do céu, prontamente se faça para a casa do Deus do céu; pois, para que haveria grande ira sobre o reino do rei e de seus filhos?

²⁴Também vos fazemos saber acerca de todos os sacerdotes e levitas, cantores, porteiros, netineus e ministros desta casa de Deus, que não será lícito impor-lhes, nem tributo, nem contribuição, nem renda.

²⁵E tu, Esdras, conforme a sabedoria do teu Deus, que possues, nomeia magistrados e juízes, que julguem a todo o povo que *está* dalém do rio, a todos os que sabem as leis do teu Deus; e ao que não *as* sabe, lhe ensinarás.

²⁶E todo aquele que não observar a lei do teu Deus e a lei do rei, seja julgado prontamente; quer *seja* morte, quer desterro, quer multa sobre os *seus* bens, quer prisão.

²⁷Bendito *seja* o Senhor Deus de nossos pais, que tal inspirou ao coração do rei, para ornar a casa do Senhor, que *está* em Jerusalém.

²⁸E *que* estendeu para mim a *sua* benignidade perante o rei e os seus conselheiros e todos os príncipes poderosos do rei. Assim me animei, segundo a mão do Senhor meu Deus sobre mim, e

ESDRAS 8.1   348

ajuntei dentre Israel *alguns* chefes para subirem comigo.

A lista dos que voltaram com Esdras

8 ESTES, pois, *são* os chefes das *casas* paternas e esta a genealogia dos que subiram comigo de Babilônia no reinado do rei Artaxerxes:

²Dos filhos de Fineias, Gérson; dos filhos de Itamar, Daniel; dos filhos de Davi, Hatus;

³Dos filhos de Secanias, *e* dos filhos de Parós, Zacarias, e com ele, segundo a genealogia, se contaram até cento e cinquenta homens.

⁴Dos filhos de Paate-Moabe, Elioenai, filho de Zacarias, e com ele duzentos homens.

⁵Dos filhos de Secanias, o filho de Jeaziel, e com ele trezentos homens.

⁶E dos filhos de Adim, Ebede, filho de Jônatas, e com ele cinquenta homens.

⁷E dos filhos de Elão, Jesaías, filho de Atalias, e com ele setenta homens.

⁸E dos filhos de Sefatias, Zebadias, filho de Micael, e com ele oitenta homens.

⁹Dos filhos de Joabe, Obadias, filho de Jeiel, e com ele duzentos e dezoito homens.

¹⁰E dos filhos de Selomite, o filho de Josifias, e com ele cento e sessenta homens.

¹¹E dos filhos de Bebai, Zacarias, o filho de Bebai, e com ele vinte e oito homens.

¹²E dos filhos de Azgade, Joanã, o filho de Hacatã, e com ele cento e dez homens.

¹³E dos últimos filhos de Adonicão, cujos nomes eram estes: Elifelete, Jeiel e Semaías, e com eles sessenta homens.

¹⁴E dos filhos de Bigvai, Utai e Zabude, e com eles setenta homens.

¹⁵E ajuntei-os perto do rio que vai a Aava, e ficamos ali acampados três dias. Então atentei para o povo e para os sacerdotes, e não achei ali nenhum dos filhos de Levi.

¹⁶Enviei, pois, Eliezer, Ariel, Semaías, Elnatã, Jaribe, Elnatã, Natã, Zacarias e Mesulão, os chefes; como também a Joiaribe, e a Elnatã, *que eram* entendidos.

¹⁷E enviei-os com mandado a Ido, o chefe no local chamado Casifia; e falei a eles o que deveriam dizer a Ido e aos seus irmãos, os netineus, no local chamado Casifia, que nos trouxessem ministros para a casa de nosso Deus.

¹⁸E trouxeram-nos, segundo a boa mão de Deus sobre nós, um homem entendido, dos filhos de Mali, filho de Levi, filho de Israel, *a saber:* Serebias, com os seus filhos e irmãos, dezoito;

¹⁹E a Hasabias, e com ele Jesaías, dos filhos de Merari, com seus irmãos e os filhos deles, vinte;

²⁰E dos netineus que Davi e os príncipes deram para o ministério dos levitas, duzentos e vinte netineus; que foram todos mencionados por *seus* nomes.

²¹Então apregoei ali um jejum junto ao rio Aava, para nos humilharmos diante da face de nosso Deus, para lhe pedirmos caminho seguro para nós, para nossos filhos e para todos os nossos bens.

²²Porque tive vergonha de pedir ao rei exército e cavaleiros para nos defenderem do inimigo pelo caminho; porquanto tínhamos falado ao rei, dizendo: A mão do nosso Deus *é* sobre todos os que o buscam, para o bem deles; mas o seu poder e a sua ira contra todos os que o deixam.

²³Nós, pois, jejuamos, e pedimos isto ao nosso Deus, e moveu-se pelas nossas orações.

²⁴Então separei doze dos chefes dos sacerdotes: Serebias, Hasabias, e com eles dez dos seus irmãos.

²⁵E pesei-lhes a prata, o ouro e os vasos; *que eram* a oferta para a casa de nosso Deus, que ofereceram o rei, os seus conselheiros, os seus príncipes e todo o Israel que ali se achou.

²⁶E pesei em suas mãos seiscentos e cinquenta talentos de prata, e em vasos de prata cem talentos, e cem talentos de ouro,

²⁷E vinte bacias de ouro, de mil dracmas, e dois vasos de bom metal lustroso, *tão* precioso como ouro.

²⁸E disse-lhes: Vós sois santos ao Senhor, e *são* santos estes utensílios, como também esta prata e este ouro, oferta voluntária, *oferecida* ao Senhor Deus de vossos pais.

²⁹Vigiai, *pois,* e guardai-*os* até que *os* peseis na presença dos chefes dos sacerdotes e dos levitas, e dos chefes dos pais de Israel, em Jerusalém, nas câmaras da casa do Senhor.

³⁰Então os sacerdotes e os levitas receberam o peso da prata, do ouro e dos utensílios, para *os* trazerem a Jerusalém, à casa de nosso Deus.

³¹E partimos do rio Aava, no dia doze do primeiro mês, para irmos a Jerusalém; e a mão do nosso Deus estava sobre nós, e livrou-nos da mão dos inimigos, e dos que *nos* armavam ciladas pelo caminho.

³²E chegamos a Jerusalém, e repousamos ali três dias.

³³E no quarto dia se pesou a prata, o ouro e os utensílios, na casa do nosso Deus, por mão de Meremote, filho do sacerdote Urias; e com ele Eleazar, filho de Fineias, e com eles Jozabade, filho de Jesuá, e Noadias, filho de Binui, levitas.

³⁴Tudo foi contado e pesado; e todo o peso foi registrado na mesma ocasião.

³⁵E os exilados, que vieram do cativeiro, ofereceram holocaustos ao Deus de Israel: doze novilhos por todo o Israel, noventa e seis carneiros, setenta e sete cordeiros, *e* doze bodes *em sacrifício* pelo pecado; tudo *em* holocausto ao Senhor.

³⁶Então deram as ordens do rei aos seus sátrapas, e aos governadores dalém do rio; e *estes* ajudaram o povo e a casa de Deus.

Muitos israelitas casam-se com mulheres heteias

9 ACABADAS, pois, estas coisas, chegaram-se a mim os príncipes, dizendo: O povo de Israel, os sacerdotes e os levitas, não se têm separado dos povos destas terras, seguindo as abominações dos cananeus, dos heteus, dos perizeus, dos

jebuseus, dos amonitas, dos moabitas, dos egípcios, e dos amorreus.

²Porque tomaram das suas filhas para si e para seus filhos, e *assim* se misturou a linhagem santa com os povos dessas terras; e até os príncipes e magistrados foram os primeiros nesta transgressão.

³E, ouvindo eu tal coisa, rasguei as minhas vestes e o meu manto, e arranquei os cabelos da minha cabeça e da minha barba, e sentei-me atônito.

⁴Então se ajuntaram a mim todos os que tremiam das palavras do Deus de Israel por causa da transgressão *dos* do cativeiro; porém eu permaneci sentado atônito até ao sacrifício da tarde.

Oração e confissão a Deus

⁵E perto do sacrifício da tarde me levantei da minha aflição, havendo *já* rasgado as minhas vestes e o meu manto, e me pus de joelhos, e estendi as minhas mãos para o SENHOR meu Deus;

⁶E disse: Meu Deus! Estou confuso e envergonhado, para levantar a ti a minha face, meu Deus; porque as nossas iniquidades se multiplicaram sobre a *nossa* cabeça, e a nossa culpa tem crescido até aos céus.

⁷Desde os dias de nossos pais até *ao dia de* hoje *estamos* em grande culpa, e por causa das nossas iniquidades somos entregues, nós e nossos reis e os nossos sacerdotes, na mão dos reis das terras, à espada, ao cativeiro, e ao roubo, e à confusão do rosto, como hoje se vê.

⁸E agora, por *um* pequeno momento, se manifestou a graça da parte do SENHOR, nosso Deus, para nos deixar alguns que escapem, e para dar-nos *uma* estaca no seu santo lugar; para nos iluminar os olhos, ó Deus nosso, e para nos dar um pouco de vida na nossa servidão.

⁹Porque *somos* servos; porém na nossa servidão não nos desamparou o nosso Deus; antes estendeu sobre nós a sua benignidade perante os reis da Pérsia, para que nos desse vida, para levantarmos a casa do nosso Deus, e para restaurarmos as suas assolações; *e para que nos desse uma* parede de proteção em Judá e em Jerusalém.

¹⁰Agora, pois, ó nosso Deus, que diremos depois disto? Pois deixamos os teus mandamentos,

¹¹Os quais mandaste pelo ministério de teus servos, os profetas, dizendo: A terra em que entrais para a possuir, terra imunda é pelas imundícias dos povos das terras, pelas suas abominações com que, na sua corrupção a encheram, de uma extremidade à outra.

¹²Agora, pois, vossas filhas não dareis a seus filhos, e suas filhas não tomareis para vossos filhos, e nunca procurareis a sua paz e o seu bem; para que sejais fortes, e comais o bem da terra, e a deixeis por herança a vossos filhos para sempre.

¹³E depois de tudo o que nos tem sucedido por causa das nossas más obras, e da nossa grande culpa, porquanto tu, ó nosso Deus, impediste que fôssemos destruídos, por causa da nossa iniquidade, e *ainda* nos deste um remanescente como este;

¹⁴Tornaremos, pois, agora a violar os teus mandamentos e a aparentar-nos com os povos destas abominações? Não te indignarias tu *assim* contra nós até *de todo nos* consumir, até que não *ficasse* remanescente nem quem escapasse?

¹⁵Ah! SENHOR Deus de Israel, justo *és*, pois ficamos qual um remanescente que escapou, como hoje *se vê;* eis que *estamos* diante de ti, na nossa culpa, porque ninguém *há* que possa estar na tua presença, por causa disto.

Os israelitas arrependem-se

10E ENQUANTO Esdras orava, e fazia confissão, chorando e prostrando-se diante da casa de Deus, ajuntou-se a ele, de Israel, uma mui grande congregação de homens, mulheres e crianças; pois o povo chorava com grande choro.

²Então Secanias, filho de Jeiel, *um* dos filhos de Elão, tomou a palavra e disse a Esdras: Nós temos transgredido contra o nosso Deus, e casamos com mulheres estrangeiras dentre os povos da terra, mas, no tocante a isto, ainda há esperança para Israel.

³Agora, pois, façamos aliança com o nosso Deus de que despediremos todas as mulheres, e os que delas são nascidos, conforme ao conselho do meu senhor, e dos que tremem ao mandado do nosso Deus; e faça-se conforme a lei.

⁴Levanta-te, pois, porque te *pertence este* negócio, e nós *seremos* contigo; esforça-te, e age.

⁵Então Esdras se levantou, e ajuramentou os chefes dos sacerdotes *e* dos levitas, e a todo o Israel, de que fariam conforme a esta palavra; e eles juraram.

⁶E Esdras se levantou de diante da casa de Deus, e entrou na câmara de Joanã, filho de Eliasibe; e, chegando lá, não comeu pão, e nem bebeu água; porque lamentava pela transgressão *dos* do cativeiro.

⁷E fizeram passar pregão por Judá e Jerusalém, a todos os que vieram do cativeiro, para que se ajuntassem em Jerusalém.

⁸E que todo aquele que em três dias não viesse, segundo o conselho dos príncipes e dos anciãos, toda a sua fazenda se poria em interdito, e ele seria separado da congregação *dos* do cativeiro.

⁹Então todos os homens de Judá e Benjamim em três dias se ajuntaram em Jerusalém; *era* o nono mês, aos vinte dias do mês; e todo o povo se assentou na praça da casa de Deus, tremendo por *on*te negócio e por causa das grandes chuvas.

¹⁰Então se levantou Esdras, o sacerdote, e disse-lhes: Vós tendes transgredido, e casastes com mulheres estrangeiras, aumentando a culpa de Israel.

¹¹Agora, pois, fazei confissão ao SENHOR Deus de vossos pais, e fazei a sua vontade; e apartai-vos dos povos das terras, e das mulheres estrangeiras.

¹²E respondeu toda a congregação, e disse em altas vozes: Assim *seja,* conforme às tuas palavras nos convém fazer.

¹³Porém o povo *é* muito, e também *é* tempo de grandes chuvas, e não se pode estar aqui fora; nem

ESDRAS 10.14

é obra de um dia nem de dois, porque *somos* muitos os *que* transgredimos neste negócio.

¹⁴Ora, ponham-se os nossos líderes, por toda a congregação *sobre este negócio;* e todos os que em nossas cidades casaram com mulheres estrangeiras venham em tempos apontados, e com eles os anciãos de cada cidade, e os seus juízes, até que desviemos de nós o ardor da ira do nosso Deus, por esta causa.

¹⁵Porém, somente Jônatas, filho de Asael, e Jaseías, filho de Ticva, se opuseram a isto; e Mesulão, e Sabetai, levita, os ajudaram.

¹⁶E assim o fizeram os que voltaram do cativeiro; e o sacerdote Esdras *e* os homens, chefes dos pais, segundo a casa de seus pais, e todos pelos *seus* nomes, *foram apontados;* e assentaram-se no primeiro dia do décimo mês, para inquirirem neste negócio.

¹⁷E no primeiro dia do primeiro mês acabaram de tratar com todos os homens que casaram com mulheres estrangeiras.

Eles despedem suas mulheres heteias

¹⁸E acharam-se dos filhos dos sacerdotes que casaram com mulheres estrangeiras: Dos filhos de Jesuá, filho de Jozadaque, e seus irmãos, Maaseias, e Eliezer, e Jaribe, e Gedalias.

¹⁹E deram as suas mãos *prometendo* que despediriam suas mulheres; e, achando-se culpados, *ofereceram* um carneiro do rebanho pelo seu delito.

²⁰E dos filhos de Imer: Hanani e Zebadias.

²¹E dos filhos de Harim: Maaseias, Elias, Semaías, Jeiel e Uzias.

²²E dos filhos de Pasur: Elioenai, Maaseias, Ismael, Netanel, Jozabade e Eleasa.

²³E dos levitas: Jozabade, Simei, Quelaías (este *é* Quelita), Petaías, Judá e Eliezer.

²⁴E dos cantores: Eliasibe; e dos porteiros: Salum, Telém e Uri.

²⁵E de Israel, dos filhos de Parós: Ramias, Jezias, Malquias, Miamim, Eleazar, Malquias e Benaia.

²⁶E dos filhos de Elão: Matanias, Zacarias, Jeiel, Abdi, Jeremote e Elias.

²⁷E dos filhos de Zatu: Elioenai, Eliasibe, Matanias, Jeremote, Zabade e Aziza.

²⁸E dos filhos de Bebai: Joanã, Hananias, Zabai e Atlai.

²⁹E, dos filhos de Bani: Mesulão, Maluque, Adaías, Jasube, Seal, Ramot.

³⁰E dos filhos de Paate-Moabe: Adna, Quelal, Benaia, Maseias, Matanias, Bezalel, Binui e Manassés.

³¹E, dos filhos de Harim: Eliezer, Issias, Malquias, Semaías, Simeão,

³²Benjamim, Maluque, Semarias.

³³Dos filhos de Hasum: Matenai, Matatá, Zabade, Elifelete, Jeremai, Manassés e Simei.

³⁴Dos filhos de Bani: Maadai, Anrão, e Uel,

³⁵Benaia, Bedias, Queluí,

³⁶Vanias, Meremote, Eliasibe,

³⁷Matanias, Matnai e Jaasai,

³⁸E Bani, Binui, Simei,

³⁹E Selemias, Natã e Adaías,

⁴⁰Macnadbai, Sasai, Sarai,

⁴¹Azareel, Selemias, Semarias,

⁴²Salum, Amarias e José.

⁴³Dos filhos de Nebo: Jeiel, Matitias, Zabade, Zebina, Jadai, Joel e Benaia.

⁴⁴Todos estes tomaram mulheres estrangeiras; e *alguns* deles tinham mulheres de quem tiveram filhos.

O LIVRO DE

NEEMIAS

Neemias ora a Deus

1 AS palavras de Neemias, filho de Hacalias. E sucedeu no mês de Quislev, no ano vigésimo, estando eu em Susã, a fortaleza,

²Que veio Hanani, um de meus irmãos, ele e alguns de Judá; e perguntei-lhes pelos judeus que escaparam, e que restaram do cativeiro, e acerca de Jerusalém.

³E disseram-me: Os restantes, que ficaram do cativeiro, lá na província *estão* em grande miséria e desprezo; e o muro de Jerusalém fendido e as suas portas queimadas a fogo.

⁴E sucedeu que, ouvindo eu estas palavras, assentei-me e chorei, e lamentei por *alguns* dias; e estive jejuando e orando perante o Deus dos céus.

⁵E disse: Ah! SENHOR Deus dos céus, Deus grande e temido! Que guarda a aliança e a benignidade para com aqueles que o amam e guardam os seus mandamentos;

⁶Estejam, pois, atentos os teus ouvidos e os teus olhos abertos, para ouvires a oração do teu servo, que eu hoje faço perante ti, dia e noite, pelos filhos de Israel, teus servos; e faço confissão pelos pecados dos filhos de Israel, que temos cometido contra ti; também eu e a casa de meu pai temos pecado.

⁷De todo nos corrompemos contra ti, e não guardamos os mandamentos, nem os estatutos, nem os juízos, que ordenaste a Moisés, teu servo.

⁸Lembra-te, pois, da palavra que ordenaste a Moisés, teu servo, dizendo: Vós transgredireis, e eu vos espalharei entre os povos.

⁹E vós vos convertereis a mim, e guardareis os meus mandamentos, e os cumprireis; então, ainda que os vossos rejeitados estejam na extremidade do céu, de lá os ajuntarei e os trarei ao lugar que tenho escolhido para ali fazer habitar o meu nome.

¹⁰Eles *são* os teus servos e o teu povo que resgataste com a tua grande força e com a tua forte mão.

¹¹Ah! Senhor, estejam, pois, atentos os teus ouvidos à oração do teu servo, e à oração dos teus servos que desejam temer o teu nome; e faze prosperar hoje o teu servo, e dá-lhe graça perante este homem. Então era eu copeiro do rei.

Artaxerxes permite a Neemias ir a Jerusalém

2 SUCEDEU, pois, no mês de Nisã, no ano vigésimo do rei Artaxerxes, que *estava posto* vinho diante dele, e eu peguei o vinho e *o* dei ao rei; porém eu nunca estivera triste diante dele.

²E o rei me disse: Por que está triste o teu rosto, pois não estás doente? Não *é* isto senão tristeza de coração; então temi sobremaneira.

³E disse ao rei: Viva o rei para sempre! Como não estaria triste o meu rosto, estando a cidade, o

lugar dos sepulcros de meus pais, assolada, e tendo sido consumidas as suas portas a fogo?

⁴E o rei me disse: Que me pedes agora? Então orei ao Deus dos céus,

⁵E disse ao rei: Se é do agrado do rei, e se o teu servo *é* aceito em tua presença, *peço-te* que me envies a Judá, à cidade dos sepulcros de meus pais, para que eu a reedifique.

⁶Então o rei me disse, estando a rainha assentada junto a ele: Quanto durará a tua viagem, e quando voltarás? E aprouve ao rei enviar-me, apontando-lhe eu um certo tempo.

⁷Disse mais ao rei: Se ao rei parece bem, deem-se-me cartas para os governadores dalém do rio, para que me permitam passar até que chegue a Judá,

⁸Como também uma carta para Asafe, guarda da floresta do rei, para que me dê madeira para cobrir as portas do paço da casa, para o muro da cidade e para a casa em que eu houver de entrar. E o rei mas deu, segundo a boa mão de Deus sobre mim.

⁹Então fui aos governadores dalém do rio, e dei-lhes as cartas do rei; e o rei tinha enviado comigo capitães do exército e cavaleiros.

¹⁰O que ouvindo Sambalate, o horonita, e Tobias, o servo amonita, lhes desagradou extremamente que alguém viesse a procurar o bem dos filhos de Israel.

¹¹E cheguei a Jerusalém, e estive ali três dias.

¹²E de noite me levantei, eu e poucos homens comigo, e não declarei a ninguém o que o meu Deus me pôs no coração para fazer em Jerusalém; e não *havia* comigo animal algum, senão aquele em que estava montado.

¹³E de noite saí pela porta do vale, e para o lado da fonte do dragão, e para a porta do monturo, e contemplei os muros de Jerusalém, que estavam fendidos, e as suas portas, *que tinham sido* consumidas pelo fogo.

¹⁴E passei à porta da fonte, e ao tanque do rei; e não *havia* lugar por onde pudesse passar o animal em que estava montado.

¹⁵Ainda, de noite subi pelo ribeiro e contemplei o muro, e, virando entrei pela porta do vale; *assim* voltei.

¹⁶E não souberam os magistrados aonde eu fora nem o que eu fazia; porque ainda nem aos judeus, nem aos sacerdotes, nem aos nobres, nem aos magistrados, nem aos mais que faziam a obra, até então tinha declarado *coisa alguma*.

¹⁷Então lhes disse: Bem vedes vós a miséria em que estamos, que Jerusalém *está* assolada, e que as suas portas *têm sido* queimadas a fogo; vinde, *pois*, e reedifiquemos o muro de Jerusalém, e não sejamos mais um opróbrio.

¹⁸Então lhes declarei como a mão do meu Deus

NEEMIAS 2.19 352

me fora favorável, como também as palavras do rei, que ele me tinha dito; então disseram: Levantemo-nos, e edifiquemos. E esforçaram as suas mãos para o bem.

¹⁹*O que* ouvindo Sambalate, o horonita, e Tobias, o servo amonita, e Gesém, o árabe, zombaram de nós, e desprezaram-nos, e disseram: Que é isto que fazeis? Quereis rebelar-vos contra o rei?

²⁰Então lhes respondi, e disse: O Deus dos céus é o que nos fará prosperar: e nós, seus servos, nos levantaremos e edificaremos; mas vós não tendes parte, nem justiça, nem memória em Jerusalém.

Dos que trabalharam na edificação dos muros

3 E LEVANTOU-SE Eliasibe, o sumo sacerdote, com os seus irmãos, os sacerdotes, e reedificaram a porta das ovelhas, a qual consagraram; e levantaram as suas portas, e até à torre de Meá consagraram, *e* até à torre de Hananel.

²E junto a ele edificaram os homens de Jericó; também ao seu lado edificou Zacur, filho de Imri.

³E à porta do peixe edificaram os filhos de Hassenaá; a qual emadeiraram, e levantaram as suas portas *com* as suas fechaduras e os seus ferrolhos.

⁴E ao seu lado reparou Meremote, filho de Urias, o filho de Coz; e ao seu lado reparou Mesulão, filho de Berequias, o filho de Mesezabeel; e ao seu lado reparou Zadoque, filho de Baana.

⁵E ao seu lado repararam os tecoítas; porém os seus nobres não submeteram a cerviz ao serviço de seu senhor.

⁶E a porta velha repararam-*na* Joiada, filho de Paseia, e Mesulão, filho de Besodias; estes a emadeiraram, e levantaram as suas portas com *as* suas fechaduras e os seus ferrolhos.

⁷E ao seu lado repararam Melatias, o gibeonita, e Jadom, meronotita, homens de Gibeom e Mizpá, que pertenciam ao domínio do governador dalém do rio.

⁸Ao seu lado reparou Uziel, filho de Haraías, um dos ourives; e ao seu lado reparou Hananias, filho de um dos boticários; e fortificaram a Jerusalém até ao muro largo.

⁹E ao seu lado reparou Refaías, filho de Hur, líder da metade de Jerusalém.

¹⁰E ao seu lado reparou Jedaías, filho de Harumafe, e defronte de sua casa e ao seu lado reparou Hatus, filho de Hasabneias.

¹¹A outra porção reparou Malquias, filho de Harim, e Hasube, filho de Paate-Moabe; como também a torre dos fornos.

¹²E ao seu lado reparou Salum, filho de Haloés, líder da *outra* meia parte de Jerusalém, ele e suas filhas.

¹³A porta do vale reparou-a Hanum e os moradores de Zanoa; estes a edificaram, e lhe levantaram as portas *com* as suas fechaduras e os seus ferrolhos, como também mil côvados do muro, até a porta do monturo.

¹⁴E a porta do monturo reparou-a Malquias, filho de Recabe, líder do distrito de Bete-Haquerém;

este a edificou, e lhe levantou as portas *com* as suas fechaduras e os seus ferrolhos.

¹⁵E a porta da fonte reparou-a Salum, filho de Col-Hoze, líder do distrito de Mizpá; este a edificou, e a cobriu, e lhe levantou as portas *com* as suas fechaduras e os seus ferrolhos, como também o muro do tanque de Hasselá, ao pé do jardim do rei, e até aos degraus que descem da cidade de Davi.

¹⁶Depois dele edificou Neemias, filho de Azbuque, líder da metade de Bete-Zur, até defronte dos sepulcros de Davi, até ao tanque artificial e até à casa dos valentes.

¹⁷Depois dele repararam os levitas, Reum, filho de Bani; ao seu lado reparou Hasabias, líder da metade de Queila, no seu distrito.

¹⁸Depois dele repararam seus irmãos, Bavai, filho de Henadade, líder da *outra* meia parte de Queila.

¹⁹Ao seu lado reparou Ezer, filho de Jesuá, líder de Mizpá, outra porção, defronte da subida à casa das armas, à esquina.

²⁰Depois dele reparou com grande ardor Baruque, filho de Zabai, outra medida, desde a esquina até à porta da casa de Eliasibe, o sumo sacerdote.

²¹Depois dele reparou Meremote, filho de Urias, o filho de Coz, outra porção, desde a porta da casa de Eliasibe, até à extremidade da casa de Eliasibe.

²²E depois dele repararam os sacerdotes que habitavam na campina.

²³Depois reparou Benjamim e Hasube, defronte da sua casa; depois dele reparou Azarias, filho de Maaseias, o filho de Ananias, junto à sua casa.

²⁴Depois dele reparou Binui, filho de Henadade, outra porção, desde a casa de Azarias até à esquina, e até ao canto.

²⁵Palal, filho de Uzai, *reparou* defronte da esquina, e a torre que sai da casa real superior, que está junto ao pátio da prisão; depois dele Pedaías, filho de Parós.

²⁶Ora, os netineus habitavam em Ofel, até defronte da porta das águas, para o oriente, e até à torre alta.

²⁷Depois repararam os tecoítas outra porção, defronte da torre grande e alta, e até ao muro de Ofel.

²⁸Desde acima da porta dos cavalos repararam os sacerdotes, cada um defronte da sua casa.

²⁹Depois deles reparou Zadoque, filho de Imer, defronte da sua casa; e depois dele reparou Semaías, filho de Secanias, guarda da porta oriental.

³⁰Depois dele reparou Hananias, filho de Selemias, e Hanum, filho de Zalafe, o sexto, outra porção; depois dele reparou Mesulão, filho de Berequias, defronte da sua câmara.

³¹Depois dele reparou Malquias, filho de um ourives, até à casa dos netineus e mercadores, defronte da porta de Mifcade, e até à câmara do canto.

³²E entre a câmara do canto e a porta das ovelhas, repararam os ourives e os mercadores.

Os inimigos tentam retardar a edificação

4 E SUCEDEU que, ouvindo Sambalate que edificávamos o muro, ardeu em ira, e se indignou muito; e escarneceu dos judeus.

²E falou na presença de seus irmãos, e do exército de Samaria, e disse: Que fazem estes fracos judeus? Permitir-se-lhes-á isto? Sacrificarão? Acabá-lo-ão num *só* dia? Vivificarão dos montões do pó as pedras que foram queimadas?

³E estava com ele Tobias, o amonita, e disse: Ainda que edifiquem, contudo, vindo uma raposa, derrubará facilmente o seu muro de pedra.

⁴Ouve, ó nosso Deus, que somos tão desprezados, e torna o seu opróbrio sobre a sua cabeça, e dá-os por presa, na terra do cativeiro.

⁵E não cubras a sua iniquidade, e não se risque de diante de ti o seu pecado, pois que *te* irritaram na presença dos edificadores.

⁶Porém edificamos o muro, e todo o muro se fechou até sua metade; porque o coração do povo se inclinava a trabalhar.

⁷E sucedeu que, ouvindo Sambalate e Tobias, e os árabes, os amonitas, e os asdoditas, que *tanto* ia crescendo a reparação dos muros de Jerusalém, que já as roturas se começavam a tapar, iraram-se sobremodo.

⁸E ligaram-se entre si todos, para virem guerrear contra Jerusalém, e para os desviarem do seu intento.

⁹Porém nós oramos ao nosso Deus e pusemos uma guarda contra eles, de dia e de noite, por causa deles.

¹⁰Então disse Judá: Já desfaleceram as forças dos carregadores, e o pó *é* muito, e nós não poderemos edificar o muro.

¹¹Disseram, porém, os nossos inimigos: Nada saberão disto, nem verão, até que entremos no meio deles, e os matemos; assim faremos cessar a obra.

¹²E sucedeu que, vindo os judeus que habitavam entre eles, dez vezes nos disseram: De todos os lugares, tornarão contra nós.

¹³Então pus *guardas* nos lugares baixos por detrás do muro *e* nos altos; e pus ao povo pelas *suas* famílias com as suas espadas, *com* as suas lanças, e *com* os seus arcos.

¹⁴E olhei, e levantei-me, e disse aos nobres, aos magistrados, e ao restante do povo: Não os temais; lembrai-vos do grande e temível Senhor, e pelejai pelos vossos irmãos, vossos filhos, vossas filhas, vossas mulheres e vossas casas.

¹⁵E sucedeu que, ouvindo os nossos inimigos que já o sabíamos, e que Deus tinha dissipado o conselho deles, todos voltamos ao muro, cada um à sua obra.

¹⁶E sucedeu que, desde aquele dia, metade dos meus servos trabalhava na obra, e metade deles tinha as lanças, os escudos, os arcos e as couraças; e os líderes *estavam* por detrás de toda a casa de Judá.

¹⁷Os que edificavam o muro, os que traziam as cargas *e* os que carregavam, *cada um* com uma das mãos fazia a obra e na outra tinha as armas.

¹⁸E os edificadores cada um trazia a sua espada cingida aos lombos, e edificavam; e o que tocava a trombeta *estava* junto comigo.

¹⁹E disse eu aos nobres, aos magistrados e ao restante do povo: Grande e extensa *é* a obra, e nós estamos apartados do muro, longe uns dos outros.

²⁰No lugar onde ouvirdes o som da trombeta, ali vos ajuntareis conosco; o nosso Deus pelejará por nós.

²¹Assim trabalhávamos na obra; e metade deles tinha as lanças desde a subida da alva até ao sair das estrelas.

²²Também naquele tempo disse ao povo: Cada um com o seu servo fique em Jerusalém, para que à noite nos sirvam de guarda, e de dia na obra.

²³E nem eu, nem meus irmãos, nem meus servos, nem os homens da guarda que me seguiam largávamos as nossas vestes; cada um *tinha* suas armas e água.

Os pobres murmuram contra os ricos

5 FOI, porém, grande o clamor do povo e de suas mulheres, contra os judeus, seus irmãos.

²Porque havia quem dizia: Nós, nossos filhos e nossas filhas, *somos* muitos; então tomemos trigo, para que comamos e vivamos.

³Também havia quem dizia: As nossas terras, as nossas vinhas e as nossas casas empenhamos, para tomarmos trigo nesta fome.

⁴Também havia quem dizia: Tomamos emprestado dinheiro até para o tributo do rei, *sobre* as nossas terras e as nossas vinhas.

⁵Agora, pois, a nossa carne é como a carne de nossos irmãos, *e* nossos filhos como seus filhos; e eis que sujeitamos nossos filhos e nossas filhas para *serem* servos; e até *algumas* de nossas filhas são *tão* sujeitas, que *já* não estão no poder de nossas mãos; e outros têm as nossas terras e as nossas vinhas.

Neemias repreende os ricos

⁶Ouvindo eu, pois, o seu clamor, e estas palavras, muito me indignei.

⁷E considerei comigo mesmo no meu coração; depois pelejei com os nobres e com os magistrados, e disse-lhes: Sois usurários cada um para com seu irmão. E convoquei contra eles uma grande assembleia.

⁸E disse-lhes: Nós resgatamos os judeus, nossos irmãos, que foram vendidos às nações, segundo nossas posses; e vós outra vez venderíeis a vossos irmãos, ou vender-se-iam a nós? Então se calaram, e não acharam que *responder.*

⁹Disse mais: Não *é* bom o que fazeis; *porventura* não andaríeis no temor do nosso Deus, por causa do opróbrio das nações, os nossos inimigos?

¹⁰Também eu, meus irmãos e meus servos, a juros lhes temos emprestado dinheiro e trigo. Deixemos este ganho.

NEEMIAS 5.11

¹¹Restituí-lhes hoje, vos peço, as suas terras, as suas vinhas, os seus olivais e as suas casas; como também a centésima parte do dinheiro, do trigo, do mosto e do azeite, que vós exigis deles.

¹²Então disseram: Restituir-lhes-emos, e nada procuraremos deles; faremos assim como dizes. Então chamei os sacerdotes, e os fiz jurar que fariam conforme a esta palavra.

¹³Também sacudi as minhas vestes, e disse: Assim sacuda Deus todo o homem da sua casa e do seu trabalho que não confirmar esta palavra, e assim seja sacudido e vazio. E toda a congregação disse: Amém! E louvaram ao SENHOR; e o povo fez conforme a esta palavra.

¹⁴Também desde o dia em que me mandou que eu fosse seu governador na terra de Judá, desde o ano vinte, até ao ano trinta e dois do rei Artaxerxes, doze anos, nem eu nem meus irmãos comemos o pão do governador.

¹⁵Mas os primeiros governadores, que *foram* antes de mim, oprimiram o povo, e tomaram-lhe pão e vinho *e*, além disso, quarenta siclos de prata, como também os seus servos dominavam sobre o povo; porém eu assim não fiz, por causa do temor de Deus.

¹⁶Como também na obra deste muro fiz reparação, e terra nenhuma compramos; e todos os meus servos se ajuntaram ali à obra.

¹⁷Também dos judeus e dos magistrados, cento e cinquenta homens, e os que vinham a nós dentre as nações que *estão* ao redor de nós, se punham à minha mesa.

¹⁸E o que se preparava para cada dia *era* um boi *e* seis ovelhas escolhidas; também aves se me preparavam e, de dez em dez dias, muito vinho *de todas as espécies;* e nem por isso exigi o pão do governador, porquanto a servidão deste povo era grande.

¹⁹Lembra-te de mim para bem, ó meu Deus, *e de* tudo quanto fiz a este povo.

Os inimigos conspiram contra e intimidam Neemias

6 SUCEDEU que, ouvindo Sambalate, Tobias, Gesém, o árabe, e o resto dos nossos inimigos, que eu tinha edificado o muro, e que nele *já* não havia brecha alguma, ainda que até este tempo não tinha posto as portas nos portais,

²Sambalate e Gesém mandaram dizer-me: Vem, e congreguemo-nos juntamente nas aldeias, no vale de Ono. Porém intentavam fazer-me mal.

³E enviei-lhes mensageiros a dizer: Faço uma grande obra, de modo que não poderei descer; por que cessaria esta obra, enquanto eu a deixasse, e fosse ter convosco?

⁴E do mesmo modo enviaram a mim quatro vezes; e da mesma forma lhes respondi.

⁵Então Sambalate ainda pela quinta vez me enviou seu servo com uma carta aberta na sua mão;

⁶E na qual *estava* escrito: Entre os gentios se ouviu, e Gasmu diz: Tu e os judeus intentais

rebelar-vos, então edificas o muro; e tu te farás rei deles segundo estas palavras;

⁷E que puseste profetas, para pregarem de ti em Jerusalém, dizendo: Este *é* rei em Judá; de modo que o rei o ouvirá, segundo estas palavras; vem, pois, agora, e consultemos juntamente.

⁸Porém eu mandei dizer-lhe: De tudo o que dizes coisa nenhuma sucedeu; mas tu, do teu coração, o inventas.

⁹Porque todos eles procuravam atemorizar-nos, dizendo: As suas mãos largarão a obra, e não se efetuará. Agora, pois, *ó Deus,* fortalece as minhas mãos.

¹⁰E, entrando eu em casa de Semaías, filho de Delaías, o filho de Meetabel (que estava encerrado), disse ele: Vamos juntamente à casa de Deus, ao meio do templo, e fechemos as portas do templo; porque virão matar-te; sim, de noite virão matar-te.

¹¹Porém eu disse: *Um* homem como eu fugiria? E quem *há,* como eu, que entre no templo para que viva? De maneira nenhuma entrarei.

¹²E percebi que não *era* Deus quem o enviara; mas esta profecia falou contra mim, porquanto Tobias e Sambalate o subornaram.

¹³Para isto o subornaram, para me atemorizar, e para que assim fizesse, e pecasse, para que tivessem *alguma causa* para me infamarem, e assim me vituperarem.

¹⁴Lembra-te, meu Deus, de Tobias e de Sambalate, conforme a estas suas obras, e também da profetisa Noadia, e dos mais profetas que procuraram atemorizar-me.

¹⁵Acabou-se, pois, o muro aos vinte e cinco *do mês* de Elul; em cinquenta e dois dias.

¹⁶E sucedeu que, ouvindo-*o* todos os nossos inimigos, todos os povos que *havia* em redor de nós temeram, e abateram-se muito a seus *próprios* olhos; porque reconheceram que o nosso Deus fizera esta obra.

¹⁷Também naqueles dias *alguns* nobres de Judá escreveram muitas cartas que iam para Tobias; e as *cartas* de Tobias vinham para eles.

¹⁸Porque muitos em Judá lhe eram ajuramentados, porque *era* genro de Secanias filho deArá; e seu filho Joanã se casara com a filha de Mesulão, filho de Berequias.

¹⁹Também as suas boas ações contavam perante mim, e as minhas palavras transmitiam *a ele; portanto* Tobias escrevia cartas para me atemorizar.

Neemias estabelece guardas

7 SUCEDEU que, depois que o muro foi edificado, eu levantei as portas; e foram estabelecidos os porteiros, os cantores e os levitas.

²Eu nomeei a Hanani, meu irmão, e a Hananias, líder da fortaleza, sobre Jerusalém; porque ele *era* homem fiel e temente a Deus, mais do que muitos.

³E disse-lhes: Não se abram as portas de Jerusalém até que o sol aqueça, e enquanto os que assistirem ali permanecerem, fechem as portas, e vós trancai-*as;* e ponham-se guardas dos moradores

de Jerusalém, cada um na sua guarda, e cada um diante da sua casa.

[4]E *era* a cidade larga de espaço, e grande, porém pouco povo *havia* dentro dela; e *ainda* as casas não *estavam* edificadas.

Relação dos que primeiro vieram a Jerusalém

[5]Então o meu Deus me pôs no coração que ajuntasse os nobres, os magistrados e o povo, para registrar as genealogias; e achei o livro da genealogia dos que subiram primeiro e nele estava escrito o seguinte:

[6]Estes *são* os filhos da província, que subiram do cativeiro dos exilados, que transportara Nabucodonosor, rei de Babilônia; e voltaram para Jerusalém e para Judá, cada um para a sua cidade;

[7]Os quais vieram com Zorobabel, Jesuá, Neemias, Azarias, Raamias, Naamani, Mordecai, Bilsã, Misperete, Bigvai, Neum, e Baaná; *este é* o número dos homens do povo de Israel.

[8]Foram os filhos de Parós, dois mil, cento e setenta e dois.

[9]Os filhos de Sefatias, trezentos e setenta e dois.

[10]Os filhos de Ará, seiscentos e cinquenta e dois.

[11]Os filhos de Paate-Moabe, dos filhos de Jesuá e de Joabe, dois mil, oitocentos e dezoito.

[12]Os filhos de Elão, mil, duzentos e cinquenta e quatro.

[13]Os filhos de Zatu, oitocentos e quarenta e cinco.

[14]Os filhos de Zacai, setecentos e sessenta.

[15]Os filhos de Binui, seiscentos e quarenta e oito.

[16]Os filhos de Bebai, seiscentos e vinte e oito.

[17]Os filhos de Azgade, dois mil, trezentos e vinte e dois.

[18]Os filhos de Adonicão, seiscentos e sessenta e sete.

[19]Os filhos de Bigvai, dois mil e sessenta e sete.

[20]Os filhos de Adim, seiscentos e cinquenta e cinco.

[21]Os filhos de Ater, de Ezequias, noventa e oito.

[22]Os filhos de Hassum, trezentos e vinte e oito.

[23]Os filhos de Bezai, trezentos e vinte e quatro.

[24]Os filhos de Harife, cento e doze.

[25]Os filhos de Gibeom, noventa e cinco.

[26]Os homens de Belém e de Netofa, cento e oitenta e oito.

[27]Os homens de Anatote, cento e vinte e oito.

[28]Os homens de Bete-Azmavete, quarenta e dois.

[29]Os homens de Quiriate-Jearim, Quefira e Beerote, setecentos e quarenta e três.

[30]Os homens de Ramá e Geba, seiscentos e vinte e um.

[31]Os homens de Micmás, cento e vinte e dois.

[32]Os homens de Betel e Ai, cento e vinte e três.

[33]Os homens do outro Nebo, cinquenta e dois.

[34]Os filhos do outro Elão, mil, duzentos e cinquenta e quatro:

[35]Os filhos de Harim, trezentos e vinte.

[36]Os filhos de Jericó, trezentos e quarenta e cinco.

[37]Os filhos de Lode, Hadide e Ono, setecentos e vinte e um.

[38]Os filhos de Senaá, três mil, novecentos e trinta.

[39]Os sacerdotes: Os filhos de Jedaías, da casa de Jesuá, novecentos e setenta e três.

[40]Os filhos de Imer, mil e cinquenta e dois.

[41]Os filhos de Pasur, mil, duzentos e quarenta e sete.

[42]Os filhos de Harim, mil e dezessete.

[43]Os levitas: Os filhos de Jesuá, de Cadmiel, dos filhos de Hodeva, setenta e quatro.

[44]Os cantores: Os filhos de Asafe, cento e quarenta e oito.

[45]Os porteiros: Os filhos de Salum, os filhos de Ater, os filhos de Talmom, os filhos de Acube, os filhos de Hatita, os filhos de Sobai, cento e trinta e oito.

[46]Os netineus: Os filhos de Zia, os filhos de Hasufa, os filhos de Tabaote,

[47]Os filhos de Queros, os filhos de Sia, os filhos de Padom,

[48]Os filhos de Lebana, os filhos de Hagaba, os filhos de Salmai,

[49]Os filhos de Hanã, os filhos de Gidel, os filhos de Gaar,

[50]Os filhos de Reaías, os filhos de Rezim, os filhos de Necoda,

[51]Os filhos de Gazão, os filhos de Uzá, os filhos de Paseá,

[52]Os filhos de Besai, os filhos de Meunim, os filhos de Nefussim,

[53]Os filhos de Bacbuque, os filhos de Hacufa, os filhos de Harur,

[54]Os filhos de Bazlite, os filhos de Meída, os filhos de Harsa,

[55]Os filhos de Barcos, os filhos de Sísera, os filhos de Tamá,

[56]Os filhos de Neziá, os filhos de Hatifa.

[57]Os filhos dos servos de Salomão, os filhos de Sotai, os filhos de Soferete, os filhos de Perida,

[58]Os filhos de Jaala, os filhos de Darcom, os filhos de Gidel,

[59]Os filhos de Sefatias, os filhos de Hatil, os filhos de Poquerete-Hazebaim, os filhos de Amom.

[60]Todos os netineus e os filhos dos servos de Salomão, trezentos e noventa e dois.

[61]Também estes subiram de Tel-Melá, e Tel-Harsa, Querube, Adom, Imer; porém não puderam provar que a casa de seus pais e a sua linhagem, *erum* de Israel.

[62]Os filhos de Delaías, os filhos de Tobias, os filhos de Necoda, seiscentos e quarenta e dois.

[63]E dos sacerdotes: os filhos de Habaías, os filhos de Coz, os filhos de Barzilai, que tomara uma mulher das filhas de Barzilai, o gileadita, e que foi chamado do seu nome.

[64]Estes buscaram o seu registro *nos livros* genealógicos, porém não se achou; então, como imundos, foram excluídos do sacerdócio.

[65]E o governador lhes disse que não comessem das coisas sagradas, até que se apresentasse o sacerdote com Urim e Tumim.

NEEMIAS 7.66

⁶⁶Toda esta congregação junta *foi* de quarenta e dois mil, trezentos e sessenta,

⁶⁷Afora os seus servos e as suas servas, que *foram* sete mil, trezentos e trinta e sete; e tinham duzentos e quarenta e cinco cantores e cantoras.

⁶⁸Os seus cavalos, setecentos e trinta e seis; os seus mulos, duzentos e quarenta e cinco.

⁶⁹Camelos, quatrocentos e trinta e cinco; jumentos, seis mil, setecentos e vinte.

⁷⁰E uma *parte* dos chefes dos pais contribuíram para a obra. O governador deu para o tesouro, em ouro, mil dracmas, cinquenta bacias, e quinhentas e trinta vestes sacerdotais.

⁷¹E *alguns mais* dos chefes dos pais contribuíram para o tesouro da obra, em ouro, vinte mil dracmas, e em prata, duas mil e duzentas libras.

⁷²E o que deu o restante do povo foi, em ouro, vinte mil dracmas, e em prata, duas mil libras; e sessenta e sete vestes sacerdotais.

⁷³E habitaram os sacerdotes, os levitas, os porteiros, os cantores, *alguns* do povo, os netineus, e todo o Israel nas suas cidades.

Esdras lê a lei diante do povo

8 E CHEGADO o sétimo mês, e estando os filhos de Israel nas suas cidades, todo o povo se ajuntou como um só homem, na praça, diante da porta das águas; e disseram a Esdras, o escriba, que trouxesse o livro da lei de Moisés, que o SENHOR tinha ordenado a Israel.

²E Esdras, o sacerdote, trouxe a lei perante a congregação, tanto de homens como de mulheres, e todos os que podiam ouvir com entendimento, no primeiro dia do sétimo mês.

³E leu *no livro* diante da praça, que está diante da porta das águas, desde a alva até ao meio-dia, perante homens e mulheres, e os que podiam entender; e os ouvidos de todo o povo *estavam atentos* ao livro da lei.

⁴E Esdras, o escriba, estava sobre um púlpito de madeira, que fizeram para aquele fim; e estava *em pé* junto a ele, à sua mão direita, Matitias, Sema, Anaías, Urias, Hilquias e Maaseias; e à sua mão esquerda, Pedaías, Misael, Melquias, Hasum, Hasbadana, Zacarias e Mesulão.

⁵E Esdras abriu o livro perante à vista de todo o povo; porque estava acima de todo o povo; e, abrindo-o ele, todo o povo se pôs em pé.

⁶E Esdras louvou ao SENHOR, o grande Deus; e todo o povo respondeu: Amém, Amém! Levantando as suas mãos; e inclinaram suas cabeças, e adoraram ao SENHOR, com os rostos em terra.

⁷E Jesuá, Bani, Serebias, Jamim, Acube, Sabetai, Hodias, Maaseias, Quelita, Azarias, Jozabade, Hanã, Pelaías, e os levitas ensinavam o povo na lei; e o povo *estava* no seu lugar.

⁸E leram no livro, na lei de Deus; e declarando, e explicando o sentido, faziam que, lendo, se entendesse.

⁹E Neemias, que era o governador, e o sacerdote Esdras, o escriba, e os levitas que ensinavam ao povo, disseram a todo o povo: Este dia *é* consagrado ao SENHOR vosso Deus, *então* não vos lamenteis, nem choreis. Porque todo o povo chorava, ouvindo as palavras da lei.

¹⁰Disse-lhes mais: Ide, comei as gorduras, e bebei as doçuras, e enviai porções aos que não têm nada preparado para si; porque este dia *é* consagrado ao nosso Senhor; portanto não vos entristeçais; porque a alegria do SENHOR é a vossa força.

¹¹E os levitas fizeram calar a todo o povo, dizendo: Calai-vos; porque este dia *é* santo; por isso não vos entristeçais.

¹²Então todo o povo se foi a comer, a beber, a enviar porções e a fazer grande regozijo; porque entenderam as palavras que lhes fizeram saber.

A festa dos tabernáculos

¹³E no dia seguinte ajuntaram-se os chefes dos pais de todo o povo, os sacerdotes e os levitas, a Esdras, o escriba; e isto para atentarem nas palavras da lei.

¹⁴E acharam escrito na lei que o SENHOR ordenara, pelo ministério de Moisés, que os filhos de Israel habitassem em cabanas, na solenidade *da festa*, no sétimo mês.

¹⁵Assim publicaram, e fizeram passar pregão por todas as suas cidades, e em Jerusalém, dizendo: Saí ao monte, e trazei ramos de oliveiras, e ramos de oliveiras bravas, e ramos de murtas, e ramos de palmeiras, e ramos de árvores espessas, para fazer cabanas, como *está* escrito.

¹⁶Saiu, pois, o povo, e *os* trouxeram, e fizeram para si cabanas, cada um no seu terraço, nos seus pátios, e nos átrios da casa de Deus, na praça da porta das águas, e na praça da porta de Efraim.

¹⁷E toda a congregação dos que voltaram do cativeiro fizeram cabanas, e habitaram nas cabanas, porque nunca fizeram assim os filhos de Israel, desde os dias de Jesua, filho de Num, até àquele dia; e houve mui grande alegria.

¹⁸E, de dia em dia, Esdras leu no livro da lei de Deus, desde o primeiro dia até ao derradeiro; e celebraram a solenidade *da festa* sete dias, e no oitavo dia, houve uma assembleia solene, segundo o rito.

Arrependimento e confissão do pecado

9 E, NO DIA vinte e quatro deste mês, ajuntaram-se os filhos de Israel com jejum e com sacos, e traziam terra sobre si.

²E a descendência de Israel se apartou de todos os estrangeiros, e puseram-se em pé, e fizeram confissão pelos seus pecados e pelas iniquidades de seus pais.

³E, levantando-se no seu lugar, leram no livro da lei do SENHOR seu Deus uma quarta parte do dia; e na *outra* quarta parte fizeram confissão, e adoraram ao SENHOR seu Deus.

⁴E Jesuá, Bani, Cadmiel, Sebanias, Buni, Serebias, Bani *e* Quenani se puseram em pé no lugar alto dos levitas, e clamaram em alta voz ao SENHOR seu Deus.

⁵E os levitas, Jesuá, Cadmiel, Bani, Hasabneias, Serebias, Hodias, Sebanias e Petaías, disseram: Levantai-vos, bendizei ao SENHOR vosso Deus de eternidade em eternidade; e bendigam o teu glorioso nome, que está exaltado sobre toda a bênção e louvor.

⁶Só tu *és* SENHOR; tu fizeste o céu, o céu dos céus, e todo o seu exército, a terra e tudo quanto nela *há,* os mares e tudo quanto neles *há,* e tu os guardas com vida a todos; e o exército dos céus te adora.

⁷Tu *és* o SENHOR, o Deus, que elegeste a Abrão, e o tiraste de Ur dos caldeus, e lhe puseste por nome Abraão.

⁸E achaste o seu coração fiel perante ti, e fizeste com ele a aliança, de que darias à sua descendência a terra dos cananeus, dos heteus, dos amorreus, dos perizeus, dos jebuseus e dos girgaseus; e confirmaste as tuas palavras, porquanto és justo.

⁹E viste a aflição de nossos pais no Egito, e ouviste o seu clamor junto ao Mar Vermelho.

¹⁰E mostraste sinais e prodígios a Faraó, e a todos os seus servos, e a todo o povo da sua terra, porque soubeste que soberbamente os trataram; e assim adquiriste para ti nome, como hoje *se vê.*

¹¹E o mar fendeste perante eles, e passaram pelo meio do mar, em seco; e lançaste os seus perseguidores nas profundezas, como uma pedra nas águas violentas.

¹²E guiaste-os de dia por *uma* coluna de nuvem, e de noite por *uma* coluna de fogo, para lhes iluminar o caminho por onde haviam de ir.

¹³E sobre o monte Sinai desceste, e dos céus falaste com eles, e deste-lhes juízos retos e leis verdadeiras, estatutos e mandamentos bons.

¹⁴E o teu santo sábado lhes fizeste conhecer; e preceitos, estatutos e lei lhes mandaste pelo ministério de Moisés, teu servo.

¹⁵E pão dos céus lhes deste na sua fome, e água da penha lhes produziste na sua sede; e lhes disseste que entrassem para possuírem a terra pela qual alçaste a tua mão, que lhes havias de dar.

¹⁶Porém eles e nossos pais se houveram soberbamente, e endureceram a sua cerviz, e não deram ouvidos aos teus mandamentos.

¹⁷E recusaram ouvir-*te,* e não se lembraram das tuas maravilhas, que lhes fizeste, e endureceram a sua cerviz e, na sua rebelião, levantaram *um* capitão, a fim de voltarem para a sua servidão; porém tu, ó Deus perdoador, clemente e misericordioso, tardio em irar-te, e grande em beneficência, tu não os desamparaste.

¹⁸Ainda mesmo quando eles fizeram para si *um* bezerro de fundição, e disseram: Este *é* o teu Deus, que te tirou do Egito; e cometeram grandes blasfêmias;

¹⁹Todavia tu, pela multidão das tuas misericórdias, não os deixaste no deserto. A coluna de nuvem nunca se apartou deles de dia, para os guiar pelo caminho, nem a coluna de fogo de noite, para

lhes iluminar; e isto pelo caminho por onde haviam de ir.

²⁰E deste o teu bom Espírito, para os ensinar; e o teu maná não retiraste da sua boca; e água lhes deste na sua sede.

²¹De tal modo os sustentaste quarenta anos no deserto; nada lhes faltou; as suas roupas não se envelheceram, e os seus pés não se incharam.

²²Também lhes deste reinos e povos, e os repartiste em porções; e eles possuíram a terra de Siom, a saber, a terra do rei de Hesbom, e a terra de Ogue, rei de Basã.

²³E multiplicaste os seus filhos como as estrelas do céu, e trouxeste-os à terra de que tinhas falado a seus pais que *nela* entrariam para *a* possuírem.

²⁴Assim os filhos entraram e possuíram aquela terra; e abateste perante eles os moradores da terra, os cananeus, e lhos entregaste na mão, como também os reis e os povos da terra, para fazerem deles conforme a sua vontade.

²⁵E tomaram cidades fortificadas e terra fértil, e possuíram casas cheias de toda a fartura, cisternas cavadas, vinhas e olivais, e árvores frutíferas, em abundância; e comeram e se fartaram e engordaram e viveram em delícias, pela tua grande bondade.

²⁶Porém se obstinaram, e se rebelaram contra ti, e lançaram a tua lei para trás das suas costas, e mataram os teus profetas, que protestavam contra eles, para que voltassem para ti; assim fizeram grandes abominações.

²⁷Por isso os entregaste na mão dos seus adversários, que os angustiaram; mas no tempo de sua angústia, clamando a ti, desde os céus tu ouviste; e segundo a tua grande misericórdia lhes deste libertadores que os libertaram da mão de seus adversários.

²⁸Porém, em tendo repouso, tornavam a fazer o mal diante de ti; e tu os deixavas na mão dos seus inimigos, para que dominassem sobre eles; e convertendo-se eles, e clamando a ti, tu os ouviste desde os céus, e segundo a tua misericórdia os livraste muitas vezes.

²⁹E testificaste contra eles, para que voltassem para a tua lei; porém eles se houveram soberbamente, e não deram ouvidos aos teus mandamentos, mas pecaram contra os teus juízos, pelos quais o homem que os cumprir viverá; viraram o ombro, endureceram a sua cerviz, e não quiseram ouvir.

³⁰Porém estendeste *a tua benignidade* sobre eles por muitos anos, e testificaste contra eles pelo teu Espírito, pelo ministério dos teus profetas; porém eles não deram ouvidos; por isso os entregaste nas mãos dos povos das terras.

³¹Mas pela tua grande misericórdia os não destruíste nem desamparaste, porque *és um* Deus clemente e misericordioso.

³²Agora, pois, nosso Deus, o grande, poderoso e terrível Deus, que guardas a aliança e a beneficência, não tenhas em pouca conta toda a aflição que *nos* alcançou a nós, aos nossos reis, aos nossos

NEEMIAS 9.33 358

príncipes, aos nossos sacerdotes, aos nossos profetas, aos nossos pais e a todo o teu povo, desde os dias dos reis da Assíria até *ao dia* de hoje.

³³Porém tu *és* justo em tudo quanto tem vindo sobre nós; porque tu tens agido fielmente, e nós temos agido impiamente.

³⁴E os nossos reis, os nossos príncipes, os nossos sacerdotes, e os nossos pais não guardaram a tua lei, e não deram ouvidos aos teus mandamentos e aos teus testemunhos, que testificaste contra eles.

³⁵Porque eles nem no seu reino, nem na muita abundância de bens que lhes deste, nem na terra espaçosa e fértil que puseste diante deles, te serviram, nem se converteram de suas más obras.

³⁶Eis que hoje *somos* servos; e *até* na terra que deste a nossos pais, para comerem o seu fruto e o seu bem, eis que *somos* servos nela.

³⁷E ela multiplica os seus produtos para os reis, que puseste sobre nós, por causa dos nossos pecados; e conforme a sua vontade dominam sobre os nossos corpos e sobre o nosso gado; e estamos *numa* grande angústia.

³⁸E, todavia fizemos uma firme *aliança,* e o escrevemos; e selaram-no os nossos príncipes, os nossos levitas e os nossos sacerdotes.

Os nomes dos que selaram a aliança

10 E OS que selaram foram:
Neemias, o governador,
filho de Hacalias, e Zedequias,
²Seraías, Azarias, Jeremias,
³Pasur, Amarias, Malquias,
⁴Hatus, Sebanias, Maluque,
⁵Harim, Meremote, Obadias,
⁶Daniel, Ginetom, Baruque,
⁷Mesulão, Abias, Miamim,
⁸Maazias, Bilgai, Semaías; estes *eram* os sacerdotes.

⁹E os levitas: Jesuá, filho de Azanias, Binui, dos filhos de Henadade, Cadmiel,
¹⁰E seus irmãos: Sebanias, Hodias, Quelita, Pelaías, Hanã,
¹¹Mica, Reobe, Hasabias,
¹²Zacur, Serebias, Sebanias,
¹³Hodias, Bani e Beninu.
¹⁴Os chefes do povo: Parós, Paate-Moabe, Elão, Zatu, Bani,
¹⁵Buni, Azgade, Bebai,
¹⁶Adonias, Bigvai, Adim,
¹⁷Ater, Ezequias, Azur,
¹⁸Hodias, Hasum, Bezai,
¹⁹Harife, Anatote, Nebai,
²⁰Magpias, Mesulão, Hezir,
²¹Mesezabeel, Zadoque, Jadua,
²²Pelatias, Hanã, Anaías,
²³Oseias, Hananias, Hassube,
²⁴Haloés, Pilha, Sobeque,
²⁵Reum, Hasabná, Maaseias,
²⁶E Aías, Hanã, Anã,
²⁷Maluque, Harim e Baaná.
²⁸E o restante do povo, os sacerdotes, os levitas,

os porteiros, os cantores, os netineus, todos os que se tinham separado dos povos das terras para a lei de Deus, suas mulheres, seus filhos e suas filhas, todos os que tinham conhecimento *e* entendimento,

²⁹Firmemente aderiram a seus irmãos os mais nobres dentre eles, e convieram num anátema e num juramento, de que andariam na lei de Deus, que foi dada pelo ministério de Moisés, servo de Deus; e de que guardariam e cumpririam todos os mandamentos do SENHOR nosso Senhor, e os seus juízos e os seus estatutos;

³⁰E que não daríamos as nossas filhas aos povos da terra, nem tomaríamos as filhas deles para os nossos filhos.

³¹E que, trazendo os povos da terra no dia de sábado qualquer mercadoria, e qualquer grão para venderem, nada compraríamos deles no sábado, nem no dia santificado; e no sétimo ano deixaríamos *descansar a terra,* e *perdoaríamos* toda e qualquer cobrança.

³²Também sobre nós pusemos preceitos, impondo-nos cada ano a terça parte de um siclo, para o ministério da casa do nosso Deus;

³³Para os pães da proposição, para a contínua oferta de alimentos, e para o contínuo holocausto dos sábados, das luas novas, para as festas solenes, para as *coisas* sagradas, e para os sacrifícios pelo pecado, para expiação de Israel, e *para* toda a obra da casa do nosso Deus.

³⁴Também lançamos sortes entre os sacerdotes, levitas, e o povo, acerca da oferta da lenha que se havia de trazer à casa do nosso Deus, segundo as casas de nossos pais, a tempos determinados, de ano em ano, para se queimar sobre o altar do SENHOR nosso Deus, como *está* escrito na lei.

³⁵Que também traríamos as primícias da nossa terra, e as primícias de todos os frutos de todas as árvores, de ano em ano, à casa do SENHOR.

³⁶E os primogênitos dos nossos filhos, e os do nosso gado, como *está* escrito na lei; e que os primogênitos do nosso gado e das nossas ovelhas traríamos à casa do nosso Deus, aos sacerdotes, que ministram na casa do nosso Deus.

³⁷E *que* as primícias da nossa massa, as nossas ofertas alçadas, o fruto de toda a árvore, o mosto e o azeite, traríamos aos sacerdotes, às câmaras da casa do nosso Deus; e os dízimos da nossa terra aos levitas; e que os levitas receberiam os dízimos em todas as cidades, da nossa lavoura.

³⁸E que o sacerdote, filho de Arão, estaria com os levitas quando os levitas recebessem os dízimos, e que os levitas trariam os dízimos dos dízimos à casa do nosso Deus, às câmaras da casa do tesouro.

³⁹Porque àquelas câmaras os filhos de Israel e os filhos de Levi devem trazer ofertas alçadas do grão, do mosto e do azeite; porquanto ali estão os vasos do santuário, como também os sacerdotes que ministram, os porteiros e os cantores; e que assim não desampararíamos a casa do nosso Deus.

Relação dos que habitaram em Jerusalém

11 E OS líderes do povo habitaram em Jerusalém, porém o restante do povo lançou sortes, para tirar um de dez, que habitasse na santa cidade de Jerusalém, e as nove partes nas *outras* cidades.

[2] E o povo bendisse a todos os homens que voluntariamente se ofereciam para habitar em Jerusalém.

[3] E estes *são* os chefes da província, que habitaram em Jerusalém; porém nas cidades de Judá habitou cada um na sua possessão, nas suas cidades, Israel, os sacerdotes, os levitas, os netineus, e os filhos dos servos de Salomão.

[4] Habitaram, pois, em Jerusalém *alguns* dos filhos de Judá e dos filhos de Benjamim. Dos filhos de Judá, Ataías, filho de Uzias, filho de Zacarias, filho de Amarias, filho de Sefatias, filho de Maalaleel, dos filhos de Perez;

[5] E Maaseias, filho de Baruque, filho de Col-Hoze, filho de Hazaías, filho de Adaías, filho de Joiaribe, filho de Zacarias, filho de Siloni.

[6] Todos os filhos de Perez, que habitaram em Jerusalém, *foram* quatrocentos *e* sessenta e oito homens valentes.

[7] E estes são os filhos de Benjamim: Salu, filho de Mesulão, filho de Joede, filho de Pedaías, filho de Colaías, filho de Maaseias, filho de Itiel, filho de Jesaías.

[8] E depois dele Gabai e Salai, *ao todo* novecentos *e* vinte e oito.

[9] E Joel, filho de Zicri, superintendente sobre eles; e Judá, filho de Senua, o segundo sobre a cidade.

[10] Dos sacerdotes: Jedaías, filho de Joiaribe, Jaquim,

[11] Seraías, filho de Hilquias, filho de Mesulão, filho de Zadoque, filho de Meraiote, filho de Aitube, líder da casa de Deus,

[12] E seus irmãos, que faziam a obra na casa, oitocentos *e* vinte e dois; e Adaías, filho de Jeroão, filho de Pelalias, filho de Anzi, filho de Zacarias, filho de Pasur, filho de Malquias,

[13] E seus irmãos, chefes dos pais, duzentos *e* quarenta *e* dois; e Amassai, filho de Azareel, filho de Azai, filho de Mesilemote, filho de Imer,

[14] E os irmãos deles, homens valentes, cento *e* vinte *e* oito, *e* superintendente sobre eles Zabdiel, filho de Gedolim.

[15] E dos levitas: Semaías, filho de Hassube, filho de Azricão, filho de Hasabias, filho de Buni;

[16] E Sabetai, e Jozabade, dos chefes dos levitas, *presidiam* sobre a obra de fora da casa de Deus.

[17] E Matanias, filho de Mica, filho de Zabdi, filho de Asafe, o chefe, que iniciava as ações de graças na oração, e Bacbuquias, o segundo de seus irmãos; depois Abda, filho de Samua, filho de Galal, filho de Jedutum.

[18] Todos os levitas na santa cidade, *foram* duzentos *e* oitenta e quatro.

[19] E os porteiros, Acube, Talmom, com seus irmãos, os guardas das portas, cento *e* setenta e dois.

Dos que habitaram nas cidades de Judá

[20] E o restante de Israel, dos sacerdotes *e* levitas, *habitou* em todas as cidades de Judá, cada um na sua herança.

[21] E os netineus, habitaram em Ofel; e Zia e Gispa presidiam sobre os netineus.

[22] E o superintendente dos levitas em Jerusalém *foi* Uzi, filho de Bani, filho de Hasabias, filho de Matanias, filho de Mica; dos filhos de Asafe, os cantores, ao serviço da casa de Deus.

[23] Porque *havia* um mandado do rei acerca deles, e *uma* certa regra para os cantores, cada *qual no seu* dia.

[24] E Petaías, filho de Mesezabeel, dos filhos de Zerá, filho de Judá, *estava* à mão do rei, em todos os negócios do povo.

[25] E quanto às aldeias, com as suas terras, *alguns* dos filhos de Judá habitaram em Quiriate-Arba e nos lugares da sua jurisdição, e em Dibom, e nos lugares da sua jurisdição, e em Jecabzeel e nas suas aldeias,

[26] E em Jesuá, e em Molada, e em Bete-Pelete,

[27] E em Hazar-Sual, e em Berseba e nos lugares da sua jurisdição,

[28] E em Ziclague, em Mecona e nos lugares da sua jurisdição,

[29] E em En-Rimom, em Zorá e em Jarmute,

[30] Em Zanoa, Adulão e nas suas aldeias, em Laquis e nas suas terras, em Azaca e *nos* lugares da sua jurisdição. Acamparam-se desde Berseba até ao vale de Hinom,

[31] E os filhos de Benjamim *habitaram* desde Geba, *em* Micmás, Aia, Betel e nos lugares da sua jurisdição,

[32] E *em* Anatote, em Nobe, em Ananias,

[33] Em Hazor, em Ramá, em Gitaim,

[34] Em Hadide, em Zeboim, em Nebalate,

[35] Em Lode e em Ono, no vale dos artífices,

[36] E *alguns* dos levitas *habitaram* nas divisões de Judá *e* de Benjamim.

Os sacerdotes que vieram com Zorobabel

12 ESTES *são* sacerdotes *e* levitas que subiram com Zorobabel, filho de Sealtiel, e *com* Jesuá: Seraías, Jeremias, Esdras,

[2] Amarias, Maluque, Hatus,

[3] Secanias, Reum, Meremote,

[4] Ido, Ginetoi, Abias,

[5] Miamim, Maadias, Bilga,

[6] Semaías, Joiaribe, Jedaías,

[7] Salu, Amoque, Hilquias, Jedaías; estes *foram* os chefes dos sacerdotes e de seus irmãos, nos dias de Jesuá.

[8] E os levitas: Jesuá, Binui, Cadmiel, Serebias, Judá, Matanias; este e seus irmãos dirigiam os louvores.

[9] E Bacbuquias e Uni, seus irmãos, *estavam* defronte deles, nas guardas.

NEEMIAS 12.10

¹⁰E Jesuá gerou a Joiaquim, e Joiaquim gerou a Eliasibe, e Eliasibe gerou a Joiada,

¹¹E Joiada gerou a Jônatas, e Jônatas gerou a Jadua.

¹²E nos dias de Joiaquim *foram* sacerdotes, chefes dos pais: de Seraías, Meraías; de Jeremias, Hananias;

¹³De Esdras, Mesulão; de Amarias, Joanã;

¹⁴De Maluqui, Jônatas; de Sebanias, José;

¹⁵De Harim, Adna; de Meraiote, Helcai;

¹⁶De Ido, Zacarias; de Ginetom, Mesulão.

¹⁷De Abias, Zicri; de Miamim *e* de Moadias, Piltai;

¹⁸De Bilga, Samua; de Semaías, Jônatas;

¹⁹E de Joiaribe, Matenai; de Jedaías, Uzi;

²⁰De Salai, Calai; de Amoque, Éber;

²¹De Hilquias, Hasabias; de Jedaías, Natanael.

²²Dos levitas, nos dias de Eliasibe, foram inscritos como chefes de pais, Joiada, Joanã e Jadua; como também os sacerdotes, até ao reinado de Dario, o persa.

²³Os filhos de Levi foram inscritos, como chefes de pais, no livro das crônicas, até aos dias de Joanã, filho de Eliasibe.

²⁴*Foram,* pois, os chefes dos levitas: Hasabias, Serabias, e Jesuá, filho de Cadmiel; e seus irmãos *estavam* defronte deles, para louvarem *e* darem graças, segundo o mandado de Davi, homem de Deus; guarda contra guarda.

²⁵Matanias, Bacbuquias, Obadias, Mesulão, Talmom e Acube, *eram* porteiros, que faziam a guarda às tesourarias das portas.

²⁶Estes *viveram* nos dias de Jeoiaquim, filho de Jesuá, o filho de Jozadaque; como também nos dias de Neemias, o governador, e do sacerdote Esdras, o escriba.

A dedicação dos muros

²⁷E na dedicação dos muros de Jerusalém buscaram os levitas de todos os seus lugares, para trazê-los a Jerusalém, a fim de fazerem a dedicação com alegria, com louvores e com canto, saltérios, címbalos e com harpas.

²⁸E assim ajuntaram os filhos dos cantores, tanto da campina dos arredores de Jerusalém, como das aldeias de Netofati;

²⁹Como também da casa de Gilgal, e dos campos de Geba, e Azmavete; porque os cantores edificaram para si aldeias nos arredores de Jerusalém.

³⁰E purificaram-se os sacerdotes e os levitas; e *logo* purificaram o povo, as portas e o muro.

³¹Então fiz subir os príncipes de Judá sobre o muro, e ordenei dois grandes coros em procissão, *um* à mão direita sobre o muro do lado da porta do monturo.

³²E após ele ia Hosaías, e a metade dos príncipes de Judá.

³³E Azarias, Esdras e Mesulão,

³⁴Judá, Benjamim, Semaías e Jeremias.

³⁵E dos filhos dos sacerdotes, com trombetas: Zacarias, filho de Jônatas, filho de Semaías, filho de Matanias, filho de Micaías, filho de Zacur, filho de Asafe.

³⁶E seus irmãos, Semaías, e Azareel, Milalai, Gilalai, Maai, Natanael, Judá *e* Hanani, com os instrumentos musicais de Davi, homem de Deus; e Esdras, o escriba, *ia* adiante deles.

³⁷*Indo* assim para a porta da fonte, defronte deles, subiram as escadas da cidade de Davi, *onde começa* a subida do muro, desde cima da casa de Davi, até à porta das águas, *do* lado do oriente.

³⁸E o segundo coro ia em frente, e eu após ele; e a metade do povo *ia* sobre o muro, desde a torre dos fornos, até à muralha larga;

³⁹E desde a porta de Efraim, passaram por cima da porta velha, e da porta do peixe, e pela torre de Hananeel e a torre de Meá, até à porta das ovelhas; e pararam à porta da prisão.

⁴⁰Então ambos os coros pararam na casa de Deus; como também eu, e a metade dos magistrados comigo.

⁴¹E os sacerdotes Eliaquim, Maaseias, Miniamim, Micaías, Elioenai, Zacarias *e* Hananias, com trombetas.

⁴²Como também, Maaseias, Semaías, Eleazar, Uzi, Joanã, Malquias, Elão e Ezer; e faziam-se ouvir os cantores, *juntamente* com Jezraías, o seu superintendente.

⁴³E ofereceram, no mesmo dia, grandes sacrifícios e se alegraram; porque Deus os alegrara com grande alegria; e até as mulheres e os meninos se alegraram, de modo que a alegria de Jerusalém se ouviu até de longe.

O ministério do templo

⁴⁴Também no mesmo dia se nomearam homens sobre as câmaras, dos tesouros, das ofertas alçadas, das primícias, dos dízimos, para ajuntarem nelas, dos campos das cidades, as partes da lei para os sacerdotes e para os levitas; porque Judá estava alegre por causa dos sacerdotes e dos levitas que assistiam ali.

⁴⁵E observava os preceitos do seu Deus, e os da purificação; como também os cantores e porteiros, conforme ao mandado de Davi *e* de seu filho Salomão.

⁴⁶Porque já nos dias de Davi e Asafe, desde a antiguidade, *havia* chefes dos cantores, e dos cânticos de louvores e de ação de graças a Deus.

⁴⁷Por isso todo o Israel, *já* nos dias de Zorobabel e nos dias de Neemias, dava aos cantores e aos porteiros as porções de cada dia; e santificavam *as porções* aos levitas, e os levitas *as* santificavam aos filhos de Arão.

Neemias remove diversos abusos

13 NAQUELE dia leu-se no livro de Moisés, aos ouvidos do povo; e achou-se escrito nele que os amonitas e os moabitas não entrassem jamais na congregação de Deus,

²Porquanto não tinham saído ao encontro dos filhos de Israel com pão e água; antes contra eles assalariaram a Balaão para os amaldiçoar; porém o nosso Deus converteu a maldição em bênção.

³Sucedeu, pois, que, ouvindo eles esta lei, apartaram de Israel todo o elemento misto.

⁴Ora, antes disto, Eliasibe, sacerdote, que presidia sobre a câmara da casa do nosso Deus, *se tinha* aparentado com Tobias;

⁵E fizera-lhe uma câmara grande, onde dantes se depositavam as ofertas de alimentos, o incenso, os utensílios, os dízimos do grão, do mosto e do azeite, que se ordenaram para os levitas, cantores e porteiros, como também a oferta alçada para os sacerdotes.

⁶Mas durante tudo isto não estava eu em Jerusalém, porque no ano trinta e dois de Artaxerxes, rei de Babilônia, fui ter com o rei; mas após *alguns* dias *tornei* a alcançar licença do rei.

⁷E voltando a Jerusalém, compreendi o mal que Eliasibe fizera para Tobias, fazendo-lhe uma câmara nos pátios da casa de Deus.

⁸O que muito me desagradou; de sorte que lancei todos os móveis da casa de Tobias fora da câmara.

⁹E, ordenando-o eu, purificaram as câmaras; e tornei a trazer para ali os utensílios da casa de Deus, com as ofertas de alimentos e o incenso.

¹⁰Também entendi que os quinhões dos levitas não se *lhes* davam, de maneira que os levitas e os cantores, que faziam a obra, tinham fugido cada um para a sua terra.

¹¹Então contendi com os magistrados, e disse: Por que se desamparou a casa de Deus? Porém eu os ajuntei, e os restaurei no seu posto.

¹²Então todo o Judá trouxe os dízimos do grão, do mosto e do azeite aos celeiros.

¹³E por tesoureiros pus sobre os celeiros a Selemias, o sacerdote, e a Zadoque, o escrivão e a Pedaías, dentre os levitas; e com eles Hanã, filho de Zacur, o filho de Matanias; porque foram achados fiéis; e se lhes encarregou *a eles* a distribuição para seus irmãos.

¹⁴Por isto, Deus meu, lembra-te de mim e não risques as beneficências que eu fiz à casa de meu Deus e às suas observâncias.

¹⁵Naqueles dias vi em Judá os que pisavam lagares ao sábado e traziam feixes que carregavam sobre *os* jumentos; como também vinho, uvas e figos, e toda *a espécie de cargas*, que traziam a Jerusalém no dia de sábado; e protestei *contra eles* no dia em que vendiam mantimentos.

¹⁶Também habitavam em Jerusalém tírios que traziam peixe e toda a mercadoria, que vendiam no sábado aos filhos de Judá, e em Jerusalém.

¹⁷E contendi com os nobres de Judá, e lhes disse: Que mal *é* este que fazeis, profanando o dia de sábado?

¹⁸*Porventura* não fizeram vossos pais assim, e não trouxe o nosso Deus todo este mal sobre nós e sobre esta cidade? E vós ainda mais acrescentais o ardor de *sua* ira sobre Israel, profanando o sábado.

¹⁹Sucedeu, pois, que, dando já sombra nas portas de Jerusalém antes do sábado, ordenei que as portas fossem fechadas; e mandei que não as abrissem até passado o sábado; e pus às portas *alguns* de meus servos, para que nenhuma carga entrasse no dia de sábado.

²⁰Então os negociantes e os vendedores de toda a mercadoria passaram a noite fora de Jerusalém, uma ou duas vezes.

²¹Protestei, pois, contra eles, e lhes disse: Por que passais a noite defronte do muro? Se outra vez o fizerdes, hei de lançar mão de vós. Daquele tempo em diante não vieram no sábado.

²²Também disse aos levitas que se purificassem, e viessem guardar as portas, para santificar o dia do sábado. Nisto também, Deus meu, lembra-te de mim e perdoa-me segundo a abundância da tua benignidade.

²³Vi também naqueles dias judeus que tinham casado com mulheres asdoditas, amonitas *e* moabitas.

²⁴E seus filhos falavam meio asdodita, e não podiam falar judaico, senão segundo a língua de cada povo.

²⁵E contendi com eles, e os amaldiçoei e espanquei *alguns* deles, e lhes arranquei os cabelos, e os fiz jurar por Deus, *dizendo:* Não dareis mais vossas filhas a seus filhos, e não tomareis mais suas filhas, *nem* para vossos filhos nem para vós mesmos.

²⁶*Porventura* não pecou nisto Salomão, rei de Israel, não havendo entre muitas nações rei semelhante a ele, e sendo ele amado de seu Deus, e pondo-o Deus rei sobre todo o Israel? E *contudo* as mulheres estrangeiras o fizeram pecar.

²⁷E dar-vos-íamos *nós* ouvidos, para fazermos todo este grande mal, prevaricando contra o nosso Deus, casando com mulheres estrangeiras?

²⁸Também *um* dos filhos de Joiada, filho de Eliasibe, o sumo sacerdote, era genro de Sambalate, o horonita, por isso o afugentei de mim.

²⁹Lembra-te deles, Deus meu, pois contaminaram o sacerdócio, como também a aliança do sacerdócio e dos levitas.

³⁰Assim os limpei de todo o estrangeiro, e designei os cargos dos sacerdotes e dos levitas, cada um na sua obra.

³¹Como também para com as ofertas de lenha em tempos determinados, e para com as primícias; lembra-te de mim, Deus meu, para bem.

O LIVRO DE
ESTER

O banquete de Assuero

1 E SUCEDEU nos dias de Assuero, o Assuero que reinou desde a Índia até a Etiópia, *sobre* cento e vinte e sete províncias,

² *Que*, naqueles dias, assentando-se o rei Assuero no trono do seu reino, que *estava* na fortaleza de Susã,

³ No terceiro ano do seu reinado, fez um banquete a todos os seus príncipes e seus servos, estando assim perante ele o poder da Pérsia e Média e os nobres e príncipes das províncias,

⁴ Para mostrar as riquezas da glória do seu reino, e o esplendor da sua excelente grandeza, por muitos dias, *a saber:* cento e oitenta dias.

⁵ E, acabados aqueles dias, fez o rei *um* banquete a todo o povo que se achava na fortaleza de Susã, desde o maior até ao menor, por sete dias, no pátio do jardim do palácio real.

⁶ *As tapeçarias eram* de pano branco, verde, e azul celeste, pendentes de cordões de linho fino e púrpura, e argolas de prata, e colunas de mármore; os leitos de ouro e de prata, sobre um pavimento de mármore vermelho, e azul, e branco, e preto.

⁷ E dava-se de beber em copos de ouro, e os copos eram diferentes uns dos outros; e havia muito vinho real, segundo a generosidade do rei.

⁸ E o beber *era* por lei, sem constrangimento; porque assim tinha ordenado o rei expressamente a todos os oficiais da sua casa, que fizessem conforme a vontade de cada um.

⁹ Também a rainha Vasti deu um banquete às mulheres, na casa real do rei Assuero.

Vasti, a rainha, recusa assistir ao banquete

¹⁰ E ao sétimo dia, estando já o coração do rei alegre do vinho, mandou a Meumã, Bizta, Harbona, Bigtá, Abagta, Zetar e Carcas, os sete camareiros que serviam na presença do rei Assuero,

¹¹ Que introduzissem na presença do rei a rainha Vasti, com a coroa real, para mostrar aos povos e aos príncipes a sua beleza, porque era formosa à vista.

¹² Porém a rainha Vasti recusou vir *conforme* a palavra do rei, por meio dos camareiros; assim o rei muito se enfureceu, e acendeu nele a sua ira.

¹³ Então perguntou o rei aos sábios que entendiam dos tempos (porque assim se tratavam os negócios do rei na presença de todos os que sabiam a lei e o direito;

¹⁴ E os mais chegados a ele *eram:* Carsena, Setar, Admata, Társis, Meres, Marsena, e Memucã, os sete príncipes dos persas e dos medos, que viam a face do rei, e se assentavam como principais no reino),

¹⁵ O que, segundo a lei, se devia fazer à rainha Vasti, por não ter obedecido ao mandado do rei Assuero, por meio dos camareiros.

¹⁶ Então disse Memucã na presença do rei e dos príncipes: Não somente contra o rei pecou a rainha Vasti, porém também contra todos os príncipes, e contra todos os povos que *há* em todas as províncias do rei Assuero.

¹⁷ Porque *a notícia* do que fez a rainha chegará a todas as mulheres, de modo que aos seus olhos desprezarão a seus maridos quando ouvirem dizer: Mandou o rei Assuero que introduzissem à sua presença a rainha Vasti, porém ela não veio.

¹⁸ E neste *mesmo* dia as senhoras da Pérsia e da Média, ouvindo o que fez a rainha, dirão *o mesmo* a todos os príncipes do rei; e *assim haverá* muito desprezo e indignação.

¹⁹ Se bem parecer ao rei, saia da sua parte um edito real, e escreva-se nas leis dos persas e dos medos, e não se revogue, *a saber:* que Vasti não entre *mais* na presença do rei Assuero, e o rei dê o reino dela a outra que seja melhor do que ela.

²⁰ E, ouvindo-se o mandado, que o rei decretará em todo o seu reino (porque é grande), todas as mulheres darão honra a seus maridos, desde a maior até à menor.

²¹ E pareceram bem estas palavras aos olhos do rei e dos príncipes; e fez o rei conforme a palavra de Memucã.

²² Então enviou cartas a todas as províncias do rei, a cada província segundo a sua escrita, e a cada povo segundo a sua língua; que cada homem fosse senhor em sua casa, e *que se* falasse conforme a língua do seu povo.

Assuero casa com Ester

2 PASSADAS estas coisas, e apaziguado já o furor do rei Assuero, lembrou-se de Vasti, e do que fizera, e do que se tinha decretado a seu respeito.

² Então disseram os servos do rei, que lhe serviam: Busquem-se para o rei moças virgens e formosas.

³ E ponha o rei oficiais em todas as províncias do seu reino, que ajuntem a todas as moças virgens e formosas, na fortaleza de Susã, na casa das mulheres, aos cuidados de Hegai, camareiro do rei, guarda das mulheres, e deem-se-lhes os seus enfeites.

⁴ E a moça que parecer bem aos olhos do rei, reine em lugar de Vasti. E isto pareceu bem aos olhos do rei, e ele assim fez.

⁵ Havia um homem judeu na fortaleza de Susã, cujo nome *era* Mardoqueu, filho de Jair, filho de Simei, filho de Quis, homem benjamita,

⁶ Que fora transportado de Jerusalém, com os cativos que foram levados com Jeconias, rei de Judá, o qual transportara Nabucodonosor, rei de Babilônia.

⁷ Este criara a Hadassa (que *é* Ester, filha de seu tio), porque não tinha pai nem mãe; e era jovem

bela de presença e formosa; e, morrendo seu pai e sua mãe, Mardoqueu a tomara por sua filha.

[8]Sucedeu que, divulgando-se o mandado do rei e a sua lei, e ajuntando-se muitas moças na fortaleza de Susã, aos cuidados de Hegai, também levaram Ester à casa do rei, sob a custódia de Hegai, guarda das mulheres.

[9]E a moça pareceu formosa aos seus olhos, e alcançou graça perante ele; por isso se apressou a dar-lhe os seus enfeites, e os seus quinhões, como também em lhe dar sete moças de respeito da casa do rei; e a fez passar com as suas moças ao melhor *lugar* da casa das mulheres.

[10]Ester, porém, não declarou o seu povo e a sua parentela, porque Mardoqueu lhe tinha ordenado que o não declarasse.

[11]E passeava Mardoqueu cada dia diante do pátio da casa das mulheres, para se informar de como Ester passava, e do que lhe sucederia.

[12]E, chegando a vez de cada moça, para vir ao rei Assuero, depois que fora feito a ela segundo a lei das mulheres, por doze meses (porque assim se cumpriam os dias das suas purificações, seis meses com óleo de mirra, e seis meses com especiarias, e com as coisas para a purificação das mulheres),

[13]Desta maneira, pois, vinha a moça ao rei; dava-se-lhe tudo quanto ela desejava, para levar consigo da casa das mulheres à casa do rei;

[14]À tarde entrava, e pela manhã tornava à segunda casa das mulheres, sob os cuidados de Saasgaz, camareiro do rei, guarda das concubinas; não tornava mais ao rei, salvo se o rei a desejasse, e fosse chamada pelo nome.

[15]Chegando, pois, a vez de Ester, filha de Abiail, tio de Mardoqueu (que a tomara por sua filha), para ir ao rei, coisa nenhuma pediu, senão o que disse Hegai, camareiro do rei, guarda das mulheres; e alcançava Ester graça aos olhos de todos quantos a viam.

[16]Assim foi levada Ester ao rei Assuero, à sua casa real, no décimo mês, que *é* o mês de tebete, no sétimo ano do seu reinado.

[17]E o rei amou a Ester mais do que a todas as mulheres, e alcançou perante ele graça e benevolência mais do que todas as virgens; e pôs a coroa real na sua cabeça, e a fez rainha em lugar de Vasti.

[18]Então o rei deu um grande banquete a todos os seus príncipes e aos seus servos; *era* o banquete de Ester; e deu alívio às províncias, e fez presentes segundo a generosidade do rei.

[19]E reunindo-se segunda vez as virgens, Mardoqueu estava assentado à porta do rei.

[20]Ester, *porém,* não declarava a sua parentela e o seu povo, como Mardoqueu lhe ordenara; porque Ester cumpria o mandado de Mardoqueu, como quando a criara.

Mardoqueu descobre uma conspiração

[21]Naqueles dias, assentando-se Mardoqueu à porta do rei, dois camareiros do rei, dos guardas da porta, Bigtã e Teres, grandemente se indignaram, e procuraram atentar contra o rei Assuero.

[22]E veio isto ao conhecimento de Mardoqueu, e ele *o* fez saber à rainha Ester; e Ester o disse ao rei, em nome de Mardoqueu.

[23]E inquiriu-se o negócio, e se descobriu, e ambos foram pendurados numa forca; e isso foi escrito no livro das crônicas perante o rei.

Hamã cria ódio a Mardoqueu

3 DEPOIS destas coisas o rei Assuero engrandeceu a Hamã, filho de Hamedata, agagita, e o exaltou, e pôs o seu assento acima de todos os príncipes que *estavam* com ele.

[2]E todos os servos do rei, que *estavam* à porta do rei, se inclinavam e se prostravam perante Hamã; porque assim tinha ordenado o rei acerca dele; porém Mardoqueu não se inclinava nem se prostrava.

[3]Então os servos do rei, que *estavam* à porta do rei, disseram a Mardoqueu: Por que transgrides o mandado do rei?

[4]Sucedeu, pois, que, dizendo-lhe eles *isto,* dia após dia, e não lhes dando ele ouvidos, o fizeram saber a Hamã, para verem se as palavras de Mardoqueu se sustentariam, porque ele lhes tinha declarado que *era* judeu.

[5]Vendo, pois, Hamã que Mardoqueu não se inclinava nem se prostrava diante dele, Hamã se encheu de furor.

[6]Porém teve como pouco, nos seus propósitos, o pôr as mãos só em Mardoqueu (porque lhe haviam declarado de que povo era Mardoqueu); Hamã, pois, procurou destruir a todos os judeus, o povo de Mardoqueu, que *havia* em todo o reino de Assuero.

Hamã tenta matar todos os judeus

[7]No primeiro mês (que é o mês de Nisã), no ano duodécimo do rei Assuero, se lançou Pur, isto é, a sorte, perante Hamã, para cada dia, e para cada mês, até ao duodécimo *mês,* que é o mês de Adar.

[8]E Hamã disse ao rei Assuero: Existe espalhado e dividido entre os povos em todas as províncias do teu reino um povo, cujas leis *são* diferentes *das leis* de todos os povos, e que não cumpre as leis do rei; por isso não convém ao rei deixá-lo *ficar.*

[9]Se bem parecer ao rei, decrete-se que os matem; e eu porei nas mãos dos que fizerem a obra dez mil talentos de prata, para que entrem nos tesouros do rei.

[10]Então tirou o rei o anel da sua mão, e o deu a Hamã, filho de Hamedata, agagita, adversário dos judeus.

[11]E disse o rei a Hamã: Essa prata te é dada como também esse povo, para fazeres dele o que bem *parecer* aos teus olhos.

[12]Então chamaram os escrivães do rei no primeiro mês, no dia treze do mesmo e, conforme a tudo quanto Hamã mandou, se escreveu aos príncipes do rei, e aos governadores que *havia* sobre cada província, e aos líderes, de cada povo; a cada

ESTER 3.13 364

província segundo a sua escrita, e a cada povo segundo a sua língua; em nome do rei Assuero se escreveu, e com o anel do rei se selou.

¹³E enviaram-se as cartas por intermédio dos correios a todas as províncias do rei, para que destruíssem, matassem, e fizessem perecer a todos os judeus, desde o jovem até ao velho, crianças e mulheres, em um *mesmo* dia, a treze do duodécimo mês (que é o mês de Adar), e que saqueassem os seus bens.

¹⁴Uma cópia do despacho que determinou a divulgação da lei em cada província, foi enviada a todos os povos, para que estivessem preparados para aquele dia.

¹⁵Os correios, pois, impelidos pela palavra do rei, saíram, e a lei se proclamou na fortaleza de Susã. E o rei e Hamã se assentaram a beber, porém a cidade de Susã estava confusa.

A consternação dos judeus

4 QUANDO Mardoqueu soube tudo quanto havia sido feito, Mardoqueu rasgou as suas vestes, e vestiu-se de saco e de cinza, e saiu pelo meio da cidade, e clamou com grande e amargo clamor;

²E chegou até diante da porta do rei, porque ninguém vestido de saco podia entrar pelas portas do rei.

³E em todas as províncias aonde a palavra do rei e a sua lei chegava, havia entre os judeus grande luto, com jejum, e choro, e lamentação; *e* muitos estavam deitados em saco e em cinza.

⁴Então vieram as servas de Ester, e os seus camareiros, e fizeram-na saber, do que a rainha muito se doeu; e mandou roupas para vestir a Mardoqueu, e tirar-lhe o *pano* de saco; porém ele não as aceitou.

⁵Então Ester chamou a Hatá (*um dos* camareiros do rei, que *este* tinha posto para servi-la), e deu-lhe ordem para ir a Mardoqueu, para saber que *era* aquilo, e porquê.

⁶E, saindo Hatá a Mardoqueu, à praça da cidade, que *estava* diante da porta do rei,

⁷Mardoqueu lhe fez saber tudo quanto lhe tinha sucedido; como também a soma *exata* do dinheiro, que Hamã dissera que daria para os tesouros do rei, pelos judeus, para destruí-los.

⁸Também lhe deu a cópia da lei escrita, que se publicara em Susã, para os destruir, para que a mostrasse a Ester, e a fizesse saber; e para lhe ordenar que fosse *ter com* o rei, e lhe pedisse e suplicasse na sua presença pelo seu povo.

⁹Veio, pois, Hatá, e fez saber a Ester as palavras de Mardoqueu.

¹⁰Então falou Ester a Hatá, mandando-o *dizer* a Mardoqueu:

¹¹Todos os servos do rei, e o povo das províncias do rei, bem sabem que todo o homem ou mulher que chegar ao rei no pátio interior, sem ser chamado, *não há senão* uma sentença, a de morte, salvo se o rei estender para ele o cetro de ouro, para que viva; e eu nestes trinta dias não tenho sido chamada para ir ao rei.

¹²E fizeram saber a Mardoqueu as palavras de Ester.

¹³Então Mardoqueu mandou que respondessem a Ester: Não imagines no teu íntimo que, por estares na casa do rei, escaparás só tu entre todos os judeus.

¹⁴Porque, se de todo te calares neste tempo, socorro e livramento de outra parte sairá para os judeus, mas tu e a casa de teu pai perecereis; e quem sabe se para tal tempo como este chegaste a este reino?

¹⁵Então disse Ester que tornassem *a dizer* a Mardoqueu:

¹⁶Vai, ajunta a todos os judeus que se acharem em Susã, e jejuai por mim, e não comais nem bebais por três dias, nem de dia nem de noite, *e* eu e as minhas servas também assim jejuaremos. E assim irei ter com o rei, ainda que não seja segundo a lei; e se perecer, pereci.

¹⁷Então Mardoqueu foi, e fez conforme a tudo quanto Ester lhe ordenou.

Ester vai à presença do rei

5 SUCEDEU, pois, que ao terceiro dia Ester se vestiu com *trajes* reais, e se pôs no pátio interior da casa do rei, defronte do aposento do rei; e o rei estava assentado sobre o seu trono real, na casa real, defronte da porta do aposento.

²E sucedeu que, vendo o rei a rainha Ester, que estava no pátio, ela alcançou graça aos seus olhos; e o rei estendeu para Ester o cetro de ouro, que *tinha* na sua mão, e Ester chegou, e tocou a ponta do cetro.

³Então o rei lhe disse: Que *é* que queres, rainha Ester, ou qual é a tua petição? Até metade do reino se te dará.

Ester convida o rei e Hamã para dois banquetes

⁴E disse Ester: Se parecer bem ao rei, venha o rei hoje com Hamã ao banquete que lhe tenho preparado.

⁵Então disse o rei: Fazei apressar a Hamã, para que se atenda ao desejo de Ester. Vindo, pois, o rei e Hamã ao banquete, que Ester tinha preparado,

⁶Disse o rei a Ester, no banquete do vinho: Qual é a tua petição? E ser-te-á concedida, e qual é o teu desejo? E se fará, ainda até metade do reino.

⁷Então respondeu Ester, e disse: Minha petição e desejo *é:*

⁸Se achei graça aos olhos do rei, e se bem parecer ao rei conceder-me a minha petição, e cumprir o meu desejo, venha o rei com Hamã ao banquete que lhes hei de preparar, e amanhã farei conforme a palavra do rei.

⁹Então saiu Hamã naquele dia alegre e de bom ânimo; porém, vendo Mardoqueu à porta do rei, e que ele não se levantara nem se movera diante dele, então Hamã se encheu de furor contra Mardoqueu.

¹⁰Hamã, porém, se refreou, e foi para sua casa; e enviou, e mandou vir os seus amigos, e Zeres, sua mulher.

¹¹E contou-lhes Hamã a glória das suas riquezas, a multidão de seus filhos, e tudo em que o rei o tinha engrandecido, e como o tinha exaltado sobre os príncipes e servos do rei.

¹²Disse mais Hamã: Tampouco a rainha Ester a ninguém fez vir com o rei ao banquete que tinha preparado, senão a mim; e também para amanhã estou convidado por ela juntamente com o rei.

¹³Porém tudo isto não me satisfaz, enquanto *eu* vir o judeu Mardoqueu assentado à porta do rei.

¹⁴Então lhe disseram Zeres, sua mulher, e todos os seus amigos: Faça-se uma forca de cinquenta côvados de altura, e amanhã dize ao rei que nela seja enforcado Mardoqueu; e então entra alegre com o rei ao banquete. E este conselho bem pareceu a Hamã, que mandou fazer a forca.

O rei determina honrar Mardoqueu

6 NAQUELA mesma noite fugiu o sono do rei; então mandou trazer o livro de registro das crônicas, as quais se leram diante do rei.

²E achou-se escrito que Mardoqueu tinha denunciado Bigtã e Teres, dois dos camareiros do rei, da guarda da porta, que tinham procurado lançar mão do rei Assuero.

³Então disse o rei: Que honra e distinção se deu por isso a Mardoqueu? E os servos do rei, que ministravam junto a ele, disseram: Coisa nenhuma se lhe fez.

⁴Então disse o rei: Quem *está* no pátio? E Hamã tinha entrado no pátio exterior da casa do rei, para dizer ao rei que enforcassem a Mardoqueu na forca que lhe tinha preparado.

⁵E os servos do rei lhe disseram: Eis que Hamã está no pátio. E disse o rei que entrasse.

⁶E, entrando Hamã, o rei lhe disse: Que se fará ao homem de cuja honra o rei se agrada? Então Hamã disse no seu coração: De quem se agradaria o rei para *lhe* fazer honra mais do que a mim?

⁷Assim disse Hamã ao rei: Para o homem, de cuja honra o rei se agrada,

⁸Tragam a veste real que o rei costuma vestir, como também o cavalo em que o rei costuma andar montado, e ponha-se-lhe a coroa real na sua cabeça;

⁹E entregue-se a veste e o cavalo à mão de um dos príncipes mais nobres do rei, e vistam delas aquele homem a quem o rei deseja honrar; e levem-no a cavalo pelas ruas da cidade, e apregoe-se diante dele: Assim se fará ao homem a quem o rei deseja honrar!

¹⁰Então disse o rei a Hamã: Apressa-te, toma a veste e o cavalo, como disseste, e faze assim para com o judeu Mardoqueu, que está assentado à porta do rei; e coisa nenhuma omitas de tudo quanto disseste.

¹¹E Hamã tomou a veste e o cavalo, e vestiu a Mardoqueu, e o levou a cavalo pelas ruas da cidade, e apregoou diante dele: Assim se fará ao homem a quem o rei deseja honrar!

¹²Depois disto Mardoqueu voltou para a porta do rei; porém Hamã se retirou correndo à sua casa, triste, e de cabeça coberta.

¹³E contou Hamã a Zeres, sua mulher, e a todos os seus amigos, tudo quanto lhe tinha sucedido. Então os seus sábios e Zeres, sua mulher, lhe disseram: Se Mardoqueu, diante de quem *já* começaste a cair, *é* da descendência dos judeus, não prevalecerás contra ele, antes certamente cairás diante dele.

¹⁴E estando eles ainda falando com ele, chegaram os camareiros do rei, e se apressaram a levar Hamã ao banquete que Ester preparara.

Ester denuncia a Hamã

7 VINDO, pois, o rei com Hamã, para beber com a rainha Ester,

²Disse outra vez o rei a Ester, no segundo dia, no banquete do vinho: Qual *é* a tua petição, rainha Ester? E se te dará. E qual é o teu desejo? Até metade do reino, se te dará.

³Então respondeu a rainha Ester, e disse: Se, ó rei, achei graça aos teus olhos, e se bem parecer ao rei, dê-se-me a minha vida como minha petição, e o meu povo como meu desejo.

⁴Porque fomos vendidos, eu e o meu povo, para *nos* destruírem, matarem, e aniquilarem de vez; se ainda por servos e por servas nos vendessem, calar-me-ia; ainda que o opressor não poderia ter compensado a perda do rei.

⁵Então falou o rei Assuero, e disse à rainha Ester: Quem é esse e onde *está* esse, cujo coração o instigou a assim fazer?

⁶E disse Ester: O homem, o opressor, e o inimigo, é este mau Hamã. Então Hamã se perturbou perante o rei e a rainha.

⁷E o rei no seu furor se levantou do banquete do vinho *e passou* para o jardim do palácio; e Hamã se pôs em pé, para rogar à rainha Ester pela sua vida; porque viu que já o mal lhe estava determinado pelo rei.

⁸Tornando, pois, o rei do jardim do palácio à casa do banquete do vinho, Hamã tinha caído prostrado sobre o leito em que *estava* Ester. Então disse o rei: *Porventura* quereria ele também forçar a rainha perante mim nesta casa? Saindo esta palavra da boca do rei, cobriram o rosto de Hamã.

⁹Então disse Harbona, um dos camareiros *que serviam* diante do rei: Eis que também a forca de cinquenta côvados de altura que Hamã fizera para Mardoqueu, que falara em defesa do rei, está junto à casa de Hamã. Então disse o rei: Enforcai-o nela.

¹⁰Enforcaram, pois, a Hamã na forca, que ele tinha preparado para Mardoqueu. Então o furor do rei se aplacou.

O rei garante um edito em favor dos judeus

8 NAQUELE mesmo dia deu o rei Assuero à rainha Ester a casa de Hamã, inimigo dos judeus; e Mardoqueu veio perante o rei, porque Ester tinha declarado quem ele era.

²E tirou o rei o seu anel, que tinha tomado de Hamã, e o deu a Mardoqueu. E Ester encarregou Mardoqueu da casa de Hamã.

ESTER 8.3

³Falou mais Ester perante o rei, e se lhe lançou aos seus pés; e chorou, e lhe suplicou que revogasse a maldade de Hamã, o agagita, e o intento que tinha projetado contra os judeus.

⁴E estendeu o rei para Ester o cetro de ouro. Então Ester se levantou, e pôs-se em pé perante o rei,

⁵E disse: Se bem parecer ao rei, e se eu achei graça perante ele, e *se* este negócio é reto diante do rei, e *se* eu lhe agrado aos seus olhos, escreva-se que se revoguem as cartas concebidas por Hamã filho de Hamedata, o agagita, as quais ele escreveu para aniquilar os judeus, que *estão* em todas as províncias do rei.

⁶Pois como poderei ver o mal que sobrevirá ao meu povo? E como poderei ver a destruição da minha parentela?

⁷Então disse o rei Assuero à rainha Ester e ao judeu Mardoqueu: Eis que dei a Ester a casa de Hamã, e a ele penduraram numa forca, porquanto estendera as mãos contra os judeus.

⁸Escrevei, pois, aos judeus, como *parecer* bem aos vossos olhos, em nome do rei, e selai-o com o anel do rei; porque o documento que se escreve em nome do rei, e que se sela com o anel do rei, não se pode revogar.

⁹Então foram chamados os escrivães do rei, naquele mesmo tempo, no terceiro mês (que *é* o mês de Sivã), aos vinte e três dias; e se escreveu conforme a tudo quanto ordenou Mardoqueu aos judeus, como também aos sátrapas, e aos governadores, e aos líderes das províncias, que *se estendem* da Índia até Etiópia, cento e vinte e sete províncias, a cada província segundo o seu modo de escrever, e a cada povo conforme a sua língua; como também aos judeus segundo o seu modo de escrever, e conforme a sua língua.

¹⁰E escreveu-se em nome do rei Assuero e, selando-as com o anel do rei, enviaram as cartas pela mão de correios a cavalo, que cavalgavam sobre ginetes, que eram das cavalariças do rei.

¹¹Nelas o rei concedia aos judeus, que havia em cada cidade, que se reunissem, e se dispusessem para defenderem as suas vidas, e para destruírem, matarem e aniquilarem todas as forças do povo e da província que viessem contra eles, crianças e mulheres, e que se saqueassem os seus bens,

¹²Num mesmo dia, em todas as províncias do rei Assuero, no *dia* treze do duodécimo mês, que *é* o mês de Adar;

¹³E uma cópia da carta seria divulgada como decreto em todas as províncias, e publicada entre todos os povos, para que os judeus estivessem preparados para aquele dia, para se vingarem dos seus inimigos.

¹⁴Os correios, sobre ginetes velozes, saíram apressadamente, impelidos pela palavra do rei; e esta ordem foi publicada na fortaleza de Susã.

¹⁵Então Mardoqueu saiu da presença do rei com veste real azul-celeste e branca, como também com uma grande coroa de ouro, e com uma capa de linho fino e púrpura, e a cidade de Susã exultou e se alegrou.

¹⁶*E* para os judeus houve luz, e alegria, e gozo, e honra.

¹⁷Também em toda a província, e em toda a cidade, aonde chegava a palavra do rei e a sua ordem, havia entre os judeus alegria e gozo, banquetes e dias de folguedo; e muitos, dos povos da terra, se fizeram judeus, porque o temor dos judeus tinha caído sobre eles.

Os judeus matam os seus inimigos

9 E, NO duodécimo mês, que *é* o mês de Adar, no dia treze do mesmo *mês* em que chegou a palavra do rei e a sua ordem para se executar, no dia em que os inimigos dos judeus esperavam assenhorear-se deles, sucedeu o contrário, porque os judeus foram os que se assenhorearam dos que os odiavam.

²*Porque* os judeus nas suas cidades, em todas as províncias do rei Assuero, se ajuntaram para pôr as mãos naqueles que procuravam o seu mal; e ninguém podia resistir-lhes, porque o medo deles caíra sobre todos aqueles povos.

³E todos os líderes das províncias, e os sátrapas, e os governadores, e os que faziam a obra do rei, auxiliavam os judeus; porque tinha caído sobre eles o temor de Mardoqueu.

⁴Porque Mardoqueu *era* grande na casa do rei, e a sua fama crescia por todas as províncias, porque o homem Mardoqueu ia sendo engrandecido.

⁵Feriram, pois, os judeus a todos os seus inimigos, a golpes de espada, com matança e com destruição; e fizeram dos seus inimigos o que quiseram.

⁶E na fortaleza de Susã os judeus mataram e destruíram quinhentos homens;

⁷Como também a Parsandata, e a Dalfom e a Aspata,

⁸E a Porata, e a Adalia, e a Aridata,

⁹E a Farmasta, e a Arisai, e a Aridai, e a Vaisata;

¹⁰Os dez filhos de Hamã, filho de Hamedata, o inimigo dos judeus, mataram, porém ao despojo não estenderam a sua mão.

¹¹No mesmo dia foi comunicado ao rei o número dos mortos na fortaleza de Susã.

¹²E disse o rei à rainha Ester: Na fortaleza de Susã os judeus mataram e destruíram quinhentos homens, e os dez filhos de Hamã; nas mais províncias do rei que teriam feito? Qual é, pois, a tua petição? E dar-se-te-á. Ou qual é ainda o teu requerimento? E far-se-á.

¹³Então disse Ester: Se bem parecer ao rei, conceda-se aos judeus que *se acham* em Susã que também façam amanhã conforme ao mandado de hoje; e pendurem numa forca os dez filhos de Hamã.

¹⁴Então disse o rei que assim se fizesse; e publicou-se *um* edito em Susã, e enforcaram os dez filhos de Hamã.

¹⁵E reuniram-se os judeus que *se achavam* em Susã também no dia catorze do mês de Adar, e mataram em Susã trezentos homens; porém ao despojo não estenderam a sua mão.

¹⁶Também os demais judeus que se achavam nas províncias do rei se reuniram e se dispuseram em defesa das suas vidas, e tiveram descanso dos seus inimigos; e mataram dos seus inimigos setenta e cinco mil; porém ao despojo não estenderam a sua mão.

¹⁷*Sucedeu isto* no dia treze do mês de Adar; e descansaram no dia catorze, e fizeram, daquele *dia,* dia de banquetes e de alegria.

¹⁸Também os judeus, que *se achavam* em Susã se ajuntaram nos dias treze e catorze do mesmo; e descansaram no dia quinze, e fizeram, daquele *dia,* dia de banquetes e de alegria.

¹⁹Os judeus, porém, das aldeias, que habitavam nas vilas sem muro, fizeram do *dia* catorze do mês de Adar dia de alegria e de banquetes, e dia de folguedo, e de mandarem presentes uns aos outros.

A festa de Purim

²⁰E Mardoqueu escreveu estas coisas, e enviou cartas a todos os judeus que *se achavam* em todas as províncias do rei Assuero, aos de perto, e aos de longe,

²¹Ordenando-lhes que guardassem o dia catorze do mês de Adar, e o dia quinze do mesmo, todos os anos,

²²Como os dias em que os judeus tiveram repouso dos seus inimigos, e o mês que se lhes mudou de tristeza em alegria, e de luto em dia de festa, para que os fizessem dias de banquetes e de alegria, e de mandarem presentes uns aos outros, e dádivas aos pobres.

²³E os judeus encarregaram-se de fazer o que *já* tinham começado, como também o que Mardoqueu lhes tinha escrito.

²⁴Porque Hamã, filho de Hamedata, o agagita, inimigo de todos os judeus, tinha intentado destruir os judeus, e tinha lançado Pur, isto é, a sorte, para os assolar e destruir.

²⁵Mas, vindo isto perante o rei, mandou ele por cartas que o mau intento que *Hamã* formara contra os judeus, se tornasse sobre a sua cabeça; pelo que penduraram a ele e a seus filhos numa forca.

²⁶Por isso àqueles dias chamam Purim, do nome Pur; assim *também* por *causa de* todas as palavras daquela carta, e do que viram sobre isso, e do que lhes tinha sucedido,

²⁷Confirmaram os judeus, e tomaram sobre si, e sobre a sua descendência, e sobre todos os que se achegassem a eles, que não se deixaria de guardar estes dois dias conforme ao que se escrevera deles, e segundo o seu tempo determinado, todos os anos.

²⁸E que estes dias seriam lembrados e guardados em cada geração, família, província e cidade, e que esses dias de Purim não fossem revogados entre os judeus, e que a memória deles nunca teria fim entre os de sua descendência.

²⁹Então a rainha Ester, filha de Abiail, e Mardoqueu, o judeu, escreveram com toda autoridade uma segunda vez, para confirmar a carta a respeito de Purim.

³⁰E mandaram cartas a todos os judeus, às cento e vinte e sete províncias do reino de Assuero, com palavras de paz e verdade.

³¹Para confirmarem estes dias de Purim nos seus tempos *determinados,* como Mardoqueu, o judeu, e a rainha Ester lhes tinham estabelecido, e como eles mesmos *já* o tinham estabelecido sobre si e sobre a sua descendência, acerca do jejum e do seu clamor.

³²E o mandado de Ester estabeleceu os sucessos daquele Purim; e escreveu-se no livro.

Exaltação de Mardoqueu

10 DEPOIS disto impôs o rei Assuero tributo sobre a terra, e *sobre* as ilhas do mar.

²E todos os atos do seu poder e do seu valor, e o relato da grandeza de Mardoqueu, a quem o rei exaltou, *porventura* não *estão* escritos no livro das crônicas dos reis da Média e da Pérsia?

³Porque o judeu Mardoqueu *foi* o segundo depois do rei Assuero, e grande entre os judeus, e estimado pela multidão de seus irmãos, procurando o bem do seu povo, e proclamando a prosperidade de toda a sua descendência.

O LIVRO DE
JÓ

A virtude, tentação e perdas de Jó

1 HAVIA *um* homem na terra de Uz, cujo nome era Jó; e era este homem íntegro, reto e temente a Deus e desviava-se do mal.

2 E nasceram-lhe sete filhos e três filhas.

3 E o seu gado era de sete mil ovelhas, três mil camelos, quinhentas juntas de bois e quinhentas jumentas; *eram* também muitíssimos os servos a seu serviço, de maneira que este homem era maior do que todos os do oriente.

4 E iam seus filhos à casa uns dos outros e faziam banquetes cada um por sua vez; e mandavam convidar as suas três irmãs a comerem e beberem com eles.

5 Sucedia, pois, que, decorrido o turno de dias de seus banquetes, enviava Jó, e os santificava, e se levantava de madrugada, e oferecia holocaustos *segundo* o número de todos eles; porque dizia Jó: Porventura pecaram meus filhos, e amaldiçoaram a Deus no seu coração. Assim fazia Jó continuamente.

6 E num dia em que os filhos de Deus vieram apresentar-se perante o SENHOR, veio também Satanás entre eles.

7 Então o SENHOR disse a Satanás: Donde vens? E Satanás respondeu ao SENHOR, e disse: De rodear a terra, e passear por ela.

8 E disse o SENHOR a Satanás: Observaste tu a meu servo Jó? Porque ninguém *há* na terra semelhante a ele, homem íntegro e reto, temente a Deus, e que se desvia do mal.

9 Então respondeu Satanás ao SENHOR, e disse: *Porventura* teme Jó a Deus em vão?

10 *Porventura* tu não cercaste de sebe, a ele, e a sua casa, e a tudo quanto tem? A obra de suas mãos abençoaste e o seu gado se tem aumentado na terra.

11 Mas estende a tua mão, e toca-*lhe* em tudo quanto tem, *e verás* se não blasfema contra ti na tua face.

12 E disse o SENHOR a Satanás: Eis que tudo quanto ele tem *está* na tua mão; somente contra ele não estendas a tua mão. E Satanás saiu da presença do SENHOR.

13 E sucedeu um dia, em que seus filhos e suas filhas comiam, e bebiam vinho, na casa de seu irmão primogênito,

14 Que veio um mensageiro a Jó, e *lhe* disse: Os bois lavravam, e as jumentas pastavam junto a eles;

15 E deram *sobre eles* os sabeus, e os tomaram, e aos servos feriram ao fio da espada; e só eu escapei para trazer-te a nova.

16 Estando este ainda falando, veio outro e disse: Fogo de Deus caiu do céu, e queimou as ovelhas e os servos, e os consumiu, e só eu escapei para trazer-te a nova.

17 Estando ainda este falando, veio outro, e disse: Ordenando os caldeus três tropas, deram sobre os camelos, e os tomaram, e aos servos feriram ao fio da espada; e só eu escapei para trazer-te a nova.

18 Estando ainda este falando, veio outro, e disse: Estando teus filhos e tuas filhas comendo e bebendo vinho, em casa de seu irmão primogênito,

19 Eis que *um* grande vento sobreveio dalém do deserto, e deu nos quatro cantos da casa, que caiu sobre os jovens, e morreram; e só eu escapei para trazer-te a nova.

20 Então Jó se levantou, e rasgou o seu manto, e rapou a sua cabeça, e se lançou em terra, e adorou.

21 E disse: Nu saí do ventre de minha mãe e nu tornarei para lá; o SENHOR *o* deu, e o SENHOR *o* tomou: bendito seja o nome do SENHOR.

22 Em tudo isto Jó não pecou, nem atribuiu a Deus falta alguma.

A adversidade e cruel aflição de Jó

2 E, VINDO outro dia, em que os filhos de Deus vieram apresentar-se perante o SENHOR, veio também Satanás entre eles, apresentar-se perante o SENHOR.

2 Então o SENHOR disse a Satanás: Donde vens? E respondeu Satanás ao SENHOR, e disse: De rodear a terra, e passear por ela.

3 E disse o SENHOR a Satanás: Observaste o meu servo Jó? Porque ninguém *há* na terra semelhante a ele, homem íntegro e reto, temente a Deus e que se desvia do mal, e que ainda retém a sua sinceridade, havendo-me tu incitado contra ele, para o consumir sem causa.

4 Então Satanás respondeu ao SENHOR, e disse: Pele por pele, e tudo quanto o homem tem dará pela sua vida.

5 Porém estende a tua mão, e toca-lhe nos ossos, e na carne, *e verás* se não blasfema contra ti na tua face!

6 E disse o SENHOR a Satanás: Eis que ele *está* na tua mão; porém guarda a sua vida.

7 Então saiu Satanás da presença do SENHOR, e feriu a Jó de úlceras malignas, desde a planta do pé até ao alto da cabeça.

8 E *Jó* tomou um caco para se raspar com ele; e estava assentado no meio da cinza.

9 Então sua mulher lhe disse: Ainda retéis a tua sinceridade? Amaldiçoa a Deus, e morre.

10 Porém ele lhe disse: Como fala qualquer doida, falas tu; receberemos o bem de Deus, e não receberíamos o mal? Em tudo isto não pecou Jó com os seus lábios.

11 Ouvindo, pois, três amigos de Jó todo este mal que tinha vindo sobre ele, vieram cada um do seu lugar: Elifaz o temanita, e Bildade o suíta, e Zofar

o naamatita; e combinaram condoer-se dele, para o consolarem.

[12]E, levantando de longe os seus olhos, não o conheceram; e levantaram a sua voz e choraram, e rasgaram cada um o seu manto, e sobre as suas cabeças lançaram pó ao ar.

[13]E assentaram-se com ele na terra, sete dias e sete noites; e nenhum lhe dizia palavra alguma, porque viam que a dor era muito grande.

Jó amaldiçoa o seu nascimento e lamenta a sua miséria

3 DEPOIS disto abriu Jó a sua boca, e amaldiçoou o seu dia.

[2]E Jó, falando, disse:

[3]Pereça o dia em que nasci, e a noite *em que* se disse: Foi concebido *um* homem!

[4]Converta-se aquele dia em trevas; *e* Deus, lá de cima, não tenha cuidado dele, nem resplandeça sobre ele a luz.

[5]Contaminem-no as trevas e a sombra da morte; habitem sobre ele nuvens; a escuridão do dia o espante!

[6]*Quanto* àquela noite, dela se apodere a escuridão; e não se regozije ela entre os dias do ano; e não entre no número dos meses!

[7]Ah! Que solitária seja aquela noite, *e* nela não entre voz de júbilo!

[8]Amaldiçoem-na aqueles que amaldiçoam o dia, que estão prontos para suscitar o seu pranto.

[9]Escureçam-se as estrelas do seu crepúsculo; que espere a luz, e não *venha;* e não veja as pálpebras da alva;

[10]Porque não fechou as portas do ventre; nem escondeu dos meus olhos a canseira.

[11]Por que não morri eu desde a madre? E em saindo do ventre, não expirei?

[12]Por que me receberam os joelhos? E por que os peitos, para que mamasse?

[13]Porque *já* agora jazeria e repousaria; dormiria, e então haveria repouso para mim.

[14]Com os reis e conselheiros da terra, que para si edificam casas nos lugares assolados,

[15]Ou com os príncipes que possuem ouro, que enchem as suas casas de prata,

[16]Ou como aborto oculto, não existiria; como as crianças *que* não viram a luz.

[17]Ali os maus cessam de perturbar; e ali repousam os cansados.

[18]Ali os presos juntamente repousam, *e* não ouvem a voz do exator.

[19]Ali está o pequeno e o grande, e o servo livre de seu senhor.

[20]Por que se dá luz ao miserável, e vida aos amargurados de ânimo?

[21]Que esperam a morte, e ela não vem; e cavam em procura dela mais do que *de* tesouros ocultos;

[22]Que de alegria saltam, *e* exultam, achando a sepultura?

[23]*Por que se dá luz* ao homem, cujo caminho é oculto, e a quem Deus *o* encobriu?

[24]Porque antes do meu pão vem o meu suspiro; e os meus gemidos se derramam como água.

[25]Porque aquilo que temia me sobreveio; e o que receava me aconteceu.

[26]Nunca estive tranquilo, nem sosseguei, nem repousei, mas veio sobre mim a perturbação.

Elifaz repreende Jó

4 ENTÃO respondeu Elifaz o temanita, e disse:
[2]Se intentarmos falar-te, enfadar-te-ás? Mas quem poderia conter as palavras?

[3]Eis que ensinaste a muitos, e tens fortalecido as mãos fracas.

[4]As tuas palavras firmaram os que tropeçavam e os joelhos desfalecentes tens fortalecido.

[5]Mas agora, que se trata de ti, te enfadas; e tocando-te a ti, te perturbas.

[6]*Porventura* não *é* o teu temor *de Deus* a tua confiança, e a tua esperança a integridade dos teus caminhos?

[7]Lembra-te agora qual é o inocente que *jamais* pereceu? E onde foram os sinceros destruídos?

[8]Segundo eu tenho visto, os que lavram iniquidade, e semeiam mal, segam o mesmo.

[9]Com o hálito de Deus perecem; e com o sopro da sua ira se consomem.

[10]O rugido do leão, e a voz do leão feroz, e os dentes dos leõezinhos se quebram.

[11]Perece o leão velho, porque não tem presa; e os filhos da leoa andam dispersos.

[12]Uma coisa me foi trazida em segredo; e os meus ouvidos perceberam um sussurro dela.

[13]Entre pensamentos *vindos* de visões da noite, quando cai sobre os homens o sono profundo,

[14]Sobrevieram-me o espanto e o tremor, e todos os meus ossos estremeceram.

[15]Então um espírito passou por diante de mim; fez-me arrepiar os cabelos da minha carne.

[16]Parou ele, porém não conheci a sua feição; um vulto estava diante dos meus olhos; houve silêncio, e ouvi uma voz *que dizia:*

[17]Seria *porventura* o homem mais justo do que Deus? Seria *porventura* o homem mais puro do que o seu Criador?

[18]Eis que ele não confia nos seus servos e aos seus anjos atribui loucura;

[19]Quanto menos àqueles que habitam em casas de lodo, cujo fundamento *está* no pó, e são esmagados como a traça!

[20]Desde a manhã até à tarde são despedaçados; *e* eternamente perecem sem que disso se faça caso.

[21]*Porventura* não passa com eles a sua excelência? Morrem, mas sem sabedoria.

Elifaz exorta Jó a que busque a Deus

5 CHAMA agora; há alguém que te responda? E para qual dos santos te virarás?

[2]Porque a ira destrói o louco; e o zelo mata o tolo.

[3]*Bem* vi eu o louco lançar raízes; porém logo amaldiçoei a sua habitação.

JÓ 5.4

⁴Seus filhos estão longe da salvação; e são despedaçados às portas, e não há quem os livre.

⁵A sua messe, o faminto a devora, e até dentre os espinhos a tira; e o salteador traga a sua fazenda.

⁶Porque do pó não procede a aflição, nem da terra brota o trabalho.

⁷Mas o homem nasce para a tribulação, como as faíscas se levantam para voar.

⁸Porém eu buscaria a Deus; e a ele entregaria a minha causa.

⁹Ele faz coisas grandes e inescrutáveis, e maravilhas sem número.

¹⁰Ele dá a chuva sobre a terra, e envia águas sobre os campos.

¹¹Para pôr aos abatidos num lugar alto; e para que os enlutados se exaltem na salvação.

¹²Ele aniquila as imaginações dos astutos, para que as suas mãos não possam levar coisa alguma a efeito.

¹³Ele apanha os sábios na sua própria astúcia; e o conselho dos perversos se precipita.

¹⁴Eles de dia encontram as trevas; e ao meio-dia andam às apalpadelas como de noite.

¹⁵Porém ao necessitado livra da espada, e da boca deles, e da mão do forte.

¹⁶Assim há esperança para o pobre; e a iniquidade tapa a sua boca.

¹⁷Eis que bem-aventurado é o homem a quem Deus repreende; não desprezes, pois, a correção do Todo-Poderoso.

¹⁸Porque ele faz a chaga, e ele mesmo a liga; ele fere, e as suas mãos curam.

¹⁹Em seis angústias te livrará; e na sétima o mal não te tocará.

²⁰Na fome te livrará da morte; e na guerra, da violência da espada.

²¹Do açoite da língua estarás encoberto; e não temerás a assolação, quando vier.

²²Da assolação e da fome te rirás, e os animais da terra não temerás.

²³Porque até com as pedras do campo terás o teu acordo, e as feras do campo serão pacíficas contigo.

²⁴E saberás que a tua tenda está em paz; e visitarás a tua habitação, e não pecarás.

²⁵Também saberás que se multiplicará a tua descendência e a tua posteridade como a erva da terra,

²⁶Na velhice irás à sepultura, como se recolhe o feixe de trigo a seu tempo.

²⁷Eis que isto já o havemos inquirido, e assim é; ouve-o, e medita nisso para teu bem.

Jó justifica as suas queixas

6 ENTÃO Jó respondeu, dizendo:
²Oh! Se a minha mágoa retamente se pesasse, e a minha miséria juntamente se pusesse numa balança!

³Porque, na verdade, mais pesada seria, do que a areia dos mares; por isso é que as minhas palavras têm sido engolidas.

⁴Porque as flechas do Todo-Poderoso estão em mim, cujo ardente veneno suga o meu espírito; os terrores de Deus se armam contra mim.

⁵Porventura zurrará o jumento montês junto à relva? Ou mugirá o boi junto ao seu pasto?

⁶Ou comer-se-á sem sal o que é insípido? Ou haverá gosto na clara do ovo?

⁷A minha alma recusa tocá-las, pois são para mim como comida repugnante.

⁸Quem dera que se cumprisse o meu desejo, e que Deus me desse o que espero!

⁹E que Deus quisesse quebrantar-me, e soltasse a sua mão, e me acabasse!

¹⁰Isto ainda seria a minha consolação, e me refrigeraria no meu tormento, não me poupando ele; porque não ocultei as palavras do Santo.

¹¹Qual é a minha força, para que eu espere? Ou qual é o meu fim, para que tenha ainda paciência?

¹²É porventura a minha força a força da pedra? Ou é de cobre a minha carne?

¹³Está em mim a minha ajuda? Ou desamparou-me a verdadeira sabedoria?

¹⁴Ao que está aflito devia o amigo mostrar compaixão, ainda ao que deixasse o temor do Todo-Poderoso.

¹⁵Meus irmãos aleivosamente me trataram, como um ribeiro, como a torrente dos ribeiros que passam,

¹⁶Que estão encobertos com a geada, e neles se esconde a neve,

¹⁷No tempo em que se derretem com o calor, se desfazem, e em se aquentando, desaparecem do seu lugar.

¹⁸Desviam-se as veredas dos seus caminhos; sobem ao vácuo, e perecem.

¹⁹Os caminhantes de Tema os veem; os passageiros de Sabá esperam por eles.

²⁰Ficam envergonhados, por terem confiado e, chegando ali, se confundem.

²¹Agora sois semelhantes a eles; vistes o terror, e temestes.

²²Acaso disse eu: Dai-me ou oferecei-me presentes de vossos bens?

²³Ou livrai-me das mãos do opressor? Ou redimi-me das mãos dos tiranos?

²⁴Ensinai-me, e eu me calarei; e fazei-me entender em que errei.

²⁵Oh! Quão fortes são as palavras da boa razão! Mas que é o que censura a vossa repreensão?

²⁶Porventura buscareis palavras para me repreenderdes, visto que as razões do desesperado são como vento?

²⁷Mas antes lançais sortes sobre o órfão; e cavais uma cova para o amigo.

²⁸Agora, pois, se sois servidos, olhai para mim; e vede se minto em vossa presença.

²⁹Voltai, pois, não haja iniquidade; tornai-vos, digo, que ainda a minha justiça aparecerá nisso.

³⁰Há porventura iniquidade na minha língua? Ou não poderia o meu paladar distinguir coisas iníquas?

7 PORVENTURA não *tem* o homem guerra sobre a terra? E *não são* os seus dias como os dias do assalariado?

²Como o servo que suspira *pela* sombra, e como o assalariado que espera pela sua paga,

³Assim me deram por herança meses de vaidade; e noites de trabalho me prepararam.

⁴Deitando-me a dormir, então digo: Quando me levantarei? Mas comprida é a noite, e farto-me de me revolver *na cama* até à alva.

⁵A minha carne se tem vestido de vermes e de torrões de pó; a minha pele está gretada, e se fez abominável.

⁶Os meus dias são mais velozes do que a lançadeira do tecelão, e acabam-se, sem esperança.

⁷Lembra-te de que a minha vida *é* como o vento; os meus olhos não tornarão a ver o bem.

⁸Os olhos dos que *agora* me veem não me verão *mais;* os teus olhos *estarão* sobre mim, porém não serei *mais.*

⁹*Assim como* a nuvem se desfaz e passa, assim aquele que desce à sepultura nunca tornará a subir.

¹⁰Nunca mais tornará à sua casa, nem o seu lugar jamais o conhecerá.

¹¹Por isso não reprimirei a minha boca; falarei na angústia do meu espírito; queixar-me-ei na amargura da minha alma.

¹²Sou eu *porventura* o mar, ou a baleia, para que me ponhas uma guarda?

¹³Dizendo eu: Consolar-me-á a minha cama; meu leito aliviará a minha ânsia;

¹⁴Então me espantas com sonhos, e com visões me assombras;

¹⁵Assim a minha alma escolheria *antes* a estrangulação; *e* antes a morte do que a vida.

¹⁶A *minha vida* abomino, pois não viveria para sempre; retira-te de mim; pois vaidade *são* os meus dias.

¹⁷Que *é* o homem, para que tanto o engrandeças, e ponhas nele o teu coração,

¹⁸E cada manhã o visites, e cada momento o proves?

¹⁹Até quando não apartarás de mim, *nem* me largarás, até que engula a minha saliva?

²⁰Se pequei, que te farei, ó Guarda dos homens? Por que fizeste de mim um alvo para ti, para que a mim mesmo me seja pesado?

²¹E por que não perdoas a minha transgressão, e não tiras a minha iniquidade? Porque agora me deitarei no pó, e de madrugada me buscarás, e não existirei mais.

Bildade justifica a Deus

8 ENTÃO respondendo Bildade o suíta, disse: ²Até quando falarás tais *coisas,* e as palavras da tua boca *serão como* um vento impetuoso?

³*Porventura* perverteria Deus o direito? E perverteria o Todo-Poderoso a justiça?

⁴Se teus filhos pecaram contra ele, também ele os lançou na mão da sua transgressão.

⁵*Mas,* se tu de madrugada buscares a Deus, e ao Todo-Poderoso pedires misericórdia;

⁶Se *fores* puro e reto, certamente logo despertará por ti, e restaurará a morada da tua justiça.

⁷O teu princípio, na verdade, terá sido pequeno, porém o teu último *estado* crescerá em extremo.

⁸Pois, eu te peço, pergunta agora às gerações passadas; e prepara-te para a inquirição de seus pais.

⁹Porque nós *somos* de ontem, e nada sabemos; porquanto nossos dias sobre a terra *são como* a sombra.

¹⁰*Porventura* não te ensinarão eles, e não te falarão, e do seu coração não tirarão palavras?

¹¹*Porventura* cresce o junco sem lodo? *Ou* cresce a espadana sem água?

¹²Estando ainda no seu verdor, *ainda que* não cortada, todavia antes de qualquer *outra* erva se seca.

¹³Assim *são* as veredas de todos quantos se esquecem de Deus; e a esperança do hipócrita perecerá.

¹⁴Cuja esperança fica frustrada; e a sua confiança *será como* a teia de aranha.

¹⁵Encostar-se-á à sua casa, mas ela não subsistirá; apegar-se-á a ela, mas não ficará em pé.

¹⁶Ele é viçoso perante o sol, e os seus renovos saem sobre o seu jardim;

¹⁷As suas raízes se entrelaçam, junto à fonte; para o pedregal atenta.

¹⁸*Se Deus* o consumir do seu lugar, negá-lo-á *este, dizendo:* Nunca te vi!

¹⁹Eis que este *é* a alegria do seu caminho, e outros brotarão do pó.

²⁰Eis que Deus não rejeitará ao reto; nem toma pela mão aos malfeitores;

²¹Até que de riso te encha a boca, e os teus lábios de júbilo.

²²Os que te odeiam se vestirão de confusão, e a tenda dos ímpios não existirá mais.

Jó confessa a justiça de Deus

9 ENTÃO Jó respondeu, dizendo: ²Na verdade sei que assim *é;* porque, como se justificaria o homem para com Deus?

³Se quiser contender com ele, nem a uma de mil *coisas* lhe poderá responder.

⁴Ele *é* sábio de coração, e forte em poder; quem se endureceu contra ele, e teve paz?

⁵*Ele é* o que remove os montes, sem que o saibam, *e* o que os transtorna no seu furor.

⁶O que sacode a terra do seu lugar, e as suas colunas estremecem.

⁷O que fala ao sol, e ele não nasce, e sela as estrelas.

⁸O que sozinho estende os céus, e anda sobre os altos do mar.

⁹O que fez a Ursa, o Órion, e o Sete-Estrelo, e as recâmaras do sul.

¹⁰O que faz coisas grandes e inescrutáveis; e maravilhas sem número.

¹¹Eis que ele passa por diante de mim, e não *o* vejo; e torna a passar perante mim, e não o sinto.

JÓ 9.12

¹²Eis que arrebata a presa; quem lha fará restituir? Quem lhe dirá: Que *é o que* fazes?

¹³Deus não revogará a sua ira; debaixo dele se encurvam os auxiliadores soberbos.

¹⁴Quanto menos lhe responderia eu, *ou* escolheria diante dele as minhas palavras!

¹⁵Porque, ainda que eu fosse justo, não lhe responderia; *antes* ao meu Juiz pediria misericórdia.

¹⁶Ainda que chamasse, e ele me respondesse, nem *por isso* creria que desse ouvidos à minha voz.

¹⁷Porque me quebranta com uma tempestade, e multiplica as minhas chagas sem causa.

¹⁸Não me permite respirar, antes me farta de amarguras.

¹⁹Quanto às forças, eis que ele é o forte; e, quanto ao juízo, quem me citará *com ele?*

²⁰Se eu me justificar, a minha boca me condenará; *se for* perfeito, então ela me declarará perverso.

²¹Se for perfeito, não estimo a minha alma; desprezo a minha vida.

²²A coisa *é* esta; por isso eu digo que ele consome ao perfeito e ao ímpio.

²³Quando o açoite mata de repente, então ele zomba da prova dos inocentes.

²⁴A terra é entregue nas mãos do ímpio; ele cobre o rosto dos juízes; se não é ele, quem *é,* logo?

²⁵E os meus dias são mais velozes do que um correio; fugiram, *e* não viram o bem.

²⁶Passam como navios veleiros; como águia *que* se lança à comida.

²⁷Se eu disser: Eu me esquecerei da minha queixa, e mudarei o meu aspecto e tomarei alento,

²⁸Receio todas as minhas dores, *porque bem* sei que não me terás por inocente.

²⁹*E*, sendo eu ímpio, por que trabalharei em vão?

³⁰Ainda que me lave com água de neve, e purifique as minhas mãos com sabão,

³¹Ainda me submergirás no fosso, e as minhas próprias vestes me abominarão.

³²Porque ele não *é* homem, como eu, a quem eu responda, vindo juntamente a juízo.

³³Não há entre nós árbitro que ponha a mão sobre nós ambos.

³⁴Tire ele a sua vara de cima de mim, e não me amedronte o seu terror.

³⁵*Então* falarei, e não o temerei; porque não sou assim em mim mesmo.

Jó pede alívio à sua miséria

10 A MINHA alma tem tédio da minha vida; darei livre curso à minha queixa, falarei na amargura da minha alma.

²Direi a Deus: Não me condenes; faze-me saber por que contendes comigo.

³*Parece-te* bem que *me* oprimas, que rejeites o trabalho das tuas mãos e resplandeças sobre o conselho dos ímpios?

⁴Tens tu *porventura* olhos de carne? Vês tu como vê o homem?

⁵*São* os teus dias como os dias do homem? Ou *são* os teus anos como os anos de um homem,

⁶Para te informares da minha iniquidade, e averiguares o meu pecado?

⁷Bem sabes tu que eu não sou iníquo; todavia ninguém *há* que *me* livre da tua mão.

⁸As tuas mãos me fizeram e me formaram completamente; contudo me consomes.

⁹Peço-te que te lembres de que como barro me formaste e me farás voltar ao pó.

¹⁰*Porventura* não me vazaste como leite, e como queijo não me coalhaste?

¹¹De pele e carne me vestiste, e de ossos e nervos me teceste.

¹²Vida e misericórdia me concedeste; e o teu cuidado guardou o meu espírito.

¹³Porém estas coisas as ocultaste no teu coração; bem sei eu que isto esteve contigo.

¹⁴Se eu pecar, tu me observas; e da minha iniquidade não me escusarás.

¹⁵Se for ímpio, ai de mim! E se for justo, não levantarei a minha cabeça; farto *estou* da minha ignomínia; e vê qual é a minha aflição,

¹⁶Porque se vai crescendo; tu me caças como a *um* leão feroz; tornas a fazer maravilhas para comigo.

¹⁷Tu renovas contra mim as tuas testemunhas, e multiplicas contra mim a tua ira; reveses e combate estão comigo.

¹⁸Por que, pois, me tiraste da madre? Ah! Se *então* tivera expirado, e olho nenhum me visse!

¹⁹*Então* eu teria sido como se nunca fora; *e* desde o ventre seria levado à sepultura!

²⁰*Porventura* não *são* poucos os meus dias? Cessa, *pois,* e deixa-me, para que por um pouco eu tome alento.

²¹Antes que eu vá para o lugar de que não voltarei, à terra da escuridão e da sombra da morte;

²²Terra escuríssima, como a própria escuridão, terra da sombra da morte e sem ordem alguma, e onde a luz é como a escuridão.

Zofar repreende Jó

11 ENTÃO respondeu Zofar, o naamatita, e disse: ²*Porventura* não se dará resposta à multidão de palavras? E o homem falador será justificado?

³Às tuas mentiras se hão de calar os homens? E zombarás tu sem que ninguém te envergonhe?

⁴Pois dizes: A minha doutrina é pura, e limpo sou aos teus olhos.

⁵Mas na verdade, quem dera que Deus falasse e abrisse os seus lábios contra ti!

⁶E te fizesse saber os segredos da sabedoria, que é multíplice em eficácia; sabe, pois, que Deus exige de ti menos do que *merece* a tua iniquidade.

⁷*Porventura* alcançarás os caminhos de Deus, *ou* chegarás à perfeição do Todo-Poderoso?

⁸*Como* as alturas dos céus *é* a *sua sabedoria;* que poderás tu fazer? É mais profunda do que o inferno, que poderás tu saber?

⁹Mais comprida *é* a sua medida do que a terra, e mais larga do que o mar.

¹⁰Se ele passar, aprisionar, ou chamar a *juízo*, quem o impedirá?

¹¹Porque ele conhece aos homens vãos, e vê o vício; e não *o* terá em consideração?

¹²Mas o homem vão é falto de entendimento; sim, o homem nasce *como* a cria do jumento montês.

¹³Se tu preparares o teu coração, e estenderes as tuas mãos para ele;

¹⁴Se *há* iniquidade na tua mão, lança-a para longe *de ti* e não deixes habitar a injustiça nas tuas tendas.

¹⁵Porque então o teu rosto levantarás sem mácula; e estarás firme, e não temerás.

¹⁶Porque te esquecerás do cansaço, *e* lembrar-te--ás *dele* como das águas que já passaram.

¹⁷E a tua vida mais clara se levantará do que o meio-dia; ainda que haja trevas, será como a manhã.

¹⁸E terás confiança, porque haverá esperança; olharás em volta *e* repousarás seguro.

¹⁹E deitar-te-ás, e ninguém te espantará; muitos suplicarão o teu favor.

²⁰Porém os olhos dos ímpios desfalecerão, e perecerá o seu refúgio; e a sua esperança *será* o expirar da alma.

Jó defende-se

12 ENTÃO Jó respondeu, dizendo:
²Na verdade, vós *sois* o povo, e convosco morrerá a sabedoria.

³Também eu tenho entendimento como vós, *e* não vos sou inferior; e quem não sabe tais coisas como essas?

⁴Eu sou *motivo de* riso para os meus amigos; eu, que invoco a Deus, e ele me responde; o justo e perfeito serve de zombaria.

⁵Tocha desprezível é, na opinião do *que está* descansado, aquele *que está* pronto a vacilar com os pés.

⁶As tendas dos assoladores têm descanso, e os que provocam a Deus estão seguros; nas suas mãos Deus lhes põe *tudo*.

⁷Mas, pergunta agora aos animais, e cada um deles te ensinará; e às aves dos céus, e elas te farão saber;

⁸Ou fala com a terra, e ela te ensinará; até os peixes do mar te contarão.

⁹Quem não entende, por todas estas coisas, que a mão do Senhor fez isto?

¹⁰Na sua mão *está* a alma de tudo quanto vive, e o espírito de toda a carne humana.

¹¹Porventura o ouvido não provará as palavras, como o paladar prova as comidas?

¹²Com os idosos *está* a sabedoria, e na longevidade o entendimento.

¹³Com ele *está* a sabedoria e a força; conselho e entendimento tem.

¹⁴Eis que ele derruba, e ninguém há que edifique; prende um homem, e ninguém há que o solte.

¹⁵Eis que ele retém as águas, e elas secam; e solta-as, e elas transtornam a terra.

¹⁶Com ele *está* a força e a sabedoria; seu *é* o que erra e o que faz errar.

¹⁷Aos conselheiros leva despojados, e aos juízes faz desvairar.

¹⁸Solta a autoridade dos reis, e ata o cinto aos seus lombos.

¹⁹Aos sacerdotes leva despojados, aos poderosos transtorna.

²⁰Aos acreditados tira a fala, e tira o entendimento aos anciãos.

²¹Derrama desprezo sobre os príncipes, e afrouxa o cinto dos fortes.

²²Das trevas descobre coisas profundas, e traz à luz a sombra da morte.

²³Multiplica as nações e as faz perecer; dispersa as nações, e *de novo* as reconduz.

²⁴Tira o entendimento aos chefes dos povos da terra, e os faz vaguear pelos desertos, sem caminho.

²⁵Nas trevas andam às apalpadelas, sem terem luz, e os faz cambalear como ébrios.

Jó continua a sua defesa

13 EIS que tudo *isto* viram os meus olhos, *e* os meus ouvidos *o* ouviram e entenderam.

²Como vós *o* sabeis, também eu o sei; não vos sou inferior.

³*Mas* eu falarei ao Todo-Poderoso, e quero defender-me perante Deus.

⁴Vós, porém, *sois* inventores de mentiras, e vós todos médicos que não valem nada.

⁵Quem dera que vos calásseis de todo, pois *isso* seria a vossa sabedoria.

⁶Ouvi agora a minha defesa, e escutai os argumentos dos meus lábios.

⁷*Porventura* por Deus falareis perversidade e por ele falareis mentiras?

⁸Fareis acepção da sua pessoa? Contendereis por Deus?

⁹Ser-*vos*-ia bom, se ele vos esquadrinhasse? *Ou* zombareis dele, como se zomba de algum homem?

¹⁰Certamente vos reprenderá, se em oculto fizerdes acepção de pessoas.

¹¹*Porventura* não vos espantará a sua alteza, e não cairá sobre vós o seu terror?

¹²As vossas memórias *são* como *provérbios* de cinza; as vossas defesas como defesas de lodo.

¹³Calai-vos perante mim, e falarei eu, e venha sobre mim o que vier.

Jó deseja conhecer os seus pecados

¹⁴Por que *razão* tomarei eu a minha carne com os meus dentes, e porei a minha vida na minha mão?

¹⁵*Ainda que* ele me mate, nele esperarei; contudo os meus caminhos defenderei diante dele.

¹⁶Também ele *será* a minha salvação; porém o hipócrita não virá perante ele.

¹⁷Ouvi com atenção as minhas palavras, e com os vossos ouvidos a minha declaração.

¹⁸Eis que já tenho ordenado a minha causa, *e* sei que serei achado justo.

¹⁹Quem *é* o que contenderá comigo? Se eu agora me calasse, renderia o espírito.

JÓ 13.20   374

²⁰Duas *coisas* somente não faças para comigo; então não me esconderei do teu rosto:
²¹Desvia a tua mão para longe, de mim, e não me espante o teu terror.
²²Chama, pois, e eu responderei; ou eu falarei, e tu me responderás.
²³Quantas culpas e pecados tenho eu? Notifica-me a minha transgressão e o meu pecado.
²⁴Por que escondes o teu rosto, e me tens por teu inimigo?
²⁵*Porventura* acossarás uma folha arrebatada pelo *vento?* E perseguirás o restolho seco?
²⁶Por que escreves contra mim coisas amargas e me fazes herdar as culpas da minha mocidade?
²⁷Também pões os meus pés no tronco, e observas todos os meus caminhos, *e* marcas os sinais dos meus pés.
²⁸E ele me consome como a podridão, e como a roupa, à qual rói a traça.

A brevidade e miséria da vida humana

14 O HOMEM, nascido da mulher, *é* de poucos dias e farto de inquietação.
²Sai como a flor, e murcha; foge também como a sombra, e não permanece.
³E sobre este tal abres os teus olhos, e a mim me fazes entrar no juízo contigo.
⁴Quem do imundo tirará o puro? Ninguém.
⁵Visto que os seus dias *estão* determinados, contigo *está* o número dos seus meses; *e* tu lhe puseste limites, e não passará além *deles.*
⁶Desvia-te dele, para que tenha repouso, até que, como o assalariado, tenha contentamento no seu dia.
⁷Porque há esperança para a árvore que, se for cortada, ainda se renovará, e não cessarão os seus renovos.
⁸Se envelhecer na terra a sua raiz, e o seu tronco morrer no pó,
⁹Ao cheiro das águas brotará, e dará ramos como uma planta.
¹⁰Porém, morto o homem, é consumido; sim, rendendo o homem o espírito, então onde está ele?
¹¹Como as águas se retiram do mar, e o rio se esgota, e fica seco,
¹²Assim o homem se deita, e não se levanta; até que não haja mais céus, não acordará nem despertará de seu sono.
¹³Quem dera que me escondesses na sepultura, *e* me ocultasses até que a tua ira se fosse; *e* me pusesses um limite, e te lembrasses de mim!
¹⁴Morrendo o homem, *porventura tornará a* viver? Todos os dias de meu combate esperaria, até que viesse a minha mudança.
¹⁵Chamar-me-ias, e eu te responderia, *e* terias afeto à obra de tuas mãos.
¹⁶Mas agora contas os meus passos; *porventura* não vigias sobre o meu pecado?
¹⁷A minha transgressão *está* selada num saco, e amontoas as minhas iniquidades.
¹⁸E, na verdade, caindo a montanha, desfaz-se; e a rocha se remove do seu lugar.

¹⁹As águas gastam as pedras, as cheias afogam o pó da terra; e tu fazes perecer a esperança do homem;
²⁰Tu para sempre prevaleces contra ele, e ele passa; mudas o seu rosto, e o despedes.
²¹Os seus filhos recebem honra, sem que ele o saiba; são humilhados, sem que ele o perceba;
²²Mas a sua carne nele tem dores, e a sua alma nele lamenta.

Elifaz acusa Jó de impiedade

15 ENTÃO respondeu Elifaz o temanita, e disse:
²*Porventura* proferirá o sábio vã sabedoria? E encherá do vento oriental o seu ventre,
³Arguindo com palavras que de nada servem, e com razões, de que nada aproveita?
⁴E tu tens feito vão o temor, e diminuis os rogos diante de Deus.
⁵Porque a tua boca declara a tua iniquidade; e tu escolhes a língua dos astutos.
⁶A tua boca te condena, e não eu, e os teus lábios testificam contra ti.
⁷*És* tu *porventura* o primeiro homem que nasceu? Ou foste formado antes dos outeiros?
⁸*Ou* ouviste o secreto conselho de Deus e a ti *só* limitaste a sabedoria?
⁹Que sabes tu, que nós não saibamos? Que entendes, *que* não *haja* em nós?
¹⁰Também *há* entre nós encanecidos e idosos, muito mais idosos do que teu pai.
¹¹Porventura fazes pouco caso das consolações de Deus, e da suave palavra que te dirigimos?
¹²Por que te arrebata o teu coração, e por que piscam os teus olhos?
¹³Para virares contra Deus o teu espírito, e deixares sair *tais* palavras da tua boca?
¹⁴Que *é* o homem, para que seja puro? E *o que* nasce da mulher, para ser justo?
¹⁵Eis que ele não confia nos seus santos, e nem os céus são puros aos seus olhos.
¹⁶Quanto mais abominável e corrupto *é* o homem que bebe a iniquidade como a água?

O ímpio é atormentado nesta vida

¹⁷Escuta-me, mostrar-te-ei; e o que tenho visto *te* contarei
¹⁸(O que os sábios anunciaram, *ouvindo-o* de seus pais, e *o* não ocultaram;
¹⁹Aos quais somente se dera a terra, e nenhum estranho passou por entre eles):
²⁰Todos os dias do ímpio é atormentado, e se reserva, para o tirano, um certo número de anos.
²¹O sonido dos horrores *está* nos seus ouvidos; até na paz lhe sobrevém o assolador.
²²Não crê que tornará das trevas, mas que o espera a espada.
²³Anda vagueando por pão, dizendo: Onde está? *Bem* sabe que *já* o dia das trevas lhe está preparado, à mão.
²⁴Assombram-no a angústia e a tribulação; valecem contra ele, como o rei preparado para a peleja;

²⁵Porque estendeu a sua mão contra Deus, e contra o Todo-Poderoso se embraveceu.

²⁶Arremete contra ele com a dura cerviz, e contra os pontos grossos dos seus escudos.

²⁷Porquanto cobriu o seu rosto com a sua gordura, e criou gordura nos lombos.

²⁸E habitou em cidades assoladas, em casas em que ninguém morava, que estavam a ponto de fazer-se montões *de ruínas*.

²⁹Não se enriquecerá, nem subsistirá a sua fazenda, nem se estenderão pela terra as suas possessões.

³⁰Não escapará das trevas; a chama *do fogo* secará os seus renovos, e ao sopro da sua boca desaparecerá.

³¹Não confie, *pois,* na vaidade, enganando-se a si mesmo, porque a vaidade será a sua recompensa.

³²Antes do seu dia ela se consumará; e o seu ramo não reverdecerá.

³³Sacudirá as suas uvas verdes, como *as* da vide, e deixará cair a sua flor como a oliveira,

³⁴Porque a congregação dos hipócritas *se fará* estéril, e o fogo consumirá as tendas do suborno.

³⁵Concebem a malícia, e dão à luz a iniquidade, e o seu ventre prepara enganos.

Jó acusa a seus amigos de falta de misericórdia

16 ENTÃO respondeu Jó, dizendo:
²Tenho ouvido muitas coisas como estas; todos vós sois consoladores molestos.

³Porventura não terão fim essas palavras de vento? Ou o que te irrita, para assim responderes?

⁴Falaria eu também como vós *falais,* se a vossa alma estivesse em lugar da minha alma, *ou* amontoaria palavras contra vós, e menearia contra vós a minha cabeça?

⁵Antes vos fortaleceria com a minha boca, e a consolação dos meus lábios abrandaria a vossa dor.

⁶Se eu falar, a minha dor não cessa, e, calando-*me eu,* qual é o meu alívio?

⁷Na verdade, agora ele me tem feito fatigado; tu assolaste toda a minha companhia,

⁸Testemunha *disto é* que já me fizeste enrugado, e a minha magreza *já* se levanta contra mim, e no meu rosto testifica *contra mim.*

⁹Na sua ira *me* despedaçou, e ele *me* perseguiu; rangeu os seus dentes contra mim; aguça o meu adversário os seus olhos contra mim.

¹⁰Abrem a sua boca contra mim; com desprezo me feriram nos queixos, e contra mim se ajuntam todos.

¹¹Entrega-me Deus ao perverso, e nas mãos dos ímpios me faz cair.

¹²Descansado estava eu, porém ele me quebrantou; e pegou-me pela cerviz, e me despedaçou; também me pôs por seu alvo.

¹³Cercam-me os seus flecheiros; atravessa-me os rins, e não *me* poupa, e *o* meu fel derrama sobre a terra,

¹⁴Fere-me com ferimento sobre ferimento; arremete contra mim como um valente.

¹⁵Cosi sobre a minha pele o cilício, *e* revolvi a minha cabeça no pó.

¹⁶O meu rosto está todo avermelhado de chorar, e sobre as minhas pálpebras *está* a sombra da morte:

¹⁷Apesar de não haver violência nas minhas mãos, e de *ser* pura a minha oração.

¹⁸Ah! terra, não cubras o meu sangue e não haja lugar para *ocultar* o meu clamor!

¹⁹Eis que também agora a minha testemunha *está* no céu, e nas alturas o meu testemunho *está.*

²⁰Os meus amigos *são* os que zombam de mim; os meus olhos se desfazem *em lágrimas* diante de Deus.

²¹Ah! se alguém pudesse contender com Deus pelo homem, como o homem pelo seu próximo!

²²Porque decorridos *poucos* anos, eu seguirei o caminho *por onde* não tornarei.

17 O MEU espírito se vai consumindo, os meus dias se vão apagando, *e só tenho* perante mim a sepultura.

²Deveras estou cercado de zombadores, e meus olhos contemplam as suas provocações.

³Promete agora, e dá-me *um* fiador para contigo; quem há *que* me dê a mão?

⁴Porque aos seus corações encobriste o entendimento, por isso não *os* exaltarás.

⁵O que denuncia os seus amigos, a fim de serem despojados, também os olhos de seus filhos desfalecerão.

⁶Porém a mim me pôs por *um* provérbio dos povos, de modo que me tornei uma abominação para eles.

⁷Pelo que *já* se escureceram de mágoa os meus olhos, e *já* todos os meus membros *são* como a sombra.

⁸Os retos pasmarão disto, e o inocente se levantará contra o hipócrita.

⁹E o justo seguirá o seu caminho firmemente, e o puro de mãos irá crescendo em força.

¹⁰Mas, na verdade, tornai todos vós e vinde; porque sábio nenhum acharei entre vós.

¹¹Os meus dias passaram, e malograram os meus propósitos, as aspirações do meu coração.

¹²Trocaram a noite em dia; a luz *está* perto *do fim,* por causa das trevas.

¹³Se eu esperar, a sepultura *será* a minha casa; nas trevas estenderei a minha cama.

¹⁴À corrupção clamo: Tu *és* meu pai; *e* aos vermes: Vós *sois* minha mãe e minha irmã.

¹⁵Onde, pois, *estaria* agora a minha esperança? Sim, a minha esperança, quem a poderá ver?

¹⁶As barras da sepultura descerão quando juntamente no pó teremos descanso.

Bildade acusa Jó de presunção e impaciência

18 ENTÃO respondeu Bildade, o suíta, e disse:
²Até quando poreis fim às palavras? Considerai *bem,* e então falaremos.

³Por que somos tratados como animais, *e* como imundos aos vossos olhos?

JÓ 18.4 — 376

⁴Oh tu, que despedaças a tua alma na tua ira, será a terra deixada por tua causa? Remover-se-ão as rochas do seu lugar?

⁵Na verdade, a luz dos ímpios se apagará, e a chama do seu fogo não resplandecerá.

⁶A luz se escurecerá nas suas tendas, e a sua lâmpada sobre ele se apagará.

⁷Os seus passos firmes se estreitarão, e o seu *próprio* conselho o derrubará.

⁸Porque por seus próprios pés é lançado na rede, e andará nos fios enredados.

⁹O laço o apanhará pelo calcanhar, *e* a armadilha o prenderá.

¹⁰Está escondida debaixo da terra uma corda, e uma armadilha na vereda.

¹¹Os assombros o espantarão de todos os lados, e o perseguirão a cada passo.

¹²Será faminto o seu vigor, e a destruição *está* pronta ao seu lado.

¹³Serão devorados os membros do seu corpo; *sim,* o primogênito da morte devorará os seus membros.

¹⁴A sua confiança será arrancada da sua tenda, e isto o fará caminhar para o rei dos terrores.

¹⁵Morará na sua *mesma* tenda, o que não lhe pertence; espalhar-se-á enxofre sobre a sua habitação.

¹⁶Por baixo se secarão as suas raízes e por cima serão cortados os seus ramos.

¹⁷A sua memória perecerá da terra, e pelas praças não terá nome.

¹⁸Da luz o lançarão nas trevas, e afugentá-lo-ão do mundo.

¹⁹Não terá filho nem neto entre o seu povo, e nem quem lhe suceda nas suas moradas.

²⁰Do seu dia se espantarão os do ocidente, assim como se espantam os do oriente.

²¹Tais *são,* na verdade, as moradas do perverso, e este *é* o lugar *do que* não conhece a Deus.

Jó queixa-se da dureza dos seus amigos

19 RESPONDEU, porém, Jó, dizendo: ²Até quando afligireis a minha alma, e me quebrantareis com palavras?

³Já dez vezes me vituperastes; não tendes vergonha de injuriar-me.

⁴Embora haja eu, na verdade, errado, comigo ficará o meu erro.

⁵Se deveras vos quereis engrandecer contra mim, e repreender-me pelo meu opróbrio,

⁶Sabei agora que Deus *é o que* me transtornou, e *com* a sua rede me cercou.

⁷Eis que clamo: Violência! Porém não sou ouvido. Grito: Socorro! Porém não *há* justiça.

⁸O meu caminho ele entrincheirou, e *já* não posso passar, e nas minhas veredas pôs trevas.

⁹Da minha honra me despojou; e tirou-me a coroa da minha cabeça.

¹⁰Quebrou-me de todos os lados, e eu me vou; e arrancou a minha esperança, como a uma árvore.

¹¹E fez inflamar contra mim a sua ira, e me reputou para consigo, como a seus inimigos.

¹²Juntas vieram as suas tropas, e prepararam contra mim o seu caminho, e se acamparam ao redor da minha tenda.

¹³Pôs longe de mim a meus irmãos, e os que me conhecem, como estranhos se *apartaram* de mim.

¹⁴Os meus parentes *me* deixaram, e os meus conhecidos se esqueceram de mim.

¹⁵Os meus domésticos e as minhas servas me reputaram como um estranho, *e* vim a ser um estrangeiro aos seus olhos.

¹⁶Chamei a meu criado, e ele não me respondeu; cheguei a suplicar-lhe com a minha *própria* boca.

¹⁷O meu hálito se fez estranho à minha mulher; tanto que supliquei o interesse dos filhos do meu corpo.

¹⁸Até os pequeninos me desprezam, *e,* levantando-me eu, falam contra mim.

¹⁹Todos os homens da minha confidência me abominam, e *até* os que eu amava se tornaram contra mim.

²⁰Os meus ossos se apegaram à minha pele e à minha carne, e escapei *só* com a pele dos meus dentes.

²¹Compadecei-vos de mim, amigos meus, compadecei-vos de mim, porque a mão de Deus me tocou.

²²Por que me perseguis assim como Deus, e da minha carne não vos fartais?

²³Quem *me* dera agora, que as minhas palavras fossem escritas! Quem me dera, fossem gravadas *num* livro!

²⁴*E* que, com pena de ferro, e com chumbo, para sempre fossem esculpidas na rocha.

²⁵Porque eu sei *que* o meu Redentor vive, e *que* por fim se levantará sobre a terra.

²⁶E depois de consumida a minha pele, contudo ainda em minha carne verei a Deus,

²⁷Vê-lo-ei, por mim mesmo, e os meus olhos, e não outros o contemplarão; *e por isso* as minhas entranhas se consomem no meu interior.

²⁸Na verdade, que devíeis dizer: Por que o perseguimos? Pois a raiz da acusação se acha em mim.

²⁹Temei vós mesmos a espada; porque o furor traz os castigos da espada, para saberdes que *há* um juízo.

Zofar descreve as calamidades que os ímpios sofrem

20 ENTÃO respondeu Zofar, o naamatita, e disse:

²Visto *que os* meus pensamentos me fazem responder, eu me apresso.

³Eu ouvi a repreensão, que me envergonha, mas o espírito do meu entendimento responderá por mim.

⁴*Porventura não* sabes tu *que* desde a antiguidade, desde que o homem foi posto sobre a terra,

⁵O júbilo dos ímpios é breve, e a alegria dos hipócritas momentânea?

⁶Ainda que a sua altivez suba até ao céu, e a sua cabeça chegue até às nuvens.

⁷*Contudo,* como o seu *próprio* esterco, perecerá para sempre; *e* os que o viam dirão: Onde está?

⁸Como um sonho voará, e não será achado, e será afugentado como uma visão da noite.

⁹O olho, que *já* o viu, jamais o verá, nem o seu lugar o verá mais.

¹⁰Os seus filhos procurarão agradar aos pobres, e as suas mãos restituirão os seus bens.

¹¹Os seus ossos estão cheios do *vigor* da sua mocidade, mas este se deitará com ele no pó.

¹²Ainda que o mal lhe seja doce na boca, *e* ele o esconda debaixo da sua língua,

¹³E o guarde, e não o deixe, antes o retenha no seu paladar,

¹⁴Contudo a sua comida se mudará nas suas entranhas; fel de áspides *será* interiormente.

¹⁵Engoliu riquezas, porém vomitá-las-á; do seu ventre Deus as lançará.

¹⁶Veneno de áspides sorverá; língua de víbora o matará.

¹⁷Não verá as correntes, os rios *e* os ribeiros de mel e manteiga.

¹⁸Restituirá o seu trabalho, e não *o* engolirá; conforme ao poder de sua mudança, *e* não saltará de gozo.

¹⁹Porquanto oprimiu e desamparou os pobres, e roubou a casa que não edificou.

²⁰Porquanto não sentiu sossego no seu ventre; nada salvará das coisas por ele desejadas.

²¹Nada lhe sobejará do que coma; por isso as suas riquezas não durarão.

²²Sendo plena a sua abastança, estará angustiado; toda a força da miséria virá sobre ele.

²³*Mesmo* estando ele a encher a sua barriga, *Deus* mandará sobre ele o ardor da sua ira, e a fará chover sobre ele quando for comer.

²⁴Ainda que fuja das armas de ferro, o arco de bronze o atravessará.

²⁵Desembainhará *a espada* que sairá do *seu* corpo, e resplandecendo virá do seu fel; e *haverá* sobre ele assombros.

²⁶Toda a escuridão se ocultará nos seus esconderijos; um fogo não assoprado o consumirá, irá mal com o que ficar na sua tenda.

²⁷Os céus manifestarão a sua iniquidade; e a terra se levantará contra ele.

²⁸As riquezas de sua casa serão transportadas; no dia da sua ira todas se derramarão.

²⁹Esta, da parte de Deus, *é* a porção do homem ímpio; *esta é* a herança que Deus lhe decretou.

Os ímpios muitas vezes gozam prosperidade nesta vida

21 RESPONDEU, porém, Jó, dizendo:
²Ouvi atentamente as minhas razões; e isto vos sirva de consolação.

³Sofrei-me, e eu falarei; e havendo eu falado, zombai.

⁴*Porventura* eu me queixo de *algum* homem?

Porém, ainda *que assim fosse,* por que não se angustiaria o meu espírito?

⁵Olhai para mim, e pasmai; e ponde a mão sobre a boca.

⁶Porque, quando me lembro *disto* me perturbo, e a minha carne é sobressaltada de horror.

⁷Por que razão vivem os ímpios, envelhecem, e ainda se robustecem em poder?

⁸A sua descendência se estabelece com eles perante a sua face; e os seus renovos perante os seus olhos.

⁹As suas casas têm paz, sem temor; e a vara de Deus não *está* sobre eles.

¹⁰O seu touro gera, e não falha; pare a sua vaca, e não aborta.

¹¹Fazem sair as suas crianças, como *a* um rebanho, e seus filhos andam saltando.

¹²Levantam *a voz, ao som* do tamboril e da harpa, e alegram-se ao som do órgão.

¹³Na prosperidade gastam os seus dias, e num momento descem à sepultura.

¹⁴E, *todavia,* dizem a Deus: Retira-te de nós; porque não desejamos ter conhecimento dos teus caminhos.

¹⁵Quem é o Todo-Poderoso, para que nós o sirvamos? E que nos aproveitará que lhe façamos orações?

¹⁶Vede, *porém,* que a prosperidade não *está* nas mãos deles; esteja longe de mim o conselho dos ímpios!

¹⁷Quantas vezes sucede que se apaga a lâmpada dos ímpios, e lhes sobrevém a sua destruição? *E Deus* na sua ira *lhes* reparte dores!

¹⁸*Porque* são como a palha diante do vento, e como a pragana, que arrebata o redemoinho.

¹⁹Deus guarda a sua violência para seus filhos, e dá-lhe o pago, para que o conheça.

²⁰Seus olhos verão a sua ruína, e ele beberá do furor do Todo-Poderoso.

²¹Por que, que prazer teria na sua casa, depois de *morto,* cortando-se-*lhe* o número dos seus meses?

²²Porventura a Deus se ensinaria conhecimento, a ele que julga os excelsos?

²³Um morre na força da sua plenitude, estando inteiramente sossegado e tranquilo.

²⁴Com seus baldes cheios de leite, e a medula dos seus ossos umedecida.

²⁵E outro, ao contrário, morre na amargura do seu coração, não havendo provado do bem.

²⁶Juntamente jazem no pó, e os vermes os cobrem.

²⁷Eis que conheço bem os vossos pensamentos; e os maus intentos *com que* injustamente me fazeis violência.

²⁸Porque direis: Onde *está* a casa do príncipe, e onde a tenda em que moravam os ímpios?

²⁹*Porventura* não perguntastes aos que passam pelo caminho, e não conheceis os seus sinais,

³⁰Que o mau é preservado para o dia da destruição; e arrebatado no dia do furor?

³¹Quem acusará diante dele o seu caminho, e quem lhe dará o pago do que faz?

JÓ 21.32   378

³²Finalmente é levado à sepultura, e vigiam-lhe o túmulo.

³³Os torrões do vale lhe são doces, e o seguirão todos os homens; e adiante dele foram inumeráveis.

³⁴Como, pois, me consolais com vaidade? Pois nas vossas respostas ainda resta a transgressão.

Elifaz exorta Jó ao arrependimento

22 ENTÃO respondeu Elifaz, o temanita, dizendo:

²*Porventura* será o homem de *algum* proveito a Deus? Antes a si mesmo o prudente será proveitoso.

³*Ou* tem o Todo-Poderoso prazer em que tu sejas justo, ou *algum* lucro em que tu faças perfeitos os teus caminhos?

⁴*Ou* te repreende, pelo temor *que tem* de ti, *ou* entra contigo em juízo?

⁵*Porventura* não *é* grande a tua malícia, e sem termo as tuas iniquidades?

⁶Porque sem causa penhoraste a teus irmãos, e aos nus despojaste as vestes.

⁷Não deste ao cansado água a beber, e ao faminto retiveste o pão.

⁸Mas para o poderoso era a terra, e o homem tido em respeito habitava nela.

⁹As viúvas despediste vazias, e os braços dos órfãos foram quebrados.

¹⁰Por isso é que estás cercado de laços, e te perturba *um* pavor repentino,

¹¹Ou trevas em que nada vês, e a abundância de águas que te cobre.

¹²*Porventura* Deus não *está* na altura dos céus? Olha para a altura das estrelas; quão elevadas estão.

¹³Se dizes: Que sabe Deus? *Porventura* julgará ele através da escuridão?

¹⁴As nuvens *são* esconderijo para ele, para que não veja; e passeia pelo circuito dos céus.

¹⁵*Porventura queres* guardar a vereda antiga, que pisaram os homens iníquos?

¹⁶Eles foram arrebatados antes do *seu* tempo; *sobre* o seu fundamento um dilúvio se derramou.

¹⁷Diziam a Deus: Retira-te de nós. E: Que foi *que* o Todo-Poderoso nos fez?

¹⁸Contudo ele encheu de bens as suas casas; mas o conselho dos ímpios esteja longe de mim.

¹⁹Os justos *o* veem, e se alegram, e o inocente escarnece deles.

²⁰Porquanto o nosso adversário não foi destruído, mas o fogo consumiu o que restou deles.

²¹Apega-te, pois, a ele, e tem paz, e assim te sobrevirá o bem.

²²Aceita, peço-te, a lei da sua boca, e põe as suas palavras no teu coração.

²³Se te voltares ao Todo-Poderoso, serás edificado; se afastares a iniquidade da tua tenda,

²⁴E deitares o teu tesouro no pó, e o *ouro de* Ofir nas pedras dos ribeiros,

²⁵Então o Todo-Poderoso será o teu tesouro, e a tua prata acumulada.

²⁶Porque então te deleitarás no Todo-Poderoso, e levantarás o teu rosto para Deus.

²⁷Orarás a ele, e ele te ouvirá, e pagarás os teus votos.

²⁸Determinarás tu algum negócio, e ser-te-á firme, e a luz brilhará em teus caminhos.

²⁹Quando te abaterem, então tu dirás: Haja exaltação! E *Deus* salvará ao humilde.

³⁰*E* livrará *até ao* que não é inocente; porque será libertado pela pureza de tuas mãos.

Jó deseja apresentar-se perante Deus

23 RESPONDEU, porém, Jó, dizendo:

²Ainda hoje a minha queixa está em amargura; a minha mão pesa sobre meu gemido.

³Ah, se *eu* soubesse onde o poderia achar! *Então me* chegaria ao seu tribunal.

⁴Exporia ante ele *a minha causa,* e a minha boca encheria de argumentos.

⁵Saberia as palavras com *que ele* me responderia, e entenderia o que me dissesse.

Jó confia na misericórdia de Deus

⁶*Porventura* segundo a grandeza de *seu* poder contenderia comigo? Não: ele antes me atenderia.

⁷Ali o reto pleitearia com ele, e eu me livraria para sempre do meu Juiz.

⁸Eis que se me adianto, *ali* não está; se *torno* para trás, não o percebo.

⁹Se opera à esquerda, não o vejo; *se* se encobre à direita, não *o* diviso.

¹⁰Porém ele sabe o meu caminho; provando-me ele, sairei como o ouro.

¹¹Nas suas pisadas os meus pés se afirmaram; guardei o seu caminho, e não me desviei *dele*.

¹²Do preceito de seus lábios nunca me apartei, *e* as palavras da sua boca guardei mais do que a minha porção.

¹³Mas, *se* ele resolve alguma coisa, quem então o desviará? O que a sua alma quiser, isso fará.

¹⁴Porque cumprirá o que está ordenado a meu respeito, e muitas coisas como estas *ainda* tem consigo.

¹⁵Por isso me perturbo perante ele, e quando isto considero, temo-me dele.

¹⁶Porque Deus macerou o meu coração, e o Todo-Poderoso me perturbou.

¹⁷Porquanto não fui desarraigado por causa das trevas, e nem encobriu o meu rosto com a escuridão.

Os ímpios, muitas vezes, ficam sem castigo nesta vida

24 VISTO que do Todo-Poderoso não se encobriram os tempos, por que, os que o conhecem, não veem os seus dias?

²Até os limites removem; roubam os rebanhos, e *os* apascentam.

³Do órfão levam o jumento; tomam em penhor o boi da viúva.

⁴Desviam do caminho os necessitados; *e* os pobres da terra juntos se escondem.

⁵Eis que, *como* jumentos monteses no deserto, saem à sua obra, madrugando para a presa; a campina *dá* mantimento a eles e aos *seus filhos*.

⁶No campo segam o seu pasto, e vindimam a vinha do ímpio.

⁷Ao nu fazem passar a noite sem roupa, não tendo ele coberta contra o frio.

⁸Pelas chuvas das montanhas são molhados e, não tendo refúgio, abraçam-se com as rochas.

⁹Ao orfãozinho arrancam dos peitos, e tomam o penhor do pobre.

¹⁰Fazem com que os nus vão sem roupa e aos famintos tiram as espigas.

¹¹Dentro das suas paredes espremem o azeite; pisam os lagares, e *ainda* têm sede.

¹²Desde as cidades gemem os homens, e a alma dos feridos exclama, e contudo Deus *lho* não imputa *como* loucura.

¹³Eles estão entre os que se opõem à luz; não conhecem os seus caminhos, e não permanecem nas suas veredas.

¹⁴De madrugada se levanta o homicida, mata o pobre e necessitado, e de noite é como o ladrão.

¹⁵Assim como o olho do adúltero aguarda o crepúsculo, dizendo: Não me verá olho nenhum; e oculta o rosto,

¹⁶Nas trevas minam as casas, *que* de dia se marcaram; não conhecem a luz.

¹⁷Porque a manhã para *todos* eles *é* como sombra de morte; *pois,* sendo conhecidos, sentem os pavores da sombra da morte.

¹⁸É ligeiro sobre a superfície das águas; maldita *é* a sua parte sobre a terra; não volta pelo caminho das vinhas.

¹⁹A secura e o calor desfazem as águas da neve; *assim desfará* a sepultura *aos que* pecaram.

²⁰A madre se esquecerá dele, os vermes o comerão gostosamente; nunca mais haverá lembrança *dele;* e a iniquidade se quebrará como uma árvore.

²¹Aflige a estéril *que* não dá à luz, e à viúva não faz bem.

²²Até aos poderosos arrasta com a sua força; *se* ele se levanta, não há vida segura.

²³Se *Deus* lhes dá descanso, estribam-se nisso; seus olhos porém *estão* nos caminhos deles.

²⁴Por um pouco se exaltam, e logo desaparecem; são abatidos, encerrados como todos *os demais;* e cortados como as cabeças das espigas.

²⁵Se agora não *é assim,* quem me desmentirá e desfará as minhas razões?

Bildade sustenta que o homem não pode justificar-se diante de Deus

25 ENTÃO respondeu Bildade, o suíta, e disse:
²Com ele *estão* domínio e temor; ele faz paz nas suas alturas.

³*Porventura* têm número as suas tropas? E sobre quem não se levanta a sua luz?

⁴Como, pois, seria justo o homem para com Deus, e como seria puro aquele que nasce de mulher?

⁵Eis que até a lua não resplandece, e as estrelas não são puras aos seus olhos.

⁶E quanto menos o homem, *que é* um verme, e o filho do homem, *que é* um vermezinho!

Jó repreende Bildade

26 JÓ, porém, respondeu, dizendo:
²Como ajudaste aquele que não tinha força, *e* sustentaste o braço que não tinha vigor?

³Como aconselhaste aquele que não tinha sabedoria, e plenamente fizeste saber a causa, assim como era?

⁴A quem proferiste palavras, e de quem é o espírito que saiu de ti?

Jó exalta o poder de Deus

⁵Os mortos tremem debaixo das águas, com os seus moradores.

⁶O inferno *está* nu perante ele, e não há coberta para a perdição.

⁷O norte estende sobre o vazio; e suspende a terra sobre o nada.

⁸Prende as águas nas suas nuvens, todavia a nuvem não se rasga debaixo delas.

⁹Encobre a face do *seu* trono, e sobre ele estende a sua nuvem.

¹⁰Marcou um limite sobre a superfície das águas em redor, até aos confins da luz e das trevas.

¹¹As colunas do céu tremem, e se espantam da sua ameaça.

¹²Com a sua força fende o mar, e com o seu entendimento abate a soberba.

¹³Pelo seu Espírito ornou os céus; a sua mão formou a serpente enroscadiça.

¹⁴Eis que isto *são* apenas as orlas dos seus caminhos; e quão pouco é o que temos ouvido dele! Quem, pois, entenderia o trovão do seu poder?

Jó sustenta sua integridade e sinceridade

27 E PROSSEGUINDO Jó *em* seu discurso, disse:
²Vive Deus, que desviou a minha causa, e o Todo-Poderoso, que amargurou a minha alma.

³Que, enquanto em mim *houver* alento, e o sopro de Deus nas minhas narinas,

⁴Não falarão os meus lábios iniquidade, nem a minha língua pronunciará engano.

⁵Longe de mim que eu vos justifique; até que eu expire, nunca apartarei de mim a minha integridade.

⁶À minha justiça me apegarei e não a largarei; não me reprovará o meu coração em toda a minha vida.

⁷Seja como o ímpio o meu inimigo, e como o perverso o que se levantar contra mim.

⁸Porque qual *será* a esperança do hipócrita, havendo sido avaro, quando Deus *lhe* arrancar a sua alma?

⁹*Porventura* Deus ouvirá o seu clamor, sobrevindo-lhe a tribulação?

¹⁰Deleitar-se-á no Todo-Poderoso, *ou* invocará a Deus em todo o tempo?

JÓ 27.11   380

¹¹Ensinar-vos-ei acerca da mão de Deus, *e* não *vos* encobrirei o que *está* com o Todo-Poderoso.

¹²Eis que todos vós *já* o vistes; por que, pois, vos desvaneceis na *vossa* vaidade?

¹³Esta, *pois, é* a porção do homem ímpio da parte de Deus, e a herança, *que* os tiranos receberão do Todo-Poderoso.

¹⁴Se os seus filhos se multiplicarem, *será* para a espada, e a sua prole não se fartará de pão.

¹⁵Os que ficarem dele na morte serão enterrados, e as suas viúvas não chorarão.

¹⁶Se amontoar prata como pó, e aparelhar roupas como lodo,

¹⁷Ele as aparelhará, porém o justo as vestirá, e o inocente repartirá a prata.

¹⁸E edificará a sua casa como a traça, e como o guarda *que* faz a cabana.

¹⁹Rico se deita, e não será recolhido; abre os seus olhos, e nada terá.

²⁰Pavores se apoderam dele como águas; de noite o arrebata a tempestade.

²¹O vento oriental leva-o, e ele se vai, e varre-o com ímpeto do seu lugar.

²²E *Deus* lançará *isto* sobre ele, e não *lhe* poupará; irá fugindo da sua mão.

²³*Cada um* baterá palmas contra ele e assobiará *tirando*-o do seu lugar.

O homem tem conhecimento das coisas da terra

28 NA verdade, há *veios* de onde se extrai a prata, e *lugar* onde se refina o ouro.

²O ferro tira-se da terra, e *da* pedra se funde o cobre.

³Ele põe fim às trevas, e toda a extremidade ele esquadrinha, a pedra da escuridão e a da sombra da morte.

⁴Abre um poço de mina longe dos homens, em lugares esquecidos do pé; ficando pendentes longe dos homens, oscilam de um lado para outro.

⁵Da terra procede o pão, mas por baixo é revolvida como por fogo.

⁶As suas pedras são o lugar da safira, e tem pó de ouro.

⁷Essa vereda a ave de rapina a ignora, e não a viram os olhos da gralha.

⁸Nunca a pisaram filhos de animais altivos, nem o feroz leão passou por ela.

⁹Ele estende a sua mão contra o rochedo, *e* revolve os montes desde as suas raízes.

¹⁰Dos rochedos faz sair rios, e o seu olho vê tudo o *que há* de precioso.

¹¹Os rios tapa, e nem uma gota sai deles, e tira à luz o *que estava* escondido.

A sabedoria é um dom de Deus

¹²Porém onde se achará a sabedoria, e onde está o lugar da inteligência?

¹³O homem não conhece o seu valor, e nem ela se acha na terra dos viventes.

¹⁴O abismo diz: Não está em mim; e o mar diz: *Ela* não *está* comigo.

¹⁵Não se dará por ela ouro *fino,* nem se pesará prata em troca dela.

¹⁶Nem se pode comprar por ouro *fino* de Ofir, *nem* pelo precioso ônix, nem pela safira.

¹⁷Com ela não se pode comparar o ouro nem o cristal; nem se trocará por joia de ouro fino.

¹⁸Não se fará menção de coral nem de pérolas; porque o valor da sabedoria *é* melhor que *o dos* rubis.

¹⁹Não se lhe igualará o topázio da Etiópia, nem se pode avaliar por ouro puro.

²⁰Donde, pois, vem a sabedoria, e onde *está* o lugar da inteligência?

²¹Pois está encoberta aos olhos de todo o vivente, e oculta às aves do céu.

²²A perdição e a morte dizem: Ouvimos com os nossos ouvidos a sua fama.

²³Deus entende o seu caminho, e ele sabe o seu lugar.

²⁴Porque ele vê as extremidades da terra; e vê tudo *o que há* debaixo dos céus.

²⁵Quando deu peso ao vento, e tomou a medida das águas;

²⁶Quando prescreveu leis para a chuva e caminho para o relâmpago dos trovões;

²⁷Então a viu e relatou; estabeleceu-a, e também a esquadrinhou.

²⁸E disse ao homem: Eis que o temor do Senhor *é* a sabedoria, e apartar-se do mal *é* a inteligência.

Lamentação de Jó ao lembrar-se do seu primeiro estado

29 E PROSSEGUIU Jó no seu discurso, dizendo: ²Ah! Quem me dera ser como eu fui nos meses passados, como nos dias *em que* Deus me guardava!

³Quando fazia resplandecer a sua lâmpada sobre a minha cabeça *e quando* eu pela sua luz caminhava *pelas* trevas.

⁴Como fui nos dias da minha mocidade, quando o segredo de Deus estava sobre a minha tenda;

⁵Quando o Todo-Poderoso ainda *estava* comigo, *e* os meus filhos em redor de mim.

⁶Quando lavava os meus passos na manteiga, e da rocha me corriam ribeiros de azeite;

⁷Quando eu saía para a porta da cidade, e na rua fazia preparar a minha cadeira,

⁸Os moços me viam, e se escondiam, e *até* os idosos se levantavam *e* se punham em pé;

⁹Os príncipes continham as *suas* palavras, e punham a mão sobre a sua boca;

¹⁰A voz dos nobres se calava, e a sua língua apegava-se ao seu paladar.

¹¹Ouvindo-*me* algum ouvido, me tinha por bem-aventurado; vendo-*me* algum olho, dava testemunho de mim;

¹²Porque eu livrava o miserável, que clamava, como também o órfão que não tinha quem o socorresse.

¹³A bênção do que ia perecendo vinha sobre mim, e eu fazia que rejubilasse o coração da viúva.

¹⁴Vestia-me da justiça, e ela me servia de

vestimenta; como manto e diadema *era* a minha justiça.

¹⁵Eu me *fazia* de olhos para o cego, e de pés para o coxo.

¹⁶Dos necessitados era pai, e as causas de que eu não tinha conhecimento inquiria com diligência.

¹⁷E quebrava os queixos do perverso, e dos seus dentes tirava a presa.

¹⁸E dizia: No meu ninho expirarei, e multiplicarei os meus dias como a areia.

¹⁹A minha raiz se estendia junto às águas, e o orvalho permanecia sobre os meus ramos;

²⁰A minha honra se renovava em mim, e o meu arco se reforçava na minha mão.

²¹Ouviam-me e esperavam, e em silêncio atendiam ao meu conselho.

²²Havendo eu falado, não replicavam, e minhas razões destilavam sobre eles;

²³Porque me esperavam, como à chuva; e abriam a sua boca, como à chuva tardia.

²⁴*Se* eu ria para eles, não o criam, e a luz do meu rosto não faziam abater;

²⁵Eu escolhia o seu caminho, assentava-me como chefe, e habitava como rei entre as suas tropas; como aquele que consola os que pranteiam.

O estado miserável em que Jó caiu

30 AGORA, porém, se riem de mim os de menos idade do que eu, cujos pais eu teria desdenhado de pôr com os cães do meu rebanho.

²De que também me serviria a força das mãos daqueles, cujo *vigor* se tinha esgotado?

³De míngua e fome se debilitaram; *e* recolhiam-se para os lugares secos, tenebrosos, assolados e desertos.

⁴Apanhavam malvas junto aos arbustos, e o seu mantimento *eram* as raízes dos zimbros.

⁵Do meio *dos homens* eram expulsos, *e* gritavam *contra* eles, como contra o ladrão;

⁶Para habitarem nos barrancos dos vales, *e* nas cavernas da terra e das rochas.

⁷Bramavam entre os arbustos, *e* ajuntavam-se debaixo das urtigas.

⁸*Eram* filhos de doidos, e filhos de gente sem nome, e da terra foram expulsos.

⁹Agora, porém, sou a sua canção, e lhes sirvo de provérbio.

¹⁰Abominam-me, *e* fogem para longe de mim, e no meu rosto não se privam de cuspir.

¹¹Porque *Deus* desatou a sua corda, e me oprimiu, por isso sacudiram *de si* o freio perante o meu rosto.

¹²À direita se levantam os *moços;* empurram os meus pés, e preparam contra mim os seus caminhos de destruição.

¹³Desbarataram-me o caminho; promovem a minha miséria; contra eles não há ajudador.

¹⁴Vêm *contra mim* como por uma grande brecha, *e* revolvem-se entre a assolação.

¹⁵Sobrevieram-me pavores; como vento perseguem a minha honra, e como nuvem passou a minha felicidade.

¹⁶E agora derrama-se em mim a minha alma; os dias da aflição se apoderaram de mim.

¹⁷De noite se me traspassam os meus ossos, e os meus nervos não descansam.

¹⁸Pela grandeza do *meu mal* está desfigurada a minha veste, que, como a gola da minha túnica, me cinge.

¹⁹Lançou-me na lama, e fiquei semelhante ao pó e à cinza.

²⁰Clamo a ti, porém, tu não me respondes; estou em pé, porém, para mim *não* atentas.

²¹Tornaste-te cruel contra mim; com a força da tua mão resistes violentamente.

²²Levantas-me sobre o vento, fazes-me cavalgar *sobre ele,* e derretes-me o ser.

²³Porque eu sei *que* me levarás à morte e à casa do ajuntamento determinada a todos os viventes.

²⁴Porém não estenderá a mão para o túmulo, ainda que eles clamem na sua destruição.

²⁵*Porventura* não chorei sobre aquele que estava aflito, *ou* não se angustiou a minha alma pelo necessitado?

²⁶*Todavia* aguardando eu o bem, então *me* veio o mal, esperando eu a luz, veio a escuridão.

²⁷As minhas entranhas fervem e não estão quietas; os dias da aflição me surpreendem.

²⁸Denegrido ando, porém não do sol; levantando-me na congregação, clamo por socorro.

²⁹Irmão me fiz dos chacais, e companheiro dos avestruzes.

³⁰Enegreceu-se a minha pele sobre mim, e os meus ossos estão queimados do calor.

³¹A minha harpa se tornou em luto, e o meu órgão em voz dos que choram.

Jó declara sua integridade

31 FIZ aliança com os meus olhos; como, pois, *os* fixaria numa virgem?

²Que porção *teria eu* do Deus lá de cima, ou que herança do Todo-Poderoso desde as alturas?

³*Porventura* não é a perdição para o perverso, o desastre para os que praticam iniquidade?

⁴Ou não vê ele os meus caminhos, e não conta todos os meus passos?

⁵Se andei com falsidade, e *se* o meu pé se apressou para o engano

⁶(Pese-me em balanças fiéis, e saberá Deus a minha sinceridade),

⁷Se os meus passos se desviaram do caminho, e se o meu coração segue os meus olhos, e se às minhas mãos se apegou qualquer coisa,

⁸Então semeie eu e outro coma, e seja a minha descendência arrancada até à raiz.

⁹Se o meu coração se deixou seduzir por uma mulher, ou se eu armei traições à porta do meu próximo,

¹⁰Então moa minha mulher para outro, e outros se encurvem sobre ela,

¹¹Porque é uma infâmia, e *é* delito *pertencente* aos juízes.

¹²Porque é fogo que consome até à perdição, e desarraigaria toda a minha renda.

JÓ 31.13

¹³Se desprezei o direito do meu servo ou da minha serva, quando eles contendiam comigo;

¹⁴Então que faria eu quando Deus se levantasse? E, inquirindo *a causa,* que lhe responderia?

¹⁵Aquele que me formou no ventre não o fez *também* a ele? Ou não nos formou do mesmo *modo* na madre?

¹⁶Se retive o que os pobres desejavam, ou fiz desfalecer os olhos da viúva,

¹⁷Ou se, sozinho comi o meu bocado, e o órfão não comeu dele

¹⁸(Porque desde a minha mocidade cresceu comigo como *com seu* pai, e fui o guia da *viúva* desde o ventre de minha mãe),

¹⁹Se alguém vi perecer por falta de roupa, e ao necessitado por não ter coberta,

²⁰Se os seus lombos não me abençoaram, se ele não se aquentava com as peles dos meus cordeiros,

²¹Se eu levantei a minha mão contra o órfão, porquanto na porta via a minha ajuda,

²²Então caia do ombro a minha espádua, e separe-se o meu braço do osso.

²³Porque o castigo de Deus *era* para mim um assombro, e eu não podia suportar a sua grandeza.

²⁴Se no ouro pus a minha esperança, ou disse ao ouro fino: *Tu és* a minha confiança;

²⁵Se me alegrei de que era muita a minha riqueza, e de que a minha mão tinha alcançado muito;

²⁶Se olhei para o sol, quando resplandecia, ou para a lua, caminhando gloriosa,

²⁷E o meu coração se deixou enganar em oculto, e a minha boca beijou a minha mão,

²⁸Também isto *seria* delito à punição de juízes; pois *assim* negaria a Deus *que está* lá em cima.

²⁹Se me alegrei da desgraça do que me tem ódio, e se exultei quando o mal o atingiu

³⁰(Também não deixei pecar a minha boca, desejando a sua morte com maldição);

³¹Se a gente da minha tenda não disse: Ah! Quem nos dará da sua carne? Nunca nos fartaríamos dela.

³²O estrangeiro não passava a noite na rua; as minhas portas abria ao viandante,

³³Se, como Adão, encobri as minhas transgressões, ocultando o meu delito no meu seio;

³⁴Porque eu temia a grande multidão, e o desprezo das famílias me apavorava, e eu me calei, e não saí da porta;

³⁵Ah! Quem me dera um que me ouvisse! Eis que o meu desejo *é que* o Todo-Poderoso me responda, e que o meu adversário escreva um livro.

³⁶Por certo que o levaria sobre o meu ombro, sobre mim o ataria *por* coroa.

³⁷O número dos meus passos lhe mostraria; como príncipe me chegaria a ele.

³⁸Se a minha terra clamar contra mim, e se os seus sulcos juntamente chorarem,

³⁹Se comi os seus frutos sem dinheiro, e sufoquei a alma dos seus donos,

⁴⁰Por trigo *me* produza cardos, e por cevada joio. Acabaram-se as palavras de Jó.

Eliú repreende Jó e os seus três amigos

32 ENTÃO aqueles três homens cessaram de responder a Jó; porque era justo aos seus *próprios* olhos.

²E acendeu-se a ira de Eliú, filho de Baraquel, o buzita, da família de Rão; contra Jó se acendeu a sua ira, porque se justificava a si mesmo, mais do que a Deus.

³Também a sua ira se acendeu contra os seus três amigos, porque, não achando que responder, todavia condenavam a Jó.

⁴Eliú, porém, esperou para falar a Jó, porquanto tinham mais idade do que ele.

⁵Vendo, pois, Eliú que *já* não havia resposta na boca daqueles três homens, a sua ira se acendeu.

⁶E respondeu Eliú, filho de Baraquel, o buzita, dizendo: Eu *sou* de menos idade, e vós *sois* idosos; receei-me e temi de vos declarar a minha opinião.

⁷Dizia eu: Falem os dias, e a multidão dos anos ensine a sabedoria.

⁸Na verdade, há um espírito no homem, e a inspiração do Todo-Poderoso o faz entendido.

⁹Os grandes não são os sábios, nem os velhos entendem o que é direito.

¹⁰Assim digo: Dai-me ouvidos, *e* também eu declararei a minha opinião.

¹¹Eis que aguardei as vossas palavras, *e* dei ouvidos às vossas considerações, até que buscásseis razões.

¹²Atentando, pois, para vós, eis que nenhum de vós há que possa convencer a Jó, *nem* que responda às suas razões;

¹³Para que não digais: Achamos a sabedoria; Deus o derrubou, *e* não homem algum.

¹⁴Ora ele não dirigiu contra mim palavra alguma, nem lhe responderei com as vossas palavras.

¹⁵Estão pasmados, não respondem mais, faltam-lhes as palavras.

¹⁶Esperei, pois, mas não falam; porque já pararam, e não respondem mais.

¹⁷Também eu responderei pela minha parte; também eu declararei a minha opinião.

¹⁸Porque estou cheio de palavras; o meu espírito me constrange.

¹⁹Eis que dentro de mim sou como o mosto, sem respiradouro, prestes a arrebentar, como odres novos.

²⁰Falarei, para que ache alívio; abrirei os meus lábios, e responderei.

²¹Que não faça eu acepção de pessoas, nem use de palavras lisonjeiras com o homem!

²²Porque não sei usar de lisonjas; em breve me levaria o meu Criador.

Eliú acusa Jó de entender mal os caminhos de Deus

33 ASSIM, na verdade, ó Jó, ouve as minhas razões, e dá ouvidos a todas as minhas palavras.

²Eis que já abri a minha boca; *já* falou a minha língua debaixo do meu paladar.

³As minhas razões *provam* a sinceridade do meu coração, e os meus lábios proferem o puro saber.

⁴O Espírito de Deus me fez; e a inspiração do Todo-Poderoso me deu vida.

⁵Se podes, responde-me, põe em ordem as tuas *razões* diante de mim, e apresenta-te.

⁶Eis que vim de Deus, como tu; do barro também eu fui formado.

⁷Eis que não te perturbará o meu terror, nem será pesada sobre ti a minha mão.

⁸Na verdade tu falaste aos meus ouvidos; e eu ouvi a voz das tuas palavras. Dizias:

⁹Limpo estou, sem transgressão; puro *sou,* e não tenho iniquidade.

¹⁰Eis que procura pretexto contra mim, e me considera como seu inimigo.

¹¹Põe no tronco os meus pés, *e* observa todas as minhas veredas.

¹²Eis que nisso não tens razão; eu te respondo; porque maior é Deus do que o homem.

¹³Por que razão contendes com ele, sendo que não responde acerca de todos os seus feitos?

¹⁴Antes Deus fala uma e duas vezes; porém ninguém atenta para isso.

¹⁵Em sonho *ou em* visão noturna, quando cai sono profundo sobre os homens, *e* adormecem na cama.

¹⁶Então o revela ao ouvido dos homens, e lhes sela a sua instrução,

¹⁷Para apartar o homem daquilo que faz, e esconder do homem a soberba.

¹⁸Para desviar a sua alma da cova, e a sua vida de passar pela espada.

¹⁹Também na sua cama é castigado com dores; e com incessante contenda nos seus ossos;

²⁰De modo que a sua vida abomina *até* o pão, e a sua alma a comida apetitosa.

²¹Desaparece a sua carne a *olhos* vistos, e os seus ossos, *que* não se viam, *agora* aparecem.

²²E a sua alma se vai chegando à cova, e a sua vida aos que trazem a morte.

²³Se com ele, pois, houver um mensageiro, um intérprete, um entre milhares, para declarar ao homem a sua retidão,

²⁴Então terá misericórdia dele, e *lhe* dirá: Livra-o, para que não desça à cova; *já* achei resgate.

²⁵Sua carne se reverdecerá mais do que *era* na mocidade, *e* tornará aos dias da sua juventude.

²⁶Deveras orará a Deus, o qual se agradará dele, e verá a sua face com júbilo, e restituirá ao homem a sua justiça.

²⁷Olhará para os homens, e *se algum* disser: Pequei, e perverti o direito, o que de nada me aproveitou.

²⁸*Porém Deus* livrou a minha alma de ir para a cova, e a minha vida verá a luz.

²⁹Eis que tudo isto é obra de Deus, duas *e* três vezes para com o homem,

³⁰Para desviar a sua alma da perdição, e o iluminar com a luz dos viventes.

³¹Escuta, *pois,* ó Jó, ouve-me; cala-te, e eu falarei.

³²Se tens alguma coisa que dizer, responde-me; fala, porque desejo justificar-te.

³³Se não, escuta-me tu; cala-te, e ensinar-te-ei a sabedoria.

Eliú acusa Jó de falar injustamente de Deus

34 RESPONDEU mais Eliú, dizendo: ²Ouvi, vós, sábios, as minhas razões; e vós, entendidos, inclinai os ouvidos para mim.

³Porque o ouvido prova as palavras, como o paladar experimenta a comida.

⁴O que é direito escolhamos para nós; *e* conheçamos entre nós o que *é* bom.

⁵Porque Jó disse: Sou justo, e Deus tirou o meu direito.

⁶Apesar do meu direito sou considerado mentiroso; a minha ferida é incurável, embora eu esteja sem transgressão.

⁷Que homem há como Jó, que bebe a zombaria como água?

⁸E caminha em companhia dos que praticam a iniquidade, e anda com homens ímpios?

⁹Porque disse: De nada aproveita ao homem o comprazer-se em Deus.

¹⁰Portanto vós, homens de entendimento, escutai-me: Longe de Deus esteja *o praticar* a maldade e do Todo-Poderoso *o cometer* a perversidade!

¹¹Porque, *segundo* a obra do homem, ele lhe paga; e faz a cada um segundo o seu caminho.

¹²Também, na verdade, Deus não procede impiamente; nem o Todo-Poderoso perverte o juízo.

¹³Quem lhe entregou o governo da terra? E quem fez todo o mundo?

¹⁴Se ele pusesse o seu coração contra o homem, e recolhesse para si o seu espírito e o seu fôlego,

¹⁵Toda a carne juntamente expiraria, e o homem voltaria para o pó.

¹⁶Se, pois, *há em ti* entendimento, ouve isto; inclina os ouvidos ao som da minha palavra.

¹⁷*Porventura* o que odiasse o direito se firmaria? E tu condenarias aquele que é justo e poderoso?

¹⁸Ou dir-se-á a um rei: Oh! Vil? Ou aos príncipes: Oh! Ímpios?

¹⁹*Quanto menos àquele,* que não faz acepção das pessoas de príncipes, nem estima o rico mais do que o pobre; porque todos são obras de suas mãos.

²⁰Eles num momento morrem; e *até* à meia-noite os povos são perturbados, e passam, e os poderosos serão tomados não por mão *humana.*

²¹Porque os seus olhos *estão* sobre os caminhos de cada um, e ele vê todos os seus passos.

²²Não *há* trevas nem sombra de morte, onde se escondam os que praticam a iniquidade.

²³Porque Deus não sobrecarrega o homem mais do que é justo, para o fazer ir a juízo diante dele.

²⁴Quebranta aos fortes, sem que se possa inquirir, e põe outros em seu lugar.

²⁵Ele conhece, pois, as suas obras; de noite os transtorna, e ficam moídos.

JÓ 34.26   384

²⁶Ele os bate como ímpios *que são,* à vista dos espectadores;

²⁷Porquanto se desviaram dele, e não compreenderam nenhum de seus caminhos,

²⁸De sorte que o clamor do pobre subisse até ele, e que ouvisse o clamor dos aflitos.

²⁹Se ele aquietar, quem então inquietará? Se encobrir o rosto, quem então o poderá contemplar? Seja isto para com um povo, seja para com um homem *só,*

³⁰Para que o homem hipócrita nunca *mais* reine, e não haja laços no povo.

³¹Na verdade, quem a Deus disse: Suportei *castigo,* não ofenderei mais.

³²O que não vejo, ensina-me tu; se fiz *alguma* maldade, nunca mais *a* hei de fazer?

³³Virá de ti como há de ser a recompensa, para que tu a rejeites? Faze tu, pois, e não eu, a escolha; fala logo o que sabes.

³⁴Os homens de entendimento dirão comigo, e o homem sábio que me ouvir:

³⁵Jó falou sem conhecimento; e às suas palavras falta prudência.

³⁶Pai meu! Meu desejo é que Jó seja provado até ao fim, pelas suas respostas a homens malignos.

³⁷Porque ao seu pecado acrescenta a transgressão; entre nós bate palmas, e multiplica contra Deus as suas palavras.

O bem e o mal não podem afetar a Deus

35 RESPONDEU mais Eliú, dizendo:
²Tens por direito dizeres: Maior *é* a minha justiça do que *a* de Deus?

³Porque disseste: De que te serviria? Que proveito tiraria mais do que do meu pecado?

⁴Eu te darei resposta, a ti e aos teus amigos contigo.

⁵Atenta para os céus, e vê; e contempla as mais altas nuvens, *que são* mais altas do que tu.

⁶Se pecares, que efetuarás contra ele? *Se* as tuas transgressões se multiplicarem, que lhe farás?

⁷Se fores justo, que lhe darás, ou que receberá *ele* da tua mão?

⁸A tua impiedade *faria mal a* outro tal como tu; e a tua justiça *aproveitaria* ao filho do homem.

Por falta de fé dos aflitos, Deus não os ouve

⁹Por causa das muitas *opressões* os *homens* clamam por causa do braço dos grandes.

¹⁰Porém ninguém diz: Onde *está* Deus que me criou, que dá salmos durante a noite;

¹¹Que nos ensina mais do que aos animais da terra e nos faz mais sábios do que as aves dos céus?

¹²Clamam, porém ele não responde, por causa da arrogância dos maus.

¹³Certo *é* que Deus não ouvirá a vaidade, nem atentará para ela o Todo-Poderoso.

¹⁴E quanto ao que disseste, *que* o não verás, juízo *há* perante ele; por isso espera nele.

¹⁵Mas agora, porque a sua ira ainda não se exerce, nem grandemente considera a arrogância,

¹⁶Logo Jó em vão abre a sua boca, e sem conhecimento multiplica palavras.

Eliú justifica a Deus

36 PROSSEGUIU ainda Eliú, e disse:
²Espera-me um pouco, e mostrar-te-ei que ainda *há* razões a favor de Deus.

³De longe trarei o meu conhecimento; e ao meu Criador atribuirei a justiça.

⁴Porque na verdade, as minhas palavras não *serão* falsas; contigo está um que tem perfeito conhecimento.

⁵Eis que Deus *é mui* grande, contudo a ninguém despreza; grande *é* em força *e* sabedoria.

⁶Ele não preserva a vida do ímpio, e faz justiça aos aflitos.

⁷Do justo não tira os seus olhos; antes *estão* com os reis no trono; ali os assenta para sempre, e *assim* são exaltados.

⁸E se *estão* presos em grilhões, amarrados com cordas de aflição,

⁹Então lhes faz saber a obra deles, e as suas transgressões, porquanto prevaleceram *nelas.*

¹⁰Abre-lhes também os seus ouvidos, para sua disciplina, e ordena-*lhes* que se convertam da maldade.

¹¹Se o ouvirem, e o servirem, acabarão seus dias em bem, e os seus anos em delícias.

¹²Porém se não o ouvirem, à espada serão passados, e expirarão sem conhecimento.

¹³E os hipócritas de coração amontoam *para si* a ira; e amarrando-os ele, não clamam por socorro.

¹⁴A sua alma morre na mocidade, e a sua vida *perece* entre os impuros.

¹⁵Ao aflito livra da sua aflição, e na opressão se revela aos seus ouvidos.

O pecado de Jó impede a bênção divina

¹⁶Assim também te desviará da boca da angústia *para* um lugar espaçoso, em que não há aperto, e as iguarias da tua mesa *serão* cheias de gordura.

¹⁷Mas tu estás cheio do juízo do ímpio; o juízo e a justiça *te* sustentam.

¹⁸Porquanto há furor, *guarda-te* de que não sejas atingido pelo castigo violento, pois nem com resgate algum te livrarias dele.

¹⁹Estimaria ele tanto tuas riquezas? *Não,* nem ouro, nem todas as forças do poder.

²⁰Não suspires pela noite, *em* que os povos sejam tomados do seu lugar.

²¹Guarda-te, e não declines para a iniquidade; porquanto isso escolheste antes que a aflição.

²²Eis que Deus é excelso em seu poder; quem ensina como ele?

²³Quem lhe prescreveu o seu caminho? Ou, quem lhe dirá: Tu cometeste maldade?

²⁴Lembra-te de engrandecer a sua obra, que os homens contemplam.

²⁵Todos os homens a veem, e o homem *a* enxerga de longe.

²⁶Eis que Deus é grande, e nós não o compreendemos, e o número dos seus anos não se pode esquadrinhar.

²⁷Porque faz miúdas as gotas das águas que, do seu vapor, derramam a chuva,

²⁸A qual as nuvens destilam e gotejam sobre o homem abundantemente.

²⁹*Porventura* pode alguém entender as extensões das nuvens, e os estalos da sua tenda?

³⁰Eis que estende sobre elas a sua luz, e encobre as profundezas do mar.

³¹Porque por estas coisas julga os povos e lhes dá mantimento em abundância.

³²Com as nuvens encobre a luz, e ordena *não brilhar,* interpondo *a nuvem.*

³³O que nos dá a entender o seu pensamento, como também ao gado, acerca do *temporal* que sobe.

Deus deve ser temido pelos seus grandes feitos

37 SOBRE isto também treme o meu coração, e salta do seu lugar.

²Atentamente ouvi a indignação da sua voz, e o sonido que sai da sua boca.

³Ele o envia por debaixo de todos os céus, e a sua luz até aos confins da terra.

⁴Depois disto ruge uma voz; ele troveja com a sua voz majestosa; e ele não os detém quando a sua voz é ouvida.

⁵Com a sua voz troveja Deus maravilhosamente; faz grandes coisas, que nós não podemos compreender.

⁶Porque à neve diz: Cai sobre a terra; como também à garoa e à sua forte chuva.

⁷*Ele* sela as mãos de todo o homem, para que conheçam todos os homens a sua obra.

⁸E as feras entram nos seus esconderijos e ficam nas suas cavernas.

⁹Da recâmara *do sul* sai o tufão, e do norte o frio.

¹⁰Pelo sopro de Deus se dá a geada, e as largas águas se congelam.

¹¹Também de umidade carrega as grossas nuvens, *e* espalha as nuvens com a sua luz.

¹²Então elas, segundo o seu prudente conselho, se espalham em redor, para que façam tudo quanto lhes ordena sobre a superfície do mundo na terra.

¹³Seja que por vara, ou para a sua terra, ou por misericórdia as faz vir.

¹⁴A isto, ó Jó, inclina os teus ouvidos; para, e considera as maravilhas de Deus.

¹⁵*Porventura* sabes tu como Deus as opera, e faz resplandecer a luz da sua nuvem?

¹⁶Tens tu notícia do equilíbrio das grossas nuvens e das maravilhas daquele que é perfeito nos conhecimentos?

¹⁷*Ou* de como as tuas roupas aquecem, quando do sul há calma sobre a terra?

¹⁸*Ou* estendeste com ele os céus, que *estão* firmes como espelho fundido?

¹⁹Ensina-nos o que lhe diremos: *porque* nós nada poderemos pôr em boa ordem, por causa das trevas.

²⁰Contar-lhe-ia *alguém* o que tenho falado? Ou desejaria um homem que ele fosse devorado?

²¹E agora não *se pode* olhar para o sol, que resplandece nas nuvens, quando o vento, tendo passado, o deixa limpo.

²²O esplendor de ouro vem do norte; *pois,* em Deus *há uma* tremenda majestade.

²³Ao Todo-Poderoso não podemos alcançar; grande é em poder; porém a ninguém oprime em juízo e grandeza de justiça.

²⁴Por isso o temem os homens; ele não respeita os que *se julgam* sábios de coração.

Deus responde a Jó

38 DEPOIS disto o SENHOR respondeu a Jó de um redemoinho, dizendo:

²Quem *é* este que escurece o conselho com palavras sem conhecimento?

³Agora cinge os teus lombos, como homem; e perguntar-te-ei, e tu me ensinarás.

⁴Onde estavas *tu,* quando eu fundava a terra? Faze-*mo* saber, se tens inteligência.

⁵Quem lhe pôs as medidas, se é que o sabes? Ou quem estendeu sobre ela o cordel?

⁶Sobre que estão fundadas as suas bases, ou quem assentou a sua pedra de esquina,

⁷Quando as estrelas da alva juntas alegremente cantavam, e todos os filhos de Deus jubilavam?

⁸Ou *quem* encerrou o mar com portas, quando este rompeu *e* saiu da madre?

⁹Quando eu pus as nuvens por sua vestidura, e a escuridão por faixa?

¹⁰Quando eu lhe tracei limites, e *lhe* pus portas e ferrolhos,

¹¹E disse: Até aqui virás, e não mais adiante, e aqui se parará o orgulho das tuas ondas?

¹²*Ou* desde os teus dias deste ordem à madrugada, *ou* mostraste à alva o seu lugar;

¹³Para que pegasse nas extremidades da terra, e os ímpios fossem sacudidos dela;

¹⁴*E* se transformasse como o barro sob o selo, e se pusessem como vestidos;

¹⁵E dos ímpios se desvie a sua luz, e o braço altivo se quebrante;

¹⁶*Ou* entraste tu até às origens do mar, ou passeaste no mais profundo do abismo?

¹⁷*Ou* descobriram-se-te as portas da morte, ou viste as portas da sombra da morte?

¹⁸*Ou* com o teu entendimento chegaste às larguras da terra? Faze-*mo* saber, se sabes tudo isto.

¹⁹Onde está o caminho *onde* mora a luz? E, quanto às trevas, onde está o seu lugar;

²⁰Para que as tragas aos seus limites, e para que saibas as veredas da sua casa?

²¹*Decerto* tu o sabes, porque já então eras nascido, e por ser grande *o* número dos teus dias!

JÓ 38.22

²²Ou entraste tu até aos tesouros da neve, e viste os tesouros da saraiva,

²³Que eu retenho até ao tempo da angústia, até ao dia da peleja e da guerra?

²⁴Onde está o caminho *em que* se reparte a luz, *e* se espalha o vento oriental sobre a terra?

²⁵Quem abriu para a inundação um leito, e um caminho para os relâmpagos dos trovões,

²⁶Para chover sobre a terra, *onde* não há ninguém, e *no* deserto, em que não *há* homem;

²⁷Para fartar a *terra* deserta e assolada, e para fazer crescer os renovos da erva?

²⁸A chuva *porventura* tem pai? Ou quem gerou as gotas do orvalho?

²⁹De que ventre procedeu o gelo? E quem gerou a geada do céu?

³⁰Como *debaixo de* pedra as águas se endurecem, e a superfície do abismo se congela.

³¹Ou poderás tu ajuntar as delícias do Sete-Estrelo ou soltar os cordéis do Órion?

³²Ou produzir as constelações a seu tempo, e guiar a Ursa com seus filhos?

³³Sabes tu as ordenanças dos céus, ou podes estabelecer o domínio deles sobre a terra?

³⁴Ou podes levantar a tua voz até às nuvens, para que a abundância das águas te cubra?

³⁵Ou mandarás aos raios para que saiam, e te digam: Eis-nos aqui?

³⁶Quem pôs a sabedoria no íntimo, ou quem deu à mente o entendimento?

³⁷Quem numerará as nuvens com sabedoria? Ou os odres dos céus, quem os esvaziará,

³⁸Quando se funde o pó numa massa, e se apegam os torrões uns aos outros?

³⁹Porventura caçarás tu presa para a leoa, ou saciarás a fome dos filhos dos leões,

⁴⁰Quando se agacham nos covis, *e* estão à espreita nas covas?

⁴¹Quem prepara aos corvos o seu alimento, quando os seus filhotes gritam a Deus *e* andam vagueando, por não terem o que comer?

39 SABES tu o tempo em que as cabras montesas têm filhos, *ou* observastes as cervas quando dão suas crias?

²Contarás os meses *que* cumprem, ou sabes o tempo do seu parto?

³Quando se encurvam, produzem seus filhos, *e* lançam de si as suas dores.

⁴Seus filhos enrijam, crescem com o trigo; saem, e nunca mais tornam para elas.

⁵Quem despediu livre o jumento montês, e quem soltou as prisões ao jumento bravo,

⁶Ao qual dei o ermo por casa, e a terra salgada por morada?

⁷Ri-se do ruído da cidade; não ouve os muitos gritos do condutor.

⁸A região montanhosa é o seu pasto, e anda buscando tudo que está verde.

⁹Ou, querer-te-á servir o boi selvagem? Ou ficará no teu curral?

¹⁰Ou com corda amarrarás, no arado, ao boi selvagem? Ou escavará ele os vales após ti?

¹¹Ou confiarás nele, por ser grande a sua força, ou deixarás a seu cargo o teu trabalho?

¹²Ou fiarás dele que te torne o que semeaste e *o* recolha *na* tua eira?

¹³A avestruz bate alegremente as suas asas, porém, são benignas as suas asas e penas?

¹⁴Ela deixa os seus ovos na terra, e os aquenta no pó,

¹⁵E se esquece de que *algum* pé os pode pisar, ou que os animais do campo os podem calcar.

¹⁶Endurece-se para com seus filhos, como se não *fossem* seus; em vão é seu trabalho, mas *ela* está sem temor,

¹⁷Porque Deus a privou de sabedoria, e não lhe deu entendimento.

¹⁸A seu tempo se levanta ao alto; ri-se do cavalo, e do que vai montado nele.

¹⁹Ou darás tu força ao cavalo, ou revestirás o seu pescoço com crinas?

²⁰Ou espantá-lo-ás, como ao gafanhoto? Terrível *é* o fogoso respirar das suas ventas.

²¹Escarva a terra, e folga na *sua* força, e sai ao encontro dos armados.

²²Ri-se do temor, e não se espanta, e não torna atrás por causa da espada.

²³Contra ele rangem a aljava, o ferro flamante da lança e do dardo.

²⁴Agitando-se e indignando-se, serve a terra, e não faz caso do som da trombeta.

²⁵Ao soar das trombetas diz: Eia! E cheira de longe a guerra, *e* o trovão dos capitães, e o alarido.

²⁶Ou voa o gavião pela tua inteligência, *e* estende as suas asas para o sul?

²⁷Ou se remonta a águia ao teu mandado, e põe no alto o seu ninho?

²⁸Nas penhas mora e habita; no cume das penhas, e nos lugares seguros.

²⁹Dali descobre a presa; seus olhos a avistam de longe.

³⁰E seus filhos chupam o sangue, e onde há mortos, ali está ela.

40 RESPONDEU mais o SENHOR a Jó, dizendo:
²*Porventura* o contender contra o Todo-Poderoso é sabedoria? Quem repreende assim a Deus, responda por isso.

Jó humilha-se perante Deus

³Então Jó respondeu ao SENHOR, dizendo:

⁴Eis que sou vil; que te responderia eu? A minha mão ponho à boca.

⁵Uma vez tenho falado, e não replicarei; ou *ainda* duas vezes, porém não prosseguirei.

Deus prossegue

⁶Então o SENHOR respondeu a Jó de um redemoinho, dizendo:

⁷Cinge agora os teus lombos como homem; *eu* te perguntarei, e tu me explicarás.

⁸*Porventura* também tornarás tu vão o meu juízo, ou tu me condenarás, para te justificares?

⁹Ou tens braço como Deus, ou podes trovejar com voz como ele o faz?

¹⁰Orna-te, pois, de excelência e alteza; e veste-te de majestade e de glória.

¹¹Derrama os furores da tua ira, e atenta para todo o soberbo, e abate-o.

¹²Olha para todo o soberbo, *e* humilha-o, e atropela os ímpios no seu lugar.

¹³Esconde-os juntamente no pó; ata-*lhes* os rostos em oculto.

¹⁴Então também eu a ti confessarei que a tua mão direita te poderá salvar.

¹⁵Contempla agora o beemote, que eu fiz contigo, *que* come a erva como o boi.

¹⁶Eis que a sua força *está* nos seus lombos, e o seu poder nos músculos do seu ventre.

¹⁷*Quando* quer, move a sua cauda como cedro; os nervos das suas coxas estão entretecidos.

¹⁸Os seus ossos *são como* tubos de bronze; a sua ossada *é* como barras de ferro.

¹⁹Ele *é* obra-prima dos caminhos de Deus; o que o fez o proveu da sua espada.

²⁰Em verdade os montes lhe produzem pastos, onde todos os animais do campo folgam.

²¹Deita-se debaixo das árvores sombrias, no esconderijo das canas e da lama.

²²As árvores sombrias o cobrem, com sua sombra; os salgueiros do ribeiro o cercam.

²³Eis que um rio transborda, e ele não se apressa, confiando ainda que o Jordão se levante até à sua boca.

²⁴Podê-lo-iam *porventura* caçar à vista de seus olhos, *ou* com laços *lhe* furar o nariz?

41PODERÁS tirar com anzol o leviatã, ou ligarás a sua língua com uma corda?

²Podes pôr um anzol no seu nariz, ou com um gancho furar a sua queixada?

³*Porventura* multiplicará as súplicas para contigo, *ou* brandamente falará?

⁴Fará ele aliança contigo, *ou* o tomarás tu por servo para sempre?

⁵Brincarás com ele, como se fora um passarinho, ou o prenderás para tuas meninas?

⁶Os *teus* companheiros farão dele um banquete, *ou* o repartirão entre os negociantes?

⁷Encherás a sua pele de ganchos, ou a sua cabeça com arpões de pescadores?

⁸Põe a tua mão sobre ele, lembra-te da peleja, *e* nunca mais *tal* intentarás.

⁹Eis que é vã a esperança de apanhá-lo; pois não será o *homem* derrubado só ao vê-lo?

¹⁰Ninguém *há tão* atrevido, que a despertá-lo *se atreva;* quem, pois, é aquele que *ousa* erguer-se diante de mim?

¹¹Quem primeiro me deu, para que eu haja de retribuir-*lhe? Pois* o que *está* debaixo de todos os céus é meu.

¹²Não me calarei a respeito dos seus membros, nem da sua grande força, nem a graça da sua compostura.

¹³Quem descobrirá a face da sua roupa? Quem entrará na sua couraça dobrada?

¹⁴Quem abrirá as portas do seu rosto? *Pois* ao redor dos seus dentes *está* o terror.

¹⁵As *suas* fortes escamas *são* o seu orgulho, cada uma fechada *como* com selo apertado.

¹⁶Uma à outra se chega *tão* perto, que nem o ar passa por entre elas.

¹⁷Umas às outras se ligam; *tanto* aderem entre si, que não se podem separar.

¹⁸Cada um dos seus espirros faz resplandecer a luz, e os seus olhos *são* como as pálpebras da alva.

¹⁹Da sua boca saem tochas; faíscas de fogo saltam dela.

²⁰Das suas narinas procede fumaça, como de uma panela fervente, ou de uma grande caldeira.

²¹O seu hálito faz incender os carvões; e da sua boca sai chama.

²²No seu pescoço reside a força; diante dele *até* a tristeza salta de prazer.

²³Os músculos da sua carne estão pegados *entre si;* cada um está firme nele, e nenhum se move.

²⁴O seu coração é firme como uma pedra e firme como a *mó* de baixo.

²⁵Levantando-se ele, tremem os valentes; em razão dos *seus* abalos se purificam.

²⁶Se alguém lhe tocar com a espada, *essa* não poderá penetrar, nem lança, dardo ou flecha.

²⁷Ele considera o ferro como palha, e o cobre como pau podre.

²⁸A seta o não fará fugir; as pedras das fundas se lhe tornam em restolho.

²⁹As pedras atiradas são para ele como arestas, e ri-se do brandir da lança;

³⁰Debaixo de si *tem* conchas pontiagudas; estende-se *sobre* coisas pontiagudas *como* na lama.

³¹As profundezas faz ferver, como uma panela; torna o mar como uma vasilha de unguento.

³²Após si deixa uma vereda luminosa; parece o abismo tornado em brancura de cabelos.

³³Na terra não há coisa que se lhe possa comparar, *pois* foi feito para estar sem pavor.

³⁴Ele vê tudo que é alto; é rei sobre todos os filhos da soberba.

Jó arrepende-se

42ENTÃO respondeu Jó ao SENHOR, dizendo: ²Bem sei eu que tudo podes, e que nenhum dos teus propósitos pode ser impedido.

³Quem *é* este, que sem conhecimento encobre o conselho? Por isso relatei o que não entendia; coisas que para mim eram inescrutáveis, e que eu não entendia.

⁴Escuta-me, pois, e eu falarei; eu te perguntarei, e tu me ensinarás.

⁵Com o ouvir dos meus ouvidos ouvi, mas agora te veem os meus olhos.

⁶Por isso *me* abomino e me arrependo no pó e na cinza.

JÓ 42.7

Deus manda os amigos de Jó ir ter com ele

⁷Sucedeu que, acabando o Senhor de falar a Jó aquelas palavras, o Senhor disse a Elifaz, o temanita: A minha ira se acendeu contra ti, e contra os teus dois amigos, porque não falastes de mim *o que era* reto, como o meu servo Jó.

⁸Tomai, pois, sete bezerros e sete carneiros, e ide ao meu servo Jó, e oferecei holocaustos por vós, e o meu servo Jó orará por vós; porque deveras a ele aceitarei, para que eu não vos trate *conforme a vossa* loucura; porque vós não falastes de mim *o que era* reto como o meu servo Jó.

⁹Então foram Elifaz, o temanita, e Bildade, o suíta, e Zofar, o naamatita, e fizeram como o Senhor lhes dissera; e o Senhor aceitou a *face de* Jó.

Deus confere a Jó o dobro da prosperidade que tinha antes

¹⁰E o Senhor virou o cativeiro de Jó, quando orava pelos seus amigos; e o Senhor acrescentou, em dobro, a tudo quanto Jó antes possuía.

¹¹Então vieram a ele todos os seus irmãos, e todas as suas irmãs, e todos quantos dantes o conheceram, e comeram com ele pão em sua casa, e se condoeram dele, e o consolaram acerca de todo o mal que o Senhor lhe havia enviado; e cada *um* deles lhe deu *uma* peça de dinheiro, e um pendente de ouro.

¹²E *assim* abençoou o Senhor o último estado de Jó, mais do que o primeiro; pois teve catorze mil ovelhas, e seis mil camelos, e mil juntas de bois, e mil jumentas.

¹³Também teve sete filhos e três filhas.

¹⁴E chamou o nome da primeira Jemima, e o nome da segunda Quezia, e o nome da terceira Quéren-Hapuque.

¹⁵E em toda a terra não se acharam mulheres tão formosas como as filhas de Jó; e seu pai lhes deu herança entre seus irmãos.

¹⁶E depois disto viveu Jó cento e quarenta anos; e viu a seus filhos, e aos filhos de seus filhos, até à quarta geração.

¹⁷Então morreu Jó, velho e farto de dias.

O LIVRO DOS
SALMOS

A felicidade dos justos e o castigo dos ímpios

1 BEM-AVENTURADO o homem que não anda segundo o conselho dos ímpios, nem se detém no caminho dos pecadores, nem se assenta na roda dos escarnecedores.

² Antes *tem* o seu prazer na lei do SENHOR, e na sua lei medita de dia e de noite.

³ Pois será como a árvore plantada junto a ribeiros de águas, a qual dá o seu fruto no seu tempo; as suas folhas não cairão, e tudo quanto fizer prosperará.

⁴ Não *são* assim os ímpios; mas *são* como a moinha que o vento espalha.

⁵ Por isso os ímpios não subsistirão no juízo, nem os pecadores na congregação dos justos.

⁶ Porque o SENHOR conhece o caminho dos justos; porém o caminho dos ímpios perecerá.

A rebelião dos gentios e a vitória do Messias

2 POR QUE se amotinam os gentios, e os povos imaginam coisas vãs?

² Os reis da terra se levantam e os governos consultam juntamente contra o SENHOR e contra o seu ungido, *dizendo:*

³ Rompamos as suas ataduras, e sacudamos de nós as suas cordas.

⁴ Aquele que habita nos céus se rirá; o Senhor zombará deles.

⁵ Então lhes falará na sua ira, e no seu furor os turbará.

⁶ Eu, porém, ungi o meu Rei sobre o meu santo monte de Sião.

⁷ Proclamarei o decreto: O SENHOR me disse: Tu *és* meu Filho, eu hoje te gerei.

⁸ Pede-me, e eu *te* darei os gentios *por* herança, e os fins da terra *por* tua possessão.

⁹ Tu os esmigalharás com uma vara de ferro; tu os despedaçarás como *a* um vaso de oleiro.

¹⁰ Agora, pois, ó reis, sede prudentes; deixai-vos instruir, juízes da terra.

¹¹ Servi ao SENHOR com temor, e alegrai-vos com tremor.

¹² Beijai o Filho, para que se não ire, e pereçais no caminho, quando em breve se acender a sua ira; bem-aventurados todos aqueles que nele confiam.

Davi confia em Deus na sua adversidade
Salmo de Davi, quando fugiu de diante da face de Absalão, seu filho

3 SENHOR, como se têm multiplicado os meus adversários! *São* muitos os que se levantam contra mim.

² Muitos dizem da minha alma: Não *há* salvação para ele em Deus. (Selá.)

³ Porém tu, SENHOR, *és* um escudo para mim, a minha glória, e o que exalta a minha cabeça.

⁴ Com a minha voz clamei ao SENHOR, e ouviu-me desde o seu santo monte. (Selá.)

⁵ Eu me deitei e dormi; acordei, porque o SENHOR me sustentou.

⁶ Não temerei dez milhares de pessoas que *se* puseram contra mim e me cercam.

⁷ Levanta-te, SENHOR; salva-me, Deus meu; pois feriste a todos os meus inimigos nos queixos; quebraste os dentes aos ímpios.

⁸ A salvação *vem* do SENHOR; sobre o teu povo *seja* a tua bênção. (Selá.)

Davi ora a Deus na sua angústia
Salmo de Davi para o músico-mor, sobre Neginote

4 OUVE-ME quando eu clamo, ó Deus da minha justiça, na angústia me deste largueza; tem misericórdia de mim e ouve a minha oração.

² Filhos dos homens, até quando *convertereis* a minha glória em infâmia? *Até quando* amareis a vaidade *e* buscareis a mentira? (Selá.)

³ Sabei, pois, que o SENHOR separou para si aquele que é piedoso; o SENHOR ouvirá quando eu clamar a ele.

⁴ Perturbai-vos e não pequeis; falai com o vosso coração sobre a vossa cama, e calai-vos. (Selá.)

⁵ Oferecei sacrifícios de justiça, e confiai no SENHOR.

⁶ Muitos dizem: Quem nos mostrará o bem? SENHOR, exalta sobre nós a luz do teu rosto.

⁷ Puseste alegria no meu coração, mais do que no tempo em que se lhes multiplicaram o trigo e o vinho.

⁸ Em paz também me deitarei e dormirei, porque só tu, SENHOR, me fazes habitar em segurança.

Deus odeia os ímpios e abençoa os justos
Salmo de Davi para o músico-mor, sobre Neilote

5 DÁ ouvidos às minhas palavras, ó SENHOR, atende à minha meditação.

² Atende à voz do meu clamor, Rei meu e Deus meu, pois a ti orarei.

³ Pela manhã ouvirás a minha voz, ó SENHOR; pela manhã apresentarei a ti *a minha oração,* e vigiarei.

⁴ Porque tu não *és um* Deus que tenha prazer na iniquidade, nem contigo habitará o mal.

⁵ Os loucos não pararão à tua vista; odeias a todos os que praticam a maldade.

⁶ Destruirás aqueles que falam a mentira; o SENHOR aborrecerá o homem sanguinário e fraudulento.

⁷ Porém eu entrarei em tua casa pela grandeza da tua benignidade; *e* em teu temor me inclinarei para o teu santo templo.

SALMOS 5.8

390

⁸SENHOR, guia-me na tua justiça, por causa dos meus inimigos; endireita diante de mim o teu caminho.

⁹Porque não *há* retidão na boca deles; as suas entranhas *são* verdadeiras maldades, a sua garganta *é* um sepulcro aberto; lisonjeiam com a sua língua.

¹⁰Declara-os culpados, ó Deus; caiam por seus próprios conselhos; lança-os fora por causa da multidão de suas transgressões, pois se rebelaram contra ti.

¹¹Porém alegrem-se todos os que confiam em ti; exultem eternamente, porquanto tu os defendes; e em ti se gloriem os que amam o teu nome.

¹²Pois tu, SENHOR, abençoarás ao justo; circundá-lo-ás da tua benevolência como de um escudo.

Davi recorre à misericórdia de Deus e alcança perdão

Salmo de Davi para o músico-mor em Neginote, sobre Seminite

6 SENHOR, não me repreendas na tua ira, nem me castigues no teu furor.

²Tem misericórdia de mim, SENHOR, porque *sou* fraco; sara-me, SENHOR, porque os meus ossos estão perturbados.

³Até a minha alma está perturbada; mas tu, SENHOR, até quando?

⁴Volta-te, SENHOR, livra a minha alma; salva-me por tua benignidade.

⁵Porque na morte não *há* lembrança de ti; no sepulcro quem te louvará?

⁶*Já* estou cansado do meu gemido, toda a noite faço nadar a minha cama; molho o meu leito com as minhas lágrimas,

⁷*Já* os meus olhos estão consumidos pela mágoa, *e* têm-se envelhecido por causa de todos os meus inimigos.

⁸Apartai-vos de mim todos os que praticais a iniquidade; porque o SENHOR já ouviu a voz do meu pranto.

⁹O SENHOR já ouviu a minha súplica; o SENHOR aceitará a minha oração.

¹⁰Envergonhem-se e perturbem-se todos os meus inimigos; tornem atrás *e* envergonhem-se num momento.

Davi confia em Deus e protesta a sua inocência

Sigaiom de Davi que cantou ao SENHOR, sobre as palavras de Cuxe, homem benjamita

7 SENHOR meu Deus, em ti confio; salva-me de todos os que me perseguem, e livra-me;

²Para que ele não arrebate a minha alma, como leão, despedaçando-a, sem que *haja* quem a livre.

³SENHOR meu Deus, se eu fiz isto, se há perversidade nas minhas mãos,

⁴Se paguei *com o* mal àquele que tinha paz comigo (antes, livrei ao que me oprimia sem causa),

⁵Persiga o inimigo a minha alma e alcance-a; calque aos pés a minha vida sobre a terra, e reduza a pó a minha glória. (Selá.)

⁶Levanta-te, SENHOR, na tua ira; exalta-te por causa do furor dos meus opressores; e desperta por mim *para* o juízo *que* ordenaste.

⁷Assim te rodeará o ajuntamento de povos; por causa deles, pois, volta-te para as alturas.

⁸O SENHOR julgará os povos; julga-me, SENHOR, conforme a minha justiça, e conforme a integridade *que há* em mim.

⁹Tenha já fim a malícia dos ímpios; mas estabeleça-se o justo; pois tu, ó justo Deus, provas os corações e as entranhas.

¹⁰O meu escudo é de Deus, que salva os retos de coração.

¹¹Deus julga o justo, e se ira *com o ímpio* todos os dias.

¹²Se *o homem* não se converter, *Deus* afiará a sua espada; já tem armado o seu arco, e está aparelhado.

¹³E já para ele preparou armas mortais; e porá em ação as suas setas inflamadas contra os perseguidores.

¹⁴Eis que ele está com dores de perversidade; concebeu trabalhos, e produziu mentiras.

¹⁵Cavou um poço e o fez fundo, e caiu na *cova que fez*.

¹⁶A sua obra cairá sobre a sua cabeça; e a sua violência descerá sobre a sua própria cabeça.

¹⁷Eu louvarei ao SENHOR segundo a sua justiça, e cantarei louvores ao nome do SENHOR altíssimo.

Deus é glorificado nas suas obras e na sua bondade para com o homem

Salmo de Davi para o músico-mor, sobre Gitite

8 Ó SENHOR, Senhor nosso, quão admirável *é* o teu nome em toda a terra, pois puseste a tua glória sobre os céus!

²Tu ordenaste força da boca das crianças e dos que mamam, por causa dos teus inimigos, para fazer calar ao inimigo e ao vingador.

³Quando vejo os teus céus, obra dos teus dedos, a lua e as estrelas que preparaste;

⁴Que *é* o homem mortal para que te lembres dele? E o filho do homem, para que o visites?

⁵Pois pouco menor o fizeste do que *os* anjos, e de glória e de honra o coroaste.

⁶Fazes com que ele tenha domínio sobre as obras das tuas mãos; tudo puseste debaixo de seus pés:

⁷Todas as ovelhas e bois, assim como os animais do campo,

⁸As aves dos céus, e os peixes do mar, e *tudo que* passa pelas veredas dos mares.

⁹Ó SENHOR, Senhor nosso, quão admirável *é* o teu nome sobre toda a terra!

Ação de graças por um grande livramento

Salmo de Davi para o músico-mor, sobre Mute-Láben

9 EU *te* louvarei, SENHOR, com todo o meu coração; contarei todas as tuas maravilhas.

²Em ti me alegrarei e saltarei de prazer; cantarei louvores ao teu nome, ó Altíssimo.

³Porquanto os meus inimigos voltaram atrás, caíram e pereceram diante da tua face.

⁴Pois tu tens sustentado o meu direito e a minha causa; tu te assentaste no tribunal, julgando justamente.

⁵Repreendeste as nações, destruíste os ímpios; apagaste o seu nome para sempre e eternamente.

⁶Oh! Inimigo! Acabaram-se para sempre as assolações; e tu arrasaste as cidades, e a sua memória pereceu com elas.

⁷Mas o Senhor está assentado perpetuamente; *já* preparou o seu tribunal para julgar.

⁸Ele mesmo julgará o mundo com justiça; exercerá juízo sobre povos com retidão.

⁹O Senhor será também *um* alto refúgio para o oprimido; *um* alto refúgio em tempos de angústia.

¹⁰Em ti confiarão os que conhecem o teu nome; porque tu, Senhor, nunca desamparaste os que te buscam.

¹¹Cantai louvores ao Senhor, que habita em Sião; anunciai entre os povos os seus feitos.

¹²Pois quando inquire do derramamento de sangue, lembra-se deles: não se esquece do clamor dos aflitos.

¹³Tem misericórdia de mim, Senhor, olha para a minha aflição, causada por aqueles que me odeiam; tu que me levantas das portas da morte;

¹⁴Para que eu conte todos os teus louvores nas portas da filha de Sião, *e* me alegre na tua salvação.

¹⁵Os gentios enterraram-se na cova *que* fizeram; na rede que ocultaram ficou preso o seu pé.

¹⁶O Senhor é conhecido *pelo* juízo *que* fez; enlaçado foi o ímpio nas obras de suas mãos. (Higaiom; Selá.)

¹⁷Os ímpios serão lançados no inferno, *e* todas as nações que se esquecem de Deus.

¹⁸Porque o necessitado não será esquecido para sempre, *nem* a expectação dos pobres perecerá perpetuamente.

¹⁹Levanta-te, Senhor; não prevaleça o homem; sejam julgados os gentios diante da tua face.

²⁰Põe-os em medo, Senhor, para que saibam as nações que *são formadas por meros* homens. (Selá.)

A audácia dos perseguidores, e o refúgio em Deus

10 POR que estás ao longe, Senhor? *Por que* te esconces nos tempos de angústia?

²Os ímpios na *sua* arrogância perseguem furiosamente o pobre; sejam apanhados nas ciladas que maquinaram.

³Porque o ímpio gloria-se do desejo da sua alma; bendiz ao avarento, e renuncia ao Senhor.

⁴Pela altivez do seu rosto o ímpio não busca a *Deus;* todas as suas cogitações *são que* não *há* Deus.

⁵Os seus caminhos atormentam sempre; os teus juízos *estão* longe da vista dele, em grande altura, e despreza aos seus inimigos.

⁶Diz em seu coração: Não serei abalado, porque nunca *me verei* na adversidade.

⁷A sua boca está cheia de maldições, de enganos e de astúcia; debaixo da sua língua *há* malícia e maldade.

⁸Põe-se de emboscada nas aldeias; nos lugares ocultos mata o inocente; os seus olhos estão ocultamente fixos sobre o pobre.

⁹Arma ciladas no esconderijo, como o leão no seu covil; arma ciladas para roubar o pobre; rouba o pobre, prendendo-o na sua rede.

¹⁰Encolhe-se, abaixa-se, para que os pobres caiam em suas fortes *garras*.

¹¹Diz em seu coração: Deus esqueceu-se, cobriu o seu rosto, e nunca isto verá.

¹²Levanta-te, Senhor. Ó Deus, levanta a tua mão; não te esqueças dos humildes.

¹³Por que blasfema o ímpio de Deus? Dizendo no seu coração: Tu não *o* esquadrinharás?

¹⁴Tu *o* viste, porque atentas para o trabalho e enfado, para *o* retribuir com tuas mãos; a ti o pobre se encomenda; tu és o auxílio do órfão.

¹⁵Quebra o braço do ímpio e malvado; busca a sua impiedade, *até* que nenhuma encontres.

¹⁶O Senhor *é* Rei eterno; da sua terra perecerão os gentios.

¹⁷Senhor, tu ouviste os desejos dos mansos; confortarás os seus corações; os teus ouvidos estarão abertos *para eles;*

¹⁸Para fazer justiça ao órfão e ao oprimido, a fim de que o homem da terra não prossiga mais em usar da violência.

Deus salva os retos e castiga os ímpios

Salmo de Davi para o músico-mor

11 NO Senhor confio; como dizeis à minha alma: Fugi para a vossa montanha *como* pássaro?

²Pois eis que os ímpios armam o arco, põem as flechas na corda, para com elas atirarem, às escuras, aos retos de coração.

³Se forem destruídos os fundamentos, que poderá fazer o justo?

⁴O Senhor *está* no seu santo templo, o trono do Senhor *está* nos céus; os seus olhos estão atentos, e as suas pálpebras provam os filhos dos homens.

⁵O Senhor prova o justo; porém ao ímpio e ao que ama a violência odeia a sua alma.

⁶Sobre os ímpios fará chover laços, fogo, enxofre e vento tempestuoso; isto será a porção do seu copo.

⁷Porque o Senhor *é* justo, *e* ama a justiça; o seu rosto olha para os retos.

A falsidade do homem e a veracidade de Deus

Salmo de Davi para o músico-mor, sobre Seminite

12 SALVA-NOS, Senhor, porque faltam os homens bons; porque são poucos os fiéis entre os filhos dos homens.

²Cada um fala com falsidade ao seu próximo; falam *com* lábios lisonjeiros e coração dobrado.

SALMOS 12.3 392

³O Senhor cortará todos os lábios lisonjeiros *e* a língua que fala soberbamente.

⁴Pois dizem: Com a nossa língua prevaleceremos; *são* nossos os lábios; quem *é* senhor sobre nós?

⁵Pela opressão dos pobres, pelo gemido dos necessitados me levantarei agora, diz o Senhor; porei a salvo *aquele* para quem eles assopram.

⁶As palavras do Senhor *são* palavras puras, *como* prata refinada em fornalha de barro, purificada sete vezes.

⁷Tu os guardarás, Senhor; desta geração os preservarás para sempre.

⁸Os ímpios andam por toda parte, quando os mais vis dos filhos dos homens são exaltados.

Davi, na sua extrema tristeza, recorre a Deus e confia nele
Salmo de Davi para o músico-mor

13 ATÉ quando te esquecerás de mim, Senhor? Para sempre? Até quando esconderás de mim o teu rosto?

²Até quando consultarei com a minha alma, *tendo* tristeza no meu coração cada dia? Até quando se exaltará sobre mim o meu inimigo?

³Atende-me, ouve-me, ó Senhor meu Deus; ilumina os meus olhos para que eu não adormeça na morte;

⁴Para que o meu inimigo não diga: Prevaleci contra ele; *e* os meus adversários não se alegrem, vindo eu a vacilar.

⁵Mas eu confio na tua benignidade; na tua salvação se alegrará o meu coração.

⁶Cantarei ao Senhor, porquanto me tem feito muito bem.

A corrupção do homem
Salmo de Davi para o músico-mor

14 DISSE o néscio no seu coração: Não *há* Deus. Têm-se corrompido, fazem-se abomináveis em suas obras, não *há* ninguém que faça o bem.

²O Senhor olhou desde os céus para os filhos dos homens, para ver se havia *algum* que tivesse entendimento e buscasse a Deus.

³Desviaram-se todos e juntamente se fizeram imundos: não *há* quem faça o bem, não *há* sequer um.

⁴Não terão conhecimento os que praticam a iniquidade, os quais comem o meu povo, *como* se comessem pão, e não invocam ao Senhor?

⁵Ali se acharam em grande pavor, porque Deus *está* na geração dos justos.

⁶Vós envergonhais o conselho dos pobres, porquanto o Senhor é o seu refúgio.

⁷Oh, se de Sião *tivera já vindo* a redenção de Israel! Quando o Senhor fizer voltar os cativos do seu povo, se regozijará Jacó *e se* alegrará Israel.

O verdadeiro cidadão dos céus
Salmo de Davi

15 SENHOR, quem habitará no teu tabernáculo? Quem morará no teu santo monte?

²Aquele que anda sinceramente, e pratica a justiça, e fala a verdade no seu coração.

³*Aquele que* não difama com a sua língua, nem faz mal ao seu próximo, nem aceita nenhum opróbrio contra o seu próximo;

⁴A cujos olhos o réprobo é desprezado; mas honra os que temem ao Senhor; *aquele que* jura com dano *seu*, e contudo não muda.

⁵*Aquele que* não dá o seu dinheiro com usura, nem recebe peitas contra o inocente. Quem faz isto nunca será abalado.

A confiança e felicidade do crente e a certeza da vida eterna
Mictão de Davi

16 GUARDA-ME, ó Deus, porque em ti confio. ²*A minha alma* disse ao Senhor: Tu *és* o meu Senhor, a minha bondade não *chega* à tua presença,

³*Mas* aos santos que *estão* na terra, e aos ilustres em quem *está* todo o meu prazer.

⁴As dores se multiplicarão àqueles que se apressam a *fazer* oferendas a outro *deus;* eu não oferecerei as suas libações de sangue, nem tomarei os seus nomes nos meus lábios.

⁵O Senhor *é* a porção da minha herança e do meu cálice; tu sustentas a minha sorte.

⁶As linhas caem-me em *lugares* deliciosos: sim, coube-me *uma* formosa herança.

⁷Louvarei ao Senhor que me aconselhou; até as minhas entranhas me ensinam de noite.

⁸Tenho posto o Senhor continuamente diante de mim; por isso que *ele está* à minha mão direita, nunca vacilarei.

⁹Portanto está alegre o meu coração e se regozija a minha glória; também a minha carne repousará segura.

¹⁰Pois não deixarás a minha alma no inferno, nem permitirás que o teu Santo veja corrupção.

¹¹Far-me-ás ver a vereda da vida; na tua presença *há* fartura de alegrias; à tua mão direita *há* delícias perpetuamente.

Davi pede a Deus que o proteja dos seus inimigos
Oração de Davi

17 OUVE, Senhor, a justiça; atende ao meu clamor; dá ouvidos à minha oração, que não *é feita* com lábios enganosos.

²Saia a minha sentença de diante do teu rosto; atendam os teus olhos à razão.

³Provaste o meu coração; visitaste-*me* de noite; examinaste-me, e nada achaste; propus *que* a minha boca não transgredirá.

⁴Quanto ao trato dos homens, pela palavra dos teus lábios *me* guardei das veredas do destruidor.

⁵Dirige os meus passos nos teus caminhos, *para que* as minhas pegadas não vacilem.

⁶Eu te invoquei, ó Deus, pois me queres ouvir; inclina para mim os teus ouvidos, e *escuta* as minhas palavras.

⁷Faze maravilhosas as tuas beneficências, ó tu

que livras aqueles que *em ti* confiam dos que se levantam contra a tua destra.

⁸Guarda-me como à menina do olho; esconde-me debaixo da sombra das tuas asas,

⁹Dos ímpios que me oprimem, *dos* meus inimigos mortais *que* me andam cercando.

¹⁰Na sua gordura se encerram, com a boca falam soberbamente.

¹¹Têm-nos cercado agora nossos passos; e baixaram os seus olhos para a terra;

¹²Parecem-se com o leão que deseja *arrebatar* a sua presa, e com o leãozinho que se põe em esconderijos.

¹³Levanta-te, SENHOR, detém-no, derriba-o, livra a minha alma do ímpio, *com* a tua espada;

¹⁴Dos homens *com* a tua mão, SENHOR, dos homens do mundo, cuja porção *está nesta* vida, e cujo ventre enches do teu *tesouro* oculto. Estão fartos de filhos e dão os seus sobejos às suas crianças.

¹⁵Quanto a mim, contemplarei a tua face na justiça; eu me satisfarei da tua semelhança quando acordar.

Cântico de louvor a Deus pelas suas muitas bênçãos

Para o músico-mor: salmo do servo do SENHOR, Davi, o qual falou as palavras deste cântico ao SENHOR, no dia em que o SENHOR o livrou de todos os seus inimigos e das mãos de Saul. E disse:

18 EU te amarei, ó SENHOR, fortaleza minha.

²O SENHOR *é* o meu rochedo, e o meu lugar forte, e o meu libertador; o meu Deus, a minha fortaleza, em quem confio; o meu escudo, a força da minha salvação, *e* o meu alto refúgio.

³Invocarei o nome do SENHOR, *que é digno* de louvor, e ficarei livre dos meus inimigos.

⁴Tristezas de morte me cercaram, e torrentes de impiedade me assombraram.

⁵Tristezas do inferno me cingiram, laços de morte me surpreenderam.

⁶Na angústia invoquei ao SENHOR, e clamei ao meu Deus; desde o seu templo ouviu a minha voz, aos seus ouvidos chegou o meu clamor perante a sua face.

⁷Então a terra se abalou e tremeu; e os fundamentos dos montes também se moveram e se abalaram, porquanto se indignou.

⁸Das suas narinas subiu fumaça, e da sua boca saiu fogo que consumia; carvões se acenderam dele.

⁹Abaixou os céus, e desceu, e a escuridão *estava* debaixo de seus pés.

¹⁰E montou num querubim, e voou; sim, voou sobre as asas do vento.

¹¹Fez das trevas o seu lugar oculto; o pavilhão que o cercava *era* a escuridão das águas *e* as nuvens dos céus.

¹²Ao resplendor da sua presença as nuvens se espalharam, e a saraiva *e* as brasas de fogo.

¹³E o SENHOR trovejou nos céus, o Altíssimo levantou a sua voz; *e houve* saraiva *e* brasas de fogo.

¹⁴Mandou as suas setas, e as espalhou; multiplicou raios, e os desbaratou.

¹⁵Então foram vistas as profundezas das águas, e foram descobertos os fundamentos do mundo, pela tua repreensão, SENHOR, ao sopro das tuas narinas.

¹⁶Enviou desde o alto, *e* me tomou; tirou-me das muitas águas.

¹⁷Livrou-me do meu inimigo forte e dos que me odiavam, pois eram mais poderosos do que eu.

¹⁸Surpreenderam-me no dia da minha calamidade; mas o SENHOR foi o meu amparo.

¹⁹Trouxe-me para um lugar espaçoso; livrou-me, porque tinha prazer em mim.

²⁰Recompensou-me o SENHOR conforme a minha justiça, retribuiu-me conforme a pureza das minhas mãos.

²¹Porque guardei os caminhos do SENHOR, e não me apartei impiamente do meu Deus.

²²Porque todos os seus juízos *estavam* diante de mim, e não rejeitei os seus estatutos.

²³Também fui sincero perante ele, e me guardei da minha iniquidade.

²⁴Assim que retribuiu-me o SENHOR conforme a minha justiça, conforme a pureza de minhas mãos perante os seus olhos.

²⁵Com o benigno te mostrarás benigno; e com o homem sincero te mostrarás sincero;

²⁶Com o puro te mostrarás puro; e com o perverso te mostrarás indomável.

²⁷Porque tu livrarás o povo aflito, e abaterás os olhos altivos.

²⁸Porque tu acenderás a minha candeia; o SENHOR meu Deus iluminará as minhas trevas.

²⁹Porque contigo entrei pelo meio de uma tropa, com o meu Deus saltei uma muralha.

³⁰O caminho de Deus é perfeito; a palavra do SENHOR *é* provada; *é* um escudo para todos os que nele confiam.

³¹Porque quem *é* Deus senão o SENHOR? E quem *é* rochedo senão o nosso Deus?

³²Deus *é* o que me cinge de força e aperfeiçoa o meu caminho.

³³Faz os meus pés como *os das* cervas, e põe-me nas minhas alturas.

³⁴Ensina as minhas mãos para a guerra, de sorte que os meus braços quebraram um arco de cobre.

³⁵Também me deste o escudo da tua salvação; a tua mão direita me susteve, e a tua mansidão me engrandeceu.

³⁶Alargaste os meus passos debaixo de mim, de maneira que os meus pés não vacilaram.

³⁷Persegui os meus inimigos, e os alcancei; não voltei senão depois de os ter consumido.

³⁸Atravessei-os de sorte que não se puderam levantar; caíram debaixo dos meus pés.

³⁹Pois me cingiste de força para a peleja; fizeste abater debaixo de mim aqueles que contra mim se levantaram.

SALMOS 18.40

⁴⁰Deste-me também o pescoço dos meus inimigos para que eu pudesse destruir os que me odeiam.

⁴¹Clamaram, mas não *houve* quem *os* livrasse; *até* ao SENHOR, mas ele não lhes respondeu.

⁴²Então os esmiucei como o pó diante do vento; deitei-os fora como a lama das ruas.

⁴³Livraste-me das contendas do povo, *e* me fizeste cabeça dos gentios; *um* povo que não conheci me servirá.

⁴⁴Em ouvindo *a minha voz,* me obedecerão; os estranhos se submeterão a mim.

⁴⁵Os estranhos descairão, e terão medo nos seus esconderijos.

⁴⁶O SENHOR vive; e bendito *seja* o meu rochedo, e exaltado seja o Deus da minha salvação.

⁴⁷*É* Deus que me vinga inteiramente, e sujeita os povos debaixo de mim;

⁴⁸O que me livra de meus inimigos; sim, tu me exaltas sobre os que se levantam contra mim, tu me livras do homem violento.

⁴⁹Assim que, *ó* SENHOR, te louvarei entre os gentios, e cantarei louvores ao teu nome,

⁵⁰*Pois* engrandece a salvação do seu rei, e usa de benignidade com o seu ungido, com Davi, e com a sua semente para sempre.

A excelência da criação e da Palavra de Deus
Salmo de Davi para o músico-mor

19 OS céus declaram a glória de Deus e o firmamento anuncia a obra das suas mãos.

²*Um* dia faz declaração a *outro* dia, e *uma* noite mostra sabedoria a *outra* noite.

³Não *há* linguagem nem fala *onde* não se ouça a sua voz.

⁴A sua linha se estende por toda a terra, e as suas palavras até ao fim do mundo. Neles pôs *uma* tenda para o sol,

⁵O qual *é* como *um* noivo que sai do seu tálamo, *e* se alegra como um herói, a correr o seu caminho.

⁶A sua saída *é* desde uma extremidade dos céus, e o seu curso até à outra extremidade, e nada se esconde ao seu calor.

⁷A lei do SENHOR *é* perfeita, e refrigera a alma; o testemunho do SENHOR *é* fiel, e dá sabedoria aos símplices.

⁸Os preceitos do SENHOR *são* retos e alegram o coração; o mandamento do SENHOR *é* puro, e ilumina os olhos.

⁹O temor do SENHOR *é* limpo, e permanece eternamente; os juízos do SENHOR *são* verdadeiros e justos juntamente.

¹⁰Mais desejáveis *são* do que o ouro, sim, do que muito ouro fino; e mais doces do que o mel e o licor dos favos.

¹¹Também por eles é admoestado o teu servo; *e* em os guardar *há* grande recompensa.

¹²Quem pode entender os *seus* erros? Purifica-me tu dos *que me são* ocultos.

¹³Também da soberba guarda o teu servo, para que se não assenhoreie de mim. Então serei sincero, e ficarei limpo de grande transgressão.

¹⁴Sejam agradáveis as palavras da minha boca e a meditação do meu coração perante a tua face, SENHOR, Rocha minha e Redentor meu!

Oração pelo rei
Salmo de Davi para o músico-mor

20 O SENHOR te ouça no dia da angústia, o nome do Deus de Jacó te proteja.

²Envie-te socorro desde o seu santuário, e te sustenha desde Sião.

³Lembre-se de todas as tuas ofertas, e aceite os *teus* holocaustos. (Selá.)

⁴Conceda-te conforme ao teu coração, e cumpra todo o teu plano.

⁵Nós nos alegraremos pela tua salvação, e em nome do nosso Deus arvoraremos pendões; cumpra o SENHOR todas as tuas petições.

⁶Agora sei que o SENHOR salva o seu ungido; ele o ouvirá desde o seu santo céu, com a força salvadora da sua *mão* direita.

⁷Uns *confiam* em carros e outros em cavalos, mas nós faremos menção do nome do SENHOR nosso Deus.

⁸Uns encurvam-se e caem, mas nós nos levantamos e estamos de pé.

⁹Salva-*nos,* SENHOR; ouça-nos o rei quando clamarmos.

Davi louva a Deus pela vitória
Salmo de Davi para o músico-mor

21 O REI se alegra em tua força, SENHOR; e na tua salvação grandemente se regozija.

²Cumpriste-lhe o desejo do seu coração, e não negaste as súplicas dos seus lábios. (Selá.)

³Pois vais ao seu encontro com as bênçãos de bondade; pões na sua cabeça *uma* coroa de ouro fino.

⁴Vida te pediu, e *lha* deste, *mesmo* longura de dias para sempre e eternamente.

⁵Grande *é* a sua glória pela tua salvação; glória e majestade puseste sobre ele.

⁶Pois o abençoaste para sempre; tu o enches de gozo com a tua face.

⁷Porque o rei confia no SENHOR, e pela misericórdia do Altíssimo nunca vacilará.

⁸A tua mão alcançará todos os teus inimigos, a tua *mão* direita alcançará aqueles que te odeiam.

⁹Tu os farás como *um* forno de fogo no tempo da tua ira; o SENHOR os devorará na sua indignação, e o fogo os consumirá.

¹⁰Seu fruto destruirás da terra, e a sua semente dentre os filhos dos homens.

¹¹Porque intentaram o mal contra ti; maquinaram *um* ardil, *mas* não prevalecerão.

¹²Assim que tu lhes farás voltar as costas; *e com tuas flechas postas nas* cordas lhes apontarás ao rosto.

¹³Exalta-te, SENHOR, na tua força; *então* cantaremos e louvaremos o teu poder.

O Messias sofre, mas triunfa

Salmo de Davi para o músico-mor, sobre Aijelete Hashahar

22 DEUS meu, Deus meu, por que me desamparaste? *Por que* te alongas do meu auxílio *e* das palavras do meu bramido?

[2] Deus meu, eu clamo de dia, e tu não me ouves; de noite, e não tenho sossego.

[3] Porém tu *és* santo, tu que habitas *entre* os louvores de Israel.

[4] Em ti confiaram nossos pais; confiaram, e tu os livraste.

[5] A ti clamaram e escaparam; em ti confiaram, e não foram confundidos.

[6] Mas eu *sou* verme, e não homem, opróbrio dos homens e desprezado do povo.

[7] Todos os que me veem zombam de mim, estendem os lábios e meneiam a cabeça, *dizendo:*

[8] Confiou no Senhor, que o livre; livre-o, pois nele tem prazer.

[9] Mas tu *és* o que me tiraste do ventre; fizeste-me confiar, *estando* aos seios de minha mãe.

[10] Sobre ti fui lançado desde a madre; tu *és* o meu Deus desde o ventre de minha mãe.

[11] Não te alongues de mim, pois a angústia *está* perto, e não *há* quem ajude.

[12] Muitos touros me cercaram; fortes *touros* de Basã me rodearam.

[13] Abriram contra mim suas bocas, *como* um leão que despedaça e que ruge.

[14] Como água me derramei, e todos os meus ossos se desconjuntaram; o meu coração é como cera, derreteu-se no meio das minhas entranhas.

[15] A minha força se secou como um caco, e a língua se me pega ao paladar; e me puseste no pó da morte.

[16] Pois me rodearam cães; o ajuntamento de malfeitores me cercou, traspassaram-me as mãos e os pés.

[17] Poderia contar todos os meus ossos; eles veem *e* me contemplam.

[18] Repartem entre si as minhas vestes, e lançam sortes sobre a minha roupa.

[19] Mas tu, Senhor, não te alongues de mim. Força minha, apressa-te em socorrer-me.

[20] Livra a minha alma da espada, *e* a minha pre dileta da força do cão.

[21] Salva-me da boca do leão; sim, ouviste-me, das pontas dos bois selvagens.

[22] Então declararei o teu nome aos meus irmãos; louvar-te-ei no meio da congregação.

[23] Vós, que temeis ao Senhor, louvai-o; todos vós, semente de Jacó, glorificai-o; e temei-o todos vós, semente de Israel.

[24] Porque não desprezou nem abominou a aflição do aflito, nem escondeu dele o seu rosto; antes, quando ele clamou, o ouviu.

[25] O meu louvor *será* de ti na grande congregação; pagarei os meus votos perante os que o temem.

[26] Os mansos comerão e se fartarão; louvarão ao Senhor os que o buscam; o vosso coração viverá eternamente.

[27] Todos os limites da terra se lembrarão, e se converterão ao Senhor; e todas as famílias das nações adorarão perante a tua face.

[28] Porque o reino é do Senhor, e ele domina entre as nações.

[29] Todos *os que* na terra *são* gordos comerão e adorarão, e todos os que descem ao pó se prostrarão perante ele; e nenhum poderá reter viva a sua alma.

[30] Uma semente o servirá; será declarada ao Senhor a *cada* geração.

[31] Chegarão e anunciarão a sua justiça ao povo que nascer, porquanto ele *o* fez.

A felicidade de termos o Senhor como nosso pastor

Salmo de Davi

23 O Senhor *é* o meu pastor, nada me faltará.
[2] Deitar-me faz em verdes pastos, guia-me mansamente a águas tranquilas.

[3] Refrigera a minha alma; guia-me pelas veredas da justiça, por amor do seu nome.

[4] Ainda que eu andasse pelo vale da sombra da morte, não temeria mal algum, porque tu *estás* comigo; a tua vara e o teu cajado me consolam.

[5] Preparas uma mesa perante mim na presença dos meus inimigos, unges a minha cabeça com óleo, o meu cálice transborda.

[6] Certamente que a bondade e a misericórdia me seguirão todos os dias da minha vida; e habitarei na casa do Senhor por longos dias.

O domínio universal de Deus

Salmo de Davi

24 DO Senhor é a terra e a sua plenitude, o mundo e aqueles que nele habitam.

[2] Porque ele a fundou sobre os mares, e a firmou sobre os rios.

[3] Quem subirá ao monte do Senhor, ou quem estará no seu lugar santo?

[4] Aquele que é limpo de mãos e puro de coração, que não entrega a sua alma à vaidade, nem jura enganosamente.

[5] Este receberá a bênção do Senhor e a justiça do Deus da sua salvação.

[6] Esta *é* a geração daqueles que buscam, daqueles que buscam a tua face, ó *Deus de* Jacó. (Selá.)

[7] Levantai, *ó* portas, as vossas cabeças, levantai-vos, ó entradas eternas, e entrará o Rei da Glória.

[8] Quem *é* este Rei da Glória? O Senhor forte e poderoso, o Senhor poderoso na guerra.

[9] Levantai, ó portas, as vossas cabeças, levantai-vos, ó entradas eternas, e entrará o Rei da Glória.

[10] Quem é este Rei da Glória? O Senhor dos Exércitos, ele *é* o Rei da Glória. (Selá.)

Confiança de Davi na oração

Salmo de Davi

25 A TI, Senhor, levanto a minha alma.
[2] Deus meu, em ti confio, não me deixes

SALMOS 25.3

confundido, nem que os meus inimigos triunfem sobre mim.

³Na verdade, não serão confundidos os que esperam em ti; confundidos serão os que transgridem sem causa.

⁴Faze-me saber os teus caminhos, Senhor; ensina-me as tuas veredas.

⁵Guia-me na tua verdade, e ensina-me, pois tu *és* o Deus da minha salvação; por ti estou esperando todo o dia.

⁶Lembra-te, Senhor, das tuas misericórdias e das tuas benignidades, porque *são* desde a eternidade.

⁷Não te lembres dos pecados da minha mocidade, nem das minhas transgressões; *mas* segundo a tua misericórdia, lembra-te de mim, por tua bondade, Senhor.

⁸Bom e reto *é o* Senhor; por isso ensinará o caminho aos pecadores.

⁹Guiará os mansos em justiça e aos mansos ensinará o seu caminho.

¹⁰Todas as veredas do Senhor *são* misericórdia e verdade para aqueles que guardam a sua aliança e os seus testemunhos.

¹¹Por amor do teu nome, Senhor, perdoa a minha iniquidade, pois *é* grande.

¹²Qual *é* o homem que teme ao Senhor? Ele o ensinará no caminho *que* deve escolher.

¹³A sua alma pousará no bem, e a sua semente herdará a terra.

¹⁴O segredo do Senhor *é* com aqueles que o temem; e ele lhes mostrará a sua aliança.

¹⁵Os meus olhos *estão* continuamente no Senhor, pois ele tirará os meus pés da rede.

¹⁶Olha para mim, e tem piedade de mim, porque *estou* solitário e aflito.

¹⁷As ânsias do meu coração se têm multiplicado; tira-me dos meus apertos.

¹⁸Olha para a minha aflição e para a minha dor, e perdoa todos os meus pecados.

¹⁹Olha para os meus inimigos, pois se vão multiplicando e me odeiam com ódio cruel.

²⁰Guarda a minha alma, e livra-me; não me deixes confundido, porquanto confio em ti.

²¹Guardem-me a sinceridade e a retidão, porquanto espero em ti.

²²Redime, ó Deus, a Israel de todas as suas angústias.

Davi recorre a Deus, confiando na sua própria integridade

Salmo de Davi

26JULGA-ME, Senhor, pois tenho andado em minha sinceridade; tenho confiado também no Senhor; não vacilarei.

²Examina-me, Senhor, e prova-me; esquadrinha as minhas entranhas e o meu coração.

³Porque a tua benignidade *está* diante dos meus olhos; e tenho andado na tua verdade.

⁴Não me tenho assentado com homens vãos, nem converso com os *homens* dissimulados.

⁵Tenho odiado a congregação de malfeitores; nem me ajunto com os ímpios.

⁶Lavo as minhas mãos na inocência; e assim andarei, Senhor, ao redor do teu altar.

⁷Para publicar com voz de louvor, e contar todas as tuas maravilhas.

⁸Senhor, eu tenho amado a habitação da tua casa e o lugar onde permanece a tua glória.

⁹Não apanhes a minha alma com os pecadores, nem a minha vida com os homens sanguinolentos,

¹⁰Em cujas mãos *há* malefício, e cuja *mão* direita *está* cheia de subornos.

¹¹Mas eu ando na minha sinceridade; livra-me e tem piedade de mim.

¹²O meu pé está posto em caminho plano; nas congregações louvarei ao Senhor.

Confiança em Deus e anelo pela sua presença

Salmo de Davi

27O Senhor *é* a minha luz e a minha salvação; a quem temerei? O Senhor *é* a força da minha vida; de quem me recearei?

²Quando os malvados, meus adversários e meus inimigos, se chegaram contra mim, para comerem as minhas carnes, tropeçaram e caíram.

³Ainda que um exército me cercasse, o meu coração não temeria; ainda que a guerra se levantasse contra mim, nisto confiaria.

⁴Uma *coisa* pedi ao Senhor, e a buscarei: que possa morar na casa do Senhor todos os dias da minha vida, para contemplar a formosura do Senhor, e inquirir no seu templo.

⁵Porque no dia da adversidade me esconderá no seu pavilhão; no oculto do seu tabernáculo me esconderá; pôr-me-á sobre uma rocha.

⁶Também agora a minha cabeça será exaltada sobre os meus inimigos *que estão* em redor de mim; por isso oferecerei sacrifício de júbilo no seu tabernáculo; cantarei, sim, cantarei louvores ao Senhor.

⁷Ouve, Senhor, a minha voz *quando* clamo; tem também piedade de mim, e responde-me.

⁸Quando *tu disseste:* Buscai o meu rosto; o meu coração disse a ti: O teu rosto, Senhor, buscarei.

⁹Não escondas de mim a tua face, não rejeites ao teu servo com ira; tu foste a minha ajuda, não me deixes nem me desampares, ó Deus da minha salvação.

¹⁰Porque, quando meu pai e minha mãe me desampararem, o Senhor me recolherá.

¹¹Ensina-me, Senhor, o teu caminho, e guia-me pela vereda direita, por causa dos meus inimigos.

¹²Não me entregues à vontade dos meus adversários; pois se levantaram falsas testemunhas contra mim, e os que respiram crueldade.

¹³*Pereceria sem dúvida,* se não cresse que veria a bondade do Senhor na terra dos viventes.

¹⁴Espera no Senhor, anima-te, e ele fortalecerá o teu coração; espera, pois, no Senhor.

Davi roga a Deus que o aparte dos ímpios
Salmo de Davi

28 A TI clamarei, ó SENHOR, Rocha minha; não emudeças para comigo; não aconteça, calando-te tu para comigo, que eu fique semelhante aos que descem ao abismo.

²Ouve a voz das minhas súplicas, quando a ti clamar, quando levantar as minhas mãos para o teu santo oráculo.

³Não me arrastes com os ímpios e com os que praticam a iniquidade; que falam de paz ao seu próximo, mas *têm* mal nos seus corações.

⁴Dá-lhes segundo as suas obras e segundo a malícia dos seus esforços; dá-lhes conforme a obra das suas mãos; torna-lhes a sua recompensa.

⁵Porquanto não atentam às obras do SENHOR, nem à obra das suas mãos; pois que ele os derrubará e não os reedificará.

⁶Bendito *seja* o SENHOR, porque ouviu a voz das minhas súplicas.

⁷O SENHOR *é* a minha força e o meu escudo; nele confiou o meu coração, e fui socorrido; assim o meu coração salta de prazer, e com o meu canto o louvarei.

⁸O SENHOR *é* a força do seu povo; também *é* a força salvadora do seu ungido.

⁹Salva o teu povo, e abençoa a tua herança; e apascenta-os e exalta-os para sempre.

Davi exorta a louvar a majestade de Deus
Salmo de Davi

29 DAI ao SENHOR, ó filhos dos poderosos, dai ao SENHOR glória e força.

²Dai ao SENHOR a glória *devida ao* seu nome, adorai o SENHOR na beleza da santidade.

³A voz do SENHOR *ouve-se* sobre as *suas* águas; o Deus da glória troveja; o SENHOR *está* sobre as muitas águas.

⁴A voz do SENHOR é poderosa; a voz do SENHOR *é* cheia de majestade.

⁵A voz do SENHOR quebra os cedros; sim, o SENHOR quebra os cedros do Líbano.

⁶Ele os faz saltar como um bezerro; ao Líbano e Siriom, como filhotes de bois selvagens.

⁷A voz do SENHOR separa as labaredas do fogo.

⁸A voz do SENHOR faz tremer o deserto; o SENHOR faz tremer o deserto de Cades.

⁹A voz do SENHOR faz parir as cervas, e descobre as florestas; e no seu templo cada um fala da *sua* glória.

¹⁰O SENHOR se assentou sobre o dilúvio; o SENHOR se assenta como Rei, perpetuamente.

¹¹O SENHOR dará força ao seu povo; o SENHOR abençoará o seu povo com paz.

Louvando pelo livramento de Deus
Salmo e canção na dedicação da Casa.
Salmo de Davi

30 EXALTAR-TE-EI, ó SENHOR, porque tu me exaltaste; e não fizeste com que meus inimigos se alegrassem sobre mim.

²SENHOR meu Deus, clamei a ti, e tu me saraste.

³SENHOR, fizeste subir a minha alma da sepultura; conservaste-me a vida para que não descesse ao abismo.

⁴Cantai ao SENHOR, vós que sois seus santos, e celebrai a memória da sua santidade.

⁵Porque a sua ira *dura* só um momento; no seu favor *está* a vida. O choro pode durar uma noite, mas a alegria *vem* pela manhã.

⁶Eu dizia na minha prosperidade: Não vacilarei jamais.

⁷Tu, SENHOR, pelo teu favor fizeste forte a minha montanha; tu encobriste o teu rosto, e fiquei perturbado.

⁸A ti, SENHOR, clamei, e ao SENHOR supliquei.

⁹Que proveito há no meu sangue, quando desço à cova? *Porventura* te louvará o pó? Anunciará ele a tua verdade?

¹⁰Ouve, SENHOR, e tem piedade de mim, SENHOR; sê o meu auxílio.

¹¹Tornaste o meu pranto em folguedo; desataste o meu pano de saco, e me cingiste de alegria,

¹²Para que *a minha* glória a ti cante louvores, e não se cale. SENHOR, meu Deus, eu te louvarei para sempre.

A confiança em Deus
Salmo de Davi para o músico-mor

31 EM ti, SENHOR, confio; nunca me deixes confundido. Livra-me pela tua justiça.

²Inclina para mim os teus ouvidos, livra-me depressa; sê a minha firme rocha, uma casa fortíssima que me salve.

³Porque tu és a minha rocha e a minha fortaleza; assim, por amor do teu nome, guia-me e encaminha-me.

⁴Tira-me da rede que para mim esconderam, pois tu *és* a minha força.

⁵Nas tuas mãos encomendo o meu espírito; tu me redimiste, SENHOR Deus da verdade.

⁶Odeio aqueles que se entregam a vaidades enganosas; eu, porém, confio no SENHOR.

⁷Eu me alegrarei e regozijarei na tua benignidade, pois consideraste a minha aflição; conheceste a minha alma nas angústias.

⁸E não me entregaste nas mãos do inimigo; puseste os meus pés num lugar espaçoso.

⁹Tem misericórdia de mim, ó SENHOR, porque estou angustiado. Consumidos estão de tristeza os meus olhos, a minha alma e o meu ventre.

¹⁰Porque a minha vida está gasta de tristeza, e os meus anos de suspiros; a minha força descai por causa da minha iniquidade, e os meus ossos se consomem.

¹¹Fui opróbrio entre todos os meus inimigos, até entre os meus vizinhos, e horror para os meus conhecidos; os que me viam na rua fugiam de mim.

¹²Estou esquecido no coração deles, como um morto; sou como um vaso quebrado.

¹³Pois ouvi a murmuração de muitos, temor

SALMOS 31.14 398

havia ao redor; enquanto juntamente consultavam contra mim, intentaram tirar-me a vida.

¹⁴Mas eu confiei em ti, Senhor; e disse: Tu *és* o meu Deus.

¹⁵Os meus tempos *estão* nas tuas mãos; livra-me das mãos dos meus inimigos e dos que me perseguem.

¹⁶Faze resplandecer o teu rosto sobre o teu servo; salva-me por tuas misericórdias.

¹⁷Não me deixes confundido, Senhor, porque te tenho invocado. Deixa confundidos os ímpios, e emudeçam na sepultura.

¹⁸Emudeçam os lábios mentirosos que falam coisas más com soberba e desprezo contra o justo.

¹⁹Oh! Quão grande *é* a tua bondade, que guardaste para os que te temem, *a qual* operaste para aqueles que em ti confiam na presença dos filhos dos homens!

²⁰Tu os esconderás, no secreto da tua presença, dos desaforos dos homens; encobri-los-ás em um pavilhão, da contenda das línguas.

²¹Bendito *seja* o Senhor, pois fez maravilhosa a sua misericórdia para comigo em cidade segura.

²²Pois eu dizia na minha pressa: Estou cortado de diante dos teus olhos; não obstante, tu ouviste a voz das minhas súplicas, quando eu a ti clamei.

²³Amai ao Senhor, vós todos que sois seus santos; *porque* o Senhor guarda os fiéis e retribui com abundância ao que usa de soberba.

²⁴Esforçai-vos, e ele fortalecerá o vosso coração, vós todos que esperais no Senhor.

A alegria do homem perdoado
Masquil de Davi

32 BEM-AVENTURADO *aquele cuja* transgressão *é* perdoada, *e cujo* pecado *é* coberto.

²Bem-aventurado o homem a quem o Senhor não imputa maldade, e em cujo espírito não *há* engano.

³Quando eu guardei silêncio, envelheceram os meus ossos pelo meu bramido em todo o dia.

⁴Porque de dia e de noite a tua mão pesava sobre mim; o meu humor se tornou em sequidão de estio. (Selá.)

⁵Confessei-te o meu pecado, e a minha maldade não encobri. Dizia eu: Confessarei ao Senhor as minhas transgressões; e tu perdoaste a maldade do meu pecado. (Selá.)

⁶Por isso, todo aquele que é santo orará a ti, a tempo de te poder achar; até no transbordar de muitas águas, *estas* não lhe chegarão.

⁷Tu és o lugar em que me escondo; tu me preservas da angústia; tu me cinges de alegres cantos de livramento. (Selá.)

⁸Instruir-te-ei, e ensinar-te-ei o caminho que deves seguir; guiar-te-ei com os meus olhos.

⁹Não sejais como o cavalo, *nem* como a mula, *que* não têm entendimento, cuja boca precisa de cabresto e freio para que não se cheguem a ti.

¹⁰O ímpio tem muitas dores, mas àquele que confia no Senhor a misericórdia o cercará.

¹¹Alegrai-vos no Senhor, e regozijai-vos, vós os justos; e cantai alegremente, todos *vós que sois* retos de coração.

O júbilo do crente na contemplação das obras de Deus

33 REGOZIJAI-VOS no Senhor, vós justos, *pois* aos retos convém o louvor.

²Louvai ao Senhor com harpa, cantai a ele com o saltério *e* um instrumento de dez cordas.

³Cantai-lhe um cântico novo; tocai bem e com júbilo.

⁴Porque a palavra do Senhor é reta, e todas as suas obras *são* fiéis.

⁵Ele ama a justiça e o juízo; a terra está cheia da bondade do Senhor.

⁶Pela palavra do Senhor foram feitos os céus, e todo o exército deles pelo espírito da sua boca.

⁷Ele ajunta as águas do mar como num montão; põe os abismos em depósitos.

⁸Tema toda a terra ao Senhor; temam-no todos os moradores do mundo.

⁹Porque falou, e foi *feito;* mandou, e logo apareceu.

¹⁰O Senhor desfaz o conselho dos gentios, quebranta os intentos dos povos.

¹¹O conselho do Senhor permanece para sempre; os intentos do seu coração de geração em geração.

¹²Bem-aventurada *é* a nação cujo Deus *é* o Senhor, *e* o povo *ao qual* escolheu para sua herança.

¹³O Senhor olha desde os céus e está vendo a todos os filhos dos homens.

¹⁴Do lugar da sua habitação contempla todos os moradores da terra.

¹⁵Ele é o que forma o coração de todos eles, que contempla todas as suas obras.

¹⁶Não há rei que se salve com a grandeza de um exército, nem o homem valente se livra pela muita força.

¹⁷O cavalo é vão para a *segurança;* não livra *ninguém* com a sua grande força.

¹⁸Eis que os olhos do Senhor *estão* sobre os que o temem, sobre os que esperam na sua misericórdia;

¹⁹Para lhes livrar as almas da morte, e para os conservar vivos na fome.

²⁰A nossa alma espera no Senhor; ele *é* o nosso auxílio e o nosso escudo.

²¹Pois nele se alegra o nosso coração; porquanto temos confiado no seu santo nome.

²²Seja a tua misericórdia, Senhor, sobre nós, como em ti esperamos.

Davi louva a Deus e exorta a confiar nele
Salmo de Davi, quando mudou o seu semblante perante Abimeleque, e o expulsou, e ele se foi

34 LOUVAREI ao Senhor em todo o tempo; o seu louvor *estará* continuamente na minha boca.

²A minha alma se gloriará no SENHOR; os mansos o ouvirão e se alegrarão.

³Engrandecei ao SENHOR comigo; e juntos exaltemos o seu nome.

⁴Busquei ao SENHOR, e ele me respondeu; livrou-me de todos os meus temores.

⁵Olharam para ele, e foram iluminados; e os seus rostos não ficaram confundidos.

⁶Clamou este pobre, e o SENHOR o ouviu, e o salvou de todas as suas angústias.

⁷O anjo do SENHOR acampa-se ao redor dos que o temem, e os livra.

⁸Provai, e vede que o SENHOR é bom; bem-aventurado o homem que nele confia.

⁹Temei ao SENHOR, *vós,* os seus santos, pois nada falta aos que o temem.

¹⁰Os filhos dos leões necessitam e sofrem fome, mas àqueles que buscam ao SENHOR bem nenhum faltará.

¹¹Vinde, meninos, ouvi-me; eu vos ensinarei o temor do SENHOR.

¹²Quem é o homem que deseja a vida, que quer *largos* dias para ver o bem?

¹³Guarda a tua língua do mal, e os teus lábios de falarem o engano.

¹⁴Aparta-te do mal, e faze o bem; procura a paz, e segue-a.

¹⁵Os olhos do SENHOR *estão* sobre os justos, e os seus ouvidos *atentos* ao seu clamor.

¹⁶A face do SENHOR *está* contra os que fazem o mal, para desarraigar da terra a memória deles.

¹⁷*Os justos* clamam, e o SENHOR os ouve, e os livra de todas as suas angústias.

¹⁸Perto *está* o SENHOR dos que têm o coração quebrantado, e salva os contritos de espírito.

¹⁹Muitas *são* as aflições do justo, mas o SENHOR o livra de todas.

²⁰Ele lhe guarda todos os seus ossos; nem sequer um deles se quebra.

²¹A malícia matará o ímpio, e os que odeiam o justo serão punidos.

²²O SENHOR resgata a alma dos seus servos, e nenhum dos que nele confiam será punido.

Davi suplica para que Deus julgue os ímpios

Salmo de Davi

35 PLEITEIA, SENHOR, com aqueles que pleiteiam comigo; peleja contra os que pelejam contra mim.

²Pega do escudo e da rodela, e levanta-te em minha ajuda.

³Tira da lança e obstrui o *caminho* aos que me perseguem; dize à minha alma: Eu *sou* a tua salvação.

⁴Sejam confundidos e envergonhados os que buscam a minha vida; voltem atrás e envergonhem-se os que contra mim tentam mal.

⁵Sejam como a moinha perante o vento; o anjo do SENHOR os faça fugir.

⁶Seja o seu caminho tenebroso e escorregadio, e o anjo do SENHOR os persiga.

⁷Porque sem causa encobriram de mim a rede na cova, *a qual* sem razão cavaram para a minha alma.

⁸Sobrevenha-lhe destruição sem o saber, e prenda-o a rede que ocultou; caia ele nessa mesma destruição.

⁹E a minha alma se alegrará no SENHOR; alegrar-se-á na sua salvação.

¹⁰Todos os meus ossos dirão: SENHOR, quem *é* como tu, que livras o pobre daquele que é mais forte do que ele? Sim, o pobre e o necessitado daquele que o rouba.

¹¹Falsas testemunhas se levantaram; depuseram contra mim *coisas* que eu não sabia.

¹²Tornaram-me o mal pelo bem, roubando a minha alma.

¹³Mas, quanto a mim, quando estavam enfermos, as minhas vestes *eram* o saco; humilhava a minha alma com o jejum, e a minha oração voltava para o meu seio.

¹⁴Portava-me como *se ele fora* meu irmão ou amigo; andava lamentando e muito encurvado, como quem chora *por sua* mãe.

¹⁵Mas eles com a minha adversidade se alegravam e se congregavam; os abjetos se congregavam contra mim, e eu não o sabia; rasgavam-me, e não cessavam.

¹⁶Com hipócritas zombadores nas festas, rangiam os dentes contra mim.

¹⁷Senhor, até quando verás isto? Resgata a minha alma das suas assolações, e a minha predileta dos leões.

¹⁸Louvar-te-ei na grande congregação; entre muitíssimo povo te celebrarei.

¹⁹Não se alegrem os meus inimigos de mim sem razão, *nem* acenem com os olhos aqueles que me odeiam sem causa.

²⁰Pois não falam de paz; antes projetam enganar os quietos da terra.

²¹Abrem a boca de par em par contra mim, *e* dizem: Ah! Ah! Os nossos olhos *o* viram.

²²Tu, SENHOR, *o* tens visto, não te cales; Senhor, não te alongues de mim:

²³Desperta e acorda para o meu julgamento, para a minha causa, Deus meu e Senhor meu.

²⁴Julga-me segundo a tua justiça, SENHOR Deus meu, e não deixes que se alegrem de mim.

²⁵Não digam em seus corações: Ah! Alma nossa! Não digam: Nós o havemos devorado.

²⁶Envergonhem-se e confundam-se à uma os que se alegram com o meu mal; vistam-se de vergonha e de confusão os que *se* engrandecem contra mim.

²⁷Cantem e alegrem-se os que amam a minha justiça, e digam continuamente: O SENHOR seja engrandecido, o qual ama a prosperidade do seu servo.

²⁸E assim a minha língua falará da tua justiça *e* do teu louvor todo o dia.

A malícia dos ímpios. Deus salva os retos

Salmo de Davi, servo do SENHOR, para o músico-mor

36 A TRANSGRESSÃO do ímpio diz no íntimo do meu coração: Não *há* temor de Deus perante os seus olhos.

2 Porque em seus olhos se lisonjeia, até que a sua iniquidade se descubra ser detestável.

3 As palavras da sua boca *são* malícia e engano; deixou de entender *e* de fazer o bem.

4 Projeta a malícia na sua cama; põe-se no caminho *que* não *é* bom; não aborrece o mal.

5 A tua misericórdia, SENHOR, *está* nos céus, e a tua fidelidade *chega* até às mais *excelsas* nuvens.

6 A tua justiça *é* como as grandes montanhas; os teus juízos *são um* grande abismo. SENHOR, tu conservas os homens e os animais.

7 Quão preciosa *é*, ó Deus, a tua benignidade, pelo que os filhos dos homens se abrigam à sombra das tuas asas.

8 Eles se fartarão da gordura da tua casa, e os farás beber da corrente das tuas delícias;

9 Porque em ti *está* o manancial da vida; na tua luz veremos a luz.

10 Estende a tua benignidade sobre os que te conhecem, e a tua justiça sobre os retos de coração.

11 Não venha sobre mim o pé dos soberbos, e não me mova a mão dos ímpios.

12 Ali caem os que praticam a iniquidade; cairão, e não se poderão levantar.

A prosperidade dos pecadores acaba, e somente os justos serão felizes

Salmo de Davi

37 NÃO te indignes por causa dos malfeitores, nem tenhas inveja dos que praticam a iniquidade.

2 Porque cedo serão ceifados como a erva, e murcharão como a verdura.

3 Confia no SENHOR e faze o bem; habitarás na terra, e verdadeiramente serás alimentado.

4 Deleita-te também no SENHOR, e te concederá os desejos do teu coração.

5 Entrega o teu caminho ao SENHOR; confia nele, e ele o fará.

6 E ele fará sobressair a tua justiça como a luz, e o teu juízo como o meio-dia.

7 Descansa no SENHOR, e espera nele; não te indignes por causa daquele que prospera em seu caminho, por causa do homem que executa astutos intentos.

8 Deixa a ira, e abandona o furor; não te indignes de forma alguma para fazer o mal.

9 Porque os malfeitores serão desarraigados; mas aqueles que esperam no SENHOR herdarão a terra.

10 Pois ainda um pouco, e o ímpio não *existirá*; olharás para o seu lugar, e não *aparecerá*.

11 Mas os mansos herdarão a terra, e se deleitarão na abundância de paz.

12 O ímpio maquina contra o justo, e contra ele range os dentes.

13 O Senhor se rirá dele, pois vê que vem chegando o seu dia.

14 Os ímpios puxaram da espada e armaram o arco, para derrubarem o pobre e necessitado, *e* para matarem os de reta conduta.

15 *Porém* a sua espada lhes entrará no coração, e os seus arcos se quebrarão.

16 Vale mais o pouco que tem o justo, do que as riquezas de muitos ímpios.

17 Pois os braços dos ímpios se quebrarão, mas o SENHOR sustém os justos.

18 O SENHOR conhece os dias dos retos, e a sua herança permanecerá para sempre.

19 Não serão envergonhados nos dias maus, e nos dias de fome se fartarão.

20 Mas os ímpios perecerão, e os inimigos do SENHOR *serão* como a gordura dos cordeiros; desaparecerão, e em fumaça se desfarão.

21 O ímpio toma emprestado, e não paga; mas o justo se compadece e dá.

22 Porque *aqueles* que ele abençoa herdarão a terra, e aqueles *que forem* por ele amaldiçoados serão desarraigados.

23 Os passos de *um* homem *bom* são confirmados pelo SENHOR, e deleita-se no seu caminho.

24 Ainda que caia, não ficará prostrado, pois o SENHOR *o* sustém *com* a sua mão.

25 Fui moço, e agora sou velho; mas nunca vi desamparado o justo, nem a sua semente a mendigar o pão.

26 Compadece-se sempre, e empresta, e a sua semente *é* abençoada.

27 Aparta-te do mal e faze o bem; e terás morada para sempre.

28 Porque o SENHOR ama o juízo e não desampara os seus santos; eles são preservados para sempre; mas a semente dos ímpios será desarraigada.

29 Os justos herdarão a terra e habitarão nela para sempre.

30 A boca do justo fala a sabedoria; a sua língua fala do juízo.

31 A lei do seu Deus *está* em seu coração; os seus passos não resvalarão.

32 O ímpio espreita ao justo, e procura matá-lo.

33 O SENHOR não o deixará em suas mãos, nem o condenará quando for julgado.

34 Espera no SENHOR, e guarda o seu caminho, *e* te exaltará para herdares a terra; tu *o* verás quando os ímpios forem desarraigados.

35 Vi o ímpio com grande poder espalhar-se como a árvore verde na terra natal.

36 Mas passou e já não *aparece;* procurei-o, mas não se pôde encontrar.

37 Nota o *homem* sincero, e considera o reto, porque o fim *desse* homem *é* a paz.

38 Quanto aos transgressores, serão à uma destruídos, e as relíquias dos ímpios serão destruídas.

39 Mas a salvação dos justos *vem* do SENHOR; *ele é* a sua fortaleza no tempo da angústia.

401 SALMOS 40.7

⁴⁰E o Senhor os ajudará e os livrará; ele os livrará dos ímpios e os salvará, porquanto confiam nele.

A dor e o arrependimento do pecador
Salmo de Davi para lembrança

38 Ó Senhor, não me repreendas na tua ira, nem me castigues no teu furor.

²Porque as tuas flechas se cravaram em mim, e a tua mão sobre mim desceu.

³Não *há* coisa sã na minha carne, por causa da tua cólera; nem *há* paz em meus ossos, por causa do meu pecado.

⁴Pois *já* as minhas iniquidades ultrapassam a minha cabeça; como carga pesada são demais para as minhas forças.

⁵As minhas chagas cheiram mal e estão corruptas, por causa da minha loucura.

⁶Estou encurvado, estou muito abatido, ando lamentando todo o dia.

⁷Porque os meus lombos estão cheios de ardor, e não *há* coisa sã na minha carne.

⁸Estou fraco e mui quebrantado; tenho rugido pela inquietação do meu coração.

⁹Senhor, diante de ti *está* todo o meu desejo, e o meu gemido não te é oculto.

¹⁰O meu coração dá voltas, a minha força me falta; quanto à luz dos meus olhos, ela me deixou.

¹¹Os meus amigos e os meus companheiros estão ao longe da minha chaga; e os meus parentes se põem à distância.

¹²Também os que buscam a minha vida *me* armam laços e os que procuram o meu mal falam coisas que danificam, e imaginam astúcias todo o dia.

¹³Mas eu, como surdo, não ouvia, e *era* como mudo, *que* não abre a boca.

¹⁴Assim eu sou como homem que não ouve, e em cuja boca não *há* reprovação.

¹⁵Porque em ti, Senhor, espero; tu, Senhor meu Deus, me ouvirás.

¹⁶Porque dizia eu: *Ouve-me,* para que não se alegrem de mim. Quando escorrega o meu pé, eles *se* engrandecem contra mim.

¹⁷Porque *estou* prestes a coxear; a minha dor *está* constantemente perante mim.

¹⁸Porque eu declararei a minha iniquidade; afligir-me-ei por causa do meu pecado.

¹⁹Mas os meus inimigos *estão* vivos *e* são fortes, e os que sem causa me odeiam se multiplicam.

²⁰Os que dão mal pelo bem são meus adversários, porquanto eu sigo *o que é* bom.

²¹Não me desampares, Senhor, meu Deus, não te alongues de mim.

²²Apressa-te em meu auxílio, Senhor, minha salvação.

A brevidade e vaidade da vida
Salmo de Davi para o músico-mor, para Jedutum

39 EU disse: Guardarei os meus caminhos para não pecar com a minha língua; guardarei a boca com um freio, enquanto o ímpio *estiver* diante de mim.

²Com o silêncio fiquei mudo; calava-me mesmo *acerca* do bem, e a minha dor se agravou.

³Esquentou-se-me o coração dentro de mim; enquanto eu meditava se acendeu um fogo; *então* falei com a minha língua:

⁴Faze-me conhecer, Senhor, o meu fim, e a medida dos meus dias qual é, para que eu sinta quanto sou frágil.

⁵Eis que fizeste os meus dias *como* a palmos; o tempo da minha vida *é* como nada diante de ti; na verdade, todo homem, por mais firme que esteja, *é* totalmente vaidade. (Selá.)

⁶Na verdade, todo homem anda numa vã aparência; na verdade, em vão se inquietam; amontoam *riquezas,* e não sabem quem as levará.

⁷Agora, pois, Senhor, que espero eu? A minha esperança *está* em ti.

⁸Livra-me de todas as minhas transgressões; não me faças o opróbrio dos loucos.

⁹Emudeci; não abro a minha boca, porquanto tu *o* fizeste.

¹⁰Tira de sobre mim a tua praga; estou desfalecido pelo golpe da tua mão.

¹¹*Quando* castigas o homem, com repreensões por causa da iniquidade, fazes com que a sua beleza se consuma como a traça; assim todo homem *é* vaidade. (Selá.)

¹²Ouve, Senhor, a minha oração, e inclina os teus ouvidos ao meu clamor; não te cales perante as minhas lágrimas, porque *sou* um estrangeiro contigo *e* peregrino, como todos os meus pais.

¹³Poupa-me, até que tome alento, antes que me vá, e não seja *mais.*

A obediência é melhor do que o sacrifício
Salmo de Davi para o músico-mor

40 ESPEREI com paciência no Senhor, e ele se inclinou para mim, e ouviu o meu clamor.

²Tirou-me de um lago horrível, de um charco de lodo, pôs os meus pés sobre uma rocha, firmou os meus passos.

³E pôs um novo cântico na minha boca, um hino ao nosso Deus; muitos *o* verão, e temerão, e confiarão no Senhor.

⁴Bem aventurado o homem que põe no Senhor a sua confiança, e que não respeita os soberbos nem os que se desviam para a mentira.

⁵Muitas são, Senhor meu Deus, as maravilhas *que* tens operado para conosco, e os teus pensamentos não se podem contar diante de ti; *se* eu *os* quisera anunciar, e deles falar, são mais do que se podem contar.

⁶Sacrifício e oferta não quiseste; os meus ouvidos abriste; holocausto e expiação pelo pecado não reclamaste.

⁷Então disse: Eis aqui venho; no rolo do livro de mim *está* escrito.

SALMOS 40.8   402

[8]Deleito-me em fazer a tua vontade, ó Deus meu; sim, a tua lei *está* dentro do meu coração.

[9]Preguei a justiça na grande congregação; eis que não retive os meus lábios, Senhor, tu o sabes.

[10]Não escondi a tua justiça dentro do meu coração; apregoei a tua fidelidade e a tua salvação. Não escondi da grande congregação a tua benignidade e a tua verdade.

[11]Não retires de mim, Senhor, as tuas misericórdias; guardem-me continuamente a tua benignidade e a tua verdade.

[12]Porque males sem número me têm rodeado; as minhas iniquidades me prenderam de modo que não posso olhar para cima. São mais numerosas do que os cabelos da minha cabeça; assim desfalece o meu coração.

[13]Digna-te, Senhor, livrar-me: Senhor, apressa-te em meu auxílio.

[14]Sejam à uma confundidos e envergonhados os que buscam a minha vida para destruí-la; tornem atrás e confundam-se os que me querem mal.

[15]Desolados sejam em pago da sua afronta os que me dizem: Ah! Ah!

[16]Folguem e alegrem-se em ti os que te buscam; digam constantemente os que amam a tua salvação: Magnificado seja o Senhor.

[17]Mas eu *sou* pobre e necessitado; contudo o Senhor cuida de mim. Tu és o meu auxílio e o meu libertador; não te detenhas, ó meu Deus.

A traição dos inimigos e o socorro de Deus
Salmo de Davi para o músico-mor

41 BEM-AVENTURADO é aquele que atende ao pobre; o Senhor o livrará no dia do mal.

[2]O Senhor o livrará, e o conservará em vida; será abençoado na terra, e tu não o entregarás à vontade de seus inimigos.

[3]O Senhor o sustentará no leito da enfermidade; tu o restaurarás da sua cama de doença.

[4]Dizia eu: Senhor, tem piedade de mim; sara a minha alma, porque pequei contra ti.

[5]Os meus inimigos falam mal de mim, *dizendo:* Quando morrerá ele, e perecerá o seu nome?

[6]E, se *algum deles* vem me ver, fala coisas vãs; no seu coração amontoa a maldade; saindo para fora, *é* disso *que* fala.

[7]Todos os que me odeiam murmuram à uma contra mim; contra mim imaginam o mal, *dizendo:*

[8]Uma doença má se lhe tem apegado; e *agora* que está deitado, não se levantará mais.

[9]Até o meu próprio amigo íntimo, em quem eu *tanto* confiava, que comia do meu pão, levantou contra mim o seu calcanhar.

[10]Porém tu, Senhor, tem piedade de mim, e levanta-me, para que eu lhes dê o pago.

[11]Por isto conheço eu que tu me favoreces: que o meu inimigo não triunfa de mim.

[12]Quanto a mim, tu me sustentas na minha sinceridade, e me puseste diante da tua face para sempre.

[13]Bendito *seja* o Senhor Deus de Israel de século em século. Amém e Amém.

A alma anela por servir a Deus no seu templo
Masquil para o músico-mor, entre os filhos de Coré

42 ASSIM como o cervo brama pelas correntes das águas, assim suspira a minha alma por ti, ó Deus!

[2]A minha alma tem sede de Deus, do Deus vivo; quando entrarei e me apresentarei ante a face de Deus?

[3]As minhas lágrimas servem-me de mantimento de dia e de noite, enquanto me dizem constantemente: Onde está o teu Deus?

[4]Quando me lembro disto, dentro de mim derramo a minha alma; pois eu havia ido com a multidão. Fui com eles à casa de Deus, com voz de alegria e louvor, com a multidão que festejava.

[5]Por que estás abatida, ó minha alma, e *por que* te perturbas em mim? Espera em Deus, pois ainda o louvarei *pela* salvação da sua face.

[6]Ó meu Deus, dentro de mim a minha alma está abatida; por isso lembro-me de ti desde a terra do Jordão, e desde os hermonitas, desde o pequeno monte.

[7]*Um* abismo chama *outro* abismo, ao ruído das tuas cachoeiras; todas as tuas ondas e as tuas vagas têm passado sobre mim.

[8]Contudo o Senhor mandará a sua misericórdia de dia, e de noite a sua canção estará comigo, uma oração ao Deus da minha vida.

[9]Direi a Deus, minha rocha: Por que te esqueceste de mim? Por que ando lamentando por causa da opressão do inimigo?

[10]Com ferida mortal em meus ossos me afrontam os meus adversários, quando todo dia me dizem: Onde *está* o teu Deus?

[11]Por que estás abatida, ó minha alma, e por que te perturbas dentro de mim? Espera em Deus, pois ainda o louvarei, *o qual é* a salvação da minha face, e o meu Deus.

Oração para que seja restituído aos privilégios do santuário

43 FAZE-ME justiça, ó Deus, e pleiteia a minha causa contra a nação ímpia. Livra-me do homem fraudulento e injusto.

[2]Pois tu *és* o Deus da minha fortaleza; por que me rejeitas? Por que ando lamentando por causa da opressão do inimigo?

[3]Envia a tua luz e a tua verdade, para que me guiem e me levem ao teu santo monte, e aos teus tabernáculos.

[4]Então irei ao altar de Deus, a Deus, *que é* a minha grande alegria, e com harpa te louvarei, ó Deus, Deus meu.

[5]Por que estás abatida, ó minha alma? E por que te perturbas dentro de mim? Espera em Deus, pois ainda o louvarei, *o qual é* a salvação da minha face e Deus meu.

Lembrança dos favores antigos e pedido de livramento dos males presentes

Masquil para o músico-mor, entre o filhos de Coré

44 Ó DEUS, nós ouvimos com os nossos ouvidos, e nossos pais nos têm contado a obra *que* fizeste em seus dias, nos tempos da antiguidade.

2 Como expulsaste os gentios com a tua mão e os plantaste a eles; *como* afligiste os povos e os derrubaste.

3 Pois não conquistaram a terra pela sua espada, nem o seu braço os salvou, mas a tua destra e o teu braço, e a luz da tua face, porquanto te agradaste deles.

4 Tu és o meu Rei, ó Deus; ordena salvações para Jacó.

5 Por ti venceremos os nossos inimigos; pelo teu nome pisaremos os que se levantam contra nós.

6 Pois eu não confiarei no meu arco, nem a minha espada me salvará.

7 Mas tu nos salvaste dos nossos inimigos, e confundiste os que nos odiavam.

8 Em Deus nos gloriamos todo o dia, e louvamos o teu nome eternamente. (Selá.)

9 Mas agora tu nos rejeitaste e nos confundiste, e não sais com os nossos exércitos.

10 Tu nos fazes retirar do inimigo, e aqueles que nos odeiam *nos* saqueiam para si.

11 Tu nos entregaste como ovelhas para comer, e nos espalhaste entre os gentios.

12 Tu vendes por nada o teu povo, e não aumentas *a tua riqueza* com o seu preço.

13 Tu nos pões por opróbrio aos nossos vizinhos, por escárnio e zombaria daqueles que estão à roda de nós.

14 Tu nos pões por provérbio entre os gentios, por movimento de cabeça entre os povos.

15 A minha confusão *está* constantemente diante de mim, e a vergonha do meu rosto me cobre,

16 À voz daquele que afronta e blasfema, por causa do inimigo e do vingador.

17 Tudo isto nos sobreveio; *contudo* não nos esquecemos de ti, nem nos houvemos falsamente contra a tua aliança.

18 O nosso coração não voltou atrás, nem os nossos passos se desviaram das tuas veredas;

19 Ainda que nos quebrantaste num lugar de dragões, e nos cobriste com a sombra da morte.

20 Se nós esquecemos o nome do nosso Deus, e estendemos as nossas mãos para *um* deus estranho,

21 *Porventura* não esquadrinhará Deus isso? Pois ele sabe os segredos do coração.

22 Sim, por amor de ti, somos mortos todo o dia; somos reputados como ovelhas para o matadouro.

23 Desperta, por que dormes, Senhor? Acorda, não *nos* rejeites para sempre.

24 Por que escondes a tua face, e te esqueces da nossa miséria e da nossa opressão?

25 Pois a nossa alma está abatida até ao pó; o nosso ventre se apega à terra.

26 Levanta-te em nosso auxílio, e resgata-nos por amor das tuas misericórdias.

União entre o Rei e seu povo

Masquil, cântico de amor, para o músico-mor, entre os filhos de Coré, sobre Shoshanim

45 O MEU coração ferve com palavras boas, falo do que tenho feito no tocante ao Rei. A minha língua é a pena de um destro escritor.

2 Tu és mais formoso do que os filhos dos homens; a graça se derramou em teus lábios; por isso Deus te abençoou para sempre.

3 Cinge a tua espada à coxa, ó valente, com a tua glória e a tua majestade.

4 E neste teu esplendor cavalga prosperamente, por causa da verdade, da mansidão *e* da justiça; e a tua destra te ensinará coisas terríveis.

5 As tuas flechas *são* agudas no coração dos inimigos do rei, *e por elas* os povos caíram debaixo de ti.

6 O teu trono, ó Deus, é eterno e perpétuo; o cetro do teu reino *é* um cetro de equidade.

7 Tu amas a justiça e odeias a impiedade; por isso Deus, o teu Deus, te ungiu com óleo de alegria mais do que a teus companheiros.

8 Todas as tuas vestes *cheiram* a mirra e aloés *e* cássia, desde os palácios de marfim de onde te alegram.

9 As filhas dos reis *estavam* entre as tuas ilustres *mulheres;* à tua direita estava a rainha ornada de finíssimo ouro de Ofir.

10 Ouve, filha, e olha, e inclina os teus ouvidos; esquece-te do teu povo e da casa do teu pai.

11 Então o rei se afeiçoará da tua formosura, pois ele *é* teu Senhor; adora-o.

12 E a filha de Tiro *estará* ali com presentes; os ricos do povo suplicarão o teu favor.

13 A filha do rei *é* toda ilustre lá dentro; o seu vestido *é* entretecido de ouro.

14 Levá-la-ão ao rei com vestidos bordados; as virgens que a acompanham a trarão a ti.

15 Com alegria e regozijo as trarão; elas entrarão no palácio do rei.

16 Em lugar de teus pais estarão teus filhos; deles farás príncipes sobre toda a terra.

17 Farei lembrado o teu nome de geração em geração; por isso os povos te louvarão eternamente.

A fé perfeita que aquele que crê tem em Deus

Cântico sobre Alamote, para o músico-mor entre os filhos de Coré

46 DEUS *é* o nosso refúgio e fortaleza, socorro bem presente na angústia.

2 Portanto não temeremos, ainda que a terra se mude, e ainda que os montes se transportem para o meio dos mares.

3 *Ainda que* as águas rujam *e* se perturbem, *ainda que* os montes se abalem pela sua braveza. (Selá.)

SALMOS 46.4

⁴Há um rio cujas correntes alegram a cidade de Deus, o santuário das moradas do Altíssimo.

⁵Deus *está* no meio dela; não se abalará. Deus a ajudará, já ao romper da manhã.

⁶Os gentios se embraveceram; os reinos se moveram; ele levantou a sua voz e a terra se derreteu.

⁷O SENHOR dos Exércitos *está* conosco; o Deus de Jacó *é* o nosso refúgio. (Selá.)

⁸Vinde, contemplai as obras do SENHOR; que desolações tem feito na terra!

⁹Ele faz cessar as guerras até ao fim da terra; quebra o arco e corta a lança; queima os carros no fogo.

¹⁰Aquietai-vos, e sabei que eu sou Deus; serei exaltado entre os gentios; serei exaltado sobre a terra.

¹¹O SENHOR dos Exércitos *está* conosco; o Deus de Jacó *é* o nosso refúgio. (Selá.)

O triunfo do reino de Deus
Salmo para o músico-mor, entre os filhos de Coré

47BATEI palmas, todos os povos; aclamai a Deus com voz de triunfo.

²Porque o SENHOR Altíssimo *é* tremendo, e Rei grande sobre toda a terra.

³Ele nos subjugará os povos e as nações debaixo dos nossos pés.

⁴Escolherá para nós a nossa herança, a glória de Jacó, a quem amou. (Selá.)

⁵Deus *subiu* com júbilo, o SENHOR *subiu* ao som de trombeta.

⁶Cantai louvores a Deus, cantai louvores; cantai louvores ao nosso Rei, cantai louvores.

⁷Pois Deus *é* o Rei de toda a terra, cantai louvores com inteligência.

⁸Deus reina sobre os gentios; Deus se assenta sobre o trono da sua santidade.

⁹Os príncipes do povo se ajuntam, o povo do Deus de Abraão; porque os escudos da terra *são* de Deus. Ele está muito elevado!

A beleza e os privilégios de Sião
Cântico e salmo para os filhos de Coré

48GRANDE *é* o SENHOR e mui *digno* de louvor, na cidade do nosso Deus, no seu monte santo.

²Formoso de sítio, e alegria de toda a terra *é* o monte Sião sobre os lados do norte, a cidade do grande Rei.

³Deus *é* conhecido nos seus palácios por um alto refúgio.

⁴Porque eis que os reis se ajuntaram; eles passaram juntos.

⁵Viram-no e ficaram maravilhados; ficaram assombrados e se apressaram em fugir.

⁶Tremor ali os tomou, e dores como de mulher de parto.

⁷Tu quebras as naus de Társis com um vento oriental.

⁸Como *o* ouvimos, assim o vimos na cidade do SENHOR dos Exércitos, na cidade do nosso Deus. Deus a confirmará para sempre. (Selá.)

⁹Lembramo-nos, ó Deus, da tua benignidade, no meio do teu templo.

¹⁰Segundo *é* o teu nome, ó Deus, assim *é* o teu louvor, até aos fins da terra; a tua mão direita está cheia de justiça.

¹¹Alegre-se o monte de Sião; alegrem-se as filhas de Judá por *causa dos* teus juízos.

¹²Rodeai Sião, e cercai-a, contai as suas torres.

¹³Marcai bem os seus antemuros, considerai os seus palácios, para que o conteis à geração seguinte.

¹⁴Porque este Deus *é* o nosso Deus para sempre; ele será nosso guia até à morte.

A vaidade dos bens terrestres
Salmo para o músico-mor, entre os filhos de Coré

49OUVI isto, *vós* todos os povos; inclinai os ouvidos, todos os moradores do mundo,

²Tanto baixos como altos, tanto ricos como pobres.

³A minha boca falará de sabedoria, e a meditação do meu coração *será* de entendimento.

⁴Inclinarei os meus ouvidos a *uma* parábola; declararei o meu enigma na harpa.

⁵Por que temerei eu nos dias maus, *quando* me cercar a iniquidade dos que me armam ciladas?

⁶Aqueles que confiam na sua fazenda, e se gloriam na multidão das suas riquezas,

⁷Nenhum deles de modo algum pode remir a seu irmão, ou dar a Deus o resgate dele

⁸(Pois a redenção da sua alma é caríssima, e cessará para sempre),

⁹Para que viva para sempre, *e* não veja corrupção.

¹⁰Porque ele vê *que* os sábios morrem; perecem igualmente tanto *o* louco como o brutal, e deixam a outros os seus bens.

¹¹O seu pensamento interior *é que* as suas casas *serão* perpétuas *e* as suas habitações de geração em geração; dão às suas terras os seus próprios nomes.

¹²Todavia o homem *que está* em honra não permanece; *antes* é como os animais, *que* perecem.

¹³Este caminho deles *é* a sua loucura; contudo a sua posteridade aprova as suas palavras. (Selá.)

¹⁴Como ovelhas são postos na sepultura; a morte se alimentará deles e os retos terão domínio sobre eles na manhã, e a sua formosura se consumirá na sepultura, a habitação deles.

¹⁵Mas Deus remirá a minha alma do poder da sepultura, pois me receberá. (Selá.)

¹⁶Não temas, quando alguém se enriquece, quando a glória da sua casa se engrandece.

¹⁷Porque, quando morrer, nada levará *consigo*, nem a sua glória o acompanhará.

¹⁸Ainda que na sua vida ele bendisse a sua alma; e *os homens* te louvarão, quando fizeres bem a ti *mesmo*,

¹⁹Irá para a geração de seus pais; eles nunca verão a luz.

²⁰O homem *que está* em honra, e não tem entendimento, é semelhante aos animais, *que* perecem.

Obedecer é melhor que sacrificar
Salmo de Asafe

50 O DEUS poderoso, o SENHOR, falou e chamou a terra desde o nascimento do sol até ao seu ocaso.

²Desde Sião, a perfeição da formosura, resplandeceu Deus.

³Virá o nosso Deus, e não se calará; um fogo se irá consumindo diante dele, e haverá grande tormenta ao redor dele.

⁴Chamará os céus lá do alto, e a terra, para julgar o seu povo.

⁵Ajuntai-me os meus santos, aqueles que fizeram comigo *uma* aliança com sacrifícios.

⁶E os céus anunciarão a sua justiça; pois Deus mesmo *é* o Juiz. (Selá.)

⁷Ouve, povo meu, e eu falarei; ó Israel, e eu protestarei contra ti: *Sou* Deus, *sou* o teu Deus.

⁸Não te repreenderei pelos teus sacrifícios, ou holocaustos, *que estão* continuamente perante mim.

⁹Da tua casa não tirarei bezerro, *nem* bodes dos teus currais.

¹⁰Porque meu *é* todo animal da selva, *e* o gado sobre milhares de montanhas.

¹¹Conheço todas as aves dos montes; e minhas *são* todas as feras do campo.

¹²Se eu tivesse fome, não to diria, pois meu *é* o mundo e toda a sua plenitude.

¹³Comerei eu carne de touros? Ou beberei sangue de bodes?

¹⁴Oferece a Deus sacrifício de louvor, e paga ao Altíssimo os teus votos.

¹⁵E invoca-me no dia da angústia; eu te livrarei, e tu me glorificarás.

¹⁶Mas ao ímpio diz Deus: Que fazes tu em recitar os meus estatutos, e em tomar a minha aliança na tua boca?

¹⁷Visto que odeias a correção, e lanças as minhas palavras para detrás de ti.

¹⁸Quando vês o ladrão, consentes com ele, e tens a tua parte com adúlteros.

¹⁹Soltas a tua boca para o mal, e a tua língua compõe o engano.

²⁰Assentas-te a falar contra teu irmão; falas mal contra o filho de tua mãe.

²¹Estas *coisas* tens feito, e eu me calei; pensavas que era *tal* como tu, *mas* eu te repreenderei, e as porei por ordem diante dos teus olhos:

²²Ouvi pois isto, vós que vos esqueceis de Deus; para que eu *vos* não faça em pedaços, sem haver quem *vos* livre.

²³Aquele que oferece o sacrifício de louvor me glorificará; e àquele que *bem* ordena o *seu* caminho eu mostrarei a salvação de Deus.

Davi confessa o seu pecado
Salmo de Davi para o músico-mor, quando o profeta Natã veio a ele, depois dele ter possuído a Bate-Seba

51 TEM misericórdia de mim, ó Deus, segundo a tua benignidade; apaga as minhas transgressões, segundo a multidão das tuas misericórdias.

²Lava-me completamente da minha iniquidade, e purifica-me do meu pecado.

³Porque eu conheço as minhas transgressões, e o meu pecado *está* sempre diante de mim.

⁴Contra ti, contra ti somente pequei, e fiz o que é mal à tua vista, para que sejas justificado quando falares, *e* puro quando julgares.

⁵Eis que em iniquidade fui formado, e em pecado me concebeu minha mãe.

⁶Eis que amas a verdade no íntimo, e no oculto me fazes conhecer a sabedoria.

⁷Purifica-me com hissopo, e ficarei puro; lava-me, e ficarei mais branco do que a neve.

⁸Faze-me ouvir júbilo e alegria, *para que* gozem os ossos *que* tu quebraste.

⁹Esconde a tua face dos meus pecados, e apaga todas as minhas iniquidades.

¹⁰Cria em mim, ó Deus, um coração puro, e renova em mim um espírito reto.

¹¹Não me lances fora da tua presença, e não retires de mim o teu Espírito Santo.

¹²Torna a dar-me a alegria da tua salvação, e sustém-me *com* um espírito voluntário.

¹³*Então* ensinarei aos transgressores os teus caminhos, e os pecadores a ti se converterão.

¹⁴Livra-me dos crimes de sangue, ó Deus, Deus da minha salvação, *e* a minha língua louvará altamente a tua justiça.

¹⁵Abre, Senhor, os meus lábios, e a minha boca entoará o teu louvor.

¹⁶Pois não desejas sacrifícios, senão eu *os* daria; tu não te deleitas em holocaustos.

¹⁷Os sacrifícios para Deus *são* o espírito quebrantado; a *um* coração quebrantado e contrito não desprezarás, ó Deus.

¹⁸Faze o bem a Sião, segundo a tua boa vontade; edifica os muros de Jerusalém.

¹⁹Então te agradarás dos sacrifícios de justiça, dos holocaustos e das ofertas queimadas; então se oferecerão novilhos sobre o teu altar.

Davi prediz a ruína do ímpio
Masquil de Davi para o músico-mor, quando Doegue, o edomeu, o anunciou a Saul, e lhe disse: Davi veio à casa de Abimeleque

52 POR que te glorias na malícia, ó homem poderoso? Pois a bondade de Deus *permanece* continuamente.

²A tua língua intenta o mal, como uma navalha amolada, traçando enganos.

³Tu amas mais o mal do que o bem, *e* a mentira mais do que o falar a retidão. (Selá.)

⁴Amas todas as palavras devoradoras, ó língua fraudulenta.

SALMOS 52.5

5Também Deus te destruirá para sempre; arrebatar-te-á e arrancar-te-á da *tua* habitação, e desarraigar-te-á da terra dos viventes. (Selá.)

6E os justos o verão, e temerão: e se rirão dele, *dizendo:*

7Eis aqui o homem *que* não pôs em Deus a sua fortaleza, antes confiou na abundância das suas riquezas, *e* se fortaleceu na sua maldade.

8Mas eu *sou* como a oliveira verde na casa de Deus; confio na misericórdia de Deus para sempre, eternamente.

9Para sempre te louvarei, porque tu *o* fizeste, e esperarei no teu nome, porque *é* bom diante de teus santos.

O ímpio nega a existência de Deus
Masquil de Davi para o músico-mor, sobre Maalate

53DISSE o néscio no seu coração: Não *há* Deus. Têm-se corrompido, e cometido abominável iniquidade; não *há* ninguém que faça o bem.

2Deus olhou desde os céus para os filhos dos homens, para ver se havia *algum* que tivesse entendimento e buscasse a Deus.

3Desviaram-se todos, e juntamente se fizeram imundos; não *há* quem faça o bem, não, nem sequer um.

4Acaso não têm conhecimento os que praticam a iniquidade, os quais comem o meu povo *como* se comessem pão? Eles não invocaram a Deus.

5Ali se acharam em grande temor, *onde* não havia temor, pois Deus espalhou os ossos daquele que te cercava; tu *os* confundiste, porque Deus os rejeitou.

6Oh! se *já* de Sião viesse a salvação de Israel! Quando Deus fizer voltar os cativos do seu povo, *então* se regozijará Jacó e se alegrará Israel.

Davi roga a Deus que o salve dos seus inimigos
Masquil de Davi para o músico-mor sobre Neginote, quando os zifeus vieram e disseram a Saul: Porventura não está escondido entre nós?

54SALVA-ME, ó Deus, pelo teu nome, e faze-me justiça pelo teu poder.

2Ó Deus, ouve a minha oração, inclina os teus ouvidos às palavras da minha boca.

3Porque os estranhos se levantam contra mim, e tiranos procuram a minha vida; não têm posto Deus perante os seus olhos. (Selá.)

4Eis que Deus *é* o meu ajudador, o Senhor *está* com aqueles que sustêm a minha alma.

5Ele recompensará com o mal os meus inimigos. Destrói-os na tua verdade.

6Eu te oferecerei voluntariamente sacrifícios; louvarei o teu nome, ó SENHOR, porque *é* bom,

7Pois me tem livrado de toda a angústia; e os meus olhos viram *o meu desejo* sobre os meus inimigos.

Davi queixa-se da malícia dos seus inimigos
Masquil de Davi para o músico-mor, sobre Neginote

55INCLINA, ó Deus, os teus ouvidos à minha oração, e não te escondas da minha súplica.

2Atende-me, e ouve-me; lamento na minha queixa, e faço ruído,

3Pelo clamor do inimigo e por causa da opressão do ímpio; pois lançam sobre mim a iniquidade, e com furor me odeiam.

4O meu coração está dolorido dentro de mim, e terrores da morte caíram sobre mim.

5Temor e tremor vieram sobre mim; e o horror me cobriu.

6Assim eu disse: Oh! Quem me dera asas como de pomba! *Então* voaria, e estaria em descanso.

7Eis que fugiria para longe, *e* pernoitaria no deserto. (Selá.)

8Apressar-me-ia a escapar da fúria do vento *e* da tempestade.

9Despedaça, Senhor, e divide as suas línguas, pois tenho visto violência e contenda na cidade.

10De dia e de noite a cercam sobre os seus muros; iniquidade e malícia *estão* no meio dela.

11Maldade *há* dentro dela; astúcia e engano não se apartam das suas ruas.

12Pois não *era um* inimigo *que* me afrontava; então eu *o* teria suportado; nem *era* o que me odiava *que se* engrandecia contra mim, porque dele me teria escondido.

13Mas eras tu, homem meu igual, meu guia e meu íntimo amigo.

14Consultávamos juntos suavemente, *e* andávamos em companhia na casa de Deus.

15A morte os assalte, *e* vivos desçam ao inferno; porque *há* maldade nas suas habitações *e* no meio deles.

16Eu, porém, invocarei a Deus, e o SENHOR me salvará.

17De tarde e de manhã e ao meio-dia orarei; e clamarei, e ele ouvirá a minha voz.

18Livrou em paz a minha alma da peleja *que havia* contra mim; pois havia muitos comigo.

19Deus ouvirá, e os afligirá. Aquele que preside desde a antiguidade (Selá), porque não há neles nenhuma mudança, *e* portanto não temem a Deus.

20*Tal homem* pôs as suas mãos naqueles que têm paz com ele; quebrou a sua aliança.

21*As palavras* da sua boca eram mais macias do que a manteiga, mas havia guerra no seu coração: as suas palavras *eram* mais brandas do que o azeite; contudo, eram espadas desembainhadas.

22Lança o teu cuidado sobre o SENHOR, e ele te susterá; não permitirá jamais que o justo seja abalado.

23Mas tu, ó Deus, os farás descer ao poço da perdição; homens de sangue e de fraude não viverão metade dos seus dias; mas eu em ti confiarei.

Davi roga a Deus que o livre dos seus inimigos
Mictão de Davi para o músico-mor sobre Jonate-Elém-Recoquim, quando os filisteus o prenderam em Gate

56TEM misericórdia de mim, ó Deus, porque o homem procura devorar-me; pelejando todo dia, me oprime.

SALMOS 59.10

²Os meus inimigos procuram devorar-me todo dia; pois são muitos os que pelejam contra mim, ó Altíssimo.

³Em qualquer tempo em que eu temer, confiarei em ti.

⁴Em Deus louvarei a sua palavra, em Deus pus a minha confiança; não temerei o que me possa fazer a carne.

⁵Todos os dias torcem as minhas palavras; todos os seus pensamentos *são* contra mim para o mal.

⁶Ajuntam-se, escondem-se, marcam os meus passos, como aguardando a minha alma.

⁷*Porventura* escaparão eles por meio da sua iniquidade? Ó Deus, derruba os povos na *tua* ira!

⁸Tu contas as minhas vagueações; põe as minhas lágrimas no teu odre. Não *estão elas* no teu livro?

⁹Quando eu a *ti* clamar, então voltarão para trás os meus inimigos: isto sei eu, porque Deus é por mim.

¹⁰Em Deus louvarei a *sua* palavra; no Senhor louvarei a *sua* palavra.

¹¹Em Deus tenho posto a minha confiança; não temerei o que me possa fazer o homem.

¹²Os teus votos *estão* sobre mim, ó Deus; eu te renderei ações de graças;

¹³Pois tu livraste a minha alma da morte; não livrarás os meus pés da queda, para andar diante de Deus na luz dos viventes?

Davi acha socorro contra os seus inimigos e louva a Deus
Para o músico-mor. Al-Tachete. Mictão de Davi, quando fugia de diante de Saul na caverna

57TEM misericórdia de mim, ó Deus, tem misericórdia de mim, porque a minha alma confia em ti; e à sombra das tuas asas me abrigo, até que passem as calamidades.

²Clamarei ao Deus altíssimo, ao Deus que por mim tudo executa.

³Ele enviará desde os céus, e me salvará *do* desprezo daquele que procurava devorar-me. (Selá.) Deus enviará a sua misericórdia e a sua verdade.

⁴A minha alma *está* entre leões, e eu estou *entre* aqueles que estão abrasados, filhos dos homens, cujos dentes são lanças e flechas, e a sua língua espada afiada.

⁵Sê exaltado, ó Deus, sobre os céus; seja a tua glória sobre toda a terra.

⁶Armaram uma rede aos meus passos; a minha alma está abatida. Cavaram uma cova diante de mim, *porém eles mesmos* caíram no meio dela. (Selá.)

⁷Preparado está o meu coração, ó Deus, preparado está o meu coração; cantarei, e darei louvores.

⁸Desperta, glória minha; despertai, saltério e harpa; eu *mesmo* despertarei ao romper da alva.

⁹Louvar-te-ei, Senhor, entre os povos; eu te cantarei entre as nações.

¹⁰Pois a tua misericórdia *é* grande até aos céus, e a tua verdade até às nuvens.

¹¹Sê exaltado, ó Deus, sobre os céus; e seja a tua glória sobre toda a terra.

Davi reprova os ímpios
Mictão de Davi para o músico-mor, Al-Tachete

58ACASO falais vós, deveras, *ó* congregação, a justiça? Julgais retamente, ó filhos dos homens?

²Antes no coração forjais iniquidades; sobre a terra pesais a violência das vossas mãos.

³Alienam-se os ímpios desde a madre; andam errados desde que nasceram, falando mentiras.

⁴O seu veneno é semelhante ao veneno da serpente; *são* como a víbora surda, *que* tapa os ouvidos,

⁵Para não ouvir a voz dos encantadores, do encantador sábio em encantamentos.

⁶Ó Deus, quebra-lhes os dentes nas suas bocas; arranca, Senhor, os queixais aos filhos dos leões.

⁷Escorram como águas *que* correm constantemente. *Quando* ele armar as suas flechas, fiquem feitas em pedaços.

⁸Como a lesma se derrete, *assim* se vá *cada um deles; como* o aborto de uma mulher, que nunca viu o sol.

⁹Antes que as vossas panelas sintam *o calor dos* espinhos, como por um redemoinho os arrebatará ele, vivo e em indignação.

¹⁰O justo se alegrará quando vir a vingança; lavará os seus pés no sangue do ímpio.

¹¹Então dirá o homem: Deveras *há* uma recompensa para o justo; deveras há um Deus que julga na terra.

Davi suplica a Deus que o livre
Para o músico-mor, Al-Tachete. Mictão de Davi, quando Saul lhes mandou que guardassem a sua casa para o matarem

59LIVRA-ME, meu Deus, dos meus inimigos, defende-me daqueles que se levantam contra mim.

²Livra-me dos que praticam a iniquidade, e salva-me dos homens sanguinários.

³Pois eis que põem ciladas à minha alma; os fortes se ajuntam contra mim, não *por* transgressão minha ou *por* pecado meu, ó Senhor.

⁴Eles correm, e se preparam, sem culpa *minha*; desperta para me ajudares, e olha.

⁵Tu, pois, ó Senhor, Deus dos Exércitos, Deus de Israel, desperta para visitares todos os gentios; não tenhas misericórdia de nenhum dos pérfidos que praticam a iniquidade. (Selá.)

⁶Voltam à tarde; dão ganidos como cães, e rodeiam a cidade.

⁷Eis que eles dão gritos com as suas bocas; espadas *estão* nos seus lábios, porque, *dizem eles:* Quem ouve?

⁸Mas tu, Senhor, te rirás deles; zombarás de todos os gentios;

⁹*Por causa* da sua força eu te aguardarei; pois Deus é a minha alta defesa.

¹⁰O Deus da minha misericórdia virá ao meu

SALMOS 59.11 408

encontro; Deus me fará ver o *meu desejo* sobre os meus inimigos.

¹¹Não os mates, para que o meu povo não se esqueça; espalha-os pelo teu poder, e abate-os, ó Senhor, nosso escudo.

¹²*Pelo* pecado da sua boca e *pelas* palavras dos seus lábios, fiquem presos na sua soberba, e pelas maldições e pelas mentiras que falam.

¹³Consome-os na *tua* indignação, consome-*os*, para que não existam, e para que saibam que Deus reina em Jacó até aos fins da terra. (Selá.)

¹⁴E tornem a vir à tarde, e deem ganidos como cães, e cerquem a cidade.

¹⁵Vagueiem para cima e para baixo por mantimento, e passem a noite sem se saciarem.

¹⁶Eu, porém, cantarei a tua força; pela manhã louvarei com alegria a tua misericórdia; porquanto tu foste o meu alto refúgio, e proteção no dia da minha angústia.

¹⁷A ti, ó fortaleza minha, cantarei *salmos;* porque Deus *é* a minha defesa e o Deus da minha misericórdia.

Ação de graças por várias vitórias
Mictão de Davi, de doutrina, para o músico-mor, sobre Susã-Edute, quando pelejou com os sírios da Mesopotâmia, e com os sírios de Zobá, e quando Joabe, tornando, feriu no Vale do Sal a doze mil dos edomeus

60Ó DEUS, tu nos rejeitaste, tu nos espalhaste, tu te indignaste; oh, volta-te para nós.

²Abalaste a terra, *e* a fendeste; sara as suas fendas, pois ela treme.

³Fizeste ver ao teu povo coisas árduas; fizeste-nos beber o vinho do atordoamento.

⁴Deste um estandarte aos que te temem, para o arvorarem no alto, por causa da verdade. (Selá.)

⁵Para que os teus amados sejam livres, salva-*nos com* a tua destra, e ouve-nos;

⁶Deus falou na sua santidade; eu me regozijarei, repartirei a Siquém e medirei o vale de Sucote.

⁷Meu *é* Gileade, e meu *é* Manassés; Efraim *é* a força da minha cabeça; Judá é o meu legislador.

⁸Moabe *é* a minha bacia de lavar; sobre Edom lançarei o meu sapato; alegra-te, ó Filístia, por minha causa.

⁹Quem me conduzirá à cidade forte? Quem me guiará até Edom?

¹⁰Não *serás* tu, ó Deus, que nos tinhas rejeitado? Tu, ó Deus, *que* não saíste com os nossos exércitos?

¹¹Dá-nos auxílio na angústia, porque vão *é* o socorro do homem.

¹²Em Deus faremos proezas; porque *ele é que* pisará os nossos inimigos.

Davi confia em Deus como seu refúgio
Salmo de Davi para o músico-mor, sobre Neginote

61OUVE, ó Deus, o meu clamor; atende à minha oração.

²Desde o fim da terra clamarei a ti, quando o meu coração estiver desmaiado; leva-me para a rocha que é mais alta do que eu.

³Pois tens sido um refúgio para mim, *e* uma torre forte contra o inimigo.

⁴Habitarei no teu tabernáculo para sempre; abrigar-me-ei no esconderijo das tuas asas. (Selá.)

⁵Pois tu, ó Deus, ouviste os meus votos; deste-*me* a herança dos que temem o teu nome.

⁶Prolongarás os dias do rei; *e* os seus anos serão como muitas gerações.

⁷Ele permanecerá diante de Deus para sempre; prepara-*lhe* misericórdia e verdade *que* o preservem.

⁸Assim cantarei louvores ao teu nome perpetuamente, para pagar os meus votos de dia em dia.

Exortação a que se confie somente em Deus
Salmo de Davi para o músico-mor, sobre Jedutum

62A MINHA alma espera somente em Deus; dele *vem* a minha salvação.

²Só ele *é* a minha rocha e a minha salvação; *é* a minha defesa; não serei grandemente abalado.

³Até quando maquinareis o *mal* contra um homem? Sereis mortos todos vós, *sereis* como uma parede encurvada *e* uma sebe prestes a cair.

⁴Eles somente consultam *como* o hão de derrubar da sua excelência; deleitam-se em mentiras; com a boca bendizem, mas nas suas entranhas maldizem. (Selá.)

⁵Ó minha alma, espera somente em Deus, porque dele *vem* a minha esperança.

⁶Só ele *é* a minha rocha e a minha salvação; *é* a minha defesa; não serei abalado.

⁷Em Deus *está* a minha salvação e a minha glória; a rocha da minha fortaleza, *e* o meu refúgio *estão* em Deus.

⁸Confiai nele, ó povo, em todos os tempos; derramai perante ele o vosso coração. Deus *é* o nosso refúgio. (Selá.)

⁹Certamente que os homens de classe baixa *são* vaidade, e os homens de ordem elevada são mentira; pesados em balanças, eles juntos *são mais leves* do que a vaidade.

¹⁰Não confieis na opressão, nem vos ensoberbeçais na rapina; se as vossas riquezas aumentam, não ponhais *nelas* o coração.

¹¹Deus falou uma vez; duas vezes ouvi isto: que o poder *pertence* a Deus.

¹²A ti também, Senhor, *pertence* a misericórdia; pois retribuirás a cada um segundo a sua obra.

Davi anela pela presença de Deus
Salmo de Davi quando estava no deserto de Judá

63Ó DEUS, tu *és* o meu Deus, de madrugada te buscarei; a minha alma tem sede de ti; a minha carne te deseja muito em uma terra seca e cansada, onde não há água;

²Para ver a tua força e a tua glória, como te vi no santuário.

³Porque a tua benignidade *é* melhor do que a vida, os meus lábios te louvarão.

SALMOS 66.17

⁴Assim eu te bendirei enquanto viver; em teu nome levantarei as minhas mãos.

⁵A minha alma se fartará, como de tutano e de gordura; e a minha boca *te* louvará com alegres lábios.

⁶Quando me lembrar de ti na minha cama, *e* meditar em ti nas vigílias da noite.

⁷Porque tu tens sido o meu auxílio; então, à sombra das tuas asas me regozijarei.

⁸A minha alma te segue de perto; a tua destra me sustenta.

⁹Mas aqueles *que* procuram a minha alma para *a* destruir, irão para as profundezas da terra.

¹⁰Cairão à espada; serão *uma* ração para as raposas.

¹¹Mas o rei se regozijará em Deus; qualquer que por ele jurar se gloriará; porque se taparão as bocas dos que falam a mentira.

Davi suplica a Deus que guarde a sua vida
Salmo de Davi para o músico-mor

64 OUVE, ó Deus, a minha voz na minha oração; guarda a minha vida do temor do inimigo.

²Esconde-me do secreto conselho dos maus, e do tumulto dos que praticam a iniquidade.

³Que afiaram as suas línguas como espadas; *e* armaram *por* suas flechas palavras amargas,

⁴A fim de atirarem em lugar oculto ao *que é* íntegro; disparam sobre ele repentinamente, e não temem.

⁵Firmam-se em mau intento; falam de armar laços secretamente, e dizem: Quem os verá?

⁶Andam inquirindo malícias, inquirem tudo o que se pode inquirir; e ambos, o íntimo *pensamento* de cada um deles, e o coração, são profundos.

⁷Mas Deus atirará sobre eles uma seta, *e* de repente ficarão feridos.

⁸Assim eles farão com que as suas línguas tropecem contra si mesmos; todos aqueles que os virem, fugirão.

⁹E todos os homens temerão, e anunciarão a obra de Deus; e considerarão prudentemente os feitos dele.

¹⁰O justo se alegrará no SENHOR, e confiará nele, e todos os retos de coração se gloriarão.

Davi louva a Deus
Salmo e cântico de Davi para o músico-mor

65 A TI, ó Deus, espera o louvor em Sião, e a ti se pagará o voto.

²Ó tu que ouves as orações, a ti virá toda a carne.

³Prevalecem as iniquidades contra mim; *porém* tu limpas as nossas transgressões.

⁴Bem-aventurado *aquele a quem* tu escolhes, e fazes chegar *a ti, para que* habite em teus átrios; nós seremos fartos da bondade da tua casa *e* do teu santo templo.

⁵Com coisas tremendas em justiça nos responderás, ó Deus da nossa salvação; tu és a esperança de todas as extremidades da terra, e daqueles que estão longe sobre o mar.

⁶O que pela sua força consolida os montes, cingido de fortaleza;

⁷O que aplaca o ruído dos mares, o ruído das suas ondas, e o tumulto dos povos.

⁸E os que habitam nos fins *da terra* temem os teus sinais; tu fazes alegres as saídas da manhã e da tarde.

⁹Tu visitas a terra, e a refrescas; tu a enriqueces grandemente com o rio de Deus, *que está* cheio de água; tu lhe preparas o trigo, quando assim a tens preparada.

¹⁰Enches *de água* os seus sulcos; tu lhe aplanas as leivas; tu a amoleces com a muita chuva; abençoas as suas novidades.

¹¹Coroas o ano com a tua bondade, e as tuas veredas destilam gordura.

¹²Destilam *sobre* os pastos do deserto, e os outeiros os cingem de alegria.

¹³Os campos se vestem de rebanhos, e os vales se cobrem de trigo; eles se regozijam e cantam.

Cântico de louvor a Deus pelas suas grandes obras
Cântico e salmo para o músico-mor

66 CELEBRAI com júbilo a Deus, todas as terras.

²Cantai a glória do seu nome; dai glória ao seu louvor.

³Dizei a Deus: Quão tremendo *és tu nas* tuas obras! Pela grandeza do teu poder se submeterão a ti os teus inimigos.

⁴Todos *os moradores* da terra te adorarão e te cantarão; cantarão o teu nome. (Selá.)

⁵Vinde, e vede as obras de Deus: *é* tremendo nos *seus* feitos para com os filhos dos homens.

⁶Converteu o mar em *terra* seca; passaram o rio a pé; ali nos alegramos nele.

⁷Ele domina eternamente pelo seu poder; os seus olhos estão sobre as nações; não se exaltem os rebeldes. (Selá.)

⁸Bendizei, povos, ao nosso Deus, e fazei ouvir a voz do seu louvor,

⁹Ao que sustenta com vida a nossa alma, e não consente que sejam abalados os nossos pés.

¹⁰Pois tu, ó Deus, nos provaste; tu nos afinaste como se afina a prata.

¹¹Tu nos puseste na rede; afligiste os nossos lombos,

¹²Fizeste com que os homens cavalgassem sobre as nossas cabeças; passamos pelo fogo e pela água; mas nos trouxeste a *um* lugar espaçoso.

¹³Entrarei em tua casa com holocaustos; pagar-te-ei *os* meus votos,

¹⁴Os quais pronunciaram os meus lábios, e falou a minha boca, quando estava na angústia.

¹⁵Oferecer-te-ei holocaustos gordurosos com incenso de carneiros; oferecerei novilhos com cabritos. (Selá.)

¹⁶Vinde, e ouvi, todos os que temeis a Deus, e eu contarei o que ele tem feito à minha alma.

¹⁷A ele clamei com a minha boca, e ele foi exaltado pela minha língua.

SALMOS 66.18

¹⁸Se eu atender à iniquidade no meu coração, o Senhor não *me* ouvirá;

¹⁹*Mas*, na verdade, Deus *me* ouviu; atendeu à voz da minha oração.

²⁰Bendito *seja* Deus, que não rejeitou a minha oração, nem *desviou* de mim a sua misericórdia.

O reino de Deus abrange toda a terra

Salmo e cântico para o músico-mor, sobre Neginote

67 DEUS tenha misericórdia de nós e nos abençoe; *e* faça resplandecer o seu rosto sobre nós. (Selá.)

²Para que se conheça na terra o teu caminho, *e* entre todas as nações a tua salvação.

³Louvem-te *a ti,* ó Deus, os povos; louvem-te os povos todos.

⁴Alegrem-se e regozijem-se as nações, pois julgarás os povos *com* equidade, e governarás as nações sobre a terra. (Selá.)

⁵Louvem-te *a ti,* ó Deus, os povos; louvem-te os povos todos.

⁶*Então* a terra dará o seu fruto; e Deus, o nosso Deus, nos abençoará.

⁷Deus nos abençoará, e todas as extremidades da terra o temerão.

Cântico de louvor e ação de graças a Deus como nosso Salvador

Salmo e cântico de Davi para o músico-mor

68 LEVANTE-SE Deus, e sejam dissipados os seus inimigos; fugirão de diante dele os que o odeiam.

²Como se impele a fumaça, *assim* tu *os* impeles; *assim* como a cera se derrete diante do fogo, *assim* pereçam os ímpios diante de Deus.

³Mas alegrem-se os justos, e se regozijem na presença de Deus, e folguem de alegria.

⁴Cantai a Deus, cantai louvores ao seu nome; louvai aquele que vai montado sobre os céus, pois o seu nome é SENHOR, e exultai diante dele.

⁵Pai de órfãos e juiz de viúvas *é* Deus, no seu lugar santo.

⁶Deus faz que o solitário viva em família; liberta aqueles que estão presos em grilhões; mas os rebeldes habitam em *terra* seca.

⁷Ó Deus, quando saías diante do teu povo, quando caminhavas pelo deserto, (Selá.)

⁸A terra abalava-se, e os céus destilavam perante a face de Deus; *até* o próprio Sinai foi *comovido* na presença de Deus, do Deus de Israel.

⁹Tu, ó Deus, mandaste a chuva em abundância, confortaste a tua herança, quando estava cansada.

¹⁰Nela habitava o teu rebanho; tu, ó Deus, fizeste provisão da tua bondade para o pobre.

¹¹O Senhor deu a palavra; grande *era* o exército dos que anunciavam as boas novas.

¹²Reis de exércitos fugiram à pressa; e aquela que ficava em casa repartia os despojos.

¹³Ainda que vos tenhais deitado entre redis, *contudo sereis como* as asas *de uma* pomba, cobertas de prata, e as suas penas, de ouro amarelo.

¹⁴Quando o Onipotente ali espalhou os reis, foi como a neve em Salmon.

¹⁵O monte de Deus *é como* o monte de Basã, *um* monte elevado *como* o monte de Basã.

¹⁶Por que saltais, ó montes elevados? *Este é o* monte *que* Deus desejou para a sua habitação, e o SENHOR habitará *nele* eternamente.

¹⁷Os carros de Deus *são* vinte milhares, milhares de milhares. O Senhor *está* entre eles, *como em* Sinai, no *lugar* santo.

¹⁸Tu subiste ao alto, levaste cativo o cativeiro, recebeste dons para os homens, e até *para* os rebeldes, para que o SENHOR Deus habitasse *entre eles.*

¹⁹Bendito *seja* o Senhor, que de dia em dia nos carrega de *benefícios;* o Deus *que é* a nossa salvação. (Selá.)

²⁰O nosso Deus *é* o Deus da salvação; e a DEUS, o Senhor, *pertencem* os livramentos da morte.

²¹Mas Deus ferirá gravemente a cabeça de seus inimigos *e* o crânio cabeludo do que anda em suas culpas.

²²Disse o Senhor: Eu os farei voltar de Basã, farei voltar *o meu povo* das profundezas do mar;

²³Para que o teu pé mergulhe no sangue de *teus* inimigos, e no mesmo a língua dos teus cães.

²⁴Ó Deus, eles têm visto os teus caminhos; os caminhos do meu Deus, meu Rei, no santuário.

²⁵Os cantores iam adiante, os tocadores de instrumentos atrás; entre eles as donzelas tocando adufes.

²⁶Celebrai a Deus nas congregações; ao Senhor, desde a fonte de Israel.

²⁷Ali *está* o pequeno Benjamim, que domina sobre eles, os príncipes de Judá *com* o seu ajuntamento, os príncipes de Zebulom e os príncipes de Naftali.

²⁸O teu Deus ordenou a tua força; fortalece, ó Deus, o que *já* fizeste para nós.

²⁹Por amor do teu templo em Jerusalém, os reis te trarão presentes.

³⁰Repreende *asperamente* as feras dos canaviais, a multidão dos touros, com os novilhos dos povos, *até que cada um* se submeta com peças de prata; dissipa os povos *que* desejam a guerra.

³¹Príncipes virão do Egito; a Etiópia cedo estenderá para Deus as suas mãos.

³²Reinos da terra, cantai a Deus, cantai louvores ao Senhor. (Selá.)

³³Àquele que vai montado sobre os céus dos céus, *que existiam* desde a antiguidade; eis que envia a sua voz, *dá* um brado veemente.

³⁴Atribuí a Deus fortaleza; a sua excelência *está* sobre Israel e a sua fortaleza *nas mais* altas nuvens.

³⁵Ó Deus, *tu és* tremendo desde os teus santuários; o Deus de Israel *é* o que dá força e poder ao seu povo. Bendito *seja* Deus!

Os sofrimentos de Davi

Salmo de Davi para o músico-mor, sobre Shoshanim

69 LIVRA-ME, ó Deus, pois as águas entraram até à *minha* alma.

²Atolei-me em profundo lamaçal, onde *se* não *pode estar em* pé; entrei na profundeza das águas, onde a corrente me leva.

³Estou cansado de clamar; a minha garganta se secou; os meus olhos desfalecem esperando o meu Deus.

⁴Aqueles que me odeiam sem causa são mais do que os cabelos da minha cabeça; aqueles que procuram destruir-me, *sendo* injustamente meus inimigos, são poderosos; então restituí o que não furtei.

⁵Tu, ó Deus, bem conheces a minha estultice; e os meus pecados não te são encobertos.

⁶Não sejam envergonhados por minha causa aqueles que esperam em ti, ó Senhor, DEUS dos Exércitos; não sejam confundidos por minha causa aqueles que te buscam, *ó Deus de Israel*.

⁷Porque por amor de ti tenho suportado afrontas; a confusão cobriu o meu rosto.

⁸Tenho-me tornado um estranho para com meus irmãos, e um desconhecido para com os filhos de minha mãe.

⁹Pois o zelo da tua casa me devorou, e as afrontas dos que te afrontam caíram sobre mim.

¹⁰Quando chorei, e *castiguei* com jejum a minha alma, isto se me tornou em afrontas.

¹¹Pus por vestido um saco, e me fiz um provérbio para eles.

¹²Aqueles que se assentam à porta falam contra mim; e fui o cântico dos bebedores de bebida forte.

¹³Eu, porém, *faço* a minha oração a ti, SENHOR, *num* tempo aceitável; ó Deus, ouve-me segundo a grandeza da tua misericórdia, segundo a verdade da tua salvação.

¹⁴Tira-me do lamaçal, e não me deixes atolar; seja eu livre dos que me odeiam, e das profundezas das águas.

¹⁵Não me leve a corrente das águas, e não me absorva ao profundo, nem o poço feche a sua boca sobre mim.

¹⁶Ouve-me, SENHOR, pois boa *é* a tua misericórdia. Olha para mim segundo a tua muitíssima piedade.

¹⁷E não escondas o teu rosto do teu servo, porque estou angustiado; ouve-me depressa.

¹⁸Aproxima-te da minha alma, *e* resgata-a, livra-me por causa dos meus inimigos.

¹⁹Bem tens conhecido a minha afronta, e a minha vergonha, e a minha confusão; diante de ti *estão* todos os meus adversários.

²⁰Afrontas me quebrantaram o coração, e estou fraquíssimo; esperei *por alguém* que tivesse compaixão, mas não *houve* nenhum; e por consoladores, mas não os achei.

²¹Deram-me fel por mantimento, e na minha sede me deram a beber vinagre.

²²Torne-se-lhes a sua mesa diante deles em laço, e a prosperidade em armadilha.

²³Escureçam-se-lhes os seus olhos, para que não vejam, e faze com que os seus lombos tremam constantemente.

²⁴Derrama sobre eles a tua indignação, e prenda-os o ardor da tua ira.

²⁵Fique desolado o seu palácio; e não haja quem habite nas suas tendas.

²⁶Pois perseguem àquele a quem feriste, e conversam sobre a dor daqueles a quem chagaste.

²⁷Acrescenta iniquidade à iniquidade deles, e não entrem na tua justiça.

²⁸Sejam riscados do livro dos vivos, e não sejam inscritos com os justos.

²⁹Eu, porém, *sou* pobre e estou triste; ponha-me a tua salvação, ó Deus, num alto retiro.

³⁰Louvarei o nome de Deus com *um* cântico, e engrandecê-lo-ei com ação de graças.

³¹*Isto* será mais agradável ao SENHOR do que boi, ou bezerro que tem chifres e unhas.

³²Os mansos verão *isto*, e se agradarão; o vosso coração viverá, pois que buscais a Deus.

³³Porque o SENHOR ouve os necessitados, e não despreza os seus cativos.

³⁴Louvem-no os céus e a terra, os mares e tudo quanto neles se move.

³⁵Porque Deus salvará a Sião, e edificará as cidades de Judá; para que habitem ali e a possuam.

³⁶E herdá-la-á a semente de seus servos, e os que amam o seu nome habitarão nela.

Davi suplica a Deus que se apresse em livrá-lo

Salmo de Davi para o músico-mor, para lembrança

70 APRESSA-TE, ó Deus, em me livrar; SENHOR, *apressa-te* em ajudar-me.

²Fiquem envergonhados e confundidos os que procuram a minha alma; voltem para trás e confundam-se os que me desejam mal.

³Virem as costas como recompensa da sua vergonha os que dizem: Ah! Ah!

⁴Folguem e alegrem-se em ti todos os que te buscam; e aqueles que amam a tua salvação digam continuamente: Engrandecido seja Deus.

⁵Eu, porém, *estou* aflito e necessitado; apressa-te por mim, ó Deus. Tu *és* o meu auxílio e o meu libertador; SENHOR, não te detenhas.

Davi confia em Deus

71 EM TI, SENHOR, confio; nunca seja eu confundido.

²Livra-me na tua justiça, e faze-me escapar; inclina os teus ouvidos para mim, e salva-me.

³Sê tu a minha habitação forte, à qual possa recorrer continuamente. Deste um mandamento que me salva, pois tu *és* a minha rocha e a minha fortaleza.

⁴Livra-me, meu Deus, das mãos do ímpio, das mãos do homem injusto e cruel.

⁵Pois tu *és* a minha esperança, Senhor DEUS; *tu és* a minha confiança desde a minha mocidade.

⁶Por ti tenho sido sustentado desde o ventre; tu *és* aquele que me tiraste das entranhas de minha mãe; o meu louvor *será* para ti constantemente.

⁷Sou como um prodígio para muitos, mas tu *és* o meu refúgio forte.

SALMOS 71.8

8
Encha-se a minha boca do teu louvor e da tua glória todo o dia.

9
Não me rejeites no tempo da velhice; não me desampares, quando se for acabando a minha força.

10
Porque os meus inimigos falam contra mim, e os que espiam a minha alma consultam juntos,

11
Dizendo: Deus o desamparou; persegui-*o* e tomai-o, pois não *há* quem *o* livre.

12
Ó Deus, não te alongues de mim; meu Deus, apressa-te em ajudar-me.

13
Sejam confundidos e consumidos os que são adversários da minha alma; cubram-se de opróbrio e de confusão aqueles que procuram o meu mal.

14
Mas eu esperarei continuamente, e te louvarei cada vez mais.

15
A minha boca manifestará *a* tua justiça e a tua salvação todo o dia, pois não conheço o número delas.

16
Sairei na força do Senhor Deus, farei menção da tua justiça, e só dela.

17
Ensinaste-me, ó Deus, desde a minha mocidade; e até aqui tenho anunciado as tuas maravilhas.

18
Agora também, quando estou velho e de cabelos brancos, não me desampares, ó Deus, até que tenha anunciado a tua força a *esta* geração, e o teu poder a todos os vindouros.

19
Também a tua justiça, ó Deus, *está* muito alta, pois fizeste grandes coisas. Ó Deus, quem é semelhante a ti?

20
Tu, que me tens feito ver muitos males e angústias, me darás ainda a vida, e me tirarás dos abismos da terra.

21
Aumentarás a minha grandeza, e de novo me consolarás.

22
Também eu te louvarei com o saltério, *bem como* à tua verdade, ó meu Deus; cantarei com harpa a ti, ó Santo de Israel.

23
Os meus lábios exultarão quando eu te cantar, assim como a minha alma, que tu remiste.

24
A minha língua falará da tua justiça todo o dia; pois estão confundidos e envergonhados aqueles que procuram o meu mal.

O reino de Salomão prefigura o do Messias
Salmo para Salomão

72 Ó DEUS, dá ao rei os teus juízos, e a tua justiça ao filho do rei.

2
Ele julgará ao teu povo com justiça, e aos teus pobres com juízo.

3
Os montes trarão paz ao povo, e os outeiros, justiça.

4
Julgará os aflitos do povo, salvará os filhos do necessitado, e quebrantará o opressor.

5
Temer-te-ão enquanto durarem o sol e a lua, de geração em geração.

6
Ele descerá como chuva sobre a erva ceifada, como os chuveiros que umedecem a terra.

7
Nos seus dias florescerá o justo, e abundância de paz haverá enquanto durar a lua.

8
Dominará de mar a mar, e desde o rio até às extremidades da terra.

9
Aqueles que habitam no deserto se inclinarão ante ele, e os seus inimigos lamberão o pó.

10
Os reis de Társis e das ilhas trarão presentes; os reis de Sabá e de Seba oferecerão dons.

11
E todos os reis se prostrarão perante ele; todas as nações o servirão.

12
Porque ele livrará ao necessitado quando clamar, como também ao aflito e ao que não tem quem o ajude.

13
Compadecer-se-á do pobre e do aflito, e salvará as almas dos necessitados.

14
Libertará as suas almas do engano e da violência, e precioso será o seu sangue aos olhos dele.

15
E viverá, e se lhe dará do ouro de Sabá; e continuamente se fará por ele oração; e todos os dias o bendirão.

16
Haverá um punhado de trigo na terra sobre as cabeças dos montes; o seu fruto se moverá como o Líbano, e *os* da cidade florescerão como a erva da terra.

17
O seu nome permanecerá eternamente; o seu nome se irá propagando de pais a filhos enquanto o sol *durar*, e *os homens* serão abençoados nele; todas as nações lhe chamarão bem-aventurado.

18
Bendito *seja* o Senhor Deus, o Deus de Israel, que só ele faz maravilhas.

19
E bendito *seja* para sempre o seu nome glorioso; e encha-se toda a terra da sua glória. Amém e Amém.

20
Aqui acabam as orações de Davi, filho de Jessé.

A prosperidade dos ímpios
Salmo de Asafe

73 VERDADEIRAMENTE bom é Deus para com Israel, para com os limpos de coração.

2
Quanto a mim, os meus pés quase que se desviaram; pouco faltou para que escorregassem os meus passos.

3
Pois eu tinha inveja dos néscios, quando via a prosperidade dos ímpios.

4
Porque não *há* apertos na sua morte, mas firme *está* a sua força.

5
Não se acham em trabalhos *como outros* homens, nem são afligidos como *outros* homens.

6
Por isso a soberba os cerca como um colar; vestem-se de violência *como* de adorno.

7
Os olhos deles estão inchados de gordura; eles têm mais do que o coração podia desejar.

8
São corrompidos e tratam maliciosamente de opressão; falam arrogantemente.

9
Põem as suas bocas contra os céus, e as suas línguas andam pela terra.

10
Por isso o povo dele volta aqui, e águas de *copo* cheio se lhes espremem.

11
E eles dizem: Como *o* sabe Deus? Há conhecimento no Altíssimo?

12
Eis que estes *são* ímpios, e prosperam no mundo; aumentam *em* riquezas.

¹³Na verdade que em vão tenho purificado o meu coração; e lavei as minhas mãos na inocência.

¹⁴Pois todo o dia tenho sido afligido, e castigado cada manhã.

¹⁵Se eu dissesse: Falarei assim; eis que ofenderia a geração de teus filhos.

¹⁶Quando pensava em entender isto, *foi* para mim muito doloroso;

¹⁷Até que entrei no santuário de Deus; *então* entendi eu o fim deles.

¹⁸Certamente tu os puseste em lugares escorregadios; tu os lanças em destruição.

¹⁹Como caem na desolação, quase num momento! Ficam totalmente consumidos de terrores.

²⁰Como um sonho, quando se acorda, *assim,* ó Senhor, quando acordares, desprezarás a aparência deles.

²¹Assim o meu coração se azedou, e sinto picadas nas minhas entranhas.

²²Assim me embruteci, e nada sabia; fiquei *como* um animal perante ti.

²³Todavia *estou* de contínuo contigo; tu *me* sustentaste pela minha mão direita.

²⁴Guiar-me-ás com o teu conselho, e depois me receberás na glória.

²⁵Quem tenho eu no céu *senão a ti?* E na terra não há quem eu deseje além de ti.

²⁶A minha carne e o meu coração desfalecem; *mas* Deus *é* a fortaleza do meu coração, e a minha porção para sempre.

²⁷Pois eis que os que se alongam de ti, perecerão; tu tens destruído todos aqueles que se desviam de ti.

²⁸Mas para mim, bom *é* aproximar-me de Deus; pus a minha confiança no Senhor Deus, para anunciar todas as tuas obras.

A assolação do santuário
Masquil de Asafe

74 Ó DEUS, por que *nos* rejeitaste para sempre? *Por que* se acende a tua ira contra as ovelhas do teu pasto?

²Lembra-te da tua congregação, *que* compraste desde a antiguidade; da vara da tua herança, *que* remiste; deste monte Sião, em que habitaste.

³Levanta os teus pés para as perpétuas assolações, para tudo *o que* o inimigo tem feito *de* mal no santuário.

⁴Os teus inimigos bramam no meio dos teus lugares santos; põem *neles* as suas insígnias *por* sinais.

⁵*Um homem* se tornava famoso, conforme houvesse levantado machados, contra a espessura do arvoredo.

⁶Mas agora toda obra entalhada de uma vez quebram com machados e martelos.

⁷Lançaram fogo no teu santuário; profanaram, derrubando-a até ao chão, a morada do teu nome.

⁸Disseram nos seus corações: Despojemo-los de uma vez. Queimaram todos os lugares santos de Deus na terra.

⁹Já não vemos os nossos sinais, já não *há* profeta, nem *há* entre nós alguém que saiba até quando *isto durará.*

¹⁰Até quando, ó Deus, *nos* afrontará o adversário? Blasfemará o inimigo o teu nome para sempre?

¹¹Por que retiras a tua mão, a saber, a tua destra? Tira-*a* de dentro do teu seio.

¹²Todavia Deus *é* o meu Rei desde a antiguidade, operando a salvação no meio da terra.

¹³Tu dividiste o mar pela tua força; quebrantaste as cabeças das baleias nas águas.

¹⁴Fizeste em pedaços as cabeças do leviatã, *e* o deste por mantimento aos habitantes do deserto.

¹⁵Fendeste a fonte e o ribeiro; secaste os rios impetuosos.

¹⁶Teu *é* o dia e tua *é* a noite; preparaste a luz e o sol.

¹⁷Estabeleceste todos os limites da terra; verão e inverno tu os formaste.

¹⁸Lembra-te disto: *que* o inimigo afrontou ao Senhor e *que* um povo louco blasfemou o teu nome.

¹⁹Não entregues às feras a alma da tua rola; não te esqueças para sempre da vida dos teus aflitos.

²⁰Atende à tua aliança; pois os lugares tenebrosos da terra estão cheios de moradas de crueldade.

²¹Oh, não volte envergonhado o oprimido; louvem o teu nome o aflito e o necessitado.

²²Levanta-te, ó Deus, pleiteia a tua própria causa; lembra-te da afronta que o louco te faz cada dia.

²³Não te esqueças dos gritos dos teus inimigos; o tumulto daqueles que se levantam contra ti aumenta continuamente.

O profeta louva a Deus
Para o músico-mor, Al-Tachete. Salmo e cântico de Asafe

75 A TI, ó Deus, glorificamos, *a ti* damos louvor, pois o teu nome *está* perto, as tuas maravilhas o declaram.

²Quando eu ocupar o lugar determinado, julgarei retamente.

³A terra e todos os seus moradores estão dissolvidos, mas eu fortaleci as suas colunas. (Selá)

⁴Disse eu aos loucos: Não enlouqueçais, e aos ímpios: Não levanteis a fronte;

⁵Não levanteis a vossa fronte altiva, *nem* faleis com cerviz dura.

⁶Porque nem do oriente, nem do ocidente, nem do deserto *vem* a exaltação.

⁷Mas Deus *é* o Juiz: a um abate, e a outro exalta.

⁸Porque na mão do Senhor *há um* cálice cujo vinho é tinto; está cheio de mistura; e dá a beber dele; mas as escórias dele todos os ímpios da terra *as* sorverão e beberão.

⁹E eu *o* declararei para sempre; cantarei louvores ao Deus de Jacó.

¹⁰E quebrarei todas as forças dos ímpios, *mas* as forças dos justos serão exaltadas.

SALMOS 76.1

A majestade e o poder de Deus

Salmo e cântico de Asafe, para o músico-mor, sobre Neginote

76 CONHECIDO é Deus em Judá; grande é o seu nome em Israel.

²E em Salém está o seu tabernáculo, e a sua morada em Sião.

³Ali quebrou as flechas do arco; o escudo, e a espada, e a guerra. (Selá.)

⁴Tu és mais ilustre e glorioso do que os montes de caça.

⁵Os que são ousados de coração são despojados; dormiram o seu sono; e nenhum dos homens de força achou as próprias mãos.

⁶À tua repreensão, ó Deus de Jacó, carros e cavalos são lançados num sono profundo.

⁷Tu, tu és temível; e quem subsistirá à tua vista, uma vez que te irares?

⁸Desde os céus fizeste ouvir o teu juízo; a terra tremeu e se aquietou,

⁹Quando Deus se levantou para *fazer* juízo, para livrar a todos os mansos da terra. (Selá.)

¹⁰Certamente a cólera do homem redundará em teu louvor; o restante da cólera tu o restringirás.

¹¹Fazei votos, e pagai ao Senhor vosso Deus; tragam presentes, os que estão em redor dele, àquele que é temível.

¹²Ele ceifará o espírito dos príncipes; é tremendo para com os reis da terra.

O estado interno do salmista

Salmo de Asafe, para o músico-mor, por Jedutum

77 CLAMEI a Deus *com* a minha voz, a Deus *levantei* a minha voz, e ele inclinou para mim os ouvidos.

²No dia da minha angústia busquei ao Senhor; a minha mão se estendeu de noite, e não cessava; a minha alma recusava ser consolada.

³Lembrava-me de Deus, e me perturbei; queixava-me, e o meu espírito desfalecia. (Selá.)

⁴Sustentaste os meus olhos acordados; estou tão perturbado que não posso falar.

⁵Considerava os dias da antiguidade, os anos dos tempos antigos.

⁶De noite chamei à lembrança o meu cântico; meditei em meu coração, e o meu espírito esquadrinhou.

⁷Rejeitará o Senhor para sempre e não tornará a ser favorável?

⁸Cessou para sempre a sua benignidade? Acabou-se *já* a promessa de geração em geração?

⁹Esqueceu-se Deus de ter misericórdia? Ou encerrou ele as suas misericórdias na sua ira? (Selá.)

¹⁰E eu disse: Isto é enfermidade minha; *mas eu me lembrarei* dos anos da destra do Altíssimo.

¹¹Eu me lembrarei das obras do Senhor; certamente que eu me lembrarei das tuas maravilhas da antiguidade.

¹²Meditarei também em todas as tuas obras, e falarei dos teus feitos.

¹³O teu caminho, ó Deus, *está* no santuário. Quem é Deus *tão* grande como o *nosso* Deus?

¹⁴Tu és o Deus que fazes maravilhas; tu fizeste notória a tua força entre os povos.

¹⁵Com o *teu* braço remiste o teu povo, os filhos de Jacó e de José. (Selá.)

¹⁶As águas te viram, ó Deus, as águas te viram, e tremeram; os abismos também se abalaram.

¹⁷As nuvens lançaram água, os céus deram um som; as tuas flechas correram de uma para outra parte.

¹⁸A voz do teu trovão estava no céu; os relâmpagos iluminaram o mundo; a terra se abalou e tremeu.

¹⁹O teu caminho é no mar, e as tuas veredas nas águas grandes, e os teus passos não são conhecidos.

²⁰Guiaste o teu povo, como a um rebanho, pela mão de Moisés e de Arão.

A ira e a misericórdia de Deus

Masquil de Asafe

78 ESCUTAI a minha lei, povo meu; inclinai os vossos ouvidos às palavras da minha boca.

²Abrirei a minha boca *numa* parábola; falarei enigmas da antiguidade.

³Os quais temos ouvido e sabido, e nossos pais no-los têm contado.

⁴Não os encobriremos aos seus filhos, mostrando à geração futura os louvores do Senhor, assim como a sua força e as maravilhas que fez.

⁵Porque ele estabeleceu *um* testemunho em Jacó, e pôs *uma* lei em Israel, a qual deu aos nossos pais para que a fizessem conhecer a seus filhos;

⁶Para que a geração vindoura *a* soubesse, os filhos *que* nascessem, *os quais* se levantassem e *a* contassem a seus filhos;

⁷Para que pusessem em Deus a sua esperança, e se não esquecessem das obras de Deus, mas guardassem os seus mandamentos.

⁸E não fossem como seus pais, geração obstinada e rebelde, geração *que* não regeu o seu coração, e cujo espírito não foi fiel a Deus.

⁹Os filhos de Efraim, armados e trazendo arcos, viraram *as costas* no dia da peleja.

¹⁰Não guardaram a aliança de Deus, e recusaram andar na sua lei;

¹¹E esqueceram-se das suas obras e das maravilhas que lhes fizera ver.

¹²Maravilhas que ele fez à vista de seus pais na terra do Egito, *no* campo de Zoã.

¹³Dividiu o mar, e os fez passar por ele; fez com que as águas parassem como num montão.

¹⁴De dia os guiou por uma nuvem, e toda a noite por uma luz de fogo.

¹⁵Fendeu as penhas no deserto; e deu-*lhes* de beber como de grandes abismos.

¹⁶Fez sair fontes da rocha, e fez correr as águas como rios.

¹⁷E *ainda* prosseguiram em pecar contra ele, provocando ao Altíssimo na solidão.

SALMOS 78.71

¹⁸E tentaram a Deus nos seus corações, pedindo carne para o seu apetite.

¹⁹E falaram contra Deus, e disseram: *Acaso* pode Deus preparar-*nos* uma mesa no deserto?

²⁰Eis que feriu a penha, e águas correram *dela:* rebentaram ribeiros em abundância. Poderá também dar-*nos* pão, ou preparar carne para o seu povo?

²¹Portanto o Senhor *os* ouviu, e se indignou; e acendeu *um* fogo contra Jacó, e furor também subiu contra Israel;

²²Porquanto não creram em Deus, nem confiaram na sua salvação;

²³Ainda que mandara às altas nuvens, e abriu as portas dos céus,

²⁴E chovera sobre eles o maná para comerem, e lhes dera do trigo do céu.

²⁵O homem comeu o pão dos anjos; ele lhes mandou comida a fartar.

²⁶Fez soprar o vento do oriente nos céus, e o trouxe do sul com a sua força.

²⁷E choveu sobre eles carne como pó, e aves de asas como a areia do mar.

²⁸E *as* fez cair no meio do seu arraial, ao redor de suas habitações.

²⁹Então comeram e se fartaram bem; pois lhes cumpriu o seu desejo.

³⁰Não refrearam o seu apetite. Ainda lhes *estava* a comida na boca,

³¹Quando a ira de Deus desceu sobre eles, e matou os mais robustos deles, e feriu os escolhidos de Israel.

³²Com tudo isto ainda pecaram, e não deram crédito às suas maravilhas.

³³Por isso consumiu os seus dias na vaidade e os seus anos na angústia.

³⁴Quando os matava, então o procuravam; e voltavam, e de madrugada buscavam a Deus.

³⁵E se lembravam de que Deus era a sua rocha, e o Deus Altíssimo o seu Redentor.

³⁶Todavia lisonjeavam-no com a boca, e com a língua lhe mentiam.

³⁷Porque o seu coração não *era* reto para com ele, nem foram fiéis na sua aliança.

³⁸Ele, porém, que é misericordioso, perdoou a *sua* iniquidade; e não *os* destruiu, antes muitas vezes desviou *dolos* o seu furor, e não despertou toda a sua ira.

³⁹Porque se lembrou de que *eram de* carne, vento que passa e não volta.

⁴⁰Quantas vezes o provocaram no deserto, e o entristeceram na solidão!

⁴¹Voltaram atrás, e tentaram a Deus, e limitaram o Santo de Israel.

⁴²Não se lembraram da sua mão, *nem* do dia em que os livrou do adversário;

⁴³Como operou os seus sinais no Egito, e as suas maravilhas no campo de Zoã;

⁴⁴E converteu os seus rios em sangue, e as suas correntes, para que não pudessem beber.

⁴⁵Enviou entre eles enxames de moscas que os consumiram, e rãs que os destruíram.

⁴⁶Deu também ao pulgão a sua novidade, e o seu trabalho aos gafanhotos.

⁴⁷Destruiu as suas vinhas com saraiva, e os seus sicômoros com pedrisco.

⁴⁸Também entregou o seu gado à saraiva, e os seus rebanhos aos coriscos.

⁴⁹Lançou sobre eles o ardor da sua ira, furor, indignação, e angústia, mandando maus anjos *contra eles.*

⁵⁰Preparou caminho à sua ira; não poupou as suas almas da morte, mas entregou à pestilência as suas vidas.

⁵¹E feriu a todo primogênito no Egito, primícias da *sua* força nas tendas de Cão.

⁵²Mas fez *com* que o seu povo saísse como ovelhas, e os guiou pelo deserto como *um* rebanho.

⁵³E os guiou com segurança, que não temeram; mas o mar cobriu os seus inimigos.

⁵⁴E os trouxe até ao termo do seu santuário, até este monte que a sua destra adquiriu.

⁵⁵E expulsou os gentios de diante deles, e lhes dividiu uma herança por linha, e fez habitar em suas tendas as tribos de Israel.

⁵⁶Contudo tentaram e provocaram o Deus Altíssimo, e não guardaram os seus testemunhos.

⁵⁷Mas retiraram-se para trás, e portaram-se infielmente como seus pais; viraram-se como *um* arco enganoso.

⁵⁸Pois o provocaram à ira com os seus altos, e moveram o seu zelo com as suas imagens de escultura.

⁵⁹Deus ouviu *isto* e se indignou; e aborreceu a Israel sobremodo.

⁶⁰Por isso desamparou o tabernáculo em Siló, a tenda *que* estabeleceu entre os homens.

⁶¹E deu a sua força ao cativeiro, e a sua glória à mão do inimigo.

⁶²E entregou o seu povo à espada, e se enfureceu contra a sua herança.

⁶³O fogo consumiu os seus jovens, e as suas moças não foram dadas em casamento.

⁶⁴Os seus sacerdotes caíram à espada, e as suas viúvas não fizeram lamentação.

⁶⁵Então o Senhor despertou, como quem acaba de dormir, como um valente que se alegra com o vinho.

⁶⁶E feriu os seus adversários por detrás, e pô-los em perpétuo desprezo.

⁶⁷Além disto, recusou o tabernáculo de José, e não elegeu a tribo de Efraim.

⁶⁸Antes elegeu a tribo de Judá; o monte Sião, que ele amava.

⁶⁹E edificou o seu santuário como altos *palácios,* como a terra, que fundou para sempre.

⁷⁰Também elegeu a Davi seu servo, e o tirou dos apriscos das ovelhas;

⁷¹E o tirou do cuidado das *que se acharam* prenhes; para apascentar a Jacó, seu povo, e a Israel, sua herança.

SALMOS 78.72 416

⁷²Assim os apascentou, segundo a integridade do seu coração, e os guiou pela perícia de suas mãos.

A assolação de Jerusalém
Salmo de Asafe

79Ó DEUS, os gentios vieram à tua herança; contaminaram o teu santo templo; reduziram Jerusalém a montões de pedras.

²Deram os corpos mortos dos teus servos por comida às aves dos céus, e a carne dos teus santos às feras da terra.

³Derramaram o sangue deles como a água ao redor de Jerusalém, e não houve *quem* os enterrasse.

⁴Somos feitos opróbrio para nossos vizinhos, escárnio e zombaria para os que *estão* à roda de nós.

⁵Até quando, SENHOR? *Acaso* te indignarás para sempre? Arderá o teu zelo como fogo?

⁶Derrama o teu furor sobre os gentios que não te conhecem, e sobre os reinos que não invocam o teu nome.

⁷Porque devoraram a Jacó, e assolaram as suas moradas.

⁸Não te lembres das nossas iniquidades passadas; venham ao nosso encontro depressa as tuas misericórdias, pois já estamos muito abatidos.

⁹Ajuda-nos, ó Deus da nossa salvação, pela glória do teu nome; e livra-nos, e perdoa os nossos pecados por amor do teu nome.

¹⁰Por que diriam os gentios: Onde está o seu Deus? Seja ele conhecido entre os gentios, à nossa vista, *pela* vingança do sangue dos teus servos, que *foi* derramado.

¹¹Venha perante a tua face o gemido dos presos; segundo a grandeza do teu braço preserva aqueles que estão sentenciados à morte.

¹²E torna aos nossos vizinhos, no seu regaço, sete vezes tanto da sua injúria com a qual te injuriaram, Senhor.

¹³Assim nós, teu povo e ovelhas de teu pasto, te louvaremos eternamente; de geração em geração cantaremos os teus louvores.

O profeta suplica a Deus que livre a sua vinha
Para o músico-mor. Sobre Shoshanim Edute. Salmo de Asafe

80TU, *que és* pastor de Israel, dá ouvidos; tu, que guias a José como a *um* rebanho; tu, que te assentas *entre* os querubins, resplandece.

²Perante Efraim, Benjamim e Manassés, desperta o teu poder, e vem salvar-nos.

³Faze-nos voltar, ó Deus, e faze resplandecer o teu rosto, e seremos salvos.

⁴Ó SENHOR Deus dos Exércitos, até quando te indignarás contra a oração do teu povo?

⁵Tu os sustentas com pão de lágrimas, e lhes dás a beber lágrimas com abundância.

⁶Tu nos pões em contendas com os nossos vizinhos, e os nossos inimigos zombam *de nós* entre si.

⁷Faze-nos voltar, ó Deus dos Exércitos, e faze resplandecer o teu rosto, e seremos salvos.

⁸Trouxeste uma vinha do Egito; lançaste fora os gentios, e a plantaste.

⁹Preparaste-lhe *lugar,* e fizeste com que ela deitasse raízes, e encheu a terra.

¹⁰Os montes foram cobertos da sua sombra, e os seus ramos se fizeram *como os* cedros de Deus.

¹¹Ela estendeu a sua ramagem até ao mar, e os seus ramos até ao rio.

¹²Por que quebraste então os seus valados, de modo que todos os que passam por ela a vindimam?

¹³O javali da selva a devasta, e as feras do campo a devoram.

¹⁴Oh! Deus dos Exércitos, volta-te, nós te rogamos, atende dos céus, e vê, e visita esta vide;

¹⁵E a videira que a tua destra plantou, e o ramo que fortificaste para ti.

¹⁶*Está* queimada pelo fogo, *está* cortada; pereceu pela repreensão da tua face.

¹⁷Seja a tua mão sobre o homem da tua destra, sobre o filho do homem, que fortificaste para ti.

¹⁸Assim nós não te viraremos as costas; guarda-nos em vida, e invocaremos o teu nome.

¹⁹Faze-nos voltar, SENHOR Deus dos Exércitos; faze resplandecer o teu rosto, e seremos salvos.

Deus repreende a Israel pela sua ingratidão
Salmo de Asafe para o músico-mor, sobre Gitite

81EXULTAI a Deus, nossa fortaleza; jubilai ao Deus de Jacó.

²Tomai um salmo, e trazei junto o tamborim, a harpa suave e o saltério.

³Tocai a trombeta na lua nova, no tempo apontado da nossa solenidade.

⁴Porque *isto era* um estatuto para Israel, *e* uma lei do Deus de Jacó.

⁵Ordenou-o em José por testemunho, quando saíra pela terra do Egito, *onde* ouvi uma língua que não entendia.

⁶Tirei de seus ombros a carga; as suas mãos foram livres dos cestos.

⁷Clamaste na angústia, e te livrei; respondi-te no lugar oculto dos trovões; provei-te nas águas de Meribá. (Selá.)

⁸Ouve-me, povo meu, e eu te atestarei: Ah, Israel, se me ouvires!

⁹Não haverá entre ti deus alheio, nem te prostrarás ante um deus estranho.

¹⁰ Eu *sou* o SENHOR teu Deus, que te tirei da terra do Egito; abre bem a tua boca, e ta encherei.

¹¹Mas o meu povo não quis ouvir a minha voz, e Israel não me quis.

¹²Portanto eu os entreguei aos desejos dos seus corações, *e* andaram nos seus *próprios* conselhos.

¹³Oh! Se o meu povo me tivesse ouvido! Se Israel andasse nos meus caminhos!

¹⁴Em breve abateria os seus inimigos, e viraria a minha mão contra os seus adversários.

¹⁵Os que odeiam ao Senhor ter-se-lhe-iam sujeitado, e o seu tempo seria eterno.

¹⁶E o sustentaria com o trigo mais fino, e o fartaria com o mel saído da rocha.

Deus repreende os juízes por suas injustiças

Salmo de Asafe

82DEUS está na congregação dos poderosos; julga no meio dos deuses.

²Até quando julgareis injustamente, e aceitareis as pessoas dos ímpios? (Selá.)

³Fazei justiça ao pobre e ao órfão; justificai o aflito e o necessitado.

⁴Livrai o pobre e o necessitado; tirai-os das mãos dos ímpios.

⁵Eles não conhecem, nem entendem; andam em trevas; todos os fundamentos da terra vacilam.

⁶Eu disse: Vós *sois* deuses, e todos vós filhos do Altíssimo.

⁷Todavia morrereis como homens, e caireis como qualquer dos príncipes.

⁸Levanta-te, ó Deus, julga a terra, pois tu possuis todas as nações.

O salmista suplica a Deus que o livre

Cântico e salmo de Asafe

83Ó DEUS, não estejas em silêncio; não te cales, nem te aquietes, ó Deus,

²Porque eis que teus inimigos fazem tumulto, e os que te odeiam levantaram a cabeça.

³Tomaram astuto conselho contra o teu povo, e consultaram contra os teus escondidos.

⁴Disseram: Vinde, e desarraiguemo-los para que não *sejam* nação, nem haja mais memória do nome de Israel.

⁵Porque consultaram juntos e unânimes; eles se unem contra ti:

⁶As tendas de Edom, e dos ismaelitas, de Moabe, e dos agarenos,

⁷De Gebal, e de Amom, e de Amaleque, a Filístia, com os moradores de Tiro;

⁸Também a Assíria se ajuntou com eles; foram ajudar aos filhos de Ló. (Selá.)

⁹Faze-lhes como aos midianitas; como *a* Sísera, como a Jabim na ribeira de Quisom;

¹⁰*Os quais* pereceram em Endor; tornaram-se como estrume para a terra.

¹¹Faze aos seus nobres como *a* Orebe, e como *a* Zeebe; e a todos os seus príncipes, como *a* Zebá e como *a* Zalmuna,

¹²Que disseram: Tomemos para nós as casas de Deus em possessão.

¹³Deus meu, faze-os como um tufão, como a aresta diante do vento.

¹⁴Como o fogo que queima um bosque, e como a chama que incendeia as montanhas,

¹⁵Assim os persegue com a tua tempestade, e os assombra com o teu redemoinho.

¹⁶Encham-se de vergonha as suas faces, para que busquem o teu nome, Senhor.

¹⁷Confundam-se e assombrem-se perpetuamente; envergonhem-se, e pereçam,

¹⁸Para que saibam que tu, cujo nome é Senhor, *és* o Altíssimo sobre toda a terra.

A felicidade daquele que habita no santuário de Deus

Para o músico-mor sobre Gitite. Salmo para os filhos de Coré

84QUÃO amáveis *são* os teus tabernáculos, Senhor dos Exércitos!

²A minha alma está desejosa, e desfalece pelos átrios do Senhor; o meu coração e a minha carne clamam pelo Deus vivo.

³Até o pardal encontrou casa, e a andorinha ninho para si, onde ponha seus filhos, até *mesmo* nos teus altares, Senhor dos Exércitos, Rei meu e Deus meu.

⁴Bem-aventurados os que habitam em tua casa; louvar-te-ão continuamente. (Selá.)

⁵Bem-aventurado o homem cuja força está em ti, em cujo coração *estão* os caminhos *aplanados*.

⁶*Que,* passando pelo vale de Baca, faz dele uma fonte; a chuva também enche os tanques.

⁷Vão indo de força em força; *cada um deles* em Sião aparece perante Deus.

⁸Senhor Deus dos Exércitos, escuta a minha oração; inclina os ouvidos, ó Deus de Jacó! (Selá.)

⁹Olha, ó Deus, escudo nosso, e contempla o rosto do teu ungido.

¹⁰Porque vale mais um dia nos teus átrios do que mil. Preferiria estar à porta da casa do meu Deus, a habitar nas tendas dos ímpios.

¹¹Porque o Senhor Deus *é um* sol e escudo; o Senhor dará graça e glória; não retirará bem *algum* aos que andam na retidão.

¹²Senhor dos Exércitos, bem-aventurado o homem que em ti põe a sua confiança.

O salmista pede o livramento das aflições presentes

Salmo para o músico-mor, entre os filhos de Coré

85ABENÇOASTE, Senhor, a tua terra; fizeste voltar o cativeiro de Jacó.

²Perdoaste a iniquidade do teu povo; cobriste todos os seus pecados. (Selá.)

³Fizeste cessar toda a tua indignação; desviaste-te do ardor da tua ira.

⁴Torna-nos a trazer, ó Deus da nossa salvação, e faze cessar a tua ira de sobre nós.

⁵*Acaso* estarás sempre irado contra nós? Estenderás a tua ira a todas as gerações?

⁶Não tornarás a vivificar-nos, para que o teu povo se alegre em ti?

⁷Mostra-nos, Senhor, a tua misericórdia, e concede-nos a tua salvação.

⁸Escutarei o que Deus, o Senhor, falar; porque falará de paz ao seu povo, e aos santos, para que não voltem à loucura.

⁹Certamente que a salvação *está* perto daqueles que o temem, para que a glória habite na nossa terra.

SALMOS 85.10

¹⁰A misericórdia e a verdade se encontraram; a justiça e a paz se beijaram.

¹¹A verdade brotará da terra, e a justiça olhará desde os céus.

¹²Também o SENHOR dará o *que é* bom, e a nossa terra dará o seu fruto.

¹³A justiça irá adiante dele, e nos porá no caminho das suas pisadas.

Davi implora ardentemente o socorro de Deus
Oração de Davi

86 INCLINA, SENHOR, os teus ouvidos, *e* ouve-me, porque *estou* necessitado e aflito.

²Guarda a minha alma, pois sou santo: ó Deus meu, salva o teu servo, que em ti confia.

³Tem misericórdia de mim, ó Senhor, pois a ti clamo todo o dia.

⁴Alegra a alma do teu servo, pois a ti, Senhor, levanto a minha alma.

⁵Pois tu, Senhor, *és* bom, e pronto a perdoar, e abundante em benignidade para todos os que te invocam.

⁶Dá ouvidos, SENHOR, à minha oração e atende à voz das minhas súplicas.

⁷No dia da minha angústia clamo a ti, porquanto me respondes.

⁸Entre os deuses não há semelhante a ti, Senhor, nem *há* obras como as tuas.

⁹Todas as nações que fizeste virão e se prostrarão perante a tua face, Senhor, e glorificarão o teu nome.

¹⁰Porque tu *és* grande e fazes maravilhas; só tu *és* Deus.

¹¹Ensina-me, SENHOR, o teu caminho, *e* andarei na tua verdade; une o meu coração ao temor do teu nome.

¹²Louvar-te-ei, Senhor Deus meu, com todo o meu coração, e glorificarei o teu nome para sempre.

¹³Pois grande *é* a tua misericórdia para comigo; e livraste a minha alma do inferno mais profundo.

¹⁴Ó Deus, os soberbos se levantaram contra mim, e as assembleias dos tiranos procuraram a minha alma, e não te puseram perante os seus olhos.

¹⁵Porém tu, Senhor, *és* um Deus cheio de compaixão, e piedoso, sofredor, e grande em benignidade e em verdade.

¹⁶Volta-te para mim, e tem misericórdia de mim; dá a tua fortaleza ao teu servo, e salva ao filho da tua serva.

¹⁷Mostra-me um sinal para bem, para que *o* vejam aqueles que me odeiam, e se confundam; porque tu, SENHOR, me ajudaste e me consolaste.

Deus tem o maior prazer em Sião
Salmo e cântico para os filhos de Coré

87 O SEU fundamento *está* nos montes santos.
²O SENHOR ama as portas de Sião, mais do que todas as habitações de Jacó.

³Coisas gloriosas se dizem de ti, ó cidade de Deus. (Selá.)

⁴Farei menção de Raabe e de Babilônia àqueles

que me conhecem; eis que da Filístia, e de Tiro, e da Etiópia, se dirá: Este *homem* nasceu ali.

⁵E de Sião se dirá: Este e aquele homem nasceram ali; e o mesmo Altíssimo a estabelecerá.

⁶O SENHOR contará na descrição dos povos *que* este *homem* nasceu ali. (Selá.)

⁷Assim os cantores como os tocadores de instrumentos *estarão lá;* todas as minhas fontes estão em ti.

O salmista queixa-se das suas grandes desgraças
Cântico e salmo para os filhos de Coré e para o músico-mor sobre Maalate Leanote; Masquil de Hemã, ezraíta

88 SENHOR Deus da minha salvação, diante de ti tenho clamado de dia e de noite.

²Chegue a minha oração perante a tua face, inclina os teus ouvidos ao meu clamor;

³Porque a minha alma está cheia de angústia, e a minha vida se aproxima da sepultura.

⁴Estou contado com aqueles que descem ao abismo; estou como homem sem forças,

⁵Livre entre os mortos, como os feridos de morte que jazem na sepultura, dos quais te não lembras mais, e estão cortados da tua mão.

⁶Puseste-me no abismo mais profundo, em trevas e nas profundezas.

⁷Sobre mim pesa o teu furor; tu *me* afligiste com todas as tuas ondas. (Selá.)

⁸Alongaste de mim os meus conhecidos, puseste-me em extrema abominação para com eles. Estou fechado, e não posso sair.

⁹A minha vista desmaia por causa da aflição. SENHOR, tenho clamado a ti todo o dia, tenho estendido para ti as minhas mãos.

¹⁰Mostrarás, tu, maravilhas aos mortos, ou os mortos se levantarão e te louvarão? (Selá.)

¹¹Será anunciada a tua benignidade na sepultura, ou a tua fidelidade na perdição?

¹²Saber-se-ão as tuas maravilhas nas trevas, e a tua justiça na terra do esquecimento?

¹³Eu, porém, SENHOR, tenho clamado a ti, e de madrugada te esperará a minha oração.

¹⁴SENHOR, por que rejeitas a minha alma? Por que escondes de mim a tua face?

¹⁵*Estou* aflito, e prestes *tenho estado* a morrer desde a *minha* mocidade; *enquanto* sofro os teus terrores, estou perturbado.

¹⁶A tua ardente indignação sobre mim vai passando; os teus terrores me têm retalhado.

¹⁷Eles me rodeiam todo o dia como água; eles juntos me sitiam.

¹⁸Desviaste para longe de mim amigos e companheiros, *e* os meus conhecidos *estão* em trevas.

A aliança de Deus com Davi é trazida à memória
Masquil de Etã, o ezraíta

89 AS benignidades do SENHOR cantarei perpetuamente; com a minha boca manifestarei a tua fidelidade de geração em geração.

²Pois disse eu: A *tua* benignidade será edificada para sempre; tu confirmarás a tua fidelidade até nos céus, *dizendo:*

³Fiz uma aliança com o meu escolhido, e jurei ao meu servo Davi, *dizendo:*

⁴A tua semente estabelecerei para sempre, e edificarei o teu trono de geração em geração. (Selá.)

⁵E os céus louvarão as tuas maravilhas, ó Senhor, a tua fidelidade também na congregação dos santos.

⁶Pois quem no céu se pode igualar ao Senhor? *Quem* entre os filhos dos poderosos pode ser semelhante ao Senhor?

⁷Deus é muito formidável na assembleia dos santos, e para ser reverenciado por todos os que o cercam.

⁸Ó Senhor Deus dos Exércitos, quem *é* poderoso como tu, Senhor, com a tua fidelidade ao redor de ti?

⁹Tu dominas o ímpeto do mar; quando as suas ondas se levantam, tu as fazes aquietar.

¹⁰Tu quebraste a Raabe como se fora ferida de morte; espalhaste os teus inimigos com o teu braço forte.

¹¹Teus *são* os céus, e tua *é* a terra; o mundo e a sua plenitude tu os fundaste.

¹²O norte e o sul tu os criaste; Tabor e Hermom jubilam em teu nome.

¹³Tu tens um braço poderoso; forte é a tua mão, e alta está a tua destra.

¹⁴Justiça e juízo *são* a base do teu trono; misericórdia e verdade irão adiante do teu rosto.

¹⁵Bem-aventurado o povo que conhece o som alegre; andará, ó Senhor, na luz da tua face.

¹⁶Em teu nome se alegrará todo o dia, e na tua justiça se exaltará.

¹⁷Pois tu *és* a glória da sua força; e no teu favor será exaltado o nosso poder.

¹⁸Porque o Senhor *é* a nossa defesa, e o Santo de Israel o nosso Rei.

¹⁹Então falaste em visão ao teu santo, e disseste: Pus o socorro sobre *um que é* poderoso; exaltei a *um* eleito do povo.

²⁰Achei a Davi, meu servo; com santo óleo o ungi,

²¹Com o qual a minha mão ficará firme, e o meu braço o fortalecerá.

²²O inimigo não o importunará, nem o filho da perversidade o afligirá.

²³E eu derrubarei os seus inimigos perante a sua face, e ferirei aos que o odeiam.

²⁴E a minha fidelidade e a minha benignidade *estarão* com ele; e em meu nome será exaltado o seu poder.

²⁵Porei também a sua mão no mar, e a sua direita nos rios.

²⁶Ele me chamará, *dizendo:* Tu *és* meu pai, meu Deus, e a rocha da minha salvação.

²⁷Também o farei *meu* primogênito mais elevado do que os reis da terra.

²⁸A minha benignidade lhe conservarei eu para sempre, e a minha aliança lhe *será* firme,

²⁹E conservarei para sempre a sua semente, e o seu trono como os dias do céu.

³⁰Se os seus filhos deixarem a minha lei, e não andarem nos meus juízos,

³¹Se profanarem os meus preceitos, e não guardarem os meus mandamentos,

³²Então visitarei a sua transgressão com a vara, e a sua iniquidade com açoites.

³³Mas não retirarei totalmente dele a minha benignidade, nem faltarei à minha fidelidade.

³⁴Não quebrarei a minha aliança, não alterarei o que saiu dos meus lábios.

³⁵Uma vez jurei pela minha santidade *que* não mentirei a Davi.

³⁶A sua semente durará para sempre, e o seu trono, como o sol diante de mim.

³⁷Será estabelecido para sempre como a lua *e como* uma testemunha fiel no céu. (Selá.)

³⁸Mas tu rejeitaste e aborreceste; tu te indignaste contra o teu ungido.

³⁹Abominaste a aliança do teu servo; profanaste a sua coroa, *lançando-a* por terra.

⁴⁰Derrubaste todos os seus muros; arruinaste as suas fortificações.

⁴¹Todos os que passam pelo caminho o despojam; é um opróbrio para os seus vizinhos.

⁴²Exaltaste a destra dos seus adversários; fizeste com que todos os seus inimigos se regozijassem.

⁴³Também embotaste o fio da sua espada, e não o sustentaste na peleja.

⁴⁴Fizeste cessar a sua glória, e deitaste por terra o seu trono.

⁴⁵Abreviaste os dias da sua mocidade; cobriste-o de vergonha. (Selá.)

⁴⁶Até quando, Senhor? *Acaso* te esconderás para sempre? Arderá a tua ira como fogo?

⁴⁷Lembra-te de quão breves são os meus dias; por que criarias em vão todos os filhos dos homens?

⁴⁸Que homem há, que viva, e não veja a morte? Livrará ele a sua alma do poder da sepultura? (Selá.)

⁴⁹Senhor, onde *estão* as tuas antigas benignidades *que* juraste a Davi pela tua verdade?

⁵⁰Lembra-te, Senhor, do opróbrio dos teus servos; *como* eu trago no meu peito o *opróbrio de* todos os povos poderosos,

⁵¹Com o qual, Senhor, os teus inimigos têm difamado, com o qual têm difamado as pisadas do teu ungido.

⁵²Bendito *seja* o Senhor para sempre. Amém, e Amém.

A fraqueza do homem e a providência de Deus

Oração de Moisés, homem de Deus

90 SENHOR, tu tens sido o nosso refúgio, de geração em geração.

²Antes que os montes nascessem, ou que tu formasses a terra e o mundo, mesmo de eternidade a eternidade, tu *és* Deus.

SALMOS 90.3

³Tu reduzes o homem à destruição; e dizes: Tornai-vos, filhos dos homens.

⁴Porque mil anos *são* aos teus olhos como o dia de ontem que passou, e como a vigília da noite.

⁵Tu os levas como *uma* corrente de água; são *como um* sono; de manhã *são* como a erva *que* cresce.

⁶De madrugada floresce e cresce; à tarde corta-se e seca.

⁷Pois somos consumidos pela tua ira, e pelo teu furor somos angustiados.

⁸Diante de ti puseste as nossas iniquidades, os nossos *pecados* ocultos, à luz do teu rosto.

⁹Pois todos os nossos dias vão passando na tua indignação; passamos os nossos anos como um conto que se conta.

¹⁰Os dias da nossa vida chegam a setenta anos, e se alguns, pela sua robustez, chegam a oitenta anos, o orgulho deles *é* canseira e enfado, pois cedo se corta e vamos voando.

¹¹Quem conhece o poder da tua ira? Segundo és tremendo, *assim é o* teu furor.

¹²Ensina-nos a contar os nossos dias, de tal maneira que alcancemos corações sábios.

¹³Volta-te para nós, Senhor; até quando? Aplaca-te para com os teus servos.

¹⁴Farta-nos de madrugada com a tua benignidade, para que nos regozijemos, e nos alegremos todos os nossos dias.

¹⁵Alegra-nos pelos dias *em que* nos afligiste, *e* pelos anos *em que* vimos o mal.

¹⁶Apareça a tua obra aos teus servos, e a tua glória sobre seus filhos.

¹⁷E seja sobre nós a formosura do Senhor nosso Deus, e confirma sobre nós a obra das nossas mãos; sim, confirma a obra das nossas mãos.

A segurança daquele que se acolhe em Deus

91AQUELE que habita no esconderijo do Altíssimo, à sombra do Onipotente descansará.

²Direi do Senhor: *Ele é* o meu Deus, o meu refúgio, a minha fortaleza, e nele confiarei.

³Porque ele te livrará do laço do passarinheiro, *e* da peste perniciosa.

⁴Ele te cobrirá com as suas penas, e debaixo das suas asas te confiarás; a sua verdade *será o teu* escudo e broquel.

⁵Não terás medo do terror de noite *nem* da seta que voa de dia,

⁶*Nem* da peste *que* anda na escuridão, *nem* da mortandade *que* assola ao meio-dia.

⁷Mil cairão ao teu lado, e dez mil à tua direita, *mas* não chegará a ti.

⁸Somente com os teus olhos contemplarás, e verás a recompensa dos ímpios.

⁹Porque tu, ó Senhor, és o meu refúgio. No Altíssimo fizeste a tua habitação.

¹⁰Nenhum mal te sucederá, nem praga *alguma* chegará à tua tenda.

¹¹Porque aos seus anjos dará ordem a teu respeito, para te guardarem em todos os teus caminhos.

¹²Eles te sustentarão nas suas mãos, para que não tropeces com o teu pé em pedra alguma.

¹³Pisarás sobre o leão e a cobra; calcarás aos pés o leão jovem e a serpente.

¹⁴Porquanto tão encarecidamente me amou, também eu o livrarei; pô-lo-ei em retiro alto, porque conheceu o meu nome.

¹⁵Ele me invocará, e eu lhe responderei; *estarei* com ele na angústia; dela o retirarei, e o glorificarei.

¹⁶Fartá-lo-ei com longura de dias, e lhe mostrarei a minha salvação.

O salmista exorta a louvar a Deus
Salmo e cântico para o sábado

92BOM *é* louvar ao Senhor, e cantar louvores ao teu nome, ó Altíssimo;

²Para de manhã anunciar a tua benignidade, e todas as noites a tua fidelidade;

³Sobre *um* instrumento de dez cordas, e sobre o saltério; sobre a harpa com som solene.

⁴Pois tu, Senhor, me alegraste pelos teus feitos; exultarei nas obras das tuas mãos.

⁵Quão grandes são, Senhor, as tuas obras! Mui profundos *são* os teus pensamentos.

⁶O homem brutal não conhece, nem o louco entende isto.

⁷Quando o ímpio crescer como a erva, e quando florescerem todos os que praticam a iniquidade, *é* que serão destruídos perpetuamente.

⁸Mas tu, Senhor, *és* o Altíssimo para sempre.

⁹Pois eis que os teus inimigos, Senhor, eis que os teus inimigos perecerão; serão dispersos todos os que praticam a iniquidade.

¹⁰Porém tu exaltarás o meu poder, como *o* do boi selvagem. Serei ungido com óleo fresco.

¹¹Os meus olhos verão *o meu desejo* sobre os meus inimigos, *e* os meus ouvidos ouvirão *o meu desejo* acerca dos malfeitores que se levantam contra mim.

¹²O justo florescerá como a palmeira; crescerá como o cedro no Líbano.

¹³Os que estão plantados na casa do Senhor florescerão nos átrios do nosso Deus.

¹⁴Na velhice ainda darão frutos; serão viçosos e vigorosos,

¹⁵Para anunciar que o Senhor *é* reto. *Ele é* a minha rocha e nele não *há* injustiça.

O poder e a majestade do reino de Deus

93O Senhor reina; está vestido de majestade. O Senhor se revestiu e cingiu de poder; o mundo também está firmado, *e* não poderá vacilar.

²O teu trono *está* firme desde então; tu *és* desde a eternidade.

³Os rios levantam, ó Senhor, os rios levantam o seu ruído, os rios levantam as suas ondas.

⁴*Mas* o Senhor nas alturas *é* mais poderoso que o ruído das grandes águas *e do que* as grandes ondas do mar.

⁵Mui fiéis são os teus testemunhos; a santidade convém à tua casa, SENHOR, para sempre.

Apelação à justiça de Deus contra os malfeitores

94 Ó SENHOR Deus, a quem a vingança pertence, ó Deus, a quem a vingança pertence, mostra-te resplandecente.

²Exalta-te, tu, que és juiz da terra; dá a paga aos soberbos.

³Até quando os ímpios, SENHOR, até quando os ímpios saltarão de prazer?

⁴*Até quando* proferirão, e falarão coisas duras, *e* se gloriarão todos os que praticam a iniquidade?

⁵Reduzem a pedaços o teu povo, ó SENHOR, e afligem a tua herança.

⁶Matam a viúva e o estrangeiro, e ao órfão tiram a vida.

⁷Contudo dizem: O SENHOR não *o* verá; nem *para isso* atenderá o Deus de Jacó.

⁸Atendei, ó brutais dentre o povo; e vós, loucos, quando sereis sábios?

⁹Aquele que fez o ouvido não ouvirá? E o que formou o olho, não verá?

¹⁰Aquele que repreende os gentios *não* castigará? E o que ensina ao homem o conhecimento, *não saberá?*

¹¹O SENHOR conhece os pensamentos do homem, que são vaidade.

¹²Bem-aventurado *é* o homem a quem tu castigas, ó SENHOR, e a quem ensinas a tua lei;

¹³Para lhe dares descanso dos dias maus, até que se abra a cova para o ímpio.

¹⁴Pois o SENHOR não rejeitará o seu povo, nem desamparará a sua herança.

¹⁵Mas o juízo voltará à retidão, e segui-lo-ão todos os retos de coração.

¹⁶Quem será por mim contra os malfeitores? Quem se porá por mim contra os que praticam a iniquidade?

¹⁷Se o SENHOR não tivera ido em meu auxílio, a minha alma quase que teria ficado no silêncio.

¹⁸Quando eu disse: O meu pé vacila; a tua benignidade, SENHOR, me susteve.

¹⁹Na multidão dos meus pensamentos dentro de mim, as tuas consolações recrearam a minha alma.

²⁰Porventura o trono de iniquidade te acompanha, o qual forja o mal por uma lei?

²¹Eles se ajuntam contra a alma do justo, e condenam o sangue inocente.

²²Mas o SENHOR *é* a minha defesa; e o meu Deus é a rocha do meu refúgio.

²³E trará sobre eles a sua própria iniquidade; e os destruirá na sua própria malícia; o SENHOR nosso Deus os destruirá.

O salmista convida a louvar o SENHOR

95 VINDE, cantemos ao SENHOR; jubilemos à rocha da nossa salvação.

²Apresentemo-nos ante a sua face com louvores, e celebremo-lo com salmos.

³Porque o SENHOR *é* Deus grande, e Rei grande sobre todos os deuses.

⁴Nas suas mãos *estão* as profundezas da terra, e as alturas dos montes *são* suas.

⁵Seu é o mar, e ele o fez, e as suas mãos formaram a terra seca.

⁶Ó, vinde, adoremos e prostremo-nos; ajoelhemos diante do SENHOR que nos criou.

⁷Porque ele *é* o nosso Deus, e nós povo do seu pasto e ovelhas da sua mão. Se hoje ouvirdes a sua voz,

⁸Não endureçais os vossos corações, *assim* como na provocação *e* como *no* dia da tentação no deserto;

⁹Quando vossos pais me tentaram, me provaram, e viram a minha obra.

¹⁰Quarenta anos estive desgostado com *esta* geração, e disse: É *um* povo que erra de coração, e não tem conhecido os meus caminhos.

¹¹A quem jurei na minha ira que não entrarão no meu repouso.

Convite a toda a terra para louvar e temer ao SENHOR

96 CANTAI ao SENHOR *um* cântico novo, cantai ao SENHOR toda a terra.

²Cantai ao SENHOR, bendizei o seu nome; anunciai a sua salvação de dia em dia.

³Anunciai entre as nações a sua glória; entre todos os povos as suas maravilhas.

⁴Porque grande *é* o SENHOR, e mui digno de louvor, mais temível do que todos os deuses.

⁵Porque todos os deuses dos povos *são* ídolos, mas o SENHOR fez os céus.

⁶Glória e majestade *estão* ante a sua face, força e formosura no seu santuário.

⁷Dai ao SENHOR, ó famílias dos povos, dai ao SENHOR glória e força.

⁸Dai ao SENHOR a glória *devida ao seu* nome; trazei oferenda, e entrai nos seus átrios.

⁹Adorai ao SENHOR na beleza da santidade; tremei diante dele toda a terra.

¹⁰Dizei entre os gentios *que* o SENHOR reina. O mundo também se firmará para que se não abale; julgará os povos com retidão.

¹¹Alegrem-se os céus, e regozije-se a terra; brame o mar e a sua plenitude.

¹²Alegre-se o campo com tudo o que *há* nele; então se regozijarão todas as árvores do bosque,

¹³Ante a face do SENHOR, porque vem, porque vem a julgar a terra; julgará o mundo com justiça e os povos com a sua verdade.

A majestade do reino de Deus

97 O SENHOR reina; regozije-se a terra; alegrem-se as muitas ilhas.

²Nuvens e escuridão *estão* ao redor dele; justiça e juízo são a base do seu trono.

³Um fogo vai adiante dele, e abrasa os seus inimigos em redor.

⁴Os seus relâmpagos iluminam o mundo; a terra viu e tremeu.

SALMOS 97.5

⁵Os montes derretem como cera na presença do Senhor, na presença do Senhor de toda a terra.

⁶Os céus anunciam a sua justiça, e todos os povos veem a sua glória.

⁷Confundidos sejam todos os que servem imagens de escultura, que se gloriam de ídolos; prostrai-vos diante dele todos os deuses.

⁸Sião ouviu e se alegrou; e as filhas de Judá se alegraram por causa da tua justiça, ó Senhor.

⁹Pois tu, Senhor, *és* o mais alto sobre toda a terra; tu és muito mais exaltado do que todos os deuses.

¹⁰Vós, que amais ao Senhor, odiai o mal. Ele guarda as almas dos seus santos; ele os livra das mãos dos ímpios.

¹¹A luz semeia-se para o justo, e a alegria para os retos de coração.

¹²Alegrai-vos, ó justos, no Senhor, e dai louvores à memória da sua santidade.

Exortação a louvar o Senhor

Salmo

98CANTAI ao Senhor um cântico novo, porque fez maravilhas; a sua destra e o seu braço santo lhe alcançaram a salvação.

²O Senhor fez notória a sua salvação, manifestou a sua justiça perante os olhos dos gentios.

³Lembrou-se da sua benignidade e da sua verdade para com a casa de Israel; todas as extremidades da terra viram a salvação do nosso Deus.

⁴Exultai no Senhor toda a terra; exclamai e alegrai-vos de prazer, e cantai louvores.

⁵Cantai louvores ao Senhor com a harpa; com a harpa e a voz do canto.

⁶Com trombetas e som de cornetas, exultai perante a face do Senhor, do Rei.

⁷Brame o mar e a sua plenitude; o mundo, e os que nele habitam.

⁸Os rios batam as palmas; regozijem-se também as montanhas,

⁹Perante a face do Senhor, porque vem a julgar a terra; com justiça julgará o mundo, e o povo com equidade.

Exortação a adorar a Deus no seu santo monte

99O Senhor reina; tremem os povos. Ele está assentado *entre* os querubins; comova-se a terra.

²O Senhor *é* grande em Sião, e mais alto do que todos os povos.

³Louvem o teu nome, grande e tremendo, *pois* é santo.

⁴Também o poder do Rei ama o juízo; tu firmas a equidade, fazes juízo e justiça em Jacó.

⁵Exaltai ao Senhor nosso Deus, e prostrai-vos diante do escabelo de seus pés, *pois é* santo.

⁶Moisés e Arão, entre os seus sacerdotes, e Samuel entre os que invocam o seu nome, clamavam ao Senhor, e Ele lhes respondia.

⁷Na coluna de nuvem lhes falava; eles guardaram os seus testemunhos, e os estatutos *que* lhes dera.

⁸Tu os escutaste, Senhor nosso Deus: tu foste um Deus que lhes perdoaste, ainda que tomaste vingança dos seus feitos.

⁹Exaltai ao Senhor nosso Deus e adorai-o no seu monte santo, pois o Senhor nosso Deus *é* santo.

Exortação a exaltar o Senhor

Salmo de louvor

100CELEBRAI com júbilo ao Senhor, todas as terras.

²Servi ao Senhor com alegria; e entrai diante dele com canto.

³Sabei que o Senhor *é* Deus; foi ele que nos fez, e não nós a nós mesmos; *somos* povo seu e ovelhas do seu pasto.

⁴Entrai pelas portas dele com gratidão, *e* em seus átrios com louvor; louvai-o, e bendizei o seu nome.

⁵Porque o Senhor *é* bom, e eterna a sua misericórdia; e a sua verdade dura de geração em geração.

Davi promete a Deus andar perante ele

Salmo de Davi

101CANTAREI a misericórdia e o juízo; a ti, Senhor, cantarei.

²Portar-me-ei com inteligência no caminho reto. Quando virás a mim? Andarei em minha casa com um coração sincero.

³Não porei coisa má diante dos meus olhos. Odeio a obra daqueles que se desviam; não se *me* pegará a mim.

⁴Um coração perverso se apartará de mim; não conhecerei o *homem* mau.

⁵Aquele que murmura do seu próximo às escondidas, eu o destruirei; aquele que tem olhar altivo e coração soberbo, não suportarei.

⁶Os meus olhos *estarão* sobre os fiéis da terra, para que se assentem comigo; o que anda *num* caminho reto, esse me servirá.

⁷O que usa de engano não ficará dentro da minha casa; o que fala mentiras não estará firme perante os meus olhos.

⁸Pela manhã destruirei todos os ímpios da terra, para desarraigar da cidade do Senhor todos os que praticam a iniquidade.

O salmista recorre a Deus para que restabeleça o seu povo

Oração do aflito, vendo-se desfalecido, e derramando a sua queixa perante a face do Senhor

102SENHOR, ouve a minha oração, e chegue a ti o meu clamor.

²Não escondas de mim o teu rosto no dia da minha angústia, inclina para mim os teus ouvidos; no dia *em* que eu clamar, ouve-me depressa.

³Porque os meus dias se consomem como a fumaça, e os meus ossos ardem como lenha.

⁴O meu coração está ferido e seco como a erva, por isso me esqueço de comer o meu pão.

⁵Por causa da voz do meu gemido os meus ossos se apegam à minha pele.

⁶Sou semelhante ao pelicano no deserto; sou como um mocho nas solidões.

⁷Vigio, sou como o pardal solitário no telhado.

⁸Os meus inimigos me afrontam todo o dia; os que se enfurecem contra mim têm jurado contra mim.

⁹Pois tenho comido cinza como pão, e misturado com lágrimas a minha bebida,

¹⁰Por causa da tua ira e da tua indignação, pois tu me levantaste e me arremessaste.

¹¹Os meus dias *são* como a sombra que declina, e como a erva me vou secando.

¹²Mas tu, Senhor, permanecerás para sempre, a tua memória de geração em geração.

¹³Tu te levantarás *e* terás piedade de Sião; pois o tempo te compadeceres dela, o tempo determinado, já chegou.

¹⁴Porque os teus servos têm prazer nas suas pedras, e se compadecem do seu pó.

¹⁵Então os gentios temerão o nome do Senhor, e todos os reis da terra a tua glória.

¹⁶Quando o Senhor edificar a Sião, aparecerá na sua glória.

¹⁷Ele atenderá à oração do desamparado, e não desprezará a sua oração.

¹⁸Isto se escreverá para a geração futura; e o povo que se criar louvará ao Senhor.

¹⁹Pois olhou desde o alto do seu santuário, desde os céus o Senhor contemplou a terra,

²⁰Para ouvir o gemido dos presos, para soltar os sentenciados à morte;

²¹Para anunciarem o nome do Senhor em Sião, e o seu louvor em Jerusalém,

²²Quando os povos se ajuntarem, e os reinos, para servirem ao Senhor.

²³Abateu a minha força no caminho; abreviou os meus dias.

²⁴Dizia eu: Meu Deus, não me leves no meio dos meus dias, os teus anos são por todas as gerações.

²⁵Desde a antiguidade fundaste a terra, e os céus *são* obra das tuas mãos.

²⁶Eles perecerão, mas tu permanecerás; todos eles se envelhecerão como *um* vestido; como roupa os mudarás, e ficarão mudados.

²⁷Porém tu *és* o mesmo, e os teus anos nunca terão fim.

²⁸Os filhos dos teus servos continuarão, e a sua semente ficará firmada perante ti.

Convite a louvar a Deus pela
sua graça

Salmo de Davi

103
BENDIZE, ó minha alma, ao Senhor, e tudo o que há em mim *bendiga* o seu santo nome.

²Bendize, ó minha alma, ao Senhor, e não te esqueças de nenhum de seus benefícios.

³Ele é o que perdoa todas as tuas iniquidades, que sara todas as tuas enfermidades,

⁴Que redime a tua vida da perdição; que te coroa de benignidade e de misericórdia,

⁵Que farta a tua boca de bens, *de sorte que* a tua mocidade se renova como a *da* águia.

⁶O Senhor faz justiça e juízo a todos os oprimidos.

⁷Fez conhecidos os seus caminhos a Moisés, e os seus feitos aos filhos de Israel.

⁸Misericordioso e piedoso *é* o Senhor; longânimo e grande em benignidade.

⁹Não reprovará perpetuamente, nem para sempre reterá *a sua ira*.

¹⁰Não nos tratou segundo os nossos pecados, nem nos recompensou segundo as nossas iniquidades.

¹¹Pois *assim* como o céu está elevado acima da terra, *assim* é grande a sua misericórdia para com os que o temem.

¹²*Assim* como está longe o oriente do ocidente, assim afasta de nós as nossas transgressões.

¹³*Assim* como um pai se compadece de *seus* filhos, *assim* o Senhor se compadece daqueles que o temem.

¹⁴Pois ele conhece a nossa estrutura; lembra-se de que *somos* pó.

¹⁵*Quanto* ao homem, os seus dias *são* como a erva, como a flor do campo assim floresce.

¹⁶Passando por ela o vento, *logo* se vai, e o seu lugar não será mais conhecido.

¹⁷Mas a misericórdia do Senhor é desde a eternidade e até a eternidade sobre aqueles que o temem, e a sua justiça sobre os filhos dos filhos;

¹⁸Sobre aqueles que guardam a sua aliança, e sobre os que se lembram dos seus mandamentos para os cumprir.

¹⁹O Senhor tem estabelecido o seu trono nos céus, e o seu reino domina sobre tudo.

²⁰Bendizei ao Senhor, *todos* os seus anjos, *vós* que excedeis em força, que guardais os seus mandamentos, obedecendo à voz da sua palavra.

²¹Bendizei ao Senhor, todos os seus exércitos, vós ministros seus, que executais a sua vontade.

²²Bendizei ao Senhor, todas as suas obras, em todos os lugares do seu domínio; bendize, ó minha alma, ao Senhor.

A glória de Deus é manifestada
na criação

104
BENDIZE, ó minha alma, ao Senhor! Senhor Deus meu, tu és magnificentíssimo; estás vestido de glória e de majestade.

²Ele se cobre de luz como de um vestido, estende os céus como uma cortina;

³Põe nas águas as vigas das suas câmaras; faz das nuvens o seu carro, anda sobre as asas do vento.

⁴Faz dos seus anjos espíritos, dos seus ministros um fogo abrasador.

SALMOS 104.5

⁵Lançou os fundamentos da terra; *ela* não vacilará em tempo algum.

⁶Tu a cobriste com o abismo, como com um vestido; as águas estavam sobre os montes.

⁷À tua repreensão fugiram; à voz do teu trovão se apressaram.

⁸Subiram aos montes, desceram aos vales, até ao lugar que para elas fundaste.

⁹Termo lhes puseste, que não ultrapassarão, para que não tornem mais a cobrir a terra.

¹⁰Tu, que fazes sair as fontes nos vales, *as quais* correm entre os montes.

¹¹Dão de beber a todo o animal do campo; os jumentos monteses matam a sua sede.

¹²Junto delas as aves do céu terão a sua habitação, cantando entre os ramos.

¹³Ele rega os montes desde as suas câmaras; a terra farta-se do fruto das suas obras.

¹⁴Faz crescer a erva para o gado, e a verdura para o serviço do homem, para fazer sair da terra o pão,

¹⁵E o vinho *que* alegra o coração do homem, e o azeite *que* faz reluzir o *seu* rosto, e o pão *que* fortalece o coração do homem.

¹⁶As árvores do Senhor fartam-se de *seiva,* os cedros do Líbano que ele plantou,

¹⁷Onde as aves se aninham; *quanto* à cegonha, a sua casa é nas faias.

¹⁸Os altos montes *são* para as cabras monteses, *e* os rochedos *são refúgio* para os coelhos.

¹⁹Designou a lua para as estações; o sol conhece o seu ocaso.

²⁰Ordenas a escuridão, e faz-se noite, na qual saem todos os animais da selva.

²¹Os leõezinhos bramam pela presa, e de Deus buscam o seu sustento.

²²Nasce o sol *e logo* se acolhem, e se deitam nos seus covis.

²³*Então* sai o homem à sua obra e ao seu trabalho, até à tarde.

²⁴Ó Senhor, quão variadas são as tuas obras! Todas as coisas fizeste com sabedoria; cheia está a terra das tuas riquezas.

²⁵*Assim é* este mar grande e muito espaçoso, onde *há* seres sem número, animais pequenos e grandes.

²⁶Ali andam os navios; *e* o leviatã que formaste para nele folgar.

²⁷Todos esperam de ti, que lhes dês o seu sustento em tempo oportuno.

²⁸Dando-lho tu, *eles* o recolhem; abres a tua mão, *e* se enchem de bens.

²⁹Escondes o teu rosto, e ficam perturbados; se lhes tiras o fôlego, morrem, e voltam para o seu pó.

³⁰Envias o teu Espírito, e são criados, e *assim* renovas a face da terra.

³¹A glória do Senhor durará para sempre; o Senhor se alegrará nas suas obras.

³²Olhando ele para a terra, ela treme; tocando nos montes, *logo* fumegam.

³³Cantarei ao Senhor enquanto eu viver;

cantarei louvores ao meu Deus, enquanto eu tiver existência.

³⁴A minha meditação acerca dele será suave; eu me alegrarei no Senhor.

³⁵Desapareçam da terra os pecadores, e os ímpios não sejam mais. Bendize, ó minha alma, ao Senhor. Louvai ao Senhor.

O cuidado de Deus pela sua aliança com o povo

105

LOUVAI ao Senhor, *e* invocai o seu nome; fazei conhecidas as suas obras entre os povos.

²Cantai-lhe, cantai-lhe salmos; falai de todas as suas maravilhas.

³Gloriai-vos no seu santo nome; alegre-se o coração daqueles que buscam ao Senhor.

⁴Buscai ao Senhor e a sua força; buscai a sua face continuamente.

⁵Lembrai-vos das maravilhas que fez, dos seus prodígios e dos juízos da sua boca;

⁶Vós, semente de Abraão, seu servo, vós, filhos de Jacó, seus escolhidos.

⁷Ele *é* o Senhor nosso Deus; os seus juízos *estão* em toda a terra.

⁸Lembrou-se da sua aliança para sempre, da palavra *que* mandou a milhares de gerações.

⁹A qual *aliança* fez com Abraão, e o seu juramento a Isaque.

¹⁰E confirmou o mesmo a Jacó *por* lei, *e* a Israel *por* aliança eterna,

¹¹Dizendo: A ti darei a terra de Canaã, a região da vossa herança.

¹²Quando eram poucos homens em número, sim, mui poucos, e estrangeiros nela;

¹³Quando andavam de nação em nação e de um reino para outro povo;

¹⁴Não permitiu a ninguém que os oprimisse, e por amor deles repreendeu a reis, *dizendo:*

¹⁵Não toqueis os meus ungidos, e não maltrateis os meus profetas.

¹⁶Chamou a fome sobre a terra, quebrantou todo o sustento do pão.

¹⁷Mandou perante eles um homem, José, *que* foi vendido por escravo;

¹⁸Cujos pés apertaram com grilhões; foi posto em ferros;

¹⁹Até ao tempo em que chegou a sua palavra; a palavra do Senhor o provou.

²⁰Mandou o rei, e o fez soltar; o governador dos povos, e o soltou.

²¹Fê-lo senhor da sua casa, e governador de toda a sua fazenda;

²²Para sujeitar os seus príncipes a seu gosto, e instruir os seus anciãos.

²³Então Israel entrou no Egito, e Jacó peregrinou na terra de Cão.

²⁴E aumentou o seu povo em grande maneira, e o fez mais poderoso do que os seus inimigos.

²⁵Virou o coração deles para que odiassem o seu povo, para que tratassem astutamente aos seus servos.

²⁶Enviou Moisés, seu servo, *e* Arão, a quem escolhera.

²⁷Mostraram entre eles os seus sinais e prodígios, na terra de Cão.

²⁸Mandou trevas, e a fez escurecer; e não foram rebeldes à sua palavra.

²⁹Converteu as suas águas em sangue, e matou os seus peixes.

³⁰A sua terra produziu rãs em abundância, até nas câmaras dos seus reis.

³¹Falou ele, e vieram enxames de moscas *e* piolhos em todo o seu termo.

³²Converteu as suas chuvas em saraiva, *e* fogo abrasador na sua terra.

³³Feriu as suas vinhas e os seus figueirais, e quebrou as árvores dos seus termos.

³⁴Falou ele e vieram gafanhotos e pulgão sem número.

³⁵E comeram toda a erva da sua terra, e devoraram o fruto dos seus campos.

³⁶Feriu também a todos os primogênitos da sua terra, as primícias de todas as suas forças.

³⁷E tirou-os *para fora* com prata e ouro, e entre as suas tribos não houve um só fraco.

³⁸O Egito se alegrou quando eles saíram, porque o seu temor caíra sobre eles.

³⁹Estendeu uma nuvem por coberta, e um fogo para iluminar de noite.

⁴⁰Oraram, e ele fez vir codornizes, e os fartou de pão do céu.

⁴¹Abriu a penha, e dela correram águas; correram pelos lugares secos, *como* um rio.

⁴²Porque se lembrou da sua santa palavra, e de Abraão, seu servo.

⁴³E tirou dali o seu povo com alegria, *e* os seus escolhidos com regozijo.

⁴⁴E deu-lhes as terras dos gentios; e herdaram o trabalho dos povos;

⁴⁵Para que guardassem os seus preceitos, e observassem as suas leis. Louvai ao Senhor.

A rebelião de Israel e a misericórdia de Deus

106 LOUVAI ao Senhor. Louvai ao Senhor, porque ele é bom, porque a sua misericórdia *dura* para sempre.

²Quem pode contar as obras poderosas do Senhor? *Quem* anunciará os seus louvores?

³Bem aventurados os que guardam o juízo, o que pratica justiça em todos os tempos.

⁴Lembra-te de mim, Senhor, segundo a *tua* boa vontade para com o teu povo; visita-me com a tua salvação.

⁵Para que eu veja os bens de teus escolhidos, para que eu me alegre com a alegria da tua nação, para que me glorie com a tua herança.

⁶Nós pecamos como os nossos pais, cometemos a iniquidade, andamos perversamente.

⁷Nossos pais não entenderam as tuas maravilhas no Egito; não se lembraram da multidão das tuas misericórdias; antes *o* provocaram no mar, *sim* no Mar Vermelho.

⁸Não obstante, ele os salvou por amor do seu nome, para fazer conhecido o seu poder.

⁹Repreendeu, também, o Mar Vermelho, e este se secou, e os fez caminhar pelos abismos como pelo deserto.

¹⁰ E os livrou da mão daquele que os odiava, e os remiu da mão do inimigo.

¹¹E as águas cobriram os seus adversários; nem um *só* deles ficou.

¹²Então creram nas suas palavras, e cantaram os seus louvores.

¹³*Porém* cedo se esqueceram das suas obras; não esperaram o seu conselho.

¹⁴Mas deixaram-se levar à cobiça no deserto, e tentaram a Deus na solidão.

¹⁵E ele lhes cumpriu o seu desejo, mas enviou magreza às suas almas.

¹⁶E invejaram a Moisés no campo, e a Arão, o santo do Senhor.

¹⁷Abriu-se a terra, e engoliu a Datã, e cobriu o grupo de Abirão.

¹⁸E um fogo se acendeu no seu grupo; a chama abrasou os ímpios.

¹⁹Fizeram um bezerro em Horebe e adoraram a imagem fundida.

²⁰E converteram a sua glória na figura de um boi que come erva.

²¹Esqueceram-se de Deus, seu Salvador, que fizera grandezas no Egito,

²²Maravilhas na terra de Cão, coisas tremendas no Mar Vermelho.

²³Por isso disse que os destruiria, não houvesse Moisés, seu escolhido, ficado perante ele na brecha, para desviar a sua indignação, a fim de não *os* destruir.

²⁴Também desprezaram a terra aprazível; não creram na sua palavra.

²⁵Antes murmuraram nas suas tendas, *e* não deram ouvidos à voz do Senhor.

²⁶Por isso levantou a sua mão contra eles, para os derrubar no deserto;

²⁷Para derrubar também a sua semente entre as nações, e espalhá-los pelas terras.

²⁸Também se juntaram com Baal-Peor, e comeram os sacrifícios dos mortos.

²⁹Assim *o* provocaram à ira com as suas invenções; e a peste rebentou entre eles.

³⁰Então se levantou Finéias, e fez juízo, e cessou aquela peste.

³¹E isto lhe foi contado como justiça, de geração em geração, para sempre.

³²Indignaram-no também junto às águas da contenda, de sorte que sucedeu mal a Moisés, por causa deles;

³³Porque irritaram o seu espírito, de modo que falou imprudentemente com seus lábios.

³⁴Não destruíram os povos, como o Senhor lhes dissera.

³⁵Antes se misturaram com os gentios, e aprenderam as suas obras.

SALMOS 106.36

³⁶E serviram aos seus ídolos, que vieram a ser-lhes um laço.

³⁷Demais *disto*, sacrificaram seus filhos e suas filhas aos demônios,

³⁸E derramaram sangue inocente, o sangue de seus filhos e de suas filhas que sacrificaram aos ídolos de Canaã; e a terra foi manchada com sangue.

³⁹Assim se contaminaram com as suas obras, e se corromperam com os seus feitos.

⁴⁰Então se acendeu a ira do SENHOR contra o seu povo, de modo que abominou a sua herança.

⁴¹E os entregou nas mãos dos gentios; e aqueles que os odiavam se assenhorearam deles.

⁴²E os seus inimigos os oprimiram, e foram humilhados debaixo das suas mãos.

⁴³Muitas vezes os livrou, mas *o* provocaram com o seu conselho, e foram abatidos pela sua iniquidade.

⁴⁴Contudo, atendeu à sua aflição, ouvindo o seu clamor.

⁴⁵E se lembrou da sua aliança, e se arrependeu segundo a multidão das suas misericórdias.

⁴⁶Assim, também fez com que deles tivessem misericórdia os que os levaram cativos.

⁴⁷Salva-nos, SENHOR nosso Deus, e congrega-nos dentre os gentios, para que louvemos o teu nome santo, e nos gloriemos no teu louvor.

⁴⁸Bendito *seja* o SENHOR Deus de Israel, de eternidade em eternidade, e todo o povo diga: Amém. Louvai ao SENHOR.

A bondade de Deus em proteger todos os homens

107 LOUVAI ao SENHOR, porque ele *é* bom, porque a sua benignidade *dura* para sempre.

²Digam-no os remidos do SENHOR, os que remiu da mão do inimigo,

³E *os que* congregou das terras do oriente *e* do ocidente, do norte e do sul.

⁴Andaram desgarrados pelo deserto, por caminhos solitários; não acharam cidade para habitarem.

⁵Famintos e sedentos, a sua alma neles desfalecia.

⁶E clamaram ao SENHOR na sua angústia, *e* os livrou das suas dificuldades.

⁷E os levou por caminho direito, para irem a *uma* cidade de habitação.

⁸Louvem ao SENHOR *pela* sua bondade, e *pelas* suas maravilhas para com os filhos dos homens.

⁹Pois fartou a alma sedenta, e encheu de bens a alma faminta.

¹⁰Tal como a que se assenta nas trevas e sombra da morte, presa em aflição e em ferro;

¹¹Porquanto se rebelaram contra as palavras de Deus, e desprezaram o conselho do Altíssimo.

¹²Portanto, lhes abateu o coração com trabalho; tropeçaram, e não *houve* quem *os* ajudasse.

¹³Então clamaram ao SENHOR na sua angústia, *e* os livrou das suas dificuldades.

¹⁴Tirou-os das trevas e sombra da morte; e quebrou as suas prisões.

¹⁵Louvem ao SENHOR *pela* sua bondade, e *pelas* suas maravilhas para com os filhos dos homens.

¹⁶Pois quebrou as portas de bronze, e despedaçou os ferrolhos de ferro.

¹⁷Os loucos, por causa da sua transgressão, e por causa das suas iniquidades, são aflitos.

¹⁸A sua alma aborreceu toda a comida, e chegaram até às portas da morte.

¹⁹Então clamaram ao SENHOR na sua angústia, *e* ele os livrou das suas dificuldades.

²⁰Enviou a sua palavra, e os sarou; e os livrou da sua destruição.

²¹Louvem ao SENHOR *pela* sua bondade, e *pelas* suas maravilhas para com os filhos dos homens.

²²E ofereçam os sacrifícios de louvor, e relatem as suas obras com regozijo.

²³Os que descem ao mar em navios, mercando nas grandes águas,

²⁴Esses veem as obras do SENHOR, e as suas maravilhas no profundo.

²⁵Pois ele manda, e se levanta o vento tempestuoso que eleva as suas ondas.

²⁶Sobem aos céus; descem aos abismos, *e* a sua alma se derrete em angústias.

²⁷Andam e cambaleiam como ébrios, e perderam todo o tino.

²⁸Então clamam ao SENHOR na sua angústia; e ele os livra das suas dificuldades.

²⁹Faz cessar a tormenta, e acalmam-se as suas ondas.

³⁰Então se alegram, porque se aquietaram; assim os leva ao seu porto desejado.

³¹Louvem ao SENHOR *pela* sua bondade, e *pelas* suas maravilhas para com os filhos dos homens.

³²Exaltem-no na congregação do povo, e glorifiquem-no na assembleia dos anciãos.

³³Ele converte os rios em um deserto, e as fontes em *terra* sedenta;

³⁴A terra frutífera em estéril, pela maldade dos que nela habitam.

³⁵Converte o deserto em lagoa, e a terra seca em fontes.

³⁶E faz habitar ali os famintos, para que edifiquem cidade para habitação;

³⁷E semeiam os campos e plantam vinhas, que produzem fruto abundante.

³⁸Também os abençoa, de modo que se multiplicam muito; e o seu gado não diminui.

³⁹Depois se diminuem e se abatem, pela opressão, e aflição e tristeza.

⁴⁰Derrama o desprezo sobre os príncipes, e os faz andar desgarrados pelo deserto, *onde* não há caminho.

⁴¹Porém livra ao necessitado da opressão, em um lugar alto, e multiplica as famílias como rebanhos.

⁴²Os retos *o* verão, e se alegrarão, e toda a iniquidade tapará a boca.

427 SALMOS 110.4

[43]Quem é sábio observará estas *coisas,* e eles compreenderão as benignidades do Senhor.

Davi louva a Deus por suas promessas de socorro

Cântico e salmo de Davi

108 PREPARADO está o meu coração, ó Deus; cantarei e darei louvores até com a minha glória.

[2]Despertai, saltério e harpa; eu *mesmo* despertarei ao romper da alva.

[3]Louvar-te-ei entre os povos, Senhor, e a ti cantarei louvores entre as nações.

[4]Porque a tua benignidade se estende até aos céus, e a tua verdade *chega* até às mais altas nuvens.

[5]Exalta-te sobre os céus, ó Deus, e a tua glória sobre toda a terra.

[6]Para que sejam livres os teus amados, salva-*nos* com a tua destra, e ouve-nos.

[7]Deus falou na sua santidade; eu me regozijarei; repartirei a Siquém, e medirei o vale de Sucote.

[8]Meu *é* Gileade, meu é Manassés; e Efraim a força da minha cabeça, Judá o meu legislador.

[9]Moabe a minha bacia de lavar; sobre Edom lançarei o meu sapato, sobre a Filístia jubilarei.

[10]Quem me levará à cidade forte? Quem me guiará até Edom?

[11]*Porventura* não *serás tu,* ó Deus, *que* nos rejeitaste? E não sairás, ó Deus, com os nossos exércitos?

[12]Dá-nos auxílio para sair da angústia, porque vão é o socorro *da parte* do homem.

[13]Em Deus faremos proezas, pois ele calcará aos pés os nossos inimigos.

Davi roga a Deus o castigo dos ímpios

Salmo de Davi para o músico-mor

109 Ó DEUS do meu louvor, não te cales, [2]Pois a boca do ímpio e a boca do enganador estão abertas contra mim. Têm falado contra mim com uma língua mentirosa.

[3]Eles me cercaram com palavras odiosas, e pelejaram contra mim sem causa.

[4]*Em recompensa* do meu amor são meus adversários; mas eu *faço* oração.

[5]E me deram mal pelo bem, e ódio pelo meu amor.

[6]Põe sobre ele um ímpio, e Satanás esteja à sua direita.

[7]Quando for julgado, saia condenado; e a sua oração se lhe torne em pecado.

[8]Sejam poucos os seus dias, *e* outro tome o seu ofício.

[9]Sejam órfãos os seus filhos, e viúva sua mulher.

[10]Sejam vagabundos e pedintes os seus filhos, e busquem *pão* fora dos seus lugares desolados.

[11]Lance o credor mão de tudo quanto tenha, e despojem os estranhos o seu trabalho.

[12]Não haja ninguém que se compadeça dele, nem haja quem favoreça os seus órfãos.

[13]Desapareça a sua posteridade, o seu nome seja apagado na seguinte geração.

[14]Esteja na memória do Senhor a iniquidade de seus pais, e não se apague o pecado de sua mãe.

[15]Antes estejam sempre perante o Senhor, para que faça desaparecer a sua memória da terra.

[16]Porquanto não se lembrou de fazer misericórdia; antes perseguiu ao homem aflito e ao necessitado, para que pudesse até matar o quebrantado de coração.

[17]Visto que amou a maldição, ela lhe sobrevenha, e *assim* como não desejou a bênção, ela se afaste dele.

[18]Assim como se vestiu de maldição, como sua roupa, assim penetre ela nas suas entranhas, como água, e em seus ossos como azeite.

[19]Seja para ele como a roupa *que* o cobre, e como cinto que o cinja sempre.

[20]*Seja* este o galardão dos meus contrários, da parte do Senhor, e dos que falam mal contra a minha alma.

[21]Mas tu, ó Deus o Senhor, trata comigo por amor do teu nome, porque a tua misericórdia *é* boa, livra-me,

[22]Pois *estou* aflito e necessitado, e o meu coração está ferido dentro de mim.

[23]Vou-me como a sombra que declina; sou sacudido como o gafanhoto.

[24]De jejuar estão enfraquecidos os meus joelhos, e a minha carne emagrece.

[25]E *ainda* lhes sou opróbrio; *quando* me contemplam, movem as cabeças.

[26]Ajuda-me, ó Senhor meu Deus, salva-me segundo a tua misericórdia.

[27]Para que saibam que esta *é* a tua mão, *e que* tu, Senhor, o fizeste.

[28]Amaldiçoem eles, mas abençoa tu; quando se levantarem fiquem confundidos; e alegre-se o teu servo.

[29]Vistam-se os meus adversários de vergonha, e cubram-se com a sua própria confusão como com *uma* capa.

[30]Louvarei grandemente ao Senhor com a minha boca; louvá-lo-ei entre a multidão.

[31]Pois se porá à direita do pobre, para o livrar dos que condenam a sua alma.

O reino do Messias

Salmo de Davi

110 DISSE o Senhor ao meu Senhor: Assenta-te à minha mão direita, até que ponha os teus inimigos *por* escabelo dos teus pés.

[2]O Senhor enviará o cetro da tua fortaleza desde Sião, *dizendo:* Domina no meio dos teus inimigos.

[3]O teu povo será mui voluntário no dia do teu poder; nos ornamentos de santidade, desde a madre da alva, tu tens o orvalho da tua mocidade.

[4]Jurou o Senhor, e não se arrependerá: tu *és* um sacerdote eterno, segundo a ordem de Melquisedeque.

SALMOS 110.5

⁵O Senhor, à tua direita, ferirá os reis no dia da sua ira.

⁶Julgará entre os gentios; tudo encherá de corpos mortos; ferirá os cabeças de muitos países.

⁷Beberá do ribeiro no caminho, por isso exaltará a cabeça.

Deus é louvado por amor das suas obras maravilhosas

111 LOUVAI ao SENHOR. Louvarei ao SENHOR de todo o meu coração, na assembleia dos justos e na congregação.

²Grandes *são* as obras do SENHOR, procuradas por todos os que nelas tomam prazer.

³A sua obra tem glória e majestade, e a sua justiça permanece para sempre.

⁴Fez com que as suas maravilhas fossem lembradas; piedoso e misericordioso *é* o SENHOR.

⁵Deu mantimento aos que o temem; lembrar-se-á sempre da sua aliança.

⁶Anunciou ao seu povo o poder das suas obras, para lhe dar a herança dos gentios.

⁷As obras das suas mãos *são* verdade e juízo, seguros todos os seus mandamentos.

⁸Permanecem firmes para todo o sempre; e são feitos em verdade e retidão.

⁹Redenção enviou ao seu povo; ordenou a sua aliança para sempre; santo e tremendo *é* o seu nome.

¹⁰O temor do SENHOR é o princípio da sabedoria; bom entendimento têm todos os que cumprem os seus mandamentos; o seu louvor permanece para sempre.

A felicidade daquele que teme a Deus

112 LOUVAI ao SENHOR. Bem-aventurado o homem que teme ao SENHOR, *que* em seus mandamentos tem grande prazer.

²A sua semente será poderosa na terra; a geração dos retos será abençoada.

³Prosperidade e riquezas haverá na sua casa, e a sua justiça permanece para sempre.

⁴Aos justos nasce luz nas trevas; ele é piedoso, misericordioso e justo.

⁵O homem bom se compadece, e empresta; disporá as suas coisas com juízo;

⁶Porque nunca será abalado; o justo estará em memória eterna.

⁷Não temerá maus rumores; o seu coração está firme, confiando no SENHOR.

⁸O seu coração está *bem* confirmado, ele não temerá, até que veja o seu desejo sobre os seus inimigos.

⁹Ele espalhou, deu aos necessitados; a sua justiça permanece para sempre, e a sua força se exaltará em glória.

¹⁰O ímpio o verá, e se entristecerá; rangerá os dentes, e se consumirá; o desejo dos ímpios perecerá.

Exortação a louvar a Deus

113 LOUVAI ao SENHOR. Louvai, servos do SENHOR, louvai o nome do SENHOR.

²Seja bendito o nome do SENHOR, desde agora para sempre.

³Desde o nascimento do sol até ao ocaso, *seja* louvado o nome do SENHOR.

⁴Exaltado *está* o SENHOR acima de todas as nações, *e* a sua glória sobre os céus.

⁵Quem *é* como o SENHOR nosso Deus, que habita nas alturas?

⁶O qual se inclina, para ver *o que está* nos céus e na terra!

⁷Levanta o pobre do pó, *e do* monturo levanta o necessitado,

⁸Para o fazer assentar com os príncipes, mesmo com os príncipes do seu povo.

⁹Faz com que a mulher estéril habite em casa, e *seja* alegre mãe de filhos. Louvai ao SENHOR.

Exortação a temer a Deus

114 QUANDO Israel saiu do Egito, e a casa de Jacó de um povo de língua estranha,

²Judá foi seu santuário, *e* Israel seu domínio.

³O mar viu *isto,* e fugiu; o Jordão voltou para trás.

⁴Os montes saltaram como carneiros, *e* os outeiros como cordeiros.

⁵Que tiveste tu, ó mar, que fugiste, e tu, ó Jordão, que voltaste para trás?

⁶Montes, que saltastes como carneiros, e outeiros, como cordeiros?

⁷Treme, terra, na presença do Senhor, na presença do Deus de Jacó.

⁸O qual converteu o rochedo em lago de águas, e o seixo em fonte de água.

A glória do SENHOR e a vaidade dos ídolos

115 NÃO a nós, SENHOR, não a nós, mas ao teu nome dá glória, por amor da tua benignidade e da tua verdade.

²Por que dirão os gentios: Onde *está* o seu Deus?

³Mas o nosso Deus *está* nos céus; fez tudo o que lhe agradou.

⁴Os ídolos deles *são* prata e ouro, obra das mãos dos homens.

⁵Têm boca, mas não falam; olhos têm, mas não veem.

⁶Têm ouvidos, mas não ouvem; narizes têm, mas não cheiram.

⁷Têm mãos, mas não apalpam; pés têm, mas não andam; nem som algum sai da sua garganta.

⁸A eles se tornem semelhantes os que os fazem, assim como todos os que neles confiam.

⁹Israel, confia no SENHOR; ele é o seu auxílio e o seu escudo.

¹⁰Casa de Arão, confia no SENHOR; ele é o seu auxílio e o seu escudo.

¹¹Vós, os que temeis ao SENHOR, confiai no SENHOR; ele é o seu auxílio e o seu escudo.

¹²O SENHOR se lembrou de nós; ele nos abençoará; abençoará a casa de Israel; abençoará a casa de Arão.

¹³Abençoará os que temem ao Senhor, tanto pequenos como grandes.

¹⁴O Senhor vos aumentará cada vez mais, *a vós* e *a* vossos filhos.

¹⁵Sois benditos do Senhor, que fez os céus e a terra.

¹⁶Os céus são os céus do Senhor; mas a terra a deu aos filhos dos homens.

¹⁷Os mortos não louvam ao Senhor, nem os que descem ao silêncio.

¹⁸Mas nós bendiremos ao Senhor, desde agora e para sempre. Louvai ao Senhor.

Amor e gratidão a Deus pela sua salvação

116 AMO ao Senhor, porque ele ouviu a minha voz e a minha súplica.

²Porque inclinou a mim os seus ouvidos; portanto, o invocarei enquanto viver.

³Os cordéis da morte me cercaram, e angústias do inferno se apoderaram de mim; encontrei aperto e tristeza.

⁴Então invoquei o nome do Senhor, *dizendo:* Ó Senhor, livra a minha alma.

⁵Piedoso *é* o Senhor e justo; o nosso Deus tem misericórdia.

⁶O Senhor guarda aos símplices; fui abatido, mas ele me livrou.

⁷Volta, minha alma, para o teu repouso, pois o Senhor te fez bem.

⁸Porque tu livraste a minha alma da morte, os meus olhos das lágrimas, e os meus pés da queda.

⁹Andarei perante a face do Senhor na terra dos viventes.

¹⁰Cri, por isso falei. Estive muito aflito.

¹¹Dizia na minha pressa: Todos os homens são mentirosos.

¹²Que darei eu ao Senhor, por todos os benefícios que me tem feito?

¹³Tomarei o cálice da salvação, e invocarei o nome do Senhor.

¹⁴Pagarei os meus votos ao Senhor, agora, na presença de todo o seu povo.

¹⁵Preciosa é à vista do Senhor a morte dos seus santos.

¹⁶Ó Senhor, deveras sou teu servo; sou teu servo, filho da tua serva; soltaste as minhas ataduras.

¹⁷Oferecer-te-ei sacrifícios de louvor, e invocarei o nome do Senhor.

¹⁸Pagarei os meus votos ao Senhor, na presença de todo o seu povo,

¹⁹Nos átrios da casa do Senhor, no meio de ti, ó Jerusalém. Louvai ao Senhor.

Deus é louvado

117 LOUVAI ao Senhor todas as nações, louvai-o todos os povos.

²Porque a sua benignidade é grande para conosco, e a verdade do Senhor dura para sempre. Louvai ao Senhor.

O salmista louva a Deus pela sua misericórdia

118 LOUVAI ao Senhor, porque ele é bom, porque a sua benignidade dura para sempre.

²Diga agora Israel que a sua benignidade dura para sempre.

³Diga agora a casa de Arão que a sua benignidade dura para sempre.

⁴Digam agora os que temem ao Senhor que a sua benignidade dura para sempre.

⁵Invoquei o Senhor na angústia; o Senhor me ouviu, e me tirou para *um* lugar largo.

⁶O Senhor *está* comigo; não temerei o que me pode fazer o homem.

⁷O Senhor *está* comigo entre aqueles que me ajudam; por isso verei *cumprido o meu desejo* sobre os que me odeiam.

⁸*É* melhor confiar no Senhor do que confiar no homem.

⁹*É* melhor confiar no Senhor do que confiar nos príncipes.

¹⁰Todas as nações me cercaram, mas no nome do Senhor as despedaçarei.

¹¹Cercaram-me, e tornaram a cercar-me; mas no nome do Senhor eu as despedaçarei.

¹²Cercaram-me como abelhas; porém apagaram-se como o fogo de espinhos; pois no nome do Senhor as despedaçarei.

¹³Com força me impeliste para me fazeres cair, porém o Senhor me ajudou.

¹⁴O Senhor *é* a minha força e o meu cântico; e se fez a minha salvação.

¹⁵Nas tendas dos justos *há* voz de júbilo e de salvação; a destra do Senhor faz proezas.

¹⁶A destra do Senhor se exalta; a destra do Senhor faz proezas.

¹⁷Não morrerei, mas viverei; e contarei as obras do Senhor.

¹⁸O Senhor me castigou muito, mas não me entregou à morte.

¹⁹Abri-me as portas da justiça; entrarei por elas, *e* louvarei ao Senhor.

²⁰Esta *é* a porta do Senhor, pela qual os justos entrarão.

²¹Louvar-te-ei, pois me escutaste, e te fizeste a minha salvação.

²²A pedra *que* os edificadores rejeitaram tornou-se a cabeça da esquina.

²³Da parte do Senhor se fez isto; maravilhoso é aos nossos olhos.

²⁴Este *é* o dia que fez o Senhor; regozijemo-nos, e alegremo-nos nele.

²⁵Salva-*nos*, agora, te pedimos, ó Senhor; ó Senhor, te pedimos, prospera-*nos*.

²⁶Bendito aquele que vem em nome do Senhor; nós vos bendizemos desde a casa do Senhor.

²⁷Deus *é* o Senhor que nos mostrou a luz; atai o sacrifício *da festa* com cordas, até às pontas do altar.

²⁸*Tu és* o meu Deus, e eu te louvarei; *tu és* o meu Deus, e eu te exaltarei.

SALMOS 118.29   430

²⁹Louvai ao Senhor, porque *ele é* bom; porque a sua benignidade dura para sempre.

A excelência da lei do Senhor
Álef

119 BEM-AVENTURADOS os retos em seus caminhos, que andam na lei do Senhor.
²Bem-aventurados os que guardam os seus testemunhos, *e que* o buscam com todo o coração.
³E não praticam iniquidade, mas andam nos seus caminhos.
⁴Tu ordenaste os teus mandamentos, para que diligentemente os observássemos.
⁵Quem dera *que* os meus caminhos fossem dirigidos a observar os teus mandamentos.
⁶Então não ficaria confundido, atentando eu para todos os teus mandamentos.
⁷Louvar-te-ei com retidão de coração quando tiver aprendido os teus justos juízos.
⁸Observarei os teus estatutos; não me desampares totalmente.

Bet
⁹Com que purificará o jovem o seu caminho? Observando-*o* conforme a tua palavra.
¹⁰Com todo o meu coração te busquei; não me deixes desviar dos teus mandamentos.
¹¹Escondi a tua palavra no meu coração, para eu não pecar contra ti.
¹²Bendito *és* tu, ó Senhor; ensina-me os teus estatutos.
¹³Com os meus lábios declarei todos os juízos da tua boca.
¹⁴Folguei tanto no caminho dos teus testemunhos, como em todas as riquezas.
¹⁵Meditarei nos teus preceitos, e terei respeito aos teus caminhos.
¹⁶Recrear-me-ei nos teus estatutos; não me esquecerei da tua palavra.

Guímel
¹⁷Faze bem ao teu servo, *para que* viva e observe a tua palavra.
¹⁸Abre tu os meus olhos, para que veja as maravilhas da tua lei.
¹⁹*Sou* peregrino na terra; não escondas de mim os teus mandamentos.
²⁰A minha alma está quebrantada de desejar os teus juízos em todo o tempo.
²¹Tu repreendeste asperamente os soberbos *que são* amaldiçoados, que se desviam dos teus mandamentos.
²²Tira de sobre mim o opróbrio e o desprezo, pois guardei os teus testemunhos.
²³Príncipes também se assentaram, e falaram contra mim, mas o teu servo meditou nos teus estatutos.
²⁴Também os teus testemunhos são o meu prazer *e* os meus conselheiros.

Dálet
²⁵A minha alma está pegada ao pó; vivifica-me segundo a tua palavra.

²⁶Eu *te* contei os meus caminhos, e tu me ouviste; ensina-me os teus estatutos.
²⁷Faze-me entender o caminho dos teus preceitos; assim falarei das tuas maravilhas.
²⁸A minha alma consome-se de tristeza; fortalece-me segundo a tua palavra.
²⁹Desvia de mim o caminho da falsidade, e concede-me piedosamente a tua lei.
³⁰Escolhi o caminho da verdade; propus-me seguir os teus juízos.
³¹Apego-me aos teus testemunhos; ó Senhor, não me confundas.
³²Correrei pelo caminho dos teus mandamentos, quando dilatares o meu coração.

He
³³Ensina-me, ó Senhor, o caminho dos teus estatutos, e guardá-lo-ei até o fim.
³⁴Dá-me entendimento, e guardarei a tua lei, e observá-la-ei de todo o meu coração.
³⁵Faze-me andar na vereda dos teus mandamentos, porque nela tenho prazer.
³⁶Inclina o meu coração aos teus testemunhos, e não à cobiça.
³⁷Desvia os meus olhos de contemplarem a vaidade, e vivifica-me no teu caminho.
³⁸Confirma a tua palavra ao teu servo, que é *dedicado* ao teu temor.
³⁹Desvia de mim o opróbrio que temo, pois os teus juízos *são* bons.
⁴⁰Eis que tenho desejado os teus preceitos; vivifica-me na tua justiça.

Vav
⁴¹Venham sobre mim também as tuas misericórdias, ó Senhor, *e* a tua salvação segundo a tua palavra.
⁴²Assim terei o que responder ao que me afronta, pois confio na tua palavra.
⁴³E não tires totalmente a palavra de verdade da minha boca, pois tenho esperado nos teus juízos.
⁴⁴Assim observarei de contínuo a tua lei para sempre e eternamente.
⁴⁵E andarei em liberdade; pois busco os teus preceitos.
⁴⁶Também falarei dos teus testemunhos perante os reis, e não me envergonharei.
⁴⁷E recrear-me-ei em teus mandamentos, que tenho amado.
⁴⁸Também levantarei as minhas mãos para os teus mandamentos, que amei, e meditarei nos teus estatutos.

Záin
⁴⁹Lembra-te da palavra dada ao teu servo, na qual me fizeste esperar.
⁵⁰Isto *é* a minha consolação na minha aflição, porque a tua palavra me vivificou.
⁵¹Os soberbos zombaram grandemente de mim; *contudo* não me desviei da tua lei.
⁵²Lembrei-me dos teus juízos antiquíssimos, ó Senhor, e *assim* me consolei.

53Grande indignação se apoderou de mim por causa dos ímpios que abandonam a tua lei.

54Os teus estatutos têm sido os meus cânticos na casa da minha peregrinação.

55Lembrei-me do teu nome, ó SENHOR, de noite, e observei a tua lei.

56Isto fiz eu, porque guardei os teus mandamentos.

Het

57O SENHOR é a minha porção; eu disse que observaria as tuas palavras.

58Roguei deveras o teu favor com todo o *meu* coração; tem piedade de mim, segundo a tua palavra.

59Considerei os meus caminhos, e voltei os meus pés para os teus testemunhos.

60Apressei-me, e não me detive, a observar os teus mandamentos.

61Bandos de ímpios me despojaram, *mas* eu não me esqueci da tua lei.

62À meia-noite me levantarei para te louvar, pelos teus justos juízos.

63Companheiro *sou* de todos os que te temem e dos que guardam os teus preceitos.

64A terra, ó SENHOR, está cheia da tua benignidade; ensina-me os teus estatutos.

Tet

65Fizeste bem ao teu servo, SENHOR, segundo a tua palavra.

66Ensina-me bom juízo e conhecimento, pois cri nos teus mandamentos.

67Antes de ser afligido andava errado; mas agora tenho guardado a tua palavra.

68Tu *és* bom e fazes bem; ensina-me os teus estatutos.

69Os soberbos forjaram mentiras contra mim; *mas* eu com todo o *meu* coração guardarei os teus preceitos.

70Engrossa-se-lhes o coração como gordura, *mas* eu me recreio na tua lei.

71Foi-me bom ter sido afligido, para que aprendesse os teus estatutos.

72Melhor *é* para mim a lei da tua boca do que milhares de ouro ou prata.

Iód

73As tuas mãos me fizeram e me formaram; dá-me inteligência para entender os teus mandamentos.

74Os que te temem alegraram-se quando me viram, porque tenho esperado na tua palavra.

75Bem sei eu, ó SENHOR, que os teus juízos *são* justos, e *que segundo* a tua fidelidade me afligiste.

76Sirva pois a tua benignidade para me consolar, segundo a palavra *que deste* ao teu servo.

77Venham sobre mim as tuas misericórdias, para que viva, pois a tua lei *é* a minha delícia.

78Confundam-se os soberbos, pois me trataram de uma maneira perversa, sem causa; *mas* eu meditarei nos teus preceitos.

79Voltem-se para mim os que te temem, e aqueles que têm conhecido os teus testemunhos.

80Seja reto o meu coração nos teus estatutos, para que não seja confundido.

Cáf

81Desfalece a minha alma pela tua salvação, *mas* espero na tua palavra.

82Os meus olhos desfalecem pela tua palavra; *entrementes* dizia: Quando me consolarás tu?

83Pois estou como odre na fumaça; *contudo* não me esqueço dos teus estatutos.

84Quantos *serão* os dias do teu servo? Quando *me* farás justiça contra os que me perseguem?

85Os soberbos me cavaram covas, o que não *é* conforme a tua lei.

86Todos os teus mandamentos *são* verdade. Com mentiras me perseguem; ajuda-me.

87Quase que me têm consumido sobre a terra, mas eu não deixei os teus preceitos.

88Vivifica-me segundo a tua benignidade; assim guardarei o testemunho da tua boca.

Lámed

89Para sempre, ó SENHOR, a tua palavra permanece no céu.

90A tua fidelidade *dura* de geração em geração; tu firmaste a terra, e ela permanece *firme*.

91Eles continuam até *ao dia* de hoje, segundo as tuas ordenações; porque todos são teus servos.

92Se a tua lei não *fora* toda a minha recreação, *há muito* que pereceria na minha aflição.

93Nunca me esquecerei dos teus preceitos; pois por eles me tens vivificado.

94Sou teu, salva-me; pois tenho buscado os teus preceitos.

95Os ímpios me esperam para me destruírem, *mas* eu considerarei os teus testemunhos.

96Tenho visto fim a toda a perfeição, *mas* o teu mandamento *é* amplíssimo.

Mem

97Oh! Quanto amo a tua lei! *É* a minha meditação em todo o dia.

98Tu, pelos teus mandamentos, me fazes mais sábio do que os meus inimigos; pois *estão* sempre comigo.

99Tenho mais entendimento do que todos os meus mestres, porque os teus testemunhos *são* a minha meditação.

100 Entendo mais do que os antigos; porque guardo os teus preceitos.

101 Desviei os meus pés de todo caminho mau, para guardar a tua palavra.

102Não me apartei dos teus juízos, pois tu me ensinaste.

103 Oh! Quão doces são as tuas palavras ao meu paladar, *mais doces* do que o mel à minha boca.

104 Pelos teus mandamentos alcancei entendimento; por isso odeio todo falso caminho.

Nun

105Lâmpada para os meus pés é tua palavra, e luz para o meu caminho.

SALMOS 119.106   432

[106]Jurei, e *o* cumprirei, que guardarei os teus justos juízos.

[107]Estou aflitíssimo; vivifica-me, ó SENHOR, segundo a tua palavra.

[108]Aceita, eu te rogo, as oferendas voluntárias da minha boca, ó SENHOR; ensina-me os teus juízos.

[109]A minha alma *está* de contínuo nas minhas mãos; todavia não me esqueço da tua lei.

[110]Os ímpios me armaram laço; contudo não me desviei dos teus preceitos.

[111]Os teus testemunhos tenho eu tomado por herança para sempre, pois *são* o gozo do meu coração.

[112]Inclinei o meu coração a guardar os teus estatutos, para sempre, até ao fim.

Sámech

[113]Odeio os pensamentos *vãos,* mas amo a tua lei.

[114]Tu *és* o meu refúgio e o meu escudo; espero na tua palavra.

[115]Apartai-vos de mim, malfeitores, pois guardarei os mandamentos do meu Deus.

[116]Sustenta-me conforme a tua palavra, para que viva, e não me deixes envergonhado da minha esperança.

[117]Sustenta-me, e serei salvo, e de contínuo terei respeito aos teus estatutos.

[118]Tu tens pisado aos pés todos os que se desviam dos teus estatutos, pois o engano deles *é* falsidade.

[119]Tu tiraste da terra todos os ímpios, *como* a escória, por isso amo os teus testemunhos.

[120]O meu corpo se arrepiou com temor de ti, e temi os teus juízos.

Aín

[121]Fiz juízo e justiça; não me entregues aos meus opressores.

[122]Fica por fiador do teu servo para o bem; não deixes que os soberbos me oprimam.

[123]Os meus olhos desfaleceram pela tua salvação e pela promessa da tua justiça.

[124]Usa com o teu servo segundo a tua benignidade, e ensina-me os teus estatutos.

[125]*Sou* teu servo; dá-me inteligência, para entender os teus testemunhos.

[126]*Já é* tempo de operares, ó SENHOR, *pois* eles têm quebrantado a tua lei.

[127]Por isso amo os teus mandamentos mais do que o ouro, e *ainda* mais do que o ouro fino.

[128]Por isso estimo todos *os teus* preceitos acerca de tudo, como retos, *e* odeio toda falsa vereda.

Pe

[129]Maravilhosos *são* os teus testemunhos; portanto, a minha alma os guarda.

[130]A entrada das tuas palavras dá luz, dá entendimento aos símplices.

[131]Abri a minha boca, e respirei, pois que desejei os teus mandamentos.

[132]Olha para mim, e tem piedade de mim, conforme usas com os que amam o teu nome.

[133]Ordena os meus passos na tua palavra, e não se apodere de mim iniquidade alguma.

[134]Livra-me da opressão do homem; assim guardarei os teus preceitos.

[135]Faze resplandecer o teu rosto sobre o teu servo, e ensina-me os teus estatutos.

[136]Rios de águas correm dos meus olhos, porque não guardam a tua lei.

Tsádi

[137]Justo és, ó SENHOR, e retos *são* os teus juízos.

[138]Os teus testemunhos *que* ordenaste *são* retos e muito fiéis.

[139]O meu zelo me consumiu, porque os meus inimigos se esqueceram da tua palavra.

[140]A tua palavra *é* muito pura; portanto, o teu servo a ama.

[141]Pequeno *sou* e desprezado, porém não me esqueço dos teus mandamentos.

[142]A tua justiça *é uma* justiça eterna, e a tua lei *é* a verdade.

[143]Aflição e angústia se apoderam de mim; *contudo* os teus mandamentos *são* o meu prazer.

[144]A justiça dos teus testemunhos é eterna; dá-me inteligência, e viverei.

Cof

[145]Clamei de todo o meu coração; escuta-me, SENHOR, *e* guardarei os teus estatutos.

[146]A *ti* te invoquei; salva-me, e guardarei os teus testemunhos.

[147]Antecipei o cair da noite, e clamei; esperei na tua palavra.

[148]Os meus olhos anteciparam as vigílias *da noite,* para meditar na tua palavra.

[149]Ouve a minha voz, segundo a tua benignidade; vivifica-me, ó SENHOR, segundo o teu juízo.

[150]Aproximam-se os que se dão a maus-tratos; afastam-se da tua lei.

[151]Tu *estás* perto, ó SENHOR, e todos os teus mandamentos *são* a verdade.

[152]Acerca dos teus testemunhos soube, desde a antiguidade, que tu os fundaste para sempre.

Reish

[153]Olha para a minha aflição, e livra-me, pois não me esqueci da tua lei.

[154]Pleiteia a minha causa, e livra-me; vivifica-me segundo a tua palavra.

[155]A salvação *está* longe dos ímpios, pois não buscam os teus estatutos.

[156]Muitas *são,* ó SENHOR, as tuas misericórdias; vivifica-me segundo os teus juízos.

[157]Muitos *são* os meus perseguidores e os meus inimigos; mas não me desvio dos teus testemunhos.

[158]Vi os transgressores, e me afligi, porque não observam a tua palavra.

[159]Considera como amo os teus preceitos; vivifica-me, ó SENHOR, segundo a tua benignidade.

[160]A tua palavra *é* a verdade desde o princípio, e cada um dos juízos da tua justiça *dura* para sempre.

Shin

¹⁶¹Príncipes me perseguiram sem causa, mas o meu coração temeu a tua palavra.

¹⁶²Folgo com a tua palavra, como aquele que acha *um* grande despojo.

¹⁶³Abomino e odeio a mentira; *mas* amo a tua lei.

¹⁶⁴Sete vezes no dia te louvo pelos juízos da tua justiça.

¹⁶⁵Muita paz têm os que amam a tua lei, e para eles não *há* tropeço.

¹⁶⁶SENHOR, tenho esperado na tua salvação, e tenho cumprido os teus mandamentos.

¹⁶⁷A minha alma tem observado os teus testemunhos; amo-os excessivamente.

¹⁶⁸Tenho observado os teus preceitos, e os teus testemunhos, porque todos os meus caminhos *estão* diante de ti.

Tav

¹⁶⁹Chegue a ti o meu clamor, ó SENHOR; dá-me entendimento conforme a tua palavra.

¹⁷⁰Chegue a minha súplica perante a tua face; livra-me segundo a tua palavra.

¹⁷¹Os meus lábios proferiram o louvor, quando me ensinaste os teus estatutos.

¹⁷²A minha língua falará da tua palavra, pois todos os teus mandamentos *são* justiça.

¹⁷³Venha a tua mão socorrer-me, pois escolhi os teus preceitos.

¹⁷⁴Tenho desejado a tua salvação, ó SENHOR; a tua lei *é* todo o meu prazer.

¹⁷⁵Viva a minha alma, e louvar-te-á; ajudem-me os teus juízos.

¹⁷⁶Desgarrei-me como a ovelha perdida; busca o teu servo, pois não me esqueci dos teus mandamentos.

O salmista ora por livramento
Cântico dos degraus

120NA minha angústia clamei ao SENHOR, e me ouviu.

²SENHOR, livra a minha alma dos lábios mentirosos e da língua enganadora.

³Que te será dado, ou que te será acrescentado, língua enganadora?

⁴Flechas agudas do poderoso, com brasas vivas de zimbro.

⁵Ai de mim, que peregrino em Meseque, e habito nas tendas de Quodar.

⁶A minha alma bastante tempo habitou com os que detestam a paz.

⁷Pacífico *sou*, mas quando eu falo *já* eles procuram a guerra.

Deus é o guarda fiel do seu povo
Cântico dos degraus

121LEVANTAREI os meus olhos para os montes, de onde vem o meu socorro.

²O meu socorro *vem* do SENHOR que fez o céu e a terra.

³Não deixará vacilar o teu pé; aquele que te guarda não tosquenejará.

⁴Eis que não tosquenejará nem dormirá o guarda de Israel.

⁵O SENHOR *é* quem te guarda; o SENHOR *é* a tua sombra à tua direita.

⁶O sol não te molestará de dia nem a lua de noite.

⁷O SENHOR te guardará de todo o mal; guardará a tua alma.

⁸O SENHOR guardará a tua entrada e a tua saída, desde agora e para sempre.

Oração pela paz de Jerusalém
Cântico dos degraus, de Davi

122ALEGREI-ME quando me disseram: Vamos à casa do SENHOR.

²Os nossos pés estão dentro das tuas portas, ó Jerusalém.

³Jerusalém está edificada como uma cidade que é compacta.

⁴Onde sobem as tribos, as tribos do SENHOR, até ao testemunho de Israel, para darem graças ao nome do SENHOR.

⁵Pois ali estão os tronos do juízo, os tronos da casa de Davi.

⁶Orai pela paz de Jerusalém; prosperarão aqueles que te amam.

⁷Haja paz dentro de teus muros, *e* prosperidade dentro dos teus palácios.

⁸Por causa dos meus irmãos e amigos, direi: Paz *esteja* em ti.

⁹Por causa da casa do SENHOR nosso Deus, buscarei o teu bem.

A oração do crente desprezado
Cântico dos degraus

123A TI levanto os meus olhos, ó tu que habitas nos céus.

²Assim como os olhos dos servos *atentam* para as mãos dos seus senhores, *e* os olhos da serva para as mãos de sua senhora, assim os nossos olhos *atentam* para o SENHOR nosso Deus, até que tenha piedade de nós.

³Tem piedade de nós, ó SENHOR, tem piedade de nós, pois estamos sobremodo fartos de desprezo.

⁴A nossa alma está extremamente farta da zombaria daqueles que estão à sua vontade *e* do desprezo dos soberbos.

Só Deus pode livrar o seu povo
Cântico dos degraus, de Davi

124SE não *fora* o SENHOR, que esteve ao nosso lado, ora diga Israel;

²Se não *fora* o SENHOR, que esteve ao nosso lado, quando os homens se levantaram contra nós,

³Eles então nos teriam engolido vivos, quando a sua ira se acendeu contra nós.

⁴Então as águas teriam transbordado sobre nós, *e* a corrente teria passado sobre a nossa alma;

⁵Então as águas altivas teriam passado sobre a nossa alma;

SALMOS 124.6 434

⁶Bendito *seja* o SENHOR, que não nos deu por presa aos seus dentes.
⁷A nossa alma escapou, como um pássaro do laço dos passarinheiros; o laço quebrou-se, e nós escapamos.
⁸O nosso socorro *está* no nome do SENHOR, que fez o céu e a terra.

A segurança daquele que confia em Deus
Cântico dos degraus

125OS que confiam no SENHOR *serão* como o monte de Sião, *que* não se abala, *mas* permanece para sempre.
²Assim *como estão* os montes à roda de Jerusalém, assim o SENHOR *está* em volta do seu povo desde agora e para sempre.
³Porque o cetro da impiedade não permanecerá sobre a sorte dos justos, para que o justo não estenda as suas mãos para a iniquidade.
⁴Faze bem, ó SENHOR, aos bons e aos *que são* retos de coração.
⁵Quanto àqueles que se desviam para os seus caminhos tortuosos, levá-los-á o SENHOR com os que praticam a maldade; paz *haverá* sobre Israel.

Deus é louvado porque fez retirar do cativeiro o seu povo
Cântico dos degraus

126QUANDO o SENHOR trouxe do cativeiro os que voltaram a Sião, estávamos como os que sonham.
²Então a nossa boca se encheu de riso e a nossa língua de cântico; então se dizia entre os gentios: Grandes coisas fez o SENHOR a estes.
³Grandes coisas fez o SENHOR por nós, *pelas quais* estamos alegres.
⁴Traze-nos outra vez, ó SENHOR, do cativeiro, como as correntes *das águas* no sul.
⁵Os que semeiam em lágrimas segarão com alegria.
⁶Aquele que leva a preciosa semente, andando e chorando, voltará, sem dúvida, com alegria, trazendo *consigo* os seus molhos.

Segurança, prosperidade e fecundidade vêm de Deus só
Cântico dos degraus, de Salomão

127SE O SENHOR não edificar a casa, em vão trabalham os que a edificam; se o SENHOR não guardar a cidade, em vão vigia a sentinela.
²Inútil vos *será* levantar de madrugada, repousar tarde, comer o pão de dores, *pois* assim dá ele aos seus amados o sono.
³Eis que os filhos *são* herança do SENHOR, *e* o fruto do ventre o *seu* galardão.
⁴Como flechas na mão de *um homem* poderoso, assim *são* os filhos da mocidade.
⁵Bem-aventurado o homem que enche deles a sua aljava; não serão confundidos, mas falarão com os seus inimigos à porta.

Aquele que teme a Deus será abençoado na sua família
Cântico dos degraus

128BEM-AVENTURADO aquele que teme ao SENHOR e anda nos seus caminhos.
²Pois comerás do trabalho das tuas mãos; feliz *serás*, e te irá bem.
³A tua mulher *será* como a videira frutífera aos lados da tua casa; os teus filhos como plantas de oliveira à roda da tua mesa.
⁴Eis que assim será abençoado o homem que teme ao SENHOR.
⁵O SENHOR te abençoará desde Sião, e tu verás o bem de Jerusalém em todos os dias da tua vida.
⁶E verás os filhos de teus filhos, *e* a paz sobre Israel.

Israel é perseguido, mas não destruído
Cântico dos degraus

129MUITAS vezes me angustiaram desde a minha mocidade, diga agora Israel;
²Muitas vezes me angustiaram desde a minha mocidade; todavia não prevaleceram contra mim.
³Os lavradores araram sobre as minhas costas; compridos fizeram os seus sulcos.
⁴O SENHOR *é* justo; cortou as cordas dos ímpios.
⁵Sejam confundidos, e voltem para trás todos os que odeiam a Sião.
⁶Sejam como a erva dos telhados que se seca antes que *a* arranquem.
⁷Com a qual o segador não enche a sua mão, nem o que ata os feixes *enche* o seu braço.
⁸Nem tampouco os que passam dizem: A bênção do SENHOR *seja* sobre vós; nós vos abençoamos em nome do SENHOR.

A esperança do perdão
Cântico dos degraus

130DAS profundezas a ti clamo, ó SENHOR.
²Senhor, escuta a minha voz; sejam os teus ouvidos atentos à voz das minhas súplicas.
³Se tu, SENHOR, observares as iniquidades, Senhor, quem subsistirá?
⁴Mas contigo *está* o perdão, para que sejas temido.
⁵Aguardo ao SENHOR; a minha alma o aguarda, e espero na sua palavra.
⁶A minha alma *anseia* pelo Senhor, mais do que os guardas pela manhã, *mais do que* aqueles que guardam pela manhã.
⁷Espere Israel no SENHOR, porque no SENHOR há misericórdia, e nele *há* abundante redenção.
⁸E ele remirá a Israel de todas as suas iniquidades.

A humildade do salmista
Cântico dos degraus, de Davi

131SENHOR, o meu coração não se elevou nem os meus olhos se levantaram; não me exercito em grandes matérias, nem em coisas muito elevadas para mim.

²Certamente que me tenho portado e sossegado como *uma* criança desmamada de sua mãe; a minha alma *está* como uma criança desmamada.

³Espere Israel no Senhor, desde agora e para sempre.

O zelo de Davi pelo templo e pela arca
Cântico dos degraus

132 LEMBRA-TE, Senhor, de Davi, *e* de todas as suas aflições.

²Como jurou ao Senhor, e fez votos ao poderoso *Deus* de Jacó, *dizendo:*

³Certamente que não entrarei na tenda de minha casa, nem subirei à minha cama,

⁴Não darei sono aos meus olhos, *nem* repouso às minhas pálpebras,

⁵Enquanto não achar lugar para o Senhor, uma morada para o poderoso *Deus* de Jacó.

⁶Eis que ouvimos falar dela em Efrata, e a achamos no campo do bosque.

⁷Entraremos nos seus tabernáculos; prostrar-nos-emos ante o escabelo de seus pés.

⁸Levanta-te, Senhor, ao teu repouso, tu e a arca da tua força.

⁹Vistam-se os teus sacerdotes de justiça, e alegrem-se os teus santos.

¹⁰Por amor de Davi, teu servo, não faças virar o rosto do teu ungido.

¹¹O Senhor jurou com verdade a Davi, e não se apartará *dela:* Do fruto do teu ventre porei sobre o teu trono.

¹²Se os teus filhos guardarem a minha aliança, e os meus testemunhos, que eu lhes hei de ensinar, também os seus filhos se assentarão perpetuamente no teu trono.

¹³Porque o Senhor escolheu a Sião; desejou-a para a sua habitação, *dizendo:*

¹⁴Este *é* o meu repouso para sempre; aqui habitarei, pois o desejei.

¹⁵Abençoarei abundantemente o seu mantimento; fartarei de pão os seus necessitados.

¹⁶Também vestirei os seus sacerdotes de salvação, e os seus santos saltarão de prazer.

¹⁷Ali farei brotar a força de Davi; preparei uma lâmpada para o meu ungido.

¹⁸Vestirei os seus inimigos de vergonha; mas sobre ele florescerá a sua coroa.

A excelência do amor fraternal
Cântico dos degraus, de Davi

133 OH! Quão bom e quão suave *é* que os irmãos vivam em união.

²É como o óleo precioso sobre a cabeça, que desce sobre a barba, a barba de Arão, e que desce à orla das suas vestes.

³Como o orvalho de Hermom, *e como* o que desce sobre os montes de Sião, porque ali o Senhor ordena a bênção *e* a vida para sempre.

Exortação a bendizer ao Senhor
Cântico dos degraus

134 EIS aqui, bendizei ao Senhor todos vós, servos do Senhor, que assistis na casa do Senhor todas as noites.

²Levantai as vossas mãos no santuário, e bendizei ao Senhor.

³O Senhor que fez o céu e a terra te abençoe desde Sião.

Deus é louvado pela sua bondade, poder e justiça

135 LOUVAI ao Senhor. Louvai *o* nome do Senhor; louvai-o, servos do Senhor.

²Vós que assistis na casa do Senhor, nos átrios da casa do nosso Deus.

³Louvai ao Senhor, porque o Senhor *é* bom; cantai louvores ao seu nome, porque *é* agradável.

⁴Porque o Senhor escolheu para si a Jacó, *e* a Israel para seu próprio tesouro.

⁵Porque eu conheço que o Senhor é grande e *que* o nosso Senhor *está* acima de todos os deuses.

⁶Tudo o que o Senhor quis, fez, nos céus e na terra, nos mares e *em* todos os abismos.

⁷Faz subir os vapores das extremidades da terra; faz os relâmpagos para a chuva; tira os ventos dos seus tesouros.

⁸O que feriu os primogênitos do Egito, desde os homens até os animais;

⁹O *que* enviou sinais e prodígios no meio de ti, ó Egito, contra Faraó e contra os seus servos;

¹⁰O que feriu muitas nações, e matou poderosos reis:

¹¹A Siom, rei dos amorreus, e a Ogue, rei de Basã, e a todos os reinos de Canaã;

¹²E deu a sua terra em herança, em herança a Israel, seu povo.

¹³O teu nome, ó Senhor, *dura* perpetuamente, *e* a tua memória, ó Senhor, de geração em geração.

¹⁴Pois o Senhor julgará o seu povo, e se arrependerá com respeito aos seus servos.

¹⁵Os ídolos dos gentios *são* prata e ouro, obra das mãos dos homens.

¹⁶Têm boca, mas não falam; têm olhos, e não veem,

¹⁷Têm ouvidos, mas não ouvem, nem há respiro *algum* nas suas bocas.

¹⁸Semelhantes a eles se tornem os que os fazem, e todos os que confiam neles.

¹⁹Casa de Israel, bendizei ao Senhor; casa de Arão, bendizei ao Senhor.

²⁰Casa de Levi, bendizei ao Senhor; vós os que temeis ao Senhor, bendizei ao Senhor.

²¹Bendito *seja* o Senhor desde Sião, que habita em Jerusalém. Louvai ao Senhor.

Deus é louvado por sua misericórdia

136 LOUVAI ao Senhor, porque ele *é* bom; porque a sua benignidade *dura* para sempre.

²Louvai ao Deus dos deuses; porque a sua benignidade *dura* para sempre.

SALMOS 136.3

³Louvai ao Senhor dos senhores; porque a sua benignidade *dura* para sempre.

⁴Aquele que só faz grandes maravilhas; porque a sua benignidade *dura* para sempre.

⁵Aquele que por entendimento fez os céus; porque a sua benignidade *dura* para sempre.

⁶Aquele que estendeu a terra sobre as águas; porque a sua benignidade *dura* para sempre.

⁷Aquele que fez os grandes luminares; porque a sua benignidade *dura* para sempre;

⁸O sol para governar de dia; porque a sua benignidade *dura* para sempre;

⁹A lua e as estrelas para presidirem à noite; porque a sua benignidade *dura* para sempre;

¹⁰O que feriu o Egito nos seus primogênitos; porque a sua benignidade *dura* para sempre;

¹¹E tirou a Israel do meio deles; porque a sua benignidade *dura* para sempre;

¹²Com mão forte, e com braço estendido; porque a sua benignidade *dura* para sempre;

¹³Aquele que dividiu o Mar Vermelho em duas partes; porque a sua benignidade *dura* para sempre;

¹⁴E fez passar Israel pelo meio dele; porque a sua benignidade *dura* para sempre;

¹⁵Mas derrubou a Faraó com o seu exército no Mar Vermelho; porque a sua benignidade *dura* para sempre.

¹⁶Aquele que guiou o seu povo pelo deserto; porque a sua benignidade *dura* para sempre.

¹⁷Aquele que feriu os grandes reis; porque a sua benignidade *dura* para sempre;

¹⁸E matou reis famosos; porque a sua benignidade *dura* para sempre;

¹⁹Siom, rei dos amorreus; porque a sua benignidade *dura* para sempre;

²⁰E Ogue, rei de Basã; porque a sua benignidade *dura* para sempre;

²¹E deu a terra deles em herança; porque a sua benignidade *dura* para sempre;

²²E *mesmo* em herança a Israel, seu servo; porque a sua benignidade *dura* para sempre;

²³Que se lembrou da nossa baixeza; porque a sua benignidade *dura* para sempre;

²⁴E nos remiu dos nossos inimigos; porque a sua benignidade *dura* para sempre;

²⁵O que dá mantimento a toda a carne; porque a sua benignidade *dura* para sempre.

²⁶Louvai ao Deus dos céus; porque a sua benignidade *dura* para sempre.

Saudades da pátria

137JUNTO aos rios da Babilônia, ali nos assentamos e choramos, quando nos lembramos de Sião.

²Sobre os salgueiros *que há* no meio dela, penduramos as nossas harpas.

³Pois lá aqueles que nos levaram cativos nos pediam *uma* canção; e os que nos destruíram, *que* os alegrássemos, *dizendo:* Cantai-nos uma das canções de Sião.

⁴Como cantaremos a canção do Senhor em terra estranha?

⁵Se eu me esquecer de ti, ó Jerusalém, esqueça-se a minha direita *da sua destreza.*

⁶Se me não lembrar de ti, apegue-se-me a língua ao meu paladar; se não preferir Jerusalém à minha maior alegria.

⁷Lembra-te, Senhor, dos filhos de Edom no dia de Jerusalém, que diziam: Descobri-a, descobri-a até aos seus alicerces.

⁸Ah! Filha de Babilônia, que *vais ser* assolada; feliz aquele que te retribuir o pago que tu nos gaste a nós.

⁹Feliz aquele que pegar em teus filhos e der *com eles* nas pedras.

Ação de graças a Deus por amor da sua fidelidade

Salmo de Davi

138EU te louvarei, de todo o meu coração; na presença dos deuses a ti cantarei louvores.

²Inclinar-me-ei para o teu santo templo, e louvarei o teu nome pela tua benignidade, e pela tua verdade; pois engrandeceste a tua palavra acima de todo o teu nome.

³No dia em que eu clamei, me escutaste; *e* alentaste com força a minha alma.

⁴Todos os reis da terra te louvarão, ó Senhor, quando ouvirem as palavras da tua boca;

⁵E cantarão os caminhos do Senhor; pois grande *é* a glória do Senhor.

⁶Ainda que o Senhor é excelso, atenta *todavia* para o humilde; mas ao soberbo conhece-o de longe.

⁷Andando eu no meio da angústia, tu me reviverás; estenderás a tua mão contra a ira dos meus inimigos, e a tua destra me salvará.

⁸O Senhor aperfeiçoará o que me toca; a tua benignidade, ó Senhor, *dura* para sempre; não desampares as obras das tuas mãos.

A onipresença e a onipotência de Deus

Salmo de Davi para o músico-mor

139SENHOR, tu me sondaste, e *me* conheces. ²Tu sabes o meu assentar e o meu levantar; de longe entendes o meu pensamento.

³Cercas o meu andar, e o meu deitar; e conheces todos os meus caminhos.

⁴Não *havendo* ainda palavra *alguma* na minha língua, eis que logo, ó Senhor, tudo conheces.

⁵Tu me cercaste por detrás e por diante, e puseste sobre mim a tua mão.

⁶*Tal* conhecimento *é* para mim maravilhosíssimo; *tão* alto *que* não o posso *atingir.*

⁷Para onde me irei do teu espírito, ou para onde fugirei da tua face?

⁸Se subir ao céu, lá tu *estás;* se fizer no inferno a minha cama, eis que tu *ali estás também.*

⁹*Se* tomar as asas da alva, *se* habitar nas extremidades do mar,

¹⁰Até ali a tua mão me guiará e a tua destra me susterá.

¹¹Se disser: Decerto que as trevas me encobrirão; então a noite *será* luz à roda de mim.

¹²Nem ainda as trevas me encobrem de ti; mas a noite resplandece como o dia; as trevas e a luz *são para ti* a mesma coisa;

¹³Pois possuíste as minhas entranhas; cobriste-me no ventre de minha mãe.

¹⁴Eu te louvarei, porque de um modo assombroso, e tão maravilhoso fui feito; maravilhosas *são* as tuas obras, e a minha alma o sabe muito bem.

¹⁵Os meus ossos não te foram encobertos, quando no oculto fui feito, *e* entretecido nas profundezas da terra.

¹⁶Os teus olhos viram o meu *corpo* ainda informe; e no teu livro todas estas coisas foram escritas; as quais em continuação foram formadas, quando nem ainda uma delas *havia*.

¹⁷E quão preciosos me são, ó Deus, os teus pensamentos! Quão grandes são as somas deles!

¹⁸*Se* as contasse, seriam em maior número do que a areia; *quando* acordo ainda estou contigo.

¹⁹Ó Deus, tu matarás decerto o ímpio; apartai-vos portanto de mim, homens de sangue.

²⁰Pois falam malvadamente contra ti; *e* os teus inimigos tomam o *teu nome* em vão.

²¹Não odeio eu, ó Senhor, aqueles que te odeiam, e não me aflijo por causa dos que se levantam contra ti?

²²Odeio-os com ódio perfeito; tenho-os por inimigos.

²³Sonda-me, ó Deus, e conhece o meu coração; prova-me, e conhece os meus pensamentos.

²⁴E vê se *há* em mim algum caminho mau, e guia-me pelo caminho eterno.

O salmista ora para que seja guardado

Salmo de Davi para o músico-mor

140
LIVRA-ME, ó Senhor, do homem mau; guarda-me do homem violento,

²Que pensa o mal no coração; continuamente se ajuntam para a guerra.

³Aguçaram as línguas como a serpente; o veneno das víboras *está* debaixo dos seus lábios. (Selá.)

⁴Guarda-me, ó Senhor, das mãos do ímpio; guarda-me do homem violento; os quais se propuseram transtornar os meus passos.

⁵Os soberbos armaram-me laços e cordas; estenderam a rede ao lado do caminho; armaram-me laços corrediços. (Selá.)

⁶Eu disse ao Senhor: Tu *és* o meu Deus; ouve a voz das minhas súplicas, ó Senhor.

⁷Ó Deus o Senhor, fortaleza da minha salvação, tu cobriste a minha cabeça no dia da batalha.

⁸Não concedas, ó Senhor, ao ímpio os seus desejos; não promovas o seu mau propósito, para que não se exalte. (Selá.)

⁹*Quanto* à cabeça dos que me cercam, cubra-os a maldade dos seus lábios.

¹⁰Caiam sobre eles brasas vivas; sejam lançados no fogo, em covas profundas, *para que* se não tornem a levantar.

¹¹Não terá firmeza na terra o homem de *má* língua; o mal perseguirá o homem violento até que seja desterrado.

¹²Sei que o Senhor sustentará a causa do oprimido, *e* o direito do necessitado.

¹³Assim os justos louvarão o teu nome; os retos habitarão na tua presença.

Oração para preservação no meio da tentação

Salmo de Davi

141
SENHOR, a ti clamo, apressa-te a mim; inclina os teus ouvidos à minha voz, quando a ti clamar.

²Suba a minha oração perante a tua face *como* incenso, *e* as minhas mãos levantadas *sejam como* o sacrifício da tarde.

³Põe, ó Senhor, uma guarda à minha boca; guarda a porta dos meus lábios.

⁴Não inclines o meu coração a coisas más, a praticar obras más, com aqueles que praticam a iniquidade; e não coma das suas delícias.

⁵Fira-me o justo, *será isso uma* benignidade; e repreenda-me, *será um* excelente óleo, *que* não me quebrará a cabeça; pois a minha oração também ainda *continuará* nas suas próprias calamidades.

⁶Quando os seus juízes forem derrubados pelos lados da rocha, ouvirão as minhas palavras, pois são agradáveis.

⁷Os nossos ossos são espalhados à boca da sepultura como se alguém fendera e partira *lenha* na terra.

⁸Mas os meus olhos te *contemplam*, ó Deus o Senhor; em ti confio; não desnudes a minha alma.

⁹Guarda-me dos laços *que* me armaram; e dos laços corrediços dos que praticam a iniquidade.

¹⁰Caiam os ímpios nas suas próprias redes, até que eu tenha escapado inteiramente.

Oração no meio de grande dificuldade

Masquil de Davi; oração que fez quando estava na caverna

142
COM a minha voz clamei ao Senhor; com a minha voz supliquei ao Senhor.

²Derramei a minha queixa perante a sua face; expus-lhe a minha angústia.

³Quando o meu espírito estava angustiado em mim, então conheceste a minha vereda. No caminho em que eu andava, esconderam-me *um* laço.

⁴Olhei para a *minha* direita, e vi; mas não *havia* quem me conhecesse. Refúgio me faltou; ninguém cuidou da minha alma.

⁵A ti, ó Senhor, clamei; eu disse: Tu *és* o meu refúgio, *e* a minha porção na terra dos viventes.

⁶Atende ao meu clamor; porque estou muito abatido. Livra-me dos meus perseguidores; porque são mais fortes do que eu.

⁷Tira a minha alma da prisão, para que louve o

teu nome; os justos me rodearão, pois me fizeste bem.

O salmista ora por libertação
Salmo de Davi

143 Ó SENHOR, ouve a minha oração, inclina os ouvidos às minhas súplicas; escuta-me segundo a tua verdade, *e* segundo a tua justiça.

[2]E não entres em juízo com o teu servo, porque à tua vista não se achará justo nenhum vivente.

[3]Pois o inimigo perseguiu a minha alma; atropelou-me até ao chão; fez-me habitar na escuridão, como aqueles que morreram há muito.

[4]Pois que o meu espírito se angustia em mim; *e* o meu coração em mim está desolado.

[5]Lembro-me dos dias antigos; considero todos os teus feitos; medito na obra das tuas mãos.

[6]Estendo para ti as minhas mãos; a minha alma tem *sede* de ti, como terra sedenta. (Selá.)

[7]Ouve-me depressa, ó SENHOR; o meu espírito desmaia. Não escondas de mim a tua face, para que não seja semelhante aos que descem à cova.

[8]Faze-me ouvir a tua benignidade pela manhã, pois em ti confio; faze-me saber o caminho que devo seguir, porque a ti levanto a minha alma.

[9]Livra-me, ó SENHOR, dos meus inimigos; fujo para ti, para me esconder.

[10]Ensina-me a fazer a tua vontade, pois *és* o meu Deus. O teu Espírito *é* bom; guie-me por terra plana.

[11]Vivifica-me, ó SENHOR, por amor do teu nome; por amor da tua justiça, tira a minha alma da angústia.

[12]E por tua misericórdia desarraiga os meus inimigos, e destrói a todos os que angustiam a minha alma; pois *sou* teu servo.

Ação de graças pela proteção de Deus
Salmo de Davi

144 BENDITO *seja* o SENHOR, minha rocha, que ensina as minhas mãos para a peleja e os meus dedos para a guerra;

[2]Benignidade minha e fortaleza minha; alto retiro meu e meu libertador *és tu;* escudo meu, em quem eu confio, e que me sujeita o meu povo.

[3]SENHOR, que *é* o homem, para que o conheças, *e* o filho do homem, para que o estimes?

[4]O homem é semelhante à vaidade; os seus dias *são* como a sombra que passa.

[5]Abaixa, ó SENHOR, os teus céus, e desce; toca os montes, e fumegarão.

[6]Vibra os teus raios e dissipa-os; envia as tuas flechas, e desbarata-os.

[7]Estende as tuas mãos desde o alto; livra-me, e arrebata-me das muitas águas *e* das mãos dos filhos estranhos,

[8]Cuja boca fala vaidade, e a sua mão direita é a destra de falsidade.

[9]A *ti,* ó Deus, cantarei *um* cântico novo; com o saltério e instrumento de dez cordas te cantarei louvores;

[10]A *ti,* que dás a salvação aos reis, e que livras a Davi, teu servo, da espada maligna.

[11]Livra-me, e tira-me das mãos dos filhos estranhos, cuja boca fala vaidade, e a sua mão direita é a destra de iniquidade,

[12]Para que nossos filhos *sejam* como plantas crescidas na sua mocidade; *para que* as nossas filhas *sejam* como pedras de esquina lavradas à moda de palácio;

[13]*Para que* as nossas despensas se encham de todo provimento; *para que* os nossos rebanhos produzam a milhares e a dezenas de milhares nas nossas ruas.

[14]*Para que* os nossos bois *sejam* fortes para o trabalho; *para que não haja nem* assaltos, nem saídas, nem gritos nas nossas ruas.

[15]Bem-aventurado o povo ao qual assim *acontece;* bem-aventurado *é* o povo cujo Deus *é* o SENHOR.

A bondade, grandeza e providência de Deus
Cântico de Davi

145 EU te exaltarei, ó Deus, rei meu, e bendirei o teu nome pelos séculos dos séculos e para sempre.

[2]Cada dia te bendirei, e louvarei o teu nome pelos séculos dos séculos e para sempre.

[3]Grande *é* o SENHOR, e muito digno de louvor, e a sua grandeza insondável.

[4]Uma geração louvará as tuas obras à outra geração, e anunciarão as tuas proezas.

[5]Falarei da magnificência gloriosa da tua majestade e das tuas obras maravilhosas.

[6]E se falará da força dos teus feitos terríveis; e contarei a tua grandeza.

[7]Proferirão abundantemente a memória da tua grande bondade, e cantarão a tua justiça.

[8]Misericordioso e compassivo *é* o SENHOR, tardio em irar-se e de grande misericórdia.

[9]O SENHOR *é* bom para todos, e as suas misericórdias *são* sobre todas as suas obras.

[10]Todas as tuas obras te louvarão, ó SENHOR, e os teus santos te bendirão.

[11]Falarão da glória do teu reino, e relatarão o teu poder,

[12]Para fazer saber aos filhos dos homens as tuas proezas e a glória da magnificência do teu reino.

[13]O teu reino *é um* reino eterno; o teu domínio *dura* em todas as gerações.

[14]O SENHOR sustenta a todos os que caem, e levanta a todos os abatidos.

[15]Os olhos de todos esperam em ti, e lhes dás o seu mantimento a seu tempo.

[16]Abres a tua mão, e fartas os desejos de todos os viventes.

[17]Justo *é* o SENHOR em todos os seus caminhos, e santo em todas as suas obras.

[18]Perto *está* o SENHOR de todos os que o invocam, de todos os que o invocam em verdade.

[19]Ele cumprirá o desejo dos que o temem; ouvirá o seu clamor, e os salvará.

[20]O SENHOR guarda a todos os que o amam; mas todos os ímpios serão destruídos.

²¹A minha boca falará o louvor do SENHOR, e toda a carne louvará o seu santo nome pelos séculos dos séculos e para sempre.

A fraqueza do homem e a fidelidade de Deus

146 LOUVAI ao SENHOR. Ó minha alma, louva ao Senhor.

²Louvarei ao SENHOR durante a minha vida; cantarei louvores ao meu Deus enquanto eu for vivo.

³Não confieis em príncipes, *nem* em filho de homem, em quem não *há* salvação.

⁴Sai-lhe o espírito, volta para a terra; naquele mesmo dia perecem os seus pensamentos.

⁵Bem-aventurado aquele que *tem* o Deus de Jacó por seu auxílio, e cuja esperança *está posta* no SENHOR seu Deus.

⁶O que fez os céus e a terra, o mar e tudo quanto *há* neles, *e* o que guarda a verdade para sempre;

⁷O que faz justiça aos oprimidos, o que dá pão aos famintos. O SENHOR solta os encarcerados.

⁸O SENHOR abre *os olhos* aos cegos; o SENHOR levanta os abatidos; o SENHOR ama os justos;

⁹O SENHOR guarda os estrangeiros; sustém o órfão e a viúva, mas transtorna o caminho dos ímpios.

¹⁰O SENHOR reinará eternamente; o teu Deus, ó Sião, de geração em geração. Louvai ao SENHOR.

Exortação a louvar ao SENHOR pela sua bondade

147 LOUVAI ao SENHOR, porque é bom cantar louvores ao nosso Deus, porque *é* agradável; decoroso *é* o louvor.

²O SENHOR edifica a Jerusalém, congrega os dispersos de Israel.

³Sara os quebrantados de coração, e lhes ata as suas feridas.

⁴Conta o número das estrelas, chama-as a todas pelos *seus* nomes.

⁵Grande *é* o nosso Senhor, e de grande poder; o seu entendimento *é* infinito.

⁶O SENHOR eleva os humildes, e abate os ímpios até à terra.

⁷Cantai ao SENHOR em ação de graças; cantai louvores ao nosso Deus sobre a harpa.

⁸*Ele é* o que cobre o céu de nuvens, o que prepara a chuva para a terra, *e* o que faz produzir erva sobre os montes;

⁹O que dá aos animais o seu sustento, *e* aos filhos dos corvos, quando clamam.

¹⁰Não se deleita na força do cavalo, nem se compraz nas pernas do homem.

¹¹O SENHOR se agrada dos que o temem *e* dos que esperam na sua misericórdia.

¹²Louva, ó Jerusalém, ao SENHOR; louva, ó Sião, ao teu Deus.

¹³Porque fortaleceu os ferrolhos das tuas portas; abençoa aos teus filhos dentro de ti.

¹⁴*Ele é* o que põe *em* paz os teus termos, e da flor da farinha te farta.

¹⁵O que envia o seu mandamento à terra; a sua palavra corre velozmente.

¹⁶O que dá a neve como lã; espalha a geada como cinza;

¹⁷O que lança o seu gelo em pedaços; quem pode resistir ao seu frio?

¹⁸Manda a sua palavra, e os faz derreter; faz soprar o vento, e correm as águas.

¹⁹Mostra a sua palavra a Jacó, os seus estatutos e os seus juízos a Israel.

²⁰Não fez assim a nenhuma outra nação; e quanto aos seus juízos, não os conhecem. Louvai ao SENHOR.

Toda a criação deve louvar ao SENHOR

148 LOUVAI ao SENHOR. Louvai ao SENHOR desde os céus, louvai-o nas alturas.

²Louvai-o, todos os seus anjos; louvai-o, todos os seus exércitos.

³Louvai-o, sol e lua; louvai-o, todas as estrelas luzentes.

⁴Louvai-o, céus dos céus, e as águas que estão sobre os céus.

⁵Louvem o nome do SENHOR, pois mandou, e *logo* foram criados.

⁶E os confirmou eternamente para sempre, e lhes deu um decreto que não ultrapassarão.

⁷Louvai ao SENHOR desde a terra: vós, baleias, e todos os abismos;

⁸Fogo e saraiva, neve e vapores, e vento tempestuoso que executa a sua palavra;

⁹Montes e todos os outeiros, árvores frutíferas e todos os cedros;

¹⁰As feras e todos os gados, répteis e aves voadoras;

¹¹Reis da terra e todos os povos, príncipes e todos os juízes da terra;

¹²Moços e moças, velhos e crianças.

¹³Louvem o nome do SENHOR, pois só o seu nome é exaltado; a sua glória está sobre a terra e o céu.

¹⁴Ele também exalta o poder do seu povo, o louvor de todos os seus santos, dos filhos de Israel, um povo que lhe é chegado. Louvai ao SENHOR.

Os fiéis louvam a seu Deus

149 LOUVAI ao SENHOR. Cantai ao SENHOR um cântico novo, e o seu louvor na congregação dos santos.

²Alegre-se Israel naquele que o fez, regozijem-se os filhos de Sião no seu Rei.

³Louvem o seu nome com danças; cantem-lhe o seu louvor com tamborim e harpa.

⁴Porque o SENHOR se agrada do seu povo; ornará os mansos com a salvação.

⁵Exultem os santos na glória; alegrem-se nas suas camas.

⁶Estejam na sua garganta os altos louvores de Deus, e espada de dois fios nas suas mãos,

⁷Para tomarem vingança dos gentios, e darem repreensões aos povos;

SALMOS 149.8 440

[8]Para prenderem os seus reis com cadeias, e os seus nobres com grilhões de ferro;

[9]Para fazerem neles o juízo escrito; esta será a honra de todos os seus santos. Louvai ao Senhor.

O salmista exorta toda a criatura a louvar ao Senhor

150 LOUVAI ao Senhor. Louvai a Deus no seu santuário; louvai-o no firmamento do seu poder.

[2]Louvai-o pelos seus atos poderosos; louvai-o conforme a excelência da sua grandeza.

[3]Louvai-o com o som de trombeta; louvai-o com o saltério e a harpa.

[4]Louvai-o com o tamborim e a dança, louvai-o com instrumentos de cordas e com órgãos.

[5]Louvai-o com os címbalos sonoros; louvai-o com címbalos altissonantes.

[6]Tudo quanto tem fôlego louve ao Senhor. Louvai ao Senhor.

OS
PROVÉRBIOS

O princípio da sabedoria

1 PROVÉRBIOS de Salomão, filho de Davi, rei de Israel;

²Para se conhecer a sabedoria e a instrução; para se entenderem, as palavras da prudência.

³Para se receber a instrução do entendimento, a justiça, o juízo e a equidade;

⁴Para dar aos simples, prudência, e aos moços, conhecimento e discernimento;

⁵O sábio ouvirá e crescerá em conhecimento, e o entendido adquirirá sábios conselhos;

⁶Para entender os provérbios e sua interpretação; as palavras dos sábios e as suas proposições.

⁷O temor do SENHOR é o princípio do conhecimento; os loucos desprezam a sabedoria e a instrução.

Evitando o mau conselho

⁸Filho meu, ouve a instrução de teu pai, e não deixes o ensinamento de tua mãe,

⁹Porque serão como diadema gracioso em tua cabeça, e colares ao teu pescoço.

¹⁰Filho meu, se os pecadores procuram te atrair com agrados, não aceites.

¹¹Se disserem: Vem conosco a tocaias de sangue; embosquemos o inocente sem motivo;

¹²Traguemo-los vivos, como a sepultura; e inteiros, como os que descem à cova;

¹³Acharemos toda sorte de bens preciosos; encheremos as nossas casas de despojos;

¹⁴Lança a tua sorte conosco; teremos todos uma só bolsa!

¹⁵Filho meu, não te ponhas a caminho com eles; desvia o teu pé das suas veredas.

¹⁶Porque os seus pés correm para o mal, e se apressam a derramar sangue.

¹⁷Na verdade é inútil estender-se a rede ante os olhos de qualquer ave.

¹⁸No entanto estes armam ciladas contra o seu próprio sangue; e espreitam suas próprias vidas.

¹⁹São assim as veredas de todo aquele que usa de cobiça: ela põe a perder a alma dos que a possuem.

Convite da sabedoria

²⁰A sabedoria clama lá fora; pelas ruas levanta a sua voz.

²¹Nas esquinas movimentadas ela brada; nas entradas das portas e nas cidades profere as suas palavras:

²²Até quando, ó simples, amareis a simplicidade? E vós escarnecedores, desejareis o escárnio? E vós insensatos, odiareis o conhecimento?

²³Atentai para a minha repreensão; pois eis que vos derramarei abundantemente do meu espírito e vos farei saber as minhas palavras.

²⁴Entretanto, porque eu clamei e recusastes; e estendi a minha mão e não houve quem desse atenção.

²⁵Antes rejeitastes todo o meu conselho, e não quisestes a minha repreensão,

²⁶Também de minha parte eu me rirei na vossa perdição e zombarei, em vindo o vosso temor.

²⁷Vindo o vosso temor como a assolação, e vindo a vossa perdição como uma tormenta, sobrevirá a vós aperto e angústia.

²⁸Então clamarão a mim, mas eu não responderei; de madrugada me buscarão, porém não me acharão.

²⁹Porquanto odiaram o conhecimento; e não preferiram o temor do SENHOR:

³⁰Não aceitaram o meu conselho, e desprezaram toda a minha repreensão.

³¹Portanto comerão do fruto do seu caminho, e fartar-se-ão dos seus próprios conselhos.

³²Porque o erro dos simples os matará, e o desvario dos insensatos os destruirá.

³³Mas o que me der ouvidos habitará em segurança, e estará livre do temor do mal.

O valor da sabedoria

2 FILHO meu, se aceitares as minhas palavras, e esconderes contigo os meus mandamentos,

²Para fazeres o teu ouvido atento à sabedoria; e inclinares o teu coração ao entendimento;

³Se clamares por conhecimento, e por inteligência alçares a tua voz,

⁴Se como a prata a buscares e como a tesouros escondidos a procurares,

⁵Então entenderás o temor do SENHOR, e acharás o conhecimento de Deus.

⁶Porque o SENHOR dá a sabedoria; da sua boca é que vem o conhecimento e o entendimento.

⁷Ele reserva a verdadeira sabedoria para os retos. Escudo é para os que caminham na sinceridade,

⁸Para que guardem as veredas do juízo. Ele preservará o caminho dos seus santos.

⁹Então entenderás a justiça, o juízo, a equidade e todas as boas veredas.

¹⁰Pois quando a sabedoria entrar no teu coração, e o conhecimento for agradável à tua alma,

¹¹O discernimento te guardará e a inteligência te conservará;

¹²Para te afastar do mau caminho, e do homem que fala coisas perversas;

¹³Dos que deixam as veredas da retidão, para andarem pelos caminhos escusos;

¹⁴Que se alegram de fazer mal, e folgam com as perversidades dos maus,

¹⁵Cujas veredas são tortuosas e que se desviam nos seus caminhos;

PROVÉRBIOS 2.16 442

[16]Para te afastar da mulher estranha, sim da estranha que lisonjeia com suas palavras;

[17]Que deixa o guia da sua mocidade e se esquece da aliança do seu Deus;

[18]Porque a sua casa se inclina para a morte, e as suas veredas para os mortos.

[19]Todos os que se dirigem a ela não voltarão e não atinarão com as veredas da vida.

[20]Para andares pelos caminhos dos bons, e te conservares nas veredas dos justos.

[21]Porque os retos habitarão a terra, e os íntegros permanecerão nela.

[22]Mas os ímpios serão arrancados da terra, e os transgressores serão dela exterminados.

Guia para o jovem

3 FILHO meu, não te esqueças da minha lei, e o teu coração guarde os meus mandamentos.

[2]Porque eles aumentarão os teus dias e te acrescentarão anos de vida e paz.

[3]Não te desamparem a benignidade e a fidelidade; ata-as ao teu pescoço; escreve-as na tábua do teu coração.

[4]E acharás graça e bom entendimento aos olhos de Deus e do homem.

[5]Confia no SENHOR de todo o teu coração, e não te estribes no teu próprio entendimento.

[6]Reconhece-o em todos os teus caminhos, e ele endireitará as tuas veredas.

[7]Não sejas sábio a teus próprios olhos; teme ao SENHOR e aparta-te do mal.

[8]Isto será saúde para o teu âmago, e medula para os teus ossos.

[9]Honra ao SENHOR com os teus bens, e com a primeira parte de todos os teus ganhos;

[10]E se encherão os teus celeiros, e transbordarão de vinho os teus lagares.

[11]Filho meu, não rejeites a correção do SENHOR, nem te enojes da sua repreensão.

[12]Porque o SENHOR repreende aquele a quem ama, assim como o pai ao filho a quem quer bem.

[13]Bem-aventurado o homem que acha sabedoria, e o homem que adquire conhecimento;

[14]Porque é melhor a sua mercadoria do que artigos de prata, e maior o seu lucro que o ouro mais fino.

[15]Mais preciosa é do que os rubis, e tudo o que mais possas desejar não se pode comparar a ela.

[16]Vida longa de dias está na sua mão direita; e na esquerda, riquezas e honra.

[17]Os seus caminhos são caminhos de delícias, e todas as suas veredas de paz.

[18]É árvore de vida para os que dela tomam, e são bem-aventurados todos os que a retêm.

[19]O SENHOR, com sabedoria fundou a terra; com entendimento preparou os céus.

[20]Pelo seu conhecimento se fenderam os abismos, e as nuvens destilam o orvalho.

[21]Filho meu, não se apartem estas coisas dos teus olhos: guarda a verdadeira sabedoria e o discernimento;

[22]Porque serão vida para a tua alma, e adorno ao teu pescoço.

[23]Então andarás confiante pelo teu caminho, e o teu pé não tropeçará.

[24]Quando te deitares, não temerás; ao contrário, o teu sono será suave ao te deitares.

[25]Não temas o pavor repentino, nem a investida dos perversos quando vier.

[26]Porque o SENHOR será a tua esperança; guardará os teus pés de serem capturados.

[27]Não deixes de fazer bem a quem o merece, estando em tuas mãos a capacidade de fazê-lo.

[28]Não digas ao teu próximo: Vai, e volta amanhã que to darei, se já o tens contigo.

[29]Não maquines o mal contra o teu próximo, pois que habita contigo confiadamente.

[30]Não contendas com alguém sem causa, se não te fez nenhum mal.

[31]Não tenhas inveja do homem violento, nem escolhas nenhum dos seus caminhos.

[32]Porque o perverso é abominável ao SENHOR, mas com os sinceros ele tem intimidade.

[33]A maldição do SENHOR habita na casa do ímpio, mas a habitação dos justos abençoará.

[34]Certamente ele escarnecerá dos escarnecedores, mas dará graça aos mansos.

[35]Os sábios herdarão honra, mas os loucos tomam sobre si vergonha.

A segurança na sabedoria

4 OUVI, filhos, a instrução do pai, e estai atentos para conhecerdes a prudência.

[2]Pois dou-vos boa doutrina; não deixeis a minha lei.

[3]Porque eu era filho tenro na companhia de meu pai, e único diante de minha mãe.

[4]E ele me ensinava e me dizia: Retenha o teu coração as minhas palavras; guarda os meus mandamentos, e vive.

[5]Adquire sabedoria, adquire inteligência, e não te esqueças nem te apartes das palavras da minha boca.

[6]Não a abandones e ela te guardará; ama-a, e ela te protegerá.

[7]A sabedoria é a coisa principal; adquire pois a sabedoria, emprega tudo o que possuis na aquisição de entendimento.

[8]Exalta-a, e ela te exaltará; e, abraçando-a tu, ela te honrará.

[9]Dará à tua cabeça um diadema de graça e uma coroa de glória te entregará.

[10]Ouve, filho meu, e aceita as minhas palavras, e se multiplicarão os anos da tua vida.

[11]No caminho da sabedoria te ensinei, e por veredas de retidão te fiz andar.

[12]Por elas andando, não se embaraçarão os teus passos; e se correres não tropeçarás.

[13]Apega-te à instrução e não a largues; guarda-a, porque ela é a tua vida.

[14]Não entres pela vereda dos ímpios, nem andes no caminho dos maus.

¹⁵Evita-o; não passes por ele; desvia-te dele e passa de largo.

¹⁶Pois não dormem, se não fizerem mal, e foge deles o sono se não fizerem alguém tropeçar.

¹⁷Porque comem o pão da impiedade, e bebem o vinho da violência.

¹⁸Mas a vereda dos justos é como a luz da aurora, que vai brilhando mais e mais até ser dia perfeito.

¹⁹O caminho dos ímpios é como a escuridão; nem sabem em que tropeçam.

²⁰Filho meu, atenta para as minhas palavras; às minhas razões inclina o teu ouvido.

²¹Não as deixes apartar-se dos teus olhos; guarda-as no íntimo do teu coração.

²²Porque são vida para os que as acham, e saúde para todo o seu corpo.

²³Sobre tudo o que se deve guardar, guarda o teu coração, porque dele procedem as fontes da vida.

²⁴Desvia de ti a falsidade da boca, e afasta de ti a perversidade dos lábios.

²⁵Os teus olhos olhem para a frente, e as tuas pálpebras olhem direto diante de ti.

²⁶Pondera a vereda de teus pés, e todos os teus caminhos sejam bem ordenados!

²⁷Não declines nem para a direita nem para a esquerda; retira o teu pé do mal.

O perigo do adultério

5FILHO meu, atende à minha sabedoria; à minha inteligência inclina o teu ouvido;

²Para que guardes os meus conselhos e os teus lábios observem o conhecimento.

³Porque os lábios da mulher estranha destilam favos de mel, e o seu paladar é mais suave do que o azeite.

⁴Mas o seu fim é amargoso como o absinto, agudo como a espada de dois gumes.

⁵Os seus pés descem para a morte; os seus passos estão impregnados do inferno.

⁶Para que não ponderes os caminhos da vida, as suas andanças são errantes: jamais os conhecerás.

⁷Agora, pois, filhos, dai-me ouvidos, e não vos desvieis das palavras da minha boca.

⁸Longe dela seja o teu caminho, e não te chegues à porta da sua casa;

⁹Para que não dês a outros a tua honra, e não entregues a cruéis os teus anos de vida;

¹⁰Para que não farte a estranhos o teu esforço, e todo o fruto do teu trabalho vá parar em casa alheia;

¹¹E no fim venhas a gemer, no consumir-se da tua carne e do teu corpo.

¹²E então digas: Como odiei a correção! E o meu coração desprezou a repreensão!

¹³E não escutei a voz dos que me ensinavam, nem aos meus mestres inclinei o meu ouvido!

¹⁴No meio da congregação e da assembleia foi que eu me achei em quase todo o mal.

¹⁵Bebe água da tua fonte, e das correntes do teu poço.

¹⁶Derramar-se-iam as tuas fontes por fora, e pelas ruas os ribeiros de águas?

¹⁷Sejam para ti só, e não para os estranhos contigo.

¹⁸Seja bendito o teu manancial, e alegra-te com a mulher da tua mocidade.

¹⁹Como cerva amorosa, e gazela graciosa, os seus seios te saciem todo o tempo; e pelo seu amor sejas atraído perpetuamente.

²⁰E por que, filho meu, te deixarias atrair por outra mulher, e te abraçarias ao peito de uma estranha?

²¹Eis que os caminhos do homem estão perante os olhos do Senhor, e ele pesa todas as suas veredas.

²²Quanto ao ímpio, as suas iniquidades o prenderão, e com as cordas do seu pecado será detido.

²³Ele morrerá, porque desavisadamente andou, e pelo excesso da sua loucura se perderá.

Promessas perigosas

6FILHO meu, se ficaste por fiador do teu companheiro, se deste a tua mão ao estranho,

²E te deixaste enredar pelas próprias palavras; e te prendeste nas palavras da tua boca;

³Faze pois isto agora, filho meu, e livra-te, já que caíste nas mãos do teu companheiro: vai, humilha-te, e importuna o teu companheiro.

⁴Não dês sono aos teus olhos, nem deixes adormecer as tuas pálpebras.

⁵Livra-te, como a gazela da mão do caçador, e como a ave da mão do passarinheiro.

A loucura da indolência

⁶Vai ter com a formiga, ó preguiçoso; olha para os seus caminhos, e sê sábio.

⁷Pois ela, não tendo chefe, nem guarda, nem dominador,

⁸Prepara no verão o seu pão; na sega ajunta o seu mantimento.

⁹Ó preguiçoso, até quando ficarás deitado? Quando te levantarás do teu sono?

¹⁰Um pouco a dormir, um pouco a tosquenejar; um pouco a repousar de braços cruzados;

¹¹Assim sobrevirá a tua pobreza como o meliante, e a tua necessidade como um homem armado.

O homem mau

¹²O homem mau, o homem iníquo tem a boca pervertida.

¹³Acena com os olhos, fala com os pés e faz sinais com os dedos.

¹⁴Há no seu coração perversidade, todo o tempo maquina mal; anda semeando contendas.

¹⁵Por isso a sua destruição virá repentinamente; subitamente será quebrantado, sem que haja cura.

¹⁶Estas seis coisas o Senhor odeia, e a sétima a sua alma abomina:

¹⁷Olhos altivos, língua mentirosa, mãos que derramam sangue inocente,

¹⁸O coração que maquina pensamentos perversos, pés que se apressam a correr para o mal,

PROVÉRBIOS 6.19

¹⁹A testemunha falsa que profere mentiras, e o que semeia contendas entre irmãos.

Guardar-se do adultério

²⁰Filho meu, guarda o mandamento de teu pai, e não deixes a lei da tua mãe;

²¹Ata-os perpetuamente ao teu coração, e pendura-os ao teu pescoço.

²²Quando caminhares, te guiará; quando te deitares, te guardará; quando acordares, falará contigo.

²³Porque o mandamento é lâmpada, e a lei é luz; e as repreensões da correção são o caminho da vida,

²⁴Para te guardarem da mulher vil, e das lisonjas da estranha.

²⁵Não cobices no teu coração a sua formosura, nem te prendas aos seus olhos.

²⁶Porque por causa de uma prostituta se chega a pedir um bocado de pão; e a adúltera anda à caça da alma preciosa.

²⁷Porventura tomará alguém fogo no seu seio, sem que suas vestes se queimem?

²⁸Ou andará alguém sobre brasas, sem que se queimem os seus pés?

²⁹Assim ficará o que entrar à mulher do seu próximo; não será inocente todo aquele que a tocar.

³⁰Não se injuria o ladrão, quando furta para saciar-se, tendo fome;

³¹E se for achado pagará o tanto sete vezes; terá de dar todos os bens da sua casa.

³²Assim, o que adultera com uma mulher é falto de entendimento; aquele que faz isso destrói a sua alma.

³³Achará castigo e vilipêndio, e o seu opróbrio nunca se apagará.

³⁴Porque os ciúmes enfurecerão o marido; de maneira nenhuma perdoará no dia da vingança.

³⁵Não aceitará nenhum resgate, nem se conformará por mais que aumentes os presentes.

7 FILHO meu, guarda as minhas palavras, e escon-de dentro de ti os meus mandamentos.

²Guarda os meus mandamentos e vive; e a minha lei, como a menina dos teus olhos.

³Ata-os aos teus dedos, escreve-os na tábua do teu coração.

⁴Dize à sabedoria: Tu és minha irmã; e à prudência chama de tua parenta,

⁵Para que elas te guardem da mulher alheia, da estranha que lisonjeia com as suas palavras.

A astúcia da prostituta

⁶Porque da janela da minha casa, olhando eu por minhas frestas,

⁷Vi entre os simples, descobri entre os moços, um moço falto de juízo,

⁸Que passava pela rua junto à sua esquina, e seguia o caminho da sua casa;

⁹No crepúsculo, à tarde do dia, na tenebrosa noite e na escuridão.

¹⁰E eis que uma mulher lhe saiu ao encontro com enfeites de prostituta, e astúcia de coração.

¹¹Estava alvoroçada e irrequieta; não paravam em sua casa os seus pés.

¹²Foi para fora, depois pelas ruas, e ia espreitando por todos os cantos;

¹³E chegou-se para ele e o beijou. Com face impudente lhe disse:

¹⁴Sacrifícios pacíficos tenho comigo; hoje paguei os meus votos.

¹⁵Por isto saí ao teu encontro a buscar diligentemente a tua face, e te achei.

¹⁶Já cobri a minha cama com cobertas de tapeçaria, com obras lavradas, com linho fino do Egito.

¹⁷Já perfumei o meu leito com mirra, aloés e canela.

¹⁸Vem, saciemo-nos de amores até à manhã; alegremo-nos com amores.

¹⁹Porque o marido não está em casa; foi fazer uma longa viagem;

²⁰Levou na sua mão um saquitel de dinheiro; voltará para casa só no dia marcado.

²¹Assim, o seduziu com palavras muito suaves e o persuadiu com as lisonjas dos seus lábios.

²²E ele logo a segue, como o boi que vai para o matadouro, e como vai o insensato para o castigo das prisões;

²³Até que a flecha lhe atravesse o fígado; ou como a ave que se apressa para o laço, e não sabe que está armado contra a sua vida.

²⁴Agora pois, filhos, dai-me ouvidos, e estai atentos às palavras da minha boca.

²⁵Não se desvie para os caminhos dela o teu coração, e não te deixes perder nas suas veredas.

²⁶Porque a muitos feridos derrubou; e são muitíssimos os que por causa dela foram mortos.

²⁷A sua casa é caminho do inferno que desce para as câmaras da morte.

A excelência da sabedoria

8 NÃO clama porventura a sabedoria, e a inteli-gência não faz ouvir a sua voz?

²No cume das alturas, junto ao caminho, nas encruzilhadas das veredas se posta.

³Do lado das portas da cidade, à entrada da cidade, e à entrada das portas está gritando:

⁴A vós, ó homens, clamo; e a minha voz se dirige aos filhos dos homens.

⁵Entendei, ó simples, a prudência; e vós, insensatos, entendei de coração.

⁶Ouvi, porque falarei coisas excelentes; os meus lábios se abrirão para a equidade.

⁷Porque a minha boca proferirá a verdade, e os meus lábios abominam a impiedade.

⁸São justas todas as palavras da minha boca: não há nelas nenhuma coisa tortuosa nem pervertida.

⁹Todas elas são retas para aquele que as entende bem, e justas para os que acham o conhecimento.

¹⁰Aceitai a minha correção, e não a prata; e o conhecimento, mais do que o ouro fino escolhido.

¹¹Porque melhor é a sabedoria do que os rubis; e tudo o que mais se deseja não se pode comparar com ela.

¹²Eu, a sabedoria, habito com a prudência, e acho o conhecimento dos conselhos.

¹³O temor do SENHOR é odiar o mal; a soberba e a arrogância, o mau caminho e a boca perversa, eu odeio.

¹⁴Meu é o conselho e a verdadeira sabedoria; eu sou o entendimento; minha é a fortaleza.

¹⁵Por mim reinam os reis e os príncipes decretam justiça.

¹⁶Por mim governam príncipes e nobres; *sim*, todos os juízes da terra.

¹⁷Eu amo aos que me amam, e os que cedo me buscarem, me acharão.

¹⁸Riquezas e honra estão comigo; assim como os bens duráveis e a justiça.

¹⁹Melhor é o meu fruto do que o ouro, do que o ouro refinado, e os meus ganhos mais do que a prata escolhida.

²⁰Faço andar pelo caminho da justiça, no meio das veredas do juízo.

²¹Para que faça herdar bens permanentes aos que me amam, e eu encha os seus tesouros.

²²O SENHOR me possuiu no princípio de seus caminhos, desde então, e antes de suas obras.

²³Desde a eternidade fui ungida, desde o princípio, antes do começo da terra.

²⁴Quando ainda não havia abismos, fui gerada, quando ainda não havia fontes carregadas de águas.

²⁵Antes que os montes se houvessem assentado, antes dos outeiros, eu fui gerada.

²⁶Ainda ele não tinha feito a terra, nem os campos, nem o princípio do pó do mundo.

²⁷Quando ele preparava os céus, aí estava eu, quando traçava o horizonte sobre a face do abismo;

²⁸Quando firmava as nuvens acima, quando fortificava as fontes do abismo,

²⁹Quando fixava ao mar o seu termo, para que as águas não traspassassem o seu mando, quando compunha os fundamentos da terra.

³⁰Então eu estava com ele, e era seu arquiteto; era cada dia as suas delícias, alegrando-me perante ele em todo o tempo;

³¹Regozijando-me no seu mundo habitável e enchendo-me de prazer com os filhos dos homens.

³²Agora, pois, filhos, ouvi-me, porque bem-aventurados serão os que guardarem os meus caminhos.

³³Ouvi a instrução, e sede sábios, não a rejeiteis.

³⁴Bem-aventurado o homem que me dá ouvidos, velando às minhas portas cada dia, esperando às ombreiras da minha entrada.

³⁵Porque o que me achar, achará a vida, e alcançará o favor do SENHOR.

³⁶Mas o que pecar contra mim violentará a sua própria alma; todos os que me odeiam amam a morte.

O caminho da sabedoria

9A SABEDORIA já edificou a sua casa, já lavrou as suas sete colunas.

²Já abateu os seus animais e misturou o seu vinho, e já preparou a sua mesa.

³Já ordenou às suas criadas, e está convidando desde as alturas da cidade, dizendo:

⁴Quem é simples, volte-se para cá. Aos faltos de senso diz:

⁵Vinde, comei do meu pão, e bebei do vinho que tenho misturado.

⁶Deixai os insensatos e vivei; e andai pelo caminho do entendimento.

⁷O que repreende o escarnecedor, toma afronta para si; e o que censura o ímpio recebe a sua mancha.

⁸Não repreendas o escarnecedor, para que não te odeie; repreende o sábio, e ele te amará.

⁹Dá instrução ao sábio, e ele se fará mais sábio; ensina o justo e ele aumentará em doutrina.

¹⁰O temor do SENHOR é o princípio da sabedoria, e o conhecimento do Santo a prudência.

¹¹Porque por meu intermédio se multiplicam os teus dias, e anos de vida se te aumentarão.

¹²Se fores sábio, para ti serás sábio; e, se fores escarnecedor, só tu o suportarás.

O caminho do tolo

¹³A mulher louca é alvoroçadora; é simples e nada sabe.

¹⁴Assenta-se à porta da sua casa numa cadeira, nas alturas da cidade,

¹⁵E põe-se a chamar aos que vão pelo caminho, e que passam reto pelas veredas, dizendo:

¹⁶Quem é simples, volte-se para cá. E aos faltos de entendimento ela diz:

¹⁷As águas roubadas são doces, e o pão tomado às escondidas é agradável.

¹⁸Mas não sabem que ali estão os mortos; os seus convidados estão nas profundezas do inferno.

10PROVÉRBIOS de Salomão: O filho sábio alegra a seu pai, mas o filho insensato é a tristeza de sua mãe.

²Os tesouros da impiedade de nada aproveitam; mas a justiça livra da morte.

³O SENHOR não deixa o justo passar fome, mas rechaça a aspiração dos perversos.

⁴O que trabalha com mão displicente empobrece, mas a mão dos diligentes enriquece.

⁵O que ajunta no verão é filho ajuizado, mas o que dorme na sega é filho que envergonha.

⁶Bênçãos há sobre a cabeça do justo, mas a violência cobre a boca dos perversos.

⁷A memória do justo é abençoada, mas o nome dos perversos apodrecerá.

⁸O sábio de coração aceita os mandamentos, mas o insensato de lábios ficará transtornado.

⁹Quem anda em sinceridade, anda seguro; mas o que perverte os seus caminhos ficará conhecido.

¹⁰O que acena com os olhos causa dores, e o tolo de lábios ficará transtornado.

¹¹A boca do justo é fonte de vida, mas a violência cobre a boca dos perversos.

PROVÉRBIOS 10.12　446

¹²O ódio excita contendas, mas o amor cobre todos os pecados.

¹³Nos lábios do entendido se acha a sabedoria, mas a vara é para as costas do falto de doutrina.

¹⁴Os sábios entesouram a sabedoria; mas a boca do tolo o aproxima da ruína.

¹⁵Os bens do rico são a sua cidade forte, a pobreza dos pobres a sua ruína.

¹⁶A obra do justo conduz à vida, o fruto do perverso, ao pecado.

¹⁷O caminho para a vida é daquele que guarda a instrução, mas o que deixa a repreensão comete erro.

¹⁸O que encobre o ódio tem lábios falsos, e o que divulga má fama é um insensato.

¹⁹Na multidão de palavras não falta pecado, mas o que modera os seus lábios é sábio.

²⁰Prata escolhida é a língua do justo; o coração dos perversos é de nenhum valor.

²¹Os lábios do justo apascentam a muitos, mas os tolos morrem por falta de entendimento.

²²A bênção do Senhor é que enriquece; e não traz consigo dores.

²³Para o tolo, o cometer desordem é divertimento; mas para o homem entendido é o ter sabedoria.

²⁴Aquilo que o perverso teme sobrevirá a ele, mas o desejo dos justos será concedido.

²⁵Como passa a tempestade, assim desaparece o perverso, mas o justo tem fundamento perpétuo.

²⁶Como vinagre para os dentes, como fumaça para os olhos, assim é o preguiçoso para aqueles que o mandam.

²⁷O temor do Senhor aumenta os dias, mas os perversos terão os anos da vida abreviados.

²⁸A esperança dos justos é alegria, mas a expectação dos perversos perecerá.

²⁹O caminho do Senhor é fortaleza para os retos, mas ruína para os que praticam a iniquidade.

³⁰O justo nunca jamais será abalado, mas os perversos não habitarão a terra.

³¹A boca do justo jorra sabedoria, mas a língua da perversidade será cortada.

³²Os lábios do justo sabem o que agrada, mas a boca dos perversos, só perversidades.

11 BALANÇA enganosa é abominação para o Senhor, mas o peso justo é o seu prazer.

²Em vindo a soberba, virá também a afronta; mas com os humildes está a sabedoria.

³A sinceridade dos íntegros os guiará, mas a perversidade dos transgressores os destruirá.

⁴De nada aproveitam as riquezas no dia da ira, mas a justiça livra da morte.

⁵A justiça do sincero endireitará o seu caminho, mas o perverso pela sua falsidade cairá.

⁶A justiça dos virtuosos os livrará, mas na sua perversidade serão apanhados os iníquos.

⁷Morrendo o homem perverso perece *sua* esperança, e acaba-se a expectação de riquezas.

⁸O justo é libertado da angústia, e vem o ímpio para o seu lugar.

⁹O hipócrita com a boca destrói o seu próximo, mas os justos se libertam pelo conhecimento.

¹⁰No bem dos justos exulta a cidade; e perecendo os ímpios, há júbilo.

¹¹Pela bênção dos homens de bem a cidade se exalta, mas pela boca dos perversos é derrubada.

¹²O que despreza o seu próximo carece de entendimento, mas o homem entendido se mantém calado.

¹³O mexeriqueiro revela o segredo, mas o fiel de espírito mantém o assunto em oculto.

¹⁴Não havendo sábios conselhos, o povo cai, mas na multidão de conselhos há segurança.

¹⁵Decerto sofrerá severamente aquele que fica por fiador do estranho, mas o que evita a fiança estará seguro.

¹⁶A mulher graciosa guarda a honra como os violentos guardam as riquezas.

¹⁷O homem misericordioso faz o bem à sua alma, mas o cruel prejudica o seu corpo.

¹⁸O ímpio faz obra falsa, mas para o que semeia justiça haverá galardão fiel.

¹⁹Como a justiça encaminha para a vida, assim o que segue o mal vai para a sua morte.

²⁰Abominação ao Senhor são os perversos de coração, mas os de caminho sincero são o seu deleite.

²¹Ainda que junte as mãos, o mau não ficará impune, mas a semente dos justos será liberada.

²²Como joia de ouro no focinho de uma porca, assim é a mulher formosa que não tem discrição.

²³O desejo dos justos é tão somente para o bem, mas a esperança dos ímpios é criar contrariedades.

²⁴Ao que distribui mais se lhe acrescenta, e ao que retém mais do que é justo, é para a sua perda.

²⁵A alma generosa prosperará e aquele que atende também será atendido.

²⁶Ao que retém o trigo o povo amaldiçoa, mas bênção haverá sobre a cabeça do que o vende.

²⁷O que cedo busca o bem, busca favor, mas o que procura o mal, esse lhe sobrevirá.

²⁸Aquele que confia nas suas riquezas cairá, mas os justos reverdecerão como a folhagem.

²⁹O que perturba a sua casa herdará o vento, e o tolo será servo do sábio de coração.

³⁰O fruto do justo é árvore de vida, e o que ganha almas é sábio.

³¹Eis que o justo recebe na terra a retribuição; quanto mais o ímpio e o pecador!

12 O QUE ama a instrução ama o conhecimento, mas o que odeia a repreensão é estúpido.

²O homem de bem alcançará o favor do Senhor, mas ao homem de intenções perversas ele condenará.

³O homem não se estabelecerá pela impiedade, mas a raiz dos justos não será removida.

⁴A mulher virtuosa é a coroa do seu marido, mas a que o envergonha é como podridão nos seus ossos.

⁵Os pensamentos dos justos são retos, mas os conselhos dos ímpios, engano.

⁶As palavras dos ímpios são ciladas para derramar sangue, mas a boca dos retos os livrará.

⁷Os ímpios serão transtornados e não subsistirão, mas a casa dos justos permanecerá.

⁸Cada qual será louvado segundo o seu entendimento, mas o perverso de coração estará em desprezo.

⁹Melhor é o que se estima em pouco, e tem servos, do que o que se vangloria e tem falta de pão.

¹⁰O justo tem consideração pela vida dos seus animais, mas as afeições dos ímpios são cruéis.

¹¹O que lavra a sua terra se fartará de pão; mas o que segue os ociosos é falto de juízo.

¹²O ímpio deseja a rede dos maus, mas a raiz dos justos produz o seu fruto.

¹³O ímpio se enlaça na transgressão dos lábios, mas o justo sairá da angústia.

¹⁴O homem será saciado de bem pelo fruto da sua boca, e da obra das suas mãos o homem receberá a recompensa.

¹⁵O caminho do insensato é reto aos seus próprios olhos, mas o que dá ouvidos ao conselho é sábio.

¹⁶A ira do insensato se conhece no mesmo dia, mas o prudente encobre a afronta.

¹⁷O que diz a verdade manifesta a justiça, mas a falsa testemunha diz engano.

¹⁸Há alguns que falam como que espada penetrante, mas a língua dos sábios é saúde.

¹⁹O lábio da verdade permanece para sempre, mas a língua da falsidade, dura por um só momento.

²⁰No coração dos que maquinam o mal há engano, mas os que aconselham a paz têm alegria.

²¹Nenhum agravo sobrevirá ao justo, mas os ímpios ficam cheios de mal.

²²Os lábios mentirosos são abomináveis ao Senhor, mas os que agem fielmente são o seu deleite.

²³O homem prudente encobre o conhecimento, mas o coração dos tolos proclama a estultícia.

²⁴A mão dos diligentes dominará, mas os negligentes serão tributários.

²⁵A ansiedade no coração deixa o homem abatido, mas uma boa palavra o alegra.

²⁶O justo é mais excelente do que o seu próximo, mas o caminho dos ímpios faz errar.

²⁷O preguiçoso deixa de assar a sua caça, mas ser diligente é o precioso bem do homem.

²⁸Na vereda da justiça está a vida, e no caminho da sua carreira não há morte.

13 O FILHO sábio atende à instrução do pai; mas o escarnecedor não ouve a repreensão.

²Do fruto da boca cada um comerá o bem, mas a alma dos prevaricadores comerá a violência.

³O que guarda a sua boca conserva a sua alma, mas o que abre muito os seus lábios se destrói.

⁴A alma do preguiçoso deseja, e coisa nenhuma alcança, mas a alma dos diligentes se farta.

⁵O justo odeia a palavra de mentira, mas o ímpio faz vergonha e se confunde.

⁶A justiça guarda ao *que é* de caminho certo, mas a impiedade transtornará o pecador.

⁷Há alguns que se fazem de ricos, e não têm coisa nenhuma, e outros que se fazem de pobres e têm muitas riquezas.

⁸O resgate da vida de cada um são as suas riquezas, mas o pobre não ouve ameaças.

⁹A luz dos justos alegra, mas a candeia dos ímpios se apagará.

¹⁰Da soberba só provém a contenda, mas com os que se aconselham se acha a sabedoria.

¹¹A riqueza de procedência vã diminuirá, mas quem a ajunta com o próprio trabalho a aumentará.

¹²A esperança adiada desfalece o coração, mas o desejo atendido é árvore de vida.

¹³O que despreza a palavra perecerá, mas o que teme o mandamento será galardoado.

¹⁴A doutrina do sábio é uma fonte de vida para se desviar dos laços da morte.

¹⁵O bom entendimento favorece, mas o caminho dos prevaricadores é áspero.

¹⁶Todo prudente procede com conhecimento, mas o insensato espraia a sua loucura.

¹⁷O que prega a maldade cai no mal, mas o embaixador fiel é saúde.

¹⁸Pobreza e afronta virão ao que rejeita a instrução, mas o que guarda a repreensão será honrado.

¹⁹O desejo que se alcança deleita a alma, mas apartar-se do mal é abominável para os insensatos.

²⁰O que anda com os sábios ficará sábio, mas o companheiro dos tolos será destruído.

²¹O mal perseguirá os pecadores, mas os justos serão galardoados com o bem.

²²O homem de bem deixa uma herança aos filhos de seus filhos, mas a riqueza do pecador é depositada para o justo.

²³O pobre, do sulco da terra, tira mantimento em abundância; mas há os que se consomem por falta de juízo.

²⁴O que não faz uso da vara odeia seu filho, mas o que o ama, desde cedo o castiga.

²⁵O justo come até saciar sua alma, mas o ventre dos ímpios passará necessidade.

14 TODA mulher sábia edifica a sua casa; mas a tola a derruba com as próprias mãos.

²O que anda na retidão teme ao Senhor, mas o que se desvia de seus caminhos o despreza.

³Na boca do tolo está a punição da soberba, mas os sábios se conservam pelos próprios lábios.

⁴Não havendo bois o estábulo fica limpo, mas pela força do boi há abundância de colheita.

⁵A verdadeira testemunha não mentirá, mas a testemunha falsa se desboca em mentiras.

⁶O escarnecedor busca sabedoria e não acha nenhuma, para o prudente, porém, o conhecimento é fácil.

⁷Vai-te de diante do homem insensato, porque *nele* não acharás lábios de conhecimento.

⁸A sabedoria do prudente é entender o seu caminho, mas a estultícia dos insensatos é engano.

PROVÉRBIOS 14.9   448

⁹Os insensatos zombam do pecado, mas entre os retos há benevolência.

¹⁰O coração conhece a sua própria amargura, e o estranho não participará no íntimo da sua alegria.

¹¹A casa dos ímpios se desfará, mas a tenda dos retos florescerá.

¹²Há um caminho que ao homem parece direito, mas o fim dele são os caminhos da morte.

¹³Até no riso o coração sente dor e o fim da alegria é tristeza.

¹⁴O que no seu coração comete deslize, se enfada dos seus caminhos, mas o homem bom fica satisfeito com o seu proceder.

¹⁵O simples dá crédito a cada palavra, mas o prudente atenta para os seus passos.

¹⁶O sábio teme, e desvia-se do mal, mas o tolo se encoleriza, e dá-se por seguro.

¹⁷O que se indigna à toa fará doidices, e o homem de maus intentos será odiado.

¹⁸Os simples herdarão a estultícia, mas os prudentes serão coroados de conhecimento.

¹⁹Os maus inclinam-se diante dos bons, e os ímpios diante das portas dos justos.

²⁰O pobre é odiado até pelo seu próximo, porém os amigos dos ricos são muitos.

²¹O que despreza ao seu próximo peca, mas o que se compadece dos humildes é bem-aventurado.

²²Porventura não erram os que praticam o mal? Mas beneficência e fidelidade haverá para os que praticam o bem.

²³Em todo trabalho há proveito, mas ficar só em palavras leva à pobreza.

²⁴A coroa dos sábios é a sua riqueza, a estultícia dos tolos é só estultícia.

²⁵A testemunha verdadeira livra as almas, mas o que se desboca em mentiras é enganador.

²⁶No temor do SENHOR há firme confiança e ele será um refúgio para seus filhos.

²⁷O temor do SENHOR é fonte de vida, para desviar dos laços da morte.

²⁸Na multidão do povo está a glória do rei, mas na falta de povo a ruína do príncipe.

²⁹O que tarda em irar-se é grande em entendimento, mas o que é de espírito impaciente mostra a sua loucura.

³⁰O sentimento sadio é vida para o corpo, mas a inveja é podridão para os ossos.

³¹O que oprime o pobre insulta àquele que o criou, mas o que se compadece do necessitado o honra.

³²Pela sua própria malícia é lançado fora o perverso, mas o justo até na morte se mantém confiante.

³³No coração do prudente a sabedoria permanece, mas o que está no interior dos tolos se faz conhecido.

³⁴A justiça exalta os povos, mas o pecado é a vergonha das nações.

³⁵O rei se alegra no servo prudente, mas sobre o que o envergonha cairá o seu furor.

15 A RESPOSTA branda desvia o furor, mas a palavra dura suscita a ira.

²A língua dos sábios adorna a sabedoria, mas a boca dos tolos derrama a estultícia.

³Os olhos do SENHOR estão em todo lugar, contemplando os maus e os bons.

⁴A língua benigna é árvore de vida, mas a perversidade nela deprime o espírito.

⁵O tolo despreza a instrução de seu pai, mas o que observa a repreensão se haverá prudentemente.

⁶Na casa do justo há um grande tesouro, mas nos ganhos do ímpio há perturbação.

⁷Os lábios dos sábios derramam o conhecimento, mas o coração dos tolos não faz assim.

⁸O sacrifício dos ímpios é abominável ao SENHOR, mas a oração dos retos é o seu contentamento.

⁹O caminho do ímpio é abominável ao SENHOR, mas ao que segue a justiça ele ama.

¹⁰Correção severa há para o que deixa a vereda, e o que odeia a repreensão morrerá.

¹¹O inferno e a perdição estão perante o SENHOR; quanto mais os corações dos filhos dos homens?

¹²O escarnecedor não ama aquele que o repreende, nem se chegará aos sábios.

¹³O coração alegre aformoseia o rosto, mas pela dor do coração o espírito se abate.

¹⁴O coração entendido buscará o conhecimento, mas a boca dos tolos se apascentará de estultícia.

¹⁵Todos os dias do oprimido são maus, mas o coração alegre é um banquete contínuo.

¹⁶Melhor é o pouco com o temor do SENHOR, do que um grande tesouro onde há inquietação.

¹⁷Melhor é a comida de hortaliça, onde há amor, do que o boi cevado, e com ele o ódio.

¹⁸O homem iracundo suscita contendas, mas o que tarda em irar-se apaziguará a luta.

¹⁹O caminho do preguiçoso é cercado de espinhos, mas a vereda dos retos é bem aplanada.

²⁰O filho sábio alegra seu pai, mas o homem insensato despreza a sua mãe.

²¹A estultícia é alegria para o que carece de entendimento, mas o homem entendido anda retamente.

²²Quando não há conselhos os planos se dispersam, mas havendo muitos conselheiros eles se firmam.

²³O homem se alegra em responder bem, e quão boa é a palavra dita a seu tempo!

²⁴Para o entendido, o caminho da vida leva para cima, para que se desvie do inferno em baixo.

²⁵O SENHOR desarraiga a casa dos soberbos, mas estabelece o termo da viúva.

²⁶Abomináveis são para o SENHOR os pensamentos do mau, mas as palavras dos puros são aprazíveis.

²⁷O que agir com avareza perturba a sua casa, mas o que odeia presentes viverá.

²⁸O coração do justo medita no que há de responder, mas a boca dos ímpios jorra coisas más.

PROVÉRBIOS 17.15

²⁹O Senhor está longe dos ímpios, mas a oração dos justos escutará.

³⁰A luz dos olhos alegra o coração, a boa notícia fortalece os ossos.

³¹Os ouvidos que atendem à repreensão da vida farão a sua morada no meio dos sábios.

³²O que rejeita a instrução menospreza a própria alma, mas o que escuta a repreensão adquire entendimento.

³³O temor do Senhor é a instrução da sabedoria, e precedendo a honra vai a humildade.

16 DO homem são as preparações do coração, mas do Senhor a resposta da língua.

²Todos os caminhos do homem são puros aos seus olhos, mas o Senhor pesa o espírito.

³Confia ao Senhor as tuas obras, e teus pensamentos serão estabelecidos.

⁴O Senhor fez todas as coisas para atender aos seus próprios desígnios, até o ímpio para o dia do mal.

⁵Abominação é ao Senhor todo o altivo de coração; não ficará impune mesmo de mãos postas.

⁶Pela misericórdia e verdade a iniquidade é perdoada, e pelo temor do Senhor os homens se desviam do pecado.

⁷Sendo os caminhos do homem agradáveis ao Senhor, até a seus inimigos faz que tenham paz com ele.

⁸Melhor é o pouco com justiça, do que a abundância de bens com injustiça.

⁹O coração do homem planeja o seu caminho, mas o Senhor lhe dirige os passos.

¹⁰Nos lábios do rei se acha a sentença divina; a sua boca não transgride quando julga.

¹¹O peso e a balança justos são do Senhor; obra sua são os pesos da bolsa.

¹²Abominação é aos reis praticarem impiedade, porque com justiça é que se estabelece o trono.

¹³Os lábios de justiça são o contentamento dos reis; eles amarão o que fala coisas retas.

¹⁴O furor do rei é mensageiro da morte, mas o homem sábio o apaziguará.

¹⁵No semblante iluminado do rei está a vida, e a sua benevolência é como a nuvem da chuva serôdia.

¹⁶Quão melhor é adquirir a sabedoria do que o ouro! E quão mais excelente é adquirir a prudência do que a prata!

¹⁷Os retos fazem o seu caminho desviar-se do mal; o que guarda o seu caminho preserva a sua alma.

¹⁸A soberba precede a ruína, e a altivez do espírito precede a queda.

¹⁹Melhor é ser humilde de espírito com os mansos, do que repartir o despojo com os soberbos.

²⁰O que atenta prudentemente para o assunto achará o bem, e o que confia no Senhor será bem-aventurado.

²¹O sábio de coração será chamado prudente, e a doçura dos lábios aumentará o ensino.

²²O entendimento para aqueles que o possuem,

é uma fonte de vida, mas a instrução dos tolos é a sua estultícia.

²³O coração do sábio instrui a sua boca, e aumenta o ensino dos seus lábios.

²⁴As palavras suaves são favos de mel, doces para a alma, e saúde para os ossos.

²⁵Há um caminho que parece direito ao homem, mas o seu fim são os caminhos da morte.

²⁶A alma daquele que trabalha, trabalha para si mesmo, porque a sua boca o incita.

²⁷O homem ímpio cava o mal, e nos seus lábios há como que uma fogueira.

²⁸O homem perverso instiga a contenda, e o intrigante separa os maiores amigos.

²⁹O homem violento coage o seu próximo, e o faz deslizar por caminhos nada bons.

³⁰O que fecha os olhos para imaginar coisas ruins, ao cerrar os lábios pratica o mal.

³¹Coroa de honra são os cabelos brancos, quando eles estão no caminho da justiça.

³²Melhor é o que tarda em irar-se do que o poderoso, e o que controla o seu ânimo do que aquele que toma uma cidade.

³³A sorte se lança no regaço, mas do Senhor procede toda a determinação.

17 É MELHOR um bocado seco, e com ele a tranquilidade, do que a casa cheia de iguarias e com desavença.

²O servo prudente dominará sobre o filho que faz envergonhar; e repartirá a herança entre os irmãos.

³O crisol é para a prata, e o forno para o ouro; mas o Senhor é quem prova os corações.

⁴O ímpio atenta para o lábio iníquo, o mentiroso inclina os ouvidos à língua maligna.

⁵O que escarnece do pobre insulta ao seu Criador, o que se alegra da calamidade não ficará impune.

⁶A coroa dos velhos são os filhos dos filhos; e a glória dos filhos são seus pais.

⁷Não convém ao tolo a fala excelente; quanto menos ao príncipe, o lábio mentiroso.

⁸O presente é, aos olhos dos que o recebem, como pedra preciosa; para onde quer que se volte servirá de proveito.

⁹Aquele que encobre a transgressão busca a amizade, mas o que revolve o assunto separa os maiores amigos.

¹⁰A repreensão penetra mais profundamente no prudente do que cem açoites no tolo.

¹¹Na verdade o rebelde não busca senão o mal; afinal, um mensageiro cruel será enviado contra ele.

¹²Encontre-se o homem com a ursa roubada dos filhos, mas não com o louco na sua estultícia.

¹³Quanto àquele que paga o bem com o mal, não se apartará o mal da sua casa.

¹⁴Como o soltar das águas é o início da contenda, assim, antes que sejas envolvido afasta-te da questão.

¹⁵O que justifica o ímpio, e o que condena o

PROVÉRBIOS 17.16

justo, tanto um como o outro são abomináveis ao Senhor.

¹⁶De que serviria o preço na mão do tolo para comprar sabedoria, visto que não tem entendimento?

¹⁷Em todo o tempo ama o amigo e para a hora da angústia nasce o irmão.

¹⁸O homem falto de entendimento compromete-se, ficando por fiador na presença do seu amigo.

¹⁹O que ama a transgressão ama a contenda; o que exalta a sua porta busca a ruína.

²⁰O perverso de coração jamais achará o bem; e o que tem a língua dobre vem a cair no mal.

²¹O que gera um tolo para a sua tristeza *o faz;* e o pai do insensato não tem alegria.

²²O coração alegre é como o bom remédio, mas o espírito abatido seca até os ossos.

²³O ímpio toma presentes em secreto para perverter as veredas da justiça.

²⁴No rosto do entendido se vê a sabedoria, mas os olhos do tolo vagam pelas extremidades da terra.

²⁵O filho insensato é tristeza para seu pai, e amargura para aquela que o deu à luz.

²⁶Também não é bom punir o justo, nem tampouco ferir aos príncipes por equidade.

²⁷O que possui o conhecimento guarda as suas palavras, e o homem de entendimento é de precioso espírito.

²⁸Até o tolo, quando se cala, é reputado por sábio; e o que cerra os seus lábios é tido por entendido.

18 BUSCA satisfazer seu próprio desejo aquele que se isola; ele se insurge contra toda sabedoria.

²O tolo não tem prazer na sabedoria, mas só em que se manifeste aquilo que agrada o seu coração.

³Vindo o ímpio, vem também o desprezo, e com a ignomínia a vergonha.

⁴Águas profundas são as palavras da boca do homem, e ribeiro transbordante é a fonte da sabedoria.

⁵Não é bom favorecer o ímpio, e com isso, fazer o justo perder a questão.

⁶Os lábios do tolo entram na contenda, e a sua boca brada por açoites.

⁷A boca do tolo é a sua própria destruição, e os seus lábios um laço para a sua alma.

⁸As palavras do intrigante são como feridas; elas descem ao íntimo do ventre.

⁹O que é negligente na sua obra é também irmão de um grande desperdiçador.

¹⁰Torre forte é o nome do Senhor; a ela correrá o justo, e estará em alto refúgio.

¹¹Os bens do rico são a sua cidade forte, e como uma alta muralha na sua imaginação.

¹²O coração do homem se exalta antes de ser abatido e diante da honra vai a humildade.

¹³O que responde antes de ouvir comete estultícia que é para vergonha sua.

¹⁴O espírito do homem susterá a sua enfermidade, mas ao espírito abatido, quem o suportará?

¹⁵O coração do entendido adquire o conhecimento, e o ouvido dos sábios busca a sabedoria.

¹⁶Com presentes o homem alarga o *seu caminho* e o leva diante dos grandes.

¹⁷*O que* pleiteia por algo, a princípio *parece* justo, porém vem o seu próximo e o examina.

¹⁸A sorte faz cessar os pleitos, e faz separação entre os poderosos.

¹⁹O irmão ofendido é mais difícil de conquistar do que uma cidade forte; e as contendas são como os ferrolhos de um palácio.

²⁰Do fruto da boca de cada um se fartará o seu ventre; dos renovos dos seus lábios ficará satisfeito.

²¹A morte e a vida estão no poder da língua; e aquele que a ama comerá do seu fruto.

²²Aquele que encontra uma esposa, acha o bem, e alcança a benevolência do Senhor.

²³O pobre fala com rogos, mas o rico responde com dureza.

²⁴O homem de muitos amigos deve mostrar-se amigável, mas há um amigo mais chegado do que um irmão.

19 MELHOR é o pobre que anda na sua integridade do que o perverso de lábios e tolo.

²Assim como não é bom ficar a alma sem conhecimento, peca aquele que se apressa com *seus* pés.

³A estultícia do homem perverterá o seu caminho, e o seu coração se irará contra o Senhor.

⁴As riquezas granjeiam muitos amigos, mas ao pobre, o seu próprio amigo o deixa.

⁵A falsa testemunha não ficará impune e o que respira mentiras não escapará.

⁶Muitos se deixam acomodar pelos favores do príncipe, e cada um é amigo daquele que dá presentes.

⁷Todos os irmãos do pobre o odeiam; quanto mais se afastarão dele os seus amigos! Corre após eles com palavras, que não servem de nada.

⁸O que adquire entendimento ama a sua alma; o que cultiva a inteligência achará o bem.

⁹A falsa testemunha não ficará impune; e o que profere mentiras perecerá.

¹⁰Ao tolo não é certo gozar de deleites; quanto menos ao servo dominar sobre os príncipes!

¹¹A prudência do homem faz reter a sua ira, e é glória sua o passar por cima da transgressão.

¹²Como o rugido do leão jovem é a indignação do rei, mas como o orvalho sobre a relva é a sua benevolência.

¹³O filho insensato é uma desgraça para o pai, e um gotejar contínuo as contendas da mulher.

¹⁴A casa e os bens são herança dos pais; porém do Senhor vem a esposa prudente.

¹⁵A preguiça faz cair em profundo sono, e a alma indolente padecerá fome.

¹⁶O que guardar o mandamento guardará a sua alma; porém o que desprezar os seus caminhos morrerá.

¹⁷Ao Senhor empresta o que se compadece do pobre, ele lhe pagará o seu benefício.

¹⁸Castiga o teu filho enquanto há esperança, mas não deixes que o teu ânimo se exalte até o matar.

¹⁹O homem de grande indignação deve sofrer o dano; porque se tu o livrares ainda terás de tornar a fazê-lo.

²⁰Ouve o conselho, e recebe a correção, para que no fim sejas sábio.

²¹Muitos propósitos há no coração do homem, porém o conselho do Senhor permanecerá.

²²O que o homem mais deseja é o que lhe faz bem; porém é melhor ser pobre do que mentiroso.

²³O temor do Senhor encaminha para a vida; aquele que o tem ficará satisfeito, e não o visitará mal nenhum.

²⁴O preguiçoso esconde a sua mão ao seio; e não tem disposição nem de torná-la à sua boca.

²⁵Açoita o escarnecedor, e o simples tomará aviso; repreende ao entendido, e aprenderá conhecimento.

²⁶O que aflige o seu pai, ou manda embora sua mãe, é filho que traz vergonha e desonra.

²⁷Filho meu, ouvindo a instrução, cessa de te desviares das palavras do conhecimento.

²⁸A testemunha ímpia escarnece do juízo, e a boca dos perversos devora a iniquidade.

²⁹Preparados estão os juízos para os escarnecedores, e os açoites para as costas dos tolos.

20 O VINHO é escarnecedor, a bebida forte alvoroçadora; e todo aquele que neles errar nunca será sábio.

²Como o rugido do leão é o terror do rei; o que o provoca à ira peca contra a sua própria alma.

³Honroso é para o homem desviar-se de questões, mas todo tolo é intrometido.

⁴O preguiçoso não lavrará por causa do inverno, pelo que mendigará na sega, mas nada receberá.

⁵Como as águas profundas é o conselho no coração do homem; mas o homem de inteligência o trará para fora.

⁶A multidão dos homens apregoa a sua própria bondade, porém o homem fidedigno quem o achará?

⁷O justo anda na sua sinceridade; bem-aventurados serão os seus filhos depois dele.

⁸Assentando-se o rei no trono do juízo, com os seus olhos dissipa todo o mal.

⁹Quem poderá dizer: Purifiquei o meu coração, limpo estou de meu pecado?

¹⁰Dois pesos diferentes e duas espécies de medida são abominação ao Senhor, tanto um como outro.

¹¹Até a criança se dará a conhecer pelas suas ações, se a sua obra é pura e reta.

¹²O ouvido que ouve, e o olho que vê, o Senhor os fez a ambos.

¹³Não ames o sono, para que não empobreças; abre os teus olhos, e te fartarás de pão.

¹⁴Nada vale, nada vale, dirá o comprador, mas, indo-se, então se gabará.

¹⁵Há ouro e abundância de rubis, mas os lábios do conhecimento são joia preciosa.

¹⁶Ficando alguém por fiador de um estranho, tome-se-lhe a roupa; e por penhor àquele *que se obriga* pela mulher estranha.

¹⁷Suave é ao homem o pão da mentira, mas depois a sua boca se encherá de cascalho.

¹⁸Cada pensamento se confirma com conselho e com bons conselhos se faz a guerra.

¹⁹O que anda tagarelando revela o segredo; não te intrometas com o que lisonjeia com os seus lábios.

²⁰O que amaldiçoa seu pai ou sua mãe, apagar-se-á a sua lâmpada em negras trevas.

²¹A herança que no princípio é adquirida às pressas, no fim não será abençoada.

²²Não digas: Vingar-me-ei do mal; espera pelo Senhor, e ele te livrará.

²³Pesos diferentes são abomináveis ao Senhor, e balança enganosa não é boa.

²⁴Os passos do homem são dirigidos pelo Senhor; como, pois, entenderá o homem o seu caminho?

²⁵Laço é para o homem apropriar-se do que é santo, e só refletir depois de feitos os votos.

²⁶O rei sábio dispersa os ímpios e faz passar sobre eles a roda.

²⁷O espírito do homem é a lâmpada do Senhor, que esquadrinha todo o interior até o mais íntimo do ventre.

²⁸Benignidade e verdade guardam ao rei, e com benignidade sustém ele o seu trono.

²⁹A glória do jovem é a sua força; e a beleza dos velhos são os cabelos brancos.

³⁰Os vergões das feridas são a purificação dos maus, como também as pancadas *que penetram* até o mais íntimo do ventre.

21 COMO ribeiros de águas assim é o coração do rei na mão do Senhor, que o inclina a todo o seu querer.

²Todo caminho do homem é reto aos seus olhos, mas o Senhor sonda os corações.

³Fazer justiça e juízo é mais aceitável ao Senhor do que sacrifício.

⁴Os olhos altivos, o coração orgulhoso e a lavoura dos ímpios é pecado.

⁵Os pensamentos do diligente tendem só para a abundância, porém os de todo apressado, tão somente para a pobreza.

⁶Trabalhar com língua falsa para ajuntar tesouros é vaidade que conduz aqueles que buscam a morte.

⁷As rapinas dos ímpios os destruirão, porquanto se recusam a fazer justiça.

⁸O caminho do homem é todo perverso e estranho, porém a obra do homem puro é reta.

⁹É melhor morar num canto de telhado do que ter como companheira em casa ampla uma mulher briguenta.

¹⁰A alma do ímpio deseja o mal; o seu próximo não agrada aos seus olhos.

PROVÉRBIOS 21.11

¹¹Quando o escarnecedor é castigado, o simples torna-se sábio; e o sábio quando é instruído recebe o conhecimento.

¹²O justo considera com prudência a casa do ímpio; *mas Deus* destrói os ímpios por causa dos *seus* males.

¹³O que tapa o seu ouvido ao clamor do pobre, ele mesmo também clamará e não será ouvido.

¹⁴O presente dado em segredo aplaca a ira, e a dádiva no regaço põe fim à maior indignação.

¹⁵O fazer justiça é alegria para o justo, mas destruição para os que praticam a iniquidade.

¹⁶O homem que anda desviado do caminho do entendimento, na congregação dos mortos repousará.

¹⁷O que ama os prazeres padecerá necessidade; o que ama o vinho e o azeite nunca enriquecerá.

¹⁸O resgate do justo é o ímpio; o do honrado é o perverso.

¹⁹É melhor morar numa terra deserta do que com a mulher rixosa e irritadiça.

²⁰Tesouro desejável e azeite há na casa do sábio, mas o homem insensato os esgota.

²¹O que segue a justiça e a beneficência achará a vida, a justiça e a honra.

²²O sábio escala a cidade do poderoso e derruba a força da sua confiança.

²³O que guarda a sua boca e a sua língua guarda a sua alma das angústias.

²⁴O soberbo e presumido, zombador é o seu nome, trata com indignação e soberba.

²⁵O desejo do preguiçoso o mata, porque as suas mãos recusam trabalhar.

²⁶O cobiçoso cobiça o dia todo, mas o justo dá, e nada retém.

²⁷O sacrifício dos ímpios já é abominação; quanto mais oferecendo-o com má intenção!

²⁸A falsa testemunha perecerá, porém o homem que dá ouvidos falará sempre.

²⁹O homem ímpio endurece o seu rosto; mas o reto considera o seu caminho.

³⁰Não há sabedoria, nem inteligência, nem conselho contra o Senhor.

³¹Prepara-se o cavalo para o dia da batalha, porém do Senhor vem a vitória.

22 VALE mais ter um bom nome do que muitas riquezas; e o ser estimado é melhor do que a riqueza e o ouro.

²O rico e o pobre se encontram; a todos o Senhor os fez.

³O prudente prevê o mal, e esconde-se; mas os simples passam e acabam pagando.

⁴O galardão da humildade e o temor do Senhor são riquezas, honra e vida.

⁵Espinhos e laços há no caminho do perverso; o que guarda a sua alma retira-se para longe dele.

⁶Educa a criança no caminho em que deve andar; e até quando envelhecer não se desviará dele.

⁷O rico domina sobre os pobres e o que toma emprestado é servo do que empresta.

⁸O que semear a perversidade segará males; e com a vara da sua própria indignação será extinto.

⁹O que vê com bons olhos será abençoado, porque dá do seu pão ao pobre.

¹⁰Lança fora o escarnecedor, e se irá a contenda; e acabará a questão e a vergonha.

¹¹O que ama a pureza de coração, e é amável de lábios, será amigo do rei.

¹²Os olhos do Senhor conservam o conhecimento, mas as palavras do iníquo ele transtornará.

¹³Diz o preguiçoso: Um leão está lá fora; serei morto no meio das ruas.

¹⁴Cova profunda é a boca das mulheres estranhas; aquele contra quem o Senhor se irar, cairá nela.

¹⁵A estultícia está ligada ao coração da criança, mas a vara da correção a afugentará dela.

¹⁶O que oprime ao pobre para se engrandecer a si mesmo, ou o que dá ao rico, certamente empobrecerá.

¹⁷Inclina o teu ouvido e ouve as palavras dos sábios, e aplica o teu coração ao meu conhecimento.

¹⁸Porque te será agradável se as guardares no teu íntimo, se aplicares todas elas aos teus lábios.

¹⁹Para que a tua confiança esteja no Senhor, faço-te sabê-las hoje, a ti mesmo.

²⁰Porventura não te escrevi excelentes coisas, acerca de todo conselho e conhecimento,

²¹Para fazer-te saber a certeza das palavras da verdade, e assim possas responder palavras de verdade aos que te consultarem?

²²Não roubes ao pobre, porque é pobre, nem atropeles na porta o aflito;

²³Porque o Senhor defenderá a sua causa em juízo, e aos que os roubam ele lhes tirará a vida.

²⁴Não sejas companheiro do homem briguento nem andes com o colérico,

²⁵Para que não aprendas as suas veredas, e tomes um laço para a tua alma.

²⁶Não estejas entre os que se comprometem, e entre os que ficam por fiadores de dívidas,

²⁷Pois se não tens com que pagar, deixarias que te tirassem até a tua cama de debaixo de ti?

²⁸Não removas os antigos limites que teus pais fizeram.

²⁹Viste o homem diligente na sua obra? Perante reis será posto; não permanecerá entre os de posição inferior.

23 QUANDO te assentares a comer com um governador, atenta bem para o que é posto diante de ti,

²E se és homem de grande apetite, põe uma faca à tua garganta.

³Não cobices as suas iguarias porque são comidas enganosas.

⁴Não te fatigues para enriqueceres; e não apliques nisso a tua sabedoria.

⁵Porventura fixarás os teus olhos naquilo que não é nada? Porque certamente criará asas e voará ao céu como a águia.

⁶Não comas o pão daquele que tem o olhar maligno, nem cobices as suas iguarias gostosas.

⁷Porque, como imaginou no seu coração, assim *é* ele. Come e bebe, te disse ele; porém o seu coração não *está* contigo.

⁸Vomitarás o bocado que comeste, e perderás as tuas suaves palavras.

⁹Não fales ao ouvido do tolo, porque desprezará a sabedoria das tuas palavras.

¹⁰Não removas os limites antigos nem entres nos campos dos órfãos,

¹¹Porque o seu redentor é poderoso; e pleiteará a causa deles contra ti.

¹²Aplica o teu coração à instrução e os teus ouvidos às palavras do conhecimento.

¹³Não retires a disciplina da criança; pois se a fustigares com a vara, nem por isso morrerá.

¹⁴Tu a fustigarás com a vara, e livrarás a sua alma do inferno.

¹⁵Filho meu, se o teu coração for sábio, alegrar-se-á o meu coração, sim, o meu próprio.

¹⁶E exultarão as minhas entranhas, quando os teus lábios falarem coisas retas.

¹⁷O teu coração não inveje os pecadores; antes permanece no temor do SENHOR todo dia.

¹⁸Porque certamente acabará bem; não será malograda a tua esperança.

¹⁹Ouve tu, filho meu, e sê sábio, e dirige no caminho o teu coração.

²⁰Não estejas entre os beberrões de vinho, nem entre os comilões de carne.

²¹Porque o beberrão e o comilão acabarão na pobreza; e a sonolência os faz vestir-se de trapos.

²²Ouve teu pai, que te gerou, e não desprezes tua mãe, quando vier a envelhecer.

²³Compra a verdade, e não a vendas; e também a sabedoria, a instrução e o entendimento.

²⁴Grandemente se regozijará o pai do justo, e o que gerar um sábio, se alegrará nele.

²⁵Alegrem-se teu pai e tua mãe, e regozije-se a que te gerou.

²⁶Dá-me, filho meu, o teu coração, e os teus olhos observem os meus caminhos.

²⁷Porque cova profunda é a prostituta, e poço estreito a estranha.

²⁸Pois ela, como um salteador, se põe à espreita, e multiplica entre os homens os iníquos.

²⁹Para quem são os ais? Para quem os pesares? Para quem as pelejas? Para quem as queixas? Para quem as feridas sem causa? E para quem os olhos vermelhos?

³⁰Para os que se demoram perto do vinho, para os que andam buscando vinho misturado.

³¹Não olhes para o vinho quando se mostra vermelho, quando resplandece no copo e se escoa suavemente.

³²No fim, picará como a cobra, e como a víbora morderá.

³³Os teus olhos olharão para as mulheres estranhas, e o teu coração falará perversidades.

³⁴E serás como o que se deita no meio do mar, e como o que jaz no topo do mastro.

³⁵E dirás: Espancaram-me e não me doeu; bateram-me e nem senti; quando despertarei? *Aí* então beberei outra vez.

24 NÃO tenhas inveja dos homens malignos, nem desejes estar com eles.

²Porque o seu coração medita a rapina, e os seus lábios falam a malícia.

³Com a sabedoria se edifica a casa, e com o entendimento ela se estabelece;

⁴E pelo conhecimento se encherão as câmaras com todos os bens preciosos e agradáveis.

⁵O homem sábio é forte, e o homem de conhecimento consolida a força.

⁶Com conselhos prudentes tu farás a guerra; e há vitória na multidão dos conselheiros.

⁷A sabedoria é demasiadamente alta para o tolo, na porta não abrirá a sua boca.

⁸Àquele que cuida em fazer mal, chamá-lo-ão de pessoa danosa.

⁹O pensamento do tolo é pecado, e abominável aos homens é o escarnecedor.

¹⁰Se te mostrares fraco no dia da angústia, é que a tua força é pequena.

¹¹Se tu deixares de livrar *os que* estão sendo levados para a morte, e *aos que estão* sendo levados para a matança;

¹²Se disseres: Eis que não o sabemos; porventura não o considerará aquele que pondera os corações? Não o saberá aquele que atenta para a tua alma? Não dará ele ao homem conforme a sua obra?

¹³Come mel, meu filho, porque é bom; o favo de mel é doce ao teu paladar.

¹⁴Assim será para a tua alma o conhecimento da sabedoria; se a achares, haverá galardão para ti e não será cortada a tua esperança.

¹⁵Não armes ciladas contra a habitação do justo, ó ímpio, nem assoles o seu lugar de repouso,

¹⁶Porque sete vezes cairá o justo, e se levantará; mas os ímpios tropeçarão no mal.

¹⁷Quando cair o teu inimigo, não te alegres, nem se regozije o teu coração quando ele tropeçar;

¹⁸Para que, vendo-o o SENHOR, seja isso mau aos seus olhos, e desvie dele a sua ira.

¹⁹Não te indignes por causa dos malfeitores, nem tenhas inveja dos ímpios,

²⁰Porque o homem maligno não terá galardão, e a lâmpada dos ímpios se apagará.

²¹Teme ao SENHOR, filho meu, e ao rei, e não te ponhas com os que buscam mudanças,

²²Porque de repente se levantará a sua destruição, e a ruína de ambos, quem o sabe?

²³Também estes são provérbios dos sábios: Ter respeito a pessoas no julgamento não é bom.

²⁴O que disser ao ímpio: Justo és, os povos o amaldiçoarão, as nações o detestarão.

²⁵Mas para os que o repreenderem haverá delícias, e sobre eles virá a bênção do bem.

²⁶Beijados serão os lábios do que responde com palavras retas.

PROVÉRBIOS 24.27

²⁷Prepara de fora a tua obra, e prepara-a no campo, e então edifica a tua casa.

²⁸Não sejas testemunha sem causa contra o teu próximo; e não enganes com os teus lábios.

²⁹Não digas: Como ele me fez a mim, assim o farei eu a ele; pagarei a cada um segundo a sua obra.

³⁰Passei pelo campo do preguiçoso, e junto à vinha do homem falto de entendimento,

³¹Eis que estava toda cheia de cardos, e a sua superfície coberta de urtiga, e o seu muro de pedras estava derrubado.

³²O que eu tenho visto, o guardarei no coração, e vendo-o recebi instrução.

³³Um pouco a dormir, um pouco a cochilar; outro pouco deitado de mãos cruzadas, para dormir,

³⁴Assim te sobrevirá a tua pobreza como um vagabundo, e a tua necessidade como um homem armado.

25 TAMBÉM estes são provérbios de Salomão, os quais transcreveram os homens de Ezequias, rei de Judá.

²A glória de Deus está nas coisas encobertas; mas a honra dos reis, está em descobri-las.

³Os céus, pela altura, e a terra, pela profundidade, assim o coração dos reis é insondável.

⁴Tira da prata as escórias, e sairá vaso para o fundidor;

⁵Tira o ímpio da presença do rei, e o seu trono se firmará na justiça.

⁶Não te glories na presença do rei, nem te ponhas no lugar dos grandes;

⁷Porque melhor é que te digam: Sobe aqui; do que seres humilhado diante do príncipe que os teus olhos já viram.

⁸Não te precipites em litigar, para que depois, ao fim, fiques sem ação, quando teu próximo te puser em apuros.

⁹Pleiteia a tua causa com o teu próximo, e não reveles o segredo a outro;

¹⁰Para que não te desonre o que o ouvir, e a tua infâmia não se aparte de ti.

¹¹Como maçãs de ouro em salvas de prata, assim é a palavra dita a seu tempo.

¹²Como pendentes de ouro e gargantilhas de ouro fino, assim é o sábio repreensor para o ouvido atento.

¹³Como o frio da neve no tempo da sega, assim é o mensageiro fiel para com os que o enviam; porque refresca a alma dos seus senhores.

¹⁴Como nuvens e ventos que não trazem chuva, assim é o homem que se gaba falsamente de dádivas.

¹⁵Pela longanimidade se persuade o príncipe, e a língua branda amolece até os ossos.

¹⁶Achaste mel? Come só o que te basta; para que porventura não te fartes dele, e o venhas a vomitar.

¹⁷Não ponhas muito os pés na casa do teu próximo; para que se não enfade de ti, e passe a te odiar.

¹⁸Martelo, espada e flecha aguda é o homem que profere falso testemunho contra o seu próximo.

¹⁹Como dente quebrado, e pé desconjuntado, é a confiança no desleal, no tempo da angústia.

²⁰O que canta canções para o coração aflito é como aquele que despe a roupa num dia de frio, ou como o vinagre sobre salitre.

²¹Se o teu inimigo tiver fome, dá-lhe pão para comer; e se tiver sede, dá-lhe água para beber;

²²Porque assim lhe amontoarás brasas sobre a cabeça; e o SENHOR to retribuirá.

²³O vento norte afugenta a chuva, e a face irada, a língua fingida.

²⁴Melhor é morar só num canto de telhado do que com a mulher briguenta numa casa ampla.

²⁵Como água fresca para a alma cansada, tais são as boas novas vindas da terra distante.

²⁶Como fonte turvada, e manancial poluído, assim é o justo que cede diante do ímpio.

²⁷Comer mel demais não é bom; assim, a busca da própria glória não é glória.

²⁸Como a cidade derrubada, sem muro, assim é o homem que não pode conter o seu espírito.

26 COMO a neve no verão, e como a chuva na sega, assim não fica bem para o tolo a honra.

²Como ao pássaro o vaguear, como à andorinha o voar, assim a maldição sem causa não virá.

³O açoite é para o cavalo, o freio é para o jumento, e a vara é para as costas dos tolos.

⁴Não respondas ao tolo segundo a sua estultícia; para que também não te faças semelhante a ele.

⁵Responde ao tolo segundo a sua estultícia, para que não seja sábio aos seus próprios olhos.

⁶Os pés corta, e o dano sorve, aquele que manda mensagem pela mão de um tolo.

⁷Como as pernas do coxo, que pendem flácidas, assim é o provérbio na boca dos tolos.

⁸Como o que arma a funda com pedra preciosa, assim é aquele que concede honra ao tolo.

⁹Como o espinho que entra na mão do bêbado, assim é o provérbio na boca dos tolos.

¹⁰O Poderoso, que formou todas as coisas, paga ao tolo, e recompensa ao transgressor.

¹¹Como o cão torna ao seu vômito, assim o tolo repete a sua estultícia.

¹²Tens visto o homem que é sábio a seus próprios olhos? Pode-se esperar mais do tolo do que dele.

¹³Diz o preguiçoso: Um leão está no caminho; um leão está nas ruas.

¹⁴Como a porta gira nos seus gonzos, assim o preguiçoso na sua cama.

¹⁵O preguiçoso esconde a sua mão ao seio; e cansa-se até de torná-la à sua boca.

¹⁶Mais sábio é o preguiçoso a seus próprios olhos do que sete homens que respondem bem.

¹⁷O que, passando, se põe em questão alheia, *é como* aquele que pega um cão pelas orelhas.

¹⁸Como o louco que solta faíscas, flechas, e mortandades,

¹⁹Assim é o homem que engana o seu próximo, e diz: Fiz isso por brincadeira.

²⁰Sem lenha, o fogo se apagará; e não havendo intrigante, cessará a contenda.

²¹Como o carvão para as brasas, e a lenha para o fogo, assim é o homem contencioso para acender rixas.

²²As palavras do intrigante são como feridas; elas descem ao mais íntimo do ventre.

²³Como o caco de vaso coberto de escórias de prata, assim são os lábios ardentes com o coração maligno.

²⁴Aquele que odeia dissimula com seus lábios, mas no seu íntimo encobre o engano;

²⁵Quando te suplicar com voz suave não te fies nele, porque abriga sete abominações no seu coração,

²⁶Cujo ódio se encobre com engano, a sua maldade será exposta perante a congregação.

²⁷O que cava uma cova cairá nela; e o que revolve a pedra, esta voltará sobre ele.

²⁸A língua falsa odeia aos que ela fere, e a boca lisonjeira provoca a ruína.

27 NÃO presumas do dia de amanhã, porque não sabes o que o dia trará.

²Que um outro te louve, e não a tua própria boca; o estranho, e não os teus lábios.

³A pedra é pesada, e a areia é espessa; porém a ira do insensato é mais pesada que ambas.

⁴O furor é cruel e a ira impetuosa, mas quem poderá enfrentar a inveja?

⁵Melhor é a repreensão franca do que o amor encoberto.

⁶Leais são as feridas feitas pelo amigo, mas os beijos do inimigo são enganosos.

⁷A alma farta pisa o favo de mel, mas para a alma faminta todo amargo é doce.

⁸Qual a ave que vagueia longe do seu ninho, tal é o homem que anda vagueando longe da sua morada.

⁹O óleo e o perfume alegram o coração; assim o faz a doçura do amigo pelo conselho cordial.

¹⁰Não deixes o teu amigo, nem o amigo de teu pai; nem entres na casa de teu irmão no dia da tua adversidade; melhor é o vizinho perto do que o irmão longe.

¹¹Sê sábio, filho meu, e alegra o meu coração, para que tenha alguma coisa que responder àquele que me desprezar.

¹²O avisado vê o mal e esconde-se; mas os simples passam e sofrem a pena.

¹³Quando alguém fica por fiador do estranho, toma-lhe até a sua roupa, e por penhor àquele que se obriga pela mulher estranha.

¹⁴O que, pela manhã de madrugada, abençoa o seu amigo em alta voz, lho será imputado por maldição.

¹⁵O gotejar contínuo em dia de grande chuva, e a mulher contenciosa, uma e outra são semelhantes;

¹⁶Tentar moderá-la será como deter o vento, ou como conter o óleo dentro da sua mão direita.

¹⁷Como o ferro com ferro se aguça, assim o homem afia o rosto do seu amigo.

¹⁸O que cuida da figueira comerá do seu fruto; e o que atenta para o seu senhor será honrado.

¹⁹Como na água o rosto corresponde ao rosto, assim o coração do homem ao homem.

²⁰Como o inferno e a perdição nunca se fartam, assim os olhos do homem nunca se satisfazem.

²¹Como o crisol é para a prata, e o forno para o ouro, assim é o homem é provado pelos louvores.

²²Ainda que repreendas o tolo como quem bate o trigo com a mão de gral entre grãos pilados, não se apartará dele a sua estultícia.

²³Procura conhecer o estado das tuas ovelhas; põe o teu coração sobre os teus rebanhos,

²⁴Porque o tesouro não dura para sempre; e durará a coroa de geração em geração?

²⁵Quando brotar a erva, e aparecerem os renovos, e se juntarem as ervas dos montes,

²⁶Então os cordeiros serão para te vestires, e os bodes para o preço do campo;

²⁷E a abastança do leite das cabras para o teu sustento, para sustento da tua casa e para sustento das tuas servas.

28 OS ímpios fogem sem que haja ninguém a persegui-los; mas os justos são ousados como um leão.

²Pela transgressão da terra muitos *são* os seus príncipes, mas por homem prudente e entendido a sua continuidade será prolongada.

³O homem pobre que oprime os pobres é como a chuva impetuosa, que causa a falta de alimento.

⁴Os que deixam a lei louvam o ímpio; porém os que guardam a lei contendem com eles.

⁵Os homens maus não entendem o juízo, mas os que buscam ao Senhor entendem tudo.

⁶Melhor é o pobre que anda na sua integridade do que o de caminhos perversos ainda que seja rico.

⁷O que guarda a lei é filho sábio, mas o companheiro dos desregrados envergonha a seu pai.

⁸O que aumenta os seus bens com usura e ganância ajunta-os para o que se compadece do pobre.

⁹O que desvia os seus ouvidos de ouvir a lei, até a sua oração será abominável.

¹⁰O que faz com que os retos errem por mau caminho, ele mesmo cairá na sua cova; mas os bons herdarão o bem.

¹¹O homem rico é sábio aos seus próprios olhos, mas o pobre que é entendido, o examina.

¹²Quando os justos exultam, grande é a glória; mas quando os ímpios sobem, os homens se escondem.

¹³O que encobre as suas transgressões nunca prosperará, mas o que as confessa e deixa, alcançará misericórdia.

¹⁴Bem-aventurado o homem que continuamente teme; mas o que endurece o seu coração cairá no mal.

¹⁵Como leão rugidor, e urso faminto, assim é o ímpio que domina sobre um povo pobre.

¹⁶O príncipe falto de entendimento é também um grande opressor, mas o que odeia a avareza prolongará seus dias.

PROVÉRBIOS 28.17

¹⁷O homem carregado do sangue de qualquer pessoa fugirá até à cova; ninguém o detenha.

¹⁸O que anda sinceramente salvar-se-á, mas o perverso em seus caminhos cairá logo.

¹⁹O que lavrar a sua terra virá a fartar-se de pão, mas o que segue a ociosos se fartará de pobreza.

²⁰O homem fiel será coberto de bênçãos, mas o que se apressa a enriquecer não ficará impune.

²¹Dar importância à aparência das pessoas não é bom, porque até por um bocado de pão um homem prevaricará.

²²O que quer enriquecer depressa é homem de olho maligno, porém não sabe que a pobreza há de vir sobre ele.

²³O que repreende o homem gozará depois mais amizade do que aquele que lisonjeia com a língua.

²⁴O que rouba a seu próprio pai, ou a sua mãe, e diz: Não é transgressão, companheiro é do homem destruidor.

²⁵O orgulhoso de coração levanta contendas, mas o que confia no Senhor prosperará.

²⁶O que confia no seu próprio coração é insensato, mas o que anda em sabedoria, será salvo.

²⁷O que dá ao pobre não terá necessidade, mas o que esconde os seus olhos terá muitas maldições.

²⁸Quando os ímpios se elevam, os homens andam se escondendo, mas quando perecem, os justos se multiplicam.

29 O HOMEM que muitas vezes repreendido endurece a cerviz, de repente será destruído sem que haja remédio.

²Quando os justos se engrandecem, o povo se alegra, mas quando o ímpio domina, o povo geme.

³O homem que ama a sabedoria alegra a seu pai, mas o companheiro de prostitutas desperdiça os bens.

⁴O rei com juízo sustém a terra, mas o amigo de peitas a transtorna.

⁵O homem que lisonjeia o seu próximo arma uma rede aos seus passos.

⁶Na transgressão do homem mau há laço, mas o justo jubila e se alegra.

⁷O justo se informa da causa dos pobres, mas o ímpio nem sequer toma conhecimento.

⁸Os homens escarnecedores alvoroçam a cidade, mas os sábios desviam a ira.

⁹O homem sábio que pleiteia com o tolo, quer se zangue, quer se ria, não terá descanso.

¹⁰Os homens sanguinários odeiam ao sincero, mas os justos procuram o seu bem.

¹¹O tolo revela todo o seu pensamento, mas o sábio o guarda até o fim.

¹²O governador que dá atenção às palavras mentirosas, *achará que* todos os seus servos são ímpios.

¹³O pobre e o usurário se encontram; o Senhor ilumina os olhos de ambos.

¹⁴O rei que julga os pobres conforme a verdade firmará o seu trono para sempre.

¹⁵A vara e a repreensão dão sabedoria, mas a criança entregue a si mesma, envergonha a sua mãe.

¹⁶Quando os ímpios se multiplicam, multiplicam-se as transgressões, mas os justos verão a sua queda.

¹⁷Castiga o teu filho, e te dará descanso; e dará delícias à tua alma.

¹⁸Não havendo profecia, o povo perece; porém o que guarda a lei, esse é bem-aventurado.

¹⁹O servo não se emendará com palavras, porque, ainda que entenda, todavia não atenderá.

²⁰Tens visto um homem precipitado no falar? Maior esperança há para um tolo do que para ele.

²¹Quando alguém cria o seu servo com mimos desde a meninice, por fim ele tornar-se-á seu filho.

²²O homem iracundo levanta contendas; e o furioso multiplica as transgressões.

²³A soberba do homem o abaterá, mas a honra sustentará o humilde de espírito.

²⁴O que tem parte com o ladrão odeia a sua própria alma; ouve maldições, e não o denuncia.

²⁵O temor do homem armará laços, mas o que confia no Senhor será posto em alto retiro.

²⁶Muitos buscam o favor do poderoso, mas o juízo de cada um *vem* do Senhor.

²⁷Abominação é, para os justos, o homem iníquo; mas abominação é, para o iníquo, o de retos caminhos.

A sabedoria de Agur

30 PALAVRAS de Agur, filho de Jaque, o masaíta, que proferiu este homem a Itiel, a Itiel e a Ucal:

²Na verdade eu sou o mais bruto dos homens, nem mesmo tenho o conhecimento de homem.

³Nem aprendi a sabedoria, nem tenho o conhecimento do santo.

⁴Quem subiu ao céu e desceu? Quem encerrou os ventos nos seus punhos? Quem amarrou as águas numa roupa? Quem estabeleceu todas as extremidades da terra? Qual é o seu nome? E qual é o nome de seu filho, se é que o sabes?

⁵Toda a Palavra de Deus é pura; escudo é para os que confiam nele.

⁶Nada acrescentes às suas palavras, para que não te repreenda e sejas achado mentiroso.

⁷Duas coisas te pedi; não mas negues, antes que morra:

⁸Afasta de mim a vaidade e a palavra mentirosa; não me dês nem a pobreza nem a riqueza; mantém-me do pão da minha porção de costume;

⁹Para que, porventura, estando farto não te negue, e venha a dizer: Quem é o Senhor? Ou que, empobrecendo, não venha a furtar, e tome o nome de Deus em vão.

¹⁰Não acuses o servo diante de seu senhor, para que não te amaldiçoe e tu fiques o culpado.

¹¹Há uma geração que amaldiçoa a seu pai, e que não bendiz a sua mãe.

¹²Há uma geração que é pura aos seus próprios olhos, mas que nunca foi lavada da sua imundície.

¹³Há uma geração cujos olhos são altivos, e as suas pálpebras são sempre levantadas.

¹⁴Há uma geração cujos dentes são espadas, e cujas queixadas são facas, para consumirem da terra os aflitos, e os necessitados dentre os homens.

¹⁵A sanguessuga tem duas filhas: Dá e Dá. Estas três coisas nunca se fartam; e com a quarta, nunca dizem: Basta!

¹⁶A sepultura; a madre estéril; a terra que não se farta de água; e o fogo; nunca dizem: Basta!

¹⁷Os olhos que zombam do pai, ou desprezam a obediência à mãe, corvos do ribeiro os arrancarão e os filhotes da águia os comerão.

¹⁸Estas três coisas me maravilham; e quatro há que não conheço:

¹⁹O caminho da águia no ar; o caminho da cobra na penha; o caminho do navio no meio do mar; e o caminho do homem com uma virgem.

²⁰O caminho da mulher adúltera é assim: ela come, depois limpa a sua boca e diz: Não fiz nada de mal!

²¹Por três coisas se alvoroça a terra; e por quatro que não pode suportar:

²²Pelo servo, quando reina; e pelo tolo, quando vive na fartura;

²³Pela mulher odiosa, quando é casada; e pela serva, quando fica herdeira da sua senhora.

²⁴Estas quatro coisas são das menores da terra, porém bem providas de sabedoria:

²⁵As formigas não são um povo forte; todavia no verão preparam a sua comida;

²⁶Os coelhos são um povo débil; e contudo, põem a sua casa na rocha;

²⁷Os gafanhotos não têm rei; e contudo todos saem, e em bandos se repartem;

²⁸A aranha se pendura com as mãos, e está nos palácios dos reis.

²⁹Estes três têm um bom andar, e quatro passeiam airosamente;

³⁰O leão, o mais forte entre os animais, que não foge de nada;

³¹O galgo; o bode também; e o rei a quem não se pode resistir.

³²Se procedeste loucamente, exaltando-te, e se planejaste o mal, leva a mão à boca;

³³Porque o mexer do leite produz manteiga, o espremer do nariz produz sangue; assim o forçar da ira produz contenda.

As palavras da mãe do rei Lemuel

31 PALAVRAS do rei Lemuel, a profecia que lhe ensinou a sua mãe.

²Como, filho meu? E como, filho do meu ventre? E como, filho dos meus votos?

³Não dês às mulheres a tua força, nem os teus caminhos ao que destrói os reis.

⁴Não é próprio dos reis, ó Lemuel, não é próprio dos reis beber vinho, nem dos príncipes o desejar bebida forte;

⁵Para que bebendo, se esqueçam da lei, e pervertam o direito de todos os aflitos.

⁶Dai bebida forte ao que está prestes a perecer, e o vinho aos amargurados de espírito.

⁷Que beba, e esqueça da sua pobreza, e da sua miséria não se lembre mais.

⁸Abre a tua boca a favor do mudo, pela causa de todos que são designados à destruição.

⁹Abre a tua boca; julga retamente; e faze justiça aos pobres e aos necessitados.

A mulher virtuosa

¹⁰Mulher virtuosa quem a achará? O seu valor muito excede ao de rubis.

¹¹O coração do seu marido está nela confiado; assim ele não necessitará de despojo.

¹²Ela só lhe faz bem, e não mal, todos os dias da sua vida.

¹³Busca lã e linho, e trabalha de boa vontade com suas mãos.

¹⁴Como o navio mercante, ela traz de longe o seu pão.

¹⁵Levanta-se, mesmo à noite, para dar de comer aos da casa, e *distribuir* a tarefa das servas.

¹⁶Examina uma propriedade e adquire-a; planta uma vinha com o fruto de suas mãos.

¹⁷Cinge os seus lombos de força, e fortalece os seus braços.

¹⁸Vê que é boa a sua mercadoria; e a sua lâmpada não se apaga de noite.

¹⁹Estende as suas mãos ao fuso, e suas mãos pegam na roca.

²⁰Abre a sua mão ao pobre, e estende as suas mãos ao necessitado.

²¹Não teme a neve na sua casa, porque toda a sua família *está* vestida de escarlata.

²²Faz para si cobertas de tapeçaria; seu vestido é de seda e de púrpura.

²³Seu marido é conhecido nas portas, e assenta-se entre os anciãos da terra.

²⁴Faz panos de linho fino e vende-os, e entrega cintos aos mercadores.

²⁵A força e a honra são seu vestido, e se alegrará com o dia futuro.

²⁶Abre a sua boca com sabedoria, e a lei da beneficência está na sua língua.

²⁷Está atenta ao andamento da casa, e não come o pão da preguiça.

²⁸Levantam-se seus filhos e chamam-na bem-aventurada; seu marido também, o ele a louva:

²⁹Muitas filhas têm procedido virtuosamente, mas tu és, de todas, a mais excelente!

³⁰Enganosa é a beleza e vã a formosura, mas a mulher que teme ao Senhor, essa sim será louvada.

³¹Dai-lhe do fruto das suas mãos, e deixe o seu próprio trabalho louvá-la nas portas.

O LIVRO DE
ECLESIASTES
OU O PREGADOR

A vaidade de todas as coisas terrestres

1 PALAVRAS do pregador, filho de Davi, rei em Jerusalém.

²Vaidade de vaidades, diz o pregador, vaidade de vaidades! Tudo é vaidade.

³Que proveito tem o homem, de todo o seu trabalho, que faz debaixo do sol?

⁴*Uma* geração vai, e *outra* geração vem; mas a terra para sempre permanece.

⁵Nasce o sol, e o sol se põe, e apressa-se e volta ao seu lugar de onde nasceu.

⁶O vento vai para o sul, e faz o *seu* giro para o norte; continuamente vai girando o vento, e volta fazendo os seus circuitos.

⁷Todos os rios vão para o mar, e *contudo* o mar não se enche; ao lugar para onde os rios vão, para ali tornam eles a correr.

⁸Todas as coisas são trabalhosas; o homem não o pode exprimir; os olhos não se fartam de ver, nem os ouvidos se enchem de ouvir.

⁹O que foi, isso *é o que* há de ser; e o que se fez, isso se fará; de modo que nada *há* de novo debaixo do sol.

¹⁰Há alguma coisa de que se possa dizer: Vê, isto *é* novo? Já foi nos séculos passados, que foram antes de nós.

¹¹*Já* não *há* lembrança das coisas que precederam, e das coisas que hão de ser também delas não haverá lembrança, entre os que hão de vir depois.

¹²Eu, o pregador, fui rei sobre Israel em Jerusalém.

¹³E apliquei o meu coração a esquadrinhar, e a informar-me com sabedoria de tudo quanto sucede debaixo do céu; esta enfadonha ocupação deu Deus aos filhos dos homens, para nela os exercitar.

¹⁴Atentei para todas as obras que se fazem debaixo do sol, e eis que tudo *era* vaidade e aflição de espírito.

¹⁵*Aquilo que é* torto não se pode endireitar; *aquilo* que falta não se pode calcular.

¹⁶Falei eu com o meu coração, dizendo: Eis que eu me engrandeci, e sobrepujei em sabedoria a todos os que houve antes de mim em Jerusalém; e o meu coração contemplou abundantemente a sabedoria e o conhecimento.

¹⁷E apliquei o meu coração a conhecer a sabedoria e a conhecer os desvarios e as loucuras, e vim a saber que também isto era aflição de espírito.

¹⁸Porque na muita sabedoria *há* muito enfado; e o que aumenta *em* conhecimento, aumenta em dor.

Os prazeres e as riquezas não dão a felicidade

2 DISSE eu no meu coração: Ora vem, eu te provarei com alegria; portanto goza o prazer; mas eis que também isso *era* vaidade.

²Ao riso disse: *Está* doido; e da alegria: De que serve esta?

³Busquei no meu coração como estimular com vinho a minha carne (regendo porém o meu coração com sabedoria), e entregar-me à loucura, até ver o que seria melhor que os filhos dos homens fizessem debaixo do céu durante o número dos dias de sua vida.

⁴Fiz para mim obras magníficas; edifiquei para mim casas; plantei para mim vinhas.

⁵Fiz para mim hortas e jardins, e plantei neles árvores de toda *a espécie* de fruto.

⁶Fiz para mim tanques de águas, para regar com eles o bosque em que reverdeciam as árvores.

⁷Adquiri servos e servas, e tive servos nascidos em casa; também tive grandes possessões de gados e ovelhas, mais do que todos os que houve antes de mim em Jerusalém.

⁸Amontoei também para mim prata e ouro, e tesouros dos reis e das províncias; provi-me de cantores e cantoras, e das delícias dos filhos dos homens; e de instrumentos de música de toda a espécie.

⁹E fui engrandecido, e aumentei mais do que todos os que houve antes de mim em Jerusalém; perseverou também comigo a minha sabedoria.

¹⁰E tudo quanto desejaram os meus olhos não lhes neguei, nem privei o meu coração de alegria alguma; mas o meu coração se alegrou por todo o meu trabalho, e esta foi a minha porção de todo o meu trabalho.

¹¹E olhei eu para todas as obras que fizeram as minhas mãos, como também para o trabalho que eu, trabalhando, tinha feito, *e* eis que tudo *era* vaidade e aflição de espírito, e *que* proveito nenhum *havia* debaixo do sol.

¹²Então passei a contemplar a sabedoria, e a loucura e a estultícia. Pois que fará o homem que seguir ao rei? O *mesmo* que *outros* já fizeram.

¹³Então vi eu que a sabedoria é mais excelente do que a estultícia, quanto a luz é mais excelente do que as trevas.

¹⁴Os olhos do homem sábio *estão* na sua cabeça, mas o louco anda em trevas; então também entendi eu que o mesmo lhes sucede a ambos.

¹⁵Assim eu disse no meu coração: Como acontece ao tolo, assim me sucederá a mim; por que então busquei eu mais a sabedoria? Então disse no meu coração que também isto *era* vaidade.

¹⁶Porque nunca *haverá* mais lembrança do sábio do que do tolo; porquanto de tudo, nos dias futuros, total esquecimento haverá. E como morre o sábio, assim morre o tolo!

¹⁷Por isso odiei esta vida, porque a obra que se faz debaixo do sol me era penosa; sim, tudo *é* vaidade e aflição de espírito.

¹⁸Também eu odiei todo o meu trabalho, que realizei debaixo do sol, visto que eu havia de deixá-lo ao homem que viesse depois de mim.

¹⁹E quem sabe se será sábio ou tolo? Todavia, se assenhoreará de todo o meu trabalho que realizei e em que me houve sabiamente debaixo do sol; também isto *é* vaidade.

²⁰Então eu me volvi e entreguei o meu coração ao desespero no tocante ao trabalho, o qual realizei debaixo do sol.

²¹Porque há homem cujo trabalho é feito com sabedoria, conhecimento, e destreza; contudo deixará *o seu trabalho* como porção de quem nele não trabalhou; também isto *é* vaidade e grande mal.

²²Porque, que *mais* tem o homem de todo o seu trabalho, e da aflição do seu coração, em que ele anda trabalhando debaixo do sol?

²³Porque todos os seus dias *são* dores, e a sua ocupação *é* aflição; até de noite não descansa o seu coração; também isto é vaidade.

²⁴Não há nada melhor para o homem do que comer e beber, e fazer com que sua alma goze do bem do seu trabalho. Também vi que isto *vem* da mão de Deus.

²⁵Pois quem pode comer, ou quem pode gozar *melhor* do que eu?

²⁶Porque ao homem que *é* bom diante dele, dá *Deus* sabedoria e conhecimento e alegria; mas ao pecador dá trabalho, para que ele ajunte, e amontoe, para dá-lo ao que é bom perante Deus. Também isto *é* vaidade e aflição de espírito.

Há, para todas as coisas, um tempo determinado por Deus

3 TUDO *tem* o *seu* tempo determinado, e há tempo para todo o propósito debaixo do céu.

²Há tempo de nascer, e tempo de morrer; tempo de plantar, e tempo de arrancar o que se plantou;

³Tempo de matar, e tempo de curar; tempo de derrubar, e tempo de edificar;

⁴Tempo de chorar, e tempo de rir; tempo de prantear, e tempo de dançar;

⁵Tempo de espalhar pedras, e tempo de ajuntar pedras; tempo de abraçar, e tempo de afastar-se de abraçar;

⁶Tempo de buscar, e tempo de perder; tempo de guardar, e tempo de lançar fora;

⁷Tempo de rasgar, o tempo de coser; tempo de estar calado, e tempo de falar;

⁸Tempo de amar, e tempo de odiar; tempo de guerra, e tempo de paz.

⁹Que proveito tem o trabalhador naquilo em que trabalha?

¹⁰Tenho visto o trabalho que Deus deu aos filhos dos homens, para com ele os exercitar.

¹¹Tudo fez formoso em seu tempo; também pôs o mundo no coração *do homem,* sem que este possa descobrir a obra que Deus fez desde o princípio até ao fim.

¹²Já tenho entendido que não *há coisa* melhor para eles do que alegrar-se e fazer bem na sua vida;

¹³E também que todo o homem coma e beba, e goze do bem de todo o seu trabalho; *isto é um* dom de Deus.

¹⁴Eu sei que tudo quanto Deus faz durará eternamente; nada se lhe deve acrescentar, e nada se lhe deve tirar; e *isto* faz Deus para que haja temor diante dele.

¹⁵O que é, já foi; e o que há de ser, *também* já foi; e Deus pede conta do que passou.

¹⁶Vi mais debaixo do sol que no lugar do juízo *havia* impiedade, e no lugar da justiça *havia* iniquidade.

¹⁷Eu disse no meu coração: Deus julgará o justo e o ímpio; porque há um tempo *para* todo o propósito e para toda a obra.

¹⁸Disse eu no meu coração, quanto a condição dos filhos dos homens, que Deus os provaria, para que assim pudessem ver que são em si mesmos como os animais.

¹⁹Porque o que sucede aos filhos dos homens, isso mesmo também sucede aos animais, e lhes sucede a mesma coisa; como morre um, assim morre o outro; e todos têm o mesmo fôlego, e a vantagem dos homens sobre os animais não é nenhuma, porque todos *são* vaidade.

²⁰Todos vão para um lugar; todos foram *feitos* do pó, e todos voltarão ao pó.

²¹Quem sabe que o fôlego do homem vai para cima, e que o fôlego dos animais vai para baixo da terra?

²²Assim que tenho visto que não *há* coisa melhor do que alegrar-se o homem nas suas obras, porque essa *é* a sua porção; pois quem o fará voltar para ver o que será depois dele?

Os males e as tribulações da vida

4 DEPOIS voltei-me, e atentei para todas as opressões que se fazem debaixo do sol; e eis que *vi* as lágrimas dos *que foram* oprimidos e dos que não têm consolador, e a força *estava* do lado dos seus opressores; mas eles não tinham consolador.

²Por isso eu louvei os que já morreram, mais do que os que vivem ainda.

³E melhor que uns e outros é aquele que ainda não é; que não viu as más obras que se fazem debaixo do sol.

⁴Também vi eu que todo o trabalho, e toda a destreza em obras, *traz* ao homem a inveja do seu próximo. Também isto *é* vaidade e aflição de espírito.

⁵O tolo cruza as suas mãos, e come a sua *própria* carne.

⁶Melhor é a mão cheia *com* descanso do que ambas as mãos cheias *com* trabalho, e aflição de espírito.

⁷Outra vez me voltei, e vi vaidade debaixo do sol.

⁸Há um *que é* só, e não tem ninguém, nem tampouco filho nem irmão; e contudo não cessa do seu trabalho, e também seus olhos não se satisfazem com riqueza; nem *diz:* Para quem trabalho eu, privando a minha alma do bem? Também isto *é* vaidade e enfadonha ocupação.

ECLESIASTES 4.9 460

⁹Melhor *é serem* dois do que um, porque têm melhor paga do seu trabalho.

¹⁰Porque se um cair, o outro levanta o seu companheiro; mas ai do *que estiver* só; pois, caindo, não *haverá* outro que o levante.

¹¹Também, se dois dormirem juntos, eles se aquentarão; mas um *só,* como se aquentará?

¹²E, se alguém prevalecer contra um, os dois lhe resistirão; e o cordão de três dobras não se quebra tão depressa.

¹³Melhor *é* a criança pobre e sábia do que o rei velho e insensato, que não se deixa mais admoestar.

¹⁴Porque *um* sai do cárcere para reinar; enquanto outro, que nasceu em seu reino, torna-se pobre.

¹⁵Vi a todos os viventes andarem debaixo do sol com a criança, a sucessora, que ficará no seu lugar.

¹⁶Não tem fim todo o povo que foi antes dele; tampouco os que lhe sucederem se alegrarão dele. Na verdade que também isto *é* vaidade e aflição de espírito.

Vários conselhos práticos

5 GUARDA o teu pé, quando entrares na casa de Deus; porque chegar-se para ouvir é melhor do que oferecer sacrifícios de tolos, pois não sabem que fazem mal.

²Não te precipites com a tua boca, nem o teu coração se apresse a pronunciar palavra alguma diante de Deus; porque Deus *está* nos céus, e tu *estás* sobre a terra; assim sejam poucas as tuas palavras.

³Porque, da muita ocupação vêm os sonhos, e a voz do tolo da multidão das palavras.

⁴Quando a Deus fizeres algum voto, não tardes em cumpri-lo; porque não se agrada de tolos; o que votares, paga-o.

⁵Melhor *é* que não votes do que votares e não cumprires.

⁶Não consintas que a tua boca faça pecar a tua carne, nem digas diante do anjo que *foi* erro; por que razão se iraria Deus contra a tua voz, e destruiria a obra das tuas mãos?

⁷Porque, como na multidão dos sonhos *há* vaidades, assim *também* nas muitas palavras; mas tu teme a Deus.

⁸Se vires em *alguma* província opressão do pobre, e violência do direito e da justiça, não te admires de tal procedimento; pois quem *está* altamente colocado tem superior que o vigia; e *há* mais altos do que eles.

⁹O proveito da terra é para todos; até o rei se serve do campo.

¹⁰Quem amar o dinheiro jamais dele se fartará; e quem amar a abundância *nunca se fartará* da renda; também isto *é* vaidade.

¹¹Onde os bens se multiplicam, ali se multiplicam também os que deles comem; que mais proveito, pois, *têm* os seus donos do que os ver com os seus olhos?

¹²Doce *é* o sono do trabalhador, quer coma pouco quer muito; mas a fartura do rico não o deixa dormir.

¹³Há um grave mal *que* vi debaixo do sol, e atrai enfermidades: as riquezas que os seus donos guardam para o seu próprio dano;

¹⁴Porque as mesmas riquezas se perdem por qualquer má ventura, e havendo algum filho nada *lhe fica* na sua mão.

¹⁵Como saiu do ventre de sua mãe, *assim* nu tornará, indo-se como veio; e nada tomará do seu trabalho, que possa levar na sua mão.

¹⁶Assim *que* também isto *é* um grave mal que, justamente como veio, assim há de ir; e que proveito lhe *vem* de trabalhar para o vento,

¹⁷E de haver comido todos os seus dias nas trevas, e de haver padecido muito enfado, e enfermidade, e furor?

¹⁸Eis aqui o que eu vi, uma boa e bela coisa: comer e beber, e gozar cada um do bem de todo o seu trabalho, em que trabalhou debaixo do sol, todos os dias de vida que Deus lhe deu, porque esta *é* a sua porção.

¹⁹E a todo o homem, a quem Deus deu riquezas e bens, e lhe deu poder para delas comer e tomar a sua porção, e gozar do seu trabalho, isto é dom de Deus.

²⁰Porque não se lembrará muito dos dias da sua vida; porquanto Deus lhe enche de alegria o seu coração.

O mal debaixo do sol

6 HÁ um mal que tenho visto debaixo do sol, e é mui frequente entre os homens:

²*Um* homem a quem Deus deu riquezas, bens e honra, e nada lhe falta de tudo quanto a sua alma deseja, e Deus não lhe dá poder para daí comer, antes o estranho lho come; *também* isto *é* vaidade e má enfermidade.

³Se o homem gerar cem *filhos,* e viver muitos anos, e os dias dos seus anos forem muitos, e se a sua alma não se fartar do bem, e além disso não tiver sepultura, digo que um aborto *é* melhor do que ele.

⁴Porquanto em vão veio, e em trevas se vai, e de trevas se cobre o seu nome.

⁵E ainda *que* nunca viu o sol, nem conheceu *nada,* mais descanso tem este do que aquele.

⁶E, ainda que vivesse duas vezes mil anos e não gozasse o bem, não vão todos para um mesmo lugar?

⁷Todo o trabalho do homem é para a sua boca, e contudo nunca se satisfaz o seu apetite.

⁸Porque, que mais tem o sábio do que o tolo? E que *mais* tem o pobre que sabe andar perante os vivos?

⁹Melhor é a vista dos olhos do que o vaguear da cobiça; também isto é vaidade e aflição de espírito.

¹⁰Seja qualquer o que for, já o seu nome foi nomeado, e sabe-se que *é* homem, e que não pode contender com o que é mais forte do que ele.

¹¹Na verdade que há muitas coisas que multiplicam a vaidade; que *mais tem* o homem de melhor?

¹²Pois, quem sabe o que *é* bom nesta vida para o homem, por todos os dias da sua vida de vaidade,

os quais gasta como sombra? Quem declarará ao homem o que será depois dele debaixo do sol?

As vantagens do sofrimento, da paciência, e da moderação

7 MELHOR *é* a *boa* fama do que o melhor unguento, e o dia da morte do que o dia do nascimento de alguém.

²Melhor *é* ir à casa *onde* há luto do que ir à casa *onde* há banquete, *porque* naquela *está* o fim de todos os homens, e os vivos *o* aplicam ao seu coração.

³Melhor *é* a mágoa do que o riso, porque com a tristeza do rosto se faz melhor o coração.

⁴O coração dos sábios *está* na casa do luto, mas o coração dos tolos na casa da alegria.

⁵Melhor *é* ouvir a repreensão do sábio, do que ouvir alguém a canção do tolo.

⁶Porque qual o crepitar dos espinhos debaixo de *uma* panela, tal *é* o riso do tolo; também isto *é* vaidade.

⁷Verdadeiramente que a opressão faria endoidecer *até* ao sábio, e o suborno corrompe o coração.

⁸Melhor *é* o fim das coisas do que o princípio delas; melhor *é* o paciente de espírito do que o altivo de espírito.

⁹Não te apresses no teu espírito a irar-te, porque a ira repousa no íntimo dos tolos.

¹⁰Nunca digas: Por que foram os dias passados melhores do que estes? Porque não provém da sabedoria esta pergunta.

¹¹Tão boa *é* a sabedoria como a herança, e dela tiram proveito os que veem o sol.

¹²Porque a sabedoria serve de defesa, como de defesa serve o dinheiro; mas a excelência do conhecimento *é* que a sabedoria dá vida ao seu possuidor.

¹³Atenta para a obra de Deus; porque quem poderá endireitar o que ele fez torto?

¹⁴No dia da prosperidade goza do bem, mas no dia da adversidade considera; *porque* também Deus fez a este em oposição àquele, para que o homem nada descubra *do que há de vir* depois dele.

¹⁵Tudo *isto* vi nos dias da minha vaidade: há justo que perece na sua justiça, e há ímpio que prolonga os *seus dias* na sua maldade.

¹⁶Não sejas demasiadamente justo, nem demasiadamente sábio; por que te destruirias a ti mesmo?

¹⁷Não sejas demasiadamente ímpio, nem sejas louco; por que morrerias fora de teu tempo?

¹⁸Bom *é* que retenhas isto, e também daquilo não retires a tua mão; porque quem teme a Deus escapa de tudo isso.

¹⁹A sabedoria fortalece ao sábio, mais do que dez poderosos que haja na cidade.

²⁰Na verdade *que* não *há* homem justo sobre a terra, que faça o bem, e nunca peque.

²¹Tampouco apliques o teu coração a todas as palavras que se disserem, para que não venhas a ouvir o teu servo amaldiçoar-te.

²²Porque o teu coração também *já* confessou que muitas vezes tu amaldiçoaste a outros.

²³Tudo isto provei-o pela sabedoria; eu disse: Sabedoria adquirirei; mas ela *ainda* estava longe de mim.

²⁴O que já sucedeu é remoto e profundíssimo; quem o achará?

²⁵Eu apliquei o meu coração para saber, e inquirir, e buscar a sabedoria e a razão *das coisas,* e para conhecer que a impiedade é insensatez e que a estultícia é loucura.

²⁶E eu achei uma coisa mais amarga do que a morte, a mulher cujo coração são redes e laços, *e* cujas mãos são ataduras; quem for bom diante de Deus escapará dela, mas o pecador virá a ser preso por ela.

²⁷Vedes aqui, isto achei, diz o pregador, *conferindo* uma coisa com a outra para achar a razão delas;

²⁸A qual ainda busca a minha alma, porém *ainda* não a achei; um homem entre mil achei *eu,* mas uma mulher entre todas estas não achei.

²⁹Eis aqui, o *que* tão somente achei: Que Deus fez ao homem reto, porém eles buscaram muitas astúcias.

A obediência devida ao rei

8 QUEM *é* como o sábio? E quem sabe a interpretação das coisas? A sabedoria do homem faz brilhar o seu rosto, e a dureza do seu rosto se muda.

²Eu *digo:* Observa o mandamento do rei, e isso em consideração ao juramento *que fizeste* a Deus.

³Não te apresses a sair da presença dele, nem persistas em alguma coisa má, porque ele faz tudo o que quer.

⁴Porque a palavra do rei tem poder; e quem lhe dirá: Que fazes?

⁵Quem guardar o mandamento não experimentará nenhum mal; e o coração do sábio discernirá o tempo e o juízo.

⁶Porque para todo o propósito há *seu* tempo e juízo; porquanto a miséria do homem pesa sobre ele.

⁷Porque não sabe o que há de suceder, e quando há de ser, quem lho dará a entender?

⁸Nenhum homem *há* que tenha domínio sobre o espírito, para reter o espírito; nem tampouco *tem ele* poder sobre o dia da morte; como também não há licença *nesta* peleja; nem tampouco a impiedade livrará aos ímpios.

⁹Tudo isto vi quando apliquei o meu coração a toda a obra que se faz debaixo do sol; tempo há em que *um* homem tem domínio sobre *outro* homem, para desgraça sua.

¹⁰Assim também vi os ímpios, quando os sepultavam; e eles entravam, e saíam do lugar santo; e foram esquecidos na cidade, em que assim fizeram; também isso é vaidade.

A vaidade na maldade e na justiça

¹¹Porquanto não se executa logo o juízo *sobre* a má obra, por isso o coração dos filhos dos homens está inteiramente disposto para fazer o mal.

ECLESIASTES 8.12

462

[12]Ainda que o pecador faça o mal cem *vezes,* e *os dias* se lhe prolonguem, contudo eu sei com certeza que bem sucede aos que temem a Deus, aos que temem diante dele.

[13]Porém o ímpio não irá bem, e ele não prolongará os seus dias, que são como a sombra; porque ele não teme diante de Deus.

[14]*Ainda* há *outra* vaidade que se faz sobre a terra: que há justos a quem sucede segundo as obras dos ímpios, e há ímpios a quem sucede segundo as obras dos justos. Digo que também isto *é* vaidade.

[15]Então louvei eu a alegria, porquanto para o homem nada há melhor debaixo do sol do que comer, beber e alegrar-se; porque isso o acompanhará no seu trabalho nos dias da sua vida que Deus lhe dá debaixo do sol.

[16]Aplicando eu o meu coração a conhecer a sabedoria, e a ver o trabalho que há sobre a terra (pois há quem nem de dia nem de noite vê *o* sono nos seus olhos);

[17]Então vi toda a obra de Deus, que o homem não pode perceber, a obra que se faz debaixo do sol; por mais que trabalhe o homem para *a* descobrir, não *a* achará; e, ainda que diga o sábio que a conhece, nem *por isso a* poderá compreender.

As mesmas coisas sucedem aos justos e injustos

9 DEVERAS todas estas coisas considerei no meu coração, para declarar tudo isto: que os justos, e os sábios, e as suas obras, *estão* nas mãos de Deus, e *também* o homem não conhece nem o amor nem o ódio; tudo *passa* perante ele.

[2]*Tudo sucede* igualmente a todos; o mesmo sucede ao justo e ao ímpio, ao bom e ao puro, como ao impuro; assim ao que sacrifica como ao que não sacrifica; assim ao bom como ao pecador; ao que jura como ao que teme o juramento.

[3]Este é o mal que há entre tudo quanto se faz debaixo do sol; a todos sucede o mesmo; e que também o coração dos filhos dos homens está cheio de maldade, e *que há* desvarios no seu coração enquanto vivem, e depois *se vão* aos mortos.

[4]Ora, para aquele que está entre os vivos há esperança (porque melhor é o cão vivo do que o leão morto).

[5]Porque os vivos sabem que hão de morrer, mas os mortos não sabem coisa nenhuma, nem tampouco terão eles recompensa, mas a sua memória fica entregue ao esquecimento.

[6]Também o seu amor, o seu ódio, e a sua inveja já pereceram, e já não têm parte alguma para sempre, em *coisa* alguma do que se faz debaixo do sol.

[7]Vai, *pois,* come com alegria o teu pão e bebe com coração contente o teu vinho, pois já Deus se agrada das tuas obras.

[8]Em todo o tempo sejam alvas as tuas roupas, e nunca falte o óleo sobre a tua cabeça.

[9]Goza a vida com a mulher que amas, todos os dias da tua vida vã, os quais *Deus* te deu debaixo do sol, todos os dias da tua vaidade; porque esta *é* a tua porção nesta vida, e no teu trabalho, que tu fizeste debaixo do sol.

[10]Tudo quanto te vier à mão para fazer, faze-*o* conforme as tuas forças, porque na sepultura, para onde tu vais, não *há* obra nem projeto, nem conhecimento, nem sabedoria alguma.

[11]Voltei-me, e vi debaixo do sol que não é dos ligeiros a carreira, nem dos fortes a batalha, nem tampouco dos sábios o pão, nem tampouco dos prudentes as riquezas, nem tampouco dos entendidos o favor, mas que o tempo e a oportunidade ocorrem a todos.

[12]Que também o homem não sabe o seu tempo; *assim* como os peixes que se pescam com a rede maligna, e como os passarinhos que se prendem com o laço, assim se enlaçam *também* os filhos dos homens no mau tempo, quando cai de repente sobre eles.

A sabedoria é superior à loucura

[13]Também vi esta sabedoria debaixo do sol, que para mim foi grande:

[14]*Houve* uma pequena cidade em que *havia* poucos homens, e veio contra ela um grande rei, e a cercou e levantou contra ela grandes baluartes;

[15]E encontrou-se nela *um* sábio pobre, que livrou aquela cidade pela sua sabedoria, e ninguém se lembrava daquele pobre homem.

[16]Então disse eu: Melhor *é* a sabedoria do que a força, ainda que a sabedoria do pobre *foi* desprezada, e as suas palavras não foram ouvidas.

[17]As palavras dos sábios devem em silêncio ser ouvidas, mais do que o clamor do que domina entre os tolos.

[18]Melhor *é* a sabedoria do que as armas de guerra, porém um *só* pecador destrói muitos bens.

A loucura é a causa de muitas desgraças

10 ASSIM como as moscas mortas fazem exalar mau cheiro e inutilizar o unguento do perfumador, *assim é,* para o famoso em sabedoria e em honra, *um* pouco de estultícia.

[2]O coração do sábio *está* à sua direita, mas o coração do tolo *está* à sua esquerda.

[3]E, até quando o tolo vai pelo caminho, falta-lhe o seu entendimento e diz a todos *que é* tolo.

[4]Levantando-se contra ti o espírito do governador, não deixes o teu lugar, porque a submissão é um *remédio* que aplaca grandes ofensas.

[5]*Ainda* há *um* mal *que* vi debaixo do sol, como o erro *que* procede do governador.

[6]A estultícia está posta em grandes alturas, mas os ricos estão assentados em lugar baixo.

[7]Vi os servos a cavalo, e os príncipes andando sobre a terra como servos.

[8]Quem abrir *uma* cova, nela cairá, e quem romper *um* muro, *uma* cobra o morderá.

[9]Aquele que transporta pedras, será maltratado por elas, e o que racha lenha expõe-se ao perigo.

[10]Se estiver embotado o ferro, e não se afiar o

corte, então se deve redobrar a força; mas a sabedoria é excelente para dirigir.

[11]Seguramente a serpente morderá antes de estar encantada, e o falador não é melhor.

[12]Nas palavras da boca do sábio *há* favor, porém os lábios do tolo o devoram.

[13]O princípio das palavras da sua boca é a estultícia, e o fim do seu falar *um* desvario péssimo.

[14]O tolo multiplica as palavras, porém, o homem não sabe o que será; e quem lhe fará saber o que será depois dele?

[15]O trabalho dos tolos a cada um deles fatiga, porque não sabem como ir à cidade.

[16]Ai de ti, ó terra, quando teu rei é uma criança, e cujos príncipes comem de manhã.

[17]Bem-aventurada tu, ó terra, quando teu rei é filho dos nobres, e teus príncipes comem a tempo, para se fortalecerem, e não para bebedice.

[18]Por muita preguiça se enfraquece o teto, e pela frouxidão das mãos a casa goteja.

[19]Para rir se fazem banquetes, e o vinho produz alegria, e por tudo o dinheiro responde.

[20]Nem ainda no teu pensamento amaldiçoes ao rei, nem tampouco no mais interior da tua recâmara amaldiçoes ao rico; porque as aves dos céus levariam a voz, e os que têm asas dariam notícia do assunto.

Façamos o que é bom no tempo oportuno

11 LANÇA o teu pão sobre as águas, porque depois de muitos dias o acharás.

[2]Reparte com sete, e ainda *até* com oito, porque não sabes que mal haverá sobre a terra.

[3]Estando as nuvens cheias, derramam a chuva sobre a terra, e caindo a árvore para o sul, ou para o norte, no lugar em que a árvore cair ali ficará.

[4]Quem observa o vento, nunca semeará, e o que olha para as nuvens nunca segará.

[5]Assim como tu não sabes qual o caminho do vento, nem como *se formam* os ossos no ventre da *mulher* grávida, assim também não sabes as obras de Deus, que faz todas as coisas.

[6]Pela manhã semeia a tua semente, e à tarde não retires a tua mão, porque tu não sabes qual prosperará, se esta, se aquela, ou se ambas *serão* igualmente boas.

[7]Certamente suave é a luz, e agradável é aos olhos ver o sol.

[8]Porém, se o homem viver muitos anos, e em todos eles se alegrar, também se deve lembrar dos dias das trevas, porque hão de ser muitos. Tudo quanto sucede é vaidade.

[9]Alegra-te, jovem, na tua mocidade, e recreie-se o teu coração nos dias da tua mocidade, e anda

pelos caminhos do teu coração, e pela vista dos teus olhos; sabe, porém, que por todas estas coisas te trará Deus a juízo.

[10]Afasta, pois, a ira do teu coração, e remove da tua carne o mal, porque a adolescência e a juventude *são* vaidade.

A mocidade deve preparar-se para a velhice e para a morte

12 LEMBRA-TE também do teu Criador nos dias da tua mocidade, antes que venham os maus dias, e cheguem os anos dos quais venhas a dizer: Não tenho neles contentamento;

[2]Antes que se escureçam o sol, e a luz, e a lua, e as estrelas, e tornem a vir as nuvens depois da chuva;

[3]No dia em que tremerem os guardas da casa, e se encurvarem os homens fortes, e cessarem os moedores, por já serem poucos, e se escurecerem os que olham pelas janelas;

[4]E as portas da rua se fecharem por causa do baixo ruído da moedura, e se levantar à voz das aves, e todas as filhas da música se abaterem.

[5]Como também *quando* temerem o que é alto, e *houver* espantos no caminho, e florescer a amendoeira, e o gafanhoto for um peso, e perecer o apetite; porque o homem se vai à sua casa eterna, e os pranteadores andarão rodeando pela praça;

[6]Antes que se rompa o cordão de prata, e se quebre o copo de ouro, e se despedace o cântaro junto à fonte, e se quebre a roda junto ao poço,

[7]E o pó volte à terra, como o era, e o espírito volte a Deus, que o deu.

[8]Vaidade de vaidades, diz o pregador, tudo é vaidade.

[9]E, quanto mais sábio foi o pregador, tanto mais ensinou ao povo sabedoria; e atentando, e esquadrinhando, compôs muitos provérbios.

Todo o dever do homem

[10]Procurou o pregador achar palavras agradáveis; e escreveu-*as* com retidão, palavras de verdade.

[11]As palavras dos sábios *são* como aguilhões, e como pregos, bem fixados *pelos* mestres das assembleias, *que* nos foram dadas pelo único Pastor.

[12]E, demais disto, filho meu, atenta: não *há* limite para fazer muitos livros, e muito estudo é enfado da carne.

[13]De tudo o que se tem ouvido, o fim é: Teme a Deus, e guarda os seus mandamentos; porque isto é o *dever* de todo o homem.

[14]Porque Deus há de trazer a juízo toda a obra, e *até* tudo o que está encoberto, quer *seja* bom, quer *seja* mau.

CANTARES
DE SALOMÃO

A esposa anela pelo seu esposo

1 CÂNTICO dos cânticos, que é de Salomão. ²Beije-me ele com os beijos da sua boca; porque melhor *é* o teu amor do que o vinho.

³Suave é o aroma dos teus unguentos; *como o* unguento derramado *é* o teu nome; por isso as virgens te amam.

⁴Leva-me tu; correremos após ti. O rei me introduziu nas suas câmaras; em ti nos regozijaremos e nos alegraremos; do teu amor nos lembraremos, mais do que do vinho; os retos te amam.

⁵Eu sou morena, porém formosa, ó filhas de Jerusalém, como as tendas de Quedar, como as cortinas de Salomão.

⁶Não olheis para o eu ser morena, porque o sol resplandeceu sobre mim; os filhos de minha mãe indignaram-se contra mim, puseram-me por guarda das vinhas; a minha vinha, porém, não guardei.

⁷Dize-me, ó *tu*, a quem ama a minha alma: Onde apascentas o teu *rebanho*, onde *o* fazes descansar ao meio-dia; pois por que razão seria eu como a que anda errante junto aos rebanhos de teus companheiros?

⁸Se tu não *o* sabes, ó mais formosa entre as mulheres, sai-te pelas pisadas do rebanho, e apascenta as tuas cabras junto às moradas dos pastores.

⁹Às éguas dos carros de Faraó te comparo, ó meu amor.

¹⁰Formosas são as tuas faces entre *os teus* enfeites, o teu pescoço com os colares.

¹¹Enfeites de ouro te faremos, com incrustações de prata.

¹²Enquanto o rei *está* assentado à sua mesa, o meu nardo exala o seu perfume.

¹³O meu amado é para mim *como* um ramalhete de mirra, posto entre os meus seios.

¹⁴*Como um* ramalhete de hena nas vinhas de En-Gedi é para mim o meu amado.

¹⁵Eis que *és* formosa, ó meu amor, eis que *és* formosa; os teus olhos *são* como os das pombas.

¹⁶Eis que *és* formoso, ó amado meu, e também amável; o nosso leito *é* verde.

¹⁷As traves da nossa casa *são* de cedro, as nossas varandas de cipreste.

2 EU *sou* a rosa de Sarom, o lírio dos vales. ²Qual o lírio entre os espinhos, tal *é* meu amor entre as filhas.

³Qual a macieira entre as árvores do bosque, tal *é* o meu amado entre os filhos; desejo muito a sua sombra, e *debaixo dela* me assento; e o seu fruto *é* doce ao meu paladar.

⁴Levou-me à casa do banquete, e o seu estandarte sobre mim era o amor.

⁵Sustentai-me com passas, confortai-me com maçãs, porque desfaleço de amor.

⁶A sua *mão* esquerda *esteja* debaixo da minha cabeça, e a sua *mão* direita me abrace.

⁷Conjuro-vos, ó filhas de Jerusalém, pelas gazelas e cervas do campo, que não acordeis nem desperteis o *meu* amor, até que queira.

⁸*Esta é* a voz do meu amado; ei-lo aí, *que já* vem saltando sobre os montes, pulando sobre os outeiros.

⁹O meu amado *é* semelhante ao gamo, ou ao filho do veado; eis que está detrás da nossa parede, olhando pelas janelas, espreitando pelas grades.

¹⁰O meu amado fala e me diz: Levanta-te, meu amor, formosa minha, e vem.

¹¹Porque eis que passou o inverno; a chuva cessou, *e se foi*;

¹²Aparecem as flores na terra, o tempo de cantar chega, e a voz da rola ouve-se em nossa terra.

¹³A figueira já deu os seus figos verdes, e as vides em flor exalam o *seu* aroma; levanta-te, meu amor, formosa minha, e vem.

¹⁴Pomba minha, que andas pelas fendas das penhas, no oculto das ladeiras, mostra-me a tua face, faze-me ouvir a tua voz, porque a tua voz *é* doce, e a tua face graciosa.

¹⁵Apanhai-nos as raposas, as raposinhas, que fazem mal às vinhas, porque as nossas vinhas *estão* em flor.

¹⁶O meu amado *é* meu, e eu *sou* dele; ele apascenta o seu rebanho entre os lírios.

¹⁷Até que refresque o dia, e fujam as sombras, volta, amado meu; faze-te semelhante ao gamo ou ao filho dos veados sobre os montes de Beter.

3 DE noite, em minha cama, busquei aquele a quem ama a minha alma; busquei-o, e não o achei.

²Levantar-me-ei, pois, e rodearei a cidade; pelas ruas e pelas praças buscarei aquele a quem ama a minha alma; busquei-o, e não o achei.

³Acharam-me os guardas, que rondavam pela cidade; *eu lhes perguntei:* Vistes aquele a quem ama a minha alma?

⁴Apartando-me eu um pouco deles, logo achei aquele a quem ama a minha alma; agarrei-me a ele, e não o larguei, até que o introduzi em casa de minha mãe, na câmara daquela que me gerou.

⁵Conjuro-vos, ó filhas de Jerusalém, pelas gazelas e cervas do campo, que não acordeis, nem desperteis o *meu* amor, até que queira.

O cortejo nupcial

⁶Quem *é* esta que sobe do deserto, como colunas de fumaça, perfumada de mirra, de incenso, e de todos os pós dos mercadores?

⁷Eis que é a liteira de Salomão; sessenta valentes *estão* ao redor dela, dos valentes de Israel;

⁸Todos armados de espadas, destros na guerra

cada um com a sua espada à cinta por causa dos temores noturnos.

⁹O rei Salomão fez para si uma carruagem de madeira do Líbano.

¹⁰Fez-lhe as colunas *de* prata, o estrado de ouro, o assento *de* púrpura, o interior revestido com amor, pelas filhas de Jerusalém.

¹¹Saí, ó filhas de Sião, e contemplai ao rei Salomão com a coroa com que o coroou sua mãe no dia do seu desposório e no dia do júbilo do seu coração.

O esposo exprime o seu amor pela esposa

4 EIS que *és* formosa, meu amor, eis que *és* formosa; os teus olhos *são como os* das pombas entre as tuas tranças; o teu cabelo *é* como o rebanho de cabras que pastam no monte de Gileade.

²Os teus dentes *são* como o rebanho das *ovelhas* tosquiadas, que sobem do lavadouro, e das quais todas produzem gêmeos, e nenhuma *há* estéril entre elas.

³Os teus lábios *são* como *um* fio de escarlate, e o teu falar *é* agradável; a tua fronte é qual *um* pedaço de romã entre os teus cabelos.

⁴O teu pescoço *é* como a torre de Davi, edificada para pendurar armas; mil escudos pendem dela, todos broquéis de poderosos.

⁵Os teus dois seios *são* como dois filhos gêmeos da gazela, que se apascentam entre os lírios.

⁶Até que refresque o dia, e fujam as sombras, irei ao monte da mirra, e ao outeiro do incenso.

⁷Tu *és* toda formosa, meu amor, e em ti não *há* mancha.

⁸*Vem* comigo do Líbano, ó minha esposa, vem comigo do Líbano; olha desde o cume de Amana, desde o cume de Senir e de Hermom, desde os covis dos leões, desde os montes dos leopardos.

⁹Enlevaste-me o coração, minha irmã, minha esposa; enlevaste-me o coração com um dos teus olhares, com um colar do teu pescoço.

¹⁰Que belos *são* os teus amores, minha irmã, esposa minha! Quanto melhor é o teu amor do que o vinho! E o aroma dos teus unguentos do que *o de* todas as especiarias!

¹¹Favos de mel manam dos teus lábios, minha esposa! Mel e leite estão debaixo da tua língua, e o cheiro dos teus vestidos *é* como o cheiro do Líbano.

¹²Jardim fechado *és* tu, minha irmã, esposa minha, manancial fechado, fonte selada.

¹³Os teus renovos *são um* pomar de romãs, com frutos excelentes, o cipreste com o nardo.

¹⁴O nardo, e o açafrão, o cálamo, e a canela, com toda a sorte de árvores de incenso, a mirra e aloés, com todas as principais especiarias.

¹⁵És a fonte dos jardins, poço das águas vivas, que correm do Líbano!

¹⁶Levanta-te, vento norte, e vem tu, vento sul; assopra no meu jardim, *para que* destilem os seus aromas. Ah! Entre o meu amado no seu jardim, e coma os seus frutos excelentes!

Os pensamentos da esposa sobre o esposo

5 JÁ entrei no meu jardim, minha irmã, minha esposa; colhi a minha mirra com a minha especiaria, comi o meu favo com o meu mel, bebi o meu vinho com o meu leite; comei, amigos, bebei abundantemente, ó amados.

²Eu dormia, mas o meu coração velava; e *eis* a voz do meu amado que está batendo: abre-me, minha irmã, meu amor, pomba minha, imaculada minha, porque a minha cabeça *está* cheia de orvalho, os meus cabelos das gotas da noite.

³*Já* despi a minha roupa; como a tornarei a vestir? *Já* lavei os meus pés; como os tornarei a sujar?

⁴O meu amado pôs a sua mão pela fresta *da porta*, e as minhas entranhas estremeceram por amor dele.

⁵Eu me levantei para abrir ao meu amado, e as minhas mãos gotejavam mirra, e os meus dedos mirra com doce aroma, sobre as aldravas da fechadura.

⁶Eu abri ao meu amado, mas já o meu amado tinha se retirado, *e* tinha ido; a minha alma desfaleceu quando ele falou; busquei-o e não o achei, chamei-o e não me respondeu.

⁷Acharam-me os guardas que rondavam pela cidade; espancaram-me, feriram-me, tiraram-me o manto os guardas dos muros.

⁸Conjuro-vos, ó filhas de Jerusalém, que, se achardes o meu amado, lhe digais que *estou* enferma de amor.

⁹Que *é* o teu amado mais do que *outro* amado, ó tu, a mais formosa entre as mulheres? Que é o teu amado mais do que *outro* amado, que tanto nos conjuras?

¹⁰O meu amado *é* branco e rosado; ele é o primeiro entre dez mil.

¹¹A sua cabeça *é como* o ouro mais apurado, os seus cabelos são crespos, pretos como o corvo.

¹²Os seus olhos *são* como *os* das pombas junto às correntes das águas, lavados em leite, postos em engaste.

¹³As suas faces *são* como *um* canteiro de bálsamo, *como* flores perfumadas; os seus lábios *são como* lírios gotejando mirra com doce aroma.

¹⁴As suas mãos sao *como* anéis de ouro engasta dos de berilo; o seu ventre *como* alvo marfim, coberto de safiras.

¹⁵As suas pernas *como* colunas de mármore, colocadas sobre bases de ouro puro; o seu aspecto como o Líbano, excelente como os cedros.

¹⁶A sua boca é muitíssimo suave; sim, ele é totalmente desejável. Tal *é* o meu amado, e tal o meu amigo, ó filhas de Jerusalém.

6 PARA onde foi o teu amado, ó mais formosa entre as mulheres? Para onde se retirou o teu amado, para que o busquemos contigo?

²O meu amado desceu ao seu jardim, aos canteiros de bálsamo, para apascentar nos jardins e para colher os lírios.

³Eu *sou* do meu amado, e o meu amado *é* meu; ele apascenta entre os lírios.

O esposo descreve a sua esposa

⁴Formosa *és,* meu amor, como Tirza, aprazível como Jerusalém, terrível como um exército com bandeiras.

⁵Desvia de mim os teus olhos, porque eles me dominam. O teu cabelo é como o rebanho das cabras que aparecem em Gileade.

⁶Os teus dentes são como o rebanho de ovelhas que sobem do lavadouro, e das quais todas produzem gêmeos, e não *há* estéril entre elas.

⁷Como *um* pedaço de romã, *assim são* as tuas faces entre os teus cabelos.

⁸Sessenta são as rainhas, e oitenta as concubinas, e as virgens sem número.

⁹*Porém* uma é a minha pomba, a minha imaculada, a única de sua mãe, e a mais querida daquela que a deu à luz; viram-na as filhas e chamaram-na bem-aventurada, as rainhas e as concubinas louvaram-na.

¹⁰Quem *é* esta que aparece como a alva do dia, formosa como a lua, brilhante como o sol, terrível como um exército com bandeiras?

¹¹Desci ao jardim das nogueiras, para ver os frutos do vale, a ver se floresciam as vides *e* brotavam as romãzeiras.

¹²Antes de eu *o* sentir, me pôs a minha alma nos carros do meu nobre povo.

¹³Volta, volta, ó Sulamita, volta, volta, para que nós te vejamos. Por que olhais para a Sulamita como para as fileiras de dois exércitos?

7QUÃO formosos são os teus pés nos sapatos, ó filha do príncipe! Os contornos de tuas coxas são como joias, trabalhadas por mãos de artista.

²O teu umbigo *como uma* taça redonda, a que não falta bebida; o teu ventre *como* montão de trigo, cercado de lírios.

³Os teus dois seios como dois filhos gêmeos de gazela.

⁴O teu pescoço como a torre de marfim; os teus olhos *como* as piscinas de Hesbom, junto à porta de Bate-Rabim; o teu nariz como torre do Líbano, que olha para Damasco.

⁵A tua cabeça sobre ti *é* como *o monte* Carmelo, e os cabelos da tua cabeça como a púrpura; o rei está preso nas galerias.

⁶Quão formosa, e quão aprazível és, ó amor em delícias!

⁷A tua estatura é semelhante à palmeira; e os teus seios *são semelhantes* aos cachos *de uvas.*

⁸Dizia eu: Subirei à palmeira, pegarei em seus ramos; e então os teus seios serão como os cachos na vide, e o cheiro da tua respiração como o das maçãs.

⁹E a tua boca como o bom vinho para o meu amado, que se bebe suavemente, *e* faz com que falem os lábios dos que dormem.

O desejo da esposa pelo seu esposo

¹⁰Eu *sou* do meu amado, e ele me tem afeição.

¹¹Vem, ó amado meu, saiamos ao campo, passemos as noites nas aldeias.

¹²Levantemo-nos de manhã para *ir* às vinhas, vejamos se florescem as vides, se já aparecem as tenras uvas, se já brotam as romãzeiras; ali te darei os meus amores.

¹³As mandrágoras exalam o seu perfume, e às nossas portas *há* todo o gênero de excelentes frutos, novos e velhos; ó amado meu, eu *os* guardei para ti.

8AH! Quem *me* dera que *foras* como meu irmão, que mamou aos seios de minha mãe! Quando te encontrasse lá fora, beijar-te-ia, e não me desprezariam!

²Levar-te-ia e te introduziria na casa de minha mãe, *e* tu me ensinarias; eu te daria a beber do vinho aromático *e* do mosto das minhas romãs.

³A sua *mão* esquerda esteja debaixo da minha cabeça, e a sua direita me abrace.

⁴Conjuro-vos, ó filhas de Jerusalém, que não acordeis nem desperteis o *meu* amor, até que queira.

⁵Quem *é* esta que sobe do deserto, *e vem* encostada ao seu amado? Debaixo da macieira te despertei, ali esteve tua mãe com dores; ali esteve com dores *aquela* que te deu à luz.

⁶Põe-me como selo sobre o teu coração, como selo sobre o teu braço, porque o amor *é* forte como a morte, *e* duro como a sepultura o ciúme; as suas brasas *são* brasas de fogo, *com* veementes labaredas.

⁷As muitas águas não podem apagar *este* amor, nem os rios afogá-lo; ainda que alguém desse todos os bens de sua casa pelo amor, certamente o desprezariam.

⁸Temos uma irmã pequena, que ainda não tem seios; que faremos a *esta* nossa irmã, no dia em que dela se falar?

⁹Se ela *for um* muro, edificaremos sobre ela *um* palácio de prata; e, se ela for *uma* porta, cercá-la-emos com tábuas de cedro.

¹⁰Eu *sou* um muro, e os meus seios *são* como *as suas* torres; então eu era aos seus olhos como aquela que acha paz.

¹¹Teve Salomão *uma* vinha em Baal-Hamom; entregou-a a *uns* guardas; *e* cada um *lhe* trazia pelo *seu* fruto mil peças de prata.

¹²A minha vinha, que me pertence, *está* diante de mim; as mil *peças de prata são* para ti, ó Salomão, e duzentas para os que guardam o *seu* fruto.

¹³Ó tu, que habitas nos jardins, os companheiros estão atentos para ouvir a tua voz; faze-me, *pois, também* ouvi-la.

¹⁴Vem depressa, amado meu, e faze-te semelhante ao gamo ou ao filho dos veados sobre os montes dos aromas.

O LIVRO DO PROFETA
ISAÍAS

Descrição dos pecados e dos sofrimentos do povo

1 VISÃO de Isaías, filho de Amós, que ele teve a respeito de Judá e Jerusalém, nos dias de Uzias, Jotão, Acaz, *e* Ezequias, reis de Judá.

²Ouvi, ó céus, e dá ouvidos, tu, ó terra; porque o Senhor tem falado: Criei filhos, e engrandeci-os; mas eles se rebelaram contra mim.

³O boi conhece o seu possuidor, e o jumento a manjedoura do seu dono; *mas* Israel não tem conhecimento, o meu povo não entende.

⁴Ai, nação pecadora, povo carregado de iniquidade, descendência de malfeitores, filhos corruptores; deixaram ao Senhor, blasfemaram o Santo de Israel, voltaram para trás.

⁵Por que seríeis ainda castigados, se mais vos rebelaríeis? Toda a cabeça *está* enferma e todo o coração fraco.

⁶Desde a planta do pé até a cabeça não há nele coisa sã, *senão* feridas, e inchaços, e chagas podres não espremidas, nem ligadas, nem amolecidas com óleo.

⁷A vossa terra está assolada, as vossas cidades *estão* abrasadas pelo fogo; a vossa terra os estranhos a devoram em vossa presença; e *está* como devastada, numa subversão de estranhos.

⁸E a filha de Sião é deixada como a cabana na vinha, como a choupana no pepinal, como uma cidade sitiada.

⁹Se o Senhor dos Exércitos não nos tivesse deixado algum remanescente, *já* como Sodoma seríamos, e semelhantes a Gomorra.

¹⁰Ouvi a palavra do Senhor, vós poderosos de Sodoma; dai ouvidos à lei do nosso Deus, ó povo de Gomorra.

¹¹De que me *serve* a mim a multidão de vossos sacrifícios, diz o Senhor? Já estou farto dos holocaustos de carneiros, e da gordura de animais cevados; nem me agrado de sangue de bezerros, nem de cordeiros, nem de bodes.

¹²Quando vindes para comparecer perante mim, quem requereu isto de vossas mãos, que *viésseis* a pisar os meus átrios?

¹³Não continueis a trazer ofertas vãs; o incenso é para mim abominação, e as luas novas, e os sábados, e a convocação das assembleias; não posso suportar iniquidade, nem mesmo a reunião solene.

¹⁴As vossas luas novas, e as vossas solenidades, a minha alma as odeia; *já* me são pesadas; *já* estou cansado de *as* sofrer.

¹⁵Por isso, quando estendeis as vossas mãos, escondo de vós os meus olhos; e ainda que multipliqueis as vossas orações, não as ouvirei, *porque* as vossas mãos estão cheias de sangue.

¹⁶Lavai-vos, purificai-vos, tirai a maldade de vossos atos de diante dos meus olhos; cessai de fazer mal.

¹⁷Aprendei a fazer bem; procurai o que é justo; ajudai o oprimido; fazei justiça ao órfão; tratai da causa das viúvas.

¹⁸Vinde então, e raciocinemos juntos, diz o Senhor: ainda que os vossos pecados sejam como a escarlata, eles se tornarão brancos como a neve; ainda que sejam vermelhos como o carmesim, se tornarão como a *branca* lã.

¹⁹Se quiserdes, e obedecerdes, comereis o bem desta terra.

²⁰Mas se recusardes, e fordes rebeldes, sereis devorados à espada; porque a boca do Senhor *o* disse.

²¹Como se fez prostituta a cidade fiel! Ela que estava cheia de retidão! A justiça habitava nela, mas agora homicidas.

²²A tua prata tornou-se em escórias, o teu vinho se misturou com água.

²³Os teus príncipes *são* rebeldes, e companheiros de ladrões; cada um deles ama as peitas, e anda atrás das recompensas; não fazem justiça ao órfão, e não chega perante eles a causa da viúva.

²⁴Portanto diz o Senhor, o Senhor dos Exércitos, o Forte de Israel: Ah! Tomarei satisfações dos meus adversários, e vingar-me-ei dos meus inimigos.

²⁵E voltarei contra ti a minha mão, e purificarei inteiramente as tuas escórias; e tirar-te-ei toda a impureza.

²⁶E te restituirei os teus juízes, como *foram* dantes; e os teus conselheiros, como antigamente; e então te chamarão cidade de justiça, cidade fiel.

²⁷Sião será remida com juízo, e os que voltam para ela com justiça.

²⁸Mas os transgressores e os pecadores serão juntamente destruídos; e os que deixarem o Senhor serão consumidos.

²⁹Porque vos envergonhareis pelos carvalhos que cobiçastes, e sereis confundidos pelos jardins que escolhestes.

³⁰Porque sereis como o carvalho, ao qual caem as folhas, e como o jardim que não tem água.

³¹E o forte se tornará em estopa, e a sua obra em faísca; e ambos arderão juntamente, e não *haverá* quem os apague.

A glória futura de Israel

2 PALAVRA que viu Isaías, filho de Amós, a respeito de Judá e de Jerusalém.

²E acontecerá nos últimos dias que se firmará o monte da casa do Senhor no cume dos montes, e se elevará por cima dos outeiros; e concorrerão a ele todas as nações.

³E irão muitos povos, e dirão: Vinde, subamos ao monte do Senhor, à casa do Deus de Jacó, para que nos ensine os seus caminhos, e andemos nas suas veredas; porque de Sião sairá a lei, e de Jerusalém a palavra do Senhor.

⁴E ele julgará entre as nações, e repreenderá a muitos povos; e estes converterão as suas espadas em enxadas e as suas lanças em foices; uma nação não levantará espada contra outra nação, nem aprenderão mais a guerrear.

O dia do Senhor

⁵Vinde, ó casa de Jacó, e andemos na luz do Senhor.

⁶Mas tu desamparaste o teu povo, a casa de Jacó, porque se encheram dos *costumes* do oriente e *são* agoureiros como os filisteus; e associam-se com os filhos dos estrangeiros,

⁷E a sua terra está cheia de prata e ouro, e não *têm* fim

ISAÍAS 2.8

os seus tesouros; também a sua terra está cheia de cavalos, e os seus carros não *têm* fim.

[8]Também a sua terra está cheia de ídolos; inclinam-se perante a obra das suas mãos, diante daquilo que fabricaram os seus dedos.

[9]E o povo se abate, e os nobres se humilham; portanto não lhes perdoarás.

[10]Entra nas rochas, e esconde-te no pó, do terror do Senhor e da glória da sua majestade.

[11]Os olhos altivos dos homens serão abatidos, e a sua altivez será humilhada; e só o Senhor será exaltado naquele dia.

[12]Porque o dia do Senhor dos Exércitos será contra todo o soberbo e altivo, e contra todo o que se exalta, para que seja abatido;

[13]E contra todos os cedros do Líbano, altos e sublimes; e contra todos os carvalhos de Basã;

[14]E contra todos os montes altos, e contra todos os outeiros elevados;

[15]E contra toda a torre alta, e contra todo o muro fortificado;

[16]E contra todos os navios de Társis, e contra todas as pinturas desejáveis.

[17]E a arrogância do homem será humilhada, e a sua altivez se abaterá, e só o Senhor será exaltado naquele dia.

[18]E todos os ídolos desaparecerão totalmente.

[19]Então os homens entrarão nas cavernas das rochas, e nas covas da terra, do terror do Senhor, e da glória da sua majestade, quando ele se levantar para assombrar a terra.

[20]Naquele dia o homem lançará às toupeiras e aos morcegos os seus ídolos de prata, e os seus ídolos de ouro, que fizeram para diante deles se prostrarem.

[21]E entrarão nas fendas das rochas, e nas cavernas das penhas, por causa do terror do Senhor, e da glória da sua majestade, quando ele se levantar para abalar terrivelmente a terra.

[22]Deixai-vos do homem cujo fôlego *está* nas suas narinas; pois em que se deve ele estimar?

Juízos preparatórios

3PORQUE, eis que o Senhor, o Senhor dos Exércitos, tirará de Jerusalém e de Judá o sustento e o apoio; a todo o sustento de pão e a todo o sustento de água;

[2]O poderoso, e o homem de guerra, o juiz, e o profeta, e o adivinho, e o ancião,

[3]O capitão de cinquenta, e o homem respeitável, e o conselheiro, e o sábio entre os artífices, e o eloquente orador.

[4]E dar-lhes-ei meninos por príncipes, e crianças governarão sobre eles.

[5]E o povo será oprimido; um será contra o outro, e cada um contra o seu próximo; o menino se atreverá contra o ancião, e o vil contra o nobre.

[6]Quando alguém pegar de seu irmão na casa de seu pai, *dizendo:* Tu tens roupa, sê nosso governador, e toma sob a tua mão esta ruína;

[7]Naquele dia levantará este *a sua voz,* dizendo: Não posso ser médico, nem tampouco *há* em

minha casa pão, ou roupa alguma; não me haveis de constituir governador sobre o povo.

[8]Porque Jerusalém está arruinada, e Judá caída; porque a sua língua e as suas obras *são* contra o Senhor, para provocarem os olhos da sua glória.

[9]O aspecto do seu rosto testifica contra eles; e publicam os seus pecados, como Sodoma; não os dissimulam. Ai da sua alma! Porque fazem mal a si mesmos.

[10]Dizei ao justo que bem *lhe irá;* porque comerão do fruto das suas obras.

[11]Ai do ímpio! Mal *lhe irá;* porque se lhe fará o que as suas mãos fizeram.

[12]Os opressores do meu povo *são* crianças, e mulheres dominam sobre ele; ah, povo meu! Os que te guiam te enganam, e destroem o caminho das tuas veredas.

[13]O Senhor se levanta para pleitear, e põe-se de pé para julgar os povos.

[14]O Senhor entrará em juízo contra os anciãos do seu povo, e *contra* os seus príncipes; é que fostes vós que consumistes *esta* vinha; o espólio do pobre está em vossas casas.

[15]Que tendes vós, que esmagais o meu povo e moeis as faces dos pobres? Diz o Senhor Deus dos Exércitos.

[16]Diz ainda mais o Senhor: Porquanto as filhas de Sião se exaltam, e andam com o pescoço erguido, lançando olhares impudentes; e quando andam, caminham saltitando, fazendo um tilintar com os seus pés;

[17]Portanto o Senhor fará tinhoso o alto da cabeça das filhas de Sião, e o Senhor porá a descoberto a sua nudez;

[18]Naquele dia tirará o Senhor os ornamentos dos pés, e as toucas, e adornos em forma de lua,

[19]Os pendentes, e os braceletes, as estolas,

[20]Os gorros, e os ornamentos das pernas, e os cintos e as caixinhas de perfumes, e os brincos,

[21]Os anéis, e as joias do nariz,

[22]Os vestidos de festa, e os mantos, e os xales, e as bolsas.

[23]Os espelhos, e o linho finíssimo, e os turbantes, e os véus.

[24]E será que em lugar de perfume haverá mau cheiro; e por cinto uma corda; e em lugar de encrespadura de cabelos, calvície; e em lugar de veste luxuosa, pano de saco; e queimadura em lugar de formosura.

[25]Teus homens cairão à espada e teus poderosos na peleja.

[26]E as suas portas gemerão e pranteará o; e ela, desolada, se assentará no chão.

A purificação de Jerusalém

4E SETE mulheres naquele dia lançarão mão de um homem, dizendo: Nós comeremos do nosso pão, e nos vestiremos com nossas próprias vestes; tão somente queremos ser chamadas pelo teu nome; tira o nosso opróbrio.

[2]Naquele dia o renovo do Senhor será *cheio de*

beleza e de glória; e o fruto da terra excelente e formoso para os que escaparem de Israel.

³E será que aquele que for deixado em Sião, e ficar em Jerusalém, será chamado santo; todo aquele que estiver inscrito entre os viventes em Jerusalém;

⁴Quando o Senhor lavar a imundícia das filhas de Sião, e limpar o sangue de Jerusalém, do meio dela, com o espírito de justiça, e com o espírito de ardor.

⁵E criará o Senhor sobre todo o lugar do monte de Sião, e sobre as suas assembleias, uma nuvem de dia e uma fumaça, e um resplendor de fogo flamejante de noite; porque sobre toda a glória *haverá* proteção.

⁶E haverá *um* tabernáculo para sombra contra o calor do dia; e para refúgio e esconderijo contra a tempestade e a chuva.

A parábola da vinha e sua aplicação

5 AGORA cantarei ao meu amado o cântico do meu querido a respeito da sua vinha. O meu amado tem uma vinha num outeiro fértil.

²E cercou-a, e limpando-a das pedras, plantou-a de excelentes vides; e edificou no meio dela uma torre, e também construiu nela um lagar; e esperava que desse uvas *boas,* porém deu uvas bravas.

³Agora, pois, ó moradores de Jerusalém, e homens de Judá, julgai, vos peço, entre mim e a minha vinha.

⁴Que mais se podia fazer à minha vinha, que eu lhe não tenha feito? Por que, esperando eu que desse uvas *boas,* veio a dar uvas bravas?

⁵Agora, pois, vos farei saber o que eu hei de fazer à minha vinha: tirarei a sua sebe, para que sirva de pasto; derrubarei a sua parede, para que seja pisada;

⁶E a tornarei em deserto; não será podada nem cavada; porém crescerão *nela* sarças e espinheiros; e às nuvens darei ordem que não derramem chuva sobre ela.

⁷Porque a vinha do Senhor dos Exércitos *é* a casa de Israel, e os homens de Judá *são* a planta das suas delícias; e esperou *que exercesse* juízo, e eis aqui opressão; justiça, e eis aqui clamor.

⁸Ai dos que ajuntam casa a casa, reúnem campo a campo, até que não haja mais lugar, e fiquem como únicos moradores no meio da terra!

⁹A meus ouvidos *disse* o Senhor dos Exércitos: Em verdade que muitas casas ficarão desertas, e até as grandes e excelentes sem moradores.

¹⁰De dez jeiras de vinha não darão mais do que um bato; e um ômer de semente não dará mais do que um efa.

¹¹Ai dos que se levantam pela manhã, e seguem a bebedice; *e* continuam até à noite, *até que* o vinho os esquente!

¹²E harpas e alaúdes, tamboris e gaitas, e vinho há nos seus banquetes; e não olham para a obra do Senhor, nem consideram as obras das suas mãos.

¹³Portanto o meu povo será levado cativo, por falta de entendimento; e os seus nobres terão fome, e a sua multidão se secará de sede.

¹⁴Portanto o inferno grandemente se alargou, e se abriu a sua boca desmesuradamente; e para lá descerão o seu esplendor, e a sua multidão, e a sua pompa, e os que entre eles se alegram.

¹⁵Então o plebeu se abaterá, e o nobre se humilhará; e os olhos dos altivos se humilharão.

¹⁶Porém o Senhor dos Exércitos será exaltado em juízo; e Deus, o Santo, será santificado em justiça.

¹⁷Então os cordeiros pastarão como de costume, e os estranhos comerão dos lugares devastados pelos gordos.

¹⁸Ai dos que puxam a iniquidade com cordas de vaidade, e o pecado *com* tirantes de carro!

¹⁹E dizem: Avie-se, e acabe a sua obra, para que a vejamos; e aproxime-se e venha o conselho do Santo de Israel, para que o conheçamos.

²⁰Ai dos que ao mal chamam bem, e ao bem mal; que fazem das trevas luz, e da luz trevas; e fazem do amargo doce, e do doce amargo!

²¹Ai dos *que são* sábios a seus *próprios* olhos, e prudentes diante de si mesmos!

²²Ai dos que são poderosos para beber vinho, e homens de poder para misturar bebida forte;

²³Dos que justificam ao ímpio por suborno, e aos justos negam a justiça!

²⁴Por isso, como a língua de fogo consome a palha, e o restolho se desfaz pela chama, *assim* será a sua raiz como podridão, e a sua flor se esvaecerá como pó; porquanto rejeitaram a lei do Senhor dos Exércitos, e desprezaram a palavra do Santo de Israel.

²⁵Por isso se acendeu a ira do Senhor contra o seu povo, e estendeu a sua mão contra ele, e o feriu, *de modo* que as montanhas tremeram, e os seus cadáveres se fizeram como lixo no meio das ruas; com tudo isto não tornou atrás a sua ira, mas a sua mão ainda está estendida.

²⁶E ele arvorará o estandarte para as nações de longe, e lhes assobiará para *que venham* desde a extremidade da terra; e eis que virão apressadamente *e* ligeiramente.

²⁷Não *haverá* entre eles cansado, nem quem tropece; ninguém tosquenejará nem dormirá; não se lhe desatará o cinto dos seus lombos, nem se lhe quebrará a correia dos seus sapatos.

²⁸As suas flechas *serão* agudas, e todos os seus arcos retesados; os cascos dos seus cavalos são reputados como pederneiras, e as rodas *dos seus carros* como redemoinho.

²⁹O seu rugido *será* como o do leão; rugirão como filhos de leão; sim, rugirão e arrebatarão a presa, e *a* levarão, e não haverá quem a livre.

³⁰E bramarão contra eles naquele dia, como o bramido do mar; então olharão para a terra, e eis *que só verão* trevas *e* ânsia, e a luz se escurecerá nos céus.

Isaías é escolhido e consagrado profeta

6 NO ANO em que morreu o rei Uzias, eu vi também ao Senhor assentado sobre um alto e

ISAÍAS 5.2

sublime trono; e a cauda do seu *manto* enchia o templo.

²Serafins estavam por cima dele; cada um tinha seis asas; com duas cobriam os seus rostos, e com duas cobriam os seus pés, e com duas voavam.

³E clamavam uns aos outros, dizendo: Santo, Santo, Santo *é* o Senhor dos Exércitos; toda a terra *está* cheia da sua glória.

⁴E os umbrais das portas se moveram à voz do que clamava, e a casa se encheu de fumaça.

⁵Então disse eu: Ai de mim! Pois estou perdido; porque *sou* um homem de lábios impuros, e habito no meio de um povo de impuros lábios; os meus olhos viram o Rei, o Senhor dos Exércitos.

⁶Porém um dos serafins voou para mim, trazendo na sua mão uma brasa viva, *que* tirara do altar com uma tenaz;

⁷E com *a brasa* tocou a minha boca, e disse: Eis que isto tocou os teus lábios; e a tua iniquidade foi tirada, e expiado o teu pecado.

⁸Depois disto ouvi a voz do Senhor, que dizia: A quem enviarei, e quem há de ir *por* nós? Então disse eu: Eis-me *aqui,* envia-me a mim.

⁹Então disse ele: Vai, e dize a este povo: Ouvis, de fato, e não entendeis, e vedes, em verdade, mas não percebeis.

¹⁰Engorda o coração deste povo, e faze-lhe pesados os ouvidos, e fecha-lhe os olhos; para que ele não veja com os seus olhos, e não ouça com os seus ouvidos, nem entenda com o seu coração, nem se converta e seja sarado.

¹¹Então disse eu: Até quando Senhor? E respondeu: Até que sejam desoladas as cidades e fiquem sem habitantes, e as casas sem moradores, e a terra seja de todo assolada.

¹²E o Senhor afaste *dela* os homens, e no meio da terra *seja* grande o desamparo.

¹³Porém ainda a décima parte *ficará* nela, e tornará a ser pastada; *e* como o carvalho, e como a azinheira, que depois de se desfolharem, *ainda* ficam firmes, *assim* a santa semente será a firmeza dela.

Isaías é mandado a Acaz

7SUCEDEU, pois, nos dias de Acaz, filho de Jotão, filho de Uzias, rei de Judá, que Rezim, rei da Síria, e Peca, filho de Remalias, rei de Israel, subiram a Jerusalém, para pelejarem contra ela, mas nada puderam contra ela.

²E deram aviso à casa de Davi, dizendo: A Síria fez aliança com Efraim. Então se moveu o seu coração, e o coração do seu povo, como se movem as árvores do bosque com o vento.

³Então disse o Senhor a Isaías: Agora, tu e teu filho Sear-Jasube, saí ao encontro de Acaz, ao fim do canal do tanque superior, no caminho do campo do lavandeiro.

⁴E dize-lhe: Acautela-te, e aquieta-te; não temas, nem se desanime o teu coração por causa destes dois pedaços de tições fumegantes; por causa do ardor da ira de Rezim, e da Síria, e do filho de Remalias.

⁵Porquanto a Síria teve contra ti maligno conselho, *com* Efraim, e *com* o filho de Remalias, dizendo:

⁶Vamos subir contra Judá, e molestemo-lo e repartamo-lo entre nós, e façamos reinar no meio dele o filho de Tabeal.

⁷Assim diz o Senhor Deus: Isto não subsistirá, nem tampouco acontecerá.

⁸Porém a cabeça da Síria *será* Damasco, e a cabeça de Damasco Rezim; e dentro de sessenta e cinco anos Efraim será quebrantado, e deixará de ser povo.

⁹Entretanto a cabeça de Efraim *será* Samaria, e a cabeça de Samaria o filho de Remalias; se não o crerdes, certamente não haveis de permanecer.

O sinal para Acaz

¹⁰E continuou o Senhor a falar com Acaz, dizendo:

¹¹Pede para ti ao Senhor teu Deus um sinal; pede-o, ou embaixo nas profundezas, ou em cima nas alturas.

¹²Acaz, porém, disse: Não pedirei, nem tentarei ao Senhor.

¹³Então ele disse: Ouvi agora, ó casa de Davi: Pouco vos é afadigardes os homens, senão que também afadigareis ao meu Deus?

¹⁴Portanto o mesmo Senhor vos dará um sinal: Eis que a virgem conceberá, e dará à luz *um* filho e chamará o seu nome Emanuel.

¹⁵Manteiga e mel comerá, quando ele souber rejeitar o mal e escolher o bem.

¹⁶Na verdade, antes que este menino saiba rejeitar o mal e escolher o bem, a terra, de que te enfadas, será desamparada dos seus dois reis.

¹⁷Porém o Senhor fará vir sobre ti, e sobre o teu povo, e sobre a casa de teu pai, *pelo* rei da Assíria dias *tais,* quais nunca vieram, desde o dia em que Efraim se separou de Judá.

¹⁸Porque *há* de acontecer que naquele dia assobiará o Senhor às moscas, que há no extremo dos rios do Egito, e às abelhas que *estão* na terra da Assíria;

¹⁹E todas elas virão, e pousarão nos vales desertos e nas fendas das rochas, e em todos os espinheiros e em todos os arbustos.

²⁰Naquele mesmo dia rapará o Senhor com *uma* navalha alugada, *que está* além do rio, *isto é,* com o rei da Assíria, a cabeça e os cabelos dos pés; e até a barba totalmente tirará.

²¹E sucederá naquele dia que um homem criará uma novilha e duas ovelhas.

²²E acontecerá que por causa da abundância do leite que elas hão de dar, comerá manteiga; manteiga e mel comerá todo aquele que restar no meio da terra.

²³Sucederá também naquele dia que todo o lugar, em que houver mil vides, *do valor de* mil *siclos* de prata, será para as sarças e para os espinheiros.

²⁴Com arco e flecha se entrará ali, porque toda a terra será sarças e espinheiros.

²⁵E *quanto a* todos os montes, que costumavam

cavar com enxadas, para ali não irás *por causa* do temor das sarças e dos espinheiros; porém servirão para se mandarem para lá os bois e para serem pisados pelas ovelhas.

A ruína dos reinos de Israel e Síria

8 DISSE-ME também o S ENHOR : Toma um grande rolo, e escreve nele com caneta de homem: Apressando-se ao despojo, apressurou-se à presa.

²Então tomei comigo fiéis testemunhas, a Urias sacerdote, e a Zacarias, filho de Jeberequias,

³E fui ter com a profetisa, e ela concebeu, e deu à luz *um* filho; e o S ENHOR me disse: Põe-lhe o nome de Maer-Salal-Has-Baz.

⁴Porque antes que o menino saiba dizer meu pai, ou minha mãe, se levarão as riquezas de Damasco, e os despojos de Samaria, diante do rei da Assíria.

⁵E continuou o S ENHOR a falar ainda comigo, dizendo:

⁶Porquanto este povo desprezou as águas de Siloé que correm brandamente, e alegrou-se com Rezim e com o filho de Remalias,

⁷Portanto eis que o Senhor fará subir sobre eles as águas do rio, fortes e impetuosas, *isto é,* o rei da Assíria, com toda a sua glória; e subirá sobre todos os seus leitos, e transbordará por todas as suas ribanceiras.

⁸E passará a Judá, inundando-o, e irá passando por ele *e* chegará até ao pescoço; e a extensão de suas asas encherá a largura da tua terra, ó Emanuel.

⁹Ajuntai-vos, ó povos, e sereis quebrantados; dai ouvidos, todos os que sois de terras longínquas; cingi-vos e sereis feitos em pedaços, cingi-vos e sereis feitos em pedaços.

¹⁰Tomai juntamente conselho, e ele será frustrado; dizei uma palavra, e ela não subsistirá, porque Deus *é* conosco.

¹¹Porque assim o S ENHOR me disse com mão forte, e me ensinou que não andasse pelo caminho deste povo, dizendo:

¹²Não chameis conjuração, a tudo quanto este povo chama conjuração; e não temais o que ele teme, nem tampouco vos assombreis.

¹³Ao S ENHOR dos Exércitos, a ele santificai; e *seja* ele o vosso temor e *seja* ele o vosso assombro.

¹⁴Então ele vos será por santuário; mas servirá de pedra de tropeço, e rocha de escândalo, às duas casas de Israel; por armadilha e laço aos moradores de Jerusalém.

¹⁵E muitos entre eles tropeçarão, e cairão, e serão quebrantados, e enlaçados, e presos.

¹⁶Liga o testemunho, sela a lei entre os meus discípulos.

¹⁷E esperarei ao S ENHOR , que esconde o seu rosto da casa de Jacó, e a ele aguardarei.

¹⁸Eis-me aqui, com os filhos que me deu o S ENHOR , por sinais e por maravilhas em Israel, da parte do S ENHOR dos Exércitos, que habita no monte de Sião.

¹⁹Quando, pois, vos disserem: Consultai os que têm espíritos familiares e os adivinhos, que chilreiam e murmuram: *Porventura* não consultará o povo a seu Deus? A favor dos vivos *consultar-se-á* aos mortos?

²⁰À lei e ao testemunho! Se eles não falarem segundo esta palavra, *é* porque *não há* luz neles.

²¹E passarão pela *terra* duramente oprimidos e famintos; e será que, tendo fome, e enfurecendo-se, então amaldiçoarão ao seu rei e ao seu Deus, olhando para cima.

²²E, olhando para a terra, eis que *haverá* angústia e escuridão, *e* sombras de ansiedade, e serão empurrados para as trevas.

O advento e o poder do Messias

9 MAS *a terra,* que foi angustiada, não será entenebrecida; envileceu nos primeiros tempos, a terra de Zebulom, e a terra de Naftali; mas nos últimos *tempos a* enobreceu junto ao caminho do mar, além do Jordão, na Galileia das nações.

²O povo que andava em trevas, viu *uma* grande luz, *e* sobre os que habitavam na região da sombra da morte resplandeceu a luz.

³Tu multiplicaste a nação, a alegria *lhe* aumentaste; *todos* se alegrarão perante ti, como se alegram na ceifa, *e* como exultam quando se repartem os despojos.

⁴Porque tu quebraste o jugo da sua carga, e o cajado do seu ombro, *e* a vara do seu opressor, como no dia dos midianitas.

⁵Porque todo calçado que levava o guerreiro no tumulto da batalha, e todo o manto revolvido em sangue, serão queimados, servindo de combustível ao fogo.

⁶Porque *um* menino nos nasceu, *um* filho se nos deu, e o principado estará sobre os seus ombros, e se chamará o seu nome: Maravilhoso, Conselheiro, Deus Forte, Pai da Eternidade, Príncipe da Paz.

⁷Do aumento deste principado e da paz não haverá fim, sobre o trono de Davi e no seu reino, para o firmar e o fortificar com juízo e com justiça, desde agora e para sempre; o zelo do S ENHOR dos Exércitos fará isto.

Juízos contra o reino de Israel

⁸O Senhor enviou uma palavra a Jacó, e *ela* caiu em Israel.

⁹E todo este povo *o* saberá, Efraim e os moradores de Samaria, que em soberba e altivez de coração, dizem:

¹⁰Os tijolos caíram, mas *com* cantaria tornaremos a edificar; cortaram-se os sicômoros, mas em cedros as mudaremos.

¹¹Portanto o S ENHOR suscitará, contra ele, os adversários de Rezim, e juntará os seus inimigos.

¹²Pela frente *virão* os sírios, e por detrás os filisteus, e devorarão a Israel à boca escancarada; *e* nem com tudo isto cessou a sua ira, mas ainda *está* estendida a sua mão.

¹³Todavia este povo não se voltou para quem o feria, nem buscou ao S ENHOR dos Exércitos.

ISAÍAS 9.14

¹⁴Assim o SENHOR cortará de Israel a cabeça e a cauda, o ramo e o junco, num mesmo dia

¹⁵(O ancião e o homem de respeito é a cabeça; e o profeta que ensina a falsidade é a cauda).

¹⁶Porque os guias deste povo são enganadores, e os que por eles são guiados *são* destruídos.

¹⁷Por isso o Senhor não se regozija nos seus jovens, e não se compadecerá dos seus órfãos e das suas viúvas, porque todos eles *são* hipócritas e malfazejos, e toda a boca profere doidices; *e* nem com tudo isto cessou a sua ira, mas ainda *está* estendida a sua mão.

¹⁸Porque a impiedade lavra como um fogo, ela devora as sarças e os espinheiros; e ela se ateará no emaranhado da floresta; e subirão em espessas nuvens de fumaça.

¹⁹Por causa da ira do SENHOR dos Exércitos a terra se escurecerá, e será o povo como combustível para o fogo; ninguém poupará ao seu irmão.

²⁰Se colher à direita, ainda terá fome, e se comer à esquerda, ainda não se fartará; cada um comerá a carne de seu braço.

²¹Manassés a Efraim, e Efraim a Manassés, e ambos *serão* contra Judá. Com tudo isto não cessou a sua ira, mas ainda *está* estendida a sua mão.

10 AI dos que decretam leis injustas, e dos escrivães que prescrevem opressão.

²Para desviarem os pobres do seu direito, e para arrebatarem o direito dos aflitos do meu povo; para despojarem as viúvas e roubarem os órfãos!

³Mas que fareis vós no dia da visitação, e na desolação, que há de vir de longe? A quem recorrereis para obter socorro, e onde deixareis a vossa glória,

⁴Sem que cada um se abata entre os presos, e caia entre mortos? Com tudo isto a sua ira não cessou, mas ainda *está* estendida a sua mão.

A ruína da Assíria

⁵Ai da Assíria, a vara da minha ira, porque a minha indignação é como cajado nas suas mãos.

⁶Enviá-la-ei contra uma nação hipócrita, e contra o povo do meu furor lhe darei ordem, para que lhe roube a presa, e lhe tome o despojo, e o ponha para ser pisado aos pés, como a lama das ruas.

⁷Ainda que ele não cuide assim, nem o seu coração assim o imagine; antes no seu coração *intenta* destruir e desarraigar não poucas nações.

⁸Porque diz: Não são meus príncipes todos eles reis?

⁹Não *é* Calno como Carquemis? Não é Hamate como Arpade? E Samaria como Damasco?

¹⁰Como a minha mão alcançou os reinos dos ídolos, cujas imagens esculpidas eram melhores do que *as* de Jerusalém e do que *as* de Samaria,

¹¹*Porventura* como fiz a Samaria e aos seus ídolos, não o faria igualmente a Jerusalém e aos seus ídolos?

¹²Por isso acontecerá que, havendo o Senhor acabado toda a sua obra no monte Sião e em Jerusalém, então castigarei o fruto da *arrogante*

grandeza do coração do rei da Assíria e a pompa da altivez dos seus olhos.

¹³Porquanto disse: Com a força da minha mão *o* fiz, e com a minha sabedoria, porque sou prudente; e removi os limites dos povos, e roubei os seus tesouros, e como valente abati aos habitantes.

¹⁴E achou a minha mão as riquezas dos povos como a *um* ninho, e como se ajuntam os ovos abandonados, *assim* eu ajuntei a toda a terra, e não houve quem movesse a asa, ou abrisse a boca, ou murmurasse.

¹⁵*Porventura* gloriar-se-á o machado contra o que corta com ele, ou presumirá a serra contra o que puxa por ela, como se o cajado movesse aos que o levantam, ou a vara levantasse como não sendo pau?

¹⁶Por isso o Senhor, o SENHOR dos Exércitos, fará definhar os que entre eles são gordos, e debaixo da sua glória ateará um incêndio, como incêndio de fogo.

¹⁷Porque a Luz de Israel virá a ser como fogo e o seu Santo por labareda, que abrase e consuma os seus espinheiros e as suas sarças num só dia.

¹⁸Também consumirá a glória da sua floresta, e do seu campo fértil, desde a alma até à carne, e será como quando desmaia o porta-bandeira.

¹⁹E o resto das árvores da sua floresta será *tão* pouco em número, que um menino poderá contá-las.

²⁰E acontecerá naquele dia que os restantes de Israel, e os que tiverem escapado da casa de Jacó, nunca mais se estribarão sobre aquele que os feriu; antes estribar-se-ão verdadeiramente sobre o SENHOR, o Santo de Israel.

²¹Os restantes se converterão ao Deus forte, sim, os restantes de Jacó.

²²Porque ainda que o teu povo, ó Israel, seja como a areia do mar, *só* um remanescente dele se converterá; uma destruição está determinada, transbordando em justiça.

²³Porque determinada já a destruição, o Senhor DEUS dos Exércitos a executará no meio de toda esta terra.

²⁴Por isso assim diz o Senhor DEUS dos Exércitos: Povo meu, que habitas em Sião, não temas à Assíria, quando te ferir com a vara, e contra ti levantar o seu cajado à maneira dos egípcios.

²⁵Porque daqui a bem pouco se cumprirá a *minha* indignação e a minha ira, para a consumir.

²⁶Porque o SENHOR dos Exércitos suscitará contra ela um flagelo, como na matança de Midiã junto à rocha de Orebe; e a sua vara estará sobre o mar, e ele a levantará como sucedeu aos egípcios.

²⁷E acontecerá, naquele dia, que a sua carga será tirada do teu ombro, e o seu jugo do teu pescoço; e o jugo será despedaçado por causa da unção.

²⁸Já vem *chegando* a Aiate, *já* vai passando por Migrom, *e* em Micmás deixa a sua bagagem.

²⁹*Já* passaram o desfiladeiro, *já* se alojam em Geba; *já* Ramá treme, *e* Gibeá de Saul vai fugindo.

³⁰Clama alto com a tua voz, ó filha de Galim! Ouve, ó Laís! Ó tu pobre Anatote!

³¹Madmena *já* se foi; os moradores de Gebim vão fugindo em bandos.

³²Ainda um dia parará em Nobe; acenará com a sua mão *contra* o monte da filha de Sião, o outeiro de Jerusalém.

³³Mas eis que o Senhor, o SENHOR dos Exércitos, cortará os ramos com violência, e os de alta estatura serão cortados, e os altivos serão abatidos.

³⁴E cortará com ferro a espessura da floresta, e o Líbano cairá à mão de um poderoso.

O reino do Messias é pacífico e próspero

11 PORQUE brotará um rebento do tronco de Jessé, e das suas raízes um renovo frutificará.

²E repousará sobre ele o Espírito do SENHOR, o espírito de sabedoria e de entendimento, o espírito de conselho e de fortaleza, o espírito de conhecimento e de temor do SENHOR.

³E deleitar-se-á no temor do SENHOR; e não julgará segundo a vista dos seus olhos, nem repreenderá segundo o ouvir dos seus ouvidos.

⁴Mas julgará com justiça aos pobres, e repreenderá com equidade aos mansos da terra; e ferirá a terra com a vara de sua boca, e com o sopro dos seus lábios matará ao ímpio,

⁵E a justiça será o cinto dos seus lombos, e a fidelidade o cinto de suas entranhas.

⁶E morará o lobo com o cordeiro, e o leopardo com o cabrito se deitará, e o bezerro, e o filho de leão e o animal cevado *andarão* juntos, e um menino pequeno os guiará.

⁷A vaca e a ursa pastarão juntas, seus filhos se deitarão *juntos;* e o leão comerá palha como o boi.

⁸E brincará a criança de peito sobre a toca da áspide, e a desmamada colocará a sua mão na cova do basilisco.

⁹Não se fará mal nem dano algum em todo o meu santo monte, porque a terra se encherá do conhecimento do SENHOR, como as águas cobrem o mar.

¹⁰E acontecerá naquele dia que a raiz de Jessé, a qual estará posta por estandarte dos povos, será buscada pelos gentios; e o lugar do seu repouso será glorioso.

¹¹E há de ser que naquele dia o Senhor tornará a pôr a sua mão para adquirir outra vez o remanescente do seu povo, que for deixado, da Assíria, e do Egito, e de Patros, e da Etiópia, e de Elã, e de Sinar, e de Hamate, e das ilhas do mar.

¹²E levantará um estandarte entre as nações, e ajuntará os desterrados de Israel, e os dispersos de Judá congregará desde os quatro confins da terra.

¹³E afastar-se-á a inveja de Efraim, e os adversários de Judá serão desarraigados; Efraim não invejará a Judá, e Judá não oprimirá a Efraim.

¹⁴Antes voarão sobre os ombros dos filisteus ao ocidente; juntos despojarão aos do oriente; *em* Edom e Moabe porão as suas mãos, e os filhos de Amom lhes obedecerão.

¹⁵E o SENHOR destruirá totalmente a língua do mar do Egito, e moverá a sua mão contra o rio com a força do seu vento e, ferindo-o, *dividi-lo-á* em sete correntes e fará que *por ele* passem com sapatos secos.

¹⁶E haverá caminho plano para o remanescente do seu povo, que for deixado da Assíria, como sucedeu a Israel no dia em que subiu da terra do Egito.

Deus é louvado por haver restaurado o seu povo

12 E DIRÁS naquele dia: Graças te dou, ó SENHOR, porque, *ainda que* te iraste contra mim, a tua ira se retirou, e tu me consolas.

²Eis que Deus *é* a minha salvação; *nele* confiarei, e não temerei, porque o SENHOR DEUS é a minha força e o meu cântico, e se tornou a minha salvação.

³E vós com alegria tirareis águas das fontes da salvação.

⁴E direis naquele dia: Dai graças ao SENHOR, invocai o seu nome, fazei notório os seus feitos entre os povos, contai quão excelso é o seu nome.

⁵Cantai ao SENHOR, porque fez coisas grandiosas; saiba-se isto em toda a terra.

⁶Exulta e jubila, ó habitante de Sião, porque grande é o Santo de Israel no meio de ti.

A ruína de Babilônia

13 PESO de Babilônia, que viu Isaías, filho de Amós.

²Alçai uma bandeira sobre o monte elevado, levantai a voz para eles; acenai-lhes com a mão, para que entrem pelas portas dos nobres.

³Eu dei ordens aos meus santificados; sim, já chamei os meus poderosos para *executarem* a minha ira, os que exultam com a minha majestade.

⁴*Já se ouve* a gritaria da multidão sobre os montes, como a de muito povo; o som do rebuliço de reinos e de nações congregados. O SENHOR dos Exércitos passa em revista o exército de guerra.

⁵*Já* vem de uma terra remota, desde a extremidade do céu, o SENHOR, e os instrumentos da sua indignação, para destruir toda aquela terra.

⁶Clamai, pois, o dia do SENHOR está perto; vem do Todo-Poderoso como assolação.

⁷Portanto, todas as mãos se debilitarão, e o coração de todos os homens se desanimará.

⁸E assombrar-se-ão, e apoderar-se-ão deles dores e ais, e se angustiarão, como a mulher com dores de parto; cada um se espantará do seu próximo; os seus rostos *serão* rostos flamejantes.

⁹Eis que vem o dia do SENHOR, horrendo, com furor e ira ardente, para pôr a terra em assolação, e dela destruir os pecadores.

¹⁰Porque as estrelas dos céus e as suas constelações não darão a sua luz; o sol se escurecerá ao nascer, e a lua não resplandecerá com a sua luz.

¹¹E visitarei sobre o mundo a maldade, e sobre os ímpios a sua iniquidade; e farei cessar a arrogância dos atrevidos, e abaterei a soberba dos tiranos.

ISAÍAS 13.12

¹²Farei que o homem seja mais precioso do que o ouro puro, e mais raro do que o ouro fino de Ofir.

¹³Por isso farei estremecer os céus; e a terra se moverá do seu lugar, por causa do furor do Senhor dos Exércitos, e por causa do dia da sua ardente ira.

¹⁴E *cada um* será como a corça que foge, e como a ovelha que ninguém recolhe; cada um voltará para o seu povo, e cada um fugirá para a sua terra.

¹⁵Todo o que for achado será transpassado; e todo o que se unir a ele cairá à espada.

¹⁶E suas crianças serão despedaçadas perante os seus olhos; as suas casas serão saqueadas, e as suas mulheres violadas.

¹⁷Eis que eu despertarei contra eles os medos, que não farão caso da prata, nem tampouco desejarão ouro.

¹⁸E *os seus* arcos despedaçarão os jovens, e não se compadecerão do fruto do ventre; os seus olhos não pouparão aos filhos.

¹⁹E Babilônia, o ornamento dos reinos, a glória *e* a soberba dos caldeus, será como Sodoma e Gomorra, quando Deus *as* transtornou.

²⁰Nunca mais será habitada, nem nela morará alguém de geração em geração; nem o árabe armará ali a sua tenda, nem tampouco os pastores ali farão deitar os seus rebanhos.

²¹Mas as feras do deserto repousarão ali, e as suas casas se encherão de horríveis animais; e ali habitarão os avestruzes, e os sátiros pularão ali.

²²E os animais selvagens das ilhas uivarão em suas casas vazias, como também os chacais nos *seus* palácios de prazer; pois bem perto *já* vem chegando o seu tempo, e os seus dias não se prolongarão.

O livramento de Israel

14 PORQUE o Senhor se compadecerá de Jacó, e ainda escolherá a Israel e os porá na sua própria terra; e ajuntar-se-ão com eles os estrangeiros, e se achegarão à casa de Jacó.

²E os povos os receberão, e os levarão aos seus lugares, e a casa de Israel os possuirá por servos, e por servas, na terra do Senhor; e cativarão aqueles que os cativaram, e dominarão sobre os seus opressores.

³E acontecerá *que* no dia em que o Senhor vier a dar-te descanso do teu sofrimento, e do teu pavor, e da dura servidão com que te fizeram servir,

⁴Então proferirás este provérbio contra o rei de Babilônia, e dirás: Como já cessou o opressor, *como já* cessou a cidade dourada!

⁵*Já* quebrantou o Senhor o bastão dos ímpios *e* o cetro dos dominadores.

⁶Aquele que feria aos povos com furor, com golpes incessantes, e que com ira dominava sobre as nações *agora* é perseguido, sem que alguém o possa impedir.

⁷*Já* descansa, *já* está sossegada toda a terra; rompem cantando.

⁸Até as faias se alegram sobre ti, *e* os cedros do Líbano, *dizendo:* Desde que tu caíste ninguém sobe contra nós para nos cortar.

⁹O inferno desde o profundo se turbou por ti, para te sair ao encontro na tua vinda; despertou por ti os mortos, *e* todos os chefes da terra, *e* fez levantar dos seus tronos a todos os reis das nações.

¹⁰Estes todos responderão, e te dirão: Tu também adoeceste como nós, *e* foste semelhante a nós.

¹¹*Já* foi derrubada na sepultura a tua soberba com o som das tuas violas; os vermes debaixo de ti se estenderão, e os bichos te cobrirão.

¹²Como caíste desde o céu, ó Lúcifer, filho da alva! *Como* foste cortado por terra, tu que debilitavas as nações!

¹³E tu dizias no teu coração: Eu subirei ao céu, acima das estrelas de Deus exaltarei o meu trono, e no monte da congregação me assentarei, aos lados do norte.

¹⁴Subirei sobre as alturas das nuvens, *e* serei semelhante ao Altíssimo.

¹⁵E contudo levado serás ao inferno, ao mais profundo do abismo.

¹⁶Os que te virem te contemplarão, considerar-te-ão, *e dirão:* É este o homem que fazia estremecer a terra e que fazia tremer os reinos?

¹⁷Que punha o mundo como o deserto, e assolava as suas cidades? Que não abria a casa de seus cativos?

¹⁸Todos os reis das nações, todos eles, jazem com honra, cada um na sua morada.

¹⁹Porém tu és lançado da tua sepultura, como *um* renovo abominável, *como* as vestes dos que foram mortos atravessados à espada, *como* os que descem ao covil de pedras, como um cadáver pisado.

²⁰Com eles não te reunirás na sepultura; porque destruíste a tua terra *e* mataste o teu povo; a descendência dos malignos não será jamais nomeada.

²¹Preparai a matança para os seus filhos por causa da maldade de seus pais, para que não se levantem, e nem possuam a terra, e encham a face do mundo de cidades.

²²Porque me levantarei contra eles, diz o Senhor dos Exércitos, e extirparei de Babilônia o nome, e os sobreviventes, o filho e o neto, diz o Senhor.

²³E farei dela uma possessão de ouriços e a lagoas de águas; e varrê-la-ei com vassoura de perdição, diz o Senhor dos Exércitos.

Profecia contra os assírios

²⁴O Senhor dos Exércitos jurou, dizendo: Como pensei, assim sucederá, e como determinei, assim se efetuará.

²⁵Quebrantarei a Assíria na minha terra, e nas minhas montanhas a pisarei, para que o seu jugo se aparte deles e a sua carga se desvie dos seus ombros.

²⁶Este *é* o propósito que foi determinado sobre toda a terra; e esta *é* a mão que está estendida sobre todas as nações.

²⁷Porque o Senhor dos Exércitos o determinou;

quem *o* invalidará? E a sua mão está estendida; quem pois a fará voltar *atrás?*

Profecias contra os filisteus

²⁸No ano em que morreu o rei Acaz, foi dada esta sentença.

²⁹Não te alegres, tu, toda a Filístia, por estar quebrada a vara que te feria; porque da raiz da cobra sairá uma víbora, e o seu fruto *será uma* serpente ardente, voadora.

³⁰E os primogênitos dos pobres serão apascentados, e os necessitados se deitarão seguros; porém farei morrer de fome a tua raiz, e ele matará os teus sobreviventes.

³¹Dá uivos, ó porta, grita, ó cidade; tu, ó Filístia, *estás* toda derretida; porque do norte vem uma fumaça, e não *haverá* quem fique sozinho nas suas convocações.

³²Que se responderá, pois, aos mensageiros da nação? Que o Senhor fundou a Sião, para que os opressos do seu povo nela encontrem refúgio.

Predição da ruína de Moabe

15 PESO de Moabe. Certamente numa noite foi destruída Ar de Moabe, *e* foi desfeita; certamente numa noite foi destruída Quir de Moabe *e* foi desfeita.

²Vai subindo a Bajite, e a Dibom, aos lugares altos, para chorar; por Nebo e por Medeba clamará Moabe; todas as cabeças *ficarão* calvas, *e* toda a barba será rapada.

³Cingiram-se de sacos nas suas ruas; nos seus terraços e nas suas praças todos andam gritando, *e* choram abundantemente.

⁴Assim Hesbom como Eleale, andam gritando; até Jaaz se ouve a sua voz; por isso os armados de Moabe clamam; a sua alma lhes será penosa.

⁵O meu coração clama por causa de Moabe; os seus fugitivos foram até Zoar, como uma novilha de três anos; porque vão chorando pela subida de Luíte, porque no caminho de Horonaim levantam *um* lastimoso pranto.

⁶Porque as águas de Ninrim serão pura assolação; porque *já* secou o feno, acabou a erva, *e* não há verdura alguma.

⁷Por isso a abundância *que* ajuntaram, e o que guardaram, ao ribeiro dos salgueiros o levarão.

⁸Porque o pranto rodeará aos limites de Moabe; até Eglaim *chegará* o seu clamor, e ainda até Beer-Elim *chegará* o seu lamento.

⁹Porquanto as águas de Dimom estão cheias de sangue, porque ainda acrescentarei mais a Dimom; leões contra aqueles que escaparem de Moabe e contra o restante da terra.

16 ENVIAI o cordeiro ao governador da terra, desde Sela, no deserto, até ao monte da filha de Sião.

²De outro modo sucederá que serão as filhas de Moabe junto aos vaus de Arnom como o pássaro vagueante, lançado fora do ninho.

³Toma conselho, executa juízo, põe a tua sombra no pino do meio-dia como a noite; esconde os desterrados, *e* não descubras os fugitivos.

⁴Habitem contigo os meus desterrados, ó Moabe; serve-lhes de refúgio perante a face do destruidor; porque o homem violento terá fim; a destruição é desfeita, *e* os opressores são consumidos sobre a terra.

⁵Porque o trono se firmará em benignidade, e sobre ele no tabernáculo de Davi se assentará em verdade um que julgue, e busque o juízo, e se apresse *a fazer* justiça.

⁶Ouvimos da soberba de Moabe, que é soberbíssimo; da sua altivez, da sua soberba, e do seu furor; porém, as suas mentiras não serão firmes.

⁷Portanto Moabe clamará por Moabe; todos clamarão; gemereis pelos fundamentos de Quir-Haresete, *pois* certamente *já estão* abatidos.

⁸Porque os campos de Hesbom enfraqueceram, e a vinha de Sibma; os senhores dos gentios quebraram as suas melhores plantas que haviam chegado a Jazer e vagueiam no deserto; os seus rebentos se estenderam e passaram além do mar.

⁹Por isso prantearei com o pranto de Jazer, a vinha de Sibma; regar-te-ei com as minhas lágrimas, ó Hesbom e Eleale; porque o júbilo dos teus frutos de verão e da tua sega desapareceu.

¹⁰E fugiu a alegria e o regozijo do campo fértil, e nas vinhas não se canta, nem há júbilo algum; já não se pisarão as uvas nos lagares. Eu fiz cessar o júbilo.

¹¹Por isso o meu íntimo vibra por Moabe como harpa, e o meu interior por Quir-Heres.

¹²E será *que,* quando virem Moabe cansado nos altos, então entrará no seu santuário a orar, porém não prevalecerá.

¹³Esta é a palavra que o Senhor falou contra Moabe desde aquele tempo.

¹⁴Porém agora falou o Senhor, dizendo: Dentro de três anos (tais como os anos dos assalariados), será envilecida a glória de Moabe, com toda a *sua* grande multidão; e o restante *será* pouco, pequeno *e* impotente.

Profecia contra Damasco e Efraim

17 PESO de Damasco. Eis que Damasco será tirada, e já não será cidade, antes será *um* montão de ruínas.

²As cidades de Aroer *serão* abandonadas; hão de ser para os rebanhos que se deitarão sem que alguém os espante.

³E a fortaleza de Efraim cessará, como também o reino de Damasco e o restante da Síria; serão como a glória dos filhos de Israel, diz o Senhor dos Exércitos.

⁴E naquele dia será diminuída a glória de Jacó, e a gordura da sua carne ficará emagrecida.

⁵Porque será como o segador que colhe a cana do trigo e com o seu braço sega as espigas; *e* será também como o que colhe espigas no vale de Refaim.

⁶Porém ainda ficarão nele *alguns* rabiscos, como no sacudir da oliveira: duas *ou* três azeitonas

ISAÍAS 17.7

na mais alta ponta dos ramos, *e* quatro *ou* cinco nos seus ramos mais frutíferos, diz o Senhor Deus de Israel.

[7]Naquele dia atentará o homem para o seu Criador, e os seus olhos olharão para o Santo de Israel.

[8]E não atentará para os altares, obra das suas mãos, nem olhará para o que fizeram seus dedos, nem para os bosques, nem para as imagens.

[9]Naquele dia as suas cidades fortificadas serão como lugares abandonados, no bosque ou sobre o cume das montanhas, os quais foram abandonados ante os filhos de Israel; e haverá assolação.

[10]Porque te esqueceste do Deus da tua salvação, e não te lembraste da rocha da tua fortaleza, portanto plantarás formosas plantas, e assentarás nelas ramos estranhos.

[11]*E* no dia em que as plantares *as* farás crescer, e pela manhã farás que a tua semente brote; *mas* a colheita voará no dia da angústia e das dores insofríveis.

[12]Ai do bramido dos grandes povos que bramam como bramam os mares, e do rugido das nações que rugem como rugem as impetuosas águas.

[13]Rugirão as nações, como rugem as muitas águas, mas *Deus* as repreenderá e elas fugirão para longe; e serão afugentadas como a pragana dos montes diante do vento, e como o que rola *levado pelo* tufão.

[14]Ao anoitecer eis que *há* pavor, *mas* antes que amanheça *já* não existe; esta *é* a parte daqueles que nos despojam, e a sorte daqueles que nos saqueiam.

A destruição da Etiópia

18AI da terra que ensombreia com as suas asas, que *está* além dos rios da Etiópia.

[2]Que envia embaixadores por mar em navios de junco sobre as águas, dizendo: Ide, mensageiros velozes, a um povo de elevada estatura e de pele lisa; a *um* povo terrível desde o seu princípio; a *uma* nação forte e esmagadora, cuja terra os rios dividem.

[3]Vós, todos os habitantes do mundo, e vós os moradores da terra, quando se arvorar a bandeira *nos* montes, o vereis; e quando se tocar a trombeta, *o* ouvireis.

[4]Porque assim me disse o Senhor: Estarei quieto, olhando desde a minha morada, como o ardor do sol resplandecente depois da chuva, como a nuvem do orvalho no calor da sega.

[5]Porque antes da sega, quando já o fruto está perfeito, e passada a flor, as uvas verdes amadurecerem, então, com foice podará os ramos e tirará os ramos e os lançará fora.

[6]Serão deixados juntos às aves dos montes e aos animais da terra; e sobre eles veranearão as aves de *rapina*, e todos os animais da terra invernarão sobre eles.

[7]Naquele tempo trará *um* presente ao Senhor dos Exércitos um povo de elevada estatura e de pele lisa, e um povo terrível desde o seu princípio; uma nação forte e esmagadora, cuja terra os rios dividem; ao lugar do nome do Senhor dos Exércitos, ao monte Sião.

Profecia contra o Egito

19PESO do Egito. Eis que o Senhor vem cavalgando numa nuvem ligeira, e entrará no Egito; e os ídolos do Egito estremecerão diante dele, e o coração dos egípcios se derreterá no meio deles.

[2]Porque farei com que os egípcios, se levantem contra os egípcios, e cada um pelejará contra o seu irmão, e cada um contra o seu próximo, cidade contra cidade, reino contra reino.

[3]E o espírito do Egito se esvaecerá no seu interior, e destruirei o seu conselho; e eles consultarão aos *seus* ídolos, e encantadores, e aqueles que têm espíritos familiares e feiticeiros.

[4]E entregarei os egípcios nas mãos de um senhor cruel, e um rei rigoroso os dominará, diz o Senhor, o Senhor dos Exércitos.

[5]E secarão as águas do mar, e o rio se esgotará e ressequirá.

[6]Também os rios exalarão mau cheiro e se esgotarão e secarão os canais do Egito; as canas e os juncos murcharão.

[7]A relva junto ao rio, junto às ribanceiras dos rios, e tudo o que foi semeado junto ao rio, secará, será arrancado e não subsistirá.

[8]E os pescadores gemerão, e suspirarão todos os que lançam anzol ao rio, e os que estendem rede sobre as águas desfalecerão.

[9]E envergonhar-se-ão os que trabalham em linho fino, e os que tecem pano branco.

[10]E os seus fundamentos serão despedaçados, e todos os que trabalham por salário ficarão com tristeza de alma.

[11]Na verdade *são* loucos os príncipes de Zoã; o conselho dos sábios conselheiros de Faraó se embruteceu; como, pois, a Faraó direis: *Sou* filho de sábios, filho de antigos reis?

[12]Onde *estão* agora os teus sábios? Notifiquem-te agora, ou informem-te sobre o que o Senhor dos Exércitos determinou contra o Egito.

[13]Loucos tornaram-se os príncipes de Zoã, enganados estão os príncipes de Nofe; eles fizeram errar o Egito, aqueles que são a pedra de esquina das suas tribos.

[14]O Senhor derramou no meio dele *um* perverso espírito; e eles fizeram errar o Egito em toda a sua obra, como o bêbado *quando se* revolve no seu vômito.

[15]E não aproveitará ao Egito obra *alguma* que possa fazer a cabeça, a cauda, o ramo, ou o junco.

[16]Naquele tempo os egípcios serão como mulheres, e tremerão e temerão por causa do movimento da mão do Senhor dos Exércitos, que há de levantar-se contra eles.

[17]E a terra de Judá será *um* espanto para o Egito; todo aquele a quem isso se anunciar se assombrará, por causa do propósito do Senhor dos Exércitos, que determinou contra eles.

[18]Naquele tempo haverá cinco cidades na terra do Egito que falarão a língua de Canaã e farão

juramento ao SENHOR dos Exércitos; e uma se chamará: Cidade de destruição.

¹⁹Naquele tempo o SENHOR terá *um* altar no meio da terra do Egito, e uma coluna se erigirá ao SENHOR, junto da sua fronteira.

²⁰E servirá de sinal e de testemunho ao SENHOR dos Exércitos na terra do Egito, porque ao SENHOR clamarão por causa dos opressores, e ele lhes enviará *um* salvador e *um* protetor, que os livrará.

²¹E o SENHOR se dará a conhecer ao Egito, e os egípcios conhecerão ao SENHOR naquele dia, e o adorarão *com* sacrifícios e ofertas, e farão votos ao SENHOR, e *os* cumprirão.

²²E ferirá o Egito, ferirá e o curará; e converter-se-ão ao SENHOR, e mover-se-á às suas orações, e os curará;

²³Naquele dia haverá estrada do Egito até à Assíria, e os assírios virão ao Egito, e os egípcios irão à Assíria; e os egípcios servirão com os assírios.

²⁴Naquele dia Israel será o terceiro com os egípcios e os assírios, *uma* bênção no meio da terra.

²⁵Porque o SENHOR dos Exércitos os abençoará, dizendo: Bendito *seja* o Egito, meu povo, e a Assíria, obra de minhas mãos, e Israel, minha herança.

Profecia simbólica contra os egípcios e os etíopes

20 NO ano em que Tartã, enviado por Sargom, rei da Assíria, veio a Asdode, e guerreou contra ela, e a tomou,

²Nesse mesmo tempo falou o SENHOR por intermédio de Isaías, filho de Amós, dizendo: Vai, solta o cilício de teus lombos, e descalça os sapatos dos teus pés. E ele assim o fez, indo nu e descalço.

³Então disse o SENHOR: Assim como o meu servo Isaías andou três anos nu e descalço, *por* sinal e prodígio sobre o Egito e sobre a Etiópia,

⁴Assim o rei da Assíria levará *em cativeiro* os presos do Egito, e os exilados da Etiópia, tanto moços como velhos, nus e descalços, e com as nádegas descobertas, *para* vergonha do Egito.

⁵E assombrar-se-ão, e envergonhar-se-ão, por causa dos etíopes, sua esperança, como também dos egípcios, sua glória.

⁶Então os moradores desta ilha dirão naquele dia: Vede que tal é a nossa esperança, à qual fugimos por socorro, para nos livrarmos da face do rei da Assíria! Como pois escaparemos nós?

Predição da queda de Babilônia

21 PESO do deserto do mar. Como os tufões de vento do sul, que tudo assolam, ele virá do deserto, de uma terra horrível.

²Dura visão me foi anunciada: o pérfido trata perfidamente, e o destruidor anda destruindo. Sobe, ó Elão, sitia, ó Média, *que já* fiz cessar todo o seu gemido.

³Por isso os meus lombos estão cheios de angústia; dores se apoderam de mim como as dores daquela que dá à luz; fiquei abatido quando ouvi, e desanimado vendo *isso*.

⁴O meu coração se agita, o horror apavora-me; a noite que desejava, se me tornou em temor.

⁵Põem-se a mesa, estão de atalaia, comem, bebem; levantai-vos, príncipes, e untai o escudo.

⁶Porque assim me disse o Senhor: Vai, põe *uma* sentinela, *e* ela que diga o que vir.

⁷E quando vir um carro com um par de cavaleiros, um carro com jumentos, *e* um carro com camelos, ela que observe atentamente com grande cuidado.

⁸E clamou: Um leão, meu Senhor! Sobre a torre de vigia estou em pé continuamente de dia, e de guarda me ponho noites inteiras.

⁹E eis agora vem um carro com homens, *e* um par de cavaleiros. Então respondeu e disse: Caída é Babilônia, caída é! E todas as imagens de escultura dos seus deuses quebraram-se no chão.

¹⁰Ah, malhada minha, e trigo da minha eira! O que ouvi do SENHOR dos Exércitos, Deus de Israel, isso vos anunciei.

Profecia sobre Dumá

¹¹Peso de Dumá. Gritam-me de Seir: Guarda, que houve de noite? Guarda, que houve de noite?

¹²*E* disse o guarda: Vem a manhã, e também a noite; se quereis perguntar, perguntai; voltai, vinde.

Profecia contra Arábia

¹³Peso contra Arábia. Nos bosques da Arábia passareis a noite, ó viandantes de Dedanim.

¹⁴Saí com água ao encontro dos sedentos; moradores da terra de Tema, saí com pão ao encontro dos fugitivos.

¹⁵Porque fogem de diante das espadas, de diante da espada desembainhada, e de diante do arco armado, e de diante do peso da guerra.

¹⁶Porque assim me disse o Senhor: Dentro de um ano, como os anos do assalariado, desaparecerá toda a glória de Quedar.

¹⁷E os restantes do número dos flecheiros, os poderosos dos filhos de Quedar, serão diminuídos, porque *assim* disse o SENHOR Deus de Israel.

Quadro profético do cerco de Jerusalém

22 PESO do vale da visão. Que tens agora, pois que com todos os teus subiste aos telhados?

²Tu, cheia de clamores, cidade turbulenta, cidade alegre, os teus mortos não *foram* mortos à espada, nem morreram na guerra.

³Todos os teus governadores juntamente fugiram, foram atados pelos arqueiros; todos os que em ti se acharam, foram amarrados juntamente, e fugiram para longe.

⁴Portanto digo: Desviai de mim a vista, *e* chorarei amargamente; não *vos* canseis mais em consolar-me pela destruição da filha do meu povo.

⁵Porque dia de alvoroço, e de atropelamento, e de confusão é este da parte do Senhor DEUS dos Exércitos, no vale da visão; *dia* de derrubar o muro e de clamar até aos montes.

⁶Porque Elão tomou a aljava, juntamente com

ISAÍAS 22.7

carros de homens *e* cavaleiros; e Quir descobriu os escudos.

⁷E os teus mais formosos vales se encherão de carros, e os cavaleiros se colocarão em ordem às portas.

⁸E ele tirou a coberta de Judá, e naquele dia olhaste para as armas da casa do bosque.

⁹E vistes as brechas da cidade de Davi, porquanto *já* eram muitas, e ajuntastes as águas do tanque de baixo.

¹⁰Também contastes as casas de Jerusalém, e derrubastes as casas, para fortalecer os muros.

¹¹Fizestes também *um* reservatório entre os dois muros para as águas do tanque velho, porém não olhastes acima, para aquele que isto tinha feito, nem considerastes o que o formou desde a antiguidade.

¹²E o Senhor DEUS dos Exércitos, chamou naquele dia para chorar e para prantear, e para raspar a cabeça, e cingir com o cilício.

¹³Porém eis aqui gozo e alegria, matam-se bois e degolam-se ovelhas, come-se carne, e bebe-se vinho, *e diz-se:* Comamos e bebamos, porque amanhã morreremos.

¹⁴Mas o SENHOR dos Exércitos revelou-se aos meus ouvidos, *dizendo:* Certamente esta maldade não vos será expiada até que morrais, diz o Senhor DEUS dos Exércitos.

Sebna é degradado; Eliaquim
é exaltado

¹⁵Assim diz o Senhor DEUS dos Exércitos: Anda e vai ter com este tesoureiro, com Sebna, o mordomo, *e dize-lhe:*

¹⁶Que é que tens aqui, ou a quem tens tu aqui, para que cavasses aqui uma sepultura? Cavando em lugar alto a sua sepultura, e cinzelando na rocha uma morada para ti mesmo?

¹⁷Eis que o SENHOR te arrojará violentamente como um homem forte, e de todo te envolverá .

¹⁸Certamente com violência te fará rolar, como se faz rolar uma bola num país espaçoso; ali morrerás, e ali *acabarão* os carros da tua glória, ó opróbrio da casa do teu senhor.

¹⁹E demitir-te-ei do teu posto, e te arrancarei do teu assento.

²⁰E será naquele dia que chamarei a meu servo Eliaquim, filho de Hilquias;

²¹E vesti-lo-ei da tua túnica, e cingi-lo-ei com o teu cinto, e entregarei nas suas mãos o teu domínio, e será como pai para os moradores de Jerusalém, e para a casa de Judá.

²²E porei a chave da casa de Davi sobre o seu ombro, e abrirá, e ninguém fechará; e fechará, e ninguém abrirá.

²³E fixá-lo-ei *como* a um prego num lugar firme, e será como *um* trono de honra para a casa de seu pai.

²⁴E nele pendurarão toda a honra da casa de seu pai, a prole e os descendentes, *como também* todos os vasos menores, desde as taças até os frascos.

²⁵Naquele dia, diz o SENHOR dos Exércitos, o prego fincado em lugar firme será tirado; e será cortado, e cairá, e a carga que nele estava se desprenderá, porque o SENHOR o disse.

A ruína e restauração de Tiro

23 PESO de Tiro. Uivai, navios de Társis, porque está assolada, a ponto de não haver *nela* casa nenhuma, *e* de ninguém mais entrar nela; desde a terra de Quitim lhes foi *isto* revelado.

²Calai-vos, moradores da ilha, vós a quem encheram os mercadores de Sidom, navegando pelo mar.

³E a sua provisão *era* a semente de Sior, *que vinha* com as muitas águas, a ceifa do Nilo, e ela era a feira das nações.

⁴Envergonha-te, ó Sidom, porque o mar, a fortaleza do mar, fala, dizendo: Eu não tive dores de parto, nem dei à luz, nem ainda criei jovens, *nem* eduquei virgens.

⁵Como quando se ouvirem as novas do Egito, assim haverá dores quando se ouvirem *as* novas de Tiro.

⁶Passai a Társis; clamai, moradores da ilha.

⁷*É* esta, *porventura*, a vossa *cidade* exultante, cuja origem *é* dos dias antigos, cujos pés a levaram para longe a peregrinar?

⁸Quem formou este desígnio contra Tiro, distribuidora de coroas, cujos mercadores *são* príncipes *e* cujos negociantes *são* os mais nobres da terra?

⁹O SENHOR dos Exércitos formou este desígnio para denegrir a soberba de toda a glória, *e* envilecer os mais nobres da terra.

¹⁰Passa como o Nilo pela tua terra, ó filha de Társis; já não há quem te restrinja.

¹¹Ele estendeu a sua mão sobre o mar, e turbou os reinos; o SENHOR deu ordens contra Canaã, para que se destruíssem as suas fortalezas.

¹²E disse: Nunca mais exultarás de alegria, ó oprimida virgem, filha de Sidom; levanta-te, passa a Quitim, e ainda ali não terás descanso.

¹³Vede a terra dos caldeus, ainda este povo não era povo; a Assíria a fundou para os que moravam no deserto; levantaram as suas fortalezas, e edificaram os seus palácios; *porém* converteu-a em ruína.

¹⁴Uivai, navios de Társis, porque está destruída a vossa fortaleza.

¹⁵Naquele dia Tiro será posta em esquecimento por setenta anos, conforme os dias de um rei; *porém* no fim de setenta anos Tiro cantará como uma prostituta.

¹⁶Toma a harpa, rodeia a cidade, ó prostituta entregue ao esquecimento; faça doces melodias, canta muitas canções, para que haja memória de ti.

¹⁷Porque será no fim de setenta anos que o SENHOR visitará a Tiro, e ela tornará à sua ganância de prostituta, e prostituir-se-á com todos os reinos do mundo sobre a face da terra.

¹⁸E o seu comércio e a sua ganância de prostituta serão consagrados ao SENHOR; não se entesourará, nem se fechará; mas o seu comércio será para os que habitam perante o SENHOR, para

que comam até se saciarem, e tenham vestimenta durável.

Predição do castigo de Israel

24 EIS que o Senhor esvazia a terra, e a desola, e transtorna a sua superfície, e dispersa os seus moradores.

[2]E o que suceder ao povo, assim sucederá ao sacerdote; ao servo, como ao seu senhor; à serva, como à sua senhora; ao comprador, como ao vendedor; ao que empresta, como ao que toma emprestado; ao que dá usura, como ao que paga usura.

[3]De todo se esvaziará a terra, e de todo será saqueada, porque o Senhor pronunciou esta palavra.

[4]A terra pranteia e se murcha; o mundo enfraquece e se murcha; enfraquecem os mais altos do povo da terra.

[5]Na *verdade* a terra está contaminada por causa dos seus moradores; porquanto têm transgredido as leis, mudado os estatutos, e quebrado a aliança eterna.

[6]Por isso a maldição tem consumido a terra; e os que habitam nela são desolados; por isso são queimados os moradores da terra, e poucos homens restam.

[7]Pranteia o mosto, enfraquece a vide; e suspiram todos os alegres de coração.

[8]Cessa o folguedo dos tamboris, acaba o ruído dos que exultam, e cessa a alegria da harpa.

[9]Com canções não beberão vinho; a bebida forte será amarga para os que a beberem.

[10]Demolida está a cidade vazia, todas as casas fecharam, ninguém pode entrar.

[11]Há lastimoso clamor nas ruas por falta do vinho; toda a alegria se escureceu, desterrou-se o gozo da terra.

[12]Na cidade só ficou a desolação, a porta ficou reduzida a ruínas.

Cântico de louvor pela misericórdia de Deus

[13]Porque assim será no interior da terra, e no meio destes povos, como a sacudidura da oliveira, e como os rabiscos, quando está acabada a vindima.

[14]Estes alçarão a sua voz, e cantarão com alegria; e por causa da glória do Senhor exultarão desde o mar.

[15]Por isso glorificai ao Senhor no oriente, e nas ilhas do mar, ao nome do Senhor Deus de Israel.

[16]Dos confins da terra ouvimos cantar: Glória ao justo. Mas eu disse: Emagreço, emagreço, ai de mim! Os pérfidos têm tratado perfidamente; sim, os pérfidos têm tratado perfidamente.

[17]O temor, e a cova, e o laço *vêm* sobre ti, ó morador da terra.

[18]E será que aquele que fugir da voz de temor cairá na cova, e o que subir da cova o laço o prenderá; porque as janelas do alto estão abertas, e os fundamentos da terra tremem.

[19]De todo está quebrantada a terra, de todo está rompida a terra, e de todo é movida a terra.

[20]De todo cambaleará a terra como o ébrio, e será movida e removida como a choça de noite; e a sua transgressão se agravará sobre ela, e cairá, e nunca mais se levantará.

[21]E será que naquele dia o Senhor castigará os exércitos do alto nas alturas, e os reis da terra sobre a terra.

[22]E serão ajuntados *como* presos numa masmorra, e serão encerrados num cárcere; e *outra vez* serão castigados depois de muitos dias.

[23]E a lua se envergonhará, e o sol se confundirá quando o Senhor dos Exércitos reinar no monte Sião e em Jerusalém, e perante os seus anciãos gloriosamente.

25 Ó Senhor, tu és o meu Deus; exaltar-te-ei, e louvarei o teu nome, porque fizeste maravilhas; os *teus* conselhos antigos *são* verdade e firmeza.

[2]Porque da cidade fizeste um montão de pedras, e da cidade forte uma ruína, e do paço dos estranhos, que não seja mais cidade, e jamais se torne a edificar.

[3]Por isso te glorificará um povo poderoso, e a cidade das nações formidáveis te temerá.

[4]Porque foste a fortaleza do pobre, e a fortaleza do necessitado, na sua angústia; refúgio contra a tempestade, e sombra contra o calor; porque o sopro dos opressores *é* como a tempestade *contra* o muro.

[5]Como o calor em lugar seco, *assim* abaterás o ímpeto dos estranhos; *como se abranda* o calor pela sombra da espessa nuvem, *assim* o cântico dos tiranos será humilhado.

[6]E o Senhor dos Exércitos dará neste monte a todos os povos uma festa com animais gordos, uma festa de vinhos velhos, com tutanos gordos, e com vinhos velhos, *bem* purificados.

[7]E destruirá neste monte a face da cobertura, com que todos os povos andam cobertos, e o véu com que todas as nações se cobrem.

[8]Aniquilará a morte para sempre, e *assim* enxugará o Senhor Deus as lágrimas de todos os rostos, e tirará o opróbrio do seu povo de toda a terra; porque o Senhor o disse.

[9]E naquele dia se dirá: Eis que este *é* o nosso Deus, a quem aguardávamos, e ele nos salvará; este *é* o Senhor, a quem aguardávamos; na sua salvação gozaremos e nos alegraremos.

[10]Porque a mão do Senhor descansará neste monte; mas Moabe será trilhado debaixo dele, como se trilha a palha no monturo.

[11]E estenderá as suas mãos por entre eles, como *as* estende o nadador para nadar; e abaterá a sua altivez com as ciladas das suas mãos.

[12]E abaixará as altas fortalezas dos teus muros, abatê-las-á e derrubá-las-á por terra até ao pó.

ISAÍAS 25.2

26 NAQUELE dia se entoará este cântico na terra de Judá: Temos uma cidade forte, a que *Deus* pôs a salvação por muros e antemuros.

[2] Abri as portas, para que entre nelas a nação justa, que observa a verdade.

[3] Tu conservarás em paz *aquele cuja* mente *está* firme em ti; porque ele confia *em* ti.

[4] Confiai no SENHOR perpetuamente; porque o SENHOR DEUS é uma rocha eterna.

[5] Porque ele abate os que habitam no alto, na cidade elevada; humilha-a, humilha-a até ao chão, e derruba-a até ao pó.

[6] O pé pisá-la-á; os pés dos aflitos, e os passos dos pobres.

[7] O caminho do justo *é* todo plano; tu retamente pesas o andar do justo.

[8] Também no caminho dos teus juízos, SENHOR, te esperamos; no teu nome e na tua memória *está* o desejo da *nossa* alma.

[9] Com minha alma te desejei de noite, e *com* o meu espírito, *que está* dentro de mim, madrugarei a buscar-te; porque, *havendo* os teus juízos na terra, os moradores do mundo aprendem justiça.

[10] *Ainda que* se mostre favor ao ímpio, nem *por isso* aprende a justiça; até na terra da retidão ele pratica a iniquidade, e não atenta para a majestade do SENHOR.

[11] SENHOR, a tua mão está exaltada, mas nem *por isso* a veem; vê-la-ão, *porém,* e confundir-se-ão por causa do zelo *que tens* do *teu* povo; e o fogo consumirá os teus adversários.

[12] SENHOR, tu nos darás a paz, porque tu és o que fizeste em nós todas as nossas obras.

[13] Ó SENHOR Deus nosso, *já outros* senhores têm tido domínio sobre nós; *porém,* por ti só, nos lembramos de teu nome.

[14] Morrendo eles, não *tornarão* a viver; falecendo, não ressuscitarão; por isso os visitaste e destruíste, e apagaste toda a sua memória.

[15] Tu, SENHOR, aumentaste a esta nação, tu aumentaste a esta nação, fizeste-te glorioso; alargaste todos os confins da terra.

[16] Ó SENHOR, na angústia te buscaram; *vindo* sobre eles a tua correção, derramaram a *sua* oração secreta.

[17] Como a mulher grávida, quando está próxima a sua hora, tem dores de parto, e dá gritos nas suas dores, assim fomos nós diante de ti, ó SENHOR!

[18] *Bem* concebemos nós *e* tivemos dores de parto, porém demos à luz o vento; livramento não trouxemos à terra, nem caíram os moradores do mundo.

[19] Os teus mortos e *também* o meu cadáver viverão *e* ressuscitarão; despertai e exultai, os que habitais no pó, porque o teu orvalho será como o orvalho das ervas, e a terra lançará *de si* os mortos.

[20] Vai, *pois,* povo meu, entra nos teus quartos, e fecha as tuas portas sobre ti; esconde-te só por um momento, até que passe a ira.

[21] Porque eis que o SENHOR sairá do seu lugar, para castigar os moradores da terra, por causa da sua iniquidade, e a terra descobrirá o seu sangue, e não encobrirá mais os seus mortos.

Os cuidados de Deus pela sua vinha

27 NAQUELE dia o SENHOR castigará com a sua dura espada, grande e forte, o leviatã, serpente veloz, e o leviatã, a serpente tortuosa, e matará o dragão, que *está* no mar.

[2] Naquele dia haverá *uma* vinha de vinho tinto; cantai-lhe.

[3] Eu, o SENHOR, a guardo, *e* cada momento a regarei; para que ninguém lhe faça dano, de noite e de dia a guardarei.

[4] Não há indignação em mim. Quem me poria sarças *e* espinheiros diante de mim na guerra? Eu iria contra eles *e* juntamente os queimaria.

[5] Ou que se apodere da minha força, *e* faça paz comigo; sim, que faça paz comigo.

[6] *Dias* virão em que Jacó lançará raízes, *e* florescerá e brotará Israel, e encherão de fruto a face do mundo.

[7] Feriu-o como feriu aos que o feriram? Ou matou-o, assim como matou aos que foram mortos por ele?

[8] Com medida contendeste com ela, quando a rejeitaste, *quando* a tirou com o seu vento forte, no tempo do vento leste.

[9] Por isso se expiará a iniquidade de Jacó, e este *será* todo o fruto de se haver tirado seu pecado; quando ele fizer a todas as pedras do altar como pedras de cal feitas em pedaços, *então* os bosques e as imagens não poderão ficar em pé.

[10] Porque a cidade fortificada *ficará* solitária, será uma habitação rejeitada e abandonada como *um* deserto; ali pastarão os bezerros, e ali se deitarão, e devorarão os seus ramos.

[11] Quando os seus ramos se secarem, serão quebrados, *e* vindo as mulheres, os acenderão, porque este *povo* não é povo de entendimento, assim aquele que o fez não se compadecerá dele, e aquele que o formou não lhe mostrará nenhum favor.

[12] E será naquele dia que o SENHOR debulhará *seus cereais* desde as correntes do rio, até ao rio do Egito; e vós, ó filhos de Israel, sereis colhidos um a um.

[13] E será naquele dia que se tocará uma grande trombeta, e os que andavam perdidos pela terra da Assíria, e os que foram desterrados para a terra do Egito, *tornarão* a vir, e adorarão ao SENHOR no monte santo em Jerusalém.

O anúncio do castigo de Efraim e de Judá

28 AI da coroa de soberba dos bêbados de Efraim, cujo glorioso ornamento *é como* a flor que cai, que *está* sobre a cabeça do fértil vale dos vencidos do vinho.

[2] Eis que o Senhor tem um forte e poderoso; como tempestade de saraiva, tormenta destruidora, e como tempestade de impetuosas águas que transbordam, ele, com a mão, derrubará por terra.

481 ISAÍAS 29.8

³A coroa de soberba dos bêbados de Efraim será pisada aos pés.

⁴E a flor caída do seu glorioso ornamento, que *está* sobre a cabeça do fértil vale, será como o fruto temporão antes do verão, que, vendo-o alguém, *e* tendo-o ainda na mão, o engole.

⁵Naquele dia o Senhor dos Exércitos será por coroa gloriosa, e por diadema formosa, para os restantes de seu povo.

⁶E por espírito de juízo, para o que se assenta a julgar, e por fortaleza para os que fazem recuar a peleja até à porta.

⁷Mas também estes erram por causa do vinho, e com a bebida forte se desencaminham; *até* o sacerdote e o profeta erram por causa da bebida forte; são absorvidos pelo vinho; desencaminham-se por causa da bebida forte; andam errados na visão *e* tropeçam no juízo.

⁸Porque todas as *suas* mesas estão cheias de vômitos *e* imundícia, e não há lugar *limpo*.

⁹A quem, *pois,* se ensinaria o conhecimento? E a quem se daria a entender doutrina? Ao desmamado do leite, e ao arrancado dos seios?

¹⁰Porque é mandamento sobre mandamento, mandamento sobre mandamento, regra sobre regra, regra sobre regra, um pouco aqui, um pouco ali.

¹¹Assim por lábios gaguejantes, e por outra língua, falará a este povo.

¹²Ao qual disse: *Este é* o descanso, dai descanso ao cansado; e este é o refrigério; porém não quiseram ouvir.

¹³Assim, pois, a palavra do Senhor lhes será mandamento sobre mandamento, mandamento sobre mandamento, regra sobre regra, regra sobre regra, um pouco aqui, um pouco ali; para que vão, e caiam para trás, e se quebrantem e se enlacem, e sejam presos.

¹⁴Ouvi, pois, a palavra do Senhor, homens escarnecedores, que dominais este povo que está em Jerusalém.

¹⁵Porquanto dizeis: Fizemos aliança com a morte, e com o inferno fizemos acordo; quando passar o dilúvio do açoite, não chegará a nós, porque pusemos a mentira por nosso refúgio, e debaixo da falsidade nos escondemos.

¹⁶Portanto assim diz o Senhor Deus: Eis que eu assentei em Sião uma pedra, uma *pedra* já provada, pedra preciosa de esquina, *que está bem* firme *e* fundada; aquele que crer não se apresse.

¹⁷E regrarei o juízo pela linha, e a justiça pelo prumo, e a saraiva varrerá o refúgio da mentira, e as águas cobrirão o esconderijo.

¹⁸E a vossa aliança com a morte se anulará; e o vosso acordo com o inferno não subsistirá; e, quando o dilúvio do açoite passar, então sereis por ele pisados.

¹⁹Desde que comece a passar, vos arrebatará, porque manhã após manhã passará, de dia e de noite; e será que somente o ouvir tal notícia *causará grande* turbação.

²⁰Porque a cama será tão curta que *ninguém* se poderá estender nela; e o cobertor *tão* estreito que ninguém se poderá cobrir *com ele*.

²¹Porque o Senhor se levantará como no monte Perazim, e se irará, como no vale de Gibeão, para fazer a sua obra, a sua estranha obra, e para executar o seu ato, o seu estranho ato.

²²Agora, pois, não *mais* escarneçais, para que vossos grilhões não se façam mais fortes; porque já ao Senhor Deus dos Exércitos ouvi *falar* de *uma* destruição, e *essa já* está determinada sobre toda a terra.

²³Inclinai os ouvidos, e ouvi a minha voz; atendei bem e ouvi o meu discurso.

²⁴*Porventura* lavra todo o dia o lavrador, para semear? *Ou* abre e desterroa *todo o dia* a sua terra?

²⁵Não é antes assim: quando *já* tem nivelado a sua superfície, então espalha *nela* ervilhaca, e semeia cominho; ou lança *nela* do melhor trigo, ou cevada escolhida, ou centeio, cada qual no seu lugar?

²⁶O seu Deus o ensina, e o instrui acerca do que há de fazer.

²⁷Porque a ervilhaca não se trilha com trilho, nem sobre o cominho passa roda de carro; mas com *uma* vara se sacode a ervilhaca, e o cominho com *um* pau.

²⁸O trigo é esmiuçado, mas não se trilha continuamente, nem se esmiúça com as rodas do seu carro, nem se quebra com os seus cavaleiros.

²⁹Até isto procede do Senhor dos Exércitos; *porque* é maravilhoso em conselho *e* grande em obra.

Profecia contra Judá infiel

29 AI de Ariel, Ariel, a cidade onde Davi acampou! Acrescentai ano a ano, e sucedam-se as festas.

²Contudo porei a Ariel em aperto, e haverá pranto e tristeza; e ela será para mim como Ariel.

³Porque te cercarei *com o meu* arraial, e te sitiarei com baluartes, e levantarei trincheiras contra ti.

⁴Então serás abatida, falarás de *debaixo* da terra, e a tua fala desde o pó sairá fraca, e será a tua voz debaixo da terra, como a de *um* que tem espírito familiar, e a tua fala assobiará desde o pó.

⁵E a multidão dos teus inimigos será como o pó miúdo, e a multidão dos tiranos como a pragana que passa; e num momento repentino isso acontecerá.

⁶Do Senhor dos Exércitos serás visitada com trovões, e com terremotos, e grande ruído *com* tufão de vento, e tempestade, e labareda de fogo consumidor.

⁷E como o sonho e uma visão de noite será a multidão de todas as nações que hão de pelejar contra Ariel, como também todos os que pelejarem contra ela e *contra* a sua fortaleza, e a puserem em aperto.

⁸Será também como o faminto que sonha, que está a comer, porém, acordando, sente-se vazio; ou como o sedento que sonha que está a beber,

ISAÍAS 29.9

porém, acordando, eis que ainda desfalecido *se acha,* e a sua alma com sede; assim será toda a multidão das nações, que pelejarem contra o monte Sião.

⁹Tardai, e maravilhai-vos, folgai, e clamai; bêbados estão, mas não de vinho, andam cambaleando, mas não de bebida forte.

¹⁰Porque o Senhor derramou sobre vós *um* espírito de profundo sono, e fechou os vossos olhos, vendou os profetas, e os vossos principais videntes.

¹¹Por isso toda a visão vos é como as palavras de *um* livro selado que se dá ao que sabe ler, dizendo: Lê isto, peço-te; e ele dirá: Não posso, porque está selado.

¹²Ou dá-se o livro ao que não sabe ler, dizendo: Lê isto, peço-te; e ele dirá: Não sei ler.

¹³Porque o Senhor disse: Pois que este povo se aproxima *de mim,* e com a sua boca, e com os seus lábios me honra, mas o seu coração se afasta para longe de mim e o seu temor para comigo consiste *só* em mandamentos de homens, em que foi instruído;

¹⁴Portanto eis que continuarei a fazer uma obra maravilhosa no meio deste povo, uma obra maravilhosa e um assombro; porque a sabedoria dos seus sábios perecerá, e o entendimento dos seus prudentes se esconderá.

¹⁵Ai dos que querem esconder profundamente o *seu* propósito do Senhor, e fazem as suas obras às escuras, e dizem: Quem nos vê? E quem nos conhece?

¹⁶Vós tudo perverteis, como se o oleiro fosse igual ao barro, e a obra dissesse do seu artífice: Não me fez; e o vaso formado dissesse do seu oleiro: Nada sabe.

Promessa de livramento

¹⁷*Porventura* não se converterá o Líbano, num breve momento, em campo fértil? E o campo fértil não se reputará por um bosque?

¹⁸E naquele dia os surdos ouvirão as palavras do livro, e dentre a escuridão e dentre as trevas os olhos dos cegos as verão.

¹⁹E os mansos terão gozo sobre gozo no Senhor; e os necessitados entre os homens se alegrarão no Santo de Israel.

²⁰Porque o tirano é reduzido a nada, e se consome o escarnecedor, e todos os que se dão à iniquidade são desarraigados;

²¹Os que fazem culpado ao homem por *uma* palavra, e armam laços ao que repreende na porta, e os que sem motivo põem de parte o justo.

²²Portanto assim diz o Senhor, que remiu a Abraão, acerca da casa de Jacó: Jacó não será agora envergonhado, nem agora se descorará a sua face.

²³Mas quando ele vir seus filhos, obra das minhas mãos no meio dele, santificarão o meu nome; sim, santificarão ao Santo de Jacó, e temerão ao Deus de Israel.

²⁴E os errados de espírito virão a ter entendimento, e os murmuradores aprenderão doutrina.

Filhos rebeldes

30AI dos filhos rebeldes, diz o Senhor, que tomam conselho, mas não de mim; e que se cobrem, com uma cobertura, mas não do meu espírito, para acrescentarem pecado sobre pecado;

²Que descem ao Egito, sem pedirem o meu conselho; para se fortificarem com a força de Faraó, e para confiarem na sombra do Egito.

³Porque a força de Faraó se vos tornará em vergonha, e a confiança na sombra do Egito em confusão.

⁴Porque os seus príncipes já estão em Zoã, e os seus embaixadores já chegaram a Hanes.

⁵Todos se envergonharão de um povo *que* de nada lhes servirá nem de ajuda, nem de proveito, porém de vergonha, e de opróbrio.

⁶Peso dos animais do sul. Para a terra de aflição e de angústia (de onde *vêm* a leoa e o leão, a víbora, e a serpente ardente, voadora) levarão às costas de jumentinhos as suas riquezas, e sobre as corcovas de camelos os seus tesouros, a *um* povo *que* de nada *lhes* aproveitará.

⁷Porque o Egito *os* ajudará em vão, e para nenhum fim; por isso clamei acerca disto: No estarem quietos *será* a sua força.

⁸Vai, *pois,* agora, escreve isto numa tábua perante eles e registra-o *num* livro; para que fique até ao último dia, para sempre e perpetuamente.

⁹Porque este é um povo rebelde, filhos mentirosos, filhos *que* não querem ouvir a lei do Senhor.

¹⁰Que dizem aos videntes: Não vejais; e aos profetas: Não profetizeis para nós o que é reto; dizei-nos coisas aprazíveis, e vede para nós enganos.

¹¹Desviai-vos do caminho, apartai-vos da vereda; fazei que o Santo de Israel cesse de estar perante nós.

¹²Por isso, assim diz o Santo de Israel: Porquanto rejeitais esta palavra, e confiais na opressão e perversidade, e sobre isso vos estribais;

¹³Por isso esta maldade vos será como a brecha de um alto muro que, formando uma barriga, está prestes a cair e cuja quebra virá subitamente.

¹⁴E ele o quebrará como se quebra o vaso do oleiro *e,* quebrando-o, não se compadecerá; de modo que não se achará entre os seus pedaços um caco para tomar fogo do lar, ou tirar água da poça.

¹⁵Porque assim diz o Senhor Deus, o Santo de Israel: Voltando e descansando sereis salvos; no sossego e na confiança estaria a vossa força, mas não quisestes.

¹⁶Mas dizeis: Não; antes sobre cavalos fugiremos; portanto fugireis e, sobre *cavalos* ligeiros cavalgaremos; por isso os vossos perseguidores *também* serão ligeiros.

¹⁷Mil *homens fugirão* ao grito de um, e ao grito de cinco *todos* vós fugireis, até que sejais deixados como o mastro no cume do monte, e como a bandeira no outeiro.

A misericórdia de Deus

¹⁸Por isso, o Senhor esperará, para ter

misericórdia de vós; e por isso se levantará, para se compadecer de vós, porque o Senhor é um Deus de equidade; bem-aventurados todos os que nele esperam.

[19]Porque o povo habitará em Sião, em Jerusalém; não chorarás mais; certamente se compadecerá de ti, à voz do teu clamor e, ouvindo-a, te responderá.

[20]Bem vos dará o Senhor pão de angústia e água de aperto, mas os teus mestres nunca mais fugirão de ti, como voando com asas; antes os teus olhos verão a todos os teus mestres.

[21]E os teus ouvidos ouvirão a palavra do que está por detrás de ti, dizendo: Este é o caminho, andai nele, sem vos desviardes nem para a direita nem para a esquerda.

[22]E terás por contaminadas as coberturas de tuas esculturas de prata, e o revestimento das tuas esculturas fundidas de ouro; e as lançarás fora como um pano imundo, e dirás a cada uma delas: Fora daqui.

[23]Então te dará chuva sobre a tua semente, com que semeares a terra, como também pão da novidade da terra; e esta será fértil e cheia; naquele dia o teu gado pastará em largos pastos.

[24]E os bois e os jumentinhos, que lavram a terra, comerão grão puro, que for padejado com a pá, e cirandado com a ciranda.

[25]E em todo o monte alto, e em todo o outeiro levantado, haverá ribeiros e correntes de águas, no dia da grande matança, quando caírem as torres.

[26]E a luz da lua será como a luz do sol, e a luz do sol sete vezes maior, como a luz de sete dias, no dia em que o Senhor ligar a quebradura do seu povo, e curar a chaga da sua ferida.

[27]Eis que o nome do Senhor vem de longe, ardendo a sua ira, sendo pesada a sua carga; os seus lábios estão cheios de indignação, e a sua língua é como um fogo consumidor.

[28]E a sua respiração como o ribeiro transbordante, que chega até ao pescoço, para peneirar as nações com peneira de destruição, e um freio de fazer errar nas queixadas dos povos.

[29]Um cântico haverá entre vós, como na noite em que se celebra uma festa santa; e alegria de coração, como a daquele que vai com flauta, para entrar no monte do Senhor, à Rocha de Israel.

[30]E o Senhor fará ouvir a sua voz majestosa e fará ver o abaixamento do seu braço, com indignação de ira, e labareda de fogo consumidor, raios e dilúvio e pedras de saraiva.

[31]Porque com a voz do Senhor será desfeita em pedaços a Assíria, que feriu com a vara.

[32]E a cada pancada do cajado do juízo que o Senhor lhe der, haverá tamboris e harpas; e com combates de agitação combaterá contra eles.

[33]Porque Tofete já há muito está preparada; sim, está preparada para o rei; ele a fez profunda e larga; a sua pilha é de fogo, e tem muita lenha; o assopro do Senhor como torrente de enxofre a acenderá.

A loucura de confiar no homem

31AI dos que descem ao Egito a buscar socorro, e se estribam em cavalos; e têm confiança em carros, porque são muitos; e nos cavaleiros, porque são poderosíssimos; e não atentam para o Santo de Israel, e não buscam ao Senhor.

[2]Todavia também ele é sábio, e fará vir o mal, e não retirará as suas palavras; e levantar-se-á contra a casa dos malfeitores, e contra a ajuda dos que praticam a iniquidade.

[3]Porque os egípcios são homens, e não Deus; e os seus cavalos, carne, e não espírito; e quando o Senhor estender a sua mão, tanto tropeçará o auxiliador, como cairá o ajudado, e todos juntamente serão consumidos.

[4]Porque assim me disse o Senhor: Como o leão e o leãozinho rugem sobre a sua presa, ainda que se convoque contra ele uma multidão de pastores, não se espantam das suas vozes, nem se abatem pela sua multidão, assim o Senhor dos Exércitos descerá, para pelejar sobre o monte Sião, e sobre o seu outeiro.

[5]Como as aves voam, assim o Senhor dos Exércitos amparará a Jerusalém; ele a amparará, a livrará e, passando, a salvará.

[6]Convertei-vos, pois, àquele contra quem os filhos de Israel se rebelaram tão profundamente.

[7]Porque naquele dia cada um lançará fora os seus ídolos de prata, e os seus ídolos de ouro, que vos fabricaram as vossas mãos para pecardes,

[8]E a Assíria cairá pela espada, não de poderoso homem; e a espada, não de homem desprezível, a consumirá; e fugirá perante a espada e os seus jovens serão tributários.

[9]E de medo passará a sua rocha, e os seus príncipes terão pavor da bandeira, diz o Senhor, cujo fogo está em Sião e a sua fornalha em Jerusalém.

O reino de justiça

32EIS que reinará um rei com justiça, e dominarão os príncipes segundo o juízo.

[2]E será aquele homem como um esconderijo contra o vento, e um refúgio contra a tempestade, como ribeiros de águas em lugares secos, e como a sombra de uma grande rocha em terra sedenta.

[3]E os olhos dos que veem não olharão para trás; e os ouvidos dos que ouvem estarão atentos.

[4]E o coração dos imprudentes entenderá o conhecimento; e a língua dos gagos estará pronta para falar distintamente.

[5]Ao vil nunca mais se chamará liberal; e do avarento nunca mais se dirá que é generoso.

[6]Porque o vil fala obscenidade, e o seu coração pratica a iniquidade, para usar hipocrisia, e para proferir mentiras contra o Senhor, para deixar vazia a alma do faminto, e fazer com que o sedento venha a ter falta de bebida.

[7]Também todas as armas do avarento são más; ele maquina invenções malignas, para destruir os mansos com palavras falsas, mesmo quando o pobre chega a falar retamente.

ISAÍAS 32.8

⁸Mas o liberal projeta coisas liberais, e pela liberalidade está em pé.

⁹Levantai-vos, mulheres, que estais sossegadas, *e* ouvi a minha voz; *e* vós, filhas, que estais tão seguras, inclinai os ouvidos às minhas palavras.

¹⁰Porque num ano e dias vireis a ser turbadas, *ó mulheres* que estais tão seguras; porque a vindima se acabará, e a colheita não virá.

¹¹Tremei, mulheres que estais sossegadas, e turbai-vos vós, que estais tão seguras; despi-vos, e ponde-vos nuas, e cingi *com saco os vossos* lombos.

¹²Baterão nos peitos, pelos campos desejáveis, *e* pelas vinhas frutíferas.

¹³Sobre a terra do meu povo virão espinheiros e sarças, como também sobre todas as casas onde há alegria, *na* cidade jubilosa.

¹⁴Porque os palácios serão abandonados, a multidão da cidade cessará; *e* as fortificações e as torres servirão de cavernas para sempre, para alegria dos jumentos monteses, *e* para pasto dos rebanhos;

¹⁵Até que se derrame sobre nós o Espírito *lá* do alto; então o deserto se tornará em campo fértil, e o campo fértil será reputado por *um* bosque.

¹⁶E o juízo habitará no deserto, e a justiça morará no campo fértil.

¹⁷E o efeito da justiça será paz, e a operação da justiça, repouso e segurança para sempre.

¹⁸E o meu povo habitará em morada de paz, em moradas bem seguras, e em lugares quietos de descanso.

¹⁹Mas, descendo ao bosque, cairá saraiva e a cidade será inteiramente abatida.

²⁰Bem-aventurados vós os que semeais junto a todas as águas; *e* deixais livres os pés do boi e do jumento.

Os inimigos do povo de Deus serão destruídos

33AI de ti, despojador, que não foste despojado, e que procedes perfidamente *contra os* que não procederam perfidamente contra ti! Acabando tu de despojar, serás despojado; *e,* acabando tu de tratar perfidamente, perfidamente te tratarão.

²Senhor, tem misericórdia de nós, por ti temos esperado; sê tu o nosso braço cada manhã, como também a nossa salvação no tempo da tribulação.

³Ao ruído do tumulto fugirão os povos; à tua exaltação as nações serão dispersas.

⁴Então ajuntar-se-á o vosso despojo como se ajunta a lagarta; como os gafanhotos saltam, assim ele saltará sobre eles.

⁵O Senhor está exaltado, pois habita *nas* alturas; encheu a Sião de juízo e justiça.

⁶E haverá estabilidade nos teus tempos, abundância de salvação, sabedoria e conhecimento; o temor do Senhor *será* o seu tesouro.

⁷Eis que os seus embaixadores estão clamando de fora; *e* os mensageiros de paz estão chorando amargamente.

⁸As estradas estão desoladas, cessou o que passava pela vereda, ele rompeu a aliança, desprezou as cidades, e já não faz caso dos homens.

⁹A terra geme *e* pranteia, o Líbano se envergonha *e* se murcha; Sarom se tornou como *um* deserto; e Basã e Carmelo foram sacudidos.

¹⁰Agora, *pois,* me levantarei, diz o Senhor; agora me erguerei. Agora serei exaltado.

¹¹Concebestes palha, dareis à luz restolho; e o vosso espírito vos devorará *como* o fogo.

¹²E os povos serão *como* as queimas de cal; *como* espinhos cortados arderão no fogo.

¹³Ouvi, vós os que estais longe, o que tenho feito; e vós que estais vizinhos, conhecei o meu poder.

¹⁴Os pecadores de Sião se assombraram, o tremor surpreendeu os hipócritas. Quem dentre nós habitará com o fogo consumidor? Quem dentre nós habitará com as labaredas eternas?

¹⁵O que anda em justiça, e o que fala com retidão; o que rejeita o ganho da opressão, o que sacode das suas mãos todo o presente; o que tapa os seus ouvidos para não ouvir falar de *derramamento de* sangue e fecha os seus olhos para não ver o mal.

¹⁶Este habitará nas alturas; as fortalezas das rochas *serão* o seu alto refúgio, o seu pão lhe será dado, as suas águas serão certas.

¹⁷Os teus olhos verão o rei na sua formosura, *e* verão a terra que está longe.

¹⁸O teu coração considerará o assombro *dizendo:* Onde está o escrivão? Onde está o que pesou o tributo? Onde está o que conta as torres?

¹⁹Não verás *mais* aquele povo atrevido, povo de fala obscura, que não se pode compreender *e* de língua tão estranha que não se pode entender.

²⁰Olha para Sião, a cidade das nossas solenidades; os teus olhos verão a Jerusalém, habitação quieta, tenda que não será removida, cujas estacas nunca serão arrancadas e das suas cordas nenhuma se quebrará.

²¹Mas ali o glorioso Senhor será para nós um lugar de rios e correntes largas; barco nenhum de remo passará por ele, nem navio grande navegará por ele.

²²Porque o Senhor é o nosso Juiz; o Senhor é o nosso legislador; o Senhor *é* o nosso rei, ele nos salvará.

²³As tuas cordas se afrouxaram; não puderam ter firme o seu mastro, e nem desfraldar a vela; então a presa de abundantes despojos se repartirá; *e até* os coxos dividirão a presa.

²⁴E morador nenhum dirá: Enfermo estou; *porque* o povo que habitar nela *será* absolvido da iniquidade.

34CHEGAI-VOS, nações, para ouvir, e vós povos, escutai; ouça a terra, e a sua plenitude, o mundo, e tudo quanto produz.

²Porque a indignação do Senhor *está* sobre todas as nações, e o *seu furor* sobre todo o exército

delas; ele as destruiu totalmente, entregou-as à matança.

³E os seus mortos serão arremessados e dos seus cadáveres subirá o seu mau cheiro; e os montes se derreterão com o seu sangue.

⁴E todo o exército dos céus se dissolverá, e os céus se enrolarão como um livro; e todo o seu exército cairá, como cai a folha da vide e como cai o *figo* da figueira.

⁵Porque a minha espada se embriagou nos céus; eis que sobre Edom descerá, e sobre o povo do meu anátema para *exercer* juízo.

⁶A espada do Senhor está cheia de sangue, está engordurada da gordura do sangue de cordeiros e de bodes, da gordura dos rins de carneiros; porque o Senhor tem sacrifício em Bozra, e grande matança na terra de Edom.

⁷E os bois selvagens cairão com eles, e os bezerros com os touros; e a sua terra embriagar-se-á de sangue até se fartar, e o seu pó se engrossará com a gordura.

⁸Porque *será* o dia da vingança do Senhor, ano de retribuições pela contenda de Sião.

⁹E os seus ribeiros se tornarão em pez, e o seu pó em enxofre, e a sua terra em pez ardente.

¹⁰Nem de noite nem de dia se apagará; para sempre a sua fumaça subirá; de geração em geração será assolada; pelos séculos dos séculos ninguém passará por ela.

¹¹Mas o pelicano e a coruja a possuirão, e o bufo e o corvo habitarão nela; e ele estenderá sobre ela o cordel de confusão e nível de vaidade.

¹²Eles chamarão ao reino os seus nobres, mas nenhum haverá; e todos os seus príncipes não serão coisa alguma.

¹³E nos seus palácios crescerão espinhos, urtigas e cardos nas suas fortalezas; e será *uma* habitação de chacais, *e* sítio para avestruzes.

¹⁴As feras do deserto se encontrarão com as feras da ilha, e o sátiro clamará ao seu companheiro; e os animais noturnos ali pousarão, e acharão lugar de repouso para si.

¹⁵Ali se aninhará a coruja e porá *os seus ovos,* e tirará os seus filhotes, e os recolherá debaixo da sua sombra; também ali os abutres se ajuntarão uns com os outros.

¹⁶Buscai no livro do Senhor, e lede; nenhuma destas *coisas* faltará, ninguém faltará com a sua companheira; porque a minha boca tem ordenado, e o seu espírito mesmo as tem ajuntado.

¹⁷Porque ele mesmo lançou as sortes por elas, e sua mão lhas tens repartido com o cordel; para sempre a possuirão, de geração em geração habitarão nela.

A grandeza e glória do Messias

35O DESERTO e o lugar solitário se alegrarão disto; e o ermo exultará e florescerá como a rosa.

²Abundantemente florescerá, e também jubilará de alegria e cantará; a glória do Líbano se lhe

deu, a excelência do Carmelo e Sarom; eles verão a glória do Senhor, o esplendor do nosso Deus.

³Fortalecei as mãos fracas, e firmai os joelhos trementes.

⁴Dizei aos turbados de coração: Sede fortes, não temais; eis que o vosso Deus virá com vingança, *com* recompensa de Deus; ele virá, e vos salvará.

⁵Então os olhos dos cegos serão abertos, e os ouvidos dos surdos se abrirão.

⁶Então os coxos saltarão como cervos, e a língua dos mudos cantará; porque águas arrebentarão no deserto e ribeiros no ermo.

⁷E a terra seca se tornará em lagos, e a terra sedenta em mananciais de águas; e nas habitações em que jaziam os chacais *haverá* erva com canas e juncos.

⁸E ali haverá uma estrada, um caminho, que se chamará o caminho santo; o imundo não passará por ele, mas *será* para aqueles; os caminhantes, até mesmo os loucos, não errarão.

⁹Ali não haverá leão, nem animal feroz subirá a ele, nem se achará nele; porém *só* os remidos andarão *por ele.*

¹⁰E os resgatados do Senhor voltarão; e virão *a* Sião com júbilo, e alegria eterna haverá sobre as suas cabeças; gozo e alegria alcançarão, e *deles* fugirá a tristeza e o gemido.

Senaqueribe cerca Jerusalém

36E ACONTECEU no ano décimo quarto do rei Ezequias, que Senaqueribe, rei da Assíria, subiu contra todas as cidades fortificadas de Judá, e as tomou.

²Então o rei da Assíria enviou a Rabsaqué, de Laquis a Jerusalém, ao rei Ezequias com *um* grande exército, e ele parou junto ao aqueduto do açude superior, junto ao caminho do campo do lavandeiro.

³Então saíram a ter com ele Eliaquim, filho de Hilquias, o mordomo, e Sebna, o escrivão, e Joá, filho de Asafe, o cronista.

⁴E Rabsaqué lhes disse: Ora dizei a Ezequias: Assim diz o grande rei, o rei da Assíria: Que confiança é esta, em que esperas?

⁵Bem posso eu dizer: Teu conselho e poder para a guerra são apenas vãs palavras; em quem, pois, agora confias, que contra mim te rebelas?

⁶Eis que confias no Egito, aquele cajado de cana quebrada, o qual, se alguém se apoiar nele lhe entrará pela mão, e a furará; assim é Faraó, rei do Egito, para com todos os que nele confiam.

⁷Porém se me disseres: No Senhor, nosso Deus, confiamos; *porventura* não é este aquele cujos altos e altares Ezequias tirou, e disse a Judá e a Jerusalém: Perante este altar adorareis?

⁸Ora, pois, empenha-te com meu senhor, o rei da Assíria, e dar-te-ei dois mil cavalos, se tu puderes dar cavaleiros para eles.

⁹Como, pois, poderás repelir a um só capitão dos menores servos do meu senhor, quando confias no Egito, por causa dos carros e cavaleiros?

¹⁰Agora, pois, subi eu sem o Senhor contra esta

ISAÍAS 36.11   486

terra, para destruí-la? O SENHOR *mesmo* me disse: Sobe contra esta terra, e destrói-a.

¹¹Então disseram Eliaquim, Sebna e Joá a Rabsaqué: Pedimos-*te que* fales aos teus servos em siríaco, porque *bem* o entendemos, e não nos fales em judaico, aos ouvidos do povo que *está* sobre o muro.

¹²Rabsaqué, porém, disse: *Porventura* mandou-me o meu senhor ao teu senhor e a ti, para dizer estas palavras e não antes aos homens que estão assentados sobre o muro, para que comam convosco o seu esterco, e bebam a sua urina?

¹³Rabsaqué, pois, se pôs em pé, e clamou em alta voz em judaico, e disse: Ouvi as palavras do grande rei, do rei da Assíria.

¹⁴Assim diz o rei: Não vos engane Ezequias; porque não vos poderá livrar.

¹⁵Nem tampouco Ezequias vos faça confiar no SENHOR, dizendo: Infalivelmente nos livrará o SENHOR, *e* esta cidade não será entregue nas mãos do rei da Assíria.

¹⁶Não deis ouvidos a Ezequias; porque assim diz o rei da Assíria: Aliai-vos comigo, e saí a mim, e coma cada um *da* sua vide, *e* da sua figueira, e beba cada um da água da sua cisterna;

¹⁷Até que eu venha, e vos leve para *uma* terra como a vossa; terra de trigo e de mosto, terra de pão e de vinhas.

¹⁸Não vos engane Ezequias, dizendo: O SENHOR nos livrará. *Porventura* os deuses das nações livraram cada um a sua terra das mãos do rei da Assíria?

¹⁹Onde *estão* os deuses de Hamate e de Arpade? Onde estão os deuses de Sefarvaim? *Porventura* livraram a Samaria da minha mão?

²⁰Quais dentre todos os deuses destes países livraram a sua terra das minhas mãos, para que o SENHOR livrasse a Jerusalém das minhas mãos?

²¹Eles, porém, se calaram, e não lhe responderam palavra *alguma;* porque havia mandado do rei, dizendo: Não lhe respondereis.

²²Então Eliaquim, filho de Hilquias, o mordomo, e Sebna, o escrivão, e Joá, filho de Asafe, o cronista, vieram a Ezequias, com as vestes rasgadas, e lhe fizeram saber as palavras de Rabsaqué.

Oração de Ezequias

37 E ACONTECEU que, tendo ouvido isso, o rei Ezequias rasgou as suas vestes, e se cobriu de saco, e entrou na casa do SENHOR.

²Então enviou Eliaquim, o mordomo, e Sebna, o escrivão, e os anciãos dos sacerdotes, cobertos de sacos, ao profeta Isaías, filho de Amós.

³E disseram-lhe: Assim diz Ezequias: Este dia *é* dia de angústia, e de vitupério, e de blasfêmias; porque chegados são os filhos ao parto, e força não *há* para dá-los à luz.

⁴*Porventura* o SENHOR teu Deus terá ouvido as palavras de Rabsaqué, a quem o rei da Assíria, seu senhor, enviou para afrontar o Deus vivo, e para vituperá-lo com as palavras que o SENHOR teu Deus tem ouvido; faze oração pelo remanescente que ficou.

⁵E os servos do rei Ezequias foram ter com Isaías.

⁶E Isaías lhes disse: Assim direis a vosso senhor: Assim diz o SENHOR: Não temas à vista das palavras que ouviste, com as quais os servos do rei da Assíria me blasfemaram.

⁷Eis que porei nele *um* espírito, e ele ouvirá *um* rumor, e voltará para a sua terra; e o farei cair morto à espada na sua terra.

⁸Voltou, pois, Rabsaqué, e achou ao rei da Assíria pelejando contra Libna; porque ouvira que *já* se havia retirado de Laquis.

⁹E, ouviu ele dizer que Tiraca, rei da Etiópia, tinha saído para lhe fazer guerra. Assim que ouviu isto, enviou mensageiros a Ezequias, dizendo:

¹⁰Assim falareis a Ezequias, rei de Judá, dizendo: Não te engane o teu Deus, em quem confias, dizendo: Jerusalém não será entregue na mão do rei da Assíria.

¹¹Eis que *já* tens ouvido o que fizeram os reis da Assíria a todas as terras, destruindo-as totalmente; e escaparias tu?

¹²*Porventura* as livraram os deuses das nações que meus pais destruíram: Gozã, e Harã, e Rezefe, e os filhos de Éden, que *estavam* em Telassar?

¹³Onde *está* o rei de Hamate, e o rei de Arpade, e o rei da cidade de Sefarvaim, Hena e Iva?

¹⁴Recebendo, pois, Ezequias as cartas das mãos dos mensageiros, e lendo-as, subiu à casa do SENHOR; e Ezequias as estendeu perante o SENHOR.

¹⁵E orou Ezequias ao SENHOR, dizendo:

¹⁶Ó SENHOR dos Exércitos, Deus de Israel, que habitas entre os querubins; tu mesmo, só tu *és* Deus de todos os reinos da terra; tu fizeste os céus e a terra.

¹⁷Inclina, ó SENHOR, o teu ouvido, e ouve; abre, SENHOR, os teus olhos, e vê; e ouve todas as palavras de Senaqueribe, as quais ele enviou para afrontar o Deus vivo.

¹⁸Verdade é, SENHOR, que os reis da Assíria assolaram todas as nações e suas terras.

¹⁹E lançaram no fogo os seus deuses; porque deuses não eram, senão obra de mãos de homens, madeira e pedra; por isso os destruíram.

²⁰Agora, pois, ó SENHOR nosso Deus, livra-nos da sua mão; e *assim* saberão todos os reinos da terra, que só tu *és* o SENHOR.

²¹Então Isaías, filho de Amós, mandou dizer a Ezequias: Assim diz o SENHOR Deus de Israel: Quanto ao que pediste acerca de Senaqueribe, rei da Assíria,

²²Esta *é* a palavra que o SENHOR falou *a respeito* dele: A virgem, a filha de Sião, te despreza, de ti zomba; a filha de Jerusalém meneia a cabeça por detrás de ti.

²³A quem afrontaste e blasfemaste? E contra quem alçaste a voz, e ergueste os teus olhos ao alto? Contra o Santo de Israel.

²⁴Por meio de teus servos afrontaste o Senhor, e disseste: Com a multidão dos meus carros subi eu aos cumes dos montes, aos últimos recessos

do Líbano; e cortarei os seus altos cedros e as suas faias escolhidas, e entrarei na altura do seu cume, ao bosque do seu campo fértil.

²⁵Eu cavei, e bebi as águas; e com as plantas de meus pés sequei todos os rios dos lugares sitiados.

²⁶*Porventura* não ouviste que *já* há muito tempo eu fiz isto, e *já* desde os dias antigos o tinha formado? Agora *porém* o fiz vir, para que tu fosses o que destruísse as cidades fortificadas, e as reduzisse a montões de ruínas.

²⁷Por isso os seus moradores, dispondo de pouca força, andaram atemorizados e envergonhados; tornaram-se *como* a erva do campo, e a relva verde, e o feno dos telhados, e o trigo queimado antes da seara.

²⁸Porém eu conheço o teu assentar, e o teu sair, e o teu entrar, e o teu furor contra mim.

²⁹Por causa do teu furor contra mim, e porque a tua arrogância subiu até aos meus ouvidos, portanto porei o meu anzol no teu nariz e o meu freio nos teus lábios, e te farei voltar pelo caminho por onde vieste.

³⁰E isto te será por sinal: Este ano se comerá o que espontaneamente nascer, e no segundo ano o que daí proceder; porém no terceiro ano semeai e segai, e plantai vinhas, e comei os frutos delas.

³¹Porque o que escapou da casa de Judá, e restou, tornará a lançar raízes para baixo, e dará fruto para cima.

³²Porque de Jerusalém sairá o restante, e do monte de Sião os que escaparem; o zelo do Senhor dos Exércitos fará isto.

³³Portanto, assim diz o Senhor acerca do rei da Assíria: Não entrará nesta cidade, nem lançará nela flecha *alguma;* tampouco virá perante ela *com* escudo, ou levantará trincheira contra ela.

³⁴Pelo caminho por onde vier, por esse voltará; porém nesta cidade não entrará, diz o Senhor.

³⁵Porque eu ampararei esta cidade, para livrá-la, por amor de mim e por amor do meu servo Davi.

Destruição do exército dos assírios

³⁶Então saiu o anjo do Senhor, e feriu no arraial dos assírios a cento e oitenta e cinco mil *deles;* e, quando se levantaram pela manhã cedo, eis que todos estes eram corpos mortos.

³⁷Assim Senaqueribe, rei da Assíria, se retirou, e se foi, e voltou, e habitou em Nínive.

³⁸E sucedeu que, estando ele prostrado na casa de Nisroque, seu deus, Adrameleque e Sarezer, seus filhos, o feriram à espada; escaparam para a terra de Ararate; e Esar-Hadom, seu filho, reinou em seu lugar.

A doença de Ezequias e a sua cura maravilhosa

38 NAQUELES dias Ezequias adoeceu de *uma* enfermidade mortal; e veio a ele o profeta Isaías, filho de Amós, e lhe disse: Assim diz o Senhor: Põe em ordem a tua casa, porque morrerás, e não viverás.

²Então virou Ezequias o seu rosto para a parede, e orou ao Senhor.

³E disse: Ah! Senhor, peço-te, lembra-te agora, de que andei diante de ti em verdade, e com coração perfeito, e fiz o *que era* reto aos teus olhos. E chorou Ezequias muitíssimo.

⁴Então veio a palavra do Senhor a Isaías, dizendo:

⁵Vai, e dize a Ezequias: Assim diz o Senhor, o Deus de Davi teu pai: Ouvi a tua oração, e vi as tuas lágrimas; eis que acrescentarei aos teus dias quinze anos.

⁶E livrar-te-ei das mãos do rei da Assíria, a ti, e a esta cidade, e defenderei esta cidade.

⁷E isto te *será* da parte do Senhor como sinal de que o Senhor cumprirá esta palavra que falou.

⁸Eis que farei retroceder dez graus a sombra lançada pelo sol declinante no relógio de Acaz. Assim retrocedeu o sol os dez graus que já tinha declinado.

⁹O escrito de Ezequias, rei de Judá, de quando adoeceu e sarou de sua enfermidade:

¹⁰Eu disse: No cessar de meus dias ir-me-ei às portas da sepultura; já estou privado do restante de meus anos.

¹¹Disse: Não verei ao Senhor, o Senhor na terra dos viventes; jamais verei o homem com os moradores do mundo.

¹²Já o tempo da minha vida se foi, e foi arrebatada de mim, como tenda de pastor; cortei a minha vida como tecelão; ele me cortará do tear; desde a manhã até à noite me acabarás.

¹³Esperei com paciência até à madrugada; como um leão quebrou todos os meus ossos; desde a manhã até à noite me acabarás.

¹⁴Como o grou, *ou* a andorinha, assim eu chilreava, *e* gemia como a pomba; alçava os meus olhos ao alto; ó Senhor, ando oprimido, fica por meu fiador.

¹⁵Que direi? Como me prometeu, assim o fez; *assim* passarei mansamente por todos os meus anos, por causa da amargura da minha alma.

¹⁶Senhor, por estas coisas se vive, e em todas elas *está* a vida do meu espírito, portanto cura-me e faze-me viver.

¹⁷Eis que foi para a minha paz que tive grande amargura, mas a ti agradou livrar a minha alma da cova da corrupção; porque lançaste para trás das tuas costas todos os meus pecados.

¹⁸Porque não te louvará a sepultura, nem a morte te glorificará; *nem* esperarão em tua verdade os que descem à cova.

¹⁹O vivente, o vivente, esse te louvará, como eu hoje *o faço;* o pai aos filhos fará notória a tua verdade.

²⁰O Senhor *veio* salvar-me; por isso, tangendo em meus instrumentos, *nós o louvaremos* todos os dias de nossa vida na casa do Senhor.

²¹E dissera Isaías: Tomem uma pasta de figos, e a ponham como emplastro sobre a chaga; e sarará.

²²Também dissera Ezequias: Qual será o sinal de que hei de subir à casa do Senhor?

ISAÍAS 38.2

Os embaixadores de Babilônia enviados a Jerusalém

39 NAQUELE tempo enviou Merodaque-Baladã, filho de Baladã, rei de Babilônia, cartas e um presente a Ezequias, porque tinha ouvido dizer que havia estado doente e que *já* tinha convalescido.

²E Ezequias se alegrou com eles, e lhes mostrou a casa do seu tesouro, a prata, e o ouro, e as especiarias, e os melhores unguentos, e toda a sua casa de armas, e tudo quanto se achava nos seus tesouros; coisa nenhuma houve, nem em sua casa, nem em todo o seu domínio, que Ezequias não lhes mostrasse.

³Então o profeta Isaías veio ao rei Ezequias, e lhe disse: Que foi *que* aqueles homens disseram, e de onde vieram a ti? E disse Ezequias: De uma terra remota vieram a mim, de Babilônia.

⁴E disse ele: Que foi que viram em tua casa? E disse Ezequias: Viram tudo quanto *há* em minha casa; coisa nenhuma há nos meus tesouros que eu deixasse de lhes mostrar.

⁵Então disse Isaías a Ezequias: Ouve a palavra do Senhor dos Exércitos:

⁶Eis que virão dias em que tudo quanto *houver* em tua casa, e o que entesouraram teus pais até ao *dia* de hoje, será levado para Babilônia; não ficará coisa alguma, disse o Senhor.

⁷E *até* de teus filhos, que procederem de ti, e tu gerares, tomarão, para que sejam eunucos no palácio do rei de Babilônia.

⁸Então disse Ezequias a Isaías: Boa é a palavra do Senhor que disseste. Disse mais: Pois haverá paz e verdade em meus dias.

O livramento prometido ao povo de Israel

40 CONSOLAI, consolai o meu povo, diz o vosso Deus.

²Falai benignamente a Jerusalém, e bradai-lhe que *já* a sua milícia é acabada, que a sua iniquidade está expiada *e* que *já* recebeu em dobro da mão do Senhor, por todos os seus pecados.

³Voz do que clama no deserto: Preparai o caminho do Senhor; endireitai no ermo vereda a nosso Deus.

⁴Todo o vale será exaltado, e todo o monte e *todo* o outeiro será abatido; e o que é torcido se endireitará, e o que é áspero se aplainará.

⁵E a glória do Senhor se manifestará, e toda a carne juntamente a verá, pois a boca do Senhor *o* disse.

⁶Uma voz diz: Clama; e alguém disse: Que hei de clamar? Toda a carne *é* erva e toda a sua beleza como a flor do campo.

⁷Seca-se a erva, *e* cai a flor, soprando nela o Espírito do Senhor. Na verdade o povo é erva.

⁸Seca-se a erva, *e* cai a flor, porém a palavra de nosso Deus subsiste eternamente.

⁹Tu, ó Sião, que anuncias boas novas, sobe a um monte alto. Tu, ó Jerusalém, que anuncias boas novas, levanta a tua voz fortemente; levanta-a,

não temas, *e* dize às cidades de Judá: Eis *aqui está* o vosso Deus.

¹⁰Eis que o Senhor Deus virá com poder e seu braço dominará por ele; eis que o seu galardão está com ele, e o seu salário diante da sua face.

¹¹Como pastor apascentará o seu rebanho; entre os seus braços recolherá os cordeirinhos, e *os* levará no seu regaço; as que amamentam guiará *suavemente.*

¹²Quem mediu na concha da sua mão as águas, e tomou a medida dos céus aos palmos, e recolheu numa medida o pó da terra e pesou os montes com peso e os outeiros em balanças?

¹³Quem guiou o Espírito do Senhor, ou como seu conselheiro o ensinou?

¹⁴Com quem tomou ele conselho, que lhe desse entendimento, e lhe ensinasse o caminho do juízo, e lhe ensinasse conhecimento, e lhe mostrasse o caminho do entendimento?

¹⁵Eis que as nações *são* consideradas por ele como a gota de um balde, e como o pó miúdo das balanças; eis que ele levanta as ilhas como a uma coisa pequeníssima.

¹⁶Nem *todo* o Líbano basta para o fogo, nem os seus animais bastam para holocaustos.

¹⁷Todas as nações são como nada perante ele; ele as considera menos do que nada e *como uma* coisa vã.

¹⁸A quem, pois, fareis semelhante a Deus, ou com que o comparareis?

¹⁹O artífice funde a imagem, e o ourives a cobre de ouro, e forja para ela cadeias de prata.

²⁰O empobrecido, que não pode oferecer tanto, escolhe madeira *que* não se apodrece; artífice sábio busca, para gravar *uma* imagem *que* não se pode mover.

²¹*Porventura* não sabeis? *Porventura* não ouvis, ou desde o princípio não se vos notificou, ou não atentastes para os fundamentos da terra?

²²Ele é o que está assentado sobre o círculo da terra, cujos moradores *são* para ele como gafanhotos; *é ele* o que estende os céus como cortina, e os desenrola como tenda, para neles habitar;

²³O que reduz a nada os príncipes, e torna em coisa vã os juízes da terra.

²⁴E mal se tem plantado, mal se tem semeado, e mal se tem enraizado na terra o seu tronco, já se secam, quando ele sopra sobre eles, e um tufão os leva como a pragana.

²⁵A quem, pois, me fareis semelhante, para que eu lhe seja igual? Diz o Santo.

²⁶Levantai ao alto os vossos olhos, e vede quem criou estas coisas; foi aquele que faz sair o exército delas segundo o seu número; ele as chama a todas pelos seus nomes; por causa da grandeza das suas forças, *e porquanto é* forte em poder, nenhuma *delas* faltará.

²⁷Por que dizes, ó Jacó, *e tu* falas, ó Israel: O meu caminho está encoberto ao Senhor, e o meu juízo passa despercebido ao meu Deus?

²⁸Não sabes, não ouviste que o eterno Deus, o

SENHOR, o Criador dos fins da terra, nem se cansa nem se fatiga? É insondável o seu entendimento.

²⁹Dá força ao cansado, e multiplica as forças ao que não tem nenhum vigor.

³⁰Os jovens se cansarão e se fatigarão, e os moços certamente cairão;

³¹Mas os que esperam no SENHOR renovarão as forças, subirão com asas como águias; correrão, e não se cansarão; caminharão, e não se fatigarão.

A misericordiosa providência de Deus

41 CALAI-VOS perante mim, ó ilhas, e os povos renovem as forças; cheguem-se, *e* então falem; cheguemo-nos juntos a juízo.

²Quem suscitou do oriente o justo *e o* chamou para o seu pé? *Quem* deu as nações à sua face e o fez dominar sobre reis? Ele os entregou à sua espada como o pó *e* como pragana arrebatada *pelo vento* ao seu arco.

³Ele os persegue *e* passa *em* paz, por *uma* vereda *por onde* os seus pés nunca tinham caminhado.

⁴Quem operou e fez *isto,* chamando as gerações desde o princípio? Eu o SENHOR, o primeiro, e com os últimos eu mesmo.

⁵As ilhas o viram, e temeram; os fins da terra tremeram; aproximaram-se, e vieram.

⁶Um ao outro ajudou, e ao seu irmão disse: Esforça-te.

⁷E o artífice animou ao ourives, e o que alisa com o martelo ao que bate na bigorna, dizendo da *coisa* soldada: Boa é. Então com pregos a firma, para que não venha a mover-se.

⁸Porém tu, ó Israel, servo meu, tu Jacó, a quem elegi descendência de Abraão, meu amigo;

⁹Tu a quem tomei desde os fins da terra, e te chamei dentre os seus mais excelentes, e te disse: Tu *és* o meu servo, a ti escolhi e nunca te rejeitei.

¹⁰Não temas, porque eu *sou* contigo; não te assombres, porque eu sou teu Deus; eu te fortaleço, e te ajudo, e te sustento com a destra da minha justiça.

¹¹Eis que, envergonhados e confundidos serão todos os que se indignaram contra ti; tornar-se-ão em nada, e os que contenderem contigo, perecerão.

¹²Buscá-los-ás, porém não os acharás; os que pelejarem contigo, tornar-se-ão em nada, e como coisa que não é nada, os que guerrearem contigo.

¹³Porque eu, o SENHOR teu Deus, te tomo pela tua mão direita; e te digo: Não temas, eu te ajudo.

¹⁴Não temas, tu verme de Jacó, povozinho de Israel; eu te ajudo, diz o SENHOR, e o teu redentor é o Santo de Israel.

¹⁵Eis que farei de ti um trilho novo, que tem dentes agudos; os montes trilharás e moerás; e os outeiros tornarás como a pragana.

¹⁶Tu os padejarás e o vento os levará, e o redemoinho os espalhará; mas tu te alegrarás no SENHOR e te gloriarás no Santo de Israel.

¹⁷Os aflitos e necessitados buscam águas, e não

há, e a sua língua se seca de sede; eu o SENHOR os ouvirei, eu, o Deus de Israel não os desampararei.

¹⁸Abrirei rios em lugares altos, e fontes no meio dos vales; tornarei o deserto em lagos de águas, e a terra seca em mananciais de água.

¹⁹Plantarei no deserto o cedro, a acácia, e a murta, e a oliveira; porei no ermo juntamente a faia, o pinheiro e o álamo.

²⁰Para que *todos* vejam, e saibam, e considerem, e juntamente entendam que a mão do SENHOR fez isto, e o Santo de Israel o criou.

²¹Apresentai a vossa demanda, diz o SENHOR; trazei as vossas firmes razões, diz o Rei de Jacó.

²²Tragam e anunciem-nos as coisas que hão de acontecer; anunciai-nos as coisas passadas, para que atentemos para elas, e saibamos o fim delas; ou fazei-nos ouvir as coisas futuras.

²³Anunciai-nos as coisas que ainda hão de vir, para que saibamos que *sois* deuses; ou fazei bem, ou fazei mal, para que nos assombremos, e juntamente *o* vejamos.

²⁴Eis que *sois* menos do que nada e a vossa obra é menos do que nada; abominação *é quem* vos escolhe.

²⁵Suscitei *a um* do norte, e ele há de vir; desde o nascimento do sol invocará o meu nome; e virá sobre os príncipes, como *sobre* o lodo e, como o oleiro pisa o barro, *os pisará.*

²⁶Quem anunciou isto desde o princípio, para que o possamos saber, ou desde antes, para que digamos: Justo *é?* Porém não há quem anuncie, nem tampouco quem manifeste, nem tampouco quem ouça as vossas palavras.

²⁷*Eu* sou o que primeiro *direi* a Sião: Eis que ali estão; e a Jerusalém darei um anunciador de boas novas.

²⁸E quando olhei, não havia ninguém; nem mesmo entre estes, conselheiro algum *havia* a quem perguntasse ou que me respondesse palavra.

²⁹Eis que todos *são* vaidade; as suas obras não *são* coisa alguma; as suas imagens de fundição *são* vento e confusão.

O servo do SENHOR

42 EIS aqui o meu servo, a quem sustenho, o meu eleito, *em quem* se compraz a minha alma; pus o meu espírito sobre ele; ele trará justiça aos gentios.

²Não clamará, não se exaltará, nem fará ouvir a sua voz na praça.

³A cana trilhada não quebrará, nem apagará o pavio que fumega; com verdade trará justiça.

⁴Não faltará, nem será quebrantado, até que ponha na terra a justiça; e as ilhas aguardarão a sua lei.

⁵Assim diz Deus, o SENHOR, que criou os céus, e os estendeu, e espraiou a terra, e a tudo quanto produz; que dá a respiração ao povo *que* nela está, e o espírito aos que andam nela.

⁶Eu, o SENHOR, te chamei em justiça, e te tomarei pela mão, e te guardarei, e te darei por aliança do povo, e para luz dos gentios.

⁷Para abrir os olhos dos cegos, para tirar da

ISAÍAS 42.8

prisão os presos, e do cárcere os que jazem *em* trevas.

[8]Eu *sou* o SENHOR; este *é* o meu nome; a minha glória, pois, a outro não darei, nem o meu louvor às imagens de escultura.

[9]Eis que as primeiras coisas *já* se cumpriram, e as novas eu *vos* anuncio, e, antes que venham à luz, vo-las faço ouvir.

[10]Cantai ao SENHOR um cântico novo, e o seu louvor desde a extremidade da terra; vós os que navegais pelo mar, e tudo quanto há nele; vós, ilhas, e seus habitantes.

[11]Alcem *a voz* o deserto e as suas cidades, com as aldeias *que* Quedar habita; exultem os que habitam nas rochas, e clamem do cume dos montes.

[12]Deem a glória ao SENHOR, e anunciem o seu louvor nas ilhas.

[13]O SENHOR sairá como poderoso, como homem de guerra despertará o zelo; clamará, e fará grande ruído, *e* prevalecerá contra seus inimigos.

[14]Por muito tempo me calei; estive em silêncio, *e* me contive; *mas agora* darei gritos como a que está de parto, *e a todos* os assolarei e juntamente devorarei.

[15]Os montes e outeiros tornarei em deserto, e toda a sua erva farei secar, e tornarei os rios em ilhas, e as lagoas secarei.

[16]E guiarei os cegos pelo caminho *que* nunca conheceram, lhes farei caminhar pelas veredas *que* não conheceram; tornarei as trevas em luz perante eles, e as coisas tortas *farei* direitas. Estas coisas lhes farei, e nunca os desampararei.

[17]Tornarão atrás e confundir-se-ão de vergonha os que confiam em imagens de escultura, e dizem às imagens de fundição: Vós *sois* nossos deuses.

[18]Surdos, ouvi, e vós, cegos, olhai, para que possais ver.

[19]Quem *é* cego, senão o meu servo, ou surdo como o meu mensageiro, *a quem* envio? E quem é cego como o *que é* perfeito, e cego como o servo do SENHOR?

[20]Tu vês muitas coisas, mas não as guardas; ainda que tenhas os ouvidos abertos, nada ouves.

[21]O SENHOR se agradava dele por amor da sua justiça; engrandeceu-o *pela* lei, e *o* fez glorioso.

[22]Mas *este é um* povo roubado e saqueado; todos *estão* enlaçados em cavernas, e escondidos em cárceres; são postos por presa, e ninguém há que os livre; por despojo, e ninguém diz: Restitui.

[23]Quem há entre vós que ouça isto, *que* atenda e ouça o que há de ser depois?

[24]Quem entregou a Jacó por despojo, e a Israel aos roubadores? *Porventura* não foi o SENHOR, aquele contra quem pecamos, e nos caminhos do qual não queriam andar, não dando ouvidos à sua lei?

[25]Por isso derramou sobre eles a indignação da sua ira, e a força da guerra, e lhes pôs labaredas em redor; porém *nisso* não atentaram; e os queimou, mas não puseram *nisso* o coração.

Só Deus resgata Israel

43 MAS agora, assim diz o SENHOR que te criou, ó Jacó, e que te formou, ó Israel: Não temas, porque eu te remi; chamei-te pelo teu nome, tu *és* meu.

[2]Quando passares pelas águas estarei contigo, e quando pelos rios, eles não te submergirão; quando passares pelo fogo, não te queimarás, nem a chama arderá em ti.

[3]Porque eu *sou o* SENHOR teu Deus, o Santo de Israel, o teu Salvador; dei o Egito *por* teu resgate, a Etiópia e a Seba em teu lugar.

[4]Visto que foste precioso aos meus olhos, *também* foste honrado, e eu te amei, assim dei os homens por ti, e os povos pela tua vida.

[5]Não temas, *pois,* porque *estou* contigo; trarei a tua descendência desde o oriente, e te ajuntarei desde o ocidente.

[6]Direi ao norte: Dá; e ao sul: Não retenhas; trazei meus filhos de longe e minhas filhas das extremidades da terra,

[7]A todos os que são chamados pelo meu nome, e os que criei para a minha glória: eu os formei, e também eu os fiz.

[8]Trazei o povo cego, que tem olhos; e os surdos, que têm ouvidos.

[9]Todas as nações se congreguem, e os povos se reúnam; quem dentre eles pode anunciar isto, e fazer-nos ouvir as coisas antigas? Apresentem as suas testemunhas, para que se justifiquem, e se ouça, e se diga: Verdade *é.*

[10]Vós *sois* as minhas testemunhas, diz o SENHOR, e meu servo, a quem escolhi; para que o saibais, e me creiais, e entendais que eu *sou* o mesmo, *e* que antes de mim deus nenhum se formou, e depois de mim nenhum haverá.

[11]Eu, eu *sou* o SENHOR, e fora de mim não há Salvador.

[12]Eu anunciei, e eu salvei, e eu o fiz ouvir, e *deus* estranho não *houve* entre vós, pois vós *sois* as minhas testemunhas, diz o SENHOR; eu *sou* Deus.

[13]Ainda antes que *houvesse* dia, eu *sou;* e ninguém *há* que possa fazer escapar das minhas mãos; agindo eu, quem o impedirá?

[14]Assim diz o SENHOR, vosso Redentor, o Santo de Israel: Por amor de vós enviei a Babilônia, e a todos fiz descer como fugitivos, os caldeus, nos navios com que se vangloriavam.

[15]Eu *sou* o SENHOR, vosso Santo, o Criador de Israel, vosso Rei.

[16]Assim diz o SENHOR, o que preparou no mar *um* caminho, e nas águas impetuosas *uma* vereda;

[17]O que fez sair o carro e o cavalo, o exército e a força; eles juntamente se deitaram, *e* nunca se levantarão; estão extintos; como um pavio se apagaram.

[18]Não vos lembreis das coisas passadas, nem considereis as antigas.

[19]Eis que faço *uma* coisa nova, agora sairá à luz; *porventura* não a percebeis? Eis que porei *um* caminho no deserto, e rios no ermo.

²⁰Os animais do campo me honrarão, os chacais, e os avestruzes; porque porei águas no deserto, *e* rios no ermo, para dar de beber ao meu povo, ao meu eleito.

²¹A esse povo que formei para mim; o meu louvor relatarão.

²²Contudo tu não me invocaste a mim, ó Jacó, mas te cansaste de mim, ó Israel.

²³Não me trouxeste o gado miúdo dos teus holocaustos, nem me honraste *com* os teus sacrifícios; não te fiz servir com ofertas, nem te fatiguei com incenso.

²⁴Não me compraste por dinheiro cana aromática, nem com a gordura dos teus sacrifícios me satisfizeste, mas me deste trabalho com os teus pecados, *e* me cansaste com as tuas iniquidades.

²⁵Eu, eu mesmo, *sou* o que apago as tuas transgressões por amor de mim, e dos teus pecados não me lembro.

²⁶Faze-me lembrar; entremos juntos em juízo; conta tu as *tuas razões,* para que te possas justificar.

²⁷Teu primeiro pai pecou, e os teus intérpretes prevaricaram contra mim.

²⁸Por isso profanei os príncipes do santuário; e entreguei Jacó ao anátema, e Israel ao opróbrio.

A soberania de Deus e a vaidade dos ídolos

44 AGORA, pois, ouve, ó Jacó, servo meu, e *tu,* ó Israel, a quem escolhi.

²Assim diz o Senhor *que te* criou e te formou desde o ventre, e que te ajudará: Não temas, ó Jacó, servo meu, e tu, Jesurum, a quem escolhi.

³Porque derramarei água sobre o sedento, e rios sobre a *terra* seca; derramarei o meu Espírito sobre a tua posteridade, e a minha bênção sobre os teus descendentes.

⁴E brotarão como a erva, como salgueiros junto aos ribeiros das águas.

⁵Este dirá: Eu *sou* do Senhor; e aquele se chamará do nome de Jacó; e aquele outro escreverá *com* a sua mão ao Senhor, e por sobrenome tomará o nome de Israel.

⁶Assim diz o Senhor, Rei de Israel, e seu Redentor, o Senhor dos Exércitos: Eu *sou* o primeiro, e eu *sou* o último, e fora de mim não *há* Deus.

⁷E quem proclamará como eu, e anunciará isto, e o porá em ordem perante mim, desde que ordenei um povo eterno? E anuncie-lhes as coisas vindouras, e as que *ainda* hão de vir.

⁸Não vos assombreis, nem temais; *porventura* desde então não vo-lo fiz ouvir, e não vo-lo anunciei? Porque vós sois as minhas testemunhas. *Porventura há* outro Deus fora de mim? Não, não há *outra* Rocha que eu conheça.

⁹Todos os artífices de imagens de escultura *são* vaidade, e as suas coisas mais desejáveis são de nenhum préstimo; e suas próprias testemunhas, nada veem nem entendem para que sejam envergonhados.

¹⁰Quem forma um deus, e funde uma imagem de escultura, que é de nenhum préstimo?

¹¹Eis que todos os seus companheiros ficarão confundidos, pois os mesmos artífices não passam de homens; ajuntem-se todos, *e* levantem-se; assombrar-se-ão, e serão juntamente confundidos.

¹²O ferreiro, com a tenaz, trabalha nas brasas, e o forma com martelos, e o lavra com a força do seu braço; ele tem fome e a sua força enfraquece, e não bebe água, e desfalece.

¹³O carpinteiro estende a régua, desenha-o com uma linha, aplaina-o com a plaina, e traça-o com o compasso; e o faz à semelhança de *um* homem, segundo a forma de *um* homem, para ficar em casa.

¹⁴Quando corta para si cedros, toma, *também,* o cipreste e o carvalho; assim escolhe dentre as árvores do bosque; planta *um* olmeiro, e a chuva *o* faz crescer.

¹⁵Então serve ao homem para queimar; e toma deles, e se aquenta, e os acende, e coze o pão; também faz um deus, e se prostra diante dele; *também* fabrica *uma* imagem de escultura, e ajoelha-se diante dela.

¹⁶Metade dele queima no fogo, com a *outra* metade *prepara* a carne para comer, assa-a e farta-se *dela;* também se aquenta, e diz: Ora *já* me aquentei, já vi o fogo.

¹⁷Então do resto faz um deus, uma imagem de escultura; ajoelha-se diante dela, e se inclina, e roga-lhe, e diz: Livra-me, porquanto *és* o meu deus.

¹⁸Nada sabem, nem entendem; porque tapou os olhos para que não vejam, *e* os seus corações para que não entendam.

¹⁹E nenhum *deles* cai em si, e já não têm conhecimento nem entendimento para dizer: Metade queimei no fogo, e cozi pão sobre as suas brasas, assei sobre *elas* carne, e a comi; e faria eu do resto uma abominação? Ajoelhar-me-ei ao que saiu *de uma* árvore?

²⁰Apascenta-se de cinza; o *seu* coração enganado o desviou, de maneira que *já* não pode livrar a sua alma, nem dizer: *Porventura* não *há uma* mentira na minha mão direita?

A promessa de livramento

²¹Lembra-te destas coisas, ó Jacó, e Israel, porquanto *és* meu servo; eu te formei, meu servo *és,* ó Israel, não me esqueceri de ti.

²²Apaguei as tuas transgressões como a névoa, e os teus pecados como a nuvem; torna-te para mim, porque eu te remi.

²³Cantai alegres, vós, ó céus, porque o Senhor o fez; exultai vós, as partes mais baixas da terra; vós, montes, retumbai com júbilo; *também* vós, bosques, e todas as suas árvores; porque o Senhor remiu a Jacó, e glorificou-se em Israel.

²⁴Assim diz o Senhor, teu redentor, e que te formou desde o ventre: Eu *sou* o Senhor que faço tudo, que sozinho estendo os céus, e espraio a terra por mim mesmo;

²⁵Que desfaço os sinais dos inventores de

ISAÍAS 44.26

mentiras, e enlouqueço os adivinhos; que faço tornar atrás os sábios, e converto em loucura o conhecimento deles;

²⁶Que confirmo a palavra do seu servo, e cumpro o conselho dos seus mensageiros; que digo a Jerusalém: Tu serás habitada, e às cidades de Judá: Sereis edificadas, e eu levantarei as suas ruínas;

²⁷Que digo à profundeza: Seca-te, e eu secarei os teus rios.

²⁸Que digo de Ciro: É meu pastor, e cumprirá tudo o que me apraz, dizendo também a Jerusalém: Tu serás edificada; e *ao* templo: Tu serás fundado.

Deus chama Ciro

45 ASSIM diz o SENHOR ao seu ungido, a Ciro, a quem tomo pela mão direita, para abater as nações diante de sua face, e descingir os lombos dos reis, para abrir diante dele as portas, e as portas não se fecharão.

²Eu irei adiante de ti, e endireitarei os caminhos tortuosos; quebrarei as portas de bronze, e despedaçarei os ferrolhos de ferro.

³Dar-te-ei os tesouros escondidos, e as riquezas encobertas, para que saibas que eu *sou* o SENHOR, o Deus de Israel, que *te* chama pelo teu nome.

⁴Por amor de meu servo Jacó, e de Israel, meu eleito, eu te chamei pelo teu nome, pus o teu sobrenome, ainda que não me conhecesses.

⁵Eu *sou* o SENHOR, e não há outro; fora de mim não *há* Deus; eu te cingirei, ainda que tu não me conheças;

⁶Para que se saiba desde o nascente do sol, e desde o poente, que fora de mim não *há* outro; eu *sou* o SENHOR, e não *há* outro.

⁷Eu formo a luz, e crio as trevas; eu faço a paz, e crio o mal; eu, o SENHOR, faço todas estas coisas.

⁸Destilai, ó céus, dessas alturas, e as nuvens chovam justiça; abra-se a terra, e produza *a* salvação, e ao mesmo tempo frutifique a justiça; eu, o SENHOR, as criei.

⁹Ai daquele que contende com o seu Criador! O caco entre outros cacos de barro! Porventura dirá o barro ao que o formou: Que fazes? Ou a tua obra: Não tens mãos?

¹⁰Ai daquele que diz ao pai: Que é o *que* geras? E à mulher: Que dás tu à luz?

¹¹Assim diz o SENHOR, o Santo de Israel, aquele que o formou: Perguntai-me as coisas futuras; demandai-me acerca de meus filhos, e acerca da obra das minhas mãos.

¹²Eu fiz a terra, e criei nela o homem; eu o *fiz*; as minhas mãos estenderam os céus, e a todos os seus exércitos dei as minhas ordens.

¹³Eu o despertei em justiça, e todos os seus caminhos endireitarei; ele edificará a minha cidade, e soltará os meus cativos, não por preço nem por presente, diz o SENHOR dos Exércitos.

¹⁴Assim diz o SENHOR: O trabalho do Egito, e o comércio dos etíopes e dos sabeus, homens de alta estatura, passarão para ti, e serão teus; irão atrás de ti, virão em grilhões, e diante de ti se prostrarão;

far-te-ão as suas súplicas, *dizendo:* Deveras Deus está em ti, e não há nenhum outro Deus.

¹⁵Verdadeiramente tu és o Deus que te ocultas, o Deus de Israel, o Salvador.

¹⁶Envergonhar-se-ão, e também se confundirão todos; cairão juntamente em vergonha os que fabricam imagens.

¹⁷*Porém* Israel é salvo pelo SENHOR, com uma eterna salvação; *por isso* não sereis envergonhados nem confundidos em toda a eternidade.

¹⁸Porque assim diz o SENHOR que tem criado os céus, o Deus que formou a terra, e a fez; ele a confirmou, não a criou vazia, *mas* a formou para que fosse habitada: Eu *sou* o SENHOR e não *há* outro.

¹⁹Não falei em segredo, *nem* em lugar algum escuro da terra; não disse à descendência de Jacó: Buscai-me em vão; eu *sou* o SENHOR, que falo a justiça, *e* anuncio coisas retas.

²⁰Congregai-vos, e vinde; chegai-vos juntos, os que escapastes das nações; nada sabem os que conduzem *em procissão* as suas imagens de escultura, feitas de madeira, e rogam a um deus *que* não pode salvar.

²¹Anunciai, e chegai-vos, e tomai conselho todos juntos; *quem* fez ouvir isto desde a antiguidade? Quem desde então o anunciou? *Porventura* não sou eu, o SENHOR? Pois não *há* outro Deus senão eu; Deus justo e Salvador não *há* além de mim.

Deus chama as nações

²²Olhai para mim, e sereis salvos, vós, todos os termos da terra; porque eu *sou* Deus, e não *há* outro.

²³Por mim mesmo tenho jurado, *já* saiu da minha boca a palavra de justiça, e não tornará atrás; que diante de mim se dobrará todo o joelho, *e por mim* jurará toda a língua.

²⁴De mim se dirá: Deveras no SENHOR *há* justiça e força; até ele virão, mas serão envergonhados todos os que se indignarem contra ele.

²⁵Mas no SENHOR será justificada, e se gloriará toda a descendência de Israel.

A queda dos ídolos de Babilônia

46 BEL está abatido, Nebo se encurvou, os seus ídolos *são* postos sobre os animais e sobre as feras; as cargas dos vossos fardos são canseiras para as *feras já* cansadas.

²Juntamente se encurvaram *e* se abateram; não puderam livrar-se da carga, mas a sua alma entrou em cativeiro.

³Ouvi-me, ó casa de Jacó, e todo o restante da casa de Israel; vós a quem trouxe *nos braços* desde o ventre, e sois levados desde a madre.

⁴E até à velhice eu *serei* o mesmo, e ainda até aos cabelos brancos eu *vos* carregarei; eu *vos* fiz, e eu *vos* levarei, e eu *vos* trarei, e vos livrarei.

⁵A quem me assemelhareis, e com quem *me* igualareis, e me comparareis, para que sejamos semelhantes?

⁶Gastam o ouro da bolsa, e pesam a prata nas

balanças; assalariam o ourives, e ele faz um deus, e *diante dele* se prostram e se inclinam.

[7] Sobre os ombros o tomam, o levam, e o põem no seu lugar; ali fica *em pé*, do seu lugar não se move; e, se *alguém* clama a ele, resposta nenhuma dá, nem livra alguém da sua tribulação.

[8] Lembrai-vos disto, e considerai; trazei-o à memória, ó prevaricadores.

[9] Lembrai-vos das coisas passadas desde a antiguidade; que eu *sou* Deus, e não *há* outro Deus, não *há* outro semelhante a mim.

[10] Que anuncio o fim desde o princípio, e desde a antiguidade as coisas que ainda não sucederam; que digo: O meu conselho será firme, e farei toda a minha vontade.

[11] Que chamo a ave de rapina desde o oriente, *e* de uma terra remota o homem do meu conselho; porque assim *o* disse, e assim o farei vir; eu *o* formei, e também o farei.

[12] Ouvi-me, ó duros de coração, os que *estais* longe da justiça.

[13] Faço chegar a minha justiça, e não estará ao longe, e a minha salvação não tardará; mas estabelecerei em Sião a salvação, *e* em Israel a minha glória.

A queda de Babilônia

47 DESCE, e assenta-te no pó, ó virgem filha de Babilônia; assenta-te no chão; *já* não *há* trono, ó filha dos caldeus, porque nunca mais serás chamada a tenra nem a delicada.

[2] Toma a mó, e mói a farinha; remove o teu véu, descalça os pés, descobre as pernas *e* passa os rios.

[3] A tua vergonha se descobrirá, e ver-se-á o teu opróbrio; tomarei vingança, e não pouparei a homem *algum*.

[4] O nosso redentor cujo nome *é* o Senhor dos Exércitos, *é* o Santo de Israel.

[5] Assenta-te calada, e entra nas trevas, ó filha dos caldeus, porque nunca mais serás chamada senhora de reinos.

[6] Muito me agastei contra o meu povo, profanei a minha herança, e os entreguei na tua mão; *porém* não usaste com eles de misericórdia, *e até* sobre os velhos fizeste muito pesado o teu jugo.

[7] E disseste: Eu serei senhora para sempre; até agora não te importaste com estas coisas, nem te lembraste do fim delas.

[8] Agora, pois, ouve isto, tu que és dada a prazeres, que habitas tão segura, que dizes no teu coração: Eu *o sou*, e fora de mim não *há* outra; não ficarei viúva, nem conhecerei a perda de filhos.

[9] Porém ambas estas coisas virão sobre ti num momento, no mesmo dia, perda de filhos e viuvez; em toda a sua plenitude virão sobre ti, por causa da multidão das tuas feitiçarias, e da grande abundância dos teus muitos encantamentos.

[10] Porque confiaste na tua maldade *e* disseste: Ninguém me pode ver; a tua sabedoria e o teu conhecimento, isso te fez desviar, e disseste no teu coração: Eu *sou*, e fora de mim não há outra.

[11] Portanto sobre ti virá o mal, sem que saibas a sua origem, e *tal* destruição cairá sobre ti, sem que a possas evitar; e virá sobre ti de repente desolação que não poderás conhecer.

[12] Deixa-te estar com os teus encantamentos, e com a multidão das tuas feitiçarias, em que trabalhaste desde a tua mocidade, a ver se podes tirar proveito, ou se *porventura* te podes fortalecer.

[13] Cansaste-te na multidão dos teus conselhos; levantem-se pois agora os agoureiros dos céus, os que contemplavam os astros, os prognosticadores das luas novas, e salvem-te do que há de vir sobre ti.

[14] Eis que serão como a pragana, o fogo os queimará; não poderão salvar a sua vida do poder das chamas; não haverá brasas, para se aquentar, *nem* fogo para se assentar junto dele.

[15] Assim serão para contigo aqueles com quem trabalhaste, os teus negociantes desde a tua mocidade; cada qual irá vagueando pelo seu caminho; ninguém te salvará.

Exortação de Deus para com Israel

48 OUVI isto, casa de Jacó, que vos chamais do nome de Israel, e saístes das águas de Judá, que jurais pelo nome do Senhor, e fazeis menção do Deus de Israel, *mas* não em verdade nem em justiça.

[2] E até da santa cidade tomam o nome e se firmam sobre o Deus de Israel; o Senhor dos Exércitos *é* o seu nome.

[3] As primeiras coisas desde a antiguidade as anunciei; da minha boca saíram, e eu as fiz ouvir; apressadamente as fiz, e aconteceram.

[4] Porque eu sabia que *eras* duro, e a tua cerviz um nervo de ferro, e a tua testa de bronze.

[5] Por isso te anunciei desde então, *e* te fiz ouvir antes que acontecesse, para que não dissesses: O meu ídolo fez estas *coisas*, e a minha imagem de escultura, e a minha imagem de fundição as mandou.

[6] Já *o* tens ouvido; olha bem para tudo isto; *porventura* não o anunciareis? Desde agora te faço ouvir coisas novas e ocultas, e que nunca conheceste.

[7] Agora são criadas, e não de há muito, e antes *deste* dia não as ouviste, para que *porventura* não digas: Eis que eu já as sabia.

[8] Nem tu *as* ouviste, nem tu as conheceste, nem tampouco há muito foi aberto o teu ouvido, porque eu sabia que procederias muito perfidamente, e que eras chamado transgressor desde o ventre.

[9] Por amor do meu nome retardarei a minha ira, e *por amor* do meu louvor me refrearei para contigo, para que te não venha a cortar.

[10] Eis que *já* te purifiquei, mas não como a prata; escolhi-te na fornalha da aflição.

[11] Por amor de mim, por amor de mim *o* farei, porque, como seria profanado *o meu nome?* E a minha glória não a darei a outro.

[12] Dá-me ouvidos, ó Jacó, e tu, ó Israel, a quem chamei; eu *sou* o mesmo, eu o primeiro, eu também o último.

[13] Também a minha mão fundou a terra, e a

ISAÍAS 48.14

minha destra mediu os céus a palmos; eu os chamarei, e aparecerão juntos.

¹⁴Ajuntai-vos todos vós, e ouvi: Quem, dentre eles, tem anunciado estas coisas? O SENHOR o amou, *e* executará a sua vontade *contra* Babilônia, e o seu braço *será contra* os caldeus.

¹⁵Eu, eu *o* tenho falado; também já o chamei, e *o* trarei, e farei próspero *o* seu caminho.

¹⁶Chegai-vos a mim, ouvi isto: Não falei em segredo desde o princípio; desde o tempo em que aquilo se fez eu estava ali, e agora o Senhor DEUS me enviou a mim, e o seu Espírito.

¹⁷Assim diz o SENHOR, o teu Redentor, o Santo de Israel: Eu *sou* o SENHOR teu Deus, que te ensina o que é útil, *e* te guia pelo caminho em *que* deves andar.

¹⁸Ah! Se tivesses dado ouvidos aos meus mandamentos, então seria a tua paz como o rio, e a tua justiça como as ondas do mar!

¹⁹Também a tua descendência seria como a areia, e os que procedem das tuas entranhas como os seus grãos; o seu nome nunca seria cortado nem destruído de diante de mim.

²⁰Saí de Babilônia, fugi de entre os caldeus. E anunciai com voz de júbilo, fazei ouvir isso, *e* levai-o até ao fim da terra; dizei: O SENHOR remiu a seu servo Jacó.

²¹E não tinham sede, *quando* os levava pelos desertos; fez-lhes correr água da rocha; fendeu a rocha, e as águas correram.

²²*Mas* os ímpios não *têm* paz, diz o SENHOR.

O servo do SENHOR é a luz dos gentios

49OUVI-ME, ilhas, e escutai vós, povos de longe: O SENHOR me chamou desde o ventre, desde as entranhas de minha mãe fez menção do meu nome.

²E fez a minha boca como *uma* espada aguda, com a sombra da sua mão me cobriu; e me pôs como *uma* flecha limpa, *e* me escondeu na sua aljava;

³E me disse: Tu *és* meu servo; *és* Israel, aquele por quem hei de ser glorificado.

⁴Porém eu disse: Em vão tenho trabalhado, inútil e vãmente gastei as minhas forças; todavia o meu direito *está* perante o SENHOR, e o meu galardão perante o meu Deus.

⁵E agora diz o SENHOR, que me formou desde o ventre para ser seu servo, para que torne a trazer Jacó; porém Israel não se deixará ajuntar; contudo aos olhos do SENHOR serei glorificado, e o meu Deus será a minha força.

⁶Disse mais: Pouco é que sejas o meu servo, para restaurares as tribos de Jacó, e tornares a trazer os preservados de Israel; também te dei para luz dos gentios, para seres a minha salvação até à extremidade da terra.

⁷Assim diz o SENHOR, o Redentor de Israel, o seu Santo, à alma desprezada, ao que a nação abomina, ao servo dos que dominam: Os reis o verão, e se levantarão, como *também* os príncipes, e eles diante de ti se inclinarão, por amor do SENHOR, que é fiel, *e* do Santo de Israel, que te escolheu.

⁸Assim diz o SENHOR: No tempo aceitável te ouvi e no dia da salvação te ajudei, e te guardarei, e te darei por aliança do povo, para restaurares a terra, e dar-lhes em herança as herdades assoladas;

⁹Para dizeres aos presos: Saí; *e* aos que *estão* em trevas: Aparecei. Eles pastarão nos caminhos, e em todos os lugares altos *haverá* o seu pasto.

¹⁰Nunca terão fome, nem sede, nem o calor, nem o sol os afligirá; porque o que se compadece deles os guiará e os levará mansamente aos mananciais das águas.

¹¹E farei de todos os meus montes um caminho; e as minhas estradas serão levantadas.

¹²Eis que estes virão de longe, e eis que aqueles do norte, e do ocidente, e aqueles outros da terra de Sinim.

¹³Exultai, ó céus, e alegra-te, ó terra, e vós, montes, estalai com júbilo, porque o SENHOR consolou o seu povo, e dos seus aflitos se compadecerá.

¹⁴Porém Sião diz: *Já* me desamparou o SENHOR, e o meu Senhor se esqueceu de mim.

¹⁵*Porventura* pode uma mulher esquecer-se tanto de seu *filho* que cria, que não se compadeça dele, do filho do seu ventre? Mas ainda que esta se esquecesse *dele*, contudo eu não me esquecerei de ti.

¹⁶Eis que nas palmas das *minhas* mãos eu te gravei; os teus muros *estão* continuamente diante de mim.

¹⁷Os teus filhos apressadamente virão, *mas* os teus destruidores e os teus assoladores sairão do meio de ti.

¹⁸Levanta os teus olhos ao redor, e olha; todos estes *que* se ajuntam vêm a ti; vivo eu, diz o SENHOR, que de todos estes te vestirás, como de um ornamento, e *te* cingirás deles como noiva.

¹⁹Porque nos teus desertos, e nos teus lugares solitários, e *na* tua terra destruída, agora te verás apertada de moradores, e os que te devoravam se afastarão para longe de ti.

²⁰*E* até mesmo os filhos da tua orfandade dirão aos teus ouvidos: Muito estreito *é* para mim este lugar; aparta-te de mim, para que possa habitar *nele*.

²¹E dirás no teu coração: Quem me gerou estes? Pois eu estava desfilhada e solitária; entrara em cativeiro, e me retirara; quem, pois, *me* criou estes? Eis que eu fui deixada sozinha; *e* estes onde estavam?

²²Assim diz o Senhor DEUS: Eis que levantarei a minha mão para as gentios, e ante os povos arvorarei a minha bandeira; então trarão os teus filhos nos braços, e as tuas filhas serão levadas sobre os ombros.

²³E os reis serão os teus aios, e as suas rainhas as tuas amas; diante de ti se inclinarão com o rosto em terra, e lamberão o pó dos teus pés; e saberás que eu *sou* o SENHOR, que os que confiam em mim não serão confundidos.

²⁴*Porventura* tirar-se-ia a presa ao poderoso, ou escapariam os legalmente presos?

²⁵Mas assim diz o Senhor: Por certo que os presos se tirarão ao poderoso, e a presa do tirano escapará; porque eu contenderei com os que contendem contigo, e os teus filhos eu remirei.

²⁶E sustentarei os teus opressores com a sua própria carne, e com o seu próprio sangue se embriagarão, como com mosto; e toda a carne saberá que eu *sou* o Senhor, o teu Salvador, e o teu Redentor, o Forte de Jacó.

Exortações do servo do Senhor

50 ASSIM diz o Senhor: Onde está a carta de divórcio de vossa mãe, pela qual eu a repudiei? Ou quem é o meu credor a quem eu vos tenha vendido? Eis que por vossas maldades fostes vendidos, e por vossas transgressões vossa mãe foi repudiada.

²Por que razão vim eu, e ninguém apareceu? Chamei, e ninguém respondeu? *Porventura* tanto se encolheu a minha mão, que *já* não possa remir? Ou não há *mais* força em mim para livrar? Eis que com a minha repreensão faço secar o mar, torno os rios *em* deserto, até que cheirem mal os seus peixes, porquanto não têm água e morrem de sede.

³Eu visto os céus de negridão, pôr-lhes-ei um saco *para* a sua cobertura.

⁴O Senhor Deus me deu *uma* língua erudita, para que eu saiba dizer a seu tempo uma *boa* palavra ao que está cansado. Ele desperta-*me* todas as manhãs, desperta-me o ouvido para que ouça, como aqueles que aprendem.

⁵O Senhor Deus me abriu os ouvidos, e eu não fui rebelde; não me retirei para trás.

⁶As minhas costas ofereci aos que *me* feriam, e a minha face aos que *me* arrancavam os cabelos; não escondi a minha face dos que me afrontavam e me cuspiam.

⁷Porque o Senhor Deus me ajuda, assim não me confundo; por isso pus o meu rosto como *um* seixo, porque sei que não serei envergonhado.

⁸Perto *está* o que me justifica; quem contenderá comigo? Compareçamos juntamente; quem é meu adversário? Chegue-se para mim.

⁹Eis que o Senhor Deus me ajuda; quem *há que* me condene? Eis que todos eles como roupas se envelhecerão, *e* a traça os comerá.

¹⁰Quem *há* entre vós que teme ao Senhor e ouça a voz do seu servo? Quando andar em trevas, e não tiver luz nenhuma, confie no nome do Senhor, e firme-se sobre o seu Deus.

¹¹Eis que todos vós, que acendeis fogo, e vos cingis com faíscas, andai entre as labaredas do vosso fogo, e entre as faíscas, *que* acendestes. Isto vos sobrevirá da minha mão, *e* em tormentos jazereis.

A restauração e salvação de Israel

51 OUVI-ME, vós os que seguis a justiça, os que buscais ao Senhor. Olhai para a rocha *de onde* fostes cortados, e para a caverna do poço *de onde* fostes cavados.

²Olhai para Abraão, vosso pai, e para Sara, *que* vos deu à luz; porque, sendo ele só, o chamei, e o abençoei e o multipliquei.

³Porque o Senhor consolará a Sião; consolará a todos os seus lugares assolados, e fará o seu deserto como o Éden, e a sua solidão como o jardim do Senhor; gozo e alegria se achará nela, ação de graças, e voz de melodia.

⁴Atendei-me, povo meu, e nação minha, inclinai os ouvidos para mim; porque de mim sairá a lei, e o meu juízo farei repousar para a luz dos povos.

⁵Perto *está* a minha justiça, vem saindo a minha salvação, e os meus braços julgarão os povos; as ilhas me aguardarão, e no meu braço esperarão.

⁶Levantai os vossos olhos para os céus, e olhai para a terra em baixo, porque os céus desaparecerão como a fumaça, e a terra se envelhecerá como roupa, e os seus moradores morrerão semelhantemente; porém a minha salvação durará para sempre, e a minha justiça não será abolida.

⁷Ouvi-me, vós que conheceis a justiça, povo em cujo coração *está* a minha lei; não temais o opróbrio dos homens, nem vos turbeis pelas suas injúrias.

⁸Porque a traça os roerá como a roupa, e o bicho os comerá como a lã; mas a minha justiça durará para sempre, e a minha salvação de geração em geração.

⁹Desperta, desperta, veste-te de força, ó braço do Senhor; desperta como nos dias passados, *como* nas gerações antigas. Não és tu aquele que cortou em pedaços a Raabe, o que feriu ao chacal?

¹⁰Não és tu aquele que secou o mar, as águas do grande abismo? O que fez o caminho no fundo do mar, para que passassem os remidos?

¹¹Assim voltarão os resgatados do Senhor, e virão a Sião com júbilo, e perpétua alegria *haverá* sobre as suas cabeças; gozo e alegria alcançarão, a tristeza e o gemido fugirão.

¹²Eu, eu *sou* aquele que vos consola; quem, pois, *és* tu para que temas o homem que é mortal, ou o filho do homem, *que* se tornará em erva?

¹³E te esqueces do Senhor que te criou, que estendeu os céus, e fundou a terra, e temes continuamente todo o dia o furor do angustiador, quando se prepara para destruir; pois onde *está* o furor do que te atribulava?

¹⁴O exilado cativo depressa será solto, e não morrerá na caverna, e o seu pão não *lhe* faltará.

¹⁵Porque eu *sou* o Senhor teu Deus, que agito o mar, de modo que bramem as suas ondas. O Senhor dos Exércitos *é* o seu nome.

¹⁶E ponho as minhas palavras na tua boca, e te cubro com a sombra da minha mão; para plantar os céus, e para fundar a terra, e para dizer a Sião: Tu *és* o meu povo.

¹⁷Desperta, desperta, levanta-te, ó Jerusalém, que bebeste da mão do Senhor o cálice do seu furor; bebeste *e* sorveste os sedimentos do cálice do atordoamento.

¹⁸De todos os filhos *que* ela teve, nenhum *há* que

ISAÍAS 51.19

a guie mansamente; e de todos os filhos *que* criou, nenhum há que a tome pela mão.

¹⁹Estas duas coisas te aconteceram; quem terá compaixão de ti? A assolação, e o quebrantamento, e a fome, e a espada! Por quem te consolarei?

²⁰Os teus filhos já desmaiaram, jazem nas entradas de todos os caminhos, como o antílope na rede; cheios estão do furor do SENHOR *e* da repreensão do teu Deus.

²¹Portanto agora ouve isto, ó aflita, e embriagada, mas não de vinho.

²²Assim diz o teu Senhor o SENHOR, e o teu Deus, *que* pleiteará a causa do seu povo: Eis que eu tomo da tua mão o cálice do atordoamento, os sedimentos do cálice do meu furor, nunca mais dele beberás.

²³Porém, pô-lo-ei nas mãos dos que te entristeceram, que disseram à tua alma: Abaixa-te, e passaremos *sobre ti;* e tu puseste as tuas costas como chão, e como caminho, aos viandantes.

52

DESPERTA, desperta, veste-te da tua fortaleza, ó Sião; veste-te das tuas roupas formosas, ó Jerusalém, cidade santa, porque nunca mais entrará em ti nem incircunciso nem imundo.

²Sacode-te do pó, levanta-te, *e* assenta-te, ó Jerusalém: solta-te *das* cadeias de teu pescoço, ó cativa filha de Sião.

³Porque assim diz o SENHOR: Por nada fostes vendidos; também sem dinheiro sereis resgatados.

⁴Porque assim diz o Senhor DEUS: O meu povo em tempos passados desceu ao Egito, para peregrinar lá, e a Assíria sem razão o oprimiu.

⁵E agora, que tenho eu *que fazer* aqui, diz o SENHOR, pois o meu povo foi tomado sem nenhuma razão? Os que dominam sobre ele dão uivos, diz o SENHOR; e o meu nome *é* blasfemado incessantemente o dia todo.

⁶Portanto o meu povo saberá o meu nome; pois, naquele dia, saberá que sou eu mesmo o que falo: Eis-me aqui.

⁷Quão formosos são, sobre os montes, os pés do que anuncia as boas novas, que faz ouvir a paz, do que anuncia o bem, que faz ouvir a salvação, do que diz a Sião: O teu Deus reina!

⁸*Eis* a voz dos teus atalaias! Eles alçam a voz, juntamente exultam; porque olho a olho verão, quando o SENHOR fizer Sião voltar.

⁹Clamai cantando, exultai juntamente, desertos de Jerusalém; porque o SENHOR consolou o seu povo, remiu a Jerusalém.

¹⁰O SENHOR desnudou o seu santo braço perante os olhos de todas as nações; e todos os confins da terra verão a salvação do nosso Deus.

¹¹Retirai-vos, retirai-vos, saí daí, não toqueis coisa imunda; saí do meio dela, purificai-vos, os que levais os vasos do SENHOR.

¹²Porque vós não saireis apressadamente, nem ireis fugindo; porque o SENHOR irá diante de vós, e o Deus de Israel *será* a vossa retaguarda.

A aparição, as dores e a glória do Messias

¹³Eis que o meu servo procederá com prudência; será exaltado, e elevado, e mui sublime.

¹⁴Como pasmaram muitos à vista dele, pois o seu parecer estava tão desfigurado, mais do que o de outro qualquer, e a sua figura mais do que *a* dos *outros* filhos dos homens.

¹⁵Assim borrifará muitas nações, e os reis fecharão as suas bocas por causa dele; porque aquilo que não lhes foi anunciado verão, e aquilo que eles não ouviram entenderão.

53

QUEM deu crédito à nossa pregação? E a quem se manifestou o braço do SENHOR?

²Porque foi subindo como renovo perante ele, e como raiz de *uma* terra seca; não tinha beleza nem formosura e, olhando nós para ele, não *havia boa* aparência *nele,* para que o desejássemos.

³*Era* desprezado, e o mais rejeitado entre os homens, homem de dores, e experimentado nos sofrimentos; e, como um de quem os homens escondiam o rosto, *era* desprezado, e não fizemos dele caso algum.

⁴Verdadeiramente ele tomou sobre si as nossas enfermidades, e as nossas dores levou sobre si; e nós o reputávamos por aflito, ferido de Deus, e oprimido.

⁵Mas ele *foi* ferido por causa das nossas transgressões, *e* moído por causa das nossas iniquidades; o castigo que nos traz a paz *estava* sobre ele, e pelas suas pisaduras fomos sarados.

⁶Todos nós andávamos desgarrados como ovelhas; cada um se desviava pelo seu caminho; mas o SENHOR fez cair sobre ele a iniquidade de nós todos.

⁷Ele foi oprimido e afligido, mas não abriu a sua boca; como *um* cordeiro foi levado ao matadouro, e como a ovelha muda perante os seus tosquiadores, assim ele não abriu a sua boca.

⁸Da opressão e do juízo foi tirado; e quem contará o tempo da sua vida? Porquanto foi cortado da terra dos viventes; pela transgressão do meu povo ele foi atingido.

⁹E puseram a sua sepultura com os ímpios, e com o rico na sua morte; ainda que nunca cometeu injustiça, nem *houve* engano na sua boca.

¹⁰Todavia, ao SENHOR agradou moê-lo, fazendo-*o* enfermar; quando a sua alma se puser por expiação do pecado, verá a sua posteridade, prolongará os seus dias; e o bom prazer do SENHOR prosperará na sua mão.

¹¹Ele verá do *fruto* do trabalho da sua alma, e ficará satisfeito; com o seu conhecimento o meu servo, o justo, justificará a muitos; porque as iniquidades deles levará sobre si.

¹²Por isso lhe darei a parte de muitos, e com os poderosos repartirá ele o despojo; porquanto derramou a sua alma na morte, e foi contado com os transgressores; mas ele levou sobre si o pecado de muitos, e intercedeu pelos transgressores.

O progresso e a glória do povo de Deus

54 CANTA alegremente, ó estéril, *que* não deste à luz; rompe em cântico, e exclama com alegria, tu *que* não tiveste dores de parto; porque mais *são* os filhos da *mulher* solitária, do que os filhos da casada, diz o Senhor.

²Amplia o lugar da tua tenda, e estendam-se as cortinas das tuas habitações; não o impeças; alonga as tuas cordas, e fixa bem as tuas estacas.

³Porque transbordarás para a direita e para a esquerda; e a tua descendência possuirá os gentios e fará que sejam habitadas as cidades assoladas.

⁴Não temas, porque não serás envergonhada; e não te envergonhes, porque não serás humilhada; antes te esquecerás da vergonha da tua mocidade, e não te lembrarás mais do opróbrio da tua viuvez.

⁵Porque o teu Criador *é* o teu marido; o Senhor dos Exércitos *é* o seu nome; e o Santo de Israel *é* o teu Redentor; que é chamado o Deus de toda a terra.

⁶Porque o Senhor te chamou como a mulher desamparada e triste de espírito; como a mulher da mocidade, que fora desprezada, diz o teu Deus.

⁷Por um breve momento te deixei, mas com grandes misericórdias te recolherei;

⁸Com um pouco de ira escondi a minha face de ti por um momento; mas com benignidade eterna me compadecerei de ti, diz o Senhor, o teu Redentor.

⁹Porque isto *será* para mim *como* as águas de Noé; pois jurei que as águas de Noé não passariam mais sobre a terra; assim jurei que não me irarei *mais* contra ti, nem te repreenderei.

¹⁰Porque os montes se retirarão, e os outeiros serão abalados; porém a minha benignidade não se apartará de ti, e a aliança da minha paz não mudará, diz o Senhor que se compadece de ti.

¹¹Tu, oprimida, arrojada com a tormenta *e* desconsolada, eis que eu assentarei as tuas pedras com todo o ornamento, e te fundarei sobre as safiras.

¹²E farei os teus vitrais de rubis, e as tuas portas de carbúnculos, e todos os teus termos de pedras aprazíveis.

¹³E todos os teus filhos *serão* ensinados do Senhor; e a paz de teus filhos *será* abundante.

¹⁴Com justiça serás estabelecida; estarás longe da opressão, porque *já* não temerás; e também do terror, porque não chegará a ti.

¹⁵Eis que seguramente poderão vir a juntar-se contra ti, mas não será por mim; quem se ajuntar contra ti cairá por causa de ti.

¹⁶Eis que eu criei o ferreiro, que assopra as brasas no fogo, e que produz a ferramenta para a sua obra; também criei o assolador, para destruir.

¹⁷Toda a ferramenta preparada contra ti não prosperará, e toda a língua *que* se levantar contra ti em juízo tu a condenarás; esta *é* a herança dos servos do Senhor, e a sua justiça que de mim *procede*, diz o Senhor.

Todo o povo é convidado a procurar a salvação

55 Ó VÓS, todos os que tendes sede, vinde às águas, e os que não tendes dinheiro, vinde, comprai, e comei; sim, vinde, comprai, sem dinheiro e sem preço, vinho e leite.

²Por que gastais o dinheiro naquilo que não é pão? E o *produto* do vosso trabalho naquilo que não pode satisfazer? Ouvi-me atentamente, e comei o que é bom, e a vossa alma se deleite com a gordura.

³Inclinai os vossos ouvidos, e vinde a mim; ouvi, e a vossa alma viverá; porque convosco farei *uma* aliança perpétua, *dando-vos* as firmes beneficências de Davi.

⁴Eis que eu o dei *por* testemunha aos povos, *como* líder e governador dos povos.

⁵Eis que chamarás a *uma* nação que não conheces, e *uma* nação que nunca te conheceu correrá para ti, por amor do Senhor teu Deus, e do Santo de Israel; porque ele te glorificou.

⁶Buscai ao Senhor enquanto se pode achar, invocai-o enquanto está perto.

⁷Deixe o ímpio o seu caminho, e o homem maligno os seus pensamentos, e se converta ao Senhor, que se compadecerá dele; *torne* para o nosso Deus, porque grandioso é em perdoar.

⁸Porque os meus pensamentos não são os vossos pensamentos, nem os vossos caminhos os meus caminhos, diz o Senhor.

⁹Porque assim *como* os céus são mais altos do que a terra, assim são os meus caminhos mais altos do que os vossos caminhos, e os meus pensamentos mais altos do que os vossos pensamentos.

¹⁰Porque, assim como desce a chuva e a neve dos céus, e para lá não tornam, mas regam a terra, e a fazem produzir, e brotar, e dar semente ao semeador, e pão ao que come,

¹¹Assim será a minha palavra, que sair da minha boca; ela não voltará para mim vazia, antes fará o que me apraz, e prosperará naquilo para que a enviei.

¹²Porque com alegria saireis, e em paz sereis guiados; os montes e os outeiros romperão em cântico diante de vós, e todas as árvores do campo baterão palmas.

¹³Em lugar do espinheiro crescerá a faia, e em lugar da sarça crescerá a murta; o que será para o Senhor por nome, e por sinal eterno, *que* nunca se apagará.

Promessas àqueles que guardam o sábado

56 ASSIM diz o Senhor: Guardai o juízo, e fazei justiça, porque a minha salvação *está* prestes a vir, e a minha justiça, para se manifestar.

²Bem-aventurado o homem *que* fizer isto, e o filho do homem *que* lançar mão disto; que se guarda de profanar o sábado, e guarda a sua mão de fazer algum mal.

³E não fale o filho do estrangeiro, que se houver

ISAÍAS 56.4

unido ao SENHOR, dizendo: Certamente o SENHOR me separará do seu povo; nem tampouco diga o eunuco: Eis que *sou uma* árvore seca.

⁴Porque assim diz o SENHOR a respeito dos eunucos, que guardam os meus sábados, e escolhem aquilo em que eu me agrado, e abraçam a minha aliança:

⁵Também lhes darei na minha casa e dentro dos meus muros *um* lugar e *um* nome, melhor do que o de filhos e filhas; *um* nome eterno darei a cada um deles, que nunca se apagará.

⁶E aos filhos dos estrangeiros, que se unirem ao SENHOR, para o servirem, e para amarem o nome do SENHOR, e para serem seus servos, todos os que guardarem o sábado, não o profanando, e os que abraçarem a minha aliança,

⁷Também os levarei ao meu santo monte, e os alegrarei na minha casa de oração; os seus holocaustos e os seus sacrifícios *serão* aceitos no meu altar; porque a minha casa será chamada casa de oração para todos os povos.

A injustiça e a justiça

⁸*Assim* diz o Senhor DEUS, que congrega os dispersos de Israel: Ainda ajuntarei *outros* aos que já se lhe ajuntaram.

⁹Vós, todos os animais do campo, todos os animais dos bosques, vinde comer.

¹⁰Todos os seus atalaias *são* cegos, nada sabem; todos *são* mudos, não podem ladrar; *andam* adormecidos, estão deitados, *e* gostam do sono.

¹¹E estes cães *são* gulosos, não se podem fartar; e eles *são* pastores que nada compreendem; todos eles se tornam para o seu caminho, cada um para a sua ganância, *cada um* por sua parte.

¹²Vinde, *dizem,* trarei vinho, e beberemos bebida forte; e o dia de amanhã será como este, *e ainda* muito mais abundante.

57PERECE o justo, e não *há* quem considere isso em seu coração, e os homens compassivos são recolhidos, sem que alguém considere que o justo é levado antes do mal.

²Entrará *em* paz; descansarão nas suas camas, os que houverem andado na sua retidão.

³Mas chegai-vos aqui, vós os filhos da agoureira, descendência adulterina, e de prostituição.

⁴De quem fazeis o vosso passatempo? Contra quem escancarais a boca, e deitais para fora a língua? *Porventura* não *sois* filhos da transgressão, descendência da falsidade,

⁵Que vos inflamais com os deuses debaixo de toda a árvore verde, e sacrificais os filhos nos ribeiros, nas fendas dos penhascos?

⁶Nas *pedras* lisas dos ribeiros *está* a tua parte; estas, estas *são* a tua sorte; sobre elas também derramaste a *tua* libação, e lhes ofereceste ofertas; contentar-me-ia eu com estas coisas?

⁷Sobre o monte alto e levantado pões a tua cama; e lá subiste para oferecer sacrifícios.

⁸E detrás das portas, e dos umbrais puseste o teu memorial; pois te descobriste a outros que não a mim, e subiste, alargaste a tua cama, e fizeste *aliança* com *alguns* deles; amaste a sua cama, onde quer que a viste.

⁹E foste ao rei com óleo, e multiplicaste os teus perfumes e enviaste os teus embaixadores para longe, e te abateste até ao inferno.

¹⁰Na tua comprida viagem te cansaste; *porém* não disseste: Não há esperança; achaste *novo* vigor na tua mão; por isso não adoeceste.

¹¹Mas de quem tiveste receio, ou temor, para que mentisses, e não te lembrasses de mim, nem no teu coração *me* pusesses? Não é *porventura* porque eu me calei, e *isso* há muito tempo, e não me temes?

¹²Eu publicarei a tua justiça, e as tuas obras, que não te aproveitarão.

As promessas de Deus para o penitente

¹³Quando clamares, livrem-te os *ídolos* que ajuntaste; mas o vento a todos levará, e um sopro os arrebatará; mas o que confia em mim possuirá a terra, e herdará o meu santo monte.

¹⁴E dir-se-á: Aplanai, aplanai *a estrada,* preparai o caminho; tirai os tropeços do caminho do meu povo.

¹⁵Porque assim diz o Alto e o Sublime, que habita na eternidade, e cujo nome *é* Santo: Num alto e santo *lugar* habito; como também com o contrito e abatido de espírito, para vivificar o espírito dos abatidos, e para vivificar o coração dos contritos.

¹⁶Porque não contenderei para sempre, nem continuamente me indignarei; porque o espírito perante a minha face se desfaleceria, e as almas *que* eu fiz.

¹⁷Pela iniquidade da sua avareza me indignei, e o feri; escondi-me, e indignei-me; contudo, rebelde, seguiu o caminho do seu coração.

¹⁸Eu vejo os seus caminhos, e o sararei, e o guiarei, e lhe tornarei a dar consolação, *a saber,* aos seus pranteadores.

¹⁹Eu crio os frutos dos lábios: paz, paz, para o que *está* longe; e para o que *está* perto, diz o SENHOR, e eu o sararei.

²⁰Mas os ímpios *são* como o mar bravo, porque não se pode aquietar, e as suas águas lançam de si lama e lodo.

²¹Não há paz para os ímpios, diz o meu Deus.

O falso e o verdadeiro jejum

58CLAMA em alta voz, não te detenhas, levanta a tua voz como a trombeta e anuncia ao meu povo a sua transgressão, e à casa de Jacó os seus pecados.

²Todavia me procuram cada dia, tomam prazer em saber os meus caminhos, como um povo que pratica justiça, e não deixa o direito do seu Deus; perguntam-me pelos direitos da justiça, e têm prazer em se chegarem a Deus,

³*Dizendo:* Por que jejuamos nós, e tu não atentas para isso? *Por que* afligimos as nossas almas, e tu não o sabes? Eis que no dia em que jejuais

achais o *vosso próprio* contentamento, e requereis todo o vosso trabalho.

[4]Eis que para contendas e debates jejuais, e para ferirdes com punho iníquo; não jejueis como hoje, para fazer ouvir a vossa voz no alto.

[5]Seria este o jejum que eu escolheria, que o homem um dia aflija a sua alma, que incline a sua cabeça como o junco, e estenda debaixo *de si* saco e cinza? Chamarias tu a isto jejum e dia aprazível ao Senhor?

[6]*Porventura* não *é* este o jejum que escolhi, que soltes as ligaduras da impiedade, que desfaças as ataduras do jugo e que deixes livres os oprimidos, e despedaces todo o jugo?

[7]*Porventura* não *é também* que repartas o teu pão com o faminto, e recolhas em casa os pobres abandonados; *e,* quando vires o nu, o cubras, e não te escondas da tua carne?

[8]Então romperá a tua luz como a alva, e a tua cura apressadamente brotará, e a tua justiça irá adiante de ti, *e* a glória do Senhor será a tua retaguarda.

[9]Então clamarás, e o Senhor *te* responderá; gritarás, e ele dirá: Eis-me aqui. Se tirares do meio de ti o jugo, o estender do dedo, e o falar iniquamente;

[10]*E se* abrires a tua alma ao faminto, e fartares a alma aflita; então *a* tua luz nascerá nas trevas, e a tua escuridão *será* como o meio-dia.

[11]E o Senhor te guiará continuamente, e fartará a tua alma em lugares áridos, e fortificará os teus ossos; e serás como *um* jardim regado, e como *um* manancial, cujas águas nunca faltam.

[12]E *os que* de ti *procederem* edificarão as antigas ruínas; e levantarás os fundamentos de geração em geração; e chamar-te-ão reparador das roturas, *e* restaurador de veredas para morar.

[13]Se desviares o teu pé do sábado, *de* fazeres a tua vontade no meu santo dia, e chamares ao sábado deleitoso, e o santo *dia* do Senhor, digno de honra, e o honrares não seguindo os teus caminhos, *nem* pretendendo *fazer* a tua própria vontade, nem falares as tuas próprias palavras,

[14]Então te deleitarás no Senhor, e te farei cavalgar sobre as alturas da terra, e te sustentarei com a herança de teu pai Jacó; porque a boca do Senhor o disse.

Os pecados e a salvação do povo de Deus

59 EIS que a mão do Senhor não está encolhida, para que não possa salvar; nem agravado o seu ouvido, para não poder ouvir.

[2]Mas as vossas iniquidades fazem separação entre vós e o vosso Deus; e os vossos pecados encobrem o *seu* rosto de vós, para que não vos ouça.

[3]Porque as vossas mãos estão contaminadas de sangue, e os vossos dedos de iniquidade; os vossos lábios falam falsidade, a vossa língua pronuncia perversidade.

[4]Ninguém *há* que clame pela justiça, nem ninguém que compareça em juízo pela verdade;

confiam na vaidade, e falam mentiras; concebem o mal, e dão à luz a iniquidade.

[5]Chocam ovos de basilisco, e tecem teias de aranha; o que comer dos ovos deles, morrerá; e, quebrando-os, sairá uma víbora.

[6]As suas teias não prestam para vestes nem se poderão cobrir com as suas obras; as suas obras *são* obras de iniquidade, e obra de violência *há* nas suas mãos.

[7]Os seus pés correm para o mal, e se apressam para derramarem o sangue inocente; os seus pensamentos *são* pensamentos de iniquidade; destruição e quebrantamento *há* nas suas estradas.

[8]Não conhecem o caminho da paz, nem *há* justiça nos seus passos; fizeram para si veredas tortuosas; todo aquele que anda por elas não tem conhecimento da paz.

[9]Por isso o juízo está longe de nós, e a justiça não nos alcança; esperamos pela luz, e eis que *só há* trevas; pelo resplendor, mas andamos em escuridão.

[10]Apalpamos as paredes como cegos, e como os que não têm olhos andamos apalpando; tropeçamos ao meio-dia como nas trevas, *e* nos lugares escuros como mortos.

[11]Todos nós bramamos como ursos, e continuamente gememos como pombas; esperamos pelo juízo, e não o há; pela salvação, *e* está longe de nós.

[12]Porque as nossas transgressões se multiplicaram perante ti, e os nossos pecados testificam contra nós; porque as nossas transgressões *estão* conosco, e conhecemos as nossas iniquidades;

[13]*Como* o prevaricar, e mentir contra o Senhor, e o desviarmo-nos do nosso Deus, o falar de opressão e rebelião, o conceber e proferir do coração palavras de falsidade.

[14]Por isso o direito se tornou atrás, e a justiça se pôs de longe; porque a verdade anda tropeçando pelas ruas, e a equidade não pode entrar.

[15]Sim, a verdade desfalece, e *quem* se desvia do mal arrisca-se a ser despojado; e o Senhor viu, e pareceu mal aos seus olhos que não houvesse justiça.

[16]E vendo que ninguém havia, maravilhou-se de que não *houvesse* um intercessor; por isso o seu *próprio* braço lhe trouxe a salvação, e a sua própria justiça o susteve.

[17]Pois vestiu-se de justiça, como de *uma* couraça, e pôs o capacete da salvação na sua cabeça, e por vestidura pôs sobre si vestes de vingança, e cobriu-se de zelo, como de um manto.

[18]Conforme forem as obras deles, assim será a sua retribuição, furor aos seus adversários, e recompensa aos seus inimigos; às ilhas dará ele a sua recompensa.

[19]Então temerão o nome do Senhor desde o poente, e a sua glória desde o nascente do sol; vindo o inimigo como *uma* corrente de águas, o Espírito do Senhor arvorará contra ele a sua bandeira.

[20]E virá um Redentor a Sião e aos que em Jacó se converterem da transgressão, diz o Senhor.

ISAÍAS 59.21

²¹Quanto a mim, esta *é* a minha aliança com eles, diz o Senhor: o meu espírito, que *está* sobre ti, e as minhas palavras, que pus na tua boca, não se desviarão da tua boca nem da boca da tua descendência, nem da boca da descendência da tua descendência, diz o Senhor, desde agora e para todo o sempre.

Jerusalém é restaurada à sua glória

60LEVANTA-te, resplandece, porque vem a tua luz, e a glória do Senhor vai nascendo sobre ti;

²Porque eis que as trevas cobriram a terra, e a escuridão os povos; mas sobre ti o Senhor virá surgindo, e a sua glória se verá sobre ti.

³E os gentios caminharão à tua luz, e os reis ao resplendor que te nasceu.

⁴Levanta em redor os teus olhos, e vê; todos estes *já* se ajuntaram, *e* vêm a ti; teus filhos virão de longe, e tuas filhas serão criadas ao teu lado.

⁵Então o verás, e serás iluminado, e o teu coração estremecerá e se alargará; porque a abundância do mar se tornará a ti, e as riquezas dos gentios virão a ti.

⁶A multidão de camelos te cobrirá, os dromedários de Midiã e Efá; todos virão de Sabá; ouro e incenso trarão, e publicarão os louvores do Senhor.

⁷Todas as ovelhas de Quedar se congregarão a ti; os carneiros de Nebaiote te servirão; com agrado subirão ao meu altar, e eu glorificarei a casa da minha glória.

⁸Quem *são estes que* vêm voando como nuvens, e como pombas às suas janelas?

⁹Certamente as ilhas me aguardarão, e primeiro os navios de Társis, para trazer teus filhos de longe, e com eles a sua prata e o seu ouro, para o nome do Senhor teu Deus, e para o Santo de Israel, porquanto ele te glorificou.

¹⁰E os filhos dos estrangeiros edificarão os teus muros, e os seus reis te servirão; porque no meu furor te feri, mas na minha benignidade tive misericórdia de ti.

¹¹E as tuas portas estarão abertas de contínuo, nem de dia nem de noite se fecharão; para que tragam a ti as riquezas dos gentios, e, conduzidos com elas, os seus reis.

¹²Porque a nação e o reino que não te servirem perecerão; *sim,* essas nações serão de todo assoladas.

¹³A glória do Líbano virá a ti; a faia, o pinheiro, e o álamo conjuntamente, para ornarem o lugar do meu santuário, e glorificarei o lugar dos meus pés.

¹⁴Também virão a ti, inclinando-se, os filhos dos que te oprimiram; e prostrar-se-ão às plantas dos teus pés todos os que te desprezaram; e chamar-te-ão a cidade do Senhor, a Sião do Santo de Israel.

¹⁵Em lugar de seres deixada, e odiada, de modo que ninguém passava *por ti,* far-te-ei uma excelência perpétua, um gozo de geração em geração.

¹⁶E mamarás o leite dos gentios, e alimentar-te-ás ao peito dos reis; e saberás que eu *sou* o Senhor, o teu Salvador, e o teu Redentor, o Poderoso de Jacó.

¹⁷Por cobre trarei ouro, e por ferro trarei prata, e por madeira, bronze, e por pedras, ferro; e farei pacíficos os teus oficiais e justos os teus exatores.

¹⁸Nunca mais se ouvirá de violência na tua terra, desolação *nem* destruição nos teus termos; mas aos teus muros chamarás Salvação, e às tuas portas Louvor.

¹⁹Nunca mais te servirá o sol para luz do dia nem com o *seu* resplendor a lua te iluminará; mas o Senhor será a tua luz perpétua, e o teu Deus a tua glória.

²⁰Nunca mais se porá o teu sol, nem a tua lua minguará; porque o Senhor será a tua luz perpétua, e os dias do teu luto findarão.

²¹E todos os do teu povo *serão* justos, para sempre herdarão a terra; *serão* renovos por mim plantados, obra das minhas mãos, para que eu seja glorificado.

²²O menor virá a ser mil, e o mínimo *uma* nação forte; eu, o Senhor, ao seu tempo o farei prontamente.

A salvação é proclamada

61O ESPÍRITO do Senhor Deus *está* sobre mim; porque o Senhor me ungiu, para pregar boas novas aos mansos; enviou-me a restaurar os contritos de coração, a proclamar liberdade aos cativos, e a abertura de prisão aos presos;

²A apregoar o ano aceitável do Senhor e o dia da vingança do nosso Deus; a consolar todos os tristes;

³A ordenar acerca dos tristes de Sião que se lhes dê glória em vez de cinza, óleo de gozo em vez de tristeza, vestes de louvor em vez de espírito angustiado; a fim de que se chamem árvores de justiça, plantações do Senhor, para que ele seja glorificado.

⁴E edificarão os lugares antigamente assolados, *e* restaurarão os anteriormente destruídos, e renovarão as cidades assoladas, destruídas de geração em geração.

⁵E haverá estrangeiros, que apascentarão os vossos rebanhos; e estranhos *serão* os vossos lavradores e os vossos vinhateiros.

⁶Porém vós sereis chamados sacerdotes do Senhor, e vos chamarão ministros de nosso Deus; comereis a riqueza dos gentios, e na sua glória vos gloriareis.

⁷Em lugar da vossa vergonha tereis dupla *honra;* e em lugar da afronta exultareis na vossa parte; por isso na sua terra possuirão o dobro, e terão perpétua alegria.

⁸Porque eu, o Senhor, amo o juízo, odeio o que foi roubado *oferecido* em holocausto; portanto, firmarei em verdade a sua obra; e farei *uma* aliança eterna com eles.

⁹E a sua posteridade será conhecida entre os gentios, e os seus descendentes no meio dos povos; todos quantos os virem os conhecerão, como descendência bendita do Senhor.

¹⁰Regozijar-me-ei muito no SENHOR, a minha alma se alegrará no meu Deus; porque me vestiu de roupas de salvação, cobriu-me com o manto de justiça, como um noivo se adorna com turbante sacerdotal, e como a noiva que se enfeita com as suas joias.

¹¹Porque, como a terra produz os seus renovos, e como o jardim faz brotar o que nele se semeia, assim o Senhor DEUS fará brotar a justiça e o louvor para todas as nações.

A glória de Jerusalém sempre aumentando

62 POR amor de Sião não me calarei, e por amor de Jerusalém não me aquietarei, até que saia a sua justiça como um resplendor, e a sua salvação como uma tocha acesa.

²E os gentios verão a tua justiça, e todos os reis a tua glória; e chamar-te-ão por um nome novo, que a boca do SENHOR designará.

³E serás uma coroa de glória na mão do SENHOR, e *um* diadema real na mão do teu Deus.

⁴Nunca mais te chamarão: Desamparada, nem a tua terra se denominará jamais: Assolada; mas chamar-te-ão: O meu prazer está nela, e à tua terra: A casada; porque o SENHOR se agrada de ti, e a tua terra se casará.

⁵Porque, *como* o jovem se casa com a virgem, *assim* teus filhos se casarão contigo; e *como* o noivo se alegra da noiva, *assim* se alegrará de ti o teu Deus.

⁶Ó Jerusalém, sobre os teus muros pus guardas, *que* todo o dia e toda a noite jamais se calarão; ó vós, os que fazeis lembrar ao SENHOR, não haja descanso em vós,

⁷Nem deis a ele descanso, até que confirme, e até que ponha a Jerusalém por louvor na terra.

⁸Jurou o SENHOR pela sua mão direita, e pelo braço da sua força: Nunca mais darei o teu trigo *por* comida aos teus inimigos, nem os estrangeiros beberão o teu mosto, em que trabalhaste.

⁹Mas os que o ajuntarem o comerão, e louvarão ao SENHOR; e os que o colherem beberão nos átrios do meu santuário.

¹⁰Passai, passai pelas portas; preparai o caminho ao povo; aplainai, aplainai a estrada, limpai-a das pedras; arvorai a bandeira aos povos.

¹¹Eis que o SENHOR fez ouvir até às extremidades da terra: Dizei à filha de Sião: Eis que *vem* a tua salvação; eis que com ele vem o seu galardão, e a sua obra diante dele.

¹²E chamar-lhes-ão: Povo santo, remidos do SENHOR; e tu serás chamada: Procurada, a cidade não desamparada.

Deus salva e vinga a seu povo

63 QUEM *é* este, que vem de Edom, de Bozra, com vestes tintas; este que é glorioso em sua vestidura, que marcha com a sua grande força? Eu, que falo em justiça, poderoso para salvar.

²Por que está vermelha a tua vestidura, e as tuas roupas como as daquele que pisa no lagar?

³Eu sozinho pisei no lagar, e dos povos ninguém houve comigo; e os pisei na minha ira, e os esmaguei no meu furor; e o seu sangue salpicou as minhas vestes, e manchei toda a minha vestidura.

⁴Porque o dia da vingança *estava* no meu coração; e o ano dos meus remidos é chegado.

⁵E olhei, e não *havia* quem *me* ajudasse; e admirei-me de não *haver* quem *me* sustivesse, por isso o meu braço me trouxe a salvação, e o meu furor me susteve.

⁶E atropelei os povos na minha ira, e os embriaguei no meu furor; e a sua força derrubei por terra.

Ação de graças pelas benignidades de Deus

⁷As benignidades do SENHOR mencionarei, *e* os muitos louvores do SENHOR, conforme tudo quanto o SENHOR nos concedeu; e grande bondade para com a casa de Israel, que usou com eles segundo as suas misericórdias, e segundo a multidão das suas benignidades.

⁸Porque dizia: Certamente eles são meu povo, filhos *que* não mentirão; assim ele se fez o seu Salvador.

⁹Em toda a angústia deles ele foi angustiado, e o anjo da sua presença os salvou; pelo seu amor, e pela sua compaixão ele os remiu; e os tomou, e os conduziu todos os dias da antiguidade.

¹⁰Mas eles foram rebeldes, e contristaram o seu Espírito Santo; por isso se lhes tornou em inimigo, *e* ele mesmo pelejou contra eles.

¹¹Todavia se lembrou dos dias da antiguidade, de Moisés, *e* do seu povo, *dizendo:* Onde *está agora* o que os fez subir do mar com os pastores do seu rebanho? Onde *está* o que pôs no meio deles o seu Espírito Santo?

¹²Aquele cujo braço glorioso ele fez andar à mão direita de Moisés, que fendeu as águas diante deles, para fazer para si *um* nome eterno?

¹³Aquele que os guiou pelos abismos, como o cavalo no deserto, *de modo* que nunca tropeçaram?

¹⁴Como o animal *que* desce ao vale, o Espírito do SENHOR lhes deu descanso; assim guiaste ao teu povo, para te fazeres *um* nome glorioso.

¹⁵Atenta desde os céus, e olha desde a tua santa e gloriosa habitação. Onde *estão* o teu zelo e as tuas obras poderosas? A comoção das tuas entranhas, e das tuas misericórdias, detém-se para comigo?

¹⁶Mas tu *és* nosso Pai, ainda que Abraão não nos conhece, o Israel não nos reconhece; tu, ó SENHOR, *és* nosso Pai; nosso Redentor desde a antiguidade *é* o teu nome.

¹⁷Por que, ó SENHOR, nos fazes errar dos teus caminhos? *Por que* endureces o nosso coração, para que não te temamos? Volta, por amor dos teus servos, às tribos da tua herança.

¹⁸Só por um pouco de tempo o teu santo povo a possuiu; nossos adversários pisaram o teu santuário.

¹⁹Somos feitos *como aqueles* sobre quem tu nunca dominaste, *e como* os que nunca se chamaram pelo teu nome.

ISAÍAS 64.1

64 OH! Se fendesses os céus, e descesses, e os montes se escoassem de diante da tua face, ²Como o fogo abrasador de fundição, fogo que faz ferver as águas, para fazeres notório o teu nome aos teus adversários, *e assim* as nações tremessem da tua presença!

³Quando fazias coisas terríveis, *que* nunca esperávamos, descias, *e* os montes se escoavam diante da tua face.

⁴Porque desde a antiguidade não se ouviu, nem com ouvidos se percebeu, nem com os olhos se viu um Deus além de ti que trabalha para aquele que nele espera.

⁵Saíste ao encontro daquele que se alegrava e praticava justiça *e dos que* se lembram de ti nos teus caminhos; eis que te iraste, porque pecamos; neles há eternidade, para que sejamos salvos.

⁶Mas todos nós somos como o imundo, e todas as nossas justiças como trapo da imundícia; e todos nós murchamos como a folha, e as nossas iniquidades como um vento nos arrebatam.

⁷E já ninguém *há* que invoque o teu nome, que se desperte, e te detenhas; porque escondes de nós o teu rosto, e nos fazes derreter, por causa das nossas iniquidades.

⁸Mas agora, ó SENHOR, tu *és* nosso Pai; nós o barro e tu o nosso oleiro; e todos nós a obra das tuas mãos.

⁹Não te enfureças tanto, ó SENHOR, nem perpetuamente te lembres da iniquidade; olha, pois, nós te pedimos, todos nós somos o teu povo.

¹⁰As tuas santas cidades tornaram-se um deserto; Sião está feita um deserto, Jerusalém está assolada.

¹¹A nossa santa e gloriosa casa, em que te louvavam nossos pais, foi queimada a fogo; e todas as nossas coisas preciosas se tornaram em assolação.

¹²Conter-te-ias tu *ainda* sobre estas coisas, ó SENHOR? Ficarias calado, e nos afligirias tanto?

Gentios e judeus

65 FUI buscado dos que não perguntavam *por mim*, fui achado daqueles que não me buscavam; a uma nação que não se chamava do meu nome eu disse: Eis-me aqui. Eis-me aqui.

²Estendi as minhas mãos o dia todo a um povo rebelde, que anda por caminho, que não é bom, após os seus pensamentos;

³Povo que de contínuo me irrita diante da minha face, sacrificando em jardins e queimando incenso sobre altares de tijolos;

⁴Que habita entre as sepulturas, e passa as noites junto aos lugares secretos; come carne de porco e *tem* caldo de coisas abomináveis nos seus vasos;

⁵Que dizem: Fica onde estás, e não te chegues a mim, porque sou mais santo do que tu. Estes *são* fumaça no meu nariz, um fogo que arde todo o dia.

⁶Eis que *está* escrito diante de mim: não me calarei; mas eu pagarei, sim, pagarei no seu seio,

⁷As vossas iniquidades, e juntamente as iniquidades de vossos pais, diz o SENHOR, que queimaram incenso nos montes, e me afrontaram nos outeiros; assim lhes tornarei a medir as suas obras antigas no seu seio.

⁸Assim diz o SENHOR: Como quando se acha mosto num cacho de uvas, dizem: Não o desperdices, pois *há* bênção nele, assim farei por amor *de* meus servos, que não os destrua a todos,

⁹E produzirei descendência a Jacó, e a Judá *um* herdeiro que possua os meus montes; e os meus eleitos herdarão a *terra* e os meus servos habitarão ali.

¹⁰E Sarom servirá de curral de rebanhos, e o vale de Acor lugar de repouso de gados, para o meu povo, que me buscou.

¹¹Mas a vós, os que vos apartais do SENHOR, os que vos esqueceis do meu santo monte, os que preparais uma mesa para a Fortuna, e que misturais a bebida para o Destino.

¹²Também vos destinareis à espada, e todos vos encurvareis à matança; porquanto chamei, e não respondestes; falei, e não ouvistes; mas fizestes o *que era* mau aos meus olhos, e escolhestes aquilo em que não tinha prazer.

¹³Portanto assim diz o Senhor DEUS: Eis que os meus servos comerão, mas vós padecereis fome; eis que os meus servos beberão, porém vós tereis sede; eis que os meus servos se alegrarão, mas vós vos envergonhareis;

¹⁴Eis que os meus servos exultarão pela alegria de coração, mas vós gritareis pela tristeza de coração; e uivareis pelo quebrantamento de espírito.

¹⁵E deixareis o vosso nome aos meus eleitos por maldição; e o Senhor DEUS vos matará; e a seus servos chamará por outro nome.

¹⁶*Assim que* aquele que se bendisser na terra, se bendirá no Deus da verdade; e aquele que jurar na terra, jurará pelo Deus da verdade; porque já estão esquecidas as angústias passadas, e estão escondidas dos meus olhos.

A nova Jerusalém

¹⁷Porque, eis que eu crio novos céus e nova terra; e não haverá *mais* lembrança das coisas passadas, nem mais se recordarão.

¹⁸Mas vós folgareis e exultareis perpetuamente no que eu crio; porque eis que crio para Jerusalém uma alegria, e para o seu povo gozo.

¹⁹E exultarei em Jerusalém, e me alegrarei no meu povo; e nunca mais se ouvirá nela voz de choro nem voz de clamor.

²⁰Não haverá mais nela criança de *poucos* dias, nem velho que não cumpra os seus dias; porque o menino morrerá de cem anos; porém o pecador de cem anos será amaldiçoado.

²¹E edificarei casas, e *as* habitarão; e plantarão vinhas, e comerão o seu fruto.

²²Não edificarão para que outros habitem; não plantarão para que outros comam; porque os dias do meu povo *serão* como os dias da árvore, e os meus eleitos gozarão das obras das suas mãos.

²³Não trabalharão em vão, nem terão filhos para a perturbação; porque *são* a posteridade bendita do SENHOR, e os seus descendentes estarão com eles.

²⁴E será que antes que clamem eu responderei; estando eles ainda falando, eu os ouvirei.

²⁵O lobo e o cordeiro se apascentarão juntos, e o leão comerá palha como o boi; e pó *será* a comida da serpente. Não farão mal nem dano algum em todo o meu santo monte, diz o SENHOR.

A rejeição final dos rebeldes

66 ASSIM diz o SENHOR: O céu é o meu trono, e a terra o escabelo dos meus pés; que casa me edificaríeis vós? E qual *seria* o lugar do meu descanso?

²Porque a minha mão fez todas estas coisas, e assim todas elas foram feitas, diz o SENHOR; mas para esse olharei, para o pobre e abatido de espírito, e que treme da minha palavra.

³Quem mata *um* boi *é como o que* tira a vida de um homem; quem *sacrifica* um cordeiro *é como o que* degola um cão; quem oferece uma oblação *é como o que* oferece sangue de porco; quem queima incenso em memorial *é como o que* bendiz a um ídolo; também estes escolhem os seus *próprios* caminhos, e a sua alma se deleita nas suas abominações.

⁴Também eu escolherei as suas calamidades, farei vir sobre eles os seus temores; porquanto clamei e ninguém respondeu, falei e não escutaram; mas fizeram *o que era* mau aos meus olhos, e escolheram aquilo em que eu não tinha prazer.

⁵Ouvi a palavra do SENHOR, os que tremeis da sua palavra. Vossos irmãos, que vos odeiam e que para longe vos lançam por amor do meu nome, dizem: Seja glorificado o SENHOR, para que vejamos a vossa alegria; mas eles serão confundidos.

⁶Uma voz de grande rumor virá da cidade, uma voz do templo, a voz do SENHOR, que dá o pago aos seus inimigos.

⁷Antes que estivesse de parto, deu à luz; antes que lhe viessem as dores, deu à luz um menino.

⁸Quem *jamais* ouviu tal coisa? Quem viu coisas semelhantes? Poder-se-ia fazer nascer uma terra num *só* dia? Nasceria uma nação de uma *só* vez? Mas Sião esteve de parto e já deu à luz seus filhos.

⁹Abriria eu a madre, e não geraria? diz o SENHOR; geraria eu, e fecharia a *madre?* diz o teu Deus.

¹⁰Regozijai-vos com Jerusalém, e alegrai-vos por ela, vós todos os que a amais; enchei-vos por ela de alegria, todos os que por ela pranteastes;

¹¹Para que mameis, e vos farteis dos peitos das suas consolações; para que sugueis, e vos deleiteis com a abundância da sua glória.

¹²Porque assim diz o SENHOR: Eis que estenderei sobre ela a paz como um rio, e a glória dos gentios como um ribeiro que transborda; então mamareis, ao colo vos trarão, e sobre os joelhos vos afagarão.

¹³Como alguém a quem consola sua mãe, assim eu vos consolarei; e em Jerusalém vós sereis consolados.

¹⁴E vós vereis e alegrar-se-á o vosso coração, e os vossos ossos reverdecerão como a erva tenra; então a mão do SENHOR será notória aos seus servos, e ele se indignará contra os seus inimigos.

¹⁵Porque, eis que o SENHOR virá com fogo; e os seus carros como um torvelinho; para tornar a sua ira em furor, e a sua repreensão em chamas de fogo.

¹⁶Porque com fogo e com a sua espada entrará o SENHOR em juízo com toda a carne; e os mortos do SENHOR serão multiplicados.

¹⁷Os que se santificam, e se purificam, nos jardins uns após outros; os que comem carne de porco, e a abominação, e o rato, juntamente serão consumidos, diz o SENHOR.

¹⁸Porque conheço as suas obras e os seus pensamentos; vem o *dia* em que ajuntarei todas as nações e línguas; e virão e verão a minha glória.

¹⁹E porei entre eles um sinal, e os que deles escaparem enviarei às nações, *a* Társis, Pul, e Lude, flecheiros, *a* Tubal e Javã, até às ilhas de *mais* longe, que não ouviram a minha fama, nem viram a minha glória; e anunciarão a minha glória entre os gentios.

²⁰E trarão a todos os vossos irmãos, dentre todas as nações, por oferta ao SENHOR, sobre cavalos, e em carros, e em liteiras, e sobre mulas, e sobre dromedários, trarão ao meu santo monte, a Jerusalém, diz o SENHOR; como *quando* os filhos de Israel trazem as suas ofertas em vasos limpos à casa do SENHOR.

²¹E também deles tomarei a alguns para sacerdotes *e* para levitas, diz o SENHOR.

²²Porque, como os novos céus, e a nova terra, que hei de fazer, estarão diante da minha face, diz o SENHOR, assim *também* há de estar a vossa posteridade e o vosso nome.

²³E será que desde *uma* lua nova até à outra, e desde *um* sábado até ao outro, virá toda a carne a adorar perante mim, diz o SENHOR.

²⁴E sairão, e verão os cadáveres dos homens que prevaricaram contra mim; porque o seu verme nunca morrerá, nem o seu fogo se apagará; e serão um horror a toda a carne.

O LIVRO DO PROFETA

JEREMIAS

A vocação e primeira visão de Jeremias

1 PALAVRAS de Jeremias, filho de Hilquias, *um* dos sacerdotes que *estavam* em Anatote, na terra de Benjamim;

²Ao qual veio a palavra do Senhor, nos dias de Josias, filho de Amom, rei de Judá, no décimo terceiro ano do seu reinado.

³E *lhe* veio *também* nos dias de Jeoiaquim, filho de Josias, rei de Judá, até ao fim do ano undécimo de Zedequias, filho de Josias, rei de Judá, até que Jerusalém foi levada em cativeiro no quinto mês.

⁴Assim veio a mim a palavra do Senhor, dizendo:

⁵Antes que te formasse no ventre te conheci, e antes que saísses da madre, te santifiquei; às nações te dei por profeta.

⁶Então disse *eu:* Ah, Senhor Deus! Eis que não sei falar; porque *ainda sou* um menino.

⁷Mas o Senhor me disse: Não digas: Eu *sou* um menino; porque a todos a quem eu te enviar, irás; e tudo quanto te mandar, falarás.

⁸Não temas diante deles; porque *estou* contigo para te livrar, diz o Senhor.

⁹E estendeu o Senhor a sua mão, e tocou-me na boca; e disse-me o Senhor: Eis que ponho as minhas palavras na tua boca;

¹⁰Olha, ponho-te neste dia sobre as nações, e sobre os reinos, para arrancares, e para derrubares, e para destruíres, e para arruinares; e também para edificares e para plantares.

¹¹Ainda veio a mim a palavra do Senhor, dizendo: Que *é que* vês, Jeremias? E eu disse: Vejo *uma* vara de amendoeira.

¹²E disse-me o Senhor: Viste bem; porque eu velo sobre a minha palavra para cumpri-la.

¹³E veio a mim a palavra do Senhor segunda vez, dizendo: Que *é que* vês? E eu disse: Vejo *uma* panela a ferver, cuja face *está* para o lado do norte.

¹⁴E disse-me o Senhor: Do norte se descobrirá o mal sobre todos os habitantes da terra.

¹⁵Porque eis que eu convoco todas as famílias dos reinos do norte, diz o Senhor; e virão, e cada *um* porá o seu trono à entrada das portas de Jerusalém, e contra todos os seus muros em redor, e contra todas as cidades de Judá.

¹⁶E eu pronunciarei contra eles os meus juízos, por causa de toda a sua malícia; pois me deixaram, e queimaram incenso a deuses estranhos, e se encurvaram diante das obras das suas mãos.

¹⁷Tu, pois, cinge os teus lombos, e levanta-te, e dize-lhes tudo quanto eu te mandar; não te espantes diante deles, para que eu não te envergonhe diante deles.

¹⁸Porque, eis que hoje te ponho por cidade forte, e por coluna de ferro, e por muros de bronze, contra toda a terra, contra os reis de Judá, contra os seus príncipes, contra os seus sacerdotes, e contra o povo da terra.

¹⁹E pelejarão contra ti, mas não prevalecerão contra ti; porque eu *sou* contigo, diz o Senhor, para te livrar.

Jeremias é enviado a Jerusalém

2 E VEIO a mim a palavra do Senhor, dizendo:

²Vai, e clama aos ouvidos de Jerusalém, dizendo: Assim diz o Senhor: Lembro-me de ti, da piedade da tua mocidade, e do amor do teu noivado, quando me seguias no deserto, numa terra que não se semeava.

³*Então* Israel *era* santidade para o Senhor, e as primícias da sua novidade; todos os que o devoravam eram tidos por culpados; o mal vinha sobre eles, diz o Senhor.

⁴Ouvi a palavra do Senhor, ó casa de Jacó, e todas as famílias da casa de Israel;

⁵Assim diz o Senhor: Que injustiça acharam vossos pais em mim, para se afastarem de mim, indo após a vaidade, e tornando-se levianos?

⁶E não disseram: Onde está o Senhor, que nos fez subir da terra do Egito, que nos guiou através do deserto, por uma terra árida, e de covas, por uma terra de sequidão e sombra de morte, por uma terra pela qual ninguém transitava, e na qual não morava homem algum?

⁷E eu vos introduzi numa terra fértil, para comerdes o seu fruto e o seu bem; mas *quando nela* entrastes contaminastes a minha terra, e da minha herança fizestes uma abominação.

⁸Os sacerdotes não disseram: Onde *está* o Senhor? E os que tratavam da lei não me conheciam, e os pastores prevaricavam contra mim, e os profetas profetizavam por Baal, e andaram após *o que* é de nenhum proveito.

⁹Portanto ainda contenderei convosco, diz o Senhor; e até com os filhos de vossos filhos contenderei.

¹⁰Pois, passai às ilhas de Quitim, e vede; e enviai a Quedar, e atentai bem, e vede se jamais sucedeu coisa semelhante.

¹¹Houve *alguma* nação que trocasse os *seus* deuses, ainda que não fossem deuses? Todavia o meu povo trocou a sua glória por aquilo que é de nenhum proveito.

¹²Espantai-vos disto, ó céus, e horrorizai-vos! Ficai verdadeiramente desolados, diz o Senhor.

¹³Porque o meu povo fez duas maldades: a mim me deixaram, o manancial de águas vivas, e cavaram cisternas, cisternas rotas, que não retêm águas.

¹⁴Acaso *é* Israel um servo? É ele um *escravo* nascido em casa? Por que, *pois,* veio *a ser* presa?

¹⁵Os filhos de leão rugiram sobre ele, levantaram a sua voz; e fizeram da sua terra uma desolação; as suas cidades se queimaram, e ninguém habita *nelas*.

¹⁶Até os filhos de Nofe e de Tafnes te quebraram o alto da cabeça.

¹⁷*Porventura* não fizeste isto a ti mesmo, deixando o Senhor teu Deus, no tempo em que ele te guiava pelo caminho?

¹⁸Agora, pois, que te importa a ti o caminho do Egito, para beberes as águas de Sior? E que te importa a ti o caminho da Assíria, para beberes as águas do rio?

¹⁹A tua malícia te castigará, e as tuas apostasias te repreenderão; sabe, pois, e vê, que mal e quão amargo é deixares ao Senhor teu Deus, e não teres em ti o meu temor, diz o Senhor Deus dos Exércitos.

²⁰Quando eu *já* há muito quebrava o teu jugo, e rompia as tuas ataduras, dizias tu: Nunca *mais* transgredirei; contudo em todo o outeiro alto e debaixo de toda a árvore verde te andas encurvando e prostituindo-te .

²¹Eu mesmo te plantei como vide excelente, uma semente inteiramente fiel; como, pois, te tornaste para mim uma planta degenerada como vide estranha?

²²Por isso, ainda que te laves com salitre, e amontoes sabão, a tua iniquidade está gravada diante de mim, diz o Senhor Deus.

²³Como dizes *logo:* Não estou contaminada nem andei após os baalins? Vê o teu caminho no vale, conhece o que fizeste; dromedária ligeira és, que anda torcendo os seus caminhos.

²⁴Jumenta montês, acostumada ao deserto, que, conforme o desejo da sua alma, sorve o vento, quem a deteria no seu cio? Todos os que a buscarem não se cansarão; no mês dela a acharão.

²⁵Evita que o teu pé ande descalço , e a tua garganta tenha sede. Mas tu dizes: Não há esperança; porque amo os estranhos, após eles andarei.

²⁶Como fica confundido o ladrão quando o apanham, assim se confundem os da casa de Israel; eles, os seus reis, os seus príncipes, e os seus sacerdotes, e os seus profetas,

²⁷Que dizem ao pau: Tu *és* meu pai; e à pedra: Tu me geraste; porque me viraram as costas, e não o rosto; mas no tempo da sua angústia dirão: Levanta-te, e livra-nos.

²⁸Onde, pois, *estão* os teus deuses, que fizeste para ti? Que se levantem, se te podem livrar no tempo da tua angústia; porque os teus deuses, ó Judá, são tão numerosos *como* as tuas cidades.

²⁹Por que contendeis comigo? Todos vós transgredistes contra mim, diz o Senhor.

³⁰Em vão castiguei os vossos filhos; eles não aceitaram a correção; a vossa espada devorou os vossos profetas como um leão destruidor.

³¹Oh geração! Considerai vós a palavra do Senhor: *Porventura* tenho eu sido para Israel um deserto? Ou uma terra da mais espessa escuridão?

Por que, *pois,* diz o meu povo: Temos determinado; não viremos mais a ti?

³²*Porventura* esquece-se a virgem dos seus enfeites, *ou* a noiva dos seus adornos? Todavia o meu povo se esqueceu de mim por inumeráveis dias.

³³Por que ornamentas o teu caminho, para buscares o amor? Pois até às malignas ensinaste os teus caminhos.

³⁴Até nas orlas *dos* teus *vestidos* se achou o sangue das almas dos inocentes e necessitados; não cavei para achar, pois *se vê* em todas estas coisas.

³⁵E ainda dizes: Eu estou inocente; certamente a sua ira se desviou de mim. Eis que entrarei em juízo contigo, porquanto dizes: Não pequei.

³⁶Por que te desvias tanto, mudando o teu caminho? Também do Egito serás envergonhada, como foste envergonhada da Assíria.

³⁷Também daquele sairás com as mãos sobre a tua cabeça; porque o Senhor rejeitou a tua confiança, e não prosperarás com eles.

3 ELES dizem: Se um homem despedir sua mulher, e ela o deixar, e se ajuntar a outro homem, *porventura* tornará ele outra vez para ela? Não se poluirá de todo aquela terra? Ora, tu te prostituíste *com* muitos amantes; mas ainda assim, torna para mim, diz o Senhor.

²Levanta os teus olhos aos altos, e vê: onde não te prostituíste? Nos caminhos te assentavas para eles, como o árabe no deserto; assim poluíste a terra com as tuas fornicações e com a tua malícia.

³Por isso foram retiradas as chuvas, e não houve chuva serôdia; mas tu tens a fronte de uma prostituta, e não queres ter vergonha.

⁴Ao menos desde agora não chamarás por mim, *dizendo:* Pai meu, tu *és* o guia da minha mocidade?

⁵Conservará ele para sempre *a sua ira?* Ou *a* guardará continuamente? Eis que tens falado e feito quantas maldades pudeste.

Israel e Judá são exortados a arrepender-se com a promessa de redenção

⁶Disse mais o Senhor nos dias do rei Josias: Viste o que fez a rebelde Israel? Ela foi a todo o monte alto, e debaixo de toda a árvore verde, e ali andou prostituindo-se.

⁷E eu disse: Depois que fizer *tudo* isto, voltará para mim; mas não voltou; e viu *isto* a sua aleivosa irmã Judá.

⁸E vi que, por causa de tudo *isto,* por ter cometido adultério a rebelde Israel, a despedi, e lhe dei a sua carta de divórcio, que a aleivosa Judá, sua irmã, não temeu; mas se foi e também ela mesma se prostituiu.

⁹E sucedeu que pela fama da sua prostituição, contaminou a terra; porque adulterou com a pedra e com a madeira.

¹⁰E, contudo, apesar de tudo isso a sua aleivosa irmã Judá não voltou para mim de todo o seu coração, mas falsamente, diz o Senhor.

JEREMIAS 3.11

11E o SENHOR me disse: *Já* a rebelde Israel mostrou-se mais justa do que a aleivosa Judá.

12Vai, *pois*, e apregoa estas palavras para o lado norte, e dize: Volta, ó rebelde Israel, diz o SENHOR, *e* não farei cair a minha ira sobre ti; porque misericordioso sou, diz o SENHOR, *e* não conservarei para sempre a minha ira.

13Somente reconhece a tua iniquidade, que transgrediste contra o SENHOR teu Deus; e estendeste os teus caminhos aos estranhos, debaixo de toda a árvore verde, e não deste ouvidos à minha voz, diz o SENHOR.

14Convertei-vos, ó filhos rebeldes, diz o SENHOR; pois eu vos desposei; e vos tomarei, a um de uma cidade, e a dois de uma família; e vos levarei a Sião.

15E dar-vos-ei pastores segundo o meu coração, os quais vos apascentarão *com* conhecimento e *com* inteligência.

16E sucederá que, quando vos multiplicardes e frutificardes na terra, naqueles dias, diz o SENHOR, nunca mais se dirá: A arca da aliança do SENHOR, nem *lhes* virá ao coração; nem dela se lembrarão, nem *a* visitarão; nem se fará outra.

17Naquele tempo chamarão a Jerusalém o trono do SENHOR, e todas as nações se ajuntarão a ela, em nome do SENHOR, em Jerusalém; e nunca mais andarão segundo o propósito do seu coração maligno.

18Naqueles dias andará a casa de Judá com a casa de Israel; e virão juntas da terra do norte, para a terra que dei em herança a vossos pais.

19Mas eu dizia: Como te porei entre os filhos, e te darei a terra desejável, a excelente herança dos exércitos das nações? Mas eu disse: Tu me chamarás meu pai, e de mim não te desviarás.

20Deveras, *como* a mulher se aparta aleivosamente do seu marido, assim aleivosamente te houveste comigo, ó casa de Israel, diz o SENHOR.

21Nos lugares altos se ouviu uma voz, pranto *e* súplicas dos filhos de Israel; porquanto perverteram o seu caminho, *e* se esqueceram do SENHOR seu Deus.

22Voltai, ó filhos rebeldes, eu curarei as vossas rebeliões. Eis-nos aqui, vimos a ti; porque tu *és* o SENHOR nosso Deus.

23Certamente em vão *se confia* nos outeiros *e* na multidão das montanhas; deveras no SENHOR nosso Deus *está* a salvação de Israel.

24Porque a confusão devorou o trabalho de nossos pais desde a nossa mocidade; as suas ovelhas e o seu gado, os seus filhos e as suas filhas.

25Deitemo-nos em nossa vergonha; e cubra-nos a nossa confusão, porque pecamos contra o SENHOR nosso Deus, nós e nossos pais, desde a nossa mocidade até o dia de hoje; e não demos ouvidos à voz do SENHOR nosso Deus.

4 SE voltares, ó Israel, diz o SENHOR, volta para mim; e se tirares as tuas abominações de diante de mim, não andarás mais vagueando,

2E jurarás: Vive o SENHOR na verdade, no juízo e na justiça; e nele se bendirão as nações, e nele se gloriarão.

3Porque assim diz o SENHOR aos homens de Judá e a Jerusalém: Preparai para vós o campo de lavoura, e não semeeis entre espinhos.

4Circuncidai-vos ao SENHOR, e tirai os prepúcios do vosso coração, ó homens de Judá e habitantes de Jerusalém, para que o meu furor não venha a sair como fogo, e arda de modo que não haja quem o apague, por causa da malícia das vossas obras.

A invasão estrangeira anunciada e descrita

5Anunciai em Judá, e fazei ouvir em Jerusalém, e dizei: Tocai a trombeta na terra, gritai em alta voz, dizendo: Ajuntai-vos, e entremos nas cidades fortificadas.

6Arvorai a bandeira rumo a Sião, fugi, não vos detenhais; porque eu trago do norte um mal, e uma grande destruição.

7*Já* um leão subiu da sua ramada, e um destruidor dos gentios; ele já partiu, *e* saiu do seu lugar para fazer da tua terra uma desolação, a fim de que as tuas cidades sejam destruídas, e ninguém habite nelas.

8Por isto cingi-vos de sacos, lamentai, e uivai, porque o ardor da ira do SENHOR não se desviou de nós.

9E sucederá naquele tempo, diz o SENHOR, *que* se desfará o coração do rei e o coração dos príncipes; e os sacerdotes pasmarão, e os profetas se maravilharão.

10Então disse eu: Ah, Senhor DEUS! Verdadeiramente enganaste grandemente a este povo e a Jerusalém, dizendo: Tereis paz; pois a espada penetra-lhe até à alma.

11Naquele tempo se dirá a este povo e a Jerusalém: Um vento seco das alturas do deserto *veio* ao caminho da filha do meu povo; não para padejar, nem para limpar;

12*Mas* um vento mais veemente virá da minha parte; agora também eu pronunciarei juízos contra eles.

13Eis que virá subindo como nuvens e os seus carros como a tormenta; os seus cavalos serão mais ligeiros do que as águias; ai de nós, que somos assolados!

14Lava o teu coração da malícia, ó Jerusalém, para que sejas salva; até quando permanecerão no meio de ti os pensamentos da tua iniquidade?

15Porque uma voz anuncia desde Dã, e faz ouvir a calamidade desde o monte de Efraim.

16Lembrai isto às nações; fazei ouvir contra Jerusalém, *que* vigias vêm de uma terra remota, e levantarão a sua voz contra as cidades de Judá.

17Como os guardas de um campo, estão contra ela ao redor; porquanto ela se rebelou contra mim, diz o SENHOR.

18O teu caminho e as tuas obras te fizeram estas coisas; esta *é* a tua maldade, e amargosa é, que te chega até ao coração.

Lamentações por Judá

[19]*Ah,* entranhas minhas, entranhas minhas! Estou com dores no meu coração! O meu coração se agita em mim. Não posso me calar; porque tu, ó minha alma, ouviste o som da trombeta *e* o alarido da guerra.

[20]Destruição sobre destruição se apregoa; porque *já* toda a terra está destruída; de repente foram destruídas as minhas tendas, *e* as minhas cortinas num momento.

[21]Até quando verei a bandeira, *e* ouvirei a voz da trombeta?

[22]Deveras o meu povo *está* louco, já não me conhece; *são* filhos néscios, e não entendidos; *são* sábios para fazer mal, mas não sabem fazer o bem.

[23]Observei a terra, *e* eis que *era* sem forma e vazia; também os céus, e não tinham a sua luz.

[24]Observei os montes, e eis que *estavam* tremendo; e todos os outeiros estremeciam.

[25]Observei, e eis que não *havia* homem algum; e todas as aves do céu tinham fugido.

[26]Vi também que a terra fértil *era* um deserto; e todas as suas cidades estavam derrubadas diante do SENHOR, diante do furor da sua ira.

[27]Porque assim diz o SENHOR: Toda esta terra será assolada; de todo, porém, não *a* consumirei.

[28]Por isto lamentará a terra, *e* os céus em cima se enegrecerão; porquanto *assim o* disse, *assim o* propus, e não me arrependi nem me desviarei disso.

[29]Ao clamor dos cavaleiros e dos flecheiros fugiram todas as cidades; entraram pelas matas *e* treparam pelos penhascos; todas as cidades *ficaram* abandonadas, e *já* ninguém habita nelas.

[30]Agora, *pois,* que farás, ó assolada? Ainda que te vistas de carmesim, ainda que te adornes com enfeites de ouro, ainda que te pintes *em volta dos* teus olhos, em vão te farias bela; os amantes te desprezam, e procuram tirar-te a vida.

[31]Porquanto ouço uma voz, como a de uma *mulher* que está de parto, uma angústia como a de que está com dores de parto do primeiro filho; a voz da filha de Sião, ofegante, que estende as suas mãos, *dizendo:* Oh! Ai de mim agora, porque *já* a minha alma desmaia por causa dos assassinos.

Os juízos de Deus sobre Jerusalém

5 DAI voltas às ruas de Jerusalém, e vede agora; e informai-vos, e buscai pelas suas praças, *a ver* se achais alguém, ou se há *homem* que pratique a justiça ou busque a verdade; e eu lhe perdoarei.

[2]E ainda que digam: Vive o SENHOR, decerto falsamente juram.

[3]Ah SENHOR, *porventura* não *atentam* os teus olhos para a verdade? Feriste-os, e não lhes doeu; consumiste-os, e não quiseram receber a correção; endureceram as suas faces mais do que uma rocha; não quiseram voltar.

[4]Eu, porém, disse: Deveras estes *são* pobres; são loucos, pois não sabem o caminho do SENHOR, nem o juízo do seu Deus.

[5]Irei aos grandes, e falarei com eles; porque eles sabem o caminho do SENHOR, o juízo do seu Deus; mas estes juntamente quebraram o jugo, e romperam as ataduras.

[6]Por isso um leão do bosque os feriu, um lobo dos desertos os assolará; um leopardo vigia contra as suas cidades; qualquer que sair delas será despedaçado; porque as suas transgressões se avolumam, multiplicaram-se as suas apostasias.

[7]Como, vendo isto, te perdoaria? Teus filhos me deixam a mim e juram pelos que não *são* deuses; quando os fartei, então adulteraram, e em casa de meretrizes se ajuntaram em bandos.

[8]*Como* cavalos bem fartos, levantam-se pela manhã, rinchando cada um à mulher do seu próximo.

[9]Deixaria eu de castigar por estas coisas, diz o SENHOR, ou não se vingaria a minha alma de *uma* nação como esta?

[10]Subi aos seus muros, e destruí-os (porém não façais uma destruição final); tirai os seus ramos, porque não *são* do SENHOR.

[11]Porque aleivosissimamente se houveram contra mim a casa de Israel e a casa de Judá, diz o SENHOR.

[12]Negaram ao SENHOR, e disseram: Não é ele; nem mal nos sobrevirá, nem veremos espada nem fome.

[13]E até os profetas serão como vento, porque a palavra não *está* com eles; assim se lhes sucederá.

[14]Portanto assim diz o SENHOR Deus dos Exércitos: Porquanto disseste tal palavra, eis que converterei as minhas palavras na tua boca em fogo, e a este povo *em* lenha, eles serão consumidos.

[15]Eis que trarei sobre vós uma nação de longe, ó casa de Israel, diz o SENHOR; *é* uma nação robusta, *é* uma nação antiquíssima, uma nação cuja língua ignorarás, e não entenderás o que ela falar.

[16]A sua aljava *é* como uma sepultura aberta; todos eles *são* poderosos.

[17]E comerão a tua sega e o teu pão, *que* teus filhos e tuas filhas haviam de comer; comerão as tuas ovelhas e as tuas vacas; comerão a tua vide e a tua figueira; as tuas cidades fortificadas, em que confiavas, abatê-las-ão à espada.

[18]Contudo, ainda naqueles dias, diz o SENHOR, não farei de vós *uma* destruição final.

[19]E sucederá que, quando disserdes: Por que nos fez o SENHOR nosso Deus todas estas coisas? Então lhes dirás: Como vós me deixastes, e servistes a deuses estranhos na vossa terra, assim servireis a estrangeiros, em terra *que* não *é* vossa.

[20]Anunciai isto na casa de Jacó, e fazei-o ouvir em Judá, dizendo:

[21]Ouvi agora isto, ó povo insensato, e sem coração, que tendes olhos e não vedes, que tendes ouvidos e não ouvis:

[22]*Porventura* não me temereis a mim? Diz o SENHOR; não temereis diante de mim, que pus a areia por limite ao mar, por ordenança eterna, que ele não traspassará? Ainda que se levantem as suas

JEREMIAS 5.23 508

ondas, não prevalecerão; ainda que bramem, não a traspassarão.

²³Mas este povo é de coração rebelde e pertinaz: rebelaram-se e foram-se.

²⁴E não dizem no seu coração: Temamos agora ao SENHOR nosso Deus, que dá chuva, a temporã e a tardia, ao seu tempo; e nos conserva as semanas determinadas da sega.

²⁵As vossas iniquidades desviam estas coisas, e os vossos pecados apartam de vós o bem.

²⁶Porque ímpios se acham entre o meu povo; andam espiando, como quem arma laços; põem armadilhas, com que prendem os homens.

²⁷Como uma gaiola está cheia de pássaros, assim as suas casas estão cheias de engano; por isso se engrandeceram, e enriqueceram;

²⁸Engordam-se, estão nédios, e ultrapassam até os feitos dos malignos; não julgam a causa do órfão; todavia prosperam; nem julgam o direito dos necessitados.

²⁹Porventura não castigaria eu por causa destas coisas? Diz o SENHOR; não me vingaria eu de uma nação como esta?

³⁰Coisa espantosa e horrenda se anda fazendo na terra.

³¹Os profetas profetizam falsamente, e os sacerdotes dominam pelas mãos deles, e o meu povo assim o deseja; mas que fareis ao fim disto?

6 FUGI para salvação vossa, filhos de Benjamim, do meio de Jerusalém; e tocai a trombeta em Tecoa, e levantai um sinal de fogo sobre Bete-Haquerém; porque do lado norte surge um mal e uma grande destruição.

²À formosa e delicada assemelhei a filha de Sião.

³Mas contra ela virão pastores com os seus rebanhos; levantarão contra ela tendas em redor, e cada um apascentará no seu lugar.

⁴Preparai a guerra contra ela, levantai-vos, e subamos ao pino do meio-dia. Ai de nós! Já declina o dia, já se vão estendendo as sombras da tarde.

⁵Levantai-vos, e subamos de noite, e destruamos os seus palácios.

⁶Porque assim diz o SENHOR dos Exércitos: Cortai árvores, e levantai trincheiras contra Jerusalém; esta é a cidade que há de ser castigada, só opressão há no meio dela.

⁷Como a fonte produz as suas águas, assim ela produz a sua malícia; violência e estrago se ouvem nela; enfermidade e feridas há diante de mim continuamente.

⁸Corrige-te, ó Jerusalém, para que a minha alma não se aparte de ti, para que não te torne em assolação e terra não habitada.

⁹Assim diz o SENHOR dos Exércitos: Diligentemente respigarão os resíduos de Israel como uma vinha; torna a tua mão, como o vindimador, aos cestos.

¹⁰A quem falarei e testemunharei, para que ouça? Eis que os seus ouvidos estão incircuncisos, e não podem ouvir; eis que a palavra do SENHOR é para eles coisa vergonhosa, e não gostam dela.

¹¹Por isso estou cheio do furor do SENHOR; estou cansado de o conter; derramá-lo-ei sobre os meninos pelas ruas e na reunião de todos os jovens; porque até o marido com a mulher serão presos, e o velho com o que está cheio de dias.

¹²E as suas casas passarão a outros, como também as suas herdades e as suas mulheres juntamente; porque estenderei a minha mão contra os habitantes desta terra, diz o SENHOR.

¹³Porque desde o menor deles até ao maior, cada um se dá à avareza; e desde o profeta até ao sacerdote, cada um usa de falsidade.

¹⁴E curam superficialmente a ferida da filha do meu povo, dizendo: Paz, paz; quando não há paz.

¹⁵Porventura envergonham-se de cometer abominação? Pelo contrário, de maneira nenhuma se envergonham, nem tampouco sabem que coisa é envergonhar-se; portanto cairão entre os que caem; no tempo em que eu os visitar, tropeçarão, diz o SENHOR.

¹⁶Assim diz o SENHOR: Ponde-vos nos caminhos, e vede, e perguntai pelas veredas antigas, qual é o bom caminho, e andai por ele; e achareis descanso para as vossas almas; mas eles dizem: Não andaremos nele.

¹⁷Também pus atalaias sobre vós, dizendo: Estai atentos ao som da trombeta; mas dizem: Não escutaremos.

¹⁸Portanto ouvi, vós, nações; e informa-te tu, ó congregação, do que se faz entre eles!

¹⁹Ouve tu, ó terra! Eis que eu trarei mal sobre este povo, o próprio fruto dos seus pensamentos; porque não estão atentos às minhas palavras, e rejeitam a minha lei.

²⁰Para que, pois, me vem o incenso de Sabá e a melhor cana aromática de terras remotas? Vossos holocaustos não me agradam, nem me são suaves os vossos sacrifícios.

²¹Portanto assim diz o SENHOR: Eis que armarei tropeços a este povo; e tropeçarão neles pais e filhos juntamente; o vizinho e o seu companheiro perecerão.

²²Assim diz o SENHOR: Eis que um povo vem da terra do norte, e uma grande nação se levantará das extremidades da terra.

²³Arco e lança trarão; são cruéis, e não usarão de misericórdia; a sua voz rugirá como o mar, e em cavalos virão montados, dispostos como homens de guerra contra ti, ó filha de Sião.

²⁴Ouvimos a sua fama, afrouxaram-se as nossas mãos; angústia nos tomou, e dores como as de parturiente.

²⁵Não saiais ao campo, nem andeis pelo caminho; porque espada do inimigo e espanto há ao redor.

²⁶Ó filha do meu povo, cinge-te de saco, e revolve-te na cinza; pranteia como por um filho único, pranto de amargura; porque de repente virá o destruidor sobre nós.

²⁷Por torre de guarda te pus entre o meu povo,

por fortaleza, para que soubesses e examinasses o seu caminho.

²⁸Todos eles *são* os mais rebeldes, andam murmurando; *são duros como* bronze e ferro; todos eles *são* corruptores.

²⁹*Já* o fole se queimou, o chumbo se consumiu com o fogo; em vão fundiu o *fundidor* tão diligentemente, pois os maus não são arrancados.

³⁰Prata rejeitada lhes chamarão, porque o Senhor os rejeitou.

Promessas e ameaças proferidas contra Judá

7A PALAVRA que da parte do Senhor, veio a Jeremias, dizendo:

²Põe-te à porta da casa do Senhor, e proclama ali esta palavra, e dize: Ouvi a palavra do Senhor, todos de Judá, os que entrais por estas portas, para adorardes ao Senhor.

³Assim diz o Senhor dos Exércitos, o Deus de Israel: Melhorai os vossos caminhos e as vossas obras, e vos farei habitar neste lugar.

⁴Não vos fieis em palavras falsas, dizendo: Templo do Senhor, templo do Senhor, templo do Senhor *é* este.

⁵Mas, se deveras melhorardes os vossos caminhos e as vossas obras; se deveras praticardes o juízo entre um homem e o seu próximo;

⁶Se não oprimirdes o estrangeiro, e o órfão, e a viúva, nem derramardes sangue inocente neste lugar, nem andardes após outros deuses para vosso *próprio* mal,

⁷Eu vos farei habitar neste lugar, na terra que dei a vossos pais, desde os tempos antigos e para sempre.

⁸Eis que vós confiais em palavras falsas, que para nada vos aproveitam.

⁹*Porventura* furtareis, e matareis, e adulterareis, e jurareis falsamente, e queimareis incenso a Baal, e andareis após outros deuses que não conhecestes,

¹⁰E então vireis, e vos poreis diante de mim nesta casa, que se chama pelo meu nome, e direis: Fomos libertados para fazermos todas estas abominações?

¹¹É pois esta casa, que se chama pelo meu nome, uma caverna de salteadores aos vossos olhos? Eis que eu, eu mesmo, vi isto, diz o Senhor.

¹²Mas ide agora ao meu lugar, que *estava* em Siló, onde, ao princípio, fiz habitar o meu nome, e vede o que lhe fiz, por causa da maldade do meu povo Israel.

¹³Agora, pois, porquanto fazeis todas estas obras, diz o Senhor, e eu vos falei, madrugando, e falando, e não ouvistes, e chamei-vos, e não respondestes,

¹⁴Farei também a esta casa, que se chama pelo meu nome, na qual confiais, e a este lugar, que vos dei a vós e a vossos pais, como fiz a Siló.

¹⁵E lançar-vos-ei de diante de minha face, como lancei a todos os vossos irmãos, a toda a geração de Efraim.

¹⁶Tu, pois, não ores por este povo, nem levantes por ele clamor ou oração, nem me supliques, porque eu não te ouvirei.

¹⁷*Porventura* não vês tu o que andam fazendo nas cidades de Judá, e nas ruas de Jerusalém?

¹⁸Os filhos apanham a lenha, e os pais acendem o fogo, e as mulheres preparam a massa, para fazerem bolos à rainha dos céus, e oferecem libações a outros deuses, para me provocarem à ira.

¹⁹*Acaso* é a mim que eles provocam à ira? Diz o Senhor, e não a si mesmos, para confusão dos seus rostos?

²⁰Portanto assim diz o Senhor Deus: Eis que a minha ira e o meu furor se derramarão sobre este lugar, sobre os homens e sobre os animais, e sobre as árvores do campo, e sobre os frutos da terra; e acender-se-á, e não se apagará.

²¹Assim diz o Senhor dos Exércitos, o Deus de Israel: Ajuntai os vossos holocaustos aos vossos sacrifícios, e comei carne.

²²Porque nunca falei a vossos pais, no dia em que os tirei da terra do Egito, nem lhes ordenei coisa alguma acerca de holocaustos ou sacrifícios.

²³Mas isto lhes ordenei, dizendo: Dai ouvidos à minha voz, e eu serei o vosso Deus, e vós sereis o meu povo; e andai em todo o caminho que eu vos mandar, para que vos vá bem.

²⁴Mas não ouviram, nem inclinaram os seus ouvidos, mas andaram nos *seus próprios* conselhos, no propósito do seu coração malvado; *e* andaram para trás, e não para diante.

²⁵Desde o dia em que vossos pais saíram da terra do Egito, até hoje, enviei-vos todos os meus servos, os profetas, todos os dias madrugando e enviando-os.

²⁶Mas não me deram ouvidos, nem inclinaram os seus ouvidos, mas endureceram a sua cerviz, *e* fizeram pior do que seus pais.

²⁷Dir-lhes-ás, pois, todas estas palavras, mas não te darão ouvidos; chamá-los-ás, mas não te responderão.

²⁸E lhes dirás: Esta *é* a nação que não deu ouvidos à voz do Senhor seu Deus e não aceitou a correção; *já* pereceu a verdade, e foi cortada da sua boca.

²⁹Corta o teu cabelo e lança-o de ti, e levanta um pranto sobre as alturas; porque *já* o Senhor rejeitou e desamparou a geração do seu furor.

³⁰Porque os filhos de Judá fizeram o *que era* mau aos meus olhos, diz o Senhor; puseram as suas abominações na casa que se chama pelo meu nome, para contaminá-la.

³¹E edificaram os altos de Tofete, que *está* no Vale do Filho de Hinom, para queimarem no fogo a seus filhos e a suas filhas, o que nunca ordenei, nem me subiu ao coração.

³²Portanto, eis que vêm dias, diz o Senhor, em que não se chamará mais Tofete, nem Vale do Filho de Hinom, mas o Vale da Matança; e enterrarão em Tofete, por não *haver outro* lugar.

³³E os cadáveres deste povo servirão de pasto às

JEREMIAS 7.34

aves dos céus e aos animais da terra; e ninguém *os* espantará.

³⁴E farei cessar nas cidades de Judá, e nas ruas de Jerusalém, a voz de gozo, e a voz de alegria, a voz de esposo e a voz de esposa; porque a terra se tornará em desolação.

8 NAQUELE tempo, diz o SENHOR, tirarão para fora das suas sepulturas os ossos dos reis de Judá, e os ossos dos seus príncipes, e os ossos dos sacerdotes, e os ossos dos profetas, e os ossos dos habitantes de Jerusalém;

²E expô-los-ão ao sol, e à lua, e a todo o exército do céu, a quem tinham amado, e a quem tinham servido, e após quem tinham ido, e a quem tinham buscado e diante de quem se tinham prostrado; não serão recolhidos nem sepultados; serão como esterco sobre a face da terra.

³E será escolhida antes a morte do que a vida por todos os que restarem desta raça maligna, que ficarem em todos os lugares onde os lancei, diz o SENHOR dos Exércitos.

A apostasia do povo de Deus

⁴Dize-lhes mais: Assim diz o SENHOR: *Porventura* cairão e não se tornarão a levantar? Desviar-se-ão, e não voltarão?

⁵Por que, *pois*, se desvia este povo de Jerusalém *com* uma apostasia *tão* contínua? Persiste no engano, não quer voltar.

⁶Eu escutei e ouvi; não falam o *que é* reto, ninguém há que se arrependa da sua maldade, dizendo: Que fiz eu? Cada um se desvia na sua carreira, como um cavalo que arremete com ímpeto na batalha.

⁷Até a cegonha no céu conhece os seus tempos determinados; e a rola, e o grou e a andorinha observam o tempo da sua arribação; mas o meu povo não conhece o juízo do SENHOR.

⁸Como, pois, dizeis: Nós *somos* sábios, e a lei do SENHOR *está* conosco? Eis que em vão tem trabalhado a falsa pena dos escribas.

⁹Os sábios são envergonhados, espantados e presos; eis que rejeitaram a palavra do SENHOR; que sabedoria, pois, têm eles?

¹⁰Portanto darei suas mulheres a outros, *e* os seus campos a *novos* possuidores; porque desde o menor até ao maior, cada um deles se dá à avareza; desde o profeta até ao sacerdote, cada um deles usa de falsidade.

¹¹E curam a ferida da filha de meu povo levianamente, dizendo: Paz, paz; quando não *há* paz.

¹²*Porventura* envergonham-se de cometerem abominação? Não; de maneira nenhuma se envergonham, nem sabem que coisa *é* envergonhar-se; portanto cairão entre os que caem *e* tropeçarão no tempo em que *eu* os visitar, diz o SENHOR.

¹³Certamente os apanharei, diz o SENHOR; *já* não *há* uvas na vide, nem figos na figueira, e até a folha caiu; e o *que* lhes dei passará deles.

¹⁴Por que nos assentamos *ainda?* Juntai-vos e entremos nas cidades fortificadas, e ali pereçamos;

pois *já* o SENHOR nosso Deus nos destinou a perecer e nos deu a beber água de fel; porquanto pecamos contra o SENHOR.

¹⁵Espera-se a paz, mas não *há* bem; o tempo da cura, e eis o terror.

¹⁶*Já* desde Dã se ouve o resfolegar dos seus cavalos, toda a terra treme ao som dos rinchos dos seus fortes; e vêm, e devoram a terra, e sua abundância, a cidade e os que habitam nela.

¹⁷Porque eis que envio entre vós serpentes e basiliscos, contra os quais não *há* encantamento, e vos morderão, diz o SENHOR.

¹⁸Oh! Se eu pudesse consolar-me na minha tristeza! O meu coração desfalece em mim.

¹⁹Eis a voz do clamor da filha do meu povo de terra mui remota; não *está* o SENHOR em Sião? Não *está* nela o seu rei? Por que me provocaram à ira com as suas imagens de escultura, com vaidades estranhas?

²⁰Passou a sega, findou o verão, e nós não estamos salvos.

²¹Estou quebrantado pela ferida da filha do meu povo; ando de luto; o espanto se apoderou de mim.

²²*Porventura* não *há* bálsamo em Gileade? Ou não *há* lá médico? Por que, pois, não se realizou a cura da filha do meu povo?

9 OH! Se a minha cabeça se tornasse *em* águas, e os meus olhos numa fonte de lágrimas! Então choraria de dia e de noite os mortos da filha do meu povo.

²Oh! Se tivesse no deserto *uma* estalagem de caminhantes! Então deixaria o meu povo, e me apartaria dele, porque todos eles *são* adúlteros, um bando de aleivosos.

³E encurvam a língua *como* se fosse o seu arco, *para* a mentira; fortalecem-se na terra, mas não para a verdade; porque avançam de malícia em malícia, e a mim não me conhecem, diz o SENHOR.

⁴Guardai-vos cada um do seu próximo, e de irmão nenhum vos fieis; porque todo o irmão não faz mais do que enganar, e todo o próximo anda caluniando.

⁵E zombará cada um do seu próximo, e não falam a verdade; ensinam a sua língua a falar a mentira, andam-se cansando em proceder perversamente.

⁶A tua habitação *está* no meio do engano; pelo engano recusam conhecer-me, diz o SENHOR.

⁷Portanto assim diz o SENHOR dos Exércitos: Eis que eu os fundirei e os provarei; pois, de que *outra maneira* procederia com a filha do meu povo?

⁸Uma flecha mortífera *é* a língua deles; fala engano; com a sua boca fala *cada um de* paz com o seu próximo mas no seu coração arma-lhe ciladas.

⁹*Porventura* por estas coisas não os castigaria? Diz o SENHOR; ou não se vingaria a minha alma de nação tal como esta?

¹⁰Pelos montes levantarei choro e pranto, e pelas pastagens do deserto lamentação; porque *já* estão queimadas, *e* ninguém passa *por elas;* nem

se ouve mugido de gado; desde as aves dos céus, até os animais, andaram vagueando, e fugiram.

¹¹E farei de Jerusalém montões *de pedras,* morada de chacais, e das cidades de Judá farei assolação, de sorte que não *haja* habitante.

¹²Quem é o homem sábio, que entenda isto? E a quem falou a boca do Senhor, para que o possa anunciar? Por que razão pereceu a terra, e se queimou como deserto, sem que ninguém passa *por ela?*

¹³E disse o Senhor: Porque deixaram a minha lei, que pus perante eles, e não deram ouvidos à minha voz, nem andaram nela,

¹⁴Antes andaram após o propósito do seu próprio coração, e após os baalins, como lhes ensinaram os seus pais.

¹⁵Portanto assim diz o Senhor dos Exércitos, Deus de Israel: Eis que darei de comer losna a este povo, e lhe darei a beber água de fel.

¹⁶E os espalharei entre gentios, que não conheceram, nem eles nem seus pais, e mandarei a espada após eles, até que venha a consumi-los.

¹⁷Assim diz o Senhor dos Exércitos: Considerai, e chamai carpideiras que venham; e mandai procurar mulheres hábeis, para que venham.

¹⁸E se apressem, e levantem o *seu* lamento sobre nós; e desfaçam-se em lágrimas os nossos olhos, e as nossas pálpebras destilem águas.

¹⁹Porque uma voz de pranto se ouviu de Sião: Como estamos arruinados! Estamos mui envergonhados, porque deixamos a terra, e por terem eles lançado fora as nossas moradas.

²⁰Ouvi, pois, vós, mulheres, a palavra do Senhor, e os vossos ouvidos recebam a palavra da sua boca; e ensinai o pranto a vossas filhas, e cada uma à sua vizinha a lamentação;

²¹Porque a morte subiu pelas nossas janelas, e entrou em nossos palácios, para exterminar as crianças das ruas e os jovens das praças.

²²Fala: Assim diz o Senhor: Até os cadáveres dos homens jazerão como esterco sobre a face do campo, e como gavela atrás do segador, e não há quem a recolha.

²³Assim diz o Senhor: Não se glorie o sábio na sua sabedoria, nem se glorie o forte na sua força; não se glorie o rico nas suas riquezas,

²⁴Mas o que se gloriar, glorie-se nisto: em *me* entender e me conhecer, que eu *sou* o Senhor, que faço beneficência, juízo e justiça na terra; porque destas coisas me agrado, diz o Senhor.

²⁵Eis que vêm dias, diz o Senhor, em que castigarei a todo o circuncidado com o incircunciso.

²⁶Ao Egito, e a Judá, e a Edom, e aos filhos de Amom, e a Moabe, e a todos os que cortam os cantos do seu cabelo, que habitam no deserto; porque todas as nações *são* incircuncisas, e toda a casa de Israel *é* incircuncisa de coração.

Os ídolos e o *Senhor*

10 OUVI a palavra que o Senhor vos fala a vós, ó casa de Israel.

²Assim diz o Senhor: Não aprendais o caminho dos gentios, nem vos espanteis dos sinais dos céus; porque com eles se atemorizam as nações.

³Porque os costumes dos povos *são* vaidade; pois corta-se do bosque um madeiro, obra das mãos do artífice, *feita* com machado;

⁴Com prata e com ouro o enfeitam, com pregos e com martelos o firmam, para que não se mova.

⁵*São* como a palmeira, obra torneada, porém não podem falar; certamente são levados, porquanto não podem andar. Não tenhais receio deles, pois não podem fazer mal, nem tampouco têm poder de fazer bem.

⁶Ninguém *há* semelhante a ti, ó Senhor; tu *és* grande, e grande o teu nome em poder.

⁷Quem não te temeria a ti, ó Rei das nações? Pois isto só a ti pertence; porquanto entre todos os sábios das nações, e em todo o seu reino, ninguém *há* semelhante a ti.

⁸Mas eles *todos* se embruteceram e tornaram-se loucos; ensino de vaidade *é* o madeiro.

⁹Trazem prata batida de Társis e ouro de Ufaz, trabalho do artífice, e das mãos do fundidor; *fazem* suas roupas de azul e púrpura; obra de peritos *são* todos eles.

¹⁰Mas o Senhor Deus *é* a verdade; ele mesmo *é* o Deus vivo e o Rei eterno; ao seu furor treme a terra, e as nações não podem suportar a sua indignação.

¹¹Assim lhes direis: Os deuses que não fizeram os céus e a terra desaparecerão da terra e de debaixo deste céu.

¹²*Ele* fez a terra com o seu poder; ele estabeleceu o mundo com a sua sabedoria, e com a sua inteligência estendeu os céus.

¹³Fazendo ele soar a *sua* voz, *logo* há rumor de águas no céu, e faz subir os vapores da extremidade da terra; faz os relâmpagos para a chuva, e dos seus tesouros faz sair o vento.

¹⁴Todo o homem é embrutecido no seu conhecimento; envergonha-se todo o fundidor da sua imagem de escultura; porque sua imagem fundida *é* mentira, e nelas não *há* espírito.

¹⁵Vaidade são, obra de enganos: no tempo da sua visitação virão a perecer.

¹⁶Não *é* semelhante a estes *aquele que é* a porção de Jacó; porque ele *é* o que formou tudo, e Israel *é* a vara da sua herança: Senhor dos Exércitos é o seu nome.

¹⁷Ajunta da terra a tua mercadoria, ó tu que habitas em lugar sitiado.

¹⁸Porque assim diz o Senhor: Eis que desta vez arrojarei *como se fora* com uma funda aos moradores da terra, e os angustiarei, para que venham a achá-lo, *dizendo:*

¹⁹Ai de mim por causa do meu quebrantamento! A minha chaga *me* causa grande dor; e eu havia dito: Certamente isto *é* enfermidade que eu poderei suportar.

²⁰A minha tenda *está* destruída, e todas as minhas cordas se romperam; os meus filhos foram-se de mim, e não existem; ninguém há mais que

estenda a minha tenda, nem que levante as minhas cortinas,

²¹Porque os pastores se embruteceram, e não buscaram ao SENHOR; por isso não prosperaram, e todos os seus rebanhos se espalharam.

²²Eis que vem uma voz de rumor, grande tremor da terra do norte, para fazer das cidades de Judá uma assolação, uma morada de chacais.

²³Eu sei, ó SENHOR, que *não é* do homem o seu caminho; nem do homem que caminha o dirigir os seus passos.

²⁴Castiga-me, ó SENHOR, porém com juízo, não na tua ira, para que não me reduzas a nada.

²⁵Derrama a tua indignação sobre os gentios que não te conhecem, e sobre as gerações que não invocam o teu nome; porque devoraram a Jacó, e devoraram-no e consumiram-no, e assolaram a sua morada.

A aliança é violada

11 A PALAVRA que veio a Jeremias, da parte do SENHOR, dizendo:

²Ouvi as palavras desta aliança, e falai aos homens de Judá, e aos habitantes de Jerusalém.

³Dize-lhes pois: Assim diz o SENHOR Deus de Israel: Maldito o homem que não escutar as palavras desta aliança,

⁴Que ordenei a vossos pais no dia em que os tirei da terra do Egito, da fornalha de ferro, dizendo: Dai ouvidos à minha voz, e fazei conforme a tudo quanto vos mando; e vós sereis o meu povo, e eu serei o vosso Deus.

⁵Para que confirme o juramento que fiz a vossos pais de dar-lhes uma terra que manasse leite e mel, como se vê *neste* dia. Então eu respondi, e disse: Amém, ó SENHOR.

⁶E disse-me o SENHOR: Apregoa todas estas palavras nas cidades de Judá, e nas ruas de Jerusalém, dizendo: Ouvi as palavras desta aliança, e cumpri-as.

⁷Porque deveras adverti a vossos pais, no dia em que os tirei da terra do Egito, até ao dia de hoje, madrugando, e protestando, e dizendo: Dai ouvidos à minha voz.

⁸Mas não ouviram, nem inclinaram os seus ouvidos, antes andaram cada um conforme o propósito do seu coração malvado; por isso trouxe sobre eles todas as palavras desta aliança que *lhes* mandei que cumprissem, porém não cumpriram.

⁹Disse-me mais o SENHOR: Uma conspiração se achou entre os homens de Judá, entre os habitantes de Jerusalém.

¹⁰Tornaram às maldades de seus primeiros pais, que não quiseram ouvir as minhas palavras; e eles andaram após outros deuses para os servir; a casa de Israel e a casa de Judá quebraram a minha aliança, que tinha feito com seus pais.

¹¹Portanto assim diz o SENHOR: Eis que trarei mal sobre eles, de que não poderão escapar; e clamarão a mim, mas eu não os ouvirei.

¹²Então irão as cidades de Judá e os habitantes de Jerusalém e clamarão aos deuses a quem eles queimaram incenso; *estes,* porém, de nenhum modo os livrarão no tempo do seu mal.

¹³Porque, *segundo* o número das tuas cidades, são os teus deuses, ó Judá! E, *segundo* o número das ruas de Jerusalém, levantastes altares à impudência, altares para queimardes incenso a Baal.

¹⁴Tu, pois, não ores por este povo, nem levantes por ele clamor nem oração; porque não *os* ouvirei no tempo em que eles clamarem a mim, por causa do seu mal.

¹⁵Que direito tem a minha amada na minha casa, visto que com muitos tem cometido grande lascívia? Crês que os sacrifícios e as carnes santificadas poderão afastar de ti o mal? Então saltarias de prazer.

¹⁶O SENHOR chamou o teu nome de oliveira verde, formosa por seus deliciosos frutos, *mas agora* à voz de um grande tumulto acendeu fogo ao redor dela e se quebraram os seus ramos.

¹⁷Porque o SENHOR dos Exércitos, que te plantou, pronunciou contra ti o mal, pela maldade da casa de Israel e da casa de Judá, que para si mesma fizeram, pois me provocaram à ira, queimando incenso a Baal.

Conspiração contra Jeremias

¹⁸E o SENHOR me fez saber, e *assim* o soube; então me fizeste ver as suas ações.

¹⁹E eu era como um cordeiro, como um boi que levam à matança; porque não sabia que maquinavam propósitos contra mim, dizendo: Destruamos a árvore com o seu fruto, e cortemo-lo da terra dos viventes, e não haja mais memória do seu nome.

²⁰Mas, ó SENHOR dos Exércitos, justo Juiz, que provas as entranhas e o coração, veja eu a tua vingança sobre eles; pois a ti descobri a minha causa.

²¹Portanto, assim diz o SENHOR acerca dos homens de Anatote, que buscam a tua vida, dizendo: Não profetizes no nome do SENHOR, para que não morras às nossas mãos.

²²Portanto, assim diz o SENHOR dos Exércitos: Eis que eu os castigarei; os jovens morrerão à espada, os seus filhos e suas filhas morrerão de fome.

²³E não haverá deles um remanescente, porque farei vir o mal sobre os homens de Anatote, no ano da sua visitação.

A prosperidade do ímpio

12 JUSTO serias, ó SENHOR, ainda que *eu* entrasse contigo num pleito; contudo falarei contigo *dos teus* juízos. Por que prospera o caminho dos ímpios, *e* vivem em paz todos os que procedem aleivosamente?

²Plantaste-os, e eles se enraizaram; crescem, dão também fruto; chegado *estás* à sua boca, porém longe de suas entranhas.

³Mas tu, ó SENHOR, me conheces, *tu* me vês, e provas o meu coração para contigo; arranca-os como as ovelhas para o matadouro, e dedica-os para o dia da matança.

⁴Até quando lamentará a terra, e se secará a erva de todo o campo? Pela maldade dos que habitam

nela, perecem os animais e as aves; porquanto dizem: Ele não verá o nosso fim.

⁵Se te fatigas correndo com homens que vão a pé, como poderás competir com os cavalos? Se tão somente numa terra de paz estás confiado, como farás na enchente do Jordão?

⁶Porque até os teus irmãos, e a casa de teu pai, eles próprios procedem deslealmente contigo; eles mesmos clamam após ti em altas *vozes:* Não te fies neles, ainda que te digam coisas boas.

A herança abandonada

⁷Desamparei a minha casa, abandonei a minha herança; entreguei a amada da minha alma na mão de seus inimigos.

⁸Tornou-se a minha herança para mim como leão numa floresta; levantou a sua voz contra mim, por isso eu a odiei.

⁹A minha herança é para mim ave de rapina de várias cores. Andam as aves de rapina contra ela em redor. Vinde, pois, ajuntai todos os animais do campo, trazei-os para a devorarem.

¹⁰Muitos pastores destruíram a minha vinha, pisaram o meu campo; tornaram em desolado deserto o meu campo desejado.

¹¹Em desolação a puseram, *e* clama a mim na sua desolação; e toda a terra *está* desolada, porquanto não há ninguém que tome *isso* a sério.

¹²Sobre todos os lugares altos do deserto vieram destruidores; porque a espada do Senhor devora desde um extremo da terra até o *outro;* não há paz para nenhuma carne.

¹³Semearam trigo, e segaram espinhos; cansaram-se, *mas* de nada se aproveitaram; envergonhados sereis das vossas colheitas, *e* por causa do ardor da ira do Senhor.

¹⁴Assim diz o Senhor, acerca de todos os meus maus vizinhos, que tocam a minha herança, que fiz herdar ao meu povo Israel: Eis que os arrancarei da sua terra, e a casa de Judá arrancarei do meio deles.

¹⁵E será que, depois de os haver arrancado, tornarei, e me compadecerei deles, e os farei voltar cada um à sua herança, e cada um à sua terra.

¹⁶E será que, se diligentemente aprenderem os caminhos do meu povo, jurando pelo meu nome: Vive o Senhor, como ensinaram o meu povo a jurar por Baal; então edificar-se-ão no meio do meu povo.

¹⁷Mas se não quiserem ouvir, totalmente arrancarei a tal nação, e a farei perecer, diz o Senhor.

O cativeiro é representado por um cinto de linho

13 ASSIM me disse o Senhor: Vai, e compra um cinto de linho e põe-no sobre os teus lombos, mas não o coloques na água.

²E comprei o cinto, conforme a palavra do Senhor, e o pus sobre os meus lombos.

³Então me veio a palavra do Senhor pela segunda vez, dizendo:

⁴Toma o cinto que compraste, e que trazes sobre os teus lombos, e levanta-te; vai ao Eufrates, e esconde-o ali na fenda de uma rocha.

⁵E fui, e escondi-o junto ao Eufrates, como o Senhor me havia ordenado.

⁶Sucedeu, ao final de muitos dias, que me disse o Senhor: Levanta-te, vai ao Eufrates, e toma dali o cinto que te ordenei que o escondesses ali.

⁷E fui ao Eufrates, e cavei, e tomei o cinto do lugar onde o havia escondido; e eis que o cinto tinha apodrecido, e para nada prestava.

⁸Então veio a mim a palavra do Senhor, dizendo:

⁹Assim diz o Senhor: Do mesmo modo farei apodrecer a soberba de Judá, e a muita soberba de Jerusalém.

¹⁰Este povo maligno, que recusa ouvir as minhas palavras, que caminha segundo a dureza do seu coração, e anda após deuses alheios, para servi-los, e inclinar-se diante deles, será tal como este cinto, que para nada presta.

¹¹Porque, como o cinto *está* pegado aos lombos do homem, assim eu liguei a mim toda a casa de Israel, e toda a casa de Judá, diz o Senhor, para me serem por povo, e por nome, e por louvor, e por glória; mas não deram ouvidos.

¹²Portanto, dize-lhes esta palavra: Assim diz o Senhor Deus de Israel: Todo o odre se encherá de vinho; e dir-te-ão: *Porventura* não sabemos nós muito bem que todo o odre se encherá de vinho?

¹³Mas tu dize-lhes: Assim diz o Senhor: Eis que eu encherei de embriaguez a todos os habitantes desta terra, e aos reis *da estirpe* de Davi, que estão assentados sobre o seu trono, e aos sacerdotes, e aos profetas, e a todos os habitantes de Jerusalém.

¹⁴E lhes farei em pedaços *atirando* uns contra os outros, e juntamente os pais com os filhos, diz o Senhor; não perdoarei, nem pouparei, nem terei deles compaixão, para que não os destrua.

¹⁵Escutai, e inclinai os ouvidos; não vos ensoberbeçais; porque o Senhor falou:

¹⁶Dai glória ao Senhor vosso Deus, antes que venha a escuridão e antes que tropecem vossos pés nos montes tenebrosos; antes que, esperando vós luz, ele a mude em sombra de morte, e a reduza à escuridão.

¹⁷E, se isto não ouvirdes, a minha alma chorará em lugares ocultos, por causa da *vossa* soberba; e amargamente chorarão os meus olhos, e se desfarão em lágrimas, porquanto o rebanho do Senhor foi levado cativo.

¹⁸Dize ao rei e à rainha: Humilhai-vos, e assentai-vos no chão; porque *já* caiu todo o ornato de vossas cabeças, a coroa da vossa glória.

¹⁹As cidades do sul estão fechadas, e ninguém *há* que *as* abra; todo o Judá foi levado cativo, sim, inteiramente cativo.

²⁰Levantai os vossos olhos, e vede os que vêm do norte; onde *está* o rebanho que se te deu, o rebanho da tua glória?

²¹Que dirás, quando ele te castigar porque os ensinaste a serem capitães, e chefe sobre ti?

JEREMIAS 13.22   514

Porventura não te tomarão as dores, como à mulher que *está* de parto?

²²Quando, pois, disseres no teu coração: Por que me sobrevieram estas coisas? Pela multidão das tuas maldades se descobriram as tuas saias, e os teus calcanhares sofrem violência.

²³*Porventura* pode o etíope mudar a sua pele, ou o leopardo as suas manchas? Então podereis vós fazer o bem, sendo ensinados a fazer o mal.

²⁴Assim os espalharei como o restolho, que passa com o vento do deserto.

²⁵Esta *será* a tua sorte, a porção que te será medida por mim, diz o SENHOR; pois te esqueceste de mim, e confiaste em mentiras.

²⁶Assim também eu levantarei as tuas saias sobre o teu rosto; e aparecerá a tua ignomínia.

²⁷*Já* vi as tuas abominações, e os teus adultérios, e os teus rinchos, e a enormidade da tua prostituição sobre os outeiros no campo; ai de ti, Jerusalém! Até quando ainda não te purificarás?

Jeremias em vão intercede pelo povo

14 A PALAVRA do SENHOR, que veio a Jeremias, a respeito da grande seca.

²Anda chorando Judá, e as suas portas *estão* enfraquecidas; andam de luto até ao chão, e o clamor de Jerusalém vai subindo.

³E os seus mais ilustres enviam os seus pequenos a buscar água; vão às cisternas, e não acham água; voltam *com* os seus cântaros vazios; envergonham-se e confundem-se, e cobrem as suas cabeças.

⁴Por causa da terra que se fendeu, porque não há chuva sobre a terra, os lavradores se envergonham *e* cobrem as suas cabeças.

⁵Porque até as cervas no campo têm as suas crias, e abandonam *seus filhos,* porquanto não há erva.

⁶E os jumentos monteses se põem nos lugares altos, sorvem o vento como os chacais; desfalecem os seus olhos, porquanto não *há* erva.

⁷Posto que as nossas maldades testificam contra nós, ó SENHOR, age por amor do teu nome; porque as nossas rebeldias se multiplicaram; contra ti pecamos.

⁸Ó esperança de Israel, e Redentor seu no tempo da angústia, por que serias como *um* estrangeiro na terra e como *o* viandante *que* se retira a passar a noite?

⁹Por que serias como homem surpreendido, como poderoso *que* não pode livrar? Mas tu *estás* no meio de nós, ó SENHOR, e nós somos chamados pelo teu nome; não nos desampares.

¹⁰Assim diz o SENHOR, acerca deste povo: *Pois que* tanto gostaram de andar errantes, e não retiveram os seus pés, por isso o SENHOR não se agrada deles, *mas* agora se lembrará da iniquidade deles, e visitará os seus pecados.

¹¹Disse-me mais o SENHOR: Não rogues por este povo para seu bem.

¹²Quando jejuarem, não ouvirei o seu clamor, e quando oferecerem holocaustos e ofertas de alimentos, não me agradarei deles; antes eu os consumirei pela espada, e pela fome e pela peste.

¹³Então disse eu: Ah! Senhor DEUS, eis que os profetas lhes dizem: Não vereis espada, e não tereis fome; antes vos darei paz verdadeira neste lugar.

¹⁴E disse-me o SENHOR: Os profetas profetizam falsamente no meu nome; nunca os enviei, nem lhes dei ordem, nem lhes falei; visão falsa, e adivinhação, e vaidade, e o engano do seu coração é o que eles vos profetizam.

¹⁵Portanto assim diz o SENHOR acerca dos profetas que profetizam no meu nome, sem que eu os tenha mandado, e que dizem: Nem espada, nem fome haverá nesta terra: À espada e à fome, serão consumidos esses profetas.

¹⁶E o povo a quem eles profetizam será lançado nas ruas de Jerusalém, por causa da fome e da espada; e não *haverá* quem os sepultem, tanto a eles, *como* as suas mulheres, e os seus filhos e as suas filhas; porque derramarei sobre eles a sua maldade.

¹⁷Portanto lhes dirás esta palavra: Os meus olhos derramem lágrimas de noite e de dia, e não cessem; porque a virgem, filha do meu povo, está gravemente ferida, *de* chaga mui dolorosa.

¹⁸Se eu saio ao campo, eis ali os mortos à espada, e, se entro na cidade, estão ali os debilitados pela fome; e até os profetas e os sacerdotes percorrem uma terra, que não conhecem.

¹⁹*Porventura* já de todo rejeitaste a Judá? *Ou* repugna a tua alma a Sião? Por que nos feriste *de tal modo* que *já* não *há* cura para nós? Aguardamos a paz, e não aparece o bem; e o tempo da cura, e eis aqui turbação.

²⁰Ah! SENHOR! Conhecemos a nossa impiedade *e* a maldade de nossos pais; porque pecamos contra ti.

²¹Não *nos* rejeites por amor do teu nome; não desonres o trono da tua glória; lembra-te, e não anules a tua aliança conosco.

²²*Porventura há,* entre as vaidades dos gentios, alguém que faça chover? Ou podem os céus dar chuvas? Não *és* tu, ó SENHOR nosso Deus? Portanto em ti esperamos, pois tu fazes todas estas coisas.

Julgamento e salvação dos judeus

15 DISSE-ME, porém, o SENHOR: Ainda que Moisés e Samuel se pusessem diante de mim, não estaria a minha alma com este povo; lança-os de diante da minha face, e saiam.

²E será que, quando te disserem: Para onde iremos? Dir-lhes-ás: Assim diz o SENHOR: Os que para a morte, para a morte, e os que para a espada, para a espada; e os que para a fome, para a fome; e os que para o cativeiro, para o cativeiro.

³Porque visitá-los-ei *com* quatro gêneros de *males,* diz o SENHOR: com espada para matar, e com cães, para os arrastarem, e com aves dos céus, e com animais da terra, para os devorarem e destruírem.

⁴Entregá-los-ei ao desterro em todos os reinos

da terra; por causa de Manassés, filho de Ezequias, rei de Judá, e por tudo quanto fez em Jerusalém.

⁵Porque quem se compadeceria de ti, ó Jerusalém? Ou quem se entristeceria por ti? Ou quem se desviaria a perguntar pela tua paz?

⁶Tu me deixaste, diz o Senhor, *e* tornaste-te para trás; por isso estenderei a minha mão contra ti, e te destruirei; *já* estou cansado de me arrepender.

⁷E padejá-los-ei com a pá nas portas da terra; *já* desfilhei, *e* destruí o meu povo; não voltaram dos seus caminhos.

⁸As suas viúvas mais se multiplicaram do que a areia dos mares; trouxe ao meio-dia um destruidor sobre a mãe dos jovens; fiz que caísse de repente sobre ela, e enchesse a cidade de terrores.

⁹A que dava à luz sete se enfraqueceu; expirou a sua alma; pôs-se-lhe o sol sendo ainda de dia, confundiu-se, e envergonhou-se; e os que ficarem dela entregarei à espada, diante dos seus inimigos, diz o Senhor.

¹⁰Ai de mim, minha mãe, por que me deste à luz homem de rixa e homem de contendas para toda a terra? Nunca *lhes* emprestei com usura, nem eles me emprestaram com usura, todavia cada um deles me amaldiçoa.

¹¹Disse o Senhor: Decerto que o teu remanescente será para o bem; decerto, no tempo da calamidade, e no tempo da angústia, farei que o inimigo te dirija súplicas.

¹²Pode alguém quebrar o ferro, o ferro do norte, ou o aço?

¹³As tuas riquezas e os teus tesouros entregarei sem preço ao saque; e *isso* por todos os teus pecados, mesmo em todos os teus limites.

¹⁴E te farei passar aos teus inimigos numa terra que não conheces; porque o fogo se acendeu em minha ira, *e* sobre vós arderá;

¹⁵Tu, ó Senhor, *o* sabes; lembra-te de mim, e visita-me, e vinga-me dos meus perseguidores; não me arrebates por tua longanimidade; sabe que por amor de ti tenho sofrido afronta.

¹⁶Achando-se as tuas palavras, logo as comi, e a tua palavra foi para mim o gozo e alegria do meu coração; porque pelo teu nome sou chamado, ó Senhor Deus dos Exércitos

¹⁷Nunca me assentei na assembleia dos zombadores, nem me regozijei; por causa da tua mão me assentei solitário; pois me encheste de indignação.

¹⁸Por que dura a minha dor continuamente, e a minha ferida me dói, *e já* não admite cura? Serias tu para mim como coisa mentirosa *e como* águas inconstantes?

¹⁹Portanto assim diz o Senhor: Se tu voltares, então te trarei, *e* estarás diante de mim; e se apartares o precioso do vil, serás como a minha boca; tornem-se eles para ti, mas não voltes tu para eles.

²⁰E eu te porei contra este povo como forte muro de bronze; e pelejarão contra ti, mas não prevalecerão contra ti; porque eu *sou* contigo para te guardar, para te livrar *deles,* diz o Senhor.

²¹E arrebatar-te-ei da mão dos malignos, e livrar-te-ei da mão dos fortes.

Predição do cativeiro e do livramento de Israel

16 E VEIO a mim a palavra do Senhor, dizendo: ²Não tomarás para ti mulher, nem terás filhos nem filhas neste lugar.

³Porque assim diz o Senhor, acerca dos filhos e das filhas que nascerem neste lugar, acerca de suas mães, que os tiverem, e de seus pais que os gerarem nesta terra:

⁴Morrerão de enfermidades dolorosas, e não serão pranteados nem sepultados; servirão de esterco sobre a face da terra; e pela espada e pela fome serão consumidos, e os seus cadáveres servirão de mantimento para as aves do céu e para os animais da terra.

⁵Porque assim diz o Senhor: Não entres na casa do luto, nem vás a lamentar, nem te compadeças deles; porque deste povo, diz o Senhor, retirei a minha paz, benignidade e misericórdia.

⁶E morrerão grandes e pequenos nesta terra, *e* não *serão* sepultados, e não os prantearão, nem se farão por eles incisões, nem *por eles* se raparão os cabelos.

⁷E não se partirá *pão* para consolá-los por causa de seus mortos; nem lhes darão a beber do copo de consolação, pelo pai ou pela mãe de alguém.

⁸Nem entres na casa do banquete, para te assentares com eles a comer e a beber.

⁹Porque assim diz o Senhor dos Exércitos, o Deus de Israel: Eis que farei cessar, neste lugar, perante os vossos olhos, e em vossos dias, a voz de gozo e a voz de alegria, a voz do esposo e a voz da esposa.

¹⁰E será que, quando anunciares a este povo todas estas palavras, e eles te disserem: Por que pronuncia o Senhor sobre nós todo este grande mal? E qual *é* a nossa iniquidade, e qual *é* o nosso pecado, que cometemos contra o Senhor nosso Deus?

¹¹Então lhes dirás: Porquanto vossos pais me deixaram, diz o Senhor, e se foram após outros deuses, e os serviram, e se inclinaram diante deles, e a mim me deixaram, e a minha lei não *a* guardaram.

¹²E vós fizestes pior do que vossos pais; porque, eis que cada um de vós anda segundo o propósito do seu mau coração, para não me dar ouvidos a mim.

¹³Portanto lançar-vos-ei fora desta terra, para uma terra que não conhecestes, nem vós nem vossos pais; e ali servireis a deuses alheios de dia e de noite, porque não usarei de misericórdia convosco.

¹⁴Portanto, eis que dias vêm, diz o Senhor, em que nunca mais se dirá: Vive o Senhor, que fez subir os filhos de Israel da terra do Egito.

¹⁵Mas: Vive o Senhor, que fez subir os filhos de Israel da terra do norte, e de todas as terras para onde os tinha lançado; porque eu os farei voltar à sua terra, a qual dei a seus pais.

¹⁶Eis que mandarei muitos pescadores, diz o

SENHOR, os quais os pescarão; e depois enviarei muitos caçadores, os quais os caçarão de sobre todo o monte, e de sobre todo o outeiro, e até das fendas das rochas.

¹⁷Porque os meus olhos *estão* sobre todos os seus caminhos; não se escondem da minha face, nem a sua maldade se encobre aos meus olhos.

¹⁸E primeiramente pagarei em dobro a sua maldade e o seu pecado, porque profanaram a minha terra com os cadáveres das suas coisas detestáveis, e das suas abominações encheram a minha herança.

¹⁹Ó SENHOR, fortaleza minha, e força minha, e refúgio meu no dia da angústia; a ti virão os gentios desde os fins da terra, e dirão: Nossos pais herdaram só mentiras, e vaidade, em que não *havia* proveito.

²⁰*Porventura* fará um homem deuses para si, que contudo não *são* deuses?

²¹Portanto, eis que lhes farei conhecer, desta vez lhes farei conhecer a minha mão e o meu poder; e saberão que o meu nome *é* o SENHOR.

17 O PECADO de Judá *está* escrito com um ponteiro de ferro, com ponta de diamante, gravado na tábua do seu coração e nas pontas dos vossos altares;

²Como também seus filhos se lembram dos seus altares, e dos seus bosques, junto às árvores frondosas, sobre os altos outeiros.

³Ó meu monte no campo! A tua riqueza *e* todos os teus tesouros darei por presa, *como também* os teus altos, por causa do pecado, em todos os teus termos.

⁴Assim por ti mesmo te privarás da tua herança que te dei, e far-te-ei servir os teus inimigos, na terra que não conheces; porque o fogo que acendeste na minha ira arderá para sempre.

⁵Assim diz o SENHOR: Maldito o homem que confia no homem, e faz da carne o seu braço, e aparta o seu coração do SENHOR!

⁶Porque será como a tamargueira no deserto, e não verá quando vem o bem; antes morará nos lugares secos do deserto, na terra salgada e inabitável.

⁷Bendito o homem que confia no SENHOR, e cuja confiança é o SENHOR.

⁸Porque será como a árvore plantada junto às águas, que estende as suas raízes para o ribeiro, e não receia quando vem o calor, mas a sua folha fica verde; e no ano de sequidão não se preocupa, nem deixa de dar fruto.

⁹Enganoso *é* o coração, mais do que todas as coisas, e perverso; quem o conhecerá?

¹⁰Eu, o SENHOR, esquadrinho o coração *e* provo as entranhas; e isto para dar a cada um segundo os seus caminhos *e* segundo o fruto das suas ações.

¹¹*Como* a perdiz, *que* choca ovos que não pôs, *assim* é aquele que ajunta riquezas, mas não retamente; no meio de seus dias as deixará, e no seu fim será *um* insensato.

¹²Um trono de glória, *posto* bem alto desde o princípio, *é* o lugar do nosso santuário.

¹³Ó SENHOR, esperança de Israel, todos aqueles que te deixam serão envergonhados; os que se apartam de mim serão escritos sobre a terra; porque abandonam o SENHOR, a fonte das águas vivas.

¹⁴Cura-me, SENHOR, e sararei; salva-me, e serei salvo; porque tu *és* o meu louvor.

¹⁵Eis que eles me dizem: Onde *está* a palavra do SENHOR? Venha *agora*.

¹⁶Porém eu não me apressei em ser o pastor seguindo-te; nem tampouco desejei o dia da aflição, tu o sabes; o que saiu dos meus lábios está diante de tua face.

¹⁷Não me sejas por espanto; meu refúgio *és* tu no dia do mal.

¹⁸Envergonhem-se os que me perseguem, e não me envergonhe eu; assombrem-se eles, e não me assombre eu; traze sobre eles o dia do mal, e destrói-os com dobrada destruição.

A santificação do sábado

¹⁹Assim me disse o SENHOR: Vai, e põe-te à porta dos filhos do povo, pela qual entram os reis de Judá, e pela qual saem; como também em todas as portas de Jerusalém.

²⁰E dize-lhes: Ouvi a palavra do SENHOR, vós, reis de Judá e todo o Judá, e todos os moradores de Jerusalém que entrais por estas portas.

²¹Assim diz o SENHOR: Guardai as vossas almas, e não tragais cargas no dia de sábado, nem *as* introduzais pelas portas de Jerusalém;

²²Nem tireis cargas de vossas casas no dia de sábado, nem façais obra alguma; antes santificai o dia de sábado, como eu ordenei a vossos pais.

²³Mas não escutaram, nem inclinaram os seus ouvidos; antes endureceram a sua cerviz, para não ouvirem, e para não receberem correção.

²⁴Mas se vós diligentemente me ouvirdes, diz o SENHOR, não introduzindo cargas pelas portas desta cidade no dia de sábado, e santificardes o dia de sábado, não fazendo nele obra alguma,

²⁵Então entrarão pelas portas desta cidade reis e príncipes, que se assentem sobre o trono de Davi, andando em carros e em cavalos; e eles e seus príncipes, os homens de Judá, e os moradores de Jerusalém; e esta cidade será habitada para sempre.

²⁶E virão das cidades de Judá, e dos arredores de Jerusalém, e da terra de Benjamim, e das planícies, e das montanhas, e do sul, trazendo holocaustos, e sacrifícios, e ofertas de alimentos, e incenso, trazendo também sacrifícios de louvores à casa do SENHOR.

²⁷Mas, se não me ouvirdes, para santificardes o dia de sábado, e para não trazerdes carga alguma, quando entrardes pelas portas de Jerusalém no dia de sábado, então acenderei fogo nas suas portas, o qual consumirá os palácios de Jerusalém, e não se apagará.

O vaso do oleiro

18 A PALAVRA do SENHOR, que veio a Jeremias, dizendo:

²Levanta-te, e desce à casa do oleiro, e lá te farei ouvir as minhas palavras.

³E desci à casa do oleiro, e eis que ele estava fazendo *a sua* obra sobre *as* rodas,

⁴*Como* o vaso, que ele fazia de barro, quebrou-se na mão do oleiro, tornou a fazer dele outro vaso, conforme o que pareceu bem aos olhos do oleiro fazer.

⁵Então veio a mim a palavra do Senhor, dizendo:

⁶Não poderei eu fazer de vós como fez este oleiro, ó casa de Israel? diz o Senhor. Eis que, como o barro na mão do oleiro, assim *sois* vós na minha mão, ó casa de Israel.

⁷No momento em que falar contra uma nação, e contra um reino para arrancar, e para derrubar, e para destruir,

⁸Se a tal nação, porém, contra a qual falar se converter da sua maldade, também eu me arrependerei do mal que pensava fazer-lhe.

⁹No momento em que falar de uma nação e de um reino, para edificar e para plantar,

¹⁰Se fizer o mal diante dos meus olhos, não dando ouvidos à minha voz, então me arrependerei do bem que tinha falado que lhe faria.

¹¹Ora, pois, fala agora aos homens de Judá, e aos moradores de Jerusalém, dizendo: Assim diz o Senhor: Eis que estou forjando mal contra vós; e projeto um plano contra vós; convertei-vos, *pois*, agora cada um do seu mau caminho, e melhorai os vossos caminhos e as vossas ações.

¹²Mas eles dizem: Não há esperança, porque andaremos segundo as nossas imaginações; e cada um fará segundo o propósito do seu mau coração.

¹³Portanto, assim diz o Senhor: Perguntai agora entre os gentios quem ouviu tal coisa? Coisa mui horrenda fez a virgem de Israel.

¹⁴*Porventura* a neve do Líbano deixará a rocha do campo ou esgotar-se-ão as águas frias que correm de *terras* estranhas?

¹⁵Contudo o meu povo se tem esquecido de mim, queimando incenso à vaidade, que os fez tropeçar nos seus caminhos, *e nas* veredas antigas, para que andassem por veredas afastadas, não aplainadas;

¹⁶Para fazerem da sua terra *objeto de* espanto *e* de perpétuos assobios; todo aquele que passar por ela se espantará, e meneará a sua cabeça;

¹⁷Com vento oriental os espalharei diante do inimigo; mostrar-lhes-ei as costas e não o rosto, no dia da sua perdição.

¹⁸Então disseram: Vinde, e maquinemos projetos contra Jeremias; porque não perecerá a lei do sacerdote, nem o conselho do sábio, nem a palavra do profeta; vinde e firamo-lo com a língua, e não atendamos a nenhuma das suas palavras.

¹⁹Olha para mim, Senhor, e ouve a voz dos que contendem comigo.

²⁰*Porventura* pagar-se-á mal por bem? Pois cavaram uma cova para a minha alma. Lembra-te de que eu compareci à tua presença, para falar a favor deles, e para desviar deles a tua indignação;

²¹Portanto entrega seus filhos à fome, e entrega-os ao poder da espada, e *sejam* suas mulheres roubadas dos filhos, e *fiquem* viúvas; e seus maridos *sejam* feridos de morte, e os seus jovens *sejam* feridos à espada na peleja.

²²Ouça-se o clamor de suas casas, quando de repente trouxeres uma tropa sobre eles. Porquanto cavaram uma cova para prender-me e armaram laços aos meus pés.

²³Mas tu, ó Senhor, sabes todo o seu conselho contra mim para matar-me; não perdoes a sua maldade, nem apagues o seu pecado de diante da tua face; mas tropecem diante de ti; trata-os assim no tempo da tua ira.

A botija quebrada

19 ASSIM disse o Senhor: Vai, e compra uma botija de oleiro, e *leva contigo* alguns dos anciãos do povo e *alguns* dos anciãos dos sacerdotes;

²E sai ao Vale do Filho de Hinom, que *está* à entrada da porta do sol, e apregoa ali as palavras que eu te disser;

³E dirás: Ouvi a palavra do Senhor, ó reis de Judá, e moradores de Jerusalém. Assim diz o Senhor dos Exércitos, o Deus de Israel: Eis que trarei um mal sobre este lugar, e quem quer que dele ouvir retinir-lhe-ão os ouvidos.

⁴Porquanto me deixaram e alienaram este lugar, e nele queimaram incenso a outros deuses, que nunca conheceram, nem eles nem seus pais, nem os reis de Judá; e encheram este lugar de sangue de inocentes.

⁵Porque edificaram os altos de Baal, para queimarem seus filhos no fogo *em* holocaustos a Baal; o que nunca *lhes* ordenei, nem falei, nem me veio ao pensamento.

⁶Por isso eis que dias vêm, diz o Senhor, em que este lugar não se chamará mais Tofete, nem o Vale do Filho de Hinom, mas o Vale da Matança.

⁷Porque dissiparei o conselho de Judá e de Jerusalém neste lugar, e os farei cair à espada diante de seus inimigos, e pela mão dos que buscam a vida deles; e darei os seus cadáveres para pasto às aves dos céus e aos animais da terra.

⁸E farei esta cidade *objeto* de espanto e de assobio; todo aquele que passar por ela se espantará, e assobiará por causa de todas as suas pragas.

⁹E lhes farei comer a carne de seus filhos e a carne de suas filhas, e comerá cada um a carne do seu amigo, no cerco e no aperto em que os apertarão os seus inimigos, e os que buscam a vida deles.

¹⁰Então quebrarás a botija à vista dos homens que forem contigo.

¹¹E dir-lhes-ás: Assim diz o Senhor dos Exércitos: Deste modo quebrarei eu a este povo, e a esta cidade, como se quebra o vaso do oleiro, que não pode mais refazer-se, e os enterrarão em Tofete, porque não *haverá mais* lugar para *os* enterrar.

¹²Assim farei a este lugar, diz o Senhor, e aos seus moradores; sim, para pôr a esta cidade como a Tofete.

¹³E as casas de Jerusalém, e as casas dos reis de Judá, serão imundas como o lugar de Tofete, como também todas as casas, sobre cujos terraços

JEREMIAS 19.14

queimaram incenso a todo o exército dos céus, e ofereceram libações a deuses estranhos.

[14]Vindo, pois, Jeremias de Tofete onde o tinha enviado o Senhor a profetizar, se pôs em pé no átrio da casa do Senhor, e disse a todo o povo:

[15]Assim diz o Senhor dos Exércitos, o Deus de Israel: Eis que trarei sobre esta cidade, e sobre todas as suas vilas, todo o mal que pronunciei contra ela, porquanto endureceram a sua cerviz, para não ouvirem as minhas palavras.

Jeremias no cepo

20 E PASUR, filho de Imer, o sacerdote, que havia sido nomeado presidente na casa do Senhor, ouviu a Jeremias, que profetizava estas palavras.

[2]E feriu Pasur ao profeta Jeremias, e o colocou no cepo que *está* na porta superior de Benjamim, na casa do Senhor.

[3]E sucedeu que no dia seguinte Pasur tirou a Jeremias do cepo. Então disse-lhe Jeremias: O Senhor não chama o teu nome Pasur, mas, Terror por todos os lados.

[4]Porque assim diz o Senhor: Eis que farei de ti um terror para ti mesmo, e para todos os teus amigos. Eles cairão à espada de seus inimigos, e teus olhos *o* verão. Entregarei todo o Judá na mão do rei de Babilônia; ele os levará presos a Babilônia, e feri-los-á à espada.

[5]Também entregarei toda a riqueza desta cidade, e todo o seu trabalho, e todas as suas coisas preciosas, sim, todos os tesouros dos reis de Judá entregarei na mão de seus inimigos, e saqueá-los-ão, e tomá-los-ão e levá-los-ão a Babilônia.

[6]E tu, Pasur, e todos os moradores da tua casa ireis para o cativeiro; e virás a Babilônia, e ali morrerás, e ali serás sepultado, tu, e todos os teus amigos, aos quais profetizaste falsamente.

[7]Persuadiste-me, ó Senhor, e persuadido fiquei; mais forte foste do que eu, e prevaleceste; sirvo de escárnio todo o dia; cada um deles zomba de mim.

[8]Porque desde que falo, grito, clamo: Violência e destruição; porque se tornou a palavra do Senhor um opróbrio e ludíbrio todo o dia.

[9]Então disse eu: Não me lembrarei dele, e não falarei mais no seu nome; mas isso foi no meu coração como fogo ardente, encerrado nos meus ossos; e estou fatigado de sofrer, e não posso mais.

[10]Porque ouvi a murmuração de muitos, terror de todos os lados: Denunciai, e o denunciaremos; todos os que têm paz comigo aguardam o meu manquejar, *dizendo:* Bem pode ser que se deixe persuadir; então prevaleceremos contra ele e nos vingaremos dele.

[11]Mas o Senhor *está* comigo como um valente temível; por isso tropeçarão os meus perseguidores, e não prevalecerão; ficarão muito confundidos; porque não se houveram prudentemente, *terão* uma confusão perpétua *que* nunca será esquecida.

[12]Tu, pois, ó Senhor dos Exércitos, que provas o justo, e vês as entranhas e o coração, permite que eu veja a tua vingança contra eles; pois *já* te revelei a minha causa.

[13]Cantai ao Senhor, louvai ao Senhor; pois livrou a alma do necessitado da mão dos malfeitores.

[14]Maldito o dia em que nasci; não seja bendito o dia em que minha mãe me deu à luz.

[15]Maldito o homem que deu as novas a meu pai, dizendo: Nasceu-te um filho; alegrando-o *com isso* grandemente.

[16]E seja esse homem como as cidades que o Senhor destruiu e não se arrependeu; e ouça clamor pela manhã, e ao tempo do meio-dia um alarido.

[17]Por que não me matou na madre? Assim minha mãe teria sido a minha sepultura, e teria ficado grávida perpetuamente!

[18]Por que saí da madre, para ver trabalho e tristeza, e para que os meus dias se consumam na vergonha?

O pesado cerco predito

21 A PALAVRA que veio a Jeremias *da parte* do Senhor, quando o rei Zedequias lhe enviou a Pasur, filho de Malquias, e a Sofonias, filho de Maaseias, o sacerdote, dizendo:

[2]Pergunta agora por nós ao Senhor, por que Nabucodonosor, rei de Babilônia, guerreia contra nós; bem pode ser que o Senhor trate conosco segundo todas as suas maravilhas, e o faça retirar-se de nós.

[3]Então Jeremias lhes disse: Assim direis a Zedequias:

[4]Assim diz o Senhor Deus de Israel: Eis que virarei *contra vós* as armas de guerra, que estão nas vossas mãos, com que vós pelejais contra o rei de Babilônia, e contra os caldeus, que vos têm cercado de fora dos muros, e ajuntá-los-ei no meio desta cidade.

[5]E eu pelejarei contra vós com mão estendida e com braço forte, e com ira, e com indignação e com grande furor.

[6]E ferirei os habitantes desta cidade, assim os homens como os animais; de grande pestilência morrerão.

[7]E depois disto, diz o Senhor, entregarei Zedequias, rei de Judá, e seus servos, e o povo, e os desta cidade restarem da pestilência, e da espada, e da fome, na mão de Nabucodonosor, rei de Babilônia, e na mão de seus inimigos, e na mão dos que buscam a sua vida; e feri-los-á ao fio da espada; não os poupará, nem se compadecerá, nem terá misericórdia.

[8]E a este povo dirás: Assim diz o Senhor: Eis que ponho diante de vós o caminho da vida e o caminho da morte.

[9]O que ficar nesta cidade há de morrer à espada, ou da fome, ou de pestilência; mas o que sair, e se render aos caldeus, que vos têm cercado, viverá, e terá a sua vida por despojo.

[10]Porque pus o meu rosto contra esta cidade para mal, e não para bem, diz o Senhor; na mão do rei de Babilônia se entregará, e ele queimá-la-á a fogo.

¹¹E à casa do rei de Judá *dirás:* Ouvi a palavra do Senhor:

¹²Ó casa de Davi, assim diz o Senhor: Julgai pela manhã justamente, e livrai o espoliado da mão do opressor; para que não saia o meu furor como fogo, e se acenda, sem que *haja* quem o apague, por causa da maldade de vossas ações.

¹³Eis que eu *sou* contra ti, ó moradora do vale, ó rocha da campina, diz o Senhor; contra vós que dizeis: Quem descerá contra nós? Ou quem entrará nas nossas moradas?

¹⁴Eu vos castigarei segundo o fruto das vossas ações, diz o Senhor; e acenderei o fogo no seu bosque, que consumirá a tudo o que está em redor dela.

Profecia contra a casa real de Judá

22 ASSIM diz o Senhor: Desce à casa do rei de Judá, e anuncia ali esta palavra,

²E dize: Ouve a palavra do Senhor, ó rei de Judá, que te assentas no trono de Davi, tu, e os teus servos, o teu povo, que entrais por estas portas.

³Assim diz o Senhor: Exercei o juízo e a justiça, e livrai o espoliado da mão do opressor; e não oprimais ao estrangeiro, *nem* ao órfão, nem à viúva; não façais violência, nem derrameis sangue inocente neste lugar.

⁴Porque, se deveras cumprirdes esta palavra, entrarão pelas portas desta casa os reis que se assentarão em lugar de Davi sobre o seu trono, *andando* em carros e montados em cavalos, eles, e os seus servos, o seu povo.

⁵Mas, se não derdes ouvidos a estas palavras, por mim mesmo tenho jurado, diz o Senhor, que esta casa se tornará em assolação.

⁶Porque assim diz o Senhor acerca da casa do rei de Judá: Tu *és* para mim Gileade, *e* a cabeça do Líbano; mas por certo que farei de ti um deserto e cidades desabitadas.

⁷Porque preparei contra ti destruidores, cada um com as suas armas; e cortarão os teus cedros escolhidos, e lançá-los-ão no fogo.

⁸E muitas nações passarão por esta cidade, e dirá cada um ao seu próximo: Por que procedeu o Senhor assim com esta grande cidade?

⁹E dirão: Porque deixaram a aliança do Senhor seu Deus, e se inclinaram diante de outros deuses, e os serviram.

¹⁰Não choreis o morto, nem o lastimeis; chorai abundantemente aquele que sai, porque nunca mais tornará nem verá a terra onde nasceu.

¹¹Porque assim diz o Senhor acerca de Salum, filho de Josias, rei de Judá, que reinou em lugar de Josias, seu pai, e que saiu deste lugar: Nunca mais ali tornará.

¹²Mas no lugar para onde o levaram cativo ali morrerá, e nunca mais verá esta terra.

¹³Ai daquele que edifica a sua casa com injustiça, e os seus aposentos sem direito, que se serve do serviço do seu próximo sem remunerá-lo, e não lhe dá o salário do seu trabalho.

¹⁴Que diz: Edificarei para mim *uma* casa espaçosa, e aposentos largos; e que lhe abre janelas, forrando-a de cedro, e pintando-a de vermelhão.

¹⁵*Porventura* reinarás tu, porque te encerras em cedro? Acaso teu pai não comeu e bebeu, e não praticou o juízo e a justiça? Por isso lhe sucedeu bem.

¹⁶Julgou a causa do aflito e necessitado; então *lhe* sucedeu bem; *porventura* não *é* isto conhecer-me? Diz o Senhor.

¹⁷Mas os teus olhos e o teu coração não *atentam* senão para a tua avareza, e para derramar sangue inocente, e para *praticar* a opressão, e a violência.

¹⁸Portanto assim diz o Senhor acerca de Jeoiaquim, filho de Josias, rei de Judá: Não o lamentarão, *dizendo:* Ai, meu irmão, ou ai, minha irmã! Nem o lamentarão, *dizendo:* Ai, senhor, ou, ai, sua glória!

¹⁹Em sepultura de jumento será sepultado, sendo arrastado e lançado para bem longe, fora das portas de Jerusalém.

²⁰Sobe ao Líbano, e clama, e levanta a tua voz em Basã, e clama pelas passagens; porque estão destruídos todos os teus namorados.

²¹Falei contigo na tua prosperidade, mas tu disseste: Não ouvirei. Este tem sido o teu caminho, desde a tua mocidade, pois nunca deste ouvidos à minha voz.

²²O vento apascentará a todos os teus pastores, e os teus namorados irão para o cativeiro; certamente então te confundirás, e te envergonharás por causa de toda a tua maldade.

²³Ó tu, que habitas no Líbano *e* fazes o teu ninho nos cedros, quão lastimada serás quando te vierem as dores *e* os ais como da que está de parto.

²⁴Vivo eu, diz o Senhor, que ainda que Conias, filho de Jeoiaquim, rei de Judá, fosse o anel do selo na minha mão direita, contudo dali te arrancaria.

²⁵E entregar-te-ei na mão dos que buscam a tua vida, e na mão daqueles diante de quem tu temes, a saber, na mão de Nabucodonosor, rei de Babilônia, e na mão dos caldeus.

²⁶E lançar-te-ei, a ti e à tua mãe que te deu à luz, para uma terra estranha, em que não nasceste, e ali morrereis.

²⁷Mas à terra, para a qual eles com toda a alma desejam voltar, para lá não voltarão.

²⁸*É*, pois, este homem Conias um ídolo desprezado e quebrado, ou um vaso de que ninguém se agrada? Por que razão foram arremessados fora, ele e a sua geração, e arrojados para *uma* terra que não conhecem?

²⁹Ó terra, terra, terra! Ouve a palavra do Senhor.

³⁰Assim diz o Senhor: Escrevei *que* este homem está privado de filhos, homem *que* não prosperará nos seus dias; porque nenhum da sua geração prosperará, para se assentar no trono de Davi, e reinar ainda em Judá.

23 AI DOS pastores que destroem e dispersam as ovelhas do meu pasto, diz o Senhor.

²Portanto assim diz o Senhor Deus de Israel, contra os pastores que apascentam o meu povo:

JEREMIAS 23.3 520

Vós dispersastes as minhas ovelhas, e as afugentastes, e não as visitastes; eis que visitarei sobre vós a maldade das vossas ações, diz o SENHOR.

³E eu mesmo recolherei o restante das minhas ovelhas, de todas as terras para onde as tiver afugentado, e as farei voltar aos seus apriscos; e frutificarão, e se multiplicarão.

⁴E levantarei sobre elas pastores que as apascentem, e nunca mais temerão, nem se assombrarão, e nem uma delas faltará, diz o SENHOR.

O Renovo de Davi

⁵Eis que vêm dias, diz o SENHOR, em que levantarei a Davi um Renovo justo; e, *sendo* rei, reinará e agirá sabiamente, e praticará o juízo e a justiça na terra.

⁶Nos seus dias Judá será salvo, e Israel habitará seguro; e este será o seu nome, com o qual *Deus* o chamará: O SENHOR JUSTIÇA NOSSA.

⁷Portanto, eis que vêm dias, diz o SENHOR, em que nunca mais dirão: Vive o SENHOR, que fez subir os filhos de Israel da terra do Egito;

⁸Mas: Vive o SENHOR, que fez subir, e que trouxe a geração da casa de Israel da terra do norte, e de todas as terras para onde os tinha arrojado; e habitarão na sua terra.

Contra os falsos profetas

⁹Quanto aos profetas, *já* o meu coração *está* quebrantado dentro de mim; todos os meus ossos estremecem; sou como um homem embriagado, e como um homem vencido de vinho, por causa do SENHOR, e por causa das suas santas palavras.

¹⁰Porque a terra está cheia de adúlteros, e a terra chora por causa da maldição; os pastos do deserto se secam; porque a sua carreira *é* má, e a sua força não *é* reta.

¹¹Porque tanto o profeta, como o sacerdote, *estão* contaminados; até na minha casa achei a sua maldade, diz o SENHOR.

¹²Portanto o seu caminho lhes será como lugares escorregadios na escuridão; serão empurrados, e cairão nele; porque trarei sobre eles mal, *no* ano da sua visitação, diz o SENHOR.

¹³Nos profetas de Samaria bem vi loucura; profetizavam da parte de Baal, e faziam errar o meu povo Israel.

¹⁴Mas nos profetas de Jerusalém vejo uma coisa horrenda: cometem adultérios, e andam com falsidade, e fortalecem as mãos dos malfeitores, para que não se convertam da sua maldade; eles têm-se tornado para mim como Sodoma, e os seus moradores como Gomorra.

¹⁵Portanto assim diz o SENHOR dos Exércitos acerca dos profetas: Eis que lhes darei a comer losna, e lhes farei beber águas de fel; porque dos profetas de Jerusalém saiu a contaminação sobre toda a terra.

¹⁶Assim diz o SENHOR dos Exércitos: Não deis ouvidos às palavras dos profetas, que entre vós profetizam; fazem-vos desvanecer; falam da visão do seu coração, não da boca do SENHOR.

¹⁷Dizem continuamente aos que me desprezam: O SENHOR disse: Paz tereis; e a qualquer que anda segundo a dureza do seu coração, dizem: Não virá mal sobre vós.

¹⁸Porque, quem esteve no conselho do SENHOR, e viu, e ouviu a sua palavra? Quem esteve atento à sua palavra, e ouviu?

¹⁹Eis que saiu com indignação a tempestade do SENHOR; e *uma* tempestade penosa cairá cruelmente sobre a cabeça dos ímpios.

²⁰Não se desviará a ira do SENHOR, até que execute e cumpra os desígnios do seu coração; nos últimos dias entendereis isso claramente.

²¹Não mandei esses profetas, contudo eles foram correndo; não lhes falei, contudo eles profetizaram.

²²Mas, se estivessem estado no meu conselho, então teriam feito o meu povo ouvir as minhas palavras, e o teriam feito voltar do seu mau caminho, e da maldade das suas ações.

²³*Porventura sou* eu Deus de perto, diz o SENHOR, e não *também* Deus de longe?

²⁴Esconder-se-ia alguém em esconderijos, de modo que eu não o veja? Diz o SENHOR. *Porventura* não encho eu os céus e a terra? Diz o SENHOR.

²⁵Tenho ouvido o que dizem aqueles profetas, profetizando mentiras em meu nome, dizendo: Sonhei, sonhei.

²⁶Até quando *sucederá isso* no coração dos profetas que profetizam mentiras, e que *só* profetizam do engano do seu coração?

²⁷Os quais cuidam fazer com que o meu povo se esqueça do meu nome pelos seus sonhos que cada um conta ao seu próximo, assim como seus pais se esqueceram do meu nome por causa de Baal.

²⁸O profeta que tem *um* sonho conte o sonho; e aquele que tem a minha palavra, fale a minha palavra *com* verdade. Que tem a palha com o trigo? Diz o SENHOR.

²⁹*Porventura* a minha palavra não *é* como o fogo, diz o SENHOR, e como um martelo *que* esmiúça a pedra?

³⁰Portanto, eis que eu *sou* contra os profetas, diz o SENHOR, que furtam as minhas palavras, cada um ao seu próximo.

³¹Eis que eu *sou* contra os profetas, diz o SENHOR, que usam de sua *própria* linguagem, e dizem: Ele disse.

³²Eis que eu *sou* contra os que profetizam sonhos mentirosos, diz o SENHOR, e os contam, e fazem errar o meu povo com as suas mentiras e com as suas leviandades; pois eu não os enviei, nem lhes dei ordem; e não trouxeram proveito algum a este povo, diz o SENHOR.

³³Quando, pois, te perguntar este povo, ou qualquer profeta, ou sacerdote, dizendo: Qual *é* o peso do SENHOR? Então lhe dirás: Este é o peso: Que vos deixarei, diz o SENHOR.

³⁴E, quanto ao profeta, e ao sacerdote, e ao povo, que disser: Peso do SENHOR, eu castigarei o tal homem e a sua casa.

³⁵Assim direis, cada um ao seu próximo, e cada um ao seu irmão: Que respondeu o SENHOR? E que falou o SENHOR?

³⁶Mas nunca mais vos lembrareis do peso do SENHOR; porque a cada um lhe servirá de peso a sua *própria* palavra; pois torceis as palavras do Deus vivo, do SENHOR dos Exércitos, o nosso Deus.

³⁷Assim dirás ao profeta: Que te respondeu o SENHOR, e que falou o SENHOR?

³⁸Mas, porque dizeis: Peso do SENHOR; assim o diz o SENHOR: Porque dizeis esta palavra: Peso do SENHOR, havendo-vos ordenado, dizendo: Não direis: Peso do SENHOR;

³⁹Por isso, eis que também eu me esquecerei totalmente de vós, e tirarei da minha presença, a vós e a cidade que vos dei a vós e a vossos pais;

⁴⁰E porei sobre vós perpétuo opróbrio, e eterna vergonha, que não será esquecida.

Os dois cestos de figos

24 FEZ-ME O SENHOR ver, e eis dois cestos de figos, postos diante do templo do SENHOR, depois que Nabucodonosor, rei de Babilônia, levou em cativeiro a Jeconias, filho de Jeoiaquim, rei de Judá, e os príncipes de Judá, e os carpinteiros, e os ferreiros de Jerusalém, e os trouxe a Babilônia.

²Um cesto *tinha* figos muito bons, como os figos temporãos; mas o outro cesto *tinha* figos muito ruins, que não se podiam comer, de ruins *que eram.*

³E disse-me o SENHOR: Que vês tu, Jeremias? *E* eu disse: Figos: os figos bons, muito bons e os ruins, muito ruins, que não se podem comer, de ruins *que são.*

⁴Então veio a mim a palavra do SENHOR, dizendo:

⁵Assim diz o SENHOR, o Deus de Israel: Como a estes bons figos, assim *também* conhecerei aos de Judá, levados em cativeiro; os quais enviei deste lugar para a terra dos caldeus, para *o seu* bem.

⁶Porei os meus olhos sobre eles, para *o seu* bem, e os farei voltar a esta terra, e edificá-los-ei, e não os destruirei; e plantá-los-ei, e não os arrancarei.

⁷E dar-lhes-ei coração para que me conheçam, porque eu *sou* o SENHOR; e ser-me-ão por povo, e eu lhes serei por Deus; porque se converterão a mim de todo o seu coração.

⁸E como os figos ruins, que se não podem comer, de ruins *que são* (porque assim diz o SENHOR), assim entregarei Zedequias, rei de Judá, e os seus príncipes, e o restante de Jerusalém, que ficou nesta terra, e os que habitam na terra do Egito.

⁹E entregá-los-ei para que sejam um prejuízo, uma ofensa para todos os reinos da terra, um opróbrio e um provérbio, *e* um escárnio, e uma maldição em todos os lugares para onde eu os arrojar.

¹⁰E enviarei entre eles a espada, a fome, e a peste, até que se consumam de sobre a terra que lhes dei a eles e a seus pais.

Os setenta anos do cativeiro

25 A PALAVRA que veio a Jeremias acerca de todo o povo de Judá no quarto ano de Jeoiaquim, filho de Josias, rei de Judá (que é o primeiro ano de Nabucodonosor, rei de Babilônia),

²A qual anunciou o profeta Jeremias a todo o povo de Judá, e a todos os habitantes de Jerusalém, dizendo:

³Desde o ano treze de Josias, filho de Amom, rei de Judá, até o dia de hoje, período de vinte e três anos, tem vindo a mim a palavra do SENHOR, e vo-la tenho anunciado, madrugando e falando; mas vós não escutastes.

⁴Também vos enviou o SENHOR todos os seus servos, os profetas, madrugando e enviando-os, mas vós não escutastes, nem inclinastes os vossos ouvidos para ouvir,

⁵Quando diziam: Convertei-vos agora cada um do seu mau caminho, e da maldade das suas ações, e habitai na terra que o SENHOR vos deu, e a vossos pais, para sempre.

⁶E não andeis após outros deuses para os servirdes, e para vos inclinardes diante deles, nem me provoqueis à ira com a obra de vossas mãos, para que não vos faça mal.

⁷Porém não me destes ouvidos, diz o SENHOR, mas me provocastes à ira com a obra de vossas mãos, para vosso mal.

⁸Portanto assim diz o SENHOR dos Exércitos: Visto que não escutastes as minhas palavras,

⁹Eis que eu enviarei, e tomarei a todas as famílias do norte, diz o SENHOR, como também a Nabucodonosor, rei de Babilônia, meu servo, e os trarei sobre esta terra, e sobre os seus moradores, e sobre todas estas nações em redor, e os destruirei totalmente, e farei que sejam objeto de espanto, e de assobio, e de perpétuas desolações.

¹⁰E farei desaparecer dentre eles a voz de gozo, e a voz de alegria, a voz do esposo, e a voz da esposa, *como também* o som das mós, e a luz do candeeiro.

¹¹E toda esta terra virá a ser *um* deserto e *um* espanto; e estas nações servirão ao rei de Babilônia setenta anos.

Destruição de Babilônia

¹²Acontecerá, porém, que, quando se cumprirem os setenta anos, visitarei o rei de Babilônia, e esta nação, diz o SENHOR, *castigando* a sua iniquidade, e a da terra dos caldeus; farei deles ruínas perpétuas.

¹³E trarei sobre aquela terra todas as minhas palavras, que disse contra ela, *a saber,* tudo quanto *está* escrito neste livro, que profetizou Jeremias contra todas estas nações.

¹⁴Porque também deles se servirão muitas nações e grandes reis; assim lhes retribuirei segundo os seus feitos, e segundo as obras das suas mãos.

¹⁵Porque assim me disse o SENHOR Deus de Israel: Toma da minha mão este copo do vinho do furor, e darás a beber dele a todas as nações, às quais eu te enviarei.

¹⁶Para que bebam e tremam, e enlouqueçam, por causa da espada, que eu enviarei entre eles.

¹⁷E tomei o copo da mão do SENHOR, e dei a

JEREMIAS 25.18   522

beber a todas as nações, às quais o Senhor me enviou;

¹⁸A Jerusalém, e às cidades de Judá, e aos seus reis, e aos seus príncipes, para fazer deles uma desolação, um espanto, um assobio, e uma maldição, como hoje *se vê;*

¹⁹A Faraó, rei do Egito, e a seus servos, e a seus príncipes, e a todo o seu povo;

²⁰E a toda a mistura de povo, e a todos os reis da terra de Uz, e a todos os reis da terra dos filisteus, e a Ascalom, e a Gaza, e a Ecrom, e ao remanescente de Asdode,

²¹*E* a Edom, e a Moabe, e aos filhos de Amom;

²²E a todos os reis de Tiro, e a todos os reis de Sidom; e aos reis das ilhas que *estão* além do mar;

²³A Dedã, e a Tema, e a Buz e a todos os que estão nos lugares mais distantes.

²⁴E a todos os reis da Arábia, e todos os reis do povo misto que habita no deserto;

²⁵E a todos os reis de Zinri, e a todos os reis de Elão, e a todos os reis da Média;

²⁶E a todos os reis do norte, os de perto, e os de longe, tanto um como o outro, e a todos os reinos do mundo, que estão sobre a face da terra, e o rei de Sesaque beberá depois deles.

²⁷Pois lhes dirás: Assim diz o Senhor dos Exércitos, o Deus de Israel: Bebei, e embebedai-vos, e vomitai, e caí, e não torneis a levantar-vos, por causa da espada que eu vos enviarei.

²⁸E será que, se não quiserem tomar o copo da tua mão para beber, então lhes dirás: Assim diz o Senhor dos Exércitos: Certamente bebereis.

²⁹Porque, eis que na cidade que se chama pelo meu nome começo a castigar; e ficareis vós totalmente impunes? Não ficareis impunes, porque eu chamo a espada sobre todos os moradores da terra, diz o Senhor dos Exércitos.

³⁰Tu, pois, lhes profetizarás todas estas palavras, e lhes dirás: O Senhor desde o alto bramirá, e fará ouvir a sua voz desde a morada da sua santidade; terrivelmente bramirá contra a sua habitação, com grito de alegria, como dos que pisam as uvas, contra todos os moradores da terra.

³¹Chegará o estrondo até à extremidade da terra, porque o Senhor tem contenda com as nações, entrará em juízo com toda a carne; os ímpios entregará à espada, diz o Senhor.

³²Assim diz o Senhor dos Exércitos: Eis que o mal passa de nação para nação, e grande tormenta se levantará dos confins da terra.

³³E serão os mortos do Senhor, naquele dia, desde uma extremidade da terra até à *outra;* não serão pranteados, nem recolhidos, nem sepultados; *mas* serão por esterco sobre a face da terra.

³⁴Uivai, pastores, e clamai, e revolvei-vos *na cinza,* principais do rebanho, porque *já* se cumpriram os vossos dias para serdes mortos, e dispersos, e vós então caireis como *um* vaso precioso.

³⁵E não *haverá* refúgio para os pastores, nem salvamento para os principais do rebanho.

³⁶Voz de grito dos pastores, e uivos dos principais do rebanho; porque o Senhor está destruindo o pasto deles.

³⁷Porque as suas malhadas pacíficas serão desarraigadas, por causa do furor da ira do Senhor.

³⁸Deixou a sua tenda, como o filho de leão; porque a sua terra foi *posta* em desolação, por causa do furor do opressor, e por causa do furor da sua ira.

Exortação ao arrependimento

26 NO princípio do reinado de Jeoiaquim, filho de Josias, rei de Judá, veio esta palavra do Senhor, dizendo:

²Assim diz o Senhor: Põe-te no átrio da casa do Senhor e dize a todas as cidades de Judá, que vêm adorar na casa do Senhor, todas as palavras que te mandei que lhes dissesses; não omitas nenhuma palavra.

³Bem pode ser que ouçam, e se convertam cada um do seu mau caminho, e eu me arrependa do mal que intento fazer-lhes por causa da maldade das suas ações.

⁴Dize-lhes pois: Assim diz o Senhor: Se não me derdes ouvidos para andardes na minha lei, que pus diante de vós,

⁵Para que ouvísseis as palavras dos meus servos, os profetas, que eu vos envio, madrugando e enviando, mas não ouvistes;

⁶Então farei que esta casa *seja* como Siló, e farei desta cidade uma maldição para todas as nações da terra.

⁷Os sacerdotes, e os profetas, e todo o povo, ouviram a Jeremias, falando estas palavras na casa do Senhor.

O julgamento de Jeremias

⁸E sucedeu que, acabando Jeremias de dizer tudo quanto o Senhor lhe havia ordenado que dissesse a todo o povo, pegaram nele os sacerdotes, e os profetas, e todo o povo, dizendo: Certamente morrerás,

⁹Por que profetizaste no nome do Senhor, dizendo: Como Siló será esta casa, e esta cidade será assolada, de sorte que não *fique nenhum* morador *nela?* E ajuntou-se todo o povo contra Jeremias, na casa do Senhor.

¹⁰E, ouvindo os príncipes de Judá estas palavras, subiram da casa do rei à casa do Senhor, e se assentaram à entrada da porta nova do Senhor.

¹¹Então falaram os sacerdotes e os profetas aos príncipes e a todo o povo, dizendo: Este homem *é* réu de morte, porque profetizou contra esta cidade, como ouvistes com os vossos ouvidos.

¹²E falou Jeremias a todos os príncipes e a todo o povo, dizendo: O Senhor me enviou a profetizar contra esta casa, e contra esta cidade, todas as palavras que ouvistes.

¹³Agora, pois, melhorai os vossos caminhos e as vossas ações, e ouvi a voz do Senhor vosso Deus, e arrepender-se-á o Senhor do mal que falou contra vós.

¹⁴Quanto a mim, eis que estou nas vossas mãos; fazei de mim conforme o que for bom *e* reto aos vossos olhos.

¹⁵Sabei, porém, com certeza que, se me matardes, trareis sangue inocente sobre vós, e sobre esta cidade, e sobre os seus habitantes; porque, na verdade, o Senhor me enviou a vós, para dizer aos vossos ouvidos todas estas palavras.

¹⁶Então disseram os príncipes, e todo o povo aos sacerdotes e aos profetas: Este homem não é réu de morte, porque em nome do Senhor, nosso Deus, nos falou.

¹⁷Também se levantaram *alguns* homens dentre os anciãos da terra, e falaram a toda a congregação do povo, dizendo:

¹⁸Miqueias, o morastita, profetizou nos dias de Ezequias, rei de Judá, e falou a todo o povo de Judá, dizendo: Assim disse o Senhor dos Exércitos: Sião será lavrada *como um* campo, e Jerusalém se tornará em montões *de pedras,* e o monte desta casa como os altos de um bosque.

¹⁹Mataram-no, *porventura,* Ezequias, rei de Judá, e todo o Judá? Antes não temeu ao Senhor, e não implorou o favor do Senhor? E o Senhor não se arrependeu do mal que falara contra eles? Nós fazemos *um* grande mal contra as nossas almas.

²⁰Também houve outro homem que profetizava em nome do Senhor, *a saber:* Urias, filho de Semaías de Quiriate-Jearim, o qual profetizou contra esta cidade, e contra esta terra, conforme todas as palavras de Jeremias.

²¹E, ouvindo o rei Jeoiaquim, e todos os seus poderosos e todos os príncipes, as suas palavras, procurou o rei matá-lo; mas ouvindo isto, Urias temeu e fugiu, e foi para o Egito;

²²Mas o rei Jeoiaquim enviou alguns homens ao Egito, *a saber:* Elnatã, filho de Acbor, e *outros* homens com ele, ao Egito.

²³Os quais tiraram a Urias do Egito, e o trouxeram ao rei Jeoiaquim, que o feriu à espada, e lançou o seu cadáver nas sepulturas dos filhos do povo.

²⁴Porém a mão de Aicão, filho de Safã, foi com Jeremias, para que o não entregassem na mão do povo, para ser morto.

Jeremias aconselha submissão ao rei de Babilônia

27NO princípio do reinado de Jeoiaquim, filho de Josias, rei de Judá, veio esta palavra a Jeremias da parte do Senhor, dizendo:

²Assim me disse o Senhor: Faze uns grilhões e jugos, e põe-nos ao teu pescoço.

³E envia-os ao rei de Edom, e ao rei de Moabe, e ao rei *dos filhos* de Amom, e ao rei de Tiro, e ao rei de Sidom, pela mão dos mensageiros que vêm a Jerusalém *a ter* com Zedequias, rei de Judá.

⁴E lhes ordenarás, que digam aos seus senhores: Assim diz o Senhor dos Exércitos, o Deus de Israel: Assim direis a vossos senhores:

⁵Eu fiz a terra, o homem, e os animais que *estão* sobre a face da terra, com o meu grande poder, e com o meu braço estendido, e a dou a quem é reto aos meus olhos.

⁶E agora eu entreguei todas estas terras na mão de Nabucodonosor, rei de Babilônia, meu servo; e ainda até os animais do campo lhe dei, para que o sirvam.

⁷E todas as nações servirão a ele, e a seu filho, e ao filho de seu filho, até que também venha o tempo da sua própria terra, quando muitas nações e grandes reis se servirão dele.

⁸E acontecerá que, se alguma nação e reino não servirem o mesmo Nabucodonosor, rei de Babilônia, e não puserem o seu pescoço debaixo do jugo do rei de Babilônia, a essa nação castigarei com espada, e com fome, e com peste, diz o Senhor, até que a consuma pela sua mão;

⁹E vós não deis ouvidos aos vossos profetas, e aos vossos adivinhos, e aos vossos sonhos, e aos vossos agoureiros, e aos vossos encantadores, que vos falam, dizendo: Não servireis ao rei de Babilônia.

¹⁰Porque mentiras vos profetizam, para vos mandarem para longe da vossa terra, e para que eu vos expulse *dela,* e pereçais.

¹¹Mas a nação que colocar o seu pescoço sob o jugo do rei de Babilônia, e o servir, eu a deixarei na sua terra, diz o Senhor, e lavrá-la-á e habitará nela.

¹²E falei com Zedequias, rei de Judá, conforme todas estas palavras, dizendo: Colocai os vossos pescoços no jugo do rei de Babilônia, e servi-o, a ele e ao seu povo, e vivereis.

¹³Por que morrerias tu e o teu povo, à espada, e à fome, e de peste, como o Senhor disse contra a nação que não servir ao rei de Babilônia?

¹⁴E não deis ouvidos às palavras dos profetas, que vos falam, dizendo: Não servireis ao rei de Babilônia; porque vos profetizam mentiras.

¹⁵Porque não os enviei, diz o Senhor, e profetizam falsamente em meu nome; para que eu vos lance fora, e pereçais, vós e os profetas que vos profetizam.

¹⁶Também falei aos sacerdotes, e a todo este povo, dizendo: Assim diz o Senhor: Não deis ouvidos às palavras dos vossos profetas, que vos profetizam, dizendo: Eis que os utensílios da casa do Senhor cedo voltarão de Babilônia, porque vos profetizam mentiras.

¹⁷Não lhes deis ouvidos, servi ao rei de Babilônia, e vivereis; por que se tornaria esta cidade *em* desolação?

¹⁸Porém, se *são* profetas, e se há palavras do Senhor com eles, orem agora ao Senhor dos Exércitos, para que os utensílios que ficaram na casa do Senhor, e na casa do rei de Judá, e em Jerusalém, não vão para a Babilônia.

¹⁹Porque assim diz o Senhor dos Exércitos acerca das colunas, e do mar, e das bases, e dos demais utensílios que ficaram na cidade,

²⁰Os quais Nabucodonosor, rei de Babilônia, não levou, quando transportou de Jerusalém para Babilônia a Jeconias, filho de Jeoiaquim, rei de

JEREMIAS 27.21 524

Judá, como também a todos os nobres de Judá e de Jerusalém;

²¹Assim, pois, diz o SENHOR dos Exércitos, o Deus de Israel, acerca dos utensílios que ficaram *na* casa do SENHOR, e *na* casa do rei de Judá, e *em* Jerusalém:

²²À Babilônia serão levados, e ali ficarão até o dia em que eu os visitarei, diz o SENHOR; então os farei subir, e os tornarei a trazer a este lugar.

A luta de Jeremias com o falso profeta Hananias

28 E SUCEDEU no mesmo ano, no princípio do reinado de Zedequias, rei de Judá, no ano quarto, no mês quinto, *que* Hananias, filho de Azur, o profeta que *era* de Gibeom, me falou na casa do SENHOR, na presença dos sacerdotes e de todo o povo, dizendo:

²Assim fala o SENHOR dos Exércitos, o Deus de Israel, dizendo: *Eu* quebrei o jugo do rei de Babilônia.

³Depois de passados dois anos completos, eu tornarei a trazer a este lugar todos os utensílios da casa do SENHOR, que deste lugar tomou Nabucodonosor, rei de Babilônia, levando-os a Babilônia.

⁴Também a Jeconias, filho de Jeoiaquim, rei de Judá, e a todos os do cativeiro de Judá, que entraram em Babilônia, eu tornarei a trazer a este lugar, diz o SENHOR; porque quebrarei o jugo do rei de Babilônia.

⁵Então falou o profeta Jeremias ao profeta Hananias, na presença dos sacerdotes, e na presença de todo o povo que estava na casa do SENHOR.

⁶Disse, pois, Jeremias, o profeta: Amém! Assim faça o SENHOR; confirme o SENHOR as tuas palavras, que profetizaste, e torne ele a trazer os utensílios da casa do SENHOR, e todos os do cativeiro de Babilônia a este lugar.

⁷Mas ouve agora esta palavra, que eu falo aos teus ouvidos e aos ouvidos de todo o povo:

⁸Os profetas que houve antes de mim e antes de ti, desde a antiguidade, profetizaram contra muitas terras, e contra grandes reinos, acerca de guerra, e de mal, e de peste.

⁹O profeta que profetizar de paz, quando se cumprir a palavra desse profeta, será conhecido como o profeta a quem o SENHOR na verdade enviou.

¹⁰Então Hananias, o profeta, tomou o jugo do pescoço do profeta Jeremias, e o quebrou.

¹¹E falou Hananias na presença de todo o povo, dizendo: Assim diz o SENHOR: Assim, passados dois anos completos, quebrarei o jugo de Nabucodonosor, rei de Babilônia, de sobre o pescoço de todas as nações. E Jeremias, o profeta, seguiu o seu caminho.

¹²Mas veio a palavra do SENHOR a Jeremias, depois que Hananias, o profeta, quebrou o jugo de sobre o pescoço de Jeremias, o profeta, dizendo:

¹³Vai, e fala a Hananias, dizendo: Assim diz o SENHOR: Jugos de madeira quebraste, mas em vez deles farás jugos de ferro.

¹⁴Porque assim diz o SENHOR dos Exércitos, o Deus de Israel: Jugo de ferro pus sobre o pescoço de todas estas nações, para servirem a Nabucodonosor, rei de Babilônia, e servi-lo-ão, e até os animais do campo lhe dei.

¹⁵E disse o profeta Jeremias ao profeta Hananias: Ouve agora, Hananias: Não te enviou o SENHOR, mas tu fizeste que este povo confiasse em mentiras.

¹⁶Portanto, assim diz o SENHOR: Eis que te lançarei de sobre a face da terra; este ano morrerás, porque falaste em rebeldia contra o SENHOR.

¹⁷E morreu Hananias, o profeta, no mesmo ano, no sétimo mês.

A carta de Jeremias aos cativos de Babilônia

29 E ESTAS *são* as palavras da carta que Jeremias, o profeta, enviou de Jerusalém, aos que restaram dos anciãos do cativeiro, como também aos sacerdotes, e aos profetas, e a todo o povo que Nabucodonosor havia deportado de Jerusalém para Babilônia

²(Depois que saíram de Jerusalém o rei Jeconias, e a rainha, e os eunucos, e os príncipes de Judá e Jerusalém, e os carpinteiros e ferreiros),

³Pela mão de Elasa, filho de Safã, e de Gemarias, filho de Hilquias (os quais Zedequias, rei de Judá, tinha enviado a Babilônia, a Nabucodonosor, rei de Babilônia), dizendo:

⁴Assim diz o SENHOR dos Exércitos, o Deus de Israel, a todos os do cativeiro, os quais fiz transportar de Jerusalém para Babilônia:

⁵Edificai casas e habitai-as; e plantai jardins, e comei o seu fruto.

⁶Tomai mulheres e gerai filhos e filhas, e tomai mulheres para vossos filhos, e dai vossas filhas a maridos, para que tenham filhos e filhas; e multiplicai-vos ali, e não vos diminuais.

⁷E procurai a paz da cidade, para onde vos fiz transportar em cativeiro, e orai por ela ao SENHOR; porque na sua paz vós tereis paz.

⁸Porque assim diz o SENHOR dos Exércitos, o Deus de Israel: Não vos enganem os vossos profetas que *estão* no meio de vós, nem os vossos adivinhos, nem deis ouvidos aos vossos sonhos, que sonhais;

⁹Porque eles vos profetizam falsamente em meu nome; não os enviei, diz o SENHOR.

¹⁰Porque assim diz o SENHOR: Certamente que passados setenta anos em Babilônia, vos visitarei, e cumprirei sobre vós a minha boa palavra, tornando a trazer-vos a este lugar.

¹¹Porque eu *bem* sei os pensamentos que tenho a vosso respeito, diz o SENHOR; pensamentos de paz, e não de mal, para vos dar o fim que esperais.

¹²Então me invocareis, e ireis, e orareis a mim, e eu vos ouvirei.

¹³E buscar-me-eis, e me achareis, quando me buscardes com todo o vosso coração.

¹⁴E serei achado de vós, diz o SENHOR, e farei voltar os vossos cativos e congregar-vos-ei de todas

as nações, e de todos os lugares para onde vos lancei, diz o Senhor, e tornarei a trazer-vos ao lugar de onde vos transportei.

¹⁵Porque dizeis: O Senhor nos levantou profetas em Babilônia.

¹⁶Porque assim diz o Senhor *acerca* do rei que se assenta no trono de Davi, e de todo o povo que habita nesta cidade, vossos irmãos, que não saíram conosco para o cativeiro.

¹⁷Assim diz o Senhor dos Exércitos: Eis que enviarei entre eles a espada, a fome e a peste, e lhes farei como a figos podres que não se podem comer, de ruins *que são*.

¹⁸E persegui-los-ei com a espada, com a fome, e com a peste; e dá-los-ei para deslocarem-se por todos os reinos da terra, para serem uma maldição, e um espanto, e um assobio, e um opróbrio entre todas as nações para onde os tiver lançado.

¹⁹Porquanto não deram ouvidos às minhas palavras, diz o Senhor, mandando-lhes eu os meus servos, os profetas, madrugando e enviando; mas vós não escutastes, diz o Senhor.

²⁰Vós, pois, ouvi a palavra do Senhor, todos os do cativeiro que enviei de Jerusalém a Babilônia.

²¹Assim diz o Senhor dos Exércitos, o Deus de Israel, acerca de Acabe, filho de Colaías, e de Zedequias, filho de Maaseias, que vos profetizam falsamente em meu nome: Eis que os entregarei na mão de Nabucodonosor, rei de Babilônia, e ele os ferirá diante dos vossos olhos.

²²E todos os transportados de Judá, que *estão* em Babilônia, tomarão deles uma maldição, dizendo: O Senhor te faça como Zedequias, e como Acabe, os quais o rei de Babilônia assou no fogo;

²³Porquanto fizeram loucura em Israel, e cometeram adultério com as mulheres dos seus vizinhos, e anunciaram falsamente, em meu nome uma palavra, que não lhes mandei, e eu o sei e *sou* testemunha *disso,* diz o Senhor.

²⁴E a Semaías, o neelamita, falarás, dizendo:

²⁵Assim fala o Senhor dos Exércitos, o Deus de Israel, dizendo: Porquanto tu enviaste no teu nome cartas a todo o povo que *está* em Jerusalém, como também a Sofonias, filho de Maaseias, o sacerdote, e a todos os sacerdotes, dizendo:

²⁶O Senhor te pôs por sacerdote em lugar de Joiada, o sacerdote, para que sejas encarregado da casa do Senhor sobre todo o homem fanático, e que profetiza, para o lançares na prisão e no tronco.

²⁷Agora, pois, por que não repreendeste a Jeremias, o anatotita, que vos profetiza?

²⁸Porque até nos mandou dizer em Babilônia: Ainda *o cativeiro* muito há de durar; edificai casas, e habitai *nelas;* e plantai pomares, e comei o seu fruto.

²⁹E leu Sofonias, o sacerdote, esta carta aos ouvidos de Jeremias, o profeta.

³⁰E veio a palavra do Senhor a Jeremias, dizendo:

³¹Manda a todos os do cativeiro, dizendo: Assim diz o Senhor acerca de Semaías, o neelamita: Porquanto Semaías vos profetizou, e eu não o enviei, e vos fez confiar em mentiras,

³²Portanto assim diz o Senhor: Eis que castigarei a Semaías, o neelamita, e a sua descendência; ele não terá ninguém que habite entre este povo, e não verá o bem que hei de fazer ao meu povo, diz o Senhor, porque falou em rebeldia contra o Senhor.

Deus promete trazer do cativeiro o seu povo

30 A PALAVRA que do Senhor veio a Jeremias, dizendo:

²Assim falou o Senhor Deus de Israel, dizendo: Escreve num livro todas as palavras que te tenho falado.

³Porque eis que vêm dias, diz o Senhor, em que farei voltar do cativeiro o meu povo Israel, e de Judá, diz o Senhor; e tornarei a trazê-los à terra que dei a seus pais, e a possuirão.

⁴E estas *são* as palavras que disse o Senhor, acerca de Israel e de Judá.

⁵Porque assim diz o Senhor: Ouvimos uma voz de tremor, de temor mas não de paz.

⁶Perguntai, pois, e vede, se um homem *pode* dar à luz. Por que, *pois,* vejo a cada homem *com* as mãos sobre os lombos como a que está dando à luz? E por que se tornaram pálidos todos os rostos?

⁷Ah! Porque aquele dia é tão grande, que não houve outro semelhante; e é tempo de angústia para Jacó; ele, porém, será salvo dela.

⁸Porque será naquele dia, diz o Senhor dos Exércitos, *que* eu quebrarei o seu jugo de sobre o teu pescoço, e quebrarei os teus grilhões; e nunca mais se servirão dele os estrangeiros.

⁹Mas servirão ao Senhor, seu Deus, como também a Davi, seu rei, que lhes levantarei.

¹⁰Não temas, pois, tu, ó meu servo Jacó, diz o Senhor, nem te espantes, ó Israel; porque eis que te livrarei *de terras* de longe, e à tua descendência da terra do seu cativeiro; e Jacó voltará, e descansará, e ficará em sossego, e não haverá quem *o* atemorize.

¹¹Porque eu *sou* contigo, diz o Senhor, para te salvar; porquanto darei fim a todas as nações entre as quais te espalhei; a ti, porém, não darei fim, mas castigar-te-ei com medida, e de todo não te terei por inocente.

¹²Porque assim diz o Senhor: A tua ferida *é* incurável; a tua chaga *é* dolorosa.

¹³Não *há* quem defenda a tua causa para te aplicar curativo; não tens remédios que possam curar.

¹⁴Todos os teus amantes se esqueceram de ti, *e* não perguntam por ti; porque te feri com ferida de inimigo, *e* com castigo de quem é cruel, pela grandeza da tua maldade e multidão de teus pecados.

¹⁵Por que gritas por causa da tua ferida? Tua dor *é* incurável. Pela grandeza de tua maldade, e multidão de teus pecados, eu fiz estas coisas.

¹⁶Por isso todos os que te devoram serão devorados; e todos os teus adversários irão, todos

JEREMIAS 30.17

eles, para o cativeiro; e os que te roubam serão roubados, e a todos os que te despojam entregarei ao saque.

[17] Porque te restaurarei a saúde, e te curarei as tuas chagas, diz o SENHOR; porquanto te chamaram a repudiada, dizendo: É Sião, já ninguém pergunta por ela.

[18] Assim diz o SENHOR: Eis que farei voltar do cativeiro as tendas de Jacó, e apiedar-me-ei das suas moradas; e a cidade será reedificada sobre o seu montão, e o palácio permanecerá como habitualmente.

[19] E sairá deles o louvor e a voz de júbilo; e multiplicá-los-ei, e não serão diminuídos, e glorificá-los-ei, e não serão apoucados.

[20] E seus filhos serão como na antiguidade, e a sua congregação será confirmada diante de mim; e castigarei todos os seus opressores.

[21] E os seus nobres serão deles; e o seu governador sairá do meio deles, e o farei aproximar, e ele se chegará a mim; pois, quem de si mesmo se empenharia para chegar-se a mim? Diz o SENHOR.

[22] E ser-me-eis por povo, e eu vos serei por Deus.

[23] Eis que a tempestade do SENHOR, a sua indignação, já saiu; uma tempestade varredora, cairá cruelmente sobre a cabeça dos ímpios.

[24] Não voltará atrás o furor da ira do SENHOR, até que tenha executado e até que tenha cumprido os desígnios do seu coração; no fim dos dias entendereis isto.

31

NAQUELE tempo, diz o SENHOR, serei o Deus de todas as famílias de Israel, e elas serão o meu povo.

[2] Assim diz o SENHOR: O povo dos que escaparam da espada achou graça no deserto. Israel mesmo, quando eu o fizer descansar.

[3] Há muito que o SENHOR me apareceu, dizendo: Porquanto com amor eterno te amei, por isso com benignidade te atraí.

[4] Ainda te edificarei, e serás edificada, ó virgem de Israel! Ainda serás adornada com os teus tamboris, e sairás nas danças dos que se alegram.

[5] Ainda plantarás vinhas nos montes de Samaria; os plantadores as plantarão e comerão como coisas comuns.

[6] Porque haverá um dia em que gritarão os vigias sobre o monte de Efraim: Levantai-vos, e subamos a Sião, ao SENHOR nosso Deus.

[7] Porque assim diz o SENHOR: Cantai sobre Jacó com alegria, e exultai por causa do chefe das nações; proclamai, cantai louvores, e dizei: Salva, SENHOR, ao teu povo, o restante de Israel.

[8] Eis que os trarei da terra do norte, e os congregarei das extremidades da terra; entre os quais haverá cegos e aleijados, grávidas e as de parto juntamente; em grande congregação voltarão para aqui.

[9] Virão com choro, e com súplicas os levarei; guiá-los-ei aos ribeiros de águas, por caminho direito, no qual não tropeçarão, porque sou um pai para Israel, e Efraim é o meu primogênito.

[10] Ouvi a palavra do SENHOR, ó nações, e anunciai-a nas ilhas longínquas, e dizei: Aquele que espalhou a Israel o congregará e o guardará, como o pastor ao seu rebanho.

[11] Porque o SENHOR resgatou a Jacó, e o livrou da mão do que era mais forte do que ele.

[12] Assim que virão, e exultarão no alto de Sião, e correrão aos bens do SENHOR, ao trigo, e ao mosto, e ao azeite, e aos cordeiros e bezerros; e a sua alma será como um jardim regado, e nunca mais andarão tristes.

[13] Então a virgem se alegrará na dança, como também os jovens e os velhos juntamente; e tornarei o seu pranto em alegria, e os consolarei, e lhes darei alegria em lugar de tristeza.

[14] E saciarei a alma dos sacerdotes com gordura, e o meu povo se fartará dos meus bens, diz o SENHOR.

[15] Assim diz o SENHOR: Uma voz se ouviu em Ramá, lamentação, choro amargo; Raquel chora seus filhos; não quer ser consolada quanto a seus filhos, porque já não existem.

[16] Assim diz o SENHOR: Reprime a tua voz de choro, e as lágrimas de teus olhos; porque há galardão para o teu trabalho, diz o SENHOR, pois eles voltarão da terra do inimigo.

[17] E há esperança quanto ao teu futuro, diz o SENHOR, porque teus filhos voltarão para os seus termos.

[18] Bem ouvi eu que Efraim se queixava, dizendo: Castigaste-me e fui castigado, como novilho ainda não domado; converte-me, e converter-me-ei, porque tu és o SENHOR meu Deus.

[19] Na verdade que, depois que me converti, tive arrependimento; e depois que fui instruído, bati na minha coxa; fiquei confuso, e também me envergonhei; porque suportei o opróbrio da minha mocidade.

[20] Não é Efraim para mim um filho precioso, criança das minhas delícias? Porque depois que falo contra ele, ainda me lembro dele solicitamente; por isso se comovem por ele as minhas entranhas; deveras me compadecerei dele, diz o SENHOR.

[21] Levanta para ti sinais, faze para ti altos marcos, aplica o teu coração à vereda, ao caminho por onde andaste; volta, pois, ó virgem de Israel, regressa a estas tuas cidades.

[22] Até quando andarás errante, ó filha rebelde? Porque o SENHOR criou uma coisa nova sobre a terra; uma mulher cercará a um homem.

[23] Assim diz o SENHOR dos Exércitos, o Deus de Israel: Ainda dirão esta palavra na terra de Judá, e nas suas cidades, quando eu vos restaurar do seu cativeiro: O SENHOR te abençoe, ó morada de justiça, ó monte de santidade!

[24] E nela habitarão Judá, e todas as suas cidades juntamente; como também os lavradores e os que pastoreiam o rebanho.

[25] Porque satisfiz a alma cansada, e toda a alma entristecida saciei.

[26] Nisto despertei, e olhei, e o meu sono foi doce para mim.

²⁷Eis que dias vêm, diz o SENHOR, em que semearei a casa de Israel, e a casa de Judá, com a semente de homens, e com a semente de animais.

²⁸E *será* que, como velei sobre eles, para arrancar, e para derrubar, e para transtornar, e para destruir, e para afligir, assim velarei sobre eles, para edificar e para plantar, diz o SENHOR.

²⁹Naqueles dias nunca mais dirão: Os pais comeram uvas verdes, e os dentes dos filhos se embotaram.

³⁰Mas cada um morrerá pela sua iniquidade; de todo o homem que comer as uvas verdes os dentes se embotarão.

³¹Eis que dias vêm, diz o SENHOR, em que farei uma aliança nova com a casa de Israel e com a casa de Judá.

³²Não conforme a aliança que fiz com seus pais, no dia em que os tomei pela mão, para os tirar da terra do Egito; porque eles invalidaram a minha aliança apesar de eu os haver desposado, diz o SENHOR.

³³Mas esta *é* a aliança que farei com a casa de Israel depois daqueles dias, diz o SENHOR: Porei a minha lei no seu interior, e a escreverei no seu coração; e eu serei o seu Deus e eles serão o meu povo.

³⁴E não ensinará mais cada um a seu próximo, nem cada um a seu irmão, dizendo: Conhecei ao SENHOR; porque todos me conhecerão, desde o menor até ao maior deles, diz o SENHOR; porque lhes perdoarei a sua maldade, e nunca mais me lembrarei dos seus pecados.

³⁵Assim diz o SENHOR, que dá o sol para luz do dia, *e* as ordenanças da lua e das estrelas para luz da noite, que agita o mar, bramando as suas ondas; o SENHOR dos Exércitos *é* o seu nome.

³⁶Se falharem estas ordenanças de diante de mim, diz o SENHOR, deixará também a descendência de Israel de ser uma nação diante de mim para sempre.

³⁷Assim disse o SENHOR: Se puderem ser medidos os céus lá em cima, e sondados os fundamentos da terra cá em baixo, também eu rejeitarei toda a descendência de Israel, por tudo quanto fizeram, diz o SENHOR.

³⁸Eis que vêm dias, diz o SENHOR, em que esta cidade será reedificada para o SENHOR, desde a torre de Hananeel até à porta da esquina.

³⁹E a linha de medir estender se-á para diante dela, até ao outeiro de Garebe, e virar-se-á para Goa.

⁴⁰E todo o vale dos cadáveres e da cinza, e todos os campos até ao ribeiro de Cedrom, até à esquina da porta dos cavalos para o oriente, *serão* consagrados ao SENHOR; não se arrancará nem se derrubará mais eternamente.

A prisão de Jeremias

32 A PALAVRA que veio a Jeremias da parte do SENHOR, no ano décimo de Zedequias, rei de Judá, o qual foi o décimo oitavo ano de Nabucodonosor.

²Ora, nesse tempo o exército do rei de Babilônia cercava Jerusalém; e Jeremias, o profeta, estava encerrado no pátio da guarda que estava *na* casa do rei de Judá;

³Porque Zedequias, rei de Judá, o tinha encerrado, dizendo: Por que profetizas tu, dizendo: Assim diz o SENHOR: Eis que entrego esta cidade na mão do rei de Babilônia, e ele a tomará;

⁴E Zedequias, rei de Judá, não escapará das mãos dos caldeus; mas certamente será entregue na mão do rei de Babilônia, e com ele falará boca a boca, e os seus olhos verão os dele;

⁵E ele levará Zedequias para Babilônia, e ali estará, até que eu o visite, diz o SENHOR *e,* ainda que pelejeis contra os caldeus, não ganhareis?

⁶Disse, pois, Jeremias: Veio a mim a palavra do SENHOR, dizendo:

⁷Eis que Hanameel, filho de Salum, teu tio, virá a ti dizendo: Compra para ti a minha herdade que *está* em Anatote, pois tens o direito de resgate para comprá-la.

⁸Veio, pois, a mim Hanameel, filho de meu tio, segundo a palavra do SENHOR, ao pátio da guarda, e me disse: Compra agora a minha herdade que *está* em Anatote, na terra de Benjamim; porque teu é o direito de herança, e tens o resgate; compra-a para ti. Então entendi que *isto* era a palavra do SENHOR.

⁹Comprei, pois, a herdade de Hanameel, filho de meu tio, a qual *está* em Anatote; e pesei-lhe o dinheiro, dezessete siclos de prata.

¹⁰E assinei a escritura, e selei-a, e fiz confirmar por testemunhas; e pesei-lhe o dinheiro numa balança.

¹¹E tomei a escritura da compra, selada segundo a lei e os estatutos, e a cópia aberta.

¹²E dei a escritura da compra a Baruque, filho de Nerias, filho de Maaseias, na presença de Hanameel, *filho* de meu tio e na presença das testemunhas, que subscreveram a escritura da compra, e na presença de todos os judeus que se assentavam no pátio da guarda.

¹³E dei ordem a Baruque, na presença deles, dizendo:

¹⁴Assim diz o SENHOR dos Exércitos, o Deus de Israel: Toma estas escrituras, este auto de compra, tanto a selada, como a aberta, e coloca-as num vaso de barro, para que se possam conservar muitos dias.

¹⁵Porque assim diz o SENHOR dos Exércitos, o Deus de Israel: Ainda se comprarão casas, e campos, e vinhas nesta terra.

¹⁶E depois que dei a escritura da compra a Baruque, filho de Nerias, orei ao SENHOR, dizendo:

¹⁷Ah Senhor DEUS! Eis que tu fizeste os céus e a terra com o teu grande poder, e com o teu braço estendido; nada há que te seja demasiado difícil;

¹⁸Tu que usas de benignidade com milhares, e retribuis a maldade dos pais ao seio dos filhos depois deles; o grande, o poderoso Deus cujo nome *é* o SENHOR dos Exércitos;

JEREMIAS 32.19 528

¹⁹Grande em conselho, e magnífico em obras; porque os teus olhos *estão* abertos sobre todos os caminhos dos filhos dos homens, para dar a cada um segundo os seus caminhos e segundo o fruto das suas obras;

²⁰Tu puseste sinais e maravilhas na terra do Egito até ao dia de hoje, tanto em Israel, como entre os *outros* homens, e te fizeste *um* nome, o qual *tu tens* neste dia.

²¹E tiraste o teu povo Israel da terra do Egito, com sinais e com maravilhas, e com mão forte, e com braço estendido, e com grande espanto;

²²E lhes deste esta terra, que juraste a seus pais que lhes havias de dar, terra que mana leite e mel.

²³E entraram *nela*, e a possuíram, mas não obedeceram à tua voz, nem andaram na tua lei; tudo o que lhes mandaste que fizessem, eles não o fizeram; por isso ordenaste lhes sucedesse todo este mal.

²⁴Eis aqui os valados; *já* vieram contra a cidade para tomá-la, e a cidade está entregue na mão dos caldeus, que pelejam contra ela, pela espada, pela fome e pela pestilência; e o que disseste se cumpriu, e eis aqui *o* estás presenciando.

²⁵Contudo tu me disseste, ó Senhor DEUS: Compra para ti o campo por dinheiro, e faze que *o* confirmem testemunhas, embora a cidade *já* esteja entregue na mão dos caldeus.

A promessa da restauração de Israel

²⁶Então veio a palavra do SENHOR a Jeremias, dizendo:

²⁷Eis que eu sou o SENHOR, o Deus de toda a carne; acaso haveria alguma coisa demasiado difícil para mim?

²⁸Portanto assim diz o SENHOR: Eis que eu entrego esta cidade na mão dos caldeus, e na mão de Nabucodonosor, rei de Babilônia, e ele a tomará.

²⁹E os caldeus, que pelejam contra esta cidade, entrarão *nela*, e pôr-lhe-ão fogo, e queimarão, as casas sobre cujos terraços queimaram incenso a Baal e ofereceram libações a outros deuses, para me provocarem à ira.

³⁰Porque os filhos de Israel e os filhos de Judá não fizeram senão mal aos meus olhos, desde a sua mocidade; porque os filhos de Israel nada fizeram senão provocar-me à ira com as obras das suas mãos, diz o SENHOR.

³¹Porque para a minha ira e para o meu furor me tem sido esta cidade, desde o dia em que a edificaram, e até *ao dia de* hoje, para que a tirasse da minha presença;

³²Por causa de toda a maldade dos filhos de Israel, e dos filhos de Judá, que fizeram, para me provocarem à ira, eles e os seus reis, os seus príncipes, os seus sacerdotes, e os seus profetas, como também os homens de Judá e os moradores de Jerusalém.

³³E viraram-me as costas, e não o rosto; ainda que eu os ensinava, madrugando e ensinando-*os*, contudo eles não deram ouvidos, para receberem o ensino.

³⁴Antes puseram as suas abominações na casa que se chama pelo meu nome, para a profanarem.

³⁵E edificaram os altos de Baal, que *estão* no Vale do Filho de Hinom, para fazerem passar seus filhos e suas filhas *pelo fogo* a Moloque; o que nunca lhes ordenei, nem veio ao meu coração, que fizessem tal abominação, para fazerem pecar a Judá.

³⁶E por isso agora assim diz o SENHOR, o Deus de Israel, acerca desta cidade, da qual vós dizeis: Já está dada na mão do rei de Babilônia, pela espada, pela fome, e pela pestilência:

³⁷Eis que eu os congregarei de todas as terras, para onde os tenho lançado na minha ira, e no meu furor, e na *minha* grande indignação; e os tornarei a trazer a este lugar, e farei que habitem nele seguramente.

³⁸E eles serão o meu povo, e eu lhes serei o seu Deus;

³⁹E lhes darei um *mesmo* coração, e um só caminho, para que me temam todos os dias, para seu bem, e o bem de seus filhos, depois deles.

⁴⁰E farei com eles uma aliança eterna de não me desviar de fazer-lhes o bem; e porei o meu temor nos seus corações, para que nunca se apartem de mim.

⁴¹E alegrar-me-ei deles, fazendo-lhes bem; e plantá-los-ei nesta terra firmemente, com todo o meu coração e com toda a minha alma.

⁴²Porque assim diz o SENHOR: Como eu trouxe sobre este povo todo este grande mal, assim eu trarei sobre ele todo o bem que lhes tenho declarado.

⁴³E comprar-se-ão campos nesta terra, da qual vós dizeis: Está desolada, sem homens, sem animais; está entregue na mão dos caldeus.

⁴⁴Comprarão campos por dinheiro, e assinarão as escrituras, e as selarão, e farão que confirmem testemunhas, na terra de Benjamim, e nos contornos de Jerusalém, e nas cidades de Judá, e nas cidades das montanhas, e nas cidades das planícies, e nas cidades do sul; porque *os* farei voltar *do* seu cativeiro, diz o SENHOR.

Promessas de paz e prosperidade

33 E VEIO a palavra do SENHOR a Jeremias, segunda vez, estando ele ainda encarcerado no pátio da guarda, dizendo:

²Assim diz o SENHOR que faz isto, o SENHOR que forma isto, para o estabelecer; o SENHOR *é* o seu nome.

³Clama a mim, e responder-te-ei, e anunciar-te-ei coisas grandes e firmes que não sabes.

⁴Porque assim diz o SENHOR, o Deus de Israel, acerca das casas desta cidade, e das casas dos reis de Judá, que foram derrubadas com os aríetes e à espada.

⁵Eles entraram a pelejar contra os caldeus, mas *isso é* para os encher de cadáveres de homens, que feri na minha ira e no meu furor; porquanto escondi o meu rosto desta cidade, por causa de toda a sua maldade.

⁶Eis que eu trarei a ela saúde e cura, e os sararei,

e lhes manifestarei abundância de paz e de verdade.

⁷E removerei o cativeiro de Judá e o cativeiro de Israel, e os edificarei como ao princípio.

⁸E os purificarei de toda a sua maldade *com* que pecaram contra mim; e perdoarei todas as suas maldades, *com* que pecaram e transgrediram contra mim;

⁹E este lugar me servirá de nome, de gozo, de louvor, e de glória, entre todas as nações da terra, que ouvirem todo o bem que eu lhe faço; e espantar-se-ão e perturbar-se-ão por causa de todo o bem, e por causa de toda a paz que eu lhe dou.

¹⁰Assim diz o SENHOR: Neste lugar de que vós dizeis que *está* desolado, e sem homem, sem animal nas cidades de Judá, e nas ruas de Jerusalém, que estão assoladas, sem homem, sem morador, sem animal, ainda se ouvirá:

¹¹A voz de gozo, e a voz de alegria, a voz do esposo e a voz da esposa, *e* a voz dos que dizem: Louvai ao SENHOR dos Exércitos, porque bom *é* o SENHOR, porque a sua benignidade *dura* para sempre; dos que trazem ofertas de ação de graças à casa do SENHOR; pois farei voltar os cativos da terra como ao princípio, diz o SENHOR.

¹²Assim diz o SENHOR dos Exércitos: Ainda neste lugar, que *está* deserto, sem homem nem animal, e em todas as suas cidades, haverá *uma* morada de pastores, que façam repousar aos seus rebanhos.

¹³Nas cidades das montanhas, nas cidades das planícies, e nas cidades do sul, e na terra de Benjamim, e nos contornos de Jerusalém, e nas cidades de Judá, ainda passarão os rebanhos pelas mãos dos contadores, diz o SENHOR.

¹⁴Eis que vêm dias, diz o SENHOR, em que cumprirei a boa palavra que falei à casa de Israel e à casa de Judá;

¹⁵Naqueles dias e naquele tempo farei brotar a Davi um Renovo de justiça, e ele fará juízo e justiça na terra.

¹⁶Naqueles dias Judá será salvo e Jerusalém habitará seguramente; e este *é o nome* com o qual Deus a chamará: O SENHOR *é* a nossa justiça.

¹⁷Porque assim diz o SENHOR: Nunca faltará a Davi homem que se assente sobre o trono da casa de Israel;

¹⁸Nem aos sacerdotes levíticos faltará homem diante de mim, que ofereça holocausto, queime oferta de alimentos e faça sacrifício todos os dias.

¹⁹E veio a palavra do SENHOR a Jeremias, dizendo:

²⁰Assim diz o SENHOR: Se puderdes invalidar a minha aliança com o dia, e a minha aliança com a noite, de tal modo que não haja dia e noite a seu tempo,

²¹Também se poderá invalidar a minha aliança com Davi, meu servo, para que não tenha filho que reine no seu trono; como também com os levitas, sacerdotes, meus ministros.

²²Como não se pode contar o exército dos céus, nem medir-se a areia do mar, assim multiplicarei a descendência de Davi, meu servo, e os levitas que ministram diante de mim.

²³E veio *ainda* a palavra do SENHOR a Jeremias, dizendo:

²⁴*Porventura* não tens visto o que tem falado este povo, dizendo: As duas gerações, que o SENHOR escolheu, agora as rejeitou? Assim desprezam o meu povo, como se não fora mais uma nação diante deles.

²⁵Assim diz o SENHOR: Se a minha aliança com o dia e com a noite não permanecer, *e* eu não puser as ordenanças dos céus e da terra,

²⁶Também rejeitarei a descendência de Jacó, e de Davi, meu servo, para que não tome da sua descendência os que dominem sobre a descendência de Abraão, Isaque, e Jacó; porque removerei o seu cativeiro, e apiedar-me-ei deles.

O futuro de Zedequias é predito

34 A PALAVRA que do SENHOR veio a Jeremias, quando Nabucodonosor, rei de Babilônia, e todo o seu exército, e todos os reinos da terra, que estavam *sob* o domínio da sua mão, e todos os povos, pelejavam contra Jerusalém, e contra todas as suas cidades, dizendo:

²Assim diz o SENHOR, o Deus de Israel: Vai, e fala a Zedequias, rei de Judá, e dize-lhe: Assim diz o SENHOR: Eis que eu entrego esta cidade na mão do rei de Babilônia, o qual queimá-la-á a fogo.

³E tu não escaparás da sua mão, antes certamente serás preso e entregue na sua mão; e teus olhos verão os olhos do rei de Babilônia, e ele te falará boca a boca, e entrarás em Babilônia.

⁴Todavia ouve a palavra do SENHOR, ó Zedequias, rei de Judá; assim diz o SENHOR acerca de ti: Não morrerás à espada.

⁵Em paz morrerás, e conforme as queimas para teus pais, os reis precedentes, que foram antes de ti, assim queimarão para ti, e prantear-te--ão, *dizendo:* Ah, SENHOR! Pois eu disse a palavra, diz o SENHOR.

⁶E falou Jeremias, o profeta, a Zedequias, rei de Judá, todas estas palavras, em Jerusalém,

⁷Quando o exército do rei de Babilônia pelejava contra Jerusalém, e contra todas as cidades que restavam de Judá, contra Laquis e contra Azeca; porque estas fortes cidades foram as que ficaram dentre as cidades de Judá.

As ameaças de Deus por causa da escravatura

⁸A palavra que do SENHOR veio a Jeremias, depois que o rei Zedequias fez aliança com todo o povo que *havia* em Jerusalém, para lhes apregoar a liberdade;

⁹Que cada um despedisse livre o seu servo, e cada um a sua serva, hebreu ou hebreia; de maneira que ninguém se fizesse servir deles, sendo judeus, seus irmãos.

¹⁰E obedeceram todos os príncipes, e todo o povo que havia entrado na aliança, que cada um despedisse livre o seu servo, e cada um a sua serva,

JEREMIAS 34.11   530

de maneira que não se fizessem mais servir deles; obedeceram, pois, e os soltaram,

¹¹Mas depois se arrependeram, e fizeram voltar os servos e as servas que haviam despedido libertos, e os sujeitaram por servos e por servas.

¹²Veio, pois, a palavra do SENHOR a Jeremias, da parte do SENHOR, dizendo:

¹³Assim diz o SENHOR, Deus de Israel: Eu fiz aliança com vossos pais, no dia em que os tirei da terra do Egito, da casa da servidão, dizendo:

¹⁴Ao fim de sete anos libertareis cada um a seu irmão hebreu, que te for vendido, e te houver servido seis anos, e despedi-lo-ás livre de ti; mas vossos pais não me ouviram, nem inclinaram os seus ouvidos.

¹⁵E vos havíeis hoje arrependido, e fizestes o *que é reto* aos meus olhos, apregoando liberdade cada um ao seu próximo; e fizestes diante de mim *uma* aliança, na casa que se chama pelo meu nome;

¹⁶Mudastes, porém, e profanastes o meu nome, e fizestes voltar cada um ao seu servo, e cada um à sua serva, os quais *já* tínheis despedido libertos conforme a vontade deles; e os sujeitastes, para que se vos fizessem servos e servas.

¹⁷Portanto assim diz o SENHOR: Vós não me ouvistes a mim, para apregoardes a liberdade, cada um ao seu irmão, e cada um ao seu próximo; pois eis que eu vos apregoo a liberdade, diz o SENHOR, para a espada, para a pestilência, e para a fome; e farei que sejais espanto a todos os reinos da terra.

¹⁸E entregarei os homens que transgrediram a minha aliança, que não cumpriram as palavras da aliança que fizeram diante de mim, *com o* bezerro, que dividiram em duas partes, e passaram pelo meio das suas porções;

¹⁹*A saber*, os príncipes de Judá, e os príncipes de Jerusalém, os eunucos, e os sacerdotes, e todo o povo da terra que passou por meio das porções do bezerro;

²⁰Entregá-los-ei, digo, na mão de seus inimigos, e na mão dos que procuram a sua morte, e os cadáveres deles servirão de alimento para as aves dos céus e para os animais da terra.

²¹E até o rei Zedequias, rei de Judá, e seus príncipes entregarei na mão de seus inimigos e na mão dos que procuram a sua morte, *a saber*, na mão do exército do rei de Babilônia, que *já* se retirou de vós.

²²Eis que eu darei ordem, diz o SENHOR, e os farei voltar a esta cidade, e pelejarão contra ela, e a tomarão, e a queimarão a fogo; e as cidades de Judá porei *em* assolação, de sorte que ninguém habite *nelas*.

A obediência dos recabitas

35 A PALAVRA que do SENHOR veio a Jeremias, nos dias de Jeoiaquim, filho de Josias, rei de Judá, dizendo:

²Vai à casa dos recabitas, e fala com eles, e leva-os à casa do SENHOR, a uma das câmaras e dá-lhes vinho a beber.

³Então tomei a Jazanias, filho de Jeremias, filho de Habazinias, e a seus irmãos, e a todos os seus filhos, e a toda a casa dos recabitas;

⁴E os levei à casa do SENHOR, à câmara dos filhos de Hanã, filho de Jigdalias, homem de Deus, que *estava* junto à câmara dos príncipes, que *ficava* sobre a câmara de Maaseias, filho de Salum, guarda do vestíbulo;

⁵E pus diante dos filhos da casa dos recabitas taças cheias de vinho, e copos, e disse-lhes: Bebei vinho.

⁶Porém eles disseram: Não beberemos vinho, porque Jonadabe, filho de Recabe, nosso pai, nos ordenou, dizendo: Nunca jamais bebereis vinho, nem vós nem vossos filhos;

⁷Não edificareis casa, nem semeareis semente, nem plantareis vinha, nem *a* possuireis; mas habitareis em tendas todos os vossos dias, para que vivais muitos dias sobre a face da terra, em que vós andais peregrinando.

⁸Obedecemos, pois, à voz de Jonadabe, filho de Recabe, nosso pai, em tudo quanto nos ordenou; de maneira que não bebemos vinho em todos os nossos dias, nem nós, nem nossas mulheres, nem nossos filhos, nem nossas filhas;

⁹Nem edificamos casas para nossa habitação; nem temos vinha, nem campo, nem semente.

¹⁰Mas habitamos em tendas, *e* assim obedecemos e fazemos conforme tudo quanto nos ordenou Jonadabe, nosso pai.

¹¹Sucedeu, porém, que, subindo Nabucodonosor, rei de Babilônia, a esta terra, dissemos: Vinde, e vamo-nos a Jerusalém, por causa do exército dos caldeus, e por causa do exército dos sírios; *e* assim ficamos em Jerusalém.

¹²Então veio a palavra do SENHOR a Jeremias, dizendo:

¹³Assim diz o SENHOR dos Exércitos, o Deus de Israel: Vai, e dize aos homens de Judá e aos moradores de Jerusalém: *Porventura* nunca aceitareis instrução, para ouvirdes as minhas palavras? Diz o SENHOR.

¹⁴As palavras de Jonadabe, filho de Recabe, que ordenou a seus filhos que não bebessem vinho, foram guardadas; pois não beberam até este dia, antes obedeceram o mandamento de seu pai; a mim, porém, que vos tenho falado, madrugando e falando, não me ouvistes.

¹⁵E enviando-os, e dizendo todos os meus servos, os profetas, madrugando, e enviando-os, *e* dizendo: Convertei-vos, agora, cada um do seu mau caminho, e fazei boas as vossas ações, e não sigais a outros deuses para servi-los; e assim ficareis na terra que *vos* dei a vós e a vossos pais; porém não inclinastes o vosso ouvido, nem me obedecestes a mim.

¹⁶Visto que os filhos de Jonadabe, filho de Recabe, guardaram o mandamento de seu pai que ele lhes ordenou, mas este povo não me obedeceu,

¹⁷Por isso assim diz o SENHOR Deus dos Exércitos, o Deus de Israel: Eis que trarei sobre Judá, e sobre todos os moradores de Jerusalém, todo o

mal que falei contra eles; pois lhes tenho falado, e não ouviram; e clamei a eles, e não responderam.

[18]E à casa dos recabitas disse Jeremias: Assim diz o SENHOR dos Exércitos, o Deus de Israel: Pois que obedecestes ao mandamento de Jonadabe, vosso pai, e guardastes todos os seus mandamentos, e fizestes conforme tudo quanto vos ordenou,

[19]Portanto assim diz o SENHOR dos Exércitos, Deus de Israel: Nunca faltará homem a Jonadabe, filho de Recabe, que esteja na minha presença todos os dias.

O rolo de Jeremias é lido no templo

36 SUCEDEU, pois, no ano quarto de Jeoiaquim, filho de Josias, rei de Judá, *que* veio esta palavra do SENHOR a Jeremias, dizendo:

[2]Toma o rolo de *um* livro, e escreve nele todas as palavras que te tenho falado de Israel, e de Judá, e de todas as nações, desde o dia *em* que eu te falei, desde os dias de Josias até *ao dia de* hoje.

[3]*Porventura* ouvirão *os da* casa de Judá todo o mal que eu intento fazer-lhes; para que cada qual se converta do seu mau caminho, e eu perdoe a sua maldade e o seu pecado.

[4]Então Jeremias chamou a Baruque, filho de Nerias; e escreveu Baruque da boca de Jeremias no rolo de um livro todas as palavras do SENHOR, que ele lhe tinha falado.

[5]E Jeremias deu ordem a Baruque, dizendo: Eu *estou* encarcerado; não posso entrar na casa do SENHOR.

[6]Entra, pois, tu, e pelo rolo que escreveste da minha boca, lê as palavras do SENHOR aos ouvidos do povo, na casa do SENHOR, no dia de jejum; e também, aos ouvidos de todos os de Judá, que vêm das suas cidades, as lerás.

[7]Pode ser que caia a sua súplica diante do SENHOR, e se converta cada um do seu mau caminho; porque grande é a ira e o furor que o SENHOR tem expressado contra este povo.

[8]E fez Baruque, filho de Nerias, conforme tudo quanto lhe havia ordenado Jeremias, o profeta, lendo naquele livro as palavras do SENHOR, na casa do SENHOR.

[9]E aconteceu, no quinto ano de Jeoiaquim, filho de Josias, rei de Judá, no mês nono, *que* apregoaram jejum diante do SENHOR a todo o povo em Jerusalém, como também a todo o povo que vinha das cidades de Judá a Jerusalém.

[10]Leu, pois, Baruque naquele livro as palavras de Jeremias, na casa do SENHOR, na câmara de Gemarias, filho de Safã, o escriba, no átrio superior, à entrada da porta nova da casa do SENHOR, aos ouvidos de todo o povo.

[11]E, ouvindo Micaías, filho de Gemarias, filho de Safã, todas as palavras do SENHOR, daquele livro,

[12]Desceu à casa do rei, à câmara do escriba. E eis que todos os príncipes estavam ali assentados, *a saber:* Elisama, o escriba, e Delaías, filho de Semaías, e Elnatã, filho de Acbor, e Gemarias, filho de Safã, e Zedequias, filho de Hananias, e todos os *outros* príncipes.

[13]E Micaías anunciou-lhes todas as palavras que ouvira, quando Baruque leu o livro, aos ouvidos do povo.

[14]Então todos os príncipes mandaram Jeudi, filho de Netanias, filho de Selemias, filho de Cusi, a Baruque, *para lhe* dizer: O rolo que leste aos ouvidos do povo, toma-o na tua mão, e vem. E Baruque, filho de Nerias, tomou o rolo na sua mão, e foi ter com eles.

[15]E disseram-lhe: Assenta-te agora, e lê-o aos nossos ouvidos. E leu Baruque aos ouvidos deles.

[16]E sucedeu que, ouvindo eles todas aquelas palavras, voltaram-se temerosos uns para os outros, e disseram a Baruque: Sem dúvida alguma anunciaremos ao rei todas estas palavras.

[17]E perguntaram a Baruque, dizendo: Declara-nos agora como escreveste da sua boca todas estas palavras.

[18]E disse-lhes Baruque: Da sua boca ele me ditava todas estas palavras, e eu com tinta *as* escrevia no livro.

[19]Então disseram os príncipes a Baruque: Vai, esconde-te, tu e Jeremias, e ninguém saiba onde estais.

O rei destrói o rolo

[20]E foram *ter* com o rei ao átrio: mas depositaram o rolo na câmara de Elisama, o escriba, e anunciaram aos ouvidos do rei todas aquelas palavras.

[21]Então enviou o rei a Jeudi, para que tomasse o rolo; e Jeudi tomou-o da câmara de Elisama, o escriba, e leu-o aos ouvidos do rei e aos ouvidos de todos os príncipes que estavam em torno do rei.

[22]Ora, o rei estava assentado *na* casa de inverno, pelo nono mês; e diante dele estava um braseiro aceso.

[23]E sucedeu que, tendo Jeudi lido três ou quatro folhas, cortou-as com um canivete de escrivão, e lançou-as no fogo que *havia* no braseiro, até que todo o rolo se consumiu no fogo que *estava* sobre o braseiro.

[24]E não temeram, nem rasgaram as suas vestes, nem o rei, nem nenhum dos seus servos que ouviram todas aquelas palavras.

[25]E, posto que Elnatã, e Delaías, e Gemarias tivessem rogado ao rei que não queimasse o rolo, ele não lhes deu ouvidos.

[26]Antes deu ordem o rei a Jerameel, filho de Hameloque, e a Seraías, filho de Azriel, e a Selemias, filho de Abdeel, que prendessem a Baruque, o escrivão, e a Jeremias, o profeta; mas o SENHOR os escondera.

[27]Então veio a Jeremias a palavra do SENHOR, depois que o rei queimara o rolo, com as palavras que Baruque escrevera da boca de Jeremias, dizendo:

[28]Toma ainda outro rolo, e escreve nele todas aquelas palavras que estavam no primeiro rolo, que queimou Jeoiaquim, rei de Judá.

[29]E a Jeoiaquim, rei de Judá, dirás: Assim diz o SENHOR: Tu queimaste este rolo, dizendo: Por que

JEREMIAS 36.30   532

escreveste nele, dizendo: Certamente virá o rei de Babilônia, e destruirá esta terra e fará cessar nela homens e animais?

³⁰Portanto assim diz o Senhor, acerca de Jeoiaquim, rei de Judá: Não terá quem se assente sobre o trono de Davi, e será lançado o seu cadáver ao calor do dia, e à geada da noite.

³¹E castigarei a sua iniquidade nele, e na sua descendência, e nos seus servos; e trarei sobre ele e sobre os moradores de Jerusalém, e sobre os homens de Judá, todo aquele mal que lhes tenho falado, e não ouviram.

³²Tomou, pois, Jeremias outro rolo, e deu-o a Baruque, filho de Nerias, o escrivão, o qual escreveu nele, da boca de Jeremias, todas as palavras do livro que Jeoiaquim, rei de Judá, tinha queimado no fogo; e ainda se lhes acrescentaram muitas palavras semelhantes.

Jeremias na prisão

37 E ZEDEQUIAS, filho de Josias, a quem Nabucodonosor, rei de Babilônia, constituiu rei na terra de Judá, reinou em lugar de Conias, filho de Jeoiaquim.

²Mas nem ele, nem os seus servos, nem o povo da terra deram ouvidos às palavras do Senhor que falou pelo ministério de Jeremias, o profeta.

³Contudo mandou o rei Zedequias a Jucal, filho de Selemias, e a Sofonias, filho de Maaseias, o sacerdote, ao profeta Jeremias, para lhe dizer: Roga agora por nós ao Senhor nosso Deus.

⁴E entrava e saía Jeremias entre o povo, porque não o tinham posto na prisão.

⁵E o exército de Faraó saíra do Egito; e quando os caldeus, que tinham sitiado Jerusalém, ouviram esta notícia, retiraram-se de Jerusalém.

⁶Então veio a Jeremias, o profeta, a palavra do Senhor, dizendo:

⁷Assim diz o Senhor, Deus de Israel: Assim direis ao rei de Judá, que vos enviou a mim para me consultar: Eis que o exército de Faraó, que saiu em vosso socorro, voltará para a sua terra no Egito.

⁸E voltarão os caldeus, e pelejarão contra esta cidade, e a tomarão, e a queimarão a fogo.

⁹Assim diz o Senhor: Não enganeis as vossas almas, dizendo: Sem dúvida se retirarão os caldeus de nós, pois não se retirarão.

¹⁰Porque ainda que ferísseis a todo o exército dos caldeus, que peleja contra vós, e só ficassem deles homens feridos, cada um levantar-se-ia na sua tenda, e queimaria a fogo esta cidade.

¹¹E sucedeu que, subindo de Jerusalém o exército dos caldeus, por causa do exército de Faraó,

¹²Saiu Jeremias de Jerusalém, a fim de ir à terra de Benjamim, para dali se separar no meio do povo.

¹³Mas, estando ele à porta de Benjamim, achava-se ali um capitão da guarda, cujo nome era Jerias, filho de Selemias, filho de Hananias, o qual prendeu a Jeremias, o profeta, dizendo: Tu foges para os caldeus.

¹⁴E Jeremias disse: *Isso é* falso, não fujo para os caldeus. Mas ele não lhe deu ouvidos; e assim Jerias prendeu a Jeremias, e o levou aos príncipes.

¹⁵E os príncipes se iraram muito contra Jeremias, e o feriram; e puseram-no na prisão, na casa de Jônatas, o escrivão; porque a tinham transformado em cárcere.

¹⁶Entrando, *pois,* Jeremias nas celas do calabouço, ali ficou muitos dias.

¹⁷E mandou o rei Zedequias soltá-lo; e o rei lhe perguntou em sua casa, em segredo, e disse: Há *porventura alguma* palavra do Senhor? E disse Jeremias: Há. E disse ainda: Na mão do rei de Babilônia serás entregue.

¹⁸Disse mais Jeremias ao rei Zedequias: Em que tenho pecado contra ti, e contra os teus servos, e contra este povo, para que me pusésseis na prisão?

¹⁹Onde *estão* agora os vossos profetas, que vos profetizavam, dizendo: O rei de Babilônia não virá contra vós nem contra esta terra?

²⁰Ora, pois, ouve agora, ó rei meu senhor: Seja aceita agora a minha súplica diante de ti, e não me deixes tornar *à* casa de Jônatas, o escriba, para que eu não venha a morrer ali.

²¹Então ordenou o rei Zedequias que pusessem a Jeremias no átrio da guarda; e deram-lhe *um* pão cada dia, da rua dos padeiros, até que se acabou todo o pão da cidade; assim ficou Jeremias no átrio da guarda.

Jeremias é lançado na cisterna

38 OUVIRAM, pois, Sefatias, filho de Matã, e Gedalias, filho de Pasur, e Jucal, filho de Selemias, e Pasur, filho de Malquias, as palavras que anunciava Jeremias a todo o povo, dizendo:

²Assim diz o Senhor: O que ficar nesta cidade morrerá à espada, de fome e de pestilência; mas o que sair aos caldeus viverá; porque a sua alma lhe será por despojo, e viverá.

³Assim diz o Senhor: Esta cidade infalivelmente será entregue na mão do exército do rei de Babilônia, e ele a tomará.

⁴E disseram os príncipes ao rei: Morra este homem, visto que ele assim enfraquece as mãos dos homens de guerra que restam nesta cidade, e as mãos de todo o povo, dizendo-lhes tais palavras; porque este homem não busca a paz para este povo, porém o mal.

⁵E disse o rei Zedequias: Eis que ele *está* na vossa mão; porque o rei nada pode fazer contra vós.

⁶Então tomaram a Jeremias, e o lançaram na cisterna de Malquias, filho do rei, que *estava* no átrio da guarda; e desceram a Jeremias com cordas; mas na cisterna não havia água, senão lama; e atolou-se Jeremias na lama.

⁷E, ouvindo Ebede-Meleque, o etíope, um eunuco que então estava na casa do rei, que tinham posto a Jeremias na cisterna (estava, porém, o rei assentado à porta de Benjamim),

⁸Logo Ebede-Meleque saiu da casa do rei, e falou ao rei, dizendo:

⁹Ó rei, senhor meu, estes homens agiram mal em tudo quanto fizeram a Jeremias, o profeta,

lançando-o na cisterna; decerto morrerá de fome no lugar onde se acha, pois não *há* mais pão na cidade.

¹⁰Então deu ordem o rei a Ebede-Meleque, o etíope, dizendo: Toma contigo daqui trinta homens, e tira a Jeremias, o profeta, da cisterna, antes que morra.

¹¹E tomou Ebede-Meleque os homens consigo, e foi à casa do rei, por debaixo da tesouraria, e tomou dali *uns* trapos velhos e rotos, e roupas velhas, e desceu-os a Jeremias na cisterna por meio de cordas.

¹²E disse Ebede-Meleque, o etíope, a Jeremias: Põe agora *estes* trapos velhos e rotos, *já* apodrecidos, nas axilas, calçando as cordas. E Jeremias assim o fez.

¹³E puxaram a Jeremias com as cordas, e o alçaram da cisterna; e ficou Jeremias no átrio da guarda.

¹⁴Então o rei Zedequias mandou trazer à sua presença Jeremias, o profeta, à terceira entrada da casa do SENHOR; e disse o rei a Jeremias: Pergunto-te *uma* coisa, não me encubras nada.

¹⁵E disse Jeremias a Zedequias: Se eu te declarar, *porventura* não me matarás? E se eu te aconselhar, não me ouvirás?

¹⁶Então jurou o rei Zedequias a Jeremias, em segredo, dizendo: Vive o SENHOR, que nos fez esta alma, que não te matarei nem te entregarei na mão destes homens que procuram a tua morte.

¹⁷Então Jeremias disse a Zedequias: Assim diz o SENHOR, Deus dos Exércitos, Deus de Israel: Se voluntariamente saíres aos príncipes do rei de Babilônia, então viverá a tua alma, e esta cidade não se queimará a fogo, e viverás tu e a tua casa.

¹⁸Mas, se não saíres aos príncipes do rei de Babilônia, então será entregue esta cidade na mão dos caldeus, e queimá-la-ão a fogo, e tu não escaparás da mão deles.

¹⁹E disse o rei Zedequias a Jeremias: Receio-me dos judeus, que se passaram para os caldeus; que estes me entreguem na mão deles, e escarneçam de mim.

²⁰E disse Jeremias: Não te entregarão; ouve, peço-te, a voz do SENHOR, conforme a qual eu te falo; e bem te irá, e viverá a tua alma.

²¹Mas, se tu não quiseres sair, esta é a palavra que me mostrou o SENHOR:

²²Eis que todas as mulheres que ficaram na casa do rei de Judá serão levadas aos príncipes do rei de Babilônia, e elas mesmas dirão: Teus pacificadores te incitaram e prevaleceram contra ti, mas agora que se atolaram os teus pés na lama, voltaram atrás.

²³Assim que a todas as tuas mulheres e a teus filhos levarão aos caldeus, e nem tu escaparás da sua mão, antes pela mão do rei de Babilônia serás preso, e esta cidade será queimada a fogo.

²⁴Então disse Zedequias a Jeremias: Ninguém saiba estas palavras, e não morrerás.

²⁵E quando os príncipes, ouvindo que falei contigo, vierem a ti, e te disserem: Declara-nos agora o que disseste ao rei e o que ele te disse, não no-lo encubras, e não te mataremos;

²⁶Então lhes dirás: Eu lancei a minha súplica diante do rei, que não me fizesse tornar à casa de Jônatas, para morrer ali.

²⁷Vindo, pois, todos os príncipes a Jeremias, e interrogando-o, declarou-lhes todas as palavras que o rei lhe havia ordenado; e calados o deixaram, porque o assunto não foi revelado.

²⁸E ficou Jeremias no átrio da guarda, até o dia em que Jerusalém foi tomada, e *ainda ali* estava quando Jerusalém foi tomada.

Nabucodonosor toma Jerusalém e livra Jeremias

39 NO ano nono de Zedequias, rei de Judá, no décimo mês, veio Nabucodonosor, rei de Babilônia, e todo o seu exército, contra Jerusalém, e a cercaram.

²No ano undécimo de Zedequias, no quarto mês, aos nove do mês, fez-se uma brecha na cidade.

³Entraram *nela* todos os príncipes do rei de Babilônia, e pararam na porta do meio, a saber: Nergal-Sarezer, Sangar-Nebo, Sarsequim, Rabe-Saris, Nergal-Sarezer, Rabe-Mague, e todos os outros príncipes do rei de Babilônia.

⁴E sucedeu que, vendo-os Zedequias, rei de Judá, e todos os homens de guerra, fugiram, saindo de noite da cidade, pelo caminho do jardim do rei, pela porta *que está* entre os dois muros; e seguiram pelo caminho da campina.

⁵Mas o exército dos caldeus os perseguiu, e alcançou a Zedequias nas campinas de Jericó; e eles o prenderam, e fizeram-no subir a Nabucodonosor, rei de Babilônia, a Ribla, na terra de Hamate, e o rei o sentenciou.

⁶E o rei de Babilônia matou em Ribla os filhos de Zedequias, diante dos seus olhos; também matou o rei de Babilônia a todos os nobres de Judá.

⁷E cegou os olhos de Zedequias, e o atou com duas cadeias de bronze, para levá-lo a Babilônia.

⁸E os caldeus incendiaram a casa do rei e as casas do povo, e derrubaram os muros de Jerusalém.

⁹E o restante do povo, que ficou na cidade, e os desertores que se tinham passado para ele, e o restante do povo que ficou, Nebuzaradã, capitão da guarda, levou cativo para a Babilônia.

¹⁰Porém os pobres dentre o povo, que não tinham nada, Nebuzaradã, capitão da guarda, deixou na terra de Judá; e deu-lhes vinhas e campos naquele dia.

¹¹Mas Nabucodonosor, rei de Babilônia, havia ordenado acerca de Jeremias, a Nebuzaradã, capitão da guarda, dizendo:

¹²Toma-o, e põe sobre ele os teus olhos, e não lhe faças nenhum mal; antes como ele te disser, assim procederás com ele.

¹³Por isso mandou Nebuzaradã, capitão da guarda, e Nebusazbã, Rabe-Saris, Nergal-Sarezer, Rabe-Mague, e todos os príncipes do rei de Babilônia,

JEREMIAS 39.14

¹⁴Mandaram retirar a Jeremias do átrio da guarda, e o entregaram a Gedalias, filho de Aicão, filho de Safã, para que o levassem à casa; e ele habitou entre o povo.

¹⁵Ora, tinha vindo a Jeremias a palavra do SENHOR, estando ele *ainda* encarcerado no átrio da guarda, dizendo:

¹⁶Vai, e fala a Ebede-Meleque, o etíope, dizendo: Assim diz o SENHOR dos Exércitos, Deus de Israel: Eis que eu trarei as minhas palavras sobre esta cidade para mal e não para bem; e cumprir-se-ão diante de ti naquele dia.

¹⁷A ti, porém, eu livrarei naquele dia, diz o SENHOR, e não serás entregue na mão dos homens, a quem temes.

¹⁸Porque certamente te livrarei, e não cairás à espada; mas a tua alma terás por despojo, porquanto confiaste em mim, diz o SENHOR.

Jeremias vai a Gedalias

40 A PALAVRA que veio a Jeremias *da parte* do SENHOR, depois que Nebuzaradã, capitão da guarda, o deixara ir de Ramá, quando o tomou, estando ele atado com cadeias no meio de todos os do cativeiro de Jerusalém e de Judá, que foram levados cativos para Babilônia.

²Tomou o capitão da guarda a Jeremias, e disse-lhe: O SENHOR teu Deus pronunciou este mal, contra este lugar.

³E o SENHOR o trouxe, e fez como havia falado; porque pecastes contra o SENHOR, e não obedecestes à sua voz, portanto vos sucedeu isto.

⁴Agora, pois, eis que te soltei hoje das cadeias que *estavam* sobre as tuas mãos. Se te apraz vir comigo para Babilônia, vem, e eu cuidarei de ti, mas se não te apraz vir comigo para Babilônia, deixa de vir. Olha, toda a terra está diante de ti; para onde *parecer* bom e reto aos teus olhos ir, para ali vai.

⁵Mas, como ele ainda não tinha voltado, *disse-lhe*: Volta a Gedalias, filho de Aicão, filho de Safã, a quem o rei de Babilônia pôs sobre as cidades de Judá, e habita com ele no meio do povo; ou se para qualquer outra parte te aprouver ir, vai. E deu-lhe o capitão da guarda sustento para o caminho, e um presente, e o deixou ir.

⁶Assim veio Jeremias a Gedalias, filho de Aicão, a Mizpá; e habitou com ele no meio do povo que havia ficado na terra.

⁷Ouvindo, pois, todos os capitães dos exércitos, que *estavam* no campo, eles e os seus homens, que o rei de Babilônia tinha nomeado a Gedalias, filho de Aicão, governador da terra, e que lhe havia confiado os homens, e as mulheres, e os meninos, e os mais pobres da terra, que não foram levados cativos a Babilônia,

⁸Vieram ter com Gedalias, a Mizpá; a saber: Ismael, filho de Netanias, e Joanã e Jônatas, filhos de Careá, e Seraías, filho de Tanumete, e os filhos de Efai, o netofatita, e Jezanias, filho de *um* maacatita, eles e os seus homens.

⁹E jurou Gedalias, filho de Aicão, filho de Safã, a eles e aos seus homens, dizendo: Não temais servir aos caldeus; ficai na terra, e servi o rei de Babilônia, e bem vos irá.

¹⁰Quanto a mim, eis que habito em Mizpá, para estar às ordens dos caldeus que vierem a nós; e vós recolhei o vinho, e as frutas de verão, e o azeite, e colocai-os nos vossos vasos, e habitai nas vossas cidades, que tomastes.

¹¹Do mesmo modo todos os judeus que *estavam* em Moabe, e entre os filhos de Amom, e em Edom, e os que *havia* em todas aquelas terras, ouviram que o rei de Babilônia havia deixado alguns em Judá, e que havia posto sobre eles a Gedalias, filho de Aicão, filho de Safã,

¹²Então voltaram todos os judeus de todos os lugares, para onde foram lançados, e vieram à terra de Judá, a Gedalias, a Mizpá; e recolheram vinho e frutas do verão com muita abundância.

¹³Joanã, filho de Careá, e todos os capitães dos exércitos, que *estavam* no campo, vieram a Gedalias, a Mizpá.

¹⁴E disseram-lhe: Bem sabes que Baalis, rei dos filhos de Amom, enviou a Ismael, filho de Netanias, para tirar-te a vida. Mas, Gedalias, filho de Aicão, não lhes deu crédito.

¹⁵Todavia Joanã, filho de Careá, falou a Gedalias em segredo, em Mizpá, dizendo: Irei agora, e ferirei a Ismael, filho de Netanias, sem que ninguém o saiba; por que *razão* te tiraria ele a vida, de modo que todos os judeus, que se têm congregado a ti, fossem dispersos, e perecesse o restante de Judá?

¹⁶Mas disse Gedalias, filho de Aicão, a Joanã, filho de Careá: Não faças tal coisa; porque falas falsamente contra Ismael.

O assassinato de Gedalias

41 SUCEDEU, porém, no mês sétimo, *que* veio Ismael, filho de Netanias, filho de Elisama, da descendência real, e com ele dez homens, príncipes do rei, a Gedalias, filho de Aicão, a Mizpá; e comeram pão juntos ali em Mizpá.

²E levantou-se Ismael, filho de Netanias, com os dez homens que estavam com ele, e feriram à espada a Gedalias, filho de Aicão, filho de Safã, matando assim aquele que o rei de Babilônia havia posto por governador sobre a terra.

³Também matou Ismael a todos os judeus que com ele, com Gedalias, *estavam* em Mizpá, como também aos caldeus, homens de guerra, que se achavam ali.

⁴Sucedeu, pois, no dia seguinte, depois que ele matara a Gedalias, sem ninguém *o* saber,

⁵Que vieram homens de Siquém, de Siló, e de Samaria; oitenta homens, com a barba rapada, e as vestes rasgadas, e retalhando-se; e trazendo nas suas mãos ofertas e incenso, para levarem à casa do SENHOR.

⁶E, saindo-lhes ao encontro Ismael, filho de Netanias, desde Mizpá, ia chorando; e sucedeu que, encontrando-os lhes disse: Vinde a Gedalias, filho de Aicão.

⁷Sucedeu, porém, que, entrando eles até ao meio da cidade, matou-os Ismael, filho de

Netanias, *e os lançou* num poço, ele e os homens que *estavam* com ele.

⁸Mas houve entre eles dez homens que disseram a Ismael: Não nos mates, porque temos, no campo, tesouros, trigo, cevada, azeite e mel. E ele por isso os deixou, e não os matou entre seus irmãos.

⁹E o poço em que Ismael lançou todos os cadáveres dos homens que matou por causa de Gedalias *é* o mesmo que fez o rei Asa, por causa de Baasa, rei de Israel; foi esse mesmo que Ismael, filho de Netanias, encheu de mortos.

¹⁰E Ismael levou cativo a todo o restante do povo que *estava* em Mizpá, *isto é*, as filhas do rei, e todo o povo que ficara em Mizpá, que Nebuzaradã, capitão da guarda, havia confiado a Gedalias, filho de Aicão; e levou-os cativos Ismael, filho de Netanias, e se foi para passar aos filhos de Amom.

¹¹Ouvindo, pois, Joanã, filho de Careá, e todos os capitães dos exércitos que estavam com ele, todo o mal que havia feito Ismael, filho de Netanias,

¹²Tomaram todos os *seus* homens, e foram pelejar contra Ismael, filho de Netanias; e acharam-no ao pé das grandes águas que há em Gibeom.

¹³E aconteceu que, vendo todo o povo, que *estava* com Ismael, a Joanã, filho de Careá, e a todos os capitães dos exércitos, que *vinham* com ele, se alegrou.

¹⁴E todo o povo que Ismael levara cativo de Mizpá virou as costas, e voltou, e foi para Joanã, filho de Careá.

¹⁵Mas Ismael, filho de Netanias, escapou com oito homens de diante de Joanã, e se foi para os filhos de Amom.

¹⁶Então tomou Joanã, filho de Careá, e todos os capitães dos exércitos que estavam com ele, a todo o restante do povo que ele havia recobrado de Ismael, filho de Netanias, desde Mizpá, depois de haver matado a Gedalias, filho de Aicão, *isto é*, aos homens poderosos de guerra, e às mulheres, e aos meninos, e aos eunucos que havia recobrado de Gibeom.

¹⁷E partiram, indo habitar em Gerute-Quimã, que *está* perto de Belém, para *dali* irem e entrarem no Egito,

¹⁸Por causa dos caldeus; porque os temiam, por ter Ismael, filho de Netanias, matado a Gedalias, filho de Aicão, a quem o rei de Babilônia tinha feito governador sobre a terra.

Jeremias exorta o povo a não ir à terra do Egito

42 ENTÃO chegaram todos os capitães dos exércitos, e Joanã, filho de Careá, e Jezanias, filho de Hosaías, e todo o povo, desde o menor até ao maior,

²E disseram a Jeremias, o profeta: Aceita agora a nossa súplica diante de ti, e roga ao SENHOR teu Deus, por nós e por todo este remanescente; porque de muitos restamos *uns* poucos, como nos veem os teus olhos;

³Para que o SENHOR teu Deus nos ensine o caminho por onde havemos de andar e aquilo que havemos de fazer.

⁴E disse-lhes Jeremias, o profeta: Eu vos tenho ouvido; eis que orarei ao SENHOR vosso Deus conforme as vossas palavras; e seja o que for que o SENHOR vos responder eu vo-lo declararei; não vos ocultarei uma só palavra.

⁵Então eles disseram a Jeremias: Seja o SENHOR entre nós testemunha verdadeira e fiel, se não fizermos conforme toda a palavra com que te enviar a nós o SENHOR teu Deus.

⁶Seja ela boa, ou *seja* má, à voz do SENHOR nosso Deus, a quem te enviamos, obedeceremos, para que nos suceda bem, obedecendo à voz do SENHOR nosso Deus.

⁷E sucedeu que ao fim de dez dias veio a palavra do SENHOR a Jeremias.

⁸Então chamou a Joanã, filho de Careá, e a todos os capitães dos exércitos, que *havia* com ele, e a todo o povo, desde o menor até ao maior,

⁹E disse-lhes: Assim diz o SENHOR, Deus de Israel, a quem me enviastes, para apresentar a vossa súplica diante dele:

¹⁰Se de boa mente ficardes nesta terra, então vos edificarei, e não *vos* derrubarei; e vos plantarei, e não *vos* arrancarei; porque estou arrependido do mal que vos tenho feito.

¹¹Não temais o rei de Babilônia, a quem vós temeis; não o temais, diz o SENHOR, porque eu *sou* convosco, para vos salvar e para vos livrar da sua mão.

¹²E vos concederei misericórdia, para que ele tenha misericórdia de vós, e vos faça voltar à vossa terra.

¹³Mas se vós disserdes: Não ficaremos nesta terra, não obedecendo à voz do SENHOR vosso Deus,

¹⁴Dizendo: Não, antes iremos à terra do Egito, onde não veremos guerra, nem ouviremos som de trombeta, nem teremos fome de pão, e ali ficaremos,

¹⁵Nesse caso ouvi a palavra do SENHOR, ó remanescente de Judá: Assim diz o SENHOR dos Exércitos, Deus de Israel: Se vós absolutamente propuserdes a entrar no Egito, e entrardes para lá habitar,

¹⁶Acontecerá que a espada *que* vós temeis vos alcançará ali na terra do Egito, e a fome que vós receais vos seguirá de perto *no* Egito, e ali morrereis.

¹⁷Assim será com todos os homens que puseram os seus rostos para entrarem no Egito, a fim de lá habitarem: morrerão à espada, e de fome, e de peste; e deles não *haverá* quem reste e escape do mal que eu farei vir sobre eles.

¹⁸Porque assim diz o SENHOR dos Exércitos, Deus de Israel: Como se derramou a minha ira e a minha indignação sobre os habitantes de Jerusalém, assim se derramará a minha indignação sobre vós, quando entrardes no Egito; e sereis objeto de maldição, e de espanto, e de execração, e de opróbrio, e não vereis mais este lugar.

¹⁹Falou o SENHOR acerca de vós, ó remanescente

JEREMIAS 42.20 536

de Judá! Não entreis no Egito; tende por certo que hoje testifiquei contra vós.

²⁰Porque vos enganastes a vós mesmos, pois me enviastes ao Senhor vosso Deus, dizendo: Ora por nós ao Senhor nosso Deus; e conforme tudo o que disser o Senhor nosso Deus, declara-no-lo assim, e o faremos.

²¹E vo-lo tenho declarado hoje; mas não destes ouvidos à voz do Senhor vosso Deus, em coisa alguma pela qual ele me enviou a vós.

²²Agora, pois, sabei por certo que morrereis à espada, de fome e de peste no *mesmo* lugar onde desejais ir, para lá morardes.

Jeremias é levado ao Egito pelo povo

43 E SUCEDEU que, acabando Jeremias de falar a todo o povo todas as palavras do Senhor seu Deus, com as quais o Senhor seu Deus lho havia enviado, *para que lhes dissesse* todas estas palavras,

²Então falaram Azarias, filho de Hosaías, e Joanã, filho de Careá, e todos os homens soberbos, dizendo a Jeremias: Tu dizes mentiras; o Senhor nosso Deus não te enviou a dizer: Não entreis no Egito, para ali habitar;

³Mas Baruque, filho de Nerias, te incita contra nós, para entregar-nos na mão dos caldeus, para nos matarem, ou para nos levarem cativos *para* Babilônia.

⁴Não obedeceu, pois, Joanã, filho de Careá, nem nenhum de todos os capitães dos exércitos, nem o povo todo, à voz do Senhor, para ficarem na terra de Judá.

⁵Antes tomou Joanã, filho de Careá, e todos os capitães dos exércitos a todo o restante de Judá, que havia voltado dentre todas as nações, para onde haviam sido lançados, para morarem na terra de Judá,

⁶Aos homens, e às mulheres, e aos meninos, e às filhas do rei, e a toda a alma que Nebuzaradã, capitão da guarda, deixara com Gedalias, filho de Aicão, filho de Safã; como também a Jeremias, o profeta, e a Baruque, filho de Nerias;

⁷E entraram na terra do Egito, porque não obedeceram à voz do Senhor; e vieram até Tafnes.

Profecia da conquista do Egito por Nabucodonosor

⁸Então veio a palavra do Senhor a Jeremias, em Tafnes, dizendo:

⁹Toma na tua mão pedras grandes, e esconde-as no barro, no forno que *está* à entrada da casa de Faraó, em Tafnes, perante os olhos dos homens de Judá,

¹⁰E dize-lhes: Assim diz o Senhor dos Exércitos, Deus de Israel: Eis que eu enviarei, e tomarei a Nabucodonosor, rei de Babilônia, meu servo, e porei o seu trono sobre estas pedras que escondi; e ele estenderá a sua tenda real sobre elas.

¹¹E virá, e ferirá a terra do Egito; *entregando* para a morte, quem é para a morte; e quem é para o cativeiro, para o cativeiro; e quem é para a espada, para a espada.

¹²E lançarei fogo às casas dos deuses do Egito, e queimá-los-á, e levá-los-á cativos; e vestir-se-á da terra do Egito, como veste o pastor a sua roupa, e sairá dali em paz.

¹³E quebrará as estátuas de Bete-Semes, que *está* na terra do Egito; e as casas dos deuses do Egito queimará a fogo.

Ameaças contra os judeus que fugiram para o Egito

44 A PALAVRA que veio a Jeremias, acerca de todos os judeus, habitantes da terra do Egito, que habitavam em Migdol, e em Tafnes, e em Nofe, e na terra de Patros, dizendo:

²Assim diz o Senhor dos Exércitos, Deus de Israel: Vós vistes todo o mal que fiz vir sobre Jerusalém, e sobre todas as cidades de Judá; e eis que elas *são* hoje uma desolação, e ninguém habita nelas;

³Por causa da maldade que fizeram, para me irarem, indo queimar incenso, e servir a deuses estranhos, que nunca conheceram, nem eles, *nem* vós, *nem* vossos pais.

⁴E eu vos enviei todos os meus servos, os profetas, madrugando e enviando a dizer: Ora, não façais esta coisa abominável que odeio.

⁵Mas eles não escutaram, nem inclinaram os seus ouvidos, para se converterem da sua maldade, para não queimarem incenso a outros deuses.

⁶Derramou-se, pois, a minha indignação e a minha ira, e acendeu-se nas cidades de Judá, e nas ruas de Jerusalém, e elas tornaram-se em deserto *e* em desolação, como hoje *se vê*.

⁷Agora, pois, assim diz o Senhor, Deus dos Exércitos, Deus de Israel: Por que fazeis vós *tão* grande mal contra as vossas almas, para vos desarraigardes, ao homem e à mulher, à criança e ao que mama, do meio de Judá, a fim de não deixardes remanescente *algum;*

⁸Irando-me com as obras de vossas mãos, queimando incenso a deuses estranhos na terra do Egito, aonde vós entrastes para lá habitar; para que a vós mesmos vos desarraigueis, e para que sirvais de maldição, e de opróbrio entre todas as nações da terra?

⁹Esquecestes já as maldades de vossos pais, e as maldades dos reis de Judá, e as maldades de suas mulheres, e as vossas maldades, e as maldades de vossas mulheres, que cometeram na terra de Judá, e nas ruas de Jerusalém?

¹⁰Não se humilharam até ao dia de hoje, nem temeram, nem andaram na minha lei, nem nos meus estatutos, que pus diante de vós e diante de vossos pais.

¹¹Portanto assim diz o Senhor dos Exércitos, Deus de Israel: Eis que eu ponho o meu rosto contra vós para mal, e para desarraigar a todo o Judá.

¹²E tomarei os que restam de Judá, os quais puseram os seus rostos para entrarem na terra do Egito, para lá habitar e todos eles serão consumidos na terra do Egito; cairão à espada, *e* de fome morrerão; consumir-se-ão, desde o menor até ao

maior; à espada e de fome morrerão; e servirão de execração, e de espanto, e de maldição, e de opróbrio.

¹³Porque castigarei os que habitam na terra do Egito, como castiguei Jerusalém, com a espada, com a fome e com a peste.

¹⁴De maneira que da parte remanescente de Judá, que entrou na terra do Egito, para lá habitar, não *haverá* quem escape e fique para tornar à terra de Judá, à qual eles suspiram voltar para nela morar; porém não tornarão senão uns fugitivos.

¹⁵Então responderam a Jeremias todos os homens que sabiam que suas mulheres queimavam incenso a deuses estranhos, e todas as mulheres que estavam presentes *em* grande multidão, como também todo o povo que habitava na terra do Egito, em Patros, dizendo:

¹⁶Quanto à palavra que nos anunciaste em nome do Senhor, não obedeceremos a ti;

¹⁷Mas certamente cumpriremos toda a palavra que saiu da nossa boca, queimando incenso à rainha dos céus, e oferecendo-lhe libações, como nós e nossos pais, nossos reis e nossos príncipes, temos feito, nas cidades de Judá, e nas ruas de Jerusalém; e então tínhamos fartura de pão, e andávamos alegres, e não víamos mal algum.

¹⁸Mas desde que cessamos de queimar incenso à rainha dos céus, e de lhe oferecer libações, tivemos falta de tudo, e fomos consumidos pela espada e pela fome.

¹⁹E quando nós queimávamos incenso à rainha dos céus, e lhe oferecíamos libações, acaso lhe fizemos bolos, para a adorar, e oferecemos-lhe libações sem nossos maridos?

²⁰Então disse Jeremias a todo o povo, aos homens e às mulheres, e a todo o povo que lhe havia dado esta resposta, dizendo:

²¹*Porventura* não se lembrou o Senhor, e não lhe veio ao coração o incenso que queimastes nas cidades de Judá e nas ruas de Jerusalém, vós e vossos pais, vossos reis e vossos príncipes, como também o povo da terra?

²²De maneira que o Senhor não podia por mais tempo sofrer a maldade das vossas ações, as abominações que cometestes; por isso se tornou a vossa terra em desolação, e em espanto, e em maldição, sem habitantes, como hoje *se vê*.

²³Porque queimastes incenso, e porque pecastes contra o Senhor, e não obedecestes à voz do Senhor, e na sua lei, e nos seus estatutos, e nos seus testemunhos não andastes, por isso vos sucedeu esta mal, como *se vê* neste dia.

²⁴Disse mais Jeremias a todo o povo e a todas as mulheres: Ouvi a palavra do Senhor, vós, todo o Judá, que *estais* na terra do Egito.

²⁵Assim fala o Senhor dos Exércitos, Deus de Israel, dizendo: Vós e vossas mulheres não somente falastes por vossa boca, senão também *o* cumpristes por vossas mãos, dizendo: Certamente cumpriremos os nossos votos que fizemos de queimar incenso à rainha dos céus e de lhe oferecer libações;

confirmai, pois, os vossos votos, e perfeitamente cumpri-os.

²⁶Portanto ouvi a palavra do Senhor, todo o Judá, que habitais na terra do Egito: Eis que eu juro pelo meu grande nome, diz o Senhor, que nunca mais será pronunciado o meu nome pela boca de nenhum homem de Judá em toda a terra do Egito dizendo: Vive o Senhor Deus!

²⁷Eis que velarei sobre eles para mal, e não para bem; e serão consumidos todos os homens de Judá, que *estão* na terra do Egito, pela espada e pela fome, até que de todo se acabem.

²⁸E os que escaparem da espada voltarão da terra do Egito à terra de Judá, poucos em número; e todo o restante de Judá, que entrou na terra do Egito, para habitar ali, saberá se subsistirá a minha palavra ou a sua.

²⁹E isto vos *servirá* de sinal, diz o Senhor, que eu vos castigarei neste lugar, para que saibais que certamente subsistirão as minhas palavras contra vós para mal.

³⁰Assim diz o Senhor: Eis que eu darei Faraó-Hofra, rei do Egito, na mão de seus inimigos, e na mão dos que procuram a sua morte; como entreguei Zedequias, rei de Judá, na mão de Nabucodonosor, rei de Babilônia, seu inimigo, e que procurava a sua morte.

A palavra de Jeremias a Baruque

45 A PALAVRA que Jeremias, o profeta, falou a Baruque, filho de Nerias, quando este escrevia, num livro, estas palavras, da boca de Jeremias, no ano quarto de Jeoiaquim, filho de Josias, rei de Judá, dizendo:

²Assim diz o Senhor, Deus de Israel, acerca de ti, ó Baruque:

³Disseste: Ai de mim agora, porque me acrescentou o Senhor tristeza sobre minha dor! Estou cansado do meu gemido, e não acho descanso.

⁴Assim lhe dirás: Isto diz o Senhor: Eis que o que edifiquei eu derrubo, e o que plantei eu arranco, e isso em toda esta terra.

⁵E procuras tu grandezas para ti mesmo? Não as procures; porque eis que trarei mal sobre toda a carne, diz o Senhor; porém te darei a tua alma por despojo, em todos os lugares para onde fores.

Profecia contra várias nações

46 A PALAVRA do Senhor, que veio a Jeremias, o profeta, contra os gentios,

²Acerca do Egito, contra o exército de Faraó Noco, rei do Egito, que estava junto ao rio Eufrates em Carquemis, ao qual feriu Nabucodonosor, rei de Babilônia, no ano quarto de Jeoiaquim, filho de Josias, rei de Judá.

³Preparai o escudo e o pavês, e chegai-vos para a peleja.

⁴Selai os cavalos e montai, cavaleiros, e apresentai-vos com elmos; limpai as lanças, vesti-vos de couraças.

⁵Por que razão vejo os medrosos voltando as costas? Os seus valentes estão abatidos, e vão

JEREMIAS 46.6   538

fugindo, sem olharem para trás; terror *há* ao redor, diz o Senhor.

⁶Não fuja o ligeiro, e não escape o valente; para o lado norte, junto à borda do rio Eufrates tropeçaram e caíram.

⁷Quem *é* este *que* vem subindo como o Nilo, cujas águas se movem como os rios?

⁸O Egito vem subindo como o Nilo, e como rios cujas águas se movem; e disse: Subirei, cobrirei a terra, destruirei a cidade, e os que nela habitam.

⁹Subi, ó cavalos, e estrondeai, ó carros, e saiam os valentes; os etíopes, e os do Líbano, que manejam o escudo, e os lídios, que manejam *e* entesam o arco.

¹⁰Porque este dia *é o dia* do Senhor Deus dos Exércitos, dia de vingança para ele se vingar dos seus adversários; e a espada devorará, e fartar-se-á, e embriagar-se-á com o sangue deles; porque o Senhor Deus dos Exércitos tem um sacrifício na terra do norte, junto ao rio Eufrates.

¹¹Sobe a Gileade, e toma bálsamo, ó virgem filha do Egito; em vão multiplicas remédios, *pois já* não *há* cura para ti.

¹²As nações ouviram a tua vergonha, e a terra *está* cheia do teu clamor; porque o valente tropeçou com o valente *e* ambos caíram juntos.

¹³A palavra que falou o Senhor a Jeremias, o profeta, acerca da vinda de Nabucodonosor, rei de Babilônia, para ferir a terra do Egito.

¹⁴Anunciai no Egito, e fazei ouvir isto em Migdol; fazei também ouvi-lo em Nofe, e em Tafnes, dizei: Apresenta-te, e prepara-te; porque a espada *já* devorou o que *está* ao redor de ti.

¹⁵Por que foram derrubados os teus valentes? Não puderam manter-se firmes, porque o Senhor os abateu.

¹⁶Multiplicou os que tropeçavam; também caíram uns sobre os outros, e disseram: Levanta-te, e voltemos ao nosso povo, e à terra do nosso nascimento, por causa da espada que oprime.

¹⁷Clamaram ali: Faraó rei do Egito *é apenas* um barulho; deixou passar o tempo assinalado.

¹⁸Vivo eu, diz o rei, cujo nome *é* o Senhor dos Exércitos, que certamente como o Tabor entre os montes, e como o Carmelo junto ao mar, *certamente assim* ele virá.

¹⁹Prepara os utensílios para ires ao cativeiro, ó moradora, filha do Egito; porque Nofe *será* tornada em desolação, e será incendiada, até que ninguém mais aí more.

²⁰Bezerra mui formosa *é* o Egito; mas *já* vem a destruição, vem do norte.

²¹Até os seus mercenários no meio dela *são* como bezerros cevados; mas também eles viraram as costas, fugiram juntos; não ficaram firmes; porque veio sobre eles o dia da sua ruína *e* o tempo do seu castigo.

²²A sua voz irá como *a* da serpente; porque marcharão com um exército, e virão contra ela com machados, como cortadores de lenha.

²³Cortarão o seu bosque, diz o Senhor, embora

seja impenetrável; porque se multiplicaram mais do que os gafanhotos; são inumeráveis.

²⁴A filha do Egito será envergonhada; será entregue na mão do povo do norte.

²⁵Diz o Senhor dos Exércitos, o Deus de Israel: Eis que eu castigarei a Amom de Nô, e a Faraó, e ao Egito, e aos seus deuses, e aos seus reis; ao próprio Faraó, e aos que nele confiam.

²⁶E os entregarei na mão dos que procuram a sua morte, na mão de Nabucodonosor, rei de Babilônia, e na mão dos seus servos; mas depois será habitada, como *nos* dias antigos, diz o Senhor.

²⁷Mas não temas tu, servo meu, Jacó, nem te espantes, ó Israel; porque eis que te livrarei mesmo de longe, como também a tua descendência da terra do seu cativeiro; e Jacó voltará, e descansará, e sossegará, e não haverá quem *o* atemorize.

²⁸Tu não temas, servo meu, Jacó, diz o Senhor, porque estou contigo; porque porei termo a todas as nações entre as quais te lancei; mas a ti não darei fim, mas castigar-te-ei com justiça, e não te darei de todo por inocente.

Profecia contra os filisteus

47 A PALAVRA do Senhor, que veio a Jeremias, o profeta, contra os filisteus, antes que Faraó ferisse a Gaza.

²Assim diz o Senhor: Eis que se levantam as águas do norte, e tornar-se-ão em torrente transbordante, e alagarão a terra e sua plenitude, a cidade, e os que nela habitam; e os homens clamarão, e todos os moradores da terra se lamentarão;

³Ao ruído estrepitoso dos cascos dos seus fortes *cavalos,* ao barulho de seus carros, ao estrondo das suas rodas; os pais não atendem aos filhos, por causa da fraqueza das mãos;

⁴Por causa do dia que vem, para destruir a todos os filisteus, para cortar de Tiro e de Sidom todo o restante que *os* socorra; porque o Senhor destruirá os filisteus, o remanescente da ilha de Caftor.

⁵A calvície veio sobre Gaza, foi desarraigada Ascalom, *com* o restante do seu vale; até quando te retalharás?

⁶Ah; espada do Senhor! Até quando deixarás de repousar? Volta para a tua bainha, descansa, e aquieta-te.

⁷*Mas* como te aquietarás? Pois o Senhor deu ordem *à espada* contra Ascalom, e contra a praia do mar, para onde ele a enviou.

Profecia contra Moabe

48 CONTRA Moabe, assim diz o Senhor dos Exércitos, Deus de Israel: Ai de Nebo, porque foi destruída; envergonhada está Quiriataim, *já* está tomada; Misgabe está envergonhada e desanimada.

²A glória de Moabe já não existe mais; em Hesbom tramaram mal contra ela, *dizendo:* Vinde, e exterminemo-la, para que não *seja mais* nação; também tu, ó Madmém, serás silenciada; a espada te perseguirá.

³Voz de clamor de Horonaim; ruína e grande destruição!

⁴Está destruída Moabe; seus filhinhos fizeram ouvir um clamor.

⁵Porque pela subida de Luíte eles irão com choro contínuo; porque na descida de Horonaim os adversários *de Moabe* ouviram as angústias do grito da destruição.

⁶Fugi, salvai a vossa vida; sede como a tamargueira no deserto;

⁷Porque, por causa da tua confiança nas tuas obras, e nos teus tesouros, também tu serás tomada; e Quemós sairá para o cativeiro, os seus sacerdotes e os seus príncipes juntamente.

⁸Porque virá o destruidor sobre cada uma das cidades, e nenhuma cidade escapará, e perecerá o vale, e destruir-se-á a campina; porque o SENHOR o disse.

⁹Dai asas a Moabe; porque voando sairá, e as suas cidades se tornarão em desolação, e ninguém morará nelas.

¹⁰Maldito aquele que fizer a obra do SENHOR fraudulosamente; e maldito aquele que retém a sua espada do sangue.

¹¹Moabe esteve descansado desde a sua mocidade, e repousou nas suas borras, e não foi mudado de vasilha para vasilha, nem foi para o cativeiro; por isso conservou o seu sabor, e o seu cheiro não se alterou.

¹²Portanto, eis que dias vêm, diz o SENHOR, em que lhe enviarei derramadores que o derramarão; e despejarão as suas vasilhas, e romperão os seus odres.

¹³E Moabe terá vergonha de Quemós como a casa de Israel se envergonhou de Betel, sua confiança.

¹⁴Como direis: *Somos* valentes e homens fortes para a guerra?

¹⁵Moabe *está* destruído, e subiu das suas cidades, e os seus jovens escolhidos desceram à matança, diz o Rei, cujo nome *é* o SENHOR dos Exércitos.

¹⁶Está prestes a vir a calamidade de Moabe; e apressa-se muito a sua aflição.

¹⁷Condoei-vos dele todos os que estais ao seu redor, e todos os que sabeis o seu nome; dizei: Como se quebrou a vara forte, o cajado formoso?

¹⁸Desce da *tua* glória, e assenta-te em terra seca, ó moradora, filha de Dibom; porque o destruidor de Moabe subiu contra ti, e desfez as tuas fortalezas.

¹⁹Põe-te no caminho, e espia, ó moradora de Aroer; pergunta ao que vai fugindo; e à que escapou dize: Que sucedeu?

²⁰Moabe está envergonhado, porque foi quebrantado; lamentai e gritai; anunciai em Arnom que Moabe está destruído.

²¹Também o julgamento veio sobre a terra da campina; sobre Holom, sobre Jaza, sobre Mefaate,

²²Sobre Dibom, sobre Nebo, sobre Bete-Diblataim,

²³Sobre Quiriataim, sobre Bete-Gamul, sobre Bete-Meom,

²⁴Sobre Queriote, e sobre Bozra; e até sobre todas as cidades da terra de Moabe, as de longe e as de perto.

²⁵*Já* é cortado o poder de Moabe, e é quebrantado o seu braço, diz o SENHOR.

²⁶Embriagai-o, porque contra o SENHOR se engrandeceu; e Moabe se revolverá no seu vômito, e ele também se tornará *objeto de* escárnio.

²⁷Pois não foi também Israel *objeto de* escárnio? *Porventura* foi achado entre ladrões, para que sempre que fales dele, saltes de alegria?

²⁸Deixai as cidades, e habitai no rochedo, ó moradores de Moabe; e sede como a pomba que se aninha nos lados da boca da caverna.

²⁹Ouvimos da soberba de Moabe, *que é* soberbíssimo, *como também* da sua arrogância, e da sua vaidade, e da sua altivez e do seu orgulhoso coração.

³⁰Eu conheço, diz o SENHOR, a sua indignação, mas isso nada *é;* as suas mentiras nada farão.

³¹Por isso gemerei por Moabe, sim, gritarei por todo o Moabe; pelos homens de Quir-Heres lamentarei;

³²Com o choro de Jazer chorar-te-ei, ó vide de Sibma; os teus ramos passaram o mar, chegaram até ao mar de Jazer; *porém* o destruidor caiu sobre os teus frutos do verão, e sobre a tua vindima.

³³Tirou-se, pois, o folguedo e a alegria do campo fértil e da terra de Moabe; porque fiz cessar o vinho nos lagares; *já* não pisarão *uvas* com júbilo; o júbilo não *será* júbilo.

³⁴Por causa do grito de Hesbom até Eleale e até Jaaz, se ouviu a sua voz desde Zoar até Horonaim, como bezerra de três anos; porque até as águas do Ninrim se tornarão em assolação.

³⁵E farei cessar em Moabe, diz o SENHOR, quem sacrifique *nos* altos, e queime incenso aos seus deuses.

³⁶Por isso ressoará como flauta o meu coração por Moabe, também ressoará como flauta o meu coração pelos homens de Quir-Heres; porquanto a abundância *que* ajuntou se perdeu.

³⁷Porque toda a cabeça *será* tosquiada, e toda a barba *será* diminuída; sobre todas as mãos haverá sarjaduras, e sobre os lombos, sacos.

³⁸Sobre todos os telhados de Moabe e nas suas ruas *haverá* um pranto geral; porque quebroi a Moabe, como a um vaso que não agrada, diz o SENHOR.

³⁹Como está quebrantado! Como gritam! Como virou Moabe a cerviz envergonhado! Assim será Moabe *objeto de* escárnio e de desmaio, para todos que estão em redor dele.

⁴⁰Porque assim diz o SENHOR: Eis que voará como a águia, e estenderá as suas asas sobre Moabe.

⁴¹São tomadas as cidades, e ocupadas as fortalezas; e naquele dia *será* o coração dos valentes de Moabe como o coração da mulher que *está* com dores *de parto.*

⁴²E Moabe será destruído, para que não *seja* povo; porque se engrandeceu contra o SENHOR.

JEREMIAS 48.43 540

⁴³Temor, e cova, e laço, *vêm* sobre ti, ó morador de Moabe, diz o SENHOR.

⁴⁴O que fugir do temor cairá na cova, e o que subir da cova ficará preso no laço; porque trarei sobre ele, sobre Moabe, o ano do seu castigo, diz o SENHOR.

⁴⁵Os que fugiam sem força pararam à sombra de Hesbom; pois saiu fogo de Hesbom, e a labareda do meio de Siom, e devorou o canto de Moabe e o alto da cabeça dos turbulentos.

⁴⁶Ai de ti, Moabe! Pereceu o povo de Quemós; porque teus filhos ficaram cativos, e tuas filhas em cativeiro.

⁴⁷Mas nos últimos dias farei voltar os cativos de Moabe, diz o SENHOR. Até aqui o juízo de Moabe.

Profecia contra várias nações

49CONTRA os filhos de Amom. Assim diz o SENHOR: Acaso Israel não tem filhos, nem tem herdeiro? Por que, pois, herdou o rei deles a Gade e o seu povo habitou nas suas cidades?

²Portanto, eis que vêm dias, diz o SENHOR, em que farei ouvir em Rabá dos filhos de Amom o alarido de guerra, e tornar-se-á num montão de ruínas, e os lugares da sua jurisdição serão queimados a fogo; e Israel herdará aos que o herdaram, diz o SENHOR.

³Lamenta, ó Hesbom, porque é destruída Ai; clamai, ó filhas de Rabá, cingi-vos de sacos, lamentai, e dai voltas pelos valados; porque o rei deles irá em cativeiro, juntamente com seus sacerdotes e os seus príncipes.

⁴Por que te glorias nos vales, teus luxuriantes vales, ó filha rebelde, que confias nos teus tesouros, *dizendo:* Quem virá contra mim?

⁵Eis que eu trarei temor sobre ti, diz o Senhor DEUS dos Exércitos, de todos os que *estão* ao redor de ti; e sereis lançados fora cada *um* diante de si, e ninguém recolherá o desgarrado.

⁶Mas depois disto farei voltar os cativos dos filhos de Amom, diz o SENHOR.

⁷Acerca de Edom. Assim diz o SENHOR dos Exércitos: Acaso não *há* mais sabedoria em Temã? Pereceu o conselho dos entendidos? Corrompeu-se a sua sabedoria?

⁸Fugi, voltai-vos, buscai profundezas para habitar, ó moradores de Dedã, porque eu trarei sobre ele a ruína de Esaú, no tempo em que o castiguei.

⁹Se vindimadores viessem a ti, não deixariam rabiscos? Se ladrões de noite *viessem, não* te danificariam quanto lhes bastasse?

¹⁰Mas eu despi a Esaú, descobri os seus esconderijos, e não se poderá esconder; foi destruída a sua descendência, como também seus irmãos e seus vizinhos, e ele já não existe.

¹¹Deixa os teus órfãos, eu *os* guardarei em vida; e as tuas viúvas confiem em mim.

¹²Porque assim diz o SENHOR: Eis que os que não estavam condenados a beber do copo, totalmente o beberão; e tu ficarias inteiramente impune? Não ficarás impune, mas certamente *o* beberás.

¹³Porque por mim mesmo jurei, diz o SENHOR,

que Bozra servirá de espanto, de opróbrio, de assolação, e de maldição; e todas as suas cidades se tornarão em desolações perpétuas.

¹⁴Ouvi novas *vindas* do SENHOR, que um embaixador é enviado aos gentios, *para lhes dizer:* Ajuntai-vos, e vinde contra ela, e levantai-vos para a guerra.

¹⁵Porque eis que te fiz pequeno entre os gentios, desprezado entre os homens.

¹⁶Quanto à tua terribilidade, enganou-te a arrogância do teu coração, tu que habitas nas cavernas das rochas, que ocupas as alturas dos outeiros; ainda que eleves o teu ninho como a águia, de lá te derrubarei, diz o SENHOR.

¹⁷Assim servirá Edom de desolação; todo aquele que passar por ela se espantará, e assobiará por causa de todas as suas pragas.

¹⁸Será como a destruição de Sodoma e Gomorra, e dos seus vizinhos, diz o SENHOR; não habitará ninguém ali, nem morará nela filho de homem.

¹⁹Eis que *ele* como leão subirá da enchente do Jordão contra a morada do forte; porque num momento o farei correr dali; e quem *é* o escolhido *que* porei sobre ela? Pois quem *é* semelhante a mim? E quem me fixará o tempo? E quem *é* o pastor que subsistirá perante mim?

²⁰Portanto ouvi o conselho do SENHOR, que ele decretou contra Edom, e os seus desígnios que ele intentou entre os moradores de Temã: Certamente os menores do rebanho serão arrastados; certamente ele assolará as suas moradas com eles.

²¹A terra estremeceu com o estrondo da sua queda; e do seu grito, até ao Mar Vermelho se ouviu o som.

²²Eis que *ele* como águia subirá, e voará, e estenderá as suas asas contra Bozra; e o coração dos valentes de Edom naquele dia será como o coração da mulher que *está* com dores *de parto*.

²³Acerca de Damasco. Envergonhou-se Hamate e Arpade, porquanto ouviram más novas, desmaiaram; no mar *há* angústia, não se pode sossegar.

²⁴Enfraquecida está Damasco; virou as costas para fugir, e o tremor a tomou; angústia e dores a tomaram como da que está de parto.

²⁵Como está abandonada a cidade do louvor, a cidade da minha alegria!

²⁶Portanto cairão os seus jovens nas suas ruas; e todos os homens de guerra serão consumidos naquele dia, diz o SENHOR dos Exércitos.

²⁷E acenderei fogo no muro de Damasco, e consumirá os palácios de Bene-Hadade.

²⁸Acerca de Quedar, e dos reinos de Hazor, que Nabucodonosor, rei de Babilônia, feriu. Assim diz o SENHOR: Levantai-vos, subi contra Quedar, e destruí os filhos do oriente.

²⁹Tomarão as suas tendas, os seus gados, as suas cortinas e todos os seus utensílios, e os seus camelos levarão para si; e lhes clamarão: *Há* medo por todos os lados.

³⁰Fugi, desviai-vos para muito longe, buscai profundezas para habitar, ó moradores de Hazor, diz

o Senhor; porque Nabucodonosor, rei de Babilônia, tomou conselho contra vós, e formou *um* desígnio contra vós.

³¹Levantai-vos, subi contra uma nação tranquila, que habita confiadamente, diz o Senhor, que não tem portas, nem ferrolhos; habitam sós.

³²E os seus camelos serão para presa, e a multidão dos seus gados para despojo; e os espalharei a todo o vento, àqueles que estão nos lugares mais distantes, e de todos os seus lados lhes trarei a sua ruína, diz o Senhor.

³³E Hazor se tornará em morada de chacais, *em* assolação para sempre; ninguém habitará ali, nem morará nela filho de homem.

³⁴A palavra do Senhor, que veio a Jeremias, o profeta, contra Elão, no princípio do reinado de Zedequias, rei de Judá, dizendo:

³⁵Assim diz o Senhor dos Exércitos: Eis que eu quebrarei o arco de Elão, o principal do seu poder.

³⁶E trarei sobre Elão os quatro ventos dos quatro cantos dos céus, e os espalharei na direção de todos estes ventos; e não *haverá* nação aonde não cheguem os fugitivos de Elão.

³⁷E farei que Elão tema diante de seus inimigos e diante dos que procuram a sua morte; e farei vir sobre eles o mal, o furor da minha ira, diz o Senhor; e enviarei após eles a espada, até que venha a consumi-los.

³⁸E porei o meu trono em Elão; e destruirei dali o rei e os príncipes, diz o Senhor.

³⁹Acontecerá, porém, nos últimos dias, que farei voltar os cativos de Elão, diz o Senhor.

Profecia contra Babilônia

50A PALAVRA que falou o Senhor contra a Babilônia, contra a terra dos caldeus, por intermédio de Jeremias, o profeta.

²Anunciai entre as nações; e fazei ouvir, e arvorai um estandarte, fazei ouvir, não encubrais; dizei: Tomada está Babilônia, confundido está Bel, espatifado está Merodaque, confundidos estão os seus ídolos, e quebradas estão as suas imagens.

³Porque subiu contra ela uma nação do norte, que fará da sua terra uma solidão, e não haverá quem nela habite; tanto os homens como os animais fugiram, e se foram.

⁴Naqueles dias, e naquele tempo, diz o Senhor, os filhos de Israel virão, eles e os filhos de Judá juntamente; andando e chorando virão, e buscarão ao Senhor seu Deus.

⁵Pelo caminho de Sião perguntarão, para ali *voltarão* os seus rostos, *dizendo:* Vinde, e unamo-nos ao Senhor, numa aliança eterna *que* nunca *será* esquecida.

⁶Ovelhas perdidas têm sido o meu povo, os seus pastores as fizeram errar, *para* os montes as desviaram; de monte para outeiro andaram, esqueceram-se do lugar do seu repouso.

⁷Todos os que as achavam as devoravam, e os seus adversários diziam: Culpa nenhuma teremos; porque pecaram contra o Senhor, a morada da justiça, sim, o Senhor, a esperança de seus pais.

⁸Fugi do meio de Babilônia, e saí da terra dos caldeus, e sede como os bodes diante do rebanho.

⁹Porque eis que eu suscitarei e farei subir contra a Babilônia uma congregação de grandes nações da terra do norte, e se prepararão contra ela; dali *será* tomada; as suas flechas *serão* como as *de* valente herói, nenhuma tornará sem efeito.

¹⁰A Caldeia servirá de presa; todos os que a saquearam serão fartos, diz o Senhor.

¹¹Porquanto vos alegrastes, e vos regozijastes, ó saqueadores da minha herança, porquanto vos engordastes como novilha no pasto, e mugistes como touros.

¹²Será mui confundida vossa mãe, ficará envergonhada a que vos deu à luz; eis que ela será a última das nações, um deserto, uma terra seca e uma solidão.

¹³Por causa do furor do Senhor não será habitada, antes se tornará em total assolação; qualquer que passar por Babilônia se espantará, assobiará por todas as suas pragas.

¹⁴Ordenai-vos contra Babilônia ao redor, todos os que armais arcos; atirai-lhe, não poupeis as flechas, porque pecou contra o Senhor.

¹⁵Gritai contra ela ao redor, ela já se submeteu; caíram seus fundamentos, estão derrubados os seus muros; porque esta *é* a vingança do Senhor; vingai-vos dela; como ela fez, assim lhe fazei.

¹⁶Arrancai de Babilônia o que semeia, e o que leva a foice no tempo da sega; por causa da espada aflitiva virar-se-á cada um para o seu povo, e fugirá cada um para a sua terra.

¹⁷Cordeiro desgarrado *é* Israel; os leões o afugentaram; o primeiro a devorá-lo foi o rei da Assíria; e, por último Nabucodonosor, rei de Babilônia, lhe quebrou os ossos.

¹⁸Portanto, assim diz o Senhor dos Exércitos, Deus de Israel: Eis que castigarei o rei de Babilônia, e a sua terra, como castiguei o rei da Assíria.

¹⁹E farei tornar Israel para a sua morada, e ele pastará *no* Carmelo e *em* Basã; e fartar-se-á a sua alma no monte de Efraim e em Gileade.

²⁰Naqueles dias, e naquele tempo, diz o Senhor, buscar-se-á a maldade de Israel, e não *será achada;* e os pecados de Judá, mas não se acharão; porque perdoarei os remanescentes que eu deixar.

²¹Sobe contra a terra de Merataim, sim, contra ela, e contra os moradores de Pecode; assola e inteiramente destrói tudo após eles, diz o Senhor, e faze conforme tudo o que te mandei.

²²Estrondo de batalha *há* na terra, e de grande destruição.

²³Como foi cortado e quebrado o martelo de toda a terra! Como se tornou Babilônia *objeto* de espanto entre as nações!

²⁴Laços te armei, e também foste presa, ó Babilônia, e tu não *o* soubeste; foste achada, e também apanhada; porque contra o Senhor te entremeteste.

²⁵O Senhor abriu o seu depósito, e tirou os instrumentos da sua indignação; porque o Senhor

JEREMIAS 50.26 542

Deus dos Exércitos, *tem* uma obra *a realizar* na terra dos caldeus.

²⁶Vinde contra ela dos confins *da terra,* abri os seus celeiros; fazei dela montões de ruínas, e destruí-a de todo; nada lhe fique de sobra.

²⁷Matai a todos os seus novilhos, desçam a matança. Ai deles, porque veio o seu dia, o tempo do seu castigo!

²⁸*Eis* a voz dos que fugiram e escaparam da terra de Babilônia, para anunciarem em Sião a vingança do Senhor nosso Deus, a vingança do seu templo.

²⁹Convocai contra Babilônia os flecheiros, a todos os que armam arcos; acampai-vos contra ela em redor, ninguém escape dela; pagai-lhe conforme a sua obra, conforme tudo o que fez, fazei-lhe; porque se houve arrogantemente contra o Senhor, contra o Santo de Israel.

³⁰Portanto, cairão os seus jovens nas suas ruas; e todos os seus homens de guerra serão desarraigados naquele dia, diz o Senhor.

³¹Eis que eu *sou* contra ti, ó soberbo, diz o Senhor Deus dos Exércitos; porque veio o teu dia, o tempo em que te hei de castigar.

³²Então tropeçará o soberbo, e cairá, e ninguém *haverá* que o levante; e porei fogo nas suas cidades, o qual consumirá todos os seus arredores.

³³Assim diz o Senhor dos Exércitos: Os filhos de Israel e os filhos de Judá *foram* oprimidos juntamente; e todos os que os levaram cativos os retiveram, não os quiseram soltar.

³⁴Mas o seu Redentor é forte, o Senhor dos Exércitos *é* o seu nome; certamente pleiteará a causa deles, para dar descanso à terra, e inquietar os moradores de Babilônia.

³⁵A espada *virá* sobre os caldeus, diz o Senhor, e sobre os moradores de Babilônia, e sobre os seus príncipes, e sobre os seus sábios.

³⁶A espada *virá* sobre os mentirosos, e ficarão insensatos; a espada *virá* sobre os seus poderosos, e desfalecerão.

³⁷A espada *virá* sobre os seus cavalos, e sobre os seus carros, e sobre toda a mistura *de povos,* que *está* no meio dela; e tornar-se-ão como mulheres; a espada *virá* sobre os seus tesouros, e serão saqueados.

³⁸*Cairá* a seca sobre as suas águas, e secarão; porque é *uma* terra de imagens esculpidas, e pelos *seus* ídolos andam enfurecidos.

³⁹Por isso habitarão *nela* as feras do deserto, com os animais selvagens das ilhas; também habitarão nela as avestruzes; e nunca mais será povoada, nem será habitada de geração em geração.

⁴⁰Como quando Deus subverteu a Sodoma e a Gomorra, e as suas *cidades* vizinhas, diz o Senhor, *assim* ninguém habitará ali, nem morará nela filho de homem.

⁴¹Eis que um povo vem do norte; uma grande nação e muitos reis se levantarão dos extremos da terra.

⁴²Armam-se de arco e lança; eles *são* cruéis, e não têm piedade; a sua voz bramará como o mar,

e sobre cavalos cavalgarão, *todos* postos em ordem como um homem para a batalha, contra ti, ó filha de Babilônia.

⁴³O rei de Babilônia ouviu a sua fama, e desfaleceram as suas mãos; a angústia se apoderou dele, dores como da que *está* de parto.

⁴⁴Eis que *ele* como leão subirá da enchente do Jordão, contra a morada forte, porque num momento o farei correr dali; e quem *é* o escolhido que porei sobre ela? Porque quem é semelhante a mim, e quem me fixará o tempo? E quem *é* o pastor que poderá permanecer perante mim?

⁴⁵Portanto ouvi o conselho do Senhor, que ele decretou contra Babilônia, e os seus desígnios que intentou contra a terra dos caldeus: certamente os pequenos do rebanho os arrastarão; certamente ele assolará as suas moradas sobre eles.

⁴⁶Ao estrondo da tomada de Babilônia estremeceu a terra; e o grito se ouviu entre as nações.

51

ASSIM diz o Senhor: Eis que levantarei um vento destruidor contra Babilônia, e contra os que habitam no meio dos que se levantam contra mim.

²E enviarei padejadores contra Babilônia, que a padejarão, e despejarão a sua terra; porque virão contra ela em redor no dia da calamidade.

³O flecheiro arme o seu arco contra o que arma o *seu arco,* e contra o que se exalta na sua couraça; e não perdoeis aos seus jovens; destruí a todo o seu exército.

⁴E os mortos cairão na terra dos caldeus, e atravessados nas suas ruas.

⁵Porque Israel e Judá não foram abandonados do seu Deus, do Senhor dos Exércitos, ainda que a sua terra esteja cheia de culpas contra o Santo de Israel.

⁶Fugi do meio de Babilônia, e livrai cada um a sua alma, e não vos destruais na sua maldade; porque este é o tempo da vingança do Senhor; que lhe dará a sua recompensa.

⁷Babilônia *era* um copo de ouro na mão do Senhor, o qual embriagava a toda a terra; do seu vinho beberam as nações; por isso as nações enlouqueceram.

⁸Num momento caiu Babilônia, e ficou arruinada; lamentai por ela, tomai bálsamo para a sua dor, porventura sarará.

⁹Queríamos curar Babilônia, porém ela não sarou; deixai-a, e vamo-nos cada um para a sua terra; porque o seu juízo chegou até ao céu, e se elevou até às mais altas nuvens.

¹⁰O Senhor trouxe a nossa justiça à luz; vinde e contemos em Sião a obra do Senhor, nosso Deus.

¹¹Aguçai as flechas, preparai os escudos; o Senhor despertou o espírito dos reis da Média; porque o seu intento *é* contra Babilônia para a destruir; porque esta *é* a vingança do Senhor, a vingança do seu templo.

¹²Arvorai um estandarte sobre os muros de Babilônia, reforçai a guarda, colocai sentinelas, preparai as ciladas; porque como o Senhor intentou,

assim fez o que tinha falado contra os moradores de Babilônia.

¹³Ó tu, que habitas sobre muitas águas, rica de tesouros, é chegado o teu fim, a medida da tua avareza.

¹⁴Jurou o SENHOR dos Exércitos por si mesmo, dizendo: Ainda que te enchi de homens, como de lagarta, contudo levantarão gritaria contra ti.

¹⁵Ele fez a terra com o seu poder, e ordenou o mundo com a sua sabedoria, e estendeu os céus com o seu entendimento.

¹⁶Fazendo ele ouvir a sua voz, grande estrondo de águas há nos céus, e faz subir os vapores desde o fim da terra; faz os relâmpagos com a chuva, e tira o vento dos seus tesouros,

¹⁷Embrutecido é todo o homem, no seu conhecimento; envergonha-se todo o artífice da imagem de escultura; porque a sua imagem de fundição é mentira, e nelas não há espírito.

¹⁸Vaidade são, obra de enganos; no tempo da sua visitação perecerão.

¹⁹Não é semelhante a estes a porção de Jacó; porque ele é o que formou tudo; e Israel é a tribo da sua herança; o SENHOR dos Exércitos é o seu nome.

²⁰Tu és meu machado de batalha e minhas armas de guerra, e por meio de ti despedaçarei as nações e por ti destruirei os reis;

²¹E por meio de ti despedaçarei o cavalo e o seu cavaleiro; e por meio de ti despedaçarei o carro e o que nele vai;

²²E por meio de ti despedaçarei o homem e a mulher, e por meio de ti despedaçarei o velho e o moço, e por meio de ti despedaçarei o jovem e a virgem;

²³E por meio de ti despedaçarei o pastor e o seu rebanho, e por meio de ti despedaçarei o lavrador e a sua junta de bois, e por meio de ti despedaçarei os capitães e os magistrados.

²⁴E pagarei a Babilônia, e a todos os moradores da Caldeia, toda a maldade que fizeram em Sião, aos vossos olhos, diz o SENHOR.

²⁵Eis-me aqui contra ti, ó monte destruidor, diz o SENHOR, que destróis toda a terra; e estenderei a minha mão contra ti, e te revolverei das rochas, e farei de ti um monte de queima.

²⁶E não tomarão de ti pedra para esquina, nem pedra para fundamentos, porque te tornarás em assolação perpétua, diz o SENHOR.

²⁷Arvorai um estandarte na terra, tocai a trombeta entre as nações, preparai as nações contra ela, convocai contra ela os reinos de Ararate, Mini, e Asquenaz; ordenai contra ela um capitão, fazei subir cavalos, como lagartas eriçadas.

²⁸Preparai contra ela as nações, os reis da Média, os seus capitães, e todos os seus magistrados, e toda a terra do seu domínio.

²⁹Então tremerá a terra, e doer-se-á, porque cada um dos desígnios do SENHOR está firme contra Babilônia, para fazer da terra de Babilônia uma desolação, sem habitantes.

³⁰Os poderosos de Babilônia cessaram de pelejar, ficaram nas fortalezas, desfaleceu a sua força, tornaram-se como mulheres; incendiaram as suas moradas, quebrados foram os seus ferrolhos.

³¹Um correio correrá ao encontro de outro correio, e um mensageiro ao encontro de outro mensageiro, para anunciar ao rei de Babilônia que a sua cidade está tomada de todos os lados.

³²E os vaus estão ocupados, e os canaviais queimados a fogo; e os homens de guerra ficaram assombrados.

³³Porque assim diz o SENHOR dos Exércitos, o Deus de Israel: A filha de Babilônia é como uma eira, no tempo da debulha; ainda um pouco, e o tempo da sega lhe virá.

³⁴Nabucodonosor, rei de Babilônia, devorou-me, colocou-me de lado, fez de mim um vaso vazio, como chacal me tragou, encheu o seu ventre das minhas delicadezas; lançou-me fora.

³⁵A violência que se fez a mim e à minha carne venha sobre Babilônia, dirá a moradora de Sião; e o meu sangue caia sobre os moradores da Caldeia, dirá Jerusalém.

³⁶Portanto, assim diz o SENHOR: Eis que pleitearei a tua causa, e tomarei vingança por ti; e secarei o seu mar, e farei que se esgote o seu manancial.

³⁷E Babilônia se tornará em montões, morada de chacais, espanto e assobio, sem que haja quem nela habite.

³⁸Juntamente rugirão como filhos dos leões; bramarão como filhotes de leões.

³⁹Estando eles excitados, lhes darei a sua bebida, e os embriagarei, para que andem saltando; porém dormirão um perpétuo sono, e não acordarão, diz o SENHOR.

⁴⁰Os farei descer como cordeiros à matança, como carneiros e bodes.

⁴¹Como foi tomada Sesaque, e apanhada de surpresa a glória de toda a terra! Como se tornou Babilônia objeto de espanto entre as nações!

⁴²O mar subiu sobre Babilônia; com a multidão das suas ondas se cobriu.

⁴³Tornaram-se as suas cidades em desolação, terra seca e deserta, terra em que ninguém habita, nem passa por ela filho de homem.

⁴⁴E castigarei a Bel em Babilônia, e tirarei da sua boca o que tragou, e nunca mais concorrerão a ele as nações; também o muro de Babilônia caiu.

⁴⁵Saí do meio dela, ó povo meu, e livrai cada um a sua alma do ardor da ira do SENHOR.

⁴⁶E para que porventura não se enterneça o vosso coração, e não temais pelo rumor que se ouvir na terra; porque virá num ano um rumor, e depois noutro ano outro rumor; e haverá violência na terra, dominador contra dominador.

⁴⁷Portanto, eis que vêm dias, em que farei juízo sobre as imagens de escultura de Babilônia, e toda a sua terra será envergonhada, e todos os seus mortos cairão no meio dela.

⁴⁸E os céus e a terra, com tudo quanto neles há, jubilarão sobre Babilônia; porque do norte lhe virão os destruidores, diz o SENHOR.

JEREMIAS 51.49 544

⁴⁹Como Babilônia fez cair mortos os de Israel, assim em Babilônia cairão os mortos de toda a terra.

⁵⁰Vós, que escapastes da espada, ide-vos, não pareis; de longe lembrai-vos do Senhor, e suba Jerusalém a vossa mente.

⁵¹*Direis:* Envergonhados estamos, porque ouvimos opróbrio; vergonha cobriu o nosso rosto, porquanto vieram estrangeiros contra os santuários da casa do Senhor.

⁵²Portanto, eis que vêm dias, diz o Senhor, em que farei juízo sobre as suas imagens de escultura; e gemerão os feridos em toda a sua terra.

⁵³Ainda que Babilônia subisse aos céus, e ainda que fortificasse a altura da sua fortaleza, *todavia* de mim virão destruidores sobre ela, diz o Senhor.

⁵⁴De Babilônia *se ouve* clamor de grande destruição da terra dos caldeus;

⁵⁵Porque o Senhor tem destruído Babilônia, e tem feito perecer nela a *sua* grande voz; quando as suas ondas bramam como muitas águas, é emitido o ruído da sua voz.

⁵⁶Porque o destruidor vem sobre ela, sobre Babilônia, e os seus poderosos serão presos, *já* estão quebrados os seus arcos; porque o Senhor, Deus das recompensas, certamente *lhe* retribuirá.

⁵⁷E embriagarei os seus príncipes, e os seus sábios e os seus capitães, e os seus magistrados, e os seus poderosos; e dormirão *um* sono eterno, e não acordarão, diz o Rei, cujo nome *é* o Senhor dos Exércitos.

⁵⁸Assim diz o Senhor dos Exércitos: Os largos muros de Babilônia serão totalmente derrubados, e as suas altas portas serão abrasadas pelo fogo; e trabalharão os povos em vão, e as nações no fogo, e eles se cansarão.

⁵⁹A palavra que Jeremias, o profeta, mandou a Seraías, filho de Nerias, filho de Maaseias, indo ele com Zedequias, rei de Judá, a Babilônia, no quarto ano do seu reinado. E Seraías *era* o camareiro-mor.

⁶⁰Escreveu, pois, Jeremias *num* livro todo o mal que havia de vir sobre Babilônia, a saber, todas estas palavras que estavam escritas contra Babilônia.

⁶¹E disse Jeremias a Seraías: Quando chegares a Babilônia, verás e lerás todas estas palavras.

⁶²E dirás: Senhor, tu falaste contra este lugar, que o havias de desarraigar, até não ficar nele morador algum, nem homem nem animal, e que se tornaria *em* perpétua desolação.

⁶³E *será* que, acabando tu de ler este livro, atar-lhe-ás uma pedra e lançá-lo-ás no meio do Eufrates.

⁶⁴E dirás: Assim será afundada Babilônia, e não se levantará, por causa do mal que eu hei de trazer sobre ela; e eles se cansarão. Até aqui *são* as palavras de Jeremias.

O cerco, tomada e destruição de Jerusalém

52 ERA Zedequias da idade de vinte e um anos quando começou a reinar, e reinou onze anos em Jerusalém; e o nome de sua mãe era Hamutal, filha de Jeremias, de Libna.

²E fez o que era mau aos olhos do Senhor, conforme tudo o que fizera Jeoiaquim.

³Assim, por causa da ira do Senhor, contra Jerusalém e Judá, ele os lançou de diante dele, e Zedequias se rebelou contra o rei de Babilônia.

⁴E aconteceu, que no ano nono do seu reinado, no décimo mês, no décimo *dia* do mês, veio Nabucodonosor, rei de Babilônia, contra Jerusalém, ele e todo o seu exército, e se acamparam contra ela, e levantaram contra ela trincheiras ao redor.

⁵Assim esteve cercada a cidade, até ao undécimo ano do rei Zedequias.

⁶No quarto mês, aos nove dias do mês, quando *já* a fome prevalecia na cidade, e o povo da terra não tinha pão,

⁷Então foi aberta uma brecha na cidade, e todos os homens de guerra fugiram, e saíram da cidade de noite, pelo caminho da porta entre os dois muros, a qual *estava* perto do jardim do rei (porque os caldeus *cercavam* a cidade ao redor), e foram *pelo* caminho da campina.

⁸Mas o exército dos caldeus perseguiu o rei, e alcançou a Zedequias nas campinas de Jericó, e todo o seu exército se espalhou, abandonando-o.

⁹E prenderam o rei, e o fizeram subir ao rei de Babilônia, a Ribla, na terra de Hamate, o qual lhe pronunciou a sentença.

¹⁰E o rei de Babilônia degolou os filhos de Zedequias à sua vista, e também degolou a todos os príncipes de Judá em Ribla.

¹¹E cegou os olhos a Zedequias, e o atou com cadeias; e o rei de Babilônia o levou para Babilônia, e o conservou na prisão até o dia da sua morte.

¹²E no quinto mês, no décimo *dia* do mês, que *era* o décimo nono ano do rei Nabucodonosor, rei de Babilônia, Nebuzaradã, capitão da guarda, *que* assistia na presença do rei de Babilônia, veio a Jerusalém.

¹³E queimou a casa do Senhor, e a casa do rei; e também a todas as casas de Jerusalém, e a todas as casas dos grandes ele as incendiou.

¹⁴E todo o exército dos caldeus, que *estava* com o capitão da guarda, derrubou a todos os muros em redor de Jerusalém.

¹⁵E dos mais pobres do povo, e a parte do povo, que tinha ficado na cidade, e os rebeldes que se haviam passado para o rei de Babilônia, e o mais da multidão, Nebuzaradã, capitão da guarda, levou presos.

¹⁶Mas dos mais pobres da terra Nebuzaradã, capitão da guarda, deixou ficar *alguns*, para *serem* vinhateiros e lavradores.

¹⁷Quebraram mais os caldeus as colunas de bronze, que *estavam* na casa do Senhor, e as bases, e o mar de bronze, que *estavam* na casa do Senhor, e levaram todo o bronze para Babilônia.

¹⁸Também tomaram os caldeirões, e as pás, e as espevitadeiras, e as bacias, e as colheres, e todos os utensílios de bronze, com que se ministrava.

¹⁹E tomou o capitão da guarda as bacias, e os braseiros, e as tigelas, e os caldeirões, e os

castiçais, e as colheres, e os copos; tanto o que *era* de puro ouro, como o que *era* de prata maciça.

²⁰Quanto às duas colunas, ao único mar, e aos doze bois de bronze, que *estavam* debaixo das bases, que fizera o rei Salomão para a casa do Senhor, o peso do bronze de todos estes utensílios era incalculável.

²¹Quanto às colunas, a altura de cada uma *era* de dezoito côvados, e um fio de doze côvados a cercava; e *era* a sua espessura de quatro dedos, *e era* oca.

²²E havia sobre ela um capitel de bronze; e a altura do capitel *era* de cinco côvados; a rede e as romãs ao redor do capitel *eram* de bronze; e semelhante a esta *era* a segunda coluna, com as romãs.

²³E havia noventa e seis romãs em cada lado; as romãs todas, em redor da rede, *eram* cem.

²⁴Levou também o capitão da guarda a Seraías, o sacerdote chefe, e a Sofonias, o segundo sacerdote, e aos três guardas da porta.

²⁵E da cidade tomou a um eunuco que tinha a seu cargo os homens de guerra, e a sete homens que estavam próximos à pessoa do rei, que se achavam na cidade, como também o escrivão-mor do exército, que alistava o povo da terra para a guerra, e a sessenta homens do povo da terra, que se achavam no meio da cidade.

²⁶Tomando-os, pois, Nebuzaradã, capitão da guarda, levou-os ao rei de Babilônia, a Ribla.

²⁷E o rei de Babilônia os feriu e os matou em Ribla, na terra de Hamate; assim Judá foi levado cativo para fora da sua terra.

²⁸Este é o povo que Nabucodonosor levou cativo, no sétimo ano: três mil e vinte e três judeus.

²⁹No ano décimo oitavo de Nabucodonosor, ele levou cativas de Jerusalém oitocentas e trinta e duas pessoas.

³⁰No ano vinte e três de Nabucodonosor, Nebuzaradã, capitão da guarda, levou cativas, dos judeus, setecentas e quarenta e cinco pessoas; todas as pessoas foram quatro mil e seiscentas.

³¹Sucedeu, pois, no ano trigésimo sétimo do cativeiro de Jeoiaquim, rei de Judá, no duodécimo mês, aos vinte e cinco *dias* do mês, *que* Evil-Merodaque, rei de Babilônia, no *primeiro* ano do seu reinado, levantou a cabeça de Jeoiaquim, rei de Judá, e tirou-o do cárcere;

³²E falou com ele benignamente, e pôs o seu trono acima dos tronos dos reis que *estavam* com ele em Babilônia;

³³E lhe fez mudar as vestes da sua prisão; e passou a comer pão sempre na presença *do rei,* todos os dias da sua vida.

³⁴E, quanto à sua alimentação, foi-lhe dada refeição contínua do rei de Babilônia, porção cotidiana, até o dia da sua morte, todos os dias da sua vida.

LAMENTAÇÕES

DE JEREMIAS

A humilhação de Jerusalém

1 COMO está sentada solitária aquela cidade, *antes tão* populosa! Tornou-se como viúva, a que era grande entre as nações! A que era princesa entre as províncias, tornou-se tributária!

²Chora amargamente de noite, e as suas lágrimas lhe *correm* pelas faces; não tem quem a console entre todos os seus amantes; todos os seus amigos se houveram aleivosamente com ela, tornaram-se seus inimigos.

³Judá passou em cativeiro por causa da aflição, e por causa da grande servidão; ela habita entre os gentios, não acha descanso; todos os seus perseguidores a alcançam entre as suas dificuldades.

⁴Os caminhos de Sião pranteiam, porque não há quem venha à festa solene; todas as suas portas *estão* desoladas; os seus sacerdotes suspiram; as suas virgens *estão* tristes, e ela *mesma* tem amargura.

⁵Os seus adversários têm sido feitos chefes, os seus inimigos prosperam; porque o SENHOR a afligiu, por causa da multidão das suas transgressões; os seus filhinhos foram para o cativeiro na frente do adversário.

⁶E da filha de Sião já se foi toda a sua formosura; os seus príncipes ficaram sendo como corços *que* não acham pasto e caminham sem força adiante do perseguidor.

⁷Lembra-se Jerusalém, nos dias da sua aflição e dos seus exílios, de todas as suas mais queridas coisas, que tivera desde os tempos antigos; quando caía o seu povo na mão do adversário, e não havia quem a socorresse; os adversários a viram, e fizeram escárnio da sua ruína.

⁸Jerusalém gravemente pecou, por isso se fez errante; todos os que a honravam, a desprezaram, porque viram a sua nudez; ela também suspira e volta para trás.

⁹A sua imundícia *está* nas suas saias; nunca se lembrou do seu fim; por isso foi pasmosamente abatida, não tem consolador; vê, SENHOR, a minha aflição, porque o inimigo se tem engrandecido.

¹⁰Estendeu o adversário a sua mão a todas as coisas mais preciosas dela; pois ela viu entrar no seu santuário os gentios, acerca dos quais mandaste que não entrassem na tua congregação.

¹¹Todo o seu povo anda suspirando, buscando o pão; deram as suas coisas mais preciosas a troco de mantimento para restaurarem a alma; vê, SENHOR, e contempla, que sou desprezível.

¹²Não *vos* comove isto a todos vós que passais pelo caminho? Atendei, e vede, se há dor como a minha dor, que veio sobre mim, com que o SENHOR me afligiu, no dia do furor da sua ira.

¹³Desde o alto enviou fogo a meus ossos, o qual se assenhoreou deles; estendeu uma rede aos meus pés, fez-me voltar para trás, fez-me assolada *e* enferma todo o dia.

¹⁴O jugo das minhas transgressões está atado pela sua mão; elas estão entretecidas, subiram sobre o meu pescoço, e ele abateu a minha força; entregou-me o Senhor nas mãos *daqueles* a quem não posso resistir.

¹⁵O Senhor atropelou todos os meus poderosos no meio de mim; convocou contra mim uma assembleia, para esmagar os meus jovens; o Senhor pisou como num lagar a virgem filha de Judá.

¹⁶Por estas coisas eu ando chorando; os meus olhos, os meus olhos se desfazem em águas; porque se afastou de mim o consolador que devia restaurar a minha alma; os meus filhos estão assolados, porque prevaleceu o inimigo.

¹⁷Estende Sião as suas mãos, não há quem a console; mandou o SENHOR acerca de Jacó *que* lhe fossem inimigos os que estão em redor dele; Jerusalém é entre eles como uma mulher imunda.

¹⁸Justo é o SENHOR, pois me rebelei *contra* o seu mandamento; ouvi, pois, todos os povos, e vede a minha dor; as minhas virgens e os meus jovens foram *levados* para o cativeiro.

¹⁹Chamei os meus amantes, *mas* eles me enganaram; os meus sacerdotes e os meus anciãos expiraram na cidade; enquanto buscavam para si mantimento, para restaurarem a sua alma.

²⁰Olha, SENHOR, porque estou angustiada; turbadas estão as minhas entranhas; o meu coração *está* transtornado dentro de mim, porque gravemente me rebelei; fora *me* desfilhou a espada, em casa está a morte.

²¹Ouviram que eu suspiro, *mas* não tenho quem me console; todos os meus inimigos que souberam do meu mal folgam, porque tu o fizeste; mas, em trazendo tu o dia *que* apregoaste, serão como eu.

²²Venha toda a sua maldade diante de ti, e faze-lhes como me fizeste a mim por causa de todas as minhas transgressões; porque os meus suspiros *são* muitos, e o meu coração *está* desfalecido.

O cerco, fome e destruição de Jerusalém

2 COMO cobriu o Senhor de nuvens na sua ira a filha de Sião! Derrubou do céu à terra a glória de Israel, e não se lembrou do escabelo de seus pés, no dia da sua ira.

²Devorou o Senhor todas as moradas de Jacó, e não se apiedou; derrubou no seu furor as fortalezas da filha de Judá, *e* abateu-as até à terra; profanou o reino e os seus príncipes.

³No furor da *sua* ira cortou toda a força de Israel; retirou para trás a sua destra de diante do inimigo; e ardeu contra Jacó, como labareda de fogo *que* consome em redor dele.

⁴Armou o seu arco como inimigo, firmou a sua destra como adversário, e matou tudo o *que era*

formoso à vista; derramou a sua indignação como fogo na tenda da filha de Sião.

⁵Tornou-se o Senhor como inimigo; devorou a Israel, devorou a todos os seus palácios, destruiu as suas fortalezas; e multiplicou na filha de Judá a lamentação e a tristeza.

⁶E arrancou o seu tabernáculo com violência, como se fosse *o de* uma horta; destruiu o lugar da sua congregação; o Senhor, em Sião, pôs em esquecimento a festa solene e o sábado, e na indignação da sua ira rejeitou com desprezo o rei e o sacerdote.

⁷Rejeitou o Senhor o seu altar, detestou o seu santuário; entregou na mão do inimigo os muros dos seus palácios; deram gritos na casa do Senhor, como em dia de festa solene.

⁸Intentou o Senhor destruir o muro da filha de Sião; estendeu o cordel *sobre ele*, não retirou a sua mão destruidora; fez gemer o antemuro e o muro; estão eles juntamente enfraquecidos.

⁹As suas portas caíram por terra; ele destruiu e quebrou os seus ferrolhos; o seu rei e os seus príncipes *estão* entre os gentios, onde não *há* lei, nem os seus profetas acham visão alguma do Senhor.

¹⁰Estão sentados na terra, silenciosos, os anciãos da filha de Sião; lançam pó sobre as suas cabeças, cingiram sacos; as virgens de Jerusalém abaixam as suas cabeças até à terra.

¹¹Já se consumiram os meus olhos com lágrimas, turbadas estão as minhas entranhas, o meu fígado se derramou pela terra por causa do quebrantamento da filha do meu povo; pois desfalecem o menino e a criança de peito pelas ruas da cidade.

¹²Ao desfalecerem, como feridos, pelas ruas da cidade, ao exalarem as suas almas no regaço de suas mães, perguntam a elas: Onde *está* o trigo e o vinho?

¹³Que testemunho te trarei? A quem te compararei, ó filha de Jerusalém? A quem te assemelharei, para te consolar, ó virgem filha de Sião? Porque grande como o mar *é* a tua quebradura; quem te sarará?

¹⁴Os teus profetas viram para ti, vaidade e loucura, e não manifestaram a tua maldade, para impedirem o teu cativeiro; mas viram para ti cargas vãs e motivos de expulsão.

¹⁵Todos os que passam pelo caminho batem palmas, assobiam e meneiam as suas cabeças sobre a filha de Jerusalém, *dizendo:* É esta a cidade que denominavam: Perfeita em formosura, gozo de toda a terra?

¹⁶Todos os teus inimigos abrem as suas bocas contra ti, assobiam, e rangem os dentes; dizem: Devoramo-la; certamente este *é* o dia que esperávamos; achamo-lo, vimo-lo.

¹⁷Fez o Senhor o que intentou; cumpriu a sua palavra, que ordenou desde os dias da antiguidade; derrubou, e não se apiedou; fez que o inimigo se alegrasse por tua causa, exaltou o poder dos teus adversários.

¹⁸O coração deles clamou ao Senhor: Ó muralha da filha de Sião, corram as tuas lágrimas como *um* ribeiro, de dia e de noite; não te dês descanso, nem parem as meninas de teus olhos.

¹⁹Levanta-te, clama de noite no princípio das vigias; derrama o teu coração como águas diante da presença do Senhor; levanta a ele as tuas mãos, pela vida de teus filhinhos, que desfalecem de fome à entrada de todas as ruas.

²⁰Vê, ó Senhor, e considera a quem fizeste assim! Hão de comer as mulheres o fruto *de si mesmas*, as crianças que trazem nos braços? Ou matar-se-á no santuário do Senhor o sacerdote e o profeta?

²¹Jazem por terra *pelas* ruas o moço e o velho, as minhas virgens e *os* meus jovens vieram a cair à espada; tu os mataste no dia da tua ira; mataste e não te apiedaste.

²²Convocaste os meus temores em redor como *num* dia de solenidade; não houve no dia da ira do Senhor quem escapasse, ou ficasse; aqueles que eu trouxe nas mãos e sustentei, o meu inimigo os consumiu.

A tristeza de Jeremias

3 EU sou aquele homem *que* viu a aflição pela vara do seu furor.

²Ele me guiou e me fez andar em trevas e não na luz.

³Deveras fez virar e revirar a sua mão contra mim o dia todo.

⁴Fez envelhecer a minha carne e a minha pele, quebrou os meus ossos.

⁵Edificou contra mim, e *me* cercou de fel e trabalho.

⁶Assentou-me em lugares tenebrosos, como os *que estavam* mortos há muito.

⁷Cercou-me de uma sebe, e não posso sair; agravou os meus grilhões.

⁸Ainda quando clamo e grito, ele exclui a minha oração.

⁹Fechou os meus caminhos com pedras lavradas, fez tortuosas as minhas veredas.

¹⁰Fez-se-me como urso de emboscada, um leão em esconderijos.

¹¹Desviou os meus caminhos, e fez-me em pedaços; deixou-me assolado.

¹²Armou o seu arco, e me pôs como alvo à flecha.

¹³Fez entrar nas minhas entranhas as flechas da sua aljava.

¹⁴Fui feito *um* objeto de escárnio para todo o meu povo, e a sua canção todo o dia.

¹⁵Fartou-me de amarguras, embriagou-me de absinto.

¹⁶Quebrou com cascalho os meus dentes, abaixou-me na cinza.

¹⁷E afastaste da paz a minha alma; esqueci-me do bem.

¹⁸Então disse eu: Já pereceu a minha força, como também a minha esperança no Senhor.

¹⁹Lembra-te da minha aflição e do meu pranto, do absinto e do fel.

LAMENTAÇÕES 3.20 548

²⁰Minha alma certamente *disto* se lembra, e se abate dentro de mim.

²¹Disto me recordarei na minha mente; por isso esperarei.

²²As misericórdias do Senhor são *a causa* de não sermos consumidos, porque as suas misericórdias não têm fim;

²³Novas *são* cada manhã; grande *é* a tua fidelidade.

²⁴A minha porção *é* o Senhor, diz a minha alma; portanto esperarei nele.

²⁵Bom *é* o Senhor para os que esperam por ele, para a alma *que* o busca.

²⁶Bom *é* ter esperança, *e aguardar* em silêncio a salvação do Senhor.

²⁷Bom *é* para o homem suportar o jugo na sua mocidade.

²⁸Assente-se solitário e fique em silêncio; porquanto *Deus* o pôs sobre ele.

²⁹Ponha a sua boca no pó; talvez ainda haja esperança.

³⁰Dê a *sua* face ao que o fere; farte-se de afronta.

³¹Pois o Senhor não rejeitará para sempre.

³²Pois, ainda que entristeça a alguém, usará de compaixão, segundo a grandeza das suas misericórdias.

³³Porque não aflige nem entristece de bom grado aos filhos dos homens.

³⁴Pisar debaixo dos seus pés a todos os presos da terra,

³⁵Perverter o direito do homem perante a face do Altíssimo,

³⁶Subverter ao homem no seu pleito, não o veria o Senhor?

³⁷Quem é aquele *que* diz, e *assim* acontece, *quando* o Senhor o não mande?

³⁸*Porventura* da boca do Altíssimo não sai *tanto* o mal como o bem?

³⁹De que se queixa, *pois,* o homem vivente? *Queixe-se* cada um dos seus pecados.

⁴⁰Esquadrinhemos os nossos caminhos, e provemo-los, e voltemos para o Senhor.

⁴¹Levantemos os nossos corações com as mãos para Deus nos céus, *dizendo:*

⁴²Nós transgredimos, e fomos rebeldes; *por isso* tu não perdoaste.

⁴³Cobriste-te de ira, e nos perseguiste; mataste, não perdoaste.

⁴⁴Cobriste-te de nuvens, para que não passe a *nossa* oração.

⁴⁵Como escória e refugo nos puseste no meio dos povos.

⁴⁶Todos os nossos inimigos abriram contra nós a sua boca.

⁴⁷Temor e laço vieram sobre nós, assolação e destruição.

⁴⁸Torrentes de água derramaram os meus olhos, por causa da destruição da filha do meu povo.

⁴⁹Os meus olhos choram, e não cessam, porque não há descanso,

⁵⁰Até que o Senhor atente e veja desde os céus.

⁵¹Os meus olhos entristecem a minha alma, por causa de todas as filhas da minha cidade.

⁵²Como ave me caçam os *que,* sem causa, são meus inimigos.

⁵³Cortaram-me a vida na masmorra, e lançaram pedras sobre mim.

⁵⁴Águas correram sobre a minha cabeça; eu disse: Estou cortado.

⁵⁵Invoquei o teu nome, Senhor, desde a mais profunda masmorra.

⁵⁶Ouviste a minha voz; não escondas o teu ouvido ao meu suspiro, ao meu clamor.

⁵⁷Tu te aproximaste no dia em que te invoquei; disseste: Não temas.

⁵⁸Pleiteaste, Senhor, as causas da minha alma, remiste a minha vida.

⁵⁹Viste, Senhor, a injustiça que me fizeram; julga a minha causa.

⁶⁰Viste toda a sua vingança, todos os seus pensamentos contra mim,

⁶¹Ouviste a sua afronta, Senhor, todos os seus pensamentos contra mim,

⁶²Os lábios dos que se levantam contra mim e os seus desígnios me são contrários todo o dia.

⁶³Observa-*os* ao assentarem-se e ao levantarem-se; eu *sou* a sua música.

⁶⁴Tu lhes darás recompensa, Senhor, conforme a obra das suas mãos.

⁶⁵Tu lhes darás ânsia de coração, maldição tua sobre eles.

⁶⁶Na tua ira os perseguirás, e os destruirás de debaixo dos céus do Senhor.

As grandes aflições do povo de Sião

4 COMO se escureceu o ouro! *Como* se mudou o ouro puro e bom! *Como* estão espalhadas as pedras do santuário sobre cada rua!

²Os preciosos filhos de Sião, avaliados a puro ouro, como são *agora* reputados por vasos de barro, obra das mãos do oleiro!

³Até os chacais abaixam o peito, dão de mamar aos seus filhos; *mas* a filha do meu povo *tornou-se* cruel como os avestruzes no deserto.

⁴A língua do que mama fica pegada pela sede ao seu paladar; os meninos pedem pão, *e* ninguém lho reparte.

⁵Os que comiam comidas finas *agora* desfalecem nas ruas; os que se criaram em carmesim abraçam monturos.

⁶Porque maior é a iniquidade da filha do meu povo do que o pecado de Sodoma, a qual foi subvertida como num momento, sem que mãos lhe tocassem.

⁷Os seus nobres eram mais puros do que a neve, mais brancos do que o leite, mais vermelhos de corpo do que os rubis, *e* mais polidos do que a safira.

⁸*Mas agora* escureceu-se o seu aspecto mais do que o negrume; não são conhecidos nas ruas; a sua pele se lhes pegou aos ossos, secou-se, tornou-se como um pau.

⁹Os mortos à espada foram mais ditosos do que

os mortos à fome; porque estes *morreram* lentamente, por *falta* dos frutos dos campos.

¹⁰As mãos das mulheres compassivas cozeram seus *próprios* filhos; serviram-lhes de alimento na destruição da filha do meu povo.

¹¹Deu o Senhor cumprimento ao seu furor; derramou o ardor da sua ira, e acendeu fogo em Sião, que consumiu os seus fundamentos.

¹² Não creram os reis da terra, nem todos os moradores do mundo, que entrasse o adversário e o inimigo pelas portas de Jerusalém.

¹³Foi por causa dos pecados dos profetas, das maldades dos seus sacerdotes, que derramaram o sangue dos justos no meio dela.

¹⁴Vagueiam como cegos nas ruas, andam contaminados de sangue; de tal sorte que ninguém pode tocar nas suas roupas.

¹⁵Desviai-vos, imundos! gritavam-lhes; desviai-vos, desviai-vos, não toqueis! quando fugiram e também andaram errantes, dizia-se entre os gentios: Nunca mais morarão *aqui*.

¹⁶A face indignada do Senhor os espalhou, ele nunca mais tornará a olhar para eles; não respeitaram a pessoa dos sacerdotes, nem se compadeceram dos velhos.

¹⁷Os nossos olhos desfaleciam, *esperando* o nosso vão socorro; olhávamos atentamente para uma nação *que* não *nos* podia livrar.

¹⁸Espiaram os nossos passos, de maneira que não podíamos andar pelas nossas ruas; está chegado o nosso fim, estão cumpridos os nossos dias, porque é vindo o nosso fim.

¹⁹Os nossos perseguidores foram mais ligeiros do que as águias dos céus; sobre os montes nos perseguiram, no deserto nos armaram ciladas.

²⁰O fôlego das nossas narinas, o ungido do Senhor, foi preso nas suas covas; dele dizíamos: Debaixo da sua sombra viveremos entre os gentios.

²¹Regozija-te e alegra-te, ó filha de Edom, que habitas na terra de Uz; o cálice passará também para ti; embebedar-te-ás, e te descobrirás.

²²O castigo da tua maldade está consumado, ó filha de Sião; ele nunca mais te levará para o cativeiro; ele visitará a tua maldade, ó filha de Edom, descobrirá os teus pecados.

Males presentes, e tristes recordações de Sião

5 LEMBRA-TE, Senhor, do que nos tem sucedido; considera, e olha o nosso opróbrio.

²A nossa herança passou a estrangeiros, *e* as nossas casas a forasteiros.

³Órfãos somos sem pai, nossas mães *são* como viúvas.

⁴A nossa água por dinheiro a bebemos, por preço vem a nossa lenha.

⁵Os nossos perseguidores estão sobre os nossos pescoços; estamos cansados, e não temos descanso.

⁶Aos egípcios *e* aos assírios estendemos as mãos, para nos fartarem *de* pão.

⁷Nossos pais pecaram, e *já* não existem; e nós levamos as suas maldades.

⁸Servos dominam sobre nós; ninguém *há* que *nos* livre da sua mão.

⁹Com *perigo de* nossas vidas trazemos o nosso pão, por causa da espada do deserto.

¹⁰Nossa pele se queimou como um forno, por causa do ardor da fome.

¹¹Forçaram as mulheres em Sião, as virgens nas cidades de Judá.

¹²Os príncipes foram enforcados pelas mãos deles; as faces dos velhos não foram reverenciadas.

¹³Aos jovens obrigaram a moer, e os meninos caíram debaixo *das cargas* de lenha.

¹⁴Os velhos já não estão mais às portas, os jovens *já* deixaram a sua música.

¹⁵Cessou o gozo de nosso coração; converteu-se em lamentação a nossa dança.

¹⁶Caiu a coroa da nossa cabeça; ai de nós! Porque pecamos.

¹⁷Por isso desmaiou o nosso coração; por isso se escureceram os nossos olhos.

¹⁸Pelo monte de Sião, que está assolado, andam as raposas.

¹⁹Tu, Senhor, permaneces eternamente, *e* o teu trono *subsiste* de geração em geração.

²⁰Por que te esquecerias de nós para sempre? *Por que* nos desampararias por tanto tempo?

²¹Converte-nos a ti, Senhor, e seremos convertidos; renova os nossos dias como dantes.

²²Mas tu nos rejeitaste totalmente. Tu estás muito enfurecido contra nós.

O LIVRO DO PROFETA

EZEQUIEL

A primeira visão dos querubins

1 E ACONTECEU no trigésimo ano, no quarto *mês, no* quinto *dia* do mês, que estando eu no meio dos cativos, junto ao rio Quebar, se abriram os céus, e eu tive visões de Deus.

²No quinto *dia* do mês, no quinto ano do cativeiro do rei Jeoiaquim,

³Veio expressamente a palavra do SENHOR a Ezequiel, filho de Buzi, o sacerdote, na terra dos caldeus, junto ao rio Quebar, e ali esteve sobre ele a mão do SENHOR.

⁴Olhei, e eis que um vento tempestuoso vinha do norte, uma grande nuvem, com um fogo revolvendo-se *nela,* e um resplendor ao redor, e no meio dela *havia* uma coisa, como de cor de âmbar, *que saía* do meio do fogo.

⁵E do meio dela *saía* a semelhança de quatro seres viventes. E esta era a sua aparência: tinham a semelhança de homem.

⁶E cada um tinha quatro rostos, como também cada um deles quatro asas.

⁷E os seus pés *eram* pés direitos; e as plantas dos seus pés como a planta do pé de *uma* bezerra, e luziam como a cor de cobre polido.

⁸E *tinham* mãos de homem debaixo das suas asas, aos quatro lados; e assim *todos* quatro tinham seus rostos e suas asas.

⁹Uniam-se as suas asas uma à outra; não se viravam quando andavam, *e* cada qual andava continuamente em frente.

¹⁰E a semelhança dos seus rostos era *como* o rosto de homem; e do lado direito todos os quatro tinham rosto de leão, e do lado esquerdo todos os quatro tinham rosto de boi; e também tinham rosto de águia todos os quatro.

¹¹Assim eram os seus rostos. As suas asas *estavam* estendidas por cima; cada qual tinha duas *asas* juntas uma a outra, e duas cobriam os corpos deles.

¹²E cada qual andava para adiante de si; para onde o espírito havia de ir, iam; não se viravam quando andavam.

¹³E, quanto à semelhança dos seres viventes, o seu aspecto *era* como ardentes brasas de fogo, com *uma* aparência de lâmpadas; o *fogo* subia e descia por entre os seres viventes, e o fogo resplandecia, e do fogo saíam relâmpagos;

¹⁴E os seres viventes corriam, e voltavam, à semelhança de um clarão de relâmpago.

¹⁵E vi os seres viventes; e eis que havia uma roda sobre a terra junto aos seres viventes, uma para cada um dos quatro rostos.

¹⁶O aspecto das rodas, e a obra delas, *era* como a cor de berilo; e as quatro tinham uma mesma semelhança; e o seu aspecto, e a sua obra, era como se estivera uma roda no meio de *outra* roda.

¹⁷Andando elas, andavam pelos seus quatro lados; não se viravam quando andavam.

¹⁸E os seus aros eram tão altos, que faziam medo; e estas quatro tinham as suas cambotas cheias de olhos ao redor.

¹⁹E, andando os seres viventes, andavam as rodas ao lado deles; e, elevando-se os seres viventes da terra, elevavam-se *também* as rodas.

²⁰Para onde o espírito queria ir, eles iam; para onde o espírito tinha de ir; e as rodas se elevavam defronte deles, porque o espírito do ser vivente *estava* nas rodas.

²¹Andando eles, andavam *elas* e, parando eles, paravam *elas* e, elevando-se eles da terra, elevavam-se *também* as rodas defronte deles; porque o espírito do ser vivente *estava* nas rodas.

²²E sobre as cabeças dos seres viventes *havia uma* semelhança de firmamento, com a aparência de cristal terrível, estendido por cima, sobre as suas cabeças.

²³E debaixo do firmamento *estavam* as suas asas direitas uma em direção à outra; cada um tinha duas, que lhe cobriam o corpo de um lado; e cada um tinha *outras* duas *asas,* que os cobriam do outro lado.

²⁴E, andando eles, ouvi o ruído das suas asas, como o ruído de muitas águas, como a voz do Onipotente, um tumulto como o estrépito de um exército; parando eles, abaixavam as suas asas.

²⁵E ouviu-se uma voz vinda do firmamento, que *estava* por cima das suas cabeças; parando eles, abaixavam as suas asas.

²⁶E por cima do firmamento, que *estava* por cima das suas cabeças, *havia algo* semelhante a um trono que parecia de pedra de safira; e sobre esta espécie de trono havia uma figura semelhante à de um homem, na parte de cima, sobre ele.

²⁷E vi-*a* como a cor de âmbar, como a aparência do fogo pelo interior dele ao redor, desde o aspecto dos seus lombos, e daí para cima; e, desde o aspecto dos seus lombos e daí para baixo, vi como a semelhança de fogo, e um resplendor ao redor dele.

²⁸Como o aspecto do arco que aparece na nuvem no dia da chuva, assim era o aspecto do resplendor em redor. Este era o aspecto da semelhança da glória do SENHOR; e, vendo isto, caí sobre o meu rosto, e ouvi a voz de quem falava.

A vocação de Ezequiel

2 E DISSE-ME: Filho do homem, põe-te em pé, e falarei contigo.

²Então entrou em mim o Espírito, quando ele falava comigo, e me pôs em pé, e ouvi o que me falava.

³E disse-me: Filho do homem, eu te envio aos filhos de Israel, às nações rebeldes que se rebelaram

contra mim; eles e seus pais transgrediram contra mim até este mesmo dia.

⁴E os filhos *são* de semblante duro, e obstinados de coração; eu te envio a eles, e lhes dirás: Assim diz o Senhor Deus.

⁵E eles, quer ouçam quer deixem de ouvir (porque eles são casa rebelde), hão de saber, contudo, que esteve no meio deles um profeta.

⁶E tu, ó filho do homem, não os temas, nem temas as suas palavras; ainda que *estejam* contigo sarças e espinhos, e tu habites entre escorpiões, não temas as suas palavras, nem te assustes com os seus semblantes, porque *são* casa rebelde.

⁷Mas tu lhes dirás as minhas palavras, quer ouçam quer deixem de ouvir, pois *são* rebeldes.

⁸Mas tu, ó filho do homem, ouve o que eu te falo, não sejas rebelde como a casa rebelde; abre a tua boca, e come o que eu te dou.

A visão do rolo do livro

⁹Então vi, e eis que uma mão se estendia para mim, e eis que nela *havia um* rolo de livro.

¹⁰E estendeu-o diante de mim, e ele estava escrito por dentro e por fora; e nele estavam escritas lamentações, e suspiros e ais.

3 DEPOIS me disse: Filho do homem, come o que achares; come este rolo, e vai, fala à casa de Israel.

²Então abri a minha boca, e me deu a comer o rolo.

³E disse-me: Filho do homem, dá de comer ao teu ventre, e enche as tuas entranhas deste rolo que eu te dou. Então o comi, e era na minha boca doce como o mel.

⁴E disse-me ainda: Filho do homem, vai, entra na casa de Israel, e dize-lhe as minhas palavras.

⁵Porque tu não és enviado a um povo de estranha fala, nem de língua difícil, *mas* à casa de Israel;

⁶Nem a muitos povos de estranha fala, e de língua difícil, cujas palavras não possas entender; se eu aos tais te enviara, certamente te dariam ouvidos.

⁷Mas a casa de Israel não te quererá dar ouvidos, porque não me querem dar ouvidos a mim; pois toda a casa de Israel é de fronte obstinada e dura de coração.

⁸Eis que fiz duro o teu rosto contra os seus rostos, e forte a tua fronte contra a sua fronte.

⁹Fiz como diamante a tua fronte, mais forte do que a pederneira; não os temas, *pois,* nem te assombres com os seus rostos, porque são casa rebelde.

¹⁰Disse-me mais: Filho do homem, recebe no teu coração todas as minhas palavras que te hei de dizer, e ouve-*as* com os teus ouvidos.

¹¹Eia, pois, vai aos do cativeiro, aos filhos do teu povo, e lhes falarás e lhes dirás: Assim diz o Senhor Deus, quer ouçam quer deixem de ouvir.

¹²E levantou-me o Espírito, e ouvi por detrás de mim uma voz de grande estrondo, *que dizia:* Bendita seja a glória do Senhor, desde o seu lugar.

¹³E *ouvi* o ruído das asas dos seres viventes, que tocavam umas nas outras, e o ruído das rodas defronte deles, e o sonido de um grande estrondo.

¹⁴Então o Espírito me levantou, e me levou; e eu me fui amargurado, na indignação do meu espírito; porém a mão do Senhor era forte sobre mim.

¹⁵E fui a Tel-Abibe, aos do cativeiro, que moravam junto ao rio Quebar, e eu morava onde eles moravam; e fiquei ali sete dias, pasmado no meio deles.

O atalaia de Israel

¹⁶E sucedeu que, ao fim de sete dias, veio a palavra do Senhor a mim, dizendo:

¹⁷Filho do homem: Eu te dei por atalaia sobre a casa de Israel; e tu da minha boca ouvirás a palavra e avisá-los-ás da minha parte.

¹⁸Quando eu disser ao ímpio: Certamente morrerás; e tu não o avisares, nem falares para avisar o ímpio acerca do seu mau caminho, para salvar a sua vida, aquele ímpio morrerá na sua iniquidade, mas o seu sangue, da tua mão *o* requererei.

¹⁹Mas, se avisares ao ímpio, e ele não se converter da sua impiedade e do seu mau caminho, ele morrerá na sua iniquidade, mas tu livraste a tua alma.

²⁰Semelhantemente, quando o justo se desviar da sua justiça, e cometer a iniquidade, e eu puser diante dele um tropeço, ele morrerá: porque tu não o avisaste, no seu pecado morrerá; e suas justiças, que tiver praticado, não serão lembradas, mas o seu sangue, da tua mão o requererei.

²¹Mas, avisando tu o justo, para que não peque, e ele não pecar, certamente viverá; porque foi avisado; e tu livraste a tua alma.

²²E a mão do Senhor estava sobre mim ali, e ele me disse: Levanta-te, e sai ao vale, e ali falarei contigo.

²³E levantei-me, e saí ao vale, e eis que a glória do Senhor estava ali, como a glória que vi junto ao rio Quebar; e caí sobre o meu rosto.

²⁴Então entrou em mim o Espírito, e me pôs em pé, e falou comigo, e me disse: Entra, encerra-te dentro da tua casa.

²⁵E quanto a ti, ó filho do homem, eis que porão cordas sobre ti, e te ligarão com elas; não sairás, pois, ao meio deles.

²⁶E eu farei que a tua língua se pegue ao teu paladar, e ficarás mudo, e não lhes servirás de repreendedor; porque eles *são* casa rebelde.

²⁷Mas, quando eu falar contigo, abrirei a tua boca, e lhes dirás: Assim diz o Senhor Deus: Quem ouvir ouça, e quem deixar *de ouvir,* deixe; porque eles *são* casa rebelde.

Predição do cerco de Jerusalém

4 TU, pois, ó filho do homem, toma um tijolo, e pô-lo-ás diante de ti, e grava nele a cidade de Jerusalém.

²E põe contra ela um cerco, e edifica contra ela uma fortificação, e levanta contra ela uma trincheira, e põe contra ela arraiais, e põe-lhe aríetes em redor.

EZEQUIEL 4.3   552

³E tu toma uma sertã de ferro, e põe-na por muro de ferro entre ti e a cidade; e dirige para ela o teu rosto, e assim será cercada, e a cercarás; isto *servirá* de sinal à casa de Israel.

⁴Tu também deita-te sobre o teu lado esquerdo, e põe a iniquidade da casa de Israel sobre ele; *conforme* o número dos dias que te deitares sobre ele, levarás as suas iniquidades.

⁵Porque eu *já* te tenho fixado os anos da sua iniquidade, conforme o número dos dias, trezentos e noventa dias; e levarás a iniquidade da casa de Israel.

⁶E, quando tiveres cumprido estes *dias,* tornar-te-ás a deitar sobre o teu lado direito, e levarás a iniquidade da casa de Judá quarenta dias; um dia te dei para cada ano.

⁷Dirigirás, pois, o teu rosto para o cerco de Jerusalém, com o teu braço descoberto, e profetizarás contra ela.

⁸E eis que porei sobre ti cordas; assim tu não te voltarás de um lado para o outro, até que cumpras os dias do teu cerco.

⁹E tu, toma trigo, e cevada, e favas, e lentilhas, e milheto e aveia, e coloca-os numa vasilha, e faze deles pão; *conforme* o número dos dias que tu te deitares sobre o teu lado, trezentos e noventa dias, comerás disso.

¹⁰E a tua comida, que hás de comer, *será* do peso de vinte siclos por dia; de tempo em tempo a comerás.

¹¹Também beberás a água por medida, *a saber,* a sexta parte de um him; de tempo em tempo beberás.

¹²E o que comeres será como bolos de cevada, e cozê-los-ás sobre o esterco que sai do homem, diante dos olhos deles.

¹³E disse o SENHOR: Assim comerão os filhos de Israel o seu pão imundo, entre os gentios para onde os lançarei.

¹⁴Então disse eu: Ah! Senhor DEUS! Eis que a minha alma não foi contaminada, pois desde a minha mocidade até agora, nunca comi daquilo que morrer de si mesmo, ou que é despedaçado por feras; nem carne abominável entrou na minha boca.

¹⁵E disse-me: Vê, dei-te esterco de vacas, em lugar de esterco de homem; e sobre ele prepararás o teu pão.

¹⁶Disse-me ainda: Filho do homem, eis que eu quebrarei o sustento de pão em Jerusalém, e comerão o pão por peso, e com ansiedade; e a água beberão por medida, e com espanto;

¹⁷Para que lhes falte o pão e a água, e se espantem uns com os outros, e se consumam nas suas iniquidades.

5E TU, ó filho do homem, toma uma faca afiada, como navalha de barbeiro, e a farás passar pela tua cabeça e pela tua barba; então tomarás uma balança de peso, e repartirás os *cabelos.*

²Uma terça parte queimarás no fogo, no meio da cidade, quando se cumprirem os dias do cerco; então tomarás *outra* terça parte, e feri-la-ás com uma faca ao redor dela; e a *outra* terça parte espalharás ao vento; porque desembainharei a espada atrás deles.

³Também tomarás dali um pequeno número, e atá-los-ás nas bordas *do* teu *manto.*

⁴E ainda destes tomarás alguns, e os lançarás no meio do fogo e os queimarás a fogo; *e* dali sairá um fogo contra toda a casa de Israel.

⁵Assim diz o Senhor DEUS: Esta é Jerusalém; coloquei-a no meio das nações e das terras que estão ao redor dela.

⁶Ela, porém, mudou em impiedade os meus juízos, mais do que as nações, e os meus estatutos mais do que as terras que *estão* ao redor dela; porque rejeitaram os meus juízos e os meus estatutos, e não andaram neles.

⁷Portanto assim diz o Senhor DEUS: Porque multiplicastes mais do que as nações, que *estão* ao redor de vós, e não andastes nos meus estatutos, nem guardastes os meus juízos, nem *ainda* procedestes segundo os juízos das nações que *estão* ao redor de vós;

⁸Por isso assim diz o Senhor DEUS: Eis que eu, sim eu, *estou* contra ti; e executarei juízos no meio de ti aos olhos das nações.

⁹E farei em ti o que nunca fiz, e o que jamais farei, por causa de todas as tuas abominações.

¹⁰Portanto os pais comerão a seus filhos no meio de ti, e os filhos comerão a seus pais; e executarei em ti juízos, e tudo o que restar de ti, espalharei a todos os ventos.

¹¹Portanto, *como* eu vivo, diz o Senhor DEUS, certamente, porquanto profanaste o meu santuário com todas as tuas coisas detestáveis, e com todas as tuas abominações, também eu *te* diminuirei, e o meu olho não te perdoará, nem também terei piedade.

¹²Uma terça parte de ti morrerá de peste, e se consumirá de fome no meio de ti; e outra terça parte cairá à espada em redor de ti; e a *outra* terça parte espalharei a todos os ventos, e desembainharei a espada atrás deles.

¹³Assim se cumprirá a minha ira, e satisfarei neles o meu furor, e me consolarei; e saberão que eu, o SENHOR, tenho falado no meu zelo, quando eu cumprir neles o meu furor.

¹⁴E pôr-te-ei em desolação, e por *objeto de* opróbrio entre as nações que estão em redor de ti, aos olhos de todos os que passarem.

¹⁵E será *objeto de* opróbrio e blasfêmia, instrução e espanto às nações que *estão* em redor de ti, quando eu executar em ti juízos com ira, e com furor, e com terríveis castigos. Eu, o SENHOR, falei.

¹⁶Quando eu enviar as malignas flechas da fome contra eles, que servirão para destruição, as quais eu mandarei para vos destruir, então aumentarei a fome sobre vós, e vos quebrarei o sustento do pão.

¹⁷E enviarei sobre vós a fome, e as feras que te desfilharão; e a peste e o sangue passarão por ti; e trarei a espada sobre ti. Eu, o SENHOR, falei.

Profecia contra os montes de Israel

6 E VEIO a mim a palavra do SENHOR, dizendo: [2]Filho do homem, dirige o teu rosto para os montes de Israel, e profetiza contra eles.

[3]E dirás: Montes de Israel, ouvi a palavra do Senhor DEUS: Assim diz o Senhor DEUS aos montes, aos outeiros, aos ribeiros e aos vales: Eis que eu, *sim* eu, trarei a espada sobre vós, e destruirei os vossos lugares altos.

[4]E serão assolados os vossos altares, e quebradas as vossas imagens do sol e derrubarei os vossos mortos, diante dos vossos ídolos.

[5]E porei os cadáveres dos filhos de Israel diante dos seus ídolos; e espalharei os vossos ossos em redor dos vossos altares.

[6]Em todos os vossos lugares habitáveis, as cidades serão destruídas, e os lugares altos assolados; para que os vossos altares sejam destruídos e assolados, e os vossos ídolos se quebrem e se acabem, e as vossas imagens sejam cortadas, e desfeitas as vossas obras.

[7]E os mortos cairão no meio de vós, para que saibais que eu *sou* o SENHOR.

[8]Porém deixarei um remanescente, para que tenhais entre as nações *alguns* que escaparem da espada, quando fordes espalhados pelas terras.

[9]Então os que dentre vós escaparem se lembrarão de mim entre as nações para onde foram levados em cativeiro; porquanto me quebrantei por causa do seu coração corrompido, que se desviou de mim, e por causa dos seus olhos, que andaram se corrompendo após os seus ídolos; e terão nojo de si mesmos, por causa das maldades que fizeram em todas as suas abominações.

[10]E saberão que eu *sou* o SENHOR, *e que* não disse em vão que lhes faria este mal.

[11]Assim diz o Senhor DEUS: Bate com a mão, e bate com o teu pé, e dize: Ah! Por todas as grandes abominações da casa de Israel! Porque cairão à espada, e de fome, e de peste.

[12]O que estiver longe morrerá de peste, e o que *está* perto cairá à espada; e o que restar e ficar cercado morrerá de fome; assim cumprirei o meu furor sobre eles.

[13]Então sabereis que eu *sou* o SENHOR, quando os seus mortos estiverem no meio dos seus ídolos, em redor dos seus altares, em todo o outeiro alto, em todos os cumes dos montes, e debaixo de toda a árvore verde, e debaixo de todo o carvalho frondoso, no lugar onde ofereciam cheiro suave a todos os seus ídolos.

[14]E estenderei a minha mão sobre eles, e farei a terra desolada, e mais devastada do que o deserto do lado de Dibla, em todas as suas habitações; e saberão que eu sou o SENHOR.

Vem o fim, o fim vem!

7 DEPOIS veio a mim a palavra do SENHOR, dizendo: [2]E tu, ó filho do homem, assim diz o Senhor DEUS acerca da terra de Israel: Vem o fim, o fim *vem* sobre os quatro cantos da terra.

[3]Agora *vem* o fim sobre ti, e enviarei sobre ti a minha ira, e te julgarei conforme os teus caminhos, e trarei sobre ti todas as tuas abominações.

[4]E não te poupará o meu olho, nem terei piedade *de ti*, mas porei sobre ti os teus caminhos, e as tuas abominações estarão no meio de ti; e sabereis que eu *sou* o SENHOR.

[5]Assim diz o Senhor DEUS: Um mal, eis que um só mal vem.

[6]Vem o fim, o fim vem, despertou-se contra ti; eis que vem.

[7]A manhã vem para ti, ó habitante da terra. Vem o tempo; chegado *é* o dia da turbação, e não mais o sonido *de alegria* dos montes.

[8]Agora depressa derramarei o meu furor sobre ti, e cumprirei a minha ira contra ti, e te julgarei conforme os teus caminhos, e porei sobre ti todas as tuas abominações.

[9]E não te poupará o meu olho, nem terei piedade *de ti*; conforme os teus caminhos, assim te punirei, e as tuas abominações estarão no meio de ti; e sabereis que eu, o SENHOR, *é* que firo.

[10]Eis aqui o dia, eis que vem; veio a manhã, já floresceu a vara, *já* reverdeceu a soberba.

[11]A violência se levantou em vara de impiedade; nada *restará* deles, nem da sua multidão, nem do seu rumor, nem *haverá* lamentação por eles.

[12]Vem o tempo, é chegado o dia; o que compra não se alegre, e o que vende não se entristeça; porque a ira ardente está sobre toda a multidão deles.

[13]Porque o que vende não tornará a *possuir* o que vendeu, ainda que esteja entre os viventes; porque a visão, sobre toda a sua multidão, não tornará para trás, nem ninguém fortalecerá a sua vida com a sua iniquidade.

[14]*Já* tocaram a trombeta, e tudo prepararam, mas não *há* quem vá à peleja, porque a minha ardente ira *está* sobre toda a sua multidão.

[15]Fora está a espada, e dentro a peste e a fome; o que *estiver* no campo morrerá à espada, e o que estiver na cidade a fome e a peste o consumirão.

[16]E escaparão os que fugirem deles, mas estarão pelos montes, como pombas dos vales, todos gemendo, cada um por causa da sua iniquidade.

[17]Todas as mãos se enfraquecerão, e todos os joelhos serão débeis como água.

[18]E cingir-se-ão de sacos, e o terror os cobrirá; e sobre todos os rostos *haverá* vergonha, e sobre todas as suas cabeças, calva.

[19]A sua prata lançarão pelas ruas, e o seu ouro será removido; nem a sua prata nem o seu ouro os poderá livrar no dia do furor do SENHOR; eles não fartarão a sua alma, nem lhes encherão o estômago, porque isto foi o tropeço da sua iniquidade.

[20]E a glória do seu ornamento *ele a* pôs em magnificência, mas eles fizeram nela imagens das suas abominações e coisas detestáveis; por isso eu lha tenho feito coisa imunda.

[21]E entregá-la-ei por presa, na mão dos estrangeiros, e aos ímpios da terra por despojo; e a profanarão.

EZEQUIEL 7.22 554

²²E desviarei deles o meu rosto, e profanarão o meu *lugar* oculto; porque entrarão nele saqueadores, e o profanarão.

²³Faze *uma* cadeia, porque a terra está cheia de crimes de sangue, e a cidade está cheia de violência.

²⁴E farei vir os piores dentre os gentios e possuirão as suas casas; e farei cessar a arrogância dos fortes, e os seus lugares santos serão profanados.

²⁵Vem a destruição; eles buscarão a paz, mas não há nenhuma.

²⁶Miséria sobre miséria virá, e se levantará rumor sobre rumor; então buscarão do profeta *uma* visão, mas do sacerdote perecerá a lei e dos anciãos o conselho.

²⁷O rei lamentará, e o príncipe se vestirá de desolação, e as mãos do povo da terra se conturbarão; conforme o seu caminho lhes farei, e conforme os seus merecimentos os julgarei; e saberão que eu *sou* o Senhor.

As abominações no santuário

8 SUCEDEU, pois, no sexto ano, no sexto mês, no quinto *dia* do mês, estando eu assentado na minha casa, e os anciãos de Judá assentados diante de mim, que ali a mão do Senhor Deus caiu sobre mim.

²E olhei, e eis uma semelhança como o aspecto de fogo; desde o aspecto dos seus lombos, e *daí* para baixo, era fogo; e dos seus lombos e *daí* para cima como o aspecto de um resplendor como a cor de âmbar.

³E estendeu a forma de uma mão, e tomou-me pelos cabelos da minha cabeça; e o Espírito me levantou entre a terra e o céu, e levou-me a Jerusalém em visões de Deus, até à entrada da porta do pátio de dentro, que olha para o norte, onde *estava* o assento da imagem do ciúmes, que provoca ciúmes.

⁴E eis que a glória do Deus de Israel *estava* ali, conforme o aspecto que eu tinha visto no vale.

⁵E disse-me: Filho do homem, levanta agora os teus olhos para o caminho do norte. E levantei os meus olhos para o caminho do norte, e eis que ao norte da porta do altar, *estava* esta imagem de ciúmes na entrada.

⁶E disse-me: Filho do homem, vês tu o que eles estão fazendo? As grandes abominações que a casa de Israel faz aqui, para que me afaste do meu santuário? Mas ainda tornarás a ver maiores abominações.

⁷E levou-me à porta do átrio; então olhei, e eis que *havia um* buraco na parede.

⁸E disse-me: Filho do homem, cava agora naquela parede. E cavei na parede, e eis que *havia* uma porta.

⁹Então me disse: Entra, e vê as malignas abominações que eles fazem aqui.

¹⁰E entrei, e olhei, e eis que toda a forma de répteis, e animais abomináveis, e de todos os ídolos da casa de Israel, estavam pintados na parede em todo o redor.

¹¹E estavam em pé diante deles setenta homens dos anciãos da casa de Israel, e Jaazanias, filho de Safã, em pé, no meio deles, e cada um *tinha* na mão o seu incensário; e subia *uma* espessa nuvem de incenso.

¹²Então me disse: Viste, filho do homem, o que os anciãos da casa de Israel fazem nas trevas, cada um nas suas câmaras pintadas de imagens? Pois dizem: O Senhor não nos vê; o Senhor abandonou a terra.

¹³E disse-me: Ainda tornarás a ver maiores abominações, que estes fazem.

¹⁴E levou-me à entrada da porta da casa do Senhor, que *está* do lado norte, e eis que *estavam* ali mulheres assentadas chorando a Tamuz.

¹⁵E disse-me: Vês *isto,* filho do homem? Ainda tornarás a ver abominações maiores do que estas.

¹⁶E levou-me para o átrio interior da casa do Senhor, e eis que *estavam* à entrada do templo do Senhor, entre o pórtico e o altar, cerca de vinte e cinco homens, de costas para o templo do Senhor, e com os rostos para o oriente; e eles, virados para o oriente adoravam o sol.

¹⁷Então me disse: Vês *isto,* filho do homem? Há *porventura* coisa mais leviana para a casa de Judá, do que tais abominações, que fazem aqui? Havendo enchido a terra de violência, tornam a irritar-me; e ei-los a chegar o ramo ao seu nariz.

¹⁸Por isso também eu os tratarei com furor; o meu olho não poupará, nem terei piedade; ainda que me gritem aos ouvidos com grande voz, *contudo* não os ouvirei.

Preservação do justo

9 ENTÃO me gritou aos ouvidos *com* grande voz, dizendo: Fazei chegar os intendentes da cidade, cada um com as suas armas destruidoras na mão.

²E eis que vinham seis homens a caminho da porta superior, que olha para o norte, e cada *um* com a sua arma destruidora na mão, e entre eles um homem vestido de linho, com um tinteiro de escrivão à sua cintura; e entraram, e se puseram junto ao altar de bronze.

³E a glória do Deus de Israel se levantou de sobre o querubim, sobre o qual estava, *indo* até a entrada da casa; e clamou ao homem vestido de linho, que tinha o tinteiro de escrivão à sua cintura.

⁴E disse-lhe o Senhor: Passa pelo meio da cidade, pelo meio de Jerusalém, e marca com *um* sinal as testas dos homens que suspiram e se gemem por causa de todas as abominações que se cometem no meio dela.

A destruição do ímpio

⁵E aos *outros* disse ele, ouvindo eu: Passai pela cidade após ele, e feri; não poupe o vosso olho, nem vos compadeçais.

⁶Matai velhos, jovens, virgens, meninos e mulheres, até exterminá-los; mas a todo o homem que *tiver* o sinal não vos chegueis; e começai pelo meu santuário. E começaram pelos homens mais velhos que *estavam* diante da casa.

555

EZEQUIEL 11.8

⁷E disse-lhes: Contaminai a casa e enchei os átrios de mortos; saí. E saíram, e feriram na cidade.

⁸Sucedeu, pois, que, havendo-os ferido, e ficando eu *sozinho*, caí sobre a minha face, e clamei, e disse: Ah! Senhor Deus! Dar-se-á caso que destruas todo o restante de Israel, derramando a tua indignação sobre Jerusalém?

⁹Então me disse: A maldade da casa de Israel e de Judá *é* grandíssima, e a terra se encheu de sangue e a cidade se encheu de perversidade; porque dizem: O Senhor abandonou a terra, e o Senhor não vê.

¹⁰Pois, também, quanto a mim, não poupará o meu olho, nem me compadecerei; sobre a cabeça deles farei recair o seu caminho.

¹¹Eis que o homem que *estava* vestido de linho, a cuja cintura estava o tinteiro, tornou com a resposta, dizendo: Fiz como me mandaste.

A segunda visão dos querubins

10 DEPOIS olhei, e eis que no firmamento, que *estava* por cima da cabeça dos querubins, apareceu sobre eles uma como pedra de safira, semelhante a forma de um trono.

²E falou ao homem vestido de linho, dizendo: Vai por entre as rodas, até debaixo do querubim, e enche as tuas mãos de brasas acesas dentre os querubins e espalha-as sobre a cidade. E ele entrou à minha vista.

³E os querubins estavam ao lado direito da casa, quando entrou aquele homem; e uma nuvem encheu o átrio interior.

⁴Então se levantou a glória do Senhor de sobre o querubim *indo* para a entrada da casa; e encheu-se a casa de uma nuvem, e o átrio se encheu do resplendor da glória do Senhor.

⁵E o ruído das asas dos querubins se ouviu até ao átrio exterior, como a voz do Deus Todo-Poderoso, quando fala.

⁶Sucedeu, pois, que, dando ele ordem ao homem vestido de linho, dizendo: Toma fogo dentre as rodas, dentre os querubins, entrou ele, e parou junto às rodas.

⁷Então estendeu um querubim a sua mão dentre os querubins para o fogo que *estava* entre os querubins; e tomou *dele*, e o pôs nas mãos do que estava vestido de linho; o qual o tomou, e saiu.

⁸E apareceu nos querubins uma semelhança de mão de homem debaixo das suas asas.

⁹Então olhei, e eis quatro rodas junto aos querubins, uma roda junto a um querubim, e outra roda junto a outro querubim; e o aspecto das rodas *era* como a cor da pedra de berilo.

¹⁰E, quanto ao seu aspecto, as quatro tinham uma mesma semelhança; como se estivesse *uma* roda no meio *de outra* roda.

¹¹Andando estes, andavam para os quatro lados deles; não se viravam quando andavam, mas para o lugar para onde olhava a cabeça, para esse seguiam; não se viravam quando andavam.

¹²E todo o seu corpo, as suas costas, as suas mãos, as suas asas e as rodas, as rodas que os quatro tinham, *estavam* cheias de olhos ao redor.

¹³E, quanto às rodas, ouvindo eu, se lhes gritava: Roda!

¹⁴E cada um tinha quatro rostos; o rosto do primeiro *era* rosto de querubim, e o rosto do segundo, rosto de homem, e *do* terceiro era rosto de leão, e *do* quarto, rosto de águia.

¹⁵E os querubins se elevaram ao alto; estes *são* os mesmos seres viventes que vi junto ao rio Quebar.

¹⁶E, andando os querubins, andavam as rodas juntamente com eles; e, levantando os querubins as suas asas, para se elevarem de sobre a terra, também as rodas não se separavam deles.

¹⁷Parando eles, paravam *elas;* e, elevando-se eles elevavam-se elas, porque o espírito do ser vivente *estava* nelas.

¹⁸Então saiu a glória do Senhor de sobre a entrada da casa, e parou sobre os querubins.

¹⁹E os querubins alçaram as suas asas, e se elevaram da terra aos meus olhos, quando saíram; e as rodas os acompanhavam; e *cada um* parou à entrada da porta oriental da casa do Senhor; e a glória do Deus de Israel estava em cima, sobre eles.

²⁰Estes *são* os seres viventes que vi debaixo do Deus de Israel, junto ao rio Quebar, e conheci que *eram* querubins.

²¹Cada um tinha quatro rostos e cada um quatro asas, e a semelhança de mãos de homem debaixo das suas asas.

²²E a semelhança dos seus rostos era *a dos* rostos que eu tinha visto junto ao rio Quebar, o aspecto deles, e eles mesmos; cada um andava para diante do seu rosto.

O juízo de Deus contra os chefes do povo

11 ENTÃO me levantou o Espírito, e me levou à porta oriental da casa do Senhor, a qual olha para o oriente; e eis que estavam à entrada da porta vinte e cinco homens; e no meio deles vi a Jaazanias, filho de Azur, e a Pelatias, filho de Benaia, príncipes do povo.

²E disse-me: Filho do homem, estes *são* os homens que maquinam perversidade, e dão mau conselho nesta cidade.

³Os quais dizem: Não está próximo o tempo de edificar casas; esta *cidade* é o caldeirão, e nós a carne.

⁴Portanto, profetiza contra eles; profetiza, ó filho do homem.

⁵Caiu, pois, sobre mim o Espírito do Senhor, e disse-me: Fala: Assim diz o Senhor: Assim haveis falado, ó casa de Israel, porque, quanto às coisas que vos sobem ao espírito, eu as conheço.

⁶Multiplicastes os vossos mortos nesta cidade, e enchestes as suas ruas de mortos.

⁷Portanto, assim diz o Senhor Deus: Vossos mortos, que deitastes no meio dela, esses são a carne e ela *é* o caldeirão; a vós, porém, vos tirarei do meio dela.

⁸Temestes a espada, e a espada trarei sobre vós, diz o Senhor Deus.

EZEQUIEL 11.9   556

⁹E vos farei sair do meio dela, e vos entregarei na mão de estrangeiros, e exercerei *os meus* juízos entre vós.

¹⁰Caireis à espada, *e* nos confins de Israel vos julgarei; e sabereis que eu *sou* o SENHOR.

¹¹Esta *cidade* não vos servirá de caldeirão, nem vós servireis de carne no meio dela; nos confins de Israel vos julgarei.

¹²E sabereis que eu *sou* o SENHOR, porque não andastes nos meus estatutos, nem cumpristes os meus juízos; antes fizestes conforme os juízos dos gentios que *estão* ao redor de vós.

¹³E aconteceu que, profetizando eu, morreu Pelatias, filho de Benaia; então caí sobre o meu rosto, e clamei com grande voz, e disse: Ah! Senhor DEUS! *Porventura* darás tu fim ao remanescente de Israel?

¹⁴Então veio a mim a palavra do SENHOR, dizendo:

¹⁵Filho do homem, teus irmãos, sim, teus irmãos, os homens de teu parentesco, e toda a casa de Israel, todos eles são aqueles a quem os habitantes de Jerusalém disseram: Apartai-vos para longe do SENHOR; esta terra nos foi dada em possessão.

¹⁶Portanto, dize: Assim diz o Senhor DEUS: Ainda que os lancei para longe entre os gentios, e ainda que os espalhei pelas terras, todavia lhes serei como um pequeno santuário, nas terras para onde forem.

¹⁷Portanto, dize: Assim diz o Senhor DEUS: Hei de ajuntar-vos do meio dos povos, e vos recolherei das terras para onde fostes lançados, e vos darei a terra de Israel.

¹⁸E virão ali, e tirarão dela todas as suas coisas detestáveis e todas as suas abominações.

¹⁹E lhes darei um só coração, e um espírito novo porei dentro deles; e tirarei da sua carne o coração de pedra, e lhes darei um coração de carne;

²⁰Para que andem nos meus estatutos, e guardem os meus juízos, e os cumpram; e eles me serão por povo, e eu lhes serei por Deus.

²¹Mas, quanto àqueles cujo coração andar conforme o coração das suas coisas detestáveis, e as suas abominações, farei recair nas suas cabeças o seu caminho, diz o Senhor DEUS.

²²Então os querubins elevaram as suas asas, e as rodas os acompanhavam; e a glória do Deus de Israel estava em cima sobre eles.

²³E a glória do SENHOR se alçou desde o meio da cidade; e se pôs sobre o monte que *está* ao oriente da cidade.

²⁴Depois o Espírito me levantou, e me levou à Caldeia, para os do cativeiro, em visão, pelo Espírito de Deus; e subiu de sobre mim a visão que eu tinha tido.

²⁵E falei aos do cativeiro todas as coisas que o SENHOR me havia mostrado.

A mudança para fora do muro

12 E VEIO a mim a palavra do SENHOR, dizendo: ²Filho do homem, tu habitas no meio da casa rebelde, que tem olhos para ver e não vê, e tem ouvidos para ouvir e não ouve; porque eles *são* casa rebelde.

³Tu, pois, ó filho do homem, prepara mobílias para mudares, e de dia muda aos olhos deles; e do teu lugar mudarás para outro lugar aos olhos deles; bem pode ser que reparem nisso, ainda que eles *são* casa rebelde.

⁴Aos olhos deles, pois, tirarás para fora, de dia, as tuas mobílias, como *quem* vai mudar; então tu sairás de tarde aos olhos deles, como quem sai mudando para o cativeiro.

⁵Faze para ti, à vista deles, uma abertura na parede, e tira-as para fora, por ali.

⁶Aos olhos deles, nos seus ombros, às escuras *as* tirarás, e cobrirás o teu rosto, para que não vejas a terra; porque te dei por sinal à casa de Israel.

⁷E fiz assim, como se me deu ordem; as minhas mobílias tirei para fora de dia, como mobílias do cativeiro; então à tarde fiz, com a mão, uma abertura na parede; às escuras as tirei para fora, e nos meus ombros as levei, aos olhos deles.

⁸E, pela manhã, veio a mim a palavra do SENHOR, dizendo:

⁹Filho do homem, *porventura* não te disse a casa de Israel, aquela casa rebelde: Que fazes tu?

¹⁰Dize-lhes: Assim diz o Senhor DEUS: Esta carga *refere-se* ao príncipe em Jerusalém, e a toda a casa de Israel, que está no meio dela.

¹¹Dize: Eu *sou* o vosso sinal. Assim como eu fiz, assim se lhes fará a eles; irão para o exílio em cativeiro.

¹²E o príncipe que *está* no meio deles levará aos ombros *as mobílias,* e às escuras sairá; farão uma abertura na parede para *as* tirarem por ela; o seu rosto cobrirá, para que com os seus olhos não veja a terra.

¹³Também estenderei a minha rede sobre ele, e será apanhado no meu laço; e o levarei à Babilônia, à terra dos caldeus, e *contudo* não a verá, ainda que ali morrerá.

¹⁴E a todos os ventos espalharei os que *estiverem* ao redor dele para seu socorro, e a todas as suas tropas; e desembainharei a espada atrás deles.

¹⁵Assim saberão que eu sou o SENHOR, quando eu os dispersar entre as nações e os espalhar pelas terras.

¹⁶Mas deles deixarei ficar alguns poucos, *escapos* da espada, da fome, e da peste, para que contem todas as suas abominações entre as nações para onde forem; e saberão que eu *sou* o SENHOR.

¹⁷Então veio a mim a palavra do SENHOR, dizendo:

¹⁸Filho do homem, o teu pão comerás com tremor, e a tua água beberás com estremecimento e com receio.

¹⁹E dirás ao povo da terra: Assim diz o Senhor DEUS acerca dos habitantes de Jerusalém, na terra de Israel: O seu pão comerão com receio, e a sua água beberão com susto, pois a sua terra será despojada de sua abundância, por causa da violência de todos os que nela habitam.

²⁰E as cidades habitadas serão devastadas, e a terra se tornará em desolação; e sabereis que eu *sou* o Senhor.

Profecia contra os falsos profetas

²¹E veio *ainda* a mim a palavra do Senhor, dizendo:

²²Filho do homem, que provérbio *é* este *que* vós tendes na terra de Israel, dizendo: Prolongar-se- -ão os dias, e perecerá toda a visão?

²³Portanto, dize-lhes: Assim diz o Senhor Deus: Farei cessar este provérbio, e já não se servirão mais dele em Israel; mas dize-lhes: Os dias estão próximos e o cumprimento de toda a visão.

²⁴Porque não haverá mais alguma visão vã, nem adivinhação lisonjeira, no meio da casa de Israel.

²⁵Porque eu, o Senhor, falarei, e a palavra que eu falar se cumprirá; não será mais adiada; porque em vossos dias, ó casa rebelde, falarei uma palavra e a cumprirei, diz o Senhor Deus.

²⁶Veio mais a mim a palavra do Senhor, dizendo:

²⁷Filho do homem, eis que *os da* casa de Israel dizem: A visão que este tem *é* para muitos dias, e ele profetiza de tempos que estão longe.

²⁸Portanto dize-lhes: Assim diz o Senhor Deus: Não será mais adiada nenhuma das minhas palavras; e a palavra que falei se cumprirá, diz o Senhor Deus.

13 E VEIO a mim a palavra do Senhor, dizendo: ²Filho do homem, profetiza contra os profetas de Israel que profetizam, e dize aos que só profetizam de seu coração: Ouvi a palavra do Senhor;

³Assim diz o Senhor Deus: Ai dos profetas loucos, que seguem o seu *próprio* espírito e que nada viram!

⁴Os teus profetas, ó Israel, são como raposas nos desertos.

⁵Não subistes às brechas, nem reparastes o muro para a casa de Israel, para estardes *firmes* na peleja no dia do Senhor.

⁶Viram vaidade e adivinhação mentirosa os que dizem: O Senhor disse; quando o Senhor não os enviou; e fazem que se espere o cumprimento da palavra.

⁷Porventura não tivestes visão de vaidade, e não falastes adivinhação mentirosa, quando dissestes: O Senhor diz, sendo que eu *tal* não falei?

⁸Portanto assim diz o Senhor Deus: Como tendes falado vaidade, e visto a mentira, portanto eis que eu *sou* contra vós, diz o Senhor Deus.

⁹E a minha mão será contra os profetas que veem vaidade e que adivinham mentira; não estarão na congregação do meu povo, nem nos registros da casa de Israel se escreverão, nem entrarão na terra de Israel; e sabereis que eu *sou* o Senhor Deus.

¹⁰Porquanto, sim, porquanto andam enganando o meu povo, dizendo: Paz, não havendo paz; e quando um edifica uma parede, eis que outros a cobrem com *argamassa* não temperada;

¹¹Dize aos que a cobrem com *argamassa* não temperada que ela cairá. Haverá *uma* grande pancada de chuva, e vós, ó pedras grandes de saraiva, caireis, e *um* vento tempestuoso *a* fenderá.

¹²Ora, eis que, caindo a parede, não vos dirão: Onde *está* a argamassa com que a cobristes?

¹³Portanto assim diz o Senhor Deus: Fendê-la- -ei no meu furor com vento tempestuoso, e chuva de inundar *haverá* na minha ira, e grandes pedras de saraiva na minha indignação, para a consumir.

¹⁴E derrubarei a parede que cobristes com *argamassa* não temperada, e darei com ela por terra, e o seu fundamento se descobrirá; assim cairá, e perecereis no meio dela, e sabereis que eu *sou* o Senhor.

¹⁵Assim cumprirei o meu furor contra a parede, e contra os que a cobriram com *argamassa* não temperada; e vos direi: *Já* não *há* parede, nem existem os que a cobriram;

¹⁶Os profetas de Israel, que profetizam acerca de Jerusalém, e veem para ela visão de paz, não havendo paz, diz o Senhor Deus.

¹⁷E tu, ó filho do homem, dirige o teu rosto contra as filhas do teu povo, que profetizam de seu coração, e profetiza contra elas,

¹⁸E dize: Assim diz o Senhor Deus: Ai das que cosem almofadas para todas as axilas, e que fazem véus para as cabeças de pessoas de toda a estatura, para caçarem as almas! *Porventura* caçareis as almas do meu povo, e as almas guardareis em vida para vós?

¹⁹E vós me profanastes entre o meu povo, por punhados de cevada, e por pedaços de pão, para matardes as almas que não haviam de morrer, e para guardardes em vida as almas que não haviam de viver, mentindo *assim* ao meu povo que escuta a mentira?

²⁰Portanto assim diz o Senhor Deus: Eis aí *vou* eu contra as vossas almofadas, com que vós ali caçais as almas fazendo-*as* voar, e as arrancarei de vossos braços, e soltarei as almas, sim, as almas que vós caçais fazendo-*as* voar.

²¹E rasgarei os vossos véus, e livrarei o meu povo das vossas mãos, e nunca mais estará em vossas mãos para ser caçado; e sabereis que eu *sou* o Senhor.

²²Visto que entristecestes o coração do justo *com* falsidade, não o havendo eu entristecido; e fortalecestes as mãos do ímpio, para que não se desviasse do seu mau caminho, para conservá- -lo em vida.

²³Portanto não vereis mais vaidade, nem mais fareis adivinhações; mas livrarei o meu povo da vossa mão, e sabereis que eu *sou* o Senhor.

O castigo dos idólatras

14 E VIERAM a mim *alguns* homens dos anciãos de Israel, e se assentaram diante de mim.

²Então veio a mim a palavra do Senhor, dizendo:

³Filho do homem, estes homens levantaram os seus ídolos nos seus corações, e o tropeço da sua

maldade puseram diante da sua face; devo eu de alguma maneira ser interrogado por eles?

⁴Portanto fala com eles, e dize-lhes: Assim diz o Senhor Deus: Qualquer homem da casa de Israel, que levantar os seus ídolos no seu coração, e puser o tropeço da sua maldade diante da sua face, e vier ao profeta, eu, o Senhor, vindo ele, lhe responderei conforme a multidão dos seus ídolos;

⁵Para que eu possa apanhar a casa de Israel no seu coração, porquanto todos se apartaram de mim para *seguirem* os seus ídolos.

⁶Portanto dize à casa de Israel: Assim diz o Senhor Deus: Convertei-vos, e tornai-vos dos vossos ídolos; e desviai os vossos rostos de todas as vossas abominações;

⁷Porque qualquer homem da casa de Israel, e dos estrangeiros que peregrinam em Israel, que se alienar de mim, e levantar os seus ídolos no seu coração, e puser o tropeço da sua maldade diante do seu rosto, e vier ao profeta, para me consultar por meio dele, eu, o Senhor, lhe responderei por mim *mesmo*.

⁸E porei o meu rosto contra o tal homem, e o assolarei para *que sirva de* sinal e provérbio, e arrancá-lo-ei do meio do meu povo; e sabereis que eu *sou* o Senhor.

⁹E se o profeta for enganado, e falar alguma coisa, eu, o Senhor, terei enganado esse profeta; e estenderei a minha mão contra ele, e destruí-lo-ei do meio do meu povo Israel.

¹⁰E levarão *sobre si* o castigo da sua iniquidade; o castigo do profeta será como o castigo de quem o consultar.

¹¹Para que a casa de Israel não se desvie mais de mim, nem mais se contamine com todas as suas transgressões; então eles serão o meu povo, e eu lhes serei o seu Deus, diz o Senhor Deus.

A justiça dos castigos de Deus

¹²Veio ainda a mim a palavra do Senhor, dizendo:

¹³Filho do homem, quando uma terra pecar contra mim, se rebelando gravemente, então estenderei a minha mão contra ela, e lhe quebrarei o sustento do pão, e enviarei contra ela fome, e cortarei dela homens e animais.

¹⁴Ainda que estivessem no meio dela estes três homens, Noé, Daniel e Jó, eles pela sua justiça livrariam *apenas* as suas almas, diz o Senhor Deus.

¹⁵Se eu fizer passar pela terra as feras selvagens, e *elas* a desfilharem de modo que fique desolada, e ninguém possa passar *por ela* por causa das feras;

¹⁶*E* estes três homens *estivessem* no meio dela, vivo eu, diz o Senhor Deus, que nem a filhos nem a filhas livrariam; eles só ficariam livres, e a terra seria assolada.

¹⁷Ou, *se* eu trouxer a espada sobre aquela terra, e disser: Espada, passa pela terra; e eu cortar dela homens e animais;

¹⁸Ainda que aqueles três homens *estivessem* nela, vivo eu, diz o Senhor Deus, que nem filhos nem filhas livrariam, mas somente eles ficariam livres.

¹⁹Ou, *se* eu enviar a peste sobre aquela terra, e derramar o meu furor sobre ela com sangue, para cortar dela homens e animais,

²⁰Ainda que Noé, Daniel e Jó *estivessem* no meio dela, vivo eu, diz o Senhor Deus, que nem *um* filho nem *uma* filha eles livrariam, mas somente eles livrariam as suas próprias almas pela sua justiça.

²¹Porque assim diz o Senhor Deus: Quanto mais, se eu enviar os meus quatro maus juízos, a espada, a fome, as feras, e a peste, contra Jerusalém, para cortar dela homens e feras?

²²Mas eis que *alguns* fugitivos restarão nela, que serão levados para fora, assim filhos e filhas; eis que eles virão a vós, e vereis o seu caminho e os seus feitos; e ficareis consolados do mal que eu trouxe sobre Jerusalém, *e* de tudo o que trouxe sobre ela.

²³E sereis consolados, quando virdes o seu caminho e os seus feitos; e sabereis que não fiz sem razão tudo quanto nela tenho feito, diz o Senhor Deus.

A videira inútil

15 E VEIO a mim a palavra do Senhor, dizendo:

²Filho do homem, que mais é a árvore da videira do que qualquer *outra* árvore, *ou do que* o ramo que está entre as árvores do bosque?

³Toma-se dela madeira para fazer alguma obra? Ou toma-se dela alguma estaca, para que se lhe pendure um vaso?

⁴Eis que é lançado no fogo, para ser consumido; ambas as suas extremidades consome o fogo, e o meio dela fica *também* queimado; serviria *porventura* para alguma obra?

⁵Ora, se estando inteiro, não servia para obra *alguma,* quanto menos sendo consumido pelo fogo, e, sendo queimado, se faria ainda obra *dele?*

⁶Portanto, assim diz o Senhor Deus: Como a árvore da videira entre as árvores do bosque, que tenho entregue ao fogo para que seja consumido, assim entregarei os habitantes de Jerusalém.

⁷E porei a minha face contra eles; do fogo sairão, mas o fogo os consumirá; e sabereis que eu *sou* o Senhor, quando tiver posto a minha face contra eles.

⁸E tornarei a terra em desolação, porquanto grandemente transgrediram, diz o Senhor Deus.

A menina torna-se uma prostituta

16 E VEIO a mim outra vez a palavra do Senhor, dizendo:

²Filho do homem, faze conhecer a Jerusalém as suas abominações.

³E dize: Assim diz o Senhor Deus a Jerusalém: A tua origem e o teu nascimento *procedem* da terra dos cananeus. Teu pai *era* amorreu, e tua mãe heteia.

⁴E, *quanto ao* teu nascimento, no dia em que nasceste não te foi cortado o umbigo, nem foste lavada com água para te limpar; nem tampouco foste esfregada com sal, nem envolta em faixas.

⁵Não se apiedou de ti olho algum, para te fazer alguma coisa disto, compadecendo-se de ti; antes foste lançada em pleno campo, pelo nojo da tua pessoa, no dia em que nasceste.

⁶E, passando eu junto de ti, vi-te a revolver-te no teu sangue, e disse-te: *Ainda que estejas* no teu sangue, vive; sim, disse-te: *Ainda que estejas* no teu sangue, vive.

⁷Eu te fiz multiplicar como o renovo do campo, e cresceste, e te engrandeceste, e chegaste à grande formosura; avultaram os seios, e cresceu o teu cabelo; mas *estavas* nua e descoberta.

⁸E, passando eu junto de ti, vi-te, e eis que o teu tempo *era* tempo de amores; e estendi sobre ti a aba do *meu manto,* e cobri a tua nudez; e dei-te juramento, e entrei em aliança contigo, diz o Senhor DEUS, e tu ficaste *sendo* minha.

⁹Então te lavei com água, e te enxuguei do teu sangue, e te ungi com óleo.

¹⁰E te vesti com roupas bordadas, e te calcei com pele de texugo, e te cingi com linho fino, e te cobri de seda.

¹¹E te enfeitei com adornos, e te pus braceletes nas mãos e um colar ao redor do teu pescoço.

¹²E te pus um pendente na testa, e brincos nas orelhas, e *uma* coroa de glória na cabeça.

¹³E *assim* foste ornada de ouro e prata, e o teu vestido *foi* de linho fino, e de seda e de bordados; nutriste-te de flor de farinha, e mel e azeite; e foste formosa em extremo, e foste próspera, até chegares a realeza.

¹⁴E correu de ti a tua fama entre os gentios, por causa da tua formosura, pois *era* perfeita, por causa da minha glória que eu pusera em ti, diz o Senhor DEUS.

¹⁵Mas confiaste na tua formosura, e te corrompeste por causa da tua fama, e prostituías-te a todo o que passava, para seres dele.

¹⁶E tomaste dos teus vestidos, e fizeste lugares altos *pintados* de diversas cores, e te prostituíste sobre eles, como nunca sucedera, nem sucederá.

¹⁷E tomaste as tuas joias de enfeite, que eu te dei do meu ouro e da minha prata, e fizeste imagens de homens, e te prostituíste com elas.

¹⁸E tomaste os teus vestidos bordados, e as cobriste; e o meu azeite e o meu perfume puseste diante delas.

¹⁹E o meu pão que te dei, a flor de farinha, e o azeite e o mel *com que* eu te sustentava, também puseste diante delas em cheiro suave; e *assim* foi, diz o Senhor DEUS.

²⁰Além disto, tomaste a teus filhos e tuas filhas, que me tinhas gerado, e os sacrificaste a elas, para serem consumidos; acaso *é* pequena a tua prostituição?

²¹E mataste a meus filhos, e os entregaste a elas para os fazerem passar pelo *fogo.*

²²E em todas as tuas abominações, e nas tuas prostituições, não te lembraste dos dias da tua mocidade, quando tu estavas nua e descoberta, *e* revolvida no teu sangue.

²³E sucedeu, depois de toda a tua maldade (ai, ai de ti! Diz o Senhor DEUS),

²⁴*Que* edificaste uma abóbada, e fizeste lugares altos em cada rua.

²⁵A cada canto do caminho edificaste o teu lugar alto, e fizeste abominável a tua formosura, e alargaste os teus pés a todo o que passava, e multiplicaste as tuas prostituições.

²⁶Também te prostituíste com os filhos do Egito, teus vizinhos grandes de carne, e multiplicaste a tua prostituição para me provocares à ira.

²⁷Por isso estendi a minha mão sobre ti, e diminuí a tua porção; e te entreguei à vontade das que te odeiam, das filhas dos filisteus, as quais se envergonhavam do teu caminho depravado.

²⁸Também te prostituíste com os filhos da Assíria, porquanto eras insaciável; e prostituindo-te com eles, nem ainda assim ficaste farta.

²⁹Antes multiplicaste as tuas prostituições na terra de Canaã até Caldeia, e nem ainda com isso te fartaste.

³⁰Quão fraco é o teu coração, diz o Senhor DEUS, fazendo tu todas estas coisas, obras de uma meretriz imperiosa!

³¹Edificando tu a tua abóbada ao canto de cada caminho, e fazendo o teu lugar alto em cada rua! Nem foste como a meretriz, pois desprezaste a paga;

³²*Foste como* a mulher adúltera que, em lugar de seu marido, recebe os estranhos.

³³A todas as meretrizes dão paga, mas tu dás os teus presentes a todos os teus amantes; e lhes dás presentes, para que venham a ti de todas as partes, pelas tuas prostituições.

³⁴Assim que contigo sucede o contrário das *outras* mulheres nas tuas prostituições, pois *ninguém te* procura para prostituição; porque, dando tu a paga, e a ti não sendo dada a paga, fazes o contrário.

³⁵Portanto, ó meretriz, ouve a palavra do SENHOR.

³⁶Assim diz o Senhor DEUS: Porquanto se derramou o teu dinheiro, e se descobriu a tua nudez nas tuas prostituições com os teus amantes, como também com todos os ídolos das tuas abominações, e do sangue de teus filhos que lhes deste;

³⁷Portanto, eis que ajuntarei a todos os teus amantes, com os quais te deleitaste, como também a todos os que amaste, com todos os que odiaste, e ajuntá-los-ei contra ti em redor, e descobrirei a tua nudez diante deles, para que vejam toda a tua nudez.

³⁸E julgar-te-ei como são julgadas as adúlteras e as que derramam sangue; e entregar-te-ei ao sangue de furor e de ciúme.

³⁹E entregar-te-ei nas mãos deles; e eles derrubarão a tua abóbada, e transtornarão os teus altos lugares, e te despirão os teus vestidos, e tomarão as tuas joias de enfeite, e te deixarão nua e descoberta.

⁴⁰Então farão subir contra ti uma multidão,

EZEQUIEL 16.41 560

e te apedrejarão, e te traspassarão com as suas espadas.

⁴¹E queimarão as tuas casas a fogo, e executarão juízos contra ti aos olhos de muitas mulheres; e te farei cessar de ser meretriz, e paga não darás mais.

⁴²Assim satisfarei em ti o meu furor, e os meus ciúmes se desviarão de ti, e me aquietarei, e nunca mais me indignarei.

⁴³Porquanto não te lembraste dos dias da tua mocidade, e me provocaste à ira com tudo isto, eis que também eu farei recair o teu caminho sobre a *tua* cabeça, diz o Senhor Deus, e não mais farás tal perversidade sobre todas as tuas abominações.

⁴⁴Eis que todo o que usa de provérbios usará contra ti *este* provérbio, dizendo: Tal mãe, *tal* filha.

⁴⁵Tu *és* filha de tua mãe, que tinha nojo de seu marido e de seus filhos; e tu *és* irmã de tuas irmãs, que tinham nojo de seus maridos e de seus filhos; vossa mãe *foi* heteia, e vosso pai amorreu.

⁴⁶E tua irmã, a maior, *é* Samaria, ela e suas filhas, a qual habita à tua esquerda; e a tua irmã menor, que habita à tua mão direita, *é* Sodoma e suas filhas.

⁴⁷Todavia não andaste nos seus caminhos, nem fizeste conforme as suas abominações; mas como *se isto* fora mui pouco, ainda te corrompeste mais do que elas, em todos os teus caminhos.

⁴⁸Vivo eu, diz o Senhor Deus, *que* não fez Sodoma, tua irmã, *nem* ela, nem suas filhas, como fizeste tu e tuas filhas.

⁴⁹Eis que esta foi a iniquidade de Sodoma, tua irmã: Soberba, fartura de pão, e abundância de ociosidade teve ela e suas filhas; mas nunca fortaleceu a mão do pobre e do necessitado.

⁵⁰E se ensoberbeceram, e fizeram abominações diante de mim; portanto, vendo eu isto as tirei dali.

⁵¹Também Samaria não cometeu a metade de teus pecados; e multiplicaste as tuas abominações mais do que elas, e justificaste a tuas irmãs, com todas as tuas abominações que fizeste.

⁵²Tu, também, que julgaste a tuas irmãs, leva a tua vergonha pelos pecados, que cometeste, mais abomináveis do que elas; mais justas são do que tu; envergonha-te logo também, e leva a tua vergonha, pois justificaste tuas irmãs.

⁵³Eu, pois, farei voltar os cativos delas; os cativos de Sodoma e suas filhas, e os cativos de Samaria e suas filhas, e os cativos do teu cativeiro dentre elas;

⁵⁴Para que leves a tua vergonha, e sejas envergonhada por tudo o que fizeste, dando-lhes tu consolação.

⁵⁵Quando tuas irmãs, Sodoma e suas filhas, tornarem ao seu primeiro estado, e *também* Samaria e suas filhas tornarem ao seu primeiro estado, também tu e tuas filhas tornareis ao vosso primeiro estado.

⁵⁶Nem mesmo Sodoma, tua irmã, foi mencionada pela tua boca, no dia da tua soberba,

⁵⁷Antes que se descobrisse a tua maldade, como no tempo do desprezo das filhas da Síria, e de todos *os que estavam* ao redor dela, as filhas dos filisteus, que te desprezavam em redor.

⁵⁸A tua perversidade e as tuas abominações tu levarás, diz o Senhor.

⁵⁹Porque assim diz o Senhor Deus: Eu te farei como fizeste, que desprezaste o juramento, quebrando a aliança.

⁶⁰Contudo eu me lembrarei da minha aliança, que fiz contigo nos dias da tua mocidade; e estabelecerei contigo uma aliança eterna.

⁶¹Então te lembrarás dos teus caminhos, e te confundirás, quando receberes tuas irmãs maiores do que tu, com as menores do que tu, porque tas darei por filhas, mas não pela tua aliança.

⁶²Porque eu estabelecerei a minha aliança contigo, e saberás que eu *sou* o Senhor;

⁶³Para que te lembres *disso,* e te envergonhes, e nunca mais abras a tua boca, por causa da tua vergonha, quando eu te expiar de tudo quanto fizeste, diz o Senhor Deus.

A parábola das duas águias e a videira

17E VEIO a mim a palavra do Senhor, dizendo: ²Filho do homem, propõe um enigma, e profere uma parábola para com a casa de Israel.

³E disse: Assim diz o Senhor Deus: Uma grande águia, de grandes asas, de plumagem comprida, *e* cheia de penas de várias cores, veio ao Líbano e levou o mais alto ramo de um cedro.

⁴*E* arrancou a ponta mais alta dos seus renovos, e a levou a uma terra de mercancia; numa cidade de mercadores a pôs.

⁵Tomou da semente da terra, e a lançou num solo frutífero; tomando-a, colocou-a junto às muitas águas, plantando-a como salgueiro.

⁶E brotou, e tornou-se numa videira muito larga, de pouca altura, virando-se para ela os seus ramos, porque as suas raízes estavam debaixo dela; e tornou-se numa videira, e produzia ramos, e brotava renovos.

⁷*E* houve mais uma grande águia, de grandes asas, e cheia de penas; e eis que esta videira lançou para ela as suas raízes, e estendeu para ela os seus ramos, desde as covas do seu plantio, para que a regasse.

⁸Num bom campo, junto a muitas águas, estava ela plantada, para produzir ramos, e para dar fruto, a fim de que fosse videira excelente.

⁹Dize: Assim diz o Senhor Deus: *Porventura* há de prosperar? Não lhe arrancará as suas raízes, e não cortará o seu fruto, para que se seque? Para que sequem todas as folhas de seus renovos, e *isto* não com grande força, nem muita gente, para arrancá-la pelas suas raízes.

¹⁰Mas, *estando* plantada, prosperará? *Porventura*, tocando-lhe vento oriental, de todo não se secará? Nas covas do seu plantio se secará.

¹¹Então veio a mim a palavra do Senhor, dizendo:

¹²Dize agora à casa rebelde: Não sabeis o que *significam* estas coisas? Dize: Eis que veio o rei de

Babilônia *a* Jerusalém, e tomou o seu rei e os seus príncipes, e os levou consigo para Babilônia.

¹³E tomou *um* da descendência real, e fez aliança com ele, e o fez prestar juramento; e tomou *consigo* os poderosos da terra,

¹⁴Para que o reino ficasse humilhado, e não se levantasse, embora, guardando a sua aliança, pudesse subsistir.

¹⁵Mas rebelou-se contra ele, enviando os seus mensageiros ao Egito, para que se lhe mandassem cavalos e muita gente. *Porventura* prosperará ou escapará aquele que faz tais coisas, ou quebrará a aliança, e *ainda* escapará?

¹⁶Vivo eu, diz o Senhor Deus, que no lugar *em que habita* o rei que o fez reinar, cujo juramento desprezou, e cuja aliança quebrou, sim, com ele no meio de Babilônia certamente morrerá.

¹⁷E Faraó, nem com grande exército, nem com uma companhia numerosa, fará *coisa* alguma com ele em guerra, levantando trincheiras e edificando baluartes, para destruir muitas vidas.

¹⁸Porque desprezou o juramento, quebrando a aliança; eis que ele tinha dado a sua mão; contudo fez todas estas coisas; não escapará.

¹⁹Portanto, assim diz o Senhor Deus: Vivo eu, que o meu juramento, que desprezou, e a minha aliança, que quebrou, isto farei recair sobre a sua cabeça.

²⁰E estenderei sobre ele a minha rede, e ficará preso no meu laço; e o levarei a Babilônia, e ali entrarei em juízo com ele por causa da rebeldia que praticou contra mim.

²¹E todos os seus fugitivos, com todas as suas tropas, cairão à espada, e os que restarem serão espalhados a todo o vento; e sabereis que eu, o Senhor, o disse.

²²Assim diz o Senhor Deus: Também eu tomarei *um broto* do topo do cedro, e o plantarei; do principal dos seus renovos cortarei o mais tenro, e o plantarei sobre um monte alto e sublime.

²³No monte alto de Israel o plantarei, e produzirá ramos, e dará fruto, e se fará um cedro excelente; e habitarão debaixo dele aves de toda plumagem, à sombra dos seus ramos habitarão.

²⁴Assim saberão todas as árvores do campo que eu, o Senhor, abati a árvore alta, elevei a árvore baixa, sequei a árvore verde, e fiz reverdecer a árvore seca; eu, o Senhor, o disse, e o fiz.

A responsabilidade pelo pecado é individual

18 E VEIO a mim a palavra do Senhor, dizendo:
²Que pensais, vós, os que usais esta parábola sobre a terra de Israel, dizendo: Os pais comeram uvas verdes, e os dentes dos filhos se embotaram?

³Vivo eu, diz o Senhor Deus, que nunca mais direis esta parábola em Israel.

⁴Eis que todas as almas são minhas; como o é a alma do pai, assim também a alma do filho é minha: a alma que pecar, essa morrerá.

⁵Sendo, pois, o homem justo, e praticando juízo e justiça,

⁶Não comendo sobre os montes, nem levantando os seus olhos para os ídolos da casa de Israel, nem contaminando a mulher do seu próximo, nem se chegando à mulher na sua separação,

⁷Não oprimindo a ninguém, tornando ao devedor o seu penhor, não roubando, dando o seu pão ao faminto, e cobrindo ao nu com roupa,

⁸Não dando o seu dinheiro à usura, e não recebendo demais, desviando a sua mão da injustiça, e fazendo verdadeiro juízo entre homem e homem;

⁹Andando nos meus estatutos, e guardando os meus juízos, e procedendo *segundo* a verdade, o tal justo certamente viverá, diz o Senhor Deus.

¹⁰E *se* ele gerar *um* filho ladrão, derramador de sangue, que fizer a seu irmão qualquer destas coisas;

¹¹E não cumprir todos aqueles deveres, mas antes comer sobre os montes, e contaminar a mulher de seu próximo,

¹²Oprimir ao pobre e necessitado, praticar roubos, não tornar o penhor, e levantar os seus olhos para os ídolos, *e* cometer abominação,

¹³E emprestar com usura, e receber demais, *porventura* viverá? Não viverá. Todas estas abominações ele fez, certamente morrerá; o seu sangue será sobre ele.

¹⁴E eis que também, se ele gerar um filho que veja todos os pecados que seu pai fez e, vendo-*os*, não cometer coisas semelhantes,

¹⁵Não comer sobre os montes, e não levantar os seus olhos para os ídolos da casa de Israel, *e* não contaminar a mulher de seu próximo,

¹⁶E não oprimir a ninguém, *e* não retiver o penhor, e não roubar, der o seu pão ao faminto, e cobrir ao nu com roupa,

¹⁷Desviar do pobre a sua mão, não receber usura e juros, cumprir os meus juízos, *e* andar nos meus estatutos, o tal não morrerá pela iniquidade de seu pai; certamente viverá.

¹⁸Seu pai, porque praticou a extorsão, roubou os bens do irmão, e fez o que não era bom no meio de seu povo, eis que ele morrerá pela sua iniquidade.

¹⁹Mas dizeis: Por que não levará o filho a iniquidade do pai? Porque o filho procedeu com retidão e justiça, *e* guardou todos os meus estatutos, e os praticou, *por isso* certamente viverá.

²⁰A alma que pecar, essa morrerá; o filho não levará a iniquidade do pai, nem o pai levará a iniquidade do filho. A justiça do justo ficará sobre ele e a impiedade do ímpio cairá sobre ele.

²¹Mas *se* o ímpio se converter de todos os pecados que cometeu, e guardar todos os meus estatutos, e proceder com retidão e justiça, certamente viverá; não morrerá.

²²De todas as transgressões que cometeu não haverá lembrança contra ele; pela justiça que praticou viverá.

²³Desejaria eu, de qualquer maneira, a morte do

EZEQUIEL 18.24   562

ímpio? Diz o Senhor DEUS; Não desejo antes que se converta dos seus caminhos, e viva?

²⁴Mas, desviando-se o justo da sua justiça, e cometendo a iniquidade, fazendo conforme todas as abominações que faz o ímpio, *porventura* viverá? De todas as justiças que tiver feito não se fará memória; na sua transgressão com que transgrediu, e no seu pecado com que pecou, neles morrerá.

²⁵Dizeis, porém: O caminho do Senhor não é direito. Ouvi agora, ó casa de Israel: *Porventura* não é o meu caminho direito? Não são os vossos caminhos tortuosos?

²⁶Desviando-se o justo da sua justiça, e cometendo iniquidade, morrerá por ela; na iniquidade, que cometeu, morrerá.

²⁷Mas, convertendo-se o ímpio da impiedade que cometeu, e procedendo com retidão e justiça, conservará este a sua alma em vida.

²⁸Pois que reconsidera, e se converte de todas as suas transgressões que cometeu; certamente viverá, não morrerá.

²⁹Contudo, diz a casa de Israel: O caminho do Senhor não é direito. *Porventura* não são direitos os meus caminhos, ó casa de Israel? E não são tortuosos os vossos caminhos?

³⁰Portanto, eu vos julgarei, cada um conforme os seus caminhos, ó casa de Israel, diz o Senhor DEUS. Tornai-vos, e convertei-vos de todas as vossas transgressões, e a iniquidade não vos servirá de tropeço.

³¹Lançai de vós todas as vossas transgressões com que transgredistes, e fazei-vos um coração novo e um espírito novo; pois, por que razão morreríeis, ó casa de Israel?

³²Porque não tenho prazer na morte do que morre, diz o Senhor DEUS; convertei-vos, pois, e vivei.

O lamento da leoa

19 E TU levanta *uma* lamentação sobre os príncipes de Israel,

²E dize: Quem *foi* tua mãe? *Uma* leoa entre os leões a qual, deitada no meio dos leõezinhos, criou os seus filhotes?

³E educou um dos seus filhotes, o qual veio a ser leãozinho e aprendeu a apanhar a presa, e devorou homens,

⁴E, ouvindo falar dele as nações, foi apanhado na cova delas, e o trouxeram com cadeias à terra do Egito.

⁵Vendo, pois, ela que havia esperado *muito, e que* a sua expectação era perdida, tomou outro dos seus filhotes, *e* fez dele *um* leãozinho.

⁶*Este*, pois, andando continuamente no meio dos leões, veio a ser leãozinho, e aprendeu a apanhar a presa, e devorou homens.

⁷E conheceu os seus palácios, e destruiu as suas cidades; e assolou-se a terra, e a sua plenitude, ao som do seu rugido.

⁸Então se ajuntaram contra ele os povos das províncias ao redor, e estenderam sobre ele a rede, *e* foi apanhado na cova deles.

⁹E com cadeias colocaram-no em uma jaula, e o levaram ao rei de Babilônia; fizeram-no entrar nos lugares fortes, para que não se ouvisse mais a sua voz nos montes de Israel.

A parábola da videira

¹⁰Tua mãe *era* como uma videira no teu sangue, plantada junto às águas; ela frutificou, e encheu-se de ramos, por causa das muitas águas.

¹¹E tinha varas fortes para cetros de dominadores, e elevou-se a sua estatura entre os espessos ramos, e foi vista na sua altura com a multidão dos seus ramos.

¹²Mas foi arrancada com furor, foi lançada por terra, e o vento oriental secou o seu fruto; quebraram-se e secaram-se as suas fortes varas, o fogo as consumiu,

¹³E agora *está* plantada no deserto, numa terra seca e sedenta.

¹⁴E de uma vara dos seus ramos saiu fogo *que* consumiu o seu fruto de maneira que nela não há *mais* vara forte, cetro para dominar. Esta é a lamentação, e servirá de lamentação.

As abominações da casa de Israel depois do êxodo

20 E ACONTECEU, no sétimo ano, no quinto *mês*, aos dez do mês, *que* vieram alguns dos anciãos de Israel, para consultarem o SENHOR; e assentaram-se diante de mim.

²Então veio a mim a palavra do SENHOR, dizendo:

³Filho do homem, fala aos anciãos de Israel, e dize-lhes: Assim diz o Senhor DEUS: Viestes consultar-me? Vivo eu, que não me *deixarei* ser consultado por vós, diz o Senhor DEUS.

⁴*Porventura* tu os julgarias, julgarias tu, ó filho do homem? Notifica-lhes as abominações de seus pais;

⁵E dize-lhes: Assim diz o Senhor DEUS: No dia em que escolhi a Israel, levantei a minha mão para a descendência da casa de Jacó, e me dei a conhecer a eles na terra do Egito, e levantei a minha mão para eles, dizendo: Eu *sou* o SENHOR vosso Deus;

⁶Naquele dia levantei a minha mão para eles, para os tirar da terra do Egito, para *uma* terra que *já* tinha previsto para eles, a qual mana leite e mel, e *é* a glória de todas as terras.

⁷Então lhes disse: Cada um lance de si as abominações dos seus olhos, e não vos contamineis com os ídolos do Egito; eu *sou* o SENHOR vosso Deus.

⁸Mas rebelaram-se contra mim, e não me quiseram ouvir; ninguém lançava de si as abominações dos seus olhos, nem deixava os ídolos do Egito; então eu disse que derramaria sobre eles o meu furor, para cumprir a minha ira contra eles no meio da terra do Egito.

⁹*O que* fiz, porém, *foi* por amor do meu nome, para que não fosse profanado diante dos olhos dos gentios, no meio dos quais *estavam,* a cujos olhos eu me dei a conhecer a eles, para os tirar da terra do Egito.

¹⁰E os tirei da terra do Egito, e os levei ao deserto.

¹¹E dei-lhes os meus estatutos e lhes mostrei os meus juízos, os quais, cumprindo-os o homem, viverá por eles.

¹²E também lhes dei os meus sábados, para que servissem de sinal entre mim e eles; para que soubessem que eu *sou* o SENHOR que os santifica.

¹³Mas a casa de Israel se rebelou contra mim no deserto, não andando nos meus estatutos, e rejeitando os meus juízos, os quais, cumprindo-os, o homem viverá por eles; e profanaram grandemente os meus sábados; e eu disse que derramaria sobre eles o meu furor no deserto, para os consumir.

¹⁴*O que* fiz, porém, *foi* por amor do meu nome, para que não fosse profanado diante dos olhos dos gentios perante a vista dos quais os fiz sair.

¹⁵E, contudo, eu levantei a minha mão para eles no deserto, para não os deixar entrar na terra que *lhes* tinha dado, a qual mana leite e mel, e é a glória de todas as terras;

¹⁶Porque rejeitaram os meus juízos, e não andaram nos meus estatutos, e profanaram os meus sábados; porque o seu coração andava após os seus ídolos.

¹⁷Não obstante o meu olho lhes perdoou, e eu não os destruí nem os consumi no deserto.

¹⁸Mas disse eu a seus filhos no deserto: Não andeis nos estatutos de vossos pais, nem guardeis os seus juízos, nem vos contamineis com os seus ídolos.

¹⁹Eu *sou* o SENHOR vosso Deus; andai nos meus estatutos, e guardai os meus juízos, e executai-os.

²⁰E santificai os meus sábados, e servirão de sinal entre mim e vós, para que saibais que eu *sou* o SENHOR vosso Deus.

²¹Mas também os filhos se rebelaram contra mim, e não andaram nos meus estatutos, nem guardaram os meus juízos para os fazer, os quais, cumprindo-os, o homem viverá por eles; eles profanaram os meus sábados; por isso eu disse que derramaria sobre eles o meu furor, para cumprir contra eles a minha ira no deserto.

²²Mas contive a minha mão, e o fiz por amor do meu nome, para que não fosse profanado perante os olhos dos gentios, à vista dos quais os fiz sair.

²³Também levantei a minha mão para eles no deserto, para os espalhar entre os gentios, e os derramar pelas terras;

²⁴Porque não executaram os meus juízos, e rejeitaram os meus estatutos, e profanaram os meus sábados, e os seus olhos iam após os ídolos de seus pais.

²⁵Por isso também lhes dei estatutos *que* não *eram* bons, juízos pelos quais não haviam de viver;

²⁶E os contaminei em seus *próprios* dons, nos quais faziam passar *pelo fogo* tudo o que abre a madre; para assolá-los para que soubessem que eu *sou* o SENHOR.

²⁷Portanto fala à casa de Israel, ó filho do homem, e dize-lhe: Assim diz o Senhor DEUS: Ainda até nisto me blasfemaram vossos pais, e que procederam traiçoeiramente contra mim.

²⁸Porque, havendo-os eu introduzido na terra sobre a qual eu levantara a minha mão, para lha dar, então olharam para todo o outeiro alto, e para toda a árvore frondosa, e ofereceram ali os seus sacrifícios e apresentaram ali a provocação das suas ofertas; puseram ali os seus cheiros suaves, e ali derramaram as suas libações.

²⁹E eu lhes disse: Que alto *é* este, aonde vós ides? E seu nome tem sido Bamá até o dia de hoje.

³⁰Portanto dize à casa de Israel: Assim diz o Senhor DEUS: Contaminai-vos a vós mesmos a maneira de vossos pais? E vos prostituístes com as suas abominações?

³¹E, quando ofereceis os vossos dons, e fazeis passar os vossos filhos pelo fogo, *não é certo que* estais contaminados com todos os vossos ídolos, até este dia? E vós me consultaríeis, ó casa de Israel? Vivo eu, diz o Senhor DEUS, que vós não me consultareis.

³²E o que veio à vossa mente de modo algum sucederá, quando dizeis: Seremos como os gentios, como as *outras* famílias da terra, servindo ao madeiro e à pedra.

³³Vivo eu, diz o Senhor DEUS, que com mão forte, e com braço estendido, e com indignação derramada, hei de reinar sobre vós.

³⁴E vos tirarei dentre os povos, e vos congregarei das terras nas quais andais espalhados, com mão forte, e com braço estendido, e com indignação derramada.

³⁵E vos levarei ao deserto dos povos; e ali face a face entrarei em juízo convosco;

³⁶Como entrei em juízo com vossos pais, no deserto da terra do Egito, assim entrarei em juízo convosco, diz o Senhor DEUS.

³⁷Também vos farei passar debaixo da vara, e vos farei entrar no vínculo da aliança.

³⁸E separarei dentre vós os rebeldes, e os que transgrediram contra mim; da terra das suas peregrinações os tirarei, mas à terra de Israel não voltarão; e sabereis que eu *sou* o SENHOR.

³⁹Quanto a vós, ó casa de Israel, assim diz o Senhor DEUS; Ide, sirva cada um os seus ídolos, pois que a mim não me quereis ouvir; mas não profaneis mais o meu santo nome com as vossas dádivas e com os vossos ídolos.

⁴⁰Porque no meu santo monte, no monte alto de Israel, diz o Senhor DEUS, ali me servirá toda a casa de Israel, toda ela naquela terra; ali me deleitarei neles, e ali requererei as vossas ofertas alçadas, e as primícias das vossas oblações, com todas as vossas coisas santas;

⁴¹Com cheiro suave me deleitarei em vós, quando eu vos tirar dentre os povos e vos congregar das terras em que andais espalhados; e serei santificado em vós perante os olhos dos gentios.

⁴²E sabereis que eu *sou* o SENHOR, quando eu vos introduzir na terra de Israel, terra pela qual levantei a minha mão para dá-la a vossos pais.

EZEQUIEL 20.43

⁴³E ali vos lembrareis de vossos caminhos, e de todos os vossos atos com que vos contaminastes, e tereis nojo de vós mesmos, por causa de todas as vossas maldades que tendes cometido.

⁴⁴E sabereis que eu *sou* o SENHOR, quando eu proceder para convosco por amor do meu nome; não conforme os vossos maus caminhos, nem conforme os vossos atos corruptos, ó casa de Israel, disse o Senhor DEUS.

⁴⁵E veio a mim a palavra do SENHOR, dizendo:

⁴⁶Filho do homem, dirige o teu rosto para o caminho do sul, e derrama *as tuas palavras* contra o sul, e profetiza contra o bosque do campo do sul.

⁴⁷E dize ao bosque do sul: Ouve a palavra do SENHOR: Assim diz o Senhor DEUS: Eis que acenderei em ti um fogo que em ti consumirá toda a árvore verde e toda a árvore seca; não se apagará a chama flamejante, antes com ela se queimarão todos os rostos, desde o sul até ao norte.

⁴⁸E verá toda a carne que eu, o SENHOR, o acendi; não se apagará.

⁴⁹Então disse eu: Ah! Senhor DEUS! Eles dizem de mim: *Não* é este um proferidor de parábolas?

A espada do SENHOR

21 E VEIO a mim a palavra do SENHOR, dizendo: ²Filho do homem, dirige o teu rosto contra Jerusalém, e derrama *as tuas palavras* sobre os santuários, e profetiza sobre a terra de Israel.

³E dize à terra de Israel: Assim diz o SENHOR: Eis que sou contra ti, e tirarei a minha espada da bainha, e exterminarei *do meio* de ti o justo e o ímpio.

⁴E, por isso que hei de exterminar *do meio* de ti o justo e o ímpio, a minha espada sairá da sua bainha contra toda a carne, desde o sul *até* o norte.

⁵E saberá toda a carne que eu, o SENHOR, tirei a minha espada da bainha; nunca mais voltará *a ela.*

⁶Tu, porém, ó filho do homem, suspira; suspira aos olhos deles, com quebrantamento dos *teus* lombos e com amargura.

⁷E será que, quando eles te disserem: Por que suspiras tu? Dirás: Por causa das novas, porque vêm; e todo o coração desmaiará, e todas as mãos se enfraquecerão, e todo o espírito se angustiará, e todos os joelhos se desfarão em águas; eis que vêm, e se cumprirão, diz o Senhor DEUS.

⁸E veio a mim a palavra do SENHOR, dizendo:

⁹Filho do homem, profetiza, e dize: Assim diz o Senhor: dize: A espada, a espada está afiada e polida.

¹⁰Para grande matança está afiada, para reluzir está polida. Alegrar-nos-emos *pois?* A vara de meu filho é que despreza todo o madeiro.

¹¹E foi dada a polir, para ser manejada; esta espada está afiada, e está polida, para ser posta na mão do matador.

¹²Grita e geme, ó filho do homem, porque ela será contra o meu povo, contra todos os príncipes de Israel. Estes, juntamente com o meu povo, estão espantados com a espada; bate, pois, na tua coxa.

¹³Pois se faz uma prova; e que seria se *a espada* desprezasse mesmo a vara? Ela não seria *mais,* diz o Senhor DEUS.

¹⁴Tu, pois, ó filho do homem, profetiza e bate com as mãos uma na outra; e dobre-se a espada até a terceira vez, a espada dos mortos; ela *é* a espada para a grande matança, que os traspassará até o seu interior.

¹⁵Para que desmaie o coração, e se multipliquem as destruições, contra todas as suas portas, pus a ponta da espada, a que foi feita para reluzir, e está preparada para a matança!

¹⁶Ó *espada,* une-te, vira-te para a direita; prepara-te, vira-te para a esquerda, para onde quer que o teu rosto se dirigir.

¹⁷E também eu baterei com as minhas mãos uma na outra, e farei descansar a minha indignação; eu, o SENHOR, *o* disse.

¹⁸E veio a mim a palavra do SENHOR, dizendo:

¹⁹Tu, pois, ó filho do homem, propõe dois caminhos, por onde venha a espada do rei de Babilônia. Ambos procederão de uma mesma terra, e escolhe um lugar; escolhe-o no cimo do caminho da cidade.

²⁰Um caminho proporás, por onde virá a espada contra Rabá dos filhos de Amom, e contra Judá, em Jerusalém, a fortificada.

²¹Porque o rei de Babilônia parará na encruzilhada, no cimo dos dois caminhos, para fazer adivinhações; aguçará as *suas* flechas, consultará as imagens, atentará para o fígado.

²²À sua direita estará a adivinhação sobre Jerusalém, para ordenar aos capitães, para abrirem a boca, ordenando a matança, para levantarem a voz com júbilo, para porem os aríetes contra as portas, para levantarem trincheiras, para edificarem baluartes.

²³Isto será como adivinhação vã, aos olhos daqueles que lhes fizeram juramentos; mas ele se lembrará da iniquidade, para que sejam apanhados.

²⁴Portanto assim diz o Senhor DEUS: Visto que *me fazeis* lembrar da vossa iniquidade, descobrindo-se as vossas transgressões, aparecendo os vossos pecados em todos os vossos atos; visto que viestes em memória, sereis apanhados com a mão.

²⁵E tu, ó profano e ímpio príncipe de Israel, cujo dia virá no tempo da extrema iniquidade,

²⁶Assim diz o Senhor DEUS: Tira o diadema, e remove a coroa; esta não será a mesma; exalta ao humilde, e humilha ao soberbo.

²⁷Ao revés, ao revés, ao revés porei aquela *coroa,* e ela não *mais* será, até que venha *aquele* a quem pertence de *direito; o ele* a darei.

²⁸E tu, ó filho do homem, profetiza, e dize: Assim diz o Senhor DEUS acerca dos filhos de Amom, e acerca do seu opróbrio; dize pois: A espada, a espada *está* desembainhada, polida para a matança, para consumir, por estar reluzente;

²⁹Entretanto te profetizam vaidade, te adivinham mentira, para te porem no pescoço dos

ímpios, *daqueles que estão* mortos, cujo dia veio no tempo da iniquidade final.

³⁰Torne a *tua espada* à sua bainha. No lugar em que foste criado, na terra do teu nascimento, *eu te* julgarei.

³¹E derramarei sobre ti a minha indignação, assoprarei contra ti o fogo do meu furor, entregar-te-ei nas mãos dos homens brutais, inventores de destruição.

³²Ao fogo servirás para ser consumido; o teu sangue estará no meio da terra; já não serás mais lembrado, porque eu, o SENHOR, *o* disse.

As abominações de Jerusalém

22 E VEIO a mim a palavra do SENHOR, dizendo: ²Tu, pois, ó filho do homem, *porventura* julgarás, julgarás a cidade sanguinária? Faze-lhe conhecer, pois, todas as suas abominações.

³E dize: Assim diz o Senhor DEUS: Ai da cidade que derrama o sangue no meio de si para que venha o seu tempo! Que faz ídolos contra si mesma, para se contaminar!

⁴Pelo teu sangue que derramaste te fizeste culpada, e pelos teus ídolos que fabricaste te contaminaste, e fizeste aproximarem-se os teus dias, e tem chegado o *fim* dos teus anos; por isso eu te fiz o opróbrio das nações e o escárnio de todas as terras.

⁵As que estão perto de ti e as que estão longe escarnecerão de ti, infamada, cheia de inquietação.

⁶Eis que os príncipes de Israel, cada um conforme o seu poder, estavam em ti para derramarem sangue.

⁷Ao pai e *à* mãe desprezaram em ti; para com o estrangeiro usaram de opressão no meio de ti; ao órfão e à viúva oprimiram em ti.

⁸As minhas coisas santas desprezaste, e os meus sábados profanaste.

⁹Homens caluniadores se acharam em ti, para derramarem sangue; e em ti sobre os montes comeram; perversidade cometeram no meio de ti.

¹⁰A vergonha do pai descobriram em ti; *a que estava* imunda, na sua separação, humilharam no meio de ti.

¹¹Um cometeu abominação com a mulher do seu próximo, outro contaminou abominavelmente a sua nora, e outro humilhou no meio de ti a sua irmã, filha de seu pai.

¹²Presentes receberam no meio de ti para derramarem sangue; usura e juros *ilícitos* tomaste, e usaste de avareza com o teu próximo, oprimindo-o; mas de mim te esqueceste, diz o Senhor DEUS.

¹³E eis que bati as mãos contra a avareza que cometeste, e por causa do sangue que houve no meio de ti.

¹⁴*Porventura* estará firme o teu coração? Porventura estarão fortes as tuas mãos, nos dias em que eu tratarei contigo? Eu, o SENHOR, o disse, e *o* farei.

¹⁵E espalhar-te-ei entre as nações, e dispersar-te-ei pelas terras, e porei termo à tua imundícia.

¹⁶E tu serás profanada em ti mesma aos olhos dos gentios, e saberás que eu *sou* o SENHOR.

¹⁷E veio a mim a palavra do SENHOR, dizendo:

¹⁸Filho do homem, a casa de Israel se tornou para mim em escórias; todos eles *são* bronze, e estanho, e ferro, e chumbo no meio do forno; em escórias de prata se tornaram.

¹⁹Portanto assim diz o Senhor DEUS: Pois que todos vós vos tornastes em escórias, por isso eis que eu vos ajuntarei no meio de Jerusalém.

²⁰*Como* se ajuntam a prata, e o bronze, e o ferro, e o chumbo, e o estanho, no meio do forno, para assoprar o fogo sobre eles, a fim de se fundirem, assim vos ajuntarei na minha ira e no meu furor, e *ali* vos deixarei e fundirei.

²¹E congregar-vos-ei, e assoprarei sobre vós o fogo do meu furor; e sereis fundidos no meio dela.

²²Como se funde a prata no meio do forno, assim sereis fundidos no meio dela; e sabereis que eu, o SENHOR, derramei o meu furor sobre vós.

²³E veio a mim a palavra do SENHOR, dizendo:

²⁴Filho do homem, dize-lhe: Tu *és uma* terra que não está purificada; e que não tem chuva no dia da indignação.

²⁵Conspiração dos seus profetas *há* no meio dela, como *um* leão que ruge, que arrebata a presa; eles devoram as almas; tomam tesouros e coisas preciosas, multiplicam as suas viúvas no meio dela.

²⁶Os seus sacerdotes violentam a minha lei, e profanam as minhas coisas santas; não fazem diferença entre o santo e o profano, nem discernem o impuro do puro; e de meus sábados escondem os seus olhos, e *assim* sou profanado no meio deles.

²⁷Os seus príncipes no meio dela são como lobos que arrebatam a presa, para derramarem sangue, para destruírem as almas, para seguirem a avareza.

²⁸E os seus profetas têm feito para eles cobertura com *argamassa* não temperada, profetizando vaidade, adivinhando-lhes mentira, dizendo: Assim diz o Senhor DEUS; sem que o SENHOR tivesse falado.

²⁹Ao povo da terra oprimem gravemente, e andam roubando, e fazendo violência ao pobre e necessitado, e ao estrangeiro oprimem sem razão.

³⁰E busquei dentre eles *um* homem que estivesse tapando o muro, e estivesse na brecha perante mim por esta terra, para que eu não a destruísse; porém a ninguém achei.

³¹Por isso eu derramei sobre eles a minha indignação; com o fogo do meu furor os consumi; fiz que o seu caminho recaísse sobre a sua cabeça, diz o Senhor DEUS.

Aolá e Aolibá, as duas meretrizes

23 VEIO mais a mim a palavra do SENHOR, dizendo:

²Filho do homem, houve duas mulheres, filhas de uma *mesma* mãe.

³Estas se prostituíram no Egito; prostituíram-se na sua mocidade; ali foram apertados os seus seios, e ali foram apalpados os seios da sua virgindade.

⁴E os seus nomes *eram:* Aolá, a mais velha, e Aolibá, sua irmã; e foram minhas, e tiveram filhos e

EZEQUIEL 23.5

filhas; e, quanto aos seus nomes, Samaria é Aolá, e Jerusalém é Aolibá.

⁵E prostituiu-se Aolá, sendo minha; e enamorou-se dos seus amantes, dos assírios, *seus* vizinhos,

⁶Vestidos de azul, capitães e magistrados, todos jovens cobiçáveis, cavaleiros montados a cavalo.

⁷Assim cometeu ela as suas devassidões com eles, que eram todos a flor dos filhos da Assíria, e com todos os de quem se enamorava; com todos os seus ídolos se contaminou.

⁸E as suas prostituições, *que trouxe* do Egito, não as deixou; porque com ela se deitaram na sua mocidade, e eles apalparam os seios da sua virgindade, e derramaram sobre ela a sua impudicícia.

⁹Portanto a entreguei na mão dos seus amantes, na mão dos filhos da Assíria, de quem se enamorara.

¹⁰Estes descobriram a sua vergonha, levaram seus filhos e suas filhas, mas a ela mataram à espada; e tornou-se falada entre as mulheres, e sobre ela executaram os juízos.

¹¹Vendo isto sua irmã Aolibá, corrompeu o seu imoderado amor mais do que ela, e as suas devassidões foram mais do que as de sua irmã.

¹²Enamorou-se dos filhos da Assíria, dos capitães e dos magistrados seus vizinhos, vestidos com primor, cavaleiros que andam montados em cavalos, todos jovens cobiçáveis.

¹³E vi que se tinha contaminado; o caminho de ambas *era* o mesmo.

¹⁴E aumentou as suas impudicícias, porque viu homens pintados na parede, imagens dos caldeus, pintadas de vermelho;

¹⁵Cingidos de cinto nos seus lombos, e tiaras largas e tingidas nas suas cabeças, todos com parecer de príncipes, semelhantes aos filhos de Babilônia em Caldeia, terra do seu nascimento.

¹⁶E enamorou-se deles, ao lançar sobre eles os seus olhos; e lhes mandou mensageiros à Caldeia.

¹⁷Então vieram a ela os filhos de Babilônia para o leito dos amores, e a contaminaram com as suas impudicícias; e ela se contaminou com eles; então a sua alma apartou-se deles.

¹⁸Assim pôs a descoberto as suas devassidões, e descobriu a sua vergonha; então a minha alma se apartou dela, como já tinha se apartado a minha alma de sua irmã.

¹⁹Todavia ela multiplicou as suas prostituições, lembrando-se dos dias da sua mocidade, em que se prostituíra na terra do Egito.

²⁰E enamorou-se dos seus amantes, cuja carne é *como* a de jumentos, e cujo fluxo *é como* o de cavalos.

²¹Assim trouxeste à memória a perversidade da tua mocidade, quando *os* do Egito apalpavam os teus seios, por causa dos peitos da tua mocidade.

²²Por isso, ó Aolibá, assim diz o Senhor DEUS: Eis que eu suscitarei contra ti os teus amantes, dos quais se tinha apartado a tua alma, e os trarei contra ti de toda a parte em derredor.

²³Os filhos de Babilônia, e todos os caldeus de Pecode, e de Soa, e de Coa, *e* todos os filhos da Assíria com eles, jovens cobiçáveis, capitães e magistrados todos eles, grandes e afamados senhores, todos eles montados a cavalo.

²⁴E virão contra ti *com* carros, carretas e rodas, e com multidão de povos; e se colocarão contra ti em redor com paveses, e escudos e capacetes; e porei diante deles o juízo, e julgar-te-ão segundo os seus juízos.

²⁵E porei contra ti o meu zelo, e usarão de indignação contigo. Tirar-te-ão o nariz e as orelhas, e o que restar cairá à espada. Eles tomarão teus filhos e tuas filhas, e o que ficar por último em ti será consumido pelo fogo.

²⁶Também te despirão as tuas vestes, e te tomarão as tuas belas joias.

²⁷Assim farei cessar em ti a tua perversidade e a tua prostituição *trazida* da terra do Egito; e não levantarás os teus olhos para eles, nem te lembrarás nunca mais do Egito.

²⁸Porque assim diz o Senhor DEUS: Eis que eu te entregarei na mão dos que odeias, na mão daqueles de quem tem se apartado a tua alma.

²⁹E eles te tratarão com ódio, e levarão todo o fruto do teu trabalho, e te deixarão nua e despida; e descobrir-se-á a vergonha da tua prostituição, e a tua perversidade, e as tuas devassidões.

³⁰Estas coisas se te farão, porque te prostituíste após os gentios, *e* te contaminaste com os seus ídolos.

³¹No caminho de tua irmã andaste; por isso entregarei o seu cálice na tua mão.

³²Assim diz o Senhor DEUS: Beberás o cálice de tua irmã, fundo e largo; servirás de riso e escárnio; pois nele cabe muito.

³³De embriaguez e de dor te encherás; o cálice de tua irmã Samaria é cálice de espanto e de assolação.

³⁴Bebê-lo-ás, pois, e esgotá-lo-ás, e os seus cacos roerás, e os teus seios arrancarás; porque eu o falei, diz o Senhor DEUS.

³⁵Portanto, assim diz o Senhor DEUS: Como te esqueceste de mim, e me lançaste para trás das tuas costas, também carregarás com a tua perversidade e as tuas devassidões.

³⁶Disse-me ainda o SENHOR: Filho do homem, *porventura* julgarás tu a Aolá e a Aolibá? Mostra-lhes, pois, as suas abominações.

³⁷Porque adulteraram, e sangue *se acha* nas suas mãos, e com os seus ídolos adulteraram, e até os seus filhos, que de mim geraram, fizeram passar *pelo fogo,* para os consumir.

³⁸E ainda isto me fizeram: contaminaram o meu santuário no mesmo dia, e profanaram os meus sábados.

³⁹Porquanto, havendo sacrificado seus filhos aos seus ídolos, vinham ao meu santuário no mesmo dia para o profanarem; e eis que assim fizeram no meio da minha casa.

⁴⁰E, mais ainda, mandaram vir alguns homens, de longe, aos quais fora enviado um mensageiro,

e eis que vieram. Por amor deles te lavaste, coloriste os teus olhos, e te ornaste de enfeites.

⁴¹E te assentaste sobre um leito de honra, diante do qual estava uma mesa preparada; e puseste sobre ela o meu incenso e o meu azeite.

⁴²Com ela *se ouvia* a voz de *uma* multidão satisfeita; com homens de classe baixa foram trazidos beberrões do deserto; e puseram braceletes nas mãos das mulheres e coroas de esplendor nas suas cabeças.

⁴³Então disse à envelhecida *em* adultérios: Agora deveras se prostituirão com ela, e ela *com eles?*

⁴⁴E entraram a ela, como quem entra a uma prostituta; assim entraram a Aolá e a Aolibá, mulheres infames.

⁴⁵De maneira que homens justos as julgarão como se julgam as adúlteras, e como se julgam as que derramam sangue; porque são adúlteras, e sangue há nas suas mãos.

⁴⁶Porque assim diz o Senhor DEUS: Farei subir contra elas *uma* multidão, e as entregarei ao desterro e ao saque.

⁴⁷E a multidão as apedrejará, e as golpeará com as suas espadas; eles a seus filhos e a suas filhas matarão, e as suas casas queimarão a fogo.

⁴⁸Assim farei cessar a perversidade da terra, para que se escarmentem todas as mulheres, e não façam conforme a vossa perversidade;

⁴⁹O *castigo* da vossa perversidade eles farão recair sobre vós, e levareis os pecados dos vossos ídolos; e sabereis que eu *sou* o Senhor DEUS.

A parábola da panela

24 E VEIO a mim a palavra do SENHOR, no nono ano, no décimo mês, aos dez do mês, dizendo:

²Filho do homem, escreve o nome deste dia, deste mesmo dia; *porque* o rei de Babilônia se pôs contra Jerusalém neste mesmo dia.

³E fala por parábola à casa rebelde, e dize-lhes: Assim diz o Senhor DEUS: Põe a panela ao fogo, põe-na, e deita-lhe também água dentro.

⁴Ajunta nela pedaços, todos os bons pedaços, as coxas e as espáduas; enche-a de ossos escolhidos.

⁵Escolhe o melhor do rebanho, e queima também os ossos debaixo dela; faze-a ferver bem, e cozam-se dentro dela os seus ossos.

⁶Portanto, assim diz o Senhor DEUS: Ai da cidade sanguinária, da panela que escuma por dentro, e cuja escuma não saiu dela! Tira dela pedaço por pedaço; não caia sorte sobre ela;

⁷Porque o seu sangue está no meio dela, sobre uma penha descalvada o pôs; não o derramou sobre a terra, para o cobrir com pó.

⁸Para fazer subir a indignação, para tomar vingança, eu pus o seu sangue numa penha descalvada, para que não fosse coberto.

⁹Portanto, assim diz o Senhor DEUS: Ai da cidade sanguinária! Também eu farei uma grande fogueira.

¹⁰Amontoa muita lenha, acende o fogo, *ferve* bem a carne, e tempera o caldo, e ardam os ossos.

¹¹Então a porás vazia sobre as suas brasas, para que ela aqueça, e se queime o seu cobre, e se funda a sua imundícia no meio dela, *e* se consuma a sua escuma.

¹²Ela com mentiras se cansou; e não saiu dela a sua muita escuma; ao fogo *irá* a sua escuma.

¹³Na imundícia *está* a infâmia, porquanto te purifiquei, e não permaneceste pura; nunca mais serás purificada da tua imundícia, enquanto eu não fizer descansar sobre ti a minha indignação.

¹⁴Eu, o SENHOR, *o* disse: viva *isso,* e *o* farei, não me tornarei atrás, e não pouparei, nem me arrependerei; conforme os teus caminhos, e conforme os teus feitos, te julgarão, diz o Senhor DEUS.

Predição da ruína de Jerusalém

¹⁵E veio a mim a palavra do SENHOR, dizendo:

¹⁶Filho do homem, eis que, de um golpe tirarei de ti o desejo dos teus olhos, mas não lamentarás, nem chorarás, nem te correrão as lágrimas.

¹⁷Geme em silêncio, não faças luto por mortos; ata o teu turbante, e põe nos pés os teus sapatos, e não cubras os teus lábios, e não comas o pão dos homens.

¹⁸E falei ao povo pela manhã, e à tarde morreu minha mulher; e fiz pela manhã como me foi mandado.

¹⁹E o povo me disse: *Porventura* não nos farás saber o que *significam* para nós estas coisas que estás fazendo?

²⁰E eu lhes disse: Veio a mim a palavra do SENHOR, dizendo:

²¹Dize à casa de Israel: Assim diz o Senhor DEUS: Eis que eu profanarei o meu santuário, a glória da vossa força, o desejo dos vossos olhos, e o anelo das vossas almas; e vossos filhos e vossas filhas, que deixastes, cairão à espada.

²²E fareis como eu fiz; não vos cobrireis os lábios, e não comereis o pão dos homens.

²³E tereis nas cabeças os vossos turbantes, e os vossos sapatos nos pés; não lamentareis, nem chorareis, mas definhar-vos-eis nas vossas maldades, e gemereis uns com os outros.

²⁴Assim vos servirá Ezequiel de sinal; conforme tudo quanto ele fez, fareis; quando isso suceder, sabereis que eu *sou* o Senhor DEUS.

²⁵E *quanto a ti,* filho do homem, não sucederá que no dia que eu lhes tirar a sua força, a alegria da sua glória, o desejo dos seus olhos, e o anelo de suas almas, com seus filhos e suas filhas,

²⁶Nesse dia virá ter contigo aquele que escapar, para te dar notícias pessoalmente?

²⁷Naquele dia abrir-se-á a tua boca para com aquele que escapar, e falarás, e não mais ficarás mudo; assim virás a ser para eles *um* sinal, e saberão que eu *sou* o SENHOR.

Profecia contra Amom

25 E VEIO a mim a palavra do SENHOR, dizendo:
²Filho do homem, dirige o teu rosto contra os filhos de Amom, e profetiza contra eles.

³E dize aos filhos de Amom: Ouvi a palavra do

EZEQUIEL 25.4

Senhor DEUS: Assim diz o Senhor DEUS: Porquanto tu disseste: Ah! Contra o meu santuário, quando foi profanado; e contra a terra de Israel, quando foi assolada; e contra a casa de Judá, quando foi ao cativeiro;

⁴Portanto, eis que te entregarei em possessão aos do oriente, e em ti estabelecerão os seus acampamentos, e porão em ti as suas moradas; eles comerão os teus frutos, e eles beberão o teu leite.

⁵E farei de Rabá *uma* estrebaria de camelos, e dos filhos de Amom *um* curral de ovelhas; e sabereis que eu *sou* o SENHOR.

⁶Porque assim diz o Senhor DEUS: Porquanto bateste com as mãos, e pateaste com os pés, e com todo o desprezo do teu coração te alegraste contra a terra de Israel,

⁷Portanto, eis que eu tenho estendido a minha mão sobre ti, e te darei por despojo aos gentios, e te arrancarei dentre os povos, e te destruirei dentre as terras, *e* acabarei de todo contigo; e saberás que eu *sou* o SENHOR.

Profecia contra Moabe

⁸Assim diz o Senhor DEUS: Porquanto dizem Moabe *e* Seir: Eis que a casa de Judá *é* como todos os gentios;

⁹Portanto, eis que eu abrirei o lado de Moabe desde as cidades, desde as suas cidades da fronteira, a glória da terra, Bete-Jesimote, Baal-Meom, e Quiriataim.

¹⁰E aos do oriente, contra os filhos de Amom, o entregarei em possessão, para que não haja memória dos filhos de Amom entre as nações.

¹¹Também executarei juízos sobre Moabe, e saberão que eu *sou* o SENHOR.

Profecia contra Edom

¹²Assim diz o Senhor DEUS: Porquanto Edom se houve vingativamente para com a casa de Judá, e se fez culpadíssimo, quando se vingou deles;

¹³Portanto assim diz o Senhor DEUS: Também estenderei a minha mão sobre Edom, e arrancarei dela homens e animais; e a tornarei *em* deserto, e desde Temã *até* Dedã cairão à espada.

¹⁴E exercerei a minha vingança sobre Edom, pela mão do meu povo de Israel; e farão em Edom segundo a minha ira e segundo o meu furor; e conhecerão a minha vingança, diz o Senhor DEUS.

Profecia contra os filisteus

¹⁵Assim diz o Senhor DEUS: Porquanto os filisteus se houveram vingativamente, e executaram vingança com desprezo de coração, para destruírem *com* perpétua inimizade,

¹⁶Portanto assim diz o Senhor DEUS: Eis que eu estendo a minha mão sobre os filisteus, e arrancarei os quereteus, e destruirei o restante da costa do mar.

¹⁷E executarei sobre eles grandes vinganças, com furiosos castigos, e saberão que eu *sou* o SENHOR, quando eu tiver exercido a minha vingança sobre eles.

Profecia contra Tiro

26 E SUCEDEU no undécimo ano, ao primeiro do mês, *que* veio a mim a palavra do SENHOR, dizendo:

²Filho do homem, visto que Tiro disse contra Jerusalém: Ah! Está quebrada a porta dos povos; virou-se para mim; *eu* me encherei, *agora que* ela está assolada;

³Portanto assim diz o Senhor DEUS: Eis que eu *estou* contra ti, ó Tiro, e farei subir contra ti muitas nações, como o mar faz subir as suas ondas,

⁴Elas destruirão os muros de Tiro, e derrubarão as suas torres; e eu lhe varrerei o seu pó, e dela farei uma penha descalvada.

⁵No meio do mar virá a ser *um* enxugadouro das redes; porque eu *o* falei, diz o Senhor DEUS; e servirá de despojo para as nações.

⁶E suas filhas, que *estão* no campo, serão mortas à espada; e saberão que eu *sou* o SENHOR.

⁷Porque assim diz o Senhor DEUS: Eis que eu, desde o norte, trarei contra Tiro a Nabucodonosor, rei de Babilônia, o rei dos reis, com cavalos, e com carros, e com cavaleiros, e companhias, e muito povo.

⁸As tuas filhas que estão no campo, ele as matará à espada, e levantará *um* baluarte contra ti, e fundará *uma* trincheira contra ti, e levantará paveses contra ti.

⁹E disporá os seus aríetes contra os teus muros, e derrubará as tuas torres com os seus machados.

¹⁰Por causa da multidão de seus cavalos te cobrirá o seu pó; os teus muros tremerão com o estrondo dos cavaleiros, e das rodas, e dos carros, quando ele entrar pelas tuas portas, como os homens entram numa cidade em que se fez brecha.

¹¹Com os cascos dos seus cavalos pisará todas as tuas ruas; ao teu povo matará à espada, e as tuas fortes colunas cairão por terra.

¹²E roubarão as tuas riquezas, e saquearão as tuas mercadorias, e derrubarão os teus muros, e arrasarão as tuas casas agradáveis; e lançarão no meio das águas as tuas pedras, e as tuas madeiras, e o teu pó.

¹³E farei cessar o ruído das tuas cantigas, e o som das tuas harpas não se ouvirá mais.

¹⁴E farei de ti uma penha descalvada; virás a ser um enxugadouro das redes, nunca mais serás edificada; porque eu o SENHOR o falei, diz o Senhor DEUS.

¹⁵Assim diz o Senhor DEUS a Tiro: *Porventura* não tremerão as ilhas com o estrondo da tua queda, quando gemerem os feridos, quando se fizer *uma* espantosa matança no meio de ti?

¹⁶E todos os príncipes do mar descerão dos seus tronos, e tirarão de si os seus mantos, e despirão as suas vestes bordadas; se vestirão de tremores, sobre a terra se assentarão, e estremecerão a cada momento; e por tua causa pasmarão.

¹⁷E levantarão *uma* lamentação sobre ti, e te dirão: Como pereceste, ó bem povoada *e* afamada cidade, que foste forte no mar; ela e os seus

moradores, que atemorizaram a todos os seus habitantes!

¹⁸Agora, estremecerão as ilhas no dia da tua queda; sim, as ilhas, que *estão* no mar, turbar-se-ão com tua saída.

¹⁹Porque assim diz o Senhor Deus: Quando eu te fizer *uma* cidade assolada, como as cidades que não se habitam, quando eu fizer subir sobre ti o abismo, e as muitas águas te cobrirem,

²⁰Então te farei descer com os que descem à cova, ao povo antigo, e te farei habitar nas mais baixas partes da terra, em lugares desertos antigos, com os que descem à cova, para que não sejas habitada; e estabelecerei a glória na terra dos viventes.

²¹Farei de ti um grande espanto, e não mais existirás; *e* quando te buscarem então nunca mais serás achada para sempre, diz o Senhor Deus.

A lamentação sobre Tiro

27 E VEIO a mim a palavra do Senhor, dizendo: ²Tu pois, ó filho do homem, levanta *uma* lamentação sobre Tiro.

³E dize a Tiro, que habita nas entradas do mar, e negocia com os povos em muitas ilhas: Assim diz o Senhor Deus: Ó Tiro, tu dizes: Eu *sou* perfeita em formosura.

⁴No coração dos mares *estão* os teus termos; os que te edificaram aperfeiçoaram a tua formosura.

⁵Fabricaram todos os teus conveses de faias de Senir; trouxeram cedros do Líbano para te fazerem mastros.

⁶Fizeram os teus remos *de* carvalhos de Basã; os teus bancos fizeram-nos de marfim engastado em buxo das ilhas dos quiteus.

⁷Linho fino bordado do Egito era a tua cortina, para te servir de vela; azul e púrpura das ilhas de Elisá era a tua cobertura.

⁸Os moradores de Sidom e de Arvade foram os teus remadores; os teus sábios, ó Tiro, *que* se achavam em ti, esses foram os teus pilotos.

⁹Os anciãos de Gebal e seus sábios foram em ti os que consertavam as tuas fendas; todos os navios do mar e os marinheiros se acharam em ti, para tratarem dos teus negócios.

¹⁰Os persas, e os lídios, e os de Pute eram no teu exército os teus soldados; escudos e capacetes penduraram em ti; eles manifestaram a tua beleza.

¹¹Os filhos de Arvade e o teu exército *estavam* sobre os teus muros em redor, e os gamaditas nas tuas torres; penduravam os seus escudos nos teus muros em redor; eles aperfeiçoavam a tua formosura.

¹²Társis negociava contigo, por causa da abundância de toda a *casta* de riquezas; com prata, ferro, estanho e chumbo, negociavam em tuas feiras.

¹³Javã, Tubal e Meseque *eram* teus mercadores; em troca das tuas mercadorias davam pessoas de homens e objetos de bronze.

¹⁴Os da casa de Togarma trocavam pelas tuas mercadorias, cavalos, e cavaleiros e mulos.

¹⁵Os filhos de Dedã *eram* os teus mercadores;

muitas ilhas *eram* o comércio da tua mão; dentes de marfim e pau de ébano tornavam a dar-te *em* presente.

¹⁶A Síria negociava contigo por causa da multidão das tuas manufaturas; pelas tuas mercadorias davam esmeralda, púrpura, obra bordada, linho fino, corais e ágata.

¹⁷Judá e a terra de Israel, *eram* os teus mercadores; pelas tuas mercadorias trocavam trigo de Minite, e Panague, e mel, azeite e bálsamo.

¹⁸Damasco negociava contigo, por causa da multidão das tuas obras, por causa da abundância de toda a sorte de riqueza, dando em troca vinho de Helbom e lã branca.

¹⁹Também Dã e Javã, de Uzal, pelas tuas mercadorias, davam em troca ferro trabalhado, cássia e cálamo aromático, que assim entravam no teu comércio.

²⁰Dedã negociava contigo com panos preciosos para carros.

²¹A Arábia, e todos os príncipes de Quedar, *eram* mercadores ao teu serviço, com cordeiros, carneiros e bodes; nestas coisas negociavam contigo.

²²Os mercadores de Sabá e Raamá *eram* os teus mercadores; em todos os seus mais finos aromas, em toda a pedra preciosa e ouro, negociaram nas tuas feiras.

²³Harã, e Cane e Éden, os mercadores de Sabá, Assur *e* Quilmade negociavam contigo.

²⁴Estes *eram* teus mercadores em roupas escolhidas, em pano de azul, e bordados, e em cofres de roupas preciosas, amarrados com cordas e feitos de cedros, entre tua mercadoria.

²⁵Os navios de Társis eram as tuas caravanas *que traziam* tuas mercadorias; e te encheste, e te glorificaste muito no meio dos mares.

²⁶Os teus remadores te conduziram sobre grandes águas; o vento oriental te quebrou no meio dos mares.

²⁷As tuas riquezas, as tuas feiras, e tuas mercadorias, os teus marinheiros, os teus pilotos, os que consertavam as tuas fendas, os que faziam os teus negócios, e todos os teus soldados, que *estão* em ti, juntamente com toda a tua companhia, que está no meio de ti, cairão no meio dos mares no dia da tua queda,

²⁸Ao estrondo da gritaria dos teus pilotos tremerão os arrabaldes.

²⁹E todos os que pegam no remo, os marinheiros, e todos os pilotos do mar descerão de seus navios, e pararão em terra.

³⁰E farão ouvir a sua voz sobre ti, e gritarão amargamente; e lançarão pó sobre as cabeças, e na cinza se revolverão.

³¹E far-se-ão calvos por tua causa, e cingir-se-ão de sacos, e chorarão sobre ti com amargura de alma, e com amarga lamentação.

³²E no seu pranto levantarão uma lamentação sobre ti, e lamentarão sobre ti, *dizendo: Quem foi* como Tiro, como a que foi destruída no meio do mar?

EZEQUIEL 27.33

³³Quando as tuas mercadorias saíam pelos mares, fartaste a muitos povos; com a multidão das tuas riquezas e do teu negócio, enriqueceste os reis da terra.

³⁴No tempo em que foste quebrantada pelos mares, nas profundezas das águas, caíram, no meio de ti, os teus negócios e toda a tua companhia.

³⁵Todos os moradores das ilhas estão a teu respeito cheios de espanto; e os seus reis tremeram sobremaneira, *e* ficaram perturbados nos *seus* rostos;

³⁶Os mercadores dentre os povos assobiaram contra ti; tu te tornaste *em* grande espanto, e *jamais* subsistirá.

Profecia contra o rei de Tiro

28 E VEIO a mim a palavra do SENHOR, dizendo: ²Filho do homem, dize ao príncipe de Tiro: Assim diz o Senhor DEUS: Porquanto o teu coração se elevou e disseste: Eu *sou* Deus, sobre a cadeira de Deus me assento no meio dos mares; e não passas de homem, e não és Deus, ainda que estimas o teu coração como *se fora* o coração de Deus;

³Eis que tu és mais sábio que Daniel; e não há segredo algum *que* se possa esconder de ti.

⁴Pela tua sabedoria e pelo teu entendimento alcançaste para ti riquezas, e adquiriste ouro e prata nos teus tesouros.

⁵Pela extensão da tua sabedoria no teu comércio aumentaste as tuas riquezas; e eleva-se o teu coração por causa das tuas riquezas;

⁶Portanto, assim diz o Senhor DEUS: Porquanto estimas o teu coração, como *se fora* o coração de Deus,

⁷Por isso eis que eu trarei sobre ti estrangeiros, os mais terríveis dentre as nações, os quais desembainharão as suas espadas contra a formosura da tua sabedoria, e mancharão o teu resplendor.

⁸Eles te farão descer à cova e morrerás da morte dos traspassados no meio dos mares.

⁹Acaso dirás ainda diante daquele que te matar: Eu *sou* Deus? Mas tu és homem, e não Deus, na mão do que te traspassa.

¹⁰Da morte dos incircuncisos morrerás, por mão de estrangeiros, porque eu *o* falei, diz o Senhor DEUS.

Lamentação sobre o rei de Tiro

¹¹Veio a mim a palavra do SENHOR, dizendo:

¹²Filho do homem, levanta *uma* lamentação sobre o rei de Tiro, e dize-lhe: Assim diz o Senhor DEUS: Tu eras o selo da medida, cheio de sabedoria e perfeito *em* formosura.

¹³Estiveste no Éden, jardim de Deus; de toda a pedra preciosa *era* a tua cobertura: sardônia, topázio, diamante, turquesa, ônix, jaspe, safira, carbúnculo, esmeralda e ouro; em ti se faziam os teus tambores e os teus pífaros; no dia em que foste criado foram preparados.

¹⁴Tu *eras* o querubim, ungido *para* cobrir, e te

estabeleci; no monte santo de Deus estavas, no meio das pedras afogueadas andavas.

¹⁵Perfeito *eras* nos teus caminhos, desde o dia em que foste criado, até que se achou iniquidade em ti.

¹⁶Na multiplicação do teu comércio encheram o teu interior de violência, e pecaste; por isso te lancei, profanado, do monte de Deus, e te fiz perecer, ó querubim cobridor, do meio das pedras afogueadas.

¹⁷Elevou-se o teu coração por causa da tua formosura, corrompeste a tua sabedoria por causa do teu resplendor; por terra te lancei, diante dos reis te pus, para que olhem para ti.

¹⁸Pela multidão das tuas iniquidades, pela injustiça do teu comércio profanaste os teus santuários; eu, pois, fiz sair do meio de ti um fogo, que te consumiu e te tornei em cinza sobre a terra, aos olhos de todos os que te veem.

¹⁹Todos os que te conhecem entre os povos estão espantados de ti; *em* grande espanto te tornaste, e nunca *mais* subsistirá.

Profecia contra Sidom

²⁰E veio a mim a palavra do SENHOR, dizendo:

²¹Filho do homem, dirige o teu rosto contra Sidom, e profetiza contra ela,

²²E dize: Assim diz o Senhor DEUS: Eis-me contra ti, ó Sidom, e serei glorificado no meio de ti; e saberão que eu *sou* o SENHOR, quando nela executar juízos e nela me santificar.

²³Porque enviarei contra ela a peste, e o sangue nas suas ruas, e os traspassados cairão no meio dela, *estando* a espada contra ela por todos os lados; e saberão que eu *sou* o SENHOR.

²⁴E a casa de Israel nunca mais terá espinho que a fira, nem espinho que cause dor, entre os que se acham ao redor deles e que os desprezam; e saberão que eu *sou* o Senhor DEUS.

²⁵Assim diz o Senhor DEUS: Quando eu congregar a casa de Israel dentre os povos entre os quais estão espalhados, e eu me santificar entre eles, perante os olhos dos gentios, então habitarão na sua terra que dei a meu servo, a Jacó.

²⁶E habitarão nela seguros, e edificarão casas, e plantarão vinhas, e habitarão seguros, quando eu executar juízos contra todos os que estão ao seu redor e que os desprezam; e saberão que eu *sou* o SENHOR seu Deus.

Profecia contra o Egito

29 NO décimo ano, no décimo *mês*, no *dia* doze do mês, veio a mim a palavra do SENHOR, dizendo:

²Filho do homem, dirige o teu rosto contra Faraó, rei do Egito, e profetiza contra ele e contra todo o Egito.

³Fala, e dize: Assim diz o Senhor DEUS: Eis-me contra ti, ó Faraó, rei do Egito, grande dragão, que pousas no meio dos teus rios, e que dizes: O meu rio é meu, e eu o fiz para mim.

⁴Mas eu porei anzóis em teus queixos, e farei

que os peixes dos teus rios se apeguem às tuas escamas; e tirar-te-ei do meio dos teus rios, e todos os peixes dos teus rios se apegarem às tuas escamas.

⁵E te deixarei no deserto, a ti e a todo o peixe dos teus rios; sobre a face do campo cairás; não serás recolhido nem ajuntado; aos animais da terra e às aves do céu te dei por mantimento.

⁶E saberão todos os moradores do Egito que eu *sou* o SENHOR, porquanto se tornaram *um* cajado de cana para a casa de Israel.

⁷Tomando-te eles pela mão, te quebraste, e lhes rasgaste todo o ombro; e quando se apoiaram em ti, te quebraste, e lhes fazias tremer todos os seus lombos.

⁸Portanto, assim diz o Senhor DEUS: Eis que eu trarei sobre ti a espada, e de ti destruirei homem e animal,

⁹E a terra do Egito se tornará em desolação e deserto; e saberão que eu *sou* o SENHOR, porquanto disse: O rio *é* meu, e eu o fiz.

¹⁰Portanto, eis que eu *estou* contra ti, e contra os teus rios; e tornarei a terra do Egito deserta, em completa desolação, desde a torre de Syene até aos confins da Etiópia.

¹¹Não passará por ela pé de homem, nem pé de animal passará por ela, nem será habitada quarenta anos.

¹²Porque tornarei a terra do Egito *em* desolação no meio das terras desoladas; e as suas cidades entre as cidades desertas se tornarão em desolação por quarenta anos; e espalharei os egípcios entre as nações, e os dispersarei pelas terras.

¹³Porém, assim diz o Senhor DEUS: Ao fim de quarenta anos ajuntarei os egípcios dentre os povos entre os quais foram espalhados.

¹⁴E removerei o cativeiro dos egípcios, e os farei voltar à terra de Patros, à terra de sua origem; e serão ali *um* reino humilde;

¹⁵Mais humilde se fará do que os *outros* reinos, e nunca mais se exalçará sobre as nações; porque os diminuirei, para que não dominem sobre as nações.

¹⁶E não será mais a confiança da casa de Israel, para lhes trazer à lembrança a *sua* iniquidade, quando olharem para trás deles; antes saberão que eu *sou* o Senhor DEUS.

¹⁷E sucedeu que, no ano vinte e sete, no primeiro *mês*, no primeiro *dia* do mês, veio a mim a palavra do SENHOR, dizendo:

¹⁸Filho do homem, Nabucodonosor, rei de Babilônia, fez com que o seu exército prestasse *um* grande serviço contra Tiro; toda a cabeça se tornou calva, e todo o ombro se pelou; e não houve paga de Tiro para ele, nem para o seu exército, pelo serviço que prestou contra ela.

¹⁹Portanto, assim diz o Senhor DEUS: Eis que eu darei a Nabucodonosor, rei de Babilônia, a terra do Egito; e levará a sua multidão, e tomará o seu despojo, e roubará a sua presa, e *isto* será a recompensa para o seu exército.

²⁰*Como* recompensa do seu trabalho, com que serviu contra ela, lhe dei a terra do Egito; porquanto trabalharam por mim, diz o Senhor DEUS.

²¹Naquele dia farei brotar o poder na casa de Israel, e abrirei a tua boca no meio deles; e saberão que eu *sou* o SENHOR.

Outra profecia contra o Egito

30 E VEIO a mim a palavra do SENHOR, dizendo: ²Filho do homem, profetiza, e dize: Assim diz o Senhor DEUS: Gemei: Ah! Aquele dia!

³Porque *está* perto o dia, sim, *está* perto o dia do SENHOR; dia nublado; será o tempo dos gentios.

⁴A espada virá ao Egito, e haverá grande dor na Etiópia, quando caírem os traspassados no Egito; e tomarão a sua multidão, e serão destruídos os seus fundamentos.

⁵Etiópia, Pute e Lude, e toda a mistura de gente, e Cube, e os homens da terra da liga, juntamente com eles cairão à espada.

⁶Assim diz o SENHOR: Também cairão os que sustêm o Egito, e descerá a soberba de seu poder; desde a torre de Syene ali cairão à espada, diz o Senhor DEUS.

⁷E serão desolados no meio das terras assoladas; e as suas cidades estarão no meio das cidades desertas.

⁸E saberão que eu *sou* o SENHOR, quando eu puser fogo no Egito, e forem destruídos todos os que lhe davam auxílio.

⁹Naquele dia sairão mensageiros de diante de mim em navios, para espantarem a Etiópia descuidada; e haverá neles grandes dores, como no dia do Egito; pois, eis que *já* vem.

¹⁰Assim diz o Senhor DEUS: Eu, pois, farei cessar a multidão do Egito, por mão de Nabucodonosor, rei de Babilônia.

¹¹Ele e o seu povo com ele, os mais terríveis das nações, serão levados para destruírem a terra; e desembainharão as suas espadas contra o Egito, e encherão a terra de mortos.

¹²E secarei os rios, e venderei a terra *entregando-a* na mão dos maus, e assolarei a terra e a sua plenitude pela mão dos estrangeiros; eu, o SENHOR, *o* disse.

¹³Assim diz o Senhor DEUS: Também destruirei os ídolos, e farei cessar as imagens de Nofe; e não haverá mais *um* príncipe da terra do Egito; e porei o temor na terra do Egito.

¹⁴E assolarei a Patros, e porei fogo a Zoã, e executarei juízos em Nô.

¹⁵E derramarei o meu furor sobre Sim, a fortaleza do Egito, e exterminarei a multidão de Nô.

¹⁶E porei fogo no Egito; Sim *terá* grande dor, e Nô será fendida, e Nofe *terá* angústias cotidianas.

¹⁷Os jovens de Áven e Pi-Besete cairão à espada, e as *cidades* irão em cativeiro.

¹⁸E em Tafnes se escurecerá o dia, quando eu quebrar ali os jugos do Egito, e nela cessar a soberba do seu poder; *uma* nuvem a cobrirá, e suas filhas irão em cativeiro.

ᴵ⁹Assim executarei juízos no Egito, e saberão que eu *sou* o Senhor.

²⁰E sucedeu que, no ano undécimo, no primeiro *mês*, aos sete do mês, veio a mim a palavra do Senhor, dizendo:

²¹Filho do homem, eu quebrei o braço de Faraó, rei do Egito, e eis que não foi atado para se lhe aplicar remédios, nem *lhe* colocarão ligaduras para o atar, a fim de torná-lo forte, para pegar na espada.

²²Portanto assim diz o Senhor Deus: Eis que eu *estou* contra Faraó, rei do Egito, e quebrarei os seus braços, *assim* o forte como o que está quebrado, e farei cair da sua mão a espada.

²³E espalharei os egípcios entre as nações, e os dispersarei pelas terras.

²⁴E fortalecerei os braços do rei de Babilônia, e porei a minha espada na sua mão; mas quebrarei os braços de Faraó, e diante dele gemerá como geme o traspassado.

²⁵Eu fortalecerei os braços do rei de Babilônia, mas os braços de Faraó cairão; e saberão que eu *sou* o Senhor, quando eu puser a minha espada na mão do rei de Babilônia, e ele a estender sobre a terra do Egito.

²⁶E espalharei os egípcios entre as nações, e os dispersarei entre as terras; assim saberão que eu *sou* o Senhor.

A glória da Assíria

31 E SUCEDEU, no ano undécimo, no terceiro *mês*, ao primeiro do mês, *que* veio a mim a palavra do Senhor, dizendo:

²Filho do homem, dize a Faraó, rei do Egito, e à sua multidão: A quem és semelhante na tua grandeza?

³Eis que a Assíria *era um* cedro no Líbano, de ramos formosos, de sombrosa ramagem e de alta estatura, e a sua copa estava entre os ramos espessos.

⁴As águas o fizeram crescer, o abismo o exalçou; as suas correntes corriam em torno da sua plantação, e ele enviava os regatos a todas as árvores do campo.

⁵Por isso se elevou a sua estatura sobre todas as árvores do campo, e se multiplicaram os seus ramos, e se alongaram as suas varas, por causa das muitas águas quando brotava.

⁶Todas as aves do céu se aninhavam nos seus ramos, e todos os animais do campo geravam debaixo dos seus ramos, e todas as grandes nações habitavam à sua sombra.

⁷Assim era ele formoso na sua grandeza, na extensão dos seus ramos, porque a sua raiz estava junto às muitas águas.

⁸Os cedros, no jardim de Deus, não o podiam obscurecer; as faias não igualavam os seus ramos, e os castanheiros não eram como os seus renovos; nenhuma árvore no jardim de Deus se assemelhou a ele na sua formosura.

⁹Formoso o fiz com a multidão dos seus ramos; e todas as árvores do Éden, que *estavam* no jardim de Deus, tiveram inveja dele.

¹⁰Portanto assim diz o Senhor Deus: Porquanto te elevaste na *tua* estatura, e se levantou a sua copa no meio dos espessos ramos, e o seu coração se exalçou na sua altura,

¹¹Eu o entregarei na mão do mais poderoso dos gentios, que lhe dará o tratamento *merecido;* pela sua impiedade o lançarei fora.

¹²E estrangeiros, das mais terríveis nações o cortarão, e deixá-lo-ão; cairão os seus ramos sobre os montes e por todos os vales, e os seus renovos serão quebrados por todos os rios da terra; e todos os povos da terra se retirarão da sua sombra, e o deixarão.

¹³Todas as aves do céu habitarão sobre a sua ruína, e todos os animais do campo se acolherão sob os seus renovos;

¹⁴Para que todas as árvores junto às águas não se exaltem na sua estatura, nem levantem a sua copa no meio dos ramos espessos, nem as que bebem as águas venham a confiar em si, por causa da sua altura; porque todos estão entregues à morte, até à terra mais baixa, no meio dos filhos dos homens, com os que descem à cova.

¹⁵Assim diz o Senhor Deus: No dia em que ele desceu ao inferno, fiz eu que houvesse luto; fiz cobrir o abismo, por sua causa, e retive as suas correntes, e detiveram-se as muitas águas; e cobri o Líbano de preto por causa dele, e todas as árvores do campo por causa dele desfaleceram.

¹⁶Ao som da sua queda fiz tremer as nações, quando o fiz descer ao inferno, com os que descem à cova; e todas as árvores do Éden, a flor e o melhor do Líbano, todas *as árvores* que bebem águas, se consolavam nas partes mais baixas da terra.

¹⁷Também estes com ele descerão ao inferno a juntar-se aos *que foram* traspassados à espada, sim, aos *que foram* seu braço, *e que* habitavam à sombra no meio dos gentios.

¹⁸A quem, *pois,* és semelhante em glória e em grandeza entre as árvores do Éden? Todavia serás precipitado com as árvores do Éden às partes mais baixas da terra; no meio dos incircuncisos jazerás com os *que foram* traspassados à espada; este *é* Faraó e toda a sua multidão, diz o Senhor Deus.

Lamentação sobre Faraó, rei do Egito

32 E SUCEDEU que, no ano duodécimo, no duodécimo mês, ao primeiro do mês, veio a mim a palavra do Senhor, dizendo:

²Filho do homem, levanta *uma* lamentação sobre Faraó, rei do Egito, e dize-lhe: Eras semelhante a *um* filho do leão *entre* as nações, mas tu *és* como uma baleia nos mares, e rompias os teus rios, e turbavas as águas com os teus pés, e pisavas os teus rios.

³Assim diz o Senhor Deus: Portanto, estenderei sobre ti a minha rede com reunião de muitos povos, e te farão subir na minha rede.

⁴Então te deixarei em terra; sobre a face do campo te lançarei, e farei pousar sobre ti todas as aves do céu, e fartarei de ti os animais de toda a terra.

⁵E porei as tuas carnes sobre os montes, e encherei os vales da tua altura.

⁶E regarei com o teu sangue a terra onde nadas, até aos montes; e os rios se encherão de ti.

⁷E, apagando-te eu, cobrirei os céus, e enegrecerei as suas estrelas; ao sol encobrirei com *uma* nuvem, e a lua não fará resplandecer a sua luz.

⁸Todas as brilhantes luzes do céu enegrecerei sobre ti, e trarei trevas sobre a tua terra, diz o Senhor DEUS.

⁹E afligirei os corações de muitos povos, quando eu levar a tua destruição entre as nações, às terras que não conheceste.

¹⁰E farei com que muitos povos fiquem pasmados de ti, e os seus reis tremam sobremaneira, quando eu brandir a minha espada ante os seus rostos; e estremecerão a cada momento, cada um pela sua vida, no dia da tua queda.

¹¹Porque assim diz o Senhor DEUS: A espada do rei de Babilônia virá sobre ti.

¹²Farei cair a tua multidão pelas espadas dos poderosos, *que são* todos os mais terríveis das nações; e destruirão a soberba do Egito, e toda a sua multidão será destruída.

¹³E exterminarei todos os seus animais sobre as muitas águas; nem as turbará mais pé de homem, nem as turbarão unhas de animais.

¹⁴Então farei assentar as suas águas, e farei correr os seus rios como o azeite, diz o Senhor DEUS.

¹⁵Quando eu tornar a terra do Egito *em* desolação, e esta terra for despojada da sua plenitude, e quando ferir a todos os que habitam nela, então saberão que eu *sou* o SENHOR.

¹⁶Esta *é* a lamentação que se lamentará sobre ela; que as filhas das nações lamentarão sobre ela; sobre o Egito e sobre toda a sua multidão, diz o Senhor DEUS.

Lamentação sobre o Egito

¹⁷E sucedeu que, no ano duodécimo, aos quinze do mês, veio a mim a palavra do SENHOR, dizendo:

¹⁸Filho do homem, pranteia sobre a multidão do Egito, e faze-a descer, a ela e às filhas das nações magníficas, às partes mais baixas da terra, juntamente com os que descem à cova.

¹⁹A quem sobrepujas tu em formosura? Desce, e deita-te com os incircuncisos.

²⁰No meio daqueles *que foram* mortos à espada cairão; à espada ela está entregue; arrastai-a e a toda a sua multidão.

²¹Os mais poderosos dos fortes lhe falarão desde o meio do inferno, com os que a socorrem; desceram, jazeram *com* os incircuncisos mortos à espada.

²²Ali *está* Assur com toda a sua multidão; em redor dele *estão* os seus sepulcros; todos eles mortos, abatidos à espada.

²³Os seus sepulcros foram postos nas extremidades da cova, e a sua multidão está em redor do seu sepulcro; todos eles mortos, abatidos à espada; os que tinham causado espanto na terra dos viventes.

²⁴Ali está Elão com toda a sua multidão em redor do seu sepulcro; todos eles mortos, abatidos à espada; desceram incircuncisos às partes mais baixas da terra, causaram terror na terra dos viventes e levaram a sua vergonha com os que desceram à cova.

²⁵No meio dos mortos lhe puseram *uma* cama, entre toda a sua multidão; ao redor dele *estão* os seus sepulcros; todos eles *são* incircuncisos, mortos à espada; porque causaram terror na terra dos viventes, e levaram a sua vergonha com os que desceram à cova; foi posto no meio dos mortos.

²⁶Ali estão Meseque, Tubal e toda a sua multidão; ao redor deles *estão* os seus sepulcros; todos eles são incircuncisos, *e* mortos à espada, porquanto causaram terror na terra dos viventes.

²⁷Porém não jazerão com os poderosos que caíram dos incircuncisos, os quais desceram ao inferno com as suas armas de guerra e puseram as suas espadas debaixo das suas cabeças; e a sua iniquidade está sobre os seus ossos, porquanto eram o terror dos fortes na terra dos viventes.

²⁸Também tu serás quebrado no meio dos incircuncisos, e jazerás com os *que foram* mortos à espada.

²⁹Ali *está* Edom, os seus reis e todos os seus príncipes, que com o seu poder foram postos com os *que foram* mortos à espada; estes jazem com os incircuncisos e com os que desceram à cova.

³⁰Ali *estão* os príncipes do norte, todos eles, e todos os sidônios, que desceram com os mortos, envergonhados com o terror causado pelo seu poder; e jazem incircuncisos com os *que foram* mortos à espada, e levam a sua vergonha com os que desceram à cova.

³¹Faraó os verá, e se consolará com toda a sua multidão; *sim, o próprio* Faraó, e todo o seu exército, mortos à espada, diz o Senhor DEUS.

³²Porque *também* eu pus o meu espanto na terra dos viventes; por isso jazerá no meio dos incircuncisos, com os mortos à espada, Faraó e toda a sua multidão, diz o Senhor DEUS.

O ofício do verdadeiro profeta

33 E VEIO a mim a palavra do SENHOR, dizendo: ²Filho do homem, fala aos filhos do teu povo, e dize-lhes: Quando eu fizer vir a espada sobre a terra, e o povo da terra tomar *um* homem dos seus termos, e o constituir por seu atalaia;

³E, vendo ele que a espada vem sobre a terra, tocar a trombeta e avisar o povo;

⁴Se aquele que ouvir o som da trombeta, não se der por avisado, e vier a espada, e o alcançar, o seu sangue será sobre a sua cabeça.

⁵Ele ouviu o som da trombeta, e não se deu por avisado, o seu sangue será sobre ele; mas o que se dá por avisado salvará a sua vida.

⁶Mas, se quando o atalaia vir *que* vem a espada, e não tocar a trombeta, e não for avisado o povo, e a espada vier, e levar *uma* vida dentre eles, este tal foi levado na sua iniquidade, porém o seu sangue requererei da mão do atalaia.

EZEQUIEL 33.7 574

⁷A ti, pois, ó filho do homem, te constituí por atalaia sobre a casa de Israel: tu, pois, ouvirás a palavra da minha boca, e lha anunciarás da minha parte.

⁸Se eu disser ao ímpio: Ó ímpio, certamente morrerás; e tu não falares, para dissuadir ao ímpio do seu caminho, morrerá esse ímpio na sua iniquidade, porém o seu sangue eu o requererei da tua mão.

⁹Mas, se advertires o ímpio do seu caminho, para que dele se converta, e ele não se converter do seu caminho, ele morrerá na sua iniquidade; mas tu livraste a tua alma.

¹⁰Tu, pois, filho do homem, dize à casa de Israel: Assim falais vós, dizendo: Visto que as nossas transgressões e os nossos pecados *estão* sobre nós, e nós desfalecemos neles, como viveremos então?

¹¹Dize-lhes: Vivo eu, diz o Senhor Deus, que não tenho prazer na morte do ímpio, mas em que o ímpio se converta do seu caminho, e viva. Convertei-vos, convertei-vos dos vossos maus caminhos; pois, por que razão morrereis, ó casa de Israel?

¹²Tu, pois, filho do homem, dize aos filhos do teu povo: A justiça do justo não o livrará no dia da sua transgressão; e, quanto à impiedade do ímpio, não cairá por ela, no dia em que se converter da sua impiedade; nem o justo poderá viver pela sua *justiça* no dia em que pecar.

¹³Quando eu disser ao justo que certamente viverá, e ele, confiando na sua justiça, praticar a iniquidade, não virão à memória todas as suas justiças, mas na sua iniquidade, que pratica, ele morrerá.

¹⁴Quando eu também disser ao ímpio: Certamente morrerás; se ele se converter do seu pecado, e praticar juízo e justiça,

¹⁵Restituindo esse ímpio o penhor, indenizando o que furtou, andando nos estatutos da vida, e não praticando iniquidade, certamente viverá, não morrerá.

¹⁶De todos os seus pecados que cometeu não se terá memória *contra* ele; juízo e justiça fez, certamente viverá.

¹⁷Todavia os filhos do teu povo dizem: Não é justo o caminho do Senhor; mas o próprio caminho deles é que não é justo.

¹⁸Desviando-se o justo da sua justiça, e praticando iniquidade, morrerá nela.

¹⁹E, convertendo-se o ímpio da sua impiedade, e praticando juízo e justiça, ele viverá por eles.

²⁰Todavia, vós dizeis: Não é justo o caminho do Senhor; julgar-vos-ei a cada um conforme os seus caminhos, ó casa de Israel.

O castigo de Israel por causa da sua presunção

²¹E sucedeu *que*, no ano duodécimo do nosso cativeiro, no décimo *mês*, aos cinco do mês, veio a mim um que tinha escapado de Jerusalém, dizendo: A cidade está ferida.

²²Ora, a mão do Senhor estivera sobre mim pela tarde, antes que viesse o que tinha escapado; e ele abrira a minha boca antes que esse homem viesse ter comigo pela manhã; e abriu-se a minha boca, e não fiquei mais calado.

²³Então veio a mim a palavra do Senhor, dizendo:

²⁴Filho do homem, os moradores destes lugares desertos da terra de Israel falam, dizendo: Abraão era um só, e possuiu esta terra; mas nós *somos* muitos, esta terra nos foi dada em possessão.

²⁵Dize-lhes portanto: Assim diz o Senhor Deus: Comeis *a carne* com o sangue, e levantais os vossos olhos para os vossos ídolos, e derramais o sangue! Porventura possuireis a terra?

²⁶Vós vos estribais sobre a vossa espada, cometeis abominação, e cada um contamina a mulher do seu próximo! E possuireis a terra?

²⁷Assim lhes dirás: Assim disse o Senhor Deus: Vivo eu, que os que *estiverem* em lugares desertos, cairão à espada, e o que *estiver* em campo aberto o entregarei às feras, para que o devorem, e os que *estiverem* em lugares fortes e em cavernas morrerão de peste.

²⁸E tornarei a terra *em* desolação e espanto e cessará a soberba do seu poder; e os montes de Israel ficarão *tão* desolados que ninguém passará por eles.

²⁹Então saberão que eu *sou* o Senhor, quando do eu tornar a terra *em* desolação e espanto, por causa de todas as abominações que cometeram.

³⁰Quanto a ti, ó filho do homem, os filhos do teu povo falam de ti junto às paredes e nas portas das casas; e fala um com o outro, cada um a seu irmão, dizendo: Vinde, peço-vos, e ouvi qual seja a palavra que procede do Senhor.

³¹E eles vêm a ti, como o povo costumava vir, e se assentam diante de ti, *como* meu povo, e ouvem as tuas palavras, mas não as põem por obra; pois lisonjeiam com a sua boca, *mas* o seu coração segue a sua avareza.

³²E eis que tu *és* para eles como *uma* canção de amores, *de* quem tem voz suave, e que bem tange; porque ouvem as tuas palavras, mas não as põem por obra.

³³Mas, quando vier isto (eis que está para vir), então saberão que houve no meio deles um profeta.

Profecia contra os pastores infiéis de Israel

34 E VEIO a mim a palavra do Senhor, dizendo: ²Filho do homem, profetiza contra os pastores de Israel; profetiza, e dize aos pastores: Assim diz o Senhor Deus: Ai dos pastores de Israel que se apascentam a si mesmos! *Não devem* os pastores apascentar as ovelhas?

³Comeis a gordura, e vos vestis da lã; matais o cevado; *mas* não apascentais as ovelhas.

⁴As fracas não fortalecestes, e a doente não curastes, e a quebrada não ligastes, e a desgarrada não tornastes a trazer, e a perdida não buscastes; mas dominais sobre elas com rigor e dureza.

⁵Assim se espalharam, por não haver pastor, e

tornaram-se pasto para todas as feras do campo, porquanto se espalharam.

⁶As minhas ovelhas andaram desgarradas por todos os montes, e por todo o alto outeiro; sim, as minhas ovelhas andaram espalhadas por toda a face da terra, sem haver quem perguntasse por *elas,* nem quem *as* buscasse.

⁷Portanto, ó pastores, ouvi a palavra do SENHOR:

⁸Vivo eu, diz o Senhor DEUS, que, porquanto as minhas ovelhas foram *entregues* à rapina, e as minhas ovelhas vieram a servir de pasto a todas as feras do campo, por falta de pastor, e os meus pastores não procuraram as minhas ovelhas; e os pastores apascentaram a si mesmos, e não apascentaram as minhas ovelhas;

⁹Portanto, ó pastores, ouvi a palavra do SENHOR:

¹⁰Assim diz o Senhor DEUS: Eis que eu estou contra os pastores; das suas mãos demandarei as minhas ovelhas, e eles deixarão de apascentar as ovelhas; os pastores não se apascentarão mais a si mesmos; e livrarei as minhas ovelhas da sua boca, e não lhes servirão *mais* de pasto.

¹¹Porque assim diz o Senhor DEUS: Eis que eu, eu mesmo, procurarei pelas minhas ovelhas, e as buscarei.

¹²Como o pastor busca o seu rebanho, no dia em que está no meio das suas ovelhas dispersas, assim buscarei as minhas ovelhas; e livrá-las-ei de todos os lugares por onde andam espalhadas, no dia nublado e de escuridão.

¹³E tirá-las-ei dos povos, e as congregarei dos países, e as trarei à sua própria terra, e as apascentarei nos montes de Israel, junto aos rios, e em todas as habitações da terra.

¹⁴Em bons pastos as apascentarei, e nos altos montes de Israel será o seu aprisco; ali se deitarão num bom redil, e pastarão *em* pastos gordos nos montes de Israel.

¹⁵Eu *mesmo* apascentarei as minhas ovelhas, e eu as farei repousar, diz o Senhor DEUS.

¹⁶A perdida buscarei, e a desgarrada tornarei a trazer, e a quebrada ligarei, e a enferma fortalecerei; mas a gorda e a forte destruirei; apascentá-las-ei com juízo.

¹⁷E quanto a vós, ó ovelhas minhas, assim diz o Senhor DEUS: Eis que eu julgarei entre ovelhas e ovelhas, entre carneiros e bodes.

¹⁸Acaso não vos basta pastar os bons pastos, senão que pisais o resto de vossos pastos aos vossos pés? E não vos basta beber as águas claras, senão que sujais o resto com os vossos pés?

¹⁹E quanto às minhas ovelhas elas pastarão o que haveis pisado com os vossos pés, e beberão o que haveis sujado com os vossos pés.

²⁰Por isso o Senhor DEUS assim lhes diz: Eis que eu, eu mesmo, julgarei entre a ovelha gorda e a ovelha magra.

²¹Porquanto com o lado e com o ombro dais empurrões, e com os vossos chifres escorneais todas as fracas, até que as espalhais para fora.

²²Portanto livrarei as minhas ovelhas, para que não sirvam mais de rapina, e julgarei entre ovelhas e ovelhas.

²³E suscitarei sobre elas um só pastor, e ele as apascentará; o meu servo Davi é que as apascentará; ele lhes servirá de pastor.

²⁴E eu, o SENHOR, lhes serei por Deus, e o meu servo Davi será príncipe no meio delas; eu, o SENHOR, o disse.

²⁵E farei com elas uma aliança de paz, e acabarei com as feras da terra, e habitarão em segurança no deserto, e dormirão nos bosques.

²⁶E delas e dos lugares ao redor do meu outeiro, farei uma bênção; e farei descer a chuva a seu tempo; chuvas de bênção serão.

²⁷E as árvores do campo darão o seu fruto, e a terra dará a sua novidade, e estarão seguras na sua terra; e saberão que eu *sou* o SENHOR, quando eu quebrar as ataduras do seu jugo e as livrar da mão dos que se serviam delas.

²⁸E não servirão mais de rapina aos gentios, as feras da terra nunca *mais* as devorarão; e habitarão seguramente, e ninguém haverá que *as* espante.

²⁹E lhes levantarei *uma* plantação de renome, e nunca mais serão consumidas pela fome na terra, nem mais levarão sobre si o opróbrio dos gentios.

³⁰Saberão, porém, que eu, o SENHOR seu Deus, *estou* com elas, e *que* elas *são* o meu povo, a casa de Israel, diz o Senhor DEUS.

³¹Vós, pois, ó ovelhas minhas, ovelhas do meu pasto; homens *sois; porém* eu *sou* o vosso Deus, diz o Senhor DEUS.

Profecia contra o monte Seir

35 E VEIO a mim a palavra do SENHOR, dizendo: ²Filho do homem, dirige o teu rosto contra o monte Seir, e profetiza contra ele.

³E dize-lhe: Assim diz o Senhor DEUS: Eis que eu estou contra ti, ó monte Seir, e estenderei a minha mão contra ti, e te farei maior desolação.

⁴As tuas cidades farei desertas, e tu serás desolado; e saberás que eu *sou* o SENHOR.

⁵Porquanto guardaste inimizade perpétua, e espalhaste os filhos de Israel pelo poder da espada no tempo da sua calamidade e no tempo da iniquidade final.

⁶Por isso vivo eu, diz o Senhor DEUS, que te preparei para sangue, e o sangue te perseguirá; visto que não odiaste o sangue, o sangue te perseguirá.

⁷E farei do monte Seir uma extrema desolação, e exterminarei dele o que *por ele* passar, e o que *por ele* voltar.

⁸E encherei os seus montes dos seus mortos; nos teus outeiros, e nos teus vales, e em todos os teus rios cairão os mortos à espada.

⁹*Em* desolações perpétuas te porei, e as tuas cidades nunca mais serão habitadas; assim sabereis que eu *sou* o SENHOR.

¹⁰Porquanto disseste: As duas nações e as duas terras serão minhas, e as possuiremos, sendo que o SENHOR se achava ali.

¹¹Portanto, vivo eu, diz o Senhor DEUS, que procederei conforme a tua ira, e conforme a tua inveja,

EZEQUIEL 35.12

de que usaste, no teu ódio contra eles; e me farei conhecer entre eles, quando te julgar.

¹²E saberás que eu, o SENHOR, ouvi todas as tuas blasfêmias, que proferiste contra os montes de Israel, dizendo: *Já* estão assolados, a nós nos são entregues por pasto.

¹³Assim vos engrandecestes contra mim com a vossa boca, e multiplicastes as vossas palavras contra mim. Eu o ouvi.

¹⁴Assim diz o Senhor DEUS: Quando toda a terra se alegrar eu te porei em desolação.

¹⁵Como te alegraste da herança da casa de Israel, porque foi assolada, assim te farei a ti; assolado serás, ó monte Seir, e todo o Edom, sim, todo ele; e saberão que eu *sou* o SENHOR.

Profecia feita aos montes de Israel

36 E TU, ó filho do homem, profetiza aos montes de Israel, e dize: Montes de Israel, ouvi a palavra do SENHOR.

²Assim diz o Senhor DEUS: Pois que disse o inimigo contra vós: Ah! Ah! Até as alturas eternas serão nossa herança;

³Portanto, profetiza, e dize: Assim diz o Senhor DEUS: Porquanto vos assolaram e devoraram de todos os lados, para que ficásseis feitos herança do restante dos gentios, e tendes andado em lábios tagarelas, e em infâmia do povo,

⁴Portanto, ouvi, ó montes de Israel, a palavra do Senhor DEUS: Assim diz o Senhor DEUS aos montes e aos outeiros, aos rios e aos vales, aos lugares assolados e solitários, e às cidades desamparadas que se tornaram em rapina e em escárnio para o restante dos gentios que lhes *estão* em redor;

⁵Portanto, assim diz o Senhor DEUS: Certamente no fogo do meu zelo falei contra o restante dos gentios, e contra todo o Edom, que se apropriaram da minha terra, com toda a alegria de seu coração, e com menosprezo da alma, para a lançarem fora à rapina.

⁶Portanto, profetiza sobre a terra de Israel, e dize aos montes, e aos outeiros, aos rios e aos vales: Assim diz o Senhor DEUS: Eis que falei no meu zelo e no meu furor, porque levastes sobre vós o opróbrio dos gentios.

⁷Portanto, assim diz o Senhor DEUS: Eu levantei a minha mão, para que os gentios, que *estão* ao redor de vós, levem o seu opróbrio.

⁸Mas vós, ó montes de Israel, produzireis os vossos ramos, e dareis o vosso fruto para o meu povo de Israel; porque estão prestes a vir.

⁹Porque eis que eu *estou* convosco, e eu me voltarei para vós, e sereis lavrados e semeados.

¹⁰E multiplicarei homens sobre vós, a toda a casa de Israel, a toda ela; e as cidades serão habitadas, e os lugares devastados serão edificados.

¹¹E multiplicarei homens e animais sobre vós, e eles se multiplicarão, e frutificarão. E farei com que sejais habitados como dantes e vos tratarei melhor que nos vossos princípios; e sabereis que eu *sou* o SENHOR.

¹²E farei andar sobre vós homens, o meu povo

de Israel; eles te possuirão, e serás a sua herança, e nunca mais os desfilharás.

¹³Assim diz o Senhor DEUS: Porquanto vos dizem: Tu és uma *terra* que devora os homens, e és uma *terra* que desfilha as suas nações;

¹⁴Por isso tu não devorarás mais os homens, nem desfilharás mais as tuas nações, diz o Senhor DEUS.

¹⁵E farei que nunca mais tu ouças a afronta dos gentios; nem levarás mais sobre ti o opróbrio das gentes, nem mais desfilharás a tua nação, diz o Senhor DEUS.

A restauração de Israel

¹⁶E veio a mim a palavra do SENHOR, dizendo:

¹⁷Filho do homem, quando a casa de Israel habitava na sua terra, então a contaminaram com os seus caminhos e com as suas ações. Como a imundícia de uma mulher em sua separação, tal era o seu caminho perante o meu rosto.

¹⁸Derramei, pois, o meu furor sobre eles, por causa do sangue que derramaram sobre a terra, e dos seus ídolos, *com que* a contaminaram.

¹⁹E espalhei-os entre os gentios, e foram dispersos pelas terras; conforme os seus caminhos, e conforme os seus feitos, eu os julguei.

²⁰E, chegando aos gentios para onde foram, profanaram o meu santo nome, porquanto se dizia deles: Estes *são* o povo do SENHOR, e saíram da sua terra.

²¹Mas eu *os* poupei por amor do meu santo nome, que a casa de Israel profanou entre os gentios para onde foi.

²²Dize portanto à casa de Israel: Assim diz o Senhor DEUS: Não é por respeito a vós que eu faço isto, ó casa de Israel, mas pelo meu santo nome, que profanastes entre as nações para onde fostes.

²³E eu santificarei o meu grande nome, que foi profanado entre os gentios, o qual profanastes no meio deles; e os gentios saberão que eu *sou* o SENHOR, diz o Senhor DEUS, quando eu for santificado aos seus olhos.

²⁴E vos tomarei dentre os gentios, e vos congregarei de todas as terras, e vos trarei para a vossa terra.

²⁵Então aspergirei água pura sobre vós, e ficareis purificados; de todas as vossas imundícias e de todos os vossos ídolos vos purificarei.

²⁶E dar-vos-ei um coração novo, e porei dentro de vós um espírito novo; e tirarei da vossa carne o coração de pedra, e vos darei um coração de carne.

²⁷E porei dentro de vós o meu Espírito, e farei que andeis nos meus estatutos, e guardeis os meus juízos, e *os* observeis.

²⁸E habitareis na terra que eu dei a vossos pais e vós sereis o meu povo, e eu serei o vosso Deus.

²⁹E livrar-vos-ei de todas as vossas imundícias; e chamarei o trigo, e o multiplicarei, e não trarei fome sobre vós.

³⁰E multiplicarei o fruto das árvores, e a novidade do campo, para que nunca mais recebais o opróbrio da fome entre os gentios.

³¹Então vos lembrareis dos vossos maus caminhos, e dos vossos feitos, que não *foram* bons; e tereis nojo em vós mesmos das vossas iniquidades e das vossas abominações.

³²Não é por amor de vós que eu faço *isto,* diz o Senhor DEUS; notório vos seja; envergonhai-vos, e confundi-vos por causa dos vossos caminhos, ó casa de Israel.

³³Assim diz o Senhor DEUS: No dia em que eu vos purificar de todas as vossas iniquidades, então farei com que sejam habitadas as cidades e sejam edificados os lugares devastados.

³⁴E a terra assolada será lavrada, em lugar de estar assolada aos olhos de todos os que passavam.

³⁵E dirão: Esta terra assolada ficou como jardim do Éden: e as cidades solitárias, e assoladas, e destruídas, estão fortalecidas *e* habitadas.

³⁶Então saberão os gentios, que tiverem ficado ao redor de vós, que eu, o SENHOR, tenho reedificado as *cidades* destruídas, *o* plantado o que estava devastado. Eu, o SENHOR, *o* disse e *o* farei.

³⁷Assim diz o Senhor DEUS: Ainda por isso serei solicitado pela casa de Israel, que lho faça; multiplicar-lhes-ei os homens, como a *um* rebanho.

³⁸Como o rebanho santificado, como o rebanho de Jerusalém nas suas solenidades, assim as cidades desertas se encherão de rebanhos de homens; e saberão que eu *sou* o SENHOR.

A visão de um vale de ossos secos

37 VEIO sobre mim a mão do SENHOR, e ele me fez sair no Espírito do SENHOR, e me pôs no meio de um vale que *estava* cheio de ossos.

²E me fez passar em volta deles; e eis que *eram* mui numerosos sobre a face do vale, e eis que *estavam* sequíssimos.

³E me disse: Filho do homem, *porventura* viverão estes ossos? E eu disse: Senhor DEUS, tu *o* sabes.

⁴Então me disse: Profetiza sobre estes ossos, e dize-lhes: Ossos secos, ouvi a palavra do SENHOR.

⁵Assim diz o Senhor DEUS a estes ossos: Eis que farei entrar em vós o espírito, e vivereis.

⁶E porei nervos sobre vós e farei crescer carne sobre vós, e sobre vós estenderei pele, e porei em vós o espírito, e vivereis, e sabereis que eu *sou* o SENHOR.

⁷Então profetizei como se me deu ordem. E houve *um* ruído, enquanto eu profetizava; e eis que *se* fez um rebuliço, e os ossos se achegaram, *cada* osso ao seu osso.

⁸E olhei, e eis que *vieram* nervos sobre eles, e cresceu a carne, e estendeu-se a pele sobre eles por cima; mas não havia neles espírito.

⁹E ele me disse: Profetiza ao espírito, profetiza, ó filho do homem, e dize ao espírito: Assim diz o Senhor DEUS: Vem dos quatro ventos, ó espírito, e assopra sobre estes mortos, para que vivam.

¹⁰E profetizei como ele me deu ordem; então o espírito entrou neles, e viveram, e se puseram em pé, um exército grande em extremo.

¹¹Então me disse: Filho do homem, estes ossos são toda a casa de Israel. Eis que dizem: Os nossos ossos se secaram, e pereceu a nossa esperança; nós mesmos estamos cortados.

¹²Portanto profetiza, e dize-lhes: Assim diz o Senhor DEUS: Eis que eu abrirei os vossos sepulcros, e vos farei subir das vossas sepulturas, ó povo meu, e vos trarei à terra de Israel.

¹³E sabereis que eu *sou* o SENHOR, quando eu abrir os vossos sepulcros, e vos fizer subir das vossas sepulturas, ó povo meu.

¹⁴E porei em vós o meu Espírito, e vivereis, e vos porei na vossa terra; e sabereis que eu, o SENHOR, disse *isto,* e o fiz, diz o SENHOR.

¹⁵E outra vez veio a mim a palavra do SENHOR, dizendo:

¹⁶Tu, pois, ó filho do homem, toma um pedaço de madeira, e escreve nele: Por Judá e pelos filhos de Israel, seus companheiros. E toma outro pedaço de madeira, e escreve nele: Por José, vara de Efraim, e por toda a casa de Israel, seus companheiros.

¹⁷E ajunta um ao outro, para que se unam, e se tornem uma só vara na tua mão.

¹⁸E quando te falarem os filhos do teu povo, dizendo: *Porventura* não nos declararás o que *significam* estas coisas?

¹⁹Tu lhes dirás: Assim diz o Senhor DEUS: Eis que eu tomarei a vara de José que esteve na mão de Efraim, e a das tribos de Israel, suas companheiras, e as ajuntarei à vara de Judá, e farei delas uma só vara, e elas se farão uma só na minha mão.

²⁰E as varas, sobre que houveres escrito, estarão na tua mão, perante os olhos deles.

²¹Dize-lhes pois: Assim diz o Senhor DEUS: Eis que eu tomarei os filhos de Israel dentre os gentios, para onde eles foram, e os congregarei de todas as partes, e os levarei à sua terra.

²²E deles farei uma nação na terra, nos montes de Israel, e um rei será rei de todos eles, e nunca mais serão duas nações; nunca mais para o futuro se dividirão em dois reinos.

²³E nunca mais se contaminarão com os seus ídolos, nem com as suas abominações, nem com as suas transgressões, e os livrarei de todas as suas habitações, em que pecaram, e os purificarei. Assim eles serão o meu povo, e eu serei o seu Deus.

²⁴E meu servo Davi *será* rei sobre eles, e todos eles terão um *só* pastor; e andarão nos meus juízos e guardarão os meus estatutos, e os observarão.

²⁵E habitarão na terra que dei a meu servo Jacó, em que habitaram vossos pais; e habitarão nela, eles e seus filhos, e os filhos de seus filhos, para sempre, e Davi, meu servo, *será* seu príncipe eternamente.

²⁶E farei com eles uma aliança de paz; e será uma aliança perpétua. E os estabelecerei, e os multiplicarei, e porei o meu santuário no meio deles para sempre.

²⁷E o meu tabernáculo estará com eles, e eu serei o seu Deus e eles serão o meu povo.

²⁸E os gentios saberão que eu sou o SENHOR que

EZEQUIEL 38.1

santifico a Israel, quando estiver o meu santuário no meio deles para sempre.

Profecia contra Gogue

38 VEIO a mim a palavra do SENHOR, dizendo: ²Filho do homem, dirige o teu rosto contra Gogue, terra de Magogue, príncipe e chefe de Meseque, e Tubal, e profetiza contra ele.

³E dize: Assim diz o Senhor DEUS: Eis que eu *sou* contra ti, ó Gogue, príncipe *e* chefe de Meseque e de Tubal;

⁴E te farei voltar, e porei anzóis nos teus queixos, e te levarei a ti, com todo o teu exército, cavalos e cavaleiros, todos vestidos com primor, grande multidão, *com* escudo e rodela, manejando todos a espada;

⁵Persas, etíopes, e os de Pute com eles, todos *com* escudo e capacete;

⁶Gômer e todas as suas tropas; a casa de Togarma, do extremo norte, e todas as suas tropas, muitos povos contigo.

⁷Prepara-te, e dispõe-te, tu e todas as multidões do teu povo que se reuniram a ti, e serve-lhes tu de guarda.

⁸Depois de muitos dias serás visitado. No fim dos anos virás à terra que se recuperou da espada, e *que foi* congregada dentre muitos povos, junto aos montes de Israel, que sempre se faziam desertos; mas aquela *terra* foi tirada dentre as nações, e todas elas habitarão seguramente.

⁹Então subirás, virás como uma tempestade, far-te-ás como uma nuvem para cobrir a terra, tu e todas as tuas tropas, e muitos povos contigo.

¹⁰Assim diz o Senhor DEUS: E acontecerá naquele dia *que* subirão palavras no teu coração, e maquinarás um mau desígnio,

¹¹E dirás: Subirei contra a terra das aldeias não muradas; virei contra os que estão em repouso, que habitam seguros; todos eles habitam sem muro, e não têm ferrolhos nem portas;

¹²A fim de tomar o despojo, e para arrebatar a presa, e tornar a tua mão contra as terras desertas que *agora* se acham habitadas, e contra o povo que se congregou dentre as nações, o qual adquiriu gado e bens, e habita no meio da terra.

¹³Sebá e Dedã, e os mercadores de Társis, e todos os seus leõezinhos te dirão: Vens tu para tomar o despojo? Ajuntaste a tua multidão para arrebatar a tua presa? Para levar a prata e o ouro, para tomar o gado e os bens, para saquear o grande despojo?

¹⁴Portanto, profetiza, ó filho do homem, e dize a Gogue: Assim diz o Senhor DEUS: *Porventura* não o saberás naquele dia, quando o meu povo Israel habitar em segurança?

¹⁵Virás, pois, do teu lugar, do extremo norte, tu e muitos povos contigo, montados todos a cavalo, grande ajuntamento, e exército poderoso,

¹⁶E subirás contra o meu povo Israel, como uma nuvem, para cobrir a terra. Nos últimos dias sucederá que hei de trazer-te contra a minha terra, para que os gentios me conheçam a mim, quando

eu me houver santificado em ti, ó Gogue, diante dos seus olhos.

¹⁷Assim diz o Senhor DEUS: Não *és* tu aquele de quem eu disse nos dias antigos, por intermédio dos meus servos, os profetas de Israel, os quais naqueles dias profetizaram *largos* anos, que te traria contra eles?

¹⁸Sucederá, porém, naquele dia, no dia *em que* vier Gogue contra a terra de Israel, diz o Senhor DEUS, que a minha indignação subirá à minha face.

¹⁹Porque disse no meu zelo, no fogo do meu furor, que, certamente, naquele dia haverá grande tremor sobre a terra de Israel;

²⁰*De tal modo* que tremerão diante da minha face os peixes do mar, e as aves do céu, e os animais do campo, e todos os répteis que se arrastam sobre a terra, e todos os homens que *estão* sobre a face da terra; e os montes serão deitados abaixo, e os precipícios se desfarão, e todos os muros desabarão por terra.

²¹Porque chamarei contra ele a espada sobre todos os meus montes, diz o Senhor DEUS; a espada de cada um se voltará contra seu irmão.

²²E contenderei com ele por meio da peste e do sangue; e *uma* chuva inundante, e grandes pedras de saraiva, fogo, e enxofre farei chover sobre ele, e sobre as suas tropas, e sobre os muitos povos que *estiverem* com ele.

²³Assim eu me engrandecerei e me santificarei, e me darei a conhecer aos olhos de muitas nações; e saberão que eu *sou* o SENHOR.

39 TU, pois, ó filho do homem, profetiza *ainda* contra Gogue, e dize: Assim diz o Senhor DEUS: Eis que eu *sou* contra ti, ó Gogue, príncipe e chefe de Meseque e de Tubal.

²E te farei voltar, mas deixarei uma sexta parte de ti, e far-te-ei subir do extremo norte, e te trarei aos montes de Israel.

³E, com um golpe, tirarei o teu arco da tua mão esquerda, e farei cair as tuas flechas da tua mão direita.

⁴Nos montes de Israel cairás, tu e todas as tuas tropas, e os povos que *estão* contigo; e às aves de rapina, *de* toda espécie, e aos animais do campo, te darei por comida.

⁵Sobre a face do campo cairás, porque eu *o* falei, diz o Senhor DEUS.

⁶E enviarei um fogo sobre Magogue e entre os que habitam seguros nas ilhas; e saberão que eu *sou* o SENHOR.

⁷E farei conhecido o meu santo nome no meio do meu povo Israel, e nunca mais deixarei profanar o meu santo nome; e os gentios saberão que eu *sou* o SENHOR, o Santo em Israel.

⁸Eis que vem, e se cumprirá, diz o Senhor DEUS; este *é* o dia *de* que tenho falado.

⁹E os habitantes das cidades de Israel sairão, e acenderão *o fogo,* e queimarão as armas, e os escudos e as rodelas, com os arcos, e com as flechas, e com os bastões de mão, e com as lanças; e acenderão fogo com elas por sete anos.

¹⁰E não trarão lenha do campo, nem *a* cortarão dos bosques, mas com as armas acenderão fogo; e roubarão aos que os roubaram, e despojarão aos que os despojaram, diz o Senhor Deus.

¹¹E sucederá que, naquele dia, darei ali a Gogue *um* lugar de sepultura em Israel, o vale dos que passam ao oriente do mar; e pararão os que por ele passarem; e ali sepultarão a Gogue, e a toda a sua multidão, e lhe chamarão o vale da multidão de Gogue.

¹²E a casa de Israel os enterrará durante sete meses, para purificar a terra.

¹³Sim, todo o povo da terra os enterrará, e será para eles memorável dia *em que* eu for glorificado, diz o Senhor Deus.

¹⁴E separarão homens que incessantemente percorrerão a terra, para que eles, juntamente com os que passam, sepultem os que tiverem ficado sobre a face da terra, para a purificarem; durante sete meses farão esta busca.

¹⁵E os que percorrerem a terra, *a qual* atravessarão, vendo *algum* osso de homem, porão ao lado um sinal; até que os enterradores o tenham enterrado no vale da multidão de Gogue.

¹⁶E também o nome da cidade *será* Hamona; assim purificarão a terra.

¹⁷Tu, pois, ó filho do homem, assim diz o Senhor Deus, dize às aves de toda espécie, e a todos os animais do campo: Ajuntai-vos e vinde, congregai-vos de toda parte para o meu sacrifício, que eu ofereci por vós, um sacrifício grande, nos montes de Israel, e comei carne e bebei sangue.

¹⁸Comereis a carne dos poderosos e bebereis o sangue dos príncipes da terra; dos carneiros, dos cordeiros, e dos bodes, *e* dos bezerros, todos cevados de Basã.

¹⁹E comereis a gordura até vos fartardes e bebereis o sangue até vos embebedardes, do meu sacrifício que ofereci por vós.

²⁰E, à minha mesa, fartar-vos-ei de cavalos, de carros, de poderosos, e de todos os homens de guerra, diz o Senhor Deus.

²¹E eu porei a minha glória entre os gentios e todos os gentios verão o meu juízo, que eu tiver executado, e a minha mão, que sobre elas tiver descarregado.

²²E saberão os da casa de Israel que eu *sou* o Senhor seu Deus, desde aquele dia em diante.

²³E os gentios saberão que os da casa de Israel, por causa da sua iniquidade, foram levados em cativeiro, porque se rebelaram contra mim, e eu escondi deles a minha face, e os entreguei nas mãos de seus adversários, e todos caíram à espada.

²⁴Conforme a sua imundícia e conforme as suas transgressões me houve com eles, e escondi deles a minha face.

²⁵Portanto assim diz o Senhor Deus: Agora tornarei a trazer os cativos de Jacó, e me compadecerei de toda a casa de Israel; zelarei pelo meu santo nome.

²⁶E levarão *sobre si* a sua vergonha, e toda a sua rebeldia, *com* que se rebelaram contra mim, quando eles habitarem seguros na sua terra, sem haver quem os espante.

²⁷Quando eu os tornar a trazer de entre os povos, e os houver ajuntado das terras de seus inimigos, e eu for santificado neles aos olhos de muitas nações,

²⁸Então saberão que eu *sou* o Senhor seu Deus, vendo que eu os fiz ir em cativeiro entre os gentios, e os ajuntarei para voltarem a sua terra, e não mais deixarei lá *nenhum* deles.

²⁹Nem lhes esconderei mais a minha face, pois derramarei o meu Espírito sobre a casa de Israel, diz o Senhor Deus.

A restauração do templo: os átrios e os vestíbulos

40 NO ano vinte e cinco do nosso cativeiro, no princípio do ano, no décimo *dia* do mês, catorze anos depois que a cidade foi conquistada, naquele mesmo dia veio sobre mim a mão do Senhor, e me levou para lá.

²Em visões de Deus me levou à terra de Israel, e me pôs sobre *um* monte muito alto, sobre o qual havia como que um edifício de cidade para o lado do sul.

³E, havendo-me levado ali, eis que um homem cuja aparência *era* como a do bronze, tendo um cordel de linho na sua mão e uma cana de medir, e estava em pé na porta.

⁴E disse-me o homem: Filho do homem, vê com os teus olhos, e ouve com os teus ouvidos, e põe no teu coração tudo quanto eu te fizer ver; porque para *to* mostrar foste tu aqui trazido; anuncia, *pois*, à casa de Israel tudo quanto vires.

⁵E havia um muro fora da casa, em seu redor, e na mão do homem *uma* cana de medir, de seis côvados, *cada um* dos *quais* tinha um côvado e um palmo; e ele mediu a largura do edifício, uma cana, e a altura, uma cana.

⁶Então veio à porta que olhava para o caminho do oriente, e subiu pelos seus degraus; mediu o umbral da porta, uma cana de largo, e o outro umbral, uma cana de largo.

⁷E *cada* câmara tinha uma cana de comprido, e uma cana de largo, e *o espaço* entre os aposentos *era de* cinco côvados; e o umbral da porta, ao pé do vestíbulo da porta, por dentro, era de uma cana.

⁸Também mediu o vestíbulo da porta, por dentro, uma cana.

⁹Então mediu o vestíbulo da porta, que tinha oito côvados, e os seus pilares, dois côvados, e este vestíbulo da porta, estava por dentro.

¹⁰As câmaras da porta para o lado do oriente *eram* três de um lado e três do outro; a mesma medida era a dos três; também os pilares de um lado e do outro *tinham* a mesma medida.

¹¹Mediu mais a largura da entrada da porta, *que era* de dez côvados; *e* o comprimento da porta, treze côvados.

¹²E o espaço em frente das câmaras *era* de um côvado, e de um côvado o espaço do outro lado; e

EZEQUIEL 40.13

cada câmara *tinha* seis côvados de um lado e seis côvados do outro.

¹³Então mediu a porta desde o telhado de uma câmara até ao telhado da outra, vinte e cinco côvados de largo, porta contra porta.

¹⁴Fez também os pilares, de sessenta côvados, cada pilar, do átrio, em redor da porta.

¹⁵E, desde a face da porta da entrada até à face do vestíbulo da porta interior, *havia* cinquenta côvados.

¹⁶*Havia* também janelas estreitas nas câmaras, e nos seus pilares, dentro da porta ao redor, e da mesma sorte nos vestíbulos; e as janelas estavam ao redor, na parte de dentro, e nos pilares *havia* palmeiras.

¹⁷E ele me levou ao átrio exterior, e eis que *havia* nele câmaras, e um pavimento *que estava* feito no átrio em redor; trinta câmaras *havia* naquele pavimento.

¹⁸E o pavimento do lado das portas *era* proporcional ao comprimento das portas; o pavimento estava mais baixo.

¹⁹E mediu a largura desde a dianteira da porta inferior até à dianteira do átrio interior, por fora, cem côvados, do lado do oriente e do norte.

²⁰E, quanto à porta que olhava para o caminho do norte, no átrio exterior, ele mediu o seu comprimento e a sua largura.

²¹E as suas câmaras eram três de um lado, e três do outro, e os seus pilares e os seus arcos eram da medida da primeira porta: cinquenta côvados *era* o seu comprimento, e a largura vinte e cinco côvados.

²²E as suas janelas, e os seus arcos, e as suas palmeiras, *eram* da medida da porta que olhava para o caminho do oriente; e subia-se para ela por sete degraus, e os seus arcos estavam diante dela.

²³E a porta do átrio interior *estava* defronte da porta do norte *bem* como da do oriente; e mediu de porta a porta cem côvados.

²⁴Então ele me levou ao caminho do sul, e eis que havia ali uma porta que olhava para o caminho do sul, e mediu os seus pilares e os seus arcos conforme estas medidas.

²⁵E *havia* também janelas em redor dos seus arcos, como as outras janelas; cinquenta côvados *era* o comprimento, e a largura vinte e cinco côvados.

²⁶E de sete degraus *eram* as suas subidas, e os seus arcos *estavam* diante delas; e tinha palmeiras, uma de um lado e outra do outro, nos seus pilares.

²⁷Também *havia* uma porta no átrio interior para o caminho do sul; e mediu de porta a porta, para o caminho do sul, cem côvados.

²⁸Então me levou ao átrio interior pela porta do sul; e mediu a porta do sul, conforme estas medidas.

²⁹E as suas câmaras, e os seus pilares, e os seus arcos *eram* conforme estas medidas; e tinham também janelas ao redor dos seus arcos; o comprimento *era* de cinquenta côvados, e a largura de vinte e cinco côvados.

³⁰E *havia* arcos em redor; o comprimento *era* de vinte e cinco côvados, e a largura de cinco côvados.

³¹E os seus arcos *estavam* na direção do átrio exterior, e *havia* palmeiras nos seus pilares; e de oito degraus *eram* as suas subidas.

³²Depois me levou ao átrio interior, para o caminho do oriente, e mediu a porta conforme estas medidas.

³³E também as suas câmaras, e os seus pilares, e os seus arcos, conforme estas medidas; e *havia* também janelas em redor dos seus arcos; o comprimento de cinquenta côvados, e a largura de vinte e cinco côvados.

³⁴E os seus arcos *estavam* no átrio de fora; também *havia* palmeiras nos seus pilares de um e de outro lado; e *eram* as suas subidas de oito degraus.

³⁵Então me levou à porta do norte, e mediu conforme estas medidas;

³⁶As suas câmaras, os seus pilares, e os seus arcos; também tinha janelas em redor; o comprimento *era* de cinquenta côvados, e a largura de vinte e cinco côvados.

³⁷E os seus pilares *estavam* no átrio exterior; também *havia* palmeiras nos seus pilares de um e de outro lado; e *eram* as suas subidas de oito degraus.

³⁸E as suas câmaras e as suas entradas *estavam* junto aos pilares das portas onde lavavam o holocausto.

³⁹E no vestíbulo da porta *havia* duas mesas de um lado, e duas mesas do outro, para nelas se matar o holocausto e a oferta pelo pecado e pela culpa.

⁴⁰Também do lado de fora da subida para a entrada da porta do norte *havia* duas mesas; e do outro lado, que *estava* no vestíbulo da porta, *havia* duas mesas.

⁴¹Quatro mesas de um lado, e quatro mesas do outro; aos lados da porta oito mesas, sobre as quais imolavam.

⁴²E as quatro mesas para o holocausto *eram* de pedras lavradas; o comprimento era de um côvado e meio, e a largura de um côvado e meio, e a altura de um côvado; e sobre elas se punham os instrumentos com que imolavam o holocausto e o sacrifício.

⁴³E os ganchos de um palmo *de comprimento*, estavam fixos por dentro em redor, e sobre as mesas estava a carne da oferta.

⁴⁴E fora da porta interior *estavam* as câmaras dos cantores, no átrio de dentro, que *estava* ao lado da porta do norte e olhava para o caminho do sul; uma *estava* ao lado da porta do oriente, e olhava para o caminho do norte.

⁴⁵E ele me disse: Esta câmara que olha para o caminho do sul *é* para os sacerdotes que têm a guarda da casa.

⁴⁶Mas a câmara que olha para o caminho do norte *é* para os sacerdotes que têm a guarda do altar; *são* estes os filhos de Zadoque, que se chegam ao Senhor, dentre os filhos de Levi, para o servir.

⁴⁷E mediu o átrio; o comprimento de cem côvados e a largura de cem côvados, um quadrado; e o altar *estava* diante da casa.

⁴⁸Então me levou ao vestíbulo da casa, e mediu a *cada* pilar do vestíbulo, cinco côvados de um lado, e cinco côvados do outro; e a largura da porta, três côvados de um lado, e três côvados do outro.

⁴⁹O comprimento do vestíbulo era de vinte côvados, e a largura de onze côvados, e era por degraus, que se subia a ele; e *havia* colunas junto aos pilares, uma de um lado e outra do outro.

A restauração do templo: o santuário

41 ENTÃO me levou ao templo, e mediu os pilares, seis côvados de largura de um lado, e seis côvados de largura do outro, que era a largura da tenda.

²E a largura da entrada, dez côvados; e os lados da entrada, cinco côvados de um lado e cinco côvados do outro; também mediu o seu comprimento, de quarenta côvados, e a largura, de vinte côvados.

³E entrou no interior, e mediu o pilar da entrada, dois côvados, e a entrada, seis côvados, e a largura da entrada, sete côvados.

⁴Também mediu o seu comprimento, vinte côvados, e a largura, vinte côvados, diante do templo, e disse-me: Este *é* o Santo dos Santos.

⁵E mediu a parede da casa, seis côvados, e a largura das câmaras laterais, quatro côvados, por todo o redor da casa.

⁶E as câmaras laterais, *estavam* em três *andares,* câmara sobre câmara, trinta em cada andar, e elas entravam na parede *que* tocava na casa pelas câmaras laterais em redor, para prenderem nela, e não travavam na parede da casa.

⁷E *havia maior* largura nas câmaras laterais superiores, porque o caracol da casa ia subindo muito alto por todo o redor da casa, por isso que a casa *tinha mais* largura para cima; e assim da câmara baixa se subia à mais alta pelo meio.

⁸E olhei para a altura da casa ao redor; *e eram* os fundamentos das câmaras laterais *da medida* de uma cana inteira, seis côvados grandes.

⁹A grossura da parede das câmaras laterais de fora *era* de cinco côvados; e o que foi deixado vazio *era* o lugar das câmaras laterais, que *estavam* por dentro.

¹⁰E entre as câmaras *havia* a largura de vinte côvados por todo o redor da casa.

¹¹E as entradas das câmaras laterais *estavam* voltadas para o *lugar* vazio; uma entrada para o caminho do norte, e outra entrada para *o* do sul; e a largura do lugar vazio *era* de cinco côvados em redor.

¹²Era também o edifício que *estava* diante do lugar separado, do lado do ocidente, da largura de setenta côvados; e a parede do edifício de cinco côvados de largura em redor, e o seu comprimento *era* de noventa côvados.

¹³Assim mediu a casa, do comprimento de cem côvados, como também o lugar separado, e o edifício, e as suas paredes, cem côvados de comprimento.

¹⁴E a largura da frente da casa, e do lugar separado para o oriente, de uma e de outra parte, de cem côvados.

¹⁵Também mediu o comprimento do edifício, diante do lugar separado, que *estava* por detrás, e as suas galerias de uma e de outra parte, cem côvados, com o templo de dentro e os vestíbulos do átrio.

¹⁶Os umbrais e as janelas estreitas, e as galerias em redor nos três *andares,* defronte do umbral, *estavam* cobertas de madeira em redor; e *isto desde* o chão até às janelas; e as janelas *estavam* cobertas.

¹⁷No espaço em cima da porta, e até na casa, no seu interior e *na parte* de fora, e até toda a parede em redor, por dentro e por fora, *tudo por* medida.

¹⁸E *foi* feito *com* querubins e palmeiras, de maneira que *cada* palmeira *estava* entre querubim e querubim, e *cada* querubim tinha dois rostos,

¹⁹A saber: um rosto de homem *olhava* para a palmeira de um lado, e um rosto de leãozinho para a palmeira do outro lado; *assim* foi feito por toda a casa em redor.

²⁰Desde o chão até acima da entrada *estavam* feitos os querubins e as palmeiras, como também *pela* parede do templo.

²¹As ombreiras do templo *eram* quadradas e, no tocante à frente do santuário, a aparência *de uma era* como a aparência *da outra,*

²²O altar de madeira *era* de três côvados de altura, e o seu comprimento de dois côvados; os seus cantos, o seu comprimento e as suas paredes *eram* de madeira; e disse-me: Esta *é* a mesa que *está* perante a face do SENHOR.

²³E o templo e o santuário, *ambos* tinham duas portas.

²⁴E as portas tinham duas folhas; duas folhas que viravam; duas para uma porta e duas para a outra.

²⁵E nelas, *isto é,* nas portas do templo, foram feitos querubins e palmeiras, como *estavam* feitos nas paredes, e *havia* uma trave grossa de madeira na frente do vestíbulo por fora.

²⁶E *havia* janelas estreitas, e palmeiras, de um e de outro lado, pelos lados do vestíbulo, como também nas câmaras da casa e *nas* grossas traves.

A restauração do templo: as câmaras santas

42 DEPOIS disto fez-me sair para fora, ao átrio exterior, para o lado do caminho do norte; e me levou às câmaras que *estavam* defronte do lugar separado, e que *estavam* defronte do edifício, do lado norte.

²Do comprimento de cem côvados, *era* a entrada do norte; e a largura *era* de cinquenta côvados.

³Em frente dos vinte *côvados,* que *tinha* o átrio interior, e em frente do pavimento que *tinha* o átrio exterior, *havia* galeria contra galeria em três *andares.*

⁴E diante das câmaras *havia* um passeio de dez

EZEQUIEL 42.5

côvados de largo, do lado de dentro, e um caminho de um côvado, e as suas entradas eram para o lado do norte.

⁵E as câmaras superiores *eram* mais estreitas; porque as galerias tomavam aqui mais espaço do que as de baixo e as do meio do edifício.

⁶Porque elas *eram* de três *andares,* e não tinham colunas como as colunas dos átrios; por isso desde o chão se iam estreitando, mais do que as de baixo e as do meio.

⁷E o muro que *estava* de fora, defronte das câmaras, no caminho do átrio exterior, diante das câmaras, *tinha* cinquenta côvados de comprimento.

⁸Pois o comprimento das câmaras, que *estavam* no átrio exterior, *era de* cinquenta côvados; e eis que defronte do templo *havia* cem côvados.

⁹Por baixo destas câmaras *estava* a entrada do *lado do* oriente, quando se entra nelas pelo átrio exterior.

¹⁰Na largura do muro do átrio *para* o lado do oriente, diante do lugar separado, e diante do edifício, *havia* também câmaras.

¹¹E o caminho que havia diante delas *era* da aparência das câmaras, que *davam para* o norte; conforme o seu comprimento, assim *era* a sua largura; e todas as suas saídas *eram* também conforme os seus padrões, e conforme as suas entradas.

¹²E conforme as portas das câmaras, que olhavam *para* o caminho do sul, havia *também* uma entrada no topo do caminho, *isto é,* do caminho em frente do muro direito, para o caminho do oriente, quando se entra por elas.

¹³Então me disse: As câmaras do norte, *e* as câmaras do sul, que *estão* diante do lugar separado, elas *são* câmaras santas, onde os sacerdotes, que se chegam ao Senhor, comerão as coisas mais santas; ali porão as coisas mais santas, e a oferta de *manjar,* a oferta pelo pecado, e a oferta pela culpa; porque o lugar *é* santo.

¹⁴Quando os sacerdotes entrarem, não sairão do santuário para o átrio exterior, mas porão ali as suas vestiduras com que ministraram, porque elas *são* santas; e vestir-se-ão de outras vestiduras, e *assim* se aproximarão do *lugar* pertencente ao povo.

¹⁵E, acabando ele de medir a casa interior, ele me fez sair pelo caminho da porta, cuja face olha *para* o caminho do oriente; e a mediu em redor.

¹⁶Mediu o lado oriental com a cana de medir, quinhentas canas, com a cana de medir, ao redor.

¹⁷Mediu o lado do norte, com a cana de medir, quinhentas canas ao redor.

¹⁸Mediu também o lado do sul, com a cana de medir, quinhentas canas.

¹⁹Deu uma volta para o lado do ocidente, *e* mediu, com a cana de medir, quinhentas canas.

²⁰Mediu pelos quatro lados; *e* havia um muro em redor, de quinhentas *canas* de comprimento, e quinhentas de largura, para fazer separação entre o santo e o profano.

A restauração do templo: a glória do Senhor

43ENTÃO me levou à porta, à porta que olha para o caminho do oriente.

²E eis que a glória do Deus de Israel vinha do caminho do oriente; e a sua voz *era* como a voz de muitas águas, e a terra resplandeceu por causa da sua glória.

³E o aspecto da visão que tive *era* como o da visão que eu tivera quando vim destruir a cidade; e *eram* as visões como a visão que tive junto ao rio Quebar; e caí sobre o meu rosto.

⁴E a glória do Senhor entrou na casa *pelo* caminho da porta, cuja face está *para* o lado do oriente.

⁵E levantou-me o Espírito, e me levou ao átrio interior; e eis que a glória do Senhor encheu a casa.

⁶E ouvi alguém que falava comigo de dentro da casa, e um homem se pôs *em pé* junto de mim.

⁷E disse-me: Filho do homem, *este é* o lugar do meu trono, e o lugar das plantas dos meus pés, onde habitarei no meio dos filhos de Israel para sempre; e *os* da casa de Israel não contaminarão mais o meu nome santo, *nem* eles nem os seus reis, com suas prostituições e com os cadáveres dos seus reis, nos seus altos,

⁸Pondo o seu limiar ao pé do meu limiar, e o seu umbral junto ao meu umbral, e havendo uma parede entre mim e eles; e contaminaram o meu santo nome com as suas abominações que cometiam; *por isso eu* os consumi na minha ira.

⁹Agora lancem eles para longe de mim a sua prostituição, e os cadáveres dos seus reis, e habitarei no meio deles para sempre.

A restauração do templo: o altar dos holocaustos

¹⁰Tu, *pois,* ó filho do homem, mostra à casa de Israel esta casa, para que se envergonhe das suas maldades, e meça o modelo.

¹¹E, envergonhando-se eles de tudo quanto fizeram, faze-lhes saber a forma desta casa, e a sua figura, e as suas saídas, e as suas entradas, e todas as suas formas, e todos os seus estatutos, todas as suas formas, e todas as suas leis; e escreve isto aos seus olhos, para que guardem toda a sua forma, e todos os seus estatutos, e os cumpram.

¹²Esta *é* a lei da casa: Sobre o cume do monte todo o seu contorno em redor *será* santíssimo; eis que esta *é* a lei da casa.

¹³E estas *são* as medidas do altar, em côvados (o côvado é um côvado e um palmo): e o fundo será de um côvado de altura, e um côvado de largura, e a sua borda em todo o seu contorno, de um palmo; e esta *é* a base do altar.

¹⁴E do fundo, desde a terra até a armação inferior, dois côvados, e de largura um côvado, e desde a pequena armação até a grande, quatro côvados, e a largura de um côvado.

¹⁵E o altar, de quatro côvados; e desde o altar e para cima *havia* quatro pontas.

583　　　　EZEQUIEL 44.19

[16]E o altar terá doze *côvados* de comprimento, *e* doze de largura, quadrado nos quatro lados.

[17]E a armação, catorze *côvados* de comprimento, *e* catorze de largura, nos seus quatro lados; e o contorno, ao redor dela, de meio côvado, e o fundo dela de um côvado, ao redor; e os seus degraus davam para o oriente.

[18]E disse-me: Filho do homem, assim diz o Senhor DEUS: Estes *são* os estatutos do altar, no dia em que o fizerem, para oferecerem sobre ele holocausto e para aspergirem sobre ele sangue.

[19]E aos sacerdotes levitas, que são da descendência de Zadoque, que se chegam a mim (diz o Senhor DEUS) para me servirem, darás *um* bezerro, para oferta pelo pecado.

[20]E tomarás do seu sangue, e *o* porás sobre as suas quatro pontas, e sobre os quatro cantos da armação, e no contorno ao redor; assim o purificarás e o expiarás.

[21]Então tomarás o bezerro da oferta pelo pecado, e o queimará no lugar da casa para isso designado, fora do santuário.

[22]E no segundo dia oferecerás *um* bode, sem mancha, como oferta pelo pecado; e purificarão o altar, como o purificaram com o bezerro.

[23]E, acabando tu de purificá-lo, oferecerás um bezerro, sem mancha, e um carneiro do rebanho, sem mancha.

[24]E oferecê-los-ás perante a face do SENHOR; e os sacerdotes deitarão sal sobre eles, e oferecê-los-ão em holocausto ao SENHOR.

[25]Por sete dias prepararás, cada dia *um* bode como oferta pelo pecado; também prepararão um bezerro, e um carneiro do rebanho, sem mancha.

[26]Por sete dias expiarão o altar, e *o* purificarão; e assim consagrar-se-ão.

[27]E, cumprindo eles estes dias, será *que,* ao oitavo dia, e dali em diante, os sacerdotes oferecerão sobre o altar os vossos holocaustos e as vossas ofertas pacíficas; e eu me deleitarei em vós, diz o Senhor DEUS.

A restauração do templo: os sacerdotes

44 ENTÃO me fez voltar para o caminho da porta exterior do santuário, que olha para o oriente, a qual *estava* fechada.

[2]E disse-me o SENHOR: Esta porta permanecerá fechada, não se abrirá; ninguém entrará por ela, porque o SENHOR, o Deus de Israel entrou por ela; por isso permanecerá fechada.

[3]Quanto ao príncipe, por ser príncipe, se assentará nela para sempre, para comer o pão diante do SENHOR; pelo caminho do vestíbulo da porta entrará e por esse mesmo caminho sairá.

[4]Depois me levou pelo caminho da porta do norte, diante da casa; e olhei, e eis que a glória do SENHOR encheu a casa do SENHOR; então caí sobre o meu rosto.

[5]E disse-me o SENHOR: Filho do homem, pondera no teu coração, e vê com os teus olhos, e ouve com os teus ouvidos, tudo quanto eu te disser de todos os estatutos da casa do SENHOR, e de todas as suas leis; e considera no teu coração a entrada da casa, com todas as saídas do santuário.

[6]E dize ao rebelde, à casa de Israel: Assim diz o Senhor DEUS: Bastem-vos todas as vossas abominações, ó casa de Israel!

[7]Porque introduzistes estrangeiros, incircuncisos de coração e incircuncisos de carne, para estarem no meu santuário, para o profanarem em minha casa, quando ofereceis o meu pão, a gordura, e o sangue; e eles invalidaram a minha aliança, por causa de todas as vossas abominações.

[8]E não guardastes a ordenança a respeito das minhas coisas sagradas; antes vos constituístes, a vós mesmos, guardas da minha ordenança no meu santuário.

[9]Assim diz o Senhor DEUS: Nenhum estrangeiro, incircunciso de coração ou incircunciso de carne, entrará no meu santuário, dentre os estrangeiros que *se acharem* no meio dos filhos de Israel.

[10]Mas os levitas que se apartaram para longe de mim, quando Israel andava errado, os quais andavam extraviados, desviados de mim, *para irem* atrás dos seus ídolos, levarão sobre si a sua iniquidade.

[11]Contudo *serão* ministros no meu santuário, *nos* ofícios das portas da casa, e servirão à casa; eles matarão o holocausto, e o sacrifício para o povo, e estarão perante eles, para os servir.

[12]Porque lhes ministraram diante dos seus ídolos, e fizeram a casa de Israel cair em iniquidade; por isso eu levantei a minha mão contra eles, diz o Senhor DEUS, e levarão sobre si a sua iniquidade.

[13]E não se chegarão a mim, para me servirem no sacerdócio, nem para se chegarem a alguma de todas as minhas coisas sagradas, às coisas *que são* santíssimas, mas levarão sobre si a sua vergonha e as suas abominações que cometeram.

[14]Contudo, eu os constituirei guardas da ordenança da casa, em todo o seu serviço, e em tudo o que nela se fizer.

[15]Mas os sacerdotes levíticos, os filhos de Zadoque, que guardaram a ordenança do meu santuário quando os filhos de Israel se extraviaram de mim, eles se chegarão a mim, para me servirem, e estarão diante de mim, para me oferecerem a gordura e o sangue, diz o Senhor DEUS.

[16]Eles entrarão no meu santuário, e se chegarão à minha mesa, para me servirem, e guardarão a minha ordenança;

[17]E será que, quando entrarem pelas portas do átrio interior, se vestirão com vestes de linho; e não se porá lã sobre eles, quando servirem nas portas do átrio interior, e dentro.

[18]Gorros de linho estarão sobre as suas cabeças, e calções de linho sobre os seus lombos; não se cingirão *de modo que lhes venha* suor.

[19]E, saindo eles ao átrio exterior, ao átrio de fora, ao povo, despirão as suas vestiduras com que ministraram, e as porão nas santas câmaras, e se

EZEQUIEL 44.20 584

vestirão de outras vestes, para que não santifiquem o povo *estando* com as suas vestiduras.

²⁰E não raparão a sua cabeça, nem deixarão crescer o cabelo; *antes,* como convém, tosquiarão as suas cabeças.

²¹E nenhum sacerdote beberá vinho quando entrar no átrio interior.

²²E eles não se casarão nem com viúva nem com repudiada, mas tomarão virgens da linhagem da casa de Israel, ou viúva que for viúva de sacerdote.

²³E a meu povo ensinarão *a distinguir* entre o santo e o profano, e o farão discernir entre o impuro e o puro.

²⁴E, quando houver disputa, eles assistirão *a ela* para *a* julgarem; pelos meus juízos as julgarão; e as minhas leis e os meus estatutos guardarão em todas as minhas solenidades, e santificarão os meus sábados.

²⁵E eles não se aproximarão de nenhum homem morto, para se contaminarem; mas por pai, ou por mãe, ou por filho, ou por filha, *ou* por irmão, ou por irmã que não tiver marido, se poderão contaminar.

²⁶E, depois da sua purificação, contar-se-lhe-ão sete dias.

²⁷E, no dia em que ele entrar no lugar santo, no átrio interior, para ministrar no lugar santo, oferecerá a sua expiação pelo pecado, diz o Senhor Deus.

²⁸Eles terão uma herança: eu *serei* a sua herança. Não lhes dareis, portanto, possessão em Israel; eu *sou* a sua possessão.

²⁹Eles comerão a oferta de alimentos, e a oferta pelo pecado e *a oferta* pela culpa; e toda a coisa consagrada em Israel será deles.

³⁰E as primícias de todos os primeiros frutos de tudo, e toda a oblação de tudo, de todas as vossas oblações, serão dos sacerdotes; também as primeiras das vossas massas dareis ao sacerdote, para que faça repousar a bênção sobre a tua casa.

³¹Nenhuma coisa, que tenha morrido ou tenha sido despedaçada, de aves e de animais, comerão os sacerdotes.

A partilha da terra: o lugar santo

45 QUANDO, pois, repartirdes a terra em herança, oferecereis uma oferta ao Senhor, uma porção santa da terra; o seu comprimento *será* de vinte e cinco mil *canas* e a largura de dez mil. Esta *será* santa em toda a sua extensão ao redor.

²Desta porção o santuário ocupará quinhentas canas de comprimento, e quinhentas de largura, em quadrado, e terá em redor um espaço vazio de cinquenta côvados.

³E desta porção medirás vinte e cinco mil *côvados* de comprimento, e a largura de dez mil; e ali estará o santuário, o lugar santíssimo.

⁴Esta *será* a porção santa da terra; ela será para os sacerdotes, ministros do santuário, que dele se aproximam para servir ao Senhor; e lhes servirá de lugar para suas casas, e de lugar santo para o santuário.

⁵E os levitas, ministros da casa, terão em sua possessão, vinte e cinco mil *canas* de comprimento, e dez mil de largura, *para* vinte câmaras.

⁶E *para* possessão da cidade, de largura dareis cinco mil *canas,* e de comprimento vinte e cinco mil, defronte da oferta santa; o *que* será para toda a casa de Israel.

⁷O príncipe, porém, *terá a sua parte* deste e do outro lado da área santa, e da possessão da cidade, diante da santa oferta, e em frente da possessão da cidade, desde o extremo ocidental até o extremo oriental, e de comprimento, corresponderá a uma das porções, desde o termo ocidental até ao termo oriental.

⁸E esta terra será a sua possessão em Israel; e os meus príncipes nunca mais oprimirão o meu povo, antes deixarão a terra à casa de Israel, conforme as suas tribos.

⁹Assim diz o Senhor Deus: Basta já, ó príncipes de Israel; afastai a violência e a assolação e praticai juízo e justiça; tirai as vossas imposições do meu povo, diz o Senhor Deus.

¹⁰Tereis balanças justas, efa justo e bato justo.

¹¹O efa e o bato serão de uma mesma medida, *de modo* que o bato contenha a décima parte do ômer, e o efa a décima parte do ômer; conforme o ômer será a sua medida.

¹²E o siclo *será* de vinte geras; vinte siclos, vinte e cinco siclos, *e* quinze siclos *terá* a vossa mina.

¹³Esta *será* a oferta que haveis de oferecer: a sexta parte de um efa de *cada* ômer de trigo; também dareis a sexta parte de um efa de *cada* ômer de cevada.

¹⁴Quanto à ordenança do azeite, de *cada* bato de azeite *oferecereis* a décima parte de um bato *tirado* de um coro, *que é* um ômer de dez batos; porque dez batos *fazem* um ômer.

¹⁵E um cordeiro do rebanho, de cada duzentos, da terra mais regada de Israel, para oferta de alimentos, e para holocausto, e para sacrifício pacífico; para que façam expiação por eles, diz o Senhor Deus.

¹⁶Todo o povo da terra concorrerá com esta oferta, para o príncipe em Israel.

¹⁷E estarão a cargo do príncipe os holocaustos, e as ofertas de alimentos, e as libações, nas festas, e nas luas novas, e nos sábados, em todas as solenidades da casa de Israel. Ele preparará a oferta pelo pecado, e a oferta de alimentos, e o holocausto, e os sacrifícios pacíficos, para fazer expiação pela casa de Israel.

¹⁸Assim diz o Senhor Deus: No primeiro *mês,* no primeiro *dia* do mês, tomarás um bezerro sem mancha e purificarás o santuário.

¹⁹E o sacerdote tomará do sangue do sacrifício pelo pecado, e porá *dele* nas ombreiras da casa, e nos quatro cantos da armação do altar, e nas ombreiras da porta do átrio interior.

²⁰Assim também farás no sétimo *dia* do mês, pelos que erram, e pelos símplices; assim expiareis a casa.

²¹No primeiro *mês,* no dia catorze do mês, tereis

a páscoa, *uma* festa de sete dias; pão ázimo se comerá.

²²E no mesmo dia o príncipe preparará por si e por todo o povo da terra, um bezerro como oferta pelo pecado.

²³E durante os sete dias da festa preparará um holocausto ao Senhor, *de* sete bezerros e sete carneiros sem mancha, cada dia, *durante* os sete dias; e em sacrifício pelo pecado um bode cada dia.

²⁴Também preparará uma oferta de alimentos, *a saber*, um efa, para cada bezerro, e um efa para cada carneiro, e um him de azeite para cada efa.

²⁵No sétimo *mês*, no dia quinze do mês, na festa, fará o mesmo por sete dias, tanto o sacrifício pelo pecado, como o holocausto, e como a oferta de alimentos, e como o azeite.

Adoração pública

46ASSIM diz o Senhor Deus: A porta do átrio interior que dá para o oriente, estará fechada *durante* os seis dias *que são* de trabalho; mas no dia de sábado ela se abrirá; também no dia da lua nova se abrirá.

²E o príncipe entrará *pelo* caminho do vestíbulo da porta, por fora, e permanecerá junto da ombreira da porta; e os sacerdotes prepararão o holocausto, e os sacrifícios pacíficos dele; e ele adorará junto ao umbral da porta, e sairá; mas a porta não se fechará até à tarde.

³E o povo da terra adorará à entrada da mesma porta, nos sábados e nas luas novas, diante do Senhor.

⁴E o holocausto, que o príncipe oferecer ao Senhor, *será*, no dia de sábado, seis cordeiros sem mancha e um carneiro sem mancha.

⁵E a oferta de alimentos será um efa para o carneiro; e para o cordeiro, a oferta de alimentos será o que puder dar; e de azeite um him para *cada* efa.

⁶Mas no dia da lua nova *será* um bezerro sem mancha, e seis cordeiros e um carneiro; eles serão sem mancha.

⁷E preparará *por* oferta de manjares um efa para o bezerro e um efa para o carneiro, mas para os cordeiros, o que a sua mão puder dar; e um him de azeite para um efa.

⁸E, quando entrar o príncipe, entrará *pelo* caminho do vestíbulo da porta, e sairá pelo mesmo caminho.

⁹Mas, quando vier o povo da terra perante a face do Senhor nas solenidades, aquele que entrar *pelo* caminho da porta do norte, para adorar, sairá *pelo* caminho da porta do sul; e aquele que entrar *pelo* caminho da porta do sul sairá *pelo* caminho da porta do norte; não tornará *pelo* caminho da porta por onde entrou, mas sairá pela *outra* que está oposta.

¹⁰E o príncipe entrará no meio deles; quando eles entrarem e, saindo eles, sairão todos.

¹¹E nas festas e nas solenidades a oferta de alimentos será um efa para o bezerro, e um efa para o carneiro, mas para os cordeiros o que puder dar; e de azeite um him para um efa.

¹²E, quando o príncipe fizer oferta voluntária de holocaustos, ou de sacrifícios pacíficos, uma oferta voluntária ao Senhor, então lhe abrirão a porta que dá para o oriente, e fará o seu holocausto e os seus sacrifícios pacíficos, como houver feito no dia de sábado; e sairá, e se fechará a porta depois dele sair.

¹³E prepararás um cordeiro de um ano sem mancha, *em* holocausto ao Senhor, cada dia; todas as manhãs o prepararás.

¹⁴E, juntamente com ele prepararás uma oferta de alimentos, todas as manhãs, a sexta parte de um efa, e de azeite a terça parte de um him, para misturar com a flor de farinha; *por* oferta de alimentos para o Senhor, em estatutos perpétuos *e* contínuos.

¹⁵Assim prepararão o cordeiro, e a oferta de alimentos, e o azeite, todas as manhãs, em holocausto contínuo.

¹⁶Assim diz o Senhor Deus: Quando o príncipe der um presente a algum de seus filhos, é sua herança, pertencerá a seus filhos; *será* possessão deles por herança.

¹⁷Mas, dando ele um presente da sua herança a algum dos seus servos, será deste até ao ano da liberdade; então tornará para o príncipe, porque herança dele é; seus filhos a herdarão.

¹⁸E o príncipe não tomará nada da herança do povo por opressão, defraudando-os da sua possessão; da sua *própria* possessão deixará herança a seus filhos, para que o meu povo não seja separado, cada um da sua possessão.

¹⁹Depois disto me trouxe pela entrada que *estava* ao lado da porta, às câmaras santas dos sacerdotes, que olhavam para o norte; e eis que ali havia um lugar nos fundos extremos, para o lado do ocidente.

²⁰E ele me disse: Este *é* o lugar onde os sacerdotes cozerão a oferta pela culpa, e a oferta pelo pecado, *e* onde cozerão a oferta de alimentos, para que não as tragam ao átrio exterior para santificarem o povo.

²¹Então me levou para fora, para o átrio exterior, e me fez passar pelos quatro cantos do átrio; e eis que em cada canto do átrio havia outro átrio.

²²Nos quatro cantos do átrio *havia* outros átrios juntos, de quarenta côvados de comprimento e de trinta de largura; estes quatro cantos *tinham* uma mesma medida.

²³E *havia* uma fileira *construída* ao redor deles, ao redor dos quatro; e *havia* cozinhas feitas por baixo das fileiras ao redor.

²⁴E me disse: Estas *são* as cozinhas, onde os ministros da casa cozerão o sacrifício do povo.

A torrente das águas purificadoras

47DEPOIS disto me fez voltar à porta da casa, e eis que saíam águas por debaixo do umbral da casa para o oriente; porque a face da casa *dava para* o oriente, e as águas desciam de debaixo, desde o lado direito da casa, ao sul do altar.

²E ele me fez sair *pelo* caminho da *porta* do

norte, e me fez dar uma volta *pelo* caminho de fora, até à porta exterior, pelo caminho que dá para o oriente e eis que corriam as águas do lado direito.

³*E* saiu aquele homem para o oriente, tendo na mão um cordel de medir; e mediu mil côvados, e me fez passar pelas águas, águas *que* me davam pelos tornozelos.

⁴E mediu *mais* mil *côvados,* e me fez passar pelas águas, águas que me davam pelos joelhos; e outra vez mediu mil, e me fez passar pelas águas que me davam pelos lombos.

⁵E mediu *mais* mil, *e era um* rio, que eu não podia atravessar, porque as águas eram profundas, águas que se deviam passar a nado, rio pelo qual não se podia passar.

⁶E disse-me: Viste *isto,* filho do homem? Então levou-me, e me fez voltar para a margem do rio.

⁷*E,* tendo eu voltado, eis que à margem do rio *havia* uma grande abundância de árvores, de um e de outro lado.

⁸Então disse-me: Estas águas saem para a região oriental, e descem ao deserto, e entram no mar; *e,* sendo levadas ao mar, as águas tornar-se-ão saudáveis.

⁹E será *que* toda a criatura vivente que passar por onde quer que entrarem estes rios viverá; e haverá muitíssimo peixe, porque lá chegarão estas águas, e serão saudáveis, e viverá tudo por onde quer que entrar este rio.

¹⁰Será também que os pescadores estarão em pé junto dele; desde En-Gedi até En-Eglaim haverá *lugar para* estender as redes; o seu peixe, segundo a sua espécie, será como o peixe do mar grande, em multidão excessiva.

¹¹Mas os seus charcos e os seus pântanos não tornar-se-ão saudáveis; serão deixados para sal.

¹²E junto ao rio, à sua margem, de um e de outro lado, nascerá toda a sorte de árvore *que dá fruto* para *se* comer; não cairá a sua folha, nem acabará o seu fruto; nos seus meses produzirá novos frutos, porque as suas águas saem do santuário; e o seu fruto servirá de comida e a sua folha de remédio.

As fronteiras da terra de Israel

¹³Assim diz o Senhor Deus: Este *será* o termo *conforme* o qual repartireis a terra em herança, segundo as doze tribos de Israel; José *terá duas* partes.

¹⁴E vós a herdareis, tanto um como o outro; *terra sobre* a qual levantei a minha mão, para dá-la a vossos pais; assim esta mesma terra vos cairá a vós em herança.

¹⁵E este será o termo da terra; do lado do norte, desde o mar grande, caminho de Hetlom, até à entrada de Zedade;

¹⁶Hamate, Berota, Sibraim, que *estão* entre o termo de Damasco e o termo de Hamate; Hazer-Haticom, que *está* junto ao termo de Haurã.

¹⁷E o termo *será* desde o mar *até* Hazar-Enom, o termo de Damasco, e na direção do norte, para o norte, está o termo de Hamate. *Este será* o lado do norte.

¹⁸E o lado do oriente, entre Haurã, e Damasco, e Gileade, e a terra de Israel será o Jordão; desde o termo do norte até ao mar do oriente medireis. *Este será* o lado do oriente.

¹⁹E o lado do sul, para o sul, *será* desde Tamar até às águas da contenda de Cades, junto ao ribeiro, até ao mar grande. *Este será* o lado do sul.

²⁰E o lado do ocidente *será* o mar grande, desde o termo *do sul* até a entrada de Hamate. Este *será* o lado do ocidente.

²¹Repartireis, pois, esta terra entre vós, segundo as tribos de Israel.

²²Será, porém, que a sorteareis para vossa herança, e *para* a dos estrangeiros que habitam no meio de vós, que gerarão filhos no meio de vós; e vos serão como naturais entre os filhos de Israel; convosco entrarão em herança, no meio das tribos de Israel.

²³E será *que* na tribo em que habitar o estrangeiro, ali *lhe* dareis a sua herança, diz o Senhor Deus.

Os termos das doze tribos

48 E ESTES são os nomes das tribos: desde o extremo norte, ao longo do caminho de Hetlom, indo para Hamate, *até* Hazar-Enom, termo de Damasco para o norte, ao pé de Hamate, terá Dã uma parte, desde o lado oriental até o ocidental.

²E junto ao termo de Dã, desde o lado oriental até o ocidental, Aser *terá* uma *porção.*

³E junto ao termo de Aser, desde o lado oriental até o ocidental, Naftali, uma *porção.*

⁴E junto ao termo de Naftali, desde o lado oriental até o lado ocidental, Manassés, uma *porção.*

⁵E junto ao termo de Manassés, desde o lado oriental até o lado ocidental, Efraim, uma *porção.*

⁶E junto ao termo de Efraim, desde o lado oriental até o lado ocidental, Rúben, uma *porção.*

⁷E junto ao termo de Rúben, desde o lado oriental até o lado ocidental, Judá, uma *porção.*

⁸E junto ao termo de Judá, desde o lado oriental até o lado ocidental, será a oferta que haveis de fazer de vinte e cinco mil *canas* de largura, e de comprimento de cada uma das porções, desde o lado oriental até o lado ocidental; e o santuário estará no meio dela.

⁹A oferta que haveis de oferecer ao Senhor *será* do comprimento de vinte e cinco mil *canas,* e da largura de dez mil.

¹⁰E ali será a oferta santa para os sacerdotes, *medindo* para o norte vinte e cinco mil *canas de comprimento,* e para o ocidente dez mil de largura, e para o oriente dez mil de largura, e para o sul vinte e cinco mil de comprimento; e o santuário do Senhor estará no meio dela.

¹¹*E será* para os sacerdotes santificados dentre os filhos de Zadoque, que guardaram a minha ordenança, que não se desviaram, quando os filhos de Israel se extraviaram, como se extraviaram os *outros* levitas.

¹²E eles terão uma oferta, da oferta da terra, lugar santíssimo, junto ao limite dos levitas.

¹³E os levitas terão, consoante ao termo dos

sacerdotes, vinte e cinco mil *canas* de comprimento, e de largura dez mil; todo o comprimento *será* vinte e cinco mil, e a largura dez mil.

¹⁴E não venderão disto, nem trocarão, nem transferirão as primícias da terra, porque *é* santidade ao Senhor.

¹⁵Mas as cinco mil canas, as que restaram da largura, diante das vinte e cinco mil, ficarão *para uso* comum, para a cidade, para habitação e para arrabaldes; e a cidade estará no meio delas.

¹⁶E estas *serão* as suas medidas: o lado do norte de quatro mil e quinhentas *canas,* o lado do sul de quatro mil e quinhentas, o lado oriental de quatro mil e quinhentas e o lado ocidental de quatro mil e quinhentas.

¹⁷E os arrabaldes da cidade serão para o norte de duzentas e cinquenta *canas,* para o sul de duzentas e cinquenta, para o oriente de duzentas e cinquenta e para o ocidente de duzentas e cinquenta.

¹⁸E, quanto ao que restou do comprimento, consoante com a santa oferta, *será* dez mil para o oriente, e dez mil para o ocidente; e corresponderá à santa oferta; e a sua novidade será para sustento daqueles que servem a cidade.

¹⁹E os que servem à cidade, servi-la-ão dentre todas as tribos de Israel.

²⁰Toda a oferta *será* de vinte e cinco mil *canas* com *mais* vinte e cinco mil; em quadrado oferecereis a oferta santa, com a possessão da cidade.

²¹E o que restou *será* para o príncipe; deste e do outro lado da oferta santa, e da possessão da cidade, diante das vinte e cinco mil *canas* da oferta, até ao termo do oriente e do ocidente, diante das vinte e cinco mil, até ao termo do ocidente, correspondente às porções, *será* para o príncipe; e a santa oferta e o santuário da casa estarão no meio dela.

²²E desde a possessão dos levitas, e desde a possessão da cidade, no meio do que pertencer ao príncipe, entre o termo de Judá, e o termo de Benjamim, será isso para o príncipe.

²³E, quanto ao restante das tribos, desde o lado oriental até o lado ocidental, Benjamim *terá* uma *porção.*

²⁴E junto ao termo de Benjamim, desde o lado oriental até o lado ocidental, Simeão *terá* uma *porção.*

²⁵E junto ao termo de Simeão, desde o lado oriental até o lado ocidental, Issacar *terá* uma *porção.*

²⁶E junto ao termo de Issacar, desde o lado oriental até o lado ocidental, Zebulom *terá* uma *porção.*

²⁷E junto ao termo de Zebulom, desde o lado oriental até o lado ocidental, Gade *terá* uma *porção.*

²⁸E junto ao termo de Gade, ao sul, do lado sul, será o termo desde Tamar *até* às águas da contenda de Cades, junto ao rio até ao mar grande.

²⁹Esta *é* a terra que sorteareis em herança às tribos de Israel; e estas *são* as suas porções, diz o Senhor Deus.

³⁰E estas *são* as saídas da cidade, desde o lado norte: quatro mil e quinhentas *canas* por medida.

³¹E as portas da cidade *serão* conforme os nomes das tribos de Israel; três portas para o norte: a porta de Rúben uma, a porta de Judá outra, a porta de Levi outra.

³²E do lado oriental quatro mil e quinhentas *canas,* e três portas, a saber: a porta de José uma, a porta de Benjamim outra, a porta de Dã outra.

³³E do lado sul quatro mil e quinhentas *canas* por medida, e três portas: a porta de Simeão uma, a porta de Issacar outra, a porta de Zebulom outra.

³⁴Do lado ocidental quatro mil e quinhentas *canas,* e as suas três portas: a porta de Gade uma, a porta de Aser outra, a porta de Naftali outra.

³⁵Dezoito mil *canas por medida* terá ao redor; e o nome da cidade desde *aquele* dia *será:* O Senhor *ESTÁ ALI.*

O LIVRO DO PROFETA
DANIEL

Daniel e outros jovens hebreus na corte de Nabucodonosor

1 NO ano terceiro do reinado de Jeoiaquim, rei de Judá, veio Nabucodonosor, rei de Babilônia, a Jerusalém, e a sitiou.

²E o Senhor entregou nas suas mãos a Jeoiaquim, rei de Judá, e *uma* parte dos utensílios da casa de Deus, e ele os levou para a terra de Sinar, *para* a casa do seu deus, e pôs os utensílios na casa do tesouro do seu deus.

³E disse o rei a Aspenaz, chefe dos seus eunucos, que trouxesse *alguns* dos filhos de Israel, e da linhagem real e dos príncipes,

⁴Jovens em quem não *houvesse* defeito algum, de boa aparência, e instruídos em toda a sabedoria, e doutos *em* ciência, e entendidos no conhecimento, e que tivessem habilidade para assistirem no palácio do rei, e que lhes ensinassem as letras e a língua dos caldeus.

⁵E o rei lhes determinou a porção diária, das iguarias do rei, e do vinho que ele bebia, e que *assim* fossem mantidos por três anos, para que no fim destes pudessem estar diante do rei.

⁶E entre eles se achavam, dos filhos de Judá, Daniel, Hananias, Misael e Azarias;

⁷E o chefe dos eunucos lhes pôs *outros* nomes, a saber: a Daniel pôs *o de* Beltessazar, e a Hananias *o de* Sadraque, e a Misael *o de* Mesaque, e a Azarias *o de* Abednego.

⁸E Daniel propôs no seu coração não se contaminar com a porção das iguarias do rei, nem com o vinho que ele bebia; portanto pediu ao chefe dos eunucos que lhe permitisse não se contaminar.

⁹Ora, Deus fez com que Daniel *achasse* graça e misericórdia diante do chefe dos eunucos.

¹⁰E disse o chefe dos eunucos a Daniel: Tenho medo do meu senhor, o rei, que determinou a vossa comida e a vossa bebida; pois por que veria ele os vossos rostos mais tristes do que *os* dos outros jovens da vossa idade? Assim porias em perigo a minha cabeça para com o rei.

¹¹Então disse Daniel ao despenseiro a quem o chefe dos eunucos havia constituído sobre Daniel, Hananias, Misael e Azarias:

¹²Experimenta, peço-te, os teus servos dez dias, e que se nos deem legumes a comer, e água a beber.

¹³Então se examine diante de ti a nossa aparência, e a aparência dos jovens que comem a porção das iguarias do rei; e, conforme vires, procederás para com os teus servos.

¹⁴E ele consentiu isto, e os experimentou dez dias.

¹⁵E, ao fim dos dez dias, apareceram os seus semblantes melhores, e eles estavam mais gordos de carne do que todos os jovens que comiam das iguarias do rei.

¹⁶Assim o despenseiro tirou-lhes a porção das iguarias, e o vinho de que deviam beber, e lhes dava legumes.

¹⁷Quanto a estes quatro jovens, Deus lhes deu o conhecimento e a inteligência em todas as letras, e sabedoria; mas a Daniel deu entendimento em toda a visão e sonhos.

¹⁸E ao fim dos dias, em que o rei tinha falado que os trouxessem, o chefe dos eunucos os trouxe diante de Nabucodonosor.

¹⁹E o rei falou com eles; e entre todos eles não foram achados outros tais como Daniel, Hananias, Misael e Azarias; portanto ficaram *assistindo* diante do rei.

²⁰E *em* toda a matéria de sabedoria e de discernimento, sobre o que o rei lhes perguntou, os achou dez vezes mais *doutos* do que todos os magos astrólogos que *havia* em todo *o* seu reino.

²¹E Daniel permaneceu até ao primeiro ano do rei Ciro.

O sonho do rei é interpretado por Daniel

2 E NO segundo ano do reinado de Nabucodonosor, Nabucodonosor teve sonhos; e o seu espírito se perturbou, e passou-se-lhe o sono.

²Então o rei mandou chamar os magos, os astrólogos, os encantadores e os caldeus, para que declarassem ao rei os seus sonhos; e eles vieram e se apresentaram diante do rei.

³E o rei lhes disse: Tive *um* sonho; e para saber o sonho está perturbado o meu espírito.

⁴E os caldeus disseram ao rei em aramaico: Ó rei, vive eternamente! Dize o sonho a teus servos, e daremos a interpretação.

⁵Respondeu o rei, e disse aos caldeus: O assunto me tem escapado; se não me fizerdes saber o sonho e a sua interpretação, sereis despedaçados, e as vossas casas serão feitas *um* monturo;

⁶Mas se vós me declarardes o sonho e a sua interpretação, recebereis de mim dádivas, recompensas e grande honra; portanto declarai-me o sonho e a sua interpretação.

⁷Responderam segunda vez, e disseram: Diga o rei o sonho a seus servos, e daremos a sua interpretação.

⁸Respondeu o rei, e disse: Percebo muito bem que vós quereis ganhar tempo; porque vedes que o assunto me tem escapado.

⁹De *modo* que, se não me fizerdes saber o sonho, uma só sentença será a vossa; pois vós preparastes palavras mentirosas e perversas para as proferirdes na minha presença, até que se mude o tempo; portanto dizei-me o sonho, para que eu entenda que me *podeis* dar a sua interpretação.

¹⁰Responderam os caldeus na presença do rei, e

disseram: Não há ninguém sobre a terra que possa declarar a palavra ao rei; pois nenhum rei há, grande ou dominador, que requeira coisas semelhantes de algum mago, ou astrólogo, ou caldeu.

¹¹Porque o assunto que o rei requer *é* difícil; e ninguém há que o *possa* declarar diante do rei, senão os deuses, cuja morada não é com a carne.

¹²Por isso o rei muito se irou e enfureceu; e ordenou que matassem a todos os sábios de Babilônia.

¹³E saiu o decreto, segundo *o qual deviam* ser mortos os sábios; e buscaram a Daniel e aos seus companheiros, para que fossem mortos.

¹⁴Então Daniel falou avisada e prudentemente a Arioque, capitão da guarda do rei, que tinha saído para matar os sábios de Babilônia.

¹⁵Respondeu, e disse a Arioque, capitão do rei: Por que se apressa *tanto* o decreto da parte do rei? Então Arioque explicou o caso a Daniel.

¹⁶E Daniel entrou; e pediu ao rei que lhe desse tempo, para que lhe pudesse dar a interpretação.

¹⁷Então Daniel foi para a sua casa, e fez saber o caso a Hananias, Misael e Azarias, seus companheiros;

¹⁸Para que pedissem misericórdia ao Deus do céu, sobre este mistério, a fim de que Daniel e seus companheiros não perecessem, *juntamente* com o restante dos sábios da Babilônia.

¹⁹Então foi revelado o mistério a Daniel *numa* visão de noite; então Daniel louvou o Deus do céu.

²⁰Falou Daniel, dizendo: Seja bendito o nome de Deus de eternidade a eternidade, porque dele são a sabedoria e a força;

²¹E ele muda os tempos e as estações; ele remove os reis e estabelece os reis; ele dá sabedoria aos sábios e conhecimento aos entendidos.

²²Ele revela o profundo e o escondido; conhece o que *está* em trevas, e com ele mora a luz.

²³Ó Deus de meus pais, eu te dou graças e te louvo, porque me deste sabedoria e força; e agora me fizeste saber o que te pedimos, porque nos fizeste saber este assunto do rei.

²⁴Por isso Daniel foi ter com Arioque, ao qual o rei tinha constituído para matar os sábios de Babilônia; entrou, e disse-lhe assim: Não mates os sábios de Babilônia; introduze-me na presença do rei, e declararei ao rei a interpretação.

²⁵Então Arioque depressa introduziu a Daniel na presença do rei, e disse-lhe assim: Achei um homem dentre os cativos de Judá, o qual fará saber ao rei a interpretação.

²⁶Respondeu o rei, e disse a Daniel (cujo nome *era* Beltessazar): Podes tu fazer-me saber o sonho que tive e a sua interpretação?

²⁷Respondeu Daniel na presença do rei, dizendo: O segredo que o rei requer, nem sábios, *nem* astrólogos, *nem* magos, *nem* adivinhos *o* podem declarar ao rei;

²⁸Mas há um Deus no céu, o qual revela os mistérios; ele, pois, fez saber ao rei Nabucodonosor o que há de acontecer nos últimos dias; o teu sonho e as visões da tua cabeça *que tiveste* na tua cama são estes:

²⁹Estando tu, ó rei, na tua cama, subiram os teus pensamentos, acerca do que há de ser depois disto. Aquele, pois, que revela os mistérios te fez saber o que há de ser.

³⁰E a mim me foi revelado esse mistério, não porque haja em mim mais sabedoria que em todos os viventes, mas para que a interpretação se fizesse saber ao rei, e para que entendesses os pensamentos do teu coração.

³¹Tu, ó rei, estavas vendo, e eis aqui uma grande estátua; esta estátua, que *era* imensa, cujo esplendor *era* excelente, *e* estava em pé diante de ti; e a sua aparência *era* terrível.

³²A cabeça daquela estátua *era* de ouro fino; o seu peito e os seus braços de prata; o seu ventre e as suas coxas de cobre;

³³As pernas de ferro; os seus pés em parte de ferro e em parte de barro.

³⁴Estavas vendo *isto,* quando uma pedra foi cortada, sem auxílio de mão, a qual feriu a estátua nos pés de ferro e de barro, e os esmiuçou.

³⁵Então foi juntamente esmiuçado o ferro, o barro, o bronze, a prata e o ouro, os quais se fizeram como pragana das eiras do estio, e o vento os levou, e não se achou lugar algum para eles; mas a pedra, que feriu a estátua, se tornou grande monte, e encheu toda a terra.

³⁶Este é o sonho; também a sua interpretação diremos na presença do rei.

³⁷Tu, ó rei, *és* rei de reis; a quem o Deus do céu tem dado o reino, o poder, a força, e a glória.

³⁸E onde quer que habitem os filhos de homens, na tua mão entregou os animais do campo, e as aves do céu, e fez que reinasse sobre todos eles; tu és a cabeça de ouro.

³⁹E depois de ti se levantará outro reino, inferior ao teu; e um terceiro reino, de bronze, o qual dominará sobre toda a terra.

⁴⁰E o quarto reino será forte como ferro; pois, como o ferro, esmiúça e quebra tudo; como o ferro que quebra todas as coisas, *assim* ele esmiuçará e fará em pedaços.

⁴¹E, quanto ao que viste dos pés e dos dedos, em parte de barro de oleiro, e em parte de ferro, isso será *um* reino dividido; contudo haverá nele *alguma coisa* da firmeza do ferro, pois viste o ferro misturado com barro de lodo.

⁴²E como os dedos dos pés eram em parte de ferro e em parte do barro, assim por uma parte o reino será forte, e por outra será frágil.

⁴³Quanto ao que viste do ferro misturado com barro de lodo, misturar-se-ão com semente humana, mas não se ligarão um ao outro, assim como o ferro não se mistura com o barro.

⁴⁴Mas, nos dias desses reis, o Deus do céu levantará um reino que não será jamais destruído; e este reino não passará a outro povo; esmiuçará e consumirá todos esses reinos, mas ele mesmo subsistirá para sempre,

⁴⁵Da maneira que viste que do monte foi cortada uma pedra, sem *auxílio de* mãos, e ela esmiuçou o

DANIEL 2.46

ferro, o bronze, o barro, a prata e o ouro; o grande Deus fez saber ao rei o que há de ser depois disto. Certo é o sonho, e fiel a sua interpretação.

⁴⁶Então o rei Nabucodonosor caiu sobre a sua face, e adorou a Daniel, e ordenou que lhe oferecessem uma oblação e perfumes suaves.

⁴⁷Respondeu o rei a Daniel, e disse: Certamente o vosso Deus *é* Deus dos deuses, e o Senhor dos reis e revelador de mistérios, pois pudeste revelar este mistério.

⁴⁸Então o rei engrandeceu a Daniel, e lhe deu muitas *e* grandes dádivas, e o pôs por governador de toda a província de Babilônia, como também o fez chefe dos governadores sobre todos os sábios de Babilônia.

⁴⁹E pediu Daniel ao rei, e constituiu ele sobre os negócios da província de Babilônia a Sadraque, Mesaque e Abednego; mas Daniel permaneceu na porta do rei.

A estátua de ouro

3 O REI Nabucodonosor fez uma estátua de ouro, cuja altura *era* de sessenta côvados, e a sua largura de seis côvados; levantou-a no campo de Dura, na província de Babilônia.

²Então o rei Nabucodonosor mandou reunir os príncipes, os prefeitos, os governadores, os conselheiros, os tesoureiros, os juízes, os capitães, e todos os oficiais das províncias, para que viessem à consagração da estátua que o rei Nabucodonosor tinha levantado.

³Então se reuniram os príncipes, os prefeitos e governadores, os capitães, os juízes, os tesoureiros, os conselheiros, e todos os oficiais das províncias, à consagração da estátua que o rei Nabucodonosor tinha levantado; e estavam em pé diante da imagem que Nabucodonosor tinha levantado.

⁴E o arauto apregoava em alta *voz*: Ordena-se a vós, ó povos, nações e línguas:

⁵Quando ouvirdes o som da trombeta, da flauta, da harpa, da sambuca, do saltério, da gaita de foles, e de toda a espécie de música, prostrar-vos-eis, e adorareis a estátua de ouro que o rei Nabucodonosor tem levantado.

⁶E qualquer que não se prostrar e não *a* adorar, será na mesma hora lançado dentro da fornalha de fogo ardente.

⁷Portanto, no mesmo instante em que todos os povos ouviram o som da trombeta, da flauta, da harpa, da sambuca, do saltério e de toda a espécie de música, prostraram-se todos os povos, nações e línguas, e adoraram a estátua de ouro que o rei Nabucodonosor tinha levantado.

Os companheiros de Daniel na fornalha de fogo ardente

⁸Por isso, no mesmo instante chegaram perto alguns caldeus, e acusaram os judeus.

⁹E responderam, dizendo ao rei Nabucodonosor: Ó rei, vive eternamente!

¹⁰Tu, ó rei, fizeste *um* decreto, pelo qual todo homem que ouvisse o som da trombeta, da flauta, da harpa, da sambuca, do saltério, e da gaita de foles, e de toda a espécie de música, se prostrasse e adorasse a estátua de ouro;

¹¹E, qualquer que não se prostrasse e adorasse, seria lançado dentro da fornalha de fogo ardente.

¹²Há uns homens judeus, os quais constituíste sobre os negócios da província de Babilônia: Sadraque, Mesaque e Abednego; estes homens, ó rei, não fizeram caso de ti; a teus deuses não servem, nem adoram a estátua de ouro que levantaste.

¹³Então Nabucodonosor, com ira e furor, mandou trazer a Sadraque, Mesaque e Abednego. E trouxeram a estes homens perante o rei.

¹⁴Falou Nabucodonosor, e lhes disse: É de propósito, ó Sadraque, Mesaque e Abednego, que vós não servis a meus deuses nem adorais a estátua de ouro que levantei?

¹⁵Agora, pois, se estais prontos, quando ouvirdes o som da trombeta, da flauta, da harpa, da sambuca, do saltério, da gaita de foles, e de toda a espécie de música, para vos prostrardes e adorardes a estátua que fiz, *bom é*; mas, se não a adorardes, sereis lançados, na mesma hora, dentro da fornalha de fogo ardente. E quem *é* o Deus que vos poderá livrar das minhas mãos?

¹⁶Responderam Sadraque, Mesaque e Abednego, e disseram ao rei Nabucodonosor: Não necessitamos de te responder sobre este assunto.

¹⁷Eis que o nosso Deus, a quem nós servimos, é que nos pode livrar; ele *nos* livrará da fornalha de fogo ardente, *e* da tua mão, ó rei.

¹⁸E, se não, fica sabendo ó rei, que não serviremos a teus deuses nem adoraremos a estátua de ouro que levantaste.

¹⁹Então Nabucodonosor se encheu de furor, e mudou-se o aspecto do seu semblante contra Sadraque, Mesaque e Abednego; falou, e ordenou que a fornalha se aquecesse sete vezes mais do que se costumava aquecer.

²⁰E ordenou aos homens mais poderosos, que estavam no seu exército, que atassem a Sadraque, Mesaque e Abednego, para lançá-los na fornalha de fogo ardente.

²¹Então estes homens foram atados, *vestidos* com as suas capas, suas túnicas, e seus chapéus, e demais roupas, e foram lançados dentro da fornalha de fogo ardente.

²²E, porque a palavra do rei era urgente, e a fornalha estava sobremaneira quente, a chama do fogo matou aqueles homens que carregaram a Sadraque, Mesaque, e Abednego.

²³E estes três homens, Sadraque, Mesaque e Abednego, caíram atados dentro da fornalha de fogo ardente.

²⁴Então o rei Nabucodonosor se espantou, e se levantou depressa; falou, dizendo aos seus conselheiros: Não lançamos nós, dentro do fogo, três homens atados? Responderam e disseram ao rei: É verdade, ó rei.

²⁵Respondeu, dizendo: Eu, porém, vejo quatro homens soltos, que andam passeando dentro

do fogo, sem sofrer nenhum dano; e o aspecto do quarto é semelhante ao Filho de Deus.

²⁶Então chegando-se Nabucodonosor à porta da fornalha de fogo ardente, falou, dizendo: Sadraque, Mesaque e Abednego, servos do Deus Altíssimo, saí e vinde! Então Sadraque, Mesaque e Abednego saíram do meio do fogo.

²⁷E reuniram-se os príncipes, os capitães, os governadores e os conselheiros do rei e, contemplando estes homens, *viram* que o fogo não tinha tido poder algum sobre os seus corpos; nem *um só* cabelo da sua cabeça se tinha queimado, nem as suas capas se mudaram, nem cheiro de fogo tinha passado sobre eles.

²⁸Falou Nabucodonosor, dizendo: Bendito *seja* o Deus de Sadraque, Mesaque e Abednego, que enviou o seu anjo, e livrou os seus servos, que confiaram nele, pois violaram a palavra do rei, *preferindo* entregar os seus corpos, para que não servissem nem adorassem algum *outro* deus, senão o seu Deus.

²⁹Por mim, pois, é feito *um* decreto, pelo qual todo o povo, e nação e língua que disser blasfêmia contra o Deus de Sadraque, Mesaque e Abednego, seja despedaçado, e as suas casas sejam feitas *um* monturo; porquanto não há outro Deus que possa livrar como este.

³⁰Então o rei fez prosperar a Sadraque, Mesaque e Abednego, na província de Babilônia.

O edito do rei

4 NABUCODONOSOR rei, a todos os povos, nações e línguas, que moram em toda a terra: Paz vos seja multiplicada.

²Pareceu-me bem fazer conhecidos os sinais e maravilhas que Deus, o Altíssimo, tem feito para comigo.

³Quão grandes *são* os seus sinais, e quão poderosas as suas maravilhas! O seu reino *é* um reino sempiterno, e o seu domínio de geração em geração.

O sonho de uma árvore grande

⁴Eu, Nabucodonosor, estava sossegado em minha casa, e próspero no meu palácio.

⁵Tive *um* sonho, que me espantou; e *estando eu* na minha cama, as imaginações e as visões da minha cabeça me turbaram.

⁶Por isso expedi um decreto, para que fossem introduzidos à minha presença todos os sábios de Babilônia, para que me fizessem saber a interpretação do sonho.

⁷Então entraram os magos, os astrólogos, os caldeus e os adivinhadores, e eu contei o sonho diante deles; mas não me fizeram saber a sua interpretação.

⁸Mas por fim entrou na minha presença Daniel, cujo nome *é* Beltessazar, segundo o nome do meu deus, e no qual *há* o espírito dos deuses santos; e eu lhe contei o sonho, *dizendo:*

⁹Beltessazar, mestre dos magos, pois eu sei que *há* em ti o espírito dos deuses santos, e nenhum mistério te é difícil, dize-me as visões do meu sonho que tive e a sua interpretação.

¹⁰Eis, pois, as visões da minha cabeça, *estando eu* na minha cama: Eu estava assim olhando, e vi uma árvore no meio da terra, cuja altura era grande;

¹¹Crescia esta árvore, e se fazia forte, de maneira que a sua altura chegava até ao céu; e era vista até aos confins da terra.

¹²A sua folhagem *era* formosa, e o seu fruto abundante, e havia nela sustento para todos; debaixo dela os animais do campo achavam sombra, e as aves do céu faziam morada nos seus ramos, e toda a carne se mantinha dela.

¹³Estava vendo *isso* nas visões da minha cabeça, *estando eu* na minha cama; e eis que *um* vigia, um santo, descia do céu,

¹⁴Clamando fortemente, e dizendo assim: Derrubai a árvore, e cortai-lhe os ramos, sacudi as suas folhas, espalhai o seu fruto; afugentem-se os animais de debaixo dela, e as aves dos seus ramos.

¹⁵Mas deixai na terra o tronco com as suas raízes, atada com cadeias de ferro e de bronze, na erva do campo; e *seja* molhado do orvalho do céu, e seja a sua porção com os animais na erva da terra;

¹⁶Seja mudado o seu coração, para que não seja mais *coração* de homem, e lhe seja dado coração de animal; e passem sobre ele sete tempos.

¹⁷Esta sentença é por decreto dos vigias, e esta ordem *por* mandado dos santos, a fim de que conheçam os viventes que o Altíssimo tem domínio sobre o reino dos homens, e o dá a quem quer, e *até* ao mais humilde dos homens constitui sobre ele.

¹⁸Este sonho eu, rei Nabucodonosor vi. Tu, pois, Beltessazar, dize a interpretação, porque todos os sábios do meu reino não puderam fazer-me saber a sua interpretação, mas tu podes; pois *há* em ti o espírito dos deuses santos.

¹⁹Então Daniel, cujo nome *era* Beltessazar, esteve atônito por uma hora, e os seus pensamentos o turbavam; falou, *pois,* o rei, dizendo: Beltessazar, não te espante o sonho, nem a sua interpretação. Respondeu Beltessazar, dizendo: SENHOR meu, *seja* o sonho contra os que te têm ódio, e a sua interpretação aos teus inimigos.

²⁰A árvore que viste, que cresceu, e se fez forte, cuja altura chegava até ao céu, e que foi vista por toda a terra;

²¹Cujas folhas *eram* formosas, e o seu fruto abundante, e em que para todos *havia* sustento, debaixo da qual moravam os animais do campo, e em cujos ramos habitavam as aves do céu;

²²*És* tu, ó rei, que cresceste, e te fizeste forte; a tua grandeza cresceu, e chegou até ao céu, e o teu domínio até à extremidade da terra.

²³E quanto ao que viu o rei, um vigia, um santo, *que* descia do céu, e dizia: Cortai a árvore, e destruí-a, mas o tronco *com* as suas raízes deixai na terra, e atada com cadeias de ferro e de bronze, na erva do campo; e seja molhado do orvalho do céu,

DANIEL 4.24 592

e a sua porção seja com os animais do campo, até que passem sobre ele sete tempos;

²⁴Esta é a interpretação, ó rei; e este é o decreto do Altíssimo, que virá sobre o rei, meu senhor:

²⁵Serás tirado dentre os homens, e a tua morada será com os animais do campo, e te farão comer erva como os bois, e serás molhado do orvalho do céu; e passar-se-ão sete tempos por cima de ti; até que conheças que o Altíssimo tem domínio sobre o reino dos homens, e o dá a quem quer.

²⁶E quanto ao que foi falado, que deixassem o tronco *com* as raízes da árvore, o teu reino voltará para ti, depois que tiveres conhecido que o céu reina.

²⁷Portanto, ó rei, aceita o meu conselho, e põe fim aos teus pecados, *praticando* a justiça, e às tuas iniquidades, usando de misericórdia com os pobres, pois, talvez se prolongue a tua tranquilidade.

A loucura do rei

²⁸Todas estas coisas vieram sobre o rei Nabucodonosor.

²⁹Ao fim de doze meses, *quando* passeava no palácio real de Babilônia,

³⁰Falou o rei, dizendo: Não é esta a grande Babilônia que eu edifiquei para a casa real, com a força do meu poder, e para glória da minha magnificência?

³¹Ainda estava a palavra na boca do rei, quando caiu uma voz do céu: A ti se diz, ó rei Nabucodonosor: Passou de ti o reino.

³²E serás tirado dentre os homens, e a tua morada *será* com os animais do campo; far-te-ão comer erva como os bois, e passar-se-ão sete tempos sobre ti, até que conheças que o Altíssimo domina sobre o reino dos homens, e o dá a quem quer.

³³Na mesma hora se cumpriu a palavra sobre Nabucodonosor, e foi tirado dentre os homens, e comia erva como os bois, e o seu corpo foi molhado do orvalho do céu, até que lhe cresceu pelo, como as penas da águia, e as suas unhas como *as* das aves.

³⁴Mas ao fim daqueles dias eu, Nabucodonosor, levantei os meus olhos ao céu, e tornou-me a vir o entendimento, e eu bendisse o Altíssimo, e louvei e glorifiquei ao que vive para sempre, cujo domínio *é* um domínio sempiterno, e cujo reino *é* de geração em geração.

³⁵E todos os moradores da terra *são* reputados em nada, e segundo a sua vontade ele opera com o exército do céu e os moradores da terra; não há quem possa estorvar a sua mão, e lhe diga: Que fazes?

³⁶No mesmo tempo tornou a mim o meu entendimento, e para a dignidade do meu reino tornou-me a vir a minha majestade e o meu resplendor; e buscaram-me os meus conselheiros e os meus senhores; e fui restabelecido no meu reino, e a minha glória foi aumentada.

³⁷Agora, *pois,* eu, Nabucodonosor, louvo, exalço e glorifico ao Rei do céu; porque todas as suas obras *são* verdade, e os seus caminhos juízo, e pode humilhar aos que andam na soberba.

O banquete do rei Belsazar

5O REI Belsazar deu um grande banquete a mil dos seus senhores, e bebeu vinho na presença dos mil.

²Havendo Belsazar provado o vinho, mandou trazer os vasos de ouro e de prata, que Nabucodonosor, seu pai, tinha tirado do templo que *estava* em Jerusalém, para que bebessem neles o rei, os seus príncipes, as suas mulheres e concubinas.

³Então trouxeram os vasos de ouro, que foram tirados do templo da casa de Deus, que estava em Jerusalém, e beberam neles o rei, os seus príncipes, as suas mulheres e concubinas.

⁴Beberam o vinho, e deram louvores aos deuses de ouro, de prata, de bronze, de ferro, de madeira, e de pedra.

⁵Na mesma hora apareceram uns dedos de mão de homem, e escreviam, defronte do castiçal, na caiadura da parede do palácio real; e o rei via a parte da mão que estava escrevendo.

⁶Mudou-se então o semblante do rei, e os seus pensamentos o turbaram; as juntas dos seus lombos se relaxaram, e os seus joelhos batiam um no outro.

⁷E gritou o rei com força, que se introduzissem os astrólogos, os caldeus e os adivinhadores; e falou o rei, dizendo aos sábios de Babilônia: Qualquer que ler este escrito, e me declarar a sua interpretação, será vestido de púrpura, e trará uma cadeia de ouro ao pescoço e, no reino, será o terceiro governante.

⁸Então entraram todos os sábios do rei; mas não puderam ler o escrito, nem fazer saber ao rei a sua interpretação.

⁹Então o rei Belsazar perturbou-se muito, e mudou-se-lhe o semblante; e os seus senhores estavam sobressaltados.

¹⁰A rainha, por causa das palavras do rei e dos seus senhores, entrou na casa do banquete, e respondeu, dizendo: Ó rei, vive para sempre! Não te perturbem os teus pensamentos, nem se mude o teu semblante.

¹¹Há no teu reino um homem, no qual *há* o espírito dos deuses santos; e nos dias de teu pai se achou nele luz, e inteligência, e sabedoria, como a sabedoria dos deuses; e teu pai, o rei Nabucodonosor, sim, teu pai, o rei, o constituiu mestre dos magos, dos astrólogos, dos caldeus *e* dos adivinhadores;

¹²Porquanto se achou neste Daniel um espírito excelente, e conhecimento, e entendimento, interpretando sonhos e explicando enigmas, e resolvendo dúvidas, ao qual o rei pôs o nome de Beltessazar. Chame-se, *pois,* agora Daniel, e ele dará a interpretação.

¹³Então Daniel foi introduzido à presença do rei. Falou o rei, dizendo a Daniel: *És* tu aquele Daniel, um dos filhos dos cativos de Judá, que o rei, meu pai, trouxe de Judá?

14Tenho ouvido *dizer* a teu respeito que o espírito dos deuses *está* em ti, e que em ti se acham a luz, e o entendimento e a excelente sabedoria.

15Agora mesmo foram introduzidos à minha presença os sábios *e* os astrólogos, para lerem este escrito, e me fazerem saber a sua interpretação; mas não puderam dar a interpretação destas palavras.

16Eu, porém, tenho ouvido dizer de ti que podes dar interpretação e resolver dúvidas. Agora, se puderes ler este escrito, e fazer-me saber a sua interpretação, serás vestido de púrpura, e *terás* cadeia de ouro ao pescoço e no reino serás o terceiro governante.

17Então respondeu Daniel, e disse na presença do rei: As tuas dádivas fiquem contigo, e dá os teus prêmios a outro; contudo lerei ao rei o escrito, e far-lhe-ei saber a interpretação.

18Ó rei! Deus, o Altíssimo, deu a Nabucodonosor, teu pai, o reino, e a grandeza, e a glória, e a majestade.

19E por causa da grandeza, que lhe deu, todos os povos, nações e línguas tremiam e temiam diante dele; a quem queria matava, e a quem queria conservava em vida; e a quem queria engrandecia, e a quem queria abatia.

20Mas quando o seu coração se exaltou, e o seu espírito se endureceu em soberba, foi derrubado do seu trono real, e passou dele a *sua* glória.

21E *foi* tirado dentre os filhos dos homens, e o seu coração foi feito semelhante ao dos animais, e a sua morada foi com os jumentos monteses; fizeram-no comer a erva como os bois, e do orvalho do céu foi molhado o seu corpo, até que conheceu que Deus, o Altíssimo, tem domínio sobre o reino dos homens, e a quem quer constitui sobre ele.

22E tu, Belsazar, que és seu filho, não humilhaste o teu coração, ainda que soubeste tudo isto.

23E te levantaste contra o Senhor do céu, pois foram trazidos à tua presença os vasos da casa dele, e tu, os teus senhores, as tuas mulheres e as tuas concubinas, bebestes vinho neles; além disso, deste louvores aos deuses de prata, de ouro, de bronze, de ferro, de madeira e de pedra, que não veem, não ouvem, nem sabem; mas a Deus, em cuja mão *está* a tua vida, e de quem são todos os teus caminhos, a ele não glorificaste.

24Então dele foi enviada aquela parte da mão, que escreveu este escrito.

25Este, pois, *é* o escrito que se escreveu: MENE, MENE, TEQUEL, UFARSIM.

26Esta *é* a interpretação daquilo: MENE: Contou Deus o teu reino, e o acabou.

27TEQUEL: Pesado foste na balança, e foste achado em falta.

28PERES: Dividido foi o teu reino, e dado aos medos e aos persas.

29Então mandou Belsazar que vestissem a Daniel de púrpura, e que lhe pusessem *uma* cadeia de ouro ao pescoço, e proclamassem a respeito dele que havia de ser o terceiro no governo do *seu* reino.

30Naquela noite foi morto Belsazar, rei dos caldeus.

31E Dario, o medo, ocupou o reino, *sendo* da idade de sessenta e dois anos.

Daniel na cova dos leões

6 E PARECEU bem a Dario constituir sobre o reino cento e vinte príncipes, que estivessem sobre todo o reino;

2E sobre eles três presidentes, dos quais Daniel era um, aos quais estes príncipes dessem conta, para que o rei não sofresse dano.

3Então o mesmo Daniel sobrepujou a estes presidentes e príncipes; porque nele *havia* um espírito excelente; e o rei pensava constituí-lo sobre todo o reino.

4Então os presidentes e os príncipes procuravam achar ocasião contra Daniel a respeito do reino; mas não podiam achar ocasião ou culpa alguma; porque ele *era* fiel, e não se achava nele nenhum erro nem culpa.

5Então estes homens disseram: Nunca acharemos ocasião alguma contra este Daniel, se não *a* acharmos contra ele na lei do seu Deus.

6Então estes presidentes e príncipes foram juntos ao rei, e disseram-lhe assim: Ó rei Dario, vive para sempre!

7Todos os presidentes do reino, os capitães e príncipes, conselheiros e governadores, concordaram em promulgar um edito real e confirmar a proibição que qualquer que, por espaço de trinta dias, fizer uma petição a qualquer deus, ou a *qualquer* homem, e não a ti, ó rei, seja lançado na cova dos leões.

8Agora, *pois*, ó rei, confirma a proibição, e assina o edito, para que não seja mudado, conforme a lei dos medos e dos persas, que não se pode revogar.

9Por esta razão o rei Dario assinou o edito e a proibição.

10Daniel, pois, quando soube que o edito estava assinado, entrou em sua casa (ora havia no seu quarto janelas abertas do lado de Jerusalém), e três vezes no dia se punha de joelhos, e orava, e dava graças diante do seu Deus, como também antes costumava fazer.

11Então aqueles homens foram juntos, e acharam a Daniel orando e suplicando diante do seu Deus.

12Então se apresentaram ao rei e, a respeito do edito real, disseram-lhe: *Porventura* não assinaste o edito, pelo qual todo o homem que fizesse uma petição a qualquer deus, ou a qualquer homem, por espaço de trinta dias, e não a ti, ó rei, fosse lançado na cova dos leões? Respondeu o rei, dizendo: Esta palavra *é* certa, conforme a lei dos medos e dos persas, que não se pode revogar.

13Então responderam ao rei, dizendo-lhe: Daniel, que *é* dos filhos dos cativos de Judá, não tem feito caso de ti, ó rei, nem do edito que assinaste, antes três vezes por dia faz a sua oração.

14Ouvindo então o rei *essas* palavras, ficou muito penalizado, e a favor de Daniel propôs dentro

DANIEL 6.15

do seu coração livrá-lo; e até ao pôr do sol trabalhou para salvá-lo.

¹⁵Então aqueles homens foram juntos ao rei, e disseram-lhe: Sabe, ó rei, que é lei dos medos e dos persas que nenhum edito ou decreto, que o rei estabeleça, se pode mudar.

¹⁶Então o rei ordenou que trouxessem a Daniel, e lançaram-no na cova dos leões. E, falando o rei, disse a Daniel: O teu Deus, a quem tu continuamente serves, ele te livrará.

¹⁷E foi trazida *uma* pedra e posta sobre a boca da cova; e o rei a selou com o seu anel e com o anel dos seus senhores, para que não se mudasse a sentença acerca de Daniel.

¹⁸Então o rei se dirigiu para o seu palácio, e passou a noite *em* jejum, e não deixou trazer à sua presença instrumentos de música; e fugiu dele o sono.

¹⁹Pela manhã, ao romper do dia, levantou-se o rei, e foi com pressa à cova dos leões.

²⁰E, chegando-se à cova, chamou por Daniel com voz triste; e disse o rei a Daniel: Daniel, servo do Deus vivo, dar-se-ia o caso que o teu Deus, a quem tu continuamente serves, tenha podido livrar-te dos leões?

²¹Então Daniel falou ao rei: Ó rei, vive para sempre!

²²O meu Deus enviou o seu anjo, e fechou a boca dos leões, para que não me fizessem dano, porque foi achada em mim inocência diante dele; e também contra ti, ó rei, não tenho cometido delito algum.

²³Então o rei muito se alegrou em si mesmo, e mandou tirar a Daniel da cova. Assim foi tirado Daniel da cova, e nenhum dano se achou nele, porque crera no seu Deus.

²⁴E ordenou o rei, e foram trazidos aqueles homens que tinham acusado a Daniel, e foram lançados na cova dos leões, eles, seus filhos e suas mulheres; e *ainda* não tinham chegado ao fundo da cova quando os leões se apoderaram deles, e lhes esmigalharam todos os ossos.

²⁵Então o rei Dario escreveu a todos os povos, nações e línguas que moram em toda a terra: A paz vos seja multiplicada.

²⁶Da minha parte é feito *um* decreto, pelo qual em todo o domínio do meu reino os homens tremam e temam perante o Deus de Daniel; porque ele é o Deus vivo e que permanece para sempre, e o seu reino não se pode destruir, e o seu domínio *durará* até o fim.

²⁷Ele salva, livra, e opera sinais e maravilhas no céu e na terra; ele salvou e livrou Daniel do poder dos leões.

²⁸Este Daniel, pois, prosperou no reinado de Dario, e no reinado de Ciro, o persa.

A visão dos quatro animais

7 NO primeiro ano de Belsazar, rei de Babilônia, teve Daniel um sonho e visões da sua cabeça quando estava na sua cama; escreveu logo o sonho, e relatou a suma das coisas.

²Falou Daniel, e disse: Eu estava olhando na minha visão da noite, e eis que os quatro ventos do céu agitavam o mar grande.

³E quatro animais grandes, diferentes uns dos outros, subiam do mar.

⁴O primeiro *era* como leão, e tinha asas de águia; enquanto eu olhava, foram-lhe arrancadas as asas, e foi levantado da terra, e posto em pé como um homem, e foi-lhe dado um coração de homem.

⁵Continuei olhando, e eis aqui o segundo animal, semelhante a um urso, o qual se levantou de um lado, tendo na boca três costelas entre os seus dentes; e foi-lhe dito assim: Levanta-te, devora muita carne.

⁶Depois disto, eu continuei olhando, e eis aqui outro, semelhante a um leopardo, e tinha quatro asas de ave nas suas costas; tinha também este animal quatro cabeças, e foi-lhe dado domínio.

⁷Depois disto eu continuei olhando nas visões da noite, e eis aqui o quarto animal, terrível e espantoso, e muito forte, o qual tinha dentes grandes de ferro; ele devorava e fazia em pedaços, e pisava aos pés o que sobejava; *era* diferente de todos os animais que *apareceram* antes dele, e tinha dez chifres.

⁸Estando eu a considerar os chifres, eis que, entre eles subiu outro chifre pequeno, diante do qual três dos primeiros chifres foram arrancados; e eis que neste chifre *havia* olhos, como os de homem, e uma boca que falava grandes coisas.

⁹Eu continuei olhando, até que foram postos uns tronos, e um ancião de dias se assentou; a sua veste *era* branca como a neve, e o cabelo da sua cabeça como a pura lã; e seu trono era de chamas de fogo, e as suas rodas de fogo ardente.

¹⁰Um rio de fogo manava e saía de diante dele; milhares de milhares o serviam, e milhões de milhões assistiam diante dele; assentou-se o juízo, e abriram-se os livros.

¹¹Então estive olhando, por causa da voz das grandes palavras que o chifre proferia; estive olhando até que o animal foi morto, e o seu corpo desfeito, e entregue para ser queimado pelo fogo;

¹²E, quanto aos outros animais, foi-lhes tirado o domínio; todavia foi-lhes prolongada a vida até certo espaço de tempo.

¹³Eu estava olhando nas minhas visões da noite, e eis que vinha nas nuvens do céu *um* como o filho do homem; e dirigiu-se ao ancião de dias, e o fizeram chegar até ele.

¹⁴E foi-lhe dado o domínio, e a honra, e o reino, para que todos os povos, nações e línguas o servissem; o seu domínio *é* um domínio eterno, que não passará, e o seu reino tal, que não será destruído.

¹⁵Quanto a mim, Daniel, o meu espírito foi abatido dentro do corpo, e as visões da minha cabeça me perturbaram.

¹⁶Cheguei-me a um dos que estavam perto, e pedi-lhe a verdade acerca de tudo isto. E ele me disse, e fez-me saber a interpretação das coisas.

¹⁷Estes grandes animais, que são quatro, *são* quatro reis, *que* se levantarão da terra.

¹⁸Mas os santos do Altíssimo receberão o reino, e o possuirão para todo o sempre, e de eternidade em eternidade.

¹⁹Então tive desejo de conhecer a verdade a respeito do quarto animal, que era diferente de todos os outros, muito terrível, cujos dentes *eram* de ferro e as suas unhas de bronze; que devorava, fazia em pedaços e pisava aos pés o que sobrava;

²⁰E também a respeito dos dez chifres que tinha na cabeça, e do outro que subiu, e diante do qual caíram três, isto é, daquele chifre que tinha olhos, e uma boca que falava grandes coisas, e cujo parecer *era* mais robusto do que o dos seus companheiros.

²¹Eu olhava, e eis que este chifre fazia guerra contra os santos, e prevaleceu contra eles.

²²Até que veio o ancião de dias, e fez justiça aos santos do Altíssimo; e chegou o tempo em que os santos possuíram o reino.

²³Disse assim: O quarto animal será o quarto reino na terra, o qual será diferente de todos os reinos; e devorará toda a terra, e a pisará aos pés, e a fará em pedaços.

²⁴E, quanto aos dez chifres, daquele mesmo reino se levantarão dez reis; e depois deles se levantará outro, o qual será diferente dos primeiros, e abaterá a três reis.

²⁵E proferirá palavras contra o Altíssimo, e destruirá os santos do Altíssimo, e cuidará em mudar os tempos e a lei; e eles serão entregues na sua mão, por um tempo, e tempos, e a metade de um tempo.

²⁶Mas o juízo será estabelecido, e eles tirarão o seu domínio, para o destruir e para o desfazer até ao fim.

²⁷E o reino, e o domínio, e a majestade dos reinos debaixo de todo o céu serão dados ao povo dos santos do Altíssimo; o seu reino *será* um reino eterno, e todos os domínios o servirão, e lhe obedecerão.

²⁸Aqui terminou o assunto. Quanto a mim, Daniel, os meus pensamentos muito me perturbaram, e mudou-se em mim o meu semblante; mas guardei o assunto no meu coração.

A visão de um carneiro e de um bode

8 NO ano terceiro do reinado do rei Belsazar apareceu-me uma visão, a mim, Daniel, depois daquela que me apareceu no princípio.

²E vi na visão; e sucedeu que, quando vi, eu *estava* na cidadela de Susã, na província de Elão; vi, pois, na visão, que eu estava junto ao rio Ulai.

³E levantei os meus olhos, e vi, e eis que um carneiro estava diante do rio, o qual tinha dois chifres; e os dois chifres *eram* altos, mas um *era* mais alto do que o outro; e o mais alto subiu por último.

⁴Vi que o carneiro dava marradas para o ocidente, e para o norte e para o sul; e nenhum dos animais lhe podia resistir; nem *havia* quem pudesse livrar-se da sua mão; e ele fazia conforme a sua vontade, e se engrandecia.

⁵E, estando eu considerando, eis que um bode vinha do ocidente sobre a face de toda a terra, mas sem tocar no chão; e aquele bode tinha um chifre notável entre os olhos.

⁶E dirigiu-se ao carneiro que tinha os *dois* chifres, ao qual eu tinha visto *em pé* diante do rio, e correu contra ele no ímpeto da sua força.

⁷E vi-o chegar perto do carneiro, enfurecido contra ele, e ferindo-o quebrou-lhe os dois chifres, pois não havia força no carneiro para lhe resistir, e o *bode* o lançou por terra, e o pisou aos pés; não houve quem pudesse livrar o carneiro da sua mão.

⁸E o bode se engrandeceu sobremaneira; mas, estando na sua *maior* força, aquele grande chifre foi quebrado; e no seu lugar subiram *outros* quatro *também* notáveis, para os quatro ventos do céu.

⁹E de um deles saiu um chifre muito pequeno, o qual cresceu muito para o sul, e para o oriente, e para a *terra* formosa.

¹⁰E se engrandeceu até contra o exército do céu; e a *alguns* do exército, e das estrelas, lançou por terra, e os pisou.

¹¹E se engrandeceu até contra o príncipe do exército; e por ele foi tirado o *sacrifício* contínuo, e o lugar do seu santuário foi lançado por terra.

¹²E um exército foi dado contra o *sacrifício* contínuo, por causa da transgressão; e lançou a verdade por terra, e o fez, e prosperou.

¹³Depois ouvi um santo que falava; e disse outro santo àquele que falava: Até quando *durará* a visão do *sacrifício* contínuo, e da transgressão assoladora, para que sejam entregues o santuário e o exército, a fim de serem pisados?

¹⁴E ele me disse: Até duas mil e trezentas tardes e manhãs; e o santuário será purificado.

¹⁵E aconteceu que, havendo eu, Daniel, tido a visão, procurei o significado, e eis que se apresentou diante de mim como que uma semelhança de homem.

¹⁶E ouvi uma voz de homem entre *as margens* do Ulai, a qual gritou, e disse: Gabriel, dá a entender a este a visão.

¹⁷E veio perto de onde eu estava; e, vindo ele, me amedrontei, e caí sobre o meu rosto; mas ele me disse: Entende, filho do homem, porque esta visão *acontecerá* no fim do tempo.

¹⁸E, estando ele falando comigo, caí adormecido com o rosto em terra; ele, porém, me tocou, e me fez estar em pé.

¹⁹E disse: Eis que te farei saber o que há de acontecer no último tempo da ira; pois *isso* pertence ao tempo determinado do fim.

²⁰Aquele carneiro que viste com dois chifres *são* os reis da Média e da Pérsia.

²¹Mas o bode peludo é o rei da Grécia; e o grande chifre que *tinha* entre os olhos *é* o primeiro rei;

²²O ter sido quebrado, levantando-se quatro em lugar dele, *significa que* quatro reinos se levantarão da *mesma* nação, mas não com a força dele.

²³Mas, no fim do seu reinado, quando acabarem os prevaricadores, se levantará um rei, feroz de semblante, e *será* entendido em adivinhações.

DANIEL 8.24

²⁴E se fortalecerá o seu poder, mas não pela sua própria força; e destruirá maravilhosamente, e prosperará, e fará o que lhe aprouver; e destruirá os poderosos e o povo santo.

²⁵E pelo seu entendimento também fará prosperar o engano na sua mão; e no seu coração se engrandecerá, e destruirá a muitos que vivem em segurança; e se levantará contra o Príncipe dos príncipes, mas sem mão será quebrado.

²⁶E a visão da tarde e da manhã que foi falada, *é* verdadeira. Tu, porém, cerra a visão, porque se refere a dias muito *distantes*.

²⁷E eu, Daniel, enfraqueci, e estive enfermo *alguns* dias; então levantei-me e tratei do negócio do rei. E espantei-me acerca da visão, e não havia quem a entendesse.

A oração de Daniel

9 NO ano primeiro de Dario, filho de Assuero, da linhagem dos medos, o qual foi constituído rei sobre o reino dos caldeus,

²No primeiro ano do seu reinado, eu, Daniel, entendi pelos livros que o número dos anos, de que falara o SENHOR ao profeta Jeremias, em que haviam de cumprir-se as desolações de Jerusalém, era de setenta anos.

³E eu dirigi o meu rosto ao Senhor Deus, para o buscar *com* oração e súplicas, com jejum, e saco e cinza.

⁴E orei ao SENHOR meu Deus, e confessei, e disse: Ah! Senhor! Deus grande e tremendo, que guardas a aliança e a misericórdia para com os que te amam e guardam os teus mandamentos;

⁵Pecamos, e cometemos iniquidades, e procedemos impiamente, e fomos rebeldes, apartando-nos dos teus mandamentos e dos teus juízos;

⁶E não demos ouvidos aos teus servos, os profetas, que em teu nome falaram aos nossos reis, *aos* nossos príncipes, e *a* nossos pais, como também a todo o povo da terra.

⁷A ti, ó Senhor, *pertence* a justiça, mas a nós a confusão de rosto, como hoje *se vê;* aos homens de Judá, e aos moradores de Jerusalém, e a todo o Israel, aos de perto e aos de longe, em todas as terras por onde os tens lançado, por causa das suas rebeliões que cometeram contra ti.

⁸Ó Senhor, a nós *pertence* a confusão de rosto, aos nossos reis, aos nossos príncipes, e a nossos pais, porque pecamos contra ti.

⁹Ao Senhor, nosso Deus, *pertencem* a misericórdia, e o perdão; pois nos rebelamos contra ele,

¹⁰E não obedecemos à voz do SENHOR, nosso Deus, para andarmos nas suas leis, que nos deu por intermédio de seus servos, os profetas.

¹¹Sim, todo o Israel transgrediu a tua lei, desviando-se para não obedecer à tua voz; por isso a maldição e o juramento, que *estão* escritos na lei de Moisés, servo de Deus, se derramaram sobre nós; porque pecamos contra ele.

¹²E ele confirmou a sua palavra, que falou contra nós, e contra os nossos juízes que nos julgavam, trazendo sobre nós *um* grande mal; porquanto debaixo de todo o céu nunca se fez como se tem feito em Jerusalém.

¹³Como está escrito na lei de Moisés, todo este mal nos sobreveio; apesar disso, não suplicamos à face do SENHOR nosso Deus, para nos convertermos das nossas iniquidades, e para nos aplicarmos à tua verdade.

¹⁴Por isso o SENHOR vigiou sobre o mal, e o trouxe sobre nós; porque justo *é* o SENHOR, nosso Deus, em todas as suas obras, que fez, pois não obedecemos à sua voz.

¹⁵Agora, pois, ó Senhor, nosso Deus, que tiraste o teu povo da terra do Egito com mão poderosa, e ganhaste para ti nome, como hoje *se vê;* temos pecado, temos procedido impiamente.

¹⁶Ó Senhor, segundo todas as tuas justiças, aparte-se a tua ira e o teu furor da tua cidade de Jerusalém, do teu santo monte; porque por causa dos nossos pecados, e por causa das iniquidades de nossos pais, *tornou-se* Jerusalém e o teu povo um opróbrio para todos os que estão em redor de nós.

¹⁷Agora, pois, ó Deus nosso, ouve a oração do teu servo, e as suas súplicas, e sobre o teu santuário assolado faze resplandecer o teu rosto, por amor do Senhor.

¹⁸Inclina, ó Deus meu, os teus ouvidos, e ouve; abre os teus olhos, e olha para a nossa desolação, e para a cidade que é chamada pelo teu nome, porque não lançamos as nossas súplicas perante a tua face fiados em nossas justiças, mas em tuas muitas misericórdias.

¹⁹Ó Senhor, ouve; ó Senhor, perdoa; ó Senhor, atende-nos e age sem tardar; por amor de ti mesmo, ó Deus meu; porque a tua cidade e o teu povo são chamados pelo teu nome.

As setenta semanas

²⁰Estando eu ainda falando e orando, e confessando o meu pecado, e o pecado do meu povo Israel, e lançando a minha súplica perante a face do SENHOR, meu Deus, pelo monte santo do meu Deus,

²¹Estando eu, digo, ainda falando na oração, o homem Gabriel, que eu tinha visto na minha visão ao princípio, veio, voando rapidamente, e tocou-me, à hora do sacrifício da tarde.

²²Ele *me* instruiu, e falou comigo, dizendo: Daniel, agora saí para fazer-te entender o sentido.

²³No princípio das tuas súplicas, saiu a ordem, e eu vim, para *to* declarar, porque és mui amado; considera, pois, a palavra, e entende a visão.

²⁴Setenta semanas estão determinadas sobre o teu povo, e sobre a tua santa cidade, para cessar a transgressão, e para dar fim aos pecados, e para expiar a iniquidade, e trazer a justiça eterna, e selar a visão e a profecia, e para ungir o Santíssimo.

²⁵Sabe e entende: desde a saída da ordem para restaurar, e para edificar a Jerusalém, até ao Messias, o Príncipe, haverá sete semanas, e sessenta e duas semanas; as ruas e o muro se reedificarão, mas em tempos angustiosos.

²⁶E depois das sessenta e duas semanas *será*

cortado o Messias, mas não para si mesmo; e o povo do príncipe, que há de vir, destruirá a cidade e o santuário, e o seu fim será com uma inundação; e até ao fim haverá guerra; estão determinadas as assolações.

²⁷E ele firmará aliança com muitos por uma semana; e *na* metade da semana fará cessar o sacrifício e a oblação; e sobre a asa das abominações *virá* o assolador, e *isso* até à consumação; e o que está determinado será derramado sobre o assolador.

Os acontecimentos dos últimos dias

10 NO terceiro ano de Ciro, rei da Pérsia, foi revelada *uma* palavra a Daniel, cujo nome era chamado Beltessazar; a palavra era verdadeira e envolvia grande conflito; e ele entendeu esta palavra, e tinha entendimento da visão.

²Naqueles dias eu, Daniel, estive triste por três semanas.

³Alimento desejável não comi, nem carne nem vinho entraram na minha boca, nem me ungi com unguento, até que se cumpriram as três semanas.

⁴E no dia vinte e quatro do primeiro mês eu estava à borda do grande rio Hidequel;

⁵E levantei os meus olhos, e olhei, e eis um homem vestido de linho, e os seus lombos cingidos com ouro fino de Ufaz;

⁶E o seu corpo *era* como berilo, e o seu rosto parecia um relâmpago, e os seus olhos como tochas de fogo, e os seus braços e os seus pés brilhavam como bronze polido; e a voz das suas palavras *era* como a voz de uma multidão.

⁷E só eu, Daniel, tive aquela visão. Os homens que *estavam* comigo não a viram; contudo caiu sobre eles um grande temor, e fugiram, escondendo-se.

⁸Fiquei, pois, eu só, a contemplar esta grande visão, e não ficou força em mim; transmudou-se o meu semblante em corrupção, e não tive força alguma.

⁹Contudo ouvi a voz das suas palavras; e, ouvindo o som das suas palavras, eu caí sobre o meu rosto num profundo sono, com o meu rosto em terra.

¹⁰E eis que certa mão me tocou, e fez com que me movesse sobre os meus joelhos e sobre as palmas das minhas mãos.

¹¹E me disse: Daniel, homem muito amado, entende as palavras que vou te dizer, e levanta-te sobre os teus pés, porque a ti sou enviado. E, falando ele comigo esta palavra, levantei-me tremendo.

¹²Então me disse: Não temas, Daniel, porque desde o primeiro dia em que aplicaste o teu coração a compreender e a humilhar-te perante o teu Deus, são ouvidas as tuas palavras; e eu vim por causa das tuas palavras.

¹³Mas o príncipe do reino da Pérsia me resistiu vinte e um dias, e eis que Miguel, um dos primeiros príncipes, veio para ajudar-me, e eu fiquei ali com os reis da Pérsia.

¹⁴Agora vim, para fazer-te entender o que há de acontecer ao teu povo nos derradeiros dias; porque a visão *é* ainda para *muitos* dias.

¹⁵E, falando ele comigo estas palavras, abaixei o meu rosto para a terra, e emudeci.

¹⁶E eis que *alguém,* semelhante aos filhos dos homens, tocou-me os lábios; então abri a minha boca, e falei, dizendo àquele que estava *em pé* diante de mim: senhor meu, por causa da visão sobrevieram-me dores, e não me ficou força alguma.

¹⁷Como, pois, pode o servo do meu senhor falar com o meu senhor? Porque, quanto a mim, desde agora não resta força em mim, e nem fôlego ficou em mim.

¹⁸E *aquele,* que tinha aparência de um homem, tocou-me outra vez, e fortaleceu-me.

¹⁹E disse: Não temas, homem muito amado, paz *seja* contigo; anima-te, sim, anima-te. E, falando ele comigo, fiquei fortalecido, e disse: Fala, meu senhor, porque me fortaleceste.

²⁰E ele disse: Sabes por que eu vim a ti? Agora, pois, tornarei a pelejar contra o príncipe dos persas; e, saindo eu, eis que virá o príncipe da Grécia.

²¹Mas eu te declararei o que está registrado na escritura da verdade; e ninguém *há* que me anime contra aqueles, senão Miguel, vosso príncipe.

O império medo-persa será destruído

11 EU, pois, no primeiro ano de Dario, o medo, levantei-me para animá-lo e fortalecê-lo.

²E agora te declararei a verdade: Eis que ainda três reis estarão na Pérsia, e o quarto acumulará grandes riquezas, mais do que todos; e, tornando-se forte, por suas riquezas, suscitará a todos contra o reino da Grécia.

³Depois se levantará um rei valente, que reinará com grande domínio, e fará o que lhe aprouver.

⁴Mas, estando ele em pé, o seu reino será quebrado, e será repartido para os quatro ventos do céu; mas não para a sua posteridade, nem tampouco segundo o seu domínio com que reinou, porque o seu reino será arrancado, e *passará* a outros que não eles.

⁵E será forte o rei do sul; mas um dos seus príncipes será mais forte do que ele, e reinará poderosamente; seu domínio será grande.

⁶Mas, ao fim de *alguns* anos, eles se aliarão; e a filha do rei do sul virá ao rei do norte para fazer um tratado; mas *ela* não reterá a força do seu braço; nem ele persistirá, nem o seu braço, porque ela será entregue, e os que a tiverem trazido, e aquele que a gerou, e o que a fortaleceu naqueles tempos.

⁷Mas de um renovo das raízes dela *um* se levantará em seu lugar, e virá com o exército, e entrará na fortaleza do rei do norte, e operará contra eles, e prevalecerá.

⁸Também os seus deuses com as suas imagens de fundição, com os seus objetos preciosos de prata e ouro, levará cativos para o Egito; e por *alguns* anos ele persistirá contra o rei do norte.

⁹E entrará no reino o rei do sul, e tornará para a sua terra.

¹⁰Mas seus filhos intervirão e reunirão uma multidão de grandes forças; e virá apressadamente e

DANIEL 11.11

inundará, e passará *adiante;* e, voltando levará a guerra até a sua fortaleza.

¹¹Então o rei do sul se exasperará, e sairá, e pelejará contra ele, contra o rei do norte; este porá em campo grande multidão, e aquela multidão será entregue na sua mão.

¹²A multidão será tirada e o seu coração se elevará; mas ainda que derrubará *muitos* milhares, contudo não prevalecerá.

¹³Porque o rei do norte tornará, e porá em campo uma multidão maior do que a primeira, e ao fim dos tempos, *isto é,* de anos, virá à pressa com grande exército e com muitas riquezas.

¹⁴E, naqueles tempos, muitos se levantarão contra o rei do sul; e os violentos dentre o teu povo se levantarão para cumprir a visão, mas eles cairão.

¹⁵E o rei do norte virá, e levantará baluartes, e tomará a cidade forte; e os braços do sul não poderão resistir, nem o seu povo escolhido, pois não haverá força para resistir.

¹⁶O que, pois, há de vir contra ele fará segundo a sua vontade, e ninguém poderá resistir diante dele; e estará na terra gloriosa, e por sua mão haverá destruição.

¹⁷E dirigirá o seu rosto, para vir com a potência de todo o seu reino, e com ele os retos, assim ele fará; e lhe dará uma filha das mulheres, para corrompê-la; ela, porém, não subsistirá, nem será para ele.

¹⁸Depois virará o seu rosto para as ilhas, e tomará muitas; mas um príncipe fará cessar o seu opróbrio contra ele, e ainda fará recair sobre ele o seu opróbrio.

¹⁹Virará então o seu rosto para as fortalezas da sua própria terra, mas tropeçará, e cairá, e não será achado.

²⁰E em seu lugar se levantará quem fará passar um arrecadador pela glória do reino; mas em poucos dias será quebrantado, e *isto* sem ira e sem batalha.

²¹Depois se levantará em seu lugar um *homem* vil, ao qual não tinham dado a dignidade real; mas ele virá caladamente, e tomará o reino com engano.

²²E com os braços de uma inundação serão varridos de diante dele; e serão quebrantados, como também o príncipe da aliança.

²³E, depois do concerto com ele, usará de engano; e subirá, e se tornará forte com pouca gente.

²⁴Virá também caladamente aos lugares mais férteis da província, e fará o que nunca fizeram seus pais, nem os pais de seus pais; repartirá entre eles a presa e os despojos, e os bens, e formará os seus projetos contra as fortalezas, mas por certo tempo.

²⁵E suscitará a sua força e a sua coragem contra o rei do sul com um grande exército; e o rei do sul se envolverá na guerra com um grande e mui poderoso exército; mas não subsistirá, porque maquinarão projetos contra ele.

²⁶E os que comerem os seus alimentos o destruirão; e o exército dele será arrasado, e cairão muitos mortos.

²⁷Também estes dois reis terão o coração atento para fazerem o mal, e a uma mesma mesa falarão a mentira; mas *isso* não prosperará, porque ainda verá o fim no tempo determinado.

²⁸Então tornará para a sua terra com muitos bens, e o seu coração *será* contra a santa aliança; e fará *o que lhe aprouver,* e tornará para a sua terra.

²⁹No tempo determinado tornará a vir em direção do sul; mas não será na última vez como *foi* na primeira.

³⁰Porque virão contra ele navios de Quitim, que lhe causarão tristeza; e voltará, e se indignará contra a santa aliança, e fará *o que lhe aprouver;* voltará e atenderá aos que tiverem abandonado a santa aliança.

³¹E braços serão colocados sobre ele, que profanarão o santuário e a fortaleza, e tirarão o *sacrifício* contínuo, estabelecendo abominação desoladora.

³²E aos violadores da aliança ele com lisonjas perverterá, mas o povo que conhece ao seu Deus se tornará forte e fará *proezas.*

³³E os entendidos entre o povo ensinarão a muitos; todavia cairão pela espada, e pelo fogo, e pelo cativeiro, e pelo roubo, por *muitos* dias.

³⁴E, caindo eles, serão ajudados com pequeno socorro; mas muitos se ajuntarão a eles com lisonjas.

³⁵E *alguns* dos entendidos cairão, para serem provados, purificados, e embranquecidos, até ao fim do tempo, porque *será* ainda para o tempo determinado.

³⁶E este rei fará conforme a sua vontade, e levantar-se-á, e engrandecer-se-á sobre todo deus; e contra o Deus dos deuses falará coisas espantosas, e será próspero, até que a ira se complete; porque aquilo que está determinado será feito.

³⁷E não terá respeito ao Deus de seus pais, nem terá respeito ao amor das mulheres, nem a deus algum, porque sobre tudo se engrandecerá.

³⁸Mas em seu lugar honrará a um deus das forças; e a um deus a quem seus pais não conheceram honrará com ouro, e com prata, e com pedras preciosas, e com coisas agradáveis.

³⁹Com o *auxílio de um* deus estranho agirá contra as poderosas fortalezas; aos que o reconhecerem multiplicará a honra, e os fará reinar sobre muitos, e repartirá a terra por preço.

⁴⁰E, no fim do tempo, o rei do sul lutará com ele, e o rei do norte se levantará contra ele com carros, e com cavaleiros, e com muitos navios; e entrará nas suas terras e as inundará, e passará.

⁴¹E entrará na terra gloriosa, e muitos *países* cairão, mas da sua mão escaparão estes: Edom e Moabe, e os chefes dos filhos de Amom.

⁴²E estenderá a sua mão contra os países, e a terra do Egito não escapará.

⁴³E apoderar-se-á dos tesouros de ouro e de prata e de todas as coisas preciosas do Egito; e os líbios e os etíopes o seguirão.

⁴⁴Mas os rumores do oriente e do norte o espantarão; e sairá com grande furor, para destruir e extirpar a muitos.

⁴⁵E armará as tendas do seu palácio entre o mar grande e o monte santo e glorioso; mas chegará ao seu fim, e não haverá quem o socorra.

Os últimos tempos

12 E NAQUELE tempo se levantará Miguel, o grande príncipe, que se levanta a favor dos filhos do teu povo, e haverá um tempo de angústia, qual nunca houve, desde que houve nação até àquele tempo; mas naquele tempo livrar-se-á o teu povo, todo aquele que for achado escrito no livro.

²E muitos dos que dormem no pó da terra ressuscitarão, uns para vida eterna, e outros para vergonha *e* desprezo eterno.

³Os que forem sábios, pois, resplandecerão como o fulgor do firmamento; e os que a muitos ensinam a justiça, como as estrelas sempre e eternamente.

⁴E tu, Daniel, encerra estas palavras e sela este livro, até ao fim do tempo; muitos correrão de uma parte para outra, e o conhecimento se multiplicará.

⁵Então eu, Daniel, olhei, e eis que estavam *em pé* outros dois, um deste lado, à beira do rio, e o outro do outro lado, à beira do rio.

⁶E ele disse ao homem vestido de linho, que *estava* sobre as águas do rio: Quando *será* o fim destas maravilhas?

⁷E ouvi o homem vestido de linho, que *estava* sobre as águas do rio, o qual levantou ao céu a sua mão direita e a sua mão esquerda, e jurou por aquele que vive eternamente que *isso seria* para um tempo, tempos e metade *do tempo,* e quando tiverem acabado de espalhar o poder do povo santo, todas estas coisas serão cumpridas.

⁸Eu, pois, ouvi, mas não entendi; por isso eu disse: Senhor meu, qual *será* o fim destas coisas?

⁹E ele disse: Vai, Daniel, porque estas palavras estão fechadas e seladas até ao tempo do fim.

¹⁰Muitos serão purificados, e embranquecidos, e provados; mas os ímpios procederão impiamente, e nenhum dos ímpios entenderá, mas os sábios entenderão.

¹¹E desde o tempo em que o *sacrifício* contínuo for tirado, e posta a abominação desoladora, haverá mil duzentos e noventa dias.

¹²Bem-aventurado o que espera e chega até mil trezentos e trinta e cinco dias.

¹³Tu, porém, vai até ao fim; porque descansarás, e te levantarás na tua herança, no fim dos dias.

O LIVRO DO PROFETA

OSEIAS

Casamento simbólico de Oseias

1 PALAVRA do SENHOR, que foi dirigida a Oseias, filho de Beeri, nos dias de Uzias, Jotão, Acaz, Ezequias, reis de Judá, e nos dias de Jeroboão, filho de Joás, rei de Israel.

²O princípio da palavra do SENHOR por meio de Oseias. Disse, pois, o SENHOR a Oseias: Vai, toma *uma* mulher de prostituições, e filhos de prostituição; porque a terra certamente se prostitui, *desviando-se* do SENHOR.

³Foi, pois, e tomou a Gômer, filha de Diblaim, e ela concebeu, e lhe deu um filho.

⁴E disse-lhe o SENHOR: Põe-lhe o nome de Jizreel; porque daqui a pouco visitarei o sangue de Jizreel sobre a casa de Jeú, e farei cessar o reino da casa de Israel.

⁵E naquele dia quebrarei o arco de Israel no vale de Jizreel.

⁶E tornou *ela* a conceber, e deu à luz uma filha. E *Deus* disse: Põe-lhe o nome de Lo-Ruama; porque eu não tornarei mais a compadecer-me da casa de Israel, mas tudo lhe tirarei.

⁷Mas da casa de Judá me compadecerei, e os salvarei pelo SENHOR seu Deus, pois não os salvarei pelo arco, nem pela espada, nem pela guerra, nem pelos cavalos, nem pelos cavaleiros.

⁸E, depois de haver desmamado a Lo-Ruama, concebeu e deu à luz um filho.

⁹E *Deus* disse: Põe-lhe o nome de Lo-Ami; porque vós não *sois* meu povo, nem eu serei vosso *Deus*.

¹⁰Todavia o número dos filhos de Israel será como a areia do mar, que não pode medir-se nem contar-se; e acontecerá que no lugar onde se lhes dizia: Vós não *sois* meu povo, se lhes dirá: Vós *sois* filhos do Deus vivo.

¹¹E os filhos de Judá e os filhos de Israel juntos se congregarão, e constituirão sobre si uma só cabeça, e subirão da terra; porque grande *será* o dia de Jizreel.

A idolatria e corrupção de Israel

2 DIZEI a vossos irmãos: Ami; e a vossas irmãs: Ruama.

²Contendei com vossa mãe, contendei, porque ela não é minha mulher, e eu não *sou* seu marido; e desvie ela as suas prostituições da sua vista e os seus adultérios de entre os seus seios.

³Para que eu não a despoje, *ficando* ela nua, e a ponha como no dia em que nasceu, e a faça como um deserto, e a torne como uma terra seca, e a mate à sede;

⁴E não me compadeça de seus filhos, porque *são* filhos de prostituições.

⁵Porque sua mãe se prostituiu; aquela que os concebeu houve-se torpemente, porque diz: Irei atrás de meus amantes, que *me* dão o meu pão e a minha água, a minha lã e o meu linho, o meu óleo e as minhas bebidas.

⁶Portanto, eis que cercarei o teu caminho com espinhos; e levantarei um muro de sebe, para que ela não ache as suas veredas.

⁷Ela irá atrás de seus amantes, mas não os alcançará; e buscá-los-á, mas não os achará; então dirá: Ir-me-ei, e tornar-me-ei a meu primeiro marido, porque melhor me ia então do que agora.

⁸Ela, pois, não reconhece que eu lhe dei o grão, e o mosto, e o azeite, e que lhe multipliquei a prata e o ouro, *que* eles usaram para Baal.

⁹Portanto tornarei a tirar o meu grão a seu tempo e o meu mosto no seu tempo determinado; e arrebatarei a minha lã e o meu linho, *com que* cobriam a sua nudez.

¹⁰E agora descobrirei a sua vileza diante dos olhos dos seus amantes, e ninguém a livrará da minha mão.

¹¹E farei cessar todo o seu gozo, as suas festas, as suas luas novas, e os seus sábados, e todas as suas festividades.

¹²E devastarei a sua vide e a sua figueira, de que ela diz: É esta a minha paga que me deram os meus amantes; eu, pois, farei delas *um* bosque, e as feras do campo as devorarão.

¹³Castigá-la-ei pelos dias dos baalins, nos quais lhes queimou incenso, e se adornou dos seus pendentes e das suas joias, e andou atrás de seus amantes, mas de mim se esqueceu, diz o SENHOR.

¹⁴Portanto, eis que eu a atrairei, e a levarei para o deserto, e lhe falarei ao coração.

¹⁵E lhe darei as suas vinhas dali, e o vale de Acor, por porta de esperança; e ali cantará, como nos dias de sua mocidade, e como no dia em que subiu da terra do Egito.

¹⁶E naquele dia, diz o SENHOR, tu *me* chamarás: Meu marido; e não mais *me* chamarás: Meu Baal.

¹⁷E da sua boca tirarei os nomes dos baalins, e não mais se lembrará desses nomes.

¹⁸E naquele dia farei por eles aliança com as feras do campo, e com as aves do céu, e com os répteis da terra; e da terra quebrarei o arco, e a espada, e a guerra, e os farei deitar em segurança.

¹⁹E desposar-te-ei comigo para sempre; desposar-te-ei comigo em justiça, e em juízo, e em benignidade, e em misericórdias.

²⁰E desposar-te-ei comigo em fidelidade, e conhecerás ao SENHOR.

²¹E acontecerá naquele dia *que* eu atenderei, diz o SENHOR; eu atenderei aos céus, e estes atenderão à terra.

²²E a terra atenderá ao trigo, e ao mosto, e ao azeite, e estes atenderão a Jizreel.

²³E semeá-la-ei para mim na terra, e compadecer-me-ei dela que não obteve misericórdia; e eu

direi *àquele que* não *era* meu povo: Tu *és* meu povo; e ele dirá: *Tu és* meu Deus!

3 E O SENHOR me disse: Vai outra vez, ama uma mulher, amada de *seu* amigo, contudo adúltera, como o SENHOR ama os filhos de Israel, embora eles olhem para outros deuses, e amem os bolos de uvas.

²E comprei-a para mim por quinze *peças* de prata, e um ômer, e meio ômer de cevada;

³E ele lhe disse: Tu ficarás comigo muitos dias; não te prostituirás, nem serás de *outro* homem; assim também eu *esperarei* por ti.

⁴Porque os filhos de Israel ficarão por muitos dias sem rei, e sem príncipe, e sem sacrifício, e sem estátua, e sem éfode ou terafim.

⁵Depois tornarão os filhos de Israel, e buscarão ao SENHOR seu Deus, e a Davi, seu rei; e temerão ao SENHOR, e à sua bondade, no fim dos dias.

Israel e Judá são ameaçados com castigo

4 OUVI a palavra do SENHOR, vós filhos de Israel, porque o SENHOR tem uma contenda com os habitantes da terra; porque na terra não *há* verdade, nem benignidade, nem conhecimento de Deus.

²*Só permanecem* o perjurar, o mentir, o matar, o furtar e o adulterar; fazem violência, um ato sanguinário segue *imediatamente* a outro.

³Por isso a terra se lamentará, e qualquer que morar nela desfalecerá, com os animais do campo e com as aves do céu; e até os peixes do mar serão tirados.

⁴Todavia ninguém contenda, ninguém repreenda, porque o teu povo *é* como os que contendem com o sacerdote.

⁵Por isso tropeçarás de dia, e o profeta contigo tropeçará de noite; e destruirei a tua mãe.

⁶O meu povo foi destruído, porque *lhe* faltou o conhecimento; porque tu rejeitaste o conhecimento, também eu te rejeitarei, para que não sejas sacerdote diante de mim; e, *visto que* te esqueceste da lei do teu Deus, também eu me esquecerei de teus filhos.

⁷Como eles se multiplicaram, assim pecaram contra mim; eu mudarei a sua honra em vergonha.

⁸Comem da oferta pelo pecado do meu povo, e pela transgressão dele têm desejo ardente.

⁹Por isso, como é o povo, assim será o sacerdote; e castigá-lo-ei segundo os seus caminhos, e dar-lhe-ei a recompensa das suas obras.

¹⁰Comerão, mas não se fartarão; entregar-se-ão à luxúria, mas não se multiplicarão; porque deixaram de atentar ao SENHOR.

¹¹A luxúria, e o vinho, e o mosto tiram o coração.

¹²O meu povo consulta a sua madeira, e a sua vara lhe responde, porque o espírito da luxúria *os* engana, e prostituem-se, apartando-se da sujeição do seu Deus.

¹³Sacrificam sobre os cumes dos montes, e queimam incenso sobre os outeiros, debaixo do carvalho, e do álamo, e do olmeiro, porque *é* boa a sua sombra; por isso vossas filhas se prostituem, e as vossas noras adulteram.

¹⁴Eu não castigarei vossas filhas, quando se prostituem, nem vossas noras, quando adulteram; porque eles mesmos com as prostitutas se desviam, e com as meretrizes sacrificam; pois o povo *que* não tem entendimento será transtornado.

¹⁵Ainda que tu, ó Israel, queiras prostituir-te, *contudo* não se faça culpado Judá; não venhais a Gilgal, e não subais a Bete-Áven, e não jureis, *dizendo:* Vive o SENHOR.

¹⁶Porque como uma novilha obstinada se rebelou Israel; agora o SENHOR os apascentará como a um cordeiro num lugar espaçoso.

¹⁷Efraim está entregue a ídolos; deixa-o.

¹⁸A sua bebida se foi; lançaram-se à luxúria continuamente; certamente os seus governadores amam a vergonha.

¹⁹Um vento os envolveu nas suas asas, e envergonhar-se-ão por causa dos seus sacrifícios.

Os príncipes e sacerdotes são repreendidos

5 OUVI isto, ó sacerdotes, e escutai, ó casa de Israel, e daí ouvidos, ó casa do rei, porque contra vós *se dirige* este juízo, visto que fostes um laço para Mizpá, e rede estendida sobre o Tabor.

²Os revoltos se aprofundaram na matança; mas eu castigarei a todos eles.

³Eu conheço a Efraim, e Israel não se esconde de mim; porque agora te tens prostituído, ó Efraim, *e* Israel se contaminou.

⁴Não querem ordenar as suas ações a fim de voltarem para o seu Deus, porque o espírito das prostituições *está* no meio deles, e não conhecem ao SENHOR.

⁵A soberba de Israel testificará no seu rosto; e Israel e Efraim cairão pela sua injustiça, e Judá cairá juntamente com eles.

⁶*Então* irão com os seus rebanhos, e com o seu gado, para buscarem ao SENHOR, mas não o acharão; ele se retirou deles.

⁷Aleivosamente se houveram contra o SENHOR, porque geraram filhos estranhos; agora em um só mês os consumirá com as suas porções.

⁸Tocai a corneta em Gibeá, a trombeta em Ramá; gritai altamente *em* Bete-Áven; depois de ti, ó Benjamim.

⁹Efraim será para assolação no dia do castigo; entre as tribos de Israel manifestei o que está certo.

¹⁰Os príncipes de Judá são como os que mudam os limites; derramarei, *pois,* o meu furor sobre eles como água.

¹¹Efraim está oprimido *e* quebrantado no juízo, porque quis andar após o mandamento *dos homens.*

¹²Portanto a Efraim *serei* como a traça, e para a casa de Judá como a podridão.

¹³Quando Efraim viu a sua enfermidade, e Judá a sua chaga, subiu Efraim à Assíria e enviou ao rei

OSEIAS 5.14 602

Jarebe; mas ele não poderá sarar-vos, nem curar a vossa chaga.

¹⁴Porque para Efraim *serei* como um leão, e como um leãozinho à casa de Judá: eu, eu o despedaçarei, e ir-me-ei embora; arrebatarei, e não haverá quem livre.

¹⁵Irei e voltarei ao meu lugar, até que se reconheçam culpados e busquem a minha face; estando eles angustiados, de madrugada me buscarão.

6 VINDE, e tornemos ao SENHOR, porque ele despedaçou, e nos sarará; feriu, e nos atará *a ferida.*

²Depois de dois dias nos dará a vida; ao terceiro dia nos ressuscitará, e viveremos diante dele.

³Então conheçamos, *e* prossigamos em conhecer ao SENHOR; a sua saída, como a alva, é certa; e ele a nós virá como a chuva, como chuva serôdia que rega a terra.

⁴Que te farei, ó Efraim? Que te farei, ó Judá? Porque a vossa benignidade *é* como a nuvem da manhã e como o orvalho da madrugada, que *cedo* passa.

⁵Por isso os abati pelos profetas; pelas palavras da minha boca os matei; e os teus juízos sairão *como* a luz,

⁶Porque eu quero a misericórdia, e não o sacrifício; e o conhecimento de Deus, mais do que os holocaustos.

⁷Mas eles transgrediram a aliança, como Adão; eles se portaram aleivosamente contra mim.

⁸Gileade *é a* cidade dos que praticam iniquidade, manchada de sangue.

⁹Como as hordas de salteadores que esperam *alguns, assim é* a companhia dos sacerdotes que matam no caminho num *mesmo* consenso; sim, eles cometem abominações.

¹⁰Vejo uma coisa horrenda na casa de Israel, ali está a prostituição de Efraim; Israel está contaminado.

¹¹Também para ti, ó Judá, está assinada uma sega, quando eu trouxer o cativeiro do meu povo.

7 SARANDO eu a Israel, se descobriu a iniquidade de Efraim, como também as maldades de Samaria, porque praticaram a falsidade; e o ladrão entra, e a horda dos salteadores despoja por fora.

²E não dizem no seu coração *que* eu me lembro de toda a sua maldade; agora, *pois,* os cercam as suas obras; diante da minha face estão.

³Com a sua malícia alegram ao rei, e com as suas mentiras aos príncipes.

⁴Todos eles são adúlteros; são semelhantes ao forno aceso pelo padeiro, *que* cessa de mexer *nas* brasas, depois que amassou a massa, até que seja levedada.

⁵E no dia do nosso rei os príncipes se tornaram doentes com frascos de vinho; ele estendeu a sua mão com os escarnecedores.

⁶Porque, prepararam o coração como um forno, na sua emboscada; toda a noite dorme o seu padeiro, pela manhã arde como fogo de chama.

⁷Todos eles estão quentes como um forno, e consomem os seus juízes; todos os seus reis caem, ninguém entre eles *há* que me invoque.

⁸Efraim se mistura com os povos; Efraim é *um* bolo que não foi virado.

⁹Estrangeiros lhe comeram a força, e ele não o sabe; também os cabelos brancos se espalharam sobre ele, e não o sabe.

¹⁰E a soberba de Israel testificará diante dele; todavia não voltarão para o SENHOR seu Deus, nem o buscarão em tudo isto.

¹¹Porque Efraim é como uma pomba ingênua, sem entendimento; invocam o Egito, vão para a Assíria.

¹²Quando forem, sobre eles estenderei a minha rede, *e* como aves do céu os farei descer; castigá-los-ei, conforme o que eles têm ouvido na sua congregação.

¹³Ai deles, porque fugiram de mim; destruição sobre eles, porque se rebelaram contra mim; eu os remi, mas disseram mentiras contra mim.

¹⁴E não clamaram a mim com seu coração, mas davam uivos nas suas camas; para o trigo e para o vinho se ajuntam, *mas* contra mim se rebelam.

¹⁵Eu os corrigi, *e* lhes esforcei os braços, *mas* pensam mal contra mim.

¹⁶Eles voltaram, *mas não* para o Altíssimo. Fizeram-se como *um* arco enganador; caem à espada os seus príncipes, por causa do furor da sua língua; este será o seu escárnio na terra do Egito.

O castigo está próximo

8 PÕE a trombeta à tua boca. *Ele virá* como a águia contra a casa do SENHOR, porque transgrediram a minha aliança, e se rebelaram contra a minha lei.

²E a mim clamarão: Deus meu! Nós, Israel, te conhecemos.

³Israel rejeitou o bem; o inimigo persegui-lo-á.

⁴Eles fizeram reis, mas não por mim; constituíram príncipes, mas eu não o soube; da sua prata e do seu ouro fizeram ídolos para si, para serem destruídos.

⁵O teu bezerro, ó Samaria, *te* rejeitou; a minha ira se acendeu contra eles; até quando *serão* eles incapazes de alcançar pureza?

⁶Porque isso *vem* de Israel, um artífice o fez, e não *é* Deus; mas *em* pedaços *será* desfeito o bezerro de Samaria.

⁷Porque semearam vento, e segarão tormenta, não *haverá* seara, a erva não dará farinha; se a der, tragá-la-ão os estrangeiros.

⁸Israel foi devorado; agora está entre os gentios como um vaso em que ninguém tem prazer.

⁹Porque subiram à Assíria, *como* um jumento montês, por si só; Efraim mercou amores.

¹⁰Todavia, ainda que eles merquem entre as nações, eu os congregarei; e serão um pouco afligidos por causa da carga do rei dos príncipes.

¹¹Porquanto Efraim multiplicou os altares para pecar; teve altares para pecar.

¹²Escrevi-lhe as grandezas da minha lei, *porém* essas são estimadas como coisa estranha.

¹³*Quanto* aos sacrifícios das minhas ofertas,

sacrificam carne, e *a* comem, *mas* o SENHOR não as aceita; agora se lembrará da sua iniquidade, e punirá os seus pecados; eles voltarão para o Egito.

¹⁴Porque Israel se esqueceu do seu Criador, e edificou templos, e Judá multiplicou cidades fortificadas. Mas eu enviarei um fogo contra as suas cidades, que consumirá os seus palácios.

O pecado de Israel e a sua consequência

9NÃO te alegres, ó Israel, não exultes, como os povos; porque ao prostituir-te abandonaste o teu Deus; amaste a paga *de meretriz* sobre todas as eiras de trigo.

²A eira e o lagar não os manterão; e o mosto lhes faltará.

³Na terra do SENHOR não permanecerão; mas Efraim tornará ao Egito, e na Assíria comerão *co-mida* imunda.

⁴Não derramarão *libações* de vinho ao SENHOR, nem lhe agradarão as *suas ofertas.* Os seus sacrifícios lhes serão como pão de pranteadores; todos os que dele comerem serão imundos, porque o seu pão será somente para si mesmos; não entrará na casa do SENHOR.

⁵Que fareis vós no dia da solenidade, e no dia da festa do SENHOR?

⁶Porque, eis que *eles* se foram por causa da destruição, mas o Egito os recolherá, Mênfis os sepultará; o desejável da sua prata as urtigas *o* possuirão por herança, espinhos *crescerão* nas suas tendas.

⁷Chegarão os dias da punição, chegarão os dias da retribuição; Israel o saberá; o profeta *é* um insensato, o homem de espírito *é* um louco; por causa da abundância da tua iniquidade também *haverá* grande ódio.

⁸Efraim era o vigia com o meu Deus, *mas* o profeta é *como* um laço de caçador de aves em todos os seus caminhos, e ódio na casa do seu Deus.

⁹Muito profundamente *se* corromperam, como nos dias de Gibeá; ele lembrar-se-á das suas injustiças, visitará os pecados deles.

¹⁰Achei a Israel como uvas no deserto, vi a vossos pais como a fruta temporã da figueira no seu princípio; mas eles foram para Baal-Peor, e se consagraram a essa vergonha, e se tornaram abomináveis como aquilo que amaram.

¹¹*Quanto* a Efraim, a sua glória como ave voará, não havrá nascimento, não haverá gestação nem concepção.

¹²Ainda que venham a criar seus filhos, contudo os privarei deles para que não *fique* nenhum homem. Ai deles, quando deles eu me apartar!

¹³Efraim, assim como vi a Tiro, *está* plantado num lugar aprazível; mas Efraim levará os seus filhos ao matador.

¹⁴Dá-lhes, ó SENHOR; *mas* que *lhes* darás? Dá-lhes uma madre que aborte e seios secos.

¹⁵Toda a sua malícia *se acha* em Gilgal, porque ali os odiei; por causa da maldade das suas obras lançá-los-ei para fora de minha casa. Não os amarei mais; todos os seus príncipes *são* rebeldes.

¹⁶Efraim foi ferido, secou-se a sua raiz; não darão fruto; sim, ainda que gerem, matarei os frutos desejáveis do seu ventre.

¹⁷O meu Deus os rejeitará, porque não o ouviram, e errantes andarão entre as nações.

10ISRAEL *é* uma vide estéril que dá fruto para si mesmo; conforme a abundância do seu fruto, multiplicou *também* os altares; conforme a bondade da sua terra, *assim* fizeram boas as estátuas.

²O seu coração está dividido, por isso serão culpados; o *Senhor* demolirá os seus altares, e destruirá as suas estátuas.

³Certamente agora dirão: Não temos rei, porque não tememos ao SENHOR; e o rei, que faria por nós?

⁴Falaram palavras, jurando falsamente, fazendo uma aliança; por isso florescerá o juízo como erva peçonhenta nos sulcos dos campos.

⁵Os moradores de Samaria serão atemorizados pelo bezerro de Bete-Áven; porque o seu povo se lamentará por causa dele, como também os seus sacerdotes idólatras que nele se regozijavam, por causa da sua glória, que se apartou dela.

⁶Também será levada para a Assíria *como* um presente ao rei Jarebe; Efraim ficará confuso, e Israel se envergonhará por causa do seu próprio conselho.

⁷O rei de Samaria será desfeito como a espuma sobre a face da água.

⁸E os altos de Áven, pecado de Israel, serão destruídos; espinhos e cardos crescerão sobre os seus altares; e dirão aos montes: Cobri-nos! E aos outeiros: Caí sobre nós!

⁹Desde os dias de Gibeá pecaste, ó Israel; ali permaneceram; a peleja em Gibeá, contra os filhos da perversidade, não os alcançará.

¹⁰Eu os castigarei na medida do meu desejo; e congregar-se-ão contra eles os povos, quando eu os atar pela sua dupla transgressão.

¹¹Porque Efraim *é* uma bezerra domada, que gosta de trilhar; e eu poupava a formosura do seu pescoço; mas farei cavalgar Efraim. Judá lavrará, Jacó lhe desfará os torrões.

¹²Semeai para vós em justiça, ceifai segundo a misericórdia; lavrai o campo de lavoura; porque é tempo de buscar ao SENHOR, até que venha e chova a justiça sobre vós.

¹³Lavrastes a impiedade, segastes a iniquidade, e comestes o fruto da mentira; porque confiaste no teu caminho, na multidão dos teus poderosos.

¹⁴Portanto, entre o teu povo se levantará um grande tumulto, e todas as tuas fortalezas serão destruídas, como Salmã destruiu a Bete-Arbel no dia da guerra; a mãe ali foi despedaçada com os filhos.

¹⁵Assim vos fará Betel por causa da vossa grande malícia; de madrugada o rei de Israel será totalmente destruído.

A ingratidão de Israel

11QUANDO Israel *era* menino, eu o amei; e do Egito chamei a meu filho.

OSEIAS 11.2   604

²*Mas, como* os chamavam, assim se iam da sua face; sacrificavam a baalins, e queimavam incenso às imagens de escultura.

³Todavia, eu ensinei a andar a Efraim; tomando-os pelos seus braços, mas não entenderam que eu os curava.

⁴Atraí-os com cordas humanas, com laços de amor, e fui para eles como os que tiram o jugo *de* sobre as suas queixadas, e lhes dei mantimento.

⁵Não voltará para a terra do Egito, mas a Assíria será seu rei; porque recusam converter-se.

⁶E cairá a espada sobre as suas cidades, e consumirá os seus ramos, e os devorará, por causa dos seus *próprios* conselhos.

⁷Porque o meu povo é inclinado a desviar-se de mim; *ainda que* chamam ao Altíssimo, nenhum deles o exalta.

⁸Como te deixaria, ó Efraim? Como te entregaria, ó Israel? Como te faria como Admá? Te poria como Zeboim? Está comovido em mim o meu coração, as minhas compaixões à uma se acendem.

⁹Não executarei o furor da minha ira; não voltarei para destruir a Efraim, porque eu *sou* Deus e não homem, o Santo no meio de ti; eu não entrarei na cidade.

¹⁰Andarão após o Senhor; ele rugirá como leão; rugindo, *pois,* ele, os filhos do ocidente tremerão.

¹¹Tremendo virão como um passarinho, *os* do Egito, e como uma pomba, *os* da terra da Assíria, e os farei habitar em suas casas, diz o Senhor.

¹²Efraim me cercou com mentira, e a casa de Israel com engano; mas Judá ainda domina com Deus, e com os santos está fiel.

A controvérsia do Senhor com Judá e com Israel

12 EFRAIM se apascenta de vento, e segue o vento leste; todo o dia multiplica a mentira e a destruição; e fazem aliança com a Assíria, e o azeite se leva ao Egito.

²O Senhor também com Judá tem contenda, e castigará Jacó segundo os seus caminhos; segundo as suas obras o recompensará.

³No ventre pegou do calcanhar de seu irmão, e na sua força lutou com Deus.

⁴Lutou com o anjo, e prevaleceu; chorou, e lhe suplicou; *em* Betel o achou, e ali falou conosco,

⁵Sim, o Senhor, o Deus dos Exércitos; o Senhor é o seu memorial.

⁶Tu, pois, converte-te a teu Deus; guarda a benevolência e o juízo, e em teu Deus espera sempre.

⁷É um mercador; tem nas mãos *uma* balança enganosa; ama a opressão.

⁸E diz Efraim: Contudo me tenho enriquecido, *e* tenho adquirido para mim grandes bens; *em* todo o meu trabalho não acharão em mim iniquidade alguma que *seja* pecado.

⁹Mas eu *sou* o Senhor teu Deus desde a terra do Egito; eu ainda te farei habitar em tendas, como nos dias da festa solene.

¹⁰Falei aos profetas, e multipliquei a visão; e pelo ministério dos profetas propus símiles.

¹¹Não *é* Gileade iniquidade? Pura vaidade são eles; em Gilgal sacrificam bois; os seus altares são como montões *de pedras* nos sulcos dos campos.

¹²Jacó fugiu para o campo da Síria, e Israel serviu por *uma* mulher, e por uma mulher guardou o gado.

¹³Mas o Senhor por meio de um profeta fez subir a Israel do Egito, e por um profeta foi ele guardado.

¹⁴Efraim mui amargosamente provocou a sua ira; portanto deixará ficar sobre ele o seu sangue, e o seu Senhor o recompensará pelo seu opróbrio.

O pecado de Israel e o seu castigo

13 QUANDO Efraim falava, tremia-se; foi exaltado em Israel; mas ele se fez culpado em Baal, e morreu.

²E agora multiplicaram pecados, e da sua prata fizeram uma imagem de fundição, ídolos segundo o seu entendimento, todos obra de artífices, dos quais dizem: Os homens que sacrificam beijem os bezerros.

³Por isso serão como a nuvem da manhã, e como o orvalho da madrugada, que *cedo* passa; como folhelho que a tempestade lança da eira, e como a fumaça da chaminé.

⁴Todavia, eu *sou* o Senhor teu Deus desde a terra do Egito; portanto não reconhecerás *outro* deus além de mim, porque não *há* Salvador senão eu.

⁵Eu te conheci no deserto, na terra muito seca.

⁶Depois eles se fartaram em proporção do seu pasto; estando fartos, ensoberbeceu-se o seu coração, por isso se esqueceram de mim.

⁷Serei, pois, para eles como leão; como leopardo espiarei no caminho.

⁸Como ursa roubada dos seus filhos, os encontrarei, e lhes romperei as teias do seu coração, e como leão ali os devorarei; as feras do campo as despedaçarão.

⁹*Para* a tua perda, ó Israel, *te rebelaste* contra mim, *a saber,* contra o teu ajudador.

¹⁰Onde *está* agora o teu rei, para que te guarde em todas as tuas cidades, e os teus juízes, dos quais disseste: Dá-me rei e príncipes?

¹¹Dei-te um rei na minha ira, e tirei-o no meu furor.

¹²A iniquidade de Efraim *está* atada, o seu pecado *está* armazenado.

¹³Dores de mulher de parto lhe sobrevirão; ele *é* um filho insensato; porque é tempo e não está no lugar em que deve vir à luz.

¹⁴Eu os remirei da mão do inferno, *e* os resgatarei da morte. Onde *estão,* ó morte, as tuas pragas? Onde *está,* ó inferno, a tua perdição? O arrependimento *está* escondido de meus olhos.

¹⁵Ainda que ele dê fruto entre os irmãos, virá o vento leste, vento do Senhor, subindo do deserto, e secar-se-á a sua nascente, e secar-se-á a sua fonte; ele saqueará o tesouro de todos os vasos desejáveis.

¹⁶Samaria virá a ser deserta, porque se rebelou contra o seu Deus; cairão à espada, seus filhos

serão despedaçados, e as suas grávidas *serão* fendidas pelo meio.

Exortação ao arrependimento, e promessa de perdão

14 CONVERTE-TE, ó Israel, ao SENHOR teu Deus; porque pelos teus pecados tens caído.

²Tomai convosco palavras, e convertei-vos ao SENHOR; dizei-lhe: Tira toda a iniquidade, e aceita *o* que é bom; e ofereceremos *como* novilhos os *sacrifícios* dos nossos lábios.

³Não nos salvará a Assíria, não iremos montados em cavalos, e à obra das nossas mãos já não diremos mais: *Tu és* o nosso deus; porque por ti o órfão alcança misericórdia.

⁴Eu sararei a sua infidelidade, eu voluntariamente os amarei; porque a minha ira se apartou deles.

⁵Eu serei para Israel como o orvalho. Ele florescerá como o lírio e lançará as suas raízes como o Líbano.

⁶Estender-se-ão os seus galhos, e a sua glória será como a da oliveira, e sua fragrância como a do Líbano.

⁷Voltarão os que habitam debaixo da sua sombra; serão vivificados *como* o trigo, e florescerão como a vide; a sua memória *será* como o vinho do Líbano.

⁸Efraim *dirá*: Que mais tenho eu com os ídolos? Eu *o* tenho ouvido, e cuidarei dele; eu sou como a faia verde; de mim é achado o teu fruto.

⁹Quem *é* sábio, para que entenda estas coisas? *Quem é* prudente, para que as saiba? Porque os caminhos do SENHOR *são* retos, e os justos andarão neles, mas os transgressores neles cairão.

O LIVRO DO PROFETA

JOEL

A terrível carestia causada pela locusta e pela seca

1 PALAVRA do SENHOR, que foi dirigida a Joel, filho de Petuel.

²Ouvi isto, vós anciãos, e escutai, todos os moradores da terra: *Porventura* isto aconteceu em vossos dias, ou nos dias de vossos pais?

³Fazei sobre isto uma narração a vossos filhos, e vossos filhos a seus filhos, e os filhos destes à outra geração.

⁴O que ficou da lagarta, o gafanhoto o comeu, e o que ficou do gafanhoto, a locusta o comeu, e o que ficou da locusta, o pulgão o comeu.

⁵Despertai-vos, bêbados, e chorai; gemei, todos os que bebeis vinho, por causa do mosto, porque tirado é da vossa boca.

⁶Porque subiu contra a minha terra uma nação poderosa e sem número; os seus dentes *são* dentes de leão, e têm queixadas de um leão velho.

⁷Fez da minha vide uma assolação, e tirou a casca da minha figueira; despiu-a toda, e a lançou por terra; os seus ramos se embranqueceram.

⁸Lamenta como a virgem que está cingida de saco, pelo marido da sua mocidade.

⁹Foi cortada a oferta de alimentos e a libação da casa do SENHOR; os sacerdotes, ministros do SENHOR, *estão* entristecidos.

¹⁰O campo está assolado, *e* a terra triste; porque o trigo está destruído, o mosto se secou, o azeite acabou.

¹¹Envergonhai-vos, lavradores, gemei, vinhateiros, sobre o trigo e a cevada; porque a colheita do campo pereceu.

¹²A vide se secou, a figueira se murchou, a romeira também, e a palmeira e a macieira; todas as árvores do campo se secaram, e já não há alegria entre os filhos dos homens.

¹³Cingi-vos e lamentai-vos, sacerdotes; gemei, ministros do altar; entrai e passai a noite vestidos de saco, ministros do meu Deus; porque a oferta de alimentos, e a libação, foram cortadas da casa de vosso Deus.

¹⁴Santificai um jejum, convocai uma assembleia solene, congregai os anciãos, *e* todos os moradores desta terra, na casa do SENHOR vosso Deus, e clamai ao SENHOR.

¹⁵Ai do dia! Porque o dia do SENHOR está perto, e virá como uma assolação do Todo-Poderoso.

¹⁶*Porventura* o mantimento não está cortado de diante de nossos olhos, a alegria e o regozijo da casa de nosso Deus?

¹⁷As sementes apodreceram debaixo dos seus torrões, os celeiros foram assolados, os armazéns derrubados, porque se secou o trigo.

¹⁸Como geme o animal! As manadas de gados estão confusas, porque não têm pasto; também os rebanhos de ovelhas estão perecendo.

¹⁹A ti, ó SENHOR, clamo, porque o fogo consumiu os pastos do deserto, e a chama abrasou todas as árvores do campo.

²⁰Também todos os animais do campo bramam a ti; porque as correntes de água se secaram, e o fogo consumiu os pastos do deserto.

2 TOCAI a trombeta em Sião, e clamai em alta voz no meu santo monte; tremam todos os moradores da terra, porque o dia do SENHOR vem, *já está* perto;

²Dia de trevas e de escuridão; dia de nuvens e densas trevas, como a alva espalhada sobre os montes; povo grande e poderoso, qual nunca houve desde o tempo antigo, nem depois dele haverá pelos anos *adiante,* de geração em geração.

³Diante dele um fogo consome, e atrás dele uma chama abrasa; a terra diante dele *é* como o jardim do Éden, mas atrás dele um desolado deserto; sim, nada lhe escapará.

⁴A sua aparência *é* como a de cavalos; e como cavaleiros assim correm.

⁵Como o estrondo de carros, irão saltando sobre os cumes dos montes, como o ruído da chama de fogo que consome a pragana, como um povo poderoso, posto em ordem para o combate.

⁶Diante dele temerão os povos; todos os rostos se tornarão enegrecidos.

⁷Como valentes correrão, como homens de guerra subirão os muros; e marchará cada um no seu caminho e não se desviará da sua fileira.

⁸Ninguém apertará a seu irmão; marchará cada um pelo seu caminho; sobre a mesma espada se arremessarão, e não serão feridos.

⁹Irão pela cidade, correrão pelos muros, subirão às casas, entrarão pelas janelas como o ladrão.

¹⁰Diante dele tremerá a terra, abalar-se-ão os céus; o sol e a lua se enegrecerão, e as estrelas retirarão o seu resplendor.

¹¹E o SENHOR levantará a sua voz diante do seu exército; porque muitíssimo grande é o seu arraial; porque poderoso *é*, executando a sua palavra; porque o dia do SENHOR *é* grande e mui temível, e quem o poderá suportar?

¹²Ainda assim, agora *mesmo* diz o SENHOR: Convertei-vos a mim de todo o vosso coração; e isso com jejuns, e com choro, e com pranto.

¹³E rasgai o vosso coração, e não as vossas vestes, e convertei-vos ao SENHOR vosso Deus; porque ele *é* misericordioso, e compassivo, e tardio em irar-se, e grande em benignidade, e se arrepende do mal.

¹⁴Quem sabe *se* não se voltará e se arrependerá,

e deixará após si uma bênção, *em* oferta de alimentos e libação para o SENHOR vosso Deus?

¹⁵Tocai a trombeta em Sião, santificai um jejum, convocai uma assembleia solene.

¹⁶Congregai o povo, santificai a congregação, ajuntai os anciãos, congregai as crianças, e os que mamam; saia o noivo da sua recâmara, e a noiva do seu aposento.

¹⁷Chorem os sacerdotes, ministros do SENHOR, entre o alpendre e o altar, e digam: Poupa a teu povo, ó SENHOR, e não entregues a tua herança ao opróbrio, para que os gentios o dominem; por que diriam entre os povos: Onde está o seu Deus?

Promessa de abundância

¹⁸Então o SENHOR se mostrou zeloso da sua terra, e compadeceu-se do seu povo.

¹⁹E o SENHOR, respondendo, disse ao seu povo: Eis que vos envio o trigo, e o mosto, e o azeite, e deles sereis fartos, e vos não entregarei mais ao opróbrio entre os gentios.

²⁰Mas removerei para longe de vós o *exército* do norte, e lançá-lo-ei em uma terra seca e deserta; a sua frente para o mar oriental, e a sua retaguarda para o mar ocidental; e subirá o seu mau cheiro, e subirá a sua podridão; porque fez grandes coisas.

²¹Não temas, ó terra: regozija-te e alegra-te, porque o SENHOR fez grandes coisas.

²²Não temais, animais do campo, porque os pastos do deserto reverdecerão, porque o arvoredo dará o seu fruto, a vide e a figueira darão a sua força.

²³E vós, filhos de Sião, regozijai-vos e alegrai-vos no SENHOR vosso Deus, porque ele vos dará em justa medida a chuva temporã; fará descer a chuva no primeiro mês, a temporã e a serôdia.

²⁴E as eiras se encherão de trigo, e os lagares transbordarão de mosto e de azeite.

²⁵E restituir-vos-ei os anos que comeu o gafanhoto, a locusta, e o pulgão e a lagarta, o meu grande exército que enviei contra vós.

²⁶E comereis abundantemente e vos fartareis, e louvareis o nome do SENHOR vosso Deus, que procedeu para convosco maravilhosamente; e o meu povo nunca mais será envergonhado.

²⁷E vós sabereis que eu *estou* no meio de Israel, e *que* eu *sou* o SENHOR vosso Deus, e que não há outro; e o meu povo nunca mais *será* envergonhado.

Promessa da efusão do Espírito

²⁸E há de ser *que*, depois derramarei o meu Espírito sobre toda a carne, e vossos filhos e vossas filhas profetizarão, os vossos velhos terão sonhos, os vossos jovens terão visões.

²⁹E também sobre os servos e sobre as servas naqueles dias derramarei o meu Espírito.

³⁰E mostrarei prodígios no céu, e na terra, sangue e fogo, e colunas de fumaça.

³¹O sol se converterá em trevas, e a lua em sangue, antes que venha o grande e terrível dia do SENHOR.

³²E há de ser *que* todo aquele que invocar o nome do SENHOR será salvo; porque no monte Sião e em Jerusalém haverá livramento, assim como disse o SENHOR, e entre os sobreviventes, aqueles que o SENHOR chamar.

Os juízos de Deus sobre as nações inimigas

3 PORQUE, eis que naqueles dias, e naquele tempo, em que removerei o cativeiro de Judá e de Jerusalém,

²Congregarei todas as nações, e as farei descer ao vale de Josafá; e ali com elas entrarei em juízo, por causa do meu povo, e da minha herança, Israel, a quem elas espalharam entre as nações e repartiram a minha terra.

³E lançaram sortes sobre o meu povo, e deram um menino por uma meretriz, e venderam uma menina por vinho, para beberem.

⁴E também que tendes vós comigo, Tiro e Sidom, e todas as regiões da Filístia? É *tal* o pago *que* vós me dais? Pois se me pagais *assim*, bem depressa vos farei tornar a vossa paga sobre a vossa cabeça.

⁵Visto como levastes a minha prata e o meu ouro, e as minhas coisas desejáveis e formosas pusestes nos vossos templos.

⁶E vendestes os filhos de Judá e os filhos de Jerusalém aos filhos dos gregos, para os apartar para longe dos seus termos.

⁷Eis que eu os suscitarei do lugar para onde os vendestes, e farei tornar a vossa paga sobre a vossa própria cabeça.

⁸E venderei vossos filhos e vossas filhas na mão dos filhos de Judá, que os venderão aos sabeus, a um povo distante, porque o SENHOR o disse.

⁹Proclamai isto entre os gentios; preparai a guerra, suscitai os fortes; cheguem-se, subam todos os homens de guerra.

¹⁰Forjai espadas das vossas enxadas, e lanças das vossas foices; diga o fraco: Eu sou forte.

¹¹Ajuntai-vos, e vinde, todos os gentios em redor, e congregai-vos. Ó SENHOR, faze descer ali os teus fortes;

¹²Suscitem-se os gentios, e subam ao vale de Josafá; pois ali me assentarei para julgar todos os gentios em redor.

¹³Lançai a foice, porque já está madura a seara; vinde, descei, porque o lagar está cheio, *e* os vasos dos lagares transbordam, porque a sua malícia *é* grande.

¹⁴Multidões, multidões no vale da decisão; porque o dia do SENHOR *está* perto, no vale da decisão.

¹⁵O sol e a lua se enegrecerão, e as estrelas retirarão o seu resplendor.

¹⁶E o SENHOR bramará de Sião, e de Jerusalém fará ouvir a sua voz; e os céus e a terra tremerão, mas o SENHOR *será* o refúgio do seu povo, e a fortaleza dos filhos de Israel.

¹⁷E vós sabereis que eu *sou* o SENHOR vosso Deus, que habito em Sião, o meu santo monte; e Jerusalém será santa; estranhos não passarão mais por ela.

Israel será restaurada

[18] E há de ser que, naquele dia, os montes destilarão mosto, e os outeiros manarão leite, e todos os rios de Judá estarão *cheios* de águas; e sairá uma fonte, da casa do SENHOR, e regará o vale de Sitim.

[19] O Egito se fará uma desolação, e Edom se fará um deserto assolado, por causa da violência que fizeram aos filhos de Judá, em cuja terra derramaram sangue inocente.

[20] Mas Judá será habitada para sempre, e Jerusalém de geração em geração.

[21] E purificarei o sangue dos *que* eu não tinha purificado; porque o SENHOR habitará em Sião.

O LIVRO DO PROFETA
AMÓS

Ameaças contra diversas nações

1 AS palavras de Amós, que estava entre os pastores de Tecoa, as quais viu a respeito de Israel, nos dias de Uzias, rei de Judá, e nos dias de Jeroboão, filho de Joás, rei de Israel, dois anos antes do terremoto.

²Ele disse: O SENHOR bramará de Sião, e de Jerusalém fará ouvir a sua voz; os prados dos pastores prantearão, e secar-se-á o cume do Carmelo.

³Assim diz o SENHOR: Por três transgressões de Damasco, e por quatro, não retirarei o *castigo,* porque trilharam a Gileade com trilhos de ferro.

⁴Por isso porei fogo à casa de Hazael, e ele consumirá os palácios de Ben-Hadade.

⁵E quebrarei o ferrolho de Damasco, e exterminarei o morador do vale de Áven, e ao que tem o cetro de Bete-Éden; e o povo da Síria será levado em cativeiro a Quir, diz o SENHOR.

⁶Assim diz o SENHOR: Por três transgressões de Gaza, e por quatro, não retirarei o *castigo,* porque levaram em cativeiro todos os cativos para *os* entregarem a Edom.

⁷Por isso porei fogo ao muro de Gaza, e ele consumirá os seus palácios.

⁸E exterminarei o morador de Asdode, e o que tem o cetro de Ascalom, e tornarei a minha mão contra Ecrom; e o restante dos filisteus perecerá, diz o Senhor DEUS.

⁹Assim diz o SENHOR: Por três transgressões de Tiro, e por quatro, não retirarei o *castigo,* porque entregaram todos os cativos a Edom, e não se lembraram da aliança dos irmãos.

¹⁰Por isso porei fogo ao muro de Tiro, e ele consumirá os seus palácios.

¹¹Assim diz o SENHOR: Por três transgressões de Edom, e por quatro, não retirarei o *castigo,* porque perseguiu a seu irmão à espada, e aniquilou as suas misericórdias; e a sua ira despedaçou eternamente, e conservou a sua indignação para sempre.

¹²Por isso porei fogo a Temã, e ele consumirá os palácios de Bozra.

¹³Assim diz o SENHOR: Por três transgressões dos filhos de Amom, e por quatro, não retirarei o *castigo,* porque fenderam o ventre às grávidas de Gileade, para dilatarem os seus termos.

¹⁴Por isso porei fogo ao muro de Rabá, e ele consumirá os seus palácios, com alarido no dia da batalha, com tempestade no dia da tormenta.

¹⁵E o seu rei irá para o cativeiro, ele e os seus príncipes juntamente, diz o SENHOR.

2 ASSIM diz o SENHOR: Por três transgressões de Moabe, e por quatro, não retirarei o *castigo,* porque queimou os ossos do rei de Edom, até *os tornar a* cal.

²Por isso porei fogo a Moabe, e consumirá os palácios de Queriote; e Moabe morrerá com grande estrondo, com alarido, com som de trombeta.

³E exterminarei o juiz do meio dele, e a todos os seus príncipes com ele matarei, diz o SENHOR.

A ira de Deus contra Judá e Israel

⁴Assim diz o SENHOR: Por três transgressões de Judá, e por quatro, não retirarei o *castigo,* porque rejeitaram a lei do SENHOR, e não guardaram os seus estatutos, antes se *deixaram* enganar por suas *próprias* mentiras, após as quais andaram seus pais.

⁵Por isso porei fogo a Judá, e ele consumirá os palácios de Jerusalém.

⁶Assim diz o SENHOR: Por três transgressões de Israel, e por quatro, não retirarei o *castigo,* porque vendem o justo por dinheiro, e o necessitado por um par de sapatos,

⁷Suspirando pelo pó da terra, sobre a cabeça dos pobres, pervertem o caminho dos mansos; e um homem e seu pai entram à *mesma* moça, para profanarem *o* meu santo nome.

⁸E se deitam junto a qualquer altar sobre roupas empenhadas, e na casa dos seus deuses bebem o vinho dos que tinham multado.

⁹Todavia eu destruí diante dele o amorreu, cuja altura era como a altura dos cedros, e que era forte como os carvalhos; mas destruí o seu fruto por cima, e as suas raízes por baixo.

¹⁰Também vos fiz subir da terra do Egito, e quarenta anos vos guiei no deserto, para que possuísseis a terra do amorreu.

¹¹E dentre vossos filhos suscitei profetas, e dentre os vossos jovens nazireus. Não *é* isto assim, filhos de Israel? Diz o SENHOR.

¹²Mas vós aos nazireus destes vinho a beber, e aos profetas ordenastes, dizendo: Não profetizareis.

¹³Eis que eu vos apertarei no vosso lugar como se aperta um carro cheio de feixes.

¹⁴Assim perecerá a fuga ao ágil; nem o forte corroborará a sua força, nem o poderoso livrará a sua vida.

¹⁵E não ficará em pé o que maneja o arco, nem o ligeiro de pés se livrará, nem tampouco se livrará o que vai montado a cavalo.

¹⁶E o mais corajoso entre os fortes fugirá nu naquele dia, diz o SENHOR.

Os vícios e maldades de Israel

3 OUVI esta palavra que o SENHOR fala contra vós, filhos de Israel, contra toda a família que fiz subir da terra do Egito, dizendo:

²De todas as famílias da terra só a vós vos tenho conhecido; portanto eu vos punirei por todas as vossas iniquidades.

³*Porventura* andarão dois juntos, se não estiverem de acordo?

AMÓS 3.4   610

⁴Rugirá o leão no bosque, sem que tenha presa? Levantará o leãozinho no seu covil a sua voz, se nada tiver apanhado?

⁵Cairá a ave no laço em terra, se não houver armadilha para ela? Levantar-se-á da terra o laço, sem que tenha apanhado alguma coisa?

⁶Tocar-se-á a trombeta na cidade, e o povo não estremecerá? Sucederá *algum* mal na cidade, sem que o Senhor o tenha feito?

⁷Certamente o Senhor Deus não fará coisa alguma, sem ter revelado o seu segredo aos seus servos, os profetas.

⁸Rugiu o leão, quem não temerá? Falou o Senhor Deus, quem não profetizará?

⁹Fazei ouvir *isso* nos palácios de Asdode, e nos palácios da terra do Egito, e dizei: Ajuntai-vos sobre os montes de Samaria, e vede que grandes alvoroços há no meio dela, e como são oprimidos dentro dela.

¹⁰Porque não sabem fazer o *que é* reto, diz o Senhor, aqueles que entesouram nos seus palácios a violência e a destruição.

¹¹Portanto, o Senhor Deus diz assim: O inimigo *virá*, e cercará a terra, derrubará a tua fortaleza, e os teus palácios serão saqueados.

¹²Assim diz o Senhor: Como o pastor livra da boca do leão as duas pernas, ou um pedaço da orelha, assim serão livrados os filhos de Israel que habitam em Samaria, no canto da cama, e em Damasco, *num* leito.

¹³Ouvi, e protestai contra a casa de Jacó, diz o Senhor Deus, o Deus dos Exércitos;

¹⁴Pois no dia em que eu punir as transgressões de Israel, também castigarei os altares de Betel; e as pontas do altar serão cortadas, e cairão por terra.

¹⁵E ferirei a casa de inverno juntamente com a casa de verão; e as casas de marfim perecerão, e as grandes casas terão fim, diz o Senhor.

O anúncio de castigo

4OUVI esta palavra vós, vacas de Basã, que *estais* no monte de Samaria, que oprimis aos pobres, que esmagais os necessitados, que dizeis a vossos senhores: Dai cá, e bebamos.

²Jurou o Senhor Deus, pela sua santidade, que dias estão para vir sobre vós, *em* que vos levarão com ganchos e a vossos descendentes com anzóis de pesca.

³E saireis *pelas* brechas, uma após outra, e sereis lançadas para Harmom, disse o Senhor.

⁴Vinde a Betel, e transgredi; a Gilgal, e multiplicai as transgressões; e cada manhã trazei os vossos sacrifícios, e os vossos dízimos de três em três dias.

⁵E oferecei o sacrifício de louvores do que é levedado, e apregoai as ofertas voluntárias, publicai-as; porque disso gostais, ó filhos de Israel, disse o Senhor.

⁶Por isso também vos dei limpeza de dentes em todas as vossas cidades, e falta de pão em todos os vossos lugares; contudo não vos convertestes a mim, disse o Senhor.

⁷Além disso, retive de vós a chuva quando ainda faltavam três meses para a ceifa; e fiz que chovesse sobre uma cidade, e não chovesse sobre a outra cidade; sobre um campo choveu, mas o outro, sobre o qual não choveu, secou-se.

⁸E andaram errantes duas *ou* três cidades, indo a outra cidade para beberem água, mas não se saciaram; contudo não vos convertestes a mim, disse o Senhor.

⁹Feri-vos com queimadura, e com ferrugem; a multidão das vossas hortas, e das vossas vinhas, e das vossas figueiras, e das vossas oliveiras, comeu a locusta; contudo não vos convertestes a mim, disse o Senhor.

¹⁰Enviei a peste contra vós, à maneira do Egito; os vossos jovens matei à espada, e os vossos cavalos deixei levar presos, e o mau cheiro dos vossos arraiais fiz subir às vossas narinas; contudo não vos convertestes a mim, disse o Senhor.

¹¹Subverti *a alguns* dentre vós, como Deus subverteu a Sodoma e Gomorra, e vós fostes como *um* tição arrebatado do incêndio; contudo não vos convertestes a mim, disse o Senhor.

¹²Portanto, assim te farei, ó Israel! E porque isso te farei, prepara-te, ó Israel, para te encontrares com o teu Deus.

¹³Porque eis aqui o que forma os montes, e cria o vento, e declara ao homem qual *seja* o seu pensamento, o que faz da manhã trevas, e pisa os altos da terra; o Senhor, o Deus dos Exércitos, *é* o seu nome.

Predição do cativeiro de Israel

5OUVI esta palavra, que levanto como uma lamentação sobre vós, ó casa de Israel.

²A virgem de Israel caiu, *e* não mais tornará a levantar-se; desamparada está na sua terra, não *há* quem a levante.

³Porque assim diz o Senhor Deus: A cidade da qual saem mil conservará cem, e aquela da qual saem cem conservará dez, para a casa de Israel.

⁴Porque assim diz o Senhor à casa de Israel: Buscai-me, e vivei.

⁵Mas não busqueis a Betel, nem venhais a Gilgal, nem passeis *a* Berseba, porque Gilgal certamente será levada ao cativeiro, e Betel será desfeita em nada.

⁶Buscai ao Senhor, e vivei, para que ele não irrompa na casa de José como um fogo, e a consuma, e não haja em Betel quem o apague.

⁷Vós que converteis o juízo em alosna, e deitais por terra a justiça,

⁸Procurai o que faz o Sete-Estrelo e o Órion e torna a sombra da noite em manhã, e faz escurecer o dia *como* a noite, que chama as águas do mar, e as derrama sobre a terra; o Senhor *é* o seu nome.

⁹O que promove súbita destruição contra o forte; de modo que venha a destruição contra a fortaleza.

¹⁰Odeiam na porta ao que os repreende, e abominam ao que fala sinceramente.

¹¹Portanto, visto que pisais o pobre e dele exigis

um tributo de trigo, edificastes casas de pedras lavradas, mas nelas não habitareis; vinhas desejáveis plantastes, mas não bebereis do seu vinho.

¹²Porque sei que *são* muitas as vossas transgressões e graves os vossos pecados; afligis o justo, tomais resgate, e rejeitais os necessitados na porta.

¹³Portanto, o que for prudente guardará silêncio naquele tempo, porque o tempo *será* mau.

¹⁴Buscai o bem, e não o mal, para que vivais; e assim o SENHOR, o Deus dos Exércitos, estará convosco, como dizeis.

¹⁵Odiai o mal, e amai o bem, e estabelecei na porta o juízo. Talvez o SENHOR Deus dos Exércitos tenha piedade do remanescente de José.

¹⁶Portanto, assim diz o SENHOR, o Deus dos Exércitos, o Senhor: Em todas as ruas *haverá* pranto, e em todas as estradas dirão: Ai! Ai! E ao lavrador chamarão para choro, e para pranto os que souberem prantear.

¹⁷E em todas as vinhas *haverá* pranto; porque passarei pelo meio de ti, diz o SENHOR.

¹⁸Ai daqueles que desejam o dia do SENHOR! Para que *quereis* vós este dia do SENHOR? Será de trevas e não de luz.

¹⁹*É como* se um homem fugisse de diante do leão, e se encontrasse com ele o urso; ou como se entrando numa casa, a sua mão encostasse à parede, e fosse mordido por uma cobra.

²⁰Não *será*, pois, o dia do SENHOR trevas e não luz, e escuridão, sem que haja resplendor?

²¹Odeio, desprezo as vossas festas, e as vossas assembleias solenes não me exalarão bom cheiro.

²²E ainda que me ofereçais holocaustos, ofertas de alimentos, não me agradarei delas; nem atentarei para as ofertas pacíficas de vossos *animais* gordos.

²³Afasta de mim o estrépito dos teus cânticos; porque não ouvirei as melodias das tuas violas.

²⁴Corra, porém, o juízo como as águas, e a justiça como o ribeiro impetuoso.

²⁵Oferecestes-me vós sacrifícios e oblações no deserto por quarenta anos, ó casa de Israel?

²⁶Antes levastes a tenda de vosso Moloque, e a estátua das vossas imagens, a estrela do vosso deus, que fizestes para vós mesmos.

²⁷Portanto vos levarei cativos, para além de Damasco, diz o SENHOR, cujo nome *é* o Deus dos Exércitos.

A corrupção de Israel

6 AI DOS que vivem sossegados em Sião, e dos que estão confiados no monte de Samaria, que têm nome entre as primeiras das nações, e aos quais vem a casa de Israel!

²Passai a Calne, e vede; e dali ide à grande Hamate; e depois descei a Gate dos filisteus; *serão* melhores que estes reinos? Ou maior o seu termo do que o vosso termo?

³Ó vós que afastais o dia mau, e fazeis chegar o assento da violência.

⁴Ai dos que dormem em camas de marfim, e se estendem sobre os seus leitos, e comem os cordeiros do rebanho, e os bezerros do meio do curral;

⁵Que cantam ao som da viola, e inventam para si instrumentos musicais, assim como Davi;

⁶Que bebem vinho em taças, e se ungem com o mais excelente óleo: mas não se afligem pela ruína de José;

⁷Portanto agora irão em cativeiro entre os primeiros dos que forem levados cativos, e cessarão os festins dos banqueteadores.

⁸Jurou o Senhor DEUS por si mesmo, diz o SENHOR, o Deus dos Exércitos: Abomino a soberba de Jacó, e odeio os seus palácios; por isso entregarei a cidade e tudo o que nela há.

⁹E acontecerá que, se numa casa ficarem dez homens, morrerão.

¹⁰Quando o tio de alguém, aquele que o queima, o tomar para levar-lhe os ossos para fora da casa, e disser ao que estiver no mais interior da casa: Está ainda alguém contigo? E este responder: Ninguém; então lhe dirá ele: Cala-te, porque não devemos fazer menção do nome do SENHOR.

¹¹Porque, eis que o SENHOR ordena, e ferirá a casa grande de brechas, e a casa pequena de fendas.

¹²*Porventura* correrão cavalos sobre rocha? Lavrar-se-á *nela* com bois? Mas vós haveis tornado o juízo em fel, e o fruto da justiça em alosna;

¹³Vós que vos alegrais do nada, vós que dizeis: Não *é assim que* por nossa própria força nos temos tornado poderosos?

¹⁴Porque, eis que eu levantarei sobre vós, ó casa de Israel, *uma* nação, diz o SENHOR, o Deus dos Exércitos, e oprimir-vos-á, desde a entrada de Hamate até ao ribeiro do deserto.

As visões

7 O SENHOR DEUS assim me fez ver, e eis que ele formava gafanhotos no princípio do rebento da erva serôdia, e eis que era a erva serôdia depois de findas as ceifas do rei.

²E aconteceu que, tendo eles comido completamente a erva da terra, eu disse: Senhor DEUS, perdoa, rogo-te; quem levantará a Jacó? Pois ele é pequeno.

³*Então* o SENHOR se arrependeu disso. Não acontecerá, disse o SENHOR.

⁴Assim me mostrou o Senhor DEUS: Eis que o Senhor DEUS clamava, para contender com fogo; *este* consumiu o grande abismo, e *também* devorou uma parte *da terra*.

⁵*Então* eu disse: Senhor DEUS, cessa, eu te peço; quem levantará a Jacó? Pois é pequeno.

⁶*E* o SENHOR se arrependeu disso. Nem isso acontecerá, disse o Senhor DEUS.

⁷Mostrou-me *também* assim: e eis que o Senhor estava sobre um muro, levantado a prumo; e *tinha* um prumo na sua mão.

⁸E o SENHOR me disse: Que vês tu, Amós? E eu disse: Um prumo. Então disse o Senhor: Eis que eu porei o prumo no meio do meu povo Israel; nunca mais passarei por ele.

⁹Mas os altos de Isaque serão assolados, e

AMÓS 7.10

destruídos os santuários de Israel; e levantar-me--ei com a espada contra a casa de Jeroboão.

¹⁰Então Amazias, o sacerdote de Betel, mandou dizer a Jeroboão, rei de Israel: Amós tem conspirado contra ti, no meio da casa de Israel; a terra não poderá sofrer todas as suas palavras.

¹¹Porque assim diz Amós: Jeroboão morrerá à espada, e Israel certamente será levado para fora da sua terra em cativeiro.

¹²Depois Amazias disse a Amós: Vai-te, ó vidente, e foge para a terra de Judá, e ali come o pão, e ali profetiza;

¹³Mas em Betel daqui por diante não profetizes mais, porque é o santuário do rei e casa real.

¹⁴E respondeu Amós, dizendo a Amazias: Eu não sou profeta, nem filho de profeta, mas boiadeiro, e cultivador de sicômoros.

¹⁵Mas o SENHOR me tirou de seguir o rebanho, e o SENHOR me disse: Vai, e profetiza ao meu povo Israel.

¹⁶Agora, pois, ouve a palavra do SENHOR: Tu dizes: Não profetizes contra Israel, nem fales contra a casa de Isaque.

¹⁷Portanto assim diz o SENHOR: Tua mulher se prostituirá na cidade, e teus filhos e tuas filhas cairão à espada, e a tua terra será repartida a cordel, e tu morrerás na terra imunda, e Israel certamente será levado cativo para fora da sua terra.

A visão de um cesto de frutos

8 O SENHOR DEUS assim me fez ver: E eis aqui um cesto de frutos do verão.

²E disse: Que vês, Amós? E eu disse: Um cesto de frutos do verão. Então o SENHOR me disse: Chegou o fim sobre o meu povo Israel; nunca mais passarei por ele.

³Mas os cânticos do templo naquele dia serão gemidos, diz o Senhor DEUS; multiplicar-se-ão os cadáveres; em todos os lugares serão lançados fora em silêncio.

⁴Ouvi isto, vós que anelais o abatimento do necessitado; e destruís os miseráveis da terra,

⁵Dizendo: Quando passará a lua nova, para vendermos o grão, e o sábado, para abrirmos os celeiros de trigo, diminuindo o efa, e aumentando o siclo, e procedendo dolosamente com balanças enganosas,

⁶Para comprarmos os pobres por dinheiro, e os necessitados por um par de sapatos, e para vendermos o refugo do trigo?

⁷Jurou o SENHOR pela glória de Jacó: Eu não me esquecerei de todas as suas obras para sempre.

⁸Por causa disto não estremecerá a terra, e não chorará todo aquele que nela habita? Certamente levantar-se-á toda ela como o grande rio, e será agitada, e baixará como o rio do Egito.

⁹E sucederá que, naquele dia, diz o Senhor DEUS, farei que o sol se ponha ao meio-dia, e a terra se entenebreça no dia claro.

¹⁰E tornarei as vossas festas em luto, e todos os vossos cânticos em lamentações; e porei pano de saco sobre todos os lombos, e calva sobre toda

cabeça; e farei que isso seja como luto por um filho único, e o seu fim como dia de amarguras.

Fome da palavra de Deus

¹¹Eis que vêm dias, diz o Senhor DEUS, em que enviarei fome sobre a terra; não fome de pão, nem sede de água, mas de ouvir as palavras do SENHOR.

¹²E irão errantes de um mar até outro mar, e do norte até ao oriente; correrão por toda a parte, buscando a palavra do SENHOR, mas não a acharão.

¹³Naquele dia as virgens formosas e os jovens desmaiarão de sede.

¹⁴Os que juram pela culpa de Samaria, dizendo: Vive o teu deus, ó Dã; e vive o caminho de Berseba; esses mesmos cairão, e não se levantarão jamais.

Visão da destruição do altar

9 VI O Senhor, que estava em pé sobre o altar; e me disse: Fere o capitel, e estremeçam os umbrais, e faze tudo em pedaços sobre a cabeça de todos eles; e eu matarei à espada até ao último deles; nenhum deles conseguirá fugir, nenhum deles escapará.

²Ainda que cavem até ao inferno, a minha mão os tirará dali; e, se subirem ao céu, dali os farei descer.

³E, se se esconderem no cume do Carmelo, buscá-los-ei, e dali os tirarei; e, se dos meus olhos se ocultarem no fundo do mar, ali darei ordem à serpente, e ela os picará.

⁴E, se forem em cativeiro diante de seus inimigos, ali darei ordem à espada que os mate; e eu porei os meus olhos sobre eles para o mal, e não para o bem.

⁵Porque o Senhor DEUS dos Exércitos é o que toca a terra, e ela se derrete, e todos os que habitam nela chorarão; e ela subirá toda como um rio, e abaixará como o rio do Egito.

⁶Ele é o que edifica as suas câmaras superiores no céu, e fundou na terra a sua abóbada, e o que chama as águas do mar, e as derrama sobre a terra; o SENHOR é o seu nome.

⁷Não me sois, vós, ó filhos de Israel, como os filhos dos etíopes? diz o SENHOR: Não fiz eu subir a Israel da terra do Egito, e aos filisteus de Caftor, e aos sírios de Quir?

⁸Eis que os olhos do Senhor DEUS estão contra este reino pecador, e eu o destruirei de sobre a face da terra; mas não destruirei de todo a casa de Jacó, diz o SENHOR.

⁹Porque eis que darei ordem, e sacudirei a casa de Israel entre todas as nações, assim como se sacode grão no crivo, sem que caia na terra um só grão.

¹⁰Todos os pecadores do meu povo morrerão à espada, os que dizem: Não nos alcançará nem nos encontrará o mal.

Promessa de restauração

¹¹Naquele dia tornarei a levantar o tabernáculo caído de Davi, e repararei as suas brechas, e tornarei a levantar as suas ruínas, e o edificarei como nos dias da antiguidade;

¹²Para que possuam o restante de Edom, e todos os gentios que são chamados pelo meu nome, diz o SENHOR, que faz essas coisas.

¹³Eis que vêm dias, diz o SENHOR, em que o que lavra alcançará ao que sega, e o que pisa as uvas ao que lança a semente; e os montes destilarão mosto, e todos os outeiros se derreterão.

¹⁴E trarei do cativeiro meu povo Israel, e eles reedificarão as cidades assoladas, e nelas habitarão, e plantarão vinhas, e beberão o seu vinho, e farão pomares, e lhes comerão o fruto.

¹⁵E plantá-los-ei na sua terra, e não serão mais arrancados da sua terra que lhes dei, diz o SENHOR teu Deus.

O LIVRO DO PROFETA
OBADIAS

Os pecados e o castigo de Edom

¹VISÃO de Obadias: Assim diz o Senhor Deus a respeito de Edom: Temos ouvido a pregação do Senhor, e foi enviado aos gentios um emissário, dizendo: Levantai-vos, e levantemo-nos contra ela para a guerra.

²Eis que te fiz pequeno entre os gentios; tu *és* muito desprezado.

³A soberba do teu coração te enganou, *como o* que habita nas fendas das rochas, *na* sua alta morada, que diz no seu coração: Quem me derrubará em terra?

⁴Se te elevares como águia, e puseres o teu ninho entre as estrelas, dali te derrubarei, diz o Senhor.

⁵Se viessem a ti ladrões, ou assaltantes de noite (como estás destruído!), não furtariam o que lhes bastasse? Se a ti viessem os vindimadores, não deixariam *algumas* uvas?

⁶Como foram rebuscados os *bens* de Esaú! Como foram investigados os seus *tesouros* escondidos!

⁷Todos os teus confederados te levaram até a fronteira; os que gozam da tua paz te enganaram, prevaleceram contra ti; *os que comem* o teu pão puseram debaixo de ti uma armadilha; não *há* nele entendimento.

⁸Porventura não acontecerá naquele dia, diz o Senhor, que farei perecer os sábios de Edom, *e o* entendimento do monte de Esaú?

⁹E os teus poderosos, ó Temã, estarão atemorizados, para que do monte de Esaú seja cada um exterminado pela matança.

¹⁰Por causa da violência feita a teu irmão Jacó, cobrir-te-á a confusão, e *serás* exterminado para sempre.

¹¹No dia em que o confrontaste, no dia em que estranhos levaram cativo o seu exército, e os estrangeiros entravam pelas suas portas, e lançaram sortes sobre Jerusalém, tu *eras* também como um deles.

¹²Mas tu não *devias* olhar com *prazer* para o dia de teu irmão, no dia do seu infortúnio; nem alegrar-te sobre os filhos de Judá, no dia da sua ruína; nem alargar a tua boca, no dia da angústia;

¹³Nem entrar pela porta do meu povo, no dia da sua calamidade; sim, tu não *devias* olhar *satisfeito* o seu mal, no dia da sua calamidade; nem lançar *mão* dos seus bens, no dia da sua calamidade;

¹⁴Nem parar nas encruzilhadas, para exterminares os que escapassem; nem entregar os que lhe restassem, no dia da angústia.

¹⁵Porque o dia do Senhor *está* perto, sobre todos os gentios; como tu fizeste, assim se fará contigo; a tua recompensa voltará sobre a tua cabeça.

¹⁶Porque, como vós bebestes no meu santo monte, *assim* beberão *também* de contínuo todos os gentios; beberão, e sorverão, e serão como se nunca tivessem sido.

A restauração e felicidade de Israel

¹⁷Mas no monte Sião haverá livramento, e ele será santo; e os da casa de Jacó possuirão as suas herdades.

¹⁸E a casa de Jacó será fogo, e a casa de José uma chama, e a casa de Esaú palha; e se acenderão contra eles, e os consumirão; e ninguém mais restará da casa de Esaú, porque o Senhor *o* falou.

¹⁹E os do sul possuirão o monte de Esaú, e os das planícies, os filisteus; possuirão também os campos de Efraim, e os campos de Samaria; e Benjamim possuirá a Gileade.

²⁰E os cativos deste exército, dos filhos de Israel, *possuirão* os cananeus, até Zarefate; e os cativos de Jerusalém, que estão em Sefarade, possuirão as cidades do sul.

²¹E subirão salvadores ao monte Sião, para julgarem o monte de Esaú; e o reino será do Senhor.

O LIVRO DO PROFETA
JONAS

A vocação de Jonas

1 E VEIO a palavra do SENHOR a Jonas, filho de Amitai, dizendo:

²Levanta-te, vai à grande cidade de Nínive, e clama contra ela, porque a sua malícia subiu até à minha presença.

A fuga de Jonas e o seu castigo

³Porém, Jonas se levantou para fugir da presença do SENHOR para Társis. E descendo a Jope, achou um navio que ia para Társis; pagou, pois, a sua passagem, e desceu para dentro dele, para ir com eles para Társis, para *longe* da presença do SENHOR.

⁴Mas o SENHOR mandou ao mar um grande vento, e fez-se no mar uma forte tempestade, e o navio estava a ponto de quebrar-se.

⁵Então temeram os marinheiros, e clamavam cada um ao seu deus, e lançaram ao mar as cargas, que *estavam* no navio, para o aliviarem do seu *peso;* Jonas, porém, desceu ao porão do navio, e, tendo-se deitado, dormia um profundo sono.

⁶E o mestre do navio chegou-se a ele, e disse-lhe: Que tens, dorminhoco? Levanta-te, clama ao teu Deus; talvez *assim* esse Deus se lembre de nós para que não pereçamos.

⁷E diziam cada um ao seu companheiro: Vinde, e lancemos sortes, para que saibamos por que causa nos *sobreveio* este mal. E lançaram sortes, e a sorte caiu sobre Jonas.

⁸Então lhe disseram: Declara-nos tu agora, por causa de quem nos *sobreveio* este mal. Que ocupação é a tua? Donde vens? Qual *é* a tua terra? E de que povo és tu?

⁹E ele lhes disse: Eu *sou* hebreu, e temo ao SENHOR, o Deus do céu, que fez o mar e a *terra* seca.

¹⁰Então estes homens se encheram de grande temor, e disseram-lhe: Por que fizeste tu isto? Pois sabiam os homens que fugia da presença do SENHOR, porque ele lho tinha declarado.

¹¹E disseram-lhe: Que te faremos nós, para que o mar se nos acalme? Porque o mar ia se tornando cada vez mais tempestuoso.

¹²E ele lhes disse: Levantai-me, e lançai-me ao mar, e o mar se vos aquietará; porque eu sei que por minha causa vos sobreveio esta grande tempestade.

¹³Entretanto, os homens remavam, para fazer voltar *o navio* à terra, mas não podiam, porquanto o mar se ia embravecendo cada vez mais contra eles.

¹⁴Então clamaram ao SENHOR, e disseram: Ah, SENHOR! Nós te rogamos, que não pereçamos por causa da alma deste homem, e que não ponhas sobre nós o sangue inocente; porque tu, SENHOR, fizeste como te aprouve.

¹⁵E levantaram a Jonas, e o lançaram ao mar, e cessou o mar da sua fúria.

¹⁶Temeram, pois, estes homens ao SENHOR com grande temor; e ofereceram sacrifício ao SENHOR, e fizeram votos.

¹⁷Preparou, pois, o SENHOR *um* grande peixe, para que tragasse a Jonas; e esteve Jonas três dias e três noites nas entranhas do peixe.

A oração de Jonas e o seu livramento

2 E OROU Jonas ao SENHOR, seu Deus, das entranhas do peixe.

²E disse: Na minha angústia clamei ao SENHOR, e *ele* me respondeu; do ventre da sepultura gritei, *e* Tu ouviste a minha voz.

³Porque tu me lançaste *no* profundo, no coração dos mares, e a corrente *das águas* me cercou; todas as tuas ondas e as tuas vagas têm passado por cima de mim.

⁴E eu disse: Lançado estou de diante dos teus olhos; todavia tornarei a ver o teu santo templo.

⁵As águas me cercaram até à alma, o abismo me rodeou, e as algas se enrolaram na minha cabeça.

⁶Eu desci até aos fundamentos dos montes; a terra me *encerrou* para sempre com os seus ferrolhos; mas tu fizeste subir a minha vida da perdição, ó SENHOR meu Deus.

⁷Quando desfalecia em mim a minha alma, lembrei-me do SENHOR; e entrou a ti a minha oração, no teu santo templo.

⁸Os que observam as falsas vaidades deixam a sua misericórdia.

⁹Mas eu te oferecerei sacrifício com a voz do agradecimento; o que votei pagarei. Do SENHOR *vem* a salvação.

¹⁰Falou, pois, o SENHOR ao peixe, e *este* vomitou a Jonas na terra seca.

Jonas prega em Nínive

3 E VEIO a palavra do SENHOR segunda vez a Jonas, dizendo:

²Levanta-te, e vai à grande cidade de Nínive, e proga contra ela a mensagem que eu te digo.

O arrependimento dos ninivitas

³E levantou-se Jonas, e foi a Nínive, segundo a palavra do SENHOR. Ora, Nínive era uma cidade muito grande, de três dias de caminho.

⁴E começou Jonas a entrar pela cidade caminho de um dia, e pregava, dizendo: Ainda quarenta dias, e Nínive será subvertida.

⁵E os homens de Nínive creram em Deus; e proclamaram *um* jejum, e vestiram-se de saco, desde o maior até ao menor.

⁶Esta palavra chegou *também* ao rei de Nínive; e ele levantou-se do seu trono, e tirou de si as

suas vestes, e cobriu-se de saco, e sentou-se sobre a cinza.

⁷E fez uma proclamação que se divulgou em Nínive, pelo decreto do rei e dos seus grandes, dizendo: Nem homens, nem animais, nem bois, nem ovelhas provem coisa alguma, nem se lhes dê alimentos, nem bebam água;

⁸Mas os homens e os animais sejam cobertos de sacos, e clamem fortemente a Deus, e convertam-se, cada um do seu mau caminho, e da violência que *há* nas suas mãos.

⁹Quem sabe se se voltará Deus, e se arrepender-á, e se apartará do furor da sua ira, de sorte que não pereçamos?

¹⁰E Deus viu as obras deles, como se converteram do seu mau caminho; e Deus se arrependeu do mal que tinha anunciado lhes faria, e não o fez.

O descontentamento de Jonas e a resposta do SENHOR

4 MAS isso desagradou extremamente a Jonas, e ele ficou irado.

²E orou ao SENHOR, e disse: Ah! SENHOR! Não *foi* esta minha palavra, estando ainda na minha terra? Por isso *é que* me preveni, fugindo para Társis, pois sabia que *és* Deus compassivo e misericordioso, longânimo e grande em benignidade, e que te arrependes do mal.

³Peço-te, pois, ó SENHOR, tira-me a vida, porque melhor me *é* morrer do que viver.

⁴E disse o SENHOR: Fazes bem que assim te ires?

⁵Então Jonas saiu da cidade, e sentou-se ao oriente desta cidade; e ali fez uma cabana, e sentou-se debaixo dela, à sombra, até ver *o que* aconteceria à cidade.

⁶E fez o SENHOR Deus *nascer* uma aboboreira, e ela subiu por cima de Jonas, para que fizesse sombra sobre a sua cabeça, a fim de o livrar do seu enfado; e Jonas se alegrou em extremo por causa da aboboreira.

⁷Mas Deus enviou um verme, no dia seguinte ao subir da alva, o qual feriu a aboboreira, e *esta* se secou.

⁸E aconteceu que, aparecendo o sol, Deus mandou um vento calmoso oriental, e o sol feriu a cabeça de Jonas; e ele desmaiou, e desejou com toda a sua alma morrer, dizendo: Melhor me *é* morrer do que viver.

⁹Então disse Deus a Jonas: Fazes bem que assim te ires por causa da aboboreira? E ele disse: Faço bem que me revolte até à morte.

¹⁰E disse o SENHOR: Tiveste tu compaixão da aboboreira, na qual não trabalhaste, nem a fizeste crescer, que numa noite nasceu, e numa noite pereceu;

¹¹E não hei de eu ter compaixão da grande cidade de Nínive, em que estão mais de cento e vinte mil pessoas que não sabem *discernir* entre a sua mão direita e a sua mão esquerda, e *também* muitos animais?

O LIVRO DO PROFETA
MIQUEIAS

Ameaças contra Israel e Judá

1 PALAVRA do Senhor, que veio a Miqueias, morastita, nos dias de Jotão, Acaz e Ezequias, reis de Judá, a qual ele viu sobre Samaria e Jerusalém.

²Ouvi, todos os povos, presta atenção, ó terra, e tudo o que nela há; e seja o Senhor Deus testemunha contra vós, o Senhor, desde o seu santo templo.

³Porque eis que o Senhor está para sair do seu lugar, e descerá, e andará sobre as alturas da terra.

⁴E os montes debaixo dele se derreterão, e os vales se fenderão, como a cera diante do fogo, como as águas que se precipitam num abismo.

⁵Tudo isto por causa da transgressão de Jacó, e dos pecados da casa de Israel. Qual é a transgressão de Jacó? Não é Samaria? E quais os altos de Judá? Não é Jerusalém?

⁶Por isso farei de Samaria um montão de pedras do campo, uma terra de plantar vinhas, e farei rolar as suas pedras no vale, e descobrirei os seus fundamentos.

⁷E todas as suas imagens de escultura serão despedaçadas, e todas as suas ofertas serão queimadas pelo fogo, e de todos os seus ídolos eu farei uma assolação; porque pela paga de prostituta os ajuntou, e para a paga de prostituta voltarão.

⁸Por isso lamentarei, e gemerei, andarei despojado e nu; farei lamentação como de chacais, e pranto como de avestruzes.

⁹Porque a sua chaga é incurável, porque chegou até Judá; estendeu-se até à porta do meu povo, até Jerusalém.

¹⁰Não o anuncieis em Gate, nem choreis muito; revolve-te no pó, na casa de Afra.

¹¹Passa, ó moradora de Safir, em vergonhosa nudez; a moradora de Zaanã não saiu; o pranto de Bete-Ezel tirará de vós a sua posição.

¹²Porque a moradora de Marote sofre pelo bem; porque desceu do Senhor o mal até à porta de Jerusalém.

¹³Ata os animais ligeiros ao carro, ó moradora de Laquis; esta foi o princípio do pecado para a filha de Sião, porque em ti se acharam as transgressões de Israel.

¹⁴Por isso darás presentes a Moresete-Gate; as casas de Aczibe se tornarão em engano para os reis de Israel.

¹⁵Ainda trarei a ti, ó moradora de Maressa, aquele que te possuirá; chegará até Adulão a glória de Israel.

¹⁶Faze-te calva, e tosquia-te, por causa dos filhos das tuas delícias; alarga a tua calva como a águia, porque de ti foram levados cativos.

2 AI daqueles que nas suas camas intentam a iniquidade, e maquinam o mal; à luz da alva o praticam, porque está no poder da sua mão!

²E cobiçam campos, e roubam-nos, cobiçam casas, e arrebatam-nas; assim fazem violência a um homem e à sua casa, a uma pessoa e à sua herança.

³Portanto, assim diz o Senhor: Eis que projeto um mal contra esta família, do qual não tirareis os vossos pescoços, e não andareis tão altivos, porque o tempo será mau.

⁴Naquele dia se levantará sobre vós um provérbio, e se lamentará pranto lastimoso, dizendo: Nós estamos inteiramente desolados; a porção do meu povo ele a troca; como me despoja! Tira os nossos campos e os reparte!

⁵Portanto, não terás tu na congregação do Senhor quem lance o cordel pela sorte.

⁶Não profetizeis aos que profetizam; eles não profetizarão para eles, pois não se apartará a sua vergonha.

⁷Ó vós que sois chamados casa de Jacó, porventura encurtou-se o Espírito do Senhor? São estas as suas obras? E não é assim que fazem bem as minhas palavras ao que anda retamente?

⁸Mas ontem, se levantou o meu povo como inimigo; de sobre a vestidura tirastes a capa daqueles que passavam seguros, como homens que voltavam da guerra.

⁹Lançastes fora as mulheres do meu povo, da casa das suas delícias; das suas crianças tirastes para sempre a minha glória.

¹⁰Levantai-vos, e ide-vos, porque este não é lugar de descanso; por causa da imundícia que traz destruição, sim, destruição enorme.

¹¹Se houver alguém que, andando com espírito de falsidade, mentir, dizendo: Eu te profetizarei sobre o vinho e a bebida forte; será esse tal o profeta deste povo.

¹²Certamente te ajuntarei todo, ó Jacó; certamente congregarei o restante de Israel; pô-los-ei todos juntos, como ovelhas de Bozra; como o rebanho no meio do seu pasto, farão estrondo por causa da multidão dos homens.

¹³Subirá diante deles o que abrirá o caminho; eles romperão, e entrarão pela porta, e sairão por ela; e o rei irá adiante deles, e o Senhor à testa deles.

Ameaças contra os chefes e falsos profetas

3 E DISSE eu: Ouvi, peço-vos, ó chefes de Jacó, e vós, príncipes da casa de Israel; não é a vós que pertence saber o juízo?

²A vós que odiais o bem, e amais o mal, que arrancais a pele de cima deles, e a carne de cima dos seus ossos;

³E que comeis a carne do meu povo, e lhes arrancais a pele, e lhes esmiuçais os ossos, e os repartis como para a panela e como carne dentro do caldeirão.

MIQUEIAS 3.4

⁴Então clamarão ao SENHOR, mas não os ouvirá; antes esconderá deles a sua face naquele tempo, visto que eles fizeram mal nas suas obras.

⁵Assim diz o SENHOR acerca dos profetas que fazem errar o meu povo, que mordem com os seus dentes, e clamam paz; mas contra aquele que nada lhes dá na boca preparam guerra.

⁶Portanto, se vos fará noite sem visão, e tereis trevas sem adivinhação, e pôr-se-á o sol sobre os profetas, e o dia sobre eles se enegrecerá.

⁷E os videntes se envergonharão, e os adivinhadores se confundirão; sim, todos eles cobrirão os seus lábios, porque não *haverá* resposta de Deus.

⁸Mas eu estou cheio do poder do Espírito do SENHOR, e de juízo e de força, para anunciar a Jacó a sua transgressão e a Israel o seu pecado.

⁹Ouvi agora isto, vós, chefes da casa de Jacó, e príncipes da casa de Israel, que abominais o juízo e perverteis tudo o que é direito,

¹⁰Edificando a Sião com sangue, e a Jerusalém com iniquidade.

¹¹Os seus chefes dão as sentenças por suborno, e os seus sacerdotes ensinam por interesse, e os seus profetas adivinham por dinheiro; e ainda se encostam ao SENHOR, dizendo: Não *está* o SENHOR no meio de nós? Nenhum mal nos sobrevirá.

¹²Portanto, por causa de vós, Sião será lavrada *como* um campo, e Jerusalém se tornará em montões de pedras, e o monte desta casa *como* os altos de um bosque.

O anúncio da vocação dos gentios

4 MAS nos últimos dias acontecerá que o monte da casa do SENHOR será estabelecido no cume dos montes, e se elevará sobre os outeiros, e a ele afluirão os povos.

²E irão muitas nações, e dirão: Vinde, e subamos ao monte do SENHOR, e à casa do Deus de Jacó, para que nos ensine os seus caminhos, e andemos pelas suas veredas; porque de Sião sairá a lei, e de Jerusalém a palavra do SENHOR.

³E julgará entre muitos povos, e castigará nações poderosas e longínquas, e converterão as suas espadas em pás, e as suas lanças em foices; *uma* nação não levantará a espada contra *outra* nação, nem aprenderão mais a guerra.

⁴Mas assentar-se-á cada um debaixo da sua videira, e debaixo da sua figueira, e não haverá quem os espante, porque a boca do SENHOR dos Exércitos o disse.

⁵Porque todos os povos andam, cada um em nome do seu deus; mas nós andaremos em nome do SENHOR nosso Deus, para todo o sempre.

⁶Naquele dia, diz o SENHOR, congregarei a que coxeava, e recolherei a que tinha sido expulsa, e a que eu tinha maltratado.

⁷E da que coxeava farei um remanescente, e da que tinha sido arrojada para longe, uma nação poderosa; e o SENHOR reinará sobre eles no monte Sião, desde agora e para sempre.

⁸E *a* ti, ó torre do rebanho, fortaleza da filha de Sião, a ti virá; sim, a ti virá o primeiro domínio, o reino da filha de Jerusalém.

⁹E agora, por que fazes tão grande pranto? Não *há* em ti rei? Pereceu o teu conselheiro? Apoderou-se de ti a dor, como da que está de parto?

¹⁰Sofre dores, e trabalha, para dar à luz, ó filha de Sião, como a que está de parto, porque agora sairás da cidade, e morarás no campo, e virás até Babilônia; ali, *porém,* serás livrada; ali te remirá o SENHOR da mão de teus inimigos.

¹¹Agora se congregaram muitas nações contra ti, que dizem: Seja profanada, e vejam os nossos olhos o seu desejo sobre Sião.

¹²Mas não sabem os pensamentos do SENHOR, nem entendem o seu conselho; porque as ajuntou como gavelas numa eira.

¹³Levanta-te e trilha, ó filha de Sião; porque eu farei de ferro o teu chifre, e farei de bronze as tuas unhas; e esmiuçarás a muitos povos, e o seu ganho será consagrado ao SENHOR, e os seus bens ao Senhor de toda a terra.

5 AGORA ajunta-te em tropas, ó filha de tropas; pôr-se-á cerco contra nós; ferirão com a vara na face ao juiz de Israel.

Predição do nascimento do Messias

²E tu, Belém Efrata, *posto que* pequena entre os milhares de Judá, de ti me sairá o que governará em Israel, e cujas saídas são desde os tempos antigos, desde os dias da eternidade.

³Portanto os entregará até ao tempo em que a que está de parto tiver dado à luz; então o restante de seus irmãos voltará aos filhos de Israel.

A instituição do reino do Messias

⁴E ele permanecerá, e apascentará *ao povo* na força do SENHOR, na excelência do nome do SENHOR seu Deus; e eles permanecerão, porque agora será engrandecido até aos fins da terra.

⁵E este será a *nossa* paz; quando a Assíria vier à nossa terra, e quando pisar em nossos palácios, levantaremos contra ela sete pastores e oito príncipes dentre os homens.

⁶Esses consumirão a terra da Assíria à espada, e a terra de Ninrode nas suas entradas. Assim *nos* livrará da Assíria, quando vier à nossa terra, e quando calcar os nossos termos.

⁷E o remanescente de Jacó estará no meio de muitos povos, como orvalho da parte do SENHOR, como chuvisco sobre a erva, que não espera pelo homem, nem aguarda a filhos de homens.

⁸E o restante de Jacó estará entre os gentios, no meio de muitos povos, como um leão entre os animais do bosque, como um leãozinho entre os rebanhos de ovelhas, o qual, quando passar, pisará e despedaçará, sem que haja quem *as* livre.

⁹A tua mão se exaltará sobre os teus adversários; e todos os teus inimigos serão exterminados.

¹⁰E sucederá naquele dia, diz o SENHOR, que eu exterminarei do meio de ti os teus cavalos, e destruirei os teus carros.

¹¹E destruirei as cidades da tua terra, e derrubarei todas as tuas fortalezas;

¹²E exterminarei as feitiçarias da tua mão; e não terás adivinhadores;

¹³E destruirei do meio de ti as tuas imagens de escultura e as tuas estátuas; e tu não te inclinarás mais diante da obra das tuas mãos.

¹⁴E arrancarei os teus bosques do meio de ti; e destruirei as tuas cidades.

¹⁵E com ira e com furor farei vingança sobre os gentios que não ouvem.

A contenda do SENHOR com o seu povo

6 OUVI agora o que diz o SENHOR: Levanta-te, contende com os montes, e ouçam os outeiros a tua voz.

²Ouvi, montes, a demanda do SENHOR, e vós, fortes fundamentos da terra; porque o SENHOR tem uma demanda com o seu povo, e com Israel entrará em juízo.

³Ó povo meu; que te tenho feito? E com que te enfadei? Testifica contra mim.

⁴Pois te fiz subir da terra do Egito, e da casa da servidão te remi; e enviei adiante de ti a Moisés, Arão e Miriã.

⁵Povo meu, lembra-te agora do que consultou Balaque, rei de Moabe, e o que lhe respondeu Balaão, filho de Beor, *e do que aconteceu* desde Sitim até Gilgal, para que conheças as justiças do SENHOR.

⁶Com que me apresentarei ao SENHOR, *e* me inclinarei diante do Deus altíssimo? Apresentar-me-ei diante dele com holocaustos, com bezerros de *um* ano?

⁷Agradar-se-á o SENHOR de milhares de carneiros, ou de dez mil ribeiros de azeite? Darei o meu primogênito pela minha transgressão, o fruto do meu ventre *pelo* pecado da minha alma?

⁸Ele te declarou, ó homem, o que *é* bom; e que é o que o SENHOR pede de ti, senão que pratiques a justiça, e ames a benignidade, e andes humildemente com o teu Deus?

⁹A voz do SENHOR clama à cidade e o que é sábio verá o teu nome. Ouvi a vara, e quem a ordenou.

¹⁰Ainda há *na* casa do ímpio tesouros da impiedade, e medida escassa, *que é* detestável?

¹¹Seria eu limpo com balanças falsas, e com uma bolsa de pesos enganosos?

¹²Porque os seus ricos estão cheios de violência, e os seus habitantes falam mentiras e a sua língua é enganosa na sua boca.

¹³Assim eu também *te* enfraquecerei, ferindo-te e assolando-*te* por causa dos teus pecados.

¹⁴Tu comerás, mas não te fartarás, e a tua humilhação *estará* no meio de ti; removerás *os teus bens* mas não livrarás; e aquilo que livrares, eu o entregarei à espada.

¹⁵Tu semearás, mas não segarás; pisarás a azeitona, mas não te ungirás com azeite; e *pisarás* o mosto, mas não beberás vinho.

¹⁶Porque se observam os estatutos de Onri, e toda a obra da casa de Acabe, e andais nos conselhos deles; para que eu te faça uma desolação, e dos seus habitantes um assobio; assim trareis sobre vós o opróbrio do meu povo.

A queixa do povo de Deus

7 AI DE mim! Porque estou feito como as colheitas de frutas do verão, como os rabiscos da vindima; não *há* cacho de uvas para comer, *nem* figos temporãos que a minha alma deseja.

²Já pereceu da terra o homem piedoso, e não há entre os homens *um que seja* justo; todos armam ciladas para sangue; cada um caça a seu irmão *com* a rede,

³As suas mãos fazem diligentemente o mal; assim demanda o príncipe, e o juiz *julga* pela recompensa, e o grande fala da corrupção da sua alma, e assim todos eles tecem o *mal.*

⁴O melhor deles *é* como *um* espinho; o mais reto *é* pior do que a sebe de *espinhos;* veio o dia dos teus vigias, veio *o dia* da tua punição; agora será a sua confusão.

⁵Não creiais no amigo, nem confieis no vosso guia; daquela que repousa no teu seio, guarda as portas da tua boca.

⁶Porque o filho despreza ao pai, a filha se levanta contra sua mãe, a nora contra sua sogra, os inimigos do homem *são* os da sua *própria* casa.

⁷Eu, porém, olharei para o SENHOR; esperarei no Deus da minha salvação; o meu Deus me ouvirá.

⁸Ó inimiga minha, não te alegres a meu respeito; ainda que eu tenha caído, levantar-me-ei; se morar nas trevas, o SENHOR *será* a minha luz.

⁹Sofrerei a ira do SENHOR, porque pequei contra ele, até que julgue a minha causa, e execute o meu direito; ele me tirará para a luz, e eu verei a sua justiça.

¹⁰E a minha inimiga verá *isso,* e cobri-la-á a vergonha, que me diz: Onde está o SENHOR teu Deus? Os meus olhos a contemplarão; agora será ela pisada como a lama das ruas.

¹¹No dia *em que* reedificar os teus muros, nesse dia estará longe e dilatado o estatuto.

¹²Naquele dia virá a ti, desde a Assíria e das cidades fortificadas, e das cidades fortificadas até ao rio, e do mar *até* ao mar, e *da* montanha até à montanha.

¹³Mas esta terra será posta em desolação, por causa dos seus moradores, por causa do fruto das suas obras.

¹⁴Apascenta o teu povo com a tua vara, o rebanho da tua herança, que habita a sós, no bosque, no meio do Carmelo; apascentem-se *em* Basã e Gileade, como nos dias do passado.

¹⁵Eu lhes mostrarei maravilhas, como nos dias da tua saída da terra do Egito.

¹⁶As nações o verão, e envergonhar-se-ão, por causa de todo o seu poder; porão a mão sobre a boca, *e* os seus ouvidos ficarão surdos.

¹⁷Lamberão o pó como serpente, como vermes da terra, tremendo, sairão dos seus esconderijos;

MIQUEIAS 7.18

com pavor virão ao SENHOR nosso Deus, e terão medo de ti.

[18]Quem *é* Deus semelhante a ti, que perdoa a iniquidade, e que passa por cima da rebelião do restante da sua herança? Ele não retém a sua ira para sempre, porque tem prazer na sua benignidade.

[19]Tornará a apiedar-se de nós; sujeitará as nossas iniquidades, e tu lançarás todos os seus pecados nas profundezas do mar.

[20]Darás a Jacó a fidelidade, e a Abraão a benignidade, que juraste a nossos pais desde os dias antigos.

O LIVRO DO PROFETA
NAUM

O peso de Nínive

1 PESO de Nínive. Livro da visão de Naum, o elcosita.

²O SENHOR *é* Deus zeloso e vingador; o SENHOR é vingador e cheio de furor; o SENHOR toma vingança contra os seus adversários, e guarda a ira contra os seus inimigos.

³O SENHOR *é* tardio em irar-se, mas grande em poder, e *ao culpado* não tem por inocente; o SENHOR tem o seu caminho na tormenta e na tempestade, e as nuvens *são* o pó dos seus pés.

⁴Ele repreende ao mar, e o faz secar, e esgota todos os rios; desfalecem Basã e o Carmelo, e a flor do Líbano murcha.

⁵Os montes tremem perante ele, e os outeiros se derretem; e a terra se levanta na sua presença; e o mundo, e todos os que nele habitam.

⁶Quem parará diante do seu furor, e quem persistirá diante do ardor da sua ira? A sua cólera se derramou como um fogo, e as rochas foram por ele derrubadas.

⁷O SENHOR *é* bom, *ele serve* de fortaleza no dia da angústia, e conhece os que confiam nele.

⁸E com uma inundação transbordante acabará de uma vez com o seu lugar; e as trevas perseguirão os seus inimigos.

⁹Que pensais vós contra o SENHOR? Ele mesmo vos consumirá de todo; não se levantará por duas vezes a angústia.

¹⁰Porque ainda que eles se entrelacem como os espinhos, e se saturem de vinho como bêbados, serão inteiramente consumidos como palha seca.

¹¹De ti saiu um que maquinou o mal contra o SENHOR, um conselheiro vil.

¹²Assim diz o SENHOR: Por mais seguros que *estejam,* e por mais numerosos que *sejam,* ainda assim serão exterminados, e ele passará; eu te afligi, mas não te afligirei mais.

¹³Mas agora quebrarei o seu jugo de sobre ti, e romperei os teus laços.

¹⁴Contra ti, porém, o SENHOR deu ordem que não haja mais linhagem do teu nome; da casa dos teus deuses exterminarei as imagens de escultura e de fundição; ali farei o teu sepulcro, porque és vil.

¹⁵Eis sobre os montes os pés do que traz as boas novas, do que anuncia a paz! Celebra as tuas festas, ó Judá, cumpre os teus votos, porque o ímpio não tornará mais a passar por ti; ele é inteiramente exterminado.

O cerco e tomada de Nínive

2 O DESTRUIDOR subiu contra ti. Guarda tua fortaleza, vigia o caminho, fortalece os lombos, reforça muito o *teu* poder.

²Porque o SENHOR restaurará a excelência de Jacó como a excelência de Israel; porque os saqueadores os despojaram, e destruíram os seus ramos.

³Os escudos dos seus fortes serão vermelhos, os homens valorosos estarão vestidos de escarlate, os carros como tochas flamejantes no dia da sua preparação, e os ciprestes serão terrivelmente abalados.

⁴Os carros correrão furiosamente nas ruas, colidirão um contra o outro nos largos caminhos; o seu aspecto será como o de tochas, correrão como relâmpagos.

⁵Ele se lembrará dos seus valentes; eles, *porém,* tropeçarão na sua marcha; apressar-se-ão *para chegar* ao seu muro, quando o amparo for preparado.

⁶As portas dos rios se abrirão, e o palácio será dissolvido.

⁷É decretado: ela será levada cativa, conduzida para cima; e as suas servas a acompanharão, gemendo como pombas, batendo em seus peitos.

⁸Nínive desde que existiu tem sido como um tanque de águas, porém elas *agora* vazam. Parai, parai, *clamar-se-á;* mas ninguém olhará para trás.

⁹Saqueai a prata, saqueai o ouro, porque não têm fim as provisões, riquezas há de todo o *gênero* de bens desejáveis.

¹⁰Vazia, esgotada e devastada está; derrete-se o coração, e tremem os joelhos, e em todos os lombos há dor, e os rostos de todos eles se enegrecem.

¹¹Onde *está agora* o covil dos leões, e as pastagens dos leõezinhos, onde passeava o leão velho, *e* o filhote do leão, sem haver ninguém que *os* espantasse?

¹²O leão arrebatava o que bastava para os seus filhotes, e estrangulava a presa para as suas leoas, e enchia de presas as suas cavernas, e os seus covis de rapina.

¹³Eis que eu *estou* contra ti, diz o SENHOR dos Exércitos, e queimarei na fumaça os teus carros, e a espada devorará os teus leõezinhos, e arrancarei da terra a tua presa, e não se ouvirá mais a voz dos teus mensageiros.

A destruição de Nínive

3 AI DA cidade ensanguentada! *Ela está* toda cheia de mentiras *e* de rapina; não se aparta dela o roubo.

²Estrépito de açoite *há,* e o barulho do ruído das rodas; e os cavalos atropelam, e carros vão saltando.

³O cavaleiro levanta a espada flamejante, como a lança relampejante, e *ali haverá* uma multidão de mortos, e abundância de cadáveres, e não terão fim os defuntos; tropeçarão nos seus corpos;

⁴Por causa da multidão dos pecados da meretriz mui graciosa, da mestra das feitiçarias, que vendeu as nações com as suas fornicações, e as famílias pelas suas feitiçarias.

NAUM 3.5

5Eis que eu *estou* contra ti, diz o Senhor dos Exércitos; e levantarei a tua saia sobre a tua face, e às nações mostrarei a tua nudez, e aos reinos a tua vergonha.

6E lançarei sobre ti coisas abomináveis, e envergonhar-te-ei, e pôr-te-ei como espetáculo.

7E há de ser que, todos os que te virem, fugirão de ti, e dirão: Nínive está destruída, quem terá compaixão dela? Donde te buscarei consoladores?

8És tu melhor do que Nô-Amom, que está assentada entre os canais, cercada de águas, tendo *por* esplanada o mar, e ainda o mar por muralha?

9Etiópia e Egito *eram* a sua força, e não *tinha* fim; Pute e Líbia foram o seu socorro.

10Todavia foi levada cativa para o desterro; também os seus filhos foram despedaçados nas entradas de todas as ruas, e sobre os seus nobres lançaram sortes, e todos os seus grandes foram presos com grilhões.

11Tu também serás embriagada, e te esconderás; também buscarás força por causa do inimigo.

12Todas as tuas fortalezas serão *como* figueiras com *figos* temporãos; se os sacodem, caem na boca do que os há de comer.

13Eis que o teu povo no meio de ti *são como* mulheres; as portas da tua terra estarão de todo abertas aos teus inimigos; o fogo consumirá os teus ferrolhos.

14Tira águas para o cerco, reforça as tuas fortalezas; entra no lodo, e pisa o barro, pega a forma para os tijolos.

15O fogo ali te consumirá, a espada te exterminará; consumir-te-á, como a locusta. Multiplica-te como a locusta, multiplica-te como os gafanhotos.

16Multiplicaste os teus negociantes mais do que as estrelas do céu; a locusta se espalhará e voará.

17Os teus príncipes *são* como os gafanhotos, e os teus capitães como os gafanhotos grandes, que se acampam nas sebes nos dias de frio; em subindo o sol voam, de sorte que não se sabe mais o lugar onde estão.

18Os teus pastores dormirão, ó rei da Assíria, os teus ilustres repousarão, o teu povo se espalhará pelos montes, sem que haja quem *o* ajunte.

19Não *há* cura para a tua ferida, a tua chaga é dolorosa. Todos os que ouvirem a tua fama baterão as palmas sobre ti; porque, sobre quem não passou continuamente a tua malícia?

O LIVRO DO PROFETA

HABACUQUE

A iniquidade de Judá será castigada

1 O PESO que viu o profeta Habacuque.

²Até quando, SENHOR, clamarei eu, e tu não me escutarás? Gritar-te-ei: Violência! E não salvarás?

³Por que razão me mostras a iniquidade, e me fazes ver a opressão? Pois que a destruição e a violência *estão* diante de mim, havendo também quem suscite a contenda e o litígio.

⁴Por esta causa a lei se afrouxa, e o juízo nunca se manifesta; porque o ímpio cerca o justo, e o juízo se manifesta torcido.

⁵Vede entre os gentios e olhai, e maravilhai-vos, e admirai-vos; porque realizarei em vossos dias uma obra que vós não crereis, quando for contada.

⁶Porque eis que suscito os caldeus, nação amarga e impetuosa, que marcha sobre a largura da terra, para apoderar-se de moradas *que não são* suas.

⁷Horrível e terrível é; dela mesma sairá o seu juízo e a sua dignidade.

⁸E os seus cavalos são mais ligeiros do que os leopardos, e mais espertos do que os lobos à tarde; os seus cavaleiros espalham-se por toda parte; os seus cavaleiros virão de longe; voarão como águias que se apressam a devorar.

⁹Eles todos virão para fazer violência; os seus rostos buscarão o vento oriental, e reunirão os cativos como areia.

¹⁰E escarnecerão dos reis, e dos príncipes farão zombaria; eles se rirão de todas as fortalezas, porque amontoarão terra, e as tomarão.

¹¹Então muda a sua mente, e seguirá, e se fará culpado, *atribuindo* este seu poder ao seu deus.

A intercessão de Habacuque

¹²Não *és* tu desde a eternidade, ó SENHOR meu Deus, meu Santo? Nós não morreremos. Ó SENHOR, para juízo o puseste, e tu, ó Rocha, o fundaste para castigar.

¹³Tu *és* tão puro de olhos, que não podes ver o mal, e a opressão não podes contemplar. Por que olhas para os que procedem aleivosamente, e te calas quando o ímpio devora aquele que *é* mais justo do que ele?

¹⁴E *por que* farias os homens como os peixes do mar, como os répteis, que não têm quem os governe?

¹⁵Ele a todos levantará com o anzol, apanhá-los-á com a sua rede, e os ajuntará na sua *rede* varredoura; por isso ele se alegrará e se regozijará.

¹⁶Por isso sacrificará a sua rede, e queimará incenso à sua varredoura; porque com elas engordou a sua porção, e engrossou a sua comida.

¹⁷Porventura por isso esvaziará a sua rede e não terá piedade de matar as nações continuamente?

Os caldeus serão castigados a seu turno

2 SOBRE a minha guarda estarei, e sobre a fortaleza me apresentarei e vigiarei, para ver o que falará a mim, e o que eu responderei quando for repreendido.

²Então o SENHOR me respondeu, e disse: Escreve a visão e torna-a bem legível sobre tábuas, para que a possa ler quem passa correndo.

³Porque a visão é ainda para o tempo determinado, mas se apressa para o fim, e não enganará; se tardar, espera-o, porque certamente virá, não tardará.

⁴Eis que a sua alma está orgulhosa, não é reta nele; mas o justo pela sua fé viverá.

⁵Tanto mais que, por ser dado ao vinho é desleal; homem soberbo que não permanecerá; que alarga como o inferno a sua alma; e é como a morte que não se farta, e ajunta a si todas as nações, e congrega a si todos os povos.

⁶Não levantarão, pois, todos estes contra ele uma parábola e um provérbio sarcástico contra ele? E se dirá: Ai daquele que multiplica o que não é seu! (Até quando?) e daquele que carrega sobre si dívidas!

⁷*Porventura* não se levantarão de repente teus usurários, e não despertarão os que te farão tremer, e não lhes servirás tu de despojo?

⁸Porquanto despojaste a muitas nações, todos os demais povos te despojarão a ti, por causa do sangue dos homens, e da violência feita à terra, à cidade, e a todos os que nela habitam.

⁹Ai daquele que, para a sua casa, ajunta cobiçosamente *bens* mal adquiridos, para pôr o seu ninho no alto, a fim de se livrar do poder do mal!

¹⁰Vergonha maquinaste para a tua casa; destruindo tu a muitos povos, pecaste *contra* a tua alma.

¹¹Porque a pedra clamará da parede, e a trave lhe responderá do madeiramento.

¹²Ai daquele que edifica a cidade com sangue, e que funda a cidade com iniquidade!

¹³*Porventura* não *vem* do SENHOR dos Exércitos que os povos trabalhem pelo fogo e os homens se cansem em vão?

¹⁴Porque a terra se encherá do conhecimento da glória do SENHOR, como as águas cobrem o mar.

¹⁵Ai daquele que dá de beber ao seu companheiro! Ai de ti, que adicionas à bebida o teu furor, e *o* embebedas para ver a sua nudez!

¹⁶Serás farto de ignomínia em lugar de honra; bebe tu também, e sê como um incircunciso; o cálice da mão direita do SENHOR voltará a ti, e ignomínia *cairá* sobre a tua glória.

¹⁷Porque a violência cometida contra o Líbano te cobrirá, e a destruição das feras te amedrontará,

por causa do sangue dos homens, e da violência *feita* à terra, à cidade, e a todos os que nela habitam.

¹⁸Que aproveita a imagem de escultura, *depois* que a esculpiu o seu artífice? *Ela é* imagem de fundição que ensina mentira, para que quem a formou confie na sua obra, fazendo ídolos mudos?

¹⁹Ai daquele que diz ao pau: Acorda! E à pedra muda: Desperta! Pode isso ensinar? Eis que está coberta *de* ouro e *de* prata, mas dentro dela não *há* espírito algum.

²⁰Mas o SENHOR está no seu santo templo; cale-se diante dele toda a terra.

A oração de Habacuque

3 ORAÇÃO do profeta Habacuque sobre Sigionote.
²Ouvi, SENHOR, a tua palavra, *e* temi; aviva, ó SENHOR, a tua obra no meio dos anos, no meio dos anos faze-a conhecida; na *tua* ira lembra-te da misericórdia.

³Deus veio de Temã, e do monte de Parã o Santo (Selá). A sua glória cobriu os céus, e a terra encheu-se do seu louvor.

⁴E o resplendor se fez como a luz, raios brilhantes *saíam* da sua mão, e ali *estava* o esconderijo da sua força.

⁵Adiante dele ia a peste, e brasas ardentes saíam dos seus passos.

⁶Parou, e mediu a terra; olhou, e separou as nações; e os montes perpétuos foram esmiuçados; os outeiros eternos se abateram, *porque* os caminhos eternos lhe pertencem.

⁷Vi as tendas de Cusã em aflição; tremiam as cortinas da terra de Midiã.

⁸Acaso é contra os rios, SENHOR, que estás irado? É contra os ribeiros a tua ira, *ou* contra o mar o teu furor, visto que andas montado sobre os teus cavalos, e nos teus carros de salvação?

⁹Descoberto se movimentou o teu arco; os juramentos feitos às tribos foram uma palavra *segura*. (Selá.) Tu fendeste a terra com rios.

¹⁰Os montes te viram, e tremeram; a inundação das águas passou; o abismo deu a sua voz, levantou *ao* alto as suas mãos.

¹¹O sol e a lua pararam nas suas moradas; andaram à luz das tuas flechas, ao resplendor do relâmpago da tua lança.

¹²Com indignação marchaste *pela* terra, com ira trilhaste os gentios.

¹³Tu saíste para salvação do teu povo, para salvação do teu ungido; tu feriste a cabeça da casa do ímpio, descobrindo o alicerce até ao pescoço. (Selá.)

¹⁴Tu traspassaste com as suas *próprias* lanças a cabeça das suas vilas; eles me acometeram tempestuosos para me espalharem; alegravam-se, como se *estivessem* para devorar o pobre em segredo.

¹⁵Tu *com* os teus cavalos marchaste pelo mar, *pela* massa de grandes águas.

¹⁶Ouvindo-o eu, o meu ventre se comoveu, à sua voz tremeram os meus lábios; entrou a podridão nos meus ossos, e estremeci dentro de mim; no dia da angústia descansarei, quando subir contra o povo *que* invadirá com suas tropas.

¹⁷Porque ainda que a figueira não floresça, nem *haja* fruto na vide; ainda que decepcione o produto da oliveira, e os campos não produzam mantimento; ainda que as ovelhas da malhada sejam arrebatadas, e nos currais não *haja* gado;

¹⁸Todavia eu me alegrarei no SENHOR; exultarei no Deus da minha salvação.

¹⁹O SENHOR Deus *é* a minha força, e fará os meus pés como *os* das cervas, e me fará andar sobre as minhas alturas. (Para o cantor-mor sobre os meus instrumentos de corda).

O LIVRO DO PROFETA
SOFONIAS

Ameaças contra Judá e Jerusalém

1 PALAVRA do SENHOR, que veio a Sofonias, filho de Cusi, filho de Gedalias, filho de Amarias, filho de Ezequias, nos dias de Josias, filho de Amom, rei de Judá.

²Hei de consumir por completo tudo de sobre a terra, diz o SENHOR.

³Consumirei os homens e os animais, consumirei as aves do céu, e os peixes do mar, e os tropeços juntamente com os ímpios; e exterminarei os homens de sobre a terra, diz o SENHOR.

⁴E estenderei a minha mão contra Judá, e contra todos os habitantes de Jerusalém, e exterminarei deste lugar o restante de Baal, e o nome dos sacerdotes dos ídolos, juntamente com os sacerdotes;

⁵E os que sobre os telhados adoram o exército do céu; e os que se inclinam jurando ao SENHOR, e juram por Milcom;

⁶E os que deixam de andar em seguimento do SENHOR, e os que não buscam ao SENHOR, nem perguntam por ele.

⁷Cala-te diante do Senhor DEUS, porque o dia do SENHOR está perto; porque o SENHOR preparou o sacrifício, e santificou os seus convidados.

⁸Acontecerá que, no dia do sacrifício do SENHOR, castigarei os príncipes, e os filhos do rei, e todos os que se vestem de trajes estrangeiros.

⁹Castigarei naquele dia todo aquele que salta sobre o limiar, que enche de violência e engano a casa dos seus senhores.

¹⁰E naquele dia, diz o SENHOR, far-se-á ouvir uma voz de clamor desde a porta do peixe, e um uivo desde a segunda parte, e grande quebrantamento desde os outeiros.

¹¹Uivai vós, moradores de Mactes, porque todo o povo que mercadejava está arruinado, todos os que estavam carregados de dinheiro foram destruídos.

¹²E há de ser que, naquele tempo, esquadrinharei a Jerusalém com lanternas, e castigarei os homens que se espessam como a borra do vinho, que dizem no seu coração: O SENHOR não faz o bem nem faz o mal.

¹³Por isso serão saqueados os seus bens, e assoladas as suas casas; e edificarão casas, mas não habitarão nelas, e plantarão vinhas, mas não lhes beberão o seu vinho.

¹⁴O grande dia do SENHOR está perto, sim, está perto, e se apressa muito; amarga é a voz do dia do SENHOR; clamará ali o poderoso.

¹⁵Aquele dia será um dia de indignação, dia de tribulação e de angústia, dia de alvoroço e de assolação, dia de trevas e de escuridão, dia de nuvens e de densas trevas,

¹⁶Dia de trombeta e de alarido contra as cidades fortificadas e contra as torres altas.

¹⁷E angustiarei os homens, que andarão como cegos, porque pecaram contra o SENHOR; e o seu sangue se derramará como pó, e a sua carne será como esterco.

¹⁸Nem a sua prata nem o seu ouro os poderá livrar no dia da indignação do SENHOR, mas pelo fogo do seu zelo toda esta terra será consumida, porque certamente fará de todos os moradores da terra uma destruição total e apressada.

Ameaças contra diversas nações

2 CONGREGAI-vos, sim, congregai-vos, ó nação não desejável;

²Antes que o decreto produza o seu efeito, e o dia passe como a pragana; antes que venha sobre vós o furor da ira do SENHOR, antes que venha sobre vós o dia da ira do SENHOR.

³Buscai ao SENHOR, vós todos os mansos da terra, que tendes posto por obra o seu juízo; buscai a justiça, buscai a mansidão; pode ser que sejais escondidos no dia da ira do SENHOR.

⁴Porque Gaza será desamparada, e Ascalom assolada; Asdode ao meio-dia será expelida, e Ecrom será desarraigada.

⁵Ai dos habitantes da costa do mar, a nação dos quereteus! A palavra do SENHOR será contra vós, ó Canaã, terra dos filisteus; e eu vos destruirei, até que não haja morador.

⁶E a costa do mar será de pastos e cabanas para os pastores, e currais para os rebanhos.

⁷E será a costa para o restante da casa de Judá; ali apascentarão os seus rebanhos; de tarde se deitarão nas casas de Ascalom; porque o SENHOR seu Deus os visitará, e os fará tornar do seu cativeiro.

⁸Eu ouvi o escárnio de Moabe, e as injuriosas palavras dos filhos de Amom, com que escarneceram do meu povo, e se engrandeceram contra o seu termo.

⁹Portanto, tão certo como eu vivo, diz o SENHOR dos Exércitos, o Deus de Israel, Moabe será como Sodoma, e os filhos de Amom como Gomorra, campo de urtigas e poços de sal, e desolação perpétua; o restante do meu povo os saqueará, e o restante do meu povo os possuirá.

¹⁰Isso terão em recompensa da sua soberba, porque escarneceram, e se engrandeceram contra o povo do SENHOR dos Exércitos.

¹¹O SENHOR será terrível para eles, porque emagrecerá todos os deuses da terra; e todos virão adorá-lo, cada um desde o seu lugar, de todas as ilhas dos gentios.

¹²Também vós, ó etíopes, sereis mortos com a minha espada.

¹³Estenderá também a sua mão contra o norte, e destruirá a Assíria; e fará de Nínive uma desolação, terra seca como o deserto.

SOFONIAS 2.14

14E no meio dela repousarão os rebanhos, todos os animais das nações; e alojar-se-ão nos seus capitéis assim o pelicano como o ouriço; o canto *das aves se ouvirá* nas janelas; e haverá desolação nos limiares, quando tiver descoberto a sua obra de cedro.

15Esta *é* a cidade alegre, que habita despreocupadamente, que diz no seu coração: Eu sou, e não *há* outra além de mim; como se tornou em desolação, *em* pousada de animais! Todo o que passar *por ela* assobiará, *e* meneará a sua mão.

O castigo de Jerusalém

3 AI DA rebelde e contaminada, da cidade opressora!

2Não obedeceu à *sua* voz, não aceitou o castigo; não confiou no SENHOR; nem se aproximou do seu Deus.

3Os seus príncipes *são* leões rugidores no meio dela; os seus juízes são lobos da tarde, *que* não deixam os ossos para a manhã.

4Os seus profetas *são* levianos, homens aleivosos; os seus sacerdotes profanaram o santuário, e fizeram violência à lei.

5O SENHOR *é* justo no meio dela; ele não comete iniquidade; cada manhã traz o seu juízo à luz; nunca falta; mas o perverso não conhece a vergonha.

6Exterminei as nações, as suas torres estão assoladas; fiz desertas as suas praças, a ponto de não ficar quem passe por elas; as suas cidades foram destruídas, até não ficar ninguém, até não haver quem as habite.

7Eu dizia: Certamente me temerás, e aceitarás a correção, e assim a sua morada não seria destruída, conforme tudo aquilo porque a castiguei; mas eles se levantaram de madrugada, corromperam todas as suas obras.

8Portanto esperai-me, diz o SENHOR, no dia em que eu me levantar para o despojo; porque o meu decreto *é* ajuntar as nações e congregar os reinos, para sobre eles derramar a minha indignação, e todo o ardor da minha ira; porque toda esta terra será consumida pelo fogo do meu zelo.

9Porque então darei uma linguagem pura aos povos, para que todos invoquem o nome do SENHOR, para que o sirvam com um *mesmo* consenso.

10Dalém dos rios da Etiópia, meus zelosos adoradores, que *constituem* a filha dos meus dispersos, me trarão sacrifício.

11Naquele dia não te envergonharás de nenhuma das tuas obras, com as quais te rebelaste contra mim; porque então tirarei do meio de ti os que exultam na tua soberba, e tu nunca mais te ensoberbecerás no meu monte santo.

12Mas deixarei no meio de ti um povo humilde e pobre; e eles confiarão no nome do SENHOR.

13O remanescente de Israel não cometerá iniquidade, nem proferirá mentira, e na sua boca não se achará língua enganosa; mas serão apascentados, e deitar-se-ão, e não haverá quem *os* espante.

A promessa feita aos fiéis

14Canta alegremente, ó filha de Sião; rejubila, ó Israel; regozija-te, e exulta de todo o coração, ó filha de Jerusalém.

15O SENHOR afastou os teus juízos, exterminou o teu inimigo; o SENHOR, o rei de Israel, *está* no meio de ti; tu não verás mais mal algum.

16Naquele dia se dirá a Jerusalém: Não temas, ó Sião, não se enfraqueçam as tuas mãos.

17O SENHOR teu Deus, o poderoso, *está* no meio de ti, ele salvará; ele se deleitará em ti com alegria; calar-se-á por seu amor, regozijar-se-á em ti com júbilo.

18Os entristecidos por causa da reunião *solene*, congregarei; esses que são de ti e *para os quais* o opróbrio dela era um peso.

19Eis que naquele tempo procederei contra todos os que te afligem, e salvarei a que coxeia, e recolherei a que foi expulsa; e deles farei um louvor e um nome em toda a terra em que foram envergonhados.

20Naquele tempo vos farei voltar, naquele tempo vos recolherei; certamente farei de vós um nome e um louvor entre todos os povos da terra, quando fizer voltar os vossos cativos diante dos vossos olhos, diz o SENHOR.

O LIVRO DO PROFETA
AGEU

Ageu repreende o povo

1 NO segundo ano do rei Dario, no sexto mês, no primeiro dia do mês, veio a palavra do SENHOR, por intermédio do profeta Ageu, a Zorobabel, filho de Sealtiel, governador de Judá, e a Josué, filho de Jozadaque, o sumo sacerdote, dizendo:

²Assim fala o SENHOR dos Exércitos, dizendo: Este povo diz: Não veio ainda o tempo, o tempo em que a casa do SENHOR *deve* ser edificada.

³Veio, pois, a palavra do SENHOR, por intermédio do profeta Ageu, dizendo:

⁴*Porventura é* para vós tempo de habitardes nas vossas casas forradas, enquanto esta casa fica deserta?

⁵Ora, pois, assim diz o SENHOR dos Exércitos: Considerai os vossos caminhos.

⁶Semeais muito, e recolheis pouco; comeis, porém não vos fartais; bebeis, porém não vos saciais; vestis-vos, porém ninguém se aquece; e o que recebe salário, recebe-o num saco furado.

Ageu exorta o povo a reconstruir o templo

⁷Assim diz o SENHOR dos Exércitos: Considerai os vossos caminhos.

⁸Subi ao monte, e trazei madeira, e edificai a casa; e dela me agradarei, e *serei* glorificado, diz o SENHOR.

⁹Esperastes o muito, mas eis que *veio a ser* pouco; e esse pouco, quando o trouxestes para casa, eu dissipei com um sopro. Por que causa? Disse o SENHOR dos Exércitos. Por causa da minha casa, que *está* deserta, enquanto cada um de vós corre à sua própria casa.

¹⁰Por isso retém os céus sobre vós o orvalho, e a terra detém os seus frutos.

¹¹E mandei vir a seca sobre a terra, e sobre os montes, e sobre o trigo, e sobre o mosto, e sobre o azeite, e sobre o que a terra produz; como também sobre os homens, e sobre o gado, e sobre todo o trabalho das mãos.

¹²Então Zorobabel, filho de Sealtiel, e Josué, filho de Jozadaque, sumo sacerdote, e todo o restante do povo obedeceram à voz do SENHOR seu Deus, e às palavras do profeta Ageu, assim como o SENHOR seu Deus o enviara; e temeu o povo diante do SENHOR.

¹³Então Ageu, o mensageiro do SENHOR, falou ao povo conforme a mensagem do SENHOR, dizendo: Eu *sou* convosco, diz o SENHOR.

¹⁴E o SENHOR suscitou o espírito de Zorobabel, filho de Sealtiel, governador de Judá, e o espírito de Josué, filho de Jozadaque, sumo sacerdote, e o espírito de todo o restante do povo, e eles vieram, e fizeram a obra na casa do SENHOR dos Exércitos, seu Deus,

¹⁵Ao vigésimo quarto dia do sexto *mês,* no segundo ano do rei Dario.

A glória do segundo templo

2 NO sétimo *mês,* ao vigésimo primeiro dia do mês, veio a palavra do SENHOR por intermédio do profeta Ageu, dizendo:

²Fala agora a Zorobabel, filho de Sealtiel, governador de Judá, e a Josué, filho de Jozadaque, sumo sacerdote, e ao restante do povo, dizendo:

³Quem *há* entre vós que, tendo ficado, viu esta casa na sua primeira glória? E como a vedes agora? Não *é* esta como nada diante dos vossos olhos, comparada com aquela?

⁴Ora, pois, esforça-te, Zorobabel, diz o SENHOR, e esforça-te, Josué, filho de Jozadaque, sumo sacerdote, e esforça-te, todo o povo da terra, diz o SENHOR, e trabalhai; porque eu *sou* convosco, diz o SENHOR dos Exércitos.

⁵Segundo a palavra da aliança que fiz convosco, quando saístes do Egito, o meu Espírito permanece no meio de vós; não temais.

⁶Porque assim diz o SENHOR dos Exércitos: Ainda uma vez, daqui a pouco, farei tremer os céus e a terra, o mar e a *terra* seca;

⁷E farei tremer todas as nações, e virão coisas preciosas de todas as nações, e encherei esta casa de glória, diz o SENHOR dos Exércitos.

⁸Minha *é* a prata, e meu *é* o ouro, disse o SENHOR dos Exércitos.

⁹A glória desta última casa será maior do que a da primeira, diz o SENHOR dos Exércitos, e neste lugar darei a paz, diz o SENHOR dos Exércitos.

A repreensão e promessa de bênção

¹⁰Ao vigésimo quarto *dia* do *mês* nono, no segundo ano de Dario, veio a palavra do SENHOR por intermédio do profeta Ageu, dizendo:

¹¹Assim diz o SENHOR dos Exércitos: Pergunta agora aos sacerdotes, acerca da lei, dizendo:

¹²Se alguém leva carne santa na orla das suas vestes, e com ela tocar no pão, ou no guisado, ou no vinho, ou no azeite, ou em *outro* qualquer mantimento, *porventura* ficará isto santificado? E os sacerdotes responderam: Não.

¹³E disse Ageu: Se alguém que for contaminado pelo contato com o corpo morto, tocar nalguma destas coisas, ficará ela imunda? E os sacerdotes responderam, dizendo: Ficará imunda.

¹⁴Então respondeu Ageu, dizendo: Assim *é* este povo, e assim *é* esta nação diante de mim, diz o SENHOR; e assim *é* toda a obra das suas mãos; e tudo o que ali oferecem imundo *é.*

¹⁵Agora, pois, eu vos rogo, considerai isto, desde este dia em diante, antes que se lançasse pedra sobre pedra no templo do SENHOR,

¹⁶Antes que sucedessem estas coisas, vinha alguém a um montão de grão, de vinte *medidas,* e

AGEU 2.17   628

havia *somente* dez; quando vinha ao lagar para tirar cinquenta, havia *somente* vinte.

[17]Feri-vos com queimadura, e com ferrugem, e com saraiva, em toda a obra das vossas mãos, e não houve entre vós quem voltasse para mim, diz o SENHOR.

[18]Considerai, pois, vos rogo, desde este dia em diante; desde o vigésimo quarto dia do *mês* nono, desde o dia em que se fundou o templo do SENHOR, considerai essas coisas.

[19]*Porventura* há ainda semente no celeiro? Além disso a videira, a figueira, a romeira, a oliveira, não têm dado *os seus frutos; mas* desde este dia vos abençoarei.

A destruição dos inimigos

[20]E veio a palavra do SENHOR segunda vez a Ageu, aos vinte e quatro *dias* do mês, dizendo:

[21]Fala a Zorobabel, governador de Judá, dizendo: Farei tremer os céus e a terra;

[22]E transtornarei o trono dos reinos, e destruirei a força dos reinos dos gentios; e transtornarei os carros e os que neles andam; e os cavalos e os seus cavaleiros cairão, cada um pela espada do seu irmão.

[23]Naquele dia, diz o SENHOR dos Exércitos, tomar-te-ei, ó Zorobabel, servo meu, filho de Sealtiel, diz o SENHOR, e far-te-ei como um anel de selar; porque te escolhi, diz o SENHOR dos Exércitos.

O LIVRO DO PROFETA

ZACARIAS

Exortação ao arrependimento

1 NO oitavo mês do segundo ano de Dario veio a palavra do SENHOR ao profeta Zacarias, filho de Baraquias, filho de Ido, dizendo:

[2] O SENHOR se irou fortemente contra vossos pais.

[3] Portanto dize-lhes: Assim diz o SENHOR dos Exércitos: Tornai-vos para mim, diz o SENHOR dos Exércitos, e eu me tornarei para vós, diz o SENHOR dos Exércitos.

[4] E não sejais como vossos pais, aos quais clamavam os primeiros profetas, dizendo: Assim diz o SENHOR dos Exércitos: Convertei-vos agora dos vossos maus caminhos e das vossas más obras; mas não ouviram, nem me escutaram, diz o SENHOR.

[5] Vossos pais, onde estão? E os profetas, viverão eles para sempre?

[6] Contudo as minhas palavras e os meus estatutos, que eu ordenei aos profetas, meus servos, não alcançaram a vossos pais? E eles voltaram, e disseram: Assim como o SENHOR dos Exércitos fez tenção de nos tratar, segundo os nossos caminhos, e segundo as nossas obras, assim ele nos tratou.

A primeira visão: os cavalos

[7] Aos vinte e quatro dias do mês undécimo (que é o mês de Sebate), no segundo ano de Dario, veio a palavra do SENHOR ao profeta Zacarias, filho de Baraquias, filho de Ido, dizendo:

[8] Olhei de noite, e vi um homem montado num cavalo vermelho; e ele estava parado entre as murtas que *estavam* na baixada; e atrás dele *estavam* cavalos vermelhos, malhados e brancos.

[9] E eu disse: Senhor meu, quem *são* estes? E disse-me o anjo que falava comigo: Eu te mostrarei quem *são* estes.

[10] Então respondeu o homem que estava entre as murtas, e disse: Estes *são* os que o SENHOR tem enviado para percorrerem a terra.

[11] E eles responderam ao anjo do SENHOR, que estava entre as murtas, e disseram: Nós *já* percorremos a terra, e eis que toda a terra está tranquila e quieta.

[12] Então o anjo do SENHOR respondeu, e disse: Ó SENHOR dos Exércitos, até quando não terás compaixão de Jerusalém, e das cidades de Judá, contra as quais estiveste irado estes setenta anos?

[13] E respondeu o SENHOR ao anjo, que falava comigo, com palavras boas, palavras consoladoras.

[14] E o anjo que falava comigo disse-me: Clama, dizendo: Assim diz o SENHOR dos Exércitos: Com grande zelo estou zelando por Jerusalém e por Sião.

[15] E *com* grande indignação estou irado contra os gentios em descanso; porque eu estava pouco indignado, mas eles agravaram o mal.

[16] Portanto, assim diz o SENHOR: Voltei-me para Jerusalém com misericórdia; nela será edificada a minha casa, diz o SENHOR dos Exércitos, e o cordel será estendido sobre Jerusalém:

[17] Clama outra vez, dizendo: Assim diz o SENHOR dos Exércitos: As minhas cidades ainda aumentarão e prosperarão; porque o SENHOR ainda consolará a Sião e ainda escolherá a Jerusalém.

A segunda visão; os quatro chifres e os quatro carpinteiros

[18] E levantei os meus olhos, e vi, e eis quatro chifres.

[19] E eu disse ao anjo que falava comigo: Que *são* estes? E ele me disse: Estes *são* os chifres que dispersaram a Judá, a Israel e a Jerusalém.

[20] E o SENHOR me mostrou quatro carpinteiros.

[21] Então eu disse: Que vêm estes fazer? E ele falou, dizendo: Estes *são* os chifres que dispersaram a Judá, de maneira que ninguém pôde levantar a sua cabeça; estes, pois, vieram para os amedrontarem, para derrubarem os chifres dos gentios que levantaram o seu poder contra a terra de Judá, para a espalharem.

A terceira visão; Jerusalém é medida

2 TORNEI a levantar os meus olhos, e vi, e eis um homem que tinha na mão um cordel de medir.

[2] E eu disse: Para onde vais tu? E ele me disse: *Vou* medir Jerusalém, para ver qual é a sua largura e qual o seu comprimento.

[3] E eis que saiu o anjo que falava comigo, e outro anjo lhe saiu ao encontro.

[4] E disse-lhe: Corre, fala a este jovem, dizendo: Jerusalém será habitada como as aldeias sem muros, por causa da multidão dos homens e dos animais *que* haverá nela.

[5] Pois eu, diz o SENHOR, serei para ela um muro de fogo em redor, e para glória estarei no meio dela.

[6] Ah, ah! Fugi agora da terra do norte, diz o SENHOR, porque vos espalhei pelos quatro ventos do céu, diz o SENHOR.

[7] Ah! Sião! Escapa, tu, que habitas *com* a filha de Babilônia.

[8] Porque assim diz o SENHOR dos Exércitos: Depois da glória ele me enviou às nações que vos despojaram; porque aquele que tocar em vós toca na menina do seu olho.

[9] Porque eis aí levantarei a minha mão sobre eles, e eles virão a ser a presa daqueles que os serviram; assim sabereis vós que o SENHOR dos Exércitos me enviou.

[10] Exulta, e alegra-te ó filha de Sião, porque eis que venho, e habitarei no meio de ti, diz o SENHOR.

[11] E naquele dia muitas nações se ajuntarão ao SENHOR, e serão o meu povo, e habitarei no meio

ZACARIAS 2.12 630

de ti e saberás que o Senhor dos Exércitos me enviou a ti.

¹²Então o Senhor herdará a Judá como sua porção na terra santa, e ainda escolherá a Jerusalém.

¹³Cala-te, toda a carne, diante do Senhor, porque ele se levantou da sua santa morada.

Quarta visão: o sumo sacerdote é acusado

3 E ELE mostrou-me o sumo sacerdote Josué, o qual estava diante do anjo do Senhor, e Satanás estava à sua mão direita, para se lhe opor.

²Mas o Senhor disse a Satanás: O Senhor te repreenda, ó Satanás, sim, o Senhor, que escolheu Jerusalém, te repreenda; não é este um tição tirado do fogo?

³Josué, vestido de vestes sujas, estava diante do anjo.

⁴Então respondeu, aos que estavam diante dele, dizendo: Tirai-lhe estas vestes sujas. E a Josué disse: Eis que tenho feito com que passe de ti a tua iniquidade, e te vestirei de vestes finas.

⁵E disse eu: Ponham-lhe uma mitra limpa sobre a sua cabeça. E puseram uma mitra limpa sobre a sua cabeça, e vestiram-no das roupas; e o anjo do Senhor estava em pé.

⁶O anjo do Senhor protestou a Josué, dizendo:

⁷Assim diz o Senhor dos Exércitos: Se andares nos meus caminhos, e se observares a minha ordenança, também tu julgarás a minha casa, e também guardarás os meus átrios, e te darei livre acesso entre os que estão aqui.

⁸Ouve, pois, Josué, sumo-sacerdote, tu e os teus companheiros que se assentam diante de ti, porque são homens portentosos; eis que eu farei vir o meu servo, o renovo.

⁹Porque eis aqui a pedra que pus diante de Josué; sobre esta pedra única estão sete olhos; eis que eu esculpirei a sua escultura, diz o Senhor dos Exércitos, e tirarei a iniquidade desta terra num só dia.

¹⁰Naquele dia, diz o Senhor dos Exércitos, cada um de vós convidará o seu próximo para debaixo da videira e para debaixo da figueira.

A quinta visão: o castiçal de ouro

4 E O ANJO que falava comigo voltou, e despertou-me, como a um homem que é despertado do seu sono,

²E disse-me: Que vês? E eu disse: Olho, e eis que vejo um castiçal todo de ouro, e um vaso de azeite no seu topo, com as suas sete lâmpadas; e sete canudos, um para cada uma das lâmpadas que estão no seu topo.

³E, por cima dele, duas oliveiras, uma à direita do vaso de azeite, e outra à sua esquerda.

⁴E respondi, dizendo ao anjo que falava comigo: Senhor meu, que é isto?

⁵Então respondeu o anjo que falava comigo, dizendo-me: Não sabes tu o que é isto? E eu disse: Não, senhor meu.

⁶E respondeu-me, dizendo: Esta é a palavra do Senhor a Zorobabel, dizendo: Não por força nem por violência, mas sim pelo meu Espírito, diz o Senhor dos Exércitos.

⁷Quem és tu, ó grande monte? Diante de Zorobabel tornar-te-ás uma campina; porque ele trará a pedra angular com aclamações: Graça, graça a ela.

⁸E a palavra do Senhor veio novamente a mim, dizendo:

⁹As mãos de Zorobabel têm lançado os alicerces desta casa; também as suas mãos a acabarão, para que saibais que o Senhor dos Exércitos me enviou a vós.

¹⁰Porque, quem despreza o dia das coisas pequenas? Pois esses se alegrarão, vendo o prumo na mão de Zorobabel; esses são os sete olhos do Senhor, que percorrem por toda a terra.

¹¹Respondi mais, dizendo-lhe: Que são as duas oliveiras à direita e à esquerda do castiçal?

¹²E, respondendo-lhe outra vez, disse: Que são aqueles dois ramos de oliveira, que estão junto aos dois tubos de ouro, e que vertem de si azeite dourado?

¹³E ele me falou, dizendo: Não sabes tu o que é isto? E eu disse: Não, senhor meu.

¹⁴Então ele disse: Estes são os dois ungidos, que estão diante do Senhor de toda a terra.

A sexta visão: o rolo voante

5 E VOLTEI-ME e levantei os meus olhos, e olhei, e eis um rolo voante.

²E disse-me o anjo: Que vês? E eu disse: Vejo um rolo voante, que tem vinte côvados de comprido e dez côvados de largo.

³Então disse-me: Esta é a maldição que sairá pela face de toda a terra; porque qualquer que furtar será desarraigado, conforme está estabelecido de um lado do rolo; como também qualquer que jurar falsamente, será desarraigado, conforme está estabelecido do outro lado do rolo.

⁴Eu a farei sair, disse o Senhor dos Exércitos, e ela entrará na casa do ladrão, e na casa do que jurar falsamente pelo meu nome; e permanecerá no meio da sua casa, e a consumirá juntamente com a sua madeira e com as suas pedras.

A sétima visão: a mulher e o efa

⁵E saiu o anjo, que falava comigo, e disse-me: Levanta agora os teus olhos, e vê que é isto que sai.

⁶E eu disse: Que é isto? E ele disse: Isto é um efa que sai. Disse ainda: Este é o aspecto deles em toda a terra.

⁷E eis que foi levantado um talento de chumbo, e uma mulher estava assentada no meio do efa.

⁸E ele disse: Esta é a impiedade. E a lançou dentro do efa; e lançou sobre a boca deste o peso de chumbo.

⁹E levantei os meus olhos, e vi, e eis que saíram duas mulheres; e traziam vento nas suas asas, pois tinham asas como as da cegonha; e levantaram o efa entre a terra e o céu.

¹⁰Então eu disse ao anjo que falava comigo: Para onde levam elas o efa?

¹¹E ele me disse: Para lhe edificarem uma casa na terra de Sinar; e, estando ela acabada, ele será posto ali na sua base.

A oitava visão: os quatro carros

6 E OUTRA vez levantei os meus olhos, e vi, e eis que quatro carros saíam dentre dois montes, e estes montes *eram* montes de bronze.

²No primeiro carro *eram* cavalos vermelhos, e no segundo carro, cavalos pretos,

³E no terceiro carro, cavalos brancos, e no quarto carro, cavalos malhados, *todos eram* fortes.

⁴E respondi, dizendo ao anjo que falava comigo: Que *é* isto, senhor meu?

⁵E o anjo respondeu, dizendo-me: Estes *são* os quatro espíritos dos céus, saindo donde estavam perante o Senhor de toda a terra.

⁶O *carro* em que *estão* os cavalos pretos, sai para a terra do norte, e os brancos saem atrás deles, e os malhados saem para a terra do sul.

⁷E os *cavalos* fortes saíam, e procuravam ir por diante, para percorrerem a terra. E ele disse: Ide, percorrei a terra. E percorreram a terra.

⁸E chamou-me, e falou-me, dizendo: Eis que aqueles que saíram para a terra do norte fizeram repousar o meu Espírito na terra do norte.

As coroas na cabeça de Josué

⁹E a palavra do Senhor veio a mim, dizendo:

¹⁰Toma dos que foram levados cativos, a saber, de Heldai, de Tobias e de Jedaías, os quais vieram de Babilônia, e vem tu no mesmo dia, e entra na casa de Josias, filho de Sofonias.

¹¹Toma, *digo*, prata e ouro, e faze coroas, e põe-nas na cabeça do sumo sacerdote Josué, filho de Jozadaque.

O RENOVO

¹²E fala-lhe, dizendo: Assim fala o Senhor dos Exércitos, dizendo: Eis aqui o homem cujo nome *é* RENOVO; ele brotará do seu lugar, e edificará o templo do Senhor.

¹³Ele mesmo edificará o templo do Senhor, e ele levará a glória; assentar-se-á no seu trono e dominará, e será sacerdote no seu trono, e conselho de paz haverá entre ambos os ofícios.

¹⁴E estas coroas serão para Helém, o para Tobias, e para Jedaías, e para Hem, filho de Sofonias, como um memorial no templo do Senhor.

¹⁵E aqueles que estão longe virão, e edificarão no templo do Senhor, e vós sabereis que o Senhor dos Exércitos me tem enviado a vós; e isto sucederá *assim*, se diligentemente ouvirdes a voz do Senhor vosso Deus.

O jejum que não agrada a Deus

7 ACONTECEU, no quarto ano do rei Dario, que a palavra do Senhor veio a Zacarias, no quarto *dia* do nono mês, *que é* Quisleu.

²Quando *o povo* enviou Sarezer e Régen-Meleque, e os seus homens, à casa de Deus, para suplicarem o favor do Senhor,

³E para dizerem aos sacerdotes, que *estavam* na casa do Senhor dos Exércitos, profetas, dizendo: Chorarei eu no quinto mês, fazendo abstinência, como tenho feito por tantos anos?

⁴Então a palavra do Senhor dos Exércitos veio a mim, dizendo:

⁵Fala a todo o povo desta terra, e aos sacerdotes, dizendo: Quando jejuastes, e pranteastes, no quinto e no sétimo *mês, durante* estes setenta *anos, porventura,* foi mesmo para mim que jejuastes?

⁶Ou quando comestes, e quando bebestes, não foi para vós mesmos que comestes e bebestes?

⁷Não foram *estas* as palavras que o Senhor pregou pelo ministério dos primeiros profetas, quando Jerusalém estava habitada e em paz, com as suas cidades ao redor dela, e o sul e a campina eram habitados?

⁸E a palavra do Senhor veio a Zacarias, dizendo:

⁹Assim falou o Senhor dos Exércitos, dizendo: Executai juízo verdadeiro, mostrai piedade e misericórdia cada um para com seu irmão.

¹⁰E não oprimais a viúva, nem o órfão, nem o estrangeiro, nem o pobre, nem intente cada um, em seu coração, o mal contra o seu irmão.

¹¹Eles, porém, não quiseram escutar, e deram-me o ombro rebelde, e ensurdeceram os seus ouvidos, para que não ouvissem.

¹²Sim, fizeram os seus corações *como* pedra de diamante, para que não ouvissem a lei, nem as palavras que o Senhor dos Exércitos enviara pelo seu Espírito por intermédio dos primeiros profetas; daí veio a grande ira do Senhor dos Exércitos.

¹³E aconteceu *que*, assim como ele clamou e eles não ouviram, também eles clamaram, e eu não ouvi, diz o Senhor dos Exércitos.

¹⁴Assim os espalhei com um turbilhão por entre todas as nações, que eles não conheceram, e a terra foi assolada atrás deles, de sorte que ninguém passava por ela, nem se voltava; porque fizeram da terra desejada uma desolação.

Bênçãos prometidas

8 DEPOIS veio *a mim* a palavra do Senhor dos Exércitos, dizendo:

²Assim diz o Senhor dos Exércitos: Zelei por Sião com grande zelo, e com grande indignação zelei por ela.

³Assim diz o Senhor: Voltarei para Sião, e habitarei no meio de Jerusalém; e Jerusalém chamar-se-á a cidade da verdade, e o monte do Senhor dos Exércitos, o monte santo.

⁴Assim diz o Senhor dos Exércitos: Ainda nas praças de Jerusalém habitarão velhos e velhas; *levando* cada um, na mão, o seu cajado, por causa da sua muita idade.

⁵E as ruas da cidade se encherão de meninos e meninas, brincando nas suas ruas.

⁶Assim diz o Senhor dos Exércitos: Se isto for maravilhoso aos olhos do restante deste povo naqueles dias, será também maravilhoso aos meus olhos? Diz o Senhor dos Exércitos.

⁷Assim diz o Senhor dos Exércitos: Eis que

ZACARIAS 8.8

salvarei o meu povo da terra do oriente e da terra do ocidente;

⁸E trá-los-ei, e habitarão no meio de Jerusalém; e eles serão o meu povo, e eu lhes serei o seu Deus em verdade e em justiça.

⁹Assim diz o SENHOR dos Exércitos: Esforcem-se *as* vossas mãos, ó vós que nestes dias ouvistes estas palavras da boca dos profetas, que *estiveram* no dia em que foi posto o fundamento da casa do SENHOR dos Exércitos, para que o templo fosse edificado.

¹⁰Porque antes destes dias não tem havido salário para os homens, nem lhes davam ganhos os animais; nem *havia* paz para o que entrava nem para o que saía, por causa do inimigo, porque eu incitei a todos os homens, cada um contra o seu próximo.

¹¹Mas agora não serei para com o restante deste povo como nos primeiros dias, diz o SENHOR dos Exércitos.

¹²Porque haverá semente de prosperidade; a vide dará o seu fruto, e a terra dará a sua novidade, e os céus darão o seu orvalho; e farei que o restante deste povo herde tudo isto.

¹³E há de suceder, ó casa de Judá, e casa de Israel, que, assim como fostes uma maldição entre os gentios, assim vos salvarei, e sereis uma bênção; não temais, esforcem-se as vossas mãos.

¹⁴Porque assim diz o SENHOR dos Exércitos: Como pensei fazer-vos mal, quando vossos pais me provocaram à ira, diz o SENHOR dos Exércitos, e não me arrependi,

¹⁵Assim tornei a pensar nestes dias fazer o bem a Jerusalém e à casa de Judá; não temais.

¹⁶Estas *são* as coisas que *deveis* fazer: Falai a verdade cada um com o seu próximo; executai juízo de verdade e de paz nas vossas portas.

¹⁷E nenhum de vós pense mal no seu coração contra o seu próximo, nem ameis o juramento falso; porque todas estas *são* coisas que eu odeio, diz o SENHOR.

¹⁸E a palavra do SENHOR dos Exércitos veio a mim, dizendo:

¹⁹Assim diz o SENHOR dos Exércitos: O jejum do quarto, e o jejum do quinto, e o jejum do sétimo, e o jejum do décimo *mês* será para a casa de Judá gozo, alegria, e festividades solenes; amai, pois, a verdade e a paz.

²⁰Assim diz o SENHOR dos Exércitos: Ainda *sucederá* que virão os povos e os habitantes de muitas cidades.

²¹E os habitantes de uma *cidade* irão à outra, dizendo: Vamos depressa suplicar o favor do SENHOR, e buscar o SENHOR dos Exércitos; eu também irei.

²²Assim virão muitos povos e poderosas nações, a buscar em Jerusalém ao SENHOR dos Exércitos, e a suplicar o favor do SENHOR.

²³Assim diz o SENHOR dos Exércitos: Naquele dia sucederá que pegarão dez homens, de todas as línguas das nações, pegarão, sim, na orla das vestes

de um judeu, dizendo: Iremos convosco, porque temos ouvido *que* Deus está convosco.

O castigo de diversos povos

9 O PESO da palavra do SENHOR contra a terra de Hadraque, e Damasco, o seu repouso; porque o olhar do homem, e de todas as tribos de Israel, *se volta* para o SENHOR.

²E também Hamate que confina com ela, e Tiro e Sidom, ainda que sejam mais sábias.

³E Tiro edificou para si fortalezas, e amontoou prata como o pó, e ouro fino como a lama das ruas.

⁴Eis que o Senhor a despojará e ferirá no mar a sua força, e ela será consumida pelo fogo.

⁵Ascalom *o* verá e temerá; também Gaza, e terá grande dor; igualmente Ecrom; porque a sua esperança será confundida; e o rei de Gaza perecerá, e Ascalom não será habitada.

⁶E um bastardo habitará em Asdode, e exterminarei a soberba dos filisteus.

⁷E da sua boca tirarei o seu sangue, e dentre os seus dentes as suas abominações; e ele também ficará como um remanescente para o nosso Deus; e será como governador em Judá, e Ecrom como um jebuseu.

⁸E acampar-me-ei ao redor da minha casa, contra o exército, para que ninguém passe, nem volte; para que não passe mais sobre eles o opressor; porque agora vi com os meus olhos.

⁹Alegra-te muito, ó filha de Sião; exulta, ó filha de Jerusalém; eis que o teu rei virá a ti, justo e Salvador, pobre, e montado sobre um jumento, e sobre um jumentinho, filho de jumenta.

¹⁰E de Efraim destruirei os carros, e de Jerusalém os cavalos; e o arco de guerra será destruído, e ele anunciará paz aos gentios; e o seu domínio *se estenderá* de mar a mar, e desde o rio até às extremidades da terra.

¹¹Ainda quanto a ti, por causa do sangue da tua aliança, libertei os teus presos da cova em que não *havia* água.

¹²Voltai à fortaleza, ó presos de esperança; também hoje vos anuncio que vos restaurarei em dobro.

¹³Porque curvei Judá para mim, enchi com Efraim o arco; suscitarei a teus filhos, ó Sião, contra os teus filhos, ó Grécia! E pôr-te-ei, ó Sião, como a espada de um poderoso.

¹⁴E o SENHOR será visto sobre eles, e as suas flechas sairão como o relâmpago; e o Senhor DEUS soará a trombeta, e irá com os redemoinhos do sul.

¹⁵O SENHOR dos Exércitos os amparará; eles devorarão, depois que os tiverem sujeitado, as pedras da funda; também beberão *e* farão barulho como *excitados* pelo vinho; e encher-se-ão como bacias de *sacrifício,* como os cantos do altar.

¹⁶E o SENHOR seu Deus naquele dia os salvará, como ao rebanho do seu povo: porque *como* pedras de uma coroa eles resplandecerão na sua terra.

¹⁷Porque, quão *grande* é a sua bondade! E quão *grande* é a sua formosura! O trigo fará florescer os jovens e o mosto as virgens.

Promessas feitas a Israel

10 PEDI ao Senhor chuva no tempo da chuva serôdia, sim, ao Senhor que faz relâmpagos; e lhes dará chuvas abundantes, e a cada um erva no campo.

²Porque os ídolos têm falado vaidade, e os adivinhos têm visto mentira, e contam sonhos falsos; *com* vaidade consolam, por isso seguem o *seu caminho* como ovelhas; estão aflitos, porque não há pastor.

³Contra os pastores se acendeu a minha ira, e castigarei os bodes; mas o Senhor dos Exércitos visitará o seu rebanho, a casa de Judá, e os fará como o seu majestoso cavalo na peleja.

⁴Dele *sairá a pedra de* esquina, dele a estaca, dele o arco de guerra, dele juntamente sairá todo o opressor.

⁵E serão como poderosos que na batalha esmagam ao *inimigo* no lodo das ruas; e eles lutarão, porque o Senhor *estará* com eles; e confundirão os que andam montados em cavalos.

⁶E fortalecerei a casa de Judá, e salvarei a casa de José, e os farei voltar, porque me compadeci deles; e serão como se eu não os tivera rejeitado, porque eu *sou* o Senhor seu Deus, e os ouvirei.

⁷E os de Efraim serão como um poderoso, e o seu coração se alegrará como pelo vinho; e os seus filhos o verão, e se alegrarão; o seu coração se regozijará no Senhor.

⁸*Eu* lhes assobiarei, e os ajuntarei, porque eu os tenho remido; e multiplicar-se-ão como *antes* se tinham multiplicado.

⁹*Ainda que* os espalhei por entre os povos, eles se lembrarão de mim em lugares remotos; e viverão com seus filhos, e voltarão.

¹⁰Porque eu os farei voltar da terra do Egito, e os congregarei da Assíria; e trá-los-ei à terra de Gileade e do Líbano, e não se achará *lugar bastante* para eles.

¹¹E ele passará pelo mar com angústia, e ferirá as ondas no mar, e todas as profundezas do Nilo se secarão; então será derrubada a soberba da Assíria, e o cetro do Egito se retirará.

¹²E eu os fortalecerei no Senhor, e andarão no seu nome, diz o Senhor.

O castigo dos impenitentes

11 ABRE, ó Líbano, as tuas portas para que o fogo consuma os teus cedros.

²Geme, ó cipreste, porque o cedro caiu, porque os mais poderosos são destruídos; gemei, ó carvalhos de Basã, porque o bosque forte é derrubado.

³Voz de uivo dos pastores! porque a sua glória é destruída; voz de bramido dos filhos de leões, porque foi destruída a soberba do Jordão.

⁴Assim diz o Senhor meu Deus: Apascenta as ovelhas da matança,

⁵Cujos possuidores as matam, e não se têm por culpados; e cujos vendedores dizem: Louvado seja o Senhor, porque tenho enriquecido; e os seus pastores não têm piedade delas.

⁶Certamente não terei mais piedade dos moradores desta terra, diz o Senhor; mas, eis que entregarei os homens cada um na mão do seu próximo e na mão do seu rei; eles ferirão a terra, e eu não *os* livrarei da sua mão.

⁷Eu, pois, apascentei as ovelhas da matança, as pobres *ovelhas* do rebanho. Tomei para mim duas varas: a uma chamei Graça, e à outra chamei União; e apascentei as ovelhas.

⁸E destruí os três pastores num mês; porque a minha alma se impacientou deles, e também a alma deles se enfastiou de mim.

⁹E eu disse: Não vos apascentarei mais; o que morrer, morra; e o que for destruído, seja *destruído;* e as que restarem comam cada uma a carne da outra.

¹⁰E tomei a minha vara Graça, e a quebrei, para desfazer a minha aliança, que tinha estabelecido com todos estes povos.

¹¹E foi desfeita naquele dia; e assim conheceram os pobres do rebanho, que me respeitavam, que isto *era* palavra do Senhor.

¹²Porque eu lhes disse: Se *parece* bem aos vossos olhos, dai-*me* o meu salário e, se não, deixai-o. E pesaram o meu salário, trinta *moedas* de prata.

¹³O Senhor, pois, disse-me: Arroja isso ao oleiro, esse belo preço em que fui avaliado por eles. E tomei as trinta *moedas* de prata, e as arrojei ao oleiro, na casa do Senhor.

¹⁴Então quebrei a minha segunda vara União, para romper a irmandade entre Judá e Israel.

¹⁵E o Senhor disse-me: Toma ainda para ti o instrumento de um pastor insensato.

¹⁶Porque, eis que suscitarei um pastor na terra, *que* não cuidará das que estão perecendo, não buscará a pequena, e não curará a ferida, nem apascentará a sã; mas comerá a carne da gorda, e lhe despedaçará as unhas.

¹⁷Ai do pastor inútil, que abandona o rebanho! A espada *cairá* sobre o seu braço e sobre o seu olho direito; e o seu braço completamente se secará, e o seu olho direito completamente se escurecerá.

A destruição dos inimigos do povo de Deus

12 PESO da palavra do Senhor sobre Israel: Fala o Senhor, o que estende o céu, e que funda a terra, e que forma o espírito do homem dentro dele.

²Eis que eu farei de Jerusalém um copo de tremor para todos os povos em redor, e também para Judá, durante o cerco contra Jerusalém.

³E acontecerá naquele dia que farei de Jerusalém uma pedra pesada para todos os povos; todos os que a carregarem certamente serão despedaçados; e ajuntar-se-á contra ela todo o povo da terra.

⁴Naquele dia, diz o Senhor, ferirei de espanto a todos os cavalos, e de loucura os que montam neles; mas sobre a casa de Judá abrirei os meus olhos, e ferirei de cegueira a todos os cavalos dos povos.

⁵Então os governadores de Judá dirão no seu

ZACARIAS 12.6

coração: Os habitantes de Jerusalém são a minha força no Senhor dos Exércitos, seu Deus.

O arrependimento e a purificação de Israel

⁶Naquele dia porei os governadores de Judá como um braseiro ardente no meio da lenha, e como *um* facho de fogo entre gavelas; e à direita e à esquerda consumirão a todos os povos em redor, e Jerusalém será habitada outra vez no seu lugar, em Jerusalém;

⁷E o Senhor salvará primeiramente as tendas de Judá, para que a glória da casa de Davi e a glória dos habitantes de Jerusalém não seja exaltada sobre Judá.

⁸Naquele dia o Senhor protegerá os habitantes de Jerusalém; e o mais fraco dentre eles naquele dia será como Davi, e a casa de Davi *será* como Deus, como o anjo do Senhor diante deles.

⁹E acontecerá naquele dia, que procurarei destruir todas as nações que vierem contra Jerusalém;

¹⁰Mas sobre a casa de Davi, e sobre os habitantes de Jerusalém, derramarei o Espírito de graça e de súplicas; e olharão para mim, a quem traspassaram; e prantearão sobre ele, como quem pranteia pelo filho unigênito; e chorarão amargamente por ele, como se chora amargamente pelo primogênito.

¹¹Naquele dia será grande o pranto em Jerusalém, como o pranto de Hadade-Rimom no vale de Megido.

¹²E a terra pranteará, cada família à parte: a família da casa de Davi à parte, e suas mulheres à parte; e a família da casa de Natã à parte, e suas mulheres à parte;

¹³A família da casa de Levi à parte, e suas mulheres à parte; a família de Simei à parte, e suas mulheres à parte.

¹⁴Todas as mais famílias remanescentes, cada família à parte, e suas mulheres à parte.

13 NAQUELE dia haverá *uma* fonte aberta para a casa de Davi, e para os habitantes de Jerusalém, para *purificação* do pecado e da imundícia.

²E acontecerá naquele dia, diz o Senhor dos Exércitos, que tirarei da terra os nomes dos ídolos, e deles não haverá mais memória; e também farei sair da terra os profetas e o espírito da impureza.

³E acontecerá que, quando alguém ainda profetizar, seu pai e sua mãe, que o geraram, lhe dirão: Não viverás, porque falaste mentira em nome do Senhor; e seu pai e sua mãe, que o geraram, o traspassarão quando profetizar.

⁴E acontecerá naquele dia *que* os profetas se envergonharão, cada um da sua visão, quando profetizarem; nem mais se vestirão de manto de pelos, para mentirem.

⁵Mas dirão: Não *sou* profeta, sou lavrador da terra; porque *certo* homem ensinou-me a guardar o gado desde a minha mocidade.

⁶E se *alguém* lhe disser: Que feridas *são* estas

nas tuas mãos? Dirá ele: *São feridas* com que fui ferido *em* casa dos meus amigos.

O Pastor ferido

⁷Ó espada, desperta-te contra o meu pastor, e contra o homem que é o meu companheiro, diz o Senhor dos Exércitos. Fere ao pastor, e espalhar-se-ão as ovelhas; mas volverei a minha mão sobre os pequenos.

⁸E acontecerá em toda a terra, diz o Senhor, que as duas partes dela serão extirpadas, e expirarão; mas a terceira parte restará nela.

⁹E farei passar esta terceira parte pelo fogo, e a purificarei, como se purifica a prata, e a provarei, como se prova o ouro. Ela invocará o meu nome, e eu a ouvirei; direi: É meu povo; e ela dirá: O Senhor *é* o meu Deus.

O julgamento final

14 EIS que vem o dia do Senhor, em que teus despojos se repartirão no meio de ti.

²Porque *eu* ajuntarei todas as nações para a peleja contra Jerusalém; e a cidade será tomada, e as casas serão saqueadas, e as mulheres forçadas; e metade da cidade sairá para o cativeiro, mas o restante do povo não será extirpado da cidade.

³E o Senhor sairá, e pelejará contra estas nações, como pelejou, sim, no dia da batalha.

⁴E naquele dia estarão os seus pés sobre o monte das Oliveiras, que *está* defronte de Jerusalém para o oriente; e o monte das Oliveiras será fendido pelo meio, para o oriente e para o ocidente, e *haverá um* vale muito grande; e metade do monte se apartará para o norte, e a *outra* metade dele para o sul.

⁵E fugireis pelo vale dos meus montes, pois o vale dos montes chegará até Azel; e fugireis assim como fugistes de diante do terremoto nos dias de Uzias, rei de Judá. Então virá o Senhor meu Deus, *e* todos os santos contigo.

⁶E acontecerá naquele dia, que não haverá preciosa luz, nem espessa escuridão.

⁷Mas será um dia conhecido do Senhor; nem dia nem noite será; mas acontecerá que ao cair da tarde haverá luz.

⁸Naquele dia também acontecerá *que* sairão de Jerusalém águas vivas, metade delas para o mar oriental, e metade delas para o mar ocidental; no verão e no inverno sucederá *isto.*

⁹E o Senhor será rei sobre toda a terra; naquele dia um será o Senhor, e um será o seu nome.

¹⁰Toda a terra em redor se tornará em planície, desde Geba até Rimom, ao sul de Jerusalém, e ela será exaltada, e habitada no seu lugar, *desde* a porta de Benjamim até ao lugar da primeira porta, até à porta da esquina, e desde a torre de Hananeel até aos lagares do rei.

¹¹E habitarão nela, e não haverá mais destruição, porque Jerusalém habitará segura.

A exaltação de Jerusalém

¹²E esta será a praga com que o Senhor ferirá a todos os povos que guerrearam contra Jerusalém:

a sua carne apodrecerá, estando eles postados de pé, e lhes apodrecerão os olhos nas suas órbitas, e a língua lhes apodrecerá na sua boca.

¹³Naquele dia também acontecerá que haverá da parte do Senhor uma grande perturbação entre eles; porque cada um pegará na mão do seu próximo, e cada um levantará a mão contra a mão do seu próximo.

¹⁴E também Judá pelejará em Jerusalém, e as riquezas de todos os gentios serão ajuntadas ao redor, ouro e prata e roupas em grande abundância.

¹⁵Assim será também a praga dos cavalos, dos mulos, dos camelos e dos jumentos e de todos os animais que estiverem naqueles arraiais, como *foi* esta praga.

¹⁶E acontecerá que, todos os que restarem de todas as nações que vieram contra Jerusalém, subirão de ano em ano para adorar o Rei, o Senhor dos Exércitos, e para celebrarem a festa dos tabernáculos.

¹⁷E acontecerá *que*, se alguma das famílias da terra não subir a Jerusalém, para adorar o Rei, o Senhor dos Exércitos, não virá sobre ela a chuva.

¹⁸E, se a família dos egípcios não subir, nem vier, não virá *sobre* ela a chuva; virá *sobre* eles a praga *com* que o Senhor ferirá os gentios que não subirem a celebrar a festa dos tabernáculos.

¹⁹Este será o *castigo* do pecado dos egípcios e o *castigo* do pecado de todas as nações que não subirem a celebrar a festa dos tabernáculos.

²⁰Naquele dia será *gravado* sobre as campainhas dos cavalos: SANTIDADE AO SENHOR; e as panelas na casa do Senhor serão como as bacias diante do altar.

²¹E todas as panelas em Jerusalém e Judá serão consagradas ao Senhor dos Exércitos, e todos os que sacrificarem virão, e delas tomarão, e nelas cozerão. E naquele dia não haverá mais cananeu na casa do Senhor dos Exércitos.

O LIVRO DO PROFETA
MALAQUIAS

A ingratidão do povo

1 PESO da palavra do SENHOR contra Israel, por intermédio de Malaquias.

²Eu vos tenho amado, diz o SENHOR. Mas vós dizeis: Em que nos tens amado? Não era Esaú irmão de Jacó? Disse o SENHOR; todavia amei a Jacó,

³E odiei a Esaú; e fiz dos seus montes uma desolação, e dei a sua herança aos chacais do deserto.

⁴Ainda que Edom diga: Empobrecidos estamos, porém tornaremos a edificar os lugares desolados; assim diz o SENHOR dos Exércitos: Eles edificarão, e eu destruirei; e lhes chamarão: Termo de impiedade, e povo contra quem o SENHOR está irado para sempre.

⁵E os vossos olhos o verão, e direis: O SENHOR seja engrandecido além dos termos de Israel.

⁶O filho honra o pai, e o servo o seu senhor; se eu *sou* pai, onde *está* a minha honra? E, se eu *sou* senhor, onde *está* o meu temor? Diz o SENHOR dos Exércitos a vós, ó sacerdotes, que desprezais o meu nome. E vós dizeis: Em que nós temos desprezado o teu nome?

⁷Ofereceis sobre o meu altar pão imundo, e dizeis: Em que te havemos profanado? Nisto que dizeis: A mesa do SENHOR é desprezível.

⁸Porque, quando ofereceis *animal* cego para o sacrifício, isso não é mau? E quando ofereceis o coxo ou enfermo, isso não é mau? Ora apresenta-o ao teu governador; *porventura* terá ele agrado em ti? Ou aceitará ele a tua pessoa? Diz o SENHOR dos Exércitos.

⁹Agora, pois, eu suplico, pedi a Deus, que ele seja misericordioso conosco; isto veio das vossas mãos; aceitará ele a vossa pessoa? Diz o SENHOR dos Exércitos.

¹⁰Quem *há* também entre vós que feche as portas *por nada*, e não acenda em vão o fogo do meu altar? Eu não tenho prazer em vós, diz o SENHOR dos Exércitos, nem aceitarei oferta da vossa mão.

¹¹Mas desde o nascente do sol até ao poente é grande entre os gentios o meu nome; e em todo o lugar se oferecerá ao meu nome incenso, e uma oferta pura; porque o meu nome é grande entre os gentios, diz o SENHOR dos Exércitos.

¹²Mas vós o profanais, quando dizeis: A mesa do SENHOR *é* impura, e o seu produto, isto é, a sua comida é desprezível.

¹³E dizeis *ainda*: Eis aqui, que canseira! E o lançastes ao desprezo, diz o SENHOR dos Exércitos; vós ofereceis o *que foi* roubado, e o coxo e o enfermo; *assim* trazeis a oferta. Aceitaria eu isso de vossa mão? Diz o SENHOR.

¹⁴Pois *seja* maldito o enganador que, tendo macho no seu rebanho, promete e oferece ao Senhor *o que* tem mácula; porque eu *sou* grande Rei, diz

o SENHOR dos Exércitos, o meu nome é temível entre os gentios.

O formalismo dos sacerdotes

2 AGORA, ó sacerdotes, este mandamento é para vós.

²Se não ouvirdes e se não propuserdes, no vosso coração, dar honra ao meu nome, diz o SENHOR dos Exércitos, enviarei a maldição contra vós, e amaldiçoarei as vossas bênçãos; e também já as tenho amaldiçoado, porque não aplicais a *isso* o coração.

³Eis que reprovarei a vossa semente, e espalharei esterco sobre os vossos rostos, o esterco das vossas festas solenes; e para junto deste sereis levados.

⁴Então sabereis que eu vos enviei este mandamento, para que a minha aliança fosse com Levi, diz o SENHOR dos Exércitos.

⁵Minha aliança com ele foi *de* vida e *de* paz, e eu lhas dei *para* que temesse; então temeu-me, e assombrou-se por causa do meu nome.

⁶A lei da verdade esteve na sua boca, e a iniquidade não se achou nos seus lábios; andou comigo em paz e em retidão, e da iniquidade converteu a muitos.

⁷Porque os lábios do sacerdote devem guardar o conhecimento, e da sua boca devem *os homens* buscar a lei porque ele *é* o mensageiro do SENHOR dos Exércitos.

⁸Mas vós vos desviastes do caminho; a muitos fizestes tropeçar na lei; corrompestes a aliança de Levi, diz o SENHOR dos Exércitos.

⁹Por isso também eu vos fiz desprezíveis, e indignos diante de todo o povo, visto que não guardastes os meus caminhos, mas fizestes acepção de pessoas na lei.

Os casamentos com mulheres estranhas e o divórcio são ilícitos

¹⁰Não temos nós todos um *mesmo* Pai? Não nos criou um *mesmo* Deus? Por que agimos aleivosamente cada um contra seu irmão, profanando a aliança de nossos pais?

¹¹Judá tem sido desleal, e abominação se cometeu em Israel e em Jerusalém; porque Judá profanou o santuário do SENHOR, o qual ele ama, e se casou com a filha de deus estranho.

¹²O SENHOR destruirá das tendas de Jacó o homem que fizer isto, o que vela, e o que responde, e o que apresenta uma oferta ao SENHOR dos Exércitos.

¹³Ainda fazeis isto outra vez, cobrindo o altar do SENHOR de lágrimas, com choro e com gemidos; de sorte que ele não olha mais para a oferta, nem a aceitará com prazer da vossa mão.

¹⁴E dizeis: Por quê? Porque o SENHOR foi testemunha entre ti e a mulher da tua mocidade, com

a qual tu foste desleal, sendo ela a tua companheira, e a mulher da tua aliança.

¹⁵E não fez ele *somente* um, ainda que lhe sobrava o espírito? E por que *somente* um? Ele buscava
uma descendência para Deus. Portanto guardai-
-vos em vosso espírito, e ninguém seja infiel para
com a mulher da sua mocidade.

¹⁶Porque o Senhor, o Deus de Israel diz que
odeia o repúdio, e aquele que encobre a violência com a sua roupa, diz o Senhor dos Exércitos;
portanto guardai-vos em vosso espírito, e não sejais desleais.

¹⁷Enfadais ao Senhor com vossas palavras; e
ainda dizeis: Em que o enfadamos? Nisto que dizeis: Qualquer que faz o mal *passa por* bom aos
olhos do Senhor, e desses *é que* ele se agrada, ou,
onde *está* o Deus do juízo?

O anúncio da vinda do Senhor

3 EIS que eu envio o meu mensageiro, que preparará o caminho diante de mim; e de repente
virá ao seu templo o Senhor, a quem vós buscais;
e o mensageiro da aliança, a quem vós desejais, eis
que ele vem, diz o Senhor dos Exércitos.

²Mas quem suportará o dia da sua vinda? E
quem subsistirá, quando ele aparecer? Porque ele
será como o fogo do ourives e como o sabão dos
lavandeiros.

³E assentar-se-á como fundidor e purificador de
prata; e purificará os filhos de Levi, e os refinará
como ouro e como prata; então ao Senhor trarão
oferta em justiça.

⁴E a oferta de Judá e de Jerusalém será agradável ao Senhor, como nos dias antigos, e como
nos primeiros anos.

⁵E chegar-me-ei a vós para juízo; e serei uma
testemunha veloz contra os feiticeiros, contra os
adúlteros, contra os que juram falsamente, contra os que defraudam o diarista em seu salário,
e a viúva, e o órfão, e que pervertem o *direito* do
estrangeiro, e não me temem, diz o Senhor dos
Exércitos.

⁶Porque eu, o Senhor, não mudo; por isso vós,
ó filhos de Jacó, não sois consumidos.

Não devemos roubar o Senhor

⁷Desde os dias de vossos pais vos desviastes
dos meus estatutos, e não os guardastes; tornai-
-vos para mim, e eu me tornarei para vós, diz o Senhor dos Exércitos; mas vós dizeis: Em que havemos de tornar?

⁸Roubará o homem a Deus? Todavia vós me roubais, e dizeis: Em que te roubamos? Nos dízimos
e nas ofertas.

⁹Com maldição *sois* amaldiçoados, porque a
mim me roubais, sim, toda esta nação.

¹⁰Trazei todos os dízimos à casa do tesouro, para que haja mantimento na minha casa, e *depois*
fazei prova de mim nisto, diz o Senhor dos Exércitos, se eu não vos abrir as janelas do céu, e não
derramar sobre vós uma bênção tal até que não *haja lugar* suficiente *para a recolherdes*.

¹¹E por causa de vós repreenderei o devorador, e
ele não destruirá os frutos da vossa terra; e a vossa vide no campo não será estéril, diz o Senhor
dos Exércitos.

¹²E todas as nações vos chamarão bem-aventurados; porque vós sereis uma terra deleitosa, diz
o Senhor dos Exércitos.

¹³As vossas palavras foram agressivas para mim,
diz o Senhor; mas vós dizeis: Que temos falado
contra ti?

¹⁴Vós tendes dito: Inútil *é* servir a Deus; que *nos*
aproveita termos cuidado em guardar os seus preceitos, e em andar de luto diante do Senhor dos
Exércitos?

¹⁵Ora, pois, nós reputamos por bem-aventurados
os soberbos; também os que cometem impiedade
são edificados; sim, eles tentam a Deus, e escapam.

¹⁶Então aqueles que temeram ao Senhor falaram frequentemente um ao outro; e o Senhor
atentou e ouviu; e um memorial foi escrito diante dele, para os que temeram o Senhor, e para os
que se lembraram do seu nome.

¹⁷E eles serão meus, diz o Senhor dos Exércitos;
naquele dia serão para mim joias; poupá-los-ei,
como um homem poupa a seu filho, que o serve.

¹⁸Então voltareis e vereis a *diferença* entre o justo e o ímpio; entre o que serve a Deus, e o que
não o serve.

4 PORQUE eis que aquele dia vem ardendo como fornalha; todos os soberbos, e todos os que
cometem impiedade, serão como a palha; e o dia
que está para vir os abrasará, diz o Senhor dos
Exércitos, de sorte que lhes não deixará nem raiz
nem ramo.

²Mas para vós, os que temeis o meu nome, nascerá o sol da justiça, e cura trará nas suas asas;
e saireis e saltareis como bezerros da estrebaria.

³E pisareis os ímpios, porque se farão cinza debaixo das plantas de vossos pés, naquele dia que
estou preparando, diz o Senhor dos Exércitos.

⁴Lembrai-vos da lei de Moisés, meu servo, que
lhe mandei em Horebe para todo o Israel, a saber,
estatutos e juízos.

⁵Eis que eu vos enviarei o profeta Elias, antes
que venha o grande e terrível dia do Senhor;

⁶E ele converterá o coração dos pais aos filhos,
e o coração dos filhos a seus pais; para que eu não
venha, e fira a terra com maldição.

NOVO TESTAMENTO

O EVANGELHO SEGUNDO

MATEUS

Genealogia de Jesus Cristo

1 LIVRO da geração de Jesus Cristo, filho de Davi, filho de Abraão.

²Abraão gerou a Isaque; e Isaque gerou a Jacó; e Jacó gerou a Judá e a seus irmãos;

³E Judá gerou, de Tamar, a Perez e a Zerá; e Perez gerou a Esrom; e Esrom gerou a Arão;

⁴E Arão gerou a Aminadabe; e Aminadabe gerou a Naassom; e Naassom gerou a Salmom;

⁵E Salmom gerou, de Raabe, a Boaz; e Boaz gerou de Rute a Obede; e Obede gerou a Jessé;

⁶E Jessé gerou ao rei Davi; e o rei Davi gerou a Salomão da *que foi mulher* de Urias.

⁷E Salomão gerou a Roboão; e Roboão gerou a Abias; e Abias gerou a Asa;

⁸E Asa gerou a Josafá; e Josafá gerou a Jorão; e Jorão gerou a Uzias;

⁹E Uzias gerou a Jotão; e Jotão gerou a Acaz; e Acaz gerou a Ezequias;

¹⁰E Ezequias gerou a Manassés; e Manassés gerou a Amom; e Amom gerou a Josias;

¹¹E Josias gerou a Jeconias e a seus irmãos na deportação para Babilônia.

¹²E, depois da deportação para a Babilônia, Jeconias gerou a Salatiel; e Salatiel gerou a Zorobabel;

¹³E Zorobabel gerou a Abiúde; e Abiúde gerou a Eliaquim; e Eliaquim gerou a Azor;

¹⁴E Azor gerou a Sadoque; e Sadoque gerou a Aquim; e Aquim gerou a Eliúde;

¹⁵E Eliúde gerou a Eleazar; e Eleazar gerou a Matã; e Matã gerou a Jacó;

¹⁶E Jacó gerou a José, marido de Maria, da qual nasceu Jesus, que se chama o Cristo.

¹⁷De sorte que todas as gerações, desde Abraão até Davi, *são* catorze gerações; e desde Davi até a deportação para a Babilônia, catorze gerações; e desde a deportação para a Babilônia até Cristo, catorze gerações.

Nascimento de Jesus Cristo

¹⁸Ora, o nascimento de Jesus Cristo foi assim: Que estando Maria, sua mãe, desposada com José, antes de se ajuntarem, achou-se ter concebido do Espírito Santo.

¹⁹Então José, seu marido, sendo justo, e a não queria infamar, intentou deixá-la secretamente.

²⁰E, pensando ele nisto, eis que em sonho lhe apareceu um anjo do Senhor, dizendo: José, filho de Davi, não temas receber a Maria, tua mulher, porque o que nela está gerado é do Espírito Santo;

²¹E dará à luz *um* filho e chamarás o seu nome Jesus; porque ele salvará o seu povo dos seus pecados.

²²E, tudo isto aconteceu para que se cumprisse o que foi dito da parte do Senhor, pelo profeta, dizendo;

²³Eis que a virgem conceberá, e dará à luz um filho,

E chamarão seu nome
EMANUEL, que traduzido é: Deus conosco.

²⁴E José, despertando do sono, fez como o anjo do Senhor lhe ordenara, e recebeu a sua mulher;

²⁵E não a conheceu até que deu à luz seu filho, o primogênito; e pôs-lhe por nome Jesus.

Os magos em Belém

2 E, TENDO nascido Jesus em Belém de Judeia, no tempo do rei Herodes, eis que *uns* magos vieram do oriente a Jerusalém,

²Dizendo: Onde está aquele que é nascido rei dos judeus? Porque vimos a sua estrela no oriente, e viemos a adorá-lo.

³E o rei Herodes, ouvindo *isto*, perturbou-se, e toda Jerusalém com ele.

⁴E, congregados todos os principais sacerdotes, e os escribas do povo, perguntou-lhes onde havia de nascer o Cristo.

⁵E eles lhe disseram: Em Belém de Judeia; porque assim está escrito pelo profeta:

⁶E tu, Belém, terra de Judá,
De modo nenhum és a menor entre as
   capitais de Judá;
Porque de ti sairá o Guia
Que há de apascentar o meu povo Israel.

⁷Então Herodes, chamando secretamente os magos, inquiriu exatamente deles *acerca* do tempo em que a estrela lhes aparecera.

⁸E, enviando-os a Belém, disse: Ide, *e* perguntai diligentemente pelo menino e, quando *o* achardes, participai-mo, para que também eu vá e o adore.

⁹E, tendo eles ouvido o rei, partiram; e eis que a estrela, que tinham visto no oriente, ia adiante deles, até que, chegando, se deteve sobre *o lugar* onde estava o menino.

¹⁰E, vendo eles a estrela, regozijaram-se muito com grande alegria.

¹¹E, entrando na casa, acharam o menino com Maria sua mãe e, prostrando se, o adoraram; e abrindo os seus tesouros, ofertaram-lhe dádivas: ouro, incenso e mirra.

¹²E, sendo por divina revelação avisados num sonho para que não voltassem para junto de Herodes, partiram para a sua terra por outro caminho.

Fuga para o Egito

¹³E, tendo eles se retirado, eis que o anjo do Senhor apareceu a José num sonho, dizendo: Levanta-te, e toma o menino e sua mãe, e foge para o Egito, e demora-te lá até que eu te diga; porque Herodes há de procurar o menino para o matar.

MATEUS 2.14

¹⁴E, levantando-se ele, tomou o menino e sua mãe, de noite, e foi para o Egito.

¹⁵E esteve lá, até à morte de Herodes, para que se cumprisse o que foi dito da parte do Senhor pelo profeta, que diz: Do Egito chamei o meu Filho.

¹⁶Então Herodes, vendo que tinha sido iludido pelos magos, irritou-se muito, e mandou matar todos os meninos que havia em Belém, e em todos os seus contornos, de dois anos para baixo, segundo o tempo que diligentemente inquirira dos magos.

¹⁷Então se cumpriu o que foi dito pelo profeta Jeremias, que diz:

¹⁸Em Ramá se ouviu *uma* voz,
Lamentação, choro e grande pranto:
Raquel chorando os seus filhos,
E não quer ser consolada, porque *já* não
existem.

Volta de José e seu estabelecimento em Nazaré

¹⁹Morto, porém, Herodes, eis que o anjo do Senhor apareceu num sonho a José no Egito,

²⁰Dizendo: Levanta-te, e toma o menino e sua mãe, e vai para a terra de Israel; porque *já* estão mortos os que procuravam a morte do menino.

²¹Então ele se levantou, e tomou o menino e sua mãe, e foi para a terra de Israel.

²²E, ouvindo que Arquelau reinava na Judeia em lugar de Herodes, seu pai, receou ir para lá; mas avisado num sonho, por divina revelação, foi para as partes da Galileia.

²³E chegou, e habitou numa cidade chamada Nazaré, para que se cumprisse o que foi dito pelos profetas: Ele será chamado Nazareno.

Pregação de João o Batista

3E, NAQUELES dias, apareceu João o Batista pregando no deserto da Judeia,

²E dizendo: Arrependei-vos, porque está próximo o reino dos céus.

³Porque este é o anunciado pelo profeta Isaías, que disse:

Voz do que clama no deserto:
Preparai o caminho do Senhor,
Endireitai as suas veredas.

⁴E este João tinha as suas vestes de pelos de camelo, e *um* cinto de couro em torno de seus lombos; e alimentava-se de gafanhotos e de mel silvestre.

⁵Então ia ter com ele Jerusalém, e toda a Judeia, e toda a província adjacente ao Jordão;

⁶E eram por ele batizados no *rio* Jordão, confessando os seus pecados.

⁷E, vendo ele muitos dos fariseus e dos saduceus, que vinham ao seu batismo, dizia-lhes: Raça de víboras, quem vos ensinou a fugir da ira futura?

⁸Produzi, pois, frutos dignos de arrependimento;

⁹E não presumais, de vós mesmos, dizendo: Temos por pai a Abraão; porque eu vos digo que, mesmo destas pedras, Deus pode suscitar filhos a Abraão.

¹⁰E também agora está posto o machado à raiz das árvores; toda a árvore, pois, que não produz bom fruto, é cortada e lançada no fogo.

¹¹E eu, em verdade, vos batizo com água, para o arrependimento; mas aquele que vem após mim é mais poderoso do que eu; cujas sandálias não sou digno de levar; ele vos batizará com o Espírito Santo, e *com* fogo.

¹²Em sua mão *tem* a pá, e limpará a sua eira, e recolherá no celeiro o seu trigo, e queimará a palha com fogo que nunca se apagará.

Batismo de Jesus Cristo

¹³Então veio Jesus da Galileia ter com João, junto do Jordão, para ser batizado por ele.

¹⁴Mas João opunha-se-lhe, dizendo: Eu careço de ser batizado por ti, e vens tu a mim?

¹⁵Jesus, porém, respondendo, disse-lhe: Deixa *por* agora, porque assim nos convém cumprir toda a justiça. Então ele o permitiu.

¹⁶E, sendo Jesus batizado, subiu logo da água, e eis que se lhe abriram os céus, e viu o Espírito de Deus descendo como pomba e vindo sobre ele.

¹⁷E eis que uma voz dos céus dizia: Este é o meu Filho amado, em quem me comprazo.

Tentação de Jesus Cristo

4ENTÃO foi conduzido Jesus pelo Espírito ao deserto, para ser tentado pelo diabo.

²E, tendo jejuado quarenta dias e quarenta noites, depois teve fome;

³E, chegando-se a ele o tentador, disse: Se tu és o Filho de Deus, manda que estas pedras se tornem em pães.

⁴Ele, porém, respondendo, disse: Está escrito: Nem só de pão viverá o homem, mas de toda a palavra que sai da boca de Deus.

⁵Então o diabo o transportou à cidade santa, e colocou-o sobre o pináculo do templo,

⁶E disse-lhe: Se tu és o Filho de Deus, lança-te de aqui abaixo; porque está escrito:

Que aos seus anjos dará ordens a teu
respeito,
E tomar-te-ão nas mãos,

Para que nunca tropeces com o teu pé em *alguma* pedra.

⁷Disse-lhe Jesus: Também está escrito: Não tentarás o Senhor teu Deus.

⁸Novamente o transportou o diabo a um monte muito alto; e mostrou-lhe todos os reinos do mundo, e a glória deles.

⁹E disse-lhe: Tudo isto te darei se, prostrado, me adorares.

¹⁰Então disse-lhe Jesus: Vai-te, Satanás, porque está escrito: Ao Senhor teu Deus adorarás, e só a ele servirás.

¹¹Então o diabo o deixa; e, eis que chegaram os anjos, e o serviam.

Jesus começa seu ministério

¹²Jesus, porém, ouvindo que João estava preso, voltou para a Galileia;

MATEUS 5.29

¹³E, deixando Nazaré, foi habitar em Cafarnaum, *cidade* marítima, nos confins de Zebulom e Naftali;

¹⁴Para que se cumprisse o que foi dito pelo profeta Isaías, que diz:

¹⁵A terra de Zebulom, e a terra de Naftali,

> *Junto* ao caminho do mar, além do Jordão,
> A Galileia das nações;
> ¹⁶O povo, que estava assentado em trevas,
> Viu uma grande luz;
> E, aos que estavam assentados na região e
>   sombra da morte,
> A luz raiou.

¹⁷Desde então começou Jesus a pregar, e a dizer: Arrependei-vos, porque está próximo o reino dos céus.

A vocação dos discípulos

¹⁸E Jesus, andando junto ao mar da Galileia, viu a dois irmãos, Simão, chamado Pedro, e André, seu irmão, que lançavam a rede ao mar, porque eram pescadores;

¹⁹E disse-lhes: Vinde após mim, e eu vos farei pescadores de homens.

²⁰Então eles, deixando logo as redes, seguiram-no.

²¹E, adiantando-se dali, viu outros dois irmãos, Tiago, *filho* de Zebedeu, e João, seu irmão, num barco com seu pai, Zebedeu, consertando as redes;

²²E chamou-os; eles, deixando imediatamente o barco e seu pai, seguiram-no.

²³E percorria Jesus toda a Galileia, ensinando nas suas sinagogas e pregando o evangelho do reino, e curando todas as enfermidades e moléstias entre o povo.

²⁴E a sua fama correu por toda a Síria, e traziam-lhe todos os que padeciam, oprimidos por várias enfermidades e tormentos, os endemoninhados, os lunáticos, e os paralíticos, e ele os curava.

²⁵E seguia-o uma grande multidão da Galileia, de Decápolis, de Jerusalém, da Judeia, e de além do Jordão.

Sermão da Montanha.
As bem-aventuranças

5 E JESUS, vendo a multidão, subiu a um monte, e, assentando-se, aproximaram-se dele os seus discípulos;

²E, abrindo a sua boca, os ensinava, dizendo:

³Bem-aventurados os pobres em espírito, porque deles é o reino dos céus;

⁴Bem-aventurados os que choram, porque eles serão consolados;

⁵Bem-aventurados os mansos, porque eles herdarão a terra;

⁶Bem-aventurados os que têm fome e sede de justiça, porque eles serão fartos;

⁷Bem-aventurados os misericordiosos, porque eles alcançarão misericórdia;

⁸Bem-aventurados os limpos de coração, porque eles verão a Deus;

⁹Bem-aventurados os pacificadores, porque eles serão chamados filhos de Deus;

¹⁰Bem-aventurados os que sofrem perseguição por causa da justiça, porque deles é o reino dos céus;

¹¹Bem-aventurados sois vós, quando vos injuriarem e perseguirem e, mentindo, disserem todo o mal contra vós por minha causa.

¹²Exultai e alegrai-*vos*, porque *é* grande o vosso galardão nos céus; porque assim perseguiram os profetas que *foram* antes de vós.

¹³Vós sois o sal da terra; e se o sal for insípido, com que se há de salgar? Para nada mais presta senão para se lançar fora, e ser pisado pelos homens.

¹⁴Vós sois a luz do mundo; não se pode esconder uma cidade edificada sobre um monte;

¹⁵Nem se acende a candeia e se coloca debaixo do alqueire, mas no velador, e dá luz a todos que estão na casa.

¹⁶Assim resplandeça a vossa luz diante dos homens, para que vejam as vossas boas obras e glorifiquem a vosso Pai, que *está* nos céus.

Jesus veio cumprir a lei

¹⁷Não cuideis que vim destruir a lei ou os profetas: não vim destruir, mas cumprir.

¹⁸Porque em verdade vos digo que, até que o céu e a terra passem, *nem* um jota ou um til jamais passará da lei, sem que tudo seja cumprido.

¹⁹Qualquer, pois, que violar um destes mandamentos, por menor que seja, e assim ensinar aos homens, será chamado o menor no reino dos céus; aquele, porém, que *os* cumprir e ensinar será chamado grande no reino dos céus.

²⁰Porque vos digo que, se a vossa justiça não exceder *a* dos escribas e fariseus, de modo nenhum entrareis no reino dos céus.

²¹Ouvistes que foi dito aos antigos: Não matarás; mas qualquer que matar será réu de juízo.

²²Eu, porém, vos digo que qualquer que, sem motivo, se encolerizar contra seu irmão, será réu de juízo; e qualquer que disser a seu irmão: Raca, será réu do sinédrio; e qualquer que *lhe* disser: Louco, será réu do fogo do inferno.

²³Portanto, se trouxeres a tua oferta ao altar, e aí te lembrares de que teu irmão tem alguma coisa contra ti,

²⁴Deixa ali diante do altar a tua oferta, e vai reconciliar-te primeiro com teu irmão e, depois, vem e apresenta a tua oferta.

²⁵Concilia-te depressa com o teu adversário, enquanto estás no caminho com ele, para que não aconteça que o adversário te entregue ao juiz, e o juiz te entregue ao oficial, e te lancem na prisão.

²⁶Em verdade te digo que de maneira nenhuma sairás dali enquanto não pagares o último centavo.

Do adultério

²⁷Ouvistes que foi dito aos antigos: Não cometerás adultério.

²⁸Eu, porém, vos digo, que qualquer que atentar numa mulher para a cobiçar, já em seu coração cometeu adultério com ela.

²⁹Portanto, se o teu olho direito te escandalizar,

MATEUS 5.30

arranca-o e atira-o para longe de ti; pois te é melhor que se perca um dos teus membros do que seja todo o teu corpo lançado no inferno.

³⁰E, se a tua mão direita te escandalizar, corta-a e atira-a para longe de ti, porque te é melhor que um dos teus membros se perca do que seja todo o teu corpo lançado no inferno.

³¹Também foi dito: Qualquer que deixar sua mulher, dê-lhe carta de divórcio.

³²Eu, porém, vos digo que qualquer que repudiar sua mulher, a não ser por causa de fornicação, faz que ela cometa adultério, e qualquer que casar com a repudiada comete adultério.

³³Outrossim, ouvistes que foi dito aos antigos: Não perjurarás, mas cumprirás os teus juramentos ao Senhor.

³⁴Eu, porém, vos digo que de maneira nenhuma jureis; nem pelo céu, porque é o trono de Deus;

³⁵Nem pela terra, porque é o escabelo de seus pés; nem por Jerusalém, porque é a cidade do grande Rei;

³⁶Nem jurarás pela tua cabeça, porque não podes tornar um cabelo branco ou preto.

³⁷Seja, porém, o vosso falar: Sim, sim; não, não; porque o que passa disto é procedente do mal.

³⁸Ouvistes que foi dito: Olho por olho, e dente por dente.

³⁹Eu, porém, vos digo que não resistais ao mau; mas, se qualquer te bater na face direita, oferece-lhe também a outra;

⁴⁰E, ao que quiser pleitear contigo, e tirar-te a túnica, larga-lhe também a capa;

⁴¹E, se qualquer te obrigar a caminhar uma milha, vai com ele duas.

⁴²Dá a quem te pedir, e não te desvies daquele que quiser tomar emprestado de ti.

Do amor ao próximo

⁴³Ouvistes que foi dito: Amarás o teu próximo, e odiarás o teu inimigo.

⁴⁴Eu, porém, vos digo: Amai a vossos inimigos, bendizei os que vos maldizem, fazei bem aos que vos odeiam, e orai pelos que vos maltratam e vos perseguem; para que sejais filhos do vosso Pai que *está* nos céus;

⁴⁵Porque faz que o seu sol se levante sobre maus e bons, e a chuva desça sobre justos e injustos.

⁴⁶Pois, se amardes os que vos amam, que galardão tendes? Não fazem os publicanos também o mesmo?

⁴⁷E, se saudardes unicamente os vossos irmãos, que fazeis de mais? Não fazem os publicanos também assim?

⁴⁸Sede vós pois perfeitos, como é perfeito o vosso Pai que *está* nos céus.

Esmola, oração e jejum

6 GUARDAI-vos de fazer a vossa esmola diante dos homens, para serdes vistos por eles; aliás, não tendes galardão junto de vosso Pai, que *está* nos céus.

²Quando, pois, deres esmola, não *faças* tocar

trombeta diante de ti, como fazem os hipócritas nas sinagogas e nas ruas, para serem glorificados pelos homens. Em verdade vos digo *que já* têm o seu galardão.

³Mas, quando tu deres esmola, não saiba a tua *mão* esquerda o que faz a tua direita;

⁴Para que a tua esmola seja *dada* em secreto; e teu Pai, que vê em secreto, ele mesmo te recompensará publicamente.

⁵E, quando orares, não sejas como os hipócritas; pois se comprazem em orar em pé nas sinagogas, e às esquinas das ruas, para serem vistos pelos homens. Em verdade vos digo que já receberam o seu galardão.

⁶Mas tu, quando orares, entra no teu aposento e, fechando a tua porta, ora a teu Pai que *está* em secreto; e teu Pai, que vê em secreto, te recompensará publicamente.

⁷E, orando, não useis de vãs repetições, como os gentios, que pensam que por muito falarem serão ouvidos.

⁸Não vos assemelheis, pois, a eles; porque vosso Pai sabe o que vos é necessário, antes de vós lho pedirdes.

⁹Portanto, vós orareis assim: Pai nosso, que *estás* nos céus, santificado seja o teu nome;

¹⁰Venha o teu reino, seja feita a tua vontade, *assim* na terra como no céu;

¹¹O pão nosso de cada dia nos dá hoje;

¹²E perdoa-nos as nossas dívidas, assim como nós perdoamos aos nossos devedores;

¹³E não nos conduzas à tentação; mas livra-nos do mal; porque teu é o reino, e o poder, e a glória, para sempre. Amém.

¹⁴Porque, se perdoardes aos homens as suas ofensas, também vosso Pai celestial vos perdoará a vós;

¹⁵Se, porém, não perdoardes aos homens as suas ofensas, também vosso Pai vos não perdoará as vossas ofensas.

¹⁶E, quando jejuardes, não vos mostreis contristados como os hipócritas; porque desfiguram os seus rostos, para que aos homens pareça que jejuam. Em verdade vos digo que já receberam o seu galardão.

¹⁷Tu, porém, quando jejuares, unge a tua cabeça, e lava o teu rosto,

¹⁸Para não pareceres aos homens que jejuas, mas a teu Pai, que *está* em secreto; e teu Pai, que vê em secreto, te recompensará publicamente.

Os tesouros no céu

¹⁹Não ajunteis tesouros na terra, onde a traça e a ferrugem *tudo* consomem, e onde os ladrões minam e roubam;

²⁰Mas ajuntai tesouros no céu, onde nem a traça nem a ferrugem consomem, e onde os ladrões não minam nem roubam.

²¹Porque onde estiver o vosso tesouro, ali estará também o vosso coração.

²²A candeia do corpo são os olhos; de sorte que, se os teus olhos forem bons, todo o teu corpo terá luz;

²³Se, porém, os teus olhos forem maus, todo o teu corpo será tenebroso. Se, portanto, a luz que em ti há são trevas, quão grandes *serão* tais trevas!

²⁴Ninguém pode servir a dois senhores; porque ou há de odiar um e amar o outro, ou se dedicará a um e desprezará o outro. Não podeis servir a Deus e a Mamom.

Os cuidados e inquietações

²⁵Por isso vos digo: Não andeis ansiosos quanto à vossa vida, pelo que haveis de comer ou pelo que haveis de beber; nem quanto ao vosso corpo, pelo que haveis de vestir. Não é a vida mais do que o mantimento, e o corpo *mais* do que o vestuário?

²⁶Olhai para as aves do céu, que nem semeiam, nem segam, nem ajuntam em celeiros; e vosso Pai celestial as alimenta. Não tendes vós muito mais valor do que elas?

²⁷E qual de vós poderá, com todos os seus cuidados, acrescentar um côvado à sua estatura?

²⁸E, quanto ao vestuário, por que andais ansiosos? Olhai para os lírios do campo, como eles crescem; não trabalham nem fiam;

²⁹E eu vos digo que nem mesmo Salomão, em toda a sua glória, se vestiu como qualquer deles.

³⁰Pois, se Deus assim veste a erva do campo, que hoje existe, e amanhã é lançada no forno, não vos *vestirá* muito mais a vós, *homens* de pequena fé?

³¹Não andeis, pois, inquietos, dizendo: Que comeremos, ou que beberemos, ou com que nos vestiremos?

³²Porque todas estas coisas os gentios procuram. Decerto vosso Pai celestial bem sabe que necessitais de todas estas coisas;

³³Mas, buscai primeiro o reino de Deus, e a sua justiça, e todas estas *coisas* vos serão acrescentadas.

³⁴Não vos inquieteis, pois, pelo dia de amanhã, porque o dia de amanhã cuidará de si mesmo. Basta a *cada* dia o seu mal.

O juízo temerário

7 NÃO julgueis, para que não sejais julgados.

²Porque com o juízo com que julgardes sereis julgados, e com a medida com que tiverdes medido vos tornarão a medir.

³E por que reparas tu no argueiro que *está* no olho do teu irmão, e não vês a trave que *está* no teu olho?

⁴Ou como dirás a teu irmão: Deixa-me tirar o argueiro do teu olho, e eis uma trave no teu olho?

⁵Hipócrita, tira primeiro a trave do teu olho, e então verás claramente para tirar o argueiro do olho do teu irmão.

⁶Não deis aos cães as coisas santas, nem deiteis aos porcos as vossas pérolas, não aconteça que as pisem com os pés e, voltando-se, vos despedacem.

A perseverança na oração

⁷Pedi, e dar-se-vos-á; buscai, e encontrareis; batei, e abrir-se-vos-á.

⁸Porque, aquele que pede, recebe; e, o que busca, encontra; e, ao que bate, abrir-se-lhe-á.

⁹E qual dentre vós é o homem que, pedindo-lhe pão o seu filho, lhe dará uma pedra?

¹⁰E, pedindo-lhe peixe, lhe dará uma serpente?

¹¹Se vós, pois, sendo maus, sabeis dar boas coisas aos vossos filhos, quanto mais vosso Pai, que *está* nos céus, dará bens aos que lhe pedirem?

¹²Portanto, tudo o que vós quereis que os homens vos façam, fazei-lho também vós, porque esta é a lei e os profetas.

¹³Entrai pela porta estreita; porque larga *é* a porta, e espaçoso o caminho que conduz à perdição, e muitos são os que entram por ela;

¹⁴E porque estreita *é* a porta, e apertado o caminho que leva à vida, e poucos há que a encontrem.

Os falsos profetas

¹⁵Acautelai-vos, porém, dos falsos profetas, que vêm até vós vestidos como ovelhas, mas, interiormente, são lobos devoradores.

¹⁶Por seus frutos os conhecereis. *Porventura* colhem-se uvas dos espinheiros, ou figos dos abrolhos?

¹⁷Assim, toda a árvore boa produz bons frutos, e toda a árvore má produz frutos maus.

¹⁸Não pode a árvore boa dar maus frutos; nem a árvore má dar frutos bons.

¹⁹Toda a árvore que não dá bom fruto corta-se e lança-se no fogo.

²⁰Portanto, pelos seus frutos os conhecereis.

²¹Nem todo o que me diz: Senhor, Senhor! Entrará no reino dos céus, mas aquele que faz a vontade de meu Pai, que *está* nos céus.

²²Muitos me dirão naquele dia: Senhor, Senhor, não profetizamos nós em teu nome? E em teu nome não expulsamos demônios? E em teu nome não fizemos muitas maravilhas?

²³E então lhes direi abertamente: Nunca vos conheci; apartai-vos de mim, vós que praticais a iniquidade.

²⁴Todo aquele, pois, que escuta estas minhas palavras, e as pratica, assemelhá-lo-ei ao homem prudente, que edificou a sua casa sobre a rocha;

²⁵E desceu a chuva, e correram rios, e assopraram ventos, e combateram aquela casa, e não caiu, porque estava edificada sobre a rocha.

²⁶E aquele que ouve estas minhas palavras, e não as cumpre, compará-lo-ei ao homem insensato, que edificou a sua casa sobre a areia;

²⁷E desceu a chuva, e correram rios, e assopraram ventos, e combateram aquela casa, e caiu, e foi grande a sua queda.

²⁸E aconteceu que, concluindo Jesus este discurso, a multidão se admirou da sua doutrina;

²⁹Porquanto os ensinava como tendo autoridade; e não como os escribas.

A cura de um leproso

8 E, DESCENDO ele do monte, seguiu-o uma grande multidão.

²E, eis que veio um leproso, e o adorou, dizendo: Senhor, se quiseres, podes tornar-me limpo.

³E Jesus, estendendo a mão, tocou-o, dizendo:

MATEUS 8.4

Quero; sê limpo. E logo ficou purificado de sua lepra.

⁴Disse-lhe então Jesus: Olha, não o digas a alguém, mas vai, mostra-te ao sacerdote, e apresenta a oferta que Moisés determinou, para lhes servir de testemunho.

O servo de um centurião

⁵E, entrando Jesus em Cafarnaum, chegou *junto* dele um centurião, rogando-lhe,

⁶E dizendo: Senhor, o meu criado jaz em casa, paralítico, e violentamente atormentado.

⁷E Jesus lhe disse: Eu irei, e lhe darei saúde.

⁸E o centurião, respondendo, disse: Senhor, não sou digno de que entres debaixo do meu telhado, mas dize somente uma palavra, e o meu criado há de sarar.

⁹Pois também eu sou homem sob autoridade, e tenho soldados às minhas ordens; e digo a este: Vai, e ele vai; e a outro: Vem, e ele vem; e ao meu criado: Faze isto, e ele o faz.

¹⁰E maravilhou-se Jesus, ouvindo *isto,* e disse aos que o seguiam: Em verdade vos digo que nem mesmo em Israel encontrei tanta fé.

¹¹Mas eu vos digo que muitos virão do oriente e do ocidente, e assentar-se-ão à mesa com Abraão, e Isaque, e Jacó, no reino dos céus;

¹²E os filhos do reino serão lançados nas trevas exteriores; ali haverá pranto e ranger de dentes.

¹³Então disse Jesus ao centurião: Vai, e como creste te seja feito. E naquela mesma hora o seu criado sarou.

A cura da sogra de Pedro

¹⁴E Jesus, entrando em casa de Pedro, viu a sogra deste acamada, e com febre.

¹⁵E tocou-lhe na mão, e a febre a deixou; e levantou-se, e serviu-os.

¹⁶E, chegada a tarde, trouxeram-lhe muitos endemoninhados, e ele com a *sua* palavra expulsou *deles* os espíritos, e curou todos os que estavam enfermos;

¹⁷Para que se cumprisse o que fora dito pelo profeta Isaías, que diz: Ele tomou *sobre si* as nossas enfermidades, e levou as *nossas* doenças.

Como seguir a Jesus

¹⁸E Jesus, vendo em torno de si *uma* grande multidão, ordenou que passassem para o outro lado;

¹⁹E, aproximando-se *dele* um escriba, disse-lhe: Mestre, aonde quer que fores, eu te seguirei.

²⁰E disse-lhe Jesus: As raposas têm covis, e as aves do céu *têm* ninhos, mas o Filho do homem não tem onde reclinar a cabeça.

²¹E outro de seus discípulos lhe disse: Senhor, permite-me que primeiramente vá sepultar meu pai.

²²Jesus, porém, disse-lhe: Segue-me, e deixa os mortos sepultar os seus mortos.

Tempestade apaziguada

²³E, entrando ele no barco, seus discípulos o seguiram;

²⁴E eis que no mar se levantou *uma* tempestade, tão grande que o barco era coberto pelas ondas; ele, porém, estava dormindo.

²⁵E os seus discípulos, aproximando-se, o despertaram, dizendo: Senhor, salva-nos! Que perecemos.

²⁶E ele disse-lhes: Por que temeis, *homens* de pequena fé? Então, levantando-se, repreendeu os ventos e o mar, e seguiu-se uma grande bonança.

²⁷E aqueles homens se maravilharam, dizendo: Que homem é este, que até os ventos e o mar lhe obedecem?

A cura de dois endemoninhados

²⁸E, tendo chegado ao outro lado, à província dos gergesenos, saíram-lhe ao encontro dois endemoninhados, vindos dos sepulcros; tão ferozes eram que ninguém podia passar por aquele caminho.

²⁹E eis que clamaram, dizendo: Que temos nós contigo, Jesus, Filho de Deus? Vieste aqui atormentar-nos antes do tempo?

³⁰E andava pastando distante deles uma manada de muitos porcos.

³¹E os demônios rogaram-lhe, dizendo: Se nos expulsas, permite-nos que entremos naquela manada de porcos.

³²E ele lhes disse: Ide. E, saindo eles, se introduziram na manada dos porcos; e eis que toda aquela manada de porcos se precipitou no mar por um despenhadeiro, e morreram nas águas.

³³E aqueles que os apascentavam fugiram e, indo à cidade, divulgaram todas estas coisas, e o que *acontecera* aos endemoninhados.

³⁴E eis que toda aquela cidade saiu ao encontro de Jesus e, vendo-o, rogaram-lhe que se retirasse dos seus termos.

Cura de um paralítico

9E, ENTRANDO no barco, passou para o outro lado, e chegou à sua cidade. E eis que lhe trouxeram um paralítico, deitado *numa* cama.

²E Jesus, vendo a fé deles, disse ao paralítico: Filho, tem bom ânimo, perdoados te são os teus pecados.

³E eis que alguns dos escribas diziam entre si: Ele blasfema.

⁴Mas Jesus, conhecendo os seus pensamentos, disse: Por que pensais mal em vossos corações?

⁵Pois, qual é mais fácil? dizer: Perdoados te são os *teus* pecados; ou dizer: Levanta-te e anda?

⁶Ora, para que saibais que o Filho do homem tem na terra autoridade para perdoar pecados (disse então ao paralítico): Levanta-te, toma a tua cama, e vai para tua casa.

⁷E, levantando-se, foi para sua casa.

⁸E a multidão, vendo *isto,* maravilhou-se, e glorificou a Deus, que dera tal poder aos homens.

Vocação de Mateus

⁹E Jesus, passando *adiante* dali, viu assentado na recebedoria um homem, chamado Mateus, e disse-lhe: Segue-me. E ele, levantando-se, o seguiu.

MATEUS 10.14

[647]

[10]E aconteceu que, estando ele em casa sentado *à mesa,* chegaram muitos publicanos e pecadores, e sentaram-se juntamente com Jesus e seus discípulos.

[11]E os fariseus, vendo *isto,* disseram aos seus discípulos: Por que come o vosso Mestre com os publicanos e pecadores?

[12]Jesus, porém, ouvindo, disse-lhes: Não necessitam de médico os sãos, mas, sim, os doentes.

[13]Ide, porém, e aprendei o que significa: Misericórdia quero, e não sacrifício. Porque eu não vim a chamar os justos, mas os pecadores, ao arrependimento.

Do jejum

[14]Então, vieram a ele os discípulos de João, dizendo: Por que jejuamos nós e os fariseus muitas vezes, e os teus discípulos não jejuam?

[15]E disse-lhes Jesus: Podem *porventura* andar tristes os filhos das bodas, enquanto o esposo está com eles? Dias, porém, virão, em que lhes será tirado o esposo, e então jejuarão.

[16]Ninguém deita remendo de pano novo em roupa velha, porque semelhante remendo rompe a roupa, e faz-se maior a rotura.

[17]Nem se deita vinho novo em odres velhos; aliás rompem-se os odres, e entorna-se o vinho, e os odres estragam-se; mas deita-se vinho novo em odres novos, e assim ambos se conservam.

Milagres e curas

[18]Dizendo-lhes ele estas *coisas,* eis que chegou um chefe, e o adorou, dizendo: Minha filha faleceu agora mesmo; mas vem, impõe-lhe a tua mão, e ela viverá.

[19]E Jesus, levantando-se, seguiu-o, *ele* e os seus discípulos.

[20]E eis que uma mulher que havia já doze anos padecia de um fluxo de sangue, chegando por detrás *dele,* tocou a orla de sua roupa;

[21]Porque dizia consigo: Se eu tão somente tocar a sua roupa, ficarei sã.

[22]E Jesus, voltando-se, e vendo-a, disse: Tem bom ânimo, filha, a tua fé te salvou. E imediatamente a mulher ficou sã.

[23]E Jesus, chegando à casa daquele chefe, e vendo os instrumentistas, e o povo em alvoroço,

[24]Disse-lhes: Retirai-vos, que a menina não está morta, mas dorme. E riam-se dele.

[25]E, logo que o povo foi posto fora, entrou Jesus, e pegou-lhe na mão, e a menina levantou-se.

[26]E espalhou-se aquela notícia por todo aquele país.

[27]E, partindo Jesus dali, seguiram-no dois cegos, clamando, e dizendo: Tem compaixão de nós, filho de Davi.

[28]E, quando chegou à casa, os cegos se aproximaram dele; e Jesus disse-lhes: Credes vós que eu possa fazer isto? Disseram-lhe eles: Sim, Senhor.

[29]Tocou então os olhos deles, dizendo: Seja-vos feito segundo a vossa fé.

[30]E os olhos se lhes abriram. E Jesus ameaçou-os, dizendo: Olhai que ninguém *o* saiba.

[31]Mas, tendo eles saído, divulgaram a sua fama por toda aquela terra.

[32]E, havendo-se eles retirado, trouxeram-lhe um homem mudo e endemoninhado.

[33]E, expulso o demônio, falou o mudo; e a multidão se maravilhou, dizendo: Nunca tal se viu em Israel.

[34]Mas os fariseus diziam: Ele expulsa os demônios pelo príncipe dos demônios.

A seara e os ceifeiros

[35]E percorria Jesus todas as cidades e aldeias, ensinando nas sinagogas deles, e pregando o evangelho do reino, e curando todas as enfermidades e moléstias entre o povo.

[36]E, vendo as multidões, teve grande compaixão delas, porque andavam cansadas e desgarradas, como ovelhas que não têm pastor.

[37]Então, disse aos seus discípulos: A ceifa *é* realmente grande, mas poucos os obreiros.

[38]Rogai, pois, ao Senhor da ceifa, que mande obreiros para a sua colheita.

Missão dos doze apóstolos

10 E, CHAMANDO os seus doze discípulos, deu-lhes poder sobre os espíritos imundos, para os expulsarem, e para curarem toda a enfermidade e todo o mal.

[2]Ora, os nomes dos doze apóstolos são estes: O primeiro, Simão, chamado Pedro, e André, seu irmão; Tiago, *filho* de Zebedeu, e João, seu irmão;

[3]Filipe e Bartolomeu; Tomé e Mateus, o publicano; Tiago, *filho* de Alfeu, e Lebeu, apelidado Tadeu;

[4]Simão, o Cananita, e Judas Iscariotes, aquele que o traiu.

[5]Jesus enviou estes doze, e lhes ordenou, dizendo: Não ireis pelo caminho dos gentios, nem entrareis em cidade de samaritanos;

[6]Mas ide antes às ovelhas perdidas da casa de Israel;

[7]E, indo, pregai, dizendo: É chegado o reino dos céus.

[8]Curai os enfermos, limpai os leprosos, ressuscitai os mortos, expulsai os demônios; de graça recebestes, de graça dai.

[9]Não possuais ouro, nem prata, nem cobre, em vossos cintos,

[10]Nem alforjes para o caminho, nem duas túnicas, nem sandálias, nem cajado; porque digno é o operário do seu alimento.

[11]E, em qualquer cidade ou aldeia em que entrardes, procurai saber quem nela seja digno, e hospedai-vos aí, até que vos retireis.

[12]E, quando entrardes nalguma casa, saudai-a;

[13]E, se a casa for digna, desça sobre ela a vossa paz; mas, se não for digna, torne para vós a vossa paz.

[14]E, se ninguém vos receber, nem escutar as vossas palavras, saindo daquela casa ou cidade, sacudi o pó dos vossos pés.

MATEUS 10.15   648

¹⁵Em verdade vos digo que, no dia do juízo, haverá menos rigor para o país de Sodoma e Gomorra do que para aquela cidade.

¹⁶Eis que vos envio como ovelhas ao meio de lobos; portanto, sede prudentes como as serpentes e inofensivos como as pombas.

¹⁷Acautelai-vos, porém, dos homens; porque eles vos entregarão aos sinédrios, e vos açoitarão nas suas sinagogas;

¹⁸E sereis até conduzidos à presença dos governadores, e dos reis, por causa de mim, para *lhes servir* de testemunho a eles, e aos gentios.

¹⁹Mas, quando vos entregarem, não vos dê cuidado como, ou o que haveis de falar, porque naquela *mesma* hora vos será ministrado o que haveis de dizer.

²⁰Porque não sois vós quem falará, mas o Espírito de vosso Pai é que fala em vós.

²¹E o irmão entregará à morte o irmão, e o pai o filho; e os filhos se levantarão contra os pais, e os matarão.

²²E odiados de todos sereis por causa do meu nome; mas aquele que perseverar até ao fim, esse será salvo.

²³Quando pois vos perseguirem nesta cidade, fugi para outra; porque em verdade vos digo que não acabareis de *percorrer* as cidades de Israel sem que venha o Filho do homem.

²⁴Não é o discípulo mais do que o mestre, nem o servo mais do que o seu senhor.

²⁵Basta ao discípulo ser como seu mestre, e ao servo como seu senhor. Se chamaram Belzebu ao pai de família, quanto mais aos seus domésticos?

²⁶Portanto, não os temais; porque nada há encoberto que não haja de revelar-se, nem oculto que não haja de saber-se.

²⁷O que vos digo em trevas dizei-*o* em luz; e o que escutais ao ouvido pregai-*o* sobre os telhados.

²⁸E não temais os que matam o corpo e não podem matar a alma; temei antes aquele que pode fazer perecer no inferno a alma e o corpo.

²⁹Não se vendem dois passarinhos por um asse? e nenhum deles cairá em terra sem *a vontade de* vosso Pai.

³⁰E até mesmo os cabelos da vossa cabeça estão todos contados.

³¹Não temais, pois; mais valeis vós do que muitos passarinhos.

³²Portanto, qualquer que me confessar diante dos homens, eu o confessarei diante de meu Pai, que *está* nos céus.

³³Mas qualquer que me negar diante dos homens, eu o negarei também diante de meu Pai, que *está* nos céus.

³⁴Não cuideis que vim trazer a paz à terra; não vim trazer paz, mas espada;

³⁵Porque eu vim pôr em dissensão o homem contra seu pai, e a filha contra sua mãe, e a nora contra sua sogra;

³⁶E assim os inimigos do homem serão os seus familiares.

³⁷Quem ama o pai ou a mãe mais do que a mim não é digno de mim; e quem ama o filho ou a filha mais do que a mim não é digno de mim.

³⁸E quem não toma a sua cruz, e não segue após mim, não é digno de mim.

³⁹Quem achar a sua vida perdê-la-á; e quem perder a sua vida, por amor de mim, achá-la-á.

⁴⁰Quem vos recebe, a mim me recebe; e quem me recebe a mim, recebe aquele que me enviou.

⁴¹Quem recebe *um* profeta em qualidade de profeta, receberá galardão de profeta; e quem recebe *um* justo na qualidade de justo, receberá galardão de justo.

⁴²E qualquer que tiver dado só que seja um copo de *água* fria a um destes pequenos, em nome de discípulo, em verdade vos digo que de modo algum perderá o seu galardão.

Mensagem de João o Batista a Jesus

11 E ACONTECEU que, acabando Jesus de dar instruções aos seus doze discípulos, partiu dali a ensinar e a pregar nas cidades deles.

²E João, ouvindo no cárcere *falar* dos feitos de Cristo, enviou dois dos seus discípulos,

³A dizer-lhe: És tu aquele que havia de vir, ou esperamos outro?

⁴E Jesus, respondendo, disse-lhes: Ide, e anunciai a João *as coisas* que ouvis e vedes:

⁵Os cegos veem, e os coxos andam; os leprosos são limpos, e os surdos ouvem; os mortos são ressuscitados, e aos pobres é anunciado o evangelho.

⁶E bem-aventurado é *aquele* que não se escandalizar em mim.

Jesus testemunha sobre João

⁷E, partindo eles, começou Jesus a dizer às multidões, a respeito de João: Que fostes ver no deserto? *Uma* cana agitada pelo vento?

⁸Sim, que fostes ver? *Um* homem ricamente vestido? Os que trajam ricamente estão nas casas dos reis.

⁹Mas, então que fostes ver? *Um* profeta? Sim, vos digo eu, e muito mais do que profeta;

¹⁰Porque é este de quem está escrito:

Eis que diante da tua face envio o meu anjo,
Que preparará diante de ti o teu caminho.

¹¹Em verdade vos digo *que*, entre os que de mulher têm nascido, não apareceu *alguém* maior do que João o Batista; mas aquele *que* é o menor no reino dos céus é maior do que ele.

¹²E, desde os dias de João o Batista até agora, se faz violência ao reino dos céus, e pela força se apoderam dele.

¹³Porque todos os profetas e a lei profetizaram até João.

¹⁴E, se quereis dar crédito, é este o Elias que havia de vir.

¹⁵Quem tem ouvidos para ouvir, ouça.

¹⁶Mas, a quem assemelharei esta geração? É

semelhante aos meninos que se assentam nas praças, e clamam aos seus companheiros,

¹⁷E dizem: Tocamo-vos flauta, e não dançastes; cantamo-vos lamentações, e não chorastes.

¹⁸Porquanto veio João, não comendo nem bebendo, e dizem: Tem demônio.

¹⁹Veio o Filho do homem, comendo e bebendo, e dizem: Eis aí *um* homem comilão e beberrão, amigo dos publicanos e pecadores. Mas a sabedoria é justificada por seus filhos.

Ai das cidades impenitentes!

²⁰Então começou ele a lançar em rosto às cidades onde se operou a maior parte dos seus prodígios o não se haverem arrependido, *dizendo:*

²¹Ai de ti, Corazim! Ai de ti, Betsaida! Porque, se em Tiro e em Sidom fossem feitos os prodígios que em vós se fizeram, há muito que se teriam arrependido, com saco e com cinza.

²²Por isso eu vos digo que haverá menos rigor para Tiro e Sidom, no dia do juízo, do que para vós.

²³E tu, Cafarnaum, que foste erguida até ao céu, serás abatida até ao inferno; porque, se em Sodoma tivessem sido feitos os prodígios que em ti se operaram, teria ela permanecido até hoje.

²⁴Eu vos digo, porém, *que* haverá menos rigor para os de Sodoma, no dia do juízo, do que para ti.

O jugo de Jesus

²⁵Naquele tempo, respondendo Jesus, disse: Graças te dou, ó Pai, Senhor do céu e da terra, que ocultaste estas *coisas* aos sábios e entendidos, e as revelaste aos pequeninos.

²⁶Sim, ó Pai, porque assim te aprouve.

²⁷Todas *as coisas* me foram entregues por meu Pai, e ninguém conhece o Filho, senão o Pai; e ninguém conhece o Pai, senão o Filho, e aquele a quem o Filho *o* quiser revelar.

²⁸Vinde a mim, todos os que estais cansados e oprimidos, e eu vos aliviarei.

²⁹Tomai sobre vós o meu jugo, e aprendei de mim, que sou manso e humilde de coração; e encontrareis descanso para as vossas almas.

³⁰Porque o meu jugo *é* suave e o meu fardo é leve.

Jesus é Senhor do sábado

12 NAQUELE tempo passou Jesus pelas searas, em um sábado; e os seus discípulos, tendo fome, começaram a colher espigas, e a comer.

²E os fariseus, vendo *isto,* disseram-lhe: Eis que os teus discípulos fazem o que não é lícito fazer num sábado.

³Ele, porém, lhes disse: Não tendes lido o que fez Davi, quando teve fome, ele e os que com ele *estavam?*

⁴Como entrou na casa de Deus, e comeu os pães da proposição, que não lhe era lícito comer, nem aos que com ele *estavam,* mas só aos sacerdotes?

⁵Ou não tendes lido na lei que, aos sábados, os sacerdotes no templo violam o sábado, e ficam sem culpa?

⁶Pois eu vos digo que está aqui quem é maior do que o templo.

⁷Mas, se vós soubésseis o que significa: Misericórdia quero, e não sacrifício, não condenaríeis os inocentes.

⁸Porque o Filho do homem até do sábado é Senhor.

Jesus cura no sábado

⁹E, partindo dali, chegou à sinagoga deles.

¹⁰E, estava ali um homem que tinha uma das mãos mirrada; e eles, para o acusarem, o interrogaram, dizendo: É lícito curar nos sábados?

¹¹E ele lhes disse: Qual dentre vós será o homem que tendo uma ovelha, se num sábado ela cair numa cova, não lançará mão dela, e a levantará?

¹²Pois, quanto mais vale um homem do que uma ovelha? É, por consequência, lícito fazer bem nos sábados.

¹³Então disse àquele homem: Estende a tua mão. E ele a estendeu, e ficou sã como a outra.

¹⁴E os fariseus, tendo saído, formaram conselho contra ele, para o matarem.

¹⁵Jesus, sabendo isso, retirou-se dali, e acompanharam-no grandes multidões, e ele curou a todas.

¹⁶E recomendava-lhes rigorosamente que o não descobrissem,

¹⁷Para que se cumprisse o que fora dito pelo profeta Isaías, que diz:

¹⁸Eis aqui o meu servo, que escolhi,
O meu amado, em quem a minha alma se compraz;
Porei sobre ele o meu espírito,
E anunciará aos gentios o juízo.
¹⁹Não contenderá, nem clamará,
Nem alguém ouvirá pelas ruas a sua voz;
²⁰Não esmagará a cana quebrada,
E não apagará o morrão que fumega,
Até que faça triunfar o juízo;
²¹E no seu nome os gentios esperarão.

Jesus repreende os fariseus

²²Trouxeram-lhe, então, um endemoninhado cego e mudo; e, de tal modo o curou, que o cego e mudo falava e via.

²³E toda a multidão se admirava e dizia: Não é este o Filho de Davi?

²⁴Mas os fariseus, ouvindo *isto,* diziam: Este não expulsa os demônios senão por Belzebu, príncipe dos demônios.

²⁵Jesus, porém, conhecendo os seus pensamentos, disse-lhes: Todo o reino dividido contra si mesmo é devastado; e toda a cidade, ou casa, dividida contra si mesma não subsistirá.

²⁶E, se Satanás expulsa a Satanás, está dividido contra si mesmo; como subsistirá, pois, o seu reino?

²⁷E, se eu expulso os demônios por Belzebu, por quem os expulsam então vossos filhos? Portanto, eles mesmos serão os vossos juízes.

²⁸Mas, se eu expulso os demônios pelo Espírito de Deus, logo é chegado a vós o reino de Deus.

MATEUS 12.29 650

²⁹Ou, como pode alguém entrar na casa do *homem* valente, e furtar os seus bens, se primeiro não amarrar o valente, saqueando então a sua casa? ³⁰Quem não é comigo é contra mim; e quem comigo não ajunta, espalha.

O pecado contra o Espírito Santo

³¹Portanto, eu vos digo: Todo o pecado e blasfêmia se perdoará aos homens; mas a blasfêmia contra o Espírito não será perdoada aos homens. ³²E, se qualquer disser *alguma* palavra contra o Filho do homem, ser-lhe-á perdoado; mas, se alguém falar contra o Espírito Santo, não lhe será perdoado, nem neste século nem no futuro. ³³Ou fazei a árvore boa, e o seu fruto bom, ou fazei a árvore má, e o seu fruto mau; porque pelo fruto se conhece a árvore. ³⁴Raça de víboras, como podeis vós dizer boas *coisas,* sendo maus? Pois do que há em abundância no coração, disso fala a boca. ³⁵O homem bom tira boas *coisas* do bom tesouro do *seu* coração, e o homem mau do mau tesouro tira *coisas* más. ³⁶Mas eu vos digo que de toda a palavra ociosa que os homens disserem hão de dar conta no dia do juízo. ³⁷Porque por tuas palavras serás justificado, e por tuas palavras serás condenado.

³⁸Então alguns dos escribas e dos fariseus responderam, dizendo: Mestre, quiséramos ver da tua parte *algum* sinal. ³⁹Mas ele lhes respondeu, e disse: Uma geração má e adúltera pede *um* sinal, porém, não se lhe dará sinal, senão o sinal do profeta Jonas; ⁴⁰Pois, como Jonas esteve três dias e três noites no ventre da baleia, assim estará o Filho do homem três dias e três noites no coração da terra. ⁴¹Os ninivitas ressurgirão no juízo com esta geração, e a condenarão, porque se arrependeram com a pregação de Jonas. E eis que *está* aqui quem é maior do que Jonas. ⁴²A rainha do sul se levantará no juízo com esta geração, e a condenará; porque veio dos confins da terra para ouvir a sabedoria de Salomão. E eis que *está* aqui quem é maior do que Salomão.

⁴³E, quando o espírito imundo tem saído do homem, anda por lugares áridos, buscando repouso, e não o encontra. ⁴⁴Então diz: Voltarei para a minha casa, de onde saí. E, voltando, acha-*a* desocupada, varrida e adornada. ⁴⁵Então vai, e leva consigo outros sete espíritos piores do que ele e, entrando, habitam ali; e são os últimos *atos* desse homem piores do que os primeiros. Assim acontecerá também a esta geração má.

A mãe e os irmãos de Jesus

⁴⁶E, falando ele ainda à multidão, eis que estavam fora sua mãe e seus irmãos, pretendendo falar-lhe.

⁴⁷E disse-lhe alguém: Eis que estão ali fora tua mãe e teus irmãos, que querem falar-te. ⁴⁸Ele, porém, respondendo, disse ao que lhe falara: Quem é minha mãe? E quem são meus irmãos? ⁴⁹E, estendendo a sua mão para os seus discípulos, disse: Eis aqui minha mãe e meus irmãos; ⁵⁰Porque, qualquer que fizer a vontade de meu Pai que *está* nos céus, este é meu irmão, e irmã e mãe.

A parábola do semeador

13TENDO Jesus saído de casa, naquele dia, estava assentado junto ao mar; ²E ajuntou-se muita gente a ele, de sorte que, entrando num barco, se assentou; e toda a multidão estava em pé na praia. ³E falou-lhe de muitas *coisas* por parábolas, dizendo: Eis que o semeador saiu a semear. ⁴E, quando semeava, *uma* parte *da semente* caiu junto ao caminho, e vieram as aves, e comeram-na; ⁵E outra *parte* caiu em pedregais, onde não havia terra bastante, e logo nasceu, porque não tinha terra funda; ⁶Mas, vindo o sol, queimou-se, e secou-se, porque não tinha raiz. ⁷E outra caiu entre espinhos, e os espinhos cresceram e sufocaram-na. ⁸E outra caiu em boa terra, e deu fruto: um a cem, outro a sessenta e outro a trinta. ⁹Quem tem ouvidos para ouvir, ouça. ¹⁰E, acercando-se dele os discípulos, disseram-lhe: Por que lhes falas por parábolas? ¹¹Ele, respondendo, disse-lhes: Porque a vós é dado conhecer os mistérios do reino dos céus, mas a eles não lhes é dado; ¹²Porque àquele que tem, se dará, e terá em abundância; mas àquele que não tem, até aquilo que tem lhe será tirado. ¹³Por isso lhes falo por parábolas; porque eles, vendo, não veem; e, ouvindo, não ouvem nem compreendem. ¹⁴E neles se cumpre a profecia de Isaías, que diz:

Ouvindo, ouvireis, mas não
    compreendereis,
E, vendo, vereis, mas não percebereis.
¹⁵Porque o coração deste povo está
    endurecido,
E ouviram de mau grado com seus ouvidos,
E fecharam seus olhos;
Para que não vejam com os olhos,
E ouçam com os ouvidos,
E compreendam com o coração,
E se convertam,
E eu os cure.

¹⁶Mas, bem-aventurados os vossos olhos, porque veem, e os vossos ouvidos, porque ouvem. ¹⁷Porque em verdade vos digo que muitos profetas e justos desejaram ver o que vós vedes, e não *o* viram; e ouvir o que vós ouvis, e não *o* ouviram. ¹⁸Escutai vós, pois, a parábola do semeador.

MATEUS 14.2

¹⁹Ouvindo alguém a palavra do reino, e não a entendendo, vem o maligno, e arrebata o que foi semeado no seu coração; este é o que foi semeado junto ao caminho.

²⁰O que foi semeado em pedregais é o que ouve a palavra, e logo a recebe com alegria;

²¹Mas não tem raiz em si mesmo, antes é de pouca duração; e, chegada a angústia e a perseguição, por causa da palavra, logo se ofende;

²²E o que foi semeado entre espinhos é o que ouve a palavra, mas os cuidados deste mundo, e a sedução das riquezas sufocam a palavra, e fica infrutífera;

²³Mas, o que foi semeado em boa terra é o que ouve e compreende a palavra; e dá fruto, e um produz cem, outro sessenta, e outro trinta.

A parábola do joio

²⁴Propôs-lhes outra parábola, dizendo: O reino dos céus é semelhante ao homem que semeia a boa semente no seu campo;

²⁵Mas, dormindo os homens, veio o seu inimigo, e semeou joio no meio do trigo, e retirou-se.

²⁶E, quando a erva cresceu e frutificou, apareceu também o joio.

²⁷E os servos do pai de família, indo ter *com ele,* disseram-lhe: Senhor, não semeaste tu, no teu campo, boa semente? Por que tem, então, joio?

²⁸E ele lhes disse: Um inimigo é quem fez isso. E os servos lhe disseram: Queres pois que vamos arrancá-lo?

²⁹Ele, porém, lhes disse: Não; para que, ao colher o joio, não arranqueis também o trigo com ele.

³⁰Deixai crescer ambos juntos até à ceifa; e, por ocasião da ceifa, direi aos ceifeiros: Colhei primeiro o joio, e atai-o em molhos para o queimar; mas, o trigo, ajuntai-o no meu celeiro.

³¹Outra parábola lhes propôs, dizendo: O reino dos céus é semelhante ao grão de mostarda que o homem, pegando nele, semeou no seu campo;

³²O qual é, realmente, a menor de todas as sementes; mas, crescendo, é a maior das plantas, e faz-se uma árvore, de sorte que vêm as aves do céu, e se aninham nos seus ramos.

³³Outra parábola lhes disse: O reino dos céus é semelhante ao fermento, que uma mulher toma e introduz em três medidas de farinha, até que tudo esteja levedado.

³⁴Tudo isto disse Jesus, por parábolas à multidão, e nada lhes falava sem parábolas;

³⁵Para que se cumprisse o que fora dito pelo profeta, que disse:

Abrirei em parábolas a minha boca;
Publicarei *coisas* ocultas desde a fundação
    do mundo.

³⁶Então, tendo despedido a multidão, foi Jesus para casa. E chegaram a ele os seus discípulos, dizendo: Explica-nos a parábola do joio do campo.

³⁷E ele, respondendo, disse-lhes: O que semeia a boa semente, é o Filho do homem;

³⁸O campo é o mundo; e a boa semente são os filhos do reino; e o joio são os filhos do maligno;

³⁹O inimigo, que o semeou, é o diabo; e a ceifa é o fim do mundo; e os ceifeiros são os anjos.

⁴⁰Assim como o joio é colhido e queimado no fogo, assim será na consumação deste mundo.

⁴¹Mandará o Filho do homem os seus anjos, e eles colherão do seu reino tudo o que causa escândalo, e os que cometem iniquidade.

⁴²E lançá-los-ão na fornalha de fogo; ali haverá pranto e ranger de dentes.

⁴³Então os justos resplandecerão como o sol, no reino de seu Pai. Quem tem ouvidos para ouvir, ouça.

Parábolas do tesouro escondido, da pérola e da rede

⁴⁴Também o reino dos céus é semelhante a um tesouro escondido *num* campo, que um homem achou e escondeu; e, pelo gozo dele, vai, vende tudo quanto tem, e compra aquele campo.

⁴⁵Outrossim, o reino dos céus é semelhante ao homem, negociante, que busca boas pérolas;

⁴⁶E, encontrando uma pérola de grande valor, foi, vendeu tudo quanto tinha, e comprou-a.

⁴⁷Igualmente o reino dos céus é semelhante a uma rede lançada ao mar, e que apanha toda a qualidade *de peixes.*

⁴⁸E, estando cheia, a puxam para a praia; e, assentando-se, apanham para os cestos os bons; os ruins, porém, lançam fora.

⁴⁹Assim será na consumação do mundo: virão os anjos, e separarão os maus de entre os justos,

⁵⁰E lançá-los-ão na fornalha de fogo; ali haverá pranto e ranger de dentes.

⁵¹E disse-lhes Jesus: Entendestes todas estas *coisas?* Disseram-lhe eles: Sim, Senhor.

⁵²E ele disse-lhes: Por isso, todo o escriba instruído acerca do reino dos céus é semelhante a um pai de família, que tira do seu tesouro *coisas* novas e velhas.

⁵³E aconteceu que Jesus, concluindo estas parábolas, se retirou dali.

⁵⁴E, chegando à sua pátria, ensinava-os na sinagoga deles, de sorte que se maravilhavam, e diziam: De onde *veio* a este a sabedoria, e estas maravilhas?

⁵⁵Não é este o filho do carpinteiro? E não se chama sua mãe Maria, e seus irmãos Tiago, e José, e Simão, e Judas?

⁵⁶E não estão entre nós todas as suas irmãs? De onde lhe *veio,* pois, tudo isto?

⁵⁷E escandalizavam-se nele. Jesus, porém, lhes disse: Não há profeta sem honra, a não ser na sua pátria e na sua casa.

⁵⁸E não fez ali muitas maravilhas, por causa da incredulidade deles.

Morte de João o Batista

14 NAQUELE tempo ouviu Herodes, o tetrarca, a fama de Jesus,

²E disse aos seus criados: Este é João o Batista;

MATEUS 14.3   652

ressuscitou dos mortos, e por isso estas maravilhas operam nele.

³Porque Herodes tinha prendido João, e tinha-o amarrado e colocado no cárcere, por causa de Herodias, mulher de seu irmão Filipe;

⁴Porque João lhe dissera: Não te é lícito possuí-la.

⁵E, querendo matá-lo, temia o povo; porque o tinham como profeta.

⁶Festejando-se, porém, o dia natalício de Herodes, dançou a filha de Herodias diante dele, e agradou a Herodes.

⁷Por isso prometeu, com juramento, dar-lhe tudo o que pedisse;

⁸E ela, instruída previamente por sua mãe, disse: Dá-me aqui, num prato, a cabeça de João o Batista.

⁹E o rei afligiu-se, mas, por causa do juramento, e dos que estavam à mesa com ele, ordenou que se *lhe* desse.

¹⁰E mandou degolar João no cárcere.

¹¹E a sua cabeça foi trazida num prato, e dada à jovem, e ela *a* levou à sua mãe.

¹²E chegaram os seus discípulos, e levaram o corpo, e o sepultaram; e foram anunciá-lo a Jesus.

A primeira multiplicação dos pães

¹³E Jesus, ouvindo *isto,* retirou-se dali num barco, para um lugar deserto, apartado; e, sabendo-*o* o povo, seguiu-o a pé desde as cidades.

¹⁴E, Jesus, saindo, viu uma grande multidão, e possuído de íntima compaixão para com ela, curou os seus enfermos.

¹⁵E, sendo chegada a tarde, os seus discípulos aproximaram-se dele, dizendo: O lugar é deserto, e a hora é já avançada; despede a multidão, para que vão pelas aldeias, e comprem comida para si.

¹⁶Jesus, porém, lhes disse: Não é mister que vão; dai-lhes vós de comer.

¹⁷Então eles lhe disseram: Não temos aqui senão cinco pães e dois peixes.

¹⁸E ele disse: Trazei-mos aqui.

¹⁹E, tendo mandado que a multidão se assentasse sobre a erva, tomou os cinco pães e os dois peixes, e, erguendo os olhos ao céu, os abençoou, e, partindo os pães, deu-os aos discípulos, e os discípulos à multidão.

²⁰E comeram todos, e saciaram-se; e levantaram dos pedaços, que sobejaram, doze cestos cheios.

²¹E os que comeram foram quase cinco mil homens, além das mulheres e crianças.

Jesus anda sobre as águas

²²E logo ordenou Jesus que os seus discípulos entrassem no barco, e fossem adiante para o outro lado, enquanto despedia a multidão.

²³E, despedida a multidão, subiu ao monte para orar, à parte. E, chegada *já* a tarde, estava ali só.

²⁴E o barco estava já no meio do mar, açoitado pelas ondas; porque o vento era contrário;

²⁵Mas, à quarta vigília da noite, dirigiu-se Jesus para eles, andando por cima do mar.

²⁶E os discípulos, vendo-o andando sobre o mar, assustaram-se, dizendo: É *um* fantasma. E gritaram com medo.

²⁷Jesus, porém, lhes falou logo, dizendo: Tende bom ânimo, sou eu, não temais.

²⁸E respondeu-lhe Pedro, e disse: Senhor, se és tu, manda-me ir ter contigo por cima das águas.

²⁹E ele disse: Vem. E Pedro, descendo do barco, andou sobre as águas para ir ter com Jesus.

³⁰Mas, sentindo o vento forte, teve medo; e, começando a ir para o fundo, clamou, dizendo: Senhor, salva-me!

³¹E logo Jesus, estendendo a mão, segurou-o, e disse-lhe: *Homem* de pequena fé, por que duvidaste?

³²E, quando subiram para o barco, acalmou o vento.

³³Então aproximaram-se os que estavam no barco, e adoraram-no, dizendo: És verdadeiramente o Filho de Deus.

³⁴E, tendo passado para o outro lado, chegaram à terra de Genesaré.

³⁵E, quando os homens daquele lugar o conheceram, mandaram por todas aquelas terras em redor e trouxeram-lhe todos os que estavam enfermos.

³⁶E rogavam-lhe que ao menos eles pudessem tocar a orla da sua roupa; e todos os que *a* tocavam ficavam sãos.

Os fariseus e a tradição

15 ENTÃO chegaram a Jesus *uns* escribas e fariseus de Jerusalém, dizendo:

²Por que transgridem os teus discípulos a tradição dos anciãos? pois não lavam as mãos quando comem pão.

³Ele, porém, respondendo, disse-lhes: Por que transgredis vós, também, o mandamento de Deus pela vossa tradição?

⁴Porque Deus ordenou, dizendo: Honra a teu pai e a *tua* mãe; e: Quem maldisser ao pai ou à mãe, certamente morrerá.

⁵Mas vós dizeis: Qualquer que disser ao pai ou à mãe: É oferta ao Senhor o que poderias aproveitar de mim; esse não precisa honrar nem a seu pai nem a sua mãe,

⁶E *assim* invalidastes, pela vossa tradição, o mandamento de Deus.

⁷Hipócritas, bem profetizou Isaías a vosso respeito, dizendo:

⁸Este povo se aproxima de mim com a sua boca e me honra com os seus lábios, mas o seu coração está longe de mim.

⁹Mas, em vão me adoram, ensinando doutrinas *que são* preceitos dos homens.

¹⁰E, chamando a si a multidão, disse-lhes: Ouvi, e entendei:

¹¹O que contamina o homem não é o que entra na boca, mas o que sai da boca, isso é o que contamina o homem.

¹²Então, acercando-se dele os seus discípulos,

disseram-lhe: Sabes que os fariseus, ouvindo essas palavras, se escandalizaram?

[13]Ele, porém, respondendo, disse: Toda a planta, que meu Pai celestial não plantou, será arrancada.

[14]Deixai-os; são cegos condutores de cegos. Ora, se um cego guiar *outro* cego, ambos cairão na cova.

[15]E Pedro, respondendo, disse-lhe: Explica-nos essa parábola.

[16]Jesus, porém, disse: Até vós mesmos estais ainda sem entender?

[17]Ainda não compreendeis que tudo o que entra pela boca desce para o ventre, e é lançado fora no esgoto?

[18]Mas, o que sai da boca, procede do coração, e isso contamina o homem.

[19]Porque do coração procedem os maus pensamentos, mortes, adultérios, fornicação, furtos, falsos testemunhos e blasfêmias.

[20]São estas *coisas* que contaminam o homem; mas comer sem lavar as mãos, isso não contamina o homem.

A mulher cananeia

[21]E, partindo Jesus dali, foi para as partes de Tiro e de Sidom.

[22]E eis que uma mulher cananeia, que saíra daquelas cercanias, clamou, dizendo: Senhor, Filho de Davi, tem misericórdia de mim, que minha filha está miseravelmente endemoninhada.

[23]Mas ele não lhe respondeu palavra. E os seus discípulos, chegando a ele, rogaram-lhe, dizendo: Despede-a, que vem gritando atrás de nós.

[24]E ele, respondendo, disse: Eu não fui enviado senão às ovelhas perdidas da casa de Israel.

[25]Então chegou ela, e adorou-o, dizendo: Senhor, socorre-me!

[26]Ele, porém, respondendo, disse: Não é bom pegar no pão dos filhos e deitá-lo aos cachorrinhos.

[27]E ela disse: Sim, Senhor, mas também os cachorrinhos comem das migalhas que caem da mesa dos seus senhores.

[28]Então respondeu Jesus, e disse-lhe: Ó mulher, grande *é* a tua fé! Seja isso feito para contigo como tu desejas. E desde aquela hora a sua filha ficou sã.

[29]Partindo Jesus dali, veio ao mar da Galileia, e, subindo a *um* monte, assentou-se lá.

[30]E vieram a ele grandes multidões, que traziam consigo coxos, cegos, mudos, aleijados, e outros muitos, e os lançaram aos pés de Jesus, e ele os sarou,

[31]De tal sorte, que a multidão se maravilhou vendo os mudos a falar, os aleijados sãos, os coxos a andar, e os cegos a ver; e glorificava o Deus de Israel.

A segunda multiplicação dos pães

[32]E Jesus, chamando os seus discípulos, disse: Tenho compaixão da multidão, porque já está comigo há três dias, e não tem o que comer; e não quero despedi-la em jejum, para que não desfaleça no caminho.

[33]E os seus discípulos disseram-lhe: De onde nos *viriam,* num deserto, tantos pães, para saciar tal multidão?

[34]E Jesus disse-lhes: Quantos pães tendes? E eles disseram: Sete, e uns poucos de peixinhos.

[35]Então mandou à multidão que se assentasse no chão,

[36]E, tomando os sete pães e os peixes, e dando graças, partiu-os, e deu-os aos seus discípulos, e os discípulos à multidão.

[37]E todos comeram e se saciaram; e levantaram, do que sobejou, sete cestos cheios de pedaços.

[38]Ora, os que tinham comido eram quatro mil homens, além de mulheres e crianças.

[39]E, tendo despedido a multidão, entrou *no* barco, e dirigiu-se ao território de Magadã.

Um sinal do céu pedido pelos fariseus e saduceus

16 E, CHEGANDO-SE os fariseus e os saduceus, para o tentarem, pediram-lhe que lhes mostrasse algum sinal do céu.

[2]Mas ele, respondendo, disse-lhes: Quando é chegada a tarde, dizeis: *Haverá* bom tempo, porque o céu está rubro.

[3]E, pela manhã: Hoje *haverá* tempestade, porque o céu está *de* um vermelho sombrio. Hipócritas, sabeis discernir a face do céu, e não *discernis* os sinais dos tempos?

[4]Uma geração má e adúltera pede um sinal, e nenhum sinal lhe será dado, senão o sinal do profeta Jonas. E, deixando-os, retirou-se.

O fermento dos fariseus e saduceus

[5]E, passando seus discípulos para o outro lado, tinham-se esquecido de trazer pão.

[6]E Jesus disse-lhes: Adverti, e acautelai-vos do fermento dos fariseus e saduceus.

[7]E eles arrazoavam entre si, dizendo: É porque não trouxemos pão.

[8]E Jesus, percebendo isso, disse: Por que arrazoais entre vós, *homens* de pequena fé, sobre o não terdes trazido pão?

[9]Não compreendeis ainda, nem vos lembrais dos cinco pães para cinco mil *homens,* e de quantos cestos levantastes?

[10]Nem dos sete pães para quatro mil, e de quantos cestos levantastes?

[11]Como não compreendestes que não vos falei a respeito do pão, mas que vos guardásseis do fermento dos fariseus e saduceus?

[12]Então compreenderam que não dissera que se guardassem do fermento do pão, mas da doutrina dos fariseus.

Confissão de Pedro

[13]E, chegando Jesus às partes de Cesareia de Filipe, interrogou os seus discípulos, dizendo: Quem dizem os homens ser o Filho do homem?

[14]E eles disseram: Uns, João o Batista; outros, Elias; e outros, Jeremias, ou um dos profetas.

[15]Disse-lhes ele: E vós, quem dizeis que eu sou?

[16]E Simão Pedro, respondendo, disse: Tu és o Cristo, o Filho do Deus vivo.

MATEUS 16.17   654

[17]E Jesus, respondendo, disse-lhe: Bem-aventurado és tu, Simão Barjonas, porque to não revelou a carne e o sangue, mas meu Pai, que *está* nos céus.

[18]E também eu te digo que tu és Pedro, e sobre esta pedra edificarei a minha igreja, e as portas do inferno não prevalecerão contra ela;

[19]E eu te darei as chaves do reino dos céus; e tudo o que ligares na terra será ligado nos céus, e tudo o que desligares na terra será desligado nos céus.

[20]Então mandou aos seus discípulos que a ninguém dissessem que ele era Jesus o Cristo.

Jesus prediz sua morte

[21]Desde então começou Jesus a mostrar aos seus discípulos que convinha ir a Jerusalém, e padecer muitas coisas dos anciãos, e dos principais sacerdotes, e dos escribas, e ser morto, e ressuscitar ao terceiro dia.

[22]E Pedro, tomando-o de parte, começou a repreendê-lo, dizendo: Senhor, *tem* compaixão de ti; de modo nenhum te acontecerá isso.

[23]Ele, porém, voltando-se, disse a Pedro: Para trás de mim, Satanás, *que* me serves de escândalo; porque não compreendes as *coisas* que *são* de Deus, mas *só* as que *são* dos homens.

[24]Então disse Jesus aos seus discípulos: Se alguém quiser vir após mim, renuncie-se a si mesmo, tome sobre si a sua cruz, e siga-me;

[25]Porque aquele que quiser salvar a sua vida, perdê-la-á, e quem perder a sua vida por amor de mim, achá-la-á.

[26]Pois que aproveita ao homem ganhar o mundo inteiro, se perder a sua alma? Ou que dará o homem em recompensa da sua alma?

[27]Porque o Filho do homem virá na glória de seu Pai, com os seus anjos; e então dará a cada um segundo as suas obras.

[28]Em verdade vos digo *que* alguns há, dos que aqui estão, que não provarão a morte até que vejam vir o Filho do homem no seu reino.

A transfiguração

17 SEIS dias depois, tomou Jesus consigo a Pedro, e a Tiago, e a João, seu irmão, e os conduziu em particular a um alto monte,

[2]E transfigurou-se diante deles; e o seu rosto resplandeceu como o sol, e as suas vestes se tornaram brancas como a luz.

[3]E eis que lhes apareceram Moisés e Elias, falando com ele.

[4]E Pedro, respondendo, disse a Jesus: Senhor, bom é estarmos aqui; se queres, façamos aqui três tabernáculos, um para ti, um para Moisés, e um para Elias.

[5]E, estando ele ainda a falar, eis que uma nuvem luminosa os cobriu. E da nuvem saiu uma voz que dizia: Este é o meu amado Filho, em quem me comprazo; escutai-o.

[6]E os discípulos, ouvindo *isto*, caíram sobre os seus rostos, e tiveram grande medo.

[7]E, aproximando-se Jesus, tocou-lhes, e disse: Levantai-vos, e não tenhais medo.

[8]E, erguendo eles os olhos, ninguém viram senão unicamente a Jesus.

[9]E, descendo eles do monte, Jesus lhes ordenou, dizendo: A ninguém conteis a visão, até que o Filho do homem seja ressuscitado dentre os mortos.

[10]E os seus discípulos o interrogaram, dizendo: Por que dizem então os escribas que é mister que Elias venha primeiro?

[11]E Jesus, respondendo, disse-lhes: Em verdade Elias virá primeiro, e restaurará todas *as coisas;*

[12]Mas digo-vos que Elias já veio, e não o conheceram, mas fizeram-lhe tudo o que quiseram. Assim farão eles também padecer o Filho do homem.

[13]Então entenderam os discípulos que lhes falara de João o Batista.

[14]E, quando chegaram à multidão, aproximou-se-lhe um homem, pondo-se de joelhos diante dele, e dizendo:

[15]Senhor, tem misericórdia de meu filho, que é lunático e sofre muito; pois muitas vezes cai no fogo, e muitas vezes na água;

[16]E trouxe-o aos teus discípulos; e não puderam curá-lo.

[17]E Jesus, respondendo, disse: Ó geração incrédula e perversa! Até quando estarei eu convosco, e até quando vos sofrerei? Trazei-mo aqui.

[18]E, repreendeu Jesus o demônio, que saiu dele, e desde aquela hora o menino sarou.

[19]Então os discípulos, aproximando-se de Jesus em particular, disseram: Por que não pudemos nós expulsá-lo?

[20]E Jesus lhes disse: Por causa de vossa incredulidade; porque em verdade vos digo que, se tiverdes fé como um grão de mostarda, direis a este monte: Passa daqui para acolá, e há de passar; e nada vos será impossível.

[21]Mas esta casta não se expulsa senão por oração e jejum.

Jesus prediz sua morte e sua ressurreição

[22]Ora, achando-se eles na Galileia, disse-lhes Jesus: O Filho do homem será entregue nas mãos dos homens;

[23]E matá-lo-ão, e ao terceiro dia ressuscitará. E eles se entristeceram muito.

[24]E, chegando eles a Cafarnaum, aproximaram-se de Pedro os que cobravam as dracmas, e disseram: O vosso mestre não paga as dracmas?

[25]Disse ele: Sim. E, entrando em casa, Jesus se lhe antecipou, dizendo: Que te parece, Simão? De quem cobram os reis da terra os tributos, ou o censo? Dos seus filhos, ou dos alheios?

[26]Disse-lhe Pedro: Dos alheios. Disse-lhe Jesus: Logo, estão livres os filhos.

[27]Mas, para que os não escandalizemos, vai ao mar, lança o anzol, tira o primeiro peixe que subir, e abrindo-lhe a boca, encontrarás um estáter; toma-o, e dá-o por mim e por ti.

O maior no reino dos céus

18 NAQUELA mesma hora chegaram os discípulos a Jesus, dizendo: Quem é o maior no reino dos céus?

[2]E Jesus, chamando um menino, o pôs no meio deles,

[3]E disse: Em verdade vos digo que, se não vos converterdes e não vos fizerdes como meninos, de modo algum entrareis no reino dos céus.

[4]Portanto, aquele que se tornar humilde como este menino, esse é o maior no reino dos céus.

[5]E qualquer que receber em meu nome um menino, tal como este, a mim me recebe.

[6]Mas, qualquer que escandalizar um destes pequeninos, que creem em mim, melhor lhe fora que se lhe pendurasse ao pescoço uma mó de azenha, e se submergisse na profundeza do mar.

[7]Ai do mundo, por causa dos escândalos; porque é mister que venham escândalos, mas ai daquele homem por quem o escândalo vem!

[8]Portanto, se a tua mão ou o teu pé te escandalizar, corta-o, e atira-o para longe de ti; melhor te é entrar na vida coxo, ou aleijado, do que, tendo duas mãos ou dois pés, seres lançado no fogo eterno.

[9]E, se o teu olho te escandalizar, arranca-o, e atira-o para longe de ti; melhor te é entrar na vida com um só olho, do que, tendo dois olhos, seres lançado no fogo do inferno.

A ovelha desgarrada

[10]Vede, não desprezeis algum destes pequeninos, porque eu vos digo que os seus anjos nos céus sempre veem a face de meu Pai que *está* nos céus.

[11]Porque o Filho do homem veio salvar o que se tinha perdido.

[12]Que vos parece? Se algum homem tiver cem ovelhas, e uma delas se desgarrar, não irá pelos montes, deixando as noventa e nove, em busca da que se desgarrou?

[13]E, se porventura achá-la, em verdade vos digo que maior prazer tem por aquela do que pelas noventa e nove que não se desgarraram.

[14]Assim, também, não é vontade de vosso Pai, que *está* nos céus, que um destes pequeninos se perca.

Disciplina e perdão

[15]Ora, se teu irmão pecar contra ti, vai, e repreende-o entre ti e ele só; se te ouvir, ganhaste a teu irmão;

[16]Mas, se não te ouvir, leva ainda contigo um ou dois, para que pela boca de duas ou três testemunhas toda a palavra seja confirmada.

[17]E, se não as escutar, dize-o à igreja; e, se também não escutar a igreja, considera-o como um gentio e publicano.

[18]Em verdade vos digo que tudo o que ligardes na terra será ligado no céu, e tudo o que desligardes na terra será desligado no céu.

[19]Também vos digo que, se dois de vós concordarem na terra acerca de qualquer coisa que pedirem, isso lhes será feito por meu Pai, que *está* nos céus.

[20]Porque, onde estiverem dois ou três reunidos em meu nome, aí estou eu no meio deles.

[21]Então Pedro, aproximando-se dele, disse: Senhor, até quantas vezes pecará meu irmão contra mim, e eu lhe perdoarei? Até sete?

[22]Jesus lhe disse: Não te digo que até sete; mas, até setenta vezes sete.

[23]Por isso o reino dos céus pode comparar-se a um certo rei que quis fazer contas com os seus servos;

[24]E, começando a fazer contas, foi-lhe apresentado um que lhe devia dez mil talentos;

[25]E, não tendo ele com que pagar, o seu senhor mandou que ele, e sua mulher e seus filhos fossem vendidos, com tudo quanto tinha, para que a *dívida* se lhe pagasse.

[26]Então aquele servo, prostrando-se, o reverenciava, dizendo: Senhor, sê generoso *para* comigo, e tudo te pagarei.

[27]Então o senhor daquele servo, movido de íntima compaixão, soltou-o e perdoou-lhe a dívida.

[28]Saindo, porém, aquele servo, encontrou um dos seus conservos, que lhe devia cem dinheiros, e, lançando mão dele, sufocava-o, dizendo: Paga-me o que *me* deves.

[29]Então o seu conservo, prostrando-se a seus pés, rogava-lhe, dizendo: Sê generoso *para* comigo, e tudo te pagarei.

[30]Ele, porém, não quis, antes foi lançá-lo na prisão, até que pagasse a dívida.

[31]Vendo, pois, os seus conservos o que acontecia, contristaram-se muito, e foram declarar ao seu senhor tudo o que se passara.

[32]Então o seu senhor, chamando-o à sua presença, disse-lhe: Servo malvado, perdoei-te toda aquela dívida, porque me suplicaste.

[33]Não devias tu, igualmente, ter compaixão do teu conservo, como eu também tive misericórdia de ti?

[34]E, indignado, o seu senhor o entregou aos atormentadores, até que pagasse tudo o que lhe devia.

[35]Assim vos fará, também, meu Pai celestial, se do coração não perdoardes, cada um a seu irmão, as suas ofensas.

Casamento e divórcio

19 E ACONTECEU *que*, concluindo Jesus estes discursos, saiu da Galileia, e dirigiu-se aos confins da Judeia, além do Jordão;

[2]E seguiram-no grandes multidões, e curou-as ali.

[3]Então chegaram a ele os fariseus, tentando-o, e dizendo-lhe: É lícito ao homem repudiar sua mulher por qualquer motivo?

[4]Ele, porém, respondendo, disse-lhes: Não tendes lido que aquele que *os* fez no princípio macho e fêmea os fez,

[5]E disse: Portanto, deixará o homem pai e mãe,

MATEUS 19.6   656

e se unirá à sua mulher, e serão os dois em uma carne?

⁶Assim não são mais dois, mas uma só carne. Portanto, o que Deus ajuntou não o separe o homem.

⁷Disseram-lhe eles: Então, por que mandou Moisés dar-lhe a carta de divórcio, e repudiá-la?

⁸Disse-lhes ele: Moisés, por causa da dureza dos vossos corações, vos permitiu repudiar vossas mulheres; mas ao princípio não foi assim.

⁹Eu vos digo, porém, que qualquer que repudiar sua mulher, não sendo por causa de fornicação, e casar com outra, comete adultério; e o que casar com a repudiada *também* comete adultério.

¹⁰Disseram-lhe seus discípulos: Se assim é a condição do homem relativamente à mulher, não convém casar.

¹¹Ele, porém, lhes disse: Nem todos podem receber esta palavra, mas *só aqueles* a quem foi concedido.

¹²Porque há eunucos que assim nasceram do ventre da mãe; e há eunucos que foram castrados pelos homens; e há eunucos que se castraram a si mesmos, por causa do reino dos céus. Quem pode receber isto, receba-o.

As criancinhas

¹³Trouxeram-lhe, então, *alguns* meninos, para que sobre eles pusesse as mãos, e orasse; mas os discípulos os repreendiam.

¹⁴Jesus, porém, disse: Deixai os meninos, e não os estorveis de vir a mim; porque dos tais é o reino dos céus.

¹⁵E, tendo-lhes imposto as mãos, partiu dali.

O jovem rico

¹⁶E eis que, alguém aproximando-se, disse-lhe: Bom Mestre, que bem farei para conseguir a vida eterna?

¹⁷E ele disse-lhe: Por que me chamas bom? Não *há* bom senão um só, *que é* Deus. Se queres, porém, entrar na vida, guarda os mandamentos.

¹⁸Disse-lhe ele: Quais? E Jesus disse: Não matarás, não cometerás adultério, não furtarás, não dirás falso testemunho;

¹⁹Honra teu pai e tua mãe, e amarás o teu próximo como a ti mesmo.

²⁰Disse-lhe o jovem: Tudo isso tenho guardado desde a minha mocidade; que me falta ainda?

²¹Disse-lhe Jesus: Se queres ser perfeito, vai, vende tudo o que tens e dá-o aos pobres, e terás *um* tesouro no céu; e vem, *e* segue-me.

²²E o jovem, ouvindo esta palavra, retirou-se triste, porque possuía muitas propriedades.

²³Disse então Jesus aos seus discípulos: Em verdade vos digo que é difícil entrar um rico no reino dos céus.

²⁴E, outra vez vos digo que é mais fácil passar um camelo pelo fundo de uma agulha do que entrar um rico no reino de Deus.

²⁵Os seus discípulos, ouvindo *isto*, admiraram-se muito, dizendo: Quem poderá pois salvar-se?

²⁶E Jesus, olhando *para eles*, disse-lhes: Aos homens é isso impossível, mas a Deus tudo é possível.

A herança da vida eterna

²⁷Então Pedro, respondendo, disse-lhe: Eis que nós deixamos tudo, e te seguimos; que receberemos?

²⁸E Jesus disse-lhes: Em verdade vos digo que vós, que me seguistes, quando, na regeneração, o Filho do homem se assentar no trono da sua glória, também vos assentareis sobre doze tronos, para julgar as doze tribos de Israel.

²⁹E todo aquele que tiver deixado casas, ou irmãos, ou irmãs, ou pai, ou mãe, ou mulher, ou filhos, ou terras, por amor de meu nome, receberá cem vezes tanto, e herdará a vida eterna.

³⁰Porém, muitos primeiros serão os derradeiros, e *muitos* derradeiros *serão* os primeiros.

A parábola dos trabalhadores na vinha

20 PORQUE o reino dos céus é semelhante a um homem, pai de família, que saiu de madrugada a assalariar trabalhadores para a sua vinha.

²E, ajustando com os trabalhadores a um dinheiro por dia, mandou-os para a sua vinha.

³E, saindo perto da hora terceira, viu outros que estavam ociosos na praça,

⁴E disse-lhes: Ide vós também para a vinha, e dar-vos-ei o que for justo. E eles foram.

⁵Saindo outra vez, perto da hora sexta e nona, fez o mesmo.

⁶E, saindo perto da hora undécima, encontrou outros que estavam ociosos, e perguntou-lhes: Por que estais ociosos todo o dia?

⁷Disseram-lhe eles: Porque ninguém nos assalariou. Disse-lhes ele: Ide vós também para a vinha, e recebereis o que for justo.

⁸E, aproximando-se a noite, disse o senhor da vinha ao seu mordomo: Chama os trabalhadores, e paga-lhes o salário, começando pelos derradeiros, até aos primeiros.

⁹E, chegando os que *tinham ido* perto da hora undécima, receberam um dinheiro cada um.

¹⁰Vindo, porém, os primeiros, cuidaram que haviam de receber mais; mas do mesmo modo receberam um dinheiro cada um.

¹¹E, recebendo-*o*, murmuravam contra o pai de família,

¹²Dizendo: Estes derradeiros trabalharam *só* uma hora, e tu os igualaste conosco, que suportamos a fadiga e a calma do dia.

¹³Mas ele, respondendo, disse a um deles: Amigo, não te faço agravo; não ajustaste tu comigo um dinheiro?

¹⁴Toma o *que é* teu, e retira-te; eu quero dar a este derradeiro *tanto* como a ti.

¹⁵Ou não me é lícito fazer o que quiser do *que* é meu? Ou é mau o teu olho porque eu sou bom?

¹⁶Assim os derradeiros serão primeiros, e os primeiros derradeiros; porque muitos são chamados, mas poucos escolhidos.

Jesus prediz sua morte e sua ressurreição

¹⁷E, subindo Jesus a Jerusalém, chamou à parte os seus doze discípulos, e no caminho disse-lhes:

¹⁸Eis que vamos para Jerusalém, e o Filho do homem será entregue aos principais sacerdotes, e aos escribas, e condená-lo-ão à morte.

¹⁹E o entregarão aos gentios para que *dele* escarneçam, e o açoitem e crucifiquem, e ao terceiro dia ressuscitará.

²⁰Então se aproximou dele a mãe dos filhos de Zebedeu, com seus filhos, adorando-*o*, e fazendo-lhe um pedido.

²¹E ele diz-lhe: Que queres? Ela respondeu: Dize que estes meus dois filhos se assentem, um à tua direita e outro à tua esquerda, no teu reino.

²²Jesus, porém, respondendo, disse: Não sabeis o que pedis. Podeis vós beber o cálice que eu hei de beber, e ser batizados com o batismo com que eu sou batizado? Dizem-lhe eles: Podemos.

²³E diz-lhes ele: Na verdade bebereis o meu cálice e sereis batizados com o batismo com que eu sou batizado, mas o assentar-se à minha direita e à minha esquerda não me pertence dá-lo, mas *é* para aqueles para quem meu Pai o tem preparado.

²⁴E, quando os dez ouviram *isto*, indignaram-se contra os dois irmãos.

²⁵Então Jesus, chamando-os para junto de si, disse: Bem sabeis que pelos príncipes dos gentios são estes dominados, e que os grandes exercem autoridade sobre eles.

²⁶Não será assim entre vós; mas todo aquele que quiser entre vós fazer-se grande seja vosso serviçal;

²⁷E, qualquer que entre vós quiser ser o primeiro, seja vosso servo;

²⁸Bem como o Filho do homem não veio para ser servido, mas para servir, e para dar a sua vida *em* resgate de muitos.

A cura de dois cegos de Jericó

²⁹E, saindo eles de Jericó, seguiu-o grande multidão.

³⁰E eis que dois cegos, assentados junto do caminho, ouvindo que Jesus passava, clamaram, dizendo: Senhor, Filho de Davi, tem misericórdia de nós!

³¹E a multidão os repreendia, para que se calassem, eles, porém, cada vez clamavam mais, dizendo: Senhor, Filho de Davi, tem misericórdia de nós!

³²E Jesus, parando, chamou-os, e disse: Que quereis que vos faça?

³³Disseram-lhe eles: Senhor, que os nossos olhos sejam abertos.

³⁴Então Jesus, movido de íntima compaixão, tocou-lhes nos olhos, e logo seus olhos viram; e eles o seguiram.

Entrada de Jesus em Jerusalém

21 E, QUANDO se aproximaram de Jerusalém, e chegaram a Betfagé, ao Monte das Oliveiras, enviou, então, Jesus dois discípulos, dizendo-lhes:

²Ide à aldeia que *está* defronte de vós, e logo encontrareis uma jumenta presa, e um jumentinho com ela; desprendei-*a*, e trazei-*mos*.

³E, se alguém vos disser alguma *coisa*, direis que o Senhor os há de mister; e logo os enviará.

⁴Ora, tudo isto aconteceu para que se cumprisse o que foi dito pelo profeta, que diz:

⁵Dizei à filha de Sião:
Eis que o teu Rei aí te vem,
Manso, e assentado sobre uma jumenta,
E sobre um jumentinho, filho de animal de
 carga.

⁶E, indo os discípulos, e fazendo como Jesus lhes ordenara,

⁷Trouxeram a jumenta e o jumentinho, e sobre eles puseram as suas vestes, e fizeram-no assentar em cima.

⁸E muitíssima gente estendia as suas vestes pelo caminho, e outros cortavam ramos de árvores, e *os* espalhavam pelo caminho.

⁹E a multidão que ia adiante, e a que seguia, clamava, dizendo: Hosana ao Filho de Davi; bendito o que vem em nome do Senhor. Hosana nas alturas!

¹⁰E, entrando ele em Jerusalém, toda a cidade se alvoroçou, dizendo: Quem é este?

¹¹E a multidão dizia: Este é Jesus, o profeta de Nazaré da Galileia.

Os mercadores expulsos do templo

¹²E entrou Jesus no templo de Deus, e expulsou todos os que vendiam e compravam no templo, e derribou as mesas dos cambistas e as cadeiras dos que vendiam pombas;

¹³E disse-lhes: Está escrito: A minha casa será chamada casa de oração; mas vós a tendes convertido em covil de ladrões.

¹⁴E foram ter com ele no templo cegos e coxos, e curou-os.

¹⁵Vendo, então, os principais sacerdotes e os escribas as maravilhas que fazia, e os meninos clamando no templo: Hosana ao Filho de Davi, indignaram-se,

¹⁶E disseram-lhe: Ouves o que estes dizem? E Jesus lhes disse: Sim; nunca lestes: Pela boca dos meninos e das criancinhas de peito tiraste o perfeito louvor?

¹⁷E, deixando-os, saiu da cidade para Betânia, e ali passou a noite.

¹⁸E, de manhã, voltando para a cidade, teve fome;

¹⁹E, avistando uma figueira perto do caminho, dirigiu-se a ela, e não achou nela senão somente folhas. E disse-lhe: Nunca mais nasça fruto de ti, para sempre. E a figueira secou imediatamente.

²⁰E os discípulos, vendo *isto*, maravilharam-se, dizendo: Como secou imediatamente a figueira?

²¹Jesus, porém, respondendo, disse-lhes: Em verdade vos digo *que*, se tiverdes fé e não duvidardes, não só fareis o que foi feito à figueira, mas até se a este monte disserdes: Ergue-te, e precipita-te no mar, *assim* será feito;

MATEUS 21.22   658

²²E, tudo o que pedirdes em oração, crendo, *o* recebereis.

²³E, chegando ao templo, acercaram-se dele, estando *já* ensinando, os principais sacerdotes e os anciãos do povo, dizendo: Com que autoridade fazes isto? e quem te deu tal autoridade?

²⁴E Jesus, respondendo, disse-lhes: Eu também vos perguntarei uma coisa; se ma disserdes, também eu vos direi com que autoridade faço isto.

²⁵O batismo de João, de onde era? Do céu, ou dos homens? E pensavam entre si, dizendo: Se dissermos: Do céu, ele nos dirá: Então por que não o crestes?

²⁶E, se dissermos: Dos homens, tememos o povo, porque todos consideram João como profeta.

²⁷E, respondendo a Jesus, disseram: Não sabemos. Ele disse-lhes: Nem eu vos digo com que autoridade faço isto.

Parábola dos dois filhos

²⁸Mas, que vos parece? Um homem tinha dois filhos, e, dirigindo-se ao primeiro, disse: Filho, vai trabalhar hoje na minha vinha.

²⁹Ele, porém, respondendo, disse: Não quero. Mas depois, arrependendo-se, foi.

³⁰E, dirigindo-se ao segundo, falou-lhe de igual modo; e, respondendo ele, disse: Eu *vou*, senhor; e não foi.

³¹Qual dos dois fez a vontade do pai? Disseram-lhe eles: O primeiro. Disse-lhes Jesus: Em verdade vos digo que os publicanos e as meretrizes entram adiante de vós no reino de Deus.

³²Porque João veio a vós no caminho da justiça, e não o crestes, mas os publicanos e as meretrizes o creram; vós, porém, vendo *isto*, nem depois vos arrependestes para o crer.

³³Ouvi, ainda, outra parábola: Houve um homem, pai de família, que plantou uma vinha, e circundou-a de um valado, e construiu nela *um* lagar, e edificou uma torre, e arrendou-a a uns lavradores, e ausentou-se para longe.

³⁴E, chegando o tempo dos frutos, enviou os seus servos aos lavradores, para receber os seus frutos.

³⁵E os lavradores, apoderando-se dos servos, feriram um, mataram outro, e apedrejaram outro.

³⁶Depois enviou outros servos, em maior número do que os primeiros; e eles fizeram-lhes o mesmo.

³⁷E, por último, enviou-lhes seu filho, dizendo: Terão respeito a meu filho.

³⁸Mas os lavradores, vendo o filho, disseram entre si: Este é o herdeiro; vinde, matemo-lo, e apoderemo-nos da sua herança.

³⁹E, lançando mão dele, o arrastaram para fora da vinha, e *o* mataram.

⁴⁰Quando, pois, vier o senhor da vinha, que fará àqueles lavradores?

⁴¹Dizem-lhe eles: Dará afrontosa morte aos maus, e arrendará a vinha a outros lavradores, que a seu tempo lhe deem os frutos.

⁴²Diz-lhes Jesus: Nunca lestes nas Escrituras:

A pedra, que os edificadores rejeitaram,
Essa foi posta por cabeça da esquina;
Pelo Senhor foi feito isto,
E é maravilhoso aos nossos olhos?

⁴³Portanto, eu vos digo que o reino de Deus vos será tirado, e será dado a uma nação que dê os seus frutos.

⁴⁴E, quem cair sobre esta pedra, despedaçar-se-á; e aquele sobre quem ela cair ficará reduzido a pó.

⁴⁵E os principais sacerdotes e os fariseus, ouvindo estas palavras, entenderam que falava deles;

⁴⁶E, pretendendo prendê-lo, recearam o povo, porquanto o tinham por profeta.

A parábola das bodas

22 ENTÃO Jesus, respondendo, tornou a falar-lhes em parábolas, dizendo:

²O reino dos céus é semelhante a um certo rei que celebrou as bodas de seu filho;

³E enviou os seus servos a chamar os convidados para as bodas, e estes não quiseram vir.

⁴Depois, enviou outros servos, dizendo: Dizei aos convidados: Eis que tenho o meu jantar preparado, os meus bois e cevados *já* mortos, e tudo *já* pronto; vinde às bodas.

⁵Eles, porém, não fazendo caso, foram, um para o seu campo, outro para o seu negócio;

⁶E os outros, apoderando-se dos servos, os ultrajaram e mataram.

⁷E o rei, tendo notícia *disto*, encolerizou-se e, enviando os seus exércitos, destruiu aqueles homicidas, e incendiou a sua cidade.

⁸Então diz aos servos: As bodas, na verdade, estão preparadas, mas os convidados não eram dignos.

⁹Ide, pois, às saídas dos caminhos, e convidai para as bodas a todos os que encontrardes.

¹⁰E os servos, saindo pelos caminhos, ajuntaram todos quantos encontraram, tanto maus como bons; e a festa nupcial foi cheia de convidados.

¹¹E o rei, entrando para ver os convidados, viu ali um homem *que* não *estava* trajado com veste de núpcias.

¹²E disse-lhe: Amigo, como entraste aqui, não tendo veste nupcial? E ele emudeceu.

¹³Disse, então, o rei aos servos: Amarrai-o de pés e mãos, levai-o, e lançai-*o* nas trevas exteriores; ali haverá pranto e ranger de dentes.

¹⁴Porque muitos são chamados, mas poucos escolhidos.

¹⁵Então, retirando-se os fariseus, consultaram entre si como o surpreenderiam *nalguma* palavra;

¹⁶E enviaram-lhe os seus discípulos, com os herodianos, dizendo: Mestre, bem sabemos que és verdadeiro, e ensinas o caminho de Deus segundo a verdade, e de ninguém se te dá, porque não olhas a aparência dos homens;

¹⁷Dize-nos, pois, que te parece? É lícito pagar o tributo a César, ou não?

18Jesus, porém, conhecendo a sua malícia, disse: Por que me experimentais, hipócritas?

19Mostrai-me a moeda do tributo. E eles lhe apresentaram um dinheiro.

20E ele diz-lhes: De quem é esta efígie e *esta* inscrição?

21Dizem-lhe eles: De César. Então ele lhes disse: Dai pois a César o que *é* de César, e a Deus o que *é* de Deus.

22E eles, ouvindo *isto,* maravilharam-se, e, deixando-o, se retiraram.

Os saduceus e a ressurreição

23No mesmo dia chegaram junto dele os saduceus, que dizem não haver ressurreição, e o interrogaram,

24Dizendo: Mestre, Moisés disse: Se morrer alguém, não tendo filhos, casará o seu irmão com a mulher dele, e suscitará descendência a seu irmão.

25Ora, houve entre nós sete irmãos; e o primeiro, tendo casado, morreu e, não tendo descendência, deixou sua mulher a seu irmão.

26Da mesma sorte o segundo, e o terceiro, até ao sétimo;

27Por fim, depois de todos, morreu também a mulher.

28Portanto, na ressurreição, de qual dos sete será a mulher, visto que todos a possuíram?

29Jesus, porém, respondendo, disse-lhes: Errais, não conhecendo as Escrituras, nem o poder de Deus.

30Porque na ressurreição nem casam nem são dados em casamento; mas serão como os anjos de Deus no céu.

31E, acerca da ressurreição dos mortos, não tendes lido o que Deus vos declarou, dizendo:

32Eu sou o Deus de Abraão, o Deus de Isaque, e o Deus de Jacó? Ora, Deus não é Deus dos mortos, mas dos vivos.

33E, as multidões, ouvindo *isto,* ficaram maravilhadas da sua doutrina.

O maior dos mandamentos

34E os fariseus, ouvindo que ele fizera emudecer os saduceus, reuniram-se no mesmo lugar.

35E um deles, doutor da lei, interrogou-o para o experimentar, dizendo:

36Mestre, qual *é* o grande mandamento na lei?

37E Jesus disse-lhe: Amarás o Senhor teu Deus de todo o teu coração, e de toda a tua alma, e de todo o teu pensamento.

38Este é o primeiro e grande mandamento.

39E o segundo, semelhante a este, é: Amarás o teu próximo como a ti mesmo.

40Destes dois mandamentos dependem toda a lei e os profetas.

41E, estando reunidos os fariseus, interrogou-os Jesus,

42Dizendo: Que pensais vós do Cristo? De quem é filho? Eles disseram-lhe: De Davi.

43Disse-lhes ele: Como é então que Davi, em espírito, lhe chama Senhor, dizendo:

44Disse o Senhor ao meu Senhor:

Assenta-te à minha direita,
Até que eu ponha os teus inimigos por
escabelo de teus pés?

45Se Davi, pois, lhe chama Senhor, como é seu filho?

46E ninguém podia responder-lhe *uma* palavra; nem desde aquele dia ousou mais alguém interrogá-lo.

23
ENTÃO falou Jesus à multidão, e aos seus discípulos,

2Dizendo: Na cadeira de Moisés estão assentados os escribas e fariseus.

3Todas as coisas, pois, que vos disserem que observeis, observai-as e fazei-as; mas não procedais em conformidade com as suas obras, porque dizem e não fazem;

4Pois atam fardos pesados e difíceis de suportar, e *os* põem aos ombros dos homens; eles, porém, nem com seu dedo querem movê-los;

5E fazem todas as obras a fim de serem vistos pelos homens; pois trazem largos filactérios, e alargam as franjas das suas vestes,

6E amam os primeiros lugares nas ceias e as primeiras cadeiras nas sinagogas,

7E as saudações nas praças, e o *serem* chamados pelos homens; Rabi, Rabi.

8Vós, porém, não sejais chamados Rabi, porque um só é o vosso Mestre, *a saber,* o Cristo, e todos vós sois irmãos.

9E a ninguém na terra chameis vosso pai, porque um só é o vosso Pai, o qual *está* nos céus.

10Nem vos chameis mestres, porque um só é o vosso Mestre, *que é* o Cristo.

11O maior dentre vós será vosso servo.

12E o que a si mesmo se exaltar será humilhado; e o que a si mesmo se humilhar será exaltado.

Os escribas e fariseus censurados por Jesus

13Mas ai de vós, escribas e fariseus, hipócritas! Pois que fechais aos homens o reino dos céus; e nem vós entrais nem deixais entrar aos que estão entrando.

14Ai de vós, escribas e fariseus, hipócritas! Pois que devorais as casas das viúvas, sob pretexto de prolongadas orações; por isso sofrereis mais rigoroso juízo.

15Ai de vós, escribas e fariseus, hipócritas! Pois que percorreis o mar e a terra para fazer um prosélito; e, depois de o terdes feito, o fazeis filho do inferno duas vezes mais do que vós.

16Ai de vós, condutores cegos! Pois que dizeis: Qualquer que jurar pelo templo, isso nada é; mas o que jurar pelo ouro do templo, esse é devedor.

17Insensatos e cegos! Pois qual é maior: o ouro, ou o templo, que santifica o ouro?

18E aquele que jurar pelo altar *isso* nada é; mas aquele que jurar pela oferta que está sobre o altar, esse é devedor.

MATEUS 23.19 660

¹⁹Insensatos e cegos! Pois qual é maior: a oferta, ou o altar, que santifica a oferta?

²⁰Portanto, o que jurar pelo altar, jura por ele e por tudo o que sobre ele *está;*

²¹E, o que jurar pelo templo, jura por ele e por aquele que nele habita;

²²E, o que jurar pelo céu, jura pelo trono de Deus e por aquele que está assentado nele.

²³Ai de vós, escribas e fariseus, hipócritas! Pois que dizimais a hortelã, o endro e o cominho, e desprezais o mais importante da lei, o juízo, a misericórdia e a fé; deveis, porém, fazer estas coisas, e não omitir aquelas.

²⁴Condutores cegos! Que coais um mosquito e engolis um camelo.

²⁵Ai de vós, escribas e fariseus, hipócritas! Pois que limpais o exterior do copo e do prato, mas o interior está cheio de rapina e de intemperança.

²⁶Fariseu cego! Limpa primeiro o interior do copo e do prato, para que também o exterior fique limpo.

²⁷Ai de vós, escribas e fariseus, hipócritas! Pois que sois semelhantes aos sepulcros caiados, que por fora realmente parecem formosos, mas interiormente estão cheios de ossos de mortos e de toda a imundícia.

²⁸Assim também vós exteriormente pareceis justos aos homens, mas interiormente estais cheios de hipocrisia e de iniquidade.

²⁹Ai de vós, escribas e fariseus, hipócritas! Pois que edificais os sepulcros dos profetas e adornais os monumentos dos justos,

³⁰E dizeis: Se existíssemos no tempo de nossos pais, nunca nos associaríamos com eles para *derramar* o sangue dos profetas.

³¹Assim, vós mesmos testificais que sois filhos dos que mataram os profetas.

³²Enchei vós, pois, a medida de vossos pais.

³³Serpentes, raça de víboras! Como escapareis da condenação do inferno?

³⁴Portanto, eis que eu vos envio profetas, sábios e escribas; *a uns* deles matareis e crucificareis; e *a outros* deles açoitareis nas vossas sinagogas e os perseguireis de cidade em cidade;

³⁵Para que sobre vós caia todo o sangue justo, que foi derramado sobre a terra, desde o sangue de Abel, o justo, até ao sangue de Zacarias, filho de Baraquias, que matastes entre o santuário e o altar.

³⁶Em verdade vos digo que todas estas *coisas* hão de vir sobre esta geração.

³⁷Jerusalém, Jerusalém, que matas os profetas, e apedrejas os que te são enviados! Quantas vezes quis eu ajuntar os teus filhos, como a galinha ajunta os seus pintos debaixo das asas, e tu não quiseste!

³⁸Eis que a vossa casa vos é deixada deserta;

³⁹Porque eu vos digo que desde agora me não vereis *mais,* até que digais: Bendito o que vem em nome do Senhor.

Jesus prevê a destruição de Jerusalém e sua segunda vinda

24 E, QUANDO Jesus ia saindo do templo, aproximaram-se *dele* os seus discípulos para lhe mostrarem a estrutura do templo.

²Jesus, porém, lhes disse: Não vedes tudo isto? Em verdade vos digo *que* não ficará aqui pedra sobre pedra que não seja derrubada.

³E, estando assentado no Monte das Oliveiras, chegaram-se a ele os seus discípulos em particular, dizendo: Dize-nos, quando serão essas *coisas,* e que sinal *haverá* da tua vinda e do fim do mundo?

⁴E Jesus, respondendo, disse-lhes: Acautelai-vos, que ninguém vos engane;

⁵Porque muitos virão em meu nome, dizendo: Eu sou o Cristo; e enganarão a muitos.

⁶E ouvireis de guerras e de rumores de guerras; olhai, não vos assusteis, porque é mister que *isso* tudo aconteça, mas ainda não é o fim.

⁷Porquanto se levantará nação contra nação, e reino contra reino, e haverá fomes, e pestes, e terremotos, em vários lugares.

⁸Mas todas estas coisas *são* o princípio de dores.

⁹Então vos hão de entregar para serdes atormentados, e matar-vos-ão; e sereis odiados de todas as nações por causa do meu nome.

¹⁰Nesse tempo muitos serão escandalizados, e trair-se-ão uns aos outros, e uns aos outros se odiarão.

¹¹E surgirão muitos falsos profetas, e enganarão a muitos.

¹²E, por se multiplicar a iniquidade, o amor de muitos esfriará.

¹³Mas aquele que perseverar até ao fim, esse será salvo.

¹⁴E este evangelho do reino será pregado em todo o mundo, em testemunho a todas as nações, e então virá o fim.

¹⁵Quando, pois, virdes que a abominação da desolação, de que falou o profeta Daniel, está no lugar santo; quem lê, entenda;

¹⁶Então, os que *estiverem* na Judeia, fujam para os montes;

¹⁷E quem *estiver* sobre o telhado não desça a tirar alguma coisa de sua casa;

¹⁸E quem estiver no campo não volte atrás a buscar as suas vestes.

¹⁹Mas ai das grávidas e das que amamentarem naqueles dias!

²⁰E orai para que a vossa fuga não aconteça no inverno nem no sábado;

²¹Porque haverá então grande aflição, como nunca houve desde o princípio do mundo até agora, nem tampouco há de haver.

²²E, se aqueles dias não fossem abreviados, nenhuma carne se salvaria; mas por causa dos escolhidos serão abreviados aqueles dias.

²³Então, se alguém vos disser: Eis que o Cristo *está* aqui, ou ali, não lhe deis crédito;

²⁴Porque surgirão falsos cristos e falsos profetas,

e farão tão grandes sinais e prodígios que, se possível fora, enganariam até os escolhidos.

²⁵Eis que eu vo-lo tenho predito.

²⁶Portanto, se vos disserem: Eis que ele está no deserto, não saiais. Eis que ele está no interior da casa; não acrediteis.

²⁷Porque, assim como o relâmpago sai do oriente e se mostra até ao ocidente, assim será também a vinda do Filho do homem.

²⁸Porque onde quer que estiver o cadáver, ali se ajuntarão as águias.

²⁹E, logo depois da aflição daqueles dias, o sol escurecerá, e a lua não dará a sua luz, e as estrelas cairão do céu, e as potências dos céus serão abaladas.

³⁰Então aparecerá no céu o sinal do Filho do homem; e todas as tribos da terra se lamentarão, e verão o Filho do homem, vindo sobre as nuvens do céu, com poder e grande glória.

³¹E ele enviará os seus anjos com rijo clamor de trombeta, os quais ajuntarão os seus escolhidos desde os quatro ventos, de uma à outra extremidade dos céus.

Exortação à vigilância

³²Aprendei, pois, *esta* parábola da figueira: Quando já os seus ramos se tornam tenros e brotam folhas, sabeis que está próximo o verão.

³³Igualmente, quando virdes todas estas *coisas,* sabei que ele está próximo, às portas.

³⁴Em verdade vos digo que não passará esta geração sem que todas estas *coisas* aconteçam.

³⁵O céu e a terra passarão, mas as minhas palavras não hão de passar.

³⁶Mas daquele dia e hora ninguém sabe, nem os anjos do céu, mas unicamente meu Pai.

³⁷E, como *foi* nos dias de Noé, assim será também a vinda do Filho do homem.

³⁸Porquanto, assim como, nos dias anteriores ao dilúvio, comiam, bebiam, casavam e davam-se em casamento, até ao dia em que Noé entrou na arca,

³⁹E não o perceberam, até que veio o dilúvio, e os levou a todos, assim será também a vinda do Filho do homem.

⁴⁰Então, estando dois no campo, será levado um, e deixado o outro;

⁴¹Estando duas moendo no moinho, será levada uma, e deixada outra.

⁴²Vigiai, pois, porque não sabeis a que hora há de vir o vosso Senhor.

⁴³Mas considerai isto: se o pai de família soubesse a que vigília da noite havia de vir o ladrão, vigiaria e não deixaria minar a sua casa.

A parábola dos dois servos

⁴⁴Por isso, estai vós preparados também; porque o Filho do homem há de vir à hora em que não penseis.

⁴⁵Quem é, pois, o servo fiel e prudente, a quem o seu senhor constituiu sobre os seus servos, para dar-lhes o sustento a seu tempo?

⁴⁶Bem-aventurado aquele servo que o seu senhor, quando vier, achar fazendo assim.

⁴⁷Em verdade vos digo que o porá sobre todos os seus bens.

⁴⁸Mas se aquele mau servo disser no seu coração: O meu senhor tarde virá;

⁴⁹E começar a espancar os *seus* conservos, e a comer e a beber com os ébrios,

⁵⁰Virá o senhor daquele servo *num* dia em que o não espera, e à hora em que ele não sabe,

⁵¹E separá-lo-á, e destinará a sua parte com os hipócritas; ali haverá pranto e ranger de dentes.

Parábola das dez virgens

25 ENTÃO o reino dos céus será semelhante a dez virgens que, tomando as suas lâmpadas, saíram ao encontro do esposo.

²E cinco delas eram prudentes, e cinco loucas.

³As loucas, tomando as suas lâmpadas, não levaram azeite consigo.

⁴Mas as prudentes levaram azeite em suas vasilhas, com as suas lâmpadas.

⁵E, tardando o esposo, tosquenejaram todas, e adormeceram.

⁶Mas à meia-noite ouviu-se um clamor: Aí vem o esposo, saí-lhe ao encontro.

⁷Então todas aquelas virgens se levantaram, e prepararam as suas lâmpadas.

⁸E as loucas disseram às prudentes: Dai-nos do vosso azeite, porque as nossas lâmpadas se apagam.

⁹Mas as prudentes responderam, dizendo: *Não* seja caso que nos falte a nós e a vós, ide antes aos que *o* vendem, e comprai-*o* para vós.

¹⁰E, tendo elas ido comprá-lo, chegou o esposo, e as que estavam preparadas entraram com ele para as bodas, e fechou-se a porta.

¹¹E depois chegaram também as outras virgens, dizendo: Senhor, Senhor, abre-nos.

¹²E ele, respondendo, disse: Em verdade vos digo que não vos conheço.

¹³Vigiai, pois, porque não sabeis o dia nem a hora em que o Filho do homem há de vir.

Parábola dos talentos

¹⁴Porque isto é também como um homem que, partindo para fora da terra, chamou os seus servos, e entregou-lhes os seus bens.

¹⁵E a um deu cinco talentos, e a outro dois, e a outro um, a cada um segundo a sua capacidade, e ausentou-se logo para longe.

¹⁶E, tendo ele partido, o que recebera cinco talentos negociou com eles, e granjeou outros cinco talentos.

¹⁷Da mesma sorte, o que *recebera* dois, granjeou também outros dois.

¹⁸Mas o que recebera um, foi e cavou na terra e escondeu o dinheiro do seu senhor.

¹⁹E muito tempo depois veio o senhor daqueles servos, e fez contas com eles.

²⁰Então aproximou-se o que recebera cinco talentos, e trouxe-lhe outros cinco talentos, dizendo: Senhor, entregaste-me cinco talentos; eis aqui outros cinco talentos que granjeei com eles.

MATEUS 25.21

²¹E o seu senhor lhe disse: Bem *está,* servo bom e fiel. Sobre o pouco foste fiel, sobre muito te colocarei; entra no gozo do teu senhor.

²²E, chegando também o que tinha recebido dois talentos, disse: Senhor, entregaste-me dois talentos; eis que com eles granjeei outros dois talentos.

²³Disse-lhe o seu senhor: Bem *está,* servo bom e fiel. Sobre o pouco foste fiel, sobre muito te colocarei; entra no gozo do teu senhor.

²⁴Mas, chegando também o que recebera um talento, disse: Senhor, eu conhecia-te, que és um homem duro, que ceifas onde não semeaste e ajuntas onde não espalhaste;

²⁵E, atemorizado, escondi na terra o teu talento; aqui tens o *que é* teu.

²⁶Respondendo, porém, o seu senhor, disse-lhe: Mau e negligente servo; sabias que ceifo onde não semeei e ajunto onde não espalhei?

²⁷Devias então ter dado o meu dinheiro aos banqueiros e, quando eu viesse, receberia o meu com os juros.

²⁸Tirai-lhe pois o talento, e dai-o ao que tem os dez talentos.

²⁹Porque a qualquer que tiver será dado, e terá em abundância; mas ao que não tiver até o que tem ser-lhe-á tirado.

³⁰Lançai, pois, o servo inútil nas trevas exteriores; ali haverá pranto e ranger de dentes.

Julgamento das nações

³¹E quando o Filho do homem vier em sua glória, e todos os santos anjos com ele, então se assentará no trono da sua glória;

³²E todas as nações serão reunidas diante dele, e apartará uns dos outros, como o pastor aparta dos bodes as ovelhas;

³³E porá as ovelhas à sua direita, mas os bodes à esquerda.

³⁴Então dirá o Rei aos que *estiverem* à sua direita: Vinde, benditos de meu Pai, possuí por herança o reino que vos está preparado desde a fundação do mundo;

³⁵Porque tive fome, e destes-me de comer; tive sede, e destes-me de beber; era estrangeiro, e hospedastes-me;

³⁶*Estava* nu, e vestistes-me; adoeci, e visitastes-me; estive na prisão, e fostes me *ver.*

³⁷Então os justos lhe responderão, dizendo: Senhor, quando te vimos com fome, e *te* demos de comer? Ou com sede, e *te* demos de beber?

³⁸E quando te vimos estrangeiro, e *te* hospedamos? Ou nu, e *te* vestimos?

³⁹E quando te vimos enfermo, ou na prisão, e fomos *ver*-te?

⁴⁰E, respondendo o Rei, lhes dirá: Em verdade vos digo que quando *o* fizestes a um destes meus pequeninos irmãos, a mim *o* fizestes.

⁴¹Então dirá também *aos que estiverem* à sua esquerda: Apartai-vos de mim, malditos, para o fogo eterno, preparado para o diabo e seus anjos;

⁴²Porque tive fome, e não me destes de comer; tive sede, e não me destes de beber;

⁴³Sendo estrangeiro, não me hospedastes; *estando* nu, não me vestistes; e enfermo, e na prisão, não me visitastes.

⁴⁴Então eles também lhe responderão, dizendo: Senhor, quando te vimos com fome, ou com sede, ou estrangeiro, ou nu, ou enfermo, ou na prisão, e não te servimos?

⁴⁵Então lhes responderá, dizendo: Em verdade vos digo que, quando a um destes pequeninos *o* não fizestes, não o fizestes a mim.

⁴⁶E irão estes para o tormento eterno, mas os justos para a vida eterna.

26

E ACONTECEU que, quando Jesus concluiu todos estes discursos, disse aos seus discípulos:

²Bem sabeis que daqui a dois dias é a páscoa; e o Filho do homem será entregue para ser crucificado.

³Então os principais sacerdotes, e os escribas, e os anciãos do povo reuniram-se na sala do sumo sacerdote, o qual se chamava Caifás.

⁴E consultaram-se mutuamente para, com dolo, prenderem Jesus e *o* matarem.

⁵Mas diziam: Não durante a festa, para que não haja alvoroço entre o povo.

Jesus ungido em Betânia

⁶E, estando Jesus em Betânia, em casa de Simão, o leproso,

⁷Aproximou-se dele uma mulher com um vaso de alabastro, com unguento de grande valor, e derramou-lho sobre a cabeça, quando ele estava assentado *à mesa.*

⁸E os seus discípulos, vendo *isto,* indignaram-se, dizendo: Por que é este desperdício?

⁹Pois este unguento podia vender-se por grande preço, e dar-se o dinheiro aos pobres.

¹⁰Jesus, porém, conhecendo *isto,* disse-lhes: Por que afligis esta mulher? Pois praticou *uma* boa ação para comigo.

¹¹Porquanto sempre tendes convosco os pobres, mas a mim não me haveis de ter sempre.

¹²Ora, derramando ela este unguento sobre o meu corpo, fê-lo preparando-me para o meu sepultamento.

¹³Em verdade vos digo que, onde quer que este evangelho for pregado em todo o mundo, também será referido o que ela fez, para memória sua.

¹⁴Então um dos doze, chamado Judas Iscariotes, foi ter com os principais sacerdotes,

¹⁵E disse: Que me quereis dar, e eu vo-lo entregarei? E eles lhe estipularam trinta moedas de prata,

¹⁶E desde então buscava oportunidade para o entregar.

¹⁷E, no primeiro *dia da festa* dos pães ázimos, chegaram os discípulos a Jesus, dizendo-lhe: Onde queres que te façamos os preparativos para comeres a páscoa?

¹⁸E ele disse: Ide à cidade, a *um* certo homem, e dizei-lhe: O Mestre diz: O meu tempo está

próximo; em tua *casa* celebrarei a páscoa com os meus discípulos.

[19]E os discípulos fizeram como Jesus lhes ordenara, e prepararam a páscoa.

A última páscoa e a ceia do Senhor.
A traição

[20]E, chegada a tarde, assentou-se *à mesa* com os doze.

[21]E, comendo eles, disse: Em verdade vos digo que um de vós me há de trair.

[22]E eles, entristecendo-se muito, começaram cada um a dizer-lhe: *Porventura* sou eu, Senhor?

[23]E ele, respondendo, disse: O que põe comigo a mão no prato, esse me há de trair.

[24]Em verdade o Filho do homem vai, como acerca dele está escrito, mas ai daquele homem por quem o Filho do homem é traído! Bom seria para esse homem se não houvera nascido.

[25]E, respondendo Judas, o que o traía, disse: *Porventura* sou eu, Rabi? Ele disse: Tu o disseste.

[26]E, quando comiam, Jesus tomou o pão, e abençoando-*o*, o partiu, e o deu aos discípulos, e disse: Tomai, comei, isto é o meu corpo.

[27]E, tomando o cálice, e dando graças, deu-lh*o*, dizendo: Bebei dele todos;

[28]Porque isto é o meu sangue, o *sangue* do novo testamento, que é derramado por muitos, para remissão dos pecados.

[29]E digo-vos que, desde agora, não beberei deste fruto da vide, até aquele dia em que o beba novo convosco no reino de meu Pai.

[30]E, tendo cantado o hino, saíram para o Monte das Oliveiras.

[31]Então Jesus lhes disse: Todos vós esta noite vos escandalizareis em mim; porque está escrito: Ferirei o pastor, e as ovelhas do rebanho se dispersarão.

[32]Mas, depois de eu ressuscitar, irei adiante de vós para a Galileia.

[33]Mas Pedro, respondendo, disse-lhe: Ainda que todos se escandalizem em ti, eu nunca me escandalizarei.

[34]Disse-lhe Jesus: Em verdade te digo que, nesta mesma noite, antes que o galo cante, três vezes me negarás.

[35]Disse-lhe Pedro: Ainda que me seja mister morrer contigo, não te negarei. E todos os discípulos disseram o mesmo.

[36]Então chegou Jesus com eles a um lugar chamado Getsêmani, e disse a seus discípulos: Assentai-vos aqui, enquanto vou além orar.

[37]E, levando consigo Pedro e os dois filhos de Zebedeu, começou a entristecer-se e a angustiar-se muito.

[38]Então lhes disse: A minha alma está cheia de tristeza até a morte; ficai aqui, e velai comigo.

[39]E, indo um pouco mais para diante, prostrou-se sobre o seu rosto, orando e dizendo: Meu Pai, se é possível, passe de mim este cálice; todavia, não seja como eu quero, mas como tu *queres*.

[40]E, voltando para os seus discípulos, achou-os adormecidos; e disse a Pedro: Então nem uma hora pudeste velar comigo?

[41]Vigiai e orai, para que não entreis em tentação; na verdade, o espírito *está* pronto, mas a carne *é* fraca.

[42]E, indo segunda vez, orou, dizendo: Pai meu, se este cálice não pode passar de mim sem eu o beber, faça-se a tua vontade.

[43]E, voltando, achou-os outra vez adormecidos; porque os seus olhos estavam pesados.

[44]E, deixando-os de novo, foi orar pela terceira vez, dizendo as mesmas palavras.

[45]Então chegou junto dos seus discípulos, e disse-lhes: Dormi agora, e repousai; eis que é chegada a hora, e o Filho do homem será entregue nas mãos dos pecadores.

[46]Levantai-vos, partamos; eis que é chegado o que me trai.

Prisão de Jesus

[47]E, estando ele ainda a falar, eis que chegou Judas, um dos doze, e com ele grande multidão com espadas e varapaus, *enviada* pelos principais sacerdotes e pelos anciãos do povo.

[48]E o que o traía tinha-lhes dado um sinal, dizendo: O que eu beijar é esse; prendei-o.

[49]E logo, aproximando-se de Jesus, disse: Eu te saúdo, Rabi; e beijou-o.

[50]Jesus, porém, lhe disse: Amigo, a que vieste? Então, aproximando-se eles, lançaram mão de Jesus, e o prenderam.

[51]E eis que um dos que *estavam* com Jesus, estendendo a mão, puxou da espada e, ferindo o servo do sumo sacerdote, cortou-lhe uma orelha.

[52]Então Jesus disse-lhe: Embainha a tua espada; porque todos os que lançarem mão da espada, à espada morrerão.

[53]Ou pensas tu que eu não poderia agora orar a meu Pai, e que ele não me daria mais de doze legiões de anjos?

[54]Como, *pois*, se cumpririam as Escrituras, *que dizem* que assim convém que aconteça?

[55]Então disse Jesus à multidão: Saístes, como para um salteador, com espadas e varapaus para me prender? Todos os dias me assentava junto de vós, ensinando no templo, e não me prendestes.

[56]Mas tudo isto aconteceu para que se cumpram as escrituras dos profetas. Então, todos os discípulos, deixando-o, fugiram.

Jesus perante o Sinédrio

[57]E os que prenderam a Jesus o conduziram à casa do sumo sacerdote Caifás, onde os escribas e os anciãos estavam reunidos.

[58]E Pedro o seguiu de longe, até ao pátio do sumo sacerdote e, entrando, assentou-se entre os criados, para ver o fim.

[59]Ora, os principais sacerdotes, e os anciãos, e todo o conselho, buscavam falso testemunho contra Jesus, para poderem dar-lhe a morte;

[60]E não *o* achavam; apesar de se apresentarem

MATEUS 26.61   664

muitas testemunhas falsas, não o achavam. Mas, por fim chegaram duas testemunhas falsas,

⁶¹E disseram: Este disse: Eu posso derrubar o templo de Deus, e reedificá-lo em três dias.

⁶²E, levantando-se o sumo sacerdote, disse-lhe: Não respondes coisa alguma ao que estes depõem contra ti?

⁶³Jesus, porém, guardava silêncio. E, respondendo o sumo sacerdote, disse-lhe: Conjuro-te pelo Deus vivo que nos digas se tu és o Cristo, o Filho de Deus.

⁶⁴Disse-lhe Jesus: Tu o disseste; digo-vos, porém, que vereis em breve o Filho do homem assentado à direita do Poder, e vindo sobre as nuvens do céu.

⁶⁵Então o sumo sacerdote rasgou as suas vestes, dizendo: Blasfemou; para que precisamos ainda de testemunhas? Eis que bem ouvistes agora a sua blasfêmia.

⁶⁶Que vos parece? E eles, respondendo, disseram: É réu de morte.

⁶⁷Então cuspiram-lhe no rosto e lhe davam punhadas, e outros o esbofeteavam,

⁶⁸Dizendo: Profetiza-nos, Cristo, quem é o que te bateu?

Negação de Pedro

⁶⁹Ora, Pedro estava assentado fora, no pátio; e, aproximando-se dele uma criada, disse: Tu também estavas com Jesus, o galileu.

⁷⁰Mas ele negou diante de todos, dizendo: Não sei o que dizes.

⁷¹E, saindo para o vestíbulo, outra criada o viu, e disse aos que ali estavam: Este também estava com Jesus, o Nazareno.

⁷²E ele negou outra vez com juramento: Não conheço tal homem.

⁷³E, daí a pouco, aproximando-se os que ali estavam, disseram a Pedro: Verdadeiramente também tu és deles, pois a tua fala te denuncia.

⁷⁴Então começou ele a praguejar e a jurar, dizendo: Não conheço esse homem. E imediatamente o galo cantou.

⁷⁵E lembrou-se Pedro das palavras de Jesus, que lhe dissera: Antes que o galo cante, três vezes me negarás. E, saindo dali, chorou amargamente.

Jesus perante Pilatos

27 E, CHEGANDO a manhã, todos os principais sacerdotes, e os anciãos do povo, formavam juntamente conselho contra Jesus, para o matarem;

²E amarrando-o, o levaram e entregaram ao presidente Pôncio Pilatos.

³Então Judas, o que o traíra, vendo que fora condenado, trouxe, arrependido, as trinta moedas de prata aos principais sacerdotes e aos anciãos,

⁴Dizendo: Pequei, traindo o sangue inocente. Eles, porém, disseram: Que nos importa? Isso é contigo.

⁵E ele, atirando para o templo as moedas de prata, retirou-se e foi enforcar-se.

⁶E os principais sacerdotes, tomando as moedas de prata, disseram: Não é lícito colocá-las no cofre das ofertas, porque são preço de sangue.

⁷E, tendo deliberado em conselho, compraram com elas o campo de um oleiro, para sepultura dos estrangeiros.

⁸Por isso foi chamado aquele campo, até ao dia de hoje, Campo de Sangue.

⁹Então se realizou o que fora anunciado pelo profeta Jeremias, que diz: E tomaram as trinta moedas de prata, o preço daquele que foi avaliado, o qual os filhos de Israel avaliaram,

¹⁰E deram-nas pelo campo do oleiro, segundo o que o Senhor me determinou.

¹¹E Jesus estava em pé diante do presidente, e o presidente o interrogou, dizendo: És tu o Rei dos Judeus? E disse-lhe Jesus: Tu o dizes.

¹²E, sendo acusado pelos principais sacerdotes e pelos anciãos, nada respondeu.

¹³Disse-lhe então Pilatos: Não ouves quanto testificam contra ti?

¹⁴E nem uma palavra lhe respondeu, de sorte que o presidente estava muito maravilhado.

¹⁵Ora, por ocasião da festa, costumava o presidente soltar um preso, escolhendo o povo aquele que quisesse.

¹⁶E tinham então um preso bem conhecido, chamado Barrabás.

¹⁷Portanto, estando eles reunidos, disse-lhes Pilatos: Qual quereis que vos solte? Barrabás, ou Jesus, chamado Cristo?

¹⁸Porque sabia que por inveja o haviam entregado.

¹⁹E, estando ele assentado no tribunal, sua mulher mandou-lhe dizer: Não entres na questão desse justo, porque num sonho muito sofri por causa dele.

²⁰Mas os principais sacerdotes e os anciãos persuadiram à multidão que pedisse Barrabás e matasse Jesus.

²¹E, respondendo o presidente, disse-lhes: Qual desses dois quereis vós que eu solte? E eles disseram: Barrabás.

²²Disse-lhes Pilatos: Que farei então de Jesus, chamado Cristo? Disseram-lhe todos: Seja crucificado.

²³O presidente, porém, disse: Mas que mal fez ele? E eles mais clamavam, dizendo: Seja crucificado.

²⁴Então Pilatos, vendo que nada aproveitava, antes o tumulto crescia, tomando água, lavou as mãos diante da multidão, dizendo: Estou inocente do sangue deste justo. Considerai isso.

²⁵E, respondendo todo o povo, disse: O seu sangue caia sobre nós e sobre nossos filhos.

²⁶Então soltou-lhes Barrabás, e, tendo mandado açoitar a Jesus, entregou-o para ser crucificado.

²⁷E logo os soldados do presidente, conduzindo Jesus à audiência, reuniram junto dele toda a coorte.

²⁸E, despindo-o, o cobriram com uma capa de escarlate;

²⁹E, tecendo uma coroa de espinhos, puseram-lha na sua cabeça, e em sua *mão* direita uma cana; e, ajoelhando diante dele, o escarneciam, dizendo: Salve, Rei dos judeus.

³⁰E, cuspindo nele, tiraram-lhe a cana, e batiam-lhe *com* ela na cabeça.

³¹E, depois de o haverem escarnecido, tiraram-lhe a capa, vestiram-lhe as suas vestes e o levaram para ser crucificado.

Jesus crucificado

³²E, quando saíam, encontraram um homem cireneu, chamado Simão, a quem constrangeram a levar a sua cruz.

³³E, chegando ao lugar chamado Gólgota, que se diz: Lugar da Caveira,

³⁴Deram-lhe a beber vinagre misturado com fel; mas ele, provando-*o*, não quis beber.

³⁵E, havendo-o crucificado, repartiram as suas vestes, lançando sortes, para que se cumprisse o que foi dito pelo profeta: Repartiram entre si as minhas vestes, e sobre a minha túnica lançaram sortes.

³⁶E, assentados, o guardavam ali.

³⁷E por cima da sua cabeça puseram escrita a sua acusação: ESTE É JESUS, O REI DOS JUDEUS.

³⁸E foram crucificados com ele dois salteadores, um à direita, e outro à esquerda.

³⁹E os que passavam blasfemavam dele, meneando as cabeças,

⁴⁰E dizendo: Tu, que destróis o templo, e em três dias o reedificas, salva-te a ti mesmo. Se és Filho de Deus, desce da cruz.

⁴¹E da mesma maneira também os principais sacerdotes, com os escribas, e anciãos, e fariseus, escarnecendo, diziam:

⁴²Salvou os outros, e a si mesmo não pode salvar-se. Se é o Rei de Israel, desça agora da cruz, e creremos nele.

⁴³Confiou em Deus; livre-o agora, se o ama; porque disse: Sou Filho de Deus.

⁴⁴E o mesmo lhe lançaram também em rosto os salteadores que com ele estavam crucificados.

⁴⁵E desde a hora sexta houve trevas sobre toda a terra, até à hora nona.

⁴⁶E perto da hora nona exclamou Jesus em alta voz, dizendo: Eli, Eli, lamá sabactâni; isto é, Deus meu, Deus meu, por que me desamparaste?

⁴⁷E alguns dos que ali estavam, ouvindo *isto*, diziam: Este chama por Elias,

⁴⁸E logo um deles, correndo, tomou uma esponja, e embebeu-a em vinagre, e, pondo-*a* numa cana, dava-lhe de beber.

⁴⁹Os outros, porém, diziam: Deixa, vejamos se Elias vem livrá-lo.

⁵⁰E Jesus, clamando outra vez com grande voz, rendeu o espírito.

⁵¹E eis que o véu do templo se rasgou em dois, de alto a baixo; e tremeu a terra, e fenderam-se as pedras;

⁵²E abriram-se os sepulcros, e muitos corpos de santos que dormiam foram ressuscitados;

⁵³E, saindo dos sepulcros, depois da ressurreição dele, entraram na cidade santa, e apareceram a muitos.

⁵⁴E o centurião e os que com ele guardavam a Jesus, vendo o terremoto, e as *coisas* que haviam sucedido, tiveram grande temor, *e* disseram: Verdadeiramente este era o Filho de Deus.

⁵⁵E estavam ali, olhando de longe, muitas mulheres que tinham seguido Jesus desde a Galileia, para o servir;

⁵⁶Entre as quais estavam Maria Madalena, e Maria, mãe de Tiago e de José, e a mãe dos filhos de Zebedeu.

O corpo de Jesus posto em um sepulcro

⁵⁷E, vinda já a tarde, chegou um homem rico, de Arimateia, por nome José, que também era discípulo de Jesus.

⁵⁸Este foi ter com Pilatos, e pediu-lhe o corpo de Jesus. Então Pilatos mandou que o corpo *lhe* fosse dado.

⁵⁹E José, tomando o corpo, envolveu-o num fino e limpo lençol,

⁶⁰E o pôs no seu sepulcro novo, que havia aberto em rocha, e, rodando uma grande pedra para a porta do sepulcro, retirou-se.

⁶¹E estavam ali Maria Madalena e a outra Maria, assentadas defronte do sepulcro.

⁶²E no dia seguinte, que é o dia depois da Preparação, reuniram-se os principais sacerdotes e os fariseus em casa de Pilatos,

⁶³Dizendo: Senhor, lembramo-nos de que aquele enganador, vivendo ainda, disse: Depois de três dias ressuscitarei.

⁶⁴Manda, pois, que o sepulcro seja guardado com segurança até ao terceiro dia, não se dê o caso que os seus discípulos vão de noite, e o furtem, e digam ao povo: Ressuscitou dentre os mortos; e *assim* o último erro será pior do que o primeiro.

⁶⁵E disse-lhes Pilatos: Tendes a guarda; ide, guardai-*o* como entenderdes.

⁶⁶E, indo eles, seguraram o sepulcro com a guarda, selando a pedra.

Ressurreição de Jesus Cristo

28 E, NO FIM do sábado, quando já despontava o primeiro *dia* da semana, Maria Madalena e a outra Maria foram ver o sepulcro.

²E eis que houvera um grande terremoto, porque um anjo do Senhor, descendo do céu, chegou, removendo a pedra da porta, e sentou-se sobre ela.

³E o seu aspecto era como um relâmpago, e as suas vestes brancas como neve.

⁴E os guardas, com medo dele, ficaram muito assombrados, e como mortos.

⁵Mas o anjo, respondendo, disse às mulheres: Não tenhais medo; pois eu sei que buscais a Jesus, que foi crucificado.

⁶Ele não está aqui, porque já ressuscitou, como havia dito. Vinde, vede o lugar onde o Senhor jazia.

MATEUS 28.7

⁷Ide pois, imediatamente, e dizei aos seus discípulos que *já* ressuscitou dentre os mortos. E eis que ele vai adiante de vós para a Galileia; ali o vereis. Eis que eu vo-lo tenho dito.

⁸E, saindo elas apressadamente do sepulcro, com temor e grande alegria, correram a anunciá-lo aos seus discípulos.

⁹E, indo elas a dar as novas aos seus discípulos, eis que Jesus lhes sai ao encontro, dizendo: Eu vos saúdo. E elas, chegando, abraçaram os seus pés, e o adoraram.

¹⁰Então Jesus disse-lhes: Não temais; ide dizer a meus irmãos que vão à Galileia, e lá me verão.

¹¹E, quando iam, eis que alguns da guarda, chegando à cidade, anunciaram aos principais sacerdotes todas as coisas que haviam acontecido.

¹²E, congregados eles com os anciãos, e tomando conselho entre si, deram muito dinheiro aos soldados,

¹³Dizendo: Dizei: Vieram de noite os seus discípulos e, dormindo nós, o furtaram.

¹⁴E, se isto chegar a ser ouvido pelo presidente, nós o persuadiremos, e vos poremos em segurança.

¹⁵E eles, recebendo o dinheiro, fizeram como estavam instruídos. E foi divulgado este dito entre os judeus, até ao *dia* de hoje.

¹⁶E os onze discípulos partiram para a Galileia, para o monte que Jesus lhes tinha designado.

¹⁷E, quando o viram, o adoraram; mas alguns duvidaram.

¹⁸E, chegando-se Jesus, falou-lhes, dizendo: É-me dado todo o poder no céu e na terra.

¹⁹Portanto ide, fazei discípulos de todas as nações, batizando-os em nome do Pai, e do Filho, e do Espírito Santo;

²⁰Ensinando-os a guardar todas as *coisas* que eu vos tenho mandado; e eis que eu estou convosco todos os dias, até a consumação do mundo. Amém.

O EVANGELHO SEGUNDO
MARCOS

Pregação de João o Batista

1 PRINCÍPIO do Evangelho de Jesus Cristo, Filho de Deus;

²Como está escrito nos profetas: Eis que eu envio o meu anjo ante a tua face, o qual preparará o teu caminho diante de ti.

³Voz do que clama no deserto: Preparai o caminho do Senhor, endireitai as suas veredas.

⁴Apareceu João batizando no deserto, e pregando o batismo de arrependimento, para remissão dos pecados.

⁵E toda a província da Judeia e os de Jerusalém iam ter com ele; e todos eram batizados por ele no rio Jordão, confessando os seus pecados.

⁶E João andava vestido de pelos de camelo, e com um cinto de couro em redor de seus lombos, e comia gafanhotos e mel silvestre.

⁷E pregava, dizendo: Após mim vem aquele que é mais forte do que eu, do qual não sou digno de, abaixando-me, desatar a correia das suas sandálias.

⁸Eu, em verdade, tenho-vos batizado com água; ele, porém, vos batizará com o Espírito Santo.

Batismo e tentação de Jesus

⁹E aconteceu naqueles dias que Jesus, tendo ido de Nazaré da Galileia, foi batizado por João, no Jordão.

¹⁰E, logo que saiu da água, viu os céus abertos, e o Espírito, que como pomba descia sobre ele.

¹¹E ouviu-se uma voz dos céus, *que dizia:* Tu és o meu Filho amado em quem me comprazo.

¹²E logo o Espírito o impeliu para o deserto.

¹³E ali esteve no deserto quarenta dias, tentado por Satanás. E vivia entre as feras, e os anjos o serviam.

Vocação de quatro discípulos

¹⁴E, depois que João foi entregue à prisão, veio Jesus para a Galileia, pregando o evangelho do reino de Deus,

¹⁵E dizendo: O tempo está cumprido, e o reino de Deus está próximo. Arrependei-vos, e crede no evangelho.

¹⁶E, andando junto do mar da Galileia, viu Simão, e André, seu irmão, que lançavam a rede ao mar, pois eram pescadores.

¹⁷E Jesus lhes disse: Vinde após mim, e eu farei que sejais pescadores de homens.

¹⁸E, deixando logo as suas redes, o seguiram.

¹⁹E, passando dali um pouco mais adiante, viu Tiago, *filho* de Zebedeu, e João, seu irmão, que *estavam* no barco consertando as *redes,*

²⁰E logo os chamou. E eles, deixando o seu pai Zebedeu no barco com os empregados, foram após ele.

Jesus em Cafarnaum

²¹Entraram em Cafarnaum e, logo no sábado, indo ele à sinagoga, ali ensinava.

²²E maravilharam-se da sua doutrina, porque os ensinava como tendo autoridade, e não como os escribas.

²³E estava na sinagoga deles um homem com um espírito imundo, o qual exclamou,

²⁴Dizendo: Ah! Que temos contigo, Jesus Nazareno? Vieste destruir-nos? Bem sei quem és: o Santo de Deus.

²⁵E repreendeu-o Jesus, dizendo: Cala-te, e sai dele.

²⁶Então o espírito imundo, convulsionando-o, e clamando com grande voz, saiu dele.

²⁷E todos se admiraram, a ponto de perguntarem entre si, dizendo: Que é isto? Que nova doutrina *é* esta? Pois com autoridade ordena aos espíritos imundos, e eles lhe obedecem!

²⁸E logo correu a sua fama por toda a província da Galileia.

Cura da sogra de Pedro e de diversos enfermos

²⁹E logo, saindo da sinagoga, foram à casa de Simão e de André com Tiago e João.

³⁰E a sogra de Simão estava deitada com febre; e logo lhe falaram dela.

³¹Então, chegando-se a ela, tomou-a pela mão, e levantou-a; e imediatamente a febre a deixou, e servia-os.

³²E, tendo chegado a tarde, quando já se estava pondo o sol, trouxeram-lhe todos os que se achavam enfermos, e os endemoninhados.

³³E toda a cidade se ajuntou à porta.

³⁴E curou muitos que se *achavam* enfermos de diversas enfermidades, e expulsou muitos demônios, porém não deixava falar os demônios, porque o conheciam.

³⁵E, levantando-se de manhã, muito cedo, fazendo ainda escuro, saiu, e foi para um lugar deserto, e ali orava.

³⁶E seguiram-no Simão e os que com ele estavam.

³⁷E, achando-o, lhe disseram: Todos te buscam.

³⁸E ele lhes disse: Vamos às aldeias vizinhas, para que eu ali também pregue; porque para isso vim.

³⁹E pregava nas sinagogas deles, por toda a Galileia, e expulsava os demônios.

Cura de um leproso

⁴⁰E aproximou-se dele um leproso que, rogando-lhe, e pondo-se de joelhos diante dele, lhe dizia: Se queres, bem podes limpar-me.

⁴¹E Jesus, movido de grande compaixão, estendeu a mão, e tocou-o, e disse-lhe: Quero, sê limpo.

MARCOS 1.42

⁴²E, tendo ele dito *isto,* logo a lepra desapareceu, e ficou limpo.

⁴³E, advertindo-o severamente, logo o despediu.

⁴⁴E disse-lhe: Olha, não digas nada a ninguém; porém vai, mostra-te ao sacerdote, e oferece pela tua purificação o que Moisés determinou, para lhes servir de testemunho.

⁴⁵Mas, tendo ele saído, começou a apregoar muitas coisas, e a divulgar o que acontecera; de sorte que Jesus já não podia entrar publicamente na cidade, mas conservava-se fora em lugares desertos; e de todas as partes iam ter com ele.

Cura de um paralítico

2 E ALGUNS dias depois entrou outra vez em Cafarnaum, e soube-se que estava em casa.

²E logo se ajuntaram tantos, que nem ainda nos *lugares* junto à porta cabiam; e anunciava-lhes a palavra.

³E vieram ter com ele conduzindo um paralítico, trazido por quatro.

⁴E, não podendo aproximar-se dele, por causa da multidão, descobriram o telhado onde estava, e, fazendo um buraco, baixaram o leito em que jazia o paralítico.

⁵E Jesus, vendo a fé deles, disse ao paralítico: Filho, perdoados estão os teus pecados.

⁶E estavam ali assentados alguns dos escribas, que arrazoavam em seus corações, *dizendo:*

⁷Por que diz este assim blasfêmias? Quem pode perdoar pecados, senão só Deus?

⁸E Jesus, conhecendo logo em seu espírito que assim arrazoavam entre si, lhes disse: Por que arrazoais sobre estas *coisas* em vossos corações?

⁹Qual é mais fácil? dizer ao paralítico: Estão perdoados os *teus* pecados; ou dizer-*lhe:* Levanta-te, e toma o teu leito, e anda?

¹⁰Ora, para que saibais que o Filho do homem tem na terra poder para perdoar pecados (disse ao paralítico),

¹¹A ti te digo: Levanta-te, toma o teu leito, e vai para tua casa.

¹²E levantou-se e, tomando logo o leito, saiu em presença de todos, de sorte que todos se admiraram e glorificaram a Deus, dizendo: Nunca tal vimos.

Vocação de Levi

¹³E tornou a sair para o mar, e toda a multidão ia ter com ele, e ele os ensinava.

¹⁴E, passando, viu Levi, *filho* de Alfeu, sentado na recebedoria, e disse-lhe: Segue-me. E, levantando-se, o seguiu.

¹⁵E aconteceu que, estando sentado *à mesa* em casa deste, também estavam sentados à mesa com Jesus e seus discípulos muitos publicanos e pecadores; porque eram muitos, e o tinham seguido.

¹⁶E os escribas e fariseus, vendo-o comer com os publicanos e pecadores, disseram aos seus discípulos: Por que come e bebe ele com os publicanos e pecadores?

¹⁷E Jesus, tendo ouvido isto, disse-lhes: Os sãos não necessitam de médico, mas, sim, os que estão doentes; eu não vim chamar os justos, mas, sim, os pecadores ao arrependimento.

Consulta dos discípulos de João sobre o jejum

¹⁸Ora, os discípulos de João e os fariseus jejuavam; e foram e disseram-lhe: Por que jejuam os discípulos de João e os dos fariseus, e não jejuam os teus discípulos?

¹⁹E Jesus disse-lhes: Podem *porventura* os filhos das bodas jejuar enquanto está com eles o esposo? Enquanto têm consigo o esposo, não podem jejuar;

²⁰Mas dias virão em que lhes será tirado o esposo, e então jejuarão naqueles dias.

²¹Ninguém deita remendo de pano novo em roupa velha; doutra sorte o mesmo remendo novo rompe o velho, e a rotura fica maior.

²²E ninguém deita vinho novo em odres velhos; doutra sorte, o vinho novo rompe os odres e entorna-se o vinho, e os odres estragam-se; o vinho novo deve ser deitado em odres novos.

As espigas de trigo e o sábado

²³E aconteceu que, passando ele *num* sábado pelas searas, os seus discípulos, caminhando, começaram a colher espigas.

²⁴E os fariseus lhe disseram: Vês? Por que fazem no sábado o que não é lícito?

²⁵Mas ele disse-lhes: Nunca lestes o que fez Davi, quando estava em necessidade e teve fome, ele e os que com ele *estavam?*

²⁶Como entrou na casa de Deus, no tempo de Abiatar, sumo sacerdote, e comeu os pães da proposição, dos quais não era lícito comer senão aos sacerdotes, dando também aos que com ele estavam?

²⁷E disse-lhes: O sábado foi feito por causa do homem, *e* não o homem por causa do sábado.

²⁸Assim o Filho do homem até do sábado é Senhor.

Jesus cura no sábado

3 E OUTRA vez entrou na sinagoga, e estava ali um homem que tinha uma das mãos mirrada.

²E estavam observando-o se curaria no sábado, para o acusarem.

³E disse ao homem que tinha a mão mirrada: Levanta-te *e vem* para o meio.

⁴E perguntou-lhes: É lícito no sábado fazer bem, ou fazer mal? Salvar a vida, ou matar? E eles calaram-se.

⁵E, olhando para eles em redor com indignação, condoendo-se da dureza do seu coração, disse ao homem: Estende a tua mão. E ele *a* estendeu, e foi-lhe restituída a sua mão, sã como a outra.

⁶E, tendo saído os fariseus, tomaram logo conselho com os herodianos contra ele, procurando ver como o matariam.

⁷E retirou-se Jesus com os seus discípulos para o mar, e seguia-o uma grande multidão da Galileia e da Judeia,

⁸E de Jerusalém, e da Idumeia, e *de* além do Jordão, e de perto de Tiro e de Sidom; uma grande multidão que, ouvindo quão grandes *coisas* fazia, vinha ter com ele.

⁹E ele disse aos seus discípulos que tivessem sempre pronto um barquinho junto dele, por causa da multidão, para que o não oprimisse,

¹⁰Porque tinha curado a muitos, de tal maneira que todos quantos tinham *algum* mal se lançavam sobre ele, para lhe tocarem.

¹¹E os espíritos imundos vendo-o, prostravam-se diante dele, e clamavam, dizendo: Tu és o Filho de Deus.

¹²E ele os ameaçava muito, para que não o manifestassem.

Escolha dos doze apóstolos

¹³E subiu ao monte, e chamou *para si* os que ele quis; e vieram a ele.

¹⁴E nomeou doze para que estivessem com ele e os mandasse a pregar,

¹⁵E para que tivessem o poder de curar as enfermidades e expulsar os demônios:

¹⁶A Simão, a quem pôs o nome de Pedro,

¹⁷E a Tiago, *filho* de Zebedeu, e a João, irmão de Tiago, aos quais pôs o nome de Boanerges, que significa: Filhos do trovão;

¹⁸E a André, e a Filipe, e a Bartolomeu, e a Mateus, e a Tomé, e a Tiago, *filho* de Alfeu, e a Tadeu, e a Simão, o Cananita,

¹⁹E a Judas Iscariotes, o que o entregou.

²⁰E foram para uma casa. E afluiu outra vez a multidão, de tal maneira que nem sequer podiam comer pão.

²¹E, quando os seus ouviram *isto,* saíram para o prender; porque diziam: Está fora de si.

O pecado contra o Espírito Santo

²²E os escribas, que tinham descido de Jerusalém, diziam: Tem Belzebu, e pelo príncipe dos demônios expulsa os demônios.

²³E, chamando-os a si, disse-lhes por parábolas: Como pode Satanás expulsar Satanás?

²⁴E, se um reino se dividir contra si mesmo, tal reino não pode subsistir;

²⁵E, se uma casa se dividir contra si mesma, tal casa não pode subsistir.

²⁶E, se Satanás se levantar contra si mesmo, e for dividido, não pode subsistir; antes tem fim.

²⁷Ninguém pode roubar os bens do valente, entrando-lhe em sua casa, se primeiro não amarrar o valente; e então roubará a sua casa.

²⁸Na verdade vos digo que todos os pecados serão perdoados aos filhos dos homens, e toda a sorte de blasfêmias, com que blasfemarem;

²⁹Qualquer, porém, que blasfemar contra o Espírito Santo, nunca obterá perdão, mas é culpado do eterno juízo

³⁰(Porque diziam: Tem espírito imundo).

³¹Chegaram, então, *seus* irmãos e sua mãe; e, estando fora, mandaram-no chamar.

³²E a multidão estava assentada ao redor dele, e disseram-lhe: Eis que tua mãe e teus irmãos te procuram, e estão lá fora.

³³E ele lhes respondeu, dizendo: Quem é minha mãe e meus irmãos?

³⁴E, olhando em redor para os que estavam assentados junto dele, disse: Eis aqui minha mãe e meus irmãos.

³⁵Porquanto, qualquer que fizer a vontade de Deus, esse é meu irmão, e minha irmã, e *minha* mãe.

Parábola do semeador

4 E OUTRA vez começou a ensinar junto do mar, e ajuntou-se a ele grande multidão, de sorte que ele entrou e assentou-se num barco, sobre o mar; e toda a multidão estava em terra junto do mar.

²E ensinava-lhes muitas *coisas* por parábolas, e lhes dizia na sua doutrina:

³Ouvi: Eis que saiu o semeador a semear.

⁴E aconteceu que semeando ele, uma *parte da semente* caiu junto do caminho, e vieram as aves do céu, e a comeram;

⁵E outra caiu sobre pedregais, onde não havia muita terra, e nasceu logo, porque não tinha terra profunda;

⁶Mas, saindo o sol, queimou-se; e, porque não tinha raiz, secou-se.

⁷E outra caiu entre espinhos e, crescendo os espinhos, a sufocaram e não deu fruto.

⁸E outra caiu em boa terra e deu fruto, que vingou e cresceu; e um produziu trinta, outro sessenta, e outro cem.

⁹E disse-lhes: Quem tem ouvidos para ouvir, ouça.

¹⁰E, quando se achou só, os que estavam junto dele com os doze interrogaram-no acerca da parábola.

¹¹E ele disse-lhes: A vós vos é dado saber os mistérios do reino de Deus, mas aos que estão de fora todas *estas coisas* se dizem por parábolas,

¹²Para que, vendo, vejam, e não percebam; e, ouvindo, ouçam, e não entendam; para que não se convertam, e lhes sejam perdoados os pecados.

¹³E disse-lhes: Não percebeis esta parábola? Como, pois, entendereis todas as parábolas?

¹⁴O que semeia, semeia a palavra;

¹⁵E, os que estão junto do caminho são aqueles em quem a palavra é semeada; mas, tendo-a eles ouvido, vem logo Satanás e tira a palavra que foi semeada nos seus corações.

¹⁶E da mesma forma os que recebem a semente sobre pedregais; os quais, ouvindo a palavra, logo com prazer a recebem;

¹⁷Mas não têm raiz em si mesmos, antes são temporários; depois, sobrevindo tribulação ou perseguição, por causa da palavra, logo se escandalizam.

¹⁸E outros são os que recebem a semente entre espinhos, os quais ouvem a palavra;

¹⁹Mas os cuidados deste mundo, e os enganos das riquezas e as ambições de outras coisas, entrando, sufocam a palavra, e fica infrutífera.

MARCOS 4.20

Parábola da candeia

²⁰E estes são os que foram semeados em boa terra, todos que ouvem a palavra e *a* recebem, e dão fruto, um trinta, e outro sessenta, e outro cem.

Parábola da candeia

²¹E disse-lhes: Vem *porventura* a candeia para se meter debaixo do alqueire, ou debaixo da cama? não *vem antes* para se colocar no velador?

²²Porque nada há encoberto que não haja de ser manifesto; e nada se faz *para ficar* oculto, mas para ser descoberto.

²³Se alguém tem ouvidos para ouvir, ouça.

²⁴E disse-lhes: Atendei ao que ides ouvir. Com a medida com que medirdes vos medirão a vós, e ser-vos-á ainda acrescentada a vós que ouvis.

²⁵Porque ao que tem, ser-lhe-á dado; e, ao que não tem, até o que tem lhe será tirado.

Parábola da semente

²⁶E dizia: O reino de Deus é assim como se um homem lançasse semente à terra.

²⁷E dormisse, e se levantasse de noite ou de dia, e a semente brotasse e crescesse, não sabendo ele como.

²⁸Porque a terra por si mesma frutifica, primeiro a erva, depois a espiga, por último o grão cheio na espiga.

²⁹E, quando *já* o fruto se mostra, mete-se-lhe logo a foice, porque está chegada a ceifa.

Parábola do grão de mostarda

³⁰E dizia: A que assemelharemos o reino de Deus? Ou com que parábola o representaremos?

³¹É como um grão de mostarda, que, quando se semeia na terra, é a menor de todas as sementes que há na terra;

³²Mas, tendo sido semeado, cresce; e faz-se maior de todas as hortaliças, e cria grandes ramos, de tal maneira que as aves do céu podem aninhar-se debaixo da sua sombra.

³³E com muitas parábolas tais lhes dirigia a palavra, segundo o que podiam compreender.

³⁴E sem parábolas nunca lhes falava; porém, tudo declarava em particular aos seus discípulos.

Tempestade apaziguada

³⁵E, naquele dia, sendo já tarde, disse-lhes: Passemos para o outro lado.

³⁶E eles, deixando a multidão, o levaram consigo, assim como estava, no barco; e havia também com ele outros barquinhos.

³⁷E levantou-se grande temporal de vento, e subiam as ondas por cima do barco, de maneira que já se enchia.

³⁸E ele estava na popa, dormindo sobre uma almofada, e despertaram-no, dizendo-lhe: Mestre, não se te dá que pereçamos?

³⁹E ele, despertando, repreendeu o vento, e disse ao mar: Cala-te, aquieta-te. E o vento se aquietou, e houve grande bonança.

⁴⁰E disse-lhes: Por que estais tão temerosos? Como não tendes fé?

⁴¹E sentiram um grande temor, e diziam uns aos outros: Mas quem é êste, que até o vento e o mar lhe obedecem?

Um endemoninhado curado

5 E CHEGARAM ao outro lado do mar, à província dos gadarenos.

²E, saindo ele do barco, lhe saiu logo ao seu encontro, dos sepulcros, um homem com espírito imundo;

³O qual tinha a *sua* morada nos sepulcros, e nem ainda com cadeias o podia alguém prender;

⁴Porque, tendo sido muitas vezes preso com grilhões e cadeias, as cadeias foram por ele feitas em pedaços, e os grilhões em migalhas, e ninguém o podia amansar.

⁵E andava sempre, de dia e de noite, clamando pelos montes, e pelos sepulcros, e ferindo-se com pedras.

⁶E, quando viu Jesus ao longe, correu e adorou-o.

⁷E, clamando com grande voz, disse: Que tenho eu contigo, Jesus, Filho do Deus Altíssimo? Conjuro-te por Deus que não me atormentes.

⁸(Porque lhe dizia: Sai deste homem, espírito imundo.)

⁹E perguntou-lhe: Qual é o teu nome? E lhe respondeu, dizendo: Legião *é* o meu nome, porque somos muitos.

¹⁰E rogava-lhe muito que os não enviasse para fora daquela província.

¹¹E andava ali pastando no monte uma grande manada de porcos.

¹²E todos *aqueles* demônios lhe rogaram, dizendo: Manda-nos para aqueles porcos, para que entremos neles.

¹³E Jesus logo lho permitiu. E, saindo aqueles espíritos imundos, entraram nos porcos; e a manada se precipitou por um despenhadeiro no mar (eram quase dois mil), e afogaram-se no mar.

¹⁴E os que apascentavam os porcos fugiram, e o anunciaram na cidade e nos campos; e saíram a ver o que era aquilo que tinha acontecido.

¹⁵E foram ter com Jesus, e viram o endemoninhado, o que tivera a legião, assentado, vestido e em perfeito juízo, e temeram.

¹⁶E os que *aquilo* tinham visto contaram-lhes o que acontecera ao endemoninhado, e acerca dos porcos.

¹⁷E começaram a rogar-lhe que saísse dos seus termos.

¹⁸E, entrando ele no barco, rogava-lhe o que fora endemoninhado *que o deixasse* estar com ele.

¹⁹Jesus, porém, não lho permitiu, mas disse-lhe: Vai para tua casa, para os teus, e anuncia-lhes quão grandes *coisas* o Senhor te fez, e *como* teve misericórdia de ti.

²⁰E ele foi, e começou a anunciar em Decápolis quão grandes *coisas* Jesus lhe fizera; e todos se maravilharam.

A filha de Jairo. A cura de uma mulher

²¹E, passando Jesus outra vez num barco para o outro lado, ajuntou-se a ele uma grande multidão; e ele estava junto do mar.

²²E eis que chegou um dos principais da sinagoga, por nome Jairo, e, vendo-o, prostrou-se aos seus pés,

²³rogava-lhe muito, dizendo: Minha filha está à morte; *rogo-te* que venhas e lhe imponhas as mãos, para que sare, e viva.

²⁴E foi com ele, e seguia-o uma grande multidão, que o apertava.

²⁵E certa mulher que, havia doze anos, tinha um fluxo de sangue,

²⁶E que havia padecido muito com muitos médicos, e despendido tudo quanto tinha, nada lhe aproveitando isso, antes indo a pior;

²⁷Ouvindo *falar* de Jesus, veio por detrás, entre a multidão, e tocou na sua veste.

²⁸Porque dizia: Se tão somente tocar nas suas vestes, sararei.

²⁹E logo se lhe secou a fonte do seu sangue; e sentiu no *seu* corpo estar *já* curada daquele mal.

³⁰E logo Jesus, conhecendo que poder de si mesmo saíra, voltou-se para a multidão, e disse: Quem tocou nas minhas vestes?

³¹E disseram-lhe os seus discípulos: Vês que a multidão te aperta, e dizes: Quem me tocou?

³²E ele olhava em redor, para ver a que isto fizera.

³³Então a mulher, que sabia o que lhe tinha acontecido, temendo e tremendo, aproximou-se, e prostrou-se diante dele, e disse-lhe toda a verdade.

³⁴E ele lhe disse: Filha, a tua fé te salvou; vai em paz, e sê curada deste teu mal.

³⁵Estando ele ainda falando, chegaram *alguns* do principal da sinagoga, a quem disseram: A tua filha está morta; para que enfadas mais o Mestre?

³⁶E Jesus, tendo ouvido estas palavras, disse ao principal da sinagoga: Não temas, crê somente.

³⁷E não permitiu que alguém o seguisse, a não ser Pedro, Tiago, e João, irmão de Tiago.

³⁸E, tendo chegado à casa do principal da sinagoga, viu o alvoroço, e os que choravam muito e pranteavam.

³⁹E, entrando, disse-lhes: Por que vos alvoroçais e chorais? A menina não está morta, mas dorme.

⁴⁰E riam-se dele; porém ele, tendo-os feito sair, tomou consigo o pai e a mãe da menina, e os que com ele estavam, e entrou onde a menina estava deitada.

⁴¹E, tomando a mão da menina, disse-lhe: Talita cumi; que, traduzido, é: Menina, a ti te digo, levanta-te.

⁴²E logo a menina se levantou, e andava, pois *já* tinha doze anos; e assombraram-se com grande espanto.

⁴³E mandou-lhes expressamente que ninguém o soubesse; e disse que lhe dessem de comer.

Jesus em Nazaré. Incredulidade dos habitantes

6E, PARTINDO dali, chegou à sua pátria, e os seus discípulos o seguiram.

²E, chegando o sábado, começou a ensinar na sinagoga; e muitos, ouvindo-*o*, se admiravam, dizendo: De onde lhe vêm estas *coisas?* E que sabedoria *é* esta que lhe foi dada? E como se fazem tais maravilhas por suas mãos?

³Não é este o carpinteiro, filho de Maria, e irmão de Tiago, e de José, e de Judas e de Simão? E não estão aqui conosco suas irmãs? E escandalizavam-se nele.

⁴E Jesus lhes dizia: Não há profeta sem honra senão na sua pátria, entre os seus parentes, e na sua casa.

⁵E não podia fazer ali nenhuma obra maravilhosa; somente curou alguns poucos enfermos, impondo-lhes as mãos.

⁶E estava admirado da incredulidade deles. E percorreu as aldeias vizinhas, ensinando.

Missão dos doze apóstolos

⁷Chamou *a si* os doze, e começou a enviá-los a dois e dois, e deu-lhes poder sobre os espíritos imundos;

⁸E ordenou-lhes que nada tomassem para o caminho, senão somente um cajado; nem alforje, nem pão, nem dinheiro no cinto;

⁹Mas que calçassem sandálias, e que não vestissem duas túnicas.

¹⁰E dizia-lhes: Na casa em que entrardes, ficai nela até partirdes dali.

¹¹E tantos quantos vos não receberem, nem vos ouvirem, saindo dali, sacudi o pó que estiver debaixo dos vossos pés, em testemunho contra eles. Em verdade vos digo que haverá mais tolerância no dia de juízo para Sodoma e Gomorra, do que para aquela cidade.

¹²E, saindo eles, pregavam que se arrependessem;

¹³E expulsavam muitos demônios, e ungiam muitos enfermos com óleo, e *os* curavam.

Morte de João o Batista

¹⁴E ouviu *isto* o rei Herodes (porque o seu nome se tornara notório), e disse: João, o que batizava, ressuscitou dentre os mortos, e por isso estas maravilhas operam nele.

¹⁵Outros diziam: É Elias. E diziam outros: É um profeta, ou como um dos profetas.

¹⁶Herodes, porém, ouvindo *isto,* disse: Este é João, ao qual eu degolei; ressuscitou dentre os mortos.

¹⁷Porquanto o mesmo Herodes mandara prender a João, e encerrá-lo amarrado no cárcere, por causa de Herodias, mulher de Filipe, seu irmão, porquanto tinha casado com ela.

¹⁸Pois João dizia a Herodes: Não te é lícito possuir a mulher de teu irmão.

¹⁹E Herodias o espiava, e queria matá-lo, mas não podia.

MARCOS 6.20

672

²⁰Porque Herodes temia a João, sabendo que *era* homem justo e santo; e guardava-o com segurança, e fazia muitas *coisas,* atendendo-o, e de boa mente o ouvia.

²¹E, chegando uma ocasião favorável em que Herodes, no dia dos seus anos, dava *uma* ceia aos grandes, e tribunos, e príncipes da Galileia,

²²Entrou a filha da mesma Herodias, e dançou, e agradou a Herodes e aos que estavam com ele à mesa. Disse então o rei à menina: Pede-me o que quiseres, e eu *to* darei.

²³E jurou-lhe, dizendo: Tudo o que me pedires te darei, até metade do meu reino.

²⁴E, saindo ela, perguntou a sua mãe: Que pedirei? E ela disse: A cabeça de João o Batista.

²⁵E, entrando logo, apressadamente, pediu ao rei, dizendo: Quero que imediatamente me dês num prato a cabeça de João o Batista.

²⁶E o rei entristeceu-se muito; *todavia,* por causa do juramento e dos que estavam com ele à mesa, não lha quis negar.

²⁷E, enviando logo o rei o executor, mandou que lhe trouxessem ali a sua cabeça. E ele foi, e degolou-o na prisão;

²⁸E trouxe a sua cabeça num prato, e deu-a à menina, e a menina a deu a sua mãe.

²⁹E os seus discípulos, tendo ouvido *isto,* foram, tomaram o seu corpo, e o puseram num sepulcro.

A primeira multiplicação dos pães

³⁰E os apóstolos ajuntaram-se a Jesus, e contaram-lhe tudo, tanto o que tinham feito como o que tinham ensinado.

³¹E ele disse-lhes: Vinde vós, aqui à parte, a um lugar deserto, e repousai um pouco. Porque havia muitos que iam e vinham, e não tinham tempo para comer.

³²E foram sós num barco, em particular, para um lugar deserto.

³³E a multidão viu-os partir, e muitos o conheceram; e correram para lá, a pé, de todas as cidades, e ali chegaram primeiro do que eles, e aproximavam-se dele.

³⁴E Jesus, saindo, viu *uma* grande multidão, e teve compaixão deles, porque eram como ovelhas que não têm pastor; e começou a ensinar-lhes muitas *coisas.*

³⁵E, como o dia fosse já muito adiantado, os seus discípulos se aproximaram dele, e lhe disseram: O lugar é deserto, e o dia *está* já muito adiantado.

³⁶Despede-os, para que vão aos lugares e aldeias circunvizinhas, e comprem pão para si; porque não têm que comer.

³⁷Ele, porém, respondendo, lhes disse: Dai-lhes vós de comer. E eles disseram-lhe: Iremos nós, e compraremos duzentos dinheiros de pão para lhes darmos de comer?

³⁸E ele disse-lhes: Quantos pães tendes? Ide ver. E, sabendo-o eles, disseram: Cinco pães e dois peixes.

³⁹E ordenou-lhes que fizessem assentar a todos, em ranchos, sobre a erva verde.

⁴⁰E assentaram-se repartidos de cem em cem, e de cinquenta em cinquenta.

⁴¹E, tomando ele os cinco pães e os dois peixes, levantou os olhos ao céu, abençoou e partiu os pães, e deu-*os* aos seus discípulos para que os pusessem diante deles. E repartiu os dois peixes por todos.

⁴²E todos comeram, e ficaram fartos;

⁴³E levantaram doze cestos cheios de pedaços *de pão* e de peixe.

⁴⁴E os que comeram os pães eram quase cinco mil homens.

Jesus anda sobre as águas

⁴⁵E logo obrigou os seus discípulos a subir para o barco, e passar adiante, para o outro lado, a Betsaida, enquanto ele despedia a multidão.

⁴⁶E, tendo-os despedido, foi ao monte a orar.

⁴⁷E, sobrevindo a tarde, estava o barco no meio do mar e ele, sozinho, em terra.

⁴⁸E vendo que se fatigavam a remar, porque o vento lhes era contrário, perto da quarta vigília da noite aproximou-se deles, andando sobre o mar, e queria passar-lhes adiante.

⁴⁹Mas, quando eles o viram andar sobre o mar, cuidaram que era um fantasma, e deram grandes gritos.

⁵⁰Porque todos o viam, e perturbaram-se; mas logo falou com eles, e disse-lhes: Tende bom ânimo; sou eu, não temais.

⁵¹E subiu para o barco, para *estar* com eles, e o vento se aquietou; e entre si ficaram muito assombrados e maravilhados;

⁵²Pois não tinham compreendido *o milagre* dos pães; antes o seu coração estava endurecido.

Jesus em Genesaré

⁵³E, quando já estavam no outro lado, dirigiram-se à terra de Genesaré, e ali atracaram.

⁵⁴E, saindo eles do barco, logo o conheceram;

⁵⁵E, correndo toda a terra em redor, começaram a trazer em leitos, aonde quer que sabiam que ele estava, os que se achavam enfermos.

⁵⁶E, onde quer que entrava, ou em cidade, ou aldeias, ou no campo, apresentavam os enfermos nas praças, e rogavam-lhe que os deixasse tocar ao menos na orla da sua roupa; e todos os que lhe tocavam saravam.

Os fariseus e a tradição

7E AJUNTARAM-SE a ele os fariseus, e alguns dos escribas que tinham vindo de Jerusalém.

²E, vendo que alguns dos seus discípulos comiam pão com as mãos impuras, isto é, por lavar, *os* repreendiam.

³Porque os fariseus, e todos os judeus, conservando a tradição dos antigos, não comém sem lavar as mãos muitas vezes;

⁴E, *quando voltam* do mercado, se não se lavarem, não comem. E muitas outras *coisas* há que receberam para observar, *como* lavar os copos, e os jarros, e os vasos de metal e as camas.

⁵Depois perguntaram-lhe os fariseus e os

escribas: Por que não andam os teus discípulos conforme a tradição dos antigos, mas comem o pão com as mãos por lavar?

⁶E ele, respondendo, disse-lhes: Bem profetizou Isaías acerca de vós, hipócritas, como está escrito:

Este povo honra-me com os lábios,
Mas o seu coração está longe de mim;
⁷Em vão, porém, me honram,
Ensinando doutrinas que são
mandamentos de homens.

⁸Porque, deixando o mandamento de Deus, retendes a tradição dos homens; *como* o lavar dos jarros e dos copos; e fazeis muitas outras *coisas* semelhantes a estas.

⁹E dizia-lhes: Bem invalidais o mandamento de Deus para guardardes a vossa tradição.

¹⁰Porque Moisés disse: Honra a teu pai e a tua mãe; e quem maldisser, ou o pai ou a mãe, *que* morra a morte.

¹¹Vós, porém, dizeis: Se um homem disser ao pai ou à mãe: Aquilo que poderias aproveitar de mim é Corbã, isto é, oferta ao Senhor;

¹²Nada mais lhe deixais fazer por seu pai ou por sua mãe,

¹³Invalidando assim a palavra de Deus pela vossa tradição, que vós ordenastes. E muitas *coisas* fazeis semelhantes a estas.

¹⁴E, chamando a si toda a multidão, disse-lhes: Ouvi-me vós, todos, e compreendei.

¹⁵Nada há, fora do homem, que, entrando nele, o possa contaminar; mas o que sai dele isso é que contamina o homem.

¹⁶Se alguém tem ouvidos para ouvir, ouça.

¹⁷Depois, quando deixou a multidão, e entrou em casa, os seus discípulos o interrogavam acerca desta parábola.

¹⁸E ele disse-lhes: Assim também vós estais sem entendimento? Não compreendeis que tudo o que de fora entra no homem não o pode contaminar,

¹⁹Porque não entra no seu coração, mas no ventre, e é lançado fora no esgoto, tornando puras todas as comidas?

²⁰E dizia: O que sai do homem isso contamina o homem.

²¹Porque do interior do coração dos homens saem os maus pensamentos, os adultérios, as fornicações, os homicídios,

²²Os furtos, a avareza, as maldades, o engano, a dissolução, a inveja, a blasfêmia, a soberba, a loucura.

²³Todos estes males procedem de dentro e contaminam o homem.

A mulher cananeia

²⁴E, levantando-se dali, foi para os termos de Tiro e de Sidom. E, entrando numa casa, não queria que alguém o soubesse, mas não pôde esconder-se;

²⁵Porque uma mulher, cuja filha tinha um espírito imundo, ouvindo *falar* dele, foi e lançou-se aos seus pés.

²⁶E esta mulher era grega, siro-fenícia de nação, e rogava-lhe que expulsasse de sua filha o demônio.

²⁷Mas Jesus disse-lhe: Deixa primeiro saciar os filhos; porque não convém tomar o pão dos filhos e lançá-*lo* aos cachorrinhos.

²⁸Ela, porém, respondeu, e disse-lhe: Sim, Senhor; mas também os cachorrinhos comem, debaixo da mesa, as migalhas dos filhos.

²⁹Então ele disse-lhe: Por essa palavra, vai; o demônio *já* saiu de tua filha.

³⁰E, indo ela para sua casa, achou a filha deitada sobre a cama, e que o demônio já tinha saído.

Jesus de volta ao mar da Galileia. Cura de um surdo-mudo

³¹E ele, tornando a sair dos termos de Tiro e de Sidom, foi até ao mar da Galileia, pelo meio das terras de Decápolis.

³²E trouxeram-lhe um surdo, que falava dificilmente; e rogaram-lhe que pusesse a mão sobre ele.

³³E, tirando-o à parte, de entre a multidão, pôs-lhe os dedos nos ouvidos; e, cuspindo, tocou-lhe na língua.

³⁴E, levantando os olhos ao céu, suspirou, e disse: Efatá; isto é, Abre-te.

³⁵E logo se abriram os seus ouvidos, e a prisão da língua se desfez, e falava perfeitamente.

³⁶E ordenou-lhes que a ninguém o dissessem; mas, quanto mais lhos proibia, tanto mais o divulgavam.

³⁷E, admirando-se sobremaneira, diziam: Tudo faz bem; faz ouvir os surdos e falar os mudos.

A segunda multiplicação dos pães

8 NAQUELES dias, havendo uma grande multidão, e não tendo o que comer, Jesus chamou a si os seus discípulos, e disse-lhes:

²Tenho compaixão da multidão, porque há já três dias que estão comigo, e não têm o que comer.

³E, se os deixar ir em jejum, para suas casas, desfalecerão no caminho, porque alguns deles vieram de longe.

⁴E os seus discípulos responderam-lhe: De onde poderá alguém satisfazê-los de pão aqui no deserto?

⁵E perguntou-lhes: Quantos pães tendes? E disseram-lhe: Sete.

⁶E ordenou à multidão que se assentasse no chão. E, tomando os sete pães, e tendo dado graças, partiu-*os*, e deu-os aos seus discípulos, para que *os* pusessem diante deles, e puseram-*nos* diante da multidão.

⁷Tinham também alguns peixinhos; e, tendo dado graças, ordenou que também lhos pusessem diante.

⁸E comeram, e saciaram-se; e dos pedaços que sobejaram levantaram sete cestos.

⁹E os que comeram eram quase quatro mil; e despediu-os.

¹⁰E, entrando logo no barco, com os seus discípulos, foi para as partes de Dalmanuta.

MARCOS 8.11

¹¹E saíram os fariseus, e começaram a disputar com ele, pedindo-lhe, para o tentarem, *um si-nal do céu*.

¹²E, suspirando profundamente em seu espírito, disse: Por que pede esta geração *um sinal*? Em verdade vos digo que a esta geração não se dará sinal algum.

¹³E, deixando-os, tornou a entrar no barco, e foi para o outro lado.

¹⁴E eles se esqueceram de levar pão e, no barco, não tinham consigo senão um pão.

¹⁵E ordenou-lhes, dizendo: Olhai, guardai-vos do fermento dos fariseus e *do* fermento de Herodes.

¹⁶E arrazoavam entre si, dizendo: *É* porque não temos pão.

¹⁷E Jesus, conhecendo isto, disse-lhes: Para que arrazoais, que não tendes pão? Não considerastes, nem compreendestes ainda? Tendes ainda o vosso coração endurecido?

¹⁸Tendo olhos, não vedes? E tendo ouvidos, não ouvis? E não vos lembrais,

¹⁹Quando parti os cinco pães entre os cinco mil, quantos cestos cheios de pedaços levantastes? Disseram-lhe: Doze.

²⁰E, quando *parti* os sete entre os quatro mil, quantos cestos cheios de pedaços levantastes? E disseram-lhe: Sete.

²¹E ele lhes disse: Como não entendeis ainda?

A cura do cego de Betsaida

²²E chegou a Betsaida; e trouxeram-lhe um cego, e rogaram-lhe que o tocasse.

²³E, tomando o cego pela mão, levou-o para fora da aldeia; e, cuspindo-lhe nos olhos, e impondo-lhe as mãos, perguntou-lhe se via alguma coisa.

²⁴E, levantando ele os olhos, disse: Vejo os homens; pois os vejo como árvores que andam.

²⁵Depois disto, tornou a pôr-lhe as mãos sobre os olhos, e o fez olhar para cima: e ele ficou restaurado, e viu a todos claramente.

²⁶E mandou-o para sua casa, dizendo: Nem entres na aldeia, nem o digas a ninguém na aldeia.

²⁷E saiu Jesus, e os seus discípulos, para as aldeias de Cesareia de Filipe; e no caminho perguntou aos seus discípulos, dizendo: Quem dizem os homens que eu sou?

²⁸E eles responderam: João o Batista; e outros: Elias; mas outros: Um dos profetas.

²⁹E ele lhes disse: Mas vós, quem dizeis que eu sou? E, respondendo Pedro, lhe disse: Tu és o Cristo.

³⁰E admoestou-os, para que a ninguém dissessem *aquilo* dele.

³¹E começou a ensinar-lhes que importava que o Filho do homem padecesse muito, e que fosse rejeitado pelos anciãos e principais sacerdotes, e pelos escribas, e que fosse morto, mas que depois de três dias ressuscitaria.

³²E dizia abertamente estas palavras. E Pedro o tomou à parte, e começou a repreendê-lo.

³³Mas ele, virando-se, e olhando para os seus discípulos, repreendeu a Pedro, dizendo: Retira-te de diante de mim, Satanás; porque não compreendes as *coisas* que *são* de Deus, mas as que *são* dos homens.

³⁴E chamando *a si* a multidão, com os seus discípulos, disse-lhes: Se alguém quiser vir após mim, negue-se *a si* mesmo, e tome a sua cruz, e siga-me.

³⁵Porque qualquer que quiser salvar a sua vida, perdê-la-á, mas, qualquer que perder a sua vida por amor de mim e do evangelho, esse a salvará.

³⁶Pois, que aproveitaria ao homem ganhar todo o mundo e perder a sua alma?

³⁷Ou, que daria o homem pelo resgate da sua alma?

³⁸Porquanto, qualquer que, entre esta geração adúltera e pecadora, se envergonhar de mim e das minhas palavras, também o Filho do homem se envergonhará dele, quando vier na glória de seu Pai, com os santos anjos.

9 DIZIA-LHES também: Em verdade vos digo que, dos que aqui estão, alguns há que não provarão a morte sem que vejam chegado o reino de Deus com poder.

A transfiguração

²E seis dias depois Jesus tomou *consigo* a Pedro, a Tiago, e a João, e os levou sós, em particular, a um alto monte; e transfigurou-se diante deles;

³E as suas vestes tornaram-se resplandecentes, extremamente brancas como a neve, tais como nenhum lavadeiro sobre a terra as poderia branquear.

⁴E apareceu-lhes Elias, com Moisés, e falavam com Jesus.

⁵E Pedro, tomando a palavra, disse a Jesus: Mestre, é bom que estejamos aqui; e façamos três cabanas, uma para ti, outra para Moisés, e outra para Elias.

⁶Pois não sabia o que dizia, porque estavam assombrados.

⁷E desceu uma nuvem que os cobriu com a sua sombra, e saiu da nuvem uma voz que dizia: Este é o meu filho amado; a ele ouvi.

⁸E, subitamente, tendo olhado em redor, ninguém mais viram, senão só Jesus com eles.

⁹E, descendo eles do monte, ordenou-lhes que a ninguém contassem o que tinham visto, até que o Filho do homem ressuscitasse dentre os mortos.

¹⁰E eles retiveram o caso entre si, perguntando uns aos outros que seria aquilo, ressuscitar dentre os mortos.

¹¹E interrogaram-no, dizendo: Por que dizem os escribas que é necessário que Elias venha primeiro?

¹²E, respondendo ele, disse-lhes: Em verdade Elias virá primeiro, e todas as *coisas* restaurará; e, como está escrito do Filho do homem, que ele deva padecer muito e ser aviltado.

¹³Digo-vos, porém, que Elias já veio, e fizeram-lhe tudo o que quiseram, como dele está escrito.

Cura de um endemoninhado

¹⁴E, quando se aproximou dos discípulos, viu ao redor deles grande multidão, e *alguns* escribas que disputavam com eles.

675 MARCOS 10.5

¹⁵E logo toda a multidão, vendo-o, ficou espantada e, correndo para ele, o saudaram.

¹⁶E perguntou aos escribas: Que é que discutis com eles?

¹⁷E um da multidão, respondendo, disse: Mestre, trouxe-te o meu filho, que tem um espírito mudo;

¹⁸E este, onde quer que o apanhe, despedaça-o, e ele espuma, e range os dentes, e vai definhando; e eu disse aos teus discípulos que o expulsassem, e não puderam.

¹⁹E ele, respondendo-lhes, disse: Ó geração incrédula! Até quando estarei convosco? Até quando vos sofrerei ainda? Trazei-mo.

²⁰E trouxeram-lho; e quando ele o viu, logo o espírito o agitou com violência, e, caindo *o endemoninhado* por terra, revolvia-se, espumando.

²¹E perguntou ao pai dele: Quanto tempo há que lhe sucede isto? E ele disse-lhe: Desde a infância.

²²E muitas vezes o tem lançado no fogo, e na água, para o destruir; mas, se tu podes fazer alguma *coisa,* tem compaixão de nós, e ajuda-nos.

²³E Jesus disse-lhe: Se tu podes crer, tudo *é* possível ao que crê.

²⁴E logo o pai do menino, clamando, com lágrimas, disse: Eu creio, Senhor! Ajuda a minha incredulidade.

²⁵E Jesus, vendo que a multidão concorria, repreendeu o espírito imundo, dizendo-lhe: Espírito mudo e surdo, eu te ordeno: Sai dele, e não entres mais nele.

²⁶E ele, clamando, e agitando-o com violência, saiu; e ficou o *menino* como morto, de tal maneira que muitos diziam que estava morto.

²⁷Mas Jesus, tomando-o pela mão, o ergueu, e ele se levantou.

²⁸E, quando entrou em casa, os seus discípulos lhe perguntaram à parte: Por que o não pudemos nós expulsar?

²⁹E disse-lhes: Esta casta não pode sair com coisa alguma, a não ser com oração e jejum.

Jesus prediz sua morte e sua ressurreição

³⁰E, tendo partido dali, caminharam pela Galileia, e não queria que alguém o soubesse;

³¹Porque ensinava os seus discípulos, e lhes dizia: O Filho do homem será entregue nas mãos dos homens, e matá-lo-ão; e, morto ele, ressuscitará ao terceiro dia.

³²Mas eles não entendiam esta palavra, e receavam interrogá-lo.

Quem é o maior?

³³E chegou a Cafarnaum e, entrando em casa, perguntou-lhes: Que estáveis discutindo entre vós pelo caminho?

³⁴Mas eles calaram-se; porque pelo caminho tinham disputado entre si qual era o maior.

³⁵E ele, assentando-se, chamou os doze, e disse-lhes: Se alguém quiser ser o primeiro, será o derradeiro de todos e o servo de todos.

³⁶E, lançando mão de um menino, pô-lo no meio deles e, tomando-o nos seus braços, disse-lhes:

³⁷Qualquer que receber um destes meninos em meu nome, a mim me recebe; e qualquer que a mim me receber, recebe, não a mim, mas ao que me enviou.

³⁸E João lhe respondeu, dizendo: Mestre, vimos um que em teu nome expulsava demônios, o qual não nos segue; e nós lho proibimos, porque não nos segue.

³⁹Jesus, porém, disse: Não lho proibais; porque ninguém há que faça milagre em meu nome e possa logo falar mal de mim.

⁴⁰Porque quem não é contra nós, é por nós.

⁴¹Porquanto, qualquer que vos der a beber um copo de água em meu nome, porque sois *discípulos* de Cristo, em verdade vos digo que não perderá o seu galardão.

Jesus adverte sobre os escândalos

⁴²E qualquer que escandalizar um *destes* pequeninos que creem em mim, melhor lhe fora que lhe pusessem ao pescoço uma mó de atafona, e que fosse lançado no mar.

⁴³E, se a tua mão te escandalizar, corta-a; melhor é para ti entrares na vida aleijado do que, tendo duas mãos, ires para o inferno, para o fogo que nunca se apaga,

⁴⁴Onde o seu bicho não morre, e o fogo nunca se apaga.

⁴⁵E, se o teu pé te escandalizar, corta-o; melhor é para ti entrares coxo na vida do que, tendo dois pés, seres lançado no inferno, no fogo que nunca se apaga,

⁴⁶Onde o seu bicho não morre, e o fogo nunca se apaga.

⁴⁷E, se o teu olho te escandalizar, lança-o fora; melhor é para ti entrares no reino de Deus com um só olho do que, tendo dois olhos, seres lançado no fogo do inferno,

⁴⁸Onde o seu bicho não morre, e o fogo nunca se apaga.

⁴⁹Porque cada um será salgado com fogo, e cada sacrifício será salgado com sal.

⁵⁰Bom *é* o sal; mas, se o sal se tornar insípido, com que o tempereis? Tende sal em vós mesmos, e paz uns com os outros.

O divórcio

10 E, LEVANTANDO-SE dali, foi para os termos da Judeia, além do Jordão, e a multidão outra vez se reuniu em torno dele; e tornou a ensiná-los, como tinha por costume.

²E, aproximando-se *dele* os fariseus, perguntaram-lhe, tentando-o: É lícito ao homem repudiar *sua* mulher?

³Mas ele, respondendo, disse-lhes: Que vos mandou Moisés?

⁴E eles disseram: Moisés permitiu escrever carta de divórcio e repudiar.

⁵E Jesus, respondendo, disse-lhes: Pela dureza

MARCOS 10.6   676

dos vossos corações vos deixou ele escrito esse mandamento;

⁶Porém, desde o princípio da criação, Deus os fez macho e fêmea.

⁷Por isso deixará o homem a seu pai e a sua mãe, e unir-se-á a sua mulher,

⁸E serão os dois uma carne; e assim *já* não serão dois, mas uma carne.

⁹Portanto, o que Deus ajuntou não o separe o homem.

¹⁰E em casa tornaram os discípulos a interrogá-lo acerca disto mesmo.

¹¹E ele lhes disse: Qualquer que deixar a sua mulher e casar com outra, adultera contra ela.

¹²E, se a mulher deixar a seu marido, e casar com outro, adultera.

As criancinhas

¹³E traziam-lhe meninos para que lhes tocasse, mas os discípulos repreendiam aos que lh*os* traziam.

¹⁴Jesus, porém, vendo *isto,* indignou-se, e disse-lhes: Deixai vir os meninos a mim, e não os impeçais; porque dos tais é o reino de Deus.

¹⁵Em verdade vos digo que qualquer que não receber o reino de Deus como menino, de maneira nenhuma entrará nele.

¹⁶E, tomando-os nos seus braços, e impondo-lhes as mãos, os abençoou.

O jovem rico

¹⁷E, pondo-se a caminho, correu para ele um *homem,* o qual se ajoelhou diante dele, e lhe perguntou: Bom Mestre, que farei para herdar a vida eterna?

¹⁸E Jesus lhe disse: Por que me chamas bom? Ninguém *há* bom senão um, *que é* Deus.

¹⁹Tu sabes os mandamentos: Não adulterarás; não matarás; não furtarás; não dirás falso testemunho; não defraudarás alguém; honra a teu pai e a *tua* mãe.

²⁰Ele, porém, respondendo, lhe disse: Mestre, tudo isso tenho guardado desde a minha mocidade.

²¹E Jesus, olhando para ele, o amou e lhe disse: Falta-te uma *coisa:* vai, vende tudo quanto tens, e dá-o aos pobres, e terás *um* tesouro no céu; e vem, toma a cruz, e segue-me.

²²Mas ele, pesaroso desta palavra, retirou-se triste; porque possuía muitas propriedades.

²³Então Jesus, olhando em redor, disse aos seus discípulos: Quão dificilmente entrarão no reino de Deus os que têm riquezas!

²⁴E os discípulos se admiraram destas suas palavras; mas Jesus, tornando a falar, disse-lhes: Filhos, quão difícil é, para os que confiam nas riquezas, entrar no reino de Deus!

²⁵É mais fácil passar um camelo pelo fundo de uma agulha, do que entrar um rico no reino de Deus.

²⁶E eles se admiravam ainda mais, dizendo entre si: Quem poderá, pois, salvar-se?

²⁷Jesus, porém, olhando para eles, disse: Para os homens *é* impossível, mas não para Deus, porque para Deus todas *as coisas* são possíveis.

²⁸E Pedro começou a dizer-lhe: Eis que nós tudo deixamos, e te seguimos.

²⁹E Jesus, respondendo, disse: Em verdade vos digo que ninguém há, que tenha deixado casa, ou irmãos, ou irmãs, ou pai, ou mãe, ou mulher, ou filhos, ou campos, por amor de mim e do evangelho,

³⁰Que não receba cem vezes tanto, já neste tempo, em casas, e irmãos, e irmãs, e mães, e filhos, e campos, com perseguições; e no século futuro a vida eterna.

³¹Porém muitos primeiros serão derradeiros, e *muitos* derradeiros, primeiros.

Jesus prediz sua morte e sua ressurreição

³²E iam no caminho, subindo para Jerusalém; e Jesus ia adiante deles. E eles maravilhavam-se, e seguiam-no atemorizados. E, tornando a tomar *consigo* os doze, começou a dizer-lhes as *coisas* que lhe deviam sobrevir,

³³*Dizendo:* Eis que nós subimos a Jerusalém, e o Filho do homem será entregue aos principais sacerdotes, e aos escribas, e o condenarão à morte, e o entregarão aos gentios.

³⁴E o escarnecerão, e açoitarão, e cuspirão nele, e o matarão; e, ao terceiro dia, ressuscitará.

Pedido dos filhos de Zebedeu

³⁵E aproximaram-se dele Tiago e João, filhos de Zebedeu, dizendo: Mestre, queremos que nos faças o que te pedirmos.

³⁶E ele lhes disse: Que quereis que vos faça?

³⁷E eles lhe disseram: Concede-nos que na tua glória nos assentemos, um à tua direita, e outro à tua esquerda.

³⁸Mas Jesus lhes disse: Não sabeis o que pedis; podeis vós beber o cálice que eu bebo, e ser batizados com o batismo com que eu sou batizado?

³⁹E eles lhe disseram: Podemos. Jesus, porém, disse-lhes: Em verdade, vós bebereis o cálice que eu beber, e sereis batizados com o batismo com que eu sou batizado;

⁴⁰Mas, o assentar-se à minha direita, ou à minha esquerda, não me pertence a mim concedê-lo, mas isso é para aqueles a quem está reservado.

⁴¹E os dez, tendo ouvido *isto,* começaram a indignar-se contra Tiago e João.

⁴²Mas Jesus, chamando-os *a si,* disse-lhes: Sabeis que os que julgam ser príncipes dos gentios, deles se assenhoreiam, e os seus grandes usam de autoridade sobre eles;

⁴³Mas entre vós não será assim; antes, qualquer que entre vós quiser ser grande, será vosso serviçal;

⁴⁴E qualquer que dentre vós quiser ser o primeiro, será servo de todos.

⁴⁵Porque o Filho do homem também não veio para ser servido, mas para servir e dar a sua vida *em* resgate de muitos.

O cego Bartimeu curado

⁴⁶E vieram para Jericó. E, saindo ele de Jericó com seus discípulos e uma grande multidão, Bartimeu, o cego, filho de Timeu, estava assentado junto do caminho, mendigando.

⁴⁷E, ouvindo que era Jesus de Nazaré, começou a clamar, e a dizer: Jesus, filho de Davi, tem misericórdia de mim.

⁴⁸E muitos o repreendiam, para que se calasse; mas ele clamava cada vez mais: Filho de Davi! tem misericórdia de mim.

⁴⁹E Jesus, parando, disse que o chamassem; e chamaram o cego, dizendo-lhe: Tem bom ânimo; levanta-te, *que* ele te chama.

⁵⁰E ele, lançando *de si* a sua capa, levantou-se, e foi ter com Jesus.

⁵¹E Jesus, falando, disse-lhe: Que queres *que* te faça? E o cego lhe disse: Mestre, que eu tenha vista.

⁵²E Jesus lhe disse: Vai, a tua fé te salvou. E logo viu, e seguiu a Jesus pelo caminho.

Entrada de Jesus em Jerusalém

11 E, LOGO que se aproximaram de Jerusalém, de Betfagé e de Betânia, junto do Monte das Oliveiras, enviou dois dos seus discípulos,

²E disse-lhes: Ide à aldeia que está defronte de vós; e, logo que ali entrardes, encontrareis preso um jumentinho, sobre o qual ainda não montou homem algum; soltai-o, e trazei-*mo*.

³E, se alguém vos disser: Por que fazeis isso? Dizei-lhe que o Senhor precisa dele, e logo o deixará trazer para aqui.

⁴E foram, e encontraram o jumentinho preso fora da porta, entre dois caminhos, e o soltaram.

⁵E alguns dos que ali estavam lhes disseram: Que fazeis, soltando o jumentinho?

⁶Eles, porém, disseram-lhes como Jesus lhes tinha mandado; e deixaram-nos ir.

⁷E levaram o jumentinho a Jesus, e lançaram sobre ele as suas vestes, e assentou-se sobre ele.

⁸E muitos estendiam as suas vestes pelo caminho, e outros cortavam ramos das árvores, e *os* espalhavam pelo caminho.

⁹E aqueles que iam adiante, e os que seguiam, clamavam, dizendo: Hosana, bendito o que vem em nome do Senhor;

¹⁰Bendito o reino do nosso pai Davi, que vem em nome do Senhor. Hosana nas alturas.

¹¹E Jesus entrou em Jerusalém, no templo e, tendo visto tudo em redor, como fosse já tarde, saiu para Betânia com os doze.

A figueira maldita

¹²E, no dia seguinte, quando saíram de Betânia, teve fome.

¹³E, vendo de longe uma figueira que tinha folhas, foi *ver* se nela acharia alguma coisa; e, chegando a ela, não achou senão folhas, porque não era tempo de figos.

¹⁴E Jesus, falando, disse-lhe: Nunca mais coma alguém fruto de ti, para sempre. E os seus discípulos ouviram *isto*.

Os mercadores expulsos do templo

¹⁵E vieram a Jerusalém; e Jesus, entrando no templo, começou a expulsar os que vendiam e compravam no templo; e derrubou as mesas dos cambistas e as cadeiras dos que vendiam pombas.

¹⁶E não consentia que alguém levasse *algum* vaso pelo templo.

¹⁷E os ensinava, dizendo: Não está escrito: A minha casa será chamada, por todas as nações, casa de oração? Mas vós a tendes feito covil de ladrões.

¹⁸E os escribas e principais sacerdotes, tendo ouvido *isto*, buscavam ocasião para o matar; pois eles o temiam, porque toda a multidão estava admirada acerca da sua doutrina.

¹⁹E, sendo já tarde, saiu para fora da cidade.

O poder da fé

²⁰E eles, passando pela manhã, viram que a figueira se tinha secado desde as raízes.

²¹E Pedro, lembrando-se, disse-lhe: Mestre, eis que a figueira, que tu amaldiçoaste, se secou.

²²E Jesus, respondendo, disse-lhes: Tende fé em Deus;

²³Porque em verdade vos digo que qualquer que disser a este monte: Ergue-te e lança-te no mar, e não duvidar em seu coração, mas crer que se fará aquilo que diz, tudo o que disser lhe será feito.

²⁴Por isso vos digo que todas as coisas que pedirdes, orando, crede receber, e tê-las-eis.

²⁵E, quando estiverdes orando, perdoai, se tendes alguma coisa contra alguém, para que vosso Pai, que *está* nos céus, vos perdoe as vossas ofensas.

²⁶Mas, se vós não perdoardes, também vosso Pai, que *está* nos céus, vos não perdoará as vossas ofensas.

²⁷E tornaram a Jerusalém, e, andando ele pelo templo, os principais sacerdotes, e os escribas, e os anciãos, se aproximaram dele.

²⁸E lhe disseram: Com que autoridade fazes tu estas *coisas?* Ou quem te deu tal autoridade para fazer estas *coisas?*

²⁹Mas Jesus, respondendo, disse-lhes: Também eu vos perguntarei uma coisa, e respondei-me; e então vos direi com que autoridade faço estas *coisas:*

³⁰O batismo de João era do céu ou dos homens? Respondei-me.

³¹E eles arrazoavam entre si, dizendo: Se dissermos: Do céu, ele *nos* dirá: Então por que o não crestes?

³²Se, porém, dissermos: Dos homens, tememos o povo. Porque todos sustentavam que João verdadeiramente era profeta.

³³E, respondendo, disseram a Jesus: Não sabemos. E Jesus lhes replicou: Também eu vos não direi com que autoridade faço estas *coisas.*

Parábola dos vinhateiros

12 E COMEÇOU a falar-lhes por parábolas: Um homem plantou uma vinha, e cercou-*a* de *um* valado, e fundou *nela* um lagar, e edificou *uma* torre, e arrendou-a a uns lavradores, e partiu para fora da terra.

MARCOS 12.2

²E, chegado o tempo, mandou um servo aos lavradores para que recebesse, dos lavradores, do fruto da vinha.

³Mas estes, apoderando-se dele, *o* feriram e *o* mandaram embora vazio.

⁴E tornou a enviar-lhes outro servo; e eles, apedrejando-o, *o* feriram na cabeça, e *o* mandaram embora, tendo-*o* afrontado.

⁵E tornou a enviar-lhes outro, e a este mataram; e a outros muitos, dos quais a uns feriram e a outros mataram.

⁶Tendo ele, pois, ainda um seu filho amado, enviou-o também a estes por derradeiro, dizendo: Ao menos terão respeito ao meu filho.

⁷Mas aqueles lavradores disseram entre si: Este é o herdeiro; vamos, matemo-lo, e a herança será nossa.

⁸E, pegando dele, *o* mataram, e *o* lançaram fora da vinha.

⁹Que fará, pois, o senhor da vinha? Virá, e destruirá os lavradores, e dará a vinha a outros.

¹⁰Ainda não lestes esta Escritura:
A pedra, que os edificadores rejeitaram,
Esta foi posta por cabeça de esquina;
¹¹Isto foi feito pelo Senhor
E é coisa maravilhosa aos nossos olhos?

¹²E buscavam prendê-lo, mas temiam a multidão; porque entendiam que contra eles dizia esta parábola; e, deixando-o, foram-se.

Perguntas capciosas feitas a Jesus sobre o tributo a César

¹³E enviaram-lhe alguns dos fariseus e dos herodianos, para que o apanhassem n*alguma* palavra.

¹⁴E, chegando eles, disseram-lhe: Mestre, sabemos que és homem de verdade, e de ninguém se te dá, porque não olhas à aparência dos homens, antes com verdade ensinas o caminho de Deus; é lícito dar o tributo a César, ou não? Daremos, ou não daremos?

¹⁵Então ele, conhecendo a sua hipocrisia, disse-lhes: Por que me tentais? Trazei-me *uma* moeda, para que *a* veja.

¹⁶E eles *lha* trouxeram. E disse-lhes: De quem é esta imagem e inscrição? E eles lhe disseram: De César.

¹⁷E Jesus, respondendo, disse-lhes: Dai *pois* a César o *que é* de César, e a Deus o *que é* de Deus. E maravilharam-se dele.

A ressurreição

¹⁸Então os saduceus, que dizem que não há ressurreição, aproximaram-se dele, e perguntaram-lhe, dizendo:

¹⁹Mestre, Moisés nos escreveu que, se morresse o irmão de alguém, e deixasse a mulher e não deixasse filhos, seu irmão tomasse a mulher dele, e suscitasse descendência a seu irmão.

²⁰Ora, havia sete irmãos, e o primeiro tomou a mulher, e morreu sem deixar descendência;

²¹E o segundo também a tomou e morreu, e nem este deixou descendência; e o terceiro da mesma maneira.

²²E tomaram-na os sete, sem, contudo, terem deixado descendência. Finalmente, depois de todos, morreu também a mulher.

²³Na ressurreição, pois, quando ressuscitarem, de qual destes será a mulher? Porque os sete a tiveram por mulher.

²⁴E Jesus, respondendo, disse-lhes: Porventura não errais vós em razão de não saberdes as Escrituras nem o poder de Deus?

²⁵Porquanto, quando ressuscitarem dentre os mortos, nem casarão, nem se darão em casamento, mas serão como os anjos que *estão* nos céus.

²⁶E, acerca dos mortos que houverem de ressuscitar, não tendes lido no livro de Moisés como Deus lhe falou na sarça, dizendo: Eu *sou* o Deus de Abraão, e o Deus de Isaque, e o Deus de Jacó?

²⁷Ele não é o Deus de mortos, mas Deus de vivos. Por isso vós errais muito.

O maior mandamento

²⁸E aproximando-se um dos escribas que os tinha ouvido disputar, sabendo que lhes tinha respondido bem, perguntou-lhe: Qual é o primeiro de todos os mandamentos?

²⁹E Jesus respondeu-lhe: O primeiro de todos os mandamentos *é:* Ouve, Israel, o Senhor nosso Deus é o único Senhor.

³⁰Amarás, pois, ao Senhor teu Deus de todo o teu coração, e de toda a tua alma, e de todo o teu entendimento, e de todas as tuas forças; este *é* o primeiro mandamento.

³¹E o segundo, semelhante a este, *é:* Amarás o teu próximo como a ti mesmo. Não há outro mandamento maior do que estes.

³²E o escriba lhe disse: Muito bem, Mestre, e com verdade disseste que há um só Deus, e que não há outro além dele;

³³E que amá-lo de todo o coração, e de todo o entendimento, e de toda a alma, e de todas as forças, e amar o próximo como a si mesmo, é mais do que todos os holocaustos e sacrifícios.

³⁴E Jesus, vendo que havia respondido sabiamente, disse-lhe: Não estás longe do reino de Deus. E já ninguém ousava perguntar-lhe mais nada.

De quem o Cristo é filho?

³⁵E, falando Jesus, dizia, ensinando no templo: Como dizem os escribas que o Cristo é filho de Davi?

³⁶Porque o próprio Davi disse pelo Espírito Santo:

O Senhor disse ao meu Senhor:
Assenta-te à minha direita
Até que eu ponha os teus inimigos por
escabelo dos teus pés.

³⁷Pois, *se* Davi mesmo lhe chama Senhor, como é logo seu filho? E a grande multidão o ouvia de boa vontade.

³⁸E dizia-lhes em sua doutrina: Guardai-vos dos

escribas, que gostam de andar com vestes compridas, e das saudações nas praças,

[39] E das primeiras cadeiras nas sinagogas, e dos primeiros assentos nas ceias;

[40] Que devoram as casas das viúvas, e *isso* com pretexto de largas orações. Estes receberão mais grave condenação.

A viúva pobre

[41] E, estando Jesus assentado defronte da arca do tesouro, observava a maneira como a multidão lançava o dinheiro na arca do tesouro; e muitos ricos deitavam muito.

[42] Vindo, porém, uma pobre viúva, deitou duas pequenas moedas, que valiam meio centavo.

[43] E, chamando os seus discípulos, disse-lhes: Em verdade vos digo que esta pobre viúva deitou mais do que todos os que deitaram na arca do tesouro;

[44] Porque todos *ali* deitaram do que lhes sobejava, mas esta, da sua pobreza, deitou tudo o que tinha, todo o seu sustento.

A destruição de Jerusalém

13 E, SAINDO ele do templo, disse-lhe um dos seus discípulos: Mestre, olha que pedras, e que edifícios!

[2] E, respondendo Jesus, disse-lhe: Vês estes grandes edifícios? Não ficará pedra sobre pedra que não seja derrubada.

[3] E, assentando-se ele no Monte das Oliveiras, defronte do templo, Pedro, e Tiago, e João e André lhe perguntaram em particular:

[4] Dize-nos, quando serão essas *coisas,* e que sinal *haverá* quando todas elas estiverem para se cumprir.

[5] E Jesus, respondendo-lhes, começou a dizer: Olhai que ninguém vos engane;

[6] Porque muitos virão em meu nome, dizendo: Eu sou o *Cristo;* e enganarão a muitos.

[7] E, quando ouvirdes de guerras e de rumores de guerras, não vos perturbeis; porque *assim* deve acontecer; mas ainda não *será* o fim.

[8] Porque se levantará nação contra nação, e reino contra reino, e haverá terremotos em diversos lugares, e haverá fomes e tribulações. Estas *coisas são* os princípios das dores.

[9] Mas olhai por vós mesmos, porque vos entregarão aos concílios e às sinagogas; e sereis açoitados, e sereis apresentados perante presidentes e reis, por amor de mim, para lhes servir de testemunho.

[10] Mas importa que o evangelho seja primeiramente pregado entre todas as nações.

[11] Quando, pois, vos conduzirem e vos entregarem, não estejais ansiosos de antemão pelo que haveis de dizer, nem premediteis; mas, o que vos for dado naquela hora, isso falai, porque não sois vós os que falais, mas o Espírito Santo.

[12] E o irmão entregará à morte o irmão, e o pai ao filho; e levantar-se-ão os filhos contra os pais, e os farão morrer.

[13] E sereis odiados por todos por causa do meu nome; mas quem perseverar até ao fim, esse será salvo.

[14] Ora, quando vós virdes a abominação do assolamento, que foi predita por Daniel o profeta, estando aonde não deve *estar* (quem lê, entenda), então os que estiverem na Judeia fujam para os montes.

[15] E o que estiver sobre o telhado não desça para casa, nem entre a tomar coisa alguma de sua casa;

[16] E o que estiver no campo não volte atrás, para tomar as suas vestes.

[17] Mas ai das grávidas, e das que criarem naqueles dias!

[18] Orai, pois, para que a vossa fuga não suceda no inverno.

[19] Porque naqueles dias haverá *uma* aflição tal, qual nunca houve desde o princípio da criação, que Deus criou, até agora, nem jamais haverá.

[20] E, se o Senhor não abreviasse aqueles dias, nenhuma carne se salvaria; mas, por causa dos eleitos que escolheu, abreviou aqueles dias.

[21] E então, se alguém vos disser: Eis aqui o Cristo; ou: Ei-lo ali; não acrediteis.

[22] Porque se levantarão falsos cristos, e falsos profetas, e farão sinais e prodígios, para enganarem, se *for* possível, até os escolhidos.

[23] Mas vós vede; eis que de antemão vos tenho dito tudo.

A vinda do Filho do homem

[24] Ora, naqueles dias, depois daquela aflição, o sol se escurecerá, e a lua não dará a sua luz.

[25] E as estrelas cairão do céu, e as forças que *estão* nos céus serão abaladas.

[26] E então verão vir o Filho do homem nas nuvens, com grande poder e glória.

[27] E ele enviará os seus anjos, e ajuntará os seus escolhidos, desde os quatro ventos, da extremidade da terra até à extremidade do céu.

[28] Aprendei, pois, a parábola da figueira: Quando já o seu ramo se torna tenro, e brota folhas, bem sabeis que *já* está próximo o verão.

[29] Assim também vós, quando virdes sucederem estas *coisas,* sabei que *já* está perto, às portas.

[30] Na verdade vos digo que não passará esta geração, sem que todas estas coisas aconteçam.

[31] Passará o céu e a terra, mas as minhas palavras não passarão.

Exortação à vigilância

[32] Mas daquele dia e hora ninguém sabe, nem os anjos que *estão* no céu, nem o Filho, senão o Pai.

[33] Olhai, vigiai e orai; porque não sabeis quando será o tempo.

[34] *É* como um homem que, partindo para fora da terra, deixou a sua casa, e deu autoridade aos seus servos, e a cada um a sua obra, e mandou ao porteiro que vigiasse.

[35] Vigiai, pois, porque não sabeis quando virá o senhor da casa; *se* à tarde, se à meia-noite, se ao cantar do galo, se pela manhã,

MARCOS 13.36 680

³⁶Para que, vindo de improviso, não vos ache dormindo.

³⁷E as coisas que vos digo, digo-*as* a todos: Vigiai.

História da paixão

14 E DALI a dois dias era a páscoa, e a *festa dos pães* ázimos; e os principais sacerdotes e os escribas buscavam como o prenderiam com dolo, e o matariam.

²Mas eles diziam: Não na festa, para que porventura não se faça alvoroço entre o povo.

³E, estando ele em Betânia, assentado *à mesa,* em casa de Simão, o leproso, veio uma mulher, que trazia um vaso de alabastro, com unguento de nardo puro, de muito preço, e quebrando o vaso, lho derramou sobre a cabeça.

⁴E alguns houve que em si mesmos se indignaram, e disseram: Para que se fez este desperdício de unguento?

⁵Porque podia vender-se por mais de trezentos dinheiros, e dá-lo aos pobres. E murmuravam contra ela.

⁶Jesus, porém, disse: Deixai-a, por que a molestais? Ela fez-me boa obra.

⁷Porque sempre tendes os pobres convosco, e podeis fazer-lhes bem, quando quiserdes; mas a mim nem sempre me tendes.

⁸Esta fez o que podia; antecipou-se a ungir o meu corpo para a sepultura.

⁹Em verdade vos digo que, em todas as partes do mundo onde este evangelho for pregado, também *o* que ela fez será contado para sua memória.

¹⁰E Judas Iscariotes, um dos doze, foi ter com os principais sacerdotes para lho entregar.

¹¹E eles, ouvindo-*o*, folgaram, e prometeram dar-lhe dinheiro; e buscava como o entregaria em ocasião oportuna.

Celebração da páscoa

¹²E, no primeiro dia dos *pães* ázimos, quando sacrificavam a páscoa, disseram-lhe os discípulos: Aonde queres que vamos fazer os preparativos para comer a páscoa?

¹³E enviou dois dos seus discípulos, e disse-lhes: Ide à cidade, e um homem, que leva um cântaro de água, vos encontrará; segui-o.

¹⁴E, onde quer que entrar, dizei ao senhor da casa: O Mestre diz: Onde está o aposento em que hei de comer a páscoa com os meus discípulos?

¹⁵E ele vos mostrará um grande cenáculo mobiliado *e* preparado; ali preparai-*a* para nós.

¹⁶E, saindo os seus discípulos, foram à cidade, e acharam como lhes tinha dito, e prepararam a páscoa.

¹⁷E, chegada a tarde, foi com os doze.

¹⁸E, quando estavam assentados a comer, disse Jesus: Em verdade vos digo que um de vós, que comigo come, há de trair-me.

¹⁹E eles começaram a entristecer-se e a dizer-lhe um após outro: *Sou* eu? E outro disse: Sou eu?

²⁰Mas ele, respondendo, disse-lhes: É um dos doze, que põe comigo a mão no prato.

²¹Na verdade o Filho do homem vai, como dele está escrito, mas ai daquele homem por quem o Filho do homem é traído! Bom seria para o tal homem não haver nascido.

Instituição da ceia do Senhor

²²E, comendo eles, tomou Jesus pão e, abençoando-o, o partiu e deu-lh*o*, e disse: Tomai, comei, isto é o meu corpo.

²³E, tomando o cálice, e dando graças, deu-lh*o*; e todos beberam dele.

²⁴E disse-lhes: Isto é o meu sangue, o *sangue* do novo testamento, que por muitos é derramado.

²⁵Em verdade vos digo que não beberei mais do fruto da vide, até àquele dia em que o beber, novo, no reino de Deus.

²⁶E, tendo cantado o hino, saíram para o Monte das Oliveiras.

²⁷E disse-lhes Jesus: Todos vós esta noite vos escandalizareis em mim; porque está escrito: Ferirei o pastor, e as ovelhas se dispersarão.

²⁸Mas, depois que eu houver ressuscitado, irei adiante de vós para a Galileia.

²⁹E disse-lhe Pedro: Ainda que todos se escandalizem, nunca, porém, eu.

³⁰E disse-lhe Jesus: Em verdade te digo que hoje, nesta noite, antes que o galo cante duas vezes, três vezes me negarás.

³¹Mas ele disse com mais veemência: Ainda que me seja necessário morrer contigo, de modo nenhum te negarei. E da mesma maneira diziam todos também.

Getsêmani

³²E foram a um lugar chamado Getsêmani, e disse aos seus discípulos: Assentai-vos aqui, enquanto eu oro.

³³E tomou consigo a Pedro, e a Tiago, e a João, e começou a ter pavor, e a angustiar-se.

³⁴E disse-lhes: A minha alma está profundamente triste até a morte; ficai aqui, e vigiai.

³⁵E, tendo ido um pouco mais adiante, prostrou-se em terra; e orou para que, se fosse possível, passasse dele aquela hora.

³⁶E disse: Aba, Pai, todas *as coisas* te *são* possíveis; afasta de mim este cálice; não seja, porém, o que eu quero, mas o que tu *queres*.

³⁷E, chegando, achou-os dormindo; e disse a Pedro: Simão, dormes? não podes vigiar uma hora?

³⁸Vigiai e orai, para que não entreis em tentação; o espírito, na verdade, *está* pronto, mas a carne *é* fraca.

³⁹E foi outra vez e orou, dizendo as mesmas palavras.

⁴⁰E, voltando, achou-os outra vez dormindo, porque os seus olhos estavam pesados, e não sabiam o que responder-lhe.

⁴¹E voltou terceira vez, e disse-lhes: Dormi agora, e descansai. Basta; é chegada a hora. Eis que o Filho do homem vai ser entregue nas mãos dos pecadores.

681 MARCOS 15.15

⁴²Levantai-vos, vamos; eis que está perto o que me trai.

Prisão de Jesus

⁴³E logo, falando ele ainda, veio Judas, que era um dos doze, da parte dos principais sacerdotes, e dos escribas e dos anciãos, e com ele *uma* grande multidão com espadas e varapaus.

⁴⁴Ora, o que o traía, tinha-lhes dado *um* sinal, dizendo: Aquele que eu beijar, esse é; prendei-o, e levai-*o* com segurança.

⁴⁵E, logo que chegou, aproximou-se dele, e disse-lhe: Rabi, Rabi. E beijou-o.

⁴⁶E lançaram suas mãos sobre ele, e o prenderam.

⁴⁷E um dos que ali estavam presentes, puxando da espada, feriu o servo do sumo sacerdote, e cortou-lhe uma orelha.

⁴⁸E, respondendo Jesus, disse-lhes: Saístes com espadas e varapaus a prender-me, como a um salteador?

⁴⁹Todos os dias estava convosco ensinando no templo, e não me prendestes; mas isto é para que as Escrituras se cumpram.

⁵⁰Então, deixando-o, todos fugiram.

⁵¹E certo jovem o seguia, envolto em um lençol sobre o *corpo* nu. E os jovens lançaram-lhe a mão.

⁵²Mas ele, largando o lençol, fugiu deles nu.

Jesus perante o Sinédrio. Negação de Pedro

⁵³E levaram Jesus ao sumo sacerdote, e ajuntaram-se todos os principais sacerdotes, e os anciãos e os escribas.

⁵⁴E Pedro o seguiu de longe até dentro do pátio do sumo sacerdote, e estava assentado com os servidores, aquentando-se ao fogo.

⁵⁵E os principais sacerdotes e todo o concílio buscavam *algum* testemunho contra Jesus, para o matar, e não o achavam.

⁵⁶Porque muitos testificavam falsamente contra ele, mas os testemunhos não eram coerentes.

⁵⁷E, levantando-se alguns, testificaram falsamente contra ele, dizendo:

⁵⁸Nós ouvimos-lhe dizer: Eu derrubarei este templo, construído por mãos de homens, e em três dias edificarei outro, não feito por mãos de homens.

⁵⁹E nem assim o seu testemunho era coerente.

⁶⁰E, levantando-se o sumo sacerdote no Sinédrio, perguntou a Jesus, dizendo: Nada respondes? Que testificam estes contra ti?

⁶¹Mas ele calou-se, e nada respondeu. O sumo sacerdote lhe tornou a perguntar, e disse-lhe: És tu o Cristo, Filho do *Deus* Bendito?

⁶²E Jesus disse-lhe: Eu o sou, e vereis o Filho do homem assentado à direita do poder *de Deus,* e vindo sobre as nuvens do céu.

⁶³E o sumo sacerdote, rasgando as suas vestes, disse: Para que necessitamos de mais testemunhas?

⁶⁴Vós ouvistes a blasfêmia; que vos parece? E todos o consideraram culpado de morte.

⁶⁵E alguns começaram a cuspir nele, e a cobrir-lhe o rosto, e a dar-lhe punhadas, e a dizer-lhe: Profetiza. E os servidores davam-lhe bofetadas.

⁶⁶E, estando Pedro embaixo, no átrio, chegou uma das criadas do sumo sacerdote;

⁶⁷E, vendo a Pedro, que se estava aquentando, olhou para ele, e disse: Tu também estavas com Jesus, o Nazareno.

⁶⁸Mas ele negou-o, dizendo: Não *o* conheço, nem sei o que dizes. E saiu fora ao alpendre, e o galo cantou.

⁶⁹E a criada, vendo-o outra vez, começou a dizer aos que ali estavam: Este é *um* dos tais.

⁷⁰Mas ele o negou outra vez. E pouco depois os que ali estavam disseram outra vez a Pedro: Verdadeiramente tu és um deles, porque és também galileu, e tua fala é semelhante.

⁷¹E ele começou a praguejar, e a jurar: Não conheço esse homem de quem falais.

⁷²E o galo cantou segunda vez. E Pedro lembrou-se da palavra que Jesus lhe tinha dito: Antes que o galo cante duas vezes, três vezes me negarás. E, pensando nisto, chorou.

Jesus perante Pilatos

15 E, LOGO ao amanhecer, os principais sacerdotes, com os anciãos, e os escribas, e todo o Sinédrio, tiveram conselho; e, amarrando Jesus, *o* levaram e entregaram a Pilatos.

²E Pilatos lhe perguntou: Tu és o Rei dos Judeus? E ele, respondendo, disse-lhe: Tu *o* dizes.

³E os principais sacerdotes o acusavam de muitas *coisas;* porém ele nada respondia.

⁴E Pilatos o interrogou outra vez, dizendo: Nada respondes? Vê quantas *coisas* testificam contra ti.

⁵Mas Jesus nada mais respondeu, de maneira que Pilatos se maravilhava.

⁶Ora, no *dia* da festa costumava soltar-lhes um preso qualquer que eles pedissem.

⁷E havia um chamado Barrabás, que, preso com outros amotinadores, tinha num motim cometido uma morte.

⁸E a multidão, dando gritos, começou a pedir *que fizesse* como sempre lhes tinha feito.

⁹E Pilatos lhes respondeu, dizendo: Quereis que vos solte o Rei dos Judeus?

¹⁰Porque ele bem sabia que por inveja os principais sacerdotes o tinham entregado.

¹¹Mas os principais sacerdotes incitaram a multidão para que fosse solto antes Barrabás.

¹²E Pilatos, respondendo, lhes disse outra vez: Que quereis, pois, que faça *daquele* a quem chamais Rei dos Judeus?

¹³E eles tornaram a clamar: Crucifica-o.

¹⁴Mas Pilatos lhes disse: Mas que mal fez? E eles cada vez clamavam mais: Crucifica-o.

¹⁵Então Pilatos, querendo satisfazer a multidão, soltou-lhe Barrabás e, açoitado Jesus, o entregou para ser crucificado.

MARCOS 15.16

Os soldados escarnecem de Jesus

[16]E os soldados o levaram dentro à sala, que é a da audiência, e convocaram toda a coorte.

[17]E vestiram-no de púrpura, e tecendo uma coroa de espinhos, lha puseram *na cabeça.*

[18]E começaram a saudá-lo, *dizendo:* Salve, Rei dos Judeus!

[19]E feriram-no na cabeça com uma cana, e cuspiram nele e, postos de joelhos, o adoraram.

[20]E, havendo-o escarnecido, despiram-lhe a púrpura, e o vestiram com as suas próprias vestes; e o levaram para fora a fim de o crucificarem.

Jesus crucificado

[21]E constrangeram um *certo* Simão, cireneu, pai de Alexandre e de Rufo, que *por ali* passava, vindo do campo, que levasse a sua cruz.

[22]E levaram-no ao lugar do Gólgota, que se traduz por lugar da Caveira.

[23]E deram-lhe a beber vinho com mirra, mas ele não o tomou.

[24]E, havendo-o crucificado, repartiram as suas vestes, lançando sobre elas sortes, *para saber* o que cada um levaria.

[25]E era a hora terceira, e o crucificaram.

[26]E por cima *dele* estava escrita a sua acusação: O REI DOS JUDEUS.

[27]E crucificaram com ele dois salteadores, um à sua direita, e outro à esquerda.

[28]E cumpriu-se a escritura que diz: E com os malfeitores foi contado.

[29]E os que passavam blasfemavam dele, meneando as suas cabeças, e dizendo: Ah! Tu que derrubas o templo, e em três dias o edificas,

[30]Salva-te a ti mesmo, e desce da cruz.

[31]E da mesma maneira também os principais sacerdotes, com os escribas, diziam uns para os outros, zombando: Salvou os outros, e não pode salvar-se a si mesmo.

[32]O Cristo, o Rei de Israel, desça agora da cruz, para que o vejamos e acreditemos. Também os que com ele foram crucificados o injuriavam.

[33]E, chegada a hora sexta, houve trevas sobre toda a terra até a hora nona.

[34]E, à hora nona, Jesus exclamou com grande voz, dizendo: Eloí, Eloí, lamá sabactâni? Que, traduzido, é: Deus meu, Deus meu, por que me desamparaste?

[35]E alguns dos que ali estavam, ouvindo *isto,* diziam: Eis que chama por Elias.

[36]E um deles correu a embeber uma esponja em vinagre e, pondo-*a* numa cana, deu-lho a beber, dizendo: Deixai, vejamos se virá Elias tirá-lo.

[37]E Jesus, dando um grande brado, expirou.

[38]E o véu do templo se rasgou em dois, de alto a baixo.

[39]E o centurião, que estava defronte dele, vendo que assim clamando expirara, disse: Verdadeiramente este homem era o Filho de Deus.

[40]E também ali estavam *algumas* mulheres, olhando de longe, entre as quais também Maria Madalena, e Maria, mãe de Tiago, o menor, e de José, e Salomé;

[41]As quais também o seguiam, e o serviam, quando estava na Galileia; e muitas outras, que tinham subido com ele a Jerusalém.

O corpo de Jesus posto em um sepulcro

[42]E, chegada a tarde, porquanto era *o dia da* preparação, isto é, a véspera do sábado,

[43]Chegou José de Arimateia, conselheiro honrado, que também esperava o reino de Deus, e ousadamente foi a Pilatos, e pediu o corpo de Jesus.

[44]E Pilatos se maravilhou de que já estivesse morto. E, chamando o centurião, perguntou-lhe se já havia muito que tinha morrido.

[45]E, tendo-se certificado pelo centurião, deu o corpo a José;

[46]O qual comprara um lençol fino, e, tirando-o *da cruz,* envolveu-o no lençol, e o depositou num sepulcro lavrado *numa* rocha; e revolveu uma pedra para a porta do sepulcro.

[47]E Maria Madalena e Maria, *mãe* de José, observavam onde o punham.

Ressurreição de Jesus Cristo

16 E, PASSADO o sábado, Maria Madalena, e Maria, *mãe* de Tiago, e Salomé, compraram aromas para irem ungi-lo.

[2]E, no primeiro *dia* da semana, foram ao sepulcro, de manhã bem cedo, ao nascer do sol.

[3]E diziam umas às outras: Quem nos revolverá a pedra da porta do sepulcro?

[4]E, olhando, viram que *já* a pedra estava revolvida; e era ela muito grande.

[5]E, entrando no sepulcro, viram um jovem assentado à direita, vestido de *uma* roupa comprida, branca; e ficaram espantadas.

[6]Ele, porém, disse-lhes: Não vos assusteis; buscais a Jesus Nazareno, que foi crucificado; *já* ressuscitou, não está aqui; eis aqui o lugar onde o puseram.

[7]Mas ide, dizei a seus discípulos, e a Pedro, que ele vai adiante de vós para a Galileia; ali o vereis, como ele vos disse.

[8]E, saindo elas apressadamente, fugiram do sepulcro, porque estavam possuídas de temor e assombro; e nada diziam a ninguém porque temiam.

Jesus aparece a Maria Madalena

[9]E *Jesus,* tendo ressuscitado na manhã do primeiro dia da semana, apareceu primeiramente a Maria Madalena, da qual tinha expulsado sete demônios.

[10]*E,* partindo ela, anunciou-o àqueles que tinham estado com ele, os quais estavam tristes, e chorando.

[11]E, ouvindo eles que vivia, e que tinha sido visto por ela, não o creram.

[12]E depois manifestou-se de outra forma a dois deles, que iam de caminho para o campo.

[13]E, indo estes, anunciaram-no aos outros, mas nem ainda estes creram.

A ordem da evangelização

¹⁴Finalmente apareceu aos onze, estando eles assentados *à mesa,* e lançou-lhes em rosto a sua incredulidade e dureza de coração, por não haverem crido nos que o tinham visto já ressuscitado.

¹⁵E disse-lhes: Ide por todo o mundo, pregai o evangelho a toda criatura.

¹⁶Quem crer e for batizado será salvo; mas quem não crer será condenado.

¹⁷E estes sinais seguirão aos que crerem: Em meu nome expulsarão os demônios; falarão novas línguas;

¹⁸Pegarão nas serpentes; e, se beberem alguma coisa mortífera, não lhes fará dano algum; e porão as mãos sobre os enfermos, e sararão.

Ascensão de Jesus

¹⁹Ora, o Senhor, depois de lhes ter falado, foi recebido no céu, e assentou-se à direita de Deus.

²⁰E eles, tendo partido, pregaram por todas as partes, cooperando com *eles* o Senhor, e confirmando a palavra com os sinais que se seguiam. Amém.

O EVANGELHO SEGUNDO

LUCAS

Introdução

1 TENDO, pois, muitos empreendido pôr em ordem a narração dos fatos que entre nós se cumpriram,

[2]Segundo nos transmitiram os mesmos que os presenciaram desde o princípio, e foram ministros da palavra,

[3]Pareceu-me também a mim conveniente descrevê-los a ti, ó excelente Teófilo, por sua ordem, havendo-me já informado minuciosamente de tudo desde o princípio;

[4]Para que conheças a certeza das coisas de que *já* estás informado.

Predição dos nascimentos de João o Batista e de Jesus Cristo

[5]Existiu, no tempo de Herodes, rei da Judeia, certo sacerdote chamado Zacarias, da ordem de Abias, e cuja mulher era das filhas de Arão; e o seu nome *era* Isabel.

[6]E eram ambos justos perante Deus, andando sem repreensão em todos os mandamentos e preceitos do Senhor.

[7]E não tinham filhos, porque Isabel era estéril, e ambos eram avançados em idade.

[8]E aconteceu que, exercendo ele o sacerdócio diante de Deus, na ordem da sua turma,

[9]Segundo o costume sacerdotal, coube-lhe em sorte entrar no templo do Senhor para oferecer o incenso.

[10]E toda a multidão do povo estava fora, orando, à hora do incenso.

[11]E um anjo do Senhor lhe apareceu, posto em pé, à direita do altar do incenso.

[12]E Zacarias, vendo-*o*, turbou-se, e caiu temor sobre ele.

[13]Mas o anjo lhe disse: Zacarias, não temas, porque a tua oração foi ouvida, e Isabel, tua mulher, te dará à luz um filho, e chamarás o seu nome João.

[14]E terás prazer e alegria, e muitos se alegrarão no seu nascimento,

[15]Porque será grande diante do Senhor, e não beberá vinho, nem bebida forte, e será cheio do Espírito Santo, já desde o ventre de sua mãe.

[16]E converterá muitos dos filhos de Israel ao Senhor seu Deus,

[17]E irá adiante dele no espírito e poder de Elias, para converter os corações dos pais aos filhos, e os rebeldes à prudência dos justos, com o fim de preparar ao Senhor um povo *bem* disposto.

[18]Disse então Zacarias ao anjo: Como saberei isto? Pois eu *já* sou velho, e minha mulher avançada em idade.

[19]E, respondendo o anjo, disse-lhe: Eu sou Gabriel, que assisto diante de Deus, e fui enviado a falar-te e dar-te estas alegres novas.

[20]E eis que ficarás mudo, e não poderás falar até ao dia em que estas *coisas* aconteçam; porquanto não creste nas minhas palavras, que a seu tempo se hão de cumprir.

[21]E o povo estava esperando a Zacarias, e maravilhava-se de que tanto se demorasse no templo.

[22]E, saindo ele, não lhes podia falar; e entenderam que tinha tido *uma* visão no templo. E falava por acenos, e ficou mudo.

[23]E sucedeu que, terminados os dias de seu ministério, voltou para sua casa.

[24]E, depois daqueles dias, Isabel, sua mulher, concebeu, e por cinco meses se ocultou, dizendo:

[25]Assim me fez o Senhor, nos dias em que atentou *em mim,* para destruir o meu opróbrio entre os homens.

[26]E, no sexto mês, foi o anjo Gabriel enviado por Deus a uma cidade da Galileia, chamada Nazaré,

[27]A uma virgem desposada com um homem, cujo nome era José, da casa de Davi; e o nome da virgem *era* Maria.

[28]E, vindo o anjo até ela, disse: Salve, agraciada; o Senhor *é* contigo; bendita *és* tu entre as mulheres.

[29]E, vendo-*o* ela, turbou-se muito com sua palavra, e considerava que saudação seria esta.

[30]Disse-lhe, então, o anjo: Maria, não temas, porque achaste graça diante de Deus.

[31]E eis que em teu ventre conceberás e darás à luz um filho, e chamarás o seu nome Jesus.

[32]Este será grande, e será chamado filho do Altíssimo; e o Senhor Deus lhe dará o trono de Davi, seu pai;

[33]E reinará eternamente na casa de Jacó, e o seu reino não terá fim.

[34]E disse Maria ao anjo: Como se fará isto, visto que não conheço homem algum?

[35]E, respondendo o anjo, disse-lhe: Descerá sobre ti o Espírito Santo, e o poder do Altíssimo te cobrirá com a sua sombra; por isso também o Santo, que de ti há de nascer, será chamado Filho de Deus.

[36]E eis que também Isabel, tua prima, concebeu um filho em sua velhice; e é este o sexto mês para aquela que era chamada estéril;

[37]Porque para Deus nada é impossível.

[38]Disse então Maria: Eis aqui a serva do Senhor; cumpra-se em mim segundo a tua palavra. E o anjo ausentou-se dela.

Visita de Maria a Isabel

[39]E, naqueles dias, levantando-se Maria, foi apressada às montanhas, a uma cidade de Judá.

[40]E entrou em casa de Zacarias, e saudou a Isabel.

[41]E aconteceu que, ao ouvir Isabel a saudação de Maria, a criancinha saltou no seu ventre; e Isabel foi cheia do Espírito Santo.

42E exclamou com grande voz, e disse: Bendita *és* tu entre as mulheres, e bendito o fruto do teu ventre.

43E de onde me *provém* isto a mim, que venha visitar-me a mãe do meu Senhor?

44Pois eis que, ao chegar aos meus ouvidos a voz da tua saudação, a criancinha saltou de alegria no meu ventre.

45Bem-aventurada a que creu, pois hão de cumprir-se as *coisas* que da parte do Senhor lhe foram ditas.

46Disse então Maria:

A minha alma engrandece ao Senhor,
47E o meu espírito se alegra em Deus meu
Salvador;
48Porque atentou na baixeza de sua serva;
Pois eis que desde agora todas as gerações
me chamarão bem-aventurada,
49Porque me fez grandes coisas o Poderoso;
E santo *é* seu nome.
50E a sua misericórdia *é* de geração em
geração
Sobre os que o temem.
51Com o seu braço agiu valorosamente;
Dissipou os soberbos no pensamento de
seus corações.
52Depôs dos tronos os poderosos,
E elevou os humildes.
53Encheu de bens os famintos, E despediu
vazios os ricos.
54Auxiliou a Israel seu servo,
Recordando-se da *sua* misericórdia;
55Como falou a nossos pais,
Para com Abraão e a sua posteridade, para
sempre.

56E Maria ficou com ela quase três meses, e depois voltou para sua casa.

Nascimento de João o Batista.
Cântico de Zacarias

57E completou-se para Isabel o tempo de dar à luz, e teve um filho.

58E os seus vizinhos e parentes ouviram que tinha o Senhor usado para com ela de grande misericórdia, e alegraram-se com ela.

59E aconteceu que, ao oitavo dia, vieram circuncidar o menino, e lhe chamavam Zacarias, o nome de seu pai.

60E, respondendo sua mãe, disse: Não, porém será chamado João.

61E disseram-lhe: Ninguém há na tua parentela que se chame por este nome.

62E perguntaram por acenos ao pai como queria que lhe chamassem.

63E, pedindo ele uma tabuinha de escrever, escreveu, dizendo: O seu nome é João. E todos se maravilharam.

64E logo a boca se lhe abriu, e a língua se lhe *soltou*; e falava, louvando a Deus.

65E veio temor sobre todos os seus vizinhos, e em todas as montanhas da Judeia foram divulgadas todas estas coisas.

66E todos os que *as* ouviam *as* conservavam em seus corações, dizendo: Quem será, pois, este menino? E a mão do Senhor estava com ele.

67E Zacarias, seu pai, foi cheio do Espírito Santo, e profetizou, dizendo:

68Bendito o Senhor Deus de Israel,
Porque visitou e remiu o seu povo,
69E nos levantou uma salvação poderosa
Na casa de Davi seu servo.
70Como falou pela boca dos seus santos
profetas, desde o princípio do
mundo;
71Para nos livrar dos nossos inimigos e da
mão de todos os que nos odeiam;
72Para manifestar misericórdia a nossos
pais,
E lembrar-se da sua santa aliança,
73E do juramento que jurou a Abraão nosso
pai,
74De conceder-nos que,
Libertados da mão de nossos inimigos, o
serviríamos sem temor,
75Em santidade e justiça perante ele, todos
os dias da nossa vida.

76E tu, ó menino, serás chamado profeta do Altíssimo,

Porque hás de ir ante a face do Senhor, a
preparar os seus caminhos;
77Para dar ao seu povo conhecimento da
salvação,
Na remissão dos seus pecados;

78Pelas entranhas da misericórdia do nosso Deus,

Com que o oriente do alto nos visitou;
79Para iluminar aos que estão assentados
em trevas e na sombra da morte;
A fim de dirigir os nossos pés pelo caminho
da paz.

80E o menino crescia, e se robustecia em espírito. E esteve nos desertos até ao dia em que havia de mostrar-se a Israel.

Nascimento de Jesus Cristo

2E ACONTECEU naqueles dias que saiu um decreto da parte de César Augusto, para que todo o mundo se alistasse

2(Este primeiro alistamento foi feito sendo Quirino presidente da Síria).

3E todos iam alistar-se, cada um à sua própria cidade.

4E subiu também José da Galileia, da cidade de Nazaré, à Judeia, à cidade de Davi, chamada Belém (porque era da casa e família de Davi),

5A fim de alistar-se com sua mulher Maria, desposada com ele, a qual estava grávida.

6E aconteceu que, estando eles ali, se cumpriram os dias em que ela havia de dar à luz.

LUCAS 2.7

⁷E deu à luz a seu filho primogênito, e envolveu-o em panos, e deitou-o numa manjedoura, porque não havia lugar para eles na estalagem.

Os pastores de Belém

⁸Ora, havia naquela mesma comarca pastores que estavam no campo, e guardavam, durante as vigílias da noite, o seu rebanho.

⁹E eis que o anjo do Senhor veio sobre eles, e a glória do Senhor os cercou de resplendor, e tiveram grande temor.

¹⁰E o anjo lhes disse: Não temais, porque eis aqui vos trago novas de grande alegria, que será para todo o povo:

¹¹Pois, na cidade de Davi, vos nasceu hoje o Salvador, que é Cristo, o Senhor.

¹²E isto vos *será por* sinal: Achareis o menino envolto em panos, *e* deitado numa manjedoura.

¹³E, no mesmo instante, apareceu com o anjo uma multidão dos exércitos celestiais, louvando a Deus, e dizendo:

¹⁴Glória a Deus nas alturas,
Paz na terra, boa vontade para com os homens.

¹⁵E aconteceu que, ausentando-se deles os anjos para o céu, disseram os pastores uns aos outros: Vamos, pois, até Belém, e vejamos isso que aconteceu, e que o Senhor nos fez saber.

¹⁶E foram apressadamente, e acharam Maria, e José, e o menino deitado na manjedoura.

¹⁷E, vendo-*o*, divulgaram a palavra que acerca do menino lhes fora dita;

¹⁸E todos os que a ouviram se maravilharam do que os pastores lhes diziam.

¹⁹Mas Maria guardava todas estas coisas, conferindo-*as* em seu coração.

²⁰E voltaram os pastores, glorificando e louvando a Deus por tudo o que tinham ouvido e visto, como lhes havia sido dito.

Jesus apresentado no templo em Jerusalém

²¹E, quando os oito dias foram cumpridos, para circuncidar o menino, foi-lhe dado o nome de Jesus, que pelo anjo lhe fora posto antes que no ventre fosse concebido.

²²E, cumprindo-se os dias da purificação dela, segundo a lei de Moisés, o levaram a Jerusalém, para *o* apresentarem ao Senhor

²³(Segundo o que está escrito na lei do Senhor: Todo o macho que abrir a madre será consagrado ao Senhor);

²⁴E para oferecer o sacrifício segundo o disposto na lei do Senhor: Um par de rolas ou dois pombinhos.

Cântico de Simeão

²⁵Havia em Jerusalém um homem cujo nome *era* Simeão; e este homem *era* justo e temente a Deus, esperando a consolação de Israel; e o Espírito Santo estava sobre ele.

²⁶E fora-lhe revelado, pelo Espírito Santo, que ele não morreria antes de ter visto o Cristo do Senhor.

²⁷E pelo Espírito foi ao templo e, quando os pais trouxeram o menino Jesus, para com ele procederem segundo o uso da lei,

²⁸Ele, então, o tomou em seus braços, e louvou a Deus, e disse:

²⁹Agora, Senhor, despedes em paz o teu servo,
Segundo a tua palavra;
³⁰Pois *já* os meus olhos viram a tua salvação,
³¹A qual tu preparaste perante a face de todos os povos;
³²Luz para iluminar as nações,
E para glória de teu povo Israel.

³³E José, e sua mãe, se maravilharam das coisas que dele se diziam.

³⁴E Simeão os abençoou, e disse a Maria, sua mãe: Eis que este é posto para queda e elevação de muitos em Israel, e para sinal que é contraditado

³⁵(E *uma* espada traspassará também a tua própria alma); para que se manifestem os pensamentos de muitos corações.

A profetisa Ana

³⁶E estava ali a profetisa Ana, filha de Fanuel, da tribo de Aser. Esta era *já* avançada em idade, e tinha vivido com o marido sete anos, desde a sua virgindade;

³⁷E era viúva, de quase oitenta e quatro anos, e não se afastava do templo, servindo *a Deus* em jejuns e orações, de noite e de dia.

³⁸E sobrevindo na mesma hora, ela dava graças a Deus, e falava dele a todos os que esperavam a redenção em Jerusalém.

³⁹E, quando acabaram de cumprir tudo segundo a lei do Senhor, voltaram à Galileia, para a sua cidade de Nazaré.

⁴⁰E o menino crescia, e era fortalecido em espírito, e cheio de sabedoria; e a graça de Deus estava sobre ele.

Jesus no templo, aos doze anos de idade

⁴¹Ora, todos os anos iam seus pais a Jerusalém à festa da páscoa;

⁴²E, tendo ele *já* doze anos, subiram a Jerusalém, segundo o costume do dia da festa.

⁴³E, regressando eles, terminados aqueles dias, ficou o menino Jesus em Jerusalém, e não *o* soube José, nem sua mãe.

⁴⁴Pensando, porém, eles que viria de companhia pelo caminho, andaram caminho de um dia, e procuravam-no entre os parentes, e entre os conhecidos;

⁴⁵E, como o não encontraram, voltaram a Jerusalém em busca dele.

⁴⁶E aconteceu que, passados três dias, o acharam no templo, assentado no meio dos doutores, ouvindo-os, e interrogando-os.

47E todos os que o ouviam admiravam a sua inteligência e respostas.

48E quando o viram, maravilharam-se, e disse-lhe sua mãe: Filho, por que fizeste assim para conosco? Eis que teu pai e eu ansiosos te procurávamos.

49E ele lhes disse: Por que é que me procuráveis? Não sabeis que me convém tratar dos negócios de meu Pai?

50E eles não compreenderam as palavras que lhes dizia.

51E desceu com eles, e foi para Nazaré, e era-lhes sujeito. E sua mãe guardava no seu coração todas estas coisas.

52E crescia Jesus em sabedoria, e em estatura, e em graça para com Deus e os homens.

Pregação de João o Batista. Batismo de Jesus Cristo

3E NO ano quinze do império de Tibério César, sendo Pôncio Pilatos presidente da Judeia, e Herodes tetrarca da Galileia, e seu irmão Filipe tetrarca da Itureia e da província de Traconites, e Lisânias tetrarca de Abilene,

2Sendo Anás e Caifás sumos sacerdotes, veio no deserto a palavra de Deus a João, filho de Zacarias.

3_E_ percorreu toda a terra ao redor do Jordão, pregando o batismo de arrependimento, para o perdão dos pecados;

4Segundo o que está escrito no livro das palavras do profeta Isaías, que diz:

Voz do que clama no deserto:
Preparai o caminho do Senhor;
Endireitai as suas veredas.
5Todo o vale se encherá,
E se abaixará todo o monte e outeiro;
E o que é tortuoso se endireitará,
E os caminhos escabrosos se aplanarão;
6E toda a carne verá a salvação de Deus.

7Dizia, pois, João à multidão que saía para ser batizada por ele: Raça de víboras, quem vos ensinou a fugir da ira que está para vir?

8Produzi, pois, frutos dignos de arrependimento, e não comeceis a dizer em vós mesmos: Temos Abraão por pai; porque eu vos digo que até destas pedras pode Deus suscitar filhos a Abraão.

9E também já está posto o machado à raiz das árvores; toda a árvore, pois, que não dá bom fruto, corta-se e lança-se no fogo.

10E a multidão o interrogava, dizendo: Que faremos, pois?

11E, respondendo ele, disse-lhes: Quem tiver duas túnicas, reparta com o que não tem, e quem tiver alimentos, faça da mesma maneira.

12E chegaram também uns publicanos, para serem batizados, e disseram-lhe: Mestre, que devemos fazer?

13E ele lhes disse: Não peçais mais do que o que vos está ordenado.

14E uns soldados o interrogaram também, dizendo: E nós que faremos? E ele lhes disse: A ninguém trateis mal nem defraudeis, e contentai-vos com o vosso soldo.

15E, estando o povo em expectação, e pensando todos de João, em seus corações, se porventura seria o Cristo,

16Respondeu João a todos, dizendo: Eu, na verdade, batizo-vos com água, mas eis que vem aquele que é mais poderoso do que eu, a quem não sou digno de desatar-lhe a correia das sandálias; esse vos batizará com o Espírito Santo e com fogo.

17Ele tem a pá na sua mão; e limpará a sua eira, e ajuntará o trigo no seu celeiro, mas queimará a palha com fogo que nunca se apaga.

18Assim também, admoestando muitas outras coisas, anunciava o Evangelho ao povo.

19Sendo, porém, o tetrarca Herodes repreendido por ele por causa de Herodias, mulher de seu irmão Filipe, e por todas as maldades que Herodes tinha feito,

20Acrescentou a todas as outras ainda esta, a de encerrar João num cárcere.

21E aconteceu que, como todo o povo se batizava, sendo batizado _também_ Jesus, orando ele, o céu se abriu;

22E o Espírito Santo desceu sobre ele em forma corpórea, como pomba; e ouviu-se uma voz do céu, que dizia: Tu és o meu Filho amado, em ti me comprazo.

Genealogia de Jesus Cristo

23E este mesmo Jesus estava como que começando os trinta anos, sendo (como se cuidava) filho de José, _e José_ de Heli,

24_E Heli_ de Matã, _e Matã_ de Levi, _e Levi_ de Melqui, _e Melqui_ de Janai, _e Janai_ de José,

25_E José_ de Matatias, _e Matatias_ de Amós, _e Amós_ de Naum, _e Naum_ de Esli, _e Esli_ de Nagaí,

26_E Nagaí_ de Máate, _e Máate_ de Matatias, _e Matatias_ de Semei, _e Semei_ de José, _e José_ de Jodá,

27_E Jodá_ de Joanã, _e Joanã_ de Resá, _e Resá_ de Zorobabel, _e Zorobabel_ de Salatiel, _e Salatiel_ de Neri,

28_E Neri_ de Melqui, _e Melqui_ de Adi, _e Adi_ de Cosã, _e Cosã_ de Elmadã, _e Elmadã_ de Er,

29_E Er_ de Josué, _e Josué_ de Eliézer, _e Eliézer_ de Jorim, _e Jorim_ de Matã, _e Matã_ de Levi,

30_E Levi_ de Simeão, _e Simeão_ de Judá, _e Judá_ de José, _e José_ de Jonã, _e Jonã_ de Eliaquim,

31_E Eliaquim_ de Meleá, _e Meleá_ de Mená, _e Mená_ de Matatá, _e Matatá_ de Natã, _e Natã_ de Davi,

32_E Davi_ de Jessé, _e Jessé_ de Obede, _e Obede_ de Boaz, _e Boaz_ de Salá, _e Salá_ de Naassom,

33_E Naassom_ de Aminadabe, _e Aminadabe_ de Arão, _e Arão_ de Esrom, _e Esrom_ de Perez, _e Perez_ de Judá,

34_E Judá_ de Jacó, _e Jacó_ de Isaque, _e Isaque_ de Abraão, _e Abraão_ de Terá, _e Terá_ de Nacor,

35_E Nacor_ de Seruque, _e Seruque_ de Ragaú, _e Ragaú_ de Fáleque, _e Fáleque_ de Éber, _e Éber_ de Salá,

36_E Salá_ de Cainã, _e Cainã_ de Arfaxade, _e Arfaxade_ de Sem, _e Sem_ de Noé, _e Noé_ de Lameque,

LUCAS 3.37 688

³⁷*E Lameque* de Matusalém, *e Matusalém* de Enoque, *e Enoque* de Jarete, *e Jarete* de Maleleel, *e Maleleel* de Cainã,

³⁸*E Cainã* de Enos, *e Enos* de Sete, *e Sete* de Adão, *e Adão* de Deus.

Tentação de Jesus Cristo

4 E JESUS, cheio do Espírito Santo, voltou do Jordão e foi levado pelo Espírito ao deserto;

²E quarenta dias foi tentado pelo diabo, e naqueles dias não comeu coisa alguma; e, terminados eles, finalmente teve fome.

³E disse-lhe o diabo: Se tu és o Filho de Deus, dize a esta pedra que se transforme em pão.

⁴E Jesus lhe respondeu, dizendo: Está escrito que nem só de pão viverá o homem, mas de toda a palavra de Deus.

⁵E o diabo, levando-o a um alto monte, mostrou-lhe num momento de tempo todos os reinos do mundo.

⁶E disse-lhe o diabo: Dar-te-ei a ti todo este poder e a sua glória; porque a mim me foi entregue, e dou-o a quem quero.

⁷Portanto, se tu me adorares, tudo será teu.

⁸E Jesus, respondendo, disse-lhe: Vai-te para trás de mim, Satanás; porque está escrito: Adorarás o Senhor teu Deus, e só a ele servirás.

⁹Levou-o também a Jerusalém, e pô-lo sobre o pináculo do templo, e disse-lhe: Se tu és o Filho de Deus, lança-te daqui abaixo;

¹⁰Porque está escrito:

Mandará aos seus anjos, acerca de ti, que te guardem,
¹¹E que te sustenham nas mãos,
Para que nunca tropeces com o teu pé em alguma pedra.

¹²E Jesus, respondendo, disse-lhe: Dito está: Não tentarás ao Senhor teu Deus.

¹³E, acabando o diabo toda a tentação, ausentou-se dele por algum tempo.

Pregação em Nazaré

¹⁴Então, pelo poder do Espírito, voltou Jesus para a Galileia, e a sua fama correu por todas as terras em derredor.

¹⁵E ensinava nas suas sinagogas, e por todos era louvado.

¹⁶E, chegando a Nazaré, onde fora criado, entrou num dia de sábado, segundo o seu costume, na sinagoga, e levantou-se para ler.

¹⁷E foi-lhe dado o livro do profeta Isaías; e, quando abriu o livro, achou o lugar em que estava escrito:

¹⁸O Espírito do Senhor *está* sobre mim,
Pois que me ungiu para evangelizar os pobres,
Enviou-me a curar os contritos de coração,
¹⁹A proclamar liberdade aos cativos,
E restauração da vista aos cegos,
A pôr em liberdade os oprimidos,
A anunciar o ano aceitável do Senhor.

²⁰E, cerrando o livro, e tornando-*o* a dar ao ministro, assentou-se; e os olhos de todos na sinagoga estavam fitos nele.

²¹Então começou a dizer-lhes: Hoje se cumpriu esta Escritura em vossos ouvidos.

²²E todos lhe davam testemunho, e se maravilhavam das palavras de graça que saíam da sua boca; e diziam: Não é este o filho de José?

²³E ele lhes disse: Sem dúvida me direis este provérbio: Médico, cura-te a ti mesmo; faze também aqui na tua pátria tudo que ouvimos ter sido feito em Cafarnaum.

²⁴E disse: Em verdade vos digo que nenhum profeta é bem recebido na sua pátria.

²⁵Em verdade vos digo que muitas viúvas existiam em Israel nos dias de Elias, quando o céu se cerrou por três anos e seis meses, de sorte que em toda a terra houve grande fome;

²⁶E a nenhuma delas foi enviado Elias, senão a Sarepta de Sidom, a uma mulher viúva.

²⁷E muitos leprosos havia em Israel no tempo do profeta Eliseu, e nenhum deles foi purificado, senão Naamã, o sírio.

²⁸E todos, na sinagoga, ouvindo estas coisas, se encheram de ira.

²⁹E, levantando-se, o expulsaram da cidade, e o levaram até ao cume do monte em que a cidade deles estava edificada, para dali o precipitarem.

³⁰Ele, porém, passando pelo meio deles, retirou-se.

Cura de um endemoninhado em Cafarnaum

³¹E desceu a Cafarnaum, cidade da Galileia, e os ensinava nos sábados.

³²E admiravam a sua doutrina porque a sua palavra era com autoridade.

³³E estava na sinagoga um homem que tinha o espírito de um demônio imundo, e exclamou em alta voz,

³⁴Dizendo: Ah! Que temos nós contigo, Jesus Nazareno? Vieste a destruir-nos? Bem sei quem és: O Santo de Deus.

³⁵E Jesus o repreendeu, dizendo: Cala-te, e sai dele. E o demônio, lançando-o por terra no meio do povo, saiu dele sem lhe fazer mal.

³⁶E veio espanto sobre todos, e falavam uns com os outros, dizendo: Que palavra *é* esta, que até aos espíritos imundos manda com autoridade e poder, e eles saem?

³⁷E a sua fama divulgava-se por todos os lugares, em redor daquela comarca.

Cura da sogra de Pedro e de diversos enfermos

³⁸Ora, levantando-se Jesus da sinagoga, entrou em casa de Simão; e a sogra de Simão estava tomada por uma grande febre, e rogaram-lhe por ela.

³⁹E, inclinando-se para ela, repreendeu a febre, e *esta* a deixou. E ela, levantando-se logo, servia-os.

689 LUCAS 5.34

⁴⁰E, ao pôr do sol, todos os que tinham enfermos de várias doenças lhos traziam; e, pondo as mãos sobre cada um deles, os curava.

⁴¹E também de muitos saíam demônios, clamando e dizendo: Tu és o Cristo, o Filho de Deus. E ele, repreendendo-*os*, não os deixava falar, pois sabiam que ele era o Cristo.

⁴²E, sendo já dia, saiu, e foi para um lugar deserto; e a multidão o procurava, e chegou junto dele; e o detinham, para que não se ausentasse deles.

⁴³Ele, porém, lhes disse: Também é necessário que eu anuncie a outras cidades o evangelho do reino de Deus; porque para isso fui enviado.

⁴⁴E pregava nas sinagogas da Galileia.

Os primeiros discípulos

5 E ACONTECEU que, apertando-o a multidão, para ouvir a palavra de Deus, estava ele junto ao lago de Genesaré;

²E viu estar dois barcos junto *à praia* do lago; e os pescadores, havendo descido deles, estavam lavando as redes.

³E, entrando num dos barcos, que era o de Simão, pediu-lhe que o afastasse um pouco da terra; e, assentando-se, ensinava do barco a multidão.

⁴E, quando acabou de falar, disse a Simão: Faze-te ao mar alto, e lançai as vossas redes para pescar.

⁵E, respondendo Simão, disse-lhe: Mestre, havendo trabalhado toda a noite, nada apanhamos; mas, sobre a tua palavra, lançarei a rede.

⁶E, fazendo assim, colheram uma grande quantidade de peixes, e rompia-se-lhes a rede.

⁷E fizeram sinal aos companheiros que estavam no outro barco, para que os fossem ajudar. E foram, e encheram ambos os barcos, de maneira tal que quase iam a pique.

⁸E vendo isto Simão Pedro, prostrou-se aos pés de Jesus, dizendo: Senhor, ausenta-te de mim, que sou um homem pecador.

⁹Pois que o espanto se apoderara dele, e de todos os que com ele estavam, por causa da pesca de peixe que haviam feito.

¹⁰E, de igual modo, também de Tiago e João, filhos de Zebedeu, que eram companheiros de Simão. E disse Jesus a Simão: Não temas; de agora em diante serás pescador de homens.

¹¹E, levando os barcos para terra, deixaram tudo, e o seguiram.

Cura de um leproso

¹²E aconteceu que, quando estava numa daquelas cidades, eis que um homem cheio de lepra, vendo a Jesus, prostrou-se sobre o rosto, e rogou-lhe, dizendo: Senhor, se quiseres, bem podes limpar-me.

¹³E ele, estendendo a mão, tocou-lhe, dizendo: Quero, sê limpo. E logo a lepra desapareceu dele.

¹⁴E ordenou-lhe que a ninguém o dissesse. Mas vai, *disse,* mostra-te ao sacerdote, e oferece, pela tua purificação, o que Moisés determinou, para que lhes sirva de testemunho.

¹⁵A sua fama, porém, se propagava ainda mais, e ajuntava-se muita gente para o ouvir e para ser por ele curada das suas enfermidades.

¹⁶Ele, porém, retirava-se para os desertos, e *ali* orava.

Cura de um paralítico

¹⁷E aconteceu que, num daqueles dias, estava ensinando, e estavam *ali* assentados fariseus e doutores da lei, que tinham vindo de todas as aldeias da Galileia, e da Judeia, e de Jerusalém. E o poder do Senhor estava *ali* para os curar.

¹⁸E eis que *uns* homens transportaram numa cama um homem que estava paralítico, e procuravam fazê-lo entrar e pô-lo diante dele.

¹⁹E, não achando por onde o pudessem levar, por causa da multidão, subiram ao telhado, e por entre as telhas o baixaram com a cama, até ao meio, diante de Jesus.

²⁰E, vendo ele a fé deles, disse-lhe: Homem, os teus pecados te são perdoados.

²¹E os escribas e os fariseus começaram a arrazoar, dizendo: Quem é este que diz blasfêmias? Quem pode perdoar pecados, senão só Deus?

²²Jesus, porém, conhecendo os seus pensamentos, respondeu, e disse-lhes: Que arrazoais em vossos corações?

²³Qual é mais fácil? Dizer: Os teus pecados te são perdoados; ou dizer: Levanta-te, e anda?

²⁴Ora, para que saibais que o Filho do homem tem sobre a terra poder de perdoar pecados (disse ao paralítico), a ti te digo: Levanta-te, toma a tua cama, e vai para tua casa.

²⁵E, levantando-se logo diante deles, e tomando a cama em que estava deitado, foi para sua casa, glorificando a Deus.

²⁶E todos ficaram maravilhados, e glorificaram a Deus; e ficaram cheios de temor, dizendo: Hoje vimos prodígios.

Vocação de Levi

²⁷E, depois disto, saiu, e viu um publicano, chamado Levi, assentado na recebedoria, e disse-lhe: Segue-me.

²⁸E ele, deixando tudo, levantou-se e o seguiu.

²⁹E fez-lhe Levi um grande banquete em sua casa; e havia *ali* uma grande multidão de publicanos e outros que estavam com eles à mesa.

³⁰E os escribas deles, e os fariseus, murmuravam contra os seus discípulos, dizendo: Por que comeis e bebeis com publicanos e pecadores?

³¹E Jesus, respondendo, disse-lhes: Não necessitam de médico os que estão sãos, mas, sim, os que estão enfermos;

³²Eu não vim chamar os justos, mas, sim, os pecadores, ao arrependimento.

Questão sobre o jejum

³³Disseram-lhe, então, eles: Por que jejuam os discípulos de João muitas vezes, e fazem orações, como também *os* dos fariseus, mas os teus comem e bebem?

³⁴E ele lhes disse: Podeis vós fazer jejuar os filhos das bodas, enquanto o esposo está com eles?

LUCAS 5.35 690

³⁵Dias virão, porém, em que o esposo lhes será tirado, *e* então, naqueles dias, jejuarão.

³⁶E disse-lhes também uma parábola: Ninguém deita um pedaço de uma roupa nova *para a coser* em roupa velha, pois romperá a nova e o remendo não condiz com a velha.

³⁷E ninguém deita vinho novo em odres velhos; de outra sorte o vinho novo romperá os odres, e entornar-se-á o vinho, e os odres se estragarão;

³⁸Mas o vinho novo deve deitar-se em odres novos, e ambos juntamente são conservados.

³⁹E ninguém tendo bebido o velho quer logo o novo, porque diz: Melhor é o velho.

Jesus é Senhor do sábado

6E ACONTECEU que, no segundo sábado *após o* primeiro, ele passou pelas searas, e os seus discípulos iam arrancando espigas e, esfregando-*as* com as mãos, *as* comiam.

²E alguns dos fariseus lhes disseram: Por que fazeis o que não é lícito fazer nos sábados?

³E Jesus, respondendo-lhes, disse: Nunca lestes o que fez Davi quando teve fome, ele e os que com ele estavam?

⁴Como entrou na casa de Deus, e tomou os pães da proposição, e os comeu, e deu também aos que estavam com ele, os quais não é lícito comer senão só aos sacerdotes?

⁵E dizia-lhes: O Filho do homem é Senhor até do sábado.

Jesus cura no sábado

⁶E aconteceu também noutro sábado, que entrou na sinagoga, e estava ensinando; e havia ali um homem que tinha a mão direita mirrada.

⁷E os escribas e fariseus observavam-no, se *o* curaria no sábado, para acharem de que o acusar.

⁸Mas ele bem conhecia os seus pensamentos; e disse ao homem que tinha a mão mirrada: Levanta-te, e fica em pé no meio. E, levantando-se ele, ficou em pé.

⁹Então Jesus lhes disse: Uma *coisa* vos hei de perguntar: É lícito nos sábados fazer bem, ou fazer mal? Salvar a vida, ou matar?

¹⁰E, olhando para todos em redor, disse ao homem: Estende a tua mão. E ele assim o fez, e a mão lhe foi restituída sã como a outra.

¹¹E ficaram cheios de furor, e uns com os outros conferenciavam sobre o que fariam a Jesus.

A escolha dos doze apóstolos

¹²E aconteceu que naqueles dias saiu ao monte a orar, e passou a noite em oração a Deus.

¹³E, quando *já* era dia, chamou a si os seus discípulos, e escolheu doze deles, a quem também deu o nome de apóstolos:

¹⁴Simão, ao qual também chamou Pedro, e André, seu irmão; Tiago e João; Filipe e Bartolomeu;

¹⁵Mateus e Tomé; Tiago, *filho* de Alfeu, e Simão, chamado Zelote;

¹⁶E Judas, *irmão* de Tiago, e Judas Iscariotes, que foi o traidor.

¹⁷E, descendo com eles, parou num lugar plano, e também um grande número de seus discípulos, e grande multidão de povo de toda a Judeia, e de Jerusalém, e da costa marítima de Tiro e de Sidom; os quais tinham vindo para o ouvir, e serem curados das suas enfermidades;

¹⁸Como também os atormentados dos espíritos imundos; e eram curados.

¹⁹E toda a multidão procurava tocar-lhe, porque saía dele poder, e curava a todos.

As bem-aventuranças

²⁰E, levantando ele os olhos para os seus discípulos, dizia: Bem-aventurados vós, os pobres, porque vosso é o reino de Deus.

²¹Bem-aventurados vós, que agora tendes fome, porque sereis fartos. Bem-aventurados vós, que agora chorais, porque haveis de rir.

²²Bem-aventurados sereis quando os homens vos odiarem e quando vos separarem, e vos injuriarem, e rejeitarem o vosso nome como mau, por causa do Filho do homem.

²³Folgai nesse dia, exultai; porque eis que é grande o vosso galardão no céu, pois assim faziam os seus pais aos profetas.

²⁴Mas ai de vós, ricos! Porque *já* tendes a vossa consolação.

²⁵Ai de vós, os que estais fartos, porque tereis fome. Ai de vós, os que agora rides, porque vos lamentareis e chorareis.

²⁶Ai de vós quando todos os homens de vós disserem bem, porque assim faziam seus pais aos falsos profetas.

Amor aos inimigos

²⁷Mas a vós, que isto ouvis, digo: Amai a vossos inimigos, fazei bem aos que vos odeiam;

²⁸Bendizei os que vos maldizem, e orai pelos que vos caluniam.

²⁹Ao que te ferir numa face, oferece-lhe também a outra; e ao que te houver tirado a capa, nem a túnica recuses;

³⁰E dá a qualquer que te pedir; e ao que tomar o *que é* teu, não lho tornes a pedir.

³¹E como vós quereis que os homens vos façam, da mesma maneira lhes fazei vós, também.

³²E se amardes aos que vos amam, que recompensa tereis? Também os pecadores amam aos que os amam.

³³E se fizerdes bem aos que vos fazem bem, que recompensa tereis? Também os pecadores fazem o mesmo.

³⁴E se emprestardes *àqueles* de quem esperais tornar a receber, que recompensa tereis? Também os pecadores emprestam aos pecadores, para tornarem a receber outro tanto.

³⁵Amai, pois, a vossos inimigos, e fazei bem, e emprestai, sem nada esperardes, e será grande o vosso galardão, e sereis filhos do Altíssimo; porque ele é benigno *até* para com os ingratos e maus.

³⁶Sede, pois, misericordiosos, como também vosso Pai é misericordioso.

Os juízos temerários

³⁷Não julgueis, e não sereis julgados; não condeneis, e não sereis condenados; soltai, e soltar-vos-ão.

³⁸Dai, e ser-vos-á dado; boa medida, recalcada, sacudida e transbordando, vos deitarão no vosso regaço; porque com a mesma medida com que medirdes também vos medirão de novo.

³⁹E dizia-lhes uma parábola: Pode porventura o cego guiar o cego? Não cairão ambos na cova?

⁴⁰O discípulo não é superior a seu mestre, mas todo o que for perfeito será como o seu mestre.

⁴¹E por que atentas tu no argueiro que está no olho de teu irmão, e não reparas na trave que está no teu próprio olho?

⁴²Ou como podes dizer a teu irmão: Irmão, deixa-me tirar o argueiro que está no teu olho, não atentando tu mesmo na trave que está no teu olho? Hipócrita, tira primeiro a trave do teu olho, e então verás bem para tirar o argueiro que está no olho de teu irmão.

Árvores e seus frutos

⁴³Porque não há boa árvore que dê mau fruto, nem má árvore que dê bom fruto.

⁴⁴Porque cada árvore se conhece pelo seu próprio fruto; pois não se colhem figos dos espinheiros, nem se vindimam uvas dos abrolhos.

⁴⁵O homem bom, do bom tesouro do seu coração tira o bem, e o homem mau, do mau tesouro do seu coração tira o mal, porque da abundância do seu coração fala a sua boca.

A casa construída sobre a rocha

⁴⁶E por que me chamais, Senhor, Senhor, e não fazeis o que eu digo?

⁴⁷Qualquer que vem a mim e ouve as minhas palavras, e as observa, eu vos mostrarei a quem é semelhante:

⁴⁸É semelhante ao homem que edificou uma casa, e cavou, e abriu bem fundo, e pôs os alicerces sobre a rocha; e, vindo a enchente, bateu com ímpeto a corrente naquela casa, e não a pôde abalar, porque estava fundada sobre a rocha.

⁴⁹Mas o que ouve e não pratica é semelhante ao homem que edificou uma casa sobre terra, sem alicerces, na qual bateu com ímpeto a corrente, e logo caiu; e foi grande a ruína daquela casa.

Cura do servo de um centurião

7E, DEPOIS de concluir todos estes discursos para a audiência do povo, entrou em Cafarnaum.

²E o servo de um certo centurião, o qual era muito estimado por ele, estava doente, e à morte.

³E, quando ouviu *falar* de Jesus, enviou-lhe uns anciãos dos judeus, rogando-lhe que viesse curar o seu servo.

⁴E, chegando eles junto de Jesus, rogaram-lhe muito, dizendo: É digno de que lhe concedas isto,

⁵Porque ama a nossa nação, e ele mesmo nos edificou a sinagoga.

⁶E foi Jesus com eles; mas, quando já estava perto da casa, enviou-lhe o centurião uns amigos, dizendo-lhe: Senhor, não te incomodes, porque não sou digno de que entres debaixo do meu telhado.

⁷E por isso nem ainda me julguei digno de ir ter contigo; dize, porém, uma palavra, e o meu criado sarará.

⁸Porque também eu sou homem sujeito à autoridade, e tenho soldados sob o meu poder, e digo a este: Vai, e ele vai; e a outro: Vem, e ele vem; e ao meu servo: Faze isto, e ele o faz.

⁹E, ouvindo isto Jesus, maravilhou-se dele, e voltando-se, disse à multidão que o seguia: Digo-vos *que* nem ainda em Israel tenho achado tanta fé.

¹⁰E, voltando para casa os que foram enviados, acharam são o servo enfermo.

O filho da viúva de Naim é ressuscitado

¹¹E aconteceu que, no dia seguinte, ele foi à cidade chamada Naim, e com ele iam muitos dos seus discípulos, e uma grande multidão;

¹²E, quando chegou perto da porta da cidade, eis que levavam um defunto, filho único de sua mãe, que *era* viúva; e com ela ia uma grande multidão da cidade.

¹³E, vendo-a, o Senhor moveu-se de íntima compaixão por ela, e disse-lhe: Não chores.

¹⁴E, chegando-se, tocou o esquife (e os que *o* levavam pararam), e disse: Jovem, a ti te digo: Levanta-te. E o *que fora* defunto assentou-se, e começou a falar.

¹⁵E entregou-o à sua mãe.

¹⁶E de todos se apoderou o temor, e glorificavam a Deus, dizendo: Um grande profeta se levantou entre nós, e Deus visitou o seu povo.

¹⁷E correu dele esta fama por toda a Judeia e por toda a terra circunvizinha.

Mensagem de João o Batista a Jesus

¹⁸E os discípulos de João anunciaram-lhe todas estas *coisas*.

¹⁹E João, chamando dois dos seus discípulos, enviou-*os* a Jesus, dizendo: És tu aquele que havia de vir, ou esperamos outro?

²⁰E, quando aqueles homens chegaram junto dele, disseram: João o Batista enviou-nos a perguntar-te: És tu aquele que havia de vir, ou esperamos outro?

²¹E, na mesma hora, curou muitos de enfermidades, e males, e espíritos maus, e deu vista a muitos cegos.

²²Respondendo, então, Jesus, disse-lhes: Ide, e anunciai a João o que tendes visto e ouvido: que os cegos veem, os coxos andam, os leprosos são purificados, os surdos ouvem, os mortos são ressuscitados e aos pobres anuncia-se o evangelho.

²³E bem-aventurado é aquele que em mim não se escandalizar.

LUCAS 7.24

Jesus testemunha sobre João

²⁴E, tendo-se retirado os mensageiros de João, começou a dizer à multidão acerca de João: Que saístes a ver no deserto? uma cana abalada pelo vento?

²⁵Mas que saístes a ver? Um homem trajado de vestes delicadas? Eis que os que andam com preciosas vestiduras, e em delícias, estão nos paços reais.

²⁶Mas que saístes a ver? Um profeta? Sim, vos digo, e muito mais do que profeta.

²⁷Este é aquele de quem está escrito:

Eis que envio o meu anjo diante da tua face,
O qual preparará diante de ti o teu caminho.

²⁸E eu vos digo que, entre os nascidos de mulheres, não há maior profeta do que João o Batista; mas o menor no reino de Deus é maior do que ele.

²⁹E todo o povo que o ouviu e os publicanos, tendo sido batizados com o batismo de João, justificaram a Deus.

³⁰Mas os fariseus e os doutores da lei rejeitaram o conselho de Deus contra si mesmos, não tendo sido batizados por ele.

³¹E disse o Senhor: A quem, pois, compararei os homens desta geração, e a quem são semelhantes?

³²São semelhantes aos meninos que, assentados nas praças, clamam uns aos outros, e dizem: Tocamo-vos flauta, e não dançastes; cantamo-vos lamentações, e não chorastes.

³³Porque veio João o Batista, que não comia pão nem bebia vinho, e dizeis: Tem demônio;

³⁴Veio o Filho do homem, que come e bebe, e dizeis: Eis aí um homem comilão e bebedor de vinho, amigo dos publicanos e pecadores.

³⁵Mas a sabedoria é justificada por todos os seus filhos.

A pecadora perdoada

³⁶E rogou-lhe um dos fariseus que comesse com ele; e, entrando em casa do fariseu, assentou-se à mesa.

³⁷E eis que uma mulher na cidade, que era uma pecadora, sabendo que ele estava à mesa em casa do fariseu, levou um vaso de alabastro com unguento;

³⁸E, estando por detrás, aos seus pés, chorando, começou a regar seus pés com lágrimas, e os enxugava com os cabelos da sua cabeça; e beijava seus pés, e os ungia com o unguento.

³⁹Quando isto viu o fariseu que o tinha convidado, falava consigo, dizendo: Se este fosse profeta, bem saberia quem e qual é a mulher que lhe toca, pois é uma pecadora.

⁴⁰E respondendo, Jesus disse-lhe: Simão, uma coisa tenho a dizer-te. E ele disse: Dize-a, Mestre.

⁴¹Um certo credor tinha dois devedores: um via-lhe quinhentos dinheiros, e outro cinquenta.

⁴²E, não tendo eles com que pagar, perdoou-lhes a ambos. Dize, pois, qual deles o amará mais?

⁴³E Simão, respondendo, disse: Tenho para mim que é aquele a quem mais perdoou. E ele lhe disse: Julgaste bem.

⁴⁴E, voltando-se para a mulher, disse a Simão: Vês tu esta mulher? Entrei em tua casa, e não me deste água para meus pés; mas esta regou meus pés com lágrimas, e os enxugou com os cabelos de sua cabeça.

⁴⁵Não me deste ósculo, mas esta, desde que entrou, não tem cessado de me beijar os pés.

⁴⁶Não me ungiste a cabeça com óleo, mas esta ungiu meus pés com unguento.

⁴⁷Por isso te digo que os seus muitos pecados lhe são perdoados, porque muito amou; mas aquele a quem pouco é perdoado pouco ama.

⁴⁸E disse a ela: Os teus pecados te são perdoados.

⁴⁹E os que estavam à mesa começaram a dizer entre si: Quem é este, que até perdoa pecados?

⁵⁰E disse à mulher: A tua fé te salvou; vai-te em paz.

Parábola do semeador

8 E ACONTECEU, depois disto, que andava de cidade em cidade, e de aldeia em aldeia, pregando e anunciando o evangelho do reino de Deus; e os doze iam com ele,

²E algumas mulheres que haviam sido curadas de espíritos malignos e de enfermidades: Maria, chamada Madalena, da qual saíram sete demônios;

³E Joana, mulher de Cuza, procurador de Herodes, e Suzana, e muitas outras que o serviam com seus bens.

⁴E, ajuntando-se uma grande multidão, e vindo de todas as cidades ter com ele, disse por parábola:

⁵Um semeador saiu a semear a sua semente e, quando semeava, caiu alguma junto do caminho, e foi pisada, e as aves do céu a comeram;

⁶E outra caiu sobre pedra e, nascida, secou-se, pois que não tinha umidade;

⁷E outra caiu entre espinhos e crescendo com ela os espinhos, a sufocaram;

⁸E outra caiu em boa terra, e, nascida, produziu fruto, a cento por um. Dizendo ele estas coisas, clamava: Quem tem ouvidos para ouvir, ouça.

⁹E os seus discípulos o interrogaram, dizendo: Que parábola é esta?

¹⁰E ele disse: A vós vos é dado conhecer os mistérios do reino de Deus, mas aos outros por parábolas, para que vendo, não vejam, e ouvindo, não entendam.

¹¹Esta é, pois, a parábola: A semente é a palavra de Deus;

¹²E os que estão junto do caminho, estes são os que ouvem; depois vem o diabo, e tira-lhes do coração a palavra, para que não se salvem, crendo;

¹³E os que estão sobre pedra, estes são os que, ouvindo a palavra, a recebem com alegria, mas, como não têm raiz, apenas creem por algum tempo, e no tempo da tentação se desviam;

¹⁴E a que caiu entre espinhos, esses são os que ouviram e, indo por diante, são sufocados com os

cuidados e riquezas e deleites da vida, e não dão fruto com perfeição;

¹⁵E a que caiu em boa terra, esses são os que, ouvindo a palavra, a conservam num coração honesto e bom, e dão fruto com perseverança.

¹⁶E ninguém, acendendo uma candeia, a cobre com algum vaso, ou *a* põe debaixo da cama; mas põe-na no velador, para que os que entram vejam a luz.

¹⁷Porque não há coisa oculta que não haja de manifestar-se, nem escondida que não haja de saber-se e vir à luz.

¹⁸Vede, pois, como ouvis; porque a qualquer que tiver lhe será dado, e a qualquer que não tiver até o que parece ter lhe será tirado.

A mãe e os irmãos de Jesus

¹⁹E foram ter com ele sua mãe e *seus* irmãos, e não podiam aproximar-se dele, por causa da multidão.

²⁰E foi-lhe informado por *alguns*, que diziam: Estão *lá* fora tua mãe e teus irmãos, que querem ver-te.

²¹Mas, respondendo ele, disse-lhes: Minha mãe e meus irmãos são aqueles que ouvem a palavra de Deus e a executam.

²²E aconteceu que, num daqueles dias, entrou num barco com seus discípulos, e disse-lhes: Passemos para o outro lado do lago. E partiram.

²³E, navegando eles, adormeceu; e sobreveio uma tempestade de vento no lago, e enchiam-se *de água,* estando em perigo.

²⁴E, chegando-se a ele, o despertaram, dizendo: Mestre, Mestre, perecemos. E ele, levantando-se, repreendeu o vento e a fúria da água; e cessaram, e fez-se bonança.

²⁵E disse-lhes: Onde está a vossa fé? E eles, temendo, maravilharam-se, dizendo uns aos outros: Quem é este, pois, que até aos ventos e à água manda, e lhe obedecem?

Um endemoninhado curado

²⁶E navegaram para a terra dos gadarenos, que está defronte da Galileia.

²⁷E, quando desceu para terra, saiu-lhe ao encontro, *vindo* da cidade, um homem que desde muito tempo estava possesso de demônios, e não andava vestido, nem habitava em *qualquer* casa, mas nos sepulcros.

²⁸E, quando viu a Jesus, prostrou-se diante dele, exclamando, e dizendo com grande voz: Que tenho eu contigo, Jesus, Filho do Deus Altíssimo? Peço-te que não me atormentes.

²⁹Porque tinha ordenado ao espírito imundo que saísse daquele homem; pois já havia muito tempo que o arrebatava. E guardavam-no preso, com grilhões e cadeias; mas, quebrando as prisões, era impelido pelo demônio para os desertos.

³⁰E perguntou-lhe Jesus, dizendo: Qual é o teu nome? E ele disse: Legião; porque tinham entrado nele muitos demônios.

³¹E rogavam-lhe que os não mandasse para o abismo.

³²E andava ali pastando no monte uma vara de muitos porcos; e rogaram-lhe que lhes concedesse entrar neles; e concedeu-lho.

³³E, tendo saído os demônios do homem, entraram nos porcos, e a manada precipitou-se de um despenhadeiro no lago, e afogou-se.

³⁴E aqueles que os guardavam, vendo o que acontecera, fugiram, e foram anunciá-lo na cidade e nos campos.

³⁵E saíram a ver o que tinha acontecido; e vieram ter com Jesus. Acharam então o homem, de quem haviam saído os demônios, vestido, e em seu juízo, assentado aos pés de Jesus; e temeram.

³⁶E os que tinham visto contaram-lhes também como fora salvo aquele endemoninhado.

³⁷E toda a multidão da terra dos gadarenos ao redor lhe rogou que se retirasse deles; porque estavam possuídos por grande temor. E entrando ele no barco, voltou.

³⁸E aquele homem, de quem haviam saído os demônios, rogou-lhe que o deixasse estar com ele; mas Jesus o despediu, dizendo:

³⁹Torna para tua casa, e conta quão grandes *coisas* te fez Deus. E ele foi apregoando por toda a cidade quão grandes *coisas* Jesus lhe tinha feito.

Milagres de cura

⁴⁰E aconteceu que, quando voltou Jesus, a multidão o recebeu, porque todos o estavam esperando.

⁴¹E eis que chegou um homem de nome Jairo, que era príncipe da sinagoga; e, prostrando-se aos pés de Jesus, rogava-lhe que entrasse em sua casa;

⁴²Porque tinha uma filha única, quase de doze anos, que estava à morte. E indo ele, apertava-o a multidão.

⁴³E uma mulher, que tinha um fluxo de sangue, havia doze anos, e gastara com os médicos todos os seus bens, e por nenhum pudera ser curada,

⁴⁴Chegando por detrás *dele,* tocou na orla do seu vestido, e logo estancou o fluxo do seu sangue.

⁴⁵E disse Jesus: Quem *é* que me tocou? E, negando todos, disse Pedro e os que estavam com ele: Mestre, as multidões te apertam e pressionam, e dizes: Quem *é* que me tocou?

⁴⁶E disse Jesus: Alguém me tocou, porque bem conheci que de mim saiu poder.

⁴⁷Então, vendo a mulher que não podia ocultar-se, aproximou-se tremendo e, prostrando-se ante ele, declarou-lhe diante de todo o povo a causa por que lhe havia tocado, e como logo sarara.

⁴⁸E ele lhe disse: Tem bom ânimo, filha, a tua fé te salvou; vai em paz.

⁴⁹Estando ele ainda falando, chegou um dos do príncipe da sinagoga, dizendo: A tua filha *já* está morta, não incomodes o Mestre.

⁵⁰Jesus, porém, ouvindo-*o*, respondeu-lhe, dizendo: Não temas; crê somente, e será salva.

⁵¹E, entrando em casa, a ninguém deixou entrar, senão a Pedro, e a Tiago, e a João, e ao pai e a mãe da menina.

LUCAS 8.52

52 E todos choravam, e a pranteavam; e ele disse: Não choreis; não está morta, mas dorme.

53 E riam-se dele, sabendo que estava morta.

54 Mas ele, pondo-os todos fora, e pegando-lhe na mão, clamou, dizendo: Levanta-te, menina.

55 E o seu espírito voltou, e ela logo se levantou; e Jesus mandou que lhe dessem de comer.

56 E seus pais ficaram maravilhados; e ele lhes mandou que a ninguém dissessem o que havia sucedido.

Missão dos apóstolos

9 E, CONVOCANDO os seus doze discípulos, deu--lhes autoridade e poder sobre todos os demô-nios, para curarem enfermidades.

2 E enviou-os a pregar o reino de Deus, e a curar os enfermos.

3 E disse-lhes: Nada leveis convosco para o ca-minho, nem cajados, nem alforje, nem pão, nem dinheiro; nem qualquer *de vós* tenha duas túnicas.

4 E em qualquer casa em que entrardes, ficai ali, e de lá saireis.

5 E se em qualquer cidade vos não receberem, saindo vós dali, sacudi o pó dos vossos pés, em testemunho contra eles.

6 E, saindo eles, percorreram todas as aldeias, anunciando o evangelho, e fazendo curas por to-da a parte.

7 E o tetrarca Herodes ouviu todas as coisas que por ele foram feitas, e estava em dúvida, porque di-ziam alguns que João ressuscitara dentre os mor-tos; e outros que Elias tinha aparecido;

8 E outros que um profeta dos antigos havia res-suscitado.

9 E disse Herodes: João, eu degolei; quem é, pois, este de quem ouço dizer tais *coisas?* E procura-va vê-lo.

A multiplicação dos pães

10 E, regressando os apóstolos, contaram-lhe tu-do o que tinham feito. E, tomando-os consigo, re-tirou-se, em particular, para um lugar deserto de uma cidade chamada Betsaida.

11 E, sabendo-*o* a multidão, o seguiu; e ele os re-cebeu, e falava-lhes do reino de Deus, e sarava os que necessitavam de cura.

12 E *já* o dia começava a declinar; então, chegan-do-se a ele os doze, disseram-lhe: Despede a mul-tidão, para que, indo aos lugares e aldeias em re-dor, se agasalhem, e achem o que comer; porque aqui estamos em lugar deserto.

13 Mas ele lhes disse: Dai-lhes vós de comer. E eles disseram: Não temos senão cinco pães e dois peixes, salvo se nós próprios formos comprar co-mida para todo este povo.

14 Porquanto estavam ali quase cinco mil ho-mens. Disse, então, aos seus discípulos: Fazei--os assentar, em ranchos de cinquenta em cin-quenta.

15 E assim o fizeram, fazendo-*os* assentar a todos.

16 E, tomando os cinco pães e os dois peixes, e olhando para o céu, abençoou-os, e partiu-os, e deu-os aos seus discípulos para os porem dian-te da multidão.

17 E comeram todos, e saciaram-se; e levanta-ram, do que lhes sobejou, doze cestos de pedaços.

Confissão de Pedro. Jesus prediz sua morte

18 E aconteceu que, estando ele só, orando, esta-vam com ele os discípulos; e perguntou-lhes, di-zendo: Quem diz a multidão que eu sou?

19 E, respondendo eles, disseram: João o Batis-ta; outros, Elias, e outros que um dos antigos pro-fetas ressuscitou.

20 E disse-lhes: E vós, quem dizeis que eu sou? E, respondendo Pedro, disse: O Cristo de Deus.

21 E, admoestando-os, mandou que a ninguém referissem isso,

22 Dizendo: É necessário que o Filho do homem padeça muitas *coisas,* e seja rejeitado dos anciãos, e pelos principais sacerdotes, e dos escribas, e se-ja morto, e ressuscite ao terceiro dia.

Como seguir a Jesus

23 E dizia a todos: Se alguém quer vir após mim, negue-se a si mesmo, e tome cada dia a sua cruz, e siga-me.

24 Porque, qualquer que quiser salvar a sua vida, perdê-la-á; mas qualquer que, por amor de mim, perder a sua vida, a salvará.

25 Porque, que aproveita ao homem granjear o mundo todo, perdendo-se ou prejudicando-se a si mesmo?

26 Porque, qualquer que de mim e das minhas palavras se envergonhar, dele se envergonhará o Filho do homem, quando vier na sua glória, e *na* do Pai e dos santos anjos.

27 E em verdade vos digo que, dos que aqui es-tão, alguns há que não provarão a morte até que vejam o reino de Deus.

A transfiguração

28 E aconteceu que, quase oito dias depois destas palavras, tomou consigo a Pedro, a João e a Tiago, e subiu ao monte a orar.

29 E, estando ele orando, transfigurou-se a apa-rência do seu rosto, e a sua roupa *ficou* branca *e* mui resplandecente.

30 E eis que estavam falando com ele dois ho-mens, que eram Moisés e Elias,

31 Os quais apareceram com glória, e falavam da sua morte, a qual havia de cumprir-se em Jeru-salém.

32 E Pedro e os que estavam com ele estavam carregados de sono; e, quando despertaram, vi-ram a sua glória e aqueles dois homens que es-tavam com ele.

33 E aconteceu que, quando aqueles se aparta-ram dele, disse Pedro a Jesus: Mestre, bom é que nós estejamos aqui, e façamos três tendas: uma para ti, uma para Moisés, e uma para Elias, não sabendo o que dizia.

34 E, dizendo ele isto, veio uma nuvem que os

cobriu com a sua sombra; e, entrando eles na nuvem, temeram.

35E saiu da nuvem uma voz que dizia: Este é o meu amado Filho; a ele ouvi.

36E, tendo soado aquela voz, Jesus foi achado só; e eles calaram-se, e por aqueles dias não contaram a ninguém nada do que tinham visto.

37E aconteceu, no dia seguinte, que, descendo eles do monte, lhes saiu ao encontro *uma* grande multidão;

38E eis que um homem da multidão clamou, dizendo: Mestre, peço-te que olhes para meu filho, porque é o único que eu tenho.

39Eis que um espírito o toma e de repente clama, e o despedaça até espumar; e só o larga depois de o ter quebrantado.

40E roguei aos teus discípulos que o expulsassem, e não puderam.

41E Jesus, respondendo, disse: Ó geração incrédula e perversa! até quando estarei ainda convosco e vos sofrerei? Traze-me aqui o teu filho.

42E, *quando* ainda vinha chegando, o demônio o derrubou e convulsionou; porém, Jesus repreendeu o espírito imundo, e curou o menino, e o entregou a seu pai.

43E todos pasmavam da majestade de Deus. E, maravilhando-se todos de todas as *coisas* que Jesus fazia, disse aos seus discípulos:

44Ponde vós estas palavras em vossos ouvidos, porque o Filho do homem será entregue nas mãos dos homens.

45Mas eles não entendiam esta palavra, que lhes era encoberta, para que a não compreendessem; e temiam interrogá-lo acerca desta palavra.

Quem é o maior?

46E suscitou-se entre eles uma discussão sobre qual deles seria o maior.

47Mas Jesus, vendo o pensamento de seus corações, tomou um menino, pô-lo junto a si,

48E disse-lhes: Qualquer que receber este menino em meu nome, recebe-me a mim; e qualquer que me receber a mim, recebe o que me enviou; porque aquele que entre vós todos for o menor, esse mesmo será grande.

49E, respondendo João, disse: Mestre, vimos um que em teu nome expulsava os demônios, e lho proibimos, porque não *te* segue conosco.

50E Jesus lhe disse: Não *o* proibais, porque quem não é contra nós é por nós.

Os samaritanos não recebem a Jesus

51E aconteceu que, completando-se os dias para a sua assunção, manifestou o firme propósito de ir a Jerusalém.

52E mandou mensageiros adiante de si; e, indo eles, entraram numa aldeia de samaritanos, para lhe prepararem *pousada,*

53Mas não o receberam, porque o seu aspecto era *como de quem* ia a Jerusalém.

54E os seus discípulos, Tiago e João, vendo *isto,*

disseram: Senhor, queres que digamos que desça fogo do céu e os consuma, como Elias também fez?

55Voltando-se, porém, repreendeu-os, e disse: Vós não sabeis de que espírito sois.

56Porque o Filho do homem não veio para destruir as almas dos homens, mas para salvá-*las.* E foram para outra aldeia.

O preço do discipulado

57E aconteceu que, indo eles pelo caminho, lhe disse um: Senhor, seguir-te-ei para onde quer que fores.

58E disse-lhe Jesus: As raposas têm covis, e as aves do céu, ninhos, mas o Filho do homem não tem onde reclinar a cabeça.

59E disse a outro: Segue-me. Mas ele respondeu: Senhor, deixa que primeiro eu vá a enterrar meu pai.

60Mas Jesus lhe observou: Deixa aos mortos o enterrar os seus mortos; porém tu vai e anuncia o reino de Deus.

61Disse também outro: Senhor, eu te seguirei, mas deixa-me despedir primeiro dos que estão em minha casa.

62E Jesus lhe disse: Ninguém, que lança mão do arado e olha para trás, é apto para o reino de Deus.

Missão de setenta discípulos

10 E DEPOIS disto designou o Senhor ainda outros setenta, e mandou-os adiante da sua face, de dois em dois, a todas as cidades e lugares aonde ele havia de ir.

2E dizia-lhes: Grande é, em verdade, a ceifa, mas os obreiros são poucos; rogai, pois, ao Senhor da ceifa que envie obreiros para a sua colheita.

3Ide; eis que vos mando como cordeiros ao meio de lobos.

4Não leveis bolsa, nem alforje, nem sandálias; e a ninguém saudeis pelo caminho.

5E, em qualquer casa onde entrardes, dizei primeiro: Paz *seja* nesta casa.

6E, se ali houver algum filho de paz, repousará sobre ele a vossa paz; e, se não, voltará para vós.

7E ficai na mesma casa, comendo e bebendo do que eles tiverem, pois digno é o obreiro de seu salário. Não andeis de casa em casa.

8E, em qualquer cidade em que entrardes, e vos receberem, comei do que vos for oferecido.

9E curai os enfermos que nela houver, e dizei-lhes: É chegado a vós o reino de Deus.

10Mas em qualquer cidade, em que entrardes e vos não receberem, saindo por suas ruas, dizei:

11Até o pó, que da vossa cidade se nos pegou, sacudimos sobre vós. Sabei, contudo, isto, que *já* o reino de Deus é chegado a vós.

12E digo-vos será mais tolerável naquele dia para Sodoma do que para aquela cidade.

Ai das cidades impenitentes!

13Ai de ti, Corazim, ai de ti, Betsaida! Porque, se em Tiro e em Sidom se fizessem as maravilhas que em vós foram feitas, já há muito, assentadas em saco e cinza, se teriam arrependido.

LUCAS 10.14   696

¹⁴Portanto, será mais tolerável para Tiro e Sidom, no juízo, do que para vós.

¹⁵E tu, Cafarnaum, que foste levantada até ao céu, até ao inferno serás abatida.

¹⁶Quem vos ouve a vós, a mim me ouve; e quem vos rejeita a vós, a mim me rejeita; e quem a mim me rejeita, rejeita aquele que me enviou.

A volta dos setenta

¹⁷E voltaram os setenta com alegria, dizendo: Senhor, pelo teu nome, até os demônios se nos sujeitam.

¹⁸E disse-lhes: Eu via Satanás, como raio, cair do céu.

¹⁹Eis que vos dou poder para pisar em serpentes e escorpiões, e sobre toda a força do inimigo, e nada vos fará dano algum.

²⁰Mas, não vos alegreis porque se vos sujeitem os espíritos; alegrai-vos antes por estarem os vossos nomes escritos nos céus.

²¹Naquela mesma hora se alegrou Jesus em espírito, e disse: Graças te dou, ó Pai, Senhor do céu e da terra, que escondeste estas *coisas* aos sábios e inteligentes, e as revelaste às criancinhas; assim é, ó Pai, porque assim te aprouve.

²²Tudo por meu Pai me foi entregue; e ninguém conhece quem é o Filho senão o Pai, nem quem é o Pai senão o Filho, e aquele a quem o Filho o quiser revelar.

²³E, voltando-se para os discípulos, disse-*lhes* em particular: Bem-aventurados os olhos que veem o que vós vedes.

²⁴Pois vos digo que muitos profetas e reis desejaram ver o que vós vedes, e não o viram; e ouvir o que ouvis, e não o ouviram.

Parábola do samaritano

²⁵E eis que se levantou um certo doutor da lei, tentando-o, e dizendo: Mestre, que farei para herdar a vida eterna?

²⁶E ele lhe disse: Que está escrito na lei? Como lês?

²⁷E, respondendo ele, disse: Amarás ao Senhor teu Deus de todo o teu coração, e de toda a tua alma, e de todas as tuas forças, e de todo o teu entendimento, e ao teu próximo como a ti mesmo.

²⁸E disse-lhe: Respondeste bem; faze isso, e v iverás.

²⁹Ele, porém, querendo justificar-se a si mesmo, disse a Jesus: E quem é o meu próximo?

³⁰E, respondendo Jesus, disse: Descia um homem de Jerusalém para Jericó, e caiu nas mãos dos salteadores, os quais o despojaram, e espancando-o, se retiraram, deixando-*o* meio morto.

³¹E, ocasionalmente descia pelo mesmo caminho certo sacerdote; e, vendo-o, passou de largo.

³²De igual modo também um levita, chegando àquele lugar, e, vendo-*o*, passou de largo.

³³Mas certo samaritano, viajando, veio até ele e, vendo-o, foi movido de íntima compaixão;

³⁴E, aproximando-se, atou-lhe as feridas, deitando-lhes azeite e vinho; e, pondo-o sobre o seu animal, levou-o para uma estalagem, e cuidou dele;

³⁵E, partindo no outro dia, tirou dois dinheiros, e deu-*os* ao hospedeiro, e disse-lhe: Cuida dele; e tudo o que de mais gastares eu to pagarei quando voltar.

³⁶Qual, pois, destes três te parece que foi o próximo daquele que caiu nas mãos dos salteadores?

³⁷E ele disse: O que usou de misericórdia para com ele. Disse, pois, Jesus: Vai, e faze da mesma maneira.

Marta e Maria

³⁸E aconteceu que, indo eles de caminho, entrou Jesus numa aldeia; e certa mulher, por nome Marta, o recebeu em sua casa;

³⁹E tinha esta uma irmã chamada Maria, a qual, assentando-se também aos pés de Jesus, ouvia a sua palavra.

⁴⁰Marta, porém, andava distraída em muitos serviços; e, aproximando-se, disse: Senhor, não se te dá de que minha irmã me deixe servir só? Dize-lhe que me ajude.

⁴¹E respondendo Jesus, disse-lhe: Marta, Marta, estás ansiosa e preocupada com muitas *coisas,* mas uma *só* é necessária;

⁴²E Maria escolheu a boa parte, a qual não lhe será tirada.

A oração do Senhor

11 E ACONTECEU que, estando ele a orar num certo lugar, quando acabou, lhe disse um dos seus discípulos: Senhor, ensina-nos a orar, como também João ensinou aos seus discípulos.

²E ele lhes disse: Quando orardes, dizei: Pai nosso, que *estás* nos céus, santificado seja o teu nome; venha o teu reino; seja feita a tua vontade, *assim* na terra, como no céu.

³Dá-nos cada dia o nosso pão cotidiano;

⁴E perdoa-nos os nossos pecados, pois também nós perdoamos a qualquer que nos deve, e não nos conduzas à tentação, mas livra-nos do mal.

A perseverança na oração

⁵Disse-lhes também: Qual de vós terá um amigo, e, se for procurá-lo à meia-noite, e lhe disser: Amigo, empresta-me três pães,

⁶Pois que um amigo meu chegou a minha casa, *vindo* de caminho, e não tenho que apresentar-lhe;

⁷Se ele, respondendo de dentro, disser: Não me importunes; já está a porta fechada, e os meus filhos estão comigo na cama; não posso levantar-me para *tos* dar;

⁸Digo-vos que, ainda que não se levante a dar-*lhos,* por ser seu amigo, levantar-se-á, todavia, por causa da sua importunação, e lhe dará tudo o que houver mister.

⁹E eu vos digo a vós: Pedi, e dar-se-vos-á; buscai, e achareis; batei, e abrir-se-vos-á;

¹⁰Porque qualquer que pede recebe; e quem busca acha; e a quem bate abrir-se-lhe-á.

¹¹E qual o pai de entre vós que, se o filho lhe

pedir pão, lhe dará uma pedra? Ou, também, se *lhe pedir* peixe, lhe dará por peixe uma serpente?

¹²Ou, também, se lhe pedir um ovo, lhe dará um escorpião?

¹³Pois se vós, sendo maus, sabeis dar boas dádivas aos vossos filhos, quanto mais dará o Pai celestial o Espírito Santo àqueles que lho pedirem?

O poder de Jesus sobre os demônios

¹⁴E estava ele expulsando um demônio, o qual era mudo. E aconteceu que, saindo o demônio, o mudo falou; e maravilhou-se a multidão.

¹⁵Mas alguns deles diziam: Ele expulsa os demônios por Belzebu, príncipe dos demônios.

¹⁶E outros, tentando-*o,* pediam-lhe um sinal do céu.

¹⁷Mas, conhecendo ele os seus pensamentos, disse-lhes: Todo o reino, dividido contra si mesmo, será assolado; e uma casa, *dividida* contra a *própria* casa; cairá.

¹⁸E, se também Satanás está dividido contra si mesmo, como subsistirá o seu reino? Pois dizeis que eu expulso os demônios por Belzebu.

¹⁹E, se eu expulso os demônios por Belzebu, por quem *os* expulsam vossos filhos? Eles, pois, serão os vossos juízes.

²⁰Mas, se eu expulso os demônios pelo dedo de Deus, certamente a vós é chegado o reino de Deus.

²¹Quando o valente guarda, armado, a sua casa, em segurança está tudo quanto tem;

²²Mas, sobrevindo outro mais valente do que ele, e vencendo-o, tira-*lhe* toda a sua armadura em que confiava, e reparte os seus despojos.

²³Quem não é comigo é contra mim; e quem comigo não ajunta, espalha.

²⁴Quando o espírito imundo tem saído do homem, anda por lugares secos, buscando repouso; e, não *o* achando, diz: Tornarei para minha casa, de onde saí.

²⁵E, chegando, acha-*a* varrida e adornada.

²⁶Então vai, e leva consigo outros sete espíritos piores do que ele e, entrando, habitam ali; e o último estado desse homem é pior do que o primeiro.

²⁷E aconteceu que, dizendo ele estas *coisas,* uma mulher dentre a multidão, levantando a voz, lhe disse: Bem-aventurado o ventre que te trouxe e os peitos em que mamaste.

²⁸Mas ele disse: Antes bem-aventurados os que ouvem a palavra de Deus e a guardam.

O sinal de Jonas

²⁹E, ajuntando-se a multidão, começou a dizer: Maligna é esta geração; ela pede um sinal; e não lhe será dado sinal, senão o sinal do profeta Jonas;

³⁰Porquanto, assim como Jonas foi sinal para os ninivitas, assim o Filho do homem *o* será também para esta geração.

³¹A rainha do sul se levantará no juízo com os homens desta geração, e os condenará; pois dos confins da terra veio ouvir a sabedoria de Salomão; e eis aqui *quem* é maior do que Salomão.

³²Os homens de Nínive se levantarão no juízo com esta geração, e a condenarão; pois se converteram com a pregação de Jonas; e eis aqui *quem* é maior do que Jonas.

³³E ninguém, acendendo uma candeia, a põe em oculto, nem debaixo do alqueire, mas no velador, para que os que entram vejam a luz.

³⁴A candeia do corpo é o olho. Sendo, pois, o teu olho simples, também todo o teu corpo será luminoso; mas, se for mau, também o teu corpo será tenebroso.

³⁵Vê, pois, que a luz que em ti há não sejam trevas.

³⁶Se, pois, todo o teu corpo é luminoso, não tendo em trevas parte alguma, todo será luminoso, como quando a candeia te ilumina com o seu resplendor.

Os escribas e os fariseus censurados

³⁷E, estando ele *ainda* falando, rogou-lhe um fariseu que fosse jantar com ele; e, entrando, assentou-se *à mesa.*

³⁸Mas o fariseu admirou-se, vendo que não se lavara antes de jantar.

³⁹E o Senhor lhe disse: Agora vós, os fariseus, limpais o exterior do copo e do prato; mas o vosso interior está cheio de rapina e maldade.

⁴⁰Loucos! Quem fez o exterior não fez também o interior?

⁴¹Antes dai esmola do que tiverdes, e eis que tudo vos será limpo.

⁴²Mas ai de vós, fariseus, que dizimais a hortelã, e a arruda, e toda a hortaliça, e desprezais o juízo e o amor de Deus. Importava fazer estas coisas, e não deixar as outras.

⁴³Ai de vós, fariseus, que amais os primeiros assentos nas sinagogas, e as saudações nas praças.

⁴⁴Ai de vós, escribas e fariseus, hipócritas! Que sois como as sepulturas que não aparecem, e os homens que sobre *elas* andam não *o* sabem.

⁴⁵E, respondendo um dos doutores da lei, disse-lhe: Mestre, quando dizes isso, também nos afrontas a nós.

⁴⁶E ele lhe disse: Ai de vós também, doutores da lei, que carregais os homens com cargas difíceis de transportar, e vós mesmos nem ainda com um dos vossos dedos tocais essas cargas.

⁴⁷Ai de vós que edificais os sepulcros dos profetas, e vossos pais os mataram.

⁴⁸Bem testificais, pois, que consentis nas obras de vossos pais; porque eles os mataram, e vós edificais os seus sepulcros.

⁴⁹Por isso diz também a sabedoria de Deus: Profetas e apóstolos lhes mandarei; e eles matarão *uns,* e perseguirão *outros;*

⁵⁰Para que desta geração seja requerido o sangue de todos os profetas que, desde a fundação do mundo, foi derramado;

⁵¹Desde o sangue de Abel, até ao sangue de Zacarias, que foi morto entre o altar e o templo; assim, vos digo, será requerido desta geração.

⁵²Ai de vós, doutores da lei, que tirastes a chave

LUCAS 11.53 698

da ciência; vós mesmos não entrastes, e impedistes os que entravam.

⁵³E, dizendo-lhes ele isto, começaram os escribas e os fariseus a apertá-*lo* fortemente, e a fazê-lo falar acerca de muitas *coisas,*

⁵⁴Armando-lhe ciladas, e procurando apanhar da sua boca alguma coisa para o acusarem.

O fermento dos fariseus

12 AJUNTANDO-se entretanto muitos milhares de pessoas, de sorte que se atropelavam uns aos outros, começou a dizer aos seus discípulos: Acautelai-vos primeiramente do fermento dos fariseus, que é a hipocrisia.

²Mas nada há encoberto que não haja de ser descoberto; nem oculto, que não haja de ser sabido.

³Porquanto tudo o que em trevas dissestes, à luz será ouvido; e o que falastes ao ouvido no gabinete, sobre os telhados será apregoado.

⁴E digo-vos, amigos meus: Não temais os que matam o corpo e, depois, não têm mais que fazer.

⁵Mas eu vos mostrarei a quem deveis temer; temei aquele que, depois de matar, tem poder para lançar no inferno; sim, vos digo, a esse temei.

⁶Não se vendem cinco passarinhos por dois asses? E nenhum deles está esquecido diante de Deus.

⁷E até os cabelos da vossa cabeça estão todos contados. Não temais pois; mais valeis vós do que muitos passarinhos.

⁸E digo-vos que todo aquele que me confessar diante dos homens também o Filho do homem o confessará diante dos anjos de Deus.

⁹Mas quem me negar diante dos homens será negado diante dos anjos de Deus.

¹⁰E a todo aquele que disser uma palavra contra o Filho do homem ser-lhe-á perdoada, mas ao que blasfemar contra o Espírito Santo não lhe será perdoado.

¹¹E, quando vos conduzirem às sinagogas, aos magistrados e autoridades, não estejais ansiosos de como ou do que haveis de responder, nem do que haveis de dizer.

¹²Porque na mesma hora vos ensinará o Espírito Santo o que deveis falar.

A confiança nas riquezas; parábola do homem rico

¹³E disse-lhe um da multidão: Mestre, dize a meu irmão que reparta comigo a herança.

¹⁴Mas ele lhe disse: Homem, quem me pôs a mim por juiz ou repartidor entre vós?

¹⁵E disse-lhes: Acautelai-vos e guardai-vos da avareza; porque a vida de qualquer não consiste na abundância do que possui.

¹⁶E propôs-lhe uma parábola, dizendo: A herdade de um homem rico tinha produzido com abundância;

¹⁷E ele arrazoava consigo mesmo, dizendo: Que farei? Não tenho onde recolher os meus frutos.

¹⁸E disse: Farei isto: Derrubarei os meus celeiros, e edificarei outros maiores, e ali recolherei todas as minhas novidades e os meus bens;

¹⁹E direi a minha alma: Alma, tens em depósito muitos bens para muitos anos; descansa, come, bebe *e* folga.

²⁰Mas Deus lhe disse: Louco! Esta noite te pedirão a tua alma; e o que tens preparado, para quem será?

²¹Assim é aquele que para si ajunta tesouros, e não é rico para com Deus.

²²E disse aos seus discípulos: Portanto vos digo: Não estejais apreensivos pela vossa vida, sobre o que comereis, nem pelo corpo, sobre o que vestireis.

²³Mais é a vida do que o sustento, e o corpo *mais do* que as vestes.

²⁴Considerai os corvos, que nem semeiam, nem segam, nem têm despensa nem celeiro, e Deus os alimenta; quanto mais valeis vós do que as aves?

²⁵E qual de vós, sendo ansioso, pode acrescentar um côvado à sua estatura?

²⁶Pois, se nem ainda podeis as coisas mínimas, por que estais ansiosos pelas outras?

²⁷Considerai os lírios, como eles crescem; não trabalham, nem fiam; e digo-vos que nem ainda Salomão, em toda a sua glória, se vestiu como um deles.

²⁸E, se Deus assim veste a erva que hoje está no campo e amanhã é lançada no forno, quanto mais a vós, *homens* de pequena fé?

²⁹Não pergunteis, pois, que haveis de comer, ou que haveis de beber, e não andeis inquietos.

³⁰Porque as nações do mundo buscam todas essas *coisas;* mas vosso Pai sabe que precisais delas.

³¹Buscai antes o reino de Deus, e todas estas *coisas* vos serão acrescentadas.

³²Não temais, ó pequeno rebanho, porque a vosso Pai agradou dar-vos o reino.

³³Vendei o que tendes, *e* dai esmolas. Fazei para vós bolsas que não se envelheçam; tesouro nos céus que nunca acabe, aonde não chega ladrão e a traça não rói.

³⁴Porque, onde estiver o vosso tesouro, ali estará também o vosso coração.

A vigilância

³⁵Estejam cingidos os vossos lombos, e acesas as vossas candeias.

³⁶E sede vós semelhantes aos homens que esperam o seu senhor, quando houver de voltar das bodas, para que, quando vier, e bater, logo possam abrir-lhe.

³⁷Bem-aventurados aqueles servos, os quais, quando o Senhor vier, achar vigiando! Em verdade vos digo que se cingirá, e os fará assentar *à mesa* e, chegando-se, os servirá.

³⁸E, se vier na segunda vigília, e se vier na terceira vigília, e *os* achar assim, bem-aventurados são os tais servos.

³⁹Sabei, porém, isto: que, se o pai de família soubesse a que hora havia de vir o ladrão, vigiaria, e não deixaria minar a sua casa.

⁴⁰Portanto, estai vós também preparados; porque virá o Filho do homem à hora que não imaginais.

⁴¹E disse-lhe Pedro: Senhor, dizes essa parábola a nós, ou também a todos?

⁴²E disse o Senhor: Qual é, pois, o mordomo fiel e prudente, a quem o senhor pôs sobre os seus servos, para *lhes* dar a tempo a ração?

⁴³Bem-aventurado aquele servo a quem o seu senhor, quando vier, achar fazendo assim.

⁴⁴Em verdade vos digo que sobre todos os seus bens o porá.

⁴⁵Mas, se aquele servo disser em seu coração: O meu senhor tarda em vir; e começar a espancar os criados e criadas, e a comer, e a beber, e a embriagar-se,

⁴⁶Virá o senhor daquele servo no dia em que *o* não espera, e numa hora que ele não sabe, e separá-lo-á, e lhe dará a sua parte com os infiéis.

⁴⁷E o servo que soube a vontade do seu senhor, e não se aprontou, nem fez conforme a sua vontade, será castigado com muitos açoites;

⁴⁸Mas o que *a* não soube, e fez *coisas* dignas de açoites, com poucos açoites será castigado. E, a qualquer que muito for dado, muito se lhe pedirá, e ao que muito se lhe confiou, muito mais se lhe pedirá.

⁴⁹Vim lançar fogo na terra; e que mais quero, se já está aceso?

⁵⁰Importa, porém, que seja batizado com um certo batismo; e como me angustio até que venha a cumprir-se!

⁵¹Cuidais vós que vim trazer paz à terra? Não, vos digo, mas antes dissensão;

⁵²Porque daqui em diante estarão cinco divididos numa casa: três contra dois, e dois contra três.

⁵³O pai estará dividido contra o filho, e o filho contra o pai; a mãe contra a filha, e a filha contra a mãe; a sogra contra sua nora, e a nora contra sua sogra.

Os sinais dos tempos

⁵⁴E dizia também à multidão: Quando vedes a nuvem que vem do ocidente, logo dizeis: Lá vem chuva, e assim sucede.

⁵⁵E, quando assopra o sul, dizeis: Haverá calma; e *assim* sucede.

⁵⁶Hipócritas, sabeis discernir a face da terra e do céu; como não sabeis então discernir *este tempo*?

⁵⁷E por que não julgais também por vós mesmos o que é justo?

⁵⁸Quando, pois, fores com o teu adversário ao magistrado, procura livrar-te dele no caminho; para que não suceda que te conduza ao juiz, e o juiz te entregue ao oficial, e o oficial te lance na prisão.

⁵⁹Digo-te que não sairás dali enquanto não pagares o último centavo.

A necessidade de arrependimento

13 E, NAQUELE mesmo tempo, estavam presentes ali alguns que lhe falavam dos galileus, cujo sangue Pilatos misturara com os seus sacrifícios.

²E, respondendo Jesus, disse-lhes: Cuidais vós que esses galileus foram mais pecadores do que todos os galileus, por terem padecido tais coisas?

³Não, vos digo; antes, se não vos arrependerdes, todos de igual modo perecereis.

⁴Ou aqueles dezoito, sobre os quais caiu a torre de Siloé e os matou, cuidais que foram mais culpados do que todos quantos homens habitam em Jerusalém?

⁵Não, vos digo; antes, se não vos arrependerdes, todos de igual modo perecereis.

Parábola da figueira infrutífera

⁶E dizia esta parábola: Um certo *homem* tinha uma figueira plantada na sua vinha, e foi procurar nela fruto, não o achando;

⁷E disse ao vinhateiro: Eis que há três anos venho procurar fruto nesta figueira, e não *o* acho. Corta-a; por que ocupa ainda a terra inutilmente?

⁸E, respondendo ele, disse-lhe: Senhor, deixa-a este ano, até que eu a escave em redor e a esterque;

⁹E, se der fruto, *ficará e*, se não, depois a mandarás cortar.

Cura de uma enferma, no sábado

¹⁰E ensinava no sábado, numa das sinagogas.

¹¹E eis que estava ali uma mulher que tinha *um* espírito de enfermidade, *havia* já dezoito anos; e andava curvada, e não podia de modo algum endireitar-se.

¹²E, vendo-a Jesus, chamou-a a si, e disse-lhe: Mulher, estás livre da tua enfermidade.

¹³E pôs as mãos sobre ela, e logo se endireitou, e glorificava a Deus.

¹⁴E, tomando a palavra o príncipe da sinagoga, indignado porque Jesus curava no sábado, disse à multidão: Seis dias há em que é mister trabalhar; nestes, pois, vinde para serdes curados, e não no dia de sábado.

¹⁵Respondeu-lhe, porém, o Senhor, e disse: Hipócrita, no sábado não desprende da manjedoura cada um de vós o seu boi, ou jumento, e *não o* leva a beber?

¹⁶E não convinha soltar desta prisão, no dia de sábado, esta filha de Abraão, a qual *há* dezoito anos Satanás tinha presa?

¹⁷E, dizendo ele isto, todos os seus adversários ficaram envergonhados, e todo o povo se alegrava por todas as *coisas* gloriosas que eram feitas por ele.

Parábolas do grão de mostarda e do fermento

¹⁸E dizia: A que é semelhante o reino de Deus, e a que o compararei?

¹⁹É semelhante ao grão de mostarda que um homem, tomando-o, lançou na sua horta; e cresceu, e fez-se grande árvore, e em seus ramos se aninharam as aves do céu.

²⁰E disse outra vez: A que compararei o reino de Deus?

²¹É semelhante ao fermento que uma mulher, tomando-o, escondeu em três medidas de farinha, até que tudo levedou.

LUCAS 13.22

A porta estreita. Hostilidade de Herodes

²²E percorria as cidades e as aldeias, ensinando, e caminhando para Jerusalém.

²³E disse-lhe um: Senhor, são poucos os que se salvam? E ele lhe respondeu:

²⁴Esforçai-*vos* para entrar pela porta estreita; porque eu vos digo *que* muitos procurarão entrar, e não poderão.

²⁵Quando o pai de família se levantar e cerrar a porta, e começardes, de fora, a bater à porta, dizendo: Senhor, Senhor, abre-nos; e, respondendo ele, vos disser: Não sei de onde vós sois;

²⁶Então começareis a dizer: Temos comido e bebido na tua presença, e tu tens ensinado nas nossas ruas.

²⁷E ele vos responderá: Digo-vos que não vos conheço *nem sei* de onde vós sois; apartai-vos de mim, vós todos os que praticais a iniquidade.

²⁸Ali haverá choro e ranger de dentes, quando virdes Abraão, e Isaque, e Jacó, e todos os profetas no reino de Deus, e vós lançados fora.

²⁹E virão do oriente, e do ocidente, e do norte, e do sul, e assentar-se-ão *à mesa* no reino de Deus.

³⁰E eis que derradeiros há que serão os primeiros; e primeiros há que serão os derradeiros.

³¹Naquele mesmo dia chegaram uns fariseus, dizendo-lhe: Sai, e retira-te daqui, porque Herodes quer matar-te.

³²E respondeu-lhes: Ide, e dizei àquela raposa: Eis que eu expulso demônios, e efetuo curas, hoje e amanhã, e no terceiro *dia* sou consumado.

³³Importa, porém, caminhar hoje, e amanhã, e no *dia* seguinte, para que não suceda que morra um profeta fora de Jerusalém.

³⁴Jerusalém, Jerusalém, que matas os profetas, e apedrejas os que te são enviados! Quantas vezes quis eu ajuntar os teus filhos, como a galinha os seus pintos debaixo das asas, e não quiseste?

³⁵Eis que a vossa casa vos é deixada deserta. E em verdade vos digo que não me vereis até que venha *o tempo* em que digais: Bendito aquele que vem em nome do Senhor.

Cura de um hidrópico no dia de sábado

14 ACONTECEU num sábado que, entrando ele em casa de um dos principais dos fariseus para comer pão, eles o estavam observando.

²E eis que estava ali diante dele *um* certo homem hidrópico.

³E Jesus, respondendo, falou aos doutores da lei, e aos fariseus, dizendo: É lícito curar no sábado?

⁴Eles, porém, calaram-se. E, tomando-*o*, o curou e despediu.

⁵E respondendo-lhes disse: Qual será de vós o que, caindo-lhe num poço, em dia de sábado, o jumento ou o boi, o não tire logo?

⁶E nada lhe podiam replicar sobre isto.

Instruções sobre a humildade

⁷E disse aos convidados uma parábola, reparando como escolhiam os primeiros assentos, dizendo-lhes:

⁸Quando por alguém fores convidado às bodas, não te assentes no primeiro lugar; não aconteça que esteja convidado outro mais digno do que tu;

⁹E, vindo o que te convidou a ti e a ele, te diga: Dá o lugar a este; e então, com vergonha, tenhas de tomar o derradeiro lugar.

¹⁰Mas, quando fores convidado, vai, e assenta-te no derradeiro lugar, para que, quando vier o que te convidou, te diga: Amigo, sobe mais para cima. Então terás honra diante dos que estiverem contigo à mesa.

¹¹Porquanto qualquer que a si mesmo se exaltar será humilhado, e aquele que a si mesmo se humilhar será exaltado.

¹²E dizia também ao que o tinha convidado: Quando deres um jantar, ou uma ceia, não chames os teus amigos, nem os teus irmãos, nem os teus parentes, nem vizinhos ricos, para que não suceda que também eles te tornem a convidar, e te seja isso recompensado.

¹³Mas, quando fizeres convite, chama os pobres, aleijados, mancos e cegos,

¹⁴E serás bem-aventurado; porque eles não têm com que te recompensar; mas recompensado te será na ressurreição dos justos.

Parábola dos convidados

¹⁵E, ouvindo isto, um dos que estavam com ele *à mesa,* disse-lhe: Bem-aventurado o que comer pão no reino de Deus.

¹⁶Porém, ele lhe disse: Um certo homem fez uma grande ceia, e convidou a muitos.

¹⁷E à hora da ceia mandou o seu servo dizer aos convidados: Vinde, que já tudo está preparado.

¹⁸E todos à uma começaram a escusar-se. Disse-lhe o primeiro: Comprei um campo, e importa ir vê-lo; rogo-te que me hajas por escusado.

¹⁹E outro disse: Comprei cinco juntas de bois, e vou experimentá-los; rogo-te que me hajas por escusado.

²⁰E outro disse: Casei-*me* com *minha* esposa, e portanto não posso ir.

²¹E, voltando aquele servo, anunciou estas *coisas* ao seu senhor. Então o pai de família, indignado, disse ao seu servo: Sai depressa pelas ruas e bairros da cidade, e traze aqui os pobres, e aleijados, e mancos e cegos.

²²E disse o servo: Senhor, feito está como mandaste; e ainda há lugar.

²³E disse o senhor ao servo: Sai pelos caminhos e valados, e força-*os* a entrar, para que a minha casa se encha.

²⁴Porque eu vos digo que nenhum daqueles homens que foram convidados provará a minha ceia.

O preço do discipulado

²⁵Ora, ia com ele uma grande multidão; e, voltando-se, disse-lhe:

²⁶Se alguém vier a mim, e não aborrecer a seu pai, e mãe, e mulher, e filhos, e irmãos, e irmãs, e ainda também a sua própria vida, não pode ser meu discípulo.

²⁷E qualquer que não levar a sua cruz, e não vier após mim, não pode ser meu discípulo.

²⁸Pois qual de vós, querendo edificar uma torre, não se assenta primeiro a fazer as contas dos gastos, *para ver* se tem com que *a* acabar?

²⁹Para que não aconteça que, depois de haver posto os alicerces, e não *a* podendo acabar, todos os que a virem comecem a escarnecer dele,

³⁰Dizendo: Este homem começou a edificar e não pôde acabar.

³¹Ou qual é o rei que, indo à guerra a pelejar contra outro rei, não se assenta primeiro a tomar conselho sobre se com dez mil pode sair ao encontro do que vem contra ele com vinte mil?

³²De outra maneira, estando o outro ainda longe, manda embaixadores, e pede condições de paz.

³³Assim, pois, qualquer de vós, que não renuncia a tudo quanto tem, não pode ser meu discípulo.

³⁴Bom é o sal; mas, se o sal degenerar, com que se há de salgar?

³⁵Nem presta para a terra, nem para o monturo; lançam-no fora. Quem tem ouvidos para ouvir, ouça.

Parábolas da ovelha desgarrada e da dracma perdida

15 E CHEGAVAM-SE a ele todos os publicanos e pecadores para o ouvir.

²E os fariseus e os escribas murmuravam, dizendo: Este recebe pecadores, e come com eles.

³E ele lhes propôs esta parábola, dizendo:

⁴Que homem dentre vós, tendo cem ovelhas, e perdendo uma delas, não deixa no deserto as noventa e nove, e vai após a perdida até que venha a achá-la?

⁵E achando-*a*, *a* põe sobre os seus ombros, rejubilando;

⁶E, chegando a casa, convoca os amigos e vizinhos, dizendo-lhes: Alegrai-vos comigo, porque *já* achei a minha ovelha perdida.

⁷Digo-vos que assim haverá alegria no céu por um pecador que se arrepende, mais do que por noventa e nove justos que não necessitam de arrependimento.

⁸Ou qual a mulher que, tendo dez dracmas, se perder uma dracma, não acende a candeia, e varre a casa, e busca com diligência até *a* achar?

⁹E achando-a, convoca as amigas e vizinhas, dizendo: Alegrai-vos comigo, porque já achei a dracma perdida.

¹⁰Assim vos digo que há alegria diante dos anjos de Deus por um pecador que se arrepende.

A parábola do filho pródigo

¹¹E disse: *Um* certo homem tinha dois filhos;

¹²E o mais moço deles disse ao pai: Pai, dá-me a parte dos bens que *me* pertence. E ele repartiu por eles a fazenda.

¹³E, poucos dias depois, o filho mais novo, ajuntando tudo, partiu para uma terra longínqua, e ali desperdiçou os seus bens, vivendo dissolutamente.

¹⁴E, havendo ele gastado tudo, houve naquela terra uma grande fome, e começou a padecer necessidades.

¹⁵E foi, e chegou-se a um dos cidadãos daquela terra, o qual o mandou para os seus campos, a apascentar porcos.

¹⁶E desejava encher o seu estômago com as bolotas que os porcos comiam, e ninguém lhe dava nada.

¹⁷E, tornando em si, disse: Quantos empregados de meu pai têm abundância de pão, e eu aqui pereço de fome!

¹⁸Levantar-me-ei, e irei ter com meu pai, e dir-lhe-ei: Pai, pequei contra o céu e perante ti;

¹⁹Já não sou digno de ser chamado teu filho; faze-me como um dos teus empregados.

²⁰E, levantando-se, foi para seu pai; e, quando ainda estava longe, viu-o seu pai, e se moveu de íntima compaixão e, correndo, lançou-se-lhe ao pescoço e o beijou.

²¹E o filho lhe disse: Pai, pequei contra o céu e perante ti, e já não sou digno de ser chamado teu filho.

²²Mas o pai disse aos seus servos: Trazei depressa a melhor roupa; e vesti-lho, e ponde-lhe um anel na mão, e sandálias nos pés;

²³E trazei o bezerro cevado, e matai-*o;* e comamos, e alegremo-nos;

²⁴Porque este meu filho estava morto, e reviveu, tinha-se perdido, e foi achado. E começaram a alegrar-se.

²⁵E o seu filho mais velho estava no campo; e quando veio, e chegou perto de casa, ouviu a música e as danças.

²⁶E, chamando um dos servos, perguntou-lhe que era aquilo.

²⁷E ele lhe disse: Veio teu irmão; e teu pai matou o bezerro cevado, porque o recebeu são e salvo.

²⁸Mas ele se indignou, e não queria entrar.

²⁹E saindo o seu pai, rogava-lhe *que entrasse* com ele. Mas, respondendo ele, disse ao pai: Eis que te sirvo *há* tantos anos, sem nunca transgredir o teu mandamento, e nunca me deste um cabrito para alegrar-me com os meus amigos;

³⁰Vindo, porém, este teu filho, que desperdiçou os teus bens com as meretrizes, mataste-lhe o bezerro cevado.

³¹E ele lhe disse: Filho, tu sempre estás comigo, e todas as minhas *coisas* são tuas;

³²Mas era justo alegrarmo-*nos* e folgarmos, porque este teu irmão estava morto, e reviveu; e tinha-se perdido, e achou-se.

Parábola do mordomo infiel

16 E DIZIA também aos seus discípulos: Havia um certo homem rico, o qual tinha um mordomo; e este foi acusado perante ele de dissipar os seus bens.

²E ele, chamando-o, disse-lhe: Que é isto que

LUCAS 16.3

ouço de ti? Dá contas da tua mordomia, porque já não poderás ser mais meu mordomo.

³E o mordomo disse consigo: Que farei, pois que o meu senhor me tira a mordomia? Cavar, não posso; de mendigar, tenho vergonha.

⁴Eu sei o que hei de fazer, para que, quando for desapossado da mordomia, me recebam em suas casas.

⁵E, chamando a *si* cada um dos devedores do seu senhor, disse ao primeiro: Quanto deves ao meu senhor?

⁶E ele respondeu: Cem medidas de azeite. E disse-lhe: Toma a tua obrigação, e assentando-te já, escreve cinquenta.

⁷Disse depois a outro: E tu, quanto deves? E ele respondeu: Cem alqueires de trigo. E disse-lhe: Toma a tua obrigação, e escreve oitenta.

⁸E louvou aquele senhor o injusto mordomo por haver procedido prudentemente, porque os filhos deste mundo são mais prudentes na sua geração do que os filhos da luz.

⁹E eu vos digo: Fazei para vós amigos das riquezas da injustiça; para que, quando vos faltarem, vos recebam eles nos tabernáculos eternos.

¹⁰Quem é fiel no mínimo, também é fiel no muito; quem é injusto no mínimo, também é injusto no muito.

¹¹Pois, se nas riquezas injustas não fostes fiéis, quem vos confiará as verdadeiras?

¹²E, se no alheio não fostes fiéis, quem vos dará o que é vosso?

¹³Nenhum servo pode servir dois senhores; porque, ou há de odiar um e amar o outro, ou se há de chegar a um e desprezar o outro. Não podeis servir a Deus e a Mamom.

¹⁴E os fariseus, que eram avarentos, ouviam todas estas *coisas,* e zombavam dele.

¹⁵E disse-lhes: Vós sois os que vos justificais a vós mesmos diante dos homens, mas Deus conhece os vossos corações, porque o que entre os homens é elevado, perante Deus é abominação.

¹⁶A lei e os profetas *duraram* até João; desde então é anunciado o reino de Deus, e todo o homem emprega força para entrar nele.

¹⁷E é mais fácil passar o céu e a terra do que cair um til da lei.

¹⁸Qualquer que deixa sua mulher, e casa com outra, adultera; e aquele que casa com a repudiada pelo marido, adultera *também.*

O rico e Lázaro

¹⁹Ora, havia um homem rico, e vestia-se de púrpura e de linho finíssimo, e vivia todos os dias regalada e esplendidamente.

²⁰Havia também *um* certo mendigo, chamado Lázaro, que jazia cheio de chagas à porta daquele;

²¹E desejava alimentar-se com as migalhas que caíam da mesa do rico; e os próprios cães vinham lamber-lhe as chagas.

²²E aconteceu que o mendigo morreu, e foi levado pelos anjos para o seio de Abraão; e morreu também o rico, e foi sepultado.

²³E no inferno, ergueu os olhos, estando em tormentos, e viu ao longe Abraão, e Lázaro no seu seio.

²⁴E, clamando, disse: Pai Abraão, tem misericórdia de mim, e manda a Lázaro, que molhe na água a ponta do seu dedo e me refresque a língua, porque estou atormentado nesta chama.

²⁵Disse, porém, Abraão: Filho, lembra-te de que recebeste os teus bens em tua vida, e Lázaro somente males; e agora este é consolado e tu atormentado.

²⁶E, além de tudo isto, está posto um grande abismo entre nós e vós, de sorte que os que quisessem passar daqui para vós não poderiam, nem tampouco os de lá passar para cá.

²⁷E disse ele: Rogo-te, pois, ó pai, que o mandes à casa de meu pai,

²⁸Pois tenho cinco irmãos; para que lhes dê testemunho, a fim de que não venham também para este lugar de tormento.

²⁹Disse-lhe Abraão: Têm Moisés e os profetas; ouçam-nos.

³⁰E disse ele: Não, pai Abraão; mas, se algum dentre os mortos fosse ter com eles, arrepender-se-iam.

³¹Porém, ele lhe disse: Se não ouvem a Moisés e aos profetas, tampouco serão persuadidos, ainda que algum dos mortos ressuscite.

Jesus adverte sobre os escândalos

17 E DISSE aos discípulos: É impossível que não venham escândalos, mas ai *daquele* por quem vierem!

²Melhor lhe fora que lhe pusessem ao pescoço uma mó de atafona, e fosse lançado ao mar, do que fazer tropeçar um destes pequenos.

³Olhai por vós mesmos. E, se teu irmão pecar contra ti, repreende-o e, se ele se arrepender, perdoa-lhe.

⁴E, se pecar contra ti sete vezes no dia, e sete vezes no dia vier ter contigo, dizendo: Arrependo-me; perdoa-lhe.

Fé e dever

⁵Disseram então os apóstolos ao Senhor: Acrescenta-nos a fé.

⁶E disse o Senhor: Se tivésseis fé como um grão de mostarda, diríeis a esta amoreira: Desarraiga-te daqui, e planta-te no mar; e ela vos obedeceria.

⁷E qual de vós terá um servo lavrando ou apascentando, a quem, vindo *ele* do campo, logo dirá: Chega, *e* assenta-te à mesa?

⁸E não lhe diga antes: Prepara-me a ceia, e cinge-te, e serve-me até que tenha comido e bebido, e depois comerás e beberás tu?

⁹Porventura dá graças ao tal servo, porque fez o que lhe foi mandado? Creio que não.

¹⁰Assim também vós, quando fizerdes tudo o que vos for mandado, dizei: Somos servos inúteis, porque fizemos *somente* o que devíamos fazer.

A cura dos dez leprosos

[11]E aconteceu que, indo ele a Jerusalém, passou pelo meio de Samaria e da Galileia;

[12]E, entrando numa certa aldeia, saíram-lhe ao encontro dez homens leprosos, os quais pararam de longe;

[13]E levantaram a voz, dizendo: Jesus, Mestre, tem misericórdia de nós.

[14]E ele, vendo-os, disse-lhes: Ide, e mostrai-vos aos sacerdotes. E aconteceu que, indo eles, ficaram limpos.

[15]E um deles, vendo que estava são, voltou glorificando a Deus em alta voz;

[16]E caiu aos seus pés, com o rosto em terra, dando-lhe graças; e este era samaritano.

[17]E, respondendo Jesus, disse: Não foram dez os limpos? E onde *estão* os nove?

[18]Não houve quem voltasse para dar glória a Deus senão este estrangeiro?

[19]E disse-lhe: Levanta-te, e vai; a tua fé te salvou.

[20]E, interrogado pelos fariseus sobre quando havia de vir o reino de Deus, respondeu-lhes, e disse: O reino de Deus não vem com aparência exterior.

[21]Nem dirão: Ei-lo aqui, ou: Ei-lo ali; porque eis que o reino de Deus está dentro de vós.

[22]E disse aos discípulos: Dias virão em que desejareis ver um dos dias do Filho do homem, e não *o* vereis.

[23]E dir-vos-ão: Ei-lo aqui, ou: Ei-lo ali. Não vades, nem *os* sigais;

[24]Porque, como o relâmpago, que faiscando desde uma *parte* do céu, resplandece até outra *parte* do céu, assim será também o Filho do homem no seu dia.

[25]Mas primeiro convém que ele padeça muito, e seja reprovado por esta geração.

[26]E, como aconteceu nos dias de Noé, assim será também nos dias do Filho do homem.

[27]Comiam, bebiam, casavam, e davam-se em casamento, até ao dia em que Noé entrou na arca, e veio o dilúvio, e os consumiu a todos.

[28]Como também da mesma maneira aconteceu nos dias de Ló: Comiam, bebiam, compravam, vendiam, plantavam *e* edificavam;

[29]Mas no dia em que Ló saiu de Sodoma choveu do céu fogo e enxofre, e os consumiu a todos.

[30]Assim será no dia em que o Filho do homem se há de manifestar,

[31]Naquele dia, quem *estiver* no telhado, tendo as suas alfaias em casa, não desça a tomá-las; e, da mesma sorte, o que estiver no campo não volte para trás.

[32]Lembrai-vos da mulher de Ló.

[33]Qualquer que procurar salvar a sua vida, perdê-la-á, e qualquer que a perder, salvá-la-á.

[34]Digo-vos que naquela noite estarão dois numa cama; um será tomado, e outro será deixado.

[35]Duas estarão juntas, moendo; uma será tomada, e outra será deixada.

[36]Dois estarão no campo; um será tomado, e o outro será deixado.

[37]E, respondendo, disseram-lhe: Onde, Senhor? E ele lhes disse: Onde *estiver* o corpo, aí se ajuntarão as águias.

Parábola da viúva persistente

18 E CONTOU-LHES também uma parábola sobre o dever de orar sempre, e nunca desfalecer,

[2]Dizendo: Havia numa cidade *um* certo juiz, que nem a Deus temia, nem respeitava o homem.

[3]Havia também, naquela mesma cidade, *uma* certa viúva, que ia ter com ele, dizendo: Faze-me justiça contra o meu adversário.

[4]E por algum tempo não quis *atendê-la;* mas depois disse consigo: Ainda que não temo a Deus, nem respeito os homens,

[5]Todavia, como esta viúva me molesta, hei de fazer-lhe justiça, para que enfim não volte, e me importune muito.

[6]E disse o Senhor: Ouvi o que diz o injusto juiz.

[7]E Deus não fará justiça aos seus escolhidos, que clamam a ele de dia e de noite, ainda que tardio para com eles?

[8]Digo-vos que depressa lhes fará justiça. Quando porém vier o Filho do homem, porventura achará fé na terra?

O fariseu e o publicano

[9]E disse também esta parábola a uns que confiavam em si mesmos, crendo que eram justos, e desprezavam os outros:

[10]Dois homens subiram ao templo, para orar; um, fariseu, e o outro, publicano.

[11]O fariseu, estando em pé, orava consigo desta maneira: Ó Deus, graças te dou porque não sou como os demais homens, roubadores, injustos e adúlteros; nem ainda como este publicano.

[12]Jejuo duas vezes na semana, *e* dou os dízimos de tudo quanto possuo.

[13]O publicano, porém, estando em pé, de longe, nem ainda queria levantar os olhos ao céu, mas batia no peito, dizendo: Ó Deus, tem misericórdia de mim, pecador!

[14]Digo-vos que este desceu justificado para sua casa, e não aquele; porque qualquer que a si mesmo se exalta será humilhado, e qualquer que a si mesmo se humilha será exaltado.

[15]E traziam-lhe também meninos, para que ele lhes tocasse; e os discípulos, vendo *isto,* repreendiam-nos.

[16]Mas Jesus, chamando-os para si, disse: Deixai vir a mim os meninos, e não os impeçais, porque dos tais é o reino de Deus.

[17]Em verdade vos digo que, qualquer que não receber o reino de Deus como menino, não entrará nele.

O rico de qualidade

[18]E perguntou-lhe *um* certo príncipe, dizendo: Bom Mestre, que hei de fazer para herdar a vida eterna?

[19]Jesus lhe disse: Por que me chamas bom? Ninguém há bom, senão um, *que é* Deus.

[20]Sabes os mandamentos: Não adulterarás, não

LUCAS 18.21

matarás, não furtarás, não dirás falso testemunho, honra a teu pai e a tua mãe.

²¹E disse ele: Todas essas coisas tenho observado desde a minha mocidade.

²²E quando Jesus ouviu isto, disse-lhe: Ainda te falta uma coisa; vende tudo quanto tens, reparte-*o* pelos pobres, e terás *um* tesouro no céu; vem, e segue-me.

²³Mas, ouvindo ele isto, ficou muito triste, porque era muito rico.

A herança da vida eterna

²⁴E, vendo Jesus que ele ficara muito triste, disse: Quão dificilmente entrarão no reino de Deus os que têm riquezas!

²⁵Porque é mais fácil entrar um camelo pelo fundo de uma agulha do que entrar um rico no reino de Deus.

²⁶E os que ouviram *isto* disseram: Logo quem pode salvar-se?

²⁷Mas ele respondeu: As *coisas* que são impossíveis aos homens são possíveis a Deus.

²⁸E disse Pedro: Eis que nós deixamos tudo e te seguimos.

²⁹E ele lhes disse: Na verdade vos digo que ninguém há, que tenha deixado casa, ou pais, ou irmãos, ou mulher, ou filhos, pelo reino de Deus,

³⁰Que não haja de receber muito mais neste mundo, e na idade vindoura a vida eterna.

Jesus prediz sua morte e sua ressurreição

³¹E, tomando consigo os doze, disse-lhes: Eis que subimos a Jerusalém, e se cumprirá no Filho do homem tudo o que pelos profetas foi escrito;

³²Pois há de ser entregue aos gentios, e escarnecido, injuriado e cuspido;

³³E, havendo-*o* açoitado, o matarão; e ao terceiro dia ressuscitará.

³⁴E eles nada disto entendiam, e esta palavra lhes era encoberta, não percebendo *o* que se *lhes* dizia.

Cura do cego de Jericó

³⁵E aconteceu que chegando ele perto de Jericó, estava um cego assentado junto do caminho, mendigando.

³⁶E, ouvindo passar a multidão, perguntou que era aquilo.

³⁷E disseram-lhe que Jesus Nazareno passava.

³⁸Então clamou, dizendo: Jesus, Filho de Davi, tem misericórdia de mim.

³⁹E os que iam passando repreendiam-no para que se calasse; mas ele clamava ainda mais: Filho de Davi, tem misericórdia de mim!

⁴⁰Então Jesus, parando, mandou que lho trouxessem; e, chegando ele, perguntou-lhe,

⁴¹Dizendo: Que queres que te faça? E ele disse: Senhor, que eu veja.

⁴²E Jesus lhe disse: Vê; a tua fé te salvou.

⁴³E logo viu, e seguia-o, glorificando a Deus. E todo o povo, vendo *isto,* dava louvores a Deus.

O publicano Zaqueu

19E, TENDO *Jesus* entrado em Jericó, ia passando.

²E eis que *havia ali* um homem chamado Zaqueu; e era este um chefe dos publicanos, e era rico.

³E procurava ver quem era Jesus, e não podia, por causa da multidão, pois era de pequena estatura.

⁴E, correndo adiante, subiu a um sicômoro para o ver; porque havia de passar por ali.

⁵E quando Jesus chegou àquele lugar, olhando para cima, viu-o e disse-lhe: Zaqueu, desce depressa, porque hoje me convém pousar em tua casa.

⁶E, apressando-se, desceu, e recebeu-o alegremente.

⁷E, vendo todos *isto,* murmuravam, dizendo que entrara para ser hóspede de um homem pecador.

⁸E, levantando-se Zaqueu, disse ao Senhor: Senhor, eis que eu dou aos pobres metade dos meus bens; e, se nalguma coisa tenho defraudado alguém, o restituo quadruplicado.

⁹E disse-lhe Jesus: Hoje veio a salvação a esta casa, pois também este é filho de Abraão.

¹⁰Porque o Filho do homem veio buscar e salvar o que se havia perdido.

Parábola das minas

¹¹E, ouvindo eles estas *coisas,* ele prosseguiu, e contou uma parábola; porquanto estava perto de Jerusalém, e cuidavam que logo se havia de manifestar o reino de Deus.

¹²Disse pois: Certo homem nobre partiu para uma terra remota, a fim de tomar para si um reino e voltar depois.

¹³E, chamando dez servos seus, deu-lhes dez minas, e disse-lhes: Negociai até que eu venha.

¹⁴Mas os seus concidadãos odiavam-no, e mandaram após ele embaixadores, dizendo: Não queremos que este reine sobre nós.

¹⁵E aconteceu que, voltando ele, depois de ter tomado o reino, disse que lhe chamassem aqueles servos, a quem tinha dado o dinheiro, para saber o que cada um tinha ganhado, negociando.

¹⁶E veio o primeiro, dizendo: Senhor, a tua mina rendeu dez minas.

¹⁷E ele lhe disse: Bem *está,* servo bom, porque no mínimo foste fiel, sobre dez cidades terás autoridade.

¹⁸E veio o segundo, dizendo: Senhor, a tua mina rendeu cinco minas.

¹⁹E a este disse também: Sê tu também sobre cinco cidades.

²⁰E veio outro, dizendo: Senhor, aqui *está* a tua mina, que guardei num lenço;

²¹Porque tive medo de ti, que és homem rigoroso, que tomas o que não puseste, e segas o que não semeaste.

²²Porém, ele lhe disse: Mau servo, pela tua boca te julgarei. Sabias que eu sou homem rigoroso, que tomo o que não pus, e sego o que não semeei;

LUCAS 20.18

²³Por que não puseste, pois, o meu dinheiro no banco, para que eu, vindo, o exigisse com os juros?

²⁴E disse aos que estavam com ele: Tirai-lhe a mina, e dai-*a* ao que tem dez minas.

²⁵(E disseram-lhe eles: Senhor, ele tem dez minas.)

²⁶Pois eu vos digo que a qualquer que tiver ser--lhe-á dado, mas ao que não tiver, até o que tem lhe será tirado.

²⁷E quanto àqueles meus inimigos que não quiseram que eu reinasse sobre eles, trazei-os aqui, e matai-*os* diante de mim.

Entrada de Jesus em Jerusalém

²⁸E, dito isto, ia caminhando adiante, subindo para Jerusalém.

²⁹E aconteceu que, chegando perto de Betfagé, e de Betânia, ao monte chamado das Oliveiras, mandou dois dos seus discípulos,

³⁰Dizendo: Ide à aldeia que está defronte, e aí, ao entrar, achareis preso um jumentinho em que nenhum homem ainda montou; soltai-o e trazei-*o*.

³¹E, se alguém vos perguntar: Por que *o* soltais? Assim lhe direis: Porque o Senhor o há de mister.

³²E, indo os que haviam sido mandados, acharam como lhes dissera.

³³E, quando soltaram o jumentinho, seus donos lhes disseram: Por que soltais o jumentinho?

³⁴E eles responderam: O Senhor o há de mister.

³⁵E trouxeram-no a Jesus; e, lançando sobre o jumentinho as suas vestes, puseram Jesus em cima.

³⁶E, indo ele, estendiam no caminho as suas vestes.

³⁷E, quando já chegava perto da descida do Monte das Oliveiras, toda a multidão dos discípulos, regozijando-se, começou a dar louvores a Deus em alta voz, por todas as maravilhas que tinham visto,

³⁸Dizendo: Bendito o Rei que vem em nome do Senhor; paz no céu, e glória nas alturas.

³⁹E disseram-lhe de entre a multidão alguns dos fariseus: Mestre, repreende os teus discípulos.

⁴⁰E, respondendo ele, disse-lhes: Digo-vos que, se estes se calarem, as próprias pedras clamarão.

⁴¹E, quando ia chegando, vendo a cidade, chorou sobre ela,

⁴²Dizendo: Ah! se tu conhecesses também, ao menos neste teu dia, *o que* à tua paz *pertence!* Mas agora *isto* está encoberto aos teus olhos.

⁴³Porque dias virão sobre ti, em que os teus inimigos te cercarão de trincheiras, e te sitiarão, e te estreitarão de todos os lados;

⁴⁴E te derrubarão, a ti e aos teus filhos *que* dentro de ti *estiverem*, e não deixarão em ti pedra sobre pedra, pois que não conheceste o tempo da tua visitação.

Os mercadores expulsos do templo

⁴⁵E, entrando no templo, começou a expulsar todos os que nele vendiam e compravam,

⁴⁶Dizendo-lhes: Está escrito: A minha casa é casa de oração; mas vós fizestes dela covil de salteadores.

⁴⁷E todos os dias ensinava no templo; mas os principais sacerdotes, e os escribas, e os principais do povo procuravam matá-lo.

⁴⁸E não achavam meio de o fazer, porque todo o povo pendia para ele, escutando-o.

Autoridade de Jesus questionada

20 E ACONTECEU num daqueles dias que, estando ele ensinando o povo no templo, e anunciando o evangelho, sobrevieram os principais sacerdotes e os escribas com os anciãos,

²E falaram-lhe, dizendo: Dize-nos, com que autoridade fazes estas *coisas?* Ou, quem é que te deu esta autoridade?

³E, respondendo ele, disse-lhes: Também eu vos farei uma pergunta: Dizei-me pois:

⁴O batismo de João era do céu ou dos homens?

⁵E eles arrazoavam entre si, dizendo: Se dissermos: Do céu, ele nos dirá: Então por que o não crestes?

⁶E se dissermos: Dos homens; todo o povo nos apedrejará, pois têm por certo que João era profeta.

⁷E responderam que não sabiam de onde *era.*

⁸E Jesus lhes disse: Tampouco vos direi com que autoridade faço isto.

Parábola dos vinhateiros

⁹E começou a dizer ao povo esta parábola: Certo homem plantou uma vinha, e arrendou-a a *uns* lavradores, e partiu para fora da terra por muito tempo;

¹⁰E no tempo próprio mandou um servo aos lavradores, para que lhe dessem dos frutos da vinha; mas os lavradores, espancando-o, mandaram-no vazio.

¹¹E tornou ainda a mandar outro servo; mas eles, espancando também a este, e afrontando-*o*, mandaram-no vazio.

¹²E tornou ainda a mandar um terceiro; mas eles, ferindo também a este, *o* expulsaram.

¹³E disse o senhor da vinha: Que farei? Mandarei o meu filho amado; talvez, vendo-o, seja respeitado.

¹⁴Mas, vendo-o os lavradores, arrazoaram entre si, dizendo: Este é o herdeiro; vinde, matemo-lo, para que a herança seja nossa.

¹⁵E, lançando-o fora da vinha, o mataram. Que lhes fará, pois, o senhor da vinha?

¹⁶Irá, e destruirá estes lavradores, e dará a outros a vinha. E, ouvindo eles *isto*, disseram: Não seja assim!

¹⁷Mas ele, olhando para eles, disse: Que é isto, pois, que está escrito?

A pedra, que os edificadores reprovaram,
Essa foi feita cabeça da esquina.

¹⁸Qualquer que cair sobre aquela pedra ficará em pedaços, e aquele sobre quem ela cair será feito em pó.

LUCAS 20.19 706

¹⁹E os principais sacerdotes e os escribas procuravam lançar mão dele naquela mesma hora; mas temeram o povo; porque entenderam que contra eles dissera esta parábola.

A questão do tributo

²⁰E, observando-o, mandaram espias, que se fingissem justos, para o apanharem em *nalguma* palavra, e o entregarem à jurisdição e poder do presidente.

²¹E perguntaram-lhe, dizendo: Mestre, nós sabemos que falas e ensinas bem e retamente, e que não consideras a *aparência da* pessoa, mas ensinas com verdade o caminho de Deus.

²²É-nos lícito dar tributo a César ou não?

²³E, entendendo ele a sua astúcia, disse-lhes: Por que me tentais?

²⁴Mostrai-me uma moeda. De quem tem a imagem e a inscrição? E, respondendo eles, disseram: De César.

²⁵Disse-lhes então: Dai, pois, a César o que *é* de César, e a Deus o que *é* de Deus.

²⁶E não puderam apanhá-lo em palavra alguma diante do povo; e, maravilhados da sua resposta, calaram-se.

Os saduceus e a ressurreição

²⁷E, chegando-se alguns dos saduceus, que dizem não haver ressurreição, perguntaram-lhe,

²⁸Dizendo: Mestre, Moisés nos deixou escrito que, se o irmão de algum falecer, tendo mulher, e não deixar filhos, o irmão dele tome a mulher, e suscite posteridade a seu irmão.

²⁹Houve, pois, sete irmãos, e o primeiro tomou mulher, e morreu sem filhos;

³⁰E tomou-a o segundo por mulher, e ele morreu sem filhos.

³¹E tomou-a o terceiro, e igualmente também os sete; e morreram, e não deixaram filhos.

³²E por último, depois de todos, morreu também a mulher.

³³Portanto, na ressurreição, de qual deles será a mulher, pois que os sete por mulher a tiveram?

³⁴E, respondendo Jesus, disse-lhes: Os filhos deste mundo casam-se, e dão-se em casamento;

³⁵Mas os que forem havidos por dignos de alcançar o mundo vindouro, e a ressurreição dentre os mortos, nem hão de casar, nem ser dados em casamento;

³⁶Porque já não podem mais morrer; pois são iguais aos anjos, e são filhos de Deus, sendo filhos da ressurreição.

³⁷E que os mortos hão de ressuscitar também o mostrou Moisés junto da sarça, quando chama ao Senhor Deus de Abraão, e Deus de Isaque, e Deus de Jacó.

³⁸Ora, *Deus* não é Deus de mortos, mas de vivos; porque para ele vivem todos.

³⁹E, respondendo alguns dos escribas, disseram: Mestre, disseste bem.

⁴⁰E não ousavam perguntar-lhe mais *coisa* alguma.

De quem o Cristo é Filho?

⁴¹E ele lhes disse: Como dizem que o Cristo é filho de Davi?

⁴²Visto como o mesmo Davi diz no livro dos Salmos:

Disse o Senhor ao meu Senhor: Assenta-te à minha direita,

⁴³Até que eu ponha os teus inimigos por escabelo de teus pés.

⁴⁴Se Davi lhe chama Senhor, como é ele seu filho?

⁴⁵E, ouvindo-o todo o povo, disse Jesus aos seus discípulos:

⁴⁶Guardai-vos dos escribas, que querem andar com vestes compridas; e amam as saudações nas praças, e as principais cadeiras nas sinagogas, e os primeiros lugares nos banquetes;

⁴⁷Que devoram as casas das viúvas, fazendo, por pretexto, longas orações. Estes receberão maior condenação.

A viúva pobre

21 E, OLHANDO ele, viu os ricos lançarem as suas ofertas na arca do tesouro;

²E viu também uma pobre viúva lançar ali duas pequenas moedas;

³E disse: Em verdade vos digo que lançou mais do que todos, esta pobre viúva;

⁴Porque todos aqueles deitaram para as ofertas de Deus do que lhes sobeja; mas esta, da sua pobreza, deitou todo o sustento que tinha.

Jesus prediz a destruição do templo e de Jerusalém

⁵E, dizendo alguns a respeito do templo, que estava ornado de formosas pedras e dádivas, disse:

⁶Quanto a estas *coisas* que vedes, dias virão em que não se deixará pedra sobre pedra, que não seja derrubada.

⁷E perguntaram-lhe, dizendo: Mestre, quando serão, pois, estas *coisas?* E que sinal *haverá* quando isto estiver para acontecer?

⁸Disse então ele: Vede não vos enganem, porque virão muitos em meu nome, dizendo: Eu sou o Cristo, e o tempo está próximo. Não vades, portanto, após eles.

⁹E, quando ouvirdes de guerras e sedições, não vos assusteis. Porque é necessário que isto aconteça primeiro, mas o fim não *será* logo.

¹⁰Então lhes disse: Levantar-se-á nação contra nação, e reino contra reino;

¹¹E haverá em vários lugares grandes terremotos, e fomes e pestilências; haverá também coisas espantosas, e grandes sinais do céu.

¹²Mas antes de todas estas coisas lançarão mão de vós, e *vos* perseguirão, entregando-*vos* às sinagogas e às prisões, e conduzindo-vos à presença de reis e presidentes, por amor do meu nome.

¹³E vos acontecerá *isto* para testemunho.

¹⁴Proponde, pois, em vossos corações não premeditar como haveis de responder;

¹⁵Porque eu vos darei boca e sabedoria a que não poderão resistir nem contradizer todos quantos se vos opuserem.

¹⁶E até pelos pais, e irmãos, e parentes, e amigos sereis entregues; e matarão *alguns* de vós.

¹⁷E de todos sereis odiados por causa do meu nome.

¹⁸Mas não perecerá um único cabelo da vossa cabeça.

¹⁹Na vossa paciência possuí as vossas almas.

²⁰Mas, quando virdes Jerusalém cercada de exércitos, sabei então que é chegada a sua desolação.

²¹Então, os que estiverem na Judeia, fujam para os montes; os que estiverem no meio dela, saiam; e os que nos campos não entrem nela.

²²Porque dias de vingança são estes, para que se cumpram todas as *coisas* que estão escritas.

²³Mas ai das grávidas, e das que criarem naqueles dias! Porque haverá grande aperto na terra, e ira sobre este povo.

²⁴E cairão ao fio da espada, e para todas as nações serão levados cativos; e Jerusalém será pisada pelos gentios, até que os tempos dos gentios se completem.

A vinda do Filho do homem

²⁵E haverá sinais no sol e *na* lua e *nas* estrelas; e na terra angústia das nações, em perplexidade bramando o mar e as ondas.

²⁶Homens desmaiando de terror, na expectação das coisas que sobrevirão ao mundo; porquanto os poderes do céu serão abalados.

²⁷E então verão vir o Filho do homem numa nuvem, com poder e grande glória.

²⁸Ora, quando estas *coisas* começarem a acontecer, olhai para cima e levantai as vossas cabeças, porque a vossa redenção está próxima.

²⁹E disse-lhes uma parábola: Olhai para a figueira, e para todas as árvores;

³⁰Quando já brotam, vós sabeis por vós mesmos, vendo-as, que perto está já o verão.

³¹Assim também vós, quando virdes acontecer estas *coisas,* sabei que o reino de Deus está perto.

³²Em verdade vos digo que não passará esta geração até que tudo aconteça.

³³Passará o céu e a terra, mas as minhas palavras não hão de passar.

³⁴E olhai por vós, não aconteça que os vossos corações se carreguem de glutonaria, de embriaguez, e dos cuidados da vida, e venha sobre vós de improviso aquele dia.

³⁵Porque virá como um laço sobre todos os que habitam na face de toda a terra.

³⁶Vigiai, pois, em todo o tempo, orando, para que sejais havidos por dignos de evitar todas estas *coisas* que hão de acontecer, e de estar em pé diante do Filho do homem.

³⁷E de dia ensinava no templo, e à noite, saindo, ficava no monte chamado das Oliveiras.

³⁸E todo o povo ia ter com ele ao templo, de manhã cedo, para o ouvir.

Conspiração contra Jesus

22 ESTAVA, pois, perto a festa dos *pães* ázimos, chamada a páscoa.

²E os principais sacerdotes, e os escribas, andavam procurando como o matariam; porque temiam o povo.

³Entrou, porém, Satanás em Judas, que tinha por sobrenome Iscariotes, o qual era do número dos doze.

⁴E foi, e falou com os principais sacerdotes, e com os capitães, de como lho entregaria;

⁵Os quais se alegraram, e convieram em lhe dar dinheiro.

⁶E ele concordou; e buscava oportunidade para lho entregar sem alvoroço.

⁷Chegou, porém, o dia dos ázimos, em que importava sacrificar a páscoa.

⁸E mandou a Pedro e a João, dizendo: Ide, preparai-nos a páscoa, para que *a* comamos.

⁹E eles lhe perguntaram: Onde queres que *a* preparemos?

¹⁰E ele lhes disse: Eis que, quando entrardes na cidade, encontrareis um homem, levando um cântaro de água; segui-o até à casa em que ele entrar.

¹¹E direis ao pai de família da casa: O Mestre te diz: Onde está o aposento em que hei de comer a páscoa com os meus discípulos?

¹²Então ele vos mostrará um grande cenáculo mobiliado; aí fazei preparativos.

¹³E, indo eles, acharam como lhes havia sido dito; e prepararam a páscoa.

A ceia do Senhor

¹⁴E, chegada a hora, pôs-se *à mesa,* e com ele os doze apóstolos.

¹⁵E disse-lhes: Desejei muito comer convosco esta páscoa, antes que padeça;

¹⁶Porque vos digo que não a comerei mais até que ela se cumpra no reino de Deus.

¹⁷E, tomando o cálice, e havendo dado graças, disse: Tomai-o, e reparti-*o* entre vós;

¹⁸Porque vos digo que já não beberei do fruto da vide, até que venha o reino de Deus.

¹⁹E, tomando o pão, e havendo dado graças, partiu-*o,* e deu-lho, dizendo: Isto é o meu corpo, que por vós é dado; fazei isto em memória de mim.

²⁰Semelhantemente, *tomou* o cálice, depois da ceia, dizendo: Este cálice *é* o novo testamento no meu sangue, que é derramado por vós.

²¹Mas eis que a mão do que me trai *está* comigo à mesa.

²²E, na verdade, o Filho do homem vai segundo o que está determinado; mas ai daquele homem por quem é traído!

²³E começaram a perguntar entre si qual deles seria o que havia de fazer isto.

Quem é o maior?

²⁴E houve também entre eles contenda, sobre qual deles parecia ser o maior.

²⁵E ele lhes disse: Os reis dos gentios dominam

LUCAS 22.26   708

sobre eles, e os que têm autoridade sobre eles são chamados benfeitores.

²⁶Mas não *sereis* vós assim; antes o maior entre vós seja como o menor; e quem governa como quem serve.

²⁷Pois qual é maior: quem está *à mesa,* ou quem serve? Porventura não *é* quem está *à mesa?* Eu, porém, entre vós sou como aquele que serve.

²⁸E vós sois os que tendes permanecido comigo nas minhas tentações.

²⁹E eu vos destino o reino, como meu Pai o destinou a mim,

³⁰Para que comais e bebais à minha mesa no meu reino, e vos assenteis sobre tronos, julgando as doze tribos de Israel.

³¹Disse também o Senhor: Simão, Simão, eis que Satanás vos pediu para vos cirandar como trigo;

³²Mas eu roguei por ti, para que a tua fé não desfaleça; e tu, quando te converteres, confirma teus irmãos.

³³E ele lhe disse: Senhor, estou pronto a ir contigo até à prisão e à morte.

³⁴Mas ele disse: Digo-te, Pedro, que não cantará hoje o galo antes que três vezes negues que me conheces.

³⁵E disse-lhes: Quando vos mandei sem bolsa, alforje, ou sandálias, faltou-vos porventura alguma coisa? Eles responderam: Nada.

³⁶Disse-lhes pois: Mas agora, aquele que tiver bolsa, tome-*a,* como também o alforje; e, o que não tem espada, venda a sua capa e compre-a;

³⁷Porquanto vos digo que ainda importa que em mim se cumpra aquilo que está escrito: E com os malfeitores foi contado. Porque o que *está escrito* de mim terá cumprimento.

³⁸E eles disseram: Senhor, eis aqui duas espadas. E ele lhes disse: Basta.

Getsêmani

³⁹E, saindo, foi, como costumava, para o Monte das Oliveiras; e também os seus discípulos o seguiram.

⁴⁰E quando chegou àquele lugar, disse-lhes: Orai, para que não entreis em tentação.

⁴¹E apartou-se deles cerca de um tiro de pedra; e, pondo-se de joelhos, orava,

⁴²Dizendo: Pai, se queres, passa de mim este cálice; todavia não se faça a minha vontade, mas a tua.

⁴³E apareceu-lhe um anjo do céu, que o fortalecia.

⁴⁴E, posto em agonia, orava mais intensamente. E o seu suor tornou-se como grandes gotas de sangue, que corriam até ao chão.

⁴⁵E, levantando-se da oração, veio para os seus discípulos, e achou-os dormindo de tristeza.

⁴⁶E disse-lhes: Por que estais dormindo? Levantai-vos, e orai, para que não entreis em tentação.

Prisão de Jesus

⁴⁷E, estando ele ainda a falar, surgiu uma multidão; e um dos doze, que se chamava Judas, ia adiante dela, e chegou-se a Jesus para o beijar.

⁴⁸E Jesus lhe disse: Judas, com um beijo trais o Filho do homem?

⁴⁹E, vendo os que estavam com ele o que ia suceder, disseram-lhe: Senhor, feriremos à espada?

⁵⁰E um deles feriu o servo do sumo sacerdote, e cortou-lhe a orelha direita.

⁵¹E, respondendo Jesus, disse: Deixai-os; basta. E, tocando-lhe a orelha, o curou.

⁵²E disse Jesus aos principais sacerdotes, e capitães do templo, e anciãos, que tinham ido contra ele: Saístes, como a um salteador, com espadas e varapaus?

⁵³Tenho estado todos os dias convosco no templo, e não estendestes as mãos contra mim, mas esta é a vossa hora e o poder das trevas.

Negação de Pedro

⁵⁴Então, prendendo-o, o levaram, e o puseram em casa do sumo sacerdote. E Pedro seguia-o de longe.

⁵⁵E, havendo-se acendido fogo no meio do pátio, estando todos sentados, assentou-se Pedro entre eles.

⁵⁶E como certa criada, vendo-o estar assentado ao fogo, pusesse os olhos nele, disse: Este também estava com ele.

⁵⁷Porém, ele negou-o, dizendo: Mulher, não o conheço.

⁵⁸E, um pouco depois, vendo-o outro, disse: Tu és também deles. Mas Pedro disse: Homem, não sou.

⁵⁹E, passada quase uma hora, um outro afirmava, dizendo: Também este verdadeiramente estava com ele, pois também é galileu.

⁶⁰E Pedro disse: Homem, não sei o que dizes. E logo, estando ele ainda a falar, cantou o galo.

⁶¹E, virando-se o Senhor, olhou para Pedro, e Pedro lembrou-se da palavra do Senhor, como lhe havia dito: Antes que o galo cante hoje, me negarás três vezes.

⁶²E, saindo Pedro para fora, chorou amargamente.

⁶³E os homens que detinham Jesus zombavam dele, ferindo-o.

⁶⁴E, vendando-lhe os olhos, feriam-no no rosto, e perguntavam-lhe, dizendo: Profetiza, quem é que te feriu?

⁶⁵E outras muitas coisas diziam contra ele, blasfemando.

⁶⁶E logo que foi dia ajuntaram-se os anciãos do povo, e os principais sacerdotes e os escribas, e conduziram-no ao seu concílio, e lhe perguntaram:

⁶⁷És tu o Cristo? Dize-nos. E replicou-lhes: Se vo-lo disser, não o crereis;

⁶⁸E também, se vos perguntar, não me respondereis, nem *me* soltareis.

⁶⁹Desde agora o Filho do homem se assentará à direita do poder de Deus.

⁷⁰E disseram todos: Logo, és tu o Filho de Deus? E ele lhes disse: Vós dizeis que eu sou.

⁷¹Então disseram: De que mais testemunho

LUCAS 23.46

necessitamos? pois nós mesmos o ouvimos da sua boca.

Jesus perante Pilatos

23 E, LEVANTANDO-SE toda a multidão deles, o levaram a Pilatos.

²E começaram a acusá-lo, dizendo: Havemos achado este pervertendo a nação, proibindo dar o tributo a César, *e* dizendo que ele mesmo é Cristo, *o* rei.

³E Pilatos perguntou-lhe, dizendo: Tu és o Rei dos Judeus? E ele, respondendo, disse-lhe: Tu *o* dizes.

⁴E disse Pilatos aos principais sacerdotes, e à multidão: Não acho culpa alguma neste homem.

⁵Mas eles insistiam cada vez mais, dizendo: Alvoroça o povo ensinando por toda a Judeia, começando desde a Galileia até aqui.

⁶Então Pilatos, ouvindo *falar* da Galileia perguntou se aquele homem era galileu.

⁷E, sabendo que era da jurisdição de Herodes, remeteu-o a Herodes, que também naqueles dias estava em Jerusalém.

Jesus perante Herodes

⁸E Herodes, quando viu a Jesus, alegrou-se muito; porque havia muito que desejava vê-lo, por ter ouvido dele muitas *coisas;* e esperava que lhe veria fazer algum sinal.

⁹E interrogava-o com muitas palavras, mas ele nada lhe respondia.

¹⁰E estavam os principais sacerdotes, e os escribas, acusando-o com grande veemência.

¹¹E Herodes, com os seus soldados, desprezou-o e, escarnecendo dele, vestiu-o de uma roupa resplandecente e tornou a enviá-lo a Pilatos.

¹²E no mesmo dia, Pilatos e Herodes entre si se fizeram amigos; pois dantes andavam em inimizade um com o outro.

¹³E, convocando Pilatos os principais sacerdotes, e os magistrados, e o povo,

¹⁴Disse-lhes: Haveis-me apresentado este homem como pervertedor do povo; e eis que, examinando-o na vossa presença, nenhuma culpa, das de que o acusais, acho neste homem.

¹⁵Nem mesmo Herodes, porque a ele vos remeti, e eis que não tem feito coisa alguma digna de morte.

¹⁶Castigá-lo-ei, pois, e soltá-lo-ei.

¹⁷E era-lhe necessário soltar-lhes um pela festa.

¹⁸Mas toda a multidão clamou *a* uma, dizendo: Fora daqui com este, e solta-nos Barrabás.

¹⁹O qual fora lançado na prisão por causa de uma sedição feita na cidade, e de um homicídio.

²⁰Falou, pois, outra vez Pilatos, querendo soltar a Jesus.

²¹Mas eles clamavam em contrário, dizendo: Crucifica-*o,* crucifica-o.

²²Então ele, pela terceira vez, lhes disse: Mas que mal fez este? Não acho nele culpa alguma de morte. Castigá-lo-ei pois, e soltá-lo-ei.

²³Mas eles instavam com grandes gritos, pedindo que fosse crucificado. E os seus gritos, e os dos principais sacerdotes, prevaleciam.

²⁴Então Pilatos julgou que devia fazer o que eles pediam.

²⁵E soltou-lhes o que fora lançado na prisão por uma sedição e homicídio, que era o que pediam; mas entregou Jesus à vontade deles.

Jesus crucificado

²⁶E quando o iam levando, tomaram um certo Simão, cireneu, que vinha do campo, e puseram-lhe a cruz às costas, para que a levasse após Jesus.

²⁷E seguia-o grande multidão de povo e de mulheres, as quais batiam nos peitos, e o lamentavam.

²⁸Jesus, porém, voltando-se para elas, disse: Filhas de Jerusalém, não choreis por mim; chorai antes por vós mesmas, e por vossos filhos.

²⁹Porque eis que hão de vir dias em que dirão: Bem-aventuradas as estéreis, e os ventres que não geraram, e os peitos que não amamentaram!

³⁰Então começarão a dizer aos montes: Caí sobre nós, e aos outeiros: Cobri-nos.

³¹Porque, se ao madeiro verde fazem isto, que se fará ao seco?

³²E também conduziram outros dois, que eram malfeitores, para com ele serem mortos.

³³E, quando chegaram ao lugar chamado a Caveira, ali o crucificaram, e aos malfeitores, um à direita e outro à esquerda.

³⁴E dizia Jesus: Pai, perdoa-lhes, porque não sabem o que fazem. E, repartindo as suas vestes, lançaram sortes.

³⁵E o povo estava olhando. E também os príncipes zombavam dele, dizendo: Aos outros salvou, salve-se a si mesmo, se este é o Cristo, o escolhido de Deus.

³⁶E também os soldados o escarneciam, chegando-se a ele, e apresentando-lhe vinagre.

³⁷E dizendo: Se tu és o Rei dos Judeus, salva-te a ti mesmo.

³⁸E também por cima dele, estava um título, escrito em letras gregas, romanas, e hebraicas: ESTE É O REI DOS JUDEUS.

³⁹E um dos malfeitores que estavam pendurados blasfemava dele, dizendo: Se tu és o Cristo, salva-te a ti mesmo, e a nós.

⁴⁰Respondendo, porém, o outro, repreendia-o, dizendo: Tu nem ainda temes a Deus, estando na mesma condenação?

⁴¹E nós, na verdade, com justiça, porque recebemos o que os nossos feitos mereciam; mas este nenhum mal fez.

⁴²E disse a Jesus: Senhor, lembra-te de mim, quando vieres em teu reino.

⁴³E disse-lhe Jesus: Em verdade te digo que hoje estarás comigo no Paraíso.

Morte e sepultamento de Jesus

⁴⁴E era *já* quase a hora sexta, e houve trevas em toda a terra até à hora nona, escurecendo-se o sol;

⁴⁵E rasgou-se ao meio o véu do templo.

⁴⁶E, clamando Jesus com grande voz, disse: Pai,

LUCAS 23.47

nas tuas mãos entrego o meu espírito. E, havendo dito isto, expirou.

⁴⁷E o centurião, vendo o que tinha acontecido, deu glória a Deus, dizendo: Na verdade, este homem era justo.

⁴⁸E toda a multidão que se ajuntara a este espetáculo, vendo o que havia acontecido, voltava batendo nos peitos.

⁴⁹E todos os seus conhecidos, e as mulheres que juntamente o haviam seguido desde a Galileia, estavam de longe vendo estas *coisas*.

⁵⁰E eis que um homem por nome José, senador, homem de bem e justo,

⁵¹Que não tinha consentido no conselho e nos atos dos outros, de Arimateia, cidade dos judeus, e que também esperava ele o reino de Deus;

⁵²Esse, chegando a Pilatos, pediu o corpo de Jesus.

⁵³E, havendo-o tirado, envolveu-o num lençol, e pô-lo num sepulcro escavado numa penha, onde ninguém ainda havia sido posto.

⁵⁴E era o dia da preparação, e amanhecia o sábado.

⁵⁵E as mulheres, que tinham vindo com ele da Galileia, seguiram também e viram o sepulcro, e como foi posto o seu corpo.

⁵⁶E, voltando elas, prepararam especiarias e unguentos; e no sábado repousaram, conforme o mandamento.

Ressurreição de Jesus Cristo

24 E NO primeiro *dia* da semana, muito de madrugada, foram elas ao sepulcro, levando as especiarias que tinham preparado, e algumas *outras* com elas.

²E acharam a pedra revolvida do sepulcro.

³E, entrando, não acharam o corpo do Senhor Jesus.

⁴E aconteceu que, estando elas muito perplexas a esse respeito, eis que pararam junto delas dois homens, com vestes resplandecentes.

⁵E, estando elas muito atemorizadas, e abaixando o rosto para o chão, eles lhes disseram: Por que buscais o vivente entre os mortos?

⁶Não está aqui, mas ressuscitou. Lembrai-vos como vos falou, estando ainda na Galileia,

⁷Dizendo: Convém que o Filho do homem seja entregue nas mãos de homens pecadores, e seja crucificado, e ao terceiro dia ressuscite.

⁸E lembraram-se das suas palavras.

⁹E, voltando do sepulcro, anunciaram todas estas coisas aos onze e a todos os demais.

¹⁰E eram Maria Madalena, e Joana, e Maria, *mãe* de Tiago, e as outras *que* com elas *estavam*, as que diziam estas *coisas* aos apóstolos.

¹¹E as suas palavras lhes pareciam como desvario, e não as creram.

¹²Porém, levantando-se Pedro, correu ao sepulcro e, abaixando-se, viu os lençóis postos sós; e retirou-se, maravilhado consigo mesmo do ocorrido.

¹³E eis que no mesmo dia iam dois deles para uma aldeia, que distava de Jerusalém sessenta estádios, cujo nome *era* Emaús.

¹⁴E iam falando entre si de tudo aquilo que havia sucedido.

¹⁵E aconteceu que, indo eles falando entre si, e fazendo perguntas um ao outro, o mesmo Jesus se aproximou, e ia com eles.

¹⁶Mas os olhos deles estavam como que fechados, para que o não conhecessem.

¹⁷E ele lhes disse: Que palavras *são* essas que, caminhando, trocais entre vós, e por que estais tristes?

¹⁸E, respondendo um, cujo nome *era* Cléopas, disse-lhe: És tu só peregrino em Jerusalém, e não sabes as *coisas* que nela têm sucedido nestes dias?

¹⁹E ele lhes perguntou: Quais? E eles lhe disseram: As que dizem respeito a Jesus Nazareno, que foi homem profeta, poderoso em obras e palavras diante de Deus e de todo o povo;

²⁰E como os principais sacerdotes e os nossos príncipes o entregaram à condenação de morte, e o crucificaram.

²¹E nós esperávamos que fosse ele o que remisse Israel; mas agora, sobre tudo isso, é já hoje o terceiro dia desde que essas coisas aconteceram.

²²É verdade que também algumas mulheres dentre nós nos maravilharam, as quais de madrugada foram ao sepulcro;

²³E, não achando o seu corpo, voltaram, dizendo que também tinham visto *uma* visão de anjos, que dizem que ele vive.

²⁴E alguns dos que estavam conosco foram ao sepulcro, e acharam *ser* assim como as mulheres haviam dito; porém, a ele não *o* viram.

²⁵E ele lhes disse: Ó néscios, e tardos de coração para crer tudo o que os profetas disseram!

²⁶Porventura não convinha que o Cristo padecesse estas *coisas* e entrasse na sua glória?

²⁷E, começando por Moisés, e por todos os profetas, explicava-lhes o que dele se achava em todas as Escrituras.

²⁸E chegaram à aldeia para onde iam, e ele fez como quem ia para mais longe.

²⁹E eles o constrangeram, dizendo: Fica conosco, porque já é tarde, e já declinou o dia. E entrou para ficar com eles.

³⁰E aconteceu que, estando com eles *à mesa,* tomando o pão, o abençoou e partiu-o, e lho deu.

³¹Abriram-se-lhes então os olhos, e o conheceram, e ele desapareceu-lhes.

³²E disseram um para o outro: Porventura não ardia em nós o nosso coração quando, pelo caminho, nos falava, e quando nos abria as Escrituras?

³³E na mesma hora, levantando-se, tornaram para Jerusalém, e acharam congregados os onze, e os que estavam com eles,

³⁴Os quais diziam: Ressuscitou verdadeiramente o Senhor, e *já* apareceu a Simão.

³⁵E eles lhes contaram o que lhes acontecera no caminho, e como deles fora conhecido no partir do pão.

36E falando eles destas *coisas,* o mesmo Jesus se apresentou no meio deles, e disse-lhes: Paz *seja* convosco.

37E eles, espantados e atemorizados, pensavam que viam algum espírito.

38E ele lhes disse: Por que estais perturbados, e por que sobem *tais* pensamentos aos vossos corações?

39Vede as minhas mãos e os meus pés, que sou eu mesmo; apalpai-me e vede, pois um espírito não tem carne nem ossos, como vedes que eu tenho.

40E, dizendo isto, mostrou-lhes as mãos e os pés.

41E, não o crendo eles ainda por causa da alegria, e *estando* maravilhados, disse-lhes: Tendes aqui alguma coisa que comer?

42Então eles apresentaram-lhe parte de um peixe assado, e um favo de mel;

43O que ele tomou, e comeu diante deles.

44E disse-lhes: *São* estas as palavras que vos disse estando ainda convosco: Que convinha que se cumprisse tudo o que de mim estava escrito na lei de Moisés, e *nos* profetas e *nos* Salmos.

45Então abriu-lhes o entendimento para compreenderem as Escrituras.

46E disse-lhes: Assim está escrito, e assim convinha que o Cristo padecesse, e ao terceiro dia ressuscitasse dentre os mortos,

47E em seu nome se pregasse o arrependimento e a remissão dos pecados, em todas as nações, começando por Jerusalém.

48E destas *coisas* sois vós testemunhas.

49E eis que sobre vós envio a promessa de meu Pai; ficai, porém, na cidade de Jerusalém, até que do alto sejais revestidos de poder.

50E levou-os fora, até Betânia; e, levantando as suas mãos, os abençoou.

51E aconteceu que, abençoando-os ele, se apartou deles e foi elevado ao céu.

52E, adorando-o eles, tornaram com grande júbilo para Jerusalém.

53E estavam sempre no templo, louvando e bendizendo a Deus. Amém.

O EVANGELHO SEGUNDO

JOÃO

O Verbo feito carne

1 NO princípio era o Verbo, e o Verbo estava com Deus, e o Verbo era Deus.

[2] Ele estava no princípio com Deus.

[3] Todas *as coisas* foram feitas por ele, e sem ele nada do que foi feito se fez.

[4] Nele estava a vida, e a vida era a luz dos homens.

[5] E a luz resplandece nas trevas, e as trevas não a compreenderam.

[6] Houve um homem enviado de Deus, cujo nome *era* João.

[7] Este veio para testemunho, para que testificasse da luz, para que todos cressem por ele.

[8] Não era ele a luz, mas para que testificasse da luz.

[9] Ali estava a luz verdadeira, que ilumina a todo o homem que vem ao mundo.

[10] Estava no mundo, e o mundo foi feito por ele, e o mundo não o conheceu.

[11] Veio para o que era seu, e os seus não o receberam.

[12] Mas, a todos quantos o receberam, deu-lhes o poder de serem feitos filhos de Deus, aos que creem no seu nome;

[13] Os quais não nasceram do sangue, nem da vontade da carne, nem da vontade do homem, mas de Deus.

[14] E o Verbo se fez carne, e habitou entre nós, e vimos a sua glória, como a glória do unigênito do Pai, cheio de graça e de verdade.

[15] João testificou dele, e clamou, dizendo: Este era aquele de quem eu dizia: O que vem após mim é antes de mim, porque foi primeiro do que eu.

[16] E todos nós recebemos também da sua plenitude, e graça por graça.

[17] Porque a lei foi dada por Moisés; a graça e a verdade vieram por Jesus Cristo.

[18] Deus nunca foi visto por alguém. O Filho unigênito, que está no seio do Pai, esse *o* revelou.

Testemunho de João o Batista

[19] E este é o testemunho de João, quando os judeus mandaram de Jerusalém sacerdotes e levitas para que lhe perguntassem: Quem és tu?

[20] E confessou, e não negou; confessou: Eu não sou o Cristo.

[21] E perguntaram-lhe: Então quê? És tu Elias? E disse: Não sou. És tu profeta? E respondeu: Não.

[22] Disseram-lhe pois: Quem és? Para que demos resposta àqueles que nos enviaram; que dizes de ti mesmo?

[23] Disse: Eu *sou* a voz do que clama no deserto: Endireitai o caminho do Senhor, como disse o profeta Isaías.

[24] E os que tinham sido enviados eram dos fariseus.

[25] E perguntaram-lhe, e disseram-lhe: Por que batizas, pois, se tu não és o Cristo, nem Elias, nem o Profeta?

[26] João respondeu-lhes, dizendo: Eu batizo com água; mas no meio de vós está um a quem vós não conheceis.

[27] Este é aquele que vem após mim, que é antes de mim, do qual eu não sou digno de desatar-lhe a correia da sandália.

[28] Estas coisas aconteceram em Betabara, do outro lado do Jordão, onde João estava batizando.

[29] No dia seguinte João viu a Jesus, que vinha para ele, e disse: Eis o Cordeiro de Deus, que tira o pecado do mundo.

[30] Este é aquele do qual eu disse: Após mim vem um homem que é antes de mim, porque foi primeiro do que eu.

[31] E eu não o conhecia; mas, para que ele fosse manifestado a Israel, vim eu, por isso, batizando com água.

[32] E João testificou, dizendo: Eu vi o Espírito descer do céu como pomba, e repousar sobre ele.

[33] E eu não o conhecia, mas o que me mandou a batizar com água, esse me disse: Sobre aquele que vires descer o Espírito, e sobre ele repousar, esse é o que batiza com o Espírito Santo.

[34] E eu vi, e tenho testificado que este é o Filho de Deus.

Os primeiros discípulos

[35] No dia seguinte João estava outra vez *ali,* e dois dos seus discípulos;

[36] E, vendo passar a Jesus, disse: Eis aqui o Cordeiro de Deus.

[37] E os dois discípulos ouviram-no dizer *isto,* e seguiram a Jesus.

[38] E Jesus, voltando-se e vendo que eles o seguiam, disse-lhes: Que buscais? E eles disseram: Rabi (que, traduzido, quer dizer Mestre), onde moras?

[39] Ele lhes disse: Vinde, e vede. Foram, e viram onde morava, e ficaram com ele aquele dia; e era já quase a hora décima.

[40] Era André, irmão de Simão Pedro, um dos dois que ouviram aquilo de João, e o haviam seguido.

[41] Este achou primeiro a seu irmão Simão, e disse-lhe: Achamos o Messias (que, traduzido, é o Cristo).

[42] E levou-o a Jesus. E, olhando Jesus para ele, disse: Tu és Simão, filho de Jonas; tu serás chamado Cefas (que quer dizer Pedro).

[43] No dia seguinte quis Jesus ir à Galileia, e achou a Filipe, e disse-lhe: Segue-me.

[44] E Filipe era de Betsaida, cidade de André e de Pedro.

[45] Filipe achou Natanael, e disse-lhe: Havemos

achado *aquele* de quem Moisés escreveu na lei, e os profetas: Jesus de Nazaré, filho de José.

⁴⁶Disse-lhe Natanael: Pode vir alguma *coisa* boa de Nazaré? Disse-lhe Filipe: Vem, e vê.

⁴⁷Jesus viu Natanael vir ter com ele, e disse dele: Eis aqui um verdadeiro israelita, em quem não há dolo.

⁴⁸Disse-lhe Natanael: De onde me conheces tu? Jesus respondeu, e disse-lhe: Antes que Filipe te chamasse, te vi eu, estando tu debaixo da figueira.

⁴⁹Natanael respondeu, e disse-lhe: Rabi, tu és o Filho de Deus; tu és o Rei de Israel.

⁵⁰Jesus respondeu, e disse-lhe: Porque te disse: Vi-te debaixo da figueira, crês? *Coisas* maiores do que estas verás.

⁵¹E disse-lhe: Na verdade, na verdade vos digo que daqui em diante vereis o céu aberto, e os anjos de Deus subindo e descendo sobre o Filho do homem.

Primeiro milagre de Jesus nas bodas de Caná

2 E, AO terceiro dia, fizeram-se umas bodas em Caná da Galileia; e estava ali a mãe de Jesus.

²E foi também convidado Jesus e os seus discípulos para as bodas.

³E, faltando vinho, a mãe de Jesus lhe disse: Não têm vinho.

⁴Disse-lhe Jesus: Mulher, que tenho eu contigo? Ainda não é chegada a minha hora.

⁵Sua mãe disse aos serventes: Fazei tudo quanto ele vos disser.

⁶E estavam ali postas seis talhas de pedra, para as purificações dos judeus, e em cada uma cabiam dois ou três almudes.

⁷Disse-lhes Jesus: Enchei de água essas talhas. E encheram-nas até em cima.

⁸E disse-lhes: Tirai agora, e levai ao mestre-sala. E levaram.

⁹E, logo que o mestre-sala provou a água feita vinho (não sabendo de onde viera, se bem que o sabiam os serventes que tinham tirado a água), chamou o mestre-sala ao esposo,

¹⁰E disse-lhe: Todo o homem põe primeiro o vinho bom e, quando *já* têm bebido bem, então o inferior; *mas* tu guardaste até agora o bom vinho.

¹¹Jesus principiou assim os seus sinais em Caná da Galileia, e manifestou a sua glória; e os seus discípulos creram nele.

¹²Depois disto desceu a Cafarnaum, ele, e sua mãe, e seus irmãos, e seus discípulos; e ficaram ali não muitos dias.

Os mercadores expulsos do templo

¹³E estava próxima a páscoa dos judeus, e Jesus subiu a Jerusalém.

¹⁴E achou no templo os que vendiam bois, e ovelhas, e pombos, e os cambistas assentados.

¹⁵E tendo feito um açoite de cordões, lançou todos fora do templo, também os bois e ovelhas; e espalhou o dinheiro dos cambistas, e derrubou as mesas;

¹⁶E disse aos que vendiam pombos: Tirai daqui estes, e não façais da casa de meu Pai casa de venda.

¹⁷E os seus discípulos lembraram-se do que está escrito: O zelo da tua casa me devorou.

¹⁸Responderam, pois, os judeus, e disseram-lhe: Que sinal nos mostras para fazeres isto?

¹⁹Jesus respondeu, e disse-lhes: Destruí este templo, e em três dias o levantarei.

²⁰Disseram, pois, os judeus: Em quarenta e seis anos foi edificado este templo, e tu o levantarás em três dias?

²¹Mas ele falava do templo do seu corpo.

²²Quando, pois, ressuscitou dentre os mortos, os seus discípulos lembraram-se de que lhes dissera isto; e creram na Escritura, e na palavra que Jesus tinha dito.

Muitos creram em Jesus

²³E, estando ele em Jerusalém pela páscoa, durante a festa, muitos, vendo os sinais que fazia, creram no seu nome.

²⁴Mas o mesmo Jesus não confiava neles, porque a todos conhecia;

²⁵E não necessitava de que alguém testificasse do homem, porque ele bem sabia o que havia no homem.

O novo nascimento. Jesus com Nicodemos

3 E HAVIA entre os fariseus um homem, chamado Nicodemos, príncipe dos judeus.

²Este foi ter de noite com Jesus, e disse-lhe: Rabi, bem sabemos que és Mestre, vindo de Deus; porque ninguém pode fazer estes sinais que tu fazes, se Deus não for com ele.

³Jesus respondeu, e disse-lhe: Na verdade, na verdade te digo que aquele que não nascer de novo, não pode ver o reino de Deus.

⁴Disse-lhe Nicodemos: Como pode um homem nascer, sendo velho? Pode, porventura, tornar a entrar no ventre de sua mãe, e nascer?

⁵Jesus respondeu: Na verdade, na verdade te digo que aquele que não nascer da água e do Espírito, não pode entrar no reino de Deus.

⁶O que é nascido da carne é carne, e o que é nascido do Espírito é espírito.

⁷Não te maravilhes de to ter dito: Necessário vos é nascer de novo.

⁸O vento assopra onde quer, e ouves a sua voz, mas não sabes de onde vem, nem para onde vai; assim é todo aquele que é nascido do Espírito.

⁹Nicodemos respondeu, e disse-lhe: Como pode ser isso?

¹⁰Jesus respondeu, e disse-lhe: Tu és mestre *de* Israel, e não sabes isto?

¹¹Na verdade, na verdade te digo que nós dizemos o que sabemos, e testificamos o que vimos; e não aceitais o nosso testemunho.

¹²Se vos falei de *coisas* terrestres, e não crestes, como crereis, se vos falar das celestiais?

¹³Ora, ninguém subiu ao céu, senão o que desceu do céu, o Filho do homem, que está no céu.

JOÃO 3.14

¹⁴E, como Moisés levantou a serpente no deserto, assim importa que o Filho do homem seja levantado;

¹⁵Para que todo aquele que nele crê não pereça, mas tenha a vida eterna.

¹⁶Porque Deus amou o mundo de tal maneira que deu o seu Filho unigênito, para que todo aquele que nele crê não pereça, mas tenha a vida eterna.

¹⁷Porque Deus enviou o seu Filho ao mundo, não para que condenasse o mundo, mas para que o mundo fosse salvo por ele.

¹⁸Quem crê nele não é condenado; mas quem não crê já está condenado, porquanto não crê no nome do unigênito Filho de Deus.

¹⁹E a condenação é esta: Que a luz veio ao mundo, e os homens amaram mais as trevas do que a luz, porque as suas obras eram más.

²⁰Porque todo aquele que faz o mal odeia a luz, e não vem para a luz, para que as suas obras não sejam reprovadas.

²¹Mas quem pratica a verdade vem para a luz, a fim de que as suas obras sejam manifestas, porque são feitas em Deus.

Outro testemunho de João o Batista

²²Depois disto foi Jesus com os seus discípulos para a terra da Judeia; e estava ali com eles, e batizava.

²³Ora, João batizava também em Enom, junto a Salim, porque havia ali muitas águas; e vinham *ali*, e eram batizados.

²⁴Porque ainda João não tinha sido lançado na prisão.

²⁵Houve então uma questão entre os discípulos de João e os judeus acerca da purificação.

²⁶E foram ter com João, e disseram-lhe: Rabi, aquele que estava contigo além do Jordão, do qual tu deste testemunho, ei-lo batizando, e todos vão ter com ele.

²⁷João respondeu, e disse: O homem não pode receber coisa alguma, se não lhe for dada do céu.

²⁸Vós mesmos me sois testemunhas de que disse: Eu não sou o Cristo, mas sou enviado adiante dele.

²⁹Aquele que tem a esposa é o esposo; mas o amigo do esposo, que *lhe* assiste e o ouve, alegra-se muito com a voz do esposo. Assim, pois, *já* este meu gozo está cumprido.

³⁰É necessário que ele cresça e que eu diminua.

³¹Aquele que vem de cima é sobre todos; aquele que *vem* da terra é da terra e fala da terra. Aquele que vem do céu é sobre todos.

³²E aquilo que ele viu e ouviu isso testifica; e ninguém aceita o seu testemunho.

³³Aquele que aceitou o seu testemunho, esse confirmou que Deus é verdadeiro.

³⁴Porque aquele que Deus enviou fala as palavras de Deus; pois não *lhe* dá Deus o Espírito por medida.

³⁵O Pai ama o Filho, e todas as *coisas* entregou nas suas mãos.

³⁶Aquele que crê no Filho tem a vida eterna; mas aquele que não crê no Filho não verá a vida, mas a ira de Deus sobre ele permanece.

A mulher de Samaria

4E QUANDO o Senhor entendeu que os fariseus tinham ouvido que Jesus fazia e batizava mais discípulos do que João

²(Ainda que Jesus mesmo não batizava, mas os seus discípulos),

³Deixou a Judeia, e foi outra vez para a Galileia.

⁴E era-lhe necessário passar por Samaria.

⁵Foi, pois, a uma cidade de Samaria, chamada Sicar, junto da herdade que Jacó tinha dado a seu filho José.

⁶E estava ali a fonte de Jacó. Jesus, pois, cansado do caminho, assentou-se assim junto da fonte. Era isto quase à hora sexta.

⁷Veio uma mulher de Samaria tirar água. Disse-lhe Jesus: Dá-me de beber.

⁸Porque os seus discípulos tinham ido à cidade comprar comida.

⁹Disse-lhe, pois, a mulher samaritana: Como, sendo tu judeu, me pedes de beber a mim, que sou mulher samaritana? (porque os judeus não se comunicam com os samaritanos).

¹⁰Jesus respondeu, e disse-lhe: Se tu conheceras o dom de Deus, e quem é o que te diz: Dá-me de beber, tu lhe pedirias, e ele te daria água viva.

¹¹Disse-lhe a mulher: Senhor, tu não tens com que a tirar, e o poço é fundo; onde, pois, tens a água viva?

¹²És tu maior do que o nosso pai Jacó, que nos deu o poço, bebendo ele próprio dele, e os seus filhos, e o seu gado?

¹³Jesus respondeu, e disse-lhe: Qualquer que beber desta água tornará a ter sede;

¹⁴Mas aquele que beber da água que eu lhe der nunca terá sede, porque a água que eu lhe der se fará nele uma fonte de água que salte para a vida eterna.

¹⁵Disse-lhe a mulher: Senhor, dá-me dessa água, para que não mais tenha sede, e não venha aqui tirá-la.

¹⁶Disse-lhe Jesus: Vai, chama o teu marido, e vem cá.

¹⁷A mulher respondeu, e disse: Não tenho marido. Disse-lhe Jesus: Disseste bem: Não tenho marido;

¹⁸Porque tiveste cinco maridos, e o que agora tens não é teu marido; isto disseste com verdade.

¹⁹Disse-lhe a mulher: Senhor, vejo que és profeta.

²⁰Nossos pais adoraram neste monte, e vós dizeis que é em Jerusalém o lugar onde se deve adorar.

²¹Disse-lhe Jesus: Mulher, crê-me que a hora vem, em que nem neste monte nem em Jerusalém adorareis o Pai.

²²Vós adorais o que não sabeis; nós adoramos o que sabemos porque a salvação vem dos judeus.

²³Mas a hora vem, e agora é, em que os verdadeiros adoradores adorarão o Pai em espírito e

em verdade; porque o Pai procura a tais que assim o adorem.

²⁴Deus *é* Espírito, e importa que os que o adoram *o* adorem em espírito e em verdade.

²⁵A mulher disse-lhe: Eu sei que o Messias (que se chama o Cristo) vem; quando ele vier, nos anunciará tudo.

²⁶Jesus disse-lhe: Eu o sou, eu que falo contigo.

²⁷E nisto vieram os seus discípulos, e maravilharam-se de que estivesse falando com *uma* mulher; todavia nenhum *lhe* disse: Que perguntas? Ou: Por que falas com ela?

²⁸Deixou, pois, a mulher o seu cântaro, e foi à cidade, e disse àqueles homens:

²⁹Vinde, vede um homem que me disse tudo quanto tenho feito. Porventura não é este o Cristo?

³⁰Saíram, pois, da cidade, e foram ter com ele.

³¹E entretanto os seus discípulos lhe rogaram, dizendo: Rabi, come.

³²Ele, porém, lhes disse: Uma comida tenho para comer, que vós não conheceis.

³³Então os discípulos diziam uns aos outros: Trouxe-lhe, porventura, alguém *algo* de comer?

³⁴Jesus disse-lhes: A minha comida é fazer a vontade daquele que me enviou, e realizar a sua obra.

³⁵Não dizeis vós que ainda há quatro meses até que venha a ceifa? Eis que eu vos digo: Levantai os vossos olhos, e vede as terras, que já estão brancas para a ceifa.

³⁶E o que ceifa recebe galardão, e ajunta fruto para a vida eterna; para que, assim o que semeia como o que ceifa, ambos se regozijem.

³⁷Porque nisto é verdadeiro o ditado, que um é o que semeia, e outro o que ceifa.

³⁸Eu vos enviei a ceifar onde vós não trabalhastes; outros trabalharam, e vós entrastes no seu trabalho.

Muitos samaritanos creem em Jesus

³⁹E muitos dos samaritanos daquela cidade creram nele, pela palavra da mulher, que testificou: Disse-me tudo quanto tenho feito.

⁴⁰Indo, pois, ter com ele os samaritanos, rogaram-lhe que ficasse com eles; e ficou ali dois dias.

⁴¹E muitos mais creram nele, por causa da sua palavra,

⁴²E diziam à mulher: Já não é pelo teu dito que nós cremos; porque nós mesmos *o* temos ouvido, e sabemos que este é verdadeiramente o Cristo, o Salvador do mundo.

Volta de Jesus à Galileia

⁴³E dois dias depois partiu dali, e foi para a Galileia.

⁴⁴Porque Jesus mesmo testificou que um profeta não tem honra na sua própria pátria.

⁴⁵Chegando, pois, à Galileia, os galileus o receberam, vistas todas as coisas que fizera em Jerusalém, no *dia* da festa; porque também eles tinham ido à festa.

Cura do filho de um nobre

⁴⁶Segunda vez foi Jesus a Caná da Galileia, onde da água fizera vinho. E havia ali um oficial do rei, cujo filho estava enfermo em Cafarnaum.

⁴⁷Ouvindo este que Jesus vinha da Judeia para a Galileia, foi ter com ele, e rogou-lhe que descesse, e curasse o seu filho, porque *já* estava à morte.

⁴⁸Então Jesus lhe disse: Se não virdes sinais e milagres, não crereis.

⁴⁹Disse-lhe o oficial: Senhor, desce, antes que meu filho morra.

⁵⁰Disse-lhe Jesus: Vai, o teu filho vive. E o homem creu na palavra que Jesus lhe disse, e partiu.

⁵¹E descendo ele logo, saíram-*lhe* ao encontro os seus servos, e lhe anunciaram, dizendo: O teu filho vive.

⁵²Perguntou-lhes, pois, a que hora se achara melhor. E disseram-lhe: Ontem às sete horas a febre o deixou.

⁵³Entendeu, pois, o pai que *era* aquela hora a mesma em que Jesus lhe disse: O teu filho vive; e creu ele, e toda a sua casa.

⁵⁴Jesus, novamente, fez este segundo milagre, quando ia da Judeia para a Galileia.

Jesus em Jerusalém. Cura de um enfermo no tanque de Betesda

5DEPOIS disto havia *uma* festa entre os judeus, e Jesus subiu a Jerusalém.

²Ora, em Jerusalém há, próximo à *porta* das ovelhas, um tanque, chamado em hebreu Betesda, o qual tem cinco alpendres.

³Nestes jazia grande multidão de enfermos, cegos, mancos *e* ressecados, esperando o movimento da água.

⁴Porquanto um anjo descia em certo tempo ao tanque, e agitava a água; e o primeiro que ali descia, depois do movimento da água, sarava de qualquer enfermidade que tivesse.

⁵E estava ali um homem que, havia trinta e oito anos, se achava enfermo.

⁶E Jesus, vendo este deitado, e sabendo que estava neste estado havia muito tempo, disse-lhe: Queres ficar são?

⁷O enfermo respondeu-lhe: Senhor, não tenho homem algum que, quando a água é agitada, me ponha no tanque; mas, enquanto eu vou, desce outro antes de mim.

⁸Jesus disse lhe: Levanta-te, toma o teu leito, e anda.

⁹Logo aquele homem ficou são; e tomou o seu leito, e andava. E aquele dia era sábado.

¹⁰Então os judeus disseram àquele que tinha sido curado: É sábado, não te é lícito levar o leito.

¹¹Ele respondeu-lhes: Aquele que me curou, ele próprio disse: Toma o teu leito, e anda.

¹²Perguntaram-lhe, pois: Quem é o homem que te disse: Toma o teu leito, e anda?

¹³E o que fora curado não sabia quem era; porque Jesus se havia retirado, em razão de naquele lugar haver grande multidão.

JOÃO 5.14

716

[14]Depois Jesus encontrou-o no templo, e disse-lhe: Eis que já estás são; não peques mais, para que não te suceda alguma coisa pior.

[15]E aquele homem foi, e anunciou aos judeus que Jesus era o que o curara.

Honrando o Pai e o Filho

[16]E por esta causa os judeus perseguiram a Jesus, e procuravam matá-lo, porque fazia estas coisas no sábado.

[17]E Jesus lhes respondeu: Meu Pai trabalha até agora, e eu trabalho *também*.

[18]Por isso, pois, os judeus ainda mais procuravam matá-lo, porque não só quebrantava o sábado, mas também dizia que Deus era seu próprio Pai, fazendo-se igual a Deus.

[19]Mas Jesus respondeu, e disse-lhes: Na verdade, na verdade vos digo que o Filho por si mesmo não pode fazer coisa alguma, se o não vir fazer o Pai; porque tudo quanto ele faz, o Filho o faz igualmente.

[20]Porque o Pai ama o Filho, e mostra-lhe tudo o que faz; e ele lhe mostrará maiores obras do que estas, para que vos maravilheis.

[21]Pois, assim como o Pai ressuscita os mortos, e os vivifica, assim também o Filho vivifica aqueles que quer.

[22]E também o Pai a ninguém julga, mas deu ao Filho todo o juízo;

[23]Para que todos honrem o Filho, como honram o Pai. Quem não honra o Filho, não honra o Pai que o enviou.

[24]Na verdade, na verdade vos digo que quem ouve a minha palavra, e crê naquele que me enviou, tem a vida eterna, e não entrará em condenação, mas passou da morte para a vida.

[25]Em verdade, em verdade vos digo que vem a hora, e agora é, em que os mortos ouvirão a voz do Filho de Deus, e os que a ouvirem viverão.

[26]Porque, como o Pai tem a vida em si mesmo, assim deu também ao Filho ter a vida em si mesmo;

[27]E deu-lhe o poder de também exercer o juízo, porque é o Filho do homem.

[28]Não vos maravilheis disto; porque vem a hora em que todos os que estão nos sepulcros ouvirão a sua voz.

[29]E os que fizeram o bem sairão para a ressurreição da vida; e os que fizeram o mal para a ressurreição da condenação.

[30]Eu não posso de mim mesmo fazer coisa alguma. Como ouço, *assim* julgo; e o meu juízo é justo, porque não busco a minha vontade, mas a vontade do Pai que me enviou.

[31]Se eu testifico de mim mesmo, o meu testemunho não é verdadeiro.

[32]Há outro que testifica de mim, e sei que o testemunho que ele dá de mim é verdadeiro.

[33]Vós mandastes *mensageiros* a João, e ele deu testemunho da verdade.

[34]Eu, porém, não recebo testemunho de homem; mas digo isto, para que vos salveis.

[35]Ele era a candeia que ardia e iluminava, e vós quisestes alegrar-vos por um pouco de tempo com a sua luz.

[36]Mas eu tenho maior testemunho do que o de João; porque as obras que o Pai me deu para realizar, as mesmas obras que eu faço, testificam de mim, que o Pai me enviou.

[37]E o Pai, que me enviou, ele mesmo testificou de mim. Vós nunca ouvistes a sua voz, nem vistes o seu parecer.

[38]E a sua palavra não permanece em vós, porque naquele que ele enviou não credes vós.

[39]Examinais as Escrituras, porque vós cuidais ter nelas a vida eterna, e são elas que de mim testificam;

[40]E não quereis vir a mim para terdes vida.

[41]Eu não recebo glória dos homens;

[42]Mas bem vos conheço, que não tendes em vós o amor de Deus.

[43]Eu vim em nome de meu Pai, e não me aceitais; se outro vier em seu próprio nome, a esse aceitareis.

[44]Como podeis vós crer, recebendo honra uns dos outros, e não buscando a honra que vem só de Deus?

[45]Não cuideis que eu vos hei de acusar para com o Pai. Há um que vos acusa, Moisés, em quem vós esperais.

[46]Porque, se vós crêsseis em Moisés, creríeis em mim; porque de mim escreveu ele.

[47]Mas, se não credes nos seus escritos, como crereis nas minhas palavras?

A multiplicação dos pães

6 DEPOIS disto partiu Jesus para o outro lado do mar da Galileia, que é *o* de Tiberíades.

[2]E grande multidão o seguia, porque via os sinais que operava sobre os enfermos.

[3]E Jesus subiu ao monte, e assentou-se ali com os seus discípulos.

[4]E a páscoa, a festa dos judeus, estava próxima.

[5]Então Jesus, levantando os olhos, e vendo que *uma* grande multidão vinha ter com ele, disse a Filipe: Onde compraremos pão, para estes comerem?

[6]Mas dizia isto para o experimentar; porque ele bem sabia o que havia de fazer.

[7]Filipe respondeu-lhe: Duzentos dinheiros de pão não lhes bastarão, para que cada um deles tome um pouco.

[8]E um dos seus discípulos, André, irmão de Simão Pedro, disse-lhe:

[9]Está aqui um rapaz que tem cinco pães de cevada e dois peixinhos; mas que é isto para tantos?

[10]E disse Jesus: Mandai assentar os homens. E havia muita relva naquele lugar. Assentaram-se, pois, os homens em número de quase cinco mil.

[11]E Jesus tomou os pães e, havendo dado graças, repartiu-os pelos discípulos, e os discípulos pelos que estavam assentados; e igualmente também dos peixes, quanto eles queriam.

[12]E, quando estavam saciados, disse aos seus

discípulos: Recolhei os pedaços que sobejaram, para que nada se perca.

¹³Recolheram-nos, pois, e encheram doze cestos de pedaços dos cinco pães de cevada, que sobejaram aos que haviam comido.

¹⁴Vendo, pois, aqueles homens o milagre que Jesus tinha feito, diziam: Este é verdadeiramente o Profeta que devia vir ao mundo.

Jesus anda sobre as águas

¹⁵Sabendo, pois, Jesus que haviam de vir arrebatá-lo, para o fazerem rei, tornou a retirar-se, ele só, para o monte.

¹⁶E, quando veio a tarde, os seus discípulos desceram para o mar.

¹⁷E, entrando no barco, atravessaram o mar em direção a Cafarnaum; e era já escuro, e *ainda* Jesus não tinha vindo a eles.

¹⁸E o mar se levantou, porque um grande vento assoprava.

¹⁹E, tendo navegado uns vinte e cinco ou trinta estádios, viram a Jesus, andando sobre o mar e aproximando-se do barco; e temeram.

²⁰Mas ele lhes disse: Sou eu, não temais.

²¹Então eles de boa mente o receberam no barco; e logo o barco chegou à terra para onde iam.

Jesus, o pão da vida

²²No dia seguinte, a multidão que estava do outro lado do mar, vendo que não havia ali mais do que um barquinho, a não ser aquele no qual os seus discípulos haviam entrado, e que Jesus não entrara com os seus discípulos naquele barquinho, mas *que* os seus discípulos tinham ido sozinhos

²³(Contudo, outros barquinhos tinham chegado de Tiberíades, perto do lugar onde comeram o pão, havendo o Senhor dado graças).

²⁴Vendo, pois, a multidão que Jesus não estava ali nem os seus discípulos, entraram eles também nos barcos, e foram a Cafarnaum, em busca de Jesus.

²⁵E, achando-o no outro lado do mar, disseram-lhe: Rabi, quando chegaste aqui?

²⁶Jesus respondeu-lhes, e disse: Na verdade, na verdade vos digo que me buscais, não pelos sinais que vistes, mas porque comestes do pão e vos saciastes.

²⁷Trabalhai, não pela comida que perece, mas pela comida que permanece para a vida eterna, a qual o Filho do homem vos dará; porque a este o Pai, Deus, o selou.

²⁸Disseram-lhe, pois: Que faremos para executarmos as obras de Deus?

²⁹Jesus respondeu, e disse-lhes: A obra de Deus é esta: Que creiais naquele que ele enviou.

³⁰Disseram-lhe, pois: Que sinal, pois, fazes tu, para que o vejamos, e creiamos em ti? Que operas tu?

³¹Nossos pais comeram o maná no deserto, como está escrito: Deu-lhes a comer o pão do céu.

³²Disse-lhes, pois, Jesus: Na verdade, na verdade vos digo: Moisés não vos deu o pão do céu; mas meu Pai vos dá o verdadeiro pão do céu.

³³Porque o pão de Deus é aquele que desce do céu e dá vida ao mundo.

³⁴Disseram-lhe, pois: Senhor, dá-nos sempre desse pão.

³⁵E Jesus lhes disse: Eu sou o pão da vida; aquele que vem a mim não terá fome, e quem crê em mim nunca terá sede.

³⁶Mas *já* vos disse que também vós me vistes, e *contudo* não credes.

³⁷Todo o que o Pai me dá virá a mim; e o que vem a mim de maneira nenhuma o lançarei fora.

³⁸Porque eu desci do céu, não para fazer a minha vontade, mas a vontade daquele que me enviou.

³⁹E a vontade do Pai que me enviou é esta: Que nenhum de todos aqueles que me deu, eu perca, mas que o ressuscite no último dia.

⁴⁰Porquanto a vontade daquele que me enviou é esta: Que todo aquele que vê o Filho, e crê nele, tenha a vida eterna; e eu o ressuscitarei no último dia.

Jesus fala aos judeus

⁴¹Murmuravam, pois, dele os judeus, porque dissera: Eu sou o pão que desceu do céu.

⁴²E diziam: Não é este Jesus, o filho de José, cujo pai e mãe nós conhecemos? Como, pois, diz ele: Desci do céu?

⁴³Respondeu, pois, Jesus, e disse-lhes: Não murmureis entre vós.

⁴⁴Ninguém pode vir a mim, se o Pai que me enviou o não trouxer; e eu o ressuscitarei no último dia.

⁴⁵Está escrito nos profetas: E serão todos ensinados por Deus. Portanto, todo aquele que do Pai ouviu e aprendeu vem a mim.

⁴⁶Não que alguém visse ao Pai, a não ser aquele que é de Deus; este tem visto ao Pai.

⁴⁷Na verdade, na verdade vos digo que aquele que crê em mim tem a vida eterna.

⁴⁸Eu sou o pão da vida.

⁴⁹Vossos pais comeram o maná no deserto, e morreram.

⁵⁰Este é o pão que desce do céu, para que o que dele comer não morra.

⁵¹Eu sou o pão vivo que desceu do céu; se alguém comer deste pão, viverá para sempre; e o pão que eu der é a minha carne, que eu darei pela vida do mundo.

⁵²Disputavam, pois, os judeus entre si, dizendo: Como nos pode dar este a sua carne a comer?

⁵³Jesus, pois, lhes disse: Na verdade, na verdade vos digo que, se não comerdes a carne do Filho do homem, e *não* beberdes o seu sangue, não tereis vida em vós mesmos.

⁵⁴Quem come a minha carne e bebe o meu sangue tem a vida eterna, e eu o ressuscitarei no último dia.

⁵⁵Porque a minha carne verdadeiramente é comida, e o meu sangue verdadeiramente é bebida.

⁵⁶Quem come a minha carne e bebe o meu sangue permanece em mim e eu nele.

⁵⁷Assim como o Pai, que vive, me enviou, e eu

JOÃO 6.58

718

vivo pelo Pai, assim, quem de mim se alimenta, também viverá por mim.

⁵⁸Este é o pão que desceu do céu; não como de vossos pais, que comeram o maná e morreram; quem comer este pão viverá para sempre.

⁵⁹Ele disse estas *coisas* na sinagoga, ensinando em Cafarnaum.

Deserção de muitos discípulos

⁶⁰Muitos, pois, dos seus discípulos, ouvindo *isto*, disseram: Duro é este discurso; quem o pode ouvir?

⁶¹Sabendo, pois, Jesus em si mesmo que os seus discípulos murmuravam disto, disse-lhes: Isto escandaliza-vos?

⁶²*Que seria*, pois, se vísseis subir o Filho do homem para onde primeiro estava?

⁶³O espírito é o que vivifica, a carne para nada aproveita; as palavras que eu vos digo são espírito e vida.

⁶⁴Mas há alguns de vós que não creem. Porque bem sabia Jesus, desde o princípio, quem eram os que não criam, e quem era o que o havia de entregar.

⁶⁵E dizia: Por isso eu vos disse que ninguém pode vir a mim, se por meu Pai não lhe for concedido.

⁶⁶Desde então muitos dos seus discípulos tornaram para trás, e já não andavam com ele.

⁶⁷Então disse Jesus aos doze: Quereis vós também retirar-vos?

⁶⁸Respondeu-lhe, pois, Simão Pedro: Senhor, para quem iremos nós? Tu tens as palavras da vida eterna.

⁶⁹E nós temos crido e conhecido que tu és o Cristo, o Filho do Deus vivente.

⁷⁰Respondeu-lhe Jesus: Não vos escolhi a vós os doze? E um de vós é um diabo.

⁷¹E isto dizia ele de Judas Iscariotes, *filho* de Simão; porque este o havia de entregar, sendo um dos doze.

Incredulidade dos irmãos de Jesus

7E DEPOIS disto Jesus andava pela Galileia, e *já* não queria andar pela Judeia, pois os judeus procuravam matá-lo.

²E estava próxima a festa dos judeus, a dos tabernáculos.

³Disseram-lhe, pois, seus irmãos: Sai daqui, e vai para a Judeia, para que também os teus discípulos vejam as obras que fazes.

⁴Porque não há ninguém que procure ser conhecido que faça coisa alguma em oculto. Se fazes estas *coisas*, manifesta-te ao mundo.

⁵Porque nem mesmo seus irmãos criam nele.

⁶Disse-lhes, pois, Jesus: Ainda não é chegado o meu tempo, mas o vosso tempo sempre está pronto.

⁷O mundo não vos pode odiar, mas ele me odeia a mim, porquanto dele testifico que as suas obras são más.

⁸Subi vós a esta festa; eu não subo ainda a esta festa, porque ainda o meu tempo não está cumprido.

⁹E, havendo-lhes dito isto, ficou na Galileia.

Jesus na festa dos tabernáculos

¹⁰Mas, quando seus irmãos *já* tinham subido à festa, então subiu ele também, não manifestamente, mas como em oculto.

¹¹Ora, os judeus procuravam-no na festa, e diziam: Onde está ele?

¹²E havia grande murmuração entre a multidão a respeito dele. Diziam alguns: Ele é bom. E outros diziam: Não, antes engana o povo.

¹³Todavia ninguém falava dele abertamente, por medo dos judeus.

¹⁴Mas, no meio da festa subiu Jesus ao templo, e ensinava.

¹⁵E os judeus maravilhavam-se, dizendo: Como sabe este letras, não *as* tendo aprendido?

¹⁶Jesus lhes respondeu, e disse: A minha doutrina não é minha, mas daquele que me enviou.

¹⁷Se alguém quiser fazer a vontade dele, pela mesma doutrina conhecerá se ela é de Deus, ou *se* eu falo de mim mesmo.

¹⁸Quem fala de si mesmo busca a sua própria glória; mas o que busca a glória daquele que o enviou, esse é verdadeiro, e não há nele injustiça.

¹⁹Não vos deu Moisés a lei? E nenhum de vós observa a lei. Por que procurais matar-me?

²⁰A multidão respondeu, e disse: Tens demônio; quem procura matar-te?

²¹Respondeu Jesus, e disse-lhes: Fiz uma só obra, e todos vos maravilhais.

²²Pelo motivo de que Moisés vos deu a circuncisão (não que fosse de Moisés, mas dos pais), e no sábado circuncidais um homem.

²³Se o homem recebe a circuncisão no sábado, para que a lei de Moisés não seja quebrantada, indignais-vos contra mim, porque no sábado curei de todo um homem?

²⁴Não julgueis segundo a aparência, mas julgai segundo a reta justiça.

²⁵Então alguns dos de Jerusalém diziam: Não é este o que procuram matar?

²⁶E ei-lo aí está falando abertamente, e nada lhe dizem. Porventura sabem verdadeiramente os príncipes que de fato este é o Cristo?

²⁷Todavia bem sabemos de onde este é; mas, quando vier o Cristo, ninguém saberá de onde ele é.

²⁸Clamava, pois, Jesus no templo, ensinando, e dizendo: Vós conheceis-me, e sabeis de onde sou; e eu não vim de mim mesmo, mas aquele que me enviou é verdadeiro, o qual vós não conheceis.

²⁹Mas eu conheço-o, porque dele sou e ele me enviou.

³⁰Procuravam, pois, prendê-lo, mas ninguém lançou mão dele, porque ainda não era chegada a sua hora.

³¹E muitos da multidão creram nele, e diziam: Quando o Cristo vier, fará ainda mais sinais do que os que este tem feito?

Projetos de prisão de Jesus

³²Os fariseus ouviram que a multidão murmurava dele estas *coisas;* e os fariseus e os principais sacerdotes mandaram servidores para o prenderem.

³³Disse-lhes, pois, Jesus: Ainda um pouco de tempo estou convosco, e *depois* vou para aquele que me enviou.

³⁴Vós me buscareis, e não *me* achareis; e onde eu estou, vós não podeis vir.

³⁵Disseram, pois, os judeus uns para os outros: Para onde irá este, que o não acharemos? Irá porventura para os dispersos entre os gregos, e ensinará os gregos?

³⁶Que palavra é esta que disse: Buscar-me-eis, e não *me* achareis; e: Aonde eu estou vós não podeis ir?

A promessa do Espírito Santo

³⁷E no último dia, o grande *dia* da festa, Jesus pôs-se em pé, e clamou, dizendo: Se alguém tem sede, venha a mim, e beba.

³⁸Quem crê em mim, como diz a Escritura, rios de água viva correrão do seu ventre.

³⁹E isto disse ele do Espírito que haviam de receber os que nele cressem; porque o Espírito Santo ainda não fora *dado,* por ainda Jesus não ter sido glorificado.

⁴⁰Então muitos da multidão, ouvindo esta palavra, diziam: Verdadeiramente este é o Profeta.

⁴¹Outros diziam: Este *é* o Cristo; mas diziam outros: Vem, pois, o Cristo da Galileia?

⁴²Não diz a Escritura que o Cristo vem da descendência de Davi, e de Belém, da aldeia de onde era Davi?

⁴³Assim entre o povo havia dissensão por causa dele.

⁴⁴E alguns deles queriam prendê-lo, mas ninguém lançou mão dele.

⁴⁵E os servidores foram ter com os principais sacerdotes e fariseus; e eles lhes perguntaram: Por que não o trouxestes?

⁴⁶Responderam os servidores: Nunca homem algum falou assim como este homem.

⁴⁷Responderam-lhes, pois, os fariseus: Também vós fostes enganados?

⁴⁸Creu nele porventura algum dos principais ou dos fariseus?

⁴⁹Mas esta multidão, que não sabe a lei, é maldita.

⁵⁰Nicodemos, que era um deles (o que de noite fora ter com *Jesus),* disse-lhes:

⁵¹Porventura condena a nossa lei um homem sem primeiro o ouvir e ter conhecimento do que faz?

⁵²Responderam eles, e disseram-lhe: És tu também da Galileia? Examina, e verás que da Galileia nenhum profeta surgiu.

⁵³E cada um foi para sua casa.

A mulher adúltera

8 JESUS, porém, foi para o Monte das Oliveiras. ²E pela manhã cedo tornou para o templo, e todo o povo vinha ter com ele, e, assentando-se, os ensinava.

³E os escribas e fariseus trouxeram-lhe uma mulher apanhada em adultério;

⁴E, pondo-a no meio, disseram-lhe: Mestre, esta mulher foi apanhada, no próprio ato, adulterando.

⁵E na lei nos mandou Moisés que as tais sejam apedrejadas. Tu, pois, que dizes?

⁶Isto diziam eles, tentando-o, para que tivessem de que o acusar. Mas Jesus, inclinando-se, escrevia com o dedo na terra.

⁷E, como insistissem, perguntando-lhe, endireitou-se, e disse-lhes: Aquele que de entre vós está sem pecado seja o primeiro que atire pedra contra ela.

⁸E, tornando a inclinar-se, escrevia na terra.

⁹Porém ouvindo eles *isto,* acusados pela consciência, saíram um a um, a começar pelos mais velhos até aos últimos; ficou só Jesus e a mulher que estava no meio.

¹⁰E, endireitando-se Jesus, e não vendo ninguém mais do que a mulher, disse-lhe: Mulher, onde estão aqueles teus acusadores? Ninguém te condenou?

¹¹E ela disse: Ninguém, Senhor. E disse-lhe Jesus: Nem eu também te condeno; vai-te, e não peques mais.

Jesus, a luz do mundo

¹²Falou-lhes, pois, Jesus outra vez, dizendo: Eu sou a luz do mundo; quem me segue não andará em trevas, mas terá a luz da vida.

¹³Disseram-lhe, pois, os fariseus: Tu testificas de ti mesmo; o teu testemunho não é verdadeiro.

¹⁴Respondeu Jesus, e disse-lhes: Ainda que eu testifico de mim mesmo, o meu testemunho é verdadeiro, porque sei de onde vim, e para onde vou; mas vós não sabeis de onde venho, nem para onde vou.

¹⁵Vós julgais segundo a carne; eu a ninguém julgo.

¹⁶E, se na verdade julgo, o meu juízo é verdadeiro, porque não sou eu só, mas eu e o Pai que me enviou.

¹⁷E na vossa lei está também escrito que o testemunho de dois homens é verdadeiro.

¹⁸Eu sou o que testifico de mim mesmo, e de mim testifica *também* o Pai que me enviou.

¹⁹Disseram lhe, pois: Onde está teu Pai? Jesus respondeu: Não me conheceis a mim, nem a meu Pai; se vós me conhecêsseis a mim, também conheceríeis a meu Pai.

²⁰Estas palavras disse Jesus no lugar do tesouro, ensinando no templo, e ninguém o prendeu, porque ainda não era chegada a sua hora.

²¹Disse-lhes, pois, Jesus outra vez: Eu retiro-me, e buscar-me-eis, e morrereis no vosso pecado. Para onde eu vou, não podeis vós vir.

²²Diziam, pois, os judeus: Porventura quererá matar-se a si mesmo, pois diz: Para onde eu vou não podeis vir?

JOÃO 8.23

²³E dizia-lhes: Vós sois de baixo, eu sou de cima; vós sois deste mundo, eu não sou deste mundo.

²⁴Por isso vos disse que morrereis em vossos pecados, porque se não crerdes que eu sou, morrereis em vossos pecados.

²⁵Disseram-lhe, pois: Quem és tu? Jesus lhes disse: Isso mesmo que já desde o princípio vos disse.

²⁶Muito tenho que dizer e julgar de vós, mas aquele que me enviou é verdadeiro; e o que dele tenho ouvido, isso falo ao mundo.

²⁷*Mas* não entenderam que ele lhes falava do Pai.

²⁸Disse-lhes, pois, Jesus: Quando levantardes o Filho do homem, então conhecereis quem eu sou, e *que* nada faço por mim mesmo; mas estas coisas falo como meu Pai me ensinou.

²⁹E aquele que me enviou está comigo. O Pai não me tem deixado só, porque eu faço sempre o que lhe agrada.

Jesus maior do que Abraão

³⁰Dizendo ele estas *coisas,* muitos creram nele.

³¹Jesus dizia, pois, aos judeus que criam nele: Se vós permanecerdes na minha palavra, verdadeiramente sereis meus discípulos;

³²E conhecereis a verdade, e a verdade vos libertará.

³³Responderam-lhe: Somos descendência de Abraão, e nunca servimos a ninguém; como dizes tu: Sereis livres?

³⁴Respondeu-lhes Jesus: Em verdade, em verdade vos digo que todo aquele que comete pecado é servo do pecado.

³⁵Ora o servo não fica para sempre em casa; o Filho fica para sempre.

³⁶Se, pois, o Filho vos libertar, verdadeiramente sereis livres.

³⁷Bem sei que sois descendência de Abraão; contudo, procurais matar-me, porque a minha palavra não entra em vós.

³⁸Eu falo do que vi junto de meu Pai, e vós fazeis o que também vistes junto de vosso pai.

³⁹Responderam, e disseram-lhe: Nosso pai é Abraão. Jesus disse-lhes: Se fôsseis filhos de Abraão, faríeis as obras de Abraão.

⁴⁰Mas agora procurais matar-me, a mim, homem que vos tem dito a verdade que de Deus tem ouvido; Abraão não fez isto.

⁴¹Vós fazeis as obras de vosso pai. Disseram-lhe, pois: Nós não somos nascidos de fornicação; temos um Pai, *que é* Deus.

⁴²Disse-lhes, pois, Jesus: Se Deus fosse o vosso Pai, certamente me amaríeis, pois que eu saí, e vim de Deus; não vim de mim mesmo, mas ele me enviou.

⁴³Por que não entendeis a minha linguagem? Por não poderdes ouvir a minha palavra.

⁴⁴Vós tendes por pai ao diabo, e quereis satisfazer os desejos de vosso pai. Ele foi homicida desde o princípio, e não se firmou na verdade, porque não há verdade nele. Quando ele profere mentira, fala do que lhe é próprio, porque é mentiroso, e pai da mentira.

⁴⁵Mas, porque *vos* digo a verdade, não *me* credes.

⁴⁶Quem dentre vós me convence de pecado? E se vos digo a verdade, por que não me credes?

⁴⁷Quem é de Deus escuta as palavras de Deus; por isso vós não *as* escutais, porque não sois de Deus.

⁴⁸Responderam, pois, os judeus, e disseram-lhe: Não dizemos nós bem que és samaritano, e que tens demônio?

⁴⁹Jesus respondeu: Eu não tenho demônio, antes honro a meu Pai, e vós me desonrais.

⁵⁰Eu, porém, não busco a minha glória; há quem *a* busque, e julgue.

⁵¹Em verdade, em verdade vos digo que, se alguém guardar a minha palavra, nunca verá a morte.

⁵²Disseram-lhe, pois, os judeus: Agora conhecemos que tens demônio. Morreu Abraão e os profetas; e tu dizes: Se alguém guardar a minha palavra, nunca provará a morte.

⁵³És tu maior do que o nosso pai Abraão, que morreu? E também os profetas morreram. Quem te fazes tu ser?

⁵⁴Jesus respondeu: Se eu me glorifico a mim mesmo, a minha glória não é nada; quem me glorifica é meu Pai, o qual dizeis que é vosso Deus.

⁵⁵E vós não o conheceis, mas eu conheço-o. E, se disser que o não conheço, serei mentiroso como vós; mas conheço-o e guardo a sua palavra.

⁵⁶Abraão, vosso pai, exultou por ver o meu dia, e viu-o, e alegrou-se.

⁵⁷Disseram-lhe, pois, os judeus: Ainda não tens cinquenta anos, e viste Abraão?

⁵⁸Disse-lhes Jesus: Em verdade, em verdade vos digo que antes que Abraão existisse, eu sou.

⁵⁹Então pegaram em pedras para lhe atirarem; mas Jesus ocultou-se, e saiu do templo, passando pelo meio deles, e assim se retirou.

Cura de um cego de nascença

9E, PASSANDO *Jesus,* viu um homem cego de nascença.

²E os seus discípulos lhe perguntaram, dizendo: Rabi, quem pecou, este ou seus pais, para que nascesse cego?

³Jesus respondeu: Nem ele pecou nem seus pais; mas foi assim para que se manifestem nele as obras de Deus.

⁴Convém que eu faça as obras daquele que me enviou, enquanto é dia; a noite vem, quando ninguém pode trabalhar.

⁵Enquanto estou no mundo, sou a luz do mundo.

⁶Tendo dito isto, cuspiu na terra, e com a saliva fez lodo, e untou com o lodo os olhos do cego.

⁷E disse-lhe: Vai, lava-te no tanque de Siloé (que significa o Enviado). Foi, pois, e lavou-se, e voltou vendo.

⁸Então os vizinhos, e aqueles que dantes tinham visto que era cego, diziam: Não é este aquele que estava assentado e mendigava?

⁹Uns diziam: É este. *E* outros: Parece-se com ele. Ele dizia: Sou eu.

¹⁰Diziam-lhe, pois: Como se te abriram os olhos?

¹¹Ele respondeu, e disse: O homem, chamado Jesus, fez lodo, e untou-me os olhos, e disse-me: Vai ao tanque de Siloé, e lava-te. Então fui, e lavei-me, e vi.

¹²Disseram-lhe, pois: Onde está ele? Respondeu: Não sei.

¹³Levaram, *pois,* aos fariseus o que dantes *era* cego.

¹⁴E era sábado quando Jesus fez o lodo e lhe abriu os olhos.

¹⁵Tornaram, pois, também os fariseus a perguntar-lhe como vira, e ele lhes disse: Pôs-me lodo sobre os olhos, lavei-me, e vejo.

¹⁶Então alguns dos fariseus diziam: Este homem não é de Deus, pois não guarda o sábado. Diziam outros: Como pode um homem pecador fazer tais sinais? E havia dissensão entre eles.

¹⁷Tornaram, *pois,* a dizer ao cego: Tu, que dizes daquele que te abriu os olhos? E ele respondeu: Que é profeta.

¹⁸Os judeus, porém, não creram, a seu respeito, que tivesse sido cego, e que *agora* visse, enquanto não chamaram os pais do que agora via.

¹⁹E perguntaram-lhes, dizendo: É este o vosso filho, que vós dizeis ter nascido cego? Como, pois, vê agora?

²⁰Seus pais lhes responderam, e disseram: Sabemos que este é o nosso filho, e que nasceu cego;

²¹Mas como agora vê, não sabemos; ou quem lhe tenha aberto os olhos, não sabemos. Tem idade, perguntai-lho a ele mesmo; e ele falará por si mesmo.

²²Seus pais disseram isto, porque temiam os judeus. Porquanto já os judeus tinham resolvido que, se alguém confessasse ser ele o Cristo, fosse expulso da sinagoga.

²³Por isso é que seus pais disseram: Tem idade, perguntai-lho a ele mesmo.

²⁴Chamaram, pois, pela segunda vez o homem que tinha sido cego, e disseram-lhe: Dá glória a Deus; nós sabemos que esse homem é pecador.

²⁵Respondeu ele pois, e disse: Se é pecador, não sei; uma coisa sei, é que, havendo eu sido cego, agora vejo.

²⁶E tornaram a dizer-lhe: Que te fez ele? Como te abriu os olhos?

²⁷Respondeu lhes: Já vo-lo disse, e não ouvistes; para que o quereis tornar a ouvir? Quereis vós porventura fazer-vos também seus discípulos?

²⁸Então o injuriaram, e disseram: Discípulo dele sejas tu; nós, porém, somos discípulos de Moisés.

²⁹Nós bem sabemos que Deus falou a Moisés, mas este não sabemos de onde é.

³⁰O homem respondeu, e disse-lhes: Nisto, pois, está a maravilha, que vós não saibais de onde ele é, e contudo me abrisse os olhos.

³¹Ora, nós sabemos que Deus não ouve a pecadores; mas, se alguém é temente a Deus, e faz a sua vontade, a esse ouve.

³²Desde o princípio do mundo nunca se ouviu que alguém abrisse os olhos a um cego de nascença.

³³Se este não fosse de Deus, nada poderia fazer.

³⁴Responderam eles, e disseram-lhe: Tu és nascido todo em pecados, e nos ensinas a nós? E expulsaram-no.

³⁵Jesus ouviu que o tinham expulsado e, encontrando-o, disse-lhe: Crês tu no Filho de Deus?

³⁶Ele respondeu, e disse: Quem é ele, Senhor, para que nele creia?

³⁷E Jesus lhe disse: Tu já o tens visto, e é aquele que fala contigo.

³⁸Ele disse: Creio, Senhor. E o adorou.

³⁹E disse-lhe Jesus: Eu vim a este mundo para juízo, a fim de que os que não veem vejam, e os que veem sejam cegos.

⁴⁰E aqueles dos fariseus, que estavam com ele, ouvindo isto, disseram-lhe: Também nós somos cegos?

⁴¹Disse-lhes Jesus: Se fôsseis cegos, não teríeis pecado; mas como agora dizeis: Vemos; por isso o vosso pecado permanece.

O bom pastor

10 NA verdade, na verdade vos digo que aquele que não entra pela porta no curral das ovelhas, mas sobe por outra parte, é ladrão e salteador.

²Aquele, porém, que entra pela porta é o pastor das ovelhas.

³A este o porteiro abre, e as ovelhas ouvem a sua voz, e chama pelo nome às suas ovelhas, e as traz para fora.

⁴E, quando tira para fora as suas ovelhas, vai adiante delas, e as ovelhas o seguem, porque conhecem a sua voz.

⁵Mas de modo nenhum seguirão o estranho, antes fugirão dele, porque não conhecem a voz dos estranhos.

⁶Jesus disse-lhes esta parábola; mas eles não entenderam o que era que lhes dizia.

⁷Tornou, pois, Jesus a dizer-lhes: Em verdade, em verdade vos digo que eu sou a porta das ovelhas.

⁸Todos quantos vieram antes de mim são ladrões e salteadores; mas as ovelhas não os ouviram.

⁹Eu sou a porta; se alguém entrar por mim, salvar-se-á, e entrará, e sairá, e achará pastagens.

¹⁰O ladrão não vem senão a roubar, a matar, e a destruir; eu vim para que tenham vida, e a tenham com abundância.

¹¹Eu sou o bom Pastor; o bom Pastor dá a sua vida pelas ovelhas.

¹²Mas o mercenário, e o que não é pastor, de quem não são as ovelhas, vê vir o lobo, e deixa as ovelhas, e foge; e o lobo as arrebata e dispersa as ovelhas.

¹³Ora, o mercenário foge, porque é mercenário, e não tem cuidado das ovelhas.

¹⁴Eu sou o bom Pastor, e conheço as minhas ovelhas, e das minhas sou conhecido.

JOÃO 10.15

15Assim como o Pai me conhece a mim, também eu conheço o Pai, e dou a minha vida pelas ovelhas.

16Ainda tenho outras ovelhas que não são deste aprisco; também me convém agregar estas, e elas ouvirão a minha voz, e haverá um rebanho e um Pastor.

17Por isto o Pai me ama, porque dou a minha vida para tornar a tomá-la.

18Ninguém ma tira de mim, mas eu de mim mesmo a dou; tenho poder para a dar, e poder para tornar a tomá-la. Este mandamento recebi de meu Pai.

19Tornou, pois, a haver divisão entre os judeus por causa destas palavras.

20E muitos deles diziam: Tem demônio, e está fora de si; por que o ouvis?

21Diziam outros: Estas palavras não são de endemoninhado. Pode, porventura, um demônio abrir os olhos aos cegos?

Jesus em Jerusalém durante a festa da dedicação

22E em Jerusalém havia a *festa da* dedicação, e era inverno.

23E Jesus andava passeando no templo, no alpendre de Salomão.

24Rodearam-no, pois, os judeus, e disseram-lhe: Até quando terás a nossa alma suspensa? Se tu és o Cristo, dize-nos abertamente.

25Respondeu-lhes Jesus: Já vo-*lo* tenho dito, e não *o* credes. As obras que eu faço, em nome de meu Pai, essas testificam de mim.

26Mas vós não credes porque não sois das minhas ovelhas, como *já* vo-lo tenho dito.

27As minhas ovelhas ouvem a minha voz, e eu conheço-as, e elas me seguem;

28E dou-lhes a vida eterna, e nunca hão de perecer, e ninguém as arrebatará da minha mão.

29Meu Pai, que m*as* deu, é maior do que todos; e ninguém pode arrebatá-las da mão de meu Pai.

30Eu e o Pai somos um.

31Os judeus pegaram então outra vez em pedras para o apedrejar.

32Respondeu-lhes Jesus: Tenho-vos mostrado muitas obras boas procedentes de meu Pai; por qual destas obras me apedrejais?

33Os judeus responderam, dizendo-lhe: Não te apedrejamos por alguma obra boa, mas pela blasfêmia e porque, sendo tu homem, te fazes Deus a ti mesmo.

34Respondeu-lhes Jesus: Não está escrito na vossa lei: Eu disse: Sois deuses?

35Pois, se chamou-os deuses àqueles a quem a palavra de Deus foi dirigida, e a Escritura não pode ser anulada,

36Àquele a quem o Pai santificou, e enviou ao mundo, vós dizeis: Blasfemas, porque disse: Sou Filho de Deus?

37Se não faço as obras de meu Pai, não me acrediteis.

38Mas, se as faço, e não credes em mim, crede nas obras; para que conheçais e acrediteis que o Pai *está* em mim e eu nele.

39Procuravam, pois, prendê-lo outra vez, mas ele escapou-se de suas mãos,

40E retirou-se outra vez para além do Jordão, para o lugar onde João tinha primeiramente batizado; e ali ficou.

41E muitos iam ter com ele, e diziam: Na verdade João não fez sinal algum, mas tudo quanto João disse deste era verdade.

42E muitos ali creram nele.

Jesus ressuscita Lázaro

11 ESTAVA, porém, enfermo um *certo* Lázaro, de Betânia, aldeia de Maria e de sua irmã Marta.

2E Maria era aquela que tinha ungido o Senhor com unguento, e lhe tinha enxugado os pés com os seus cabelos, cujo irmão Lázaro estava enfermo.

3Mandaram-lhe, pois, *suas* irmãs dizer: Senhor, eis que está enfermo aquele que tu amas.

4E Jesus, ouvindo *isto,* disse: Esta enfermidade não é para morte, mas para glória de Deus, para que o Filho de Deus seja glorificado por ela.

5Ora, Jesus amava a Marta, e a sua irmã, e a Lázaro.

6Quando ouviu, pois, que estava enfermo, ficou ainda dois dias no lugar onde estava.

7Então, depois disto, disse aos seus discípulos: Vamos outra vez para a Judeia.

8Disseram-lhe os discípulos: Rabi, ainda agora os judeus procuravam apedrejar-te, e tornas para lá?

9Jesus respondeu: Não há doze horas no dia? Se alguém andar de dia, não tropeça, porque vê a luz deste mundo;

10Mas, se andar de noite, tropeça, porque nele não há luz.

11Assim falou; e depois disso disse-lhes: Lázaro, o nosso amigo, dorme, mas vou despertá-lo do sono.

12Disseram, pois, os seus discípulos: Senhor, se dorme, estará salvo.

13Mas Jesus dizia *isto* da sua morte; eles, porém, cuidavam que falava do repouso do sono.

14Então pois, Jesus disse-lhes claramente: Lázaro está morto;

15E folgo, por amor de vós, de que eu lá não estivesse, para que acrediteis; mas vamos ter com ele.

16Disse, pois, Tomé, chamado Dídimo, aos condiscípulos: Vamos nós também, para morrermos com ele.

17Chegando, pois, Jesus, achou que já havia quatro dias que estava na sepultura.

18(Ora Betânia distava de Jerusalém quase quinze estádios.)

19E muitos dos judeus tinham ido consolar a Marta e a Maria, acerca de seu irmão.

20Ouvindo, pois, Marta que Jesus vinha, saiu-lhe ao encontro; Maria, porém, ficou assentada em casa.

²¹Disse, pois, Marta a Jesus: Senhor, se tu estivesses aqui, meu irmão não teria morrido.

²²Mas também agora sei que tudo quanto pedires a Deus, Deus to concederá.

²³Disse-lhe Jesus: Teu irmão há de ressuscitar.

²⁴Disse-lhe Marta: Eu sei que há de ressuscitar na ressurreição do último dia.

²⁵Disse-lhe Jesus: Eu sou a ressurreição e a vida; quem crê em mim, ainda que esteja morto, viverá;

²⁶E todo aquele que vive, e crê em mim, nunca irá morrer. Crês tu isto?

²⁷Disse-lhe ela: Sim, Senhor, creio que tu és o Cristo, o Filho de Deus, que havia de vir ao mundo.

²⁸E, dito isto, partiu, e chamou em segredo a Maria, sua irmã, dizendo: O Mestre está cá, e chama-te.

²⁹Ela, ouvindo *isto,* levantou-se logo, e foi ter com ele.

³⁰(Pois, Jesus ainda não tinha chegado à aldeia, mas estava no lugar onde Marta o encontrara.)

³¹Vendo, pois, os judeus, que estavam com ela em casa e a consolavam, que Maria apressadamente se levantara e saíra, seguiram-na, dizendo: Vai ao sepulcro para chorar ali.

³²Tendo, pois, Maria chegado aonde Jesus estava, e vendo-o, lançou-se aos seus pés, dizendo-lhe: Senhor, se tu estivesses aqui, meu irmão não teria morrido.

³³Jesus pois, quando a viu chorar, e também chorando os judeus que com ela vinham, moveu-se muito em espírito, e perturbou-se.

³⁴E disse: Onde o pusestes? Disseram-lhe: Senhor, vem, e vê.

³⁵Jesus chorou.

³⁶Disseram, pois, os judeus: Vede como o amava.

³⁷E alguns deles disseram: Não podia ele, que abriu os olhos ao cego, fazer também com que este não morresse?

³⁸Jesus, pois, movendo-se outra vez muito em si mesmo, veio ao sepulcro; e era uma caverna, e tinha uma pedra posta sobre ela.

³⁹Disse Jesus: Tirai a pedra. Marta, irmã do defunto, disse-lhe: Senhor, já cheira mal, porque é *já* de quatro dias.

⁴⁰Disse-lhe Jesus: Não te tenho dito que, se creres, verás a glória de Deus?

⁴¹Tiraram, pois, a pedra *de* onde o defunto jazia. E Jesus, levantando os olhos para cima, disse: Pai, graças te dou, por me haveres ouvido.

⁴²Eu bem sei que sempre me ouves, mas eu disse *isto* por causa da multidão que está em redor, para que creiam que tu me enviaste.

⁴³E, tendo dito isto, clamou com grande voz: Lázaro, sai para fora.

⁴⁴E o *que fora* defunto saiu, tendo as mãos e os pés ligados com faixas, e o seu rosto envolto num lenço. Disse-lhes Jesus: Desligai-o, e deixai-o ir.

⁴⁵Muitos, pois, dentre os judeus que tinham vindo a Maria, e que tinham visto o que Jesus fizera, creram nele.

⁴⁶Mas alguns deles foram ter com os fariseus, e disseram-lhes o que Jesus tinha feito.

Os sacerdotes e os fariseus planejam matar Jesus

⁴⁷Depois os principais sacerdotes e os fariseus formaram conselho, e diziam: Que faremos? porquanto este homem faz muitos sinais.

⁴⁸Se o deixamos assim, todos crerão nele, e virão os romanos, e tirar-nos-ão o nosso lugar e a nação.

⁴⁹E Caifás, um deles que era sumo sacerdote naquele ano, lhes disse: Vós nada sabeis,

⁵⁰Nem considerais que nos convém que um homem morra pelo povo, e *que* não pereça toda a nação.

⁵¹Ora ele não disse isto de si mesmo, mas, sendo o sumo sacerdote naquele ano, profetizou que Jesus devia morrer pela nação.

⁵²E não somente pela nação, mas também para reunir em um *corpo* os filhos de Deus que andavam dispersos.

⁵³Desde aquele dia, pois, consultavam-se para o matarem.

⁵⁴Jesus, pois, já não andava manifestamente entre os judeus, mas retirou-se dali para a terra junto do deserto, para uma cidade chamada Efraim; e ali ficou com os seus discípulos.

⁵⁵E estava próxima a páscoa dos judeus, e muitos daquela região subiram a Jerusalém antes da páscoa para se purificarem.

⁵⁶Buscavam, pois, a Jesus, e diziam uns aos outros, estando no templo: Que vos parece? Não virá à festa?

⁵⁷Ora, os principais sacerdotes e os fariseus tinham dado ordem para que, se alguém soubesse onde ele estava, o denunciasse, para o prenderem.

Jesus ungido em Betânia

12 FOI, pois, Jesus seis dias antes da páscoa a Betânia, onde estava Lázaro, o que falecera, e a quem ressuscitara dentre os mortos.

²Fizeram-lhe, pois, ali uma ceia, e Marta servia, e Lázaro era um dos que estavam à mesa com ele.

³Então Maria, tomando um arrátel de unguento de nardo puro, de muito preço, ungiu os pés de Jesus, e enxugou-lhe os pés com os seus cabelos; o encheu-se a casa do cheiro do unguento.

⁴Então, um dos seus discípulos, Judas Iscariotes, *filho* de Simão, o que havia de trai-lo, disse:

⁵Por que não se vendeu este unguento por trezentos dinheiros e não se deu aos pobres?

⁶Ora, ele disse isto, não pelo cuidado que tivesse dos pobres, mas porque era ladrão e tinha a bolsa, e tirava o que ali se lançava.

⁷Disse, pois, Jesus: Deixai-a; para o dia da minha sepultura guardou isto;

⁸Porque os pobres sempre os tendes convosco, mas a mim nem sempre me tendes.

⁹E muita gente dos judeus soube que ele estava ali; e foram, não só por causa de Jesus, mas também para ver a Lázaro, a quem ressuscitara dentre os mortos.

JOÃO 12.10

724

¹⁰E os principais sacerdotes tomaram deliberação para matar também a Lázaro;

¹¹Porque muitos dos judeus, por causa dele, iam e criam em Jesus.

Entrada de Jesus em Jerusalém

¹²No dia seguinte, ouvindo *uma* grande multidão, que viera à festa, que Jesus vinha a Jerusalém,

¹³Tomaram ramos de palmeiras, e saíram-lhe ao encontro, e clamavam: Hosana! Bendito o Rei de Israel que vem em nome do Senhor.

¹⁴E achou Jesus um jumentinho, e assentou-se sobre ele, como está escrito:

¹⁵Não temas, ó filha de Sião; eis que o teu Rei vem assentado sobre o filho de uma jumenta.

¹⁶Os seus discípulos, porém, não entenderam isto no princípio; mas, quando Jesus foi glorificado, então se lembraram de que isto estava escrito dele, e *que* isto lhe fizeram.

¹⁷A multidão, pois, que estava com ele quando Lázaro foi chamado da sepultura, testificava que *ele* o ressuscitara dentre os mortos.

¹⁸Por isso também a multidão lhe saiu ao encontro, porque tinham ouvido que ele fizera este sinal.

¹⁹Disseram, pois, *os* fariseus entre si: Vedes que nada aproveitais? Eis que toda a gente vai após ele.

Jesus prediz a sua crucificação

²⁰Ora, havia alguns gregos, entre os que tinham subido a adorar no *dia* da festa.

²¹Estes, pois, dirigiram-se a Filipe, que era de Betsaida da Galileia, e rogaram-lhe, dizendo: Senhor, queríamos ver a Jesus.

²²Filipe foi dizê-lo a André, e então André e Filipe o disseram a Jesus.

²³E Jesus lhes respondeu, dizendo: É chegada a hora em que o Filho do homem há de ser glorificado.

²⁴Na verdade, na verdade vos digo que, se o grão de trigo, caindo na terra, não morrer, fica ele só; mas se morrer, dá muito fruto.

²⁵Quem ama a sua vida perdê-la-á, e quem neste mundo odeia a sua vida, guardá-la-á para a vida eterna.

²⁶Se alguém me serve, siga-me, e onde eu estiver, ali estará também o meu servo. E, se alguém me servir, *meu* Pai o honrará.

²⁷Agora a minha alma está perturbada; e que direi eu? Pai, salva-me desta hora; mas para isto vim a esta hora.

²⁸Pai, glorifica o teu nome. Então veio uma voz do céu *que dizia: Já o* tenho glorificado, e outra vez o glorificarei.

²⁹Ora, a multidão que ali estava, e que *a* ouvira, dizia que havia sido um trovão. Outros diziam: Um anjo lhe falou.

³⁰Respondeu Jesus, e disse: Não veio esta voz por amor de mim, mas por amor de vós.

³¹Agora é o juízo deste mundo; agora será expulso o príncipe deste mundo.

³²E eu, quando for levantado da terra, todos atrairei a mim.

³³E dizia isto, significando de que morte havia de morrer.

³⁴Respondeu-lhe a multidão: Nós temos ouvido da lei, que o Cristo permanece para sempre; e como dizes tu que convém que o Filho do homem seja levantado? Quem é esse Filho do homem?

³⁵Disse-lhes, pois, Jesus: A luz ainda está convosco por um pouco de tempo. Andai enquanto tendes luz, para que as trevas não vos apanhem; pois quem anda nas trevas não sabe para onde vai.

³⁶Enquanto tendes luz, crede na luz, para que sejais filhos da luz. Estas *coisas* disse Jesus e, retirando-se, ocultou-se deles.

³⁷E, ainda que tinha feito tantos sinais diante deles, não criam nele;

³⁸Para que se cumprisse a palavra do profeta Isaías, que diz:
Senhor, quem creu na nossa pregação?
E a quem foi revelado o braço do Senhor?

³⁹Por isso não podiam crer, então Isaías disse outra vez:

⁴⁰Cegou-lhes os olhos, e endureceu-lhes o coração,
A fim de que não vejam com os olhos, e compreendam no coração,
E se convertam,
E eu os cure.

⁴¹Isaías disse isto quando viu a sua glória e falou dele.

⁴²Apesar de tudo, até muitos dos principais creram nele; mas não o confessavam por causa dos fariseus, para não serem expulsos da sinagoga.

⁴³Porque amavam mais a glória dos homens do que a glória de Deus.

⁴⁴E Jesus clamou, e disse: Quem crê em mim, crê, não em mim, mas naquele que me enviou.

⁴⁵E quem me vê a mim, vê aquele que me enviou.

⁴⁶Eu sou a luz que vim ao mundo, para que todo aquele que crê em mim não permaneça nas trevas.

⁴⁷E se alguém ouvir as minhas palavras, e não crer, eu não o julgo; porque eu vim, não para julgar o mundo, mas para salvar o mundo.

⁴⁸Quem me rejeitar a mim, e não receber as minhas palavras, *já* tem quem o julgue; a palavra que tenho pregado, essa o há de julgar no último dia.

⁴⁹Porque eu não tenho falado de mim mesmo; mas o Pai, que me enviou, ele me deu mandamento sobre o que hei de dizer e sobre o que hei de falar.

⁵⁰E sei que o seu mandamento é a vida eterna. Portanto, o que eu falo, falo-o como o Pai me tem dito.

Jesus lava os pés aos discípulos

13ORA, antes da festa da páscoa, sabendo Jesus que *já* era chegada a sua hora de passar deste mundo para o Pai, como havia amado os seus, que estavam no mundo, amou-os até o fim.

²E, acabada a ceia, tendo já o diabo posto no coração de Judas Iscariotes, *filho* de Simão, que o traísse,

³Jesus, sabendo que o Pai tinha depositado nas suas mãos todas as coisas, e que havia saído de Deus e ia para Deus,

⁴Levantou-se da ceia, tirou as vestes, e tomando uma toalha, cingiu-se.

⁵Depois deitou água *numa* bacia, e começou a lavar os pés aos discípulos, e a enxugar-*lhos* com a toalha com que estava cingido.

⁶Aproximou-se, pois, de Simão Pedro, que lhe disse: Senhor, tu lavas-me os pés a mim?

⁷Respondeu Jesus, e disse-lhe: O que eu faço não o sabes tu agora, mas tu o saberás depois.

⁸Disse-lhe Pedro: Nunca me lavarás os pés. Respondeu-lhe Jesus: Se eu te não lavar, não tens parte comigo.

⁹Disse-lhe Simão Pedro: Senhor, não só os meus pés, mas também as mãos e a cabeça.

¹⁰Disse-lhe Jesus: Aquele que está lavado não necessita de lavar senão os pés, pois no mais todo está limpo. Ora vós estais limpos, mas não todos.

¹¹Porque bem sabia ele quem o havia de trair; por isso disse: Nem todos estais limpos.

¹²Então, depois que lhes lavou os pés, e tomou as suas vestes, e se assentou outra vez à *mesa*, disse-lhes: Entendeis o que vos tenho feito?

¹³Vós me chamais Mestre e Senhor, e dizeis bem, porque eu o sou.

¹⁴Ora, se eu, Senhor e Mestre, vos lavei os pés, vós deveis também lavar os pés uns aos outros.

¹⁵Porque eu vos dei o exemplo, para que, como eu vos fiz, façais vós também.

¹⁶Na verdade, na verdade vos digo *que* não é o servo maior do que o seu senhor, nem o enviado maior do que aquele que o enviou.

¹⁷Se sabeis estas *coisas,* bem-aventurados sois se as fizerdes.

¹⁸Não falo de todos vós; eu bem sei os que tenho escolhido; mas para que se cumpra a Escritura: O que come *o* pão comigo, levantou contra mim o seu calcanhar.

¹⁹Desde agora vo-lo digo, antes que aconteça, para que, quando acontecer, acrediteis que eu sou.

²⁰Na verdade, na verdade vos digo: Se alguém receber o que eu enviar, me recebe a mim, e quem me recebe a mim, recebe aquele que me enviou.

O traidor é indicado

²¹Tendo Jesus dito isto, turbou-se em espírito, e afirmou, dizendo: Na verdade, na verdade vos digo que um de vós me há de trair.

²²Então os discípulos olhavam uns para os outros, duvidando de quem ele falava.

²³Ora, um de seus discípulos, aquele a quem Jesus amava, estava reclinado no seio de Jesus.

²⁴Então Simão Pedro fez sinal a este, para que perguntasse quem era aquele de quem ele falava.

²⁵E, inclinando-se ele sobre o peito de Jesus, disse-lhe: Senhor, quem é?

²⁶Jesus respondeu: É aquele a quem eu der o bocado molhado. E, molhando o bocado, o deu a Judas Iscariotes, *filho* de Simão.

²⁷E, após o bocado, entrou nele Satanás. Disse-lhe, pois, Jesus: O que fazes, faze-o depressa.

²⁸E nenhum dos que estavam assentados *à mesa* compreendeu a que propósito lhe dissera *isto.*

²⁹Porque, como Judas tinha a bolsa, pensavam alguns que Jesus lhe tinha dito: Compra o que nos é necessário para a festa; ou que desse alguma coisa aos pobres.

³⁰E, tendo ele tomado o bocado, saiu logo. E era já noite.

O amor fraternal

³¹Tendo ele, pois, saído, disse Jesus: Agora é glorificado o Filho do homem, e Deus é glorificado nele.

³²Se Deus é glorificado nele, também Deus o glorificará em si mesmo, e logo o há de glorificar.

³³Filhinhos, ainda por um pouco estou convosco. Vós me buscareis, mas, como tenho dito aos judeus: Para onde eu vou não podeis vós ir; eu vo-lo digo também agora.

³⁴Um novo mandamento vos dou: Que vos ameis uns aos outros; como eu vos amei a vós, que também vós uns aos outros vos ameis.

³⁵Nisto todos conhecerão que sois meus discípulos, se vos amardes uns aos outros.

³⁶Disse-lhe Simão Pedro: Senhor, para onde vais? Jesus lhe respondeu: Para onde eu vou não podes agora seguir-me, mas depois me seguirás.

³⁷Disse-lhe Pedro: Senhor, por que não posso seguir-te agora? Por ti darei a minha vida.

³⁸Respondeu-lhe Jesus: Tu darás a tua vida por mim? Na verdade, na verdade te digo que não cantará o galo enquanto não me tiveres negado três vezes.

Jesus é o caminho, a verdade e a vida

14 NÃO se turbe o vosso coração; credes em Deus, crede também em mim.

²Na casa de meu Pai há muitas moradas; se não fosse assim, eu vo-lo teria dito. Vou preparar-vos lugar.

³E quando eu for, e vos preparar lugar, virei outra vez, e vos levarei para mim mesmo, para que onde eu estiver estejais vós também.

⁴Mesmo vós sabeis para onde vou, e conheceis o caminho.

⁵Disse-lhe Tomé: Senhor, nós não sabemos para onde vais; e como podemos saber o caminho?

⁶Disse-lhe Jesus: Eu sou o caminho, e a verdade e a vida; ninguém vem ao Pai, senão por mim.

⁷Se vós me conhecêsseis a mim, também conheceríeis a meu Pai; e *já* desde agora o conheceis, e o tendes visto.

⁸Disse-lhe Filipe: Senhor, mostra-nos o Pai, o que nos basta.

⁹Disse-lhe Jesus: Estou há tanto tempo convosco, e não me tendes conhecido, Filipe? Quem me vê a mim vê o Pai; e como dizes tu: Mostra-nos o Pai?

¹⁰Não crês tu que eu *estou* no Pai, e que o Pai está em mim? As palavras que eu vos digo não *as digo* de mim mesmo, mas o Pai, que está em mim, é quem faz as obras.

JOÃO 14.11

¹¹Crede-me que estou no Pai, e o Pai em mim; crede-me, ao menos, por causa das mesmas obras.

¹²Na verdade, na verdade vos digo que aquele que crê em mim também fará as obras que eu faço, e *as* fará maiores do que estas, porque eu vou para meu Pai.

¹³E tudo quanto pedirdes em meu nome eu o farei, para que o Pai seja glorificado no Filho.

¹⁴Se pedirdes alguma *coisa* em meu nome, eu *o* farei.

Jesus promete o Espírito Santo

¹⁵Se me amais, guardai os meus mandamentos.

¹⁶E eu rogarei ao Pai, e ele vos dará outro Consolador, para que fique convosco para sempre;

¹⁷O Espírito de verdade, que o mundo não pode receber, porque não o vê nem o conhece; mas vós o conheceis, porque habita convosco, e estará em vós.

¹⁸Não vos deixarei órfãos; voltarei para vós.

¹⁹Ainda um pouco, e o mundo não me verá mais, mas vós me vereis; porque eu vivo, e vós vivereis.

²⁰Naquele dia conhecereis que *estou* em meu Pai, e vós em mim, e eu em vós.

²¹Aquele que tem os meus mandamentos e os guarda esse é o que me ama; e aquele que me ama será amado de meu Pai, e eu o amarei, e me manifestarei a ele.

²²Disse-lhe Judas (não o Iscariotes): Senhor, de onde vem que te hás de manifestar a nós, e não ao mundo?

²³Jesus respondeu, e disse-lhe: Se alguém me ama, guardará a minha palavra, e meu Pai o amará, e viremos para ele, e faremos nele morada.

²⁴Quem não me ama não guarda as minhas palavras; ora, a palavra que ouvistes não é minha, mas do Pai que me enviou.

²⁵Tenho-vos dito isto, estando convosco.

²⁶Mas aquele Consolador, o Espírito Santo, que o Pai enviará em meu nome, esse vos ensinará todas as coisas, e vos fará lembrar de tudo quanto vos tenho dito.

A paz de Jesus

²⁷Deixo-vos a paz, a minha paz vos dou; não vo-la dou como o mundo a dá. Não se turbe o vosso coração, nem se atemorize.

²⁸Ouvistes que eu vos disse: Vou, e venho para vós. Se me amásseis, certamente exultaríeis porque eu disse: Vou para o Pai; porque meu Pai é maior do que eu.

²⁹Eu vo-lo disse agora antes que aconteça, para que, quando acontecer, vós acrediteis.

³⁰Já não falarei muito convosco, porque se aproxima o príncipe deste mundo, e nada tem em mim;

³¹Mas é para que o mundo saiba que eu amo o Pai, e que faço como o Pai me mandou. Levantai-vos, vamo-nos daqui.

A videira verdadeira

15 EU sou a videira verdadeira, e meu Pai é o lavrador.

²Toda a vara em mim, que não dá fruto, a tira; e limpa toda aquela que dá fruto, para que dê mais fruto.

³Vós já estais limpos, pela palavra que vos tenho falado.

⁴Estai em mim, e eu em vós; como a vara de si mesma não pode dar fruto, se não estiver na videira, assim também vós, se não estiverdes em mim.

⁵Eu sou a videira, vós as varas; quem está em mim, e eu nele, esse dá muito fruto; porque sem mim nada podeis fazer.

⁶Se alguém não estiver em mim, será lançado fora, como a vara, e secará; e os colhem e lançam no fogo, e ardem.

⁷Se vós estiverdes em mim, e as minhas palavras estiverem em vós, pedireis tudo o que quiserdes, e vos será feito.

⁸Nisto é glorificado meu Pai, que deis muito fruto; e assim sereis meus discípulos.

⁹Como o Pai me amou, também eu vos amei a vós; permanecei no meu amor.

¹⁰Se guardardes os meus mandamentos, permanecereis no meu amor; do mesmo modo que eu tenho guardado os mandamentos de meu Pai, e permaneço no seu amor.

¹¹Tenho-vos dito isto, para que o meu gozo permaneça em vós, e o vosso gozo seja completo.

¹²O meu mandamento é este: Que vos ameis uns aos outros, assim como eu vos amei.

¹³Ninguém tem maior amor do que este, de dar alguém a sua vida pelos seus amigos.

¹⁴Vós sereis meus amigos, se fizerdes o que eu vos mando.

¹⁵Já vos não chamarei servos, porque o servo não sabe o que faz o seu senhor; mas tenho-vos chamado amigos, porque tudo quanto ouvi de meu Pai vos tenho feito conhecer.

¹⁶Não me escolhestes vós a mim, mas eu vos escolhi a vós, e vos nomeei, para que vades e deis fruto, e o vosso fruto permaneça; a fim de que tudo quanto em meu nome pedirdes ao Pai ele vo-lo conceda.

¹⁷Isto vos mando: Que vos ameis uns aos outros.

¹⁸Se o mundo vos odeia, sabei que, primeiro que a vós, me odiou a mim.

¹⁹Se vós fôsseis do mundo, o mundo amaria o que era seu, mas porque não sois do mundo, antes eu vos escolhi do mundo, por isso é que o mundo vos odeia.

²⁰Lembrai-vos da palavra que vos disse: Não é o servo maior do que o seu senhor. Se a mim me perseguiram, também vos perseguirão a vós; se guardaram a minha palavra, também guardarão a vossa.

²¹Mas tudo isto vos farão por causa do meu nome, porque não conhecem aquele que me enviou.

²²Se eu não viera, nem lhes houvera falado, não teriam pecado, mas agora não têm desculpa do seu pecado.

²³Aquele que me odeia, odeia também a meu Pai.

²⁴Se eu entre eles não fizesse tais obras, quais

nenhum outro tem feito, não teriam pecado; mas agora, viram-nas e me odiaram a mim e a meu Pai.

²⁵Mas é para que se cumpra a palavra que está escrita na sua lei: Odiaram-me sem causa.

²⁶Mas, quando vier o Consolador, que eu da parte do Pai vos hei de enviar, aquele Espírito de verdade, que procede do Pai, ele testificará de mim.

²⁷E vós também testificareis, pois estivestes comigo desde o princípio.

O Espírito Santo, o Consolador

16 TENHO-vos dito estas *coisas* para que vos não escandalizeis.

²Expulsar-vos-ão das sinagogas; vem mesmo a hora em que qualquer que vos matar cuidará fazer um serviço a Deus.

³E isto vos farão, porque não conheceram ao Pai nem a mim.

⁴Mas tenho-vos dito isto, a fim de que, quando chegar aquela hora, vos lembreis de que *já* vo-lo tinha dito. E eu não vos disse isto desde o princípio, porque estava convosco.

⁵E agora vou para aquele que me enviou; e nenhum de vós me pergunta: Para onde vais?

⁶Antes, porque isto vos tenho dito, o vosso coração se encheu de tristeza.

⁷Todavia digo-vos a verdade, que vos convém que eu vá; porque, se eu não for, o Consolador não virá a vós; mas, quando eu for, vo-lo enviarei.

⁸E, quando ele vier, convencerá o mundo do pecado, e da justiça e do juízo.

⁹Do pecado, porque não creem em mim;

¹⁰Da justiça, porque vou para meu Pai, e não me vereis mais;

¹¹E do juízo, porque *já* o príncipe deste mundo está julgado.

¹²Ainda tenho muito que vos dizer, mas vós não o podeis suportar agora.

¹³Mas, quando vier aquele, o Espírito de verdade, ele vos guiará em toda a verdade; porque não falará de si mesmo, mas dirá tudo o que tiver ouvido, e vos anunciará o que há de vir.

¹⁴Ele me glorificará, porque há de receber do *que é meu*, e vo-lo há de anunciar.

¹⁵Tudo quanto o Pai tem é meu; por isso *vos* disse que há de receber do que *é meu* e vo-lo há de anunciar.

¹⁶Um pouco, e não me vereis; e outra vez um pouco, e ver-me-eis; porquanto vou para o Pai.

¹⁷Então *alguns* dos seus discípulos disseram uns aos outros: Que é isto que nos diz? Um pouco, e não me vereis; e outra vez um pouco, e ver-me-eis; e: Porquanto vou para o Pai?

¹⁸Diziam, pois: Que quer dizer isto: Um pouco? Não sabemos o que diz.

¹⁹Conheceu, pois, Jesus que o queriam interrogar, e disse-lhes: Indagais entre vós acerca disto que disse: Um pouco, e não me vereis, e outra vez um pouco, e ver-me-eis?

²⁰Na verdade, na verdade vos digo que vós chorareis e vos lamentareis, e o mundo se alegrará, e

vós estareis tristes, mas a vossa tristeza se converterá em alegria.

²¹A mulher, quando está para dar à luz, sente tristeza, porque é chegada a sua hora; mas, depois de ter dado à luz a criança, já não se lembra da aflição, pelo prazer de haver nascido um homem no mundo.

²²Assim também vós agora, na verdade, tendes tristeza; mas outra vez vos verei, e o vosso coração se alegrará, e a vossa alegria ninguém vo-la tirará.

²³E naquele dia nada me perguntareis. Na verdade, na verdade vos digo que tudo quanto pedirdes a meu Pai, em meu nome, ele vo-lo há de dar.

²⁴Até agora nada pedistes em meu nome; pedi, e recebereis, para que o vosso gozo se cumpra.

Jesus venceu o mundo

²⁵Disse-vos isto por parábolas; chega, porém, a hora em que não vos falarei mais por parábolas, mas abertamente vos falarei acerca do Pai.

²⁶Naquele dia pedireis em meu nome, e não vos digo que eu rogarei por vós ao Pai;

²⁷Pois o mesmo Pai vos ama, visto como vós me amastes, e crestes que saí de Deus.

²⁸Saí do Pai, e vim ao mundo; outra vez deixo o mundo, e vou para o Pai.

²⁹Disseram-lhe os seus discípulos: Eis que agora falas abertamente, e não dizes parábola alguma.

³⁰Agora conhecemos que sabes tudo, e não precisas de que alguém te interrogue. Por isso cremos que saíste de Deus.

³¹Respondeu-lhes Jesus: Credes agora?

³²Eis que chega a hora, e já se aproxima, em que vós sereis dispersos cada um para sua *parte,* e me deixareis só; mas não estou só, porque o Pai está comigo.

³³Tenho-vos dito isto, para que em mim tenhais paz; no mundo tereis aflições, mas tende bom ânimo, eu venci o mundo.

A oração intercessória de Jesus

17 JESUS falou assim e, levantou seus olhos ao céu, e disse: Pai, é chegada a hora; glorifica a teu Filho, para que também o teu Filho te glorifique a ti;

²Assim como lhe deste poder sobre toda a carne, para que dê a vida eterna a todos quantos lhe deste.

³E a vida eterna é esta: que te conheçam, a ti só, por único Deus verdadeiro, e a Jesus Cristo, a quem enviaste.

⁴Eu glorifiquei-te na terra, tendo consumado a obra que me deste a fazer.

⁵E agora glorifica-me tu, ó Pai, junto de ti mesmo, com aquela glória que tinha contigo antes que o mundo existisse.

⁶Manifestei o teu nome aos homens que do mundo me deste; eram teus, e tu mos deste, e guardaram a tua palavra.

⁷Agora *já* têm conhecido que tudo quanto me deste provém de ti;

⁸Porque lhes dei as palavras que tu me deste;

JOÃO 17.9 728

e eles *as* receberam, e têm verdadeiramente conhecido que saí de ti, e creram que me enviaste.

⁹Eu rogo por eles; não rogo pelo mundo, mas por aqueles que me deste, porque são teus.

¹⁰E todas as minhas coisas são tuas, e as tuas coisas são minhas; e neles sou glorificado.

¹¹E eu já não estou mais no mundo, mas eles estão no mundo, e eu vou para ti. Pai santo, guarda em teu nome aqueles que me deste, para que sejam um, assim como nós.

¹²Estando eu com eles no mundo, guardava-os em teu nome. Tenho guardado aqueles que tu me deste, e nenhum deles se perdeu, senão o filho da perdição, para que a Escritura se cumprisse.

¹³Mas agora vou para ti, e digo isto no mundo, para que tenham a minha alegria completa em si mesmos.

¹⁴Dei-lhes a tua palavra, e o mundo os odiou, porque não são do mundo, assim como eu não sou do mundo.

¹⁵Não peço que os tires do mundo, mas que os livres do mal.

¹⁶Não são do mundo, como eu do mundo não sou.

¹⁷Santifica-os na tua verdade; a tua palavra é a verdade.

¹⁸Assim como tu me enviaste ao mundo, também eu os enviei ao mundo.

¹⁹E por eles me santifico a mim mesmo, para que também eles sejam santificados na verdade.

²⁰E não rogo somente por estes, mas também por aqueles que pela tua palavra hão de crer em mim;

²¹Para que todos sejam um, como tu, ó Pai, o és em mim, e eu em ti; que também eles sejam um em nós, para que o mundo creia que tu me enviaste.

²²E eu dei-lhes a glória que a mim me deste, para que sejam um, como nós somos um.

²³Eu neles, e tu em mim, para que eles sejam perfeitos em unidade, e para que o mundo conheça que tu me enviaste a mim, e que os tens amado a eles como me tens amado a mim.

²⁴Pai, aqueles que me deste quero que, onde eu estiver, também eles estejam comigo, para que vejam a minha glória que me deste; porque tu me amaste antes da fundação do mundo.

²⁵Pai justo, o mundo não te conheceu; mas eu te conheci, e estes conheceram que tu me enviaste a mim.

²⁶E eu lhes fiz conhecer o teu nome, e *lho* farei conhecer mais, para que o amor com que me tens amado esteja neles, e eu neles esteja.

Prisão de Jesus

18 TENDO Jesus dito isto, saiu com os seus discípulos para além do ribeiro de Cedrom, onde havia um jardim, no qual ele entrou e seus discípulos.

²E Judas, que o traía, também conhecia aquele lugar, porque Jesus muitas vezes se ajuntava ali com os seus discípulos.

³Tendo, pois, Judas recebido a coorte e oficiais dos principais sacerdotes e fariseus, veio para ali com lanternas, e tochas e armas.

⁴Sabendo, pois, Jesus todas as coisas que sobre ele haviam de vir, adiantou-se, e disse-lhes: A quem buscais?

⁵Responderam-lhe: A Jesus Nazareno. Disse-lhes Jesus: Sou eu. E Judas, que o traía, estava com eles.

⁶Quando, pois, lhes disse: Sou eu, recuaram, e caíram por terra.

⁷Tornou-lhes, pois, a perguntar: A quem buscais? E eles disseram: A Jesus Nazareno.

⁸Jesus respondeu: *Já* vos disse que sou eu; se, pois, me buscais a mim, deixai ir estes;

⁹Para que se cumprisse a palavra que tinha dito: Dos que me deste nenhum deles perdi.

¹⁰Então Simão Pedro, que tinha espada, desembainhou-a, e feriu o servo do sumo sacerdote, cortando-lhe a orelha direita. E o nome do servo era Malco.

¹¹Mas Jesus disse a Pedro: Põe a tua espada na bainha; não beberei eu o cálice que o Pai me deu?

Jesus perante Anás e Caifás. Negação de Pedro

¹²Então a coorte, e o tribuno, e os servos dos judeus prenderam a Jesus e o amarraram.

¹³E conduziram-no primeiramente a Anás, por ser sogro de Caifás, que era o sumo sacerdote daquele ano.

¹⁴Ora, Caifás era quem tinha aconselhado aos judeus que convinha que um homem morresse pelo povo.

¹⁵E Simão Pedro e outro discípulo seguiam a Jesus. E este discípulo era conhecido do sumo sacerdote, e entrou com Jesus na sala do sumo sacerdote.

¹⁶E Pedro estava da parte de fora, à porta. Saiu então o outro discípulo que era conhecido do sumo sacerdote, e falou à porteira, levando Pedro para dentro.

¹⁷Então a porteira disse a Pedro: Não és tu também dos discípulos deste homem? Disse ele: Não sou.

¹⁸Ora, estavam ali os servos e os servidores, que tinham feito brasas, e se aquentavam, porque fazia frio; e com eles estava Pedro, aquentando-se também.

¹⁹E o sumo sacerdote interrogou Jesus acerca dos seus discípulos e da sua doutrina.

²⁰Jesus lhe respondeu: Eu falei abertamente ao mundo; eu sempre ensinei na sinagoga e no templo, onde os judeus sempre se ajuntam, e nada disse em oculto.

²¹Para que me perguntas a mim? Pergunta aos que ouviram o que é que lhes ensinei; eis que eles sabem o que eu lhes tenho dito.

²²E, tendo dito isto, um dos servidores que ali estavam, deu uma bofetada em Jesus, dizendo: Assim respondes ao sumo sacerdote?

²³Respondeu-lhe Jesus: Se falei mal, dá testemunho do mal; e, se bem, por que me feres?

729 JOÃO 19.23

²⁴E Anás mandou-o, amarrado, ao sumo sacerdote Caifás.

²⁵E Simão Pedro estava ali, e aquentava-se. Disseram-lhe, pois: Não és também tu um dos seus discípulos? Ele negou, e disse: Não sou.

²⁶E um dos servos do sumo sacerdote, parente *daquele* a quem Pedro cortara a orelha, disse: Não te vi eu no horto com ele?

²⁷E Pedro negou outra vez, e logo o galo cantou.

Jesus perante Pilatos

²⁸Depois levaram Jesus da casa de Caifás para a audiência. E era pela manhã cedo. E não entraram na audiência, para não se contaminarem, mas poderem comer a páscoa.

²⁹Então Pilatos saiu fora e disse-lhes: Que acusação trazeis contra este homem?

³⁰Responderam, e disseram-lhe: Se este não fosse malfeitor, não to entregaríamos.

³¹Disse-lhes, pois, Pilatos: Levai-o vós, e julgai-o segundo a vossa lei. Disseram-lhe então os judeus: A nós não nos é lícito matar pessoa alguma.

³²(Para que se cumprisse a palavra que Jesus tinha dito, significando de que morte havia de morrer).

³³Tornou, pois, a entrar Pilatos na audiência, e chamou a Jesus, e disse-lhe: Tu és o Rei dos Judeus?

³⁴Respondeu-lhe Jesus: Tu dizes isso de ti mesmo, ou disseram-to outros de mim?

³⁵Pilatos respondeu: Porventura sou eu judeu? A tua nação e os principais sacerdotes entregaram-te a mim. Que fizeste?

³⁶Respondeu Jesus: O meu reino não é deste mundo; se o meu reino fosse deste mundo, pelejariam os meus servos, para que eu não fosse entregue aos judeus; mas agora o meu reino não é daqui.

³⁷Disse-lhe, pois, Pilatos: Logo tu és rei? Jesus respondeu: Tu dizes que eu sou rei. Eu para isso nasci, e para isso vim ao mundo, a fim de dar testemunho da verdade. Todo aquele que é da verdade ouve a minha voz.

³⁸Disse-lhe Pilatos: Que é a verdade? E, dizendo isto, tornou a ir ter com os judeus, e disse-lhes: Não acho nele crime algum.

³⁹Mas vós tendes por costume que eu vos solte alguém pela páscoa. Quereis, pois, que vos solte o Rei dos Judeus?

⁴⁰Então todos tornaram a clamar, dizendo: Este não, mas Barrabás. E Barrabás era um salteador.

A decisão de Pilatos

19 PILATOS, pois, tomou então a Jesus, e *o* açoitou.

²E os soldados, tecendo uma coroa de espinhos, *lha* puseram sobre a cabeça, e lhe vestiram roupa de púrpura.

³E diziam: Salve, Rei dos Judeus. E davam-lhe bofetadas.

⁴Então Pilatos saiu outra vez fora, e disse-lhes: Eis aqui vo-lo trago fora, para que saibais que não acho nele crime algum.

⁵Saiu, pois, Jesus fora, levando a coroa de espinhos e roupa de púrpura. E disse-lhes *Pilatos:* Eis aqui o homem.

⁶Quando viram-no, pois, os principais sacerdotes e os servos, clamaram, dizendo: Crucifica-*o,* crucifica-*o.* Disse-lhes Pilatos: Tomai-*o* vós, e crucificai-*o;* porque eu nenhum crime acho nele.

⁷Responderam-lhe os judeus: Nós temos uma lei e, segundo a nossa lei, deve morrer, porque se fez Filho de Deus.

⁸E Pilatos, quando ouviu esta palavra, mais atemorizado ficou.

⁹E entrou outra vez na audiência, e disse a Jesus: De onde és tu? Mas Jesus não lhe deu resposta.

¹⁰Disse-lhe, pois, Pilatos: Não me falas a mim? Não sabes tu que tenho poder para te crucificar e tenho poder para te soltar?

¹¹Respondeu Jesus: Nenhum poder terias contra mim, se de cima não te fosse dado; mas aquele que me entregou a ti maior pecado tem.

¹²Desde então Pilatos procurava soltá-lo; mas os judeus clamavam, dizendo: Se soltas este, não és amigo de César; qualquer que se faz rei é contra César.

¹³Ouvindo, pois, Pilatos este dito, levou Jesus para fora, e assentou-se no tribunal, no lugar chamado Litóstrotos, e em hebraico Gabatá.

¹⁴E era a preparação da páscoa, e quase à hora sexta; e disse aos judeus: Eis aqui o vosso Rei.

¹⁵Mas eles bradaram: Tira, tira, crucifica-o. Disse-lhes Pilatos: Hei de crucificar o vosso Rei? Responderam os principais sacerdotes: Não temos rei, senão César.

¹⁶Então, consequentemente entregou-lho, para que fosse crucificado. E tomaram a Jesus, e *o* levaram.

Jesus crucificado

¹⁷E, levando ele às costas a sua cruz, saiu para o lugar chamado Caveira, que em hebraico se chama Gólgota,

¹⁸Onde o crucificaram, e com ele outros dois, um de cada lado, e Jesus no meio.

¹⁹E Pilatos escreveu também um título, e pô-lo em cima da cruz; e *nele* estava escrito: JESUS NAZARENO, O REI DOS JUDEUS.

²⁰E muitos dos judeus leram este título; porque o lugar onde Jesus estava crucificado era próximo da cidade, e estava escrito em hebraico, grego *e* latim.

²¹Diziam, pois, os principais sacerdotes dos judeus a Pilatos: Não escrevas, O Rei dos Judeus, mas que ele disse: Sou o Rei dos Judeus.

²²Respondeu Pilatos: O que escrevi, escrevi.

Os soldados deitam sortes

²³Tendo, pois, os soldados crucificado a Jesus, tomaram as suas vestes, e fizeram quatro partes, para cada soldado uma parte; e também a túnica. A túnica, porém, tecida toda de alto *a baixo,* não tinha costura.

JOÃO 19.24

²⁴Disseram, pois, uns aos outros: Não a rasguemos, mas lancemos sortes sobre ela, *para ver* de quem será. Para que se cumprisse a Escritura que diz:

Repartiram entre si as minhas vestes,
E sobre a minha vestidura lançaram sortes.

Os soldados, pois, fizeram estas coisas. ²⁵E junto à cruz de Jesus estava sua mãe, e a irmã de sua mãe, Maria mulher de Clopas, e Maria Madalena. ²⁶Ora Jesus, vendo ali *sua* mãe, e que o discípulo a quem ele amava estava presente, disse a sua mãe: Mulher, eis aí o teu filho. ²⁷Depois disse ao discípulo: Eis aí tua mãe. E desde aquela hora o discípulo a recebeu em sua *casa*.

A morte de Jesus

²⁸Depois disso, sabendo Jesus que já todas *as coisas* estavam terminadas, para que a Escritura se cumprisse, disse: Tenho sede. ²⁹Estava, pois, ali um vaso cheio de vinagre. E encheram de vinagre uma esponja, e, pondo-*a* num hissopo, lh*a* chegaram à boca. ³⁰E, quando Jesus tomou o vinagre, disse: Está consumado. E, inclinando a cabeça, entregou o espírito.

³¹Os judeus, pois, para que no sábado não ficassem os corpos na cruz, visto como era a preparação (pois era grande o dia de sábado), rogaram a Pilatos que se lhes quebrassem as pernas, e fossem tirados. ³²Foram, pois, os soldados, e, na verdade, quebraram as pernas ao primeiro, e ao outro que como ele fora crucificado; ³³Mas, vindo a Jesus, e vendo-o já morto, não lhe quebraram as pernas. ³⁴Contudo um dos soldados lhe furou o lado com uma lança, e logo saiu sangue e água. ³⁵E aquele que o viu testificou, e o seu testemunho é verdadeiro; e sabe que é verdade o que diz, para que também vós o creiais. ³⁶Porque isto aconteceu para que se cumprisse a Escritura, que diz: Nenhum dos seus ossos será quebrado. ³⁷E novamente diz outra Escritura: Verão aquele que traspassaram.

Seu corpo posto em um sepulcro

³⁸Depois disto, José de Arimateia (o que era discípulo de Jesus, mas oculto, por medo dos judeus) rogou a Pilatos que lhe permitisse tirar o corpo de Jesus. E Pilatos *lho* permitiu. Então foi e tirou o corpo de Jesus. ³⁹E foi também Nicodemos (aquele que anteriormente se dirigira de noite a Jesus), levando quase cem arráteis de um composto de mirra e aloés. ⁴⁰Tomaram, pois, o corpo de Jesus e o envolveram em lençóis com as especiarias, como é costume dos judeus, na preparação para o sepulcro. ⁴¹E havia um jardim naquele lugar onde fora crucificado, e no horto um sepulcro novo, em que ainda ninguém havia sido posto.

⁴²Ali, pois (por causa da preparação dos judeus, e por estar perto aquele sepulcro), puseram a Jesus.

Ressurreição de Jesus Cristo

20 E NO primeiro *dia* da semana, Maria Madalena foi ao sepulcro de madrugada, sendo ainda escuro, e viu a pedra tirada do sepulcro. ²Correu, pois, e foi a Simão Pedro, e ao outro discípulo, a quem Jesus amava, e disse-lhes: Levaram o Senhor do sepulcro, e não sabemos onde o puseram. ³Então Pedro saiu com o outro discípulo, e foram ao sepulcro. ⁴E os dois corriam juntos, mas o outro discípulo correu mais apressadamente do que Pedro, e chegou primeiro ao sepulcro. ⁵E, abaixando-se, viu no chão os lençóis; todavia não entrou. ⁶Chegou, pois, Simão Pedro, que o seguia, e entrou no sepulcro, e viu no chão os lençóis, ⁷E que o lenço, que tinha estado sobre a sua cabeça, não estava com os lençóis, mas enrolado num lugar à parte. ⁸Então entrou também o outro discípulo, que chegara primeiro ao sepulcro, e viu, e creu. ⁹Porque ainda não sabiam a Escritura, que era necessário que ressuscitasse dentre os mortos. ¹⁰Tornaram, pois, os discípulos para casa.

Jesus aparece a Maria Madalena

¹¹E Maria estava chorando fora, junto ao sepulcro. Estando ela, pois, chorando, abaixou-se para o sepulcro. ¹²E viu dois anjos *vestidos* de branco, assentados onde jazera o corpo de Jesus, um à cabeceira e outro aos pés. ¹³E disseram-lhe eles: Mulher, por que choras? Ela lhes disse: Porque levaram o meu Senhor, e não sei onde o puseram. ¹⁴E, tendo dito isto, voltou-se para trás, e viu Jesus em pé, mas não sabia que era Jesus. ¹⁵Disse-lhe Jesus: Mulher, por que choras? Quem buscas? Ela, cuidando que era o jardineiro, disse-lhe: Senhor, se tu o levaste, dize-me onde o puseste, e eu o levarei. ¹⁶Disse-lhe Jesus: Maria! Ela, voltando-se, disse-lhe: Raboni, que quer dizer: Mestre. ¹⁷Disse-lhe Jesus: Não me detenhas, porque ainda não subi para meu Pai, mas vai para meus irmãos, e dize-lhes que eu subo para meu Pai e vosso Pai, meu Deus e vosso Deus. ¹⁸Maria Madalena foi e anunciou aos discípulos que vira o Senhor, e *que* ele lhe dissera isto.

Jesus aparece aos discípulos

¹⁹Chegada, pois, a tarde daquele dia, o primeiro da semana, e cerradas as portas onde os discípulos, com medo dos judeus, se tinham ajuntado, chegou Jesus, e pôs-se no meio, e disse-lhes: Paz *seja* convosco. ²⁰E, dizendo isto, mostrou-lhes as suas mãos e o lado. De sorte que os discípulos se alegraram, vendo o Senhor.

²¹Disse-lhes, pois, Jesus outra vez: Paz seja convosco; assim como o Pai me enviou, também eu vos envio a vós.

²²E, havendo dito isto, assoprou *sobre eles* e disse-lhes: Recebei o Espírito Santo.

²³Àqueles a quem perdoardes os pecados lhes são perdoados; *e* àqueles a quem os retiverdes *lhes* são retidos.

A incredulidade de Tomé

²⁴Ora, Tomé, um dos doze, chamado Dídimo, não estava com eles quando veio Jesus.

²⁵Disseram-lhe, pois, os outros discípulos: Vimos o Senhor. Mas ele disse-lhes: Se eu não vir o sinal dos cravos em suas mãos, e não puser o meu dedo no lugar dos cravos, e não puser a minha mão no seu lado, de maneira nenhuma *o* crerei.

²⁶E oito dias depois estavam outra vez os seus discípulos dentro, e com eles Tomé. Chegou Jesus, estando as portas fechadas, e apresentou-se no meio, e disse: Paz seja convosco.

²⁷Depois disse a Tomé: Põe aqui o teu dedo, e vê as minhas mãos; e chega a tua mão, e põe-na no meu lado; e não sejas incrédulo, mas crente.

²⁸E Tomé respondeu, e disse-lhe: Senhor meu, e Deus meu!

²⁹Disse-lhe Jesus: Porque me viste, Tomé, creste; bem-aventurados os que não viram e creram.

³⁰Jesus, pois, operou também em presença de seus discípulos muitos outros sinais, que não estão escritos neste livro.

³¹Estes, porém, foram escritos para que creiais que Jesus é o Cristo, o Filho de Deus, e para que, crendo, tenhais vida em seu nome.

Aparição de Jesus junto ao mar de Tiberíades

21 DEPOIS disto manifestou-se Jesus outra vez aos discípulos junto do mar de Tiberíades; e manifestou-se assim:

²Estavam juntos Simão Pedro, e Tomé, chamado Dídimo, e Natanael, que era de Caná da Galileia, os *filhos* de Zebedeu, e outros dois dos seus discípulos.

³Disse-lhes Simão Pedro: Vou pescar. Dizem-lhe eles: Também nós vamos contigo. Foram, e subiram logo para o barco, e naquela noite nada apanharam.

⁴E, sendo já manhã, Jesus se apresentou na praia, mas os discípulos não conheceram que era Jesus.

⁵Disse-lhes, pois, Jesus: Filhos, tendes alguma coisa de comer? Responderam-lhe: Não.

⁶E ele lhes disse: Lançai a rede para o lado direito do barco, e achareis. Lançaram-na, pois, e já não a podiam tirar, pela multidão dos peixes.

⁷Então aquele discípulo, a quem Jesus amava, disse a Pedro: É o Senhor. E, quando Simão Pedro ouviu que era o Senhor, cingiu-se com a túnica (porque estava nu) e lançou-se ao mar.

⁸E os outros discípulos foram com o barco (porque não estavam distantes da terra senão quase duzentos côvados), levando a rede cheia de peixes.

⁹Logo que desceram para terra, viram ali brasas, e um peixe posto em cima, e pão.

¹⁰Disse-lhes Jesus: Trazei dos peixes que agora apanhastes.

¹¹Simão Pedro subiu e puxou a rede para terra, cheia de cento e cinquenta e três grandes peixes e, sendo tantos, não se rompeu a rede.

¹²Disse-lhes Jesus: Vinde, comei. E nenhum dos discípulos ousava perguntar-lhe: Quem és tu? Sabendo que era o Senhor.

¹³Chegou, pois, Jesus, e tomou o pão, e deu-lhes e, semelhantemente o peixe.

¹⁴E já era a terceira vez *que* Jesus se manifestava aos seus discípulos, depois de ter ressuscitado dentre os mortos.

Pedro é restaurado por Jesus

¹⁵E, depois de terem jantado, disse Jesus a Simão Pedro: Simão, *filho* de Jonas, amas-me mais do que estes? E ele respondeu: Sim, Senhor, tu sabes que te amo. Disse-lhe: Apascenta os meus cordeiros.

¹⁶Tornou a dizer-lhe segunda vez: Simão, *filho* de Jonas, amas-me? Disse-lhe: Sim, Senhor, tu sabes que te amo. Disse-lhe: Apascenta as minhas ovelhas.

¹⁷Disse-lhe terceira vez: Simão, *filho* de Jonas, amas-me? Simão entristeceu-se por lhe ter dito terceira vez: Amas-me? E disse-lhe: Senhor, tu sabes tudo; tu sabes que eu te amo. Jesus disse-lhe: Apascenta as minhas ovelhas.

¹⁸Na verdade, na verdade te digo *que,* quando eras mais moço, te cingias a ti mesmo, e andavas por onde querias; mas, quando já fores velho, estenderás as tuas mãos, e outro te cingirá, e te levará para onde tu não queiras.

¹⁹E disse isto, significando com que morte havia ele de glorificar a Deus. E, dito isto, disse-lhe: Segue-me.

²⁰E Pedro, voltando-se, viu o que o seguia aquele discípulo a quem Jesus amava, e que na ceia se recostara também sobre o seu peito, e que dissera: Senhor, quem é que te há de trair?

²¹Vendo Pedro a este, disse a Jesus: Senhor, e deste que *será?*

²²Disse-lhe Jesus: Se eu quero que ele fique até que eu venha, que te importa a ti? Segue-me tu.

²³Divulgou-se, pois, entre os irmãos este dito, que aquele discípulo não havia de morrer. Jesus, porém, não lhe disse que não morreria, mas: Se eu quero que ele fique até que eu venha, que te importa a ti?

²⁴Este é o discípulo que testifica destas *coisas* e as escreveu; e sabemos que o seu testemunho é verdadeiro.

²⁵Há, porém, ainda muitas outras *coisas* que Jesus fez; e se cada uma das quais fosse escrita, cuido que nem ainda o mundo todo poderia conter os livros que se escrevessem. Amém.

ATOS DOS APÓSTOLOS

Introdução

1 FIZ o primeiro tratado, ó Teófilo, acerca de tudo que Jesus começou, não só a fazer, mas a ensinar,

²Até ao dia em que foi recebido em cima, depois de ter dado mandamentos, pelo Espírito Santo, aos apóstolos que escolhera;

³Aos quais também, depois de ter padecido, se apresentou vivo, com muitas provas infalíveis, sendo visto por eles por espaço de quarenta dias, e falando das coisas concernentes ao reino de Deus.

⁴E, estando com eles, determinou-lhes que não se ausentassem de Jerusalém, mas que esperassem a promessa do Pai, que, *disse ele,* de mim ouvistes.

Ascensão de Jesus Cristo

⁵Porque, na verdade, João batizou com água, mas vós sereis batizados com o Espírito Santo, não muito depois destes dias.

⁶Aqueles, pois, que se haviam reunido perguntaram-lhe, dizendo: Senhor, restaurarás tu neste tempo o reino a Israel?

⁷E disse-lhes: Não vos pertence saber os tempos ou as estações que o Pai estabeleceu pelo seu próprio poder.

⁸Mas recebereis o poder do Espírito Santo, que há de vir sobre vós; e ser-me-eis testemunhas, tanto em Jerusalém como em toda a Judeia e Samaria, e até aos confins da terra.

⁹E, quando dizia isto, vendo-*o* eles, foi elevado às alturas, e uma nuvem o recebeu, *ocultando-o* a seus olhos.

¹⁰E, estando com os olhos fitos no céu, enquanto ele subia, eis que junto deles se puseram dois homens vestidos de branco.

¹¹Os quais lhes disseram: Homens galileus, por que estais olhando para o céu? Esse Jesus, que dentre vós foi recebido em cima no céu, há de vir assim como para o céu o vistes ir.

Os discípulos em Jerusalém

¹²Então voltaram para Jerusalém, do monte chamado das Oliveiras, o qual está perto de Jerusalém, à distância do caminho de um sábado.

¹³E, entrando, subiram ao cenáculo, onde habitavam Pedro e Tiago, João e André, Filipe e Tomé, Bartolomeu e Mateus, Tiago, *filho* de Alfeu, Simão, o Zelote, e Judas, irmão de Tiago.

¹⁴Todos estes perseveravam unanimemente em oração e súplicas, com as mulheres, e Maria mãe de Jesus, e com seus irmãos.

Matias eleito apóstolo

¹⁵E naqueles dias, levantando-se Pedro no meio dos discípulos (ora a multidão junta era de quase cento e vinte pessoas) disse:

¹⁶Homens irmãos, convinha que se cumprisse a Escritura que o Espírito Santo predisse pela boca de Davi, acerca de Judas, que foi o guia daqueles que prenderam a Jesus;

¹⁷Porque foi contado conosco e alcançou sorte neste ministério.

¹⁸Ora, este adquiriu um campo com o galardão da iniquidade; e, precipitando-se, rebentou pelo meio, e todas as suas entranhas se derramaram.

¹⁹E foi notório a todos os que habitam em Jerusalém; de maneira que na sua própria língua esse campo se chama Aceldama, isto é, Campo de Sangue.

²⁰Porque no livro dos Salmos está escrito:

Fique deserta a sua habitação,
E não haja quem nela habite, e:
Tome outro o seu bispado.

²¹É necessário, pois, que, dos homens que conviveram conosco todo o tempo em que o Senhor Jesus entrou e saiu dentre nós,

²²Começando desde o batismo de João até ao dia em que de entre nós foi recebido em cima, um deles se faça conosco testemunha da sua ressurreição.

²³E apresentaram dois: José, chamado Barsabás, que tinha por sobrenome o Justo, e Matias.

²⁴E, orando, disseram: Tu, Senhor, conhecedor dos corações de todos, mostra qual destes dois tens escolhido,

²⁵Para que tome parte neste ministério e apostolado, de que Judas se desviou, para ir para o seu próprio lugar.

²⁶E, lançando-lhes sortes, caiu a sorte sobre Matias. E por voto comum foi contado com os onze apóstolos.

A descida do Espírito Santo

2 E, CUMPRINDO-SE o dia de Pentecostes, estavam todos concordemente no mesmo lugar;

²E de repente veio do céu um som, como de um vento veemente *e* impetuoso, e encheu toda a casa em que estavam assentados.

³E foram vistas por eles línguas repartidas, como que de fogo, as quais pousaram sobre cada um deles.

⁴E todos foram cheios do Espírito Santo, e começaram a falar noutras línguas, conforme o Espírito lhes concedia que falassem.

⁵E em Jerusalém estavam habitando judeus, homens religiosos, de todas as nações que estão debaixo do céu.

⁶E, quando aquele som ocorreu, ajuntou-se uma multidão, e estava confusa, porque cada um os ouvia falar na sua própria língua.

⁷E todos pasmavam e se maravilhavam, dizendo uns aos outros: Pois quê! Não são galileus todos esses homens que estão falando?

⁸Como, pois, os ouvimos, cada um, na nossa própria língua em que somos nascidos?

⁹Partos e medos, elamitas e os que habitam na Mesopotâmia, Judeia, Capadócia, Ponto e Ásia,

ATOS DOS APÓSTOLOS 2.46

¹⁰E Frígia e Panfília, Egito e partes da Líbia, junto a Cirene, e forasteiros romanos, tanto judeus como prosélitos,

¹¹Cretenses e árabes, todos nós temos ouvido em nossas próprias línguas falar das grandezas de Deus.

¹²E todos se maravilhavam e estavam perplexos, dizendo uns para os outros: Que quer isto dizer?

¹³E outros, zombando, diziam: Estão cheios de mosto.

Discurso de Pedro

¹⁴Pedro, porém, pondo-se em pé com os onze, levantou a sua voz, e disse-lhes: Homens judeus, e todos os que habitais em Jerusalém, seja-vos isto notório, e escutai as minhas palavras.

¹⁵Estes homens não estão embriagados, como vós pensais, sendo a terceira hora do dia.

¹⁶Mas isto é o que foi dito pelo profeta Joel:

¹⁷E nos últimos dias acontecerá, diz Deus,
Que do meu Espírito derramarei sobre toda a carne;
E os vossos filhos e as vossas filhas profetizarão,
Os vossos jovens terão visões,
E os vossos velhos sonharão sonhos;
¹⁸E também do meu Espírito derramarei sobre os meus servos e sobre as minhas servas naqueles dias, e profetizarão;
¹⁹E farei aparecer prodígios em cima, no céu,
E sinais embaixo na terra,
Sangue, fogo e vapor de fumo.
²⁰O sol se converterá em trevas,
E a lua em sangue,
Antes de chegar o grande e glorioso dia do Senhor;
²¹E acontecerá que todo aquele que invocar o nome do Senhor será salvo.

²²Homens israelitas, escutai estas palavras: A Jesus Nazareno, homem aprovado por Deus entre vós com maravilhas, prodígios e sinais, que Deus por ele fez no meio de vós, como vós mesmos bem sabeis;

²³A este que vos foi entregue pelo determinado conselho e presciência de Deus, prendestes, crucificastes e matastes pelas mãos de injustos;

²⁴Ao qual Deus ressuscitou, desfazendo as dores da morte, pois não era possível que fosse retido por ela;

²⁵Porque dele disse Davi:
Sempre via diante de mim o Senhor,
Porque está à minha direita, para que eu não seja abalado;
²⁶Por isso se alegrou o meu coração, e a minha língua exultou;
E ainda a minha carne há de repousar em esperança;
²⁷Pois não deixarás a minha alma no inferno,

Nem permitirás que o teu Santo veja a corrupção;
²⁸Fizeste-me conhecidos os caminhos da vida;
Com a tua face me encherás de júbilo.

²⁹Homens irmãos, seja-me lícito dizer-vos livremente acerca do patriarca Davi, que ele morreu e foi sepultado, e entre nós está até hoje a sua sepultura.

³⁰Sendo, pois, profeta e sabendo que Deus lhe havia prometido com juramento que do fruto de seus lombos, segundo a carne, levantaria o Cristo, para o assentar sobre o seu trono,

³¹E antevendo isto, disse da ressurreição de Cristo, que a sua alma não foi deixada no inferno, nem a sua carne viu a corrupção.

³²Deus ressuscitou a este Jesus, do que todos nós somos testemunhas.

³³De sorte que, exaltado pela destra de Deus, e tendo recebido do Pai a promessa do Espírito Santo, derramou isto que vós agora vedes e ouvis.

³⁴Porque Davi não subiu aos céus, mas ele próprio diz:
Disse o SENHOR ao meu Senhor:
Assenta-te à minha direita,
³⁵Até que ponha os teus inimigos por escabelo de teus pés.

³⁶Saiba, pois, com certeza toda a casa de Israel que a esse Jesus, a quem vós crucificastes, Deus o fez Senhor e Cristo.

Conversão de três mil pessoas

³⁷E, ouvindo eles isto, compungiram-se em seu coração, e perguntaram a Pedro e aos demais apóstolos: Que faremos, homens irmãos?

³⁸E disse-lhes Pedro: Arrependei-vos, e cada um de vós seja batizado em nome de Jesus Cristo, em remissão de pecados; e recebereis o dom do Espírito Santo;

³⁹Porque a promessa vos diz respeito a vós, a vossos filhos, e a todos os que estão longe, a tantos quantos Deus nosso Senhor chamar.

⁴⁰E com muitas outras palavras isto testificava, e os exortava, dizendo: Salvai-vos desta geração perversa.

⁴¹De sorte que foram batizados os que de bom grado receberam a sua palavra; e naquele dia agregaram-se quase três mil almas,

⁴²E perseveravam na doutrina dos apóstolos, e na comunhão, e no partir do pão, e nas orações.

⁴³E em toda a alma havia temor, e muitas maravilhas e sinais se faziam pelos apóstolos.

⁴⁴E todos os que criam estavam juntos, e tinham tudo em comum.

⁴⁵E vendiam suas propriedades e bens, e repartiam com todos, segundo cada um havia de mister.

⁴⁶E, perseverando unânimes todos os dias no templo, e partindo o pão em casa, comiam juntos com alegria e singeleza de coração,

ATOS DOS APÓSTOLOS 2.47

⁴⁷Louvando a Deus, e caindo na graça de todo o povo. E todos os dias acrescentava o Senhor à igreja aqueles que se haviam de salvar.

Cura de um coxo

3 E PEDRO e João subiam juntos ao templo à hora da oração, a nona.

²E era trazido um homem que desde o ventre de sua mãe era coxo, o qual todos os dias punham à porta do templo, chamada Formosa, para pedir esmola aos que entravam no templo.

³O qual, vendo a Pedro e a João que iam entrando no templo, pediu que lhe dessem uma esmola.

⁴E Pedro, com João, fitando os olhos nele, disse: Olha para nós.

⁵E olhou para eles, esperando receber deles alguma coisa.

⁶E disse Pedro: Não tenho prata nem ouro; mas o que tenho isso te dou. Em nome de Jesus Cristo, o Nazareno, levanta-te e anda.

⁷E, tomando-o pela mão direita, o levantou, e logo os seus pés e artelhos se firmaram.

⁸E, saltando ele, pôs-se em pé, e andou, e entrou com eles no templo, andando, e saltando, e louvando a Deus.

⁹E todo o povo o viu andar e louvar a Deus;

¹⁰E conheciam-no, pois era ele o que se assentava a pedir esmola à porta Formosa do templo; e ficaram cheios de pasmo e assombro, pelo que lhe acontecera.

Discurso de Pedro ao povo

¹¹E, apegando-se o coxo, que fora curado, a Pedro e João, todo o povo correu atônito para junto deles, ao alpendre chamado de Salomão.

¹²E quando Pedro viu isto, disse ao povo: Homens israelitas, por que vos maravilhais disto? Ou, por que olhais tanto para nós, como se por nosso próprio poder ou santidade fizéssemos andar este homem?

¹³O Deus de Abraão, de Isaque e de Jacó, o Deus de nossos pais, glorificou a seu filho Jesus, a quem vós entregastes e perante a face de Pilatos negastes, tendo ele determinado que fosse solto.

¹⁴Mas vós negastes o Santo e o Justo, e pedistes que se vos desse um homem homicida.

¹⁵E matastes o Príncipe da vida, ao qual Deus ressuscitou dentre os mortos, do que nós somos testemunhas.

¹⁶E pela fé no seu nome fez o seu nome fortalecer a este que vedes e conheceis; sim, a fé que vem por ele, deu a este, na presença de todos vós, esta perfeita saúde.

¹⁷E agora, irmãos, eu sei que o fizestes por ignorância, como também os vossos príncipes.

¹⁸Mas Deus assim cumpriu o que já dantes pela boca de todos os seus profetas havia anunciado; que o Cristo havia de padecer.

¹⁹Arrependei-vos, pois, e convertei-vos, para que sejam apagados os vossos pecados, e para que venham assim os tempos do refrigério pela presença do Senhor,

²⁰E envie ele a Jesus Cristo, que já dantes vos foi pregado.

²¹O qual convém que o céu contenha até aos tempos da restauração de tudo, dos quais Deus falou pela boca de todos os seus santos profetas, desde o princípio.

²²Porque Moisés disse aos pais: O Senhor vosso Deus levantará de entre vossos irmãos um profeta semelhante a mim; a ele ouvireis em tudo quanto vos disser.

²³E acontecerá que toda a alma que não escutar esse profeta será exterminada dentre o povo.

²⁴Sim, e todos os profetas, desde Samuel, todos quantos depois falaram, também predisseram estes dias.

²⁵Vós sois os filhos dos profetas e da aliança que Deus fez com nossos pais, dizendo a Abraão: Na tua descendência serão benditas todas as famílias da terra.

²⁶Ressuscitando Deus a seu Filho Jesus, primeiro o enviou a vós, para que nisso vos abençoasse, no apartar, a cada um de vós, das vossas maldades.

Pedro e João aprisionados

4 E, ESTANDO eles falando ao povo, sobrevieram os sacerdotes, e o capitão do templo, e os saduceus,

²Doendo-se muito de que ensinassem o povo, e anunciassem em Jesus a ressurreição dentre os mortos.

³E lançaram mão deles, e os colocaram na prisão até ao dia seguinte, pois já era tarde.

⁴Muitos, porém, dos que ouviram a palavra creram, e chegou o número desses homens a quase cinco mil.

⁵E aconteceu, no dia seguinte, reunirem-se em Jerusalém os seus principais, os anciãos, os escribas,

⁶E Anás, o sumo sacerdote, e Caifás, e João, e Alexandre, e todos quantos havia da linhagem do sumo sacerdote.

⁷E, pondo-os no meio, perguntaram: Com que poder ou em nome de quem fizestes isto?

⁸Então Pedro, cheio do Espírito Santo, lhes disse: Principais do povo, e vós, anciãos de Israel,

⁹Visto que hoje somos interrogados acerca do benefício feito a um homem enfermo, e do modo como foi curado,

¹⁰Seja conhecido de vós todos, e de todo o povo de Israel, que em nome de Jesus Cristo, o Nazareno, aquele a quem vós crucificastes e a quem Deus ressuscitou dentre os mortos, em nome desse é que este está são diante de vós.

¹¹Ele é a pedra que foi rejeitada por vós, os edificadores, a qual foi posta por cabeça de esquina.

¹²E em nenhum outro há salvação, porque também debaixo do céu nenhum outro nome há, dado entre os homens, pelo qual devamos ser salvos.

¹³Então eles, vendo a ousadia de Pedro e João, e informados de que eram homens sem letras e indoutos, maravilharam-se e reconheceram que eles haviam estado com Jesus.

ATOS DOS APÓSTOLOS 5.16

¹⁴E, vendo estar com eles o homem que fora curado, nada tinham que dizer em contrário.

¹⁵Todavia, mandando-os sair fora do conselho, conferenciaram entre si,

¹⁶Dizendo: Que havemos de fazer a estes homens? Porque a todos os que habitam em Jerusalém é manifesto que por eles foi feito um sinal notório, e não o podemos negar;

¹⁷Mas, para que não se divulgue mais entre o povo, ameacemo-los rigorosamente para que não falem mais nesse nome a homem algum.

¹⁸E, chamando-os, disseram-lhes que absolutamente não falassem, nem ensinassem, no nome de Jesus.

¹⁹Respondendo, porém, Pedro e João, lhes disseram: Julgai vós se é justo, diante de Deus, ouvir-vos antes a vós do que a Deus;

²⁰Porque não podemos deixar de falar do que temos visto e ouvido.

²¹Mas eles ainda os ameaçaram mais e, não achando motivo para os castigar, deixaram-nos ir, por causa do povo; porque todos glorificavam a Deus pelo que acontecera;

²²Pois tinha mais de quarenta anos o homem em quem se operara aquele milagre de saúde.

²³E, soltos eles, foram para os seus, e contaram tudo o que lhes disseram os principais sacerdotes e os anciãos.

²⁴E, ouvindo eles *isto*, unânimes levantaram a voz a Deus, e disseram: Senhor, tu *és* o Deus que fizeste o céu, e a terra, e o mar e tudo o que neles há;

²⁵Que disseste pela boca de Davi, teu servo:

Por que bramaram as gentios, e os povos pensaram *coisas* vãs?

²⁶Levantaram-se os reis da terra,
E os príncipes se ajuntaram à uma,
Contra o Senhor e contra o seu Ungido.

²⁷Porque verdadeiramente contra o teu santo Filho Jesus, que tu ungiste, se ajuntaram, não só Herodes, mas Pôncio Pilatos, com os gentios e os povos de Israel;

²⁸Para fazerem tudo o que a tua mão e o teu conselho tinham anteriormente determinado que se havia de fazer.

²⁹Agora, pois, ó Senhor, olha para as suas ameaças, e concede aos teus servos que falem com toda a ousadia a tua palavra;

³⁰Enquanto estendes a tua mão para curar, e *para* que se façam sinais e prodígios pelo nome de teu santo Filho Jesus.

³¹E, tendo orado, moveu-se o lugar em que estavam reunidos; e todos foram cheios do Espírito Santo, e anunciavam com ousadia a palavra de Deus.

União e amor entre os crentes

³²E era um o coração e a alma da multidão dos que criam, e ninguém dizia que coisa alguma do que possuía era sua própria, mas todas as coisas lhes eram comuns.

³³E os apóstolos davam, com grande poder, testemunho da ressurreição do Senhor Jesus, e em todos eles havia abundante graça.

³⁴Não havia, pois, entre eles necessitado algum; porque todos os que possuíam herdades ou casas, vendendo-as, traziam o preço do que fora vendido, e o depositavam aos pés dos apóstolos.

³⁵E repartia-se a cada um, segundo a necessidade que cada um tinha.

³⁶Então José, chamado pelos apóstolos Barnabé (que, traduzido, é filho da consolação), levita, natural de Chipre,

³⁷Possuindo uma herdade, vendeu-a, e trouxe o preço, e o depositou aos pés dos apóstolos.

Ananias e Safira

5 MAS um *certo* homem chamado Ananias, com Safira, sua mulher, vendeu uma propriedade,

²E reteve parte do preço, sabendo-*o* também sua mulher; e, levando uma parte, a depositou aos pés dos apóstolos.

³Disse então Pedro: Ananias, por que encheu Satanás o teu coração, para que mentisses ao Espírito Santo, e retivesses parte do preço da herdade?

⁴Guardando-a não ficava para ti? E, vendida, não estava em teu poder? Por que formaste este desígnio em teu coração? Não mentiste aos homens, mas a Deus.

⁵E Ananias, ouvindo estas palavras, caiu e expirou. E um grande temor veio sobre todos os que isto ouviram.

⁶E, levantando-se os moços, cobriram o morto e, transportando-*o* para fora, o sepultaram.

⁷E, passando um espaço quase de três horas, entrou também sua mulher, não sabendo o que havia acontecido.

⁸E disse-lhe Pedro: Dize-me, vendestes por tanto aquela herdade? E ela disse: Sim, por tanto.

⁹Então Pedro lhe disse: Por que é que entre vós vos concertastes para tentar o Espírito do Senhor? Eis aí à porta os pés dos que sepultaram o teu marido, e *também* te levarão a ti.

¹⁰E logo caiu aos seus pés, e expirou. E, entrando os moços, acharam-na morta, e levando-a para fora, a sepultaram junto de seu marido.

¹¹E houve um grande temor em toda a igreja, e em todos os que ouviram estas coisas.

¹²E muitos sinais e prodígios eram feitos entre o povo pelas mãos dos apóstolos. E estavam todos unanimemente no alpendre de Salomão.

¹³Dos outros, porém, ninguém ousava ajuntar-se a eles; mas o povo tinha-os em grande estima.

¹⁴E a multidão dos que criam no Senhor, tanto homens como mulheres, crescia cada vez mais.

¹⁵De sorte que transportavam os enfermos para as ruas, e *os* punham em leitos e em macas para que ao menos a sombra de Pedro, quando este passasse, cobrisse alguns deles.

¹⁶E até das cidades circunvizinhas concorria muita gente a Jerusalém, conduzindo enfermos e atormentados de espíritos imundos; os quais eram todos curados.

ATOS DOS APÓSTOLOS 5.17

Os apóstolos miraculosamente libertados

[17]E, levantando-se o sumo sacerdote, e todos os que estavam com ele (e eram eles da seita dos saduceus), encheram-se de inveja,

[18]E lançaram mão dos apóstolos, e os puseram na prisão pública.

[19]Mas de noite um anjo do Senhor abriu as portas da prisão e, tirando-os para fora, disse:

[20]Ide e apresentai-vos no templo, e dizei ao povo todas as palavras desta vida.

[21]E, ouvindo eles *isto,* entraram de manhã cedo no templo, e ensinavam. Chegando, porém, o sumo sacerdote e os que estavam com ele, convocaram o conselho, e a todos os anciãos dos filhos de Israel, e enviaram ao cárcere, para que de lá os trouxessem.

[22]Mas, tendo lá ido os servidores, não os acharam na prisão e, voltando, *lho* anunciaram,

[23]Dizendo: Achamos realmente o cárcere fechado, com toda a segurança, e os guardas, que estavam fora, diante das portas; mas, quando abrimos, ninguém achamos dentro.

[24]Então o sumo sacerdote, o capitão do templo e os chefes dos sacerdotes, ouvindo estas palavras, estavam perplexos acerca deles *e* do que viria a ser aquilo.

[25]E, chegando um, anunciou-lhes, dizendo: Eis que os homens que encerrastes na prisão estão em pé no templo e ensinam ao povo.

Os apóstolos conduzidos perante o Sinédrio

[26]Então foi o capitão com os servidores, e os trouxe, não com violência (porque temiam ser apedrejados pelo povo).

[27]E, trazendo-os, *os* apresentaram ao conselho. E o sumo sacerdote os interrogou,

[28]Dizendo: Não vos admoestamos nós expressamente que não ensinásseis nesse nome? E eis que enchestes Jerusalém dessa vossa doutrina, e quereis lançar sobre nós o sangue desse homem.

[29]Porém, respondendo Pedro e os apóstolos, disseram: Mais importa obedecer a Deus do que aos homens.

[30]O Deus de nossos pais ressuscitou a Jesus, ao qual vós matastes, suspendendo-*o* no madeiro.

[31]Deus com a sua destra o elevou a Príncipe e Salvador, para dar a Israel o arrependimento e a remissão dos pecados.

[32]E nós somos testemunhas acerca destas palavras, nós e também o Espírito Santo, que Deus deu àqueles que lhe obedecem.

O conselho de Gamaliel

[33]E, ouvindo eles *isto,* se enfureciam, e deliberaram matá-los.

[34]Mas, levantando-se no conselho um certo fariseu, chamado Gamaliel, doutor da lei, venerado por todo o povo, mandou que por um pouco levassem para fora os apóstolos;

[35]E disse-lhes: Homens israelitas, acautelai-vos a respeito do que haveis de fazer a estes homens,

[36]Porque antes destes dias levantou-se Teudas, dizendo ser alguém; a este se ajuntou o número de uns quatrocentos homens; o qual foi morto, e todos os que lhe deram ouvidos foram dispersos e reduzidos a nada.

[37]Depois deste levantou-se Judas, o galileu, nos dias do alistamento, e levou muito povo após si; mas também este pereceu, e todos os que lhe deram ouvidos foram dispersos.

[38]E agora digo-vos: Dai de mão a estes homens, e deixai-os, porque, se este conselho ou esta obra é de homens, se desfará;

[39]Mas, se é de Deus, não podereis desfazê-la; para que não aconteça serdes também achados combatendo contra Deus.

[40]E concordaram com ele. E, chamando os apóstolos, e tendo-*os* açoitado, mandaram que não falassem no nome de Jesus, e os deixaram ir.

[41]Retiraram-se, pois, da presença do conselho, regozijando-se de terem sido julgados dignos de padecer afronta pelo seu nome.

[42]E todos os dias, no templo e nas casas, não cessavam de ensinar, e de anunciar a Jesus Cristo.

Instituição dos diáconos

6 ORA, naqueles dias, crescendo o número dos discípulos, houve uma murmuração dos gregos contra os hebreus, porque as suas viúvas eram desprezadas no ministério cotidiano.

[2]E os doze, convocando a multidão dos discípulos, disseram: Não é razoável que nós deixemos a palavra de Deus e sirvamos às mesas.

[3]Escolhei, pois, irmãos, dentre vós, sete homens de boa reputação, cheios do Espírito Santo e de sabedoria, aos quais constituamos sobre esta necessidade.

[4]Mas nós perseveraremos na oração e no ministério da palavra.

[5]E este parecer contentou a toda a multidão, e elegeram Estêvão, homem cheio de fé e do Espírito Santo, e Filipe, e Prócoro, e Nicanor, e Timão, e Parmenas e Nicolau, prosélito de Antioquia;

[6]E os apresentaram ante os apóstolos, e estes, orando, lhes impuseram as mãos.

[7]E crescia a palavra de Deus, e em Jerusalém se multiplicava muito o número dos discípulos, e grande parte dos sacerdotes obedecia à fé.

Estêvão perante o Sinédrio

[8]E Estêvão, cheio de fé e de poder, fazia prodígios e grandes sinais entre o povo.

[9]E levantaram-se alguns que *eram* da sinagoga chamada dos libertinos, e dos cireneus e dos alexandrinos, e dos que eram da Cilícia e da Ásia, e disputavam com Estêvão.

[10]E não podiam resistir à sabedoria, e ao Espírito com que falava.

[11]Então subornaram uns homens, para que dissessem: Ouvimos-lhe proferir palavras blasfemas contra Moisés e *contra* Deus.

ATOS DOS APÓSTOLOS 7.39

¹²E excitaram o povo, os anciãos e os escribas; e, investindo contra ele, o arrebataram e o levaram ao conselho.

¹³E apresentaram falsas testemunhas, que diziam: Este homem não cessa de proferir palavras blasfemas contra este santo lugar e a lei;

¹⁴Porque nós lhe ouvimos dizer que esse Jesus Nazareno há de destruir este lugar e mudar os costumes que Moisés nos deu.

¹⁵Então todos os que estavam assentados no conselho, fixando os olhos nele, viram o seu rosto como o rosto de um anjo.

A defesa de Estevão

7 E DISSE o sumo sacerdote: Porventura é isto assim?

²E ele disse: Homens, irmãos, e pais, ouvi. O Deus da glória apareceu a nosso pai Abraão, estando na Mesopotâmia, antes de habitar em Harã,

³E disse-lhe: Sai da tua terra e dentre a tua parentela, e dirige-te à terra que eu te mostrar.

⁴Então saiu da terra dos caldeus, e habitou em Harã. E dali, depois que seu pai faleceu, Deus o trouxe para esta terra em que habitais agora.

⁵E não lhe deu nela herança, nem ainda o espaço de um pé; mas prometeu que lhe daria a posse dela, e depois dele, à sua descendência, não tendo ele *ainda* filho.

⁶E falou Deus assim: Que a sua descendência seria peregrina em terra alheia, e a sujeitariam à escravidão, e *a* maltratariam por quatrocentos anos.

⁷E eu julgarei a nação que os tiver escravizado, disse Deus. E depois disto sairão e me servirão neste lugar.

⁸E deu-lhe a aliança da circuncisão; e assim gerou a Isaque, e o circuncidou ao oitavo dia; e Isaque a Jacó; e Jacó aos doze patriarcas.

⁹E os patriarcas, movidos de inveja, venderam José para o Egito; mas Deus era com ele.

¹⁰E livrou-o de todas as suas tribulações, e lhe deu graça e sabedoria ante Faraó, rei do Egito, que o constituiu governador sobre o Egito e toda a sua casa.

¹¹Sobreveio então a todo o país do Egito e de Canaã fome e grande tribulação; e nossos pais não achavam alimentos.

¹²Mas tendo ouvido Jacó que no Egito havia trigo, enviou *ali* nossos pais, a primeira vez.

¹³E na segunda vez foi José conhecido por seus irmãos, e a linhagem de José foi manifesta a Faraó.

¹⁴E José mandou chamar a seu pai Jacó, e a toda a sua parentela, *que era de* setenta e cinco almas.

¹⁵E Jacó desceu ao Egito, e morreu, ele e nossos pais;

¹⁶E foram transportados para Siquém, e depositados na sepultura que Abraão comprara por certa soma de dinheiro aos filhos de Emor, pai de Siquém.

¹⁷Aproximando-se, porém, o tempo da promessa que Deus tinha feito a Abraão, o povo cresceu e se multiplicou no Egito;

¹⁸Até que se levantou outro rei, que não conhecia a José.

¹⁹Esse, usando de astúcia contra a nossa linhagem, maltratou nossos pais, a ponto de os fazer enjeitar as suas crianças, para que não se multiplicassem.

²⁰Nesse tempo nasceu Moisés, e era mui formoso, e foi criado três meses em casa de seu pai.

²¹E, sendo enjeitado, tomou-o a filha de Faraó, e o criou como seu filho.

²²E Moisés foi instruído em toda a ciência dos egípcios; e era poderoso em suas palavras e obras.

²³E, quando completou a idade de quarenta anos, veio-lhe ao coração ir visitar seus irmãos, os filhos de Israel.

²⁴E, vendo maltratado um *deles, o* defendeu, e vingou o ofendido, matando o egípcio.

²⁵E ele cuidava que seus irmãos entenderiam que Deus lhes havia de dar a liberdade pela sua mão; mas eles não entenderam.

²⁶E no dia seguinte, pelejando eles, foi por eles visto, e quis levá-los à paz, dizendo: Homens, sois irmãos; por que vos agravais um ao outro?

²⁷E o que ofendia o seu próximo o repeliu, dizendo: Quem te constituiu príncipe e juiz sobre nós?

²⁸Queres tu matar-me, como ontem mataste o egípcio?

²⁹E a esta palavra fugiu Moisés, e esteve como estrangeiro na terra de Midiã, onde gerou dois filhos.

³⁰E, completados quarenta anos, apareceu-lhe o anjo do Senhor no deserto do monte Sinai, numa chama de fogo *no meio de* uma sarça.

³¹Então Moisés, quando viu isto, se maravilhou da visão; e, aproximando-se para observar, foi-lhe dirigida a voz do Senhor,

³²Dizendo: Eu *sou* o Deus de teus pais, o Deus de Abraão, e o Deus de Isaque, e o Deus de Jacó. E Moisés, todo trêmulo, não ousava olhar.

³³E disse-lhe o Senhor: Tira as sandálias dos teus pés, porque o lugar em que estás é terra santa.

³⁴Tenho visto atentamente a aflição do meu povo que está no Egito, e ouvi os seus gemidos, e desci a livrá-los. Agora, pois, vem, e enviar-te--ei ao Egito.

³⁵A este Moisés, ao qual haviam negado, dizendo: Quem te constituiu príncipe e juiz? A este enviou Deus como príncipe e libertador, pela mão do anjo que lhe aparecera na sarça.

³⁶Foi este que os conduziu para fora, fazendo prodígios e sinais na terra do Egito, e no Mar Vermelho, e no deserto, por quarenta anos.

³⁷Este é aquele Moisés que disse aos filhos de Israel: O Senhor vosso Deus vos levantará dentre vossos irmãos um profeta como eu; a ele ouvireis.

³⁸Este é o que esteve entre a congregação no deserto, com o anjo que lhe falava no monte Sinai, e com nossos pais, o qual recebeu as palavras de vida para no-las dar.

³⁹Ao qual nossos pais não quiseram obedecer,

ATOS DOS APÓSTOLOS 7.40

antes o rejeitaram e em seu coração se tornaram ao Egito,

⁴⁰Dizendo a Arão: Faze-nos deuses que vão adiante de nós; porque a esse Moisés, que nos tirou da terra do Egito, não sabemos o que lhe aconteceu.

⁴¹E naqueles dias fizeram o bezerro, e ofereceram sacrifícios ao ídolo, e se alegraram nas obras das suas mãos.

⁴²Mas Deus se afastou, e os abandonou a que servissem ao exército do céu, como está escrito no livro dos profetas:

Porventura me oferecestes vítimas e sacrifícios
No deserto por quarenta anos, ó casa de Israel?
⁴³Antes tomastes o tabernáculo de Moloque,
E a estrela do vosso deus Renfã,
Figuras que vós fizestes para as adorar.
Transportar-vos-ei, pois, para além da Babilônia.

⁴⁴Estava entre nossos pais no deserto o tabernáculo do testemunho, como ordenara aquele que disse a Moisés que o fizesse segundo o modelo que tinha visto.

⁴⁵O qual, nossos pais, recebendo-o também, o levaram com Josué quando entraram na posse das nações que Deus lançou para fora da presença de nossos pais, até aos dias de Davi,

⁴⁶Que achou graça diante de Deus, e pediu que pudesse achar tabernáculo para o Deus de Jacó.

⁴⁷E Salomão lhe edificou casa;

⁴⁸Mas o Altíssimo não habita em templos feitos por mãos de homens, como diz o profeta:

⁴⁹O céu é o meu trono,
E a terra o estrado dos meus pés.
Que casa me edificareis? diz o Senhor,
Ou qual é o lugar do meu repouso?
⁵⁰Porventura não fez a minha mão todas estas coisas?

⁵¹Homens de dura cerviz, e incircuncisos de coração e ouvido, vós sempre resistis ao Espírito Santo; assim vós sois como vossos pais.

⁵²A qual dos profetas não perseguiram vossos pais? Até mataram os que anteriormente anunciaram a vinda do Justo, do qual vós agora fostes traidores e homicidas;

⁵³Vós, que recebestes a lei por ordenação dos anjos, e não a guardastes.

Morte de Estêvão

⁵⁴E, ouvindo eles isto, enfureciam-se em seus corações, e rangiam os dentes contra ele.

⁵⁵Mas ele, estando cheio do Espírito Santo, fixando os olhos no céu, viu a glória de Deus, e Jesus, que estava à direita de Deus;

⁵⁶E disse: Eis que vejo os céus abertos, e o Filho do homem, que está em pé à mão direita de Deus.

⁵⁷Mas eles gritaram com grande voz, taparam os seus ouvidos, e arremeteram unânimes contra ele.

⁵⁸E, expulsando-o da cidade, o apedrejavam. E as testemunhas depuseram as suas capas aos pés de um jovem chamado Saulo.

⁵⁹E apedrejaram a Estêvão que em invocação dizia: Senhor Jesus, recebe o meu espírito.

⁶⁰E, pondo-se de joelhos, clamou com grande voz: Senhor, não lhes imputes este pecado. E, tendo dito isto, adormeceu.

Perseguição e dispersão dos discípulos

8 E TAMBÉM Saulo consentiu na morte dele. E fez-se naquele dia uma grande perseguição contra a igreja que estava em Jerusalém; e todos foram dispersos pelas terras da Judeia e de Samaria, exceto os apóstolos.

²E uns homens piedosos foram enterrar Estêvão, e fizeram sobre ele grande pranto.

³E Saulo assolava a igreja, entrando pelas casas; e, arrastando homens e mulheres, os encerrava na prisão.

⁴Mas os que andavam dispersos iam por toda a parte, anunciando a palavra.

⁵E, descendo Filipe à cidade de Samaria lhes pregava a Cristo.

⁶E as multidões unanimemente prestavam atenção ao que Filipe dizia, porque ouviam e viam os sinais que ele fazia;

⁷Pois que os espíritos imundos saíam de muitos que os tinham, clamando em alta voz; e muitos paralíticos e coxos eram curados.

⁸E havia grande alegria naquela cidade.

Simão, o mágico

⁹E estava ali um certo homem, chamado Simão, que anteriormente exercera naquela cidade a arte mágica, e tinha iludido o povo de Samaria, dizendo que era uma grande personagem;

¹⁰Ao qual todos atendiam, desde o menor até ao maior, dizendo: Este é o grande poder de Deus.

¹¹E atendiam-no, porque já desde muito tempo os havia iludido com artes mágicas.

¹²Mas, como cressem em Filipe, que lhes pregava acerca do reino de Deus, e do nome de Jesus Cristo, se batizavam, tanto homens como mulheres.

¹³E creu até o próprio Simão; e, sendo batizado, ficou de contínuo com Filipe; e, vendo os sinais e as grandes maravilhas que se faziam, estava atônito.

Pedro e João em Samaria

¹⁴Os apóstolos, pois, que estavam em Jerusalém, ouvindo que Samaria recebera a palavra de Deus, enviaram para lá Pedro e João.

¹⁵Os quais, tendo descido, oraram por eles para que recebessem o Espírito Santo

¹⁶(Porque sobre nenhum deles tinha ainda descido; mas somente eram batizados em nome do Senhor Jesus).

¹⁷Então lhes impuseram as mãos, e receberam o Espírito Santo.

¹⁸E Simão, vendo que pela imposição das mãos

dos apóstolos era dado o Espírito Santo, lhes ofereceu dinheiro,

¹⁹Dizendo: Dai-me também a mim esse poder, para que aquele sobre quem eu puser as mãos receba o Espírito Santo.

²⁰Mas disse-lhe Pedro: O teu dinheiro seja contigo para perdição, pois cuidaste que o dom de Deus se alcança por dinheiro.

²¹Tu não tens parte nem sorte nesta palavra, porque o teu coração não é reto diante de Deus.

²²Arrepende-te, pois, dessa tua iniquidade, e ora a Deus, para que porventura te seja perdoado o pensamento do teu coração;

²³Pois vejo que estás em fel de amargura, e em laço de iniquidade.

²⁴Respondendo, porém, Simão, disse: Orai vós por mim ao Senhor, para que nada do que dissestes venha sobre mim.

O diácono Filipe e o eunuco etíope

²⁵Tendo eles, pois, testificado e falado a palavra do Senhor, voltaram para Jerusalém e em muitas aldeias dos samaritanos anunciaram o evangelho.

²⁶E o anjo do Senhor falou a Filipe, dizendo: Levanta-te, e vai para o lado do sul, ao caminho que desce de Jerusalém para Gaza, que está deserta.

²⁷E levantou-se, e foi; e eis que um homem etíope, eunuco, mordomo-mor de Candace, rainha dos etíopes, o qual era superintendente de todos os seus tesouros, e tinha ido a Jerusalém para adoração,

²⁸Regressava e, assentado no seu carro, lia o profeta Isaías.

²⁹E disse o Espírito a Filipe: Chega-te, e ajunta-te a esse carro.

³⁰E, correndo Filipe, ouviu que lia o profeta Isaías, e disse: Entendes tu o que lês?

³¹E ele disse: Como poderei entender, se alguém não me ensinar? E rogou a Filipe que subisse e com ele se assentasse.

³²E o lugar da Escritura que lia era este:

Foi levado como a ovelha para o matadouro;
e, como está mudo o cordeiro diante
do que o tosquia,
Assim não abriu a sua boca.

³³Na sua humilhação foi tirado o seu
julgamento;
E quem contará a sua geração?
Porque a sua vida é tirada da terra.

³⁴E, respondendo o eunuco a Filipe, disse: Rogo-te, de quem diz isto o profeta? De si mesmo, ou de algum outro?

³⁵Então Filipe, abrindo a sua boca, e começando nesta Escritura, lhe anunciou a Jesus.

³⁶E, indo eles caminhando, chegaram a uma certa água, e disse o eunuco: Eis aqui água; que impede que eu seja batizado?

³⁷E disse Filipe: É lícito, se crês de todo o coração. E, respondendo ele, disse: Creio que Jesus Cristo é o Filho de Deus.

³⁸E mandou parar o carro, e desceram ambos à água, tanto Filipe como o eunuco, e o batizou.

³⁹E, quando saíram da água, o Espírito do Senhor arrebatou a Filipe, e não o viu mais o eunuco; e, jubiloso, continuou o seu caminho.

⁴⁰E Filipe se achou em Azoto e, indo passando, anunciava o evangelho *em* todas as cidades, até que chegou a Cesareia.

Conversão de Saulo

9E SAULO, respirando ainda ameaças e mortes contra os discípulos do Senhor, dirigiu-se ao sumo sacerdote.

²E pediu-lhe cartas para Damasco, para as sinagogas, a fim de que, se encontrasse alguns deste Caminho, quer homens quer mulheres, *os* conduzisse presos a Jerusalém.

³E, indo no caminho, aconteceu que, chegando perto de Damasco, subitamente o cercou um resplendor de luz do céu.

⁴E, caindo em terra, ouviu uma voz que lhe dizia: Saulo, Saulo, por que me persegues?

⁵E ele disse: Quem és, Senhor? E disse o Senhor: Eu sou Jesus, a quem tu persegues. Duro é para ti recalcitrar contra os aguilhões.

⁶E ele, tremendo e atônito, disse: Senhor, que queres que eu faça? E *disse*-lhe o Senhor: Levanta-te, e entra na cidade, e lá te será dito o que te convém fazer.

⁷E os homens, que iam com ele, pararam espantados, ouvindo a voz, mas não vendo ninguém.

⁸E Saulo levantou-se da terra, e, abrindo os olhos, não via a ninguém. E, guiando-o pela mão, o conduziram a Damasco.

⁹E esteve três dias sem ver, e não comeu nem bebeu.

¹⁰E havia em Damasco um certo discípulo chamado Ananias; e disse-lhe o Senhor em visão: Ananias! E ele respondeu: Eis-me aqui, Senhor.

¹¹E *disse*-lhe o Senhor: Levanta-te, e vai à rua chamada Direita, e pergunta em casa de Judas por um homem de Tarso chamado Saulo; pois eis que ele está orando;

¹²E numa visão ele viu que entrava um homem chamado Ananias, e punha sobre ele a mão, para que tornasse a ver.

¹³E respondeu Ananias: Senhor, a muitos ouvi acerca deste homem, quantos males tem feito aos teus santos em Jerusalém;

¹⁴E aqui tem poder dos principais sacerdotes para prender a todos os que invocam o teu nome.

¹⁵Disse-lhe, porém, o Senhor: Vai, porque este é para mim um vaso escolhido, para levar o meu nome diante dos gentios, e dos reis e dos filhos de Israel.

¹⁶E eu lhe mostrarei quanto deve padecer pelo meu nome.

¹⁷E Ananias foi, e entrou na casa e, impondo-lhe as mãos, disse: Irmão Saulo, o Senhor Jesus, que te apareceu no caminho por onde vinhas, me enviou, para que tornes a ver e sejas cheio do Espírito Santo.

ATOS DOS APÓSTOLOS 9.18

740

[18]E logo lhe caíram dos olhos como que umas escamas, e imediatamente recuperou a vista; e, levantando-se, foi batizado.

[19]E, tendo comido, ficou confortado. E esteve Saulo alguns dias com os discípulos que estavam em Damasco.

Saulo prega em Damasco

[20]E logo nas sinagogas pregava a Cristo, que este é o Filho de Deus.

[21]E todos os que o ouviam estavam atônitos, e diziam: Não é este o que em Jerusalém perseguia os que invocavam este nome, e para isso veio aqui, para os levar presos aos principais sacerdotes?

[22]Saulo, porém, se esforçava muito mais, e confundia os judeus que habitavam em Damasco, provando que aquele era o Cristo.

[23]E, tendo passado muitos dias, os judeus tomaram conselho entre si para o matar.

[24]Mas as suas ciladas vieram ao conhecimento de Saulo; e como eles guardavam as portas, tanto de dia como de noite, para poderem tirar-lhe a vida,

[25]Tomando-o de noite os discípulos o desceram, dentro de um cesto, pelo muro.

[26]E, quando Saulo chegou a Jerusalém, procurava ajuntar-se aos discípulos, mas todos o temiam, não crendo que fosse discípulo.

[27]Então Barnabé, tomando-o consigo, o trouxe aos apóstolos, e lhes contou como no caminho ele vira ao Senhor e lhe falara, e como em Damasco falara ousadamente no nome de Jesus.

[28]E andava com eles em Jerusalém, entrando e saindo,

[29]E falava ousadamente no nome do Senhor Jesus. Falava e também disputava contra os gregos, mas eles procuravam matá-lo.

[30]Sabendo-o, porém, os irmãos, o acompanharam até Cesareia, e o enviaram a Tarso.

O ministério de Pedro

[31]Assim, pois, as igrejas em toda a Judeia, e Galileia e Samaria tinham paz, e eram edificadas; e se multiplicavam, andando no temor do Senhor e consolação do Espírito Santo.

[32]E aconteceu que, passando Pedro por toda a parte, veio também aos santos que habitavam em Lida.

[33]E achou ali certo homem, chamado Eneias, jazendo numa cama havia oito anos, o qual era paralítico.

[34]E disse-lhe Pedro: Eneias, Jesus Cristo te dá saúde; levanta-te e faze a tua cama. E logo se levantou.

[35]E viram-no todos os que habitavam em Lida e Sarona, os quais se converteram ao Senhor.

[36]E havia em Jope uma discípula chamada Tabita, que traduzido se diz Dorcas. Esta estava cheia de boas obras e esmolas que fazia.

[37]E aconteceu naqueles dias que, enfermando ela, morreu; e, tendo-a lavado, a depositaram num quarto alto.

[38]E, como Lida era perto de Jope, ouvindo os discípulos que Pedro estava ali, lhe mandaram dois homens, rogando-lhe que não se demorasse em vir ter com eles.

[39]E, levantando-se Pedro, foi com eles; e quando chegou o levaram ao quarto alto, e todas as viúvas o rodearam, chorando e mostrando as túnicas e roupas que Dorcas fizera quando estava com elas.

[40]Mas Pedro, fazendo sair a todos, pôs-se de joelhos e orou: e, voltando-se para o corpo, disse: Tabita, levanta-te. E ela abriu os olhos, e, vendo a Pedro, assentou-se.

[41]E ele, dando-lhe a mão, a levantou e, chamando os santos e as viúvas, apresentou-lha viva.

[42]E foi *isto* notório por toda a Jope, e muitos creram no Senhor.

[43]E ficou muitos dias em Jope, com um *certo* Simão curtidor.

O centurião Cornélio

10 E HAVIA em Cesareia um homem por nome Cornélio, centurião da coorte chamada italiana,

[2]Piedoso e temente a Deus, com toda a sua casa, o qual fazia muitas esmolas ao povo, e de contínuo orava a Deus.

[3]*Este,* quase à hora nona do dia, viu claramente numa visão um anjo de Deus, que se dirigia para ele e dizia-lhe: Cornélio.

[4]O qual, fixando os olhos nele, e muito atemorizado, disse: Que é, Senhor? E disse-lhe: As tuas orações e as tuas esmolas têm subido para memória diante de Deus;

[5]Agora, pois, envia homens a Jope, e manda chamar a Simão, que tem por sobrenome Pedro.

[6]Este está hospedado com um *certo* Simão curtidor, que tem a sua casa junto do mar. Ele te dirá o que deves fazer.

[7]E, retirando-se o anjo que falava com Cornélio, chamou dois dos seus criados, e a um piedoso soldado dos que estavam ao seu serviço.

[8]E, havendo-lhes contado tudo, os enviou a Jope.

[9]E no dia seguinte, indo eles seu caminho, e estando já perto da cidade, subiu Pedro ao terraço para orar, quase à hora sexta.

[10]E tendo fome, quis comer; e, enquanto lho preparavam, sobreveio-lhe um arrebatamento de sentidos,

[11]E viu o céu aberto, e que descia a ele um vaso, como se fosse um grande lençol atado pelas quatro pontas, e vindo para a terra.

[12]No qual havia de todos os animais quadrúpedes e feras e répteis da terra, e aves do céu.

[13]E foi-lhe dirigida uma voz: Levanta-te, Pedro, mata e come.

[14]Mas Pedro disse: De modo nenhum, Senhor, porque nunca comi coisa alguma comum e imunda.

[15]E segunda vez lhe *disse* a voz: Não faças tu comum ao que Deus purificou.

[16]E aconteceu isto por três vezes; e o vaso tornou a recolher-se ao céu.

¹⁷E estando Pedro duvidando entre si acerca do que seria aquela visão que tinha visto, eis que os homens que foram enviados por Cornélio pararam à porta, perguntando pela casa de Simão.

¹⁸E, chamando, perguntaram se Simão, que tinha por sobrenome Pedro, morava ali.

¹⁹E, pensando Pedro naquela visão, disse-lhe o Espírito: Eis que três homens te buscam.

²⁰Levanta-te pois, desce, e vai com eles, não duvidando; porque eu os enviei.

²¹E, descendo Pedro para junto dos homens que lhe foram enviados por Cornélio, disse: Eis que sou eu a quem procurais; qual *é* a causa por que estais aqui?

²²E eles disseram: Cornélio, o centurião, homem justo e temente a Deus, e que tem bom testemunho de toda a nação dos judeus, foi avisado por um santo anjo para que te chamasse a sua casa, e ouvisse as tuas palavras.

²³Então, chamando-os para dentro, os recebeu em casa. E no dia seguinte foi Pedro com eles, e foram com ele alguns irmãos de Jope.

²⁴E no dia imediato chegaram a Cesareia. E Cornélio os estava esperando, tendo *já* convidado os seus parentes e amigos mais íntimos.

²⁵E aconteceu que, entrando Pedro, saiu Cornélio a recebê-lo, e, prostrando-se a *seus* pés o adorou.

²⁶Mas Pedro o levantou, dizendo: Levanta-te, que eu também sou homem.

²⁷E, falando com ele, entrou, e achou muitos que *ali* se haviam ajuntado.

²⁸E disse-lhes: Vós bem sabeis que não é lícito a um homem judeu ajuntar-se ou chegar-se a estrangeiros; mas Deus mostrou-me que a nenhum homem chame comum ou imundo.

²⁹Por isso, sendo chamado, vim sem contradizer. Pergunto, pois, por que razão mandastes chamar-me?

³⁰E disse Cornélio: Há quatro dias estava eu em jejum até esta hora, orando em minha casa à hora nona.

³¹E eis que diante de mim se apresentou um homem com vestes resplandecentes, e disse: Cornélio, a tua oração foi ouvida, e as tuas esmolas estão em memória diante de Deus.

³²Envia, a Jope, e manda chamar Simão, o que tem por sobrenome Pedro; este está hospedado em casa de Simão o curtidor, junto do mar, e ele, vindo, te falará.

³³E logo mandei chamar-te, e bem fizeste em vir. Agora, pois, estamos todos presentes diante de Deus, para ouvir tudo quanto por Deus te é mandado.

³⁴E, abrindo Pedro a boca, disse: Reconheço por verdade que Deus não faz acepção de pessoas;

³⁵Mas que lhe é agradável aquele que, em qualquer nação, o teme e faz o que *é* justo.

³⁶A palavra que ele enviou aos filhos de Israel, anunciando a paz por Jesus Cristo (este é o Senhor de todos);

³⁷Esta palavra, vós bem sabeis, veio por toda a Judeia, começando pela Galileia, depois do batismo que João pregou;

³⁸Como Deus ungiu a Jesus de Nazaré com o Espírito Santo e com poder; o qual andou fazendo bem, e curando a todos os oprimidos do diabo, porque Deus era com ele.

³⁹E nós somos testemunhas de todas as *coisas* que fez, tanto na terra da Judeia como em Jerusalém; ao qual mataram, pendurando-o num madeiro.

⁴⁰A este ressuscitou Deus ao terceiro dia, e fez que se manifestasse,

⁴¹Não a todo o povo, mas às testemunhas que Deus antes ordenara; a nós, que comemos e bebemos juntamente com ele, depois que ressuscitou dentre os mortos.

⁴²E nos mandou pregar ao povo, e testificar que ele é o que por Deus foi constituído juiz dos vivos e dos mortos.

⁴³A este dão testemunho todos os profetas, de que todos os que nele creem receberão o perdão dos pecados pelo seu nome.

O Espírito Santo desce sobre os gentios

⁴⁴E, dizendo Pedro ainda estas palavras, caiu o Espírito Santo sobre todos os que ouviam a palavra.

⁴⁵E os fiéis que eram da circuncisão, todos quantos tinham vindo com Pedro, maravilharam-se de que o dom do Espírito Santo se derramasse também sobre os gentios.

⁴⁶Porque os ouviam falar línguas, e magnificar a Deus.

⁴⁷Respondeu, então, Pedro: Pode alguém porventura recusar a água, para que não sejam batizados estes, que também receberam como nós o Espírito Santo?

⁴⁸E mandou que fossem batizados em nome do Senhor. Então rogaram-lhe que ficasse com eles por alguns dias.

Pedro explica sua conduta

11 E OUVIRAM os apóstolos, e os irmãos que estavam na Judeia, que também os gentios tinham recebido a palavra de Deus.

²E, subindo Pedro a Jerusalém, disputavam com ele os que eram da circuncisão,

³Dizendo: Entraste em *casa de* homens incircuncisos, e comeste com eles.

⁴Mas Pedro começou a fazer-lhes uma exposição por ordem, dizendo:

⁵Estando eu orando na cidade de Jope, tive, num arrebatamento dos sentidos, uma visão; via um vaso, como um grande lençol atado pelas quatro pontas, que descia do céu e vinha até junto de mim.

⁶E, pondo nele os olhos, considerei, e vi animais da terra, quadrúpedes, e feras, e répteis e aves do céu.

⁷E ouvi uma voz que me dizia: Levanta-te, Pedro; mata e come.

ATOS DOS APÓSTOLOS 11.8

⁸Mas eu disse: De maneira nenhuma, Senhor; pois, nunca em minha boca entrou coisa alguma comum ou imunda.

⁹Mas a voz respondeu-me do céu segunda vez: Não chames tu comum ao que Deus purificou.

¹⁰E sucedeu isto por três vezes; e tudo tornou a recolher-se ao céu.

¹¹E eis que, na mesma *hora*, pararam, junto da casa em que eu estava, três homens que me foram enviados de Cesareia.

¹²E disse-me o Espírito que fosse com eles, nada duvidando; e também estes seis irmãos foram comigo, e entramos em casa daquele homem;

¹³E contou-nos como vira em pé um anjo em sua casa, e lhe dissera: Envia homens a Jope, e manda chamar a Simão, que tem por sobrenome Pedro,

¹⁴O qual te dirá palavras com que te salves, tu e toda a tua casa.

¹⁵E, quando comecei a falar, caiu sobre eles o Espírito Santo, como também sobre nós ao princípio.

¹⁶E lembrei-me do dito do Senhor, quando disse: João certamente batizou com água; mas vós sereis batizados com o Espírito Santo.

¹⁷Portanto, se Deus lhes deu o mesmo dom que a nós, quando havemos crido no Senhor Jesus Cristo, quem era então eu, para que pudesse resistir a Deus?

¹⁸E, ouvindo estas coisas, apaziguaram-se, e glorificaram a Deus, dizendo: Na verdade até aos gentios deu Deus o arrependimento para a vida.

Os discípulos são chamados cristãos em Antioquia

¹⁹E os que foram dispersos pela perseguição que sucedeu por causa de Estêvão caminharam até à Fenícia, Chipre e Antioquia, não anunciando a ninguém a palavra, senão somente aos judeus.

²⁰E havia entre eles alguns homens cíprios e cirenenses, os quais entrando em Antioquia falaram aos gregos, anunciando o Senhor Jesus.

²¹E a mão do Senhor era com eles; e grande número creu e se converteu ao Senhor.

²²E chegou a fama destas coisas aos ouvidos da igreja que estava em Jerusalém; e enviaram Barnabé a Antioquia.

²³O qual, quando chegou, e viu a graça de Deus, se alegrou, e exortou a todos a que permanecessem no Senhor, com propósito de coração;

²⁴Porque era homem de bem e cheio do Espírito Santo e de fé. E muita gente se uniu ao Senhor.

²⁵E partiu Barnabé para Tarso, a buscar Saulo; e, achando-o, o conduziu para Antioquia.

²⁶E sucedeu que todo um ano se reuniram naquela igreja, e ensinaram muita gente; e em Antioquia foram os discípulos, pela primeira vez, chamados cristãos.

Uma fome predita por Ágabo

²⁷E naqueles dias desceram profetas de Jerusalém para Antioquia.

²⁸E, levantando-se um deles, por nome Ágabo, dava a entender pelo Espírito, que haveria uma grande fome em todo o mundo, e isso aconteceu no tempo de Cláudio César.

²⁹E os discípulos determinaram mandar, cada um conforme o que pudesse, socorro aos irmãos que habitavam na Judeia.

³⁰O que eles com efeito fizeram, enviando-o aos anciãos por mão de Barnabé e de Saulo.

Pedro aprisionado por Herodes

12 E POR aquele mesmo tempo o rei Herodes estendeu as mãos sobre alguns da igreja, para os maltratar;

²E matou à espada Tiago, irmão de João.

³E, vendo que isso agradara aos judeus, continuou, mandando prender também a Pedro. E eram os dias dos ázimos.

⁴E, havendo-o prendido, o encerrou na prisão, entregando-*o* a quatro quaternos de soldados, para que o guardassem, querendo apresentá-lo ao povo depois da páscoa.

⁵Pedro, pois, era guardado na prisão; mas a igreja fazia contínua oração por ele a Deus.

⁶E quando Herodes estava para o fazer comparecer, nessa mesma noite estava Pedro dormindo entre dois soldados, ligado com duas cadeias, e os guardas diante da porta guardavam a prisão.

⁷E eis que sobreveio o anjo do Senhor, e resplandeceu uma luz na prisão; e, tocando a Pedro no lado, o despertou, dizendo: Levanta-te depressa. E caíram-lhe das mãos as cadeias.

⁸E disse-lhe o anjo: Cinge-te, e ata as tuas sandálias. E ele assim o fez. Disse-lhe mais: Lança às costas a tua capa, e segue-me.

Pedro é libertado

⁹E, saindo, o seguia. E não sabia que era real o que estava sendo feito pelo anjo, mas cuidava que via alguma visão.

¹⁰E, quando passaram a primeira e segunda guardas, chegaram à porta de ferro, que dá para a cidade, a qual se lhes abriu por si mesma; e, tendo saído, percorreram uma rua, e logo o anjo se apartou dele.

¹¹E Pedro, tornando a si, disse: Agora sei verdadeiramente que o Senhor enviou o seu anjo, e me livrou da mão de Herodes, e *de* tudo o que o povo dos judeus esperava.

¹²E, considerando ele *nisto*, foi à casa de Maria, mãe de João, que tinha por sobrenome Marcos, onde muitos estavam reunidos e oravam.

¹³E, batendo Pedro à porta do pátio, uma menina chamada Rode saiu a escutar;

¹⁴E, conhecendo a voz de Pedro, de gozo não abriu a porta, mas, correndo para dentro, anunciou que Pedro estava à porta.

¹⁵E disseram-lhe: Estás fora de ti. Mas ela afirmava que assim era. E diziam: É o seu anjo.

¹⁶Mas Pedro perseverava em bater e, quando abriram, viram-no, e se espantaram.

¹⁷E acenando-lhes ele com a mão para que se calassem, contou-lhes como o Senhor o tirara da

prisão, e disse: Anunciai isto a Tiago e aos irmãos. E, saindo, partiu para outro lugar.

¹⁸E, sendo já dia, houve não pouco alvoroço entre os soldados sobre o que seria feito de Pedro.

¹⁹E, quando Herodes o procurou e o não achou, feita inquirição aos guardas, mandou-os justiçar. E, partindo da Judeia para Cesareia, ficou *ali*.

Morte de Herodes

²⁰E Herodes estava irritado com os de Tiro e de Sidom; mas estes, vindo de comum acordo ter com ele, e obtendo a amizade de Blasto, que era o camarista do rei, pediam paz; porquanto o seu país se abastecia do país do rei.

²¹E num dia designado, vestindo Herodes as vestes reais, estava assentado no tribunal e lhes fez um discurso.

²²E o povo exclamava: Voz de Deus, e não de homem.

²³E no mesmo instante feriu-o o anjo do Senhor, porque não deu glória a Deus e, comido de bichos, expirou.

²⁴E a palavra de Deus crescia e se multiplicava.

²⁵E Barnabé e Saulo, havendo terminado aquele serviço, voltaram de Jerusalém, levando também consigo a João, que tinha por sobrenome Marcos.

Primeira viagem missionária

13 E NA igreja que estava em Antioquia havia alguns profetas e doutores, *a saber:* Barnabé e Simeão chamado Níger, e Lúcio, cireneu, e Manaém, que fora criado com Herodes o tetrarca, e Saulo.

²E, servindo eles ao Senhor, e jejuando, disse o Espírito Santo: Apartai-me a Barnabé e a Saulo para a obra a que os tenho chamado.

³Então, jejuando e orando, e pondo sobre eles as mãos, *os* despediram.

Elimas, o mágico

⁴E assim estes, enviados pelo Espírito Santo, desceram a Selêucia e dali navegaram para Chipre.

⁵E, chegados a Salamina, anunciavam a palavra de Deus nas sinagogas dos judeus; e tinham também a João como cooperador.

⁶E, havendo atravessado a ilha até Pafos, acharam *um* certo judeu mágico, falso profeta, chamado Barjesus,

⁷O qual estava com o procônsul Sérgio Paulo, homem prudente. Este, chamando a si Barnabé e Saulo, procurava muito ouvir a palavra de Deus.

⁸Mas resistia-lhes Elimas, o encantador (porque assim se interpreta o seu nome), procurando apartar da fé o procônsul.

⁹Todavia Saulo, que também *se chama* Paulo, cheio do Espírito Santo, e fixando os olhos nele,

¹⁰Disse: Ó filho do diabo, cheio de todo o engano e de toda a malícia, inimigo de toda a justiça, não cessarás de perturbar os retos caminhos do Senhor?

¹¹Eis aí, pois, agora contra ti a mão do Senhor, e ficarás cego, sem ver o sol por algum tempo. E no mesmo instante a escuridão e as trevas caíram

sobre ele e, andando à roda, buscava a quem o guiasse pela mão.

¹²Então o procônsul, vendo o que havia acontecido, creu, maravilhado da doutrina do Senhor.

Pregação de Paulo em Antioquia da Pisídia

¹³E, partindo de Pafos, Paulo e os que estavam com ele chegaram a Perge, da Panfília. Mas João, apartando-se deles, voltou para Jerusalém.

¹⁴E eles, saindo de Perge, chegaram a Antioquia, da Pisídia, e, entrando na sinagoga, num dia de sábado, assentaram-se;

¹⁵E, depois da lição da lei e dos profetas, lhes mandaram dizer os principais da sinagoga: Homens irmãos, se tendes alguma palavra de consolação para o povo, falai.

¹⁶E, levantando-se Paulo, e pedindo silêncio com a mão, disse: Homens israelitas, e os que temeis a Deus, ouvi:

¹⁷O Deus deste povo de Israel escolheu a nossos pais, e exaltou o povo, sendo eles estrangeiros na terra do Egito; e com braço poderoso os tirou dela;

¹⁸E suportou os seus costumes no deserto por espaço de quase quarenta anos.

¹⁹E, destruindo a sete nações na terra de Canaã, deu-lhes por sorte a terra deles.

²⁰E, depois disto, por quase quatrocentos e cinquenta anos, *lhes* deu juízes, até ao profeta Samuel.

²¹E depois pediram *um* rei, e Deus lhes deu por quarenta anos, a Saul filho de Quis, homem da tribo de Benjamim.

²²E, quando este foi retirado, levantou-lhes como rei a Davi, ao qual também deu testemunho, e disse: Achei a Davi, *filho* de Jessé, homem conforme o meu coração, que executará toda a minha vontade.

²³Da descendência deste, conforme a promessa, levantou Deus a Jesus para Salvador de Israel;

²⁴Tendo primeiramente João, antes da vinda dele, pregado a todo o povo de Israel o batismo de arrependimento.

²⁵Mas João, quando completava a carreira, disse: Quem pensais vós que eu sou? Eu não sou *o Cristo;* mas eis que após mim vem aquele a quem não sou digno de desatar as sandálias dos pés.

²⁶Homens irmãos, filhos da geração de Abraão, e os que dentre vós temem a Deus, a vós vos é enviada a palavra desta salvação.

²⁷Por não terem conhecido a este, os que habitavam em Jerusalém, e os seus príncipes, condenaram-no, cumprindo assim as vozes dos profetas que se leem todos os sábados.

²⁸E, embora não achassem alguma causa de morte, pediram a Pilatos que ele fosse morto.

²⁹E, havendo eles cumprido todas *as coisas* que dele estavam escritas, tirando-*o* do madeiro, *o* puseram na sepultura;

³⁰Mas Deus o ressuscitou dentre os mortos.

³¹E ele por muitos dias foi visto pelos que

ATOS DOS APÓSTOLOS 13.32

subiram com ele da Galileia a Jerusalém, e são suas testemunhas para com o povo.

[32]E nós vos anunciamos que a promessa que foi feita aos pais, Deus a cumpriu a nós, seus filhos, ressuscitando a Jesus;

[33]Como também está escrito no salmo segundo: Meu Filho és tu, hoje te gerei.

[34]E que o ressuscitaria dentre os mortos, para nunca mais tornar à corrupção, disse-o assim: As santas e fiéis bênçãos de Davi vos darei.

[35]Por isso também em outro *salmo* diz: Não permitirás que o teu santo veja corrupção.

[36]Porque, na verdade, tendo Davi no seu tempo servido conforme a vontade de Deus, dormiu, foi posto junto de seus pais e viu a corrupção.

[37]Mas aquele a quem Deus ressuscitou nenhuma corrupção viu.

[38]Seja-vos, pois, notório, homens irmãos, que por este se vos anuncia a remissão dos pecados.

[39]E de tudo o que, pela lei de Moisés, não pudestes ser justificados, por ele é justificado todo aquele que crê.

[40]Vede, pois, que não venha sobre vós o que está dito nos profetas:

[41]Vede, ó desprezadores, e espantai-vos e desaparecei;

Porque opero *uma* obra em vossos dias,

Obra tal que não crereis, se alguém vo-la contar.

[42]E, saídos os judeus da sinagoga, os gentios rogaram que no sábado seguinte lhes fossem ditas as mesmas coisas.

[43]E, despedida a sinagoga, muitos dos judeus e dos prosélitos religiosos seguiram Paulo e Barnabé; os quais, falando-lhes, os exortavam a que permanecessem na graça de Deus.

Paulo e Barnabé vão para os gentios

[44]E no sábado seguinte ajuntou-se quase toda a cidade para ouvir a palavra de Deus.

[45]Então os judeus, vendo a multidão, encheram-se de inveja e contradiziam o que Paulo falava, contradizendo e blasfemando.

[46]Mas Paulo e Barnabé, usando de ousadia, disseram: Era mister que a vós se vos pregasse primeiro a palavra de Deus; mas, visto que a rejeitais, e não vos julgais dignos da vida eterna, eis que nos voltamos para os gentios;

[47]Porque o Senhor assim no-lo mandou:

Eu te pus para luz dos gentios,

A fim de que sejas para salvação até os confins da terra.

[48]E os gentios, ouvindo *isto,* alegraram-se, e glorificavam a palavra do Senhor; e creram todos quantos estavam ordenados para a vida eterna.

[49]E a palavra do Senhor se divulgava por toda aquela província.

[50]Mas os judeus incitaram algumas mulheres religiosas e honestas, e os principais da cidade, e levantaram perseguição contra Paulo e Barnabé, e os lançaram fora dos seus termos.

[51]Sacudindo, porém, contra eles o pó dos seus pés, partiram para Icônio.

[52]E os discípulos estavam cheios de alegria e do Espírito Santo.

Paulo e Barnabé em Icônio

14 E ACONTECEU que em Icônio entraram juntos na sinagoga dos judeus, e falaram de tal modo que creu uma grande multidão, não só de judeus mas de gregos.

[2]Mas os judeus incrédulos incitaram e irritaram, contra os irmãos, os ânimos dos gentios.

[3]Detiveram-se, pois, muito tempo, falando ousadamente acerca do Senhor, o qual dava testemunho à palavra da sua graça, permitindo que por suas mãos se fizessem sinais e prodígios.

[4]E dividiu-se a multidão da cidade; e uns eram pelos judeus, e outros pelos apóstolos.

[5]E havendo um motim, tanto dos judeus como dos gentios, com os seus principais, para os insultarem e apedrejarem,

[6]Sabendo-o eles, fugiram para Listra e Derbe, cidades de Licaônia, e para a província circunvizinha;

[7]E ali pregavam o evangelho.

Cura de um paralítico em Listra

[8]E estava assentado em Listra certo homem leso dos pés, coxo desde o ventre de sua mãe, o qual nunca tinha andado.

[9]Este ouviu falar Paulo, que, fixando nele os olhos, e vendo que tinha fé para ser curado,

[10]Disse em voz alta: Levanta-te direito sobre teus pés. E ele saltou e andou.

[11]E as multidões, vendo o que Paulo fizera, levantaram a sua voz, dizendo em língua licaônica: Fizeram-se os deuses semelhantes aos homens, e desceram até nós.

[12]E chamavam Júpiter a Barnabé, e Mercúrio a Paulo; porque este era o que falava.

[13]E o sacerdote de Júpiter, cujo *templo* estava em frente da cidade, trazendo para a entrada da porta touros e grinaldas, queria com a multidão sacrificar-*lhes.*

[14]Ouvindo, porém, *isto* os apóstolos Barnabé e Paulo, rasgaram as suas vestes, e saltaram para o meio da multidão, clamando,

[15]E dizendo: Senhores, por que fazeis essas *coisas?* Nós também somos homens como vós, sujeitos às mesmas paixões, e vos anunciamos que vos convertais dessas vaidades ao Deus vivo, que fez o céu, e a terra, o mar, e tudo quanto há neles;

[16]O qual nos tempos passados deixou andar todas as nações em seus próprios caminhos.

[17]E contudo, não se deixou a si mesmo sem testemunho, beneficiando-vos lá do céu, dando-nos chuvas e tempos frutíferos, enchendo de mantimento e de alegria os nossos corações.

[18]E, dizendo isto, com dificuldade impediram que as multidões lhes sacrificassem.

ATOS DOS APÓSTOLOS 15.27

[19]Sobrevieram, porém, uns judeus de Antioquia e de Icônio que, tendo convencido a multidão, apedrejaram a Paulo e o arrastaram para fora da cidade, cuidando que estava morto.

[20]Mas, rodeando-o os discípulos, levantou-se, e entrou na cidade, e no dia seguinte saiu com Barnabé para Derbe.

[21]E, tendo anunciado o evangelho naquela cidade e feito muitos discípulos, voltaram para Listra, e Icônio e Antioquia,

[22]Confirmando os ânimos dos discípulos, exortando-os a permanecer na fé, pois que por muitas tribulações nos importa entrar no reino de Deus.

[23]E, havendo-lhes, por comum consentimento, eleito anciãos em cada igreja, orando com jejuns, os encomendaram ao Senhor em quem haviam crido.

[24]Passando depois por Pisídia, dirigiram-se a Panfília.

[25]E, tendo anunciado a palavra em Perge, desceram a Atália.

[26]E dali navegaram para Antioquia, de onde tinham sido encomendados à graça de Deus para a obra que já haviam cumprido.

[27]E, quando chegaram e reuniram a igreja, relataram quão grandes coisas Deus fizera por eles, e como abrira aos gentios a porta da fé.

[28]E ficaram ali não pouco tempo com os discípulos.

A assembleia em Jerusalém

15 ENTÃO alguns que tinham descido da Judeia ensinavam assim os irmãos: Se não vos circuncidardes conforme o uso de Moisés, não podeis salvar-vos.

[2]Tendo tido Paulo e Barnabé não pequena discussão e contenda contra eles, resolveu-se que Paulo e Barnabé, e alguns outros dentre eles, subissem a Jerusalém, aos apóstolos e aos anciãos, sobre aquela questão.

[3]E eles, sendo acompanhados pela igreja, passavam pela Fenícia e por Samaria, contando a conversão dos gentios; e davam grande alegria a todos os irmãos.

[4]E, quando chegaram a Jerusalém, foram recebidos pela igreja e pelos apóstolos e anciãos, e lhes anunciaram quão grandes coisas Deus tinha feito com eles.

[5]Alguns, porém, da seita dos fariseus, que tinham crido, se levantaram, dizendo que era mister circuncidá-los e mandar-*lhes* que guardassem a lei de Moisés.

[6]Congregaram-se, pois, os apóstolos e os anciãos para considerar este assunto.

[7]E, havendo grande contenda, levantou-se Pedro e disse-lhes: Homens irmãos, bem sabeis que já há muito tempo Deus *me* elegeu dentre nós, para que os gentios ouvissem da minha boca a palavra do evangelho, e cressem.

[8]E Deus, que conhece os corações, lhes deu testemunho, dando-lhes o Espírito Santo, assim como também a nós;

[9]E não fez diferença alguma entre eles e nós, purificando os seus corações pela fé.

[10]Agora, pois, por que tentais a Deus, pondo sobre a cerviz dos discípulos um jugo que nem nossos pais nem nós pudemos suportar?

[11]Mas cremos que seremos salvos pela graça do Senhor Jesus Cristo, como eles também.

[12]Então toda a multidão se calou e escutava a Barnabé e a Paulo, que contavam quão grandes sinais e prodígios Deus havia feito por meio deles entre os gentios.

[13]E, havendo-se eles calado, respondeu Tiago, dizendo: Homens irmãos, ouvi-me:

[14]Simão relatou como primeiramente Deus visitou os gentios, para tomar *deles* um povo para o seu nome.

[15]E com isto concordam as palavras dos profetas; como está escrito:

[16]Depois disto voltarei,
E reedificarei o tabernáculo de Davi, que
está caído,
Levantá-lo-ei das suas ruínas,
E tornarei a edificá-lo.
[17]Para que o restante dos homens busque
ao Senhor,
E todos os gentios, sobre os quais o meu
nome é invocado,
Diz o Senhor, que faz todas estas *coisas,*
[18]Conhecidas são a Deus, desde o princípio
do mundo, todas as suas obras.

[19]Por isso julgo que não se deve perturbar aqueles, dentre os gentios, que se convertem a Deus.

[20]Mas escrever-lhes que se abstenham das contaminações dos ídolos, da fornicação, do que é sufocado e *do* sangue.

[21]Porque Moisés, desde os tempos antigos, tem em cada cidade quem o pregue, e cada sábado é lido nas sinagogas.

Decisões da igreja de Jerusalém

[22]Então pareceu bem aos apóstolos e aos anciãos, com toda a igreja, eleger homens dentre eles e enviá-los com Paulo e Barnabé a Antioquia, *a saber:* Judas, chamado Barsabás, e Silas, homens distintos entre os irmãos.

[23]E por intermédio deles escreveram o seguinte: Os apóstolos, e os anciãos e os irmãos, aos irmãos dentre os gentios que estão em Antioquia, e Síria e Cilícia, saúde.

[24]Porquanto ouvimos que alguns que saíram dentre nós vos perturbaram com palavras, e transtornaram as vossas almas, dizendo que deveis circuncidar-vos e guardar a lei, não lhes tendo nós dado mandamento,

[25]Pareceu-nos bem, reunidos concordemente, eleger *alguns* homens e enviá-los a vós com os nossos amados Barnabé e Paulo,

[26]Homens que *já* expuseram as suas vidas pelo nome de nosso Senhor Jesus Cristo.

[27]Enviamos, portanto, Judas e Silas, os quais por palavra vos anunciarão também as mesmas coisas.

ATOS DOS APÓSTOLOS 15.28

²⁸Na verdade pareceu bem ao Espírito Santo e a nós, não vos impor mais encargo algum, senão estas *coisas* necessárias:

²⁹Que vos abstenhais das coisas sacrificadas aos ídolos, e do sangue, e da *carne* sufocada, e da fornicação, das quais coisas bem fazeis se vos guardardes. Bem vos vá.

³⁰Tendo eles então se despedido, partiram para Antioquia e, ajuntando a multidão, entregaram a carta.

³¹E, quando a leram, alegraram-se pela exortação.

³²Depois Judas e Silas, que também eram profetas, exortaram e confirmaram os irmãos com muitas palavras.

³³E, detendo-se ali algum tempo, os irmãos os deixaram voltar em paz para os apóstolos;

³⁴Mas pareceu bem a Silas ficar ali.

³⁵E Paulo e Barnabé ficaram em Antioquia, ensinando e pregando, com muitos outros, a palavra do Senhor.

Segunda viagem missionária

³⁶E alguns dias depois, disse Paulo a Barnabé: Tornemos a visitar nossos irmãos por todas as cidades em que já anunciamos a palavra do Senhor, para *ver* como estão.

³⁷E Barnabé aconselhava que tomassem consigo a João, chamado Marcos.

³⁸Mas a Paulo parecia razoável que não tomassem consigo aquele que desde a Panfília se tinha apartado deles e não os acompanhou naquela obra.

³⁹E tal contenda houve entre eles, que se apartaram um do outro. Barnabé, levando consigo a Marcos, navegou para Chipre.

⁴⁰E Paulo, tendo escolhido a Silas, partiu, encomendado pelos irmãos à graça de Deus.

⁴¹E passou pela Síria e Cilícia, confirmando as igrejas.

16 E CHEGOU a Derbe e Listra. E eis que estava ali *um* certo discípulo por nome Timóteo, filho de uma judia que era crente, mas de pai grego;

²Do qual davam *bom* testemunho os irmãos que estavam em Listra e em Icônio.

³Paulo quis que este fosse com ele; e tomando-o, o circuncidou, por causa dos judeus que estavam naqueles lugares; porque todos sabiam que seu pai era grego.

⁴E, quando iam passando pelas cidades, lhes entregavam, para serem observados, os decretos que haviam sido estabelecidos pelos apóstolos e anciãos em Jerusalém.

⁵De sorte que as igrejas eram confirmadas na fé, e cada dia cresciam em número.

Visão de Paulo em Trôade

⁶E, passando pela Frígia e pela província da Galácia, foram impedidos pelo Espírito Santo de anunciar a palavra na Ásia.

⁷E, quando chegaram a Mísia, intentavam ir para Bitínia, mas o Espírito não lho permitiu.

⁸E, tendo passado por Mísia, desceram a Trôade.

⁹E Paulo teve de noite uma visão, em que se apresentou um homem da Macedônia, e lhe rogou, dizendo: Passa à Macedônia, e ajuda-nos.

¹⁰E, logo depois desta visão, procuramos partir para a Macedônia, concluindo que o Senhor nos chamava para lhes anunciarmos o evangelho.

Partida para a Macedônia. Paulo em Filipos: Lídia convertida

¹¹E, navegando de Trôade, fomos correndo em caminho direito para a Samotrácia e, no *dia* seguinte, para Neápolis;

¹²E dali para Filipos, que é a primeira cidade desta parte da Macedônia, e *é* uma colônia; e estivemos alguns dias nesta cidade.

¹³E no dia de sábado saímos fora das portas, para a beira do rio, onde se costumava fazer oração; e, assentando-nos, falamos às mulheres que *ali* se ajuntaram.

¹⁴E uma certa mulher, chamada Lídia, vendedora de púrpura, da cidade de Tiatira, e que servia a Deus, *nos* ouvia, e o Senhor lhe abriu o coração para que estivesse atenta ao que Paulo dizia.

¹⁵E, depois que foi batizada, *ela* e a sua casa, *nos* rogou, dizendo: Se haveis julgado que eu seja fiel ao Senhor, entrai em minha casa, e ficai *ali*. E nos constrangeu a isso.

Cura de uma serva com espírito de adivinhação

¹⁶E aconteceu que, indo nós à oração, nos saiu ao encontro uma jovem, que tinha espírito de adivinhação, a qual, adivinhando, dava grande lucro aos seus senhores.

¹⁷Esta, seguindo a Paulo e a nós, clamava, dizendo: Estes homens, que nos anunciam o caminho da salvação, são servos do Deus Altíssimo.

¹⁸E isto fez ela por muitos dias. Mas Paulo, perturbado, voltou-se e disse ao espírito: Em nome de Jesus Cristo, te mando que saias dela. E na mesma hora saiu.

¹⁹E, vendo seus senhores que a esperança do seu lucro estava perdida, prenderam Paulo e Silas, e *os* levaram à praça, à presença dos magistrados.

²⁰E, apresentando-os aos magistrados, disseram: Estes homens, sendo judeus, perturbaram a nossa cidade,

²¹E nos expõem costumes que não nos é lícito receber nem praticar, visto que somos romanos.

Paulo e Silas aprisionados

²²E a multidão se levantou unida contra eles, e os magistrados, rasgando-lhes as vestes, mandaram açoitá-*los* com varas.

²³E, havendo-lhes dado muitos açoites, *os* lançaram na prisão, mandando ao carcereiro que os guardasse com segurança;

²⁴O qual, tendo recebido tal ordem, os lançou no cárcere interior, e lhes segurou os pés no tronco.

²⁵E, perto da meia-noite, Paulo e Silas oravam e cantavam hinos a Deus, e os *outros* presos os escutavam.

²⁶E de repente sobreveio um tão grande terremoto, que os alicerces do cárcere se moveram, e logo se abriram todas as portas, e foram soltas as prisões de todos.

Conversão do carcereiro

²⁷E, acordando o carcereiro, e vendo abertas as portas da prisão, tirou a espada, e quis matar-se, cuidando que os presos *já* tinham fugido.

²⁸Mas Paulo clamou com grande voz, dizendo: Não te faças nenhum mal, que todos aqui estamos.

²⁹E, pedindo luz, saltou dentro e, todo trêmulo, se prostrou ante Paulo e Silas.

³⁰E, tirando-os para fora, disse: Senhores, que é necessário que eu faça para ser salvo?

³¹E eles disseram: Crê no Senhor Jesus Cristo e serás salvo, tu e a tua casa.

³²E lhe pregavam a palavra do Senhor, e a todos os que estavam em sua casa.

³³E, tomando-os ele consigo naquela mesma hora da noite, lavou-lhes os vergões; e logo foi batizado, ele e todos os seus.

³⁴E, levando-os à sua casa, *lhes* pôs a mesa; e alegrou-se de que com toda a sua casa havia crido em Deus.

³⁵E, sendo já dia, os magistrados mandaram quadrilheiros, dizendo: Soltai aqueles homens.

³⁶E o carcereiro anunciou a Paulo estas palavras, dizendo: Os magistrados mandaram que vos soltasse; agora, pois, saí e ide em paz.

³⁷Mas Paulo lhes replicou: Açoitaram-nos publicamente, e sem sermos condenados, sendo homens romanos, nos lançaram na prisão, e agora encobertamente nos lançam fora? Não *será* assim; mas venham eles mesmos e tirem-nos para fora.

³⁸E os quadrilheiros foram dizer aos magistrados estas palavras; e *eles* temeram, ouvindo que eram romanos.

³⁹E, vindo, lhes dirigiram súplicas; e, tirando-os para fora, lhes pediram que saíssem da cidade.

⁴⁰E, saindo da prisão, entraram em *casa* de Lídia e, vendo os irmãos, os confortaram, e *depois* partiram.

Paulo em Tessalônica e em Bereia

17E PASSANDO por Anfípolis e Apolônia, chegaram a Tessalônica, onde havia uma sinagoga de judeus.

²E Paulo, como tinha por costume, foi ter com eles; e por três sábados disputou com eles sobre as Escrituras,

³Expondo e demonstrando que convinha que Cristo padecesse e ressuscitasse dentre os mortos. E este Jesus, que vos anuncio, *dizia ele,* é o Cristo.

⁴E alguns deles creram, e ajuntaram-se com Paulo e Silas; e também uma grande multidão de gregos religiosos, e não poucas mulheres principais.

⁵Mas os judeus desobedientes, movidos de inveja, tomaram consigo alguns homens perversos, dentre os vadios e, ajuntando o povo, alvoroçaram a cidade, e assaltando a casa de Jasom, procuravam trazê-los para junto do povo.

⁶E, não os achando, trouxeram Jasom e alguns irmãos à presença dos magistrados da cidade, clamando: Estes que têm alvoroçado o mundo, chegaram também aqui;

⁷Os quais Jasom recolheu; e todos estes procedem contra os decretos de César, dizendo que há outro rei, Jesus.

⁸E alvoroçaram a multidão e os principais da cidade, que ouviram estas *coisas.*

⁹Tendo, porém, recebido satisfação de Jasom e dos demais, os soltaram.

¹⁰E logo os irmãos enviaram de noite Paulo e Silas a Bereia; e eles, chegando *lá,* foram à sinagoga dos judeus.

¹¹Ora, estes foram mais nobres do que os que estavam em Tessalônica, porque de bom grado receberam a palavra, examinando cada dia nas Escrituras se estas *coisas* eram assim.

¹²De sorte que creram muitos deles, e também mulheres gregas da classe nobre, e não poucos homens.

¹³Mas, logo que os judeus de Tessalônica souberam que a palavra de Deus também era anunciada por Paulo em Bereia, foram lá, e excitaram as multidões.

¹⁴No mesmo instante os irmãos mandaram a Paulo que fosse até ao mar, mas Silas e Timóteo ficaram ali.

Discurso de Paulo em Atenas

¹⁵E os que acompanhavam Paulo o levaram até Atenas, e, recebendo ordem para que Silas e Timóteo fossem ter com ele o mais depressa possível, partiram.

¹⁶E, enquanto Paulo os esperava em Atenas, *o* seu espírito se agitava em si mesmo, vendo a cidade tão entregue à idolatria.

¹⁷De sorte que disputava na sinagoga com os judeus e religiosos, e todos os dias na praça com os que se apresentavam.

¹⁸E alguns dos filósofos epicureus e estoicos contendiam com ele; e uns diziam: Que quer dizer este tagarela? E outros: Parece que é pregador de deuses estranhos; porque lhes anunciava a Jesus e a ressurreição.

¹⁹E tomando-o, o levaram ao Areópago, dizendo: Poderemos nós saber que nova doutrina é cosa de que falas?

²⁰Pois *coisas* estranhas nos trazes aos ouvidos; queremos, pois, saber o que vem a ser isto.

²¹(Pois todos os atenienses e estrangeiros residentes, de nenhuma outra coisa se ocupavam, senão de dizer e ouvir alguma novidade).

²²E, estando Paulo no meio do Areópago, disse: Homens atenienses, em tudo vos vejo como *sendo* um tanto supersticioso;

²³Porque, passando eu e vendo os vossos santuários, achei também um altar em que estava escrito: AO DEUS DESCONHECIDO. Esse, pois, que vós honrais, não o conhecendo, é o que eu vos anuncio.

²⁴O Deus que fez o mundo e tudo que nele há,

ATOS DOS APÓSTOLOS 17.25

sendo Senhor do céu e da terra, não habita em templos feitos por mãos *de homens;*

²⁵Nem tampouco é servido por mãos de homens, *como* que necessitando de alguma coisa; pois ele mesmo é quem dá a todos a vida, e a respiração, e todas as coisas;

²⁶E de um só sangue fez toda a geração dos homens, para habitar sobre toda a face da terra, determinando os tempos *já* dantes ordenados, e os limites da sua habitação;

²⁷Para que buscassem ao Senhor, se porventura, tateando, o pudessem achar; ainda que não está longe de cada um de nós;

²⁸Porque nele vivemos, e nos movemos, e existimos; como também alguns dos vossos poetas disseram: Pois somos também sua geração.

²⁹Sendo nós, pois, geração de Deus, não havemos de cuidar que a Divindade seja semelhante ao ouro, ou à prata, ou à pedra esculpida por artifício e imaginação dos homens.

³⁰Mas Deus, não tendo em conta os tempos da ignorância, ordena agora a todos os homens, e em todo o lugar, que se arrependam;

³¹Porquanto tem determinado um dia em que com justiça há de julgar o mundo, por meio do homem que destinou; e disso deu certeza a todos, ressuscitando-o dentre os mortos.

³²E, como ouviram falar da ressurreição dos mortos, uns escarneciam, e outros diziam: Acerca disso te ouviremos outra vez.

³³E assim Paulo saiu do meio deles.

³⁴Todavia, chegando alguns homens a ele, creram; entre os quais foi Dionísio, areopagita, uma mulher por nome Dâmaris, e com eles outros.

Paulo em Corinto

18 E DEPOIS disto partiu Paulo de Atenas, e chegou a Corinto.

²E, achando um *certo* judeu por nome Áquila, natural do Ponto, que havia pouco tinha vindo da Itália, e Priscila, sua mulher (pois Cláudio tinha mandado que todos os judeus saíssem de Roma), ajuntou-se com eles,

³E, como era do mesmo ofício, ficou com eles, e trabalhava; pois tinham por ofício fazer tendas.

⁴E todos os sábados disputava na sinagoga, e convencia a judeus e gregos.

⁵E, quando Silas e Timóteo desceram da Macedônia, foi Paulo impulsionado no espírito, testificando aos judeus *que* Jesus *era* o Cristo.

⁶Mas, resistindo e blasfemando eles, sacudiu as vestes, e disse-lhes: O vosso sangue *seja* sobre a vossa cabeça; eu *estou* limpo, e desde agora parto para os gentios.

⁷E, saindo dali, entrou em casa de um homem chamado Justo, que servia a Deus, e cuja casa estava junto da sinagoga.

⁸E Crispo, principal da sinagoga, creu no Senhor com toda a sua casa; e muitos dos coríntios, ouvindo-*o*, creram e foram batizados.

⁹E disse o Senhor em visão de noite a Paulo: Não temas, mas fala, e não te cales;

¹⁰Porque eu sou contigo, e ninguém lançará mão de ti para te fazer mal, pois tenho muito povo nesta cidade.

¹¹E ficou *ali* um ano e seis meses, ensinando entre eles a palavra de Deus.

Paulo perante Gálio

¹²Mas, sendo Gálio procônsul da Acaia, levantaram-se os judeus concordemente contra Paulo, e o levaram ao tribunal,

¹³Dizendo: Este persuade os homens a servir a Deus contra a lei.

¹⁴E, querendo Paulo abrir a boca, disse Gálio aos judeus: Se houvesse, ó judeus, algum agravo ou crime enorme, com razão vos sofreria,

¹⁵Mas, se a questão é de palavras, e de nomes, e da lei que entre vós há, vede-o vós mesmos; porque eu não quero ser juiz dessas *coisas*.

¹⁶E expulsou-os do tribunal.

¹⁷Então todos os gregos agarraram Sóstenes, principal da sinagoga, e o feriram diante do tribunal; e a Gálio nada destas coisas o incomodava.

Viagens de Paulo

¹⁸E Paulo, ficando ainda *ali* muitos dias, despediu-se dos irmãos, e dali navegou para a Síria, e com ele Priscila e Áquila, tendo rapado a cabeça em Cencreia, porque tinha voto.

¹⁹E chegou a Éfeso, e deixou-os ali; mas ele, entrando na sinagoga, disputava com os judeus.

²⁰E, rogando-*lhe* eles que ficasse com eles por mais algum tempo, não consentiu nisso.

²¹Antes se despediu deles, dizendo: É-me de todo preciso celebrar a festividade que vem em Jerusalém; mas querendo Deus, outra vez voltarei a vós. E partiu de Éfeso.

²²E, chegando a Cesareia, subiu *a Jerusalém* e, saudando a igreja, desceu a Antioquia.

Áquila instrui Apolo

²³E, estando *ali* algum tempo, partiu, passando sucessivamente pela província da Galácia e da Frígia, confirmando a todos os discípulos.

²⁴E chegou a Éfeso *um* certo judeu chamado Apolo, natural de Alexandria, homem eloquente e poderoso nas Escrituras.

²⁵Este era instruído no caminho do Senhor e, fervoroso de espírito, falava e ensinava diligentemente as *coisas* do Senhor, conhecendo somente o batismo de João.

²⁶Ele começou a falar ousadamente na sinagoga; e, quando o ouviram Priscila e Áquila, o levaram consigo e lhe declararam mais precisamente o caminho de Deus.

²⁷Querendo ele passar à Acaia, o animaram os irmãos, e escreveram aos discípulos que o recebessem; o qual, tendo chegado, aproveitou muito aos que pela graça criam.

²⁸Porque com grande veemência, convencia publicamente os judeus, mostrando pelas Escrituras que Jesus era o Cristo.

Paulo em Éfeso

19 E SUCEDEU que, enquanto Apolo estava em Corinto, Paulo, tendo passado por todas as *regiões* superiores, chegou a Éfeso; e achando ali alguns discípulos,

²Disse-lhes: Recebestes vós *já* o Espírito Santo quando crestes? E eles disseram-lhe: Nós nem ainda ouvimos que haja Espírito Santo.

³Perguntou-lhes, então: Em que sois batizados então? E eles disseram: No batismo de João.

⁴Mas Paulo disse: Certamente João batizou com o batismo de arrependimento, dizendo ao povo que cresse no que após ele havia de vir, isto é, em Jesus Cristo.

⁵E os que ouviram foram batizados em nome do Senhor Jesus.

⁶E, impondo-lhes Paulo as mãos, veio sobre eles o Espírito Santo; e falavam línguas, e profetizavam.

⁷E estes eram, ao todo, uns doze homens.

⁸E, entrando na sinagoga, falou ousadamente por espaço de três meses, disputando e persuadindo-os acerca do reino de Deus.

⁹Mas, como alguns deles se endurecessem e não obedecessem, falando mal do Caminho perante a multidão, retirou-se deles, e separou os discípulos, disputando todos os dias na escola de um *certo* Tirano.

¹⁰E durou isto por espaço de dois anos; de tal maneira que todos os que habitavam na Ásia ouviram a palavra do Senhor Jesus, assim judeus como gregos.

¹¹E Deus pelas mãos de Paulo fazia maravilhas extraordinárias.

¹²De sorte que até os lenços e aventais se levavam do seu corpo aos enfermos, e as enfermidades fugiam deles, e os espíritos malignos saíam.

¹³E alguns dos exorcistas judeus ambulantes tentavam invocar o nome do Senhor Jesus sobre os que tinham espíritos malignos, dizendo: Esconjuro-vos por Jesus a quem Paulo prega.

¹⁴E os que faziam isto eram sete filhos de Ceva, judeu, principal dos sacerdotes.

¹⁵Respondendo, porém, o espírito maligno, disse: Conheço a Jesus, e bem sei *quem é* Paulo; mas vós quem sois?

¹⁶E, saltando neles o homem que tinha o espírito maligno, e assenhoreando-se deles, pôde mais do que eles; de tal maneira que, nus e feridos, fugiram daquela casa.

¹⁷E foi isto notório a todos os que habitavam em Éfeso, tanto judeus como gregos; e caiu temor sobre todos eles, e o nome do Senhor Jesus era engrandecido.

¹⁸E muitos dos que tinham crido vinham, confessando e publicando os seus feitos.

¹⁹Também muitos dos que seguiam artes mágicas trouxeram os seus livros, e os queimaram na presença de todos e, feita a conta do seu preço, acharam que *montava* a cinquenta mil *peças* de prata.

²⁰Assim a palavra do Senhor crescia poderosamente e prevalecia.

²¹E, cumpridas estas *coisas,* Paulo propôs, em espírito, ir a Jerusalém, passando pela Macedônia e pela Acaia, dizendo: Depois que houver estado ali, importa-me ver também Roma.

²²E, enviando à Macedônia dois daqueles que o serviam, Timóteo e Erasto, ficou ele por algum tempo na Ásia.

Motim do ourives Demétrio

²³E, naquele mesmo tempo, houve um não pequeno alvoroço acerca do Caminho.

²⁴Porque um certo ourives da prata, por nome Demétrio, que fazia de prata nichos de Diana, dava não pouco lucro aos artífices,

²⁵Aos quais, havendo-os ajuntado com os oficiais de obras semelhantes, disse: Senhores, vós bem sabeis que deste ofício temos a nossa prosperidade;

²⁶E bem vedes e ouvis que não só em Éfeso, mas até quase em toda a Ásia, este Paulo tem convencido e afastado uma grande multidão, dizendo que não são deuses os que se fazem com as mãos.

²⁷E não somente há o perigo de que a nossa profissão caia em descrédito, mas também de que o próprio templo da grande deusa Diana seja estimado em nada, vindo a ser destruída a majestade daquela que toda a Ásia e o mundo veneram.

²⁸E, ouvindo-o, encheram-se de ira, e clamaram, dizendo: Grande *é* a Diana dos efésios.

²⁹E encheu-se de confusão toda a cidade e, unânimes, correram ao teatro, arrebatando a Gaio e a Aristarco, macedônios, companheiros de Paulo na viagem.

³⁰E, querendo Paulo apresentar-se ao povo, não lho permitiram os discípulos.

³¹E também alguns dos principais da Ásia, que eram seus amigos, lhe rogaram que não se apresentasse no teatro.

³²*Uns,* pois, clamavam de uma maneira, outros de outra, porque o ajuntamento era confuso; e os mais deles não sabiam por que causa se tinham ajuntado.

³³Então tiraram Alexandre dentre a multidão, impelindo-o os judeus para diante; e Alexandre, acenando com a mão, queria dar razão disto ao povo.

³⁴Mas quando conheceram que era judeu, todos unanimemente levantaram a voz, clamando por espaço de quase duas horas: Grande *é* a Diana dos efésios.

³⁵Então o escrivão *da cidade,* tendo apaziguado a multidão, disse: Homens efésios, qual é o homem que não sabe que a cidade dos efésios é a guardadora do templo da grande deusa Diana, e da *imagem* que desceu de Júpiter?

³⁶Ora, não podendo isto ser contraditado, convém que vos aplaqueis e nada façais temerariamente;

³⁷Porque estes homens que *aqui* trouxestes nem são sacrílegos nem blasfemam da vossa deusa.

ATOS DOS APÓSTOLOS 19.38   750

³⁸Mas, se Demétrio e os artífices que estão com ele têm alguma coisa contra alguém, há audiências e há procônsules; que se acusem uns aos outros;

³⁹E, se de alguma outra coisa demandais, averiguar-se-á em legítima assembleia.

⁴⁰Na verdade até corremos perigo de que, por hoje, sejamos acusados de sedição, não havendo causa alguma com que possamos justificar este concurso.

⁴¹E, tendo dito isto, despediu a assembleia.

Paulo em Macedônia e na Grécia

20 E, DEPOIS que cessou o alvoroço, Paulo chamou a si os discípulos e, abraçando-os, saiu para ir à Macedônia.

²E, havendo andado por aquelas terras, exortando-os com muitas palavras, veio à Grécia.

³E, passando *ali* três meses, e sendo-lhe pelos judeus postas ciladas, como tivesse de navegar para a Síria, determinou voltar pela Macedônia.

⁴E acompanhou-o, até à Ásia, Sópater, de Bereia, e, dos de Tessalônica, Aristarco, e Segundo, e Gaio de Derbe, e Timóteo, e, dos da Ásia, Tíquico e Trófimo.

⁵Estes, indo adiante, nos esperaram em Trôade.

⁶E, depois dos dias dos *pães* ázimos, navegamos de Filipos, e em cinco dias fomos ter com eles a Trôade, onde estivemos sete dias.

Paulo em Trôade

⁷E no primeiro *dia* da semana, ajuntando-se os discípulos para partir o pão, Paulo, que havia de partir no dia seguinte, falava com eles; e prolongou a prática até à meia-noite.

⁸E havia muitas luzes no cenáculo onde estavam juntos.

⁹E, estando *um* certo jovem, por nome Êutico, assentado numa janela, caiu do terceiro andar abaixo, tomado de um sono profundo que lhe sobreveio durante o extenso discurso de Paulo; e foi levantado morto.

¹⁰Paulo, porém, descendo, inclinou-se sobre ele e, abraçando-o, disse: Não vos perturbeis, que a sua alma nele está.

¹¹E subindo, e partindo o pão, e comendo, ainda lhes falou largamente até à alvorada; e assim partiu.

¹²E levaram vivo o jovem, e ficaram não pouco consolados.

¹³Nós, porém, subindo antes ao navio, navegamos até Assôs, onde devíamos receber a Paulo, porque assim o ordenara, indo ele por terra.

¹⁴E, logo que se ajuntou conosco em Assôs, o recebemos, e fomos a Mitilene.

¹⁵E, navegando dali, chegamos no *dia* seguinte defronte de Quios, e no outro aportamos a Samos e, ficando em Trogílio, chegamos no *dia* seguinte a Mileto.

¹⁶Porque *já* Paulo tinha determinado passar ao largo de Éfeso, para não gastar tempo na Ásia. Apressava-se, pois, para estar, se lhe fosse possível, em Jerusalém no dia de Pentecostes.

Discurso de Paulo aos anciãos de Éfeso

¹⁷E de Mileto mandou a Éfeso, a chamar os anciãos da igreja.

¹⁸E, logo que chegaram junto dele, disse-lhes: Vós bem sabeis, desde o primeiro dia em que entrei na Ásia, como em todo esse tempo me portei no meio de vós,

¹⁹Servindo ao Senhor com toda a humildade, e com muitas lágrimas e tentações, que pelas ciladas dos judeus me sobrevieram;

²⁰Como nada, que útil seja, deixei de vos anunciar, e ensinar publicamente e pelas casas,

²¹Testificando, tanto a judeus como a gregos, o arrependimento para com Deus, e a fé em nosso Senhor Jesus Cristo.

²²E agora, eis que, ligado eu pelo espírito, vou para Jerusalém, não sabendo o que lá me há de acontecer,

²³Senão o que o Espírito Santo de cidade em cidade me revela, dizendo que me esperam prisões e tribulações.

²⁴Mas de nada faço questão, nem tenho a minha vida por preciosa, contanto que cumpra com alegria a minha carreira, e o ministério que recebi do Senhor Jesus, para dar testemunho do evangelho da graça de Deus.

²⁵E agora, eis que eu sei, que todos vós, por quem passei pregando o reino de Deus, não vereis mais o meu rosto.

²⁶Portanto, no dia de hoje, vos protesto que *estou* limpo do sangue de todos.

²⁷Porque nunca deixei de vos anunciar todo o conselho de Deus.

²⁸Olhai, pois, por vós, e por todo o rebanho sobre que o Espírito Santo vos constituiu bispos, para apascentardes a igreja de Deus, que ele resgatou com seu próprio sangue.

²⁹Porque eu sei isto que, depois *da* minha partida, entrarão no meio de vós lobos cruéis, que não pouparão ao rebanho;

³⁰E que de entre vós mesmos se levantarão homens que falarão *coisas* perversas, para atraírem os discípulos após si.

³¹Portanto, vigiai, lembrando-vos de que durante três anos, não cessei, noite e dia, de admoestar com lágrimas a cada um de vós.

³²Agora, pois, irmãos, encomendo-vos a Deus e à palavra da sua graça; a ele que é poderoso para vos edificar e dar herança entre todos os santificados.

³³De ninguém cobicei a prata, nem o ouro, nem o vestuário.

³⁴Sim, vós mesmos sabeis que para o que me era necessário a mim, e aos que estão comigo, estas mãos me serviram.

³⁵Tenho-vos mostrado em tudo que, trabalhando assim, é necessário auxiliar os enfermos, e recordar as palavras do Senhor Jesus, que disse: Mais bem-aventurada coisa é dar do que receber.

³⁶E, havendo dito isto, pôs-se de joelhos, e orou com todos eles.

³⁷E levantou-se um grande pranto entre todos e, lançando-se ao pescoço de Paulo, o beijavam,

³⁸Entristecendo-se muito, principalmente pela palavra que dissera, que não veriam mais o seu rosto. E acompanharam-no até o navio.

Paulo em Tiro, Ptolemaida e Cesareia

21 E ACONTECEU que, separando-nos deles, navegamos e fomos correndo caminho direito, e chegamos a Cós, e no dia seguinte a Rodes, de onde passamos a Pátara.

²E, achando um navio, que ia para a Fenícia, embarcamos nele, e partimos.

³E, indo *já* à vista de Chipre, deixando-a à esquerda, navegamos para a Síria e chegamos a Tiro; porque o navio havia de descarregar ali sua carga.

⁴E, achando discípulos, ficamos ali sete dias; e eles pelo Espírito diziam a Paulo que não subisse a Jerusalém.

⁵E, havendo passado *ali* aqueles dias, saímos, e seguimos nosso caminho, acompanhando-nos todos, com *suas* mulheres e filhos até fora da cidade; e, postos de joelhos na praia, oramos.

⁶E, despedindo-nos uns dos outros, subimos ao navio; e eles voltaram para suas casas.

⁷E nós, concluída a navegação de Tiro, viemos a Ptolemaida; e, havendo saudado os irmãos, ficamos com eles um dia.

⁸E no *dia* seguinte, partindo *dali* Paulo, e nós que com ele estávamos, chegamos a Cesareia; e, entrando em casa de Filipe, o evangelista, que era *um* dos sete, ficamos com ele.

⁹E tinha este quatro filhas virgens, que profetizavam.

¹⁰E, demorando-nos *ali* por muitos dias, chegou da Judeia um profeta, por nome Ágabo;

¹¹E, vindo ter conosco, tomou a cinta de Paulo, e ligando-se os seus próprios pés e mãos, disse: Isto diz o Espírito Santo: Assim ligarão os judeus em Jerusalém o homem de quem é esta cinta, e o entregarão nas mãos dos gentios.

¹²E, ouvindo nós isto, rogamos-*lhe,* tanto nós como os que eram daquele lugar, que não subisse a Jerusalém.

¹³Mas Paulo respondeu: Que fazeis vós, chorando e magoando-me o coração? Porque eu estou pronto não só a ser ligado, mas ainda a morrer em Jerusalém pelo nome do Senhor Jesus.

¹⁴E, como não podíamos convencê-lo, nos aquietamos, dizendo: Faça-se a vontade do Senhor.

¹⁵E depois daqueles dias, havendo feito os nossos preparativos, subimos a Jerusalém.

¹⁶E foram também conosco *alguns* discípulos de Cesareia, levando consigo um certo Mnasom, cíprio, discípulo antigo, com quem havíamos de hospedar-nos.

Chegada a Jerusalém

¹⁷E, logo que chegamos a Jerusalém, os irmãos nos receberam de muito boa vontade.

¹⁸E no *dia* seguinte, Paulo entrou conosco *em casa* de Tiago, e todos os anciãos vieram ali.

¹⁹E, havendo-os saudado, contou-*lhes* por miúdo o que por seu ministério Deus fizera entre os gentios.

²⁰E, ouvindo-*o* eles, glorificaram ao Senhor, e disseram-lhe: Bem vês, irmão, quantos milhares de judeus há que creem, e todos são zeladores da lei.

²¹E *já* acerca de ti foram informados de que ensinas todos os judeus que estão entre os gentios a apartarem-se de Moisés, dizendo que não devem circuncidar *seus* filhos, nem andar segundo o costume *da lei.*

²²Que faremos pois? em todo o caso é necessário que a multidão se ajunte; porque terão ouvido que já és vindo.

²³Faze, pois, isto que te dizemos: Temos quatro homens que fizeram voto.

²⁴Toma estes contigo, e santifica-te com eles, e faze por eles os gastos para que rapem a cabeça, e todos ficarão sabendo que nada há daquilo de que foram informados acerca de ti, mas *que* também tu mesmo andas guardando a lei.

²⁵Todavia, quanto aos que creem dos gentios, *já* nós havemos escrito, *e* achado por bem, que nada disto observem; mas que só se guardem do que se sacrifica aos ídolos, e do sangue, e do sufocado e da fornicação.

²⁶Então Paulo, tomando consigo aqueles homens, entrou no dia seguinte no templo, já santificado com eles, anunciando serem *já* cumpridos os dias da purificação; e ficou ali até se oferecer por cada um deles a oferta.

Alvoroço no templo

²⁷E quando os sete dias estavam quase a terminar, os judeus da Ásia, vendo-o no templo, alvoroçaram todo o povo e lançaram mão dele,

²⁸Clamando: Homens israelitas, acudi; este é o homem que por todas as partes ensina a todos contra o povo e *contra* a lei, e *contra* este lugar; e, demais disto, introduziu também no templo os gregos, e profanou este santo lugar.

²⁹Porque antes tinham visto com ele na cidade a Trófimo de Éfeso, o qual pensavam que Paulo introduzira no templo.

³⁰E alvoroçou-se toda a cidade, e houve grande concurso de povo; e, pegando Paulo, o arrastaram para fora do templo, e logo as portas se fecharam.

³¹E, procurando eles matá-lo, chegou ao tribuno da coorte o aviso de que Jerusalém estava toda em confusão;

³²O qual, tomando logo consigo soldados e centuriões, correu para eles. E, quando viram o tribuno e os soldados, cessaram de ferir a Paulo.

³³Então, aproximando-se o tribuno, o prendeu e o mandou atar com duas cadeias, e lhe perguntou quem era e o que tinha feito.

³⁴E na multidão uns clamavam de uma maneira, outros de outra; mas, como nada podia saber ao certo, por causa do alvoroço, mandou conduzi-lo para a fortaleza.

ATOS DOS APÓSTOLOS 21.35

³⁵E sucedeu que, chegando às escadas, os soldados tiveram de lhe pegar por causa da violência da multidão.

³⁶Porque a multidão do povo o seguia, clamando: Mata-o!

A defesa de Paulo

³⁷E, quando iam a introduzir Paulo na fortaleza, disse Paulo ao tribuno: É-me permitido dizer-te alguma coisa? E ele disse: Sabes o grego?

³⁸Não és tu porventura aquele egípcio que antes destes dias fez uma sedição e levou ao deserto quatro mil salteadores?

³⁹Mas Paulo lhe disse: Na verdade que sou um homem judeu, cidadão de Tarso, cidade não pouco célebre na Cilícia; rogo-te, porém, que me permitas falar ao povo.

⁴⁰E, havendo-lho permitido, Paulo, pondo-se em pé nas escadas, fez sinal com a mão ao povo; e, feito grande silêncio, falou-lhes em língua hebraica, dizendo:

22 HOMENS, irmãos e pais, ouvi agora a minha defesa perante vós

²(E, quando ouviram falar-lhes em língua hebraica, maior silêncio guardaram). E disse:

³Quanto a mim, sou judeu, nascido em Tarso da Cilícia, e nesta cidade criado aos pés de Gamaliel, instruído conforme a verdade da lei de nossos pais, zeloso de Deus, como todos vós hoje sois.

⁴E persegui este Caminho até à morte, prendendo, e pondo em prisões, tanto homens como mulheres,

⁵Como também o sumo sacerdote me é testemunha, e todo o conselho dos anciãos. E, recebendo destes cartas para os irmãos, fui a Damasco, para trazer amarrados para Jerusalém aqueles que ali estivessem, a fim de que fossem castigados.

⁶Ora, aconteceu que, indo eu *já* de caminho, e chegando perto de Damasco, quase ao meio-dia, de repente me rodeou *uma* grande luz do céu.

⁷E caí por terra, e ouvi uma voz que me dizia: Saulo, Saulo, por que me persegues?

⁸E eu respondi: Quem és, Senhor? E disse-me: Eu sou Jesus Nazareno, a quem tu persegues.

⁹E os que estavam comigo viram, em verdade, a luz, e se atemorizaram muito, mas não entenderam a voz daquele que falava comigo.

¹⁰Então disse eu: Senhor, que farei? E o Senhor disse-me: Levanta-te, e vai a Damasco, e ali se te dirá tudo o que te é ordenado fazer.

¹¹E, como eu não via, por causa do esplendor daquela luz, fui levado pela mão dos que estavam comigo, e cheguei a Damasco.

¹²E um *certo* Ananias, homem piedoso conforme a lei, que tinha bom testemunho de todos os judeus que *ali* moravam,

¹³Vindo ter comigo, e apresentando-se, disse-me: Saulo, irmão, recobra a vista. E naquela mesma hora o vi.

¹⁴E *ele* disse: O Deus de nossos pais de antemão te designou para que conheças a sua vontade, e vejas aquele Justo e ouças a voz da sua boca.

¹⁵Porque hás de ser sua testemunha para com todos os homens do que tens visto e ouvido.

¹⁶E agora por que te deténs? Levanta-te, e batiza-te, e lava os teus pecados, invocando o nome do Senhor.

¹⁷E aconteceu que, tornando eu para Jerusalém, quando orava no templo, fui arrebatado para fora de mim;

¹⁸E vi aquele que me dizia: Dá-te pressa e sai apressadamente de Jerusalém; porque não receberão o teu testemunho acerca de mim.

¹⁹E eu disse: Senhor, eles bem sabem que eu lançava na prisão e açoitava nas sinagogas os que criam em ti.

²⁰E quando o sangue de Estêvão, tua testemunha, se derramava, também eu estava presente, e consentia na sua morte, e guardava as capas dos que o matavam.

²¹E disse-me: Vai, porque hei de enviar-te aos gentios de longe.

²²E ouviram-no até esta palavra, e levantaram a voz, dizendo: Tira da terra um tal homem, porque não convém que viva.

²³E, clamando eles, e arrojando de si as vestes, e lançando pó para o ar,

²⁴O tribuno mandou que o levassem para a fortaleza, dizendo que o examinassem com açoites, para saber por que causa assim clamavam contra ele.

Paulo se declara cidadão romano

²⁵E, quando o estavam atando com correias, disse Paulo ao centurião que ali estava: É-vos lícito açoitar um romano, sem ser condenado?

²⁶E, ouvindo *isto*, o centurião foi, e anunciou ao tribuno, dizendo: Vê o que vais fazer, porque este homem é romano.

²⁷E, vindo o tribuno, disse-lhe: Dize-me, és tu romano? E ele disse: Sim.

²⁸E respondeu o tribuno: Eu com grande soma *de dinheiro* alcancei este direito de cidadão. Paulo disse: Mas eu o sou de nascimento.

²⁹E logo dele se apartaram os que o haviam de examinar; e até o tribuno teve temor, quando soube que era romano, visto que o tinha ligado.

Paulo comparece perante o Sinédrio

³⁰E no dia seguinte, querendo saber ao certo a causa por que era acusado pelos judeus, soltou-o das prisões, e mandou vir os principais sacerdotes, e todo o seu conselho; e, trazendo Paulo, o apresentou diante deles.

23 E, PONDO Paulo os olhos no conselho, disse: Homens irmãos, até ao dia de hoje tenho andado diante de Deus com toda a boa consciência.

²Mas o sumo sacerdote, Ananias, mandou aos que estavam junto dele que o ferissem na boca.

³Então Paulo lhe disse: Deus te ferirá, parede branqueada; tu estás *aqui* assentado para

julgar-me conforme a lei, e contra a lei me mandas ferir?

⁴E os que ali estavam disseram: Injurias o sumo sacerdote de Deus?

⁵E Paulo disse: Não sabia, irmãos, que era o sumo sacerdote; porque está escrito: Não dirás mal do príncipe do teu povo.

⁶E Paulo, sabendo que uma parte era de saduceus e outra de fariseus, clamou no conselho: Homens irmãos, eu sou fariseu, filho de fariseu; no tocante à esperança e ressurreição dos mortos sou julgado.

⁷E, havendo dito isto, houve dissensão entre os fariseus e saduceus; e a multidão se dividiu.

⁸Porque os saduceus dizem que não há ressurreição, nem anjo, nem espírito; mas os fariseus reconhecem uma e outra coisa.

⁹E originou-se *um* grande clamor; e, levantando-se os escribas da parte dos fariseus, contendiam, dizendo: Nenhum mal achamos neste homem, e, se algum espírito ou anjo lhe falou, não lutemos contra Deus.

¹⁰E, havendo grande dissensão, o tribuno, temendo que Paulo fosse despedaçado por eles, mandou descer a tropa, para que o tirassem do meio deles, e o levassem para a fortaleza.

¹¹E na noite seguinte, apresentando-se-lhe o Senhor, disse: Paulo, tem ânimo; porque, como de mim testificaste em Jerusalém, assim importa que testifiques também em Roma.

Conspiração dos judeus contra Paulo

¹²E, quando já era dia, alguns dos judeus fizeram uma conspiração, e juraram, dizendo que não comeriam nem beberiam enquanto não matassem a Paulo.

¹³E eram mais de quarenta os que fizeram esta conjuração.

¹⁴E estes foram ter com os principais sacerdotes e anciãos, e disseram: Conjuramo-nos, sob pena de maldição, a nada provarmos até que matemos a Paulo.

¹⁵Agora, pois, vós, com o conselho, notificai ao tribuno que vo-lo traga amanhã, como que querendo saber mais alguma coisa de seus negócios, e, antes que chegue, estaremos prontos para o matar.

¹⁶E o filho da irmã de Paulo, tendo ouvido acerca desta cilada, foi, e entrou na fortaleza, e o anunciou a Paulo.

¹⁷E Paulo, chamando a si um dos centuriões, disse: Leva este jovem ao tribuno, porque tem alguma coisa que lhe comunicar.

¹⁸Tomando-o ele, pois, *o* levou ao tribuno, e disse: O preso Paulo, chamando-me a si, rogou-*me* que trouxesse este jovem, que tem alguma coisa para dizer-te.

¹⁹E o tribuno, tomando-*o* pela mão, e pondo-se à parte, perguntou-lhe em particular: Que tens que me contar?

²⁰E disse ele: Os judeus se concertaram rogar-te que amanhã leves Paulo ao conselho, como que tendo de inquirir dele mais alguma coisa ao certo.

²¹Mas tu não os creias; porque mais de quarenta homens de entre eles lhe andam armando ciladas; os quais se obrigaram, sob pena de maldição, a não comer nem beber até que o tenham morto; e já estão preparados, esperando de ti promessa.

²²Então o tribuno despediu o jovem, mandando-lhe que a ninguém dissesse que lhe havia contado aquilo.

Paulo enviado a Félix

²³E, chamando dois centuriões, lhes disse: Aprontai para as três horas da noite duzentos soldados, e setenta de cavalaria, e duzentos arqueiros para irem até Cesareia;

²⁴E aparelhai animais, para que, pondo nelas a Paulo, o levem salvo ao presidente Félix.

²⁵E escreveu uma carta, que continha isto:

²⁶Cláudio Lísias, a Félix, potentíssimo presidente, saúde.

²⁷Esse homem foi preso pelos judeus; e, estando *já* a ponto de ser morto por eles, sobrevim eu com a tropa, e o livrei, informado de que era romano.

²⁸E, querendo saber a causa por que o acusavam, o levei ao seu conselho.

²⁹E achei que o acusavam de *algumas* questões da sua lei; mas que nenhum crime havia nele digno de morte ou de prisão.

³⁰E, sendo-me notificado que os judeus haviam *de armar* ciladas a esse homem, logo to enviei, mandando também aos acusadores que perante ti digam o que tiverem contra ele. Passa bem.

Paulo em Cesareia

³¹Tomando, pois, os soldados a Paulo, como lhe fora mandado, *o* trouxeram de noite a Antipátride.

³²E no dia seguinte, deixando aos de cavalo irem com ele, tornaram à fortaleza.

³³Os quais, logo que chegaram a Cesareia, e entregaram a carta ao presidente, lhe apresentaram Paulo.

³⁴E o presidente, lida *a carta,* perguntou de que província era; e, sabendo que era da Cilícia,

³⁵Disse: Ouvir-te-ei, quando também aqui vierem os teus acusadores. E mandou que o guardassem no pretório de Herodes.

Acusação e defesa perante Félix

24 E, CINCO dias depois, o sumo sacerdote Ananias desceu com os anciãos, e um certo Tértulo, orador, os quais compareceram perante o presidente contra Paulo.

²E, sendo chamado, Tértulo começou a acusá-*lo,* dizendo: Visto como por ti temos tanta paz e por tua prudência se fazem a este povo muitos e louváveis serviços,

³Sempre e em todo o lugar, ó potentíssimo Félix, com todo o agradecimento o queremos reconhecer.

⁴Mas, para que não te detenha muito, rogo-te que, conforme a tua equidade, nos ouças por pouco tempo.

ATOS DOS APÓSTOLOS 24.5

[5]Temos achado que este homem é uma peste, e promotor de sedições entre todos os judeus, por todo o mundo; e o principal defensor da seita dos nazarenos;

[6]O qual intentou também profanar o templo; e nós o prendemos, e conforme a nossa lei o quisemos julgar.

[7]Mas, sobrevindo o tribuno Lísias, no-lo tirou de entre as mãos com grande violência,

[8]Mandando aos seus acusadores que viessem a ti; e dele tu mesmo, examinando-o, poderás entender tudo o de que o acusamos.

[9]E também os judeus consentiam, dizendo serem estas coisas assim.

[10]Paulo, porém, fazendo-lhe o presidente sinal que falasse, respondeu: Porque sei que já vai para muitos anos que desta nação és juiz, com tanto melhor ânimo respondo por mim.

[11]Pois bem podes saber que não há mais de doze dias que subi a Jerusalém a adorar;

[12]E não me acharam no templo falando com alguém, nem amotinando o povo nas sinagogas, nem na cidade.

[13]Nem tampouco podem provar as *coisas* de que agora me acusam.

[14]Mas confesso-te isto que, conforme aquele Caminho que chamam seita, assim sirvo ao Deus de nossos pais, crendo tudo quanto está escrito na lei e nos profetas.

[15]Tendo esperança em Deus, como estes mesmos também esperam, de que há de haver ressurreição de mortos, assim dos justos como dos injustos.

[16]E por isso procuro sempre ter uma consciência sem ofensa, tanto para com Deus como *para com* os homens.

[17]Ora, muitos anos depois, vim trazer à minha nação esmolas e ofertas.

[18]Nisto me acharam *já* santificado no templo, não em ajuntamentos, nem com alvoroços, uns certos judeus da Ásia,

[19]Os quais convinha que estivessem presentes perante ti, e *me* acusassem, se alguma coisa contra mim tivessem.

[20]Ou digam estes mesmos, se acharam em mim alguma iniquidade, quando compareci perante o conselho,

[21]A não ser estas palavras que, estando entre eles, clamei: Hoje sou julgado por vós acerca da ressurreição dos mortos.

Paulo perante Félix e Drusila

[22]Então Félix, havendo ouvido estas *coisas*, lhes pôs dilação, dizendo: Havendo-me informado melhor deste Caminho, quando o tribuno Lísias tiver descido, *então* tomarei inteiro conhecimento dos vossos negócios.

[23]E mandou ao centurião que o guardasse em prisão, tratando-o com brandura, e que a ninguém dos seus proibisse servi-lo ou vir ter com ele.

[24]E alguns dias depois, vindo Félix com sua mulher Drusila, que era judia, mandou chamar a Paulo, e ouviu-o acerca da fé em Cristo.

[25]E, tratando ele da justiça, e da temperança, e do juízo vindouro, Félix, amedrontado, respondeu: Por agora vai-te, e em tendo oportunidade te chamarei.

[26]Esperando ao mesmo tempo que Paulo lhe desse dinheiro, para que o soltasse; pelo que também muitas vezes o mandava chamar, e falava com ele.

Paulo perante Festo

[27]Mas, passados dois anos, Félix teve por sucessor a Pórcio Festo; e, querendo Félix comprazer aos judeus, deixou a Paulo preso.

25 ENTRANDO, pois, Festo na província, subiu dali a três dias de Cesareia a Jerusalém.

[2]E o sumo sacerdote e os principais dos judeus compareceram perante ele contra Paulo, e lhe rogaram,

[3]Pedindo como favor contra ele que o fizesse vir a Jerusalém, armando ciladas para o matarem no caminho.

[4]Mas Festo respondeu que Paulo estava guardado em Cesareia, e que ele brevemente partiria *para lá*.

[5]Os que, pois, disse, dentre vós, têm poder, desçam comigo e, se neste homem houver algum *crime*, acusem-no.

[6]E, havendo-se demorado entre eles mais de dez dias, desceu a Cesareia; e no dia seguinte, assentando-se no tribunal, mandou que trouxessem Paulo.

[7]E, chegando ele, rodearam-no os judeus que haviam descido de Jerusalém, trazendo contra Paulo muitas e graves acusações, que não podiam provar

Apelo para o imperador romano

[8]Mas ele, em *sua* defesa, disse: Eu não pequei em coisa alguma contra a lei dos judeus, nem contra o templo, nem contra César.

[9]Todavia Festo, querendo comprazer aos judeus, respondendo a Paulo, disse: Queres tu subir a Jerusalém, e ser lá perante mim julgado acerca destas *coisas?*

[10]Mas Paulo disse: Estou perante o tribunal de César, onde convém que seja julgado; não fiz agravo algum aos judeus, como tu muito bem sabes.

[11]Se fiz algum agravo, ou cometi alguma *coisa* digna de morte, não recuso morrer; mas, se nada há das *coisas* de que estes me acusam, ninguém me pode entregar a eles; apelo para César.

[12]Então Festo, tendo falado com o conselho, respondeu: Apelaste para César? Para César irás.

O rei Agripa em visita a Cesareia

[13]E, passados alguns dias, o rei Agripa e Berenice vieram a Cesareia, a saudar Festo.

[14]E, como ali ficassem muitos dias, Festo contou ao rei os negócios de Paulo, dizendo: Um *certo* homem foi deixado por Félix *aqui* preso,

[15]Por cujo respeito os principais sacerdotes

e os anciãos dos judeus, estando eu em Jerusalém, compareceram *perante mim,* pedindo sentença contra ele.

[16]Aos quais respondi não ser costume dos romanos entregar algum homem à morte, sem que o acusado tenha presentes os seus acusadores, e possa defender-se da acusação.

[17]De sorte que, chegando eles aqui juntos, no dia seguinte, sem demora alguma, assentado no tribunal, mandei que trouxessem o homem.

[18]Acerca do qual, estando presentes os acusadores, nenhuma *coisa* apontaram daquelas que eu suspeitava.

[19]Tinham, porém, contra ele algumas questões acerca da sua própria superstição, e de um tal Jesus, morto, que Paulo afirmava viver.

[20]E, estando eu perplexo acerca da inquirição desta causa, disse se queria ir a Jerusalém, e lá ser julgado acerca destas *coisas.*

[21]E, apelando Paulo para que fosse reservado ao conhecimento de Augusto, mandei que o guardassem até que o envie a César.

[22]Então Agripa disse a Festo: Bem quisera eu também ouvir esse homem. E ele disse: Amanhã o ouvirás.

[23]E, no dia seguinte, vindo Agripa e Berenice, com muito aparato, entraram no auditório com os tribunos e homens principais da cidade, sendo trazido Paulo por mandado de Festo.

[24]E Festo disse: Rei Agripa, e todos os senhores que estais presentes conosco; aqui vedes um homem de quem toda a multidão dos judeus me tem falado, tanto em Jerusalém como aqui, clamando que não convém que viva mais.

[25]Mas, achando eu que nenhuma *coisa* digna de morte fizera, e apelando ele mesmo também para Augusto, tenho determinado enviar-lho.

[26]Do qual não tenho *coisa* alguma certa que escreva ao meu senhor, e por isso perante vós o trouxe, principalmente perante ti, ó rei Agripa, para que, depois de interrogado, tenha alguma coisa que escrever.

[27]Porque me parece contra a razão enviar um preso, e não notificar contra ele as acusações.

Discurso de Paulo perante Agripa

26 DEPOIS Agripa disse a Paulo: É permitido a ti que te defendas. Então Paulo, estendendo a mão em sua defesa, respondeu:

[2]Tenho-me por feliz, ó rei Agripa, de que perante ti me haja hoje de defender de todas as *coisas* de que sou acusado pelos judeus;

[3]Mormente *sabendo eu* que tens conhecimento de todos os costumes e questões que há entre os judeus; por isso te rogo que me ouças com paciência.

[4]Quanto a minha vida, desde a mocidade, como decorreu desde o princípio entre os da minha nação, em Jerusalém, todos os judeus a conhecem,

[5]Sabendo de mim desde o princípio (se o quiserem testificar), que, conforme a mais severa seita da nossa religião, vivi fariseu.

[6]E agora pela esperança da promessa que por Deus foi feita a nossos pais estou *aqui* e sou julgado.

[7]À qual as nossas doze tribos esperam chegar, servindo *a Deus* continuamente, noite e dia. Por esta esperança, ó rei Agripa, eu sou acusado pelos judeus.

[8]*Pois* quê? Julga-se *coisa* incrível entre vós que Deus ressuscite os mortos?

[9]Bem tinha eu imaginado que contra o nome de Jesus Nazareno devia eu praticar muitos atos;

[10]O que também fiz em Jerusalém. E, havendo recebido autorização dos principais sacerdotes, encerrei muitos dos santos nas prisões; e quando os matavam eu dava o meu voto contra eles.

[11]E, castigando-os muitas vezes por todas as sinagogas, os obriguei a blasfemar. E, enfurecido demasiadamente contra eles, até nas cidades estranhas os persegui.

[12]Sobre o que, indo então a Damasco, com poder e comissão dos principais sacerdotes,

[13]Ao meio-dia, ó rei, vi no caminho uma luz do céu, que excedia o esplendor do sol, cuja claridade me envolveu a mim e aos que iam comigo.

[14]E, caindo nós todos por terra, ouvi uma voz que me falava, e em língua hebraica dizia: Saulo, Saulo, por que me persegues? Dura *coisa* te *é* recalcitrar contra os aguilhões.

[15]E disse eu: Quem és, Senhor? E ele respondeu: Eu sou Jesus, a quem tu persegues;

[16]Mas levanta-te e põe-te sobre teus pés, porque te apareci por isto, para te pôr por ministro e testemunha tanto das *coisas* que tens visto como daquelas pelas quais te aparecerei ainda;

[17]Livrando-te deste povo, e *dos* gentios, a quem agora te envio,

[18]Para lhes abrires os olhos, e das trevas *os* converteres à luz, e *do* poder de Satanás a Deus; a fim de que recebam a remissão de pecados, e herança entre os que são santificados pela fé em mim.

[19]Por isso, ó rei Agripa, não fui desobediente à visão celestial.

[20]Antes anunciei primeiramente aos que estão em Damasco e em Jerusalém, e por toda a terra da Judeia, e aos gentios, que se arrependessem e se convertessem a Deus, fazendo obras dignas de arrependimento.

[21]Por causa disto os judeus lançaram mão de mim no templo, e procuraram matar-*me.*

[22]Mas, alcançando socorro de Deus, ainda até ao dia de hoje permaneço dando testemunho tanto a pequenos como a grandes, não dizendo nada mais do que o que os profetas e Moisés disseram que devia acontecer,

[23]*Isto é,* que o Cristo devia padecer, e sendo o primeiro da ressurreição dentre os mortos, devia anunciar a luz a este povo e aos gentios.

[24]E, dizendo ele isto em *sua* defesa, disse Festo em alta voz: Estás louco, Paulo; as muitas letras te fazem delirar.

ATOS DOS APÓSTOLOS 26.25 756

²⁵Mas ele disse: Não deliro, ó potentíssimo Festo; antes digo palavras de verdade e de um são juízo.

²⁶Porque o rei, diante de quem também falo com ousadia, sabe estas coisas, pois não creio que nada disto lhe é oculto; porque isto não se fez em qualquer canto.

²⁷Crês tu nos profetas, ó rei Agripa? Bem sei que crês.

²⁸E disse Agripa a Paulo: Por pouco me persuades a *me* fazer cristão!

²⁹E disse Paulo: Prouvera a Deus que, ou por pouco ou por muito, não somente tu, mas também todos quantos hoje me estão ouvindo, se tornassem tais qual eu sou, exceto estas cadeias.

³⁰E, dizendo ele isto, levantou-se o rei, o presidente, e Berenice, e os que com eles estavam assentados.

³¹E, apartando-se dali falavam uns com os outros, dizendo: Este homem nada fez digno de morte ou de prisões.

³²E Agripa disse a Festo: Bem podia soltar-se este homem, se não houvera apelado para César.

Partida de Paulo para Roma

27E, COMO se determinou que havíamos de navegar para a Itália, entregaram Paulo, e alguns outros presos, a um centurião por nome Júlio, da coorte augusta.

²E, embarcando nós em um navio adramitino, prestes a navegar pelos lugares da costa da Ásia, partimos estando conosco Aristarco, macedônio, de Tessalônica.

³E chegamos no *dia* seguinte a Sidom, e Júlio, tratando Paulo humanamente, *lhe* permitiu ir ver os amigos, para que cuidassem dele.

⁴E, partindo dali, fomos navegando abaixo de Chipre, porque os ventos eram contrários.

⁵E, tendo atravessado o mar, ao longo da Cilícia e Panfília, chegamos a Mirra, na Lícia.

⁶E, achando ali o centurião um navio de Alexandria, que navegava para a Itália, nos fez embarcar nele.

⁷E, como por muitos dias navegássemos vagarosamente, havendo chegado apenas defronte de Cnido, não nos permitindo o vento ir mais adiante, navegamos abaixo de Creta, junto de Salmone.

⁸E, costeando-a dificilmente, chegamos a um lugar chamado Bons Portos, perto do qual estava a cidade de Laseia.

Advertência de Paulo

⁹E, passado muito tempo, e sendo já perigosa a navegação, pois, também o jejum já tinha passado, Paulo *os* admoestava,

¹⁰Dizendo-lhes: Senhores, vejo que a navegação há de ser incômoda, e com muito dano, não só para o navio e carga, mas também para as nossas vidas.

¹¹Mas o centurião cria mais no piloto e no mestre, do que no que dizia Paulo.

¹²E, como aquele porto não era cômodo para invernar, os mais deles foram de parecer que se partisse dali para ver se podiam chegar a Fenice, *que* é um porto de Creta que olha para *o lado do* vento sudoeste e noroeste, e invernar ali.

¹³E, soprando o sul brandamente, lhes pareceu terem já o que desejavam e, fazendo-se de vela, foram de muito perto costeando Creta.

O naufrágio

¹⁴Mas não muito depois deu nela um pé de vento, chamado Euroaquilão.

¹⁵E, sendo o navio arrebatado, e não podendo navegar contra o vento, dando de mão a tudo, nos deixamos ir à toa.

¹⁶E, correndo abaixo de uma pequena ilha chamada Clauda, apenas pudemos ganhar o batel.

¹⁷E, levado este para cima, usaram de *todos* os meios, cingindo o navio; e, temendo darem à costa na Sirte, amainadas as velas, assim foram à toa.

¹⁸E, andando nós agitados por uma veemente tempestade, no *dia* seguinte aliviaram o navio.

¹⁹E ao terceiro *dia* nós mesmos, com as nossas próprias mãos, lançamos *ao mar* a armação do navio.

²⁰E, não aparecendo, havia *já* muitos dias, nem sol nem estrelas, e caindo sobre nós uma não pequena tempestade, fugiu-nos toda a esperança de nos salvarmos.

²¹E, havendo já muito que não se comia, então Paulo, pondo-se em pé no meio deles, disse: Fora, na verdade, razoável, ó senhores, ter-me ouvido a mim e não partir de Creta, e assim evitariam este incômodo e esta perda.

²²Mas agora vos admoesto a que tenhais bom ânimo, porque não se perderá a vida *de nenhum* de vós, mas somente o navio.

²³Porque esta mesma noite o anjo de Deus, de quem eu sou, e a quem sirvo, esteve comigo,

²⁴Dizendo: Paulo, não temas; importa que sejas apresentado a César, e eis que Deus te deu todos quantos navegam contigo.

²⁵Portanto, ó senhores, tende bom ânimo; porque creio em Deus, que há de acontecer assim como a mim me foi dito.

²⁶É, contudo, necessário irmos dar numa ilha.

²⁷E, quando chegou a décima quarta noite, sendo impelidos de um e outro lado no *mar* Adriático, lá pela meia-noite suspeitaram os marinheiros que estavam próximos de alguma terra.

²⁸E, lançando o prumo, acharam vinte braças; e, passando um pouco mais adiante, tornando a lançar o prumo, acharam quinze braças.

²⁹E, temendo ir dar em alguns lugares rochosos, lançaram da popa quatro âncoras, desejando que viesse o dia.

³⁰Procurando, porém, os marinheiros fugir do navio, e tendo já deitado o batel ao mar, como que querendo lançar as âncoras pela proa,

³¹Disse Paulo ao centurião *e* aos soldados: Se estes não ficarem no navio, não podereis salvar-vos.

³²Então os soldados cortaram os cabos do batel, e o deixaram cair.

³³E, entretanto que o dia vinha, Paulo exortava a todos a que comessem alguma coisa, dizendo:

ATOS DOS APÓSTOLOS 28.26

É *já* hoje o décimo quarto dia que esperais, e permaneceis sem comer, não havendo provado nada.

³⁴Portanto, exorto-vos a que comais alguma coisa, pois é para a vossa saúde; porque nem um cabelo cairá da cabeça de qualquer de vós.

³⁵E, havendo dito isto, tomando o pão, deu graças a Deus na presença de todos; e, partindo-*o*, começou a comer.

³⁶E, tendo já todos bom ânimo, puseram-se também a comer.

³⁷E éramos *ao* todo, no navio, duzentas e setenta e seis almas.

³⁸E, refeitos com a comida, aliviaram o navio, lançando o trigo ao mar.

³⁹E, sendo já dia, não conheceram a terra; enxergaram, porém, uma enseada que tinha praia, e consultaram-se sobre se deveriam encalhar nela o navio.

⁴⁰E, levantando as âncoras, deixaram-no ir ao mar, largando também as amarras do leme; e, alçando a vela maior ao vento, dirigiram-se para a praia.

⁴¹Dando, porém, num lugar de dois mares, encalharam ali o navio; e, fixa a proa, ficou imóvel, mas a popa abria-se com a força das ondas.

⁴²Então a ideia dos soldados foi que matassem os presos para que nenhum fugisse, escapando a nado.

⁴³Mas o centurião, querendo salvar a Paulo, lhes estorvou este intento; e mandou que os que pudessem nadar se lançassem primeiro *ao mar*, e se salvassem em terra;

⁴⁴E os demais, uns em tábuas e outros em coisas do navio. E assim aconteceu que todos chegaram à terra a salvo.

Três meses na ilha de Malta

28 E, HAVENDO escapado, então souberam que a ilha se chamava Malta.

²E os bárbaros usaram conosco de não pouca humanidade; porque, acendendo uma grande fogueira, nos recolheram a todos por causa da chuva que caía, e por causa do frio.

³E, havendo Paulo ajuntado *uma* quantidade de vides, e pondo-as no fogo, uma víbora, fugindo do calor, lhe acometeu a mão.

⁴E os bárbaros, vendo-lhe a víbora pendurada na mão, diziam uns aos outros: Certamente este homem é homicida, visto como, escapando do mar, a justiça não o deixa viver.

⁵Mas, sacudindo ele a víbora no fogo, não sofreu nenhum mal.

⁶E eles esperavam que viesse a inchar ou a cair morto de repente; mas tendo esperado *já* muito, e vendo que nenhum incômodo lhe sobrevinha, mudando de parecer, diziam que era um deus.

⁷E ali, próximo daquele lugar, havia umas herdades que pertenciam ao principal da ilha, por nome Públio, o qual nos recebeu e hospedou benignamente por três dias.

⁸E aconteceu estar de cama enfermo de febre e disenteria o pai de Públio, que Paulo foi *ver*, e, havendo orado, pôs as mãos sobre ele, e o curou.

⁹Feito, pois, isto, vieram também ter com ele os demais que na ilha tinham enfermidades, e sararam.

¹⁰Os quais nos distinguiram também com muitas honras; e, havendo de navegar, *nos* proveram das coisas necessárias.

¹¹E três meses depois partimos num navio de Alexandria que invernara na ilha, o qual tinha por insígnia Castor e Pólux.

¹²E, chegando a Siracusa, ficamos *ali* três dias.

¹³De onde, indo costeando, viemos a Régio; e soprando, um dia depois, um vento do sul, chegamos no segundo dia a Potéoli.

¹⁴Onde, achando *alguns* irmãos, nos rogaram que por sete dias ficássemos com eles; e depois nos dirigimos a Roma.

¹⁵E de lá, ouvindo os irmãos novas de nós, nos saíram ao encontro à Praça de Ápio e às Três Vendas, e Paulo, vendo-os, deu graças a Deus e tomou ânimo.

Chegada a Roma

¹⁶E, logo que chegamos a Roma, o centurião entregou os presos ao capitão da guarda; mas a Paulo se lhe permitiu morar por conta própria, com o soldado que o guardava.

¹⁷E aconteceu que, três dias depois, Paulo convocou os principais dos judeus e, juntos eles, lhes disse: Homens irmãos, não havendo eu feito nada contra o povo, ou contra os ritos paternos, vim contudo preso desde Jerusalém, entregue nas mãos dos romanos;

¹⁸Os quais, havendo-me examinado, queriam soltar-*me*, por não haver em mim crime algum de morte.

¹⁹Mas, opondo-se os judeus, foi-me forçoso apelar para César, não tendo, contudo, de que acusar a minha nação.

²⁰Por esta causa vos chamei, para *vos* ver e falar; porque pela esperança de Israel estou com esta cadeia.

²¹Então eles lhe disseram: Nós não recebemos acerca de ti carta *alguma* da Judeia, nem veio aqui algum dos irmãos, que nos anunciasse ou dissesse de ti mal algum.

²²No entanto bem quiséramos ouvir de ti o que sentes; porque, quanto a esta seita, notório nos é que em toda a parte se fala contra ela.

Prisão de Paulo em Roma durante dois anos

²³E, havendo-lhe eles assinalado um dia, muitos foram ter com ele à pousada, aos quais declarava com bom testemunho o reino de Deus, e procurava persuadi-los à fé em Jesus, tanto pela lei de Moisés como *pelos* profetas, desde a manhã até à tarde.

²⁴E alguns criam no que se dizia; mas outros não criam.

²⁵E, como ficaram entre si discordes, despediram-se, dizendo Paulo esta palavra: Bem falou o Espírito Santo a nossos pais pelo profeta Isaías,

²⁶Dizendo:

ATOS DOS APÓSTOLOS 28.27

Vai a este povo, e dize:
De ouvido ouvireis, e de maneira nenhuma
    entendereis;
E, vendo vereis, e de maneira nenhuma
    percebereis.
[27] Porquanto o coração deste povo está
    endurecido,
E com os ouvidos ouviram pesadamente,
E fecharam os olhos,
Para que nunca com os olhos vejam,
Nem com os ouvidos ouçam,
Nem do coração entendam,

E se convertam,
E eu os cure.

[28] Seja-vos, pois, notório que esta salvação de Deus é enviada aos gentios, e eles a ouvirão.

[29] E, havendo ele dito estas palavras, partiram os judeus, tendo entre si grande contenda.

[30] E Paulo ficou dois anos inteiros na sua própria habitação que alugara, e recebia todos quantos vinham vê-lo;

[31] Pregando o reino de Deus, e ensinando com toda a liberdade as coisas pertencentes ao Senhor Jesus Cristo, sem impedimento algum.

EPÍSTOLA DO APÓSTOLO PAULO AOS
ROMANOS

Prefácio e saudação

1 PAULO, servo de Jesus Cristo, chamado *para* apóstolo, separado para o evangelho de Deus.

[2] O qual antes prometeu pelos seus profetas nas santas escrituras,

[3] Acerca de seu Filho, que nasceu da descendência de Davi segundo a carne,

[4] Declarado Filho de Deus em poder, segundo o Espírito de santificação, pela ressurreição dos mortos, Jesus Cristo, nosso Senhor,

[5] Pelo qual recebemos a graça e o apostolado, para a obediência da fé entre todas as gentes pelo seu nome,

[6] Entre as quais sois também vós chamados *para serdes* de Jesus Cristo.

[7] A todos os que estais em Roma, amados de Deus, chamados santos: Graça a vós e paz de Deus nosso Pai, e do Senhor Jesus Cristo.

Amor de Paulo pelos cristãos de Roma

[8] Primeiramente dou graças ao meu Deus por Jesus Cristo, acerca de vós todos, porque em todo o mundo é anunciada a vossa fé.

[9] Porque Deus, a quem sirvo em meu espírito, no evangelho de seu Filho, me é testemunha de como incessantemente faço menção de vós,

[10] Pedindo sempre em minhas orações que nalgum tempo, pela vontade de Deus, se me ofereça boa ocasião de ir ter convosco.

[11] Porque desejo ver-vos, para vos comunicar algum dom espiritual, a fim de que sejais confortados;

[12] Isto *é*, para que juntamente convosco eu seja consolado pela fé mútua, assim vossa como minha.

[13] Não quero, porém, irmãos, que ignoreis que muitas vezes propus ir ter convosco (mas até agora tenho sido impedido) para também ter entre vós algum fruto, como também entre os demais gentios.

[14] Eu sou devedor, tanto a gregos como a bárbaros, tanto a sábios como a ignorantes.

[15] E assim, quanto está em mim, estou pronto para também vos anunciar o evangelho, a vós que estais em Roma.

A justificação pela fé

[16] Porque não me envergonho do evangelho de Cristo, pois é o poder de Deus para salvação de todo aquele que crê; primeiro do judeu, *e* também do grego.

[17] Porque nele se descobre a justiça de Deus de fé em fé, como está escrito: Mas o justo viverá pela fé.

O pecado e a condenação

[18] Porque do céu se manifesta a ira de Deus sobre toda a impiedade e injustiça dos homens, que detêm a verdade em injustiça.

[19] Porquanto o que de Deus se pode conhecer neles se manifesta, porque Deus lho manifestou.

[20] Porque as suas coisas invisíveis, desde a criação do mundo, tanto o seu eterno poder, como a sua divindade, se entendem, e claramente se veem pelas coisas que estão criadas, para que eles fiquem inescusáveis;

[21] Porquanto, tendo conhecido a Deus, não *o* glorificaram como Deus, nem *lhe* deram graças, antes em seus discursos se desvaneceram, e o seu coração insensato se obscureceu.

[22] Dizendo-se sábios, tornaram-se loucos.

[23] E mudaram a glória do Deus incorruptível em semelhança da imagem de homem corruptível, e de aves, e de quadrúpedes, e de répteis.

[24] Por isso também Deus os entregou às concupiscências de seus corações, à imundícia, para desonrarem seus corpos entre si;

[25] *Pois* estes mudaram a verdade de Deus em mentira, e honraram e serviram mais a criatura do que o Criador, que é bendito eternamente. Amém.

[26] Por isso Deus os abandonou às paixões infames. Porque até as suas mulheres mudaram o uso natural, no contrário à natureza.

[27] E, semelhantemente, também os homens, deixando o uso natural da mulher, se inflamaram em sua sensualidade uns para com os outros, homens com homens, cometendo torpeza e recebendo em si mesmos a recompensa que convinha ao seu erro.

[28] E, como eles não se importaram de ter conhecimento de Deus, assim Deus os entregou a um sentimento perverso, para fazerem coisas que não convêm;

[29] Estando cheios de toda a iniquidade, fornicação, malícia, avareza, maldade; cheios de inveja, homicídio, contenda, engano, malignidade;

[30] Sendo murmuradores, difamadores, aborrecedores de Deus, injuriadores, soberbos, presunçosos, inventores de males, desobedientes aos pais e às mães;

[31] Néscios, infiéis nos contratos, sem afeição natural, irreconciliáveis, sem misericórdia;

[32] Os quais, conhecendo o juízo de Deus (que são dignos de morte os que tais coisas praticam), não somente as fazem, mas também se agradam dos que as fazem.

A imparcialidade de Deus

2 PORTANTO, és inescusável quando julgas, ó homem, quem quer que sejas, porque te condenas a ti mesmo naquilo em que julgas a outro; pois tu, que julgas, fazes o mesmo.

[2] E bem sabemos que o juízo de Deus é segundo a verdade sobre os que tais *coisas* fazem.

[3] E tu, ó homem, que julgas os que fazem tais

ROMANOS 2.4

coisas, cuidas que, fazendo-as tu, escaparás ao juízo de Deus?

⁴Ou desprezas tu as riquezas da sua benignidade, e paciência e longanimidade, ignorando que a benignidade de Deus te leva ao arrependimento?

⁵Mas, segundo a tua dureza e teu coração impenitente, entesouras ira para ti no dia da ira e da manifestação do juízo de Deus;

⁶O qual recompensará cada um segundo as suas obras; *a saber:*

⁷A vida eterna aos que, com perseverança em fazer bem, procuram glória, honra e incorrupção;

⁸Mas a indignação e a ira aos que são contenciosos, desobedientes à verdade e obedientes à iniquidade;

⁹Tribulação e angústia sobre toda a alma do homem que faz o mal; primeiramente do judeu e também do grego;

¹⁰Glória, porém, e honra e paz a qualquer que pratica o bem; primeiramente ao judeu e também ao grego;

¹¹Porque, para com Deus, não há acepção de pessoas.

¹²Porque todos os que sem lei pecaram, sem lei também perecerão; e todos os que sob a lei pecaram, pela lei serão julgados.

¹³Porque os que ouvem a lei não *são* justos diante de Deus, mas os que praticam a lei hão de ser justificados.

¹⁴Porque, quando os gentios, que não têm lei, fazem naturalmente as coisas que são da lei, não tendo eles lei, para si mesmos são lei;

¹⁵Os quais mostram a obra da lei escrita em seus corações, testificando juntamente a sua consciência, e os seus pensamentos, quer acusando-os, quer defendendo-os;

¹⁶No dia em que Deus há de julgar os segredos dos homens, por Jesus Cristo, segundo o meu evangelho.

¹⁷Eis que tu que tens por sobrenome judeu, e repousas na lei, e te glorias em Deus;

¹⁸E sabes a *sua* vontade e aprovas as coisas excelentes, sendo instruído por lei;

¹⁹E confias que és guia dos cegos, luz dos que estão em trevas,

²⁰Instrutor dos néscios, mestre de crianças, que tens a forma da ciência e da verdade na lei;

²¹Tu, pois, que ensinas a outro, não te ensinas a ti mesmo? Tu, que pregas que não se deve furtar, furtas?

²²Tu, que dizes que não se deve adulterar, adulteras? Tu, que abominas os ídolos, cometes sacrilégio?

²³Tu, que te glorias na lei, desonras a Deus pela transgressão da lei?

²⁴Porque, como está escrito, o nome de Deus é blasfemado entre os gentios por causa de vós.

²⁵Porque a circuncisão é, na verdade, proveitosa, se tu guardares a lei; mas, se tu és transgressor da lei, a tua circuncisão se torna em incircuncisão.

²⁶Se, pois, a incircuncisão guardar os preceitos da lei, porventura a incircuncisão não será reputada como circuncisão?

²⁷E a incircuncisão que por natureza o é, se cumpre a lei, não te julgará porventura *a ti,* que pela letra e circuncisão és transgressor da lei?

²⁸Porque não é judeu o que o é exteriormente, nem é circuncisão a que o é exteriormente na carne.

²⁹Mas *é* judeu o que o é no interior, e circuncisão a que é do coração, no espírito, não *na* letra; cujo louvor não *provém* dos homens, mas de Deus.

A justiça de Deus

3 QUAL é, pois, a vantagem do judeu? Ou qual a utilidade da circuncisão?

²Muita, em toda a maneira, porque, primeiramente, as palavras de Deus lhe foram confiadas.

³Pois quê? Se alguns foram incrédulos, a sua incredulidade aniquilará a fidelidade de Deus?

⁴De maneira nenhuma; sempre seja Deus verdadeiro, e todo o homem mentiroso; como está escrito:

> Para que sejas justificado em tuas palavras,
> E venças quando fores julgado.

⁵E, se a nossa injustiça for causa da justiça de Deus, que diremos? Porventura *será* Deus injusto, trazendo ira sobre nós? (Falo como homem.)

⁶De maneira nenhuma; de outro modo, como julgará Deus o mundo?

⁷Mas, se pela minha mentira abundou mais a verdade de Deus para glória sua, por que sou eu ainda julgado também como pecador?

⁸E por que não *dizemos* (como somos blasfemados, e como alguns dizem que dizemos): Façamos males, para que venham bens? A condenação desses é justa.

⁹Pois quê? Somos nós mais excelentes? De maneira nenhuma, pois já dantes demonstramos que, tanto judeus como gregos, todos estão debaixo do pecado;

¹⁰Como está escrito:

> Não há um justo, nem um sequer.
> ¹¹Não há ninguém que entenda;
> Não há ninguém que busque a Deus.
> ¹²Todos se extraviaram, e juntamente se
> fizeram inúteis.
> Não há quem faça o bem, não há nem um
> só.
> ¹³A sua garganta *é um* sepulcro aberto;
> Com as suas línguas tratam
> enganosamente;
> Peçonha de áspides *está* debaixo de seus
> lábios;
> ¹⁴Cuja boca *está* cheia de maldição e
> amargura.
> ¹⁵Os seus pés *são* ligeiros para derramar
> sangue.
> ¹⁶Em seus caminhos *há* destruição e
> miséria;

¹⁷E não conheceram o caminho da paz.

¹⁸Não há temor de Deus diante de seus olhos.

¹⁹Ora, nós sabemos que tudo o que a lei diz, aos que estão debaixo da lei o diz, para que toda a boca esteja fechada e todo o mundo seja condenável *diante* de Deus.

²⁰Por isso nenhuma carne será justificada diante dele pelas obras da lei, porque pela lei vem o conhecimento do pecado.

A justificação pela fé em Jesus Cristo

²¹Mas agora se manifestou sem a lei a justiça de Deus, tendo o testemunho da lei e dos profetas;

²²Isto é, a justiça de Deus pela fé em Jesus Cristo para todos e sobre todos os que creem; porque não há diferença.

²³Porque todos pecaram e destituídos estão da glória de Deus;

²⁴Sendo justificados gratuitamente pela sua graça, pela redenção que há em Cristo Jesus.

²⁵Ao qual Deus propôs para propiciação pela fé no seu sangue, para demonstrar a sua justiça pela remissão dos pecados dantes cometidos, sob a paciência de Deus;

²⁶Para demonstração da sua justiça neste tempo presente, para que ele seja justo e justificador daquele que tem fé em Jesus.

²⁷Onde *está* logo a vanglória? É excluída. Por qual lei? Das obras? Não; mas pela lei da fé.

²⁸Concluímos, pois, que o homem é justificado pela fé sem as obras da lei.

²⁹É porventura Deus somente dos judeus? E não o *é* também dos gentios? Também dos gentios, certamente,

³⁰Visto que Deus é um só, que justifica pela fé a circuncisão, e por meio da fé a incircuncisão.

³¹Anulamos, pois, a lei pela fé? De maneira nenhuma, antes estabelecemos a lei.

Justificado pela fé

4 QUE diremos, pois, ter alcançado Abraão, nosso pai segundo a carne?

²Porque, se Abraão foi justificado pelas obras, tem de que se gloriar, mas não diante de Deus.

³Pois, que diz a Escritura? Creu Abraão em Deus, e isso lhe foi imputado como justiça.

⁴Ora, àquele que faz qualquer obra não lhe é imputado o galardão segundo a graça, mas segundo a dívida.

⁵Mas, àquele que não pratica, mas crê naquele que justifica o ímpio, a sua fé lhe é imputada como justiça.

⁶Assim também Davi declara bem-aventurado o homem a quem Deus imputa a justiça sem as obras, dizendo:

⁷Bem-aventurados aqueles cujas maldades são perdoadas,
E cujos pecados são cobertos.

⁸Bem-aventurado o homem a quem o Senhor não imputa o pecado.

⁹*Vem,* pois, esta bem-aventurança sobre a circuncisão somente, ou também sobre a incircuncisão? Porque dizemos que a fé foi imputada como justiça a Abraão.

¹⁰Como *lhe* foi, pois, imputada? Estando na circuncisão ou na incircuncisão? Não na circuncisão, mas na incircuncisão.

¹¹E recebeu o sinal da circuncisão, selo da justiça da fé, quando estava na incircuncisão, para que fosse pai de todos os que creem, estando eles também na incircuncisão; a fim de que também a justiça lhes seja imputada;

¹²E fosse pai da circuncisão, daqueles que não somente são da circuncisão, mas que também andam nas pisadas daquela fé que teve nosso pai Abraão, que tivera na incircuncisão.

¹³Porque a promessa de que havia de ser herdeiro do mundo não *foi feita* pela lei a Abraão, ou à sua posteridade, mas pela justiça da fé.

¹⁴Porque, se os que *são* da lei são herdeiros, logo a fé é vã e a promessa é aniquilada.

¹⁵Porque a lei opera a ira. Porque onde não há lei também não há transgressão.

¹⁶Portanto, *é* pela fé, para que *seja* segundo a graça, a fim de que a promessa seja firme a toda a posteridade, não somente à que é da lei, mas também à que é da fé que teve Abraão, o qual é pai de todos nós,

¹⁷(Como está escrito: Por pai de muitas nações te constituí) perante aquele no qual creu, *a saber,* Deus, o qual vivifica os mortos, e chama as coisas que não são como se já fossem.

¹⁸O qual, em esperança, creu contra a esperança, tanto que se tornou-se pai de muitas nações, conforme o que *lhe* fora dito: Assim será a tua descendência.

¹⁹E não enfraquecendo na fé, não atentou para o seu próprio corpo já amortecido, pois era já de quase cem anos, *nem* tampouco para o amortecimento do ventre de Sara.

²⁰E não duvidou da promessa de Deus por incredulidade, mas foi fortificado na fé, dando glória a Deus,

²¹E estando certíssimo de que o que ele tinha prometido também era poderoso para o fazer.

²²Assim isso lhe foi também imputado como justiça.

²³Ora, não só por causa dele está escrito, que lhe fosse tomado em conta,

²⁴Mas também por nós, a quem será tomado em conta, os que cremos naquele que dentre os mortos ressuscitou a Jesus nosso Senhor;

²⁵O qual por nossos pecados foi entregue, e ressuscitou para nossa justificação.

Frutos da justificação pela fé

5 TENDO sido, pois, justificados pela fé, temos paz com Deus, por nosso Senhor Jesus Cristo;

²Pelo qual também temos entrada pela fé a esta graça, na qual estamos firmes, e nos gloriamos na esperança da glória de Deus.

³E não somente *isto,* mas também nos gloriamos

ROMANOS 5.4

nas tribulações; sabendo que a tribulação produz a paciência,

[4] E a paciência a experiência, e a experiência a esperança.

[5] E a esperança não traz confusão, porquanto o amor de Deus está derramado em nossos corações pelo Espírito Santo que nos foi dado.

[6] Porque Cristo, estando nós ainda fracos, morreu a seu tempo pelos ímpios.

[7] Porque apenas alguém morrerá por um justo; pois poderá ser que pelo bom alguém ouse morrer.

[8] Mas Deus prova o seu amor para conosco, em que Cristo morreu por nós, sendo nós ainda pecadores.

[9] Logo muito mais agora, tendo sido justificados pelo seu sangue, seremos por ele salvos da ira.

[10] Porque se nós, sendo inimigos, fomos reconciliados com Deus pela morte de seu Filho, muito mais, tendo sido *já* reconciliados, seremos salvos pela sua vida.

[11] E não somente *isto,* mas também nos gloriamos em Deus por nosso Senhor Jesus Cristo, pelo qual agora alcançamos a reconciliação.

O pecado e a graça

[12] Portanto, como por um homem entrou o pecado no mundo, e pelo pecado a morte, assim também a morte passou a todos os homens por isso que todos pecaram.

[13] Porque até a lei estava o pecado no mundo, mas o pecado não é imputado, não havendo lei.

[14] No entanto, a morte reinou desde Adão até Moisés, até sobre aqueles que não tinham pecado à semelhança da transgressão de Adão, o qual é a figura daquele que havia de vir.

[15] Mas não é assim o dom gratuito como a ofensa. Porque, se pela ofensa de um morreram muitos, muito mais a graça de Deus, e o dom pela graça, *que é* de um só homem, Jesus Cristo, abundou sobre muitos.

[16] E não foi assim o dom como *a ofensa,* por um só que pecou. Porque o juízo veio de uma só *ofensa,* na verdade, para condenação, mas o dom gratuito veio de muitas ofensas para justificação.

[17] Porque, se pela ofensa de um só, a morte reinou por esse, muito mais os que recebem a abundância da graça, e do dom da justiça, reinarão em vida por um só, Jesus Cristo.

[18] Pois assim como por uma só ofensa *veio o juízo* sobre todos os homens para condenação, assim também por um só ato de justiça *veio a graça* sobre todos os homens para justificação de vida.

[19] Porque, como pela desobediência de um só homem, muitos foram feitos pecadores, assim pela obediência de um muitos serão feitos justos.

[20] Veio, porém, a lei para que a ofensa abundasse; mas, onde o pecado abundou, superabundou a graça;

[21] Para que, assim como o pecado reinou na morte, também a graça reinasse pela justiça para a vida eterna, por Jesus Cristo nosso Senhor.

A graça livra do império do pecado

6 QUE diremos pois? Permaneceremos no pecado, para que a graça abunde?

[2] De modo nenhum. Nós, que estamos mortos para o pecado, como viveremos ainda nele?

[3] Ou não sabeis que todos quantos fomos batizados em Jesus Cristo fomos batizados na sua morte?

[4] De sorte que fomos sepultados com ele pelo batismo na morte; para que, como Cristo foi ressuscitado dentre os mortos, pela glória do Pai, assim andemos nós também em novidade de vida.

[5] Porque, se fomos plantados juntamente com ele na semelhança da sua morte, também o seremos na da sua ressurreição;

[6] Sabendo isto, que o nosso homem velho foi com *ele* crucificado, para que o corpo do pecado seja desfeito, para que não sirvamos mais ao pecado.

[7] Porque aquele que está morto está justificado do pecado.

[8] Ora, se *já* morremos com Cristo, cremos que também com ele viveremos;

[9] Sabendo que, tendo sido Cristo ressuscitado dentre os mortos, já não morre; a morte não mais tem domínio sobre ele.

[10] Pois, quanto a ter morrido, de uma vez morreu para o pecado; mas, quanto a viver, vive para Deus.

[11] Assim também vós considerai-vos certamente mortos para o pecado, mas vivos para Deus em Cristo Jesus nosso Senhor.

[12] Não reine, portanto, o pecado em vosso corpo mortal, para lhe obedecerdes em suas concupiscências;

[13] Nem tampouco apresenteis os vossos membros ao pecado por instrumentos de iniquidade; mas apresentai-vos a Deus, como vivos dentre mortos, e os vossos membros a Deus, como instrumentos de justiça.

[14] Porque o pecado não terá domínio sobre vós, pois não estais debaixo da lei, mas debaixo da graça.

[15] Pois quê? Pecaremos porque não estamos debaixo da lei, mas debaixo da graça? De modo nenhum.

[16] Não sabeis vós que a quem vos apresentardes por servos para lhe obedecer, sois servos daquele a quem obedeceis, ou do pecado para a morte, ou da obediência para a justiça?

[17] Mas graças a Deus que, tendo sido servos do pecado, obedecestes de coração à forma de doutrina a que fostes entregues.

[18] E, libertados do pecado, fostes feitos servos da justiça.

[19] Falo como homem, pela fraqueza da vossa carne; pois que, assim como apresentastes os vossos membros *para* servirem à imundícia, e à maldade para maldade, assim apresentai agora os vossos membros *para* servirem à justiça para santificação.

[20] Porque, quando éreis servos do pecado, estáveis livres da justiça.

[21] E que fruto tínheis então das coisas de que

agora vos envergonhais? Porque o fim delas é a morte.

²²Mas agora, libertados do pecado, e feitos servos de Deus, tendes o vosso fruto para santificação, e por fim a vida eterna.

²³Porque o salário do pecado é a morte, mas o dom gratuito de Deus é a vida eterna, por Cristo Jesus nosso Senhor.

Domínio da lei

7 NÃO sabeis vós, irmãos (pois que falo aos que sabem a lei), que a lei tem domínio sobre o homem por todo o tempo que vive?

²Porque a mulher que está sujeita ao marido, enquanto ele viver, está-lhe ligada pela lei; mas, morto o marido, está livre da lei do marido.

³De sorte que, vivendo o marido, será chamada adúltera se for de outro homem; mas, morto o marido, livre está da lei, e assim não será adúltera, se for de outro marido.

⁴Assim, meus irmãos, também vós estais mortos para a lei pelo corpo de Cristo, para que sejais de outro, daquele que ressuscitou dentre os mortos, a fim de que demos fruto para Deus.

⁵Porque, quando estávamos na carne, as paixões dos pecados, que são pela lei, operavam em nossos membros para darem fruto para a morte.

⁶Mas agora temos sido libertados da lei, tendo morrido para aquilo em que estávamos retidos; para que sirvamos em novidade de espírito, e não na velhice da letra.

⁷Que diremos pois? É a lei pecado? De modo nenhum. Mas eu não conheci o pecado senão pela lei; porque eu não conheceria a concupiscência, se a lei não dissesse: Não cobiçarás.

⁸Mas o pecado, tomando ocasião pelo mandamento, operou em mim toda a concupiscência; porquanto sem a lei *estava* morto o pecado.

⁹E eu, nalgum tempo, vivia sem lei, mas, vindo o mandamento, reviveu o pecado, e eu morri.

¹⁰E o mandamento que era para vida, achei eu que me *era* para morte.

¹¹Porque o pecado, tomando ocasião pelo mandamento, me enganou, e por ele *me* matou.

¹²E assim a lei *é* santa, e o mandamento santo, justo e bom.

¹³Logo tornou-se-me o bom em morte? De modo nenhum; mas o pecado, para que se mostrasse pecado, operou em mim a morte pelo bem; a fim de que pelo mandamento o pecado se fizesse excessivamente maligno.

¹⁴Porque bem sabemos que a lei é espiritual; mas eu sou carnal, vendido sob o pecado.

¹⁵Porque o que faço não o aprovo; pois o que quero isso não faço, mas o que aborreço isso faço.

¹⁶E, se faço o que não quero, consinto com a lei, que *é* boa.

¹⁷De maneira que agora já não sou eu que faço isto, mas o pecado que habita em mim.

¹⁸Porque eu sei que em mim, isto é, na minha carne, não habita bem algum; e com efeito o querer está em mim, mas não consigo realizar o bem.

¹⁹Porque não faço o bem que quero, mas o mal que não quero esse faço.

²⁰Ora, se eu faço o que não quero, já o não faço eu, mas o pecado que habita em mim.

²¹Acho então esta lei *em mim*, que, quando quero fazer o bem, o mal está comigo.

²²Porque, segundo o homem interior, tenho prazer na lei de Deus;

²³Mas vejo nos meus membros outra lei, que batalha contra a lei do meu entendimento, e me prende debaixo da lei do pecado que está nos meus membros.

²⁴Miserável homem que eu sou! quem me livrará do corpo desta morte?

²⁵Dou graças a Deus por Jesus Cristo nosso Senhor. Assim que eu mesmo com o entendimento sirvo à lei de Deus, mas com a carne à lei do pecado.

Nenhuma condenação para os que estão em Jesus Cristo

8 PORTANTO, agora nenhuma condenação *há* para os que *estão* em Cristo Jesus, que não andam segundo a carne, mas segundo o Espírito.

²Porque a lei do Espírito de vida, em Cristo Jesus, me livrou da lei do pecado e da morte.

³Porquanto o que era impossível à lei, visto como estava enferma pela carne, Deus, enviando o seu Filho em semelhança da carne do pecado, pelo pecado condenou o pecado na carne;

⁴Para que a justiça da lei se cumprisse em nós, que não andamos segundo a carne, mas segundo o Espírito.

⁵Porque os que são segundo a carne inclinam-se para as *coisas* da carne; mas os que *são* segundo o Espírito para as *coisas* do Espírito.

⁶Porque a inclinação da carne *é* morte; mas a inclinação do Espírito *é* vida e paz.

⁷Porquanto a inclinação da carne *é* inimizade contra Deus, pois não é sujeita à lei de Deus, nem, em verdade, o pode ser.

⁸Portanto, os que estão na carne não podem agradar a Deus.

⁹Vós, porém, não estais na carne, mas no Espírito, se é que o Espírito de Deus habita em vós. Mas, se alguém não tem o Espírito de Cristo, esse tal não é dele.

¹⁰E, se Cristo *está* em vós, o corpo, na verdade, *está* morto por causa do pecado, mas o espírito vive por causa da justiça.

¹¹E, se o Espírito daquele que dentre os mortos ressuscitou a Jesus habita em vós, aquele que dentre os mortos ressuscitou a Cristo também vivificará os vossos corpos mortais, pelo seu Espírito que em vós habita.

Filhos de Deus

¹²De maneira que, irmãos, somos devedores, não à carne para viver segundo a carne.

¹³Porque, se viverdes segundo a carne, morrereis; mas, se pelo Espírito mortificardes as obras do corpo, vivereis.

ROMANOS 8.14

¹⁴Porque todos os que são guiados pelo Espírito de Deus, esses são filhos de Deus.

¹⁵Porque não recebestes o espírito de escravidão, para outra vez *estardes* em temor, mas recebestes o Espírito de adoção de filhos, pelo qual clamamos: Aba, Pai.

¹⁶O próprio Espírito testifica com o nosso espírito que somos filhos de Deus.

¹⁷E, se *nós somos* filhos, *somos logo* herdeiros também, verdadeiramente herdeiros de Deus, e co-herdeiros de Cristo: se é certo que com *ele* padecemos, para que também com *ele* sejamos glorificados.

¹⁸Porque para mim tenho por certo que as aflições deste tempo presente não *são* para comparar com a glória que em nós há de ser revelada.

¹⁹Porque a ardente expectação da criatura espera a manifestação dos filhos de Deus.

²⁰Porque a criação ficou sujeita à vaidade, não por sua vontade, mas por causa do que a sujeitou,

²¹Na esperança de que também a mesma criatura será libertada da servidão da corrupção, para a liberdade da glória dos filhos de Deus.

²²Porque sabemos que toda a criação geme e está juntamente com dores de parto até agora.

²³E não só *ela*, mas nós mesmos, que temos as primícias do Espírito, também gememos em nós mesmos, esperando a adoção, a saber, a redenção do nosso corpo.

²⁴Porque em esperança fomos salvos. Ora a esperança que se vê não é esperança; porque o que alguém vê como também o esperará?

²⁵Mas, se esperamos o que não vemos, com paciência o esperamos.

A intercessão do Espírito

²⁶E da mesma maneira também o Espírito ajuda as nossas fraquezas; porque não sabemos o que havemos de pedir como convém, mas o mesmo Espírito intercede por nós com gemidos inexprimíveis.

²⁷E aquele que examina os corações sabe qual é a intenção do Espírito; e é ele que segundo Deus intercede pelos santos.

²⁸E sabemos que todas *as coisas* contribuem juntamente para o bem daqueles que amam a Deus, daqueles que são chamados segundo o seu propósito.

²⁹Porque os que dantes conheceu também os predestinou *para serem* conformes à imagem de seu Filho, a fim de que ele seja o primogênito entre muitos irmãos.

³⁰E aos que predestinou a estes também chamou; e aos que chamou a estes também justificou; e aos que justificou a estes também glorificou.

Mais do que vencedores

³¹Que diremos, pois, a estas *coisas?* Se Deus é por nós, quem *será* contra nós?

³²Aquele que nem mesmo a seu próprio Filho poupou, antes o entregou por todos nós, como nos não dará também com ele todas *as coisas?*

³³Quem intentará acusação contra os escolhidos de Deus? É Deus quem os justifica.

³⁴Quem *é* que condena? Pois é Cristo quem morreu, ou antes quem ressuscitou dentre os mortos, o qual está à direita de Deus, e o que também intercede por nós.

³⁵Quem nos separará do amor de Cristo? A tribulação, ou a angústia, ou a perseguição, ou a fome, ou a nudez, ou o perigo, ou a espada?

³⁶Como está escrito:
Por amor de ti somos entregues à morte todo o dia;
Somos reputados como ovelhas para o matadouro.

³⁷Mas em todas estas *coisas* somos mais do que vencedores, por aquele que nos amou.

³⁸Porque estou certo de que, nem a morte, nem a vida, nem os anjos, nem os principados, nem as potestades, nem o presente, nem o porvir,

³⁹Nem a altura, nem a profundidade, nem alguma outra criatura nos poderá separar do amor de Deus, que está em Cristo Jesus nosso Senhor.

Tristeza de Paulo por causa da incredulidade dos judeus

9 EM Cristo digo a verdade, não minto (dando-me testemunho a minha consciência no Espírito Santo):

²Que tenho grande tristeza e contínua dor no meu coração.

³Porque eu mesmo poderia desejar ser anátema de Cristo, por amor de meus irmãos, que são meus parentes segundo a carne;

⁴Que são israelitas, dos quais *é* a adoção de filhos, e a glória, e as alianças, e a lei, e o culto, e as promessas;

⁵Dos quais *são* os pais, e dos quais *é* Cristo segundo a carne, o qual é sobre todos, Deus bendito eternamente. Amém.

⁶Não que a palavra de Deus haja faltado, porque nem todos os que *são* de Israel são de Israel;

⁷Nem por serem descendência de Abraão *são* todos filhos; mas: Em Isaque será chamada a tua descendência.

⁸Isto é, não *são* os filhos da carne que são filhos de Deus, mas os filhos da promessa são contados como descendência.

⁹Porque a palavra da promessa é esta: Por este tempo virei, e Sara terá um filho.

¹⁰E não somente *esta,* mas também Rebeca, quando concebeu de um, de Isaque, nosso pai;

¹¹Porque, não tendo *eles* ainda nascido, nem tendo feito bem ou mal (para que o propósito de Deus, segundo a eleição, ficasse *firme,* não por causa das obras, mas por aquele que chama)

¹²Foi-lhe dito a ela: O maior servirá ao menor.

¹³Como está escrito: Amei a Jacó, e odiei a Esaú.

¹⁴Que diremos pois? *Que há* injustiça da parte de Deus? De maneira nenhuma.

¹⁵Pois diz a Moisés: Compadecer-me-ei de quem

me compadecer, e terei misericórdia de quem eu tiver misericórdia.

¹⁶Assim, pois, isto não depende do que quer, nem do que corre, mas de Deus, que se compadece.

¹⁷Porque diz a Escritura a Faraó: Para isto mesmo te levantei; para em ti mostrar o meu poder, e para que o meu nome seja anunciado em toda a terra.

¹⁸Logo, pois, compadece-se de quem quer, e endurece a quem quer.

¹⁹Dir-me-ás então: Por que se queixa ele ainda? Porquanto, quem tem resistido à sua vontade?

²⁰Mas, ó homem, quem és tu, que a Deus replicas? Porventura a coisa formada dirá ao que a formou: Por que me fizeste assim?

²¹Ou não tem o oleiro poder sobre o barro, para da mesma massa fazer um vaso para honra e outro para desonra?

²²E que direis se Deus, querendo mostrar a *sua* ira, e dar a conhecer o seu poder, suportou com muita paciência os vasos da ira, preparados para a perdição;

²³Para que também desse a conhecer as riquezas da sua glória nos vasos de misericórdia, que para glória *já* dantes preparou,

²⁴Os quais *somos* nós, a quem também chamou, não só dentre os judeus, mas também dentre os gentios?

²⁵Como também diz em Oseias: Chamarei meu povo ao que não era meu povo;
E amada à que não era amada.

²⁶E sucederá *que* no lugar em que lhes foi dito:
Vós não *sois* meu povo;
Aí serão chamados filhos do Deus vivo.

²⁷Também Isaías clama acerca de Israel: Ainda que o número dos filhos de Israel seja como a areia do mar, o remanescente é que será salvo.

²⁸Porque ele completará a obra e abreviá-la-á em justiça; porque o Senhor fará breve a obra sobre a terra.

²⁹E como antes disse Isaías:
Se o Senhor dos Exércitos nos não deixara descendência,
Teríamos nos tornado como Sodoma, e teríamos sido feitos como Gomorra.

A incredulidade de Israel

³⁰Que diremos pois? Que os gentios, que não buscavam a justiça, alcançaram a justiça? *Sim,* mas a justiça que é pela fé.

³¹Mas Israel, que buscava a lei da justiça, não chegou à lei da justiça.

³²Por quê? Porque não foi pela fé, mas como que pelas obras da lei; pois tropeçaram na pedra de tropeço;

³³Como está escrito:
Eis que eu ponho em Sião uma pedra de tropeço, e uma rocha de escândalo;

E todo aquele que crer nela não será confundido.

Judeus e gentios

10 IRMÃOS, o bom desejo do meu coração e a oração a Deus por Israel é para *sua* salvação.

²Porque lhes dou testemunho de que têm zelo de Deus, mas não com entendimento.

³Porquanto, não conhecendo a justiça de Deus, e procurando estabelecer a sua própria justiça, não se sujeitaram à justiça de Deus.

⁴Porque o fim da lei é Cristo para justiça de todo aquele que crê.

⁵Ora, Moisés descreve a justiça que é pela lei, *dizendo:* O homem que fizer estas *coisas* viverá por elas.

⁶Mas a justiça que é pela fé diz assim: Não digas em teu coração: Quem subirá ao céu? (isto é, a trazer *do alto* a Cristo.)

⁷Ou: Quem descerá ao abismo? (isto é, a tornar a trazer dentre os mortos a Cristo.)

⁸Mas que diz? A palavra está junto de ti, na tua boca e no teu coração; esta é a palavra da fé, que pregamos,

⁹A saber: Se com a tua boca confessares ao Senhor Jesus, e em teu coração creres que Deus o ressuscitou dentre os mortos, serás salvo.

¹⁰Visto que com o coração se crê para a justiça, e com a boca se faz confissão para a salvação.

¹¹Porque a Escritura diz: Todo aquele que nele crer não será confundido.

¹²Porquanto não há diferença entre judeu e grego; porque um mesmo é o Senhor de todos, rico para com todos os que o invocam.

¹³Porque todo aquele que invocar o nome do Senhor será salvo.

¹⁴Como, pois, invocarão aquele em quem não creram? e como crerão naquele de quem não ouviram? e como ouvirão, se não há quem pregue?

¹⁵E como pregarão, se não forem enviados? como está escrito: Quão formosos os pés dos que anunciam o evangelho de paz; dos que trazem alegres novas de boas coisas.

¹⁶Mas nem todos têm obedecido ao evangelho; pois Isaías diz: Senhor, quem creu na nossa pregação?

¹⁷De sorte que a fé é pelo ouvir, e o ouvir pela palavra de Deus.

¹⁸Mas digo: Porventura não ouviram? Sim, por certo, pois

Por toda a terra saiu a voz deles,
E as suas palavras até aos confins do mundo.

¹⁹Mas digo: Porventura Israel não o soube? Primeiramente diz Moisés:

Eu vos porei em ciúmes com *aqueles que* não *são* povo,
Com gente insensata vos provocarei à ira.

²⁰E Isaías ousadamente diz:

ROMANOS 10.21

Fui achado pelos que não me buscavam,
Fui manifestado aos que por mim não
perguntavam.

21Mas para Israel diz:

Todo o dia estendi as minhas mãos a um
povo rebelde e contradizente.

O futuro de Israel

11DIGO, pois: Porventura rejeitou Deus o seu
povo? De modo nenhum; porque também eu
sou israelita, da descendência de Abraão, da tribo de Benjamim.

2Deus não rejeitou o seu povo, que antes conheceu. Ou não sabeis o que a Escritura diz de Elias,
como fala a Deus contra Israel, dizendo:

3Senhor, mataram os teus profetas, e destruíram os teus altares; e só eu fiquei, e buscam a minha alma?

4Mas que lhe diz a resposta divina? Reservei para mim sete mil homens, que não dobraram os joelhos a Baal.

5Assim, pois, também agora neste tempo ficou
um remanescente, segundo a eleição da graça.

6Mas se é por graça, já não é pelas obras; de outra maneira, a graça já não é graça. Se, porém, é
pelas obras, já não é mais graça; de outra maneira a obra já não é obra.

7Pois quê? O que Israel buscava não o alcançou;
mas os eleitos o alcançaram, e os outros foram endurecidos.

8Como está escrito: Deus lhes deu espírito de
profundo sono, olhos para não verem, e ouvidos
para não ouvirem, até ao dia de hoje.

9E Davi diz:

Torne-se-lhes a sua mesa em laço, e em
armadilha,
E em tropeço, por sua retribuição;
10Escureçam-se-lhes os olhos para não
verem,
E encurvem-se-lhes continuamente as
costas.

A salvação anunciada aos gentios

11Digo, pois: Porventura tropeçaram, para que
caíssem? De modo nenhum, mas pela sua queda
veio a salvação aos gentios, para os incitar ao ciúmes.

12E se a sua queda é a riqueza do mundo, e a sua
diminuição a riqueza dos gentios, quanto mais a
sua plenitude!

13Porque convosco falo, gentios, que, enquanto
for apóstolo dos gentios, exalto o meu ministério;

14Para ver se de alguma maneira posso incitar ao ciúmes os da minha carne e salvar alguns
deles.

15Porque, se a sua rejeição é a reconciliação do
mundo, qual será a sua admissão, senão a vida
dentre os mortos?

16E, se as primícias são santas, também a massa o é; se a raiz é santa, também os ramos o são.

17E se alguns dos ramos foram quebrados, e

tu, sendo oliveira brava, foste enxertado em lugar deles, e feito participante da raiz e da seiva
da oliveira,

18Não te glories contra os ramos; e, se contra
eles te gloriares, não és tu que sustentas a raiz,
mas a raiz a ti.

19Dirás, pois: Os ramos foram quebrados, para
que eu fosse enxertado.

20Está bem; pela sua incredulidade foram quebrados, e tu estás em pé pela fé. Então não te en-
soberbeças, mas teme.

21Porque, se Deus não poupou os ramos naturais, teme que não te poupe a ti também.

22Considera, pois, a bondade e a severidade de
Deus: para com os que caíram, severidade; mas para contigo, benignidade, se permaneceres na sua
benignidade; de outra maneira também tu serás
cortado.

23E também eles, se não permanecerem na incredulidade, serão enxertados; porque poderoso
é Deus para os tornar a enxertar.

24Porque, se tu foste cortado da natural oliveira
brava e, contra a natureza, enxertado na boa oliveira, quanto mais esses, que são naturais, serão
enxertados na sua própria oliveira!

A salvação de Israel

25Porque não quero, irmãos, que ignoreis este
segredo (para que não sejais sábios em vós mesmos): que o endurecimento veio em parte sobre Israel, até que a plenitude dos gentios haja entrado.

26E assim todo o Israel será salvo, como está
escrito:

De Sião virá o Libertador,
E desviará de Jacó as impiedades.
27E esta será a minha aliança com eles,
Quando eu tirar os seus pecados.

28Assim que, quanto ao evangelho, são inimigos por causa de vós; mas, quanto à eleição, amados por causa dos pais.

29Porque os dons e a vocação de Deus são sem
arrependimento.

30Porque assim como vós também antigamente
fostes desobedientes a Deus, mas agora alcançás-
tes misericórdia pela desobediência deles,

31Assim também estes agora foram desobedientes, para também alcançarem misericórdia pela
misericórdia a vós demonstrada.

32Porque Deus encerrou a todos debaixo da desobediência, para com todos usar de misericórdia.

33Ó profundidade das riquezas, tanto da sabedoria, como do conhecimento de Deus! Quão in-
sondáveis são os seus juízos, e quão inescrutáveis
os seus caminhos!

34Porque, quem compreendeu a mente do Senhor? Ou quem foi seu conselheiro?

35Ou quem lhe deu primeiro a ele, para que lhe
seja recompensado?

36Porque dele e por ele, e para ele, são todas as
coisas; glória, pois, a ele eternamente. Amém.

Consagração a Deus. Humildade e exercício dos dons e das funções

12 ROGO-VOS, pois, irmãos, pela compaixão de Deus, que apresenteis os vossos corpos em sacrifício vivo, santo e agradável a Deus, *que é* o vosso culto racional.

[2] E não sede conformados com este mundo, mas sede transformados pela renovação do vosso entendimento, para que experimenteis qual *seja* a boa, agradável, e perfeita vontade de Deus.

[3] Porque pela graça que me é dada, digo a cada um dentre vós que não pense *de si mesmo* além do que convém; antes, pense com moderação, conforme a medida da fé que Deus repartiu a cada um.

[4] Porque assim como em um corpo temos muitos membros, e nem todos os membros têm a mesma operação,

[5] Assim nós, que somos muitos, somos um só corpo em Cristo, mas individualmente somos membros uns dos outros.

[6] De modo que, tendo diferentes dons, segundo a graça que nos é dada, se é profecia, seja ela segundo a medida da fé;

[7] Se é ministério, seja em ministrar; se é ensinar, haja *dedicação* ao ensino;

[8] Ou o que exorta, *use esse dom* em exortar; o que reparte, faça-o com liberalidade; o que preside, com cuidado; o que exercita misericórdia, com alegria.

Aplicações diversas do amor

[9] O amor *seja* não fingido. Aborrecei o mal e apegai-vos ao bem.

[10] Amai-vos cordialmente uns aos outros com amor fraternal, preferindo-vos em honra uns aos outros.

[11] Não sejais vagarosos no cuidado; sede fervorosos no espírito, servindo ao Senhor;

[12] Alegrai-vos na esperança, sede pacientes na tribulação, perseverai na oração;

[13] Comunicai com os santos nas suas necessidades, segui a hospitalidade;

[14] Abençoai aos que vos perseguem, abençoai, e não amaldiçoeis.

[15] Alegrai-vos com os que se alegram; e chorai com os que choram;

[16] Sede unânimes entre vós; não ambicioneis coisas altas, mas acomodai-vos às humildes; não sejais sábios em vós mesmos;

[17] A ninguém torneis mal por mal; procurai as *coisas* honestas, perante todos os homens.

[18] Se *for* possível, quanto estiver em vós, tende paz com todos os homens.

[19] Não vos vingueis a vós mesmos, amados, mas dai lugar à ira, porque está escrito: Minha *é* a vingança; eu recompensarei, diz o Senhor.

[20] Portanto, se o teu inimigo tiver fome, dá-lhe de comer; se tiver sede, dá-lhe de beber; porque, fazendo isto, amontoarás brasas de fogo sobre a sua cabeça.

[21] Não te deixes vencer do mal, mas vence o mal com o bem.

Submissão às autoridades

13 TODA a alma esteja sujeita às autoridades superiores; porque não há autoridade que não venha de Deus; e as autoridades que há foram ordenadas por Deus.

[2] Por isso quem resiste à autoridade resiste à ordenação de Deus; e os que resistem trarão sobre si mesmos a condenação.

[3] Porque os magistrados não são terror para as boas obras, mas para as más. Queres tu, pois, não temer à autoridade? Faze o bem, e terás louvor dela.

[4] Porque ela é ministro de Deus para teu bem. Mas, se fizeres o mal, teme, pois não traz em vão a espada; porque é ministro de Deus, e vingador para castigar o que faz o mal.

[5] Portanto é necessário que lhe estejais sujeitos, não somente pelo castigo, mas também pela consciência.

[6] Por esta razão também pagais tributos, porque são ministros de Deus, atendendo sempre a isto mesmo.

[7] Portanto, dai a cada um o que deveis: a quem tributo, tributo; a quem imposto, imposto; a quem temor, temor; a quem honra, honra.

Amor mútuo. Vigilância e pureza

[8] A ninguém devais coisa alguma, a não ser o amor com que vos ameis uns aos outros; porque quem ama aos outros cumpriu a lei.

[9] Com efeito: Não adulterarás, não matarás, não furtarás, não darás falso testemunho, não cobiçarás; e se *há* algum outro mandamento, nesta palavra se resume: Amarás ao teu próximo como a ti mesmo.

[10] O amor não faz mal ao próximo. De sorte que o cumprimento da lei *é* o amor.

[11] E isto *digo*, conhecendo o tempo, que já *é* hora de despertarmos do sono; porque a nossa salvação está agora mais perto de nós do que quando aceitamos a fé.

[12] A noite é avançada, e o dia está próximo. Rejeitemos, pois, as obras das trevas, e vistamo-nos das armas da luz.

[13] Andemos honestamente, como de dia; não em glutonarias, nem em bebedeiras, nem em desonestidades, nem em dissoluções, nem em contendas e inveja.

[14] Mas revesti-vos do Senhor Jesus Cristo, e não tenhais cuidado da carne em *suas* concupiscências.

Tratando com os fracos na fé

14 ORA, quanto ao que está enfermo na fé, recebei-o, não em contendas sobre dúvidas.

[2] Porque um crê que de tudo se pode comer, e outro, que é fraco, come legumes.

[3] O que come não despreze o que não come; e o que não come, não julgue o que come; porque Deus o recebeu *por seu.*

[4] Quem és tu, que julgas o servo alheio? Para seu próprio senhor ele está em pé ou cai. Mas estará firme, porque poderoso é Deus para o firmar.

ROMANOS 14.5

⁵Um faz diferença entre dia e dia, mas outro julga *iguais* todos os dias. Cada um esteja inteiramente seguro em sua própria mente.

⁶Aquele que faz caso do dia, para o Senhor o faz e o que não faz caso do dia para o Senhor o não faz. O que come, para o Senhor come, porque dá graças a Deus; e o que não come, para o Senhor não come, e dá graças a Deus.

⁷Porque nenhum de nós vive para si, e nenhum morre para si.

⁸Porque, se vivemos, para o Senhor vivemos; se morremos, para o Senhor morremos. De sorte que, ou vivamos ou morramos, somos do Senhor.

⁹Porque foi para isto que morreu Cristo, e ressurgiu, e tornou a viver, para ser Senhor, tanto dos mortos, como dos vivos.

¹⁰Mas tu, por que julgas teu irmão? Ou tu, também, por que desprezas teu irmão? Pois todos havemos de comparecer ante o tribunal de Cristo.

¹¹Porque está escrito:

Como eu vivo, diz o Senhor, que todo o
joelho se dobrará a mim,
E toda a língua confessará a Deus.

¹²De maneira que cada um de nós dará conta de si mesmo a Deus.

¹³Assim que não nos julguemos mais uns aos outros; antes seja o vosso propósito não pôr tropeço ou escândalo ao irmão.

¹⁴Eu sei, e estou certo no Senhor Jesus, que nenhuma coisa *é* de si mesma imunda, a não ser para aquele que a tem por imunda; para esse *é* imunda.

¹⁵Mas, se por causa da comida se contrista teu irmão, já não andas conforme o amor. Não destruas por causa da tua comida aquele por quem Cristo morreu.

¹⁶Não seja, pois, blasfemado o vosso bem;

¹⁷Porque o reino de Deus não é comida nem bebida, mas justiça, e paz, e alegria no Espírito Santo.

¹⁸Porque quem nisto serve a Cristo agradável *é* a Deus e aceito aos homens.

¹⁹Sigamos, pois, as *coisas* que *servem* para a paz e para a edificação de uns para com os outros.

²⁰Não destruas por causa da comida a obra de Deus. É verdade que tudo é limpo, mas mal vai para o homem que come com escândalo.

²¹Bom *é* não comer carne, nem beber vinho, nem fazer *outras coisas* em que teu irmão tropece, ou se escandalize, ou se enfraqueça.

²²Tens tu fé? Tem-*na* em ti mesmo diante de Deus. Bem-aventurado aquele que não se condena a si mesmo naquilo que aprova.

²³Mas aquele que tem dúvidas, se come está condenado, porque não come por fé; e tudo o que não *é* de fé é pecado.

15

MAS nós, que somos fortes, devemos suportar as fraquezas dos fracos, e não agradar a nós mesmos.

²Portanto cada um de nós agrade ao *seu* próximo no que é bom para edificação.

³Porque também Cristo não agradou a si mesmo, mas, como está escrito: Sobre mim caíram as injúrias dos que te injuriavam.

⁴Porque tudo o que dantes foi escrito, para nosso ensino foi escrito, para que pela paciência e consolação das Escrituras tenhamos esperança.

⁵Ora, o Deus de paciência *e* consolação vos conceda o mesmo sentimento uns para com os outros, segundo Cristo Jesus,

⁶Para que concordes, a uma boca, glorifiqueis ao Deus e Pai de nosso Senhor Jesus Cristo.

⁷Portanto recebei-vos uns aos outros, como também Cristo nos recebeu para glória de Deus.

⁸Digo, pois, que Jesus Cristo foi ministro da circuncisão, por causa da verdade de Deus, para confirmar as promessas *feitas* aos pais;

⁹E *para* que os gentios glorifiquem a Deus pela sua misericórdia, como está escrito:

Portanto eu te louvarei entre os gentios,
E cantarei ao teu nome.
¹⁰E outra vez diz:
Alegrai-vos, gentios, com o seu povo.

¹¹E outra vez:

Louvai ao Senhor, todos os gentios,
E celebrai-o todos os povos.

¹²Outra vez diz Isaías:

Uma raiz em Jessé haverá,
E naquele que se levantar para reger os
gentios,
Os gentios esperarão.

¹³Ora o Deus de esperança vos encha de todo o gozo e paz em crença, para que abundeis em esperança pelo poder do Espírito Santo.

Ministério de Paulo aos gentios

¹⁴Eu próprio, meus irmãos, certo estou, a respeito de vós, que vós mesmos estais cheios de bondade, cheios de todo o conhecimento, podendo admoestar-vos uns aos outros.

¹⁵Mas, irmãos, em parte vos escrevi mais ousadamente, como para vos trazer outra vez *isto* à memória, pela graça que por Deus me foi dada;

¹⁶Que seja ministro de Jesus Cristo para os gentios, ministrando o evangelho de Deus, para que seja agradável a oferta dos gentios, santificada pelo Espírito Santo.

¹⁷De sorte que tenho glória em Jesus Cristo nas *coisas* que pertencem a Deus.

¹⁸Porque não ousarei dizer *coisa* alguma, que Cristo por mim não tenha feito, para fazer obedientes os gentios, por palavra e por obras;

¹⁹Pelo poder dos sinais e prodígios, *e* pelo poder do Espírito de Deus; de maneira que desde Jerusalém, e arredores, até ao Ilírico, tenho pregado o evangelho de Cristo.

²⁰E desta maneira me esforcei por anunciar o evangelho, não onde Cristo foi nomeado, para não edificar sobre fundamento alheio;

²¹Antes, como está escrito:

Aqueles a quem não foi anunciado, *o* verão,
E os que não ouviram *o* entenderão.

²²Por isso também muitas vezes tenho sido impedido de ir ter convosco.

²³Mas agora, não tendo mais lugar nestas regiões, e tendo *já* há muitos anos grande desejo de ir ter convosco,

²⁴Quando partir para Espanha irei ter convosco; pois espero que de passagem vos verei, e que para lá seja encaminhado por vós, depois de primeiro em parte me satisfazer de vossa *companhia*.

²⁵Mas agora vou a Jerusalém para ministrar aos santos.

²⁶Porque pareceu bem à Macedônia e à Acaia fazerem uma coleta para os pobres dentre os santos que estão em Jerusalém.

²⁷Isto lhes pareceu bem, como devedores que são para com eles. Porque, se os gentios foram participantes dos seus *bens* espirituais, devem também ministrar-lhes os temporais.

²⁸Assim que, concluído isto, e havendo-lhes consignado este fruto, de lá, *passando* por vós, irei à Espanha.

²⁹E bem sei que, indo ter convosco, chegarei com a plenitude da bênção do evangelho de Cristo.

³⁰E rogo-vos, irmãos, por nosso Senhor Jesus Cristo e pelo amor do Espírito, que combatais comigo nas vossas orações por mim a Deus;

³¹Para que seja livre dos rebeldes que estão na Judeia, e que esta minha administração, que em Jerusalém *faço,* seja bem aceita pelos santos;

³²A fim de que, pela vontade de Deus, chegue a vós com alegria, e possa recrear-me convosco.

³³E o Deus de paz seja com todos vós. Amém.

Recomendação, saudações e votos

16 RECOMENDO-vos, pois, Febe, nossa irmã, a qual é serva na igreja que está em Cencreia,

²Para que a recebais no Senhor, como convém aos santos, e a ajudeis em qualquer coisa que de vós necessitar; porque tem hospedado a muitos, como também a mim mesmo.

³Saudai a Priscila e a Áquila, meus cooperadores em Cristo Jesus,

⁴Os quais pela minha vida expuseram as suas cabeças; o que não só eu lhes agradeço, mas também todas as igrejas dos gentios.

⁵*Saudai* também a igreja *que está* em sua casa. Saudai a Epêneto, meu amado, que é as primícias da Acaia em Cristo.

⁶Saudai a Maria, que trabalhou muito por nós.

⁷Saudai a Andrônico e a Júnias, meus parentes e meus companheiros na prisão, os quais se

distinguiram entre os apóstolos e que foram antes de mim em Cristo.

⁸Saudai a Amplias, meu amado no Senhor.

⁹Saudai a Urbano, nosso cooperador em Cristo, e a Estáquis, meu amado.

¹⁰Saudai a Apeles, aprovado em Cristo. Saudai aos *da família* de Aristóbulo.

¹¹Saudai a Herodião, meu parente. Saudai aos *da família* de Narciso, os que estão no Senhor.

¹²Saudai a Trifena e a Trifosa, as quais trabalham no Senhor. Saudai à amada Pérside, a qual muito trabalhou no Senhor.

¹³Saudai a Rufo, eleito no Senhor, e a sua mãe e minha.

¹⁴Saudai a Asíncrito, a Flegonte, a Hermes, a Pátrobas, a Hermas, e aos irmãos que estão com eles.

¹⁵Saudai a Filólogo e a Júlia, a Nereu e a sua irmã, e a Olimpas, e a todos os santos que com eles estão.

¹⁶Saudai-vos uns aos outros com santo ósculo. As igrejas de Cristo vos saúdam.

¹⁷E rogo-vos, irmãos, que noteis os que promovem dissensões e escândalos contra a doutrina que aprendestes; desviai-vos deles.

¹⁸Porque os tais não servem a nosso Senhor Jesus Cristo, mas ao seu ventre; e com suaves palavras e lisonjas enganam os corações dos simples.

¹⁹Quanto à vossa obediência, é ela conhecida de todos. Comprazo-me, pois, em vós; e quero que sejais sábios no bem, mas simples no mal.

²⁰E o Deus de paz esmagará em breve Satanás debaixo dos vossos pés. A graça de nosso Senhor Jesus Cristo *seja* convosco. Amém.

²¹Saúdam-vos Timóteo, meu cooperador, e Lúcio, Jasom e Sosípatro, meus parentes.

²²Eu, Tércio, que *esta* carta escrevi, vos saúdo no Senhor.

²³Saúda-vos Gaio, meu hospedeiro, e de toda a igreja. Saúda-vos Erasto, procurador da cidade, e também o irmão Quarto.

²⁴A graça de nosso Senhor Jesus Cristo *seja* com todos vós. Amém.

²⁵Ora, àquele que é poderoso para vos confirmar segundo o meu evangelho e a pregação de Jesus Cristo, conforme a revelação do mistério que desde tempos eternos esteve oculto,

²⁶Mas que se manifestou agora, e se notificou pelas Escrituras dos profetas, segundo o mandamento do Deus eterno, a todas as nações para obediência da fé;

²⁷Ao Deus único, sábio, *seja* a glória por Jesus Cristo para todo o sempre. Amém.

PRIMEIRA EPÍSTOLA DO APÓSTOLO PAULO AOS
CORÍNTIOS

Prefácio e saudação

1 PAULO (chamado apóstolo de Jesus Cristo, pela vontade de Deus), e o irmão Sóstenes,

[2] À igreja de Deus que está em Corinto, aos santificados em Cristo Jesus, chamados santos, com todos os que em todo o lugar invocam o nome de nosso Senhor Jesus Cristo, *Senhor* deles e nosso:

[3] Graça a vós e paz da parte de Deus nosso Pai, e do Senhor Jesus Cristo.

[4] Sempre dou graças ao meu Deus por vós pela graça de Deus que vos foi dada em Jesus Cristo.

[5] Porque em tudo fostes enriquecidos nele, em toda a palavra e em todo o conhecimento

[6] (Como o testemunho de Cristo foi mesmo confirmado entre vós).

[7] De maneira que nenhum dom vos falta, esperando a manifestação de nosso Senhor Jesus Cristo,

[8] O qual vos confirmará também até ao fim, *para serdes* irrepreensíveis no dia de nosso Senhor Jesus Cristo.

[9] Fiel *é* Deus, pelo qual fostes chamados para a comunhão de seu Filho Jesus Cristo nosso Senhor.

Apelo à união

[10] Rogo-vos, porém, irmãos, pelo nome de nosso Senhor Jesus Cristo, que digais todos uma mesma *coisa*, e *que* não haja entre vós dissensões; antes sejais unidos em um mesmo pensamento e em um mesmo parecer.

[11] Porque a respeito de vós, irmãos meus, me foi comunicado pelos da família de Cloé que há contendas entre vós.

[12] Quero dizer com isto, que cada um de vós diz: Eu sou de Paulo, e eu de Apolo, e eu de Cefas, e eu de Cristo.

[13] Está Cristo dividido? Foi Paulo crucificado por vós? Ou fostes vós batizados em nome de Paulo?

[14] Dou graças a Deus, porque a nenhum de vós batizei, senão a Crispo e a Gaio,

[15] Para que ninguém diga que fostes batizados em meu nome.

[16] E batizei também a família de Estéfanas; além destes, não sei se batizei algum outro.

A sabedoria do mundo e a sabedoria de Deus

[17] Porque Cristo enviou-me, não para batizar, mas para evangelizar; não em sabedoria de palavras, para que a cruz de Cristo se não faça vã.

[18] Porque a palavra da cruz é loucura para os que perecem; mas para nós, que somos salvos, é o poder de Deus.

[19] Porque está escrito:

Destruirei a sabedoria dos sábios,
E aniquilarei a inteligência dos inteligentes.

[20] Onde está o sábio? Onde está o escriba? Onde está o inquiridor deste século? Porventura não tornou Deus louca a sabedoria deste mundo?

[21] Pois, visto que na sabedoria de Deus o mundo não conheceu a Deus pela sua sabedoria, aprouve a Deus salvar os crentes pela loucura da pregação.

[22] Porque os judeus pedem sinal, e os gregos buscam sabedoria;

[23] Mas nós pregamos a Cristo crucificado, *que é* escândalo para os judeus, e loucura para os gregos.

[24] Mas para os que são chamados, tanto judeus como gregos, *lhes pregamos* a Cristo, poder de Deus, e sabedoria de Deus.

[25] Porque a loucura de Deus é mais sábia do que os homens; e a fraqueza de Deus é mais forte do que os homens.

[26] Porque bem vedes, irmãos, a vossa vocação, que não são muitos os sábios segundo a carne, nem muitos os poderosos, nem muitos os nobres que *são chamados*.

[27] Mas Deus escolheu as *coisas* loucas deste mundo para confundir as sábias; e Deus escolheu as *coisas* fracas deste mundo para confundir as fortes;

[28] E Deus escolheu as *coisas* vis deste mundo, e as desprezíveis, e as que não são, para aniquilar as que são;

[29] Para que nenhuma carne se glorie perante ele.

[30] Mas vós sois dele, em Jesus Cristo, o qual para nós foi feito por Deus sabedoria, e justiça, e santificação, e redenção;

[31] Para que, como está escrito: Aquele que se gloria glorie-se no Senhor.

O caráter e o alvo da pregação de Paulo

2 E EU, irmãos, quando fui ter convosco, anunciando-vos o testemunho de Deus, não fui com sublimidade de palavras ou de sabedoria.

[2] Porque nada me propus saber entre vós, senão a Jesus Cristo, e este crucificado.

[3] E eu estive convosco em fraqueza, e em temor, e em grande tremor.

[4] E a minha palavra, e a minha pregação, não *consistiram* em palavras persuasivas de sabedoria humana, mas em demonstração do Espírito e de poder;

[5] Para que a vossa fé não se apoiasse em sabedoria dos homens, mas no poder de Deus.

[6] Todavia falamos sabedoria entre os perfeitos; não, porém, a sabedoria deste mundo, nem dos príncipes deste mundo, que se aniquilam;

[7] Mas falamos a sabedoria de Deus, oculta em mistério, a qual Deus ordenou antes dos séculos para nossa glória;

[8] A qual nenhum dos príncipes deste mundo

conheceu; porque, se a conhecessem, nunca crucificariam ao Senhor da glória.

⁹Mas, como está escrito:

As coisas que o olho não viu, e o ouvido não ouviu

E não subiram ao coração do homem,

São as que Deus preparou para os que o amam.

¹⁰Mas Deus no-las revelou pelo seu Espírito; porque o Espírito penetra todas as coisas, ainda as profundezas de Deus.

¹¹Porque, qual dos homens sabe as *coisas* do homem, senão o espírito do homem, que nele está? Assim também ninguém sabe as *coisas* de Deus, senão o Espírito de Deus.

¹²Mas nós não recebemos o espírito do mundo, mas o Espírito que provém de Deus, para que pudéssemos conhecer o que nos é dado gratuitamente por Deus.

¹³As quais também falamos, não com palavras que a sabedoria humana ensina, mas com as que o Espírito Santo ensina, comparando as *coisas* espirituais com as espirituais.

¹⁴Ora, o homem natural não compreende as *coisas* do Espírito de Deus, porque lhe parecem loucura; e não pode entendê-las, porque elas se discernem espiritualmente.

¹⁵Mas o que é espiritual discerne bem tudo, e ele de ninguém é discernido.

¹⁶Porque, quem conheceu a mente do Senhor, para que possa instruí-lo? Mas nós temos a mente de Cristo.

Divisões na igreja de Corinto

3 E EU, irmãos, não vos pude falar como a espirituais, mas como a carnais, como a meninos em Cristo.

²Com leite vos criei, e não com carne, porque *ainda* não podíeis, nem tampouco ainda agora podeis,

³Porque ainda sois carnais; pois, *havendo* entre vós inveja, contendas e dissensões, não sois porventura carnais, e não andais segundo os homens?

⁴Porque, dizendo um: Eu sou de Paulo; e outro: Eu de Apolo; porventura não sois carnais?

⁵Pois, quem é Paulo, e quem é Apolo, senão ministros pelos quais crestes, e conforme o que o Senhor deu a cada um?

⁶Eu plantei, Apolo regou; mas Deus deu o crescimento.

⁷Por isso, nem o que planta é alguma coisa, nem o que rega, mas Deus, que dá o crescimento.

⁸Ora, o que planta e o que rega são um; mas cada um receberá o seu galardão segundo o seu trabalho.

⁹Porque nós somos cooperadores de Deus; vós sois lavoura de Deus *e* edifício de Deus.

¹⁰Segundo a graça de Deus que me foi dada, pus eu, como sábio arquiteto, o fundamento, e outro edifica sobre ele; mas veja cada um como edifica sobre ele.

¹¹Porque ninguém pode pôr outro fundamento além do que *já* está posto, o qual é Jesus Cristo.

¹²E, se alguém sobre este fundamento formar um edifício de ouro, prata, pedras preciosas, madeira, feno, palha,

¹³A obra de cada um se manifestará; na verdade o dia a declarará, porque pelo fogo será descoberta; e o fogo provará qual seja a obra de cada um.

¹⁴Se a obra que alguém edificou nessa parte permanecer, esse receberá galardão.

¹⁵Se a obra de alguém se queimar, sofrerá detrimento; mas o tal será salvo, todavia como pelo fogo.

¹⁶Não sabeis vós que sois o templo de Deus e *que* o Espírito de Deus habita em vós?

¹⁷Se alguém destruir o templo de Deus, Deus o destruirá; porque o templo de Deus, que sois vós, é santo.

¹⁸Ninguém se engane a si mesmo. Se alguém dentre vós se tem por sábio neste mundo, faça-se louco para ser sábio.

¹⁹Porque a sabedoria deste mundo é loucura diante de Deus; pois está escrito: Ele apanha os sábios na sua própria astúcia.

²⁰E outra vez: O Senhor conhece os pensamentos dos sábios, que são vãos.

²¹Portanto, ninguém se glorie nos homens; porque tudo é vosso;

²²Seja Paulo, seja Apolo, seja Cefas, seja o mundo, seja a vida, seja a morte, seja o presente, seja o futuro; tudo é vosso,

²³E vós de Cristo, e Cristo de Deus.

Ministros de Cristo

4 QUE os homens nos considerem como ministros de Cristo, e mordomos dos mistérios de Deus.

²Além disso, requer-se dos mordomos que cada um se ache fiel.

³Todavia, a mim mui pouco se me dá de ser julgado por vós, ou por algum juízo humano; nem eu tampouco a mim mesmo me julgo.

⁴Porque em nada me sinto culpado; mas nem por isso me considero justificado, pois quem me julga é o Senhor.

⁵Portanto, nada julgueis antes do tempo, até que o Senhor venha, o qual também trará à luz as *coisas* ocultas das trevas, e manifestará os desígnios dos corações; e então cada um receberá de Deus o louvor.

⁶E eu, irmãos, apliquei estas *coisas*, por semelhança, a mim e a Apolo, por amor de vós; para que em nós aprendais a não ir além do que está escrito, não vos ensoberbecendo a favor de um contra outro.

⁷Porque, quem te faz diferente? E que tens tu que não tenhas recebido? E, se *o* recebeste, por que te glorias, como se não o houveras recebido?

⁸Já estais fartos! Já estais ricos! Sem nós reinais! E quisera reinásseis para que também nós viéssemos a reinar convosco!

⁹Porque tenho para mim, que Deus a nós, apóstolos, nos pôs por últimos, como condenados à

1 CORÍNTIOS 4.10

morte; pois somos feitos espetáculo ao mundo, aos anjos, e aos homens.

¹⁰Nós *somos* loucos por amor de Cristo, e vós sábios em Cristo; nós fracos, e vós fortes; vós ilustres, e nós vis.

¹¹Até esta presente hora sofremos fome, e sede, e estamos nus, e recebemos bofetadas, e não temos pousada certa,

¹²E nos afadigamos, trabalhando com nossas próprias mãos. Somos injuriados, e bendizemos; somos perseguidos, e sofremos;

¹³Somos blasfemados, e rogamos; até ao presente temos chegado a ser como o lixo deste mundo, e como a escória de todos.

¹⁴Não escrevo estas *coisas* para vos envergonhar; mas admoesto-*vos* como meus filhos amados.

¹⁵Porque ainda que tivésseis dez mil tutores em Cristo, não *tereis,* contudo, muitos pais; porque eu pelo evangelho vos gerei em Jesus Cristo.

¹⁶Admoesto-vos, portanto, a que sejais meus imitadores.

¹⁷Por esta causa vos mandei Timóteo, que é meu filho amado, e fiel no Senhor, o qual vos lembrará os meus caminhos em Cristo, como por toda a parte ensino em cada igreja.

¹⁸Mas alguns andam ensoberbecidos, como se eu não houvesse de ir ter convosco.

¹⁹Mas em breve irei ter convosco, se o Senhor quiser, e *então* conhecerei, não as palavras dos que andam ensoberbecidos, mas o poder.

²⁰Porque o reino de Deus não *consiste* em palavras, mas em poder.

²¹Que quereis? Irei ter convosco com vara ou com amor e espírito de mansidão?

Tratando do pecado na igreja

5 GERALMENTE se ouve *que há* entre vós fornicação, e fornicação tal, que nem ainda entre os gentios se nomeia, como é haver quem possua a mulher de seu pai.

²Estais ensoberbecidos, e nem ao menos vos entristecestes por não ter sido dentre vós tirado quem cometeu tal ação.

³Eu, na verdade, ainda que ausente no corpo, mas presente no espírito, já determinei, como se *estivesse* presente, que o que tal ato praticou,

⁴Em nome de nosso Senhor Jesus Cristo, juntos vós e o meu espírito, com o poder de nosso Senhor Jesus Cristo,

⁵Seja, este tal, entregue a Satanás para destruição da carne, para que o espírito seja salvo no dia do Senhor Jesus.

⁶Não é boa a vossa vanglória. Não sabeis que um pouco de fermento faz levedar toda a massa?

⁷Purificai-*vos*, pois, do fermento velho, para que sejais *uma* nova massa, assim como estais sem fermento. Porque Cristo, nossa páscoa, foi sacrificado por nós.

⁸Por isso façamos a festa, não com o fermento velho, nem com o fermento da maldade e da malícia, mas com os ázimos da sinceridade e da verdade.

⁹*Já* por carta vos tenho escrito, que não vos associeis com os fornicadores;

¹⁰Ainda que não inteiramente com os fornicadores deste mundo, ou com os avarentos, ou com os roubadores, ou com os idólatras; porque então vos seria necessário sair do mundo.

¹¹Mas agora vos escrevi que não vos associeis com aquele que, dizendo-se irmão, for fornicador, ou avarento, ou idólatra, ou maldizente, ou beberrão, ou roubador; com o tal nem ainda comais.

¹²Porque, que tenho eu em julgar também os que estão de fora? Não julgais vós os que estão dentro?

¹³Mas Deus julga os que estão de fora. Tirai, pois, dentre vós a esse iníquo.

Litígios

6 OUSA algum de vós, tendo *algum* negócio contra outro, ir a juízo perante os injustos, e não perante os santos?

²Não sabeis vós que os santos hão de julgar o mundo? Ora, se o mundo deve ser julgado por vós, sois porventura indignos de julgar as coisas mínimas?

³Não sabeis vós que havemos de julgar os anjos? Quanto mais as coisas pertencentes a esta vida?

⁴Então, se tiverdes negócios em juízo, pertencentes a esta vida, pondes para julgá-los os que são de menos estima na igreja?

⁵Para vos envergonhar o digo. Não há, pois, entre vós sábios, nem mesmo um, que possa julgar entre seus irmãos?

⁶Mas o irmão vai a juízo com o irmão, e isto perante infiéis.

⁷Na verdade é já realmente *uma* falta entre vós, terdes demandas uns contra os outros. Por que não sofreis antes a injustiça? Por que não sofreis antes o dano?

⁸Mas vós *mesmos* fazeis a injustiça e fazeis o dano, e isto aos irmãos.

⁹Não sabeis que os injustos não hão de herdar o reino de Deus?

¹⁰Não erreis: nem os fornicadores, nem os idólatras, nem os adúlteros, nem os efeminados, nem os sodomitas, nem os ladrões, nem os avarentos, nem os bêbados, nem os maldizentes, nem os roubadores herdarão o reino de Deus.

¹¹E é o que alguns têm sido; mas haveis sido lavados, mas haveis sido santificados, mas haveis sido justificados em nome do Senhor Jesus, e pelo Espírito do nosso Deus.

¹²Todas *as coisas* me são lícitas, mas nem todas *as coisas* convêm. Todas *as coisas* me são lícitas, mas eu não me deixarei dominar por nenhuma.

¹³Os alimentos são para o estômago e o estômago para os alimentos; Deus, porém, aniquilará tanto um como os outros. Mas o corpo não *é* para a fornicação, senão para o Senhor, e o Senhor para o corpo.

¹⁴Ora, Deus, que também ressuscitou o Senhor, nos ressuscitará a nós pelo seu poder.

¹⁵Não sabeis vós que os vossos corpos são

membros de Cristo? Tomarei, pois, os membros de Cristo, e os farei membros de uma meretriz? Não, por certo.

¹⁶Ou não sabeis que o que se ajunta com a meretriz, faz-se um corpo com ela? Porque diz, serão dois uma *só* carne.

¹⁷Mas o que se ajunta com o Senhor é um *mesmo* espírito.

¹⁸Fugi da fornicação. Todo o pecado que o homem comete é fora do corpo; mas o que fornica peca contra o seu próprio corpo.

¹⁹Ou não sabeis que o vosso corpo é o templo do Espírito Santo, *que habita* em vós, proveniente de Deus, e que não sois de vós mesmos?

²⁰Porque fostes comprados por bom preço; glorificai, pois, a Deus no vosso corpo, e no vosso espírito, os quais pertencem a Deus.

O casamento

7ORA, quanto às *coisas* que me escrevestes, bom *seria* que o homem não tocasse em mulher;

²Mas, por causa da fornicação, cada um tenha a sua própria mulher, e cada uma tenha o seu próprio marido.

³O marido pague à mulher a devida benevolência, e da mesma sorte a mulher ao marido.

⁴A mulher não tem poder sobre o seu próprio corpo, mas tem-no o marido; e também da mesma maneira o marido não tem poder sobre o seu próprio corpo, mas tem-no a mulher.

⁵Não vos priveis um ao outro, senão por consentimento *mútuo* por algum tempo, para vos aplicardes ao jejum e à oração; e depois ajuntai-vos outra vez, para que Satanás não vos tente pela vossa intemperança.

⁶Digo, porém, isto como que por permissão e não por mandamento.

⁷Porque quereria que todos os homens fossem como eu mesmo; mas cada um tem de Deus o seu próprio dom, um de uma maneira e outro de outra.

⁸Digo, porém, aos solteiros e às viúvas, que lhes é bom se ficarem como eu.

⁹Mas, se não podem conter-se, casem-se. Porque é melhor casar do que arder.

¹⁰Todavia, aos casados mando, não eu mas o Senhor, que a mulher não se aparte do marido.

¹¹Se, porém, se apartar, que fique sem casar, ou que se reconcilie com o marido; e que o marido não deixe a mulher.

¹²Mas aos outros digo eu, não o Senhor: Se algum irmão tem mulher descrente, e ela consente em habitar com ele, não a deixe.

¹³E se alguma mulher tem marido descrente, e ele consente em habitar com ela, não o deixe.

¹⁴Porque o marido descrente é santificado pela mulher; e a mulher descrente é santificada pelo marido; de outra sorte os vossos filhos seriam imundos; mas agora são santos.

¹⁵Mas, se o descrente se apartar, aparte-se; porque neste *caso* o irmão, ou irmã, não está sujeito à servidão; mas Deus chamou-nos para a paz.

¹⁶Porque, de onde sabes, ó mulher, se salvarás teu marido? Ou, de onde sabes, ó marido, se salvarás tua mulher?

¹⁷E assim cada um ande como Deus lhe repartiu, cada um como o Senhor o chamou. É o que ordeno em todas as igrejas.

¹⁸É alguém chamado, estando circuncidado? Não se faça incircunciso. É alguém chamado estando na incircuncisão? Não se circuncide.

¹⁹A circuncisão é nada e a incircuncisão nada é, mas, sim, a observância dos mandamentos de Deus.

²⁰Cada um fique na vocação em que foi chamado.

²¹Foste chamado *sendo* servo? Não te dê cuidado; e, se ainda podes ser livre, aproveita a ocasião.

²²Porque o que é chamado pelo Senhor, *sendo* servo, é liberto do Senhor; e da mesma maneira também o que é chamado *sendo* livre, servo é de Cristo.

²³Fostes comprados por bom preço; não vos façais servos dos homens.

²⁴Irmãos, cada um fique diante de Deus no estado em que foi chamado.

²⁵Ora, quanto às virgens, não tenho mandamento do Senhor; dou, porém, o *meu* parecer, como quem tem alcançado misericórdia do Senhor para ser fiel.

²⁶Tenho, pois, por bom, por causa da instante necessidade, que é bom para o homem o estar assim.

²⁷Estás ligado à mulher? Não busques separar-te. Estás livre de mulher? Não busques mulher.

²⁸Mas, se te casares, não pecas; e, se a virgem se casar, não peca. Todavia os tais terão tribulações na carne, e eu quereria poupar-vos.

²⁹Isto, porém, vos digo, irmãos, que o tempo se abrevia; o que resta é que também os que têm mulheres sejam como se não as tivessem;

³⁰E os que choram, como se não chorassem; e os que folgam, como se não folgassem; e os que compram, como se não possuíssem;

³¹E os que usam deste mundo, como se *dele* não abusassem, porque a aparência deste mundo passa.

³²E bem quisera eu que estivésseis sem cuidado. O solteiro cuida das *coisas* do Senhor, em como há de agradar ao Senhor;

³³Mas o que é casado cuida das *coisas* do mundo, em como há de agradar à mulher.

³⁴Há diferença entre a mulher casada e a virgem. A solteira cuida das *coisas* do Senhor para ser santa, tanto no corpo como no espírito; porém, a casada cuida das *coisas* do mundo, em como há de agradar ao marido.

³⁵E digo isto para proveito vosso; não para vos enlaçar, mas para o que é decente e conveniente, para vos unirdes ao Senhor sem distração alguma.

³⁶Mas, se alguém julga que trata indignamente a sua virgem, se tiver passado a flor da idade, e se for necessário, que faça o tal o que quiser; não peca; casem-se.

1 CORÍNTIOS 7.37

774

³⁷Todavia o que está firme em *seu* coração, não tendo necessidade, mas com poder sobre a sua própria vontade, se resolveu no seu coração guardar a sua virgem, faz bem.

³⁸De sorte que, o que *a* dá em casamento faz bem; mas o que não *a* dá em casamento faz melhor.

³⁹A mulher casada está ligada pela lei todo o tempo que o seu marido vive; mas, se falecer o seu marido fica livre para casar com quem quiser, contanto *que seja* no Senhor.

⁴⁰Será, porém, mais bem-aventurada se ficar assim, segundo o meu parecer, e também eu cuido que tenho o Espírito de Deus.

Amor e conhecimento

8 ORA, no tocante às coisas sacrificadas aos ídolos, sabemos que todos temos conhecimento. O conhecimento incha, mas o amor edifica.

²E, se alguém cuida saber alguma *coisa,* ainda não sabe como convém saber.

³Mas, se alguém ama a Deus, esse é conhecido dele.

⁴Assim que, quanto ao comer das *coisas* sacrificadas aos ídolos, sabemos que o ídolo nada é no mundo, e que não há outro Deus, senão um só.

⁵Porque, ainda que haja também *alguns* que se chamem deuses, quer no céu quer na terra (como há muitos deuses e muitos senhores),

⁶Todavia para nós há um só Deus, o Pai, de quem é tudo e em quem estamos; e um só Senhor, Jesus Cristo, pelo qual são todas *as coisas,* e nós por ele.

⁷Mas nem em todos há conhecimento; porque alguns até agora comem, com consciência do ídolo, *coisas* sacrificadas ao ídolo; e a sua consciência, sendo fraca, fica contaminada.

⁸Ora a comida não nos faz agradáveis a Deus, porque, se comemos, nada temos de mais e, se não comemos, nada nos falta.

⁹Mas vede que essa liberdade não seja de alguma maneira escândalo para os fracos.

¹⁰Porque, se alguém te vir a ti, que tens conhecimento, sentado à mesa no templo dos ídolos, não será a consciência do que é fraco induzida a comer das *coisas* sacrificadas aos ídolos?

¹¹E pela tua ciência perecerá o irmão fraco, pelo qual Cristo morreu.

¹²Ora, pecando assim contra os irmãos, e ferindo a sua fraca consciência, pecais contra Cristo.

¹³Por isso, se a comida escandalizar a meu irmão, nunca mais comerei carne, para que meu irmão não se escandalize.

Os direitos do apóstolo Paulo

9 NÃO sou eu apóstolo? Não sou livre? Não vi eu a Jesus Cristo Senhor nosso? Não sois vós a minha obra no Senhor?

²Se eu não sou apóstolo para os outros, ao menos o sou para vós; porque vós sois o selo do meu apostolado no Senhor.

³Esta é minha defesa para com os que me condenam.

⁴Não temos nós direito de comer e beber?

⁵Não temos nós direito de levar *conosco* uma esposa crente, como também os demais apóstolos, e os irmãos do Senhor, e Cefas?

⁶Ou só eu e Barnabé não temos direito de deixar de trabalhar?

⁷Quem jamais milita à sua própria custa? Quem planta a vinha e não come do seu fruto? Ou quem apascenta o gado e não se alimenta do leite do gado?

⁸Digo eu isto segundo os homens? Ou não diz a lei também o mesmo?

⁹Porque na lei de Moisés está escrito: Não atarás a boca ao boi que trilha o grão. Porventura tem Deus cuidado dos bois?

¹⁰Ou não o diz certamente por nós? Certamente que por nós está escrito; porque o que lavra deve lavrar com esperança e o que debulha deve debulhar com esperança de ser participante.

¹¹Se nós vos semeamos as *coisas* espirituais, será muito que de vós recolhamos as carnais?

¹²Se outros participam deste poder sobre vós, por que não, *e* mais justamente, nós? Mas nós não usamos deste direito; antes suportamos tudo, para não pormos impedimento algum ao evangelho de Cristo.

¹³Não sabeis vós que os que administram o que é sagrado comem do que é do templo? E que os que de contínuo estão junto ao altar, participam do altar?

¹⁴Assim ordenou também o Senhor aos que anunciam o evangelho, que vivam do evangelho.

¹⁵Mas eu de nenhuma destas *coisas* usei, e não escrevi isto para que assim se faça comigo; porque melhor me *fora* morrer, do que alguém fazer vã esta minha glória.

¹⁶Porque, se anuncio o evangelho, não tenho de que me gloriar, pois me é imposta essa obrigação; e ai de mim, se não anunciar o evangelho!

¹⁷E por isso, se o faço de boa mente, terei prêmio; mas, se de má vontade, apenas uma dispensação me é confiada.

¹⁸Logo, que prêmio tenho? Que, evangelizando, proponha de graça o evangelho de Cristo para não abusar do meu poder no evangelho.

¹⁹Porque, sendo livre para com todos, fiz-me servo de todos para ganhar ainda mais.

²⁰E fiz-me como judeu para os judeus, para ganhar os judeus; para os que estão debaixo da lei, como se estivesse debaixo da lei, para ganhar os que estão debaixo da lei.

²¹Para os que estão sem lei, como se estivesse sem lei (não estando sem lei para com Deus, mas debaixo da lei de Cristo), para ganhar os que estão sem lei.

²²Fiz-me como fraco para os fracos, para ganhar os fracos. Fiz-me tudo para todos, para por todos os meios chegar a salvar alguns.

²³E eu faço isto por causa do evangelho, para ser também participante dele.

²⁴Não sabeis vós que os que correm no estádio,

todos, na verdade, correm, mas um só leva o prêmio? Correi de tal maneira que o alcanceis.

²⁵E todo aquele que luta de tudo se abstém; eles *o fazem* para alcançar uma coroa corruptível; nós, porém, *uma* incorruptível.

²⁶Pois eu assim corro, não como a coisa incerta; assim combato, não como batendo no ar.

²⁷Antes subjugo o meu corpo, e *o* reduzo à servidão, para que, pregando aos outros, eu mesmo não venha de alguma maneira a ficar reprovado.

A tentação

10 ORA, irmãos, não quero que ignoreis que nossos pais estiveram todos debaixo da nuvem, e todos passaram pelo mar.

²E todos foram batizados em Moisés, na nuvem e no mar,

³E todos comeram de uma mesma comida espiritual,

⁴E beberam todos de uma mesma bebida espiritual, porque bebiam da pedra espiritual que os seguia; e a pedra era Cristo.

⁵Mas Deus não se agradou da maior *parte* deles, por isso foram prostrados no deserto.

⁶E estas *coisas* foram-nos feitas em figura, para que não cobicemos as *coisas* más, como eles cobiçaram.

⁷Não vos façais, pois, idólatras, como alguns deles, conforme está escrito: O povo assentou-se a comer e a beber, e levantou-se para folgar.

⁸E não forniquemos, como alguns deles fornicaram; e caíram num dia vinte e três mil.

⁹E não tentemos a Cristo, como alguns deles também tentaram, e pereceram pelas serpentes.

¹⁰E não murmureis, como também alguns deles murmuraram, e pereceram pelo destruidor.

¹¹Ora, todas estas coisas lhes sobrevieram *como* figuras, e estão escritas para aviso nosso, para quem *já* são chegados os fins dos séculos.

¹²Aquele, pois, que cuida estar em pé, olhe que não caia.

¹³Não veio sobre vós tentação, senão humana; mas fiel *é* Deus, que não vos deixará tentar acima do que podeis, antes com a tentação dará também o escape, para que a possais suportar.

A idolatria

¹⁴Portanto, meus amados, fugi da idolatria.

¹⁵Falo como a entendidos; julgai vós mesmos o que digo.

¹⁶Porventura o cálice de bênção, que abençoamos, não é a comunhão do sangue de Cristo? O pão que partimos não é porventura a comunhão do corpo de Cristo?

¹⁷Porque nós, *sendo* muitos, somos um só pão *e* um só corpo, porque todos participamos do mesmo pão.

¹⁸Vede a Israel segundo a carne; os que comem os sacrifícios não são porventura participantes do altar?

¹⁹Mas que digo? Que o ídolo é alguma *coisa?* Ou que o sacrificado ao ídolo é alguma *coisa?*

²⁰Antes *digo* que as *coisas* que os gentios sacrificam, as sacrificam aos demônios, e não a Deus. E não quero que sejais participantes com os demônios.

²¹Não podeis beber o cálice do Senhor e o cálice dos demônios; não podeis ser participantes da mesa do Senhor e da mesa dos demônios.

²²Ou irritaremos o Senhor? Somos nós mais fortes do que ele?

²³Todas *as coisas* me são lícitas, mas nem todas *as coisas* convêm; todas *as coisas* me são lícitas, mas nem todas *as coisas* edificam.

²⁴Ninguém busque o proveito próprio; antes cada um o *que é* de outro.

²⁵Comei de tudo quanto se vende no açougue, sem perguntar nada, por causa da consciência.

²⁶Porque a terra *é* do Senhor e *toda* a sua plenitude.

²⁷E, se algum dos infiéis vos convidar, e quiserdes ir, comei de tudo o que se puser diante de vós, sem nada perguntar, por causa da consciência.

²⁸Mas, se alguém vos disser: Isto foi sacrificado aos ídolos, não comais, por causa daquele que vos advertiu e *por causa* da consciência; porque a terra *é* do Senhor, e *toda* a sua plenitude.

²⁹Digo, porém, a consciência, não a tua, mas a do outro. Pois por que há de a minha liberdade ser julgada pela consciência de outro?

³⁰E, se eu com graça participo, por que sou blasfemado naquilo por que dou graças?

³¹Portanto, quer comais quer bebais, ou façais qualquer outra coisa, fazei tudo para glória de Deus.

³²Portai-vos *de modo* que não deis escândalo nem aos judeus, nem aos gregos, nem à igreja de Deus.

³³Como também eu em tudo agrado a todos, não buscando o meu próprio proveito, mas o de muitos, para que assim se possam salvar.

As mulheres nas assembleias religiosas

11 SEDE meus imitadores, como também eu de Cristo.

²E louvo-vos, irmãos, porque em tudo vos lembrais de mim, e retendes os preceitos como vo-los entreguei.

³Mas quero que saibais que Cristo é a cabeça de todo o homem, e o homem a cabeça da mulher; e Deus a cabeça de Cristo.

⁴Todo o homem que ora ou profetiza, tendo a cabeça coberta, desonra a sua própria cabeça.

⁵Mas toda a mulher que ora ou profetiza com a cabeça descoberta, desonra a sua própria cabeça, porque é como se estivesse rapada.

⁶Portanto, se a mulher não se cobre com véu, tosquie-se também. Mas, se para a mulher é coisa indecente tosquiar-se ou rapar-se, que ponha o véu.

⁷O homem, pois, não deve cobrir a cabeça, porque é a imagem e glória de Deus, mas a mulher é a glória do homem.

1 CORÍNTIOS 11.8

8Porque o homem não provém da mulher, mas a mulher do homem.

9Porque também o homem não foi criado por causa da mulher, mas a mulher por causa do homem.

10Portanto, a mulher deve ter sobre a cabeça *sinal de* poderio, por causa dos anjos.

11Todavia, nem o homem *é* sem a mulher, nem a mulher sem o homem, no Senhor.

12Porque, como a mulher *provém* do homem, assim também o homem *provém* da mulher, mas tudo vem de Deus.

13Julgai entre vós mesmos: é decente que a mulher ore a Deus descoberta?

14Ou não vos ensina a mesma natureza que é desonra para o homem ter cabelo crescido?

15Mas ter a mulher cabelo crescido lhe é honroso, porque o cabelo lhe foi dado em lugar de véu.

16Mas, se alguém quiser ser contencioso, nós não temos tal costume, nem as igrejas de Deus.

A Ceia do Senhor

17Nisto, porém, que vou dizer-vos não *vos* louvo; porquanto vos ajuntais, não para melhor, senão para pior.

18Porque antes de tudo ouço que, quando vos ajuntais na igreja, há entre vós dissensões; e em parte o creio.

19E até importa que haja entre vós heresias, para que os que são sinceros se manifestem entre vós.

20De sorte que, quando vos ajuntais num lugar, não é para comer a ceia do Senhor.

21Porque, comendo, cada um toma antecipadamente a sua própria ceia; e assim um tem fome e outro embriaga-se.

22Não tendes porventura casas para comer e para beber? Ou desprezais a igreja de Deus, e envergonhais os que nada têm? Que vos direi? Louvar-vos-ei? Nisto não *vos* louvo.

23Porque eu recebi do Senhor o que também vos ensinei: que o Senhor Jesus, na noite em que foi traído, tomou o pão;

24E, tendo dado graças, o partiu e disse: Tomai, comei; isto é o meu corpo que é partido por vós; fazei isto em memória de mim.

25Semelhantemente também, depois de cear, *tomou* o cálice, dizendo: Este cálice é o novo testamento no meu sangue; fazei isto, todas as vezes que beberdes, em memória de mim.

26Porque todas as vezes que comerdes este pão e beberdes este cálice anunciais a morte do Senhor, até que venha.

27Portanto, qualquer que comer *este* pão, ou beber o cálice do Senhor indignamente, será culpado do corpo e do sangue do Senhor.

28Examine-se, pois, o homem a si mesmo, e assim coma deste pão e beba deste cálice.

29Porque o que come e bebe indignamente, come e bebe para sua própria condenação, não discernindo o corpo do Senhor.

30Por causa disto há entre vós muitos fracos e doentes, e muitos que dormem.

31Porque, se nós nos julgássemos a nós mesmos, não seríamos julgados.

32Mas, quando somos julgados, somos repreendidos pelo Senhor, para não sermos condenados com o mundo.

33Portanto, meus irmãos, quando vos ajuntais para comer, esperai uns pelos outros.

34Mas, se algum tiver fome, coma em casa, para que não vos ajunteis para juízo. Quanto às demais coisas, ordená-las-ei quando for.

Sobre os dons espirituais

12ACERCA dos *dons* espirituais, não quero, irmãos, que sejais ignorantes.

2Vós bem sabeis que éreis gentios, levados aos ídolos mudos, conforme éreis guiados.

3Portanto, vos quero fazer compreender que ninguém que fala pelo Espírito de Deus diz: Jesus é anátema, e ninguém pode dizer que Jesus *é* o Senhor, senão pelo Espírito Santo.

4Ora, há diversidade de dons, mas o Espírito *é* o mesmo.

5E há diversidade de ministérios, mas o Senhor *é* o mesmo.

6E há diversidade de operações, mas é o mesmo Deus que opera tudo em todos.

7Mas a manifestação do Espírito é dada a cada um, para o que for útil.

8Porque a um pelo Espírito é dada a palavra da sabedoria; e a outro, pelo mesmo Espírito, a palavra do conhecimento;

9E a outro, pelo mesmo Espírito, a fé; e a outro, pelo mesmo Espírito, os dons de curar;

10E a outro a operação de maravilhas; e a outro a profecia; e a outro o *dom* de discernir os espíritos; e a outro a variedade de línguas; e a outro a interpretação das línguas.

11Mas um só e o mesmo Espírito opera todas estas coisas, repartindo particularmente a cada um como quer.

12Porque, assim como o corpo é um, e tem muitos membros, e todos os membros deste um corpo, sendo muitos, são um *só* corpo, assim *é* Cristo também.

13Pois todos nós fomos batizados em um Espírito, formando um corpo, quer judeus, quer gregos, quer servos, quer livres, e todos temos bebido de um Espírito.

14Porque também o corpo não é um *só* membro, mas muitos.

15Se o pé disser: Porque não sou mão, não sou do corpo; não será por isso do corpo?

16E se a orelha disser: Porque não sou olho não sou do corpo; não será por isso do corpo?

17Se todo o corpo *fosse* olho, onde *estaria* o ouvido? Se todo *fosse* ouvido, onde *estaria* o olfato?

18Mas agora Deus colocou os membros no corpo, cada um deles como quis.

19E, se todos fossem um *só* membro, onde *estaria* o corpo?

20Assim, pois, há muitos membros, mas um corpo.

²¹E o olho não pode dizer à mão: Não tenho necessidade de ti; nem ainda a cabeça aos pés: Não tenho necessidade de vós.

²²Antes, os membros do corpo que parecem ser os mais fracos são muito mais necessários;

²³E os que reputamos serem menos honrosos no corpo, a esses honramos muito mais; e aos que em nós são menos decorosos damos muito mais honra.

²⁴Porque os que em nós são mais nobres não têm necessidade disso, mas Deus assim formou o corpo, dando muito mais honra ao que tinha falta *dela;*

²⁵Para que não haja divisão no corpo, mas antes tenham os membros igual cuidado uns dos outros.

²⁶De maneira que, se um membro padece, todos os membros padecem com ele; e, se um membro é honrado, todos os membros se regozijam com ele.

²⁷Ora, vós sois o corpo de Cristo, e seus membros em particular.

²⁸E a uns pôs Deus na igreja, primeiramente apóstolos, em segundo lugar profetas, em terceiro doutores, depois milagres, depois dons de curar, socorros, governos, variedades de línguas.

²⁹Porventura *são* todos apóstolos? *São* todos profetas? *São* todos doutores? *São* todos operadores de milagres?

³⁰Têm todos o dom de curar? Falam todos *diversas* línguas? Interpretam todos?

³¹Portanto, procurai com zelo os melhores dons; e eu vos mostrarei um caminho mais excelente.

O amor

13 AINDA que eu falasse as línguas dos homens e dos anjos, e não tivesse amor, seria como o metal que soa ou como o sino que tine.

²E ainda que tivesse *o dom de* profecia, e conhecesse todos os mistérios e todo o conhecimento, e ainda que tivesse toda a fé, de maneira tal que transportasse os montes, e não tivesse amor, nada seria.

³E ainda que distribuísse toda a minha fortuna para sustento *dos pobres,* e ainda que entregasse o meu corpo para ser queimado, e não tivesse amor, nada disso me aproveitaria.

⁴O amor é sofredor, é benigno; o amor não é invejoso; o amor não trata com leviandade, não se ensoberbece.

⁵Não se porta com indecência, não busca os seus interesses, não se irrita, não suspeita mal;

⁶Não folga com a injustiça, mas folga com a verdade;

⁷Tudo sofre, tudo crê, tudo espera, tudo suporta.

⁸O amor nunca falha; mas havendo profecias, serão aniquiladas; havendo línguas, cessarão; havendo conhecimento, desaparecerá;

⁹Porque, em parte, conhecemos, e em parte profetizamos;

¹⁰Mas, quando vier o *que é* perfeito, então o que o é em parte será aniquilado.

¹¹Quando eu era menino, falava como menino, sentia como menino, pensava como menino, mas, logo que cheguei a ser homem, acabei com as coisas de menino.

¹²Porque agora vemos por espelho em enigma, mas então veremos face a face; agora conheço em parte, mas então conhecerei como também sou conhecido.

¹³Agora, pois, permanecem a fé, a esperança e o amor, estes três, mas o maior destes *é* o amor.

Os dons de línguas e de profecia

14 SEGUI o amor, e procurai com zelo os *dons* espirituais, mas principalmente o de profetizar.

²Porque o que fala em *língua desconhecida* não fala aos homens, senão a Deus; porque ninguém *o* entende, e em espírito fala mistérios.

³Mas o que profetiza fala aos homens, *para* edificação, exortação e consolação.

⁴O que fala em língua *desconhecida* edifica-se a si mesmo, mas o que profetiza edifica a igreja.

⁵E eu quero que todos vós faleis em línguas, mas *muito* mais que profetizeis; porque o que profetiza é maior do que o que fala em línguas, a não ser que também interprete para que a igreja receba edificação.

⁶E agora, irmãos, se eu for ter convosco falando em línguas, que vos aproveitaria, se não vos falasse ou por meio da revelação, ou da ciência, ou da profecia, ou da doutrina?

⁷Da mesma sorte, se as *coisas* inanimadas, que fazem som, seja flauta, seja cítara, não formarem sons distintos, como se conhecerá o que se toca com a flauta ou com a cítara?

⁸Porque, se a trombeta der som incerto, quem se preparará para a batalha?

⁹Assim também vós, se com a língua não pronunciardes palavras bem inteligíveis, como se entenderá o que se diz? Porque estareis *como* que falando ao ar.

¹⁰Há, por exemplo, tanta espécie de vozes no mundo, e nenhuma delas *é* sem significação.

¹¹Mas, se eu ignorar o sentido da voz, serei bárbaro para aquele a quem falo, e o que fala *será* bárbaro para mim.

¹²Assim também vós, como desejais *dons* espirituais, procurai abundar *neles,* para edificação da igreja.

¹³Por Isso, o que fala em língua *desconhecida,* ore para que a possa interpretar.

¹⁴Porque, se eu orar em língua *desconhecida,* o meu espírito ora *bem,* mas o meu entendimento fica sem fruto.

¹⁵Que farei, pois? Orarei com o espírito, mas também orarei com o entendimento; cantarei com o espírito, mas também cantarei com o entendimento.

¹⁶De outra maneira, se tu bendisseres com o espírito, como dirá o que ocupa o lugar de indouto, o Amém, sobre a tua ação de graças, visto que não sabe o que dizes?

¹⁷Porque realmente tu dás bem as graças, mas o outro não é edificado.

1 CORÍNTIOS 14.18

778

[18]Dou graças ao meu Deus, porque falo mais línguas do que vós todos.

[19]Todavia eu antes quero falar na igreja cinco palavras na minha própria inteligência, para que possa também instruir os outros, do que dez mil palavras em língua *desconhecida*.

[20]Irmãos, não sejais meninos no entendimento, mas sede meninos na malícia, e adultos no entendimento.

[21]Está escrito na lei: Por gente de outras línguas, e por outros lábios, falarei a este povo; e ainda assim me não ouvirão, diz o Senhor.

[22]De sorte que as línguas são um sinal, não para os fiéis, mas para os infiéis; e a profecia não é sinal para os infiéis, mas para os fiéis.

[23]Se, pois, toda a igreja se congregar num lugar, e todos falarem em línguas, e entrarem indoutos ou infiéis, não dirão porventura que estais loucos?

[24]Mas, se todos profetizarem, e algum indouto ou infiel entrar, de todos é convencido, de todos é julgado.

[25]E, portanto, os segredos do seu coração ficam manifestos, e assim, lançando-se sobre o *seu* rosto, adorará a Deus, publicando que Deus está verdadeiramente entre vós.

[26]Que fareis, pois, irmãos? Quando vos ajuntais, cada um de vós tem salmo, tem doutrina, tem revelação, tem língua, tem interpretação. Faça-se tudo para edificação.

[27]E, se alguém falar em língua *desconhecida, faça-se isso* por dois, ou quando muito três, e por sua vez, e haja um intérprete.

[28]Mas, se não houver intérprete, esteja calado na igreja, e fale consigo mesmo, e com Deus.

[29]E falem dois ou três profetas, e os outros julguem.

[30]Mas, se a outro, que estiver assentado, for revelada *alguma coisa,* cale-se o primeiro.

[31]Porque todos podereis profetizar, uns depois dos outros; para que todos aprendam, e todos sejam consolados.

[32]E os espíritos dos profetas estão sujeitos aos profetas.

[33]Porque Deus não é *Deus* de confusão, senão de paz, como em todas as igrejas dos santos.

[34]As vossas mulheres estejam caladas nas igrejas; porque não lhes é permitido falar; mas estejam sujeitas, como também ordena a lei.

[35]E, se querem aprender alguma *coisa,* interroguem em casa a seus próprios maridos; porque é vergonhoso que as mulheres falem na igreja.

[36]Porventura saiu dentre vós a palavra de Deus? Ou veio ela somente para vós?

[37]Se alguém cuida ser profeta, ou espiritual, reconheça que as *coisas* que vos escrevo são mandamentos do Senhor.

[38]Mas, se alguém ignora isto, que ignore.

[39]Portanto, irmãos, procurai, com zelo, profetizar, e não proibais falar línguas.

[40]*Mas* faça-se tudo decentemente e com ordem.

Ressurreição

15 TAMBÉM vos notifico, irmãos, o evangelho que *já* vos tenho anunciado; o qual também recebestes, e no qual também permaneceis.

[2]Pelo qual também sois salvos se o retiverdes tal como vo-lo tenho anunciado; se não é que crestes em vão.

[3]Porque primeiramente vos entreguei o que também recebi: que Cristo morreu por nossos pecados, segundo as Escrituras,

[4]E que foi sepultado, e que ressuscitou ao terceiro dia, segundo as Escrituras;

[5]E que foi visto por Cefas, e depois pelos doze.

[6]Depois foi visto, uma vez, por mais de quinhentos irmãos, dos quais vive ainda a maior parte, mas alguns já dormem também.

[7]Depois foi visto por Tiago, depois por todos os apóstolos.

[8]E por derradeiro de todos me apareceu também a mim, como a um nascido fora de tempo.

[9]Porque eu sou o menor dos apóstolos, que não sou digno de ser chamado apóstolo, pois que persegui a igreja de Deus.

[10]Mas pela graça de Deus sou o que sou; e a sua graça para comigo não foi vã, antes trabalhei muito mais do que todos eles; todavia não eu, mas a graça de Deus, que está comigo.

[11]Então, ou seja eu ou sejam eles, assim pregamos e assim haveis crido.

[12]Ora, se se prega que Cristo ressuscitou dentre os mortos, como dizem alguns dentre vós que não há ressurreição de mortos?

[13]E, se não há ressurreição de mortos, também Cristo não ressuscitou.

[14]E, se Cristo não ressuscitou, logo é vã a nossa pregação, e também é vã a vossa fé.

[15]E assim somos também considerados como falsas testemunhas de Deus, pois testificamos de Deus, que ressuscitou a Cristo; ao qual, porém, não ressuscitou, se, na verdade, os mortos não ressuscitam.

[16]Porque, se os mortos não ressuscitam, também Cristo não ressuscitou.

[17]E, se Cristo não ressuscitou, *é* vã a vossa fé, *e* ainda permaneceis nos vossos pecados.

[18]E também os que dormiram em Cristo estão perdidos.

[19]Se esperamos em Cristo só nesta vida, somos os mais miseráveis de todos os homens.

[20]Mas de fato Cristo ressuscitou dentre os mortos, *e* foi feito as primícias dos que dormem.

[21]Porque assim como a morte *veio* por um homem, também a ressurreição dos mortos *veio* por um homem.

[22]Porque, assim como todos morrem em Adão, assim também todos serão vivificados em Cristo.

[23]Mas cada um por sua ordem: Cristo as primícias, depois os que são de Cristo, na sua vinda.

[24]Depois *virá* o fim, quando tiver entregado o reino a Deus, ao Pai, *e* quando houver aniquilado todo o império, e toda a potestade e força.

²⁵Porque convém que reine até que haja posto a todos os inimigos debaixo de seus pés. ²⁶Ora, o último inimigo *que* há de ser aniquilado *é* a morte. ²⁷Porque todas as *coisas* sujeitou debaixo de seus pés. Mas, quando diz que todas as *coisas lhe* estão sujeitas, claro está que se excetua aquele que lhe sujeitou todas *as coisas*.

²⁸E, quando todas *as coisas* lhe estiverem sujeitas, então também o mesmo Filho se sujeitará àquele que todas *as coisas* lhe sujeitou, para que Deus seja tudo em todos.

²⁹Doutra maneira, que farão os que se batizam pelos mortos, se absolutamente os mortos não ressuscitam? Por que se batizam eles então pelos mortos?

³⁰Por que estamos nós também a toda a hora em perigo?

³¹Eu protesto que cada dia morro, gloriando-me em vós, por Cristo Jesus nosso Senhor.

³²Se, como homem, combati em Éfeso contra as feras, que me aproveita isso, se os mortos não ressuscitam? Comamos e bebamos, que amanhã morreremos.

³³Não vos enganeis: as más conversações corrompem os bons costumes.

³⁴Vigiai justamente e não pequeis; porque alguns ainda não têm o conhecimento de Deus; digo-*o* para vergonha vossa.

³⁵Mas alguém dirá: Como ressuscitarão os mortos? E com que corpo virão?

³⁶Insensato! o que tu semeias não é vivificado, se *primeiro* não morrer.

³⁷E, quando semeias, não semeias o corpo que há de nascer, mas o simples grão, como de trigo, ou de outra qualquer *semente*.

³⁸Mas Deus dá-lhe o corpo como quer, e a cada semente o seu próprio corpo.

³⁹Nem toda a carne é uma mesma carne, mas uma *é* a carne dos homens, e outra a carne dos animais, e outra a dos peixes e outra a das aves.

⁴⁰E *há* corpos celestes e corpos terrestres, mas uma *é* a glória dos celestes e outra a dos terrestres.

⁴¹Uma *é* a glória do sol, e outra a glória da lua, e outra a glória das estrelas; porque *uma* estrela difere em glória *de* outra estrela.

⁴²Assim também a ressurreição dentre os mortos. Semeia-se *o corpo* em corrupção; ressuscitará em incorrupção.

⁴³Semeia-se em ignomínia, ressuscitará em glória. Semeia-se em fraqueza, ressuscitará com vigor.

⁴⁴Semeia-se corpo natural, ressuscitará corpo espiritual. Há corpo natural, e há também corpo espiritual.

⁴⁵Assim está também escrito: O primeiro homem, Adão, foi feito em alma vivente; o último Adão em espírito vivificante.

⁴⁶Mas não *é* primeiro o espiritual, senão o natural; depois o espiritual.

⁴⁷O primeiro homem, da terra, é terreno; o segundo homem, o Senhor, é do céu.

⁴⁸Qual o terreno, tais são também os terrestres; e, qual o celestial, tais também os celestiais.

⁴⁹E, assim como trouxemos a imagem do terreno, assim traremos também a imagem do celestial.

⁵⁰E agora digo isto, irmãos: que a carne e o sangue não podem herdar o reino de Deus, nem a corrupção herdar a incorrupção.

⁵¹Eis aqui vos digo um mistério: Na verdade, nem todos dormiremos, mas todos seremos transformados;

⁵²Num momento, num abrir e fechar de olhos, ante a última trombeta; porque a trombeta soará, e os mortos ressuscitarão incorruptíveis, e nós seremos transformados.

⁵³Porque convém que isto que é corruptível se revista da incorruptibilidade, e que isto que é mortal se revista da imortalidade.

⁵⁴E, quando isto que é corruptível se revestir da incorruptibilidade, e isto que é mortal se revestir da imortalidade, então cumprir-se-á a palavra que está escrita: Tragada foi a morte na vitória.

⁵⁵Onde *está*, ó morte, o teu aguilhão? Onde *está*, ó inferno, a tua vitória?

⁵⁶Ora, o aguilhão da morte *é* o pecado, e a força do pecado *é* a lei.

⁵⁷Mas graças a Deus que nos dá a vitória por nosso Senhor Jesus Cristo.

⁵⁸Portanto, meus amados irmãos, sede firmes e constantes, sempre abundantes na obra do Senhor, sabendo que o vosso trabalho não é vão no Senhor.

Coleta para os crentes de Jerusalém

16 ORA, quanto à coleta que se faz para os santos, fazei vós também o mesmo que ordenei às igrejas da Galácia.

²No primeiro *dia* da semana cada um de vós ponha de parte o que puder ajuntar, conforme a sua prosperidade, para que não se façam as coletas quando eu chegar.

³E, quando tiver chegado, mandarei os que por cartas aprovardes, para levar a vossa dádiva a Jerusalém.

⁴E, se valer a pena que eu também vá, irão comigo.

⁵Irei, porém, ter convosco depois de ter passado pela Macedônia (porque tenho de passar pela Macedônia).

⁶E bem pode ser que fique convosco, e passe também o inverno, para que me acompanheis aonde quer que eu for.

⁷Porque não vos quero agora ver de passagem, mas espero ficar convosco algum tempo, se o Senhor o permitir.

⁸Ficarei, porém, em Éfeso até ao Pentecostes;

⁹Porque uma porta grande e eficaz se me abriu; e *há* muitos adversários.

¹⁰E, se Timóteo for, vede que esteja sem temor convosco; porque trabalha na obra do Senhor, como eu também.

¹¹Portanto, ninguém o despreze, mas acompanhai-o em paz, para que venha ter comigo; pois o espero com os irmãos.

1 CORÍNTIOS 16.12

¹²E, acerca do irmão Apolo, roguei-lhe muito que fosse com os irmãos ter convosco, mas, na verdade, não teve vontade de ir agora; irá, porém, quando se lhe oferecer boa ocasião.

Exortações e saudações

¹³Vigiai, estai firmes na fé; portai-vos varonilmente, *e* fortalecei-vos.

¹⁴Todas as vossas *coisas* sejam feitas com amor.

¹⁵Agora vos rogo, irmãos (sabeis que a família de Estéfanas é as primícias da Acaia, e que se tem dedicado ao ministério dos santos),

¹⁶Que também vos sujeiteis aos tais, e a todo aquele que auxilia na obra e trabalha.

¹⁷Folgo, porém, com a vinda de Estéfanas, de Fortunato e de Acaico; porque estes supriram o que da vossa *parte me* faltava.

¹⁸Porque recrearam o meu espírito e o vosso. Reconhecei, pois, aos tais.

¹⁹As igrejas da Ásia vos saúdam. Saúdam-vos afetuosamente no Senhor Áquila e Priscila, com a igreja que está em sua casa.

²⁰Todos os irmãos vos saúdam. Saudai-vos uns aos outros com ósculo santo.

²¹Saudação da minha *própria* mão, de Paulo.

²²Se alguém não ama ao Senhor Jesus Cristo, seja anátema. Maranata!

²³A graça do Senhor Jesus Cristo *seja* convosco.

²⁴O meu amor seja com todos vós em Cristo Jesus. Amém.

SEGUNDA EPÍSTOLA DO APÓSTOLO PAULO AOS
CORÍNTIOS

Prefácio e saudação

1 PAULO, apóstolo de Jesus Cristo, pela vontade de Deus, e o irmão Timóteo, à igreja de Deus, que está em Corinto, com todos os santos que estão em toda a Acaia.

²Graça a vós e paz da parte de Deus nosso Pai, e da do Senhor Jesus Cristo.

Consolação do apóstolo em meio aos sofrimentos

³Bendito *seja* o Deus e Pai de nosso Senhor Jesus Cristo, o Pai das misericórdias e o Deus de toda a consolação;

⁴Que nos consola em toda a nossa tribulação, para que também possamos consolar os que estiverem em alguma tribulação, com a consolação com que nós mesmos somos consolados por Deus.

⁵Porque, como as aflições de Cristo são abundantes em nós, assim também é abundante a nossa consolação por meio de Cristo.

⁶Mas, se somos atribulados, *é* para vossa consolação e salvação; ou, se somos consolados, para vossa consolação e salvação é, a qual se opera suportando com paciência as mesmas aflições que nós também padecemos;

⁷E a nossa esperança acerca de vós é firme, sabendo que, como sois participantes das aflições, assim o *sereis* também da consolação.

⁸Porque não queremos, irmãos, que ignoreis a nossa tribulação que nos sobreveio na Ásia, pois que fomos sobremaneira agravados mais do que podíamos suportar, de modo tal que até da vida desesperamos.

⁹Mas já em nós mesmos tínhamos a sentença de morte, para que não confiássemos em nós, mas em Deus, que ressuscita os mortos;

¹⁰O qual nos livrou de tão grande morte, e livra; em quem esperamos que também *nos* livrará ainda,

¹¹Ajudando-nos também vós com orações por nós, para que pelo benefício, que por muitas pessoas *nos foi feita*, por muitas *também* sejam dadas graças a nosso respeito.

A sinceridade de Paulo

¹²Porque a nossa glória é esta: o testemunho da nossa consciência, de que com simplicidade e sinceridade de Deus, não com sabedoria carnal, mas na graça de Deus, temos vivido no mundo, e de modo particular convosco.

¹³Porque nenhumas outras *coisas* vos escrevemos, senão as que *já* sabeis ou também reconheceis; e espero que também até ao fim as reconhecereis.

¹⁴Como também *já* em parte reconhecestes em nós, que somos a vossa glória, como também vós *sereis* a nossa no dia do Senhor Jesus.

¹⁵E com esta confiança quis primeiro ir ter convosco, para que tivésseis uma segunda graça;

¹⁶E por vós passar à Macedônia, e da Macedônia ir outra vez ter convosco, e ser guiado por vós à Judeia.

¹⁷E, deliberando isto, usei porventura de leviandade? Ou o que delibero, o delibero segundo a carne, para que haja em mim sim, sim, e não, não?

¹⁸Antes, como Deus é fiel, a nossa palavra para convosco não foi sim e não.

¹⁹Porque o Filho de Deus, Jesus Cristo, que entre vós foi pregado por nós, isto é, por mim, Silvano e Timóteo, não foi sim e não; mas nele houve sim.

²⁰Porque todas quantas promessas há de Deus, são nele sim, e por ele o Amém, para glória de Deus por nós.

²¹Mas o que nos confirma convosco em Cristo, e o que nos ungiu, *é* Deus,

²²O qual também nos selou e deu o penhor do Espírito em nossos corações.

²³Invoco, porém, a Deus por testemunha sobre a minha alma, que para vos poupar não tenho até agora ido a Corinto;

²⁴Não que tenhamos domínio sobre a vossa fé, mas porque somos cooperadores de vosso gozo; porque pela fé estais *em pé*.

2 MAS deliberei isto comigo mesmo: não ir mais ter convosco em tristeza.

²Porque, se eu vos entristeço, quem é que me alegrará, senão aquele que por mim foi contristado?

³E escrevi-vos isto mesmo, para que, quando *lá* for, não tenha tristeza da parte dos que deveriam alegrar-me; confiando em vós todos, que a minha alegria é a de todos vós.

⁴Porque em muita tribulação e angústia do coração vos escrevi, com muitas lágrimas, não para que vos entristecêsseis, mas para que conhecêsseis o amor que abundantemente vos tenho.

⁵Porque, se alguém *me* contristou, não me contristou *a mim* senão em parte, para vos não sobrecarregar a vós todos.

⁶Basta-lhe ao tal esta repreensão feita por muitos.

⁷De maneira que pelo contrário deveis antes perdoar-lhe e consolá-lo, para que o tal não seja de modo algum devorado de demasiada tristeza.

⁸Por isso vos rogo que confirmeis para com ele o vosso amor.

⁹E para isso vos escrevi também, para por esta prova saber se sois obedientes em tudo.

¹⁰E a quem perdoardes alguma *coisa*, também eu; porque se eu também perdoei alguma coisa, a quem a perdoei por amor de vós o *fiz* na presença de Cristo; para que não sejamos sobrepujados por Satanás;

2 CORÍNTIOS 2.11 782

[11]Porque não ignoramos os seus ardis.

O ministério de Paulo

[12]Ora, quando cheguei a Trôade para *pregar* o evangelho de Cristo, e abrindo-se-me uma porta no Senhor,

[13]Não tive descanso no meu espírito, porque não achei ali meu irmão Tito; mas, despedindo-me deles, parti para a Macedônia.

O bom perfume de Cristo

[14]E graças a Deus, que sempre nos faz triunfar em Cristo, e por meio de nós manifesta em todo o lugar a fragrância do seu conhecimento.

[15]Porque para Deus somos o bom perfume de Cristo, nos que se salvam e nos que se perdem.

[16]Para estes certamente cheiro de morte para morte; mas para aqueles cheiro de vida para vida. E para estas *coisas* quem *é* idôneo?

[17]Porque nós não somos, como muitos, *que* ganham falsificando a palavra de Deus, antes *a* falamos em Cristo com sinceridade, antes como de Deus na presença de Deus.

Superioridade da nova aliança sobre a antiga

3 PORVENTURA começamos outra vez a louvar-nos a nós mesmos? Ou necessitamos, como alguns, de cartas de recomendação para vós, ou de recomendação de vós?

[2]Vós sois a nossa carta, escrita em nossos corações, conhecida e lida por todos os homens.

[3]Porque *já é* manifesto que vós sois a carta de Cristo, ministrada por nós, e escrita, não com tinta, mas com o Espírito do Deus vivo, não em tábuas de pedra, mas nas tábuas de carne do coração.

[4]E é por Cristo que temos tal confiança em Deus;

[5]Não que sejamos capazes, por nós, de pensar alguma coisa, como de nós mesmos; mas a nossa capacidade *vem* de Deus,

[6]O qual nos fez também capazes *de ser* ministros de um novo testamento, não da letra, mas do espírito; porque a letra mata e o espírito vivifica.

[7]E, se o ministério da morte, gravado com letras em pedras, veio em glória, de maneira que os filhos de Israel não podiam fitar os olhos na face de Moisés, por causa da glória do seu rosto, a qual era transitória,

[8]Como não será de maior glória o ministério do Espírito?

[9]Porque, se o ministério da condenação *foi* glorioso, muito mais excederá em glória o ministério da justiça.

[10]Porque também o que foi glorificado nesta parte não foi glorificado, por causa desta excelente glória.

[11]Porque, se o que era transitório *foi* para glória, muito mais é em glória o que permanece.

[12]Tendo, pois, tal esperança, usamos de muita ousadia no falar.

[13]E não somos como Moisés, *que* punha um véu sobre a sua face, para que os filhos de Israel não olhassem firmemente para o fim daquilo que era transitório.

[14]Mas os seus sentidos foram endurecidos; porque até hoje o mesmo véu está por levantar na lição do velho testamento, o qual foi por Cristo abolido;

[15]E até hoje, quando é lido Moisés, o véu está posto sobre o coração deles.

[16]Mas, quando se converterem ao Senhor, *então* o véu se tirará.

[17]Ora, o Senhor é o Espírito; e onde *está* o Espírito do Senhor, aí *há* liberdade.

[18]Mas todos nós, com rosto descoberto, refletindo como um espelho a glória do Senhor, somos transformados de glória em glória na mesma imagem, como pelo Espírito do Senhor.

Dificuldades da tarefa

4 POR isso, tendo este ministério, segundo a misericórdia que nos foi feita, não desfalecemos;

[2]Antes, rejeitamos as *coisas* que por vergonha se ocultam, não andando com astúcia nem falsificando a palavra de Deus; e assim nos recomendamos à consciência de todo o homem, na presença de Deus, pela manifestação da verdade.

[3]Mas, se ainda o nosso evangelho está encoberto, para os que se perdem está encoberto.

[4]Nos quais o deus deste século cegou os entendimentos dos incrédulos, para que lhes não resplandeça a luz do evangelho da glória de Cristo, que é a imagem de Deus.

[5]Porque não nos pregamos a nós mesmos, mas a Cristo Jesus, o Senhor; e nós mesmos *somos* vossos servos por amor de Jesus.

[6]Porque Deus, que disse que das trevas resplandecesse a luz, é quem resplandeceu em nossos corações, para iluminação do conhecimento da glória de Deus, na face de Jesus Cristo.

[7]Temos, porém, este tesouro em vasos de barro, para que a excelência do poder seja de Deus, e não de nós.

Motivos de confiança e encorajamento

[8]Em tudo *somos* atribulados, mas não angustiados; perplexos, mas não desanimados.

[9]Perseguidos, mas não desamparados; abatidos, mas não destruídos;

[10]Trazendo sempre por toda a parte a mortificação do Senhor Jesus no corpo, para que a vida de Jesus se manifeste também no nosso corpo;

[11]E assim nós, que vivemos, estamos sempre entregues à morte por amor de Jesus, para que a vida de Jesus se manifeste também na nossa carne mortal.

[12]De maneira que em nós opera a morte, mas em vós a vida.

[13]E temos, portanto, o mesmo espírito de fé, como está escrito: Cri, por isso falei; nós cremos também, por isso também falamos.

[14]Sabendo que o que ressuscitou o Senhor Jesus

nos ressuscitará também por Jesus, e nos apresentará convosco.

¹⁵Porque tudo isto é por amor de vós, para que a graça, multiplicada por meio de muitos, faça abundar a ação de graças para glória de Deus.

¹⁶Por isso não desfalecemos; mas, ainda que o nosso homem exterior se corrompa, o interior, contudo, se renova de dia em dia.

¹⁷Porque a nossa leve e momentânea tribulação produz para nós um peso eterno de glória mui excelente;

¹⁸Não atentando nós nas *coisas* que se veem, mas nas que se não veem; porque as que se veem são temporais, e as que se não veem *são* eternas.

5 PORQUE sabemos que, se a nossa casa terrestre *deste* tabernáculo se desfizer, temos de Deus *um* edifício, uma casa não feita por mãos, eterna, nos céus.

²E por isso também gememos, desejando ser revestidos da nossa habitação, que é do céu;

³Se, todavia, estando vestidos, não formos achados nus.

⁴Porque também nós, os que estamos *neste* tabernáculo, gememos carregados; não porque queremos ser despidos, mas revestidos, para que o mortal seja absorvido pela vida.

⁵Ora, quem para isto mesmo nos preparou *foi* Deus, o qual nos deu também o penhor do Espírito.

⁶Por isso *estamos* sempre de bom ânimo, sabendo que, enquanto estamos no corpo, vivemos ausentes do Senhor

⁷(Porque andamos por fé, *e* não por vista).

⁸Mas temos confiança e desejamos antes deixar este corpo, para habitar com o Senhor.

⁹Pois que muito desejamos também ser-lhe agradáveis, quer presentes, quer ausentes.

¹⁰Porque todos devemos comparecer ante o tribunal de Cristo, para que cada um receba segundo o que *tiver feito* por meio do corpo, ou bem, ou mal.

¹¹Assim que, sabendo o temor que *se deve* ao Senhor, persuadimos os homens *à fé*, mas somos manifestos a Deus; e espero que nas vossas consciências sejamos também manifestos.

¹²Porque não nos recomendamos outra vez a vós; mas damo-vos ocasião de vos gloriardes de nós, para que tenhais *que responder* aos que se gloriam na aparência e não *no* coração.

¹³Porque, se enlouquecemos, *é* para Deus; e, se conservamos o juízo, *é* para vós.

¹⁴Porque o amor de Cristo nos constrange, julgando nós assim: que, se um morreu por todos, logo todos morreram.

¹⁵E ele morreu por todos, para que os que vivem não vivam mais para si, mas para aquele que por eles morreu e ressuscitou.

¹⁶Assim que daqui por diante a ninguém conhecemos segundo a carne, e, ainda que também tenhamos conhecido Cristo segundo a carne, contudo agora já não o conhecemos *deste modo*.

¹⁷Assim que, se alguém *está* em Cristo, nova criatura *é;* as *coisas* velhas já passaram; eis que tudo se fez novo.

O ministério da reconciliação

¹⁸E tudo isto provém de Deus, que nos reconciliou consigo mesmo por Jesus Cristo, e nos deu o ministério da reconciliação;

¹⁹Isto é, Deus estava em Cristo reconciliando consigo o mundo, não lhes imputando os seus pecados; e pôs em nós a palavra da reconciliação.

²⁰De sorte que somos embaixadores da parte de Cristo, como se Deus por nós rogasse. Rogamo-vos, *pois,* da parte de Cristo, que vos reconcilieis com Deus.

²¹Àquele que não conheceu pecado, o fez pecado por nós; para que nele fôssemos feitos justiça de Deus.

Devotamento e fidelidade de Paulo em seu ministério

6 E NÓS, cooperando também com ele, vos exortamos a que não recebais a graça de Deus em vão

²(Porque diz:

Ouvi-te em tempo aceitável
E socorri-te no dia da salvação;

Eis aqui agora o tempo aceitável,
eis aqui agora o dia da salvação).

³Não dando nós escândalo em *coisa* alguma, para que o nosso ministério não seja censurado;

⁴Antes, como ministros de Deus, tornando-nos recomendáveis em tudo; na muita paciência, nas aflições, nas necessidades, nas angústias,

⁵Nos açoites, nas prisões, nos tumultos, nos trabalhos, nas vigílias, nos jejuns,

⁶Na pureza, no conhecimento, na longanimidade, na benignidade, no Espírito Santo, no amor não fingido,

⁷Na palavra da verdade, no poder de Deus, pelas armas da justiça, à direita e à esquerda,

⁸Por honra e por desonra, por infâmia e por boa fama; como enganadores, e *sendo* verdadeiros;

⁹Como desconhecidos, mas sendo bem conhecidos; como morrendo, e eis que vivemos; como castigados, e não mortos;

¹⁰Como contristados, mas sempre alegres; como pobres, mas enriquecendo a muitos; como nada tendo, e possuindo tudo.

¹¹Ó coríntios, a nossa boca está aberta para vós, o nosso coração está dilatado.

¹²Não estais estreitados em nós; mas estais estreitados nos vossos próprios afetos.

¹³Ora, em recompensa disto, (falo como a filhos) dilatai-vos também vós.

Exortação à separação

¹⁴Não vos prendais a um jugo desigual com os infiéis; porque, que sociedade tem a justiça com a injustiça? E que comunhão tem a luz com as trevas?

¹⁵E que concórdia há entre Cristo e Belial? Ou que parte tem o fiel com o infiel?

2 CORÍNTIOS 6.16

784

[16]E que consenso tem o templo de Deus com os ídolos? Porque vós sois o templo do Deus vivente, como Deus disse: Neles habitarei, e entre eles andarei; e eu serei o seu Deus e eles serão o meu povo.

[17]Por isso saí do meio deles, e apartai-vos,
diz o Senhor;
E não toqueis nada imundo,
E eu vos receberei;
[18]E eu serei para vós Pai,
E vós sereis para mim filhos e filhas,
Diz o Senhor Todo-Poderoso.

7 ORA, amados, pois que temos tais promessas, purifiquemo-nos de toda a imundícia da carne e do espírito, aperfeiçoando a santificação no temor de Deus.

[2]Recebei-nos em vossos corações; a ninguém agravamos, a ninguém corrompemos, de ninguém buscamos o nosso proveito.

[3]Não digo *isto* para *vossa* condenação; pois já antes tinha dito que estais em nossos corações para juntamente morrer e viver.

[4]Grande é a ousadia da minha fala para convosco, e grande a minha glória a respeito de vós; estou cheio de consolação; transbordo de gozo em todas as nossas tribulações.

Alegria do apóstolo na aflição

[5]Porque, mesmo quando chegamos à Macedônia, a nossa carne não teve repouso algum; antes em tudo fomos atribulados: por fora combates, temores por dentro.

[6]Mas Deus, que consola os abatidos, nos consolou com a vinda de Tito.

[7]E não somente com a sua vinda, mas também pela consolação com que foi consolado por vós, contando-nos as vossas saudades, o vosso choro, o vosso zelo por mim, de maneira que muito me regozijei.

[8]Porquanto, ainda que vos contristei com a minha carta, não me arrependo, embora já me tivesse arrependido por ver que aquela carta vos contristou, ainda que por pouco tempo.

[9]Agora folgo, não porque fostes contristados, mas porque fostes contristados para arrependimento; pois fostes contristados segundo Deus; de maneira que por nós não padecestes dano em coisa alguma.

[10]Porque a tristeza segundo Deus opera arrependimento para a salvação, da qual ninguém se arrepende; mas a tristeza do mundo opera a morte.

[11]Porque, quanto cuidado não produziu isto mesmo em vós que, segundo Deus, fostes contristados! Que apologia, que indignação, que temor, que saudades, que zelo, que vingança! Em tudo mostrastes estar puros neste negócio.

[12]Portanto, ainda que vos escrevi, não *foi* por causa do que fez o agravo, nem por causa do que sofreu o agravo, mas para que o vosso grande cuidado por nós fosse manifesto diante de Deus.

[13]Por isso fomos consolados pela vossa consolação, e muito mais nos alegramos pela alegria de Tito, porque o seu espírito foi recreado por vós todos.

[14]Porque, se nalguma coisa me gloriei de vós para com ele, não fiquei envergonhado; mas, como vos dissemos tudo com verdade, também a nossa glória para com Tito se achou verdadeira.

[15]E o seu entranhável afeto para convosco é mais abundante, lembrando-se da obediência de vós todos, *e* de como o recebestes com temor e tremor.

[16]Regozijo-me de em tudo poder confiar em vós.

As coletas para os crentes de Jerusalém

8 TAMBÉM, irmãos, vos fazemos conhecer a graça de Deus dada às igrejas da Macedônia;

[2]Como em muita prova de tribulação houve abundância do seu gozo, e como a sua profunda pobreza abundou em riquezas da sua generosidade.

[3]Porque, segundo o *seu* poder (o que eu *mesmo* testifico) e ainda acima do *seu* poder, *deram* voluntariamente.

[4]Pedindo-nos com muitos rogos que aceitássemos a graça e a comunicação deste serviço, que *se fazia* para com os santos.

[5]E não *somente fizeram* como nós esperávamos, mas a si mesmos se deram primeiramente ao Senhor, e *depois* a nós, pela vontade de Deus.

[6]De maneira que exortamos a Tito que, assim como antes tinha começado, assim também acabasse esta graça entre vós.

[7]Portanto, assim como em tudo abundais em fé, e em palavra, e em conhecimento, e em toda a diligência, e em vosso amor para conosco, assim também abundeis nesta graça.

[8]Não digo isto como quem manda, mas para provar, pela diligência dos outros, a sinceridade de vosso amor.

[9]Porque *já* sabeis a graça de nosso Senhor Jesus Cristo que, sendo rico, por amor de vós se fez pobre; para que pela sua pobreza enriquecêsseis.

[10]E nisto dou o *meu* parecer; pois isto convém a vós que, desde o ano passado, começastes; e não foi só praticar, mas também querer.

[11]Agora, porém, completai também o já começado, para que, assim como houve a prontidão de vontade, haja também o cumprimento, *segundo* o que tendes.

[12]Porque, se há prontidão de vontade, será aceita segundo o que qualquer tem, *e* não segundo o que não tem.

[13]Mas, não *digo isto* para que os outros tenham alívio, e vós opressão,

[14]Mas *para* igualdade; neste tempo presente, a vossa abundância *supra* a falta dos outros, para que também a sua abundância *supra* a vossa falta, e haja igualdade;

[15]Como está escrito: O que muito *colheu* não teve demais; e o que pouco, não teve de menos.

O novo encargo de Tito

¹⁶Mas, graças a Deus, que pôs a mesma solicitude por vós no coração de Tito;

¹⁷Pois aceitou a exortação, e muito diligente partiu voluntariamente para vós.

¹⁸E com ele enviamos aquele irmão cujo louvor no evangelho *está espalhado* em todas as igrejas.

¹⁹E não só *isto,* mas *foi* também escolhido pelas igrejas para companheiro da nossa viagem, nesta graça que por nós é ministrada para glória do mesmo Senhor, e prontidão do vosso ânimo;

²⁰Evitando isto, que alguém nos vitupere por esta abundância, que por nós é ministrada;

²¹Pois procuramos o que é honesto, não só diante do Senhor, mas também diante dos homens.

²²Com eles enviamos também *outro* nosso irmão, o qual muitas vezes, e em muitas *coisas,* já experimentamos ser diligente, e agora muito mais diligente ainda pela muita confiança que em vós *tem.*

²³Quanto a Tito, *é* meu companheiro, e cooperador para convosco; quanto a nossos irmãos, *são* embaixadores das igrejas *e* glória de Cristo.

²⁴Portanto, mostrai para com eles, e perante a face das igrejas, a prova do vosso amor, e da nossa glória acerca de vós.

Exortação à liberalidade

9 QUANTO à administração que *se faz* a favor dos santos, não necessito escrever-vos;

²Porque bem sei a prontidão do vosso ânimo, da qual me glorio de vós para com os macedônios; que a Acaia está pronta desde o ano passado; e o vosso zelo tem estimulado muitos.

³Mas enviei estes irmãos, para que a nossa glória, acerca de vós, não seja vã nesta parte; para que (como já disse) possais estar prontos,

⁴A fim de que, se acaso os macedônios vierem comigo, e vos acharem desapercebidos, não nos envergonharmos nós (para não dizermos vós) deste firme fundamento de glória.

⁵Portanto, tive por coisa necessária exortar estes irmãos, para que primeiro fossem ter convosco, e preparassem de antemão a vossa bênção, já antes anunciada, para que esteja pronta como bênção, e não como avareza.

⁶E *digo* isto: Que o que semeia pouco, pouco também ceifará; e o que semeia em abundância, em abundância ceifará.

⁷Cada um *contribua* segundo propôs no seu coração; não com tristeza, ou por necessidade; porque Deus ama ao que dá com alegria.

⁸E Deus *é* poderoso para fazer abundar em vós toda a graça, a fim de que tendo sempre, em tudo, toda a suficiência, abundeis em toda a boa obra;

⁹Conforme está escrito:

Espalhou, deu aos pobres;
A sua justiça permanece para sempre.

¹⁰Ora, aquele que dá a semente ao que semeia, também vos dê pão para comer, e multiplique a vossa sementeira, e aumente os frutos da vossa justiça;

¹¹Para que em tudo enriqueçais para toda a beneficência, a qual faz *que* por nós *se deem* graças a Deus.

¹²Porque a administração deste serviço, não só supre as necessidades dos santos, mas também é abundante em muitas graças, *que se dão* a Deus.

¹³Visto como, na prova desta administração, glorificam a Deus pela submissão, que confessais quanto ao evangelho de Cristo, e pela liberalidade de vossos dons para com eles, e para com todos;

¹⁴E pela sua oração por vós, tendo de vós saudades, por causa da excelente graça de Deus que em vós há.

¹⁵Graças a Deus, pois, pelo seu dom inefável.

Paulo defende seu ministério

10 ALÉM disto, eu, Paulo, vos rogo, pela mansidão e benignidade de Cristo, eu que, na verdade, quando presente entre vós, *sou* humilde, mas ausente, ousado para convosco;

²Rogo-*vos,* pois, que, quando estiver presente, não me veja obrigado a usar com confiança da ousadia que espero ter com alguns, que nos julgam, como se andássemos segundo a carne.

³Porque, andando na carne, não militamos segundo a carne.

⁴Porque as armas da nossa milícia não são carnais, mas sim poderosas em Deus para destruição das fortalezas;

⁵Destruindo argumentos, e toda a altivez que se levanta contra o conhecimento de Deus, e levando cativo todo o entendimento à obediência de Cristo;

⁶E estando prontos para vingar toda a desobediência, quando for cumprida a vossa obediência.

⁷Olhais para as coisas segundo a aparência? Se alguém confia de si mesmo que é de Cristo, pense outra vez isto consigo, que, assim como ele *é* de Cristo, também nós de Cristo *somos.*

⁸Porque, ainda que eu me glorie mais alguma coisa do nosso poder, o qual o Senhor nos deu para edificação, e não para vossa destruição, não me envergonharei.

⁹Para que não pareça como se quisera intimidar-vos por cartas.

¹⁰Porque as suas cartas, dizem, *são* graves e fortes, mas a presença do corpo *é* fraca, e a palavra desprezível.

¹¹Pense o tal isto, que, quais somos na palavra por cartas, *estando* ausentes, tais seremos também por obra, estando presentes.

¹²Porque não ousamos classificar-nos, ou comparar-nos com alguns, que se louvam a si mesmos; mas estes que se medem a si mesmos, e se comparam consigo mesmos, estão sem entendimento.

¹³Porém, não nos gloriaremos fora da medida, mas conforme a reta medida que Deus nos deu, para chegarmos até vós;

¹⁴Porque não nos estendemos além do que convém, como se não houvéssemos de chegar até vós,

pois *já* chegamos também até vós no evangelho de Cristo,

¹⁵Não nos gloriando fora da medida nos trabalhos alheios; antes tendo esperança de que, crescendo a vossa fé, seremos abundantemente engrandecidos entre vós, conforme a nossa regra,

¹⁶Para anunciar o evangelho nos *lugares* que estão além de vós *e* não em campo de outro, para não nos gloriarmos no que estava já preparado.

¹⁷Aquele, porém, que se gloria, glorie-se no Senhor.

¹⁸Porque não é aprovado quem a si mesmo se louva, mas, sim, aquele a quem o Senhor louva.

Paulo continua a sua defesa

11 QUISERA eu me suportásseis um pouco na *minha* loucura! Suportai-me, porém, ainda.

²Porque estou zeloso de vós com zelo de Deus; porque vos tenho preparado para *vos* apresentar *como* uma virgem pura a um marido, *a saber*, a Cristo.

³Mas temo que, assim como a serpente enganou Eva com a sua astúcia, assim também sejam de alguma sorte corrompidos os vossos sentidos, *e se apartem* da simplicidade que há em Cristo.

⁴Porque, se alguém vindo pregar-vos outro Jesus que nós não temos pregado, ou *se* recebeis outro espírito que não recebestes, ou outro evangelho que não abraçastes, com razão *o* sofreríeis.

⁵Porque penso que em nada fui inferior aos mais excelentes apóstolos.

⁶E, se *sou* rude na palavra, não o *sou* contudo no conhecimento; mas já em todas as coisas nos temos feito conhecer totalmente entre vós.

⁷Pequei, porventura, humilhando-me a mim mesmo, para que vós fôsseis exaltados, porque de graça vos anunciei o evangelho de Deus?

⁸Outras igrejas despojei eu para vos servir, recebendo *delas* salário; e quando estava presente convosco, e tinha necessidade, a ninguém fui pesado.

⁹Porque os irmãos que vieram da Macedônia supriram a minha necessidade; e em tudo me guardei de vos ser pesado, e *ainda* me guardarei.

¹⁰Como a verdade de Cristo está em mim, esta glória não se me será impedida nas regiões da Acaia.

¹¹Por quê? Porque não vos amo? Deus o sabe.

¹²Mas o que eu faço o farei, para cortar ocasião aos que buscam ocasião, a fim de que, naquilo em que se gloriam, sejam achados assim como nós.

¹³Porque tais falsos apóstolos *são* obreiros fraudulentos, transfigurando-se em apóstolos de Cristo.

¹⁴E não é maravilha, porque o próprio Satanás se transfigura em anjo de luz.

¹⁵Não *é* muito, pois, que os seus ministros se transfigurem em ministros da justiça; o fim dos quais será conforme as suas obras.

¹⁶Outra vez digo: Ninguém me julgue ser insensato, ou então recebei-me como insensato, para que também me glorie um pouco.

¹⁷O que digo, não o digo segundo o Senhor, mas como por loucura, nesta confiança de gloriar-me.

¹⁸Pois que muitos se gloriam segundo a carne, eu também me gloriarei.

¹⁹Porque, sendo vós sensatos, de boa mente tolerais os insensatos.

²⁰Pois sois sofredores, se alguém vos põe em servidão, se alguém *vos* devora, se alguém *vos* apanha, se alguém se exalta, se alguém vos fere no rosto.

²¹Envergonhado o digo, como se nós fôssemos fracos, mas no que qualquer tem ousadia (com insensatez falo) também eu tenho ousadia.

²²São hebreus? Também eu. São israelitas? Também eu. São descendência de Abraão? Também eu.

²³São ministros de Cristo? (falo como fora de mim) eu ainda mais: em trabalhos, muito mais; em açoites, mais do que eles; em prisões, muito mais; em *perigo de* morte, muitas vezes.

²⁴Recebi dos judeus cinco quarentenas *de açoites* menos um.

²⁵Três vezes fui açoitado com varas, uma vez fui apedrejado, três vezes sofri naufrágio, uma noite e um dia passei no abismo;

²⁶Em viagens muitas vezes, em perigos de rios, em perigos de salteadores, em perigos dos da *minha* nação, em perigos dos gentios, em perigos na cidade, em perigos no deserto, em perigos no mar, em perigos entre os falsos irmãos;

²⁷Em trabalhos e fadiga, em vigílias muitas vezes, em fome e sede, em jejum muitas vezes, em frio e nudez.

²⁸Além das coisas exteriores, me oprime cada dia o cuidado de todas as igrejas.

²⁹Quem enfraquece, que eu também não enfraqueça? Quem se escandaliza, que eu me não abrase?

³⁰Se convém gloriar-me, gloriar-me-ei no que diz respeito à minha fraqueza.

³¹O Deus e Pai de nosso Senhor Jesus Cristo, que é eternamente bendito, sabe que não minto.

³²Em Damasco, o que governava sob o rei Aretas pôs guardas às portas da cidade dos damascenos, querendo me prender.

³³E fui descido num cesto por uma janela da muralha; e *assim* escapei das suas mãos.

Visões e provas do Senhor

12 EM verdade que não convém gloriar-me; mas passarei às visões e revelações do Senhor.

²Conheço um homem em Cristo que há catorze anos (se no corpo, não sei, se fora do corpo, não sei; Deus o sabe) foi arrebatado ao terceiro céu.

³E sei que o tal homem (se no corpo, se fora do corpo, não sei; Deus o sabe)

⁴Foi arrebatado ao paraíso; e ouviu palavras inefáveis, que ao homem não é lícito falar.

⁵De alguém assim me gloriarei eu, mas de mim mesmo não me gloriarei, senão nas minhas fraquezas.

⁶Porque, se quiser gloriar-me, não serei néscio, porque direi a verdade; mas deixo *isto,* para que ninguém cuide de mim mais do que em mim vê ou de mim ouve.

787   2 CORÍNTIOS 13.14

⁷E, para que não me exaltasse pela excelência das revelações, foi-me dado um espinho na carne, *a saber*, um mensageiro de Satanás para me esbofetear, a fim de não me exaltar.

⁸Acerca do qual três vezes orei ao Senhor para que se desviasse de mim.

⁹E disse-me: A minha graça te basta, porque o meu poder se aperfeiçoa na fraqueza. De boa vontade, pois, me gloriarei nas minhas fraquezas, para que em mim habite o poder de Cristo.

¹⁰Por isso sinto prazer nas fraquezas, nas injúrias, nas necessidades, nas perseguições, nas angústias por amor de Cristo. Porque quando estou fraco então sou forte.

¹¹Fui néscio em gloriar-me; vós me constrangestes. Porque eu devia ter sido louvado por vós, visto que em nada fui inferior aos mais excelentes apóstolos, ainda que nada sou.

¹²Os sinais do meu apostolado foram manifestados entre vós com toda a paciência, por sinais, prodígios e maravilhas.

¹³Pois, em que tendes vós sido inferiores às outras igrejas, a não ser que eu mesmo vos não fui pesado? Perdoai-me este agravo.

¹⁴Eis aqui estou pronto para pela terceira vez ir ter convosco, e não vos serei pesado, pois que não busco o que é vosso, mas sim a vós: porque não devem os filhos entesourar para os pais, mas os pais para os filhos.

¹⁵Eu de muito boa vontade gastarei, e me deixarei gastar pelas vossas almas, ainda que, amando-vos cada vez mais, seja menos amado.

¹⁶Mas seja assim; eu não vos fui pesado mas, sendo astuto, vos tomei com dolo.

¹⁷Porventura aproveitei-me de vós por algum daqueles que vos enviei?

¹⁸Roguei a Tito, e enviei com *ele* um irmão. Porventura Tito se aproveitou de vós? Não andamos porventura no mesmo espírito? Não sobre as mesmas pisadas?

¹⁹Cuidais que ainda nos desculpamos convosco? Falamos em Cristo perante Deus, e tudo isto, ó amados, para vossa edificação.

²⁰Porque receio que, quando chegar, não vos ache como eu quereria, e eu seja achado de vós como não quereríeis; que de alguma maneira *haja* pendências, invejas, iras, porfias, difamações, intrigas, orgulhos, tumultos;

²¹Que, quando for outra vez, o meu Deus me humilhe para convosco, e chore por muitos daqueles que dantes pecaram, e não se arrependeram da imundícia, e fornicação, e desonestidade que cometeram.

Examinai-vos a vós mesmos

13 É ESTA a terceira *vez que* vou ter convosco. Por boca de duas ou três testemunhas será confirmada toda a palavra.

²Já anteriormente *o* disse, e de antemão digo como estando presente uma segunda vez; mas agora, estando ausente, *o* escrevo aos que antes pecaram e a todos os mais, que, se outra vez for, não *lhes* pouparei;

³Visto que buscais *uma* prova de Cristo que fala em mim, o qual não é fraco para convosco, antes é poderoso entre vós.

⁴Porque, ainda que foi crucificado por fraqueza, vive, contudo, pelo poder de Deus. Porque nós também somos fracos nele, mas viveremos com ele pelo poder de Deus em vós.

⁵Examinai-vos a vós mesmos, se permaneceis na fé; provai-vos a vós mesmos. Ou não sabeis quanto a vós mesmos, que Jesus Cristo está em vós? Se não é que já estais reprovados.

⁶Mas espero que entendereis que nós não somos reprovados.

⁷Ora, eu rogo a Deus que não façais mal algum, não para que sejamos achados aprovados, mas para que vós façais o bem, embora nós sejamos como reprovados.

⁸Porque nada podemos contra a verdade, senão pela verdade.

⁹Porque nos regozijamos de estar fracos, quando vós estais fortes; e o que desejamos é a vossa perfeição.

¹⁰Portanto, escrevo estas *coisas* estando ausente, para que, estando presente, não use de rigor, segundo o poder que o Senhor me deu para edificação, e não para destruição.

¹¹Quanto ao mais, irmãos, regozijai-vos, sede perfeitos, sede consolados, sede de um *mesmo* parecer, vivei em paz; e o Deus de amor e de paz será convosco.

¹²Saudai-vos uns aos outros com ósculo santo.

¹³Todos os santos vos saúdam.

¹⁴A graça do Senhor Jesus Cristo, e o amor de Deus, e a comunhão do Espírito Santo *seja* com todos vós. Amém.

EPÍSTOLA DO APÓSTOLO PAULO AOS
GÁLATAS

Prefácio e saudação

1 PAULO, apóstolo (não *da parte* dos homens, nem por homem *algum,* mas por Jesus Cristo, e por Deus Pai, que o ressuscitou dentre os mortos),

[2] E todos os irmãos que estão comigo, às igrejas da Galácia:

[3] Graça a vós e paz da parte de Deus Pai e do nosso Senhor Jesus Cristo,

[4] O qual se deu a si mesmo por nossos pecados, para nos livrar do presente século mau, segundo a vontade de Deus nosso Pai,

[5] Ao qual seja dada glória para todo o sempre. Amém.

Inconstância dos gálatas

[6] Maravilho-me de que tão depressa passásseis daquele que vos chamou à graça de Cristo para outro evangelho;

[7] O qual não é outro, mas há alguns que vos inquietam e querem transtornar o evangelho de Cristo.

[8] Mas, ainda que nós mesmos ou um anjo do céu vos anuncie outro evangelho além do que *já* vos tenho anunciado, seja anátema.

[9] Assim, como já vo-lo dissemos, agora de novo também vo-lo digo. Se alguém vos anunciar outro evangelho além do que *já* recebestes, seja anátema.

[10] Porque, persuado eu agora a homens ou a Deus? Ou procuro agradar a homens? Porque se estivesse ainda agradando aos homens, não seria servo de Cristo.

O Evangelho de Jesus Cristo

[11] Mas faço-vos saber, irmãos, que o evangelho que por mim foi anunciado não é segundo os homens.

[12] Porque não o recebi, nem aprendi de homem algum, mas pela revelação de Jesus Cristo.

[13] Porque *já* ouvistes qual foi antigamente a minha conduta no judaísmo, como sobremaneira perseguia a igreja de Deus e a assolava.

[14] E na minha nação excedia em judaísmo a muitos da minha idade, sendo extremamente zeloso das tradições de meus pais.

[15] Mas, quando aprouve a Deus, que desde o ventre de minha mãe me separou, e *me* chamou pela sua graça,

[16] Revelar seu Filho em mim, para que o pregasse entre os gentios, imediatamente, não consultei a carne nem o sangue,

[17] Nem tornei a Jerusalém, a ter com os que *já* antes de mim eram apóstolos, mas parti para a Arábia, e voltei outra vez a Damasco.

[18] Depois, passados três anos, fui a Jerusalém para ver a Pedro, e fiquei com ele quinze dias.

[19] E não vi a nenhum outro dos apóstolos, senão a Tiago, irmão do Senhor.

[20] Ora, *acerca* do que vos escrevo, eis que diante de Deus testifico que não minto.

[21] Depois fui para as partes da Síria e da Cilícia.

[22] E não era conhecido de vista das igrejas da Judeia, que estavam em Cristo;

[23] Mas somente tinham ouvido *dizer:* Aquele que já nos perseguiu anuncia agora a fé que antes destruía.

[24] E glorificavam a Deus a respeito de mim.

Paulo em Jerusalém

2 DEPOIS, passados catorze anos, subi outra vez a Jerusalém com Barnabé, levando também comigo Tito.

[2] E subi por uma revelação, e lhes expus o evangelho, que prego entre os gentios, e particularmente aos que estavam em estima; para que de maneira alguma não corresse ou não tivesse corrido em vão.

[3] Mas nem ainda Tito, que estava comigo, sendo grego, foi constrangido a circuncidar-se;

[4] E *isto* por causa dos falsos irmãos que se intrometeram, e secretamente entraram a espiar a nossa liberdade, que temos em Cristo Jesus, para nos porem em servidão;

[5] Aos quais nem ainda por uma hora cedemos com sujeição, para que a verdade do evangelho permanecesse entre vós.

[6] E, quanto àqueles que pareciam ser alguma coisa (quais tenham sido noutro tempo, não se me dá; Deus não aceita a aparência do homem), esses, digo, que pareciam *ser alguma coisa,* nada me comunicaram;

[7] Antes, pelo contrário, quando viram que o evangelho da incircuncisão me estava confiado, como a Pedro o da circuncisão

[8] (Porque aquele que operou eficazmente em Pedro para o apostolado da circuncisão, esse operou também em mim com eficácia para com os gentios),

[9] E conhecendo Tiago, Cefas e João, que eram considerados como as colunas, a graça que me havia sido dada, deram-nos as destras, em comunhão comigo e com Barnabé, para que nós *fôssemos* aos gentios, e eles à circuncisão;

[10] *Recomendando-nos* somente que nos lembrássemos dos pobres, o que também procurei fazer com diligência.

[11] E, chegando Pedro à Antioquia, lhe resisti na cara, porque era repreensível.

[12] Porque, antes que alguns tivessem chegado da parte de Tiago, comia com os gentios; mas, depois que chegaram, se foi retirando, e se apartou *deles,* temendo os que eram da circuncisão.

[13] E os outros judeus também dissimulavam com ele, de maneira que até Barnabé se deixou levar pela sua dissimulação.

Justificação pela fé em Cristo Jesus

¹⁴Mas, quando vi que não andavam bem e direitamente conforme a verdade do evangelho, disse a Pedro na presença de todos: Se tu, sendo judeu, vives como os gentios, e não como judeu, por que obrigas os gentios a viverem como judeus?

¹⁵Nós *somos* judeus por natureza, e não pecadores dentre os gentios.

¹⁶Sabendo que o homem não é justificado pelas obras da lei, mas pela fé em Jesus Cristo, temos também crido em Cristo Jesus, para sermos justificados pela fé em Cristo, e não pelas obras da lei; porquanto pelas obras da lei nenhuma carne será justificada.

¹⁷Pois, se nós, que procuramos ser justificados em Cristo, nós mesmos também somos achados pecadores, é porventura Cristo ministro do pecado? De maneira nenhuma.

¹⁸Porque, se torno a edificar aquilo que destruí, constituo-me a mim mesmo transgressor.

¹⁹Porque eu, pela lei, estou morto para a lei, para viver para Deus.

²⁰*Já* estou crucificado com Cristo; e vivo, não mais eu, mas Cristo vive em mim; e a *vida* que agora vivo na carne, vivo-a pela fé do Filho de Deus, o qual me amou, e se entregou a si mesmo por mim.

²¹Não aniquilo a graça de Deus; porque, se a justiça *provém* da lei, segue-se que Cristo morreu em vão.

A lei e a fé

3 Ó INSENSATOS gálatas! Quem vos fascinou para não obedecerdes à verdade, a vós, perante os olhos de quem Jesus Cristo foi evidenciado, crucificado, entre vós?

²Só quisera saber isto de vós: recebestes o Espírito pelas obras da lei ou pela pregação da fé?

³Sois vós tão insensatos que, tendo começado pelo Espírito, acabeis agora pela carne?

⁴Será em vão que tenhais padecido tanto? Se *é* que isso também *foi* em vão.

⁵Aquele, pois, que vos dá o Espírito, e que opera maravilhas entre vós, *o faz* pelas obras da lei, ou pela pregação da fé?

⁶Assim como Abraão creu em Deus, e isso lhe foi imputado como justiça.

⁷Sabei, pois, que os que são da fé são filhos de Abraão.

⁸Ora, tendo a Escritura previsto que Deus havia de justificar pela fé os gentios, anunciou primeiro o evangelho a Abraão, *dizendo:* Todas as nações serão benditas em ti.

⁹De sorte que os que são da fé são benditos com o crente Abraão.

¹⁰Todos aqueles, pois, que são das obras da lei estão debaixo da maldição; porque está escrito: Maldito todo aquele que não permanecer em todas as coisas que estão escritas no livro da lei, para fazê-las.

¹¹E *é* evidente que pela lei ninguém será justificado diante de Deus, porque o justo viverá pela fé.

¹²Ora, a lei não é da fé; mas o homem, que fizer estas *coisas,* por elas viverá.

¹³Cristo nos resgatou da maldição da lei, fazendo-se maldição por nós; porque está escrito: Maldito todo aquele que for pendurado no madeiro;

¹⁴Para que a bênção de Abraão chegasse aos gentios por Jesus Cristo, e para que pela fé nós recebamos a promessa do Espírito.

¹⁵Irmãos, como homem falo; *se* a aliança de um homem *for* confirmada, ninguém a anula nem a acrescenta.

¹⁶Ora, as promessas foram feitas a Abraão e à sua descendência. Não diz: E às descendências, como *falando* de muitas, mas como de uma só: E à tua descendência, que é Cristo.

¹⁷Mas digo isto: *Que* tendo sido a aliança anteriormente confirmada por Deus em Cristo, a lei, que veio quatrocentos e trinta anos depois, não a invalida, de forma a abolir a promessa.

¹⁸Porque, se a herança *provém* da lei, já não *provém* da promessa; mas Deus pela promessa a *deu* gratuitamente a Abraão.

¹⁹Logo, para que *é* a lei? Foi ordenada por causa das transgressões, até que viesse a posteridade a quem a promessa tinha sido feita; e *foi* posta pelos anjos na mão de um mediador.

²⁰Ora, o mediador não o é de um só, mas Deus é um.

²¹Logo, a lei *é* contra as promessas de Deus? De nenhuma sorte; porque, se fosse dada uma lei que pudesse vivificar, a justiça, na verdade, teria sido pela lei.

²²Mas a Escritura encerrou tudo debaixo do pecado, para que a promessa pela fé em Jesus Cristo fosse dada aos crentes.

²³Mas, antes que a fé viesse, estávamos guardados debaixo da lei, e encerrados para aquela fé que se havia de manifestar.

²⁴De maneira que a lei nos serviu de tutor, para *nos conduzir* a Cristo, para que pela fé fôssemos justificados.

²⁵Mas, depois que veio a fé, já não estamos debaixo de tutor.

²⁶Porque todos sois filhos de Deus pela fé em Cristo Jesus.

²⁷Porque todos quantos fostes batizados em Cristo já vos revestistes de Cristo.

²⁸Nisto não há judeu nem grego; não há servo nem livre; não há macho nem fêmea; porque todos vós *sois* um em Cristo Jesus.

²⁹E, se *sois* de Cristo, então sois descendência de Abraão, e herdeiros conforme a promessa.

Judeus e gentios

4 DIGO, pois, *que* todo o tempo que o herdeiro é menino em nada difere do servo, ainda que seja senhor de tudo;

²Mas está debaixo de tutores e curadores até ao tempo determinado pelo pai.

³Assim também nós, quando éramos meninos, estávamos reduzidos à servidão debaixo dos primeiros rudimentos do mundo.

GÁLATAS 4.4

⁴Mas, vindo a plenitude dos tempos, Deus enviou seu Filho, nascido de mulher, nascido sob a lei,

⁵Para remir os que estavam debaixo da lei, a fim de recebermos a adoção de filhos.

⁶E, porque sois filhos, Deus enviou aos vossos corações o Espírito de seu Filho, que clama: Aba, Pai.

⁷Assim que já não és mais servo, mas filho; e, se *és* filho, *és* também herdeiro de Deus por Cristo.

⁸Mas, quando não conhecíeis a Deus, servíeis aos que por natureza não são deuses.

⁹Mas agora, conhecendo a Deus, ou, antes, sendo conhecidos por Deus, como tornais outra vez a esses rudimentos fracos e pobres, aos quais de novo quereis servir?

¹⁰Guardais dias, e meses, e tempos, e anos.

¹¹Receio de vós, que não haja trabalhado em vão para convosco.

¹²Irmãos, rogo-vos que sejais como eu, porque também eu *sou* como vós; nenhum mal me fizestes.

¹³E vós sabeis que primeiro vos anunciei o evangelho estando em enfermidade da carne;

¹⁴E não rejeitastes, nem desprezastes isso que era uma tentação na minha carne, antes me recebestes como um anjo de Deus, como Jesus Cristo *mesmo*.

¹⁵Qual é, logo, a vossa bem-aventurança? Porque vos dou testemunho de que, se possível fora, arrancaríeis os vossos olhos, e mos daríeis.

¹⁶Fiz-me acaso vosso inimigo, dizendo a verdade?

¹⁷Eles têm zelo por vós, não como convém; mas querem excluir-vos, para que vós tenhais zelo por eles.

¹⁸É bom ser zeloso, mas sempre do bem, e não somente quando estou presente convosco.

¹⁹Meus filhinhos, por quem de novo sinto as dores de parto, até que Cristo seja formado em vós;

²⁰Eu bem quisera agora estar presente convosco, e mudar a minha voz; porque estou perplexo a vosso respeito.

²¹Dizei-me, os que quereis estar debaixo da lei, não ouvis vós a lei?

²²Porque está escrito que Abraão teve dois filhos, um da escrava, e outro da livre.

²³Todavia, o que *era* da escrava nasceu segundo a carne, mas, o que *era* da livre, por promessa.

²⁴O que se entende por alegoria; porque estas são as duas alianças; uma, do monte Sinai, gerando *filhos* para a servidão, que é Agar.

²⁵Ora, esta Agar *é* Sinai, um monte da Arábia, que corresponde à Jerusalém que agora existe, pois é escrava com seus filhos.

²⁶Mas a Jerusalém que é de cima é livre; a qual é mãe de todos nós.

²⁷Porque está escrito:

Alegra-te, estéril, que não dás à luz;
Esforça-te e clama, tu que não estás de
    parto;

Porque os filhos da solitária são mais do
    que *os* da que tem marido.

²⁸Mas nós, irmãos, somos filhos da promessa como Isaque.

²⁹Mas, como então aquele que era gerado segundo a carne perseguia o que o era segundo o Espírito, assim *é* também agora.

³⁰Mas que diz a Escritura? Lança fora a escrava e seu filho, porque de modo algum o filho da escrava herdará com o filho da livre.

³¹De maneira que, irmãos, somos filhos, não da escrava, mas da livre.

5ESTAI, pois, firmes na liberdade com que Cristo nos libertou, e não torneis a colocar-vos debaixo do jugo da servidão.

²Eis que eu, Paulo, vos digo que, se vos deixardes circuncidar, Cristo de nada vos aproveitará.

³E de novo protesto a todo o homem, que se deixa circuncidar, que está obrigado a guardar toda a lei.

⁴Separados estais de Cristo, vós os que vos justificais pela lei; da graça tendes caído.

⁵Porque nós pelo Espírito da fé aguardamos a esperança da justiça.

⁶Porque em Jesus Cristo nem a circuncisão nem a incircuncisão tem valor algum; mas sim a fé que opera pelo amor.

⁷Corríeis bem; quem vos impediu, para que não obedeçais à verdade?

⁸Esta persuasão não *vem* daquele que vos chamou.

⁹Um pouco de fermento leveda toda a massa.

¹⁰Confio de vós, no Senhor, que nenhuma outra coisa sentireis; mas aquele que vos inquieta, seja ele quem for, sofrerá a condenação.

¹¹Eu, porém, irmãos, se prego ainda a circuncisão, por que sou, pois, perseguido? Logo o escândalo da cruz está aniquilado.

¹²Eu quereria que fossem cortados aqueles que vos andam inquietando.

¹³Porque vós, irmãos, fostes chamados à liberdade. Não *useis* então da liberdade para *dar* ocasião à carne, mas servi-vos uns aos outros pelo amor.

¹⁴Porque toda a lei se cumpre numa *só* palavra, nesta: Amarás ao teu próximo como a ti mesmo.

¹⁵Se vós, porém, vos mordeis e devorais uns aos outros, vede não vos consumais também uns aos outros.

Exortação a viver segundo o Espírito

¹⁶Digo, porém: Andai em Espírito, e não cumprireis a concupiscência da carne.

¹⁷Porque a carne cobiça contra o Espírito, e o Espírito contra a carne; e estes opõem-se um ao outro, para que não façais as coisas que quereis.

¹⁸Mas, se sois guiados pelo Espírito, não estais debaixo da lei.

¹⁹Porque as obras da carne são manifestas, as quais são: adultério, fornicação, impureza, lascívia,

²⁰Idolatria, feitiçaria, inimizades, contendas, ciúmes, iras, pelejas, dissensões, heresias,

²¹Invejas, homicídios, bebedices, glutonarias, e coisas semelhantes a estas, acerca das quais de antemão vos declaro, como também *já* antes vos disse, que os que cometem tais *coisas* não herdarão o reino de Deus.

²²Mas o fruto do Espírito é: amor, gozo, paz, longanimidade, benignidade, bondade, fé, mansidão, temperança.

²³Contra estas *coisas* não há lei.

²⁴E os que são de Cristo crucificaram a carne com as suas paixões e concupiscências.

²⁵Se vivemos em Espírito, andemos também em Espírito.

²⁶Não sejamos cobiçosos de vanglórias, irritando-nos uns aos outros, invejando-nos uns aos outros.

Exortação ao apoio recíproco

6 IRMÃOS, se algum homem chegar a ser surpreendido nalguma ofensa, vós, que sois espirituais, encaminhai o tal com espírito de mansidão; olhando por ti mesmo, para que não sejas também tentado.

²Levai as cargas uns dos outros, e assim cumprireis a lei de Cristo.

³Porque, se alguém cuida ser alguma coisa, não sendo nada, engana-se a si mesmo.

⁴Mas prove cada um a sua própria obra, e terá glória só em si mesmo, e não noutro.

⁵Porque cada qual levará a sua própria carga.

⁶E o que é instruído na palavra reparta de todos os *seus* bens com aquele que o instrui.

⁷Não erreis: Deus não se deixa escarnecer; porque tudo o que o homem semear, isso também ceifará.

⁸Porque o que semeia na sua carne, da carne ceifará a corrupção; mas o que semeia no Espírito, do Espírito ceifará a vida eterna.

⁹E não nos cansemos de fazer bem, porque a seu tempo ceifaremos, se não houvermos desfalecido.

¹⁰Então, enquanto temos tempo, façamos bem a todos, mas principalmente aos domésticos da fé.

Os que impõem a circuncisão

¹¹Vede com que grandes letras vos escrevi por minha mão.

¹²Todos os que querem mostrar boa aparência na carne, esses vos obrigam a circuncidar-vos, somente para não serem perseguidos por causa da cruz de Cristo.

¹³Porque nem ainda esses mesmos que se circuncidam guardam a lei, mas querem que vos circuncideis, para se gloriarem na vossa carne.

¹⁴Mas longe esteja de mim gloriar-me, a não ser na cruz de nosso Senhor Jesus Cristo, pelo qual o mundo está crucificado para mim e eu para o mundo.

¹⁵Porque em Cristo Jesus nem a circuncisão, nem a incircuncisão tem virtude alguma, mas o *ser* nova criatura.

¹⁶E a todos quantos andarem conforme esta regra, paz e misericórdia sobre eles e sobre o Israel de Deus.

¹⁷Desde agora ninguém me inquiete; porque trago no meu corpo as marcas do Senhor Jesus.

¹⁸A graça de nosso Senhor Jesus Cristo *seja*, irmãos, com o vosso espírito! Amém.

EPÍSTOLA DO APÓSTOLO PAULO AOS
EFÉSIOS

Prefácio e saudação

1 PAULO, apóstolo de Jesus Cristo, pela vontade de Deus, aos santos que estão em Éfeso, e fiéis em Cristo Jesus:

²A vós graça, e paz da parte de Deus nosso Pai e do Senhor Jesus Cristo!

Bênçãos de Deus em Jesus Cristo

³Bendito o Deus e Pai de nosso Senhor Jesus Cristo, o qual nos abençoou com todas as bênçãos espirituais nos *lugares* celestiais em Cristo;

⁴Como também nos elegeu nele antes da fundação do mundo, para que fôssemos santos e irrepreensíveis diante dele em amor;

⁵E nos predestinou para filhos de adoção por Jesus Cristo, para si mesmo, segundo o beneplácito de sua vontade,

⁶Para louvor da glória de sua graça, pela qual nos fez agradáveis a si no Amado,

⁷Em quem temos a redenção pelo seu sangue, a remissão das ofensas, segundo as riquezas da sua graça,

⁸Que ele fez abundar para conosco em toda a sabedoria e prudência;

⁹Descobrindo-nos o mistério da sua vontade, segundo o seu beneplácito, que propusera em si mesmo,

¹⁰De tornar a congregar em Cristo todas *as coisas,* na dispensação da plenitude dos tempos, tanto as que *estão* nos céus como as que *estão* na terra;

¹¹Nele, *digo,* em quem também fomos feitos herança, havendo sido predestinados, conforme o propósito daquele que faz todas *as coisas,* segundo o conselho da sua vontade;

¹²Com o fim de sermos para louvor da sua glória, nós os que primeiro esperamos em Cristo;

¹³Em quem também vós *estais,* depois que ouvistes a palavra da verdade, o evangelho da vossa salvação; e, tendo nele também crido, fostes selados com o Espírito Santo da promessa;

¹⁴O qual é o penhor da nossa herança, para redenção da possessão adquirida, para louvor da sua glória.

¹⁵Por isso, ouvindo eu também a fé que entre vós há no Senhor Jesus, e o vosso amor para com todos os santos,

¹⁶Não cesso de dar graças *a Deus* por vós, lembrando-me de vós nas minhas orações:

¹⁷Para que o Deus de nosso Senhor Jesus Cristo, o Pai da glória, vos dê em seu conhecimento o espírito de sabedoria e de revelação;

¹⁸Tendo iluminados os olhos do vosso entendimento, para que saibais qual seja a esperança da sua vocação, e quais as riquezas da glória da sua herança nos santos;

¹⁹E qual a sobre-excelente grandeza do seu poder sobre nós, os que cremos, segundo a operação da força do seu poder,

²⁰Que manifestou em Cristo, ressuscitando-o dentre os mortos, e pondo-o à sua direita nos céus,

²¹Acima de todo o principado, e poder, e potestade, e domínio, e de todo o nome que se nomeia, não só neste século, mas também no vindouro;

²²E sujeitou todas *as coisas* a seus pés, e sobre todas *as coisas* o constituiu como cabeça da igreja,

²³Que é o seu corpo, a plenitude daquele que cumpre tudo em todos.

A salvação pela graça

2 E VOS *vivificou,* estando vós mortos em ofensas e pecados,

²Em que noutro tempo andastes segundo o curso deste mundo, segundo o príncipe das potestades do ar, do espírito que agora opera nos filhos da desobediência;

³Entre os quais todos nós também antes andávamos nos desejos da nossa carne, fazendo a vontade da carne e dos pensamentos; e éramos por natureza filhos da ira, como os outros também.

⁴Mas Deus, que é riquíssimo em misericórdia, pelo seu muito amor com que nos amou,

⁵Estando nós ainda mortos em nossas ofensas, nos vivificou juntamente com Cristo (pela graça sois salvos),

⁶E *nos* ressuscitou juntamente com ele e *nos* fez assentar nos *lugares* celestiais, em Cristo Jesus;

⁷Para mostrar nos séculos vindouros as abundantes riquezas da sua graça pela *sua* benignidade para conosco em Cristo Jesus.

⁸Porque pela graça sois salvos, por meio da fé; e isto não vem de vós, *é* dom de Deus.

⁹Não vem das obras, para que ninguém se glorie;

¹⁰Porque somos feitura sua, criados em Cristo Jesus para as boas obras, as quais Deus preparou para que andássemos nelas.

A salvação dos judeus e dos gentios

¹¹Portanto, lembrai-vos de que vós noutro tempo éreis gentios na carne, e chamados incircuncisão pelos que na carne se chamam circuncisão feita pela mão dos homens;

¹²Que naquele tempo estáveis sem Cristo, separados da comunidade de Israel, e estranhos às alianças da promessa, não tendo esperança, e sem Deus no mundo.

¹³Mas agora em Cristo Jesus, vós, que antes estáveis longe, *já* pelo sangue de Cristo chegastes perto.

¹⁴Porque ele é a nossa paz, o qual de ambos *os povos* fez um; e, derrubando a parede de separação *que estava* no meio,

¹⁵Na sua carne desfez a inimizade, isto é, a lei

dos mandamentos, *que consistia* em ordenanças, para criar em si mesmo dos dois um novo homem, fazendo a paz,

¹⁶E pela cruz reconciliar ambos com Deus em um corpo, matando com ela as inimizades.

¹⁷E, vindo, ele evangelizou a paz, a vós que *estáveis* longe, e aos que estavam perto;

¹⁸Porque por ele ambos temos acesso ao Pai em um mesmo Espírito.

¹⁹Assim que já não sois estrangeiros, nem forasteiros, mas concidadãos dos santos, e da família de Deus;

²⁰Edificados sobre o fundamento dos apóstolos e dos profetas, de que Jesus Cristo é a principal pedra da esquina;

²¹No qual todo o edifício, bem ajustado, cresce para templo santo no Senhor.

²²No qual também vós juntamente sois edificados para morada de Deus em Espírito.

O mistério da vocação dos gentios

3 POR esta causa eu, Paulo, *sou* o prisioneiro de Jesus Cristo por vós, os gentios;

²Se é que tendes ouvido a dispensação da graça de Deus, que para convosco me foi dada;

³Como me foi este mistério manifestado pela revelação, como antes um pouco vos escrevi;

⁴Por isso, quando ledes, podeis perceber a minha compreensão do mistério de Cristo,

⁵O qual noutros séculos não foi manifestado aos filhos dos homens, como agora tem sido revelado pelo Espírito aos seus santos apóstolos e profetas;

⁶*A saber,* que os gentios são co-herdeiros, e de um mesmo corpo, e participantes da promessa em Cristo pelo evangelho;

⁷Do qual fui feito ministro, pelo dom da graça de Deus, que me foi dado segundo a operação do seu poder.

⁸A mim, o mínimo de todos os santos, me foi dada esta graça de anunciar entre os gentios, por meio do evangelho, as riquezas incompreensíveis de Cristo,

⁹E demonstrar a todos qual seja a comunhão do mistério, que desde os séculos esteve oculto em Deus, que tudo criou por meio de Jesus Cristo;

¹⁰Para que agora, pela igreja, a multiforme sabedoria de Deus seja conhecida dos principados e potestades nos céus,

¹¹Segundo o eterno propósito que fez em Cristo Jesus nosso Senhor,

¹²No qual temos ousadia e acesso com confiança, pela nossa fé nele.

¹³Portanto, *vos* peço que não desfaleçais nas minhas tribulações por vós, que é a vossa glória.

A oração de Paulo

¹⁴Por causa disto me ponho de joelhos perante o Pai de nosso Senhor Jesus Cristo,

¹⁵Do qual toda a família nos céus e na terra toma o nome,

¹⁶Para que, segundo as riquezas da sua glória,

vos conceda que sejais fortalecidos com poder pelo seu Espírito no homem interior;

¹⁷Para que Cristo habite pela fé nos vossos corações; a fim de, estando enraizados e fundados em amor,

¹⁸Poderdes perfeitamente compreender, com todos os santos, qual seja a largura, e o comprimento, e a altura, e a profundidade,

¹⁹E conhecer o amor de Cristo, que excede *todo* o entendimento, para que sejais cheios de toda a plenitude de Deus.

²⁰Ora, àquele que é poderoso para fazer tudo muito mais abundantemente além daquilo que pedimos ou pensamos, segundo o poder que em nós opera,

²¹A esse glória na igreja, por Jesus Cristo, em todas as gerações, para todo o sempre. Amém.

A unidade da fé

4 ROGO-VOS, pois, eu, o preso do Senhor, que andeis como é digno da vocação com que fostes chamados,

²Com toda a humildade e mansidão, com longanimidade, suportando-vos uns aos outros em amor,

³Procurando guardar a unidade do Espírito pelo vínculo da paz.

⁴*Há* um só corpo e um *só* Espírito, como também fostes chamados em uma só esperança da vossa vocação;

⁵Um só Senhor, uma só fé, um só batismo;

⁶Um *só* Deus e Pai de todos, o qual *é* sobre todos, e por todos e em todos vós.

⁷Mas a graça foi dada a cada um de nós segundo a medida do dom de Cristo.

⁸Por isso diz:

Subindo ao alto, levou cativo o cativeiro,
E deu dons aos homens.

⁹Ora, — isto ele subiu — que é, senão que também antes tinha descido às partes mais baixas da terra?

¹⁰Aquele que desceu é também o mesmo que subiu acima de todos os céus, para cumprir todas *as coisas.*

¹¹E ele mesmo deu uns para apóstolos, e outros para profetas, e outros para evangelistas, e outros para pastores e doutores,

¹²Querendo o aperfeiçoamento dos santos, para a obra do ministério, para edificação do corpo de Cristo;

¹³Até que todos cheguemos à unidade da fé, e ao conhecimento do Filho de Deus, a homem perfeito, à medida da estatura completa de Cristo,

¹⁴Para que não sejamos mais meninos inconstantes, levados em roda por todo o vento de doutrina, pelo engano dos homens que com astúcia enganam fraudulosamente.

¹⁵Antes, seguindo a verdade em amor, cresçamos em tudo naquele que é a cabeça, Cristo,

¹⁶Do qual todo o corpo, bem ajustado, e ligado pelo auxílio de todas as juntas, segundo a justa

EFÉSIOS 4.17 794

operação de cada parte, faz o aumento do corpo, para sua edificação em amor.

A santidade cristã

¹⁷E digo isto, e testifico no Senhor, para que não andeis mais como andam também os outros gentios, na vaidade da sua mente.

¹⁸Entenebrecidos no entendimento, separados da vida de Deus pela ignorância que há neles, pela dureza do seu coração;

¹⁹Os quais, havendo perdido todo o sentimento, se entregaram à dissolução, para com avidez cometerem toda a impureza.

²⁰Mas vós não aprendestes assim a Cristo,

²¹Se é que o tendes ouvido, e nele fostes ensinados, como está a verdade em Jesus;

²²Que, quanto ao trato passado, vos despojeis do velho homem, que se corrompe pelas concupiscências do engano;

²³E vos renoveis no espírito da vossa mente;

²⁴E vos revistais do novo homem, que segundo Deus é criado em verdadeira justiça e santidade.

²⁵Por isso deixai a mentira, e falai a verdade cada um com o seu próximo; porque somos membros uns dos outros.

²⁶Irai-vos, e não pequeis; não se ponha o sol sobre a vossa ira.

²⁷Não deis lugar ao diabo.

²⁸Aquele que furtava, não furte mais; antes trabalhe, fazendo com as mãos o *que é* bom, para que tenha o que repartir com o que tiver necessidade.

²⁹Não saia da vossa boca nenhuma palavra torpe, mas só a que for boa para promover a edificação, para que dê graça aos que a ouvem.

³⁰E não entristeçais o Espírito Santo de Deus, no qual estais selados para o dia da redenção.

³¹Toda a amargura, e ira, e cólera, e gritaria, e blasfêmia e toda a malícia sejam tiradas dentre vós,

³²Antes sede uns para com os outros benignos, misericordiosos, perdoando-vos uns aos outros, como também Deus vos perdoou em Cristo.

Exortação ao amor e à pureza

5 SEDE, pois, imitadores de Deus, como filhos amados;

²E andai em amor, como também Cristo nos amou, e se entregou a si mesmo por nós, em oferta e sacrifício a Deus, em cheiro suave.

³Mas a fornicação, e toda a impureza ou avareza, nem ainda se nomeie entre vós, como convém a santos;

⁴Nem torpezas, nem tolices, nem zombarias, que não convêm; mas antes, ações de graças.

⁵Porque bem sabeis isto: que nenhum fornicador, ou impuro, ou avarento, o qual é idólatra, tem herança no reino de Cristo e de Deus.

⁶Ninguém vos engane com palavras vãs; porque por estas *coisas* vem a ira de Deus sobre os filhos da desobediência.

⁷Portanto, não sejais seus companheiros.

⁸Porque noutro tempo éreis trevas, mas agora *sois* luz no Senhor; andai como filhos da luz

⁹(Porque o fruto do Espírito *está* em toda *a* bondade, e justiça e verdade);

¹⁰Aprovando o que é agradável ao Senhor.

¹¹E não comuniqueis com as obras infrutuosas das trevas, mas antes condenai-as.

¹²Porque o que eles fazem em oculto até dizê-lo é torpe.

¹³Mas todas *estas coisas* se manifestam, sendo condenadas pela luz, porque a luz tudo manifesta.

¹⁴Por isso diz: Desperta, tu que dormes, e levanta-te dentre os mortos, e Cristo te esclarecerá.

¹⁵Portanto, vede prudentemente como andais, não como néscios, mas como sábios,

¹⁶Remindo o tempo; porquanto os dias são maus.

¹⁷Por isso não sejais insensatos, mas entendei qual seja a vontade do Senhor.

¹⁸E não vos embriagueis com vinho, em que há dissolução, mas enchei-vos do Espírito;

¹⁹Falando entre vós em salmos, e hinos, e cânticos espirituais; cantando e salmodiando ao Senhor no vosso coração;

²⁰Dando sempre graças por tudo a nosso Deus e Pai, em nome de nosso Senhor Jesus Cristo;

²¹Sujeitando-vos uns aos outros no temor de Deus.

Os deveres do casamento

²²Vós, mulheres, sujeitai-vos a vossos maridos, como ao Senhor;

²³Porque o marido é a cabeça da mulher, como também Cristo é a cabeça da igreja, sendo ele próprio o salvador do corpo.

²⁴De sorte que, assim como a igreja está sujeita a Cristo, assim também as mulheres sejam em tudo sujeitas a seus maridos.

²⁵Vós, maridos, amai vossas mulheres, como também Cristo amou a igreja, e a si mesmo se entregou por ela,

²⁶Para a santificar, purificando-a com a lavagem da água, pela palavra,

²⁷Para a apresentar a si mesmo igreja gloriosa, sem mácula, nem ruga, nem *coisa* semelhante, mas santa e irrepreensível.

²⁸Assim devem os maridos amar as suas próprias mulheres, como a seus próprios corpos. Quem ama a sua mulher, ama-se a si mesmo.

²⁹Porque nunca ninguém odiou a sua própria carne; antes a alimenta e sustenta, como também o Senhor à igreja;

³⁰Porque somos membros do seu corpo, da sua carne, e dos seus ossos.

³¹Por isso deixará o homem seu pai e *sua* mãe, e se unirá a sua mulher; e serão dois numa carne.

³²Grande é este mistério; digo-o, porém, a respeito de Cristo e da igreja.

³³Assim também vós, cada um em particular, ame a sua própria mulher como a si mesmo, e a mulher reverencie o marido.

Filhos e pais

6 VÓS, filhos, sede obedientes a vossos pais no Senhor, porque isto é justo.

²Honra a teu pai e a tua mãe, que é o primeiro mandamento com promessa;

³Para que te vá bem, e vivas muito tempo sobre a terra.

⁴E vós, pais, não provoqueis à ira a vossos filhos, mas criai-os na doutrina e admoestação do Senhor.

Servos e senhores

⁵Vós, servos, obedecei a *vossos* senhores segundo a carne, com temor e tremor, na sinceridade de vosso coração, como a Cristo;

⁶Não servindo à vista, como para agradar aos homens, mas como servos de Cristo, fazendo de coração a vontade de Deus;

⁷Servindo de boa vontade como ao Senhor, e não como aos homens.

⁸Sabendo que cada um receberá do Senhor todo o bem que fizer, seja servo, *seja* livre.

⁹E vós, senhores, fazei o mesmo para com eles, deixando as ameaças, sabendo também que o vosso Senhor está no céu, e *que* para com ele não há acepção de pessoas.

A armadura espiritual dos cristãos

¹⁰No demais, irmãos meus, fortalecei-vos no Senhor e na força do seu poder.

¹¹Revesti-vos de toda a armadura de Deus, para que possais estar firmes contra as astutas ciladas do diabo.

¹²Porque não temos que lutar contra a carne e o sangue, mas, sim, contra os principados, contra as potestades, contra os príncipes das trevas deste século, contra as hostes espirituais da maldade, nos *lugares* celestiais.

¹³Portanto, tomai toda a armadura de Deus, para que possais resistir no dia mau e, havendo feito tudo, ficar firmes.

¹⁴Estai, pois, firmes, tendo cingidos os vossos lombos com a verdade, e vestida a couraça da justiça;

¹⁵E calçados os pés na preparação do evangelho da paz;

¹⁶Tomando sobretudo o escudo da fé, com o qual podereis apagar todos os dardos inflamados do maligno.

¹⁷Tomai também o capacete da salvação, e a espada do Espírito, que é a palavra de Deus;

¹⁸Orando em todo o tempo com toda a oração e súplica no Espírito, e vigiando nisto com toda a perseverança e súplica por todos os santos,

¹⁹E por mim; para que me seja dada, no abrir da minha boca, a palavra com confiança, para fazer notório o mistério do evangelho,

²⁰Pelo qual sou embaixador em cadeias; para que possa falar dele livremente, como me convém falar.

Saudação

²¹Ora, para que vós também possais saber dos meus negócios, *e* o que eu faço, Tíquico, irmão amado, e fiel ministro do Senhor, vos informará de tudo.

²²O qual vos enviei para o mesmo fim, para que saibais do nosso estado, e ele console os vossos corações.

²³Paz *seja* com os irmãos, e amor com fé da parte de Deus Pai e do Senhor Jesus Cristo.

²⁴A graça *seja* com todos os que amam a nosso Senhor Jesus Cristo em sinceridade. Amém.

EPÍSTOLA DO APÓSTOLO PAULO AOS
FILIPENSES

Prefácio e saudação

1 PAULO e Timóteo, servos de Jesus Cristo, a todos os santos em Cristo Jesus, que estão em Filipos, com os bispos e diáconos:

² Graça a vós, e paz da parte de Deus nosso Pai e da do Senhor Jesus Cristo.

Oração de Paulo pelos filipenses

³ Dou graças ao meu Deus todas as vezes que me lembro de vós,

⁴ Fazendo sempre com alegria oração por vós em todas as minhas súplicas,

⁵ Pela vossa cooperação no evangelho desde o primeiro dia até agora.

⁶ Tendo por certo isto mesmo, que aquele que em vós começou a boa obra a aperfeiçoará até ao dia de Jesus Cristo;

⁷ Como tenho por justo sentir isto de vós todos, porque vos retenho em *meu* coração, pois todos vós fostes participantes da minha graça, tanto nas minhas prisões como na defesa e confirmação do evangelho.

⁸ Porque Deus me é testemunha das saudades que de todos vós tenho, em entranhável afeição de Jesus Cristo.

⁹ E peço isto: que o vosso amor cresça ainda mais e mais em ciência e em todo o conhecimento,

¹⁰ Para que aproveis as coisas excelentes, para que sejais sinceros, e sem escândalo algum até ao dia de Cristo;

¹¹ Cheios dos frutos de justiça, que são por Jesus Cristo, para glória e louvor de Deus.

A prisão de Paulo favorece ao Evangelho

¹² E quero, irmãos, que saibais que as *coisas* que me *aconteceram* contribuíram para maior proveito do evangelho;

¹³ De maneira que as minhas prisões em Cristo foram manifestas por toda a guarda pretoriana, e por todos os demais lugares;

¹⁴ E muitos dos irmãos no Senhor, tomando ânimo com as minhas prisões, ousam falar a palavra mais confiadamente, sem temor.

¹⁵ Verdade é que também alguns pregam a Cristo por inveja e contenda, mas outros de boa vontade;

¹⁶ Uns, na verdade, anunciam a Cristo por contenção, não puramente, julgando acrescentar aflição às minhas prisões.

¹⁷ Mas outros, por amor, sabendo que fui posto para defesa do evangelho.

¹⁸ Mas que *importa?* Contanto que Cristo seja anunciado de toda a maneira, ou com fingimento ou em verdade, nisto me regozijo, e me regozijarei ainda.

¹⁹ Porque sei que disto me resultará salvação, pela vossa oração e pelo socorro do Espírito de Jesus Cristo,

²⁰ Segundo a minha intensa expectação e esperança, de que em nada serei confundido; antes, com toda a confiança, Cristo será, tanto agora como sempre, engrandecido no meu corpo, seja pela vida, seja pela morte.

²¹ Porque para mim o viver *é* Cristo, e o morrer *é* ganho.

²² Mas, se o viver na carne me der fruto da minha obra, não sei então o que deva escolher.

²³ Mas de ambos *os lados* estou em aperto, tendo desejo de partir, e estar com Cristo, porque isto é ainda muito melhor.

²⁴ Mas *julgo* mais necessário, por amor de vós, ficar na carne.

²⁵ E, tendo esta confiança, sei que ficarei, e permanecerei com todos vós para proveito vosso e gozo da fé,

²⁶ Para que a vossa glória cresça por mim em Cristo Jesus, pela minha nova ida a vós.

Exortações

²⁷ Somente deveis portar-vos dignamente conforme o evangelho de Cristo, para que, quer vá e vos veja, quer esteja ausente, ouça acerca de vós que estais num mesmo espírito, combatendo juntamente com o mesmo ânimo pela fé do evangelho.

²⁸ E em nada vos espanteis dos que resistem, o que para eles, na verdade, é indício de perdição, mas para vós de salvação, e isto de Deus.

²⁹ Porque a vós vos foi concedido, em relação a Cristo, não somente crer nele, como também padecer por ele,

³⁰ Tendo o mesmo combate que *já* em mim tendes visto e agora ouvis estar em mim.

2 PORTANTO, se *há* algum conforto em Cristo, se alguma consolação de amor, se alguma comunhão no Espírito, se alguns entranháveis afetos e compaixões,

² Completai o meu gozo, para que sintais o mesmo, tendo o mesmo amor, o mesmo ânimo, sentindo uma mesma coisa.

³ Nada *façais* por contenda ou por vanglória, mas por humildade; cada um considere os outros superiores a si mesmo.

⁴ Não atente cada um para o que é propriamente seu, mas cada qual também para o que é dos outros.

⁵ De sorte que haja em vós o mesmo sentimento que *houve* também em Cristo Jesus,

⁶ Que, sendo em forma de Deus, não teve por usurpação ser igual a Deus,

⁷ Mas fez a si mesmo de nenhuma reputação, tomando a forma de servo, fazendo-se semelhante aos homens;

FILIPENSES 3.20

⁸E, achado na forma de homem, humilhou-se a si mesmo, sendo obediente até à morte, e morte de cruz.

⁹Por isso, também Deus o exaltou soberanamente, e lhe deu um nome que é sobre todo o nome;

¹⁰Para que ao nome de Jesus se dobre todo o joelho dos que estão nos céus, e na terra, e debaixo da terra,

¹¹E toda a língua confesse que Jesus Cristo é o Senhor, para glória de Deus Pai.

¹²De sorte que, meus amados, assim como sempre obedecestes, não só na minha presença, mas muito mais agora na minha ausência, *assim também* operai a vossa salvação com temor e tremor;

¹³Porque Deus é o que opera em vós tanto o querer como o efetuar, segundo a *sua* boa vontade.

¹⁴Fazei todas as *coisas* sem murmurações nem contendas;

¹⁵Para que sejais irrepreensíveis e sinceros, filhos de Deus inculpáveis, no meio de uma geração corrompida e perversa, entre a qual resplandeceis como astros no mundo;

¹⁶Retendo a palavra da vida, para que no dia de Cristo possa gloriar-me de não ter corrido em vão nem trabalhado em vão.

¹⁷E, ainda que seja oferecido por libação sobre o sacrifício e serviço da vossa fé, folgo e me regozijo com todos vós.

¹⁸E vós também regozijai-vos e alegrai-vos comigo por isto mesmo.

Exemplos de Timóteo e Epafrodito

¹⁹E espero no Senhor Jesus que em breve vos mandarei Timóteo, para que também eu esteja de bom ânimo, sabendo dos vossos negócios.

²⁰Porque a ninguém tenho de igual sentimento, que sinceramente cuide do vosso estado;

²¹Porque todos buscam o que é seu, e não o que é de Cristo Jesus.

²²Mas bem sabeis qual a sua experiência, e que serviu comigo no evangelho, como filho ao pai.

²³De sorte que espero vo-lo enviar logo que tenha provido a meus negócios.

²⁴Mas confio no Senhor, que também eu mesmo em breve irei ter convosco.

²⁵Julguei, contudo, necessário mandar-vos Epafrodito, meu irmão e cooperador, e companheiro nos combates, e vosso enviado para prover às minhas necessidades.

²⁶Porquanto tinha muitas saudades de vós todos, e estava muito angustiado de que tivésseis ouvido que ele estivera doente.

²⁷E de fato esteve doente, e quase à morte; mas Deus se apiedou dele, e não somente dele, mas também de mim, para que eu não tivesse tristeza sobre tristeza.

²⁸Por isso vo-lo enviei mais depressa, para que, vendo-o outra vez, vos regozijeis, e eu tenha menos tristeza.

²⁹Recebei-o, pois, no Senhor com todo o gozo, e tende-o em honra;

³⁰Porque pela obra de Cristo chegou até bem próximo da morte, não fazendo caso da vida para suprir para comigo a falta do vosso serviço.

Tudo por Cristo

3 FINALMENTE, irmãos meus, regozijai-vos no Senhor. Não me aborreço de escrever-vos as mesmas *coisas,* e é segurança para vós.

²Guardai-vos dos cães, guardai-vos dos maus obreiros, guardai-vos da cortadura;

³Porque a circuncisão somos nós, que servimos a Deus em espírito, e nos gloriamos em Jesus Cristo, e não confiamos na carne.

⁴Ainda que também podia confiar na carne; se algum outro cuida que pode confiar na carne, ainda mais eu:

⁵Circuncidado ao oitavo dia, da linhagem de Israel, da tribo de Benjamim, hebreu de hebreus; segundo a lei, fui fariseu;

⁶Segundo o zelo, perseguidor da igreja, segundo a justiça que há na lei, irrepreensível.

⁷Mas o que para mim era ganho reputei-o perda por Cristo.

⁸E, na verdade, tenho também por perda todas as *coisas,* pela excelência do conhecimento de Cristo Jesus, meu Senhor; pelo qual sofri a perda de todas estas coisas, e as considero como escória, para que possa ganhar a Cristo,

⁹E seja achado nele, não tendo a minha justiça que vem da lei, mas a que vem pela fé em Cristo, *a saber,* a justiça que vem de Deus pela fé;

¹⁰Para conhecê-lo, e o poder da sua ressurreição, e à comunicação de suas aflições, sendo feito conforme à sua morte;

¹¹Para *ver* se de alguma maneira eu possa chegar à ressurreição dentre os mortos.

¹²Não que já a tenha alcançado, ou que já seja perfeito; mas prossigo para alcançar aquilo para o que fui também preso por Cristo Jesus.

¹³Irmãos, quanto a mim, não julgo que o haja alcançado; mas uma coisa *faço, e é* que, esquecendo-me das coisas que atrás ficam, e avançando para as que estão diante de mim,

¹⁴Prossigo para o alvo, pelo prêmio da soberana vocação de Deus em Cristo Jesus.

¹⁵Por isso todos quantos *já* somos perfeitos, sintamos isto *mesmo;* e, se sentis alguma coisa de outra maneira, também Deus vo-lo revelará.

¹⁶Mas, naquilo a que já chegamos, andemos segundo a mesma regra, e sintamos o mesmo.

¹⁷Sede também meus imitadores, irmãos, e tende cuidado, segundo o exemplo que tendes em nós, pelos que assim andam.

¹⁸Porque muitos há, dos quais muitas vezes vos disse, e agora também digo, chorando, *que são* inimigos da cruz de Cristo;

¹⁹Cujo fim *é* a perdição; cujo Deus *é* o ventre, e *cuja* glória *é* para confusão deles, que *só* pensam nas *coisas* terrenas.

²⁰Mas a nossa cidade está nos céus, de onde também esperamos o Salvador, o Senhor Jesus Cristo,

FILIPENSES 3.21

²¹Que transformará o nosso corpo abatido, para ser conforme o seu corpo glorioso, segundo o seu eficaz poder de sujeitar também a si todas *as coisas*.

Exortações

4 PORTANTO, meus amados e mui queridos irmãos, minha alegria e coroa, estai assim firmes no Senhor, amados.

²Rogo a Evódia, e rogo a Síntique, que sintam o mesmo no Senhor.

³E peço-te também a ti, *meu* verdadeiro companheiro, que ajudes essas *mulheres* que trabalharam comigo no evangelho, e com Clemente, e *com* os meus outros cooperadores, cujos nomes *estão* no livro da vida.

⁴Regozijai-vos sempre no Senhor; outra vez digo, regozijai-vos.

⁵Seja a vossa equidade notória a todos os homens. Perto *está* o Senhor.

⁶Não estejais inquietos por coisa alguma; antes as vossas petições sejam em tudo conhecidas diante de Deus pela oração e súplica, com ação de graças.

⁷E a paz de Deus, que excede todo o entendimento, guardará os vossos corações e os vossos pensamentos em Cristo Jesus.

⁸Quanto ao mais, irmãos, tudo o que é verdadeiro, tudo o que *é* honesto, tudo o que *é* justo, tudo o que *é* puro, tudo o que *é* amável, tudo o que *é* de boa fama, se *há* alguma virtude, e se *há* algum louvor, nisso pensai.

⁹O que também aprendestes, e recebestes, e ouvistes, e vistes em mim, isso fazei; e o Deus de paz será convosco.

Agradecimento pelas ofertas dos filipenses

¹⁰Ora, muito me regozijei no Senhor por finalmente reviver a vossa lembrança de mim; pois já vos tínheis lembrado, mas não tínheis tido oportunidade.

¹¹Não digo isto como por necessidade, porque *já* aprendi a contentar-me com o que tenho.

¹²Sei estar abatido, *e* sei também ter abundância; em toda a maneira, e em todas as coisas estou instruído, tanto a ter fartura, como a ter fome; tanto a ter abundância, como a padecer necessidade.

¹³Posso todas *as coisas* em Cristo que me fortalece.

¹⁴Todavia fizestes bem em tomar parte na minha aflição.

¹⁵E bem sabeis também, ó filipenses, que, no princípio do evangelho, quando parti da Macedônia, nenhuma igreja comunicou comigo com respeito a dar e a receber, senão vós somente;

¹⁶Porque também uma e outra vez me mandastes o necessário a Tessalônica.

¹⁷Não que procure dádivas, mas procuro o fruto que cresça para a vossa conta.

¹⁸Mas bastante tenho recebido, e tenho abundância. Cheio estou, depois que recebi de Epafrodito o que da vossa parte me foi enviado, como cheiro de suavidade e sacrifício agradável e aprazível a Deus.

¹⁹O meu Deus, porém, segundo as suas riquezas, suprirá todas as vossas necessidades em glória, por Cristo Jesus.

Saudações

²⁰Ora, a nosso Deus e Pai seja dada glória para todo o sempre. Amém.

²¹Saudai a todos os santos em Cristo Jesus. Os irmãos que estão comigo vos saúdam.

²²Todos os santos vos saúdam, mas principalmente os que são da casa de César.

²³A graça de nosso Senhor Jesus Cristo *seja* com vós todos. Amém.

COLOSSENSES

EPÍSTOLA DO APÓSTOLO PAULO AOS

Prefácio e saudação

1 PAULO, apóstolo de Jesus Cristo, pela vontade de Deus, e o irmão Timóteo,

²Aos santos e irmãos fiéis em Cristo, que estão em Colossos: Graça a vós, e paz da parte de Deus nosso Pai e do Senhor Jesus Cristo.

³Graças damos ao Deus e Pai de nosso Senhor Jesus Cristo, orando sempre por vós,

⁴Porquanto ouvimos da vossa fé em Cristo Jesus, e do amor *que tendes* para com todos os santos;

⁵Por causa da esperança que vos está reservada nos céus, da qual já antes ouvistes pela palavra da verdade do evangelho,

⁶Que *já* chegou a vós, como também *está* em todo o mundo; e já vai frutificando, como também entre vós, desde o dia em que ouvistes e conhecestes a graça de Deus em verdade;

⁷Como aprendestes de Epafras, nosso amado conservo, que para vós é um fiel ministro de Cristo,

⁸O qual nos declarou também o vosso amor no Espírito.

Andando dignamente

⁹Por esta razão, nós também, desde o dia em que *o* ouvimos, não cessamos de orar por vós, e de pedir que sejais cheios do conhecimento da sua vontade, em toda a sabedoria e inteligência espiritual;

¹⁰Para que possais andar dignamente *diante* do Senhor, agradando-lhe em tudo, frutificando em toda a boa obra, e crescendo no conhecimento de Deus;

¹¹Fortalecidos em todo o poder, segundo a força da sua glória, em toda a paciência, e longanimidade com gozo;

¹²Dando graças ao Pai que nos fez idôneos para participar da herança dos santos na luz;

¹³O qual nos tirou da potestade das trevas, e nos transportou para o reino do Filho do seu amor;

¹⁴Em quem temos a redenção pelo seu sangue, *a saber,* a remissão dos pecados;

¹⁵O qual é imagem do Deus invisível, o primogênito de toda a criação;

¹⁶Porque nele foram criadas todas *as coisas* que há nos céus e na terra, visíveis e invisíveis, sejam tronos, sejam dominações, sejam principados, sejam potestades. Tudo foi criado por ele e para ele.

¹⁷E ele é antes de todas *as coisas,* e todas *as coisas* subsistem por ele.

¹⁸E ele é a cabeça do corpo, da igreja; é o princípio *e* o primogênito dentre os mortos, para que em tudo tenha a preeminência.

¹⁹Porque foi do agrado *do Pai* que toda a plenitude nele habitasse,

²⁰E que, havendo por ele feito a paz pelo sangue da sua cruz, por meio dele reconciliasse consigo mesmo todas *as coisas,* tanto as que *estão* na terra, como as que *estão* nos céus.

²¹A vós também, que noutro tempo éreis estranhos, e inimigos no entendimento pelas vossas obras más, agora contudo vos reconciliou

²²No corpo da sua carne, pela morte, para perante ele vos apresentar santos, e irrepreensíveis, e inculpáveis,

²³Se, na verdade, permanecerdes fundados e firmes na fé, e não vos moverdes da esperança do evangelho que tendes ouvido, o qual foi pregado a toda criatura que há debaixo do céu, e do qual eu, Paulo, estou feito ministro.

²⁴Regozijo-me agora no que padeço por vós, e na minha carne cumpro o resto das aflições de Cristo, pelo seu corpo, que é a igreja;

²⁵Da qual eu estou feito ministro segundo a dispensação de Deus, que me foi concedida para convosco, para cumprir a palavra de Deus;

²⁶O mistério que esteve oculto desde todos os séculos, e em todas as gerações, e que agora foi manifesto aos seus santos;

²⁷Aos quais Deus quis fazer conhecer quais são as riquezas da glória deste mistério entre os gentios, que é Cristo em vós, esperança da glória;

²⁸A quem anunciamos, admoestando a todo o homem, e ensinando a todo o homem em toda a sabedoria; para que apresentemos todo o homem perfeito em Cristo Jesus;

²⁹E para isto também trabalho, combatendo segundo a sua eficácia, que opera em mim poderosamente.

Exortação à firmeza

2 PORQUE quero que saibais quão grande combate tenho por vós, e pelos que *estão* em Laodiceia, e por quantos não viram o meu rosto em carne;

²Para que os seus corações sejam consolados, e estejam unidos em amor, e em todas as riquezas da plena certeza da inteligência, para conhecimento do mistério de Deus e Pai, e de Cristo,

³Em quem estão escondidos todos os tesouros da sabedoria e do conhecimento.

⁴E digo isto, para que ninguém vos engane com palavras persuasivas.

⁵Porque, ainda que esteja ausente quanto ao corpo, contudo, em espírito estou convosco, regozijando-me e vendo a vossa ordem e a firmeza da vossa fé em Cristo.

⁶Como, pois, recebestes o Senhor Jesus Cristo, *assim* também andai nele,

⁷Enraizados e edificados nele, e confirmados na fé, assim como fostes ensinados, nela abundando em ação de graças.

Advertências acerca das falsas doutrinas

⁸Tende cuidado, para que ninguém vos faça presa sua, por meio de filosofias e vãs sutilezas, segundo a tradição dos homens, segundo os rudimentos do mundo, e não segundo Cristo;

⁹Porque nele habita corporalmente toda a plenitude da divindade;

¹⁰E estais perfeitos nele, que é a cabeça de todo o principado e potestade;

¹¹No qual também estais circuncidados com a circuncisão não feita por mão no despojo do corpo dos pecados da carne, pela circuncisão de Cristo;

¹²Sepultados com ele no batismo, nele também ressuscitastes pela fé no poder de Deus, que o ressuscitou dentre os mortos.

¹³E, quando vós estáveis mortos nos pecados, e na incircuncisão da vossa carne, vos vivificou juntamente com ele, perdoando-vos todas as ofensas,

¹⁴Havendo riscado a cédula que era contra nós nas suas ordenanças, a qual de alguma maneira nos era contrária, e a tirou do meio *de nós,* cravando-a na cruz.

¹⁵E, despojando os principados e potestades, os expôs publicamente e deles triunfou em si mesmo.

¹⁶Portanto, ninguém vos julgue pelo comer, ou pelo beber, ou por causa *dos dias* de festa, ou da lua nova, ou dos sábados,

¹⁷Que são sombras das coisas futuras, mas o corpo *é* de Cristo.

¹⁸Ninguém vos domine a seu arbítrio com pretexto de humildade e culto dos anjos, envolvendo-se em coisas que não viu; estando em vão inchado na sua carnal compreensão,

¹⁹E não ligado à cabeça, da qual todo o corpo, provido e organizado pelas juntas e ligaduras, vai crescendo em aumento de Deus.

²⁰Se, pois, estais mortos com Cristo quanto aos rudimentos do mundo, por que vos carregam ainda de ordenanças, como se vivêsseis no mundo, *tais como:*

²¹Não toques, não proves, não manuseies?

²²As quais *coisas* todas perecem pelo uso, segundo os preceitos e doutrinas dos homens;

²³As quais têm, na verdade, alguma aparência de sabedoria, em devoção voluntária, humildade, e em disciplina do corpo, mas não são de valor algum senão para a satisfação da carne.

Pensai nas coisas que são de cima

3 PORTANTO, se *já* ressuscitastes com Cristo, buscai as *coisas* que são de cima, onde Cristo está assentado à destra de Deus.

²Pensai nas *coisas que são* de cima, e não nas *que são* da terra;

³Porque *já* estais mortos, e a vossa vida está escondida com Cristo em Deus.

⁴Quando Cristo, *que é* a nossa vida, se manifestar, então também vós vos manifestareis com ele em glória.

⁵Mortificai, pois, os vossos membros, que estão sobre a terra: a fornicação, a impureza, a afeição desordenada, a vil concupiscência, e a avareza, que é idolatria;

⁶Pelas quais coisas vem a ira de Deus sobre os filhos da desobediência;

⁷Nas quais, também, em outro tempo andastes, quando vivíeis nelas.

⁸Mas agora, despojai-vos também de tudo: da ira, da cólera, da malícia, da maledicência, das palavras torpes da vossa boca.

⁹Não mintais uns aos outros, pois que *já* vos despistes do velho homem com os seus feitos,

¹⁰E vos vestistes do novo, que se renova para o conhecimento, segundo a imagem daquele que o criou;

¹¹Onde não há grego, nem judeu, circuncisão, nem incircuncisão, bárbaro, cita, servo ou livre; mas Cristo é tudo, e em todos.

¹²Revesti-vos, pois, como eleitos de Deus, santos e amados, de entranhas de misericórdia, de benignidade, humildade, mansidão, longanimidade;

¹³Suportando-vos uns aos outros, e perdoando-vos uns aos outros, se alguém tiver queixa contra outro; assim como Cristo vos perdoou, assim *fazei* vós também.

¹⁴E, sobre tudo isto, *revesti-vos* de amor, que é o vínculo da perfeição.

¹⁵E a paz de Deus, para a qual também fostes chamados em um corpo, domine em vossos corações; e sede agradecidos.

¹⁶A palavra de Cristo habite em vós abundantemente, em toda a sabedoria, ensinando-vos e admoestando-vos uns aos outros, com salmos, hinos e cânticos espirituais, cantando ao Senhor com graça em vosso coração;

¹⁷E, quanto fizerdes por palavras ou por obras, *fazei* tudo em nome do Senhor Jesus, dando por ele graças a Deus Pai.

Deveres domésticos

¹⁸Vós, mulheres, estai sujeitas a vossos próprios maridos, como convém no Senhor.

¹⁹Vós, maridos, amai a vossas esposas, e não vos irriteis contra elas.

²⁰Vós, filhos, obedecei em tudo a *vossos* pais, porque isto é agradável ao Senhor.

²¹Vós, pais, não irriteis a vossos filhos, para que não percam o ânimo.

²²Vós, servos, obedecei em tudo a *vossos* senhores segundo a carne, não servindo só na aparência, como para agradar aos homens, mas em simplicidade de coração, temendo a Deus.

²³E tudo quanto fizerdes, fazei-o de todo o coração, como ao Senhor, e não aos homens,

²⁴Sabendo que recebereis do Senhor o galardão da herança, porque a Cristo, o Senhor, servis.

²⁵Mas quem fizer agravo receberá o agravo que fizer; pois não há acepção de pessoas.

4 VÓS, senhores, fazei o que for de justiça e equidade a *vossos* servos, sabendo que também tendes um Senhor nos céus.

Exortação à oração

[2]Perseverai em oração, velando nela com ação de graças;

[3]Orando também juntamente por nós, para que Deus nos abra a porta da palavra, a fim de falarmos do mistério de Cristo, pelo qual estou também preso;

[4]Para que o manifeste, como me convém falar.

[5]Andai com sabedoria para com os que estão de fora, remindo o tempo.

[6]A vossa palavra seja sempre agradável, temperada com sal, para que saibais como vos convém responder a cada um.

Envio de Tíquico e Onésimo

[7]Tíquico, irmão amado e fiel ministro, e conservo no Senhor, vos fará saber o meu estado;

[8]O qual vos enviei para o mesmo fim, para que saiba do vosso estado e console os vossos corações;

[9]*Juntamente* com Onésimo, amado e fiel irmão, que é dos vossos; eles vos farão saber tudo o que por aqui *se passa*.

Saudações finais

[10]Aristarco, que está preso comigo, vos saúda, e Marcos, o sobrinho de Barnabé, acerca do qual *já* recebestes mandamentos; se ele for ter convosco, recebei-o;

[11]E Jesus, chamado Justo; os quais são da circuncisão; são estes unicamente os *meus* cooperadores no reino de Deus; e para mim têm sido consolação.

[12]Saúda-vos Epafras, que é dos vossos, servo de Cristo, combatendo sempre por vós em orações, para que vos conserveis firmes, perfeitos e consumados em toda a vontade de Deus.

[13]Pois eu lhe dou testemunho de que tem grande zelo por vós, e pelos que *estão* em Laodiceia, e pelos que *estão* em Hierápolis.

[14]Saúda-vos Lucas, o médico amado, e Demas.

[15]Saudai aos irmãos que estão em Laodiceia e a Ninfa e à igreja que está em sua casa.

[16]E, quando *esta* epístola tiver sido lida entre vós, fazei que também seja lida na igreja dos laodicenses, e a *que veio* de Laodiceia lede-a vós também.

[17]E dizei a Arquipo: Atenta para o ministério que recebeste no Senhor, para que o cumpras.

[18]Saudação de minha mão, de Paulo. Lembrai-vos das minhas prisões. A graça *seja* convosco. Amém.

PRIMEIRA EPÍSTOLA DO APÓSTOLO PAULO AOS

TESSALONICENSES

Saudação

1 PAULO, e Silvano, e Timóteo, à igreja dos tessalonicenses em Deus, o Pai, e *no* Senhor Jesus Cristo: Graça e paz tenhais de Deus nosso Pai e do Senhor Jesus Cristo.

Fidelidade da igreja em Tessalônica

[2] Sempre damos graças a Deus por vós todos, fazendo menção de vós em nossas orações,

[3] Lembrando-nos sem cessar da obra da vossa fé, do trabalho do amor, e da paciência da esperança em nosso Senhor Jesus Cristo, diante de nosso Deus e Pai,

[4] Sabendo, amados irmãos, que a vossa eleição é de Deus;

[5] Porque o nosso evangelho não foi a vós somente em palavras, mas também em poder, e no Espírito Santo, e em muita certeza, como bem sabeis quais fomos entre vós, por amor de vós.

[6] E vós fostes feitos nossos imitadores, e do Senhor, recebendo a palavra em muita tribulação, com gozo do Espírito Santo.

[7] De maneira que fostes exemplo para todos os fiéis na Macedônia e Acaia.

[8] Porque por vós soou a palavra do Senhor, não somente na Macedônia e Acaia, mas também em todos os lugares a vossa fé para com Deus se espalhou, de tal maneira que *já dela* não temos necessidade de falar coisa alguma;

[9] Porque eles mesmos anunciam de nós qual a entrada que tivemos para convosco, e como dos ídolos vos convertestes a Deus, para servir o Deus vivo e verdadeiro,

[10] E esperar dos céus o seu Filho, a quem ressuscitou dentre os mortos, *a saber,* Jesus, que nos livra da ira futura.

Como Paulo exerceu seu ministério

2 PORQUE vós mesmos, irmãos, bem sabeis que a nossa entrada para convosco não foi vã;

[2] Mas, mesmo depois de termos antes padecido, e sido insultados em Filipos, como sabeis, tornamo-nos ousados em nosso Deus, para vos falar o evangelho de Deus com grande combate;

[3] Porque a nossa exortação não *foi* com engano, nem com imundícia, nem com fraudulência;

[4] Mas, como fomos aprovados de Deus para que o evangelho nos fosse confiado, assim falamos, não como para agradar aos homens, mas a Deus, que prova os nossos corações.

[5] Porque, como bem sabeis, nunca usamos de palavras lisonjeiras, nem houve um pretexto de avareza; Deus *é* testemunha;

[6] E não buscamos glória dos homens, nem de vós, nem de outros, ainda que podíamos, como apóstolos de Cristo, ser-vos pesados;

[7] Antes fomos brandos entre vós, como a ama que cria seus filhos.

[8] Assim nós, sendo-vos tão afeiçoados, de boa vontade quiséramos comunicar-vos, não somente o evangelho de Deus, mas ainda as nossas próprias almas; porquanto nos éreis *muito* queridos.

[9] Porque bem vos lembrais, irmãos, do nosso trabalho e fadiga; pois, trabalhando noite e dia, para não sermos pesados a nenhum de vós, vos pregamos o evangelho de Deus.

[10] Vós e Deus *sois* testemunhas de quão santa, e justa, e irrepreensivelmente nos houvemos para convosco, os que crestes.

[11] Assim como bem sabeis de que modo vos exortávamos e consolávamos e testemunhávamos, a cada um de vós, como o pai a seus filhos;

[12] Para que vos conduzísseis dignamente para com Deus, que vos chama para o seu reino e glória.

[13] Por isso também damos, sem cessar, graças a Deus, pois, havendo recebido de nós a palavra da pregação de Deus, a recebestes, não *como* palavra de homens, mas (segundo é, na verdade), *como* palavra de Deus, a qual também opera em vós, os que crestes.

[14] Porque vós, irmãos, haveis sido feitos imitadores das igrejas de Deus que na Judeia estão em Cristo Jesus; porquanto também padecestes de vossos próprios concidadãos o mesmo que os judeus lhes fizeram a eles,

[15] Os quais também mataram o Senhor Jesus e os seus próprios profetas, e nos têm perseguido; e não agradam a Deus, e são contrários a todos os homens,

[16] E nos impedem de pregar aos gentios para que possam ser salvos, a fim de encherem sempre *a medida de* seus pecados; mas a ira *de Deus* caiu sobre eles até ao fim.

Desejo do apóstolo de ver os tessalonicenses

[17] Nós, porém, irmãos, sendo privados de vós por um momento de tempo, de vista, mas não do coração, tanto mais procuramos com grande desejo ver o vosso rosto;

[18] Por isso bem quisemos uma e outra vez ir ter convosco, pelo menos eu, Paulo, mas Satanás no-lo impediu.

[19] Porque, qual é a nossa esperança, ou gozo, ou coroa de glória? Porventura não *o sois* vós também diante de nosso Senhor Jesus Cristo em sua vinda?

[20] Porque vós sois nossa glória e gozo.

Paulo envia-lhes Timóteo

3 POR isso, não podendo esperar mais, achamos por bem ficar sozinhos em Atenas;

[2] E enviamos Timóteo, nosso irmão, e ministro de Deus, e nosso cooperador no evangelho de

Cristo, para vos confortar e vos exortar acerca da vossa fé;

[3]Para que ninguém se comova por estas tribulações; porque vós mesmos sabeis que para isto fomos ordenados,

[4]Pois, estando ainda convosco, vos predizíamos que havíamos de ser afligidos, como sucedeu, e vós o sabeis.

[5]Portanto, não podendo eu também esperar mais, mandei-*o* saber da vossa fé, *temendo* que o tentador vos tentasse, e o nosso trabalho viesse a ser inútil.

[6]Vindo, porém, agora Timóteo de vós para nós, e trazendo-nos boas novas da vossa fé e amor, e de como sempre tendes boa lembrança de nós, desejando muito ver-nos, como nós também a vós;

[7]Por esta razão, irmãos, ficamos consolados acerca de vós, em toda a nossa aflição e necessidade, pela vossa fé,

[8]Porque agora vivemos, se estais firmes no Senhor.

[9]Porque, que ação de graças poderemos dar a Deus por vós, por todo o gozo com que nos regozijamos por vossa causa diante do nosso Deus,

[10]Orando abundantemente dia e noite, para que possamos ver o vosso rosto, e supramos o que falta à vossa fé?

[11]Ora, o mesmo nosso Deus e Pai, e nosso Senhor Jesus Cristo, encaminhe a nossa viagem para vós.

[12]E o Senhor vos aumente, e faça crescer em amor uns para com os outros, e para com todos, como também o *fazemos* para convosco;

[13]Para confirmar os vossos corações, para que sejais irrepreensíveis em santidade diante de nosso Deus e Pai, na vinda de nosso Senhor Jesus Cristo com todos os seus santos.

Exortação à piedade

4 FINALMENTE, irmãos, vos rogamos e exortamos no Senhor Jesus, que assim como recebestes de nós, de que maneira convém andar e agradar a Deus, assim andai, para que possais progredir cada vez mais.

[2]Porque vós bem sabeis que mandamentos vos temos dado pelo Senhor Jesus.

[3]Porque esta é a vontade de Deus, a vossa santificação, que vos abstenhais da fornicação;

[4]Que cada um de vós saiba possuir o seu vaso em santificação e honra;

[5]Não na paixão da concupiscência, como os gentios, que não conhecem a Deus.

[6]Ninguém oprima ou engane a seu irmão em negócio *algum,* porque o Senhor é vingador de todas estas *coisas,* como também antes vo-lo dissemos e testificamos.

[7]Porque não nos chamou Deus para a imundícia, mas para a santificação.

[8]Portanto, quem despreza *isto* não despreza ao homem, mas sim a Deus, que nos deu também o seu Espírito Santo.

[9]Quanto, porém, ao amor fraternal, não necessitais de que vos escreva, visto que vós mesmos estais instruídos por Deus que vos ameis uns aos outros;

[10]Porque também já assim o fazeis para com todos os irmãos que estão por toda a Macedônia. Exortamo-vos, porém, a que ainda *nisto* aumenteis cada vez mais.

[11]E procureis viver quietos, e tratar dos vossos próprios negócios, e trabalhar com vossas próprias mãos, como já vo-lo temos mandado;

[12]Para que andeis honestamente para com os que estão de fora, e não necessiteis de *coisa* alguma.

Sobre a ressurreição dos mortos

[13]Não quero, porém, irmãos, que sejais ignorantes acerca dos que *já* dormem, para que não vos entristeçais, como os demais, que não têm esperança.

[14]Porque, se cremos que Jesus morreu e ressuscitou, assim também aos que em Jesus dormem, Deus os tornará a trazer com ele.

[15]Dizemo-vos, pois, isto, pela palavra do Senhor: Que nós, os que ficarmos vivos para a vinda do Senhor, não precederemos os que dormem.

[16]Porque o mesmo Senhor descerá do céu com alarido, e com voz de arcanjo, e com a trombeta de Deus; e os que morreram em Cristo ressuscitarão primeiro.

[17]Depois nós, os que ficarmos vivos, seremos arrebatados juntamente com eles nas nuvens, a encontrar o Senhor nos ares, e assim estaremos sempre com o Senhor.

[18]Portanto, consolai-vos uns aos outros com estas palavras.

A vinda do Senhor

5 MAS, irmãos, acerca dos tempos e das estações, não necessitais de que se vos escreva;

[2]Porque vós mesmos sabeis muito bem que o dia do Senhor virá como o ladrão de noite;

[3]Pois que, quando disserem: Há paz e segurança, então lhes sobrevirá repentina destruição, como as dores de parto àquela que está grávida, e de modo nenhum escaparão.

[4]Mas vós, irmãos, *já* não estais em trevas, para que aquele dia vos surpreenda como um ladrão;

[5]Porque todos vós sois filhos da luz e filhos do dia; nós não somos da noite nem das trevas.

[6]Não durmamos, pois, como os demais, mas vigiemos, e sejamos sóbrios;

[7]Porque os que dormem, dormem de noite, e os que se embebedam, embebedam-se de noite.

[8]Mas nós, que somos do dia, sejamos sóbrios, vestindo-nos da couraça da fé e do amor, e tendo por capacete a esperança da salvação;

[9]Porque Deus não nos destinou para a ira, mas para a aquisição da salvação, por nosso Senhor Jesus Cristo,

[10]Que morreu por nós, para que, quer vigiemos, quer durmamos, vivamos juntamente com ele.

[11]Por isso exortai-vos uns aos outros, e edificai-vos uns aos outros, como também o fazeis.

1 TESSALONICENSES 5.12

Preceitos diversos

[12]E rogamo-vos, irmãos, que reconheçais os que trabalham entre vós e que presidem sobre vós no Senhor, e vos admoestam;

[13]E que os tenhais em grande estima e amor, por causa da sua obra. Tende paz entre vós.

[14]Rogamo-vos, também, irmãos, que admoesteis os desordeiros, consoleis os de pouco ânimo, sustenteis os fracos, e sejais pacientes para com todos.

[15]Vede que ninguém dê a outros mal por mal, mas segui sempre o bem, tanto uns para com os outros, como para com todos.

[16]Regozijai-vos sempre.

[17]Orai sem cessar.

[18]Em tudo dai graças, porque esta *é* a vontade de Deus em Cristo Jesus para convosco.

[19]Não extingais o Espírito.

[20]Não desprezeis as profecias.

[21]Examinai tudo. Retende o bem.

[22]Abstende-vos de toda a aparência do mal.

[23]E o mesmo Deus de paz vos santifique em tudo; e todo o vosso espírito, e alma, e corpo, sejam plenamente conservados irrepreensíveis para a vinda de nosso Senhor Jesus Cristo.

[24]Fiel é o que vos chama, o qual também *o* fará.

Saudações

[25]Irmãos, orai por nós.

[26]Saudai a todos os irmãos com ósculo santo.

[27]Pelo Senhor vos conjuro que esta epístola seja lida a todos os santos irmãos.

[28]A graça de nosso Senhor Jesus Cristo *seja* convosco. Amém.

SEGUNDA EPÍSTOLA DO APÓSTOLO PAULO AOS
TESSALONICENSES

Prefácio e saudação

1 PAULO, e Silvano, e Timóteo, à igreja dos tessalonicenses, em Deus nosso Pai, e no Senhor Jesus Cristo:

²Graça e paz a vós da parte de Deus nosso Pai, e da do Senhor Jesus Cristo.

A esperança da vinda de Cristo

³Sempre devemos, irmãos, dar graças a Deus por vós, como é justo, porque a vossa fé cresce muitíssimo e o amor de cada um de todos vós aumenta de uns para com os outros,

⁴De maneira que nós mesmos nos gloriamos de vós nas igrejas de Deus por causa da vossa paciência e fé, e em todas as vossas perseguições e aflições que suportais;

⁵Prova clara do justo juízo de Deus, para que sejais havidos por dignos do reino de Deus, pelo qual também padeceis;

⁶Se de fato é justo diante de Deus que dê em paga tribulação aos que vos atribulam;

⁷E a vós, que sois atribulados, descanso conosco, quando se manifestar o Senhor Jesus desde o céu com os anjos do seu poder,

⁸Com labareda de fogo, tomando vingança dos que não conhecem a Deus e dos que não obedecem ao evangelho de nosso Senhor Jesus Cristo;

⁹Os quais, por castigo, padecerão eterna perdição, longe da face do Senhor e da glória do seu poder,

¹⁰Quando vier para ser glorificado nos seus santos, e para se fazer admirável naquele dia em todos os que creem (porquanto o nosso testemunho foi crido entre vós).

¹¹Por isso também rogamos sempre por vós, para que o nosso Deus vos faça dignos da *sua* vocação, e cumpra todo o desejo da *sua* bondade, e a obra da fé com poder;

¹²Para que o nome de nosso Senhor Jesus Cristo seja em vós glorificado, e vós nele, segundo a graça de nosso Deus e do Senhor Jesus Cristo.

Sobre a vinda do Senhor

2 ORA, irmãos, rogamo-vos, pela vinda de nosso Senhor Jesus Cristo, e *pela* nossa reunião com ele,

²Que não vos movais facilmente do *vosso* entendimento, nem *vos* perturbeis, quer por espírito, quer por palavra, quer por epístola, como de nós, como se o dia de Cristo estivesse já perto.

³Ninguém de maneira alguma vos engane; porque *não será assim* sem que antes venha a apostasia, e se manifeste o homem do pecado, o filho da perdição,

⁴O qual se opõe, e se levanta contra tudo o que se chama Deus, ou se adora; de sorte que se assentará, como Deus, no templo de Deus, querendo parecer Deus.

⁵Não vos lembrais de que estas coisas vos dizia quando ainda estava convosco?

⁶E agora vós sabeis o que o detém, para que a seu próprio tempo seja manifestado.

⁷Porque já o mistério da injustiça opera; somente *há* um que agora o retém até que do meio seja tirado;

⁸E então será revelado o iníquo, a quem o Senhor desfará pelo Espírito da sua boca, e aniquilará pelo esplendor da sua vinda;

⁹A *esse* cuja vinda é segundo a eficácia de Satanás, com todo o poder, e sinais e prodígios de mentira,

¹⁰E com todo o engano da injustiça para os que perecem, porque não receberam o amor da verdade para se salvarem.

¹¹E por isso Deus lhes enviará a operação do erro, para que creiam a mentira;

¹²Para que sejam julgados todos os que não creram a verdade, antes tiveram prazer na iniquidade.

Estai firmes

¹³Mas devemos sempre dar graças a Deus por vós, irmãos amados do Senhor, por vos ter Deus elegido desde o princípio para a salvação, em santificação do Espírito, e fé da verdade;

¹⁴Para o que pelo nosso evangelho vos chamou, para alcançardes a glória de nosso Senhor Jesus Cristo.

¹⁵Então, irmãos, estai firmes e retende as tradições que vos foram ensinadas, seja por palavra, seja por epístola nossa.

¹⁶E o próprio nosso Senhor Jesus Cristo e nosso Deus e Pai, que nos amou, e em graça *nos* deu uma eterna consolação e boa esperança,

¹⁷Console os vossos corações, e vos confirme em toda a boa palavra e obra.

Exortação a orar

3 NO DEMAIS, irmãos, rogai por nós, para que a palavra do Senhor tenha *livre* curso e seja glorificada, como também o é entre vós;

²E para que sejamos livres de homens dissolutos e maus; porque a fé não é de todos.

³Mas fiel é o Senhor, que vos confirmará, e guardará do maligno.

⁴E confiamos quanto a vós no Senhor, que não só fazeis como fareis o que vos mandamos.

⁵Ora o Senhor encaminhe os vossos corações no amor de Deus, e na paciência de Cristo.

Evitando viver desordenadamente

⁶Mandamo-vos, porém, irmãos, em nome de nosso Senhor Jesus Cristo, que vos aparteis de todo o irmão que anda desordenadamente, e não segundo a tradição que de nós recebeu.

⁷Porque vós mesmos sabeis como convém

2 TESSALONICENSES 3.8

imitar-nos, pois que não nos portamos desordenadamente entre vós,

⁸Nem de graça comemos o pão de homem algum, mas com trabalho e fadiga, trabalhando noite e dia, para não sermos pesados a nenhum de vós.

⁹Não porque não tivéssemos autoridade, mas para vos dar em nós mesmos exemplo, para nos imitardes.

¹⁰Porque, quando ainda estávamos convosco, vos mandamos isto, que, se alguém não quiser trabalhar, não coma também.

¹¹Porquanto ouvimos que alguns entre vós andam desordenadamente, não trabalhando, antes fazendo coisas vãs.

¹²A esses tais, porém, mandamos, e exortamos por nosso Senhor Jesus Cristo, que, trabalhando com sossego, comam o seu próprio pão.

¹³E vós, irmãos, não vos canseis de fazer o bem.

¹⁴Mas, se alguém não obedecer à nossa palavra por esta carta, notai o tal, e não vos mistureis com ele, para que se envergonhe.

¹⁵Todavia não o tenhais como inimigo, mas admoestai-o como irmão.

¹⁶Ora, o mesmo Senhor da paz vos dê sempre paz de toda a maneira. O Senhor seja com todos vós.

Saudação

¹⁷Saudação da minha própria mão, de mim, Paulo, que é o sinal em todas as epístolas; assim escrevo.

¹⁸A graça de nosso Senhor Jesus Cristo seja com todos vós. Amém.

PRIMEIRA EPÍSTOLA DO APÓSTOLO PAULO A
TIMÓTEO

Prefácio e saudação

1 PAULO, apóstolo de Jesus Cristo, segundo o mandado de Deus, nosso Salvador, e do Senhor Jesus Cristo, esperança nossa,

[2] A Timóteo *meu* verdadeiro filho na fé: Graça, misericórdia e paz da parte de Deus nosso Pai, e da de Cristo Jesus, nosso Senhor.

As falsas doutrinas

[3] Como te roguei, quando parti para a Macedônia, que ficasses em Éfeso, para advertires a alguns, que não ensinem outra doutrina,

[4] Nem se deem a fábulas ou a genealogias intermináveis, que mais produzem questões do que edificação de Deus, que consiste na fé; *assim o faço agora.*

[5] Ora, o fim do mandamento é o amor de um coração puro, e de uma boa consciência, e de uma fé não fingida.

[6] Do que, desviando-se alguns, se entregaram a vãs contendas;

[7] Querendo ser mestres da lei, e não entendendo nem o que dizem nem o que afirmam.

[8] Sabemos, porém, que a lei é boa, se alguém dela usa legitimamente;

[9] Sabendo isto, que a lei não é feita para o justo, mas para os injustos e obstinados, para os ímpios e pecadores, para os profanos e irreligiosos, para os parricidas e matricidas, para os homicidas,

[10] Para os fornicadores, para os sodomitas, para os roubadores de homens, para os mentirosos, para os perjuros, e para o que for contrário à sã doutrina,

[11] Conforme o evangelho da glória de Deus bem-aventurado, que me foi confiado.

O ministério de Paulo

[12] E dou graças ao que me tem confortado, a Cristo Jesus Senhor nosso, porque me teve por fiel, pondo-*me* no ministério;

[13] *A mim,* que dantes fui blasfemo, e perseguidor, e injurioso; mas alcancei misericórdia, porque o fiz ignorantemente, na incredulidade.

[14] E a graça de nosso Senhor superabundou com a fé e amor que há em Jesus Cristo.

[15] Esta *é uma* palavra fiel, e digna de toda a aceitação, que Cristo Jesus veio ao mundo, para salvar os pecadores, dos quais eu sou o principal.

[16] Mas por isso alcancei misericórdia, para que em mim, que sou o principal, Jesus Cristo mostrasse toda a sua longanimidade, para exemplo dos que haviam de crer nele para a vida eterna.

[17] Ora, ao Rei dos séculos, imortal, invisível, ao Deus único, sábio, *seja* honra e glória para todo o sempre. Amém.

[18] Este mandamento te dou, *meu* filho Timóteo, que, segundo as profecias que houve acerca de ti, milites por elas boa milícia;

[19] Conservando a fé, e a boa consciência, a qual alguns, rejeitando, fizeram naufrágio na fé.

[20] E entre esses foram Himeneu e Alexandre, os quais entreguei a Satanás, para que aprendam a não blasfemar.

Oração por todos os homens

2 ADMOESTO-TE, pois, antes de tudo, que se façam súplicas, orações, intercessões, e ações de graças, por todos os homens;

[2] Pelos reis, e *por* todos os que estão em eminência, para que tenhamos *uma* vida quieta e sossegada, em toda a piedade e honestidade;

[3] Porque isto *é* bom e agradável diante de Deus nosso Salvador,

[4] Que quer que todos os homens sejam salvos, e venham ao conhecimento da verdade.

[5] Porque *há* um só Deus, e um *só* Mediador entre Deus e os homens, Jesus Cristo homem.

[6] O qual se deu a si mesmo *em* preço de redenção por todos, *para servir de* testemunho a seu tempo.

[7] Para o que fui constituído pregador, e apóstolo, (digo a verdade em Cristo, não minto) *e* doutor dos gentios na fé e *na* verdade.

[8] Quero, pois, que os homens orem em todo o lugar, levantando mãos santas, sem ira nem contenda.

Os deveres das mulheres

[9] Que do mesmo modo as mulheres se ataviem em traje honesto, com pudor e modéstia, não com tranças, ou com ouro, ou pérolas, ou vestidos preciosos,

[10] Mas (como convém a mulheres que fazem profissão de servir a Deus) com boas obras.

[11] A mulher aprenda em silêncio, com toda a sujeição.

[12] Não permito, porém, que a mulher ensine, nem use de autoridade sobre o marido, mas que esteja em silêncio.

[13] Porque primeiro foi formado Adão, depois Eva.

[14] E Adão não foi enganado, mas a mulher, sendo enganada, caiu em transgressão.

[15] Salvar-se-á, porém, dando à luz filhos, se permanecerem com sobriedade na fé, no amor e na santificação.

Os deveres dos bispos e dos diáconos

3 ESTA *é uma* palavra fiel: se alguém deseja o episcopado, excelente obra deseja.

[2] É necessário, pois, que o bispo seja irrepreensível, marido de uma mulher, vigilante, sóbrio, honesto, hospitaleiro, apto para ensinar;

[3] Não dado ao vinho, não espancador, não cobiçoso de torpe ganância, mas moderado, não contencioso, não avarento;

1 TIMÓTEO 3.4

808

[4]Que governe bem a sua própria casa, tendo *seus* filhos em sujeição, com toda a modéstia

[5](Porque, se alguém não sabe governar a sua própria casa, como terá cuidado da igreja de Deus?);

[6]Não neófito, para que, ensoberbecendo-se, não caia na condenação do diabo.

[7]É necessário também que tenha bom testemunho dos que estão de fora, para que não caia em afronta, e no laço do diabo.

[8]Da mesma sorte os diáconos sejam honestos, não de língua dobre, não dados a muito vinho, não cobiçosos de torpe ganância;

[9]Guardando o mistério da fé numa consciência pura.

[10]E também estes sejam primeiro provados, depois sirvam, se forem irrepreensíveis.

[11]Da mesma sorte as esposas sejam honestas, não maldizentes, sóbrias *e* fiéis em tudo.

[12]Os diáconos sejam maridos de uma só mulher, e governem bem a seus filhos e suas próprias casas.

[13]Porque os que servirem bem como diáconos, adquirirão para si uma boa posição e muita confiança na fé que há em Cristo Jesus.

[14]Escrevo-te estas *coisas,* esperando ir ver-te bem depressa;

[15]Mas, se tardar, para que saibas como convém andar na casa de Deus, que é a igreja do Deus vivo, a coluna e firmeza da verdade.

[16]E, sem dúvida alguma, grande é o mistério da piedade: Deus se manifestou em carne, foi justificado no Espírito, visto dos anjos, pregado aos gentios, crido no mundo, recebido acima na glória.

Preceitos diversos

4MAS o Espírito expressamente diz que nos últimos tempos apostatarão alguns da fé, dando ouvidos a espíritos enganadores, e a doutrinas de demônios;

[2]Pela hipocrisia de homens que falam mentiras, tendo cauterizada a sua própria consciência;

[3]Proibindo o casamento, *e* ordenando a abstinência dos alimentos que Deus criou para os fiéis, e para os que conhecem a verdade, a fim de usarem deles com ações de graças;

[4]Porque toda a criatura de Deus *é* boa, e não há nada que rejeitar, sendo recebido com ações de graças.

[5]Porque pela palavra de Deus e *pela* oração é santificada.

[6]Propondo estas coisas aos irmãos, serás bom ministro de Jesus Cristo, criado com as palavras da fé e da boa doutrina que tens seguido.

[7]Mas rejeita as fábulas profanas e de velhas, e exercita-te a ti mesmo em piedade;

[8]Porque o exercício corporal para pouco aproveita, mas a piedade para tudo é proveitosa, tendo a promessa da vida presente e da que há de vir.

[9]Esta palavra *é* fiel e digna de toda a aceitação;

[10]Porque para isto trabalhamos e somos injuriados, pois esperamos no Deus vivo, que é o Salvador de todos os homens, principalmente dos fiéis.

[11]Manda estas *coisas* e ensina-as.

[12]Ninguém despreze a tua mocidade; mas sê o exemplo dos fiéis, na palavra, no trato, no amor, no espírito, na fé, na pureza.

[13]Persiste em ler, exortar e ensinar, até que eu vá.

[14]Não desprezes o dom que há em ti, o qual te foi dado por profecia, com a imposição das mãos do presbitério.

[15]Medita estas *coisas;* ocupa-te nelas, para que o teu aproveitamento seja manifesto a todos.

[16]Tem cuidado de ti mesmo e da doutrina. Persevera nestas coisas; porque, fazendo isto, te salvarás, tanto a ti mesmo como aos que te ouvem.

Tratando com as viúvas

5NÃO repreendas *asperamente* o ancião, mas admoesta-o como a pai; aos moços como a irmãos;

[2]As mulheres idosas, como a mães, às moças, como a irmãs, em toda a pureza.

[3]Honra as viúvas que verdadeiramente são viúvas.

[4]Mas, se alguma viúva tiver filhos, ou netos, aprendam primeiro a exercer piedade para com a sua própria família, e a recompensar seus pais; porque isto é bom e agradável diante de Deus.

[5]Ora, a que é verdadeiramente viúva e desamparada espera em Deus, e persevera de noite e de dia em rogos e orações;

[6]Mas a que vive em deleites, vivendo está morta.

[7]Manda, pois, estas coisas, para que elas sejam irrepreensíveis.

[8]Mas, se alguém não tem cuidado dos seus, e principalmente dos da sua família, negou a fé, e é pior do que o infiel.

[9]Nunca seja inscrita viúva com menos de sessenta anos, e só a que tenha sido mulher de um só marido;

[10]Tendo testemunho de boas obras: Se criou os filhos, se exercitou hospitalidade, se lavou os pés aos santos, se socorreu os aflitos, se praticou toda a boa obra.

[11]Mas não admitas as viúvas mais novas, porque, quando se tornam levianas contra Cristo, querem casar-se;

[12]Tendo já a *sua* condenação por haverem aniquilado a primeira fé.

[13]E, além disto, aprendem também a andar ociosas de casa em casa; e não só ociosas, mas também tagarelas e curiosas, falando o que não convém.

[14]Quero, pois, que as que são moças se casem, gerem filhos, governem a casa, *e* não deem ocasião ao adversário de maldizer;

[15]Porque já algumas se desviaram, indo após Satanás.

[16]Se algum crente ou alguma crente tem viúvas, socorra-as, e não se sobrecarregue a igreja, para que possa sustentar as que deveras são viúvas.

Os presbíteros

[17]Os presbíteros que governam bem sejam estimados por dignos de duplicada honra, principalmente os que trabalham na palavra e na doutrina;

[18]Porque diz a Escritura: Não ligarás a boca ao boi que debulha. E: Digno é o obreiro do seu salário.

[19]Não aceites acusação contra o presbítero, senão com duas ou três testemunhas.

[20]Aos que pecarem, repreende-os na presença de todos, para que também os outros tenham temor.

[21]Conjuro-te diante de Deus, e do Senhor Jesus Cristo, e dos anjos eleitos, que sem prevenção guardes estas coisas, nada fazendo por parcialidade.

[22]A ninguém imponhas precipitadamente as mãos, nem participes dos pecados alheios; conserva-te a ti mesmo puro.

[23]Não bebas mais água só, mas usa de um pouco de vinho, por causa do teu estômago e das tuas frequentes enfermidades.

[24]Os pecados de alguns homens são manifestos, precedendo o juízo; e em alguns manifestam-se depois.

[25]Assim mesmo também as boas obras são manifestas, e as que são de outra maneira não podem ocultar-se.

Os servos

6 TODOS os servos que estão debaixo do jugo estimem a seus senhores dignos de toda honra, para que o nome de Deus e a doutrina não sejam blasfemados.

[2]E os que têm senhores crentes não os desprezem, por serem irmãos; antes os sirvam melhor, porque eles, que participam do benefício, são crentes e amados. Isto ensina e exorta.

Os falsos mestres

[3]Se alguém ensina alguma outra doutrina, e se não conforma com as sãs palavras de nosso Senhor Jesus Cristo, e com a doutrina que é segundo a piedade,

[4]É soberbo, e nada sabe, mas delira acerca de questões e contendas de palavras, das quais nascem inveja, contendas, blasfêmias, ruins suspeitas,

[5]Perversas contendas de homens corruptos de entendimento, e privados da verdade, cuidando que ganho seja piedade; aparta-te dos tais.

[6]Mas é grande ganho a piedade com contentamento.

[7]Porque nada trouxemos para este mundo, e manifesto é que nada podemos levar dele.

[8]Tendo, porém, sustento, e com que nos cobrirmos, estejamos com isso contentes.

[9]Mas os que querem ser ricos caem em tentação, e em laço, e em muitas concupiscências loucas e nocivas, que submergem os homens na perdição e ruína.

[10]Porque o amor ao dinheiro é a raiz de todos os males; e nessa cobiça alguns se desviaram da fé, e se traspassaram a si mesmos com muitas dores.

Milita a boa milícia

[11]Mas tu, ó homem de Deus, foge destas coisas, e segue a justiça, a piedade, a fé, o amor, a paciência, a mansidão.

[12]Milita a boa milícia da fé, toma posse da vida eterna, para a qual também foste chamado, tendo já feito boa confissão diante de muitas testemunhas.

[13]Mando-te diante de Deus, que todas as coisas vivifica, e de Cristo Jesus, que diante de Pôncio Pilatos deu o testemunho de boa confissão,

[14]Que guardes este mandamento sem mácula e repreensão, até à aparição de nosso Senhor Jesus Cristo;

[15]A qual a seu tempo mostrará o bem-aventurado, e único poderoso Senhor, Rei dos reis e Senhor dos senhores;

[16]Aquele que tem, ele só, a imortalidade, e habita na luz inacessível; a quem nenhum dos homens viu nem pode ver, ao qual seja honra e poder sempiterno. Amém.

Os ricos

[17]Manda aos ricos deste mundo que não sejam altivos, nem ponham a esperança na incerteza das riquezas, mas no Deus vivo, que abundantemente nos dá todas as coisas para delas gozarmos;

[18]Que façam bem, enriqueçam em boas obras, repartam de boa mente, e sejam comunicáveis;

[19]Que entesourem para si mesmos um bom fundamento para o futuro, para que possam se apoderar da vida eterna.

[20]Ó Timóteo, guarda o depósito que te foi confiado, tendo horror aos clamores vãos e profanos e às oposições da falsamente chamada ciência.

[21]A qual, professando-a alguns, se desviaram da fé. A graça seja contigo. Amém.

SEGUNDA EPÍSTOLA DO APÓSTOLO PAULO A
TIMÓTEO

Prefácio e saudação

1 PAULO, apóstolo de Jesus Cristo, pela vontade de Deus, segundo a promessa da vida que está em Cristo Jesus,

²A Timóteo, *meu* amado filho: Graça, misericórdia, *e* paz da parte de Deus Pai, e da de Cristo Jesus, Senhor nosso.

Lealdade para com o evangelho

³Dou graças a Deus, a quem desde os meus antepassados sirvo com uma consciência pura, de que sem cessar faço memória de ti nas minhas orações noite e dia;

⁴Desejando muito ver-te, lembrando-me das tuas lágrimas, para me encher de gozo;

⁵Trazendo à memória a fé não fingida que em ti há, a qual habitou primeiro em tua avó Lóide, e em tua mãe Eunice, e estou certo de que também *habita* em ti.

⁶Por cujo motivo te lembro que despertes o dom de Deus que existe em ti pela imposição das minhas mãos.

⁷Porque Deus não nos deu o espírito de temor, mas de fortaleza, e de amor, e de moderação.

⁸Portanto, não te envergonhes do testemunho de nosso Senhor, nem de mim, que sou prisioneiro seu; antes participa das aflições do evangelho segundo o poder de Deus,

⁹Que nos salvou, e chamou com uma santa vocação; não segundo as nossas obras, mas segundo o seu próprio propósito e graça que nos foi dada em Cristo Jesus antes dos tempos dos séculos;

¹⁰E que é manifesta agora pela aparição de nosso Salvador Jesus Cristo, o qual aboliu a morte, e trouxe à luz a vida e a incorrupção pelo evangelho;

¹¹Para o que fui constituído pregador, e apóstolo, e doutor dos gentios.

¹²Por cuja causa padeço também isto, mas não me envergonho; porque eu sei em quem tenho crido, e estou certo de que é poderoso para guardar o meu depósito até àquele dia.

¹³Conserva o modelo das sãs palavras que de mim tens ouvido, na fé e no amor que *há* em Cristo Jesus.

¹⁴Guarda o bom depósito pelo Espírito Santo que habita em nós.

¹⁵*Bem* sabes isto, que os que estão na Ásia todos se apartaram de mim; entre os quais foram Fígelo e Hermógenes.

¹⁶O Senhor conceda misericórdia à casa de Onesíforo, porque muitas vezes me recreou, e não se envergonhou das minhas cadeias.

¹⁷Antes, vindo ele a Roma, com muito cuidado me procurou e me achou.

¹⁸O Senhor lhe conceda que naquele dia ache misericórdia diante do Senhor. E, quanto *me* ajudou em Éfeso, melhor o sabes tu.

Exortação à constância

2 TU, pois, meu filho, fortifica-te na graça que há em Cristo Jesus.

²E o que de mim, entre muitas testemunhas, ouviste, confia-o a homens fiéis, que sejam idôneos para também ensinarem os outros.

³Tu pois, sofre as aflições, como bom soldado de Jesus Cristo.

⁴Ninguém que milita se embaraça com negócios *desta* vida, a fim de agradar àquele que o alistou para a guerra.

⁵E, se alguém também milita, não é coroado se não militar legitimamente.

⁶O lavrador que trabalha deve ser o primeiro a gozar dos frutos.

⁷Considera o que digo, e o Senhor te dê entendimento em tudo.

⁸Lembra-te de que Jesus Cristo, *que* é da descendência de Davi, ressuscitou dentre os mortos, segundo o meu evangelho;

⁹Por isso sofro trabalhos e até prisões, como *um* malfeitor; mas a palavra de Deus não está presa.

¹⁰Portanto, tudo sofro por amor dos escolhidos, para que também eles alcancem a salvação que está em Cristo Jesus com glória eterna.

¹¹Palavra fiel *é esta*: que, se morrermos com *ele,* também com *ele* viveremos;

¹²Se sofrermos, também com *ele* reinaremos; se o negarmos, também ele nos negará;

¹³Se formos infiéis, ele permanece fiel; não pode negar-se a si mesmo.

Evita o profano

¹⁴Traze estas *coisas* à memória, ordenando-lhes diante do Senhor que não tenham contendas de palavras, *que* para nada aproveitam e são para perversão dos ouvintes.

¹⁵Procura apresentar-te a Deus aprovado, *como* obreiro que não tem *de que* se envergonhar, que maneja bem a palavra da verdade.

¹⁶Mas evita os falatórios profanos, porque produzirão maior impiedade.

¹⁷E a palavra desses roerá como gangrena; entre os quais são Himeneu e Fileto;

¹⁸Os quais se desviaram da verdade, dizendo que a ressurreição era já feita, e perverteram a fé de alguns.

¹⁹Todavia o fundamento de Deus fica firme, tendo este selo: O Senhor conhece os que são seus, e qualquer que profere o nome de Cristo aparte-se da iniquidade.

²⁰Ora, numa grande casa não somente há vasos de ouro e de prata, mas também de pau e de barro; uns para honra, outros, porém, para desonra.

²¹De sorte que, se alguém se purificar destas

coisas, será vaso para honra, santificado e idôneo para uso do Senhor, *e* preparado para toda a boa obra.

²²Foge também das paixões da mocidade; e segue a justiça, a fé, o amor, *e* a paz com os que, com *um* coração puro, invocam o Senhor.

²³E rejeita as questões loucas, e sem instrução, sabendo que produzem contendas.

²⁴E ao servo do Senhor não convém contender, mas sim, ser manso para com todos, apto para ensinar, sofredor;

²⁵Instruindo com mansidão os que resistem, *a ver* se porventura Deus lhes dará arrependimento para conhecerem a verdade,

²⁶E tornarem a despertar, desprendendo-se dos laços do diabo, em que à vontade dele estão presos.

Os últimos dias

3 SABE, porém, isto: que nos últimos dias sobrevirão tempos trabalhosos.

²Porque haverá homens amantes de si mesmos, avarentos, presunçosos, soberbos, blasfemos, desobedientes a pais e mães, ingratos, profanos,

³Sem afeto natural, irreconciliáveis, caluniadores, intemperantes, cruéis, sem amor para com os bons,

⁴Traidores, obstinados, orgulhosos, mais amigos dos deleites do que amigos de Deus,

⁵Tendo aparência de piedade, mas negando a eficácia dela. Destes afasta-te.

⁶Porque deste número são os que se introduzem pelas casas, e levam cativas mulheres néscias carregadas de pecados, levadas de várias concupiscências;

⁷Que aprendem sempre, e nunca podem chegar ao conhecimento da verdade.

⁸E, como Janes e Jambres resistiram a Moisés, assim também estes resistem à verdade, sendo homens corruptos de entendimento e réprobos quanto à fé.

⁹Não irão, porém, avante; porque a todos será manifesto o seu desvario, como também *o* foi o daqueles.

¹⁰Tu, porém, tens seguido a minha doutrina, modo de viver, intenção, fé, longanimidade, amor, paciência,

¹¹Perseguições e aflições tais quais me aconteceram em Antioquia, em Icônio, *e* em Listra; quantas perseguições sofri, e o Senhor de todas me livrou;

¹²E também todos os que piamente querem viver em Cristo Jesus padecerão perseguições.

¹³Mas os homens maus e enganadores irão de mal para pior, enganando e sendo enganados.

¹⁴Tu, porém, permanece naquilo que aprendeste, e *de que* foste inteirado, sabendo de quem o tens aprendido,

¹⁵E que desde a tua meninice sabes as sagradas Escrituras, que podem fazer-te sábio para a salvação, pela fé que há em Cristo Jesus.

¹⁶Toda a Escritura é divinamente inspirada, e proveitosa para ensinar, para repreender, para corrigir, para instruir em justiça;

¹⁷Para que o homem de Deus seja perfeito, *e* perfeitamente instruído para toda a boa obra.

Paulo responsabiliza Timóteo

4 CONJURO-*TE*, pois, diante de Deus, e do Senhor Jesus Cristo, que há de julgar os vivos e os mortos, na sua vinda e *no* seu reino,

²Que pregues a palavra, instes a tempo e fora de tempo, corrijas, repreendas, exortes, com toda a longanimidade e doutrina.

³Porque virá tempo em que não suportarão a sã doutrina; mas, tendo coceira nos ouvidos, amontoarão para si doutores conforme as suas próprias concupiscências;

⁴E desviarão os ouvidos da verdade, voltando às fábulas.

⁵Mas tu, sê sóbrio em tudo, sofre as aflições, faze a obra de um evangelista, cumpre o teu ministério.

⁶Porque eu já estou sendo oferecido por aspersão de sacrifício, e o tempo da minha partida está próximo.

⁷Combati o bom combate, acabei a carreira, guardei a fé.

⁸Desde agora, a coroa da justiça me está guardada, a qual o Senhor, justo juiz, me dará naquele dia; e não somente a mim, mas também a todos os que amarem a sua vinda.

⁹Procura vir ter comigo depressa,

¹⁰Porque Demas me desamparou, amando o presente século, e foi para Tessalônica, Crescente para Galácia, Tito para Dalmácia.

¹¹Só Lucas está comigo. Toma Marcos, e traze-o contigo, porque me é muito útil para o ministério.

¹²Também enviei Tíquico a Éfeso.

¹³Quando vieres, traze a capa que deixei em Trôade, em casa de Carpo, e os livros, principalmente os pergaminhos.

¹⁴Alexandre, o latoeiro, causou-me muitos males; o Senhor lhe pague segundo as suas obras.

¹⁵Tu, guarda-te também dele, porque resistiu muito às nossas palavras.

¹⁶Ninguém me assistiu na minha primeira defesa, antes todos me desampararam. Que isto lhes não seja imputado.

¹⁷Mas o Senhor assistiu-me e fortaleceu-me, para que por mim fosse cumprida a pregação, e todos os gentios *a* ouvissem; e fiquei livre da boca do leão.

¹⁸E o Senhor me livrará de toda a má obra, e guardar-me-á para o seu reino celestial; a quem *seja* glória para todo o sempre. Amém.

¹⁹Saúda a Prisca e a Áquila, e à casa de Onesíforo.

²⁰Erasto ficou em Corinto, e deixei Trófimo doente em Mileto.

²¹Procura vir antes do inverno. Êubulo, e Prudente, e Lino, e Cláudia, e todos os irmãos te saúdam.

²²O Senhor Jesus Cristo *seja* com o teu espírito. A graça *seja* convosco. Amém.

EPÍSTOLA DO APÓSTOLO PAULO A

TITO

Prefácio e saudação

1 PAULO, servo de Deus, e apóstolo de Jesus Cristo, segundo a fé dos eleitos de Deus, e o conhecimento da verdade, que é segundo a piedade,

²Em esperança da vida eterna, a qual Deus, que não pode mentir, prometeu antes dos tempos dos séculos;

³Mas a seu tempo manifestou a sua palavra pela pregação que me foi confiada segundo o mandamento de Deus, nosso Salvador;

⁴A Tito, *meu* verdadeiro filho, segundo a fé comum: Graça, misericórdia, *e* paz da parte de Deus Pai, e da do Senhor Jesus Cristo, nosso Salvador.

Qualificações dos presbíteros

⁵Por esta causa te deixei em Creta, para que pusesses em boa ordem as coisas que *ainda* restam, e de cidade em cidade estabelecesses presbíteros, como já te mandei;

⁶Aquele que for irrepreensível, marido de uma mulher, que tenha filhos fiéis, que não possam ser acusados de dissolução nem são desobedientes.

⁷Porque é necessário que o bispo seja irrepreensível, como mordomo da casa de Deus, não soberbo, nem iracundo, nem dado ao vinho, nem espancador, nem cobiçoso de torpe ganância;

⁸Mas dado à hospitalidade, amigo do bem, moderado, justo, santo, temperante;

⁹Retendo firme a fiel palavra, que é conforme a doutrina, para que seja poderoso, tanto para admoestar com a sã doutrina, como para convencer os contradizentes.

Falsos mestres

¹⁰Porque há muitos desordenados, faladores, vãos e enganadores, principalmente os da circuncisão,

¹¹Aos quais convém tapar a boca; homens que transtornam casas inteiras ensinando o que não convém, por torpe ganância.

¹²Um deles, seu próprio profeta, disse: Os cretenses *são* sempre mentirosos, bestas ruins, ventres preguiçosos.

¹³Este testemunho é verdadeiro. Portanto, repreende-os severamente, para que sejam sãos na fé.

¹⁴Não dando ouvidos às fábulas judaicas, nem aos mandamentos de homens que se desviam da verdade.

¹⁵Todas *as coisas são* puras para os puros, mas nada *é* puro para os contaminados e infiéis; antes o seu entendimento e consciência estão contaminados.

¹⁶Confessam que conhecem a Deus, mas negam-no com as obras, sendo abomináveis, e desobedientes, e reprovados para toda a boa obra.

A sã doutrina e a conduta cristã

2 TU, porém, fala o que convém à sã doutrina.

²Os velhos, que sejam sóbrios, graves, prudentes, sãos na fé, no amor, *e* na paciência;

³As mulheres idosas, semelhantemente, que sejam sérias no seu viver, como convém a santas, não caluniadoras, não dadas a muito vinho, mestras no bem;

⁴Para que ensinem as mulheres novas a serem prudentes, a amarem seus maridos, a amarem seus filhos,

⁵A *serem* moderadas, puras, boas donas de casa, sujeitas a seus maridos, a fim de que a palavra de Deus não seja blasfemada.

⁶Exorta semelhantemente os jovens a que sejam moderados.

⁷Em tudo te dá por exemplo de boas obras; na doutrina *mostra* incorrupção, gravidade, sinceridade,

⁸Linguagem sã e irrepreensível, para que o adversário se envergonhe, não tendo nenhum mal que dizer de vós.

⁹*Exorta* os servos a que se sujeitem a seus senhores, e em tudo agradem, não contradizendo,

¹⁰Não defraudando, antes mostrando toda a boa lealdade, para que em tudo sejam ornamento da doutrina de Deus, nosso Salvador.

A graça de Deus manifestada

¹¹Porque a graça salvadora de Deus se há manifestado a todos os homens,

¹²Ensinando-nos que, renunciando à impiedade e às concupiscências mundanas, vivamos *neste* presente século sóbria, e justa, e piamente,

¹³Aguardando a bem-aventurada esperança e o aparecimento da glória do grande Deus e nosso Salvador Jesus Cristo;

¹⁴O qual se deu a si mesmo por nós para nos remir de toda a iniquidade, e purificar para si um povo seu especial, zeloso de boas obras.

¹⁵Fala disto, e exorta e repreende com toda a autoridade. Ninguém te despreze.

Exortações

3 ADMOESTA-OS a que se sujeitem aos principados e autoridades, que *lhes* obedeçam, *e* estejam preparados para toda a boa obra;

²Que a ninguém infamem, nem sejam contenciosos, mas modestos, mostrando toda a mansidão para com todos os homens.

³Porque também nós éramos noutro tempo insensatos, desobedientes, extraviados, servindo a várias concupiscências e deleites, vivendo em malícia e inveja, odiosos, odiando-nos uns aos outros.

⁴Mas quando apareceu a benignidade e amor de Deus, nosso Salvador, para com os homens,

⁵Não pelas obras de justiça que houvéssemos feito, mas segundo a sua misericórdia, nos salvou pela lavagem da regeneração e da renovação do Espírito Santo,

⁶Que abundantemente ele derramou sobre nós por Jesus Cristo nosso Salvador;

⁷Para que, sendo justificados pela sua graça, sejamos feitos herdeiros segundo a esperança da vida eterna.

⁸Fiel é a palavra, e isto quero que deveras afirmes, para que os que creem em Deus procurem aplicar-se às boas obras; estas coisas são boas e proveitosas aos homens.

⁹Mas não entres em questões loucas, genealogias e contendas, e nos debates acerca da lei; porque são coisas inúteis e vãs.

¹⁰Ao homem herege, depois de uma e outra admoestação, evita-o,

¹¹Sabendo que esse tal está pervertido, e peca, estando já em si mesmo condenado.

Saudação

¹²Quando te enviar Ártemas, ou Tíquico, procura vir ter comigo a Nicópolis; porque deliberei invernar ali.

¹³Acompanha com muito cuidado Zenas, doutor da lei, e Apolo, para que nada lhes falte.

¹⁴E os nossos aprendam também a aplicar-se às boas obras, nas coisas necessárias, para que não sejam infrutuosos.

¹⁵Saúdam-te todos os que estão comigo. Saúda tu os que nos amam na fé. A graça *seja* com vós todos. Amém.

EPÍSTOLA DO APÓSTOLO PAULO A
FILEMOM

Prefácio e saudação

¹PAULO, prisioneiro de Jesus Cristo, e o irmão Timóteo, ao amado Filemom, nosso cooperador,

²E à nossa amada Áfia, e a Arquipo, nosso camarada, e à igreja que está em tua casa:

³Graça a vós e paz da parte de Deus nosso Pai, e do Senhor Jesus Cristo.

⁴Graças dou ao meu Deus, lembrando-me sempre de ti nas minhas orações;

⁵Ouvindo do teu amor e da fé que tens para com o Senhor Jesus, e para com todos os santos;

⁶Para que a comunicação da tua fé seja eficaz no conhecimento de todo o bem que em vós há por Cristo Jesus.

⁷Porque temos grande gozo e consolação do teu amor, porque por ti, ó irmão, as entranhas dos santos foram recreadas.

⁸Por isso, ainda que tenha em Cristo grande confiança para te mandar o que te convém,

⁹*Todavia* peço-*te* antes por amor, sendo eu tal como sou, Paulo o velho, e também agora prisioneiro de Jesus Cristo.

Intercessão de Paulo em favor de Onésimo

¹⁰Peço-te por meu filho Onésimo, que gerei nas minhas prisões;

¹¹O qual noutro tempo te foi inútil, mas agora a ti e a mim muito útil; eu to tornei a enviar.

¹²E tu torna a recebê-lo como às minhas entranhas.

¹³Eu bem o quisera conservar comigo, para que por ti me servisse nas prisões do evangelho;

¹⁴Mas nada quis fazer sem o teu parecer, para que o teu benefício não fosse como por força, mas, voluntário.

¹⁵Porque bem pode ser que ele se tenha separado *de ti* por algum tempo, para que o retivesses para sempre,

¹⁶Não já como servo, antes, mais do que servo, *como* irmão amado, particularmente de mim, e quanto mais de ti, assim na carne como no Senhor?

¹⁷Assim, pois, se me tens por companheiro, recebe-o como a mim mesmo.

¹⁸E, se te fez algum dano, ou te deve *alguma coisa,* põe isso à minha conta.

¹⁹Eu, Paulo, de minha própria mão o escrevi; eu o pagarei, para te não dizer que ainda mesmo a ti próprio a mim te deves.

²⁰Sim, irmão, eu me regozijarei de ti no Senhor; recreia as minhas entranhas no Senhor.

²¹Escrevi-te confiado na tua obediência, sabendo que ainda farás mais do que digo.

Comunicação pessoal

²²E juntamente prepara-me também pousada, porque espero que pelas vossas orações vos hei de ser concedido.

²³Saúdam-te Epafras, meu companheiro de prisão por Cristo Jesus,

²⁴Marcos, Aristarco, Demas e Lucas, meus cooperadores.

²⁵A graça de nosso Senhor Jesus Cristo *seja* com o vosso espírito. Amém.

EPÍSTOLA DO APÓSTOLO PAULO AOS
HEBREUS

O Filho é superior aos anjos

1 HAVENDO Deus antigamente falado muitas vezes, e de muitas maneiras, aos pais, pelos profetas, a nós falou-nos nestes últimos dias pelo Filho,

[2] A quem constituiu herdeiro de tudo, por quem fez também o mundo.

[3] O qual, sendo o resplendor da *sua* glória, e a expressa imagem da sua pessoa, e sustentando todas *as coisas* pela palavra do seu poder, havendo feito por si mesmo a purificação dos nossos pecados, assentou-se à destra da majestade nas alturas;

[4] Feito tanto mais excelente do que os anjos, quanto herdou mais excelente nome do que eles.

[5] Porque, a qual dos anjos disse jamais:

Tu és meu Filho,
Hoje te gerei?

E outra vez:

Eu lhe serei por Pai,
E ele me será por Filho?

[6] E outra vez, quando introduz no mundo o primogênito, diz:

E todos os anjos de Deus o adorem.

[7] E, em verdade quanto aos anjos, diz:

Que faz dos seus anjos espíritos,
E de seus ministros labareda de fogo.

[8] Mas, do Filho, *diz:*

Ó Deus, o teu trono *subsiste* pelos séculos
dos séculos;
Cetro de equidade é o cetro do teu reino.
[9] Amaste a justiça e odiaste a iniquidade; por
isso Deus, o teu Deus, te ungiu
Com óleo de alegria mais do que a teus
companheiros.

[10] E:

Tu, Senhor, no princípio fundaste a terra,
E os céus são obra de tuas mãos.
[11] Eles perecerão, mas tu permanecerás;
E todos eles, como roupa, envelhecerão,
[12] E como um manto os enrolarás, e serão
mudados.
Mas tu és o mesmo,
E os teus anos não acabarão.

[13] E a qual dos anjos disse jamais:

Assenta-te à minha destra,
Até que ponha a teus inimigos por escabelo
de teus pés?
[14] Não são porventura todos eles espíritos ministradores, enviados para servir a favor daqueles que hão de herdar a salvação?

O perigo da negligência

2 PORTANTO, convém-nos atentar com mais diligência para as *coisas* que *já* temos ouvido, para que em tempo algum nos desviemos delas.

[2] Porque, se a palavra falada pelos anjos permaneceu firme, e toda a transgressão e desobediência recebeu a justa retribuição,

[3] Como escaparemos nós, se não atentarmos para *uma* tão grande salvação, a qual, começando a ser anunciada pelo Senhor, foi-nos depois confirmada pelos que a ouviram;

[4] Testificando também Deus com eles, por sinais, e milagres, e várias maravilhas e dons do Espírito Santo, distribuídos por sua vontade?

Jesus coroado de glória

[5] Porque não foi aos anjos que sujeitou o mundo futuro, de que falamos.

[6] Mas em certo lugar testificou alguém, dizendo:

Que é o homem, para que dele te lembres?
Ou o filho do homem, para que o visites?
[7] Tu o fizeste um pouco menor do que os
anjos,
De glória e de honra o coroaste,
E o constituíste sobre as obras de tuas
mãos;
[8] Todas *as coisas* lhe sujeitaste debaixo dos
pés.

Ora, visto que lhe sujeitou todas *as coisas,* nada deixou que lhe não esteja sujeito. Mas agora ainda não vemos que todas *as coisas* lhe estejam sujeitas.

[9] Vemos, porém, coroado de glória e de honra aquele Jesus que fora feito um pouco menor do que os anjos, por causa da paixão da morte, para que, pela graça de Deus, provasse a morte por todos.

[10] Porque convinha que aquele, para quem são todas *as coisas,* e mediante quem tudo existe, trazendo muitos filhos à glória, consagrasse pelas aflições o Príncipe da salvação deles.

[11] Porque, assim o que santifica, como os que são santificados, *são* todos de um; por cuja causa não se envergonha de lhes chamar irmãos,

[12] Dizendo:

Anunciarei o teu nome a meus irmãos,
Cantar-te-ei louvores no meio da
congregação.

[13] E outra vez: Porei nele a minha confiança. E outra vez: Eis-*me* aqui a mim, e aos filhos que Deus me deu.

[14] E, visto como os filhos participam da carne e do sangue, também ele participou das mesmas coisas, para que pela morte aniquilasse o que tinha o império da morte, isto é, o diabo;

HEBREUS 2.15   816

¹⁵E livrasse todos os que, com medo da morte, estavam por toda a vida sujeitos à servidão. ¹⁶Porque, na verdade, ele não tomou os anjos, mas tomou a descendência de Abraão. ¹⁷Por isso convinha que em tudo fosse semelhante aos irmãos, para ser misericordioso e fiel sumo sacerdote naquilo que é de Deus, para expiar os pecados do povo. ¹⁸Porque naquilo que ele mesmo, sendo tentado, padeceu, pode socorrer aos que são tentados.

Jesus é superior a Moisés

3 POR isso, irmãos santos, participantes da vocação celestial, considerai a Cristo Jesus, apóstolo e sumo sacerdote da nossa confissão, ²Sendo fiel ao que o constituiu, como também o foi Moisés em toda a sua casa. ³Porque ele é tido por digno de tanto maior glória do que Moisés, quanto maior honra do que a casa tem aquele que a edificou. ⁴Porque toda a casa é edificada por alguém, mas o que edificou todas *as coisas é* Deus. ⁵E, na verdade, Moisés *foi* fiel em toda a sua casa, como servo, para testemunho das coisas que se haviam de anunciar; ⁶Mas Cristo, como Filho, sobre a sua própria casa; a qual casa somos nós, se tão somente conservarmos firme a confiança e a glória da esperança até ao fim. ⁷Portanto, como diz o Espírito Santo:

Se ouvirdes hoje a sua voz,
⁸Não endureçais os vossos corações,
Como na provocação, no dia da tentação no
   deserto.
⁹Onde vossos pais me tentaram, me
   provaram,
E viram por quarenta anos as minhas obras.
¹⁰Por isso me indignei contra esta geração,
E disse: Estes sempre erram em seu
   coração,
E não conheceram os meus caminhos.
¹¹Assim jurei na minha ira
Que não entrarão no meu repouso.

¹²Vede, irmãos, que nunca haja em qualquer de vós um coração mau e infiel, para se apartar do Deus vivo. ¹³Antes, exortai-vos uns aos outros todos os dias, durante o tempo que se chama Hoje, para que nenhum de vós se endureça pelo engano do pecado; ¹⁴Porque nos tornamos participantes de Cristo, se retivermos firmemente o princípio da nossa confiança até ao fim. ¹⁵Enquanto se diz:

Hoje, se ouvirdes a sua voz,
Não endureçais os vossos corações, como
   na provocação.

¹⁶Porque, havendo-a alguns ouvido, o provocaram; mas não todos os que saíram do Egito por meio de Moisés.

¹⁷Mas com quem se indignou por quarenta anos? Não *foi* porventura com os que pecaram, cujos corpos caíram no deserto? ¹⁸E a quem jurou que não entrariam no seu repouso, senão aos que foram desobedientes? ¹⁹E vemos que não puderam entrar por causa da *sua* incredulidade.

O repouso do cristão

4 TEMAMOS, pois, que, porventura, deixada a promessa de entrar no seu repouso, pareça que algum de vós fica para trás. ²Porque também a nós foram pregadas as boas novas, como a eles, mas a palavra da pregação nada lhes aproveitou, porquanto não estava misturada com a fé naqueles que a ouviram. ³Porque nós, os que temos crido, entramos no repouso, tal como disse:

Assim jurei na minha ira
Que não entrarão no meu repouso;

embora as *suas* obras estivessem acabadas desde a fundação do mundo. ⁴Porque em certo lugar disse assim do *dia* sétimo: E repousou Deus de todas as suas obras no sétimo dia. ⁵E outra vez neste *lugar:*

Não entrarão no meu repouso.

⁶Visto, pois, que resta que alguns entrem nele, e que aqueles a quem primeiro foram pregadas as boas novas não entraram por causa da desobediência, ⁷Determina outra vez um certo dia, Hoje, dizendo por Davi, muito tempo depois, como está dito:

Hoje, se ouvirdes a sua voz,
Não endureçais os vossos corações.

⁸Porque, se Josué lhes houvesse dado repouso, não falaria depois disso de outro dia. ⁹Portanto, resta ainda um repouso para o povo de Deus. ¹⁰Porque aquele que entrou no seu repouso, ele próprio repousou de suas obras, como Deus das suas. ¹¹Procuremos, pois, entrar naquele repouso, para que ninguém caia no mesmo exemplo de desobediência. ¹²Porque a palavra de Deus *é* viva e eficaz, e mais penetrante do que espada alguma de dois gumes, e penetra até à divisão da alma e do espírito, e das juntas e medulas, e é apta para discernir os pensamentos e intenções do coração. ¹³E não há criatura alguma encoberta diante dele; antes todas as coisas estão nuas e patentes aos olhos daquele com quem temos de tratar.

Jesus é um sumo sacerdote

¹⁴Visto que temos um grande sumo sacerdote, Jesus, Filho de Deus, que penetrou nos céus, retenhamos firmemente a nossa confissão. ¹⁵Porque não temos um sumo sacerdote que

não possa compadecer-se das nossas fraquezas; porém, *um* que, como nós, em tudo foi tentado, mas sem pecado.

[16]Cheguemos, pois, com confiança ao trono da graça, para que possamos alcançar misericórdia e achar graça, a fim de sermos ajudados em tempo oportuno.

O sacerdócio de Cristo

5PORQUE todo o sumo sacerdote, tomado dentre os homens, é constituído a favor dos homens nas coisas concernentes a Deus, para que ofereça dons e sacrifícios pelos pecados;

[2]E possa compadecer-se ternamente dos ignorantes e errados; pois também ele mesmo está rodeado de fraqueza.

[3]E por esta causa deve ele, tanto pelo povo, como também por si mesmo, fazer oferta pelos pecados.

[4]E ninguém toma para si esta honra, senão o que é chamado por Deus, como Arão.

[5]Assim também Cristo não se glorificou a si mesmo, para se fazer sumo sacerdote, mas aquele que lhe disse:

Tu és meu Filho,
Hoje te gerei.

[6]Como também diz, noutro *lugar:*

Tu *és* sacerdote eternamente,
Segundo a ordem de Melquisedeque.

[7]O qual, nos dias da sua carne, oferecendo, com grande clamor e lágrimas, orações e súplicas ao que o podia livrar da morte, foi ouvido quanto ao que temia.

[8]Ainda que era Filho, aprendeu a obediência, por aquilo que padeceu.

[9]E, sendo ele consumado, veio a ser a causa da eterna salvação para todos os que lhe obedecem;

[10]Chamado por Deus sumo sacerdote, segundo a ordem de Melquisedeque.

[11]Do qual muito temos que dizer, de difícil interpretação; porquanto vos fizestes negligentes para ouvir.

[12]Porque, devendo já ser mestres pelo tempo, ainda necessitais de que se vos torne a ensinar quais sejam os primeiros rudimentos das palavras de Deus; e vos haveis feito *tais* que necessitais de leite, e não de sólido mantimento.

[13]Porque qualquer que *ainda* se alimenta de leite não está experimentado na palavra da justiça, porque é menino.

[14]Mas o mantimento sólido é para os perfeitos, os quais, em razão do costume, têm os sentidos exercitados para discernir tanto o bem como o mal.

Coisas rudimentares

6POR isso, deixando os rudimentos da doutrina de Cristo, prossigamos até à perfeição, não lançando de novo o fundamento do arrependimento de obras mortas e de fé em Deus,

[2]E da doutrina dos batismos, e da imposição das mãos, e da ressurreição dos mortos, e do juízo eterno.

[3]E isto faremos, se Deus o permitir.

[4]Porque *é* impossível que os que *já* uma vez foram iluminados, e provaram o dom celestial, e se tornaram participantes do Espírito Santo,

[5]E provaram a boa palavra de Deus, e os poderes do século futuro,

[6]E recaíram, sejam outra vez renovados para arrependimento; pois assim, quanto a eles, de novo crucificam o Filho de Deus, e o expõem ao vitupério;

[7]Porque a terra que embebe a chuva, que muitas vezes cai sobre ela, e produz erva proveitosa para aqueles por quem é lavrada, recebe a bênção de Deus;

[8]Mas a que produz espinhos e abrolhos, *é* reprovada, e perto *está* da maldição; o seu fim *é* ser queimada.

[9]Mas de vós, ó amados, esperamos *coisas* melhores, e coisas que acompanham a salvação, ainda que assim falamos.

[10]Porque Deus não *é* injusto para se esquecer da vossa obra, e do trabalho do amor que para com o seu nome mostrastes, enquanto servistes aos santos; e ainda servis.

[11]Mas desejamos que cada um de vós mostre o mesmo cuidado, para completa certeza da esperança até o fim;

[12]Para que vos não façais negligentes, mas sejais imitadores dos que pela fé e paciência herdam as promessas.

[13]Porque, quando Deus fez a promessa a Abraão, como não tinha outro maior por quem jurasse, jurou por si mesmo,

[14]Dizendo: Certamente, abençoando te abençoarei, e multiplicando te multiplicarei.

[15]E assim, esperando com paciência, alcançou a promessa.

[16]Porque os homens certamente juram por alguém superior a eles, e o juramento para confirmação *é,* para eles, o fim de toda a contenda.

[17]Por isso, querendo Deus mostrar mais abundantemente a imutabilidade do seu conselho aos herdeiros da promessa, se interpôs com juramento;

[18]Para que por duas coisas imutáveis, nas quais *é* impossível que Deus minta, tenhamos a firme consolação, nós, os que pomos o nosso refúgio em reter a esperança proposta;

[19]A qual temos como âncora da alma, segura e firme, e que penetra até ao interior do véu,

[20]Onde Jesus, *nosso* precursor, entrou por nós, feito eternamente sumo sacerdote, segundo a ordem de Melquisedeque.

Um sacerdote segundo a ordem de Melquisedeque

7PORQUE este Melquisedeque, que era rei de Salém, sacerdote do Deus Altíssimo, e que saiu ao encontro de Abraão quando ele regressava da matança dos reis, e o abençoou;

HEBREUS 7.2

²A quem também Abraão deu o dízimo de tudo, e primeiramente é, por interpretação, rei de justiça, e depois também rei de Salém, que é rei de paz;

³Sem pai, sem mãe, sem genealogia, não tendo princípio de dias nem fim de vida, mas sendo feito semelhante ao Filho de Deus, permanece sacerdote para sempre.

⁴Considerai, pois, quão grande *era* este, a quem até o patriarca Abraão deu os dízimos dos despojos.

⁵E os que dentre os filhos de Levi recebem o sacerdócio têm ordem, segundo a lei, de tomar o dízimo do povo, isto é, de seus irmãos, ainda que tenham saído dos lombos de Abraão.

⁶Mas aquele, cuja genealogia não é contada entre eles, tomou dízimos de Abraão, e abençoou o que tinha as promessas.

⁷Ora, sem contradição alguma, o menor é abençoado pelo maior.

⁸E aqui certamente tomam dízimos homens que morrem; ali, porém, aquele de quem se testifica que vive.

⁹E, por assim dizer, por meio de Abraão, até Levi, que recebe dízimos, pagou dízimos.

¹⁰Porque ainda ele estava nos lombos de seu pai quando Melquisedeque lhe saiu ao encontro.

¹¹De sorte que, se a perfeição fosse pelo sacerdócio levítico (porque sob ele o povo recebeu a lei), que necessidade havia mais de que outro sacerdote se levantasse, segundo a ordem de Melquisedeque, e não fosse chamado segundo a ordem de Arão?

¹²Porque, mudando-se o sacerdócio, necessariamente se faz também mudança da lei.

¹³Porque aquele de quem estas *coisas* se dizem pertence a outra tribo, da qual ninguém serviu ao altar,

¹⁴Visto ser manifesto que nosso Senhor procedeu de Judá, e concernente a essa tribo nunca Moisés falou de sacerdócio.

¹⁵E muito mais manifesto é ainda, se à semelhança de Melquisedeque se levantar outro sacerdote,

¹⁶Que não foi feito segundo a lei do mandamento carnal, mas segundo o poder da vida incorruptível.

¹⁷Porque ele assim testifica:
Tu *és* sacerdote eternamente,
Segundo a ordem de Melquisedeque.

¹⁸Porque o precedente mandamento é ab-rogado por causa da sua fraqueza e inutilidade

¹⁹(Pois a lei nenhuma coisa aperfeiçoou) e desta sorte é introduzida uma melhor esperança, pela qual chegamos a Deus.

²⁰E visto como não é sem prestar juramento (porque certamente aqueles, sem juramento, foram feitos sacerdotes,

²¹Mas este com juramento por aquele que lhe disse:

Jurou o Senhor, e não se arrependerá;
Tu *és* sacerdote eternamente
Segundo a ordem de Melquisedeque),

²²De tanto melhor aliança Jesus foi feito fiador.

²³E, na verdade, aqueles foram feitos sacerdotes em grande número, porque pela morte foram impedidos de permanecer,

²⁴Mas este, porque permanece eternamente, tem um sacerdócio perpétuo.

²⁵Portanto, pode também salvar perfeitamente os que por ele se chegam a Deus, vivendo sempre para interceder por eles.

²⁶Porque nos convinha tal sumo sacerdote, santo, inocente, imaculado, separado dos pecadores, e feito mais sublime do que os céus;

²⁷Que não necessitasse, como os sumos sacerdotes, de oferecer cada dia sacrifícios, primeiramente por seus próprios pecados, e depois pelos do povo; porque isto fez ele, uma vez, oferecendo-se a si mesmo.

²⁸Porque a lei constitui sumos sacerdotes a homens fracos, mas a palavra do juramento, que *veio* depois da lei, *constitui* ao Filho, perfeito para sempre.

A excelência do ministério de Cristo

8 ORA, a suma do que temos dito é *que* temos um sumo sacerdote tal, que está assentado nos céus à destra do trono da majestade,

²Ministro do santuário, e do verdadeiro tabernáculo, o qual o Senhor fundou, e não o homem.

³Porque todo o sumo sacerdote é constituído para oferecer dons e sacrifícios; por isso era necessário que este também tivesse alguma coisa que oferecer.

⁴Ora, se ele estivesse na terra, nem tampouco sacerdote seria, havendo ainda sacerdotes que oferecem dons segundo a lei,

⁵Os quais servem de exemplo e sombra das coisas celestiais, como Moisés divinamente foi avisado, estando *já* para acabar o tabernáculo; porque foi dito: Olha, faze tudo conforme o modelo que no monte se te mostrou.

⁶Mas agora alcançou ele ministério tanto mais excelente, quanto é mediador de uma melhor aliança que está confirmada em melhores promessas.

⁷Porque, se aquela primeira fora irrepreensível, nunca se teria buscado lugar para a segunda.

⁸Porque, repreendendo-*os,* lhes diz:

Eis que virão dias, diz o Senhor,
Em que com a casa de Israel e com a casa de
    Judá estabelecerei uma nova aliança,
⁹Não segundo a aliança que fiz com seus
    pais
No dia em que os tomei pela mão, para os
    tirar da terra do Egito;
Como não permaneceram naquela minha
    aliança,
Eu para eles não atentei, diz o Senhor.
¹⁰Porque esta *é* a aliança que depois
    daqueles dias
Farei com a casa de Israel, diz o Senhor;
Porei as minhas leis no seu entendimento,

E em seu coração as escreverei;
E eu lhes serei por Deus,
E eles me serão por povo;
[11]E não ensinará cada um a seu próximo,
Nem cada um ao seu irmão, dizendo:
     Conhece o Senhor;
Porque todos me conhecerão,
Desde o menor deles até ao maior.
[12]Porque serei misericordioso para com suas
     iniquidades,
E de seus pecados e de suas iniquidades
     não me lembrarei mais.

[13]Dizendo Nova *aliança*, envelheceu a primeira. Ora, o que foi tornado velho, e se envelhece, perto está de acabar.

A imperfeição da primeira aliança

9 ORA, também a primeira tinha ordenanças de culto *divino*, e *um* santuário terrestre.

[2]Porque um tabernáculo estava preparado, o primeiro, em que havia o candelabro, e a mesa, e os pães da proposição; ao que se chama o santuário.

[3]Mas depois do segundo véu estava o tabernáculo que se chama o santo dos santos,

[4]Que tinha o incensário de ouro, e a arca da aliança, coberta de ouro toda em redor; em que estava um vaso de ouro, que continha o maná, e a vara de Arão, que tinha florescido, e as tábuas da aliança;

[5]E sobre a *arca* os querubins da glória, que faziam sombra no propiciatório; das quais coisas não falaremos agora particularmente.

[6]Ora, estando estas coisas assim preparadas, a todo o tempo entravam os sacerdotes no primeiro tabernáculo, cumprindo os serviços;

[7]Mas, no segundo, só o sumo sacerdote, uma vez no ano, não sem sangue, que oferecia por si mesmo e pelos pecados por ignorância do povo;

[8]Dando nisto a entender o Espírito Santo que ainda o caminho do santuário não estava descoberto enquanto se conservava em pé o primeiro tabernáculo,

[9]Que é uma alegoria para o tempo presente, em que se oferecem dons e sacrifícios que, quanto à consciência, não podem aperfeiçoar aquele que faz o serviço;

[10]*Consistindo* somente em comidas, e bebidas, e várias abluções e justificações da carne, impostas até ao tempo da correção.

[11]Mas, vindo Cristo, o sumo sacerdote dos bens futuros, por um maior e mais perfeito tabernáculo, não feito por mãos, isto é, não desta criação,

[12]Nem por sangue de bodes e bezerros, mas por seu próprio sangue, entrou uma vez no santuário, havendo efetuado uma eterna redenção.

[13]Porque, se o sangue dos touros e bodes, e a cinza de uma novilha aspergida sobre os imundos, *os* santifica, quanto à purificação da carne,

[14]Quanto mais o sangue de Cristo, que pelo Espírito eterno se ofereceu a si mesmo imaculado a Deus, purificará as vossas consciências das obras mortas, para servirdes ao Deus vivo?

[15]E por isso é Mediador de um novo testamento, para que, intervindo a morte para remissão das transgressões que havia debaixo do primeiro testamento, os chamados recebam a promessa da herança eterna.

[16]Porque onde há testamento, é necessário que intervenha a morte do testador.

[17]Porque um testamento tem força onde houve morte; ou terá ele algum valor enquanto o testador vive?

[18]Por isso também o primeiro não foi consagrado sem sangue;

[19]Porque, havendo Moisés anunciado a todo o povo todos os mandamentos segundo a lei, tomou o sangue dos bezerros e dos bodes, com água, lã purpúrea e hissopo, e aspergiu tanto o mesmo livro como todo o povo,

[20]Dizendo: Este é o sangue do testamento que Deus vos tem mandado.

[21]E semelhantemente aspergiu com sangue o tabernáculo e todos os vasos do ministério.

[22]E quase todas *as coisas,* segundo a lei, se purificam com sangue; e sem derramamento de sangue não há remissão.

[23]De sorte que era bem necessário que as figuras das coisas que estão no céu assim se purificassem; mas as próprias coisas celestiais com sacrifícios melhores do que estes.

[24]Porque Cristo não entrou num santuário feito por mãos, figura do verdadeiro, porém no mesmo céu, para agora comparecer por nós perante a face de Deus;

[25]Nem também para a si mesmo se oferecer muitas vezes, como o sumo sacerdote cada ano entra no santuário com sangue alheio;

[26]De outra maneira, necessário lhe fora padecer muitas vezes desde a fundação do mundo. Mas agora na consumação dos séculos uma vez se manifestou, para aniquilar o pecado pelo sacrifício de si mesmo.

[27]E, como aos homens está ordenado morrerem uma vez, vindo depois *disso* o juízo,

[28]Assim também Cristo, oferecendo-*se* uma vez para levar os pecados de muitos, aparecerá segunda vez, sem pecado, aos que o esperam para salvação.

Sacrifícios insuficientes

10 PORQUE tendo a lei a sombra dos bens futuros, e não a imagem exata das coisas, nunca, pelos mesmos sacrifícios que continuamente se oferecem cada ano, pode aperfeiçoar os que a eles se chegam.

[2]Doutra maneira, teriam deixado de se oferecer, porque, purificados uma vez os ministrantes, nunca mais teriam consciência de pecado.

[3]Nesses sacrifícios, porém, cada ano se faz comemoração dos pecados,

[4]Porque é impossível que o sangue dos touros e dos bodes tire os pecados.

HEBREUS 10.5

⁵Por isso, entrando no mundo, diz:

Sacrifício e oferta não quiseste,
Mas corpo me preparaste;
⁶Holocaustos e *oblações* pelo pecado não te
agradaram.
⁷Então disse: Eis aqui venho
(No princípio do livro está escrito de mim),
Para fazer, ó Deus, a tua vontade.

⁸Como acima diz: Sacrifício e oferta, e holocaustos e *oblações* pelo pecado não quiseste, nem te agradaram (os quais se oferecem segundo a lei).

⁹Então disse: Eis aqui venho, para fazer, ó Deus, a tua vontade. Tira o primeiro, para estabelecer o segundo.

¹⁰Na qual vontade temos sido santificados pela oblação do corpo de Jesus Cristo, *feita* uma vez.

¹¹E assim todo o sacerdote aparece cada dia, ministrando e oferecendo muitas vezes os mesmos sacrifícios, que nunca podem tirar os pecados;

¹²Mas este, havendo oferecido para sempre um único sacrifício pelos pecados, está assentado à destra de Deus,

¹³Daqui em diante esperando até que os seus inimigos sejam postos por escabelo de seus pés.

¹⁴Porque com uma só oblação aperfeiçoou para sempre os que são santificados.

¹⁵E também o Espírito Santo no-lo testifica, porque depois de haver dito:

¹⁶Esta *é* a aliança que farei com eles
Depois daqueles dias, diz o Senhor:
Porei as minhas leis em seus corações,
E as escreverei em seus entendimentos;
acrescenta:
¹⁷E jamais me lembrarei de seus pecados e
de suas iniquidades.

¹⁸Ora, onde *há* remissão destes, não *há* mais oblação pelo pecado.

Exortação à ousadia e à santidade

¹⁹Tendo, pois, irmãos, ousadia para entrar no santuário, pelo sangue de Jesus,

²⁰Pelo novo e vivo caminho que ele nos consagrou, pelo véu, isto é, *pela* sua carne,

²¹E tendo um grande sacerdote sobre a casa de Deus,

²²Cheguemo-nos com verdadeiro coração, em inteira certeza de fé, tendo os corações purificados da má consciência, e o corpo lavado com água limpa,

²³Retenhamos firmes a confissão da nossa esperança; porque fiel é o que prometeu.

²⁴E consideremo-nos uns aos outros, para *nos* estimularmos ao amor e às boas obras,

²⁵Não deixando nossa mútua congregação, como é costume de alguns, antes admoestando-nos uns aos outros; e tanto mais, quanto vedes que se vai aproximando aquele dia.

²⁶Porque, se pecarmos voluntariamente, depois de termos recebido o conhecimento da verdade, já não resta mais sacrifício pelos pecados,

²⁷Mas uma certa expectação horrível de juízo, e ardor de fogo, que há de devorar os adversários.

²⁸Quebrantando alguém a lei de Moisés, morre sem misericórdia, *só* pela palavra de duas ou três testemunhas.

²⁹De quanto maior castigo cuidais vós será julgado merecedor aquele que pisar o Filho de Deus, e tiver por profano o sangue da aliança com que foi santificado, e fizer agravo ao Espírito da graça?

³⁰Porque bem conhecemos aquele que disse: Minha *é* a vingança, eu darei a recompensa, diz o Senhor. E outra vez: O Senhor julgará o seu povo.

³¹Horrenda coisa é cair nas mãos do Deus vivo.

³²Lembrai-vos, porém, dos dias passados, em que, depois de serdes iluminados, suportastes grande combate de aflições.

³³Em parte fostes feitos espetáculo com vitupérios e tribulações, e em parte fostes participantes com os que assim foram tratados.

³⁴Porque também vos compadecestes das minhas prisões, e com alegria recebestes o roubo dos vossos bens, sabendo que em vós mesmos tendes nos céus uma possessão melhor e permanente.

³⁵Não rejeiteis, pois, a vossa confiança, que tem grande e avultado galardão.

³⁶Porque necessitais de paciência, para que, depois de haverdes feito a vontade de Deus, possais alcançar a promessa.

³⁷Porque ainda um pouquinho de tempo,
E o que há de vir virá, e não tardará.
³⁸Mas o justo viverá pela fé;
E, se *alguém* se retirar, a minha alma não
tem prazer nele.

³⁹Nós, porém, não somos daqueles que se retiram para a perdição, mas daqueles que creem para a conservação da alma.

Exemplos de fé

11 ORA, a fé é o firme fundamento das *coisas* que se esperam, *e a* prova das coisas que não se veem.

²Porque por ela os antigos alcançaram testemunho.

³Pela fé entendemos que os mundos pela palavra de Deus foram criados; de maneira que aquilo que se vê não foi feito do que é aparente.

⁴Pela fé Abel ofereceu a Deus maior sacrifício do que Caim, pelo qual alcançou testemunho de que era justo, dando Deus testemunho dos seus dons, e por ela, depois de morto, ainda fala.

⁵Pela fé Enoque foi trasladado para não ver a morte, e não foi achado, porque Deus o trasladara; visto como antes da sua trasladação alcançou testemunho de que agradara a Deus.

⁶Ora, sem fé *é* impossível agradar-lhe; porque é necessário que aquele que se aproxima de Deus creia que ele existe, e que é galardoador dos que o buscam.

⁷Pela fé Noé, divinamente avisado das *coisas* que ainda não se viam, temeu *e*, para salvação da sua família, preparou a arca, pela qual condenou

o mundo, e foi feito herdeiro da justiça que é segundo a fé.

⁸Pela fé Abraão, sendo chamado, obedeceu, indo para um lugar que havia de receber por herança; e saiu, sem saber para onde ia.

⁹Pela fé habitou na terra da promessa, como em *terra* alheia, morando em cabanas com Isaque e Jacó, herdeiros com ele da mesma promessa.

¹⁰Porque esperava a cidade que tem fundamentos, da qual o artífice e construtor é Deus.

¹¹Pela fé também a mesma Sara recebeu o poder de conceber, e deu à luz já fora da idade; porquanto teve por fiel aquele que *o* tinha prometido.

¹²Por isso também de um, e esse já amortecido, descenderam tantos, em multidão, como as estrelas do céu, e como a areia inumerável que está na praia do mar.

¹³Todos estes morreram na fé, sem terem recebido as promessas; mas vendo-as de longe, e crendo-*as* e abraçando-*as,* confessaram que eram estrangeiros e peregrinos na terra.

¹⁴Porque, os que isto dizem, claramente mostram que buscam uma pátria.

¹⁵E se, na verdade, se lembrassem daquela de onde haviam saído, teriam oportunidade de tornar.

¹⁶Mas agora desejam uma melhor, isto é, a celestial. Por isso também Deus não se envergonha deles, de se chamar seu Deus, porque *já* lhes preparou uma cidade.

¹⁷Pela fé ofereceu Abraão a Isaque, quando foi provado; sim, aquele que recebera as promessas ofereceu o seu unigênito.

¹⁸Sendo-lhe dito: Em Isaque será chamada a tua descendência, considerou que Deus era poderoso para até dentre os mortos o ressuscitar;

¹⁹E daí também em figura ele o recobrou.

²⁰Pela fé Isaque abençoou Jacó e Esaú, no tocante às coisas futuras.

²¹Pela fé Jacó, próximo da morte, abençoou cada um dos filhos de José, e adorou *encostado* à ponta do seu cajado.

²²Pela fé José, próximo da morte, fez menção da saída dos filhos de Israel, e deu ordem acerca de seus ossos.

²³Pela fé Moisés, já nascido, foi escondido três meses por seus pais, porque viram que era um menino formoso; e não temeram o mandamento do rei.

²⁴Pela fé Moisés, sendo já grande, recusou ser chamado filho da filha de Faraó,

²⁵Escolhendo antes ser maltratado com o povo de Deus, do que por um *pouco de* tempo ter o gozo do pecado;

²⁶Tendo por maiores riquezas o vitupério de Cristo do que os tesouros do Egito; porque tinha em vista a recompensa.

²⁷Pela fé deixou o Egito, não temendo a ira do rei; porque ficou firme, como vendo o invisível.

²⁸Pela fé celebrou a páscoa e a aspersão do sangue, para que o destruidor dos primogênitos lhes não tocasse.

²⁹Pela fé passaram o Mar Vermelho, como por *terra* seca; o que intentando os egípcios, se afogaram.

³⁰Pela fé caíram os muros de Jericó, sendo rodeados durante sete dias.

³¹Pela fé Raabe, a meretriz, não pereceu com os incrédulos, acolhendo em paz os espias.

³²E que mais direi? Faltar-me-ia o tempo contando de Gideão, e de Baraque, e de Sansão, e de Jefté, e de Davi, e de Samuel e dos profetas,

³³Os quais pela fé venceram reinos, praticaram a justiça, alcançaram promessas, fecharam as bocas dos leões,

³⁴Apagaram a força do fogo, escaparam do fio da espada, da fraqueza tiraram forças, na batalha se esforçaram, puseram em fuga os exércitos dos estranhos.

³⁵As mulheres receberam pela ressurreição os seus mortos; uns foram torturados, não aceitando o seu livramento, para alcançarem *uma* melhor ressurreição;

³⁶E outros experimentaram escárnios e açoites, e até cadeias e prisões.

³⁷Foram apedrejados, serrados, tentados, mortos ao fio da espada; andaram *vestidos* de peles de ovelhas *e* de cabras, desamparados, aflitos *e* maltratados

³⁸(Dos quais o mundo não era digno), errantes pelos desertos, e montes, e pelas covas e cavernas da terra.

³⁹E todos estes, tendo tido testemunho pela fé, não alcançaram a promessa,

⁴⁰Provendo Deus alguma *coisa* melhor a nosso respeito, para que eles sem nós não fossem aperfeiçoados.

Uma nuvem de testemunhas

12PORTANTO nós também, pois que estamos rodeados de uma tão grande nuvem de testemunhas, deixemos todo o embaraço, e o pecado que tão de perto nos rodeia, e corramos com paciência a carreira que nos está proposta,

²Olhando para Jesus, autor e consumador da fé, o qual, pelo gozo que lhe estava proposto, suportou a cruz, desprezando a afronta, e assentou-se à destra do trono de Deus.

³Considerai, pois, aquele que suportou tais contradições dos pecadores contra si mesmo, para que não enfraqueçais, desfalecendo em vossos ânimos.

⁴Ainda não resististes até ao sangue, combatendo contra o pecado.

⁵E já vos esquecestes da exortação que argumenta convosco como filhos:

Filho meu, não desprezes a correção do
    Senhor,
E não desmaies quando por ele fores
    repreendido;
⁶Porque o Senhor corrige o que ama,
E açoita a qualquer que recebe por filho.

⁷Se suportais a correção, Deus vos trata como filhos; porque, que filho há a quem o pai não corrija?

HEBREUS 12.8

⁸Mas, se estais sem disciplina, da qual todos são feitos participantes, sois então bastardos, e não filhos.

⁹Além do que, tivemos nossos pais segundo a carne, para nos corrigirem, e nós os reverenciamos; não nos sujeitaremos muito mais ao Pai dos espíritos, para vivermos?

¹⁰Porque aqueles, na verdade, por um pouco de tempo, nos corrigiam como bem lhes parecia; mas este, para *nosso* proveito, para sermos participantes da sua santidade.

¹¹E, na verdade, toda a correção, ao presente, não parece ser de gozo, senão de tristeza, mas depois produz um fruto pacífico de justiça nos exercitados por ela.

¹²Portanto, tornai a levantar as mãos cansadas, e os joelhos desconjuntados,

¹³E fazei veredas direitas para os vossos pés, para que o que manqueja não se desvie inteiramente, antes seja sarado.

¹⁴Segui a paz com todos, e a santificação, sem a qual ninguém verá o Senhor;

¹⁵Tendo cuidado de que ninguém se prive da graça de Deus, e de que nenhuma raiz de amargura, brotando, *vos* perturbe, e por ela muitos se contaminem.

¹⁶E ninguém seja fornicador, ou profano, como Esaú, que por uma refeição vendeu o seu direito de primogenitura.

¹⁷Porque bem sabeis que, querendo ele ainda depois herdar a bênção, foi rejeitado, porque não achou lugar de arrependimento, ainda que com lágrimas o buscou.

¹⁸Porque não chegastes ao monte palpável, aceso em fogo, e à escuridão, e às trevas, e à tempestade,

¹⁹E ao sonido da trombeta, e à voz das palavras, a qual os que a ouviram pediram que se lhes não falasse mais;

²⁰Porque não podiam suportar o que se *lhes* mandava: Se até um animal tocar o monte será apedrejado ou passado com um dardo.

²¹E tão terrível era a visão, *que* Moisés disse: Estou todo assombrado, e tremendo.

²²Mas chegastes ao monte Sião, e à cidade do Deus vivo, à Jerusalém celestial, e aos muitos milhares de anjos;

²³À universal assembleia e igreja dos primogênitos, que estão inscritos nos céus, e a Deus, o juiz de todos, e aos espíritos dos justos aperfeiçoados;

²⁴E a Jesus, o Mediador de uma nova aliança, e ao sangue da aspersão, que fala melhor do que *o de* Abel.

²⁵Vede que não rejeiteis ao que fala; porque, se não escaparam aqueles que rejeitaram o que na terra os advertia, muito menos nós, se nos desviarmos daquele que é dos céus;

²⁶A voz do qual moveu então a terra, mas agora anunciou, dizendo: Ainda uma vez comoverei, não só a terra, senão também o céu.

²⁷E esta palavra: Ainda uma vez, mostra a mudança das coisas móveis, como coisas feitas, para que as imóveis permaneçam.

²⁸Por isso, tendo recebido um reino que não pode ser abalado, retenhamos a graça, pela qual sirvamos a Deus agradavelmente, com reverência e piedade;

²⁹Porque o nosso Deus *é* um fogo consumidor.

Vários deveres

13 PERMANEÇA o amor fraternal.

²Não vos esqueçais da hospitalidade, porque por ela alguns, não o sabendo, hospedaram anjos.

³Lembrai-vos dos presos, como se estivésseis presos com eles, e dos maltratados, como sendo-o vós mesmos também no corpo.

⁴Venerado seja entre todos o matrimônio e o leito sem mácula; porém, aos fornicadores, e aos adúlteros, Deus os julgará.

⁵Sejam vossos costumes sem avareza, contentando-vos com o que tendes; porque ele disse: Não te deixarei, nem te desampararei.

⁶E assim com confiança ousemos dizer:

O Senhor é o meu ajudador, e não temerei
O que me *possa* fazer o homem.

⁷Lembrai-vos dos vossos pastores, que vos falaram a palavra de Deus, a fé dos quais imitai, atentando para a sua maneira de viver.

⁸Jesus Cristo *é* o mesmo, ontem, e hoje, e eternamente.

⁹Não vos deixeis levar em redor por doutrinas várias e estranhas, porque bom é que o coração se fortifique com graça, *e* não com alimentos que de nada aproveitaram aos que *a eles* se entregaram.

¹⁰Temos um altar, de que não têm direito de comer os que servem ao tabernáculo.

¹¹Porque os corpos dos animais, cujo sangue é, pelo pecado, trazido pelo sumo sacerdote para o santuário, são queimados fora do arraial.

¹²E por isso também Jesus, para santificar o povo pelo seu próprio sangue, padeceu fora da porta.

¹³Saiamos, pois, a ele fora do arraial, levando o seu vitupério.

¹⁴Porque não temos aqui cidade permanente, mas buscamos a futura.

¹⁵Portanto, ofereçamos sempre por ele a Deus sacrifício de louvor, isto é, o fruto dos lábios que confessam o seu nome.

¹⁶E não vos esqueçais da beneficência e comunicação, porque com tais sacrifícios Deus se agrada.

¹⁷Obedecei a vossos pastores, e sujeitai-vos a eles; porque velam por vossas almas, como aqueles que hão de dar conta *delas;* para que o façam com alegria e não gemendo, porque isso não vos *seria* útil.

¹⁸Orai por nós, porque confiamos que temos boa consciência, como aqueles que em tudo querem portar-se honestamente.

¹⁹E rogo-*vos* com instância que *assim* o façais, para que eu mais depressa vos seja restituído.

Votos e saudações

²⁰Ora, o Deus de paz, que pelo sangue da aliança eterna tornou a trazer dos mortos a nosso Senhor Jesus, grande pastor das ovelhas,

²¹Vos aperfeiçoe em toda a boa obra, para fazerdes a sua vontade, operando em vós o que perante ele é agradável por Jesus Cristo, ao qual seja glória para todo o sempre. Amém.

²²Rogo-vos, porém, irmãos, *que* suporteis a palavra desta exortação; porque abreviadamente vos escrevi.

²³Sabei que *já* está solto o irmão Timóteo, com o qual, se ele vier depressa, vos verei.

²⁴Saudai a todos os vossos chefes e a todos os santos. Os da Itália vos saúdam.

²⁵A graça *seja* com todos vós. Amém.

EPÍSTOLA UNIVERSAL DE
TIAGO

Prefácio e saudação

1 TIAGO, servo de Deus, e do Senhor Jesus Cristo, às doze tribos que andam dispersas, saúde.

As provas e as tentações

[2]Meus irmãos, tende grande alegria quando enfrentardes várias tentações;

[3]Sabendo que a prova da vossa fé opera a paciência.

[4]Tenha, porém, a paciência a sua obra perfeita, para que sejais perfeitos e completos, sem faltar em coisa alguma.

[5]E, se algum de vós tem falta de sabedoria, peça-a a Deus, que a todos dá liberalmente, e o não lança em rosto, e ser-lhe-á dada.

[6]Peça-a, porém, com fé, em nada duvidando; porque o que duvida é semelhante à onda do mar, que é levada pelo vento, e lançada de uma para outra parte.

[7]Não pense tal homem que receberá do Senhor alguma coisa.

[8]O homem de ânimo dobre é inconstante em todos os seus caminhos.

[9]Mas glorie-se o irmão abatido na sua exaltação,

[10]E o rico em seu abatimento; porque ele passará como a flor da erva.

[11]Porque sai o sol com ardor, e a erva seca, e a sua flor cai, e a formosa aparência do seu aspecto perece; assim se murchará também o rico em seus caminhos.

[12]Bem-aventurado o homem que suporta a tentação; porque, quando for provado, receberá a coroa da vida, a qual o Senhor tem prometido aos que o amam.

[13]Ninguém, sendo tentado, diga: De Deus sou tentado; porque Deus não pode ser tentado pelo mal, e a ninguém tenta.

[14]Mas cada um é tentado, quando atraído e engodado pela sua própria concupiscência.

[15]Depois, havendo a concupiscência concebido, dá à luz o pecado; e o pecado, sendo consumado, gera a morte.

[16]Não erreis, meus amados irmãos.

[17]Toda a boa dádiva e todo o dom perfeito vem do alto, descendo do Pai das luzes, em quem não há mudança nem sombra de variação.

[18]Segundo a sua vontade, ele nos gerou pela palavra da verdade, para que fôssemos *como* primícias das suas criaturas.

[19]Portanto, meus amados irmãos, todo o homem seja pronto para ouvir, tardio para falar, tardio para se irar.

[20]Porque a ira do homem não opera a justiça de Deus.

Cumpridores da Palavra

[21]Por isso, rejeitando toda a imundícia e superfluidade de malícia, recebei com mansidão a palavra em vós enxertada, a qual pode salvar as vossas almas.

[22]E sede cumpridores da palavra, e não somente ouvintes, enganando-vos a vós mesmos.

[23]Porque, se alguém é ouvinte da palavra, e não cumpridor, é semelhante ao homem que contempla ao espelho o seu rosto natural;

[24]Porque se contempla a si mesmo, e vai-se, e logo se esquece de como era.

[25]Aquele, porém, que atenta bem para a lei perfeita da liberdade, e nisso persevera, não sendo ouvinte esquecidiço, mas fazedor da obra, este tal será bem-aventurado no seu feito.

[26]Se alguém entre vós cuida ser religioso, e não refreia a sua língua, antes engana *o* seu coração, a religião desse *é* vã.

[27]A religião pura e imaculada para com Deus e Pai, é esta: Visitar os órfãos e as viúvas nas suas tribulações, e guardar-se incontaminado do mundo.

A acepção de pessoas

2 MEUS irmãos, não tenhais a fé de nosso Senhor Jesus Cristo, *Senhor* da glória, em acepção de pessoas.

[2]Porque, se no vosso ajuntamento entrar algum homem com anel de ouro no dedo, com trajes preciosos, e entrar também algum pobre com sórdido traje,

[3]E atentardes para o que traz o traje precioso, e lhe disserdes: Assenta-te tu aqui num lugar de honra, e disserdes ao pobre: Tu, fica aí em pé, ou assenta-te abaixo do meu estrado,

[4]Porventura não fizestes distinção entre vós mesmos, e não vos fizestes juízes de maus pensamentos?

[5]Ouvi, meus amados irmãos: Porventura não escolheu Deus aos pobres deste mundo para serem ricos na fé, e herdeiros do reino que prometeu aos que o amam?

[6]Mas vós desonrastes o pobre. Porventura não vos oprimem os ricos, e não vos arrastam aos tribunais?

[7]Porventura não blasfemam eles o bom nome que sobre vós foi invocado?

[8]Todavia, se cumprirdes, conforme a Escritura, a lei real: Amarás a teu próximo como a ti mesmo, bem fazeis.

[9]Mas, se fazeis acepção de pessoas, cometeis pecado, e sois condenados pela lei como transgressores.

[10]Porque qualquer que guardar toda a lei, e tropeçar em um *só ponto,* tornou-se culpado de todos.

[11]Porque aquele que disse: Não cometerás adultério, também disse: Não matarás. Se tu pois não cometeres adultério, mas matares, estás feito transgressor da lei.

¹²Assim falai, e assim procedei, como devendo ser julgados pela lei da liberdade.

¹³Porque o juízo será sem misericórdia sobre aquele que não fez misericórdia; e a misericórdia triunfa do juízo.

A fé sem obras

¹⁴Meus irmãos, que aproveita se alguém disser que tem fé, e não tiver as obras? Porventura a fé pode salvá-lo?

¹⁵E, se o irmão ou a irmã estiverem nus, e tiverem falta de mantimento cotidiano,

¹⁶E algum de vós lhes disser: Ide em paz, aquentai-vos, e fartai-vos; e não lhes derdes as coisas necessárias para o corpo, que proveito virá daí?

¹⁷Assim também a fé, se não tiver as obras, é morta em si mesma.

¹⁸Mas dirá alguém: Tu tens a fé, e eu tenho as obras; mostra-me a tua fé sem as tuas obras, e eu te mostrarei a minha fé pelas minhas obras.

¹⁹Tu crês que há um só Deus; fazes bem. Também os demônios o creem, e estremecem.

²⁰Mas, ó homem vão, queres tu saber que a fé sem as obras é morta?

²¹Porventura o nosso pai Abraão não foi justificado pelas obras, quando ofereceu sobre o altar o seu filho Isaque?

²²Bem vês que a fé cooperou com as suas obras, e que pelas obras a fé foi aperfeiçoada.

²³E cumpriu-se a Escritura, que diz: E creu Abraão em Deus, e foi-lhe isso imputado como justiça, e foi chamado o amigo de Deus.

²⁴Vedes então que o homem é justificado pelas obras, e não somente pela fé.

²⁵E de igual modo Raabe, a meretriz, não foi também justificada pelas obras, quando recolheu os emissários, e os despediu por outro caminho?

²⁶Porque, assim como o corpo sem o espírito está morto, assim também a fé sem obras é morta.

A língua

3MEUS irmãos, muitos de vós não sejam mestres, sabendo que receberemos mais duro juízo.

²Porque todos tropeçamos em muitas coisas. Se alguém não tropeça em palavra, o tal é perfeito, e poderoso para também refrear todo o corpo.

³Ora, nós pomos freio nas bocas dos cavalos, para que nos obedeçam; e conseguimos dirigir todo o seu corpo.

⁴Vede também as naus que, sendo tão grandes, e levadas de impetuosos ventos, se viram com um bem pequeno leme para onde quer a vontade daquele que as governa.

⁵Assim também a língua é um pequeno membro, e gloria-se de grandes coisas. Vede quão grande bosque um pequeno fogo incendeia.

⁶A língua também é um fogo; como mundo de iniquidade, a língua está posta entre os nossos membros, e contamina todo o corpo, e inflama o curso da natureza, e é inflamada pelo inferno.

⁷Porque toda a natureza, tanto de bestas feras como de aves, tanto de répteis como de animais do mar, se amansa e foi domada pela natureza humana;

⁸Mas nenhum homem pode domar a língua. É um mal que não se pode refrear; está cheia de peçonha mortal.

⁹Com ela bendizemos a Deus e Pai, e com ela amaldiçoamos os homens, feitos à semelhança de Deus.

¹⁰De uma mesma boca procede bênção e maldição. Meus irmãos, não convém que isto se faça assim.

¹¹Porventura deita alguma fonte de um mesmo manancial *água* doce e *água* amargosa?

¹²Meus irmãos, pode também a figueira produzir azeitonas, ou a videira figos? Assim tampouco pode uma fonte dar água salgada e doce.

A sabedoria que vem do alto

¹³Quem dentre vós é sábio e entendido? Mostre pelo seu bom trato as suas obras em mansidão de sabedoria.

¹⁴Mas, se tendes amarga inveja, e sentimento contencioso em vosso coração, não vos glorieis, nem mintais contra a verdade.

¹⁵Essa não é a sabedoria que vem do alto, mas é terrena, animal e diabólica.

¹⁶Porque onde há inveja e espírito contencioso aí *há* perturbação e toda a obra perversa.

¹⁷Mas a sabedoria que do alto vem é, primeiramente pura, depois pacífica, moderada, tratável, cheia de misericórdia e de bons frutos, sem parcialidade, e sem hipocrisia.

¹⁸Ora, o fruto da justiça semeia-se na paz, para os que exercitam a paz.

Resistir às paixões

4DE onde *vêm* as guerras e pelejas entre vós? Porventura não *vêm* disto, *a saber,* dos vossos deleites, que nos vossos membros guerreiam?

²Cobiçais, e nada tendes; matais, e sois invejosos, e nada podeis alcançar; combateis e guerreais, e nada tendes, porque não pedis.

³Pedis, e não recebeis, porque pedis mal, para o gastardes em vossos deleites.

⁴Adúlteros e adúlteras, não sabeis vós que a amizade do mundo é inimizade contra Deus? Portanto, qualquer que quiser ser amigo do mundo constitui-se inimigo de Deus.

⁵Ou cuidais vós que em vão diz a Escritura: O Espírito que em nós habita tem ciúmes?

⁶Antes, ele dá maior graça. Portanto diz: Deus resiste aos soberbos, mas dá graça aos humildes.

⁷Sujeitai-vos, pois, a Deus, resisti ao diabo, e ele fugirá de vós.

⁸Chegai-vos a Deus, e ele se chegará a vós. Limpai as mãos, pecadores; e, vós de duplo ânimo, purificai os corações.

⁹Senti as vossas misérias, e lamentai e chorai; converta-se o vosso riso em pranto, e *o vosso* gozo em tristeza.

TIAGO 4.10 826

Humilhai-vos

[10]Humilhai-vos perante o Senhor, e ele vos exaltará.

[11]Irmãos, não faleis mal uns dos outros. Quem fala mal de um irmão, e julga a seu irmão, fala mal da lei, e julga a lei; e, se tu julgas a lei, *já* não és observador da lei, mas juiz.

[12]Há só um legislador que pode salvar e destruir. Tu, porém, quem és, que julgas a outro?

[13]Eia agora vós, que dizeis: Hoje, ou amanhã, iremos a tal cidade, e lá passaremos um ano, e contrataremos, e ganharemos;

[14]Digo-vos que não sabeis o que *acontecerá* amanhã. Porque, que é a vossa vida? É um vapor que aparece por um pouco, e depois se desvanece.

[15]Em lugar do que devíeis dizer: Se o Senhor quiser, e se vivermos, faremos isto ou aquilo.

[16]Mas agora vos gloriais em vossas presunções; toda a glória tal como esta é maligna.

[17]Aquele, pois, que sabe fazer o bem e não o faz, comete pecado.

Os maus ricos

5 EIA, pois, agora vós, ricos, chorai e pranteai, por vossas misérias, que sobre vós hão de vir.

[2]As vossas riquezas estão apodrecidas, e as vossas vestes estão comidas de traça.

[3]O vosso ouro e a vossa prata se enferrujaram; e a sua ferrugem dará testemunho contra vós, e comerá como fogo a vossa carne. Entesourastes para os últimos dias.

[4]Eis que o salário dos trabalhadores que ceifaram as vossas terras, e que por vós foi diminuído, clama; e os clamores dos que ceifaram entraram nos ouvidos do Senhor dos exércitos.

[5]Deliciosamente vivestes sobre a terra, e vos deleitastes; cevastes os vossos corações, como num dia de matança.

[6]Condenastes e matastes o justo; ele não vos resistiu.

A paciência

[7]Sede pois, irmãos, pacientes até à vinda do Senhor. Eis que o lavrador espera o precioso fruto da terra, aguardando-o com paciência, até que receba a chuva temporã e serôdia.

[8]Sede vós também pacientes, fortalecei os vossos corações; porque *já* a vinda do Senhor está próxima.

[9]Irmãos, não vos queixeis uns contra os outros, para que não sejais condenados. Eis que o juiz está à porta.

[10]Meus irmãos, tomai por exemplo de aflição e paciência os profetas que falaram em nome do Senhor.

[11]Eis que temos por bem-aventurados os que sofreram. Ouvistes qual foi a paciência de Jó, e vistes o fim que o Senhor *lhe deu;* porque o Senhor é muito misericordioso e piedoso.

Exortações diversas

[12]Mas, sobretudo, meus irmãos, não jureis, nem pelo céu, nem pela terra, nem *façais* qualquer outro juramento; mas que a vossa palavra seja sim, sim, e não, não; para que não caiais em condenação.

[13]Está alguém entre vós aflito? Ore. Está alguém contente? Cante louvores.

[14]Está alguém entre vós doente? Chame os presbíteros da igreja, e orem sobre ele, ungindo-o com azeite em nome do Senhor;

[15]E a oração da fé salvará o doente, e o Senhor o levantará; e, se houver cometido pecados, ser-lhe-ão perdoados.

[16]Confessai as *vossas* culpas uns aos outros, e orai uns pelos outros, para que sareis. A oração do justo pode muito em *seus* efeitos.

[17]Elias era homem sujeito às mesmas paixões que nós e, orando, pediu que não chovesse e, por três anos e seis meses, não choveu sobre a terra.

[18]E orou outra vez, e o céu deu chuva, e a terra produziu o seu fruto.

[19]Irmãos, se algum dentre vós se tem desviado da verdade, e alguém o converter,

[20]Saiba que aquele que converter um pecador do erro do seu caminho, salvará da morte uma alma, e cobrirá uma multidão de pecados.

PRIMEIRA EPÍSTOLA UNIVERSAL DE
PEDRO

Prefácio e saudação

1 PEDRO, apóstolo de Jesus Cristo, aos estrangeiros dispersos no Ponto, Galácia, Capadócia, Ásia e Bitínia;

²Eleitos segundo a presciência de Deus Pai, em santificação do Espírito, para a obediência e aspersão do sangue de Jesus Cristo: Graça e paz vos sejam multiplicadas.

A esperança de salvação

³Bendito *seja* o Deus e Pai de nosso Senhor Jesus Cristo que, segundo a sua grande misericórdia, nos gerou de novo para uma viva esperança, pela ressurreição de Jesus Cristo dentre os mortos,

⁴Para uma herança incorruptível, incontaminável, e que não se pode murchar, guardada nos céus para vós,

⁵Que mediante a fé estais guardados no poder de Deus para a salvação, já prestes para se revelar no último tempo,

⁶Em que vós grandemente vos alegrais, ainda que agora importa, sendo necessário, que estejais por um pouco contristados com várias tentações,

⁷Para que a prova da vossa fé, muito mais preciosa do que o ouro que perece e é provado pelo fogo, se ache em louvor, e honra, e glória, na revelação de Jesus Cristo;

⁸Ao qual, não o havendo visto, amais; no qual, não o vendo agora, mas crendo, vos alegrais com gozo indescritível e glorioso;

⁹Alcançando o fim da vossa fé, a salvação das *vossas* almas.

¹⁰Da qual salvação inquiriram e trataram diligentemente os profetas que profetizaram da graça que vos *foi dada,*

¹¹Indagando que tempo ou que ocasião de tempo o Espírito de Cristo, que estava neles, indicava, anteriormente testificando os sofrimentos *que* a Cristo *haviam de vir,* e a glória que se lhes havia de seguir.

¹²Aos quais foi revelado que, não para si mesmos, mas para nós, eles ministravam estas *coisas* que agora vos foram anunciadas por aqueles que, pelo Espírito Santo enviado do céu, vos pregaram o evangelho; para as quais *coisas* os anjos desejam bem atentar.

Exortação à santidade

¹³Portanto, cingindo os lombos do vosso entendimento, sede sóbrios, e esperai inteiramente na graça que se vos ofereceu na revelação de Jesus Cristo;

¹⁴Como filhos obedientes, não vos conformando com as concupiscências que antes havia em vossa ignorância;

¹⁵Mas, como é santo aquele que vos chamou, sede vós também santos em toda a *vossa* maneira de viver;

¹⁶Porquanto está escrito: Sede santos, porque eu sou santo.

¹⁷E, se invocais por Pai aquele que, sem acepção de pessoas, julga segundo a obra de cada um, andai em temor, durante o tempo da vossa peregrinação,

¹⁸Sabendo que não foi com *coisas* corruptíveis, *como* prata ou ouro, que fostes resgatados da vossa vã maneira de viver que por tradição recebestes dos vossos pais,

¹⁹Mas com o precioso sangue de Cristo, como de um cordeiro imaculado e incontaminado,

²⁰O qual, na verdade, em outro tempo foi conhecido, ainda antes da fundação do mundo, mas manifestado nestes últimos tempos por amor de vós;

²¹E por ele credes em Deus, que o ressuscitou dentre os mortos, e lhe deu glória, para que a vossa fé e esperança estivessem em Deus;

²²Purificando as vossas almas pelo Espírito na obediência à verdade, para o amor fraternal, não fingido; amai-vos ardentemente uns aos outros com um coração puro;

²³Sendo de novo gerados, não de semente corruptível, mas da incorruptível, pela palavra de Deus, viva, e que permanece para sempre.

²⁴Porque

> Toda a carne *é* como a erva,
> e toda a glória do homem como a flor da erva.
> Secou-se a erva, e caiu a sua flor;
> ²⁵Mas a palavra do Senhor permanece para sempre.

E esta é a palavra que entre vós foi evangelizada.

O sacerdócio espiritual

2 DEIXANDO, pois, toda a malícia, e todo o engano, e fingimentos, e invejas, e todas as murmurações,

²Desejai afetuosamente, como meninos novamente nascidos, o leite racional, não falsificado, para que por ele vades crescendo;

³Se é que já provastes que o Senhor *é* benigno;

⁴E, chegando-vos para ele, pedra viva, reprovada, na verdade, pelos homens, mas para com Deus eleita *e* preciosa,

⁵Vós também, como pedras vivas, sois edificados casa espiritual e sacerdócio santo, para oferecer sacrifícios espirituais agradáveis a Deus por Jesus Cristo.

⁶Por isso também na Escritura se contém:

> Eis que ponho em Sião a pedra principal da esquina, eleita *e* preciosa;
> E quem nela crer não será confundido.

⁷E assim para vós, os que credes, é preciosa, mas, para os rebeldes,

> A pedra que os edificadores reprovaram,
> Essa foi a principal da esquina,

1 PEDRO 2.8

[8]E uma pedra de tropeço e rocha de escândalo,

para aqueles que tropeçam na palavra, sendo desobedientes; para o que também foram destinados.

[9]Mas vós sois a geração eleita, o sacerdócio real, a nação santa, o povo adquirido, para que anuncieis as virtudes daquele que vos chamou das trevas para a sua maravilhosa luz;

[10]Vós, que em outro tempo não éreis povo, mas agora *sois* povo de Deus; que não tínheis alcançado misericórdia, mas agora alcançastes misericórdia.

A liberdade e a submissão

[11]Amados, peço-vos, como a peregrinos e forasteiros, que vos abstenhais das concupiscências carnais, que combatem contra a alma;

[12]Tendo o vosso viver honesto entre os gentios; para que, naquilo em que falam mal de vós, como de malfeitores, glorifiquem a Deus no dia da visitação, pelas boas obras que em vós observem.

[13]Sujeitai-vos, pois, a toda a ordenação humana por amor do Senhor; quer ao rei, como superior;

[14]Quer aos governadores, como por ele enviados para castigo dos malfeitores, e para louvor dos que fazem o bem.

[15]Porque assim é a vontade de Deus, que, fazendo bem, tapeis a boca à ignorância dos homens insensatos;

[16]Como livres, e não tendo a liberdade por cobertura da malícia, mas como servos de Deus.

[17]Honrai a todos. Amai a fraternidade. Temei a Deus. Honrai ao rei.

[18]Vós, servos, sujeitai-vos com todo o temor aos senhores, não somente aos bons e humanos, mas também aos maus.

[19]Porque é coisa agradável, que alguém, por causa da consciência para com Deus, sofra agravos, padecendo injustamente.

[20]Porque, que glória será essa, se, pecando, sois esbofeteados e sofreis? Mas se, fazendo o bem, sois afligidos e o sofreis, isso é agradável a Deus.

[21]Porque para isto sois chamados; pois também Cristo padeceu por nós, deixando-nos o exemplo, para que sigais as suas pisadas.

[22]O qual não cometeu pecado, nem na sua boca se achou engano.

[23]O qual, quando o injuriavam, não injuriava, e quando padecia não ameaçava, mas entregava-se àquele que julga justamente;

[24]Levando ele mesmo em seu corpo os nossos pecados sobre o madeiro, para que, mortos para os pecados, pudéssemos viver para a justiça; e pelas suas feridas fostes sarados.

[25]Porque éreis como ovelhas desgarradas; mas agora tendes voltado ao Pastor e Bispo das vossas almas.

Os deveres das esposas e dos maridos

3 SEMELHANTEMENTE, *vós*, mulheres, *sede* sujeitas aos vossos próprios maridos; para que também, se alguns não obedecem à palavra, pelo porte de suas mulheres sejam ganhos sem palavra;

[2]Considerando a vossa vida casta, em temor.

[3]O enfeite delas não seja o exterior, no frisado dos cabelos, no uso de joias de ouro, na compostura dos vestidos;

[4]Mas o homem encoberto no coração; no incorruptível *traje* de um espírito manso e quieto, que é precioso diante de Deus.

[5]Porque assim se adornavam também antigamente as santas mulheres que esperavam em Deus, e estavam sujeitas aos seus próprios maridos;

[6]Como Sara obedecia a Abraão, chamando-lhe senhor; da qual vós sois filhas, fazendo o bem, e não temendo nenhum espanto.

[7]Igualmente vós, maridos, coabitai com elas com entendimento, dando honra à mulher, como vaso mais fraco; como sendo vós os seus co-herdeiros da graça da vida; para que não sejam impedidas as vossas orações.

O apoio recíproco e a paz

[8]E, finalmente, sede todos de um mesmo sentimento, compassivos, amando os irmãos, entranhavelmente misericordiosos e afáveis.

[9]Não tornando mal por mal, ou injúria por injúria; antes, pelo contrário, bendizendo; sabendo que para isto fostes chamados, para que por herança alcanceis a bênção.

[10]Porque

Quem quer amar a vida,
E ver os dias bons,
Refreie a sua língua do mal,
E os seus lábios não falem engano.
[11]Aparte-se do mal, e faça o bem;
Busque a paz, e siga-a.
[12]Porque os olhos do Senhor *estão* sobre os justos,
E os seus ouvidos *atentos* às suas orações;
Mas o rosto do Senhor é contra os que fazem o mal.

[13]E qual é aquele que vos fará mal, se fordes seguidores do bem?

[14]Mas também, se padecerdes por amor da justiça, sois bem-aventurados. E não temais com medo deles, nem vos turbeis;

[15]Antes, santificai ao Senhor Deus em vossos corações; e *estai* sempre preparados para responder com mansidão e temor a qualquer que vos pedir a razão da esperança que há em vós,

[16]Tendo uma boa consciência, para que, naquilo em que falam mal de vós, como de malfeitores, fiquem confundidos os que blasfemam da vossa boa conduta em Cristo.

[17]Porque melhor é que padeçais fazendo bem (se a vontade de Deus *assim* o quer), do que fazendo mal.

Exemplo de Jesus Cristo

[18]Porque também Cristo padeceu uma vez pelos pecados, o justo pelos injustos, para levar-nos

a Deus; mortificado, na verdade, na carne, mas vivificado pelo Espírito;

[19]No qual também foi, *e* pregou aos espíritos em prisão;

[20]Os quais noutro tempo foram rebeldes, quando a longanimidade de Deus esperava nos dias de Noé, enquanto se preparava a arca; na qual poucas (isto é, oito) almas se salvaram pela água;

[21]Que também, como uma verdadeira figura, agora vos salva, o batismo, não do despojamento da imundícia da carne, mas da indagação de uma boa consciência para com Deus, pela ressurreição de Jesus Cristo;

[22]O qual está à destra de Deus, tendo subido ao céu, havendo-se-lhe sujeitado os anjos, e as autoridades, e as potências.

Abstenha-se de pecar

4 ORA, pois, *já* que Cristo padeceu por nós na carne, armai-vos também vós com este mesmo pensamento, que aquele que padeceu na carne *já* cessou do pecado;

[2]Para que, no tempo que vos resta na carne, não vivais mais segundo as concupiscências dos homens, mas segundo a vontade de Deus.

[3]Porque nos basta que no tempo passado da vida fizéssemos a vontade dos gentios, andando em dissoluções, concupiscências, embriaguezas, glutonarias, bebedices e abomináveis idolatrias;

[4]E acham estranho não correrdes com eles no mesmo desenfreamento de dissolução, blasfemando de vós.

[5]Os quais hão de dar conta ao que está preparado para julgar os vivos e os mortos.

[6]Porque por isto foi pregado o evangelho também aos mortos, para que, na verdade, fossem julgados segundo os homens na carne, mas vivessem segundo Deus em espírito;

[7]E já está próximo o fim de todas *as coisas;* portanto sede sóbrios e vigiai em oração.

[8]Mas, sobretudo, tende ardente amor uns para com os outros; porque o amor cobrirá a multidão de pecados.

[9]Sendo hospitaleiros uns para com os outros, sem murmurações,

[10]Cada um administre aos outros o dom como o recebeu, como bons mordomos da multiforme graça de Deus.

[11]Se alguém falar, *fale* segundo as palavras de Deus; se alguém administrar, *administre* segundo o poder que Deus dá; para que em tudo Deus seja glorificado por Jesus Cristo, a quem pertence a glória e poder para todo o sempre. Amém.

[12]Amados, não estranheis a ardente prova que vem sobre vós para vos tentar, como se coisa estranha vos acontecesse;

[13]Mas alegrai-vos no fato de serdes participantes das aflições de Cristo, para que também na revelação da sua glória vos regozijeis e alegreis.

[14]Se pelo nome de Cristo sois vituperados, bem-aventurados *sois*, porque sobre vós repousa o Espírito da glória e de Deus; quanto a eles, é ele, sim, blasfemado, mas quanto a vós, é glorificado.

[15]Que nenhum de vós padeça como homicida, ou ladrão, ou malfeitor, ou como o que se entremete em negócios alheios;

[16]Mas, se *padece* como cristão, não se envergonhe, antes glorifique a Deus nesta parte.

[17]Porque já *é* tempo que comece o julgamento pela casa de Deus; e, se primeiro *começa* por nós, qual será o fim daqueles que são desobedientes ao evangelho de Deus?

[18]E, se o justo apenas se salva, onde aparecerá o ímpio e o pecador?

[19]Portanto também os que padecem segundo a vontade de Deus encomendem-*lhe* as suas almas, como ao fiel Criador, fazendo o bem.

Exortações

5 AOS presbíteros, que estão entre vós, admoesto eu, que sou também presbítero com eles, e testemunha das aflições de Cristo, e participante da glória que se há de revelar:

[2]Apascentai o rebanho de Deus, que está entre vós, tendo cuidado *dele,* não por força, mas voluntariamente; nem por torpe ganância, mas de ânimo pronto;

[3]Nem como tendo domínio sobre a herança de Deus, mas servindo de exemplo ao rebanho.

[4]E, quando aparecer o Sumo Pastor, alcançareis a incorruptível coroa da glória.

[5]Semelhantemente vós jovens, sede sujeitos aos anciãos; e sede todos sujeitos uns aos outros, e revesti-vos de humildade, porque Deus resiste aos soberbos, mas dá graça aos humildes.

[6]Humilhai-vos, pois, debaixo da potente mão de Deus, para que a seu tempo vos exalte;

[7]Lançando sobre ele toda a vossa ansiedade, porque ele tem cuidado de vós.

[8]Sede sóbrios; vigiai; porque o diabo, vosso adversário, anda em derredor, como leão bramando, buscando a quem possa tragar;

[9]Ao qual resisti firmes na fé, sabendo que as mesmas aflições se cumprem entre os vossos irmãos no mundo.

Votos e saudações

[10]E o Deus de toda *a* graça, que em Cristo Jesus nos chamou à sua eterna glória, depois de havermos padecido um pouco, ele mesmo vos aperfeiçoe, confirme, fortifique e estabeleça.

[11]A ele *seja* a glória e o poderio para todo o sempre. Amém.

[12]Por Silvano, vosso fiel irmão, como cuido, escrevi brevemente, exortando e testificando que esta é a verdadeira graça de Deus, na qual estais firmes.

[13]A vossa coeleita em Babilônia vos saúda, e meu filho Marcos.

[14]Saudai-vos uns aos outros com ósculo de amor. Paz *seja* com todos vós que *estais* em Cristo Jesus. Amém.

SEGUNDA EPÍSTOLA UNIVERSAL DE
PEDRO

Prefácio e saudação

1 SIMÃO Pedro, servo e apóstolo de Jesus Cristo, aos que conosco alcançaram fé igualmente preciosa pela justiça do nosso Deus e Salvador Jesus Cristo:

²Graça e paz vos sejam multiplicadas, pelo conhecimento de Deus, e de Jesus nosso Senhor;

³Visto como o seu divino poder nos deu tudo o que *diz respeito* à vida e piedade, pelo conhecimento daquele que nos chamou pela sua glória e virtude;

⁴Pelas quais ele nos tem dado grandíssimas e preciosas promessas, para que por elas fiqueis participantes da natureza divina, havendo escapado da corrupção, que pela concupiscência há no mundo.

A prática das virtudes cristãs

⁵E vós também, pondo nisto mesmo toda a diligência, acrescentai à vossa fé a virtude, e à virtude o conhecimento,

⁶E ao conhecimento a temperança, e à temperança a paciência, e à paciência a piedade,

⁷E à piedade o amor fraternal, e ao amor fraternal o amor.

⁸Porque, se em vós houver e abundarem estas *coisas,* não vos deixarão ociosos nem estéreis no conhecimento de nosso Senhor Jesus Cristo.

⁹Pois aquele em quem não há estas *coisas* é cego, nada vendo ao longe, havendo-se esquecido da purificação dos seus antigos pecados.

¹⁰Portanto, irmãos, procurai fazer cada vez mais firme a vossa vocação e eleição; porque, fazendo isto, nunca jamais tropeçareis.

¹¹Porque assim vos será amplamente concedida a entrada no reino eterno de nosso Senhor e Salvador Jesus Cristo.

¹²Por isso não deixarei de exortar-vos sempre acerca destas *coisas,* ainda que bem as saibais, e estejais confirmados na presente verdade.

¹³E tenho por justo, enquanto estiver neste tabernáculo, despertar-vos com admoestações,

¹⁴Sabendo que brevemente hei de deixar *este* meu tabernáculo, como também nosso Senhor Jesus Cristo *já* me tem revelado.

¹⁵Mas também eu procurarei em toda a ocasião que depois da minha morte tenhais lembrança destas coisas.

¹⁶Porque não vos fizemos saber o poder e a vinda de nosso Senhor Jesus Cristo, seguindo fábulas astuciosamente compostas; mas nós *mesmos* vimos a sua majestade.

¹⁷Porquanto ele recebeu de Deus Pai honra e glória, quando da magnífica glória lhe foi dirigida a seguinte voz: Este é o meu Filho amado, em quem me tenho comprazido.

¹⁸E ouvimos esta voz dirigida do céu, estando nós com ele no monte santo;

¹⁹E temos, mui firme, a palavra dos profetas, à qual bem fazeis em estar atentos, como a uma luz que ilumina em lugar escuro, até que o dia amanheça, e a estrela da alva apareça em vossos corações.

²⁰Sabendo primeiramente isto: Que nenhuma profecia da Escritura é de particular interpretação.

²¹Porque a profecia nunca foi produzida por vontade de homem algum, mas os homens santos de Deus falaram inspirados pelo Espírito Santo.

Os falsos mestres e enganadores

2 E TAMBÉM houve entre o povo falsos profetas, como entre vós haverá também falsos doutores, que introduzirão encobertamente heresias de perdição, e negarão o Senhor que os resgatou, trazendo sobre si mesmos repentina perdição.

²E muitos seguirão as suas dissoluções, pelos quais será blasfemado o caminho da verdade.

³E por avareza farão de vós negócio com palavras fingidas; sobre os quais já de largo tempo não será tardia a sentença, e a sua perdição não dormita.

⁴Porque, se Deus não poupou aos anjos que pecaram, mas, havendo-os lançado no inferno, os entregou às cadeias da escuridão, ficando reservados para o juízo;

⁵E não perdoou ao mundo antigo, mas guardou a Noé, a oitava *pessoa*, o pregador da justiça, ao trazer o dilúvio sobre o mundo dos ímpios;

⁶E condenou à destruição as cidades de Sodoma e Gomorra, reduzindo-as a cinza, e pondo-*as* para exemplo aos que vivessem impiamente;

⁷E livrou o justo Ló, enfadado da vida dissoluta dos homens abomináveis

⁸(Porque este justo, habitando entre eles, afligia todos os dias a *sua* alma justa, vendo e ouvindo sobre as suas obras injustas);

⁹Assim, sabe o Senhor livrar da tentação os piedosos, e reservar os injustos para o dia do juízo, *para* serem castigados;

¹⁰Mas principalmente aqueles que segundo a carne andam em concupiscências de imundícia, e desprezam as autoridades; atrevidos, obstinados, não receando blasfemar das dignidades;

¹¹Enquanto os anjos, sendo maiores em força e poder, não pronunciam contra eles juízo blasfemo diante do Senhor.

¹²Mas estes, como animais irracionais, que seguem a natureza, feitos para serem presos e mortos, blasfemando do que não entendem, perecerão na sua corrupção;

¹³Recebendo o galardão da injustiça; pois que *tais homens* têm prazer nos deleites cotidianos;

manchas são eles e máculas, deleitando-se em seus enganos, quando se banqueteiam convosco;

¹⁴Tendo os olhos cheios de adultério, e não cessando de pecar, engodando as almas inconstantes, tendo o coração exercitado na avareza, filhos de maldição;

¹⁵Os quais, deixando o caminho direito, erraram seguindo o caminho de Balaão, *filho* de Beor, que amou o prêmio da injustiça;

¹⁶Mas teve a repreensão da sua transgressão; o mudo jumento, falando com voz humana, impediu a loucura do profeta.

¹⁷Estes são fontes sem água, nuvens levadas pela força do vento, para os quais a escuridão das trevas eternamente se reserva.

¹⁸Porque, falando *coisas* mui arrogantes de vaidades, engodam com as concupiscências da carne, e com dissoluções, aqueles que se estavam afastando dos que andam em erro,

¹⁹Prometendo-lhes liberdade, sendo eles mesmos servos da corrupção. Porque de quem alguém é vencido, do tal faz-se também servo.

²⁰Porquanto se, depois de terem escapado das corrupções do mundo, pelo conhecimento do Senhor e Salvador Jesus Cristo, forem outra vez envolvidos nelas e vencidos, tornou-se-lhes o último estado pior do que o primeiro.

²¹Porque melhor lhes fora não conhecerem o caminho da justiça, do que, conhecendo-*o*, desviarem-se do santo mandamento que lhes fora dado;

²²Deste modo sobreveio-*lhes* o que por um verdadeiro provérbio *se diz:* O cão voltou ao seu próprio vômito, e a porca lavada ao espojadouro de lama.

A vinda do Senhor

3 AMADOS, escrevo-vos agora esta segunda carta, em *ambas* as quais desperto com exortação o vosso ânimo sincero;

²Para que vos lembreis das palavras que primeiramente foram ditas pelos santos profetas, e do nosso mandamento, os apóstolos do Senhor e Salvador.

³Sabendo primeiro isto, que nos últimos dias virão escarnecedores, andando segundo as suas próprias concupiscências,

⁴E dizendo: Onde está a promessa da sua vinda? Porque desde que os pais dormiram, todas as coisas permanecem como desde o princípio da criação.

⁵Eles voluntariamente ignoram isto, que pela palavra de Deus já desde a antiguidade existiram os céus, e a terra, que foi tirada da água e no meio da água subsiste.

⁶Pelas quais *coisas* pereceu o mundo de então, coberto com as águas do dilúvio,

⁷Mas os céus e a terra que agora existem pela mesma palavra se reservam como tesouro, e se guardam para o fogo, até o dia do juízo, e da perdição dos homens ímpios.

⁸Mas, amados, não ignoreis uma coisa, que um dia para o Senhor *é* como mil anos, e mil anos como um dia.

⁹O Senhor não retarda a *sua* promessa, ainda que alguns *a* têm por tardia; mas é longânimo para conosco, não querendo que alguns se percam, senão que todos venham a arrepender-se.

¹⁰Mas o dia do Senhor virá como o ladrão de noite; no qual os céus passarão com grande estrondo, e os elementos, ardendo, se desfarão, e a terra, e as obras que nela há, se queimarão.

¹¹Havendo, pois, de perecer todas estas *coisas,* que pessoas vos convém ser em santo trato, e piedade,

¹²Aguardando, e apressando-*vos para* a vinda do dia de Deus, em que os céus, em fogo se desfarão, e os elementos, ardendo, se fundirão?

¹³Mas nós, segundo a sua promessa, aguardamos novos céus e nova terra, em que habita a justiça.

¹⁴Por isso, amados, aguardando estas *coisas,* procurai que dele sejais achados imaculados e irrepreensíveis em paz.

¹⁵E tende por salvação a longanimidade de nosso Senhor; como também o nosso amado irmão Paulo vos escreveu, segundo a sabedoria que lhe foi dada;

¹⁶Falando disto, como em todas as *suas* epístolas, entre as quais há pontos difíceis de entender, que os indoutos e inconstantes torcem, e igualmente as outras Escrituras, para sua própria perdição.

¹⁷Vós, portanto, amados, sabendo *isto* de antemão, guardai-vos de que, pelo engano dos homens abomináveis, sejais juntamente arrebatados, e descaiais da vossa firmeza;

¹⁸Antes crescei na graça e conhecimento de nosso Senhor e Salvador, Jesus Cristo. A ele *seja* a glória, assim agora, como no dia da eternidade. Amém

PRIMEIRA EPÍSTOLA UNIVERSAL DE
JOÃO

Cristo, a Palavra da vida

1 O QUE era desde o princípio, o que ouvimos, o que vimos com os nossos olhos, o que temos contemplado, e as nossas mãos tocaram da Palavra da vida

²(Porque a vida foi manifestada, e nós a vimos, e testificamos dela, e vos anunciamos a vida eterna, que estava com o Pai, e nos foi manifestada;

³O que vimos e ouvimos, isso vos anunciamos, para que também tenhais comunhão conosco; e a nossa comunhão é com o Pai, e com seu Filho Jesus Cristo.

Cristo, a luz

⁴Estas *coisas* vos escrevemos, para que o vosso gozo se cumpra.

⁵E esta é a mensagem que dele ouvimos, e vos anunciamos: Que Deus é luz, e não há nele trevas nenhumas.

⁶Se dissermos que temos comunhão com ele, e andarmos em trevas, mentimos, e não praticamos a verdade.

⁷Mas, se andarmos na luz, como ele na luz está, temos comunhão uns com os outros, e o sangue de Jesus Cristo, seu Filho, nos purifica de todo o pecado.

⁸Se dissermos que não temos pecado, enganamo-nos a nós mesmos, e não há verdade em nós.

⁹Se confessarmos os nossos pecados, ele é fiel e justo para nos perdoar os pecados, e nos purificar de toda a injustiça.

¹⁰Se dissermos que não pecamos, fazemo-lo mentiroso, e a sua palavra não está em nós.

Cristo, nosso Advogado

2 MEUS filhinhos, estas *coisas* vos escrevo, para que não pequeis; e, se alguém pecar, temos um Advogado para com o Pai, Jesus Cristo, o justo.

²E ele é a propiciação pelos nossos pecados, e não somente pelos nossos, mas também pelos de todo o mundo.

³E nisto sabemos que o conhecemos: Se guardarmos os seus mandamentos.

⁴Aquele que diz: Eu conheço-o, e não guarda os seus mandamentos, é mentiroso, e nele não está a verdade.

⁵Mas qualquer que guarda a sua palavra, o amor de Deus está nele verdadeiramente aperfeiçoado; nisto conhecemos que estamos nele.

⁶Aquele que diz que está nele, também deve andar como ele andou.

⁷Irmãos, não vos escrevo mandamento novo, mas o mandamento antigo, que desde o princípio tivestes. Este mandamento antigo é a palavra que desde o princípio ouvistes.

⁸Outra vez vos escrevo um mandamento novo, que é verdadeiro nele e em vós; porque vão passando as trevas, e já a verdadeira luz ilumina.

⁹Aquele que diz que está na luz, e odeia a seu irmão, até agora está em trevas.

¹⁰Aquele que ama a seu irmão está na luz, e nele não há escândalo.

¹¹Mas aquele que odeia a seu irmão está em trevas, e anda em trevas, e não sabe para onde deva ir; porque as trevas lhe cegaram os olhos.

¹²Filhinhos, escrevo-vos, porque pelo seu nome vos são perdoados os pecados.

¹³Pais, escrevo-vos, porque conhecestes *aquele* que é desde o princípio. Jovens, escrevo-vos, porque vencestes o maligno. Eu vos escrevo, filhos, porque conhecestes o Pai.

¹⁴Eu vos escrevi, pais, porque *já* conhecestes *aquele* que é desde o princípio. Eu vos escrevi, jovens, porque sois fortes, e a palavra de Deus está em vós, e já vencestes o maligno.

Não ameis o mundo

¹⁵Não ameis o mundo, nem o que no mundo há. Se alguém ama o mundo, o amor do Pai não está nele.

¹⁶Porque tudo o que há no mundo, a concupiscência da carne, a concupiscência dos olhos e a soberba da vida, não é do Pai, mas do mundo.

¹⁷E o mundo passa, e a sua concupiscência; mas aquele que faz a vontade de Deus permanece para sempre.

Os anticristos

¹⁸Filhinhos, é já a última hora; e, como ouvistes que vem o anticristo, também agora muitos se têm feito anticristos, por onde conhecemos que é já a última hora.

¹⁹Saíram de nós, mas não eram de nós; porque, se fossem de nós, ficariam conosco; mas *isto é* para que se manifestasse que não são todos de nós.

²⁰E vós tendes a unção do Santo, e sabeis todas as coisas.

²¹Não vos escrevi porque não soubésseis a verdade, mas porque a sabeis, e porque nenhuma mentira é da verdade.

²²Quem é o mentiroso, senão aquele que nega que Jesus é o Cristo? É o anticristo esse mesmo que nega o Pai e o Filho.

²³Qualquer que nega o Filho, também não tem o Pai; *mas* aquele que confessa o Filho, tem também o Pai.

²⁴Portanto, o que desde o princípio ouvistes permaneça em vós. Se em vós permanecer o que desde o princípio ouvistes, também permanecereis no Filho e no Pai.

²⁵E esta é a promessa que ele nos fez: A vida eterna.

²⁶Estas *coisas* vos escrevi *acerca* dos que vos enganam.

²⁷E a unção que vós recebestes dele, fica em vós,

e não tendes necessidade de que alguém vos ensine; mas, como a sua unção vos ensina todas *as coisas*, e é verdadeira, e não é mentira, como ela vos ensinou, *assim* nele permanecereis.

²⁸E agora, filhinhos, permanecei nele; para que, quando ele se manifestar, tenhamos confiança, e não sejamos confundidos por ele na sua vinda.

²⁹Se sabeis que ele é justo, sabeis que todo aquele que pratica a justiça é nascido dele.

Os filhos de Deus

3 VEDE quão grande amor nos tem concedido o Pai, que fôssemos chamados filhos de Deus. Por isso o mundo não nos conhece; porque não o conhece a ele.

²Amados, agora somos filhos de Deus, e ainda não é manifestado o que havemos de ser. Mas sabemos que, quando ele se manifestar, seremos semelhantes a ele; porque assim como é o veremos.

³E qualquer que nele tem esta esperança purifica-se a si mesmo, como também ele é puro.

⁴Qualquer que pratica o pecado, também transgride a lei; porque o pecado é a transgressão da lei.

⁵E bem sabeis que ele se manifestou para tirar os nossos pecados; e nele não há pecado.

⁶Qualquer que permanece nele não pratica o pecado; qualquer que permanece em pecado não o viu nem o conheceu.

⁷Filhinhos, ninguém vos engane. Quem pratica justiça é justo, assim como ele é justo.

⁸Quem pratica o pecado é do diabo; porque o diabo peca desde o princípio. Para isto o Filho de Deus se manifestou: Para desfazer as obras do diabo.

⁹Qualquer que é nascido de Deus não permanece em pecado; porque a sua semente permanece nele; e não pode pecar, porque é nascido de Deus.

¹⁰Nisto são manifestos os filhos de Deus, e os filhos do diabo. Qualquer que não pratica a justiça, e não ama a seu irmão, não é de Deus.

¹¹Porque esta é a mensagem que ouvistes desde o princípio: Que nos amemos uns aos outros.

¹²Não como Caim, *que* era do maligno, e matou a seu irmão. E por que causa o matou? Porque as suas obras eram más e as de seu irmão justas.

¹³Meus irmãos, não vos maravilheis, se o mundo vos odeia.

¹⁴Nós sabemos que passamos da morte para a vida, porque amamos os irmãos. Quem não ama a *seu* irmão permanece na morte.

¹⁵Qualquer que odeia a seu irmão é homicida. E vós sabeis que nenhum homicida tem a vida eterna permanecendo nele.

¹⁶Conhecemos o amor nisto: Que ele deu a sua vida por nós, e nós devemos dar a vida pelos irmãos.

¹⁷Quem, pois, tiver bens do mundo, e, vendo o seu irmão necessitado, lhe cerrar as suas entranhas, como reside nele o amor de Deus?

¹⁸Meus filhinhos, não amemos de palavra, nem de língua, mas em obra e em verdade.

¹⁹E nisto conhecemos que somos da verdade, e diante dele estaremos seguros em nossos corações;

²⁰Porque, se o nosso coração *nos* condena, maior é Deus do que o nosso coração, e conhece todas *as coisas*.

²¹Amados, se o nosso coração não nos condena, temos confiança para com Deus;

²²E qualquer coisa que lhe pedirmos, dele a receberemos, porque guardamos os seus mandamentos, e fazemos o que é agradável à sua vista.

²³E o seu mandamento é este: Que creiamos no nome de seu Filho Jesus Cristo, e nos amemos uns aos outros, segundo nos deu mandamento.

²⁴E aquele que guarda os seus mandamentos nele está, e ele nele. E nisto conhecemos que ele está em nós, pelo Espírito que nos tem dado.

Os falsos espíritos

4 AMADOS, não creiais a todo o espírito, mas provai se os espíritos são de Deus, porque *já* muitos falsos profetas se têm levantado no mundo.

²Nisto conhecereis o Espírito de Deus: Todo o espírito que confessa que Jesus Cristo veio em carne é de Deus;

³E todo *o* espírito que não confessa que Jesus Cristo veio em carne não é de Deus; mas este é o *espírito* do anticristo, do qual *já* ouvistes que há de vir, e eis que já agora está no mundo.

⁴Filhinhos, sois de Deus, e *já* os tendes vencido; porque maior é o que está em vós do que o que está no mundo.

⁵Do mundo são, por isso falam do mundo, e o mundo os ouve.

⁶Nós somos de Deus; aquele que conhece a Deus ouve-nos; aquele que não é de Deus não nos ouve. Nisto conhecemos nós o espírito da verdade e o espírito do erro.

Deus é amor

⁷Amados, amemo-nos uns aos outros; porque o amor é de Deus; e qualquer que ama é nascido de Deus e conhece a Deus.

⁸Aquele que não ama não conhece a Deus; porque Deus é amor.

⁹Nisto se manifestou o amor de Deus para conosco: Que Deus enviou seu Filho unigênito ao mundo, para que por ele vivamos.

¹⁰Nisto está o amor, não em que nós tenhamos amado a Deus, mas em que ele *nos* amou a nós, e enviou seu Filho *para* propiciação pelos nossos pecados.

¹¹Amados, se Deus assim nos amou, também nós devemos amar uns aos outros.

¹²Ninguém jamais viu a Deus; se nos amamos uns aos outros, Deus está em nós, e em nós é perfeito o seu amor.

¹³Nisto conhecemos que estamos nele, e ele em nós, pois que nos deu do seu Espírito.

¹⁴E vimos, e testificamos que o Pai enviou seu Filho *para* Salvador do mundo.

¹⁵Qualquer que confessar que Jesus é o Filho de Deus, Deus está nele, e ele em Deus.

¹⁶E nós conhecemos, e cremos no amor que

1 JOÃO 4.17   834

Deus nos tem. Deus é amor; e quem está em amor está em Deus, e Deus nele.

[17]Nisto é perfeito o amor para conosco, para que no dia do juízo tenhamos confiança; porque, qual ele é, somos nós também neste mundo.

[18]No amor não há temor, antes o perfeito amor lança fora o temor; porque o temor tem consigo a pena, e o que teme não é perfeito em amor.

[19]Nós o amamos porque ele nos amou primeiro.

[20]Se alguém diz: Eu amo a Deus, e odeia a seu irmão, é mentiroso. Pois quem não ama a seu irmão, ao qual viu, como pode amar a Deus, a quem não viu?

[21]E dele temos este mandamento: Que quem ama a Deus, ame também a seu irmão.

Amor de Deus

5 TODO aquele que crê que Jesus é o Cristo, é nascido de Deus; e todo aquele que ama ao que o gerou também ama ao que dele é nascido.

[2]Nisto conhecemos que amamos os filhos de Deus, quando amamos a Deus e guardamos os seus mandamentos.

[3]Porque este é o amor de Deus: Que guardemos os seus mandamentos; e os seus mandamentos não são pesados.

[4]Porque todo o que é nascido de Deus vence o mundo; e esta é a vitória que vence o mundo, a nossa fé.

[5]Quem é que vence o mundo, senão aquele que crê que Jesus é o Filho de Deus?

[6]Este é aquele que veio por água e sangue, isto é, Jesus Cristo; não só por água, mas por água e *por* sangue. E o Espírito é o que testifica, porque o Espírito é a verdade.

[7]Porque três são os que testificam no céu: o Pai, a Palavra, e o Espírito Santo; e estes três são um.

[8]E três são os que testificam na terra: o Espírito, e a água e o sangue; e estes três concordam num.

[9]Se recebemos o testemunho dos homens, o testemunho de Deus é maior; porque o testemunho de Deus é este, que de seu Filho testificou.

[10]Quem crê no Filho de Deus, em si mesmo tem o testemunho; quem a Deus não crê mentiroso o fez, porquanto não creu no testemunho que Deus de seu Filho deu.

[11]E o testemunho é este: que Deus nos deu a vida eterna; e esta vida está em seu Filho.

[12]Quem tem o Filho tem a vida; quem não tem o Filho de Deus não tem a vida.

[13]Estas coisas vos escrevi, os que credes no nome do Filho de Deus, para que saibais que tendes a vida eterna, e para que creiais no nome do Filho de Deus.

[14]E esta é a confiança que temos nele, que, se pedirmos alguma coisa, segundo a sua vontade, ele nos ouve.

[15]E, se sabemos que nos ouve em tudo o que pedimos, sabemos que alcançamos as petições que lhe fizemos.

[16]Se alguém vir pecar seu irmão, pecado *que não* é para morte, orará, e Deus lhe dará a vida, àqueles que não pecarem para morte. Há pecado para morte, e por esse não digo que ore.

[17]Toda a iniquidade é pecado, e há pecado *que não é* para morte.

[18]Sabemos que todo aquele que é nascido de Deus não peca; mas o que de Deus é gerado conserva-se a si mesmo, e o maligno não lhe toca.

[19]Sabemos que somos de Deus, e que todo o mundo jaz no maligno.

[20]E sabemos que *já* o Filho de Deus é vindo, e nos deu entendimento para que conheçamos ao Verdadeiro; e no que *é* Verdadeiro estamos, *isto é,* em seu Filho Jesus Cristo. Este é o verdadeiro Deus e a vida eterna.

[21]Filhinhos, guardai-vos dos ídolos. Amém.

SEGUNDA EPÍSTOLA DE

JOÃO

Prefácio e saudação

¹O PRESBÍTERO à senhora eleita, e a seus filhos, aos quais amo na verdade, e não somente eu, mas também todos os que têm conhecido a verdade,

²Por amor da verdade que está em nós, e para sempre estará conosco:

³Graça seja cônvosco, misericórdia e paz, da parte de Deus Pai e da do Senhor Jesus Cristo, o Filho do Pai, em verdade e amor.

O amor fraternal

⁴Muito me alegro por achar que *alguns* de teus filhos andam na verdade, assim como temos recebido o mandamento do Pai.

⁵E agora, senhora, rogo-te, não como se escrevesse um novo mandamento, mas aquele mesmo que desde o princípio tivemos: Que nos amemos uns aos outros.

⁶E o amor é este: que andemos segundo os seus mandamentos. Este é o mandamento, como *já* desde o princípio ouvistes, que andeis nele.

Os falsos mestres

⁷Porque *já* muitos enganadores entraram no mundo, os quais não confessam que Jesus Cristo veio em carne. Este *tal* é o enganador e o anticristo.

⁸Olhai por vós mesmos, para que não percamos o que temos ganho, antes recebamos o inteiro galardão.

⁹Todo aquele que prevarica, e não persevera na doutrina de Cristo, não tem a Deus. Quem persevera na doutrina de Cristo, esse tem tanto ao Pai como ao Filho.

¹⁰Se alguém vem ter convosco, e não traz esta doutrina, não o recebais em casa, nem tampouco o saudeis.

¹¹Porque quem o saúda tem parte nas suas más obras.

¹²Tendo muito que escrever-vos, não quis fazê-lo com papel e tinta; mas espero ir ter convosco e falar face a face, para que o nosso gozo seja cumprido.

¹³Saúdam-te os filhos de tua irmã, a eleita. Amém.

TERCEIRA EPÍSTOLA DE
JOÃO

Elogios a Gaio e a Demétrio

¹O PRESBÍTERO ao amado Gaio, a quem em verdade eu amo.

²Amado, desejo que te vá bem em todas as coisas, e que tenhas saúde, assim como bem vai a tua alma.

³Porque muito me alegrei quando os irmãos vieram, e testificaram da tua verdade, como tu andas na verdade.

⁴Não tenho maior gozo do que este, o de ouvir que os meus filhos andam na verdade.

⁵Amado, procedes fielmente em tudo o que fazes para com os irmãos, e para com os estranhos,

⁶Os quais em presença da igreja testificaram do teu amor; aos quais, se conduzires como é digno para com Deus, bem farás;

⁷Porque pelo seu Nome saíram, nada tomando dos gentios.

⁸Portanto, aos tais devemos receber, para que sejamos cooperadores da verdade.

⁹Tenho escrito à igreja; mas Diótrefes, que procura ter entre eles o primado, não nos recebe.

¹⁰Por isso, se eu for, trarei à memória as obras que ele faz, proferindo contra nós palavras maliciosas; e, não contente com isto, não recebe os irmãos, e impede os que querem *recebê-los,* e os lança fora da igreja.

¹¹Amado, não sigas o que *é* mal, mas o que *é* bom. Quem faz o bem é de Deus; mas quem faz o mal não tem visto a Deus.

¹²Todos dão testemunho de Demétrio, até a mesma verdade; e também nós testemunhamos; e vós bem sabeis que o nosso testemunho é verdadeiro.

¹³Tinha muito que escrever, mas não quero escrever-te com tinta e pena.

¹⁴Espero, porém, ver-te brevemente, e falaremos face a face.

¹⁵Paz *seja* contigo. Os amigos te saúdam. Saúda os amigos por nome.

EPÍSTOLA UNIVERSAL DE

JUDAS

Prefácio e saudação

¹JUDAS, servo de Jesus Cristo, e irmão de Tiago, aos chamados, santificados em Deus Pai, e conservados em Jesus Cristo:

²Misericórdia, e paz, e amor vos sejam multiplicados.

Contra os falsos mestres

³Amados, procurando eu escrever-vos com toda a diligência acerca da salvação comum, tive por necessidade escrever-vos, e exortar-*vos* a batalhar pela fé que uma vez foi entregue aos santos.

⁴Porque se introduziram furtivamente alguns, os quais já antes estavam escritos para este mesmo juízo, homens ímpios, que convertem em dissolução a graça de Deus, e negam a Deus, único dominador e Senhor nosso, Jesus Cristo.

⁵Mas quero lembrar-vos, como a quem já uma vez soube isto, que, havendo o Senhor salvo um povo, tirando-o da terra do Egito, destruiu depois os que não creram;

⁶E aos anjos que não guardaram o seu principado, mas deixaram a sua própria habitação, reservou na escuridão e em prisões eternas até ao juízo daquele grande dia;

⁷Assim como Sodoma e Gomorra, e as cidades circunvizinhas, que, havendo-se entregue à fornicação como aqueles, e ido após outra carne, foram postas por exemplo, sofrendo a pena do fogo eterno.

⁸E, contudo, também estes, semelhantemente adormecidos, contaminam a sua carne, e rejeitam a dominação, e difamam as dignidades.

⁹Mas o arcanjo Miguel, quando contendia com o diabo, e disputava a respeito do corpo de Moisés, não ousou pronunciar juízo de maldição contra *ele*; mas disse: O Senhor te repreenda.

¹⁰Estes, porém, dizem mal do que não sabem; e, naquilo que naturalmente conhecem, como animais irracionais se corrompem.

¹¹Ai deles! Porque entraram pelo caminho de Caim, e foram levados pelo engano do prêmio de Balaão, e pereceram na contradição de Coré.

¹²Estes são manchas em vossas festas de amor, banqueteando-se convosco, e apascentando a si a si mesmos sem temor; *são* nuvens sem água, levadas pelos ventos de uma para outra parte; *são* como árvores murchas, infrutíferas, duas vezes mortas, desarraigadas;

¹³Ondas impetuosas do mar, que espumam as suas mesmas abominações; estrelas errantes, para os quais está eternamente reservada a negrura das trevas.

¹⁴E destes profetizou também Enoque, o sétimo depois de Adão, dizendo: Eis que é vindo o Senhor com milhares de seus santos;

¹⁵Para fazer juízo contra todos e condenar dentre eles todos os ímpios, por todas as suas obras de impiedade, que impiamente cometeram, e por todas as duras *palavras* que ímpios pecadores disseram contra ele.

¹⁶Estes são murmuradores, queixosos da sua sorte, andando segundo as suas concupiscências, e cuja boca diz *coisas* mui arrogantes, admirando as pessoas por causa do interesse.

¹⁷Mas vós, amados, lembrai-vos das palavras que vos foram preditas pelos apóstolos de nosso Senhor Jesus Cristo;

¹⁸Os quais vos diziam que nos últimos tempos haveria escarnecedores que andariam segundo as suas ímpias concupiscências.

¹⁹Estes são os que a si mesmos se separam, sensuais, que não têm o Espírito.

Exortação e doxologia final

²⁰Mas vós, amados, edificando-vos a vós mesmos sobre a vossa santíssima fé, orando no Espírito Santo,

²¹Conservai-vos a vós mesmos no amor de Deus, esperando a misericórdia de nosso Senhor Jesus Cristo para a vida eterna.

²²E apiedai-vos de alguns, usando de discernimento;

²³E salvai alguns com temor, arrebatando-os do fogo, odiando até a túnica manchada da carne.

²⁴Ora, àquele que é poderoso para vos guardar de tropeçar, e apresentar-vos irrepreensíveis, com alegria, perante a sua glória,

²⁵Ao Deus único, sábio, Salvador nosso, *seja* glória e majestade, domínio e poder, agora, e para todo o sempre. Amém.

APOCALIPSE
DE JOÃO, O TEÓLOGO

Prefácio

1 REVELAÇÃO de Jesus Cristo, a qual Deus lhe deu, para mostrar aos seus servos as *coisas* que brevemente devem acontecer; e pelo seu anjo as enviou, e as notificou a João seu servo;

[2] O qual testificou da palavra de Deus, e do testemunho de Jesus Cristo, e de tudo o que tem visto.

[3] Bem-aventurado aquele que lê, e os que ouvem as palavras desta profecia, e guardam as *coisas* que nela estão escritas; porque o tempo está próximo.

Dedicação

[4] João, às sete igrejas que estão na Ásia: Graça e paz *seja* convosco da parte daquele que é, e que era, e que há de vir, e da dos sete espíritos que estão diante do seu trono;

[5] E da parte de Jesus Cristo, *que é* a fiel testemunha, o primogênito dentre os mortos e o príncipe dos reis da terra. Àquele que nos amou, e em seu sangue nos lavou dos nossos pecados,

[6] E nos fez reis e sacerdotes para Deus e seu Pai; a ele *seja* glória e poder para todo o sempre. Amém.

[7] Eis que vem com as nuvens, e todo o olho o verá, até os mesmos que o traspassaram; e todas as tribos da terra se lamentarão sobre ele. Sim. Amém.

[8] Eu sou o Alfa e o Ômega, o princípio e o fim, diz o Senhor, que é, e que era, e que há de vir, o Todo-Poderoso.

Visão de João

[9] Eu, João, que também sou vosso irmão, e companheiro na aflição, e no reino, e paciência de Jesus Cristo, estava na ilha chamada Patmos, por causa da palavra de Deus, e pelo testemunho de Jesus Cristo.

[10] Eu fui *arrebatado* no Espírito no dia do Senhor, e ouvi detrás de mim uma grande voz, como de trombeta,

[11] Que dizia: Eu sou o Alfa e o Ômega, o primeiro e o derradeiro; e o que vês, escreve num livro, e envia às sete igrejas que estão na Ásia: A Éfeso, e a Esmirna, e a Pérgamo, e a Tiatira, e a Sardes, e a Filadélfia, e a Laodiceia.

[12] E virei-me para ver a voz que falava comigo. E, virando-me, vi sete castiçais de ouro;

[13] E no meio dos sete castiçais *um* semelhante ao Filho do homem, vestido até aos pés de uma roupa comprida, e cingido pelos peitos com um cinto de ouro.

[14] E a sua cabeça e cabelos *eram* brancos como lã branca, como a neve, e os seus olhos como chama de fogo;

[15] E os seus pés, semelhantes a latão reluzente, como se tivessem sido refinados numa fornalha, e a sua voz como a voz de muitas águas.

[16] E ele tinha na sua destra sete estrelas; e da sua boca saía uma espada aguda de dois fios; e o seu rosto *era* como o sol, *quando* na sua força resplandece.

[17] E eu, quando o vi, caí a seus pés como morto; e ele pôs sobre mim a sua destra, dizendo-me: Não temas; Eu sou o primeiro e o último;

[18] E o que vivo e fui morto, mas eis aqui estou vivo para todo o sempre. Amém. E tenho as chaves da morte e do inferno.

[19] Escreve as coisas que tens visto, e as que são, e as que depois destas hão de acontecer;

[20] O mistério das sete estrelas, que viste na minha destra, e dos sete castiçais de ouro. As sete estrelas são os anjos das sete igrejas, e os sete castiçais, que viste, são as sete igrejas.

Primeira carta: à igreja de Éfeso

2 ESCREVE ao anjo da igreja de Éfeso: Isto diz aquele que tem na sua destra as sete estrelas, que anda no meio dos sete castiçais de ouro:

[2] Conheço as tuas obras, e o teu trabalho, e a tua paciência, e que não podes sofrer os maus; e puseste à prova os que dizem ser apóstolos, e o não são, e tu os achaste mentirosos;

[3] E sofreste, e tens paciência; e trabalhaste pelo meu nome, e não te cansaste.

[4] Tenho, porém, contra ti que deixaste o teu primeiro amor.

[5] Lembra-te, pois, de onde caíste, e arrepende-te, e pratica as primeiras obras; quando não, brevemente a ti virei, e tirarei do seu lugar o teu castiçal, se não te arrependeres.

[6] Tens, porém, isto: que odeias as obras dos nicolaítas, as quais eu também odeio.

[7] Quem tem ouvidos, ouça o que o Espírito diz às igrejas: Ao que vencer, dar-lhe-ei a comer da árvore da vida, que está no meio do paraíso de Deus.

Segunda carta: à igreja em Esmirna

[8] E ao anjo da igreja em Esmirna, escreve: Isto diz o primeiro e o último, que foi morto, e reviveu:

[9] Conheço as tuas obras, e tribulação, e pobreza (mas tu és rico), e a blasfêmia dos que se dizem judeus, e não o são, mas *são* a sinagoga de Satanás.

[10] Nada temas das coisas que hás de padecer. Eis que o diabo lançará *alguns* de vós na prisão, para que sejais tentados; e tereis uma tribulação de dez dias. Sê fiel até à morte, e dar-te-ei a coroa da vida.

[11] Quem tem ouvidos, ouça o que o Espírito diz às igrejas: O que vencer não receberá o dano da segunda morte.

Terceira carta: à igreja em Pérgamo

[12] E ao anjo da igreja que está em Pérgamo escreve: Isto diz aquele que tem a espada aguda de dois fios:

[13] Conheço as tuas obras, e onde habitas, *que é*

onde está o trono de Satanás; e reténs o meu nome, e não negaste a minha fé, ainda nos dias de Antipas, minha fiel testemunha, o qual foi morto entre vós, onde Satanás habita.

¹⁴Mas algumas poucas coisas tenho contra ti, porque tens lá os que seguem a doutrina de Balaão, o qual ensinava Balaque a lançar tropeços diante dos filhos de Israel, para que comessem dos sacrifícios da idolatria, e fornicassem.

¹⁵Assim tens também os que retêm a doutrina dos nicolaítas, o que eu odeio.

¹⁶Arrepende-te, pois, quando não em breve virei a ti, e contra eles batalharei com a espada da minha boca.

¹⁷Quem tem ouvidos, ouça o que o Espírito diz às igrejas: Ao que vencer darei a comer do maná escondido, e dar-lhe-ei uma pedra branca, e na pedra um novo nome escrito, o qual ninguém conhece senão aquele que o recebe.

Quarta carta: à igreja de Tiatira

¹⁸E ao anjo da igreja de Tiatira escreve: Isto diz o Filho de Deus, que tem seus olhos como chama de fogo, e os pés semelhantes ao latão reluzente:

¹⁹Eu conheço as tuas obras, e amor, e serviço, e fé, e a tua paciência, e que as tuas últimas obras *são* mais do que as primeiras.

²⁰Mas algumas poucas coisas tenho contra ti que deixas Jezabel, mulher que se diz profetisa, ensinar e enganar os meus servos, para que forniquem e comam dos sacrifícios da idolatria.

²¹E dei-lhe tempo para que se arrependesse da sua fornicação; e não se arrependeu.

²²Eis que a porei numa cama, e sobre os que adulteram com ela virá grande tribulação, se não se arrependerem das suas obras.

²³E destruirei com morte a seus filhos, e todas as igrejas saberão que eu sou aquele que sonda as entranhas e os corações. E darei a cada um de vós segundo as vossas obras.

²⁴Mas eu vos digo a vós, e aos restantes que *estão* em Tiatira, a todos quantos não têm esta doutrina, e não conheceram, como dizem, as profundezas de Satanás, *que* outra carga vos não porei.

²⁵Mas o que tendes, retende-o até que eu venha.

²⁶E ao que vencer, e guardar até ao fim as minhas obras, eu lhe darei poder sobre as nações,

²⁷E com vara de ferro as regerá; e serão quebradas como vasos de oleiro; como também recebi de meu Pai.

²⁸E dar-lhe-ei a estrela da manhã.

²⁹Quem tem ouvidos, ouça o que o Espírito diz às igrejas.

Quinta carta: à igreja em Sardes

3 E AO ANJO da igreja que está em Sardes escreve: Isto diz o que tem os sete espíritos de Deus, e as sete estrelas: Conheço as tuas obras, que tens nome de que vives, e estás morto.

²Sê vigilante, e confirma os restantes, que estão para morrer; porque não achei as tuas obras perfeitas diante de Deus.

³Lembra-te, pois, do que tens recebido e ouvido, e guarda-o, e arrepende-te. E, se não vigiares, virei sobre ti como um ladrão, e não saberás a que hora sobre ti virei.

⁴*Mas* também tens em Sardes *algumas* poucas pessoas que não contaminaram suas vestes, e comigo andarão *vestidas* de branco; porquanto são dignas *disso*.

⁵O que vencer será vestido de vestes brancas, e de maneira nenhuma riscarei o seu nome do livro da vida; e confessarei o seu nome diante de meu Pai e diante dos seus anjos.

⁶Quem tem ouvidos, ouça o que o Espírito diz às igrejas.

Sexta carta: à igreja em Filadélfia

⁷E ao anjo da igreja que está em Filadélfia escreve: Isto diz o que é santo, o que é verdadeiro, o que tem a chave de Davi; o que abre, e ninguém fecha; e fecha, e ninguém abre:

⁸Conheço as tuas obras; eis que diante de ti pus uma porta aberta, e ninguém a pode fechar; porque tendo pouca força, guardaste a minha palavra, e não negaste o meu nome.

⁹Eis que eu farei aos da sinagoga de Satanás, aos que se dizem judeus, e não são, mas mentem: Eis que eu farei que venham, e adorem prostrados a teus pés, e saibam que eu te amo.

¹⁰Como guardaste a palavra da minha paciência, também eu te guardarei da hora da tentação que há de vir sobre todo o mundo, para tentar os que habitam na terra.

¹¹Eis que venho sem demora; guarda o que tens, para que ninguém tome a tua coroa.

¹²A quem vencer, eu o farei coluna no templo do meu Deus, e dele nunca sairá; e escreverei sobre ele o nome do meu Deus, e o nome da cidade do meu Deus, a nova Jerusalém, que desce do céu, do meu Deus, e também o meu novo nome.

¹³Quem tem ouvidos, ouça o que o Espírito diz às igrejas.

Sétima carta: à igreja de Laodiceia

¹⁴E ao anjo da igreja de Laodiceia escreve: Isto diz o Amém, a testemunha fiel e verdadeira, o princípio da criação de Deus:

¹⁵Conheço as tuas obras, que nem és frio nem quente; quem dera foras frio ou quente!

¹⁶Assim, porque és morno, e não és frio nem quente, vomitar-te-ei da minha boca.

¹⁷Como dizes: Rico sou, e estou enriquecido, e de nada tenho falta; e não sabes que és um desgraçado, e miserável, e pobre, e cego, e nu;

¹⁸Aconselho-te que de mim compres ouro provado no fogo, para que te enriqueças; e roupas brancas, para que te vistas, e não apareça a vergonha da tua nudez; e que unjas os teus olhos com colírio, para que vejas.

¹⁹Eu repreendo e castigo a todos quantos amo; sê pois zeloso, e arrepende-te.

²⁰Eis que estou à porta, e bato; se alguém ouvir

APOCALIPSE 3.21 840

a minha voz, e abrir a porta, entrarei até ele, e com ele cearei, e ele comigo.

²¹Ao que vencer lhe concederei que se assente comigo no meu trono; assim como eu venci, e me assentei com meu Pai no seu trono.

²²Quem tem ouvidos, ouça o que o Espírito diz às igrejas.

O trono de Deus

4 DEPOIS destas coisas, olhei, e eis que *estava* uma porta aberta no céu; e a primeira voz que, como de trombeta, ouvira falar comigo, disse: Sobe aqui, e mostrar-te-ei as coisas que depois destas devem acontecer.

²E logo fui *arrebatado* no Espírito, e eis que um trono estava posto no céu, e *um* assentado sobre o trono.

³E o que estava assentado era, na aparência, semelhante à pedra jaspe e sardônica; e o arco celeste estava ao redor do trono, e parecia semelhante à esmeralda.

⁴E ao redor do trono *havia* vinte e quatro tronos; e vi assentados sobre os tronos vinte e quatro anciãos vestidos de vestes brancas; e tinham sobre suas cabeças coroas de ouro.

⁵E do trono saíam relâmpagos, e trovões, e vozes; e diante do trono ardiam sete lâmpadas de fogo, as quais são os sete espíritos de Deus.

⁶E *havia* diante do trono um mar de vidro, semelhante ao cristal. E no meio do trono, e ao redor do trono, quatro animais cheios de olhos, por diante e por detrás.

⁷E o primeiro animal *era* semelhante a um leão, e o segundo animal semelhante a um bezerro, e tinha o terceiro animal o rosto como de homem, e o quarto animal *era* semelhante a uma águia voando.

⁸E os quatro animais tinham, cada um de per si, seis asas, e ao redor, e por dentro, estavam cheios de olhos; e não descansam nem de dia nem de noite, dizendo: Santo, Santo, Santo, é o Senhor Deus, *o* Todo-Poderoso, que era, e que é, e que há de vir.

⁹E, quando os animais davam glória, e honra, e ações de graças ao que estava assentado sobre o trono, ao que vive para todo o sempre,

¹⁰Os vinte e quatro anciãos prostravam-se diante do que estava assentado sobre o trono, e adoravam o que vive para todo o sempre; e lançavam as suas coroas diante do trono, dizendo:

¹¹Digno és, Senhor, de receber glória, e honra, e poder; porque tu criaste todas as coisas, e por tua vontade são e foram criadas.

O livro selado com sete selos

5 E VI na destra do que estava assentado sobre o trono um livro escrito por dentro e por fora, selado com sete selos.

²E vi um anjo forte, bradando com grande voz: Quem é digno de abrir o livro e de desatar os seus selos?

³E ninguém no céu, nem na terra, nem debaixo da terra, podia abrir o livro, nem olhar *para* ele.

⁴E eu chorava muito, porque ninguém fora achado digno de abrir o livro, nem de o ler, nem de olhar *para* ele.

⁵E disse-me um dos anciãos: Não chores; eis aqui o Leão da tribo de Judá, a raiz de Davi, que venceu, para abrir o livro e desatar os seus sete selos.

⁶E olhei, e eis que estava no meio do trono e dos quatro animais viventes e entre os anciãos um Cordeiro, como havendo sido morto, e tinha sete chifres e sete olhos, que são os sete espíritos de Deus enviados a toda a terra.

⁷E veio, e tomou o livro da destra do que estava assentado no trono.

⁸E, havendo tomado o livro, os quatro animais e os vinte e quatro anciãos prostraram-se diante do Cordeiro, tendo todos eles harpas e salvas de ouro cheias de incenso, que são as orações dos santos.

⁹E cantavam um novo cântico, dizendo: Digno és de tomar o livro, e de abrir os seus selos; porque foste morto, e com o teu sangue nos compraste para Deus de toda a tribo, e língua, e povo, e nação;

¹⁰E para o nosso Deus nos fizeste reis e sacerdotes; e reinaremos sobre a terra.

¹¹E olhei, e ouvi a voz de muitos anjos ao redor do trono, e dos animais, e dos anciãos; e era o número deles milhões de milhões, e milhares de milhares,

¹²Que com grande voz diziam: Digno é o Cordeiro, que foi morto, de receber o poder, e riquezas, e sabedoria, e força, e honra, e glória, e ações de graças.

¹³E ouvi a toda criatura que está no céu, e na terra, e debaixo da terra, e que estão no mar, e a todas as coisas que neles há, dizendo: Ao que está assentado sobre o trono, e ao Cordeiro, sejam dadas ações de graças, e honra, e glória, e poder para todo o sempre.

¹⁴E os quatro animais diziam: Amém. E os vinte e quatro anciãos prostraram-se, e adoraram ao que vive para todo o sempre.

Abertura dos seis primeiros selos

6 E, HAVENDO o Cordeiro aberto um dos selos, olhei, e ouvi um dos quatro animais, que dizia como em voz de trovão: Vem, e vê.

²E olhei, e eis um cavalo branco; e o que estava assentado sobre ele tinha um arco; e foi-lhe dada uma coroa, e saiu vitorioso, e para vencer.

³E, havendo aberto o segundo selo, ouvi o segundo animal, dizendo: Vem, e vê.

⁴E saiu outro cavalo, vermelho; e ao que estava assentado sobre ele foi dado que tirasse a paz da terra, e que se matassem uns aos outros; e foi-lhe dada uma grande espada.

⁵E, havendo aberto o terceiro selo, ouvi dizer o terceiro animal: Vem, e vê. E olhei, e eis um cavalo preto e o que sobre ele estava assentado tinha uma balança em sua mão.

⁶E ouvi uma voz no meio dos quatro animais, que dizia: Uma medida de trigo por um dinheiro, e três medidas de cevada por um dinheiro; e não danifiques o azeite e o vinho.

APOCALIPSE 8.7

⁷E, havendo aberto o quarto selo, ouvi a voz do quarto animal, que dizia: Vem, e vê.

⁸E olhei, e eis um cavalo amarelo, e o que estava assentado sobre ele tinha por nome Morte; e o inferno o seguia; e foi-lhes dado poder para matar a quarta *parte* da terra, com espada, e com fome, e com mortandade, e com as feras da terra.

⁹E, havendo aberto o quinto selo, vi debaixo do altar as almas dos que foram mortos por amor da palavra de Deus e por amor do testemunho que deram.

¹⁰E clamavam com grande voz, dizendo: Até quando, ó verdadeiro e santo Dominador, não julgas e vingas o nosso sangue dos que habitam sobre a terra?

¹¹E foram dadas a cada um compridas vestes brancas e foi-lhes dito que repousassem ainda um pouco de tempo, até que também se completasse o *número* de seus conservos e seus irmãos, que haviam de ser mortos como eles foram.

¹²E, havendo aberto o sexto selo, olhei, e eis que houve um grande tremor de terra; e o sol tornou-se negro como saco de cilício, e a lua tornou-se como sangue;

¹³E as estrelas do céu caíram sobre a terra, como quando a figueira lança de si os seus figos verdes, abalada por um vento forte.

¹⁴E o céu retirou-se como um livro que se enrola; e todos os montes e ilhas foram removidos dos seus lugares.

¹⁵E os reis da terra, e os grandes, e os ricos, e os tribunos, e os poderosos, e todo o servo, e todo o livre, se esconderam nas cavernas e nas rochas das montanhas;

¹⁶E diziam aos montes e aos rochedos: Caí sobre nós, e escondei-nos do rosto daquele que está assentado sobre o trono, e da ira do Cordeiro;

¹⁷Porque é vindo o grande dia da sua ira; e quem poderá subsistir?

Os servos de Deus

7 E DEPOIS destas coisas vi quatro anjos que estavam sobre os quatro cantos da terra, retendo os quatro ventos da terra, para que nenhum vento soprasse sobre a terra, nem sobre o mar, nem contra árvore alguma.

²E vi outro anjo subir do lado do sol nascente, e que tinha o selo do Deus vivo; e clamou com grande voz aos quatro anjos, a quem fora dado o poder de danificar a terra o o mar,

³Dizendo: Não danifiqueis a terra, nem o mar, nem as árvores, até que hajamos selado nas suas testas os servos do nosso Deus.

⁴E ouvi o número dos selados, e eram cento e quarenta e quatro mil selados, de todas as tribos dos filhos de Israel.

⁵Da tribo de Judá, havia doze mil selados; da tribo de Rúben, doze mil selados; da tribo de Gade, doze mil selados;

⁶Da tribo de Aser, doze mil selados; da tribo de Naftali, doze mil selados; da tribo de Manassés, doze mil selados;

⁷Da tribo de Simeão, doze mil selados; da tribo de Levi, doze mil selados; da tribo de Issacar, doze mil selados;

⁸Da tribo de Zebulom, doze mil selados; da tribo de José, doze mil selados; da tribo de Benjamim, doze mil selados.

Os santos e os mártires

⁹Depois destas coisas olhei, e eis aqui uma grande multidão, a qual ninguém podia contar, de todas as nações, e tribos, e povos, e línguas, que estavam diante do trono, e perante o Cordeiro, trajando vestes brancas e com palmas nas suas mãos;

¹⁰E clamavam com grande voz, dizendo: Salvação ao nosso Deus, que está assentado no trono, e ao Cordeiro.

¹¹E todos os anjos estavam ao redor do trono, e dos anciãos, e dos quatro animais; e prostraram-se diante do trono sobre seus rostos, e adoraram a Deus,

¹²Dizendo: Amém. Louvor, e glória, e sabedoria, e ação de graças, e honra, e poder, e força ao nosso Deus, para todo o sempre. Amém.

¹³E um dos anciãos me falou, dizendo: Estes que estão vestidos de vestes brancas, quem são, e de onde vieram?

¹⁴E eu disse-lhe: Senhor, tu sabes. E ele disse-me: Estes são os que vieram da grande tribulação, e lavaram as suas vestes e as branquearam no sangue do Cordeiro.

¹⁵Por isso estão diante do trono de Deus, e o servem de dia e de noite no seu templo; e aquele que está assentado sobre o trono os cobrirá com a sua sombra.

¹⁶Nunca mais terão fome, nunca mais terão sede; nem sol nem calor algum cairá sobre eles.

¹⁷Porque o Cordeiro que está no meio do trono os apascentará, e lhes servirá de guia para as fontes vivas das águas; e Deus limpará de seus olhos toda a lágrima.

Abertura do sétimo selo

8 E, HAVENDO aberto o sétimo selo, fez-se silêncio no céu quase por meia hora.

²E vi os sete anjos, que estavam diante de Deus, e foram-lhes dadas sete trombetas.

³E veio outro anjo, e pôs-se junto ao altar, tendo um incensário de ouro; e foi lhe dado muito incenso, para *o* pôr *com* as orações de todos os santos sobre o altar de ouro, que está diante do trono.

⁴E a fumaça do incenso subiu com as orações dos santos desde a mão do anjo até diante de Deus.

⁵E o anjo tomou o incensário, e o encheu do fogo do altar, e o lançou sobre a terra; e houve depois vozes, e trovões, e relâmpagos e terremotos.

As quatro primeiras trombetas

⁶E os sete anjos, que tinham as sete trombetas, prepararam-se para tocá-las.

⁷E o primeiro anjo tocou a sua trombeta, e houve saraiva e fogo misturado com sangue, e foram lançados na terra; e queimou-se a terça parte das árvores, e toda a erva verde foi queimada.

APOCALIPSE 8.8   842

⁸E o segundo anjo tocou a trombeta; e foi lançada no mar uma coisa como um grande monte ardendo em fogo, e tornou-se em sangue a terça parte do mar.

⁹E morreu a terça parte das criaturas que tinham vida no mar; e perdeu-se a terça parte das naus.

¹⁰E o terceiro anjo tocou a sua trombeta, e caiu do céu uma grande estrela ardendo como uma tocha, e caiu sobre a terça parte dos rios, e sobre as fontes das águas.

¹¹E o nome da estrela era Absinto, e a terça parte das águas tornou-se em absinto, e muitos homens morreram das águas, porque se tornaram amargas.

¹²E o quarto anjo tocou a sua trombeta, e foi ferida a terça parte do sol, e a terça parte da lua, e a terça parte das estrelas; para que a terça parte deles se escurecesse, e a terça parte do dia não brilhasse, e semelhantemente *a* noite.

¹³E olhei, e ouvi um anjo voar pelo meio do céu, dizendo com grande voz: Ai! Ai! Ai! Dos que habitam sobre a terra! Por causa das outras vozes das trombetas dos três anjos que estão por tocar.

A quinta e a sexta trombetas

9 E O QUINTO anjo tocou a sua trombeta, e vi uma estrela que do céu caiu na terra; e foi-lhe dada a chave do poço do abismo.

²E abriu o poço do abismo, e subiu fumaça do poço, como a fumaça de uma grande fornalha, e com a fumaça do poço escureceu-se o sol e o ar.

³E da fumaça vieram gafanhotos sobre a terra; e foi-lhes dado poder, como o poder que têm os escorpiões da terra.

⁴E foi-lhes dito que não fizessem dano à erva da terra, nem a verdura alguma, nem a árvore alguma, mas somente aos homens que não têm nas suas testas o selo de Deus.

⁵E foi-lhes permitido, não que os matassem, mas que por cinco meses os atormentassem; e o seu tormento *era* semelhante ao tormento do escorpião, quando fere o homem.

⁶E naqueles dias os homens buscarão a morte, e não a acharão; e desejarão morrer, e a morte fugirá deles.

⁷E o parecer dos gafanhotos *era* semelhante ao de cavalos aparelhados para a guerra; e sobre as suas cabeças havia umas como coroas semelhantes ao ouro; e os seus rostos *eram* como rostos de homens.

⁸E tinham cabelos como cabelos de mulheres, e os seus dentes eram como de leões.

⁹E tinham couraças como couraças de ferro; e o ruído das suas asas *era* como o ruído de carros, quando muitos cavalos correm ao combate.

¹⁰E tinham caudas semelhantes às dos escorpiões, e aguilhões nas suas caudas; e o seu poder *era* para danificar os homens por cinco meses.

¹¹E tinham sobre si rei, o anjo do abismo; em hebraico era o seu nome Abadom, e em grego Apoliom.

¹²Passado é já um ai; eis que depois disso vêm ainda dois ais.

¹³E tocou o sexto anjo a sua trombeta, e ouvi uma voz *que vinha* das quatro pontas do altar de ouro, que estava diante de Deus,

¹⁴A qual dizia ao sexto anjo, que tinha a trombeta: Solta os quatro anjos, que estão presos junto ao grande rio Eufrates.

¹⁵E foram soltos os quatro anjos, que estavam preparados para a hora, e dia, e mês, e ano, a fim de matarem a terça parte dos homens.

¹⁶E o número dos exércitos dos cavaleiros era de duzentos milhões; e ouvi o número deles.

¹⁷E assim vi os cavalos nesta visão; e os que sobre eles cavalgavam tinham couraças de fogo, e de jacinto, e de enxofre; e as cabeças dos cavalos *eram* como cabeças de leões; e de suas bocas saía fogo e fumaça e enxofre.

¹⁸Por estes três foi morta a terça parte dos homens, isto é pelo fogo, pela fumaça, e pelo enxofre, que saíam das suas bocas.

¹⁹Porque o poder deles está na sua boca e nas suas caudas. Porquanto as suas caudas *são* semelhantes a serpentes, e têm cabeças, e com elas danificam.

²⁰E os outros homens, que não foram mortos por estas pragas, não se arrependeram das obras de suas mãos, para não adorarem os demônios, e os ídolos de ouro, e de prata, e de bronze, e de pedra, e de madeira, que nem podem ver, nem ouvir, nem andar.

²¹E não se arrependeram dos seus homicídios, nem das suas feitiçarias, nem da sua fornicação, nem dos seus furtos.

Um livro trazido do céu por um anjo

10 E VI OUTRO anjo forte, que descia do céu, vestido de uma nuvem; e por cima da *sua* cabeça estava o arco celeste, e o seu rosto *era* como o sol, e os seus pés como colunas de fogo;

²E tinha na sua mão um livrinho aberto. E pôs o seu pé direito sobre o mar, e o esquerdo sobre a terra;

³E clamou com grande voz, como *quando* ruge um leão; e, quando clamou, os sete trovões emitiram as suas vozes.

⁴E, quando os sete trovões acabaram de emitir as suas vozes, eu ia escrever; mas ouvi uma voz do céu, que me dizia: Sela o que os sete trovões emitiram, e não o escrevas.

⁵E o anjo que vi estar sobre o mar e sobre a terra levantou a sua mão ao céu,

⁶E jurou por aquele que vive para todo o sempre, o qual criou o céu e o que nele há, e a terra e o que nela há, e o mar e o que nele há, que não haveria mais demora;

⁷Mas nos dias da voz do sétimo anjo, quando estiver por tocar a trombeta, se cumprirá o segredo de Deus, como anunciou aos profetas, seus servos.

⁸E a voz que eu do céu tinha ouvido tornou a falar comigo, e disse: Vai, e toma o livrinho aberto

da mão do anjo que está em pé sobre o mar e sobre a terra.

⁹E fui ao anjo, dizendo-lhe: Dá-me o livrinho. E ele disse-me: Toma-o, e come-o, e ele fará amargo o teu ventre, mas na tua boca será doce como mel.

¹⁰E tomei o livrinho da mão do anjo, e comi-o; e na minha boca era doce como mel; e, havendo-o comido, o meu ventre ficou amargo.

¹¹E ele disse-me: Importa que profetizes outra vez a muitos povos, e nações, e línguas e reis.

11 E FOI-ME dada uma cana semelhante a uma vara; e chegou o anjo, e disse: Levanta-te, e mede o templo de Deus, e o altar, e os que nele adoram.

²E deixa o átrio que está fora do templo, e não o meças; porque foi dado às nações, e pisarão a cidade santa por quarenta e dois meses.

As duas testemunhas

³E darei *poder* às minhas duas testemunhas, e profetizarão por mil duzentos e sessenta dias, vestidas de saco.

⁴Estas são as duas oliveiras e os dois castiçais que estão diante do Deus da terra.

⁵E, se alguém lhes quiser fazer mal, fogo sairá da sua boca, e devorará os seus inimigos; e, se alguém lhes quiser fazer mal, importa que assim seja morto.

⁶Estes têm poder para fechar o céu, para que não chova, nos dias da sua profecia; e têm poder sobre as águas para convertê-las em sangue, e para ferir a terra com toda a sorte de pragas, todas quantas vezes quiserem.

⁷E, quando acabarem o seu testemunho, a besta que sobe do abismo lhes fará guerra, e os vencerá, e os matará.

⁸E *jazerão* os seus corpos mortos na praça da grande cidade que espiritualmente se chama Sodoma e Egito, onde o nosso Senhor também foi crucificado.

⁹E homens de vários povos, e tribos, e línguas, e nações verão seus corpos mortos por três dias e meio, e não permitirão que os seus corpos mortos sejam postos em sepulcros.

¹⁰E os que habitam na terra se regozijarão sobre eles, e se alegrarão, e mandarão presentes uns aos outros; porquanto estes dois profetas tinham atormentado os que habitam sobre a terra.

¹¹E depois daqueles três dias e meio o espírito de vida, vindo de Deus, entrou neles; e puseram-se sobre seus pés, e caiu grande temor sobre os que os viram.

¹²E ouviram uma grande voz do céu, que lhes dizia: Subi para aqui. E subiram ao céu em uma nuvem; e os seus inimigos os viram.

¹³E naquela mesma hora houve um grande terremoto, e caiu a décima parte da cidade, e no terremoto foram mortos sete mil homens; e os demais ficaram muito atemorizados, e deram glória ao Deus do céu.

¹⁴É passado o segundo ai; eis que o terceiro ai cedo virá.

A sétima trombeta

¹⁵E o sétimo anjo tocou a sua trombeta, e houve no céu grandes vozes, que diziam: Os reinos do mundo vieram a ser de nosso Senhor e do seu Cristo, e ele reinará para todo o sempre.

¹⁶E os vinte e quatro anciãos, que estão assentados em seus tronos diante de Deus, prostraram-se sobre seus rostos e adoraram a Deus,

¹⁷Dizendo: Graças te damos, Senhor Deus Todo-Poderoso, que és, e que eras, e que hás de vir, que tomaste o teu grande poder, e reinaste.

¹⁸E iraram-se as nações, e veio a tua ira, e o tempo dos mortos, para que sejam julgados, e o tempo de dares o galardão aos profetas, teus servos, e aos santos, e aos que temem o teu nome, a pequenos e a grandes, e o tempo de destruíres os que destroem a terra.

¹⁹E abriu-se no céu o templo de Deus, e a arca da sua aliança foi vista no seu templo; e houve relâmpagos, e vozes, e trovões, e terremotos e grande saraiva.

A mulher e o dragão

12 E VIU-SE um grande sinal no céu: uma mulher vestida do sol, tendo a lua debaixo dos seus pés, e uma coroa de doze estrelas sobre a sua cabeça.

²E estava grávida, e com dores de parto, e gritava com ânsias de dar à luz.

³E viu-se outro sinal no céu; e eis que era um grande dragão vermelho, que tinha sete cabeças e dez chifres, e sobre as suas cabeças sete diademas.

⁴E a sua cauda levou após si a terça parte das estrelas do céu, e lançou-as sobre a terra; e o dragão parou diante da mulher que havia de dar à luz, para que, dando ela à luz, lhe tragasse o filho.

⁵E deu à luz um filho homem que há de reger todas as nações com vara de ferro; e o seu filho foi arrebatado para Deus e *para* o seu trono.

⁶E a mulher fugiu para o deserto, onde *já* tinha lugar preparado por Deus, para que ali fosse alimentada durante mil duzentos e sessenta dias.

⁷E houve batalha no céu; Miguel e os seus anjos batalhavam contra o dragão, e batalhavam o dragão e os seus anjos;

⁸Mas não prevaleceram, nem mais o seu lugar se achou nos céus.

⁹E foi precipitado o grande dragão, a antiga serpente, chamada o Diabo, e Satanás, que engana todo o mundo; ele foi precipitado na terra, e os seus anjos foram lançados com ele.

¹⁰E ouvi uma grande voz no céu, que dizia: Agora é chegada a salvação, e a força, e o reino do nosso Deus, e o poder do seu Cristo; porque já o acusador de nossos irmãos é derrubado, o qual diante do nosso Deus os acusava de dia e de noite.

¹¹E eles o venceram pelo sangue do Cordeiro e pela palavra do seu testemunho; e não amaram as suas vidas até à morte.

¹²Por isso alegrai-vos, ó céus, e vós que neles habitais. Ai dos que habitam na terra e no mar;

APOCALIPSE 12.13 844

porque o diabo desceu a vós, e tem grande ira, sabendo que *já* tem pouco tempo.

¹³E, quando o dragão viu que fora lançado na terra, perseguiu a mulher que dera à luz o *filho* homem.

¹⁴E foram dadas à mulher duas asas de grande águia, para que voasse para o deserto, ao seu lugar, onde é sustentada por um tempo, e tempos, e metade de um tempo, fora da vista da serpente.

¹⁵E a serpente lançou da sua boca, atrás da mulher, água como um rio, para que pela corrente a fizesse arrebatar.

¹⁶E a terra ajudou a mulher; e a terra abriu a sua boca, e tragou o rio que o dragão lançara da sua boca.

¹⁷E o dragão irou-se contra a mulher, e foi fazer guerra ao remanescente da sua semente, os que guardam os mandamentos de Deus, e têm o testemunho de Jesus Cristo.

A besta que sobe do mar

13 E EU pus-me sobre a areia do mar, e vi subir do mar uma besta que tinha sete cabeças e dez chifres, e sobre os seus chifres dez diademas, e sobre as suas cabeças um nome de blasfêmia.

²E a besta que vi era semelhante ao leopardo, e os seus pés como os de urso, e a sua boca como a boca de leão; e o dragão deu-lhe o seu poder, e o seu trono, e grande poderio.

³E vi uma das suas cabeças como ferida de morte, e a sua chaga mortal foi curada; e toda a terra se maravilhou após a besta.

⁴E adoraram o dragão que deu à besta o seu poder; e adoraram a besta, dizendo: Quem *é* semelhante à besta? Quem poderá batalhar contra ela?

⁵E foi-lhe dada uma boca, para proferir grandes coisas e blasfêmias; e deu-se-lhe poder para agir por quarenta e dois meses.

⁶E abriu a sua boca em blasfêmias contra Deus, para blasfemar do seu nome, e do seu tabernáculo, e dos que habitam no céu.

⁷E foi-lhe permitido fazer guerra aos santos, e vencê-los; e deu-se-lhe poder sobre toda a tribo, e língua, e nação.

⁸E adoraram-na todos os que habitam sobre a terra, esses cujos nomes não estão escritos no livro da vida do Cordeiro que foi morto desde a fundação do mundo.

⁹Se alguém tem ouvidos, ouça.

¹⁰Se alguém leva em cativeiro, em cativeiro irá; se alguém matar à espada, necessário é que à espada seja morto. Aqui está a paciência e a fé dos santos.

A besta que sobe da terra

¹¹E vi subir da terra outra besta, e tinha dois chifres semelhantes aos de um cordeiro; e falava como o dragão.

¹²E exerce todo o poder da primeira besta na sua presença, e faz que a terra e os que nela habitam adorem a primeira besta, cuja chaga mortal fora curada.

¹³E faz grandes sinais, de maneira que até fogo faz descer do céu à terra, à vista dos homens.

¹⁴E engana os que habitam na terra com sinais que lhe foi permitido que fizesse em presença da besta, dizendo aos que habitam na terra que fizessem uma imagem à besta que tinha a ferida da espada e vivia.

¹⁵E foi-lhe concedido que desse espírito à imagem da besta, para que também a imagem da besta falasse, e fizesse que fossem mortos todos os que não adorassem a imagem da besta.

¹⁶E faz que a todos, pequenos e grandes, ricos e pobres, livres e servos, lhes seja posto um sinal na sua mão direita, ou nas suas testas,

¹⁷Para que ninguém possa comprar ou vender, senão aquele que tiver o sinal, ou o nome da besta, ou o número do seu nome.

¹⁸Aqui há sabedoria. Aquele que tem entendimento, calcule o número da besta; porque é o número de um homem, e o seu número *é* seiscentos e sessenta e seis.

O Cordeiro e seus remidos sobre o monte Sião

14 E OLHEI, e eis que estava o Cordeiro sobre o monte Sião, e com ele cento e quarenta e quatro mil, que em suas testas tinham escrito o nome de seu Pai.

²E ouvi uma voz do céu, como a voz de muitas águas, e como a voz de um grande trovão; e ouvi uma voz de harpistas, que tocavam com as suas harpas.

³E cantavam um como cântico novo diante do trono, e diante dos quatro animais e dos anciãos; e ninguém podia aprender aquele cântico, senão os cento e quarenta e quatro mil que foram comprados da terra.

⁴Estes são os que não estão contaminados com mulheres; porque são virgens. Estes são os que seguem o Cordeiro para onde quer que vá. Estes são os que dentre os homens foram comprados como primícias para Deus e para o Cordeiro.

⁵E na sua boca não se achou engano; porque são irrepreensíveis diante do trono de Deus.

⁶E vi outro anjo voar pelo meio do céu, e tinha o evangelho eterno, para o proclamar aos que habitam sobre a terra, e a toda a nação, e tribo, e língua, e povo,

⁷Dizendo com grande voz: Temei a Deus, e dai-lhe glória; porque é vinda a hora do seu juízo. E adorai aquele que fez o céu, e a terra, e o mar, e as fontes das águas.

⁸E outro anjo seguiu, dizendo: Caiu, caiu Babilônia, aquela grande cidade, que a todas as nações deu a beber do vinho da ira da sua fornicação.

⁹E seguiu-os o terceiro anjo, dizendo com grande voz: Se alguém adorar a besta, e a sua imagem, e receber o sinal na sua testa, ou na sua mão,

¹⁰Também este beberá do vinho da ira de Deus, que se deitou, não misturado, no cálice da sua ira; e será atormentado com fogo e enxofre diante dos santos anjos e diante do Cordeiro.

¹¹E a fumaça do seu tormento sobe para todo o sempre; e não têm repouso nem de dia nem de noite os que adoram a besta e a sua imagem, e aquele que receber o sinal do seu nome.

¹²Aqui está a paciência dos santos; aqui *estão* os que guardam os mandamentos de Deus e a fé em Jesus.

¹³E ouvi uma voz do céu, que me dizia: Escreve: Bem-aventurados os mortos que desde agora morrem no Senhor. Sim, diz o Espírito, para que descansem dos seus trabalhos, e as suas obras os seguem.

A ceifa

¹⁴E olhei, e eis uma nuvem branca, e assentado sobre a nuvem *um* semelhante ao Filho do homem, que tinha sobre a sua cabeça uma coroa de ouro, e na sua mão uma foice aguda.

¹⁵E outro anjo saiu do templo, clamando com grande voz ao que estava assentado sobre a nuvem: Lança a tua foice, e ceifa; a hora de ceifar te é vinda, porque já a colheita da terra está madura.

¹⁶E aquele que estava assentado sobre a nuvem meteu a sua foice à terra, e a terra foi segada.

¹⁷E saiu do templo, que está no céu, outro anjo, o qual também tinha uma foice aguda.

¹⁸E saiu do altar outro anjo, que tinha poder sobre o fogo, e clamou com grande voz ao que tinha a foice aguda, dizendo: Lança a tua foice aguda, e vindima os cachos da vinha da terra, porque *já* as suas uvas estão maduras.

¹⁹E o anjo lançou a sua foice à terra e vindimou *as uvas* da vinha da terra, e atirou-as no grande lagar da ira de Deus.

²⁰E o lagar foi pisado fora da cidade, e saiu sangue do lagar até aos freios dos cavalos, pelo espaço de mil e seiscentos estádios.

Sete anjos e sete taças

15 E VI outro grande e admirável sinal no céu: sete anjos, que tinham as sete últimas pragas; porque nelas é consumada a ira de Deus.

²E vi como que um mar de vidro misturado com fogo; e *também* os que saíram vitoriosos da besta, e da sua imagem, e do seu sinal, *e* do número do seu nome, que estavam junto ao mar de vidro, e tinham as harpas de Deus.

³E cantavam o cântico de Moisés, servo de Deus, e o cântico do Cordeiro, dizendo: Grandes e maravilhosas *são* as tuas obras, Senhor Deus Todo-Poderoso! Justos e verdadeiros *são* os teus caminhos, ó Rei dos santos.

⁴Quem te não temerá, ó Senhor, e não magnificará o teu nome? Porque só tu *és* santo; por isso todas as nações virão, e adorarão diante de ti, porque os teus juízos são manifestos.

⁵E depois disto olhei, e eis que o templo do tabernáculo do testemunho foi aberto no céu.

⁶E os sete anjos que tinham as sete pragas saíram do templo, vestidos de linho puro e resplandecente, e cingidos com cintos de ouro pelos peitos.

⁷E um dos quatro animais deu aos sete anjos sete taças de ouro, cheias da ira de Deus, que vive para todo o sempre.

⁸E o templo encheu-se com a fumaça da glória de Deus e do seu poder; e ninguém podia entrar no templo, até que se consumassem as sete pragas dos sete anjos.

As taças da ira

16 E OUVI, vinda do templo, uma grande voz, que dizia aos sete anjos: Ide, e derramai sobre a terra as *sete* taças da ira de Deus.

²E foi o primeiro, e derramou a sua taça sobre a terra, e fez-se uma chaga má e maligna nos homens que tinham o sinal da besta e que adoravam a sua imagem.

³E o segundo anjo derramou a sua taça no mar, que se tornou em sangue como de um morto, e morreu no mar toda a alma vivente.

⁴E o terceiro anjo derramou a sua taça nos rios e nas fontes das águas, e se tornaram em sangue.

⁵E ouvi o anjo das águas, que dizia: Justo és tu, ó Senhor, que és, e que eras, e hás de ser, porque julgaste estas coisas.

⁶Visto como derramaram o sangue dos santos e dos profetas, também tu lhes deste o sangue a beber; porque disto são merecedores.

⁷E ouvi outro do altar, que dizia: Na verdade, ó Senhor Deus Todo-Poderoso, verdadeiros e justos *são* os teus juízos.

⁸E o quarto anjo derramou a sua taça sobre o sol, e foi-lhe permitido que abrasasse os homens com fogo.

⁹E os homens foram abrasados com grandes calores, e blasfemaram o nome de Deus, que tem poder sobre estas pragas; e não se arrependeram para lhe darem glória.

¹⁰E o quinto anjo derramou a sua taça sobre o trono da besta, e o seu reino se fez tenebroso; e eles mordiam as suas línguas de dor.

¹¹E por causa das suas dores, e por causa das suas chagas, blasfemaram do Deus do céu; e não se arrependeram das suas obras.

¹²E o sexto anjo derramou a sua taça sobre o grande rio Eufrates; e a sua água secou-se, para que se preparasse o caminho dos reis do oriente.

¹³E da boca do dragão, e da boca da besta, e da boca do falso profeta vi sair três espíritos imundos, semelhantes a rãs.

¹⁴Porque são espíritos de demônios, que fazendo milagres vão ao encontro dos reis da terra e de todo o mundo, para os congregar para a batalha, daquele grande dia do Deus Todo-Poderoso.

¹⁵Eis que venho como ladrão. Bem-aventurado aquele que vigia, e guarda as suas roupas, para que não ande nu, e *não* se vejam as suas vergonhas.

¹⁶E os congregaram no lugar que em hebreu se chama Armagedom.

¹⁷E o sétimo anjo derramou a sua taça no ar, e saiu uma grande voz do templo do céu, do trono, dizendo: Está feito.

¹⁸E houve vozes, e trovões, e relâmpagos, e houve um grande terremoto, como nunca houve desde

APOCALIPSE 16.19 846

que há homens sobre a terra; tal *foi este* tão grande terremoto.

¹⁹E a grande cidade fendeu-se em três partes, e as cidades das nações caíram; e da grande Babilônia se lembrou Deus, para lhe dar o cálice do vinho da indignação da sua ira.

²⁰E toda a ilha fugiu; e os montes não se acharam.

²¹E sobre os homens caiu do céu uma grande saraiva, pedras aproximadamente do peso de um talento; e os homens blasfemaram de Deus por causa da praga da saraiva; porque a sua praga era mui grande.

Queda da Babilônia

17 E VEIO um dos sete anjos que tinham as sete taças, e falou comigo, dizendo-me: Vem, mostrar-te-ei a condenação da grande prostituta que está assentada sobre muitas águas;

²Com a qual fornicaram os reis da terra; e os que habitam na terra se embebedaram com o vinho da sua fornicação.

³E levou-me em espírito a um deserto, e vi uma mulher assentada sobre uma besta de cor de escarlata, que estava cheia de nomes de blasfêmia, e tinha sete cabeças e dez chifres.

⁴E a mulher estava vestida de púrpura e de escarlata, e adornada com ouro, e pedras preciosas e pérolas; e tinha na sua mão um cálice de ouro cheio das abominações e da imundícia da sua fornicação;

⁵E na sua testa estava escrito o nome: Mistério, a grande Babilônia, a mãe das prostituições e abominações da terra.

⁶E vi que a mulher estava embriagada do sangue dos santos, e do sangue das testemunhas de Jesus. E, vendo-a eu, maravilhei-me com grande admiração.

⁷E o anjo me disse: Por que te admiras? Eu te direi o mistério da mulher, e da besta que a traz, a qual tem sete cabeças e dez chifres.

⁸A besta que viste foi e *já* não é, e há de subir do abismo, e irá à perdição; e os que habitam na terra (cujos nomes não estão escritos no livro da vida, desde a fundação do mundo) se admirarão, vendo a besta que era e *já* não é, ainda que é.

⁹Aqui o sentido, que tem sabedoria. As sete cabeças são sete montes, sobre os quais a mulher está assentada.

¹⁰E são *também* sete reis; cinco já caíram, e um *já* é; o outro ainda não é vindo; e, quando vier, convém que dure um pouco *de tempo*.

¹¹E a besta que era e *já* não é, é ela também o oitavo, e é dos sete, e vai à perdição.

¹²E os dez chifres que viste são dez reis, que ainda não receberam o reino, mas receberão poder como reis por uma hora, *juntamente* com a besta.

¹³Estes têm um mesmo intento, e entregarão o seu poder e autoridade à besta.

¹⁴Estes combaterão contra o Cordeiro, e o Cordeiro os vencerá, porque é o Senhor dos senhores e o Rei dos reis; vencerão os que estão com ele, chamados, e eleitos, e fiéis.

¹⁵E disse-me: As águas que viste, onde se assenta a prostituta, são povos, e multidões, e nações, e línguas.

¹⁶E os dez chifres que viste na besta são os que odiarão a prostituta, e a colocarão desolada e nua, e comerão a sua carne, e a queimarão no fogo.

¹⁷Porque Deus tem posto em seus corações, que cumpram o seu intento, e tenham uma mesma ideia, e que seu reino deem à besta, até que se cumpram as palavras de Deus.

¹⁸E a mulher que viste é a grande cidade que reina sobre os reis da terra.

18 E DEPOIS destas *coisas* vi descer do céu outro anjo, que tinha grande poder, e a terra foi iluminada com a sua glória.

²E clamou fortemente com grande voz, dizendo: Caiu, caiu a grande Babilônia, e se tornou morada de demônios, e covil de todo espírito imundo, e esconderijo de toda ave imunda e odiável.

³Porque todas as nações beberam do vinho da ira da sua fornicação, *e* os reis da terra se fornicaram com ela; e os mercadores da terra se enriqueceram com a abundância de suas delícias.

⁴E ouvi outra voz do céu, que dizia: Sai dela, povo meu, para que não sejas participante dos seus pecados, e para que não incorras nas suas pragas.

⁵Porque *já* os seus pecados se acumularam até ao céu, e Deus se lembrou das iniquidades dela.

⁶Tornai-lhe a dar como ela vos tem dado, e retribuí-lhe em dobro conforme as suas obras; no cálice em que *vos* deu de beber, dai a ela em dobro.

⁷Quanto ela se glorificou, e em delícias esteve, dai-lhe outro tanto de tormento e pranto; porque diz em seu coração: Estou assentada *como* rainha, e não sou viúva, e não verei o pranto.

⁸Portanto, num dia virão as suas pragas, a morte, e o pranto, e a fome; e será queimada no fogo; porque *é* forte o Senhor Deus que a julga.

⁹E os reis da terra, que fornicaram com ela, e viveram em delícias, a chorarão, e sobre ela pranteDAo, quando virem a fumaça do seu incêndio;

¹⁰Estando de longe pelo temor do seu tormento, dizendo: Ai! Ai daquela grande cidade de Babilônia, aquela forte cidade! Pois em uma hora veio o teu juízo.

¹¹E sobre ela choram e lamentam os mercadores da terra; porque ninguém mais compra as suas mercadorias:

¹²Mercadorias de ouro, e de prata, e de pedras preciosas, e de pérolas, e de linho fino, e de púrpura, e de seda, e de escarlata; e toda a madeira odorífera, e todo o vaso de marfim, e todo o vaso de madeira preciosíssima, de bronze e de ferro, e de mármore;

¹³E canela, e perfume, e mirra, e incenso, e vinho, e azeite, e flor de farinha, e trigo, e gado, e ovelhas; e cavalos, e carros, e corpos e almas de homens.

¹⁴E o fruto do desejo da tua alma foi-se de ti; e todas as coisas gostosas e excelentes se foram de ti, e não mais as acharás.

¹⁵Os mercadores destas coisas, que dela se enriqueceram, estarão de longe, pelo temor do seu tormento, chorando e lamentando,

¹⁶E dizendo: Ai, ai daquela grande cidade! Que estava vestida de linho fino, de púrpura, de escarlata; e adornada com ouro e pedras preciosas e pérolas! Porque numa hora foram assoladas tantas riquezas.

¹⁷E todo piloto, e todo o que navega em naus, e todo marinheiro, e todos os que negociam no mar se puseram de longe;

¹⁸E, vendo a fumaça do seu incêndio, clamaram, dizendo: Que *cidade é* semelhante a esta grande cidade?

¹⁹E lançaram pó sobre as suas cabeças, e clamaram, chorando, e lamentando, e dizendo: Ai, ai daquela grande cidade! Na qual todos os que tinham naus no mar se enriqueceram em razão da sua opulência; porque numa hora foi assolada.

²⁰Alegra-te sobre ela, ó céu, e vós, santos apóstolos e profetas; porque *já* Deus julgou a vossa causa quanto a ela.

²¹E um forte anjo levantou uma pedra como uma grande mó, e lançou-*a* no mar, dizendo: Com igual ímpeto será lançada Babilônia, aquela grande cidade, e não será jamais achada.

²²E em ti não se ouvirá mais a voz de harpistas, e de músicos, e de flautistas, e de trombeteiros, e nenhum artífice de arte alguma se achará mais em ti; e ruído de mó em ti não se ouvirá mais;

²³E luz de candeia não mais luzirá em ti, e voz de esposo e de esposa não mais em ti se ouvirá; porque os teus mercadores eram os grandes da terra; porque todas as nações foram enganadas pelas tuas feitiçarias.

²⁴E nela se achou o sangue dos profetas, e dos santos, e de todos os que foram mortos na terra.

As bodas do Cordeiro

19 E, DEPOIS destas *coisas* ouvi no céu uma grande voz de uma grande multidão, que dizia: Aleluia! A salvação, e a glória, e a honra, e o poder *pertencem* ao Senhor nosso Deus;

²Porque verdadeiros e justos *são* os seus juízos, pois julgou a grande prostituta, que havia corrompido a terra com a sua fornicação, e das mãos dela vingou o sangue dos seus servos.

³E outra vez disseram: Aleluia! E a fumaça dela sobe para todo o sempre.

⁴E os vinte e quatro anciãos, e os quatro animais, prostraram-se e adoraram a Deus, que estava assentado no trono, dizendo: Amém. Aleluia!

⁵E saiu uma voz do trono, que dizia: Louvai o nosso Deus, vós, todos os seus servos, e vós que o temeis, assim pequenos como grandes.

⁶E ouvi como que a voz de uma grande multidão, e como que a voz de muitas águas, e como que a voz de grandes trovões, que dizia: Aleluia! Pois *já* o Senhor Deus Todo-Poderoso reina.

⁷Regozijemo-nos, e alegremo-nos, e demos-lhe glória; porque vindas são as bodas do Cordeiro, e *já* a sua esposa se aprontou.

⁸E foi-lhe dado que se vestisse de linho fino, puro e resplandecente; porque o linho fino são as justiças dos santos.

⁹E disse-me: Escreve: Bem-aventurados aqueles que são chamados à ceia das bodas do Cordeiro. E disse-me: Estas são as verdadeiras palavras de Deus.

¹⁰E eu lancei-me a seus pés para o adorar; mas ele disse-me: Olha não *faças tal;* sou teu conservo, e de teus irmãos, que têm o testemunho de Jesus. Adora a Deus; porque o testemunho de Jesus é o espírito de profecia.

Vitória de Cristo

¹¹E vi o céu aberto, e eis um cavalo branco; e o que estava assentado sobre ele chama-se Fiel e Verdadeiro; e julga e peleja com justiça.

¹²E os seus olhos *eram* como chama de fogo; e sobre a sua cabeça *havia* muitos diademas; e tinha um nome escrito, que ninguém sabia senão ele mesmo.

¹³E estava vestido de uma veste tingida em sangue; e o nome pelo qual se chama é A Palavra de Deus.

¹⁴E seguiam-no os exércitos no céu em cavalos brancos, e vestidos de linho fino, branco e puro.

¹⁵E da sua boca saía uma aguda espada, para ferir com ela as nações; e ele as regerá com vara de ferro; e ele mesmo é o que pisa o lagar do vinho do furor e da ira do Deus Todo-Poderoso.

¹⁶E no manto e na sua coxa tem escrito este nome: Rei dos reis, e Senhor dos senhores.

¹⁷E vi um anjo que estava no sol, e clamou com grande voz, dizendo a todas as aves que voavam pelo meio do céu: Vinde, e ajuntai-vos à ceia do grande Deus;

¹⁸Para que comais a carne dos reis, e a carne dos tribunos, e a carne dos fortes, e a carne dos cavalos e dos que sobre eles se assentam; e a carne de todos os homens, livres e servos, pequenos e grandes.

¹⁹E vi a besta, e os reis da terra, e os seus exércitos reunidos, para fazerem guerra àquele que estava assentado sobre o cavalo, e ao seu exército.

²⁰E a besta foi presa, e com ela o falso profeta, que diante dela fizera os sinais, com que enganou os que receberam o sinal da besta, e adoraram a sua imagem. Estes dois foram lançados vivos no lago de fogo que arde com enxofre.

²¹E os demais foram mortos com a espada que saía da boca do que estava assentado sobre o cavalo, e todas as aves se fartaram das suas carnes.

Satanás aprisionado por mil anos

20 E VI descer do céu um anjo, que tinha a chave do abismo, e uma grande cadeia na sua mão.

²Ele prendeu o dragão, a antiga serpente, que é o Diabo e Satanás, e amarrou-o por mil anos.

³E lançou-o no abismo, e ali o encerrou, e pôs selo sobre ele, para que não mais engane as nações, até que os mil anos se acabem. E depois disto importa que seja solto por um pouco de tempo.

APOCALIPSE 20.4   848

⁴E vi tronos; e assentaram-se sobre eles, e foi-lhes dado o poder de julgar; e vi as almas daqueles que foram degolados pelo testemunho de Jesus, e pela palavra de Deus, e que não adoraram a besta, nem a sua imagem, e não receberam o sinal em suas testas nem em suas mãos; e viveram, e reinaram com Cristo durante mil anos.

⁵Mas os outros mortos não reviveram, até que os mil anos se acabaram. Esta *é* a primeira ressurreição.

⁶Bem-aventurado e santo aquele que tem parte na primeira ressurreição; sobre estes não tem poder a segunda morte; mas serão sacerdotes de Deus e de Cristo, e reinarão com ele mil anos.

Satanás é solto e vencido
para sempre

⁷E, acabando-se os mil anos, Satanás será solto da sua prisão,

⁸E sairá a enganar as nações que estão sobre os quatro cantos da terra, Gogue e Magogue, cujo número *é* como a areia do mar, para as ajuntar em batalha.

⁹E subiram sobre a largura da terra, e cercaram o arraial dos santos e a cidade amada; e de Deus desceu fogo, do céu, e os devorou.

¹⁰E o diabo, que os enganava, foi lançado no lago de fogo e enxofre, onde *estão* a besta e o falso profeta; e de dia e de noite serão atormentados para todo o sempre.

O juízo final

¹¹E vi um grande trono branco, e o que estava assentado sobre ele, de cuja presença fugiu a terra e o céu; e não se achou lugar para eles.

¹²E vi os mortos, pequenos e grandes, que estavam diante de Deus, e abriram-se os livros; e abriu-se outro livro, que é o da vida. E os mortos foram julgados pelas coisas que estavam escritas nos livros, segundo as suas obras.

¹³E deu o mar os mortos que nele havia; e a morte e o inferno deram os mortos que neles havia; e foram julgados cada um segundo as suas obras.

¹⁴E a morte e o inferno foram lançados no lago de fogo. Esta é a segunda morte.

¹⁵E aquele que não foi achado escrito no livro da vida foi lançado no lago de fogo.

Os novos céus e a nova terra

21 E VI um novo céu, e uma nova terra. Porque já o primeiro céu e a primeira terra passaram, e o mar já não existe.

²E eu, João, vi a santa cidade, a nova Jerusalém, que de Deus descia do céu, preparada como uma esposa adornada para o seu marido.

³E ouvi uma grande voz do céu, que dizia: Eis aqui o tabernáculo de Deus *está* com os homens, pois com eles habitará, e eles serão o seu povo, e o mesmo Deus estará com eles, *e será* o seu Deus.

⁴E Deus limpará de seus olhos toda a lágrima; e não haverá mais morte, nem pranto, nem clamor, nem dor; porque *já* as primeiras coisas são passadas.

⁵E o que estava assentado sobre o trono disse: Eis que faço novas todas as coisas. E disse-me: Escreve; porque estas palavras são verdadeiras e fiéis.

⁶E disse-me mais: Está cumprido. Eu sou o Alfa e o Ômega, o princípio e o fim. A quem quer que tiver sede, de graça lhe darei da fonte da água da vida.

⁷Quem vencer, herdará todas as coisas; e eu serei seu Deus, e ele será meu filho.

⁸Mas, quanto aos covardes, e aos incrédulos, e aos abomináveis, e aos homicidas, e aos fornicadores, e aos feiticeiros, e aos idólatras e a todos os mentirosos, a sua parte será no lago que arde com fogo e enxofre; o que é a segunda morte.

A nova Jerusalém

⁹E veio a mim um dos sete anjos que tinham as sete taças cheias das últimas sete pragas, e falou comigo, dizendo: Vem, mostrar-te-ei a esposa, a mulher do Cordeiro.

¹⁰E levou-me em espírito a um grande e alto monte, e mostrou-me a grande cidade, a santa Jerusalém, que de Deus descia do céu.

¹¹E tinha a glória de Deus; e a sua luz era semelhante a uma pedra preciosíssima, como a pedra de jaspe, como o cristal resplandecente.

¹²E tinha um grande e alto muro com doze portas, e nas portas doze anjos, e nomes escritos sobre elas, que são os *nomes* das doze tribos dos filhos de Israel.

¹³Do lado do oriente tinha três portas, do lado do norte, três portas, do lado do sul, três portas, do lado do poente, três portas.

¹⁴E o muro da cidade tinha doze fundamentos, e neles os nomes dos doze apóstolos do Cordeiro.

¹⁵E aquele que falava comigo tinha uma cana de ouro, para medir a cidade, e as suas portas, e o seu muro.

¹⁶E a cidade estava situada em quadrado; e o seu comprimento era tanto como a *sua* largura. E mediu a cidade com a cana até doze mil estádios; e o seu comprimento, largura e altura eram iguais.

¹⁷E mediu o seu muro, de cento e quarenta e quatro côvados, conforme a medida de homem, que é a de um anjo.

¹⁸E a construção do seu muro era de jaspe, e a cidade de ouro puro, semelhante a vidro puro.

¹⁹E os fundamentos do muro da cidade *estavam* adornados de toda a pedra preciosa. O primeiro fundamento *era* jaspe; o segundo, safira; o terceiro, calcedônia; o quarto, esmeralda;

²⁰O quinto, sardônica; o sexto, sárdio; o sétimo, crisólito; o oitavo, berilo; o nono, topázio; o décimo, crisópraso; o undécimo, jacinto; o duodécimo, ametista.

²¹E as doze portas *eram* doze pérolas; cada uma das portas era de uma pérola; e a praça da cidade de ouro puro, como vidro transparente.

²²E nela não vi templo, porque o seu templo é o Senhor Deus Todo-Poderoso, e o Cordeiro.

²³E a cidade não necessita de sol nem de lua,

para que nela resplandeçam, porque a glória de Deus a tem iluminado, e o Cordeiro *é* a sua lâmpada.

²⁴E as nações dos salvos andarão à sua luz; e os reis da terra trarão para ela a sua glória e honra.

²⁵E as suas portas não se fecharão de dia, porque ali não haverá noite.

²⁶E a ela trarão a glória e honra das nações.

²⁷E não entrará nela coisa alguma que contamine, e cometa abominação e mentira; mas só os que estão inscritos no livro da vida do Cordeiro.

O rio

22 E MOSTROU-ME o rio puro da água da vida, claro como cristal, que procedia do trono de Deus e do Cordeiro.

²No meio da sua praça, e de um e de outro lado do rio, *estava* a árvore da vida, que produz doze frutos, dando seu fruto de mês em mês; e as folhas da árvore *são* para a saúde das nações.

³E *ali* nunca mais haverá maldição contra *alguém;* e nela estará o trono de Deus e do Cordeiro, e os seus servos o servirão.

⁴E verão o seu rosto, e nas suas testas *estará* o seu nome.

⁵E ali não haverá mais noite, e não necessitarão de lâmpada nem de luz do sol, porque o Senhor Deus os ilumina; e reinarão para todo o sempre.

Conclusão do livro

⁶E disse-me: Estas palavras *são* fiéis e verdadeiras; e o Senhor, o Deus dos santos profetas, enviou o seu anjo, para mostrar aos seus servos as coisas que em breve hão de acontecer.

⁷Eis que cedo venho: Bem-aventurado aquele que guarda as palavras da profecia deste livro.

⁸E eu, João, *sou* aquele que vi e ouvi estas coisas. E, havendo-*as* ouvido e visto, prostrei-me aos pés do anjo que mas mostrava para o adorar.

⁹E disse-me: Olha, não *faças* tal; porque eu sou conservo teu e de teus irmãos, os profetas, e dos que guardam as palavras deste livro. Adora a Deus.

¹⁰E disse-me: Não seles as palavras da profecia deste livro; porque próximo está o tempo.

¹¹Quem é injusto, seja injusto ainda; e quem é sujo, seja sujo ainda; e quem é justo, seja justificado ainda; e quem é santo, seja santificado ainda.

¹²E, eis que cedo venho, e o meu galardão está comigo, para dar a cada um segundo a sua obra.

¹³Eu sou o Alfa e o Ômega, o princípio e o fim, o primeiro e o derradeiro.

¹⁴Bem-aventurados aqueles que guardam os seus mandamentos, para que tenham direito à árvore da vida, e possam entrar na cidade pelas portas.

¹⁵Mas, *ficarão* de fora os cães e os feiticeiros, e os fornicadores, e os homicidas, e os idólatras, e qualquer que ama e comete mentira.

¹⁶Eu, Jesus, enviei o meu anjo, para vos testificar estas coisas nas igrejas. Eu sou a raiz e a geração de Davi, a resplandecente estrela da manhã.

¹⁷E o Espírito e a esposa dizem: Vem. E quem ouve, diga: Vem. E quem tem sede, venha; e quem quiser, tome de graça da água da vida.

¹⁸Porque eu testifico a todo aquele que ouvir as palavras da profecia deste livro *que,* se alguém acrescentar a estas coisas, Deus fará vir sobre ele as pragas que estão escritas neste livro;

¹⁹E, se alguém tirar *quaisquer* das palavras do livro desta profecia, Deus tirará a sua parte do livro da vida, e da cidade santa, e das coisas que estão escritas neste livro.

²⁰Aquele que testifica estas *coisas* diz: Certamente cedo venho. Amém. Ora vem, Senhor Jesus.

²¹A graça de nosso Senhor Jesus Cristo *seja* com todos vós. Amém.

RECURSOS ADICIONAIS

RECURSOS ADICIONAIS

GLOSSÁRIO

A

Abjeto – desprezível – Sl 35:15
Ablução – lavagens – Hb 9:10
Abóbada – construção encurvada; teto curvilíneo – Ez 16:24
Abrasar – queimar; arder – Dt 32:22
Ab-rogar – abolir – Hb 7:18
Abrolho – planta de fruto espinhoso – Jz 8:7
Acamada – de cama – Mt 8:14
Acolá – além, lá – Mt 17:20
Admoestar – avisar – Ec 4:13
Adufes – pandeiros – Jz 11:34
Afadigar – fadiga, cansaço de esforço – Dt 25:18
Afagar – acariciar – Is 66:12
Afamada – famoso – Ez 26:17
Afável – agradável; benévolo – 2Cr 10:7
Afeição – afeto; sentimento de amor – Rm 1:31
Afluir – correr para – Mq 4:1
Afoitamente – ousadia – Gn 34:25
Afora – além, exceto – Js 17:5
Afortunada – abençoada – Gn 30:11
Agastar – irritar – Is 47:6
Agoureiro – aquele que faz predições; adivinho – Dt 18:10
Agravo – afronta, dano – Gn 16:5
Aguçar – afiar, apontar – Pv 27:17
Aguilhão – vara comprida de ferro – 1Co 15:55
Alada – que voa – Dt 4:17
Albarda – sela – Gn 31:33
Alçar – erguer – Pv 2:3
Aldrava – tranca – Ct 5:5
Aleivosa – enganosa – Jr 3:7
Aleluia – louvai ao SENHOR – Ap 19:1
Alfa – primeira letra do alfabeto Grego – Ap 1:8
Alfaia – bens – Lc 17:31
Almude – medida padrão para líquidos – Jo 2:6
Alpendre – pórtico; entrada principal – 1Cr 28:11
Âmago – ventre; o íntimo de uma pessoa – Pv 3:8
Amainadas – abaixadas – At 27:17
Âmbar – resina fóssil de cor amarela, semitransparente – Ez 1:4
Anátema – maldito – 1Co 16:22
Apartar – separar – Gn 13:14
Aprazer – agradar – Is 44:28
Areópago – tribunal em Atenas – At 17:19
Aresta – restolho – Sl 83:13
Argueiro – cisco – Mt 7:3
Aríete – antiga máquina de guerra – Jr 33:4
Arrabalde – subúrbio, arredores – Lv 25:34
Arrazoar – discutir – Lc 5.21
Arrecada – brinco –Nm 31:50
Arrimar – apoiar – Jz 16:29
Arrojar – lançar – Zc 11:13
Arruda – planta de folhas espessas ou carnosas, de odor muito forte – Lc 11:42
Arvorar – hastear – Is 62:10
Assetear – ferir, matar com setas – Ex 19:13
Assolar – devastar; arruinar – Sl 91:6
Atroz – feroz; cruel – 1Rs 2:8
Aviar – apressar – Is 5:19
Aviltado – menosprezado – Mc 9:12
Ázimo – bolo ou pão sem fermento – Ex 29:2
Azinheira – uma árvore forte, como o carvalho – Is 6:13

B

Baluarte – fortaleza – Ez 26:8
Basilisco – víbora – Is 11:8
Belicosa – guerra; combate – 2Cr 26:13
Beneplácito – aprovação; consentimento – Ef 1:5, 9
Berilo – pedra preciosa verde claro – Ap 21:20
Bilha – vaso – 1Sm 26:11
Bispado – ministério de bispo – At 1:20
Borra – resíduos – Jr 48:11
Borrifar – salpicar – Is 52:15
Botija – vasilha – 1Rs 14:3
Brandir – agitar – Jó 41:29
Broquel – uma proteção, como um escudo – Sl 91:4
Bufo – coruja pequena – Lv 11:17
Buril – instrumento para lavrar pedras – Ex 20:25

C

Cabouqueiros – escavador de pedras – 2Rs 12:12
Cacheiro – que se esconde – Lv 11:30
Caçoula – pequena panela – Lv 2:5
Cadeia – correntes; grilhão – Nm 31:50
Calcar – pisar, comprimir com os pés – Jó 39:15
Camarada – companheiro de lutas – Fm 1:2
Cambotas – arco com eixos – Ez 1:18
Capitel – remate (parte superior) de uma coluna – 1Rs 7:16
Casta – raça – Mt 17:21
Cavilha – encaixe – Ex 36:24
Cenáculo – quarto; aposento – 2Rs 23:12
Cepa – vinha – Gn 49:11
Cepo – tronco – Jr 20:2
Cercadura – borda – Ex 38:4
Ceroulas – calções – Lv 16:4
Cerrar – fechar fortemente – Pv 16:30
Cerva – corça – Pv 5:19
Cerviz – nuca – Ex 32:9
Cetro – vara – Gn 49:10
Chacal – mamífero carnívoro da família dos canídeos – Lm 4:3
Charco – lamaçal; pântano – Sl 40:2
Chilrear – gorjear (como um pássaro) – Is 8:19
Choça – choupana – Is 24:20
Ciência – conhecimento – Dn 1:4
Címbalo – instrumento chocalhante, como tinido – 2Sm 6:5
Cimo – topo – Ez 21:19
Circuncidar – cortar (o prepúcio) – Gn 17:10
Circunvizinha – ao redor da região – Lc 7:17
Cisterna – buraco ou cova – Lv 11:36
Cita – habitante de Cítia, região entre o Sudeste da Europa e Sudoeste da Ásia – Cl 3:11
Cobridor – que cobre – Ez 28:16
Colchete – botão (pequeno gancho) – Ex 26:6
Colocíntidas – fruto esponjoso – 2Rs 4:39
Compraz – agradar – Sl 147:10
Comunicar – repartir – Rm 12:13
Conceição – concepção – Gn 3:16
Concupiscência – desejo ilícito – 1Pe 4:3
Conjurar – fazer jurar; conspiração; rogo insistente – 1Sm 14:27
Contrafez – desfigurar – 1Sm 21:13
Copeiro-mor – copeiro chefe – Gn 40:2
Coxear – manquejar – Sl 38:17
Crisólito – pedra preciosa amarela – Ap 21:20
Crisópraso – pedra preciosa verde amarelada – Ap 21:20

CRIVO

Crivo – grelha – Ex 27:4
Cutelo – faca – Gn 22:6

D

Dantes – antes de agora – Rm 15:4
Debulhar – tirar os grãos do casulo – 1Co 9:10
Decoroso – honroso – Sl 147:1
Decrépito – pessoa muito idosa – 2Cr 36:17
Definhar – secar – Mc 9:18
Deleite – prazer – Pv 11:20
Deliberar – determinar – At 5:33
Demover – mudar de opinião – 2Rs 23:26
Denegrir – escurecer; macular – Is 23:9
Derribar – derrubar; destruir – Sl 17:13
Desapossar – expulsar – Jz 2:21
Desarraigar – destruir – Sl 34:16
Desbaratar – destruir; derrotar – Sl 144:6
Desbocar – usar linguagem grosseira ou
    obscena – Pv 14:5
Desdenhar – desprezar – Jó 30:1
Desenfrear – excesso – 1Pe 4:4
Desfraldar – estender – Is 33:23
Despojar – saquear – 1Sm 31:8
Despojo – saque – Gn 49:27
Despontava – amanhecia – Mt 28:1
Desposada – compromissada para casamento
    – Mt 1:18
Desregrados – libertino – Pv 28:7
Desvairar – enlouquecer – Jó 12:17
Desvanecer – desaparecer – Tg 4:14
Desvario – loucura – Pv 1:32
Desvelo – grande cuidado ou preocupação –
    2Rs 4:13
Dilação – demora – At 24:22
Dissensão – discórdia – Mt 10:35
Dissolução – deterioração dos costumes,
    imoralidade – Mc 7:22
Dissuadir – fazer mudar de opinião – Ez 33:8

E

Ébrio – embriagado – Mt 24:49
Efígie – imagem – Mt 22:20
Encanecer – tornar cabelo branco – 1Sm 12:2
Engastado – encaixado – Ez 27:6
Engodo – isca – Tg 1:14
Enjeitado – expor – At 7:21
Entesar – esticar – Jr 46:9
Entrincheirar – fortificar – Jó 19:8
Envilecer – tornar vil – Is 23:9
Enxertar – inserir – Tg 1:21
Equidade – igualdade – Sl 45:6
Ermo – deserto – Dt 32:10
Errante – vagueando – Pv 5:6
Escabelo – pequeno banco para descanso dos
    pés – Hb 1:13
Escarnecer – zombar – Gn 39:14
Escorneado – ferido com chifre – Ex 21:31
Escuma – resíduo; espuma – Jz 1:13; Jd 13
Esgravatar – arranhar – 1Sm 21:13
Espevitadeira – tenaz – Jr 52:18
Espojadouro – lugar onde os animais se
    espojam (Espojar-se – deitar-se, revolver-se
    na lama) – 2Pe. 2:22
Espólio – roubo – Is 3:14
Espraiar – derramar, espalhar, lançar para todos
    os lados – Pv 13:16
Esquadrinhar – examinar minuciosamente – Sl 26:2
Estirpe – descendência – Jr 13:13
Estolas – véus longos – Is 3:19
Estopa – resíduo do linho – Jz 16:9

Estoraque – goma aromática usada no preparo
    de incenso – Ex 30:34
Estorvar – atrapalhar, impedir – Dn 4:35
Estrebaria – curral – Ez 25:5
Estrépito – sonido; barulho; estrondo – Ez 1:24
Estribar – apoiar; confiar – Pv 3:5
Estultícia – loucura – Pv 12:23
Esvaecer – apodrecer – Is 5:24
Eunuco – homem castrado; impotente – At 8:27
Evangelho – boa mensagem – 1Co 15:1
Exalar – emanar, emitir odor ou perfume – Ct 1:12
Exalçar – engrandecer – Dn 4:37
Exator – opressor – Jó 3:18
Expiação – ato de expiar – Ex 29:33
Expiar – cobrir; aplacar (ter misericórdia) –
    Lv 6:30

F

Fadiga – carga; peso – Mt 20:12
Faias – ciprestes – 2Rs 19:23
Fatigar – cansar – Ec 10:15
Fender – separar – Jó 26:12
Féretro – caixão – 2Sm 3:31
Filactério – caixinha que continha passagens
    bíblicas – Mt 23:5
Fornicação – prostituição (inclusive adultério,
    incesto e sexo pré–nupcial) – Mt 19:9
Forquilha – vara com dois dentes – 1Sm 13:21
Frondosa – revestida de ramos, coberta de
    folhas – Dt 12:2
Fustigar – castigar – Pv 23:14

G

Gaguejante – que gagueja – Is 28:11
Gálbano – uma goma odorífera – Ex 30:34
Gentios – nação estrangeira – Gn 10:5
Gôfer – tipo de árvores, cipreste – Gn 6:14
Gozo – alegria – Gl 5:22
Gralha – ave da família do corvo – Lv 11:18
Granjear – adquirir; ganhar – Lc 9:25
Graves – respeitáveis – Tt 2:2
Gretada – rachada – Jó 7:5
Guisado – refogado – Gn 25:29
Gumes – fio da lâmina – Pv 5:4

H

Horda – tropa – Os 7:1
Horrenda – horrível – Hb 10:31
Hosana – Salva, por favor – Mt 21:9

I

Imaculado – incontaminável – Hb 7:26
Imolar – matar; sacrificar – Gn 22:10
Ímpio – injusto; perverso – Gn 18:23
Impudência – falta de vergonha – Jr 11:13
Imputar – atribuir – Rm 4:6
Incircuncisão – falta de circuncisão; gentio –
    1Co 7:19
Inefável – indescritível – 2Co 9:15
Inescusável – não pode ser defendido; sem
    desculpa – Rm 1:20
Inexprimível – indizível – Rm 8:26
Iniquidade – injustiça – Gn 44:16
Insígnia – emblema – At 28:11
Instar – pedir com insistência; estar iminente
    – 2Sm 4:2
Intendente – administrador – Ez 9:1

J

Jazer – deitar – Mt 8:6
Jota – letra muito pequena do alfabeto hebraico
    – Mt 5:18
Junco – grama pantanosa – Jó 8:11

L

Laço corrediço – armadilha – Sl 140:5
Lagar – prensa de vinho e de outros frutos – Ne 13:15
Lascívia – propensão à sensualidade exagerada; luxúria – Gl 5:19
Latrina – esgoto – 2Rs 10:27
Leviano – Insensato – Jz 9:4
Lograr – enganar – Gn 31:26
Ludíbrio – escárnio – Jr 20:8

M

Madeiro – árvore; madeira – Dt 21:23
Madre – ventre – Gn 29:31
Maná – "que é isto?" – Ex 16:31
Manar – fluir – Ex 3:8
Mandrágora – fruto do amor – Gn 30:14
Mansidão – gentileza; humildade – Gl 5:22
Maquinar – planejar, conspirar – Sl 37:12
Mar – tanque – 2Cr 4:15
Maranata – vem Senhor – 1Co 16:22
Milhano – gavião – Lv 11:14
Mister – necessário – Mt 14:16
Mó de atafona – pedra de moinho – Mc 9:42
Mó de azenha – pedra de moinho – Mt 18:6

N

Neófito – recém convertido – 1Tm 3:6
Néscio – tolo – Sl 14:1

O

Oblação – oferta – Is 66:3
Odre – garrafa de couro – Gn 21:14
Ômega – última letra do alfabeto Grego – Ap 1:8
Onicha – ingrediente no preparo de incenso – Ex 30:34
Ônix – pedra preciosa verde pálido (prov. o berilo) – Ex 25:7
Oráculo – santuário – 1Rs 6:5
Ósculo – beijo – Lc 7:45
Outeiro – pequena colina – Ex 17:9

P

Paço – palácio – 1Rs 16:18
Padeiro-mor – padeiro chefe – Gn 40:2
Pajem – carregador – 1Sm 14:7
Páreas – placenta; feto – Dt 28:57
Pasmosamente – grande pasmo – Lm 1:9
Pau de faia – madeira de cipreste – 2Sm 6:5
Pederneira – dura – Dt 8:15
Peita – suborno – Dt 16:19
Pejo – pudor – 2Sm 6:20
Perjurar – proferir pragas, amaldiçoar – Os 4:2
Porro – alho silvestre – Nm 11:5
Portentosos – maravilhoso – Zc 3:8
Pórtico – átrio – 1Rs 6:3
Prado – junco ou grama pantanosa (ao longo do Nilo) – Gn 41:2
Pragana – moinha – Jó 21:18
Praguejar – jurar – Mt 26:74
Presságio – prognóstico – 1Rs 20:33
Prevaricar – perverter – Pv 28:21
Primogênito – primeiro filho; (consequentemente) chefe – Gn 10:15
Primor – magnificamente – Ez 23:12
Profanar – contaminar – Ex 31:14
Propiciação – sacrifício – Rm 3:25

Q

Quadrilheiros – soldados que faziam a ronda – At 16:35

Quaternos – conjunto de quatro (soldados romanos) – At 12:4

R

Rabi – mestre – Mt 23:8
Rabi, Rabi – grande mestre – Mt 23:7
Raca – "cabeça oca", uma expressão de desprezo – Mt 5:22
Recalcar – compactar – Lc 6:38
Recalcitrar – resistir – At 9:5
Rechaçar – repelir – Pv 10:3
Recreio – descanço; deleito – Sl 119:70
Relha – arado – 1Sm 13:20
Renovo – broto – Is 4:2
Reposteiro – cortina – Ex 35:17
Réprobo – reprovado – Sl 15:4
Repudiar – divorciar – Mt 5:32
Resenha – lista – 2Cr 26:11
Resvalar – deslizar – Dt 32:35
Revés – reverso – Ez 21:27

S

Salim – paz – Jo 3:23
Salitre – carbonato de sódio – Pv 25:20
Salmodiar – cantar – Ef 5:19
Sátrapas – governador na antiga Pérsia – Ed 8:36
Seixo – rochedo – Sl 114:8
Séquito – cortejo – 2Cr 9:1
Serôdia – chuva tardia – Dt 11:14
Sinédrio – conselho; tribunal – Mt 5:22
Singeleza – simplicidade – At 2:46
Sobejar – sobrar – Ex 16:23
Sobrepujar – exceder – Ez 32:19
Sovela – furador – Ex 21:6
Superfluidade – excesso; cúmulo – Tg 1:21
Surrão – bolsa de pastor – 1Sm 17:40
Suscitar – produzir – Mt 3:9

T

Tálamo – leito nupcial – Sl 19:5
Talha – cântaro – Jo 2:6
Talhe – molde – Ex 6:25
Tamargueira – arbusto pequeno (solitário) – Jr 17:6
Temperança – autocontrole – Gl 5:22
Temporã – primeira chuva – Dt 11:14
Tição – lenha ou carvão acesso – Am 4:11
Tirantes – cordas – Is 5:18
Tolher – impedir – Nm 30:5
Torpeza – obscenidade – Ef 5:4
Torvelinho – redemoinho – Is 66:15
Tosquenejar – dormitar – Sl 121:3
Tumim – o brilho profético dos diagramas no peitoral do sumo sacerdote – Ex 28:30

U

Urim – vide Tumim – Ex 28:30
Urtiga – arbusto espinhoso – Pv 24:31

V

Vã – inútil – 1Co 15:14
Vau – local de cruzamento – Gn 32:22
Vestíbulo – pátio – Mt 26:71
Vileza – comportamento vil, degradante, indigno – Os 2:10
Vilipêndio – intensa desgraça – Pv 6:33
Vindouro – futuro – Lc 20:35
Vitupério – repreensão severa – 1Pe 4:14
Volver – voltar – Ec 2:20
Vulgo – povo (misto) – Nm 11:4

Z

Zimbro – árvore juniperácea – 1Rs 19:4